周易全书

第一卷

郑红峰 主编

光明日报出版社

图书在版编目(CIP)数据

周易全书/郑红峰主编. —北京:光明日报出版社,2012.7

ISBN 978-7-5112-2880-2

Ⅰ. ①周… Ⅱ. ①郑… Ⅲ. ①《周易》 Ⅳ.①B221.5

中国版本图书馆CIP数据核字(2012)第163292号

周易全书

编   者:郑红峰

出 版 人:朱庆　　　　　　　终 审 人:孙献涛

责任编辑:曹杨　刘景峰　　　责任校对:陈琳

封面设计:张婷婷　　　　　　责任印制:曹诤

出版发行:光明日报出版社

地　　址:北京市东城区珠市口东大街5号,100062

电　　话:010-67078258(咨询),67078270(发行),67078235(邮购)

传　　真:010-67078227,67078255

网　　址:http://book.gmw.cn

E-mail: gmcbs@gmw.cn　caoyang@gmw.cn

法律顾问:北京市洪范广住律师事务所徐波律师

印　　刷:北京智慧源印刷有限公司

装　　订:北京智慧源印刷有限公司

本书如有破损、缺页、装订错误,请与本社联系调换

开　　本:710×1040　1/16

字　　数:1900千字

印　　张:80

版　　次:2012年8月第1版

印　　次:2012年8月第1次印刷

书　　号:ISBN 978-7-5112-2880-2

定　　价:980.00元(全四卷)

ISBN 978-7-5112-2880-2

9 787511 228802 >

伏羲像

孔子像

周文王像

朱熹观书

焦延寿像

来知德像

前　言

　　《周易》是中国最为古老的哲学典籍，被尊为"群经之首，诸子百家之源"，历来有"西方文明有《圣经》，东方文明有《周易》"的说法。

　　周易文化是中华文化发展的根本与源头之一，对中国历代的政治、经济、文化等诸多方面都产生了巨大而深远的影响，中国的建筑、医学、音乐、绘画、日常生活等无不与《周易》有着千丝万缕的联系，甚至影响到中国人的民族性格与民族精神。孔子读《易》，韦编三绝，就连《论语》中也多处引用《周易》的词语。

　　相传，《周易》的作者是周文王姬昌，《史记》中也有"文王拘而演周易"的说法。然而，"周易"二字，却另有深意。东汉郑玄所著的《易论》认为，"周"是"周普"的意思，即无所不备，周而复始。在《系辞传》中写到，"生生之谓易"。其意思就是说，生生不息，体会生命之美、日新又新。而易即是"道"，恒常的真理，即使事物随着时空变幻，恒常的道不变。可见，"周易"二字，就是想要将蕴含在世间万物中亘古不变的"道"讲给人们听。

　　现今存世的《周易》主要内容包括"经"和"传"两部分。"经"，主要是六十四卦的卦形符号与卦爻辞。所谓的"六十四卦"，是由"八卦"两两相重而得，"八卦"则是由"阴"、"阳"二爻三叠而成。《周易》的"阴"、"阳"，分别呈中断的与相连的线条形状，即"—"与"——"。古人用阴阳范畴来表现寒暑、日月、男女、昼夜、奇偶等众多概念，正所谓"一阴一阳之谓道"。而"传"实际上是阐释《周易》经文的专著，即《彖传》上下、《象传》上下、《文言》、《系辞传》上下、《说卦传》、《序卦传》、《杂卦传》，共计七种十篇。因其阐释经文大义，如本经之羽翼，故汉人称之"十翼"，后世统称《易传》。

　　古代将《周易》的研究称为"易学"。上下五千年，《易经》代代相传，释家林立。许多学者皓首穷经，考证训诂，留下了三千多部著作，蔚为壮观。自汉代以来，他们互相争鸣，互相否定，也互相吸收，取长补短。春秋时期，筮法上出现过变卦说、取象说、取义说、吉凶由人、天道无常说，战国时期出现过阴阳变易说，汉代有象数之学（卦气说、五行说、纳甲说），魏晋时期有玄学等流派。因此，《周易》也同其他的"诸子百家、经史子集"区分开来，因为它更是一部哲学著作典籍。

　　此外，《周易》在我国的文学史上，也占有极其重要的地位，秦始皇焚书时亦未毁伤它。由于它内容极其丰富，对中国几千年来的政治、经济、文化等各个领域都产生了极其深刻的影响。无论是孔孟之道，老庄学说，还是《孙子兵法》，抑或是《黄帝内经》、《神龙易学》，无不和《易经》有着密切的联系。一代大医孙思邈曾经说过："不知易便不足以言知医。"简直可以一言以蔽之：没有《易经》就没有中国的灿烂文明。

为了弘扬华夏文明,让更多人了解周易,本书编写组特组织专家学者队伍,历时三年加工整理,一套完整版的,经得住读者推敲的《周易选编》终于面世,本书包括如下几个部分:

《周易本义》、《易断》、《焦氏易林注》、《来注易经》。

《周易本义》,作者朱熹,字元晦,亦字仲晦,别号有晦庵、晦翁、云谷老人、沧州病叟等。天资聪慧。十四岁时父亲去世,遵父遗训,师事胡宪、刘勉之、刘子翚三先生。十九岁登进士第,一生叙任官职二十余次,但遭逢不遇,抑郁不得志。二十四岁时问学于其父同学、程颐的三传弟子李侗,因得承袭洛学正统。与张栻、吕祖谦同出其时,过从甚密,人称"东南三贤",为宋代理学集大成者。其学说宋以后为政府所支持,在中国思想史上影响极大。朱熹认为,作《周易本义》就是要还《周易》的本来面目。表面上他是在调合程颐义理派易学与邵雍象数派易学的矛盾,实质上他是从后者的角度出发批判前者。从本质上讲,他是象数派易学大师。《周易本义》释卦爻辞,无一不是从筮占的角度入手,现行《周易正义》卷首尚有河图图、洛书图、伏羲八卦次序图、伏羲八卦方位图、伏羲六十四卦次序图、伏羲六十四卦方位图、文王八卦次序图、文王八卦方位图、卦变图等九个图,更反映其象数《易》的实质,不过是陈抟、邵雍象数学的翻本。说《周易》原本是卜筮之书,这是对的。但朱熹只认识到问题的这一面,却没有认识到《周易》同时也是包含丰富哲学思想的著作。特别是在孔子作"十翼",阐述《周易》一书中包含的哲学思想,王弼作《周易注》、《周易略例》进一步阐义理,批象数之后,仍旧对《周易》中包含的哲学思想熟视无睹,将《周易》视为单纯的卜筮之书,这不能不说是一种倒退。

《易断》,又称《高岛易断》是日本明治时期易学大师、高岛吞象的毕生巨著,百余年来以英、汉等多种文字流传世界,再现易占失传正法,体现《周易》活的灵魂,堪称《周易》占筮学之正脉。许多占例曾事先在报刊上公开发表,或上呈各省大臣、内阁总理、日本天皇,对日本当时的内外政策的制定具有重大影响。其人其书,皆令人叹为观止。

此书上有 488 个例子,97% 是一爻动,它的占卦方法既不是我们所熟知的梅花易数,也不是六爻,而是根据周易卦辞、爻辞、卦象和爻位等最基本的信息来断卦,可谓是最古老的周易占卜正法。该书的《作者序》中说:"是以余曩著《易断》册,以六十四卦三百八十四爻,应用之于实事,解释其辞,附以经验之点断,介绍神人交通之妙理。"

《焦氏易林注》,是近人尚秉和对古籍易学书籍《焦氏易林》按照自己的理解发表注解。

《来注易经》,凡十六卷,明人来知德撰。来知德(1525～1604年),字矣鲜,号瞿唐,明代易学大师,著名理学家,世称来夫子。"《易》自孔子没,而亡至今日矣"来知德注《易》强调理、气、象、数相统一,以象数阐释义理,以义理印证象数;反对将义理与象数相割裂纵横推阐,按图索骥,为学《易》者洞开了门户。来知德是继孔子之后。用象数结合义理注释《易经》取得巨大成就的唯独一人,史上对其评价极高。称其是"始知千载真儒。直接孔氏之绝学,朱、程复生,亦必屈服"。

来知德还进一步阐明了"阳阳对待，阴阳平衡"的理论。中医学利用这一"阴阳平衡"理论医治疾病，显著提高了疗效，极大地丰富了传统中医理论宝库。《来注易经》堪称世上绝学。

如今，《周易》在人们的生活中已经随处可见，而它的作用早已不是卜问吉凶，而是教会人们用系统的方法来认知世界，于是与《周易》有关的管理学也就应运而生。

自古至今，研究《周易》的学者不计其数，因此，与《周易》相关的书籍著作也数不胜数。为此，我们编选多个作者研究《周易》的著作，比对多位学者对《周易》的不同理解，希望能够帮助读者更加深刻地学习研究《周易》。

在以往的刻本、抄本中，难免有因传抄者笔误而产生的错误。对于参考的刻本、抄本中一些明显不符合逻辑的错误，本书在整理编写之时，已尽量予以改正。

由于水平有限，在译注上难免有不足之处，敬请读者指教。

目　录

周易本义

易断

周易全书

四

焦氏易林注

目录

七

来注易经

周易本义

宋·朱熹 著

周易本义

周易序

易之为书，卦爻象象之义备，而天地万物之情见，圣人之忧天下来世其至矣。先天下而开其物，后天下而成其务。是故极其数以定天下之象，著其象以定天下之吉凶。六十四卦，三百八十四爻，皆所以顺性命之理，尽变化之道也。散之在理，则有万殊；统之在道，则无二致。所以，易有太极，是生两仪。太极者，道也；两仪者，阴阳也。阴阳一道也，太极无极也。万物之生，负阴而抱阳，莫不有太极，莫不有两仪。絪缊交感，变化不穷。形一受其生，神一发其智，情伪出焉，万绪起焉。易所以定吉凶而生大业。故易者，阴阳之道也；卦者，阴阳之物也；爻者，阴阳之动也；卦虽不同，所同者奇偶。爻虽不同，所同者九六。是以六十四卦为其体，三百八十四爻互为其用，远在六合之外，近在一身之中。暂于瞬息，微于动静，莫不有卦之象焉，莫不有爻之义焉。至哉易乎！其道至大而无不包，其用至神而无不存。时固未始有一，而卦未始有定象；事固未始有穷，而爻亦未始有定位。以一时而索卦，则拘于无变，非易也；以一事而明爻，则窒而不通，非易也；知所谓卦爻象象之义，而不知有卦爻象象之用，亦非易也。故得之于精神之运，心术之动，与天地合其德，与日月合其明，与四时合其序，与鬼神合其吉凶，然后可以谓之知易也。虽然，易之有卦，易之已形者也。卦之有爻，卦之已见者也。已形已见者，可以知言；未形未见者，不可以名求。则所谓易者，果何如哉？此学者所当知也。

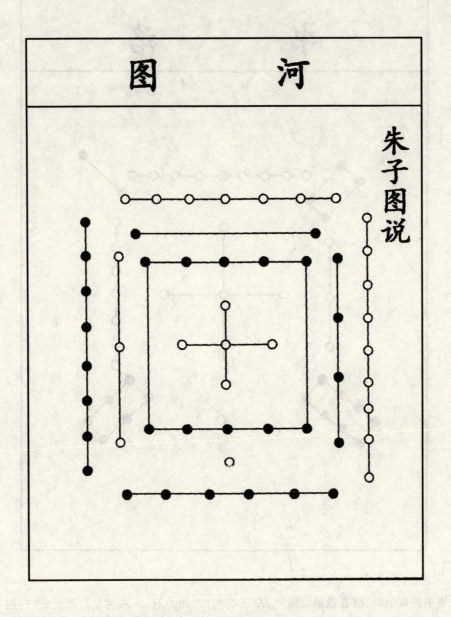

图　河

朱子图说

《系辞传》曰："河出图，洛出书，圣人则之。"又曰："天一，地二，天三，地四，天五，地六，天七，地八，天九，地十。天数五，地数五，五位相得而各有合。天数二十有五，地数三十，凡天地之数五十有五。此所以成变化而行鬼神也。"此河图之数也。

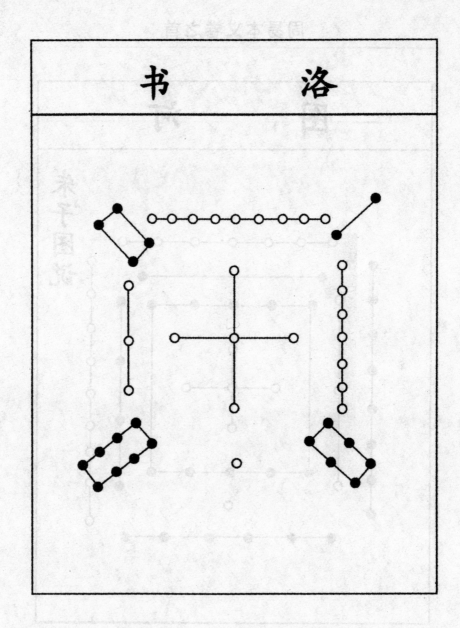

洛书盖取龟象,故其数戴九履一,左三右七,二四为肩,六八为足。蔡元定曰:图书之象,自汉孔安国、刘歆、魏关朗子明、有宋康节先生邵雍尧夫,皆谓如此。至刘牧始两易其名,而诸家因之。故今复之,悉从其旧。

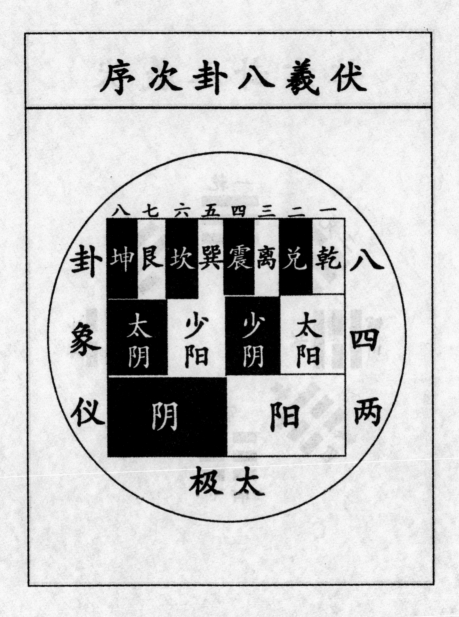

伏羲八卦次序

《系辞传》曰："易有太极，是生两仪，两仪生四象，四象生八卦。"邵子曰："一分为二，二分为四，四分为八也。"《说卦》传曰："易，逆数也。"邵子曰："乾一，兑二，离三，震四，巽五，坎六，艮七，坤八。自乾至坤，皆得未生之卦，若逆推四时之比也。后六十四卦次序放此。"

位方卦八羲伏

《说卦传》曰："天地定位，山泽通气，雷风相薄，水火不相射，八卦相错，数往者顺，知来者逆。"邵子曰："乾南、坤北、离东、坎西、震东北、兑东南、巽西南、艮西北。自震至乾为顺，自巽至坤为逆。后六十四卦方位放此。"

四卦次序

坤 剥 比 观 豫 晋 萃 否 谦 艮 蹇 渐 小过 旅 咸 遁 师 蒙 坎 涣 解 未济 困 讼 升 蛊 井 巽 恒 鼎 大过 姤

坤　　　艮　　　坎　　　巽

太阴　　　　　少阳

阴

极

上八卦次序图，即《系辞传》所谓八卦

成列者，此图即其所谓"因而重之"者也。故

下三画即前图之八卦，上三画则各以其序重之，

周易本义

九

伏羲六十四

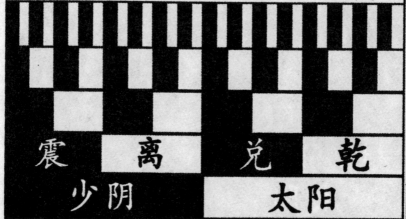

復頤屯益震 噬隨 无明 既家 丰離革 同 臨損節 中歸 睽兌履泰 大 小大大 夫乾
　　　　嗑　妄夷　濟人　　　人　　　孚妹　　　　畜　畜壯有

震　　　離　　　兌　　　乾

少陰　　　　太陽

陽

太

而下卦因亦各衍而为八也。若逐爻渐生，则

邵子所谓八分为十六，十六分为三十二，三

十二分为六十四者，尤见法象自然之妙也。

伏羲六十四卦方位

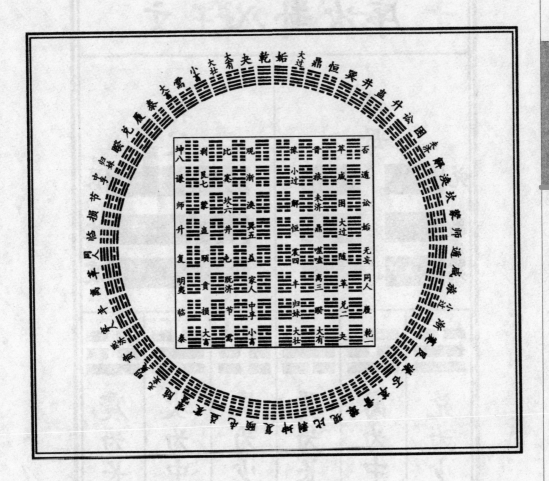

　　伏羲四图,其说皆出邵氏。盖邵氏得之李之才挺之,挺之得之穆修伯长,伯长得之华山希夷先生陈抟图南者,所谓先天之学也。此图圆布者,乾尽午中,坤尽子中,离尽卯中,坎尽酉中。阳生于子中,极于午中;阴生于午中,极于子中。其阳在南,其阴在北。方布者,乾始于西北,坤尽于东南。其阳在北,其阴在南。此二者,阴阳对待之数。圆于外者为阳,方于中者为阴;圆者动而为天,方者静而为地者也。

文王八卦次序

坤母	乾父

兑
离
巽

艮
坎
震

兑为少女得坤上爻
离为中女得坤中爻
巽为长女得坤初爻
艮为少男得乾上爻
坎为中男得乾中爻
震为长男得乾初爻

位方卦八王文

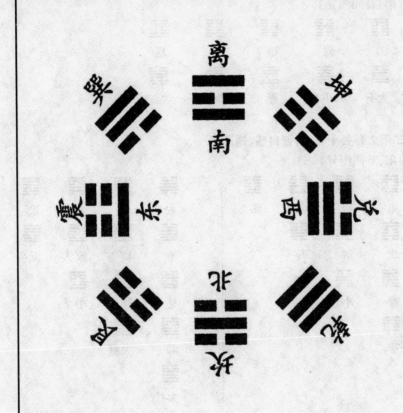

上见《说卦》。邵子曰："此文王八卦,乃人用之位,后天之学也。"

卦 变 图

《象传》或以卦变为说,今作此图以明之。盖易中之一义,非画卦作易之本指也。

凡一阴一阳之卦各六,皆从复、姤而来

(五阴五阳,卦同图异)。

剥	比	豫	谦	师	复

夬	大有	小畜	履	同人	姤

凡二阴二阳之卦各十有五,皆自临、遁而来

(四阴四阳,卦同图异)。

颐	屯	震	明夷	临	大过	鼎	巽	讼	遁
蒙	坎	解	升		革	离	家人	无妄	
艮	蹇	小过			兑	睽	中孚		
晋	萃				需	大畜			
观					大壮				

凡三阴三阳之卦各二十，皆自泰、否而来。

损	节	归妹	泰		咸	旅	渐	否

左：

损　节　归妹　泰

贲　既济　丰

噬嗑　随

益

蛊　井　恒

未济　困

涣

旅　咸

渐

否

右：

咸　旅　渐　否

困　未济　涣

井　蛊

恒

随　噬嗑　益

既济　贲

丰　损

节

归妹

泰

凡四阴四阳之卦各十有五,皆自大壮、观而来

（二阴二阳,图已见前）。

䷙	䷄	䷡		䷬	䷢	䷓
大畜	需	大壮		萃	晋	观
䷥	䷹			䷦	䷳	
睽	兑			蹇	艮	
䷼				䷽		
中孚				小过		
䷝	䷰			䷜	䷃	
离	革			坎	蒙	
䷤				䷧		
家人				解		
䷘				䷭		
无妄				升		
䷱	䷛			䷂	䷚	
鼎	大过			屯	颐	
䷸				䷲		
巽				震		
䷅				䷣		
讼				明夷		
䷠				䷒		
遁				临		

凡五阴五阳之卦各六，皆自夬、剥而来

（一阴一阳，图已见前）。

䷍	大有	䷪ 夬	䷇ 比	䷖ 剥
䷈	小畜		䷏ 豫	
䷉	履		䷎ 谦	
䷌	同人		䷆ 师	
䷫	姤		䷗ 复	

　　上易之图九：有天地自然之易，有伏羲之易，有文王、周公之易，有孔子之易。自伏羲以上，皆无文字，只有图画，最宜深玩，可见作易本原精微之意。文王以下，方有文字，即今之《周易》。然读者亦宜各就本文消息，不可便以孔子之说为文王之说也。

八卦取象卦歌

☰乾三连 ☷坤六断 ☳震仰盂 ☶艮覆碗

☲离中虚 ☵坎中满 ☱兑上缺 ☴巽下断

分宫卦象次序

乾为天	天风姤	天山遁	天地否
风地观	山地剥	火地晋	火天大有
坎为水	水泽节	水雷屯	水火既济
泽火革	雷火丰	地火明夷	地水师
艮为山	山火贲	山天大畜	山泽损
火泽睽	天泽履	风泽中孚	风山渐
震为雷	雷地豫	雷水解	雷风恒
地风升	水风井	泽风大过	泽雷随
巽为风	风天小畜	风火家人	风雷益
天雷无妄	火雷噬嗑	山雷颐	山风蛊
离为火	火山旅	火风鼎	火水未济
山水蒙	风水涣	天水讼	天火同人
坤为地	地雷复	地泽临	地天泰
雷天大壮	泽天夬	水天需	水地比
兑为泽	泽水困	泽地萃	泽山咸
水山蹇	地山谦	雷山小过	雷泽归妹

上下经卦名次序歌

乾坤屯蒙需讼师，比小畜兮履泰否。
同人大有谦豫随，蛊临观兮噬嗑贲。
剥复无妄大畜颐，大过坎离三十备。
咸恒遁兮及大壮，晋与明夷家人睽。
蹇解损益夬姤萃，升困井革鼎震继。
艮渐归妹丰旅巽，兑涣节兮中孚至。
小过既济兼未济，是为下经三十四。

上下经卦变歌

讼自遁变泰归妹，否从渐来随三位。
首困噬嗑未济兼，蛊三变贲井既济。
噬嗑六五本益生，贲原一损既济会。
无妄讼来大畜需，咸旅恒丰皆疑似。
晋从观更睽有三，离与中孚家人系。
蹇利西南小过来，解升二卦相为赘。
鼎由巽变渐涣旅，涣自渐来终于是。

筮　仪

择地洁处为蓍室，南户，置床于室中央。

床大约长五尺，广三尺，毋太近壁。

蓍五十茎，韬以纁帛，贮以皂囊，纳之椟中，置于床北。

椟以竹筒，或坚木，或布漆为之，圆径三寸，如蓍之长，半为底，半为盖，下别为台函之，使不偃仆。

设木格于椟南，居床二分之北。

格以横木板为之，高一尺，长竟床。当中为两大刻，相距一尺，大刻之西为三小刻，相距各五寸许，下施横足，侧立案上。

置香炉一于格南，香合一于炉南，日炷香致敬。将筮，则洒扫拂试，涤砚一，注水，及笔一、墨一、黄漆板一，于炉东，东上。筮者齐洁衣冠北面，盥手焚香致敬。

齐,侧皆反。

筮者北面,见《仪礼》。若使人筮,则主人焚香毕,少退,北面立。筮者进立于床前少西,南向受命。主人直述所占之事,筮者许诺。主人右还,西向立,筮者右还,北向立。

两手奉椟盖,置于格南炉北,出蓍于椟,去囊解韬,置于椟东。合五十策,两手执之,熏于炉上。

此后所用蓍策之数,其说并见《启蒙》。

命之曰:假尔泰筮有常,假尔泰筮有常,某官姓名,今以某事云云,未知可否。爰质所疑于神于灵,吉凶得失,悔吝忧虞,惟尔有神,尚明告之。乃以右手取其一策,反于椟中,而以左右手中分四十九策,置格之左右两大刻。

此第一营,所谓分而为二以象两者也。

次以左手取左大刻之策执之,而以右手取右大刻之一策,挂于左手之小指间。

此第二营,所谓挂一以象三者也。

次以右手四揲左手之策。

此第三营之半,所谓揲之以四,以象四时者也。

次归其所余之策,或一,或二,或三,或四,而扐之左手无名指间。

此第四营之半,所谓归奇于扐,以象闰者也。

次以右手反过揲之策于左大刻,遂取右大刻之策执之,而以左手四揲之。

此第三营之半。

次归其所余之策如前,而扐之左手中指之间。

此第四营之半,所谓再扐以象再闰者也。

一变所余之策,左一则右必三,左二则右亦二,左三则右必一,左四则右亦四。通挂一之策,不五则九,五以一其四而为奇,九以两其四而为偶,奇者三而偶者一也。

次以右手反过揲之策于右大刻,而合左手一挂二扐之策,置于格上第一小刻。

以东为上,后放此。

是为一变。再以两手取左右大刻之蓍合之。

或四十四策,或四十策。

复四营,如第一变之仪,而置其挂扐之策于格上第二小刻,是为二变。

二变所余之策,左一则右必二,左二则右必一,左三则右必四,左四则右必三。通挂一之策,不四则八,四以一其四而为奇,八以两其四而为偶,奇偶各得四之二焉。

又再取左右大刻之蓍合之。

或四十策,或三十六策,或三十二策。

复四营，如第二变之仪，而置其挂扐之策于格上第三小刻，是为三变。

三变余策与二变同。

三变既毕，乃视其三变所得挂扐过揲之策，而画其爻于版。

挂扐之数，五四为奇，九八为偶。挂扐三奇，合十三策，则过揲三十六策而为老阳，其画为"□"，所谓重也；挂扐两奇一偶合十七策，则过揲三十二策而为少阴，其画为"－－"，所谓拆也；挂扐两偶一奇合二十一策，则过揲二十八策而为少阳，其画为"──"，所谓单也；挂扐三偶合二十五策，则过揲二十四策而为老阴，其书为"×"，所谓交也。

如是每三变而成爻。

第一、第四、第七、第十、第十三、第十六，凡六变并同，但第三变以下不命，而但用四十九蓍耳。第二、第五、第八、第十一、第十四、第十七，凡六变亦同。第三、第六、第九、第十二、第十五、第十八，凡六变亦同。

凡十有八变而成卦，乃考其卦之变，而占其事之吉凶。

卦变别有图说，见《启蒙》。

礼毕，韬蓍袭之以囊，入椟加盖，敛笔砚墨版，再焚香致敬而退。

如使人筮，则主人焚香，揖筮者而退。

周易本义卷之一

朱熹本义

周 易 上 经

周，代名也；《易》，书名也。其卦本伏羲所画，有交易、变易之义，故谓之"易"。其辞则文王、周公所系，故系之"周"。以其简帙重大，故分为上下两篇。经，则伏羲之画，文王、周公之辞也。并孔子所作之传十篇，凡十二篇。中间颇为诸儒所乱，近世晁氏始正其失，而未能尽合古文。吕氏又更定，著为经二卷，传十卷，乃复孔氏之旧云。

乾 ䷀ 乾上
乾下

乾：元亨利贞。

乾，渠焉反。

六画者，伏羲所画之卦也。"一"者，奇也，阳之数也。乾者，健也，阳之性也。本注乾字，三画卦之名也。下者，内卦也。上者，外卦也。经文"乾"字，六画卦之名也。伏羲仰观俯察，见阴阳有奇偶之数，故画一奇以象阳，画一偶以象阴。见一阴一阳，有各生一阴一阳之象，故自下而上，再倍而三，以成八卦。见阳之性健，而其成形之大者为天，故三奇之卦名之曰乾，而拟之于天也。三画已具，八卦已成，则又三倍其画，以成六画，而于八卦之上，各加八卦，以成六十四卦也。此卦六画皆奇，上下皆乾，则阳之纯而健之至也，故乾之名，天之象，皆不易焉。"元、亨、利、贞"，文王所系之辞，以断一卦之吉凶，所谓"彖辞"者也。元，大也。亨，通也。利，宜也。贞，正而固也。文王以为乾道大，通而至正，故于筮得此卦，而六爻皆不变者，言其占当得大通，而必利在正固，然后可以保其终也。此圣人所以作《易》教人卜筮，而可以开物成务之精意。余卦放此。

初九：潜龙勿用。

潜，捷言反。

初九者，卦下阳爻之名。凡画卦者，自下而上，故以下爻为初。阳数，九为老，七为少，老变而少不变，故谓阳爻为九。"潜龙勿用"，周公所系之辞，以断一爻之吉凶，所谓爻辞者也。"潜"，藏也。"龙"，阳物也。初阳在下，未可施用，故其象为"潜龙"，其占曰"勿用”。凡遇乾而此爻变者,当观此象而玩其占也。余爻放此。

九二：见龙在田,利见大人。

“见龙”之“见”,音现。卦内并同。

二,谓自下而上第二爻也。后放此。九二刚健中正,出潜离隐,泽及于物,物所“利见”,故其象为“见龙在田”,其占为“利见大人”。九二虽未得位,而大人之德已著,常人不足以当之,故值此爻之变者,但为利见此人而已。盖亦谓在下之大人也。此以爻与占者相为主宾,自为一例。若有“见龙”之德,则为“利见”九五在上之“大人”矣。

九三：君子终日乾乾,夕惕若厉,无咎。

九,阳爻。三,阳位。重刚不中,居下之上,乃危地也。然性体刚健,有能“乾乾”惕“厉”之象,故其占如此。君子,指占者而言。言能忧惧如是,则虽处危地而“无咎”也。

九四：或跃在渊,无咎。

“或”者,疑而未定之辞。“跃”者,无所缘而绝于地,特未飞尔。“渊”者,上空下洞,深昧不测之所。龙之在是,若下于田,“或跃”而起,则向乎天矣。九阳四阴,居上之下,改革之际,进退未定之时也。故其象如此。其占能随时进退,则“无咎”也。

九五：飞龙在天,利见大人。

刚健中正,以居尊位,如以圣人之德,居圣人之位,故其象如此,而占法与九二同。特所“利见”者,在上之大人尔。若有其位,则为“利见”九二在下之“大人”也。

上九：亢龙有悔。

亢,古浪反。悔,呼罪反。卦内并同。

“上”者,最上一爻之名。“亢”者,过于上而不能下之意也。阳极于上,动必“有悔”,故其象占如此。

用九：见群龙无首,吉。

“用九”,言凡筮得阳爻者,皆用九而不用七。盖诸卦百九十二阳爻之通例也。以此卦纯阳而居首,故于此发之。而圣人因系之辞,使遇此卦而六爻皆变者,即此占之。盖六阳皆变,刚而能柔,吉之道也。故为“群龙无首”之象,而其占为如是则吉也。《春秋传》曰:乾之坤,曰“见群龙无首,吉”。盖即纯坤卦辞,“牝马之贞”、“先迷后得”、“东北丧朋”之意。

《彖》曰:大哉乾元!万物资始,乃统天。

彖,吐乱反。

“彖”,即文王所系之辞。“传”者,孔子所以释经之辞也。后凡言“传”者,放此。

此专以天道明“乾”义。又析“元亨利贞”为四德,以发明之,而此一节首释元义也。

"大哉",叹辞。"元",大也,始也。"乾元",天德之大始,故万物之生,皆资之以为始也。又为四德之首,而贯乎天德之始终,故曰"统天"。

云行雨施,品物流形。

施,始豉反。卦内并同。
此释乾之"亨"也。

大明终始,六位时成,时乘六龙以御天。

"始",即元也。"终",谓贞也。不终则无始,不贞则无以为元也。此言圣人大明乾道之终始,则见卦之六位,各以时成,而乘此六阳以行天道,是乃圣人之"元亨"也。

乾道变化,各正性命,保合大和,乃利贞。

大,音泰。后同。
变者化之渐,化者变之成。物所受为性,天所赋为命。"大和",阴阳会合,冲和之气也。"各正"者,得于有生之初。"保合"者,全于已生之后,此言"乾道变化",无所不利,而万物各得其性命以自全,以释"利贞"之义也。

首出庶物,万国咸宁。

圣人在上,高出于物,犹乾道之变化也。"万国"各得其所而"咸宁",犹万物之"各正性命",而"保合太和"也。此言圣人之"利贞"也。盖尝统而论之:"元"者,物之始生,"亨"者,物之畅茂,"利"则向于实也,"贞"则实之成也。实之既成,则其根蒂脱落,可复种而生矣。此四德之所以循环而无端也。然而四者之间,生气流行,初无间断,此"元"之所以包四德而统天也。其以圣人而言,则孔子之意,盖以此卦为圣人得天位,行天道,而致太平之占也。虽其文义有非文王之旧者,然读者各以其意求之,则并行而不悖也。坤卦放此。

《象》曰:天行健,君子以自强不息。

"象"者,卦之上下两象,及两象之六爻,周公所系之辞也。
"天",乾卦之象也。凡重爻皆取重义,此独不然者,天一而已。但言"天行",则见其一日一周,而明日又一周,若重复之象,非至健不能也。君子法之,不以人欲害其天德之刚,则"自强"而"不息"矣。

"潜龙勿用",阳在下也。

"阳",谓九。"下",谓潜。

"见龙在田",德施普也。"终日乾乾",反复道也。

复,方服反。注同。
"反复",重复践行之意。

"或跃在渊"，进无咎也。

可以进而不必进也。

"飞龙在天"，大人造也。

造，徂早反。

"造"，犹作也。

"亢龙有悔"，盈不可久也。"用九"，天德不可为首也。

言阳刚不可为物先，故六阳皆变而吉。

"天行"以下，先儒谓之《大象》。"潜龙"以下，先儒谓之《小象》。后放此。

《文言》曰：元者，善之长也。亨者，嘉之会也。利者，义之和也。贞者，事之干也。

长，之丈反。下同。

此篇申《彖》、《象传》之意，以尽乾坤二卦之蕴，而余卦之说，因可以例推云。

"元"者，生物之始，天地之德，莫先于此。故于时为春，于人则为仁，而众善之长也。"亨"者，生物之通，物至于此，莫不嘉美，故于时为夏，于人则为礼，而众美之会也。"利"者，生物之遂，物各得宜，不相妨害，故于时为秋，于人则为义，而得其分之和。"贞"者，生物之成，实理具备，随在各足，故于时为冬，于人则为智，而为众事之"干"。"干"，木之身，而枝叶所依以立者也。

君子体仁足以长人，嘉会足以合礼，利物足以和义，贞固足以干事。

以仁为体，则无一物不在所爱之中，故"足以长人"。嘉其所会，则无不合礼。使物各得其所利，则义无不和。贞固者，知正之所在而固守之，所谓知而弗去者也，故足以为事之干。

君子行此四德者，故曰"乾，元亨利贞"。

非君子之至健，无以行此，故曰"乾，元亨利贞"。

此第一节，申《彖》之意，与《春秋传》所载穆姜之言不异。疑古者已有此语，穆姜称之，而夫子亦有取焉。故下文别以"子曰"表孔子之辞，盖传者欲以明此章之为古语也。

初九曰"潜龙勿用"，何谓也？子曰："龙德而隐者也。不易乎世，不成乎名，遁世无闷，不见是而无闷，乐则行之，忧则违之，确乎其不可拔，'潜龙'也。"

乐，历各反。确，苦学反。

"龙德"，圣人之德也，在下故"隐"。"易"，谓变其所守。大抵乾卦六爻，《文言》皆以圣人明之，有隐显而无浅深也。

九二曰"见龙在田，利见大人"，何谓也？子曰："龙德而正中者也。庸言之信，庸行之谨，闲邪存其诚，善世而不伐，德博而化。《易》曰：'见龙在田，利见大人。'君德也。"

"正中"，不潜而未跃之时也。常言亦信，常行亦谨，盛德之至也。"闲邪存其诚"，无敷亦保之意,言君德也者,释"大人"之为九二也。

九三曰"君子终日乾乾,夕惕若厉,无咎",何谓也?子曰:"君子进德修业。忠信所以进德也。修辞立其诚,所以居业也。知至至之,可与几也。知终终之,可与存义也。是故居上位而不骄,在下位而不忧。故乾乾因其时而惕,虽危无咎矣。"

几,坚溪反。

"忠信",主于心者,无一念之不诚也。"修辞",见于事者,无一言之不实也。虽有忠信之心,然非修辞立诚,则无以居之。"知至至之",进德之事。"知终终之",居业之事,所以"终日乾乾"而夕犹惕若者,以此故也。可上可下,不骄不忧,所谓无咎也。

九四曰"或跃在渊,无咎",何谓也?子曰:"上下无常,非为邪也。进退无恒,非离群也。君子进德修业,欲及时也,故无咎。"

离,力智反。
内卦以"德"学言,外卦以"时"位言。"进德修业",九三备矣,此则欲其及时而进也。

九五曰"飞龙在天,利见大人",何谓也?子曰:"同声相应,同气相求。水流湿,火就燥,云从龙,风从虎,圣人作而万物睹。本乎天者亲上,本乎地者亲下,则各从其类也。"

应,去声。燥,上声。

"作",起也。"物",犹人也。"睹",释利见之意也。"本乎天"者,谓动物。"本乎地"者,谓植物。物"各从其类"。"圣人",人类之首也,故兴起于上,则人皆见之。

上九曰"亢龙有悔",何谓也?子曰:"贵而无位,高而无民,贤人在下位而无辅,是以动而有悔也。"

"贤人在下位",谓九五以下。"无辅",以上九过高志满,不来辅助之也。
此第二节,申《象传》之意。

"潜龙勿用",下也。"见龙在田",时舍也。

舍,去声。
言未为时用也。

"终日乾乾",行事也。"或跃在渊",自试也。

未遽有为,姑试其可。

"飞龙在天",上治也。

治,陈知反。
居上以治下。

"亢龙有悔",穷之灾也。乾元"用九",天下治也。

治,直意反。
言"乾元用九",见与它卦不同。君道刚而能柔,天下无不治矣。
此第三节,再申前意。

"潜龙勿用",阳气潜藏。"见龙在田",天下文明。

虽不在上位,然天下已被其化。

"终日乾乾",与时偕行。

时当然也。

"或跃在渊",乾道乃革。

离下而上,变革之时。

"飞龙在天",乃位乎天德。

"天德",即天位也。盖唯有是德,乃宜居是位,故以名之。

"亢龙有悔",与时偕极。乾元用九,乃见天则。

刚而能柔,天之法也。
此第四节,又申前意。

"乾元"者,始而亨者也。

始则必亨,理势然也。

"利贞"者,性情也。

收敛归藏,乃见性情之实。

乾始,能以美利利天下,不言所利,大矣哉!

"始"者,元而亨也。"利天下"者,利也。"不言所利"者,贞也。或曰:"坤利牝马",则言所利矣。

大哉乾乎,刚健中正,纯粹精也!

"刚",以体言。"健",兼用言。"中"者,其行无过不及。"正"者,其立不偏。四者乾之德也。"纯"者,不杂于阴柔。"粹"者,不杂于邪恶。盖刚健中正之至极,而精者又纯粹之至极也。或疑乾刚无柔,不得言中正者,不然也。天地之间,本一气之流行而有动静尔。以其流行之统体而言,则但谓之乾而无所不包矣。以其动静分之,然后有阴阳刚柔之别也。

六爻发挥,旁通情也。

"旁通",犹言曲尽。

"时乘六龙",以御天也。"云行雨施",天下平也。

言圣人"时乘六龙以御天",则如天之"云行雨施,而天下平也"。

此第五节,复申首章之意。

君子以成德为行,日可见之行也。潜之为言也,隐而未见,行而未成,是以君子弗用也。

行,并去声。"未见"之"见",音现。

"成德",已成之德也。初九固成德,但其行未可见尔。

君子学以聚之,问以辨之,宽以居之,仁以行之。《易》曰"见龙在田,利见大人",君德也。

盖由四者以成"大人"之德,再言"君德",以深明九二之为"大人"也。

九三,重刚而不中,上不在天,下天在田。故乾乾因其时而惕,虽危无咎矣。

重,平声。下同。

"重刚",谓阳爻阳位。

九四,重刚而不中,上不在天,下不在田,中不在人,故或之。或之者,疑之也,故无咎。

九四非重刚,"重"字疑衍。"在人"谓三。"或"者,随时而未定也。

夫大人者,与天地合其德,与日月台其明,与四时合其序,与鬼神合其吉凶。先天而天弗违,后天而奉天时。天且弗违,而况于人乎?况于鬼神乎?

夫,音扶。先,所荐反。后,胡茂反。

"大人",即释爻辞所"利见之大人"也。有是德而当其位,乃可当之。人与天地鬼神,本无二理,特蔽于有我之私,是以牿于形体,而不能相通。大人无私,以道为体,曾何彼此先后之可言哉?先天不违,谓意之所为,默与道契。后天奉天,谓知理如是,奉而行之。回纥谓郭子仪曰"卜者言,此行当见一大人而还",其占盖与此合。若子仪者,虽未及乎夫子之所论,然其至公无我,亦可谓当时之大人矣。

"亢"之为言也,知进而不知退,知存而不知亡,知得而不知丧。

丧,息浪反。

所以动而有悔也。

其唯圣人乎?知进退存亡,而不失其正者,其唯圣人乎?

知其理势如是,而处之以道,则不至于有悔矣,固非计私以避害者也。再言"其唯圣人乎",始若设问,而来自应之也。

此第六节,复申第二第三第四节之意。

坤 ䷁ 坤上
坤下

坤:元亨,利牝马之贞。君子有攸往,先迷后得,主利。西南得朋,东北丧朋,安贞吉。

牝,频忍反。丧,息浪反。卦中并同。

"- -"者,偶也,阴之数也。"坤"者,顺也,阴之性也。注中者,三画卦之名也。经中者,六画卦之名也。阴之成形,莫大于地。此卦三画皆偶,故名坤而象地。重之又得坤焉,则是阴之纯,顺之至,故其名与象,皆"不易"也。"牝马",顺而健行者。阳先阴后,阳主义,阴主利。"西南",阴方。"东北",阳方。"安",顺之为也。"贞",健之守也。遇此卦者,其占为大亨,而利以顺健为正。如有所往,则"先迷后得"而主于利。往西南则"得朋",往东北则"丧朋"。大抵能安于正,则吉也。

《彖》曰:至哉坤元!万物资生,乃顺承天。

此以地道明坤之义,而首言元也。"至",极也,比"大"义差缓。"始"者气之始,"生"者形之始。顺承天施,地之道也。

坤厚载物,德合无疆;含弘光大,品物咸亨。

疆,居良反。下同。

言"亨"也。"德合无疆",谓配乾也。

牝马地类,行地无疆;柔顺利贞,君子攸行。

言"利贞"也。"马",乾之象,而以为地类者,牝阴物,而马又行地之物也。"行地无疆",则顺而健矣。"柔顺利贞",坤之德也。君子攸行,人之所行,如坤之德也。所行如是,则其占如下文所云也。

先迷失道,后顺得常。"西南得朋",乃与类行;"东北丧朋",乃终有庆。

阳大阴小,阳得兼阴,阴不得兼阳。故坤之德,常减于乾之半也。"东北"虽"丧朋",然反之"西南",则"终有庆"矣。

安贞之吉,应地无疆。

"安"而且"贞",地之德也。

《象》曰:地势坤,君子以厚德载物。

"地",坤之象,亦一而已。故不言重,而言其势之顺,则见其高下相因之无穷,至顺极厚,而无所不载也。

初六:履霜,坚冰至。

"六",阴爻之名。阴数六老而八少,故谓阴爻为六也。"霜",阴气所结,盛则水冻而为冰。此爻阴始生于下,其端甚微,而其势必盛,故其象如"履霜",则知"坚冰"之将"至"也。夫阴阳者,造化之本,不能相无;而消长有常,亦非人所能损益也。然阳主生,阴主杀,则其类有淑慝之分焉。故圣人作《易》,于其不能相无者,既以健顺仁义之属明之,而无所偏主。至其消长之际,淑慝之分,则未尝不致其扶阳抑阴之意焉。盖所以赞化育而参天地者,其旨深矣。不言其占者,谨微之意,已可见于象中矣。

《象》曰:"履霜""坚冰",阴始凝也。驯致其道,至坚冰也。

凝,鱼陵反。驯,详伦反。

按:《魏志》作"初六履霜",今当从之。"驯",顺习也。

六二：直方大，不习无不利。

柔顺正固，坤之"直"也。赋形有定，坤之"方"也。德合无疆，坤之"大"也。六二柔顺而中正，又得坤道之纯者，故其德内"直"外"方"，而又盛大，不待学习而无不利。占者有其德，则其占如是也。

《象》曰：六二之动，直以方也。"不习无不利"，地道光也。

六三：含章可贞，或从王事，无成有终。

六阴三阳，内含章美，可贞以守。然居下之上，不终含藏。故或时出而从上之事，则始虽"无成"，而后必"有终"。爻有此象，故戒占者有此德，则如此占也。

《象》曰："含章可贞"，以时发也。"或从王事"，知光大也。

知，音智。

六四：括囊，无咎无誉。

拓，古活反。誉，音馀又音预。

"括囊"，言结囊口而不出也。"誉"者，过实之名。谨密如是，则无咎而亦无誉矣。六四重阴不中，故其象占如此。盖或事当谨密，或时当隐遁也。

《象》曰："括囊无咎"，慎不害也。

六五：黄裳，元吉。

"黄"，中色。"裳"，下饰。六五以阴居尊，中顺之德，充诸内而见于外，故其象如此，而其占为大善之吉也。占者德必如是，则其占亦如是矣。《春秋传》：南蒯将叛，筮得此爻，以为大吉。子服惠伯曰："忠信之事则可，不然必败。外强内温，忠也。和以率贞，信也。故曰'黄裳元吉'。黄，中之色也；裳，下之饰也；元，善之长也。中不忠，不得其色；下不共，不得其饰；事不善，不得其极。且夫《易》不可以占险，三者有阙，筮虽吉，未也。"后蒯果败，此可以见占法矣。

《象》曰："黄裳元吉"，文在中也。

文在中而见于外也。

上六：龙战于野，其血玄黄。

阴盛之极，至与阳争，两败俱伤。其象如此，占者如是，其凶可知。

《象》曰："龙战于野"，其道穷也。

用六：利永贞。

"用六"，言凡筮得阴爻者，皆用六而不用八，亦通例也。以此卦纯阴而居首，故发之。

遇此卦而六爻俱变者，其占如此辞。盖阴柔而不能固守，变而为阳，则能"永贞"矣。故戒占者以"利永贞"，即乾之"利贞"也。自坤而变，故不足于"元亨"云。

《象》曰：用六永贞，以大终也。

初阴后阳，故曰"大终"。

《文言》曰：坤至柔而动也刚，至静而德方。

"刚""方"，释"牝马之贞"也。"方"，谓生物有常。

后得主而有常。

《程传》曰："主"下当有"利"字。

含万物而化光。

复明"亨"义。

"坤"道其顺乎，承天而时行。

复，明顺承天之意。
此以上申《彖》之意。

积善之家，必有余庆。积不善之家，必有余殃。臣弑其君，子弑其父，非一朝一夕之故，其所由来者渐矣，由辨之不早辨也。《易》曰："履霜，坚冰至"，盖言顺也。

庆，叶韵，驱羊反。
古字"顺"、"慎"通用，按此当作"慎"。言当辨之于微也。

直其正也，方其义也。君子敬以直内，义以方外，敬义立而德不孤。"直方大，不习无不利"，则不疑其所行也。

此以学言之也。"正"，谓本体。"义"，谓裁制。敬则本体之守也。"直内""方外"，《程传》备矣。"不孤"，言大也。疑故习而后利，不疑则何假于习。
传曰：直言其正也方，言其义也。君子主敬以直其内，守义以方其外。敬立而内直，义形而外方。义形于外，非在外也。敬义既立，其德盛天矣。不期大而大矣，德不孤也。无所用而不周，无所施而不利。孰为疑乎。

阴虽有美，含之以从王事，弗敢成也。地道也，妻道也，臣道也。地道无成，而代有终也。天地变化，草木蕃，天地闭，贤人隐。《易》曰"括囊，无咎无誉"，盖言谨也。君子黄中通理。

"黄中"，言中德在内，释"黄"字之义也。

正位居体。

虽在尊位，而居下体，释"裳"字之义也。

美在其中，而畅于四支，发于事业，美之至也。

"美在其中"，复释"黄中"，"畅于四支"，复释"居体"。

阴疑于阳必战，为其嫌于无阳也，故称"龙"焉。犹未离其类也，故称"血"焉。夫玄黄者，天地之杂也。天玄而地黄。

为，于伪反。离，力智反。夫，音扶。

"疑"，谓钧敌而无小大之差也。坤虽无阳，然阳未尝无也。"血"，阴属，盖气阳而血阴也。"玄黄"，天地之正色，言阴阳皆伤也。

此以上申《象传》之意。

屉 ䷂ 坎上 震下

屯：元亨，利贞。勿用有攸往，利建侯。

屯，张伦反。

震，坎，皆三画卦之名。震一阳动于二阴之下，故其德为动，其象为雷。坎一阳陷于二阴之间，故其德为陷、为险，其象为云、为雨、为水。"屯"，六画卦之名也，难也，物始生而未通之意。故其为字，象屮穿地，始出而未申也。其卦以震遇坎，乾坤始交而遇险陷，故其名为屯。震动在下，坎险在上，是能动乎险中。能动虽可以亨，而在险则宜守正而未可遽进。故筮得之者，其占为大亨而利于正，但未可遽有所往耳。又初九阳居阴下，而为成卦之主，是能以贤下人，得民而可君之象。故筮立君者，遇之则吉也。

《彖》曰：屯，刚柔始交而难生。

难，乃旦反。六二《象》同。

以二体释卦名义，"始交"，谓震。"难生"，谓坎。

动乎险中，大亨贞。

以二体之德释卦辞，"动"，震之为也。"险"，坎之地也。自此以下，释"元亨利贞"，乃用文王本意。

雷雨之动满盈。天造草昧，宜建侯而不宁。

以二体之象释卦辞。"雷"，震象。"雨"，坎象。"天造"，犹言天运。"草"，杂乱。"昧"，晦冥也。阴阳交而雷雨作，杂乱晦冥，塞乎两间。天下未定，名分未明。宜立君以统治，而未可遽谓安宁之时也。不取初九爻义者，取义多端，姑举其一也。

《象》曰：云雷屯，君子以经纶。

坎不言水而言"云"者，未通之意。"经纶"，治丝之事，经引之，纶理之也。屯难之世，君子有为之时也。

初九：磐桓，利居贞，利建侯。

磐，步干反。

"磐桓"，难进之貌。屯难之初，以阳在下，又居动体，而上应阴柔险陷之爻，故有"磐桓"之象。然居得其正，故其占利于"居贞"。又本成卦之主，以阳下阴，为民所归，侯之象也，故其象又如此。而占者如是，则利建以为侯也。

《象》曰：虽"磐桓"，志行正也。以贵下贱，大得民也。

下，遐嫁反。

六二：屯如邅如，乘马班如，匪寇婚媾。女子贞不字，十年乃字。

邅，张连反。

"班"，分布不进之貌。"字"，许嫁也。《礼》曰："女子许嫁，笄而字。"六二阴柔中正，有应于上，而乘初刚，故为所难，而邅回不进。然初非为寇也，乃求与己为婚媾耳。但己守正，故不之许，至于十年，数穷理极，则妄求者去，正应者合，而可许矣。爻有此象，故因以戒占者。

《象》曰：六二之难，乘刚也。"十年乃字"，反常也。

六三：即鹿无虞，惟入于林中，君子几，不如舍，往吝。

几，音机。舍，音捨。《象》同。

阴柔居下，不中不正，上无正应，妄行取困，为逐鹿无虞，陷入林中之象。君子见几，不如舍去。若往逐而不舍，必致羞吝。戒占者宜如是也。

《象》曰："即鹿无虞"，以从禽也。君子舍之，"往吝"穷也。

六四：乘马班如，求婚媾，往吉，无不利。

阴柔居屯，不能上进，故为"乘马班如"之象。然初九守正居下，以应于己，故其占为下，求婚媾则吉也。

《象》曰：求而往，明也。

九五：屯其膏，小贞吉，大贞凶。

九五虽以阳刚中正居尊位，然当屯之时，陷于险中，虽有六二正应，而阴柔才弱，不足以济。初九得民于下，众皆归之。九五坎体，有膏润而不得施，为"屯其膏"之象。占者以处小事，则守正犹可获吉；以处大事，则虽守正而不免于凶。

《象》曰："屯其膏"，施未光也。

施，始豉反。

上六：乘马班如，泣血涟如。

阴柔无应，处屯之终，进无所之，忧惧而已，故其象如此。

《象》曰："泣血涟如"，何可长也？

蒙 ䷃ 艮上
坎下

蒙：亨。匪我求童蒙，童蒙求我。初筮告，再三渎，渎则不告。利贞。

告，古毒反。三，息暂反。下同。

艮，亦三画卦之名。一阳止于二阴之上，故其德为止，其象为山。蒙，昧也。物生之初，蒙昧未明也。其卦以坎遇艮。山下有险，蒙之地也；内险外止，蒙之意也。故其名为蒙。"亨"以下，占辞也。九二内卦之主，以刚居中，能发人之蒙者，而与六五阴阳相应，故遇此卦者有亨道也。"我"，二也；"童蒙"，幼稚而蒙昧，谓五也。筮者明，则人当求我而其亨在人；筮者暗，则我当求人而亨在我。人求我者，当视其可否，而应之；我求人者，当致其精一而扣之。而明者之养蒙，与蒙者之自养，又皆利于以正也。

《象》曰：蒙，山下有险。险而止，蒙。

以卦象卦德释卦名，有两义。

"蒙亨"，以亨行时中也。"匪我求童蒙，童蒙求我"，志应也。"初筮告"，以刚中也。"再三渎，渎则不告"，渎蒙也。蒙以养正，圣功也。

以卦体释卦辞也。九二以可亨之道，发人之蒙，而又得其时之中，谓如下文所指之事，皆以亨行而当其可也。"志应"者，二刚明，五柔暗，故二不求五而五求二，其志自相应也。"以刚中"者，以刚而中，故能告而有节也。"渎"，筮者二三，则问者固渎，而告者亦渎矣。"蒙以养正"，乃作圣之功，所以释"利贞"之义也。

《象》曰：山下出泉，蒙。君子以果行育德。

得，下孟反。六三《象》同。

"泉"，水之始出者，必行而有渐也。

初六：发蒙，利用刑人，用说桎梏，以往吝。

说，吐活反。桎，职日反。梏，古禄反。

以阴居下，蒙之甚也。占者遇此，当发其蒙。然发之之道，当痛惩而暂舍之，以观其后。若遂往而不舍，则致羞吝矣。戒占者当如是也。

《象》曰："利用刑人"，以正法也。

"发蒙"之初，法不可不正，惩戒所以正法也。

九二：包蒙吉。纳妇吉，子克家。

九二以阳刚为内卦之主，统治群阴，当"发蒙"之任者。然所治既广，物性不齐，不可一概取必。而爻之德刚而不过，为能有所包容之象。又以阳受阴，为"纳妇"之象。又居下位而能任上事,为"子克家"之象。故占者有其德而当其事,则如是而"吉"也。

《象》曰:"子克家",刚柔接也。

指二五之应。

六三:勿用取女。见金夫,不有躬,无攸利。

取,七具反。下《象》同。

六三阴柔,不中不正,女之"见金夫"而不能有其身之象也。占者遇之,则其取女必得如是之人,无所利矣。"金夫",盖以金赂己而挑之,若鲁秋胡之为者。

《象》曰:"勿用取女",行不顺也。

行,下孟反。

"顺",当作慎,盖"顺""慎"占字通用。荀子"顺墨"作"慎墨",且行不慎,于经意尤亲切,今当从之。

六四:困蒙,吝。

既远于阳,又无正应,为困于蒙之象。占者如是,可羞吝也。能求刚明之德而亲近之,则可免矣。

《象》曰:"困蒙"之吝,独远实也。

远,袁万反。实,叶韵去声。

六五:童蒙,吉。

柔中居尊,下应九二,纯一未发,以听于人,故其象为"童蒙",而其占为如是则吉也。

《象》曰:"童蒙"之吉,顺以巽也。

上九:击蒙,不利为寇,利御寇。

以刚居上,治蒙过刚,故为"击蒙"之象。然取必太过,攻治太深,则必反为之害。惟捍其外诱,以全其真纯,则虽过于严密,乃为得宜。故戒占者如此。凡事皆然,不止为诲人也。

《象》曰:利用"御寇",上下顺也。

"御寇"以刚,上下皆得其道。

需 ䷄ 坎上
乾下

需:有孚,光亨,贞吉,利涉大川。

"需",待也。以乾遇坎,乾健坎险,以刚遇险,而不遽进以陷于险,待之义也。"孚",信之在中者也。其卦九五,以坎体中实,阳刚中正而居尊位,为有孚得正之象。坎水在前,乾健临之,将涉水而不轻进之象。故占者为有所待而能有信,则"光亨"矣。若又得正则吉，而"利涉大川"。正固无所不利，而涉川尤贵于能待，则不欲速而犯难也。

《彖》曰：需，须也，险在前也。刚健而不陷，其义不困穷矣。

此以卦德释卦名义。

"需，有孚，光亨，贞吉"，位乎天位，以正中也。"利涉大川"，往有功也。

以卦体及两象释卦辞。

《象》曰：云上于天，需。君子以饮食宴乐。

上，上声。乐，音洛。

"云上于天"，无所复为，待其阴阳之和而自雨尔。事之当需者，亦不容更有所为。但饮食宴乐，俟其自至而已。一有所为，则非需也。

初九：需于郊。利用恒，无咎。

"郊"，旷远之地，未近于险之象也。而初九阳刚，又有能恒于其所之象，故戒占者能如是，则"无咎"也。

《象》曰："需于郊"，不犯难行也。"利用恒，无咎"，未失常也。

难，去声。

九二：需于沙，小有言，终吉。

"沙"，则近于险矣。言语之伤，亦灾害之小者，渐进近坎，故有此象。刚中能需，故得"终吉"。戒占者当如是也。

《象》曰："需于沙"，衍在中也。虽"小有言"，以吉终也。

衍，以善反。

"衍"，宽意。以宽居中，不急进也。

九三：需于泥，致寇至。

"泥"，将陷于险矣。"寇"，则害之大者。九三去险愈近，而过刚不中，故其象如此。

《象》曰："需于泥"，灾在外也。自我"致寇"，敬慎不败也。

"外"，谓外卦。"敬慎不败"，发明占外之占，圣人示人之意切矣。

六四：需于血，出自穴。

"血"者，杀伤之地。"穴"者，险陷之所。四交坎体，入乎险矣，故为"需于血"之象。然柔得其正，需而不进，故又为"出自穴"之象。占者如是，则虽在伤地而终得出也。

《象》曰："需于血"，顺以听也。

九五：需于酒食，贞吉。

"酒食"，宴乐之具，言安以待之。九五阳刚中正，需于尊位，故有此象。占者如是而贞固，则得吉也。

《象》曰："酒食，贞吉"，以中正也。

上六：入于穴，有不速之客三人来，敬之终吉。

阴居险极，无复有需，有陷而入穴之象。下应九三，九三与下二阳，需极并进，为"不速客三人"之象。柔不能御而能顺之，有"敬之"之象。占者当陷险中，然于非意之来，敬以待之，则得"终吉"也。

《象》曰："不速之客"来，"敬之终吉"，虽不当位，未大失也。

当，都浪反。后凡言"当位""不当位"者，放此。

以阴居上，是为"当位"，言"不当位"，未详。

讼 ䷅ 乾上 坎下

讼：有孚，窒惕，中吉，终凶。利见大人，不利涉大川。

窒，张栗反。

"讼"，争辨也。上乾下坎，乾刚坎险。上刚以制其下，下险以伺其上。又为内险而外健，又为己险而彼健，皆讼之道也。九二中实，上无应与，又为加忧。且于卦变自遁而来，为刚来居二而当下卦之中，"有孚"而见"窒"，能惧而得中之象。上九过刚居讼之极，有终极其讼之象。九五刚健中正以居尊位，有"大人"之象。以刚乘险，以实履陷，有"不利涉大川"之象。故戒占者必有争辩之事，而随其所处为吉凶也。

《象》曰：讼，上刚下险，险而健，讼。

以卦德释卦名义。

"讼，有孚，窒惕，中吉"，刚来而得中也。"终凶"，讼不可成也。"利见大人"，尚中正也。"不利涉大川"，入于渊也。

以卦变、卦体、卦象，释卦辞。

《象》曰：天与水违行，讼。君子以作事谋始。

天上水下，其行相违，作事谋始，讼端绝矣。

初六：不永所事，小有言，终吉。

阴柔居下，不能终讼，故其象占如此。

《象》曰："不永所事"，讼不可长也。虽"小有言"，其辩明也。

九二：不克讼，归而逋。其邑人三百户，无眚。

逋，补吴反。眚，所景反。

九二阳刚为险之主，本欲讼者也。然以刚居柔，得下之中，而上应九五，阳刚居尊，势不可敌，故其象占如此。"邑人三百户"，邑之小者，言自处卑约以免灾患。占者如是，则

“无眚”矣。

《象》曰:“不克讼,归逋”,窜也。自下讼上,患至掇也。

窜,七乱反。掇,都活反。

掇,自取也。

六三:食旧德,贞厉,终吉。或从王事,无成。

“食”,犹食邑之食,言所享也。六三阴柔,非能讼者,故守旧居正,则虽危而终吉。然或出而从上之事,则亦必无成功。占者守常而不出,则善也。

《象》曰:“食旧德”,从上吉也。

从上吉,谓随人则吉,明自主事,则无成功也。

九四:不克讼,复即命,渝,安贞,吉。

复,房六反。下同。渝,以朱反。

“即”,就也。“命”,正理也。“渝”,变也。九四刚而不中,故有讼象,以其居柔,故又为“不克”而复就正理。渝变其心,安处于正之象。占者如是则“吉”也。

《象》曰:“复即命,渝,安贞”,不失也。

九五:讼,元吉。

阳刚中正,以居尊位,听讼而得其平者也。占者遇之,讼而有理,必获伸矣。

《象》曰:“讼,元吉”,以中正也。

中则听不偏,正则断合理。

上九:或锡之鞶带,终朝三褫之。

褫,敕纸反。

“鞶带”,命服之饰。“褫”,夺也。以刚居讼极,终讼而能胜之,故有锡命受服之象。然以讼得之,岂能安久。故又有“终朝三褫”之象。其占为终讼无理,而或取胜,然其所得终必失之,圣人为戒之意深矣。

《象》曰:以讼受服,亦不足敬也。

师 ䷆ 坤上 坎下

师:贞,丈人吉,无咎。

“师”,兵众也。下坎上坤,坎险坤顺,坎水坤地。古者寓兵于农,伏至险于大顺,藏不测于至静之中。又卦唯九二一阳居下卦之中,为将之象。上下五阴顺而从之,为众之象。九二以刚居下而用事,六五以柔居上而任之,为人君命将出师之象,故其卦之名曰师。“丈人”,长老之称。用师之道,利于得正,而任老成之人,乃得“吉”而“无咎”。戒占者亦必如是也。

《象》曰：师，众也。贞，正也。能以众正，可以王矣。

王，往况反。

此以卦体释"师贞"之义。"以"，谓能左右之也。一阳在下之中，而五阴皆为所以也。"能以众正"，则王者之师矣。

刚中而应，行险而顺，以此毒天下而民从之，吉又何咎矣！

又以卦体卦德释"丈人吉无咎"之义。"刚中"，谓九二。"应"，谓六五应之。"行险"，谓行危道。"顺"，谓顺人心。此非有老成之德者不能也。"毒"，害也。师旅之兴，不无害于天下，然以其有是才德，是以民悦而从之也。

《象》曰：地中有水，师。君子以容民畜众。

畜，许六反。

水不外于地，兵不外于民，故能养民，则可以得众矣。

初六：师出以律，否臧凶。

否，俯九反。

"律"，法也。"否臧"，谓不善也。晁氏曰："否"字先儒多作"不"。是也。在卦之初，为师之始。出师之道，当谨其始。以律则吉，不臧则凶。戒占者当谨始而守法也。

《象》曰："师出以律"，失律凶也。

九二：在师，中吉，无咎。王三锡命。

九二在下，为众阴所归，而有刚中之德。上应于五，而为所宠任，故其象占如此。

《象》曰："在师，中吉"，承天宠也。"王三锡命"，怀万邦也。

六三：师或舆尸，凶。

"舆尸"，谓师徒挠败，舆尸而归也。以阴居阳，才弱志刚，不中不正，而犯非其分，故其象占如此。

《象》曰："师或舆尸"，大无功也。

六四：师左次，无咎。

"左次"，谓退舍也。阴柔不中，而居阴得正，故其象如此。全师以退，贤于六三远矣，故其占如此。

《象》曰："左次，无咎"，未失常也。

知难而退，师之常也。

六五：田有禽，利执言，无咎。长子帅师，弟子舆尸，贞凶。

长，丁丈反。

六五用师之主，柔顺而中，不为兵端者也。敌加于己，不得已而应之，故为"田有禽"

之象,而其占利以搏执而无咎也。"言",语辞也。"长子",九二也。"弟子",三四也。又戒占者专于委任,若使君子任事,而又使小人参之,则是使之"舆尸"而归,故虽"贞"而亦不免于"凶"也。

《象》曰:"长子帅师",以中行也。"弟子舆尸",使不当也。

当,去声。

上六:大君有命,开国承家,小人勿用。

师之终,顺之极,论功行赏之时也。坤为土,故有"开国承家"之象。然小人则虽有功,亦不可使之得有爵土,但优以金帛可也。戒行赏之人,于小人则不可用此占。而小人遇之,亦不得用此爻也。

《象》曰:"大君有命",以正功也。"小人勿用",必乱邦也。

圣人之戒深矣。

比 坎上 坤下

比:吉。原筮,元永贞,无咎。不宁方来,后夫凶。

比,毗志反。

比,亲辅也。九五以阳刚居上之中,而得其正。上下五阴,比而从之,以一人而抚万邦,以四海而仰一人之象。故筮者得之,则当为人所亲辅。然必再筮以自审,有元善长永正固之德,然后可以当众之归而"无咎":其未比而有所不安者,亦将皆来归之。若又迟而后至,则此交已固,彼来已晚,而得"凶"矣。若欲比人,则亦以是而反观之耳。

《象》曰:比,吉也。

此三字疑衍文。

比,辅也,下顺从也。

此以卦体,释卦名义。

"原筮,元永贞,无咎",以刚中也。"不宁方来",上下应也。"后夫凶",其道穷也。

亦以卦体释卦辞。"刚中",谓五。"上下",谓五阴。

《象》曰:地上有水,比。先王以建万国,亲诸侯。

地上有水,水比于地,不容有间。建国亲侯,亦先王所以比于天下而无间者也。《彖》意人来比我,此取我往比人。

初六:有孚比之,无咎。有孚盈缶,终来有它,吉。

比之初贵乎有信,则可以"无咎"矣。若其充实,则又"有它吉"也。

《象》曰:比之初六,有它吉也。

六二：比之自内，贞吉。

柔顺中正，上应九五，自内比外，而得其贞，吉之道也。占者如是，则正而吉矣。

《象》曰："比之自内"，不自失也。

得正则不自失矣。

六三：比之匪人。

阴柔不中正，承、乘、应皆阴，所比皆非其人之象，其占大凶，不言可知。

《象》曰："比之匪人"，不亦伤乎？

六四：外比之，贞吉。

以柔居柔，外比九五，为得其正，吉之道也。占者如是，则正而吉矣。

《象》曰："外比"于贤，以从上也。

九五：显比。王用三驱，失前禽。邑人不诫，吉。

驱，区遇反。

一阳居尊，刚健中正，卦之群阴，皆来比己，显其比而无私，如天子不合围，开一面之网，来者不拒，去者不追，故为"用三驱失前禽"，而"邑人不诫"之象。盖虽私属亦喻上意，不相警备以求必得也。凡此皆吉之道，占者如是则"吉"也。

《象》曰："显比"之吉，位正中也。舍逆取顺，"失前禽"也。"邑人不诫"，上使中也。

舍，音捨。

由上之德，使不偏也。

上六：比之无首，凶。

阴柔居上，无以比下，凶之道也。故为"无首"之象，而其占则凶也。

《象》曰："比之无首"，无所终也。

以上下之象言之，则为"无首"。以终始之象言之，则为无终。无首则无终矣。

小畜 ䷈ 巽上
乾下

小畜：亨。密云不雨，自我西郊。

畜，敕六反。大畜卦同。

巽，亦三画卦之名。一阴伏于二阳之下，故其德为巽为入，其象为风为木。"小"，阴也。"畜"，止之之义也。上巽下乾，以阴畜阳。又卦惟六四一阴，上下五阳皆为所畜，故为小畜。又以阴畜阳，能系而不能固，亦为所畜者小之象。内健外巽，二五皆阳，各居一卦之中而用事，有刚而能中其志得行之象，故其占当得亨通。然畜未极而施未行，故有"密云不雨自我西郊"之象。盖"密云"阴物，"西郊"阴方。"我"者，文王自我也。文王演

《易》于羑里,视岐周为西方,正小畜之时也。筮者得之,则占亦如其象云。

《彖》曰:小畜,柔得位而上下应之,曰"小畜"。

以卦体释卦名义,"柔得位",指六居四。"上下",谓五阳。

健而巽,刚中而志行,乃亨。

以卦德卦体而言,阳犹可亨也。

"密云不雨",尚往也;"自我西郊",施未行也。

施,始豉反。

"尚往",言畜之未极,其气犹上进也。

《象》曰:风行天上,小畜。君子以懿文德。

风有气而无质,能畜而不能久,故为小畜之象。"懿文德",言未能厚积而远施也。

初九:复自道,何其咎,吉。

下卦乾体,本皆在上之物,志欲上进,而为阴所畜。然初九体乾,居下得正,前远于阴,虽与四为正应,而能自守以正,不为所畜,故有进复自道之象。占者如是,则无咎而"吉"也。

《象》曰:"复自道",其义吉也。

九二:牵复,吉。

三阳志同,而九二渐近于阴。以其刚中,故能与初九牵连而复,亦吉道也。占者如是则"吉"矣。

《象》曰:"牵复"在中,亦不自失也。

"亦"者,承上爻义。

九三:舆说辐,夫妻反目。

说,吐活反。

九三亦欲上进,然刚而不中,迫近于阴,而又非正应。但以阴阳相说,而为所系畜,不能自进,故有"舆说辐"之象。然以志刚,故又不能平而与之争,故又为"夫妻反目"之象。戒占者如是,则不得进而有所争也。

《象》曰:"夫妻反目",不能正室也。

程子曰:说辐反目,三自为也。

六四:有孚,血去惕出,无咎。

去,上声。

以一阴畜众阳,本有伤害忧惧,以其柔顺得正,虚中巽体,二阳助之,是"有孚"而"血去惕出"之象也。"无咎"宜矣。故戒占者亦有其德,则无咎也。

《象》曰："有孚""惕出"，上合志也。

九五：有孚挛如，富以其邻。

挛，力传反。

巽体三爻，同力畜乾，"邻"之象也。而九五居中处尊，势能有为，以兼乎上下，故为"有孚挛如"，用富厚之力而"以其邻"之象。"以"，犹《春秋》"以某师"之"以"，言能左右之也。占者"有孚"，则能如是也。

《象》曰："有孚挛如"，不独富也。

上九：既雨既处，尚德载。妇贞厉，月几望，君子征凶。

几，音机。

畜极而成，阴阳和矣，故为"既雨既处"之象。盖尊尚阴德，至于积满而然也。阴加于阳，故虽正亦厉。然阴既盛而抗阳，则君子亦不可以有行矣。其占如此，为戒深矣。

《象》曰："既雨既处"，德积载也。"君子征凶"，有所疑也。

履 ䷉ 乾上 兑下

履：虎尾，不咥人，亨。

咥，直结反。

兑，亦三画卦之名。一阴见于二阳之上，故其德为说，其象为泽。"履"，有所蹑而进之义也。以兑遇乾，和说以蹑刚强之后，有"履虎尾"而不见伤之象，故其卦为履，而占如是也。人能如是，则处危而不伤矣。

《象》曰：履，柔履刚也。

以二体释卦名义。

说而应乎乾，是以"履虎尾，不咥人，亨"。

说，音悦。

以卦德释彖辞。

刚中正，履帝位而不疚，光明也。

又以卦体明之，指九五也。

《象》曰：上天下泽，履。君子以辨上下，定民志。

《程传》备矣。传曰：天在上，泽居下。上天作下之正理也。人之所履当如是。故取其象而为履。君子观履之象，以辨别上下之分，以定其民志。夫上下之分明，然后民志有定。民志定，然后可以言治；民志不定，天下不可得而治也。古之时，公卿大夫而下，位各称其德。终身居之，得其分也。位未称德，则君举而进之。士修其学，学至而君求之。皆非有预于己也。农工商贾,勤其事,而所享有限,故皆有定志,而天下之心可一。后世自庶士至于公卿,日志于尊荣。农工商贾,日志于富侈。亿兆之心,交骛于利,天下纷然,如之何其可一也。欲其不乱,难矣。此由上下无定志也。君子观履之象,而分辨上下,使各当其分。以定民之心志也。

初九:素履,往无咎。

以阳在下,居履之初,未为物迁,率其"素履"者也。占者如是,则"往"而"无咎"也。

《象》曰:"素履"之往,独行愿也。

九二:履道坦坦,幽人贞吉。

刚中在下,无应于上,故为履道平坦,幽独守贞之象。幽人履道而遇其占,则贞而吉矣。

《象》曰:"幽人贞吉",中不自乱也。

六三:眇能视,跛能履。履虎尾,咥人,凶。武人为于大君。

跛,波我反。

六三不中不正,柔而志刚,以此履乾,必见伤害,故其象如此,而占者凶。又为刚武之人,得志而肆暴之象,如秦政、项籍,岂能久也?

《象》曰:"眇能视",不足以有明也。"跛能履",不足以与行也。"咥人"之凶,位不当也。"武人为于大君",志刚也。

九四:履虎尾,愬愬终吉。

愬,色窄反,音普。

九四亦以不中不正,履九五之刚,然以刚居柔,故能戒惧而得"终吉"。

《象》曰:"愬愬终吉",志行也。

九五:夬履,贞厉。

夬,古快反。

九五以刚中正履帝位,而下以兑说应之,凡事必行,无所疑碍,故其象为夬决其履。虽使得正,亦危道也。故其占为虽正而危,为戒深矣。

《象》曰:"夬履,贞厉",位正当也。

伤于所恃。

上九:视履考祥,其旋元吉。

"视履"之终,以考其祥,周旋无亏,则得"元吉"。占者祸福,视其所履而未定也。

《象》曰:"元吉"在上,大有庆也。

若得元吉,则大有福庆也。

泰 ䷊ 坤上
乾下

泰：小往大来，吉，亨。

"泰"，通也。为卦天地交而二气通，故为泰，正月之卦也。"小"，谓阴。"大"，谓阳。言坤往居外，乾来居内。又自归妹来，则六往居四，九来居三也。占者有刚阳之德，则"吉"而"亨"矣。

《彖》曰："泰，小往大来，吉，亨"，则是天地交而万物通也，上下交而其志同也。内阳而外阴，内健而外顺，内君子而外小人。君子道长，小人道消也。

长，之丈反。否卦同。

《象》曰：天地交，泰。后以财成天地之道，辅相天地之宜，以左右民。

财裁同。相，息亮反。左，音佐。右，音佑。

"财成"以制其过，"辅相"以补其不及。

初九：拔茅茹，以其汇，征吉。

茹，人余反。汇，于位反，音胃。否卦同。

三阳在下，相连而进，"拔茅"连"茹"之象，征行之吉也。占者阳刚，则其"征吉"矣。郭璞《洞林》读至汇字绝句。下卦放此。

《象》曰："拔茅""征吉"，志在外也。

九二：包荒，用冯河，不遐遗。朋亡，得尚于中行。

冯，音凭。

九二以刚居柔，在下之中，上有六五之应，主乎泰而得中道者也。占者能包容荒秽，而果断刚决，不遗遐远，而不昵朋比，则合乎此爻中行之道矣。

《象》曰："包荒"，"得尚于中行"，以光大也。

九三：无平不陂，无往不复。艰贞无咎，勿恤其孚，于食有福。

将过乎中，泰将极而否欲来之时也。"恤"，忧也。"孚"，所期之信也。戒占者艰难守贞，则"无咎"而"有福"。

《象》曰："无往不复"，天地际也。

六四：翩翩，不富以其邻，不戒以孚。

已过乎中，泰已极矣，故三阴翩然而下复，不待富而其类从之，不待戒令而信也。其占为有小人合交以害正道，君子所当戒也。阴虚阳实，故凡言不富者，皆阴爻也。

《象》曰："翩翩，不富"，皆失实也。"不戒以孚"，中心愿也。

阴本居下，在上为"失实"。

六五：帝乙归妹，以祉元吉。

以阴居尊，为泰之主，柔中虚己，下应九二，吉之道也。而"帝乙归妹"之时，亦尝占得此爻。占者如是，则有祉而"元吉"矣。凡经以古人为言，如"高宗"、"箕子"之类者，皆放此。

《象》曰："以祉元吉"，中以行愿也。

上六：城复于隍。勿用师，自邑告命，贞吝。

复，房六反。下同。

泰极而否，"城复于隍"之象。戒占者不可力争，但可自守。虽得其贞，亦不免于羞吝也。

《象》曰："城复于隍"，其命乱也。

命乱，故复否。告命，所以治之也。

治，平声。

否 ䷋ 乾上
坤下

否之匪人，不利君子贞，大往小来。

否，备鄙反。

"否"，闭塞也，七月之卦也。正与泰反，故曰"匪人"，谓非人道也。其占不利于君子之正道，盖乾往居外，坤来居内。又自渐卦而来，则九往居四，六来居三也。或疑"之匪人"三字衍文，由《比·六三》而误也。传不特解其义，亦可见。

《象》曰："否之匪人，不利君子贞，大往小来"，则是天地不交，而万物不通也，上下不交而天下无邦也。内阴而外阳，内柔而外刚，内小人而外君子。小人道长，君子道消也。

《象》曰：天地不交，否。君子以俭德辟难，不可荣以禄。

俭，巨险反。辟，音避。难，去声。

收敛其德，不形于外，以辟小人之难，人不得以禄位荣之。

初六：拔茅茹，以其汇。贞吉，亨。

释，见泰卦。

三阴在下，当否之时，小人连类而进之象，而初之恶则未形也。故戒其"贞"则"吉"而"亨"。盖能如是，则变而为君子矣。

《象》曰："拔茅""贞吉"，志在君也。

小人而变为君子，则能以爱君为念，而不计其私矣。

六二：包承，小人吉，大人否，亨。

阴柔而中正,小人而能包容,承顺乎君子之象,小人之吉道也。故占者小人如是则吉,大人则当安守其否,而后道亨。盖不可以彼"包承"于我,而自失其守也。

《象》曰:"大人否,亨",不乱群也。

言不乱于小人之群。

六三:包羞。

以阴居阳而不中正,小人志于伤善而未能也,故为"包羞"之象。然以其未发,故无凶咎之戒。

《象》曰:"包羞",位不当也。

九四:有命无咎,畴离祉。

否过中矣,将济之时也。九四以阳居阴,不极其刚,故其占为"有命无咎"。而"畴"类三阳,皆获其福也。"命",谓天命。

《象》曰:"有命无咎",志行也。

九五:休否,大人吉。其亡其亡,系于苞桑。

苞读作包,古《易》亦曰包桑。

阳刚中正,以居尊位,能休时之否,大人之事也。故此爻之占,大人遇之则吉,然又当戒惧,如《系辞传》所云也。

《象》曰:"大人"之吉,位正当也。

上九:倾否,先否后喜。

以阳刚居否极,能倾时之否者也。其占为"先否后喜"。

《象》曰:否终则倾,何可长也?

同人 ䷌ 乾上
离下

同人于野,亨,利涉大川,利君子贞。

离,亦三画卦之名。一阴丽于二阳之间,故其德为丽,为文明,其象为火,为日,为电。同人,与人同也。以离遇乾,火上同于天。六二得位得中,而上应九五。又卦唯一阴,而五阳同与之,故为同人。"于野",谓旷远而无私也,有亨道矣。以健而行,故能涉川。为卦内文明而外刚健,六二中正而有应,则君子之道也。占者能如是则"亨",而又可涉险,然必其所同合于君子之道,乃为"利"也。

《象》曰:同人,柔得位得中而应乎乾,曰"同人"。

以卦体释卦名义。"柔",谓六二,"乾",谓九五。

《同人》曰：

衍文。

"同人于野，亨，利涉大川"，乾行也。文明以健，中正而应，君子正也。唯君子为能通天下之志。

以卦德卦体释卦辞，通天下之志，乃为大同。不然，则是私情之合而已，何以致"亨"而"利涉"哉！

《象》曰：天与火，同人。君子以类族辨物。

天在上而火炎上，其性同也。"类族辨物"，所以审异而致同也。

初九：同人于门，无咎。

同人之初，未有私主，以刚在下，上无系应，可以"无咎"，故其象占如此。

《象》曰：出门同人，又谁咎也？

六二：同人于宗，吝。

"宗"，党也。六二虽中且正，然有应于上，不能大同而系于私，吝之道也。故其象占如此。

《象》曰："同人于宗"，吝道也。

九三：伏戎于莽，升其高陵，三岁不兴。

刚而不中，上无正应，欲同于二而非其正，惧九五之见攻，故有此象。

《象》曰："伏戎于莽"，敌刚也。"三岁不兴"，安行也？

言不能行。

九四：乘其墉，弗克攻，吉。

墉，音庸。

刚不中正，又无应与，亦欲同于六二，而为三所隔，故为乘墉以攻之象。然以刚居柔，故有自反而不克攻之象。占者如是，则是能改过而得吉也。

《象》曰："乘其墉"，义弗克也。其吉，则困而反则也。

"乘其墉"矣，则非其力之不足也。特以义之弗克而不攻耳。能以义断，困而反于法则，故吉也。

九五：同人，先号咷，而后笑。大师克相遇。

号，五羔反。咷，徒刀反。旅卦同。

五刚中正，二以柔中正相应于下，同心者也。而为三四所隔，不得其同。然义理所同，物不得而间之，故有此象。然六二柔弱，而三四刚强，故必用"大师"以胜之，然后得"相遇"也。

《象》曰:同人之先,以中直也。"大师"相遇,言相克也。

"直"谓理直。

上九:同人于郊,无悔。

居外无应,物莫与同,然亦可以无悔,故其象占如此。郊在野之内,未至于旷远,但荒僻无与同耳。

《象》曰:"同人于郊",志未得也。

大有 ䷍ 离上 乾下

大有:元亨。

"大有",所有之大也。离居乾上,火在天上,无所不照。又六五一阴居尊得中,而五阳应之,故为大有。乾健离明,居尊应天,有亨之道。占者有其德,则大善而亨也。

《象》曰:大有,柔得尊位大中,而上下应之,曰"大有"。

以卦体释卦名义,"柔"谓六五,"上下"谓五阳。

其德刚健而文明,应乎天而时行,是以"元亨"。

以卦德卦体释卦辞。应天,指六五也。

《象》曰:火在天上,大有。君子以遏恶扬善,顺天休命。

火在天上,所照者广,为大有之象。所有既大,无以治之,则芔蘖萌于其间矣。天命有善而无恶,故遏恶扬善,所以顺天。反之于身,亦若是而已矣。

初九:无交害,匪咎,艰则无咎。

虽当大有之时,然以阳居下,上无系应,而在事初,未涉乎"害"者也,何咎之有?然亦必艰以处之则无咎,戒占者宜如是也。

《象》曰:大有初九,无交害也。

九二:大车以载,有攸往,无咎。

刚中在下,得应乎上,为大车以载之象。有所往而如是,可以"无咎"矣。占者必有此德,乃应其占也。

《象》曰:"大车以载",积中不败也。

九三:公用亨于天子,小人弗克。

亨,读作享。

"亨",《春秋传》作"享",谓朝献也。古者"亨通"之"亨","享献"之"享","烹饪"之"烹",皆作"亨"字。九三居下之上,公侯之象。刚而得正,上有六五之君,虚中下贤,故为

"享于天子"之象。占者有其德,则其占如是。小人无刚正之德,则虽得此爻,不能当也。

《象》曰:"公用亨于天子",小人害也。

九四:匪其彭,无咎。

彭,蒲光反,音旁。

"彭"字音义未详,《程传》曰"盛貌",理或当然。六五柔中之君,九四以刚近之,有僭逼之嫌。然以其处柔也,故有不极其盛之象,而得"无咎"。戒占者宜如是也。

《象》曰:"匪其彭,无咎",明辨晢也。

晢,之列反,音哲。

"晢",明貌。

六五:厥孚交如,威如,吉。

大有之世,柔顺而中,以处尊位,虚己以应九二之贤,而上下归之,是其孚信之交也。然君道贵刚,太柔则废,当以威济之则吉。故其象占如此,亦戒辞也。

《象》曰:"厥孚交如",信以发志也。

一人之信,足以发上下之志也。

"威如"之吉,易而无备也。

易,以智反。

太柔则人将易之,而无畏备之心。

上九:自天佑之,吉,无不利。

大有之世,以刚居上,而能下从六五,是能履信思顺而尚贤也。满而不溢,故其占如此。

《象》曰:大有上吉,自天佑也。

谦 ䷎ 坤上
艮下

谦:亨,君子有终。

谦者,有而不居之义。止乎内而顺乎外,谦之意也。山至高而地至卑,乃屈而止于其下,谦之象也。占者如是,则亨通而有终矣。"有终"谓先屈而后伸也。

《象》曰:谦,亨,天道下济而光明,地道卑而上行。

上,时掌反。

言谦之必"亨"。

天道亏盈而益谦,地道变盈而流谦,鬼神害盈而福谦,人道恶盈而好谦。谦尊而光,卑而不可逾,君子之终也。

恶,乌路反。好,呼报反。

"变",谓倾坏。"流",谓聚而归之。人能谦,则其居尊者,其德愈光,其居卑者,人亦莫能过,此君子所以"有终"也。

《象》曰:地中有山,谦。君子以裒多益寡,称物平施。

裒,浦侯反。称,尺证反。施,始豉反。

以卑蕴高,谦之象也。"裒多益寡",所以称物之宜而平其施。损高增卑,以趣于平,亦谦之意也。

初六:谦谦君子,用涉大川,吉。

以柔处下,谦之至也,君子之行也。以此涉难,何往不济?故占者如是,则利以涉川也。

《象》曰:"谦谦君子",卑以自牧也。

六二:鸣谦,贞吉。

柔顺中正,以谦有闻,正而且吉者也,故其占如此。

《象》曰:"鸣谦,贞吉",中心得也。

九三:劳谦,君子有终,吉。

卦唯一阳,居下之上,刚而得正,上下所归,有功劳而能谦,尤人所难,故"有终"而"吉"。占者如是,则如其应矣。

《象》曰:"劳谦君子",万民服也。

六四:无不利,㧑谦。

㧑,呼回反,与挥同。

柔而得正,上而能下,其占"无不利"矣。然居九三之上,故戒以更当发挥其谦,以示不敢自安之意也。

《象》曰:"无不利,㧑谦",不违则也。

言不为过。

六五:不富以其邻,利用侵伐,无不利。

以柔居尊,在上而能谦者也。故为不富而能以其邻之象,盖从之者众矣。犹有未服者,则利以征之,而于它事亦无不利。人有是德,则如其占也。

《象》曰:"利用侵伐",征不服也。

上六:鸣谦,利用行师,征邑国。

谦极有闻,人之所与,故可"用行师"。然以其质柔而无位,故可以"征"己之"邑国"而已。

《象》曰:"鸣谦",志未得也。可用"行师","征邑国"也。

阴柔无位,才力不足,故其志未得,而至于行师,然亦适足以治其私邑而已。

豫 ䷏ 震上
坤下

豫:利建侯行师。

"豫",和乐也。人心和乐,以应其上也。九四一阳,上下应之。其志得行,又以坤遇震,为顺以动,故其卦为豫,而其占利以立君用师也。

《彖》曰:豫,刚应而志行。顺以动,豫。

以卦体卦德释卦名义。

豫顺以动,故天地如之,而况"建侯行师"乎?

以卦德释卦辞。

天地以顺动,故日月不过,而四时不忒。圣人以顺动,则刑罚清而民服。豫之时义大矣哉!

极言之而赞其大也。

《象》曰:雷出地奋,豫。先王以作乐崇德,殷荐之上帝,以配祖考。

"雷出地奋",和之至也。先王作乐,既象其声,又取其义。殷,盛也。

初六:鸣豫,凶。

阴柔小人,上有强援,得时主事,故不胜其豫而以自鸣,凶之道也,故其占如此。卦之得名,本为和乐。然卦辞为众乐之义,爻辞除九四与卦同外,皆为自乐,所以有吉凶之异。

《象》曰:初六"鸣豫",志穷凶也。

穷,谓满极。

六二:介于石,不终日,贞吉。

豫虽主乐,然易以溺人,溺则反而忧矣。卦独此爻,中而得正,是上下皆溺于豫,而独能以中正自守,其介如石也。其德安静而坚确,故其思虑明审,不俟终日,而见凡事之几微也。《大学》曰:安而后能虑,虑而后能得,意正如此。占者如是,则正而吉矣。

《象》曰:"不终日,贞吉",以中正也。

六三:盱豫悔,迟有悔。

盱,休居反。

"盱",上视也。阴不中正,而近于四。四为卦主,故六三上视于四,而下溺于豫,宜有悔者也。故其象如此,而其占为事当速悔。若悔之迟,则必有悔也。

《象》曰:"盱豫""有悔",位不当也。

九四：由豫，大有得。勿疑，朋盍簪。

簪，侧林反。

九四，卦之所由以为豫者也。故其象如此，而其占为"大有得"。然又当至诚不疑，则朋类合而从之矣，故又因而戒之。"簪"，聚也，又速也。

《象》曰："由豫，大有得"，志大行也。

六五：贞疾，恒不死。

当豫之时，以柔居尊，沈溺于豫。又乘九四之刚，众不附而处势危，故为"贞疾"之象。然以其得中，故又为"恒不死"之象。即象而观，占在其中矣。

《象》曰：六五"贞疾"，乘刚也。"恒不死"，中未亡也。

上六：冥豫，成有渝，无咎。

渝，以朱反。

以阴柔居豫极，为昏冥于豫之象。以其动体，故又为其事虽"成"，而能"有渝"之象。戒占者如是，则能补过而无咎，所以广迁善之门也。

《象》曰："冥豫"在上，何可长也？

随 ䷐ 兑上
震下

随：元亨，利贞，无咎。

"随"，从也。以卦变言之，本自困卦九来居初，又自噬嗑上来居五。而自未济来者，兼此二变，皆刚来随柔之义。以二体言之，为此动而彼说，亦随之义，故为随。已能随物，物来随己，彼此相从，其通易矣，故其占为"元亨"。然必利于贞，乃得"无咎"。若所随不贞，则虽大亨而不免于有咎矣。《春秋传》穆姜曰："有是四德，随而无咎，我皆无之，岂随也哉？"今按四德虽非本义，然其下云云，深得占法之意。

《象》曰：随，刚来而下柔，动而说，随。

下，退嫁反。说，音悦。

以卦变卦德释卦名义。

大亨，贞，无咎，而天下随时。

王肃本"时"作"之"，今当从之。释卦辞，言能如是，则天下之所从也。

随时之义大矣哉！

王肃本"时"字在"之"字之下，今当从之。

《象》曰：泽中有雷，随。君子以向晦入宴息。

雷藏泽中，随时休息。

初九：官有渝，贞吉。出门交有功。

卦以物随为义，爻以随物为义。初九以阳居下，为震之主，卦之所以为随者也。既有所随，则有所偏主而变其常矣，惟得其正则吉。又当出门以交，不私其随，则有功也。故其象占如此，亦因以戒之。

《象》曰："官有渝"，从正吉也。"出门交有功"，不失也。

六二：系小子，失丈夫。

初阳在下而近，五阳正应而远，二阴柔不能自守，以须正应。故其象如此，凶咎可知，不假言矣。

《象》曰："系小子"，弗兼与也。

六三：系丈夫，失小子。随有求得，利居贞。

"丈夫"，谓九四。"小子"，亦谓初也。三近系四而失于初，其象与六二正相反。四阳当任而己随之，有求必得。然非正应，故有不正而为邪媚之嫌。故其占如此，而又戒以居贞也。

《象》曰："系丈夫"，志舍下也。

舍，音捨。

九四：随有获，贞凶。有孚在道以明，何咎？

九四以刚居上之下，与五同德，故其占"随"而"有获"。然势陵于五，故虽正而凶。惟有孚在道而明，则上安而下从之，可以无咎也。占者当时之任，宜审此戒。

《象》曰："随有获"，其义凶也。"有孚在道"，明功也。

九五：孚于嘉，吉。

阳刚中正，下应中正，是信于善也。占者如是，其吉宜矣。

《象》曰："孚于嘉，吉"，位正中也。

上六：拘系之，乃从维之。王用亨于西山。

亨音，见大有卦，后升卦同。

居随之极，随之固结而不可解者也。诚意之极，可通神明，故其占为"王用亨于西山"。"亨"，亦当作"祭享"之"享"。自周而言，岐山在西。凡筮祭山川者得之，其诚意如是，则吉也。

《象》曰："拘系之"，上穷也。

"穷"，极也。

蛊　☶艮上
　　☴巽下

蛊：元亨，利涉大川。先甲三日，后甲三日。

先,息荐反。后,胡豆反。

"蛊",坏极而有事也。其卦艮刚居上,巽柔居下,上下不交,下卑巽而上苟止,故其卦为蛊。或曰:刚上柔下,谓卦变自贲来者;初上二下,自井来者;五上上下,自既济来者。兼之,亦刚上而柔下,皆所以为蛊也。蛊坏之极,乱当复治,故其占为"元亨",而"利涉大川"。"甲",日之始,事之端也。"先甲三日",辛也。"后甲三日",丁也。前事过中而将坏,则可自新以为后事之端,而不使至于大坏。后事方始而尚新,然更当致其丁宁之意,以监前事之失,而不使至于速坏。圣人之深戒也。

《彖》曰:蛊,刚上而柔下,巽而止,蛊。

以卦体卦变卦德释卦名义。盖如此,则积弊而至于蛊矣。

蛊,"元亨"而天下治也。"利涉大川",往有事也。"先甲三日,后甲三日",终则有始,天行也。

治,直利反。下同。

释卦辞,治蛊至于"元亨",则乱而复治之象也。乱之终,治之始,天运然也。

《象》曰:山下有风,蛊。君子以振民育德。

"山下有风",物坏而有事矣。而事莫大于二者,乃治己、治人之道也。

初六:干父之蛊,有子,考无咎,厉终吉。

"干",如木之干,枝叶之所附而立者也。"蛊"者,前人已坏之绪,故诸爻皆有父母之象,子能干之,治而振起矣。初六蛊未深而事易济,故其占为有子,则能治蛊,而考得"无咎",然亦危矣。戒占者宜如是。又知危而能戒,则"终吉"也。

《象》曰:"干父之蛊",意承考也。

九二:干母之蛊,不可贞。

九二刚中,上应六五,子干母蛊而得中之象。以刚承柔而治其坏,故又戒以不可坚贞,言当巽以入之也。

《象》曰:"干母之蛊",得中道也。

九三:干父之蛊,小有悔,无大咎。

过刚不中,故"小有悔"。巽体得正,故"无大咎"。

《象》曰:"干父之蛊",终无咎也。

六四:裕父之蛊,往见吝。

以阴居阴,不能有为,宽裕以治蛊之象也。如是则蛊将日深,故"往"则"见吝"。戒占者不可如是也。

《象》曰:"裕父之蛊",往未得也。

六五:干父之蛊,用誉。

柔中居尊，而九二承之以德，以此干蛊，可致闻誉，故其象占如此。

《象》曰："干父""用誉"，承以德也。

上九：不事王侯，高尚其事。

阳刚居上，在事之外，故为此象。而占与戒，皆在其中矣。

《象》曰："不事王侯"，志可则也。

临 ䷒ 坤上
兑下

临：元亨，利贞。至于八月有凶。

"临"，进而陵逼于物也。二阳浸长以逼于阴，故为临，十二月之卦也。又其为卦，下兑说，上坤顺。九二以刚居中，上应六五，故占者大亨而利于正，然"至于八月"当"有凶"也。"八月"，谓自复卦一阳之月，至于遁卦二阴之月，阴长阳遁之时也。或曰："八月"谓夏正八月，于卦为观，亦临之反对也。又因占而戒之。

《象》曰：临，刚浸而长。

长，之丈反。

以卦体释卦名。

说而顺，刚中而应。

又以卦德卦体言卦之善。

大亨以正，天之道也。

当刚长之时，又有此善，故其占如此也。

"至于八月有凶"，消不久也。

言虽天运之当然，然君子宜知所戒。

《象》曰：泽上有地，临。君子以教思无穷，容保民无疆。

思，去声。

地临于泽，上临下也。二者皆临下之事，教之无穷者，兑也，容之无疆者，坤也。

初九：咸临，贞吉。

卦惟二阳，遍临四阴，故二爻皆有"咸临"之象。初九刚而得正，故其占为"贞吉"。

《象》曰："咸临，贞吉"，志行正也。

九二：咸临，吉，无不利。

刚得中而势上进，故其占"吉"而"无不利"也。

《象》曰："咸临，吉，无不利"，未顺命也。

未详。

六三：甘临，无攸利。既忧之，无咎。

阴柔不中正，而居下之上，为以甘说临人之象，其占固无所利。然能忧而改之，则"无咎"也。勉人迁善，为教深矣。

《象》曰："甘临"，位不当也。"既忧之"，咎不长也。

六四：至临，无咎。

处得其位，下应初九，相临之至，宜"无咎"者也。

《象》曰："至临，无咎"，位当也。

六五：知临，大君之宜，吉。

知，音智。

以柔居中，下应九二，不自用而任人，乃知之事。而"大君之宜"，吉之道也。

《象》曰："大君之宜"，行中之谓也。

上六：敦临，吉，无咎。

居卦之上，处临之终，敦厚于临，"吉"而"无咎"之道也，故其象占如此。

《象》曰："敦临"之吉，志在内也。

观 ䷓ 巽上 坤下

观：盥而不荐，有孚颙若。

观，官唤反。下"大观"，"以观之"，"观大象"，"观"字并同。盥，古玩反。颙，鱼恭反。

"观"者，有以中正示人，而为人所仰也。九五居上，四阴仰之，又内顺外巽，而九五以中正示天下，所以为观。盥将祭而洁手也。"荐"，奉酒食以祭也。颙然，尊严之貌。言致其洁清而不轻自用，则其孚信在中，而颙然可仰，戒占者宜如是也。或曰："有孚颙若"，谓在下之人，信而仰之也。此卦四阴长而二阳消，正为八月之卦，而名卦系辞，更取它义，亦扶阳抑阴之意。

《彖》曰：大观在上，顺而巽，中正以观天下。

以卦体卦德释卦名义。

"观，盥而不荐，有孚颙若"，下观而化也。

观，如字。下"观天"，《大象》"观民"之"观"，六爻"观"字，并同。
释卦辞。

观天之神道，而四时不忒。圣人以神道设教，而天下服矣。

极言观之道也。"四时不忒"，天之所以为观也。"神道设教"，圣人之所以为观也。

《象》曰：风行地上，观。先王以省方观民设教。

省,悉井反。

"省方"以"观民","设教"以为"观"。

初六:童观,小人无咎,君子吝。

卦以观示为义,据九五为主也。爻以观瞻为义,皆观乎九五也。初六阴柔在下,不能远见,"童观"之象,小人之道,君子之羞也。故其占在小人则"无咎",君子得之,则可羞矣。

《象》曰:"初六,童观",小人道也。

六二:窥观,利女贞。

窥,苦规反。

阴柔居内而观乎外,"窥观"之象,女子之正也,故其占如此。丈夫得之,则非所利矣。

《象》曰:"窥观""女贞",亦可丑也。

在丈夫则为丑也。

六三:观我生进退。

"我生",我之所行也。六三居下之上,可进可退,故不观九五,而独观己所行之通塞以为进退,占者宜自审也。

《象》曰:"观我生进退",未失道也。

六四:观国之光,利用宾于王。

六四最近于五,故有此象。其占为利于朝觐仕进也。

《象》曰:"观国之光",尚宾也。

九五:观我生,君子无咎。

九五阳刚中正以居尊位,其下四阴,仰而观之,君子之象也。故戒居此位,得此占者,当观己所行,必其阳刚中正亦如是焉,则得"无咎"也。

《象》曰:"观我生",观民也。

此夫子以义言之,明人君观己所行,不但一身之得失,又当观民德之善否,以自省察也。

上九:观其生,君子无咎。

上九阳刚居尊位之上,虽不当事任,而亦为下所观,故其戒辞略与五同。但以"我"为"其",小有主宾之异耳。

《象》曰:"观其生",志未平也。

"志未平",言虽不得位,未可忘戒惧也。

噬嗑 ䷔ 离上 震下

噬嗑:亨。利用狱。

噬,市利反。嗑,胡腊反。

"噬",啮也。"嗑",合也。物有间者,啮而合之也。为卦上下两阳而中虚,颐口之象。九四一阳,间于其中,必啮之而后合,故为噬嗑。其占当得亨通者,有间故不通。啮之而合,则亨通矣。又三阴三阳,刚柔中半,下动上明,下雷上电。本自益卦,六四之柔,上行以至于五而得其中,是知以阴居阳,虽不当位,而"利用狱"。盖治狱之道,惟威与明,而得其中之为贵。故筮得之者,有其德则应其占也。

《彖》曰:颐中有物,曰"噬嗑"。

以卦体释卦名义。

"噬嗑"而"亨",刚柔分,动而明,雷电合而章。柔得中而上行,虽不当位,"利用狱"也。

上,时掌反。

又以卦名、卦体、封德、二象卦变释卦辞。

《象》曰:雷电,噬嗑,先王以明罚敕法。

"雷电"当作"电雷"。

初九:屦校灭趾,无咎。

初上无位为受刑之象,中四爻为用刑之象。初在卦始,罪薄过小,又在卦下,故为"屦校灭趾"之象。止恶于初,故得"无咎",占者小伤而无咎也。

《象》曰:"屦校灭趾",不行也。

"灭趾",又有不进于恶之象。

六二:噬肤灭鼻,无咎。

祭有肤鼎,盖肉之柔脆,噬而易嗑者。六二中正,故其所治如"噬肤"之易。然以柔乘刚,故虽甚易,亦不免于伤灭其鼻。占者虽伤而终"无咎"也。

《象》曰:"噬肤灭鼻",乘刚也。

六三:噬腊肉,遇毒,小吝,无咎。

腊,音昔。

"腊肉",谓兽腊,全体骨而为之者,坚韧之物也。阴柔不中正,治人而人不服,为"噬腊""遇毒"之象。占虽"小吝",然时当噬嗑,于义为"无咎"也。

《象》曰:"遇毒",位不当也。

九四:噬乾胏,得金矢。利艰贞,吉。

乾，音干。胏，美缁反。

"胏"，肉之带骨者，与"胾"通。《周礼》：狱讼入钩金束矢而后听之。九四以刚居柔，得用刑之道，故有此象。言所噬愈坚而得听讼之宜也，然必利于艰难正固则吉。戒占者宜如是也。

《象》曰："利艰贞，吉"，未光也。

六五：噬乾肉，得黄金。贞厉，无咎。

"噬乾肉"，难于肤而易于腊胏者也。"黄"，中色。"金"，亦谓钩金。六五柔顺而中，以居尊位，用刑于人，人无不服，故有此象。然必"贞厉"乃得"无咎"，亦戒占者之辞也。

《象》曰："贞厉，无咎"，得当也。

上九：何校灭耳，凶。

何，何可反。

"何"，负也。过极之阳，在卦之上，恶极罪大，凶之道也。故其象占如此。

《象》曰："何校灭耳"，聪不明也。

"灭耳"，盖罪其听之不聪也。若能审听而早图之，则无此凶矣。

贲 ䷕ 艮上 离下

贲：亨。小利有攸往。

贲，必䜌反。卦内同。

"贲"，饰也。卦自损来者，柔自三来而文二，刚自二上而文三。自既济而来者，柔自上来而文五，刚自五上而文上。又内离而外艮，有文明而各得其分之象，故为贲。占者以其柔来文刚，阳得阴助，而离明于内，故为"亨"。以其刚上文柔，而艮止于外，故"小利有攸往"。

《彖》曰：贲，"亨"。

"亨"字疑衍。

柔来而文刚，故"亨"。分刚上而文柔，故"小利有攸往"，天文也。

上，时掌反。

以卦变释卦辞。刚柔之交，自然之象，故曰"天文"。先儒说"天文"上当有"刚柔交错"四字，理或然也。

文明以止，人文也。

又以卦德言之。"止"，谓各得其分。

观乎天文，以察时变。观乎人文，以化成天下。

极言贲道之大也。

《象》曰：山下有火，贲。君子以明庶政，无敢折狱。

"山下有火"，明不及远。"明庶政"，事之小者。"折狱"，事之大者。内离明而外艮止，故取象如此。

初九：贲其趾，舍车而徒。

舍，音捨。下同。

刚德明体，自贲于下，为舍非道之车，而安于徒步之象。占者自处，当如是也。

《象》曰："舍车而徒"，义弗乘也。

君子之取舍，决于义而已。

六二：贲其须。

二以阴柔居中正，三以阳刚而得正，皆无应与。故二附三而动，有贲须之象。占者宜从上之阳刚而动也。

《象》曰："贲其须"，与上兴也。

九三：贲如濡如，永贞吉。

一阳居二阴之间，得其贲而润泽者也。然不可溺于所安，故有"永贞"之戒。

《象》曰："永贞"之吉，终莫之陵也。

六四：贲如皤如，白马翰如。匪寇，婚媾。

皤，白波反。

"皤"，白也。"马"，人所乘，人白则马亦白矣。四与初相贲者，乃为九三所隔而不得遂，故"皤如"。而其往求之心，如飞翰之疾也。然九三刚正，非为寇者也，乃求婚媾耳，故其象如此。

《象》曰：六四当位，疑也。"匪寇婚媾"，终无尤也。

"当位疑"，谓所当之位可疑也。"终无尤"，谓若守正而不与，亦无它患也。

六五：贲于丘园，束帛戋戋。吝，终吉。

戋，在千反。

六五柔中，为贲之主，敦本尚实，得贲之道，故有"丘园"之象。然阴性吝啬，故有"束帛戋戋"之象。"束帛"，薄物；"戋戋"，浅小之意。人而如此，虽可羞吝，然礼奢宁俭，故得"终吉"。

《象》曰：六五之吉，有喜也。

上九：白贲，无咎。

贲极反本，复于无色，善补过矣，故其象占如此。

《象》曰："白贲，无咎"，上得志也。

剥 ䷖ 艮上 坤下

剥：不利有攸往。

剥，邦角反。

"剥"，落也。五阴在下而方生，一阳在上而将尽，阴盛长而阳消落，九月之卦也。阴盛阳衰，小人壮而君子病。又内坤外艮，有顺时而止之象。故占得之者，不可以有所往也。

《彖》曰：剥，剥也，柔变刚也。

以卦体释卦名义。言柔进于阳，变刚为柔也。

"不利有攸往"，小人长也。顺而止之，观象也。君子尚消息盈虚，天行也。

长，之丈反。

以卦体卦德释卦辞。

《象》曰：山附于地，剥。上以厚下安宅。

初六：剥床以足，蔑贞凶。

剥自下起，灭正则"凶"，故其占如此。"蔑"，灭也。

《象》曰："剥床以足"，以灭下也。

六二：剥床以辨，蔑贞凶。

"辨"，床干也。进而上矣。

《象》曰："剥床以辨"，未有与也。

言未大盛。

六三：剥之，无咎。

众阴方剥阳，而己独应之。去其党而从正，"无咎"之道也。占者如是，则得"无咎"。

《象》曰："剥之，无咎"，失上下也。

"上下"，谓四阴。

六四：剥床以肤，凶。

阴祸切身，故不复言"蔑贞"，而直言"凶"也。

《象》曰："剥床以肤"，切近灾也。

六五：贯鱼以宫人宠，无不利。

"鱼"，阴物。"宫人"，阴之美而受制于阳者也。五为众阴之长，当率其类，受制于阳，故有此象。而占者如是，则"无不利"也。

《象》曰："以宫人宠"，终无尤也。

上九：硕果不食。君子得舆，小人剥庐。

一阳在上，剥未尽而能复生。君子在上，则为众阴所载。小人居之，则剥极于上，自失所覆，而无复"硕果""得舆"之象矣。取象既明，而君子小人，其占不同，圣人之情，益可见矣。

《象》曰："君子得舆"，民所载也。"小人剥庐"，终不可用也。

复 ䷗ 坤上 震下

复：亨。出入无疾，朋来无咎。反复其道，七日来复，利有攸往。

"反复"之"复"，芳福反，又作覆。《象》同。

"复"，阳复生于下也。剥尽则为纯坤，十月之卦；而阳气已生于下矣。积之逾月，然后一阳之体始成而来复，故十有一月，其卦为复。以其阳既往而复反，故有亨道。又内震外坤，有阳动于下，而以顺上行之象，故其占又为己之"出入"。既得"无疾"，朋类之来，亦得"无咎"。又自五月姤卦一阴始生，至此七爻而一阳来复，乃天运之自然，故其占又为"反复其道"。至于"七日"，当得"来复"。又以刚德方长，故其占又为"利有攸往"也。"反复其道"，往而复来，来而复往之意。"七日"者，所占来复之期也。

《象》曰："复，亨"，刚反。

刚，反则亨。

动而以顺行，是以"出入无疾，朋来无咎"。

以卦德而言。

"反复其道，七日来复"，天行也。

阴阳消息，天运然也。

"利有攸往"，刚长也。

长，之丈反。下同。

以卦体而言，既生则渐长矣。

复，其见天地之心乎！

积阴之下，一阳复生，天地生物之心，几于灭息，而至此乃复可见。在人则为静极而动，恶极而善，本心几息而复，见之端也。程子论之详矣，而邵子之诗亦曰："冬至子之半，天心无改移。一阳初动处，万物未生时。玄酒味方淡，大音声正希。此言如不信，更请问包羲。"至哉言也！学者宜尽心焉。

《象》曰：雷在地中，复。先王以至日闭关，商旅不行，后不省方。

安静以养微阳也。月令，是月斋戒掩身，以待阴阳之所定。

初九：不远复，无祗悔，元吉。

祗,音其。

一阳复生于下,复之主也。"祗",抵也。又居事初,失之未远,能复于善,不抵于悔,大善而吉之道也。故其象占如此。

《象》曰:"不远"之复,以修身也。

六二:休复,吉。

柔顺中正,近于初九,而能下之。复之休美,吉之道也。

《象》曰:"休复"之吉,以下仁也。

下,退嫁反。

六三:频复,厉无咎。

以阴居阳,不中不正。又处动极,复而不固,屡失屡复之象。屡失故危,复则"无咎",故其占又如此。

《象》曰:"频复"之厉,义无咎也。

六四:中行独复。

四处群阴之中,而独与初应,为与众俱行,而独能从善之象。当此之时,阳气甚微,未足以有为,故不言吉。然理所当然,吉凶非所论也。董子曰:"仁人者,正其谊,不谋其利,明其道,不计其功。"于剥之六三及此爻见之。

《象》曰:"中行独复",以从道也。

六五:敦复,无悔。

以中顺居尊,而当复之时,"敦复"之象,"无悔"之道也。

《象》曰:"敦复,无悔",中以自考也。

"考",成也。

上六:迷复,凶,有灾眚。用行师,终有大败。以其国,君凶,至于十年不克征。

眚,所景反。

以阴柔居复终,终迷不复之象,凶之道也,故其占如此。"以",犹及也。

《象》曰:"迷复"之凶,反君道也。

无妄 ䷘ 乾上 震下

无妄:元亨利贞。其匪正有眚,不利有攸往。

眚,所景反,象与上爻同。

"无妄",实理自然之谓。《史记》作"无望",谓无所期望而有得焉者,其义亦通。为卦自讼而变,九自二来而居于初,又为震主,动而不妄者也,故为"无妄"。又二体震动而乾健,九五刚中而应六二,故其占大亨而利于正。若其不正,则有眚而不利有所往也。

《象》曰：无妄，刚自外来而为主于内，动而健，刚中而应，大亨以正，天之命也。"其匪正有眚，不利有攸往"，无妄之往，何之矣？天命不佑，行矣哉！

以卦变、卦德、卦体言卦之善如此，故其占当获"大亨"，而利于正，乃天命之当然也。其有不正，则不利有所往，欲何往哉？盖其逆天之命，而天不佑之，故不可以有行也。

《象》曰：天下雷行，物与无妄。先王以茂对时育万物。

"天下雷行"，震动发生，万物各正其性命，是物物而与之以无妄也。先王法此以对时育物，因其所性，而不为私焉。

初九：无妄，往吉。

以刚在内，诚之主也。如是而往，其"吉"可知。故其象占如此。

《象》曰：无妄之往，得志也。

六二：不耕获，不菑畬，则利有攸往。

菑，侧其反。畬，音余。

柔顺中正，因时顺理，而无私意期望之心，故有"不耕获，不菑畬"之象。言其无所为于前，无所冀于后也。占者如是，则利有所往矣。

《象》曰："不耕获"，未富也。

"富"，如非富天下之富，言非计其利而为之也。

六三：无妄之灾，或系之牛，行人之得，邑人之灾。

卦之六爻，皆无妄者也。六三处不得正，故遇其占者，无故而有灾。如行人牵牛以去，而居者反遭诘捕之扰也。

《象》曰："行人"得牛，"邑人"灾也。

九四：可贞，无咎。

阳刚乾体，下无应与，可固守而"无咎"。不可以有为之占也。

《象》曰："可贞，无咎"，固有之也。

"有"，犹守也。

九五：无妄之疾，勿药有喜。

乾刚中正，以居尊位，而下应亦中正，无妄之至也。如是而有疾，"勿药"而自愈矣。故其象占如此。

《象》曰："无妄"之药，不可试也。

既已无妄而复药之，则反为妄而生疾矣。"试"，谓少尝之也。

上九：无妄，行有眚，无攸利。

上九非有妄也，但以其穷极而不可行耳，故其象占如此。

《象》曰："无妄"之行，穷之灾也。

大畜 ䷙ 艮上 乾下

大畜:利贞。不家食,吉。利涉大川。

"大",阳也。以艮畜乾,又畜大者也。又以内乾刚健,外艮笃实辉光,是以能"日新其德",而为畜之大也。以卦变言,此卦自需而来,九自五而上。以卦体言,六五尊而尚之。以卦德言,又能止健,皆非大正不能。故其占为"利贞",而"不家食吉"也。又六五下应于乾,为应乎天,故其占又为"利涉大川"也。"不家食",谓食禄于朝,不食于家也。

《彖》曰:大畜,刚健笃实辉光,日新其德。

以卦德释卦名义。

刚上而尚贤,能止健,大正也。

以卦变卦体卦德释卦辞。

"不家食,吉",养贤也。

亦取"尚贤"之象。

"利涉大川",应乎天也。

亦以卦体而言。

《象》曰:天在山中,大畜。君子以多识前言往行,以畜其德。

识,如字,又音志。行,下孟反。

"天在山中",不必实有是事,但以其象言之耳。

初九:有厉,利已。

已,夷止反。

乾之三阳,为艮所止,故内外之卦各取其义。初九为六四所止,故其占往则有危,而利于止也。

《象》曰:"有厉,利已",不犯灾也。

九二:舆说輹。

说,吐活反。輹,音服。

九二亦为六五所畜,以其处中,故能自止而不进,有此象也。

《象》曰:"舆说輹",中无尤也。

九三:良马逐,利艰贞。曰闲舆卫,利有攸往。

曰,读为日。

三以阳居健极,上以阳居畜极,极而通之时也。又皆阳爻,故不相畜而俱进,有"良马逐"之象焉。然过刚锐进,故其占必戒以"艰贞"。"闲"习,乃利于有往也。"曰",当为日月之"日"。

《象》曰:"利有攸往",上合志也。

六四:童牛之牿,元吉。

牿,古毒反。

"童"者,未角之称。"牿",施横木于牛角,以防其触,《诗》所谓"楅衡"者也。止之于未角之时,为力则易,大善之吉也,故其象占如此。《学记》曰:"禁于未发之谓豫。"正此意也。

《象》曰:六四"元吉",有喜也。

六五:豮豕之牙,吉。

豮,符云反,音焚。

阳已进而止之,不若初之易矣。然以柔居中,而当尊位,是以得其机会而可制。故其象如此,占虽"吉"而不言"元"也。

《象》曰:六五之"吉",有庆也。

上九:何天之衢,亨。

"何天之衢",言何其通达之甚也?畜极而通,豁达无碍,故其象占如此。

《象》曰:"何天之衢",道大行也。

颐 ䷚ 艮上
　　　震下

颐:贞吉。观颐,自求口实。

颐,以之反。

"颐",口旁也。口食物以自养,故为养义。为卦上下二阳,内含四阴,外实内虚,上止下动,为颐之象,养之义也。"贞吉"者,占者得正则吉。"观颐",谓观其所养之道。"自求口实",谓观其所以养身之术,皆得正则吉也。

《象》曰:颐,"贞吉",养正则吉也。"观颐",观其所养也。"自求口实",观其自养也。

释卦辞。

天地养万物,圣人养贤以及万民。颐之时大矣哉!

极言养道而赞之。

《象》曰:山下有雷,颐。君子以慎言语,节饮食。

二者养德养身之切务。

初九:舍尔灵龟,观我朵颐,凶。

舍,音捨。朵,多果反。

"灵龟",不食之物。"朵",垂也。"朵颐",欲食之貌。初九阳刚在下,足以不食,乃上应六四之阴,而动于欲,"凶"之道也。故其象占如此。

《象》曰:"观我朵颐",亦不足贵也。

六二:颠颐,拂经于丘颐,征凶。

求养于初,则颠倒而违于常理。求养于上,则往而得凶。"丘",土之高者,上之象也。

《象》曰:六二"征凶",行失类也。

初上皆非其类也。

六三:拂颐,贞凶,十年勿用,无攸利。

阴柔不中正,以处动极,拂于颐矣。既拂于颐,虽正亦凶,故其象占如此。

《象》曰:"十年勿用",道大悖也。

六四:颠颐,吉。虎视眈眈,其欲逐逐,无咎。

眈,都含反。逐,直六反,音轴。

柔居上而得正,所应又正,而赖其养以施于下,故虽颠而吉。"虎视眈眈",下而专也。"其欲逐逐",求而继也。又能如是,则"无咎"矣。

《象》曰:"颠颐"之吉,上施光也。

施,始豉反。

六五:拂经,居贞吉,不可涉大川。

六五阴柔不正,居尊位而不能养人,反赖上九之养,故其象占如此。

《象》曰:"居贞"之吉,顺以从上也。

上九:由颐,厉吉,利涉大川。

六五赖上九之养以养人,是物由上九以养也。位高任重,故"厉"而"吉"。阳刚在上,故"利"涉川。

《象》曰:"由颐,厉吉",大有庆也。

大过 ䷛ 兑上
巽下

大过:栋桡。利有攸往,亨。

过,古卧反。桡,女教反。《彖》并三爻并同。

"大",阳也。四阳居中过盛,故为大过。上下二阴不胜其重,故有"栋桡"之象。又以四阳虽过,而二五得中,内巽外说,有可行之道,故利有所往而得"亨"也。

《彖》曰:大过,大者过也。

以卦体释卦名义。

"栋桡",本末弱也。

复以卦体释卦辞。"本",谓初。"末",谓上。"弱",谓阴柔。

刚过而中,巽而说行,"利有攸往",乃"亨"。

说,音悦。

又以卦体卦德释卦辞。

大过之时大矣哉!

大过之时,非有大过人之材,不能济也,故叹其大。

《象》曰:泽灭木,大过。君子以独立不惧,遁世无闷。

"泽灭于木",大过之象也。不惧无闷,大过之行也。

初六:藉用白茅。无咎。

藉,在夜反。

当大过之时,以阴柔居巽下,过于畏惧而"无咎"者也,故其象占如此。"白茅",物之洁者。

《象》曰:"藉用白茅",柔在下也。

九二:枯杨生稊,老夫得其女妻,无不利。

稊,杜兮反。

阳过之始,而比初阴,故其象占如此。"稊",根也,荣于下者也。荣于下则生于上矣。夫虽老而得女妻,犹能成生育之功也。

《象》曰:"老夫""女妻",过以相与也。

九三:栋桡,凶。

三四二爻,居卦之中,栋之象也。九三以刚居刚,不胜其重,故象"桡"而占"凶"。

《象》曰:"栋桡"之"凶",不可以有辅也。

九四:栋隆,吉。有它,吝。

它,汤何反。

以阳居阴,过而不过,故其象隆而占"吉"。然下应初六,以柔济之,则过于柔矣,故又戒以"有它"则"吝"也。

《象》曰:"栋隆"之"吉",不桡乎下也。

九五:枯杨生华,老妇得其士夫,无咎无誉。

华,如字。

九五阳过之极,又比过极之阴,故其象占皆与二反。

《象》曰:"枯杨生华",何可久也?"老妇""士夫",亦可丑也。

上六:过涉灭顶,凶,无咎。

处过极之地,才弱不足以济,然于义为"无咎"矣。盖杀身成仁之事,故其象占如此。

《象》曰："过涉"之凶，不可咎也。

坎 ䷜ 坎上
坎下

习坎，有孚，维心亨。行有尚。

"习"，重习也。"坎"，险陷也。其象为水，阳陷阴中，外虚而中实也。此卦上下皆坎，是为重险。中实为有孚心亨之象，以是而行，必有功矣，故其象占如此。

《象》曰：习坎，重险也。

释卦名义。

水流而不盈，行险而不失其信。

以卦象释"有孚"之义，言内实而行有常也。

"维心亨"，乃以刚中也。"行有尚"，往有功也。

以刚在中，"心亨"之象。如是而往，必有功也。

天险，不可升也。地险，山川丘陵也。王公设险以守其国。坎之时用大矣哉！

极言之而赞其大也。

《象》曰：水洊至，习坎。君子以常德行，习教事。

洊，在甸反。行，下孟反。

治己治人，皆必重习，然后熟而安之。

初六：习坎，入于坎窞，凶。

窞，徒坎反。三爻同。

以阴柔居重险之下，其陷益深，故其象占如此。

《象》曰："习坎"入坎，失道凶也。

九二：坎有险，求小得。

处重险之中，未能自出，故为"有险"之象。然刚而得中，故其占可以"求小得"也。

《象》曰："求小得"，未出中也。

六三：来之坎坎，险且枕。入于坎窞，勿用。

枕，针甚反。注同。

以阴柔不中正，而履重险之间，来往皆险。前险而后枕，其陷益深，不可用也。故其象占如此。枕，倚著未安之意。

《象》曰："来之坎坎"，终无功也。

六四：樽酒簋，贰用缶，纳约自牖，终无咎。

簋，音癸。缶，俯九反。

晁氏云：先儒读"樽酒簋"为一句，"贰用缶"为一句，今从之。"贰"，益之也。《周礼》"大祭三贰"，《弟子职》"左执虚豆，右执挟匕，周旋而贰"是也。九五尊位，六四近之，在险之时，刚柔相济，故有但用薄礼，益以诚心，进结"自牖"之象。牖非所由之正，而室之所以受明也。始虽艰阻，终得"无咎"，故其象占如此。

《象》曰："樽酒簋贰"，刚柔际也。

晁氏曰：陆氏《释文》本无"贰"字，今从之。

九五：坎不盈，祇既平，无咎。

祇，音见复初爻。

九五虽在坎中，然以阳刚中正居尊位，而时亦将出矣，故其象占如此。

《象》曰："坎不盈"，中未大也。

有中德而未大。

上六：系用徽纆，寘于丛棘，三岁不得，凶。

纆，音墨。寘，音置。

以阴柔居险极，故其象占如此。

《象》曰：上六失道，凶"三岁"也。

离 ䷝ 离上
　　　 离下

离：利贞，亨。畜牝牛，吉。

畜，昌六反。

"离"，丽也。阴丽于阳，其象为火，体阴而用阳也。物之所丽，贵乎得正。"牝牛"，柔顺之物也，故占者能正则"亨"，而"畜牝牛"则"吉"也。

《象》曰：离，丽也。日月丽乎天，百谷草木丽乎土，重明以丽乎正，乃化成天下。

重，直龙反。

释卦名义。

柔丽乎中正，故"亨"，是以"畜牝牛，吉"也。

以卦体释卦辞。

《象》曰：明两作，离。大人以继明照于四方。

作，起也。

初九：履错然，敬之，无咎。

错，七各反。

以刚居下而处明体，志欲上进，故有"履错然"之象，"敬之"则"无咎"矣。戒占者宜如是也。

《象》曰："履错"之敬，以辟咎也。

辟避同。

六二：黄离，元吉。

"黄"，中色。柔离乎中而得其正，故其象占如此。

《象》曰："黄离，元吉"，得中道也。

九三：日昃之离，不鼓缶而歌，则大耋之嗟，凶。

耋，杜结反。

重离之间，前明将尽，故有"日昃"之象。不安常以自乐，则不能自处而凶矣。戒占者宜如是也。

《象》曰："日昃之离"，何可久也。

九四：突如其来如，焚如，死如，弃如。

后明将继之时，而九四以刚迫之，故其象占如此。

《象》曰："突如其来如"，无所容也。

"无所容"，言"焚""死""弃"也。

六五：出涕沱若，戚嗟若，吉。

沱，徒河反。

以阴居尊，柔丽乎中，然不得其正而迫于上下之阳，故忧惧如此，然后得"吉"。戒占者宜如是也。

《象》曰：六五之吉，离王公也。

上九：王用出征，有嘉，折首，获匪其丑，无咎。

折，之列反。

刚明及远，威震而刑不滥，"无咎"之道也，故其象占如此。

《象》曰："王用出征"，以正邦也。

周易本义卷之二

朱熹本义

周易下经

咸 ䷞ 兑上
艮下

咸:亨,利贞。取女吉。

取,七具反。

"咸",交感也。兑柔在上,艮刚在下,而交相感应。又艮止则感之专,兑说则应之至。又艮以少男下于兑之少女,男先于女,得男女之正,婚姻之时,故其卦为咸,其占"亨"而"利贞","取女"则"吉"。盖感有必通之理,然不以正,则失其"亨",而所为皆凶矣。

《彖》曰:咸,感也。

释卦名义。

柔上而刚下,二气感应以相与,止而说,男下女,是以"亨,利贞,取女吉"也。

说,音悦。"男下"之"下",遐嫁反。

以卦体卦德卦象释卦辞。或以卦变言"柔上""刚下"之义,曰"咸自旅来,柔上居六,刚下居五也",亦通。

天地感而万物化生,圣人感人心而天下和平。观其所感,而天地万物之情可见矣。

极言感通之理。

《象》曰:山上有泽,咸。君子以虚受人。

山上有泽,以虚而通也。

初六:咸其拇。

拇,茂后反。

"拇",足大指也。咸以人身取象,感于最下,"咸拇"之象也。感之尚浅,欲进未能,故不言吉凶。此卦虽主于感,然六爻皆宜静而不宜动也。

《象》曰:"咸其拇",志在外也。

六二：咸其腓，凶，居吉。

腓，房非反，音肥。艮六二同。

"腓"，足肚也。欲行则先自动，躁妄而不能固守者也。二当其处，又以阴柔不能固守，故取其象。然有中正之德，能居其所，故其占动"凶"而静"吉"也。

《象》曰：虽"凶，居吉"，顺不害也。

九三：咸其股，执其随，往吝。

"股"，随足而动，不能自专者也。"执"者，主当持守之意。下二爻皆欲动者，三亦不能自守而随之，"往"则"吝"矣，故其象占如此。

《象》曰："咸其股"，亦不处也。志在随人，所执下也。

言"亦"者，因前二爻皆欲动而云也。二爻阴躁，其动也宜。九三阳刚，居止之极，宜静而动，可吝之甚也。

九四：贞吉，悔亡。憧憧往来，朋从尔思。

憧，昌容反，又音同。

九四居股之上，脢之下，又当三阳之中心之象，咸之主也。心之感物，当正而固，乃得其理。今九四乃以阳居阴为失其正，而不能固，故因占设戒，以为能正而固，则吉而"悔亡"。若"憧憧往来"，不能正固而累于私感，则但其朋类从之，不复能及远矣。

《象》曰："贞吉，悔亡"，未感害也。"憧憧往来"，未光大也。

"感害"，言不正而感，则有害也。

九五：咸其脢，无悔。

脢，武杯反，又音每。

"脢"，背肉。在心上而相背，不能感物，而无私系。九五适当其处，故取其象而戒占者，以能如是，则虽不能感物，而亦可以"无悔"也。

《象》曰："咸其脢"，志末也。

"志末"，谓不能感物。

上六：咸其辅颊舌。

颊，古协反。

"辅颊舌"，皆所以言者，而在身之上。上六以阴居说之终，处咸之极，感人以言而无其实，又兑为口舌，故其象占如此，凶咎可知。

《象》曰："咸其辅颊舌"，滕口说也。

"滕""腾"通用。

恒 ䷟ 震上
巽下

恒：亨，无咎，利贞。利有攸往。

"恒",常久也。为卦震刚在上,巽柔在下。震雷巽风,二物相与,巽顺震动,为巽而动,二体六爻阴阳相应。四者皆理之常,故为恒。其占为能久于其道,则"亨"而"无咎"。然又必利于守贞,则乃为得所常久之道,而利有所往也。

《彖》曰:恒,久也。刚上而柔下,雷风相与,巽而动,刚柔皆应,恒。

以卦体卦象卦德释卦名义。或以卦变言"刚上"、"柔下"之义,曰恒自丰来,刚上居二,柔下居初也,亦通。

"恒,亨,无咎,利贞",久于其道也。天地之道,恒久而不已也。

恒固能"亨",且"无咎"矣。然必利于正,乃为久于其道,不正则久非其道矣。天地之道,所以常久,亦以正而已矣。

"利有攸往",终则有始也。

"久于其道",终也。"利有攸往",始也。动静相生,循环之理,然必静为主也。

日月得天而能久照,四时变化而能久成,圣人久于其道而天下化成。观其所恒,而天地万物之情可见矣。

极言恒久之道。

《象》曰:雷风,恒。君子以立不易方。

初六:浚恒,贞凶,无攸利。

浚,苟润反。

初与四为正应,理之常也。然初居下而在初,未可以深有所求。四震体而阳性,上而不下,又为二三所隔,应初之意,异乎常矣。初之柔暗,不能度势,又以阴居巽下,为巽之主,其性务入,故深以常理求之,"浚恒"之象也。占者如此,则虽"贞"亦凶,而无所"利"矣。

《象》曰:"浚恒"之凶,始求深也。

九二:悔亡。

以阳居阴,本当有"悔"。以其久中,故得"亡"也。

《象》曰:九二"悔亡",能久中也。

九三:不恒其德,或承之羞。贞吝。

位虽得正,然过刚不中,志从于上,不能久于其所,故为"不恒其德,或承之羞"之象。"或"者,不知其何人之辞。"承",奉也,言人皆得奉而进之,不知其所自来也。"贞吝"者,正而不恒,为可羞吝,申戒占者之辞。

《象》曰:"不恒其德",无所容也。

九四:田无禽。

以阳居阴,久非其位,故为此象。占者田无所获,而凡事亦不得其所求也。

《象》曰:久非其位,安得禽也?

六五：恒其德，贞。妇人吉，夫子凶。

以柔中而应刚中，常久不易，正而固矣。然乃妇人之道，非夫子之宜也，故其象占如此。

《象》曰："妇人"贞吉，从一而终也。"夫子"制义，从妇凶也。

上六：振恒，凶。

"振"者，动之速也。上六居恒之极，处震之终，恒极则不常，震终则过动。又阴柔不能固守，居上非其所安，故有"振恒"之象，而其占则"凶"也。

《象》曰："振恒"在上，大无功也。

遁 ䷠ 乾上
艮下

遁：亨，小利贞。

遁，徒巽反。

"遁"，退避也。为卦二阴浸长，阳当退避，故为遁，六月之卦也。阳虽当遁，然九五当位，而下有六二之应，若犹可以有为。但二阴浸长于下，则其势不可以不遁。故其占为君子能遁，则身虽退而道亨，小人则利于守正，不可以浸长之故，而遂侵迫于阳也。"小"，谓阴柔小人也。此卦之占，与否之初、二两爻相类。

《象》曰：遁"亨"，遁而亨也。刚当位而应，与时行也。

以九五一爻释亨义。

"小利贞"，浸而长也。

长，丁丈反。
以下二阴释"小利贞"。

遁之时义大矣哉！

阴方浸长，处之为难，故其时义为尤大也。

《象》曰：天下有山，遁。君子以远小人，不恶而严。

远，袁万反。
天体无穷，山高有限，遁之象也。"严"者，君子自守之常，而小人自不能近。

初六：遁尾，厉，勿用有攸往。

遁而在后，"尾"之象，危之道也。占者不可以有所往，但晦处静俟，可免灾耳。

《象》曰："遁尾"之厉，不往何灾也？

六二：执之用黄牛之革，莫之胜说。

胜，音升。说，叶活反。
以中顺自守，人莫能解，必遁之志也。占者固守，亦当如是。

《象》曰:执用黄牛,固志也。

九三:系遁,有疾厉。畜臣妾,吉。

畜,许六反。

下比二阴,当遁而有所系之象,有"疾"而"危"之道也。然以"畜臣妾"则"吉"。盖君子之于小人,惟"臣妾"则不必其贤而可"畜"耳,故其象占如此。

《象》曰:"系遁"之厉,有疾惫也。"畜臣妾,吉",不可大事也。

惫,薄迈反,音败。

九四:好遁,君子吉,小人否。

好,呼报反。否,方有反。

下应初六,而乾体刚健,有所好而能绝之,以遁之象也。唯自克之君子能之,而小人不能。故占者君子则吉,而小人否也。

《象》曰:"君子""好遁","小人否"也。

九五:嘉遁,贞吉。

刚阳中正,下应六二,亦柔顺而中正,遁之嘉美者也。占者如是而正,则"吉"矣。

《象》曰:"嘉遁,贞吉",以正志也。

上九:肥遁,无不利。

以刚阳居卦外,下无系应,遁之远而处之裕者也,故其象占如此。"肥"者,宽裕自得之意。

《象》曰:"肥遁,无不利",无所疑也。

大壮 ䷡震上乾下

大壮:利贞。

"大",谓阳也。四阳盛长,故为"大壮",二月之卦也。阳壮,则占者吉亨不假言,但利在正固而已。

《彖》曰:"大壮",大者壮也。刚以动,故壮。

释卦名义。以卦体言,则阳长过中,大者壮也。以卦德言,则乾刚震动,所以壮也。

"大壮,利贞",大者正也。正大,而天地之情可见矣。

释"利贞"之义而极言之。

《象》曰:雷在天上,大壮。君子以非礼弗履。

自胜者强。

初九:壮于趾,征凶,有孚。

"趾"在下而进,动之物也。刚阳处下而当壮时,壮于进者也,故有此象。居下而壮于进,其"凶"必矣,故其象占又如此。

《象》曰:"壮于趾",其孚穷也。

言必困穷。

九二:贞吉。

以阳居阴,已不得其正矣。然所处得中,则犹可因以不失其正。故戒占者,使因中以求正,然后可以得"吉"也。

《象》曰:九二"贞吉",以中也。

九三:小人用壮,君子用罔,贞厉。羝羊触藩,羸其角。

羝,音低。羸,卢回反,姤同。

过刚不中,当壮之时,是"小人用壮"而君子则"用罔"也。"罔",无也。视有如无,君子之过于勇者也。如此,则虽正亦危矣。"羝羊",刚壮喜触之物。"藩",篱也。"羸",困也。"贞厉"之占,其象如此。

《象》曰:"小人用壮",君子罔也。

小人以壮败,君子以罔困。

九四:贞吉,悔亡。藩决不羸,壮于大舆之輹。

輹,音福。

"贞吉悔亡",与咸九四同占。"藩决不羸",承上文而言也。"决",开也。三前有四,犹有藩焉。四前二阴,则"藩决"矣。"壮于大舆之輹",亦可进之象也。以阳居阴,不极其刚,故其象占如此。

《象》曰:"藩决不羸",尚往也。

六五:丧羊于易,无悔。

丧,息浪反。易,以豉反,一音亦。旅卦同。

卦体似兑,有羊象焉,外柔而内刚者也。独六五以柔居中,不能抵触,虽失其壮,然亦无所悔矣。故其象占如此,而占亦与咸九五同。"易","容易"之易,言忽然不觉其亡也。或作"疆埸"之"埸",亦通。《汉书·食货志》,"埸"作"易"。

《象》曰:"丧羊于易",位不当也。

上六:羝羊触藩,不能退,不能遂,无攸利。艰则吉。

壮终动极,故"触藩"而"不能退"。然其质本柔,故又"不能遂"其进也。其象如此,其占可知。然犹幸其不刚,故能艰以处则尚可以得"吉"也。

《象》曰:"不能退,不能遂",不详也。"艰则吉",咎不长也。

晋 ䷢ 离上 坤下

晋：康侯用锡马蕃庶，昼日三接。

"晋"，进也。"康侯"，安国之侯也。"锡马蕃庶，昼日三接"，言多受大赐，而显被亲礼也。盖其为卦，上离下坤，有日出地上之象，顺而丽乎大明之德。又其变自观而来，为六四之柔，进而上行以至于五。占者有是三者，则亦当有是宠也。

《彖》曰：晋，进也。

释卦名义。

明出地上，顺而丽乎大明，柔进而上行，是以"康侯用锡马蕃庶，昼日三接"也。

"上行"之"上"，时掌反。

以卦象卦德卦变释卦辞。

《象》曰："明出地上"，晋。君子以自昭明德。

"昭"，明之也。

初六：晋如摧如，贞吉。罔孚，裕无咎。

以阴居下，应不中正，有欲进见摧之象。占者如是，而能守正则吉，设不为人所信，亦当处以宽裕，则"无咎"也。

《象》曰："晋如摧如"，独行正也。"裕无咎"，未受命也。

初居下位，未有官守之命。

六二：晋如愁如，贞吉。受兹介福，于其王母。

六二中正，上无应援，故欲进而愁。占者如是，而能守正则吉，而受福于王母也。"王母"，指六五。盖享先妣之吉占，而凡以阴居尊者，皆其类也。

《象》曰："受兹介福"，以中正也。

六三：众允，悔亡。

三不中正，宜有悔者，以其与下二阴皆欲上进，是以为众所信而"悔亡"也。

《象》曰："众允"之志，上行也。

九四：晋如鼫鼠，贞厉。

鼫，音石。

不中不正，以窃高位，贪而畏人，盖危道也，故为"鼫鼠"之象。占者如是，虽正亦"危"。

《象》曰："鼫鼠，贞厉"，位不当也。

六五：悔亡，失得勿恤。往吉，无不利。

以阴居阳,宜有"悔"矣。以大明在上,而下皆顺从,故占者得之,则其"悔亡"。又一切去其计功谋利之心,则"往吉"而"无不利"也。然亦必有其德,乃应其占耳。

《象》曰:"失得勿恤",往有庆也。

上九:晋其角,维用伐邑。厉吉无咎,贞吝。

"角",刚而居上,上九刚进之极,有其象矣。占者得之,而以伐其私邑,则虽"危"而"吉"且"无咎"。然以极刚治小邑,虽得其正,亦可"吝"矣。

《象》曰:"维用伐邑",道未光也。

明夷 ䷣ 坤上 离下

明夷:利艰贞。

"夷",伤也。为卦下离上坤,日入地中,明而见伤之象,故为明夷。又其上六为暗之主,六五近之,故占者利于艰难以守正,而自晦其明也。

《象》曰:明入地中,明夷。

以卦象释卦名。

内文明而外柔顺,以蒙大难,文王以之。

难,乃旦反。下同。

以卦德释卦义。"蒙大难",谓遭纣之乱而见囚也。

"利艰贞",晦其明也。内难而能正其志,箕子以之。

以六五一爻之义释卦辞。"内难",谓为纣近亲,在其国内,如六五之近于上六也。

《象》曰:明入地中,明夷。君子以莅众,用晦而明。

初九:明夷于飞,垂其翼。君子于行,三日不食。有攸往,主人有言。

飞而垂翼,见伤之象。占者行而不食,所如不合,时义当然不得而避也。

《象》曰:"君子于行",义不食也。

唯义所在不食可也。

六二:明夷,夷于左股。用拯马壮,吉。

拯,之陵反。涣初爻同。

伤而未切,救之速则免矣,故其象占如此。

《象》曰:六二之"吉",顺以则也。

九三:明夷于南狩,得其大首。不可疾贞。

狩,守救反。

以刚居刚,又在明体之上,而屈于至暗之下,正与上六暗主为应,故有向明除害,得其首恶之象。然不可以亟也,故有"不可疾贞"之戒。成汤赴于夏台,文王兴于羑里,正合此爻之义,而小事亦有然者。

《象》曰:"南狩"之志,乃大得也。

六四:入于左腹,获明夷之心,于出门庭。

此爻之义未详。窃疑左腹者幽隐之处,"获明夷之心,于出门庭"者,得意于远去之义。言筮而得此者,其自处当如是也。盖离体为至明之德,坤体为至暗之地。下三爻明在暗外,故随其远近高下而处之不同。六四以柔正居暗地而尚浅,故犹可以得意于远去。五以柔中居暗地而已迫,故为内难正志以晦其明之象。上则极乎暗矣,故为自伤其明以至于暗,而又足以伤人之明。盖下五爻皆为君子,独上一爻为暗君也。

《象》曰:"入于左腹",获心意也。

意,叶音益。

六五:箕子之明夷,利贞。

居至暗之地,近至暗之君,而能正其志,箕子之象也,贞之至也。"利贞",以戒占者。

《象》曰:"箕子"之贞,明不可息也。

上六:不明晦。初登于天,后入于地。

以阴居坤之极,不明其德以至于晦。始则处高位以伤人之明,终必至于自伤而坠厥命。故其象如此,而占亦在其中矣。

《象》曰:"初登于天",照四国也。"后入于地",失则也。

"照四国",以位言。

家人　☲ 巽上
离下

家人:利女贞。

"家人"者,一家之人,卦之九五六二,外内各得其正,故为"家人"。"利女贞"者,欲先正乎内也。内正,则外无不正矣。

《象》曰:家人,女正位乎内,男正位乎外。男女正,天地之大义也。

以卦体九五、六二释"利女贞"之义。

家人有严君焉,父母之谓也。

亦谓二五。

父父、子子,兄兄、弟弟,夫夫、妇妇,而家道正。正家,而天下定矣。

上父,初子,五、三夫,四、二妇,五兄三弟。以卦画推之,又有此象。

《象》曰:风自火出,家人。君子以言有物而行有恒。

行,下孟反。

身修则家治矣。

初九:闲有家,悔亡。

初九以刚阳处有家之始,能防闲之,其"悔亡"矣。戒占者当如是也。

《象》曰:"闲有家",志未变也。

志未变而豫防之。

六二:无攸遂,在中馈,贞吉。

六二柔顺中正,女之正位乎内者也,故其象占如此。

《象》曰:六二之"吉",顺以巽也。

九三:家人嗃嗃,悔厉吉。妇子嘻嘻,终吝。

嗃,呼落反。嘻,吉悲反。《象》同。

以刚居刚而不中,过乎刚者也,故有"嗃嗃"严厉之象。如是则虽有"悔厉"而"吉"也。"嘻嘻"者,"嗃嗃"之反,吝之道也。占者各以其德为应,故两言之。

《象》曰:"家人嗃嗃",未失也。"妇子嘻嘻",失家节也。

六四:富家,大吉。

阳主义,阴主利,以阴居阴而在上位,能"富"其"家"者也。

《象》曰:"富家,大吉",顺在位也。

九五:王假有家,勿恤,吉。

假,更白反。下同。

"假",至也。如假于太庙之假。"有家",犹言有国也。九五刚健中正,下应六二之柔顺中正,王者以是至于其家,则勿用忧恤而"吉"可必矣。盖聘纳后妃之吉占,而凡有是德者遇之,皆吉也。

《象》曰:"王假有家",交相爱也。

程子曰:夫爱其内助,妇爱其刑家。

上九:有孚威如,终吉。

上九以刚居上,在卦之终,故言正家久远之道。占者必有诚信严威,则"终吉"也。

《象》曰:"威如"之吉,反身之谓也。

谓非作威也,反身自治,则人畏服之矣。

睽 ䷥ 离上
        兑下

睽:小事吉。

睽，苦圭反。

"睽"，乖异也。为卦上火下泽，性相违异，中女少女，志不同归，故为"睽"。然以卦德言之，内说而外明。以卦变言之，则自离来者，柔进居三。自中孚来者，柔进居五。自家人来者兼之。以卦体言之，则六五得中而下应九二之刚。是以其占不可大事，而"小事"尚有"吉"之道也。

《彖》曰：睽，火动而上，泽动而下，二女同居，其志不同行。

"上""下"俱上声。下同。

以卦象释卦名义。

说而丽乎明，柔进而上行，得中而应乎刚，是以"小事吉"。

说，音悦。

以卦德卦变卦体释卦辞。

天地睽而其事同也，男女睽而其志通也，万物睽而其事类也。睽之时用大矣哉！

极言其理而赞之。

《象》曰：上火下泽，睽。君子以同而异。

二卦合体，而性不同。

初九：悔亡。丧马勿逐，自复。见恶人，无咎。

丧，息浪反。复，房六反。注并同。

上无正应，有"悔"也。而居睽之时，同德相应，其"悔亡"矣，故有"丧马勿逐"而"自复"之象。然亦必见"恶人"，然后可以辟咎，如孔子之于阳货也。

《象》曰："见恶人"，以辟咎也。

辟，音避。

九二：遇主于巷，无咎。

二五阴阳正应，居睽之时，乖戾不合，必委曲相求而得会遇，乃为"无咎"。故其象占如此。

《象》曰："遇主于巷"，未失道也。

本其正应，非有邪也。

六三：见舆曳，其牛掣。其人天且劓。无初有终。

曳，以制反。掣，昌逝反。劓，鱼器反。

六三上九正应，而三居二阳之间，后为二所"曳"，前为四所"掣"。而当睽之时，上九猜狠高深，故又有髡劓之伤。然邪不胜正，终必得合，故其象占如此。

《象》曰："见舆曳"，位不当也。"无初有终"，遇刚也。

九四：睽孤。遇元夫，交孚，厉无咎。

夫，如字。

"睽孤",谓无应。"遇元夫",谓得初九。"交孚",谓同德相信。然当睽时,故必"危"厉,乃得"无咎",占者亦如是也。

《象》曰:"交孚""无咎",志行也。

六五:悔亡,厥宗噬肤,往何咎?

噬,市制反。

以阴居阳,"悔"也。居中得应,故能"亡"之。"厥宗",指九二。"噬肤",言易合。六五有柔中之德,故其象占如此。

《象》曰:"厥宗噬肤",往有庆也。

上九:睽孤。见豕负涂,载鬼一车。先张之弧,后说之弧。匪寇婚媾,往遇雨则吉。

说,吐活反。

"睽孤",谓六三为二阳所制,而己以刚处明极睽极之地,又自猜狠而乖离也。"见豕负涂",见其污也。"载鬼一车",以无为有也。"张弧",欲射之也。"说弧",疑稍释也。"匪寇婚媾",知其非寇而实亲也。"往遇雨则吉",疑尽释而睽合也。上九之与六三,先睽后合,故其象占如此。

《象》曰:"遇雨"之吉,群疑亡也。

蹇 ䷦ 坎上 艮下

蹇:利西南,不利东北。利见大人,贞吉。

蹇,纪免反。

"蹇",难也。足不能进,行之难也。为卦艮下坎上,见险而止,故为"蹇"。"西南"平易,"东北"险阻,又艮方也。方在蹇中,不宜走险。又卦自小过而来,阳进则往居五而得中,退则入于艮而不进,故其占曰"利西南"而"不利东北"。当蹇之时,必见"大人",然后可以济难。又必守正,然后得"吉"。而卦之九五,刚健中正,有大人之象。自二以上五爻,皆得正位,则又贞之义也,故其占又曰"利见大人,贞吉"。盖见险者贵于能止,而又不可终于止;处险者利于进,而不可失其正也。

《象》曰:蹇,难也,险在前也。见险而能止,知矣哉!

难,乃旦反。知,音智。

以卦德释卦名义,而赞其美。

蹇"利西南",往得中也。"不利东北",其道穷也。"利见大人",往有功也。当位"贞吉",以正邦也。蹇之时用大矣哉!

以卦变卦体释卦辞,而赞其时用之大也。

《象》曰:山上有水,蹇。君子以反身修德。

初六:往蹇来誉。

"往"遇险,"来"得誉。

《象》曰:"往蹇来誉",宜待也。

六二:王臣蹇蹇,匪躬之故。

柔顺中正,正应在上,而在险中,故"蹇"而又"蹇",以求济之,非以其身之故也。不言吉凶者,占者但当鞠躬尽力而已,至于成败利钝,则非所论也。

《象》曰:"王臣蹇蹇",终无尤也。

事虽不济,亦无可尤。

九三:往蹇来反。

反就二阴,得其所安。

《象》曰:"往蹇来反",内喜之也。

六四:往蹇来连。

连于九三,合力以济。

《象》曰:"往蹇来连",当位实也。

当,去声。

九五:大蹇朋来。

"大蹇"者,非常之蹇也。九五居尊,而有刚健中正之德,必有"朋来"而助之者。占者有是德,则有是助矣。

《象》曰:"大蹇朋来",以中节也。

上六:往蹇来硕。吉,利见大人。

已在卦极,往无所之,益以蹇耳。来就九五,与之济蹇,则有硕大之功。"大人",指九五。晓占者宜如是也。

《象》曰:"往蹇来硕",志在内也。"利见大人",以从贵也。

解 ䷧ 震上坎下

解:利西南。无所往,其来复,吉。有攸往,夙吉。

解,胡买反。《彖》、《大象》并同。

"解",难之散也。居险能动,则出于险之外矣,解之象也。难之既解,利于平易安静,不欲久为烦扰。且其卦自升来,三往居四,入于坤体,二居其所而又得中,故"利"于"西南"平易之地。若"无所往",则宜来复其所而安静。若尚有所往,则宜早往早复,不可久烦扰也。

《象》曰:解,险以动,动而免乎险,解。

以卦德释卦名义。

"解，利西南"，往得众也。"其来复，吉"，乃得中也。"有攸往，夙吉"，往有功也。

以卦变释卦辞。坤为众。"得众"，谓九四入坤体。"得中""有功"，皆指九二。

天地解而雷雨作，雷雨作而百果草木皆甲坼。解之时大矣哉！

极言而赞其大也。

《象》曰：雷雨作，解。君子以赦过宥罪。

初六：无咎。

难既解矣，以柔在下，上有正应，何"咎"之有？故其象占如此。

《象》曰：刚柔之际，义"无咎"也。

九二：田获三狐，得黄矢，贞吉。

此爻取象之意未详。或曰：卦凡四阴，除六五君位，余三阴，即"三狐"之象也。大抵此爻为卜田之吉占，亦为去邪媚而得中直之象。能守其正，则无不吉矣。

《象》曰：九二"贞吉"，得中道也。

六三：负且乘，致寇至。贞吝。

乘，如字。

《系辞》备矣。"贞吝"，言虽以正得之，亦可羞也。唯避而去之，为可免耳。

《象》曰："负且乘"，亦可丑也。自我致戎，又谁咎也？

"戎"，古本作"寇"。

九四：解而拇，朋至斯孚。

解，佳买反。《象》同。

"拇"，指初。初与四皆不得其位而相应，应之不以正者也。然四阳初阴，其类类不同矣。若能解而去之，则君子之"朋至"而相信矣。

《象》曰："解而拇"，未当位也。

六五：君子维有解，吉。有孚于小人。

解，佳买反。《象》同。

卦凡四阴，而六五当君位，与三阴同类者，必解而去之，则"吉"也。"孚"，验也。君子"有解"，以小人之退为验也。

《象》曰：君子"有解"，小人退也。

上六：公用射隼于高墉之上，获之，无不利。

射，食亦反。隼，耸允反。

《系辞》备矣。

《象》曰："公用射隼"，以解悖也。

解，佳买反。

损 ䷨ 艮上
兑下

损：有孚，元吉。无咎，可贞。利有攸往。

"损"，减省也。为卦损下卦上画之阳，益上卦上画之阴。损兑泽之深，益艮山之高。损下益上，损内益外，剥民奉君之象，所以为损也。损所当损，而有孚信，则其占当有此下四者之应矣。

曷之用，二簋可用享。

簋，音轨。

言当损时，则至薄无害。

《彖》曰：损，损下益上，其道上行。

"上行"之"上"，时掌反。

以卦体释卦名义。

损而"**有孚，元吉。无咎，可贞。利有攸往。曷之用，二簋可用享**"，**二簋应有时，损刚益柔有时，损益盈虚，与时偕行。**

此释卦辞。"时"，谓当损之时。

《象》曰：山下有泽，损。君子以惩忿窒欲。

惩，时征反。窒，片栗反。

君子修身所当损者，莫切于此。

初九：已事遄往，无咎，酌损之。

已音以。遄，市专反。四爻同。

初九当损下益上之时，上应六四之阴，辍所为之事，而速往以益之，"无咎"之道也，故其象占如此。然居下而益上，亦当斟酌其浅深也。

《象》曰："已事遄往"，尚合志也。

"尚""上"通。

九二：利贞，征凶。弗损益之。

九二刚中，志在自守，不肯妄进，故占者"利贞"，而"征"则"凶"也。"弗损益之"，言不变其所守，乃所以益上也。

《象》曰：九二"利贞"，中以为志也。

六三：三人行，则损一人。一人行，则得其友。

下卦本乾，而损上爻以益坤，"三人行"而"损一人"也。一阳上而一阴下，"一人行"而"得其友"也。两相与则专，三则杂而乱，卦有此象，故戒占者当致一也。

《象》曰："一人行"，"三"则疑也。

六四：损其疾，使遄有喜，无咎。

以初九之阳刚益己，而损其阴柔之疾，唯速则善。戒占者如是，则"无咎"也。

《象》曰："损其疾"，亦可喜也。

六五：或益之十朋之龟，弗克违，元吉。

柔顺虚中，以居尊位，当损之时，受天下之益者也。两龟为朋，"十朋之龟"，大宝也。或以此益之而不能辞，其吉可知。占者有是德，则获其应也。

《象》曰：六五"元吉"，自上佑也。

上九：弗损益之，无咎。贞吉，利有攸往，得臣无家。

上九当损下益上之时，居卦之上，受益之极，而欲自损以益人也。然居上而益下，有所惠而不费者，不待损己，然后可以益人也。能如是则无咎。然亦必以正则吉，而利有所往，惠而不费，其惠广矣，故又曰"得臣无家"。

《象》曰："弗损益之"，大得志也。

益 ䷩ 巽上 震下

益：利有攸往，利涉大川。

"益"，增益也。为卦损上卦初画之阳，益下卦初画之阴，自上卦而下于下卦之下，故为"益"。卦之九五、六二，皆得中正。下震上巽，皆木之象，故其占利有所往，而"利涉大川"也。

《彖》曰：益，损上益下，民说无疆。自上下下，其道大光。

"上下"之"下"，退嫁反。下，如字。

以卦体释卦名义。

"利有攸往"，中正有庆。"利涉大川"，木道乃行。

以卦体卦象释卦辞。

益动而巽，日进无疆。天施地生，其益无方。凡益之道，与时偕行。

施，始豉反。

动巽，二卦之德。乾下施，坤上生，亦上文卦体之义，又以此极言赞益之大。

《象》曰：风雷，益。君子以见善则迁，有过则改。

风雷之势，交相助益，迁善改过，益之大者，而其相益亦犹是也。

初九：利用为大作，元吉，无咎。

初虽居下，然当益下之时，受上之益者也。不可徒然无所报效，故"利用为大作"，必

"元吉"然后得"无咎"。

《象》曰:"元吉,无咎",下不厚事也。

下本不当任厚事,故不如是,不足以塞咎也。

六二:或益之十朋之龟,弗克违,永贞吉。王用享于帝,吉。

六二当益下之时,虚中处下,故其象占与损六五同。然爻位皆阴,故以"永贞"为戒。以其居下而受上之益,故又为卜郊之吉占。

《象》曰:"或益之",自外来也。

"或"者,众无定主之辞。

六三:益之用凶事,无咎。有孚中行,告公用圭。

六三阴柔,不中不正,不当得益者也。然当益下之时,居下之上,故有益之以凶事者。盖警戒震动,乃所以益之也。占者如此,然后可以"无咎",又戒以"有孚中行"而"告公用圭"也。"用圭",所以通信。

《象》曰:益"用凶事",固有之也。

"益用凶事",欲其困心衡虑,而"固有之"也。

六四:中行告公从,利用为依迁国。

三四皆不得中,故皆以"中行"为戒。此言以益下为心,而合于"中行",则"告公"而见"从"矣。传曰:"周之东迁,晋郑焉依。"盖古者迁国以益下,必有所依,然后能立。此爻又为迁国之吉占也。

《象》曰:"告公从",以益志也。

九五:有孚惠心,勿问元吉。有孚惠我德。

上有信以惠于下,则下亦有信以惠于上矣,不问而"元吉"可知。

《象》曰:"有孚惠心",勿问之矣。"惠我德",大得志也。

上九:莫益之,或击之。立心勿恒,凶。

以阳居益之极,求益不已,故"莫益"而"或击之"。"立心勿恒",戒之也。

《象》曰:"莫益之",偏辞也。"或击之",自外来也。

"莫益之"者,犹从其求益之偏辞而言也。若究而言之,则又有击之者矣。

夬 ䷪ 兑上
乾下

夬:扬于王庭,孚号有厉。告自邑,不利即戎,利有攸往。

夬,古快反。号,户羔反。卦内并同。

"夬",决也,阳决阴也,三月之卦也。以五阳去一阴,决之而已。然其决之也,必正名其罪,而尽诚以呼号其众,相与合力。然亦尚有危厉,不可安肆,又当先治其私,而不可专尚威武,则利有所往也。皆戒之之辞。

《彖》曰:夬,决也,刚决柔也。健而说,决而和。

说,音悦。

释卦名义而赞其德。

"扬于王庭",柔乘五刚也。"孚号有厉",其危乃光也。"告自邑,不利即戎",所尚乃穷也。"利有攸往",刚长乃终也。

长,丁丈反。

此释卦辞。"柔乘五刚",以卦体言,谓以一小人加于众君子之上,是其罪也。"刚长乃终",谓一变则为纯乾也。

《象》曰:泽上于天,夬。君子以施禄及下,居德则忌。

上,时掌反。施,始豉反。

"泽上于天",溃决之势也。"施禄及下",溃决之意也。"居德则忌",未详。

初九:壮于前趾,往不胜,为咎。

"前",犹进也。当决之时,居下任壮,不胜宜矣,故其象占如此。

《象》曰:"不胜"而往,咎也。

九二:惕号,莫夜有戎,勿恤。

莫,音暮。

九二当决之时,刚而居柔,又得中道,故能忧惕号呼以自戒备。而"莫夜有戎",亦可无患也。

《象》曰:"有戎""勿恤",得中道也。

九三:壮于頄,有凶。君子夬夬,独行遇雨,若濡有愠,无咎。

頄,求龟反。

"頄",颧也。九三当决之时,以刚而过乎中,是欲决小人,而刚壮见于面目也。如是则有凶道矣。然在众阳之中,独与上六为应。若能果决其决,不系私爱,则虽合于上六,如"独行遇雨",至于"若濡",而为君子所愠,然终必能决去小人而无所咎也。温峤之于王敦,其事类此。

《象》曰:"君子夬夬",终无咎也。

九四:臀无肤,其行次且。牵羊悔亡,闻言不信。

臀,徒敦反。次,七私反。且,七余反。姤三爻同。

以阳居阴,不中不正,居则不安,行则不进,若不与众阳竞进而安出其后,则可以"亡"其"悔"。然当决之时,志在上进,必不能也。占者闻言而信,则转凶而吉矣。"牵羊"者,当其前则不进,纵之使前而随其后,则可以行矣。

《象》曰:"其行次且",位不当也。"闻言不信",聪不明也。

九五：苋陆夬夬，中行无咎。

苋，闲辨反。

"苋陆"，今马齿苋，感阴气之多者。九五当决之时，为决之主，而切近上六之阴，如"苋陆"然。若决而决之，而又不为过暴，合于"中行"，则"无咎"矣。戒占者当如是也。

《象》曰："中行无咎"，中未光也。

《程传》备矣。传曰：卦辞言"夬夬"，则于中行为无咎矣。《象》复尽其义云"中未光也"。夫人心正意诚，乃能极中正之道，而充实光辉。五心有所比，以义之不可而决之，虽行于外，不失中正之义，可以无咎，然于中道，未得为光大也。盖人心一有所欲，则离道矣。夫子于此，示人之意深矣。

上六：无号，终有凶。

阴柔小人居穷极之时，党类已尽，无所号呼，终必"有凶"也。占者有君子之德，则其敌当之，不然反是。

《象》曰："无号"之凶，终不可长也。

姤 ䷫ 乾上
巽下

姤：女壮，勿用取女。

姤，古后反。取，七喻反。

"姤"，遇也。决尽则为纯乾，四月之卦。至姤然后一阴可见，而为五月之卦，以其本非所望，而卒然值之，如不期而遇者，故为遇。遇已非正，又一阴而遇五阳，则女德不贞而壮之甚也。取以自配，必害乎阳，故其象占如此。

《彖》曰：姤，遇也，柔遇刚也。

释卦名。

"勿用取女"，不可与长也。

释卦辞。

天地相遇，品物咸章也。

以卦体言。

刚遇中正，天下大行也。

指九五。

姤之时义大矣哉！

几微之际，圣人所谨。

《象》曰：天下有风，姤。后以施命诰四方。

初六：系于金柅，贞吉。有攸往，见凶。羸豕孚蹢躅。

梱，乃李反。蹢，直益反。躅，局六反。

"梱"，所以止车，以金为之，其刚可知。一阴始生，静正则吉，往进则凶。故以二义戒小人，使不害于君子，则有吉而无凶。然其势不可止也，故以"羸豕""蹢躅"晓君子，使深为之备云。

《象》曰："系于金梱"，柔道牵也。

"牵"，进也，以其进，故止之。

九二：包有鱼，无咎，不利宾。

"鱼"，阴物。二与初遇，为"包有鱼"之象。然制之在己，故犹可以"无咎"。若不制而使遇于众，则其为害广矣。故其象占如此。

《象》曰："包有鱼"，义不及宾也。

九三：臀无肤，其行次且，厉，无大咎。

音释见夬卦。

九三过刚不中，下不遇于初，上无应于上，居则不安，行则不进，故其象占如此。然既无所遇，则无阴邪之伤，故虽危"厉"而"无大咎"也。

《象》曰："其行次且"，行未牵也。

九四：包无鱼，起凶。

初六正应，已遇于二，而不及于己，故其象占如此。

《象》曰："无鱼"之凶，远民也。

远，袁万反。

民之去己，犹己远之。

九五：以杞包瓜，含章，有陨自天。

陨，羽敏反。

"瓜"，阴物之在下者，甘美而善溃。"杞"，高大坚实之木也。五以阳刚中正，主卦于上，而下防始生必溃之阴，其象如此。然阴阳迭胜，时运之常，若能含晦章美，静以制之，则可以回造化矣。"有陨自天"，本无而倏有之象也。

《象》曰：九五"含章"，中正也。"有陨自天"，志不舍命也。

舍，音捨。

上九：姤其角，吝，无咎。

"角"，刚乎上者也。上九以刚居上而无位，不得其遇，故其象占与九三类。

《象》曰："姤其角"，上穷吝也。

萃 ䷬ 兑上
坤下

萃：亨。王假有庙，利见大人，亨，利贞。用大牲，吉，利有攸往。

假,更白反。

"萃",聚也。坤顺兑说,九五刚中而二应之,又为泽上于地,万物萃聚之象,故为萃。"亨"字衍文。"王假有庙",言王者可以至于宗庙之中,王者卜祭之吉占也。《祭义》曰"公假于太庙",是也。庙所以聚祖考之精神,又人必能聚己之精神,则可以至于庙而承祖考也。物既聚,则必"见大人",而后可以得"亨"。然又必利于正。所聚不正,则亦不能亨也。大牲必聚而后有,聚则可以有所往,皆占吉而有戒之辞。

《象》曰:萃,聚也。顺以说,刚中而应,故聚也。

说,音悦。

以卦德卦体释卦名义。

"王假有庙",致孝享也。"利见大人,亨",聚以正也。"用大牲,吉,利有攸往",顺天命也。

释卦辞。

观其所聚,而天地万物之情可见矣。

极言其理而赞之。

《象》曰:泽上于地,萃。君子以除戎器,戒不虞。

上,时掌反。

"除"者,修而聚之之谓。

初六:有孚不终,乃乱乃萃。若号,一握为笑,勿恤,往无咎。

握,乌学反。

初六上应九四,而隔于二阴,当萃之时,不能自守,是"有孚"而"不终",志乱而妄聚也。若呼号正应,则众以为笑。但"勿恤"而往从正应,则"无咎"矣。戒占者当如是也。

《象》曰:"乃乱乃萃",其志乱也。

六二:引吉,无咎。孚乃利用禴。

禴,羊略反。

二应五而杂于二阴之间,必牵引以萃,乃"吉"而"无咎"。又二中正柔顺,虚中以上应。九五刚健中正,诚实而下交,故卜祭者有其孚诚,则虽薄物亦可以祭矣。

《象》曰:"引吉,无咎",中未变也。

六三:萃如,嗟如,无攸利。往无咎,小吝。

六三阴柔,不中不正,上无应与,欲求萃于近而不得,故"嗟如"而无所利。唯往从于上,可以"无咎"。然不得其萃,困然后往,复得阴极无位之爻,亦小可羞矣。戒占者当近舍不正之强援,而远结正应之穷交,则"无咎"也。

《象》曰:"往无咎",上巽也。

九四:大吉,无咎。

上比九五,下比众阴,得其萃矣。然以阳居阴不正,故戒占者必"大吉",然后得"无咎"也。

《象》曰:"大吉,无咎",位不当也。

九五:萃有位,无咎。匪孚,元永贞,悔亡。

九五刚阳中正,当萃之时而居尊,固"无咎"矣。若有未信,则亦修其"元永贞"之德而"悔亡"矣。戒占者当如是也。

《象》曰:"萃有位",志未光也。

"未光",谓匪孚。

上六:赍咨涕洟,无咎。

齐,音咨。又,将啼反。洟,音夷。《象》同。
处萃之终,阴柔无位,求萃不得。故戒占者必如是,而后可以"无咎"也。

《象》曰:"赍咨涕洟",未安上也。

升 ䷭ 坤上 巽下

升:元亨。用见大人,勿恤。南征吉。

"升",进而上也。卦自解来,柔上居四,内巽外顺,九二刚中而五应之,是以其占如此。"南征",前进也。

《彖》曰:柔以时升。

以卦变释卦名。

巽而顺,刚中而应,是以大亨。

以卦德卦体释卦辞。

"用见大人,勿恤",有庆也。"南征吉",志行也。

《象》曰:地中生木,升。君子以顺德,积小以高大。

王肃本"顺"作"慎",今案他书引此,亦多作"慎",意尤明白,盖古字通用也。说见上篇蒙卦。

初六:允升,大吉。

初以柔顺居下,巽之主也。当升之时,巽于二阳,占者如之,则信能升而"大吉"矣。

《象》曰:"允升,大吉",上合志也。

九二:孚乃利用禴,无咎。

禴,戈灼反。
义见萃卦。

《象》曰:九二之"孚",有喜也。

九三：升虚邑。

阳实阴虚，而坤有国邑之象。九三以阳刚当升时，而进临于坤，故其象占如此。

《象》曰："升虚邑"，无所疑也。

六四：王用亨于岐山，吉，无咎。

义见随卦。

《象》曰："王用亨于岐山"，顺事也。

以顺而升，登祭于山之象。

六五：贞吉，升阶。

以阴居阳，当升而居尊位，必能正固，则可以得吉而升阶矣。"阶"，升之易者。

《象》曰："贞吉，升阶"，大得志也。

上六：冥升，利于不息之贞。

以阴居升极，昏冥不已者也。占者遇此，无适而利，但可反其不外之心，施之于不息之正而已。

《象》曰："冥升"在上，消不富也。

困 ䷮ 兑上
坎下

困：亨。贞，大人吉，无咎。有言不信。

"困"者，穷而不能自振之义。坎刚为兑柔所掩，九二为二阴所掩，四五为上六所掩，所以为"困"。坎险兑说，处险而说，是身虽困而道则亨也。二五刚中，又有"大人"之象，占者处困能"亨"，则得其正矣。非"大人"其孰能之？故曰"贞"。又曰"大人"者，明不正之小人不能当也。"有言不信"，又戒以当务晦默，不可尚口，益取困穷。

《象》曰：困，刚掩也。

掩，于检反。
以卦体释卦名。

险以说，困而不失其所"亨"，其惟君子乎？"贞，大人吉"，以刚中也。"有言不信"，尚口乃穷也。

说，音悦。
以卦德卦体释卦辞。

《象》曰：泽无水，困。君子以致命遂志。

水下漏，则泽上枯，故曰"泽无水"。"致命"，犹言授命。言持以与人而不之有也。能如是，则虽困而亨矣。

初六：臀困于株木，入于幽谷，三岁不觌。

臀，音见夬四爻。

"臀"，物之底也。"困于株木"，伤而不能安也。初六以阴柔处困之底，居暗之甚，故其象占如此。

《象》曰："入于幽谷"，幽不明也。

九二：困于酒食，朱绂方来，利用亨祀。征凶，无咎。

绂，音弗。亨，读作享。

"困于酒食"，厌饫苦恼之意。"酒食"人之所欲，然醉饱过宜，则是反为所困矣。"朱绂方来"，上应之也。九二有刚中之德，以处困时，虽无凶害，而反困于得其所欲之多。故其象占如此，而其占利以亨祀。若征行则非其时，故"凶"，而于义为"无咎"也。

《象》曰："困于酒食"，中有庆也。

六三：困于石，据于蒺藜，入于其宫，不见其妻，凶。

蒺，音疾。

阴柔而不中正，故有此象，而其占则凶。"石"，指四。"蒺藜"，指二。"宫"谓三，而妻则六也。其义则《系辞》备矣。

《象》曰："据于蒺藜"，乘刚也。"入于其宫，不见其妻"，不祥也。

九四：来徐徐，困于金车，吝，有终。

初六、九四之正应，九四处位不当，不能济物，而初六方困于下，又为九二所隔，故其象占如此。然邪不胜正，故其占虽为可"吝"，而必有终也。"金车"为九二，象未详，疑坎有轮象也。

《象》曰："来徐徐"，志在下也。虽不当位，有与也。

九五：劓刖，困于赤绂，乃徐有说，利用祭祀。

劓，音见睽。刖，音月。说，音悦。

"劓刖"者，伤于上下。上下既伤，则赤绂无所用而反为困矣。九五当困之时，上为阴掩，下则乘刚，故有此象。然刚中而说体，故能迟久而有说也。占具象中，又利用祭祀，久当获福。

《象》曰："劓刖"，志未得也。"乃徐有说"，以中直也。"利用祭祀"，受福也。

上六：困于葛藟，于臲卼，曰动悔。有悔，征吉。

藟，力轨反。臲，五结反。卼，五骨反。

以阴柔处困极，故有"困于葛藟，于臲卼，曰动悔"之象。然物穷则变，故其占曰若能"有悔"，则可以"征"而"吉"矣。

《象》曰："困于葛藟"，未当也。"动悔，有悔"，吉行也。

井 ䷯ 坎上
巽下

井：改邑不改井，无丧无得，往来井井。汔至，亦未缱井，羸其瓶，凶。

丧，息浪反。汔，许讫反。缱，音橘。羸，律裴反。

"井"者，穴地出水之处。以巽木入乎坎水之下，而上出其水，故为井。"改邑不改井"，故"无丧无得"，而"往"者"来"者，皆"井"其"井"也。"汔"，几也。"缱"，绠也。"羸"，败也。汲井几至，未尽绠而败其瓶，则凶也。其占为事仍旧，无得丧，而又当敬勉，不可几成而败也。

《彖》曰：巽乎水而上水，井。井，养而不穷也。

上，时掌反。

以卦象释卦名义。

"改邑不改井"，乃以刚中也。"汔至，亦未缱井"，未有功也。"羸其瓶"，是以凶也。

以卦体释卦辞。"无丧无得，往来井井"两句，意与"不改井"同，故不复出。"刚中"，以二五而言。"未有功"而败其瓶，所以"凶"也。

《象》曰：木上有水，井。君子以劳民劝相。

上，如字。劳，力报反。相，息亮反。

木上有水，津润上行，井之象也。"劳民"者以君养民，"劝相"者使民相养，皆取井养之义。

初六：井泥不食，旧井无禽。

泥，乃计反。

井以阳刚为泉，上出为功，初六以阴居下，故为此象。盖井不泉而泥，则人所"不食"，而禽鸟亦莫之顾矣。

《象》曰："井泥不食"，下也。"旧井无禽"，时舍也。

舍，音捨。

言为时所弃。

九二：井谷射鲋，瓮敝漏。

谷，余六反，音育。射，石亦反。鲋，音附。

九二刚中，有泉之象，然上无正应，下比初六，功不上行，故其象占如此。

《象》曰："井谷射鲋"，无与也。

九三：井渫不食，为我心恻。可用汲，王明，并受其福。

渫，息列反。

"渫"，不停污也。"井渫不食"而使人"心恻"，"可用汲"矣。"王明"，则汲井以及物，而施者受者"并受其福"也。九三以阳居阳，在下之上，而未为时用，故其象占如此。

《象》曰:"井渫不食",行恻也。求"王明",受福也。

"行恻"者,行道之人,皆以为恻也。

六四:井甃,无咎。

甃,侧救反,音奏。

以六居四,虽得其正,然阴柔不泉,则但能修治而无及物之功,故其象为"井甃",而占则"无咎"。占者能自修治,则虽无及物之功,而亦可以"无咎"矣。

《象》曰:"井甃,无咎",修井也。

九五:井冽,寒泉食。

冽,音列。

"冽",洁也。阳刚中正,功及于物,故为此象。占者有其德,则契其象也。

《象》曰:"寒泉"之食,中正也。

上六:井收勿幕,有孚元吉。

收,诗救反。幕,音莫。

"收",汲取也。晁氏云:"收,鹿卢收绠者也。"亦通。"幕",蔽覆也。"有孚",谓其出有源而不穷也。井以上出为功,而坎口不掩,故上六虽非阳刚,而其象如此。然占者应之,必"有孚"乃"元吉"也。

《象》曰:"元吉"在上,大成也。

革 ䷰ 兑上 离下

革:己日乃孚,元亨,利贞,悔亡。

"革",变革也。兑泽在上,离火在下,火燃则水干,水决则火灭。中少二女,合为一卦,而少上中下,志不相得,故其卦为革也。变革之初,人未之信,故必"己日"而后信。又以其内有文明之德,而外有和说之气,故其占为有所更革,皆大亨而得其正。所革皆当,而所革之"悔亡"也。一有不正,则所革不信不通,而反有悔矣。

《象》曰:革,水火相息。二女同居,其志不相得,曰革。

以卦象释卦名义,大略与睽相似。然以相违而为睽,相息而为革也。"息",灭息也,又为生息之义,灭息而后生息也。

"己日乃孚",革而信之。文明以说,大亨以正,革而当,其悔乃亡。

说,音悦。当,去声。

以卦德释卦辞。

天地革而四时成。汤武革命,顺乎天而应乎人。革之时大矣哉!

极言而赞其大也。

《象》曰:泽中有火,革。君子以治历明时。

四时之变,革之大者。

初九:巩用黄牛之革。

巩,九勇反。

虽当革时,居初无应,未可有为,故为此象。"巩",固也。"黄",中色。"牛",顺物。革所以固物,亦取卦名而义不同也。其占为当坚确固守,而不可以有为。圣人之于变革,其谨如此。

《象》曰:"巩用黄牛",不可以有为也。

六二:己日乃革之,征吉,无咎。

六二柔顺中正,而为文明之主,有应于上,于是可以革矣。然必"己日"然后革之,则"征吉"而"无咎",戒占者犹未可遽变也。

《象》曰:"己日""革之",行有嘉也。

九三:征凶,贞厉。革言三就,有孚。

过刚不中,居离之极,躁动于革者也,故其占有"征凶贞厉"之戒。然其时则当革,故至于"革言三就",则亦"有孚"而可革也。

《象》曰:"革言三就",又何之矣!

言已审。

九四:悔亡,有孚改命,吉。

以阳居阴故有"悔",然卦已过中,水火之际,乃革之时,而刚柔不偏,又革之用也,是以"悔亡"。然又必"有孚"然后革,乃可获"吉"。明占者有其德而当其时,又必有信,乃"悔亡"而得"吉"也。

《象》曰:"改命"之吉,信志也。

九五:大人虎变,未占有孚。

"虎",大人之象。"变",谓希革而毛毨也。在大人则自新新民之极,顺天应人之时也。九五以阳刚中正,为革之主,故有此象。占而得此,则有此应,然亦必自其未占之时,人已信其如此,乃足以当之耳。

《象》曰:"大人虎变",其文炳也。

上六:君子豹变,小人革面。征凶,居贞吉。

革道已成,君子如豹之变,小人亦革面以听从矣。不可以往,而居正则"吉"。变革之事,非得已者,不可以过,而上六之才,亦不可以有行也,故占者如之。

《象》曰:"君子豹变",其文蔚也。"小人革面",顺以从君也。

蔚,纡胃反。

鼎 ䷱ 离上
巽下

鼎：元吉，亨。

"鼎"，烹饪之器，为卦下阴为足，二三四阳为腹，五阴为耳，上阳为铉，有鼎之象。又以巽木入离火而致烹饪，鼎之用也，故其卦为鼎。下巽，巽也。上离为目而五为耳，有内巽顺而外聪明之象。卦自巽来，阴进居五，而下应九二之阳，故其占曰"元亨"。"吉"，衍文也。

《彖》曰：鼎，象也。以木巽火，亨饪也。圣人亨以享上帝，而大亨以养圣贤。

亨，普庚反。饪，人甚反。

以卦体二象释卦名义，因极其大而言之。享帝贵诚，用犊而已。养贤则饔飧牢礼，当极其盛，故曰"大亨"。

巽而耳目聪明，柔进而上行，得中而应乎刚，是以元亨。

上，时掌反。

以卦象卦变卦体释卦辞。

《象》曰：木上有火，鼎。君子以正位凝命。

鼎，重器也，故有"正位凝命"之意。"凝"，犹至道不凝之凝，传所谓"协于上下以承天休"者也。

初六：鼎颠趾，利出否。得妾以其子，无咎。

出，尺遂反，又如字。否，音鄙。

居鼎之下，鼎趾之象也。上应九四则"颠"矣。然当卦初，鼎未有实，而旧有否恶之积焉。因其颠而出之，则为利矣。得妾而因得其子，亦犹是也。此爻之象如此，而其占"无咎"。盖因败以为功，因贱以致贵也。

《象》曰："鼎颠趾"，未悖也。"利出否"，以从贵也。

悖，必内反。

鼎而"颠趾"，悖道也。而因可"出否以从贵"，则未为悖也。"从贵"，谓应四，亦为取新之意。

九二：鼎有实。我仇有疾，不我能即，吉。

仇，音求。

以刚居中，"鼎有实"之象也。"我仇"，谓初。阴阳相求而非正，则相陷于恶而为仇矣。二能以刚中自守，则初虽近，不能以就之矣。是以其象如此，而其占为如是则"吉"也。

《象》曰："鼎有实"，慎所之也。"我仇有疾"，终无尤也。

有实而不慎其所往，则为仇所即而陷于恶矣。

周易全书

一〇〇

九三：鼎耳革，其行塞。雉膏不食，方雨亏悔，终吉。

行，下孟反。塞，悉则反。

以阳居鼎腹之中，本有美实者也。然以过刚失中，越五应上，又居下之极，为变革之时，故为鼎耳方革而不可举移。虽承上卦文明之腴，有"雉膏"之美，而不得以为人之食。然以阳居阳，为得其正，苟能自守，则阴阳将和，而失其悔矣。占者如是，则初虽不利，而"终"得"吉"也。

《象》曰："鼎耳革"，失其义也。

九四：鼎折足，覆公𫗧，其形渥，凶。

折，之舌反。覆，方服反。𫗧，送六反。渥，乙角反。

晁氏曰："形渥"，诸本作"刑渥"，谓重刑也。今从之。九四居上，任重者也，而下应初六之阴，则不胜其任矣。故其象如此，而其占凶也。

《象》曰："覆公𫗧"，信如何也？

言失信也。

六五：鼎黄耳，金铉，利贞。

铉，玄典反。

五于象为耳，而有中德，故云"黄耳"。"金"，坚刚之物。"铉"，贯耳以举鼎者也。五虚中以应九二之坚刚，故其象如此，而其占则利在贞固而已。或曰"金铉"以上九而言，更详之。

《象》曰："鼎黄耳"，中以为实也。

上九：鼎玉铉，大吉，无不利。

上于象为"铉"，而以阳居阴，刚而能温，故有"玉铉"之象，而其占为"大吉无不利"。盖有是德，则如其占也。

《象》曰："玉铉"在上，刚柔节也。

震 ䷲ 震上 震下

震：亨。震来虩虩，笑言哑哑。震惊百里，不丧匕鬯。

虩，许逆反。哑，乙革反。初爻同。丧，息浪反。卦内并同。匕，必以反。鬯，勑亮反。

"震"，动也。一阳始生于二阴之下，震而动也。其象为雷，其属为长子。震有亨道，"震来"，当震之来时也。"虩虩"，恐惧惊顾之貌。"震惊百里"，以雷言。"匕"，所以举鼎实；"鬯"，以秬黍酒和郁金，所以灌地降神者也。"不丧匕鬯"，以长子言也。此卦之占，为能恐惧则致福，而不失其所主之重。

《象》曰：震，亨。

震有亨道，不待言也。

"震来虩虩"，恐致福也。**"笑言哑哑"**，后有则也。

"恐致福"，恐惧以致福也。"则"，法也。

"震惊百里"，惊远而惧迩也。出可以守宗庙社稷，以为祭主也。

程子以为迩也下，脱"不丧匕鬯"四字，今从之。"出"，谓继世而主祭也。或云"出"，即"鬯"字之误。

《象》曰：洊雷，震。君子以恐惧修省。

洊，在荐反。省，悉井反。

初九：震来虩虩，后笑言哑哑，吉。

成震之主，处震之初，故其占如此。

《象》曰："震来虩虩"，恐致祸也。"笑言哑哑"，后有则也。

六二：震来厉，亿丧贝，跻于九陵，勿逐，七日得。

跻，子西反。

六二乘初九之刚，故当震之来而危厉也。"亿"字未详，又当丧其货贝，而升于九陵之上。然柔顺中正，足以自守，故不求而自获也。此爻占具象中，但"九陵""七日"之象，则未详耳。

《象》曰："震来厉"，乘刚也。

六三：震苏苏，震行无眚。

"苏苏"，缓散自失之状。以阴居阳，当震时而居不正，是以如此。占者若因惧而能行，以去其不正，则可以"无眚"矣。

《象》曰："震苏苏"，位不当也。

九四：震遂泥。

泥，乃计反。

以刚处柔，不中不正，陷于二阴之间，不能自震也。"遂"者，无反之意。"泥"，滞溺也。

《象》曰："震遂泥"，未光也。

六五：震往来厉。亿无丧，有事。

以六居五而处震时，无时而不危也。以其得中，故无所丧而能"有事"也。占者不失其中，则虽危"无丧"矣。

《象》曰："震往来厉"，危行也。其事在中，大无丧也。

上六：震索索，视矍矍，征凶。震不于其躬，于其邻，无咎。婚媾有言。

索，桑落反。矍，俱缚反。

以阴柔处震极，故为"索索""矍矍"之象。以是而行，其凶必矣。然能及其震未及其身之时，恐惧修省，则可以"无咎"，而亦不能免于"婚媾"之"有言"。戒占者当如是也。

《象》曰："震索索",中未得也。虽凶无咎,畏邻戒也。

"中",谓中心。

艮 艮上 艮下

艮其背,不获其身。行其庭,不见其人,无咎。

背,必丙反。

"艮",止也。一阳止于二阴之上,阳自下升,极上而止也。其象为山,取坤地而隆其上之状,亦止于极而不进之意也。其占则必能止于背而不有"其身","行其庭而不见其人",乃"无咎"也。盖身,动物也,唯背为止,"艮其背",则止于所当止也,止于所当止,则不随身而动矣,是不有其身也。如是则虽行于庭除有人之地,而亦不见其人矣。盖"艮其背"而"不获其身"者,止而止也。"行其庭"而"不见其人"者,行而止也。动静各止其所,而皆主夫静焉,所以得"无咎"也。

《象》曰:艮,止也。时止则止,时行则行。动静不失其时,其道光明。

此释卦名,艮之义则止也。然行止各有其时,故"时止而止",止也。"时行而行",亦止也。艮体笃实,故又有"光明"之义。大畜于艮,亦以"辉光"言之。

艮其止,止其所也。上下敌应,不相与也。是以"不获其身,行其庭,不见其人,无咎也"。

此释卦辞。易"背"为"止",以明背即止也。"背"者,止之所也。以卦体言,内外之卦,阴阳敌应而"不相与"也。"不相"与,则内不见己,外不见人,而"无咎"矣。晁氏云:"艮其止",当依卦辞作"背"。

《象》曰:兼山,艮。君子以思不出其位。

初六:艮其趾,无咎,利永贞。

以阴柔居艮初,为艮趾之象。占者如之则"无咎",而又以其阴柔,故又戒其"利永贞"也。

《象》曰:"艮其趾",未失正也。

六二:艮其腓,不拯其随,其心不快。

拯,之凌反。

六二居中得正,既止其腓矣。三为限,则腓所随也。而过刚不中,以止乎上,二虽中正,而体柔弱,不能往而拯之,是以其心不快也。此爻占在象中,下爻放此。

《象》曰:"不拯其随",未退听也。

三止乎上,亦不肯退而听乎二也。

九三:艮其限,列其夤,厉熏心。

夤,引真反。

"限",身上下之际,即腰胯也。"夤",膂也。止于腓,则不进而已。九三以过刚不中,当限之处,而艮其限,则不得屈伸,而上下判隔,如"列其夤"矣。危厉"熏心",不安之甚也。

《象》曰:"艮其限",危"熏心"也。

六四:艮其身,无咎。

以阴居阴,时止而止,故为"艮其身"之象,而占得"无咎"也。

《象》曰:"艮其身",止诸躬也。

六五:艮其辅,言有序,悔亡。

六五当辅之处,故其象如此,而其占"悔亡"也。"悔",谓以阴居阳。

《象》曰:"艮其辅",以中正也。

"正"字羡文,叶韵可见。

上九:敦艮,吉。

以阳刚居止之极,敦厚于止者也。

《象》曰:"敦艮"之吉,以厚终也。

渐　䷴ 巽上
　　　　 艮下

渐:女归吉,利贞。

"渐",渐进也。为卦止于下而巽于上,为不遽进之义,有"女归"之象焉。又自二至五,位皆得正,故其占为"女归吉",而又戒以"利贞"也。

《象》曰:渐之进也,"女归吉"也。

之字疑衍,或是渐字。

进得位,往有功也。进以正,可以正邦也。

以卦变释"利贞"之意,盖此卦之变,自涣而来。九进居三,自旅而来,九进居五,皆为得位之正。

其位,刚得中也。

以卦体言,谓九五也。

止而巽,动不穷也。

以卦德言,渐进之义。

《象》曰:山上有木,渐。君子以居贤德善俗。

二者皆当以"渐"而进。疑"贤"字衍,或"善"下有脱字。

初六：鸿渐于干。小子厉，有言，无咎。

鸿之行有序，而进有渐。干，水涯也。始进于下，未得所安，而上复无应，故其象如此。而其占则为"小子厉"，虽有言，而于义则无咎也。

《象》曰："小子"之厉，义"无咎"也。

六二：鸿渐于磐，饮食衎衎，吉。

衎，音看。

磐，大石也。渐远于水，进于磐而益安矣。衎衎，和乐意。六二柔顺中正，进以其渐，而上有九五之应，故其象如此，而占则吉也。

《象》曰："饮食衎衎"，不素饱也。

"素饱"，如《诗》言"素餐"。得之以道，则不为徒饱而处之安矣。

九三：鸿渐于陆。夫征不复，妇孕不育，凶。利御寇。

复，房六反。

鸿，水鸟，陆非所安也。九三过刚不中而无应，故其象如此。而其占"夫征"则"不复"，"妇孕"则"不育"，凶莫甚焉，然以其过刚也，故"利御寇"。

《象》曰："夫征不复"，离群丑也。"妇孕不育"，失其道也。"利"用"御寇"，顺相保也。

离，力智反。

六四：鸿渐于木，或得其桷，无咎。

桷，音角。

鸿不木棲，桷，平柯也，或得平柯，则可以安矣。六四乘刚而顺巽，故其象如此。占者如之，则无咎也。

《象》曰："或得其桷"，顺以巽也。

九五：鸿渐于陵，妇三岁不孕。终莫之胜，吉。

陵，高阜也。九五居尊，六二正应在下，而为三、四所隔。然终不能夺其正也，故其象如此。而占者如是则吉也。

《象》曰："终莫之胜，吉"，得所愿也。

上九：鸿渐于陆，其羽可用为仪，吉。

胡氏程氏皆云："陆"当作"逵"，谓云路也。今以韵读之，良是。仪，羽旄旌纛之饰也。上九至高，出乎人位之外，而其羽毛可用以为仪饰，位虽极高而不为无用之象，故其占为如是，则吉也。

《象》曰："其羽可用为仪，吉"，不可乱也。

渐进愈高，而不为无用。其志卓然，岂可得而乱哉！

归妹 ䷵ 震上
兑下

归妹：征凶，无攸利。

妇人谓嫁曰归。妹，少女也。兑以少女而从震之长男，而其情又为以说而动，皆非正也，故卦为归妹。而卦之诸爻，自二至五，皆不得正。三五又皆以柔乘刚，故其占"征凶"而无所利也。

《彖》曰：归妹，天地之大义也。天地不交而万物不兴。归妹，人之终始也。

释卦名义也。归者，女之终。生育者，人之始。

说以动，所归妹也。

说，音悦。
又以卦德言之。

"征凶"，位不当也。"无攸利"，柔乘刚也。

又以卦体释卦辞。男女之交，本皆正理。唯若此卦，则不得其正也。

《象》曰：泽上有雷，归妹。君子以永终知敝。

雷动泽随，归妹之象。君子观其合之不正，知其终之有敝也。推之事物，莫不皆然。

初九：归妹以娣，跛能履，征吉。

娣，音弟。跛，波我反。
初九居下而无正应，故为"娣"象。然阳刚在女子为贤正之德，但为娣之贱，仅能承助其君而已，故又为"跛能履"之象。而其占则"征吉"也。

《象》曰："归妹以娣"，以恒也。"跛能履""吉"，相承也。

恒，谓有常久之德。

九二：眇能视，利幽人之贞。

眇能视，承上爻而言。九二阳刚得中，女之贤也。上有正应，而反阴柔不正，乃女贤而配不良，不能大成内助之功。故为"眇能视"之象，而其占则"利幽人之贞"也。"幽人"，亦抱道守正而不偶者也。

《象》曰："利幽人之贞"，未变常也。

六三：归妹以须，反归以娣。

六三阴柔而不中正，又为说之主。女之不正，人莫之取者也。故为未得所适，而反归为娣之象。或曰：须，女之贱者。

《象》曰："归妹以须"，未当也。

九四：归妹愆期，迟归有时。

九四以阳居上体而无正应,贤女不轻从人,而"愆期"以待所归之象,正与六三相反。

《象》曰:"愆期"之志,有待而行也。

六五:帝乙归妹,其君之袂,不如其娣之袂良。月几望,吉。

袂,弥计反。

六五柔中居尊,下应九二,尚德而不贵饰,故为帝女下嫁而服不盛之象。然女德之盛,无以加此,故又为"月几望"之象,而占者如之则"吉"也。

《象》曰:"帝乙归妹","不如其娣之袂良"也,其位在中,以贵行也。

以其有中德之贵而行,故不尚饰。

上六:女承筐,无实。士刲羊,无血。无攸利。

刲,苦圭反。

上六以阴柔居归妹之终而无应,约婚而不终者也。故其象如此,而于占为无所利也。

《象》曰:上六"无实","承"虚"筐"也。

丰 ䷶ 震上 离下

丰:亨,王假之。勿忧,宜日中。

假,更自反。

"丰",大也。以明而动,盛大之势也,故其占有"亨"道焉。然王者至此,盛极当衰,则又有忧道焉。圣人以为徒忧无益,但能守常,不至于过盛则可矣,故戒以"勿忧宜日中"也。

《象》曰:丰,大也。明以动,故丰。

以卦德释卦名义。

"王假之",尚大也。"勿忧,宜日中",宜照天下也。

释卦辞。

日中则昃,月盈则食,天地盈虚,与时消息,而况于人乎?况于鬼神乎?

此又发明卦辞外意,言不可过中也。

《象》曰:雷电皆至,丰。君子以折狱致刑。

折,之舌反。

取其威照并行之象。

初九:遇其配主,虽旬无咎,往有尚。

"配主",谓四。"旬",均也,谓皆阳也。当丰之时,明动相资,故初九之遇九四,虽皆阳刚,而其占如此也。

《象》曰："虽旬无咎",过旬灾也。

戒占者不可求胜其配,亦爻辞外意。

六二:丰其蔀,日中见斗。往得疑疾,有孚发若,吉。

蔀,音部。

六二居丰之时,为离之主,至明者也。而上应六五之柔暗,故为丰蔀"见斗"之象。"蔀",障蔽也,大其障蔽,故日中而昏也。往而从之,则昏暗之主,必反见疑。唯在积其诚意以感发之则吉,戒占者宜如是也。虚中,有孚之象。

《象》曰："有孚发若",信以发志也。

九三:丰其沛,日中见沫。折其右肱,无咎。

"沫""昧"同,莫佩反。折,食列反。

"沛",一作旆,谓幡幔也,其蔽甚于蔀矣。"沫",小星也。三处明极,而应上六,虽不可用,而非咎也,故其象占如此。

《象》曰："丰其沛",不可大事也。"折其右肱",终不可用也。

九四:丰其蔀,日中见斗。遇其夷主,吉。

象与六二同。"夷",等夷也,谓初九也。其占为当丰而遇暗主,下就同德则"吉"也。

《象》曰："丰其蔀",位不当也。"日中见斗",幽不明也。"遇其夷主","吉"行也。

六五:来章,有庆誉,吉。

质虽柔暗,若能来致天下之明,则有"庆誉"而"吉"矣。盖因其柔暗,而设此以开之。占者能如是,则如其占矣。

《象》曰:六五之"吉","有庆"也。

上六:丰其屋,蔀其家,窥其户,阒其无人,三岁不觌,凶。

阒,居阕反,音翕。

以阴柔居丰极,处动终,明极而反暗者也,故为丰大其屋,而反以自蔽之象。"无人""不觌",亦言障蔽之深,其"凶"甚矣。

《象》曰："丰其屋",天际翔也。"窥其户,阒其无人",自藏也。

"藏",谓障蔽。

旋 ䷷ 离上 艮下

旅:小亨,旅贞吉。

"旅",羁旅也。山止于下,火炎于上,为去其所止而不处之象,故为"旅"。以六五得中于外,而顺乎上下之二阳,艮止而离丽于明,故其占可以"小亨"。而能守其旅之贞,则"吉"。旅非常居,若可苟者,然道无不在,故自有其正,不可须臾离也。

《彖》曰:旅,小亨。柔得中乎外而顺乎刚,止而丽乎明,是以"小亨,旅贞吉"也。

以卦体卦德释卦辞。

旅之时义大矣哉!

旅之时为难处。

《象》曰:山上有火,旅。君子以明慎用刑而不留狱。

慎刑如山,不留如火。

初六:旅琐琐,斯其所取灾。

当旅之时,以阴柔居下位,故其象占如此。

《象》曰:"旅琐琐",志穷灾也。

六二:旅即次,怀其资,得童仆贞。

"即次"则安,"怀""资"则裕,得其"童仆"之贞信,则无欺而有赖,旅之最吉者也。二有柔顺中正之德,故其象占如此。

《象》曰:"得童仆贞",终无尤也。

九三:旅焚其次,丧其童仆,贞厉。

丧,息浪反。《象》同。

过刚不中,居下之上,故其象占如此。"丧其童仆",则不止于失其心矣,故"贞"字连下句为义。

《象》曰:"旅焚其次",亦以伤矣。以旅与下,其义丧也。

以旅之时,而与下之道如此,义当丧也。

九四:旅于处,得其资斧,我心不快。

以阳居阴,处上之下,用柔能下,故其象占如此。然非其正位,又上无刚阳之与,下唯阴柔之应,故其心有所不快也。

《象》曰:"旅于处",未得位也。"得其资斧",心未快也。

六五:射雉,一矢亡,终以誉命。

射,石亦反。

"雉",文明之物,离之象也。六五柔顺文明,又得中道,为离之主。故得此爻者,为"射雉"之象。虽不无"亡矢"之费,而所丧不多,终有"誉命"也。

《象》曰:"终以誉命",上逮也。

"上逮",言其誉命闻于上也。

上九:鸟焚其巢,旅人先笑后号咷。丧牛于易,凶。

"丧"、"易"并去声。

上九过刚,处旅之上,离之极,骄而不顺,凶之道也。故其象占如此。

《象》曰：以旅在上，其义"焚"也。"丧牛于易"，终莫之闻也。

巽 ䷸ 巽上
巽下

巽：小亨，利有攸往，利见大人。

巽，苏困反。

"巽"，入也。一阴伏于二阳之下，其性能巽以入也。其象为风，亦取入义。阴为主，故其占为"小亨"。以阴从阳，故又利有所往。然必知所从乃得其正，故又曰"利见大人"也。

《彖》曰：重巽以申命。

重，平声。

释卦义也，巽顺而入，必究乎下，命令之象。"重巽"，故为"申命"也。

刚巽乎中正而志行，柔皆顺乎刚，是以"小亨，利有攸往，利见大人"。

以卦体释卦辞。"刚巽乎中正而志行"，指九五。"柔"，谓初四。

《象》曰：随风，巽。君子以申命行事。

"随"，相继之义。

初六：进退，利武人之贞。

初以阴居下，为巽之主，卑巽之过，故为"进退"不果之象。若以"武人之贞"处之，则有以济其所不及，而得所宜矣。

《象》曰："进退"，志疑也。"利武人之贞"，志治也。

九二：巽在床下，用史巫纷若，吉，无咎。

二以阳处阴而居下，有不安之意。然当巽之时，不厌其卑。而二又居中，不至已甚。故其占为能过于巽，而丁宁烦悉其辞以自道达，则可以"吉"而"无咎"。亦竭诚意以祭祀之吉占也。

《象》曰："纷若"之吉，得中也。

九三：频巽，吝。

过刚不中，居下之上，非能巽者，勉为屡失，"吝"之道也。故其象占如此。

《象》曰："频巽"之吝，志穷也。

六四：悔亡，田获三品。

阴柔无应，承乘皆刚，宜有"悔"也。而以阴居阴，处上之下，故得"悔亡"，而又为卜田之吉占也。"三品"者，一为乾豆，一为宾客，一以充庖。

《象》曰："田获三品"，有功也。

九五：贞吉，悔亡，无不利。无初有终。先庚三日，后庚三日，吉。

先，所荐反。后，胡豆反。

九五刚健中正，而居巽体，故有"悔"，以有"贞"而"吉"也，故得亡其悔而"无不利"。有"悔"，是"无初"也。"亡"之，是"有终"也。"庚"，更也，事之变也。"先庚三日"，丁也。"后庚三日"，癸也。"丁"，所以丁宁于其变之前。"癸"，所以揆度于其变之后。有所变更而得此占者，如是则"吉"也。

《象》曰：九五之"吉"，位正中也。

上九：巽在床下，丧其资斧，贞凶。

丧，息浪反。下同。

"巽在床下"，过于巽者也。"丧其资斧"，失所以断也。如是则虽"贞"亦"凶"矣。居巽之极，失其阳刚之德，故其象占如此。

《象》曰："巽在床下"，上穷也。"丧其资斧"，正乎"凶"也。

正乎凶，言必凶。

兑 ䷹ 兑上 兑下

兑：亨，利贞。

"兑"，说也。一阴进乎二阳之上，喜之见乎外也。其象为"泽"，取其说万物，又取坎水而塞其下流之象。卦体刚中而柔外。刚中，故"说"而"亨"。柔外，故"利"于"贞"。盖说有亨道，而其妄说不可以不戒，故其占如此。又柔外故为"说亨"，刚中故"利"于"贞"，亦一义也。

《彖》曰：兑，说也。

释卦名义。

刚中而柔外，说以"利贞"，是以顺乎天而应乎人。说以先民，民忘其劳。说以犯难，民忘其死。说之大，民劝矣哉！

先，西荐反，又如字。难，乃旦反。

以卦体释卦辞而极言之。

《象》曰：丽泽，兑。君子以朋友讲习。

两泽相丽，互相滋益。"朋友讲习"，其象如此。

初九：和兑，吉。

以阳爻居说体，而处最下，又无系应，故其象占如此。

《象》曰："和兑"之吉，行未疑也。

居卦之初，其说也正，未有所疑也。

九二：孚兑，吉，悔亡。

刚中为"孚"，居阴为"悔"。占者以"孚"而"说"，则"吉"而"悔亡"矣。

《象》曰："孚兑"之吉，信志也。

六三：来兑，凶。

阴柔不中正，为兑之主。上无所应，而反来就二阳以求说，"凶"之道也。

《象》曰："来兑"之凶，位不当也。

九四：商兑未宁，介疾有喜。

四上承九五之中正，而下比六三之柔邪，故不能决。而商度所说，未能有定，然质本阳刚，故能介然守正，而疾恶柔邪也。如此则"有喜"矣。象占如此，为戒深矣。

《象》曰：九四之"喜"，有庆也。

九五：孚于剥，有厉。

"剥"，谓阴能剥阳者也。九五阳刚中正，然当说之时而居尊位，密近上六。上六阴柔，为说之主，处说之极，能妄说以剥阳者也。故其占但戒以信，于上六则有危也。

《象》曰："孚于剥"，位正当也。

与履九五同。

上六：引兑。

上六成说之主，以阴居说之极，"引"下二阳相与为说，而不能必其从也。故九五当戒，而此爻不言其吉凶。

《象》曰：上六"引兑"，未光也。

涣　䷺ 巽上 坎下

涣：亨。王假有庙，利涉大川，利贞。

"涣"，散也。为卦下坎上巽，风行水上，离披解散之象，故为"涣"。其变则本自渐卦，九来居二而得中，六往居三，得九之位，而上同于四，故其占可"亨"。又以祖考之精神既散，故"王"者当至于"庙"以聚之。又以巽木坎水，舟楫之象，故"利涉大川"。其曰"利贞"，则占者之深戒也。

《彖》曰：涣，亨。刚来而不穷，柔得位乎外而上同。

上，如字，又时掌反。
以卦变释卦辞。

"王假有庙"，王乃在中也。

"中"，谓庙中。

"利涉大川",乘木有功也。

《象》曰:风行水上,涣。先王以享于帝立庙。

皆所以合其散。

初六:用拯,马壮,吉。

居卦之初,涣之始也。始涣而拯之,为力既易,又有壮马,其吉可知。初六非有济涣之才,但能顺乎九二,故其象占如此。

《象》曰:初六之"吉",顺也。

九二:涣奔其机,悔亡。

九而居二,宜有"悔"也。然当涣之时,来而不穷,能"亡"其"悔"者也,故其象占如此。盖九奔而二机也。

《象》曰:"涣奔其机",得愿也。

六三:涣其躬,无悔。

阴柔而不中正,有私于己之象也。然居得阳位,志在济时,能散其私以得"无悔",故其象占如此。大率此上四爻,皆因涣以济涣者也。

《象》曰:"涣其躬",志在外也。

六四:涣其群,元吉。涣其丘,匪夷所思。

居阴得正,上承九五,当济涣之任者也。下无应与,为能散其朋党之象。占者如是,则大善而"吉"。又言能散其小群以成大群,使所散者聚而若丘,则非常人思虑之所及也。

《象》曰:"涣其群,元吉",光大也。

九五:涣汗其大号,涣王居,无咎。

阳刚中正,以居尊位,当涣之时,能散其号令,与其居积,则可以济涣而"无咎"矣。故其象占如此。九五巽体,有号令之象。"汗",谓如汗之出而不反也。"涣王居",如陆贽所谓散小储而成大储之意。

《象》曰:"王居""无咎",正位也。

上九:涣其血,去,逖出,无咎。

去,起吕反。

上九以阳居涣极,能出乎涣,故其象占如此。"血",谓伤害。"逖",当作惕,与小畜六四同。言"涣其血"则"去",涣其惕则出也。

《象》曰:"涣其血",远害也。

远,袁万反。

节 ䷻ 坎上
兑下

节：亨。苦节不可贞。

"节"，有限而止也。为卦下兑上坎，泽上有水，其容有限，故为"节"。节固，自有亨道矣。又其体阴阳各半，而二五皆阳，故其占得"亨"。然至于太甚则苦矣，故又戒以不可守以为贞也。

《彖》曰：节，亨。刚柔分而刚得中。

以卦体释卦辞。

"苦节不可贞"，其道穷也。

又以理言。

说以行险，当位以节，中正以通。

说，音悦。

又以卦德卦体言之。"当位"、"中正"，指五。又坎为通。

天地节而四时成。节以制度，不伤财，不害民。

极言节道。

《象》曰：泽上有水，节。君子以制数度，议德行。

行，下孟反。

初九：不出户庭，无咎。

"户庭"，户外之庭也。阳刚得正，居节之初，未可以行，能节而止者也。故其象占如此。

《象》曰："不出户庭"，知通塞也。

塞，悉则反。

九二：不出门庭，凶。

"门庭"，门内之庭也。九二当可行之时，而失刚不正。上无应与，知节而不知通，故其象占如此。

《象》曰："不出门庭，凶"，失时极也。

六三：不节若，则嗟若，无咎。

阴柔而不中正，以当节时，非能节者，故其象占如此。

《象》曰："不节"之嗟，又谁咎也？

此无咎与诸爻异，言无所归咎也。

六四:安节,亨。

柔顺得正,上承九五,自然有节者也。故其象占如此。

《象》曰:"安节"之亨,承上道也。

九五:甘节,吉,往有尚。

所谓当位以节,中正以通者也。故其象占如此。

《象》曰:"甘节"之吉,居位中也。

上六:苦节,贞凶,悔亡。

居节之极,故为"苦节"。既处过极,故虽得正而不免于"凶"。然礼奢宁俭,故虽有"悔"而终得"亡"之也。

《象》曰:"苦节,贞凶",其道穷也。

中孚 ䷼ 巽上
兑下

中孚:豚鱼吉,利涉大川,利贞。

"孚",信也。为卦二阴在内,四阳在外,而二五之阳,皆得其中。以一卦言之为中虚,以二体言之为中实,皆孚信之象也。又下说以应上,上巽以顺下,亦为孚义。"豚鱼",无知之物。又木在泽上,外实内虚,皆舟楫之象。至信可感豚鱼,涉险难,而不可以失其贞。故占者能致豚鱼之应则吉。而"利涉大川",又必利于贞也。

《彖》曰:中孚,柔在内而刚得中。说而巽,孚,乃化邦也。

说,音悦。

以卦体卦德释卦名义。

"豚鱼吉",信及豚鱼也。"利涉大川",乘木舟虚也。

以卦象言。

中孚以"利贞",乃应乎天也。

信而正,则"应乎天"矣。

《象》曰:泽上有风,中孚。君子以议狱缓死。

风感水受,中孚之象。"议狱缓死",中孚之意。

初九:虞吉,有它不燕。

它,汤何反。

当中孚之初,上应六四,能度其可信而信之,则吉。复有他焉,则失其所以度之之正,而不得其所安矣。戒占者之辞也。

《象》曰:初九"虞吉",志未变也。

九二：鸣鹤在阴，其子和之。我有好爵，吾与尔靡之。

和，胡卧反。靡，亡施反。

九二中孚之实，而九五亦以中孚之实应之，故有鹤鸣子和，我爵尔靡之象。鹤在阴，谓九居二。"好爵"，谓得中。"靡"，与縻同，言懿德人之所好。故"好爵"虽我之所独有，而彼亦系恋之也。

《象》曰："其子和之"，中心愿也。

六三：得敌，或鼓或罢，或泣或歌。

"敌"，谓上九，信之穷者。六三阴柔不中正，以居说极，而与之为应，故不能自主，而其象如此。

《象》曰："或鼓或罢"，位不当也。

六四：月几望，马匹亡，无咎。

六四居阴得正，位近于君，为"月几望"之象。"马匹"，谓初与己为匹。四乃绝之，而上以信于五，故为"马匹亡"之象。占者如是则"无咎"也。

《象》曰："马匹亡"，绝类上也。

上，时掌反。

九五：有孚挛如，无咎。

挛，力圆反。

九五刚健中正，中孚之实而居尊位，为孚之主者也。下应九二与之同德，故其象占如此。

《象》曰："有孚挛如"，位正当也。

上九：翰音登于天，贞凶。

翰，胡旦反。

居信之极而不知变，虽得其贞，亦凶道也，故其象占如此。鸡曰"翰音"，乃巽之象。居巽之极，为"登于天"。鸡非登天之物，而欲登天，信非所信，而不知变，亦犹是也。

《象》曰："翰音登于天"，何可长也！

小过 ䷽ 震上 艮下

小过：亨，利贞。可小事，不可大事。飞鸟遗之音，不宜上，宜下，大吉。

"小"，谓阴也。为卦四阴在外，二阳在内，阴多于阳，小者过也。既过于阳，可以"亨"矣。然必利于守贞，则又不可以不戒也。卦之二五，皆以柔而得中，故"可小事"。三四皆以刚失位而不中，故"不可大事"。卦体内实外虚，如鸟之飞，其声下而不上，故能致"飞鸟遗音"之应，则"宜下"而"大吉"，亦"不可大事"之类也。

《象》曰:小过,小者过而"亨"也。

以卦体释卦名义与其辞。

过以"利贞",与时行也。柔得中,是以小事吉也。

以二五言。

刚失位而不中,是以"不可大事"也。

以三四言。

有飞鸟之象焉。"飞鸟遗之音,不宜上,宜下,大吉",上逆而下顺也。

以卦体言。

《象》曰:山上有雷,小过。君子以行过乎恭,丧过乎哀,用过乎俭。

"山上有雷",其声小过。三者之过,皆小者之过,可过于小而不可过于大。可以小过而不可甚过,《象》所谓"可小事而宜下"者也。

初六:飞鸟以凶。

初六阴柔,上应九四,又居过时,上而不下者也。飞鸟遗音,"不宜上宜下",故其象占如此。郭璞《洞林》:占得此者,或致羽虫之孽。

《象》曰:"飞鸟以凶",不可如何也!

六二:过其祖,遇其妣。不及其君,遇其臣。无咎。

六二柔顺中正,进则过三四而遇六五,是过阳而反遇阴也。如此则不及六五而自得其分,是不及君,而适遇其臣也。皆过而不过,守正得中之意,"无咎"之道也,故其象占如此。

《象》曰:"不及其君",臣不可过也。

所以不及君而还遇臣者,以"臣不可过"故也。

九三:弗过防之,从或戕之,凶。

小过之时,事每当过,然后得中。九三以刚居正,众阴所欲害者也。而自恃其刚,不肯过为之备,故其象占如此。若占者能过防之,则可以免矣。

《象》曰:"从或戕之","凶"如何也!

九四:无咎,弗过遇之。往厉必戒,勿用永贞。

当过之时,以刚处柔,"过乎恭"矣,"无咎"之道也。"弗过遇之",言弗过于刚,而适合其宜也。"往"则过矣,故有"厉"而当戒。阳性坚刚,故又戒以"勿用永贞",言当随时之宜,不可固守也。或曰"弗过遇之",若以六二爻例,则当如此说。若依九三爻例,则过遇当如过防之义。未详孰是,当阙以俟知者。

《象》曰:"弗过遇之",位不当也。"往厉必戒",终不可长也。

爻义未明,此亦当阙。

六五:密云不雨,自我西郊。公弋取彼在穴。

以阴居尊,又当阴过之时,不能有为。而弋取六二以为助,故有此象。"在穴",阴物也。两阴相得,其不能济,大事可知。

《象》曰:"密云不雨",已上也。

"已上",太高也。

上六:弗遇过之,飞鸟离之,凶,是谓灾眚。

眚,所景反。

六以阴居动体之上,处阴过之极,过之已高而甚远者也,故其象占如此。或曰:"遇过"恐亦只当作"过遇",义同九四。未知是否。

《象》曰:"弗遇过之",已亢也。

既济 ䷾ 坎上
离下

既济:亨小,利贞。初吉,终乱。

"既济",事之既成也。为卦水火相交,各得其用,六爻之位,各得其正,故为既济。"亨小"当为"小亨",大抵此卦及六爻占辞,皆有警戒之意,时当然也。

《彖》曰:既济,亨,小者亨也。

"济"下疑脱"小"字。

"利贞",刚柔正而位当也。

以卦体言。

初吉,柔得中也。

指六二。

"终止"则"乱",其道穷也。

《象》曰:水在火上,既济。君子以思患而豫防之。

初九:曳其轮,濡其尾,无咎。

曳,以制反。濡,音需。上爻同。

轮在下,尾在后,初之象也。曳轮则车不前,濡尾则狐不济。既济之初,谨戒如是,无咎之道。占者如是,则"无咎"矣。

《象》曰:"曳其轮",义无咎也。

六二:妇丧其茀,勿逐,七日得。

丧,息浪反。茀,力佛反。

二以文明中正之德,上应九五刚阳中正之君,宜得行其志。而九五居既济之时,不能下贤以行其道,故二有"妇丧其茀"之象。"茀",妇车之蔽,言失其所以行也。然中正之道,不可终废,时过则行矣,故又有"勿逐"而自得之戒。

《象》曰:"七日得",以中道也。

九三:高宗伐鬼方,三年克之。小人勿用。

既济之时,以刚居刚,"高宗伐鬼方"之象也。"三年克之",言其久而后克,戒占者不可轻动之意。"小人勿用",占法与师上六同。

《象》曰:"三年克之",惫也。

惫,蒲拜反。

六四:繻有衣袽,终日戒。

繻,而朱反。袽,女居反。

既济之时,以柔居柔,能豫备而戒惧者也,故其象如此。程子曰:"繻"当作濡,"衣袽"所以塞舟之罅漏。

《象》曰:"终日戒",有所疑也。

九五:东邻杀牛,不如西邻之禴祭,实受其福。

东阳西阴,言九五居尊而时已过,不如六二之在下而始得时也。又当文王与纣之事,故其象占如此。彖辞"初吉终乱",亦此意也。

《象》曰:"东邻杀牛","不如西邻"之时也。"实受其福",吉大来也。

上六:濡其首,厉。

既济之极,险体之上,而以阴柔处之,为狐涉水而"濡其首"之象。占者不戒,"危"之道也。

《象》曰:"濡其首,厉",何可久也!

未济 ䷿ 离上
坎下

未济:亨。小狐汔济,濡其尾。无攸利。

汔,许讫反。

"未济",事未成之时也。水火不交,不相为用。卦之六爻,皆失其位,故为"未济"。"汔",几也。几济而濡尾,犹未济也。占者如此,何所利哉!

《彖》曰:未济,亨,柔得中也。

指六五言。

"小狐汔济",未出中也。"濡其尾,无攸利",不续终也。虽不当位,刚柔应也。

《象》曰:火在水上,未济。君子以慎辨物居方。

水火异物,各居其所,故君子观象而审辨之。

初六:濡其尾,吝。

以阴居下,当未济之初,未能自进,故其象占如此。

《象》曰:"濡其尾",亦不知极也。

"极"字未详。考上下韵亦不叶,或恐是"敬"字,今且阙之。

九二:曳其轮,贞吉。

以九二应六五,而居柔得中,为能自止而不进,得为下之正也。故其象占如此。

《象》曰:九二"贞吉",中以行正也。

九居二,本非正,以中故得正也。

六三:未济,征凶,利涉大川。

阴柔不中正,居未济之时,以"征"则"凶"。然以柔乘刚,将出乎坎,有"利涉"之象,故其占如此。盖行者可以水浮,而不可以陆走也。或疑"利"字上当有"不"字。

《象》曰:"未济,征凶",位不当也。

九四:贞吉,悔亡。震用伐鬼方,三年有赏于大国。

以九居四,不正而有"悔"也。能勉而贞,则"悔亡"矣。然以不贞之资,欲勉而贞,非极其阳刚用力之久不能也,故为"伐鬼方",三年而受赏之象。

《象》曰:"贞吉,悔亡",志行也。

六五:贞吉,无悔。君子之光,有孚,吉。

以六居五,亦非正也。然文明之主,居中应刚,虚心以求下之助,故得"贞"而"吉",且"无悔"。又有光辉之盛,信实而不妄,吉而又吉也。

《象》曰:"君子之光",其晖吉也。

"晖"者,光之散也。

上九:有孚于饮酒,无咎。濡其首,有孚,失是。

以刚明居未济之极,时将可以有为,而自信自养以俟命,"无咎"之道也。若纵而不反,如狐之涉水而"濡其首",则过于自信而失其义矣。

《象》曰:"饮酒"濡首,亦不知节也。

周易本义卷之三

朱熹本义

系 辞 上 传

传,去声,后同。

"系辞",本谓文王周公所作之辞,系于卦爻之下者,即今经文。此篇乃孔子所述《系辞》之传也,以其通论一经之大体凡例,故无经可附,而自分上下云。

天尊地卑,乾坤定矣。卑高以陈,贵贱位矣。动静有常,刚柔断矣。方以类聚,物以群分,吉凶生矣。在天成象,在地成形,变化见矣。

断,于乱反。见,贤遍反。

"天地"者,阴阳形气之实体。"乾坤"者,《易》中纯阴纯阳之卦名也。"卑高"者,天地万物上下之位。"贵贱"者,《易》中卦爻上下之位也。"动"者,阳之常。"静"者,阴之常。"刚柔"者,《易》中卦爻阴阳之称也。"方",谓事情所向,言事物善恶,各以"类"分。而"吉凶"者,《易》中卦爻占决之辞也。"象"者,日月星辰之属。"形"者,山川动植之属。"变化"者,《易》中蓍策卦爻,阴变为阳,阳化为阴者也。此言圣人作《易》,因阴阳之实体,为卦爻之法象。庄周所谓《易》以道阴阳,此之谓也。

是故刚柔相摩,八卦相荡。

荡,徒浪反。

此言《易》卦之变化也。六十四卦之初,刚柔两画而已。两相摩而为四,四相摩而为八,八相荡而为六十四。

鼓之以雷霆,润之以风雨。日月运行,一寒一暑。

此变化之成象者。

乾道成男,坤道成女。

此变化之"成形"者,此两节又明《易》之见于实体者,与上文相发明也。

乾知大始,坤作成物。

"知",犹主也。乾主始物,而坤作成之,承上文男女而言乾坤之理。盖凡物之属乎阴阳者,莫不如此。大抵阳先阴后,阳施阴受,阳之轻清未形,而阴之重浊有迹也。

乾以易知,坤以简能。

易,以豉反。

乾健而动,即其所知,便能始物而无所难,故为以易而知"大始"。坤顺而静,凡其所能,皆从乎阳而不自作,故又为以简而能"成物"。

易则易知,简则易从。易知则有亲,易从别有功。有亲则可久,有功则可大。可久则贤人之德,可大则贤人之业。

人之所为,如乾之易,则其心明白而人易知,如坤之简,则其事要约而人易从。"易知",则与之同心者多,故"有亲"。"易从",则与之协力者众,故"有功"。有亲则一于内,故"可久"。有功则兼于外,故"可大"。"德",谓得于己者。"业",谓成于事者。上言乾坤之德不同,此言人法乾坤之道,至此,则可以为贤矣。

易简,而天下之理得矣。天下之理得,而成位乎其中矣。

"成位",谓成人之位。"其中",谓天地之中。至此则体道之极功,圣人之能事,可以与天地参矣。

上第一章。

此章以造化之实,明作经之理。又言乾坤之理,分见于天地,而人兼体之也。

圣人设卦观象,系辞焉而明吉凶。

象者,物之似也。此言圣人作《易》,观卦爻之象,而系以辞也。

刚柔相推,而生变化。

言卦爻阴阳迭相推荡,而阴或变阳,阳或化阴。圣人所以观象而系辞,众人所以因著而求卦者也。

是故吉凶者,失得之象也。悔吝者,忧虞之象也。

"吉凶""悔吝"者,《易》之辞也。"失得""忧虞"者,事之变也。得则吉,失则凶,忧虞虽未至凶,然已足以致悔而取羞矣。盖"吉凶"相对,而"悔吝"居其中间,"悔"自凶而趋吉,"吝"自吉而向凶也。故圣人观卦爻之中,或有此象,则系之以此辞也。

变化者,进退之象也。刚柔者,昼夜之象也。六爻之动,三极之道也。

柔变而趋于刚者,退极而进也。刚化而趋于柔者,进极而退也。既变而刚,则昼而阳矣。既化而柔,则夜而阴矣。六爻初二为地,三四为人,五上为天。"动",即变化也。"极",至也。"三极",天地人之至理,三才各一太极也。此明刚柔相推以生变化,而变化之极,复为刚柔。流行于一卦六爻之间,而占者得因所值以断吉凶也。

是故君子,所居而安者,《易》之序也;所乐而玩者,爻之辞也。

乐,音洛。

"《易》之序",谓卦爻所著事理当然之次第。"玩"者,观之详。

是故君子,居则观其象而玩其辞,动则观其变而玩其占。是以自天佑之,吉无不利。

象辞变已见上，凡单言"变"者，化在其中。"占"，谓其所值吉凶之决也。

上第二章。

此章言圣人作《易》，君子学《易》之事。

彖者，言乎象者也。爻者，言乎变者也。

"彖"，谓卦辞，文王所作者。"爻"，谓爻辞，周公所作者。"象"，指全体而言，"变"，指一节而言。

吉凶者，言乎其失得也；悔吝者，言乎其小疵也；无咎者，善补过也。

此卦爻辞之通例。

是故列贵贱者存乎位，齐大小者存乎卦，辨吉凶者存乎辞。

"位"，谓六爻之位。"齐"，犹定也。"小"谓阴，"大"谓阳。

忧悔吝者存乎介，震无咎者存乎悔。

"介"，谓辨别之端，盖善恶已动而未形之时也。于此忧之，则不至于"悔吝"矣。震，动也。知悔则有以动其补过之心，而可以无咎矣。

是故卦有小大，辞有险易。辞也者，各指其所之。

"小"险"大"易，各随所向。

上第三章。

此章释卦爻辞之通例。

《易》与天地准，故能弥纶天地之道。

《易》书卦爻，具有天地之道，与之齐准。"弥"，如弥缝之弥，有终竟联合之意。"纶"，有选择条理之意。

仰以观于天文，俯以察于地理，是故知幽明之故。原始反终，故知死生之说。精气为物，游魂为变，是故知鬼神之情状。

此穷理之事。"以"者，圣人以《易》之书也。"易"者，阴阳而已。"幽明""死生""鬼神"，皆阴阳之变，天地之道也。"天文"则有昼夜上下，"地理"则有南北高深。"原"者，推之于前。"反"者，要之于后。阴精阳气，聚而成物，"神"之伸也。魂游魄降，散而为变，"鬼"之归也。

与天地相似，故不违。知周乎万物而道济天下，故不过。旁行而不流，乐天知命，故不忧。安土敦乎仁，故能爱。

此圣人尽性之事也。天地之道，知仁而已。知周万物者，天也。道济天下者，地也。

"知"且"仁"，则知而不过矣。"旁行"者，行权之知也。"不流"者，守正之仁也。既乐天理而又知天命，故能无忧而其知益深。随处皆安而无一息之不仁，故能不忘其济物之心而仁益笃。盖仁者爱之理，爱者仁之用，故其相为表里如此。

范围天地之化而不过，曲成万物而不遗，通乎昼夜之道而知，故神无方而《易》无体。

此圣人至命之事也。"范"，如铸金之有模范。"围"，匡郭也。天地之化无穷，而圣人为之"范围"，不使过于中道，所谓"裁成"者也。"通"，犹兼也。"昼夜"，即幽明死生鬼神之谓，如此然后可见至神之妙，无有方所。《易》之变化，无有形体也。

上第四章。

此章言《易》道之大，圣人用之如此。

一阴一阳之谓道。

阴阳迭运者，气也。其理则所谓道。

继之者善也，成之者性也。

道具于阴而行乎阳。"继"，言其发也。"善"，谓化育之功，阳之事也。"成"，言其具也。"性"，谓物之所受，言物生则有性，而各具是道也，阴之事也。周子程子之书，言之备矣。

仁者见之谓之仁，知者见之谓之知，百姓日用而不知，故君子之道鲜矣。

知，音智。"不知"之"知"，如字。鲜，息浅反。

"仁"阳"知"阴，各得是道之一隅，故随其所见而目为全体也。"日用不知"，则莫不饮食，鲜能知味者，又其每下者也。然亦莫不有是道焉。或曰：上章以知属乎天，仁属乎地，与此不同，何也？曰：彼以清浊言，此以动静言。

显诸仁，藏诸用，鼓万物而不与圣人同忧，盛德大业至矣哉！

"显"，自内而外也。"仁"，谓造化之功，德之发也。"藏"，自外而内也。"用"，谓机缄之妙，业之本也。程子曰：天地无心而成化，圣人有心而无为。

富有之谓大业，日新之谓盛德。

张子曰：富有者，大而无外。日新者，久而无穷。

生生之谓易。

阴生阳，阳生阴，其变无穷，理与书皆然也。

成象之谓乾，效法之谓坤。

"效"，呈也。"法"，谓造化之详密而可见者。

极数知来之谓占，通变之谓事。

"占"，筮也。事之未定者，属乎阳也。"事"，行事。占之已决者，属乎阴也。"极数知来"，所以通事之变。张忠定公言"公事有阴阳"，意盖如此。

阴阳不测之谓神。

张子曰：两在故"不测"。

上第五章。

此章言道之体用，不外乎阴阳，而其所以然者，则未尝倚于阴阳也。

夫《易》，广矣大矣。以言乎远则不御，以言乎迩则静而正，以言乎天地之间则备矣。

夫，音扶。下同。

"不御"，言无尽，"静而正"，言即物而理存。"备"，言无所不有。

夫乾，其静也专，其动也直，是以大生焉。夫坤，其静也翕，其动也辟，是以广生焉。

翕，虚级反。辟，婢亦反。

乾坤各有动静，于其四德见之。静体而动用，静别而动交也。乾一而实，故以质言而曰"大"，坤二而虚，故以量言而曰"广"。盖天之形，虽包于地之外，而其气常行乎地之中也。《易》之所以广大者以此。

广大配天地，变通配四时，阴阳之义配日月，易简之善配至德。

易，以豉反。

《易》之广大变通，与其所言阴阳之说，易简之德，配之天道人事则如此。

上第六章。

子曰："《易》其至矣乎！夫《易》，圣人所以崇德而广业也。知崇礼卑，崇效天，卑法地。

知，音智。

"十翼"皆夫子所作，不应自著"子曰"字，疑皆后人所加也。穷理，则知崇如天而德崇。循理，则礼卑如地而业广。此其取类，又以清浊言也。

"天地设位，而易行乎其中矣。成性存存，道义之门。"

天地设位而变化行，犹知礼存性而道义出也。成性，本成之性也。存存，谓存而又存，不已之意也。

上第七章。

圣人有以见天下之赜，而拟诸其形容，象其物宜，是故谓之象。

"赜"，杂乱也。"象"，卦之象，如说卦所列者。

圣人有以见天下之动，而观其会通，以行其典礼，系辞焉以断其吉凶，是故谓之"爻"。

断，丁玩反。

"会"，谓理之所聚而不可遗处。"通"，谓理之可行而无所碍处。如庖丁解牛，会则其族，而通则其虚也。

言天下之至赜而不可恶也，言天下之至动而不可乱也。

恶,乌路反。

"恶",犹厌也。

拟之而后言,议之而后动,拟议以成其变化。

观象玩辞,观变玩占,而法行之。此下七爻,则其例也。

"鸣鹤在阴,其子和之。我有好爵,吾与尔靡之。"子曰:"君子居其室,出其言善,则千里之外应之,况其迩者乎? 居其室,出其言不善,则千里之外违之,况其迩者乎? 言出乎身,加乎民;行发乎迩,见乎远。言行,君子之枢机。枢机之发,荣辱之主也。言行,君子之所以动天地也,可不慎乎!"

和,胡卧反。靡,音縻。行,下孟反。见,贤遍反。

释《中孚·九二》爻义。

"同人先号咷而后笑。"子曰:"君子之道. 或出或处,或默或语。二人同心,其利断金。同心之言,其臭如兰。"

断,丁管反。臭,昌又反。

释《同人·九五》爻义。言君子之道,初若不同,而后实无间,断金如兰,言物莫能间,而其言有味也。

"初六:藉用白茅,无咎。"子曰:"苟错诸地而可矣,藉之用茅,何咎之有? 慎之至也。夫茅之为物薄,而用可重也。慎斯术也以往,其无所失矣。"

藉,在夜反。错,音措。夫,音扶。

释《大过·初六》爻义。

"劳谦,君子有终,吉。"子曰:"劳而不伐,有功而不德,厚之至也。语以其功下人者也。德言盛,礼言恭。谦也者,致恭以存其位者也。"

释《谦·九三》爻义。"德言盛,礼言恭"。言德欲其盛,礼欲其恭也。

"亢龙有悔"。子曰:"贵而无位,高而无民,贤人在下位而无辅,是以动而有悔也。"

释《乾·上九》爻义。当属《文言》,此盖重出。

"不出户庭,无咎。"子曰:"乱之所生也,则言语以为阶。君不密则失臣,臣不密则失身,几事不密则害成,是以君子慎密而不出也。"

几,音机。

释《节·初九》爻义。

子曰:"作《易》者,其知盗乎?《易》曰:'负且乘,致寇至。'负也者,小人之事也。乘也者,君子之器也。小人而乘君子之器,盗思夺之矣。上慢下暴,盗思伐之矣。慢藏诲盗,冶容诲淫。《易》曰:'负且乘,致寇至。'盗之招也。"

藏,才浪反。

释《解·六三》爻义。

上第八章。

此章言卦爻之用。

天一,地二;天三,地四;天五,地六;天七,地八;天九,地十。

此简本在第十章之首。程子曰:宜在此。今从之。此言天地之数,阳奇阴偶,即所谓河图者也。其位一六居下,二七居上,三八居左,四九居右,五十居中。就此章而言之,则中五为衍母,次十为衍子,次一二三四为四象之位,次六七八九为四象之数。二老位于西北,二少位于东南,其数则各以其类交错于外也。

天数五,地数五,五位相得而各有合。天数二十有五,地数三十。凡天地之数五十有五,此所以成变化而行鬼神也。

此简本在"大衍"之后,今按宜在此。"天数五"者,一三五七九皆奇也。"地数五"者,二四六八十皆偶也。相得,谓一与二,三与四,五与六,七与八,九与十,各以奇偶为类而自相得。"有合",谓一与六,二与七,三与八,四与九,五与十,皆两相合。"二十有五"者,五奇之积也。"三十"者,五偶之积也。"变化",谓一变生水,而六化成之;二化生火,而七变成之;三变生木,而八化成之;四化生金,而九变成之;五变生土,而十化成之。"鬼神",谓凡奇偶生成之屈伸往来者。

大衍之数五十,其用四十有九。分而为二以象两,挂一以象三,揲之以四以象四时,归奇于扐以象闰。五岁再闰,故再扐而后挂。

揲,时设反。奇,纪宜反。扐,郎得反。

"大衍之数五十",盖以河图中宫,天五乘地十而得之。至用以筮,则又止用"四十有九",盖皆出于理势之自然,而非人之知力所能损益也。"两",谓天地也。"挂",悬其一于左手小指之间也。"三",三才也。"揲",间而数之也。"奇",所揲四数之余也。"扐",勒于左手中三指之两间也。闰,积月之余日而成月者也。五岁之间,再积日而再成月。故五岁之中,凡有"再闰",然后别起积分。如一挂之后,左右各一揲而一扐。故五者之中,凡有"再扐",然后别起一挂也。

乾之策二百一十有六,坤之策百四十有四,凡三百有六十,当期之日。

期,音基。

凡此策数,生于四象。盖河图四面,太阳居一而连九,少阴居二而连八,少阳居三而连七,太阴居四而连六。揲蓍之法,则通计三变之余,去其初挂之一。凡四为奇,凡八为偶。奇圆围三,偶方围四。三用其全,四用其半,积而数之,则为六七八九。而第三变揲数策数,亦皆符会。盖余三奇则九,而其揲亦九,策亦四九三十六,是为居一之太阳。余二奇一偶则八,而其揲亦八,策亦四八三十二,是为居二之少阴。二偶一奇则七,而其揲亦七,策亦四七二十八,是为居三之少阳。三偶则六,而其揲亦六,策亦四六二十四,是为居四之老阴。是其变化往来进退离合之妙,皆出自然,非人之所能为也。少阴退而未极乎虚,少阳进而未极乎盈,故此独以老阳老阴计乾坤六爻之策数,余可推而知也。"期",周一岁也。凡三百六十五日四分日之一,此特举成数而概言之耳。

二篇之策，万有一千五百二十，当万物之数也。

二篇，谓上下经。凡阳爻百九十二，得六千九百一十二策；阴爻百九十二，得四千六百八策，合之得此数。

是故四营而成易，十有八变而成卦。

"四营"，谓分二挂一揲四，归奇也。"易"，变易也，谓一变也。三变成爻，十八变则成六爻也。

八卦而小成。

谓九变而成三画，得内卦也。

引而伸之，触类而长之，天下之能事毕矣。

长，丁丈反。

谓已成六爻，而视其爻之变与不变，以为动静。则一卦可变而为六十四卦，以定吉凶。凡四千九十六卦也。

显道神德行，是故可与酬酢，可与佑神矣。

行，下孟反。

道因辞显，行以数神。"酬酢"，谓应对。"佑神"，谓助神化之功。

子曰："知变化之道者，其知神之所为乎？"

"变化之道"，即上文数法是也，皆非人之所能为。故夫子叹之，而门人加"子曰"以别上文也。

上第九章。

此章言天地大衍之数，揲蓍求卦之法，然亦略矣。意其详具于大卜筮人之官，而今不可考耳。其可推者，《启蒙》备言之。

《易》有圣人之道四焉：以言者尚其辞，以动者尚其变，以制器者尚其象，以卜筮者尚其占。

四者皆变化之道，神之所为者也。

是以君子将有为也，将有行也，问焉而以言，其受命也如响，无有远近幽深，遂知来物。非天下之至精，其孰能与于此？

响，许两反。古文響字。与，音预。下同。

此尚辞尚占之事，言人以蓍问《易》，求其卦爻之辞，而以之发言处事，则《易》受人之命而有以告之，如响之应声，以决其未来之吉凶也。"以言"，与"以言者尚其辞"之以言义同。"命"，则将筮而告蓍之语，《冠礼》"筮日，宰自右赞命"是也。

参伍以变，错综其数。通其变，遂成天地之文。极其数，遂定天下之象。非天下之至变，其孰能与于此？

参,七南反。错,七各反。综作弄反。

此尚象之事。"变"则象之未定者也,"参"者三数之也,"伍"者五数之也。既参以变,又伍以变一先一后,更相考核,以审其多寡之实也。"错"者,交而互之,一左一右之谓也。"综"者,总而挈之,一低一昂之谓也。此亦皆谓揲蓍求卦之事。盖通三揲两手之策,以成阴阳老少之画;究七八九六之数,以定卦爻动静之象也。"参伍错综"皆古语,而"参伍"尤难晓。按《荀子》云:"窥敌制变,欲伍以参。"韩非曰:"省同异之言,以知朋党之分,偶参伍之验,以责陈言之实。"又曰:"参之以比物,伍之以合参。"《史记》曰:"必参而伍之。"又曰:"参伍不失。"《汉书》曰:"参伍其贾,以类相准。"此足以相发明矣。

易,无思也,无为也,寂然不动,感而遂通天下之故。非天下之至神,其孰能与于此?

此四者,易之体所以立,而用所以行者也。易指蓍卦,无思无为,言其无心也。"寂然"者,感之体。"感""通"者,寂之用。人心之妙,其动静亦如此。

夫易,圣人所以极深而研几也。

几,音机。下同。

"研",犹审也。"几",微也。所以"极深"者,至精也。所以"研几"者,至变也。

唯深也,故能通天下之志;唯几也,故能成天下之务;唯神也,故不疾而速,不行而至。

所以通志而成务者,神之所为也。

子曰"《易》有圣人之道四焉"者,此之谓也。

上第十章。

此章承上章之意,言《易》之用有此四者。

子曰:"夫《易》,何为者也?夫《易》,开物成务,冒天下之道,如斯而已者也。"是故圣人以通天下之志,以定天下之业,以断天下之疑。

夫,音扶。冒,莫报反。断,丁乱反。

"开物成务",谓使人卜筮,以知吉凶而成事业。"冒天下之道",谓卦爻既设,而天下之道皆在其中。

是故蓍之德圆而神,卦之德方以知,六爻之义易以贡。圣人以此洗心,退藏于密,吉凶与民同患。神以知来,知以藏往,其孰能与于此哉?古之聪明睿知,神武而不杀者夫!

"方以知"之"知",音智。下"知以"、"睿知"并同。易,音亦。与,音预。夫,音扶。

"圆"神,谓变化无方。"方"知,谓事有定理。"易以贡",谓变易以告人。圣人体具三者之德,而无一尘之累,无事则其心寂然,人莫能窥。有事则神知之用,随感而应,所谓无卜筮而知吉凶也。"神武不杀",得其理而不假其物之谓。

是以明于天之道,而察于民之故,是兴神物以前民用。圣人以此斋戒,以神明其德夫!

夫,音扶。

"神物",谓蓍龟。湛然纯一之谓"齐",肃然警惕之谓"戒"。明天道,故知神物之可兴。察民故,故知其用之不可不有以开其先。是以作为卜筮以教人,而于此焉斋戒以考其占,使其心神明不测,如鬼神之能知来也。

是故阖户谓之坤,辟户谓之乾,一阖一辟谓之变,往来不穷谓之通。见乃谓之象,形乃谓之器,制而用之谓之法,利用出入,民咸用之谓之神。

见,贤遍反。

"阖""辟",动静之机也。先言坤者,由静而动也。乾坤变通者,化育之功也。见象形器者,生物之序也。"法"者,圣人修道之所为。而"神"者,百姓自然之日用也。

是故易有太极,是生两仪,两仪生四象,四象生八卦。

太,音泰。

一每生二,自然之理也。"易"者,阴阳之变。"太极"者,其理也。"两仪"者,始为一画以分阴阳。"四象"者,次为二画以分太少。"八卦"者,次为三画而三才之象始备。此数言者,实圣人作《易》自然之次第,有不假丝毫智力而成者。画卦揲蓍,其序皆然,详见《序例》《启蒙》。

八卦定吉凶,吉凶生大业。

有"吉"有"凶",是生"大业"。

是故法象,莫大乎天地;变通,莫大乎四时;悬象,著明莫大乎日月;崇高,莫大乎富贵;备物致用,立成器以为天下利,莫大乎圣人;探赜索隐,钩深致远,以定天下之吉凶,成天下之亹亹者,莫大乎蓍龟。

悬,音玄。探,吐南反。索,色白反。亹,亡伟反。

"富贵",谓有天下,履帝位。"立"下疑有阙文。"亹亹",犹勉勉也。疑则怠,决故勉。

是故天生神物,圣人则之;天地变化,圣人效之;天垂象,见吉凶,圣人象之;河出图,洛出书,圣人则之。

见,贤遍反。

此四者,圣人作《易》之所由也。河图洛书,详见《启蒙》。

易有四象,所以示也。系辞焉,所以告也。定之以吉凶,所以断也。

断,于乱反。

"四象",谓阴阳老少。"示",谓示人以所值之卦爻。

上第十一章。

此章专言卜筮。

《易》曰:"自天佑之,吉无不利。"子曰:"佑者,助也。天之所助者顺也,人之所助者信也。履信思乎顺,又以尚贤也,是以'自天佑之,吉无不利'也。"

释《大有·上九》爻义。然在此无所属,或恐是错简,宜在第八章之末。

子曰:"书不尽言,言不尽意。"然则圣人之意,其不可见乎?子曰:"圣人立象以尽意,设卦以尽情伪,系辞焉以尽其言,变而通之以尽利,鼓之舞之以尽神。"

"言"之所传者浅,"象"之所示者深。观奇偶二画,包含变化,无有穷尽,则可见矣,变通鼓舞以事而言。两"子曰"字,疑衍其一,盖"子曰"字皆后人所加,故有此误。如近世《通书》,乃周子所自作,亦为后人每章加以"周子曰"字。其设问答处,正如此也。

乾坤,其易之缊邪?乾坤成列,而易立乎其中矣。乾坤毁,则无以见易。易不可见,则乾坤或几乎息矣。

缊与蕴同。邪,于遮反。几,音机。

"缊",所包蓄者,犹衣之著也。易之所有,阴阳而已。凡阳皆乾,凡阴皆坤。画卦定位,则二者成列,而易之体立矣。乾坤毁,谓卦画不立。乾坤息,谓变化不行。

是故形而上者谓之道,形而下者谓之器,化而裁之谓之变,推而行之谓之通,举而错之天下之民谓之事业。

卦爻阴阳皆"形而下者",其理则道也。因其自然之化而裁制之,变化之义也。"变"、"通"二字,上章以天言,此章以人言。

是故夫象,圣人有以见天下之赜,而拟以诸其形容,象其物宜,是故谓之象。圣人有以见天下之动,而观其会通,以行其典礼,系辞焉以断其吉凶,是故谓之爻。

重出以起下文。

极天下之赜者存乎卦。鼓天下之动者存乎辞。

卦即象也,辞即爻也。

化而裁之存乎变。推而行之存乎通。神而明之存乎其人。默而成之,不言而信,存乎德行。

行,下孟反。

卦爻所以变通者在人,人之所以能神而明之者在德。

上第十二章。

系 辞 下 传

八卦成列,象在其中矣。因而重之,爻在其中矣。

重,直龙反。

"成列",谓乾一兑二,离三震四,巽五坎六,艮七坤八之类。"象",谓卦之形体也,因而重之,谓各因一卦而以八卦次第加之为六十四也。"爻",六爻也,既重而后卦有六爻也。

刚柔相推,变在其中矣。系辞焉而命之,动在其中矣。

"刚柔相推",而卦爻之变,往来交错,无不可见。圣人因其如此,而皆系之辞以命其吉凶,则占者所值当动之爻象,亦不出乎此矣。

吉凶悔吝者，生乎动者也。

"吉凶悔吝"，皆辞之所命也，然必因卦爻之动而后见。

刚柔者，立本者也。变通者，趣时者也。

趣，七树反。

一刚一柔，各有定位。自此而彼，变以从时。

吉凶者，贞胜者也。

"贞"，正也，"常"也。物以其所正为常者也，天下之事，非吉则凶，非凶则吉，常相胜而不已也。

天地之道，贞观者也。日月之道，贞明者也。天下之动，贞夫一者也。

观，官换反。夫，音扶。

"观"，示也。天下之动，其变无穷，然顺理则吉，逆理则凶。则其所正而常者，亦一理而已矣。

夫乾，确然示人易矣；夫坤，隤然示人简矣。

确，苦角反。易，音异。隤，音颓。

"确然"，健貌。"隤然"，顺貌。所谓贞观者也。

爻也者，效此者也。象也者，像此者也。

"此"，谓上文乾坤所示之理，爻之奇偶，卦之消息，所以效而像之。

爻象动乎内，吉凶见乎外。功业见乎变，圣人之情见乎辞。

"内"，谓蓍卦之中。"外"，谓蓍卦之外。"变"，即动乎内之变。"辞"，即见乎外之辞。

天地之大德曰生，圣人之大宝曰位。何以守位？曰仁。何以聚人？曰财。理财正辞，禁民为非曰义。

"曰人"之"人"，今本作"仁"。吕氏从古，盖所谓非众罔与守邦。

上第一章。

此章言卦爻吉凶，造化功业。

古者包羲氏之王天下也，仰则观象于天，俯则观法于地，观鸟兽之文，与地之宜，近取诸身，远取诸物，于是始作八卦，以通神明之德，以类万物之情。

包，蒲交反。王，于况反。

王昭素曰：与地之间，诸本多有"天"字，俯仰远近，所取不一，然不过以验阴阳消息两端而已。神明之德，如健顺动止之性。万物之情，如雷风山泽之象。

作结绳而为网罟，以佃以渔，盖取诸离。

罔与网同。罟，音占。佃，音田。

两目相承而物丽焉。

包羲氏没，神农氏作。斲木为耜，揉木为耒，耒耨之利，以教天下，盖取诸益。

斲，涉角反。耜，音似。耒，力对反。耨，奴豆反。
二体皆木，上入下动，天下之益，莫大于此。

日中为市，致天下之民，聚天下之货，交易而退，各得其所，盖取诸噬嗑。

日中为市，上明而下动。又借噬为市，嗑为合也。

神农氏没，黄帝、尧、舜氏作。通其变，使民不倦，神而化之，使民宜之。《易》穷则变，变则通，通则久。是以"自天佑之，吉无不利"。黄帝、尧、舜垂衣裳而天下治，盖取诸乾、坤。

乾坤变化而无为。

刳木为舟，剡木为楫。舟楫之利，以济不通，致远以利天下，盖取诸涣。

刳，口姑反。剡，以冉反。
木在水上也。"致远以利天下"，疑衍。

服牛乘马，引重致远，以利天下，盖取诸随。

下动上说。

重门击柝，以待暴客，盖取诸豫。

重，直龙反。柝，他各反。
"豫"，备之意。

断木为杵，掘地为臼，臼杵之利，万民以济，盖取诸小过。

断，丁缓反。杵，昌吕反。掘，其月反。
下止上动。

弦木为弧，剡木为矢，弧矢之利，以威天下，盖取诸睽。

睽乖然后威以服之。

上古穴居而野处，后世圣人易之以宫室，上栋下宇，以待风雨，盖取诸大壮。

处，上声。
壮固之意。

古之葬者，厚衣之以薪，葬之中野，不封不树，丧期无数，后世圣人易之以棺椁，盖取诸大过。

衣，去声。
送死大事，而过于厚。

上古结绳而治，后世圣人易之以书契，百官以治，万民以察，盖取诸夬。

明决之意。

上第二章。

此章言圣人制器尚象之事。

是故《易》者，象也。象也者，像也。

"易"，卦之形，理之似也。

彖者，材也。

"彖"，言一卦之材。

爻也者，效天下之动者也。

"效"，放也。

是故吉凶生而悔吝著也。

"悔吝"本微，因此而"著"。

上第三章。

阳卦多阴，阴卦多阳。

震、坎、艮为阳卦，皆一阳二阴。巽、离、兑为阴卦，皆一阴二阳。

其故何也？阳卦奇，阴卦偶。

奇，纪宜反。

凡阳卦皆五画，凡阴卦皆四画。

其德行何也？阳一君而二民，君子之道也。阴二君一民，小人之道也。

行，下孟反。

"君"，谓阳。"民"，谓阴。

上第四章。

《易》曰："憧憧往来，朋从尔思。"子曰："天下何思何虑？天下同归而殊途，一致而百虑，天下何思何虑？

此引《咸·九四》爻辞而释之。言理本无二，而殊涂百虑，莫非自然，何以思虑为哉？必思而从，则所从者亦狭矣。

"日往则月来，月往则日来，日月相推而明生焉。寒往则暑来，暑往则寒来，寒暑相推而岁成焉。往者屈也，来者信也，屈信相感，而利生焉。

信，音申。

言"往来屈信"，皆感应自然之常理，加憧憧焉则入于私矣，所以必思而后有从也。

"尺蠖之屈，以求信也。龙蛇之蛰，以存身也。精义入神，以致用也，利用安身，以崇德也。

蠖，纡缚反。蛰，真立反。

因言屈信往来之理，而又推以言学亦有自然之机也。精研其义，至于入神，屈之至也。然乃所以为出而致用之本，利其施用，无适不安，信之极也。然乃所以为人而崇德之资，内外交相养，互相发也。

"过此以往，未之或知也。穷神知化，德之盛也。"

下学之事，尽力于精义利用，而交养互发之机，身不能已，自是以上，则亦无所用其力矣。至于"穷神知化"，乃德盛仁熟而自致耳。然不知者往而屈也，自致者来而信也，是亦感应自然之理而已。张子曰：气有阴阳，推行有渐为化，合一不测为神。此上四节，皆以释《咸·九四》爻义。

《易》曰："困于石，据于蒺藜，入于其宫，不见其妻，凶。"子曰："非所困而困焉，名必辱；非所据而据焉，身必危。既辱且危，死期将至，妻其可得见邪？"

释《困·六三》爻义。

《易》曰："公用射隼于高墉之上，获之，无不利。"子曰："隼者禽也，弓矢者器也，射之者人也。君子藏器于身，待时而动，何不利之有？动而不括，是以出而有获，语成器而动者也。"

射，石亦反。隼，恤允反。括，古活反。

括，结碍也。此释《解·上六》爻义。

子曰："小人不耻不仁，不畏不义，不见利不劝，不威不惩。小惩而大诚，此小人之福也。《易》曰：'屦校灭趾，无咎'，此之谓也。

校，音教。

此释《噬嗑·初九》爻义。

"善不积不足以成名，恶不积不足以灭身。小人以小善为无益而弗为也，以小恶为无伤而弗去也。故恶积而不可掩，罪大而不可解。《易》曰：'何校灭耳，凶。'"

何，河可反。去，羌吕反。

此释《噬嗑·上九》爻义。

子曰："危者安其位者也，亡者保其存者也，乱者有其治者也。是故君子安而不忘危，存而不忘亡，治而不忘乱，是以身安而国家可保也。《易》曰：'其亡其亡，系于苞桑。'"

此释《否·九五》爻义。

子曰："德薄而位尊，知小而谋大，力小而任重，鲜不及矣。《易》曰：'鼎折足，覆公餗，其形渥，凶。'言不胜其任也。"

知，音智。鲜，仙善反。折，之设反。餗，音速。渥，乌角反。胜，音升。

此释《鼎·九四》爻义。

子曰："知几其神乎？君子上交不谄，下交不渎，其知几乎？几者动之微，吉之先见者也。君子见几而作，不俟终日。《易》曰：'介于石，不终日，贞吉。'介如石焉，宁用终日？断可识矣！君子知微知彰，知柔知刚，万夫之望。"

几，音机。"先见"之"见"，音现。断，丁玩反。望，无方反。

此释《豫·六二》爻义。《汉书》"吉之"之间有"凶"字。

子曰："颜氏之子，其殆庶几乎？有不善未尝不知，知之未尝复行也。《易》曰：'不远复，无祗悔，元吉。'"

几，音机。"复行"之"复"，芳服反。祗，音其。

殆，危也。庶几，近意，言近道也。此释《复·初九》爻义。

天地絪缊，万物化醇；男女构精，万物化生。《易》曰："三人行则损一人，一人行则得其友。"言致一也。

絪，音因。缊，纡云反。

"絪缊"，交密之状。"醇"，谓厚而凝也，言气化者也。化生，形化者也。此释《损·六三》爻义。

子曰："君子安其身而后动，易其心而后语，定其交而后求。君子修此三者，故全也。危以动则民不与也，惧以语则民不应也，无交而求则民不与也，莫之与则伤之者至矣。《易》曰：'莫益之，或击之，立心勿恒，凶。'"

"易其"之"易"，去声。

此释《益·上九》爻义。

上第五章。

子曰："乾坤，其易之门邪？乾，阳物也；坤，阴物也。阴阳合德而刚柔有体，以体天地之撰，以通神明之德。"

邪，于遮反。撰，仕免反。

诸卦刚柔之体，皆以乾坤合德而成，故曰"乾坤《易》之门"。"撰"，犹事也。

"其称名也，杂而不越，于稽其类，其衰世之意邪？"

万物虽多，无不出于阴阳之变，故卦爻之义，虽杂出而不差谬，然非上古淳质之时，思虑所及也。故以为衰世之意。盖指文王与纣之时也。

"夫《易》，彰往而察来，而微显阐幽。开而当名辨物，正言断辞则备矣。"

夫，音扶。当，去声。断，丁玩反。

"而微显"，恐当作"微显而"，"开而"之"而"，亦疑有误。

"其称名也小，其取类也大。其旨远，其辞文。其言曲而中，其事肆而隐。因贰以济民行，以明失得之报。"

中，丁仲反。行，下孟反。

"肆"，陈也。"贰"，疑也。

上第六章。

此章多阙文疑字，不可尽通，后皆放此。

《易》之兴也，其于中古乎？作《易》者，其有忧患乎？

夏商之末，《易》道中微。文王拘于羑里而系彖辞，《易》道复兴。

是故履，德之基也。谦，德之柄也。复，德之本也。恒，德之固也。损，德之修也。益，德之裕也。困，德之辨也。井，德之地也。巽，德之制也。

"履"，礼也。上天下泽，定分不易，必谨乎此，然后其德有以为基而立也。"谦"者，自卑而尊人，又为礼者之所当执持而不可失者也。九卦皆反身修德以处忧患之事也，而有序焉。"基"所以立，"柄"所以持，"复"者心不外而善端存，"恒"者守不变而常且久，"惩忿窒欲"以修身，"迁善改过"以长善。"困"以自验其力，"井"以不变其所，然后能巽顺于理以制事变也。

履，和而至。谦，尊而光。复，小而辨于物。恒，杂而不厌。损，先难而后易。益，长裕而不设。困，穷而通。井，居其所而迁。巽，称而隐。

易，以豉反。长，丁丈反。称，尺证反。

此如《书》之九德，礼非强世，然事皆至极。"谦以自卑"，而尊且光，复阳微而不乱于群阴，恒处杂而常德不厌。损欲先难，习熟则易。益但充长，而不造作。困，身困而道亨，井不动而及物，巽称物之宜而潜隐不露。

履以和行，谦以制礼，复以自知，恒以一德，损以远害，益以兴利，困以寡怨，井以辨义，巽以行权。

"和行"之"行"，下孟反。远，袁万反。

"寡怨"，谓少所怨尤。"辨义"，谓安而能虑。

上第七章。

此章三陈九卦，以明处忧患之道。

《易》之为书也不可远，为道也屡迁。变动不居，周流六虚，上下无常，刚柔相易，不可为典要，惟变所适。

远，袁万反。上，上声。下，去声。

"远"，犹忘也。"周流六虚"，谓阴阳流行于卦之六位。

其出入以度，外内使知惧。

此句未详，疑有脱误。

又明于忧患与故，无有师保，如临父母。

"虽无师保"，而常若"父母"临之，戒惧之至。

初率其辞，而揆其方，既有典常。苟非其人，道不虚行。

揆，葵癸反。

"方"，道也。始由辞以度其理，则见其有典常矣。然神而明之，则存乎其人也。

上第八章。

《易》之为书也，原始要终以为质也。六爻相杂，惟其时物也。

要，一遥反。下同。

质谓卦体，卦必举其始终而后成体，爻则唯其时物而已。

其初难知，其上易知，本末也。初辞拟之，卒成之终。

易，去声。

此言初上二爻。

若夫杂物撰德，辨是与非，则非其中爻不备。

夫，音扶。

此谓卦中四爻。

噫！亦要存亡吉凶，则居可知矣。知者观其彖辞，则思过半矣。

"知者"之"知"，音智。

《彖》统论一卦六爻之体。

二与四同功而异位，其善不同：二多誉，四多惧，近也。柔之为道，不利远者。其要无咎，其用柔中也。

要，如字。又，一遥反。下章同。

此以下论中爻。"同功"，谓皆阴位。"异位"，谓远近不同。四近君，故"多惧"。柔不利远，而"二多誉"者，以其"柔中"也。

三与五同功而异位：三多凶，五多功，贵贱之等也。其柔危，其刚胜邪？

胜，音升。

三五同阳位，而贵贱不同，然以柔居之则危，唯刚则能胜之。

上第九章。

《易》之为书也，广大悉备。有天道焉，有人道焉，有地道焉。兼三才而两之，故六。六者非它也，三才之道也。

三画已具"三才"，重之故六，而以上二爻为天，中二爻为人，下二爻为地。

道有变动，故曰爻。爻有等，故曰物。物相杂，故曰文。文不当，故吉凶生焉。

当，去声。

"道有变动"，谓卦之一体。"等"，谓远近贵贱之差。"相杂"，谓刚柔之位相间。"不当"，谓爻不当位。

上第十章。

《易》之兴也，其当殷之末世，周之盛德邪？当文王与纣之事邪？是故其辞危。危者使平，易者使倾。其道甚大，百物不废。惧以终始，其要无咎，此之谓《易》之道也。

邪，于遮反。"易者"之"易"，去声。要，平声。

危惧故得平安,慢易则必倾覆,《易》之道也。

上第十一章。

夫乾,天下之至健也,德行恒易以知险。夫坤,天下之至顺也,德行恒简以知阻。

夫,音扶。"行""易",并去声。阻,庄吕反。

至健则所行无难,故"易"。至顺则所行不繁,故"简"。然其于事,皆有以知其难,而不敢易以处之也。是以若有忧患,则健者如自高临下,而知其险。顺者如自下趋上,而知其阻。盖虽易而能"知险",则不陷于险矣。既简而又"知阻",则不困于阻矣。所以能危能惧,而无易吾之倾也。

能说诸心,能研诸侯之虑,定天下之吉凶,成天下之亹亹者。

说,音悦。

"侯之"二字衍。"说诸心"者,心与理会,乾之事也。"研诸虑"者,理因虑审,坤之事也。"说诸心",故有以定吉凶。"研诸虑",故有以成亹亹。

是故变化云为,吉事有祥。象事知器,占事知来。

"变化云为",故象事可以知器。"吉事有祥",故占事可以知来。

天地设位,圣人成能。人谋鬼谋,百姓与能。

与,音预。

"天地设位",而圣人作易以成其功,于是"人谋鬼谋"。虽百姓之愚,皆得以与其能。

八卦以象告,爻彖以情言。刚柔杂居,而吉凶可见矣。

"象",谓卦画。"爻彖",谓卦爻辞。

变动以利言,吉凶以情迁。是故爱恶相攻而吉凶生,远近相取而悔吝生,情伪相感而利害生。凡《易》之情,近而不相得则凶。或害之,悔且吝。

恶,乌路反。

"不相得",谓相恶也。凶害悔吝,皆由此生。

将叛者其辞惭,中心疑者其辞枝,吉人之辞寡,躁人之辞多,诬善之人其辞游,失其守者其辞屈。

卦爻之辞,亦犹是也。

上第十二章。

周易本义卷之四

朱熹本义

说 卦 传

昔者圣人之作《易》也,幽赞于神明而生蓍。

"幽赞神明",犹言赞化育。《龟策传》曰:"天下和平,王道得,而蓍茎长丈,其丛生满百茎。"

参天两地而倚数。

参,七南反。

天圆地方,圆者一而围三,三各一奇,故"参天"而为三。方者一而围四,四合二偶,故"两地"而为二。数皆倚此而起,故揲蓍三变之末,其余三奇,则三三而九;三偶,则三二而六。两二一三则为七,两三一二则为八。

观变于阴阳而立卦,发挥于刚柔而生爻,和顺于道德而理于义,穷理尽性以至于命。

和顺,从容无所乖逆,统言之也。理,谓随事得其条理,析言之也。穷天下之理,尽人物之性,而合于天道,此圣人作《易》之极功也。

上第一章。

昔者圣人之作《易》也,将以顺性命之理。是以立天之道,曰阴与阳;立地之道,曰柔与刚;立人之道,曰仁与义。兼三才而两之,故《易》六画而成卦。分阴分阳,迭用柔刚,故《易》六位而成章。

"兼三才而两之",总言六画。又细分之,则阴阳之位,间杂而成文章也。

上第二章。

天地定位,山泽通气,雷风相薄,水火不相射,八卦相错。

薄,音博。

邵子曰:此伏羲八卦之位。乾南坤北,离东坎西,兑居东南,震居东北,巽居西南,艮居西北。于是八卦相交而成六十四卦,所谓先天之学也。

数往者顺,知来者逆,是故《易》,逆数也。

数,并上声。

起震而历离兑以至于乾,数已生之卦也。自巽而历坎艮以至于坤,推未生之卦也。

《易》之生卦,则以乾兑离震巽坎艮坤为次,故皆"逆数"也。

上第三章。

雷以动之,风以散之,雨以润之,日以晅之,艮以止之,兑以说之,乾以君之,坤以藏之。

烜与晅同。说,音悦。

此卦位相对,与上章同。

上第四章。

帝出乎震,齐乎巽,相见乎离,致役乎坤,说言乎兑,战乎乾,劳乎坎,成言乎艮。

说,音悦。下同。

帝者,天之主宰。邵子曰:此卦位乃文王所定,所谓后天之学也。

万物出乎震,震,东方也。齐乎巽,巽,东南也。齐也者,言万物之洁齐也。离也者,明也,万物皆相见,南方之卦也。圣人南面而听天下,向明而治,盖取诸此也。坤也者,地也,万物皆致养焉,故曰致役乎坤。兑,正秋也,万物之所说也,故曰说言乎兑。战乎乾,乾,西北之卦也,言阴阳相薄也。坎者,水也,正北方之卦也,劳卦也,万物之所归也,故曰劳乎坎。艮,东北之卦也,万物之所成终,而所成始也,故曰成言乎艮。

响,读作向。说,音悦。下同。薄,音博。

上言帝,此言万物之随帝以出入也。

上第五章。

此章所推卦位之说,多未详者。

神也者,妙万物而为言者也。动万物者莫疾乎雷,挠万物者莫疾乎风,燥万物者莫熯乎火,说万物者莫说乎泽,润万物者莫润乎水,终万物始万物者莫盛乎艮。故水火相逮,雷风不相悖,山泽通气,然后能变化,既成万物也。

挠,乃饱反。熯,呼但反。悖,必丙反。

此去乾坤而专言"六子",以见神之所为,然其位序亦用上章之说,未详其义。

上第六章。

乾,健也。坤,顺也。震,动也。巽,入也。坎,陷也。离,丽也。艮,止也。兑,说也。

说,音悦。

此言八卦之性情。

上第七章。

乾为马,坤为牛,震为龙,巽为鸡,坎为豕,离为雉,艮为狗,兑为羊。

远取诸物如此。

上第八章。

乾为首,坤为腹,震为足,巽为股,坎为耳,离为目,艮为手,兑为口。

近取诸身如此。

上第九章。

乾，天也，故称乎父。坤，地也，故称乎母。震一索而得男，故谓之长男。巽一索而得女，故谓之长女。坎再索而得男，故谓之中男。离再索而得女，故谓之中女。艮三索而得男，故谓之少男。兑三索而得女，故谓之少女。

索，色白反。长，之丈反。少，诗照反。下章同。

"索"，求也，谓揲蓍以求爻也。"男""女"，指卦中一阴一阳之爻而言。

上第十章。

乾为天，为圜，为君，为父，为玉，为金，为寒，为冰，为大赤，为良马，为老马，为瘠马，为驳马，为木果。

圜，音圆。驳，邦角反。
《荀九家》此下有"为龙，为直，为衣，为言"。

坤为地，为母，为布，为釜，为吝啬，为均，为子母牛，为大舆，为文，为众，为柄。其于地也，为黑。

釜，房甫反。啬，音色。
《荀九家》有"为牝，为迷，为方，为囊，为裳，为黄，为帛，为浆"。

震为雷，为龙，为玄黄，为旉，为大涂，为长子，为决躁，为苍筤竹，为萑苇。其于马也，为善鸣，为馵足，为作足，为的颡。其于稼也，为反生，其究为健，为蕃鲜。

旉，音孚。筤，音郎。萑，音九。馵，主树反。蕃，音烦。
《荀九家》有"为玉、为鹄、为鼓"。

巽为木，为风，为长女，为绳直，为工，为白，为长，为高，为进退，为不果，为臭。其于人也，为寡发，为广颡，为多白眼，为近利市三倍，其究为躁卦。

下"为长"之"长"，如字。
《荀九家》有"为杨，为鹳"。

坎为水，为沟渎，为隐伏，为矫輮，为弓轮。其于人也，为加忧，为心病，为耳痛，为血卦，为赤。其于马也，为美脊，为亟心，为下首，为薄蹄，为曳。其于舆也，为多眚，为通，为月，为盗。其于木也，为坚多心。

輮，如九反。亟，纪力反。曳，以制反。
《荀九家》有"为宫，为律，为可，为栋，为丛棘，为狐，为蒺藜，为桎梏"。

离为火，为日，为电，为中女，为甲胄，为戈兵。其于人也，为大腹。为乾卦，为鳖，为蟹，为蠃，为蚌，为龟。其于木也，为科上槁。

乾，音干。蟹，户买反。蠃，力禾反。蚌，步项反。
《荀九家》有"为牝牛"。

艮为山，为径路，为小石，为门阙，为果蓏，为阍寺，为指，为狗，为鼠，为黔喙之属。其于木也，为坚多节。

蓏，力果反。黔，其坚反。喙，泥废反，又音呪。

《荀九家》有"为鼻,为虎,为狐"。

兑为泽,为少女,为巫,为口舌,为毁折,为附决。其于地也,为刚卤,为妾,为羊。

折,之列反。卤,力杜反。

《荀九家》有"为常,为辅颊"。

上第十一章。

此章广八卦之象,其间多不可晓者。求之于经,亦不尽合也。

序卦传

有天地,然后万物生焉。盈天地之间者,唯万物,故受之以屯。屯者,盈也。

屯者,物之始生也。物生必蒙,故受之以蒙。蒙者,蒙也,物之稚也。物稚不可不养也,故受之以需。需者,饮食之道也。饮食必有讼,故受之以讼。

讼必有众起,故受之以师。师者,众也。众必有所比,故受之以比。比者,比也。

比必有所畜,故受之以小畜。物畜然后有礼,故受之以履。履而泰,然后安,故受之以泰。

晁氏曰:郑无"而泰"二字。

泰者,通也。物不可终通,故受之以否。物不可以终否,故受之以同人。与人同者,物必归焉,故受之以大有。有大者,不可以盈,故受之以谦。有大而能谦,必豫,故受之以豫。

郭氏雍曰:以谦有大,则绝盈满之累,故优游不迫而暇豫也。

豫必有随,故受之以随。以喜随人者,必有事,故受之以蛊。蛊者,事也。有事而后可大,故受之以临。临者,大也。

物大然后可观,故受之以观。可观而后有所合,故受之以噬嗑。嗑者,合也。物不可以苟合而已,故受之以贲。贲者,饰也。致饰然后亨则尽矣,故受之以剥。剥者,剥也。

物不可以终尽剥,穷上反下,故受之以复。复则不妄矣,故受之以无妄。有无妄,然后可畜,故受之以大畜。

物畜然后可养,故受之以颐。颐者,养也。不养则不可动,故受之以大过。物不可以终过,故受之以坎。坎者,陷也。陷必有所丽,故受之以离。离者,丽也。

上上篇。

有天地,然后有万物。有万物,然后有男女。有男女,然后有夫妇。有夫妇,然后有父子。有父子,然后有君臣。有君臣,然后有上下。有上下,然后礼义有所错。夫妇之道,不可以不久也,故受之以恒。恒者,久也。

物不可以久居其所,故受之以遁。遁者,退也。物不可以终遁,故受之以大壮。物不可以终壮,故受之以晋。晋者,进也。进必有所伤,故受之以明夷。夷者,伤也。伤于外者,必反其家,故受之以家人。

家道穷必乖,故受之以睽。睽者,乖也。乖必有难,故受之以蹇。蹇者,难也。物不可以终难,故受之以解。解者,缓也。

缓必有所失,故受之以损。损而不已必益,故受之以益。益而不已必决,故受之以夬。夬者,决也。决必有所遇,故受之以姤。姤者,遇也。

物相遇而后聚,故受之以萃。萃者,聚也。聚而上者谓之升,故受之以升。升而不已必困,故受之以困。困乎上者必反下,故受之以井。

井道不可不革,故受之以革。

革物者莫若鼎,故受之以鼎。主器者莫若长子,故受之以震。震者,动也。物不可以终动,止之,故受之以艮。艮者,止也。物不可以终止,故受之以渐。渐者,进也。进必有所归,故受之以归妹。得其所归者必大,故受之以丰。丰者,大也。

穷大者必失其居,故受之以旅。旅而无所容,故受之以巽。巽者,入也。

入而后说之,故受之以兑。兑者,说也。说而后散之,故受之以涣。涣者,离也。

物不可以终离,故受之以节。节而信之,故受之以中孚。有其信者必行之,故受之以小过。有过物者必济,故受之以既济。物不可穷也,故受之以未济终焉。

上下篇。

杂卦传

乾刚,坤柔。比乐,师忧。

乐,音洛。

临、观之义,或与或求。

以我临物曰"与",物来观我曰"求"。或曰:二卦互有与求之义。

屯见而不失其居,蒙杂而著。

见,贤遍反。著,陟虑反。

屯震遇坎,震动故"见",坎险不行也。蒙,坎遇艮,坎幽昧,艮光明也。或曰:屯以初言,蒙以二言。

震,起也;艮,止也。损、益,盛衰之始也。

大畜,时也;无妄,灾也。

止健者,时有适然,无妄而灾自外至。

萃聚,而升不来也。谦轻,而豫怠也。

噬嗑,食也;贲,无色也。

白受采。

兑见,而巽伏也。

见,贤遍反。

兑阴外见,巽阴内伏。

随,无故也;蛊,则饬也。

饬与勑同。

随前无故,蛊后当饬。

剥,烂也;复,反也。

晋,昼也;明夷,诛也。

诛,伤也。

井通,而困相遇也。

刚柔相遇而刚见掩也。

咸,速也;恒,久也。

咸速,恒久。

涣,离也;节,止也。解,缓也;蹇,难也。睽,外也;家人,内也。否、泰反其类也。

难,乃旦反。

大壮则止,遁则退也。

止,谓不进。

大有,众也;同人,亲也。革,去故也;鼎,取新也。小过,过也;中孚,信也。丰,多故也;亲寡,旅也。

去,起吕反。

既明且动,其故多矣。

离上,而坎下也。

上,时掌反。下,遐嫁反。

火炎上,水润下。

小畜,寡也;履,不处也。

处,上声。

不处行进之义。

需,不进也;讼,不亲也。

大过,颠也;姤,遇也,柔遇刚也。渐,女归待男行也。颐,养正也。既济,定也。归妹,女之终也。未济,男之穷也。夬,决也,刚决柔也。君子道长,小人道忧也。

长,丁丈反。

自大过以下,卦不反对,或疑其错简,今以韵协之,又似非误,未详何义。

易 断

日·高岛嘉右卫门　撰
清·王治本　译

作 者 小 传

　　高岛嘉右卫门,吞象,神奈川县士族也。幼受庭训,辄读四书五经,业务之暇,手不释卷,积年之久,略谙诵之,窥圣贤之旨,探道德之原。

　　及安政六年十二月,当横滨开港之初,因过犯禁下狱,偶得《周易》一册,喜曰:"此天赐也!"昼读夜思,烂熟贯通。七年而出狱,君如身生羽翼,备曰:"吾出万死而得一生矣!自今我唯当勇于行善而已。"

　　乃开廛于横滨。勤于作事,能乘机会,性又忍耐,四年间获金巨万,然其所入,尽用诸义举,不以丝毫自为退守计。苟利于人,则进而当其劳苦;每见善事,则必著之先鞭。始造铁路,自横滨至神奈川,以纳于官;尝有洋商谋,将设街灯于横滨,君先机而造之,终不使赢利归于彼。

　　常留心观天下之变,预卜其将来。故当其处事孔棘,他人惴惴束手无措,而君智谋横发,游刃有余。当事之难决则筮之,其解说奇中,揆诸人事,大小皆验。

　　尝著《易断》、《易占》二书,副岛种臣、中村敬宇、栗本锄云三君,皆为序赠之。明治三十四年,君又将旧著重订,别为六十四卷,名曰《增补高岛易断》,特请我国浙东王君治本代为补正,译作汉文,俾可流传海外。君早晚又以此书译成英文,使之传于欧美各邦,其愿宏力毅,诚有非常人所可企及者。

　　　　　　　　　　　　　　　　摘自袁树珊著《中国历代卜人传·附录》

序 一

　　人虽有智愚、贤不肖、贵贱、贫富之殊，其处世也，各劳精于思虑，一日无有间断。而其所志，或有为一家者，或有为一国者，或有为宇内之公益者，虽因各人天赋之能力不齐，而有大小轻重之差，大泛观之，无非希望国家之富饶，世界之泰平也。何则？假令能得一家之治齐，而所居之国乱，则不得独保其安也；又能得一国之治平，邻国扰乱，则亦不得独晏然于局外也。是理之所易睹也。方今世运，益趋文明，学艺技术之进步，非复昔日之比也。博学高才之士，不乏其人，治化之隆，如可翘足而待也。虽然，熟观今世之现状，皆以厚于己而薄于他为常，甲邦常思吞噬乙国，乙国亦常以抗之为事，人心益流于邪僻，仁义之风几已扫地，优胜劣败之势日甚，弱肉强食之情益著，自王侯以至于庶人，如有不安于身后之计者也。夫贤智之士，日夜劳心力，而思虑计划，尚且不自安，所以如此者何也？抑思虑之不足，而误其方耶？不可不顾虑也。余谓是由人人忘失至诚通神之道，为使神人之间隔绝也。夫不通神，则不能禀天命；不禀天命，则不能前知将来；不知将来，则不能知人事之极。故其志望无所归著，而妄劳心力，是犹盲人而弄铳器，不能定标的而放弹，彼此皆受其害，岂不危险之甚乎？所谓不知天命而不畏之所致也。

　　今日之势，既已如此，余为是惧，而悯人生之不幸，将济之于迷途也。然而救济之术，唯在于介神人之间，而通其意而已。人若知神明之德，不晦于令，则英雄豪杰之士，方其有疑惑也，必请教于神明，畏惮天命之严肃，博识高才之人，亦破想象之迷梦，知人生志望之所归著，则人心常有所戒惧修省，而自可生博爱之念也。于是风教亦自匡正，可得使天下之人，浴造化之恩泽。是余之所希望，故今传人以至诚通神之术，欲使得神人冥会也。然既已有术，则不可无书，《易》则通神之书也。虽然，古昔圣人之所述，后世学者未能得其真意，而用之于实际也。今以国文译之，附以所见，欲使世人前知将来也。是所以述此书之大要也。

　　《易》之为书，明天地阴阳奇偶之理，以阐发造化之秘蕴，六十四卦，而网罗万象，盖宇宙间之事物，未有不阴阳相对者。有日则有月，有寒则有暑，有男则有女。且既有形而下之物，则必不可无形而上之道，亦犹人有可见之肉体，又必有不可见之心魂。心魂一脱去人身，则名之曰鬼神。鬼神虽不可见，人得以至诚通之，则依冥助而前知将来，凡庸之徒，亦可知神之有在也。惟太古草昧之世，往往有能通神之术者，故人皆知有鬼神也；方今称文明之盛，人之智识，凌驾古人，人事之便益进，为天涯比邻之观，然却不知感通于之鬼神，遂至有夸张无神论者。其故何也？盖治世之方，古今一变，人之气质，亦随之而变。夫接神之道，由精神气力之单纯，穷理之道，由智识思想之致密，故能穷物理，而却不能通神明也。古人之精神气力，以单纯故，能通神明，而不能穷物理也。是所以至诚之道，行于上古，而巧智之术，盛于后世也。请详述其变迁之所由。

　　夫阴阳之精气交而万物生焉，人之生也，禀受虚灵之心魂，而为万物之长，然裸体而无护身之蹄角，又无害他之爪牙。方其穴居野处也，与猛兽毒蛇之类，互相竞争，胜之则食其肉，衣其毛，不胜则为其所食。于是偶有捷智者，取火于火山，用以驱除猛兽毒蛇，始得为人类之世。尔来生民殖而禽兽减，乃至食料缺乏，数人以争一禽，斗争自是而起，其极至人相食，谓之优胜劣败，弱肉强食之世。方是时，天悯生民，降斯大人，使之救济一世。大人见此状况,恻怛之心,不能自禁,求救世之道最切。其至诚通神,感得畋渔之法,乃谕众曰:汝等今食他人之肉,而取快于一时,汝等之肉,他日又得不为人食乎? 诚如此,则悲惨之状,有不忍言者。思之,勿复同类相食,如夫食料,吾能供之。乃作网罟,使之捕禽于野,渔鱼于水,众皆利之;又剡木磨之以石,名曰耒耜,以垦荒芜,播以草木之实;且教以火食,众皆德而服之,事之如神。自是之后,衣食足而知礼节,令行禁止,于是统御之道始举,建国之基斯立,君臣之分长定,父子、夫妇、兄弟、朋友之伦渐备。

以我邦观之,则皇祖琼琼杵尊天降之时,而在支那,则伏羲氏之世也。伏羲氏之王天下也,幽赞于神明,而创占筮之法,使人得问神决疑,前知将来,《易》曰"昔者圣人之作《易》也,幽赞于神明而生蓍"是也。夫《易》以八卦,表万物之原子,盖万物成于八原子之集合,故画八卦而现形而上,原子于形而下;重之以为六十四卦,以应万象者也。"易"之为字,重合日月,并书之则成"明"字,谓从斯道则万物无不明也。是《易》之所以名也。故大传曰,《易》以"知幽明之故","知鬼神之情状","知神之所为",见"万物之情",见"天地之心"。盖人亦与万物同成于八原子之集合,故性情动作,共不离其序次也。故一知造化之理由,则知其性之所基,若死生之说,进退存亡之机,阴阳消长之理,默识冥合,而活用之,得防祸乱于未萌,消灾害于未发。

是以羲圣以下数圣人,以《易》为世世相承之神宝,以为王道之基础。夫尧舜之禅天下于舜禹,其语曰:"人心惟危,道心惟微,惟精惟一,允执厥中。"忧人之所思虑,臆测想象而易违,故各卦第五爻,示得中正而施政之方。然至夏殷之世,气运渐变,人人专赖智力与劳力,以营生计,无复如上古,赌身命于危险之境,为求食之要,是以精神气力,亦不能如上古之强壮,所关于精神气力之道术,渐趋衰颓,则势之所使然也。及周而文王出焉,恐世人专信想象之理,失闻神智之道,紊人智之天真,乃崇奉神《易》,系以象辞,以明羲圣之意。其辞穷幽明之蕴奥,拨造化之秘机,因天、泽、火、雷、风、水、山、地之八原子配合之理,以说及人事之吉凶悔吝,行以通神之术,造化之理,及神人交通之道,两相完出。其子周公旦,亦继文王之意,通观天下,感想事物之理,虽甚错杂,或有一定之规则而运转之。征夏、殷《连山》、《归藏》之二《易》中感鬼神适事理之占例,与众学士从事其纂辑,果不违其所预想,知天下万象之起灭终始,不出于三百八十四爻之外。于是始照三百八十四爻于实际之事物,看以易情之变化,因卦时、卦义、卦象与刚柔之应比,与阴阳消长之气运,系辞于各爻,以大成《易》道。故周官太卜居八政之一,至春秋之世,尚重太卜之官,卿大夫掌之,上智远识之士,效而行之。

而周公之爻辞,多涉于比拟譬喻者,少直指善恶者,考其所由,是不拟以其才之美,成斐然之章,亦有所深忧而然。盖人之资质,有善不善,故善人与不善人相待而为群,更互流行,中人从其流行,而左右上下,是阴阳消长之常理。恰如四时之循环,昼夜之交代,而当其暗黑之时,不可不揭灯火而照之,是教学之所以由兴也。夫一明一暗,一顺一逆如此者,即阴阳消长之理也。故遭"君子道长"之气运,善人得时,则天下治平,而《易》道自明;然遇小人道长之气运,不善人得时,若使善人占事,因《象》爻之辞,明陈不善人隐微之心术,发露其奸恶,则其人羞耻之余,加害于善人,亦不可知也。故周公特用隐语而系辞,例如以凶暴者为虎,以狡猾者为狐,以愚钝者为豕,婉曲其辞,使不善人反省而无所愤恨,其用心也深矣。

是以孔子之圣,犹曰:"加我数年,五十以学《易》,可以无大过矣。"韦编三绝,以研斯道者,其果几何? 乃叹曰:"道之不行,吾知之矣,智者过之,愚者不及也;贤者过之,不肖者不及也。"盖弟子中，或恃其才，以为天下之事，无足为者，迂远之道，不足学也，于是中道而废。智者过之者，盖婉辞也，唯颜回独优，入圣域，不幸短命而死，宏才能辩如子贡者，未能与闻性与天道也。斯道之至大而难传，有如此者。抑孔子所主，在与尧舜同用《易》之中正，以行之于人事，故常用其中正，谓之中庸。中庸得天命之中正，而则神智，以行之于人事，是虽圣人，所难实践也。故《中庸》曰："天下国家，可均也，爵禄，可辞也，白刃，可蹈也，中庸，不可能也。"虽有达观远识，脱名利者，不至至诚通神之域，未能得之也。故曰："中庸其至矣乎？民鲜能久矣。"夫行《易》有三要，明《易》理，一也；通世事人情，二也；至诚通神，三也。而其一、二，虽在深思推勘，至其三，则属精心气力，自行以至者也。所谓"自诚明，谓之性，自明诚，谓之教"，"诚则明矣，明则诚矣"，是尽性之诚，禀神智之教也。羲、文、周、孔之四圣，各有天赋之能力，举毕世之力，忧后世而述作，虽然，后世学者，乏解释之力，二千有余年，冥冥晦晦，如存如亡，无复实用之者，不堪概叹也！

《易》之为书，东洋之理学，而其卦六十有四，西洋化学，亦有六十四原素，其数如合符节，可谓奇矣。唯举其所异。西洋穷理之学，即物而穷其理，故分析其组织之要素，以知其性质功用之所在。东洋理学则不然，不问动植，天地间有形之物，各寓心魂于其中，有适当之性情者也。故复《象传》曰："复，其见天地之心乎？"大壮《象传》曰，知天地之情；咸恒二卦《象传》曰，天地万物之情可知；又《中庸》曰："能尽其性，则能尽人之性；能尽人之性，则能尽物之性；能尽物之性，则可以赞天地之化育，而与天地参矣。"当知日月星辰及大地，皆大动物，而各有心魂，达其性情，保数万岁之寿，其效用亦极大也。若其他万物，小动物，而其寿则短，亦各有心魂达性情者也。盖宇宙间，一切万物之心魂，皆造物主之分子，而无不至精至纯者也。而问此无数万物以何组织，则物质原子有八，即谓之天、泽、火、雷、风、水、山、地，其中天、雷、风、火，气体而无形状，山、地、水、泽，实体而有形状。此有形无形八原子，互相抱合结晶，而能组成万物也。而由其原子之精粗灵顽，各异物质；其物质能薰染其心魂，各异其性；其性能因缘外物，而各异其情。故虽如天地万物各分裂，而彼此不相关，是至精至纯，万物同体之心魂，暗暗里为物质所薰化，洞察斯真理而不疑，谓之知天地万物之情。洞察斯真理，而去各自为物质薰染之私欲，以赞天地之性，以遂万物之情，谓之能尽物之性，赞天地之化育。

而人之心魂，离肉体之后，不合同本原者有二：其一，致诚尽忠，计国家之幸福，死而后已之精神，其身死而心魂犹未复归本原，永在幽冥，而守天下后世者，谓之鬼神，《中庸》所谓"鬼神之为德，其盛矣乎"即是也；其一，生涯欲逞自己之私欲，焦思苦虑之私心，其身死而心魂亦未能复归本原，仿惶于空中而为灾变者，谓之游魂；《易》所谓"游魂为变"即是也。然而鬼神感善人，而降祯样于国家，游魂寄托恶人，而为妖孽于世间，所谓同声相应，同气相求者。是飨阳神以火，飨阴神以水，盖因此理也；凡通此理而不迷者，由《易》而知鬼神之情状者也。

东洋理学之高尚如此，故从来学《易》者，概不能得肯綮。不征之于人事之实际，故不能知人情之错杂；或单为义理之学，不复解占筮之妙，拘泥字句之间，遂废其实用。且其称通《易》学者，则曰："《易》教君子以常道，卜筮以谕权道。"曰"伏羲之象，文王之辞，依卜筮以为教，孔子之赞《易》，以义理为教，其施为虽异，道则一也。"曰"从性命之理，尽变化之道"；曰"探赜索隐，以定天下之吉凶，钩深致远，预谕人事之悔吝。"曰"《易》者，圣人所重之道，而为君子设者，后世以卜筮列之于技艺，大悖圣人之旨。"曰"天下之理，无不包罩《易》中，开物成务之学，只赖有此也。"曰"圣人以《易》研几，示人向背，系吉凶悔吝之辞，鼓舞天下，诱天佑于贞悔，是知其一而未知其二也。又或一二熟卜筮者，亦唯玩象而逞臆测而已。"要之和汉未有尽圣人之深意者，又未有用圣人之辞而占者也。用《易》如此，犹以干将莫邪而代菜刀，岂可不慨叹乎？

余之所讲，则异于是。照之于事物之实际，发明圣人之深意于《象》爻之辞，觉知鬼神之威灵，常现于上下左右，畏警之念，无有须臾之间断。盖余之于斯学也，其始非由师傅之教也。当读《中庸》之书，至"至诚之道，可以前知"，悄然而思，凡人之处世，莫善于前知百事，乃考索至诚之道者，十有余年，茫乎而无所得，当时情怀，如怀方书而失良药之感。然当横滨开港之初，因过犯禁下狱，实安政六年十二月也；其在囹圄也，不堪幽囚之苦闷，或悔悟任血气，误生涯，万感辐辏于一身。转觉怅然之际，偶得《易经》下卷一本于席间，乃执而读之，以为吾闻《易》之书。《易》之为书，儒者千百人中，能讲之者，仅不过二三辈，而犹多不能通晓者。夫《易》者四圣人各极天授之能，竭毕生之力，而所述作，其不易解虽固当然，古昔圣人，非故用不可解之秘语，作此怪谲之书，以欲窘后人也。由是观之，其难解也，非书之难解，由吾精思之未至也已。今狱窗无聊，吾幸以往日所闻于师之西洋理学，穷其理之所在，则或得通之乎？尔来每日课一卦，昼则玩读之，夜则暗诵之，四阅月而卒业。自是之后，叮咛反复，精思熟考，造次颠沛，未尝暂废也。涉数月之久，觉于《系辞》、《象传》等，少有所通晓，乃益勉励不掇。

既而得略解全体之理，因假捻纸片以代蓍，即事而占之，其事或中，或不中，苦其不恒。于是沉思默读之余，幸思"至诚无息"之语，感悟"无息"二字，非单无止息之义，则无发气息之谓也。方揲筮之时，全止息吸呼，而捧蓍于额上，以专念其将占之事，不得不发气息之际，分蓍而为二，此间不容发。自是之后，百占百中，以爻辞拟之，了如指掌，有悚然而接神之想。于是始知《易》之为用，全精神气力上之术，而至诚之道，一在无息之间；且悟六十四卦，则造化之理，即万物之根本；八原子之结晶学，而推原子遇不遇之性情，及之于一切之事物，自国事之大，以至于人事之小，细大不漏，得悉指之于掌之学；又并知三百八十四爻之别，即示时之缓急，事之难易者也。诗曰："神之格思，不可度思，矧可射思，中庸引之。"盖圣人说神，三以"思"字为助语者，即自占筮之适中，而又同其感，确信圣人曰神者，与余之曰神者，亦无分毫之异也。"神"字从"示"从"申"者，盖神虽视而不见，听而不闻，人能以蓍筮问之，则无不示申也，亦可以证余神人交通之说焉。

俯仰今古，而观察世态人情，如上文所述。古之人淳朴，而富精神气力，故能得交通于神；今之人狡智而专利欲，故不能交通于神。是以唯推测谋事，智者劳精神、竭思虑，而图国利民福，亦动辄陷权谋术数，以利己为主，不顾他人之害，常窥他邦之衅隙，欲以并吞疆土。盖彼等固以优胜劣败、弱肉强食为各人天赋之情性，不啻生存竞争，毕竟不知天命而不畏之所致也。请试论之：

今日如欧美各邦，以理制人心，斗巧智以争生存，则我制百吨之炮，则彼制二百吨之炮，我备钢铁舰，则彼抗之以水雷……益进而益巧，愈出而愈奇，其势不知所底止，遂至驾气球而自天空投入爆裂弹，则再复太古之穴居乎？然则口倡文明，望开化，至其所行，则非却趋野蛮耶？当今文明开化之竞争者，全期优胜劣败；优胜劣败，即期弱肉强食；弱肉强食，即野蛮未开之风俗也。而欧美各邦进步之方针，正向此点而进者也。宇内各国之情势，业已如此，而其所以未恣虎狼之吞噬者，赖耶稣教之力，而才抑制之；亚细亚诸国，赖神、儒、佛三道之力，而防遏之也。我皇祖及孔子、释迦、耶稣等，各圣人通神设教，示以神者佑人，人以至诚禀神惠，神人相应，致国家之福祉，是国教及宗教之所因起也。然从生活之变迁，而气质之变化也，精神衰而至诚之道不明，故方今虽在神、儒、佛、耶之教职者，通神者几希。可知神虽欲保护国家，保佑民庶，以人失通之之道，神亦悯其愚而焦虑也。盖自不通神，则不能详听神意，而妄说神德者，毕竟不过袭蹈古人之套语，此辈不足与语道，然亦一由斯道之衰颓，未专可咎此辈也。且无智之小人，为其说之所诱而信之者，亦虽属妄信，或以生进善远恶之心，未必无益也。唯中等以上之人，修形而下之学者，为无神论，而置神于疑惑之间，不知天命之可畏，圣言之可尊，或恣我意，而蹂躏众庶，或乘威权，而横行世间，弄才智而装豪杰，其死也以树巨大之纪念碑，为无上荣誉。此辈终身不知道，唯以名为真理，以利为现理，终名利之二途耳；虽偶有信神者，不能直得神意，止其自信，而不能以神益世利人，是皆非完全者，故其力终不能制止一般情势之炽盛也。

　　然则人间生活上之快乐，其在何所乎？要之，其弊在不会神人交通之道也。夫天之生斯民也，岂以同类相食为其主旨乎？宜优劣互相扶助，强弱互相提携，以各安其业，乐其分也。若夫邦国之于交际，亦犹个人之于交际也，有无互通，利便互计，相携相扶，不可不各享其天幸，全其天福也，否则如何而达人心和乐之世运乎？令世形而下肉体之便利日益进，而不能安形而上之心，则如何而得称真成之文明开化乎？而其进文明开化之方，不在欧美各邦形而下之穷理，在东洋形而上之道，其载道之书，实以《周易》为最也。是以余曩著《易断》十册，以六十四卦三百八十四爻，应用之于实事，解释其辞，附以经验之点断，介绍神人交通之妙理。尔来七年，世人未醒觉迷梦，顽乎而不畏天命，狎大人，侮圣言，不知鬼神之在冥冥，前知祸福而示之，见祯祥妖孽，以为偶然，不尝有所省察敬戒。世道人心之衰颓，日以益甚，盖为我书之所说，未尽其精微乎？余年已越六十，疾病亦且时至，若迨今而不完斯学之中兴，则其将期何世耶？是余不独为斯道忧，实所为天下后世忧也。乃不自揆，再补正《易断》，寄六十四卦以国政之组织，君臣之奇偶，人心之兴败，就实地所经验之活断三百八十四爻而述之，明神人交通，天命严肃之证，以使初学之人，易悟《易》理之妙，进使后世学者，继经验之序，终成就人间圣学，且欲使宇内智者学者辈，省臆测推量之徒劳，以《易》为神人交通之媒。且夫我邦维新，当初之为国是也，在取彼长，以补我短，然欧美各邦之交际益频繁，而其所倾向，彼之事物，不择利害而输入之，我所固有，不问长短而废弃之，遂至有非变我道德国而为彼法治国不止之势。呜呼，亦可谓惑矣！夫选取利害长短，人世之通谊也，况欲弃我国粹之道德乎？抑方今最大急务，在使彼国人，知我固有道德之为何物，而为之之道，无过于平易说示《易》道。《易》者道德之本原也，故早晚译此书以英文，传之于欧美各邦，欲使彼知我国方今有神人交通之术，又知人间统理之方法，不单在法律，而尤在道德也。欧美各邦，专研究形而下之理，奏其实效者，如利用电气蒸汽，皆无不巧妙，交通之利便，实古人所不梦见也。然如此，是利人间相互之交通而已，乌如我《易》道之神人相交通，而前知将来之吉凶祸福哉！是实东洋神奇之瑰宝也，今余不敢秘之，欲以传之于海外者，唯一片诚忠，在将为宇内开万世之泰平耳。凡百君子，谨而思之，余之所希望如此，著此书之主旨，亦全在此。慧眼达识之士，幸谅微衷，大究斯学，俾圣圣相承之瑞珠，再放光彩，神随之皇道，得大明于世，而众人知希望之所归著，宇内万世之泰平，亦可期而俟也。

明治三十四年一月
高岛吞象识

序　二

余之幼也，家大人教之曰："先哲所著之书，不啻汗牛充栋，然六经所载，则圣人之道，圣人者，天之所降以为亿兆之君师也。"余于是读四书五经，业务之暇，手不释卷。积年之久，略谙诵之。窥圣贤之旨，探道德之原，颇有所自得，以为圣人之道，教庸人以仁义，教君子以《易》，使得至诚通神，豫知将来，使在上君子，无误亿兆之休戚也。故君子因《易》以知有鬼神，"戒慎乎其所不睹，恐惧乎其所不闻，"善笃善行，虽赏之不为不善，盖知天命而常行仁义，故谓之道德。然而神者专，祖先之灵是合人之颜色气血而可知，然则人之于父子，非只身体教育之恩，父母殁而为灵，亦大而保国家之安宁，小而护子孙之幸福也明矣。是孝道之所以贵重，而五伦天之所媒介也。

至诚者，圣人所谓"尽其性"也。《说卦传》曰"穷理尽性，以至于命。"所谓性者，心之所活动；命者，与"受命如响"之命同，吉凶所定也。言穷其义理，尽心之活动，以感得天命于筮数之义也。要之，人智所不及，而听神之教者也。卦爻之辞，皆照于实用，不余一字，故《易》者不外圣人救世之意焉。盖庸人之所见，人之一身，以统括四肢五官而应事物为能，唯圣人不然，尽性至命，遣活动心魂以通鬼神，感得神意于筮数之方，以益后世。然世之读《易》者，拘泥文义，而远于实用，可不浩叹乎！

释氏之道，以明心见性为主；老子之道，以修心练性为要。故释老之道专于心性，而疏于治国家。唯吾圣人之道，以尽性命为极，苟人智所不及，听命于鬼神，小而可修一身，大而可治家国天下，岂如释老独善其身者乎？方今宇内各邦，互竞其力之时，舍此而可复他求哉！

祖先之灵，虽导国家及子孙以避凶趋吉之方，人不知尽性之道，故神灵不能通其意，见其陷于不幸，亦不堪忧虑也。人皆以为将来之事，不可预知，余窃忧之，述此书，以明圣人之旨，通鬼神之意，媒妁幽明，欲使天下后世，得至大之幸福也。

此编原余所讲述，使友人柳田几作笔记者也，今请清国人王治本氏，更补正之，便清国诸彦阅读。但序言以达意为主，故文辞鄙野，语无伦次，览者谅之。

高岛吞象又识

䷀ 乾为天

乾字本作☰，即此卦三奇，一连纯阳，圆满之形也，后假作三数字。左旁从卓，中日，上下象其光线，即太阳放光彩之象。乾之性，在人则气力圆满，则健之义也。《说卦传》曰："乾健也。"天之性至刚，其德至健，其体圆满盈实，其运动强进而无有间断，故以此卦此字充之。

乾：元亨利贞。

此五字文王所系，谓之《彖》辞。乾之为天，上文既述之，在人则君也，父也，夫也。盖天包地，君抚民，父育子，夫帅妻，其理一也。"元亨利贞"四者，乾之德也。乾秉纯阳之性，而兼此四德，故其为气也，充满宇宙，无瞬息之间，是即健而无息之谓也。人能法乾之健，自然气力充实，俯仰无愧，孟子所谓浩然之气，"至大至刚，配义与道，无是馁也"。此即被天命德之圣人也。

"元"者始也，大也，仁也，不朽不坏，天地之大德，所以生万物也。元字从二从人，仁字天字亦然，盖在天为元，在人为仁，犹仁者推爱己之心以及于人也。"亨"者通也，物始生而成之义也。在人为礼，人之处世，以礼让为贵，便可使人生爱好之情，即与仁之博爱同。"利"者宜也，吉也，万物发达而遂其生也。在人为义，见利思义。利与义若相反，而实足以相成，以义为利，利即义也。义字从羊从我，我牧羊而衣其毛，食其肉，是自食其力，不慕夫外也。"义"者宜也，利之得其正也。利字，《说文》云"从刀从和"，和然后利，字本从和省文，古曰"利者义之和也"。"贞"者正也，兼贞正、贞常、贞固之义。在人为智，盖内有神明在抱之姿，外有坚贞不拔之操，斯有守有为，自得保其终也。故曰"贞固足以干事"。

盖"元亨"，物之始通也，言其时则自春而夏，言其日则自旦而昼，在人则自幼而壮，在草木则自萌芽而至繁盛也；"利贞"，物之成而又复其本也，言其时则自秋而冬，言其日则自映而夕，在人则自壮而耋，在草木则自实而陨也。为人君者，以乾天为法，故御天下之道，莫大于仁育万物，君能体仁，则天下莫不被其德。《文言传》曰："君子体仁，足以长人。"且此卦爻象，亦非专止君上，下至匹夫匹妇，为父为夫者，其卦象、卦义、卦用亦复相同，宜推类而扩充之。"元亨"二字，专就乾之全体德性上说，"利贞"二字，更含圣人教诫之旨。何则？"贞"者正也，"利"者宜也，是贵行其所宜，守其所正也。以人事推之，必有其刚健进取之性，然自恃其勇毅果敢，或将侮人之弱，凌人之柔，欺人之愚，是自陷于过失也。唯贞正而可以克其终也，因深警之曰"利贞"。

《彖传》曰：大哉乾元，万物资始，乃统天。云行雨施，品物流形。大明终始，六位时成，时乘六龙以御天。乾道变化，各正性命，保合太和，乃利贞。首出庶物，万国咸宁。

六十四卦，始于乾，终于未济。未济之卦，离火之性上升，坎水之性下降，为水火不相交之象。刚柔失位，事犹未成，故曰未济。夫未济非不济也，有待而济也。六十四卦，循环不已，是未济之终，即复而为乾天之始。乾为日，阳光所照，万物发育，故坤舆得其照临，而水汽蒸发，腾而为云，降而为雨，寒暑燥湿，四时循环，而无须臾之间。精气凝结，万物流形，是皆始于乾元一气之功德。故孔子赞之曰："大哉乾元，万物资始，乃统天。云行雨施，品物流形。"乾元者，包括阴阳之称也。凡物必有始，又必有终，今以六爻之位示其理，则初爻生也，始也，上爻死也，终也。各由其物之性，而不误其时命，谓之"大明终始，六位时成"。夫资始万物者，乾元之功，而乾元亦不自以为功，必使雷、风、水、火、山、泽六子相辅而成，六子亦能承袭天意，以行天之所欲为，而不违其道。天以父道而御六子，谓之"时乘六龙以御天"。乾坤与六子协心，以行变化之道，其间功用无穷，而分量有定。乾坤六子，各全其命，生生变化，谓之"乾道变化，各正性命"。八卦协心，以能保合此造化，谓之"保合太和"。"乃利贞"者，谓日月星辰与四时事物之消长，各不愆其运转，不违其次序，得保此元气之常存，是以利且贞也。圣人体天立极，以一人而统理万机，是曰"首出庶物"。一时庶物沐圣人之化，又得发育繁殖，各得其所，《书》曰："黎民于变时雍。"万邦协和，即此可见。圣功王道，乾元一德包括尽之矣。

此《彖传》自"大哉"以至"统天"，专说乾天纯阳之德体；自"云行"以至"流形"，专说天地阴阳和合交感之妙用；自"乾道"以至"性命"，专说阴阳变化之功德；至"保合太和"，扩充之于人道，始见教诫劝化之本领，于是三才之大义具备。盖人效法夫天，天之为道，以公明正大为主，则为人君、为人父、为人夫之道，亦宜以公明正大也。

此卦纯阳在上，自有君临万邦之象。圣天子体乾出治，布化宣猷，登进贤良，授之以职，又仰其德如龙者，崇以师傅，参与庶政，如汤之于伊尹，文王之于太公。一时庶职咸熙，风流令行，所谓"保合太和"。君令而臣行，上倡而下和，君臣合德，上下通志。盖君子秉纯阳之德，适当休明之会，虽有不善人，伏于里卦之坤，不敢复露头角，是以四海靖宁，国家安康，万民咸沐浴于深仁厚泽之中，无一天不得其所；于是品物丰饶，国富民裕，兵强食足，兆民输爱国之忱，四国动会归之化，熙熙暤暤，共乐泰平，是乾之时也。

溯昔仁德天皇亲察下民之疾苦，敕百官曰："夫天子犹太阳之照临下土，发育万物，宜代天而布化。天子为天之子，而敬承上天之志，以施行之于下民者也，故朕视众庶犹子，众庶视朕犹父也。今朕尊为天子，万福无极，众庶有或未得其所者，若鳏寡孤独，穷而无告，或孝子而侍父母之疾，不得医药，或遭逢水火二难，而不能抚育妻子，或罹疾病，不得药饵，朕岂忍晏然漠视哉！凡尔百官，是朕众子中最年长而有德者也，其怜恤子弟，固当与朕同心。今后三年，除天下之租税，救万民之疾苦，尔百官其共体此意，所谓一夫不获是予辜。朕实不胜饥渴之忧，愿汝等三年之内，与朕同此艰苦，以实行救荒之政。"百官谨而奉命，皆感戴君恩之厚，于是世风一变，上自权贵，下至贱民，济贫恤穷之风盛行，有余财者赈济穷民，贷土田者不收田租，贷家屋者不征家税，唯以博爱为荣誉。是以兆民无不蒙王泽者，如大旱之得甘雨。迨三年之后，天皇登楼，远见炊烟之飏，欣然而咏《高屋》之御制。迄今追诵敕文，讽咏歌谣，无不感怀圣德也。

盖乘乾御宇之世，风同道一，明良相庆，无复所间；然气运迭更，极盛必衰，或潜龙而不用，或亢龙而有悔，运会之升降，阴阳消长之理，古今同然。故君子之处世，辨六爻之时，玩其辞，即可知天命之向背。凡人筮得此卦，法太阳之循环而不暂息，一切动静之为，要皆奉乾以为法。其宏量卓识，以见龙飞腾得力，正可进而有为之时。然气运之通塞进退各有其宜：初爻虽见其才德如龙，而时机未会，未可进而当事也；二爻可进之时既来，而应以九五，二五各以阳德应之，犹非阴阳相亲也；三爻更近上位而在下，拮据黾勉，颇劳思虑；至四爻，则五爻之盛运将来，察上下之情，审进退之机，待时而动，尚未决也；五爻得盛大之气运，百绩考成，正乘时得位之际也；上爻以乾之气运既过，要宜速退而无悔。九二之"利见大人"，由初九确乎不拔之志操；九三之无咎，由九二之谨慎不伐；九四之无咎，由九三之乾乾惕若；九五之"利见大人"，由九四之能疑能审。故积功累行在于人，而成德达才在于天。至九五，则潜龙之精神既竭，忧疑之念虑全消，无思无为，唯有"同声相应，同气相求"之乐而已，则亢龙之悔，不必待至上九而后知也。是所谓理之不可违，数之不可逃，几之不可不预者也。

《大象》曰：天行健，君子以自强不息。

"天行健"一言，以断定乾天全卦之德。行者，运也，进也，为也，往也，道也；谓天道运行，犹如太阳日日运行，循环不息，无一刻之停止也。君子体天行之刚健，天理浑然，无一毫人欲之间，自强不息，自足当天下万般之事业。然此自强者，亦非暴戾猛进而不知止，妄用健强之谓也。玩索"潜龙"、"亢龙"及用九"无首"之辞，而可知其义也。

【占】　得此卦者，要临事刚健，自强而不息，犹天行也。
　　○又要包括"元亨利贞"之四德。
　　○乾有施德而不计利之意。
　　○女子：筮得此卦，以阴居阳，有刚强过中之嫌。宜慎重也。
　　○天候：二三四五之中，变则必晴也。
　　○买卖：不利买而利卖也。
　　○祸福：谓积善余庆，积不善余殃，恐有不在当代而在后裔也。
　　○常人：有高其身而不知鄙事之虞。
　　○贤者：有知天命而独行是道，恐群阴潜伏，有群小构谗之惧。

初九：潜龙勿用。

《象传》曰：潜龙勿用，阳在下也。

初九以阳居阳。龙之为物，神灵不测，能大能小，能飞能潜，应时而变化者也。爻之取象于龙者，以喻人具灵明之德，变通之才也。"潜龙勿用"四字，周公所系，谓之爻辞，以下仿之。"潜"者隐伏之称，此爻在纯乾之时而居最下，未得遽用，犹龙之时运未来，而隐伏于深渊也，故谓之"潜龙勿用"。占得此爻者，以不得其时，虽有才德，未可进用也。然龙之潜，非终于潜者也；"勿用"者，非竟不用也。龙有神灵之作用，不得其时，蛰而不腾，潜而不现，寂然以养其心神，君子亦待时而动，善成其用。当此勿用之时，晦其才，韬其德，不干进而取祸，亦不迟疑而失机，乐天知命，俨如神龙之蛰而待伸也。盖天地之气有升降，君子之道有行藏，孔子曰"舍之则藏"，正得此卦之旨也。若以小事筮得此卦，宜用妇人而成事，盖以此爻变则为姤，姤以"女壮"故也。

【占】　问战征：乾为武人，有战征之象。初爻阳气始动于黄泉，犹是潜伏，故曰"潜龙"。在军事，为威令初发，大军未集，宜按兵以待也。吉。

○问营商:龙而潜,曰"勿用",虽是一种好贸易,只可株守,未可骤动也。

○问功名:龙本飞腾发达之物,初爻曰潜,是未得风云之会也。故曰位在下也。

○问婚姻:乾初变姤,姤曰"女壮,勿用取女,"是宜戒之。

○问家宅:按震为龙,震在东方,是宅之东,必有渊水,闭塞不济,宜修凿之。

○问六甲:生男。

【占例】 明治二十二年,某贵显占气运,筮得乾之姤。

爻辞曰:"初九:潜龙勿用。"

断曰:乾者纯阳之卦,具"元亨利贞"之四德,刚健笃实,而六位不失其时,升降无常,随时应用:处则为潜龙,出则乘飞龙,静则专,动则直。初九曰"潜龙勿用",盖以阳居阳,其位伏而在下,虽有龙德,未逢飞跃之会,宜潜藏勿用。《文言传》赞之曰:"龙德而隐者也,不易乎世,不成乎名,遁世无闷,不见是而无闷,乐则行之,忧则违之,确乎其不可拔,潜龙也。"又曰:"潜之为言也,隐而未见,行而未成,是以君子弗用也。"今君占得此卦此爻,夫君当维新之始,以武功有勋劳,现升陆军中将之职,且精儒释二典,所谓学究天人,道兼文武,识见之高朗,学问之深奥,可谓当世无比者也。今当退而不用,正龙德潜伏之时,以君才兼文武,仿诸葛卧龙,是有握乾旋坤之略,但恐阳刚独用,未免意气凌人,议论率直,以臻疑谤交集,不容于朝。然此卦所谓"勿用"者,非终不用也。以龙之象,失时则潜,得时即飞。君当韬光匿彩,"遁世无闷",以待其时之来也。此爻变则为巽,巽者风也,顺也,入也,俚谚曰"人人之气"即是也。君能以刚方而济以巽顺,使人有坐我春风之想,则上下悦服,而望闻日隆,自得飞龙上升之象。虽今年之气运未亨,至明年,爻进九二,恰值"见龙在田,利见大人"之时,腾达变化,德泽普施,可拭目俟之。

九二:见龙在田,利见大人。

《象传》曰:见龙在田,德施普也。

此爻阳处二位,故曰九二。阳气发现,有龙出渊,现于地上之义也。在圣人,潜不终潜,有屈而将伸之机。曰"在田",盖有其德而犹未居其位也。"大人"者,以其有人君之德,故称大人。此爻变则为离,离文明之象,卦变为同人,以文明之人而与人同,故曰"利见大人"。盖刚健者,性之德;文明者,学之成;中者居之宜;正者位之得。然有其德,而犹不自以为足,欲见九五之大人,盖期勉进其见识,相与赞成天下事业,是龙德始见于世,立身显名之时也。五者君上之定位,二者臣下之定位,此卦二五皆以阳刚相应者,盖有故也。乾之为卦,其体则纯阳圆满,其时则刚健日进,其爻则二五共备刚中之德,同德相助,谓之两刚相应之例。乾之卦,处九五之位,以明德御众贤,九二之臣,承奉君意,以尽力于国家,并法天德,以治国家,以其志望之同,而两阳相应如是。上下之大人,合志而济世,则其德化之所及,无有穷极也。又此爻备三才之妙义,"见龙"者,谓得天之时;"在田"者,谓得地之利;"利见大人"者,谓得人之和也。

【占】 问战征:龙本灵物,初爻曰"潜",是谓伏兵;二爻曰"现",则发现而出也。"在田"则必列阵于田野空旷之地。《传》曰"德施普也",是必战胜而行赏也。

○问营商：爻曰"龙在田"，知其货物大般是米麦丝棉之类。现者，谓物价发动开涨；"利见大人"者，谓当有官场出而购买也。

○问功名：谓伏处田间者，当乘时而进用也，且得贵人之助，故曰"利见大人"。

○问婚姻：二五相应，五居尊位，婿家必贵。曰"见龙"，必是新进少年也。大吉。

○问六甲：生男，且主贵。

【占例】　明治之初，自占一身之方向，筮得乾之同人。

爻辞曰："九二：现龙在田，利见大人。"

断曰：乾者纯阳之卦，六爻皆取象于龙，群贤在朝之时也。我国自德川氏治世以来，殆三百年，积弊之极，世运一变，得见今日维新之盛业。虽由气运之消长，实赖此龙德大人，各振其才力，匡辅王朝，致此中兴之伟业者也。是则今日之政治，即乾为天之世也。余曩得罪罹狱者七年，后遂获释，尔来黾勉拮据，四年而得十余万金，余不敢自恃意中，亦幸逢一时之气运，克获资产。然聚散离合，理之所不免，若聚而不散，谓之守财奴，即贻之子孙，往往徒供骄奢，何能久守？余惟当今在位之君子，在昔尊王室，废藩政，皆出万死而得一生者也。历今三十年来，王事鞅掌，莫敢或遑，孜孜以襄国是，余虽不肖，亦岂敢犹耽安逸，徒望富有哉？今筮得九二之辞曰"见龙在田"，谓余曩时出幽囚而再见天日，得以振兴家业也；"利见大人"，谓余尝占筮国家大计，得与当路大人交接，并得领其议论，往往外使归朝，投宿余邸，藉是得悉海外形势。凡此皆足针砭余之固陋，启迪知识，为益洵不少也。余乃法同人之卦意（同人之占载同卦之附录），创成铁道、瓦斯、学校、邮船四大业，其原实得于此也。盖乾之为卦，以天行之健，有自强不息之象，人能刚健而无须臾之怠忽，惟曰孜孜，自有成功之日也。

○明治二十七年，占我国与清国战争之结果如何，筮得乾之同人。

爻辞曰："九二：现龙在田，利见大人。"

断曰：乾者，两乾相接之象，以人事观之，有刚健纯粹之大人相接之象。今两国战争，彼国虑生内乱，必将遣首相李鸿章东来，与我伊藤首相相盟。谓之"现龙在田，利见大人"。乾者纯阳，四月之卦也，和议之成，其在明年四月乎？乃以此筮呈之伊藤首相。

二十八年四月，李鸿章果来我长门下关，与伊藤首相相见，和议始成。先是明治十七年，伊藤伯奉钦使之命，差遣清国，筮得乾之五爻，渡清之后，与李氏会，全命而还。今得二爻，知李氏之必来。天命不违如此，岂可不畏乎？

九三：君子终日乾乾，夕惕若，厉无咎。

《象传》曰：终日乾乾，反复道也。

九三以阳居阳，故才强而志亦强，具刚健之性。然位不得其中，居内卦之上，奉外卦而治下，任大而责重，若违上意，必得谴责，若失下情，必受众怨。上下之际，祸福之交，成败之所由决也。盖九三所居之地，正当危惧之时，惟"终日乾乾"，戒慎恐惧，可以免咎。六爻之中，三爻配三才而为人位，此爻以乾德居六十四卦人道之首位，君子之象也，故不称大人，而称"君子"。初之"潜"，二之"现"，四之"跃"，五之"飞"，皆有待于此爻也。故修我德，勤我业，"终日乾乾"，如临危地，戒慎畏惧，而修之于身，施之于事，能通天下之志，能虑天下之变，则虽身居危地，处置得宜，可变危而为安也，故曰"厉无咎"。所谓"反复道"者，即反复叮咛，重复践行之意。又此爻变则为履，履之六三曰"履虎尾"，可以见危殆之地位也。三者日之终，故曰"夕"；此爻变则为兑，兑者西也，日之在西，即夕之象也。

【占】 问战征：危事也。爻曰"终日乾乾，夕惕若"，是能临事而惧者也，故虽危无咎。

○问功名：九三处下卦之极，其位犹卑，功名未显也，故称君子；在忧危之地，故曰乾乾惕若，斯可免咎。

○问营商：居不中之位，履重刚之险，度其贸易必是危地，须日夜防备，可脱险而获利也。

○问家宅：观爻象，必须谨慎持身，勤俭保家，斯无灾害。

○问婚嫁：三以六为应，三位卑，六位尊，尊则不免亢而得悔，是不宜攀结高亲也。

○问六甲：生男。产时恐稍有危惧，恐终无咎。

【占例】 明治十六年某月，谒松方大藏卿，卿曰："今春以来，深雪霖雨，寒气殊甚，余窃恐年谷之不登，子幸占其吉凶。"筮得乾之履。

爻辞曰："九三：君子终日乾乾，夕惕若，厉无咎。"

断曰：乾者纯阳之卦，故曰乾为天，是乾者天也。取象于太阳，且六爻皆阳而无一阴，其辞曰"终日乾乾"者，"乾乾"犹干干也，即旱魃之义也。今九三变而互卦见离之日，是全卦无雨水之象，可知本年必旱。"夕惕若"者，谓炎热至夜而不去也。虽人民多畏久旱，而五谷丰熟，故曰"厉无咎"也。且二爻曰"现龙在田"，即田稻丰登之象；今三爻变离，见离火照彻田面，纵旱不为虐，是以无咎。

卿曰：占之验与否姑舍是，其于活断，可谓老成练熟者也。

九四：或跃在渊，无咎。

《象传》曰：或跃在渊，进无咎也。

九四以阳居阴，且近君位，其将进者阳之情，其将退者阴之志，故疑而未决也；然阳气方进，龙之一跃，自有升天之象。或者，疑而未定之辞，"或跃"者，将进而未进也。"在渊"者，欲进而复退。渊为空虚之地，上与天通气，且渊有水，龙得水便易于腾跃，与二爻"在田"不同。兹虽一跃而后在渊，知终必跃而升天，故曰"无咎"。象辞加一"进"字，益见乘时进必无咎也。人能审时势之可否，察人心之向背，待时而出，见可而动，其进也非贪位，其退也非沽名，可以投事机之会，可以免失身之辱。所谓无咎者，亦勉人之不失其时也。四爻越内卦迁外卦之处，故有进之意。又此爻变，外卦为巽，《说卦传》曰："巽为进退，为不果。"，故有犹豫之象。

【占】 问战征：观爻象，行军前进，必有渊水阻隔，宜设船筏；或临渊有敌军埋伏，宜预设备，乃得无咎。

○问营商：爻曰"或跃在渊"，若在贩运海货，恐罹波涛之险，或者物价一时腾涨。爻曰"无咎"，可保无害。

○问功名：有一举成名之象，大吉。

○问家宅：渊者水也，跃者飞升也，必家道有一时振兴之象。

○问六甲：生男。

【占例】　明治二十四年二月，门人清水纯直来告曰：今府下第十五区代议士之选举，鸠山角田二氏，旗鼓对竖，竞争未决。余久知鸠山氏，因请占其胜败。筮得乾之小畜。

爻辞曰："九四：或跃在渊，无咎。"

断曰：此卦六爻皆取象于龙，群龙聚集之时也。以此爻阳气旺盛，进而应选，本可必得。然九阳爻，四阴位，阳主进，阴主退，显见进退未定，明明将进而复退也。且上卦变而为巽，巽为疑，为不果，为进退；四属阴位，变则互卦含离明，应爻初九有渊之象，见此人学术渊深，具刚强之德，然其心怀迟疑，亦未尝冀望必选也。细玩爻辞，所谓"或跃"者，固不能不应其选；所谓"在渊"者，恐此番必不能得其选也。某氏哑然而去。后果如此占。

○二十八年冬至，占明年我国外交之气运，筮得乾之小畜。

爻辞曰："九四：或跃在渊，无咎。"

断曰：乾之为卦，阳气循回，无一息之间断，纯全刚健之时也。今我国与清国交战，是欧美各邦之所注视，此后各邦必将窥我举动，群相猜忌嫌恶，亦势所必至也。故我国与各邦，益当熟察彼我情形，揆度内外时势，使彼绝觊觎之念，敦和好之情，蓄势审机，正在此时也。爻辞曰"或跃"，曰"在渊"，示我法神龙之变化，或进或退，神化莫测，乃得无咎也。

九五：飞龙在天，利见大人。

《象传》曰：飞龙在天，大人造也。

五爻刚健中正而居尊位，下与九二之臣，同德相应，见大人而助其治化，谓有圣人之德，而居天子之位，恩泽被于生民者也。盖"大宝曰位"，虽有其德，苟无其位，不能利济天下。"飞龙在天"者，谓龙飞上天，云行雨施，神变化而泽及万物。圣人在位，天下被其泽，万物遂其生，故取象于此。所谓大人者，"与天地合其德，与日月合其明，与四时合其序，与鬼神合其吉凶"。以其备龙之德，腾跃而居天位，为万物所瞻仰，故天下利见。《象传》曰"飞龙在天，大人造也"，"造"犹"作"也，即所谓"圣人作而万物睹"也。

【占】　问战征：九五尊位，必是天子亲征，王师伐罪，故曰"大人造也"。

○问营商：九五辰在申，上值毕，附星咸池。咸池者苍龙之舍，咸池亦名五车，主稻黍豆麦，度其贸易，定在五谷之属。曰"飞龙"者，知物价之飞升也；曰"利见大人"，知其贩运或出自政府之命也。

○问功名：有云霄直达之兆。

○问疾病：有上应天召之象，不吉。

○问六甲：生男，主贵。

【占例】　明治十八年二月二十八日，伊藤伯奉命赴清，发横滨港，为昨年朝鲜事件，与清廷议事也。余为问结局如何，筮得乾之大畜，临行欲呈之于伯，因阻道者众，遂不得呈，乃更使人赍之于天津。

爻辞曰："九五：飞龙在天，利见大人。"

断曰：九五之大人，与九二之大人，其位相应。《易》以阴阳相应为例，二五共属阳爻，以我国之大人，与清国之大人相会论事，其必能深虑远谋，两国平和。且本卦五爻之背，即坤之五爻，其爻辞曰"黄裳，元吉"，是含彼我大人之心忧，关黄色人种之安危，互相扶持，两国大人留心于此，是即两国人民之幸庆也。

乾之《大象》曰："君子以自强不息。"凡筮得此卦者，要知太阳之运行，无须臾之间断，故以进为先，可以制胜也。今我国先派使臣，则先鞭在我，我进而论事，以法乾之健行，故其胜在我，必可得好结果也。

时横滨商人立川矶兵卫，以事赴天津，乃托以此占，就书记官伊东氏，呈之于伊藤伯。时因国议不协，伊藤伯将整装归朝，偶见此占，大有所感，再开和战一决之议，乃得如议，不辱使命而旋。

○明治十九年十二月，占明年铁道局气运，筮得乾之大有，呈之于铁道局长井上胜君。

爻辞曰："九五：飞龙在天，利见大人。"

断曰：乾三奇一连，纯阳之卦，五爻又属阳位，卦德莫盛于此，铁道局长气运，可谓盛矣。此爻得天时、地利、人和者三，足见世人注目于铁道。凡物产之繁殖，运输之交通，军事之防护，人民之往来，均沾利益，其盛运诚无可比也。"飞龙在天"者，喻火车之飞行也；火车通行，无分贵贱，即在大人之尊，亦同登乘，故曰"利见大人"。先是明治十四年，占未来之国会，预判二十年铁道可以盛行，今得此卦，适与相合，此后铁道事业之盛大，可期而待也。

上九：亢龙有悔。

《象传》曰：亢龙有悔，盈不可久也。

上爻以阳居乾卦之极，极则太过，龙飞过高，故曰"亢"，以高致危，故"有悔"。此卦言龙始而"潜"，继而"现"，中而"跃"，终而"飞"，飞则已当全盛，过此则宜复潜，则不特可免此日之悔，即可冀后日之再飞。犹人臣居势位之极，当知退避之意，斯富贵可以长保也，否则，知进而不知退，则鲜有不蒙咎者矣，故曰"盈不可久也"。此爻变则为夬，夬者，决也，日中则昃，月盈则亏，天理之必然也。故当斯之时，宜因悔思改，见机而退，斯得之矣。若夫尧舜之禅让，范蠡张良之功成身退，皆不极亢而善其终者也。

【占】问战征：上九居乾之极，阳极于上，故"亢"；亢则因胜而骄，是以"有悔"也。故《传》曰"盈不可久"，知不能持久也。

○问营商："亢"者，太过也，凡卖买之道，不可过于求盈也，过盈则必有亏，故曰"不可久"也。

○问功名：上九之位已极，宜反而自退，否则必致满而遭损。

○问家宅：是必宅基太高，太高则危，亦可惧也。

○问疾病：是龙阳上升之症。《传》曰"盈不可久"，知命在旦夕间矣。可危。

〇问婚嫁：不利。

〇问六甲：生男，恐不育。

【占例】　余以每年冬至，占庙堂诸贤进退，及亲属知己等来岁气运，送致之于其人为例，明治十九年，占某贵显翌年气运，筮得乾之夬。

爻辞曰："上九：亢龙有悔。"

断曰：乾者至大至刚至健，为纯阳之卦，在人则居高位，膺显爵，声名洋溢，正当功成身退之候。今阁下筮得此卦，譬如飞龙升天，高出云霄，反不能布施雨泽，故曰"亢龙有悔"。阁下英雄达识，老练世事，前日之功名赫耀，今盛运已过，唯宜急流勇退，救目前之亢，再期他日之飞，辞职谢荣，遵养时晦，斯无咎也。后果如此占。

用九：见群龙无首，吉。

《象传》曰：用九，天德不可为首也。

用九者，为六十四卦阳爻之变，示阳刚之用例，即《易》中百九十二阳爻之通例也。用者变动之象，九者，阳数之终，乾卦全体皆阳，阳极则变，故曰"用九"。"见"者，乾六爻皆取象于龙，曰潜，曰跃，曰飞，显然昭著，故曰"见"。首者，上也，《易》以乾为首，"无首"者，言无有出夫其上者矣。卦以得变为吉，乾卦纯阳无变，故六爻未尝言吉；用九则动而将变，故曰吉。《象传》曰"用九天德"，以乾卦纯阳，不亲阴柔，浑然天德，亦即乾为天之义。"不可为首"者，言无以尚之也。夫乾以六龙各有行云布雨之势，在人则谓群贤汇萃，同心翊赞，以匡国家，以显功名，各直谦让巽顺，不矜不伐，若互竞才智，争夺首功，便是凶象。《易》曰"群龙无首，吉"，正所以垂诫之也。《象传》曰："用九，天德不可为首也。"要必如舜之玄德升闻，而好问察迩，卑牧自下，斯以为至矣。

䷁ 坤为地

坤卦三偶六断，纯阴虚阙之象。"坤"字古文作"巛"，顺字偏旁及"川"字，亦"巛"之象形也，故《象传》曰"乃顺承天"，又曰"柔顺利贞"。《文言传》曰："坤道其顺乎？"《系辞传》曰："夫坤，天下之至顺也。"皆可见坤顺之义。后以其混"山川"之"川"，改从"土"从"申"，言坤地也。地，土也，于方为申也。地之为体，安静而至柔至顺，以承乾也。《说卦传》曰"坤为柔"，《杂卦传》曰"乾刚坤柔"，柔顺之义可知矣。

坤：元亨，利牝马之贞。君子有攸往，先迷后得主，利西南得朋，东北丧朋。安贞吉。

坤者乾之对，万物之气始于天，万物之形生于地。其为义也，在人为卑，在物为雌，在事为静，在学为能，在时为秋。其为道也，可为人用而不可自用，小人自知其柔弱，而能顺从刚明之君子，则得矣。然《易》象变动，亦未可执一而论，非谓君父不得占坤，臣子不得占乾也，又非谓乾六爻无小人，坤六爻无君子也。但君子筮得此卦，则当知其气运在坤，要法坤顺之义，柔顺以处事也。

坤为地，顺承太阳之乾。天有象，地有形，天虚地实，地为土壤积累而成，仰承天施而化成万物，无所不持载也。在人则为臣、为妻，臣之事君，母之育子，妻之随夫，皆法地道之至顺，其义一也。坤之德，柔而顺，含弘光大，笃实厚重，即《中庸》所谓"宽裕温柔，足以有容"之大德也。

此卦六画皆偶，顺之象；内外重偶，厚之象；内虚，中之象，又含之象，又通之象；两两相比，行之象，又明之象；彬彬均适，文之象，又美之象；六偶，十二方之象，又大之象；秩序不紊，理之象；左右分布，体之象，又业之象。爻辞及《文言传》所述，皆依是等之象而系辞也。

元亨利贞之义，见乾卦下。唯乾者形而上，主天地之道；坤者形而下，主阴阳之功，是乾坤之别也。坤之"元亨"即乾之"元亨"，犹月之得日光而有光也。马之性，柔顺而能服于人，牝马者，性尤柔顺。北地马群，每以十牝随一牡而行，不入他群，"牝马之贞"，取象于此。然乾卦曰龙，坤卦曰马，以龙飞天上，变化自在，马行地上，驯服于人。牝对牡，为柔，故曰"利牝马之贞"。乾上坤下，即乾先坤后，坤先夫乾，是逆天也，必所往皆迷；坤从乾后，乃"顺承天"，斯"得主有常"，无往不利矣。是即阳倡阴和，阳施阴受之道。"攸往"者，谓有所行也。坤以得乾为主，君子以得君为主，君先臣后，从令而行，是以所往咸宜。"西南"阴方，属巽离兑，坤之本方；"东北"阳方，属坎艮震，为乾之本方。"西南得朋"，坤以阴卦往同朋阴卦之方；"东北丧朋，"坤以阴卦往东北阳卦之方。以阴往阴，则与阴为类，以阴往阳，则从阳有庆。是以《象传》曰"西南得朋，乃与类行；东北丧朋，乃终有庆"也。"安贞"者，安于坤顺，以配乾健，故"君子有攸往"，惟法坤之顺而已矣。

一说读"主利"为句，谓在家则生殖勤俭以致富，在国则利用厚生以富国，不知当以孔子《文言》为据，利字属下二句读。"得朋""丧朋"，正与上得主相对。

《象传》曰：至哉坤元，万物资生，乃顺承天。坤厚载物，德合无疆。含弘光大，品物咸亨。牝马地类，行地无疆，柔顺利贞。君子攸行，先迷失道，后顺得常。西南得朋，乃与类行；东北丧朋，乃终有庆。安贞之吉，应地无疆。

乾元坤元，皆根于太极之一元，无二元也。坤以承乾，故坤亦称元。乾元在阳，故曰大；坤元属阴，故不曰大而曰至。至者，谓既到极尽处，阳之极尽处为阴，阴即坤，故曰"至哉"。

坤舆随太阳而圆转活动，外面以水为衣，受太阳之光热，而蒸发水汽，雨露下降，而为资生之功，谓之阴阳之作用。阴阳者，天地之大气，而万物皆乘此二气以生成也。《系辞传》曰："天地氤氲，万物化醇，男女媾精，万物化生"者，即是也，盖乾元之大气，与坤元之精气相交，万物森然而兴发，生育之功，无所不至，谓之"至哉坤元，万物资生，乃顺承天"。乾为天之积气，其德在始施也；坤承天之气而为体，其德在受育也。资生之"生"，与乾之《象传》"始"字相对，不可轻看。此卦上下皆坤，有重厚之象，故载山岳而不重，振河海而不泄，应天之施无疆，以生成万物，无不包容，无不发育，谓之"坤厚载物，德合无疆，含弘光大，品物咸亨"。按地精为马，马亦阴类，牝马则阴而又阴，以其性柔顺而又能行远，故曰"行地无疆"。法坤之君子，所行正当如是。"牝马"一言，圣人怀有深意，读《易》者所宜留心玩索。盖此卦纯阴，阴主成，以得乾为主，宜从乾而动，为人臣、为人妻者，固不可争先而成事也。故君子筮得此卦，其行事宜安静，不宜躁进，若先事而动，必取败亡。夫阴，暗也，昧也，不宜主事也，必以从阳为主。此卦皆阴，故先人而当事，必迷而多误可知；承阳而后人，则顺而得常，故谓之"先迷失道，后顺得常"。西南，退也，东北，进也。且西南阴位，东北阳位。坤之时，退西南则得朋，进东北则丧朋。然人多喜其得朋而往西南，不知以阴而往阴位，不啻无一毫之益，见柔益柔而暗益暗矣。虽往东北而曰丧朋，以我之暗，往求高明之地，以为补救，则暗往明来，其道顺而得益多，故谓之"西南得朋，乃与类行；东北丧朋，乃终有庆"。如此而安其本分，确乎常道，故谓之"安贞之吉"。盖贞之为德，有所守而不变，以全万物之终，故谓之"安贞之吉，应地无疆"也。

按《易》因"三天两地"之数，设天地之位，定刚柔之位。即"天一，地二，天三，地四，天五，地六"，而阴阳悉交也。六十四卦中，得定位之整正者，独有水火既济而已。凡《易》中所言，当位不当位者，皆因此理也；天下大小之事，其合道理，或不合道理，皆由是而出者也。又地中有天者，以二与四谓之"两地"，以一与五，谓之"两天"，三谓之"地中之天"，总谓之"三天"。上爻一阴，表地球之外犹有世界也。此"三天两地"之位，于《易》最为枢要，故天位有地，地位有天，皆谓之不当位。《易》之于时处位，其精密如此。

通观此卦，初爻阴之微也，小人汲汲于营利，不顾灾害，有陷入匪僻之象，履霜坚冰，戒之深矣。二爻得坤之纯体，卦中惟这一爻最纯粹，然第曰"无不利"，与乾之九五，得天位行天道而致太平之占者迥别，三则不中，且不正，是赏罚不明之时也。四则不中，以致君子缄默避祸。五则不正，以致尊卑失序。上六则群阴交战，有以血洗血之象，阴之极也。要之，坤者纯阴之卦也，故六爻概以小人言之，与乾之君子相对也。以其小人故，象辞曰"主利"，上爻曰"战"。以"履霜"戒其始，以"永贞"慎其终，虽或取象于君子，与乾之君子，自异其趣。乾之君子贤者也，坤之君子能者也。贤者用人，能者用于人；贤者在位，能者在职者是也。盖乾之时，贤者在位而施德化；坤之时，能者在职而计利益也。

《大象》曰：地势坤，君子以厚德载物。

坤之为象，两坤相重，一下一上，如地形之高下相仍。天以气运，故乾曰"天行"，地以形载，故坤曰"地势"。盖地有高低，而丘陵山岳之起伏，由地中火气之作用也。地球原来以水为衣，故其低处潴而为海，《易》谓之泽，其四面所缠之水，为太阳所吸引。至地形见于水上，虽地之形势，互有高低，各随其形而延出者也。延者伸也，故曰"地势坤"。夫人之有智愚贤不肖，犹地形之有高低，地质之有肥瘠也。农夫不为瘠土废其耕作，君子不为愚不肖止其教育，教之以事物之所以然，导之以道义之所以贵，以示社会之标准。然人性有上智，有中材，有下愚，上智修己以及人，中材自修而已，下愚不能自修，而待治于人。凡天地间有形之物，莫厚于地，莫不载于地，故君子法坤之象，以厚德而待人，无智愚、贤不肖，悉受包容，亦犹坤之无不持载，故谓之"厚德载物"也。

【占】 问战征：坤为地，为众，"势"者有力之称。在行军，既得其地，复得其势，又得其众，宜乎攻无不克矣。

〇问功名：上者能法坤德之厚，积厚流光，自得声名显远。

〇问营商：坤为富，为财，为积，为聚，皆营商吉兆也。曰"厚德载物"，德者得也，可必得满载而归也。

〇问家宅：知此宅胜占地势，大吉。

○问婚嫁:坤顺也,柔顺而已,地道也,即妇道也。大吉。

○问六甲:生女。

初六:履霜,坚冰至。

《象传》曰:履霜坚冰,阴始凝也。驯致其道,至坚冰也。

初爻居纯阴之初,阴之始凝也,虽其端甚微,其势必渐至于盛,故取其义于霜之将至坚冰也。盖谓履霜之初,宜察阴气之渐长,终至坚冰而预防之也。在人则阴邪之萌犹微,如霜之易消,然积累之势,终至坚冰,其恶逆不能复,如之何?故大而治国,小而修身,皆宜谨之于微。《文言传》曰:"积善之家,必有余庆,积不善之家,必有余殃。臣弑其君,子弑其父,非一朝一夕之故,其所由来者渐矣。"可谓能解此义者也。抑此卦,全卦皆阴,小人知利欲而不知道义。当其初,由于父教不谨,日深月久,愈趋愈下,遂致利欲熏心,不孝不悌,及至犯上作乱,而亦无所忌惮,其祸实始于教之不谨所致。抑阴扶阳,防微杜渐,圣人所以谆谆垂诫也。坤道虽至顺,然至顺之变,流极而至于大逆,圣人因坤顺之流害,以戒坚冰之驯致,履霜防冰,履尾防虎,其训诫一样深切。《传》曰"其所由来者渐矣,"来也者,即在过去、未来、现在三般中。《象传》曰"刚来而得中(讼)",曰"柔来而文刚(贲)",皆言来之意。往往固执之士,以因果报应,为释氏之说,圣人所不言,可谓误矣。《象传》曰"阴始凝"者,即小人之欲念始萌,则驯者顺也,随自然之势,不复留意,习而至于盛也。阴邪之萌,其初虽微,自履霜而至坚冰,渐渐而来,不可遏抑,遂至灭身丧家,不复可救。谚曰"窃针者窃钟",即此义也。是以圣人于其过怠之未大戒后来,欲其速改也。此爻变则为复,复之初九曰"不远复,无祗悔,元吉",即所谓速改其过,不贻其悔也。

【占】问营商:初六阴气犹微,曰"履霜,坚冰至",是由微而推至于盛也,犹商业由小至大,积渐而至于富。

○问功名:初爻是少年新进之时,由卑而尊,犹"履霜"以至"坚冰",随时而来,未可躁进也。

○问战征:初爻阴之始,"履霜"之象,至上爻"龙战",阴之极也,"坚冰"之象。曰"其血玄黄",是两败也。所当先慎其始。

○问家宅:坤纯阴之卦,初爻阴气尚微,故曰"履霜","至坚冰",则阴气盛矣。阴盛则衰,不吉之兆。

○问婚嫁:坤卦纯阴,曰霜,曰冰,皆阴象。纯阴无阳,不利。

○问六甲:生女。

○问疾病:恐是阴邪之症,初起可治矣,久则难医。

【占例】 明治二十一年冬,男爵某氏来告曰:"余顷日欲从采矿之事业,其矿山为矿学士某所保证,其为有利无疑,虽然,子幸占其得失。"筮得坤之复。

爻辞曰:"初六:履霜,坚冰至。"

断曰:此卦纯阴而无一阳爻,是无统一事业者,是众人各谋私利之时也。且初爻为阴初凝,有小人贪而不知餍足之象。乾阳为金,此卦无一阳爻,是不能获金也,虽有矿学士保证,未可遽信。阴卦属小人,小人趋利而不顾君父,况朋友乎?君宜谢绝其谋。某氏从之,后得所闻,矿学士某,与外国人交通,谎言其矿山金产之盛,造作骗局。诱获多金,凡入其局者,皆大失利。因是谈矿业者,虽实有利益,往往人多不信,是阻人起业之心,绝人进取之气,皆此等小人贻之害也。

某氏因此占,不入其局,不致失利,可谓幸矣。

○明治三十一年冬至,占明年我帝国气运,筮得坤之复。

爻辞曰:"初六,履霜,坚冰至。"

《易》例,阳为君子,阴为小人。所谓君子者,忠心谋国,不挟私曲者也。圣上聪明睿智,临御天下,亦当以君子为法,小人为戒。若小人则唯利是务,不顾国家之隆替,孟子所谓"上下交征利",不夺不餍,优胜劣败,弱肉强食,亦势所必至也。幸当圣明之世,文化日隆,虽比美欧美各邦,亦不多让。无如世道人心,日益颓败,唯利是重,求其敦尚古风,讲论道德,喻义而不喻利者,百无一人焉,岂不可慨乎!夫坤之为卦,纯阴而无阳,是小人行世,君子退藏之时。今得初爻,地变为雷,即小人擅权,专博私利之兆。其辞曰"履霜,坚冰至",言方当履霜,小人之机心乍萌,犹霜之易消,至坚冰固结,有不可复动之势。孔子曰:"积善之家,必有余庆;积不善之家,必有余殃。臣弑其君,子弑其父,非一朝一夕之故,其所由来者渐矣,由辨之不早辨也。《易》曰:'履霜坚冰至',盖言顺也。"如此不祥之辞,他邦征诛之朝,时或有之,至我帝国,为万世一系之天子,下亦不乏忠君爱国之辅弼,故无虑此。今占国家气运而得此爻,岂可不戒慎乎?

按二爻变而为师,师者以身为仪表,教导万民之象,是为明年及明后年之气运也。其辞曰:"直方大,不习无不利。"此爻以阴居阴,备坤厚之德,居大臣之位。直者廉直而温,方者刚方而严,大者光大,谓其功也。君子秉直、方、大之德,虽无其位,天爵之贵者也;小人无直、方、大之德,一昧徇私,虽贵为公卿,人爵之贱者也。君子小人之判如此,是以小人而在高位,往往借公济私,不顾国家之安危,徒作子孙之计,自以为得计,是亦不思之甚也。夫大臣而徇利,必至贿赂公行,是非颠倒,祸乱自此而起,不知祸乱之来,富者必先罹其毒。然则小人所为肥家,实酿败家之患,履霜坚冰而不知戒,小人之为计,不亦愚乎?

今我国家,幸得贤明之君子在上,秉正直刚方之德,行公明博大之政,正躬率物,师表群伦,庶几阳刚来复,阴邪退避,移风易俗,太平之治,其在斯乎?坤卦以十年为数,其纯阴而无一阳,为统御不全之象,今而不知所戒,恐因循以及十年,或者有上六龙战之祸,亦不可不预防也。"龙战于野"者,龙者谓上,野者谓野心之徒,反击而至流血也。自"履霜"而至"龙战",国家之不祥莫大焉。今时大臣及各党首领,皆廉直公正,固无患此,但占筮如此,思其终局,颇切杞忧。夫爻所谓"龙战"者,所指何事,有识者,自能辨之。

六二:直方大,不习无不利。

《象传》曰:六二之动,直以方也。不习无不利,地道光也。

二爻以阴居阴,即坤之主爻,故有上人之势也。盖乾之九五,坤之六二,各居阴阳之本位,而合中正之德者。乾以君道,故以九五为主;坤以臣道,故以六二为主。六二具地道之全德,在内则无私曲,在外则事皆当理,称之曰"直方大"。直者无邪曲也。方者圆之对,纯阴之象也。圆者动而不静,阳之道也,方者止而守常,阴之道也,故曰天圆而地方。大者,广大也,谓坤地生育之功德广大也。直则其心无私,方则其事当理,大则谓其功也。"直方大",则配天之刚,而合自然之德。天理虽至直至方,人欲则邪曲也。人之性虽善,人欲蔽之,百歧横出,反致害天理之直也。此卦本非凶,唯为私欲所蔽,则陷于凶。然此爻得坤道之纯,其中直、方正、广大之全德,凡学之有待于习者,由于未晓其理,未谙其事也矣,亦何习之为? 故曰"不习无不利"。"不习"者,谓其自然而能也,《大学》所谓"未有学养子而后嫁者也"之意。乾之六爻,莫盛于九五,坤之六爻,莫盛于六二。《象传》之意,谓六二柔顺中正,居本卦之主,动容周旋,皆中其规矩,又有"不习无不利"之功德,阴道、地道、臣道、妻道,皆得其当,德行光大之故也。盖此卦纯阴,初、三、五三爻柔顺而不正,四上两爻,柔顺而不中,唯此爻柔顺中正,独得坤道之粹者也。

【占】 问营商:六二坤之本位,"直方"者地之性,"大"者地之用,知其营业必是地产,如谷米、木材、丝棉之类是也。"不习无不利","习"与"袭"通,谓不烦重筮而知其获利也。

○问功名:二爻居中得位,动而获利,言不待修营而功自成,其成名也必矣。

○问战征:战之一道,以得地势为要,动以其方,势大力强,可一战而定也。

○问家宅:六二中正,居宅得宜,故曰"地道光也。"

○问嫁娶:"直方大",地道也,妻道通于地道,故婚娶亦利。

○问疾病:爻曰"直方大",知其素体强壮,不药有喜。

○问六甲:生女。

【占例】 明治二十三年一月,占伊藤伯气运,筮得坤之师。

爻辞曰:"六二:直方大,不习无不利。"

断曰:坤者地也,地之德顺也,顺者臣之道也。此爻中正而为一卦之主,夫地之为物,载华岳而不重,振河海而不泄,禀天气而生育万物者也。今占大臣而得此爻,是其负世务之重,而能堪其位,奉至尊之命,而能尽其职。且此爻柔顺中正,具臣道之全德,故称赞之曰"直方大"。直方者,即所谓"敬以直内,义以方外",而终之公明正大,是功之全也。伯有此器识,而复有此德性,循夫自然,故"不习无不利"也。此爻变则为师,师之为卦,九二一阳为全卦之主,统御众阴之象。本年两议院之开设,必当推为议长,以统督众议员,用以奏整理之功。故曰"六二之动,直以方",盖不待习而无不利也。后果如此占。

○明治三十年六月,余趋爱知摄绵土制造所,该制造所,属小儿嘉兵卫所担当,因赴爱知县厅,晤江木知事及吉田书记官。书记官曰:"今者,将兴筑埠头于治下热田,以图名古屋市之便利,其费凡二百四十万元。欲提出此议于县会,为其大业,知事及余,深疑县会之赞否如何,踟蹰久之,子幸占其成否?"筮得坤之师。

爻辞曰:"六二:直方大,不习无不利。"

断曰:坤之为卦,上下皆柔顺而无一毫间隔,况坤卦主利,而此事尤属乎直方正,大有利益,事成之后,不特当县获利,即他县亦得利便,后必得县会众员赞成,不容疑也。

知事及书记官闻之大喜,速附之于县会之议,议员中四十四名,不合议者,不过三人,立议决之云。

六三：含章可贞。或从王事，无成有终。

《象传》曰：含章可贞，以时发也。或从王事，知光大也。

三爻不中不正，而居内卦之极，改革之地，其心术行为，不能无不中不正之失；且柔顺之臣，与六五之君，皆阴柔而不相应，是人臣不得于其君者也。大抵六三之爻，多不得时位，即有才识之士，只宜韬德匿采，以待时至，若妄露才能，必招疑忌，故戒之曰"含章"。刚柔相杂曰文，文之成曰章，含者，含而不露也。唯其静而能守，故曰"可贞"。大凡为人臣者，不闻其遇与不遇，当有守其常而不可变之志操，纵无干进之心，亦未尝无进用之日。如或出而从事，则仍含其章，而不自居其功，从君之令，以终君之事而已，事即不成，必使后人得续以成之，谓之"无成有终"。六三居下卦之上，有"从王事"之象，盖乾之九四，坤之六三，皆居进退未定之地，曰"在渊"，曰"含章"，故皆加曰"或"，示以将进未进之意。当此进退之际，亦宜不失时宜，以从王事也。《象传》"知"字与"时"字相对。含蓄才能，未敢吐露，谓其能审时而发。"时发"者，即吐发其含章之光，退则能含，进则能发，是以其光大也。此爻变则为谦，谦之九三曰："劳谦，君子有终，吉。"《系辞传》曰："劳而不伐，有功而不德，厚之至也。"下卦为艮，艮者止也，有含之象，亦得含章之义也。

【占】　问战征：爻曰"含章可贞"，言平时含蓄才智，敛藏不露，一旦从事，自能制胜，即不成功，亦无大败。故曰"无成有终"。

〇问营商：坤地也，百货皆生于地，商能蓄积百货，故曰"含章"。凡从事营商者，贸迁百货，以时发售，故曰"时发"。坤内卦至三而极，正盛满之地，故曰"光大"。是以一时虽或未成，知必有终也。吉。

〇问功名：凡求名者，最宜待时，时未当发，"含章可贞"；时而当发，出从王事。知此道者，必能保功名以终也。吉。

〇问疾病：玩"无成有终"句义，知不可药救矣。凶。

〇问六甲：生女。

【占例】　明治十九年，占知友柳田某气运，筮得坤之谦。

爻辞曰："六三：含章可贞。或从王事，无成有终。"

断曰：坤之时，柔顺而亨也。《象》曰"利牝马之贞"，牝马负重而为人用，即劳而无居之意也；又曰"君子有攸往，先迷后得主，利"，谓不能得名誉，唯得俸给。三爻值有为之地，爻辞曰："含章可贞，或从王事，无成有终。""含章可贞"者，是足下包含文章，藏器于身，以待其时。今时会既来，当有从事于文章也。虽主管者知足下文才，欲任以事务，授以官职，其余属官，不得不出足下之下，以其势有不可也，只可酬报而已。此卦全卦皆阴，无自主之权，虽殚劳心力，苦无知之者，事成之后，其功亦必为人所夺，不能得分毫名誉，不劳者却得褒赏，或邀升进。以坤之卦纯阴，阴人得势，唯以主利，故笃实之人，反为彼所笼络，而不行于世。足下之时运如此，惟宜修德而待时。"或从王事，无成有终"，或之云者，今日无事，他日必将从事也。

其后同氏果受某局嘱托，从事编辑五年，早出晚退，事极繁剧。终了编辑，于是属官关其同事者,皆有升级,或受褒赏,氏以不登仕籍,不得邀恩典,止解其嘱托而已。

六四:括囊,无咎无誉。

《象传》曰:括囊无咎,慎不害也。

四爻虽柔顺得正,而居失其中,故不足以有为也。四居近五之位,而两柔不相得,上下闭隔,是大臣不信于君之象也。当此之时,宜慎重缄默,晦藏其智,如括结囊口,杜口不露,默默隐忍,以守其愚,如此则"无咎无誉",斯得远于灾害矣。故谓之"括囊,无咎无誉"。无咎者,在避害,无誉者,在逃名。若因括囊而得誉,则有誉即有咎,必深藏不露,并泯其括囊之迹,故《象传》曰:"括囊无咎,慎不害也。"此爻变则为豫,卦形有括囊之象。

【占】 问营商:四巽爻,巽为商,为利,巽"近利市三倍"之谓也。兹爻曰"括囊",是明亦以闭囊之象,知必昔日得利,财已入囊,不使复出也。故曰"括囊,无咎无誉"。

○问战征:六四重阴,当闭塞之时,虽有智,囊其才,无所施其计谋也,是宜闭关不战,如囊之括其口也,斯无咎矣。

○问功名:四重卦,动当否位,《文言》曰"天地闭","括囊"者,闭口也。天地且闭,何有于功名?若妄意干进求名,适足致祸,有誉反有咎矣。宜慎。

○问家宅:六四以阴居阴,履非中位,是宅必在山谷幽僻之处,宜隐遁者居之。

○问六甲:生女,或得孪生二女。

【占例】 明治十二年一月,邂逅大阪五代友厚氏,氏请占本年商务,筮得坤之豫。

爻辞曰:"六四:括囊,无咎无誉。"

断曰:坤主利之卦,有群聚争利之象。四爻以阴居阴,不可进而为事也,故本年宜退守,不宜扩张商业。爻辞曰"括囊"者,括财囊之口,不可出财货也。故括囊则无损益,开囊便多失,嘱慎勿着手商事。

五代氏有感此占,然商业之势,虽知不利,只可小做,不能不做,偶有营业,果致亏败。

六五:黄裳,元吉。

《象传》曰:黄裳,元吉,文在中也。

黄属中央,土色也;裳下服。黄中色,守中而居下,为臣下之象。盖此爻以柔德居五尊位,或女后南面听政,或如伊周之辅主摄政者也。然坤者纯阴,六爻皆臣事,未可以六五直为人君。占此爻者,为当垂中和之盛德,维持朝宪,辅粥国君,终复退守臣职。此尊位所以为尊,阴爻不失其常,故曰"黄裳,元吉",否则,居尊而为天下,必大凶也。《左传》昭公十二年,南蒯筮得此爻,以不守"黄裳"之义,败家丧身,可为征矣。圣人以"裳"字系此爻者,恐有权臣乘势位,擅威福,失臣下之道,蔑视君上,其垂诫也深矣。《象传》曰:"文在中也。"坤为文,五居中,言美积于中而形于外,为能柔中而克守节也,故为元吉。

【占】 问战征:坤臣道,五居尊位,为人臣之极贵者,如舜之摄位诛四凶,周之摄政诛二叔。爻曰"黄裳,元吉",是以文德而发为武功者也,故《传曰》:"文在中也。"

○问功名:六五辰在卯,得震气,震有功名奋兴之象。五又离爻,离为黄位,近午,上值七星,七星主衣裳文绣,故曰"黄裳"。离又为明,有文明发达之象,故曰:"文在中也。"

○问营商:坤五变比,比吉也,辅也,商业必得比辅而成。比卦下坤上坎,坤为裳,故曰"黄裳";比为美,故曰"文在中",知其经商必是锦绣章服之品。曰"元吉",必获利也。

○问疾病:坤为大腹,又黄为中色,裳下饰,可知其病在中下两焦。

○问六甲:生女。

【占例】 明治二十二年,占贵显某之气运,筮得坤之比,乃呈之三条公及伊藤伯。

爻辞曰:"六五:黄裳,元吉。"

断曰:坤之为卦,纯阴而无一阳,五爻虽属君位,而坤卦皆臣事。"黄裳,元吉"者,如周公位冢宰,辅成王以摄政,畏天命不敢服黄衣,唯着黄裳,以严君臣之分者是也。唯其忠信笃敬,虽持朝宪,辅弼国君,故曰"黄裳,元吉",否则,其凶可知也。今贵显某,幼而有神童之誉,及长拔擢藩中,久留于欧洲,不特博学,又通晓海外各国之政体风俗,其归朝也,立要路而鞅掌职务,隐然负众人之望。然今筮得此爻,不堪骇异,盖此人久居欧洲,虽通君民同治之政体,或不明本邦建国之治法。安危之所系,殆见于此筮数乎?甚难其判。

其后宪法发布之日,某氏为凶暴者所害,于是始叹此占之有验也。

上六:龙战于野,其血玄黄。

《象传》曰:龙战于野,其道穷也。

上爻居全卦之终,是阴邪极盛之时,变而为剥,则有一阳与五阴相战之象。是以初六履霜之始,圣人谆谆警其将至坚冰,夫阴邪之势过盛,必将剥阳;其剥之甚也,势遂至于相战;及其战也,阴虽盛大,阳虽减退,终必两被其伤。血者,伤害之甚也。玄者天色,黄者地色,天地即阴阳,故血色玄黄,为阴阳共伤也,故曰"龙战于野,其血玄黄"。近推之于一家之事,为人父兄者,其初误子弟之教育,遂养成不肖,其结果遂致骨肉相残,同类相害,争斗杀伤,势穷而始止。《象》曰"其道穷也","其"字即指阴阳君臣而言;"道"字亦指君臣;"穷"者穷困窘迫也。夫至君臣相战,其臣之横逆无道,固不俟论,其君亦未为无过。《系辞传》曰,"上慢下暴,盗思伐之矣。""慢藏诲盗,冶容诲淫。"使其臣下至此者,君道之穷,亦即臣道之穷也,故曰"其道穷也"。龙本乾之象,今此爻言龙者,示阴极而抗阳也。又曰野者,以在外卦之外也。爻辞不言凶者,其凶不待言也。

【占】 问战征:象已明示是两败也。

○问功名:上处外卦之极,是穷老人间,抑塞已久,一战复北,可哀也。

○问营商:上六坤卦之终,其道已穷,是资财既竭,血本又耗,商道穷矣。

○问疾病:必是阴亏之症,阴极抗阳,肝血暴动,命已穷矣。

○问六甲:阴尽变阳,可望男孩。

【占例】 明治六年,占政府气运,筮得坤之剥。

爻辞曰:"上六:龙战于野,其血玄黄。"

断曰：坤之为卦，纯阴而无一阳，是君德不耀之时。今者明君在上，俊杰在位，占得此卦，窃怪与时事不合。盖在朝诸公，远忧深思，襄理国是，同心同德，厥躬尽瘁，何至有龙战之象？既而思之，龙之为物，神化不测，古者豪杰之士，才能卓绝，往往以龙称之，或者大臣之中，各怀忠愤，因意见之不同，以致议论之过激，始而相忌，继而相仇，终至相斗，各分党与，互相攻击，不奉朝旨，是谓野斗，故曰"龙战于野"，如曩昔源平之争权是也。此爻之象如是，然度今日在朝诸公，必不出此，犹疑莫决，乃呈之于三条相公。

先是，维新伟业略得整顿，大臣参议，多经历欧美各邦，视察实地，将取彼之长，更定国政。岩仓右大臣以下，木户、大久保、伊藤、山县诸公，远赴欧美，盖行者居者，各尽厥职，以匡中兴。约以一行未归之间，不启别议，岂图事出意外，缘我云扬舰测量朝鲜国仁川港，彼国轰炮击之，庙议纷起，谓宜兴师问罪，以雪国辱，电信达于欧洲。大久保公先归，欲停此议，西乡以下诸公不从，议论愈激。未几，岩仓右大臣等皆归，征韩之论，为全国之一大问题。物议嚣嚣，人心悻悻，终归议和，而主征韩者，各怀不平，纷纷去官，于是七年有佐贺之变，九年有长州之乱，十年有鹿儿岛之役，国家之不祥连臻，"龙战于野"之辞，实不虚也。

《易》之前知事变，大抵类此。

〇明治二十七年冬至，占明年之丰歉，筮得坤之剥。

爻辞曰："上六：龙战于野，其血玄黄。"

断曰：坤地有生育万物之性，受太阳之光热，以奏其功者也。然此卦纯阴而无一阳，为多雨少晴之象。爻辞"龙战于野"者，谓阴阳不和，气候不顺，恐难望丰熟，故《象传》曰："其道穷也。"愿当路者，预知年谷之不登，宜讲救荒之策，以备之也。

果是年诸国有洪水之害，暑气亦比他年稍薄，秋收止七分。

用六：利永贞。

《象传》曰：用六永贞，以大终也。

用六之义，已示之卷首。永者，长也、远也。坤卦之象纯阴，为臣妻之义，在人事则柔顺贞正，而悠久有恒，不变其志，可以从君从夫矣。忠臣不事二君，贞女不更两夫，即"永贞"之义也。为人臣为人妻者，从"永贞"之义，则大吉而有终，若少变之，则大凶大恶之道也，故深诫之曰"利永贞"。

盖阴之性，柔躁而难守其常，有易进易退之弊。《象传》曰"以大终也"，谓其不变坤道之顺，而全其终也。若变动则阴侵阳，臣侵君，妻凌夫，逆理背常，乌得全其终哉！又阳为大，阴为小，阴者柔也、暗也、小也，然勤而不怠必强，学而不懈终明，是有"以大终"之义也。

按：乾之用九，以过刚强，宜守无首之道；坤之用六，以阴道、臣道、妻道，宜守恒常之德，不可变动。是警戒之辞也。

☵☳ 水雷屯

屯，上"一"象地，中"山"象草，下"乚"象草根之屈曲，即草木穿地始出，欲伸而未能即伸之形。内卦震,震雷也,能以鼓动发育万物;外卦坎,坎水也,能以滋润养成万物。按:卦为雷在水中,当冬至之候,雷欲发于地下,而地上之水,冻冰凝结,为所压抑,不能遽出于地,其象艰难郁结,如物之勾萌未舒也,故名之曰屯。

屯:元亨利贞。勿用,有攸往,利建侯。

"元亨"二字,概括全卦之终始而言也,非谓屯之时即亨通也。凡天下之事,创业伊始,必有屯难,唯能耐其辛苦,勉强不已,自然脱离屯难,终得大亨通之时也,故曰"元亨"。夫人处屯难之会,所当动性忍心,坚贞自持,安于"勿用",不敢先时妄动,又陷于险。虽明知后日利有攸往,自得亨通,要不可轻用其往也,故曰"勿用有攸往"。此卦阳爻唯二,九五为坎险之主爻,初九为震动之主爻。九五之君,当艰难之日,欲以征伐初九有为之人,必反致招祸也,不如优待之,以为侯伯,斯得共济时艰,故曰"利建侯"。侯者震之象,故豫之象辞,亦曰建侯也。

《象传》曰:屯,刚柔始交而难生,动乎险中,大亨贞。雷雨之动满盈,天造草昧,宜建侯而不宁。

乾纯阳也,坤纯阴也,此卦内初九,外九五,二爻之刚,与四爻之柔,始相交也。内卦之震雷欲出地,而外卦之坎水遏阻之,以成屯难艰险之势,故曰"刚柔始交而难生"。《说卦传》曰"震一索而得男",即始交之象也。又曰"震动也,坎陷也",震以阳动之性,在坎阴之下,动而未能出也,故曰"动乎险中"。然在险难之中,能守贞正而不滥,他日自得大亨,故谓之"大亨贞"。震雷者,阳气之奋劲;坎雨者,阴泽之普施,故曰"雷雨之动满盈"。盖初九震之主,九五坎之主,故教之以无相敌害,仿雷雨之作用,使得相亲相助也。阴阳始交,故曰"天造草昧"。《说卦传》曰:"震为萑苇。""草"字出于此。坎为月,天未明也,"昧"字出于此。当是时也,六四之宰相,礼遇初九之臣僚,相与辅相,使之共济时艰也,故曰"宜建侯"也。时方创业之世,非升平守成之日,岂可优游逸乐哉?故曰"不宁"。夫当此天地始创,阴阳始交,以精与气交媾,生物成象。震为萑苇,生长于互体坤地,以巩固地盘之组织,继而胎卵孵化,介类繁生。初九、九五二爻,并属阳刚,其中却含柔软坤体,为蚌蛤之象。盖万物之生,各具心灵,自能飞潜动跃,此自然之理也。我国旧俗,谓主泥土之神,曰泥土煮尊,谓主沙土之神,曰沙土煮尊,主动物之神,曰面足尊,主植物之神,曰惶根尊,犹是生人之命,相传南斗主生,北斗主死者是也。故凡一物一命,皆有神主之。大凡始生之时,恰如草木逢春,其繁殖,一雨多于一雨,即"雷雨之动满盈"者也。人类繁殖,不可无大德之君以统御之也;君犹不能独治,必使贤者以为辅弼,是所谓"宜建侯"也。惟天地闭关未久,尤当无教逸欲,自耽安宁逸乐也,故戒之曰"不宁"也。

以此卦拟人事,则为阳刚之君子,与阴柔之小人始交,互异气质,彼此辄生争论,谓之"刚柔始交而难生"。何者?内卦我也,有雷厉之性,欲奋发而立志;外卦彼也,有水濡之性,挟下流之邪计,以妨我行为。凡我所欲振兴者,彼皆阻扰之,使不得成就,欲进不能进,欲往不能往,是谓之屯,故曰"勿用有攸往"。是以百事困难,恰如陷落水中而不得自由,谓之"动乎险中"。虽然,气运变迁,困极必亨,犹冬去春来,冰冻自解,雷气发生,屯变为解,则屯难解散,而气运一新。故不宜急遽而图功,唯当固守以俟命,待气运一转,阳升阴降,自见君子当权,小人退位,是出屯而入亨也。当屯之时,要不忘此义也。

以此卦拟国家,则以下卦为人民,有暴雷上轰之象,蓄异谋,倡异论,欲以撼动上卦之政府;上卦为政府,下令如流水,以遏止下民之妄动,甚至以刑法制之。"刑"字古作"荆",从"刀"、"井",谓犯法之人,如陷入井中也。是下卦之屯也。政府虽有政刑,或不能遏止下民,而反为下民所困,以阻国运之进步,是上卦之屯也,谓之"纲柔始交而难生"也。初九者,下卦雷之主,即一阳之微动乎地下坎水之中。夫天下无事,英雄亦与凡庸无异,今当屯难之时,初爻一阳,以君子刚健之才,将奋发而有为,岂可晏然处之乎? 在上位者,唯尊其位,重其禄,以礼遇之,使之济世之屯难,不然,欲以威力压之,却生不测之祸乱,争功者并起,人心愈形扰乱矣,谓之"天造草昧,宜建侯而不宁"也。"天造",犹天运也;草者,谓人心之草乱而失其伦序;昧者,谓冥顽而不明,是即屯之象也。

《易》有四难卦:屯、坎、蹇、困是也。屯者,"刚柔始交",不知其意之所在,故生猜疑之念,为初酿困难之时。坎者,二人溺水之象,彼我共陷困难之中,唯能耐守当日之困,而得后来之亨也。蹇者,知彼构危险,乃止而不进,犹跛者之不得寸步也。困者,泽中无水之象,恰如盆栽之草木,滋润之气已竭。屯者难之始,坎者难之连及者,蹇者难之央,而困者难之终也。

通观此卦,初九,虽有建侯之才力,以当屯难之时,磐桓不进,居贞正之位,遇险而能自守其正。六二,居九五之应位,而为初九所挑,不能与九五共事,犹贞操之妇,拒强暴者之挑,经十年之久,始归其正应之夫。六三,为喻利之小人,乘此不明之时,欲独博其功。六四,应初九,亦比九五,固有所忌惮而不能共事,虽有"乘马班如"之屯难,终归正应初九之吉。九五,中正而并有位德,然介居二阴之间,不能沛雷雨之泽。上六,居屯难之终,无能为世。盖三与上无应之屯,二与四有应之屯也。六爻共动,当陷险之时,务要谨慎持重,经过屯难之气运,自有得志之日,曰"大亨贞"。大亨者,正屯难已解之时也。

《大象》曰:云雷,屯,君子以经纶。

不言雨而言云者,屯之时,云开于上、雷动于下,未能成雨;未能成雨,所以为屯。君子法此二气之动作妙用,以经纶政教之组织。"经纶",犹言匡济也。经者机之纵丝,纵丝之不可易也,犹国家之大经,政教人心相合而不可紊也;纶者,机之横丝,犹取宇内各国之所长,见其时宜,而组织政体也。"经纶"者,即综理庶政之谓也。

【占】 问功名:内震外坎为屯,震为雷,坎为云,故曰"云雷";震为出,坎为入,欲出而复入,故曰屯。又震为人、为上,坎为经、为法,故曰"君子以经纶"。是君子施经纶之才,而运当其屯也,宜待时而动。
○问战征:勤兵而守曰屯,"云雷"者,蓄其势也;"经纶"者,怀其才也。然当其屯,宜守不宜进。
○问营商:《象》曰"刚柔始交而难生",是必初次营商也。凡事始创者,多苦其难。经纶,治丝之事,知其业必在丝棉之类。
○问家宅:震东方,坎北方,震动也,坎陷也,恐是宅东北方有动作,宜经理修治之。
○问婚姻:雷阳气,云阴气,"刚柔始交而难生",是初婚时,必不和洽,宜正人劝解之。

○问六甲：生男，恐始产不免有险难。

初九：磐桓。利居贞，利建侯。

《象传》曰：虽磐桓，志行正也。以贵下贱，大得民也。

每卦有主爻，皆具本卦之德，例之如乾之九五，具乾之德；坤之六二，具坤之德。屯以初九为内卦之主，故爻辞全类象辞，他卦主爻，都依此例。磐者，大石也，桓者，柱也。此爻以正居刚，处险能动，虽有济屯之才，今居众阴之下，上应坎水之险，深虞陷入危险，未足以自持，唯守其身，贞固而耐困难，以待时机之来也。故如磐桓之居下，为柱石之臣，撑持艰难之象。如因对抗之敌而占之，则有强敌坚固而不可摇动之势，在此时我唯固守持重，不可妄动，若妄进则不惟不得其志，却取其败，故曰"利居贞"。《象》辞所云"勿用有攸往"，亦磐桓难进之意。盖言功业非容易可成，磐桓趑趄，不进不退，以待时会，即所谓"在下位而不获乎上，民不可得而治"之意。必明善诚心信友，而后乘时得位，则功业可得而成，故有大亨之利也。曰磐，曰居，皆震足之象。"利建侯"三字，与象同而其义异也。象辞属九五之君而言，爻辞属初九之人而言，故彼训为建侯，此训为所建之侯。侯之于王，臣也，能安其臣职，而为下不悖，即居贞也。

《象传》之意，贵谓阳，贱谓阴，此爻以一阳居三阴之下，为"以贵下贱"之象。虽时塞位卑，而不得用其力。犹之江海居下，而百川归之，君主能下人，则众庶归之。屯难之世，江山易主之时也，此爻以刚健之德居下，大得人望，为他日立身之基，故曰"以贵下贱，大得民也"。第以磐桓观之，似失阳刚之德，要在内心坚确而不失其正也，故曰"虽磐桓，志行正"也。此爻变则为比，比之初六曰："有孚比之，无咎。有孚盈缶，终来有它吉。"其不遽求成功之意，可推而知也。

【占】 问战征：磐桓，不进之貌，曰"利居贞，利建侯"。尽尝屯难之时，内则居正以守，外则求贤以辅，斯民心归向，众志成城，而终无不利矣。

○问营商：初九爻，辰在子，北方，上值虚宿，曰元枵。"枵"之为言"耗"，"虚"亦"耗"意，不利行商。能以守贞仕人，尚有利也。

○问功名：初爻，是必初次求名也，"磐桓者"，是欲进不进也。要当志行正直，谦退自下，终有得也。

○问家宅："磐"字从"石"，所谓安如磐石，知其宅基巩固也；曰"利居贞"，知其居之安；曰"利建侯"，知必是贵宅也。

○问婚嫁：曰"以贵下贱"，知为富贵下嫁之象，吉。

○问六甲：初爻生男。

【占例】 明治二十六年十二月，某贵显占气运，筮得屯之比。

爻辞曰："初九：磐桓。利居贞，利建侯。"

断曰：屯者，雷动水中之卦，为冬春之候，雷将发于地下，地上之水，结而未解，不能直升，必待冰冻融解，而后能发声也。以未得其时，故名曰屯，屯者难也。然及其时，水气蒸发而为雨，雷得时而升，雷雨和合，发育万物，成造化之功，谓之"元亨"。时之未至，利艰难贞固,若妄动轻进,则必陷乎险中,故戒之曰"利贞,勿用有攸往"。此卦以拟草昧之初,在上位者宜用在下之志士,以济屯难而安生民也;在下者不宜侵凌上位,宜奉戴元首,以祈国家之安宁也,谓之"利建侯"也。今某贵显占得此卦此爻,贵显于维新之始,整理财务,使无缺乏,以开富强之基,犹萧何之于汉高也,丰功伟绩,焜耀当今。谚曰:"功成者坠,名盛者辱。"某因与同列议论不合,一朝罢黜,然报国之忧,未尝一日忘也。兹由此占观之,曰"利贞,勿用有攸往",所谓"利贞"者,盖利贞守,不利躁进;所谓"勿用"者,即今舍藏之时也;所谓"有攸往"者,即可知后日之再用也。至若组织政党,以冀有为,恐党员中邪正混杂,转致酿祸,且屯之六二、六三,皆为坤阴主利之徒,可以鉴矣。屯之初九,以阳居阳,足见才志刚强,以上有坎水之险,阳陷乎险中,故曰"磐桓"。"磐桓"者,犹以磐石为。柱,未可动摇,言难进也。待至气运一变,春冰解而雷雨作,"百果草木皆甲坼",屯难去而嫌疑自释,九五之君,以礼聘之,翻然而应君命,得以经纶国家,大显其才德,故曰"利建侯"也。某贵显气运如此,彼既不信此占,余亦不复言矣。

○秋田县士根本通明,邃于经学,诲人不倦,亦余之益友也。一日访之,出示一轴曰:"是轴相传为明人某翁所画,以其无款识,未能辨其真伪,子请鉴之。"然余素昧鉴识,乃为之筮其真伪,遇屯之比。

爻辞曰:"初九:磐桓。利居贞,利建侯。"

《象传》曰:"虽磐桓,志行正也。以贵下贱,大得民也。"

断曰:此卦内卦震,龙也;外卦坎,云水也,此其画为云龙乎?爻辞"磐桓",磐,地之磐石也,谓坚固而不可动易也,不可动易,则非伪物可知矣。且曰"利居贞"者,贞者真也,是谓之真品矣。"以贵下贱"者,贵重之物,无人知之,而为所贱也。

迨出画展观,果为云龙之图,笔力遒劲,其非凡笔可知。余即以此卦语为鉴定之。

○占普法战争之胜败。

友人益田者,尝留学欧洲,通晓西洋各邦事情。明治三年,普法两国交战,益田氏来谓曰:"普法开战之电报,昨夜至自欧洲,仆尝久在法国,具知其国强,因与英人某赌两国之胜败。仆期法之胜,今朝互托保某银行以洋银若干,君请占其胜负。"余曰:"子已期法国之胜,何须占筮?"氏曰:"请试筮之!"恳之不已。筮得屯之比。

断曰:吁!法国必败,子必亡失若干元。子意以法为主,故以法定为内卦,法以内卦初爻为卦主,居屯之初,有雷之性,欲动而为上卦坎所阻,故不能进,是屯之义也。"磐桓",难进之貌,以敌军坚刚,如岩石不可当也。"利居贞"者,谓不可轻举大事,然今法军妄进,将伐普国,详玩此占,其不能胜者必矣。《象传》曰:"以贵下贱,大得民也。"初变为阴,为"以贵下贱"也,法帝其将降敌军乎?国君降,则震一阳,变而为坤,坤为臣,为众,为民,国无君主之象。后其将为民选大统领,开共和国而治乎?内卦震为动,外卦坎为险,是"动乎险中而难生",今内卦先动,遇外卦之险,法先开战端,为普兵所阻。又阳为将帅,阴为兵卒,外卦普将,居九五中正之位,有兵土护将之象,普国君民之亲和可知。内卦法将居初九,其位不中,法国君民之不亲和亦可知。大将居互卦坤后,身接军事,其心先以国家人民为赌物也,亦明矣。问其战略,见于内卦初爻,应外卦四爻;外卦五爻,应内卦二爻,是互有内应者之象。然应外卦普者,内卦二爻,即法之中正者,故为有效;应内卦法者,外卦四爻,即普之不中者,故为无效。初阳变而为阴,是失将之象,法之败已决矣。原来论两国之交涉,自法见之,自负为震长男,以普为坎中男,因此开战端者也;自普见之,以己虽为坎中男,以法为艮少男而应之者也。屯卦反为蒙,爻辞曰:"击蒙,不利为寇,利御寇。"夫酿战者法,而御之者普,是法为蒙,普击蒙而惩之者也。普御法寇,而非为寇者也,普之必胜亦可知矣。又内卦坎险,不易犯也,外卦艮止,不能进也,更可知法之不能胜普也。

言未毕,益田氏嚎然冷笑曰:"卦乃凭空之论,犹呓语不足听也。"余曰:"余凭象数而推算,以决胜败之机。子虽久留法国,目击富强,信其必胜,是见外形,而未见其骨髓者也。《易》者,示天数预定者也,今既推究此占,又复细论时事。三世拿破仑之升帝位也,初千八百四十八年之乱,与民政党而有大功,遂选而为大统领。乘其威福,破宪法,弄权力,而登帝位。今则富国强兵,殆如欧洲列国之盟主,且与英国联合,而伐露国,陷西边士卜之坚城,实足继第一世拿破仑之豪杰,子之期其必胜,盖在于此。余观拿破仑之英豪,乘时践祚,睥睨欧洲列国,所向无敌,凭藉威势,欲使子孙继承帝位。知有不能如志之兆,与普国构兵,以国赌之,将决存亡于一举,是绝伦之英豪,亦为私利所诳谩,遂兴蒙昧之举,陷屯难之险。卦象时事,历历相符,然子何必疑之?"

其后普王以六十万众,击法军于莱因河畔,连战败衄,终退塞段城,普围益急,殆不可支,至八月三世拿破仑举军而降普。因录以证《易》象之不爽云。

六二:屯如邅如,乘马班如。匪寇婚媾,女子贞不字,十年乃字。

《象传》曰:六二之难,乘刚也。十年乃字,反常也。

凡《易》三百八十四爻中,首揭卦名之字者,多言其卦之时也。"屯如"者,难进之貌;"邅如"者,行而不进,转辗迟回之貌;"班如"者,半欲进,半欲退,进退不决之貌。"非寇婚媾"者,盖六二乘初爻阳,六四之阴应之,谓彼乘马不进者,非逼于寇难,乃我之婚媾。然当此屯时,虽明知为正应,不能直行而遇也,故曰"女子贞不字"。《易》中言"非寇婚媾"者凡三,此爻及贲之六四、睽之上九是也。"女子贞不字"者,此爻中正而应九五之阳,其义可从,然以阴柔,不能往而解屯之厄,救九五坎险之苦,故初九乘其隙来逼,此爻居中履正,执义守节,不敢许也。变则为兑,以少女配坎之中男,故托女子而系辞。曰"字"者,许嫁也,言女子有正应之夫。屯之时,内外相隔,不得从之,进退踌躇,是以"屯如邅如"也。"乘马班如"者,以震坎皆有马之象,故称"乘刚"曰"乘马"。时以初九之男子比我,虽欲娶我,不敢应其求,忌之避之,犹寇雠也。然初九实非寇我者,乃欲与己共事,特本婚媾耳,而我守正而不失其道,即贞而不字之象也。互卦有坤,坤数十,数之极也。又震为卯,坎为子,自卯至子,其数十。十干一周,而地数方极,数穷事变,星移物换,十年之后,其妄求者自去,屯难已解,而始得许嫁九五之应,谓之"十年乃字"此爻犹太公居渭滨,伊尹居莘野,孔明在南阳也。屯难之时,群雄并起,不独君之择臣,臣亦择君,六二之"屯如邅如",又非无故也。《象传》曰:"六二之难,乘刚也。"六二之艰难忧苦如此者,谓乘初九之刚故也。难字释"屯如邅如"之义。凡爻以刚乘柔为顺,以柔乘刚为逆,逆则其情乖而不相得,犹下有强刚之臣,我实艰于制驭。《象》曰"十年乃字,返常也",十年之久,尚守其贞操,而从九五,复女子之常道,何者? 女子生而愿为之有家,人伦之常也。女子二十而嫁,十年乃字,故曰"反常也"。

【占】 问婚嫁:爻曰"匪寇婚媾",是明言佳偶,非怨偶也。但曰"女子贞不字,十年乃字",知于归尚有待也。

　　○问战征:六二以柔居柔,有濡滞之象,故曰"屯如"。《春秋传》:"有班马之声,齐师乃遁。"古者还师称班师,故曰"班如",知行师未可遽进也,必养精蓄锐,十年乃可获胜。

　　○问营商:媾与购音同,义亦相通。以货物求购,有迟回不决之意,故曰"屯如遭如"。又曰"十年乃字",十者据成数而言,货物未可久积,或者十日十月乎?

　　○问功名:士之求名,犹女子之求嫁也,曰"屯如"、"遭如"、"班如",皆言一时未成也。"十年乃字",此其时也。

　　○问六甲:生子。

【占例】 明治二十五年,占某贵绅之气运,筮得屯之节。

　　爻辞曰:"六二:屯如,遭如,乘马班如。非寇婚媾,女子贞不字,十年乃字。"

　　断曰:此卦阴阳始交,为万物难生之时,故名曰屯。屯者难也,大抵事物之初,未有不艰难者也。草木之自萌芽而至繁盛,必先经霜雪之摧折而后得全也,况君子之经纶天下,谈何容易! 此卦以震之动,遇坎之险,进必陷于险。凡一事之未成,一念之未遂,皆屯也。然事未有不始于屯,而得成者也,匡世救难,其大者也。《象》曰"元亨利贞",即是也。人能守利贞之诚,可遂获元亨之时,是以曰"勿用有攸往"。今某占得此卦,在某识见卓越,才高智邃,维新之始,既有大功于国家,后虽辞职挂冠,其志要未尝须臾忘君也。今又奉勅当大任,行将出而有为,爻辞则曰"屯如遭如,乘马班如"。屯者,屯难之义;遭者,迟回不进之貌;"乘马班如"者,乘马将进而复退之意也。此爻居辅相之位,上应九五之君,而以阴居阴,不能解屯难之厄,恐将出而仍不能遽出也。犹女子之思嫁,虽有正夫,因其内外相隔,不得从之,故有此象。盖阴者阳之所求,柔者刚之所凌,时当其屯,六二之柔,固难自济。又比以初九之刚,恐不能免于嫌疑,可不戒慎乎?

　　后某因与政党首领某相会,致生政府疑忌,遂复辞职。《易》爻之著明如此。然今虽不遂其志,十年之后,则屯极必通。夫以女子之阴柔,能守其节操,久而必得其亨,况贤人君子之守其道,中正以匡家国者乎?

　　六三:即鹿无虞,惟入于林中,君子几不如舍,往吝。

　　《象传》曰:即鹿无虞,以从禽也。君子舍之,往吝穷也。

　　"即鹿",谓逐鹿也。"鹿"、"禄"同音,又通乎禄利之义。鹿指九五而言。"虞",掌山泽之官,犹土地向导者也,盖指初爻而言。初爻人位,故曰君子,与乾之九三同例。"几不如舍",舍者,止也,谓知其功之不成,不如见几而止也。"往吝"者,吝,鄙吝、贪吝之义,谓欲往而遂其志,必致辱名败节也。互卦为艮,艮者,止也。此爻以阴居阳,有阴柔而躁动之性,且乘应皆阴,无贤师良友训导,犹猎者无虞人之向导,而独入林中,虽冒险而进,不能获鹿,日倾西山,马困身疲,不可如何也。且林中之险,非必入而后知之也,无虞人之向导,于即鹿之初,其机已见,然以其贪于从禽,往而不舍也。夫舍与入林,均不获鹿,舍则为君子,入则为小人,君子小人之分,无他,利与义之间而已。《象传》"以从禽也"者,谓为贪心所使也。又爻辞曰"几下如舍",《象传》曰"舍之"者,决去之辞也。此爻变则为既济,既济之九三曰："高宗伐鬼方,三年克之。"建国之意,可并见也。

【占】 问战征:爻曰"即鹿无虞,惟入于林中",犹言行军而无向导,冒进险地也。当知几而退,否则必凶。

　　○问营商:玩爻辞,知其不谙商业,不熟地理,前往求货,不特无货,反有损失,舍而去之,尚无大害也。

　　○问婚嫁:是钻穴隙以求婚也,其道穷矣。

　　○问功名:梯荣乞宠,士道穷矣。

　　○问六甲:六三阴居阳位,生男。

【占例】 明治十八年应某显官之招,显官曰："予今将为国家进有所谋也,请占其成否如何?"筮得屯之既济。

　　爻辞曰："六三:即鹿无虞,惟入于林中,君子几不如舍,往吝。"

　　断曰:屯者物之始生也,为勾萌未舒之象。阴阳之气,始交未畅,谓之屯;世间有难而未通,又谓之屯;又遇险不遽进,又谓之屯。以人事拟之,则内卦之雷有动之性,欲奋发而有为,以外卦坎水之性,陷下而危险,有动而陷险之象,人苟欲有为,以前有危险,必不能如志也。非其才之不足,实运当其屯之象也。"即鹿无虞"者,欲入山中猎鹿,而无向导,致迷其途,必无所获。盖言此卦无阳爻之应比,其入于林中者,犹言贪位而前往,终不免羞吝也。《象》曰"君子舍之",为能见几也,小人反是,"往吝穷也"。二爻辞曰,"十年乃字",今得三爻,九年之后,气运一变,必可达志也。

　　当时显官不用此占,往干要路,终至辞职,不得其志,至二十五年,果后见用,再登显要,计之恰好九年云。

六四:乘马班如。求婚媾,往吉,无不利。

　　《象传》曰:求而往,明也。

　　"乘马班如",解见六二下。六四之位,与九五之君,刚柔相接,然以阴居阴,其才不能救天下之屯,故欲进而复止,"乘马班如"也。夫大臣不患无才,患不能用才,苟能求贤自辅,可谓贤明也。其取象与六二同,盖以初九为刚明有为之才,求之偕往,相与共辅刚中之君,庶几"吉,无不利",谓其有知贤之明,而无嫉贤之私也。故《象传》曰:"求而往,明也。"初九亦然,若不待其招而往,不知去就之义,岂得谓之明哉!此爻变则为随,随之九四,曰"有孚在道以明,何咎?"可以知婚姻之正道也。

【占】 问战征:"乘马班如"者,不明其进攻之路故也,明而前往,则所向无敌,故曰"往吉,无不利"。

　　○问功名:土者藏器待时,不宜躁进,迨于旌下逮,出而加民,"无不利"也。

　　○问婚嫁:《诗·关雎》云,"窈窕淑女,君子好逑。"逑,求也,必待君子来求,始为往嫁,故吉。

　　○问六甲:生女。

【占例】　大仓喜八郎氏干人某来,请占气运,筮得屯之随。

爻辞曰:"六四:乘马班如。求婚媾,往吉,无不利。"

断曰:屯之为卦,我欲奋进为事,彼顽愚而妨之,故不能奏功,是屯之义也。今以四爻观之,四者比五,而在辅翼之位,但以五之不用我策,当变志而应初爻之阳爻。爻辞曰"乘马班如"者,谓欲进而犹未定也;"求婚媾,往吉"者,谓当求阳刚之初爻,以相辅也。

后依所闻,彼大仓之干人与支配人,共趋广岛为镇台商务,继与支配人不合,意气不平,直辞大仓氏,自行大阪,开店于同镇台之侧。用从前同业某支配人,盖即卦中求初爻相助之兆也。

九五:屯其膏。小贞吉,大贞凶。

《象传》曰:屯其膏,施未光也。

膏者,膏润,坎水为雨为云之象。"屯其膏"者,谓时当屯难,不得下膏泽于民,致财政涩滞,有功而不能赏,有劳而不能报也。五爻中正而居尊位,得刚明之贤臣以辅之,则能济屯矣,以无其臣也,故"屯其膏"。初九备公使之选,在下而遵时养晦,六四应之,民望归之。九五居尊,而陷坎险之中,失时与势,其所应六二之臣,才弱而不足济屯,小事守正则可得吉,所谓"宽其政教,简其号令",可使之徐就统理也。唯至大事,则不可也,若夫遽用改革,恐天下之人,将骇惧而分散,是求凶之道也。自古人君,时当叔季,往往愤权柄之下移,遽除强梗,而为权奸反噬者不少,谓之"小贞吉,大贞凶"也。夫天子亲裁万机,其中所尤急者,在于抚育教化万民,各使之沐浴泰平之德泽,无一夫不得其所。今九五之君,陷坎险之中,屯难之世,左右股肱之臣,亦皆阴柔,而无免险之力,不得施膏泽于下,故《象传》曰:"屯其膏,施未光也。"

【占】　问功名:士之所赖以显扬者,全望上之施其恩膏也,若上"屯其膏",而士复何望焉!

○问战征:上有厚赏,则下愿效死,若恩泽不下,势必离心离德,大事去矣。凶。

○问营商:膏者谓商业之资财也,"屯其膏",谓蓄聚而不流通也,小买卖犹可固守,大经营未免困穷矣。凶。

○问疾病:膏者在人为脂血,屯而不通,是闭郁之症,初病治之尚易,久病危矣。

○问六甲:九五居尊,生男,且主贵。

【占例】　明治十九年初夏,某法官来访,曰:"仆常在某任所,该地有一银行,颇称旺盛。仆偶听友言,为该行株主,购入株券若干,今犹藏之,顷闻该银行生业不佳,若将颠蹶,仆甚忧之。请君占该行盈亏如何?"筮得屯之复。

爻辞曰:"九五:屯其膏。小贞吉,大贞凶。"

断曰:屯者,屯难之甚。五爻在天位,而不能施雨泽,谓之"屯其膏"。《诗》曰,"芃芃黍苗,阴雨膏之"是也。以政府言,公债之利子,不能下付之象。据此则如该银行,必会计窘缩,未能获益于株主。然屯之《象》辞曰"元亨利贞",又《传》曰"君子以经纶",故今虽陷困难,待时值元亨,必能经纶而奏救济之功。试为之推其数:二爻曰"十年乃字,反常也",自二而数之,至下卦蒙之五爻,是为十年。今该行既过四年,再后六年,自当偿今日之损亡,必大有起色也。且蒙之五爻曰"童蒙,吉",是株主犹童稚之无意无我,而受父母之爱育,师范之训示,不劳神思而得利润之象也。请君不患今日之窒滞,拾袭株券,可以待他日之兴隆也。

某氏拍手,感余言之奇,且曰:"《易》占诚神矣哉! 余之所言,则福岛银行也,该行头某,曩在东京,窃染指于株式市场,大取败衄,余殃波及该行会计,以至不能配赋利润。今得此明断,余心安矣。"

○明治二十七年九月,我国有征清之举,涩泽荣一氏以下,东京及横滨富豪,倡使全国富豪献纳军费之议,报之于余,余乃占其事之成否,筮得屯之复。

爻辞曰:"九五:屯其膏。小贞吉,大贞凶。"

断曰:此卦内卦则首倡者,有雷之性,欲发声而震起百里;外卦则其他富豪,为水之性,就下不能应上,如雷动水中,不得如响斯应,曰屯。屯者事之滞也。今当国家需用孔急而募饷未集,有如密云不雨之象,故曰"屯其膏"。富豪者或能致少额,不能输巨额,故曰"小贞吉,大贞凶",此举恐难如愿也。夫国家当大事,求微细之资于有志者,犹疗巨创以膏药,物之大小不相适可知,使他人闻之,不免笑我识见之陋劣。余谓国事,当以公议谋之。尔后闻集议员于广岛,立决一亿五千万元公债募集之议也。

上六:乘马班如,泣血涟如。

《象传》曰:泣血涟如,何可长也。

"乘马班如",解见六二下,"泣血"者,悲泣之切,泪竭而继之以血也。坎为血卦,故曰"泣血"。"涟如",泪下之貌,此爻变则为巽,以坎水从巽风,涟如之象。上六以阴居阴,在全卦之终,坎险之极,运尽道极,而不能济;三阴而不我应,虽下比五,以屯膏贞凶,不足归之,故困穷狼狈,不堪忧惧,其求救之切,犹欲乘马而驰者也。悲泣之甚,涕泪不绝,真有不堪其忧矣。然物穷则变,时穷则迁,如因忧而思奋,不难转祸为福,则屯可济矣。此爻与三四两爻,有济屯之志而无其才,其占不言凶者,盖因时势使然,非其罪也。《象传》"泣血涟如,何可长也"者,谓其不久而时运将变也。此爻变则为益,益之上九曰:"莫益之,或击之,立心无恒,凶。"又可以见其穷之甚也。

屯之经纶国家也,初爻公而忘私,国而忘家,为水地比之世,建侯辅治,可得安泰。四爻往而求贤,与初爻建侯同,为泽雷随之世,亦得安泰也。上爻居于上位,奋发有为,为风雷益之世,国运可进步也。然初四二爻,相疑而不相让,上爻欲进复退,则屯难无复解之日也。

【占】 问战征:上居屯之极,进退维谷,穷戚已甚,而至泣血,是军败国亡之日也。凶。

○问营商:"乘马班如"一句,上已三复言之,是商业之疑惑不决,已至再至三矣。极之泣血,知耗失已多,故曰"何可长也"。

○问功名:上居坎终,更无前进,得保其身幸矣。

○问疾病:知必是呕血之症。凶。

○问六甲:生女,又恐不能长大。

【占例】 明治二十四年,占内阁之气运,筮得屯之益。

爻辞曰："上九:乘马班如,泣血涟如。"

断曰:屯者,雷将奋出于地中,为地上之水所抑制,不得出而踌躇之象,故名曰屯。以国家拟之,下卦之人民,有雷之性,欲奋进激动以长势力;上卦为政府,以水之性陷于坎险,压制下卦之雷,不能发动。现时政府,一为条约改正之事实,二为第二议会之准备,舆论喧扰,事务涩滞,国运正值屯难也。又见上卦之阴,应下卦初爻之阳,恐有在朝之人,与下民之有力者,隐相引援,以致滋事。今占内阁,得此爻,上爻近在君侧,但时当屯难,欲尽辅弼之任,苦无应爻之援,为首相者切思辞职,为候辅者亦欲避位,正是"乘马班如",进退未决也。追思曩时木户、大久保二氏,任天下之重,而能济其艰,今无其才,回念及之,不堪叹息忧闷,有"泣血涟如"之象。然他日天运循环,至下卦山水蒙二爻,则政府犹教师,人民犹子弟,可得互相爱敬,有豪杰者兴,自能出险济屯,经纶天下也。

䷃ 山水蒙

蒙字古篆从"艹",从"冖",从"豕"。"艹"者草昧,"冖"者掩覆之形,"豕"者众之本字,"众"三"人",《国语》曰"三人为众"是也。众民未得义方之训,智识未开,昧而不明,犹为物所掩覆之象,是为童蒙之蒙。此卦内坎水而外艮山,山下有水,水气成蒸为雾,昏不见山之义,故名曰蒙。

蒙:亨。匪我求童蒙,童蒙求我。初筮告,再三渎,渎则不告。利贞。

"蒙亨"之亨,与屯之"元亨"同,非谓即蒙即亨,谓蒙昧者能以先觉为师,以启其聪明,斯蒙者亨矣,故谓之亨。"我"指师言,"童蒙"指子弟言,外卦艮少男,故有童蒙之象。童蒙而求聪明,莫善于求师,其得师也,宜以至诚请益。《礼》曰,往教者,非礼也,是师无往教之礼,故谓之"匪我求童蒙,童蒙求我"。盖弟子之求师,与揲筮求神者同,故谓之"初筮告"。初则其发心也,诚一而不杂,迎其机以告之,其道亨也。若至"再三渎",则私意起矣,杂而不纯,故不告,即《少仪》所谓"毋渎神"之渎;"不告",即《诗·小旻》所云"我龟既厌,不我告犹"之义。《说卦传》曰"艮为手",自二爻至四爻,互卦有震,震为草,即以手揲蓍,"初筮"者,其象取此。且六五有颐口之互象,以虚中之孚而问也。"告"者以九二坎之舌,与震之声应之也。"再三"者,三爻四爻为颐口之象,连渎不已,亨贞之道胥失矣。拒以不告,教者之道正,而求者亦不敢不正,故曰"利贞"。

《象传》曰:蒙,山下有险,险而止,蒙。蒙亨,以亨行时中也。匪我求童蒙,童蒙求我,志应也。初筮告,以刚中也;再三渎,渎则不告,渎蒙也。蒙以养正,圣功也。

屯之后次以蒙,谓山川之位既定,万物繁茂,然犹是蒙昧初启。卦象艮山之下,有坎水之险,水自山上而下,流而为坎。其初为雨为水,不知所自来也。艮止也,故"险而止,蒙";坎通也,故"蒙亨,以亨行"。艮止则阴气闭结,故暗;坎通则阳光透发,故明,有由蒙生明之象。此卦自三爻至五爻而为坤,坤为地;自二爻至四爻而为震,震为萑苇,山下之地生萑苇蒙茸,是蒙之象也。

以此卦拟人事,有蒙昧无知之象。人幼而智识未发,谓之"童蒙";不学而不知道义,谓之"困蒙"。六五"童蒙"柔中,天姿本美,幼而无知,功宜养;六四"困蒙"重柔,气禀本昏,而又不知自勉,利宜发。故谓之"山下有险,险而止,蒙"也。九二以刚中而应六五,六五为主,九二发其蒙。以阳爻为师,阴爻为弟子,故师得二爻之阳,以应弟子之求,谓之"非我求童蒙,童蒙求我,志应也"。弟子得五爻之阴,以求师之教,当致其精以叩之,谓之"初筮告",若再三请益,渎慢不敬,则不告也。《易》之理如此,盖师教通于神道,凡人于未来之事,不得不问之于神,神之教之,所谓"受命如响"也。故告蒙亦曰"初筮",言神之与人,犹师之与弟,应以诚求,不应以渎慢,谓之"再三渎,渎则不告,渎蒙也"。是以"困蒙"者,圣人所欲启发,"童蒙"者,圣人所欲养正也。养正之道,非由外加,亦即葆其固有之天真而已。凡人之受生于天也,耳自聪,目自明,父子自有恩,君臣自行义,莫不自具也。人能不失赤子之心,则亲亲长长而天下治平。且"童蒙"者人生之初也,"童蒙"而无所养,他日欲望其圣,不可得也,谓之"蒙以养正,圣功"也。

以此卦拟国家,上卦之政府,有山之性,傲然而在高位,固守而不动,乏奋进之精神,怠于政事,而不眷顾下民,惟以刚重镇压之;下卦之人民,有水之性,犹水之就下,陷于困难之中,苦其生活,忘教育之道,不知国家为何物。故屯蒙二卦,皆为洪荒之世,人民逸居而无教,争夺以谋生,弱肉强食,知己而不知有人。夫天下之人,当其智识未开,而导之于善,则其教易行,及其嗜欲既炽,天良已泯,则其教难行。政府当此时,宜开导斯民,使之就产业,待其衣食之丰足,而后可教以礼义。得此卦知政府之施政,未得其宜,国家之教育,亦误其方,人心激昂,不保无冒昧之举动也。政府既导之以德,齐之以礼,而下犹不从,不得不出之以政刑,击而除之,亦势所不免也,是以上爻有"击蒙"之象焉。

蒙之时,君子小人,皆不得其位,是非颠倒,邪正混乱,六四一爻,独得其正,亦不容于世,君子为小人所排挤,而不得于世,是国家之蒙也。蒙之世,六五之君,阴柔而顺良,异日听明大启,必将为圣明之君。以尚在幼稚,其德不普于天下,幸有九二之大贤,与之相应,是朝廷之师傅,而负发蒙之重任者也。此爻非以臣求君,而君求臣也,犹太甲之于伊尹,成王之于周公,谓之"匪我求童蒙,童蒙求我"也。且以此治国家之蒙,包容蒙昧之民,诱掖扶导之,可以全教育之功,若犹有不奉教益、懒惰放恣、不知悛改,初六所谓"利用刑人"者、戒之深矣。

通观此卦,初六与上九,治蒙之始终也。九二当启发众蒙之任,六五"童蒙"之主,六三则女子之蒙也,六四"困蒙"之下愚者也。故初六蒙昧之民,而不知受教,不勤民业,以致陷于困难,处之刑辟,以惩其非,是以曰"发蒙,利用刑人"。九二为师,具顺良宏涵之德,善容众蒙,训导得宜,得继祖先之志,使之守其业,故曰"包蒙吉","子克家"。六三,其性奸邪,不从教导,故曰"勿用取女"。六四有顽固强慢之性,不听师教,自陷困苦,故曰"困蒙,吝"。六五犹是赤子,天性纯正,但智识未开,童稚而居君位,克顺九二师傅之教,遂成达识,此圣人之蒙,所谓"聪明睿智而守之以愚者"也,故曰"童蒙,吉"。上九师教不得其正,不以德化,而以刑驱,是为寇也,故曰"击蒙,不利为寇,利御寇"也。

《易》中六爻之义,初爻对上爻,三爻对四爻,其义自易明也。例如此卦初爻用刑,上爻用兵以击之;二爻"包蒙"以应五爻,五爻"童蒙"以从二爻;三爻见二爻而失身,四爻远二爻而失利。诸卦之例,大凡如此。

《大象》曰:山下出泉,蒙,君子以果行育德。

坎为水,今不言水而言泉,《易》之例,以水概取险难之义,故避之,取象于泉之始出也。泉之始出于山下,涓涓清澈,不染尘汙,犹童稚之性,自具天良,得勃然发育之势,故取其义,而名之曰蒙也。得于心曰德,见于事曰行,山有生育之德,泉有流行之状,山之生物无限,水之行地不避险易,注诸于江,朝宗于海。君子法此象,以果决其行,养育其德,所谓"义所当为,勇往直前,无因循畏缩之弊;理之得于心者,优柔厌饫,无虚骄急迫之患。"彼世人之不得实用者,辄云思而不能行,当因此而反省也。此卦自二至四为震,震为行,艮为果;又自二至上为颐,颐为养,即育也。

【占】 问战征:《象》曰"山下出泉",是潜伏之水也,有伏兵之象。"君子"谓军中之将帅也。"果行育德",果者果敢也,育者蓄养也,谓当蓄其锐势,而果决以进也。

○问营商:玩《象》辞,想是开凿矿山生意。当果决从事,吉。

○问功名:是士者素抱德行,伏处深山之象。曰"山下出泉",终将出而用世也。

○问家宅:知是宅坐向坎艮。曰"山下",必近山也;曰"出泉",必有泉流出其下也。君子居之,其宅必吉。

○问婚嫁:坎辰在子,上值女,《圣冷符》曰,"须女者,主嫁娶"。艮下兑上为咸,二气相感,故曰"取女吉"。"山下出泉,蒙",是婚姻之始也。

○问疾病:艮止坎险,病势必热邪渐陷于内,待初爻发蒙,邪气外发,可保无虞。

○问六甲:生男。

初六:发蒙,利用刑人,用说桎梏,以往吝。

《象传》曰:利用刑人,以正法也。

凡人而不喻道理,不通事情者,皆谓之蒙。"发蒙"者,启发蒙昧,使之明晓也。"刑"者,所以治违教犯法之人。"桎梏"刑具,在足曰桎,在手曰梏。"说",脱也。初爻阴柔而失中正,居六爻之最下,陷坎险之底,如入幽暗之地,不见明光,是爻之象也。"发蒙"者,非不欲诱掖之,劝勉之,无如教之不从,则不得不以刑罚齐之,一经悔悟,便脱刑具,不敢或猛,亦足见发蒙者之苦心也,故曰"利用刑人,用说桎梏"。古圣人之治民也,教化以导其俗,刑罚以齐其众,圣人虽尚德不尚刑,而亦未尝偏废也。按,艮为手,互卦震足,手足交于坎险,有桎梏之象。又坎通也,艮止也,如能通达,遂即罢止,有脱之象也。若执法过严,下既改过,上复苛责,不特阻其自新之路,或激而成变,故谓之"以往吝"也。盖治民之蒙,不可太宽,亦不可太急,戒之以刑,改则脱之,所谓"恩威并行,宽猛相济"者,发蒙之道,斯得之矣。用刑固非圣人本意,然国家设法,所以齐不齐,以致其齐也,若使有罪者皆脱网而去,则法将安用?顾刑法所主,宜大公至正,罚一人而使千万人知畏者是也,故曰"利用刑人,以正法也"。此爻变则为损,损之初九曰:"已事遄往,无咎。酌损之"。其斟酌适宜之义可见也。

【占】 问战征:爻曰"发蒙",是为伐暴讨罪之师,如大禹之征有苗,格则罢师而还,故曰"以正法也"。

○问营商:初居内卦之始,是必初次谋办也。坎为难,爻曰"发蒙",曰"用刑",知营商必有阻碍,殆将兴讼。得直理宜即止,若欲穷究,恐有害也,故曰"往吝"。

○问功名:欲往求荣,恐反受辱,宜自休止。

○问嫁娶:初居始位,爻曰"发蒙",必在少年订婚。既多事变,罢婚可也。

○问六甲:初爻阴居阳位,生女,又恐生产有难。

【占例】　余亲族田中平八氏来,以其弟某放荡,欲使之悔悟,将以某托余家,筮得蒙之损。

爻辞曰:"初六:发蒙,利用刑人,用脱桎梏,以往吝。"断曰:蒙之卦象,山为水气所蒸,朦胧不明,故谓之蒙。在人为邪欲所蔽,以致事理不明也。某之为人,才智胆力,悉类其父,但年少失教,竟习纨绔,不知艰难,故浪费货财,好与匪僻为伍。今使暂居余家,当先谕以处世之道,禁止他出,使之悔悟前非,是亦"发蒙,利用刑人"之义也。至其兄虽托于余,其母未免溺爱,恐有怨余教诲过严者。谚曰"人莫知其子之恶",此之谓也。

既而果如此占。教之一年,因其伶俐之性质,遂生后悔,可望后来之成人也。

九二:包蒙吉。纳妇吉。子克家。

《象传》曰:"子克家",刚柔接也。

"包"者,包容之义,"包蒙"者,包容众蒙而为之主也。"纳妇"者,受众阴而为妇也。"包蒙",言其量之能容;"纳妇",言其志之相得;"子克家",言其居下而能任事,故曰"吉"。二爻以阳居阴,具刚明之才、中和之德,当启蒙之任,能以宽严适宜,训导有方,可为君蒙之师也。蒙一卦,只有两个阳爻,余爻皆阴。上九之阳过刚,至于"击蒙";唯九二之阳得中,故能"包蒙"。且二爻之位,臣也,子也。在臣,则与六五柔中之君,阴阳相应,斯内为同僚所悦服,外为众人所归向,虽妇人之性,柔暗难晓,能以柔纳之,自得亲睦,故谓之"包蒙吉,纳妇吉"也。在子则能事六五之父,统众阴之子弟,以修齐家道,故曰"子克家"。夫子能治家,则家道日隆,父之信任专矣;臣能敷教,则民德日新,君之信任专矣。《象》曰"刚柔接也",即所谓上下合德也。《象传》之意,以二为臣,则以五为君;以二为子,则以五为父。事虽异,义则一也。刚指九二,柔指六五,九二与六五,阴阳相应。以刚中之子,继柔中之父,能治家道,谓之"子克家,刚柔接也"。以阳刚爱阴柔,故有"纳妇"之象;居下位而能任上事,故有"子克家"之象。互卦为震,震为长子,有主器成家之象。

【占】　问战征:二爻以阳居阴,爻曰"包蒙",有包括群阴之象。《象》曰"刚柔接也",刚柔者两军也;"接",接战也;"克家",犹言克敌也。占例妇为财,子为福,既克敌军,又纳其财,并受其福,大吉。

○问营商:二上以两阳包三阴,一阳在内,一阳在外,有包罗财物,出贩外地之象,故曰"包蒙吉"。"纳妇"者,是必旅居纳妇也,有妇复有子。"克家"者,必其子能继父业也。

○问功名:想不在其身,而在其子也,故曰"子克家"。

○问家宅:曰"包蒙",以艮包坎,是必山环水抱之地。曰"纳妇",曰"克家",是宅必有佳妇佳儿,克振家业,吉。

○问婚姻:玩爻辞,有二吉,明言有妇有子,吉莫大焉。

○问六甲:生男,主富贵。

【占例】 友人药师寺氏来告曰:"余自少努力,业务励精之久,渐兴家产。然不幸无子,因养亲族之子,以家产托之。故亲族中皆欲为吾子之想,务辅助之,使之各就产业,各营一家。无如彼多不知处世之苦,不思余之家产,出于焦心竭力之余,洵非容易。而一族中互怀不和,颇生嫉妒,余之所言,亦皆阳顺之而阴背之,恐余之殁后,必至亲族敌视,余心所不安也。处之如何而可? 为请一筮。"筮得蒙之剥。

爻辞曰:"九二:包蒙吉。纳妇吉。子克家。"

断曰:人当幼稚之时,首宜求师就学,教以道义,启其聪明,长则自能兴事立业,克成家道。若弃而不教,不得诿其咎于子弟。谚云"养不教,父之过,教不严,师之惰",可为戒矣。然教之道,有严有宽,严则致怨,不如宽而有恩,故曰"包蒙吉"。且此卦上互坤,坤母也,下互震,震子也,是教其震子,并坤母,而亦容纳之,是以吉也。迨其子长成,克治其家,斯不负教者之苦心矣。在足下智识活泼,勉强起家,能分财以抚育亲族,使之各居其业,继承祖先,其情可谓挚矣。而欲使亲族,咸知奋勉,一如足下之经营,其望未免过奢也。亲族中既无足下之才,又无足下之运,殊难相强。今占此爻,明示"包蒙"二字,盖劝足下唯以包容为量,不须苛责。人之至亲,莫如父子兄弟,往往父子兄弟之间,性情不同。父不能使其子皆为肖子;兄不能使其弟皆为悌弟,况于亲族者乎? 唯一一以包容待之,斯明者必能知恩,而不明者亦将感而自化,斯彼此可以无忧矣。

六三:"勿用取女",见金夫,不有躬,无攸利。

《象传》曰:勿用取女,行不顺也。

"金夫",犹曰丈夫也。金者,阳爻之称,取刚坚之义,指九二;九二包君蒙,故有富之象。曰"金夫"者,为别上九正应之夫。三爻阴柔而不中正,暗昧而居坎险之极,不能守贞而待时,故求而不止,欲而不择,其行偏僻,其事暧昧,见九二为君蒙所归,得时之盛,因舍上九正应之夫,欲从近比之九二。操行不正,不能复持其身,娶此多欲之女,必无所利也,故曰"勿用取女,见金夫,不有躬,无攸利"。艮山止而不动,坎水流而不止,可见"不有躬"之象。又坎为盗,此爻变则为巽,巽为近利,见人之有金,破节败名,不复知有躬。此爻又变而为蛊,以巽之长女,从艮之少男,惑乱之象。《爻辞》虽指女与夫言,亦喻辞耳,凡阴柔多欲者,皆可类推。九二有刚中之德,必不比六三而为不义之行,唯六三以不中正,欲自比九二,故系辞于六三,以见罪在六三也。《象传》之意,谓阳倡而阴和,男行而女随,顺也;以女求男,于理已悖,况舍正应之夫,而从比近之《金夫》乎? 故曰"勿用娶女,行不顺也"。

【占】 问战征:爻曰"勿用娶女",女阴象,凡占书以女爻为财,金亦财也,言行军宜散财以容众,不宜敛财以取怨。如掳掠财物,必致师败身亡,曰"勿用",戒之深矣。

○问营商:六三以阴居阳,阴内阳外,是必行商出外也。行商最忌贪色,男恋其色,女图其财,一入骗局,小则破财,大则伤身。《象》曰"行不顺也","顺"与"慎"音同义通,可不慎哉!

○问家宅:玩爻辞,所谓"牝鸡司晨,惟家之索",是宜深戒。

○问功名:妇道通于臣道,见财忘义,必致声名破败。为女不贞,即为臣不忠也。

○问六甲:生男。

【占例】　某贵显当维新前脱藩,而与诸藩浪士交,共倡大义,奔驰东西,偶归乡里,遂为藩吏所忌。亲族多疏散,以致妻女亦不善遇,正如苏秦归来,裘敝金尽,妻不下机,嫂不为炊时也。既而维新之世,仕升显职,设邸东京,招致家族,彼糟糠之妻,性质朴野,容貌动止,多不适意。加以前日疏己之嫌,遂去之,外狎一妇,情好最密,谋纳为妻。一日来谓曰:予将娶妻,请占其良否? 筮得蒙之蛊。

爻辞曰:"六三:勿用取女,见金夫,不有躬,无攸利。"

断曰:蒙者,物之蒙昧而未发达之称,为幼稚之义。然非专指"童蒙",凡人无道义之教者,总谓之蒙。今足下欲娶情妇,占得此爻,《爻辞》曰"见金夫,不有躬",此女必有淫行,想是艺妓之女。"金夫"者,谓将以金赎其躬矣。恐品格不正,难谐永好。此女以一时之举动,投足下之意,足下将欲娶之,若娶此女,后来恐别生葛藤,系累不绝,其有悔必也。足下阀阅家风,素守清白,如娶艺妓,必不适堂上之意,而彼妇暂时忍耐,未必能永守清规,足下即不去之,彼亦将下堂求去也。

某不用余言,纳之,后果如此占。

六四:困蒙,吝。

《象传》曰:困蒙之吝,独远实也。

四爻以阴居阴,其位不中,如艮下山足,牢不可移,谓顽固而不知迁善也。近六五之君,才拙而任重,无贤者以辅导,故不堪困苦,而终为鄙吝之行,所谓"困而不学,民斯为下"者也。盖艮之少男,柔弱不中,昏蒙未启,与群宵为伍,是自困也。况上有艮山而不能进,下有坎险而不能退,应比皆阴,无刚明之亲援,凡亲我者皆阴柔不正之徒,则聪明无自发,昏昧无由开,是以其为事也,无不困也,谓之"困蒙,吝"。窒而不通曰困,纳而不出曰吝;困犹病之忌医。吝犹过者之讳师,如此者,教之虽以其道,不能从也,其吝甚矣。《象传》之意,此卦初爻比九二,三爻应上九而比九二,五爻应九二而比上九,各有阳刚之应比,得贤师良友之辅导,独此爻陷三阴之中,而不得刚实之师友,故曰"困蒙之吝,独远实也"。独者,无助之谓,阳以生为主,故称实也;"远实"者,自我远道之义也。人而远道,孟子所谓自弃者。

【占】　问战征:行军宜深入显出,曰"困蒙",是人阴险之地,而不能出也,故困。足以济困者,在初爻之阳,六四距初间隔二爻,阳为实,故"远实",是知救兵在远,不能及也。凶。

　　○问营商:经商之道,宜亨不宜困,宜通不宜吝。"实"资本也,"远实"则伤其资矣。"困蒙"之吝,其道穷矣。

　　○问时运:"蒙",暗昧也,"困",厄穷也,蒙而困,其终困矣。

　　○问家宅:据《爻辞》观之,家业困苦,宅地亦幽僻。《象》曰"独远实也",是必孤村而乏邻居也。

　　○问六甲:生女。是女必少兄弟,故曰独。

【占例】　乌尾得庵居士,余素所敬信也。明治二十三年十二月,与古庄嘉门氏等数人访余,曰:明年以国会开设之期,吾辈立一主义,欲有所倡导,请占其气运如何? 筮得蒙之未济。

爻辞曰:"六四:困蒙,吝。"

断曰:此卦山前水气蒸发,朦胧不明之象。《易》有屯、困、蹇、坎四难卦,其当之者,不能容易脱险。如蒙则否,虽陷坎险,由其爻之所居,有智识者,自得免险也。今以四爻观之,承乘应皆阴柔,无助吾之力,在人则无贤师良友,不得启发其蒙之时也,故曰"困蒙,吝"。君学通古今,才兼文武,其所欲倡导之主义,为天下之公道,加之以卓绝之识见,豪迈之胆力,故以理论之,如天下无敌者。然得蒙卦则天下之人,总如童蒙,不识是非邪正,犹暗夜不辨鸟之雌雄,是以君虽说得中正道理,终不能开发其悟。"困蒙"者,是无其效也,然过此一年,至五爻"童蒙吉"之时,下有九二阳爻之应,得以辅导,自可大遂其志也。

后果如此占。

〇明治二十七年冬至,占二十八年贵族院院议,筮得蒙之未济。

爻辞曰:"六四:困蒙,吝。"

断曰:此卦山下有水之象,水自山上流下,前途不知所之。人亦如此,故虽贤哲之士,得此卦则固有之智识,为物所蔽,为言行蒙昧之时也。今以贵族院见之,若不觉自己之蒙昧,而焦虑国事,犹瞽盲之人,不见全象,而评其形状,谓之"困蒙之吝,独远实也"。为明年院议不举之占也。

六五:童蒙,吉。

《象传》曰:童蒙之吉,顺以巽也。

五爻以阴居阳,柔顺谦虚,下应九二;艮之少男,得柔中之德,而居尊位,幼主临下之象。九二之贤臣,有刚中之愨,能辅佐六五之君。在幼主自知年少,委政贤相,无为而治,如成王之于周公是也。人主能不挟威权,舍己从人,任贤不二,如"童蒙"之得贤师,专心听受,故曰"童蒙,吉"。《象传》之意,以人主之尊,生长富贵之中,不知处世之艰苦,往往疏忠言,远耆德,以致败乱国家,在所不免。今六五能顺九二,故曰"童蒙之吉,顺以巽也"。此爻互卦为坤,坤为顺,变则为巽,"顺"、"巽"二字,出于此。

《易》中以九居五,以六居二者,虽当其位,其辞多艰;以六居五,以九居二者,虽不当其位,其辞多吉。盖君贵以刚健为体,在虚中为用;臣贵以柔顺为体,以刚中为用,斯上下交而其志同也。是卦之通例也。

【占】 问战征:五互坤,辰在未,值井,弧矢九星在井东南,主伐叛。又东为子孙星,爻曰"童蒙",是帅子弟以从军也,故吉。

〇问营商:五为卦主,爻曰"童蒙",是必店主尚在童年。五应二,《正义》云"委物以能",谓委付事物于有能之人,是委二也。盖五爻店主,自知年少,顺从二,以为经纪,故曰"童蒙吉"。

〇问功名:年在"童蒙",功未成,名未就,惟能顺听二爻师教,则成就未可量也,故曰"吉"。

〇问婚姻:蒙上体艮,艮为少男,是以幼年订姻也,故曰"童蒙吉"。

〇问六甲:生男。

【占例】 友人福原实君，一日来访，告以荣转冲绳县知事，且请占前途吉凶。筮得蒙之涣。

爻辞曰："六五：童蒙，吉。"

断曰：此卦事物之理未明，蒙昧幼稚之象，故谓之蒙。按此卦以阳爻为师，以阴爻为弟子。今六五阴而应阳，以位得中正，犹童蒙之天禀本美，绝无私欲，故吉。足下之性质温厚沉实，余之所知也，赴任之后，接待僚属，宜磊磊落落，不挟一私，豁达大度，虚怀听受，自然上下同心，彼此相待，公私皆有益也。以蒙卦见之，足下初莅其任，风俗人情，未免蒙昧无知，择属官中通达事务者委任之，藉彼之明，启我之蒙，是为紧要。此占有实与足下之性质符合者，足下能体认是理，而从事县务，后必奏实功也。是所以曰"童蒙吉"也。

○明治二十七年冬至，占明年众议院之形势，筮得蒙之涣。

爻辞曰："六五：童蒙，吉。"

《象传》曰："童蒙之吉，顺以巽也。"

断曰：蒙者山下有水之象，在人为智识不明，不知事理之向方也。先是众议院创议，节省政费，每年减之，不详度政府之动为，不留意各国之形势。此议纷起，政府颇以财费不足为忧。后有忽有征清之敕，于是众议员辈，皆作青天霹雳之想，在广岛集议，不终日而决公债一亿万元募集之议，是谓"发蒙"也。蒙也者，非谓愚也，幼而智识未开之谓，故曰"童蒙"。今得五爻，有"童蒙"受教，启迪聪明之意，故曰"童蒙吉"。为明年院议之占也。

上九：击蒙。不利为寇，利御寇。

《象传》曰：利用御寇，上下顺也。

"击蒙"者，谓不能"包蒙"，而杖作教刑，怒而出之以击也。此卦四阴二阳，四阴皆蒙昧，二阳均有刚明之才德，足以击蒙也。九二有刚中之德，训导中节，宽严适宜，其于蒙能包之，所谓"董之用劝"；此爻以阳居阴，刚极失中，其于蒙也，乃击之，所谓"戒之用威"。此击字，比"包蒙"之包，"发蒙"之发，凌厉严刻，不言可知矣。然"童蒙"而不从教，初发之而不知感，继包之而不知悟，教之术亦几穷矣，上九亦出于势之不得已也。至击之太甚，未免过于凶暴，是击之者，反为寇也，故曰"不利为寇"。然因其蒙顽不灵，一味优容而不惕之以威，将恐蒙极而流为寇，是宽之适以害之。击之者，治蒙虽严，正所以御其为寇也，故曰"利御寇"也。曰"为寇"者，寇在我也；曰"御寇"者，寇在彼也。艮为手，有击之象；坎为盗，有寇之象；艮止于上，有"御寇"之象。上九虽应于三，三之行不顺，是寇也，非婚媾也，故利御之也。此爻变则为师，师又有击之象，乃寇之象。《象传》之意，此卦有刚明之德，比六五而辅翼之，应六三而训导之。且自上九至六三，其应比之间，无有一阳之障碍，是为柔顺之极，故曰"利用御寇，上下顺也"。

【占】 问战征：上辰在戌，上值奎，奎主库兵，禁不违时，故曰"利御寇"。

○问营商：商业一道，全在利用，又贵顺取。逆取为寇，顺取则为御寇。"上下"者，卖买两家，卖买和洽，则上下顺矣。吉。

○问婚姻："击蒙"，马郑作"系蒙"，恰合月下老人红丝系足之意。屯卦两言"匪寇婚媾"，是佳偶为婚，怨偶为仇之谓也。利用御寇，必为佳偶。妇道贵顺，《象》曰"上下顺也",是必家室和平也。吉。

　　○问六甲:生男。此男童年,必宜严教。

　　【占例】　某氏为朋友调排事务,恐反生枝节,请占一卦,筮得蒙之师。

　　爻辞曰:"上九:击蒙。不利为寇,利御寇。"

　　断曰:此卦内卦为水,外卦为山,山被水气所蒙,故有朦胧不明之象。水阴也,山阳也,君之朋友,想为阴柔者所蒙,以致多事,君将居间而处置之,则必去其蒙,而后其事得以就理。始君举正理而婉说之,彼等蒙顽性成,固非可容易了解,于是君乃盛气相争,直摘其奸,攻击太甚,在朋友不特不感其情,反将以寇雠视君也,故曰"不利为寇"。不知朋友之所以不悟,实被阴柔者所蒙,彼阴柔者乃真寇也,君当击而御之,斯其事可理,故曰"利御寇"。

　　某氏谢而从之。

　　○明治二十七年冬至,占二十八年我国与英国交际,筮得蒙之师。

　　爻辞曰:"上九:击蒙。不利为寇,利御寇。"

　　断曰:此卦山下有雾,朦胧不可远望之象,故名此卦曰蒙。人得此卦,为彼我之情不通,而不知所为也,国家之交际,亦犹是耳。夫智识未明者,谓之"童蒙",此卦各爻有教蒙之义。阳爻为师,阴爻为弟子。上爻阳而失中,持之过激,未免薄于情义,甚至反招其怨,故谓之"击蒙,不利为寇,利御寇"。今得此卦,以我国拟纯良之弟子,以英国为傲慢之师,当我国与清国交战得胜,彼因之起妒忌之念。上爻幸居无位之地,故不须劳心,即不以师视之亦可,惟敬而远之,温言宽容,以敦交谊。彼虽有干涉之举,婉辞谢之,不可结寇也,谓之"不利为寇,利御寇"也。

䷄ 水天需

　　"需"字,古文作"𩓣",本从"天",非"而"字,即下卦乾天,上卦坎云之象形也。《大象》曰:"云上于天,需"是也。音须,从"雨"得声,此字训待之义。详《彖传》下。

　　需:有孚,光亨,贞吉,利涉大川。

　　九五以阳陷阴中,待三阳之进;三阳亦欲进而未进,是以得同心之孚。虽在少时、阴暗未消,而乾阳方升,自能光显亨通,而安贞有吉也。险莫如大川,上下相孚,阳长阴衰,往而涉之,必有利,唯在需其时而已。坎乾两卦,其中实,故曰"孚";互卦离,为光为舟;坎水为川,以乾健临之,故"利涉"也。

　　《彖传》曰:需,须也,险在前也。刚健而不陷,其义不困穷矣。需"有孚,光亨,贞吉,"位乎天位,以正中也。利涉大川,往有功也。

　　此卦水气蒸发为云,云升于天,则大雨之来可立待也,故曰需。又乾为老父在内,坎为中男在外,倚阁之望,待子归来;又乾为进,坎为川,欲进而遭大水,必待水退而进,皆需之义也。凡需之为象不一,而莫急于饮食,外卦坎为饮食,而互兑口,是以九五曰"需于酒食"，《象传》曰："需，君子以饮食宴乐。"盖万物必需雨泽而得生，人则需饮食而养生，是需之义也。

以此拟人事，内卦为我，具刚健才力以求进也；外卦为彼，设危险之策略以阻我也。进则必陷于险，未可妄动，唯宜需时，或需彼之奸计败露，或需我之气运亨通，斯进而谋事，方无险阻之患矣。然世人往往虚浮轻躁，不待时机，而任气直前，未有不身陷祸患者也。此卦下卦为乾，惟"刚健而不陷"，故"其义不困穷"也。至九五之时，危险解释，得志尤易，自可成就大事，谓之"需'有孚，光亨，贞'，位乎天位，以正中也，'利涉大川'，往有功也"。凡《易》中曰"光"，曰"光大"者，皆谓其光明正大，能奏成功也。六十四卦中，曰"利涉大川"者凡七，需居其首。自古创造舟楫，以济涉川，然时或风涛凶恶，多以不能忍耐，致遭覆溺，需卦故首戒之。唯其能需，是以"利涉大川"也。谚曰"急行者要迂回"，此之谓也。大凡人之为事，皆不当顾虑目前，与其速进而有悔，何如后时而圆功？大而求功名，以匡济国政，小而谋财产，以振兴家业，无不当待时而动也，故曰"往有功也"。

以此卦拟国家，下卦乾为人民，挟刚健之才力，欲进而参与政事；上卦坎为政府，禁下卦人民之暴进，示以法律。人民恐陷于危险，而不敢进，必待法网稍宽，斯可谋进矣。上卦政府，知下民有待泽之意，怜其陷于困难，布施雨泽，以苏民生，或减其租税，或谋其衣食，或开垦荒田，以资耕种，或赈发米粟，以济凶歉，故《系辞》曰："需者，饮食之道也。"下卦之人民，具健行之德，非不思进谋国是，因时运未通，不得不隐居求志。是上下共守需道，庶几可得幸福，谓之"需，有孚，光亨，贞吉，利涉大川"也。

通观此卦，初九从二阳之后，有进行之志，虑遇险而难为，未敢轻进。九二，为三阳之主，本可进行，但以坎险在前，恐进而有咎，是以从容待时，即所谓"君子居《易》以俟命"也。九三，重刚而不中，独进而涉坎险，以致酿灾，唯能敬慎，尚可不败。六四，位邻九五，虽能尽其忠诚，而乏匡济之才，为下三阳所疑，未免受伤，仅得以身免而已。九五，秉刚健中正之德，以待天命，是能尽需之道也，故曰吉。上六，当爻之终，险陷已极，无复可需，虽有非意之来，"敬之终吉"。乃知需之为时，能含忍守敬，皆可免祸。需之时义大矣哉！

《象》曰：云上于天，需，君子以饮食宴乐。

坎云在上，乾天在下，阴阳之气未交，而不成雨。盖云在天上，虽有雨兆，或散而复晴，犹之君子养其才德，虽欲出而济世，而风云未会，不得施其膏泽。若怨天尤人，梯荣干进，是小人不知时命者之所为也。所谓"饮食"者，非侈意醉饱之谓，如孔子之饭蔬饮水，颜子之一箪一瓢也。所谓"宴乐"者，非溺情逸娱之谓，如考槃之足以悲歌、卫门之可以栖迟是也。以其能素位而行，不愿乎外，故曰"饮食宴乐"。余谓我国商人，以当地经营不合，出游外国，劳心劳力，自谋衣食，及一旦报内地凶歉，在外洋贩运米谷，赈济饥馑，藉以获利者，亦需之道也。

【占】 问战征：需，待也，云在天上，阴阳未交，未可战也。乾为君子，又为武人，属主帅言。坎为酒，故曰"饮食宴乐"盖言行军先备军粮也。

〇问营商：玩爻辞，想是贩运粮食，或开设酒馆之业也。曰"云上于天"，是云在上而雨未下，想是资本未集也，故曰需。

〇问功名：是风云未际其会。尚有待也。

○问疾病:宜以饮食调剂,安乐自遣,遣久自愈。

○问六甲:生男。

初九:需于郊,利用恒,无咎。

《象传》曰:"需于郊",不犯难行也。"利用恒,无咎",未失常也。

"郊"者,偏鄙之地;坎者,水也,险也。"需于郊"者,前途为坎水所阻,必待川水减退,故需。又乾为金,如旅客怀金,中途被水,以致滞留者。以乾三爻,对外卦之坎,各以所居远近系辞,曰"郊",曰"沙",曰"泥",取渐次近险之象。此爻去水最远,不敢进而冒险,故曰"需于郊",所谓"危邦不入,乱邦不居"之义也。躬耕郊野,无求于世,历久而不改其节,故曰"利用恒"。"恒"、不变动之义。"用恒"者,始终不变也。初九之患,相去尚远,然思患预防,恒守其贞,可以免祸矣,故曰"无咎"。此爻体乾,乾者刚健,其道以上行为常,且以初九与六四正应,苟急其应,则必有冒险之虞。今僻处远郊,以待时机,是以《象传》曰:"不犯难行也。"

【占】 问战征:爻曰"需于郊",是必屯营于郊也。坎为险,为难. 是必前进有险,故《象》曰"不犯难行也"。初为卦之始,知初次出军;曰"恒",曰"需",知宜久待。恒而后进,必无咎也。

○问功名:卦属初爻,知为初出求名也。郊为草莽之地,"需于郊",谓宜退居于野也。恒,久也,"利用恒",谓宜久待而后可利见也。《象》曰"不犯难行也",谓其不涉于难;"未失常也",谓其能守其恒,故无咎。

○问营商:行商之道,以恒久为利。"需于郊",知必前途有险,暂以货物堆积于郊,以待时而行也。《象》曰"未失常也",知货物无损失也。

○问疾病:"郊"者,田野空旷之处,谓宜就野外,幽居以养病也。"无咎",即病无害之谓也。

○问六甲:生男。

【占例】 友人左右田金作氏来告曰:有一会社,咸云利益甚多,将谋入社,请占前途吉凶。筮得需之井。

爻辞曰:"初九:需于郊,利用恒,无咎。"

断曰:此卦内卦乾,乾纯阳属金;外卦坎,坎属水,有去高就下之性。且坎为险,谓彼设危险之计,募株主之金,将使入者皆陷之于险。然能察彼社之举动,审彼社之虚实,待其险陷既平,而后入之,是需之作用也。《象传》曰,"需,须也,险在前也,刚健而不陷"也。初爻之辞曰"需于郊",郊者,郊外之地,幸去危险尚远,足下不被其所诱,不陷于奸策,持重不变,可谓能守其常也。至五月之后,该社必有祸难,斯投机者皆退,株券亦当下落,此时买株券而入社,其后此社运必当盛大。爻象如此,是宜暂待时机也。后果如所占。

九二:需于沙,小有言,终吉。

《象传》曰:需于沙,衍在中也。虽小有言,以吉终也。

"沙"者，近水之地，比九三之"泥"尚远，比初爻之"郊"近矣。"小有言"者，谓有言论之争。凡《易》之辞，患难之小者曰"小有言"。二爻进初九一等，渐近于险，有"需于沙"之象；虽有刚阳之才，足以济险，以上无君长之应，中无同僚之助，唯居柔守中，宽裕自处，是需之善也。然以去险渐近，虽未至大害，已有小言矣，故曰"小有言"。互卦为兑，兑者口也，悦言之象；坎者舌也，怒言之象，谓彼出怒言，而我能和解之，故曰"终吉"。"衍"，宽绰也，谓胸中宽衍，又能忍耐，终得济焉。故《象传》曰："'需于沙'，衍在中也。虽'小有言'，以吉终也。"凡《爻辞》变而之成曰终，为原始以要终。"终吉"者，前凶而后吉也。此爻变则为既济，其《爻辞》曰，"妇丧其茀，勿逐，七日得"，亦可以见终吉之义也。

【占】　问战征：坎为隐伏，玩爻象，谓宜伏兵于沙漠之地。或因间谍致误，小有挫折，终必吉也。

○问营商：二爻辰在寅，上值天江四星。石氏云，"天江明动，大水不具，津梁不通"，因之货物不能通运，故"需于沙"，沙，水岸也。虽小有口舌，无害商业，故"终吉"。

○问时运："沙"从"水"从"少"，是少有水之处，不能通舟楫也。"需于沙"，犹言时运之不通也。二爻辰在寅，又上值箕，《诗纬》云："箕为天口，主出气"，小有言，是谗言也。然需以待之，故"终吉"。

○问六甲：生男。

【占例】　友人永井泰次郎氏，贷与金于北海道商人，某逾期末返，发信督促，未得回报。因欲自赴彼地，请占一卦。筮得需之既济。

《爻辞》曰："九二：需于沙，小有言，终吉。"

断曰：需者，坐而待时之卦也，不宜自进而赴彼地。于《象》曰"有孚"，见之知彼非故意延缓，因商业上有意外纷纭，为之奔走不遑也，谓之"小有言"。今后四月，即至第五爻之时，彼必可返还其金，谓之"终吉"。

永井氏守此占，而不行，后至四月，果如所占。

九三：需于泥，致寇至。

《象传》曰："需于泥"，灾在外也；自我致寇，敬慎不败也。

"泥"者，水际湿土，即水际之地也。"寇"者，坎之象，灾之大也。初九之郊险尚远，九二之沙险渐近，九三之泥，身已接险，祸在目前。此爻居乾卦之极，过刚而不中，故当险难在前，复不介意，恃己刚强，见上位之应我，不辨时机，不察事情，一意妄进，将以救在前之险，故非坎险来迫人，人自进而逼险，譬如水不溺人，人自冒险狎水，以致其溺，故曰"致寇"也。然当此时，能操谨思持重之心，戒轻举妄动之失，及早悔悟，犹得免于灾也。《象传》曰"灾在外也"者，坎险在外卦之义；又外者，谓意外之事也。我欲救彼而却为彼所害，九三之意外也。且非灾之来害我，自我去招致其灾，故曰"自我致寇"。若能敬慎自持，量宜而进，虽坎险围绕，亦不能如我何，我自得以不败，故曰"敬慎不败也"。凡争名者毁，争利者夺，是皆非寇之罪，自招之孽也。此爻变则为节，其辞曰，"不节若，则嗟若，无咎"，可以见敬慎之义矣。又如九三六四虽阴阳相比，不相为助，而却相为害，《易》中此类之比，谓之害比。

【占】　问战征:九三居内卦之终,逼近外卦,坎为寇,亦为灾,故曰"灾在外也"。有敌来寇者,谓"寇至",有我自去招敌者,谓"致寇至"。必谨慎自持,先立于不败之地也。

　　○问营商:"泥",拘泥也。行商之业,宜流动,不宜拘泥。若拘泥不化,内有疑忌,遂致外生变端。慢藏诲盗,即以"致寇"也,可不谨慎哉!

　　○问功名:爻曰"需于泥",泥水际污泥也,需于此,则必将下流而难期上达矣。其不败也,亦仅免焉。

　　○问婚姻:《易》以寇与婚媾并言,谓寇则必非婚媾,是怨偶也。"需于泥",不进之象,于婚事则必不成。

　　○问六甲:生男。

【占例】　佃岛在监之时,占西村三濑及余三人之身事。余之谪佃岛也,与同囚西村胜藏、三赖周藏,最亲密。一日二人叹曰:"我侪有一大难事,须相与计划之。"余问故,曰:昔役所有大会议,吾二人为所驱使,事繁议长,入夜渐散,因窃叩所议何事。或曰:"狱官等议,谓方今菜油价低,菜种价贵,购贵价菜种,制低价菜油,徒劳役徒,反遭损失。今后废制油之业,用此役徒,从事于横须贺船渠之造筑。役徒中有嘉右卫门者,长于指挥,委以指挥之任;胜藏者,长于计算,委以计算之任;周三者,善医,使以诊视役徒之病,亦今日之良策也。且熟见此三人,皆有一癖,非可以寻常视之,他日赦免,恐生他事,再罹刑狱,使渠等罪上累罪。是亦可悯,不如长拘留驰使工事,免生他祸,是亦仁术也。会议如此,盖狱官等为此议者,凡幕府之例规,官所收入,以其半额称役得,吏员取之半额贮蓄之。此事若行,吾三人之灾害非浅,子请筮之。乃先为胜藏占之,遇需之节。

　　断曰:需,须也,坎险在前,乾健临之,将涉水而不轻进之卦也,辞曰"需于泥,致寇至"。九三居内卦之终,最近外卦之坎险,可谓危地也。《象传》解之曰:"灾在外也。"按此灾非横须贺之事,曰"在外"者,必别致之者。吾子有远虑,非犯法而脱役,亦必不复犯他罪者。然则吾子之灾,其或病乎?若有罹病,吾子须自爱。《象传》曰:"自我致寇,敬慎不败也。"

　　次占周三,遇鼎之旅。

　　爻辞曰:"鼎有实。我仇有疾,有我能即。吉。"

　　断曰:吉也。鼎者,重器而不可容易动者也,况其中有实乎?且风变而为山,山者止而不迁者也,可知其身依然不动。又欲动我者,即"我仇"也,今曰"我仇有疾,不我能即","有疾"者,无力,其不能动我可知也。横须贺之事,不足忧也。

　　终乃占余,遇艮之渐。

　　爻辞曰:"艮其辅,言有序,悔亡。"

　　余惑之,熟考者久之,既而乃得其悟曰:辅者,口颊也,"艮其辅"者,不妄言也。其下曰"言有序,悔亡",余他日必有得言语之秩序,为在上者所赏识,可得免罪也。

　　断虽如是,当时尚不知后日应验如何。后胜藏果罹脚疾,殆陷危笃,得周三敬慎看护而愈。周三由当任吏员免职,横须贺之事遂废,皆得赦免。余为占吏员和田十一郎氏身事,以事能中理,许期半而赦。

〇明治二十七年五月,朝鲜国东学党乱起,我国与清国有《天津条约》,六月六日,我国派军前往,至二十三日,朝鲜兵与我兵争斗。其事专依清国政府之命,于是有与清国开战之兆。筮得需之节。

彖辞曰:"需:有孚,光亨,贞吉。利涉大川。"

《彖传》曰:"需,须也,险在前也。刚健而不陷,其义不困穷矣。需有孚,光亨,贞吉,位乎天位,以正中也。利涉大川,往有功也。"

爻辞曰:"九三:需于泥,致寇至。"

《象传》曰:"需于泥,灾在外也;自我致寇,敬慎不败也。"

断曰:此卦有水在天上之象,黑云在天,势将降雨,待时而举,必能奏功也。以内卦为我,乘阳健而将进,外卦为清国,设坎险而陷我,唯我刚健不陷,故不至困穷,待五爻之时,可以进师,谓之"需,有孚,光亨,贞吉,位乎天位,以正中也"。"天位"指九五之时;"利涉大川"者,谓海军必能获利;"往有功也"者,谓陆军必得成功。盖此卦五爻六爻阴阳各得其位,谓得天时之象;三爻以阳就阴,四爻以阴后阳,谓得人和之象;唯二爻阳在阴位,于地利大有所缺。今占得三爻,是本年六月,已将向危险之地,谓之"需于泥",《传》曰"自我致寇,敬慎不败也。""需于泥"者,谓进退不得如意;"自我致寇"者,谓自我进入也。四爻当七月,辞曰"需于血,出自穴",此爻居三与五之间,有火,谓穴出火而见血,当预防地雷。按凡四十日间,须择屯营要地,使敌不能袭我,八月上旬,待五爻之气运,一举可以奏大功也。

反是而观,此卦于清国气运,将转入需之下卦,为讼。如左:

彖辞曰:"讼:有争窒,惕中吉,终凶。利见大人,不利涉大川。"

《彖传》曰:"讼,上刚下险,险而健,讼。讼有孚窒,惕中吉,刚来而得中也;终凶,讼不可成也。利见大人,尚中正也;不利涉大川,入于渊也。"

此卦上卦天为日本,下卦水为清国。天气上腾,水流陷下,以卦象见之。天者刚健而威,水者陷下而危险困难。然困而思奋,欲藉公言而争是,是以得占讼卦也。清国遭此逆运,计谋筹策悉不达,谓之"讼,有孚窒"。天运如此,故曰"惕中吉,终凶"。且讼之时,非成事之时,故曰"讼不可成也"。但至五爻之时,从大人之意而处事则可,故曰"利见大人"。又于此卦用海军则大败,有军舰覆没之患,故曰"不利涉大川,入于渊也"。

呈此占于大本营某贵显,是月二十八日,《国民新闻》及《报知新闻》皆揭载之。我国得需之盛运,凡四十日后,陆军胜牙山及成欢之役,海军于丰岛及黄海得大捷。清国遭讼之逆运,陆军大败牙山及平壤,军舰至沉没,"入渊"之辞,为不虚也。就占后四十日计之,恰于三十九日得大胜也。又此战终局,需之上六,"有不速之客三人来,敬之终吉",后果俄、英、美三国公使来议和,敬而容纳,则终吉也。

六四:需于血,出自穴。

《象传》曰:需于血,顺以听也。

坎阴为血之象,坎险为穴之象。此爻与上六同言穴者,以体坎也。血者杀伤之地,穴者险陷之所。此爻入坎险杀伤之地,为寇所伤,故曰"需于血"。"需于血"者,承前爻"致寇"而言也。盖六四重阴才弱,居坎险之初,以一阴柔之资,为三阳所迫,临大难之冲,唯能顺以从时,不竞于险难,虽受小伤,不至大凶,终得出险。六四上比九五,为九五所救,出九死而得一生,故曰"出自穴",犹孔子解匡人之围,文王脱羑里之难也。夫云出于地,升于天,无不由穴,故有"出自穴"之义。且此爻居外卦之始,又有出之象;变则为夬,有决出之义。《象传》"顺以听也"者,谓能顺从九五之训诲也。坎为耳,有听之象。

【占】 问战征:四为坎之始,坎为血卦,"需于血"是战之受其伤也。"出自穴",是虽伤而犹能出于险也。其所以出险者,盖不在强争,而在顺听也,顺斯免害矣。

　○问家宅:曰需血,曰出穴,有出幽谷迁乔木之象。顺者家道顺也,吉。

　○问营商:玩爻辞,想必是采取矿产也。"出自穴"斯得利矣。

　○问功名:所谓呕尽心血,方得出人头地,故有需血出穴之象。

　○问疾病:想是呕血之症,必须调养气血,使阴阳和顺,自可出险得生。

　○问六甲:生男。虽小有险难,终获安产。

【占例】 明治十九年,知友英国人工学博士某来告曰:余有一女,为法国公使馆书记官某氏之妻,今将分娩,适遭难产,命迫旦夕,愿一筮而卜吉凶。筮得需之夬。

　爻辞曰:"六四:需于血,出自穴。"

　断曰:需者,待也,万事以待为义。今临难产,唯待其分娩之速也。爻辞曰需,是不能速产也。九五,尚有可待,至上六无可复待矣。知此《易》理,以应其事变,当别求施治之策而已。以全卦象产妇之妊体,九三居阴门之位,阳爻变阴,即得安产之意。今筮得六四之阴,以阴柔而处于险,显见难产之象。且四爻位属腹部,有截开母腹之象。何者?爻辞"需于血"之血,非产血,乃鲜血也;"出自穴"之穴,非阴门,乃截开之穴。宜延外科,别施妙术。若夫侥幸九五之酒食,因循姑息,以延待分娩之期,恐至上爻"入于穴"之时,母子俱难保矣。爻象如此,宜速施应急之术,以图妊妇之安全也。

　某氏闻此占断,大喜,速告医师,截开腹部而产,其子虽死,其母幸得生全。

九五:需于酒食,贞吉。

　《象传》曰:酒食贞吉,以中正也。

　五爻阳刚而居尊位,居中得正,克尽其道,以此而需,何需不获?《纂言》曰:"万物需雨泽,人需饮食,天下需涵养,需之时义大矣哉!"饮食者,人各需以养生,唯人君不需自养,而需饮食以养天下。斯休养生息,使天下之民,人人乐其乐,利其利,咸餍饫于深仁厚泽之中,故曰"贞吉"。然或狃于豆区釜钟之小惠,逸乐自耽,不知警戒,则坠其成业者,往往有之,是谓失其中正也。《象传》曰,"酒食贞吉,以中正也",戒之深矣。且九五君德,尚在险中,需人共济。初爻乐躬耕以求志,二爻惕人言而复退,三爻守敬慎以免灾,至四爻则出穴而进也,上爻则不速而来也。五爻数来时可,众贤并进,斯时人君适馆授餐,礼隆养贤,贤才亦各效才能,以匡济天下。教稼明农,画井授田,首为民生谋衣食之源,不复使天下有一夫冻馁,即遭荒凶,亦必蠲赈周济,倍切人饥己饥之忧。是王道之久而成化者,其即在需之道乎?《象传》曰,"需,有孚,光亨,贞吉,位于天位,以正中也",此之谓也。此爻变则为泰,天下泰平之象也。

【占】 问战征:爻辞曰"需于酒食",是得胜旋师,有犒赏策勋之象,故曰"贞吉"。

○问功名:是为鹿鸣宴乐之时也,吉。

○问营商:五互离,辰在午,上值柳,附星有酒旗,有外厨,主宴享饮食,知必是酒馆粮食等业。又坎为人,为纳,知其商业必输入有余也,故"贞吉"。

○问婚嫁:需五爻为泰,泰六五曰"帝乙归妹,以祉元吉",又九三曰"于食有福",此即"需于酒食"之义也。"有福",故"贞吉"。《象》曰"以中正也",是谓得婚嫁之正也。

○问六甲:生男。得子必置酒设席,古今皆然,故爻曰"需于酒食"。

【占例】 某氏来自某县,曰:今欲谒某贵显,有所恳请,请占贵显之待遇如何? 筮得需之泰。

爻辞曰:"九五:需于酒食,贞吉。"

断曰:需者,须也,待也。凡疏远未晤者,偶然相会,必多欢乐。卦象如是,由是观之,足下访贵显,贵显必悦而迎之,加意厚待,淹留京中,屡得招待飨宴,共话旧事,可受敬爱也。故曰"需于酒食,贞吉"。

其后某氏来谢曰:依君之占筮,往访贵显,甚为厚遇,且得达志愿。神《易》妙机,甚灵!

上六:入于穴。有不速之客三人来,敬之终吉。

《象传》曰:不速之客来,敬之终吉,虽不当位,未大失也。

上与四共坎阴,有穴之象。上爻居外卦之终,出而无可行,故曰"入于穴"。"有不速之客三人来"者,谓内卦三阳,不招而皆来也。唯柔顺不拒绝,无妒嫉争竞之心,一以敬礼相待,彼三阳虽刚断,无争夺之意,故曰"敬之终吉"。"敬之"二字,暗含前爻"酒食"之意;"终吉"之义,与九二同。上六阴而居险,无复可需,然能敬而下贤,是无失也,故《象》辞曰:"虽不当位,未大失也。"

按,位者六爻六位,位当者,谓得正位,位不当者,谓不得正位也。是《易》之通例也。然其中亦有差别,《象传》曰位者,多指九五之君位;又《象传》中为生卦法而说位者,六爻之正位也,小畜、同人、大有、噬嗑、家人、归妹、渐、涣、既济皆是也。又《象传》中说位亦有数义。说六爻之正不正者,履之六三,否之六三,豫之六三,噬嗑之六三,晋之九四,蹇之六四,解之九四,震之六三,丰之九四,旅之九四,兑之六三,中孚之六四,小过之九四,未济之六三,皆是也。于三四两爻说之者,盖二五之位虽不正,有刚中柔中之义。又以初上为无位之地,不主说位。位当者吉,位不当者凶;然又有以位不当之为吉者,大壮六五之《传》是也。又于九五有专说君位者,比、否、巽、节之《传》是也。又有系不当位之辞者,需上六之《传》、噬嗑之《象传》、困九四之《传》是也。盖不当位与位不当,其义稍异。不当位者,本非正不正之谓也,故需之上六,以阴居阴,虽得正者,尚有不当位之称。位者谓五之君位也,故需之上六及困之九四,共于君位比近之爻说之。又按此卦中曰"难",曰"败",曰"寇",曰"血",曰"穴",曰"陷",曰"有言",曰"孚",曰"入",曰"酒",曰"食",曰"宴",曰

"乐",曰"郊",曰"沙",曰"衍",曰"听",皆坎之象,可知圣人观象,自有妙用也。一说"不速",谓非不召而来也,需待也,谓需缓之意。观初、二、三、四诸爻,曰"于郊",曰"于泥",曰"于沙",曰出穴,皆渐渐而进,不速而来,谓其迟缓而来也。"三人"者,即乾卦三阳。此说亦通。

【占】 问战征:上为坎之终,穴谓坎险,"入于穴",谓凭险以自守也。"三人"者,谓内卦三阳;"不速"者,自来也,谓有敌兵三面来围。既入险地,不宜再战,宜以礼貌相接,以和解之,故曰"敬之终吉"。

　　○问营商:坎劳卦,万物之所归也,故曰入穴。穴窟也,谓贮藏货物之地。"三人来"者,买客也,敬礼以接之,是得价则售,故"终吉"也。然坎为水穴,不宜藏货,幸而客来即售,故曰"虽不当位,未大失也"。

　　○问家宅:此屋必幽暗潮湿,幸有三面阳光来照,故曰吉。

　　○问婚姻:需六变小畜,小畜上九曰"妇贞厉",称妇谓已嫁之女,故曰"不当位",以其"贞厉"故"终吉"。"入于穴",有生同室死同穴之义。"三人来"者,媒人也。

　　○问疾病:曰入穴,凶象也;曰"终吉",终而后吉,于病亦凶。

　　○问六甲:生男。曰"终吉",必少男乃吉。

【占例】 明治二十二年十二月,友人神保长兵卫之妻,罹胃癌而卧,余占其生死。筮得需之小畜。

　　爻辞曰:"上六:入于穴。有不速之客三人来,敬之终吉。"

　　断曰:需者待之意,又为游魂之卦。游魂者,即人之魂魄离其体而出游之谓也。是天命既绝,然需缓有待,暂时犹可保余命也。

　　此占以上爻居全卦之终,无所可往,往则复也,故病不愈而死,魂魄复其本也。爻辞"入于穴"者,埋葬之兆;"有不速之客三人来"者,谓僧之来而送葬也;"敬之终吉"者,谓安心坚固,得成佛也。此卦虽原来非归魂之卦,由爻辞而知其必死也。

　　后不日果殁。

　　○中野梧一氏,向住大阪,余之所知,偶新闻纸报其自杀,众说纷纷。余惊其事之意外,以为斯人之俊才,何至穷迫如斯?若生前闻之,尚代为处置,今无如之何也,亦可惜矣!适友人来谈,又及此事,讶其致死之由未明。友人请余筮一卦,筮得需之小畜。

　　爻辞曰:"上六:入于穴。有不速之客三人来,敬之终吉。"

　　断曰:中野氏从事于商业,商业中所谓"入于穴"者,其矿山采掘之事乎?"有不速之客三人来"者,以事业不如心愿,得失不相偿,资金之负债,迫其偿期,屡受财主苛督,无策可出,遂忿心而自灭也。坎为加忧,为心病,互卦巽为风,是疯癫病之象也。又此卦为游魂之卦,是神魂不定也。

　　其后传闻事实,果如此占。

　　○一日友人伊东贞雄氏来告曰:余小儿自幼为京都吴服商某之斡人,近来久绝消息,余甚忧之,幸请一筮。筮得需之小畜。

　　爻辞曰:"上六:入于穴。有不速之客三人来,敬之终吉。"

断曰:需者待也,内卦乾为老父,待外卦坎中男,消息之象。今得上爻,其辞曰"人于穴",想必令郎与同僚三人,流连花柳之巷,耽女色也。然此爻变则为巽,巽为风,为人,是本月之末,可必与同僚归宅也。果如此占。

爻神之验,随时随变,不可拘执。如此卦"人于穴"一语,皆当活用,方见灵变。读者宜玩味之。他各爻亦皆如此例。爻辞得豕字,小为鼹鼠,大为象,就其形而活用之类,是也。考《易》象者,不可不知此义也。

○明治三十一年,占陆军之气运,筮得需之小畜。

爻辞曰:"上六:人于穴。有不速之客三人来,敬之终吉。"

断曰:需者,险在前,故有待时而进之象,是以曰需。我国憾兵备之不足,将扩张军备,充实国防。在欧洲各邦,赞我进步之速,而益知将来之可畏,尝遣海陆军参谋,屡来观我兵备。故内则要整顿兵备,外则礼遇来宾,使邦交益密,不启猜疑,谓之"有不速之客三人来,敬之终吉"也。

䷅ 天水讼

讼字从言,从公,《说文》曰,"争也"。《六书通》曰:"争曲直于官有司也。"盖坎为言,为平;乾为公,为决,为争,为直,故取乾刚坎险之义,名此卦曰讼也。

讼:有孚窒,惕中吉,终凶。利见大人,不利涉大川。

《彖传》曰:讼,上刚下险,险而健,讼。讼有孚窒,惕中吉,刚来而得中也;终凶,讼不可成也。利见大人,尚中正也;不利涉大川,入于渊也。

此卦上卦为天,气清有上升之性;下卦为水,流动有下降之性。一升一降,各自为行而不相得,则有所争而至于分辨也。故占人事而得此卦,则彼上我下,彼我互异,互不相容,遂各上言于公,以求分别,是讼之卦名所由起也。盖下卦伏坎险之忄,上卦挟刚健之行,其心既忍于害物,其力又足以遂奸,谓之"上刚而下险,险而健,讼"。且上位得占乐地,下位陷于困难。居困者必致势穷力竭,既羞且怒,不得已而反唇相争,争之不已,不得不诉之于官,此讼之所由来也,故曰"讼有孚窒"。"有孚"者,必其中有可信之实,无其实,即是虚妄。然在我有可信之实,而为彼所窒塞,则可信者不能自伸,是以有讼。至既讼矣,虽有可信之实,亦当惕厉恐惧,得伸而止,尚可获吉也;若健讼不已,终极其事,则必凶也,故曰"惕中吉,终凶"。讼有原告被告两造,有实者直也,无实者曲也,当讼之时,直者固直,即曲者亦必饰曲为直,且用巧辩之辩护士,为之架辞以饰其非,据律以辨其诬。听讼者一不明察,必致坠其计中,而曲直每多颠倒,甚或曲者行贿,听者受贿,势必以曲为直,则直者受冤难伸,是不利也,故曰"利见大人"。"大人"者,刚健中正,居九五之尊位者也。刚而能察,健而能决,中则无偏,正则无私,故能是非立判,曲直无枉也。盖利者利矣,其不利者即陷于危险之地,如涉大川而遇风波。讼为口舌之风波,故讼亦曰"涉"。《象传》曰,"不利涉大川,入于渊也,"其戒之深矣。讼之为事,大则为战斗,故讼继之以师。一以口舌争,一以干戈争,皆危事也,凶象也,故以惕为吉,以终为凶。玩《易》者宜知所惧焉。

通观此卦,初爻以柔弱居下,不永其事,虽"小有言",终得吉也,故曰"讼不可长"。二爻刚健,将讼者也,与五爻相应,以卑讼尊,势不能敌,知其不克,归而逋窜,尚"无眚"也。三爻以柔从刚,能安分守贞,处危知惧,故初之"不永",三之"从上",皆终吉也。四爻与初爻对讼,初以"不永所事",四亦复而"即命",故不克,必将敛其欲讼之心,以守其安贞之道,斯无不吉矣。五爻明主当阳,用其中正,以断枉直,辟以止辟,刑期无刑,在斯时乎?吉莫大焉。上九,讼之终也,即使善讼能胜,得邀命服之荣,然悖得悖失,其能久保乎?至"终朝三褫之",故《象传》曰,"以讼受服,亦不足敬也。"读初、二、三、四爻辞,惕之吉可征;读五爻之辞,见大人之利可征;读上九之爻辞,所谓终讼之凶,与涉川之不利,又足征也。讼者能翻然而悔,惕然而省,斯有吉而无凶矣。盖惟上有元吉之君。初六之讼,可无以永;九二九、四之讼,不以克;六三可食旧而守贞;终讼如上九者,虽胜终败。是使民无讼者,权在君上。讼之占尽此矣。

《大象》曰:天与水违行,讼,君子以作事谋始。

上卦为乾,天阳上行,下卦为坎,水性就下。上下异其性,各进反对之方向。在八卦中刚健充实者,无如乾,艰难忧苦者,无如坎,其行相背。是相违也。相违必至相争,讼之所由起也。君子见于此象,察其为争为讼之因,在事物之行相违,彼我之情相背,相违相背,不在于成讼之后,而在于作事之始,故曰"作事谋始"。言交朋友者,慎之于相知之始;结条约者,审之于立券之始。盖作事必慎于先图,斯不遗后患;必精其智虑,斯不启祸端,如此则讼自无也。孔子曰:"听讼我犹人也,必也使无讼乎!"是知使讼之无者,全在听讼者之默移潜化也。九五曰"讼元吉",其庶几乎?

【占】 问战征:天乾也,乾为刚武,水坎也,坎为寇盗,故主讼事,亦主军事。两军相违,以致相战,而其所以相违者,则在未战之始,故曰"君子作事谋始",即孔子慎战之旨也。

○问营商:讼卦内互离,离为资斧,外互巽,巽为商,有营商之义焉。营商之道,相合则成,相违则败,且乾为始,坎为谋,故曰"作事谋始"。善其始,乃可图其终,斯商业得久大矣,吉。

○问功名:乾健也,坎险也,是乾欲进而陷于坎险,此功名之所以难也。

○问婚姻:婚姻者,合两姓之好而成,有相合,无相违也。男有家,女有室,为人伦之始,故君子必求淑女,是谋始之道也。

○问疾病:病之始起,必由阴阳不和,不和则行违,行违即成疾。治之者,宜先慎夫始。

○问六甲:生男。

○问失物:此物在高处,坠落水中,不可复得。恐大有口舌之争。

初六:不永所事,小有言,终吉。

《象传》曰:"不永所事",讼不可长也。虽小有言,其辨明也。

"事",即讼也,以其事之小,故不曰讼而曰事。"有言"者,即诉讼之言。"小"者,与需之九二小言之小同,谓言论之伤,灾之小者也。此爻阴而居下,其身微贱而无诉讼之势,其性柔暗而乏辩论之才,且畏上怖官,虽内实吞恨,不能遂讼而止。以其力弱,却不至凶,终得吉也。初六事之始,争讼未深,止之亦易,故曰"不永所事"。虽有小伤,以不遂讼得吉,谓之"小有言,终吉"。此爻变则为兑,兑者,悦也。不永所事,变而有悦也。此卦六爻中,惟九五刚健中正,为听讼之君,余五爻,皆讼者也。其中九二、九四、上九三阳,才逼而志强,贪必胜而遂讼者也,故直指其辞曰"讼";初六、六三二阴,柔弱无才,虽一旦起讼,不遂其终者也,故初六曰"事",六三曰"旧德",并不指其为讼。此可知《易》爻扶阴抑阳之义矣。又《象辞》曰"终凶",此爻曰"终吉",同一"终"字,显分吉凶之异,《象》为讼者言,爻为不讼者言也。讼本凶事,既得"辨明",可止即止,若永讼不已,仇怨日深,必至贻累身家,故《象传》曰"讼不可长也",又曰"其辨明也"。盖以初六之讼不为讼,先是被告也,且不为九二所笼络,虽为六三所疑,小有言语之伤,以上有九四之应,乃得辨明利害,故得"不永所事"也。

【占】 问战征:讼者,两人相争;战者,两国相争。故终讼与穷兵,皆凶事也。爻曰"不永所事",是谓一战而胜,不复黩武,益见圣人不得已而用兵也,非好战也。

○问疾病:初爻者,初病也,"不永所事",谓不久即愈也,故曰"吉"。久病则凶。

○问功名:初爻居卦之始,是初出而求名也。"不永所事",谓不久困于人下也,故曰"终吉"。

○问营商:爻曰"不永所事,小有言",谓商家贩售货物,宜即售脱,或卖买小有争论,亦无大碍,故曰"终吉"。

【占例】 友人某来告曰:仆意欲求仕,向托某局长引援。某局长者,与仆有旧好,且必为仆尽力,请试占其成否? 筮得讼之履。

爻辞曰:"初六:不永所事,小有言,终吉。"

断曰:此卦天气上升者属彼,水性下降者为我。彼我心思,两不相合,取象曰讼。我虽有孚实之诚,彼则绝不相顾也,事必难就,宜作变计,谓之"不永所事"。在足下未免心有不平,稍出怨言,转而他求,却可望成也,谓之"小有言,终吉"。

后果如此占。

九二:不克讼,归而逋,其邑人三百户无眚。

《象传》曰:不克讼,归逋,窜也。自下讼上,患至掇也。

"不克讼"者,不遂讼而止也。"归而逋"者,以归窜而避眚也。"眚"者,灾也,自为孽曰眚。九二自外来,以刚处险,为讼之主,与五为敌,五居尊位,自知不免,归而逋避,故曰"不克讼,归而逋"。"其邑人"者,附讼者也,主讼既逋,附讼者皆得免灾,故曰"其邑人三百户,无眚"。虞氏曰,坎为隐伏,有逋窜之象;李氏曰:乾为百,坤为户,下卦三爻,故曰三百户。二变而之正,则坎化为坤,故曰"无眚",是《象辞》所谓"中吉"也。若归逋而据强地,虽不克讼,尚有相抗之势。至"三百户",邑之小者也,下既悔罪,上亦免穷。《象传》曰,"归逋,窜也",按窜字从穴。阴柔之物也,窜之义,曰入穴,可知必窜入阴柔以求免也。项氏曰,"一家好讼,则百家被灾",今起讼者既逋,余党亦无连坐之患矣。《象传》曰,"自下讼上,患至掇也",以二讼五,五居尊位,故谓之"以下讼上";"掇",自取也,言下讼上,势既不敌,祸患之至,犹自取之耳。一说掇作惙,即《诗》"忧心惙惙"之意,言下与上讼,深为可忧。坎为加忧，与爻辞"惕中吉"惕字意同。此说亦通。凡爻曰"不克"者，皆就阳居阴位者而言，以阳讼阴，故不克。如此爻示人当见机而止，退而避祸，虽非君子所为，处浊世亦足以保身，并可为邑人免患也。此爻内卦变则为坤，坤顺也，有柔顺而止讼之义。

【占】　问战征：二应在五，五在尊位，大国也，二势弱，自知不克，坎为隐伏，故"归而逋"也。三百户小邑，二既归逋，五亦罢战，故三百户得以无眚。

　　○问营商：九二爻辰在寅，上值尾箕斗，附星天弁，主列肆闠阓，有营商之象。二变为否，否败也，故曰"不克"，有耗败之象。外互巽，巽为归，故曰"归逋"。三百小数也，故"无眚"。

　　○问疾病：玩爻象，是必在外得病，宜速归家调治。病人既归，病气不致传染，故曰"邑人无眚"。

　　○问功名：爻曰"不克"，是一时不克成名也，退归隐居，亦无害也。

　　○问婚嫁：二五相敌，尊卑不相偶，宜罢婚，无眚。

　　○问六甲：生男，恐不举。

【占例】　友人北泽正诚氏，信州松代藩士，维新之际，奔走国事，与当时名士相交。氏精坤舆之学，尤长汉学，后任外务省某官，居数年，转任华族女学校干事，一日来告曰：予顷因事故罢职，颇不满意，欲与长官辩白其事，请烦一筮。筮得讼之否。

爻辞曰："九二：不克讼，归而逋，其邑人三百户，无眚。"断曰：此卦上卦乾气上升，下卦坎水下降，是反对之象，主彼我情意不通也。不问事之曲直，论之当否，讼必不克也。唯宜静以处身，不然不特自身有灾，恐祸及他人也。足下翻然中止，无复口舌相争，退藏于密，斯无害矣，谓之"不克讼，归而逋，其邑人三百户，无眚"也。余为之细绎爻象曰："三百户"，小邑也，邑之小者，称岩邑。又《象传》曰"归逋，窜"，按窜字从穴，穴，岩穴也。且卦秉乾阳，必非凡民，意其为岛民之长乎？

　　北泽氏首肯而去，未几北泽氏果有任伊豆岛司之命。

六三：食旧德，贞厉，终吉。或从王事，无成。

《象传》曰：食旧德，从上吉也。

"旧"，昔也；"德"，业也。"食旧德"者，犹曰食旧业也。此爻以阴居阳，志强而才微，从九二而起讼，九二以不克而归捕，六三亦归旧居而食旧业，守分安常，不敢复与竞争也。"贞"固守也，"厉"危也，谓虽处危地，能知危惧而贞固自守，终必获吉也。"或从王事"者，上九为此爻正应，或将与之共从王事，然上九"终朝三褫"，是无成也，谓以阴柔不中而无功。"或从王事"一语，与坤三同，坤以地道，故代而有终。此以讼故，不言有终，即讼不可成之意。此爻以柔从刚，以下从上，有功而不自居，故能不失旧德。盖有退让之心，无忿争之念，忧勤惕厉，自知才力柔弱，一唯从上所为，即有成功，不敢自居，故"无成"而终得吉也。此爻内卦变则为巽，巽者顺也，即从上之象。夫讼凶事也，观初三两爻，以柔不克讼者曰"终吉"，可知刚而好讼者必凶也。

【占】 问战征:六三居坎之终,逼近乾位,所谓"阴阳相薄","战乎乾"也。坎本为乾再索之男,乾为旧,为德,"食旧德",是子食父遗禄,安常守分,保其旧业,无事争战也,故吉。若欲兴动王师,坎为破,为灾,必无成功也,故曰"无成"。

○问营商:爻曰"食旧德",知其商业为先世遗产,谨慎固守,终得吉也。

○问功名:宜继守先人旧业,或欲出而求仕,必无成也。

○问疾病:须仍眼前医方剂为吉。

○问家宅:宜守居旧宅,不须别建新居,恐无成也。

○问六甲:生男。此子长成,亦以继承父业为吉。

【占例】 友人某来告曰:仆向奉仕某局,黾勉职务,不获长官之意,同僚中皆有升级,仆独屈而不伸,不堪惭愧。因欲谋转他官,既恳请于某长官,请筮一卦,以占成否,并卜日后气运。筮得讼之姤。

爻辞曰:"六三:食旧德,贞厉,终吉。或从王事,无成。"

断曰:占得此卦,显见气运否窒,一时难期如愿,唯宜顺时安分,以俟时运。所谓"食旧德"者,明明言当仍安旧业,不必一谋转他任,坚贞固守,终必获吉。"或从王事,无成",或,疑词,谓即或改谋别事,虽殷勤恳请,终难成功也。

九四:不克讼,复即命,渝,安贞吉。

《象传》曰:复即命,渝安贞,不失也。

四爻承五履三而应初,初既"不永所事",四虽刚健欲讼,无与对敌,亦即得中止。且所谓"不克讼"者,与二爻同,然二爻以势不敌而归逋,四爻以理不足而自返。"复"者,返也;"即"者,从也;"命"者,正理也;"渝"者,变也;"贞"者,正也。祛其刚忿好讼之心,以复改过迁善之念,一就定命,变不安贞为安贞,故曰"渝,安贞,吉"。此爻以阳居阴,在乾之初,有"潜龙勿用"之义。外卦变则为巽,《说卦传》曰,巽为不果,有踌躇之象。《象传》曰"不失也"者,谓能量终始之势,复就正理,虽讼犹不失君子之道也。

【占】 问战征:四与初为敌,初既"不永所事",四亦克无可克,故曰"不克"。乾为君,"命"君命也,凯旋而复命于君。战,危事也,变危而安,故吉。

○问营商:玩爻象,知其商业必与初爻合办,初既"不永所事",四亦复而"即命",复命犹言罢事也,故吉。

○问婚姻:内卦坎为女家,外卦乾为男家,坎初曰"不永所事",乾四亦复而"即命",是变计改婚也。《象》曰"不失也",谓不失其道也。

○问疾病:至致不克,是凶象也。"复"谓重生也。坎为疾,为炎,乾为生,为庆,复命即复乾也。变而得安,故吉。

○问六甲:生男。

【占例】 友人某,商店甲干也,一日来告曰:余自主人开店之始,拮据勉励,以兴主人之家产,近来主人因世运变迁,改其面目,别兴新事业,又雇聘学士等,给之以过分之金,某则依然甲干而已，其给金亦不及学士等。某屈居人下，不堪遗憾，意欲向主人诉此情实，冀达平素之志愿。若不见许，余请以此数年来之勤劳，求相当之恩给，欲独立而营商业。请筮一卦，以卜成否。筮得讼之涣。

爻辞曰："九四：不克讼，复即命，渝，安贞吉。"

断曰：此卦上卦强健，为主人，下卦困难，为足下。足下虽欲陈述苦情，恐未必许可，宜依旧从事，百般忍耐。爻辞所谓"不克讼"者，言足下即向主人陈说，必不伸理。所谓"复命"者，劝足下返而自审，安命守常。所谓"渝，安贞"者，劝足下变其不安贞而为安贞，则得吉也。细绎爻辞，是明明教足下无复多言，安常俟命，他日主人，自有优待，必获吉也。

九五：讼元吉。

《象传》曰：讼元吉，以中正也。

此爻为一卦之主，五居尊位，中正刚健，能听天下之讼，辨是非，析曲直，《彖辞》所谓"大人"也，讼者得此，吉莫大焉。自来无讼，固非易期，而听讼亦难。其人听讼而不刚，则威轻而民不服；听讼而不中，则意见多偏，而讼必多枉；听讼而不正，则性情固执，而断不当理。今五爻具刚健中正之德，居乾之中，乾健也，变体为离，离明也，健以致决，明以察几，听讼之能事尽矣。爻辞曰"讼元吉"，《象传》曰"讼元吉，以中正也"，元吉者，吉之尽善者也。

此卦初爻不永讼，六三不讼，九二九四"不克讼"，九五以"元吉"化讼，是此卦虽名曰讼，意在化讼，实即"使无讼"之圣训也。

【占】 问战征：五居尊位，是主战之大君也，师出有名，得其中正，是王者之师，无敌于天下者也，故曰"元吉"。

○问商业：乾为利，坎为平，商业固在谋利，亦要公平正直，斯不致于争夺，商业乃得其正矣，故吉。

○问功名：讼字从言从公，五为主爻，求名者，盖以言而求主公之知也。"元"谓三元，是功名之魁首也，吉莫大焉。

○问婚姻：五为卦主，与五结姻，是以贱从贵，以贫从富也，故曰"元吉"。

○问六甲：生男。此儿品貌端正，且有福泽。

【占例】 北海道厅官某来告曰：长官常忧土人之户口，逐年减少，必由内地人民，役使土人，过于苛酷。今后许内地人民，与土人婚姻，使彼此亲睦，以冀蕃殖，愚意亦然。请筮一卦，以占得失。筮得讼之未济。

爻辞曰："九五：讼元吉。"

断曰：此卦上卦为政府，阳气上升，下卦为人民，水性下流，显见上下之意隔绝不相合。以不相合之甚，极而出之于讼，斯土人之情，藉得上达，以求伸理，故谓之"讼元吉"。于是上官感土人之情，悯其穷苦，改其条教，乃颁内地人民，许与土人婚姻之令。

后闻酋长等相集会议，颇以为难，上官招酋长问之，曰：美妇与丑妇孰好？吾知好美而恶丑者，人情相同也。吾土人中非无美女，内地之人求之，喜而许之，至土人欲取内地美女,恐内地人而不之许,是土人有失而无得也。且美者为内地所娶,则我同族中,丑者益多,为之奈何? 长官亦服其理,遂废此令。

上九:或锡之鞶带,终朝三褫之。

《象传》曰:以讼受服,亦不足敬也。

"或"者,不必然之辞;"鞶带"者,命服之饰也;"终朝"者,自旦至暮,一日间也;"褫"者,夺也。彼讼而得胜,非理之本直者,无非以机诈遂其谋,以私曲济其奸,是理不可胜者而幸胜之,其曲直真伪,固不待辨也。爻辞所谓"赐之鞶带"不必实有此荣,而若或有之;所谓"终朝三褫",不必实有此辱,而若或有之。盖极言虽得胜,终必败,虽膺荣,终必辱。盖见荣骤者,夺之速也。"终朝"者,暂时之义;"三褫"者,多数之象。《象传》曰"以讼受服",言其受服不正,如沐猴而冠,何足敬哉! 故曰"亦不足敬也"。"亦"字,深可玩味。《象辞》所谓"终凶"者,于是可见矣。乾为敬,为衣,上九变则乾体坏,即不足敬之象;兑为毁拆,即褫之象。此爻不系讼字者,与初爻之不系讼字同。初爻不言讼,杜其始也;上爻不言讼,恶其终也。益见圣人"使无讼"之微意也。

【占】 问战征:上居乾阳之极,阳极而战,胜已难矣,至一日而三胜三败,败固为辱,即胜亦不为荣也。

　　〇问功名:"锡"赐也,"褫"夺也,或者未然之辞。而设言赐之,至终朝而三夺之,是亦一患得患失之鄙夫也,何足敬哉!

　　〇问商业:玩爻辞,是屡得屡失,终至得不偿失。且问其所得者,尚非正路之财,所谓悖入悖出,非其财也,亦可鄙矣。

　　〇问疾病:是必其病乍愈乍发,一日之间,病势不一。在上爻,处卦之极,势极难返,恐终凶矣。

　　〇问六甲:生男。恐生男多不育,必至四胎可育。

【占例】 明治二十三年,爱知县某来告曰:今当名古屋市长选举,有候补者三名,余不识可当选否,请占之。筮得讼之困。爻辞曰:"上九:或赐之鞶带,终朝三褫之。"

　　断曰:此卦上卦为天,上升也,下卦为水,下降也,性情不合,故名曰讼。讼者以意不合,诉之于公,以待判也。今际市长之选举,市中人情,互生轧轹,是非莫定,今虽一旦得之,恐人心不服,难以永保,谓之"或赐之鞶带,终朝三褫之"。是求荣而反辱,不如不得。

　　某因感此占,遂辞职云。

☷☵ 地水师

师篆书左旁为𠂤;右旁为巾。巾上加一者,为能一人指挥众人也。师承讼来,讼必有众,师者,众也,故师继夫讼。顾师有二义,一为教导子弟,一为统领军旅,是皆有率众之象。以九二为成卦之主,统率五阴而济坎险。坤上坎下,地中有水,水依地而安居,地得水而滋润,生育万物,相助为功。水土之性,原来相亲。此卦水在地下,是至险起于至顺之下,为聚众据险,扰乱不定之象。师者,以一人统众而平定之也。盖未乱之先,以师道训导之,格其非心,可戢乱于未形;既乱,则统师旅以征伐之,枭其元恶,可戢乱于方作,皆为师也。此卦初爻,柔而不得其正,为"起难"之首;二爻在险难之中,能率众以平难,故为一卦之主。

师:贞,大人吉,无咎。

爻辞皆系以军旅之义,故《象辞》亦从之,读者当以类推。夫军旅者,起大众,动干戈,伤人命,糜国帑,国家不得已而用之也。其得已而兴者,是谓穷兵黩武,无道之甚者也,故戒之曰"师贞"。"贞"者,正也,谓师道而以正为本也。兴师动众,以毒天下,苟不以正,民不从也。"大人",坊本误作"丈人",独《子夏传》作"大人",与困卦《象辞》同。以大人为元帅,谓必能拨乱反正,除暴安民者也,故曰"大人吉"。兵者凶器,战者危事,本属有咎,"大人"者,应天顺民,为天下除暴,是王者之师也,纵有杀伤,亦无害天地生生之道,故吉而无咎。

《彖传》曰:师,众也;贞,正也。能以众正,可以王矣。刚中而应,行险而顺,以此毒天下,而民从之,吉,又何咎矣。

"以",《春秋传》:"能左右之曰以",以犹用也。元帅能以严正而用众,可谓王者之师矣。"刚中"者,谓一阳居内卦之中,上应六五之君。内卦坎为险,外卦坤为顺,故曰"行险而顺"。"毒",马云"治也",王云"役也",又古毒育二字,音义通,亦作育解,盖谓以此治天下,以此役天下,于义均顺。汉儒释毒为害,是以此害天下,民必不从,何以能王? 若谓以民治乱,犹以毒药攻疡,说之牵强。夫众以正举,民以顺从,顺则获吉,正则复有何咎?"吉"者主事而言,"无咎"者主理而言也。

以此卦拟人事,则坎为中男,宜在外而在内;坤为老阴,宜居内而在外。母子位置,颠倒失伦,不安之象,是必启家乱也。当于家长内得刚中者,以贞正而治之,斯家道齐矣。

以此卦拟国家,上卦为政府,得坤之顺,阴弱而少威严,不能箝制下民;下卦为人民,得坎之险,阴险而好生事,动欲上抗政府,譬如水在地下,泛滥无归,有聚众据险,扰乱不顺之象。此卦五爻皆阴,惟九二独秉阳刚,当以九二受六五之君命,膺元帅之专任,率众兴师。以此毒天下,谓之"刚中而应,行险而顺","而民从之,吉,又何咎矣"。

通观此卦,九二为元帅,五阴从之。初六为师众,九二为主帅,六三六四为褊裨,六五为临敌,上六为赏功之时。又以内外卦见之,九二为将帅,六五为君主,将帅承君命而出征,所谓"礼乐征伐,出自天子"。将帅者,佐主成王,相与有成者也。故"能以众正"者,属九二之将帅言之;"可以王矣",属六五之君言之也。

屯以下六卦,皆圣人济险之业,天下之事,未有不先难者也。《序卦》曰:"讼者必有众,师者,众也,故受之以师。"以坤众,履坎险,即兵凶之象;九二一阳率五阴,行师之象。人或曰师比两卦,均是地水相遇,而爻象大异者,何也? 曰:比者一阳在上,是人君居尊临下者也;师者一阳在下,是人臣奉命出征者也。坤卦曰战,而此曰师者何也? 师者民也,国以民为本。天道好生而不杀,圣人容保如伤,然欲恶形而相歧,五兵作而相戕,是天地之闰数,不得已而用之者也。故卫灵公问陈,孔子不对,子路问子行三军则谁与,曰"必也临事而惧,好谋而成"。曰"惧",曰"好谋",何等郑重! 知圣人未尝轻言兴师也。此卦九二为刚中之贤将,六三贪功而取败,六四无功而守常,六五为君任将不专,挠权偾事,是卦可备观军旅之情形矣。大抵三军和,将帅贤,褊裨奉令,委任专一,班师行赏,崇德报功,是帝王之举也。要旨所归,全在"容民畜众",以六爻不取全胜,其义可知也。

《大象》曰:地中有水,师,君子以容民畜众。

坎在坤内,故曰"地中有水",水藏地中,无地非水,犹兵藏民中,无民非兵。藏兵于民,有兵之利,无兵之害,犹水藏于地,有水之利,无水之害也。"水在地中",显见地能包水,有容民畜众之象。又坤为民,坎为众,"容"者,保也,"畜"者,养也,兼养育教化之义。九二将帅,德量宏大,能包容亿兆,养育众庶,故无事之日,散兵为农,有事之日,集农为兵。其不曰治民,而曰"容民"者,治之则尚严,容之则尚宽也;其不曰动众,而曰"畜众"者,动之则劳,畜之则在逸也。所谓兵可百年不用,不可一日不备,"容民畜众",盖讲兵于平时之道也。师旅本残民害众之事,然圣人取象,曰"容民畜众"。不杀为武之意,即此可知矣。

【占】 问战征:卦以师名,爻义甚明,可就各爻推究,吉凶自验。

〇问营商:坤为财,为聚,坎为人,为纳,自有容保之量。坎水在地中,为地所包容,财源如水,流而不息,可知商业之富有也。吉。

〇问功名:水在地中,犹土尚伏处,未显达也,而其德量,自能包容民物,一经进用,如水之朝宗于海,敷施甚广。"君子"者,有德有位之称也。吉。

〇问婚嫁:按坤坎互用,地水相亲,是必旧亲联姻也。大吉。

〇问疾病:是必水满腹胀之症,坎为心,为忧,宜息心调气,解忧取乐,自愈。

〇问六甲:生男。

初六:师出以律,否臧凶。

《象传》曰:师出以律,失律凶也。

此卦内坎外坤,自内而外曰出。"以",犹用也。坎为律。"律"法律,即号令节制之谓也。初为爻之始,即为出师之始。所谓临事而惧,言当谨其始也。师旅之事,率大众而临危地,国家之存亡,人民之安危系焉,苟纪律不严,人心不协,三军覆败,凶莫大矣。"否",不也;"臧",善也,与《诗·卫风》"何用不臧"同训。盖"师出以律",胜负尚未可预决,故不言吉;至不善用其律,则陷于危险,势必凶矣。《象传》曰"失律凶也","否臧"即失律之谓也。一说:否,塞也,谓军心隔塞,不得和协;臧藏古字通用,臧即藏字,谓深藏不发,是畏敌也,即使纪律严明,亦必取败。况"否臧"者,必不能"以律",其凶必矣。此说亦通。

此爻居坎险之始,故以失律为戒,所谓"作事谋始"也。此爻内卦变则为兑,坎水变而为泽,停止而不流,是纪律不行之象。

【占】 问功名:初爻者,初出而求名也。"出师以律"为正,犹士之以道为重,失其道,虽荣终辱,凶。

〇问营商:初爻,知为新立之业;水在地中,知为海运商务。总之谋利以义者吉,失义为凶。

　　○问家宅：师卦内坎外坤，是宅必坐子兼丑，向午未也。宅中人口最多。出师有律，犹言治家当以法也。否，不也，臧，善也，不善治家，家道必凶。

　　○问疾病：师卦一阳五阴，是必寒多热少。症在初起，宜延良医调治，否则凶。

　　【占例】　或人以有组织工业会社，募集株金，设定款，请占其社之成否。筮得师之临。

　　爻辞曰："初六：师出以律，否臧凶。"

　　断曰：此卦九二，一阳统众阴，是必有刚健之人为社长，指挥众人之象。今定款既完全无间，即见规律整肃也。然依此爻辞，此社之盛衰，全在作事之纪律。我国方今集合株金兴会社者，皆以欧美各邦为模范，欧美各邦舟车之便，非本邦之比，是以贩运各种货物，最为适当。凡合众资，购备器械，人力既省，制费亦廉，大得胜利，至于小本营生，独立工业者，无不取败。今我国仿之，欲设立会社，然集合众资，洵非易易，且役员从事营业，亦难得其人。故立会社，第一在社长得人，社长得人，则事可成，业可兴；不得其人，即成亦败。今初爻居事之始，未可以定款判吉凶，必俟社长选举既定，方可卜工业之兴废也。

　　九二：在师中，吉，无咎。王三锡命。

　　《象传》曰：在师中吉，承天宠也。王三锡命，怀万邦也。

　　师卦，九二为五爻正应，以一阳为众阴所归，乃师中之主将，得专主战伐之权。"在师中"者，谓居军阵之中，又得中正之道。"王三赐命"者，命者恩命，谓邀荷宠遇也。"三"者，言宠赐之频也。此爻以阳居阴，在师之中，当互卦震之主爻，为居将帅之位。坎为智，震为勇，以阳爻之德居中，智勇兼备，威信并行，洵足膺元帅之任，即《象辞》所称"大人"者是也。承六五之君命，统率师众，且得六三之同僚比亲之，初六之众庶比顺之，上下咸相比应，并为参谋，所谓战必克，攻必胜者，唯在此九二之师也。六五之君，倚任既专，宠赐又厚，九二自得专制其权，所谓阃外之事，一以委卿者。其任既隆，其令必行，故成功也易。古来权臣在内，即有坤岳之将，未能克敌者，皆由信任之不专故也。此爻曰"王三赐命"，可见任之专，宠之渥也。《象》曰"承天宠也"，"天"即王也，王而曰天，可知王之明于任贤。《象》曰"怀万邦也"，谓王之所赐命，不在用威，而在用怀，即怀保万民之意也。

　　此爻变则全卦为坤，去坎险，就坤顺，有拨乱反正之象。地水师忽变坤为地，有拓地开疆之象，此爻为成卦之主，故以《象》辞"吉无咎"属之也。

　　【占】　问功名：九二以一阳统率五阴，爻曰"在师中，吉"，是鸡群一鹤，杰出之才也。"王三赐命"，谓以能授爵，显膺王命也。

　　○问营商：九二为一卦之主，必其人谋为出众，在商务中称为老成练达，可举为商社之长者也。吉。

　　○问家宅：曰"师中吉"，是家必为一乡之巨室，即为一乡之善士也。

　　○问婚姻：九二变为坤，坤地道也，妻道也，水土之性相合，故吉。

　　○问疾病：知为水气停积中宫，必使水气流动，中焦宽舒，病无害也。吉。

　　○问六甲：生男。

【占例】 明治二十五年十二月,占第五议会,筮得师之坤。

爻辞曰:"九二:在师中,吉,无咎。王三赐命。"

断曰:此卦九二以一阳统五阴,以人事拟之,则阳刚之教师,教导众阴之子弟,故名此卦曰师。以国家拟之,九二为阳刚大臣,入则为相,出则为将,国家有事,则受王命以专征伐,权无旁落,威信并行,谓之"师众也,贞,正也,能以众正,可以王矣"。《易》六十四卦,三百八十四爻中,教导人民,用其威严,保有国家,唯此一爻而已。天命所归,宜上承君令,下顺民心,正大人致身报国之时也。今筮议会,得此爻辞,亦当上承君令,下顺民心,斯议得其中矣。若其议上不能见信于君,下不能见信于民,议必不能行也。

翌二十六年十二月,议会使议长退,是二爻阳变为阴,再次有停止之命;至三次,遂有解散之命,果符此"王三赐命,怀万邦也"之占。呜呼! 天命之严确如此,可不畏敬乎!

六三:师或舆尸,凶。

《象传》曰:师或舆尸,大无功也。

"舆尸"者,谓军败而战死者多,载尸于车而归也。此爻内卦变则为巽,巽为进退,有疑之象,故曰"或"。古语曰,三军之灾,生于狐疑,疑者行军之所大戒也。六三以阴居阳,不中不正,进而无所应,退而无所守,居内卦之极,对外卦之敌,正当交锋接刃之际也。三以柔居刚,如小人之才弱志刚者,窃二之权,而恃强妄进,遂致失律丧师,舆尸而归,谓之"师或舆尸,凶"。《象传》曰"大无功也",犹曰大败也。军旅之事,信任宜专,二为主帅,三为偏裨,偏裨擅权致败,主帅亦不能辞咎,故曰"大无功也"。如城濮之战,左师右师败,子玉不败,然子玉帅也,故败师之罪,子玉不免。盖以全卦言之,六爻皆师徒也,独以三言,内卦为先锋,外卦为敌,外卦坤为众,敌兵众多也。至四则又以五上为敌;五君位而非敌,是卦爻之变例也。《易》之取象,概如此,学者不可不知。

【占】 问商业:坎为舆,舆所以载货物也;坎又为陷,为破,舆而遇险,则舆破而货覆矣。人死谓尸,犹车败物亡也。"或"者未然之辞,"大无功"者,大失利也。行商未必遇此凶险,亦不可不防此凶险。爻象戒之如此。

○问功名:"君子得舆",得为德,舆所以载德而行也。君子有德位之称。或曰,"舆尸"是无德而尸位者也,故凶。

○问家宅:阴阳家称堪舆,堪天也,舆地也,舆尸是地有尸气,安得不凶!

○问婚嫁:三爻居坎之终,得乾气,乾下巽上为小畜,小畜三爻曰"舆说辐,夫妻反目",《象》曰"不能正室",其凶可知。

○问六甲:虽生男,凶。

【占例】 明治三年,横滨商人三名,搭载舶来物品于蒸气船,贩赴箱馆。适际舶来物品匮乏,获利三倍,因再购巨额物品,将往得大利。其一人某氏来,请占损益,筮得师之升。

爻辞曰:"六三:师或舆尸,凶。"

断曰:此卦有自水上投土之象,例之商业,其目的未定,混杂不可言也。况今得三爻,足下等以廉价购入目下在东京横滨不通销物品,贩卖于边鄙之地,将得大利。在他商闻之,亦谋置各种物品,多欲争著先鞭。然此不适时之物品,当众人竞争贩运,转必抬价,至箱馆各自竞卖,已为彼地商人所料。将来货到不售,势必跌价,极之贱亦不售,则必转运而归。往复装运,费耗殊大,及至售得,不特无利,反致伤本。其舆物而返,恰如载尸而归也,故不如止。

某氏闻之,大感,遂止北地之行,后果如此占。他商人赴箱馆者,皆多损失。

六四:师左次,无咎。

《象传》曰:左次无咎,未失常也。

左者右之对,不用之地。人手有为便,左为僻,故称不正之术,曰左道,称谪官曰左迁,划策不适,曰左计。"左次"者,谓退舍也。左氏曰"不进曰次",又曰"凡军三宿为次",又《易》阳为右,阴为左,六四以爻位俱阴曰左。此爻阴柔而不中,志弱而不能克敌者也。自知不能克敌,量宜而退,克保全师,愈于三爻之覆败者远矣,故"无咎"也。《象传》曰"未失常也",谓不违"左次"之常道。古语所谓见可而进,知难而退,军政之善也。若可进而退,何得无咎?《易》之发此义,为后世行军不量力而妄进者戒。

【占】 问家宅:四出坎历坤,坤西南,是宅必朝西南。吉事尚左,是宅逼近东方,青龙主喜,吉无咎也。

〇问功名:凡官职下降称左,所谓左迁是也。曰"左次",不吉。

〇问营商:右高左下,次亦为下,占此爻,知其货财必非高品。然货虽次,尚可获利,故曰"未失常也"。

〇问婚姻:男尚右,女尚左,爻曰"左次",或者入赘于女家乎?然赘亦无咎。

〇问疾病:按春生于左,得其生气,疾必无咎。

〇问六甲:生女。

【占例】 余在热海,会陆军中将某,陆军少将某来游,为亩傍舰归港过迟,占其吉凶如何,筮得师之萃。

爻辞曰:"六四:师左次,无咎。"

断曰:师者以一阳统五阴,众阴从一阳之卦也,故曰师。六四以在阴位,退避战地而休息,爻曰"无咎",《象传》曰"未失常也"者,谓其如平常而无事也。今占亩傍舰得此爻,师即军舰,"左次"者,有暂退航路之外,而休泊之象;"无咎"者,补过之义,谓修缮舰体。想是此舰,现在碇泊而修理舰体也,不可不速探而谋救助。来月为第五爻之时,其辞曰"长子帅师,弟子舆尸"。"长子"即大夫,可保无事;"弟子"谓舰中杂役,恐有灾害。又此爻外卦变则为震,坎水之上,见震木之浮,亦可知舰体之无事也。

此占一时流传于世,其后以不得该舰踪迹,政府定为沉没者,征保险金百三十万元于法国保险会社,以救恤金给我海军士官及水夫等同舰者之遗族。

余占往往历数年而经验,百占百中,未尝或失。唯《易》三百八十四爻之活断中,独水雷屯之上爻,尝不用辞,用变而偶误也。又此爻虽受不中之评,或由探索之未至邪?又两月间无事,而其后遭遇事变,亦不可知,故此占尚在中不中之间。如此爻,非当今浅学之士所可容喙，后世有笃志《易》学如余者出，始可判断其是非矣。

六五：田有禽，利执言，无咎。长子帅师，弟子舆尸，贞凶。

《象传》曰：长子帅师，以中行也；弟子舆尸，使不当也。

"田"者，艺禾之地；禽者，鸟兽之总称。"田有禽"者，谓有禽兽来害稼，犹言寇贼来害人民也，故驱逐之，捕获之，不可以不保持防御也。此爻五居尊位，其德柔顺，见有寇贼来犯，执言下命，委任将帅，以主征伐，故曰"利执言"。此爻互卦，变则为艮，艮为手，又为执，即执言之象。九二秉刚中之德，上承天宠，奉辞讨罪，所谓"师出以律"，必有功也，故曰"无咎"。奈何既任长子帅师，复任弟子，以分长子之权，是六五之君，信任不专也。长子指九二，弟子指六三。盖九二刚中有才，其出师也，纪律严明，故吉；六三阴柔不中，无智无谋，是以一败涂地，舆尸而归，故曰"长子帅师，弟子舆尸"。此长子即《象》辞所谓"大人"也。自《象》称之曰"大人"，自君命之曰"长子"。《纂言》曰："凡次子以下，皆长子之弟，曰弟子。"此卦九二为主帅，六三六四分将一军，举九二、六三，不及六四者，以九二大吉，六三大凶，六四能不失其常，故无咎也。"贞凶"者，谓命将出师，必宜择贤而任，所谓"贞"也，反是则虽贞亦凶。此"贞凶"二字，包括一章之要。此爻因彼来寇，而我讨之，是曲在彼也，是以"无咎"。《象传》"以中行也"者，谓九二之长子，具中行之才德，能奏征讨之功也；"使不当也"者，谓六三阴柔不中之弟子，失律丧师，是任使之不当其才也。

【占】　问营商：爻曰"田有禽"，犹言农有谷，商有利也。"执言"者，谓约证之券也。在商业一道，总宜以老成练达者为主，则利，否则凶。

○问家宅：此宅想是立约新售者，利在长房，不利众子。

○问功名：知其人才能素著，有一朝获十禽之技。然要在德长于人，若德劣于物，虽正亦凶。

○问婚姻："有禽"者，奠雁之仪，"执言"者，媒妁之书。所约之婚，当以长子长女为吉。

○问六甲：生男，是震之长男也。

【占例】　明治十八年一月，余以避寒游浴热海，时有朝鲜京城之变，政府将对清廷有所诘责。朝野汹汹，人皆注目使任之谁属，并论辩之何如。余为之占其使命之任，筮得师之坎。

爻辞曰："六五：田有禽，利执言，无咎。长子帅师，弟子舆尸，贞凶。"

断曰："田有禽"者，谓禽来害我禾稼。所谓"长子帅师"者，或者长州男子任其选乎？一曰"长子"，一曰"弟子"，皆使任之人也。当今庙堂中，称老练政事家者，莫如伊藤伯，伯者长州之男子也，"长子"之占，其在此人乎？今回之谈，依"帅师"之言考之，其实际原期平和，然亦不可不预整备，非我有和战两备，意到底难讲平和。此议实一大关系，若让却一步，其破裂也必矣，能弥缝之，使两国不陷于厄难，唯在遣使得其人而已。伊藤伯而当此大任，缓急得宜，必能平和于樽俎之间，毋复疑虑，故曰"以中行也"。"中行"者，《易》之所尚。谓能守中正，得其宜也，即赞美之言。若以他人任之，恐有"使不当"之虞。一"使"字，是民命之生死，国家之安危所系，由其当否，而吉凶成败，实有霄壤之别。今得此卦如此，知《易》之垂诫深矣。现却未可详说，惟推察爻辞，可知其吉凶也。

未几伊藤伯果膺遣清大使之命。

上六：大君有命，开国承家，小人勿用。

《象传》曰：大君有命，以正功也。小人勿用，必乱邦也。

"大君"指六五之君；"有命"，谓论功行赏；"开国"，谓新封建诸侯也；"承家"，谓使之为卿大夫也。此爻外卦变则为艮，艮为门阙，有家之象；坤为土，有国之象。上爻居上卦之极，在师武功之终，即战定功成，旋凯行赏之时也。九二主帅，首功也，以"开国"封之；六四"左次"，与有功也，以"承家"赏之；六三以柔居阴，舆尸败北，是小人也，诚勿复用；上六在大君左右，于师无所事，然在内而参赞王命，以尽将将之道，功亦大焉，故赏亦同之。审其功之大小，辨其罪之轻重，赏必公，罚必行，是皆大君之命也，故曰"以正功也"。若夫汇缘以邀功，遮饰以免罪，则非九五之命，是失其正矣。至于小人在军旅中，或以驰驱而效力，或以勇敢而获胜，未始无功也，但当赏以金帛禄位，不可使"开国承家"，以杜后患。《象传》曰，"小人勿用，必乱邦也"，戒之深矣。此爻居上卦坤之极，伏卦为乾，大君之象。下卦坎为盗，盗即小人，故以"勿用"警之。

【占】 问家宅：爻曰"大君有命，开国承家"，知是家必是阀阅巨室也。"小人勿用"，为其后嗣戒也。

〇问营商：上六辰在巳，得巽气，巽为商，"近利市三倍"，此家必由商业兴家。巽又为命，爻曰"大君有命"，又将因富致贵，家道日隆。但因富生骄，比昵小人，所宜戒也。

〇问功名：上六居卦之终，谓当论功用赏之时，正见功名显赫。在震之长子，自能克家，惟坎中男为不可用也，故曰"小人勿用"。

〇问婚姻：师三至六为坤，坤妻道也。爻曰"开国承家"，两姓俱是巨室；曰"大君有命"，媒妁必是贵人。吉。

〇问六甲：生男，主贵。

【占例】 某贵显罹胃癌之病，余访问之，适有元老院议官三人在坐。议官问余曰：此君维新际，与元老诸公同有伟功，他人俱邀爵位恩典，此君独未得其荣，今患大病，恐罹不测，我辈以朋友谊，将以此有请于君，未知得达其愿否？请占一卦。筮得师之蒙。

爻辞曰："上六：大君有命，开国承家，小人勿用。"

断曰：此公有功于国家，人之所知，朝廷必有以酬之，固不俟言。今此卦曰"大君有命"，知爵位之赐，即在此数日内也。

后果六日，承赐男爵恩典。

（附言）六十四卦中，师、比、同人、大有、随、蛊、渐、归妹八卦，谓之归魂，人若占命数，而得此卦上爻，为命尽之时。《系辞传》曰"原始反终，可知死生之说"，由此卦而知其终也。盖人之生死，有正命非命之别。心魂之依附肉体，譬如人身之寄寓家宅也；心神脱离肉体，犹家宅之惜限已满也。魂去身死，谓之正命；限期未满，或家宅破坏，遂臻疾病，其他非常灾眚，肉体已殒，心魂遽绝者，谓之非命。欲救此非命之死，恐良医亦无可如何也。三百八十四爻中,得正命而死者,唯此八爻而已。呜呼!人之死生,亦可哀矣。

☵☷ 水地比

"比"字篆书作二人相比之象。比则亲,亲则相辅,相辅则乐。又作炋,炋以联属一体为义。此卦坎水在坤地之上,水得地而流行,地得水而滋润,故相亲辅而和合,因名此卦曰比。《彖传》曰,"比,辅也"。《序卦传》曰,"比者,亲也"。《杂卦传》曰,"比乐",皆同义也。以卦象言之,九五一阳位中正,上下五阴爻皆比而从之。

比:吉。原筮,元永贞,无咎。不宁方来,后夫凶。

此卦坎上坤下,惟五爻一阳主全体,五柔皆归,故曰比。"原",推原也,谓原其所始也。"筮"者,分析辨别之意,或作筮著解,然皆所以决疑,意亦相通,不必拘泥。"元",即坤元之元。"永"者,长也,有坎水长流之象。"贞"谓道得其正。上之比下,要必有此三者;下之从上,亦必求此三者,斯无咎矣。"原筮"者,谓推原诸柔来从,果得此"元永贞"之道否。坎为加忧,"不宁"之象,民有不宁,必从君以求安;君有不宁,必得民而共保。上下相应,则来者自宁。四柔既比,其比在前,六来独后,故曰"后夫",五不受之,其道穷矣,是以凶也。

《彖传》曰:比,吉也。比,辅也,下顺从也。原筮,元永贞,无咎,以刚中也。不宁方来,上下应也。后夫凶,其道穷也。

"辅"者,助也。九五一阳居尊位,与五阴亲比,有下助上之象。孟子所谓"多助之至,天下顺之"是也,吉莫大焉,故曰"比吉也,比辅也,下顺从也"。"原筮"以下七字,主九五而言,九五为成卦之主,具阳刚之德,居中正之位,故曰"以刚中也"。"不宁方来"一句,就初、二、三、四四阴言,九五以刚中施亲比之道,则天下众阴,皆服从而来,故曰"上下应也"。"后夫凶"一句,就上六而言,上六处阴之极,刚愎不逊,是为顽梗之夫,归附独后,为众所疏,故曰"其道穷也"。

以此卦拟人事,父子兄弟夫妇,彝伦之中,自然亲比。朋友以义合,有贵贱、长少、亲疏、贤愚之等差,择之最宜分明。别其是非,辨其邪正,谚曰"近朱者赤",交之不正,相匿而并入歧路,所谓小人比也。故当推原筮决,必其人有"元永贞"之德,然后相与亲比。"原筮"者,筮之于相亲之始,慎之至也。"元"者,统万善也;"永"者,谓能久于其道也;"贞"者,谓得正道而固守之也。比非其人,后必有咎,故曰"原筮,元永贞,无咎"。如孔子所云,晏平仲善与人交,久而敬之是也。夫人心莫不欲求友,比得其正,虽疏远之人,亦感其德义,自求亲睦,谓之"不宁方来"。然君子小人,各异其趣,往往有顽梗之夫,不服德化,虽后亦归附,其来已迟,是比道穷也,故谓之"后夫凶"。

以此卦拟国家,九五之君,施膏泽于下,六四、六二,皆奉戴九五君意,尽力于国家,于是亿兆之民,感其威德,上下亲比。此卦坎上坤下,恰如水土相济,融洽为一。以上比下,为一人而抚四海;以下比上,自四海而仰一人。上下相助,君民一体,谓之"比吉也,比辅也,下顺从也"。"比辅"者,臣亲其君也;"顺从"者,民亲其上也。然上非有刚中之德,不足当下之亲比;下非有"元永贞"之德,不足当上之亲比。是以必当推原而占决之也,谓之"原筮,元永贞,无咎,以刚中也"。比之初,上下之情或犹未通,不来者不宁,来者自宁,谓之"不宁方来,上下应也"。"方"者,来而不已之辞,取下四阴顺从也。当此时有不服风教,不服德义,刚愎负气,自取困难者,是为顽夫,其凶可知也。穷而后求比,其谁亲之! 上六居比之极,以不得比,穷无所归,谓之"后夫凶,其道穷也"。郦生所谓"后服者先亡"是也。

通观此卦,初爻为远人,二爻为贤士,三爻为求进之士,四爻为在位之宰相,五爻为君,上爻为化外之民。此皆莫非王民,而休咎不同者,物情自不能齐也。此卦次师,师比二卦,同是一阳五阴。《易》中一阳之卦凡六,其最吉者莫如比卦,以其九五一阳居天位,而"上下应之"也。又师、比共为得位之卦,得君位者为比,得臣位者为师。"师者,众也",众不能无争,争则乱。靖乱以武,孚之以德,所以比次于师。师之群阴来而居下,载九五阳刚中正之君,有乱后得明主,各安其位之象。

《大象》曰:地上有水,比,先王以建万国,亲诸侯。

水之性平,地之道顺。水在地上,散则为万,合则为一。先王见此象,而分封有功之臣于各地,以为王室之藩屏,亲抚战后穷民,轻减其租税,平均其法律,沛其恩泽,如水之润物,无不浃洽。夫天下之大,可以一人统之,不可以一人治之。必建国置侯,有朝聘往来之礼,以结其欢;有巡狩述职之典,以通其情。天子犹大海朝宗之众水,其亲诸侯,犹身之使肱,则诸侯服顺君德之渥;其于民犹肱之使指。是封建之制,虽与方今郡县之治异其体,君主统治臣民之意,无有差违,谓之"先王以建万国,亲诸侯"。内卦为坤,万国之象,初爻变则为震,建侯之象。

【占】 问战征:玩爻象,其军威之盛,有如水就下,沛然莫御之概。一战平定,即当列土分封,建立屏藩。

○问营商:水在地上,无处不流通,商业亦以流通为利。比,亲比也,得亲比之人以共事,斯商业可垂永远矣。

○问功名:建国封侯为士生荣显之极品。比反师,师上六曰"大君有命,开国承家,"此之谓也。

○问家宅:是宅必低洼近水,亦比近贵人之宅。宅基大吉。

○问婚姻:比,比好也,地与水,本相亲比。占婚得此,必卜百年好合,且主贵。

○问疾病:坤为地,亦为腹;坎为水,亦为心。恐是心腹水肿之症。诸侯能治国,犹医能治病,宜切近求治。吉。

○问六甲:生女,主贵。

初六:有孚比之,无咎。有孚盈缶,终来有他吉。

《象传》曰:比之初六,有他吉也。

"有孚比之"者,谓诚信充实于中,如物之盈满于缶中。缶者,上古之土器。郑云:"缶,汲器也。"此卦以五阴比九五一阳为义,与他卦应比之例不同。比之道以诚信为本,若中无信实,虽欲亲人,人谁与之! 此爻居比之初,与九五犹远,本非其应,然比之道在初,初能积诚于中,率先三柔而从五,五比由初而始,故"无咎"也。譬如以诚事神,神必来格,有酒盈缶,神必来享也。"缶"指六二,中虚能受之象。"之"字指九五而言。缶者质朴而无文饰,喻人之质朴正直,不事虚饰,以此交人,人亦乐推诚相与,即素未识面者,亦将乐与比助,共得欢心。谓之"终来有他吉","终来"者,谓将来也;"他吉"者,谓意外之吉。九五本不相比应,而亦比之,是意外之吉也。《象传》一"也"字,示其心之不可疑。此爻变则为屯,其辞曰:"磐桓,利居贞,利建侯。"磐与盘通,有缶象。"磐桓""居贞","有他吉"者,建侯也。

【占】 问战征:有如禹征有苗,干羽来格之象,故曰"有孚比之,无咎"。
　　○问营商:商业专以信实为主,斯远近商客皆亲比而来,贸易广,而获利亦厚矣。吉。
　　○问功名:"有孚比之",即中孚卦所云"信及豚鱼"之谓也。中孚九二曰,"我有好爵,吾与尔靡之",靡共也,言我与尔愿亲比而共升荣也。故曰:"比之初六,有他吉也。"
　　○问婚姻:玩爻辞,谓既得相孚,又复相比,亲之至也。以是订婚,吉无咎也。
　　○问家宅:比,比邻也,近者既信义相孚,往来亲密,远者亦闻风愿来比邻,故曰"终来有他吉"。
　　○问六甲:生女。

【占例】 某氏之子,多年留学英国,归朝之后,奉职某省。一日来访,请占气运,筮得比之屯。
　　爻辞曰:"初六:有孚比之,无咎。有孚盈缶,终来有他吉。"
　　断曰:比卦地上有水,水土和合,故曰比。比者,亲也,占得此卦,可知足下家庭完好,和乐无间;且天性温和,久游英国,而熟谙外交之道。比之为卦,可谓适合足下焉。所谓比者,以亲好为立身之本。持躬以诚而无伪,交友以信而无虞,则人亦将推心置腹,和好无尤,故曰"有孚比之,无咎"。盖人必真诚积于中,而后光辉发于外,犹缶之必有酒醴盈于中,而后芬香达于外,此谓之"有孚盈缶。"终来有它吉"者,谓足下以孚信待人,斯上信下效,他日禄位升迁,不特得意中之吉,且更有望外之喜也。可为足下预贺之。

六二:比之自内,贞吉。

《象传》曰:比之自内,不自失也。

"自内"者,自心也。古称中心曰内,书多其例,如《大学》"诚于内必形乎外"之类是也。此爻为内卦之主,柔顺中正,与五为正应,能以中正之道相比者也。盖其抱道在躬,而不愿夫外,故曰"比之自内,贞吉",若急于用世,出而求君,虽有其道,已自失矣。必其秉中正之德,贞固自守,以待上之下求,而斯出而相辅,如商汤之三聘伊尹,刘先主之三顾诸葛,斯谓"不自失也"。此爻之辞为士之抱道者劝,即为士之失身者戒。

【占】 问战征:士卒同心,上下一体,战无不克,故曰"比之自内,贞吉"。
　　○问功名:"内",我也,以我有实学,足以感孚于人,所谓实至而名归也。吉。
　　○问营商:一店伙友,性情比洽,自然百为顺从。以此出而贸易,人皆信服,无不获利,故《象》曰"比之自内,不自失也"。

　　○问疾病:"内"谓心腹也,凡病总宜心平气和。中藏通利,外邪自消,故吉。

　　○问六甲:生女。

　　○问婚姻:必是内亲重联姻,吉。

【占例】　某县知事,将荣转某省,请占其气运及升迁。筮得比之坎。

　　爻辞曰:"六二:比之自内,贞吉。"

　　断曰:此爻以柔顺中正之德,应九五刚健中正之主,阴阳相应,其吉可知。足下为某省次官,负任省中巨细之政务,与某大臣相辅为理者也。是足下为某大臣素所亲信,今又将转任某省,可期而俟也,故爻辞曰"比之自内,贞吉"。

　　未岁,某知事果荣转某省次官。

六三:比之匪人。

　　《象传》曰:比之匪人,不亦伤乎!

　　此爻阴柔,居坤之终,不中不正,承乘应皆阴,有远君子而比小人之象。所交非其友,所事非其君,不以正道相助,而以私谊相亲,是巧言孔壬之小人也。初应四为比,比得其人;二应五为比,比得其人,皆正人也。三乃应上,上处卦之终,是为"后夫",即"匪人"也。上比"无首","无首",有伤之象。例如范增之从项羽,不能展其才力,忧辱而死。故《象传》曰"不亦伤乎",谓其意之可悯也。此爻变则为蹇,蹇九三辞曰,"往蹇来反",可以知"比之非人"之凶也。

【占】　问战征:观军而任用阉寺,参谋而偏听佞人,爻辞所云"比之匪人"是也,安得不败!

　　○问营商:商业之盛衰,惟在其人。其人而日与市井无赖之辈,征逐往来,非人曰亲,正人曰远,不特其业立败,其人亦不堪问矣。

　　○问功名:交道不正,士品日下,不特声名破裂,祸亦随至。

　　○问婚姻:女贵贞洁,男效才良,人伦正道,苟非其偶,致误终身,不亦伤乎!

【占例】　友人某来告曰:仆近与友某相谋,兴一大商业,请占其成否。筮得比之蹇。

　　爻辞曰:"六三:比之匪人。"

　　断曰:比者,地上有水,有往来亲洽之意也。然依其所亲,其中显分利害,与善人亲则吉,与不善人亲则凶。此爻曰"匪人",显见非善人也。今足下共谋之友,余却不知其人,就爻辞而论,三与上爻既相应,三之所云"匪人",即上爻所云,"无首",人而无首,恐难免祸。足下与之共兴商业,凶莫甚焉,谓之"比之匪人",故《象传》曰,"不亦伤乎"。

　　友人闻而大惊,未岁而西国乱起,此友果处重罪云。

六四:外比之,贞吉。

　　《象传》曰:外比于贤,以从上也。

　　四本应初,不内顾初,而外比五,谓之"外比"。二之应五,在卦之内,故曰"比之自内";四之承五,在卦之外,故曰"外比之"。内外虽异,而皆得比于五,五刚阳中正,贤也;居尊位,上也;亲贤从上,比之正也,故曰"贞吉",如夫周公之吐哺握发,以下天下之士,辅翼君德,下亲贤人,比爻之义也。《象传》曰"外比于贤,以从上也"。此爻于九五,象则为外,德则为贤,位则为上也。变则全卦为萃,九四之辞曰"大吉无咎,"可以见此爻之吉也。

【占】 问战征:爻曰"外比之",得外夷归服之象,故曰"贞吉"。
　　○问营商:想是海外营业,货物流通,无远不届之象,故曰"外比之,贞吉"。
　　○问功名:四外比五,五居尊位,有简在帝心之象,功名之显赫可知也。
　　○问家宅:二居内卦,四居外卦,皆曰"贞吉",自得内外亲比,一家和睦。
　　○问婚嫁:玩爻辞,想在外地订亲。吉。
　　○问六甲:生男。

【占例】 明治二十一年,占某贵显之气运,筮得比之萃。
　　爻辞曰:"六四:外比之,贞吉。"
　　断曰:比者,地上有水,亲和之象。今得四爻,此人在九五君侧,以尽精忠,大得君宠,上下亲比之占也。某贵显任宫内大臣之职,其爻辞适合。

九五:显比。王用三驱,失前禽,邑人不诫,吉。

《象传》曰:显比之吉,位正中也。舍逆取顺,失前禽也。邑人不诫,上使中也。

"显比"者,明亲比和顺之道于天下也。"三驱"者,《礼》所谓"天子不围",天子之畋,合其三面,开其一面,使之可去,不忍尽伤物命,即好生之德也。"失前离"者,以禽之前去者,失之不追也,商汤之祝网,即是此义。"邑人不诫"者,谓王者田猎,与民同乐,不烦告诫,如归市不止、耕者不变之意,故吉。诸爻之比,皆以阴比阳,五爻则以阳比阴,以阳故曰"显"。且九五阳刚中正,为比之主。阳刚则光明而不暗,中正则公直而无私,此其所以为"显比"也,比之至中而至正者也,故《象传》曰"位中正也",位即九五之位。顺逆以去就言,前去之禽,任其失之,不复穷追,来者抚之,去者不追,谓之"舍逆取顺"也。"上使中也"者,言上之使下,中平不偏,是下民熙皥之象也。比师二卦,五爻皆取田之象,然师喻除忧,比喻同乐,故《杂卦传》曰"比乐,师忧"也。又师自二至五,比自五至二,师曰"三赐",比曰"三驱"。师比皆禽,师之禽在内害物,为境内之寇,故"执"之,王者之义也;比之禽在外而背己,为化外之民,故"失"之,王者之仁也。

　　按:六十四卦中,有坎者十五,屯、蒙、需、讼、师、比、坎、蹇、解、困、井、涣、节、既济、未济是也。其中虽有轻重大小之别,皆不免艰难劳苦,以坎有险难之义。唯比之一卦,独无艰难劳苦之象,得为最上之吉。卦全由九五为主,爻具阳刚之盛德,读者玩索其义,可自得也。

【占】 问战征:有降者不杀,奔者不禁之恩威,故曰"王用三驱,失前禽也";有耕者不变,归市不止之德化,故曰"邑人不诫,吉。"
　　○问营商:玩爻辞,不贪目前小利,不图意外资财,舍逆取顺,虽前有耗,后自得盈余也。

　　○问疾病：症象已显，前服驱邪之剂，邪已若失。不必警戒，病自愈也。吉。

　　○问功名：驰驱生事，前功虽失，后效自必显著。吉。

　　○问六四：生男。

【占例】　明治二十四年三月十四日，众议院议长中岛信行、前长崎县知事日下义雄两氏来访，谈及横滨《每日新闻》所译美国波斯顿府新闻所载美国猎船一事，言所雇美国人四人，与日本人二十四人，在亚细亚俄领海岸，为俄国人所捕，充当苦役，数年内死几人未明，唯有美国二名，最耐苦役，已得无事归国。俄国者目下宇内强国也。美为民主之国，亦称强大，本邦介立两国之间，政府不知将如何处置？请占之。筮得比之坤。

　　爻辞曰："九五：显比。王用三驱，失前禽，邑人不诫，吉。"

　　断曰：此卦地上有水之象，水与土两相比辅，故曰比也。维新以来，我国与欧美各国，订盟联约，通商往来，正两相亲比之时。今为美国猎船被捕之事，占得此卦，曰"王用三驱，失前禽"，见俄国政府，未尝有捕之之令；"邑人不诫"，或者出于俄国土人所为也。考俄国西比利亚地方旷远，万里只有督统御之，为政府政令所不及，前欧美各邦人民。每每滋事，虽各国政府责问俄国，俄政府答曰：彼地有总督统理，我当谕令总督查办。终至迟延岁月，迄无结局。今回之事，不过北方边陬之一琐务，即今责问俄国，彼之所答，亦必如前所云，谕令该地总督查办而已。况此卦曰"显比"，是明言光明正大，与万国相亲比，我国亦何必以此一小事，伤国家大体之亲睦也？唯今后须议定西向利亚海，两国人民互渔之规则，凡两国人民，非得其国政府免许，勿论港内，连络其国所属两岬线内，禁渔业，在线外，无论何国人，任其渔猎，亦可谓之"王用三驱，失前禽"也。

　　中岛氏等为之感服《易》理之妙。

　　○占明治三十一年内务省之气运，筮得比之坤。

　　爻辞曰："九五：显比。王用三驱，失前禽，邑人不诫，吉。"

　　断曰：比者，地上有水之象，水得地而流行，地得水而滋润，是两相亲比，故名此卦曰比。比者，亲也。今占得五爻，以奉戴九五之君意，抚育万民，行公平之政，五阴之臣民，顺从阳刚之君也，谓之"显比"。在众民中，或有不从教化者，宜举直错枉，使之自化，谓之"王用三驱，失前禽，邑人不诫，吉"。本年内该省之措置，必得善良之结果也。

　　时板垣伯为内务大臣，既而辞职，西乡侯代之。当时内阁，颇为政党纷扰，内务省之施政，独无一毫之障碍。

　　上六：比之无首，凶。

　　《象传》曰：比之无首，无所终也。

　　此爻阴柔不才，居比之终。阴以阳为首，诸阴皆比五，上居五上，不下从五，是无阳也，无阳，即"无首"。胡氏云，"无首者，无君，"是所谓"后夫凶"。至众阴皆比，比道已成，于是欲比于五，不可得矣，故曰"无所终也"。天下有其始而无其终者，往往有之，无其始而有其终者，未之有也，是以"比之无首，"至终则凶也。

【占】 问战征:"首",军中之首领,谓元帅也。"无首"者,亡其主帅也。凶。

　　○问营商:五为卦主,上不与比,犹营商之伙,不与店主相亲比,是"无首"也。凡有所谋,必无所终也。凶。

　　○问功名:凡求名以高等者为首,曰榜首,曰魁首,"无首"则名于何有?凶。

　　○问家宅:恐丧家主,凶。

　　○问婚姻:不知何以无主婚之人?婚家来历,不甚明白。凶。

　　○问六甲:生女,恐有奇疾。

【占例】 某县人携友人某氏绍介状来,告曰:生今有志上京,某贵显者,为生同县人,素所相知,欲往求引援。请占诺否如何?筮得比之观。

　　爻辞曰:"上六:比之无首,凶。"

　　断曰:比者地上有水。水土相亲,显见有同乡之谊。今得上爻,曰"比之无首",想是未尝谋面也。足下虽云与贵显有旧谊,平生之交际,恐不信实,或疏阔已久,今往请托,未必见许、故爻辞曰"比之无首,凶"。

　　后闻往见,果如此占。

　　○明治三十二年,占我国与德国之交际,筮得比之观。

　　爻辞曰:"上六:比之无首,凶。"

　　断曰:比者地上有水,水之在地,遍处流行,无远不居,有万帮亲睦之象。德国财力,并臻富强,与各国素敦亲好,此爻爻辞曰"比之无首,凶,"殊为可疑。既而思之,我国与德国交际,所称首领者,唯在该国驻在公使,或者此人近将易任乎?故曰"无首"。

䷈ 风天小畜

　　畜字从玄,从田。玄者,水也,田中蓄水以养禾,兼有蕴藏含养等义。"小"者大之反,谓物之微细者也。此卦六爻,唯六四一阴,能畜五阳,为成卦之义。阳大阴小,以阴畜阳,故谓小。卦体下乾上巽,乾者刚健,巽者柔顺,乾下三刚,巽一柔二刚,巽以一柔为主,蓄藏群刚,故谓之小畜。《序卦传》曰:"比必有所畜,故受之以小畜。"凡物相比附,则必聚积,是卦之所以次比也。

小畜:亨。密云不雨,自我西郊。

　　"畜"者,止也,"亨"者,通也,其义相反。然此卦二五皆阳而得中,有健行之象,虽一时为六四所止,终得亨通也,故曰"小畜亨",犹屯曰"元亨"。"密云不雨,自我西郊",此二句专就六四成卦之主而言。乾者天也,巽者风也。内卦为天,太阳热气,照射大地,水气感触,阳气蒸腾为云,乾为密,故曰"密云"。天上有风,云欲为雨,为风吹散,故"不雨"。凡云气自东而西则雨,自西而东则不雨,今云气虽密不自东而自西,故不成雨。云,阴气,西,阴方,阴倡而阳不和。且自二至四,互卦有兑,兑为西,乾为郊,故曰"密云不雨,自我西郊"。当时文王囚于羑里,岐周在其西,故称"我西郊"。是小畜之象也。

《象传》曰：小畜：柔得位而上下应之，曰小畜。健而巽，刚中而志行，乃亨。密云不雨，尚往也；自我西郊，施未行也。

六四者阴柔之正位，即为阳爻之正应。此卦六四为主，上下五阳皆应之，以一柔而畜五刚，故曰"柔得位而上下应之，曰小畜"，是所以释卦名也。内爻虽健，外爻居巽，是以健而能巽。且二与五居内外卦之中，其志能行，故谓之"刚中而志行，乃亨"。刚健者，内卦之象；巽者，外卦之象。五阳为一阴所畜，故不成雨，然其前进之气，岂能终已？至上九变为坎水之雨，故曰"密云不雨，尚往也"。此时密云自西而起，是阴先倡而阳不和，不能成雨，故曰"自我西郊，施未行也"。"往"、"行"、"施"三者，皆得阳刚之气，乾之象也；"未"者，阴柔之气，巽之象也。盖阴之畜阳，以柔克刚，其畜虽小，而牵制殊巨。譬如三寸之键，可以闭厄险之关；一丝之纶，可以掣吞舟之鱼，不可以其小而忽诸。且巽为长女，象妇，九三曰"夫妻反目"，上九曰"妇贞厉"，皆以阳受制于阴。历观夏桀以妺喜亡，殷纣以妲己诛，幽王以褒姒灭，一妇为累，祸延宗社，阴之累阳，夫岂在多哉！

以此卦拟家，六四居辅相之位，仰膺君宠，然秉性阴柔，器识不大，不能任用贤才，唯以巽顺畜阳，以致膏泽不下于民，谓之"密云不雨"。小畜之象，国运如此。然以一阴止五阳，毕竟不能持久，至上爻阴极则亢，风变为雨，遂有"既雨既处"之象。若其时犹未至，而强欲施行，不能也，谓之"自我西郊，施未行也"。盖九二之大臣，与九五之尊位，两阳不相应，上九与九五，两阳亦不相比，故意见不和，是气运使然，不复如之何。是以五阳并为一阴所畜，谓之"柔得位而上下应之，曰小畜"。凡君子之行事，小人得以扰之，大事之将成，小物得以阻之，皆小畜之义也。国家然，即拟之人事，亦无不然。

通观此卦，六四以柔虚孚于九五，专以优柔抑制群阳。初九与六四，阴阳相应，阳为阴所畜，不宜躁动，是以自复于道，潜伏下位，故"无咎"而又"吉"也。九二以阳居下体之中，能与初九牵连而复，亦吉道也。九三与六四相比，刚而不中，止于阴而不得进，如车之脱辐，而不可行也。始则相比，而终则相争，则不和如"夫妻反目"，而不安于室也。六四处近君之位，以信实相孚，是能畜君者也，而众阳亦并受其畜；然以一阴敌众阳，因循姑息，势或攻击致伤，于是六四逃避而去，故有"血去惕出"之辞。九五在君位，任用六四，今见六四之去，怜其诚孚，有所赐与，故有"有孚挛如，富以其邻"之辞。至上九之时，处畜之终，六四之一阴已退，巽风变为坎雨，是为畜道之成也。

《大象》曰：风行天上，小畜，君子以懿文德。

宇宙之间，太阳热气，彭薄郁塞，充满太虚，不能复行，冷气来而填其后，其气之流动，谓之风。此卦风在上而得位，故在下之气，亦受太阳之热，而欲上升，然为上卦之风所畜止，不能复进，谓之"风行天上，小畜"。君子见此象，能于潜伏之时，修文学，勉德行，以立身命。"懿"者修饰而示章美之意，容仪之温恭，言辞之和婉，皆德之文饰也。君子言语有章，威仪有度，以风动天下，犹风之鼓动万物，无所远而不居。盖文德之所化，无有穷极也。

【占】 问时运：目下平平，有动作被人牵阻之患。

　　○问商业：有外观完美，内多耗失之象。

　　○问出行：主有风波之患。

　　○问家宅：主小康之家，防有口舌之祸。

○问战征:虽有雷厉风行之势,而恩泽不孚,只可小捷,难获大胜。

○问六甲:生女,又防小产。

○问行人:恐舟行阻风,迟日可归。无咎。

○问婚姻:主得懿美淑女,吉。

○问年成:主多风少雨,收成平平。

○问疾病:主风火之症。小儿吉,大人凶。

初九:复自道,何其咎?吉。

《象传》曰:复自道,其义吉也。

"复自道"者,谓知时之不可进,而自复于道。此爻居乾卦之初,是君子隐于下位者也。以阳居阳,位得其正,才力俱强,志欲上行,为六四之正应所畜,故返于本位,而复守其正。虽为彼所畜,而终不失其道,是不降其志,不辱其身,乃吉之道也,故曰"复自道,何其咎,吉"。"何"者,谓不复容疑之辞,叹美初九之能明道义,不吝改过,中途而复也。"何其咎"而后言"吉"者,谓不待其事之吉,而其义自吉也。

【占】 问时运:目下平常,宜退守,无咎。

○问商业:宜稳守旧业,不宜创立新基。

○问家宅:所谓"士食旧德,农服先畴",返而求己,不愿夫外,家道自亨。

○问疾病:宜静心自养,自可复原。

○问六甲:生男。

○问行人:即归。

○问年成:佳。

【占例】 某县学务课长,常谈论国事,意气慷慨,以志士自任。顷日怀一书来,告曰:仆近日将面谒贵显,为国家述一意见,请占其成否,如何?筮得小畜之巽。

爻辞曰:"初九:复自道,何其咎,吉。"

断曰:小畜之卦,犹利刀切风,腕力虽强,无所见其交也。知足下往告,必不能达其意趣,故不若止。何则?上卦为政府,当维新之际,执兵戎以定乱,其后事务多端,各守职任,断不容下僚妄参末议。且上卦为风,有进退不定之象。足下以刚健之意气,欲达其素志。风主散,散则不成,若强行之,不唯不得面谒贵显,恐为门街巡查所拒,激昂之余,或反受警察之诫谕。至此而悔其事之不成,不若中止,谓之"复自道,何其咎,吉。"

某不信余占,乘气往叩某大臣之门,强请不已,果受其辱,悉如此占。

九二:牵复,吉。

《象传》曰:牵复在中,亦不自失也。

"牵复"者,谓与初九牵连而复也。此爻亦秉乾体,具阳刚之性,上进而为六四所止。然以阳居阴,位不得正,故欲进而有障;见初九之复,亦即牵连而复本位,故曰"牵复"。盖以刚中从容之德,自审进退,不失其宜,是以吉也。《象传》曰,"牵复在中,亦不自失也",

谓其有中正之德，能适进退出处之宜，自不失其节操也。"亦"字，承初爻《象传》而言。

【占】 问时运：因人成事，自得获利。大吉。
　　○问商业：宜创立公同社业，或旧业重振，皆得吉也。
　　○问家宅：主兄弟和睦，恢复先业，必致家道兴隆，大吉之象。
　　○问疾病：必主夙疾复发，小心调治，无妨。
　　○问行人：即日偕伴同归。
　　○问战征：主连日得胜。
　　○问六甲：生女。
　　○问年成：丰收。

【占例】 余有熟知商人某氏，以某局有购旧罗纱之命，乃至横滨外国商馆，先取样品进呈某局。时适有他商二名，亦进呈样品，某局员以某氏所进为良品，以他二名所进为劣等。二商人愤愤不平，来告曰：同一物品，而局员妄以一心之爱憎，漫评货品之高低，其中不无贿嘱。余将告发于长宫，请占前途得失。筮得小畜之家人。
　　爻辞曰："九二：牵复，吉。"
　　断曰：此卦君子为小人所止，有屈而不伸之象。今二爻与五爻，虽同秉阳刚，本非正应，恐告于长官，未必能达，以止为可。夫商人贩旧货物，同业相妒，亦事之常。在该局员妄评货品，与之争论究亦无益，足下即使议论得直，货物未必得售，不如中止。劝二商牵连而归复其本业，谓之"牵复在中，亦不自失也"。"不自失"者，谓思后日之利益，忍而归也。
　　○明治二十四年，邮船会社汽船东京丸，值朝雾昏迷，误搁房州洋之浅洲，以军舰并他汽船，极力牵引，毫不能动。或来请占是船之利害，筮得小畜之家人。
　　爻辞曰："九二：牵复，吉。"
　　断曰：依此占，今东京丸，已得他汽船引出，其船体无所损，可安全而还也。《象传》曰"不自失也"者，即无所损之谓也。
　　后果如此占。

九三：舆说辐，夫妻反目。

《象传》曰：夫妻反目，不能正室也。
"舆"者，人所乘以行远也。"辐"者，轮中之直木，或作辏；"说"者，脱也。"夫妻反目"者，谓妻瞋目而视夫，夫亦瞋目而视妻，故曰"反目"。此爻以阳居阳，刚而不中，才强而志刚，其性躁妄而不能自守，先众阳而锐进，为六四所止，故比之车之运行，脱辐而不能进，曰"舆脱辐"。九三之阳，比六四之阴，有夫妻之象，但夫为妻所制，阴阳不和，致夫妻不睦，则其妻之不顺不敬，固不俟论，其夫亦不为无罪也。何则？夫之素行，苟能庄重笃实，闺门之内，相敬如宾，夫何反目之有？反目之来，实由于夫之素行有缺：始则溺于私爱，继则疏于自防，终则为妻所制。阴柔渐长，而阳刚无权，此家之所以不齐也，故《象传》曰，"不能正室也"。盖妻正位夫内，夫正位夫外，今以妻制夫，出而在外，是闺门之不正也。九三至九五，互卦为离为目，巽为多白眼，皆反目之象。

【占】 问时运:阴盛阳衰,内外不安,最宜慎守。

　　○问商业:有积货,急宜脱售,凡众所争售者,切勿售,众所不售者,急进售之。此谓反其道而行之,得利。

　　○问家业:阴阳颠倒,家室不和。

　　○问疾病:防医士不察,以寒作热,以虚作实,药不对症,是阴阳相反也。宜急别看良医,病必脱体,吉。

　　○问战征:军心不和,防有辙乱旗靡,倒戈相向之虑。

　　○问行人:即日可返。

　　○问出行:恐中途有险。

　　○问六甲:生男,主有目疾。

　　○问年成:不佳。

　　○问婚姻:不利。

【占例】 明治六年,岩仓右大臣及木户、大久保、伊藤、山口诸君,奉命使欧美各邦。当派遣之初,使臣不得与各邦擅订条约。在朝者,为三条太政、副岛后藤、板垣大隈、江藤大木诸君,使臣未归之先,不得创议新政。后因海军省所辖云扬舰,测量朝鲜仁川海岸,彼国炮击我舰,庙议将发问罪之师,欧美派遣诸君,亦遽相继归朝,共参朝议,遂分为征韩非征韩二派。某贵显来,请占朝议归结,筮得小畜之中孚。

　　爻辞曰:"九三:舆脱辐,夫妻反目"。

　　断曰:此卦下卦三阳,欲牵连而进,为六四一阴所止,而不能进,乃以大为小所畜,故名曰小畜。下卦三阳,有锐进之性。在主征韩者,谓我国三百年来,以锁国为国是,故致文化后于欧美各邦,今模仿欧美之进化,非力图进取,恐难独立于东洋。其奋激锐进,殆有不可遏之势。在主非征韩者,目击欧美之文化,与夫陆海军之全备,专划远大之策,戒轻举之生事,辩征韩之不可,大反其议。盖谓征韩之举,虽一旦遂志,在朝鲜人,或逃赴清国,与清国政府谋恢复,或脱走于俄,乞俄国之救援。又清俄两政府,受朝鲜再兴之依赖,不无责问我政府之由;至英、法、德各邦坐视我东洋有事,亦将藉生口实,皆可预料也。此番出使诸臣,归而作是议者,洵有见而言之。后朝旨一从罢征之议,主征韩者愠其言之不用,群相辞职,谓之"舆脱辐"也。征韩非征韩二派,至相仇视,恰如夫妻不睦,谓之"夫妻反目"。

　　后果主征韩者,悉辞其职。

六四:有孚,血去惕出,无咎。

　　《象传》曰:有孚惕出,上合志也。

　　"血"者,恤也。恤字古文作血。曰恤,曰"惕",皆忧惧之甚也。"血去"者,远伤害也,"惕出"者,免危惧也,皆所以解脱优患。此爻成卦之主,以一阴之微弱,止五阳之刚强,盖畜得其时,又得其位,故能畜止众阳。自全卦言,为以小人畜君子;以一爻言,为以孤柔敌群刚。五为君位,四与五相比,是以臣而畜君者也。始如不足,终乃有济,有因人之功,无偾事之失。但在下三阳,为柔所制,欲锐进以害柔,亦势所不免。惟六四阴而中虚,能以中孚感君,君臣契合,以至诚相畜,故五阳亦终服六四之制。非其力能止之,实本孚信有以感之也。且六四不以获君为荣,转以位高为惕,退避三阳,而不妨贤路,如六四者诚辅相之贤者也,谓之"有孚,血去惕出,无咎"。《象传》曰"上合志也"者,以六四之大臣,比于九五之君,尽心谋国,上下交孚;又以九五之君,爱庇六四之臣,恩遇优渥,始终无间,故曰"上合志也"。

【占】 问时运:目下不免忧虑,切忌与人争斗,防有损伤。宜出门远避,斯无咎也。

　　○问仕途:必得上官契合,即有升迁,大吉。

　　○问战征:利于出军进攻,可以获胜。

　　○问家业:姬妾仆从,御之宜得其道,否则防反受其制。

　　○问行商:利西北,不利东南。

　　○问疾病:是寒里热之症,治之宜宽解,不宜燥烈药品。

　　○问谋事:有得邻里相助之力。

　　○占行人:恐中途遇险,宜微服潜行,忍而避难。

　　○占六甲:此胎生女。后胎可连举五男。

【占例】 明治五年,占某贵显气运,筮得小畜之中孚。

　　爻辞曰:"六四:有孚,血去惕出,无咎。"

　　断曰:此卦六四一阴,在九五之下,奉戴君德,制伏上下四阳之锐进。一阴之势力本弧,惟以真诚相孚,能使群阳受畜。然阳亢则变生,不无可虑。曰"血去惕出",其虑患也深矣,故"无咎"。因呈此占于贵显,贵显唯首肯而已。

　　后闻某贵显驾过赤坂,果罹暴徒之难,被轻伤。"血去惕出"之占,可谓先示其兆也已。

九五:有孚挛如,富以其邻。

　　《象传》曰:有孚挛如,不独富也。

　　"挛"与恋通,"挛如"者,相连之意。"富以其邻"者,邻指六四,谓九五之君,能信任六四,与之合志而畜乾。六四之臣,积诚以格其君,九五之君,推诚以待其下,上下相孚,而畜道成。九五之富,皆六四之功也。此爻中正,以阳居尊位,而密比六四之宰相,唯其有孚,则群阳亦牵连以相从也。九五居尊,所谓贵为天子,富有四海,与上爻四爻,同居异体,并力畜乾,以御众阳锐进之锋,方张之势。曰"富以其邻",是以四爻为邻也。然九五之君,当以大赉天下,泽被群生,若第挛如六四之宰相,其富厚之泽,未免偏而不公,故曰"有孚挛如,富以其邻"指臣位而称邻者,可见君德之不满。又爻辞不系吉凶者,亦以君德之未美也。《象传》曰"不独富也"者,以爻辞"以"字读为助之义也。

　　此卦初九九二二爻,虽复道,不过独善其身;九三与六四为敌,遂至反目;独九五终始信任六四,以共天下之富,是小畜之所以亨也。

【占】 问商业:有百货辐辏,群商悦服之象,大利也。

　　○问时运:一生气运亨通,无往不利。

○问仕途:主连得升迁,禄位双全

○问家业:主累代忠厚,惠及邻里,不独富有,且得贵显。

○问战征:主军士同心,有国境日辟之象。

○问六甲:有孪生之象。

○问疾病:主麻痹不仁,手足挛拘之症。

○问失物:宜从邻近寻觅,自得。

○问出行:宜结伴而行,不宜独往。

【占例】 明治四年三月,友人冈田平藏氏来曰:余今将创一业,请占其成否。筮得小畜之大畜。

爻辞曰:"九五:有孚挛如,富以其邻。"

断曰:此卦有畜积货财之象,定可得商利之满足也。但必得一信实伙友,以主其事,获利之后,当分肥及之,庶几相与有成也。

后果如此占。

上九:既雨既处,尚德载。妇贞厉,月几望,君子征凶。

《象传》曰:既雨既处,德积载也。君子征凶,有所疑也。

"既"者,事之既成也。"既雨"者,此爻外卦变坎,前之"密云不雨"者,今则既雨矣。"既处"者,止也,谓阴阳相和,各得其所。阴之畜阳,不和则不能止,既和而止之,畜道成也。"尚德载"者,尚即《论语》"好仁者无以尚之"之谓,美六四之孚信充实,众阳感孚,明小畜全卦之成功也。九五、上九,同属巽体,知乾难畜,故积德而共载之。"望"者,满月也,"月几望"者,喻阴德之盛。此爻以阳居阴,小畜之终,畜道已成之时也。《彖辞》曰"亨",即指上爻而言。盖此卦一阴,以巽顺为性,顺者妾妇之道,且巽为长女,象妇,故以妇为喻。六四阴象为女,九五信任不疑,六四之威权已重,恰如月之几望,满盈而敌九五之尊。"妇贞厉"之贞,谓以阴制阳,即以妇止夫。妇宜贞固自守,若以此道为常则厉,当此时虽有贤人君子,不能复如之何,故曰"君子征凶"。且阴之既胜,固无可为之道,方其将盛未盛之间,君子所最宜警戒。此爻"月几望"、"凶"者,阴之疑阳也;归妹之六五,"月几望,吉"者,阴之应阳也;中孚之六四,"月几望,无咎"者,阴之从阳也。"妇贞厉"者,以理言之,戒小人也;"月几望"二句,以势言之,戒君子也。《象传》曰"有所疑也"者,盖以阴敌阳则必消,犹言小人抗君子则有害,君子安得不疑之? 一说,疑者碍也,谓于道义有所碍塞,义亦通。雨与月皆有坎象,此爻外卦变为坎,故有此辞也。

【占】 问时运:有昔时希望不遂,今得如顺之意。

○问家业:有前困后亨之象。

○问营商:宜得利则止,若贪得无厌,终恐盈满致凶。

○问战征:既得战胜,宜即罢军,若复进攻,不利主帅。

○问年成:旱,不为灾。

○问六甲:生女。

○问行人：即归。

○问出行：不利。

【占例】 明治二十二年某月，某贵显来访谈时事，请试占政党首领某氏之气运。筮得小畜之需，应其请而讲小畜全卦之义。

爻辞曰："上九：既雨既处，尚德载。妇贞厉，月几望，君子征凶。"

断曰：此卦上爻。乾天，天气上升，有云随之，被风吹散，不得为雨，谓之"密云不雨"。以风之小，止天之大，故名此卦曰小畜。以国家拟之，四爻一阴，得时得位，上下五阳，牵连应之。阳大阴小，以一阴止五阳，是小畜之义也，故曰"柔得位而上下应之，曰小畜"。

此占为政党首领所关，其所从来者久矣，请推其原而说之。

明治之始，某缙绅为众所推，奉勅令为相，奉侍九五之君，尽见信任，一时群僚皆受其畜，诚千载一时之会也。就小畜之卦言之，以某贵显当六四之位，下卦三阳，牵连被畜，虽众阳有健行之性，欲进而谋事，六四虑其躁动，悉被抑止，独以孚信感君，巽顺行权，谓之"健而巽，刚中而志行"也。明治元年三月，虽有万机之勅命，究末施行，谓之"密云不雨"。

初九："复自道，何其咎？吉。"

此爻以阳居阳，虽有才力，未得信用，与六四之阴相应，见六四专权，难与共事，中途而返者也。

九二："牵复，吉。"

此爻亦虽欲进，见初爻既复于道，是以牵连亦复，进退审详，不失其宜，以中正也。

九三："舆脱辐，夫妻反目。"

此爻与六四，同居重职，先众阳而锐进，为六四所抑止，志不能行，辞职去官，谓之"舆脱辐"。"夫妻反目"者，以九三阳爻为夫，六四阴爻为妇。阳为阴制，犹夫为妻制，愤懑而争，故曰"反目"。

六四："有孚，血去惕出，无咎。"

此爻为全卦之主，以一阴止五阳，独得权势。然阴孤阳众，抑亦可危，唯在六四能以孚信感君，故九五之君，爱识六四，不使群阳得以相犯，故曰"血去惕出，无咎。"

九五："有孚挛如，富以其邻"。

此爻居尊位，与六四之阴，挛系而御小畜之世。九五六国，皆曰"有孚"，是以积诚相感，上下交孚也。下卦三爻，同为乾体，故曰"挛如"，赏赐之厚，如富人之以财产分赐邻里也。今以某贵显拟之，朝廷录维新之功，恩赐优渥，且政府以数万元，买置其第宅，即是也。

上九："既雨既处，尚德载。妇贞厉，月几望，君子征凶。"

"既雨既处"者，小畜之终，风变雨为水。前之"密云不雨"者，今"既雨"也。明治创业以来，某首领有功于国家，人所皆知，但政令随时更变，惟在积德累仁，励精图治，国家大权，不容旁落，亦不可偏任。明治十四年，请开国会，至今二十三年，有众议院开设之议，谓之"尚德载"也。在大臣谋划国计，未免擅权，以臣制君，犹之以妻制夫，谓之"妇贞厉"。"月几望"者，月满则亏，几望则将近于亏，是即阴阳消长之机。"君子征凶"者，谓当戒其满盈也。

☰ 天泽履

　　履者,冠履之履。篆书从尸,从彳,从舟。尸者,像人身;舟者,载也;彳者,行也。即所谓步履而行,可以运动人身者也。故此卦以此取名,《象》辞曰"履虎尾"者是也。转而为礼,礼者,人之所践行也,故《序卦传》曰,"物畜然后有礼,故受之以履"。《大象》曰,"以辨上下"。又转为福之义,《诗》曰"福履绥之"也。人能守礼,则天赐之以福。此卦外乾内兑,乾天,兑泽,天在上,泽居下,上下尊卑之分正,故有礼之象。又乾为行,兑为和,《论语》曰:"礼之用,和为贵。"《象》有"履虎尾"之辞,故即取其首字以名卦也。

履虎尾,不咥人,亨。

　　《象传》曰:履,柔履刚也。说而应乎乾,是以履虎尾,不咥人,亨。刚中正,履帝位而不疚,光明也。

　　此卦乾上兑下,乾为老父,前行,兑为小女,追随在后。凡以刚健践弱之后易,以柔弱践刚健之后难。就卦面观之,以六三一阴之柔弱,介五阳刚强之中,有欲行难行之象。以至弱之质,蹑于至刚之后,犹"履虎尾",最是危机。文王就其难行之道,系其辞曰"履虎尾",危之也。乾为虎,虎指刚健者。人者对虎而言,"不咥人,亨"。此卦二五两爻,皆得阳刚之中正,九五尊位,居至高至贵,而能不疚于心,必有光明之德也,谓之"刚中正,履帝位而不疚,光明也"。《象传》三句,专就五爻而言,此爻卦变则为离,离为火,为日,为电,有光明之象。

　　以此卦拟人事,内卦兑为我,外卦乾为彼,我柔弱而彼刚健。例之古人,如上杉谦信、织田信长等,刚毅果敢,为其臣仆者,一不顺从,每遭惨祸,谚云"伴君如伴虎",此之谓也。嗟乎! 世路险阻,无往而非危机,虎之咥人,不独山林,凡一切利害所关,即为危机之所伏,皆可作虎观也。唯以不敢先之心,后天下之人,以不敢犯之心,临天下之事;以不敢轻进之心,处天下之忧患,敬以持己,和以接人,以此履虎,虎虽刚猛,必不见咥。由是观之,人能行以卑逊,何往而不亨通哉! 行于强暴,则强暴服,行于蛮貊,则蛮貊化,行于患难,则患难弭,皆和悦之效也。以卦体言,初爻虎尾,至九五之时,危险既去,身安心泰,自具光明之德也。故履之时,柔能制刚,弱能胜强,虽刚暴难制者,皆可以柔和之道制之。若欲以刚制刚,必有大咎,此履卦所以贵和悦而应上也。

　　以此卦拟国,上卦为政府,下卦为人民,上刚强,下卑屈,名分悬隔,刚强者进于前,卑屈者随其后,谓之履,柔履刚也。上下之秩序如此,下以和悦爱敬,服从夫上,上亦乐其柔顺,不复以强暴相凌,谓之"悦而应乎乾,是以履虎尾,不咥人,亨"。九五之君,德称其位,垂拱而天下治,上不愧祖宗之鉴临,下不负臣民之瞻仰,何疚之有? 于是功业显著,德性光明,谓之"刚中正,履帝位而不疚,光明也"。

　　通观此卦,高者无若天,低者无若泽,上下尊卑之分,昭然若揭。六三以一阴,介在五阳之间,为全卦之主,才弱而志刚,体暗而用明,不自量力,而敢于前进,致蹈危祸也。初九在下,素位而行,不关荣誉,虽涉危险之世,行其固有之业,而自得其安乐也。九二居内卦之中,不系情于名利之途,坦然自乐,不陷于危险也。九四上事威猛之君,下接奸佞之侣,处危惧之地,小心翼翼,位尊而主不疑,权重而人不忌,终得遂其志也。九五居尊位,雄才大略,独断独行,以刚猛而御下者也。上爻熟练世故,洞悉人情,建大业,奏伟功,而克享元吉者也,是履之终也。

《大象》曰:上天下泽,履,君子以辨上下,定民志。

此卦"上天下泽",尊卑贵贱之等级分明,是不易之定理也。君子见此象,"辨上下,定民志",使之各居其所,各安其分,不相紊乱,自无僭越,礼制之要也。夫宇宙间,莫低于泽,莫高于天,譬诸在人,莫尊于冠,莫卑于履,上下之分如此。履者,礼也,君子体乾之强,庄敬而日强,所以行礼也。兑之德悦也,悦者和也,礼以退为让,履以下为基,故曰"履,德之基也"。天而不下交于泽,则江河无润;泽而不上交于天,则雨露无滋。惟天高而能下,故水土草木之气,蒸而为云雨,而天益高;惟君尊而能卑,故亿兆臣民之分辨,而为礼让,而君益尊。若上下不辨,民志不定,则等威无别,民情骚动,天下纷然,乱自此起,如之何其能治也?此卦上自天子,下至庶人,安尊卑之分,联上下之情,君怀明德,民无二志,天下所由治也,谓之"君子以辨上下,定民志"。

【占】 问家业:有门庭肃穆,仆妾顺从之象。

○问任官:有品级渐升之象,若攀援干进,反致不利。

○问营商:宜辨别货品,实察商情,待时而售,必得高价。

○问出行:利于滨海之地。

○问六甲:得女。

○问疾病:宜疏通中焦。

○问遗失:一时为物所掩,久后自出。

初九:素履,往无咎。

《象传》曰:素履之往,独行愿也。

"素"者生帛,取天然之色而无饰也。"素履"者,谓直行本分。此爻以阳居阳,虽得正位,上无正应,在下位,不援上,《中庸》所谓"君子素其位而行,不愿乎其外"者也。以居履之初,去虎犹远,守当然之本业,独善其身,不求闻达,一旦得位,亦不改其"素履"之守,所谓"穷不失志,达不离道",故曰"素履,往无咎"。《象传》曰"独行愿也"者,谓己之所愿,不在乎外也。此爻无正应,故曰"独"也。

【占】 问功名:宜安居乐道,待时运亨通,往无不利。

○问营商:宜守旧业,久后必获利。

○问谋事:宜缓待,不宜急迫。

○问战征:宜独行潜往,刺探敌情,无咎。

○问家宅:"福履绥之",门庭吉祥。

○问六甲:生男。

【占例】 横滨商人某氏来告曰：近来商业不振，得不偿失，欲移居于东京，别创事业，请占前途吉凶。筮得履之讼。

爻辞曰："初九：素履，往无咎。"

断曰：此卦兑之少女，履乾父之后，明明教人以谨守先业。商务之通塞，未可拘一时而论，物价高低，随时变换，前失后得，亦事之常，何必遽作改计？不如守旧，久必亨通也，故曰"素履，往无咎"。某氏闻之，随绝改图之念，仍在横滨，从事旧业，未几而商机一变，大获利益。

九二：履道坦坦，幽人贞吉。

《象传》曰：幽人贞吉，中不自乱也。

"坦坦"者，道之平也；"幽人"者，谓隐居山林之士也。此爻当履之时，得刚中之位；中则不偏，不偏则不危，履行其道，犹行平坦之道路也，故曰"履道坦坦"。夫行道者，履于旁则危险，履其中则平坦，必其中心淡泊，忘情荣辱，以道自守，斯得幽人之贞也，故曰"幽人贞吉"，若欲急进而从事，恐履虎而招祸也。盖此爻虽有才德，以上无应爻之助，故未得出而用世，唯其穷居乐道，遵时养晦，故吉。《象传》曰"中不自乱也"者，谓不降其志，不辱其身，是不以利达乱其心者也。一说"幽人"为幽囚之人，如文王之囚羑里而演《周易》，文天祥之囚土室而作《正气歌》之类，虽在患难，不乱其志也。此爻内卦变为震，震为大途，有道之象；又以兑泽，有幽谷之象，故曰"幽人"。

【占】 问功名：有高尚其志之象。
　　○问营商：一时物价平平，可得微利。
　　○问出行：平稳，获吉。
　　○问终身：有恭敬修身之意。
　　○问家宅：有分析财产之意。
　　○问失物：有意外损耗之虑。

【占例】 一夕有盗入某贵显邸宅，窃去衣服若干。贵显请占盗之就捕与否，筮得履之无妄。

爻辞曰："九二：履道坦坦，幽人贞吉。"

断曰：此卦兑之少女，履乾父之后。老父为盗，少女者改造其藏品，或变其体裁，而转卖之，是父女共为盗者也。一时不得显露者，盗中之最狡者也。然互卦有离火，火之明，即探索吏也，互卦之主爻，即六三之探索吏。《象传》所谓"眇能视，不足以有明也"，故现时不能捕获。至上爻有"视履考祥，其旋元吉"之辞，自此爻至上爻，爻数五，必在五月之后，藏品暴露，盗贼即可就缚。后五月，此盗就缚，果如此占。

六三：眇能视，跛能履。履虎尾，咥人，凶。武人为于大君。

《象传》曰：眇能视，不足以有明也；跛能履，不足以与行也。咥人之凶，位不当也。武人为于大君，志刚也。

"眇"者,目之偏视也;"跛"者,足之偏废也。"武人"者,文官之对,"大君"者,尊贵之称。此爻以阴居阳,不中不正,无才无德,以刚暴取辱者也。盖于履为成卦之主,欲恃其势而统辖群刚,不自度才德之微,不足负担大事。目之眇,自以为能视,足之跛,自以为能履,不避危险,勇往直前,自蹈履虎受咥之祸,故曰"眇能视,跛能履,履虎尾,咥人,凶"。曰"眇"曰"跛"者,示六三之柔暗,能视履者,谓恃九二而冒险躁进。虎之不咥我,以我背后有乾也。六三见虎之畏乾,以为畏己也,去乾而自用,遂为虎所咥。《象》曰"不咥人",爻曰"咥人",其义相反。盖《象》取内卦兑之柔和爱敬而立义;爻主中正,以六三阴柔不中正,独与上九之一爻相应,上九虎之首也。履尾而首应,故有咥人之象。六三不自知其量,放肆横行,武人而干犯九五之大君,其强暴而无所忌惮如此,大凶之道也。《象传》曰"眇能视,不足以有明也;跛能履,不足以与行也"者,谓其识暗,故视不能明,谓其才弱,故行不能远。"位不当也"者,谓以阴居阳;"志刚也"者,谓其阴柔而不中正,志刚而触祸也。兑为毁折,互卦离为目,巽为股,离目为兑所毁折,有眇之象;巽股为兑所毁折,有跛之象。又兑为口,有咥之象;"武人"巽之象,巽之初六"利武人之贞"可见也。"武人",武士也,如《诗》所咏"赳赳武夫"是也,其职掌专主军政,奉王命以讨伐不庭,效忠于疆场者也。"武人为于大君,"刚强自用,干犯名分,孔子所谓"暴虎冯河,死而无悔"之徒,其尤甚者窃弄兵权,不奉朝命,如北条义时足利尊氏者也。我国维新以来,军政严肃,海陆两军,类皆桓桓武士,干城之选,好谋而成,固不徒以志刚为武也。《易》之垂诫,或不在当时而在后世,其虑远矣。

【占】 问家宅:有暗昧不明,以小凌大之象。
　　○问商业:有被人欺弄,急切不能脱售之虑。
　　○问战征:宜退守,不宜进攻,妄动者凶。
　　○问行人:恐中途遇险。
　　○问失物:就近寻觅,自得。
　　○问六甲:生男,但婴儿防有残疾。

【占例】 友人副田虎六氏,从佐贺县来告曰:某所矿山,工学士最所称赏,矿质极良。余将请政府之认可,着手采掘,请占其利害。筮得履之乾。

爻辞曰:"六三:眇能视,跛能履。履虎尾,咥人,凶。武人为于大君。"

断曰:此卦刚健之乾父前进,柔弱之少女随后,足下继续先辈所开之矿山。今此爻爻以阴居阳,气强而智昏,其所计划,必有与实际相龃龉者也,故谓之"眇能视,不足以有明也"。凡商办之业,与官办之局,大异其趣。如彼矿山,固乡间无赖人所集合,能设其规则,而统制得宜,斯众人心服从。且指挥众役,必用老成谙练之人,乃能成其业,若指挥不得其人,彼矿夫纷扰,非易箝制,懒惰虚喝,百弊丛生。足下纵精明强干,而于矿业,究属生手,譬如行路,此程非熟悉之途,故爻辞又曰"跛能履,不足以与行也"。足下又谓"不入虎穴,焉得虎子",是以决意担当,但恐入虎穴而为虎所咥,其危险实可寒心。爻象如是,足下宜断念也。

氏不信余占,用某学士为甲干,使之赴矿山。为不谙实业,部下不服,终以不克成事而罢。

○贵族院议员某,福岛县多额纳税者也。自去年(三十一年)冬,至本年春,蚕丝输出外国者,时价益腾。本年养蚕之成绩,颇好结果,预料他日蚕丝,辐辏横滨,势必低价。乃于横滨四品取引所,期五月与六月,约卖蚕丝若干,与买者同纳付保证金数万元于取引所。至期,蚕丝之入横滨者稀少,时价看涨,不能交现。买者知蚕丝之不足,数人联合,益倡高价,于是有介卖买两间而谋为仲裁者。某来曰:"此仲裁适余意否?请为一筮。筮得履之乾。

爻辞曰:"六三:眇能视,跛能履。履虎尾,咥人,凶。武人为于大君"。

断曰:此卦以兑之柔,随乾之刚,犹少女与暴夫同行,其危险如"履虎尾"。今占得三爻,足下测度蚕丝出产与时价,是诚以管窥天,谓之"眇能视,不足以有明也"。横滨商人,自产地贩集蚕丝,向以贷金收买,故转运往往不速,谓之"跛能履,不足以有行也"。卖者乘其虚,而益倡高价,殆将食没足下之保证金,谓之"履虎尾,咥人,凶"。足下不自揣其不能,不知卖家之不良,欲博一时巨万之利,反生大损,犹以匹夫之勇,望为武将者也,谓之,"武人为于大君"。今仲裁难行,过六月中旬,可得协商,然大损不免也。

后果如此占。

九四:履虎尾,愬愬,终吉。

《象传》曰:愬愬终吉,志行也。

"愬愬"者,畏惧之貌。此爻以阳居阴,逼近九五尊位,才强志弱,以九五为虎,常怀危惧,故有"履虎尾"之戒。若以其危故,而退身远引,亦非为臣之道。此爻处大臣之位,有可未常不献,有否未常不替,亦非避其威而不履也。但小心谨慎,常若愬愬,故曰"履虎尾,愬愬"。是以位虽高而主不疑,权虽重而上不忌,终免忧危,而得保全之吉,故曰"终吉"。此卦全卦以柔为吉。"终"字对初而言,有始于危,终于不危之义也。《系辞传》曰"四多惧",此爻多惧,唯其防患周密,终得免害。《象辞》曰"不咥人,亨"者,谓此爻也。《象传》曰"志行也"者,谓履行其道也。"志"者,为平日期望之志也。

【占】 问时运:以温和接人,以笃实当事,虽临危险,终得免祸,是气运平稳之时也。

○问商业:不宜急切脱货,宜谨慎耐守,终获利益。

○问战征:宜临危固守,遇救得捷,可转败为胜。

○问六甲:平稳得男。

【占例】 明治十七年十二月,朝鲜京城有政党纷扰。时国王遣特使来我公使馆,请我办理公使竹添君护卫王宫。公使因率兵前进,清国将官某氏,亦率部下兵迫王城,遂抗我兵。此报达我国,朝野骚然,朝旨派外务卿井上伯,奉使朝鲜责问,是国家之重事也。某贵显使余占其动静,筮得履之中孚。

爻辞曰:"九四:履虎尾,愬愬,终吉。"

断曰:此卦上卦乾,为父,下卦兑为少女,有少女随父之象也,故名曰履。夫我国之于朝鲜,以我既行欧美之开化,欲使彼国速从时势之变迁,我导其前,彼履其后,以同行改革也。万一朝鲜为欧人所占领,不啻为我国之赘疣,实为亚细亚全洲之障碍。奈彼国冥顽不悟,妄以嫌忌外人,遂起今回之乱。今外务卿井上伯奉使前往责问,彼必自知微弱。四爻变而为中孚,结局终归平和,谓之"履虎尾,愬愬,终吉"。于时十七年十二月二十五日也。

（附言）是月二十七日,交询社传福泽谕吉氏之言,邀余演说朝鲜《易》占。余因趋其席,社员满室,干事诸氏谓余曰:今回朝鲜之事,甲论乙驳,或和或战,群蹴纷纷,不知归的。君玩《易》象,必获先机,幸为开陈爻辞。余曰:《易》道,通天机而知未来者也,与凭空议论者不同也。余凭《易》占,已预知结果,在外人或未之信也。遂应其请,详述前说。在席自福泽氏以下,皆不解《易》,脸如怪讶。余归后,福地源一郎氏,寄书请示占象,因更记前说以自送之。翌十八年一月一日揭之于东京《日日新闻》。当时《时事新报》记者痛嘲余说。彼昏昏者不解《易》理,亦无足怪,彼闻并上大使,与朝鲜政府开论,即在一月二日。《易》理之定数,不差分毫,余之《易》占,不失一语,不亦可畏敬哉!

九五:夬履,贞厉。

《象传》曰:夬履贞厉,位正当也。

夬者,决也。"夬履"者,谓其一任刚决以履行也。此爻刚健中正,体乾卦,履尊位,下无应爻,自恃刚明,果于任事。多威武猛断之政,未免有果敢而窒之弊,故曰"夬履"。古圣人居天下之尊位,虽朋足以照,刚足以决,势足以专,未尝不博取天下之议,以广其见识,此圣人之所以为圣人也。此爻不患不刚明,而患在躁急,一任己见,以刚行刚,不审时机,不察群情,遂致上下不通,内外阻隔。急切之甚,激成祸变,是危殆之道也,故曰"贞厉"。"贞"者,贞固也,谓固执而不变也;"厉"者,危也,谓当常存危惧之心也。《易》中用"厉"字之例皆然,噬嗑之九五,"贞厉无咎",亦犹是也。盖履之道,尚柔不尚刚,九五以刚居刚,是决于履也;以其中正之德,又能危厉自惕,斯得动无过举。《书》曰"心之忧危,若蹈虎尾",国君能常思蹈虎之危,可谓"履帝位而不疚"也。爻辞"贞厉"者,固见其厉也。《象传》曰"位正当也"者,与兑之九五及中孚之九五同义。盖有不满于君德之旨也,谓刚决之君,似于宽仁温和之德有阙,所宜反省而加勉也。

【占】 问时运:前苦后甘,目下正当报云见日之时,犹直毋忘曩时苦境,兢兢业业,斯能长保其富也。

　　○问商业:宜和衷共济,有货不直急售,久后必得厚利。

　　○问失物:有不待寻而自得之象。

　　○问官途:目下已得升迁,唯宜谨慎,斯可永保。

　　○问疾病:危而后安。

【占例】 某会社社长,来占命运之吉凶,筮得履之睽。

　　爻辞曰:"九五:夬履,贞厉。"

　　断曰:此卦以兑之少女,继乾父之后。今君富学识,温和而长于交际,由株主迁举而为社长,地位中正,固无可疑。但既任职权,不能不竭力谋事,一或刚决独行,凡事难保无失,谓之"夬履,贞厉"。在足下精明果敢,胜任社长,固余所深信也,唯从占筮之意,尚宜时时警戒。劝足下注意而已。后果如此占。

上九:视履考祥,其旋元吉。

《象传》曰:元吉在上,大有庆也。

"视履考祥,其旋"者,谓自视其履行之迹,能考祸福之祥兆。此爻居履之终。即践行之终,凡人之所践行,善则得福,不善则得祸,治乱祸福之所歧,悉由于履行。人之所履,亦难保始终皆善,有始不善而终善者,有始善而终不善者,必观于终,然后见也。若周旋无亏,终始如一,则其吉大矣,故曰"视履考祥,其旋元吉。"《象传》曰,"元吉在上,大有庆也",谓君上能行此道,则大有吉庆也。元即大,吉即庆也。凡六十四卦之中,上爻系"元吉"者,不过二三卦,此爻居其一,盖上爻者,极地而多危殆也。

【占】 问时运:目下正得安乐之时,其人必素行无亏,晚运亨通,福寿双全,大吉也。

○问商业:往返经营,俱得大利。

○问家宅:祸福无门,惟人自招,若能积善,必有余庆。

○问疾病:恐天年有限。

○问失物:不寻自得。

○问六甲:必产贵子。

○问战征:大获胜捷,奏凯而旋。

【占例】 明治二十三年十月,东京府下第十五区选举,代议士有候补三名,其一人为某豪商也。一日友人某氏,来请占其成否,筮得履之兑。

爻辞曰:"上九:视履考祥,其旋元吉。"

断曰:此卦以兑柔弱之少女,随行乾刚之老父,其势不相匹敌,固不待论。履之上九,履之终也,必其人经履几多艰难危机,渐奏事功,以至今日之盛运也。然应不中不正之六三,依偏视之眇者,与偏废之跛者,与刚猛之武人,共相竞争,孙子所谓下驷与上驷,其不能必胜可知矣。上爻处位之极,无可复进,悟前非而鉴既往,翻然回头,可得大吉也。若谋不出此,欲强遂初志,其凶有不可言也。

后依所闻,某豪商果察机自退,不复与争云。

○明治三十年,占我国与德国交际,筮得履之兑。

《象》辞曰:"履虎尾,不咥人,亨。"

爻辞曰"上九:视履考祥其旋,元吉。"

断曰:履者以柔顺而履刚健之迹,有周旋无亏之象,故名此卦曰履。曰"履虎尾,不咥人,亨",以柔蹑刚,恭顺而不失其正,故不见咥,而反见亨也。见之本年我国与德国交际,彼国夸其武威,非无虎视眈眈之意,然我国当路之重臣,处置得宜,且彼国驻劄公使得人,能两得平和,故彼此无事。博强国之称,比之从前交际,自然不同。在彼具猛虎之性,搏噬之志,固未尝一日忘也;且因我之强,亦不无嫉妒。在我惟宜以柔克刚,随时应变,斯得矣。

䷊ 地天泰

泰字，从大，从水。形以两手决水，取水从中分，流通无滞，水去而民得安居也。自昔中土，大禹治水，疏通九河，则土壤，教稼穑，奠厥民居，斯地平天成，而万民得生活于其间，永享泰平之福，是泰之义也。此卦坤上乾下，坤阴也，乾阳也，是天地合气，阴阳爻和，资生资始，而民物咸亨，故名此卦曰泰。

泰：小往大来，吉亨。

《彖传》曰：泰，小往大来，吉亨，则是天地交而万物通也，上下交而其志同也。内阳而外阴，内健而外顺，内君子而外小人。君子道长，小人道消也。

此卦乾天在下，坤地在上，就天地之形体言之，上下颠倒，如不得其义。然此卦所取，不在形而在气。乾为天之气，坤为地之精，天地之形，高卑隔绝，以气相交，乾气上腾，坤气下降，二气来往，能成雨泽，雨泽成而万物生育，因名此卦曰泰。泰者，通也，又安也，宽也，如《彖传》所言也。

以此卦拟人事，乾为夫，坤为妻，阴阳交和，定然家室和平安乐。乾阳坤阴，阴阳二气，包括甚广，天地间一物一事，莫不各有阴阳。就人身体而言，气为阳，血为阴，阴阳齐则血气自平；就人起居而言，静为阴，动为阳，阴阳交则动静自定。此卦以乾下坤，似乎阴阳倒置，然《彖传》曰"内阳而外阴"，盖以退阴进阳，重君子而抑小人也。《易》理于阴阳消长，防维甚严。人生涉世，是宜推崇阳刚，抑止阴柔，斯二气各得其正，而万事泰然矣。

以此卦拟国家，政府体天地造化之原理，公明正大，以布人民化育之政。乾者，君也；坤者，臣也。君礼其臣，推诚以任之；臣忠其君，尽诚以事之。圣主得贤臣，以弘功业；贤士得明主，以展才猷。于是万民感其德化，和亲康乐，一道同风，是诚天地交泰之世也，谓之"上下交而其志同"也。以上下二体言之，阳为君子，阴为小人，君子在内，布政施令，小人在外，安分服教，谓之"内君子而外小人"。盖天地之间，有阳即有阴，有君子即有小人。泰和极盛之世，不能无小人，但君子能善化夫小人，小人亦乐从夫君子，两不相害，而其情相通。自我出去者阴之小，自彼入来者阳之大，小人往而各安其生，大人来而乐行其道，是泰道之成也。道有消长，即时有否泰，总括天地阴阳之交，可见世运升降之会。"君子道长，小人道消"，消长之极，正国家治乱之大防也。此卦下三爻为天下治平之时，上三爻为自泰趋否之时，君子当玩味爻辞，深察气运之变迁，维持泰运于不替也。

圣人之序《易》也，以乾坤为始，乾之后凡十有一卦，而后始得泰。盖君之以屯，教之以蒙，养之以需，理之以讼，正之以师，和之以比，约之以小畜，礼之以履，而后始泰。故乾以下十卦，奇数之爻，凡三十；坤以下九卦，偶数之爻，亦三十，而后始得乾坤相交。开泰之运，其难如是，圣人之所以垂诚于后者深矣！

通观此卦，天气下降，地精上升，天地之气相交，始开造化之功。初九，君子得位，拔擢同气之贤者，共立朝廷，以勤劳国事，谓之"拔茅茹以其汇，征吉"。"汇"，类也，盖以同类而并进也。九二有刚健中正之德，为济泰之大臣。"包荒"，谓能包容群才，即所谓"尊贤

周易全书

而容众"是也。然亦一于"包荒",又必济以果决。"用冯河"取其勇敢,足以任事。"不遐遗",谓其思虑之诚实,不唯留心于目前,且远及僻偏之域;不唯顾虑于方今,且远图长久之谋。至为国家选择人才,不涉私情,其可进者,虽仇怨而不弃,其不可用者,虽亲近而不举,谓之"朋亡"。九二之行为,公明正大,中正以应尊位,宜六五之信任不疑也,谓之"得尚于中行"。九三居阳之极,其位不中正,且值盛极将衰之时。以卦体见之,天气不能久居下,地气不能久居上,有各将复其本位之象,谓之"无平不陂,无往不复"。夫阴阳之消长,如寒暑之往来,时运使然,无如之何;然天定胜人,人亦足胜天,将陂而预防其陂,将复而预虑其复,克艰其心,贞固其守,尽其人事,以挽天运,是保泰之道也。如此则可永食其福矣。六四以阳居阴,逼近尊位。上三爻皆以虚谦接下,下三爻皆以刚直事上,四当上下之交,故"翩翩"相从,乐与共进,是以不徒富而从邻,不持戒而相孚也。志同道合,正《象传》所谓"上下交而其志同"也。六五温顺之君,虚己而信任九二,降其尊而从臣,有"帝乙归妹"之象焉。用此道而获福祉,则大吉而尽善矣。上六,泰之终,泰极而变,有"城复于隍"之象。当九二九三之时,尽人事之孚,可以维持泰运,然怠其道以至于是,虽天运循环之自然,亦人事之所自招。上六之时,失泰之道,上下睽隔,民情离散,以兵争之,盖乱之时耳,故曰"勿用师,自邑告命"焉。盖将守其城邑,明其政教,以挽天心,拨乱而返正,亦足以保泰之终也。"平"、"陂"、"城"、"隍",其机甚捷,其象甚危,垂诫深哉!

爻辞,初曰"茅",地之象。二曰"荒",曰"河",亦地之象。三曰"陂",地之形也,以内卦皆阴,为主坤而客乾也。四曰"富",曰"实",五曰"帝乙",上曰"城",皆阳之象,外卦皆阳,为主乾而客坤也。客还而主常住,其义可见矣。

《大象》曰:天地交泰,后以财成天地之道,辅相天地之宜,以左右民。

此卦天地二气交通之活象。万物即受天地之化育也,圣人见此象以赞天地之化育,为天地之所不能为。盖天地之生万物,笼统无别,圣人能历象日月星辰,分别分至启闭而成岁功,相度东西南北山川道路,以定城邑,察天之时,辨地之利,春夏耕耘,秋冬收积,无非尽致泰之道也,谓之"裁成天地之道,辅相天地之宜,以左右民"也。人民之生,必赖君上,斯得遂其生成。"裁成"所以制其过,"辅相"所以补其不及也。

(附言)近年卫生之道普及,医学之研究,日益进步,种痘之法盛行,生民免夭折之患,皆足以燮理阴阳,参赞化育也。欧罗巴诸国,以土地之硗瘠,人畜之繁殖,众民生活之艰难,创举移民之略,还殖人民于南北亚米利加、亚弗利加、濠斯太剌利亚及亚细亚诸岛,维日不足。即如我国以土地与人口比较,统计前后数年,每年得四十万口之增加,生活不告不足者,抑有故也。我国之土地膏腴,全国中得米麦两作之暖地,殆居其半;维新以前,两作之地,不满十分之三,今渐增加,既居十分之七。是以人口虽见增加,而生活有资,故不忧其不足。然由今以往两作之地,所余仅居十分之三,人口增加,岁多一岁,朝野贤士,晏然犹未知预筹,不亦可忧?现今开铁路于北海道,渐次移住凡一千万人口,得减内地人民增加之半数,五十年间,犹可保国家之安泰也。其间当设殖民之地于海外各邦,以计国家永远策,谓之"左右民"。

【占】 问国家气运:正当君明臣良,黎民安泰,是全盛之时也。然盛之极即衰之渐,否泰在天,回挽在人,所当深虑,家道亦然。

○问谋事:事必可成,后败须防。

○问婚嫁:阴阳合体,大吉之象。

○问商业:买卖均吉,然卖出利微,买入者利大,其象于"小往大来"见之。

○问年成:雨水调和,丰登之象。

○问六甲:有男女孪生之象。

○问失物:须就左右近处寻觅,自见。

初九:拔茅茹以其汇,征吉。

《象传》曰:拔茅征吉,志在外也。

"茹"者,草根牵连之貌。"拔茅茹"者,谓拔茅之一根,其牵连者与之皆拔也。此爻具刚明之才德而居下,六四之大臣,阴阳相应,是在野之贤才,为大臣所荐举者也。以三阳同体,一阳进而众阳共进,犹拔一茅而其茹连类而起也,故设其象曰"拔茅茹"。自古君子得位,则贤士萃于朝廷,同心协力,以成天下之泰;小人在位,则不肖者立进,以启天下之乱,是各从其类也。今初九之"拔茅",能引荐九二九、三之贤士,相共并进,故曰"以其汇"。"汇"者,类也。初九为泰之始,得其正位,克履怀德之道,是以吉也,故曰"征吉"。《象》曰"来"者,谓天气之下降;爻曰"征"者,谓君子之上进。卦以气交,自上而降;爻以位升,自下而升。凡君子之学道也,修之于身,以待其时,居天下之广阔,立天下之正位,行天下之大道,欲使其君为尧舜之君,使其民为尧舜之民,是学者之夙愿也。然天命不佑,不得其志,曲肱饮水,独居陋巷,是独善其身也。然其心要未尝一日忘天下也。《象传》"志在外也"者,谓初九贤士,身虽在下,志在泽民。"外"者,指天下国家也。此爻变则全卦为升,升初六之辞曰"允升,大吉",可以卜贤者之升进也。

【占】 问时运:有因人成事之象。

○问家宅:有家室团圆,人口平安之吉。

○问营商:得主伙合志,货财汇萃之象。

○问功名:有逐渐升迁之喜。

○问战征:以进攻获胜。

○问失物:宜于丛草处寻觅。

○问六甲:初胎者生女,三四胎则男。

【占例】 明治二年,某藩士氏来,请占从事商业之可否,筮得泰之升。

爻辞曰:"初九:拔茅茹以其汇,征吉。"

断曰:此卦其象为天气彻微地下,地气升腾天上。以人事言之,是彼我相合,上下相通之会也,故谓之泰。今得初爻,其辞曰"拔茅茹",夫茅之为物,其茎虽分生,其根则相连。想足下旧交,必有奉职宦途者,就其人而谋仕途,事可必成。余观足下之貌,适于为官,不适于为商。余据《易》理断之,知足下之人品才力,宜从友人而谋进身也。

后此人果从事仕官,渐得升迁。

九二:包荒,用冯河,不遐遗,朋亡,得尚于中行。

《象传》曰:包荒,得尚于中行,以光大也。

"荒",如洪荒之荒,又兼荒野之义。"包"者,容也"冯河"者,徒涉也。"不遐遗"者,不忘远也。"朋亡"者,犹坤为地之"丧朋"也。"中行",犹曰中道也。此爻具刚明之才,秉中正之德,与六五之君,阴阳正应,匡王佐霸,是有猷有为之荩臣也。盖其雍容大度,能包容荒远之细民,抚育教诲,使无一夫不得其所;且有冯河之果断,不流文弱,故曰"包荒"、"用冯河"。自来圣贤之心无弃物,非包荒不足示天地之慈祥,非冯河不能发天地之威怒,雨露雷霆,宽严兼济,而又不弃幽遐,不私习近。九二能体此刚中之德,光明正大,符合中道,故曰"不遐遗,朋亡,得尚于中行"。治泰之道,有此四者,所谓宽则得众,信则民任,敏则有功,公则众悦,诚不失中行之德也。而其要首在于宽,故《象传》统举"包荒"二字以括之,谓其得配中行,以光大也。旨深哉!

为活用占筮,姑就开拓之事而言之。"包荒"者,谓荒野也。"用冯河"者,谓开垦荒地,诱导无业贫民,开道架桥,以从公役。"不遐遗"者,谓极至深山幽僻之地,越险犯阻,而开拓之也。"朋亡,得尚于中行"者,谓无朋比之私,率众而举事,得天下之爱敬者是也。盖"包荒",仁也;"冯河",勇也;"不遐遗",智也;"朋亡",公也。备此四德治天下,尚有余力,若夫有包容而无断制,则非刚柔相济之才。不遗遐远,而或阿私党类,则偏重而失公正之体。故必包容荒秽,而又果断刚决;不遗遐远,而又不私昵朋比,则不忘远,不狃迩,是合于中道者也。《象传》"以光大也"者,谓胸次宽阔,有容人之量。"光"则其明足以有照也,"大"则其器足以有容也。

【占】 问时运:目下正当功名显达之时,可以远游海外,创兴事业。
○问仕途:有奉使远行,或从事军征之兆,均获吉也。
○问商业:利在行商,贩运外物。
○问失物:定坠落水中,恐难寻得。
○问疾病:不吉。
○问家宅:用人宜宽,处事宜决,不可专信仆从,致损家业。
○问战征:有怀柔远人,征伐不庭,疆宇日辟之势。
○问六甲:生男。

【占例】 东京友人某氏,在常陆欲开垦沼地,请占吉凶。筮得泰之明夷。

爻辞曰:"九二:包荒,用冯河,不遐遗,朋亡,得尚于中行。"断曰:泰古字,像人以左右手决大水之形。凡洲泽之地,由大雨骤降,山岳砂土,冲激崩坠,随流壅积而成,其中低所,或为湖水,或为沼陂。足下今欲开垦沼地,其有利益于社会,以助国家之经济,可知也。爻辞"拔茅茹"者,谓芟除芜草,播种五谷,开垦之好结果也。又"包荒",谓买荒地之象;"用冯河",谓尽力乎沟洫也。盖人有巨多之财产,往往以安乐送世为目的,使子孙可永享素餐,以为上策,而不知此真失策之大者。何则? 凡世间富者,不计公益,贫者无由得衣食;贫者不得衣食,必至不顾礼义,败坏廉耻,其极至犯禁令而罹法网,谓之国家乱民,乱民之起，皆由游手坐食而来也。足下能包容此辈，奋发而抛资财，欲为众人开垦沼地，藉以赈济饥寒，其志气操行，光明正大，诚有超绝于朋济者也，故谓"朋亡"。足下之为此事业，利己利人，谓之"尚于中行"，必光大也。友人曰：谨奉命。然余年老，不能亲至其地，监督工业，目今紧要事务，欲余所信任某氏为代理，委以此事，请筮以决之。筮得坤之豫。

爻辞曰："六四：括囊，无咎无誉。"

断曰：此卦全卦纯阴，无一阳爻。《易》之道，阳为尊，阴为贱。今筮得此卦，恐其人为卑贱之小人也。世之皮相者，皆就人之阶级，以别贵贱，余则专论心术。第一不为己谋而为人谋，众人之所喜，己亦喜之，众人之所恶，己亦恶之，其性情之所发，公正而无丝毫之私，是为上。第二，己之所欲，望人亦有之，万事以和衷相济，不任己之自由，是为其次。第三，专顾利欲，不顾亲戚朋友，苟所得利，遑知廉耻，是为最下。此余之平素所持论也。自来上智之人，生性完善，不见异而思迁，谓之贵人；下愚之人，其心残忍卑鄙，偏于不善，谓之贱人。坤之初爻曰，"履霜，坚冰至"，谓争利而至犯上作乱；上爻曰"龙战于野"，谋利而至相争相战，两家俱伤。如委此人以任事，犹售盗以键也，宜括财囊之口而戒于心焉，谓之"括囊，无咎无誉"。此事必当自任，未可委人也。

友人乃从予言。

九三：无平不陂，无往不复，艰贞无咎。勿恤其孚，于食有福。

《象传》曰：无往不复，天地际也。

"无平不陂，无往不复"者，时运变迁之常，犹月满则亏，花开则落。此爻以全卦见之，正当泰运全盛之时，然玩占爻位，为阳穷阴逼，泰之时将终，否之时将至也。凡物中则平，过中必倾，天数人事皆然。泰至九三，天道复其上，地道归其下，君子抚泰运之极，唯当尽人事以挽回天运，是以思患预防，常惕艰危，如是则可以无咎。此爻重刚不中，互卦有震，居健动不止之体，健进一步，即为陂复之象。是乾本上也，坤本下也，下交上，故乾居内而坤在外。乾苟不安于下，必上而迫坤，坤苟不得安于上，必下而夺乾，故曰"无平不陂"。复而不听其复，持其平，守其往，防微杜渐，用保厥终。凡小人欲乘怠而入者，君子则弥思其难，小人欲伺隙而攻者，君子则必保其贞。其操心之危如此，则举动措置，必无有过咎也，故曰"艰贞无咎"。夫天下之事，未有不戒惧而能保其终者也，《易》之垂诫，于始终消长之机，最为深切。世运之陂复，犹日月之食也，当食雾时晦冥，过时而复光明，故曰"勿恤其孚，于食有福"。"食"即蚀也。以日月之食喻祸，而以食终而光明喻福。

按六十四卦中，不拘爻之阶级，专以内外卦分时运之转迁者四卦：泰、否、既济、未济是也。此卦以内卦三阳，为泰中之泰，以外卦三阴，为泰中之否。盖以阳为有余，为实，为富，阴为不足，为虚，为贫。九三居内卦之极，遇六四而当乾坤二体之会，为泰中之泰将终；六四居外卦之始，为泰中之否将来。故于三四两爻，示时运之转变。《象传》曰"天地际也"者，"际"即交际之际，是阴阳之两交接也。

【占】　问时运：谨慎者昌，逸欲者败，最宜留意。
　　○问商业：现虽失意，后必大利。
　　○问战征：须防敌兵埋伏，宜固守，不宜进攻。

○问失物:不久即得。

○问生产:虽危无咎,必生福泽之儿。

○问家业:宜谨守先业,可以永保富也。

○问疾病:少者无咎,老者大限有阻。

【占例】 明治十八年,奉故三条相公之命,占公气运于滨离宫,筮得泰之大壮。此时陪从者,为武者小路君、福泽重香君两氏。

爻辞曰:"九三:无平不陂,无往不复,艰贞无咎。勿恤其孚,于食有福。"

断曰:此卦太阳之火气,透彻地下,地精为之蒸发,天地之精气相交,万物发育,国家安泰之象也。拟之国家,政府之恩惠,透彻下民,下民之情志,上达政府,君能信任臣,臣能服从君,故曰泰。然泰之极,变而为否,是阴阳消长,自然推移之运也,故有自泰趋否之时,又有自否趋泰之时。此卦内卦三阳,泰平最盛;外卦三阴,自泰趋否。今筮得三爻,第三爻内卦之极,泰中之泰既去,将移外卦之阴,将转入泰中之否也,故爻辞曰,平者无不遂陂,往者无不复返,喻时运变迁之义。在时运使然,原非人力所能争;然保其固然,防其未然,惕以艰危,矢以贞诚,人定亦可胜天,故谓之"艰贞无咎,勿恤其孚,于食有福"。阁下声名显赫,勋业崇隆,可媲尹周,小心翼翼,持盈保泰,自有鬼神默相呵护也,故《象传》曰"天地际也"。

后相公解显职,就内大臣之闲位,永矢尽诚,克光辅翼之业。

六四:翩翩不富,以其邻,不戒以孚。

《象传》曰:翩翩不富,皆失实也。不戒以孚,中心愿也。

"翩翩"者鸟刷羽之貌。"邻"者,指六五上六而言。此爻在泰之时,上与二阴在外卦,皆与下应。阴柔之质,宜在下位,今居上体,志不自安,故上三爻相连,同欲下行,是上者以谦虚接下,不待告诫而自信孚,谓之"翩翩不富,以其邻,不诫以孚"。"不富"者,阴虚之象。此爻是运过中,泰将转否,为小人合志,谋害正道之时,君子所当戒也。五上皆阴,不富识量,故《象传》曰"翩翩不富,皆失实也"。"皆"者,指坤之三阴;"实"者,指阳爻。阴之从阳,犹贫之依富,今三阴在外,失所依也。然当泰之时,阴气上升,阳气下降,上下不相疑,兴国利,植民福,谓之"不诫以孚,中心愿也"。

【占】 问时运:喜得朋友同心相孚,诸事可谋。

○问商业:外则场面甚好,内实空虚,全赖同业相助,可以成事。

○问战征:粮饷缺乏,当劫掠敌粮,以供军需。众心坚固,有胜无败。

○问家业:本一富家,目下外强内弱,幸亲戚邻里,皆得有无相通,不忧匮乏。

○问失物:主遗落比邻之家,问之即得。

【占例】 东京豪商某氏甲干某来,告曰:维新以来,商况大变,主家遂赴衰运,欲建维持之策,不得方向,如何而可? 请筮一卦。筮得泰之大壮。

爻辞曰:"六四:翩翩不富,以其邻,不诫以孚。"

断曰：此卦天气下降，地精上升，上下安泰，共守旧规而耽安乐，无事之时也。足下今所占问，无论主人及经理伙友，皆唯知株守旧法，依向来之规则，不知随时而变迁。近今宇内各国通商，商业亦随而更新。彼家信用旧人，不诸新法，又不雇用能才，于是商业日居人后，将数代之积产，遂至艰于接续。泰之四爻，泰既过半，将渐入衰运，正合彼家之运也。此时欲谋立维持之策，想旧时伙友，不富于经验，宜代以适任之人，委之事权。使众人投票推荐，以定其人，悉从其指挥。旧时伙友，亦不宜恋恋旧态，勤勉从事新业可也，谓之"翩翩不富，以其邻，不诫以孚"。如此则彼家之衰运，尚可得而维持也。

某氏从余言，奋然改革其家风，至仓监辈，使之投票推荐，果得适任之人。其家至今益致繁盛。

六五：帝乙归妹，以祉元吉。

《象传》曰：以祉元吉，中以行愿也。

"帝乙"者，殷纣之父也。此爻柔而居尊位，下与九二之刚，阴阳正应，恭己无为，虚心下贤，是当位之君，开太平之治者也。九二成卦之主，辅弼六五之君，以成乃治，故引"帝乙归妹"，下嫁从夫，以喻圣君虚己，下礼贤臣，开国承家，永保福祉，故曰"帝乙归妹，以祉元吉"。"元吉"者，谓大吉而尽善者，即所以成治泰之功也。夫帝女之归也，非求胜其夫，将以祉之；坤之复下也，非欲侵乾，将以辅之，《象传》曰："上下交而其志同"者是也。又互卦有归妹，故与归妹之六五，爻辞相同。《象传》曰"中以行愿也"者，当泰之时，君虑泰极变否，谨慎恐惧，所愿保持之终，永享至治之福，是所谓"中以行愿也"。

【占】 问时运：目下亨通，宜谦虚柔顺，万事皆吉。
　　○问商业：宜贸达海外。吉。
　　○问家宅：得内助之贤。
　　○问婚嫁：宜远嫁远娶，吉。
　　○问六甲：主生贵女。
　　○问疾病：必得神佑，吉。
　　○问失物：拾者必自来归还。

【占例】 有相识豪富某来，请占家政气运，筮得泰之需。

爻辞曰："六五：帝乙归妹，以祉元吉。"

断曰：此卦上下通气之象，主从相应，家政安泰之时也。今筮得第五爻，尊府之财产，相承旧业，足下性质良善，家教完全。但于方今之时势，未免碍于通达。今得第二爻为之经理，能负担一切事务，忠实可靠，故家政整理，商运益盛。然旧时伙友，不免有阴相嫉妒，潜生谗毁者。好在二爻经理人，能如新婚之妇，柔顺相从，谗毁自消，得以十分尽力，克保其家，谓之"帝乙归妹，以祉元吉"。

上六：城复于隍。勿用师，自邑告命。贞吝。

《象传》曰：城复于隍，其命乱也。

"隍"者,城壕也,无水为隍,有水为池。"城"者,筑土所成,隍者辟土所成。"城复于隍",谓其高城崩而复旧隍也。"自邑告命",谓从下邑发命令,而告上国也。此爻泰之终,将转而为否,其象取阴弱之君,不能制阳刚之臣,而以时运之变革为辞,以示盛衰消长之机,曰"城复于隍"。当时运既衰,天命将革,君倦于政,臣工于逸,取民无制,贿赂公行,其极必起逆乱。且军旅之要,以人和为主,上六之时,世运方否,人心不和,犹冰炭之不相容也,若以兵争之,成败难知。且城已坏而不修,岂可据此以战斗乎?故戒之曰"勿用师"。至是而君德既衰,威权尽废,武功不可用,惟返而修文,远略不可图,惟退而治近,故曰"自邑告命"。盖固守城邑,明示政教,如孟子所谓效死勿去,冀得民心,以挽天运也。"贞吝"者,圣人谓其不告命于未否之前,而告命于将否之际,借已晚矣,虽正犹可羞也,故曰"贞吝"。《象传》曰"其命乱也"者,是上下俱乱也。彼守成之君,生长深宫之中,与妇寺为伍,虽有师傅,多非正士。君则骄奢淫佚,臣则阿谀逢迎,无所不至,于是下情抑郁,不通于上,君泽涸滞,不流于下,鬼蜮奸贼,惑乱其间,终至人心离散,国家倾覆,是之谓,"其命乱也"。

【占】 问时运:目下气运颠倒,宜谨慎自守,须防小人播弄。

○问商业:宜就小做,以待时运。

○问战征:攻夺城地,必胜。

○问家宅:防有颠覆破败,宜牢稳守业。

○问生产:生女。

○问失物:恐难复得。

☷ 天地否

否字从不,从口。不者弗也,弗与莆通。莆者,车后之蔽障。以莆蔽口,呼吸蔽塞之会意。医书"心下痞硬"之痞亦同,即取此义也。

否之匪人,不利君子贞。大往小来。

《象传》曰:否之匪人,不利君子贞,大往小来,则是天地不交而万物不通也,上下不交而天下无邦也。内阴而外阳,内柔而外刚,内小人而外君子。小人道长,君子道消也。

此卦乾天在上,坤地在下,自天地实体见之,在上在下,位置自然得宜。然此卦所取,不在形而在气,谓天气不降,地精不升,阴阳呼吸,否塞不通之象,名之曰否。盖天地阴阳之气,不相交通,虽造化亦无能作用。其交通不正,以致上下否塞,数十百年中,时或有之。尝闻天明年中,夏大旱,太阳之色,赤如丹砂,五谷不登,天下饥馑,即天气不降,地精不升。否之时也。否字分之为不口,即谓凶荒,万民不得口食也。《象传》曰,"天地不交而万物不通也"。泰否二卦,《象传》始用"则是"二字,犹曰其故不过如是,非有他故也。

以此卦拟人事,凡一家之中,上卦为父兄,下卦为子弟,父兄过于刚猛,子弟过于愚柔,上下性情不合,以致动辄相左,百事乖张,往来悉是奸邪,仆妾敢行背逆,或凭空而启狱讼,或无故而陷飞灾，钱财耗损，声名破裂，家道之日替，实由时运之否而来也。推否运之极，年时则风雨不调，疾病则胸隔不通，经商则有货难销，求名则历试被黜，虽有善者，亦无如何也，故曰"不利君子贞"。君子亦唯顺守其变，以避患而已。故当初爻，君子唯连类而退，汇守其贞。二爻唯以道自处，不肯屈己从人。三爻则以尸位素餐为羞。四爻则否极泰来，方可乘时而动。五爻否已将止，又惕"其亡"之诫。上爻则"否倾"矣，故曰"后喜"。处否之难如此，苟一不慎，祸必随之，是所谓"小人道长，君子道消"之时也。凡人值此否运，终当守道安命，以俟时运之亨，斯不失为君子也。

以此卦拟国家，乾在上，坤在下，阳气上浮而不降，阴气下沉而不升，上下二气隔绝，是君臣之志不通也。小人柄政而在内，君子退居而在外，一时乘时得势者，皆非君子也，故曰"匪人"。国家值此否运，君骄臣谄，国事日非，正道日坏，内则权臣擅政，外则强敌压境，岁时不登，而饥馑洊臻，兵役不息，而疆土日蹙，故曰"天地不交而万物不通，上下不交而天下无邦"。国家将奚由得治哉！此时君子唯居《易》俟命，独善其身，所谓邦无道则隐，故曰"不利君子贞"。小人则洋洋得意，诡计百出，其巧者或将内挟奸邪，外托正真，掩其不善，以著其善，谓之"内阴而外阳，内柔而外刚"。又或收罗君子，以张羽翼，如王莽之礼贤下士，藉以文奸，即二爻之"包承"是也。是以小人日进，君子日退，谓之"小人道长，君子道消"也。"道"字中，包括天之阴阳，地之刚柔，国家之治乱，内外之处置，进退得失，其义甚广，所以明否之运，皆由阴阳不交和而来。《易》之系辞，泰则归之于天，否则责之于人，故泰之《大象》曰"财成辅相"，不敢贪天功，否之《大象》曰，"君子以俭德辟难，不可荣以禄"，圣人垂诫之意，可谓深也。

通观此卦，下三爻者否之时，为小人用事，上三爻者否运已极，为趋泰之渐。初六虽小人并进之时，亦未尝无君子，君上亦未尝不求士也。在下之君子，不忍忘君，见可进而进，故曰"贞吉"。六二，当否之时，君子固当退避，然或有枉道行权，屈身济世，如汉陈平之于诸吕，唐狄仁杰之于诸武。亦足以救否也，故曰"包承"。又"包"者，苞也；"包承"者，受苞苴也。君子处浊世，往往独立廉介之节，为小人所畏忌，不啻不能保身，且不利于国家，故有姑受小人之苞苴，以晦清节也。是随流扬波之士，谓之"包承"。又有痛恨小人，而欲去之，因势有不可，姑以利啗之，以潜消其凶焰，即枉道行权之计，亦谓之"包承"。在小人而能"包承"君子，是小人中之君子也；君子受小人所"包承"，是君子中之小人也。大人当否，必不受其包，故亨。六三，小人之尤者，本欲伤害君子，尚蓄而未发，今感君子之德，内省而羞耻，故曰"包羞"盖君子遇凶顽，使之畏，不如使之耻。九四，当阳来之初，为转泰之渐，上近九五，君子见泰机之已动，方将出而济否，故曰"有命无咎，志行也"。九五，明君在上，从容而休否，即中兴之君也，故曰"休否"。上九，否运倾消，已及泰来之时，故曰"倾否"。"休否"之后，又恐其正之复陷于邪，治之复入于乱，故有"系于苞桑"之戒。夫天地以好生为德，圣人以思治为心。人君而知此，必思所以杜祸患之端；人臣而知此，必思所以严邪正之辨；小人而知此，当亦知所以变也。

此卦泰之反，而次于泰，盖人情安乐，则生骄情，骄情则生凶咎，是自然之势也。故《序卦传》曰："泰者，通也，物不可以终通，故受之以否。"然人能畏天命，应时而守中庸之道，纵令时运之否，可使转而趋泰。故否而泰，保泰而期其不否者，君子之心也；泰而否，任否而不期复泰者，小人之心也。此卦天气归地，隔塞而为否，否运之来，虽为天运之使然，而君子不敢委之于天,必欲尽其道以济其否。盖泰卦先言往来,以时而言;否卦先言"匪人",属人而言。泰者时为之,否者人为之。益知天道未尝不欲长泰,人实为之。谓之何哉?唯君子为能以人胜天,故天与人常相因者也。

《大象》曰:天地不交,否,君子以俭德辟难,不可荣以禄。

"天地不交",即阴阳二气闭息之会也。此时君臣乖睽,上下离叛,内政不修,外乱交迫,是无道之极也。所谓"天地闭而贤人隐",君子于此,惟当潜身修德,隐居避禄而已。若犹萦情利禄,恐禄之所在,祸即随之,至此而始欲避难,已不及也。是以君子必韬光匿彩,穷约自守,避之唯恐不远,即有以禄来"包承者",君子亦不受其包,盖唯知以德为荣,而不知以禄为荣也。

【占】 问时运:目下诸事不利,宜慎守,不宜妄动。

○问营商:宜买入,不宜卖出。隐藏待价,后可获利。

○问战征:不利攻,宜退守。

○问家业:惟宜克俭克勤,方可免祸。

○问疾病:是痞隔之症,宜节饮食。

○问生产:恐生男不育。

○问失物:恐不可复得。

○问婚嫁:有分离之象。

○问谋事:不成。

初六:拔茅茹以其汇,贞吉亨。

《象传》曰:拔茅贞吉,志在君也。

"拔茅茹以其汇",解见泰初九下。此卦与泰卦虽同,而别分内外。以气运变迁言之。下卦坤,为否中之否,上卦乾,为否中之泰。此内卦之三阴相连,犹泰内卦之三阳相连,故初爻之辞,与泰初爻同。唯此爻以阴柔之小人,三阴相连,一阴起则众阴并起,例如大奸得志,群奸竞进,谓之"拔茅茹以其汇"。初之时,小人恶迹未形,且与四相应,尚有改而为君子之意,故圣人不虑绝之,而教之以贞,如能祛邪从正,以道匡时,固可得吉而亨也。《象传》曰"拔茅贞吉,志在君也",谓小人初时得位,亦未尝无忠君爱国之心,苟与君子并进,能从君子之道,即可为君子也,较之只知有身,而不知有君异矣。

【占】 问时运:吉,宜以合伙谋事。

○问营商:于新立商业,用人宜慎。

○问战征:当牵左右营,合队并进。吉。

○问家宅:主有亲戚同居,吉。

○问疾病:恐患传染之症,然无害也。

○问六甲:生女。

○问失物:可得。

六二：包承。小人吉，大人否亨。

《象传》曰：大人否亨，不乱群也。

"包承"者，谓承顺于上，下顺上，臣承君，阴为阳所包之义。"小人"，皆指占者德位，及事之大小而言。夫为臣者不一，有事人君者，有安社稷者，有天民者，有大人者，如六二则事其君而为容悦者也。此爻柔顺中正，上应九五，小人之巧者，包承容悦，以得其君之宠幸，爵禄之崇，赐予之丰，可为吉矣。然阴柔不才，当否之时，无开通闭塞，拨除骚乱之力，但与上下二阴，为阳所包。以其能包容君子，礼贤下士，藉作攀援，较与嫉正妒贤，残害君子者，固有间焉，故曰"包承，小人吉"。而在大人，则唯固守其否，穷居乐道，必不肯委曲以效其承，其身虽否，道自亨也。盖志高品洁，断不随流扬波，混入于小人之群，故《象传》曰"不乱群也"。盖可见君子处否，不失其道也。

【占】　问时运：目下顺适，能以宽容待人，万事皆吉。

○问商业：买卖皆利。

○问讼事：防有贿赂伪造等弊，始审或不利，上控则吉。

○问家宅：家口平安，年老家长，或恐有疾，亦无害也。

○问战征：必可获胜，主将或有小害。

○问失物：须就包裹内见之，必得，

○问生产：得女，产母有疾，无妨。

【占例】　明治二十二年春，亲友某氏，访余山庄，某氏系卖蚕丝为业。曰：今年横滨丝价大昂，势必随日腾贵，欲归吾乡奥州，多请办之，占一大利，请占其得失。筮得否之讼。

爻辞曰："六二：包承。小人吉，大人否亨。"

断曰：此卦天升而在上，地降而在下，拟之物价，有高低悬隔之象。《象》辞曰"大往小来"，明明言去出之金大，而收入之利小也。据此占，则有损无利必矣。在足下以生丝为商业，际此时机，固未可袖手旁观，当授一有盈无亏之计。爻辞曰"包承，小人吉，大人否亨"，吾劝足下归于奥州，买卖生丝。可效牙保之行，今日所买，即今日卖之，获利虽微，保无亏耗，万不可作一抛万金之想。所谓"包承，小人吉"者，盖明言小利则吉也，若必以巨万购买，恐货方买入，而时价低落，且各处蚕丝贩集，货多价跌，恐后日价亦未必再腾也，谓之"大人否"。

后某氏趋福岛地方，从事生丝卖买。一时丝市腾贵，人皆争购；未几，价忽低落，买者均多损失。氏独信此占，斯不亏本，且得微利。

六三：包羞。

《象传》曰：包羞，位不当也。

羞者，耻其非之谓也；"包羞"者，掩蔽羞辱也。此爻居内卦阴之极，为恶既深，既昧于审时，又短于量己。今否中之否既去，否中之泰将来，有为之士，出而图治，施其才力，正宜拨乱反正，以济国家之否也。乃六三阴柔无才，不中正而在阳位，较六二更为凶险。六二尚欲包承君子,六三则已有伤害善人之意。但当否运已转,恶势已衰,欲伤不能,见得君子,反觉自形羞耻,是以曲意掩饰,谓之"包羞"。内羞而外包,其中心之凶险,未可测矣。不言凶者。其既知羞,当必自知其凶也。《象传》曰"位不当也"者,谓其不中不正,柔居阳位,不得其当也。

【占】　问时运:目下正当好运将来之际,宜谨慎自守,以避羞辱。
　　　　○问商业:防内中暗有耗失,外面仍然瞒盖,以用人不当也。
　　　　○问家宅:恐内行不修,有墙茨之羞。又不宜以妾作妻。
　　　　○问战征:防为敌军所困。
　　　　○问疾病:防以寒包热之症,恐药不对症,宜急看良医。
　　　　○问讼事:恐辩护士,不得其当。
　　　　○问失物:防窃者含羞自尽,反致多事。
　　　　○问行人:防其人恋女色,一时未归。

【占例】　明治中兴以来,迄今二十有余年矣,文运大兴,学者彬彬辈出。而其学贯汉欧,识彻古今,受博士之宠敬,为一世士君子之楷模者,独有我敬宇先生而已。先生讳正直,幼字曰敬助,姓中村。父某豆州宇佐美村人,以农为业,弱冠好学,来江户,其后纳娶武州幸手驿农之女。居数年,患无子,祈小石川中天神祠,遂举一男,即先生也。先生天资慧敏,甫三岁,能作字,七岁善赋诗。当时贤太守德川齐昭(水户藩主)、岛津齐彬(广岛藩主)、锅岛齐正(佐贺藩主)皆闻其早慧,奇之,召见使之赋诗,诗成,声律整齐,句意俱佳。三侯感叹不措,或疑其父预所教,留之旬日,复试以他题,愈出愈佳,三侯益奇之,敬以神童。稍长,入昌平学校,勤勉超越侪辈,学业益进,未几为助教。年二十二,幕府命列布衣格,诸老辈无不钦羡者。及幕府与外国缔结条约,置蕃书调所,以先生为其头取。既而先生奉命,率生徒隽秀者数十人趋欧洲,未及归,国势一变。王室中兴。先生既归,卜居于静冈县下,著《西国立志编》,公之于世,盖先生口自翻译,夫人某氏笔之云。凡先生所翻译之书,世人争购读之,纸价为贵,先生因是得巨利。先生谓此赀,由学而所获,复宜用之于学事,乃设同人社,大聚后进,延师教授,受其熏陶而辈出者,不可指数。初余闻先生名,渴思一见,明治十二年,由栗本锄云、向山黄村两氏为介,始得相识。先生温粹端严,一见而知为德行之君于也。余既缔交先生,意气投合,恍如旧识,与之谈《易》,数日不倦。余窃重先生以为益友,每相见,欢然莫逆,十数年如一日。明治二十四年,余漫游京摄,留数十日而归。时既夜,有忽赍急信者,受而见之,为先生之息一吉氏书翰,报先生之疾笃。余惊叹心动,一夕不能寐,翌日早起,直访其庐。时先生患中风,困卧褥中,见余之至,欣然目迎,如有欲言,然舌端涩缩,不能出口,仰出右手,书卜字而示。余知其意,筮得否之遁。
　　爻辞曰:"六三:包羞。"
　　断曰:此卦内卦为地沉下,外卦为天腾上,是心魂归天,形体归地,即心身相离之象。且否之为字,从不,从口,为口不能言,是气息将绝之时也。今六三在上下之境,变则为遁,是先生将避俗世而超升仙界也。九四为翌日之未来者,其辞曰"有命无咎,畴离祉","有命"者,即所谓死生有命也;曰"无咎,畴离祉"者,行将逍遥极乐,永享天神之福祉矣。变而为观,观者祭祀之卦也,先生殁后,世人追慕其德而祭祀之。

据占,已知先生翌日将殁,乃书否之六三示之。先生固知《易》理,一见首肯而瞑目,其状盖自知天命,顺受其正。翌日果溘然仙逝,乃以神祭葬之云。

呜呼!君子视死如归,余于先生见之。

九四:有命无咎,畴离祉。

《象传》曰:有命无咎,志行也。

"命"者,天命也;"畴"者,类也。"畴离祉"者,谓三阳同类而共受福也。此爻上近至尊,有济否之才,居济否之位,若不待君命而举事,急于图功,虽济亦不能无咎。要必奉五之命令,斯名正言顺,才力足以除奸,威权一归于上,故曰"有命无咎"。迨事平论赏,固不独为一己之功,凡与谋诸贤,皆得并受福祉,故曰"畴离祉"。"离"者,丽也;"畴"者,谓同类济否之三阳也。凤具济否之志,向以未得其时,故未行也;今则上奉君命,进而举事,乃得行其凤志,而克奏济否之功也。

【占】 问时运:目下已得盛运,随意谋事,必获利益。
○问商业:大得转机,但须立定意志,审度市面,从前所失,今可复得,且获盈余。
○问家宅:宅运已转,吉。
○问战征:命将出征,大吉。
○问疾病:命根牢固,无害。
○问失物:必夹入在用品物中,寻之即得。

【占例】 秋田县人根本通明氏,近世之鸿儒,长于经学,尤精《易》义,博学洽闻,有名当世,余素相亲密。曩者余欲著《易断》,相与商榷,曰:君邃古《易》,于先圣古哲之说,无不究其精奥,请君著《易》义,余述自得之活断,共公示世。氏大喜,奈氏虽有此意,懒于执笔,余屡促之,未尝从事。余乃转计曰:君精《易》学,世人所共知,好《易》者必叩君之门,当今有精《易》学而长文才者,请介绍之。氏乃以齐藤真男告。此人旧佐仓藩士,久奉职于滋贺县,后转任元老院书记院书记官,近时闲散。余拟延请齐藤氏,先占其编述可否,筮得否之观。

爻辞曰"九四:有命无咎,畴离祉。"

断曰:否者,塞也,故凤无面之识,今得友人介命,得以相晤,共事著作。余虽通《易》理,长活断,文章非吾所能,幸逢齐藤氏,得以成余素志,齐藤氏得亦藉显其长技,则"畴离祉"之占也。

因访齐藤氏,告以余之意中,氏欣然许诺,遂得从事《易断》之编纂。《易断》十卷,脱稿之后,氏任岛根县某郡长,颇有良宰之称。不幸罹肺患,以二十二年五月没于神户,令余不堪悲怆。余永诀良友,追怀往事,特记之。

九五:休否,大人吉。其亡其亡,系于苞桑。

《象传》曰:大人之吉,位正当也。

"休否"者,谓能休止其否运。"苞桑"者,谓桑之丛生者也。"系",维系也,谓系之而坚牢也。此爻刚健中正,而居尊位,其才德威望,足以休否而开泰,是有德有位之大人也,故曰"休否,大人吉"。六二"大人否",以六二之时,大人有德无位,时会未来,只得守其否。至居九五,则德位兼备,适当休否之会也。然否之方休,而泰未全复,譬如病之新愈,痛痒虽除,元气未充,苟不慎起居,不节饮食,则旧患再作,其祸更烈,危亡立见。是以休否之后,内怀敬畏之心,外尽保护之计,常恐天命之难知,人心之难保,夙夜深虑,凛凛灭亡,其虑患深,操心危,正不容一刻偷安也,庶几长治久安,可得保也,故形容其危曰"其亡其亡"。不嫌反复重述,垂诫深矣!曰"系于苞桑",象旨以二在巽下为桑,初、三与二,同类系之,令桑止于其下,无复向上而长,则根本不摇,三阳得并力休否,而启泰运也。无道之君,自谓不亡,故必亡;有道之君,常怀其亡,故不亡。《系辞传》引申其辞曰:"安而不忘危,存而不忘亡,治而不忘乱,是以身安而国家可保也。"《象传》曰"位正当也",六二曰"位不当",属之"匪人",九五曰"位正当",谓之大人,故六二曰"大人否",此则曰"大人吉"也。

【占】　问时运:目下渐入佳境,惟安而不忘危,百事皆吉。

　　〇问商业:恰当绝好机会,但须改用伙友,谨慎做去,必获利益。

　　〇问家宅:祖业深厚,吉。

　　〇问战征:暂宜休战。

　　〇问疾病:有碍。

　　〇问讼事:和。

　　〇问失物:防难复得。

　　〇问行人:不利。

　　〇问生产:大人无碍,小人难保。

【占例】　明治十八年五月,出云大社教正千家尊福君,杜过余庄,叙寒暄,既而曰:顷日传闻政府为筹人民之归向,有定国教之议。所谓国教者,我国固有之神教乎?或佛教乎?抑耶稣教乎?未悉庙议何属。是虽非我侪所敢议,然欲预知其归着,请劳一筮。余乃先筮神道之气运,筮得否之晋。

　　爻辞曰"九五:休否,大人吉。其亡其亡,系于苞桑。

　　断曰:此卦阴进阳退,智术盛行,道德渐衰之象。又泰为通,否为塞,占神道气运,得此卦,即为神道闭塞之时也。卦象阳在上,阴在下,显见上下隔绝,威灵不通之象。阴阳消长之理,非人所能为力。《序卦传》曰,"物不可以终否",且否自遁来,一阴进则为观,爻辞曰"观国之光",可知观神灵显赫,大观在上,将复光大我国教也。爻辞所云,能系神道气运于将亡者,唯有苞桑一缕而已。苞桑丛生,一根数茎,殆可充撲蓍之神草乎?复兴我国上古卜部所掌太卜之道,有事占问神意,以感动天神地祇,守护国家,其灵妙有不可思议者。以此神卜,可传神道于悠久,使人民永仰神威也。是我国诸神灵,特假卦象以示世;且我国古称扶桑,维系扶桑之神教而永存也,故谓之"神道"。近时各国创兴理学,独吾国崇奉太卜神事,使彼理学者敬服,因更示实验,俾世人敬畏神明,知神教系留而不亡者有在也。

教正大感此言。

〇明治十五年某月日，某贵显来谈曰：方今我国有四十万之士族，皆以解旧禄陷贫困。夫衣食足而知礼仪，古今之常则。今此辈遭此穷厄，或转而起不良之事，未可知也。欲代谋安置之策，请为一筮。予曰：予亦向为此辈忧之，谨筮之。筮得否之晋。

爻辞曰："九五：休否，大人吉。其亡其亡，系于苞桑。"

断曰：方今我国士族贫寒，甚于穷民之惨者，无地无之。昔者乞丐之徒，其生来本贫，贫固其常；至于士族，本非贫者也。袭祖先之功绩，得膺俸禄，生平不知经营为何事，衣租食税，习惯为常。维新一变，俄解世禄，于是百方计划，或从事商业，或劳力农务，双刀纨绔之余习未去，诸务向不习谙，凡所谋划，有耗无赢。衣食乏资，室家交谪，其困苦殆不可言状。天下四十万之士族，陷此穷厄者居多。在往时守世禄之常，以一死报君为本分，其临事也，以有进无退为荣誉，零落至今，犹凛凛乎不失其勇气。其从来行为，固与农商辈大异，是以不能为农商之事也。惟当与应分产业，使之尽其所长，是当道之责也。此爻辞曰"其亡其亡"者，盖谓士族生计之困难，殆将濒死；"系于苞桑"者，谓足维系其将亡，唯有苞桑而已。爻象将令此辈士族，开垦新地，种艺桑树，使之专营养蚕制丝之术，维持其家计也。今试论其方法：关东地方，多荒芜之原野；关西地方，多坦夷之山郊，其原野之杂草，可供肥料，山郊之荆榛，可供薪柴。例如其肥料，南亚米利加有鸟粪，其价甚廉。今政府贷与资本及一舰，输载我国产，交换彼鸟粪，沽买之于各土人民，购入杂草丛出之原野，使旧士族开拓之，可种之以桑也。为此举也，布设铁道于全国，使兵士实地演习，为兵营多造设家屋，如一村落，使彼士族移住于此，以男子依常备兵之年限，为屯田兵，以练习军事；使女子勤牧畜养蚕之业，是其大略也。若夫详细处置，一任当局划策而已。如是施政，今日贫苦士族，得以安居乐业，国家之盛业，无复加于此者也。

上九：倾否，先否后喜。

《象传》曰：否终则倾，何可长也。

"倾否"者，谓倾毁否运，而渐复泰运也。此爻以阳刚之才，居否之极，能倾毁其否者也。九五之君，既有休否之务，上九居其后而辅佐之，鞠躬尽瘁，能恢复既坠之国运，故曰"倾否"。盖否泰本有循环之机，处否之极，其势必倾，否塞已尽，泰运将至。然当否之时，要不可委之天运，终当尽其人事，故九五不曰否休，而曰"休否"；此爻不曰否倾，而曰"倾否"，见运会之转，人力居多。夫天道开导人事，人事赞辅天道，拨乱者贵夫德，成治者在夫时。上九阳刚，而具有为之才，居否之机，又值可为之极，故能拨乱反正。从前忧苦于否塞之乱，今乃复遇康泰之盛，安宁喜乐，谓之"先否后喜。"盖往者无不还，终者无不始，是天运循环之定理。假令否之时，天地闭塞，阴阳不交，天下无道，而小人得时，一旦否倾则泰来，即天地生生之道也。《象传》曰"何可长也"，是之谓也。

【占】 问时运：亨通。

〇问商业：春夏不利，秋冬大吉。

〇问家宅：迁居大吉，老宅不利。

〇问讼事：即日可结。

○问战征：小败大胜。

○问六甲：生男。

○问失物：即得。

○问疾病：即愈，但复发可虑。

【占例】 横滨商人某来告曰：目下商业上，有一大事，欲谋之于东京友人，请占其成否如何？筮得否之萃。

爻辞曰："上九：倾否，先否后喜。"

断曰：此卦天地之气，塞而不通之时也。足下欲与人谋事，其人必因事疏远，心气不通，非知己之友也。今得上爻否之终，是将释其前嫌，重寻旧好。倾谈之下，彼此愉悦，谋必可就，谓之"倾否，先否后喜。"

其后某来谢曰：东京之谈，果如贵占。

☰ 天火同人

同人一卦，离下乾上，故合为"灸"字，有光明上际溥见之象。乾天也，离火也，天气上升，火性炎上，与天同也，故为同人。按同人之卦，上承否，天地不交为否，上下相同为同人。盖与否相反，而足以相济，故虽同道相与，乃能济否也。是卦之所以次否也。

同人于野，亨。利涉大川，利君子贞。

同人之道，要在广远无间，中外如一，斯谓之大同。"野"谓旷野，取远与外之义；"于野，"则上天下地，空阔无际，无所容其私心，斯物无不应，人无不助，故"亨"。心无私欲，则地无险阻，无往不利，虽大川亦可涉。但同亦分公私，合我者同，不合者异，是小人之党也，非同也；要必公正无私，浑然天心，虽千里之遥，千载之后，志无不合，道无不同，故曰"利君子贞"。

《彖传》曰：同人：柔得位得中而应乎乾，曰同人。同人曰，同人于野，亨，利涉大川，乾行也。文明以健，中正而应，君子正也。唯君子为能通天下之志。

《彖》以卦体释卦义。柔谓六二，乾为九五。六二以柔居柔，得位得中，以应九五，故曰"应乎乾"。乾者健也，健而能行，足以济险，故曰"利涉大川，乾行也。""文明"者，离之象，刚健者，乾之德。二五皆中正，得以相应，君子之道也，故曰"君子正也"。君子心公，公则天下感之，君子道正，正则天下化之。遐迩一体，上下同德，则天下之志皆通矣。唯君子能之，故曰"唯君子为能通天下之志"。

以此卦拟人事，全卦五阳一阴，六二一爻，以阴居阴，位得中正，为内卦之主，上应九五。全卦之象，恰如以一女居五男之中。以一女对五男，宽裕温柔，周而不比，众阳和悦，而同心合意，天下皆通。"同人，柔得位得中而应乎乾"，不曰应九五，而曰应乾，可知不专应九五一爻，而遍应众阳，为"能通天下之志"也。凡天下之事，以一人独成则难，与人共成则易。而与人之道，有公有私。公则道合，私则道离，且以私同者其道小，以公同者其道大。譬如平原,一望无垠,绝无隐蔽,是即"同人于野"之象也。内卦离为明,为智;外卦乾为正,为健。人能得夫离之明、离之智,以应乎乾之为正为健,以此而谋事,则事无不利,以此而涉险,众险皆可涉,即以此而交天下之人,则天下之人志无不通,是率天下而大同也。

以此卦拟国家,上卦为君,至刚至健,威权赫赫,卦中之九五也;下卦为臣,得位得中,文明有象,卦中之六二也。二与五为正应,君臣合志,正明良际会之时也。同人之卦,次于否后,否则"天地不交,万物不通",其要在于不能"通天下之志",唯同人为能通之。通则为泰,是国家所以济否开泰者,实赖同人之力也。《序卦》曰,"物不可以终否,故受之以同人"。可知天地不交为否,上下相通为同人。是故有国家者,君得其位,又当得其刚之中,臣得其位,又当得其柔之中,庶几刚柔相应,上下合志,虽大川之险而可涉,天下之志而能通。且六二之臣,不特上应九五,又必比合初、三、四、上诸阳,一心一德,同朝共济,体离之明,法乾之行,出以至正,不涉偏私,斯天下之人,正者感而通,不正者亦化而通,安往而不通,即安往而不同哉!

通观此卦,上卦为乾,下卦为离。离本乾也,坤交于中而生离,其象为火。盖乾本元阳,火者阳之真气,与乾同体,故曰同。天之生人,耳同听,目同视,口同味,心同觉。一人之所是,万人同以为是;一人之所非,万人以为非。亲者同爱,长者同敬。人虽至愚,此心此志,无不同也,故孟子曰:"圣人先得我心之所同然者也","天之所与于我者,不异也"。盖公则无不同,一涉私欲,遂致去离乖僻,不可复同,然其秉彝之良,卒不可昧也。是天之所与于我,而其不可昧者,离也;不可异者,乾也。故人秉离之明、行乾之健,至公无私,自然亨通,险阻化而为平地,虽涉大川,亦无不利,是同人之所以亨也。观诸爻无同之象。盖凡人有意求同,便涉于私,私则不同,盖同者不言同而自同也。初九曰"于门",谓出外无所私昵也,故"无咎"。六二曰"于宗",虽中且正,以涉宗党之私,为可吝也。九三以刚强居二五之间,强欲求同,虽伏藏三年,终不敢兴,知惧,故不凶也。九四近五,如隔墉耳,知义弗直,弗敢强攻,则为吉也。九五刚健,应二爻明,当其未通,不胜愤郁,一旦贯通,自觉喜悦,故曰"先号咷而后笑"也。上九遁居郊外,无意求同,故"无悔"。合而言之,同人一卦,初上二爻,"于门""于郊",皆在外也,故无咎悔;二有"于宗"之吝,三有戎莽之祸,五有"大师"之患,是皆同于内,故无吉者。盖"于宗"不若"于门","于门"不若"于郊","于郊"不若"于野"。总之出外则无党援,亦无阿好,地愈远而心愈公。公则平,平则通,故圣人以四海一家,中国一人为心,斯谓之大同矣。若求同于近,虽同亦私,是以《象》辞首曰"于野",可知同人之道,当以天下为量者也。

《大象》曰:天与火,同人,君子以类族辨物。

此卦乾上离下,《象传》不曰火在天下,而曰"天与火",盖以乾为日,离亦为日,象相同也,故曰"天与火",取其同也。乾阳上升,离火上炎,性相同也,犹人生性无不相同,故曰同人。君子法乾之健,以类其族,用离之明,以辨其物。于异中求同,故族必类之;于同中求共,故物必辨之。凡异之不可不明辨,益知同之不容以相混也。"即此而推之,知人有善恶邪正之分,心有是非公私之判,君子亦必当类而观之,辨而别之。如周之与比,党之与群,其貌若相似,其心则自别。要必明析严辨,不稍假借,是异其所不得不共,乃能同其所不得不同。此所以为同之大者也。

【占】 问时运:目下大有升腾之象,且得朋友扶助,大吉。

　　○问商业:宜于合资会社等业,大利。

　　○问家宅:得合家和悦之象,吉。

　　○问战征:主军士同心,即宜调兵进攻,大利。

　　○问疾病:是火症也,恐医药有误,宜别求良医。

　　○问讼事:防有同党私庇,一时未可结案。

　　○问六甲:生女。

　　○问失物:须细细于物类中寻觅,乃得。

　　○问行人:即日可归,必与友偕来。

初九:同人于门,无咎。

《象传》曰:出门同人,又谁咎也。

　　初九居一卦之始,为同人之首也。此卦以二爻为主。初变阴,下卦为艮,象门,故曰"于门",亦不愿独同于二,故欲出门以广交也。门以外无所私昵,故"无咎"。《象传》则颠倒其辞曰,"出门同人",显言一出门外,天地万物,孰不吾同? 不曰无咎,而曰"又谁咎也",盖无咎,第属己言,"又谁咎",则见门外之人,皆乐与之同,谁复得咎之者?《易》以人名卦者,家人同人两卦。家人者,一家之人,宜位正夫内;同人者,天下之人也,宜志通夫外。《易》言"出门"者,随与同人两卦,随曰出门有功,同人曰出门无咎,皆以门内为易溺于私,门外则廓然大公矣。

【占】 问时运:目下平顺,宜经营出外,利。

　　○问家宅:一门之内,雍雍和睦,无咎。

　　○问商业:利行商,不利坐贾。

　　○问疾病:宜避地调养,无碍。

　　○问讼事:防有惩役之患,宜预出躲避,可以免咎。

　　○问失物:须于门外寻觅。

　　○问六甲:即时可产,得男。

【占例】 一日友人某氏来,请占气运,筮得同人之遁。

　　爻辞曰:"初九:同人于门,无咎。"

　　断曰:此卦为出门求友之象也。交际之道,宜与善人同,不宜与不善人同。爻辞曰"于门",《象传》曰"出门",言出外自得同人之助。盖在内则相与者皆亲好,不能无私,私则有咎;出门则往来者皆同与,故无咎也。今占得同人初爻,知君必初次出门者也。君可放胆做去,他日必得高位,博众望,可预决也。

　　某用之,后果大得人望,如占所云。

六二:同人于宗,吝。

《象传》曰:同人于宗,吝道也。

此爻以阴居阴,文明中正,而为全卦之主。卦中诸阳,皆求应二。二与九五为正应,九五为君,居一卦之尊位,二爻曰"同人于宗","宗"尊也,言二得同于至尊。在二与五,刚柔中正,时位相应,可谓尽善,但两相亲密,未免偏私,有失至公大同之量。且三四两爻,求同不得,见二与五,同意亲密,致生嫉妒,即所以取吝也,故曰"同人于宗,吝"。《象传》曰"吝道也",道字最宜玩味,谓一时即未见吝,而已有取吝之道也。《彖》辞以六二得位得中,曰"亨",爻义以"同人于宗",曰"吝",盖卦体主大同,爻义戒阿党也。

【占】　问时运:目下未佳,虽有相助,而相忌者多,未能百事遂意。

○问商业:利于大宗买卖,惟须出纳宜留意。得利。

○问讼事:不利。

○问家宅:以勤俭起家,得长子之力。

○问疾病:有魂归宗庙之象,凶。

○问行人:即返。

○问六甲:生女。

○问失物:被拾者藏匿,不见还也。

【占例】　明治三年,占自气运,与将来之方向如何。

我国维新之初,明治元年,有奥羽北越之役,二年有箱馆之征讨,天下之形势未宁。三年干戈既息,天下拭目,以望升平。当是时,余大有所感,自以生长商家,唯汲汲谋兴家业,未遑计及国事,兹幸遭逢圣代,得与贵显诸公,朝夕面晤,深荷款遇。在诸公毁家纾难,勤劳王事,皆维新之功臣也;如余者得生长今日,际盛运,而于国家毫无建树,实可耻之甚也。兹愿稍展寸长,勉力从公,冀图深厚之报,为此自占现时气运,与进步之方向。筮得同人。

断曰:幕府末路,升平日久,政纲废弛,加以外交事起,当时君子不得其位,小人得逞其奸,上下闭塞,秩序紊乱。于是豪杰之士,所在兴起,天下翕然应之,拨乱反正,一变否极之世,得启今日泰平之盛,是即同人之卦也。今筮得此卦,《彖传》曰,"同人,柔得位得中而应乎乾,曰同人"。以六二一柔得位中正,应上卦九五之中正,是余居民间中正之地位,上与政府之政略相应,同其目的。"柔"者,谓余本无爵位,才力柔弱。曰"同人于野",谓余本是在野草莽之臣也。"亨"者,谓余之气运与天下之大势,悉当亨通,凡为国家创兴事业,无不成功也。按同人一卦,卦体则主大同,爻义则戒偏私,独"于野"曰亨,盖宜远取于外,不宜近取于内也。且《彖传》曰"乾行","乾行"者,自强也;曰"利涉大川","利涉"者,兴造舟楫也;曰"文明以健","文明"者,创修文学也。卦象所言,皆一一示余着手之方向,且教余取法海外之造作,通行于天下,故曰"为能通天下之志"。

余既得此卦象,唯冀有辅政府剧务万一,区区家资,遑足惜乎!明治三年,决志抛资产,先设飞脚船,便内国之运输;次谋创铁道;次建设洋学校,聘教师于外国,以振起教育之业;布设瓦斯灯于横滨港内。至七年之冬,得成此四大创始工业。此四大工业,当时邦人,实未尝着手,余为之创始也。明治七年,瓦斯灯建成之日,荣邀天皇陛下临幸,蒙赐接见。余当时怀藏先考灵牌,冀得同观天颜,又荷宠颁进步首倡敕语。拜受之下,荣何如之!

此卦以第五爻为同人之主,以年计之,初爻至五爻,恰是五年。今自明治三年,至七年,其间九三之伏莽,九四之乘墉,多有障碍余事业者,然余公平无私,百折不屈,果得奏效。然物盛必衰,势极必变,是天理之常,余虽乘同人之运,得成厥事,若昧人事穷通之理,知进而不知退,恐有"亢龙"之悔,即同人上九诫之曰"同人于郊,无悔"。是《易》理之妙用也,其旨深矣。迨八年,余居神奈川郊外望欣台,优游逍遥,间玩《易》理,以至今日。爰述同人之卦义,追怀往事,附记数语。

九三:伏戎于莽,升其高陵,三岁不兴。

《象传》曰:伏戎于莽,敌刚也。三岁不兴,安行也。

"戎"者,兵戎也。"莽"者,草深处也。此卦六二,一阴居中,卦中诸阳,皆欲与同。三爻接二最近,欲同之意尤切,然二爻中正,为九五正应,不与三同。三爻过刚不中,性情刚暴,位居二五之间,欲用强而同之。然惧二之中正,畏五之刚健,不敢显发。"伏戎于莽",以俟其机,上升高陵,以窥其隙,至三岁之久,终不敢兴,亦可见小人之情状矣。其不言凶者,以久而不兴,故未至凶矣,然曰"伏",曰"升",其凶已露矣。《象传》曰"敌刚"也者,谓其所敌九五刚健,自知不能胜也;"安行"也者,"三岁不兴",亦安行乎? 离为甲,兵戎之象,互卦巽,为隐伏之象。此卦九三九四,不言同人者,两爻共有争夺之象,非同人者也。此爻变为无妄,其六三之辞曰:"无妄之灾,或系之牛,行人之得,邑人之灾"。可以见其有凶咎也。

【占】 问时运:目下宜潜伏,三岁后方可出而谋事。

○问商业:宜开山林,三年后大可获利。

○问家宅:防有盗贼窃伺。

○问战征:须防敌军埋伏。

○问讼事:虑有意外葛藤,一时不了。

○问失物:须于丛草中寻之,或山上草中。

○问行人:俟三年后可归。

【占例】 明治二十四年,某贵显来请占当年气运,筮得同人之无妄。

爻辞曰:"九三:伏戎于莽,升其高陵,三岁不兴。"

断曰:此卦有公同谋事之象,故曰同人。在世间智者少而愚者多,古今皆然。今人往往采取朝野大众之论说,谓之公议,所云谋野则获者是也,故《象》曰"同人于野,亨"。及三爻刚而不中,强欲求同,不曰"于野",而曰伏莽;又自知畏惧,终久而不敢兴。其象如是,气运可知,请俟三年后而谋之可也。

后果如此占。

九四:乘其墉,弗克攻,吉。

《象传》曰:乘其墉,义弗克也;其吉,则困而反则也。

"墉"者,城垣也。此爻以刚居柔,而不中正,四与二非应,亦非比,而欲强同于二,且中间隔以九三之"墉",并忌二五之亲密,故欲"乘其墉"而攻焉。既思九五刚健中正,攻之于义不直,于势亦不敌,必弗能克,故不攻也。即此转念间,悔过而改善,乃得变凶而为吉,谓之"乘其墉,弗克攻,吉"。《象传》曰"义弗克也"者,谓不自逞其强,而能反省夫义,是以吉也。"困而反则也"者,谓不义之举,必陷困厄,止其邪念,而反于法则也。此卦名同人,三四两爻,均有乖象。人情同极则必异,异极则复同,犹国家之治极而乱,乱极复治也。是人事分合之端,即《易》道循环之理也。凡《易》曰不克,皆以阳居阴之爻,唯其阳,故有讼,有攻;惟其阴,故弗克也。此爻及讼之九二九四,如"不克讼",皆是也。

【占】 问时运:目下宜退守弗动,吉。

○问商业:宜垄断货物,待价弗售,后必获利。

○问家宅:宜修葺墙垣,吉。

○问战征:宜坚筑营垒,防敌袭击。

○问讼事:今虽不直,后反得胜。

○问失物:久后可得。

○问疾病:虽凶无害。

【占例】 友人来告曰:今有一业可兴,请占其成败。筮得同人之家人。

爻辞曰:"九四:乘其墉,弗克攻,吉。"

断曰:此卦有合众兴事之象,其事必关公共利益,可知也。九五乾之有金力者,与六二离之聪明者,阴阳相应而成事,其间有九三九四两爻,嫉妒其利益,于中阻挠,以谋占取之象。足下为占事业,以爻辞观之,知足下或羡彼之事业,谋彼之权利,将夺取而代之乎?足下一时不露声色,唯阴使同意者九三,为之计划,即爻辞所云乘墉,如乘垣而伺敌,潜伏而谋事之谓也。然此事必难遂志,不如中止,谓之"弗克攻,吉",故《象传》曰"困而反则也"。

后有所闻,果如此占。

九五:同人,先号咷而后笑,大师克相遇。

《象传》曰:同人之先,以中直也。大师相遇,言相克也。

"号咷"者,谓悲忧之甚而啼哭也。此爻君位,当与天下同应,若独与二亲密,非人君之道,即非大同之道也。是以为九三九四所嫉妒,隔绝阻挠,使不得与六二相遇,遂致兴师攻克,始得相遇。盖其初以不遇而号咷,今得相遇而笑乐,谓之"同人,先号咷而后笑,大师克相遇"。在五与二,刚柔相应,上下相洽,其情似私,其理本正,故《象传》明其"中直",《象传》称其"中正",是师壮而得克也,岂得以私匿病之哉!

又一说:长国家而欲和同众人,其间有猜疑而离间者,使之隔绝而不相遇,极之号咷悲泣,使离间者亦服其德,复得和同而笑乐也。

【占】 问时运:目下正当欢乐之时,从前苦志,今得遂愿。

○问商业:虽小有挫折,终获大利。

○问家宅:防有惊惶之虑,然终得平和也。

○问疾病:先危后安。

〇问讼事：须请大好辩护士，方能得直。

〇问行人：防中途有阻，须缓得归。

〇问六甲：生男。

【占例】 明治二十五年三月，余漫游骏州兴津，阅新闻纸，知北海道炭矿欣道会社长堀基氏免职。余为是社评议员，遂速归京，与同事涩泽荣一、汤地定基、田中平八等，共为会社周旋，方得协议，评议委员定以汤地与余两名中，充任社长，请愿于该官厅。同事诸君，预问余之诺否，余先取决于筮，筮得同人之离。

爻辞曰："九五：同人，先号咷而后笑，大师克相遇。"

断曰：此卦六二一阴得时，又得中正之地位，上下五阳应之。余之就任社长也，九五之政府，九三之北海道厅长官，九四之大臣，初九之社员，上九远方之株主，不特不倡异议，定必同心喜悦可知也，谓之同人，柔得位得中而应乎乾，曰同人。"至处之之道，如平原广野，无所隐蔽，一以光明正大为主也，谓之"于野，亨"。余虽不才，于此等事业，久经历验，加之以六百五十万元之金力，与政府补给之利子，余唯公明正大，毫无私曲，可得胜此责任，谓之"文明以健，中正而应，君子正也"。此会社在人迹稀绝之区，凡执工业者，多非常劳动，亦不免暗生情弊，此亦势所必有也。一旦革绝其弊，必生诽谤，然既任其事，自当任怨任劳。谚曰一功能服，百论得快。政理则疑谤自灭，谓之"君子为能通天下之志"。即有如九三九四，以不得兴事，生出意外枝节，百计窥伺，相谋窃夺，余当预定目的，终不受其害也，谓之"同人先号咷而后笑，大师克相遇"也。

余得此占，承诺社长之任，后果如此占。在任五百四十日间，会社之整理，幸博同人之信用，价格四十四圆之株卷，腾贵至八十四元，其十三万株，合计五百二十万元，足见会社之盛运也。以在任之日数除之，平均一日，大凡一万元，是可谓全以道德得之者也。呜呼！谁谓为仁不富乎？谓道德与经济相反者，此乃愚而无知者之言也。夫道德之功效，优于区区之经济，不知其几千百倍也。世之好夸大，言内无实学者，宜知所猛省矣！

〇明治二十八年四月，我国与清国讲和约成，将遣大使于清国芝罘，交换条约。时法、德、俄三国，联合告我以不可久占辽东，且聚战舰于芝罘，有动辄起事之势，上下心颇不安。各大臣及机密顾问官等，皆赶西京，余亦闻之至西京，会土方宫内大臣、杜边大藏大臣于木屋町柏亭。两大臣谓曰：今日之势，三国联合迫我，其意有不可测者。我军舰劳数月之海战，且有许多损伤，不复适战斗之用，实危急存亡之秋也。占筮决疑，其在此时乎？余曰：曾已占之，筮得同人之离，请陈其义。

《彖传》曰："同人，柔得位得中而应乎乾，曰同人。同人曰：同人于野，亨。利涉大川，乾行也。文明以健，中正而应，君子正也。唯君子为能通天下之志。"

爻辞曰："九五：同人，先号咷而后笑，大师克相遇。"

同人一卦，二爻一阴得中正，在五阳之间，辉离明于宇内之象。卦德有文明与刚健，通志于天下时也。今得五爻，则知大事必遂也。法、德、俄三国，联合妨我行为，且欲逞溪壑之愿，聚合军舰于芝罘，又在各要港，悉整戎备，有不惩时期而举事之意，又有夺我所得清国偿金之胸算，其狡计炳如见火。就爻象推究，其中妨阻二五之交者，三四两爻，三爻之辞不云乎？"伏戎于莽，升其高陵，三岁不兴。""伏戎于莽"者，谓自航海之要路，突然袭击之备;"升其高陵"者,谓从旁窥伺其隙也;"三岁不兴"者,谓等机而动,不遽发也。四爻之辞不云乎?"乘其墉,义弗克也;其吉,则困而反则也。"四与三同意,欲乘隙而起者也,谓之"乘其墉";然以义有不直,故曰"义不克也"。是亦不能举事而止,故曰:"其吉,则困而反则也"。三国之非望如此,天命不许,不足介意也。今得五爻之占,虽忧三国之障,然必得清帝批准条约,喜可知也,谓之"同人,先号啕而后笑"。日后不为宇内各国所轻侮,终得战胜之誉,宜扬国光于万里,谓之"大师克相遇"。占筮如此,我元老何须忧虑?于是两大臣扬眉,不堪欣喜。

后果庙议一如此占,直以商船遣伊东已代治氏于芝罘,交换条约而归。当时三国虽伺我衅隙,无举事之辞,非常之备,无所复用,如《易》辞所示也。

○明治二十九年一月,余避寒于热海,偶得神奈川县吉田书记官报曰:前农商务大臣白根专一君罹大患,入大学病院,内外名医,无所施治,束手待死而已。吾得君之知遇久矣,不堪忧苦,希其万死一生,敢烦一筮,筮得同人之离。

爻辞曰:"九五:同人,先号啕而后笑,大师克相遇。"

断曰:白根君疾,一时国医束手,谓症必不治,待死而已。据此占,料君不特不死,且即日愈快,谓之"同人,先号啕而后笑";其病或必得大汗大泻而愈,故曰"大师克相遇"。但此卦上爻为归魂,今得五爻,则上爻正当明年,明年恐或难保。然上爻之辞曰,"同人于郊,无悔",此番愈快之后,宜移从近郊闲散之地,远于世累,休息静养,尽我人事,亦足挽回天命,或得无悔。乃记以报之。

后果大患徐徐而愈。德人白耳都氏以下诸名医,不知其快复之理,后余亦访君子病院,面渠夫人,劝以出院之后,宜就闲地休息静养。然君以得复健康,不复应余之劝,翌年果复得疾不治,不堪痛惜。

上九:同人于郊,无悔。

《象传》曰:同人于郊,志未得也。

"郊"者,国都之外,旷远之地。此爻在五爻之上,为无位之地。同人一卦,卦中五阳皆欲同于六二一阴,三爻与二相比,其欲同之意尤切。四爻非应非比,然以介在二五之间,亦欲强同于六二。五爻与二为正应,唯此爻居上,与二非应非比,孤介特立,置身荒郊之外,较初之"于门"更远。无私匿之情,免争夺之患,在六爻中,最为完善,谓之"同人于郊,无悔"。盖同人之量,愈远则愈大,国外曰郊,郊外曰野,"于郊"较野殊近,故"于野"则亨,"于郊"则第曰"无悔"。《象传》曰"志未得也",志即"为能通天下之志"而言,其仅曰"于郊",犹未能通天下之志也,故曰"志未得也"。

【占】 问时运:目下顺适,诸事无所障碍,但宜在闲散之地。

○问商业:宜立业于市尘之外,无忧耗损,一时亦未能获大利益。

○问战征:宜在荒地屯营。

○问失物:于郊外觅之。

○问讼事:恐难得直。

○问家宅:平顺无灾。

此卦为归魂之卦，若占命数而得此卦，至上爻必死。师之上爻，可参看也。

【占例】 有相识会社役员某氏来，告曰：近来我会社头取，与大株主之间，颇生纷议。株主欲开总会，改选社员，又有一派赞成当时之社员者，竞争颇甚。余不自知免职与否，请占前途之气运。筮得同人之革。

爻辞曰："上九：同人于郊，无悔。"

断曰：同人者，与人相同。勿论社员株主，皆思其社之利益，非各谋私利者，唯其所为有左右之差，而遂生纷议也。盖此纷议之来，由五爻之头取，与二爻之支配人，其间过相亲密，致启他人之疑，然其疑可不久解也。如足下不偏不党，无所关系，亦无免职之忧，故曰"于郊，无悔"。郊者，田舍之谓，而离市街烦杂之地也。

后果如此占。

䷍ 火天大有

按大字从一从人。一者天也，以人贯天，天人一致，所以谓大也。有字从又从月。又手也，持也；月渐渐生光，满则光大，有大有之象焉。此卦离上乾下。卦位六五一阴居尊，五刚之大，皆为尊位所有，故曰大有，遂以大有名卦。阴小阳大，阳为阴所有，宜曰小有，不知爻虽阴，位则居阳，五刚为九五主阳位者所有，故不曰小有，曰大有。

大有：元亨。

《正义》曰：柔处尊位，群阳并应，能大所有，故称大有。元为善之长，大有得乾之元，以流行成化，故以"元亨"归之。程子曰：诸卦"元亨利贞"，《彖》皆释为"大亨"，恐与乾坤同也。凡卦有"元亨"者四，大有、蛊、升、鼎也。

《彖传》曰：大有：柔得尊位，大中而上下应之，曰大有。其德刚健而文明，应乎天而时行，是以元亨。

此卦下乾上离，乾者天也，离者日也，是日在天上，遍照万物，庶类繁昌，君心下交，贤才辈出，物之大者，人之大者，皆归我所有之象也。以其所有之大，名此卦曰大有。大有者，包括宇宙之大而有之也。卦中一阴五阳，五阳皆服六五柔中之德化，故曰"大有，柔得尊位，大中而上下应之，曰大有"。"大中"者，犹曰正中也。从容中道，见天子建中和之极，启天下大顺之化，柔能应天，故上下皆应之也。六五之君，虚以容人，中以服人，明以知人，是以得独擅大有之尊称。无论诸爻得位或失位，并无凶咎者，以其皆应六五也。且内卦乾刚健，外卦离文明，六五之君，应于乾之九二，应乎乾，即应乎天也。应天而时行，其德如是，是以"元亨"，不在上下五阳，而在六五一阴。夫健而不明，则不能辨，明而不健，则不能决。唯健而明，乃足以保其大有也。盖"刚健而文明"者，德之体，存其德于身也；"应乎天而时行"者，德之用，施其德于政也。应天乃所时行，时行必本于应天，德本一贯。人君有如此之德，天下虽大，可运于掌上也。"元亨"者，元即从乾元来，亨者通也；乾健离明，居尊应天，是得"元亨"之道也。

以此卦拟人事，凡人处世，贵贱尊卑，各从分限，有所宜有，故各宜保其所有。然求有之道，又宜出于公，而不宜溺于私也；又宜取诸远，而不宜拘于近也。私则情意系恋，而有必不正；近则见识狭隘，而有必不广。譬如求学，当扩其识于上下古今，而识斯大也；譬如求财，当搜其利于山川海陆，而利斯大也。然必健以行之，而无或自怠；明以察之，而无为所蔽。德则应乎天，行则合乎时，如是以求有，则我之所有，可包括夫天下之有；天下所有，皆统归于我之所有，庶几所有者皆公而非私，亦可即近而及远矣。此之谓"大有元亨"。人能玩味《易》象，凡其作事，顺天而无违，出于公不溺于私，取诸远不拘于近，是即大有之道也。

　　以此卦拟国家，六五一阴在天位，而抚有五阳。乾为富，为正大；离为福，为公明。具此公明正大之德，即未尝富有天下，而其量已足包天下矣，《系辞传》所谓"富有之谓大业"是也。《周易》六十四卦中，一阴五阳之卦凡六，而一阴占君位者，唯此一卦，是以能得大有之名也。故大有之世，六五之君，虚己而抚育万民，集臣民之贤者，使之从大中之政。九四为近侍之臣，以明哲而有为；九二为正应之臣，刚健而多才。六五能信任不疑，凡臣民之有为有才，皆得收用其效，而若己有之者也。制作尽善者，元也；治化四达者，亨也。是以其政公明正大，德被四海，天下之事，各得其理，天下之民，各得其所，国富民裕，上熙下安，世日进者文明，治堪追者康乐。抚此良庶之人民，大起富强之国势，纳四海之广于利用厚生之中，图天下之大归一道同风之俗。凡下民身家衣食，皆得被其泽，使不敢自私其有，咸欲以所有举之于上也。是之谓大有，谓之"上下应之"也。

　　同人之卦，文明之化行于下，庶民皆有君子之风，而无乖戾之俗；大有之卦，文明之德备于上，天下咸被圣人之泽，而无缺陷之遗。比卦以一阳居尊，下应五阴，其应者皆系民庶；大有以阴居尊，下应五阳，其应者皆系贤人。得天下贤人而应之，其德之所有，岂不大乎！

　　通观此卦，以五阳函一阴，一阴具离明之德，升五爻之天位，诸阳崇之，天子富有四海之象也。比卦以一阳统五阴，受师之后，宜继乱用刚；此卦一阴统五阳，受同人之后，宜继治用柔。离火为阳精，与天同体，天体高而火炎上，高明无极。上九"自天佑之，吉无不利"者，为君同于天之象。六爻皆以贡上为义。初为民，二为臣，三为诸侯，四为辅政之大臣，五为天子，上为天人。天子富有天下，天下百物之利，九壤之赋，皆天之所生。五者天之子也，以天之物，养天之子，造化之定理，谁得而干之！士君子涉世饮啄皆天也，况其大者乎？此大有之占也。

　　《大象》曰：火在天上，大有，君子以遏恶扬善，顺天休命。

　　离为日，乾为天，日在天上，照见物之繁多，故曰大有。夫"日在天上"，明至也，明至则公明正大，而善恶无逃。君子体天，善则举之，恶则抑之，庆赏威罚，各得其当，即福善祸淫之道也，故曰"遏恶扬善，顺天休命"。其"遏恶"，使其有所惩也；其"扬善"使之有所劝也。民能惩恶劝善，天下岂有不治者哉！夫天命之性，有善而无恶，"遏恶扬善"，亦不过顺天命之本然。推之讨有罪，奉天之休命而遏之也；命有德，奉天之休命而扬之也。五刑五用，怒非有私，五服五章，喜非有私，于是恶无不化，善无不劝，大有之治，长保永久也。

【占】　问时运：目下亨通，如日在天上，有光明遍照之象。

○问商业：可放胆大做，有富有日新之象。

○问家宅：必是祖基素封，积善之家。宜诚劝子弟，培植善根，家业可永保也。

○问战征：主将星明耀，赏罚得中，万军用命之象。

○问行人：必满载而归，大利。

○问六甲：生男。

○问疾病：不利。

○问讼事：主公明断结，否则亦必和息。

初九：无交害。匪咎，艰则无咎。

《象传》曰：大有初九，无交害也。

"交害"者，涉害也。九居一卦之初，虽卦属富有，初阳在下，未与物交，所以未涉于害也，何咎之有？凡处富有之时，易致自满，满则骄生，骄生则害即随之，有害即有咎。惟时时克思厥艰，斯小心敬惧，有而不自以为有，即出而无相交，必矢刻苦自劝之心，不敢稍存骄盈之念，故曰"艰则无咎"。盖富有本非有咎，在初时未交于害，以为"非咎"，则一交而遂得咎者，咎由自取之耳。能思其艰难，则可以保其有，即可以免其咎。《象传》曰"大有初九"，言当大有初爻，无所交涉，不关灾害也。一说，训"无交害"三字，为国无交而害者，盖以初九之应在九四，两刚相遇，其情不相得。此意亦可备一解。

【占】 问时运：目下尚未交盛运，须刻苦自勉，待好运到来，自然得利。

○问商业：想是基业初创，百货未曾交办，须要谨守其初，自得无害而有利也。

○问战征：必是初次动众，尚未交锋，须要慎始，自无后患。

○问家宅：必是新富之家，艰难创业，自得后福。

○问讼事：尚未投告，还宜和息为善。

○问行人：尚未有归志也。

○问六甲：生男，产期尚远。

○问失物：一时难以即得，待久可有。

【占例】 佐贺县士族深江某，余之亲友也。明治四年，从事纸石灰等商业，来横滨为奸商所败。此人虽有才学，不惯商业，请余占后来气运。筮得大有之鼎。

爻辞曰："初九：无交害。匪咎，艰则无咎。"

断曰：此卦大有，足见后运昌盛。今九居初爻，是将近运来之时，故不免为小人所害。虽近来有意外之损失，原来足下于商业本未惯习，虽有小害，未足咎也。今谋出仕官途，将来必得升迁，但一值盛运，不思厥艰，咎必难免。惟持盈保泰，虽有而不忘其艰，时时刻苦自勉，以今日之苦，期他日之亨，即得他日之亨，又仍虑今日之苦。不忘其艰，则无咎也。如是，则可长保其有矣。愿足下勉之！后果如此占。

○相识某县人永井某来，请占气运，筮得大有之鼎。

爻辞曰："初九：无交害。匪咎，艰则无咎。"

断曰：卦曰大有，已兆资产丰足之象，可欣可喜。今得初爻，知为一时之初运，未得大利。若不思经营之难，稍涉骄盈，便干灾害，万宜戒慎。就尊府论之，尊大人性情笃实，平生拮据勉励，未能扩充家计。足下意犹未满，欲发一攫千金之念，幸此盛运初交，得此利益，是正大有之初爻也。其辞曰："初九，无交害，匪咎，艰则无咎。"此艰字，最宜审慎。盖谓爻居初九，未与物交，是以"非咎"，一经交际，害即伏之，若不思克艰，咎必难免矣。慎之勉之！

某氏一时虽面从我言，然年少意气，不能自抑，渐耽骄奢，卒致败事，遂即非行，而陷囹圄。爻象垂诫，不爽如此，岂不可畏哉！

九二：大车以载，有攸往，无咎。

《象传》曰：大车以载，积中不败也。

此爻以阳居二，阴阳刚柔，适得其宜。当大有之时，居臣下之位，上应六五之君，是具大有为之才，遇大有为之时，以一身而任国家之重者也。二阴柔，是以能容，九阳刚，是以能行，象车。初、三两刚，比辅于左右，为"大车"，故曰"大车以载"，谓其才之足以任重而行远也。二以刚中之德，恢有容之量，能以天下之人才，属之于群，量才器使，俾得各效厥职，而无有丛脞，故曰"有攸往，无咎"。占者如此，则位足以酬其志，德足以堪其任，上不负君之所托，下不失民之所望，何咎之有？《象传》曰"积中不败也"者，言大车得初三左右两刚比辅，车体完厚，虽积重于中，行远而不败，犹九二才力刚强，能肩当天下之重，断无败事之虞也。此爻变则为离，离六二辞曰，"黄离，元吉"，可以参考也。

【占】　问时运：目下正交好运，一路顺风，无往不利。

○问商业：贩运货物，贸迁有无，极之域外通商，无不获利。

○问战征：利于陆战，率军直进，攻取皆捷。

○问家宅：平安无咎，若谋高迁，更吉。

○问疾病：宜出外就医，吉。

○问行人：因在外谋事，诸多利益，一时未归。

○问讼事：得胜。

○问六甲：生男，逾月则生女。

【占例】　明治二年，友人来请占某贵显气运，筮得大有之离。

爻辞曰："九二：大车以载，有攸往，无咎。"

断曰：此卦六五一阴居君位，统御五阳。内卦为乾，乾纲独揽，正大之象；外卦为离，离明普照，光明之象。光明正大而有天下，谓之大有。二爻具刚中之德，与六五之君，阴阳相应，能积载天下之大任，辅佐天下之大业，恰如大车运转自在，谓之大"车以载，有攸往，无咎"。据此爻辞，知某贵显，后必当大任，奏大功也。

后果如此占。

○占明治三十二年，占德国之气运，筮得大有之离。

爻辞曰："九二：大车以载，有攸往，无咎。"

断曰：此卦五爻阴得中，统御五刚，恰如德帝统御普国，众民悦服，国中兵食完备，战守咸宜,正国军盛大之象。今得二爻,其辞曰"大车以载,有攸往,无咎,"可以见矣。

九三:公用亨于天子,小人弗克。

《象传》曰:公用亨于天子,小人害也。

"亨"与享同。"公用亨于天子"者,谓天子设筵,宴会公侯也。九三与之,此爻居下卦之上,公侯之象。九五之君,虚己下贤,一时四方公侯,感化来宾,如《诗》所咏"喜宾安乐,蓼莪湛露"之义是也,故曰"公用享于天子"。盖诸侯之于天子,藩屏王家,天子喜其功,宴享而劳之。此爻以阳居阳,具纯正之才德,可得与此宠荣;若使小人当此,捧富有,擅威福,慢上凌下,必招祸患,安得与享礼之优待乎?上无比应,君上必不信任,故曰"小人弗克",《象传》亦曰"小人害也"。

一说"享于天于"者,谓能以所有贡奉于君上。凡土地之富,人民之众,皆天子之有也,诸侯谨守臣节,忠顺奉上,抚育黎庶,以效屏藩,丰殖货财,以资贡献,享之天子,以其有为天子之有也。若小人而居此位,则私有其富,不复知奉公之道,故曰"小人弗克"。此义亦通。

按:凡《易》辞曰"先王者,以垂统言;曰"帝"者,以主宰言;曰"天子"者,以正位言;又"后"者,天子诸侯之通称;"大君"者,天子之尊称也。

【占】 问时运:目下正当显荣之时,利为公,不利营私。

○问仕途:恰得宠任荣赏之象,若取赂必败,宜慎。

○问商业:不特得利,且可得名。

○问战征:有犒赏三军之象,得获胜仗,恐于兵众有损。

○问家宅:有喜庆宴会之象,家食丰富,但使用婢仆中,须当留意。

○问讼事:若为饮食起衅,恐难得直。

○问六甲:生男,主贵;但幼小时,防多疾厄。

【占例】 大阪友人某来,请占某豪商时运,筮得大有之睽。

爻辞曰:"九三:公用享于天子,小人弗克。"

断曰:此卦大有,可知为富豪之家。"公用享于天子"者,为大臣宠荷君恩也。在商人处涉王事,得官家优待,其象亦同。商人而获此宠遇,宜慎守其常,切勿恃势怙宠,不然,挟富有,假威权,恃宠而骄,必损资产。吉凶悔吝,唯在其人自取而已。

其后某豪富,管理某省用途金,与贵显交往,自负富有,颇招人怨。偶罹病死,不能办偿官金,致破其产。

○明治五年,土州人渡边小一郎来,请占气运,筮得大有之睽。

爻辞曰:"九三:公用享于天子,小人弗克。"

断曰:大有之世,天子虚己用贤,金帛之出纳委之臣下。大臣为能谨慎任事,小人则必失奉上之道,故辞曰"公用享于天子,小人弗克"。足下今负担铁道局神户出张所事务,出纳金钱,最宜注意。昔封建之世,士民共有义气,往往有监守自盗者,则屠腹而谢其罪。维新以来,刑法宽缓,人少廉耻,不可不深留意也。

后在神户，某属员为私买米市，偷用官金若干，渡边氏亦不免其责；且为救护属员，借入某商人之金若干，以办偿官金。后事发觉，与属员某共处其罪云。

〇江京虎之门，琴平神社宫司鸿雪爪者，余之知己也。二十九年某月，来告曰：顷日浅野侯爵罹大患，以其危笃，不堪忧虑，请筮一卦，以占休咎。筮得大有之睽。

爻辞曰："九三：王用享于天子，小人弗克。"

断曰：大有者，以示生命之有在也。上爻为有之终，恰值归魂，今占得三爻，病之用享，利在药饵，知必昨良医奏功也。贫贱辈请良医难得，良药万难。"克"者，愈也，故在小人或防"弗克"，在侯之家，良医易招，即贵重药品，亦易购觅，故谓之"王用享于天子"。如得天子之赏赐良药也，病必无碍。

后果快愈，今犹无恙也。

九四：匪其彭，无咎。

《象传》曰：匪其彭，无咎，明辨析也。

"彭"者，盛多貌。《诗》曰"行人彭彭"，曰"出车彭彭"，曰"驷騵彭彭"，曰"四牡彭彭"，皆形容人马之强盛也。此爻以刚居柔，当大有之时，在执政之位，有刚明之才德，立众贤之上，与六五之君，阴阳亲比，君上之眷顾至渥，宠遇殊盛，所谓位极人臣，威权富贵，萃于一身，是处过盛之势者也。过盛则可危，唯能体离之明，居柔善逊，见几而避，虽处其盛，以为非己之盛也，故曰"匪其彭，无咎"。《象传》释"无咎"曰，"明辨晢也"，"晢"者明之体，"明辨"者，得外卦离日之象。

一说以"匪"为筐，此爻威权之盛，天下之人，辐辏其门，非无赠贿之嫌。身居大臣之地，运值大有之时，琐琐赠贿，何足动其心乎？是谓"匪其彭，无咎"。《易》之取象广大，不容偏执一义也。

【占】　问时运：六爻已值其四，是目下已到极盛之会，当持盈保泰，知止不辱。

〇问商业：已得利益，毋过贪求，斯无害。

〇问家宅：必苟完苟美，如卫公子荆之居室，则善矣，否则未免盈满有损。

〇问疾病：防有膨胀之患。

〇问六甲：生男。

〇问讼事：得明决之才，判断得宜。

〇问失物：在竹筐内寻之。

【占例】　亲友某氏，以商业旅行，托余代襄其事。一夜深更，其伙友某，突来哀诉曰：有一疑事，而不知所措，请一占为解。仆穷厄，今朝有一商来，领受金三百元，藏之箅笥。忘施锁钥，至夕检取，不见其金。或疑遗忘他所，搜索不得，于是检查朝来出入，及在家者，其人皆凤所信任，无可疑者，遗失所由，实不可知。筮得大有之家人。

爻辞曰："九四：匪其彭，无咎。"

断曰：卦名曰大有，知未出外，而在家中可知也。又以卦拟全家，上卦者为二阶，爻辞曰"匪其彭，无咎"，"匪"者，盛玉帛之竹器，子宜速还，检二阶之竹器，必可得之也。

某谢而去,少顷来报曰,果发见之于二阶之竹器中也。

六五:厥孚交如,威如,吉。

《象传》曰:厥孚交如,信以发志也;威如之吉,易而无备也。

"孚"者,所以通上下之情;"威"者,所以严上下之分也。情不通则离,分不严,则亵。"交如"者,交接之义;"威如"者,威严之义。孔子曰,"正其衣冠,尊其瞻视,俨然人望而畏之",此之谓也。此爻以柔中居尊位,虚心礼贤,下应九二,上下五阳,皆归其德,故曰"厥孚"。明良一德,朝野倾心,如良友之善交,故曰"交如"。然君心贵和,而君体贵尊,所谓有仪可象,有威可畏,故曰"威如"。盖大有之世,在下者有协助之志,在上者又能诚信接下,足以感发之,故《象传》曰"信以发志也"。又《象传》曰"易而无备也"者,六五居群刚之间,独用柔道,未免为人所易慢,而无畏怖之心也。

【占】 问时运:必其平生为人所信服,且有威望,晚运亨佳之会也。
　　○问商业:一时众商信服,货物通行,可永保其富有也。
　　○问战征:众军勇跃,威令远扬,尤宜警备,以防敌军。
　　○问家宅:主一家和睦,恐有盗窃,宜备防也。
　　○问失物:所窃者即信用之人,以威逼之,必交还也。但恐得而复失。
　　○问六甲:生男。
　　○问讼事:被告者必畏威而和。
　　○问行人:如期而归。

【占例】 一日亲友某来,请占气运,筮得大有之乾。

爻辞曰:"六五:厥孚交如,威如,吉。"

断曰:此卦拟之于国家,六五柔中之君,备公明、正大、威信、温和之德,与九二阴阳相应,与九四阴阳相比,统御众阳,以保大有之治。以一个人观之亦同。足下信用忠实之伙友,虚己而容人,以众之喜为己之喜,以众之忧为己之忧,主仆相和,家政克行。然有不可无威,无威则命令不行,国政然,家政亦然。今当大有之时,预体此意,可注意于恩威并行也。

某氏守之,家业益臻繁昌。

上九:自天佑之,吉无不利。

《象传》曰:大有上吉,自天佑也。

此爻居大有之极,不居其有者也。以刚在六五国君之后,可谓尽人事而待天命者也,是贤师付也。为能则天道,以计划国政,使大有之君,应天时,统万机,积德行,享有全盛之福。此非"自天佑之",岂能享其有哉!所谓不期而自致者。当此时得天助之,凡百事业,无不吉利,故曰"自天佑之,吉无不利"。夫圣人之作《易》,其要在天助人归。如云"天之所助者顺也,人之所助者信也"。此爻之辞,可谓一言足以蔽三百八十四爻也。

【占】 问时运:目下一路好运,万事皆吉。

○问商业：百货皆获利。

○问家宅：一门福庆。

○问战征：即此一战，军功大捷，可罢师也。

○问行人：即归。

○问疾病：默得神佑，吉。

○问六甲：生男。

○问失物：就高处寻觅，可得。

【占例】 明治十五年，占某贵显气运，筮得大有之大壮。

爻辞曰："上九：自天佑之，吉无不利。"

断曰：此卦如日之辉天，五阳之众贤辅翼之，得见大有之治。今占得此爻，积善积德，得自天佑，天下之事业，无不吉利，谓之"自天佑之，吉无不利"。

然此年某贵显死去，以卦大有之终为归魂，即谓之归天也。

䷎ 地山谦

谦字本从𠄍，谓心所念，常收敛向在氐下也。取心念常在下，而不自满亢，故屈己下物曰谦，贬己从人亦曰谦。《子夏传》作嗛，嗛与谦同。此卦艮下坤上，是即山在地下之象。或曰：山各有脉，其形起于地上，其根发于地下，故山从地而上。盖山本高也，伏于地下，而不自以为高，是为谦之义也。遂以谦为卦名。《序卦》曰，"有大者不可盈，故受之以谦。"此谦之所以次乎大有也。

谦：亨，君子有终。

谦者，卑退为义，屈己下物也。止内而顺外，谦之意也；屈高而居卑，谦之象也。守之以虚，行之以逊，故亨也。小人亡而为有，约而为泰，是自满也，满者故难保其终；君子则尊而能卑，高而能下，心愈小而道愈宏，志弥显。坤曰"大终"，艮曰"厚终"，故曰"君子有终"。今文曰终下当有吉字，盖本刘向《说苑》。《象》辞曰"君子有终"，亦不言吉。盖不言吉，而吉自在也。

《象传》曰：谦亨。天道下济而光明，地道卑而上行。天道亏盈而益谦，地道变盈而流谦，鬼神害盈而福谦，人道恶盈而好谦。谦尊而光，卑而不可逾，君子之终也。

此卦下艮为山，上坤为地。山本在上，退而居于地下，如人去高位而降下位，能以谦退而居下也，故名此卦曰谦。"济"，助也。天道高明，其气下降而助乎地；地道卑俯，其气上腾而交乎天，是天地自然之道也。"天道下济"，"地道卑"，所以成谦也；天气光明，地气上行，所以为亨也。"盈"者"谦"之反，所谓谦受益，满招损，满则盈也。天之"亏盈"者，日月晦明是也；地之"变盈"者，山川河岳是也；鬼神之"害盈"者，奸雄末路，每为鬼神揶揄；人道之"恶盈"者，暴富起家，多为群情怨府。盖"亏"、"变"、"害"、"恶"，自从"益"、"流"、"福"、"好"中而出，循环自然，毫无偏私。谦则不自尊，而人愈尊之，故其道光也；卑则不自高，而其道弥高，故"不可逾"也。君子戒其盈而守其谦，体造化之功，察阴阳之理,万事咸亨,而终身可行,此所以为君子之终也。

以此卦拟认事,有谦逊卑退之义,为德之基也,即礼义所由生也唯君子能之。若小人有位而自恃其显,有才而自夸其能,有功而自矜其劳,视人之有位有才有功者,则嫉妒之,谗毁之,唯期其颠覆倾败而后快,绝无相扶相助之情,偏多相轧相倾之意,何怪夫吉凶利害之相寻于无穷也哉? 鲜克有终,此小人之所以为小人也。君子守谦逊退让之道,其心愈小,其德愈光,其志益虚,其道益高,人虽欲逾之,而卒不可逾也,故曰"谦亨,君子有终"。夫天下之事,始而亨者,十得八九,终而亨者,十不过一二而已,是终之难也,故其终为"君子之终"也。

以此卦拟国家,上卦者地也,下卦者山也。即以山之高,入于地中之象,是谦之义也。六五之君,虚己礼贤,不敢自作威福,一以委任臣邻,或用其"吉"以济险,或善其"鸣"以作乐,或取其"捄"以制礼,或尚其"劳"以兴师。有文德,又有武功,愈卑下,乃愈高大。尧之克明克兴,舜之舍己从人,禹之拜昌言,所谓恭己无为而天下治者也,其皆同行谦之道者乎? 后世不察,君耽暴慢,臣溺骄盈,擅权而虐下,窃位而蔽贤,品尊而德益晦,名高而行益污,君不能终其位,臣不能终其禄,凶莫大焉。无他,在不知持谦之道也,故《易》惟谦一卦,六爻皆吉,反此则凶,《易》之垂诫深远矣!

通观此卦,谦者兼也,卑而能尊,故曰兼。六爻之象,下艮上坤,艮止坤顺,能止而不上,所以谦也。夫造化之理,不足者常益,有余者常损。君子以不足留有余,以有余待不足,故有余者终不至过盈,不足者终不至大损。此两兼之道,称平之权也。诸卦以第三爻为凶地,唯谦能保终;诸卦以第五爻为尊也,惟谦独用武。盖以谦为主,则卑者尊;以无为盈,则高者危;以平为福,则盈者馏,是"衰多益寡"之理也。下卦三爻,皆吉而无凶,上卦三爻,皆利而无害。为君而利,为臣而亦利;处常而吉,涉险而亦吉;平治利,即戡乱而亦利。爻象初六谦之始,"卑以自牧也"。六二谦之中,积中以发也。九三谦之至,以功下人也。六四谦之过,不失其则也。六五谦之尊,以武服柔也。上六谦之极,反而自治也。盖自初至三,自谦而进之;自四至上,自谦而反之。进至三而止,能济险,能扬善,能立功,一以谦行之,有以进为退之象;反至六而止,能顺则能服人,能克己,自上反下之象。盖其谦也,非以不足而谦,正以有余而用谦也。故君子之谦,非委靡也,器大而识远,基厚而养定。震世之事功,处之以虚怀,及其当大任,决大疑,戡大乱,剪大恶,世之退诿所不敢任者,君子未常不兼任之也。有可为之才,而不敢为,象山之止,不得不为而后为,象地之顺,谓之"君子有终"也。

《大象》曰:地中有山,谦,君子以衰多益寡,称物平施。

山本高耸地上,今入地中,有谦退在下之义,故曰"地中有山,谦"。夫地至卑也,百步而上丘陵,人以为高,此咫尺之见而已。四隅八极,相距万里,高山峻坂,不知其几也。千仞之山,自百里之外而视之,已没而为平地,岂其山之不高哉? 以地之能谦也。盖上卦居夫多,多则衰,下卦居夫寡,寡则益,圣人设象,最有深意。君子见此象,称量品物,宜酌量贫富,使人各得其平,谦之道在此,谓之"衰多益寡,称物平施"。

【占】 问时运:目下平顺,有步步渐高之象。

○问商业:物价均平,利益顺适,此业可保永远。

○问家宅:此宅想近山麓,家道平顺,大利。

○问战征：营屯宜近山，须整齐队伍，严明赏罚。至五爻进师，六爻可以攻取城邑，大胜。

○问讼事：宜平和，不宜纷争。

○问疾病：是内郁之症，宜宽怀调治。

○问行人：舟行而归，吉。

○问失物：须于积土中寻见。

○问年成：风雨调顺，在不丰不歉之间，平平。

初六：谦谦君子，用涉大川，吉。

《象传》曰：谦谦君子，卑以自牧也。

此爻柔而居谦卦之初，是谦中之谦者，为笃行之君子，而在下位者也。克善其始，知必克全其终也，故曰"谦谦君子"。大凡涉江海之险，轻率急进则多失，宽容缓济则无患，故曰"用涉大川，吉"。"用涉"与"利涉"不同，"用涉"者，谓用谦道以涉之，不言期其利，而要无不利者也，故吉。《象传》曰"卑以自牧也"者，正以释"用涉大川"之义。"牧"者，驯养六畜之名。夫牧牛马，守之不使奔逸，君子之牧心，亦犹此也。能安其卑，不与人争先。此爻变则为明夷。明夷之初九，有垂翼之辞，君子涉难之象。但"卑以自牧"，不求闻达，则大难可以涉，所以吉也。又互卦（二三四）有坎，大川之象。一说牧为郊外之地，大川在郊外，故曰"用涉大川"。

【占例】　某县劝业课长某，以上京顺途，过余山庄，自云："奉职某县，意欲举行劝业实际，购种牛于美国，改良品质，将劝牧畜，并大开桑园，扩张蚕业，及蒐集米麦等良种，勉劝农业。某县知事，亦乐为赞成。初着进步，后日功效，尚难预知，烦为一筮。"筮得谦之明夷。

爻辞曰："初六：谦谦君子，用涉大川，吉"

断曰：此卦以山之高，下地之低，即以尊下卑之义，故曰谦。是上而为下谋，贵而为贱谋，皆得谦退之道也。足下所占事，适合此卦义。《彖辞》曰："谦，亨，君子有终"，谓谦则事无不通，终必成就。爻辞曰"用涉大川，吉"，谓此绝大事业，勉而行之，不患不成也。《象传》曰"卑以自物"，卑者卑下之事，"牧"者，牧畜也，"自牧"者，谓自愿从事于牧畜也。或谓郊外为牧，郊外者，郊野也，农桑之事，皆属之矣。

某氏感谢而归。后据所闻，某就居农场近旁，朝夕劳苦，"卑以自牧"，属僚下吏，相与共事，果得创兴厥功，悉如此占。

六二：鸣谦，贞吉。

《象传》曰：鸣谦贞吉，中心得也。

此爻柔顺中正，与三相比，与五相应，服三之刚，从五之柔，并用谦退之道，故得令闻传于远近，世人盛称其德，谓之"鸣谦，贞吉。""鸣谦"者，非自鸣其谦，谓谦德积中，必闻于外，名誉彰著，而人皆知其谦，称为谦德之君子也。誉称其情，非自我而干誉；名符其实，非向人以沽名。谦者德之本，六二者，臣位也，人臣而过谦，恐流佞媚之嫌，惟其贞而正，故吉也。《象传》"中心得也""中心"者，谓积中而发。

【占】 问时运：目下名称藉藉，定多得意。

　　○问商业：得利。

　　○问家宅：家中积产富足，外面名声亦好。

　　○问战征：可鸣鼓直前，攻取中营，大捷。

　　○问疾病：是用心过劳之症。

　　○问功名：有必得之喜。

　　○问讼事：鸣冤得伸。

　　○问失物：即得。

　　○问六甲：生女。

【占例】 明治二十二年，闻旧友元老院议员井田氏病笃，驰往访之。时楠田三浦两议官亦相会。两氏谓余曰：井田氏有功劳于维新前后，人所共知。明治四年任陆军少将，后又任外国公使，今与余辈同在元老院。维新功臣，各有爵赏，氏独不与，余辈甚憾之。故余辈欲谋代请，俾氏生时得拜恩命也。请为一占，以卜成否。筮得谦之升。

　　爻辞曰：“六二：鸣谦，贞吉。”

　　断曰：此卦以山之高，下地之低，故曰谦。以人拟之，有功高而居卑之象，恰与井田氏有功未赏相合。今诸君朋友之情，代谋申请，谓之“鸣谦，贞吉”。又爻变而为升，即升闻上达之谓也。三爻变则为地，是山崩也，料身死之时，恩命可下。

　　○一书生携友人干众叶人某介来，曰：自今将就学事，请占其气运。筮得谦之升。

　　爻辞曰：“六二：鸣谦，贞吉。”

　　断曰：此卦以山之高，就地之低，以人比之，有高尚君子，不显于世之象。子临就学，得此卦，子将就高尚君子以求学也。近从乡里来，尚不知世间之广大，一到东京，得良师之教诲，日夜勤学，心愈虚而业愈进，积中发外，必得广闻令誉也，谓之“鸣谦贞吉，中心得也”。

九三：劳谦，君子有终，吉。

　　《象传》曰：劳谦君子，万民服也。

　　此爻以一阳居众阴之中，众阴皆顺之，有一人信任，万民归服之象。盖三爻为成卦之主，大公无我，人好其德，未尝期人之服，而人自服之。且艮为身，互卦二三四为坎，坎为险难；三四五为震，震为动，为知惧。身在险难，动而知惧，所谓有劳而不自居其劳者，故曰“劳谦”。爻以一阳居下卦之上，位高而责重，处己而求贤，有吐哺握发之风，《系辞》所云劳而不伐，有功而不德者也。其器度之大，识量之高，是足令天下众民畏服，如此则天下无与争功者，其位可终保矣，故曰“君子有终，吉”。以乾九三之君子，入坤而为谦，故谦之三，亦曰“君子”。艮者万物成终之象，故曰“有终”。变而之坤，坤六三曰“或从王事，无成有终”，是可见其谦之德也。

【占】 问时运：一生劳苦，目下万事亨通，老运更佳。

　　○问商业：经营之始，百般勤劳，今基业已成，可以永远获利。

　　○问家宅：必是辛苦起家，积资成富，能复持盈保泰，家业可长保也。

　　○问疾病：恐病成劳弱，天命有终。

○问失物：后可复得。

○问六甲：生男。

○问讼事：枉者自服，即可了结。

○问功名：得此劳绩，自必升用。

六四：无不利，挒谦。

《象传》曰：无不利，挒谦，不违则也。

此爻居大臣之位，上戴柔顺谦德之君，下有劳谦大功之君子，己处其中，位得其正，故上无所疑，下无所忌，谦之善者也，故曰"无不利"。然以阴居阴，德不及五，功不及三，不敢自安，动作施为，无在而不"挒谦"。"挒"字，注作挥，《本义》作发挥。挒为与挥本通，即《文言》"六爻发挥"之挥，谓发越挥发也。《象传》释之曰"不违则也"。"则"者，法则也，谓其发挥谦德，能合夫法则也。《尚书·泰誓》曰："如有一臣，断断兮无他技，其心休休焉，其如有容焉。人之有技，若己有之，人之彦圣，其心好之，不啻如自其口出，实能容之。以保我子孙黎民，尚亦有利哉。亦可见其发挥休休有容之度也。若无功而受其禄，无实而窃其名，是失其则矣。

一说：此爻在大臣之位，初六"谦谦"，如一味谦虚，未免反失权势，恐开轻蔑之渐，故戒之曰"挒谦。"盖谓谦而违其则，必招轻侮，唯不违其则，斯为之"挒谦"也。

【占】 问时运：目下正当好运，万事吉利。

○问商业：任从指挥，无不获利；凡买卖但宜留些余步为好。

○问家宅：盍家以谦和作事，事事吉利。

○问战征：指挥如意，必得大捷。

○问疾病：宜表散之，吉。

○问六甲：生女。

【占例】 明治二十二年，某贵显来，请占某院气运，筮得谦之小过。

爻辞曰："六四：无不利，挒谦。"

断曰：此卦全卦中唯九三一阳为上所任，为众所宗，有功而在下位者也。某院众贤所集，今以阴居阴，气运委靡不振，有登用九三之望，故曰"无不利，挒谦。""挒谦"者，谓虚心以求贤，进而信任之也。

后未几，果如此占。

六五：不富以其邻。利用侵伐，无不利。

《象传》曰：利用侵伐，征不服也。

"不富"者，谓不以己之爵位为富，即谦逊之意。本《虞书》"臣哉邻哉"，邻即臣也。"以其邻"者，谓愿与臣邻同心图治，亦即德必有邻之义也。此爻居尊位。有柔中之德，以为温恭克让之君。为君而能谦顺，不以崇高自满，则天下之人，莫不归心焉，是谦德之至也。然谦虽美德，专尚柔和，或致有轻慢而不服者，故柔宜济以刚，则"利用侵伐"，威德并著，然后能怀服天下，安往而不利哉！故曰："不富以其邻"，"利用侵伐，无不利。"谦柔之过，或失威武也，圣人故发此义，防其过。一说，九三一爻，以全卦言，为劳谦之君子；自六五而言，为过刚不服之臣。《易》之取象，变动而不拘如此。

大有六五，以不自有而能有人，谦之六五，以不自用而能用人，谦之用，可谓大也。

【占】 问时运：目下虽处正运，然或有龃龉，宜自振作，不可一味姑息也。

○问商业：所获利益，防为他人分取，致生事端。

○问家宅：能以择邻而处，自得守望相助之义。

○问婚姻：得邻近之女议婚，大利。

○问疾病：利用消伐之剂，吉。

○问讼事：宜取邻人作证，得直。

○问失物：于邻家觅之，得。

（附言）山入地中，地变也，有地脉陷落之兆。余十七岁时，与静冈藩士早川和右卫门氏相知，时氏已八十余岁，语余以少时之事。天明年间，该氏修文武之业，经历诸国，时或卖卜，以充旅费。一年夏，偶至羽州象泄辏，船舶辐辏，风景奇绝。为北海之大辏，氏留此数旬。一日午后，结发于旅店楼上，见室内船虫蝐聚，初疑为此地常有，问旅店主，答曰：未尝有也。转顾左右壁上天井，悉皆船虫，因益骇异，筮之得谦之蹇。此卦山入地中，有地陷之象，《易》爻经验，未尝或爽，然如此大数，未可妄言告人，唯中心畏惧，急切收拾行李而行。时已将暮，主人劝留明朝，不听，提灯直发。山路险恶，至夜半，渐行四里许，猛闻山谷震荡，神魂惊骇，伏地傍徨。既而震息，灯火已灭。昏黑不能行，踌躇无计，远远闻有人马之声。往前问之，答以因惊受地震，驮倒货覆也。于是谓马丁曰：黑夜难以前往，不如焚火，以待天明，众皆以为然。迨晓，见有贵飞信过者，问之曰：昨夜地大震，象泻辏变陷成海，其他山谷倾倒，顿改旧形，闻之毛发悚然。《易》爻之昭示未来，灵应如此，益为惊服，至今追思，心犹凛凛。推之古老传言，洪水之年，獭鱼穴于高处；大风之年，鸟不巢于乔木之梢。昔江户有大火灾，前数夜，鼠连绵结队，转渡桥栏之外，避就他处。他如老狐能知未来，鹊知前吉，鸦知前凶，皆有令人所不可解者。蠢然动物，尚感天地，预知祸福，人为万物之灵，不克前知，可谓人而不如禽兽者也。

【占例】 明治二十七年，占国家气运，筮得谦之蹇。

爻辞曰："六五：不富以其邻。利用侵伐，无不利。"

断曰：此卦以山之高，人地之卑。拟之国运，在维新之际，天下牧伯，悬命于军门，脱万死而得一生，渐得平定，奉还数百年管领之封土，复古郡县之制，非尽心力于国家者不能也，盖其劳而不伐，有功而不德，厚之至也。尔后政府创行欧美文化，抚育人民，政令宽裕，世人名之曰"自由"。一时多误解自由之义，为可以放纵自由，不受朝廷节制，此诚盛世之顽民也。今占国运，得谦之五爻，其辞曰"不富以其邻"，"利用侵伐，无不利"，盖谓人居国中，往往有不事生产，徒羡他人之资财，窃效欧州社会党所为。政府虽宽厚待民，此中有不得不惩罚者。猛以济宽，亦势之不得不然也。

○明治十年，某贵显嘱余占本年国运，筮得谦之蹇。

爻辞曰："六五：不富以其邻。利用侵伐，无不利。"

断曰：此卦以山之高，屈而入地之象，故名曰谦。今圣明天子治世，又得贤明之臣辅弱,四海静谧,太平有象。当维新之初,诸侯奉命,勤劳王事,以奏复古之大业,各藩奉还封土,改置郡县,一时赞襄诸臣,皆可谓劳谦之君子也。然其间亦有功劳卓著,偶因意见不合,辞朝归隐者,朝野瞩望,以为此公谦退避位,有高山入地之象,群情惜之。朝廷因以人望所归,势不得不复征召。此公以"劳谦"自居,不应征辟,于是平日不平之徒,乘机启衅,相传而煽惑人心。朝廷见之,以为不廷之臣,不得不用侵伐,是九三过谦,而败于谦之象。当时任侵伐之权者,上六之臣也。上六与九三,阴阳不应,《易》谓之敌应,是以曰"利用行师,征邑国"也。既而此年果有西南之乱,征讨之议,某贵显所专任。战经数月,贼军扑灭,王师凯旋,既爻辞所云"利用侵伐,无不利"。至明年五月,某贵显过东京纪尾井坂,猝罹暴徒之毒,迄今西海有九三之冢,东京有上六之冢。占爻早隐示其兆,愈知天命之不可诬也。

○明治二十九年冬至,占三十年台湾之施政,筮得谦之蹇。

爻辞曰:"六五:不富以其邻。利用侵伐,无不利。"

断曰:此卦以山之高,下地之卑,故名曰谦。夫台湾之地,当明季为郑成功所据,后为清人战而取之,故岛民常不驯服清国。清廷苦其难驭,使满洲人监之。满人不通南方风俗人情,驾驭不奏其绩,唯以多得蛮人首级,受清廷赏誉为功。往往台湾知县,聚广东福州等剽悍之徒,有蛮人不服者,则使之伐,窃为得施治之方。是以剽悍之徒,常施诈谋奇计,或设陷井,伐蛮人犹猎禽兽。积年之久,蛮人复仇之念,不能复已,争斗殆无虚日。今归我版图,务镇抚其民,专施恩惠,以得该地之奥情。然彼一时不知戴德,亦无可如何。在我官吏,亦苦于风俗之不同,言语之不通,每于施政,终相隔膜。是以抚恤岛民,格外宽柔,恰有以山之高,下地之卑之象。盖蛮民之凶悍,屡起骚乱,抗拒官吏,此台湾总督府所深患也。加之为之魁首者,清国阴为输送铳器弹药,我若以武力镇压之,外国宣教师等,将訾我处置之残酷,故总督府亦不能不踌躇也。今占得五爻,知本年尚有匪众未靖之象,不得不一奋兵威也。我兵士之出征,军用甚巨,区区台湾之势,有必不敷岁入,不得不以国帑偿之,谓之"不富,以其邻"。化外之民,以武力压之,谓之"利用侵伐,无不利"。就此五爻推之,明年值上爻,又有"鸣谦,利用行师,征邑国"之象,不如今年剪伐,毋使复滋也。

上六:鸣谦。利用行师,征邑国。

《象传》曰:鸣谦,志未得也。可用行师,征邑国也。

此爻不中而在上卦之极,即处谦之极。处极谦之地,而未得其志,所谓不得其平则鸣,故曰"鸣谦",与六二之"鸣谦",诚中而发者,辞同而义异。六以柔处柔,柔而未得其志,不能不济之以刚,故曰"利用行师,征邑国"。《象传》换"利"字以"可"字,可者,谓当其时之可,可则用,不可则已。上六之用师,岂得已乎? 故断曰"可"。然邑国属己之小国,上六才柔,未足克大敌,力柔不足兴王师,是以有不能昭神武于天下,振王威于华夷之意。《象传》曰"志未得也",中心未得之意,亦可见也。豫之利行师,用其顺而动也;谦之利行师,用其顺而止也。

【占】 问时运:盛运已过,目下未见得意。

○问商业:有名无实,宜整顿旧业。

○问家宅:防有怪祟,时作响动,用法镇压治之。

○问疾病:宜自调养心志。

○问六甲:生女。

【占例】 明治九年,应某贵显之嘱,为占一事,筮得谦之艮。

爻辞曰:"上六:鸣谦。利用行师,征邑国。"

断曰:此卦有以山之高,入地之卑之象,恰如有功大臣,去高位而就下位,辞俸禄而隐山林,使天下之人,皆颂扬其谦德也。是以众望益归之,君上亦屡征召之,其人终谦逊而不应,迨至有可疑之迹,于是朝廷不得不声其罪,而用侵伐。上六为九三之应,虽惜九三之为人,庙议命讨,不得已也。"鸣谦,志未得","利用行师,征邑国"之辞,可玩味也。上爻变而为艮,见内外两卦,显现二冢之象,当时苦不得其解,至翌十年,西海起一冢,十一年东京又起一冢,遥见东西相对。余一日,与某贵显谈往事而及此,感天命之可畏,相与悚然者久之。

䷏ 雷地豫

按豫字从象,从牙,左旁之牙垂地,象之大者也。象性柔缓,进退多疑,以其外行安舒,一俯一仰,而不抑藏,故以安舒不抑藏为豫,遂以豫名卦。卦体坤下震上,坤下顺而载乎上,震上动而振乎下,盖谓扬舒于外,而不抑藏于内,是以为豫也。豫与谦对,《序卦》曰:"有大而能谦必豫,故受之以豫",此豫所以次于谦也。

豫:利建侯行师。

豫,和悦也。震动也。坤顺也,上动而下顺,故"利"。坤为国,震为侯,是以利于建侯;坤为业,震为行,是以利于行师。夫不动则不威,不顺则不利,以顺而动,所以君立而民顺,师出而有功,利莫大焉,故《传》曰"顺以动"。主万帮,集大众,非豫不能也。

《彖传》曰:豫,刚应而志行,顺以动,豫。豫顺以动,故天地如之,而况建侯行师乎?天地以顺动,故日月不过,而四时不忒;圣人以顺动,则刑罚清而民服。豫之时义大矣哉!

卦体下坤上震,震雷坤地,有雷出地奋之象。坤地静也,纯阴主闭,闭极则郁结而不畅;震动也,阳气动而万物出,故悦。九四一阳当坤之交,静极而始动,闭极而始宣,不先不后,应时顺动,故曰豫。夫天下之事,逆理而动者,其心常劳,其事多难,唯以顺动,从容不迫,此心安和,故"刚应而志行",全在顺以动之也。顺而动,在天则"四时不忒",在人则动止和顺,其"建侯"也,屏藩王国,其"行师"也,吊民伐罪,皆出于豫乐之义,谓之"刚应而志行,顺以动,豫"也。盖"顺以动"三字,为此卦之德性,故"天地如之,况建侯行师乎"? 天地顺动以下,言豫之功用无比。"日月不过"者,谓日月之行度无过差;"刑罚清而民服"者,谓圣代至治之准则。狱讼衰息,民志大畏,协中而民服也。盖圣人无心,唯顺物而动,彼善则顺其善而赏之,彼恶则顺其恶而罚之,不敢稍存偏私。刑无过刑,罚无过罚,而刑罚自清。如此皆出于"顺动"之德。三才之道,万物之理,皆不过此,故曰"豫之时义大矣哉"。《彖传》前曰"顺以动",后曰"以顺动","顺以动"者,就卦象之自然释之;"以顺动"者,就人事之作用而说。曰"天地",曰"圣人",相对而言也,后"则"字,对上文,当用故字，今曰"则"字，大有意味。"天地以顺动"者，即亘万而无有退转，必然之定理也，以"故"字承之。《易》中单称"圣人"者，即指天子，盖必有圣人之德者，而后富有四海，尊为天子，是谓顺命。文王、周公、孔子之圣，皆不得其时，不得其位，是则圣人之在天位，有不可必然者，故后文以"则"字承之，是此篇之主眼，《易》教之本意也。故以天地日月四时为宾，以圣人为主，重在圣人一句，读者勿匆匆看过。

凡《象传》用"大矣哉"，共有十二卦，其上有曰"时义"，有曰"时用"，或单言"时"。其中曰"时义大矣哉"五卦，豫、随、遁、姤、旅是也。言浅旨深，欲人熟思之也。曰"时用大矣哉"三卦，坎、睽、蹇是也。虽皆非美事，圣人有时而用之。曰"时大矣哉"四卦，颐、大过、解、革是也，皆因大事变而警诫之。要之其义各有取也。

以此卦拟人事，此卦五柔一刚，其人必多柔少刚。柔主顺，刚主动，柔必应刚而能行，故曰"应"。夫"刚应而志行，顺以动，豫"，天地之动，日月往来，而四时乃定。圣人则之，以定刑罚，而万民乃服。人处天地之中，沐圣人之化。人而在下，无所谓建侯，凡求友亲师者类是；无所谓行师，凡祛邪嫉恶者类是，凡有所动，皆当法天地之顺，斯动无过则也。能顺天地，则天地亦顺之，使得永保其安豫；若过豫而不省，则必将为初六之"凶"，六三之"悔"，六五之"疾"，上六之"冥"，是自失其豫矣。其为豫，乃其所为忧也，必如六二之"介"，九四之"勿疑"，斯得焉。人固当顺理而动，动顺夫理，动乃无咎，所以豫也。

以此卦拟国家，震为动而在上，坤为顺而居下，上动下顺，是上行威令，下皆顺从也，故曰"主万帮，聚大众，非豫不能也"。夫天下之人不同，其心同也，天下之心不同，其理同也，己能顺理而动，则人莫不顺之。九四一阳，居执政之位，有刚明之德，威权赫赫，以统治国家，故卦中众阴皆和顺而悦服。震为侯，为建，坤为国，为臣民，为顺，即为臣民服从之象。四为成卦之主，与六五之君，阴阳相比，而辅佐之，使万民豫乐和顺。至其行政，一法天道，如寒极则温风至，暑极则凉风至，世之所好好之，世之所恶恶之，赏罚公明，毫无私意，是豫之时也。但执政负国家之重，威权独揽，未免近逼，或致动群僚之"疑"，启君心之"疾"，尾大不掉，亦可惧也。唯当尽其至诚，勿有疑虑，乃能合众力以安其上，庶几上之信任愈隆，将赏其功劳，而封建为侯，有不服王命者，即命之以征伐。上卦震之方伯，动而俱进，下卦坤之众民，悦而顺从，谓之"利建侯行师"。四体震，震为长子，故曰"建侯"；以一阳统众阴，故曰"行师"。此卦五爻以下，有比之众，比为建国亲侯，故曰"建侯"；三爻以上，有师之象，故曰"行师"。"利"字括"建侯""行师"两行，豫之时势如此。上下悦乐之余，豫之极，危之基也，所当反之以谦，一转移而天下治乱安危系焉。唯其善则归君，过则归己，利公而不专，害审而不避，是为大臣处豫之道，而上下交泰矣。

通观此卦，其要旨不出"顺以动"三字。凡顺之至者，不动则不悦；动而顺应，故悦。未顺则不先，既顺则不后，由气机之自然而已。豫之时心劳意足，其乐已极。处乐之极，遂至纵情逸欲，流连忘返，亦恒情所不免也。圣人忧之，故未豫而先者为"鸣豫"，不动者为"介"豫，坐而观者为"盱"，当豫而顺者为"由"，过豫而不忘者为"疾"，极豫而忘返者为"冥"。在初爻则戒其"穷"，在六三则警其"悔"，在六五则防其"疾"，在上六之"渝"，则危不可长，幸其终改。"鸣"、"盱"、"疾"、"冥"四者，居豫之咎，所谓失豫者也。唯六二之"介于石"，为能熟察忧乐治乱之机，故顺莫善于"贞"，动莫善于"由"，"贞"以待顺，"由"以行动，由未豫而豫必至，既豫而豫不忧。天地圣人之悦豫无疆者，惟其能处乎豫也。读此卦而圣人谆谆于世之意，可见矣。

按,六爻言豫不同。初六上六之豫,逸豫也;六二之豫,几先之豫也;六三之豫,犹豫也;九四之豫,和豫也;六五之疾,弗豫也。《象》之言豫,众人和同之豫也;爻之言豫,各人一己之豫也。要之示悦豫之必与众同,非可自私之意也。盖人事不可无豫,人心不可有豫也。

《大象》曰:雷出地奋,豫,先王以作乐崇德,殷荐之上帝,以配祖考。

雷者,得时而奋出地上,阳气宣发,震动有声,足以鼓动天地之和发越阴阳之气,通达和畅,豫之象也。故先王法震之动以作乐,为象其声以鸣盛也;先王法坤之顺以崇德,为明其体以报功也。盖乐之作也,近而闺门,远而邦国,显而人事,幽而鬼神,无不用之。至于荐上帝而上帝来格,配祖考而祖考来享,幽感明孚,豫之所以为豫也。故履为《易》中之礼,豫为《易》中之乐,人君克体此意,以使万民乐和,豫之至也。

【占】 问时运:目下如春雷发动,正得时会,万事皆吉。

○问商业:时当新货初到,市价飞腾,绝好机会,必得大利。

○问家宅:防有变动,宜礼神祭祖,以祈福佑,得安。

○问疾病:宜祷。

○问战征:雷厉风行,必胜之兆。

○问功名:所谓平地一声雷,指日高升之象。

○问失物:自然出现。

○问六甲:生男。

初六:鸣豫,凶。

《象传》曰:初六鸣豫,志穷凶也。

"鸣豫"者,自鸣得意之谓,悦豫之情动于心,而发于声者也。初爻阴柔不才,居最下之位,与四相应,恃其爱眷,心满意溢,不胜其悦,应而自鸣,其凶可知也,故曰"鸣豫,凶"。《象传》曰"志穷凶也"。"穷"谓满极,初才得志,便为满极,盖时方来而志,已先穷矣,故凶。一说穷在凶下,谓志凶穷也。

按初六,与谦上六相反,谦上曰"鸣谦",应九三而鸣也;豫初曰"鸣豫",应九四而鸣也。鸣人之谦吉,鸣己之豫凶,故曰:"谦可鸣,豫不可鸣也。"

【占】 问时运:初运颇佳,但一经得意,使尔夸张,以致穷也。

○问商业:初次必得利,不可过贪。

○问家宅:恐鸟啼猿啸,致有怪异之惊,凶。

○问疾病:不利。

○问讼事:鸣冤不直,宜自罢讼。

○问失物:不得。

【占例】 余一日赴横滨访亲友某氏,客有先在者,求余一占。筮得豫之震。

爻辞曰"初六:鸣豫,凶。"

断曰:此卦九四一阳,得时与位,威权赫赫,上下五阴皆从之。今足下得初爻,四爻阴阳相应,有大受爱顾之象。足下得其爱顾,藉其权势,颇有扬扬自得之意,谓之"鸣豫,凶"。占筮如此,劝足下宜顾身慎行。客怫然而去。

客归后,主人告余曰:彼以其女为某贵显之妾,时时出入其邸,卑鄙谄谀,无所不至。时或假贵显手书,历赴诸外县,以营私利。又临豪商等集会宴席,举动效如贵显亲族,诳惑俗人。今君占断,道破小人心事,使彼不堪惭愧而去。

六二:介于石,不终日,贞吉。

《象传》曰:不终日,贞吉,以中正也。

"介于石"者,谓操守坚固,而不可移动也。夫逸豫之道,恣则失正,故豫之诸爻,多不得正,唯此爻以中正居阴,其与九四之刚,非应非比,有自守独立之操,其节之介,犹石之坚也。夫人之处豫也,或洋洋而自得,或恋恋而不舍,或昏迷而不悟,是皆失其正中矣,遂致豫方来而祸即随之,世之不知自守者,往往如此。六二独节操坚固,不为外物所动,知豫乐之不可恋,而去之不待终日,其察理甚明,其操身甚固,其审几甚决,其避患甚速,故曰"介于石,不终日,贞吉"。"介"者,坚确不拔之谓,所谓"不以三公易其介"者是也。惟其能介,是以中正。《象传》曰"以中正也"。惟"以中正",故能辨之明,知之速也。按此爻互卦为艮,艮为石,故有"介于石"之象。

【占】 问时运:其人品行高尚,不随世为隆汙,吉。
　　○问商业:能决定己志,不为奸商摇惑,贩运快速,获利。
　　○问家宅:主家者宜严正持之,凡非人来往,速宜斥绝。吉。
　　○问战征:所谓守之如山,发之如火,能审机也。
　　○问疾病:新疾即愈,夙疾即亡,终日间也。
　　○问六甲:生女,即产。

【占例】 明治二十二年,某局属官某氏来访,曰:余自明治四年创局之始,奉职一等属,尔来十八年,日夜黾勉,当事务多端之冲,未尝少息,足下之所知也。部下新任者,多升上任,今日居我上者,大概昔日之部下也。凡所升迁,亦非有过人之学问,余甚不慊于意。本欲辞职,犹恐别无位置,是以郁郁居此。请为一筮,以占后来气运。筮得豫之解。

爻辞曰:"六二:介于石,不终日,贞吉。"

断曰:此卦九四一阳,专擅威权,五阴不得不应之。今占得二爻,与九四非应非比,故于足下眷顾独薄。在足下品行中正,不事谄媚,唯以坚守职务为事,确乎不拔,如石之介,凡非分之事,唯恐浼焉,避之甚速,故曰"介于石,不终日,贞吉"。然自二爻进之四爻,气运一变,三年后,必可升进。

后至明治二十四年,此人果升高等官。

六三:盱豫,悔,迟有悔。

《象传》曰:盱豫有悔,位不当也。

"盱"者,为张目企望之象,譬如见鸟之飞,仰瞻太空,见鱼之泳,俯眄深渊,不胜眷恋,故曰"盱豫"。六三阴居阳位,不中不正,其所盱者,盖上视九四之权势,而欲趋附之也。

九四为一卦之主,居大臣之位,独擅威福,众阴皆归附之,六三是以唯肝瞻视,欲冀攀援,以固豫悦,谓之"肝豫"。九四以其窥探窃视,不得中正,为所鄙弃,是以有悔也。既知其悔,当翻然立改,效六二之介,决意远避,不俟终日,悔复何有?若一念以为悔,一念以为豫,迟疑不决,流连不返,悔必难免矣,故曰"悔,迟有悔"。"迟"之一字,可谓当头一棒,提醒昏昏,教其及早审悟也,最当玩味。《象传》曰"位不当也",谓其柔居阳位,优柔不决,不当其位也。此爻变则为巽为不果,故知悔而犹不改,有迟疑不决之象。

【占】 问时运:目下运非不佳,在自己作为不正,是以有悔。

○问商业:能窥探商情,为商家之能事。然一得消息,卖买宜决,若一迟疑,便落人后。

○问家宅:须防窃盗,宜速警备。

○问失物:速寻则得,迟则无矣。

○问讼事:宜速了结。

【占例】 某县官吏,携友人介书来访,请占气运。筮得豫之小过。

爻辞曰:"六三:肝豫,悔,迟有悔。"

断曰:此卦九四一阳得时,上下五阴皆归应之,足下占得三爻,与四爻阴阳亲比,可知长官意气相投。然在他人见之,或未免有阿谀长官,假弄威福之嫌。今后宜注意,毋贻后日之悔。

后闻长官转任他县,此人请附骥尾,其事不成,遂辞其职。

九四:由豫,大有得。勿疑,朋盍簪。

《象传》曰:由豫,大有得,志大行也。

九四以一刚统率众阴,为一卦之主,凡众阴之所豫,皆由九四之豫而为豫,故曰"由豫"。四近五,居大臣之位,承柔弱之君,负天下之重,包容诸柔,独得倚任,任大责重,故曰"大有得"也。但当此信任过重,易致招疑,惟能开诚布公,自然无复疑虑矣。"勿疑",乃能率众柔以奉上,犹如簪之贯众发而不乱也。"盍",合也;"朋",即众柔也。四刚而位居阴,犹得与诸柔相类为朋,故曰"勿疑,朋盍簪"。夫疑则生隙,隙则生忌,忌则众情离散,百事丛脞,虽有安豫之鸿业,必不能得其终也,故戒以"勿疑"。斯猜疑悉绝,上下同心,秉至诚以图事,合群力以从公,众贤汇萃,德泽宏施,足以成天下之豫者,斯之谓钦?《象传》曰"志大行也",即所谓得志则泽加于民,功施于后。大道之行,可由豫而致也,庶乎交泰之道矣。此卦自初爻观之,为权臣,其豫者逸豫也;自四爻观之,为任政之贤臣,其豫者,和豫也。《易》道之变动不居如此。

【占】 问时运:目下正大运方通。

○问商业:会萃众货,大得利也。

○问家宅:门庭豫顺,得财得福,大有之家。

○问功名:即卜弹冠之庆。

○问讼事:由此罢讼,两造豫悦。

○问行人:必主满载归来。

○问出行：由此前行，一路顺风，大得喜悦，可"勿疑"也。

○问六甲：生男，易长易成，且主贵。

○问失物：即得。

【占例】　一日缙绅某来，请占某贵显气运，筮得豫之坤。

爻辞曰："九四：由豫，大有得。勿疑，朋盍簪。"断曰：此卦春雷得气，奋出地上，有扫除积阴，启发阳和之象。拟之国家，必是祛谗进贤，能致太平之硕辅也。此爻九四一阳，居执政之大位，负国之重任，上承君德，下集群才，斯得大行其志，以启豫顺之休也。今占某贵显气运，得此爻，在某贵显，刚毅有为，德望夙著，固不待言，唯爻辞"勿疑"二字，最当审慎。盖一有疑心，则上下猜忌，庶政丛脞，必不能臻太平之治，故曰"勿疑，朋盍簪"。是某贵显所宜注意也。

缙绅闻之，甚感《易》理精切，曰：吾他日当转语诸某贵显。

○明治二十八年四月九日，占我国与清国和议之谈判，筮得豫之坤。

爻辞曰："由豫，大有得。勿疑，朋盍簪。"

此卦雷出地奋，有威武和乐之象。今占得四爻，爻辞曰"由豫，大有得"，盖谓两国和议，成后大得有为，豫顺之休，由此来也。又曰"勿疑，朋盍簪"，谓从此两无猜疑，如唇依齿，并将合宇内友邦而同欢，犹簪之贯万缕之发而为一也。和议之成，可预决也。

四月十七日，果议和约成。

此卦《大象》曰："先王以作乐崇德，殷荐之上帝，以配祖考。"曰"上帝"，曰"祖考"者，即伊势大庙以下历代之皇灵也。

六五：贞疾，恒不死。

《象传》曰：六五贞疾，乘刚也；恒不死，中未亡也。

"贞疾"者，痼疾，谓不可愈之疾也。上下耽逸乐，即"贞疾"之症。此爻柔中而居尊位，信任九四，九四阳刚得权，众皆归之。六五柔弱之君，受制于专权之臣，欲豫而不能自由，战兢恐惧，中心凛凛，常如痼疾之在身，故曰"贞疾"。疾者豫之反也，《书·金滕》曰，"王有疾，不豫"是也。顾六五虽阴柔，其得君位者，贞也，其受制于下者，疾也，虽失权，其位未亡，故曰"恒不死"。《孝经》曰，"天子有诤臣七人，虽无道，不失其天下"，此之谓也。夫升平之久，人主恒耽逸豫，非以刚暴失势，必以柔懦失权。势孤于上，权移于下，虽未遽亡，而国事日非，为人君者，安可不戒哉！《象传》曰"中未亡也"，盖为四所逼，心恒有疾，幸而得中，故未亡，然曰"未亡"，亦几几乎将至于亡矣，危矣哉！

按六二与六五，并贞者也。贞者不志于利，故不言豫，然其所以贞不同，故六二得吉，六五得疾。六二本不屑从四，可则进，否则退，故吉；六五以阴居阳，力不能以制四，而心甚疑忌之，故其贞适足为疾而已。贞虽为疾，其中之所守未亡，故"恒不死"，可知居贞之可恃也。

【占】　问时运：知其人本尊贵，因素性柔弱，不能自振。

○问商业：其基业甚好，因用人不当，钱财落他人之手，几致亏耗。

○问家宅：恐被借居者侵占，业主反不得自主。

○问战征：以偏将擅权，主帅失威，虽未丧师，亦幸免也。

○问疾病：是带病延年之症。

○问六甲：生男，必有病。

○问失物：可得。

【占例】　相识之富豪某，请占其气运，筮得豫之萃。

爻辞曰："六五：贞疾，恒不死。"

断曰：此卦就一家而论，有家产殷富之象。九四一阳擅权，上下五阴皆应之，如一家之中，旧管家统辖家政，主人居虚位而已。今足下为海内屈指富豪，承累世之旧业，专任一能事管家，统辖事务，主人不得自主，而反受其所制，虽豫乐而不能自由，其状恰如宿疾在身，心甚怏怏。幸守此祖宗遗规，不致陨坠，谓之"贞疾，恒不死"。

○明治二十八年十月以来，余横滨本宅侍女，年四十五，罹疾几至危笃，医师多言不治。筮得豫之萃。

爻辞曰："六五：贞疾，恒不死。"

断曰：豫者雷出地奋之象，在人为得春阳之气，精神尚能透发，未至衰亡。此疾虽危重，尚不至死。但快愈之后，不能强健如故，犹可延其余喘也，谓之"贞疾恒不死，中未亡也"。

后果得快复，今（三十二年）尚存也。

上六：冥豫。成有渝，无咎。

《象传》曰：冥豫在上，何可长也。

"冥豫"者，昏冥于豫，而不知返者也。此爻以阴柔之性，居豫乐之极，纵欲而不顾，极乐而无厌，故谓之"冥豫"。上六居豫之终，在卦之上，纵情逸欲，不觉其非，如人幽冥之室。下卦坤，坤为冥，是过顺之咎也；上卦震，震则动，动则变，变则渝，是以有"渝，无咎"。凡人之溺情私欲者，亦苦于不知改变耳。此爻有雷厉之性，虽昏迷既成，一旦阳刚发动，便能改志变行，复归正道，夫复何咎？《象传》曰，"冥豫在上，何可长也，"示逸豫之不可长，以劝人之反省自新也。故爻辞不责其"冥"之凶，而反称其"渝"之"无咎"，意深哉！此爻变则为晋，则无冥暗之咎。凡《易》曰"渝"者，当以变卦观之也。

【占】　问时运：目下歹运已极，好运将来，翻然振作，大有可为。

○问商业：宜作变计，改旧从新，必得利益。

○问家宅：老宅不利，或迁居，或改造，吉。

○问战征：宜别遣主帅，改旗易辙，乃可得胜。或更就别路进兵。

○问讼事：宜罢讼和好，无咎。

○问六甲：逾月可产，得女。

【占例】　友人某来谓曰：现今商事繁忙之时，别有见机，着手一事，请占其成否？筮得豫之晋。

爻辞曰："上六：冥豫。成有渝，无咎。"

断曰："冥豫"者，昏冥于豫，是所谓沉溺而不悟者也。在商业上，是妄想图利，而不知其害也。急宜变志，斯可免咎。爻象如是，当知所戒。

某闻此言，大有所感，返守旧业，免致破产。

䷐ 泽雷随

随泽上雷下。震奋下，兑虚上，其中疏流，则内动不自主，而顺从外。从外，故曰随，遂以随名卦。兑为少女，震为长男，以少女从长男，是随之义也；兑为泽，震为雷，雷震泽中，泽随而动，是随之象也。其义其象，皆取以阳下阴，阴必悦随，朱子所谓"此动彼悦，成随"是也。《序卦》曰，"豫必有随，故受之以随"，盖为豫悦之道，物来随己，己亦随物，此随之所以次于豫也。

随：元亨利贞，无咎。

卦体震自下而震动，兑在上而感悦，从而应和之，为随。盖有舍己从人，乐取于人以为善，故随之道，可以致大亨也。震为健，得夫乾，故曰"元亨"；巽于地为刚卤，合夫坤，故曰"利贞"。《杂卦》曰"随无故也"，谓上下各从其所处而安，不待有所为也。无故则无事，无事则何咎之有？然失之贞正，则枉己徇人，易于有咎，亦足戒也。

《象传》曰：随，刚来而下柔，动而说。随大亨贞，无咎，而天下随时，随时之义大矣哉！

此卦本坤下乾上之否，否之卦顺以随健。今否之上爻，下入坤之初爻，而为震，其初九为成卦之主；否之初爻，上入乾之上爻，而为兑。是以阳下阴，以高下卑，阳动阴悦，物来随我，我亦随物，谓之随。"刚来而下柔，动而悦，随"也，是随之义也。凡人君之从善，臣下之奉命，学者之从义，子弟之从师，皆随也。至于人之从天，欲之从理，邪之从正，为随之善者也。随之道利贞正，若反之，则谓之诡随，即违夫时矣。君子随时而动，随时而悦，各得其宜，是以所为无不奏功，故曰"随大亨贞，无咎"。随之义，以动而随，不动则必不能随；以悦而随，不悦则必不欲随。雷发于下，雨水随之降于上，是泽随夫雷，上随夫下也；违其时，则雷不动，泽不悦，上下必不相随。不知随之道，必宜合时，推之天下，阴阳刚柔，莫不皆然，故曰"天下随时"。随之时义如此，岂不大哉！

以此卦拟国家，则内卦为人民，行动勤勉，从事职业，不敢上抗政府，唯从政府之所命；外卦为政府，不挟威权，唯施悦民之命令。故得上下君民之间，亲密和悦，上倡下顺，天下和平，人心镇静，此随之时也，谓之"随，元亨利贞，无咎"。当此之时，九五之圣明在上，居中正之位，廓然大公，相孚于善。君能虚己从臣，臣更恭顺以从君，是以初爻则"有渝"而不失其正，二爻则有"系"而不免于私，三爻则以"居贞"而"有得"，四爻则以"在道"而无咎，上爻则"从维"而"用享"。总之，从正则吉，从邪则凶；非随之咎，其所以随者自取其咎。夫人臣随君，以诚相通，是以"元亨"；事必"在道"，以正相从，是以"利贞"。如是则君之随臣者，谏则必纳，言则必听；臣之随君者，令无不从，命无不奉。斯以动感悦，以悦应动，上下相随，而治事"大亨"，故曰："随时之义大矣哉！"

以此卦拟人事，唯在以强随弱也。夫阳刚之人，不肯下人，是以人心常多乖离，而事业概不得成。若能以刚下柔，措置得宜，则众心必服，何咎之有？随者，不专己之意，即舍己从人,取人为善,其机甚捷,其理甚顺,其功必易成,故曰"元亨"。然随之道,有正有邪,苟其一于柔顺,必致枉道以徇人;过于容悦,则将违道而干誉,是失随之正也。惟其动其悦,悉随夫时,内不失己,外不失人,斯随得其正,咎何有焉!故曰"利贞,无咎"。《易·象》中系"元亨利贞"之辞者凡七,乾、坤、屯、随、临、无妄,皆在上经,革一卦在下经,皆大有为之时,以我得乘时之势,曰"元亨利贞"。"元亨利贞"之解,详乾下,须参看。随时之义甚大,推之造化,则震者春也,东方之卦也,万物随之而生,兑者秋也,西方之卦也,万物随之而成,故春生之,夏长之,秋成之,冬藏之,各随其时也。天下之理,不动则无所随,不悦则不能随。是随之义也,人事莫不皆然。

通观此卦,三阳三阴,初九以阳与六二遇,阳之随阴也;九五之孚上六,亦阳之随阴也;六二以阴居阴,是阴之从阴也,故曰"系"。有系必有失,不言凶咎,而凶咎可知。六三以阴居阳,是阴之从阳也,以阴故亦曰"系",然系所当系,系即随,故曰"利居贞"。九四是以阳而随阴,逼近于五,刚而有获,臣道凶矣;惟能感之以诚,保之以哲,复有何咎乎?九五尊位,上动下悦之主,取人以为善,吉莫大矣。上六以柔顺居随之极,极夫随者也,能善用其系,系亦得其正也。总之,随之道,宜随时为动,从宜适度,处以至诚,出以大公,不特可感格群民,且可用享上帝,将率天下为随时矣。君子观此爻,而知随时之义甚大。盖前卦自豫来,悦以随时,无拂逆之情。《序卦传》曰,"豫必有随,故受之以随",人能谦以致豫,则能悦以随时。不谦则安能豫?不豫则安能随?三者道同,而机会相因。机会者,惟在于时而已,而适时莫如随。然"随必有事",有事而后蛊,此所以蛊次于随也。是故随如文王之事殷,蛊如武王之造周。夫《易》者不测之神藏,圆妙之灵府也,观之于万物,推之于万事,无所不在,无所不赅,非神圣之道,则安能如此乎?

《大象》曰:泽中有雷,随,君子以向晦入宴息。

此卦以震阳陷兑阴,有藏伏之象,《象》曰"泽中有雷,随",不曰雷之动,而曰雷之有,《本义》以雷藏泽中释之,深得其旨,盖知象之取义,在雷伏势时也。君子观此象,故不言动作,但言"宴息"。雷之伏藏,在寒冬,人之宴息,在"向晦",盖亦各随其时也。君子应天而时行,时当"向晦",入居于内,宴息以养其身,起居随时,惟宜自适。盖其动也,与雷俱出;其静也,与雷俱入。豫之"作乐崇德",大壮之"非礼弗履",无妄之"茂对时育",皆法春雷之动也;复之闭关息旅,随之向晦宴息,皆法秋雷之藏也。夫舍百为之烦扰,就一枕之安闲,所以养精神于鼓舞之余,以为将来应用之地。故以形息者,凡民所同;以心息者,君子所独。君子虽才德兼备,当随时适宜,否则亦必有咎,是以遇随之时,韬智藏德,辞禄不居,养晦以遵时,抱道而伏处。文王之服事殷纣,勾践之隐会稽,皆得向晦宴息之义者也,谓之"君子以向晦入宴息"。互卦三、四、五为巽,二、三、四为艮,巽为入,艮为止,即入而止息之象也。

【占】 问时运:目下气运平常,宜暂时晦藏,明年利于远行,至第五年,则可得利。

○问战征:宜退守,明年当小有功,必俟六年,斯敌皆就缚矣。

○问商业:有货一时难售,来春可以获利。

○问家宅:防有伏怪,夜间致多惊惧。

○问讼事:恐有牢狱之灾,明年又防征役远行。凶。

○问失物:宜在枕席间觅之。

○问六甲：生女。

○问行人：即归。

○问出行：以明年为利。

初九：官有渝，贞吉。出门交有功。

《象传》曰：官有渝，从正吉也。出门交有功，不失也。

此卦六爻，各以随人立义，专取相比相从，不取应爻。"官"，谓心之官，凡人作事，皆以心官主之。"渝"者变也，"有渝"者，谓变易其所主司也。官虽贵有守，处随之时，不可不知权变，变者趋时从权之谓也。此爻刚而得正，为成卦之主，主者不可随人，故不言随。有渝而得其正，故曰"贞吉"。"出门"则所见者广，所闻者多，不溺于私，惟善是从，则随不失时，变不失正。虚己听人，广交而有功也，故曰"出门交有功"。

【占】　问时运：目下正当换运之时，交入新运，一动便佳，尤利出门。

○问商业：货物当贩运出外，得利。

○问家宅：当以修造吉，或迁居出外，更利。

○问战征：击东者变而击西，击南者变而攻北，吉。

○问疾病：恐药不对症，宜改变药饵，乃吉。或于远方求医，更利。

○问失物：门外寻之，得。

○问六甲：生男。

【占例】　占友人某就官，筮得随之萃。

爻辞曰："初九：官有渝，贞吉。出门交有功。"

断曰：此卦兑上震下，为刚阳伏而从阴，是随卦之所取义也。今占得初爻，足下虽学力刚强，不得不俯从愚柔，亦时为之也。凡始入仕途者，以不熟事务，每事须从老成之指挥，是又随之道也。此中固不能自主，所当舍己而从人，谓之"官有渝，贞吉"。又不宜独处，所当广交以集益，谓之"出门交有功"。

后果如此占。

六二：系小子，失丈夫。

《象传》曰：系小子，弗兼与也。

刚有以自立，谓之随，柔不足自立，谓之系。故初、四、五，刚不言系，二、三、上，皆柔曰系。随则公，故无失；系则私，故有失。六二以柔居阴，与四隔位，遂系乎四，四阳而居阴，谓之"小子"，是隔位为系之谓也。系四则不能比初，初爻为随之主，是谓"丈夫"，故曰"系小子，失丈夫"。旧说谓二系初。失在初，阳犹微，谓之小子，五居尊位，谓之丈夫。然初为卦主，何得曰小子？五为君位，何可曰丈夫？且阳爻为丈夫，初阳爻也，目为小子，其说亦反。夫人之所随，得正则远邪，从非则失是，六二系失所系，虽无凶咎之辞，其不吉可不言而知。《象传》曰"弗兼与也"，谓天地之道，无两全之义，"系小子"，必"失丈夫"，理之当然也。

【占】　问时运：目下气运颠倒，宜自审慎。

○问商业：有贪小失大之惧。

○问家宅：阴阳倒置，有女子小人弄权，反致家主受制之象。

○问战征：只能捕捉敌兵，未获斩将拔旗之捷。

○问六甲：生女。

○问失物：小品可得，大件必失。

○问婚嫁：恐非良缘。

【占例】　熊本县人尾藤判事，曾学《易》于余。同氏有女年十八，容貌艳丽，时某缙绅丧妻，以媒求婚于氏，氏因请占其吉凶。筮得随之兑。

爻辞曰："六二：系小子，失丈夫。"

断曰：此卦刚从柔之象，而非柔从刚之时也。今足下卜嫁女，则女家为柔，而男家为刚也。爻象以刚从柔，殊嫌相反。二爻曰"系小子，失丈夫"，想某缙绅必是老夫也，令女或不喜之，宜嫁少年小子，斯两相得也。

氏闻之，如有所感悟曰：夫妇者，女子终生之事也，不可以亲之所好，枉女子之志。遂谢缙绅。

六三：系丈夫，失小子。随有求得，利居贞。

《象传》曰：系丈夫，志舍下也。

"丈夫"，指初九；"小子"，指九四。初为随卦之主，以刚居阳，出门有功，谓之"丈夫"；四以刚居阴，其义有凶，谓之"小子"。系初失四，故曰"系丈夫，失小子"，正与二爻相反。初爻本欲出门求交，得三之随，必与之亲善，故三之随初，有求而得也。初以随求人，苟枉己徇人，虽得亦失，故云"利居贞"。六三才虽弱，位得其正，系"贞吉"之初，失"贞凶"之四，是得居贞之利，即随道之善也，所以求道而得道，求仁而得仁，无求而亦自得焉。互卦巽为近利，故"有得"。"居贞"者，谓守常止分，以道自固，以义自裁，不以动而妄求也。《象传》曰"志舍下也"，阳上阴下，三居阳位，所系在阳，所失在阴，故曰"志舍下也"。

一说：丈夫指四，小子指初，与二爻以五谓丈夫，前后不同。且四"贞凶"，何得云丈夫？初"有功"何得云小子？于以刚从柔为随，以柔从人为系之说，亦不合。

【占】　问时运：目下交正运，求财求名，无不如意。

○问商业：小往大来，必得利益。

○问战征：主生擒敌将，必得大捷。

○问家宅：家道丰富，但防小儿辈有灾。

○问疾病：大人无妨，小人恐有不利。

○问六甲：恐生而不育。

○问失物：得。

○问婚嫁：主结高亲。

【占例】　神奈川町净土宗成佛寺住职辨真和尚，名僧辨玉和尚之徒，修小乘之学者也，一日来问余讲《易》，感悟而欲学《易》，且云学之得成与否，请烦一筮。筮而得随之革。

爻辞曰："六三：系丈夫，失小子。随有求得，利居贞。"

断曰：随卦虽为刚从柔，在爻则否。阳爻曰随，阴爻曰系。今子就余学《易》，即探以内典之精奥，旁求神《易》之微妙，是所求皆天神之道，不关尘世琐细小务，故谓"系丈夫，失小子"也。故从余学易，纵使内典中有难解之事，自可求神而问之，求之必得，现世未来，皆得安心决定也。故曰"随有求得，利居贞"也。

和尚闻之，大悦，从此学《易》，今尚不倦。

九四：随有获，贞凶。有孚在道，以明，何咎？

《象传》曰：随有获，其义凶也。有孚在道，明功也。

获者，取非其有之辞。"有获"者，谓得天下之心，使之随己也。是私据其所有，而不归于五，失臣道也，故曰"贞凶"。为臣之道无他，唯在以诚相孚而已，"诚则明"，明则无疑，无疑则君臣一心，德施于民而民随之。其得民之随者，相率而共随于君，足以成君之功，致国之治者，皆在此相孚有道耳，复何有咎？否则上下疑猜，即所当获，不免启挟功凌上之嫌，虽正亦凶也。九四具阳刚之才，处大臣之位，才高致谤，位重启嫌，一涉偏私，便招凶祸。惟其中之所存，一秉于诚，外之所行，一循夫理，尽其道以事上，明其几以保身，位虽高不疑于迫，势虽重不嫌于专，君嘉其让，民服其谦，得随之时，协随之宜，何咎之有？故曰"有孚在道，以明，何咎"。"有孚"者，谓有孚于九五也；"明"者，谓自明其志也。自古人臣处功名之际，不克保终者，多由我心之不孚，与不能自明其志也。如汉萧何韩信，皆受君重任，韩信求封于齐，求王于楚，无欲而不获者也，久之积疑生嫌，卒不免祸。萧何虽素知高帝之心，得保首领而终，不免械击之辱，是于"有孚""以明"之义，犹未尽者也。如唐郭子仪权倾天下，而上不忌，功盖一世，而上不疑，可谓得"有孚在道"者矣。《象传》曰"有孚在道，明功也"，以功云者，释爻之"何咎"。盖"有孚"者，即以孚随之道；"明功"者，即明其随之功也。

一说"随有获"者，谓以权在我，任己所为之意；"贞"者谓所系国家之正务；"凶"者有僭逼之疑；"有孚"者心尽其诚；"在道"者行尽其道；"何咎"者，无失臣职之意也。亦通。

【占】 问时运：目下有凶有吉，利在单月，不利双月，明年则吉。
○问商业：获利后，防有意外之祸，必俟辨明方可。
○问家宅：或新买，或新造，皆不吉。
○问战征：小胜后，防大败。
○问疾病：先凶后吉。
○问讼事：始审凶，上控则无咎。
○问失物：一时难觅，待后方见。

【占例】 明治二十六年六月，相识岩谷松平氏来告曰：往年，政府下付士族以金禄公债证书，鹿儿岛县士族中，有遗漏此典者，今欲补请恩给，请占其准否。筮得随之屯。

爻辞曰："九四：随有获，贞凶。有孚在道，以明，何咎。"

断曰：随有获者，是专意求获之谓也。鹿儿岛县士族，维新之际，伟烈丰功，为政府所优待,遍世所知也。今欲谋请恩给,占得随之四爻,以阳居阴,乘政府之优待,意在强求,务期必获,故《象传》曰"随有获,其义凶也"。然当以公平之道,请求于上,必可得许,谓之"有孚在道,明功也"。

○某缙绅来,请占某贵显气运,筮得随之屯。

爻辞曰:"九四:随有获,贞凶。有孚在道,以明,何咎。"

断曰:此卦吾能从人,则人亦从我。今占得四爻,某贵显在现职,众人咸乐为随从。其所以随从者,非服从其德量,实欲攀附其权势也。若因此自负得民,则不祥之道也,故曰"贞凶"。际此民心之归向,以诚相孚,以明自审,即所获以归诸君上,不以自私,道可孚也,功可明也,何咎之有? 反是则难免于咎。

九五:孚于嘉,吉。

《象传》曰:孚于嘉,吉,位中正也。

"嘉"者,善也,谓择善而从之。随其善者,非随其人也。"孚"者,以真实诚一之心,相与感通也。"吉"者,谓君明臣良,天下从之,无不服从其化也。舍己从人,乐取于人以为善,即所谓"孚于嘉"是也。五爻阳刚中正,位居至尊,为全卦悦随之主,是圣君至诚相感,以乐从天下之善者也。夫人主之尊,其所随之可否,悉系国家之休戚。尚贤而信之,其所以吉也,如此则不失人,亦不失己,随道之正也,谓之"孚于嘉,吉"。《象传》曰"位中正也",以阳刚居阳位,得其正也,处中正之位,行中正之道,是以嘉也。

一说此爻以阳刚,比上六之柔正,谓上六以柔居阴.有女子之象。今九五孚之为婚,是取婚礼为嘉礼之义。盖随之道,莫切乎夫妇,天下之政化,始于闺门,故曰"孚于嘉",亦通。

【占】　问时运:目下处盛运,万事获吉。

○问商业:以其货物嘉美,获利百倍。

○问家宅:必是积善之家,众咸信从,为一乡之望也。

○问战征:军众同心,必获胜捷,吉。

○问婚嫁:百年好合,大吉。

○问讼事:和好。

○问疾病:吉。

○问六甲:生男。

【占例】　明治三年某月,应某贵显之召,贵显曰:有一事,为烦一筮。筮得随之震。

爻辞曰:"九五:孚于嘉,吉。"

断曰:此卦当秋冬之时,震雷藏于兑泽,有强随弱之象,《象传》谓之"刚来而下,柔动而悦,大亨贞,无咎"。全卦初、二、五、六四爻,以刚随柔,皆谓得位,四、三二爻,以柔系刚,谓之失位,惟四爻系恋于柔,且能率众而随九五。由是观之,知有威权者,能使众从己,相率而从九五之君也。今占得九五,可见天下之人心,无不从君上之所命也。天命如此,故《象传》曰:"随时之义大矣哉!"

后未几而有废藩置县之令。

○元老院议官某氏,转任某县知事,将赴任,请余占施政准则。筮得随之震。

爻辞曰:"九五:孚于嘉,吉。"

断曰:随卦有以刚从柔之义,是降尊从卑之象。今足下治该县,下从民情,不涉私意,人民自然嘉乐悦豫,可以随从归服也,谓之"孚于嘉,吉"。

从前该县之治,纷争不绝,某氏赴任之后,因此施治,静稳乎和,乃得无事。

上六:拘系之,乃从维之。王用亨于西山。

《象传》曰:拘系之,上穷也。

"拘"者,执而不弃之谓也;"维"者,交结也。管子曰:"礼义廉耻,谓国之四维,乃维民之道也。"盖其所随,极其诚意缠绵,固结而有不可解者矣。至诚之极,可以孚君心,可以享鬼神,是随之极则也。"王"者,指周王而言;"西山"指岐山而言。此爻以阴居随之极位,天下之臣民,随顺化服之极也,故不复言随,反将拘系九五,九五亦从其所系而维之。居随之极,效至诚于君,相知之深,相信之笃,终始无间者也。譬如一物,人所爱好,唯恐或失之,既"拘系之",又从而维之,即所谓拳拳服膺,而不失之意也。昔周大王避戎狄之难,去豳移居岐山之下,民之从者如归市,是"拘系之"也,大王亦即以道维之。夫大王之去豳也,势穷而人益随之,故周室之业,自此而兴。文王之时,天下之人,无思不服,而文王尚守臣节,享大王于封内之西山,不敢僭郊之禘礼。固结其鬼神,正所以固结于君也,故有此上六之诚意,足以通神明,神明亦随之,谓之"王用享于西山"。凡《易》之爻曰"王用享"者三,皆谓王者用,此爻则以贤臣而享山川,非指其爻而为王也。若夫使之主祭,而百神享之,可以见王者之克当天心,莫大于用贤也。《象传》"上穷也"者,"上",即尚字,是谓随道之极,无以复尚之也。

【占】 问时运:目下左支右绌,不甚如意。

○问商业:坚固结实,稳当可做,但未能事事舒展。

○问家宅:恐防范约束过严,家人怨苦。

○问疾病:祷之则吉。

○问婚嫁:有赤绳系臂之缘。

○问讼事:恐有桎梏困系之患。

○问失物:是自己包裹藏之,未尝失也。

○问六甲:生女。

【占例】 南部山本宽次郎氏,余之旧友也。维新之际,赴函馆之役,边地战争之时,在将帅中颇有勇武之名。明治十二年七月,与旧藩士五人,过访敝庐,谓余曰:君有谈《易》之癖,以为快乐,予甚苦之,若换以他乐如何?君自言《易》占必中,谓政府所不可不用;陆海军关人命之重,系国家之存亡;裁判所,明是非,分曲直,皆不可不用。然于未来之事,或中或不中,恐难一一预知。余曰:小人闻道而笑之,"不笑不足以为道",《易》岂如足下所言哉?余二十年之久,未尝一日废《易》,所以然者,以百占百中也。山本氏闻之,笑曰:果如君言,则吾命何时而终?愿一占迟速,俾可前知。余曰:是极容易。筮得随之无妄。

爻辞曰:"上六:拘系之,乃从维之。王用亨于西山。"

断曰：随者为震之长男，从兑之少女，又为归魂之卦。今占得上爻，君之命，可终于本年也。君之妻子墓祭之象，正见于爻辞。"拘系之"者，谓系连于君者；"维之"者，谓有子女；"亨于西山"者，谓葬足下于宅之西也。

山本氏听毕，冷笑，如不介意。诸土或疑或笑。既而其年十月，南部某寄书于余云：山本氏昨夜急罹中风，半身不遂，因召唤妻子于本国。其妻子未至之时，请借神奈川别邸中一户为寓。未几妻子来迎，同归盛冈，迨十二月不起。于是当时诸土，听余言而笑者，皆为惊叹。

○明治三十一年十月，宪政党分离为二，旧改进党称宪政本党，旧自由党称宪政党，各树旗帜。时策士井上角五郎、尾崎三郎、雨宫敬治郎等，见宪政党权力之薄，使之提携山悬内阁，乘其虚，将使实行板垣伯所主张铁道国有论。三氏来请占宪政党内阁之提携成否，筮得随之无妄。

爻辞曰："上六：拘系之，乃从维之。王用亨于西山。"

断曰：此卦下卦之雷动，上卦之泽悦。《系辞传》曰："服牛乘马，引重致远，以利天下，盖取诸随。"由是观之，宪政党不啻随从政府，粉身碎骨，能贯彻政府之意向。今占得上爻，其辞曰"拘系之，乃从维之"，谓提携之密着也；"王用亨于西山"，谓政府得宪政党之援助，海陆军扩张之费用，得如其意，喜悦之余，得举行靖国神社之祭礼也。

后果如此占。

☶ 山风蛊

此卦巽下艮上，艮为山，巽为风，山下有风之象。风者空中之气，流通气候，往来寒暑，发育万物者也。今风入山下，闭息而不得振，风不通，则物腐而生虫。又巽为嗅，为气；艮为止，为覆器。艮上巽下，是藏臭物干器中，复从而覆之也，故腐败而生虫。一虫而化为三，愈生愈多，虫在皿中无所食，遂至同类相食，是乱之义也。蛊字从三虫，在一皿中，故《春秋传》曰："皿虫为蛊"。朱子曰："言器中聚那毒虫，教他自相并，总是败坏之意，故名此卦曰蛊。"《说文》，"腹中蛊，悔深所生"，故又有淫溺惑乱之诠；又转训事，或为修饬之义。《序卦传》曰"蛊者事也"，《杂卦传》曰"蛊则饬也"。凡遇蛊败，必有谨饬修治之事，犹训乱为治之意，是以卦名取败坏之义，爻辞用为事之义也。

蛊：元亨，利涉大川。先甲三日，后甲三日。

蛊，坏之极也。坏极必当复治，治则必有治蛊之才，应世而出焉。得此治蛊之才，则足以致元亨矣。凡用才以图治，犹用舟楫以涉川，《书》曰"若涉大川，用汝作舟楫"，此之谓也，故曰"利涉大川"。"先甲""后甲"，诸儒之说纷如，马氏以卦位言，子夏氏以癸丁言，卢氏以贲与无妄变卦言，郑氏取用辛用丁之义，苏氏据尽巳尽亥之说，皆各执一见。《全书》独以先三后三，为六爻已终，七日更始，取复卦"七日来复"之义。简端曰：甲，事之始；庚，事之变。蛊乱极而复治，故曰甲；巽化阴而归阳，故曰庚。此说最精确。程氏谓"先甲三日"，以穷其所以然，而处其事；"后甲三日"，以究其将然，而为之防。其说亦通。

《象传》曰：蛊，刚上而柔下，巽而止，蛊。蛊元亨而天下治也。利涉大川，往有事也。

先甲三日，后甲三日，终则有始，天行也。

此卦艮一阳在上，二阴在下；巽二阳在上，一阴居下。内外阴阳不交，内志不决，外行不健，因循坐误，此所以渐积而成蛊也。蛊则安得元亨？所谓"元亨"者，必使蛊之坏者复完之，蛊之塞者复通之，斯元亨而天下治矣。《序卦》曰，"蛊者，事也"，饬蛊则必有事，往则不能无险，险莫如大川，以饬蛊而往涉，无不利为。"先甲三日，后甲三日"，先、后，即终始也。原其蛊之始，要其蛊之终，先不敢荒，后不敢怠，惟曰不足，终而复始，是非天行之健者不能也。此饬蛊之全功也。

以此卦拟人事，我巽而从，彼艮而止，意气两不相通。意气不通，则彼我不能合而成事，因循苟且，事必败坏，亦势所必至也。譬如木朽则生蛀，谷久则变蛊，此蛊之象也。蛊为后天之卦，艮巽与乾坤易位，是父母老而子用事，故六爻中，五爻皆言家事。初爻干父蛊而承意；二爻干母蛊而得中；三爻干之，虽有悔而无咎；五爻干之，以"用誉"而承德；唯四爻以"裕"而"见吝"，是失于顺也。凡人事以孝为首，即家事而推之，无事不当如是也。至上爻居蛊之终，独善其志，而不言饬蛊，盖将守其志而治身心之蛊，扩其志而济万世之蛊，是则人事之大者也。

以此卦拟国家，上卦为政府，下卦为人民，艮上巽下，一高一低，尊卑悬殊，上下隔绝，臣下逡巡畏缩，而无振作之才，人君因循苟且，而乏有为之志。祸乱之萌，已伏治平之中，自此而百弊生，万事隳，是蛊之卦名所由起也。然当蛊之时，要必有干蛊之才，而蛊乃可治。《象》曰"蛊，君子以振民育德"，盖以振起其民，育养其德，为饬蛊之要道也。此卦六爻，皆言齐家，不及治国，要之齐家，即所以治国，无二道焉。初爻之干蛊"终吉"，如管仲之相齐桓，孔明之辅后主是也。二爻之干蛊得中，如周勃之事吕后，狄相之事武后是也。三爻之干蛊"无咎"，如伊尹之相太甲，终得复位是也。四爻之裕蛊"见吝"，如李勣之不谏，终至酿祸是也。五爻之干蛊"用誉"，如周公之相成王，终成兴周是也。若上爻"高尚"，则如许巢之不受天下，夷齐之不食周粟是也。后世君臣，思艰图治，所当凛"先甲""后甲"之惧，守成始成终之道，用震之动，法乾之健，斯"元亨而天下治"矣。不然，柔顺而自安，退止而不前，蛊坏日深，虽有善者，亦难保其后矣。可不惧哉！可不慎哉！

通观此卦，艮以刚止在上，上亢而不下济；巽以柔入在下，下卑而不上承。刚柔不接，两情乖隔。下者愈卑而愈巽，逡巡不进；上者愈高而愈亢，忽略苟安。其中日积日敝，渐积渐坏，内腐而外朽，其破败有不可救药者矣。故曰"刚上而柔下，巽而止，蛊"，是自卑于内，苟止于外，所以成蛊也。古书曰："流水之不腐，以其逝故也；户枢之不蠹，以其运故也。"故器欲常用，久不用则蠹生；体欲常动，久不动则疾生。则知蛊之生由于止，其所由者非朝夕矣。《象》曰"山下有风，蛊"，风欲行，遇山阻之而止，旋转于山而不能达。风字从虫，故曰蛊以风化。君子欲治其蛊，则莫如"振"，"振"者，动而不止也。"振民育德"，即"明德""新民"之道也。是以诸爻皆曰"干"。"干"者植立之谓，所以饬治而扶起之，其义与"振"同，皆反夫止而用之也，反其止则蛊治矣。若四爻之"裕"，是益其蛊也，故"吝"。五爻皆言干蛊，有子道焉。上爻居五爻之上，处一卦之极，有为父之象，故不言干蛊。以干蛊之事，属之五爻之王，诸爻之侯，而上爻不复事其事。故曰"不事王侯，高尚其事"者，谓其事更有高出王侯之上者也。是将以一言而为天下法，一行而为天下则，其不言治蛊，而所以治蛊者。其道可为万世法则，故《象》曰"志可则也"。若以"不事王侯"，谓隐居高尚者所为，仍蹈苟止卑巽之习，非饬蛊，适以滋蛊矣，于爻义未合。总之此卦，五爻所言,称"父",称"母",称"子",皆家事;上爻则曰"王",曰"侯",乃国事。邱氏曰,"以此为子,是诤父之子;以此为臣,是诤君之臣",此言得之矣。

《大象》曰:山下有风,蛊,君子以振民育德。

小畜"风行天上",观"风行地上",涣"风行水上",无所阻,故皆曰"行";蛊,山下有风,风遇山而止,故曰"有"。"行"在外也,"有"在内也,在内必郁而不宣,郁久则坏,语曰"蛊自内生",此也。君子当此,以之振起其民,养育其德。艮之止者使之动,巽之入者使之出,将推己之德化民,民亦感其德,而振发有为,得以革去旧染之污,"日新其德",此君子治蛊之能事也。如是而蛊济矣。

【占】 问时运:目下好运方来,须力图振作,可改旧观。
　　〇问商业:防货物堆积致坏,宜急起贩运出售。
　　〇问战征:屯营宜就旷地,不宜近山,防有风鹤之惊。
　　〇问家宅:须整肃门庭,凛海淫蛊惑之戒。
　　〇问疾病:防巫蛊咒诅,或腹患蛊毒之症。
　　〇问讼事:想是听人蛊惑所致,急宜罢讼。
　　〇问婚嫁:恐有男女私情。
　　〇问失物:其物已坏。
　　〇问出行:防阻风。
　　〇问六甲:防有异胎。

初六:干父之蛊,有子,考无咎,厉,终吉。

《象传》曰:干父之蛊,意承考也。

"干"者木之正干,得枝叶以附立之,所以维持木身也。故称人能耐事负重任曰"干事"。蛊者事也。"有子"者,赞美之词,即所谓有子克家是也。"考"者,父也,殁曰考。蛊者,物腐虫生之谓,其所由来,非一朝一夕之故,是以蛊之诸爻,皆系父子而言之。孝子家庭之间,不幸而父有蛊,蛊而待干,子心戚矣;然幸而得干,则"考无咎",子亦得以无厉,故吉。

【占】 问时运:好运初交,克勤克俭,克光前业,吉。
　　〇问商业:旧业重兴,必多获利。
　　〇问家宅:想是祖先旧宅,当改造重从,大利。
　　〇问战征:如勾践覆吴,子胥伐楚,必获重兴。吉。
　　〇问讼事:前不得直,复宜上控,无咎。
　　〇问疾病:虽危无妨,若无子者,占此不利。
　　〇问婚嫁:佳儿佳妇,吉。
　　〇问六甲:生男,必能兴家,吉。

【占例】 和歌山县材木商某者,初次伐采材木,运售东京大阪等处。后得金主,业亦大振。时东京被火,某商适有材木到东京,大得利益。由此多财善沽,愈推愈广,不料偶罹感冒,遂陷重症,二十余日而死。在家一妻一子,子男年才十五,一切遗产,如在山之材木,及运往他处之材木,并运送船只,与金钱出入等款,当时某商一人自主,妻子皆不详悉也。一日访余,告以情实,乃为其子一筮。得蛊之大畜。

爻辞曰:"初六:干父之蛊,有子,考无咎,厉,终吉。"

断曰:此卦山下有风,风者鼓动万物者也。风在山下,止而不动,故郁蒸生虫,有群虫相食之象。今占得此爻,显见汝父死后,所有采伐材木等,坏耗殆尽。今汝虽幼弱,当思继续父业,身当艰难,非常勤勉,彼金主亦将感汝之志,出力援助,一切所存材木,并遗金之款,皆可收纳也。谓之"干父之蛊,有子,考无咎,厉,终吉"也。

后此子果能勉承旧业,益增兴旺。

〇明治二十五年,熊田某养子某,占家政得失,筮得蛊之大畜。

爻辞曰:"初六:干父之蛊,有子,考无咎,厉,终吉。"

断曰:此卦以长女嫁少男,有一家嗣续之象。在养父负债,非一朝一夕之故,积弊之所由来久矣。初六者,蛊之初,其弊未深,处之不难。是子受父债,力当抵偿,故曰干蛊,有子,父无咎也。"干"者,谓负担其事而处之也;"厉无咎"者,谓虽危终无咎也。

后果如此占。

九二:干母之蛊,不可贞。

《象传》曰:干母之蛊,得中道也。

干蛊之解,见初爻下。此爻体巽,以刚中之才,上应六五,巽顺而得中道者也。初爻言"考",二爻言"母",是父没而母存也。蛊六爻,称"父之蛊"四,称"母之蛊"一,盖以妇人无专制也,在亚细亚古来所戒,如《书》所云"牝鸡司晨,惟家之索"是也。九二以刚中谏其母,故曰"干母之蛊",必若凯风七子之歌,斯为得矣。以此卦属之君臣,则二爻为大臣,五爻必是幼主,或母后也。幼主则为周公之相成王,劝进豳风,婉转开导,期归于善是已。女主则为陈平、周勃之辅吕后,狄仁杰、娄师德之相武后,从容巽顺,辅翼国政,不使蛊时至大坏者也。盖治蛊固不可过柔,亦不可过刚,过刚则伤恩,过柔则流慢。此爻刚得其中,故能酌量损益之宜,有用刚之实,无用刚之迹,以柔济刚,弥缝得法,自不致蛊之复炽也,故《象传》曰"得中道也"。

【占】 问时运:目下贵将顺调剂,不可草率。

〇问商业:防有旧债积弊等事,宜宽缓调处。

〇问家宅:恐有母党擅权启衅,宜忍耐善处。

〇问战征:防有阴险,不可直进。

〇问疾病:壮年防是疟母痞块等疾,小儿或是胎气不足,宜服柔和之剂。

〇问行人:在半途,后日可归。

〇问失物:得。

〇问婚姻:当得佳妇。

【占例】 友人某来告曰:余之亲族某殁后,因其家所关,亲族将为之集会妥议,苦难处分,意见未决,为请一筮。筮得蛊之艮。

爻辞曰："九二：干母之蛊，不可贞。"

断曰：蛊者山下有风，刚柔不接，有因而生虫之象。巽为风，为长女，艮为山，为少男，是寡妇幼子主家政也。蛊者腹中之虫，淫晦而生，且有淫惑之事。今亲族若欲显发其隐事，势必至破裂，其蛊之祸益甚。四爻曰"干母之蛊"，必其子自能处分也，宜缓待四年后，小子长成，蛊将自绝矣，今尚非其时也。

友人闻之，感曰：亲族某氏，以若干资金，开店于横滨，勤勉得力，获资二十万元。其妻殁后，纳艺妓为妾，生一子，今才十岁。某氏殁后，因子尚幼，以母主家事。母与某伙共营其业，遂与私通。因专委家事于某伙，亲族皆不怿之，于是某伙将割其资产之半，以为己有，故亲族相会为之妥议，苦难处分。今得此占，始知处置之法，容俟四年之后，其子成立，相扶协议，自能整理旧业也。

后遂依爻定。

○占明治三十年教育气运，筮得蛊之艮。

爻辞曰："九二：干母之蛊，不可贞。"

断曰：此卦山下有风，风为巽，入山为艮止，是风在山中，入而不出。风字从虫，故致久郁生蛊，虫无饵，则同类相食，故名曰蛊。就国家上见之，是风化不通，人心败坏之象。夫人有身有心，故教育亦即在治身治心两事。治身首重衣食起居，治心首重仁义道德。人人不乏衣食起居，则恒产充足，自不至流为匪僻；人人得知仁义道德，则恒心完善，自可以共学圣贤，小之得一家团聚之乐，大之启国家裕泰之休。我国屹立于亚细亚洲中，土地延长，膏腴寒暖，皆适其宜，不仰他国之物，而国用充足，礼教修明。二千余载以来，君王则圣圣相承，人民则熙熙乐业。且全国子民，多系天家支派，中世天子赐臣下源、平、藤、橘四姓，其实皆出于皇族，故民之见王室，犹支庶之于大宗，其相爱相戴之情，无异骨肉。迄至武门专权而后，皇威不振，纪纲紊乱，然犹如兄弟阋墙，终未尝觊觎王室也，以视他国僭夺相循，以天位作传舍者，大不相同。而所以历久不替者，由全赖此治身治心教育之泽，得以绵延耳。今自维新以来，风教一变，竞新尚奇，见异思迁。行则有铁道，居则有电灯。海有轮舶，陆有电线。凿矿采金，通商开埠，视万国如一家，以四海作比邻，则效泰西，日新月盛，所谓富强之业，未始不今胜于古，而独于教育之法，窃谓今不如古也。何则？以今慕习欧美学术，使少年英敏子弟，往习其业，学成归国，即奉为师长，以教授在国之子弟。彼严然为师者，三五年间，才学得欧洲奇异之浮文，全般抛弃我国向来身心之实学。凡子弟受其薰陶者，不由智识之顺序，不关长幼之秩序，曰自由，倡利己，徒以优胜劣败、弱肉强食为天则，不复知有仁义道德之天赋。于是身教不谨，心术日坏，为子者不言孝，为臣者不言忠，为弟者不言悌，为友者不言信，残忍狠毒，汩没天良，甚至视父母如路人，等兄弟于秦越，作乱犯上，无所不为，其弊有不胜言者矣。阅今《日日新闻》所载，杀人、盗财、奸淫、诈伪等事，风俗之坏，浑如蛊毒入心，不可救药。此教之来，起自泰西，西，阴方也，故谓之母蛊。染蛊已深，未可刚克，故曰"干母之蛊，不可贞"。

九三：干父之蛊，小有悔，无大咎。

《象传》曰：干父之蛊，终无咎也。

干蛊之解，见初六下，至九三而蛊已深，非有阳刚之才德，难革此弊。此爻承父破坏之后，若复因循坐视，不思补救，是长父之恶，非为子之道也；然过刚不中，或径情直行，欲补父过,致伤父心,亦未免有悔也。非刚阳之才,未易言干,幸能干之,虽"小有悔",可"无大咎",谓之"干父之蛊,小有悔,无大咎"。"小有悔"者,所以警之也;"无大咎"者,所以劝之也。"小有悔"者,固非善于事亲,若因悔而不干,则咎益大矣。是以三爻干而有悔,终胜于四爻之裕而得吝也。

【占】 问时运:目下宜痛革前非,纵小有挫折,终得有济。
　　○问商业:宜重兴旧业,改立章程,或有小失,必得大利。
　　○问家宅:恐栋宇年久,多致蛀腐,毋惜小费,急宜改造。
　　○问战征:刚武直进,未免小败,然必无大害。
　　○问失物:得则必得,防有小小口舌之灾。
　　○问六甲:生男,但生下小孩,未免小有疾厄。
　　○问疾病:无妨。

【占例】 某会社社长某来,请占会社之盛衰,筮得蛊之蒙。
　　爻辞曰:"九三:干父之蛊,小有悔,无大咎。"
　　断曰:蛊者风在山下,为空气不通,有因而生虫之象。以会社见之,社业不振,物品资本,不能通融,社员中因之生纷议也。今占得此爻,知此社之失策,由旧而来,欲挽回之,深虑其难。在本年虽多失策,至年度决算,可无大差,明年为紧要之时。今后社员当拮据黾勉,除去旧弊,维持社运。至明后年,可奏实功,定卜社运之盛大也,谓之"干父之蛊,小有悔,无大咎"。父蛊者,谓此弊承前而来也;明年者,指第四爻,明后年者,指第五爻,可就四五两爻之辞观之。
　　社长闻之曰:占筮可谓适当矣。本年以社员因循,致社业不振,而酿损失。社员中且有不适其任者,每启蛊惑,以及危殆,故先罢用其人,以仆自任。如贵占料知明年社运之困,生于今日,可卜明后年之隆盛也。

六四:裕父之蛊,往见吝。

　　《象传》曰:裕父之蛊,往未得也。
　　"裕"者宽也,与"干"相反。"裕父之蛊"者,谓因循苟且,惮于改作,是宽容其蛊而蛊益深也。此爻以柔居柔,不能有为,爻至四,蛊已过半,治之宜如救焚拯溺,迅速从事,斯克有济。父既柔懦而积成其蛊,子复柔弱而不能救,持是以往,必见吝也,故曰"裕父之蛊,往见吝"。此爻变则为鼎,鼎九四之辞曰"鼎折足,覆公𫗰,其形渥,凶",亦可以见其益吝也。初六六四,共阴柔,同当干蛊之象,而爻辞不同。初六居蛊之初,其败未大,故虽阴柔,其功易成,是所以为吉也;六四蛊败过半,其坏较甚,而犹气馁力屈,不能贞固干事,是以见吝也。

【占】 问时运:运亦平常,但一味因循,终致自误。
　　○问商业:徒知守常,不知革弊,长此以往,难以得利。
　　○问战征:威不肃,令不严。未可前往也,往必见败。
　　○问家宅:父业虽裕,敝败已深,难保其往也。

○问疾病:外形尚裕,内患已深,不急图治,后必莫救。

○问六甲:生女。

【占例】 友人某来,请占富豪某氏之家政,筮得蛊之鼎。

爻辞曰:"六四:裕父之蛊,往见吝。"

断曰:此卦山下有风,风者鼓舞万物而助生育者也,山者止而不动者也。今"山下有风",则风入山中而生虫,谓之蛊。以人事见之,则风者过而不留,为见识不定之人;又山者止而不动,为精神萎靡之人。如此之人,不能振作大事,徒贪目前小利,甚至与亲友相残,是人中之蛊也。四爻以阴居阴,才智钝而气力弱,无义无勇者也,当此蛊坏之家,不能奋然用力,扶弊救衰,而犹优柔偷安,坐视蛊败,虽在豪家,难保资产,谓之"裕父之蛊,往见吝"。

某闻之曰:某富豪之父,虽以勉强兴家,因无子,养亲族之子为嗣。此子智识寻常,远不及父。当承家之初,虽小有负债,本有资产可抵,乃少年子弟,忽为富豪,愚而自用,不听人言,遂至破败其产。占辞切当,真可感服。

六五:干父之蛊,用誉。

《象传》曰:干父用誉,承以德也。

此爻以柔居刚,又得中而居尊位,与九二刚中之贤臣,阴阳相应,专心委任,使翼为辅弼,匡救坏乱之旧弊,故曰"干父之蛊"。五爻君位,爻辞曰"父",知帝王必有父也。卦中初三两爻,皆曰"干父之蛊",三则曰"有悔",故仅得免咎;初则"考无咎",故曰:"终吉",不可谓非干之善者也。至五爻不特其父无过,且因而得誉,补其过,更扬其名。恶归己而善归亲,其曲委弥缝,非善继善述者不能臻此。《象传》曰"干蛊用誉,承以德也",益干蛊则可以才济之,"用誉"则必以德承之,故曰"承以德也"。

【占】 问时运:虽门祚衰薄,能自振作,自足立身扬名。

○问商业:旧业虽不甚佳,此番从新改作,必能获名获利。

○问家宅:祖遗之产不厚,幸能扩充前业,必至光大门楣。

○问战征:能克复城池,军声远播,吉。

○问疾病:当延名医治之。

○问六甲:生男。

○问嫁娶:定是名门贵族。

【占例】 友人某来,请占某豪家改革,筮得蛊之巽。

爻辞曰:"六五:干父之蛊,用誉。"

断曰:蛊谓食贮器中,覆之而风不通,腐败生虫之象。以国家拟之,必是幼主承统,深居九重,不接外臣,母后乘帝,掌握朝政,于是小人充朝,君子退野,为宵小蛊惑之时。今六五之君既长,与九二刚健之大臣,阴阳相应,立策定谋,洗除国家积年之旧弊。当其改革之际,尤为非常之戒严,前后七日,竞竞业业,谨慎周密,谓之"先甲三日,后甲三日"也。想在豪家家政改革,亦同此理。某豪商内政之弊害,非一朝一夕之故,今得善良之伙友,洗除积年之宿弊，必能奏改革之功也。然此事宜刚不宜柔，宜速不宜缓，不出七日，当果决专断，谓之"干父之蛊，用誉"。

友人闻之大感，云主人夫妇以下，皆已允可，仅仅数日，已得断行。后果能充复其旧资。

上九：不事王侯，高尚其事。

《象传》曰：不事王侯，志可则也。

此爻为成卦之主，以刚明之才，居艮止之极，不比九五，亦不应九三，逍遥于外，高居卦极，不关世之毁誉荣辱，其清风高节，足以振起颓俗，激动人心，其益世岂鲜少哉！九五者王也，九三者侯也，不比应之，故曰"不事王侯，高尚其事"。上九高尚，固非放情物外者所可托也，是不仅治一时之蛊，实足治万世之蛊也。其志之可则，岂有过哉！故《象传》曰"志可则也"。

一说：此卦自初爻至五爻，皆以蛊言，不言君臣，而言父子，人臣之事君，与人子之事父一也。此爻位居最上，独以"不事王侯"言者，盖非君非臣，亦非子，是身居父位者也，故高尚其志，不复事天下之事，而其志之所存，实足为天下法则者矣。

凡读《易》者，须先熟察其卦爻之象，与卦爻之时，然后能读得其辞义也，不然而徒拘泥文字，虽终身读《易》，不能得其要。如此爻《象传》无难，难得其旨，何则？"不事王侯，高尚其事"之人，虽有才德，不为人所知，不为世所用，古今来亦不乏其人。若必指是等人，而称之曰其"志可则"，则圣贤君子之用世者，反将曰其志不可则，不几大妨名教，有害纲常者乎？盖上九备阳刚之德，居全卦之极，当此蛊坏日甚，不忍坐视天下。是以自初六至六三，奋振其才力，以济时艰，以光前业；迨蛊坏既除，人人得浴太平富贵之泽。上爻独脱然勇退，"不事王侯，高尚其事"，是见几而作之君子也，其志岂不可则哉！

【占】　问时运：宜以退为进。
　　〇问商业：目下货价，必将逐渐增高，不必急售。得利。
　　〇问家宅：宜傍高阜之地，吉。
　　〇问疾病：卦为归魂，恐天年有阻。
　　〇问婚嫁：必是女贞男良，天缘巧合。
　　〇问战征：想已值战胜凯旋之时。
　　〇问出行：宜行商，不宜求名。

周易全书

第二卷

郑红峰 主编

光明日报出版社

䷒ 地泽临

【占例】 友人某来,请占某贵显之气运,筮得蛊之升。

爻辞曰:"上九:不事王侯,高尚其事。"

断曰:蛊者由风入山中,郁积而生者也。以国家拟之,政府为山,有高傲之象,人民为风,有卑从之象。一高一卑,两情不洽,浑如物入器皿中,风息不透,湿热郁蒸,变腐成蛊,同类相食也。曩年外交未通,攘夷锁国时之政略,恰相似也。然当维新之际,二三雄藩,首创改革,奋发有为,在幕府诸士,悲坠祖先之遗业,慷慨切齿,欲一死守之,战争不止。是时某贵显,能洞见内外之大势,调剂两间,以樽俎息干戈,不使内忧外患,一时并起,是诚治蛊之能臣,非庸庸者所能及也,其功不亦伟哉! 今占得此卦,值上爻之位,即为某贵显功成身退之象,谓之"不事王侯,高尚其事"。

临字从人从臣从品。人者以君上为尊;臣者以臣民统之;品者,以品类别之。言人君临御天下,统率臣民,品别品类之贤否,而器使之,是谓君临民,尊临卑,上临下也。临又有监守之义,故监字从临省文。又按临卦,兑下浸上,坤上陵下,下陵过乎上,有密迩切近之形。卦体兑为泽,坤为地,地在泽上,是地临泽也;上四阴,下二阳,阳欲上进,是以阳临阴也,故《象》辞曰:下悦而依附乎上,上顺而反降乎下。附乎上,自下附上,降乎下,是上莅下,总其象谓临莅也。自有临辞,遂以临为卦名。

临:元亨利贞,至于八月有凶。

临,兑下坤上。兑,悦也;坤,顺也。坤曰"元亨",以顺来也;临得坤之顺,故亦曰"元亨"。兑曰"利贞",以悦致也,临得兑之悦,故亦曰"利贞"。"元亨利贞",四德也,首备于乾。乾天也,临民者,宜法乎天,故临亦备此四德。"八月"之说,诸儒纷议,然《易》之道,不外阴阳消长。以辟卦言之,临为二月之卦,二月当春仲,阳方长也,八月当秋仲,阳渐消也,阳消阴长,凶道也,故曰"至于八月有凶"。曰"至"者,未至而预防其至之谓也;曰"有"者,未有而预虑其有之谓也。若已至焉,若已有焉,凶既临身,虽欲避之,则已晚矣。圣人以《易》垂诫,期临民者先时杜维,亦即"履霜""坚冰"之意也。万事能有吉而无凶,斯天下可常治矣。

《象传》曰:临:刚浸而长,说而顺,刚中而应,大亨以正,天之道也。至于八月有凶,消不久也。

"刚"指兑下二画,谓初爻二爻。"浸",渐也。二阳渐长于下而上进也。内兑外坤,内悦而外顺也。"刚中"者,谓二爻刚得其中。"应"者谓五爻,得柔之中,以应刚中,是刚柔相应也。"大"即元,"以"即利。凡《象传》以字,即释利字。卦德备"元亨利贞"者,乾、坤、屯、随、临、无妄、革,凡七卦,诸卦四德皆从乾六阳来,乾为天,故曰"天之道也"。"浸而长，悦而顺"，是道之得其亨；"刚中而应"，是道之得其正，所谓尽人以合天也。"八月有凶，消不久也"，盖临当二月，"刚浸而长"，至八月柔浸而长，刚浸而消矣。"不久"者，言方消也，即浸之意。刚而浸长，君子应天而行，乃得"大亨以正"；刚而浸消，君子所当前时而戒，斯能免凶矣。阳长阴消，以天道言，则谓寒暑之往来；以治道言，则谓君子小人之进退。圣人特于临卦，反复垂诫，意深哉！

以此卦拟人事，或临高而望，或临渊而羡，或临事而惧，或临财，或临难，皆为临也。人事之害，不失于刚，即失于柔。刚之长，能济以柔，柔之长，能济以刚，斯和悦巽顺。刚柔两得，则必万事亨通，百为公正，是人事之至善者也。阴阳消长，天道之循环，固非人力所能挽，而人事之吉凶伏焉矣。浅言之，未寒而不谋其衣，既寒则谋之不及，必致冻矣；未饥而不谋其食，既饥而谋已迟，必致馁矣。推之恶未著时，而不自检摄，则恶必浸增，至恶大而不可复改；邪未盛时，而不自防闲，则邪必浸炽，至邪极而不可复治，皆凶道也。任其欲而纵之，放僻邪侈，盗跖之所以终盗跖；复其性而明之，戒慎恐惧，伯夷之所以终为伯夷。天道之阴阳寒暑，在转移之间，人事之善恶邪正，亦一转移间耳。临卦六爻，惟五爻刚柔得中，称曰"知临"，智则明，能察几，自有先时之吉，斯无后时之凶。人事之所以趋吉避凶，道不外是焉。

以此卦拟国家，六五之君，临御天下，以悦得众，以顺承天，握乾而阃坤，举直而黜枉，临之以庄，莫不大亨而得正矣。欲以一人临天下，其势难，以天下临天下，其势易，故人君不贵独临，必贵得人以共理。昔舜有五臣，武有十臣，皆是也。此卦六五之君，委任九二，刚柔相济，内悦外顺。察天时之变，度人事之宜，居正以"体元"，"嘉会"以敦"亨"，利用以裕民，"贞固"以"干事"，道足以教育天下英才，德足以容保子孙黎民。以此而临一国，而一国治，以此而临天下，而天下平。而君子不敢自为已治已平也，谓治难而乱易，必于未乱防其乱，谓泰极即否来，必于未否虑其否，此古人感羽翘而绸缪牖户，闻牛喘而调燮阴阳者，盖皆有深虑焉。临卦六爻，无一言凶，亦以其能思患预防耳。六爻中五居尊位，可谓聪明睿智，足以有临之圣君；二爻可谓咸有一德之大臣；初爻则行之以正；四爻则至近当位；上爻则敦厚终吉；虽三爻不中，幸其知忧而无咎。一人当阳，群贤荟萃，宜其君明臣良，得以长安而久治也，岂不休哉？

太阳历者，因方今外国交际频繁，沿而用之，至其数月，似于月之盈虚失准。然欧美各邦，古亦用太阴历，故今犹以十二分太阳历之一年，同以月称。是以占断上，数月必据太阴历。《易》以冬至为一月之初，故至一年终始，与太阳历无有大差，故不复附月之解释。

通观此卦，明主在上，为天下大悦之时也。地势卑而下顺，泽水浸而上悦，水土本相亲近，犹人主平易而近民，民皆欢乐而附上也。临之所以为临也。初九九二，同为"咸临"，泽水自山而下也。初九泽犹未盈，故曰"行"；九二泽水已满，故"无不利"；六三水既及岸，故为"甘"；六四地与水接，故曰"至"；六五地泽正应，有智者乐水之象，故曰"智临"；上六，地愈厚，泽愈深，故曰"敦临"。"咸"者临之速也；"甘"者临之贼也；"至"者临之诚也；"智"者，临之明也；"敦"者，临之久也。"咸临"见其德之能感；"甘临"见其性之过柔；"至临"见其位之得当；"智临"见其道之克明；"敦临"见其志之笃厚。盖六五之君，不以独临，而能任人，故以"智临"称之。用其"咸"，用其"至"，用其"敦"，而君子之道长；去一"甘"，而小人之道消。阳悦而长，阴顺而消，于是天时正，人事和，上下同德，熙熙皞皞，而天下治矣。是诚临民之极则也。

《大象》曰：泽上有地，临，君子以教思无穷，容保民无疆。

上卦之地高，下卦之泽卑，以上临下。故曰临。夫临下之道，不外教养二者。兑取夫悦，教而能悦，以集其思也；坤取夫顺，养而能顺，足以容其众也。教而有思，如泽之浸得其润；容而又保，如地之厚而能载。"无穷"者，泽之长也；"无疆"者，地之广也又兑为口，是以能教；坤为腹，是以能容。君子取象泽地，以临万民，教之道在育英才，保之诚如抚赤子，泽普群生，量包一世，斯临治矣。

【占】 问时运：目下作事，恰如一潭活水，流行自在，好运正长。

○问商业：泽为货物，地为贩运之地也，得此占，其获利厚而尤远，大吉。

○问家宅：此宅必近水泽之乡，家业正旺。财丁两盛，大吉。

○问战征：其阵宜临水处，不特一时得胜，且有万民归服之象。

○问疾病：其命可保，其病必延久，一时难愈。

○问讼事：恐久久不了。

○问婚嫁：两姓和合，五世其昌，大吉。

○问六甲：生女。

○问行人：一时未归。

○问失物：在川岸处觅之，保可得也。

初九：咸临，贞吉。

《象传》曰：咸临贞吉，志行正也。

山泽通气之卦，名之曰咸；此卦泽上有地，阴阳之气相感，故初二两爻，皆曰"咸临"。初居卦之始，其阳犹微，与四相应。四以柔而当位，初以刚而得志，行各得其正，乃能应而进于五，相与得行其道，以佐大君"智临"之治也，故曰"贞吉"。《象传》曰"志行正也"，盖初爻位居其正，是以志之所行，莫不正也。

【占】 问时运：目下新运初爻，能守其正，行无不利。

○问商业：时当新货初出，市价平正，尽可贩行，无不如志。

○问家宅：必是忠厚中正之家，现下适有吉事临门，大利。

○问战征：初次临阵，宜从大路进军，吉。

○问疾病：病是初起，正气充足，可保即愈。

○问婚嫁：门户相当，品行端正，佳偶也。

○问讼事：一经临审，即可了结。

○问六甲：生男，临盆有喜。

【占例】 友人某来，请占气运，筮得临之师。

爻辞曰："初九：咸临，贞吉。"

断曰：此卦地下有泽，泽者为水所停蓄之处。泽得地而流，地取泽而润，彼此相临，故其卦曰临。今足下占得临初爻,初与四相应,四近尊位,有贵显之象;但四爻贵显,阴柔而居阴位,势力尚有所缺。足下为初爻,阳而居阳,虽有才智;以无其位,未得行其志。在爻辞曰"咸临","咸"感也,两情定相感乎。今为初爻,是初次相见,意气虽投,尚未可望其速行,必俟二爻"咸临",则无不利矣。必也其在明年也。

于是某敬服而去。

九二:咸临,吉,无不利。

《象传》曰:咸临,吉无不利,未顺命也。

此爻成卦之主,以刚中之才,与六五柔中之君,阴阳相应,虽在大臣之位,任官之日犹浅,不保无众阴嫉之也。故直临则必有咎,宜待在上之君长感我才德,而后临之,然后可得吉也。此爻曰"吉",曰"无不利",于六爻中特见赞美,盖初爻以正感,二爻以中感也。《象传》曰"未顺命也",谓此爻在下体而不当位,故小人未尽从其命也。

【占】 问时运:目下正佳,又得贵人照应,大吉。

○问商业:初次既获吉,二次更利。

○问家宅:有福星照临之象,前后皆吉。

○问战征:再接再励,所向皆吉,但防偏裨中,有不从令者,以致败事。

○问婚嫁:咸利,唯属羊者最佳。

○问讼事:却不致败,但一时未得顺从。

○问六甲:生男,但未产也。

○问行人:在外者归期未定。

【占例】 友人来,请占某贵显气运,筮得临之复。

爻辞曰:"九二:咸临,吉,无不利。"

断曰:此卦下之二阳长进,上之四阴衰微,阳者君子,而阴者小人也。君子在位,则国家安宁,万民得福,是临民之善者也。今占得此爻,以九二为贵显,与六五之君位,阴阳相应,谓之"咸临,吉,无不利",可知某贵显本年之气运大吉。

○明治二十七年,友人金原明善氏来访,曰:余生长之乡在远州滨松附近,以培植山林为业。近在东京经营银行,家乡旧事,未能兼顾。孙女现已及笄,欲得一配偶,使之相续家督,并可奉事老母。与余妻共归故乡,请占其吉凶如何? 筮得临之复。

爻辞曰:"九二:咸临,吉,无不利。"

断曰:临卦下兑上坤,坤为老母,兑为小女。又兑为悦,坤为顺,是老母爱悦少女,少女顺从老母也。今占得二爻,其辞曰"咸临,吉",二爻与五爻相应,二爻阳居柔位,五爻阴居阳位,恰合赘婿之象。爻辞曰"吉,无不利",可使速完婚姻,若愆时期,三四两爻,皆不利。明后两年,未可成婚,必以本年为吉。

金原氏谢而去。

六三：甘临，无攸利。既忧之，无咎。

《象传》曰：甘临，位不当也。既忧之，咎不长也。

"甘"者，五味之中，为人之所最嗜，为恬乐之义。"甘临"者，谓不能临人以德，而以甘言谄之，必无诚心实意也。三爻近二爻，见二爻未从其命，遂欲巧言求进。究之，言虽甘，而位不当，何利之有？既知其非而"忧之"，反邪归正，去恶从善，则以今日之是，亦足补前日之非，则可以免咎，谓之"既忧之，无咎"也。《象传》曰"位不当也"，以阴居阳，是位之不得其正也；"咎不长也"，幸以其忧之速，故其咎未至于长也。

【占】 问时运：运既不佳，行亦不正，幸能知悔，后运可望。
　　〇问商业：店基不得其位，惟贩运糖业则佳。
　　〇问家宅：屋运不佳，宜迁徒为吉。
　　〇问战征：屯营地位不当，迁营则吉。
　　〇问疾病：药不对症，宜进苦辛之剂，无咎。
　　〇问婚姻：不合。
　　〇问行人：外不得利，近时可归。
　　〇问失物：可得。
　　〇问六甲：生女，恐难长养。

【占例】 明治五年，友人某来，请占某商人气运。筮得临之泰。

爻辞曰："六三：甘临，无攸利。既忧之，无咎。"

断曰：此卦地上有泽。地坤卦，坤以生育万物，为母；泽兑卦，兑以三索得女，为少女。有母女相临之义。临三爻曰"甘临"以阴居阳，位不中正，恰如少女恃宠，以甘言取悦于母，冀专家政。今某商人，占得此爻，知某商人必凤性阴险，专以机巧取利，一旦得志，便自盈满，如妇人小了之为，何利之有？若能迁改，尚可免咎。

友人曰：甚感《易》理之妙。某商人曾以一步金十钱价格，买横滨吉田新田之沼地若干，后因某豪商为抵当某省寄托金，以一步一元价格买之，以为抵当，故某商人一时占万余元巨利，从此遂生骄慢，轻视众人，其状恰类狂病者。余将对友人详说《易》占之妙，使之转告某商也。

六四：至临，无咎。

《象传》曰：至临无咎，位当也。

此爻位近至尊，才志俱弱。以柔顺之资，居台鼎之贵，能略分忘势，下应初九之刚正，尊贤尚德，情意恳至，故曰"至临"。盖大臣有休休好善之诚，无科科自足之意，以至诚之心，感应初九，初九之贤，亦感而悦服，共谋国事，是以无咎。临政之吉，莫大于此，《象传》曰"位当也"，谓得柔正之德也。

【占】 问时运：好运已至，无不得当，有吉无凶。

○问商业：目下贩运，正当其时，无往不利。

○问家宅：宅位得当，家业兴隆，无咎。

○问战征：其时已至，正可临敌获胜。

○问疾病：虽至危笃，尚可无咎。

○问婚姻：彼此欢洽，门户亦当。

○问行人：即至。

○问失物：即得。

【占例】 友人某氏来，请占某贵显气运，筮得临之归妹。

爻辞曰："六四：至临，无咎。"

断曰：此卦内卦兑为口，外卦坤为众，为俯听舆论，酌量民情，出而临事之谓，故名曰临。四爻具柔正之德，下应初九之刚正，忘势略分，厚意礼贤，可谓诚之至也，谓之"至临，无咎"。某贵显能体此意，可得无咎。

六五：知临，大君之宜，吉。

《象传》曰：大君之宜，行中之谓也。

"知"者，智也，"智临"者，知人善任之谓也。夫以一人之身，临天下之广，自任其智，适足以为不智，惟能取天下之善，任天下之事，如此则"知周万物，道济天下"，是恭己无为之郅治也。此爻具柔中之德，居至尊之位，下应九二，知其贤而任之，所谓"聪明睿知，足以有临"，此爻得之矣，故曰"大君之宜"。舜之称大智，合天下之智以为己智，曰"舜好问而察迩言"，亦此意也。《象传》曰"行中之谓也"，谓五有柔中之德，倚任刚中之贤，以成"知临"之功，中道而行，是即不偏之谓也。

【占】 问时运：目下运得其时，又得好人相助，事事宜成，吉。

○问商业：知往知来，通晓商情，自然获利，吉。

○问家宅：有五福临门之兆，吉。

○问战征：能得军心，斯知己知彼，战无不胜也。

○问疾病：当得良医，详知病由，治之自然得愈。

○问婚姻：宜家宜室，大吉。

○问失物：有人拾得，久后自知。

○问六甲：生男，主贵。

○问行人：尚在半途，后日可归。

【占例】 明治二十二年，占某贵显气运，筮得临之节。

爻辞曰："六五：智临，大君之宜，吉。"

断曰：此爻居五，为大君之位，爻曰"智临"，有大君之象，非人臣所宜。今为某贵显占得此爻，五与二相应，五君，二臣也，当以二爻为某贵显。"智临"者大君，受大君所知者，某贵显也。受大君之知以临政，凡有善政，皆宜归君，故曰"智临，大君之宜，吉"。然位高任重,众忌所归,往往宜于君,转不宜臣,亦阴阳消长之机也。临六爻无凶象,特于《象》曰"至于八月有凶",圣人就此吉卦,突示凶灾,盖以长之初,消即伏之,福之来,祸即继之,谓吉在今日,凶宜预防于将来也。

《易》机甚微,未易测度。后十月某贵显猝遭凶暴所伤,不在八月观之数,延至十月遁之数。虽筮者有不能确知其数者,然吉凶之理,要不出消长循环中也。后进之士,须注意焉。

○明治三十年五月十二日,访横山孙一郎氏于东京,山下町雨、宫敬二郎、小野金六两氏,亦在其座,谓余曰:吾辈昨年以来,欲使英国左美以儿商会,买我国公债,极力斡旋,然价值不适,苦虑久之。请占此买卖约券成否? 筮得临之节。

爻辞曰:"六五:知临,大君之宜,吉。"

断曰:临者,彼此互相临之谓也。盖此卦以兑少女,与坤老母,有相顺相悦之象,公债买卖,意亦如此。我得战胜偿金,欲益扩张军备,示威信于各国,坚固国家之基础,因卖公债,俾补不足,彼商会亦将卖与本国低利之商人,得其赢余。两下互相谋利,犹老母与少女,亲悦而成事也。今占得此爻,知即可遂望,事在必成,勿复多虑。

翌日果有四千万元公债买卖约成之报。

上六:敦临,吉,无咎。

《象传》曰:敦临之吉,志在内也。

"敦"者,笃也,厚也。此卦六五既应九二,上六又从而附益之,谓之"敦临",犹复六四既应初九,六五亦从而附益之,谓之"敦复",其义一也。此爻为坤之极,居临之终,阴柔在上,与二虽非正应,而志在从阳,屈尊从卑,降高就下,礼意敦笃,是临道之善持其终者也,故曰"敦临,吉,无咎"。凡卦于上爻为极,过极每多危象。此爻曰"敦临",有"安土敦仁"之义,无过极之虑也,是以吉而无咎。《象传》曰"志在内也",内者,指内卦二阳,虽与内卦无应,上六之志,唯在于内,故曰"志在内也"。可与泰初九之《象传》"志在外也"对看。

【占】 问时运:目下好运已终,惟其存心忠厚,故得无咎。

○问商业:贩卖内地,吉。

○问家宅:世代忠厚,内外肃穆,吉。

○问战征:直增兵益饷,以保护内地为要。

○问疾病:培养元气,勿药有喜。

○问六甲:生女。

○问失物:即在家内,未尝失也。

○问行人:即日可归。

【占例】 友人某氏来请占谋事,筮得临之损。

爻辞曰:"上六:敦临,吉,无咎。"

断曰:此爻居临之极,功业已完,别无他图。曰"敦临"者,亦于临道之中,复加敦厚而已。能敦厚以临,故得"吉无咎"。今占得此爻,足下亦宜知此意,凡事宜加敦厚,则何谋不遂？何事不成？足下思虑之笃，可于《易》象见之。

某氏曰：《诗》云，"他人有心，予忖度之"，洵先生之谓也。深谢而去。

☶ 风地观

按观字，从雚，从见。雚即鹳，似鸿而大。鹳有白黑二种，白鹳巢树。鹳又能察时审变，每天阴晴雨雪，大风大水，气候不常，向树上瞻望，随所见之上下，以为趋避。故土人亦皆视鹳之飞鸣止食，以占常变。见，视也，常见曰见，非常曰观，故合雚与见为观。此卦下坤上巽，巽为风，坤为地。风本无形可观，以其触于物者而观之，犹上之德化无形，以施于政者观之，下之性情无形，以发于事者观之，有相观而化之义也。是以名其卦曰观。《序卦》曰，"物大然后可观，故受之以观"，此观之所以次于临也。

观：盥而不荐，有孚颙若。

按盥字，从臼，从皿，水在皿上，有两手掬水之象。卦本巽，巽为入，谓以两手入水而洁之也。巽为不果，故曰"不荐"。坤下坎上，谓比，初爻曰"有孚盈缶"，缶亦盛水之器。乾下巽上，谓小畜，五爻曰"有孚挛如"，挛，即两手，均得有孚之象。巽下坤上谓升，与观互变，升二爻曰"孚乃利用禴"，有用祭之义焉。"颙"，《说文》曰"大首也"，谓昂首而望之，有观之象。"若"，顺也，有诚心而奉顺之意。"不荐""有孚"，即不动而敬，不言而信，谓观于盥之用洁，而众情已孚，有不待荐而始感者也。是观在心不在貌，孚以神不以迹。即此盥手之初，而精诚所注，天下皆见其心焉，故曰"观：盥而不荐，有孚颙若"。

《彖传》曰：大观在上，顺而巽，中正以观天下。观，盥而不荐，有孚颙若，下观而化也。观天之神道，而四时不忒，圣人以神道设教，而天下服矣。

此卦两刚四柔，两刚在上，四柔在下。刚为大，柔为小，故曰"大观在上"。坤顺巽入，是能顺而巽也。九五处卦之中，刚居阳位得中。"天下"指四柔，谓其居于上卦之下。五爻为君，四柔皆臣也，中正之德大而在上，足以为观于天下。为观之道，全在精洁诚敬，至中至正，无稍间断。四柔观感诚意，咸思进而自洁，有不期其化而自化者矣，故曰"下观而化"。观圣即可观天，圣道无殊天道，天道神妙，故曰"神道"。天有"神道"，而时运"不忒"；圣有神道，而中正无私。天之道，不言而四时行，百物生，圣之道，"不荐"而万民孚也。圣人合天之德，法天之行，神而明之，发为政教，俾天下沐浴圣化，沦肌浃髓，妙合无言，所谓不识不知，顺帝之则，犹如戴天而不知天之高者矣，其化道之神为何如乎！故曰"圣人以神道设教，而天下服矣"。

以全卦观之，阳大阴小，四阳之卦，有曰大过。与大过相反，四阴之卦，有曰小过。大壮卦，四阳在下，二阴在上。此卦四阴在下，二阳在上，与大壮反，独不曰小。《彖传》曰"大观在上"，以九五阳刚，中正得位，故不言小。此全卦取名之主义也。凡阴盛阳微，必致以柔逼刚，爻多不吉，此卦六爻独不言凶，亦以五居君位，中正之德，足以仪型天下，群柔皆仰而观之，故相观者不致相持，而柔无复逼刚矣。卦义专取为观于下，不取阴盛之象。卦以四爻为主。四爻以柔居阴位得其正，上比二刚，下接三柔，率三柔以进于五，仰观德化,是以四爻为一卦之主也。初爻始阴在下,位与五违,所观者浅,如童蒙然,故曰"童观"。二与五本相应,但二阴暗柔弱,不能进而观光,而仅得窥见其仿佛,是效女子之贞也,故曰"利女贞"。三爻比四,四为主观,三观四之动作,以为进退,故曰"观我生,进退"。四比近于五,观最真切,五为君,四近于君而相得,故为"宾"。君之德教,发而为国之光华。"利用"者,谓将进而效用也,故曰"观国之光,利用宾于王"。五爻居一卦之尊,天下之民情风俗,由我而化,所谓正己以正万民者,故曰"观我生"。《象》曰"观民也",盖内而观我,即外而观民也。上九居观之终,刚健有德,虽夙为民所瞻观,因其高而无位,不欲出而观民,惟反而自观,谨身免咎而已,故曰"观其生"。《彖》称"圣人",《象》称"先王",皆指五爻君位而言也。《彖》曰"神道设教",以上体乾德,示观于天下;《象》曰"省方""设教",以俯效巽风,省观夫民俗也。故卦名之观,自上观下,爻辞之观,自下观上。义虽不同,各有所取。所谓"设教",所以一其观德,消其逸志,使之咸归于中正之域,一道德而同风俗者也,故曰"大观在上"。

以此卦拟人事,不外观己观人两端,而家业之兴替关焉。卦体下坤上巽,二阳在上,四阴在下,五居尊位,一家之主,为家人所观仰。四阴为家人,皆顺从于五。一家之主,道当庄敬严肃,时凛承祭见宾之意,使家人观感而化,群思澡身浴德,相孚以诚,不敢偏存欺诈。虽家主柔顺谦和,绝无苛责,而中正之德,垂为仪型,自有不言而信,不动而敬者矣。天道正而四时调和,家道齐而一门肃睦,故人伦之重,称为天伦,物则之微,协于天则。人能敬从天命,与天合撰其神妙莫测之机,攸往咸宜,一旦出而临民,先王所谓"省方""设教"者,措之裕如。而仅施诸一家一门之内,犹其小焉耳。初爻为一卦之始,如家中之幼子,所观者小,在小人固无咎也。二爻阴暗柔弱,仅能阚见仿佛,阚者从门隙而观之,在女子尚不失其贞也。三爻柔顺之极,能以顺时进退,故不失其道。四爻比近于五,是家主之亲人,其所观最为真切,为家主所信用也。五爻则刚阳中正,齐家之主,凡家政之善恶,皆存乎其身,故曰"观我生"。上爻居五位之上,为家主之长亲也,虽其人已不关家政,而家人犹必仰观其道德,用为法则,故不能避而自观也。古昔文王,德盛化神,必曰"刑于寡妻,至于家邦",可知治国必本治家,所谓观于家,而王道易见者也。此卦全体,阴盛阳微,道极可危。卦名曰观,五上两爻,二阳在上,虽不言凶,一则"观我生",一则"观其生",皆孜孜返观内省,其防危虑患,至深且切。凡人持身涉世,时时能敬凛此旨,庶可无咎矣。

以此卦拟国家,卦象为阴盛剥阳,唯赖神明之呵佑,挽回衰运之时也。盖内外二体,外卦为政府,五阳在位,具中正刚强之德,足为亿兆观瞻;内卦为人民,四阴在下,怀柔顺卑巽之情,常欲仰观政化。人民众多,政府高远,彼小民不能亲观夫圣德,必就近侍夫君者之观以为观。四爻比五,为巽同体,一卦之主,凡下三阴欲进而观五,必先观四,故初曰"童观",如孺子之望宫门,高不及见也。二爻曰"阚观",有畏怯不敢直前,仅以潜身窥伺也。三爻曰"观我生,进退"。三与四近,是以得观视而定进退也。四爻比近尊位,得亲待圣躬,瞻仰国光,"利用宾于王"。宾,犹臣也,即"利见大人"之谓也。五为大君,中正得位,盖以二阳孤立,高而可危,故曰"观我生",其兢兢业业,不问正人而先正己,意甚深切。六爻居观之极,在五之上,身虽无位,与五合德,曰"观其生",盖其惕厉之意,与五亦同。统观四阴之意,皆以窥察大君之动作,以为进退;二阳在上,唯以明德新民,孜孜以持盈保泰为虑。爻辞曰"盥而不荐,有孚颙若",谓君能至诚精洁,可以格神明,即可孚黎庶,是恭己南面，无为而治之旨也。《彖辞》即释此意而引伸之曰"大观在上"，即有岌岌乎可危之象；曰"巽而顺，中正以观天下"，就卦体之巽顺中正，言君首当修明其德，为天下观。"观天之道"数句，亦从"盥而不荐"来，言天道神化不测，寒暑往来，四时不忒，圣人能效法神道，当为政教，于变时雍，天下咸服矣。《象传》曰"先王以省方观民设教"，此即示以观之之道。盖《彖传》之旨，以观示下；《象传》之旨，以观察下。统之乘此阳德，足为民观，亦足以观民，而群阴服从，否则阳德有亏，群阴即因而上逼，亦可危也。二阳爻皆言"君子无咎"，君子者，有德之称。有德则无咎，无德即有咎，反观而自明矣。为国家者，安可不凛凛哉！

《大象》曰：风行地上，观，先王以省方观民设教。

坤为地，为国土，为众，巽为风，为命令。此卦"风行地上"，有施教于民之象。"方"者谓四方，"省方"者，省察四方民心之向背也；"观民"者，考验风土民俗之所尚也；"设教"者，随其地，察其俗，设教而施治也。夫天下之民情，或为风气之所囿，或为习俗之所移，各有所偏倚，不能归中正和平之域。先王见风行地上，有周流披拂，无处不遍之象，法此以省方，有嘘枯吹新，鼓动万物之象。法此以"观民设教"，政以束其身，教以导其心。从"省方观民"之后，而复设以教，则因奢而教以俭，因惰而教以勤，斯教愈善矣。故孟子有曰："善政不如善教之得民心也。"要其教之深入民心，犹风之遍行天下也，如此则化行俗美，弊革风清。观之道，无以加之，谓之"省方观民设教"。

（附言）

神字从示从申，示，《唐韵》："音侍，垂示也。"

《说文》曰："天垂象，见吉凶，所以示也。"《玉篇》曰："示，语也"，以事告人曰示，申，引伸也，盖神者，所以引伸其道以示人者也。《彖传》曰，"圣人以神道设教"，是以垂示神道，以教天下也。古昔圣王之祭神，以至诚求神告而已，故上则神明假格，下则群黎服从。观卦之圣人，以此设教，其妙有不可思议，天下一观，而感应捷于影响，莫不服圣人之观也。

余尝慨我邦神教之衰，明治二十四年春，曾创兴阴阳寮之议一篇，附记以补"神道设教"之说：

恭惟我国，称曰神国；我国治道，称曰神道，其所由来久矣。盖神道，邦语曰"惟神之道"。惟神者，即随神之谓也，故一作神随。观古先皇之建国，以神祭为政事，以神敕为国是，凡一切政事，苟涉疑虑，皆依神教决之，是所以称我国曰神国也。国君通称天子，天子者，为天之子，谓奉天明命，抚临万国，尊无二上，以天为父，故尊之曰天子。上自大臣，下至属官，皆佐天子以敷教者也。孟子引《书》曰："天降下民，作之君，作之师，惟曰其助上帝，宠之四方"，是天子而能助上帝也。《书》曰："乃文乃武，乃圣乃神"，是天子而即为神皇也。观之《彖辞》曰："圣人以神道设教，而天下服"，可知治道通于神道，唯神道乃可以补治道之不及。

古者国有大事，必藉卜以决疑，此神道之最彰者也。天人感通之理，其在斯乎？夫人虽贤明，不能前知未来之事，唯卜筮则能前知。昔在我国神代之时，垂鹿卜之法，以问神意，称曰卜问，今奈良春日畜鹿，即此遗意也。后与支那交通，传得龟卜蓍卜之术，神人感通之道愈备，未来前知之法益明。"天地设位，圣人成能，人谋鬼谋，百姓与能"，于是朝廷置阴阳寮于中务省，设阴阳头、阴阳助、阴阳博士、阴阳士等吏员，以供其职，以修其业。令典所垂，自古有然；中世以来，皇政式微，寮废官阙。然当国家大事，皇上亲祭伊势大庙及贤所,使府县知事代拜全国官国币社,告以事由,派遣吏员于外国,使之参拜贤所。奉神威以临异域,朝廷之崇敬神教,未尝或替,下民效之,凡值神诞祭礼,及春祈秋报,陈俎豆以飨神明,荐馨香以祈福佑,虽卜筮之法几废,而酬报之礼犹存也。我国地居东海,古号神洲,是以神道之昭垂愈著,民心之爱戴愈虔,凡忠君爱国之忱,罔不敬神之诚而焕发也。其功如斯,若能尽诚尽敬,开明布教,克复前徽,斯精灵感格,有求必孚,其灵效之显赫,当更有进者矣。

皇政维新,百废俱兴,唯于阴阳寮,未见复设,无他,维新事业,多创建于兵马倥偬之际,既又侵入欧美文物,汲汲模效西学,无暇复古。况西人蔑视神道,创论为无,故习西法者,多惑其说,信口妄谈,谤毁神祇。由是渎慢之风,行于家庭则侮父兄,行于府县则侮官吏,行于国中则侮君上,败人间之秩序,害社会之安宁,方今天下之通弊也。察其弊所由来,皆由神道息微,以致人心狂妄,不知畏敬,极其所至,其祸有不可胜言者矣,可不慨叹乎!方今圣明在上,独断万机,大臣各进谠言,以相辅佐,复开贵族院、众议院,问国民之舆论,以定国是,是所谓君从相、从士、从庶民,从之时也。然谋于野而不谋于天,询于民而不询于神,未始非圣代之缺典也。古者命相则卜之,出师则卜之,求贤则卜之,礼曰,"卜筮者,所以决嫌疑,定犹豫者"是也。古时我国有行之者,即阴阳寮之属也。今朝堂之官吏,二万六千人,皆立君子之位,独阴阳寮职,不闻复古,粤稽古时,所称神随国者,其教既废,其名亦殆将灭绝矣。

余虽不肖,深为之惧,意欲修复阴阳之术,推阐感格之诚。然言之则罪犯僭越,不言则罪获冥明,其罪均也,则宁言之。不若使神国之称,得践其实,内可与四千余万生灵,同沾幸福,外可使欧西各国,昏昧而不知神道者,得闻此灵明玄妙之真理也。爰此,敢陈兴复阴阳寮一议。呜呼!所愿当道君子赞成此议,振兴舆论。得复阴阳寮之古职,不唯本邦之幸福,实足发世界之光辉也!谨议。

【占】 问时运:目下正当振作有为,宜出外历览,不宜杜门静守。
〇问商业:贩运洋货,风险须防。
〇问家宅:宅中或旧有供奉神佛,或皈入教门之家,或是家主设馆教徒。
〇问战征:有风雷疾卷之势,可以掠得土地,收获民众。吉。
〇问疾病:是风湿之症,宜流行活动,血调而风自息。
〇问出行:远游吉,传教更好。
〇问讼事:得平匀断结。
〇问六甲:生男。
〇问天时:有风即晴。
〇问失物:初在地上,被风吹远,宜遍寻之,可得。

初六:童观,小人无咎,君子吝。

《象传》曰:初六童观,小人道也。

"童观"者,谓无远大之识见,犹童稚蒙昧,不能振拔以观道德之光。此卦六爻,各取义于观,以地之远近,分观之浅深,故其所观,一爻胜于一爻,此义不可不知也。初爻以阴柔在下,是幼稚之氓,抱昏愚之性,处荒僻之区,所居既远,所观亦微,故曰"童观"。"小人"者,以其昏昧,无远大识见,固不足怪,是以"无咎",若君子而如是,不亦可吝乎? 故曰"小人无咎,君子吝"。《象传》曰"小人道也",以其位卑识微,只得如是。"道",即"小人道长"之道也。

【占】 问时运:初运未佳,幸无大碍。

　　〇问商业:初立场面,只宜就小,无咎。

　　〇问家宅:防有童仆偷窃之患。

　　〇问战征:防有小胜大败。

　　〇问疾病:小人无碍,大人不利。

　　〇问行人:宜就近,无咎。

　　〇问六甲:生女。

　　〇问婚嫁:自幼结亲,吉。

　　〇问失物:防为小儿抛弃。

【占例】 某石炭会社员来曰:"当某局石炭购入,试验甲乙石炭之火力,然后将付之入札,请占其胜败如何。"筮得观之益。

　　爻辞曰:"初六:童观,小人无咎,君子吝。"

　　断曰:观者见也,见石炭之真质也。今某局方购入石炭,试验火力,然后竞争入札,可谓行公平之法则者也,谓之"大观在上,中正以观天下"。今占得初爻,初六在下,僻处远方,曰"童观"。以幼童见识,昏愚短浅,盖指检查者之无识也。爻曰"小人无咎,君子吝",是正者取败,不正者得胜之时也。兹竞争者某,富狡猾之智,于试验之际,其设计行诈,弊有不可胜防者,深恐会社取败。

　　后果如是。

　　〇友人来告曰:"偶得某豪商招待状,余同业中,亦当集会,请占此日接待之景况如何。"筮得观之益。

　　爻辞曰:"初六:童观,小人无咎,君子吝。"

　　断曰:此卦《象》辞曰"大观在上",必是一绝大集会也。今占得初爻,初阴在下,地位甚卑。在足下见识高远,老成简练,余所知也。爻辞曰"童观,小人无咎",恐有屈尊就卑之嫌。遇如此,小人尚可,君子未免不快于心。外耻于人,内惭于己,谓之"童观,小人无咎,君子吝"。

　　某闻之,如有所疑,因彼好意,亦不能辞,遂临其席。当日余亦同席,数十人中,某适列末座。某在同业中,智识才力,可驾众人上,此日受斯接遇,不知何故。

六二:阚观,利女贞。

《象传》曰:阚观女贞,亦可丑也。

艮为门,坤阖户,"阚观"者,盖从门隙而窥阚之也。二爻以阴居阴,位得中正,虽进于初爻,其位尚卑,见识亦劣,不能观刚阳中正之大道。孟子"齐人一妻一妾"章,其妻曰"吾将阚良人之所之矣”。阚、阚字皆从门,义同。是女子之行也,故曰"利女贞"。在丈夫,当目观天地之广远,心观万理之幽微,内观自己之身心,外观天下之形势,岂得以潜探暗阚为得计乎?《象传》曰:"阚观女贞,亦可丑也"。女以贞为利,女子而"阚观",尚未为失,若丈夫则丑矣。"亦"字承初爻"吝"字来,初爻以小人励君子,二爻以女子激丈夫。

【占】 问时运:目下运不佳,只宜株守,若妇女占之,大利。

　　○问商业:蚕丝业大利,余不佳。

　　○问家宅:必是妇女主家,利。

　　○问疾病:是阴寒之症,无害。

　　○问出行:须携眷同往,若行人,必携眷偕归。

　　○问六甲:生女。

　　○问失物:恐在门隙之间,阚探得之。

【占例】 明治二十三年,占贵族院,筮得观之涣。

　　爻辞曰:"六二:阚观,利女贞。"断曰:二与五应,五父阳刚为政府,居高而下观人民;二爻阴柔为人民,在下而仰观政府,上下相应也。乃二爻不能正观,而曰"阚观,以其阴柔,故为'女子'也。今占贵族院,得二爻,二爻居阴之正位,上应九五。贵族院者,集皇族、华族、国家之元老,其他多额纳税者亦与焉,是欲通观宇内之形势,创建维新之谠论,得与欧美各国竞进,取彼之长,补我之短,更将驾各国而上之,为各国所瞻观也。爻辞曰"阚观,利女贞",是以我国一时只知顺从,观犹未远,殆将激励而更进之也。此占盖期见识更进一步。

六三:观我生,进退。

《象传》曰:观我生,进退,未失道也。

　　"我生"者,指动作施为之自己出者。意思之发动,亦谓之生。"观我生,进退"者,谓省视我志之正邪、我行之通塞,而进退之也。又"进"者谓往刚,"退"者谓返柔,《系辞》曰"变化者,进退之象"是也。三爻居上下之间,在下卦之上,可以进,可以退,地位较二爻稍近,其见识亦稍胜,故能审观"我生"之所宜,以卜进退。度德而就位,量能而居官,随其可否而进退,谓之"观我生进退"。一出而成天下之事,是所行之通也,则可从而进;虽出不能成天下之事,是所行之塞也,则可从而退,其出处进退,于己取之而已。《象传》曰"未失道也",谓其观己之才德,察时之可否,以用意于进退去就,虽未得道,要无误身失时之忧也。

【占】 问时运:目下运却平平,能度德量力,不自妄动,虽无所得,亦无失也。

　　○问商业:谨慎把握,随买随卖,听时计价,决无失也。

　　○问家宅:宜旧宅,不宜转移。

　　○问战征:宜审察军情,随机应变,决不致败。

　　○问行人:归心犹豫未决。

〇问六甲：生女。

〇问疾病：宜息心自养，可保无虞。

〇问失物：即得。

【占例】 友人来访，云同业者三名纠合，欲创始渔业于北海道，请占前途吉凶。筮得观之渐。

爻辞曰："六三：观我生，进退。"

断曰：观，风行地上之卦也。风之为物，不可目观，以物之动摇，始知有风。占之事业，以座上之谈论，与最初之胸算，虽如容易，至其实际，有遭遇意外变动之象。今三名联合，创始渔业，其他二人，比足下才智金力，皆居下位，恐有半途辄退之虞。足下若无独力成全之力量，必不可着手。今占得此爻，曰"观我生，进退"，知此事业，进退全在"我生"，毫不须假他人之力，惟在已预筹其智略，自可定成否也。

后某不用此占，与他人联合。他二人未半途而挫折，某亦预支算外费用；且贷出多额之金，适海鱼不发，不获奏其功，却取大败。

六四：观国之光，利用宾于王。

《象传》曰：观国之光，尚宾也。

"王"指九五。阳明阴暗，九五阳爻，有光明之象。不言君而言国者，君者专属当阳一人，国则统朝廷百官而言之也。"观国之光"，谓观国中风俗之美恶，政教之隆替。"光"者，国之光华也。"宾于王"者，谓古有贤者，人君宾礼之，故土之值进王朝者，谓之宾。明主在上，怀抱才德之士，皆愿进仕王朝，辅翼君上，以康济天下，此君子之志也。四爻近五位之尊，为一卦之主，黼黻王猷，光被四表，故曰"观国之光，利用宾于王"。项氏曰："履正故为宾，不正即为敌"，是国有光可观，则宾，国无光可观，则敌。四以柔居阴，位得其正，《纂言》曰得阴之正，故有效顺而无跋扈也。《象传》曰"尚宾也"，宾即《书》所云"宾于四门"之谓，盖敬礼之也。此卦四阴二阳，与剥之五阴一阳，阴盛逼阳，势皆危险。六四为四阴之魁，进逼君侧，五爻以宾礼尚之，是隆其礼而不假以权也，可谓善处其观者矣。剥之六五曰"贯鱼"，曰"以宫人宠，无不利"，此爻与剥之六五，交互参看，可以察其义也。

【占】 问时运：目下当盛运，求利可，求名尤佳。

〇问商业：宜贩运出洋，不特获利，且可得名。

〇问家宅：主有喜事临门，光增闾里。

〇问战征：必得大捷，论功邀赏，垂名竹帛。

〇问疾病：不利。

〇问行人：不归。

〇问六甲：生男，且主贵。

〇问讼事：得直。

【占例】 明治七年，占某贵显渡航清国，筮得观之否。

爻辞曰："六四：观国之光,利用宾于王。"

断曰:观者四阴得时,上逼二阳之卦,有臣民得势,将犯君位之象。今占得四爻,贵显渡航清国,将与彼国有谈判之事,贵显必能不辱君命,彼国之王,当必以宾礼相敬待也,谓之"观国之光,利用宾于王"。

某贵显果如此占,不辱君命,完其任而归朝。

九五:观我生,君子无咎。

《象传》曰:观我生,观民也。

"观我生"者,与六三同辞,其义殊异。五爻尊位,居中履正,是当阳首出之一人也。阳刚在上,为观之主,四海之内,由我而化,治道之隆替,风俗之美恶,皆自我生而推暨,故不观人而观我。观之而我之教化善焉,则天下皆有君子之风,是可以无咎矣,谓之"观我生"。即《中庸》所云"本诸身,征诸庶民"者是也。《象》曰"观我生,观民也",王者以中国为一人,民心之向背,无不自我,观我即所以观民也。

【占】 问时运:目下运得其正,直道而行,无往不利。

○问商业:当由我把定主意,买卖贩运,无不利。

○问家宅:此宅必由我建造,君子居之,大利。

○问战征:当审察己营,所谓知己,乃能知彼也。可获大胜。

○问疾病:有命在天,无咎。

○问行人:即返。

○问失物:仍在身边,未失也。

○问六甲:生贵子。

【占例】 友人某为推选会社社长,请占会社之盛衰。筮得观之剥。

爻辞曰:"九五:观我生,君子无咎。"

断曰:此卦名观,有上下互观之义。下之观上,仰其威仪;上之观下,察其贤否。今占得五爻,曰"观我生",则是返而观己也。谓我而不善,何能望人之善。我而善,自足化人之不善。故观人不如观我。今足下选充社长,为一社之主,社中诸事,皆由足下一人而出也。足下当先内观于己,社友之从违,咸视足下之向背,即社运之盛衰,亦在足下而已。足下其自审之!

同氏闻之,努力奋励,社员及职工,皆感其风云。

上九:观其生,君子无咎。

《象传》曰:观其生,志未平也。

上爻具刚明之才德,居五爻之上,处一卦之终,虽高而无位,其一动一静,为众人所瞩目。既为众人所观,不能不自"观其生",与五同德,故亦与五同观。"观我生",观发施之政教;"观其生",观平时之行义,稍有不同耳。而要皆以君子为归,庶无咎也。《象传》曰"志未平也",言上处极必危,虽无其位,未忘恐惧;曰"志未平",其谨畏可知也。

【占】　问时运：盛运已过，反躬自省，亦无失也。

　　○问商业：此种货物，已将告罄，由我得价，自然获利。

　　○问家宅：是老宅基，生息繁盛，有利无咎。

　　○问战征：军事将终，即可旋凯。

　　○问疾病：命运不久。

　　○问讼事：即结。

　　○问六甲：生男。

【占例】　明治十八年岁杪，鸟尾得庵君来访，晨夕谈论《易》理。余言《易》理玄妙，今日之精通《易》道者，盖已寥寥矣。鸟尾君曰：天下之广，人才之多，岂无一二之能晓者乎？余曰：余自玩《易》理，二十有余年，然感通之力，仅得咸之初爻，犹未能穷其奥也。自孔子以来，真得神明变化者，世多不闻其名。由是观之，彼此之妄谈卜筮者，皆皮毛耳。论难数回，鸟尾君曰：有无之论辩，不须烦言，不如一占以决之。乃筮得观之比。

　　爻辞曰："上九：观其生，君子无咎。"

　　断曰：上爻者，卦外无位之地，此卦《象》辞，首言神道，是假格神明之卦之例。以六爻配三才，以五为天位，上居五上，是谓天子之父，即天也。今占得上爻，曰"观其生"，明明教余反观内省，于《易》之道，果得窥透一二？余不能窥透，即知人亦以未能窥透也。又上爻于时为未来，今日虽无其人，后世或有能精晓者矣。

　　鸟尾君首肯曰：以此观之，今时之无其人，可知也。《易》原非再三可渎，余亦试一筮。筮得节之需。

　　爻辞曰："六三。不节若，则嗟若。"

　　《象传》曰："不节之嗟，又谁咎也。"

　　断曰：今时求之真通《易》道者，犹霜月求春花，暑夏欲冬粱，其不可得，天也，非人之咎也。

　　《易》之灵妙，二筮一旨，相与浩叹而别。

　　○亲友某，为构造三层房屋，示建筑学士绘图，请占可否，筮得观之比。

　　爻辞曰："上九：观其生，君子无咎。"

　　断曰：此卦《象》辞首曰"大观在上。""观"字，亦作楼观之观，有高楼之象焉。今占得上爻，知学士见识高妙，其以欧美各邦有名建筑之图，画为模范。如此构造，壮则壮矣。欧洲风土气候，与我国异，则家屋之建筑，亦不得不从而异，在建筑师，所当体其意而折中焉可也。如我国以夏为本位而建造，彼国以冬为本位而建造，故我国家屋，拟西洋构造者，夏日乏风而苦热，冬日乏阳而苦寒；他如事务室，有旦昼不能灭烛者。此构竣工以后，防有龃龉，多致改造变更之事，故《象传》曰："观其生，志未平也。"

䷔ 火雷噬嗑

"噬"，啮也。"嗑"，合也。啮而合之也。卦全象颐，以初、上二刚为两唇，以二、三、四、五四阴为齿，上下断腭，有噬之象。以四爻一刚，梗于其间，如物之在口，初上二刚，以四为梗，遂致上下不得合。下唇动，上唇止，必噬乎四之梗，梗消而两唇乃合，谓之噬嗑。卦承观来，《序卦》曰："可观而后有合，故受之以噬嗑。"嗑，合也。既有可观，后必来合，噬嗑所以次观也。

噬嗑：亨，利用狱。

《杂卦》曰："噬嗑，食也。"凡食下咽则口合，有物梗之则口不合，不合则不通，合则亨通矣，故曰"噬嗑，亨"。由是而推之，在家庭则有谗邪以梗之，在朝廷则奸佞以梗之，在道路则有强暴以梗之。一如物之在口，有梗则不通也，欲期其通，当先治其梗。治梗者，"利用狱"，治狱宜刚，象取初上两刚，用之者，则在五爻也。"狱"，因也，外卦离体，外实中虚，有狱象焉。内卦震，震威也；外卦离，离明也。威而且明，有治狱之才焉，故曰"利"。如是而噬嗑济矣。

《象传》曰：颐中有物曰噬嗑。噬嗑而亨，刚柔分，动而明，雷电合而章。柔得中而上行，虽不当位，利用狱也。

颐本合也，因中有物梗，则上下不合。卦体初上两刚在外，二、三、五三柔分列上下，四爻一刚在中，如颐中有物之象，必得初上两刚相交，噬而嗑之，啮去其梗，颐斯合矣。颐合梗去，则亨通也，故曰"噬嗑而亨"。此卦内卦一刚二柔，外卦二刚一柔，是刚柔相分也。雷动也，电明也，"动而明"。雷震而电煽，一时合发，威耀交彰也。"柔得中"，指六五言，以柔居刚，为刚柔得中也。"上行"，谓五居尊位，柔而处阳，位虽不当，而利于用狱。盖用狱过刚则伤猛，过柔则伤宽，刚柔得中，而狱平矣。统言之，物有害于口齿间者，人以噬嗑治之；物有害于造化者，天地以雷电治之；物有害于政治者，先王以刑狱治之。所谓"噬嗑而亨"者，道在此矣。故噬嗑一卦，为治天下之大用也。

按贲卦亦有物在颐中之象，然上卦艮止，下卦离丽，上止下丽而不动，故不能噬物，虽有颐中含物之象，无噬物之义也。

以此卦拟人事，卦象为"颐中有物曰噬嗑"，谓颐因物梗不能合也。推物之所害，不第颐然。物入于耳而耳必不聪，物生于目而目必不明，物入于胸而胸必致病，物入于心则心必致蒙，是物之害在身也。极之父子之间，有物以间之，则父子乖；兄弟之间，有物以间之，则兄弟离；夫妇之间，有物以间之，则夫妇怨；朋友之间，有物以间之，则朋友疏，是物之有害于彝伦也。欲除其害，在治人则用刑狱，在治己则用内讼，其法一也。动为雷，明为电，动以致其决，明以察其几，动与明合，而赏罚彰焉。以位言之，五爻为君；以德言之，五爻为心，心所以称天君也。此卦五爻，以柔居阳，曰"柔得中"，谓心能柔而用刚，则刚柔得中，斯不失严，亦不失宽，而内讼之功用全矣。卦名曰噬嗑，《象》辞曰"颐"，皆取象于齿颊间，故六爻中，曰"灭趾"，曰"灭鼻"，曰噬肉，曰"噬胏"，曰"灭耳"，皆取象于人身，是诚为剥肤之灾也。在内则物欲去而心身亨,在外则谗邪去而万事亨,所以善其治者,全在天君也。《易》理所赅甚广,为家,为国,为身,在占之者随事取之耳。

以此卦拟国家,朝廷中所最害政者,群僚在位,有一谗佞与立其间,颠倒朝政,惑乱君心,虽有贤能,被其离间,不能协办共事,此国家所以日替也。此卦四爻,一刚在中,间阻上下,即其人也。初上二阳,一上一下,不相会合,二三柔顺无能,五爻以柔居阳,比近于四,未免偏听。雷伏而不动,电匿而无明,治道之不亨,职是之故。《象》辞所谓"颐中有物"者,其象亦犹是耳。"颐中有物",治之利用齿;朝中有谗,治之"利用狱",而主狱者则在五爻之君,相辅而治狱者,则在初上两刚。然以刚克刚,遇刚则折,犹必用二三两柔,调剂其间,斯四刚贴服。在五爻之君,以柔居阳,位虽不当,而能发雷之动,效电之明。雷电交作,治道乃彰。"动而明"则刑无或枉,明而动则罪无轻纵,是以刚柔中,而狱平矣。六爻历言治狱之方,初轻刑而寡过,二乘刚而易服,三"遇毒"而无害,四守贞而获吉,五用中而恤刑,要皆得刚柔之宜。唯上爻酷刑而有凶,是用刚之过也,即足为治狱者戒。就一卦言,九四为颐中之物,即梗法之人,是受狱而待治者也;就六爻言,九四刚直守贞,为治狱之能才也。盖卦象而爻辞,各取其义,玩其占者,毋以辞害意也。

通观此卦,其象取全体象颐,又取上下雷电二象,为治狱之用。雷以抉伏,电以烛奸;动则能断,明则能察。合而施之,刑法昭彰。六五虽不当位,以柔居阳,为治狱之主,专用初上两刚相合为治,刚柔合而间去,间去而狱平。卦旨如此,在六爻则又有各取其义。或以初上两爻无位,为受刑之人,中四爻为用刑之人。就卦体观之,以四爻一刚,为受刑之人,余五爻为用刑之人,然爻辞皆主"利用狱",未尝有用刑受刑之别也。但两刚不能独噬,必合诸柔而共噬,故诸爻各有所噬,而噬之中,又分其坚柔焉。二"噬肤",肤柔而易噬,其罪轻;三"噬腊肉",较肤而稍坚矣,故有"毒";四"噬干胏",胏肉而带骨,较腊肉而益坚矣,"利艰贞";五"噬干肉",乾肉者,言狱之已成也。五为主狱,其所治者。皆刑官之已决者也,五重省之,故"贞厉"。初曰"屦校",初在下,刚犹微,故刑在足,是薄罚也。上曰"苛校",上居终,刚已极,故刑在首,则过猛矣。两爻独不言噬,或之所为受刑者,其以此乎?总之六爻用狱,各有次第,得其当,故皆曰"无咎";"利艰贞",则曰吉;用其极,则曰"凶"。平则劝之,过则戒之,慎之至也,故《象传》曰"雷电噬嗑,先王以明罚敕法",言先王明威并用,即刑期无刑之意。《易》之言用狱,噬嗑与丰二卦最详。丰曰"折狱致刑",噬嗑曰"明罚敕法"。其审决精详,足惩后世爱书之滥。此全卦之义也。

《大象》曰:雷电噬嗑,先王以明罚敕法。

《埤雅》曰:电与雷同气,雷从回,电从申。阴阳以回薄而成雷,以申泄而为电,是皆天地之怒气,震发而示威于天下者也,有用刑之象焉。或曰,雷出天气,电出地气,天地气合而雷电作。噬嗑即以初上二刚为雷电。先王取其象以治狱,明以象电之光,敕以象雷之震,罚明使民知避,法敕使民知畏,斯罚无枉曲,法无偏私。朝廷之刑罚,一如天廷之雷电。天以好生为德,王以恤刑为心,其道一也,其治隆矣。

【占】 问时运:目下正当好运发动,有威仪,有光耀,声名远播上达之象,吉。

〇问商业:买者卖者,一时会集,有货物旺销之象,吉。

〇问家宅:天盘地盘皆动,防有火灾,须小心谨慎,可以免祸。

○问疾病：是郁热之症，导宜透发，或热极作狂，须慎。

○问讼事：判决明允。

○问天时：有雷雨骤降之象，雨后即霁。

○问婚嫁：阴阳一气，定必百年好合，吉。

○问行人：即归。

○问失物：恐被人吞没。

初九：屦校灭趾，无咎。

《象传》曰：屦校灭趾，不行也。

震为足，初刚居阳在下，象足；初为震之下画，亦象屦。"校"刑具，木校也，加校于屦，即加于足也。"灭"，没也，以校之小，仅没其趾，罪小而罚轻也。初阳犹微，用刑亦宽，小惩之，使不复为恶而己，故用刑与受刑，两"无咎"也。《象》曰"不行也"，古人制刑，有小罪则校其趾，禁止其行，使不敢复蹈前非，故曰"不行也"。

【占】 问时运：目下防有小灾，幸无大患，宜慎。

○问商业：木材交易，最为不利，余商亦宜谨慎。

○问家宅：有兴工改造之意，无咎。

○问疾病：或足患疮疡，或患脚气，症是初发，医治自易。

○问战征：防有埋伏，宜慎。

○问婚嫁：不利。

○问行人：未归。

○问六甲：生男。恐小儿有脚疾。

【占例】 明治二十三年春，友人某来谓曰：今欲合兴一业，请占成否？ 筮得噬嗑之晋。

爻辞曰："初九：屦校灭趾，无咎。"

断曰：此卦下卦震为木，有动性，上卦离为火，其象恰如负薪向火，进必陷难，以勿进为宜。今占初爻，曰"屦校灭趾，无咎"，然虽曰"无咎"，不免小惩。《象传》曰"不行也"，明告以事不可行，宜罢而不复为。

友人闻之曰：今得此占，愈知其不可为也。余所欲为，本非十全之策，当谢绝同人也。尔后友人又来曰：实三人同谋贷金业，若有以株券及公债证书为抵当借金者，返还之际，一依财主之便宜，予以证书。得惜主承诺之证书货金，其所抵当公债证书株券等，连即卖却；又以同一方法贷与其金，次第如此，是不须资本，可得大利。若有请返还者，付以低落之株券等，万一事不如意，则隐匿财产，为破产之策。后奸策发露，二人已下狱。《易》理之妙，实可惊叹！

六二：噬肤灭鼻，无咎。

《象传》曰：噬肤灭鼻，乘刚也。

"肤"者，柔软无骨之肉，噬之甚易，喻狱之易治。"灭鼻"者，喻得情之深。二爻应五，居中得正,是用刑之得其中正也。刑得中正,则罪人易服,虽"噬肤"而"灭鼻","无咎"也。互卦艮为鼻,此爻居艮之初,上有互卦之坎,以艮陷坎下,有灭鼻之象。《象传》曰"乘刚也",乘初之刚,以济其柔,故噬之,而深没其鼻也。

【占】 问时运:目下平平,因才力浅肤,宜乘大力者行事。

　　○问商业:现时货物,有辐辏而合之象,不妨深藏待价,乘时出售。吉。

　　○问战征:"肤"大也,"鼻"始也,从今伊始,可奏肤功,吉。

　　○问家宅:"鼻"为祖,"灭鼻"即灭祖,老宅不利。

　　○问疾病:现下邪在肌肤,致恐深入为患。

　　○问行人:偕伴而归。

　　○问婚嫁:定是兴旺之家,可成。

【占例】 明治二十五年十月二十五日,杉浦重刚、菊地熊太郎、三宅雄次郎、志贺重昂、陆实诸学士,会于星冈茶寮。前一夕政府有命,停止日本新闻发行。时陆氏为该新闻主笔,问余以解停之期,筮得噬嗑之睽。

　　爻辞曰:"六二:噬肤灭鼻,无咎。"

　　断曰:此卦"颐中有物"之象,噬之粉齑,自得亨也,故曰"噬嗑,亨"。今该新闻纸所载事项,有障害政府,政府停止发行,是其间为事所梗塞也。噬嗑之卦,"利用狱",今六二居下,其罪不重。所谓"噬肤灭鼻"者,如噬美肉,误为热汁伤鼻,象编辑者匆促执笔,触政府之忌讳,被折其鼻也。鼻属金,灭鼻者,为停业而损货财也。下卦为震,于数为八;此爻变为兑,兑数为九。今后八日,或至九日,必可解停。

　　后八日,果解停。陆氏赠书,报知杉浦氏,感其奇中也。

　　○亲友某来曰:有一商业,为有望之事,请占其成否并吉凶。筮得噬嗑之睽。

　　爻辞曰:"六二:噬肤灭鼻,无咎。"

　　断曰:此卦口中有物所梗,拟之商业,则为积贮物品之象。占得二爻,是轻易看过商事,反来意外损失。"噬肤"者,谓肉柔而易噬;"灭鼻"者,为逢着刚强,商家致遭折鼻。故宜仔细留心,慎密从事,可无过也,故曰"噬肤灭鼻,无咎"也。

　　后果如此占。

六三:噬腊肉,遇毒,小吝,无咎。

　　《象传》曰:遇毒,位不当也。

　　"腊肉"者,肉中藏骨,难噬之物也。骨藏肉中,人所不察。此爻以阴居阳,外柔内刚,有腊肉之象。干肉历久,噬之有肉败生毒,互卦(三、四、五)为坎,坎者毒之象。肉毒,如罪人强暴,治之而遇反噬,是可吝也。然用刑非为不当,故虽可吝,吝亦小焉,终无咎也。《象传》曰"位不当也",柔居阳位,不得其当,故罪人不服,而反遇毒也。

【占】 问时运:目下气运不正,于得意事中,每多失意、或待人而反受人怨,幸无大害。

　　○问商业:明明可获利之业,或反有小损,多以处置不得其当。

○问战征:屯营不得其地,防有小败,宜谨守。

○问家宅:宅神不安,恐有小灾,宜祷。

○问疾病:药不对病,幸小病无碍。

○问行人:因事未归。

○问六甲:生女。

【占例】 友人某来,请占刑事裁判,筮得噬嗑之离。

爻辞曰:"六三:噬腊肉,遇毒,小吝,无咎。"

断曰:此卦为口中有物,不噬则不通,犹彼我之事,中间被人阻隔,非用力除之,不得调和。今占得六三,曰"噬腊肉,遇毒",腊肉肉中带骨,坚韧难噬,久则有毒,如犯人刚强难治,久将反噬,未免有"小吝"也。然秉公审断,终得罪状,故曰"无咎"。裁判此案,自当审慎。后果如此占。

○占明治三十年秋丰歉,筮得噬嗑之离。

爻辞曰:"六三:噬腊肉,遇毒,小吝,无咎。"

断曰:此卦颐中有物之象,占年成丰凶得此卦,尤见适应也。三爻辞曰"噬腊肉,遇毒"。腊肉者,腌干之小兽肉,体具备,腊时既久,易致生毒,是食物之不洁者也。此卦有雷电交作之象,防七八月间大雨发,损害田谷,秋收不足,谷食缺乏,致人民混食杂粮,或遇毒而致病,谓之"噬腊肉,遇毒"。然今有外国米谷,输入甚便,得以济饥,故曰"小吝,无咎"。

是年八月,果气候不顺,洪水遍发,致米谷缺乏,幸输入外国米,藉以济荒。

九四:噬干肺,得金矢,利艰贞,吉。

《象传》曰:利艰贞,吉,未光也。

"干肺",干肉之有骨者也,其坚至矣。坚以象九四之刚,肉柔骨坚,以象九四之阳居阴位。四刚在中,其治狱,必合初上两刚而并治。初刚一画为乾,乾为金,故初有金象;上刚一画属离,离为矢,故上有矢象。四近比五,为治狱之大吏,初上皆从之,故曰"得金矢"。金刚矢直,刚与直,为治狱之要道,九四得之,有何狱之不可治也!故干肺虽坚韧,不难噬,犹言罪人虽强悍,不患不服矣。在四以柔居刚,刚或过严,故利用艰;柔或过宽,故利用贞,艰且贞,则吉矣。六爻中独四称吉。《象传》曰"未光也",谓治狱则吉,而四居离之初,离明犹微,故曰"未光也"。

【占】 问时运:目下改旧从新,正当盛运,万事皆吉。

○问商业:譬如食肉得金,有利过于本之象,大吉。

○问家宅:家业素丰,安不忘危,常不忘变,是保家要道,吉。

○问战征:能获敌粮饷,获敌弓矢,无坚不摧,所向皆利。但胜时,更宜谨慎为吉。

○问婚嫁:以勤俭之家,吉。

○问产生:此症非易治,须谨慎调养,吉。

○问六甲:生男。

〇问行人:在外得利,尚未归也。

【占例】 相识某,因商业上生一大纷议,请占其结果如何。筮得噬嗑之颐。

爻辞曰:"九四:噬干胏,得金矢,利艰贞,吉。"

断曰:此卦有隔绝彼我于中,谋攫大利者,首当用力除去其害。今占得四爻,曰"噬干胏",干胏坚韧难噬,知其人必刚暴难治。曰"得金矢",金矢贵重之品,想所以争讼者,即在此贵重之金矢也。就金矢取象,金刚象,矢直象,必得一刚直之人,方能判决。然处置甚难,非一时可了,故曰"利艰贞"。始终忍耐,虽多纷议,自然归结,可勿劳心也。

后果如此占。

六五:噬干肉,得黄金,贞厉,无咎。

《象传》曰:贞厉,无咎,得当也。

"噬干肉"者,喻肉之无骨易噬。"得黄金"者,黄为正,取正中也;金为刚物,取坚刚也。此爻备刚明之德,尊居五位,即断狱之君也。干肉为肉已干,狱而至于人君亲决,亦必狱之已成者。罪虽已定,而人君犹有罪疑惟轻之意,故曰"贞厉"。如是而用刑,复何有咎?《象传》曰"得当也",谓能以柔用刚,守正虑危,治狱之道,得其当也。

【占】 问时运:运正得时,所求所谋,无不如意,吉。

〇问商业:所贩运货物,皆是上品,干净完美,大得利益;不特一时,此业可保长久。吉。

〇问家宅:方位得当,大利。

〇问战征:主敌城柔弱易攻,吉。

〇问疾病:肉食宜忌,久亦可危,须谨慎调慑。

〇问行人:正获利归来。

〇问六甲:生男。

〇问失物:即得。

【占例】 占明治二十二年之米作,筮得噬嗑之无妄。

爻辞曰:"六五:噬干肉,得黄金,贞厉,无咎。"

断曰:《杂卦传》曰:"噬嗑,食也";《象传》曰:"颐中有物曰噬嗑,噬嗑而亨"。此卦辞皆关食物者也。此卦雷在下,电在上,互卦四爻为七八月,防有洪水。今占得五爻,为丰作之兆也。爻辞曰"噬干肉",干肉可藏,新谷登场,纳之仓凛,亦取其藏也。曰"得黄金",稻得黄熟时,称曰遍野黄金,米粒称曰金粒、玉粒,盖言丰也。年丰谷熟,贩运者广,米价未必低落,农民既得十分收获,又得高价出卖,亦谓之得黄金也。

果至七八月间多雨。三县虽有被水惨状,全国概得十分丰登,米价颇贵。知《易》理之精妙,不可测度。顷日会某贵显,谈及此占,贵显感叹不措。

〇明治二十七年十二月,我海陆军在清国山东省威海卫。清国军舰据要地防御,我军舰在港外,炮击不得其宜。是月二十日,余偶会土方宫内大臣于汽车中,大臣问余以威海卫战况,余筮得噬嗑之无妄。

爻辞曰:"六五:噬干肉,得黄金,贞厉,无咎。"

断曰:此卦为"颐中有物"之象。今清兵因过日之败,退守僻地,我海陆兵包围清国海军,犹颐中有物也。今占得五爻,战机正熟,击敌之坚,可有意外之获也,谓之"噬干肉,得黄金"。虽所行危险,可保无害,谓之"贞厉,无咎"也。

后果伊东海军中将,以水雷艇击破铁索,侵入港内,击沉定远等数军舰,敌将丁汝昌以下自杀,镇远等军舰,悉归我有。

上九:荷校灭耳,凶。

《象传》曰:荷校灭耳,聪不明也。

上居极位,在五之上,为离上画,刚明过盛。"校",木校,刑具也。初阳在下,故校在足;上阳在上,故校在首。"荷校灭耳",校之厚,知刑之酷也。治狱之道,与其失人,不如失出,宜以钦恤为心。上九刚强自用,重刑示威,安能无凶乎? 故曰"凶"。《象传》曰"聪不明也",谓讼之听,全在于聪,刚而不中,失其聪,即失其明,故曰"聪不明也"。

【占】 问时运:目下大运已终,能以柔和处世,可保无虑;若任用强,难免凶矣。

○问商业:得利即止,不可过贪,斯无大损。

○问家宅:防有意外之灾凶。

○问战征:切勿前进,前进必凶。

○问疾病:或耳鸣耳聋,或项上生毒,凶。

○问六甲:生男,防有聋耳之疾。

【占例】 东京曲街酒店主人某,家业上夙操苦心,顷日忽然不理事务。一日午前出家,日暮未归,家人寻之,不得踪迹。时平川町盲人铃木孝伯,尝就余学《易》,家人因请占卜,孝伯筮得噬嗑之震。

爻辞曰:"上九:荷校灭耳,凶。"

孝伯断曰:此卦内为震雷,外为离火,南离方也,趋街之南。雷火发动者,蒸气车也。占得上爻,其辞曰"荷校灭耳,凶"。以此推之,恐主人触蒸气车,有灭耳而死之象也。

闻者皆惊,或犹未信。既而夜十时,爱宕下警察署急召唤家人,告以主人铁道上横死之事,验之果首耳俱裂。至是皆敬服《易》理之妙。余闻之,喜孝伯判断酷似余言,故附记之。

○明治三十二年四月,某贵绅妻,初有孕,至临月,逾期末产。为占其分娩,用《易》筮,得噬嗑之震。

爻辞曰:"上九:荷校灭耳,凶。"

断曰:噬嗑之卦,二阳在上下,一阳在三阴之间,即妊娠之象。今占分娩,见有灭耳之辞,是胎儿肥大,难于生产,恐相轧而伤其耳也。

后果此妇临褥,久不得产,医师见产妇不堪,将施行截开,渐而分娩。盖因儿肥大,为产门所阻,致耳受伤,因以硝酸银灼之,疗其伤也。儿虽不至"灭耳",其受伤也确矣。

☶ 山火贲

贲从卉从贝。此卦上卦艮,艮,山也。《诗》:"山有嘉卉"。故贲上从"卉"。且艮为果蓏,有卉之象。下卦离,离为鳖,为蟹,为蠃,为蚌,为龟,皆贝也。《尔雅》:"龟三足名贲",故贲下从贝。《序卦》曰"贲饰也",卉贝皆具彩色,是以谓饰。付氏云:"贲古班字,文章貌,言斑驳陆离有文也。"《彖》辞所谓"天文""人文",由此来也。为卦山下有火,山生草木,下有火照彻,则草木皆被其光彩。《书》曰"贲若草木",亦足证焉。卦上承噬嗑,《序卦》曰:"嗑者。合也,物不可以苟合,故受之以贲。"苏氏曰,"直情而行之谓苟,礼以饰情之谓贲"。礼以饰情,在乎枑与为敬,敬则其合可久,此贲所以次乎噬嗑也。

贲:亨,小利有攸往。

贲卦上体山,山蕴质素;下体火,火吐文光。下火上烛,则质而有文,故曰贲。文质交错,刚柔得中,故曰"亨"。离火之明,遇山而止,则所进者小矣,故曰"小利有攸往"。其义,则《彖》辞详之矣。

《彖传》曰:贲亨,柔来而文刚,故亨。分刚上而文柔,故"小利有攸往",天文也。文明以止,人文也。观乎天文,以察时变;观乎人文,以化成天下。

此卦与噬嗑对,以噬嗑变。噬嗑六五柔来二,为六二,成离下,是为"柔来而文刚"。噬嗑初九刚往上,为上九,成艮上,是为刚往文柔,刚柔相杂而为成,是天下之文也。"柔来而文刚",离明于内,故无不亨;刚往文柔,艮止于外,故"小利有攸往"。卦以上爻为极,极即天也。上爻曰"白贲",自然之文,故谓之"天文"也。九三在人位,为一卦之主,当文明之盛会,故谓之"文明以止,人文也。""天文"者,日月星辰,光华内焕,不假外饰,自然之文也。"人文"者,人伦庶物,纲纪在先,节文在后,修饰而成文。有圣人作,仰观天文,晦朔何以代明,寒暑何以错行,察其时变,是欲以人合天也。俯观人文,道之以礼乐,教之以诗书,化成天下,是欲以人治人也。是圣人用贲之道也。

以此卦拟人事,贲,缘饰也,质先而文后。凡事之有待致饰者,皆后起也。此即绘事后素之说也。以之言礼,玉帛其饰也;以之言乐,钟鼓其饰也;以之言宫室,轮奂其饰也;以之言衣服,章采其饰也。是文饰必附质而著,如帛之受采,玉之受琢,有实而加饰,饰之足以增其美。此卦山得火而焕彩,譬如在人,心光透发,面目生辉,内行修明,声闻卓著,德润而体胖,实至而名归,即贲之象也。就爻言之,初爻"贲趾",以处义为贲,贲得其正;二爻贲须,以与上为裁,贲得其时;三爻"贲如濡如",贲而"永贞",贲得其吉;四爻"贲如皤如",贲而当位,贲"终无尤";五爻"贲于丘园",以敦本务实为贲,贲终"有喜";上爻"白贲,无咎",以黜美返朴为贲,贲乃"得志"。此六爻之义,所以治全体之贲。而人事之饰伪而乱直,黜美而诬实者,皆当返而自省矣!

以此卦拟国家,上卦为山,安止不动,如圣躬之德性镇定也;下卦为火,辉光远耀,如朝廷之政教焕布也。内崇德性,外敷政教,有本有文,刚柔并用,是贲之善者也。推之舞干羽而格顽民,是"柔来而文刚";仗斧钺以安天下,是"刚上而文柔"。审时定历,以法天文也;

制礼作乐,以昭人文也。德礼以行政,政乃善;忠信以折狱,狱乃平。《象》曰"君子以明庶政,无敢折狱",即此旨焉。六爻言贲,各有次第,义深旨远。初刚在下,故曰"贲趾",是守道无位之贤人也。二爻"柔来而文刚",随刚而动,如须随颐而动,故曰"贲须",是待时而动之君子也。三爻当贲之盛,故曰"贲如濡如",是治贲而能守其贞者也。四爻则由离入艮,贲道变矣,故曰"贲如皤如",是不随俗披靡,为能黜华而崇实也。五爻则为主贲之君,忘殿陛之华,守丘园之素,故曰"贲于丘园",所以厚民生而敦风俗者,道在是焉。上爻为贲之极,物极必反,故曰"白贲"。《杂卦》曰"贲,无色也",郅治而期于无刑,盛德而极于无为,此治道之原也。如是而事济矣,如是而化成矣。

通观此卦,内离外艮,离文明也,卦德由内达外,以文明为主,故名卦曰贲,取贲饰之象也。《彖传》所言柔文刚、刚文柔、观天文、观人文,皆以文致饰,亦以文得亨,是贲之象,由离而来,得艮而济,此全卦之体也。《象传》不曰火在山下,而曰"山下有火",是隐然有以山止火之象。"以明庶政",明也;"无敢折狱",止也,亦见文不过质之意。六爻言贲,内三爻,离本卦,初二两爻,贲犹微,惟三爻贲为盛;上三爻,自离入艮,其言贲,皆黜华崇实,是救贲之偏而返其本也。故四虽"疑"而"无忧",五虽"吝"而"终吉",六"无咎"而"得志"。将使之自文还质,无偏胜之患,斯为贲道之大成也。全卦之义如此。

《大象》曰:山下有火,贲,君子以明庶政,无敢折狱。

艮山之下有离火。艮,一阳高出二阴之上,阳塞于外而不通,故止;离,二阳之中含一阴,是内虚而含明,故明。君子法之,"以明庶政"。"庶政"者,或兼教养,或兼兵食,《洪范》所谓"八政"皆是也。暗则紊,明则治,取之离,而政教明矣。明以致察,过察则失严,故于折狱,则曰"无敢"。"无敢"者,谓不敢自用其明也。虚明之心存于中,而慈祥之政行于外,明其所当明,而不敢过用其明,取之于艮,明于是乎止焉。丰曰"致刑",以"明而动";贲曰"无敢",以明而止。不动则民不畏法,不止则民不聊生,有相济而行也。

(附记)

"观乎天文,以察时变"一则:

明治十八年一月,余浴于热海,一夕有大星见于月右。时饭田巽氏先见,呼余出视,余一见如有所悟,不言而入。邻席有《自由新闻》社员藤井新藏者,谓饭田氏曰:高岛氏一见而入,必有所解,君请往探之。饭田氏乃过余室叩其故,余曰:难言也。氏问之再三,余曰:数日内当有一大臣濒死者也。氏曰:子何以知其然乎?余曰:此所以为难言也。余历征多年实验,乃知星之示变也。子若不信,请观后日。未几三日,报有栖川宫殿下薨,氏复曰:子言果中矣,吾终不知其然也,请幸教我。余曰:《易》不曰乎?"观乎天文,以察时变",此之谓也。

【占】 问时运:目下正当发动。百事顺适,但上有阻止,未能遂意径行。

〇问商业:主经理人才干强明,足以任事;但精明者必刻利,还宜留意。

〇问家宅:恐宅中时有火光发动,幸即扑灭,无大害也。

〇问战征:前面有山,未易进攻。

〇问疾病:是郁火上蒸之症,宜息火,犹不可过用寒剂,致真火扑灭。

〇问行人:欲归又止,尚未定也。

○问六甲：生女。

初九：贲其趾，舍车而徒。

《象传》曰：舍车而徒，义弗乘也。

初刚在下，故曰贲趾。"徒"，徒行也。古者从大夫之后，不可徒行。初无位，故"舍车而徒"。贲趾者，是践仁履义，以仁义"贲其趾"者也。不以乘车为贵，而以徒行为贵。乘车者，世之所贵，君子所耻，是以舍之。《象传》曰"义弗乘也"，喜初之能守义也。

【占】　问时运：生性清高，不合时趋，以德亨，不以名亨。

　　○问商业：必是肩负买卖，非舟车贩运之业，虽小亦亨。

　　○问家宅：是勤俭起家，颇有知足不辱之风。

　　○问战征：陆军利。

　　○问行人：中途遇阻，步行而归。

　　○问疾病：症在初起，不食药而可愈也。

　　○问讼事：恐有惩役之灾。

　　○问失物：已舍去之，寻觅徒劳。

【占例】　明治十九年，占某贵显气运，筮得贲之艮。

爻辞曰："初九：贲其趾，舍车而徒。"

断曰：此卦上艮下离，所谓高山仰止者，某贵显之德望也；所谓离明遍照者，某贵显之功业也。是当今所共知者也。现时退位闲居，今占得贲初九，曰"贲其趾，舍车而徒"，爻象正合。初爻为无位，阳刚在下，贲，有文也。趾，足也，从止，有退归之象。"舍车"，犹舍位而隐也。"徒"，行也，将复起也。舍车徒行，是某贵显将潜行民间，窥察民情风俗，以益光文明之治，补维新以来所未修，是某贵显之隐衷也。爻象以明示之。在某贵显为维新元勋，虽暂退闲，其心头岂一日忘天下哉！兹值初爻，贲犹未光，至三而贲盛，至六犹能反其贲，以协于中。贲之运正反，知某贵显，后日必德望愈隆，功业愈大也。《象》所谓"观乎天文，以察时变，观乎人文。以化成天下"，皆可于某贵显见之。

后果如此占。今辅佐朝政，望同山斗，遇际明良，是贲之所以为贲也。

六二：贲其须。

《象传》曰：贲其须，与上兴也。

二以柔居柔，其爻自噬嗑六五柔来，变为六二，即《象传》所谓"柔来而文刚"也。取象于颐，此爻曰"须"，须，随颐而动，故注曰：须之为物，上附者也。柔来文刚，文刚者，贲也，故曰"贲其须"。须眉为人生之仪表，所谓严其瞻视者，此也。《象传》曰"与上兴也"，"上"，谓上卦噬嗑，"兴"，动也。噬嗑内卦为震，震为动，须附上，爻自噬嗑来，故曰"与上兴也"。

【占】　问时运：目下平平，只可依人成事。

○问商业：与富商合业，必大兴旺，吉。

○问战征：必须与大军同进，方可得胜。

○问家宅：明上人之福泽，藉以光大门楣。

○问婚嫁："归妹以须"，尚宜待也。

○问六甲：生女。

【占例】 明治十四年四月占国会。方今我国舆论，咸愿开设国会，群议纷纷，未可臆断，特占一卦，得贲之大畜。

爻辞曰："六二：贲其须。"

断曰：此卦自二至上为五年，其间不见凶咎。贲下卦为剥，剥之上即第六年，其凶尤甚。今审度避凶趋吉之方，须就变卦大畜探索。为之先说贲终剥来之凶象，复述变卦大畜之卦义。

《彖》辞曰："贲亨，小利有攸往。"贲者文饰也，凡事饰于外者，必由其内有缺乏也。今当开设国会，各府县推举代议士，才力学识，未必完全，多皆徒施外饰而已。《彖传》曰"柔来而文刚"，"刚上而文柔"，谓上卦之柔，来贲下卦之刚，下卦之刚，上贲上卦之柔，上下各以刚柔，互相贲饰，此《彖》义也。今拟之国会，上卦为官吏，下卦为代议士，各以论说相抵抗者也。曰"贲亨"知国会之事无不亨通；曰"小利有攸往"，知国会虽可进行，未免有所退止也。曰"观乎天文，以察时变"，谓当察时机之会，审宇内之势，以维持国体于不朽也；曰"观乎人文，以化成天下"，谓应民心之归向，文运之昌明，开设国会，上下合志，可以计划国家之安宁。此就《彖》义而释之如是，进推六爻，初爻"贲其趾"，"舍车而徒"。初爻在下，是无位也，谓微贱下民，亦将持杖徒行，奔走而来观德化也。二爻"贲其须"，《象传》曰"贲其须，与上兴也"，二虽进初一等，其人不能自主，随人之议论以为议论，如须之随颐而动也。三爻"贲如濡如，永贞吉"，《象传》释之曰："永贞之吉，终莫之陵也。"三居下卦之上，近比四"爻，"贲如濡如"，贲之盛也。三以阳居阳，卦中为主贲，会中为主议，持论不易，能守"永贞"，故吉。《象》谓"终莫之陵"，言无与相抗也。四爻"贲如皤如，白马翰如，非寇婚媾"，此爻为政府地位，与三接近。"贲如皤如"者，谓官吏示以从前政府施行之事状；"白马翰如"者，谓听者解得政府之实情；"非寇婚媾"者，谓感官吏之勤劳，相与辅翼而赞成之也。五爻"贲于丘园""束帛戋戋"，谓议士中有知"丘园"之贤士，推荐于朝，当具"束帛"以招之，使之出而共议国是，故"终吉"。上爻"白贲，无咎"，乃退位老臣，谓创兴国会，未免近于粉饰，终宜黜华崇实，是返本之道也。从此节财省费，得谋裕国之策也。

贲之终，剥之始也，更论剥卦之义。剥《彖传》曰："剥，剥也，柔变刚也。不利有攸往，小人长也。""柔变刚"者，是"小人道长"之时也，故曰"不利有攸往"，戒辞也。初爻曰"剥床以足，蔑贞凶"，阴之剥阳，自下而上，邪害正也，谓有武人，恶人民之渐进逼上，欲压灭其党类之象。二爻曰"剥床以辨，蔑贞凶"，"辨"者床干也，指党类之长，初爻既灭党类，今又欲殄灭其长之象。三爻曰"剥之无咎"，其党类为时势所激，忽起变志，不复顾忌名分，是最不祥之占也。四爻曰"剥床以肤，凶"有众阴逼上之势，渐逼渐近，其凶更甚。五爻曰"贯鱼，以宫人宠，无不利"，谓剥之者凶，顺之则利，有一时委曲保全之象。上爻曰"硕果不食。君子得舆，小人剥庐"，谓虽当剥极，必有硕果之仅存者。君子处之，谓终得爱戴，小人处之,谓无所容身,是小人欲剥君子,自己亦罹其灾之谓也。

以上自贲移剥之卦象也。贲为文明而止之卦,方今人情,徒慕欧英文化,不察时势之可否,难免剥落之灾,如剥卦所述,故君子必贵思患而预防也。今占得贲之大畜,再释大畜之义,以示占者。

大畜《象传》曰:"大畜,刚健,笃实,辉光,日新其德。刚上而尚贤,能止健,大正也。不家食吉,养贤也。利涉大川,应乎天也。"大畜者,畜之大者也,专在尚宾养贤,以为国家用,足以黼黻太平也。初爻曰"有厉利已",《象传》曰:"有厉利已,不犯灾也。"初以四为正应,欲进而四畜之,即为艮所抑,有不能达志之象。二爻曰"舆脱輹",《象传》曰:"舆脱輹,中无忧也。"二爻见初三两爻之止,有同愿屈抑之象。三爻曰:"良马逐,利艰贞,日闲舆卫,利有攸往。"《象传》曰:"利有攸往,上合志也。"三爻以刚健之才,欲锐进而从事者也,为四畜之,使不得进,遂变其志向,谋开垦牧畜等事。曰"良马逐",曰"利艰贞",皆开拓牧畜之象。又曰"闲舆卫",曰"利有攸往",并习练军事之象。如是有益政府,故谓之"上合志也"。四爻曰"童牛之牿,元吉",《象传》曰:"六四元吉,有喜也。"此爻当县官地位,县官能使无产士族,从事牧畜开垦等事,犹牧童牛,易畜易制之谓也。五爻曰"豶豕之牙,吉",《象传》曰:"六五之吉,有庆也。"此爻亦与六四同。上九曰"荷天之衢,亨",《象传》曰"荷天之衢,道大行也",谓全国士民各得其所,天下泰平之象也。

以上国会之占断如此。至翌年七月,政府颁示实施政令三条:一发布明治二十三年开设国会之令;一为救济无资士族,与以八十万元之授产金;一政府锐意开造铁路,计划中山道及奥羽之布设,与以年八朱之利息保护。皆呈象于大畜之爻义,得时势之宜者也。《易》象之灵妙如此。

九三:贲如濡如,永贞吉。

《象传》曰:永贞之吉,终莫之陵也。

三以一刚介二阴之间,当贲之盛,"贲如濡如",润泽之象。顾阴能贲人,亦能溺人,诫之以"永贞",在我有常贞之操,斯彼无凌逼之嫌,故曰"吉"。《象传》曰"永贞之吉,终莫之凌也","终"字与"永"字相应,盖贞而不永,则非有终者也。谓我刚正而永贞,彼自不能凌侮也。

【占】 问时运:当此盛运,光华润泽,名利双收,大亨。

　　○问商业:财源如水,大得清润,基业亦可保长久,大吉。

　　○问家宅:屋宇华洁,又得流水掩映,可以久居,吉。

　　○问战征:一军皆感被德泽,欢洽同心,可称王师无敌。

　　○问讼事:得直,彼亦不敢复犯。

　　○问婚嫁:百年偕老,吉。

　　○问六甲:生男。

　　○问行人:衣锦荣耀而归。

　　○问失物:向水中寻之,得。

【占例】 友人某来,请占气运,筮得贲之颐。

爻辞曰:"九三:贲如濡如,永贞吉。"

断曰:此卦一阳居二阴之中,如物入水中,沾濡润泽,光彩益章,故曰"贲如濡如",贲之盛也。然贲饰过甚,外耀有余,往往内美不足,是贲之流弊也。今我国自维新以来,仕途一变,每多有自炫才华,以冀仕进,饰智惊愚,互相标榜,大都如斯。迨一旦得位,毫无寸能,此辈纯盗虚声者,固可暂而不可"永贞"者也,吉何有焉?足下有意当世,宜践实德,毋博虚名,持之以"贞",守之以"永",终得吉也。《象传》曰:"终莫之凌",谓贲非虚贲,人复谁能相抗也。足下其留意焉!

六四:贲如皤如,白马翰如。匪寇婚媾。

《象传》曰:六四,当位疑也。匪寇婚媾,终无尤也。

四在上卦之下,贲已过中。"皤",素白色也,"翰",白色马也。卦体三、四、五互震,震为白马,故取白马之象。震上六曰"婚媾",故亦有婚媾之象。四与初为正应,为三所隔,不获相贲,故曰"皤如","白马翰如",亦未获其贲也。然九三刚正,"非寇",乃求婚媾耳。四与初正应,必相亲贲,不能终隔也。《象传》曰"当位疑",四疑二也;曰"终无尤",谓初四正应。终必相合,故云"终无尤"也。

【占】 问时运:目下运有阻碍,安分则吉,明年便可亨通。

○问商业:宜迅疾贩售,迟缓,防货物变色。

○问家宅:一宅之内,既有丧事,又逢婚事,前塞后通,无咎。

○问战征:有和亲通好之议。

○问疾病:中胸有阻,故上下不调,积阻消化,便无咎也。

○问行人:有爱女眷恋,一时未归。

○问六甲:生女。

【占例】 有人来,请占某缙绅气运,筮得贲之离。

爻辞曰:"六四:贲如皤如,白马翰如,非寇婚媾。"

断曰:四以阴居阴,与初为正应,为中间三爻所隔,不获相贲相亲。《象传》曰"当位疑也"。今占得四爻,知某缙绅在局,或亦因中有间阻,致生疑虑之处,然其中乘马翰如而来者,实欲相与亲密,并无他意。四交初则疑之为寇,为将攘夺我利也,至后渐知其真,疑念始解,故曰"非寇婚媾"。

当时某缙绅确有是事,初疑后解,两情甚洽,果如此占。

六五:贲于丘园。束帛戋戋,吝,终吉。

《象传》曰:六五之吉,有喜也。

"丘园"者,园之依丘陵者。艮有丘之象,"贲于丘园"者,谓留意于农桑之事。"束帛"者,赠人之物,"戋戋者",浅少之意。不贲市朝而贲丘园,敦本也。"束帛戋戋",谓六五以柔居尊位,能修柔中之德,黜祛奢华,敦崇俭约,如大禹之卑宫室,菲饮食也,故曰"贲于丘园,束帛戋戋"。"吝",谓居尊位,而留心鄙事,未免吝也,然不失黜华崇实之旨,故曰"终吉"。《象传》曰"有喜也",有喜者,谓实有可喜也。天下之俗成于俭,败于奢,一人倡之,世风可返于淳朴,则所喜非在一人,喜其能移风易俗也。

一说,丘园为隐士所居,六五能以"束帛",聘求丘园之遗贤,共辅文明之治。聘贤仅以"戋戋"束帛,礼意未隆,故曰,"吝"。在贤者不以币帛为悦,而以恭敬为悦,是以币帛虽微,贤者亦应聘而来,故终有吉也。亦通。

【占】　问时运:目下恰行正运,然作事一宜俭勤为吉。
　　○问商业:买卖最宜木材绸物二行,货物不必多,而获利颇佳。
　　○问家宅:农桑为业,勤俭家风,吉。
　　○问战征:宜招用野老,以作向导,可以得胜。
　　○问婚嫁:聘礼虽微,却好得一贤妇,大喜。
　　○问六甲:生男。

【占例】　友人来,请占气运,筮得贲之家人。
　　爻辞曰:"六五:贲于丘园。束帛戋戋,吝,终吉。"
　　断曰:此爻为五居尊位,崇尚俭德,将率天下而从俭也,故不贲宫殿,而贲丘园。"束帛"之礼,以诚相将,不尚丰厚。今占得此爻,知足下自幼从事商业,一番辛勤,得有今日,资产丰裕,亦足自乐。近来商业,多习欧美之风,全以欺诈为术,华丽自夸,反以曩时朴素敦厚为可吝也。在吾辈敦尚古风者,不屑与之较也。足下唯当安闲,觅一山林佳处,修筑园榭,栽植花木,以娱心目,为作养老之计也。人或以吾辈不事世事为吝,然以此而娱老,以此而传后,终得吉也,谓之"贲于丘园,束帛戋戋,吝,终吉"也。
　　友人从此占,亦足自乐。

上九:白贲,无咎。

《象传》曰:白贲,无咎,上得志也。
上处贲之终,终极不变,弊将无质。故贲之义,始因天下之质,饰之以文,并将天下之文,归之于质。"白贲"者,素朴自然,是无色也,如宝玉不雕,珍珠不饰,不使文掩其质,"白贲"之谓也。《象传》曰"上得志也",居卦之上,处事之外,矫世俗之文饰,而敦尚朴素,独行其专,优游自得耳。
凡卦如泰与否、剥与复、涣与萃等,皆有对偶,唯贲无对,独于卦中,分贲与不贲两义为对。是读《易》之诀也。中孚一卦亦然。

【占】　问时运:好运已终,劳者宜归于逸,动者宜返于静.优游自适,聊以取乐耳。
　　○问商业:现在货价已高,时令将完,不必装饰,即可出售,定得利也。
　　○问家宅:清白家风,位置亦高,吉。
　　○问战征:身当上将,堂堂之阵,正正之旗,不用谲计奇谋,自然获胜。吉。
　　○问疾病:病在上焦,宜用清淡之剂,吉。

〇问行人：得利归来。

〇问六甲：生男。

〇问失物：向高处寻觅，可得。

【占例】　维新之际，浦贺管署吏员下村三郎左卫门，旧佐贺藩之士也，罹病日久，来横就医。医曰：病似轻而实重，非滞留受治，恐至危殆。下村氏告于长官，许以留医。下村氏不以病为虑，强还任地，长官谓余曰：下村氏之疾如何？子试筮之。筮得贲之明夷。

爻辞曰："上九：白贲，无咎。"

断曰：下村氏必死。长官曰：医亦视为重症，但子何以豫言其死也？余曰：贲者上山下火，今山变而为地，是离明没于坤地之象。上九阳变而为阴，阳者生也，阴者死也，即生变为死之象。又上九之爻辞曰"白贲"，白者丧服也，其死不免矣。

后未一月，果接其讣音。

☶ 山地剥

剥：不利有攸往。

剥字从刀，录声。录，《说文》谓"刻木也"。《归藏》则作刕从两刀。卦体上艮下坤，艮为山，坤为地，"山附于地"也。卦德五阴一阳，一阳居上，五阴在下。所谓山者，亦贲耳，阴盛阳微，有岌岌乎山崩为地之象。《象传》不曰山在地上，而曰"山附于地"。"附"，寄托也，已难保安止而不动矣。日削日剥，势所必至，故名此卦曰剥。

剥：不利有攸注剥继贲而来，以贲之饰极，反而为剥，离变为坤，火化为土。土旷山微，所始培塿，剥之易易，是小人众而君子孤也。对卦为夬，夬五阳盛长，决去一阴，故曰"利有攸往"；剥五阴盛长，剥落一阳，故曰"不利有攸往"。

《彖传》曰：剥，剥也，柔变刚也。不利有攸往，小人长也。顺而止之，观象也。君子尚消息盈虚，天行也。

《象传》曰："剥，剥也。"《序卦传》曰："剥者尽也。"《杂卦传》曰："剥烂也。"或又为脱，为落，为襭，为裂，为击，是悉取剥消之义。剥为阴阳消长十二卦之一。乾之时，一阴始生于下，为姤，为遁，阴柔益长，阳刚渐消，刚变为柔，至此仅存上之一阳而已。今一阳又将消尽，故名曰剥。阳为君子，阴为小人，五阴灭一阳，是"小人道长，君子道消"，故曰"不利有攸往，小人长也"。卦体坤为顺，艮为止。君子观此象，宜体坤之顺，法艮之止，顺以安分，不与小人争功，止以待时，不与小人竞进，"消息盈虚"，合乎天行，方默持乎气数，以待一阳之来复也。当此剥乱之会，君子退居无位之地，顺其分，止其身，留作硕果转移之机，正赖有此君子也。故夬之一阴尽，而姤之一阴即生于下；剥之一阳尽，而复之一阳即生于下。此即"消息盈虚"，天行之循环也。

以此卦拟人事，凡命运之通塞。家道之盛衰，以及富贵、贫贱、寿夭、疾病皆存焉，其实原不外夫阴阳消长。阴阳二字，在人则分邪正，在心则判理欲，在事则别公私。邪人众则正人孤，欲心炽则理心亡，私事兴则公事败，家道因之衰，命运因之塞，危亦甚矣。人当此时，亦唯顺而止，任天行之自然，若欲强而往之，恐必多不利焉。盖剥之害，自下而来，渐剥渐近，初而剥床之足，继而剥床之辨，终而剥人之肤，阳愈消，阴愈长矣。虽有三之照应，五之调护，而硕果之存，系而无用。大厦将倾，独木支之，巨舟将覆，一索系之，少存也，虽曰人事，岂非天命哉！家道之衰而复盛，命运之塞复通，皆伏此一阳以作转机耳，则保此一阳之孤存，岂可不慎哉！

以此卦拟国家，是古今国家治乱之所由来也。大乱之来，不自乱始，至乱极而祸不可力挽矣。正当乱极之时，小人盈廷，忠臣受戮，志士殒亡，以柔变刚，刚阳殆将剥尽矣。如夏之龙逄，殷之比箕，其精忠一往，而辄遭不测者，自古以来，类皆如是，是所谓“不利有攸往”也。唯若微子之去殷，太公之避纣，我国菅右相之遇贬，为能顺而止也。小则谓明哲之保身，大则谓待时而翊运，剥之上九，所云“硕果不食”者，即指此翊运之君子也。在小人虽同恶相济，其间岂无稍知名分，顾惜忠良？如剥之六三，能应上九，剥之六五，能制群阴，以其柔居阳位，因能抑阴以扶阳，是为卦中一阳来复之机，即国家危而复安之兆也。天行循环，其运如斯，为国家者，不幸而时当剥乱，宁可顺止，毋为“攸往”，斯得矣。

通观此卦，阴盛剥阳，九月之卦，肃杀之气，剥落万物之象也。夫阴阳消长，天行也，治乱盛衰，世运也。造化之理，文胜必敝；朝华之草，夕而零落，此剥所以次贲也。夫祸起于微，悔生于终，强与之争，终必致灾，安而自守，可保厥初。《系辞》所以戒其攸往，勉其顺止者，即此理也。初为祸之始，剥之渐也；二则较凶矣；三知从正，其势自孤；四虽剥至于肤，灾切近矣；五居尊位，独能调剂群情，招怀以恩，女子小人，各安其分，使相率以从阳，不至进而剥上，上爻硕果之得以存者，赖有此耳。善变者，转祸为福，不善变者，化吉为凶，是以剥则始凶，而终则不凶也。

《大象》曰，山附于地，剥，上以厚下安宅。

地之厚，足以载山；山之重，足以镇地。地在下，故取广厚；山在上，故取安镇。曰“山附于地”，如物之寄附然，则山几摇摇欲动，不得安止矣。上谓人君也，山附于地，犹云君附于民，则君亦危矣。君当此时，所宜厚其下以保其宅之安。上卦艮，下卦坤，剥之渐自下起，故曰厚其下。下厚则上安，即所谓地厚而山安也。爻中曰“床”，曰“舆”，曰“庐”，多取宅中之物，《象》曰“安宅”，从其类也。

【占】　问时运：运不甚佳，宜安定自守，无咎。

〇问商业：须厚其资本，聚积货物，附运出洋，必获利也。商以剥人之财为利，故吉。

〇问家宅：寄居之宅，可出资买归，自己之宅反不利。

〇问战征：防敌袭击，宜厚其兵力。

〇问疾病：魂不附体，恐不吉。

〇问行人：附伴而行，即可归宅。

〇问六甲：生女，始危后安。

〇问失物：得则得矣，恐有残缺。

初六：剥床以足，蔑贞凶。

《象传》曰：剥床以足，以灭下也。

床者，人所坐卧也，此卦上实下虚，床亦上实下虚，故取其象。阴之剥阳，自下而上，初在下，象床之足，故先剥以足。床有足而立，剥足则倾矣，倾则凶。"蔑"，灭也，"贞"，正也，阴之剥阳，即邪之灭正，是小人之害君子也，故曰"蔑贞凶"。《象传》曰"以灭下也"，以床言，足在下，以爻言，初亦在下，故曰"灭下也"是剥之始也。一说，"贞"即"桢"。《程传》"辨"谓干，则以贞为桢，可备一解。俞氏以"剥床以足蔑"为句，谓固执而不乱，变则凶，是又一解也。

【占】　问时运：目下运当剥削，防有足疾。

　　○问商业：堆积货件，防底部朽烂，或载运出洋，船底受水，被坏。

　　○问家宅：防柱础门限，有损将倾。

　　○问战征：防敌攻地道。

　　○问行人：有足疾，不能归也。

　　○问疾病：是足少阴之症，正不胜邪，凶。

【占例】　相识某商来，请占气运，筮得剥之颐。

　　爻辞曰："初六：剥床以足，蔑贞凶。"

断曰：剥自下剥上，剥床以足，是下灭上，有奴仆灭主之象。今占得初爻，知足下用人不当，防下有不安本分，逞强而轻蔑主人者。爻象如是，足下宜注意焉。

　　其人谢而归，后闻知渠家雇人不下数十辈，因多不得力，主人拟减其给，下人各怀不平。结党而掠主家之财，致主家被困。悉与爻象相符。

六二：剥床以辨，蔑贞凶。

《象传》曰：剥床以辨，未有与也。

"辨"，《程注》谓："床之干也"，是床足之上，床身之下，分辨处也。初剥足，二剥辨，阴渐而进也。剥至于辨，床愈危矣，邪盛蔑正，凶与初同。《象传》曰"未有与也"，指上九言，谓二与初，同恶相济，谋剥上九，上九孤阳在上，未有应与。《象》盖为上九危也。

【占】　问时运：自去年来，逐渐低下，被人剥削，不能辨白。凶。

　　○问商业：置办货物，价渐剥落，不能获利也。凶。

　　○问家宅："辨"，亦通变。言家宅速宜变迁，方得避凶。

　　○问行人：办装即归。

　　○问战征：未有应接之军，不可动也，动则凶。

　　○问疾病：病人已著床，未有良医，防不治也。凶。

　　○问六甲：生女难育。

　　○问失物：未能复有。

【占例】 有一绅士来,请占气运,筮得剥之蒙。

爻辞曰:"六二:剥床以辨,蔑贞凶。"

断曰:此卦五阴剥一阳,故曰剥。二以阴居阴,本与五相应,欲同剥上爻。五爻以柔居阳,且与上比,不复剥上,二将并以剥五。"辨",为床之干,"干",床两边也,故见二有两边井剥之心,是不顾义理,只知剥人利己者也。然如此以剥,难免凶矣,故《象传》曰,"未有与也"。言此等人,必无好相与也。

绅士听之,如有所感而去。后闻其人贷亲族巨万金,不思感谢,反欲灭没亲族,是最不义也。《易》理能隐扶其奸,灵显可畏。

六三:剥之,无咎。

《象传》曰:剥之无咎,失上下也。

以阴居阳,与上相应,其类属阴,故其心在助阳。当群阴剥阳之时,为三独应刚,是以小人而保全君子者也。许以"无咎",不没其善也。《象传》曰"失上下也",谓其处上下诸阴之间,独能去党而从正,是失其党也,故曰"失上下也"。

【占】 问时运:运虽不正,能反其所为,可以免咎。

〇问商业:同帮皆望高价,己独潜行脱售,虽失同帮之意,而独得利。

〇问家宅:去其椽瓦,平其基地,剥落改造,无咎。

〇问战征:是军中最有计谋者也。虽不与诸军约会,独自进攻,可得胜也。无咎。

〇问疾病:宜消导攻伐之剂,服之得愈。

【占例】 明治十七年冬,横滨洋银商某来,请占气运。筮得剥之艮。

爻辞曰:"六三:剥之,无咎。"

断曰:剥者山崩为地之卦,故曰剥。五阴渐长,将剥灭一阳。剥者,夺也,削也。今占得三爻,三爻阴居阳位,与上一阳相应,是虽与群阴同党,独不与群阴同志,故"无咎"。犹是同此卖买,而能独出心裁,人弃我取,当必获大利。就剥之一卦言,谓山变为地,可见今时价高如山,易一时有低落如地之象。占者宜留意焉。

后某来谢曰:今回为朝鲜事,洋银腾贵。余信《易》占所云,就高价卖之,一时间得数拾万元。《易》占高妙,不可测度如此,感服感服!

六四:剥床以肤,凶。

《象传》曰:剥床以肤,切近灾也。

剥之灾,萌于初爻,至四爻,渐逼渐近。四以阴居阴,与初二同恶相济。在初二居内卦,卦分内外,床隔上下,距上爻远,所剥仅在"足"与"辨"。四爻与上同卦,愈近则剥愈甚,故直及于"肤"。就爻次第观之,初为床足,二为床辨,三爻为床身,四爻则为床上之人身。艮为指,为喙,有人身之象,故曰"剥床以肤,凶"。《象传》曰"切近灾也",剥及于肤,灾及其身矣,故曰,'切近灾也',深为一阳危焉。剥者,小人剥君子,宜为君子凶矣,初、二、四三爻,不曰君于凶,而第浑言曰凶,知剥之害,国破家亡,君子固凶,而小人亦难免于凶也,故统象之曰"凶",意微哉！一说以"肤"作箦,箦,床板也,足备一解。

【占】 问时运:运大不佳,有身体受伤之惧。

　　○问商业:恐剥耗过甚,又防意外之祸。

　　○问家宅:此宅必破败不堪,居人亦寥落,致防倾塌。

　　○问战征:恐主将有灾。

　　○问疾病:凶。

　　○问六甲:生女,产妇亦可危。

【占例】 富商某来,请占气运,筮得剥之晋。

　　爻辞曰:"六四:剥床以肤,凶。"

　　断曰:剥之为灾,由远及近。当其远时,其为灾小,犹可避也;及至切近,虽避难免。今占得四爻,四与上同卦,灾已切近,曰"剥床以肤",则剥及肌肤矣。推其灾所来,知必足下同居中,且为切近相待之人。或祭祖祈神,期可免灾,然恐亦难保矣,并宜速作避居之计。又云占象既凶,并须参观容貌,如印堂有黑赤气,或天庭有细赤盘现,必难免祸,今足下幸血色得宜,不露灾形,避地或可免也。

　　某氏听之大惊,遂避居相州汤本。不料某伙友以贩米赴北国,在大贩赌买米市,大遭耗剥。此伙友平素诚实,为某所亲近,故以数万金委托之,未尝疑也。今遭此大耗,伙友忽复生奸计,瞒着主人,隐蔽资财,拼以一死,向亲族朋友,遍谢其罪。事出无奈,亦不复究问。《易》占之垂示昭彰,可不慎哉!

六五:贯鱼,以宫人宠,无不利。

　　《象传》曰:以宫人宠,终无尤也。

　　五为尊位,以阴居阳,与上比近,知群阴上逼,一阳已危,无可再剥,阴存护阳之计。以阳制阴,阴众阳孤,必不受制,不如率阴以从阳也。曰"鱼",曰"宫人",皆阴象。曰"贯鱼",犹言率众阴而成贯也;曰"宫人宠",是以宫人而受一阳之宠也。一阳既得免剥,众阴亦得免凶,故曰"贯鱼,以宫人宠,无不利"。《象传》曰,"终无尤也",六五为群阴之首,能率群小而慑服于君子,硕果之得保存者,五爻之力也,故曰"终无尤也"。剥者,众阴皆欲剥阳,惟三五阴而居阳,能为一阳委曲保护。初以阳居阴,只知有剥,剥之灾,实起于初,盖以初卑微下贱,非仁之尤者也。

【占】 问时运:目下气运堂皇,事事圆到,百无不利。

　　○问商业:可得满贯满万之利,北海海产生业尤佳。

　　○问家宅:有妇女主家之象。

　　○问战征:须行离间敌军之计,可获胜也。

　　○问疾病:是阴亏之症,须自珍爱,尚可无忧。

　　○问行人:有外宠,必将携伴而归。

　　○问六甲:生女。

【占例】 横滨境町森锭太郎氏者,为英国外商书记。明治十四年春,腹内疼痛,请内外医诊察,服药无效。疼痛益甚,渠毋请余占之,筮得剥之观。

爻辞曰:"六五:贯鱼,以宫人宠,无不利。"

《象传》曰:"以宫人宠,终无尤也。"

断曰:剥者剥落,至上爻,则一阳将尽,有精神消灭之象。占得五爻,速施治疗,尚可出万死而一生。爻辞曰"贯鱼,以宫人宠",贯,穿也,以针穿物也,谓宜用针刺其穴也。余不通医道,且于针治,不知其适否,唯以《易》象言之而已。试以针治施之。

毋氏曰:有东京针治家若宫氏,与伊宅相近,可招治。余曰:爻辞曰"以宫人宠",其人适姓若宫,最妙,可速招之。其母归即招若宫氏诊察。若宫氏来,先抚患者肢体,并闻病状,如有所感,少间曰:是余所经验之症,再迟恐不及治矣! 即时针治,二三时间腹中雷鸣,是平愈之兆。居时而腹不鸣,则术无所施。及针后果腹鸣。苦闷忽灭,不日平愈,《易》之妙理,可谓无微不著也。

余常语中村敬字氏以此占,氏大赏,赞之曰:以"贯鱼"爻辞,充针治,他人所不能及,子之活断,敬服敬服! 又医之姓适合若宫氏,可谓奇矣。《易》之精微如此!

○明治三十二年三月廿八日,占晴雨。

维新之后,余有见旧奉圣像,安置于博览会,此大不敬也。余乃就大纲山建设圣庙,每年冬至日,占国家之事于此堂。三条相国来观,蒙赐神易堂额,尔后每年四月八日举行祭典。是年恐值雨期,为占一卦,以卜晴雨,筮得剥之观。

爻辞曰:"六五:贯鱼,以宫人宠,无不利。"

《象传》曰:"以宫人宠,终无尤也。"

断曰:此卦全卦无水之象,不雨可知也。五爻变则为巽,但有风而已。且观者祭祀之卦,适合祭典。

至期果天气快晴。午后三时有微风,恐测天家无计证验也。

凡晴雨之占,小畜之上爻变,必风止而为雨,其《象辞》曰:"密云不雨",至此曰"既雨"。推爻理,以卦面有水占雨,以水变为雨止;以内卦为午前,以外卦为午后,风亦同之。孔明赤壁之火攻,亦此旨也。

上九:硕果不食。君子得舆,小人剥庐。

《象传》曰:君子得舆,民所载也。小人剥庐,终不可用也。

艮为果。果在树上,故于上爻,有硕果之象。艮,止也,故"硕果不食"。"舆",地也,地以载物,"得舆"者,得民之所承载也。"庐",屋也,用以庇人,"剥庐"者,无所用其庇也。此爻一阳在上,譬如硕果仅存,高出卦外,非群阴所得蚀食,故曰"硕果不食"。原其不食之故,以天道观之,无众阳消灭,而群阴独存之义;以人事观之,无君子俱亡,而小人独存之理。天地之间,岂可一日无善类乎? 剥当十月,正万木摇落之时,大果尚存木杪,果中有仁,足以复生,即剥未尽而阳复生之象。且剥极则乱,乱极则思治。故众心爱戴君子,谓之"君子得舆",小人剥去君子,终自失其所庇,故曰"小人剥庐"。《象传》曰:"君子得舆,民所载也。小人剥庐,终不可用也。"君子德泽长流,故民必载之,小人恶迹显著,故"终不可用"。此爻变则为坤,是终不可用之象也。

【占】 问时运,目下气运衰微,一年后即值好运。
　　○问商业:卖出者尚得微利,买入者必
　　多剥耗。
　　○问家宅:忠厚之家,尚有余泽,刻薄起家者,恐有墙屋倾圮之患。
　　○问战征:守者无咎,攻者必败。
　　○问疾病:有饮食不进之虑。
　　○问六甲:生男,是独子也。

【占例】 明治二十三年,为国家筮元老院,得剥之坤。
　　爻辞曰:"上九:硕果不食。君子得舆,小人剥庐。"
　　断曰:剥至上九,所剥将尽,存无几矣,元老院其或废乎? 时际国会之兴,元老院议官,大抵即为贵族院议员,或即为枢密顾问官,其尽心国事同也。元老院自可废止。在元老院之废,原可推知,而《易》象能前时明示,故附记之。

☷☳ 地雷复

复从彳,行貌;从复,行故道也。有去而复来,消而复息之义。所谓以坤牝乾,灭出复震,为余庆也,故名曰复。为卦坤上震下,一阳在五阴之下,阴极而阳复,与剥相反,与姤旁通。《序卦》曰:"物不可以终尽,剥穷上反下,故受之以复。"此复之所以次剥也。

复:亨。出入无疾,朋来无咎,反复其道,七日来复。利有攸往。

复之内卦一画,自乾之下画来,一阳即乾,"亨"即从乾元来,故曰"亨"。外坤内震,出震入坤。坤为顺,震为动,以顺而动,阴不能伤,故"无疾"。同类为"朋",震一阳,兑二阳,兑为朋。一阳先至,朋类皆来,阴不能阻,故"无咎"。剥之卦,一阳在上而几尽,复则一阳反生于下,故曰"反复其道","道",路也。"七日来复",姤五月卦,阴气始生,复十一月卦,阳气始生,阴阳反复,凡历七月,七阳数,故言"七日"。此为"君子道长"之机,故曰"利有攸往"。

《象传》曰:复:亨,刚反,动而以顺行,是以出入无疾,朋来无咎。反复其道,七日来复,天行也。利有攸往,刚长也。复,其见天地之心乎?

"复,亨",谓阳刚消极而来复,复则阳渐长而亨通矣。"刚返"者,谓剥之时,刚几去而不返,出于震而来复,震为反生,故曰"刚返"。"动而以顺行",是出入皆在顺动之中,故"无疾"。自动者顺,朋来亦顺,故"朋来无咎"。一反一复,其道循环,"七日来复",天行之自然也。以顺承天,则刚之方返者,日进而盛矣,故利往。"刚反"言方复之初,"刚长"言既复之后。剥复消息,天地之气所默转,即"天地之心"所发端也。"天地之心",本无所不在,无从窥测,惟生意发露之初,方见得"天地之心",故曰:"复,其见天地之心乎?"

"其"、"乎"语辞者,愈觉仿佛想见之真。

以此卦拟人事,是善恶绝续之一转机也。人虽甚不善,而于平旦之际,未始无片念之偶萌。萌即复也,复则动矣。逆而动,动仍人恶;顺而动,出恶而入善矣。道无不亨也,疾于何有?朋以类聚,入夫善,则善朋皆来,自无咎焉。人身一小天地也。人有贤愚邪正,即天有雨旸燠寒;人有生老病死,即天有休咎灾祥。"七日来复",以干支言,至七则为冲;以建除言,至七则为破。冲与破则皆为动,是以有反复也。故人之疾病寒热,亦往往以七日为一更,此皆阴阳刚柔之转移,人与天无二道。按六爻之辞,初爻为人迁善之始,是以返身而诚也。二爻见人之迁善,欲同归于复也。三爻屡复屡失,虽危而终复于善也。四爻谓能舍群阴而从初阳,是取诸人以为善者也。五爻以阴居阳,独得其中,是能"安土敦仁"者也。上爻居卦之终,六几于七,而又将变矣。出复凶,深足为人之迁善者戒矣。《易》言天道,其所以为人事垂诫者,至深且切,于复可见天心,复时见天心,不复时则浑是人心矣。天心惟微,人心惟危,可不惧哉!可不慎哉!

以此卦拟国家,是国家治乱之一转机也。由治入乱,阴之始也,出乱入治,阳之复也,古今来一治一乱,其机莫不如是焉。是故乱不自乱始,治不自治始。机之动也甚微,复之一阳,即其阳之微动者也。其动也顺,则其道亨,其往利,如汤武之顺天应人,拨乱反正,一著戎衣而天下平也。"七日来复,天行也",于格苗而曰七旬,于即戎而曰七年,亦可于此而得七日之义矣。六爻皆指复言,重在进阳也。阳,治道也,即君子之道也。初爻曰"不远复",如殷武丁、周宣王、汉光武之中兴是也。二爻曰"休复",如太甲之复位,成王之新政是也。三爻曰"频复",如汉刘先主之治蜀,虽属偏安,尚无咎也。四爻曰"独复",如大舜之明扬侧陋,允执厥中,以从尧而致治也。五爻曰"敦复",如启之承禹,武之继文,能"敦复"治道,而致其盛也。若上爻则当戒焉,"迷复"而不知其凶,自桀纣之亡国者皆是也。《易》之言在天道,而治道即属于是。为国家者,于复而见治之渐,即当于姤而戒乱之始。治乱之机反复间耳,可不慎哉!可不惧哉!

通观此卦,剥之一阳在上者,复即阳生于下,如雷藏地中,无中含有。乾元资始者,于是露其机,贞下起元;坤元资生者,于是呈其候。天地生物之心,非至是而始有,乃至是而始见也。顺而动,动无不亨;顺而往,往无不利。出柔而入刚,刚有何病?以我而求朋,朋来何咎?一反一复,其道即在旬日间耳。六爻皆以复道为辞,初九之"不远复",如克己复礼之颜子,贤而希圣,"生而知之者"也。六二之"休复",下比初九之刚,如友直、谅、多闻之士,亲贤取友之宓子贱,"学而知之者"也。六三之"频复",如日月至焉之诸子,士而希贤者也。六四之"中行独复",如悦周公孔子之道之陈良,亦圣人之徒也,困而学之者也。六五之"敦复",如反乎身之汤武,圣而希天者也。上九之"迷复",则如飞廉恶来,怙终而不悛其恶者也,困而不学者也,不唯为一身之祸,且为天下祸,故曰"迷复,凶,有灾眚,终有大败"。圣人于六三之"频复",犹曰"无咎",而独罪上六之"迷复",如此,其重改过而恶怙终也切矣。《系辞传》曰,"圣人之情见乎辞",其此之谓乎?

《大象》曰:雷在地中,复,先王以至日闭关,商旅不行,后不省方。

此卦为十一月卦,故《象》取"至日",是雷伏藏地中也。先王观此象,以"至日闭关"而不启,止商旅而不行,后于是日,亦"不省方",盖为养其阳气之方来,而不敢或泄,务为安静,所以葆其贞也。《月令·仲冬》,审门闾,谨房室,必重闭,推之即可知"闭关"之诸象焉。"闭关"取坤为阖户,"商旅"取坤为众民,"行"取震为大途,"方"取坤为国土。

【占】 问时运:好运初来,尚未发动,静以待之,自然获吉。

○问商业:货物完备,时价亦动,宜暂停售,必得利也。

○问家宅:此宅现时闭歇,须待春时,方可迁居。吉。

○问战征:防敌军埋伏地雷,须暂停战,以养兵力。吉。

○问疾病:是痰火之症,饮食不进。交冬令宜防。

○问讼事:一时不能审结。

○问六甲:生男,交春分产。

○问婚嫁:现因媒人尚未往说,春初可成。吉。

○问行人:冬季不归,开春归来。

○问失物:一时难觅,日后可得。

初九:不远复,无祗悔,元吉。

《象传》曰:不远之复,以修身也。

此卦初九一阳,自乾阳来,入坤群阴中,忽复本位,名之曰复。卦之复就造化言,爻之复就人心言是也。此爻复之初,为复道之始。七日即复,故曰"不远",是以不至悔而得"元吉"也。"元吉"者,即复乾之吉也。"祗"者,至也,人虽圣贤,不能无过,唯贵速改,过而不改,则有悔而凶可知也。《象传》曰"以修身也",修者所以补其缺,正其误也。占者知此,则人欲日消,天理日明,可以为圣,可以为贤。"修身"二字,包括深远,不可不知也,何则? 六二之《传》,曰"仁"而称美之,六四之《传》,曰"道"而赞叹之。"修身"二字,兼仁与道,其所关至大。心内而身外,以存养言,则在心;以修为言,则在身。身心一也。

【占】 问时运:好运即来,渐渐发动,一往顺利,大吉。

○问商业:前所耗失,即可复得,可免悔恨,大吉。

○问家宅:旧业复兴,即在目前,大吉。

○问战征:即日可转败为成,大吉。

○问讼事:始审不直,再控必胜,大吉。

○问婚嫁:主散而复成,大吉。

○问行人:不日即归,吉。

○问疾病:静养即可复,元吉。

○问六甲:即日生男。

○问失物:即日可得。

【占例】 余欲购驱车之马,适遇儿玉少介君,曰:"余去岁求良马于南部,后无音信,遂别购一马。项日南部马至,厩隘不容。"谓余买之,余乃占其良否,筮得复之坤。

爻辞曰:"初九:不远复,无祗悔,元吉。"

断曰:此马不适长途,朝出夕归,得其宜耳。爻谓"不远复,无祗悔,元吉",可以见矣。

初爻变则为坤,坤曰"利牝马之贞",知此马必牝,无暴逸之虞者也。

后购得其马,果如此占,性柔顺,最适驾车。

六二:休复,吉。

《象传》曰:休复之吉,以下仁也。

此爻以阴居阴,得其中正,与初九切比,志从于阳。嘉初之能复于道,甘心下己,以友其仁,切磋琢磨,恶念潜消,善心日生,故曰"休复,吉"。初爻得乾阳之正,开复道之首,故曰"元吉";六二取人为善,自能从容改图,其功次于初矣,故曰"吉"。《象传》曰"以下仁也",初复于仁,二比而下之,是以吉也。《易》三百八十四爻,未尝言仁,此爻言之。所谓"复其见天地之心"者,天地之心,即仁也;所谓仁,元善之旨也。

【占】 问时运:目下气运亦好,事事能择善而从,故事事得吉。

○问商业:能与人共利,其业必兴,吉。

○问家宅:家庭多休祥之征,自能兴复旧业。吉。

○问战征:一时暂休攻克,姑示其弱,以养锐气。吉。

○问疾病:宜初治之医,复诊视之。吉。

○问行人:必从长辈而归。

○问六甲:生女。

○问失物:就低下处寻之。

【占例】 明治二十四年春,某裁判所长及检事长,访余山在,请占某贵显辞表后之举止。筮得复之临。

爻辞曰:"六二:休复,吉。"

断曰:雷者,春夏升出于地上,秋冬潜于地中。此卦雷复地中,而将再出者也。故某贵显今日虽优游闲居,可知其复职不远也。

两君怪余断之轻易,曰:《易》如此容易,天下之事,悉可问之于《易》也。余曰:固然。《易》之包蕴甚广,天下之事物,无一不具,而其变化神妙,不可测度,是以无事无物而不可占也。占之则过去、现在、未来皆得明示,其应如响。即贵下于两造之事,多匿奸藏诈,掩非为是,诬真为假,不易剖决者,占之而奸计显露,所谓问诸人,不如问诸神也。不然,贵下等只据法律,凭口辞,安能一一无枉乎? 古云"卜以决疑",此之谓也。在某贵显之辞职,世论器器,余一撄蓍,神示之以地下有雷之象,二爻之辞曰"休复",知其一时休职,他日必复职也,明矣。《象传》曰,"休复之吉,以下仁也",即此可知矣。

二人倾服而去。后某贵显果复职,钦服余断之不妄也。

六三:频复,厉,无咎。

《象传》曰:频复之厉,义无咎也。

三爻位不中正,志刚而质柔。质柔则见事而不明,志刚则狂躁而妄动。故屡复而屡失,是以有"厉";亦屡失而屡复,终可"无咎"也。虽有失身亏行之惧,自无长傲遂非之过,故曰"频复,厉,无咎"。周公之系辞,隐其屡过之罪,称其"频复"之善;孔子释之曰"义无咎也",是开人以改过迁善之门也。意深哉!

【占】 问时运:一好一歹,时有得失,能据其得而不失,是在人也。
　　○问商业:有亏有盈,能使盈多亏少,亏而复盈,亦可获利。
　　○问家宅:有迁移不定之象。
　　○问疾病:屡治屡发,虽危,可保无害。
　　○问讼事:有频翻口供,转致危厉之象。
　　○问行人:归志未决。
　　○问六甲:生男,颇涉难产,无害。
　　○问失物:失非一次,当可寻得。

【占例】 一商人来请占气运,筮得复之明夷。
　　爻辞曰:"六三:频复,厉,无咎。"
　　断曰:复为雷藏地中,阳气来复之时。在人为迷惑情态,有悔悟复本之象。三爻位不中正,辞曰"频复,厉,无咎",是谓屡兴屡败,劳而无功。其不至破产者,由于随时省悟,随失随改,故"无咎"也。夫运之盛衰,天数不可免,在盛运时,如放舟于上流,扬帆于顺风,不劳而取功;当其衰运,如浮舟于逆风,以溯上流,不特劳而无功,其不被损伤者殆稀。占者恐坐此弊,尤当注意气运之盛衰也。至明后年,气运乃可回复。
　　商人闻之,感曰:实如此占,从来屡遭失败,今闻之,始悟其误。谨守常业,以待时运。

六四:中行独复。

　　《象传》曰:中行独复,以从道也。
　　此爻居五阴骈列之中央,独应初爻之卦主,故能杰出群阴之间,依附仁人。是心知好善,不移习俗,而能复道者也,故曰"中行独复"。所谓"择乎中庸,得一善,则拳拳服膺,而不失之"者也。然其所复犹微,故不曰吉。《象传》曰"以从道也",谓初复于道,而四从之,故曰"从道"。

【占】 问时运:气运柔弱,意欲振兴,惜力不能逮。
　　○问商业:谋划精当,不失其正,资本未充,为可惜也。
　　○问家宅:女眷多,男丁少,未免有独寐寤歌之慨。
　　○问战征:防中道设伏。
　　○问疾病:虚弱之症,宜从初治之医调治。
　　○问行人:至中路复回,得伴再归。
　　○问婚嫁:宜从前媒。
　　○问失物:半途觅之。

【占例】 明治二十二年六月,友人某来曰:有人欲购余地,约以相当之价,领收约定金若干。其先亦有人欲购此地,余未定约,今复过余,所约之价高于前购。于是余将致偿金于前约之人,请其解约,但不知彼果肯允诺否？请为一筮。筮得复之震。

爻辞曰："六四：中行独复。"

断曰：复者一阳来复之卦,有百事复旧之象。故得此卦,旅行无音信者,突然还家,贷金涩滞者,忽而归复,放荡游情者,能复其本心,皆复之象也。则知足下已约之地,亦无阻障,必可复返也。

后果如此占。

六五：敦复,无悔。

《象传》曰：敦复无悔,中以自考也。

五有柔中之德,尊居君位,位得中,故能"复",坤为厚,故曰"敦"。自知其非,不惮迁善；既能复之,又加以"敦"。是知之明,力之笃也,则一得而弗失之矣,何悔之有？故曰"敦复无悔"。《象传》曰,"中以自考也",谓初之复,复在近,可免于悔；五之复,复于厚,悔之有无未知,时当返而"自考"也。盖初之"不远复",入德之事；五之"敦复",成德之事也。

【占】　问时运：目下气运当正,事事从厚,有前功,无后悔也。
○问商业：资财充足,往复获利。
○问家宅：祖基深厚,旧业复光,吉。
○问战征：军力厚实,可以攻复城池也。
○问疾病：病者精神充足,气体丰腴,无患也。
○问六甲：生男。
○问失物：宜自忖度。

【占例】　某局长来,请占气运,筮得复之屯。

爻辞曰："六五：敦复,无悔。"

断曰：复者雷在地中之象,动极复静,故谓之复。今占得五爻,言修身复道者,复之不已,而又复之,故曰"敦复"。其复如是,亦可谓责躬自厚,而薄责于人者矣。此人督率众人,众心感服,复何有悔？时运可知矣。

上六：迷复,凶,有灾眚。用行师,终有大败,以其国君凶,至于十年不克征。

《象传》曰：迷复之凶,反君道也。

上爻居复之终,坤之极。坤为迷,故曰"迷复"。迷而不复,故必有凶。"有灾眚",灾自外来,眚由自作,迷溺至此,无往非害。坤为众,震为行,故"用行师"。坤上六所云"龙战于野,其血玄黄",即行师大败之证也。"行师"既至"大败",国君焉得不凶？兵连祸结,至十年而未已。十年者数之终,一败而终不能振,即谓有迷而终不能复矣。盖天下之祸,无不由一念之迷溺而来,迷在于身,则一身被祸,迷在于国,则一国被祸,深著迷复之害也。《象传》曰"反君道也"。复之君,初九阳也；姤之君,初六阴也；上迷复,不奉复之九,而奉姤之六,是阴阳相反也,故曰"反君道也"。

【占】 问时运:气运颠倒,作事乖张,谨慎免祸。

　　○问商业:货物不齐,期约不准,市价不的,必致大耗。一时不能复业,凶。

　　○问家宅:防有怪祟,居者多不利。

　　○问战征:辙乱旗靡,大败之象。

　　○问疾病:症已危险,久病延年,犹为幸也。

　　○问行人:在外多凶,十年内恐不能归也。

　　○问六甲:生女。此女长成,亦大败之命。

【占例】 明治二十年六月,板垣退助君奉朝命自高知县来。朝廷赏赐爵位,以酬前功,氏固辞者再,于是世人多评论之。或曰:氏之决意辞赐,是板垣氏之所以为板垣氏,其廉退逊让,非他人所能及。氏为自由党之首领,鼓舞众人,其伸张自由之声势,一旦受爵荣,未免为党中人窃笑乎? 或曰:爵位者,朝廷之荣命,氏固辞不受,未免有违敕之谴也。余与板垣君有旧,缘是欲忠告之。往访旅亭,将命者以病谢,余遂转访佐佐木高行伯,面谒曰:余每岁冬至,斋戒沐浴,敬占国事及诸当道命运。兹占板垣君,得地雷复上爻。

　　爻辞曰:"上六:迷复,凶,有灾眚。用行师,终有大败,以其国君凶,至于十年不克征。"

　　断曰:复者,一阳来复之卦,积阴之下伏一阳。以人事观之,全使此一点微阳渐生渐发。天下绝大事业,皆从此一阳中做出来;国家之由乱而治,人生去邪从正,悉赖焉。今占得上爻,辞曰:"迷复,凶",是冥迷沉溺,失其本然之明者也,乃至天灾人眚之并臻,辱君丧师而莫救,危之至矣,祸莫大焉。

　　爻辞凶恶如是,窃为板垣君虑之。昔板垣君秉政要路,大有功烈,今既辞职,其所主张专在自由党中。人众类杂,薰莸不齐,他日激而生变,亦不可测也。爻辞之凶,其或兆于此乎?

　　顷又为板垣君辞爵再卜一卦,筮得困之大过。

　　爻辞曰:"九二:困于酒食。朱绂方来,利用享祀。征凶,无咎。"

　　此卦四五之阳为三上两阴所蔽,二之阳亦为初三两阴所蔽,不能通志,是以成困。"困于酒食"者,见板垣氏现时之困难也。"朱绂方来"者,谓荣命之下来也;"利用享祀"者,谓拜受爵位而祝告于神也;"征凶"者,谓逆朝命而有凶也;拜命则平稳无事,故"无咎"也,此占详明,板垣君之宜敬拜受命也,慎勿辞焉。板垣君为阁下旧友,请以余之占辞转为奉告。

　　佐佐木伯曰:子言真切,余亦感铭,必当告之。子须再访后藤象次郎,告以此占。余亦与后藤氏谋,必可使板垣君拜命也。于是余又谒后藤伯,告之如前,且致佐佐木伯之意。后藤伯感谢曰:奇哉! 子之《易》占,古今未闻其此也。板垣氏之事余与佐佐木氏谋,必可尽力,请子勿虑。后果闻板垣君拜受爵命。余始心慰。

䷘ 天雷无妄

无妄,诚也,是即《中庸》"至诚无息"之谓也。《序卦》曰:"复则不妄矣,故受之以无妄。"盖无妄之诚,天之道也;复而无妄,此为"诚之"者,人之道也。为卦乾上震下,乾健也,震动也,健而动,动合夫天也,合乎天即诚也。古圣经传皆言诚,无咎二字,独见于《易》。朱子解《中庸》"诚"字,谓"即真实无妄",而解《易》"无妄",谓"即实理自然"。要之理之出于自然者,天也,天即诚也,诚即无妄也,其旨一也。

无妄:元亨利贞。其匪正有眚,不利有攸往。

"元亨利贞",是谓四德,惟乾全具,余卦曰"元亨利贞"者,皆从乾来也。"元亨利贞",统言之,一正而已;正则无妄矣,故曰无妄"元亨利贞"。此乃自然之实理,受之于天,不容间以一毫私意,间以私意,即非正矣,非正则妄,妄必多过,故"有眚"也。既已无妄,不宜妄有所往,故曰"不利有攸往"。

《彖传》曰:无妄:刚自外来,而为主于内。动而健,刚中而应,大亨以正,天之命也。其匪正有眚,不利有攸往,无妄之往,何之矣?天命不祐,行矣哉?

此卦内震外乾,"刚"乾也。"刚自外来,而为主于内",无妄以初九为卦主,震初九刚从乾来,故曰"刚自外来",就内外卦而言也。动在下,健在上,"动而健",是动之得其健也。"刚中而应",谓二五也,九五阳刚中正,即无妄之天,六二复以居中得正应之,是应之得其正也。凡《彖传》言"大亨",即"元亨","以正",即"利贞"。乾之四德,天之命也,天之所命者,诚也,正也。即无妄也。命得于天,天必佑之,攸往咸宜,吉无不利矣。"其匪正",则是自背夫天之命也,天必不能保之,行将何往?更有所往,往即入于妄矣,妄则逆天,逆天者天不佑,亦安见其可行哉!《程传》释"非正"二字,谓虽无邪心,苟不合正理则妄,知"非正"与不正,迥乎各别,正与"匪正",其辨甚微。"其"字指三上言,三之"灾",上之"眚",其失甚细,"匪正"二字,正当体认。

以此卦而拟人事,盖此无妄之诚,与生俱来,浑然无私,即所谓天命之性也。卦自复来,复秉乾阳一画,以为"天地之心"。"天地之心",即无妄之真元也,"元亨利贞"四者即此一心。自古圣人,必如尧舜之执中,汤之用中,孔子之时中,斯可谓"大亨以正",浑全天命者也。下如颜子之已而待克,礼而待复,犹藉人为,其于无妄,尚未达一间耳。此外不必显背夫理,即于理稍有所偏,如动而过动,健而过健,刚而过刚,往失其正,即此有眚,天不我佑,往必无可往焉,至此而人事穷矣。卦体内震外乾,震,动也,盖教人以动合天。动以天则为无妄,动以人则妄矣。《易》之垂诚著明,六爻之辞,皆取任乎天者也,违即有咎。初爻备卦德之全,行无不吉,志无不遂也。二爻循当然之理,利本不计,往亦无心也。四爻则刚而无私,守之必贞,咎自无也。五爻则中而又正,如其有疾,可"勿药"也。惟三上两爻,不免近于妄矣。三之"灾",是牵于"得"而来也;五之"眚",是穷于"行"而得也。此即《象》所谓"非正有眚"者矣。盖观于初、二、四、五四爻,以人合天,吉无不利;观三上两爻,几微不谨,过即随之。为圣为狂,争此一间,人可不知所勉哉!

以此卦拟国家，盖所谓无妄者，即唐虞授受，危微精一，千古治统之真传也。得之则治，失之则乱，全在大君真实无妄之一心耳。为卦内震外乾。乾君也，天也；震动也，行也。乾以君合天，是以健而刚；震动而能行，是以往有吉。古之帝王恭己南面，无为而治者，惟在此善承夫天命也。故以此而茂对天时，而时无不顺，以此养育万物，而物无不生。时一无妄也，物一无妄也，以无妄对之，以无妄育之。先王法天以行政，一如雷行天下，任时而动，即在无妄之中而已。统观六爻，劝诫昭焉。初爻是温恭充塞，诚至而物自化也，故曰"无妄，往吉"。二爻是不言而信，不动而敬，不期治而自治也，故曰"利有攸往"。三爻，是有意求治，转得此而失彼也，故曰有灾。四爻，是刚柔相济，为能久于其道也，故"无咎"。五爻，是以道自治，不待以乱治乱也，故曰"勿药有喜"。上爻，是好大喜功，行之有过也，故曰"无攸利"。为国家者，保其无妄，祛其"非正"，健而能动，刚而得中，庶几四时行，百物生，应天顺人，德美化行，"大亨以正"，而天下治矣。

通观此卦，上乾下震，动合夫天，刚而得中，故名曰无妄。无妄者浑全实理，绝无意外期望之谓也。是以循其实理之自然，则往无不利；出乎实理之所非，则动必得咎。虽祸福之来，亦有不测，福自天降，天所佑也；祸而天降，如六三之灾，九五之疾是也；祸而自致，则"非正"之"眚"是也。六爻中，言"吉"，言"利"，言"灾"，言"疾"，言"喜"，言"眚"，皆所谓祸福也。初爻为卦之主，浑全元善，故"吉"。二爻循乎自然，不假造作，故"利"。四爻止所当止，守之以恒，故"无咎"。上爻居卦之终，极而复动，故"有眚"。凡爻象，初动者必终静，初静者必终动。此卦初"往吉"，二往利，皆取其动也；三"灾"，四"贞"，五"疾"，皆勉其守而勿动也；上"有眚"则戒其动之穷也。卦体乾健震动，故初象多动，动极反静，故终必静也。知夫此，可以谈无妄之卦。

《大象》曰：天下雷行，物与无妄，先王以茂对时育万物。

"天下雷行"，阳气勃发，鼓动万物。万物与之共动，蛰虫振，草木萌，有翼者飞，有足者走，无不勃然发育，各正性命，而无有差妄，谓之"物与无妄"。法天之象，以茂对天时者，布顺时之化，以养育万物者，赞生物之功，使时行物生，物物各全其所与，春生养长，咸得其宜，斯吾心中之万物皆备，而天下之万物并育。此所谓尽性尽物也。

【占】　问时运：目下运得其时，百事咸宜，吉。

〇问商业：正如大旱望雨，响雷一声，人人翘望。货物一到，无不旺销，百般获利，大吉。

〇问家宅：此宅中时有作响，但无忌碍，屋运甚旺，人口繁盛，吉。

〇问战征：有风雷席卷之势，务须正正之旗，堂堂之阵，若欲以诈取胜，反恐有祸。

〇问疾病：是胸有积物，动而未化，宜随时运动，物自消化，"勿药有喜"。

〇问行人：现时已动身，即日可归。

〇问婚嫁：两家素有往来，门楣相对，大吉。

〇问六甲：生男，临时安产，吉。

〇问失物：或鼓旁，或磨下，或井臼之侧，寻之可得。

〇问天时：一雨即晴。

初九:无妄,往吉。

《象传》曰:无妄之往,得志也。

初为内卦之主,震初之刚,自乾而来,故《象传》曰,"刚自外来"。初阳始生,诚一未分,不杂未起,率性而动,动罔不藏,以其动合乎天也。由兹而往,往无不吉焉,故曰"往吉"。《象传》曰"往得志也",诚无不通,志无不遂,故往而得志也。

【占】 问时运:目下吉,但宜出而有为,不宜杜守家居。
　　○问商业:利行商,不利坐贾。
　　○问家宅:宜迁居,吉。
　　○问战征:宜进攻,吉。
　　○问疾病:宜出外就医,吉。
　　○问行人:或有事他往,吉。
　　○问六甲:生男,来月可产,吉。
　　○问婚姻:赘婿吉。
　　○问失物:宜往外寻之。

【占例】 角觚士毛谷村六介者,土州人,体格肥大,重量三一贯余。明治十七年某月,余与友人某氏,见角觚于两国回向院。友人特爱毛谷村,请占其进步。筮得无妄之否。

爻辞曰:"初九:无妄,往吉。"

断曰:此卦上乾下震,乾为父,震为长男,有上体大而健,下体小而弱之象。又震为足,初爻变震体败,必主足疾,恐此人伤足。下爻六二曰,'不耕获,不菑畬',是农而废其业也。由是观之,力士明年殆将废其角觚,而转就他业矣。

翌十八年,六介果折足而转他业。

六二:不耕获,不菑畬,则利有攸往。

《象传》曰:不耕获,未富也。

乾为郊野,震为禾稼,故爻取农象。耕而有获,菑而有畬,原非意外期望;然以耕而期获,以菑而期畬,心有期望,无妄之望,即是妄也。爻曰"不耕获,不菑畬",谓当耕则耕,耕未尝有心于获;宜菑则菑,菑未尝有意于畬。任乎先天,不假后起,犹之谋道者非为干禄,修德者非为求名,尽其在我,不计外来。如是则为无妄,无妄则"利有攸往",言无妄心,自无妄行,则往无不利也。《象传》曰,"未富也",谓二爻居柔得正,中虚无欲,未尝有心于富也。未富而不妄意于富,此即所谓无妄也。

【占】 问时运:目下运得其正,自有意外财饷,大利。
　　○问商业,不谋而获,却得大利,吉。
　　○问家宅:此宅想是承继之产,或为人经管在舍。
　　○问战征:前途倒戈,有不胜而胜之象。

○问疾病:"勿药有喜"。

○问婚姻:是招赘之亲。

○问行人,在外得利,一时未归。

○问六甲:生女。

【占例】 明治十四年一月,余浴于热海,同浴者有花族岛津公及成岛柳北等,暇时相与攀谈。既而大隈伊藤进上诸君亦来浴。时大隈君顾众曰:方今俄清两国互争境界,两国派出委员,议论不决,和战未定,各国之所注目也。高岛氏幸为一占。余乃应命,筮得无妄之履。

爻辞曰:"六二:不耕获,不菑畲,则利有攸往。"

断曰:清为我邻,以内卦充之,外卦为俄。无妄内卦为震,震为木,譬犹木槌;外卦为乾,乾为金,譬犹巨钟。今观清国政府,力尚不足,以清拒俄,譬犹以木槌叩巨钟,巨钟依然,而木槌早已摧矣。故知清必不抗俄,必以和议结局也,明矣。爻辞曰"不耕获,不菑畲",俄之利,清之灾也。

一时座客,或拍手赞叹,或疑虑不服,后果如此占,使疑者亦服焉。

○东京青山有一富商,自二三世来,分为本末两家,末家常守勤俭,家业益昌;本家不善治产,游惰相承,家业凋落。末家虽屡屡分金相助,如运雪填井,其消立尽。本家计穷,窃欲并吞末家之产,召唤末家主人相商曰:汝家之所有,非汝家所自有也,曩时曾从我本家分而与之也。今本家困乏若此,汝盍归还之乎? 汝其了此意乎? 末家主人惊愕,虽百方苦陈不听。本家主人,以事不谐,将欲讼之官,末家主人,就余请占其吉凶。筮得无妄之履。

爻辞曰:"六二:不耕获,不菑畲,则利有攸往。

断曰:此卦上乾下震,乾为金,震为木,金为本家,木为末家。末家持木,以击本家之金,末家必不胜,其理昭昭也。爻辞曰"不耕获,不菑畲",耕者必获,菑者必畲,常也。今曰耕而不获,菑而不舍畲,虽为理之所无,往往为事之所或有。以君家数代勤俭,贮蓄财产,一旦拱手而偿诸本家,固属心之所不甘,故曰"无妄,灾也"。今既得此占,宜如其意而让之,独怀资金,另兴一家。爻曰"则利有攸往",君从此孜孜勉励,当必再致繁昌也。

末家主人,果从余言,举财产让之,另开一户,励精家业,未几又获兴起。

六三:无妄之灾,或系之牛,行人之得,邑人之灾。

《象传》曰:行人得牛,邑人灾也。

"无妄之灾",谓非己之所致而灾,天数之灾厄,或有不可免也。六三位不中正,故事出意外,有如"或系之牛"。"系"者而曰"或",原不知为谁氏之牛也;"行人",行路之人也,见其牛以为无主也,而窃得之。在邑之人,未之知也,而捕者则必就邑人而诘之,是邑人无故而受灾也,即所谓"无妄之灾"也。三至五离,离为牛,下互艮,艮为拘,上互巽,巽为绳。有系牛之象。乾健行,象行人;震为守,象邑人。乾之行,至上止,上为行人,故上曰"行有眚",是得牛而遭吉也。震之守,属于三,三为邑人,故曰"邑人之灾"。上得其牛,而三罹其灾,是三为"无妄之灾"。上之《象》曰"穷之灾也",上乃自致之灾,所谓自作之孽也。《象传》曰"邑人灾也",此意外之灾,唯顺受焉而已。

【占】 问时运：目下运值尴尬，防有意外之事，宜谨慎。

　　○问商业：防他人占利，而己耗财。

　　○问家宅：此宅恐为外人侵占。

　　○问战征：行军得胜，守军防有损败。

　　○问疾病：此病恐是外来人传染，可虑。

　　○问行人：归则归矣，恐家人有灾。

　　○问婚嫁：宜与远人结亲，吉。

　　○问失物：已被行人拾去。

【占例】 一日友人某，突然来访曰："仆近与朋友某，共计一商业，书来约今日会晤，今忽以家事混杂谢绝。其中或有变计乎？请劳一筮。"筮得无妄之同人。

　　爻辞曰："六三：无妄之灾，或系之牛，行人之得，邑人之灾。"

　　断曰：爻辞谓"或系之牛，行人之得，邑人之灾"，按离为牛，亦为女，观此知其家必有远来亲友，以妇女寄托也。此女象取离卦，必有离绝之事；且离为孕，或女已怀孕矣。"行人之得"，是与行人而皆奔也。在某住所，非畜牛之地，故知其必为女也。"系"者，即寄托之谓也。"邑人"者，即君之友也。然此友受此女之寄，所谓"邑人之灾"，恐难免矣。某所称家事混杂，殆即此欤？

　　友人惊余言奇异而归。后数日，来谢曰：过日占辞，不误一语，悉合事实。

九四：可贞，无咎。

　　《象传》曰：可贞，无咎，固有之也。

　　四阳刚而居乾体，刚而无私，无妄者也。然位当上下之交，初乾阳刚犹柔，恐固守未定，或有偶涉于妄者乎？故诫之曰"可贞"。盖以乾之健，乘无妄之体，更当以乾之贞，葆无妄之诚。斯无妄之理，静以存之，固以守之，自无过失矣，故曰"无咎"。《象传》曰"固有之也"，无妄之心，即天心也，秉于生初，非由外铄，故曰"固有"也。

【占】 问时运：目下气运平顺，循分则有获，妄动则有咎。

　　○问商业：坚守旧业，自然亨通。

　　○问家宅：此宅本是祖基，宜永保之，毋坠。

　　○问战征：已占入外卦之地，宜坚守城池，切勿妄进。

　　○问疾病：此时宜安静调养，来月"勿药"而愈。

　　○问行人：一时未归，在外无咎。

　　○问六甲：生男。

　　○问失物：必可复得。

【占例】 某贵显来，请占气运，筮得无妄之益。

　　爻辞曰："九四：可贞无咎。"

断曰：四近尊位，德秉乾刚，正合贵显身位。今占得第四爻，曰"可贞无咎"，在贵显德位俱优，功业素著，无复丝毫妄念；恐民在下，有以妄动干进，全在贵显坚贞而镇定之，得"无咎"也。

九五：无妄之疾，勿药有喜。

《象传》曰：无妄之药，不可试也。

"疾"犹灾也。五动体坎，坎为疾，故曰疾。疾之来也，有由自致者，有因天时而非自致者，非由自致而疾者，即所谓"无妄之疾"也。"无妄之疾"，如在天为日之食，风之暴，雨之淫，雷之迅，皆一时阴阳之偏，偶触而来，时过则平，未可以药救也。在人，"无妄之疾"亦犹是焉，不容以药治之也，故曰"勿药有喜"。"有喜"，谓疾去而为喜也。当疾之时，以药治之耳，五爻刚中得位，天德全，无妄之至者也，复何遗憾？爻之取象于疾者，盖以汤之幽夏台，文之囚羑里，或有为盛德之累者焉。此则谓无妄之疾也，顺以守之，祸患自释，即"勿药"之义焉。《象传》曰"无妄之药，不可试也"，"无妄之疾"，本非真疾，药之反成疾矣，故曰"不可试"，慎之至也。

【占】 问时运：目下气运当正，意外之事，不必介意，全乎在我而已。
　　○问商业：凡一时物价，无故上落，皆无害商业。过时自平，切勿扰动。
　　○问家宅：防有风扫雪压倾圮之患，然无大害，致有喜兆。
　　○问战征：防军队中有时疫流行之患，宜洁净营屯，勿妄用药。无咎。
　　○问行人：恐中途有涉意外之事，然即归来。
　　○问讼事：有意外牵涉，不辩自释。
　　○问六甲：生男。
　　○问失物：不寻自得。

【占例】 明治二十二年，占某贵显气运，筮得无妄之噬嗑。
　　爻辞曰："九五：无妄之疾，勿药有喜。"
　　断曰：五爻阳刚中正，下与二应，可谓无妄之至者也。今占得此爻，知某贵显德高望隆，复有何病？但道高招谤，或遭意处之嫌，是即"无妄之疾"也。宜勿与辩，逾时自释，若一为计较，转致多事，故曰"无妄之疾，勿药有喜"。
　　某贵显不用此占，遂酿纷纭。翌年遂罢职闲居。
　　○明治十五年八月，余弟德右卫门，患大肠痈结，聘医师守永某，乞诊服药，数日不愈。某曰：是非施截解术，不可治也。谋之佐藤国手，余复为占施术之适否，筮得无妄之噬嗑。
　　爻辞曰："九五：无妄之疾，勿药有喜。"
　　断曰："无妄之疾"，非自致也。今弟之疾，亦自然而发，非关自致。爻曰"勿药有喜"，盖为不假人治也。是宜安养任其自然，三周间（震之数为三八）后，必可愈快。
　　后服补药，不复施术，三周后，果得痊治。
　　○占明治三十年海军之气运，筮得无妄之噬嗑。
　　《彖》曰："无妄：元亨利贞。其非正有眚，不利有攸往。"

爻辞曰:"九五:无妄之疾,勿药有喜。"

断曰:无妄全卦,卦德为真实无妄,括言之曰正。《象》辞曰"匪正有眚",眚灾害也,故《说卦》曰"无妄灾也"。今占得五爻,曰"无妄之疾,勿药有喜","无妄之疾",犹言意外之灾也,恐海军中于九十两月中,必有非常之惊异也。此事非关人为,实由天意,非可强也。

后横须贺镇守府长官相浦中将,巡见北海道炭山,余在汽车相晤,告以此占。中将如不介意。然至九月,闻扶桑舰沉没豫海,占兆乃验。

上九:无妄,行有眚,无攸利。

《象传》曰:无妄之行,穷之灾也。

上爻阳居卦之终,为无妄之极。极而复行,行必有眚,有何利焉!《象辞》所谓"非正有眚",盖指上也。上与三应,三为"邑人",上为"行人"。三之灾,自上致之;三既被灾,上岂能无眚乎?《象》曰"穷之灾也",位已上穷,复欲进行,是穷极而为害也。

【占】 问时运:好运已终,宜安守勿动,动则终凶。

○问商业:历来贸易,颇称得利。兹值岁终,或当时令交换之际,宜暂静守,切勿再进,防有损耗。

○问家宅:此虽旧宅,居之则吉;慎勿他迁,迁则有眚。

○问战征:地步已极,不可复进,进则有害。

○问疾病:必是老年,宜颐养自适。

○问行人:即日可归,归后切勿出行。

○问六甲:生男。

○问失物:恐穷追不得。

【占例】 每年一月,余必避寒于热海。明治二十二年一月,静冈县知事关口隆吉君偶巡回县下,同宿汤户某家。关口氏为幕府旧士,尝学于昌平校,夙具才学,维新之际,五棱廓将帅之一也。氏索余占当岁气运,筮得无妄之随。

爻辞曰:"上九:无妄,行有眚,无攸利。"

断曰:异哉,何其爻象之凶也!《说卦》曰"无妄灾也","灾"谓天灾,是天降之灾也。爻辞曰"行有眚,无攸利",观此爻象,恐于行路中,忽遭祸变。"眚",损也,必身体大有损伤。《象》曰"穷之灾也",言灾害之至极也。余就占象直言,吉人天相,君勿过虑,慎之而已。关口氏闻之,面为失色。

后见新闻纸报道,阿部川城之越间汽车冲突,关口知事被伤,政府闻之,遣侍医偕藤桥本医治。余阅报惊曰:果哉关口君,竟罹"无妄之灾"!愈感《易》占之神知,悚然者久之。

一日得静冈警部长相原安次郎氏来函云,知事被灾,果应热海之占,不堪敬服。今欲再占知事之生命如何,烦为一筮回告。筮得泰之大畜。

爻辞曰:"上六:城复于隍。"

《象传》曰:"诚复于隍,其命乱也。"

断曰:泰为天地交泰之卦,今占得上爻,是泰之将终,转而为否之时。"城复于隍"者,倾毙之象；"其命乱"者，谓命之不全也。即以此旨答之。

时见者多怪余断之凶，曰：据医师诊断，有回生之兆，是新闻纸所报也。贵断毋乃过乎？余曰：诸君有疑，请俟诸他日。未几，关口氏讣至，于是当时诸君皆感服《易》占之妙用。

后复晤相原氏，氏曰："当时得子返书，已知事不起。怀书往访，知事谓余曰：'今春热海游浴之时，高岛氏占象，预诫余之遭难，果若此，殆天命也。近得医治，言可回生，尚为幸耳。'余因叹息，不忍以贵占出示。"谈及当时车变云，此日知事至静冈停车场，适将发铁石杂车，知事急麾之，驿吏命暂停，使知事乘之。迨进行二里余，至铁路屈曲处，忽前面汽车蓦地驶来，与之冲突，轰然一声，积载货物，悉飞天外。乘客中即死一人，负伤二人，知事其一也。余本同行，因知事心急，单身乘车，余未知之，得免于祸，幸哉！

翌年春，晤关口氏养子某于热海，曰：亡父平素语足下《易》学，去岁自热海归，每闲居读君《易》断，至无妄一卦，常三复不已。

䷙ 山天大畜

大畜为卦，下乾上艮。乾，健也；艮，止也，畜亦止也。大对小而言：小畜巽在乾上，五阳一阴，以一阴畜乾三阳，巽体柔顺，其力不固，故为小畜；大畜二阴四阳，艮体笃实，能厚其储，故为大畜。《杂卦传》曰，"大畜时也"，大畜以艮畜乾者也。乾之纯阳，进而不止，而大畜能畜之，若不欲其进者，时未可也。不惟其止，惟其动，健而又动，无妄所以为灾也；不惟其动，惟其止，健而能止，大畜所以为时也。《序卦》曰："有无妄然后可畜，故受之以大畜。"此大畜之所以次于无妄也。

大畜：利贞。不家食，吉。利涉大川。

大畜以阳畜阳，得其正也；止而畜之，利于用也，故曰"利贞"。外卦艮，艮为居，有家之象；三、四、五互震，震为百谷，有食之象；二三四互兑，兑口在外，有"不家食"之象；内卦乾，初为震，震为行，有"利涉"之象；乾二为坎，有"大川"之象。畜其德以用于朝，养以鼎烹，故曰"不家食，吉"；畜其材以济于时，用以舟楫，故曰"利涉大川"。畜之义，不特为止，又为养也，为蕴也。止则止其健，养则育其德，蕴则储其材。"不家食，吉"，有以收养贤之效；"利涉大川"，有以见济世之功。

《彖传》曰：大畜，刚健，笃实，辉光，日新其德。刚上而尚贤，能止健，大正也。不家食，吉，养贤也。利涉大川，应乎天也。

大畜，以艮畜乾，畜之大者也。乾为天，天德刚健；艮为山，山体笃实。乾为大明，有辉光；艮为星斗，亦有辉光。以艮畜乾，则所谓"刚健，笃实，辉光"，不必分为乾为艮，要皆在此大畜中也。是以光华发越，盛德日新，此卦之所以曰大畜也。艮阳居上，故曰"刚上"；艮止能畜，故曰"尚贤"。乾健难止，巽不能止，其畜故小；艮能止之，其畜乃大。艮之所以能止，在得其正，故曰"大正也"。"大正"即"利贞"。下变震为颐，颐《象传》曰"养贤"，《象》曰"观其所养"，知必不在家食也。上变坎为需，需《彖》曰"利涉"，先曰"位乎天位"，知其能"应乎天"也。故艮能止,亦能育,斯贤乐得其用矣;艮能止,亦能通,斯险无不可济矣。

以此卦拟人事,《彖》辞首曰"利贞","利",和也,"贞",正也。和且正,为人事之至要也。卦德以止畜健,以静畜动,是畜之大者也,故《彖传》曰"大正也"。盖畜之道,全在"大正",有此"大正",斯能有此大畜,所谓君子正己以正人者,即此道也。"刚健"者天之德,"笃实"者山之性,人能法山之性,以畜天德,斯德性充实,而辉光发越,自见日进而无疆矣。卷之则藏于一心,放之则发为万事,以此而"不家食,吉",即家食亦吉;以此而不涉险利,即涉险亦利,是人事而应乎天者也。六爻内三爻为乾,欲健进而为艮所畜止也;外三爻为艮,以能止,而畜乾之健也。是以初爻惧危而自"已";二天不可而随止。三爻"往"矣,而犹能惕以"艰",如人事步步留余,不令躁进也;四以畜初,"童牛"加牿,畜之尚易也;五以畜二,"豮豕之牙",畜之得其要也。上以畜三,三既利"往",则云霄直上,以不畜为畜也,如人事之般般谨慎,各合机宜也。盖凡人之作事,一于健则过之,一于止则不及,过则偾事,不及则不足以成事。孔子于求之退曰进之,于由之兼人曰退之,其深得艮止之义也夫!

以此卦拟国家,上卦为政府,秉艮山之性,止而不动;下卦为人民,挟乾健之性。欲急谋国家之进步,将进而犯上,而六五之君,得六四上九之辅翼,同心合志,以抑止下民刚强锐进之为,此畜之所以为大也。六五之君,温恭而能"尚贤",与上九阴阳相比,言听计从,爻辞所谓"豮豕之牙,吉"也。上九身任天下之重,共天位,治天职,食天禄,以上畜三,其畜愈大而愈正,故曰"何天之衢,亨"也。六四处艮之始,履得其位,与上九同受六五之命,以四畜初,初阳尚稚,故曰"童牛之牿,元吉"也。盖内卦三阳,其性虽健,皆能受外卦之畜止,故初阳犹微,知进而有危,不待畜而自止;二得中,与五正应,知五处畜盛,未可犯也,能遇难而止,故"无尤";三受上之畜,畜之极也,畜极则通,其德已成,可以进矣,故曰"良马逐"也。国家当此之时,君臣一德,在下免躁进之患,在上无窃位之讥。六五之君曰"吉",有度也;上九之臣,曰"道大行也",应天顺人,诚千载一时之会也,非夫圣人之畜,不克臻此。

通观此卦,六爻专言畜止之义。初九抱刚健之德,初阳尚微,能受六四之畜,知难而自止者也,故有"有厉利已"之辞。九二履得其中,有知时之明,知其功之不可遽成,止而不行者也,故有"舆脱辐"之辞。九三以阳居阳,志刚而才强,未免锐进之嫌,惟"艰贞"自处,见可进而进,则可以济世,又可以保身也,故有"利艰贞,利有攸往"之辞。六四当大畜之任,处艮之始,能止乾阳之初泄,故曰"童牛之牿"。六五处得尊位,制恶有道,柔能制刚,是以吉也,故曰"豮豕之牙"。上九所谓"刚上而尚贤"者也,居通显之地,体至公之道,舍己从人,以汲引从贤,此大畜之义,君子之道大行之时也,故曰"何天之衢,亨"。总之,初九居乾之始,其阳犹稚,故称曰"童牛",戒其进也。九二以刚居柔,位刚势弱,故不能进也。九三纯秉乾德,乾为马,故称曰"良马";又恐其径进也。君子之难进如此!

《大象》曰:天在山中,大畜,君子以多识前言往行,以畜其德。

此卦乾天居艮山之中,谓山中蕴畜一天地之象,其道含宏,其义深远。譬如君子方寸中,蕴畜三才之道义,古今之事理,广见洽闻,以之日新其德业也。夫"前言"者,训诰流传,德之华也;"往行"者,功业炳著,德之实也。嘉言懿行,皆德之散见者也。君子之学道也,考其遗迹,观其用,以身体之,以心验之,因其言而默识其所以言,因其行而默识其所以行,以畜成我德,此德所以日积而日大也。故曰"多识前言往行,以畜其德"也。

【占】　问战征:宜养精蓄锐,乘时而动,自然战无不克,攻无不利,定获大胜。

○问时运:目下心意纵奢,未可动也。必待二年后,运来福至,如骏马腾空,往无不利。

○问营商:暂宜株守。近则三月,远则三年,自得逐渐推广,日积月新,利源不竭,大有庆也。

○问家宅:宅居宜近山,或在岭上,或在谷中,必是素封之家。近来声名显达,家业日隆,大吉之兆。

○问功名:少年意气轩昂,未免稍有阻抑。至三十岁后,一举成名,云霄直上,为国为家,经纶焕著,诚大用之材也。

○问六甲:生男,且主贵。

○问讼事:始被屈抑,后得申理。

○问疾病:占得初爻至五爻,皆吉,上爻则恐寿源有阻。

○问婚姻:大吉。

初九:有厉利已。

《象传》曰:有厉利已,不犯灾也。

此爻体乾,刚健而在下,势将锐意干进。然初爻乾阳尚微,距五位主爻犹远,应在四爻。四爻属艮,艮止也。初爻欲进而四爻止之,是应爻不相援,而悉相敌也。初九能知危而止,故"不犯灾也",谓之"有厉利已"。

【占】　问战征:宜守不宜攻,斯无害也。必待四爻援兵得力,方可大进获胜。

○问营商:目下资本犹浅,宜谨慎自守,免致灾害。后得帮手相助,自能获利。

○问家宅:是新造之宅,为前面山势压制。屋宅不能过高,然无咎也。

○问功名:才学虽高,而初次求名,不宜发泄太早,宜自抑止,所贵大器晚成也。

○问六甲:可占一索生男。

○问讼事:不宜健进,健进则有灾。

○问婚姻:初阳为四爻所畜,是夫将受制于妻也;在夫能顺从其畜,亦无灾也。

○问出门:现宜暂止,以待时运。

○问疾病:现虽有病,可保无虞。

○问失物:待后自可寻获。

【占例】　某县士族某某来,请占气运,筮得大畜之蛊。

爻辞曰:"初九:有厉利已。"

断曰:此卦以山之小,止天之大,故谓之大畜。今初爻以阳居阳,才力俱强,以应四爻之阴;四爻之阴,力能畜止初阳。知其谋望,一时必难就也,若一意躁进,恐必有祸。

时某不从余断,妄怀志愿,往干某贵显。不服书记官之说谕,三日间遂为警视厅所拘留。厥后某自悔悟,始叹《易》理之神妙也。

九二:舆说镇。

《象传》曰:舆说镇,中无尤也。

"舆"者,车也,喻进行之义;"镇"者,车轴之缚也。天之转旋,有大车之象。"舆脱镇"者,谓车脱镇,不能驾乘,而废进行之用。此爻变则为离,有脱离之义,故曰"脱镇"。艮以畜乾,将畜止下民之冒进,使之自止也。二与五相应,五处畜盛,未可犯也,知势之不可而不进,可谓知风识时者矣。《象传》曰"中无尤也",谓其得中,无躁进之尤也。按初九曰"有厉",其辞缓;九二曰"舆脱镇",其辞急。初与三应,初为乾之始,始阳尚柔,故辞缓;二与五应,五居尊位,势不可犯,故辞急。况五之畜二,非徒因其进而止之也,殆将尚其贤而用之也。盖时有盛衰,势有强弱,有不可已者,学《易》者所宜深识焉。

【占】 问战征:若锐意径进,防有辙乱旗靡之祸,致一败而不可复收。惟以退为进,斯无尤矣。

○问营商:凡有货物,宜早脱售,虽无大利,亦无耗失。

○问家宅:必是破败旧家。唯其能退然自守,家业自有复兴之象,故无尤也。

○问功名:宜待时,毋躁进也。

○问婚姻:小畜三爻"舆脱镇,夫妻反目",是不吉也;此二爻得中,与五相应,五居尊位,必是贵婿,大吉。

○问疾病:定是腹疾,一时难愈,然无害也。

○问六甲:生男,防有足疾。

○问讼事:败而复和。

【占例】 亲友某县人某来,请占气运,筮得大畜之贲。

爻辞曰:"九二:舆脱镇。"

断曰:此卦内卦乾天,刚健锐进;外卦艮山,镇定不动。以山畜天,故曰大畜。在今政府,非不欲登进人才,亦知浮躁者非大器,急切者无实功,是以抑制而不用也。而一时急于求进者,或互相标榜,或高自议论,干谒公卿,奔走形势,梯荣乞宠,无所不为,当途益以此轻之矣。今九二能察时之不可,而退然自阻,谓之"舆脱镇"。舆者所以载物而行也,脱其镇,示不复用,所以甘自晦藏,以待其时之至也,故曰"中无尤"。

某闻之曰:爻辞适合我意,愿从此占。果大得便宜也。

○占明治三十年国家财政,筮得大畜之贲。

爻辞曰:"九二:舆脱镇。"

断曰:此卦以山之小,畜天之大;上卦一阳,畜止下卦三阳,足见其畜之大也。今占财政而得此卦,乾为金,故主货币,艮为山,故主藏蓄,九二坎爻,坎为车,故曰"舆"。"脱镇"者,示不用也。我国古来所有货币,不出一亿之外,开港以来,购入兵杖、器械、船舶诸物,虽一时去出现金繁多,赖政府理财得人,渐得复旧时之款。征清之役,民间募集一亿五千万公债,其不足者,以政府预备金充之,战胜之后,受取偿金三亿五千万元。窥测字内形势,强国合纵,分割弱国,不得不扩充军政,乃以其偿金,充备军资。在政府固出于不得已也,而在人民之愿望,以为获此巨偿,专以扩张军备,并赏恤战士,既不能清偿国债,又不能振兴商业,虽银行之贷出稍宽,而子利仍复腾贵,则百业之进,终被抑止,人民颇为失望。此即内卦乾天,为外卦艮山畜止之象也。辞曰"舆脱輹",舆之脱其輹,而不能进,犹金之别有需蓄,而不能应民之用也。政府之设施如此,可谓得其中矣,故《象》曰"中无尤也"。本年之财政,中止货币之运转,为商工困难之占也。

后果如此占。

九三:良马逐,利艰贞。日闲舆卫,利有攸往。

《象传》曰:利有攸往,上合志也。

三辰在辰,上值轸,轸主车驾,故有"马",有"舆",有"卫"。又三为坎中,坎为艰,故"利艰贞"。此爻内卦为乾,乾为马。"逐",并进也。乾畜至三,其德已成,可以进矣,故其象为"良马逐"。"闲",习也。"卫",所以防不虞。艮在外为止,即卫之象。三之应在上,上处"天衢"之亨,途径大通,进行无阻,而犹必以艰贞自惕。如调马者,虽驰骋自得,犹必"日闲舆卫"乃可以"利有攸往"。《传》曰"上合志也",此正畜极而通之时也。夫善骑者坠,善泳者溺,当此得意之日,故最宜戒慎,平常犹此,况大畜之时乎?"良马"以见锐进之义,"舆"以明徐行之象,逐马而继以舆卫,锐进徐行之两义,当参观而得之。

【占】 问战征:有马到功成之象。然必先临事而惧,斯无往不利也。

○问营商:三爻与应合志,是必卖买同心;曰"良马逐",是必留适快捷;曰"利艰贞",是虽遇险无虞也。大吉。

○问功名:有云霄得路之象。"

○问家宅:必是勤俭起家,目下履当其位,家业日进,犹能安不忘危,故无往不利。

○问婚姻:三以上九为应,上九处畜之极,是全盛之象。占婚姻而得此爻,男女合志。大吉之兆。

○问疾病:宜谨慎调养,可保无虞。

○问六甲:生男。

【占例】 余一日访友人某氏,某氏谓曰:"吾尝约购驾车良马,今日当必有牵而来也。"谓占马之骏驽如何? 筮得大畜之损。

爻辞曰:"九三:良马逐,利艰贞。日闲舆卫,利有攸往。"

断曰:此卦内卦为乾,乾为马,又乾健也,知此马必健捷善驰。然不谙驾驭之术,御之亦难,故曰"日闲舆卫,利有攸往也"。语未毕,有牵马者至,扬言曰:此马刚健疾驰,是良马也! 友人见之,即欲鞭策一试。适前岸系舟,轰然有声,马遂惊逸。驭者尽力制之,不止,逡巡倒行,遂落沟中,友人见之大惊,不复购售。

○某县士族某来,请占气运,筮得大畜之损。

爻辞曰:"九三:良马逐,利艰贞。日闲舆卫,利有攸往。"

断曰:乾在无妄为天德,在大畜为贤才,士惟法乾而后才德备。法乾则行健而进锐,进锐者恐不能致远,必"利艰贞",而其识深;必受抑止,而其气定。如良马之性,必先颠踬,而后驰驱始受范也,故曰"良马遂,利艰贞"。今占时运,而得此爻,知其人必抱有用之才,足荷艰巨之任者也。《传》曰"利有攸往,上合志也",可见目下时运已至,可以乘时得位也。爻曰"日闲舆卫,利有攸往","卫",守卫也,所以备不虞、示威武也。意者其将任守卫之职乎?

后此友果任某警部。

六四:童牛之牿,元吉。

《象传》曰:六四元吉,有喜也。

六四爻辰在丑,丑为牛;四得艮气,艮为童,故曰"童牛"。以四畜初爻,动而体离,离为童牛,牛谓初九也。"牿",《说文》云"牛马牢也",引《书·费誓》,"今惟牿牛马"。大畜错卦萃,萃"用大牲吉",童牛祭天之牛也。《礼记》:"郊特牲",牛用犊贵诚也。《周礼》云"人祀五帝之牲,拴系于牢",《郑注》"牢闲也",必有闲防禽兽触啮。童牛系之于牢,备郊祀也。"童牛"谓初九,为之牿,四也,初阳最稚,始进而即闲之,如"童牛之牿",牿之使不抵触,故吉而有喜也。夫天下之事,防未然者易为力,制已然者难为功。逆折其方长之奸,潜消其未萌之逆,则上不劳禁制,而化自行,下不伤刑诛,而奸自止。初阳尚微,刚暴之习未成,六四畜之,所以不劳力也。"元吉"者,柔以制刚,刚不敢犯,畜之盛也,喜莫大焉。

【占】 问战征:有强邻压制小国之象,幸四与上相应合志,得以保全。有喜。

○问营商:爻曰"童牛",谓初阳也。意以贸易新出,时货为利。"牿",谓牢也,意以畜积固藏为利,故曰"元吉"。

○问功名:六四辰在丑,上值斗。石氏曰"斗,将相爵禄之位";又"丑,土也,其禽为牛"。孔子曰:"犁牛之子,骍且角,虽欲勿用,山川其舍诸。"盖童牛者,祭天之牛也,其必进用也明矣,故《传》曰吉而有喜也。

○问家宅:乾为门,艮为庭,为庐,为居,为舍,皆有家宅之象。"童牛"者,谓初九也,牿之者四也。初九者,阳之初也,必是初造之宅,为四所牿;必门前途径有阻,不能进行。然终必亨通,故曰"有喜"。

○问疾病:曰"童牛"者,意必老牛舐犊,灾在幼子。

○问六甲:生男。

○问婚嫁:四在丑,丑上值牵牛。四应初九,初九辰在子,上值女。曰童牛,必是少年结姻,大吉。

○问讼事:"童牛之牿",《说文》云,"牿,牛马牢也",恐有囚牢之灾。至上九曰天衢亨,当解脱而有喜也。

【占例】 余有摄绵土制造所在爱知县下热田,其支配人来,请占明治二十三年摄绵土贩卖之商机,筮得大畜之大有。

爻辞曰:"六四:童牛之牿,元吉。"

断曰:六四辰在丑,丑土也,艮为手,又为厚,是能以手练成厚实摄绵土也。原来此物密合石灰与粘土,烧为粉末,入之水中,积久而成,凝固如石。今占得大畜,明明示我畜贮之象,可知今年此物淹滞。依六四爻辞曰"童牛之牿","牿"谓牛马之牢,畜之以防其逸,则知此物宜畜之于库,至二十五年以待价也。为上九"何天之衢,亨",乃可通用自在也。

后果如余占。

○占明治三十一年,韩国与俄国之交际,筮得大畜之大有。

辞曰:"六四:童牛之牿,元吉。"

断曰:此卦内卦为乾,外卦为艮。占韩与俄交际,当以韩为内卦,俄为外卦。乾阳欲进,为艮止所畜,明示以韩欲求进,为俄国所畜止也。六四曰"童牛之牿。"童牛者,初阳也,牿之者四也。童牛而入于牿,欲进不得,韩之为俄所止,其象更明。目下俄国公使,蔑视韩廷,以大国之威力畜止之,恰如施童牛之角以横木,谓之"童牛之牿"也。韩若于今不为之计,至西伯利亚铁路成后,恐不可保其全也。

六五:豮豕之牙,吉。

《象传》曰:六五之吉,有庆也。

五为二之应,九二坎爻,辰在子,上值室。《广雅》云,"营室曰豕"。又《说文》,"亥为豕"。《分野》略云:"自危十六度,至奎四度,于辰在亥,为陬訾谓之豕韦。"戍亥,乾位也,则豕属坎,亦属乾。"豮",《尔雅》释兽"豮,豕子,豵么幼";《郭注》"俗呼小豮猪,为豕子"。六五爻辞曰"豮豕",盖指九二而言,九二乾阳尚稚,故曰"猪豕",犹童牛之属初九也。"牙",郑读为"互",《广韵》互字下注云"俗作牙",是昔人以牙为互,后人转而作牙,误也。《周礼》修闾氏掌比国中宿互柝者,注云,"互,谓行马所以障互禁止人也。"互亦通柜,《韵会》:"柜者,交互其木,以为遮拦",正合止畜之义,与初爻牿为牛马牢,其义相同,皆所以禁止其骤进也。五爻居尊位,为民士之所归向,下应九二,九二之士,能脱辕潜修,畜养其德,待时而动,斯喜在一人,庆在天下,是以吉而有庆也。

【占】 问战征:豕属坎,又属亥,是必在坎险湿泽之处,最宜畜意禁止,以防敌军豕突。能谋而后动,自然获吉。

○问营商:互,有互市之义,谓财物交互成市,正合近时通商之象。"豮豕",谓小豕,譬如初次贸易,资本尚微,能受畜止,乃吉。

○问功名:此必年少求名,未免躁进,宜知自止,故曰"豮豕之牙,吉"也。

○问家宅:豕属亥,水也,前必有二水,交互而流,是以吉也。

○问疾病:六五辰在卯,东方为木,又豕属亥,亥为水。是必木旺水亏之症,宜自节止调养,方能有庆也。

○问六甲:生女。

○问婚嫁:六五天辰在卯,为兔。五应二,九二爻辰在寅,为虎,寅卯相合。爻曰"豮豕",豕属亥,亥与寅卯,木水相生,皆得制伏,大吉。

【占例】 明治二年,友人某来,论时势曰:"今箱馆平定,天下安静,朝廷选拔各藩俊士,登用人才,整理政务。承兵马倥偬之后,各藩士集合在官,未免互争权力,致生纷扰之患。请占其形势如何？筮得大畜之小畜。

爻辞曰："六五：豮豕之牙，吉。"

断曰：此卦下卦为乾，指各藩士族，上卦为艮，指政府也。下卦刚健，势欲锐进；下卦政府，将止其躁进，复给以禄养，是大畜之义也。当此兵马倥偬之后，各藩士族，始膺奉给，谓九二之乾阳尚稚，故曰"豮豕"。六五能畜止之，使不突进。"牙"，谓遮拦，有止畜之义也。犹言英才能隐居潜修，养成大器，故《象传》曰："六五之吉，有庆也。"

后果如此占。后友人每相与会，谈及此占，未尝不感服也。

上九：何天之衢，亨。

《象传》曰：何天之衢，道大行也。

"衢"者，四通八达之道。"天之衢"者，犹曰天路也，谓旷达而无障蔽，以喻其通也。案：上九艮爻，位近丑，上值牛。《文献通考》，"牛七度，日月五星之中道，其北二星，主道路"，故曰"衢"。又乾为天，艮为路，故曰"天衢"。"何"作荷，"荷天之衢"，犹《诗》所云"荷天之休"、"荷天之宠"也。此卦四畜初，五畜二，上畜三，上为卦主，所谓"刚上而尚贤"者是也，故《象传》曰"道大行也"。盖艮之畜，非畜之使不行，正畜之以成其才，大其畜，即所以大其行也。畜极则通，通则为泰，此爻之所以变即为泰也。

【占】 问战征：上九爻辰在戌，上值奎、娄、胃。奎象白虎，主兵；娄星主兴兵聚众，胃星主征诛，皆军事也。爻曰"荷天之衢"，言旌旗载道，一战成功，故《象》曰"道大行也"。

〇问营商：上应三、三曰"利艰贞"，知当时贸易尚多艰苦。至上为畜之极，畜极则通，故曰"荷天之衢，亨"，即三所云"利有攸往"者是也。《象》曰"道大行"，是必大获其利。

〇问功名：爻曰"荷天之衢"，是即可谓青云得路之时也，大吉。

〇问家宅：爻曰"荷天之衢"，衢，大道也，知此宅必在大道之旁。"荷天"者，得天之佑也。"亨"，吉也，其宅必吉。

〇问六甲：生男。

〇问婚嫁：想是天作之合，吉。

【占例】 明治十四年，应某贵显之召，占国会开设，请愿成否。筮得贲之大畜。就贲之卦象推施今日之政略，知五年之间，国家无事；自明治十九年以降，迄明治二十四年，此五年，值山地剥，有不祥之兆。故余活用贲之二爻，变为大畜，以述现今政略，推至明治二十年，正当大畜上爻。

爻辞曰："上九：荷天之衢，亨。"

断曰：大畜一阳止上，藏畜三阳于中，谓昔刚壮健行者，今以备历艰辛，通晓时势，不复须畜止也。艮山变为坤地，四通八达，无不豁然而开通，恰如天衢之广阔无碍，谓之"荷天之衢，亨"。明治二十年当此爻象，知铁道之建筑，必可盛行也。

后至明治二十年，果全国人心，皆倾向铁道，株券流行，建筑自骎骎日盛也。

☶ 山雷颐

颐从臣，从页，臣为颐本字。页本首字，《说文》曰"头也"，从口，从一。一者，象舌，有养之义。卦体艮上震下，艮为山，震为雷。雷动也，山止也。卦以上下二阳象上下唇吻，内四阴象虚而求食。颐张而不合，有求食之状，故可以观震阳下动食象也。艮主止，止，观象也。然震非自动也，系于艮以动，艮不上止，震虽欲动而不能，则其所以为颐。之主，艮也。上下实而中虚，动而能止，曰颐，此卦之所以名颐也。

颐：贞吉。观颐，自求口实。

《序卦传》曰："物畜然后可养，故受之以颐，颐养也。""观颐"则思所养，思所养则知节，嗜欲可省，廉耻可立，心志可宁，养生养德在其中矣，故"贞吉"。大抵养道主静，天地万物皆上动下止，惟颐下动上止，静以制动，止以忍贪，"观颐"之义也。身之有颐，本以为养，颐中虚，实之所以为养也，故曰"自求口实。"

《象传》曰：颐，贞吉，养正则吉也。观颐，观其所养也。自求口实，观其自养也。天地养万物，圣人养贤以及万民，颐之时大矣哉！

颐卦内艮外震。艮为黔喙之属。喙，口也，即颐之象；又为果蓏震为蕃鲜，为百谷。皆有养之义。"颐，贞吉"者，所养得正，则有吉也。然养有正不正，不观不足以知之。观其所养何人，则养之公与私自别也；观其自养何求，则养之贪与廉可见也。果其所养皆贤，自养有节，是养得其正，即养无不吉矣。至天地圣人，极言养道之大。人之养生，多在自养，必如天地之化育无私，而万物皆被其泽；必如圣人之恫瘝在抱，而上自贤哲，下及万民，无不并沐其恩。盖圣人体天地之养以为养，故所养有与天地而并大。《象传》曰"颐之时大矣哉"，谓其所养至广，即于养之时而已见矣；不言义，而义亦在其中也。

以此卦拟人事，上三爻为艮，艮六五曰艮其辅，辅卜颔也，有颐之象。下三爻为震，上六曰"视矍矍"，有观之义。上下互坤，坤为缶，为浆，有养之义。然养亦不一法也，节宣所以养正，饮食衣服所以养形，威仪礼貌所以养德，推己及物所以养人。盖人莫不有所养，而养亦各有所在。内而养一身，外而养天下，而要在得其正者吉。夫士之得禄位，农之事稼穑，工之造器物，商之通货财，皆各食其力，各养其身，而得其正者也，否则因糊口之无资，而忘其廉耻，如孟子所谓"苟无恒产，则放僻邪侈，无不为矣"，此其人复何足观乎？然观人者，当先观其"口实"之求，人苟不以饥渴害其心，而能以箪瓢乐其道，则其所求，有在于"口实"之外，其所养，必得夫性情之正。其自养如是，其养人当更有大者矣，必如天地之养物，圣人之养贤，以及养育万民，而其养不特得其贞，益且获其吉矣。颐养之道，尽在是也。

以此卦拟国家，下卦为人民，下民好动，有震之象；上卦为政府，政府能安止下民，有艮之象。卦名曰颐，颐口也。下民各颐有一颐，下民即各自求养。农以力耕，商以贸货，工以造器，皆各以才力"自求口实"。而犹有自养而不足者，政府为之薄其征敛，蠲其租税，甚至发粟以救饥，给药以疗疾。朝廷之仁浆义粟，适为下民续命之恩。在政府并非以此市惠也,亦体夫天地好生之德,以为养也。至下民之中,有所谓贤者,政府尤必尊其位,重其禄,养之以大亨,而不敢不优也。时贤者沐朝廷之荣恩,而并能推朝廷之德泽,覃及于万民。此颐养之道,所以愈推愈广也,《象传》曰"颐之时大矣哉",有以夫!

通观此卦,上卦三爻,皆所以养人;下卦三爻,皆所以自养。养之道,以养人为公,自养为私;自养之道,以养德为大,养体为小。故初、二、三皆养口体,私而小者也;四、五、上皆以养德而养人,公而大者也。无论为养人为自养,要皆以得正为吉,故《象》曰:"山下有雷,颐,君子以慎言语,节饮食。"谓颐之为用,吐露言语,咀嚼饮食,皆由颐而出,君子观颐之象,而知所宜慎宜节也。初爻以阳处下,为动之始,是动而自求养也,舍"灵龟"而观"朵颐",是以凶也。六二处下体之中,无应于上,返而养初,故曰"征凶"。六三虽应上爻,上九而拂颐养之节,自纳于上以谄媚者也,故至"十年"而犹"勿用",复何利之有?六四身处上体,居得其位,应于初爻,以上养下,得养之宜,又能威严寡欲,所以得吉。六五以阴居阳,而比于上,行则失位,居则"贞吉",故"不可涉大川"。上九以阳处上而履四阴,众阴皆由此得养,故曰"由颐";然其所以得此养者,不知几历危厉而始得吉也,故曰"厉吉";养至此,则无往不利,故曰"利涉大川"而"有庆"也。盖颐之全卦,专言养生之道,其本在初。曰"龟",曰"虎",曰"颠",示其用也;曰"拂",正其趋也;曰"由",竟其委也。圣人所以握造化之机,而尽性命之理者,于颐之一卦见之矣。

《大象》曰:山下有雷,颐,君子以慎言语,节饮食。

此卦山下有雷,为上止下动之义,即颐口之用也。夫言语者,祸福之所由招;饮食者,疾病之所由生。动止得其道,斯言不妄发,食不过度矣。君子观颐之象,而知其慎,知其所节。大之则命令所出,慎之而无失,货财所入,节之而无伤;极而言之,则养德以养天下,皆无不然也。

【占】 问战征:上止下动,防队下有妄动招乱者,或机密漏泄,或酗酒启衅,最宜谨慎。

○问功名:山下有雷,雷发声而山亦鸣,有声名腾达之象。

○问经商:颐象内动外止,主货物内地升动,外地低落之象。又恐贩货出外,一时不能销售。其货物大约不离食品。

○问家宅:艮山欲止,震雷欲动,山在上,雷在下,恐地盘震动,宜防火灾。

○问疾病:上止下动,山属土,雷属火,主上焦寒闭,下焦热泻之象,必待五爻,《象》曰"顺以从上",庶上下通顺乃吉。一爻一日,必至五日可愈。

○问行人:内卦动而外卦止,必已动身,为外事阻止。上九曰"利涉大川",知必从水路而来。近则六七日可到,远则六七月方归。

○问六甲:生男。

○问失物:山下有雷,知其物为重物压止,一时不见,待后可得。

○问讼事:主为言语饮食细故启衅。下欲动而上止之,必有上官出而阻止,不终讼也。

○问婚姻:颐养也,妇主中馈,有养之义。外夫内妻,内动而外止,有妇从夫之象,吉。

初九:舍尔灵龟,观我朵颐,凶。

《象传》曰:观我朵颐,亦不足贵也。

凡爻辞尔与我对言,是《易》中比应,互为宾主之一例。此爻尔我云云,自应位之六四告初九之辞。"尔"指初九,"我"则六四自称也。龟为四灵之一,不饮不食,服气吐纳,渊默自养者也。颐初上两阳而包四阴,离象也,离为龟,故曰"灵龟"。初九一阳之始,胚胎万有,是即吾身之灵龟,不待养于外者也。舍"灵龟"而观"朵颐",是捐其廉明之德,以行其贪窃之情,蠹兹众生,可悲可叹,故戒之曰"凶"。《象》曰"不足贵"者,谓养小失大,纵得所欲,亦不足贵也。

【占】 问战征:古者行军必先占卜,以定吉凶。爻辞曰"舍尔灵龟,观我朵颐",是不畏神明,而徒贪财物,故曰"凶"也。

〇问营商:初爻为一阳之始。变而为剥,剥者解剥也,《象》曰"不利有攸往",营商恐难获利。爻辞曰"尔""我"者,主宾也;"朵颐"者,口之动而食物也。舍"灵龟"而观"朵颐"有利亦恐为他人食没也,故凶。

〇问功名:"灵龟"者内心也,"朵颐"者外貌也,舍内而求外,舍己而观人,徒慕虚声,必无实学,功名难成。

〇问家宅:宅中六神不安,恐有外鬼作祟,动来求食,凶。

〇问疾病:病由饮食不节所致,宜问神祈祷,可愈。

〇问婚嫁:尔我者,男女两姓也,"舍尔""观我",显见两姓不谐,其故在争论礼物,必不成也,成亦必凶。

〇问讼事:必由口舌启衅。曰"舍我",曰"观尔",是两造各执一见,一时不能就理。凶。

【占例】 友人某来曰余窃有希求,欲面谒某贵显,请占其成否如何?筮得颐之剥。

爻辞曰:"初九:舍而灵龟,观我朵颐,凶。

断曰:此卦内卦震雷,雷动也;外卦艮山,山止也,显见雷欲动而为山所止也。今得初爻,明明足下将有所动作,而为贵显所阻止。爻辞曰"舍尔灵龟,观我朵颐",所谓"尔"者属贵显,"我"者是足下,"舍尔""观我",是足下欲强贵显而从我所求也。所谓"朵颐"者,口腹之求,无餍之欲,以此往谒贵显,非特不成,恐反受谴责,故曰"凶"也。

友人闻之,不快于意,后往谒贵显,为所谢绝。

六二:颠颐,拂经于丘颐,征凶。

《象传》曰:六二征凶,行失类也。

二爻比初应五,阴柔不能自养,犹女不能自处,而必从男,阴不能独立,而必从阳也。"颠"倒也,"拂"违也,"经"义也,"丘"所履之常处也。夫颐养之道,以自上养下为常,今二爻虽与五为应,阴柔不能养五,反而求养于初爻,辞曰"颠颐,拂经",是颠倒而违于常理也。以此求养,未见其福;以此而行,未见有与,故曰"颐,征凶"。《象》曰"行失类也",震为行,阴阳各从其类。二爻不知养内卦之乾,反养外卦之坤,是为"失类",故"征凶"也。

【占】 问战征:行军之要,首在纪律严明,步伐整齐。爻曰"颠颐,拂经",是必背违纪律,步伐错乱也,凶莫大矣。

　　○问营商:二爻变损,损耗损也,于商不利。爻辞曰"颠",曰"拂",是明言买卖出入不合常理也,故曰"征凶"。

　　○问功名:"颠颐,拂经",是不循常道,侥幸求成,虽得终凶。

　　○问婚嫁:六二阴柔居下,不奉上而反养下,是谓颠倒拂乱,不得其正,妇道不可问矣。故《象》曰"行失类也",凶可知矣。

【占例】　友人医师伊藤某,其子在横滨营商业。伊藤某一日来访,请占其子终身运限。筮得颐之损。

　　爻辞曰:"六二:颠颐,拂经于丘颐,征凶。"

　　断曰:颐之六二,以阴居阴,才智俱弱,未足兴立事业也。颐者,养也,当居下以奉上,不当以上而养下,此为养之常道也。今爻辞曰"颠颐,拂经于丘",是颠倒拂乱而失其正也。足下占问令郎终身,而得此爻,知令郎虽从事商业,必不能获利而养亲,而反将耗损父产,故曰,征凶"。且其所与共事者,皆非善类,故《象》曰:"六二征凶,行失类也"。为今之计,惟嘱令郎停止商业,可免后患。

　　伊藤某闻之,大为叹息,谓《易》象所云,丝毫不爽。即命其子闭店,其子不从,竟至产业荡尽,可惜可惜!

六三:拂颐,贞凶,十年勿用,无攸利。

　　《象传》曰:十年勿用,道大悖也。

　　三爻居内卦之极,阴柔而不中正。颐三变而为贲,《吕氏春秋》:孔子卜得贲,曰不吉,以贲不得五色之正也。颐三比二应上,谄媚以奉上,是拂夫颐养之贞,故凶。上下互坤,坤为十年;故曰"十年":坤又为用,以其拂贞,故曰"勿用"。三至六为剥,剥《象》曰"不利有攸往",注谓当剥之时,强亢激拂,触忤陨身,是"不利有攸往"。颐三拂贞,故直曰"无攸利",是无所可往,无所利也。《象传》曰"道大悖也",极言于颐养之道,大相拂乱,故至"十年"而"勿用",深责而弃绝之也。

【占】　问战征:师以贞为吉,拂贞不吉。颐养也,养兵以备用,养拂其道,则兵不可用。《象》曰"道大悖也",是犯上好乱,其败亡必矣,故凶。

　　○问营商:商业专在获利,曰"无攸利",无论营业之大小,无论贩货之远近,皆无所得利也。极之"十年勿用",是久久而不成事也,故凶。

　　○问功名:功名之道,要在出而用世,得以利济群民,是将以道养天下也。若拂夫颐之正,而极之"十年勿用",则将终其身而不得见用也,故曰"无攸利"。

　　○问家宅:是宅必久无人居住矣,且恐有鬼祟出而求食,家宅不安,住之不利。

　　○问婚姻:主闺门不贞,其婚事亦必过十年可成。

　　○问六甲:生男。

【占例】　明治二十五年,占国家之气运,筮得颐之贲;又占众议院,得初爻,推理如左。

《彖》辞曰"颐:贞吉,观颐,自求口实。"

爻辞曰:"六三:拂颐,贞凶,十年勿用,无攸利。"

此卦雷在下,山在上,雷欲动而为山所止。颐之象为人口,上腭止而下腭动。颐之义为养,如张口以求食也。今占国家气运得此卦,盖国家所重在人民,人民之所重在食。人一日不食则饥,七日不食则死,人民之旦夕忙忙不惮劳苦者,无非自求其食也。内而家,外而国,仰事俯畜,皆藉得食以为养也。且颐之反卦仍为颐,人民发动,政府自上得以止之;政府行动,人民在下,亦得以止之。犹是颐之上下唇,有互相开合以为用也,故利用观。"观颐"者,即观其颐之贞不贞也。贞即正,所谓养正则吉,由一己以推诸家国天下,皆以得养之正为吉。我日本全国人口繁殖,明治五年三千五百万人,二十年间,已达四千余万。今以一年平均计之,约有四十万人增加。论土地之开垦,每年仅不过二万町步。以地之所产,合计人口之所食,每年有二十万人民不得其食,是以人民不能不"自求口实"矣。求而正者吉,不正则放僻邪侈,无所不为,由是廉耻道丧,争夺日滋,而盗贼群起,原其故,无不"自求口实"来也。朝廷治以禁暴之法,而不开其养生之源,譬如见赤子呱呱啼饥,不为之哺乳,而与以止啼之苦药,终无益也。为今之计,惟在诱导穷民,使人开垦荒芜不毛之地,又起国家公益之事业,而从事之,以与为民力食之地而已,谓之"颐贞吉"。

三爻之辞曰:"拂颐,贞凶,十年勿用,无攸利",是即《彖辞》所云"颐贞吉"者,而反言之也。"十年勿用,无攸利",是凶之极致也。三爻以阴居阴,不中不正,上下俱悖颐养之正道,故曰"拂颐,贞凶"。国家气运,值此爻象,及今而不急为调剂,恐异日之尤,有不可测者矣。且今后十年,即至大过上爻之气运,则有穷民转沟壑之象,故曰"十年勿用,无攸利"。占象如斯,可惧! 可惧!

占众议院,得初爻,辞曰:"舍而灵龟,观我朵颐,凶。"《象传》曰:"观我朵颐,亦不足贵也。"龟者介虫之最灵者,曳尾泥途,是葆养灵德,而不求口实者也。初爻震阳之始,为下卦之主,爻辞曰"舍而灵龟,观我朵颐,凶"。今就议员而论,所谓"尔"者属主选之人,所谓"我"者必属应选之人,是舍主选者之明鉴,而专观应选者之口实,则龟无其灵,不足以为龟,即议员无其才,不足为议员。故《象》曰:"观我朵颐,亦不足贵也",明言此徒求温饱之辈,虽幸充议员,何足贵乎? 又此爻变则为剥,剥之为卦,"君子道消,小人道长",此最为国家盛衰所攸关,主议员之选者,所当凛凛也。

○友人某,从事商业,家道富裕,生有一子。平生悔己不学,使子就学东京。虽卒业学校,因素无家教,遂至所交非人,征逐酒食,浪费金钱,或侮慢老成,或诽谤亲友,甚至以父为顽固而奴视之,逼迫父母,分析财产。复来东京,充辩护之士,间营米商以争输赢,乃至亡失资本。复托友人,请求于父。于是其父来请一占,筮得颐之贲。

爻辞曰:"六三:拂颐,贞凶,十年勿用,无攸利。"

断曰:颐养也,谓宜以下养上者也。今令郎分父财产,未几耗尽,而复求食于父,是下不能养上,而转欲以上养下也。故三爻之辞曰:"拂颐,贞凶,十年勿用,无攸利。"以令郎素失教训,不知生产之艰难,必至"十年勿用",困苦穷厄,历尽艰辛,使之困极知悔,十年以后,或可有为也。为今之计,惟稍给口食,得以度日而已,是今日处置之法也。

其父叹息曰:"所谓'子不教,父之过',余知所悔矣!"乃谢而去。

六四：颠颐，吉。虎视眈眈，其欲逐逐，无咎。

《象传》曰：颠颐之吉，上施光也。

四爻柔正，与初九刚正相应，居得其位，以上养下，得颐之义，故曰"颠颐，吉"。四爻属上体，得艮气。艮为虎，眈眈下视之貌，是威而不猛之谓也。"逐逐"，《子夏传》作、"攸攸"，荀作"悠悠"，刘表作"眈眈"，云"远也"。按《汉书·叙传》，"六四眈眈，其欲澈澈"，师古注，"澈澈，欲利之貌"。初取象于龟，龟者介虫之长；四取象于虎，虎者百兽之长，是两相应也。龟之德在灵，虎之威在视，初与四，取义各有所在。且颐卦旁通大过，"大过颠也"，故四称"颠"，二亦称"颠"。六二"颠颐凶"，六四则以"颠颐"得吉者何也？盖六二处下体而又养下，是以凶也；六四处上体，又应于初，阴而应阳，又能威严寡欲，所以吉也。《象》曰："颠颐之吉，上施光也"，"上"谓上九。上得乾之一画，乾阳上烛，光明无所不照。四知养其乾元，则乾之光施于四，四即得之以为光，是以曰"上施光也。"

【占】　问战征：战士之勇者称虎臣，亦称虎贲，皆谓其有力也。然必须养其精锐而后用，非徒恃威猛而轻进也，故曰"颠颐，吉"。

〇问营商："颠"，恐一时物价有倒跌之象。"虎视眈眈，其欲逐逐"，譬言商人谋利之状，能视其贱价而置货，故吉而无咎。

〇问功名：功名之兆，自古多取龙虎，是以吉也。"视眈眈"，"欲逐逐"，皆谋望腾达之意。

〇问家宅：此宅必右山白虎居高，有怒目欲噬之形，幸四爻以阴居阴，位得其正，可无咎也。

〇问六甲：生男。

【占例】　内务省参事官松本郁郎氏，将以公事赴浓尾，因请占任命事件。筮得颐之噬嗑。

爻辞曰："六四：颠颐，吉。虎视眈眈，其欲逐逐，无咎。"

断曰：此卦内卦为震动，外卦为艮止，知足下赴浓尾地方，为办理震灾后之事宜也。震动艮止，其象昭然。颐养之道，以下养上为正。今震灾之后，民不得食，朝廷为发粟赈济，是以上而养下也，颠倒也，故曰"颠颐，吉"。"虎视眈眈，其欲逐逐"，属在灾民，其惶惶求食，俨如饿虎，亦无足怪。然其中保无奸吏营私，视政府赈灾之饷，阴作中饱之图？所谓"视眈眈"，"欲逐逐"者，亦未始无人也。足下办此灾案，尤当察其奸曲。此爻变为噬嗑，噬嗑为卦，用狱明罚，所谓"小惩而大诫之"也。恤此灾民，惩彼好吏，虽有"虎视眈眈，其欲逐逐"，固无咎也。

松本氏首肯而去，后果如此占。

〇友人某来，请占某贵显，筮得颐之益。

爻辞曰："六四：颠颐，吉。虎视眈眈，其欲逐逐，无咎。"

断曰：四爻位近六五，显见宰辅之象。四处上体，为艮之始，其威德能镇定群动，其恩泽能养育群生。应于初爻，阴而养阳，又能威严而寡欲，故曰"颠颐，吉。虎视眈眈，其欲逐逐，无咎"也。

友人曰："断语如见其人。"

六五：拂经，居贞吉，不可涉大川。

《象传》曰：居贞之吉，顺以从上也。

五爻以阳居阳，无应于下，而比于上，是为君者不能养人，反为人所养者也。即拂君道之常经，故曰"拂经"。颐卦六爻，惟初上属阳。阳宜行，阴宜居，且五体艮，艮为止，行则失类，故曰"居贞吉"。五又中虚象坎，坎为险，又为大川。"居贞"虽吉，而、养道未成，不能以济险，故曰"不可涉大川"。按二曰"拂经"，三曰"拂颐"，拂，违也，二三以违拂颐养之道，故皆曰"凶"。五亦曰"拂经"，而独曰吉，何也？不知五爻之吉，不在"拂经"，而在"居贞"。故《象传》曰："居贞之吉，顺以从上。""上"谓上九，谓五近上，能以阴顺阳，故居贞得吉也。

【占】　问战征：行军之道，有经有权。谓能达权，似不必拘拘守经也，故"拂经"无咎。曰"居贞吉"，则宜固守，不宜进攻。"不可涉大川"，恐于川流之际有伏兵；舟楫前往，防有风波之厄，皆当谨慎。

　　○问营商：利于坐贾，不利行商，贩货出洋，更为可虑。

　　○问功名：出而应试，难望成名。

　　○问家宅：上体属艮，山居则吉；若在临江近水，其宅不利。

　　○问婚嫁：恐有不得媒聘之正者，若能从一而终，则亦吉也。

　　○问六甲：生男。

　　○问疾病：病在五爻，久则四五月，近则五六天，由于调养失宜。能安居静养则吉，若冒风雨，涉远路，恐难治也。

【占例】　明治十年中秋，东京增上寺大教正福田行诫，偕其徒少教正朝日氏来访，曰：我增上寺佛殿，往罹火灾，已阅十年，寺僧谋请重新，余谓兵革之余，集资非易。僧徒闻之，不以余言为是，谓本山而无大殿，是失庄严之相，咸各誓愿募化，计图再建。于是预算经费，一切所需，凡若干万元。后因物价腾贵，施工未竣，金款告匮。敢请一占。余曰：《易》道尽人事而俟天命，琐琐细事，未可渎问，不如占问佛殿之建筑何时完成。朝日氏诺，筮得颐之益。

　　爻辞曰："六五：拂经，居贞吉，不可涉大川。

　　断曰：筮得颐五爻，可观现今佛家之结果也。"经"即佛经，"拂经"者，有违佛经之旨趣也。维新以来，佛制亦从而改革，寺领既还，法禁遂改，食肉畜妻，在所不禁，出家在家，复何区别？是之谓"拂经"。然佛家宗旨，自来不一，古之名僧，有以饭鸽为食者，经文所载，有以法喜为妻者，是以身犯法而为虚无，空诸所有而归寂灭者也。此亦一法也，但必以安居守贞为吉，若不避危险，与俗人争利逐欲，则不可也，故曰"不可涉大川"。颐反卦为大过，大过四爻曰"栋隆，吉"；九四互乾，辰在亥，上值危室，《开元占经》引甘氏曰，"危主架屋"。又引《地轴占》曰："营室大人之宫"，故"栋隆"。佛殿以供大佛，是以亦有"栋隆"之象。颐五爻《象传》曰："居贞之吉，顺以从上也。""上"指上九，上九曰："由颐厉吉，大有庆也。"五至上，相隔一爻；谓一年，顺以从上，俟明年，佛殿可成，故曰"有庆"。

上九，由颐，厉吉，利涉大川。

《象传》曰：由颐，厉吉，大有庆也。

此卦初上两刚，合养四阴。初爻在下，震阳尚微，势力未充；上爻居上，艮阳已极，德足养人，卦中四阴，皆由上九而养，故曰"由颐"。上爻在卦为成卦之主，在爻为养人之主，其任甚重，且以阳刚之才，居危疑之地，苟其稍形骄惰，君疑众怨，是危殆之道。故人臣当此，唯常怀危厉之念，斯可保其吉也。伊尹周公忧勤惕厉，终得其吉，即此道也，故曰"厉吉"，以厉而得吉也。养至此，则乾元在我，川可涉，危可济，弱水不能陷，大海不能阻，夫亦安往而不可哉！故曰"利涉大川"。较六五之可"居贞"而"不可以涉大川"者，又有进矣，是足以当天下之大任，济天下之艰危，以成天下之治安者也，在此"由颐"之功耳。《象传》曰："由颐厉吉，大有庆也"，谓阳刚在上，能由养己以及养人，推而至于养天下，则无人而不被其养，即无人而不获其庆也，故《象》曰"大有庆也"。

【占】　问战征：谚云"养兵千日，用在一朝"，其得效力疆场者，皆由平日教养来也，故曰"由颐"。兵，危事也，不知几经危厉，乃得此克捷之功，故曰"厉吉"。"利涉大川"者，必其军士同心同德，斯得涉险，临危而不避，如周师之会孟津，诸葛之渡泸水是也。

○问营商：商业专在谋利，得利则足以养身养家。然商不能安居而得利也，必将涉历险途，或远贾重洋，方可获利，故曰"厉吉"。

○问功名：功名一道，由小而大，由卑而尊，然必忧勤惕厉，乃得功成名遂也。《象》曰"大有庆也"，是即所谓得之有喜也。

○问疾病：虽危得救，故曰"厉吉"。

○问六甲：生男，故《象》曰"大有庆也"。

【占例】　余每年于冬至日，占翌岁事物之吉凶，以为常例。明治二十二年冬，为占一卦，筮得颐之复。

爻辞曰："上九：由颐，厉吉，利涉大川。"

今岁一月，某贵显来访，问及麦作丰歉如何？余曰：本年政府蓄金备荒，购入外国米，以济灾黎。某贵显问何以知之？答曰：冬至余曾占今年麦作，遇颐之复。颐之为卦，其象为口，其义主养，小之则养在一身一家，大之则养及天下万民，群生衣食，由此而推暨也，故曰"由颐"。上九一阳在上，四阴在下，定卜先时多雨，麦作不丰，及至上爻，阳光发露，收成尚可，故曰"厉吉"。在昨年，因遭水灾，谷粒歉收，今年春，麦又不丰，则民食阙乏，米价腾贵，势必困苦流离，有不堪着想者矣。政府目击时艰，设法赈济，计唯招购外国洋米，以济民饥。其米之来，或自清国，或自印度，或自暹罗，皆由舶运，故曰"利涉大川。"后余以此占上申大藏省，政府乃察其机，即以备荒蓄金购入外国米，出卖于诸港，民心遂得安悦。

䷛ 泽风大过

大过自颐而来。颐上下二阳,中包四阴,大过反之,以二阴包四阳。四阳过盛,故曰大过。夫道中而已,阳欲其盛,不欲其过,太刚必折,太实必裂。今四阳中满,二阴屏居无位之地,阳虽盛而下无基,上无系,反借资于二阴;二阴微弱,不能为助,是失其中也,失中即为过。卦体上兑下巽,兑正秋也,秋金气,水之母也,故兑为泽;巽辰在巳,上值轸,轸主风,故巽为风,合之谓泽风大过。然大过异小过,何也?小过以艮遇震,止而动,其动未危,阴虽盛而下有基,止则吉也;大过以巽遇兑,入而悦,悦极不出,阳虽盛而下无根,入则颠也。《杂卦传》云"大过颠也",大过一卦,不言颠,而颐卦言颠,以颐与大过,颠倒以相为用。《序卦》是以置诸上《易》之末,天地再交,以成坎离也。

大过:栋挠。利有攸往,亨。

大过,阳大阴小,刚积于中,足以任重,有似栋然。兑上巽下,巽为木,兑为毁折,木而毁折,栋斯挠矣。当此大厦将倾,非一木所能支,惟当出门求助,以拯患难,乃得亨通,故曰"利有攸往,亨"。

《彖传》曰:大过,大者过也。栋挠,本末弱也。刚过而中,巽而说行,利有攸往,乃亨。大过之时大矣哉!

此卦下巽上兑,四阳积中,刚阳过盛,故曰大过。阳大阴小,故曰"大者过也"。"栋"屋脊也,巽木而为兑金所伤,故"挠"。巽木本柔,上无根柢,下无附属,故本末俱弱。"刚过而中",非二五之中,谓四刚连亘,位处于中,刚虽过而位处中也。然不可以恃夫刚,须以"巽而悦"者行之。巽主初言,悦主上言,四刚互乾为行,以柔济刚,黾勉前进,乃得亨也,故曰"利有攸往,乃亨"。盖奇才生于困厄,定力出于艰辛,转败为成,在此时也,故曰:"大过之时大矣哉!"

以此卦拟人事,就卦体言,四刚居中,为主于内;二柔在上下,为客于外。为主者刚过,是主刚而客柔也。就卦象言,四刚排列中间,二柔分居上下,俨若栋然,大人必具刚强之德,斯足充栋梁之选;然过刚无制,则太强必折,其栋挠矣。要必以"巽而脱"者行之,庶几刚而有济。刚不患其过刚,挠不至于终挠,盖惟其有大过之材,乃克济大过之事。"利有攸往,乃亨"皆本乾元用九而来,"利有攸往",即乾之"行健"也,"乃亨",即乾之"元亨"也。圣人于《易》,虽以扶阳抑阴为主,而有时亦借阴以济阳。巽以出之,悦以行之,是祛其大过而就以时中也,则变而不失其常,穷而不失其正,故曰"大过之时大矣哉"。所谓"时"者,亦即"终日乾乾,与时偕极"之道也。

以此卦拟国家,下卦为人民,巽为风,有四方风动之象;上卦为政府,兑为泽,有我泽如春之象。卦体刚在中,二柔居初上,是四刚当权,有威有福,居中而秉政者也。凡国家建大功,兴大役,皆以一人身任其重,如大屋之有栋,以负荷众材;然任载过重,则不胜其任,而立见其桡也,是"本末弱"也。所谓"本末"者,指上下二阴而言,二阴才力柔弱,不克任重,故"桡",此乃阴衰而阳失其辅,臣弱而君失其卫,阳刚过中所致也。当此之时,在蹈常守辙之人,多不敢为,惟知时达变之士,所欲奋然而往也。必其秉刚阳之德,而能以巽顺和悦行之,宽以克猛,柔以济刚,得时中之宜,无亢阳之患,方足以平大难,兴大业。乾卦所云乾元"以美利利天下,不言所利"者,胥是道也,故曰"利有攸往,乃亨"。盖往以济时之过,其必能通其时之变,反其势之平,整顿天下于一新,维持世道于无穷,而可得亨通也。

通观此卦,阳刚太实,有不能运动之象,譬如人之肢体肥重,不能转运也。又四阳居中,二阴退而听命,下无根柢,生气已断,上无附属,枝叶既调,故爻有"枯杨"之辞,曾不如剥姤之犹可来复。然大过自颐来,"颐,养也",谓当养其二阴以相济也。兑泽在上,巽木在下,《象》曰"泽灭木",泽本下而反上,木本上而反下,此大过之所以为颠,过越常分之大者也。君子法之,"独立不惧,遁世无闷",是能以退藏者养其阳而防其过也,非君子则不能。大过六爻,二阴四阳,有阳爻而处阴位焉,有阴爻而处阳位焉,有阳爻而处阳焉,有阴爻而处阴焉。爻有不同,义亦各判。初爻以阳居阴,是过之尚微也,巽为茅,茅虽柔物,藉之亦足助刚,故"无咎"。二爻亦以阳居阴,是过而不过也。巽木为杨,泽灭之而枯,得阳九生气,枯而复稊,故亦"无咎"。三爻以阳居阳,是过而又过也;四刚在中,如屋之有栋,刚果自用,终致"栋桡",故凶。四爻亦以阳居阴,是亦过而不过也。四与初应,得其所藉,三曰"桡"而四曰"隆",故吉。五爻以阳居阳,是过而无复过也。"枯杨"之象,与二爻同,然阳至五而极,虽华已衰,故曰"何可久也"。六爻以阴居阴,四刚既倾,是过之终极也,"利有攸往",正在此时。所谓"过涉"者,忠在救时,故"灭顶"虽凶,而"无咎"也。六爻以相对者言之,初与六对,《象》所云"本末弱"者,指初上也。一以藉茅而无咎,一以"过涉"而忘凶,皆足以救其过也。二与五对,"枯杨"之象,所取相同,"生稊""生华",久暂分也。三与四对,"栋"之为象,所取亦同,曰"桡",曰"隆",吉凶判也。总之,卦以阴阳相偶谓得中,偏则为过,四阳二阴,是大过也,故曰"大者过也"。君子于此,以"独立不惧,遁世无闷"处之,抱忧时嫉俗之念,具拨乱反正之才,利害不计,成败不言。上六之"过涉灭顶"者,必斯人也,复何咎矣!

《大象》曰:泽灭木,大过,君子以独立不惧,遁世无闷。

此卦泽水浸淫巽木之上,木为之枯,故曰"泽灭木"。当是时,世俗之士,或皆随流逐波,鲜有不磨灭者矣。惟君子具大过人之才干,虽时当困厄,而操守弥坚。所信者理,所乐者天,谓之"独立不惧,遁世无闷"。是必刚而能柔,过而能往,可谓善处大过之时者也。

【占】 问战征:"灭",灭绝也,大欲灭国,小欲灭身,其象凶矣。行军占此,恐有暴水淹没之祸。

○问营商:《象》曰"泽灭木",有低价忽而高涨之势。

○问功名:"独立不惧,遁世无闷"者,谓当退身隐处,一时未可求名也。

○问家宅:兑泽在上,巽木在下,其象反复,位置不正,防有灭凶之祸。

○问疾病:是肝火内郁之症,肾气冲上,医治非易。

○问婚嫁:"泽灭木",恐配偶之间,有老幼不匀。

○问六甲:生女。

○问失物:必坠入水沟之处。

初六：藉用白茅，无咎。

《象传》曰：藉用白茅，柔在下也。

"藉"者，铺地也；"白茅"，取其洁也。古者祭祀，藉之灌酒，以降神也。茅白取巽象，巽在下卦，藉茅于下，所以承上之刚也。初爻阴柔居下，不犯刚而能承刚。当此大过之时，敬慎事上，不得谓过分也。故比之礼义之适中者，则有过于敬慎之失，比之傲慢侮人者，则其胜亦不啻霄壤。在高傲者固有咎，而卑下者必无咎焉。盖茅柔物也，藉之足以相助，未可以茅之微而忽之。《象》曰"柔在下也"，以爻言则初在下，以茅言则藉在下。初六居阴，阴为柔，茅质柔弱，故曰"柔在下也"。

【占】 问战征：当此初次出师，最忌刚暴过甚，宜宽柔待下。

○问营商：贩运之货，必是药品，或是茶叶木棉；其色必白，其质必柔，均可获利。

○问功名：拔茅连茹，是有连类同登之象。

○问家宅：其宅必近卑湿低下之处，屋外蔓草荒芜，是初次建筑也。

○问疾病：病体柔弱，下焦有湿，须用温燥之药治之。

○问失物：于草地上觅之。

○问六甲：生女。

【占例】 明治元年，东久世中将、锅岛肥前守充先锋，将收横滨。余时在肥前守营中，兼管各种事务。藩士下村某，率兵士百人，奉命先收浦贺，以向导嘱余，为筮一卦。筮得大过之夬。

爻辞曰："初六：藉用白茅，无咎。"

断曰：凡占军事，内卦为我，外卦为敌。初爻在内卦之下，以阴居阳，阴属柔，显见我宜用柔。兑为泽，所攻取者，必是水泽之地。白茅柔软之物，用以藉地，履之而安，无失足之虞，是教我啣尾潜进也。今闻浦贺港上，有开阳、回天以下六舰碇泊，募兵脱走者数千人搭载之，浦贺兵士，又与之同心联络，敌势过盛，未便用强攻击。爻辞曰"藉用白茅"，《象》曰"柔在下也"，是明示以用柔之道，以柔克刚，收取海门咽喉为上策也。

下村某，率领十数人前进，不战而平。

九二：枯杨生稊，老夫得其女妻，无不利。

《象传》曰：老夫女妻，过以相与也。

二爻以阳居阴。阴尽则死，阳来则生，物之常理。巽为木，兑为泽，木之近水者为杨，泽而灭木，杨必枯矣，得九二阳气生助，故得枯而复生。"稊"，杨之秀也。按，二爻体乾，乾为老，为男，故曰"老夫"；下得巽在初，巽为处女，故曰"女妻"；二与初比而得初，故曰"老夫得其女妻"。夫夫妇配偶，以年之相若为正，老夫女妻，是亦颠也，然老少虽非正匹，而阴阳自得相济。"老夫""女妻"，犹枯杨之生稊，终得妊育也，故曰"无不利"。《象》曰"过以相与也"，卦之义在刚过，夫而过老，妻而过少，故曰"过以相与"。《杂卦传》曰，"大过颠也"，斯之谓欤？

易

断

三六三

【占】 问战征:有转败为胜之象。

○问营商:兑为阴,亦为金,巽为风,亦为木,定为金木生意。"枯杨生稊",于种植林木,或贩运树木,皆"无不利"。

○问功名:就爻象看来,必待晚年,方可成名。

○问家宅:此宅昔年定多不利,系阳宅居于阴地;近来得阳九发动,必有枯树开花,此其兆也。利。

○问婚姻:主有老鳏重娶,得以生育,大利。

○问疾病:虽危得安。

○问失物:必得。

【占例】 明治二十二年,友人来请占某家气运,筮得大过之咸。

爻辞曰:"九二:枯杨生稊,老夫得其女妻,无不利。"

断曰:此卦上兑下巽,是以兑少女,居巽长女之上。少女不善理家,长女将取而代之,故一家因此有颠覆之患。今占某家得此爻,家业之衰,得人理之,自然复盛,犹木之既枯,得阳气发动,自然生稊。人虽既老,得配少妻,亦能生育,皆有既败复成之象,所谓"枯杨生稊,老夫得其女妻,无不利"者是也。

○明治二十六年十二月,我军入海城,有敌将宋庆乘雪中通路,屡来逆袭挑战,海城几危。筮得大过之咸。

爻辞曰:"九二:枯杨生稊,老夫得其女妻,无不利。"

断曰:此卦合上下二卦,有坎险之象,是两军共履困难。今爻辞曰"枯杨生稊",杨以冬枯春生,必待春暖,我军乃可突击。"老夫得其女妻,无不利",是我师既老,必得新来之兵,发助壮气,可以制胜也。

后果有第二军精兵新来,占领盖平,声援海城。二月十四日克太平山,三月四日占领牛庄,六日占领营口,九日陷田在台。

○明治三十一年,占我国与清国交际,筮得大过之咸。

爻辞曰:"九二:枯杨生稊,老夫得其女妻,无不利。"

断曰:此卦兑上巽下。兑为金,为泽,属正西;巽为风,为木,属东南。金来克木,显见西来侵夺东南,《象》曰"泽灭木"是其兆也。今占得二爻,二五以阳处阴,爻辞谓"枯杨生稊",杨即巽木,为泽所灭,故"枯"。"枯"者衰败之象,足见东南之衰弱;"生稊"者是得春阳之发动也;"老夫"者,亦衰象,"得其女妻",是得少阴之相助也。论我日本与清国,皆地居东南,朝鲜一国,介在我两国之间,我国向欲与清国合力保护朝鲜,清国以朝鲜为属邦,不容我议,我两国因之启战,清国败北。割地讲和后,俄、德、法三国联合,意属护清,逼我割还辽东;在三国包藏祸心,未必不借此为功,迫索清国,分割要地,此亦势所必至也。清国近知欧洲列国之不可恃,愿联盟,我国亦愿从此与清国合保东南,力拒欧西,犹如"枯杨"之"生稊"。《象》曰"过以相与也",以言我两国昔日相战,今日相和,是"过以相与"也。

九三:栋挠,凶。

《象传》曰:栋挠之凶,不可以有辅也。

就全卦言,四刚连亘在中,如屋有栋,上下两阴皆弱,故"挠"。就三爻言,九三互乾,辰在亥,上值危宿。按危三星,在虚东北,形如盖屋,有栋之象。三以刚居刚,过而又过,过刚必折,故"挠"。九三刚愎自用,视群策群力,皆莫己若,遂至孤立无助,愈高愈危,终致"栋挠"之凶。《象》曰"不可以有辅也",言三予智自雄,不能与人共事,集思广益,故不可相辅有成也。亦三自取之耳。

【占】 问战征:"栋"者一屋之主,即一军之主帅也;"挠"者,摧折也,栋而挠,是主帅受伤之象。弊在主帅过于刚猛,不听人言所致,故凶。

○问营商:商业必须得人为辅,方能成事,若自运自刃,非特经营不大,且恐致意外耗失。"栋挠"云者,有人财两失之虑,故凶。

○问功名:能任大任者,称栋梁之材,云"挠",则栋非其栋矣,虽成终败,凶。

○问家宅:此宅不吉,栋折榱崩,不可居也。凶。

○问婚嫁:九三以阳居阳,孤阳无助,婚姻不成,成亦不吉。

○问六甲:生男,恐不能养。

【占例】 明治二十三年某月,友人某来曰:依市町村制,将选举市长。我市民向所瞩望者,有甲乙二人,我以甲为适当,故将投票。请占其成败。筮得大过之困。

爻辞曰:"九三:栋挠,凶。"

断曰:此卦四阳居中为栋,初上二阴柔弱,不克任重,故"挠"。今占选举市长得此爻,在甲方才力俱强,足以任事;但恃己傲人,刚愎过甚,刚则必折,挠之所由来也。三爻以阳居阳,是谓过而又过,虽与上六相应,上爻以阴居阴,柔弱无力,纵极力为之推荐,无能为也。四爻为乙,曰"栋隆",得选必在四矣,甲无望焉。

后果如此占。

九四:栋隆,吉,有它,吝。

《象传》曰:栋隆之吉,不挠乎下也。

九三曰"栋挠",九四曰"栋隆",其义相反,以九四在下卦之上,以阳居阴,亦过而不过也。下与初应,初爻虽弱,得其所藉,即可不挠。按九四辰在午,上值张,南宫候曰,"张为天府",故有栋象。"隆",《说文》曰,"丰大也";《玉篇》曰,"中央高也"。栋以任重,故宜大栋在屋中,故宜高。高必以下为基,下有所藉,斯高而不危。三之所以挠者,下无藉也;四得其藉,故隆。凡事之得所凭藉,而大险可济,大功可成,上不辜君之托,下不负民之望,皆犹是也,其吉可知,故曰"栋隆,吉"。"有它,吝"者,言四若怀他志,厌初之本弱,而不屑用其藉,则三之挠,即为四之挠,必不免于吝矣。《象》曰"不挠乎下也",谓栋既隆起,下必不挠也。

【占】 问战征:行军屯营,宜占高阜要地,下有所藉,斯营基巩固,可进可退,自不为敌所挠也,故吉。

○问营商:想必是材木生意,木料高大,足备巨室之用,若他项经营,恐未必佳。

○问功名:爻曰"栋隆",必是大才,可当大任,斯足副"栋隆"之兆,其他小试,非其所长,有不屑为也。

○问家宅:此宅栋榱辉煌,门户宏阔,吉。

○问疾病:想是中胸有痞块高起,然无害。

【占例】 有甲乙两会社,同业相竞。一日甲社社长某来曰:今当市内贩路之点,势难两立,因请一占。筮得大过之井。

爻辞曰:"九四:栋隆,吉。有它,吝。"

断曰:卦名大过,是刚过也,而当地立两社,亦为过分。占得四爻,爻曰"栋隆,吉"。此卦三四两爻,皆取象于栋,犹之二社并立也。可知甲乙之争,即在此三四两爻:乙社九三,以阳居阳,是材力与资本俱足,其应为上爻,上爻无可凭藉;甲社为九四,以阳居阴,材力与资本稍卑,其应为初爻,初爻得其所藉。有藉者"隆",无藉者"挠",甲社胜矣,谓之"栋隆,吉"。

后果甲兴乙仆。

九五:枯杨生华,老妇得其士夫,无咎无誉。

《象传》曰:枯杨生华,何可久也。老妇士夫,亦可丑也

"枯杨"之解,见九二下。此爻与上六阴阳相比,得阴之助而生华,故曰"枯杨生华"。杨华无实,飘荡随尽,荣无几时也。九二以得初阴之助而"生稊",九五下无有助,唯与上六相比,犹断根之杨,得雨露之润,虽一旦发华,不久凋落。"老妇"指上六,喻上六阴极而衰;"士夫"指九五,喻九五之无内助。"士",未娶妻者之称,即谓少年。阴而居上,故呼"老妇";阳而居下,故称"士夫",是亦大过之义也。九五以刚在刚,三阳皆不为用,独与上六阴阳相比,故曰夫妇。从夫妇之序而论,当曰士夫得老妇,今曰老妇得士夫者,原其配偶之所起,志出老妇,老妇首倡而求士夫,丑体尤在老妇,亦以见圣人尽人情、考世故之妙也。《象传》曰"老夫士夫,亦可丑也",丑者,污辱之义,深恶之之辞也。

【占】 问战征:行军占此,必军中主将偏裨,位置颠倒,任用不当。一时虽获胜仗,未能持久。

○问营商:防经商者贪恋外遇,致播丑声。

○问家宅:防闺房不正,墙侧有茨。

○问功名:必主晚年获隽。

○问婚嫁:必年齿不齐,匹偶不正。

○问六甲:生女,不育。

【占例】 明治十七年,因朝鲜滋事,占日清关系。

爻辞曰:"九五:枯杨生华,老妇得其士夫,无咎无誉。"

《象传》曰:"枯杨生花,何可久也。老妇士夫,亦可丑也。"

断曰:此番朝鲜发炮启衅,不特关涉朝鲜,即关涉清国,是三国中一大关涉之事也。在朝鲜,屡弱已极,譬如枯杨,即一时开花,不久遂零落矣。清国且以朝鲜为属邦,朝鲜政令,悉皆听命于清,严如少男受制于老妇也。今我国受朝鲜之辱,必将大启兵端。清国亦知其然,故愿与议和。就爻象而细究之,知日清必不至决裂也,其间机密,爻象虽露,未可显言焉。

○明治十八年夏,余避暑于箱根,与贵显某某等同宿旅舍中。一日相与闲游山野,某贵显曰:此间幽闲僻静,觅一胜地,结一别墅,足以避嚣,足以娱老,洵可乐也! 足下亦有意否? 闻言亦觉欣然,既而思之,不能自决,为占一卦,筮得大过之恒。

爻辞曰:"九五:枯杨生花,老妇得其士夫,无咎无誉。"

断曰:五爻以阳居阳,贵显属阳,未可以闲退也。就其地论,箱根属在东海道,是为巽木之位。爻曰"枯杨生华",知箱根繁盛,亦不久矣;且游客往来,多在避暑之时,过此鲜有到者。"老妇得其士夫"者,以喻箱根之地,名胜久著,若老妇之素有艳名。"士夫"者,少年也,少年闻其名,未涉其胜,是以多来游赏。究之一过即往,"无咎"亦"无誉"也。且少年人不识风雅,反来作践,故《象》曰"亦可丑也"。

因谢某贵显之劝。

○明治三十一年,占国民协会气运,筮得大过之恒。

爻辞曰:"九五:枯杨生花,老夫得其士夫,无咎无誉。"

断曰:五爻以阳居阳,是过而又过,宜其民心盛强,而爻辞曰"枯杨"何也? 盖以巽本柔木,一经兑泽所灭,几成枯木,虽一时复华,亦不久摇落矣。且阳至五而极,阳极则衰,阳将变而为阴,故称"老妇"。"士夫",少男也,近年社会,往往多用少年,亦时势使然也,故曰"老妇得其士夫"。究之老大者无能,反以少年之议论为得计,噫!"亦可丑也"。爻曰"无咎无誉",可知本年协会之气运,亦无荣无辱而已。

上六:过涉灭顶,凶,无咎。

《象传》曰:过涉之凶,不可咎也。

"过涉灭顶"者,谓犯危险而涉河,不得达岸,水没其首也。互卦乾为首,爻例上为顶,上六兑爻,兑为水泽,位在酉,上值胃,附星积水,石氏云"积水星明,则大水出",故有"过涉灭顶"之象。六爻以阴居阴,才力俱弱,但其志在救时,虽履患踏险,明知"过涉"之多凶,而忘身济国,有不遑反顾者,即使其功不成,其志深足尚焉,复有何咎? 此所谓勇士不忘在沟壑,志士不忘丧其元,万世纲常,正赖此辈以存也。

【占】 问战征:恐有主将阵亡之惨。

○问功名:有头悬梁、锥刺之苦志,宜其声名远达,有志竟成。

○问营商:运货出洋,最宜谨慎。

○问疾病:恐水气上冲,头面浮肿,凶。

○问家宅:恐有大水泛涨,墙倾屋倒之患。

○问六甲：生女。

【占例】 某县人携友人某之书来曰："今谋新创一事业，深有所虑，请占其成否如何？"筮得大过之姤。

交辞曰："上六：过涉灭顶，凶，无咎。"

断曰：六交居兑卦之终，志在救时，未免过于决裂，是以凶也。今足下占事而得此交，知足下所谋事业，有关公益；但其中事多颠覆，率意径行，祸有不测。还宜待时而动，毋蹈于危，徒自苦耳。切嘱切嘱！

后此人不用此占，遂至失败。

○明治二十八年，占我国与法国交际，筮得大过之姤。

交辞曰："上六：过涉灭顶，凶，无咎。"

断曰：上交居外卦之极，殆谓外交既平以后，又将别起一波乎？交辞曰"过涉灭顶，凶"，我国自过海远征，清国战败，我军即此凯旋。就交象观之，或者他国谓我刚强过甚，将有出而干涉其事者，亦未可知也。

后果有俄、法、德三国同盟，干涉与清国和款，逼我即还辽东。我政府措置，能适此卦意，无事结局云。

䷜坎为水

坎从大过来。《序卦传》曰："物不可以终过，故受之以坎。"坎字从土，从欠，欠，不足也，以不足备其大过，故继之以坎。卦体一奇二偶，二偶坤地，一奇乾天，乾天藏于坤地之中，元气充溢，化湿而生水，是谓"天一生水"，此坎之所以为水也。

习坎：有孚，维心亨。行有尚。

卦体上坎下坎，是上下皆水也。八纯皆上下一体，独坎加"习"。"习"有二义：一谓便习，即"学而时习之"之习，谓坎险难涉，必须便习谙练，方可以济；一谓重习，谓上下皆坎，是取重叠之义。坎中一画即乾阳，乾阳刚正，诚实居中，故曰"有孚"。一阳在中，中即心也，元阳开通，故曰"维心亨"。"心亨"者，亦即从乾"元亨"来也。以此行险，则孚而能格，亨无不通，故曰"行有尚"也。

《象传》曰：习坎，重险也。水流而不盈，行险而不失其信。维心亨，乃以刚中也。行有尚，往有功也。天险不可升也，地险山川丘陵也，王公设险以守其国，险之时用大矣哉！

"习坎"，习，重也；坎，险也。是险不一险，故曰"重险"。习字从羽，从白，注谓鸟数飞也。盖鸟以数飞，能避罗网之险，故坎曰"习坎"，亦取其可以避险也。坎为水，水流不息，随流随进，而未尝见其盈也。水随月为盈虚，朝潮夕泛，涨落有常，而未尝失其时也。二五两交，体乾皆中实。中者，心也，唯中实乃"有孚"，亦唯中实乃能"亨"。心之所以亨者，以其刚之在中也，中有刚则心泰，心泰则神旺，神旺则一往直前，而所在有功，其行是可嘉尚也。大凡天下之事，处顺则易，履逆则难。孔子论仁，征之于造次颠沛，《中庸》论道，极之于夷狄患难。艰险之地，非有定识定力者不敢行也，若鲁莽而行之，亦鲜见其有功者哉。八卦之德，美而多吉，惟坎为险多凶。人皆以险为可惧，而坎乃以险而为用，天以险而成其高明，地以险而成其博厚，国以险而成其强大。险之为险，其用甚大，知险之为用，则可知坎之为用矣。

以此卦拟人事，《象传》曰"重险"，以见险之不一险也。卦体上下虚而中实，知虚者皆水，而中实为土，亦虚处为陷，而中实为孚。孚者何？以心相格也。人能以心相格，其心自然亨通，所谓忠信可涉波涛者，此也。在初经涉险者，往往临险而却步，然万里风帆，贾客频行而不惧，千重绝壑，樵夫徒步而忘危，何也？以其习熟也。坎之一卦，所以加一"习"字，正以勉人当习验之而无忽焉。水之流时往时来，不愆期候，是其信也；水之行，注浍注川，自然流通，是其功也。人皆以水为阴柔，不知水有刚中之德；唯其刚中，是以能亨。人若狃于阴柔，必致迂滞不通，其奚以能亨乎？亦奚以能行乎？知其刚中，而习练以行之，则视险如夷，而所往有功，洵可嘉尚矣。盖观夫天而悬邈高远，其险不可登也；观夫地而深山大泽，其险有各在也；观夫国而下阳大岘，其险有必争也。谓险可用，而险亦有时不可用，非险之不可用也，亦在用之得其时耳，故不曰险之用大，而曰"险之时用大矣哉"。

以此卦拟国家，坎卦二阳四阴，二五君臣之位，皆陷于二阴之险中。朝政紊乱，民志嚣张，加以气候失节，谷麦不登，正值天时人事之穷，因之以成坎险之世也。内卦初爻，为坎之始，是国家初值其险，失道则凶矣。三爻是一险未平，一险又来，国家之势几危矣。二爻虽秉阳刚之德，而力求济险，无如两坎相接，陷溺已深，所得亦小矣。外卦四爻，以阴居阴，处重险多惧之地，樽簋之二，以象其重累，是国家危急存亡之际也。上六与初爻，相为首尾，初为险之始，上为险之终。初犹得曰昧于未经，上则狃以为常矣，不可以理论也。九五为卦之主，阳刚独揽，与九二相应，九二能操心虑患，夙夜靖共，辅佐九五之君，拨天下之乱，靖国家之难，上下交孚，治道乃亨，往而有功，乌容没也哉！圣人于坎而勉以"习"，于险而惕以"重"，于"流而不盈"者言其深，于行而有信者验其诚，而坎险乃可济矣。君子之所以"常德行，习教事"者，胥是道也。盖天之所以高，地之所以厚，王公之所以立国，皆险之用也。如坎、睽、蹇，皆非美事，圣人有时而用之，故皆赞叹之曰"时用大矣哉"，此义不可不知也。

通观此卦，是进固险，退亦险，是谓重险，困上加困之象也。《象》说君子之难，爻说小人之难，以示出坎之道者也。夫处险而动心忍性者，君子之坎也；值险而坠节陨身者，小人之坎也。人生值世，莫不有坎，而所以防险者，要自有道也。故《象辞》首勉之曰"习"，继惕之曰"孚"，而终美之曰"亨"。盖谓水之为物，流而顺行，则无涨溢之患；塞而滞，则必溢，故行险者谨慎恐惧，不失其信，可终得其成功也。察六爻之情，同处困难，各有吉凶。初六为履险之始，习而未精，遂陷深坑，外无应援，不克自济，是以凶也。九二刚中，求而有得，则险而不险，险在其中，即亨在其中也，是以曰"未出中也"。六三两坎相接，入险既深，阴柔不正，未能出险，是以"终无功"也。六四虽抱忠贞之心，而局量狭隘，自乏救险之才，唯祈鬼神，从九五之阳，而得出险者也，是以曰"刚柔际也"。九五阳刚中正，高居尊位，为坎体之主，《象传》所谓"水流而不盈"者，惟五当之。水德在平，平则险不为险，是以曰"无咎"也。上六居坎之极，坎为狱，此为陷险而入于狱也。初之失道，尚可宥焉，终之失道，不可有也。惩以"三岁"，期其悔复，是以三岁凶也。盖人之涉世，如水流坎，无时无险厄,无地无缺陷,庸人处之,遂步成荆棘,君子履之,畏途亦康衢。何者? 君子习惯,庸人生疏,此坎之所以贵习也。

《大象》曰:水洊至,习坎,君子以常德行,习教事。

坎为水,水性本至平,可为物之准则也,故坎为通,为平,为中实之信。"洊",重袭也,雷曰洊者,声相续也;水曰洊者,流相续也。"常"者谓终始如一,"习"者谓一再不已。君子法水之洊,而日新其德,法坎之习,而不倦其教,德以有常而不改,教以练习而不辍。内卦三爻属己,所以修己也;外卦三爻属人,所以教人也。修其既成,勉其未成,君子济险之功在是焉。

【占】 问战征:有敌兵频番侵袭之势,宜时刻防备。

○问功名:有逐步升腾之象。

○问营商:财如流水,源源而来,可久可大,商运亨通。

○问家宅:此宅外北首,必有坑陷,泉流不息。坎辰在子,上值虚危,危主盖屋,恐邻居有营造之象。

○问疾病:防是水泻之症,历久未愈。宜祷,取"樽酒簋二"之义。

○问婚嫁:必是亲上加亲,有重复联亲之象。

○问六甲:生男。

初六:习坎,入于坎窞,凶。

《象传》曰:习坎入坎,失道凶也。

"习者,重复惯习之义;"窞"者,坎中小穴也。初交为卦之始,即为坎之始也。《列子》曰,"人有滨河而居者,习于水,勇于泅",所谓善泅者不溺也。初爻习而未善,是以不能出坎,而反入于窞。窞为小坎,小坎则陷愈深,而出愈难,故凶。《象》曰"习坎入坎",谓习坎者本欲出坎,习坎而入坎,非习坎误之,在习坎之失道者误之耳,故曰"失道凶也"。

【占】 问战征:有设计埋伏,因之反坠敌计,凶道也。

○问功名,有侥幸求名,反致遭辱,是无益而有损也。

○问营商,因贩货失利,转运他处,货到,市面更小,不能脱售。

○问疾病:求医疗疾,医失其道,其病益危。

○问婚姻:恐堕骗局,必非明媒正娶也。

○问六甲:防生产有难。

【占例】 友人某来请占气运,筮得坎之节。

爻辞曰:"初六:习坎,入于坎窞,凶。"

断曰:坎为水,为大川,为沟渎,皆水流污下之地。初爻当卦之始,居卦之下,是初入水处,不知其深几重也。兹卜气运而得此爻,论人生命运,平顺兴旺者吉,缺陷穷厄者凶。坎者陷也,可见目下不利,宜以道自守;若失道妄动,恐入陷益深,凶难言矣。凡卦爻一爻为一年,必待五爻,曰"坎不盈,祗既乎",可无咎矣。

其后果如所占。

九二:坎有险,求小得。

《象传》曰:求小得,未出中也。

上坎为穴,下坎为险,"有险"者,谓前后左右皆险地也。此爻以一阳陷二阴之中,又无应援,固不能遽出坎险,唯其有刚中之德,忍耐困守,纵不及五之不盈而平,可以免咎,而求之不已,亦不至毫无一得,故曰"求小得",盖虽小亦得也。《象》曰"未出中也",可知亨在中矣。

【占】 问战征:可暗通隧道,以袭敌营,虽未大捷,必有小胜。

○问营商:小利可谋。

○问功名:小试必利。

○问家宅:宅外恐有河岸崩颓,宜加修治。

○问疾病:必是疮疡等症,延医治之。当得小效,难期全愈。

○问六甲:得男。

【占例】 有东京某富商甲干,来请占其店气运,筮得坎之比。

爻辞曰:"九二:坎有险,求小得。"

断曰:九二以阳居阴,位得中正,为内卦之主,与五相应,五位居尊,必是五为主店,二为分店也。今占得坎二爻,曰"坎有险,必两店共际险难,一时商运衰微,动遭损耗,非人力之咎,是气运使然也。足下既代主人而占,必能尽心于店事,惟当至正至中,不涉偏私,竭力图谋,虽无大利,必有小得也。

后果如所占。

六三:来之坎坎,险且枕。入于坎窞,勿用。

《象传》曰:来之坎坎,终无功也。

此爻以阴居阳,不中不正,才弱而志强,在二坎之间,而一无应援,欲越险而前行,有上卦之坎阻止;欲避险而他往,有下卦之坎横来。是本位既不得安居,而前后左右,进退动止,亦复无地非坎,故曰"来之坎坎"。"枕",止也,安也,谓既履其险,且为休止而暂息焉,虽一时未能出险,亦不至入而益深。若勿用安息,而强力争,必致入于坎窞,而不可救矣。"窞"《说文》曰,"坎中更有坎也";虞曰,"坎中小穴"。初三两爻皆阴,空穴,故皆称窞。《象》曰"终无功也",谓自来豪杰,皆自困苦中磨励而成,坎险足以厄人,坎险实足以成人,若遇险而徒晏息偷安,是失险之时用矣,故曰"终无功也"。又按"险且枕",费易古文作"检且沉",检,检押,谓筑堤防水,为之检押;沉,川祭名。《礼记》曰:"祭川沉,凡沉辜,谓礫牲以祭川也。"夫治水者,唯在顺其性以导之,若但用检押,则水势雍而愈猛,决堤崩岸,所伤益多,虽沉牲以祭,究何济乎? 故爻戒以"勿用",《传》释以"无功"。此又一说也,似较训枕谓安谓止者,其义尤精。

【占】　问战征：象为营垒四面,皆临坎险,进退两难,宜枕戈暂息,以待应援。

○问营商：观爻象为海运生意;舟行且阻,宜入奥暂守。

○问功名：观象,是值万般困厄,为饿肌劳肤之时也,目下无功,晚成可望。

○问家宅：此宅水法错乱,杀气多凶,屋北有一坎窞,急宜填满。

○问婚嫁：坎为男,是为男家求婚也,爻曰"勿用",必不成也。

○问六甲：生男。

【占例】　某氏来请占气运,筮得坎之井。

爻辞曰："六三:来之坎坎,险且枕。入于坎窞,勿用。"

断曰：坎者,险也,险者,难也。爻曰"来之坎坎",是坎险重复,困苦缠绵之象。占问气运而得此爻,显见前进为险,后退亦险,一时终难解脱厄运。若妄用妄动,必致陷入深窞,不可得救。宜困穷自守,以待后运。

○明治三十年占外国交际,筮得坎之井。

爻辞曰："六三:来之坎坎,险且枕。入于坎窞,勿用。"

断曰：此卦上下皆水,坎体一阳;陷于二阴,是为坎之又坎,困难重复之象。今占外国交际而得此爻,我日本滨海之邦,东西南北,环抱重洋,舟舶往来,岛屿重叠,所在皆坎险之地,设险守国,固其宜也。论外国交际,自海禁一开,西夷北狄海舶时通,"来之坎坎",是其象也。际此时艰,唯当严修内防,枕戈以待,若妄用干戈,则愈生艰难,故曰"入于坎窞"。《象》曰,"来之坎坎,终无功也"。谓坎险频来,内防不暇,而妄开外衅,何能见功哉!

果哉! 是年政府从事海陆军之扩张,筑造炮台,正合爻象。

六四:樽酒簋二,用缶,纳约自牖,终无咎。

《象传》曰:樽酒簋二,刚柔际也。

"樽",酒尊也;"簋",黍稷器也,"二",副也。礼有副尊,按《周礼》大祭三二,中祭再二,小祭一二,谓就三酒之尊而益之也。缶,即谓之盆,瓦器也。又六四辰在丑,上值斗,可以斟之,象尊,上又有建星,形如簋,建星上有弁星,形如簋,故六四皆取其象。"约"俭也;"二",以致其礼之隆,缶,以昭其用之俭。"牖",室中通明之处,坎为纳,故曰纳。《诗·采苹》"于以奠之,宗室牖下","纳约自牖",义取此耳。六四以阴处阴,本易有咎,乃四爻能以"樽酒簋二",约而自牖纳之,可以馈王公,可以享宗庙,故终得"无咎"。《象》曰"刚柔际也",谓上下两卦二刚曰柔之际。两坎相重,樽簋之二,以象其重。谓处刚柔相交,能以樽簋自牖纳之,亦足昭其诚也,故曰"无咎"。

【占】　问战征：行军以粮饷为重,所谓足兵,首在足食。"纳约自牖"云者,牖非纳食之地,犹言潜地运饷,以防敌兵劫夺也。

○问营商：坎为酒,想是造酒之业。

○问功名：想是春风得意,燕乐嘉宾,可喜可贺。

○问疾病：宜祷。

○问婚姻：吉。

【占例】　缙绅某来，请占气运，筮得坎之困。

爻辞曰："六四：樽酒簋二，用缶，纳约自牖，终无咎。"

断曰：四爻处多惧之地，坎险重重，本易招咎。今贵显占气运，而得此爻，爻曰"樽酒簋二，用缶，纳约自牖"，据此可知贵显食用俭约，以礼自守，固无咎也。且四与五比，四以阴居阴，五以阳居阳，四臣也，五君也，《象》曰"刚柔际"，正见君臣相得也。

○明治三十年，占我国与韩国交际，筮得坎之困。

爻辞曰："六四：樽酒簋二，用缶，纳约自牖，终无咎。"

断曰：韩邦僻处东海，国小而弱，地当海道之要，为外交各国所窥伺。今见重险，国运至此，是险之又险者也。今占与我国交际，而得坎之四爻。按《周易郑荀义》云，六四象大臣，出会诸侯，四承九五，天子大臣之象。"樽酒簋二"，主国飨之之礼也。现今各国交际，皆属在使臣，使臣燕飨亦礼之常，而唯"纳约自牖"一言，颇有可疑。盖燕飨之礼，献之于筵，断不纳之自牖。四居外卦，或者韩君出避于外，而就食于使臣之馆乎？"纳约自牖"，盖潜送食品之谓也，曰"终无咎"，谓一时虽遭其难，而终必复位。

此年韩王果有出投俄国使馆之事。

九五：坎不盈，祗既平，无咎。

《象曰》：坎不盈，中未大也。

九五以阳居阳，位得中正，为坎之主。《象传》所谓"水流而不盈"，惟五足以当之。水之德在平，平则险不为险也。"祗既平"者，谓适得其平。坎穴也，穴中之水，不盈则平，盈则泛滥横流，便有冲决之患。凡天下之事，多以盈满招灾，水亦如是，唯其不盈而平，是以"无咎"。《象》曰"中未大也"，大犹满也，惟其坎流不大，斯得平稳无险，否则大水为灾，水亦何取夫大哉！故曰"中未大也"。坎险危地，本非美也，五之"不盈"，虽为善处险者，亦但云"无咎"而已，未足称吉也。

【占】　问战征：为将之道，最忌恃功而骄，以致众心不平，取败之道也。虽孙吴复起，不能为功。

○问营商：不贪一时意外之利，必酌量物价之平，以计久远，是善贾者也。

○问功名：名位不大。

○问时运：谦受益，满招损，终身诵之可也。

○问家宅：宅外有小地，水流清浅；又有一平坡，风景颇好，无咎。

○问婚姻：两姓门户相当，吉。

【占例】　相识商人某来，请占气运，筮得坎之师。

爻辞曰："九五：坎不盈，祗既平，无咎。

断曰：坎为困难之卦，今得第五爻，则从来辛苦，渐得平和，而后可交盛运，故曰"坎不盈，祗既平，无咎"。

后果如此占。

上六：系用徽纆，寘于丛棘，三岁不得，凶。

《象传》曰：上六失道，凶三岁也。

上爻以阴居阴，当坎险之终，而不知悔悟也。初之失道，犹得曰未经，上之失道，押之以为常矣，不可以理喻，惟有以法绳之。坎为罪，为狱，为丛棘。"徽纆"，绳索也；"丛棘"狱墙也，系之以徽纆，置之于丛棘，所以治其罪而使之悔。坎为三岁，故禁锢三年，律所谓"上罪三年而舍"也。三年而悔过迁善，斯得反其正矣；三年而不改，是将终身失道矣，故《象》曰"失道凶也"。圣人之惩恶也，始则严以绳之，终必宽以宥之，迨至久而不悛，亦未以之何也，已矣。此可知圣人未尝轻弃人也。

【占】 问战征：有劳师远征，久役不归之虑。

○问营商：想是采办蚕丝生意，三年之后，方可获利。

○问功名：恐有意外之灾，不特功名不就，防有牢狱之罪，凶。

○问婚姻：红丝系足，婚姻有前定也，但良缘未到，须待三年后可就。

○问六甲：得子，须迟。

○问家宅：此宅不知缘何荒废，墙围遍生藤蔓，宜加修葺。前住者不利，后住者吉。

【占例】 明治十七年十月，埼玉县秩父郡暴徒蜂起，势甚猖獗，将延侵各郡，予深忧之。偶一友人来，请占结局如何，筮得坎之涣。

爻辞曰："上六：系用徽纆，寘于丛棘，三岁不得，凶。"

断曰：爻象明示以教化之不从，治之以刑法也。拘以徽纆，锢以丛棘，是治罪之律也。当时国家效法西欧，改革旧政，其间梗之徒，窃苦新政不便，惑众蜂起，侵掠各郡，此皆无赖之民，乃不畏法，自陷于坎险而罔知顾忌也。国家不得已，执其巨魁，置之刑狱之间，不遽加以显戮，囚之三岁，俾知悔也，三岁而不改，凶莫大焉。

其后政府处分，不外此占之意。

○我国战胜清国之后，俄、法、德三国同盟，假托保护清国，迫我还付辽东。后三国因此得假旅顺、山东、云南之地，强设铁道，领收矿山，其所为有与前日之口实大反者。在我国当时，已逆料三国之志，问占一卦，筮得坎之涣。

爻辞曰：上六：系用徽纆，寘于丛棘，三岁不得，凶。"

断曰：上六为坎卦之终，本可过此以出险也；上六又以阴居阴，位在卦外，显见外国有阴谋谲计，出而图事者。逼我还付辽东，非为清也，实三国为自计耳。未几各强借山东、旅顺、云南等要区，设立铁道，此狡计之可明见也。"系用徽纆，寘于丛棘"，譬言其强逼之状。"三岁"者，犹言三国也，谓三国若不遂其欲，必不了事。《象》曰"上六失道，凶"，"道"，路也，谓三国兴筑铁道，在清明明失其路也，故凶。

☲ 离为火

离卦二阴四阳，上下一体，离者，偶象也。奇实阴中，积而成坎；偶分阳中，两而为离。水资始，火资生，水化气，火化形，故"地二生火"。火者，其象为偶；奇离成偶，偶两成离，是故善离莫如火。火一星也，离为万炬，遇物而皆焚；人一心也，离为万应，触处而皆通。惟火中虚，虚则能离也。

离：利贞，亨。畜牝牛吉。

坤二成离，阴虚内合，卦体主柔。柔则近于不正，不正则不"亨通，故利在行正，乃得亨通，是以"亨"在"利贞"之下也。按，他卦皆言"亨利贞"，离独先言"利贞"，而后"亨"，盖离内柔外刚，不得其正，始虽通，终必塞矣，故利在贞，贞而后乃亨也。"畜牝牛吉"者，离为坤之子，坤为牛，离亦为牝牛，牝牛柔顺，得坤之性。六爻阴为牝，二五在中，以阳包阴为畜。牝牛不中牺牲之用，利在挚生，故曰"畜"。离由坤二成，坤曰"牝马"，牝马利在行远，故取其贞；离曰"牝牛"，牝牛利在生息，故不取其贞也。坤资生，离为火，火生土，牛土性也，有生息不已之象，故曰"畜牝牛吉"。

《彖传》曰：离，丽也。日月丽乎天，百谷草木丽乎土，重明以丽乎正，乃化成天下。柔丽乎中正，故亨，是以畜牝牛吉也。

离卦上下皆火，以取"明两作，离"之象。"离，丽也"，离为火，火之为物，有气而无形，著物而显其形。夫物莫不有所丽，"本乎天者亲上"，则丽于天，"本乎地者亲下"，则丽于地。日月之在天，百谷草木之在地，其明象也。"重明"者，重离也，离以中虚而明，得正明之体，六二为离之主爻，五因而重之，与二相附以成其明，故曰"重明以丽乎正"。惟其所丽者正，故得向明而治，化成天下。"柔丽乎中正"，谓六二也，六二以柔处柔，中而又正，得所丽也，故亨。离互巽兑，兑辰在酉，上值昴。昴南有星曰天苑，主畜牛马；苑西有刍藁六星，主积草以供牛马之食，故曰"畜牝牛"。牝牛性柔，待人刍牧，其丽无心，无心之丽，正之至也，正故吉。丽夫天地，亨之大，牝牛之畜，亨之小，举小大而丽之，用悉赅矣。

以此卦拟人事，离以中虚而成。人心亦中虚，故离为火，人心亦为火；离取明，人心亦取其明；火本无质，有所丽而焰生，心亦无形，有所丽而神发。是以丽于目则为视，丽于耳则为听，丽于口则为食，丽于身则进退周旋皆是也。人心莫不有丽，然丽道则正，丽欲则邪，丽德则中，丽利则偏，邪而偏者必塞，中且正者乃亨也。由其心之所存，发而为事，则所丽者，皆得其正矣；由一人之心，而及之众人，则天下无不化矣。盖人心虚则灵，灵则明，明则通矣，而其所以虚而能灵，在得乎柔之正耳。离之为卦，柔居其中，以二刚包一柔，即以二刚畜一柔。凡物性之柔者唯牛，牝牛则柔之又柔也，最为易畜。离以二画得坤柔，故坤曰"牝马"，离曰"牝牛"，义皆取其柔也。是殆教人以牧畜之事也。

以此卦拟国家，上卦属政府，下卦属人民。离为火，火炎上，则威德皆出于上；离又为孕，孕能育，则下民皆受其养。离以二为主位，五为尊位，二五皆阴，上下同体，足见君臣一心，朝野合志。"离者，丽也"，丽于物而始彰，"在天垂象，在地成形"，皆因所丽而显，国家之治象,亦犹是焉。丽于政令,则象魏之悬书也;丽于刑罚,则虎门之读法也。政者正也,丽苟不正,则刑罚不中,而民多怨谤;丽而得正,则政教乃亨,而民皆感化矣。教化之行,由近而远,化及天下,即可由此而赞也。"畜牝牛"者,畜其柔也。牧畜牧民,其道本同,孟子所云"受人之牛羊而为牧之"者,大旨本为牧民者发也。知夫此,而治道得焉矣。

通观此卦,离得坤二,坎得乾二,天地之用,莫要于水火。文王《序卦》始乾坤,中坎离,以二卦为天地之中气,上承乾坤,下启咸恒者也。盖以坎之中实为诚,以离之中虚为明,诚明者,《易》理之妙用,圣人之心学也。明之本在身,其用在国家。离者火也,今试以飞萤视烛火,则烛火明也;以烛火视列星,则列星,明也;以列星视日月,则日月明也。故一曲之学,犹飞萤之明也;文学之士,犹火烛之明也;贤人之学,犹列星之明也;圣人之学,犹日月之明也。圣人之明,其存也无瑕,其运也无间,明之至也。夫明由虚生,中实者必暗而无光;明以柔著,过刚者必发而遂灭。离之卦,中虚而柔,柔得其正,圣人以火食化天下,而天下化之,离之用正,离之道亨矣。就六爻而推论之,初爻为始,如火之始燃也,始宜"敬",故得"无咎"。二爻居中得位,如日之方中也,离色黄,故曰"黄离,元吉"。三爻处内卦之终,其明将没,如日之将夕也,哀乐失常,故凶。此为内三爻也。九四介内外二火之间,火势为炎,上卦多为凶,九四适值其位,故有"突如其来"之祸,"焚"、"死"、"弃",皆言其凶也。六五得中居尊,为外卦之主,离至五,以日言为重光,是大人继明久照时也,忧盛防危,励精图治,是以吉也。上九处明之终,离道已成,化及天下矣,其有梗顽不化者,不能不以干戈从事,是以征伐济礼乐之穷也。歼厥魁,舍厥从,所谓王者之师也,有何咎焉! 此为外三爻也。统之,离之全卦,以二五两偶,内外相应,二得履盛之方,五凛保泰之惧,至中至正,均获其吉。《大象》所谓"大人以继明照乎四方",二五两爻得之矣。

《大象》曰:明两作,离,大人以继明照乎四方。

"明两作"者,内外两离之象。离者日也,然不曰日而曰"明"者,以天无二日也。离者六画,重离之象。日月之明,终古不忒;大人之明,四方毕照。辨忠邪,知疾苦,烛幽侧,处久长。大人以德言,乃王公之称,有与天地合德,与日月合明者也。"继明"云者,内卦之离,继以外卦之离,即"明两作,离"之义也。明之功不继,则有时而昏,故必如《大学》之称"明明德",《汤盘》之云"日日新",可以向明出治,光被四方也。

【占】 问战征:克敌者宜用火攻,防敌者亦宜备火攻,"两作"者,恐前后一时俱焚。

○问营商:想营业定是近火。或运办硫黄,或创设电火,或制造火柴等业,皆利。

○问功名:离为目,可有榜眼之兆。

○问家宅:此屋必系新造,前后开通,窗户生明,屋外四围空阔,是巨室贵人之宅也,吉。

○问婚姻:此非原配,必是继妻;夫家定属贵室,非寻常百姓之偶也。

○问六甲:生女。

○问疾病:热势甚重,恐一两日内即防神魂离散。

初九:履错然,敬之无咎。

《象传》曰:履错之敬,以辟咎也。

初爻为内卦之始,如日之始出,黎明乍起,为作事谋始之时也。"履",践履也,"错然"者,谓应酬交错也。当至纷至叠来,而不以敬将之,必致动辄得咎矣。履卦曰"履虎尾",履而知惧,故曰"吉";此卦曰"履错然",履而能敬,故"无咎",其履同也。夫祸福每兆于几微,始而能谨,斯终必无祸,所谓君子敬而无失,得者得此旨也。《象》曰"履错之敬,以避咎也",夫人以身接物,不必居功,最直避咎,避之之道,唯在居敬而已矣。

【占】 问战征:初爻为始,是三军始行,旗辙交错之时也。"敬"者,即所谓临事而惧之意。战,危事也,慎重持之,或可免咎也。或曰邪行谓错,宜从横路进兵。

　　○问商业:必是新立之业。初九爻辰在子,北方属水,卦位居南属火,想是南北生意。一时难许大利,要可无咎。

　　○问功名:《诗》云"他山之石,可以攻玉",盖言得助而成也。

　　○问家宅:履卦云,"履道坦坦,幽人贞吉",是宅必在大道之旁。吉。

　　○问六甲:生女。

【占例】 友人某来请占气运,筮得离之旅。

　　爻辞曰:"初九:履错然,敬之无咎。"

　　断曰:离者,火也,火之性炎炎而上,其功在明,其用足以取暖,又足以烹调,是人世不可一日无者也。以人身配之,火为心魂。有心魂乃有知觉,有知觉乃可谋为万事。今占得初爻,知必为谋事伊始。然火之为功甚大,火之为祸亦甚烈,当其始燃,最宜谨慎小心,苟一不慎,初与四应,延及四爻,则"突如其来",咎莫大焉,故戒之曰"敬之无咎"。足下占得此爻,宜知所畏惧焉。凡爻象一爻为一年,三年后正当四爻,尤宜谨慎,至四年则吉。

六二:黄离,元吉。

　　《象传》曰:黄离,元吉,得中道也。

　　二爻以阴居阴,为坤二成卦之主。位处中正,《象传》所谓"柔丽于中正"者,即指二爻也。离为黄,故曰"黄离",黄者中色,离者文明,居中而处文明,是以"元吉"也。《象》曰"得中道也",离卦六爻,唯二爻以一柔居二刚之中,中而且正,《象》曰"得中",不言正而正在是焉。

【占】 问战征:离二变大有,大有《象传》曰"大车以载,积中不败也"。"大车",谓兵车;黄,中之色也;"积中"者,谓中营军粮充实;"不败"者,谓兵士勇健,得以获胜也。故吉。

　　○问营商:离属南方之卦,经营利在南方;黄为土,土生木,又利在土木。

　　○问功名:离位在午,上值文昌,有文明之象,功名必显。

　　○问家宅:离为火,土色黄,火之子,喻言其家得有令子,能振起家声。吉。

　　○问婚姻:二爻以阴居阴,位得中正,主夫妇顺从,佳偶也。吉。

　　○问疾病:必是内火郁结中焦之症,宜凉解之。无咎。

　　○问六甲:生女。

【占例】　某来请占某贵显,筮得离之大有。

爻辞曰:"六二:黄离,元吉。"

断曰:离为火,又为日,得其柔暖之气,自足嘘枯回生,有照育万物之象。今占得六二,二爻与五相应,五为尊位,知某贵显辅翼至尊,君臣合德。离有文明之德,黄属中央之色,知必能握中图治,化启文明也,故曰"黄离元吉"。

九三:日昃之离,不鼓缶而歌,则大耋之嗟。凶。

《象传》曰:日昃之离,何可久也!

九三以阳处阳,是由明入晦之象,故曰"日昃",昃者,日之将倾也。"缶",即盎,大腹而敛口,离卦上下奇而中偶,形似缶,故象取缶。坎曰"用缶",坎中实,则用以盛酒;离中虚,则鼓以节乐。"不鼓缶而歌",必歌无节也。离互兑,兑属正西,日出东入西,日薄西山,谓衰年暮景,故象取"大耋"。八十曰耋,三爻居二卦之中,犹年在半百,未可云大耋也。"嗟",悲叹声,谓未老而叹其老也。其歌也,乐失其节,其嗟也,哀失其常,哀乐无时,致神魂颠倒,寿命不永矣,是以凶也。《象传》曰"何可久也",谓若此之人,忽歌忽嗟,乃天夺其魄也,安能久乎?

【占】　问战征:"日昃",日将夕也。军中长歌浩叹,皆失纪律,不吉之兆",尤防敌兵夜袭。

○问营商:《周礼》地官司市,"大市日昃而市",谓大市交易繁多,至日昃始集市。爻曰"日昃之离",是日昃后而散也。市区扰杂,或歌或嗟,哀乐无度,必伤正业,宜戒。

○问功名:恐老大无成,徒自悲耳。

○问婚姻:鼓缶而歌,难望偕老,凶。

○问六甲:生女,难育。

【占例】　友人某来曰:余将娶某女,请占吉凶。筮得离之噬嗑。

爻辞曰:"九三:日昃之离,不鼓缶而歌,则大耋之嗟。凶。"

断曰:爻辞曰,"日昃之离",离,离散也,"日昃之离",谓婚后而复离也。"鼓缶而歌",惮亡也;不鼓而歌,非惮亡,必生离,"大耋之嗟",是叹其不得偕老也。此婚不成为上,成则亦必离散,不吉之兆。

后友人不信此占,媒妁成婚,未几因家门不和,又复离散,果如所占云云。

○明治三十年,占我国与法国交际,筮得离之噬嗑。

爻辞曰:"九三:日昃之离,不鼓缶而歌,则大耋之嗟。凶。"

断曰:离为甲,为刀,为矢,皆主战兵器也;离亦为火,又足备火炮之用。今占法国交际,而得三爻,是令我急备兵甲战具也。爻辞曰"日昃之离","日昃"者,日将西倾,可见西土运旺可之时。"不鼓缶而歌,则大耋之嗟",谓不当歌而歌,不当嗟而嗟,犹言措置失时也。善谋国者,当及时修备,固不可自耽安逸,亦备不必自示衰弱。睦邻修好,以保永图,斯为善也。

九四：突如其来如，焚如，死如，弃如。

《象传》曰：突如其来如，无所容也。

"突如其来如"者，谓刚暴之祸，不可测度；"焚如"者，谓如烈火之焚物；"死如，弃如"者，谓其身灭亡，其名亦遂废弃。四爻处上下卦之间，下卦之火将熄，上卦之火又炽，火炎于上，其势尤烈。"突"，杨子《方言》，"江湘人谓卒相见曰突"，"突如其来"，是骤来而不及防也。"焚如"，烧其庐；"死如"，毁其身；"弃如"，举之而委诸沟壑也。"焚如"，离火本象；四动体艮，艮为鬼冥门，故曰"死如"；又互兑，兑刑人，刑人于市，与众弃之，故曰"弃如"。焚而死，死而弃，其势相连，其祸甚凶，以九四在二火相传之际，是以凶焰如此。《象传》曰"无所容也"，谓火焰逼近，无可容身也。四与初应，初之火其咎可避；四之火猛，屋毁身亡，无地可容矣。或曰突谓灶突，《汉书》所云"其灶直突"之突。"突如其来"者，所谓祭神如神在，恍惚而见其来也。"焚如弃如"者，谓灶神察其为恶，而降兹凶也。此又一说也。

【占】　问战征：有营垒被焚，枪炮暴烈之祸，来势汹涌，紧宜慎防。

　　○问营商：有人财两亡之祸，宜藏身退避，或可免也。

　　○问功名：有唾手可得之势，但位名愈重，得祸尤烈，不如隐退。

　　○问家宅：旧说以"突"为不孝子，此家必生逆子。"焚"、"死"、"弃"，皆言逆子之罪也。

　　○问婚姻：四动体艮，艮为鬼冥门；又离互兑，兑为刑人，此婚大不吉利。

　　○问六甲：生女，必不育。

【占例】　明治二十三年春，友人某来，请占本年气运。筮得离之贲。

　　爻辞曰："九四：突如其来如，焚如，死如，弃如。"

　　断曰：九四在上下二火之间，下火将熄，上火复燃，火炎上，故离卦以四爻为最凶。今占气运，而得四爻，四爻以阳处阴，外刚内柔，位不中正，主有阴险邪僻之徒，拨弄其间。初若不觉，及其势焰一炽，"突如其来"，不特祸延家室，而身肌发肤，并受其殃。如火之燎原，有不可扑灭者矣，谓之"焚如，死如，弃如"。足下宜谨防小人，毋为饲犬而啮手也。

　　某氏素性柔弱，不甚介意。委用亲族少年，不料妄作妄为，既凶且毒。某氏家产，因人倾败，祸又未已，某氏始为悔悟，亦已晚矣。

六五：出涕沱若，戚嗟若，吉。

《象传》曰：六五之吉，离王公也。

六五为外卦之主，得中居尊，与二相应，《象传》所谓大人继明久照，即指五爻也。离为目，自目出者曰涕，故曰"出涕沱若"。又离互兑为口，嗟是口之暗声，故曰"戚嗟若"。所谓"若"者，是未当"出涕"而有若"出涕"，未当"戚嗟"而有若"戚嗟"，盖形容忧伤之情状也。九三乐尽悲来，"大耋之嗟"，则为凶兆；九五忧盛虑危，所谓"先天下之忧而忧，后天下之乐而乐"，故吉。《象传》曰"离五公也"，九五为王公之位，故云。

【占】 问战征:据爻辞"沱若""嗟若",有临事而惧之意。战危事也,能惧则能谋,能谋则可以制胜矣,故吉。

○问营商:此经营必是王家商务公业,非下民私计也。故曰"离王公也"。其业亦必由辛苦艰难而成。

○问功名:位至宰辅,极贵极显,然一身忧劳倍甚,如武侯之鞠躬尽瘁,乃吉。

○问婚姻:此姻事极贵,然有"先号咷而后笑"之象。

○问六甲:生女,防难产,终吉。

【占例】 占某豪商时运,筮得离之同人。

爻辞曰:"六五:出涕沱若,戚嗟若,吉。"

断曰:五居尊位,在国为一国之君,在家为一家之主,在乡为一乡之望也。爻辞所云"出涕沱若,戚嗟若",谓能先事预谋,防危虑盛,百计图维,以期万全者,此非老成练达者不能也。足下占得此爻,可知足下历尝艰苦,在平时悲泣号叹之状,不知若何哀切者。亦由此继明之德,足以察识事机,而能保守家业,不为亲族少年所得欺瞒也。故吉。

上九:王用出征,有嘉折首,获匪其丑,无咎。

《象传》曰:王用出征,以正邦也。

"王"者指六五,"用者",指上九也。离为兵戈,故用以"出征"。"首"者首恶,"丑"者类也。"嘉"者,赏其功也;所嘉者,在折其魁首,而不及丑类,《书》所谓"歼厥渠魁,胁从罔治"者是也。九三居下卦之上,与上为敌,不顺王化,残害民生,上九于是奉命出师,以除天下之害,获其首恶,诛而戮之,其余党类,皆从赦兔。此诚吊民伐罪,王者之师,复何咎焉!《象传》曰:"以正邦也",谓如汤之征葛伯,文王之伐昆夷,唯在戡乱以安邦,夫岂好为穷兵哉!

【占】 问战征:观爻辞已明示矣。王者之师,不妄杀人,斯道得焉矣。

○问营商:贩售货物,宜选取上等佳品,不取低劣,乃可获利。

○问功名:必膺首选,吉。

○问疾病:"折",夭折也,不利。

○问六甲:生女。

【占例】 明治七年三月,佐贺乱,朝廷将发师征讨。有陆军大佐某,同中佐某来,谓曰:今将出师,请为一占。筮得离之丰。

爻辞曰:"上九:王用出征,有嘉折首,获匪其丑,无咎。"

断曰:爻辞所云"王用出征",适合今日之事也。在佐贺乱党兴叛,其中必有主谋,即所谓"魁首",是乃乱之首,罪之魁也,罪在不赦;一时响应而起,皆胁从之徒,是丑类也。今以佐贺启叛,命师往征,在我皇上神机庙算,素以不嗜杀人为心,必将布告天下,谓构兵倡乱,罪在一人,寡人誓必取而戮之,余无所问,有能擒获渠魁者必膺上赏,与爻辞云"有嘉折首,获匪其丑,如出一辙焉。按上与三相应,上为王师,故必属三。三爻曰:"日昃之离,何可久也",知此番行军,定卜马到功成,不数旬而戡定矣。

后果未匝月,而渠丑受诛,佐贺遂平。

䷞泽山咸

《上经》首乾坤,以天地为万化之原也;《下经》首咸恒,以夫妇为五伦之始也。天地不分不成两仪,男女不合不成生育,故乾坤以二老对,而咸则以二少交。咸之体,亦自乾坤来,乾三索于坤得艮,艮为少男;坤三索于乾得兑,兑为少女。男女相感,自其性情,而二少相合,男下于女,尤感之正也。有心为感,无心为咸,咸皆也。卦体以"山泽通气",六爻皆应,咸和通畅,物我偕藏,此卦之所以名咸也。

咸:亨,利贞。取女吉。

"咸亨",亨通也。男女相合者七卦,恒是男女皆长,既济、未济中男中女,渐、归妹以少遇长,损虽男女皆少,而女下于男,皆未若咸之亨而正也。"取女吉"者,婚礼自纳采以至亲迎,皆男下于女,六礼不备,贞女不行。《关雎》一篇所云,"窈窕淑女,君子好逑",娶女之吉,于此可见。《诗·注》谓淑女有幽闲贞静之德,是即"利贞"之旨也。咸以兑泽艮山二气相感,感而遂通;然少男少女,情好易通,得正则吉,失正则凶,故曰"利贞"。娶女之吉,惟其贞也。

《彖传》曰:咸,感也。柔上而刚下,二气感应以相与。止而说,男下女,是以亨,利贞,取女吉也。天地感而万物化生,圣人感人心,而天下和平,观其所感,而天地万物之情可见矣。

此卦以艮之少男,下兑之少女,取象于夫妇之始,婚姻之道也。"柔上而刚下"者,柔者妇道,刚者夫道,谓刚柔二气,上下相感。"止而悦",谓闺房之事,悦而不止,则悦未免流于淫,止而不悦,则止或至失其欢。艮以止之,复兑以悦之,斯感得其正,则倡随有辨,节宣有时,而有感遂通,故能亨。盖卦体以感为义,卦象以亨为善,卦位则以"男下女"为吉。夫"取"即娶也。按《礼》云:"男子亲迎,男先于女,刚柔之义也。"知所谓"男下女"者,降男子之尊,以重亲迎之礼,固非钻隙逾墙者所可比也,故曰"利贞"。女下于男,夫妇之常道也,故卦取诸恒;男下于女,迎娶之始礼也,故卦取诸咸。咸者感也,刚柔之用,以气相感,婚姻之道,以情相感,而少男少女,尤情之易感者也。以其情之易感也,而见其相悦;亦以其情之易悦也,而贵乎能止。盖即艮山之静,以制其兑泽之动也。咸利其贞,贞斯亨,亨斯吉矣。由是推之,闺房启王化之原,修齐括治平之要。天地以其咸感万物,而万物生焉,圣人以其咸感人心,而人心平焉,化生之功由此成,和平之福由此普。艮之止无形,兑之悦无言,无形无言,而感化神焉。君子观于此,而天地人物感应之妙,皆可识矣。

以此卦拟人事,卦体为艮男兑女,《彖辞》曰"取女吉",是人伦之始事也。《序卦传》曰,"有男女,然后有夫妇,有夫妇,然后有父子,有父子,然后有君臣,有君臣,然后有上下",其道实自乾坤定位而来。乾老阳,坤老阴,乾变艮则为少阳,坤变兑则为少阴,阴阳之体一也,阴阳即男女。艮一阳二阴,兑二阳一阴,合其体而为一,象男女之交也。艮为求,有"好逑"之义;兑为妹,有归妹之象,是谓婚姻之始。兑为悦,艮为止,乐而不淫,妇道之所以重利贞也。六爻之辞,多取于人身,"拇"、"腓"、"股"皆属下体,"心"、"脢"、"辅"皆属上体,一俯一仰,一动一静,阴阳相济,刚柔相交,咸之卦德备矣。夫夫妇一小天地也,万物各有阴阳,即各有夫妇。万物之化生,人心之和平,胥是道也。此圣人所以为人伦之至,咸卦所以冠《下经》之首,观其象而可知矣。

以此卦拟国家,上卦为政府,有兑泽遍敷之象;下卦为人民,守艮止各安之义。九五阳刚之君,与上六相比,与六二相应,诸爻亦俱与九五相感应。故咸一卦,皆取象于"拇"、"腓"、"股"、"思"、"脢"、"辅",譬如人之一身,四肢九窍,有痛痒相关,一气联络之义也。《象》曰"君子以虚受人",此君子即指九五而言。虚者无我,无我则天下一家,万民一体,以一念感通夫万类,以一心包育夫群生,上下相通,君民合志,谓之"天地感而万物化生,圣人感人心,而天下和平,观其所感,而天地万物之情可见矣"。此即圣天子恭己南面,无为而治之体也。

通观全卦,有心为感,无心为咸。咸,皆也。为卦六爻皆应,咸和通达,物我皆臧,自然而然,元气浑合,此兑悦艮止卦之所以名咸也。咸主乎感,感则必动,而六爻则以静为吉,以动为凶。初爻居卦之下,曰"咸其拇",拇足大指也,其感尚浅,其动亦微,故不系吉凶也。二曰"咸其腓",腓为足肚,则进于拇矣。腓本不动,足动而腓随之,是动虽凶,而腓尚居于吉也。三曰"咸其股",股处下体之上,三之象也,较拇与腓而尤进矣,"志在随人",所执亦贱,故曰"往吝"。四居三阳之中,为心之位也。凡有感触,皆从心发,得贞则吉,否则凶也。五为卦主,居兑之中,脢在心上,为背脊肉,是不动之处,感而不感,动而无动,故曰"无悔"。上六处全卦之上,"辅颊舌"在一身之上,其象取此,有感于心,发而为言,是口说也;然不能至诚相格,而徒以美言取悦,咸道薄矣。是以六爻之中,所感各有浅深,而悔吝吉凶,亦各随其象而著。惟君子能"以虚受人",虚则心公,公则入而无拒,感而即通,其所翕受者宏矣。翕受之道,取诸兑;专直之义,取诸艮。健而能止,顺而能悦,悦以感阴,止以应阳,天地无心而成化,圣人无为而成功,如斯而已矣。

《大象》曰:山上有泽,咸,君子以虚受人。

卦象为"山上有泽",是山气下交,泽气上交,得以上下相成也。天下至静而虚者莫如山,惟山以虚,翕受泽气。君子体此象以容人之善,故能湛其心于寂然不动之时,定其性于廓然大公之地。古来如舜之取人为善,禹之拜昌言,周公之吐哺握发,一皆虚己而受人者也。

【占】 问战征:军队前进,防有坑陷,山谷间防有埋伏。固守城池,防敌兵潜通地道,皆当谨慎。

○问营商:山泽为生财之地,即财源也。"以虚受人",是以购入物产,贩运转售,必大获利。

○问功名:"山上"者高附之象,"山上有泽",泽者积水低洼之处。有居高思危之意,唯宜虚己待人,功名可长保也。

○问家宅:是宅必傍山临水,知其所止,吉。

○问疾病：是虚弱之症，宜服滋补之剂。

○问婚姻：卦为山泽通气，主两姓和好，大吉。

○问讼事：两造必是少年意气相争，讼宜和解而止为善。

○问六甲：生男。

○问失物：必坠入空洞有水之处，不能复得。

初六：咸其拇。

《象传》曰：咸其拇，志在外也。

"拇"者足之大指，初居爻首，为感之始，其感尚微，譬如足之有指；指即小动，未常移步，以喻人心初感而未动，始有其志而已。《象》曰"志在外也"，外谓九四，以初与四相应，故曰"在外"。志者，心之所之也，谓第有其志，未尝躁动，是以不言吉凶。

【占】 问战征：是兵刃初交之会，应在第四日，可以得胜。

○问营商：必是初次贸易，货物已办，尚未发行也。

○问功名：必能一举成名，有捷足先登之兆。

○问家宅：有迁居外地之意。

○问疾病：是足指初起一毒，宜外用敷药调治。

○问婚姻：初六应在九四，以艮男求婚于兑女也，为结缡之始。吉。

○问六甲：生男，是初胎也。

【占例】 明治二十三年，占某贵显运气，筮得咸之革。

爻辞曰："初六：咸其拇。"

《象》曰："咸其拇，志在外也。"

断曰：此为咸卦初爻。拇为足指，是人身最小之体，其动与不动，本不足关轻重也。初爻应在九四，四比近尊位，此占当以应爻属贵显，初爻则为来占之人也。今初爻咸之初，某贵显自幕府至今，备尝困苦；今虽年老而志愿犹奢，凡有指划，咸皆悦从。《象》曰："志在外也"，盖在贵显之志，谓方今国家要务，专以外交为重也。知贵显老运未艾。

六二：咸其腓，凶，居吉。

《象传》曰：虽凶居吉，顺不害也。

"腓"为胫，或曰足肚，是无骨之处，盖在拇之上股之下也。腓不能自动，随足而动，足动而凶，则腓亦失其吉矣。然动则为凶，而静居则吉，故《象传》曰："虽凶居吉，顺不害也。"六二以阴居阴，其性本静，能顺其性而不动，自可免害而获吉也。

【占】 问战征：宜固守不动，斯可免害。

○问营商：不利行商，利坐贾。

○问功名：只可依人成事，未能远到。

○问疾病：按腓病也，必是四肢痿痹之症，只可坐卧，不能步行也。

○问婚姻:婚事既成,恐有变动,能以顺自守,虽凶终吉。
○问六甲:生男。

【占例】 华族某君来谓余曰:顷者知己某,以数年刻苦,新创一技,特许专卖,余因贷之以资金,但不知新创之技,果得广行否? 亦不知贷与之资金损益如何? 请筮之。筮得咸之大过。

爻辞曰:"六二:咸其腓,凶,居吉。"

断曰:咸者为山泽通气之卦,是二物相依,相互为用也。某友发明一物,藉君之资金,得以成业,是某友与君实相依为用,其事业之广行也可必矣。腓者,足肚也,腓不自动,随足之动而动,以喻资金之通用,全藉货物之贩运,而资金亦随之而运动也。在此业新出,未免一时贩售有碍,当居积以待,自能获利,始虽凶而终吉也。

九三:咸其股,执其随,往吝。

《象传》曰:咸其股,亦不处也。志在随人,所执下也。

此爻居下体之上,上体之下,为股之象,股者随上下而动,不能自主者也。九三以阳居阳,与上六之阴相应,舍上六而比初二,以为动止。率此以往,其吝可知。三为艮卦之主,艮为股,故曰"股",艮又为执,故曰"执"。艮本止也,三以感而思动,又牵率初二,使之皆动,故"执其随"。《象传》曰"亦不处也","亦"者,谓率拇腓而俱动也。"志在随人,所执下也","随人"者,谓随上也;"执下"者,谓执初与二也。

【占】 问战征:宜退守,不宜往攻。
○问营商:凡商业合出资本,谓之股分,必举一人以主其业。乃主业者,不能自主,而徒随人以为上下,其业必难获利。
○问功名:随声附名,其品下矣,必难制胜。
○问家宅:宅近艮山,本可安处,占者不愿处此,殆欲随人他迁也,恐所往吝矣。
○问婚姻:咎在过听执柯者之言,恐所适非偶。
○问六甲:生男。

【占例】 友人某来,请占运气,筮得咸之萃。
爻辞曰:"九三:咸其股,执其随,往吝。"

断曰:卦体艮山兑泽,山得泽而生润,泽得山而发源,是为山泽通气,阴阳相感,正元运旺相之象也。足下占得第三爻,三爻为内卦之主,与上六相应,九三为阳,上六为阴,感而思动,故曰"咸其股"。股属下体,亦阴象也。卦本为少男少女两相爱悦,三爻"志在随人",牵率其下而皆往,则其溺情尤甚,吝复何辞? 论现年运气,未尝不佳,乃因溺志色欲,阳被阴累,防致疾厄,宜慎宜戒!

友人听之,始而如有所感,继而溺情不悟,以致终身落魄不偶。哀哉!

九四：贞吉，悔亡。憧憧往来，朋从尔思。

《象传》曰：贞吉悔亡，未感害也。憧憧往来，未光大也。

四当三阳之中，居心之位，咸之主也。初之拇，二之腓，三之股，五六之脢舌辅颊，皆从心而发，故心不言感，以万感皆由心而生也。夫心之本体，本灵明不昧，寂然不动，自有所感而心动焉。动则有悔，欲其亡悔，唯贞而已。贞者正也，正则吉而悔亡。然人心不能无感，而感亦不能皆正，不正则心受其害，而悔随感生，何以得吉？"憧憧"者急遽之状，"往来"者忙促之形，"憧憧往来"，甚言纷至叠来，私意错乱，害累丛生。下之拇、腓、股，上之脢、舌、辅，亦皆纷纷而动，但见其"朋从"耳，则此心岂复有一息之泰定哉！《象传》曰"贞吉悔亡，未感害也"，谓贞则其心无私，未感之先，心本洞然，故曰"未感害也"。"憧憧往来，未光大也"，谓物感迭来，不能无思无欲，故曰"未光大也"。

【占】 问战征：军中全以主帅为心。当万军纷集，以一帅镇定之，斯令行禁止，寂然不动，否则扰乱错杂，灾害生焉。

　　○问营商：商务虽在谋利，亦以得贞为吉，若见利忘义，则群焉争夺，不夺不餍，害有不可胜言者矣。

　　○问功名：四爻以阳居阳，位近至尊，功名显达，其象贞吉，然得不以正，害即随之，最宜谨慎。

　　○问家宅：其宅必临通衢往来之地，邪正杂处，交际最宜慎择。

　　○问疾病：必是心神恍惚之症，宜静养。

　　○问婚姻：防女家闺范不谨。

　　○问六甲：生女。

【占例】 明治二十二年，某缙绅来，请占某贵显气运，筮得咸之蹇。

　　爻辞曰："九四：贞吉，悔亡。憧憧往来，朋从尔思。"

　　断曰：四爻以阳处阴，为内卦之始，比近九五，是贵显之象也。为某贵显占气运，筮得四爻，四当三阳之中，中居心位，心为百体之主，心贞则百体皆贞，犹言大臣正躬率物，百僚皆从令焉，故曰"贞吉悔亡"，此固某贵显之能事也。苟心有不正，必致庶事丛脞，朋党纷起。始则害在一身，终则害延一国，皆由一心之不正，阶之厉也。在某贵显，秉心正直，国而忘家，公而忘私，能以天下为己任，古所称"正一己以正天下"者，某贵显有焉。庶民所仰望者，正未有艾也。

九五：咸其脢，无悔。

《象传》曰：咸其脢，志末也。

按：《注》云"脢者心上口下"，马云"脢背也"。《博雅》"胂谓之脢"，即背脢也；心在前，背在后，是不动之处也。艮之象曰"艮其背"，知背为艮之所止；爻辞曰"咸其脢"，殆即孟子所云，"君子所性，根于心，盎于背，施于四体，四体不言而喻"者是也。五爻以阳刚中正之德，居君上之位，下应六二。六二曰"咸其腓"，腓为足肚，不能自动，五曰"咸其脢"，脢为背脊,亦不能自动,故其咸也,若有不感而感,而其动也,亦若有不动而动。不动而动,在脢亦不自知其动也,悔何有焉?《象传》曰"志末",谓此乃不感而感,感之至也。彼初之"志在外",三之"志在随人",皆有心而感者,抑末矣。一说:《象传》"志末也"者,谓尊居九五,当抚恤亿兆之心,志愿斯为大矣;若甘作自安之计,期免目前之悔,其志不亦微末乎?

【占】 问战征:宜潜袭其后以攻敌背,有胜无败。

○问营商:《象》曰"志末",末微小也,知其商业不大,利亦微薄。

○问功名:背者败北也,知所求未必成名。

○问疾病:台背,寿征也。知病即愈,无悔,且获多寿。

○问六甲:生女。

【占例】 明治二十一年,缙绅某来,请占某贵显气运,筮得咸之小过。

爻辞曰:"九五:咸其脢,无悔。"

断曰:凡卦例以九五为君位。然乾为君为父也,而臣子亦得占之;坤为臣为民,而君父亦得占之。《易》道不拘一例也。咸卦艮山兑泽,二气相感,是以"天地感而万物化生,圣人感人心,而天下和平",则知大臣当国,皆以至诚感孚夫上下者也。今占某贵显气运,得第五爻,爻辞曰"咸其脢",脢谓背脊处,前为阳,背为阴,心背之间,阴阳相感,亦痛疼相关。某贵显念切民艰,自能恫瘝在抱,不容以隔膜相视也,必无悔焉。至其后运,定臻台背之寿,其福未可限量矣。《象传》曰"志末也",谓自下志愿犹未光大也。

上六:咸其辅颊舌。

《象传》曰:咸其辅颊舌,滕口说也。

"辅"者颊之里,"颊"者辅之表。舌在口中,舌动则辅颊随之。此爻阴柔不中,居卦之极,比近尊位,专以谗口惑君者也。是巧佞之小人,为圣人所深恶也,故不系凶辞,而其凶自见矣。《象传》曰"腾口说也",腾谓张口骋辞。或曰虚也,谓无诚实,徒夸虚说以诳世,咸道薄矣。

【占】 问战征:防有间谍窥探。

○问营商:恐有口舌之祸。

○问功名:可献策陈言,当得召用。

○问家宅:主人口不睦,口角起争。

○问疾病:呓语谵言,心魂不安,宜祷。

○问婚姻:中人之言,未可全信。

○问六甲:生女。

【占例】 明治二十五年,岩平县众议院议员佐藤昌藏氏来曰:"今回地租修正之议兴,奥羽诸县已编地租增加之部。然在我县下,地质不饶,增加地租,甚觉不当为此,请占院议结果。"筮得咸之遁。

爻辞曰:"上六:咸其辅颊舌。

断曰:兑为口,辅颊舌皆所以言,此即议院之证验也。今占地租增加,而得咸之上六,咸者感也,凡有所议,必得上下直诚感通,其事可通行无阻。兹徒以空谈相竞而无实惠,其何能令民之遵从乎!

后佐藤氏来谢曰:《易》断真不虚也!

䷟雷风恒

《上经》首乾而继坤,坤即乾之配;《下经》首咸而继恒,恒即咸之久。咸为可大之业,恒为可久之德,可久配天,可大配地,故乾亦为久,坤亦为大。震男巽女,本从乾坤而生,雷风即乾坤之嘘气也。乾坤不变,雷风亦不变,故雷风之卦曰恒。

恒:亨,无咎,利贞,利有攸往。

恒字,从心从亘,训常。《易》曰"恒,久也",凡事暂时塞者,久则通,通则"无咎"。"贞"者,正也,咸为夫妇结缡之始,男下于女,故"娶女吉";恒为夫妇居室之常,女下于男,故利其贞。巽柔而顺,顺故能贞;震刚而动,动故有往。"贞"者,女子之德也,"往"者,男子之事也。《正义》曰:"得其常道,何往不利?"故曰"利有攸往"也。

《象传》曰:恒,久也。刚上而柔下,雷风相与,巽而动,刚柔皆应,恒。恒亨,无咎,利贞,久于其道也。天地之道,恒久而不已也。利有攸往,终则有始。日月得天而能久照,四时变化而能久成,圣人久于其道,而天下化成。观其所恒,而天地万物之情可见矣。

此卦上震下巽,巽为风,是刚上柔下也。震为雷,雷风相与而为恒。雷风者,即从山泽而生气,故卦次于咸。其为气也,通彻上下,运行周遍,化育万物,生生不息,而变化有常,其德亘古今而不易,是即"天地之道,恒久而不已也",故名此卦曰恒。恒者常也,久也。恒之为道,亨乃无咎,亨通无咎,乃得利贞。夫恒有二:有不易之恒,有不已之恒。"利贞"者,不易之恒,"利有攸往"者,不已之恒也,合而言之,常道也。"亨"者,恒之用也;"贞"者,恒之体也;"刚柔皆应"者,恒之成德也;"利有攸往"者,恒之行事也,巽以贞终,震以行始,大震入巽,故曰"终则有始"。观诸日月之得天久照,验诸四时之变化久成,征诸圣人之久道化成,天道圣道之历久不敝者,莫非此恒久之道也。

以此卦拟人事,震为长男,巽为长女。变咸之二少,为恒之二长,婚姻之礼,夫妇之恒道也。"雷风相与"者,天地之运也,"刚柔皆应"者,阴阳之机也,君子则之,以保其恒。以恒修身,而身教乃亨;以恒齐家,而家道乃亨;以恒治国,而国运亦亨,所谓无往不利者,此也。读《关雎》之诗,文王之化行于远,后妃之德修于内,其得恒之旨也夫!推之日月四时之久照久成,圣人之久道化成,仰观俯察,而恒之情可见矣。人事之通塞隆替,不外是焉。

以此卦拟国家,上卦为政府,有雷厉之性,以振兴庶政;下卦为人民,有风动之象,顺从政府之命令也。恒卦震上巽下,震为夫,巽为女,卦体本为夫妇。咸以少为情,恒以长为礼,恒即恒其所谓感也。然家修即为廷献,王化起于闺门,齐家治国,其道本一以贯,王道毕世而仁,圣功万年无敝,是即圣人之久道化成也。雷动风散,可见恩威之并施也;刚上柔下,可见宽猛之交济也。和顺取诸巽,振作取诸震,有为有守,无怠无荒,内秉洁齐之志,外协通变之宜,道以亨而无咎,化以久而弥神,终始如一,上下不疑,是久于其道也,而郅治有恒矣。日月之久照,四时之久成,胥于此可见矣。

通观全卦,《序卦传》曰:"夫妇之道不可以不久也,故受之以恒。"咸为夫妇之始,恒为夫妇之常,所谓《下经》首咸恒,以夫妇之道配乾坤也。然恒一卦,唯五爻言夫妇,余爻皆历言恒之不当,以为垂诫;且六爻无一吉辞,即《象辞》,亦第云"无咎"。盖恒为天地之常道,日月久照,四时久成,不恒则变,恒则得其正。是以圣人曰"人而无恒,不可以作巫医",皆反言以警之,而于恒未尝有赞词也。《象》曰"君子立不易方",亦唯以不易者,守其恒而已。卦体六爻相应,刚柔二气,爻相为用,刚有刚之道,柔有柔之道,恒之亨而无咎,惟久于其道也。恒之反卦为咸,故二卦爻象,皆颠倒相因。恒初爻之深刻,即咸上之巧令也;恒二之"悔亡",即咸五之"无悔"也;恒三之承羞,即咸四之"朋从"也;恒四之非位,即咸三之"随人"也;恒五之妇吉夫凶,即咸三"凶,居吉"也;恒上之"大无功",即咸初之"志在外"也。故二卦同体,而爻象反复。咸曰"圣人感人心,而天下和平",恒曰"圣人久于其道,而天下化成",天地万物之情,皆可于此见之矣。

《大象》曰:雷风,恒,君子以立不易方。

震雷动而在上,巽风入而在下,雷风二物,虽至动至变而无常,而究其极,雷之发声不爽其候,风之嘘物,各应其时,振古如斯,未尝或失,故曰雷风恒。君子体此象以应万变,而道则不变,恒而已矣。"立"者确乎不拔,"方"者主一不迁。志有定向,而持守弥坚,不为富贵淫。不为贫贱移,不为威武屈,特立无惧,此君子之所以为君子者,得恒道也。

【占】 问战征:雷出于地,风生于谷,防有敌兵埋伏,火炮攻击之虑。宜坚守营垒,不可退,后可以转败为功。

○问营商:震属正东,巽属东南,曰"立不易方"言贸易不可改易地方也。

○问功名:震巽皆木,木植立不易,干霄直上,自得直达之象。但宜久成,不宜躁进。

○问家宅:此宅坐西北,朝东南,为祖遗旧宅,是恒产,方向切不可移易。

○问婚姻:男家长男,女家长女,二长相配,婚姻大利,可卜百年偕老。

○问疾病:必是肝火上冲,痰火气喘,须服前方,不必改易。

○问六甲:生男,必是初胎。

初六:浚恒,贞凶,无攸利。

《象传》曰:浚恒之凶,始求深也。

"浚",深也。初爻当恒之始,以始求终,所当循序渐进,方能几及。所谓登高必自卑,行远必自迩,由此以往,无不利也。若乃躐等以求,如撮土而期为山,勺水而欲成海,初基乍立,后效殊奢,事虽不失其正,要必难免于凶也,故曰"浚恒,贞凶"。《象传》曰"始求深也","始",指初爻也,谓其未涉其浅,而遽求其深,是欲速而不达者也。非徒无益,反见其凶,譬如用智而失之凿,求道而索之隐,皆"浚恒"者之过也。

【占】 问战征:宜步步为营,切忌孤军深入,深入必凶。

　　○问营商:宜得利即售,不可垄断居奇,以贪高价。

　　○问功名:宜安分守职,切勿梯宠希荣,徼幸图功,恐反招辱。

　　○问婚姻:婚姻之道,宜以门户相当,切勿慕富攀贵,贪结高亲,反致后悔。往往有之。

　　○问家宅:宅是新建,惜乎过求华丽,致难持久。

　　○问讼事:恐一经涉讼,历久不了。

　　○问六甲:初胎,生女,唯恐难育。

【占例】 明治十五年七月,朝鲜变起,花房公使以下脱归长崎。同年八月,朝廷发陆海军,命花房公使重至朝鲜,使之问罪。余筮之,得恒之大壮。

　　爻辞曰:"初六:浚恒,贞凶,无攸利。"

　　断曰:观初六爻辞,知朝鲜之渐进开化也。今番朝鲜虽失礼于我,若政府乘一朝之怒,忘恒久之道,责之过深,则是爻辞所云"浚恒,贞凶,无攸利",正当为政府虑矣。问政府今用问罪之举,不在深求,而在和解,则其事可谐,即或一时未谐,恒之初爻,变为大壮,则以大壮之军备,压制而已。其策则分我军为六,留其四于马关,以其二为朝鲜开化党之声援;如此而犹有不及,可使一军自元山津而冲其背,可使开化党维持朝鲜也,是天数之理也。

　　筮毕,呈某贵显。贵显又使人更问曰:朝鲜之事,虽不足忧,清国之关系实大也,子幸占我国与清国关系。余复筮之,得艮之不变。

　　断曰:艮者两山相对之卦。两山相对,可见而不可近也,又不可相应也。于不近不应之卦,其无战争,断可知也。

　　其后朝鲜之事,果如此占。

九二:悔亡。

　　《象传》曰:九二悔亡,能久中也。

　　二爻以阳居阴,是失位也,失位故有悔。然二处巽之中,为巽之主,二与六五阴阳相应,以刚中之德,辅柔中之君,道既得中,又能持久,故曰"悔亡"。《象传》曰"能久中也",谓可久之道,不外乎中,能"久于其道",必能久于其中也。二爻能之,悔自亡矣。

【占】 问战征:营位失当,恐有后悔,唯宜居中不动,持久固守,可免祸也。

　　○问营商:货物不得销路,致有耗败,宜历久待价,可得反本。

　　○问功名:失其机会,反招灾害,待时而往,虽不成名,亦无尤也。

　　○问家宅:此宅地位不当,居者不利。十年之后,宅运可转,方得无咎。

　　○问婚姻:平平。

　　○问六甲:生女。

【占例】 某会社社长,来请占社运,筮得恒之小过。

　　爻辞曰:"九二:悔亡。"

　　断曰:此卦"雷风相与","刚柔皆应",是会社之象也。卦名曰恒,业必以久而成也。

今占得第二爻,二爻以阳居阴,未免位置不当,事有窒碍。足下躬膺社长,当以中正处之,保其恒久。守巽之贞,法震之往,历久不倦,而推行尽利,其道乃亨,何悔之有?

社长闻之曰:该社自开业以来,多不能如意。今得此占,自当恒久不已,以图远大之业。后此会社,果得盛大。

○明治二十六年二月,北海道炭矿铁道会社支配人植村登三郎来曰:余从事社务有年,事务多端,深恐力弱才微,不胜其任。思欲改就官职,犹豫未决,幸请一筮。筮得恒之小过。

爻辞曰:"九二:悔亡。"

断曰:巽下震上,巽为薪,有煤炭之象,巽又为商,为利,有会社之象。震为行,为奔,有铁道之象。今占得第二爻,九二坎爻,辰在子,上值虚。虚为北方列宿之中,故会社在北海道。二爻以阳居阴,为失位,故有悔,然足下既从事社务,必深识其中之利益,久于其道,自然精明练达,能振兴其业也。

后植村氏得此占,益加勉励,不数月,至占重任。

九三:不恒其德,或承之羞,贞吝。

《象传》曰:不恒其德,无所容也。

九三处巽之极,巽为进退,为不果,"不恒其德"之象。"羞"者,耻也,九三以阳居阳,其位虽正,因其执心不定,德性无恒,而错误随之。"或"者,将然之辞,谓虽未明见其羞,而羞或承之矣,虽贞亦吝。"吝"谓可鄙也,《象传》曰"无所容也",大节一亏,无所逃于天地之间,盖深斥之也。

【占】 问战征:军事贵勇往果决,得以制胜。巽为不果,必多畏却,则进退无恒,势将辱国伤师,咎何能辞?

○问营商:爻辞曰"不恒其德",是必商无恒业也,何以获利?

○问功名:二三其德,业必不就,名何由成?

○问家宅:三爻居巽之终,巽终变震,震为大途,此宅必近大道之旁,其宅不利久居。

○问婚姻:姻事不终,恐贻羞辱。

○问六甲:生女。

【占例】 一日某贵显来访,谓余曰:有同僚某,因负债请余援助,长官某亦代为说合,予诺之。而后至期,彼竟无力得尝。敢请占其得失。筮得恒之解。

爻辞曰:"九三:不恒其德,或承之羞,贞吝。"

断曰:此卦"恒久而不已",是其贷与,永不返还可知。其辞曰"不恒其德",谓彼穷迫如此,势必二三其德,不能恒守此约信也。"或承之羞",谓君若盛气责之,彼必出言不逊,反受羞辱也。

后果如此占。

○明治二十八年,占清国国运,筮得恒之解。

爻辞曰:"九三:不恒其德,或承之羞,贞吝。"

断曰：恒者，久也。溯我国与外国交际，唯清国最旧，是恒之象也。两国并立亚细亚，辅车相依，同文之国，尤最亲密。近年欧美各邦，文明开化，日新一日。我国有所见于此，是以取彼之长，补我之短，乃遣少年于弟留学欧西，又聘西国教师，使之教我于弟。在清国墨守旧习，自示尊大，不能达观宇内大势。朝鲜介我两国之间，我与清国商议，谋欲互为保护，清国有疑于我，终至兵阵相见。今占得三爻，爻辞曰"不恒其德，或承之羞，贞吝"，巽为进退，谓清国进退无恒"势必辱也。

九四：田无禽。

《象传》曰：久非其位，安得禽也。

"禽"者，鸟兽之总名。震为猎夫，巽为禽。九四处震之初，已出于巽，是震之猎夫前进，巽之禽后退。以此而田，必无获也，故曰"田无禽"，以喻失民心也。夫所贵于恒之道者，德称其位，才胜其任，事上而有所建明，治下而有所康济，积日累久，则其所裨益必多。九四以阳居阳，与初六相应，初六"浚恒"既"无攸利"，无利者，亦即"无禽"之谓也。《象传》曰"久非其位，安得禽也"，大凡所处非其地，所乘非其时，所为非其方，所交非其人，皆久而无功也。田之于禽，其得失最著者也，故以之为象。

【占】 问战征：立营不得其位，必致师老无功。

○问营商：凡货物销售，各有其地。如求木于渔，问鱼于樵，虽久于其业，必无获也。

○问功名：如不入场屋，而望高科，不登廊庙，而求显官，居非其位，虽久无获也。

○问家宅：此宅方位不利，不可久居，宜急迁移。

○问婚姻：两姓配偶不合。

○问六甲：生男，恐难养育。

【占例】 明治二十三年，某缙绅来，请占某贵显气运，筮得恒之升。

爻辞曰："九四：田无禽。"

断曰：就卦论卦，直言不讳，望勿见责。今君为某贵显占气运，得恒之四爻。四爻以阳居阴，居不当位，爻辞曰"田无禽"，犹言谋而无功也。知某贵显虽久处高位，目下时运已退，才力亦衰，凡所作为，多无成效，自宜退隐，毋贻窃位之讥也。

六五：恒其德，贞，妇人吉，夫子凶。

《象传》曰：妇人贞吉，从一而终也。夫子制义，从妇凶也。

六五居得尊位，为恒之主，下与九二相应。九二居巽，巽为妇，六五居震，震为夫。六五专守九二之应，贞一其德，贞则贞矣，为妇则吉，为夫凶也。不知五为震主，震为行，丈夫之志，当以义制事，推行尽利，以垂久之业，若第从一为正，是妾妇之道也，孟子所谓"贱丈夫"者是也。《象传》曰"从一而终"，谓妇人之德，惟宜从一，故曰"贞吉"；夫"夫子制义"，谓丈夫之行，惟宜审义。义则不害于贞，贞则或伤其义，故曰"从妇凶也"。《象传》所云"贞吉"者，指妇人也；"利有攸往"者，指丈夫也。知夫此，而恒之道得矣。

【占】 问战征:古称军中有妇女,士气不扬,项羽之败,未始非虞姬累之也。行军宜凛之。

　　○问营商:商业宜随时变通,若拘泥执一,妇孺贪小之见,必无大利也。

　　○问功名:丈夫志在四方,前程远大。若徒贪恋闺房,伤身败名,凶莫大焉。

　　○问家宅,古云"牝鸡司晨,惟家之索",是当深戒。

　　○问婚姻:女家占此则吉,男家占此则凶。

　　○问六甲:生男。

【占例】 豪商某来,请占气运,筮得恒之大过。

　　爻辞曰:"六五:恒其德,贞,妇人吉,夫子凶。"

　　断曰:足下久营商业,精明强干,余所素知。今占气运,得恒之五爻。五为震之主爻,震为从,故《象》曰"从妇凶"。夫女子小人,皆属阴象。商业之推行,权宜自主,不可听从人言,治家之道,亦不可偏听妇言。爻象之辞,垂诫深矣,足下宜凛之!

　　上六:振恒,凶。

　　《象传》曰:振恒在上,大无功也。

　　震,动也,故恒至于上,有振动之象焉。上六处震之终,为动之极。动者宜守之以静,终者宜返之以始,斯德可全于末路,业不败于垂成,恒道成矣。今上六处恒之极,而振动不已,以振为恒,恒有尽而振无尽,是以凶也。震为决躁,巽亦为躁卦,躁动无时,犹是雷发而不收,风行而不止,其何能有功哉!故《象传》曰"大无功也"。

【占】 问战征:上为主帅,行军之道,全在镇定,若妄动喜功,必无成也。

　　○问营商:上为一卦之归宿,是商业归结之时也。当归结而不归,收发无时,终无结局也。

　　○问功名:上处卦之终,功名已尽,若复痴心妄求,不特无成,恐反致祸。

　　○问家宅:此宅已旧,不必改作,改作必凶。

　　○问婚姻:必是晚年续娶也。无须再娶,娶则必凶。

　　○问讼事:急宜罢讼。

　　○问失物:不得。

【占例】 某商人来,请占气运,筮得恒之鼎。

　　爻辞曰:"上六:振恒,凶。"

　　断曰:凡占卦遇上爻,上为卦之终局,必其人好运已终,只宜静守而已。今恒之上六,曰"振恒",以振为恒,是卦已终,而动未终,故曰凶也。足下占得此爻,当守静以制动,斯可无咎。

䷠ 天山遁

《序卦传》曰："恒者，久也。物不可以久居其所，故受之以遁。遁者，退也。"卦体上乾下艮，四阳在上，二阴渐进。自姤一阴，至二而长，阴长阳退，卦以遁名，谓阳避阴而遁也。遁字从豚，从走，豚见人而逸，故遁取豚以象退。乾为天，亦为远，有远遁之义也；艮为山，亦为居，有遁居之象也，故曰天山遁。

遁：亨，小利贞。

遁，阴长之卦，小人方进，君子道消。邪正不同居，阴阳不两立，君子当此，若不隐遁，必受其害。当遁而遁，遁而后通，故曰"遁亨"。"小利贞"者，小指二阴而言也，谓阴道始长，阳道犹未全消，故曰"小利贞"。

《象传》曰：遁，亨，遁而亨也。刚当位而应，与时行也。小利贞，浸而长也。遁之时义大矣哉！

按：《书·微子》"我不顾行遁"，遁，隐也；《后汉书·郅恽传》，"南遁苍梧"，遁，逃也；贾谊《过秦论》："遁巡不敢进"，遁又与逡同，要皆不外退避之义也。"遁而亨"者，亨，通也，君子不敢与时违，时当其遁，不遁不通，遁乃亨也。"刚当位"者，指九五也，五与二为正应。凡二五皆相与之有成，惟遁二五相应，而实相迫。二居内卦，阴势渐长，五居外卦，阳势渐消，此长彼消，迫之使退。二阴之长，亦非二阴为之，时为之也。君子审其时之当然，而与时偕行，遁而去之，身遁而道亨也。"贞"，正也，"利贞"，利于正也。二阴尚小，未至横行，犹利于正，故曰"小利贞"。遁通临。临二阳四阴，曰"刚浸而长"，遁曰"浸而长"，易道扶阳抑阴，阴恶其长，故不曰柔。盖"浸而长"者二也，"遁而亨"者五也。当二方长，五即思遁，识时审几，遁得其道，所谓"君子远小人，不恶而严"。遁应夫时，亦遁合夫义，故曰"遁之时义大矣哉"。

以此卦拟人事，遁二阴生于乾下。阴息之卦，否为极，观、剥过中，遁"浸而长"。以人事言，姤以一阴称"壮"，遁二阴得坤之半，将进壮而为老矣。譬如物候，虽未大寒，当退而授衣；譬如年谷，虽未大荒，当退而谋食；譬如疾病，虽未大剧，当退而求艾。以浸长而预退，退乃能通，及其既盛，退已晚也。盖退者五，而所以逼之使退者二，二虽应五，而实消五。二息五消，五当时运之衰，即为人事之穷，人事当此，唯有顺时而行，退而避二，斯五不至终穷，以期后日之补救，而待阳之来复。反剥为复，反观为大壮，反否为泰，未始非人事之调护，得以转环之也，是处遁之得其道也。遁之一卦，盖有先见之几焉。

以此卦拟国家，谓当国运渐否，如太王之避狄迁岐，勾践之屈身事吴是也。太王居岐，后至兴周；勾践事吴，后得兴越，即"遁而亨"之义也。遁之卦二阴居内，四阳居外，二为内卦之主，五为外卦之主，阴内阳外，是"内小人而外君子"也。阴阳之消长，国运之盛衰系焉，时当阴长，小人渐得其势，君子渐失其位，君子处此，当见几而作，引身远退，明哲保身，胥是道也。若恋恋不退，极之小人权势日盛，朋党既成，轻则贬谪，重则诛戮，于此而欲谋遁，已不及矣。孔子之可以止则止，可以去则去，此圣之所以为时也。与时偕行，为国家留有用之身,即为国家谋重兴之会。遁而后亨,其身遁,其道亨也,固非孤高忘世者,所可同日语哉。

通观此卦,以阴阳不能偏无,所恶于阴者,为其浸长而消阳耳。人或视阴为柔弱易制,不知纯乾之阳,二阴渐积,可以消之使尽。所当于阴之始长,而遁而远之,使不授阴以可消之权,而阳乃得以复亨,故曰“遁亨,遁而亨也”。《象》曰,“君子以远小人,不恶而严”,盖不与之比,亦不与之争,决然远遁,遁之得其正焉矣。合上下二卦观之,上卦乾健,有断然舍去之象;下卦艮止,有依恋执留之意,故下卦不如上卦之吉。遁不嫌远,愈上愈吉。就六爻分观之,初爻遁而露其尾,非真遁者也。二爻言“执”不言遁,不欲遁者也。三爻遁而有所“系”,将遁而未决者也。四爻曰“好遁”,是能不阿所好,超然远遁者也。五曰“嘉遁”,是能以贞自守,遁得其吉者也。上曰“肥遁”,是能明以审几,飞遁离俗者也。然《易》不可执一论,用之则行,舍之则藏,惟识其时而已。故遁者,君子见几之智也。曰“君子”,曰“小人”,示其大体而已。

《大象》曰:天下有山,遁,君子以远小人,不恶而严。

“天下有山,遁”。天之与山,相去辽远,不可几及,是天远山,非山远天,在山亦不能怨天之远也。君子则之,以远小人,不必显出恶言,亦未尝始示和气,但望之而自觉可畏,即之俨然难犯,使小人不远而自远也。“不恶而严”,斯为待小人之善法也。

【占】 问战征:防前进有山,山间有敌兵埋伏,致遭败北。

○问营商:恐一时物价涨落不同,相去甚远。

○问功名:宜退隐,不宜进见。君子吉,小人否。

○问家宅:此宅近山,前面空阔辽远,防有阴祟。

○问疾病:病有鬼祟,宜敬而远之,以避居为吉。

○问婚姻:二五阴阳,本属相应,但邪正不同,以谢绝之为吉。

○问六甲:生女。

初六:遁尾,厉。勿用有攸往。

《象传》曰:遁尾之厉,不往何灾也。

初爻居艮之始。艮为穴居,又为尾,故曰“遁尾”。贤者避地,入山唯恐不深,入林唯恐不密,不欲使人尾其后也。若乃遁而不藏其尾,非真遁也,是殆借名山为捷径,欲藉遁以为攸往计耳。古今来高隐不终,不特为猿鹤贻笑,而功犹未成,失即随之,其危厉,皆自取之耳。故戒之曰“勿用有攸往”,谓其宜遁而不宜往也。《象传》曰:“不往何灾”,盖往则灾来,不往则无灾,反言之以阻其往也。

【占】 问战征:为伏兵言也。埋伏宜深藏不露,使敌不得窥其遗迹,若藏头露尾,必致危厉,不如不往也。

○问营商:销卖货物,宜赶快,不宜落后,并宜首尾一并卖讫,斯可免灾。

○问功名:龙门烧尾,吉。

○问家宅:宜速迁移,落后有灾。

○问婚姻：遁者，避而远之之谓，婚姻不合。

○问六甲：生女。

【占例】　友人某来，请占气运，筮得遁之同人。

　　爻辞曰："初六：遁尾，厉。勿用有攸往。"

　　断曰：遁卦四阳在外，二阴在内，在外者阳浸而消，在内者阴浸而长。运以得阳为佳，阳消阴长，是好运已退也。今占得遁初爻，初爻以阳居阴，爻辞曰"遁尾，厉。勿用有攸往"，谓好运既退，第留此尾末而已，故"厉"。戒曰"勿用"，是宜退守，毋前往也。运以五年为一度，至上六，则"无不利"矣。

　　六二：执之用黄牛之革，莫之胜说。

　　《象传》曰：执用黄牛，固志也。

　　"执之"，"莫之"，两"之"字，皆指遁者言。黄，中央之正色。牛性柔顺，革性坚韧。艮为皮，故曰"革"；艮为手，故曰"执"；二得坤气，坤为黄牛，故曰"黄牛"。二居内爻，为成卦之主，上应九五，阴长阳消，应五而实消五，五即因之而遁，诸爻亦相随遁去。二爻欲执而留之，如白驹之诗，所咏"执之维之"者是也。"执之用黄牛之革"，以拟其执留之坚，而莫之遁焉。"胜"者，堪也，"说"者，解脱也，"莫之胜脱"，使之不可逃脱也。诸爻皆言遁，二爻独不言遁。遁者诸爻，而驱之使遁者，二爻也；二既驱之使遁，而复欲假意以执之，不令其遁，是小人牢笼之计也。《象传》曰"固志"，五之《象》曰"正志"，二五之志本不同。二欲藉嘉会之礼，以笼络五之志，使之不遁，"固志"者，固五之志也。

【占】　问战征：当诸军逃散之际，独能坚执固守，为可嘉也。

○问营商：固一时货价逐涨，执守来本，莫能脱售。

○问功名：席珍待聘，美玉待沽，功名之兆也。"莫之胜脱"，功名难望矣。

○问家宅：此宅阴气渐盛，居者不利，群思迁移，即欲脱售，一时亦难。

○问婚姻：此婚已成，后欲退悔，执柯者甚属为难。

○问六甲：生女。

【占例】　友人某，来请占气运，筮得遁之姤。

　　爻辞曰："六二：执之用黄牛之革，莫之胜脱。"

　　断曰：此卦二阴浸长，四阳浸衰。阴者小人，阳者君子，小人日进，君子日退，故谓之遁。以气运言之，正是运退之时也。"黄牛之革"，物之又软又韧者。以此系物，物莫能脱，譬言人生为运所缚，虽有志愿，终生捆缚，不克施展。今占二爻，其象如此，运可知矣。

　　○明治二十九年，占皇国气运，筮得遁之姤。

　　爻辞曰："六二：执之用黄牛之革，莫之胜脱。"

　　断曰：此卦四阳为二阴所侵，论人事则我为彼所侵，于国亦然。自我国胜清之后，俄、德、法三国，以亚细亚之平和为口实，使我还付辽东，加之俄法为清国偿金斡旋，俄清之交一变，将有事于东洋。方今欧洲诸强国，皆唯竞利自图，约束清国，譬如用"黄牛之革"，縶缚其手足,使之莫能解脱,几欲瓜分之以为快。而于我国,亦未尝不欲以此相缚,我唯固守其志,内修军备,外善辞令,以敦邦交,而不受此笼络也。此为得计耳。

九三:系遁,有疾,厉。畜臣妾吉。

《象传》曰:系遁之厉,有疾,惫也。畜臣妾吉,不可大事也。

"系"者,羁绊之义。三以阳刚,居内卦之上,与二阴阳相亲比,为二所羁縻,不忍超然远引,欲遁而志不决,故曰"系遁"。凡当遁则遁,贵速而远,一有所系,则忧愁莫定,宛如疾痛之在身,危厉之道也,故曰"有疾,厉"。盖"系"者,三系于二,阴为之主;"畜"者,二畜于三,阳为之主。以阴系阳则厉,以阳畜阴则吉。"臣妾"者阴象,三阳在二阴之上,故能畜。君子之于臣妾,畜之以供使令,进退无足关重轻也,是以"系遁"不失为吉,至若当大事,必致因循而坐误也。《象传》曰:"有疾,惫也",惫谓力竭而敝惫也。"不可大事也",大事者,指三一生大节而言,不可或忽也。

【占】 问战征:军阵进退,皆有纪律,鼓进金退,最要便捷,一有迟误,必致大败也,宜慎。
　　○问营商:货物当脱售之时,不宜踌躇不决,或系恋私情,防误大事。
　　○问功名:时当奸人秉政,宜急流勇退,斯无疾害。
　　○问家宅:此宅不利,主多病厄,宜速迁移,若迟延不去,恐有大祸。
　　○问婚姻:娶嫡不利,娶妾则吉。
　　○问六甲:生女。

【占例】 友人某来,请占商业之盛衰,筮得遁之否。
　　爻辞曰:"九三:系遁,有疾,厉。畜臣妾吉。"
　　断曰:三爻以阳居阳,留恋二阴,欲遁不决,致"有疾,厉"。今足下占问商业,得此三爻,知为商业失败之象。宜速脱货,则损失犹微,若惜金而踌躇,则品物之价,日益低落,其所损更大也,谓之"系遁,有疾,厉"。"畜臣妾吉"者,谓葆此余资,以畜养家人可也,若欲重兴商业,则不可也。

九四:好遁,君子吉,小人否。

《象传》曰:君子好遁,小人否也。

四与初相应,相应必相好。乃初与四好,而四不好初;且四因初之好,而决意远遁,故曰"好遁"。然在初之好四,亦非真好,不过欲借四以为重,是引用君子之意,若新莽之礼贤下士是也。四则有见于此,不为初所笼络,而超然远引。谓尔虽好我,我不好尔,尔不我遁,我则自遁,我行我志而已。四入乾,乾为君子,故曰"君子吉"。在初之厚貌深情,以为四必感恋情好,不意室迩人远,一去千里,竟有不可执维者。初处艮,艮为小子,故曰"小人否"。一说"好遁"者,谓有所好而遁也,犹《论语》"从吾所好"之好。世人所好,在富贵功名,君子所好,在乐天知命。此谓好遁,亦通。

【占】 问战征:四处乾之始,乾为健,知进不知退。或军中有一人谋陷,故作退计以避之。

退亦吉也。

○问营商：商家以买入为进，卖出为退，四曰"好遁"，知以出货为得利也。

○问功名：爻辞"好遁"，是其人必无意于功名也。然名亦不同，或盗虚名于一时，或垂大业于千秋，君子小人，所由分也。占者宜自审焉。

○问疾病：四乾体，爻曰"好遁"，阳遁而入阴，其病危矣。然转危为安，亦遁之象，想大人可治，小人难也。

○问婚姻：防后有离婚之忧。

○问讼事：俗云"三十六着，走为上着"，"好遁"之谓也。

○问六甲：生男。

【占例】 亲友某来，请占气运，筮得遁之渐。

爻辞曰："九四：好遁，君子吉，小人否。"

断曰：四居乾阳之首，乾曰见，不曰隐，乃四为二阴所逼，超然远遁，是遁而避害也。今足下占得第四爻，足下躬膺职位，亦知僚属中，邪正不一。或外面情好敦笃，其中奸计百出，不可不防。足下知其然，不露声色，决意引退，是明哲保身之要道也。爻辞曰，"九四：好遁，君子吉，小人否"，谓君子飞遁离俗则吉，小人溺情爵禄则否矣。爻象如是，足下其审之。

后某果因官制改革，有非职之命。

○一日杉浦重刚氏来曰：方今为千岛舰事，以上海英国上等裁判所判决为不当，将再向英国理论，其结局果否？如何？请筮之。筮得遁之渐。

爻辞曰："九四：好遁，君子吉，小人否。"

断曰：此卦阴长阳消，为邪强正弱之象。正者必反而受屈，卦象如是。今占千岛舰判审事，得遁四爻。遁卦二阴在内，长而逼上，至四爻则阴势已盛，阳气殆尽。在下面虽假作情好，而内心实阴险莫测。核之千岛舰之事，情形符合。我国因千岛舰失事，据万国公法向彼理论，迭经审问，终不得直。盖现今天下大势凭强弱，不凭曲直，亦事之无可如何者矣。爻辞曰"好遁"，是教我以退避也。即得退遁，了事而已。

九五：嘉遁，贞吉。

《象传》曰：嘉遁，贞吉，以正志也。

五以阳居阳，刚健中正，虽与六二相应，能知时审势，应变识几，超然远遁。其遁也，不为情移，不为势屈，意决而志正，洵可嘉美矣，故曰"嘉遁，贞吉"。《象传》曰"以正志也"，谓九五遁得其正，即可以正二之志，是"不恶而严"也。

【占】 问战征：正当敌势强盛，能以潜遁而返，得保全师，亦可嘉也。

○问营商：货到该处，时价不合，而转别地，得以获利，可谓应变而不失其正也，故吉。

○问功名：爻以九五为尊，占得九五，是必功名显达，位近台辅。伊尹曰，"臣罔以宠利居成功"，谓能以功成身退者也，故吉。

○问家宅：此宅必是南阳诸葛之庐，栗里陶令之宅也，高风可尚。

○问婚姻:二五本阴阳相应,有意议婚,五以其志不同,不允。另就他聘,吉。

○问疾病:是阴邪纠缠之症,潜而遁避,可获吉。

○问六甲:生男。

【占例】 予亲友永井泰次郎,其妻有娠,张筮招予,请卜男女。筮得遁之旅。

爻辞曰:"九五:嘉遁,贞吉。"

断曰:九五乾卦,以阳居阳,生男之兆也。乾为父,艮为少男,他年少男嗣父而续家,老父让产而隐居,故名此卦曰遁。且其辞曰"嘉遁,贞吉",是有子克家之象。

其后果生男子。

上九:肥遁,无不利。

《象传》曰:肥遁无不利,无所疑也。

"肥"者饶裕也。卦中诸父,欲遁而多所系累;此爻独无应无比,故无系累。不复劳顾忌,飘然远引,所谓进退绰有余裕者也,故曰"肥遁,无不利"。《象传》曰:"无所疑也",谓上爻居乾阳之首,其察势也明,其见几也决,首先高遁,绝无一毫之疑碍也。或谓"嘉遁"如殷微子,如汉张良,"肥遁"如泰伯、伯夷,或又如汉之商山四皓也。

【占】 问战征:战事宜进不宜遁,遁必不利。爻曰"肥遁,无不利",其唯太王避狄迁歧乎?

○问营商:商人谋利,往往群焉竞逐。今独能人取我弃,以退为进,则其退反得厚利,故爻曰"肥遁"。

○问功名:其人必不以膏粱肥口,能以道义肥躬,故曰"肥遁,无不利"。

○问家宅:此宅地位甚高,家道亦富,但利于求财,不利于求名。

○问疾病:肥人气虚,遁者,脱也,恐致虚脱。

○问婚姻:恐女子贪恋富室子弟,因而私奔。

○问六甲:生男。

【占例】 明治十八年三月,以中央亚细亚阿富汗境界事,生英狮俄鹫之葛藤。凡新闻电信所报,论和论战,主俄主英,诸说纷纷,各国皆有戒意。即如我国,利害所关,亦非浅鲜。因占其和战如何,筮得遁之咸(明治十八年五月八日)。

爻辞曰:"上九:肥遁,无不利。"

断曰:内卦为山,属英;外卦为天,属俄。山艮而止,今观英国所为,虽频修战备,不过虚张声势,其实无意于战也。何者? 英之海军虽强,至如阿富汗中央亚细亚地方,不能专用海军。若陆军,在英兵数不多,仅足护国而已。且苏丹之役,已分遣陆兵不少,他如印度兵,虽派遣于阿富汗高寒之地,不能尽得其力。加之印度各分宗教,兵士各守其宗规,粗食亦不足,即驱而用之,岂能当强俄乎? 故欲战不得不用海军,用海军之处,有关通商航海之障碍,可以牵动各国。即可以压制俄国,在英国无心开战,可于艮止而得其象也。天乾而健,今观俄国所为,俄国遵奉彼得帝遗训,知进而不知退,意在鲸吞各国以为快,可见俄国有意开战。合内外卦则为遁,是遁为英国之气运,遁反卦为大壮,是为俄国之气运。在英之对俄,唯有严其守备,使俄无隙可乘,即可断英俄交涉之结果也。

䷡雷天大壮

《序卦传》曰:"物不可以终遁,故受之以大壮"。遁者,阳之退,大壮者,阳之进,无往不复,大壮所以继遁也。卦体乾下震上,乾刚在下,加以震阳在上,乘健而动,动而愈刚,壮往之势,进而不止,既壮又大,是四阳之过也,故卦曰大壮。

大壮:利贞。

阳为大,阳长至四,坚实而壮,故曰大壮。三阳为泰。至四而称壮,壮而曰大,壮之过也。乾曰"元亨利贞",震曰"亨",大壮不曰元亨,独曰"利贞",而六爻又多戒辞,恐其失正而动,动必得咎,是知大壮非《易》之所贵也。

《象传》曰:大壮:大者壮也。刚以动,故壮。大壮利贞,大者正也。正大而天地之情可见矣。

此卦下乾上震,震者雷也,乾者天也。乾在下为刚,震在上为动。刚而动,动得其刚,则刚而愈动,壮盛之势,莫之能遏,此壮之所以曰大也。夫大莫大于天地,天地之动得其正,则四时行焉,百物生焉,其大也,即其正也,故大壮必曰"利贞"。贞者,正也,"大壮利贞,大者正也",大而正,则其壮也配义与道,可充塞于天地之间,而天地之情,即于此可见矣。

以此卦拟人事,为其人生性本刚,而复逞其发动之气。乘刚而动,勇往直前,非不足以有为也,然过刚则折,过勇则蹶,败事之咎,即在此大壮中也。《杂卦传》曰"大壮则止",其以此也。大壮首曰"利贞",利贞者,利于贞,贞即谓正,所谓"大者正也"。卦体震上乾下,乾本健行,至上九阳极则亢,是以有悔。震主震动,而爻象皆言恐惧,可知《易》道恶其过刚。越礼违谦,往必不利,故君子戒之以"弗履",惕之曰"用罔"。故以柔济刚,以静定动,则动如无动,而刚若不刚,则见壮即见正也。孟子所谓至大至刚之气,其在斯乎?

以此卦拟国家,为国运壮盛之时也。上卦曰遁,四阳在上,二阴浸长;此卦反之,四阳在下,二阴浸消。阳长阴消,乘刚而动,故曰"大壮,大者壮也"。是君子日进,小人日退,国运全盛,正在此时。然国运过盛则侈,卦象过壮则暴,侈与暴,皆失其正,故大壮必曰"利贞"。贞之为言正也,非正无以成其大也。大而正,斯刚不过刚,动无过动,是以正而用壮,"大者壮",即"大者正"也。《象》所云"君子非礼弗履",礼即正,非礼即非正,君子亦用其正而已。夫子所谓"政者正也,正则行,不正则不从",垂诫深矣。故六爻多戒"用壮":初惩以"凶",三戒以"厉",五教以"易",上惕以"艰",淮二四两爻,得其"贞吉"。盖易道恶其太过,以得中为吉,治道亦然,此王者所以贵持盈而保泰也。

通观此卦,卦体乾下震上,卦象内刚外动。乘此阳之正壮,以逼阴之将消。疑若易易,然阴方得位,未可遽逼。刚不可恃,进不可躁,故君子必以礼为履也。大壮反卦为遁,遁,退也,二阴方进,其退不可不决;大壮,进也,二阴未退,其进不可太猛。《杂卦传》曰,"大壮则止,遁则退也",其卦义相反如此,而爻象亦皆先后互反。阴进则阳退,阴退则阳进,此大壮所以继遁也。六爻分属二卦，内三乾体，外三震体，以二五为得中。初爻为乾之始，一往直前，知进而不知退，故"凶"。二爻为乾之主，喜得其中，而犹不失其正，故"吉"。三爻居乾之终，"小人"指初，"君子"指二，"罔"谓法网，即君子怀刑之意，盖合初与二，分言以明之也。四出乾入震，为壮之主，以阳处阴，动不违谦，故得吉而"悔亡"。五爻居震之中，能于平易之时，柔而得中，不用其壮，故"无悔"。上居震之极，进退维谷，何利之有？唯能凛之以艰则吉。总之，持盈保泰，壮乃得吉，越礼违谦，壮必有悔，是必如三之"用罔"，而不"用壮"，斯为处壮之要道也，玩《易》者其审之！

余读大壮一卦，而有慨夫维新先后之义士也。当幕政初衰，妄施议论，不知忌讳，即所谓初之壮趾凶也。著书立说，有主尊攘，以兴起天下之大义者，如二之得中"贞吉"也。方其列藩应义，群才奋兴，或躁或缓，邪正不一，祸福攸分，如三所谓"用壮""用罔"之不同是也。或有慎礼守谦，不失其壮，能以尚往得吉者，如四之"藩决不赢"是也。或有居易预防，不涉险难，以退为进而"无悔"者，如五之"丧羊于易"是也。至若方今当路大臣，皆出自昔年创义藩士，历尽艰危，而得际其盛者，如上六之"艰则吉"者是也。要之废藩诸士，忠肝义胆，国而忘身，均可嘉尚，其间成败祸福，亦各自取。"用罔"，实足为前事之鉴也夫！

《大象》曰：雷在天上，大壮，君子以非礼弗履。

大象震雷，发于乾天，势力强盛，故名曰大壮。夫随、复、豫、大壮四卦，皆得震体，故皆取象于雷。随雷入泽中，阳势渐收，是谓秋雷；复雷入地中，阳势已微，是谓冬雷；豫"雷出地奋"，阳势方盛，是谓春雷；大壮曰"雷在天上"，阳势健盛，是谓当令之夏雷也。君子则之，谓雷之发声，必以其时，不时则为灾；君子之践履，必由于礼，非礼则有悔。乾为行，震为足，有履之象。乾之《象》曰，"君子以自强不息"。震之《象》曰，"君子以恐惧修省"，合而言之，君子因欲自强，唯以非礼而履者，为可惧耳，即夫子所谓"非礼勿视，非礼勿听，非礼勿言，非礼勿动"之旨也。

【占】问战征：军势强盛，有疾雷不及掩耳之势；但兵骄必败，所当深戒。

○问营商：雷在天上，是货价高标之象，得价而售，不可过贪。

○问功名：雷声远震，必得成名。

○问家宅：防有火灾，宜祷。

○问疾病：震为雷，亦为足，防有足疾，不能行也。

○问婚姻：震为乾之长子，巽为坤之长女，是天合也，吉。

○问失物：雷一过而无形，恐此物不能复得。

○问六甲：生男。

初九：壮于趾，征凶，有孚。

《象传》曰：壮于趾，其孚穷也。

初居大壮之始，在下卦之下。在下而动，故曰"壮于趾"。震为征，故曰"征"；迈征而往，有急起直追之势，无"视履考祥"之念，是以凶也，故曰"征凶。""有孚"，《象传》曰"其孚穷也"，谓初虽与四应，初既穷其所往，四又隔远，无能为力也，故曰"其孚穷也"。

【占】 问战征："壮于趾,征凶",为孤军深入者戒也。有勇无谋,是以凶也。

　　○问营商:货财贩运,有不胫而走、不翼而飞之妙;然不度销路,而贸然而往,何能获利? 故凶。

　　○问功名:初本在下,曰"趾",则动亦在下,功名必卑。

　　○问家宅:"趾",止也,此宅宜安止,不宜迁动,动则有凶。

　　○问婚姻:防女有足疾,"征凶,有孚",谓虽有聘约,"其孚穷也"。

　　○问失物:此物已被足所践踏而坏。

　　○问六甲:生男。

【占例】 友人某来,请占事业之成否,筮得大壮之恒。

　　爻辞曰:"初九:壮于趾,征凶,有孚。"

　　断曰:初爻居乾之始,在内卦之下,是必发事谋始,机会未至,而足先欲动者,故有壮趾之象。足下占事业,而得大壮初爻,知足下志在速成。当谋划未详,经验未定,而贸然前进,不特无利,且有凶也,故曰"壮于趾,征凶,有孚"。"壮于趾,征凶"者,谓轻举而取失败;"有孚"者,谓徒有此约信也。此事须待时而动,缓图则吉,今乃仓猝求成,是以凶也。

　　友人不用此占,急遽兴业,遂致失策而倾家。后有人以资金三分之一,继承其业,反得大利。

九二:贞吉。

　　《象传》曰:九二贞吉,以中也。

　　全卦诸爻,皆失于过刚,唯二爻为得中。中者不偏之谓也。二与五应,无抵触之失,是以无过不及,而进退适宜,故不言"壮",不言"正",直曰"贞吉",盖即以《象》之"利贞"归之,而著其吉也。《易》道虽贵扶阳抑阴,然阳刚过盛,亦失其中,故必抑其过刚,以就其中,中则正,正则吉也。《象传》曰"以中也",以九二当下卦之中,刚而能柔,所处得中也。

【占】问战征:以中营得力,故能获胜,吉。

　　○问营商:以货价适宜,得其时中,可获利也。

　　○问功名:恰好中式,吉。

　　○问婚姻:雀屏中选,吉。

　　○问家宅:此宅坐西朝东,地位适中,大吉。

　　○问疾病:病在中焦,宜用潜阳滋阴之剂,自得痊愈。吉。

　　○问讼事:得中人调剂,即息。

　　○问六甲:生男。

　　○问行人:已在中途,即可归也。

【占例】 某会社社长,来请占气运,筮得大壮之丰。

　　爻辞曰:"九二:贞吉。"

断曰:此卦四阳在下,二阴在上。阳大阴小,刚浸而长,故曰大壮。足下占会社而得二爻,可见社中资金充裕,足以有为。足下身任社长,所当以柔济刚,以静制动,从容办事,不期速效。谦和有礼,进退悉中,自能徐徐获益,吉无不利也。

后二年,至四爻,四为大壮之主,可得大利。后果如所占。

九三:小人用壮,君子用罔,贞厉。羝羊触藩,羸其角。

《象传》曰:小人用壮,君子罔也。

"羝羊",牝羊也。三至五体兑,为羊,故取象于羊;卦体纯刚,故曰"羝羊",以喻刚阳之盛也。三当内卦之终,逼近外卦,乾刚震动,壮象将成。小人处此,必将恃其壮而壮焉,是谓"用壮";君子有其壮,而不敢自居其壮,一若未尝有壮也,故曰"用罔"。"罔",无也,京房曰,"壮一也,小人用之",君子有而不用是也。三以阳处阳,重刚不中,虽贞亦危,故曰"贞厉"。君子因其厉而益加强焉,朝乾夕惕,时以非礼自防,不敢或逞其壮,所谓以有若无也。九四体震,为竹苇,故曰"藩"。藩所以闲羊,四在前,三触之,故曰"羝羊触藩",象小人之用壮也。"羸",郑虞作累,为拘累缠绕;"羸其角",角,羊角,谓羊触藩,其角为藩所拘累,而不能出也,以喻用壮之危。"小人用壮",当知所返矣;"君子用罔",斯可免危矣。《象》曰"小人用壮",小人第知有壮;"君子罔也",去一"用"字,益见君子之不用,所贵敛之以无也。一说:罔,法网也,君子知壮之为厉,凛凛然以刑网为戒,即君子怀刑之意。亦通。

【占】 问战征:善战者审机察敌,不敢妄动。恃勇者逞强战斗,孤军直入,致陷险地而不能出,是以凶也。

○问营商:自恃资财之富,任意垄断,一至货物毁折,无地销售,必遭大损。善贾者当无是虑。

○问功名:鲁莽者必败,谦退者成名。

○问家宅:此宅地位既高,建屋宜低,屋高恐有震陷之灾。

○问疾病:病由血气过刚,药宜调血下气。

○问讼事:以忍气受屈,息讼为宜。若健讼不休,讼则"终凶"。

○问婚姻:两姓或一贫一富,若富者恃富凌贫,以致夫妻反目,凶。

○问六甲:生男。

【占例】 友人某来,请占商业盛衰,筮得大壮之归妹。

爻辞曰:"九三:小人用壮,君子用罔,贞厉。羝羊触藩,羸其角。"

断曰:此卦内卦乾父,外卦震子,是父主谋于内,子干事于外,父子协力,以创兴家业,财力旺壮,故曰大壮。足下占商业,而得三爻,以阳居阳,爻位皆刚,若径情直往,其壮强之势,几可压倒同业,然过刚必折,恐反为同业所轧,必遭窘辱,如羊之触藩而不能出也。善贾者坚贞自处,不敢挟富而生骄,亦不敢恃才而自侈,虽有其壮,而不用其壮,斯得处壮之方,即得生财之道也。足下其熟审之!

后友人乘壮用事,果为同业所挤,损失数万金。

○明治二十七年五月中旬，我国驻英国公使某罹病，友人某忧之，请余一占。筮得大壮之归妹。

爻辞曰："九三：小人用壮，君子用罔，贞厉。羝羊触藩，羸其角。"

断曰：此卦阳长之卦，三爻又以阳居阳，震为木，木属肝，是必肝阳过盛，脾阴受克之症。某公使素体壮健，医者因其壮而误为实火，一味泻肝息阳，而元气愈虚，肝阳愈燥，病至不可药救，是谓用壮之误也。善医者当以育阴潜阳治之，所谓"用罔也"。至论爻象，三爻变为归妹，归者，归也，至四爻变泰，则病可疗。今当五月中旬，必过此一月后，可望平愈，然恐不及也。

后某氏之病，果以翌月四日遂亡。

九四：贞吉，悔亡。藩决不羸，壮于大舆之輹。

《象传》曰：藩决不羸，尚往也。

九四出乾入震，为震之始，以阳居阴，不极其刚，故得吉而悔亡也。三之有藩，藩在四也，四前二阴，则藩决矣。"輹"，车轴缚也。坤为大舆，震上二阴得坤气，故亦曰"大舆"。輹壮则舆强，言行远而无碍也。率此以往，壮而不见其壮，悔何有焉？《象传》曰"藩决不羸，尚往也"，谓壮得其贞，乃可许其前往也。

【占】 问战征：前途城垣已破，车驰马逐，长征可无阻也。

○问功名：九四互乾，辰在戌，上值奎壁，壁主文昌，所以崇文德也，功名必显。王良五星在壁北，主车马，大舆之象；雷电六星亦相近，主兴雷，即震雷之象。

○问营商：可许满载而归，吉。

○问家宅：此宅当车马往来之地，宅前藩篱破落，急宜修整。

○问疾病：人以发肤为藩卫，以心神为舆马，发肤破裂，心神摇荡，病不久矣。

○问婚姻："舆脱輹，夫妻反目"，非佳偶也。不吉。

○问六甲：九四为震之始，震一索得男，为长子也。

【占例】 明治二十七年九月，大本营之进广岛也，大元帅陛下，将发亲征。恭筮一卦，得大壮之泰。

爻辞曰："九四：贞吉，悔亡。藩决不羸，壮于大舆之輹。"

断曰：此卦四阳连进，上决二阴，其势盛大，故曰大壮。今我兴征清之师，彼严兵固壁，尚不能当，况其藩卫已决，何能御我乎！恍如骋大车于坦途，可预决也。爻象如此，其吉可知，因呈此断于某贵显。

六五：丧羊于易，无悔。

《象传》曰：丧羊于易，位不当也。

上卦互兑，兑为羊，五正是羊。"丧"，亡也；"易"音亦，陆作场，谓疆场也，易场古通字。乾为郊，郊外谓之牧，五当乾郊外疆场之地，畜牧之所也。畜牧有藩，防其逸也。卦以震之下画为藩，三触之，四则藩决矣，五则羊逸，羊逸于易，所谓"大道多歧而亡羊"，故曰

"丧羊于易"。五居震卦之中,偶画为阴。易,为旷郊阴地,阴爻而入阴地,不见其壮,故象为"丧羊"。且羊性刚卤,喜触,无羊则无触,无触则无用壮之悔,故曰"无悔"。旅上九曰"丧牛于易","易"亦作场。旅宜柔,丧其柔,是以"有凶"也;大壮恶刚,丧其刚,是以"无悔"也。《象传》曰:"位不当",谓"无悔"在得中,不在当位,犹九二之"贞吉",《象》曰"以中",亦不在位也。总之,大壮一卦,《象》所称"利贞",以事理言,不以爻位言也,明矣。"易"字,郑谓交易,《本义》读作"以智切",音异,谓容易也。义各有取。

【占】 问战征:三爻曰"羝羊触藩",有攻击之象,"丧羊"则无触,而战事可平。

　　○问营商:"易",郑谓交易,有经商之义;"丧",亡也,恐有小失,然无大悔。"

　　○问功名:以得为吉,以丧为凶,亡羊补牢,未为晚也。晚年可望。

　　○问家宅:此宅在郊外空旷之处,于牧畜不利。

　　○问疾病:"丧",凶象,不吉。

　　○问婚姻:牵羊担酒,婚礼也,无羊,婚礼不成。

　　○问六甲:生女。

【占例】 友人某来曰:顷日有一种货物,可居奇获利,请占一卦,以定盈亏。筮得大壮之夬。

　　爻辞曰:"六五:丧羊于易,无悔。"

　　断曰:此卦四阳在下,其势甚壮,故名大壮。今占得第五爻,五处外卦之中,二画为阴,壮势已失,爻曰"丧羊",是必有丧而无得。

　　友人曰:台湾之事,购入军中所需食料品物,他日与清开战,实一大买卖也。后闻得和平之信,顿为惊愕,遂遭大耗,三年之后,犹不得偿全额云。

　　○明治二十七年十一月二十日,某贵显来访曰:目下旅顺口形势如何? 试为一筮。筮得大壮之夬。

　　爻辞曰:"六五:丧羊于易,无悔。"

　　断曰:以我国占旅顺,旅顺属清,是外国也。今占得五爻,五居外卦之中,当以我国为内卦,旅顺为外卦。"丧"者清国,得者我国也。爻辞"丧羊于易","易",谓容易也。盖不须力战而得之也,数日内,当必有捷报到来。

　　后数日,旅顺陷,果如此占。

上六:羝羊触藩,不能退,不能遂,无攸利。艰则吉。

《象传》曰:不能退,不能遂,不详也。艰则吉,咎不长也。

上处外卦之终,与三相应,上之羊,犹是三之羊,上之触,犹是三之触。三虽羸角,乘刚而动,力能决藩,亦可进也,即不能进,尚可退也;至上势衰位极,爻处重阴,后路既断,前路又穷,将安归乎? 不曰"不能进",而曰"不能遂",言终不能遂其壮往之愿。视三之羸角,困益甚焉,利何有也! 因退遂之不能,而惕之以"艰",惩后惩前,"非礼弗履",亦何难转咎为吉哉! 《象传》所谓"不祥也",言其不能"视履考祥",故至退遂之两穷也。所谓"咎不长也",言能知其所艰,则谨慎自守,壮终于此,咎亦终于此耳。

【占】　问战征:六处爻之穷,如追穷寇也。恃胜深入,及为败军所困,进退无路,凶道也。

○问营商:是一意居奇,积货不售,至时过价贱,只要保本,而亦不得,其困甚矣。

○问功名:在上爻有位高而危之象,若恋恋不退,一旦祸及,欲退不能,悔已晚矣。

○问家宅:上爻居震之极,震为响,宅中必有响;震又为木,木动克土,恐有土精出现,土精为羊。其宅不利,所当艰难自守,至之卦为晋,晋曰"赐马蕃庶",则可转咎为吉。

○问婚姻:未及详探,一时已定,兹要改悔,必不能也。现当知苦困守,久后必佳。

○问六甲:生女。

【占例】　一日过访杉君,闲谈移暑,杉君谓余曰:"昨夕有偷儿入我仓库,窃取物品若干,中有勋章礼服,是贵重之品也,未审可复得乎? 子试筮之。"筮得大壮之晋。

爻辞曰:"上六:羝羊触藩,不能退,不能遂,无攸利。艰则吉。"

断曰:上为爻之极,贼窃得勋章礼服,贵重之品,在贼既不能转售,又不能自用,贼无所利,计亦穷矣。爻曰"羝羊触藩",羊性刚卤,以喻贼之卤莽也。"触藩"者贼,或将以此贵物,置之于邻近藩篱间乎? 君请搜寻之。

后果于邻邸墙垣上寻得之。杉君大为赞称。

☲☷火地晋

卦体上离下坤,坤为地,离为火。坤之《象传》曰"行地无疆",行即进也;离之性为火炎上,炎上亦进也。且物之善进者,莫如牛马,坤为马,离为牛,皆能行远,有进往之象。火,明也;地,顺也,明则足以烛远,顺则足以推行,又有进长之义。按:晋,进也。晋古文作晋,从臸从日,臸正字通,即刃切,音进,前往也,上升也。《序卦传》曰,"物不可以终壮,故受之以晋",此晋所以继大壮也。

晋:康侯用锡马蕃庶,昼日三接。

卦象上明下顺,离明为日,故象君;坤顺为臣,故象臣,合之为君明臣良之象。坤为国,为邦,故谓"侯"。坤为康,康安也;坤为马,故谓"马";坤为众,故谓"蕃庶";离为日,故谓"昼"。盖爻称"康侯"者,谓明臣也,明臣升进,天子美之,赐以车马蕃庶,言车马之多也。"昼日三接"者,言不特赐予之多,且觐见之频,一昼之间,三度接见也。

《象传》曰:晋,进也。明出地上,顺而丽乎大明。柔进而上行,是以康侯用锡马蕃庶,昼日三接也。

此卦离日坤地,取象"日出地上"。日出地而上进,光升于天,明丽于地。顺而柔者坤也,丽而明者离也。"大明"者,明君也;"上行"者,臣之升进于上也。谓其时天子大明在上,诸侯恭顺在下,明良相济,君臣一德,天子褒赏勋功,蕃赐车马,一昼三觐。宠赐甚隆,品物蕃多也,接谒甚优,问劳再三也。考大行人一职,曰"诸公三飨,三问三劳;诸侯三飨,再问再劳;子男三飨,一问一劳",即天子三接诸侯之礼也。"赐马",即觐礼所谓匹马卓上，九马随之也。

以此卦拟人事，在国为君臣，在家为父子。离下巽上为家人，家人曰"有严君焉"；坤为母，亦为民，有母子之象焉。父在上而明察，有义方，无溺爱也；子在下而顺从，有孝敬，无忤逆也。由此以齐家，则上明下顺，而一家和睦，盘匜得甘脂之奉，门庭来欢乐之休。先意承志，顺之至也，和气婉容，柔之正也。"丽乎大明"者，继志而达孝也；"进而上行"者，入侍而承欢也。国曰"康侯"，即家所称孝子贤孙者也。"赐马蕃庶"者，国有恩赐，犹家之有庆赏也。"昼日三接"者，觐礼谓三飨三问三劳，犹世子所称"朝问安，昼视膳，夜视寝"者是也。《大学》言修齐，首称"明明德"，唯其有离明之德，斯进而"修身"，进而"齐家"，进而"治国平天下"，由是道也。此晋卦所以取象于"明出地上"也夫！

以此卦拟国家，上卦为政府，得火之性，能启国运之文明；下卦为人民，得地之性，能柔顺而上进。上以其明照临夫下，下以其顺服从夫上。《象》曰"明出地上"，谓日之初出，渐进渐高，喻明君之擢用贤臣，登进上位也。顺必丽夫明，则顺乃有济；柔必进于明，则柔得其正，不然，顺以取悦，转致蔽其明也，柔而生暗，必不能以行也，故《象传》曰"顺而丽乎大明，柔进而上行"，此晋之所以言进也。曰"用赐马藩庶"，"用"，谓用以赏赐也。如《采菽》一诗所云，"君子来朝，何赐予之？虽无予之，路车乘马"者是也。"昼日三接"者，行观礼，一也；三飨三致命，降西阶拜，二也；右肉袒，入庙门，出屏南，后入门左，王劳之，再拜，三也。此为元首明哉，股肱良哉。一时远臣来朝，天子燕飨，物美礼隆，赐予之厚，接见之频，典甚重也。历观六爻，初为始进，故有"摧如"之象。二之"愁如"，亦凛初之"摧如"而来也。三则不摧不愁，而"众允"孚矣。此为内卦，得坤之柔而进也。四不当位，故有"鼠石鼠"之戒。五为卦主，则"往有庆也"。上处离之极，离为戈兵，故曰"伐邑"，此为外卦，得离之丽而明也。《象》曰"君子以自昭明德"，"君子"者，即离卦所称"明两作，离"之"大人"也。

通观全卦，卦体从大壮来，上卦变震之下画而为坤，下卦变乾之中画而为离。晋，进也，壮则行之，是以"进而上行"也。《象》曰"明出地上"，"明"即谓离，"地"即谓坤，"出"即所谓"上行"也。日之光明在天，日之照临在地，日以明而上行，不明不特不见行，且不见为日也。六爻皆言晋，而晋各随其先后以为象。初为进步之始，人或不我孚也，宜宽裕以处之也。二进于初，二虽怀愁，已见其吉而受福也。三则又有进矣，罔孚者，忽而其孚，众心允服，悔何有焉？内三爻得坤之顺，故皆吉；四当外卦之始，出震入离，首鼠两端，有一前一却之象，虽贞亦厉。五为卦主，柔进上行，故"往吉，无不利"也。上处晋之极，"角"，即大壮羝羊之角也，进而不顺，必致吝也。外三爻当离之位，高而难进，故多厉。盖离之配卦十有六，象之最美者，莫如晋、大有。大有"明在天上"，其明最盛；晋"明出地上"，其明方新。明之方新，其进贵柔，六爻中四上两爻曰"厉"，四进非其道，故如技穷之鼠，上穷而又进，故有晋角之危，皆失柔进之道也。圣人显微阐幽，忧患作《易》，故于晋明之世，犹必以"贞厉"，"贞吝"为戒。初、二、三、五之吉，正所以劝其进也。自明其德，用以明天下之德，旨在斯乎？

《大象》曰：明出地上，晋，君子以自昭明德。

日西入为夕，东出为旦。方其始出，渐进渐高，愈高愈明，光无不照，幽隐遍烛，即晋之象。君子法此象，以自明其德。德，心之德也，与生俱来，灵明夙具，本无一毫私欲，得而蔽掩,犹日之初出于地,沧沧凉凉,明光华照,本无一些云翳。"自昭明德",昭,即明也,所谓自明明德,明德而犹待于明。此事不容假贷,唯在自知之而自明之耳。君子切而责之于自,致知格物,以启自昭之端,诚意正心,以致自昭之实,谓之"君子以自昭明德"也。

【占】 问时运:正当好运新来,犹朝日初出,渐升渐高,明光普照也。吉。

○问战征:当大军初发,顺道而进,宜日战,不宜夜攻。

○问营商:最利煤炭地火等生业,取其明也。吉。

○问功名:有功名指日高升之象,吉。

○问讼事:宜返而自讼。

○问家宅:此宅朝东南,高敞明朗,得太阳吉曜照临,大吉。

○问六甲:生女。

○问失物:在明堂中寻之,得。

初六:晋如摧如,贞吉。罔孚,裕无咎。

《象传》曰:晋如摧如,独行正也。裕无咎,未受命也。

初居下卦之始、柔进上行,自初起。首曰"晋如",若欲进而未果;继曰"摧如",若有摧而见阻。初与四应,四不当位,不特不应,且所以摧初之进者,实四为之也。然虽见摧,唯其得贞,是以吉也。"罔孚"者,推其摧之由来,虽四为之,亦由上下之交未孚耳。坤为裕,故曰"裕"。当其未孚,或汲汲以干进,或悻悻而怀忿,皆所以取咎也,唯雍容宽裕,乐道自处,咎何有焉? 故曰"裕无咎"。《象传》曰"独行正也",谓摧者不正,晋者能独行其正耳。"无咎,未受命也",谓其未受赐命,只宜宽裕以待之耳。

【占】 问时运:目下好运初来,虽无灾咎,尚未盛行,宜迟缓以待之。吉。

○问战征:初次行军,众心未定,宜宽以待之。吉。

○问营商:货物初到,商情未洽,宜宽以时日,早则四日,迟则四月,到四爻曰"众允",则货可旺销,必大获利。

○问功名:功名固所自有,不可知者迟早耳,宜宽怀以俟。

○问家宅:此宅本吉,一时未许进居,为两情未洽。缓则必,成。

○问婚姻:因探听未确,迟缓可成。

○问失物:日后可得。

○问疾病:宜宽缓调养,可愈。

○问六甲:生女。

【占例】 某县人来,请占志愿成否,筮得晋之噬嗑。

爻辞曰:"初六,晋如摧如,贞吉。罔孚,裕无咎。

断曰:晋者进也,晋当初爻,是进步之初也。"摧如"者,欲进而有所摧折也。进者虽正,无如人不我信也。今足下占问志愿而得初爻,知足下品行端正,才具可用,但一时众情未孚,是以欲进又阻。初与四应,四不应初,反来阻初,料足下所托谋事之人,此人不能相助，反致相毁，故一时难望遂愿。宜到四爻曰"众允"之日，志愿可遂。一爻一月，大约在四月以后，大吉。

其人尝携建议书，请谒某贵显，不能面达，反受警部之辱。得此占所云，大有感悟。

六二：晋如愁如，贞吉。受兹介福，于其王母。

《象传》曰：受兹介福，以中正也。

"愁如"，不悦之意，与"摧如"不同，愁者在我，摧者为人所阻。然二之所以"愁如"，实因初之见摧而来也。居中履正，故"贞吉"。"介福"，谓大福。"王母"，以二与五相应，五王位，坤阴，坤为娣，故曰"王母"；"王母"，即所谓太后也。二属坤，坤通乾，乾为"介福"。按井三曰王明受福，既济五曰"实受其福"，井三、既济五，皆得乾体，其福盖皆受之于乾也。二又互艮，艮为手，手持福以与二，二受之，故曰"受兹介福"。《九家易》云："介福，谓马与蕃庶之物也。"《象传》曰"以中正也"，谓其守此中正，不以无应而回其志，故终得受此大福也。

【占】 问时运：目下运非不佳，但所求多阻，中心未免忧结，能守正不改，终必亨通大利。

○问战征：前番进攻，既遭摧折，今此再进，殊切愁惧，然能临事而惧，后必获吉。六二与六五相应，六五辰在卯，上值氐、房、心、尾，氐星前二大星主后妃，故取象王母，祷之，则有福。

○问营商：因前贩之货，已被折耗，今兹未免怀愁，故曰"晋如愁如"。惟中正自守，至五爻乃曰"失得勿恤，往吉，无不利"，盖劝其不必忧愁，而自然获福也。

○问功名：今虽忧愁，至五爻曰"往有庆"，盖二年之后，即可获吉。

○问婚姻：吉，但目下不就，须待第三年可成。当有祖母为之作主。

○问家宅：当迁居，与祖母同居共食，吉。

○问失物：久后可得。

○问六甲：生女。

【占例】 明治五年，余随陆军大佐福原实氏，赴赞州谋筑兵营。时坐轮船中，福原氏曰：方今我国形势，前途未可知，请试一占。筮得晋之未济。

爻辞曰："六二：晋如愁如，贞吉。受兹介福，于其王母。"

断曰：晋者，进也，欲进而愁其见摧，是进而未能进也，故爻曰"晋如愁如"。六二以阴居阴，但得中正，与初为比，因初之摧，倍切忧思，可谓临事知惧，故得"贞吉"。今占我国时势得此爻，我国自维新以来，力图进取，以启文明。初时内为旧藩士意见不合所阻，外为泰西各国风教不同所困，下又为改革不便所扰，是以欲进而未能遽进。兹当二爻，二与五应，五属尊位，知当道大臣，蒙我皇上帝心简在，上下一心，固不敢畏难思退。唯是进步艰难，日切忧虑，此即爻辞之所谓"晋如愁如"是也。当日三条公以下诸位大臣，秉正谋国，不特受知于皇上，且为太后所信任也，此即爻辞所谓"受兹介福，于其王母"是也。就前后爻辞而详推之，初爻则属之前事，二爻则属之今日，二五相应，是即《象》所称"康侯"者也。三爻则初之"罔孚"者，而众孚矣，得以上行无悔。四爻则恐有谗邪在位，如鼠之昼伏夜行,进退诡秘,意将窃弄政权,为宜戒也。五爻当君位,是明君在上,殷殷焉为诸臣劝驾。曰"失得勿恤,往吉,无不利",盖指二之"愁如"者言,谓失得不足忧,往则"无不利"。"有庆"者,即受福之谓也。上爻居离之极,离上"王用出征",故五爻亦用"伐邑",谓再有摧我者,当以王师讨之,使不敢复阻我前进也。爻象一爻或当一年,或当十年,可以定数求之。统之晋者进也,继大壮而来,为宜柔顺上行,不宜刚健躁进。盖取坤之顺而在下,尤必取离之明而在上。君子自昭明德,胥是道也。武功必先文德,上爻之"伐邑",知亦不得已而用之耳。我国明良交际,文武兼修,国富兵强,日进日盛,正万年有道之休也,岂不休哉!

福原氏闻之,大为感服。

六三:众允,悔亡。

《象传》曰:众允之,志上行也。

三居内卦之上,与四为比,刚阻于前,似宜有悔。"允",信也。六三辰在亥,得乾,乾为信。三比近初二,又与初二同心并力,合之为三,三人成众,故"众允"。外卦为离,离取其明,所谓克明克允是也。"众允"则四不能摧,故"悔亡"。古今来为国谋事,要皆以众心之向背为成败者也,众心不顺,其事虽正,卒无成功。孟子所谓"多助之至,天下顺之"者,"众允"之义也。初之"罔孚",未信也;三之"众允",见信也。孔子所谓"信而后谏","信而后劳其民",事上使下,道在是焉。《象传》曰"众允之,志上行也",三与上应,志在上行,故能与众同信也。

【占】 问时运:目下灾悔已去,大众悦服,故吉。

○问营商:初时为众所摧,不能获利,今众情和睦,可以无咎,卖买皆利。

○问战征:众志成城,战必胜,攻必克,上行无悔。

○问功名:得众人推举乃成。

○问家宅:主眷属和睦,吉。

○问婚姻:两姓和谐,吉。

○问讼事:得有第三人出而处理,两造允从,无悔。

○问六甲:生女。

【占例】 九州商人某来,请占购买某大会社物品成否,如何。筮得晋之旅。

爻辞曰:"六三:众允,悔亡。"

断曰:卦体下顺上明,显见以明白无欺,柔顺得众为要。今占购卖物品,而得晋三爻,知其在初爻,已欲购卖,为人所摧折不成;二爻又欲卖之,为己多愁虑未定。兹当三爻,已见众心允洽。虽四爻为贪人,意欲从中取利,然因大众已允,亦不复阻止矣。准可购买,无悔。

九四:晋如鼫鼠,贞厉。

《象传》曰:鼫鼠贞厉,位不当也。

四爻以阳居阴,不中不正,当上下四阴之中。上互坎,下互艮,坎为隐伏,艮为鼠,坎隐而伤明,艮止而伤顺。无其德而居其位,上承阴柔之主,窃弄威权,下抑众阴,使忠言不得上达,以隔绝上下之效者也。其贪戾之性,犹如鼫鼠,故曰"晋如鼫鼠"。自来奸臣得位,其性贪残,昼伏夜动,诡秘百端,窃威弄权,狡同鼫鼠,一旦明德当阳,察识奸邪,浑如硕鼠见猫,罔不捕灭,故曰"贞厉"。《象传》曰"不当位也",谓斯不当居斯位,为窃位也。按:解之卦,以阴居阳象狐,晋之卦,以阳居阴象鼠,此卦互体艮,一阳在上,故称"鼫鼠"。狐性疑,在解当去其疑;鼠性贪,在晋当去其贪,取象各有所当。

【占】 问时运:运有蹉跌,宜光明正大处之。若持首鼠两端之见,好为狡诈,必凶。

○问战征:晋《象》曰"昼日三接",或曰接即捷,言一昼间而得三捷。若疑而又贪,如鼠之昼伏夜动,则危。

○问功名:爻曰"鼫鼠",鼫鼠谓五技皆劣,是必不能得志也。

○问营商:鼠性贪,贪无不败,防为同伙贪财致败。

○问家宅:鼠为穴虫,善盗,宅多鼠,必主耗失。不利。

○问疾病:《诗》云"鼠思泣血",或有呕血之症;又曰"鼠忧以痒",或有疥疮之疾,是亦可危。

○问讼事:首鼠两端,是一却一前,一时不能决也。

○问行人:昼伏夜行,必有事故,一时不归。

○问失物:已入鼠穴,不得。

○问婚姻:"鼠"为鼠窃,婚姻不正。

○问六甲:生女。

【占例】 商人某来,请占家政,筮得晋之剥。

爻辞曰:"九四:晋如鼫鼠,贞厉。"断曰:卦体顺丽大明,柔进上行,足见主家者公明在上,一门柔顺和乐,有家业日进之象。今占得四爻,以阳居阴,位不得正。鼠为穴虫,昼伏夜动,贪而畏人,阴物也,四爻如之,故爻辞曰"晋如鼫鼠"。料足下家中必有鼠窃之徒,管理家务。如《诗》所咏"硕鼠硕鼠",一则曰食苗,再则曰食谷,知盗食家产,为祸非浅,故曰"贞厉",言家道虽贞亦厉也。足下其审之慎之!

○子爵五条为荣君,将迁居西京,请占其吉凶如何?筮得晋之剥。

爻辞曰:"九四:晋如鼫鼠,贞厉。"

断曰:此卦内坤外离,为晋,《象》曰"明出地上"。出于东为明,日入于西为晦。卦德在明,是宜东不宜西也。今君将移居西京,辞爵归隐,占得晋四爻。按晋者为进,不宜于退,日出在东,不宜就西,象皆不合。四爻辞曰"晋如鼫鼠,贞厉",谓首鼠两端,一前一却,正如君之进退疑虑,欲迁未决。"贞厉"者,谓退隐意非不正,恐后有危厉也。劝君不必迁移。

六五:悔亡。失得勿恤,往吉,无不利。

《象传》曰:失得勿恤,往有庆也。

五爻为晋之主,高居尊位,柔而得中,唯与四相比昵,四遂得窃弄威权,隔绝二三,不得亲近,是以有悔。然五躬备明德,智足察奸,黜六四而任六二,昭明有融,上下交孚,故曰"悔亡"。"失得勿恤"者,谓五不自恃其明,委用六二,信任勿疑,计是非,不计得失,即有小失小得,不足庆也。"往"即"上行",指康侯往朝于天子也。"吉,无不利",指受介福于王母也,故《象传》曰"往有庆也。"庆,即"受兹介福"之谓也。

【占】 问时运:目下正当盛运,灾去福来,有得无失,大吉。

　　○问战征:转败为胜,在此一战,奋勇前往,立见成功。

　　○问营商:前此小失,今可大得,吉。

　　○问功名:不必汲汲求名,可无意得之也。吉。

　　○问家宅:日出于东,离位南方,此宅必朝东南。从前小有灾悔,今则屋运已转,吉无不利。

　　○问婚姻:以九五为男家,六二为女家,两爻皆吉,大利。

　　○问讼事:曰"悔亡",谓灾害已去,罢讼则吉。

　　○问失物:往寻必得。

　　○问六甲:生女。

【占例】 华族某来,请占气运,筮得晋之否。

　　爻辞曰:"六五:悔亡。失得勿恤,往吉,无不利。"

　　断曰:晋五爻为一卦之主,高明在上,且坤为邦为国,有屏藩一国之象。阁下占气运而得此爻,爻辞曰"悔亡,失得勿恤",想阁下自废藩以来,从前或小有灾悔,今能柔顺上进,观光志正,是不以失得为忧也,故曰"悔亡"。"往"者,往朝也,上下交孚,故无往而不利也。闻阁下欲以每岁财产余利,教育藩士子弟,以为国家培植人材,至财产之得失,不复计虑,《象》所称康侯者,必在阁下矣。他日恩赏下逮,车马藩庶,行有待焉,《象传》所谓"往有庆"者,此也。

　　○明治三十一年,占内阁气运,筮得晋之否。

　　爻辞曰:"六五:悔亡。失得勿恤,往吉,无不利。"

　　断曰:此卦明出地上,顺而丽夫大明,国家治体,骎骎上进之气运也。今占得五爻,五居君位,昭明有融,上下交孚,君明臣良,正在此时。然其间黜陟,不无些少纷扰。在内阁诸公,皆正色立朝,秉忠从事,不计劳辱,谓之"悔亡,失得勿恤,往吉,无不利也"。

　　果哉! 是年伊藤侯辞总理之爵,大隈板垣二伯入内阁;五月,山县侯升为总理。此间虽非无纷扰,国家益见进步。正合此占。

上九:晋其角,维用伐邑。厉吉,无咎,贞吝。

　　《象传》曰:维用伐邑,道未光也。

　　"角"者,阳而在上,喻威猛之义。上爻处晋之极,过刚失中,故曰"晋其角",谓其知进不知退也。离为甲,为戈,离上"王用出征",上爻体离,故亦曰"维用伐邑"。用者五,邑指四,奉命而伐之者,上也。四既有罪,声罪致讨,兵虽危事,吉而无咎也。然干羽可以格顽,玉帛可以戢争,不用文德,而用武功,亦未始非圣明之累也,故虽正亦吝,而《传》曰,"道未光也"。

【占】　问时运:目下好运将终,防有事故,然无大害。

○问战征:只可近征国内,不可远伐海外。危而终吉。

○问营商:于同业防有纷争,干事则危,于货则利,于情则吝,幸无咎也。

○问功名:"晋,进也",角在首上,有首选之象。功名成后,防有从戎之役。吉。

○问家宅:居者于乡党中,有纷争之事,未免不安,然无大咎。

○问婚姻:上与三相应,上与三,即为男女两姓,始有纷扰,终得和谐。故"悔亡",与三同也。

○问讼事:《雀角》之诗,刺讼也。罢讼则吉。

○问六甲:生女。

【占例】　友人某来曰:今有一会社,自创立以来,余所关虑。昨年总会,整顿社员,迄后事务不整,有株主之纷扰,其由社势之不振乎? 抑由社员之不力乎? 请一占其盛衰。筮得晋之豫。

爻辞曰:"上九:晋其角,维用伐邑。厉吉,无咎,贞吝。

断曰:晋者,明出地上,有社运日进日新之象。今占得上爻,为晋之极,是进无可进矣。物极必反,意者重有改革乎?"伐邑"者,即正其不正,可用前社员之练达者,以定会社之规则,庶几可得吉矣。事虽危殆,终无咎焉,从此社业复兴,不失其正。然自有识者观之,不免为之窃笑也,故曰"贞吝"。

䷣ 地火明夷

"明出地上",谓之"火地";此卦反之,谓之"地火"。明出于地,光明上炎,故卦为晋,进也;明入于地,光明下蔽,故卦谓明夷,伤也。当此明夷之时,暗主临朝,众正并受其伤;离来居下,地往居上,日入地中,明受其夷。《序卦》曰:"晋者,进也,进必有所伤,故受之以明夷。"是以谓之地火明夷。

明夷:利艰贞。

明夷,明受夷也。卦体上坤下离,坤地离火。火入地中,则火为土掩,火光不能上炎而生明,是火为土所克,而离火受伤。火既受伤,势不能出坤而自炫其明道,唯晦而已矣。"艰",以敛其彩,"贞",以匿其光,退而避伤,潜以为利,是用晦之道也,故曰"明夷,利艰贞"。

《彖传》曰:明入地中,明夷。内文明而外柔顺,以蒙大难,文王以之。利艰贞,晦其明也。内难而能正其志,箕子以之。

卦象日出地则明,日入地则暗,暗则伤明,是以晋卦《大象》曰"昭明",此卦《大象》曰"用晦"。所谓变而不失其正,危而能保其安者,得此用晦之道耳。古之圣人有行之者,内修文明之德，外尽柔顺之诚，即至躬履大难，羑里受囚，七年之中，秉忠守职，无有二心，此文王之所以为文王也，谓之"内文明而外柔顺，以蒙大难，文王以之"。然文是外臣，与纣疏远，其晦犹易，又有分居宗亲，谏则受戮，去无可往，而被发佯狂，甘辱肯余，此箕子所以为箕也，谓之"内难而能正其志，箕子以之"。"内难"者，以箕子为纣之宗亲。夫以贵戚之卿遇暗主，去之则义不忍，不去则祸迫朝夕，是尤人臣之所难处。箕子能佯狂以晦其明，得以免难，是殷三仁中之最著者也。总之当纣之世，不以艰贞晦明，则被祸必烈，文王箕子之行，可谓千古人臣用晦之极则也。论二圣之行，文王箕子，易地则皆然，孔子释六十四《象》，皆推广文王，《象》辞之义，独于此卦称文王，抑有故也。盖"明入地中"，为文王事纣之象，文王有大明之德，而幽囚羑里，又可见"明入地中"之象。人得此卦，知时运之艰险，当固守贞正之道。明夷之时"利艰贞"，与他卦所言"利贞"不同，凡爻中曰"利艰贞"者，多就一爻言之，而明夷一卦，则全卦皆以"利艰贞"取义。《象》曰"君子用晦而明"，即"利艰贞"之旨也，其垂诫深矣。

以此卦拟人事，为当门祚衰薄，家遭不幸之时也。坤母在上，离子在下，子虽明不得于母，是晋文之出亡而存，宜曰之在内而诛。不明犹可，明则遭祸尤烈，古来孽子，家破身亡，类如斯焉。推之与人共事，而逢首之昏庸，为国从征，而值元戎之柔暗，有才见忌，有德被谗，不特于事无济，而且身命莫保，所谓"顽石得全，璞玉必剖"，明之害也。明夷一卦，要旨全在"用晦"二字。以晦藏明，明乃无害，以明用晦，晦得其正。坤为用，又为晦，的是用晦之义。离之德上炎，离之体中虚，中虚则足以藏明，是为"用晦而明"之象。谚语有云"闭口深藏舌，安身处处稳"，亦处世之要诀也。人生入而处家，出而谋国，不幸运际其艰，所当法明夷之晦，用以自全耳。

以此卦拟国家，上卦坤为政府，坤土过厚而致暗；下卦离为臣民，离火虽明而被制。明在地下，是贤臣遇暗主之象。盖身当乱世，动涉危机，才华声誉，皆足招祸，是以庸庸者受福，皎皎者被害，亦时势使然也。君子处此，常凛履薄临深之惧，倍怀韬光匿彩之思，有才而不敢自露其才，有德而务思深藏其德，或见风而早退，或明哲而保身，是谓"用晦而明"之君子也。故六爻取义不同，而其旨不外"用晦"。内三爻属离，为鸟，为马，为狩。鸟以高飞，马以行远，狩以献公，皆晦离之明，以避祸也。外三爻属坤，四曰"出门"可免，"入地"则凶。五为卦主，以箕子当之，皆用坤之顺以晦明也。此关国家兴废之大，圣如文王箕子，祗唯乐天知命，尽其臣道，以挽天心，是以六爻不言吉凶。言吉凶，转开小人趋避之门，非圣人用晦之道也。

通观此卦，明夷次晋，"晋者，进也，进而不已必伤"。时有泰否，道有显晦，时与道违，虽圣贤不能免灾。晋之时，明君当阳，康侯得受其宠；明夷之时，暗主临下，众贤并被其伤。太阳入地中，明为之所夷，故贤虽正不容，道虽直不用。仁者怀其宝，智者藏其鉴，"用晦而明"，得其旨焉。就六爻而分言之，初九为明夷之始，当逸民之位，见几早去，以潜藏为贞，有保身之智，如伯夷、太公是也。六二文明中正，为离之主，承坤之下，当辅相之位，以匡救为贞，守常执经，如文王是也。九三当明极生暗之交，与上六相应，通变达权，顺天应人，如武王是也。六四弃暗投明，见几而作，知上六之不可匡救，洁身而去，如微子是也。六五居坤阴之中，分联宗戚，职任股肱，不幸而躬逢暗主，以一身系社稷之重，能守贞正，如箕子是也。上六穷阴极晦，与日俱亡者，如商纣是也。总之，明夷全卦，以上六为卦主，下五爻皆为上爻所伤，就中内三爻所伤尤甚，故皆首揭"明夷"二字，以示伤害之重也。其象以上卦晋为日出，此卦为日落。日者君也，君以贤人为羽翼，以忠臣为股肱，以其身为元首，以亲戚大臣为腹心，乃可登天而照四国。今初爻羽翼伤，二爻股肱伤，三爻元首堕，四五腹心离，上爻之所以入地，其伤节节可睹，其象历历可危。后世人主，当取以为鉴。

《大象》曰：明入地中，明夷，君子以莅众，用晦而明。

离为明，坤为地，"明入地中"，光明藏而不用之象，君子则之。坤为众，故曰"莅众"，以御其众也。知不可不明，亦不可以过明，不明则人皆欺我，过明则物不我容。所当纳明智之德，于宽柔之中，韬其光而不露，蕴其美而自全，斯上不至妒其功，众皆得以服其化。以此履盛，盛而益显；以此涉危，危亦得安。古之圣贤，旒纩以塞聪明，树屏以蔽内外，不欲明之过用者，胥是道也。

【占】　问时运：运当大难，深宜晦藏。

○问战征：《象》曰"莅众"，适值用师之时。宜效明修栈道，暗度陈仓之计，必得胜也。

○问营商：卦象艰难，大众恐难取利，暗中尚有分肥。

○问功名：离火被土所克，功名不显，显则反有灾害。

○问家宅：家道不顺，或父子分居，尚可保全。

○问婚姻：必非明媒正娶。

○问疾病：是肝火内郁之症，治宜熄火。

○问讼事：宜受曲罢讼，可以免祸。

○问六甲：生女。

初九：明夷于飞，垂其翼。君子于行，三日不食。有攸往，主人有言。

《象传》曰：君子于行，义不食也。

"于飞，垂其翼"者，谓飞鸟伤翼而下垂。"君子于行，三日不食"者，谓仓促决去，而无可得食。"有攸往"者，去此曰行，适彼曰往。"主人有言"者，谓或议其迂阔，或讽其偏固，虽未定其何辞，要不免啧有烦言也。初爻与四为害应，被四所伤，离为飞鸟，故取以为喻。鸟遭伤而不得安栖，欲去而避其害，故曰"明夷于飞，垂其翼"。但初当离之始，去上犹远，受伤尚浅，其去也，见风犹早。"三日不食"，离为大腹，其体中虚，中虚则腹空，不食之象。"三日"者，以离三爻皆明而见夷，故曰"三日"。君子接续而行，谓既去其国，不食其粟，故《传》曰"义不食也"。"君子"，谓初也；"主人"，谓四也。初与四应，四欲伤初。初为避四而远行，四见初去而有言，如初者可谓明于见几，而不受四之所伤，真善用其晦者矣。

【占】　问时运：初运不佳，唯其善自保全，得以无害。

○问战征：为营中粮食已尽，且宜暂退。

○问营商：明夷者，恐资本有伤。运货远行，有中途受难之象，又恐主人啧有烦言也。

○问功名：于飞垂翼，明示以不能腾达之象。

○问婚姻：初爻与四相应，而反相害，婚姻不谐。

○问家宅：此宅必是租典，非己屋也，故有主人。"三日不食"，有破灶不炊之象，不利,宜迁。

　　○问六甲:生女。

【占例】　有友人某甲赶来,请占气运,筮得明夷之谦。

　　爻辞曰:"初九:明夷于飞,垂其翼。君子于行,三日不食。有攸往,主人有言。"

　　断曰:明夷,离火被坤土所掩,明受伤也;离又有离散之义。观足下相貌,骨间有黑气所蒙,是明被黑掩,知将与主人离散矣,故爻曰"主人有言"。玩初爻之辞,显见足下与主人不谐,意欲辞去。爻曰"于飞,垂其翼",恐欲行而为主家所缠束,故垂翼而不能飞也。即从此他往,恐前途不利,尚有子胥吹萧之难。时运不佳,宜匿迹避祸。

　　○明治二十八年,占我国气运,遇明夷之谦,呈之内阁总理大臣。

　　爻辞曰:"初九:明夷于飞,垂其翼。君子于行,三日不食。有攸往,主人有言。"

　　断曰:此卦日入地中,为昏暮之时。就我国近时论之,离火之文明,盛于内地,逼于外国之交际,未能如意,故曰"明夷,利艰贞"。今者我军战胜清国,余曾于本年六月初次启战,占得需卦,知海陆军之全胜,并料后日有三国干涉之议。外或以威武为颂扬,内实以富强生嫉妒,是各国之狡计也。今得此卦,知我军当此战胜之余,军舰或有损伤,而不适于用,兵士或有疲敝,而不可复劳,则犹如鸟之伤翼而不能飞扬,谓之"明夷于飞,垂其翼"。计欲进而相抗,无如兵力之不足何? 计欲退而议和,无如国民之不服何? 日夜筹思,几废寝食,谓之"三日不食"。爻象所谓"用晦而明"者,是指我所向往也;谓之"有攸往,主人有言"者,即指三国烦言也。

　　果哉! 四月媾和之约成,同时有三国之干涉,我遂还付辽东,得偿金而结局。

六二:明夷。夷于左股,用拯,马壮吉。

　　《象传》曰:六二之吉,顺以则也。

　　二为臣位,居离之中,与五相应。五坤为暗主,反欲伤害贤臣,是明夷之所以为明夷也。"左股"者,以二为股肱之臣,《管子·宙合》曰,"君立于左,臣立于右,君臣之分,左阳右阴",以君在左,故二之所伤在左股也,故曰"明夷,夷于左股"。"用拯"者,与涣初辞同,拯,救也,助也,子夏作"升"。二动体乾,乾为马,乾健故"马壮",所谓用马以自拯拔也。虽伤反吉。《象传》曰"顺以则也",坤为顺,以顺则之,是承乾也,即取乾马用拯之义。或谓二爻中虚,即内文明之象,卦属周文,文居西岐,视纣都为左,故喻取左股;文囚羑里",当时贡以文马九驷,是谓用拯实事。义殊精切。

【占】　问时运:目下运不甚佳,颇有伤残,幸得禄马相救,故吉。

　　○问战征:左营之军不利,幸马队得力,得以转败为胜。

　　○问营商:按策划不适时宜曰左计,知其营谋不合时,故有损失,幸得有马姓人出而调剂,则吉。

　　○问功名:凡官级以降曰左,似不利也;唯值午年,或交午运,则吉。

　　○问疾病:离二中虚,如陷进然,其人必陷入深坑,伤其左足,幸马力壮健,得一跃而出,虽伤亦吉。

○问家宅：必在左边柱足损伤，宜急修治。

○问婚姻：离阴象，女子恐有足疾，不良于行，宜配午命人吉。

○问六甲：生女。

【占例】 明治二十二年，占某贵显气运，筮得明夷之泰。

爻辞曰："六二：明夷。夷于左股，用拯，马壮吉。"

断曰：明夷《象》曰"明入地中"，是为入夕之时。人生命运，以向明为盛，以入夕为衰。今君占气运，得明夷二爻，推玩爻辞所云，恐君目下运限，未免有损伤刑克。左道邪僻之徒，切不可近；行路时宜小心，防左足有跌伤之患；并虑疮疾。大运须交午运乃佳，或逢午年，或值五月，皆利。

九三：明夷于南狩，得其大首，不可疾贞。

《象传》曰：南狩之志，乃大得也。

三居离位之终，南者离之本位，狩者冬猎，守地而取之也。自离而坤为向西，坤伤明不可往，故曰"南狩"。离为兵戈，不曰行师，而曰狩田，亦托言从兽以自晦耳。

按离卦上六，曰"王用出征，有嘉折首"，首谓魁首，是恶之大者也。今曰"得其大首"。必是兽之大者，获其大而舍其小，即圣人网开一面之意，于此可见离明之仁德也。"疾"，数也，因狩讲武，固事之正，然数数为之，非特犯从兽无厌之戒，抑且涉日讨军疲之忌，非用晦之道也，故曰"不可疾贞"。《象传》曰"南狩之志，乃大得也"，谓当此明夷之时，犹得于田行狩，私狐献狐，嫌隙不生，得适其晦藏之志，亦大幸矣。一说"南狩"，谓即文王猎于南阳，得遇大公，以得大首，喻太公也。足备一解。

【占】 问时运：大运不无破败，是宜退守；交冬令，从南出行，必得大利。

○问战征：卦曰明夷，明曰进兵，必有伤败，宜潜兵从南而入。离上爻曰，"王用出征，有嘉折首"，即合此占。

○问功名：南方属文明，猎兽猎名，皆期其得。"大首"，魁首也，其必膺首选乎？故曰"志大得也"。吉。

○问婚姻：婚礼奠雁射雀，亦取从禽之象，"得其大首"者，谓得其嘉偶。吉。

○问疾病：当出避南方。吉。

○问失物：可就宅南寻之，必得。

○问六甲：生女。

○问家宅：此宅离位南向。"大首"者，一乡之大富家也。吉。

【占例】 明治十六年，某商人来，请占气运，筮得明夷之复。

爻辞曰："九三：明夷于南狩，得其大首，不可疾贞。"

断曰：明夷，明入地中，离为日，日入坤土之中，明受其伤，故曰明夷。"夷者，伤也"，以论人生气运，是目下运被伤害，本不见佳。足下商人，以商业论之，当于冬季，可往南海道一带收卖货物，必有一种大档生意，可以获利。然不宜再往，谓之"明夷于南狩，得其大首,不可疾贞"。

　　后果得大利云。

　　〇明治二十七年八月二十六日,占平壤进军,筮得明夷之复,乃赠之于某氏。

　　爻辞曰:"九三:明夷于南狩,得其大首,不可疾贞。"

　　断曰:此卦内卦日,外卦地,是太阳旋入地中这时。古来说卦者,以此爻为武王之事,曰"于南狩,得其大首",谓言周之伐商,得其全胜。今占平壤进兵,而得此爻。九月十五日,我军自四面围击平壤,自南而北者,为大岛少将之队,战甚苦,少将亦被铳伤。此应在明夷,夷,伤也。自北而南者,为佐藤大佐之队,得其大胜,陷牡丹台,逼玄武门,遂殪敌将左宝贵,敌军悉溃,十六日晓,不损一兵,而取平壤。曰"南狩",曰"得其大首",一一中的,《易》理之玄妙如此!

　　六四:入于左腹,获明夷之心,于出门庭。

　　《象传》曰:入于左腹,获心意也。

　　四爻出离入坤,坤为大腹。按卦位,坤在离之西,为左,"入于左腹"者,即入于坤之腹也。入其腹中,自可获其心意,乃不曰获坤之心,而曰"获明夷之心"。"明夷"者,合全卦而言,即为"用晦而明"之心,是能卑顺不逆,可效腹心之用者矣。"出",出离也,坤方来,故曰"入于";离已退,故曰"于出"。又初之六为艮,艮为门庭。门庭光明之地,"于出门庭",亦即取"用晦而明"之义。一说"于出门庭",谓即微于去之之象。明夷一卦,分配周兴商亡,历历可证。

【占】　问时运:爻象出明入暗,知为不利,不宜居家,还宜出门。

　　〇问战征:可潜入敌之左营,探听密计,出告大营,可胜也。

　　〇问功名:功名以高升为吉。"入于左腹",坤为腹,是入于地也。不吉。

　　〇问营商:释名,"腹",复也,富也。入于腹,即入于富也;获心,即称心也;"于出门庭",是出家经商之象。

　　〇问疾病:是病在心腹,恐是内损之症,宜出门求医。

　　〇问家宅:此宅明堂左首,路有阻碍,出入不便。

　　〇问婚姻:女子腹已有孕,不利。

　　〇问六甲:生女。

【占例】　缙绅某来,请占气运,筮得明夷之丰。

　　爻辞曰:"六四:入于左腹,获明夷之心,于出门庭。"

　　断曰:时运宜阳不宜阴,宜明不宜暗。卦象曰明夷,"明入地中",是向暗入夜。今得第四爻,据爻辞所言,料知贵下执事中,必有腹非小人,隐探贵下心意,藉端生事,出告于长官,致长官有疑于贵下,遂使事事多有掣肘。此皆目下气运之不利也,不如退身避祸。

　　后依所占,转恳友人陈告长官。长官诺之,使之转任他局云。

六五：箕子之明夷，利贞。

《象传》曰：箕子之贞，明不可息也。

《宋世家》曰：纣为淫佚，箕子谏之不听。人或曰：可以去矣。箕子曰：谏不听而去，是彰君之恶，而自悦于民，吾不忍也。乃披发佯狂而为奴，遂隐而鼓琴。即此可见箕子之贞也。《象传》曰，"内难而能正其志，箕子以之"，五爻居上卦之中，故属之箕子，上承《象传》之意，以释"用晦"之义。《象传》所谓"内难"者，以纣为同姓也；所谓"正其志"者，即"利贞"也。《象传》曰"明不可息"，谓《洪范·九畴》，其道万古常明，箕子能陈之于周，故虽暂夷而终必明也。是之谓"明不可息"也。

【占】 问时运：目下正当困厄，不失其正，久后必亨。

○问战征：主师不明，致有谋士逃亡之象。

○问营商：必历经艰苦，方可获利。

○问功名：时事日艰，不宜于进，只宜退守。

○问家宅：主亲族不和。

○问疾病：防有发狂之症。

○问婚姻：宜罢婚。

○问讼事：一时不直，久后自然明白。

○问六甲：生女。

【占例】 明治十八年五月，应千家大教正之命，筮佛教之气运，得明夷之既济。

爻辞曰"六五：箕子之明夷，利贞。"

断曰：佛法者，印度之圣人，了达三世，其道法灵妙高远，世界宗教中，无出其右者也，自足昭明万世，终古不息。今占得此爻，爻辞曰"箕子之明夷，利贞"，箕子为纣庶兄，因纣无道，谏之不听，乃佯狂为奴而避位，迨周兴，陈《洪范·九畴》，得封，存殷之祀，是其道虽夷而终明也。现在佛法气运，亦犹是商道衰微之时，千家大教正，犹是当日之箕子也，当守其教道之贞，以明其宗旨之传，使释迦之圣德常明，菩提之宗风不灭，皆赖大教正之力也。《象传》曰"明不可息也"，斯之谓也！

于是千家大教正叹曰："呜呼！神佛二道气运，果如此乎？不胜感悟！"

上六：不明，晦。初登于天，后入于地。

《象传》曰：初登于天，照四国也。后入于地，失则也。

上六居坤之极，为明夷一卦之主，是谓昏君，故"不明"而又加之曰"晦"，言昏之又昏者也。初"登天"，后"入地"，是始之自曙其明，卒之"明入于地"，为明夷之实象也。《象传》所称文王箕子，其圣德之光明，岂不足以照四国？而当日文因于羑里，箕佯狂为奴，正所谓入地者是也。故明夷之世，昏君在上，以入地者为用晦，登天者为失则。彼世之不审时势，而急求登进，光照未遍，而身败名灭，祸皆自取耳。必如文王之"柔顺""蒙难"，箕子之"内难""正志"，斯为善处明夷者矣。明夷六爻，皆教人以"用晦"之方，昏君之凶，不言可知。

【占】 问时运：初运虽好，后运不佳。万事宜作退一步想，方可无咎。

○问功名：宜晦藏遁迹，不宜自炫才华。

○问营商：货价初次太昂，落后太贱，显有天渊之隔，宜得其平。

○问战征：防攻山夺险，有坠入深渊之患。

○问婚姻：有先富后贫之嫌。

○问家宅：此宅面对高山，后临深渊，殊嫌地势低陷。

○问疾病：初患气冲，后又下泄，难治。

○问六甲：生女。

【占例】 明治二十一年六月，余与坂田服部两氏，合谋制造摄绵土所于尾州热田，推坂田氏为社长。摄绵土制法，密合石灰与粘土，烧造而成。向来我国所用，皆仰外国输入，每年约费数十万元，设立制局，每年可减却十万元。且热田所制之品，优于外国，大得声价。二十三年春，占该社之景况，得明夷之贲。

爻辞曰："上六：不明，晦。初登于天，后入于地。"

断曰：摄绵土制法，本系粘土石灰两物，合制而成，粘土取之污湿地中，所谓"入地"者是也。不取其洁白，而取其黑泽，所谓"不明，晦"者是也。此土出地，历经工匠融化锻炼，犹如"登天"也；炼成后，用以粉墙筑地，俨然"后入于地"也。该社制出之品，工精物美，可得远售外国，即《象传》所谓"照四国也"。玩爻辞之意，合之摄绵土之制造贩行，历历相符，该社之盛行可必也。

阅数月，复占一卦，仍得前爻，益知神之所示，无有异辞，灵妙诚堪畏服！

䷤风火家人

卦体巽上离下，巽木为风，离日为火。木燃生火，故木火相生；日气成风，故风日相成，皆由一气之鼓铸，犹人生一家之生育也。又火取其明，风取其和，伦纪修明，门庭和睦，取其象焉，故曰"风火家人"。且家人自明夷来。明夷之卦，当周兴商亡之际，周兴肇自太姒，商亡由于妲己，国运兴亡，基于家政，此家人所以继明夷也。

家人：利女贞。

利贞两字，为家人一卦中关键。自古家道之成败，罔不由妇人始也。盖贤妇则称内助，淑女乃能宜家。贤而淑，则贞也，否则"牝鸡司晨，惟家之索"，是宜戒也。《易》之全经，《上经》首乾坤。乾为父，坤为母，是谓老夫妇，卦备四德，而不专在利贞；《下经》首咸恒，咸为妇道之始，恒为妇道之终。咸《象》曰"利贞，娶女吉"，恒《象》曰"利贞，无咎"，则知"从一而终"，"妇人贞吉"。恒五爻辞，显揭家人一卦之旨，盖贞则吉，不贞即不吉；家人卦德，专重夫贞，贞之吉象，专属于女，故家人《象》首揭之曰："利女贞。"

《象传》曰：家人：女正位乎内，男正位乎外，男女正，天地之大义也。家人，有严君焉，父母之谓也。父父子子，兄兄弟弟，夫夫妇妇，而家道正，正家而天下定矣。

卦象巽风离火，风顺也，火明也。巽女下缺而顺，离女中虚而明，明而又顺，贤女也。卦体皆为女象，家道首重妇德，故《象传》曰"家人，女正位乎内，男正位乎外"，先女而后男，言家人以治内为先。男有室，女有家，人之大伦，即"天地之大义"，人伦正而大义定矣。君尊也，一国之中，以君为尊，一家之中，以父母为尊。父道虽止于慈，而《孝经》亦称严父，所谓教笞不废于家，严之谓也。母子之间，过多由于溺爱，圣人特以严训，使与父同。风之柔从得其正，火之炽烈取其严，程子所云"正伦理，笃恩义"，家人之道尽矣。家人之中，不外父子、兄弟、夫妇，一正而无乎不正，所谓正一身以正一家，正一家以正一国，正一国以正天下者，胥是道也。

以此卦拟人事，卦曰家人，《象辞》《爻辞》，所言皆治家要道，人事尽在是焉。所谓"女正位乎内，男正位乎外"，大旨以家内之事，女主之。古来女子之贤，最为难得。女之性阴，阴则或流为险狠；女之质柔，柔则或溺于偏私。闺门之不谨，其祸有极于败亡而不可救者矣，《象辞》所以首重利贞也。然女之不贞，其始皆由家教之不严，《象传》曰"家人，有严君"，所以重其责于父母也。初爻其女尚幼，为先立其"闲"，二爻则稍长，当课以"中馈"；三爻则长成，故戒以失节。内三爻女犹在家，约束不嫌其严也。四曰"顺"，得其正也；五曰"假"，"交相爱"也；六曰"孚"，本在身也。外三爻女已成家，"威如"乃得"终吉"也。孟子所云"女子之嫁也，母命之"，曰"必敬必戒，无违夫子"，皆与爻辞相符合。盖严取诸离，离火酷烈，故家教以严为主；顺取诸巽，巽风柔和，故妇道以顺为正。《象传》曰"风自火出"，火固因风而炽，而其焰自能生风。君子法之以为言行，"言有物"而无伪，"行有恒"而无羞，或语或默，或动或静，皆为人事之大防。无风无火，天必不能行运；无言无行，人亦不能以成事。女正夫内，所谓"言不出于阃，行不履于阈"者是也；男正夫外，所谓"言满天下无口过，行满天下无怨恶"者是也。言行之臧否，人事成败系之，即家道之隆替，亦系之焉。故家人一卦，其义取男女，而《象传》则曰"言有物"，"行有恒"，其旨深矣。

以此卦拟国家，家修即为廷献，是家国本相通也；家人亦称"严君"，是君父本一致也。故读《关雎》一诗，知王化启于闺房，《象传》所云"女正位乎内"者，斯之谓也。反是则汉之赵燕，唐之武曌，宫帏渎乱，国纪伤残，身亡国危，祸延宗社，自古来女祸类如斯焉。圣人忧患作《易》，故次咸恒而著家人。家人者，所以明齐家之道，正家以正天下者也。君子治家治国，终不外言行两端。言可信于一家者，即可信于天下；行可见于一家者，即可见于天下，朝廷之颁条教，布政令者，亦犹是焉。全卦六爻，下三爻为齐家之事，教家之始也；上三爻为家齐之事，教家之终也。始则立其防，终则要其成，极其道曰"反身"，《大学》所谓"自天子以至于庶人，一是皆以修身为本"，可知家国之本，即在此一身而已。

通观此卦，《说卦》曰，"万物齐乎巽，相见乎离"，"齐"者，即所以齐家，"见"者，即可推而见之于天下国家。家人卦体，离下巽上，取此义也。修齐之道，端赖明德，故象取离之明；江汉之化，始自宫闱，故象取风之顺，此卦所以名"风火家人"也。卦爻巽长女居上，四为巽主，以从五；离中女居下，二为离主，以从三。以阴居阴，各当其位；长上中下，各循其序；从三从五，各得其偶；外阳内阴，各司其职。君子则风火以为言行，修言行而垂家国。一家之中，夫制而妇从，内明而外顺，恩惠行，爱憎公，而后家可齐，而天下可定也。

《大象》曰：风自火出，家人，君子以言有物而行有恒。

巽为风，离为火；巽位在巳，离位在午，巳午皆火，故有"风自火出"之象。按《康成别传》，见大风起，诣县曰：某日当有火灾，宜广设禁备。至时，果有火起。《左传》所谓"融风，火之始也"，即"为风自火出"之征。且风之发也，瞬息而遍及，火之起也，传燃而不尽，喻言教化之行，自内及外，其机甚捷，故曰"风自火出，家人"。考《洪范》五行，火以配言；小畜诸卦，风皆曰行。故君子取象于风火，以为言行。"物"，事也，"恒"，常也，火附物而生光，"言有物"而可则；风得恒而不易，"行有恒"而化成。言行君子之枢机，风火天地之嘘气，发迩见远，其道相同。夫闺门之内，以恩掩义，以情夺礼，所恃以慑伏家人者，唯赖此言行而已。教化自言行出，言行又必自诚心出。诚则足以化人，不诚则自适以阶厉。君子处家，故于言行尤兢兢焉。

【占】 问时运：风得火而愈狂，火得风而益炽，正是时运全盛之会，然入邪则邪，入善则善，言行之间，最宜加勉。

○问营商：《尔雅》云："风与火为庉"，"庉"，聚也，有屯聚货物之象。爻辞曰"有物""有恒"，物，货物，恒，恒久，谓其物不容急售，过后可获高价。

○问功名：风行远，火炎上，有高升远到之象；言行者，出身加民之具，功名可必。

○问家宅：防有火灾。

○问婚姻：家人一卦，象取夫妇，离火巽风皆女，或长女为姊，中女为娣之象，或为两姓对结之亲。吉。

○问疾病：是风火上升，痰多气喘之症，一时不治。

○问六甲：生女。

初九：闲有家，悔亡。

《象传》曰：闲有家，志未变也。

"闲"字，从门，从木，门内加木，所以防外也，故训为防。《易·文言》曰闲邪存诚，谓防闲其邪念；《论语》曰"大德不逾闲"，闲，阑也，谓阑止其出入，皆取禁止防范之意。初爻处下卦之首，为家人之始。"有家"者，孟子谓"女有家"，是专指女子而言；"闲"者，如闺有范，女有箴，皆所以教诫之也。为女之始，先立其闲，使知所谨守，而不敢陨越，犹如蒙之必先养正也。若家渎而后严之，志变而后治之，则有悔矣。《象传》曰"志未变也"，谓其心志本明，未即邪欲，闲之于初，悔自亡也。

【占】 问时运：目下好运初来，正当自知检束，斯无灾悔。

○问战征：当行军之始，正宜整其步伐，严其号令，得以有胜无败。

○问营商：是初次贩运，宜恪守商规。

○问功名：是初次求名，宜遵公令，不得妄意干进。

○问家宅：此宅墙围坚固，门户肃睦，治家者有条有则，约束详明。至四年后，可致饶富。吉。

○问疾病：病是初起，宜自谨慎保养，必无灾害。初若不治，必致变症，则难治矣。

○问婚姻：当初订姻好，知是家风清白，闺门素谨，可成。

○问讼事：初讼罢之，则吉。

○问六甲：是初胎，生女。

【占例】 二十三年十二月，友人某来，请占商法成否。筮得家人之渐。

爻辞曰："初九：闲有家，悔亡。"

断曰：风着物而鸣，火着物而燃，是风火皆虚，必托于物而成形，犹商业必藉资本而成事。今占问商业，而得初爻。初者，为商业谋办之始。我国自锁港以前，外商未通，一切商人，皆守旧习，未能远行，是以有悔。近始与各国贸易，所当先定商规，熟识行商之利益，犹是女子初嫁，当先学闺范，能谙为妇之礼教。为妇之道，在正家，为商之利，在裕国，其义一也。若不习之于初，而茫然从事，何能获利乎？爻辞谓"闲有家，悔亡"，家之有闲，谨其出入，商之有闲，慎其出纳，能守其闲，自有吉无悔矣。《象传》曰"志未变也"，为通商伊始，陋习犹未变也。商法必成而有大用焉。

六二：无攸遂，在中馈，贞吉。

《象传》曰：六二之吉，顺以巽也。

"无攸遂"者，谓妇道无成，事无专制也。二至四互坎，坎为酒食，故曰"在中馈"。谓朝夕以治饔飧，妇人之职也。二爻在妇妻之位，备中正之德，应九五离明之主，是能柔顺得正，以从事九五中正之夫者也。盖妇人之道，惟在奉祭把、馈饮食而已，不得干预外事。《采苹》《采蘩》两篇，皆美其能诚奉祭祀，可知妇职专在中馈，《礼》所谓"奉箕帚，操井臼"者是也。《象传》曰"女正位乎内"，即指此爻。《象传》曰"顺以巽也"，按《象传》称"顺以巽"者有三：蒙之六五，谓事师之道；渐之六四，谓事君之道；此爻谓事夫之道。即孟子所云"以顺为正，妾妇之道"也。

【占】 问时运：目下正当大运，但爻象重阴，只宜因人成事，不能独断独行。

○问战征：此是偏将，必非主师；或是后营，主管粮食军饷。最为紧要，谨防勿失。

○问营商：想是贩运粮食生意，吉。

○问功名：难以遂意。

○问家宅：此宅朝南，宅主必是妇人，家事不能专断。唯灶基最吉。

○问疾病：幸胃口强健，可以无害。

○问六甲：生女。

【占例】 某缙绅来，请占气运，筮得家人之小畜。

爻辞曰："六二：无攸遂，在中馈，贞吉。"

断曰：二爻处下卦之中，为离之主。离象中虚，权无专制；离取鼎养，职在调羹。爻体以顺，爻象属阴，故只宜在内，而不在外也。今占气运，得家人二爻，知足下气运平顺，但才力柔弱，未得独擅大权。只可奉公从事，或者授职宫内省，正所优为也。吉。

○明治三十年，占递信省气运，筮得家人之小畜。

爻辞曰:"六二:无攸遂,在中馈,贞吉。"

断曰:风火家人,风取其疾,火取其速,皆言来往迅速也。轮船铁道,亦皆取力风火,则知卦象所云,正与递信局事,大旨相合。家人二爻,爻辞曰"无攸遂,在中馈,贞吉","无攸遂"者,谓递信,皆代人传送信物而已;"在中馈"者,谓邮函报告,铁道贩运,惟以粮食为重也。其事行诸国中,达诸海外,正内正外,亦犹是也,故曰"贞吉"。

九三:家人嗃嗃,悔,厉吉。妇子嘻嘻,终吝。

《象传》曰:家人嗃嗃,未失也。妇子嘻嘻,失家节也。

"嗃嗃",《广韵》:"严厉貌";《玉篇》:"严大声"。嗃从口,从高,谓大其声使人畏惮也。"嘻嘻",《玉篇》,"和乐声";嘻从口,从喜,谓和其声使人喜悦也。九三以阳居阴,处下卦之极,为一家之主,刚严过甚,过严则伤恩,未免有厉,是嗃嗃之过也。若嘻嘻则和乐无度,过和则害义,终必见吝。盖治家之道,严虽过其中,而要之家庭肃睦,咸知敬畏,自不即于非礼,故曰"厉,吉";和则虽上下欢悦,而荒淫佚乐,流弊有不可胜言者矣,故曰"终吝"。《象传》以失不失对勘,谓和而终吝,不如厉而得吉也。

【占】 问时运:运限平平,终贵自勉,严谨刻苦,不自惮劳,当必获吉。若一味取乐,百事无成。

○问战征:号令严明,万军畏服,纵不免杀戮过甚之患,而所问自得成功。

○问营商:想是外作商店,内作住家,内外齐肃,家政严,店规谨,乃能获吉。否则,过和而流,将有名可问。

○问功名:爻象专在宜家,功名尚缓。

○问家宅:此宅家规严肃,吉。

○问婚姻:九三之应在上九,曰"有孚",知两姓相从,吉。

○问疾病:九三属离为火,宜进凉剂,虽危得愈。

○问失物:宜严急查问,可得,若宽缓则失矣。

○问六甲:生女。

【占例】 某缙绅来,请占气运,筮得家人之益。

爻辞曰:"九三:家人嗃嗃,悔厉吉。妇子嘻嘻,终吝。"

断曰:九三以阳居阴,刚严者也;处下体之极,为一家之长,是以刚严而督率家政也。刚严未必无悔,然较和而流者,其得多矣。足下占气运,今得此爻,知足下禀气刚强,一生处世,与卦象符合。足下职掌政务,悉以严厉治之,一时属员,未免怨苦,而于一切政务,罔不整肃,自无疏忽紊乱之弊,可以允吉。

六四:富家,大吉。

《象传》曰:富家大吉,顺在位也。

离巽二卦,为二女,皆自坤生。坤为富,为财,又为户,有"富家"之象。六四以阴居阴,处上卦之首,与初相应,初曰,"闲有家",盖保家有法,克勤克勤,日积月累,至四面俨成富家也,故曰"富家,大吉"。《象传》曰"顺在位也",二四皆为卦主。二爻"在中馈",中馈掌烹饪,离之位也;四曰"顺在位",顺,巽之位也。盖妇以顺从其夫,得以致富,自能不失其职位也。

【占】 问时运:目下正当盛运,已富者克保其家,未富者即发其财。大吉之象。

○问战征:国富兵强,粮饷充足,可进可退,吉无不利。

○问营商:"利市三倍",立致富饶,吉可知也。

○问功名:官与财多相反,必须破财,乃可成名。

○问家宅:必是巨室阀阅之家,大吉。

○问讼事:财可通神,事无不了。

○问疾病:必是身体肥胖,膏粱过度所致,药之即愈。

○问六甲:生女。

【占例】 近来余与友人谋创一业,占问成败吉凶如何。筮得家人之同人。

爻辞曰:"六四:富家,大吉。

断曰:我与友人谋事,则内卦离属我,外卦巽属友,离巽方位相同,可知我与友意气相合;二四为内外卦主,可知我与友,亦各主一职,合以成事。今占得六四,四居巽位,巽为商,为利,取象于"巽,近利市三倍",利得三倍,即可致富。此商家中大吉象也,故爻辞曰"富家,大吉"。

得此占辞,决计立业,果得吉利。

九五:王假有家,勿恤,吉。

《象传》曰:王假有家,交相爱也。

九五王位,王者以天下为一家,故推极言之。"假"与格同,谓感格也。五爻刚健中正,位居至尊,与六四相比,与六二相应,四以顺在位,二以顺相从,顺则情性相通,缠绵固结,交相爱悦,假之所由来也。一家之中,父子兄弟夫妇,情意如一,王者家大人众,推之天下,无不各长其长,各幼其幼,所谓"王假有家",假之至矣。"勿恤,吉"者,谓王者感化之神,勿用忧恤,而自无不吉也。盖初爻曰"闲有家",以法度闲之,为家道之始;至五曰"王假有家",假即假其闲家之善。王有家,是化家为国,化国为天下,为王者之家,家道之终也。一说:假,大也。取"假哉天命",谓大哉天命之义。"王假有家",谓王者大,居正,故曰大有家。较四之富家而更进矣,其说亦通。

【占】 问时运:运来福至,人心自然感通,何忧不吉?

○问战征:王者之师,所向无敌。吉。

○问营商:想此商业,必是奉公谋办,或是贡献品物,为王家之业也,吉。

○问功名:恰如渭水付岩,有梦卜感通之象,吉。

○问家宅:此宅想是公卿巨邸,吉。

○问疾病:人身以心为君,五居巽木,必是肝木太强生风,心火生热。药宜熄火定风,使心气开通,可勿忧也。吉。

○问婚姻:有选入宫闱之象。

○问六甲:生女。

【占例】 友人某来,请占气运,筮得家人之贲。

爻辞曰:"九五:王假有家,勿恤,吉。"

断曰:人生作事,全凭气运。运苟不佳,不特事多掣肘,即一家中,父子兄弟夫妇,亦不见信,如苏秦不第归来,嫂不下机,妻不执炊是也。气运一通,不特下民信服,且有梦通良弼,卜兆非熊,忽来王朝之征聘者,是皆运为之也。今占得五爻,五居尊位,故称"王"。"假",格也,"勿恤",勿忧也。知足下大运当盛,才志亦强,一年半载中,必有使命下颁,就家起用。五与二相应,二曰"中馈",馈食也,祭也,或为祠官主祭祀,或奉公采办粮饷,不须忧恤,自能得吉。足下可拭目待之!

上九:有孚,威如,终吉。

《象传》曰:威如之吉,反身之谓也。

上九居巽位之极,巽二阳一阴,上得乾气,乾为信,故"有孚"。乾又为威,故"威如",且巽风善入,有威孚之义。离火可畏,有威严之象。合上下两体以成其爻,示人可因象以求义也。上与三应,三之"嘻嘻",和而失节;上之"有孚",则和顺而能感人也。三之"嗃嗃",严近于厉;上之"威如",则严正而若可望也。盖上为卦之终,教家之道,亦至上而成,故"终吉"。夫所谓正家者,其道不自家始也,家之本在身,先正其身,而家无不齐矣。君子不言而信,不怒而威,亦以诚之道感通之耳。《象传》曰"反身",即《大学》所谓齐其家,在修其身之旨也。

【占】 问时运:得人信服,得人敬畏,事无不成,往无不利,可行于近,亦可行于远,万事皆吉。一年好运,过此而终。

○问战征:行车之道,有信则人不我欺,有威则人不我狎,赏罚无私,号令必行,王者之师也,故吉。

○问营商:有信则万金可托,有威则百务皆修,商道之正也。

○问功名:上爻处极位之地,必是身居上位,信义早孚,威望素著之大人也。

○问家宅:此宅地位必高,为一乡之望也。吉。

○问婚姻:两姓允从,吉。

○问六甲:生女。

【占例】 明治二十年,占某贵显气运,筮得家人之既济。

爻辞曰:"上九:有孚,威如,终吉。"

断曰:爻居上位,适合贵显之象。爻辞曰"孚",曰"威",知威孚遍通夫上下,威望夙著于朝廷,所谓不言而信,不怒而威,为能得夫君子之道也,吉何如也!《象传》曰"正家而天下定",贵显有焉。《象》曰"反身之谓",国之本在家,家之本在身,贵显必能身修而家齐也。气运之吉,不言可知。

䷥ 火泽睽

卦体上离下兑,离火炎上,兑泽渗下,火动而愈上,泽动而愈下,上下相违,曰睽。睽字从目,从癸;离为目,癸属水,泽亦水也,《六书》故曰"反目为睽"。睽,乖也,盖泽在火上,泽火相济而成革,泽在火下,火泽相反而成睽,此火泽之卦所以名睽也。

睽:小事吉。

《序卦传》曰:"家道穷必乖,故受之以睽。睽者,乖也"。睽则众心离散,不可以兴大事,若小事则力可独任,不待众举,虽睽尚可为也,故曰"小事吉"。睽卦上下互既济,既济《彖传》曰"亨,小者亨也",谓所亨特其小者;此卦曰"小事吉",吉亦唯在小事耳。兑为小,故第言小不言大。要之乖睽之世,不足以成大事也,可知矣。

《彖传》曰:睽,火动而上,泽动而下,二女同居,其志不同行。说而丽乎明,柔进而上行,得中而应乎刚,是以小事吉。天地睽而其事同也,男女睽而其志通也,万物睽而其事类也。睽之时用大矣哉!

离火在上,兑泽居下。在上者动而炎上,居下者动而润下。无相成之道,是以为睽。离中女,兑少女,合而成卦,谓之"同居";上下异动,各适其适,即各志其志,不能强同也。卦德以兑从离,兑悦也,离明也,丽有所附也。"柔进"者,巽在下而进于上也;"得中"者,巽得中而应乎刚也。卦爻以六五下应九二,五居离之中,二居兑之中,以上应下,居尊者能屈已,下降者得上爻,虽处乖睽之时,而小有动作,尚得吉也。夫睽之为言散也,散则人心离,国势分,必不足成大事,似无可用;不知不睽本无合,唯睽乃有以见合也。圣人即因其睽而用之。天高地卑,睽也,位定而天地之睽者同;男外女内,睽也,礼定而男女之睽者通;耕不可衣,织不可食,车不可水,舟不可陆,睽也,制定而万物之睽者类,故曰"睽之时用大矣哉"。不言"时义",而曰"时用",盖应用取用,其为用也大矣。

以此卦拟人事,凡起居饮食,暨婚嫁丧祭,皆为人事。事无论大小,无不贵乎情之相同也,志之相通也,物之相类也。卦体离火上动,兑泽下动,离兑皆女,同出于坤,是为"同居";动则变,变则女而为妇,所行不同,而志亦异,是动而成睽也。睽在天地,而天地之运闭,睽在男女,而男女之伦乱,睽在万物,而万物之品淆,大纲大纪,奚以得吉乎?唯君子"以同而异",为能善用其睽也。用以设众黎之官,天地可因睽而同;用以行嫁娶之礼,男妇可因睽而通;用以定利用之经,而万物可因睽而类。此火泽之用普,而人事之准立矣。

以此卦拟国家,其卦曰睽,睽散也,是政府与人民,其势有动而不相见,散而不相合者矣。睽之旁通为蹇,险也,因睽而不能济险,更何以正邦乎?睽之反卦为家人,"家人内也",因睽而不能正内,更何以定外乎?上卦离火,火本就燥,下卦兑泽,泽本润湿,上下相背,燥湿各殊,是为"二女同居,其志不同行"。"二女"者,就离兑二象而言。不特女之志行有异,推之天地万物,而其情亦不能强同也。国家之内,大而天地,中而男女,小而万物,同则见亲,异则见疏,国运之治乱兴衰,罔不于此卜之。然天下无久合不睽之理,天下亦无久睽不合之势,用其睽以济睽也。若徒丽而得正,进而愈上,中而有应,其事犹小,其吉亦微矣，要必同其撰而天地之道乃宏也，通其情而男女之情乃洽也，类其族而万物之利乃普也。其德协造化之机，其功关治平之要，非"同而异"之君子，不能极其用也。

通观全卦，火上泽下，上者动而愈上，下者动而愈下，背道而驰，不得相同，卦之所以谓睽也。卦体下互重离，多视伤明，为睽。上互坎，坎为心病。人各有心，孚则通，疑则睽。情莫亲于家人，睽则为恶人，为鬼，为寇，或剥之，或射之，而不以为过。下苟能悦以事上，上亦能明以视下，则疑释而情亲，即化而为夫，为宗，为婚姻，而不以为嫌。前之相疑若此其甚，后之相合又若此其切，睽合之机，即在此转移间耳。是以睽在内卦，皆疑而有待，睽在外卦，皆反而有应。初与四应，初之"丧马"，得四之"元夫"而全；二与五应，二之巷遇，得五之"噬肤"而合；三与上应，三之"舆曳"，得上之"遇雨"而合。合则恶人化为同室，睽则家人疑为寇仇，恩怨反复，变态无常。君子以无心应物，不党同，亦不伐异。初九见恶人而避咎，为能得用睽之道也。卦体二阴本柔，内以悦而宽其忧，外以明而破其疑。所以始睽者，"二女同居"也；所以终合者，群疑悉化也。卦睽而象合，《易》所以变化不穷也。

《大象》曰：上火下泽，睽，君子以同而异。

卦象皆女也。卦体为火泽，炎上润下，其用各异，故曰睽。君子法之，于同处见其象，于异处别其用，不党同以背道，亦不立异以悖俗。"以同而异"者，譬如声色货财，为人所同欲，而或去或受，不敢苟同于人者，是其所以独异也。此可见君子之"以同而异"也。火泽同卦，而炎润各异其性者，亦犹是焉。

【占】 问时运：目下气运颠倒，惟宜正以处之。
　　○问战征：军情不协，上下异趣，宜防睽散。
　　○问功名：上下不通，功名难望。
　　○问营商：货价上落悬殊，能以人弃我取，尚有小利可望。
　　○问疾病：病在上下焦，胸气隔绝，上有火，下有湿，医治棘手。
　　○问家宅：此宅天盘地盘皆动，阖家上下不利，急宜迁避。
　　○问婚姻：有二女皆愿受聘，大者性躁急，小者性宽柔。择而娶之。
　　○问讼事：即可罢散。
　　○问六甲：生女。

初九：悔亡。丧马勿逐，自复。见恶人，无咎。

《象传》曰：见恶人，以避咎也。

初居兑体之下，自家人上爻来。家人上曰"终吉"，故睽初曰"悔亡"。爻属震，辰在卯，上值房，房为天驷，故称"马"；初动而上，舍我而去，故云"丧"。然四与初同德，他无正应，姑听其去，势必复来，故云"勿逐，自复"。下互离，离性猛烈可畏，故曰"恶人"。兑为见，离亦为见，是离之恶人既来求见，兑若拒而不见，未免嫉之太甚，必致咎也。兑姑与之相见，如阳货欲见孔子，孔子以礼往拜之旨也，故得"无咎"。盖失马而逐之，愈逐愈逸，见恶人而激之，愈激愈乖，是以"勿逐"而"自复"，"见恶人"而不避，可以免咎矣。能以无心而应物，则睽无不合也。《象传》曰"以避咎也"，盖不以避为避，避而有咎，则以不避为无咎可知也。

【占】　问时运:好运初来,灾悔已退,虽有丧失,不必计虑,即有恶人来侵,不必拒绝,自然无咎。

　　○问战征:初次开战,虽有小败,后必大胜,强敌亦不能害我也。无咎。

　　○问营商:新作贸易,失而必复,无须忧虑也。来者不拒,无须计较也。自下未见尽利,后必大亨。

　　○问功名:现下虽无灾悔,未得成名,必待明年,至二爻得其巷遇,斯获显达。

　　○问家宅:阖宅平顺,无悔,无咎。

　　○问失物:不必寻觅,自得。

　　○问婚姻:现下未成,待到六月,或到六年,必就,吉。应在上九"非寇,婚媾"之辞。

　　○问讼事:所讼必直,无咎。

　　○问六甲:生女。

【占例】　友人某来请占气运,筮得睽之未济。

　　爻辞曰:"初九:悔亡。丧马勿逐,自复。见恶人,无咎。"

　　断曰:此卦火性上升,泽性下降,彼我之情不洽,名之曰睽。睽者,违也。今足下占气运,而得初爻,初爻地位处最下,孤立无应,可知足下禀性孤高寡与。得失勿较,即有素所心恶之人,彼苟有求而来,亦不至拒而不纳。以初爻处兑之始,外卦为离,兑悦也,离,明也,悦而又明,必能识人善恶,又复和光同尘,不为过甚。卦象睽不终睽,故得无悔无咎。二爻曰"遇主于巷",足下至明年,必有登进之望。

九二:遇主于巷,无咎。

　　《象传》曰:遇主于巷,未失道也。

　　"主"者,君也,指六五而言。巷",里中道,从"邑",从"共",谓里中所共往来者也。二处睽失位,所如不合,与五正应,二居兑中,五居离中,兑离皆为见,知二五均有相见之意,邂逅于巷,是不期遇而适相遇也。君臣相遇,睽而终合,咎何有焉?《象传》曰"未失道也",谓不假远涉,自得相遇于巷;巷,道路也,即《论语》所谓"遇诸途"者是也。

【占】　问时运:卦值乖睽,运本不佳,近始得有绝好际遇,往必有庆。

　　○问战征:二五相敌,内为我兵,五为敌兵,曲巷相遇,白刃相接,此战未分胜负。

　　○问营商:巷字从共,必是合伙共谋之业,当有一财主相遇,共为经营之象。

　　○问功名:正是风云际遇之时。

　　○问家宅:此宅在曲巷之内,近有贵人来会,相晤为欢,大庆。

　　○问疾病:得遇良医,无咎。

　　○问婚姻:《诗》所咏"邂逅相遇,适我愿兮",此男妇私情,非正配也。

　　○问六甲:生女。

【占例】　明治二十三年,占文部省教育准则,筮得睽之噬嗑。

爻辞曰："九二：遇主于巷，无咎。"

断曰：此卦火性上炎，泽性下润，以上下悬殊，故名曰睽。今占教育准则，而得二爻，二爻处睽失位，将无所安。譬诸近时文部省之教育，专以欧美为法，以智与理为主，我国旧时道德之教，亦同二之处失位，几将委弃不用也。

凡留学欧洲生徒，归朝之后，各为教师，以教育子弟；在此辈生徒，本不知我国古来之教，教纲纪，重名分，自足卓立万世，培育群才者也。乃厌故喜新，如陈相之见许行，尽弃其学而学焉，又相率我国子弟一从其教，余实忧之。为撰《道德本原》一篇，明治二十三年十月十八日，请谒山县总理大臣，乃陈述其说。是日各县知事，亦适在坐，咸相倾听，大臣曰，子之所论，切中时弊，命余往谒芳川文部大臣。余即日谒文部省。复申前说，阅日天皇召问二大臣，遂下教育之敕，以余鄙论上达天听，何幸如之！爻辞所谓"遇主于巷"者，适相合也。《易》理先机，神妙如此！

《道德本原》节略：

昔者我邦以神、儒、佛三道，为道德之标准，维持世道人心。自西学日兴，旧学日废，若不究其由来，未足施救济之策也。以余所见，"仁义忠孝节操廉耻"八字，实为儒道之要旨。明治八年中，文部省议废汉学科，以斥儒教，厥后政略所及，迄至今日，陷溺日深。在文部省亦初无废意，因定各学科年限卒业，谘问于汉学教师，教师答曰："洋学非我所知，在汉学，虽生涯专修，未有究竟，难定年限。"因之议废。余谓此迂儒之论也，岂不闻孔子所云十五志学，三十而立，孟子所云"幼而学之，壮而行之"？是学皆在幼时。三十曰壮，则行所学以济时也。程子谓《中庸》之书，善读者，玩索而有得，终身用之有不能尽，不言终身学之而不尽，其于普通科，岂无卒业之期哉！俗儒不知时务，妄作迂论，遂至切要之学，废置不讲，以致今日之祸，罪不容于死。虽然，文部省亦有罪焉。当时俗儒，虽有此议，必系心醉西学，不识道德之本原，其在文部大臣以下，满朝名臣贤相，皆出于汉学之门，何以顿忘此躬修之实学乎？实为遗憾！语曰"上之所好，下有甚焉"者，从此浮薄子弟，蔑视汉学，不知其如何而可。道德凶而廉耻灭，小则判一身之邪正，中则关一家之盛衰，大则系天下之安危，其害有不可胜言者矣。既往不可复咎，为今之计，回狂澜于既倒，以矫正世道人心，上安天子之宸襟，下增国民之福利。道德之教，所关甚巨，地方长官，已具文申详文部大臣，定以儒教主义，为后来学科之准则。讲究儒教主义，德之本原，实今日之急务也。设定二种教育，一曰真理，一曰现理。真理者，出于天理之公，合夫性命之正，即所谓正心、诚意、修身之学，形而上之教也；现理者，成于人类之私，得夫气形之利，即所谓立身、兴家、富国之学，形而下之教也。古人曰"衣食足而知礼节"，又曰"无恒产者无恒心"，实人世之常态。此真现理二种，不可一日或缺者也。

其略如此。

六三：见舆曳，其牛掣，其人天且劓。无初有终。

《象传》曰：见舆曳，位不当也。

上互坎，坎为舆；下互离，离为牛。"无初有终"，遇刚也。离亦为见，上下互既济，既济初有曳轮之辞，故曰"见舆曳"。"掣"，掣曳也，即牵掣之意。"舆"指三，"曳"指四，"掣"指二。三居上下之交，其位不当，四曳之，二掣之，是曳其舆于前，又掣其牛于后也。

"天"，胡氏安定谓"天当作而"，篆文而与天字形似，即礼"髡刑曰而"。"劓"，截鼻也，发属心而主火，鼻属肺而主金，此爻兑金值离火，金火相克，故有发鼻受伤之象。兑为刑人，故曰其人"而且劓"。三爻处下卦之终，当睽违之时，以阴居阳，履非其位，与上相应；上居离极，离火性烈，不合则相伤，合则相得，遇雨疑亡，睽终合矣，故曰"无初有终"。《象传》曰"遇刚也"，刚指四，即上之"遇雨"也。四互坎，坎为雨，四又中立不倚，故曰"刚"。谓四能释上之疑，使之终合也。

【占】　问时运：运不得当，恐有刑伤之灾；三年后，得有好运。

　　○问营商：与人不合，非特不能获利，防有刑狱之厄，待后可成。

　　○问功名：左掣右肘，动辄得咎，安能成名？晚运则佳。

　　○问战征：车脱马逸，兵败将亡，不能前进。必待应军得力，得以始败终胜。

　　○问婚姻：初因男家疑忌，未免受辱，终得疑释完婚。

　　○问家宅：此宅地位不当，前后左右，皆有牵制，宅中之人，时有头面伤残之祸，以朝山向午，离火来克。宜改向朝西兑位，乃吉。

　　○问疾病：必是面上有疮，久后自愈。

　　○问讼事：不免刑厄，终则自解。

　　○问失物：后可寻得。

　　○问六甲：生女，防面有伤痕。

【占例】　一日友人某氏来，曰："某贵显托仆以一事，请占其吉凶。"筮得睽之大有。

　　爻辞曰："六三：见舆曳，其牛掣，其人而且劓。无初有终。"

　　断曰：《象传》谓睽"火动而上，泽动而下"，上下相背，是以成睽；又曰"男女睽而其志通"，是初睽而终合，即三爻所谓"无初有终"之旨也。今足下代占，而得三爻，三爻曰："见舆曳，其牛掣，其人而且劓。无初有终。"玩爻辞，谓人在舆中，曳者欲前，掣者欲后，前后牵引，不得上行，且有面鼻受伤之象。卦体则为女子，料知某贵显所委托者，必为女子之事也。初次向说，必有上下之人阻隔，致生纷争，所委不成，足下对某贵显，亦觉面无光彩。《象》曰"遇刚"，看来当再得一刚直之人，与之帮说，事乃得合，故曰"无初有终"。贵显觅一小妾，本属小事，《彖》曰"小事吉"，终必有吉也。

　　○明治二十九年冬至，占三十年农商务省施政实况，筮得睽之大有。

　　爻辞曰："六三：见舆曳，其牛掣，其人而且劓。无初有终。"

　　断曰：玩爻象，牛本足以驾舆，曰"曳"，曰"掣"，是反为牵制，不能前行也。舆不能进，欲强行之。其人反遭损伤之患。爻象如是。今占农商务省施政实况，而得此爻。我邦欲法欧美各邦农商之实例，施之内地，奈富商安于坐食，不愿航海远行，贫商欲行而苦无资本。今虽丝局茶厂，仿用器械，无如贩运外洋，或为关税所困，或为船险所阻。外洋贸易，向与内地不同。农业我国土地狭隘，以人口之半为农计之，一人仅不遇二段，是以欧美便宜之法，施之内地，实不能用。若强用之，皆归游手无产之徒，害忧更甚，唯北海道新垦之田可用耳。及一切杂项商务，亦多不便于行，犹是火炎上，泽润下，两不相洽，终必睽乖而不合用也。幸农商务省曲为设法，使老练者兴工业，附商品，给以一定之商标，俾各品得以信用,又奖励富商,使之兴海陆保险会社、银行支店,以奋起商业,可得渐见有效,谓之"无初有终"。

九四:睽孤,遇元夫,交孚,厉,无咎。

《象传》曰:交孚无咎,志行也。

四居离卦之始,离为目,《说文》"目不相视为睽"。"孤",谓独立无辅也。其情既睽,其势又孤,故曰"睽孤"。"元夫"指初,四与初所处之时,同在睽也;所居之位,同在始也,其象同,故其志同。四以无应,得初为同志,初在卦首,故称"元";四阴位,初阳位,故四以初为夫;且初震爻,震为元夫,故曰"遇元夫"。四变损,损曰"有孚";四之五为中孚,中孚五爻曰"有孚挛如",有交孚之象焉,故曰"交孚"。"厉,无咎",谓时当睽乖,幸而得孚,虽厉无咎。《象》以"志行"释之,谓四之志,得此"交孚",乃可行也。

【占】 问时运:性情孤介,不合时宜,幸得同志,差足免咎。
　　○问战征:孤军深入,几致危殆,幸而获救,可以无咎。
　　○问营商:孤客远行,货物不合销路,进退两难,得遇故乡旧友,方可脱售,平安无咎。
　　○问功名:命运孤寒,难望显达,无咎而已。
　　○问家宅:宅在孤村僻壤,唯有樵夫野老来往而已。
　　○问疾病:病是目疾,得遇良医,可以无咎。
　　○问六甲:生女。

【占例】 明治二年十二月,晦,余借海军省蒸气船飞龙丸,运载支那米,赴南部宫古,临发筮得睽之损。

爻辞曰:"九四:睽孤,遇元夫,交孚,厉,无咎。"

余临事,每自占筮以为常,特此爻"无咎"之言,不复介意。乘船之后,平时忙碌之身,变为闲散。追念昔年,在南部狎昵一妓,拟待抵埠登岸,招呼船长等惊艳称奇,同为一醉。一涉痴想,夜不成眠。阅三日,船抵宫古,号炮一发,村吏来迎,中有旧友二人,遂窃告之,使彼往招。既而率众上陆,剪灯置酒,围坐会饮,频番催呼,答而不来,甚为失望。夜深客散,乃拍手遽问。此妓出曰:妾来此久矣,自愧丑不堪侍娱,故不入也。余亦惊骇曰:何老至此也!既复沉思,盖相别已十八年矣。《易》曰"老妻士夫",可羞可笑。妓复泣告曰:近因罹疾,容颜顿变,生机亦窘,有死而已。余追思往昔未免有情,谁能遣此?乃赠米二十包,付以券书,彼深喜而辞去。是适符"睽孤,遇元夫,交孚,厉,无咎"之象也。

六五:悔亡。厥宗噬肤,往何咎?

《象传》曰:厥宗噬肤,往有庆也。

五居君位,时当睽乖,故有悔。"宗"指二,五与二应。五处离中,二至四为离,离与离合,是宗也。二曰"遇主",以五为主,五曰"厥宗",以二为宗。是君臣会合,故"悔亡"。二动体噬嗑,噬嗑二爻曰"噬肤"、"无咎",按肤谓肤肉,为柔而易噬;嗑,合也,二居柔位,犹言柔而易合。肤肉,犹骨肉也,盖指"厥宗"而言。大宗伯以饮食之礼亲宗族兄弟,即此

"噬宗噬肤"之义也。二往得食,故"有庆"。合族以食,复何暌? 二五"交孚",故"悔亡"而无咎。

【占】 问时运:劣运已退,得与同宗共事,可以无咎。
　　○问战征:可勇跃前往,无咎。
　　○问营商:防合伙者有侵食之患,然径行而往,终得有利。
　　○问功名:得有同宗相助,乃能获庆。
　　○问家宅:此宅是宗族旧屋,往居有庆。
　　○问疾病:是肌肤之疾,易治也。
　　○问婚姻:二与五为正应,是亲戚旧家,成则有庆。
　　○问六甲:生女。

【占例】 明治二十三年春,占众议院,筮得暌之履。
　　爻辞曰:"六五:悔亡。厥宗噬肤,往何咎?"
　　断曰:五为君位,二为臣位,二五相应,即见君臣相合。相合则言听计从,有会议之象焉。卦名曰暌,暌,乖也,违也,知会议必有暌异不合者。"厥宗"者,议院有二,上曰贵族院,下曰众议院,贵族院多是同族诸侯,众议院亦间有同姓臣庶。"噬肤"者,谓议成得以酒食会饮也。五既居尊亲二,二得荷宠事五,可见上下之志,得因暌而通也。

上九:暌孤。见豕负涂,载鬼一车,先张之弧,后说之弧。匪寇婚媾。往遇雨,则吉。

　　《象传》曰:遇雨之吉,群疑亡也。
　　上居外卦之极,孤高独立,故亦称"暌孤"。上互坎,为疑,为豕,为车,为鬼,为孤,皆坎象也。离为目,为见。兑泽污下,象途泥。因暌成孤,因孤生疑,本末尝有豕也,未尝有鬼也,未尝有车也,暌则目视不明,而疑心暗起,若见有豕之负途焉,若见有车之载鬼焉。积疑成象,变端百出。疑鬼者,忽又疑为寇焉,则将张离之弧而射之,既而谛审所见,先所见豕邪、鬼邪、寇邪,忽又变矣;上变归妹,则"婚媾"也,先之张弧,后即脱之矣。坎又为雨,故曰"遇雨"。上处离极,火烈烟腾,不可向迩,遇雨则火熄,可以往也,故曰"往遇雨,则吉"。《象》以"疑亡"释之,谓群疑消亡,见闻皆真,暌孤自合矣。

【占】 问时运:正当交运脱运之时,切宜息心定虑,毋动妄想,妄想一端,幻形百端,防生疑病。
　　○问战征:营位太高,军力太孤,防有疑兵来袭。
　　○问营商:目下货价,变迁百出,上落不一;时当盛夏,来客稀少,必待秋雨一通,可以获利。
　　○问功名:现在牛怪蛇神,变动不一,待十年后,出塞入解,可许发解。
　　○问婚姻:前因疑忌不睦,后得完好,吉。
　　○问家宅:此宅有变,防有鬼祟,遇婚嫁喜事,可以解释。
　　○问疾病:杯弓蛇影,因疑成病,得破其疑,病自霍然。

〇问六甲：生女。

【占例】东京大家某氏夫人，偕女访余别在，曰：良人顷患气郁之疾，医药无效。养嗣某，即为此女之夫，性游荡，不克承家，妾等实所忧虑，请幸一占。筮得睽之归妹。

爻辞曰："上九：睽孤。见豕负涂，载鬼一车，先张之弧，后脱之弧。非寇婚媾，往遇雨，则吉。"

断曰：卦体下兑上离，炎上者动而愈上，润下者动而愈下，上下不合，故卦为睽。卦象为"二女同居，其志不同行"，又曰"男女睽而其志通"，是以内三爻言睽，外三爻言睽而合，是始睽后合之象也。上九居睽之极，因疑生睽，愈睽愈疑，目之所见，积疑成象，豕也，车也，鬼也，寇也，恍若历历在前，实则一一皆幻。天下事杯弓蛇影，因疑兆祸者，类如斯也。今夫人为尊君之病患，与养嗣之行止，特来请占，筮得睽之上爻，知其病之由来，与所占之本意，皆由猜疑一念而生也。尊君为养嗣，不克承家，日夕疑虑，以致火气上冲，湿气下郁，上下不通，遂成是疾。"雨"者，下降也，病得大小便一通，自然安愈。君家养嗣，余所深知，文学志操，向超流俗，缘其性情风雅，偶或招妓置酒，怡情于花柳之场，此亦雅人深致，何足为怪？夫人等因之生疑，始则猜忌，继则交谪，终则反目，一切所闻所见，如爻象所谓豕车鬼寇，悉现其形。凡床第间恩爱之私，云雨之梦，久已睽隔，斯疑者益疑，睽者益睽，男女之志，必不通矣。上居离火之极，极则必反，炎上当反而润下为雨，夫人等亦宜反而思之，务劝令媛，温柔以接之，兑悦以事之。如物之枯者得雨而复苏，早睽不终睽矣。《象传》所云"男女睽而其志通"也，正合此占。

〇明治二十四年四月十日，余清晨无事，闲阅新闻及杂书。未几意倦，抛书而起。爱此风日晴和，游兴顿发，将赴近县，探赏春光。临行偶试一筮，得睽之归妹。

爻辞曰："上九：睽孤。见豕负涂，载鬼一车，先张之弧，后脱之弧。非寇婚媾，往遇雨，则吉。"

断曰：爻辞曰"睽孤"，犹示余孤身独行也。曰"见豕"、"载鬼"、"张弧"、"脱弧"，言其目见之无定形，犹示余游迹之无定所也。余是日出游，想息于神奈川停车场，或赴横须贺，或赴箱根汤本，意犹未定，至登车乃决往箱根。车中适遇东京旧友某氏赴大孤，并坐谈《易》，兴味颇好，余遂改意趋大孤。翌日食后，出游市中，将就旧肆，阅览古书。乃过心斋桥，访鹿田书店，问以《易》书珍本。主人出示松井罗州所著《周易解故》。此书余往年遍觅不得，今得购之。又示以松井氏所著《周易释故》，及直势中洲所著《周易大传》等，是皆读《易》家所珍。书面有小岛氏藏书一印，余叩其出处，主人曰：昨购于西京古书肆，此书皆系小岛氏旧藏，氏没后，其子不能读父书，故鬻之。余曰：如子之外，犹有同购者乎？主人曰：西京麸屋町书林某，及东京书林某，相与分买之也。余乃悉以其价购之，后赴西京，又就麸屋町书肆，凡小岛氏遗本，又悉购之。归东访书肆琳琅阁，又得小岛氏《易》书三种，于是小岛氏遗书，悉皆归余。余益感《易》辞之精切也。爻所谓"载鬼一车"者，非鬼，乃书也；"遇雨"者，旧友也，即车中所遇之旧友也；所谓"遇雨则吉"者，此也。

䷦ 水山蹇

《序卦传》曰:"睽者,乖也。乖必有难,故受之以蹇。蹇,难也。"蹇与睽不相对而适相似:离在上,兑在下,泽欲润而火自上燥之,用相反也,故为睽;坎在上,艮在下,水欲流而山自下止之,用相阻也,故为蹇。此蹇之所以继睽也。

蹇:利西南,不利东北。利见大人,贞吉。

坎位北,艮位东北。天气由北而东,而南,而西;日月出于东,没于西,天之行也。卦体内艮外坎,自东而北,逆天而行,是以为蹇。蹇自睽来,艮坎位在东北,兑离位在西南,就东北之本位,则难上加难,故"不利";就西南,是睽位,则可以济难,故"利"。且东北而西南为顺天,顺天者必利。"大人",即离明继照之大人也,明足济蹇,故"利见"。道得其贞,吉无不利。

《彖传》曰:蹇,难也,险在前也。见险而能止,智矣哉。蹇利西南,往得中也。不利东北,其道穷也。利见大人,往有功也。当位贞吉,以正邦也。蹇之时用大矣哉!

卦体下艮上坎。坎者,水也,艮者,山也,水在上,山在下,坎为险,故曰"险在前"。下互离,离为见,艮为止,故曰"见险而能止"。就艮而言,象取能止,就蹇而言,义取能往,故爻辞多曰"往"。"蹇利西南",离正南,兑正西,悦而又明,可以出离,故曰"往得中也"。东北蹇之本位,是以难入,难,故"其道穷也"。知其所往则利,不知而误往焉,则不利,"智矣哉"三字,是为处蹇者警醒之也。"大人"者,谓其位居至尊,德足济蹇,故凡有事于蹇者,所当"利见"。往而见之,不特可以平蹇,且可以见功也,故曰"往有功也"。二至上,皆当位得正。"贞吉",谓五也,五为蹇主,所谓"大人"者,正己而正物者也,故曰"正邦"。孔子论兴邦,曰知难,蹇,难也,五"大蹇",为知难之君;余爻皆曰"往蹇",是群策群力,为能相助以图蹇也。盖处蹇之时,不贵知蹇而终止,贵在用蹇而前往,斯蹇之时可济,而蹇之用乃大,故曰"蹇之时用大矣哉"。

以此卦拟人事,蹇字从足,从寒省,与謇、骞字相类,皆有难义。蹇,《说文》:跛,谓足偏跛,不良于行,而又值"险在前",故为蹇。"蹇,难也",凡人当蹇难之际,进退趑趄,皆有偏跛不前之象,此卦之所以名蹇也。卦象为山上有水,水在地则平,在山则险,人见其险,而裹足不行,则险止于此,人亦止于此,虽其智能避险,其将何以济险乎!爻辞皆曰"往蹇",可知蹇之用,不在能止,而在能往,故曰"往有功"。然往亦宜审其方向,北坎方,东北艮方,坎水艮山,仍为蹇难之方,往之"不利",是谓"其道穷也";西南坤方,坤为地,为康,是康壮之地,往之则利,是谓"往得中也"。有位者谓大人,有德者亦谓大人,当此艰险在前,不辨向往,往见老成熟练者,示我周行,斯"往有功也"。"当位",谓当其方位,正路而行,自然获吉。蹇既得出,人事乃亨,亨则小可以正身,大亦可以正邦。际蹇之时,因蹇之用,不以蹇而伤其穷,转以蹇而大其用,故曰"蹇之时用大矣哉"。

以此卦拟国家,卦以五爻为主。五居尊位,为君,爻曰"大蹇",是当国家之大难也。坎为沟渎,为隐伏,隐处而有沟渎,是陷阱也。艮为径路,径为路之至小至狭者,是山间鹿兔之蹶,亦险地也。卦象为险,卦名为蹇,国家当此,显见水阻于上,山阻于下,梗塞不通,教化不行,为国步艰难之会,则足以图蹇有功者,惟在此五爻耳。《象》所称"利见大人"者,指五爻而言。五爻能度其往之方位,审其方之利害,并妙其蹇之功用,故诸爻曰"往",五爻曰"来",谓能集"朋来"之力,以济"大蹇"之时,内而正身,外而正邦,非大人不克臻此。

通观此卦,卦体以坎上艮下为蹇,易位则为蒙。蒙《象》曰"山下出泉",泉之初出,贵养之以正;蹇《象》曰"山上有水",水之有险,贵往之得中。得中则知险,知险则知往,知往则能知利与不利,而所往不误,斯蹇可济矣。自来处蹇而能用蹇者,唯在"当位""贞吉"之"大人",下此有事于蹇者,皆当"利见"夫"大人"。所谓"大人"者,即指爻中之九五也。五爻又知蹇非独力所能济。五与二应,是以五曰"大蹇"。二曰"蹇蹇",孜孜矻矻,以共济艰难,惟恐少后。盖五者君之道,民之危,犹己之危也;二者相之道,君之忧,犹己之忧也。以身任天下之重者,固当如此也,若徒效保身之哲,蹈河入海,措世事于无闻,则有能力济此蹇乎?即在初、三、四、六,均有世道之责,或返而安,或速而济,或见而"硕",俱欲举天下而治之。在"来誉"之贤,犹冀其有待,圣人之不能忘天下,固如是其至也。然天下非一人之事,济天下非一人之力所能。君必网罗人材,以收群策群力之效;臣必靖共尔位,以尽为羽为翼之功。然济蹇者才,而所以济蹇,尤在夫德,《象传》曰"君子以反身修德",有其德则自足化险,自足以靖难。明夷《传》曰,"以蒙大难,文王以之",此可见文王之德之纯也。文王为西南之吉,《象》曰"利西南",其以此也夫。

《大象》曰:山上有水,蹇,君子以反身修德。

山上有水为蹇,蹇反卦解。解之《象》曰"雷雨作"。雷雨自上而降,雨降则山上之水必随而降,则蹇可解矣。君子法之,"以返身修德",不忧其蹇之难解,惟虑其德之未修。坎为悔,有反悔之意焉;艮为慎,有德之义焉。孟子曰:"行有不得者,反求诸其身而已矣",此之谓也。

【占】 问时运:运当艰难,宜加奋勉,方可出险。

○问战征:入山穷水,复杂之地,进退两难。宜率六军,戮力向西南进攻,方可获利。

○问功名:坎险艮止,功名有阻,返身加勉,五年后至上爻,《象》曰"利见大人,以从贵也",成名可望。

○问营商:水在山上,则水蓄而不流,有财不流通之象,营商者难之。

○问家宅:此宅傍山,防有山上来水冲落,致损墙屋,宜改易其朝向,乃利。

○问婚姻:山水本两相为偶,山下水高则为失偶,故有蹇。不成则已,成亦必有反悔。

○问疾病:蹇为足疾,涉水登山,必不能往行也。

○问失物:宜反从身上寻之。

○问讼事:宜自返而罢讼,吉。

○问行人:被中途发水所阻,大有险难,他日空身可归。

○问六甲:生男。

初六:往蹇来誉。

《象传》曰:往蹇来誉,宜待也。

初爻居艮之下,当蹇之始,"往蹇"者,往就蹇地。在初去上蹇犹远,可以不往,乃不避险阻,敢于犯难。在六爻之初,能首倡赴义,开"朋来"之先,声闻嘉誉。《象传》曰"宜待也",以为轻身尝试,徒博一时之誉,不如审机观变,待时而动,斯得济蹇之实功也。

【占】 问时运:好运未来,宜谨守以待。

○问战征:有险在前,未可进往,宜暂退守。

○问营商:售卖之处,适有危,不可贩货前往,须暂时待价。

○问功名:从军效力,皆冒险犯难,获邀奖赏,故曰"来誉"。

○问家宅:地位险阻,迁居不利。

○问疾病:在初起,不必急往求医,宜退而自养。

○问婚姻:不必急就,还宜待。吉。

○问失物:缓之可得。

○问六甲:生男。

【占例】 友人某来,因一事进退未定,请卜以决之。筮得蹇之既济。

爻辞曰:"初六:往蹇来誉。"

断曰:卦名曰蹇,蹇难也。卦爻在初,是初次遇难也。《爻辞》曰"往蹇",其往就难地也;曰"来誉",称其勇于赴难也。而《象传》则曰"宜待",盖谓轻身尝试,不如待时而动也。玩释爻意,其于临难进退之机,历历明示。足下所问一事,为进退未定,得此爻而昭然如揭矣。神机发现,不爽毫厘,神妙如此。

六二:王臣蹇蹇,匪躬之故。

《象传》曰:王臣蹇蹇,终无尤也。

"王"指九五,"臣"指六二,二居下卦之中,上应九五,爻互重坎,故曰"蹇蹇",谓其涉蹇以济蹇,有鞠躬尽瘁之忧。诸爻皆言往,犹为国难而往赴之,二则直以国事为己事,犯其难而不顾也。《象传》以"终无尤"释之,谓其能致身事君,夫复何尤。

【占】 问时运:目下气运尴尬,险难重重,主一身劳碌。

○问战征:防军入险地,身被重围,有庞士元落凤坡之象。

○问营商:为内地运货,中途被水,有人财两失之患。

○问功名:为急公求名,名成而身莫保,邀身后之荣。

○问家宅:此宅在艮山之中,向朝东北。险既重,不利。

○问婚姻:二应五,主结贵亲;防后日夫君有难,身命难保。

○问讼事:凶。

○问行人:凶。

○问失物:终不可得。

○问六甲:生男。

【占例】 明治十三年某月,予过访东京某绅士,互叙久别。主人曰:近因小儿为商务负债,日夕奔走措置,予甚忧虑。予曰:此等债务,忧亦无用,当善谋一置处之方。无已不如占问一卦,以决可否。于是主人自执筮著,予代为祈祷,筮得蹇之井。

爻辞曰:"六二:王臣蹇蹇,非躬之故。"

断曰:蹇者多难之卦,二爻为下卦之主,是身任其难者也。令郎为商业负此巨债,不能不前往处理,无如债累重重,一时终不能了。今占得蹇二爻,爻辞曰"王臣蹇蹇,非躬之故","蹇蹇"谓其事难而又难,"非躬之故",谓其债因商业而负,非一身之故也。玩前后爻象,三爻以"来返"为喜,知三爻不能相助为理;四爻曰"来连",能与以为联手;五爻为卦之主,是营商正主,或成讼则为裁判长官,曰"朋来",谓招集债友,共相商议。《象》曰"中节",节省也,谓节减债款以了事。上六则为局外之长者,前来居间调剂也。据此现宜从初爻之辞,暂为退待,以俟机会,毋须劳碌。

某绅士深感《易》之妙,后果如占所云。

九三:往蹇来返。

《象传》曰:往蹇来反,内喜之也。

三爻居内卦之上,为艮之主,当上下之交,与坎为邻。"往蹇"者,谓往赴五之"大蹇"。五以三阳当位,使之"来返",以治其内。三本见险而止,喜退而不喜往也,其往也,为迫于诸爻,故同往;其返也,为得自全,故有喜。三动变为比,比二曰"比之自内",故《象》以"内喜"释之。

【占】 问时运:运值多难,前进不利,不如退守。

○问战征:有军出复旋师之象。

○问营商:有去而不来,贩货复回,转销内地之象。

○问功名:为出使在外,改为内用。

○问家宅:此宅后靠山,前临水,初欲他迁,后复归来,得以团聚为喜。

○问婚姻:前欲他适,后得归来,可喜。

○问行人:即日来,喜。

○问失物:失而复得。

○问六甲:生男。

【占例】 明治二十三年,占国运,筮得蹇之比。

爻辞曰:"九三:往蹇来返。"

断曰:卦名曰蹇,蹇,难也;爻曰"往蹇",为往就蹇地;曰"来返",为往而复返。《象》曰"内喜之也",为喜其返而得以自全。详绎爻辞,知国运值此多难,往而济蹇,不如返而治内。至五爻,大君擅权,朋来相辅,而蹇可济矣。则知以三济内蹇,以五济外蹇,相与有功也,喜可知矣。以爻象计之,应在二年之后。

○明治元年四月,友人某来曰:余近奉仕官某藩之命,发程有期,特来告别。观其容貌威武,腰佩两刀,犹是藩士旧状,今际会风云,有志维新者也。请占前途气运,筮得蹇之比。

爻辞曰:"九三:往蹇来返。"

断曰:三为艮止之主,当上下之交,进退本多不决。其往也,固非所愿,亦第随人共往之耳;及其"来返",焉得不中心喜之?《爻辞》之意如此。今足下因奉命将行,占得此爻,度足下之意,或有亦因前途有难,不喜前往。余劝足下,不妨准备前行,当有后命即来召回,欲令足下奉职于内也。

后友人尚未起程,即命止行,留为内用。

六四:往蹇来连。

《象传》曰:往蹇来连,当位实也。

四居上卦之首,比近于五,五所倚重,是为亲近之臣。"连"者,谓君臣一体,如心腹股肱之相联系也。"往蹇来连",谓三与上为正应,故与上同往,最为联合,比初之往而有待,三之往而复反,较为得其实力也。《象》曰"当位实也",四当位履正,艮为实,故曰"实"。上既比连尊爻,下又联络诸爻,得以实心实交以济蹇难也。

【占】 问时运:运多蹇险,以其能联合众心,得以济险。

○问战征:四爻阴柔,可知军力单薄,以其能与众军同心同德,联络一气,乃可出险。

○问功名:"来连"者,有连升之象。

○问营商:"来连"者,谓先后商客,皆相连而来;曰"当位实也","实",充实,谓得赢满也。

○问家宅:此宅必与邻屋比连,地位相当,家道殷实。

○问婚姻:必是老亲结亲,重联订好,吉。

○问疾病:此病必连绵已久,一时不愈。

○问讼事:迟久可了。

○问行人:流连在外,一时不归。

○问六甲:生男,想是孪胎。

【占例】 明治二十四年,有某友来,占某国枢密院气运,筮得蹇之咸。

爻辞曰:"六四:往蹇来连。"

断曰:四爻比连君位,是为亲近之臣,所谓心腹股肱,与君一气相联者也。恰合枢密院之位。足下占问某国,是外国也,故爻应在外卦。《爻辞》曰"往蹇来连",知某国近有内难外侮交作,枢密院诸臣,防有连累及祸者。诸爻皆曰"往蹇",唯五与二不言往,五为大君,二为内臣,是身临其难者也。枢密院本在内臣之位,诸爻以图其济蹇,曰"往蹇"者,或指出使于外而言。一时蹇难未平,气运不佳,必待至上爻可以出蹇。

○明治三十一年,占众议院气运,筮得蹇之咸。

爻辞曰:"六四:往蹇来连。"

《象传》曰:"往蹇来连,当位实也。"

断曰:爻曰"来连",有联合众议之象;《象》曰"当位",谓得当议员之位。今政府以战胜之后,受各邦之猜忌,将扩张兵备,预作济蹇之图,已呈出其议于议会。议员等联络私党,不应政府之意,政府因之多难。上卦为坎,坎险也,下卦为艮,艮止也,合之谓蹇,以致政府号令有阻止而不能行也。今占得四爻,四爻比近于五,知众议员中必有深浅时艰,能体合至尊之意,折衷众议之论说,以排解国家之困难,斯议可成,而蹇可济矣。《象》曰"当位实也","实"谓能实济其难,非从空言已也。

当时议会自由改进,两党轧轹,议多不合。后自由党迎合政府之意,与国民协会联合,增税之议乃决。

九五:大蹇,朋来。

《象传》曰:大蹇朋来,以中节也。

就诸爻言则为"往",就五爻言则为"来",在诸爻则蹇犹小,在五爻则蹇独大,盖五爻合诸爻之蹇以为蹇,而独当蹇之大者也,故曰"大蹇"。君臣以义合,朋友以情合,五略分言情,故喜其"来"而称之谓"朋"。五盈满当位,德足任人,故能使疏附后先,咸来辅翼,得藉群才以济"大蹇"。其济也,虽出于君之威福,而诸臣要与有力焉。五动体坤,坤"西南得朋","蹇利西南",故亦曰"朋"。《象》以"中节"释之,谓五得位履中,不易其节,故卒得出蹇也。

【占】 问时运:厄运将退,渐得化危为安。

○问战征:前既被围,今幸得救兵齐来,得以一战出围。

○问功名:位近至尊,足以匡济,大荣,吉。

○问营商:众货辐辏,一时难以脱售。

○问家宅:地近禁卫,当冲击疲难之区,车马纷逐之会。不宜民居,可改作会馆议院。

○问疾病:此是危难大症,宜集众医会治,方可望愈。

○问六甲:生男。

【占例】 明治二十年,占某贵显气运,筮得蹇之谦。

爻辞曰:"九五:大蹇,朋来。"

断曰:卦名曰蹇,爻曰"大蹇",知蹇难重重,非一己之力,所能解脱。今某贵显占气运,得第五爻,五爻为蹇之主,其蹇愈大,其济愈难。幸某贵显德望素著,众心归服,得藉朋侪相助,乃能戡平大难。目下正当协力匡济之时,尚未出蹇,待一年后,蹇去解来,斯可平安无患。

上六:往蹇来硕,吉,利见大人。

《象传》曰:往蹇来硕,志在内也。利见大人,以从贵也。

上爻居蹇之极,躬处局外,本为蹇难所不及;爻曰"往蹇",盖贤人君子,心切时艰,不敢以身不当位,置理乱于不闻也。"硕",大也,"来硕"者,五得其相助为理,即以大任任之,如莘野渭滨之出而匡时者也,故曰"来硕"。蹇诸爻皆在蹇中,未尝言吉,至上爻,其蹇已终,故称"吉"。"大人"指五也,君臣同德,五爻以臣谓朋,上与五以君谓大人,盖即《象传》所谓"利见大人,往有功也"。《象》以"志在内"释"来硕",谓上之应在三,故"志在内也"。以"从贵"释"利见",谓上之阴从阳,故曰"以从贵也"。

【占】 问时运:现下大难已退,大运将来,可以出面求仕。

○问战征:大兵已集,可以一战,以出重围。

○问营商:众商咸来,货价大涨,即此脱售可复本,亦可获利。

○问功名:文名大振,可以"利见大人"。

○问家宅:此宅地位高大,灾煞已退,吉曜照临,且得贵人扶助。

○问婚姻:主贵。

○问讼事:须从大审院判结。

○问六甲:生男。

【占例】 友人某来,请占气运,筮得蹇之渐。

爻辞曰:"上六:往蹇来硕,吉,利见大人。"

断曰:上爻居蹇之极,极则必变,将变蹇而成解,是大难将解之时也。今足下占气运,得上爻,爻辞曰"往蹇来硕,吉,利见大人",玩爻辞之意,谓"大蹇"已往,好运将来,吉无不利,且可往见大人,出而求仕,必得贵人提拔,仕途亨通。

䷧ 雷水解

卦体下坎上震。震为雷,坎为水,亦为雨。震坎交错,即成雷雨交作之象。坎于时为冬,震于时为春,自冬涉春,雨水乍来,春雷始发,和风送暖,坚冰渐解,天地郁结闭塞之气,一经雷雨鼓动,枯者生,蛰者起,无不解散而萌发也,故名其卦,曰雷水解。

解:利西南。无所往,其来复吉。有攸往,夙吉。

"解,缓也。"坎位北,震位东,自北转东,而南,而西,是顺天而行也,故曰"利西南"。解即所以解蹇,反东北而东南,倒坎艮而震坎。解之西南,即蹇之西南也,故其利同。"无攸往"者,谓蹇解而难已平,无难则无所往,缓以养之,以俟来复,是以"来复吉"也。"有攸往"者,谓蹇解而难犹在,有难则必有往,急以救之,不懈夙兴,是以"夙吉"也。

《象传》曰:解,险以动,动而免乎险,解。解利西南,往得众也。其来复吉,乃得中也。有攸往,夙吉,往有功也。天地解而雷雨作,雷雨作而百果草木皆甲坼,解之时大矣哉!

按:解有两音,一古买反,谓解难之初;一谐买反,谓既解之后。《序卦》曰,"解者,缓也",险难既解,物情舒缓,故为解。解所以解蹇也,止则蹇,而动则解。凡遇险不可不动,动斯能免乎险也,免险则为解。"西南"坤位,坤顺得常,故"利",坤为众,故"往得众"。往自内而外,来自外而内。坤为纯阴,至震一阳来复,犹言大难初平,疮痍未复,必休养生息，俾得复其元气，故不必"攸往"，而自然"来复"，是以得中而吉也。二之六为晋，晋"明出地上"，日之初升，故有凤象。"晋，进也"，故"有攸往"。晋五曰"往有庆"，即"往有功"之谓也。盖"来复"治内，凤往治外，内外交治，解之事尽矣。解为二月之卦，震阳司令，"雷以动之"，"雨以润之"，天地凝寒之气，因而解散，万物生育之机，因而甲坼。睽蹇二卦，皆兼取"时用"，解独曰"时大矣哉"，盖睽蹇以得用而济，解则不复用其解，惟在待时而动耳。

以此卦拟人事，是险难乍解，元气未复之时也。方其处险，不动则不能脱险。动必当审其方向，又得夫众力。西南为坤顺之方，得众即"朋来"之助。及其已解，有不可再动者，如人身疾病乍瘥，血气未复，当以休养而调摄之，斯为得中也。有不可不速动者，如人家困难甫脱，而盗贼犹在，当必急起而剪伐之，斯为有功也。震为春，春气一动而雷雨交作，天下之积气乃解，万物之生机始达，犹人之威怒一振，而群邪悉退矣。六爻皆合蹇而观，初为难初平，唯求"无咎"而已。二则难已除，斯为"贞吉"矣。三则难虽消，以寇"致寇"，其咎亦自取耳。四之难未得全解，尚望得人相助也；五之难，能以心孚，庶几宵小自退也；上之难积恶未靖，不能不威武加之也。在天怒则雷霆，恩则膏雨，在人唯赏其善，罚其恶当之耳。

以此卦拟国家，卦自明夷来。自家人而睽，而蹇，而解，皆为周兴殷亡之象。解为文王羑里脱囚之时，其"利西南"者，文王化行西南之地。虞芮之质成，其"无攸往"也；崇密之剪伐，其有攸往也。所以动兵兴众者，时当险难，不得不动耳，不动不能以免险，且不能以济天下之蹇也。迨至商郊誓师，而来会者八百，是得众也，即得中也。周之所以脱大难者，在此解，周之所以集大勋者，亦在此解也。王怒如雷，王泽如雨，后之王天下者，唯以法周者法天而已。天地得阳和而雷雨作，万物得阳和而萌蘖生，治道亦犹是焉。

通观此卦，解与屯易位。屯震生在下，坎难在上，"动乎险中"，为难之始生，其《象》曰"云雷"，是天气郁结而未能发泄也，故不成雨；解坎难在下，震生在上，动免乎险，为难之已解，其《象》曰"雷雨"，是天气发泄，而恩威并施也，故曰"雷雨作"。解之卦义，其为难者，坎也，阴也，其难解者震也，阳也。初爻以其始解而安之。二爻就其获解而治之。三爻防其方解而复致之。内三爻属坎，坎，阴也，故不言解。四爻之解，得朋为助；五爻之解，以孚得吉；上爻之解，以"用射"获利。外三爻属震，震，阳也，故言解。统之难之作也，靡不由于小人，而其解也，靡不由于君子。五为解之主，《象》曰"君子有解，小人退也"，所谓"君子"，即《大象》所称"赦过宥罪"之"君子"也。此为解一卦之要领也。

《大象》曰：雷雨作，解，君子以赦过宥罪。

按：十二消息者，坎为十二月至正月之卦，坎五六两爻，值雨水惊蛰；震为二月至四月之卦，震初爻，值雷乃发声，三爻值谷雨。解为二月公卦，《大象》曰"雷雨作"，盖因其时而取象焉。坎为罪，为灾，故有过有罪；震为缓，为生，故用"赦"用"宥"。君子法之，号令如雷之震，天下无不耸动；恩泽如雨之降，天下无不喜悦。夫使幽闭久系之人，一旦得"赦过有罪"，弛其禁锢，脱其桎梏，如出陷阱而复见天日，则其忧闷郁结之气，无不解散。是君子与民更新，以之解万民之难也。

【占】 问时运：灾难解脱，大有奋发振作之象。

○问战征：威武一振，有大寇翦灭，小寇服从之象。

○问功名：有声震百里，泽被群生之兆。

○问营商：得时得令，"雷雨之动满盈"，大利。

○问婚姻：震雷坎雨，阴阳交济，生育畅茂，吉。

○问家宅：天盘有动，地盘有难，宜祈祷解免。

○问行人：一时可归，防小有灾难，无咎。

○问讼事：幸得宽有无罪。

○问六甲：生男。

初六：无咎。

《象传》曰：刚柔之际，义无咎也。

初居解之始，大难初乎，不求有功，只求无咎。初与四应，赖应之力，得解其险，故曰"无咎"。《象传》所谓"刚"者，指四，"柔"者指初，"际"者，谓初与四相应。阴阳相交，其义自可无咎也。

【占】 问时运：困难初解，安时守分，自得无咎。

○问战征：乍脱重围，宜自蓄锐养精，不可妄动，得保无咎。

○问营商：不致耗失，亦为幸矣。

○问功名：目下只可守旧而已。

○问家宅：平安无害。

○问讼事：宜和。

○问婚姻：平平。

○问六甲：生男。

【占例】 明治二十四年三月，为郑永宁与清国公使馆内通书函，一时议论纷起，真伪莫辨。制纸分社长阳其二氏来书，请占一卦，以判虚实。筮得解之归妹。

爻辞曰："初六：无咎。"

断曰：解者，释也，坚冰得暖而解散之象也。初爻曰"无咎"，《易》之爻辞，单言"无咎"者，唯此一爻，是天张其口，以证郑氏之无罪也。且解者，谓解脱罪过，初爻之阴属郑氏，四爻之阳属清国公使。阴阳相应，知情分颇厚，然于国家大义，一无关害。《象传》曰"君子赦过宥罪"，料日后审官，亦必原情赦宥，断不以无稽文字，为之追究也。

九二：田获三狐，得黄矢，贞吉。

《象传》曰：九二贞吉，得中道也。

"田"者，猎也。上互坎，坎为狐；下互离，离为黄矢。狐阴兽，善惑人，故譬言妄邪小人，蛊惑君聪。"三"者，言数之多也。"黄"者，正色；"矢"者，直也。二爻以阳居阴，刚柔得中，上与六五，阴阳相应，为能辅佐大君，进贤黜邪，用以匡济时艰者也。盖欲解难，当先驱狐，故取离之矢，就坤之田，获坎之群狐而尽歼之。斯内治肃靖，于以济险出危，纳一世于中道,其在此矣,是以九二"贞吉"也。

【占】 问时运:去邪归正,自得安吉。

○问战征:"田"者猎兽,犹战之猎敌也。获狐者,犹获敌之渠魁也;得矢者,犹得敌之兵器也。故"贞吉"。

○问营商:"田"者在猎兽,商者在猎利。"三"者多数,"黄"者黄金。必获厚利,吉。

○问功名:曰"获",曰"得",名可望,吉。

○问家宅:此宅防有狐祟,须猎获之,乃吉。

○问婚姻:此必先有小妾,而后纳正室也。黄者正色,为正配,吉。

○问疾病:防是狐媚邪病,宜张弧矢以驱之,吉。

○问六甲:生男。

【占例】 某商人占气运,筮得解之豫。

爻辞曰:"九二:田获三狐,得黄矢,贞吉。"

断曰:获狐得矢,知猎财猎名,无往不利。足下灾难既解,所求必得,正是好运发动,有雷雨得时之象。"黄"为正色,"矢"为直,又知足下品行正直,不惑于狐媚,是能以正治邪,故"贞吉"。

○明治二十五年,余患鼻痔,呼吸不通,谈话亦困,颇觉苦之。闻金杉某,留学独逸,专修鼻科,归朝设院受诊。余欲求治,筮得解之豫。

爻辞曰:"九二:田获三狐,得黄矢,贞吉。

断曰:内卦水险,外卦雷动,动而免险之象,故不宜坐视,宜速治疗,解去疾病之难也。占得第二爻,为坎之主,动而变豫,有预治之象。"田"为狩猎,"狐"为怪物,"黄矢"者,射其怪物之矢。今鼻中之疣,身之怪物也,"三"者,为数之多;"黄矢"者;想为医治之器也,爻可备观,其象则吉。

余于是向金杉氏乞治,金杉氏一诊,许为易治。先用麻药,通电气于铜线,系挂于疣上,遂得截断其疣。疣数不一,悉皆截去,病苦顿解。医术之妙,实可惊喜,而《易》机之先示,悉合其状,更可惊叹。呜呼!《易》者以森罗万象之事物,照彻于三百八十四爻之中,一一发露其灵机,以垂教于天下后世,圣人之所以为圣人也!

○相州横须贺建筑炮台,又有造船大工场,年年埋筑海面。因采土炭岩石,向归大仓久米马担保。其岩石用船运至海岸筑处,并用小轮船为引,以取快疾。大仓组遂自造运船,免受雇船勒索等弊,指挥得当,独占利益。在官寮察知一人专担,难免弊窦,欲命高岛嘉兵卫分承其役。于是大仓组忌之,隐使船夫等百般妨碍,且故意宽支赁金,每日所损,不下七八百元,两家俱受其困。余乃请占一卦,筮得解之豫。

爻辞曰:"九二:田获三狐,得黄矢,贞吉。"

断曰:《象传》谓"解,险以动,动而免乎险",明言一动乃可出险。就占所言,爻以二五为纷争之主。今得二爻,二在内卦,属高岛氏,五在外卦,属大仓氏,二之负担,为四所妨,遂致互生吱唔,互受亏折。爻辞曰"三狐",谓彼有三人,狡猾妨事;"黄矢",谓我有一人,正直当事。以矢射狐,而狐退矣。四爻曰"朋至斯孚","朋"者,谓居间而讲和之友,"孚"

者,谓二五两主,得以感孚而罢争也。五本君子,始为小人所狐惑,故曰"君子有解,小人退也"。

乃依此占,使横山孙一郎传高岛氏之意于大仓氏,事遂平和。

六三:负且乘,致寇至,贞吝。

《象传》曰:负且乘,亦可丑也。自我致戎,又谁咎也。

"负"者,窃负,"乘"者,乘肥,"负且乘",是窃盗而公卿也,故"可丑"。"致寇至"者,坎为寇。六三处坎体,本寇也,寇以遭时窃位,得以策肥乘坚,为寇者见之,曰彼亦寇也,今居然"负且乘"矣,是可取而代之也。此谓以寇名寇。当此险难甫解,而使寇者滥居高位,岂非用人者之咎乎?故曰"自我致戎",咎复何辞?"吝",即丑也。

【占】 问时运:运非不佳,但因素行不端,为人鄙笑。

○问战征:战隙自我而开,以致群盗纷起,一时难平。

○问营商:防有盗劫之患。

○问功名:沐猴而冠,其能久乎?

○问家宅:门户不自谨慎,或用人不当,致招窃盗。

○问婚姻:两姓均非端正之家,是富而不仁者也,"可丑"。

○问讼事:两造理皆不直。

○问行人:满载而归,但来路不正。

○问失物:已被窃负盗去,不得。

○问六甲:生男。

【占例】 某人来,请占某区长品行,筮得解之恒。

爻辞曰:"六三:负且乘,致寇至,贞吝。"

断曰:负为肩负,小人之役也;乘为乘车,君子之分也。"负且乘",是以小人而窃居君子之分也。寇者见之曰:是亦寇也,彼以寇显,我岂独不可显乎?故曰以寇招寇,丑有由来也。观此爻辞,则知某氏得为区长,亦寇取而得之,必有寇伺其后者也,何能久居其任乎?

未几果罢职。

九四:解而拇,朋至斯孚。

《象传》曰:解而拇,未当位也。

四居震之始,震为足。"拇",足大指也。四为解之主,解即解其蹇也。蹇为足疾,疾在一拇,不足以为蹇,解在一拇,亦不成其为解。四不当位,故不能全解其蹇,第见"解尔拇","拇",即指四而汝也,故曰"而拇"。解之四,即从蹇五来,蹇五曰"朋来",故解四曰"朋至"。四亦自知其不能解蹇,唯望"朋至",得以相助为理。将由拇以及心,斯心心相感,而蹇得全解矣。坎为孚,故曰"孚"。

【占】 问时运:行年已当强仕,但行运不当,全在因人成事而已。

○问战征:防炮弹伤足,幸救兵得力,可以解围。

○问营商:所获甚微,唯众心交孚,一二年后,可望厚利。

○问功名:拇为足指,卑下已极,至五爻曰"君子维有解",必待下科,可望登榜。

○问家宅:此宅地低下,不得其当,只可作行栈店屋。

○问婚姻:得有力媒人说合,方可成事。

○问讼事:有朋友出,交相解劝,得可息讼。

○问六甲:生男。

【占例】 群马县高崎市某甲书来,曰:"仆近邻有乙某者,一子罹病危笃,祷于榛名神社,不日而愈。乙某深喜之,偕子谒谢神社"。一日乙某以遗金尽付其子曰:"余居处,恐遭杀害,突然而行,子即出而追寻,不知去向,举家不堪悲叹。请劳一占,以卜吉凶。"余时适罹疾,因使门弟筮之,得解之师。

爻辞曰:"九四:解而拇,朋至斯孚。"

余见此占,问门弟将何以断之?门弟答曰:"乙某不入山,亦不投水,在东方朋友之家而已。"《象传》曰:"解,险以动,动而免乎险",乙某自言,恐遭杀害而逃去,是因险而动也;既得逃避,是"动而免乎险"也。爻辞曰"解而拇,朋至斯孚","拇"为足大指,父子一体,子在下,是足指也。遗金而别,解拇者也;"朋至斯孚",是明言在朋友之家也。"孚"者,得朋友一言而心感也。

余喜判语适当,遂书其断语而函告之。后面会某甲,询及此占,曰乙某踪迹,适如贵占云云。

六五:君子维有解,吉。有孚于小人。

《象传》曰:君子有解,小人退也。

此"君子",即《大象》所云"赦过宥罪"之"君子"也。五居尊位,与二相应。二既能得其中道,以祛群邪,许其更新,五即因之,原情赦宥,不复穷究,是以不解为解者也。小人遂感而有孚,是以吉也。《象传》曰:"君子有解,小人退也",谓君子不必力去小人,小人自心服君子,不敢与君子同居。自古奸邪害政,皆由君子不能感化小人,小人是以不信服君子,以致倾轧。覆辙相寻,皆未明六五"有解"之旨也。

【占】 问时运:正运亨通,群邪悉退。

○问战征:不戮一人,不加一矢,外夷来服。

○问功名:利君子,不利小人。

○问营商:不劳苦计营谋,自然获利。

○问家宅:此宅福曜照临,邪魔远避。

○问婚姻:吉。

○问行人:即归。

○问疾病:外邪解散,正气来复,吉。

○问讼事:理直者胜,理曲者服,即可罢讼。

〇问六甲：生男。

【占例】 友人横山孙一郎氏来，曰：近见新闻纸所揭福地氏下狱，想此老衰之身，际此炎暑，其困难不言可知。推其所由，为得金草文，在草文得金，与受贿营私者，固有别焉。公冶缧绁，孔子特以非罪明之，予将为福地氏筹一解救之方，请烦一占。筮得解之困。

爻辞曰："六五：君子维有解，吉。有孚于小人。"

断曰：解者，解散也。占得第五爻，为解之主。《爻辞》曰"君子维有解"，且系以"吉"，称曰"君子"，知罪非其罪，不以罪而贱其人也。曰"维有解，"知不解而解，不待救而自然脱罪也。曰"有孚于小人"，在被起事之小人，亦知陷害君子，于心不忍，自愿认罪而退也。福地氏暂受其厄，自得安吉。

余因面东京裁判检事，具语此易，不日而福地氏出狱。

阅后有相知永井泰次郎氏，以讼事嫌疑，牵连被引，伊妻来请一占，又得此爻，遂即将此判词告之。永井氏亦果以无罪放免。其事同，其爻同，其应验亦果相同，故附记之。

上六：公用射隼于高墉之上，获之，无不利。

《象传》曰：公用射隼，以解悖也。

震为诸侯，故称"公"；坎为弧，为弓，故曰"射"。卦体上互离，离为飞鸟，故有隼象。四动而成坤，坤为城墉，象城墉之上。上爻居解之极，自初至五，凡用刚，用柔，用猛，用宽，所以解除内难，亦既备矣，至上犹有飞翔在外，如鸷鸟之强悍者，五乃命六曰：公其乘坤之墉，张离之弧，抽一矢而射之，获其魁首，无不利也，以解悖也。坎为悖，谓灭此悖逆之徒，斯内患外寇，悉皆扫平矣。前诸爻，即《象》所云"其来复吉"；上爻乃《象》云"有攸往，夙吉"是也。

【占】 问时运：运途吉顺，出外或遇小寇，宜急防之。

〇问战征：防有敌兵劫掠城外，宜高阜伏矢以射之，必有获也。

〇问营商：运货出外，防有盗劫，宜严备御，非特无失，且可以获盗粮也，故曰"无不利"。

〇问功名：爻称公，必已贵显也，当立功于外。

〇问家宅：墉墙宜高，可备外窃。

〇问婚姻：《诗》云"弋凫与雁"，有射之象，吉。

〇问讼事：悖逆自解，利。

〇问六甲：生男。

【占例】 镰仓圆觉寺住僧今北洪川和尚，博晓释典，当今之高僧也。予一日游镰仓，欲访和尚，意予所谈在《易》理，和尚所说在禅味，不知禅之三昧，与易之六爻，其旨果相符合否耶？试为一占，筮得解之未济。

爻辞曰："上六：公用射隼于高墉之上，获之，无不利"。

断曰：佛法以解脱为宗旨，取解脱烦恼之义也。今得解上爻，不言解而言射，是用佛法,摄伏外魔,内性既定,外魔自消,与解所云之"三狐"为内魔,上之"隼"为外魔,其旨相同。知今日和尚,对余所谈,大旨如斯。予乃就卦义,书道歌一首,怀之以访和尚。

和尚延予入禅堂,茗谈移晷,佛法《易》理,各极其妙,遂出道歌示之,一笑而别。

○一日横滨商人左右田金作氏来访,请占利根运河株式高低。筮得解之未济。

爻辞曰:"上六:公用射隼于高墉之上,获之,无不利。"

断曰:解者,动而免险之卦。方今卖却株式,得此难得之利益,以免后日之灾,故曰"无不利"。恰如见隼集于高墉之上,一矢射之,以去后患,若迁延过时,及至损卦,必有损而无利也。

氏从此言,一次卖之,即得利益;后因获利,而复买之,致招损失云。

○明治三十一年,占伊藤内阁气运,筮得解之未济。

爻辞曰:"上六:公用射隼于高墉之上,获之,无不利。"

断曰:爻辞曰"公",适合内阁之称也;内阁居高位,故曰"高墉"。"隼",指政党首领而言。政党首领,身处位外,飞扬跋扈,每与政府为难,如隼之悍鸷善掠,残害善类。六五之君,命公乘高,射而获之。不曰歼而曰获,以隼本有用之材,素有功劳,故期获而用之,以收其效,故曰"获之,无不利"也。《象传》曰"解悖",是谓解去悖逆之心,以冀归顺也。内阁躬膺总理,既修文德,又具武功,靖内难,戢外侮,固公之所优为,解之上而难解,正公今之时也。

然解难为解,解位亦为解,尤公所宜慎审。遂呈此占于内阁。后内阁推荐大隈板垣两伯,问余以占断当否? 余曰:执一隼,又欲获一隼,但恐所执之隼,振羽欲翔,放手遂不得复执。两隼相轧,而不能相容。公乃遂辞内阁,亦合解卦之义也。

䷨ 山泽损

卦体上山下泽,山高也,高者愈高,谓之益上;泽卑也,卑者愈卑,谓之损下。故下不可损,损在下而益在上,谓之损;下本当益,益在下而损在上,谓之益。损益之理固相反,而损益之用适相济。人第知其损也,而不知益即益其损;人第知益也,而不知损即损其益。是以《序卦》先损而后益。事先简而后烦,礼先俭而后奢,物先虚而后盈,故《易》道先损。损兑益艮,所以为损。

损:有孚,元吉,无咎,可贞,利有攸往。曷之用? 二簋可用享。

损通咸。有心为感,无心为咸。咸,感孚也,故曰"有孚",以其所损者,出于中心之诚,有足以见信于人也。不然,损主节俭,而俭不中礼,卒来讥刺,咎且难免,奚见"元吉"乎? 唯损而"有孚",斯人感其诚,自得"元吉",复何咎? 损而可正,以斯而往,无往不利也。损俭如此,何用丰为乎? 约之"二簋",亦可"用享",不特有孚于人,且可上孚夫神明矣。

《象传》曰:损,损下益上,其道上行。损而有孚,元吉,无咎,可贞,利有攸往。曷之用? 二簋可用享。二簋应有时,损刚益柔有时。损益盈虚,与时偕行。

损，减省也，减乾下之刚，以益坤上之柔，故谓之“损下益上”，亦即“损刚益柔”也。益在于上，故谓之“其道上行”。“有孚”者，以孚行损，则损下而下不病其损，益上而上不嫌其益，上下交孚，吉莫大焉，复有何咎？“贞”，正也，谓可以正其未孚也。艮在上，艮止也，艮得其益，则不为止而为往，故曰“利有攸往”。损既“有孚”，损自“无咎”，何必用丰？损之又损，即“二簋”亦可“用享”矣。震为祭，艮为宗庙，有用享之象。“簋”，盛黍稷之器，按礼簋多用八用六，今用二，是从损也。享以诚孚，故虽二簋可也。然损宜应时，时而当损，太羹不以为俭；时不当损，豚肩终伤其益。故损益盈虚，要贵“与时偕行”也。

以此卦拟人事，损，节省也，节财为损，节欲亦为损。节财所以利用，节欲在于清心，此固人事之要也。顾可损而损，虽损之而不以为损；不可损而损，即不损而已疑其损。凡人事之动辄得咎者，皆由于损其所损，而不能见信于人；不信于人，则有损无益，咎且不免，奚以得吉？或损大益小，止且不可，奚以能往？是以损卦，首曰“损，有孚”。卦体艮上兑下。艮，止也，兑，悦也，有孚则悦止相承，“山泽通气”，刚柔合志，上下交孚矣，不特在己愿受其损，即在人亦不疑其损。故用之于家，而财用省；用之于身，而情欲寡；极其用以格神明，而神明亦享其诚，从其啬，可无用丰也，有所往，乌乎不利也？夫亦因乎其时而已矣，若时不当损，而概从节俭，或讥其损人而益己，或斥其损公而益私，是为人事之患，咎复何辞？故人事当察夫天时，观日月之盈昃，寒暑之往来，即可知“损益盈虚，与时偕行”之道也。

以此卦拟国家，国家之制，田有赋，廛有征，货物出入有税，此皆损下以益上也。当其全盛，上不必须索夫下，下自乐输将夫上，上施其仁，下怀其德，朝野一心，无事则献豵私豜以奉上，有事则箪食壶浆以迎师。所谓信则民任者，此也。得其信，则上下交孚，其道有吉而无咎，其用无往而不利，其义贵与时而偕行。取其约勿取其丰，惟其诚不维其物，可以裕国，可以理财，推之亦即可以格宗庙。凡国家之损益盈虚，唯在法夫天以应夫时而已矣。六爻言损，酌盈虚，审彼我，度终始，义各有在。初“酌损”，二“弗损”，三“损一”，四损疾，五不曰损，上亦曰“弗损”。盖卦虽曰损，爻多不言损也。初、二、上皆曰“志”，三曰“疑”，四曰“喜”，五曰“祐”，其道皆取其孚也。盖治国之道，首在得民心，民心未得，虽上日施其惠，而民不知感也；得其民心，民将曰小民之饮食日用，皆出自上之所施也，何敢自私其有乎？虽损之不以为怨也。损卦首揭“有孚”二字，其旨深远，最宜体玩。

通观全卦，卦下体，本乾三画皆刚，为有余而当损也；上体本坤三画皆柔，为不足而当益也，谓之“损下益上，其道上行”。损益为盛衰之机，亦即为否泰之兆。损自泰来，益自否来，损二五失位，益二五得位，可以见否泰之相反也。损兑有余，补艮不足，上下相洽，止悦相承，是以益卦不待孚而民悦，损卦必先孚而乃吉。以损为人情所不欲，然人情固忧缺乏而求盈，君子则恶盈满而思节。“二簋”虽薄，可享宗庙，道在以诚为贵耳。“二簋”指兑之二阳，谓其简略也。上卦爻辞，多取“有孚”之旨，下卦爻辞，多取用享之象，合之皆取悦而止之义。然非谓刚之尽可损，柔之尽可益也，时可损则损，时可益则益，非人之所能强致焉，故曰“损刚益柔有时，损益盈虚，与时偕行”。

《大象》曰：山下有泽，损，君子以惩忿窒欲。

地以益而成山，即以损而成泽。山泽本损益之物，不益则山必崩，不损则泽必涸，此卦之所以名损也。在人之易发而难制者，无如忿，易炽而难绝者，无如欲。君子见此象，知怒气之盛，势足拔山，故必惩之，以遏刚强之性；贪念之深，盈难填壑，故必窒之，以塞利窦之源。怒起于刚，"惩忿"以息其既往；贪牵于情，"窒欲"以闲其将来。艮山止而兑泽塞，皆有损之象焉。

【占】　问时运：目下行运不正，宜自惩忿。
　　○问营商：营商原在谋财，宜和气，不宜恃气；宜审利，不宜放利。
　　○问功名：忿欲不除，虽有功名，恐不能保其终也。
　　○问战征："山下有泽"，防山下深处，有敌兵埋伏。
　　○问婚姻：卦自咸恒来，女悦而男止，夫妇之道，得其正也。
　　○问家宅：此宅后有高山，前有深泽，地势颇险，宜开凿之使平。
　　○问讼事：不使气，不贪财，讼自平矣。
　　○问失物：不得。
　　○问六甲：单月生男，双月生女。

初九：已事遄往，无咎。酌损之。

《象传》曰：已事遄往，尚合志也。
　　初爻处卦之始，即为谋事之始。"已事"者，已其事也，即艮止之意。"遄往"者，遄，速也。事既可已，即当"遄往"，一经因循，必致误事，是以有咎，故曰"已事遄往，无咎"。若事在可已不可已之间，已之则失业，不已则害公，惟当酌其轻重缓急之宜，故曰"酌损之"。《象传》以"尚合志"释之。"尚"作上，庶几也。"已事遄往"，庶几与上合志也。虞氏以"已"作祀，谓祭祀，祀事而云"酌损"，即《象》所云"二簋可用享"之义。其说亦通。

【占】　问时运：已往莫追，目下宜急加勉，自可免咎。
　　○问战征：宜速进兵，不可迟缓，辎重粮食，亦须"酌损"。
　　○问营商：贩运宜速，审时度势，宜酌量前行，定可获利，必无咎也。
　　○问功名：速往则得，迟缓无成。
　　○问婚姻：即日迎娶，两姓好合。
　　○问家宅：须速他迁，吉。
　　○问讼事：即速了结罢讼。
　　○问失物：速寻可得。
　　○问六甲：生女。

【占例】　友人某来曰：有朋友以急需借金，请占后日利害。筮得损之蒙。
　　爻辞曰："初九：已事遄往，无咎。酌损之。"
　　断曰：爻居内卦，又在初位。内卦为兑，兑为口，有开口求人之象。《爻辞》曰"已事遄往，无咎"。谓当此时处困难，宜抛弃其事，赶急前往，以求救援，得季布之千金一诺，斯可无咎矣。"酌损之"者，谓其所借金数，或有不足，又宜酌量多寡，以赈其乏。玩此《爻辞》，知需用急切，有不可片刻宽缓者，缓即有咎。但所借之款，必有减少，亦不至空手而回也。

九二:利贞,征凶。弗损益之。

《象传》曰:九二利贞,中以为志也。

二处内卦之中。凡事之有待损之益之者,必其未协于中也。二得中,则以"弗损"为"利贞"。若不可损而损之,则损之反失中,是以"征凶"。损与益相对,人只知损其所损,以损为益,不知不损其所不损,不损乃为益。盖其所弗损弗益者,惟在守其中道而已,得其中,即"利贞"也。《象传》以"中以为志"释之,志,犹射之的,以中为的,志之于此也。

【占】 问时运:好运方来,不减不加,万事得中,自然获利。

○问战征:不必减粮,不必添兵。坚守中营,有胜无败;若鲁莽前往,恐有凶也。

○问营商:货物合宜,不必减价,无不获利。

○问功名:无荣无辱,青毡守旧。

○问婚姻:两姓门户相当,吉。

○问家宅:地位得中,不必添改,大利。

○问讼事:平和。

○问失物:原物无失。

○问六甲:生女。

【占例】 友人某来曰:余为家兄在大阪垄断米市,大受亏耗。有献斡旋之策者,以电报来告,催余运送多金,犹得转败为胜。余恐再失,则受亏愈大,因占其成否如何? 筮得损之颐。

爻辞曰:"九二:利贞,征凶。弗损益之。"

断曰:卦象泽低而山高,知一时米价,大有高下之势。初次见价低,而多数约买,今临期腾贵,不能不如数应付,以致受耗。东京支店之金,不可动也,谓之"利贞",若送金而往,谓之"征凶"。大阪本店虽亏,以东京支店维持之,自可挽回,谓之"弗损益之"。

后果如所占。

○明治六年,贵显某任某县县令,来请占气运,筮得损之颐。

爻辞曰:"九二:利贞,征凶。弗损益之。"

断曰:损卦为损下而益上,二爻曰"弗损益之",是明明言下不必损,上不必益也。今足下出任某县令,占得此爻,《爻辞》曰:"九二:利贞,征凶。弗损益之。"以九二爻位得正,宜固守成规,不必改作,自得其利。若妄自更张,竞求进步,反致凶也,故无取于损,"弗损"即为"利贞"。足下其谨遵《爻辞》,行之可也。

六三:三人行,则损一人,一人行,则得其友。

《象传》曰:一人行,三则疑也。

六三辰在亥,得乾气。乾为人,又为行,三爻为三人,故曰"三人行"。乾上至三而变兑,是三损一也;上互坤,变坤之上画成艮,二阴一阳,故曰"一人行"。三为损卦主爻,居兑卦之终,兑为友,故曰"得其友",是艮得其友也。盖天下事,一则不足,三则过之,以二为得中,乃奇偶之定数。是以"三人行",则损其一以成二;一人行,则"得其友"亦成二。一而二,二而一,斯之为合志,不然,三人成众,众则人心不一,而疑惑生焉,故《象传》以"三则疑也"释之。

【占】　问时运:财运平平,少则获利,多则有损。利双月,不利单月。

　　○问战征:宜从兑方,一路进军,自有援兵相助,有胜无败。

　　○问营商:商业宜于一人独做,否则二人同办,再多则必有损。

　　○问功名:须一人独往,必得成名。

　　○问婚姻:得友,即得偶也,吉。

　　○问家宅:宅在兑方,宅中丁口,每家只有两丁可断。

　　○问讼事:两造成讼,为中有一人唆弄所致,去此一人,则讼了矣。

　　○问六甲:生女。

【占例】　明治二十五年四月,余任北海道炭矿铁道会社长之役。将赴所在,占改正处分如何,筮得损之大畜。

　　爻辞曰:"六三:三人行,则损一人,一人行,则得其友。"

　　断曰:卦体艮山兑泽,卦德损下益上,明见上卦之山愈高,下卦之泽愈低,有上下不通之势。上下不通,必致事务阻碍,弊端百出,会社因之招损失也。今余恭任社长,势不可不淘汰人员,革除敝害,然此社之弊有二:一系社务,不专关营利主义;一系社员,多由官吏而来;不关营利主义,则社用之出纳无准,由官吏而来,则社规之约束难齐,于是耗费多,冗员众,社中诸务,皆有名无实而已。余欲振兴会社,所以不能不锐意改革也。今占得三爻,玩绎爻辞,是明明告我三分中损一之法也。

　　余得此卦,遂单身赴北海道,断行改革,先减役员三分之一,开其端绪。自是而社务遂大得整顿。

　　○明治二十五年,余为北海道炭矿会社社长,时因石炭之贩路有碍,所采掘石炭,堆聚不售,社员皆为焦心。筮得损之大畜。

　　爻辞曰:"六三:三人行,则损一人,一人行,则得其友。"

　　断曰:据爻辞称"三人行,则损一人,一人行,则得友",是明示以少则得利,多则有损,为目下之情形也。至四爻,则曰"损其疾,使遄有喜",是明言去其货之劣者,使往售而有喜也。五爻则曰"或益之十朋之龟,弗克违,元吉"。按,古者货贝五朋,是明言必将益价,莫之能违,是以大吉;上爻则曰"弗损益之,利有攸往",是明言价格上落,可以到处销售,自能获利也。此后出损入益。益《象》曰"利有攸往,利涉大川",是明言可以贩运出洋,销行于外国也。益六爻,皆有畅销获利之象。由此推之,以一爻为一年,洞悉九年如一日,集社员示以此断。

　　果哉! 二十五年,多蓄石炭,二十六年贩路顿开,照此占辞,料知此后社务,必可隆昌也。

　　○友人某来,请占事业之成否,筮得损之大畜。

　　爻辞曰:"六三:三人行,则损一人,一人行,则得其友。"

断曰：此卦山高而上耸，泽低而下陷，山泽不通气，有草木不生，鱼龟不育之象。今占得三爻，爻辞大旨，谓三人则损，一人则得，知合众兴事，必多意见不合，反致损失。足下能独力成事，必得同心之友来助，可以兴业而有为也。

〇明治三十二年一月，自由党与政府提携议会，所议渐合政府之意。自由党乃推选三人，请置大臣之位。政府不允，诸新闻多论其可否。某议员来，请占自由党之意向，果否贯彻，筮得损之大畜。

爻辞曰："六三：三人行，则损一人，一人行，则得其友。"

断曰：此卦外卦为政府，内卦为党员。党员向政府推举大臣，政府秉艮止之性，不允其请，是下悦上止，故名其卦曰损。六三阴爻，与上九阳爻相应，故党员之意，得达政府，在政府为今进党员三人，不得不点大臣三人，是政府之所以为难也。或三人中选用二人乎？谓之"三人行，则损一人"；或只用一人乎？谓之"一人行，则得其友"也。

他日偶晤板垣伯，谈及此占，相与一笑。后因党内有猜忌者，此事遂止。

六四：损其疾，使遄有喜，无咎。

《象传》曰：损其疾，亦可喜也。

此爻以阴居阴，为外卦之始，与初九相应。初动体坎，坎为心病，疾所由生。疾曰"其疾"，"其"指初也，得四为之应。内外皆知所当损，而决计损之，则事之损犹在后，疾之损为在先也。疾损而"遄"，"遄"者初，使之遄者，四也。盖有疾则忧，疾损则喜，故"无咎"也。《象传》以"亦可喜"释之，谓不必言损事，但言损疾，而亦可喜，则损事之喜，更可知矣。

【占】 问时运：目下虽有小灾，得救即疗，可以转忧为喜。

〇问营商：货宜减办，使之即往贩售，获利可喜。

〇问战征：未免遭伤，医治可疗，无咎。

〇问家宅：此宅阴气过盛，宅眷致多疾病，祈祷可疗，无咎。

〇问功名：一时难望。

〇问婚姻：四与初相应，初阳四阴，阴阳相合，必成可喜。

〇问讼事："疾"者，害也，去其所害，讼自平矣。

〇问行人：有事他往，一时未归，有喜无咎。

〇问六甲：生男。

【占例】 工部省书记杉实信氏，予旧亲也。明治十五年二月某日晨起得电报，云杉氏罹急疾。余惊而筮之，得损之睽。

爻辞曰："九四：损其疾，使遄有喜，无咎。"

断曰：观爻辞，已得明示，谓此病颇重，使名医速施治疗，可立愈也；若迁缓过期，员名医亦将束手，故曰"损其疾，使遄有喜，无咎"。

不幸夜来，大雪纷飞，杜绝行道，朝来风雪益狂。余冒雪赴品川，访于氏之病室。医师皆为大雪所阻，延期不到，果即日死去。亦天数也，可叹可悼！

六五：或益之十朋之龟，弗克违。元吉。

《象传》曰：六五元吉，自上祐也。

"十朋之龟"，元龟长一尺二寸，直二千一百六十，为大贝十朋；公龟九寸以上，直五百，为牡贝十朋；侯龟七寸以上，直三百，为公贝十朋；于龟五寸以上，直百，为小贝十朋——见《汉书》。坤数十，又偶为朋，故有"十朋"之象。龟者灵物，能前知吉凶，为卜质吉凶之具。此爻柔顺得中，诚孚于下，故人献其诚。"或益之十朋之龟"，"或"者，不知其所从来之辞，意外之益，君子疑焉，故问之于卜筮。理数已定，十朋之元龟，不能违，其吉可知，故曰"十朋之龟，弗克违，元吉"。《象传》以"自上祐也"释之，"上祐"者，"自天祐之"也。以爻象言，"上"指上爻，谓上能辅祐六五之君也。

【占】　问时运：运途全盛，可得意外宠遇。
　　○问战征：军事先卜，其兆大吉。
　　○问营商：财运之来，虽辞不去。
　　○问功名："自天祐之，吉无不利。"
　　○问家宅：家业兴隆，不卜可知。
　　○问婚姻：天作之合，吉。
　　○问疾病：病愈之后，且可得财，吉。
　　○问六甲：生男。

【占例】　东京豪商某家甲干某来，曰："仆受本店之命，担任大藏省用务，率数百人以从事。近闻明年大藏省将有改革，此事拟废，则仆所管数百人，一时皆失其业，实所不忍。今转谋于某会社，欲授此等人以相当之业，请占其可否？"筮得损之中孚。

爻辞曰："六五：或益之十朋之龟，弗克违，元吉。"

断曰：此爻以阳居五，位得中正，可知足下秉心正直，当久任其事，不必转而他往也。"十朋之龟"者，谓将来有意外之幸福也。今者大藏省有改革之议，其中或损或益，足下别有担任之务，此数百人，因之得福，亦未可知。就爻位推之，明年当上爻，《爻辞》曰"弗损益之，无咎，贞吉，利有攸往"，明年无所损益，且贞吉有利，此事务或不复拟废，亦未定也。总之足下与此数百人，皆得无咎且吉，不必怀忧。

某大喜，后果如此占。

上九：弗损益之，无咎，贞吉。利有攸往，得臣无家。

《象传》曰：弗损益之，大得志也。

此爻居损之极，不可复损也，曰"弗损益之"。其辞与二同，其义与二别。上与三应，三处当损之位，人或疑损三以益上，三之损实为上之益也。故特示之曰"弗损益之"，以明三虽有损，而于上则无所损益焉。无损则事皆平均而"无咎"，理得安详而"贞吉"。"利有攸往"，即《象传》所称"与时偕行"之义，上为艮之极，极则变，故不为止而为往也。上互坤，坤为臣，艮为家，艮动而变坤，"得臣无家"之象。弗损下以益上，是王者以天下为家，臣下化之，亦皆国而忘家，故曰"得臣无家"。《象传》以"大得志"释之，谓王者以不损益为益，潜移默化，不见其迹，志量之所及甚大，故曰"大得志也"。

【占】 问时运：目下绝无窒碍，所往皆利，大吉。
　　○问战征：军队不须添减，率此以往，攻克战胜，无往不利，可"大得志也"。
　　○问营商：货价无甚上落，往售皆可获利，大吉。
　　○问功名：目下即可得志。
　　○问家宅：此宅不必改造，自得吉利。
　　○问疾病：当出外求医，无咎。
　　○问行人：在外大吉，一时未必归家。
　　○问六甲：生男。

【占例】 明治九年，长崎商人大浦阿启与神代某来，曰：前自驿递局，借与横滨制铁所，从事船舶修缮费用，后因得不偿失，大被亏损。计将返纳于驿递局，或转让与他人。两者未决，请占其孰可？筮得损之临。

　　爻辞曰："上九：弗损益之，无咎，贞吉，利有攸往，得臣无家。"

　　断曰：此爻为损之极，今后更无所损。不损则必有所益，故其辞曰"弗损益之，贞吉，利有攸往"也。

　　二友信之，遂决计续承其业。翌年有西南之役，船舶繁多，大得利益云。

䷩ 风雷益

卦体上巽下震。巽为风，震为雷，风自天来，雷自地出，是以损乾下画之阳为巽，益坤下画之阴为震。益者益阴，损者损阳。阳实，而乾为纯阳，实之至也，故可损；阴虚，而坤为纯阴，虚之至也，故曰益。且风之势过暴，必致摧丧万物，损之而其气和；雷之威不振，无以鼓动万物，益之而其气斯畅，是以损上益下，名其卦曰风雷益。

益：利有攸往，利涉大川。

益字，上从兴，横之则从水，坎为水，亦为大川。下从皿，《释文》"益以增长为名，以宏裕为义"，增长宏裕，皆言其利益之普也。震为行，巽为利，故曰"利有攸往"。凡卦言"利涉大川"，有取乾，有取坤，有取巽，随卦取象。益上卦为巽，变巽之下成乾，变巽之上成坎，得乾坎之气；巽为风，风行最疾，波涛无阻，是以既曰"利有攸往"，又曰"利涉大川"也。

《象传》曰：益，损上益下，民说无疆。自上下下，其道大光。利有攸往，中正有庆。利涉大川，木道乃行。益动而巽，日进无疆。天施地生，其益无方。凡益之道，与时偕行。

益与损相对。损者，减省也，益归于上，损归于下，未免有剥民奉君之象；益者，增加也，益归于下，损归于上，即孔子加富加教之意也。"民悦"者，即自损之兑下来，兑为悦，民受其益，必感其恩，故悦。下互坤，坤道无疆，坤亦为民，故曰"民悦无疆"。"损下益上”，谓之“上行”；“损上益下”，故曰“自上下下”。“道”者乾道也，损乾之阳，益坤之阴，坤得其益，适以成乾之大，显乾之光，故曰“其道大光”。旁通为恒，恒《彖》亦曰“利有攸往”，恒之“攸往”，利在恒久；益之“攸往”，利在“中正”。正而且中，是以“有庆”也。“利涉大川”，言木者三，益、涣、中孚是也，皆取巽木，益则震巽皆木。卦本三刚在外，四柔在内，有“刳木为舟”之象。乘风而行，蓬蓬然达于北海，蓬蓬然止于南海，斯之谓“利涉”，斯之谓“木道乃行”。益动而骄盈，则益即变损；动而巽顺，则所益日进。“益下”者，益坤也，故悦无疆，而进亦无疆。乾为施，坤为生，四时百物，并受化育，不可以方隅限，故曰“其益无方”。四时之序，由震而巽，益为正月之卦，风雷始作，膏泽下降，王者体之以益民，有加无已，道亦如斯，故曰“与时偕行”。

以此卦拟人事，所谓益者，有益于我谓之益；若于我有益，而于人有损，即不得谓之益。必于我有益，而于人亦无损，斯可谓之益矣。此谓“损上益下”，要即“裒多益寡”也。以此理家，因其有余，从而损之，则损即为益；因其不足，从而益之，则益不为损。以此治身，己有未克，力为损之，是损所当损；礼有未复，力为益之，是益所当益。得其益而往，则无往而不获益，即无往而不获利也。坦途可往，“大川”亦可往，惟其“中正”，乃得“有庆”。“木道”，谓震巽。凡人之所用，莫不各因其利。陆用以车，水用以舟，人力之无远弗届者，即赖此木道而行也。动者，震也，动而曰进者，得巽之顺也。推之天地之运行，上施下生，一气鼓铸，发育无穷，其为益未可限量。人事，一小天地也，亦惟法夫天地，顺时而推行已耳。

以此卦拟国家，卦义以“损上益下”为益，正为有国家者示一条戒：毋私尔财，毋剥下以奉上，毋足国以贫民。反是谓损，即使有孚而无咎，而损下终非美名，有国家者所当凛凛也。凡民情莫不欲无损而有益。有益则喜，喜则悦，益愈宏，悦愈众，所谓自西自东，自南自北，无思不服，其悦也，诚有悠久而无疆者矣。盖益之道，自上及下，悦之情，自下感上，上下相孚，即五爻所云“有孚惠心”者是也。道即乾道，损乾益坤，乃愈见乾道之大而光焉。乾为健行，震亦为行，故“利有攸往”，以斯而往，往无不利。涉川者，利用舟楫，舟楫以木而成，故曰“木道”。圣人“以美利利天下”，刳木剡木，应时定制，守约而施博，道济天下，知周万物，《说卦传》曰“益以兴利”，此之谓也。人主本惠心，行惠政，省方观民，百废俱举，归于有孚，其益无方。有施有生，天道也，地道也，君道也。与时偕行，一而已矣。

通观此卦，损与益名相反，而用相济。乾在下，邦国富庶之象，故损下；乾在上，朝廷丰盈之象，故损上。损上不曰损而曰益，厚其本也；益上不曰益而曰损，剥其基也，圣人所以示厚下也。能损则益，此卦所以次损也。“损上而益下”，即自上而下下，上以益往，下以悦来，上之益得“中正”也，下之悦在“有庆”也。是上“以美利利天下”，不期悦而民自悦焉。悦至此，将见悦以劳民，民忘其劳，则险难不避，波涛可涉，焉往而不得哉！故“利涉大川”。“益动而巽”，震为动，巽为顺，动而顺行，是以“日进无疆”。“其道大光”，乾道也；“木道乃行”，巽道也，亦震道也。乾动而为施，坤动而为生，不动不见其益，动则见其益，动无方，益亦无方。观夫天之道，随时而动，故其益随时而行，君子之“见善则迁，有过则改”，亦随时而迁，随时而改。知益之在身者如是，即益之在天下国家者，无不如是。上下互卦为剥，剥《象》曰“剥，上以厚下”，其旨与“损上益下”相同。然剥六爻多凶，而益六爻多吉，所谓因民之所利而利之，有益之惠，无益之病，故与剥上者有异焉。卦与损反，六爻亦与损先后互反。益初“大作”“元吉”，即损上之“大得志”也。益二“十朋之龟”，即损五之"或益"之龟也。益三"用凶事",即损四之"损其疾"也。益四"迁国",即损三之得友也。益五"有孚惠心",即损三之"中以为志"也。益上"莫益之",即损初之"酌损之"也。其辞或相因而来,其义或相济而成,其旨或相反而为戒。《语》曰:"节用而爱民,使民以时",损者节用,益者爱民,"时"即"与时偕行"之义,国道之要在是焉。

《大象》曰:风雷益,君子以见善则迁,有过则改。

风雷者,二气之升降、进退、周旋以相损益者也。故震上巽下为恒,《象》曰"雷风恒",巽上震下为益,《象》曰"风雷益"。象以风雷易其位,盖以风雷相遇,天地之间,上下无常也。以方位言,震为卯,巽为辰巳,由震而巽,其行也顺,故其为益也宏。君子法之,见人之善则屈己以从,见己有过,则返躬自讼。故迁善当如风之速,改过当如雷之勇,谓之"见善则迁,有过则改"。"见"、"有"二字,可以见人己之分界。王弼曰:"迁善改过,益莫大焉。"

【占】 问时运:迅雷烈风,正当运途振作之际,改旧换新,在此时也。

○问战征:电逐风行,正可一鼓而平。

○问营商:有利则贸易,无则改售,宜迅速,不宜迟缓。

○问功名:风雷合益,大得志也。

○问疾病:是肝木太盛之症,治宜损阳扶阴。

○问婚姻:震男巽女,天然配合。

○问家宅:此宅防有雷击风摧之患,完者宜修葺之,朽者宜改作之。

○问讼事:返躬自省,怒息气平,讼事自罢。

○问失物:已经迁改变易,不可复得。

○问六甲:单月男,双月女。

初九:利用为大作,元吉,无咎。

《象传》曰:元吉无咎,下不厚事也。

"大作"者,天子巡狩之事。所谓"春省耕而补不足,秋省敛而助不给",其他祭告、赈贷、迁国,皆"大作"也。震为作,巽为利,乾为大,为元,坤为用,为厚。"厚事",即"大作"。初居内卦之下,事之始也。王者举大事,建大功,利益计夫恒久,规则定于首图,故"利用为大作"。在初,其事与天下共为之,其益亦与天下共享之,斯下民乐事趋公,愿效其劳,不以其事为上之事,直以其事为己之事也,故得"元吉,无咎"。《象传》以"下不厚事"释之,谓不以其事厚重而难为,乃以其事轻易而乐从,踊跃争先,"吉无咎"焉。或云震属春,巽属春夏之交,"大作"者,东作之事。《系辞》所云"耒耜之利,以教天下,尽取诸益"。其说亦通。

【占】 问时运:好运初交,可以与作大事,无不如意。吉。

○问战征:兵队初交,即可一战以成大功,有吉无咎。

○问营商:初次营业,资本既厚,经营亦大,可获大利,且能悠久无咎。

○问功名:可望大魁天下,大吉。

○问家宅：此宅新造，屋宇宽大，大吉无咎。

○问婚姻：大吉。

○问讼事：此讼为公众大事，非关一己私愤也。无咎。

○问行人：在外正当谋事立业，一时未归。

○问六甲：生女。

【占例】　明治二十四年，占秋收丰歉，筮得益之观。

爻辞曰："初九：利用为大作，元吉，无咎。"

断曰：此爻虞氏以"大作"为东作，即《系辞》谓耒耜之利取诸益，与所占秋收，爻象适合。爻辞曰"利用"，曰"元吉"，曰"无咎"，知收成必丰无歉。卦名曰益，卦体曰"益下"，年谷丰登，千仓万箱，正如《象传》所云，"天施地生，其益无方"，吉莫大焉。

六二：或益之十朋之龟，弗克违，永贞吉。王用享于帝，吉。

《象传》曰：或益之，自外来也。

"十朋之龟"，解同损五，益二之龟，即损五之龟也。损五以龟奉上，益二即以下所奉者，转而益下。龟之益人，其灵爽足以世守，非在一时之吉也，故曰"永贞吉"。二居震之中，当位应巽，震为帝，为祭，故曰"王用享于帝"。"王"指九五，五用二之朋龟，告享于帝，以乞上祐，吉莫大焉。《郊·特牲》曰："卜郊受命于祖庙，作龟于祢宫"，是为享帝用龟之事。《象传》以"自外来"释之，以益为内，损为外，龟自损来，故谓"外来"也。

【占】　问时运：主得意外之财，且能世守，永吉。

○问战征：古者行军先卜，出师必祷。此爻均吉，其战必克。"自外来也"，可由外而攻之也。

○问营商：贝货即货币也。"十"，数之盈也。"或益之"者，疑有神助也。营商得此爻，必获厚利，永吉。

○问功名：古者命相举贤，皆从枚卜，既得吉兆，其显可知，故曰永吉。

○问疾病：祷之即愈。

○问家宅：二至四为坤，坤为安，为土，有安宅之象。坤"利永贞"故曰，"永贞吉"。此宅可以久居也。

○问婚姻：震巽为长男长女，卜凤之兆，自昔称祥，百年好合，故得永吉。

○问六甲：生男。

【占例】　友人某来，请占某富绅家政，筮得益之中孚。

爻辞曰："六二：或益之十朋之龟，弗克违，永贞吉。王用享于帝，吉。"

断曰：二爻处内卦之中，体柔当位，卦名曰益，已知伊家内政得当，有益无损也。《汉书·食货志》云："人用莫如龟"。龟者，货贝。"十朋之龟"，"十"，盈数，富足之象。"或益之"者，不知谁为益之也。《象传》曰"自外来也"，盖谓其益有来自外者也。《正义》谓："二居益用谦，物自外来，朋龟献策，弗能违也。"故曰永贞乃吉。享帝者，谓明灵降福，报告于天也,即损五所谓"上祐","上",天也,"自天祐之,吉无不利",其在斯乎?今占某富绅家政,得此爻辞,知某富绅家风清正,内政修明,卜之而蓍龟呈祥,祷之而神明赐福。家道之盛,日进日益,盖有应乎时,得乎天,可大可久,而未有艾也。

六三:益之用凶事,无咎。有孚中行,告公用圭。

《象传》曰:益用凶事,固有之也。

六三以阴居阳,处震之极,是动而求益者也,故曰"益之"。下互坤,坤为用,为事,为死丧,故曰"用凶事"。益在于三,民信素著,不特处常为益,即处变亦为益。盖益非私己,用适其时,志在拯凶,事得无咎,故曰"无咎"。三动体家人,家人上爻曰"有孚威如",震为应,诚心相应,有威孚之象。三当内外卦之中,震又为行,故曰"有孚中行"。震为诸候,又为告,故曰"告公"。《周礼》,"珍圭以征守,以恤凶荒";毛氏西河云:"凡王者忧凶之礼,出珍圭以致王命,使恤凶之地,或去其征,或弛其政",此即益下之"用凶事"者也。圭为符信,所以示信,以通上下之情也,故曰"告公用圭"。《象传》以"固有之也"释之,谓益"用凶事",在民若第知为益,而不知为凶,以为其事为固有之也。夫益而至于"用凶事",斯真其益之无方矣;凶事而若"固有之",愈见民悦之无疆矣。初爻《象传》曰,"下不厚事",意亦相同。

【占】 问时运:运途多歉,以其素行诚实,人皆信之,可以无咎。
　　○问战征:兵本凶事,又陷危地,幸众军同心戮力,得奔告大营,获救出险,无咎。
　　○问功名:先苦后甘,先难后获。
　　○问营商:谚云"欲求富,走险路"。
　　○问家宅:此宅多凶,唯有中行之德,斯能逢凶化吉。
　　○问婚姻:恐从丧服中成亲,然无咎也。
　　○问讼事:须诉之上官,乃得准信,罢讼。
　　○问失物,恐涉词讼。
　　○问六甲:生男。

【占例】 友人某来,请占气运,筮得益之家人。
　　爻辞曰:"六三:益之用凶事,无咎。有孚中行,告公用圭。"
　　断曰:爻辞曰益用凶事,是能极凶济危,为益之至难至急者也。曰"有孚中行,告公用圭",是必所益之事,得中行之道,可见信于人,即告诸上官而无不允行也。今足下占气运,而得此爻,知足下有过于求益之心。一涉私己,咎有难免,幸而志在救凶,素行中正,又能实心办事,可以无咎。此皆就爻象而论也。近闻足下设立移民会社,于西亚米利加地方,收买土地,创办开垦牧畜之业,使无产之徒,各就其业,爻辞所云"益之用凶事"者,盖指此也。迩来贫民信之,纷纷迁徙出外,即爻辞所谓"有孚中行"也。政府以足下创此拯凶济危之大业,为之赏誉嘉奖,即爻辞所谓"告公用圭"之义也。至四爻曰"从,利用为依迁国",其辞愈明。五爻曰"有孚惠心",其德愈新。《象传》曰"大得志也",正足下得志之时也。

○明治二十五年四月,余就任北海道炭矿铁道会社长。一次巡行铁道矿山,地当严冷,冻雪未消,一时胃寒罹疾。止宿札幌旅店,就札幌病院长诊察,发热超四十度。翌朝约将入院,因之一筮,得益之家人。

爻辞曰:"六三:益之用凶事,无咎。有孚中行,告公用圭。"

断曰:此卦名曰益,益之为言增也,于病亦然。爻曰"益之用凶事,"在病恐愈增凶也。至翌日则当四爻,四爻有"利用""迁国"之辞。

余笃《易》占,决计带疾发程。遂告病院长,请给药剂,院长止而不听,即夜自小樽搭汽船,翌朝至函馆。忽得札幌来电,报昨夜札幌市中失火,余所止宿旅店,已被回禄。乃知《易》机所云,有不在病,而在火者,其神妙诚不可测也。时札幌新闻社所论,谓余举动,有预知有火而去者。然余因病而占,就病论病,第知为凶,犹幸无咎,故得力疾而行,并未尝推测火灾,今灾后推绎,乃知变卦为离,离为火也。

六四:中行告公,从,利用为依迁国。

《象传》曰:告公从,以益志也。

四居巽之始,与初相应,与三相比。初曰"利用",故四亦曰"利用";初曰"为大作",四之"迁国",即"大作"之事也。三曰"中行",曰"告公",故四亦曰"中行告公",三四皆当内外卦之中,故皆为中行。"告",指三,"公",指四,以四为益主爻,三欲益下,恐四阻之,是以告于四也。"公从"者,四从之也。上互艮,艮为社稷,下互坤,坤为国邑,震为奔走,巽为进退,皆有迁之象,故曰"迁国"。卦体本为乾坤否,否五爻曰,"其亡其亡,系于苞桑",有国难之忧焉;否《象传》曰"俭德辟难",有遁避之意焉;否变而为益,故利用迁国。《左传》隐公五年,《传》曰"我国之东迁,晋郑焉依?"盘庚曰:"视民利用迁",皆以迁为益者也。《象传》以"益志"释之,谓四从而迁之,四之志,唯在益下也。按震为东方,巽为东南,《易》当殷周之际。"迁国"者,指太公迁岐而言,岐属殷西南,为坤方,是明证也。

【占】 问时运:目下有难,宜择善地暂避。

○问战征:宜退兵移营,急请救援。

○问营商:宜禀告店主,改迁别地,另开市面。

○问家宅:宜迁居。

○问功名:不成,须改就别业。

○问婚姻:须别寻媒妁。

○问失物:不得。

○问六甲:生女。

【占例】 友人来请占某贵显气运,筮得益之无妄。

爻辞曰:"六四:中行告公,从,利用为依迁国。"

断曰:卦象为损上益下,爻象为动众迁国,某贵显身任当道,为国为民,正合此象。我国寰海平定,固无盘庚迁殷,太公迁岐之事,唯近来为开拓北海道地面,使内民移住。天皇陛下议就北海道建筑行宫,为避暑计,爻辞所云利用迁国,意者其在此乎?且闻移民之议,某贵显实主其事，爻所云"中行告公"，谓某贵显秉中行之德，创利用之谋，进告于天皇，得以允从而行也。此为国家开化之盛业，即可卜贵显运命之盛行也已。

友人大喜曰：《爻辞》精切的当，诚吉事之占也。当速回告某贵显。匆匆辞去。

九五：有孚惠心，勿问元吉。有孚惠我德。

《象传》曰：有孚惠心，勿问之矣。惠我德，大得志也。

五爻刚健中正，得位居尊，为益之主。以惠为益，其益愈大，以心行惠，其惠愈宏。是以实心行实惠，心无尽，惠亦无尽，故谓"有孚惠心"。自初爻以来，凡巡狩、祭告、赈灾、迁国，无一非惠民之事，即无一非惠民之心，所谓"乾元以美利利天下"者，即此心也。事之益，其吉待问，心之惠，其吉不待问矣，故谓之"勿问元吉"。信惠之施于下者，在我为心，下之受此信惠者，目之为德；九五得坤气，坤为我，故谓之"有孚惠我德"。"问"，问卜也，古者举大事，必卜之，以决吉凶。以惠行政，勿疑何卜？"元吉"，即从初爻"元吉，无咎"来，上以孚惠下，下即以孚德上，下上交孚，上益于下而上亦受其益也。《象传》以"大得志"释之，谓本此惠心，行此惠政，天下皆受我德惠，而中心诚服，正可得志而有为也，故曰"大得志也"。

【占】 问时运："心好无歹运"，以仁存心，事无不吉，不待问也。

○问营商：以义为利，诚实相交，利益与共，以此为商，利益广矣。

○问功名：实至名归，大吉。

○问战征：罚必信，赏必公，战无不克，大吉。

○问家宅：此为仁里德门，勿问而知为善人之室也，大吉。

○问婚姻：非亲即友，必是旧交，"勿问元吉"。

○问六甲：生女。

【占例】 友人某来曰：欲以某氏子为养嗣，占前途吉凶。筮得益之颐。

爻辞曰："九五，有孚惠心，勿问元吉。有孚惠我德。"

断曰：九五坎爻，坎为孚，为心，为美，亦为后，故《爻辞》曰"有孚惠心"。美，即吉也，为后者，适合足下养嗣之占也。卦以损上益下为益，就养嗣论，益在损父益子。"有孚惠心"，是父以诚实之心，授惠于子，子必乐为其子，不待问而知其吉也。子既受父之惠，当必有以报父之德，将承父之业，继父之绪，必兴父之宗，故曰"有孚惠我德"。《诗》所云"为他人子，为他人子"，可不必咏也。

○明治二十八年，占我国与清国交际，筮得益之颐。

爻辞曰："九五：有孚惠心，勿问元吉。有孚惠我德。

断曰：此卦内卦为雷，其性动，外卦为风，其性顺。内卦属我，外卦属清，即可见两国之动静矣。卦名曰益，知两国必互受其益。爻居九五，应在六二，二内，五外，亦当以二属我，以五属清。二爻曰："或益之十朋之龟，弗克违，永贞吉"，在我国得此十朋之益者，即清之偿款是也。"永贞吉"者，谓其吉不徒在一时也。五爻曰，"有孚惠心，勿问元吉。有孚惠我德"，谓清与我国，从此议和以后，不问而知其元吉。论欧洲各国，虎视眈眈，唯图损清而益己,或侵其地,或夺其利。在清固守旧政,不知改图,其为外邦所损削者,亦不知凡几矣。而我与清幅员相邻,当思有利共享,有益共受,以共保此东海之国也。《象传》曰,"大得志也",不为欧西各国所轻视也。

上九:莫益之,或击之。立心勿恒,凶。

《象传》曰:莫益之,偏辞也。或击之,自外来也。

上九,阳刚居外卦之极,是求益而过甚者也。太过则变,变则不为益而为击矣。圣人观象设卦,以"损上益下"为益,其心本偏在厚下,至上九,为上之益下者已多,转而责下之益上,非待"莫益之,"夫且"或击之"。"或"者众而未定之辞。上动体为屯,"屯其膏",即"莫益之"之谓也;反卦损,损上为艮,艮为手,故称"击"也。巽为进退,为不果,是无恒也;上动为坎,坎为心,本以益下之心,易而为益上之心,是无恒也。旁通为恒,恒上曰"振恒,凶",振恒致败于垂成,无恒不可以持久,故皆凶也。《象传》所云"偏辞"者,谓其心之偏而不公也。"外来"者,谓其击之出于意外也。

【占】 问时运:好运已退,贪心过甚,防有意外之祸。

○问战征:不待添兵加饷,即可进击。

○问营商:专求利己,所谓不夺不厌,必启争端,凶。

○问功名:夺人之功以为名,其名必不久也,凶。

○问家宅:此宅地位太高,有害无利,不可久居。

○问婚姻:恐不能偕老。

○问讼事:讼事无恒,转凶为吉。

○问行人:防中途有盗劫之患,凶。

○问失物:或已打破,不可得也。

○问六甲:生女。

【占例】 友人某来,请占气运,筮得益之屯。

爻辞曰:"上九:莫益之,或击之。立心勿恒,凶。"

断曰:卦名曰益,本有大得利益之象。今占得上爻,上爻居益之极。物极则变,恐非特无益,且有损伤之患。爻辞曰"莫益之",是无益也;曰"或击之",是被伤也;曰"立心无恒",谓人心不测,反手为雨,覆手为云,防有意外之变也;终之曰"凶",明言其占之不吉也。爻象如是,足下当有戒焉。

友人闻之,颇为心忧。后据所闻,此友一日至某家,商借千金,适某家藏金无为多,仅借得五百元,怀之而归。途过某友家,告以其故,曰:"今因商要用款,约需千元,顷向某氏,贷得其半,复欲向君假取,以足其数。"此友即以囊乏余金婉辞。不知此友近遭破落,知其携有巨金,忽生不良,伺其归途,乘间袭击,夺其金而去,某氏失金,又被重伤。日后此友就缚,始知夺金者,即为此友,倍感《易》理先示其兆也。

○明治二十六年某月,受亲友雨宫敬次郎之嘱,占银货涨落之结局。筮得益之屯。

爻辞曰:"上九:莫益之,或击之。立心勿恒,凶。"

断曰：此卦下卦为震，震为玄黄，上卦为巽，巽为白色，白色银，黄色金也。卦象巽上震下，是为银高金落，可知银之出产，多量于金也。爻辞曰："莫益之，或击之。立心勿恒，凶。""莫益之"者，为价不再涨；"或击之"者，谓价必损减；"或"者，将然之辞；"勿恒"者，谓时价无定也。上爻变而为屯，屯者，难也。银货下落，市面皆受困难，必待出益入夬，夬者决也，将决去其弊，使银货时价，再得复旧也。若第以纸币充行，恐未可永久继续也。

䷪ 泽天夬

《序卦传》曰："益而不已必决，故受之以夬。夬者，决也。"夫物未有增益盈满而不溃决者，夬所以继益也。夬与剥反，剥以五阴剥一阳，阳几于尽。剥者，削也，其心险，故其剥也深而刻。夬以五阳决一阴，阴几于尽。"夬者，决也"，其气刚，故其决公而明。卦体乾下兑上，泽在天上，有决而欲下之势，故名其卦曰夬。

夬扬于王庭，孚号，有厉，吉。告自邑，不利即戎，利有攸往。

夬，五阳方长，孤阴垂尽。兑在乾上，是一阴处群阳之上，其势足以压制群阳，群阳虽盛，不敢以造次求夬。乾为王，兑为口，"扬于王庭"，是声明小人之奸状，宣扬于王庭之上。"孚号"者，五刚合志，众口同声，呼号其侣，以决一阴。"有厉"者，譬如履虎咥人，时切危惧，故厉。兑二动为震，震为告。兑上本坤，坤为邑，告邑，告坤也。坤势至兑已孤，告坤者欲其一变从乾，去邪就正，归为君子。若恃此一阴，与五阳相抗，则疑阳必战，"其血玄黄"，不利孰甚焉！故曰"不利即戎"。乾为健行，乾阳刚直，不为难阻，刚德日进，斯阴邪日退，故曰"利有攸往"。

《彖传》曰：夬，决也，刚决柔也。健而说，决而和。扬于王庭，柔乘五刚也。孚号有厉，其危则光也。告自夬，不利即戎，所尚乃穷也。利有攸往，刚长乃终也。

兑泽乾天，兑为附决。决之文，从夬，故夬取义于决。一柔五刚，合而为夬，是谓之"刚决柔"也。乾健兑悦，乾健而决，兑悦而和，是谓之决而悦，五阳在下，以下夬上，不明其罪，不足以正其辜，故必声罪致讨，显然扬布于君廷，以示公正而无私曲也。"孚"者，信也；"号"者，号令也；"厉"者，危也。秉乾之信，号召群阳，共力一决。夬履易位，履五曰"夬履，贞厉"，谓怀此危厉，乃能履之而"不疚"。履《象传》曰"光明也"，故夬《象传》曰"其危乃光也"。"告"，告诫也，阴居上位，必有采地。"邑"，即阴之邑也。"告自邑"，谓诚之用劝，使之自退，告而不退，则继之用威，必将群起而攻之，是"即戎"也。以一抗五，势必不利。"尚"，加也，谓阴虽加于五阳之上，至此而阴乃穷矣，不利在阴，利在于阳。阳刚齐进，以夬一阴，是去恶务尽，往何不利？柔消刚长，故曰"刚长乃终也"。盖君子之去小人深虑熟计，"不敢轻用其夬，必先告以文德，不得已而后出以武功。视小人之害君子，残忍苛刻，其用心迥不同也。

以此卦拟人事，阳正而阴邪，刚直而柔曲。人事与国事，虽分大小，而害则一也。一在治家，奸邪固足兆祸，群邪竞进，其家必亡。即或间容一奸，似可无害，不知遗孽之萌，由此渐滋，其终遂致蔓延而不可去。一在交友，偏僻固足招损，朋比皆奸，其隙必深，即或偶与往来,亦尝思避。不知既入其党,因之坠名,其终必至牵连而不可解。譬如群鸟之中畜一鸇,而群鸟皆被其噬;譬如百谷之中,留一秕,而百谷咸受其害。君子处此,不敢以邪势之孤,而宽意容之,亦不敢以邪势之孤,而轻心除之,必为之声明其罪,宣告大众,昭示信义,号召群阳,其事虽危,其道乃光。而犹不欲急切用猛,有失忠厚之道,故必就其家而告之,沼以去邪归正,勿终"迷复",如其不从,则兴众用强,势所不免。然不利在彼,而利终在我,一阴势衰,众阳力盛,所往故无不利也。去恶如去草,务绝其根,不使复萌,一阴虽微,务尽夬之,斯阴尽灭,而阳得尽长矣,如是而夬之事乃终。法此卦义以处人事,斯阴消而家道正,邪去而交道善,凡起居动静,一以崇正黜邪为主,而人事全矣。

以此卦拟国家,就卦体而言,五阳为五君子,秉乾阳之德,刚方中正,群贤在位,不可谓非国家之福也;独惜首居上位者,为阴险奸邪之小人,如汉献帝朝之有曹操,宋高宗时之有秦桧。方其初,在奸臣亦尝屈己下贤,罗致群才,以收人望;而在正人君子,必不受其牢笼,务欲削除奸恶,以清朝政。或奏牍以辨奸,或奉诏以除乱,计谋不密,反致斥为罪臣,目为朋党,古来忠臣杰士,由兹罹祸者不乏其人,是皆未详审夫夬卦之义者。夬之卦体上兑下乾,五阳在下,一阴在上;夬之卦义,合此五阳,以夬一阴。《象》曰"泽上于天,夬",意将决此天上之水,使至下流,夬之不慎,势必洪水滔天,则一阴未去,五阳反传所称"刚"者阳也,"柔"者阴也,"健而悦",健而不专用其健也;"夬而和",决而不遽施其决。其审慎周详为何如乎!"扬于王庭",所谓声罪致讨也;"孚号有厉",所谓"夕惕厉"也,其深虑熟计为何如乎!然犹不欲直行力争也,嫉恶纵严,而劝善犹殷,必先进而告之曰:欢兜共工,圣世必流;恶来飞廉,盛朝见戮。毋恃高爵,宜早投诚,从则复其官,不从戮于社,利与不利,请自择焉!盖所谓"告自邑,不利即戎,所尚乃穷也"。吾侪同志,黜邪崇正,以光朝政,以肃官方,志在必往,以终乃事,是所谓"利有攸往,刚长乃终也"。自来小人之害君子也,穷凶极恶,无所不至;而君子之待小人也,每以姑息宽容,反受其祸。《象传》所云"刚长乃终"者,以示后世除恶务尽之道也。观六爻无一吉辞,多以凶咎为戒,所以痛绝小人,亦即以申警君子。履之一阴,目之为虎,盖君子之防小人,无异防虎也,不则即为所咥矣。《彖》所谓"健而悦,夬而和",夬阴之旨,其在斯乎!

通观此卦,五阳一阴之卦凡四,履、夬、姤、小畜是也。姤、小畜,一阴属巽;夬、履一阴属兑。履一阴在三,小畜一阴在四,是小人处君子之间。姤一阴在下,是初进之小人也,其势本孤,其力皆微。夬则一阴在上,是小人居高临下,足以压制群刚,未可轻用力夬者也。故《象传》言"健",言"决",言"扬",言"号",言"往",皆示以必夬之意;言"悦",言"和",言"厉",言"危",言"不利",皆惕于用夬之惧。大壮之戒"用壮",夬之用决,其旨同也。若藐视孤阴,恃群阳之盛势,而造次求决,此私智自雄,非观变时中之道,古来党祸,可为前鉴。六爻之辞,多与《象传》相表里:初诚以"不胜",二惕以"有戎",三警以"有凶"。内三爻为乾,乾健也,健所以宜进也。四曰"牵羊悔亡",五曰"无咎",上曰"不可长"。外三爻属兑,兑,和也,和乃可以用夬也。在五阳秉刚决柔,是以盛决衰,以强决弱,宜若易易,而《易》辞谆谆垂诫,不胜危惧,盖谓君子易消,小人难退,由来已久。夬之一阴,夬之未尽,姤之一阴,即生于下。阴阳消长,不能与造物争,而因时保护,唯存乎其人而已。

《大象》曰:泽上于天,夬,君子以施禄及下,居德则忌。

兑为泽之气,上天则化雨而下降,有夬之象,故曰"泽上于天,夬"。君子法此象,取上之富贵德泽,施之于下,故曰"施禄及下"。禄之及下,犹天之泽于万物也;下之待禄,犹万物之待泽于天也。君子与贤者,共治天职,共食天禄,未尝以德自居。若居德自私,靳而不施,失夬决之义,故曰"居德则忌"。"忌",禁忌也,凡行惠施恩之事,喜决而忌居,乘危构怨之事,喜居而忌决,是尤圣人言外之意也。

【占】 问时运:目下气运强盛,财宜散,不宜聚,聚则有祸。
　　○问战征:赏要明,罚要公,切勿夸张自伐,克减军粮。
　　○问营商:获利颇厚,但利己利人,分财宜均,若靳而不施,必致众嫉。
　　○问功名:泽上于天,有居高位之象;盈满致损,所当自警。
　　○问家宅:"泽上于天",防有水溢之患。
　　○问婚姻:夬有决绝之义,且夬反为姤,姤曰"勿用取女",此婚不成。
　　○问讼事:夬者决也,有断之义,一断便可了讼。
　　○问六甲:生男。

初九:壮于前趾,往不胜为咎。

《象传》曰:不胜而往,咎也。
　　初九居卦之下,为夬之始,是率先而用夬者也,故曰"壮于前趾"。壮趾之辞,与大壮初爻同,所谓"前"者,较大壮尤长一阳也。夫以最下之阳,往而决最上之阴,上下悬殊,其不胜也必矣。若其径情直往,不特无济于事,反以招咎,亦何取其往乎!爻辞为初当观变待时,量力而进,毋以躁妄速祸也。《象传》以"不胜而往"释之,谓于未往之先,而已知其不胜也,较爻辞而益激切矣。

【占】 问时运:负气太盛,任意妄动,动必得咎。
　　○问战征:将微位卑,恃勇直前,必致败北。咎由自取也。
　　○问营商:不度地位,不审机宜,率意贩货前往,不特伤财,更防损命,宜慎宜戒!
　　○问功名:躁进取败。
　　○问婚姻:门户不当,不合,合则有咎。
　　○问家宅:此宅地势低下,迁居不利。
　　○问行人:宜即归,可以免咎。
　　○问失物:不必往寻,寻之反有余祸。
　　○问讼事:宜即罢讼。
　　○问六甲:生男。

【占例】 丰岛某来,曰余近有所谋,请占其成否。筮得夬之大过。
　　爻辞曰:"初九:壮于前趾,往不胜为咎。"
　　断曰"夬者,决也",卦义在用刚决柔。初爻之辞,谓"不胜为咎",是谓不可率而前往也。今足下谋事,卜得初爻,就卦位言,初居最下,就爻辞论,往必不胜。想足下所谋之事,地位必高,非易攀及,虽与足下同志者尚不乏人,而足下独欲奋身前进,不自量力,不特其谋难成,反致招咎。足下宜从缓图之。

后某不从占断,遽往谋事,果招其辱。

九二:惕号,莫夜有戎,勿恤。

《象传》曰:有戎勿恤,得中道也。

二居乾卦之中,得乾"夕惕"之义,故曰"惕号,暮夜"。"惕号"者,内凛警惕,而外严号令也,即《象》所云"孚号,有厉"之旨。"莫夜"者,凡阴爻皆属坤象,坤为夜。兑寇盗窃发,乘其不备,多在昏暮,故严密周防,暮夜尤宜加警。二动体为离,离为戈兵,故曰"有戎"。"勿恤"者,九二为坎爻,坎为恤,坎变坤,故"勿恤"。"有戎,勿恤",谓有备无患也。《象传》以"得中道"释之,二居乾之中,谓"有戎,勿恤"者,能得"大哉乾元","刚健中正"之道也。

【占】 问时运:目下运途中正,事事谨慎,即有意外之事,皆可坦然无患。

　　○问战征:军事最患夜袭,宜时作警备,可以无忧。

　　○问营商,贩运货物,盗警水火,总宜保险,使可无虑。

　　○问家宅:此宅阳刚过盛,二爻动而变离,火灾宜防。暮夜更当小心。

　　○问婚姻:婚字从女,从昏,故称"昏礼",有暮夜之象。诗云"弋凫与雁",弋有戎象。"勿恤",即有喜也。婚姻吉。

　　○问讼事:即可断结无忧。

　　○问疾病:日轻夜重,是阴虚火盛之症,当慎意调治,可以无患。

　　○问六甲:生男。

【占例】 某豪商家甲干某来曰:仆为商用旅行,暂以店事托友代理。不料彼等通同舞弊,擅支余金,又复伪抬货价,捏造虚帐。余近已得悉奸状,意将揭发其私,以正其罪,抑将隐瞒其迹,以了其事乎?二者若何?请为一占。筮得夬之革。

爻辞曰:"九二:惕号,暮夜有戎,勿恤。"

断曰:夬者以刚决柔,为决去小人之卦也。上爻一阴,是奸恶之渠魁也;五阳在下,合志去谗。《象》曰"孚号,有厉",谓明信发号,而不胜危厉,奸恶之难除如是。今足下占得二爻,辞曰"惕号,莫夜有戎,勿恤",凡作伪舞弊,皆为阴谋,阴为夜,且鼠窃之徒,昼伏夜行,其象亦为"暮夜",而因事防维,亦要在"暮夜"之间。"惕号"者,为警惕申令,如防盗然,终夜击柝也。兑为口,惟口兴戎,足下若过于严诘,彼等皆为穷寇,小则口舌,大则用武,在所不免;足下理直辞当,彼即用武,亦无忧也,故曰"勿恤"。至夬卦全义,虽在夬去小人,而《象传》称"健而悦,决而和",是夬之中,亦不失忠厚之意。足下其审度行之!

某甲干闻而大感,悉从予占,其事乃得平和而了。

九三:壮于頄,有凶。君子夬夬,独行遇雨,若濡有愠,无咎。

《象传》曰:君子夬夬,终无咎也。

"頄"者,面颧也。三爻居乾卦之极,过刚不中,且夬卦大象,大率与大壮相似似,故初与三皆称"壮"。"壮"者,刚壮也;"壮于頄"者,是刚怒之威,先见于面也。凡谋逐奸臣,最宜深计密虑,不动声色,若事未举而怒先形,则机事不密,灾必及身,故曰"有凶"。夬三之君子,即乾三也;乾曰"乾乾",故夬亦称"夬夬",谓夬之又夬也。夬阴者,五阳而三独与上应,乾为行,故曰"独行"。兑为雨,夬反则为姤,姤为遇,故曰"遇雨"。兑泽在上,有降雨之象,三独行前进,有遇雨之象。"濡",濡滞也,"独行遇雨",而若有濡滞焉。"愠",即《诗》所谓"愠于群小",故曰"有愠"。然君子志在祛邪,虽与上应,实与上敌,即濡滞而必进,虽"有愠"而"无咎"。《象传》以"终无咎"释之,谓"无咎"即从乾三来。阳盈于三,当上下之交,其地本危。"君子夬夬独行",虽"若濡有愠",有危心无危地也,故终得无咎焉。

【占】　问时运:目下运得其正,但阳气过盛,率意独行,未免被人疑忌,然幸可无咎。

　　○问战征:孤军独入,防中途遇水有阻,然亦无咎。

　　○问营商:孤客独行,虽得无咎,恐遇雨有阻,濡滞时日。

　　○问功名:孤芳独赏,恐遭小人所忌。

　　○问家宅:此屋门面壮丽,栋上恐有渗漏,致被濡湿,急宜修葺,无咎。

　　○问婚姻:《爻辞》曰"独",一时未得佳偶。

　　○问疾病:面上浮肿,必是湿热之气,上冲所致,医治无咎。

　　○问六甲:生男。

【占例】　明治二十二年某月,占印幡沼开凿。

　　按:关东沃野,为常总武野,皆自利根、户田两川流出之泥土,联络安房国,故上总下总之国,即为上洲砂下洲砂也。乃知关东居民,均沾利根、户田两川之利。两川中以利根为大,其水常注下总铫子港,流出之泥沙,归入大海,善识地利者,深为国家惜之。若能开凿印幡沼,疏通检见川,导此流出泥沙,归蓄于东京弯上,积日累岁,便可成一片沃壤,使上总下总之间,又可添出中总,与古来天明度、田沼、玄蕃头、天保度、水野、越前守等,同此利益也。在开凿之地,中有一种称为硅藻土,试以此土和水搅之,半浮半沉,土无膏粘,用之堤防,立见崩坏。唯积其土于两岸,以重物镇压之,地底泥土为之突出,斯得坚固。约计开凿之地,凡四里。自印幡沼,至大和田一里半,皆平坦,间有一二丈高低而已。至在山间之地,当筑三丈之堤,其上设置二十马力之唧筒二十台。以此唧筒,一昼夜可注入开方五万步之水于堤中,俨如山中蓄一大湖。取水力所到,冲过花山、观音山之下,其山下所蓄硅藻土,每日被水冲击,约可流出二万步之砂土,以一昼夜水力,可代数万人之劳力也。随蓄随流,凡经一年,左右之山土流空,可变成利根一样之川底。观横须贺船渠所用小唧筒,一时能浚干船渠之水,知唧筒之功力为甚大矣。至山平地成之日,除去山间之堤,自大和田至印幡沼,又成一方安居乐土。在布施新田之间,当度地作堰,塞堵利根川上流,使其水流入东京湾。或云移利根川于东京湾,有患利根川下流,水势减少,殊失通船之便者,谓宜预设善策;不知铫子港地势最平,南沿犬吠岬之暗礁,北带常陆原之沙漠,流入于海,至利根川,一经大水,口狭而水不得出,每逆流而激入霞浦北浦,凡沿湖田圃,被水所淹,其害甚巨,得此开凿竣功,不啻免此灾害,可新得数万町步之膏腴。今请一占,以决成否如何?筮得夬之兑。

爻辞曰："九三：壮颃，有凶。君子夬夬，独行遇雨，若濡有愠，无咎。"

断曰：泽为受水之地，以卑下为用。《象传》曰"泽上于天"，是洪水滔天，其势甚凶，故卦以夬去为义。谓之"夬者，决也"。决字从水，从夬，明是决水之象，与所问开凿印幡沼水，其象适合。兹占得三爻，辞曰："壮于颃，有凶。君子夬夬，独行遇雨，若濡有愠，无咎。""颃"为头面，是高处也。譬言水势壮盛于上，一经泛决，其势甚凶，故曰"凶"。"君子"者，指此创凿之人；"夬夬"者，谓其功非一夬能了也。"独行遇雨"者，议夬者因多同志，以三为首创，故曰"独行"；水之下流，一如雨之下降，故曰"遇雨"。"若濡有愠"者，治水一夬，势必汹涌直下，凡所就近村居，或有稍被淹没者，未免有愠恨之意，故曰"若濡有愠"。谚云"谋大事者不记小怨，成大功者不顾小害"，此沼凿成，其利及数十万民，其功垂千百年，故《象传》曰"终无咎也"。凡兴一利必有一弊，《象》曰"终无咎"，可知此事，有利有弊，得以永终，利莫大焉。

九四：臀无肤，其行次且。牵羊悔亡，闻言不信。

《象传》曰：其行次且，位不当也。闻言不信，聪不明也。

夬与姤反对，姤四"臀无肤，其行次且"，姤之四，即为夬之三，故其辞同。四体坎，坎为臀，故有臀象。《易》例阳为脊，阴为肤，四本阴位，故"无肤"。且夬旁通剥，剥四曰"剥床以肤"，"无肤"，则剥之已尽矣。夬四出乾入兑，与上同体，不无瞻徇之意，故"其行赵趄"，欲行而复退也。兑为羊，羊善决。四亦羊之一，能牵率群羊以行，则悔可亡。朱子曰："牵羊者，当前则不进，继之使前，而随其后，则可行。"四随九五之后，可以牵之使进也。"闻言不信"，言即《象》"孚号"之辞，一时声罪致讨，大言疾呼，天下莫不闻知，四首鼠两端，"其行赵趄"；四非不闻其言，特以疑信不定，故欲进复止，尚得谓有耳能听乎？《象传》以"位不当"释赵趄，谓四以阳居阴位，刚为阴掩，故曰"位不当也"。"聪不明"释"不信"，谓四居兑首，与上相比，故曰"聪不明也"。

【占】　问时运：日下运途不当，作事颠倒，精神不安，所谋难成。

○问营商：心无主见，故贩售货物，每失机宜，获利殊难。

○问功名："赵趄"者，不进之状，焉得成名？次且，通赵趄。下同。

○问战征："臀无肤"，是见伤也；"行赵趄"，是欲退也；"闻言不信"，是号令不行也。以此行军，何能决胜乎！

○问疾病：剥肤之灾，其疥癞之患乎？防溃烂及耳，致两耳失聪。

○问家宅：此宅屋后无余地，屋前行路迂斜，为羊肠小径，居者尚无灾悔。

○问婚姻：始则踌躇不决，久之得以牵羊成礼。

○问讼事：防有杖笞之灾。

○问行人：一时不归。

○问六甲：生女。

【占例】　元老院议官西村贞阳、前神奈川县令井关盛艮两氏，偕一商人来访。两氏指商人曰：此为横滨洋银仲买雨宫启次郎也。此友近以洋银时价，博取十五万元。获此巨金，意欲谋度此后基业，与余偕来，请求一筮，以决之。筮得夬之需。

爻辞曰："九四：臀无肤，其行趑趄。牵羊悔亡，闻言不信。"

断曰：足下以一博，骤得十五万金，可谓大幸。足下欲定后来基业，问诸《易》占，余有一策，先为足下告之。山梨县为足下父母之乡也，县下有富士川，川路浅狭不能运载重物。若陆道通横滨东京，其路险恶，行道苦之。足下能将此巨金，首创一大利益，自山梨八王子通达东京，开凿马车铁道，县下富绅亦必闻风兴起，则一举可以成业。将合山梨长野两县人民，开一公行之便道，可以一日而达东京，其利益为何如乎！在足下以此十五万金，每年亦得沾五朱利润，约计一年可得七千五百元，拟之华族之世禄，不多让也。今占得夬之四爻，辞曰"臀无肤，其行趑趄。牵羊悔亡，闻言不信"，"臀无肤"者，臀在人身下体，"无肤"，皮伤也，知足下早年气运不佳，不免有剥肤之患。今去皮而得肉，肉肥满也，为目下得巨金之象。"其行趑趄"者，为足下既得巨金，筹谋不决，行止未定，是来卜之本意也。"牵羊悔亡"者，兑为羊，亦为金，"牵"，牵率也，言足下得巨金，就山梨县下，创设马车铁道，牵率诸豪商，共成此举。羊之义亦通祥，夬易位为履，履二曰"履道坦坦"，履上曰"视履考祥"，其斯之谓欤？既曰其祥，悔自亡矣。"闻言不信"者，言即余之所言也，"不信"，谓足下疑而不能从也。就夬卦义言，夬者，亦为夬去险恶而成坦夷也。

雨宫氏闻之，唯唯而去。阅十四日，又来曰：过日受教，实铭心肺，不意归途，遇同商某，劝余乘此盛运，再博一筹，遂致大耗，丧其过半，后果再得巨利，必从君命。余曰：噫！已矣！爻象所示，至此益验。"臀无肤"，谓足下有切近之灾，终不获安坐而享福也。"其行趑趄"，"闻言不信"，与足下行为深切著明，不待解而晓然也。"牵羊悔亡"，为足下此后当牢牵此羊，毋萌贪念，否则此羊亦遂亡矣。人生得失，自有定数，《易》道先知，不可强也。

九五：苋陆夬夬，中行无咎。

《象传》曰：中行无咎，中未光也。

"苋陆"之说，马、郑、王皆云：苋陆，一名商陆。宋衷以苋为苋菜，陆为商陆，分作两物，本义从之。《虞氏易》作"莞睦"，以苋为莞，以陆为睦。诸说纷如，各有偏解。按《说文》："苋，山羊细角者，胡官切，音桓。"苋字从廿，象羊角，不从艹。夬全卦是兑，皆有羊象。羊性善决，五动体大壮，夬之爻象，多与大壮相同；大壮五曰"丧羊"，故夬五取象山羊。古称皋陶决狱，有疑罪者，令羊触之，羊能夬邪，是其明证。四曰"牵羊"，羊指五，四在其后，而牵之也。"夬夬"者，四五同卦，牵引并进，故曰"夬夬"。五居兑卦之中，下承乾来，乾为行，故称"中行"。五阳至五而尽，上爻一阴，与五比近，最易惑聪，必待夬而又夬，始得去逸远佞，廓清王庭。"中行"者，中道而行，示无偏曲，不为已甚。《象传》以"中未光也"释之，谓五始近小人，纵能联合群阳，决而去之，虽不失中，而于光明之体，终未尽显，故曰"中未光也"。

【占】 问时运：运得中正，万事无咎。

○问战征：五为卦主，是主将也，率诸军以齐进；"中行"者，就大道而行，故得无咎。

○问营商：夬，决去也。爻当五位，时令将过，货物宜决计速售，斯可无咎，否则有悔。

○问功名:五为尊位,其名必显,唯宜远小人,近君子,斯可无咎。

○问家宅:此宅蔓草丛生,几成荒废,当速剪除尽净,居住无咎。

○问婚姻:五与二应,五居兑中,二居乾中,阴阳相合。"羊"取义于祥,有吉祥之兆,故无咎。

○问疾病:五以阳居阳,气过盛,宜调剂得中,可以无咎。

○问讼事:以正决邪,决去务尽,不使复萌,讼乃得吉。

○问六甲:生女。

【占例】 某华族家仆来,请占其老主人气运,筮得夬之大壮。

爻辞曰:"九五:苋陆夬夬,中行无咎。"

断曰:五爻与上爻,一阴相比,群阳在下,协力并进,决去小人,以清君侧,故名卦曰夬。贵主翁向有痼癖,维新以来,隐居别邸,遗弃故旧,狎比小人,以致家业日索,人所共知也。今占得夬五爻,夬之为义,以刚决柔。苋草柔弱,易生易长,夬之不尽,渐复滋萌,是以夬而又夬,务使剪根灭种。然不得中行之道,不足以服邪,亦不足以去害,唯其中行,故得"无咎"。五为卦主,正合贵主翁之象,务劝贵主人,远小人,亲君子,家道乃正,气运亦盛矣。

上六:无号,终有凶。

《象传》曰:无号之凶,终不可长也。

"号"者,即《象》之"孚号"、二之"惕号"也。至上则卦已终,夬已尽,谓小人之道已消,可以"无号"矣,不知"无号",则小人之罪名不彰,小人之奸谋,亦将复起。夬于此终,姤即于此始,故曰"终有凶"也。《象传》申之曰"无号之凶,终不可长也"。姤夬相反,姤上五阳,喜君子之犹存;夬上一阴,虑小人之复盛。阴阳消长,本相倚复,明"无号"之凶,姤之始,即伏于夬之终,故曰"终不可长也"。

【占】 问时运:正运已退,更宜警惕,斯可免凶。

○问战征:军事将毕,余孽犹在,所当重申号令,警严戒备,始得廓清。若偷安忘备,终必有凶。

○问营商:上为卦之终,是货物脱售将尽,当重申后约,斯商业得以继续。"无号",为无商业名目,其业必凶。

○问功名:"无号",为声名灭绝之象,凶。

○问家宅:凡一宅之中,或书声,或歌声,或笑语声,以至鸡鸣狗吠,皆有声也,"无号",则寂灭无闻,其家必凶。

○问疾病:是阳尽阴息之症,痛痒不觉,叫号无声,其病危矣。凶。

○问婚姻:媒妁无言,不成。

○问讼事:冤莫能伸,讼不得直,凶。

○问行人:未通音问,凶。

○问六甲:生女。

余同藩士佐久间象山先生,当世有志之士也。凤讲洋学,旁说《易》理。余尝游其门,屡闻先生讲说。会长藩吉田松荫氏,私谋出洋,先生大赞其志,赋诗赠之。及松荫事发,先生被议,幽闭江户,未几得免。时辰侯萨侯,皆慕先生名,遣使招聘,先生皆不应。其后一桥公重礼来招,先生乃应命。余曰:先生嗜《易》,此行请为一筮。先生曰:今四夷内侵,国步艰难,士应将军之召,荣誉莫大,出而有为,正在此时,奚用卜为? 余复强之,先生乃撼筮占之,得夬之乾。先生曰:此卦凶象,然既应使命,不复犹豫,唯慎而已。携装将发,苦不得马,适木曾氏有一马来售,先生知为骏马,高价购之,呼其名曰都路,盖取乘而上都之义。先生过大垣,寓于旧友小原仁兵卫氏邸。小原氏亦知《易》,乃问曰:此行《易》卜如何? 先生曰:夬之乾。小原氏默然久之,如有阻意,先生不语,告别而行。至京都,公卿盛来问贺。一日赴中川宫召命,酒间陈说欧洲形势、兵备严整及骑卫之术,兴酣,先生请间,乃出乘都路,试演骑术之精,以自夸耀。中川宫大为赏赞,亲赐杯酒,先生感激曰:微臣出自卑贱,忝殿下之宠遇,荣誉已极。复改都路为王庭,拜谢而退。归至木屋街,浪士左右要击,殪先生于马上。余时在藩邸,闻变慨叹,惊感《易》理神妙,凶祸之来,有不能幸免矣。

仆闻北泽之言,谓象山先生虽能知《易》,而惜其不能守《易》,终为急于用世之念误之也。仆有感于此,特节其语以附录之。

䷫ 天风姤

姤为夬之反。夬为一阴在上,五阳决之,几至于尽,至姤而一阴复生于下。造化之理,阴阳奇偶,如影随形,循环反复,去而复生。天地不能有阳而无阴,圣人虽恶阴,而终不能绝阴。姤之一阴,即自坤元下画而来,履霜之渐,已兆于此矣。按:姤字从女,从后,女阴象,后与後通,谓阴即伏于乾后也。此五阳一阴卦之所以名姤也。

姤:女壮,勿用取女。

姤五月之卦,一阴自坤初来,生于乾下;坤为女,又为老阴,故曰"女壮"。盖阴之始生,其机甚微,其势甚捷。寒霜坚冰,渐积渐长,阴之侵阳,有防不及防者矣。往往家道之索,其始皆启于女子,是壮莫壮于女也,惩其壮,故戒以勿取。特于姤阴始生发之,所以杜女祸之萌也。"

《象传》曰:姤,遇也,柔遇刚也。勿用取女,不可与长也。天地相遇,品物咸章也。刚遇中正,天下大行也。姤之时义大矣哉!

姤,古文作遘,或作逅。遘谓行而相值也;逅,邂逅,谓不期而会也。要即相遇之义也。卦体下巽上乾,乾者天也,巽者风也,天本清明在上,而微风乍起,适与相遇,故曰"柔遇刚也"。娶女本人伦之大,然《诗》"野有蔓草",为男女相遇之私,遇而不正,故曰"勿用取女";而《象传》谓"不可与长",盖防姤阴之长而侵阳也。惟相遇而不相侵,斯阴阳相济,而适以相成。夫独阳不生,独阴不育,天地相遇,乃能生物。乾曰"品物流形",坤曰"品物咸亨",惟其相遇有成也。姤当四月纯乾之后,坤阴始生,乾为刚,坤士居中,为中正,谓之

"刚遇中正",将见天子当阳出治。握乾德之刚方,阐坤阴之中正,斯德以位显,道与时行,黎民于变,四方风动,在此时也。风之行最捷,风在天下,故曰"天下大行"。王化行而礼义修,礼义修而风俗正,江汉之间,女子皆能贞洁自守,相遇而不与长,复何虑乎"女壮"者哉!姤之时为盛夏,夏之为言养也,始之时义之大,于此可见矣。

以此卦拟人事,人事不外男女嫁娶,是人伦之大端也。勿娶则人伦灭,天地闭绝,阴阳暌隔,不生不育,不特无以为家,抑且无以为天下矣。《彖》所谓勿娶者,非不娶也,为勿用姤道以娶之耳。姤字从女,其义为遇。女本阴柔,阳遇之而授以权,则阴乃长,阴长则"女壮",五阳虽盛,一阴得以消之矣。《传》曰"不"可与长",是抑其壮而归之以中正也。所遇既得中正,则巽顺以从,所谓"宜尔室家,乐而妻孥",刑于之化,可行于邦国。由是而推之,即天下亦可大行矣,夫何忧"女壮"哉!圣人作《易》,以著消长之几。阴阳起伏,不能偏废,惟在因时以保护之耳。故六爻之义,多取以阳包阴,而九五之"包",最得中正。诸爻之受其包者固包,即不受其包者,亦不能外其包。斯阴不至于侵阳,则阴阳得其平,阴阳平而夫妇之道和,夫妇和而人事乃无不中正矣。

以此卦拟国家,自来国家颠覆,其衅每启自阃闱。如殷纣之亡由妲己,周幽之乱启褒姒,"女壮"之祸,万古垂鉴。圣人于姤卦,首示其戒,惕之曰"勿用娶女",盖所以遏其流而杜其渐也。其义则正,其旨则严,而其辞未免过激,惩其壮而"勿娶",不特人伦有缺,且何以处《关雎》《好逑》也耶?故《传》申之曰"不可与长",谓所恶于女者,恶其阴之渐长也。阴不长,则阳不消,阳足以育阴,而阴不能剥阳,斯相遇而不相争,且更得其相助。王者之化,起自宫中,后妃之德,被于江汉,自来郅治之朝,未尝不藉内助之贤也。"姤者,遇也",卦体上乾下巽,乾刚巽柔,谓之"柔遇刚也"。推之天地相遇而品物生,夫妻相遇而家政修,群臣相遇而治化行。盖得遇则成偶,不遇则为奇。事无大小,未有不以相遇而成者也,待所遇务期中正耳。姤卦六爻,惟九五独得中正。以杞为刚,以瓜为柔,杞之遇瓜,即刚之遇柔,得其包,则刚不为柔侵,而柔自乐为刚用;诸爻亦以中正为吉,以不得正中为凶。刚包之,实乾元包之,"大哉乾元",其遇者广,其包者愈大矣。为姤言之,非专为姤言之也,国家教化之臧否,皆可于此卜之矣。

通观此卦,卦之体属夫女,卦之义取夫遇,卦之象用惩其壮,卦之用戒其与长。天下不能无女也,天下亦不可无遇也,因其壮之为害,而遂欲绝其女,却其遇,是率天下于寂灭之途,岂圣人作《易》之旨哉?盖壮之为害,不在于壮,而在与壮以权者,壮乃得以渐长。《传》曰"不可与长",则壮无其权,而女不为害,相遇适足以相成,而遇正大可用也。姤之为卦,何尝不善?乾天上运,巽风下行,"帝出乎震,齐乎巽,相见乎离",遇之象也。是以天地得遇而物生,刚柔得遇而道平,君臣得遇而治成,姤之时义,所以为大也。天下有风,为天风相遇,天无远而不覆,风无远而不届,古先哲以大中至正之道,宣告四方,象取此耳。爻以九五阳刚居尊,为卦之主。初以一阴方来,有君民相遇之象;二以刚中下应,有大臣宣化之象;五所用以招携怀远,风行下国者也;三、四、上三爻,或病于"牵",或失于"远",或伤于"穷",是皆不善于包,而相遇之未得其中正也。圣人爱阳而恶阴,爱阳而喜其来,故于复之一阳,而喜其"来复",恶阴而亦不能禁其不来,故于姤之一阴,而戒其用壮。可见圣人之于阴,未尝不予阴以并生,但不便阴之浸长为患也已。

《大象》曰:天下有风,姤,后以施命诰四方。

风字从几,从一,从虫。几象天体,一者大也,虫者生化之机。巽为风,为虫。风之来也,遍行天下,故曰风。乾为君,巽为命,君门九重,堂下万里,命诰不施,上情壅而不通,下心疑而未信,何以与民遇哉？故凡立一政,兴一法,必颁之典章,布之训话,自朝廷以及里闾,使天下晓然而知上意。风教之行,疾如音响,故曰"后以施命诰四方"。乾为西北,巽为东南,四方之象也。

【占】　问时运:好运盛行,能使四方闻名。

○问战征:军令迅速,赏必信,罚必行,有席卷天下之势。

○问营商:为商为利,宜贩运远方,可以随在获利。

○问功名:有名扬四海之象。

○问婚姻:婚礼所重,在父母之命,媒妁之言,犹政事之有诰命也。得其正,则天下可行也。

○问家宅:此宅防有被风倾圮之虑。

○问疾病:小儿为惊风,大人为肝风,防有四肢不仁,或手足牵拘之症。

○问讼事:此讼牵连甚广,一时未得罢休。

○问失物:窃者已远飏,难以再得。

○问六甲:生女。

初六:系于金柅,贞吉。有攸往,见凶。羸豕蹢躅。

《象传》曰:系于金柅,柔道牵也。

初得巽下一阴,女象也。乾为金,巽为木,木入金,成柅之象,故曰"金柅"。"金柅",络丝之柎,女子所用。"系于金柅",系丝也。"系"犹牵也,丝至柔,故《传》曰"柔道牵"。九家《易》曰:"丝系于柅,犹女系于男。"《高古录》云:晋武帝选女子有姿色者,以绯采系其臂,是其证也。按系者为系著不动。妇人之德,静为吉,动为凶。系而不动,则"贞吉","有攸往",则"见凶"。妇人言不出阃,行不履阈,行将何往？有往则必不安于室也,凶可知矣。初六辰在未,上值柳,南宫侯曰:柳,其物为豕,故象豕;初巽阴柔,为之牝豕。群豕之中,牡强而牝弱,故曰"羸豕"。"蹢躅",不安也,牝豕阴质而淫,躁动尤甚;初以柔承五刚,不系而往,故曰"羸豕孚蹢躅"。总之,丝为柔物,豕为阴兽,一失其系,丝必紊乱,豕必奔突,任其所往,势必消阳而剥刚。其蹢躅也,不待否剥之至,而已可预知矣。"孚",信之先至者也。

【占】　问时运:目下运途,有所牵制,不可妄动,妄动必凶。

○问战征:初爻为出军之始,巽象阴柔,兵力必弱,显见固守则吉,躁进则凶。

○问营商:利坐贾,不利行商。

○问功名:宜守旧而已。

○问婚姻:九家《易》曰:"丝系于柅,犹女系于男",正位夫内,故吉。

○问家宅:此宅防有闺范不修之羞。

○问疾病:此病是阴弱之症,宜安居静养。

○问失物:必为绳索所系,即寻则得,过日不能得也。

○问行人:在外必有女子牵连,不能即归。

○问六甲:生女。

【占例】 明治十八年十二月,鸟尾得庵居士来访。谈及东欧乱事,居士谓予曰:方今保加利亚、罗马尼亚两国暴动,关系全欧大局,子幸占其结果。筮得姤之乾。

爻辞曰:"初六:系于金柅,贞吉。有攸往,见凶。羸豕孚蹢躅。"

断曰:姤者,遇也,是必率然相遇而启衅也。初爻属巽,一阴微弱,是必小国也。初应在四,四曰"包无鱼",是为包藏祸心,因而起凶者也,意者其在俄罗斯乎? 在保罗二国,能各安疆界,共相修好,如否卦所云"其亡其亡,系于苞桑",是"安不忘危,治不忘乱",得其系而国本固矣,即爻辞"系于金柅,贞吉"之旨也。若无端而听外邦之唆惑,妄动干戈,势必立见凶灾,即爻辞所谓"有攸往,见凶"是也。"羸豕孚蹢躅"者。《说文》亥为豕,戌亥乾位,则犬占属乾,初动为乾,故有豕象。初本一阴为巽,巽柔弱,故为"羸豕"。巽为躁卦,豕又阴淫躁动,故曰"蹢躅"。谓二国庸弱暗昧,如豕之负涂,猖狂躁动,如豕之出互,徒见纷扰奔突而已。巽为风,《象传》曰"天下有风",想因此二国开隙,恐天下亦有闻风骚动者矣。究其结末,当在上爻之时,上爻曰"姤其角",为姤之终,上乃穷矣,穷上反下,二国庶反而修好也。

鸟尾君闻之,殊有所悟。

九二:包有鱼,无咎。不利宾。

《象传》曰:包有鱼,义不及宾也。

乾为包,巽为鱼。鱼阴物,谓初,二包之,故曰"包有鱼"。剥之"贯鱼",即从姤之一鱼所生,能就姤之始而包之,故得无咎。二居内卦之中,当刚柔相遇之始,见其为柔,特以优容而并包之。不敢以激烈而启变,亦不至以姑息而养奸,斯诚御阴之善道也。"宾",谓九四,四辰在午,上值张,石氏曰"张主赐宾客";二"有鱼",四则无之,是不及四也,故曰"不利宾"。《传》以"义不及宾"释之,"不及"者,即《象传》不与长之义。千古御小人之法,莫善于使之不相及。予之以并生,不予之以渐长,则终无相及之时矣。姤初之"不利宾",以二为之包也。

【占】 问时运:人生处世,安得相遇尽为君子? 惟当曲意调护,不为小人所害,自得无咎。

○问功名:鱼有化龙之象,"包有鱼"者,鱼已为其所包矣,则升腾可必也。"不利宾",利必在己也。

○问营商:"包"为包罗富有之象,众唯鱼矣。鱼亦有众多之象,主货物充盈,财利富厚。"不利宾",为其利非外人所得窃取也。

○问战征:马融曰,"鱼介鳞之物,兵象也",鱼而能包,是必善用其兵者也。曰"不利宾",宾即敌也,敌必可破矣。

○问婚姻:鱼阴物,以阳包阴,姻事成矣。

○问家宅:鱼为阴物,象取女子,此宅定是女子主政。

○问疾病:防有池鱼殃及之灾。

○问六甲:生女。

【占例】 某甲来请占气运,筮得姤之遁。

爻辞曰:"九二:包有鱼,无咎。不利宾。"

断曰:此卦以一阴而上接五阳,必女子之不贞者也。今占得二爻,爻辞曰"包有鱼",鱼阴物善败,"包有"者,是匿藏其物而有之也。又曰"不利宾",知宾亦尝欲利而有之,及有之而反为不利。不利于宾,其必利于主矣。想此物俨如鱼之在市,尔可有,我亦可有,本无定主也,利不利在包之者善自为之耳。

后据所闻,知某甲来占,非为气运,实为一女子耳。商人留妻于家,暂归故里,经四月而回,其妻以夫不在,与某甲私通,及其夫来,乃以其妻寄之于外国商人,诡云以预借外国人数百金,不得已以身抵之。其夫无力偿金,遂弃其妻而去,某甲乃得娶为己妻。后某甲死,财产悉归其妻所有,故爻象发现如此。

九三:臀无肤,其行次且,厉,无大咎。

《象传》曰:其行次且,行未牵也。

姤与夬反对。姤之臀在三,姤之臀在四,姤三即夬四也。三居下体之上,巽为股,臀在股上,故三有臀象。剥四曰剥肤,是剥阳也,姤三亦为初阴所剥,故曰"无肤"。上卦为乾,乾为行,三居乾巽之间,柔未变也,故"其行次且",有危心焉。乾之三"厉,无咎",姤三化巽变柔,进退不果,其"趑趄"也,即其咎也。幸其由此以进,行将入乾,尚不失健行之性,故曰"无大咎"。《象传》以"行未牵"释之。"牵"者,牵制也,谓其行虽缓,尚能不失乾健,不为阴柔所牵制也。

【占】 问时运:气运柔弱,诸事迟疑,是以动辄有危。

○问战征:欲进不进,因疑生危,不能得胜也。无大败亦幸矣。

○问营商:贩运不快,安能获利?

○问功名:尚须迟缓以待。

○问婚姻:迟缓可成。

○问家宅:此宅后面墙屋,定已倾圮矣,殊为可危,修葺斯可免咎。

○问疾病:此病必是下体溃烂,行坐不安,治之无咎。

○问讼事:防受笞杖。

○问失物:物已损坏,迟之可得。

○问六甲:生女。

【占例】 有友请占一事,以决成否,筮得姤之讼。

爻辞曰:"九三:臀无肤,其行次且,厉,无大咎。"

断曰:姤者不期而遇,为其事之出于意外者也。今足下占得三爻。细玩爻象,臀在人身下体,所以安坐也,"无肤",则坐不得安;"趑趄"者,昧于事机,欲进而不进,则行不能决,坐行两难,是以有厉也。其事终归不成,故亦"无大咎"。

〇明治二十八年六月,三浦中将奉命为朝鲜公使,临行占问朝鲜交际政策,筮得姤之讼,呈之内阁总理大臣。

爻辞曰:"九三:臀无肤,其行次且,厉,无大咎。"

断曰:卦名曰姤,姤,遇也。方今海禁大开,玉帛往来,正当万国会遇之时也。卦体五阳在上,一阴在下,是孤阴为群阳所制,有大国携服小邦之象。今当三浦中将出使朝鲜,为占两国交际方略,公使外行,则当以我为外卦,以朝鲜为内卦。内卦为巽,柔顺无力,可见朝鲜之弱小也。臀在身后,为隐伏,有后宫之象,主有妃妾擅权,侵害朝政。"无肤",即剥肤,为切近之灾,致不能安坐深宫也。天下大势,正当改旧从新,力图富强,朝鲜因循旧习,欲改不改,是为"其行趑趄"也。国势之危,因此益甚,故"厉"。三居巽之终,为乾之始,将化柔而变刚,以内卦而从外。三又以二四为上下邻,朝鲜向属清国,四谓清也,以无包而起凶;二本乾体,谓我国也,以克包而无咎。朝鲜盛衰之机,历历可见。在我国交际之道,要亦不外是焉。

〇明治三十年,占伊藤侯爵气运,筮得姤之讼。

爻辞曰:"九三:臀无肤,其行趑趄,厉,无大咎。"

断曰:卦体乾上巽下,一阴生于五阳之下。阴小人也,浸藏浸长,五阳渐受其剥,而不自觉也。今占得三爻,曰"臀",为人身下体;曰"无肤",为剥伤已甚;曰"其行趑趄",为刚而变柔,故欲进不进。是皆小人之情状也。在侯刚方端正,断不为小人所惑,唯此五阳中一有不察,将有授之以权,而小人遂得出而为难,凡侯所建善后之谋,必为之而败,所策力行之政,必为之而阻,即所谓"臀无肤,其行趑趄"是也。至此而侯必不安于位也,故曰"厉";然侯德望素著,故"无大咎",此为侯本年不得意之占也。是年十月,侯果辞总理大臣之职。

九四:包无鱼,起凶。

《象传》曰:无鱼之凶,远民也。

四入乾,复变而为巽。巽为鱼,鱼已为二所包,故"无鱼"。盖天包乎地,阳包乎阴,得所包而"含宏光大",并育无害,此二之包所以"无咎"也。失所包,而鱼将吸浪扬波,顿生凶患,小人之施毒以害君子者,其凶由是而起也。《象传》以"远民"释之,"鱼",犹民也,谓鱼之不可不包,犹民之不可或远。不以民为小人,而驱而远之,必以民为同胞,而亲而近之,斯民得兼包并育,何致有消阳之患哉!

【占】 问时运:刚变而柔,运途不正,气量浅狭,是以多凶。

〇问战征:主将才力微薄,不能包容众军,防有兵变之祸。

〇问营商:"包无鱼",有囊里空虚之象,何以获利?

〇问功名:鱼喜得水,人喜得名,无鱼则水涸,无名则人穷,故凶。

〇问婚姻:婚姻之道,重在生育,"包无鱼",言无胎孕也。凶。

〇问家宅:《象》曰"远民",此宅必在民居相远之地,是孤村也。恐有不测之灾。

〇问疾病:鱼阴象,无鱼是阴已亏极,阳不能包,必凶。

○问六甲：生女。

【占例】 有友人来占气运，筮得姤之巽。

爻辞曰："九四：包无鱼，起凶。"

断曰：卦象为天下有风，风之起也，忽焉而来，忽焉而去，有不期而相遇者也。在人则为意外之遭逢也。今占得四爻，四爻入乾，乾为包，变而为巽，巽为鱼，四欲包鱼，而鱼先为二所有，故欲包而无鱼也。足下占问之意，想必有一事欲谋，乃其事已落他人之手。是足下运途不顺所致，足下还宜含容优待，斯可免凶，否则凶祸从此起矣。

九五：以杞包瓜，含章，有陨自天。

《象传》曰：九五含章，中正也。有陨自天，志不舍命也。

巽为杞，杞，柳也，可屈以包物。"杞"谓五，"瓜"谓初，杞刚而瓜柔，刚包柔，即"杞包瓜"也。姤者，五月之卦，瓜以五月生，杞以五月盛，包之，正及其时矣。及时而包之，柔者扬其花，刚者蕴其美，自觉章采之内含也。五秉中正之德，初得其包，亦归于中正，即《象传》所谓"天地相遇，品物咸彰"者，其在此爻乎？"有陨自天"者，瓜之为物，不能经久，黄熟而陨，亦天为之也。在包之者，不肯委诸于天命，故于其陨也，若不胜其哀矜焉，故《传》以"志不舍命"释之。

【占】 问时运：运行中正，才力所及，自能包罗诸有，虽不言吉，吉可知矣。

○问营商：生意虽不外木植瓜果等品，而包容甚广，自有大财可得。

○问功名：五居尊位，功名自显，但进退荣辱，俱当安命。

○问战征：堂堂之阵，正正之旗，王者之师也。逆者诛，顺者从，有包扫一切之势焉。

○问婚姻：有瓜瓞绵绵之象，吉。

○问疾病：为热包寒之象。

○问六甲：生女。

【占例】 明治二十二年某月，横滨辩护士某来，曰：近日商人与地主，为争公共财产上权利，起一大讼，此案向来纷争，迄今未见和解也，请烦一筮，以卜胜负。筮得姤之鼎。

爻辞曰："九五：以杞包瓜，含章，有陨自天。"

断曰：姤者，一阴遇五阳之卦，阴欲长而阳抑之。盖阴长消阳，阳长消阴。卦与夬相反，所谓"反复其道"，一消一长，亦天运使然也。今足下为占争财讼事，而得此爻，知此财产为公共之物，甲可取，乙亦可取，犹之阴阳消长，彼此互有权也。《爻辞》曰"以杞包瓜"，就杞瓜而论，杞为植木，特立在上，瓜为蔓生，绵延在地，当以杞为商人，瓜为地主。所谓包者，宜以商人包容地主，地主之权利，藉商人调护而出，犹瓜之施于杞木而生也。"含章"者，谓所包之中，自有章华内含，以见利益之大也。"有陨自天"者，陨，落也，其终财产归结，要自有天数存焉，非人力所可强争也。孔子曰："得之不得，曰有命。"劝两造亦各听命而已矣。

上九：姤其角，吝，无咎。

《象传》曰：姤其角，上穷吝也。

上九辰在戌，得乾气，乾为首，位居首上，故曰"角"。遇而在上，遇亦极矣，故曰"姤其角"。角善触，遇之而触，不如遇之而包也，触之，故"吝"；然触亦不害其正，故"无咎"。《象传》以"上穷"释之，凡上穷必返下，剥之穷上返下，而"硕果不食"，一阳乃"来复"焉。"姤其角"，正穷上返下之象，故虽吝无咎。圣人之于阴，欲以并生，不欲其浸长，上之"姤其角"，令其穷而自返也。

【占】 问时运：运至于上，运亦穷矣。

○问营商：角逐者争利也。"姤其角"，为能得其首利也。盖吝在商人，"吝，无咎"焉。

○问功名：有头角峥嵘之兆。世传魁星有角，"姤其角"是遇魁星也，功名大利。

○问战征：角力角胜，皆有战象。角之字为刀下用，此战大有杀戮，是穷兵之祸也。

○问疾病：想头角之上患疮，医治无咎。

○问婚姻：上居乾之极，上穷返下，必是老夫而求女妻也。

○问失物：物本在高处，穷而返下，须就低处寻之，可得。

○问六甲：上穷而返，生男。

【占例】 一日有友人来曰："仆与某贵显，素来亲厚，大蒙恩遇。自贵显欧美归朝，交情忽疏，偶请面谒，遂至见拒。余实不知因何获咎也。请为一占。"筮得姤之大过。

爻辞曰："上九：姤其角，吝，无咎。"

断曰：姤者"女壮"之卦。女子之言，最易惑听，朋友交情，为妇言所谗间者，往往多有。今占得姤上爻，姤本女象，其义为遇。爻辞曰"姤其角"，角善触，是必于相遇之际，有触其怒者，彼妇遂挟其怨恨，设其计以相抵触，进谗于贵显。此贵显与足下之疏远，所由来也。"无咎"者，以角在上爻，上穷返下，贵显必久当自返，知其为谗，返而思旧，当与足下复寻旧好也。

某氏闻之，顿有所悟，曰：仆向于贵显他出，屡访其邸。一日见渠夫人，因事规劝，致拂其意。既而贵显归，度彼妇畏仆告知，遂设计谗间，谅事所必有也。后悟贵显有云：我家之事，非外人所可干涉。知此言非无因而来也。今得其占，其疑乃释，彼妇可吝，在我固无愧焉。

䷬ 泽地萃

卦体泽上地下，泽能畜水，地能畜泽。卦通大畜，有畜聚之象；反则为升，升《象》曰"积小以高大"，有积聚之义。卦自姤来，《序卦传》曰："姤者，遇也。物相遇而后聚，故受之以萃。萃者，聚也。"此卦之所以名萃也。

萃：亨。王假有庙，利见大人，亨，利贞。用大牲吉，利有攸往。

萃与涣名相反，而义则相须。涣之亨，取诸水流风行；萃之亨，取诸兑悦坤顺。涣亦假庙，涣之假庙，见神气之发扬；萃之假庙，见精诚之贯注。一散一聚，义各不同，而所以致诚者一也。王者合万国之欢心，以事其祖考，侯助男卫，骏奔在庙，是萃之盛也。"大人"谓九五，五"萃有位"，能御众以治乱，故"利见"。"亨，利贞"者，兑曰"亨，利贞"，坤曰"柔顺利贞"，盖即从坤兑来也。坤为牛，亦为用，故曰"用大牲"，言大人有嘉会，必杀牛而盟；既盟则可以往，故曰"利有攸往"。

《彖传》曰：萃，聚也。顺以说，刚中而应，故聚也。王假有庙，致孝享也。利见大人，亨，聚以正也。用大牲吉，利有攸往，顺天命也。观其所聚，而天地万物之情可见矣。

坤为聚，泽者水之所归聚也，合之谓萃。萃者聚也。为卦上悦下顺，上下合志，二中五刚，二五相应，故能聚也。"王假有庙"者，陆绩云：王谓五，庙为上。王者聚百物以祭其先，诸侯助祭于庙中，是谓致孝于鬼神也。五刚中而二应之，故称"大人"；二得离气，离为目，故"利见"。萃与升反，升曰"用见大人"，不言利，故不言亨；萃曰"利见"，利则必亨，而所以亨者，又在聚之得正也。"大牲"，牛也，《左传》"牛卜日曰牲"注：既得吉日，则牛改名曰牲。坤为杀，执坤牛而杀之，以荐牲也，故"大牲吉"。用以享神，有以摄其心也，往以助祭，有以集其力也。其萃也，非势驱力迫所能为也，亦唯顺天之命而已。自昔殷汤用元牡昭告皇天，以誓万方，十一征而无敌于天下，是即"用大牲吉，利有攸往"，顺天命之明证也。

以此卦拟人事，内而聚其精神，外而聚其财力，皆为之萃也。然不顺则散，不悦则离，不刚则无以畏众，不中则无以服人，虽萃终必涣也。唯顺以悦，刚中而应，斯聚得其正矣。"庙"，祖庙，祭之以礼，所以致孝也。"大人"，主祭之人，一家之长也。大人率一家之子孙，有事于祖庙，凡子孙入庙者，必先见主祭之长，故曰"利见大人"，庶几心亨而理亦正矣。"大牲"者，祭礼也。大则牛羊，小则鸡豚，皆谓之牲。牲不丰不足以祭，不备无为祭，故曰"用大牲吉。""利有攸往"者，承祭使民，理本一致，入可以承祭，出乃可以使民，故曰利往。一身之事，以祭为重，以孝为先，幽以精诚格祖考，明以和乐宜室家，虽曰人事，岂非天命哉！由一家以及一国，由一国以及天下，观其所聚，即可知天地万物之情矣。《彖传》之旨，在上聚祖庙之神灵，下聚四海之欢心。圣人以孝道治天下，而民德归厚，万国来同，此萃之全象也。如天之无不覆，如地之无不载，万物皆会萃发育于天地之中，谓之"观其所聚，而天地万物之情可见矣"。

以此卦拟国家，国家之要，在广土众民。兑为悦，坤为土，为众，有悦而归聚之象。顺则民从，悦则民服，刚则不屈，中则不偏，皆足以使众也，得其正则民聚矣。王者继体承统，未临民，先假庙，所以承祖考之重也。《孝经》所谓王者合万国之欢心，以事其先王，上以尽孝享之诚，下以广孝治之道，而天下兴孝矣。"大人"即王者。利见利往，所谓济济多士，奔走在庙，率见昭考，以孝以享是也。一时荐广牡，相祀事者，咸皆顾视天之明命，罔不祗肃焉，萃莫盛于斯矣。王者法天则地，以天地之并育万物者，联合万国，斯其情可与天地参矣。六爻皆反复言萃。初则以萃致乱，三则因萃兴嗟，上则为萃流涕，皆不得其萃之正，为可惧也。五得萃之位，四得萃之吉，二得萃之孚，即《彖传》所谓"顺以说，刚中而应，故聚也"。民之归之，如水之就下，可以见泽地之功也。

通观此卦，"国之大事，在祀与戎"，故《象》言"假有庙"，象言"戒不虞"，而其要首在于得众，此卦之所以取萃也。卦体下顺上悦，顺而悦，故兆民归往，以之执笾豆而相祀事，而礼仪不忒，以之执戈矛而从王事，而踊跃知方。上以兴孝，下以兴仁，风同道一，万邦协和，萃莫萃于此焉。萃易位为临，临《象》曰"容保民无疆"，萃之象矣。二卦同为泽地。泽足以惠民，地足以容众，故泽下地上为临，地下泽上为萃。六爻以五为萃之主，乃刚中之大人也，二萃焉，初与四亦萃焉，其位足以致萃，故曰"萃有位"。上则无位，未免泣涕而不安矣。三与上应，上悲而三亦嗟矣。内三爻为地、地之所归不择土壤，萃虽众，心不一，故初因之而"号"，三因之而"嗟"，二虽吉犹待引也。外三爻为泽，泽之所萃，心自悦矣。五之萃，得"永贞"也；四之萃，自"无咎"也；上居泽之极，泽满则水溢，故有"涕洟"之象焉。盖惟天民有欲，无主乃乱，万国来会而禹帝，万姓悦服而武兴，人心之所向，即见天命之所归也，故萃不可力取，唯在德化也。

《大象》曰：泽上于地，萃，君子以除戎器，戒不虞。

兑为金，坤为器，有戎器之象。"除"，修治也，修治戎器，以防不虞，所谓有备无患也。卦象为泽上于地。水满则溢，溃决奔突，势莫能御，所当预为之防。水犹兵也，故可惜鉴。按《穆天子传》：有七萃之士，取宿卫环聚为名。是萃为防御之士，所以遏乱也。萃象之"除戎器"，义盖取此耳。

【占】 问时运：气运平顺，但能安不忘危，自得欢乐无忧。

〇问战征：兵凶器，战危事，惟能临事而惧，好谋而成，可无意外之虞也。

〇问营商：萃有财聚之象，然聚必有散，盈必有亏，亦理之循环，所当时时预防。

〇问功名：宜由武功得名。

〇问婚姻："非寇婚媾"，《易》每以寇婚对言，盖防兵祸，犹防女祸也。唯能预防，自可无咎。

〇问家宅：泽上于水，防有大水入屋之象。

〇问疾病：防胸腹有水胀之症，宜预为调治。

〇问行人：中途兵阻，一时难归。

〇问六甲：生女。

初六：有孚不终，乃乱乃萃。若号，一握为笑。勿恤，往无咎。

《象传》曰：乃乱乃萃，其志乱也。

兑为孚，故"有孚"。坤为终，初失位，故"不终"。坤为聚，亦为乱，故曰"乃乱乃萃"。初为萃之始，相孚犹浅，是以有初鲜终也。不得其终，则一念萃于此，易一念而萃于彼，其志先乱矣，是萃适以长乱也。《象传》以"志乱"释之，"乃"犹汝也，汝自萃之，汝自乱之也。初爻阴柔居下，虽得众，未足以总之。初与四应，则御萃之权，当在四也。"若"，顺也，"号"，令也，谓顺从四之号令。"一握为笑"，谓推诚相与，众皆欢悦，即《象传》所云"顺以悦"也。上互巽，巽为号，下互艮，艮为执，执手，犹握手，退之所谓"握手出肺肝相示"者是也。兑为口，故曰"笑"，既得其笑，故"勿恤"。"往"，往四也，四能恩威并著，初自不致乌合为乱也,故"无咎"。

【占】 问时运:运当初交,一顺一逆,反复无常,得所救援,可以无咎。
　　○问功名:忽荣忽辱,由于中心无主也。
　　○问营商:有初无终,聚散不定,不能获利,仅可免咎而已。
　　○问战征:统军出征,防有兵变之忧。
　　○问婚姻:有始乱之,而终娶之之象。
　　○问家宅:此宅不利,可暂住,不可久居。
　　○问疾病:此病忽号忽笑,由于心神昏乱。往而求医,必无咎也。可勿忧。
　　○问六甲:生女。

【占例】 明治十五年十月,大水陡发,上野高崎间铁道所辖户田川口假桥,致被冲塌。余曾执司工事,往晤铁道局长井上君。井上君曰:川口假桥冲裂,铁道被梗,不得不急议修筑。按川口堤岸,高出平地丈余,若架造坚固铁桥,工程既大,经费亦巨,若仍筑假桥,一经发水,便遭冲决,亦非善策,若何而可? 请为筹度。余曰:不如问诸神易。乃筮得萃之随。
　　爻辞曰:"初六:有孚不终,乃乱乃萃。若号,一握为笑。勿恤,往无咎。"
　　断曰:此卦泽上于地,明示洪水泛滥之象。占得初爻,知此假桥建筑不久,乍筑乍倾,故谓之"有孚不终,乃乱乃萃"。初正应在四,宜听令于四。"若号"者,四之号令也。"握",犹执也。得四之号令,众皆欢欣,愿执其役,兑为悦,所谓"悦以劳民,民忘其劳"也,故曰"一握为笑"。但四不当位,则必桥之地位不当,五曰"萃有位",则位宜从五。五变为豫,豫者有豫备之义,豫卦震上坤下,萃为兑上,兑西震东,易兑为震,桥宜改西从东方为当位。坤地在下,坤为厚,为基,宜从平地培土为基,营架一桥,再设铁索,系锁于两堤,水来随高,水落随平,使无冲溃奔突之患,故得"无咎"。
　　井上君闻之,亦以为然,众议乃决,依此作桥。翌年水复大发,桥得无患,益叹《易》象之神也。

六二:引吉,无咎。孚乃利用禴。

　　《象传》曰:引吉无咎,中未变也。
　　二居下卦之中,上应于五,知萃之当归于五也。二与初、三为同体,初之"乱",三之"嗟",是失所萃也,二能引之,同萃于五,故曰"引吉,无咎"。上互巽,巽为绳,下互艮,艮为手,有引之象。"禴",夏祭名,六二为离爻,离南方,为夏,故"利用禴"。二动体困,困二曰"利用享祀",萃反为升,升二亦曰"利用禴",以二得中,故其象同也。《象》称假庙用牲,二为助祭,助祭当献方物。坤为吝啬,故薄。然输诚来萃,虽薄亦孚,孚,固不在多仪也。

【占】 问时运:运得正中,吉。
　　○问功名:可望汲引而进。
　　○问营商:"引",牵引也。想是合众生意,必可获吉,但须答愿酬神。

○问战征：古者出师必祭，于内曰类，于野曰祃是也，盖祭神以誓师也。吉。

○问婚姻：二应于五，是二五订婚也，故曰"引吉"。

○问疾病：仙人辟谷之法，曰引导，为引运其元气，使之充实无亏，即可却疾。

○问六甲：生女。

【占例】 友人某来，请占气运，筮得萃之困。

爻辞曰："六二：引吉，无咎。孚乃利用禴。"

断曰：此卦地上有泽，可以蓄水，即可聚财，故卦曰萃。今占得二爻，爻辞曰"引吉"，知足下所谋之事，必待有人引而仲之，乃可获吉。二与五应，能为足下指引者，必属于五。惜其中有三四两爻间隔，宜备礼祈祷，以乞神祐，使三四不能阻碍，则所谋得遂，自然吉而无咎也。

六三：萃如嗟如，无攸利。往无咎，小吝。

《象传》曰：往无咎，上巽也。

三处坤之上，坤为众，得萃之象。盖萃必众心欢悦，其萃乃为可用。三以阴居阳，不能统率坤众。萃者以利而萃，萃而无利，则萃者嗟矣，故曰"萃如嗟如"。卦以五爻为萃之宗主，即《象》所称"利见"之"大人"也，往而归之，有攸利焉。"小吝"者，三无御萃之才，致腾众口，为可鄙耳。《传》曰"上巽也"，萃上互巽，巽五曰"无不利"，谓往而可得巽之利也。

【占】 问时运：运途平平，无可获利也。

○问功名：功名不利，反被人鄙。

○问营商：货物虽多，不售可嗟，何所获利？惟转运他处，可得无咎。

○问战征：有兵而不得其用，反致怨嗟，在主将无御众之才也。

○问婚姻：未免兴怨偶之嗟。

○问家宅：同居不睦，致多口舌，往迁可以无咎。

○问疾病：胸隔积滞作痛，致声声叫苦。以两便不利所致，利则可以无咎。

○问讼事：不利。

○问六甲：生女。

【占例】 友人来，请占气运，筮得萃之咸。

爻辞曰："六三：萃如嗟如，无攸利。往无咎，小吝。"

断曰：卦体上悦下顺，众人归附，占象得此，可为佳矣。今占得第三爻，三爻以阴居阳，自无御众之才，无以利众，以致众怨，故曰"萃如嗟如，无攸利"。知足下身任副局长，不得众心，爻辞之言，若适为足下发也。足下当令其往附于局长，斯众得其利，而可无咎矣。《象》曰"上巽"，巽顺也，在足下运途亦顺矣。

九四：大吉无咎。

《象传》曰：大吉无咎，位不当也。

四出坤人兑,当内外卦之交,为多惧之地。初应之,三比之,开馆招宾,礼贤下士,如汉之王莽曹操,臣而得众,凶莫大焉。爻曰"大吉无咎",必其克尽"大吉"之道,乃得"无咎";必其能立"无咎"之地,乃得"大吉"。若文王三分有二以服事殷,能有其萃,而不自以为萃,必率其萃而归之于君,斯可谓大吉而无咎矣。《象传》于"大吉无咎",而犹以"位不当"释之,其旨严矣!

　　【占】　问时运:气运大好,无往不吉,但于地位不当,宜慎。
　　〇问功名:大吉,但恐德不称位。
　　〇问营商:得财得,利大吉;宜作退一步想,方能有始有终。
　　〇问战征:战胜攻克,大吉大利;防功高震主,谤毁随之。
　　〇问婚姻:四与初为正应,即为正配,吉;但门第恐不甚相当也。
　　〇问家宅:此宅人口兴旺,家室平安,大吉;但地位少嫌卑下。
　　〇问疾病:是外强中干之症,目下可保无咎。
　　〇问六甲:生女。

　　【占例】　某家支配人,请占气运,筮得萃之比。
　　《爻辞》曰:"九四:大吉无咎。"
　　断曰:凡占卦取《爻辞》,亦当兼取爻象。往往有《爻辞》则吉,而爻象则凶者,亦有爻象则凶,而爻辞则吉者。今此爻之辞曰"大吉无咎",《象传》曰"位不当",未免于吉中有凶。足下占气运得此爻,在足下身任支配,凡主家之权利,皆归足下担负,一时趋附权利者,不必归向于主家,必皆归向于足下,此亦势之所必然也。于是足下之名大震,足下之运大盛,安得不谓之"大吉"哉! 其实此等权利,皆主家所有,非足下所可自有也,《象传》以"位不当"戒之,足下最宜凛凛焉。

　　九五:萃有位,无咎,匪孚。元永贞,悔亡。

　　《象传》曰:萃有位,志未光也。
　　五居尊位,为萃之主,故曰"萃有位";居其位以御其众,故"无咎"。然亿兆之归往在有位,亦不仅在有位也,要必有足以服众者,而众乃中心诚服矣。是萃以位,实萃以德,以德服人,此之谓"孚",若徒曰"萃有位"而已,是以权位胁取,非心服也,孚何有焉?"非孚"而萃,后且有悔。"元永贞"者,乾坤之德也,"元"者,乾之"长人","永贞"者,坤之载物,既具此德,则德位兼备,群黎百姓,罔不相应,悔自亡矣。《象传》曰"志未光",为徒有其位言之耳。按:比《象》亦曰"元永贞",比以一阳统众阴,故"元永贞"言于卦;萃虽有二阳而统众阴者,以五为主,故"元永贞"言于五。义各有当也。

　　【占】　问时运:得位得权,运当全盛,自可无咎。
　　〇问营商:财则聚矣,信尚未也。能守其正,业自可久。
　　〇问功名:位则高矣,望则隆矣,更宜修德履正。
　　〇问战征:三军既集,大业可成,更宜推诚相与,可保永终。

○问婚姻：位尊金多，可称贵婿。

○问家宅：此宅地位，山环水聚，聚族而居，吉。

○问疾病：心神不定，宜静养。

○问讼事：以讼者爵位隆，声势盛；虽枉得直。

○问六甲：生女。

○问失物：久后可得，无咎。

【占例】　一日友人来，请占气运，筮得萃之豫。

爻辞曰："九五：萃有位，无咎，匪孚，元永贞，悔亡。"

断曰：五爻为萃之主，既有其位，又有其众，运无咎也。足下占气运，得此爻象，知足下非卑下之俦，有位有财，非一乡之望，即一家之主也。特一时信义未孚，在众人或怀疑虑，当履道守正，久而不失，斯言寡尤，行寡悔，而万事亨通矣。

上六：赍咨涕洟，无咎。

《象传》曰：赍咨涕洟，未安上也。

"赍咨"，嗟叹之辞。目出曰涕，鼻出曰洟，"赍咨涕洟"，悲泣之状也。上爻阴柔不中，居萃之极，三与上为敌应，敌应则无萃，孤立于上而安得安乎？知其不安，则忧之深，虑之甚，极之"赍咨涕洟"，悲愁百结，人亦当谅其哀怨而来萃也，故得"无咎"。皖江陈氏以"咨"为资财，"赍"为持，谓财聚民散，是有其财而不能有其众，则坐拥厚资，适以自危，如鹿台巨桥，卒供兴王之恩赏，此诚当痛哭流涕者也。其说亦亲切。

【占】　问时运：人必年老运退，极至穷极悲苦，为可悯也。然必有怜而救援者，得以无咎。

○问营商：孤客无伴，途穷日暮，大可悲虑，幸而得救，无咎。

○问功名：时衰运极，难望成名。

○问战征：有军众叛离，主将孤立之象。

○问婚姻：有生离死别之悲。

○问家宅：仳离啜泣，家室不安。

○问疾病：病自悲泣过甚而来，宜宽怀调养。

○问六甲：生女。

【占例】　明治二十一年六月，余为谋设摄绵土制造厂，游寓爱知热田。偶过热田神宫，得晤神职某氏，相与讲《易》。时际旱魃，乡农数百，赛社祈雨。余语神职某曰：乡人诚求，神其谆谆然命之乎？神职曰：神何言哉！余曰：神固不言，有足以通神之言者，其唯《易》乎？易不筮之？筮得萃之否。

爻辞曰："上六：赍咨涕洟，无咎。"

断曰：此卦上卦之泽，为受水之地，泽出地上，有泽满水溢之象。《爻辞》曰"赍咨"，在人为悲怨之情，在天为震怒之声，即迅雷也；曰"涕洟"，在人为悲泣之状，在天为滂沱之泽，即大雨也。当此迅雷大雨，洪水暴作，人民罹灾，神亦为之不安，故《象》曰"未安上也”。计其时日，自初至上为六日，当必有验。

时七月十六日也，闻者多未之信。届期天日晴朗，大宫司角田氏谓余曰：大雨之期，占在今日，恐不验也。余曰：余唯就占论占，验不验非余所知。然向来所占，未有不验也。至午后，云涌风起，迄三时，雷公电母，风伯雨师，数驾齐来，顷刻之间，沟浍充盈，平地皆水，于是宫司等，惊骇感服，过余称谢。翌年伊藤议长佐野顾问赛热田神宫，向宫司诸人询问余占雨神验，宫司即以断辞上申。两公大感神德之灵应，详询热田神社始祀之由。后宫内省发给祠币十万元，社格列伊势大庙之次。

䷭ 地风升

卦体坤上巽下。按坤辰在未，未土也，故坤为地；巽辰在巳，上值轸，轸主风，故巽为风。陆绩云：“风土气也”，巽为坤所生，故风从地而起，即庄子所云“大块噫气，其名为风”也。地上风下，盖风起自地下，顷刻而行于天上，有升之象。升为十二月之卦，阴气下凝，阳气上升，此其时焉。此卦所以名地风升也。

升：元亨。用见大人，勿恤。南征吉。

卦象由巽升坤，故曰升。巽本“小亨”，“元”者，坤之“元”，得夫坤元之气，故曰“元亨”。“大人”谓二，巽《传》曰“利见”，此曰“用见”，谓不升则不得见，用升而后可见也，故曰“用见”。得见大人，则大人必相与同升，自可无恤。“南征”者，出幽入明之谓也。巽之往坤，坤之往巽，皆必历于南，譬如日月之升，皆南征，而其降也，皆北行，故曰“南征吉”。

《象传》曰：柔以时升，巽而顺，刚中而应，是以大亨。用见大人，勿恤，有庆也。南征吉，志行也。

巽位在巳，坤位在申，其升也，历时而渐进，故曰“柔以时升”。阴始于巽，而终于坤，柔莫柔于巽矣。巽《象传》曰“柔顺乎刚”，坤《象传》曰“柔顺利贞”，是所谓“巽而顺”也。二为升之主，刚而得中，二五相应，谓之“刚中而应，其亨是以大也。王制升诸司徒，升诸司马，皆为大人，得以用见，是可“勿恤”。柔依刚而立，初得二而升之基益固，而升之道乃亨，故曰“有庆”。阳称庆，庆在初也。巽属东南，坤属西南，自下升上，必历离之南，乃交于坤，南为阳明之方，故“征吉”，得其吉而升之，志于是乎遂，故曰“志行也。

以此卦拟人事，是人之屈者求伸，穷者求达也，然屈伸穷达，有时存焉。刚主动，柔主静，“柔以时升”，当静以待时焉。巽柔也，坤亦柔也，无刚以作其气，则柔弱不能自树，其何以升哉！故必应以刚中，柔乃得依刚以为立，即巽《象传》所谓“刚巽乎中正而志行”者也，其亨可谓大矣。凡人之求升，必藉大人为之先导。引而进之，登而用之，皆大人之力也，然必先见之，而后得邀其赏识。“用见”者，进见之谓也，举不举未可知也，故不谓之“利见”。然以时而见，必以时而升，当有庆焉，可无忧也。昔吕望之于文王，相见于渭南，孔明之于先主，相见于南阳，南征之吉，是其证也。三代之英，有志得逮，大道之行，人事之亨也。巽为风，坤为用，正风云际会，用之则行之时也。

以此卦拟国家，升为升平也，所谓道隆德隆，国家全盛之时也。其卦自萃来，萃则得民,得民则国治,国治而后天下平,是治道之大亨也,故升曰"元亨"。然一治一乱,时为之也,时未可升,宜静以俟之,不宜躁进。"巽而顺",谓坤顺以承天也;"刚中而应",谓巽刚以应时也。得其时,则贤能登进,俊杰超迁,允升天子之阶,用布永清之化,君臣一德,风行俗美,在正时也。"大人"者,恭己面南之大人也,当阳出治,天下之士,咸皆怀抱利器,愿期一见之为荣,斯士无被黜之忧,朝有得人之庆。《说卦传》所云"帝出乎震,齐乎巽,相见乎离",离南方也,故"南征吉。卦以二五为刚中相应,二曰"有喜",五曰"大得志",即可见万年有道,升平之象也。

通观此卦,卦名取地风,卦象取地木。风从地而起,木自地而出。巽为风,亦为木,木与风,其为升一也。升反萃,萃坤居下,为群众之象,升则举于众,而登之民上,是古者论秀书升之制也,故反萃为升。《象》辞曰"用见",曰"征吉",谓贤士怀抱道德,乐为世用也;曰"大亨",曰"有庆",谓朝廷任用俊彦,得奏时雍也。往见者在士,举而用之者在大人,故士之吉,即为大人之吉,大人之"有庆",亦即为士之庆也。柔依刚而能立,志得坤而斯行,《象》曰"积小以高大",譬如升高,必自卑而登,譬如升阶,必由下而进,盖有愈升而愈上者矣。其大旨唯在"柔以时升",先时则躁,后时则悔,皆失升进之道也。士者出而用世,审时其至要也。《易》之作也,多在殷周之际。周室王化之行,始于二南,所谓征南,是明证也。爻象内三爻为巽,初"合志",二"有喜",三无疑,是升之得其人、得其道也。外三爻气坤,四曰"山",五曰"阶",六曰"冥",是升有其地、有其时也。总之,二为大人,五应之,则升阶以见;初得允吉,四应之,则恭顺以事;三尚可升,六应之,则其升已极。卦体坤巽皆柔,如木初出,枝条柔软,及其干霄直上,自然刚健不屈,所谓"巽而顺,刚中而应"者也。

《大象》曰:地中生木,升,君子以顺德,积小以高大。

地中生木,当其萌蘖始生,藐乎小矣;及至蔽日干霄,其高大不可限量,盖不知几经岁月,得以积累而至此也。顺德以坤为极,巽柔在下,坤顺在上,由巽升坤,非积不能。君子法之,以顺其德,积小高大,德必日新而日懋也。人以此而树木者,君子、即以此而树德焉。

【占】 问时运:得春生之气,运途当日进日盛。

○问功名:有指日高升之象。

○问营商:积累锱铢,可渐成富饶巨室。

○问战征:宜平地架列木梯,可以登高攻城。

○问婚姻:顺为妇德,有以妾作嫡之象。

○问家宅:此宅初时低小,近将改造大厦。

○问疾病:是肝木春旺之症,若不顺气宽养,势将日积日重,颇为可危。

○问货价:有逐步腾贵之象。

○问秋收:风雨调顺,年谷丰登。

○问行人:一路顺风,且积蓄颇丰。

○问六甲:生女。

初六:允升,大吉。

《象传》曰:允升大吉,上合志也。

初居升之始，为巽之主。升者下也，而允其升者上也。上允其升，则升之志遂矣。上互震，震雷出地，声闻百里，有升之象；下升上允，志同道合，吉莫大焉。晋六三曰"众允"，下为二阴所信；升初六曰"允升"，上为二阳所信。以阴信阴，悔亡而已，以阴信阳，乃得大吉。

【占】　问时运：运途大顺，求名求利，无不如志，大吉。

　　○问功名：一举成名，大吉。

　　○问营商：货价高升，大可获利。

　　○问战征：升高窥望，得识敌情，一战可得胜也，大吉。

　　○问婚姻：两姓允合，大吉。

　　○问家宅：有出谷迁乔之兆，吉。

　　○问疾病：爻象本吉，于问病独非吉兆，惟在下痢下陷等症，则吉。

　　○问失物：须就高处觅之。

　　○问讼事：宜上控，吉。

　　○问六甲：生女。

【占例】　缙绅某来，请占气运，筮得升之泰。

　　爻辞曰："初六：允升，大吉。"

　　断曰：卦象取"地中生木"。木得春气，枝叶怒生，渐增渐大，犹人行运得时，渐入佳境之象也。今占得初爻，是初运也。升者，自下升上，允者，我求而被允。升得其允，斯升之志遂，升之道行矣。运途得此，所求所谋，于名于利，无不"合志"，大吉之占也。

九二：孚乃利用禴，无咎。

　　《象传》曰：九二之孚，有喜也。

　　二居巽之中，备刚中之德，即为"用见"之"大人"。初欲升五，必先历二，以求孚于二也。古者求贤审官，得人则告诸宗庙。二既孚初之升，特为斋被以进之。上互震，震为祭，故"用禴"。巽，孟夏之月，"禴"，夏祭，"用禴"者，取"柔以时升"之义也。"禴"，祭之薄者，然输诚求升，虽薄亦孚，在诚不在物也，故"无咎"。《象传》曰"有喜"，即《象传》所云"有庆"也。萃六二以柔应五之刚，升九二以刚应五之柔，其至诚感应，则一也，故爻象"用禴"同，"无咎"亦同。

【占】　问时运：运途得中，必有喜事临门。

　　○问营商：商业全凭信实。有信卖买进出，无诈无虞，自能永远，且可获利。

　　○问功名：定有泥金报喜。

　　○问战征：出师必祭，信为兵家之要，得信则三军一心，无战不克矣。

　　○问婚姻：二五爻孚，阴阳合德，大喜。

　　○问家宅：主有喜兆。

　　○问疾病：宜祷。

○问六甲：单月生男，双月生女。

【占例】 友人某来、请占气运,筮得升之谦。

爻辞曰："九二：孚乃利用禴,无咎。"

断曰：升者自下升上,有积小高大之象。今足下问气运,占得第二爻。二爻刚中,为卦中之大人。"孚"者,信也,得其信,不特上下爻通,即鬼神亦能感格。爻象如此,知足下信谊素著,于朋友上下之间,无不爻孚,故得"无咎",且近日即有升腾喜兆。

○明治二十九年,某贵显来,为设立农工银行,占问成否。筮得升之谦。

爻辞曰："九二：孚,乃利用禴,无咎。"

断曰：卦体坤上巽下。坤为财,为富,巽为商,为利。五行以我克者为财,巽木克坤土,土为财。升者,积小高大,有渐进渐长之象。今贵下占问银行生业,得第二爻,爻辞曰"孚",孚者,信也,金银贸易,最要在信。"利用"者,利于用也,《洪范·六府》"心曰利用",即此旨也。据此爻辞,银行必成,且有喜兆。

九三：升虚邑。

《象传》曰：升虚邑,无所疑也。

升之三,巽之终,坤之始也,坤为虚,亦为邑,故曰"升虚邑"。《说文》："虚,大邱。九夫为井,四井为邑,四邑为邱"。邱,谓之虚。《诗》"升彼虚矣",虚,即墟也。墟为空旷高地,由井升邑,由邑升虚,可见"积小以高大",历试诸艰,胜任愉快,地日辟而日大,位日进而日高。《象传》曰"无所疑",信乎三之升,升之得其任矣。征诸太王居岐,一年成邑,二年成都,三年五倍于初,爻所言升虚升邑,盖谓此也。升卦爻象三、四、五三爻,皆隐指周室之事。

【占】 问时运：目下运途恰好,渐进渐盛。

○问营商：市廛谓之趁虚,言就虚地,会集货物而成市邑,可见商业日盛也。

○问功名：升本发达之象,初方"允",二则"孚",至三则已升而在上,可无疑也。

○问战征：经此兵燹,城邑空虚,"升虚邑",夺取空城矣。

○问家宅：有前空虚,后富实之象。

○问婚姻："虚邑",犹空房也,不吉。

○问疾病：必是虚弱之症无疑。

○问失物：不得。

○问六甲：九三阳爻,生男。

【占例】 明治十六年,缙绅某任某县令,将赴任,请占任事吉凶,筮得升之师。

爻辞曰："九三：升虚邑。"

断曰："虚邑",为凋敝之地,人烟寥落,治理殊难,非盘根错节之才,未易胜任也。今贵下新授某邑知事,行将赴任,占得此爻,以贵下练达之才,任此积衰之邑,必能治剧理繁,为人所难为,当有措之裕如,无容疑也。可为贵下信之矣。

○明治廿八年五月，为开垦北海道十胜国利别原野，占其成否，筮得升之师。

爻辞曰："九三，升虚邑。"

断曰：《爻辞》与占象，悉相符合，可谓深切详明。曰"虚邑"，即荒土地，曰"升虚邑"，是辟荒土而成村落也。初则允其升，谓从事开垦者，志相合也；二则孚其升，谓从事开垦者，必"有喜"也；三则升已成矣。事虽难，可无疑也，其成必矣。

○明治三十一年，占司法省气运，筮得升之师。

爻辞曰："九三：升虚邑。"

断曰：《象》谓积小高大，凡风化之日趋日上，政教之日进日强，皆为升也。今占司法省，欲改设公明之法律，为内地杂居之准备，得升卦三爻。夫有其邑而不治，谓之"虚邑"，有其法而不用，亦谓之虚法。兹者司法省，新颁法律，将实施之于内地，是升虚而作实也，此令一行，必无阻碍，无容疑虑焉。

六四：王用亨于岐山，吉，无咎。

《象传》曰：王用亨于岐山，顺事也。

岐山为周发祥之地，太王迁之，文王康之，时告祭乔狱，岐山当必在其内也。盖天子祭天地，诸侯祭其境内之山川。"亨于岐山"，岐山在周境内，周先王实主其祀焉。称王者，追王之谓也。迁岐山之始，避狄而来，而积小高大，遂成为王业之基，吉何如也！《象传》以"顺事"释之，盖隐指文王服事之诚，有顺德，无二心也。此周公不言之旨，合前后爻象观之，而可知矣。

【占】　问时运：事顺适，吉而无咎。

○问战征：古者祷战，祈克于上帝，然后接敌，此即用亨之义也。亨而后战，其必克矣，吉。

○问营商：货物之生也，多取于山林川谷之间。祭法，民之取财用者，必祭之，谓祭之可获利也。吉。

○问功名："亨于岐山"，易侯而王，大吉之兆。

○问家宅：宜祭告宅神，吉。

○问疾病：宜祷。

○问六甲：生女。

【占例】　某商人来，请占气运，筮得升之恒。

爻辞曰："六四：王用亨于岐山，吉，无咎。"

断曰：升卦诸爻，皆言升，唯二四不言升，其义并取于祭享，谓人欲升腾发达，必先求神明之保也。四《爻辞》曰，"王用亨于岐山"，岐山为太王避狄之地，浸炽浸昌，大启尔宇，为周室王运发祥之始。今足下占得此爻，知足下气运通顺，正如晓日东升，逐步，步增高，财运亨通，其中虽由足下计划之精，要亦有神助也。宜斋祓以祷之，吉。

六五：贞吉，升阶。

《象传》曰：贞吉，升阶，大得志也。

五以坤德居中，位极其尊，《象传》所称"君子以顺德，积小以高大"，唯五当之。"阶"，天子之阼阶也。升之于阶，尊之至焉。然不正则为新莽，为曹操，其何能吉？古来必如大舜之有鳏在下，侧陋明扬，以至命陟帝位，爻曰"贞吉"，《象》曰"大得志"，惟舜有之矣。而作《易》之旨，则隐指西伯方百里起，终受周命之事也。

【占】 问时运：平生志愿，无不得遂，大吉之兆。

○问功名：拾级而登，荣宠已极。

○问营商：五为中数。凡营财之道，不宜过盈，以得中为吉，故曰"贞吉"。

○问战征：凡攻城，必用梯阶，所以升高也。城必可克，故吉。

○问婚姻：五与二相应，爻曰"升阶"有攀结高亲之象，故二曰"有喜"。

○问疾病：升，增也，病不直升，乱阶厉阶，皆非吉兆。

○问讼事：讼本凶事，是谓祸阶，升阶则讼愈凶，何以得吉？

○问失物：当就阶墀间寻之。

○问六甲：生女。

【占例】 某氏来，请占其女气运，筮得升之井。

爻辞曰："六五：贞吉，升阶。"

断曰：升者谓"柔以时升"，升得其时，是以吉也。人之气运，亦以时行，得时则顺，失时则逆，唯在当其可之谓时也。今足下占问子女行运，想必为嫁娶之事也。《诗》咏迨吉，为婚姻之及时。阶，上进也，"升阶"，升而愈上也，是必有贵戚订姻，上嫁之象。大吉。

后闻此女，果嫁某缙绅。

上六：冥升，利于不息之贞。

《象传》曰：冥升在上，消不富也。

上居坤之极，升至于上，升无可升矣。如日之升，朝而日出，昼而日中，暮而日入。"冥"，则昏暮也，坤为冥，故曰"冥升"。"不息"者，昼夜循环之谓也，今日月没，明日复升，故曰"利于不息之贞"。坤曰"永贞"，即"不，息之贞"也。在人之升，至上则禄位已尽，魂升魄散，归入幽冥之域，凡生前富贵利达，消归无有，惟此道德勋名，足以流传于不息耳，故《象传》以"消不富"释之，此之谓也。

【占】 问时运：好运已过，且待后运重来，可以得利。

○问战征：有率军夜进，误入幽谷之象。利于息，待天明可出险也。

○问营商：防有人财两失之患。

○问功名：升至于上，功名已显，防身后萧条。

○问婚姻：恐不得偕老。

○问家宅:宅运已过,势必中落。

○问疾病:大象不利,"冥升"者,魂升于天也。

○问六甲:生女,恐不育。

【占例】 明治二十四年,占国运,筮得升之蛊。

爻辞曰:"上六:冥升。利于不息之贞"。

断曰:论卦体,坤上巽下,由巽升坤。升至于六,坤位已终,无可再升矣。今占国运,得升上爻。我国家自维新以来,一革旧政,悉效欧美之法,以为取彼之长,补我之短,以冀日进于富强也。当时使年轻子弟,游学欧美,以习学其文学言语、政化风俗,三年学成归国,即升为学士、博士之职,使之教授国内子弟。法非不善,意非不良,无如此辈游学子弟,其于我国向时政教,本未谙练,即于外国教育,亦徒窥其皮毛,反以扬扬自得,蔑视老成。其间所谓进步者,如海军陆军,骏骏日上,亦自有可取,而极之教育之原,身心之本,终觉利不胜害,为可慨也。维新迄今,已二十余年,升进地步,约计已到上爻。"冥升"者,为日已近暮,无可复升,其利在"不息之贞"。"不息"者,为去而复来,循环不息之谓也。盖谓我国治运所关,凡新法之不善者,皆当反我旧政,以返为升,犹是日之没而复升,晦而复明,即所谓"不息之贞也"。斯之谓"利",斯之谓"贞"。

䷮ 泽水困

卦体本乾坤否。坤以上一阴往乾,成兑,乾以中一阳来坤,成坎,是为兑上坎下。易位为节,节《象》曰"泽中有水",言泽能节水,不使漏溢,有滋润,无枯涸也;反是为困,泽在水上,则水无所节,随泻随下,而泽涸矣。上互巽,巽为木,泽竭则木槁;下互离,离为日,"日以烜之",则水益涸。《序卦传》曰:"升而不已必困,故受之以困。"夫有升必有降,升而不降,上愈升,下愈竭,竭则困,故名其卦曰困。

困:亨,贞。大人吉,无咎。有言不信。

困字,从木,在口中。木为阳之生气,历坎地则涸,逢兑金则刑,木斯困矣。必自兑而坎,转而入震,震为春,为生,则木道乃亨。古来贤哲,其蒙难艰贞,不知几经困苦,而始得亨通者,类如斯矣,故曰"大人吉,无咎"。"有言不信"者,谓当此困厄之际,身既不用,言何足重?唯宜简默隐忍,以道自守,若复喋喋多言,反足招尤,其谁听信乎!

《象传》曰:困:刚揜也。险以说,困而不失其所亨,其唯君子乎?贞大人吉,以刚中也。有言不信,尚口乃穷也。

困者,如敌之被困于重围,兽之受困于陷阱,困而不能出,即《象传》所谓揜"也。坎,刚也,兑,柔也,九二为二阴所揜,四五为上六所揜,内卦坎阳,为外卦兑阴所揜,谓之"刚揜",揜斯困矣。坎险兑悦,是困在身,而亨道也。二五刚中,有大人之象,处困能亨,道得其正,唯君子足以当之。以德则称君子,以位则称大人,以其刚中,乃能不失所亨,是以吉也。若文王之幽囚鸣琴,周公之居东赤乌,孔子之被厄兴歌,是之谓险而悦,困而亨,乐天知命，有非险阻艰难所得夺其志也。兑为口，故"有言"。坎为孚，坎刚为兑柔所揜，故"不信"。人当困厄，或陈书以干进，或立说以矜才，由君子观之，窃叹其徒尚口说耳。道既不行于世，言必不信于人，侈侈烦言，益致困穷矣。大人处之，唯在秉刚履中，以济其困而已。

以此卦拟人事，"困"、"囚"二字形相似。木在口为困，人在口为囚，故困亦有囚禁之义，是人遭穷被厄之时也。困与亨相反，困必不亨，亨必不困，唯君子处之，其身虽困，其心则亨，其遇虽困，其道则亨。所以"不失其所亨"者，要在能守此贞也。贞则不为小人之滥，而为大人之吉，是天之所以玉成大人者，正在此困耳。卦徒以刚为柔揜，刚阳上升，自升入困，为柔所抑，屈而不伸，则困。卦体下险上悦，虽居坎险，不失兑悦，所谓遇而不怨，穷而不悯，唯争其道之亨不亨，不问其遇之困不困也。卦象为泽无水，泽以得水为润，无水则泽涸，然泽不以涸而怨水，人亦当不以困而怨命，"致命遂志"，此君子之所为君子也。在不安命之小人，一遭困难，势必怏怏于心，轻举躁动。始则甘言媚世，用以乞怜；乞之不应，激而发为怨言，不知因困而有言，卒至因言而益困，是之谓"有言不信，尚口乃穷也"。玩六爻之辞，多以"往"为凶，"来"为吉，"往"者谓欲前往而争之，是不知命也，"来"者谓待其来而安之，是能俟命也。《易》之大旨不外扶阳抑阴，即所以戒小人而进君子。观小人之处困，困则终困矣，君子之处困，困即为亨也。

以此卦拟国家，在人为困亨，在国为治乱。人不能有亨无困，国亦不能有治无乱。困不终困，秉正以守之，则困亨；乱不终乱，有道以治之，则乱治。乱之由来，在于亲小人，远君子。小人，柔也，君子刚也，是柔揜刚也。坎为险，兑为悦。险则为艰难离乱，国家当此，政散民流，上下交困，欲其悦而使众也，不亦难乎？苟其险而能悦，以兑济坎，则险不终险，如太王之避狄迁岐，而终得兴周，勾践之卧薪尝胆，而卒能灭吴，皆所谓处困而不失其亨，虽乱而终治也。原其所以治乱者，道在刚中耳。"刚中"指二五而言，二五两爻，皆得中。五，君也，二，臣也，君臣合志，同济时艰，犹文王之得吕望，越王之有范蠡，乱而得治，皆二五之功也。是以"幽谷"不能为其藏，"蒺藜"不能为之刺，葛藟"不能为之挠。天下事无不可为，惟在居刚履中，应天顺人而已。若徒以空言惑世，则惟口兴戎，适以滋乱，其何益乎！

通观此卦，按蹇、需、困三卦，皆处险。蹇"险而能止"，足以避难；需险而不陷，义不至穷；困卦上下三刚，为柔所藟，而无所容，是困也。《象传》之旨，以险而悦，困而亨；爻象之义，以往为凶，来为吉。往者自下往上，来者自上来下，来者龃龉而不得合，往者内外互塞。初之"株木"障内；三之"蒺藜"拒中；上之"葛藟"蒙上。九二在险，九五同德，为拯困之主，而为四所隔，四与初应，而为二所隔，必待四来初，而五乃得与二合。苟三之"蒺蒺"不去，则四未得行；上之"葛藟"不去，则五亦未一得通。故困之害在三上，三上去而可无忧于初矣。总之，困之者柔，而为其所困者刚也，即《象传》所谓"刚揜"也。岂知刚困而柔亦困，刚困为"酒食"，为"金车"，为"朱绂"，悦而在下，困亨之象；柔困为木石，为"蒺藜"，为"葛藟"，险而在上，困人之象。惟其险而能悦，则险不为陷。法坎之信，坎可以济，得兑之悦，困可以亨。彼"酒食"、"朱绂"、"金车"，即从木石、"蒺藜"、"劓刖"、"葛藟"而来，其百般而磨折者，正所以试历而成就之也。困愈深，成愈大，孟子所论"天降大任"一章，可作为困卦之注脚。

《大象》曰：泽无水，困，君子以致命遂志。

井《象》谓"木上有水"，取其可汲养也；师《象》谓"地中有水"，取其能容畜也；困之

《象》曰"泽无水",无水则无可汲养,亦无所容畜,而泽困矣。坎为水,亦为志,君子观之,谓泽之不得水,犹士之不得志也,孔子曰,得之不得曰有命,命当其困,身可困,志不可夺也。譬如危城孤守,强敌环攻,内兵疲而外援绝,矢穷力尽,一战身亡,以遂靖共之忠,斯不失见危授命之义也,是之谓"君子以致命遂志"。盖命在天,志在我,时当困穷已极,无可奈何;命则听之于天,志则尽夫在我,为道谋不为身谋,计百年不计一日。"困而不失其所亨",惟君子能之。

【占】 问时运:困穷至此,宜自安命。
　　　○问战征:是为孤城危急之时,惟竭力图存,生死在所不计也。
　　　○问功名:名成则身难保,身存则名恐败,唯善自处之。
　　　○问营商:资财既竭,时事又危,交取往凶来吉,不如归来,得可免困。
　　　○问婚姻:《象》曰"刚揜",男必天命,女必守寡。易位为司节,女必能守节成名。
　　　○问家宅:宅中有枯井,防致损命。
　　　○问讼事:不特讼不能直,且防因讼损命。
　　　○问行人:在外困苦不堪,且有生命之忧。
　　　○问疾病:肾水亏弱,症象已危。
　　　○问失物:坠入深潭之下,不可复得。
　　　○问六甲:生男。

初六:臀困于株木,入于幽谷,三岁不觌。

《象传》曰:入于幽谷,幽不明也。

坎为臀。初处内卦之下,臀在人身之下,取坎下之象。《象传》曰"泽无水",为漏泽,臀之象亦漏下。坎于木为坚多心,"株木"为根在土上者,最在低下。人以臀为下,木以株为下,故为"臀困于株木"。凡人间居失业,谓之株守,可以为证。兑为谷,为幽,坎为人,为穴,为陷,阴爻亦为穴,"入于幽谷",是陷坎之底。兑为见,坎为三岁,坎伏兑下,自初至四,历三爻而兑始见,故曰"入于幽谷,三岁不觌",皆从坎为隐伏取象。《象传》以"幽不明"释之,"幽",暗也,人当困厄之来,宜审机度势,择地而蹈,冀可免厄。"困于株木,入于幽谷",是困上加困也,亦因其不明所致也耳。

【占】 问时运:厄运初来,渐入苦境,三年后可望顺适。
　　　○问战征:兵陷险地,如司马氏军入葫芦谷。
　　　○问营商:是贩运材木生意,木在深谷,困于发运。
　　　○问功名:卑下之象,名必不显。
　　　○问家宅:宅在深山,人迹罕到,宜于幽人。
　　　○问疾病:"株木""幽谷",有棺椁山丘之象,凶。
　　　○问婚姻:男家卑微,恐有遇人不淑之叹。
　　　○问行人:三年后可归。
　　　○问六甲:生男。

【占例】 明治十九年七月,横滨友人某来,谓:"本年大孤兵库等处,虎列喇疫病流行,幸东京横滨皆得无恙,不料本月横滨花町忽有一人患此症,尔来仆居邻近,亦有传染。深为忧虑,请为一筮,以决吉凶。"筮得困之兑。

爻辞曰:"初六:臀困于株木,入于幽谷,三岁不觌。

断曰:坎为疾,为灾,显见有病。卦名曰困,困者难也。卦象"泽无水",泽在水上,水必下漏,臀为孔,是必泄泻之症。兑为秋,坎为冬,病起于秋,延及于冬,是时疫也。今占初爻,爻辞曰"臀困于株木",象近棺木,"入于幽谷",象近葬穴。爻象颇凶;幸在初爻,病在初发,《象传》曰"困亨",明示困之中,自有得亨之道也。"入于幽谷",其殆示以避疫之地也;"幽谷"者,必是深山幽僻之所。"三岁不觌"者,自初至四,凡历三爻,四爻入兑,兑为悦,为见,至兑则灾脱,而心悦,可以出而相见也。三者为数之一变,暂则三岁,久则三月,皆取三也。玩此占辞,君宜暂避于函根、伊香保等处,自可无患。

某氏闻之大惊,即日起行,赴伊香保,果得平安无灾。

九二:困于酒食。朱绂方来,利用亨祀。征凶,无咎。

《象传》曰:困于酒食,中有庆也。

三、四、五三爻为刚,皆因于富贵者也。二与五应,二所云服饰祭享,与五爻同;五虽未言"酒食",有祭享必有酒食,义亦可通。坎五曰"樽酒簋二",故有酒食象。困三阴三阳,卦自乾坤来。乾为衣,亦为朱,坤为裳,故有朱绂象。二动体为萃,萃二曰"利用禴",故有亨祀象。按:绂,蔽膝祭服。一作韨。《玉藻》曰:"一命缊韨幽衡,再命赤绂幽衡,三命朱绂葱衡。"二为大夫,故祭服用朱绂。二得乾气,方膺大夫之命,故曰"方来""酒食""朱绂",谓膏粱足以伤生,文绣因而溺志,富贵之困人,即所谓死于安乐者是也。君子知之,不以酒食自养,不以朱绂自耀,而用诸祭祀,则俎豆馨香,孝孙有庆矣。"征凶"者,以斯而征,坎险在前,为三所阻,故"凶";幸二居坎之中,故得"无咎"。是以《象传》即以"中有庆"释之。

【占】 问时运:爻象富贵,运非不佳,惜其不知搏节,反为富贵所困也。

○问战征:防有因酒食误事,遂致败北,主将困而招襧徘之辱。

○问营商:因商起家,膏粱文绣,足以荣亨,但再往则有凶也。

○问功名:功名已显,但恐为功名所困耳。

○问疾病,是逸乐过甚,醉饱无度。宜祷。

○问家宅:是富贵之家,住宅六神不安,宜虔祭告。无咎。

○问婚姻:聘礼始备,彩礼方来,一说即成。

○问六甲:生男。

【占例】 板垣伯占气运,得此爻,断词附载地雷复上爻,可以参看。

六三：困于石，据于蒺藜。入于其宫，不见其妻，凶。

《象传》曰：据于蒺藜，乘刚也。入于其宫，不见其妻，不祥也。

初、三、上三爻为柔，皆困于患难者也。柔爻象取草木，三与上应，三曰"蒺藜"，上曰"葛藟"，其象相近。三居坎之极，互体为艮，艮为小石，《象传》谓"泽无水"。无水之地，泥土皆成砂碛，有石之象，故曰"困于石"。坎为蒺藜。蒺藜，草之有刺者也。军中有铁蒺藜。形似蒺藜，以铁为之，布之于地，使敌不能前进。三爻陷下，乘二之刚，欲进不能，欲退不得，有似"据于蒺藜"。坎为宫，为人，兑为少女，有妻之象"，亦为见。三动体为大过，二曰"女妻"，五曰"老妇"，三则曰"栋挠"，则宫崩矣。宫之中已阒无人，何有于"女妻"，何有于"老妇"？故曰："入于其宫，不见其妻"。《系辞》谓"非所困而困，名必辱，非所据而据，身必危"，辱且危，故凶。《象传》以"乘刚"释据"蒺藜"，以三乘二之刚也；以"不祥"释入其宫，以不见妻为凶也。

【占】　问时运：命运尴尬，进退两难，凶。
　　○问战征：上布矢石，下设陷阱，前进则身多危，后退则营已陷，大凶之象。
　　○问功名；身将不保，奚以名为？
　　○问营商：卜例，妻为财又，宫即命宫，既丧其命，爻失其财，大凶。
　　○问疾病：《系辞》曰"死期将至"，知病不可救也。
　　○问婚姻：防有悼亡之戚。
　　○问失物：不得。
　　○问讼事：必散。
　　○问六甲：生男。

【占例】　明治十九年七月，余为避虎列喇时症，滞留函岭木贺温泉，东京物商藤田某，亦为避疫而来。止宿同馆，出东京来简示余曰："仆亲戚之妇某氏，忽罹时症，不知死生如何？敢请一占。"筮得困之大过。

爻辞曰："六三：困于石，据于蒺藜。入于其宫，不见其妻，凶。"

断曰：《系辞》谓困三"非所困而困，非所据而据"，"死期将至，妻其可得见耶"？已明示其凶矣，不待断而可知也。

翌日得电报，此妇已死，计其时刻，昨当撰著之顷，适值入棺之候。三变为大过，《易》以大过为棺椁，其机更为灵妙。

九四：来徐徐，困于金车，吝，有终。

《象传》曰：来徐徐，志在下也，虽不当位，有与也。

兑为金，坎为车，九四震爻，辰在卯，上值房。石氏曰"房主车驾"，故有金车之象。四与初应，故相往来。"徐徐"，舒迟之状；初居最下，四自外来，为二所间，疑惧不前，故曰"来徐徐"。四为诸侯，得乘金车，是亦乘刚而困于富贵者也。困于坎窞，困在身，困于富贵，困在心。四知初之困于柔，若不知己之困于刚也，乘此金车，徐徐来往，而不能以济困，车殆马烦,徒自苦耳,故"吝"。以阳居阴,为履不当位,然虽无二五之中,而自有二五之刚,惟刚足以自立,四得其刚,而二五复为推挽,庶几相与有成,岂至终"困于金车"哉!故曰"有终"。是以《象传》以"有与"释之。

【占】 问时运:运非不好,但地位不当,致多疑惧,未免为人所鄙。

○问战征:迟缓不进,以致车辙靡乱,幸得救援,不至终败。

○问营商:办事不力,致运载货物,中途失陷,急救得全。

○问功名:始困终亨。

○问家宅:地位不当,为间分间隔,不能联合,待迟缓乃佳。

○问婚姻:缓缓可成。

○问疾病:病势迟缓,已非一日,想是驰驱劳顿致损。爻曰"有终",其命永终矣。

○问失物:想遗落车中,寻之可得。

○问讼事:迁延已久,今始可罢。

○问六甲:生女。

【占例】 友人某来,请占气运,筮得困之坎。

爻辞曰:"九四:来徐徐,困于金车,吝,有终。"

断曰:君所问在气运,而君意专在借贷,以借贷论。四下与初应,初爻柔为贫,四爻刚为富,当以初爻属君,四爻属贷舍。在四固有意于初,间为二爻所阻,致四迟疑,不克速允,四亦未免有吝。为今之计,二与五应,必须挽五与二说开;则不相阻而相助,斯借贷终得许允也。

后挽人向二说之,果得成就。

九五:劓刖。困于赤绂,乃徐有说。利用祭祀。

《象传》曰:劓刖,志未得也。乃徐有说,以中直也。利用祭祀,受福也。

兑为毁折,亦为刑人。劓截其鼻,刖断其足,古之所谓肉刑也。五居尊位,为困之主,是主刑者也。至治之朝,政简刑清,君民相得,不为无耻之幸免,而为有耻之且格,斯可谓之得志矣。若惟恃劓刖之用,自矜明察,上邀受服之荣,下蒙赭衣之苦,槛车毳衣,徒见其困而已,故"困于赤绂",系诸"劓刖"之下也。兑为口,"乃徐有说,"弼教之道,以渐而入,故曰"徐"。知用刑之不得其志,则齐之以刑,不如道之以德,此为教化之渐,而仁义之流,非独肌肤之效也。道惟在于中直,中则无偏,直者无枉,以此中直而临民,即以此中直而事神,则服赤绂而荐馨香,而来亨来格,降尔遐福,斯困于人者,必不困于天矣,故曰"利用祭祀"。《象传》以"受福"释之,九五阳爻属乾,乾为福,福自乾来,即所谓自天受之也。

【占】 问时运:命运刚强,刚则必折,防有损伤。作事宜筹度舒迟,乃可变祸为福。

○问营商:货物底面,防有溃烂损伤,须拆看收拾,徐徐出售,无咎。

○问功名:防富贵后,致有刑伤,宜祷。

○问战征:主败,须徐缓收兵,可图后胜。

○问家宅:家业却好,主家人有烂鼻破足之患,宜祈祷。

○问疾病:病在头足,徐徐调养,求神医治,可愈。

○问婚姻:主有残疾,始不合意,后得完好。

○问讼事:防有刑狱之灾,须徐徐辩白,方可免罢。

○问行人:在外有灾,宜祷,后可得意而归。

○问失物:必有破伤,久后可以寻获。

○问六甲:生女。

【占例】 缙绅某来,请占气运,筮得困之解。

爻辞曰:"九五:劓刖。困于赤绂,乃徐有说。利用祭祀。

断曰:"劓",谓截其鼻也,"刖",谓断其足也。"困于赤绂",谓富贵而受困也,"乃徐有说,利用祭祀",谓舒缓开道,利用酒食以和解也。想足下于朋友之间,严厉过甚,令人面目无光,无可退步。今彼故与足下为难,于广众之地,乘足下文绣而来,大施残辱,是所谓"困于赤绂"也。足下须降心下气,徐徐辩说,或复置酒立盟,誓不复记旧恨,乃可转祸为福,否则冤冤相寻,无有已时也。足下占得困五爻,爻象如此,余就占而断,合与不合,足下当自知之。

上六:困于葛藟于臲卼,曰动悔,有悔,征吉。

《象传》曰:困于葛藟,未当也。动悔有悔,吉行也。

兑为附决。孔颖达曰,"附决为果瓜之属"。故有葛藟之象。上六居兑之极,与初三并为阴爻,故象取草木,是谓困于患难者也。上六去坎已远,似可出幽谷而迁乔木矣,乃重柔不中,不能自立,如葛藟之附物蔓延,摇宕不安,故臲卼。臲卼,不安之状;一作杌陧,文异而音义通也。欲脱此困,非动不可,然动则不能无悔,故曰"动悔";唯知其动之有悔,而审慎以出之,正将因悔以求全,转为有悔而可往。盖道以穷而始达,境由苦而得甘,此迁善所以必先悔过也。由此以往,往无不吉,故曰"吉"。《象传》一则以"未当"释之,谓其为柔所困,柔"未当也";一则以"吉行"释之,谓其以动得悔,悔亦吉也。

【占】 问时运:目下苦运已终,本可脱难,缘其心神不安,未能立作变计,一旦改悔,即可获吉。

○问功名:困穷既久,行将风云变动,一举成名。吉。

○问营商:"困于葛藟",必是包扎货物,久不得售,今当时价发动,即可获利。吉。

○问战征:爻曰"征吉",《象》曰"吉行",其中虽有灾悔,定可因悔得吉也。

○问疾病:此病必缠绵已久,神志不安,当迁地静养,自然痊愈。

○问家宅:此宅已旧,藤葛丛生,栋柱倾斜,宜动工改作,乃吉。

○问婚姻:其中防有瓜葛未清,看其动静如何,一动之后,斯可成就。吉。

○问讼事:缠绕未休,致多臲卼,必待断结,乃可无事。

○问行人:一时被事纠缠,难归。

○问失物:被物绕住,不见,必移动后,乃可寻获。

○问六甲：生女。

【占例】　友人某来，请占气运，筮得困之讼。

爻辞曰："上六：困于葛藟，于臲卼，曰动悔，有悔，征吉。"

断曰：《大象》曰"泽无水"，无水则物不得滋养，而无以生发，犹人无财而无以生活，为困穷之甚也。今占得上爻，上爻困之终，本可脱困，困卦体柔弱过甚，如葛藟之施木，不能自立，以致飘荡不安。若能决然思奋，动而有为，故曰"征吉"。所谓"征吉"，利于出行，不利坐守。足下宜乎遵此断而行，后运正佳。

☵☴ 水风井

卦体坎上巽下。巽为风，亦为木。风善入，木善出，巽在坎下，是入水又能出水，有桔槔之象焉。坎为水，亦为穴，穴地出水，是为井也。卦自困来，困则泽涸，故"无水"，反之则有水。坎又为乎，水之平莫如井，此卦之所以名井也。

井：改邑不改井，无丧无得，往来井井。汔至亦未繘井羸其瓶，凶。

井，通也，物所通用也。古者建设都邑，必凿井以养民，即或邑有改迁，而井之制不改。人得井以为养，而井不因之见损，故"无丧"；井所以养人，而井不以此见功，故"无得"。但见往者往，来者来，人之就养于井者，亦未尝归功于井也。"繘"，所以引而下，"瓶"，所以盛而上，至若繘未下，而瓶已羸，则井为虚设，而繘亦为虚悬矣，故曰"凶"。

《象传》曰：巽乎水而上水，井。井养而不穷也。改邑不改井，乃以刚中也。汔至亦未繘井，未有功也。羸其瓶，是以凶也。

巽木入水，象取桔槔。按《庄子》："凿木为机，后重前轻，挈水苦抽，其名曰槔。"即井上转水辘轳，故曰"巽乎水而上水"。巽为绳，故象繘，坎为虚，故象瓶，以繘系瓶，所以引水而上也。井有水，取之而不竭，故曰"井养而不穷也"。三阴三阳，卦体本自乾坤来。坤为邑，坤五化坎则成井，成井则坤之邑改，而坎之并不变，故谓之"改邑不改井"。《传》曰"刚中"，即由坎之《象传》来。刚中指坎五"不盈，祗即平"，井之为井，在是矣。然井不能自为养也，必有以汲之，而养之功乃见，繘牵之以下水，瓶盛之以上水，繘与瓶，汲水之大用也。至而未繘，井成虚设，功复何有矣；瓶若更羸，繘亦无用，凶已可知矣。"汔"，几也，"繘"，绠也，"羸"，钩羸也。《系辞》曰"井，德之地也"，取其养也。盖井养不穷，喻王者政在养民。汲井期于得水，为政期于得民，不可半途辄止，废弃全功，孟子所谓掘井而不及泉，犹为弃井，亦即此旨。

以此卦拟人事，井。节也，井节水以备养，犹人节财以备用也。国有治乱，邑因之改，而井则仍在焉。人汲之无所得，不汲亦无所丧，在井固无关得丧也。人之处财亦然，吾闻有以人弃财者，未闻以财弃人也。攘而往者，为财往，熙而来者，为财来，财在地，任人取之而不竭，犹水在井，任人汲之而不穷焉。然汲水非可徒手往也，卦体坎水巽木，坎水为井，巽木为桔槔，巽亦为绳，互体离为瓶，兑为口，是井口也，言桔槔以绳引瓶，下入井口，汲水而上。《象传》所云"巽乎水而上水",井之象也;随所在而不改,井之德也。至若井而未缩,无以上水,井无功也;瓶而既羸,势将坠井,汲者凶矣。《象》为井言,而不仅为井言也,凡天下事之节其源而通其流者,皆可作井观焉。卦以坤五化坎,以乾初化巽。乾为用,利用者为财,厚生者为养,皆人事之切要也。有其养而不知所养,井几成为虚设,有其财而不知所用,财终归于虚靡矣。是非财之咎也,在人之不善取耳,君子所以"劳民劝相",为天下通其源流焉。

以此卦拟国家,井之为言养也。因民之所养而养之,而并不自知其为养也;王者以德养民,因民之所利而利之,而王者亦未尝言利也。巽,人也,坎,信也,井,静也。入故通,而资之不竭;信故深,而改之不迁;静故安,而应之不劳,是刚中之德也。君子法井之德,以渊深者修诸己,以汲养者惠诸民,推己及民,利斯普矣。然君子具此德,而遇不遇听诸天,井能养,而汲不汲在于人,其中或得或丧,或吉或凶,人自招之,君子之德,必不以此而改也。汲水之器有缩瓶,缩而下,瓶而上,其机甚捷,弃而不用,则器废,而井亦废矣。为政之具在德礼,道以德,齐以礼,其化甚神,然弛而不张,则具坏,而政亦坏矣。故作《易》者戒之以无功,惕之以有凶,亦深为功荒垂成者惜也。

通观此卦,井反困。《序卦传》曰:"困乎上者必返下,故受之以井"。《杂卦传》曰:"井通而困相遇也。"易位为涣,涣《传》曰"乘木有功",井之取桔槔而不取舟,其用巽木一也。旁通为噬嗑,噬嗑,养也,有井养之义。下卦为革,革者,改也,有"改邑不改井"之象。要之,井为井,汲之而不穷也,其用取诸养,得地而不改也;其德在夫刚中,或汲或不汲,于井固无得丧也。此汲而彼亦汲,一任人之往来也,苟舍其缩,羸其瓶,以为井不可食也,是自弃其井矣,井固无咎,而汲者凶焉。卦体全象主坎,是为井中之象,阴虚为出汲之口。初阴在下,故为"井泥",二承阳无坎,故为"敝漏";三得位应上,故为"受福";四修德补过,故为"井甃";五阳刚中正,故为泉美;六进养功成,故为"井收"。以卦时论之,巽初当春夏之交,水潦混浊,故井有泥;二当离夏,而水多鱼。三四两爻为秋,秋水澄清;三为坤,泉泄地上;四为兑,故其毁折。五六冬也,故井寒冽;上爻终坎,为水养之终也。大抵下卦坎水流行东南,失时不遇,故不吉;上卦水归西北,得其方位,故多吉。

《大象》曰:木上有水,井,君子以劳民劝相。

坎为水,在上,巽为木,在下,其象为"木上有水",即《象传》所谓"巽乎水而上水"之象也。君子玩其象,而修其德,以之"劳民劝相"。"劳",用民力也,"劝",劝道也,"相",辅相也。坎为劳卦,互卦兑,兑为悦,悦以劳民;兑又为口,巽为同,为又,有同心协助之象,故曰"相"。天下之民无穷,一人之养难周,君子于是劳来之,劝相之,使比闾族党相亲,贫穷患难相恤,开导诱掖,以尽其相生相养之道,如是则所以养民者,周恤完全,而无一人之漏养者,所谓"井养而不穷"也。

【占】 问时运:目下交木水相生之运,正可相助成事。

　　○问战征:有水灭木之象,水军有厄,宜劳力相助,可以出险。

　　○问功名:"木上有水",有得春雨发生之象,功名可望。

　　○问营商:有利过于本之象,吉。

　　○问家宅:此屋栋柱,恐有水湿溃烂之患,宜急修葺。

○问婚姻：坎男巽女，男上于女，阴阳之正也，吉。

○问疾病：肾水暴溢，宜急调治。

○问六甲：生男。

初六：井泥不食，旧井无禽。

《象传》曰：井泥不食，下也。旧井无禽，时舍也。

"旧井"者，坏而不治之井也；"禽"者，辘轳之轴，运缩者也，轴上刻以禽形，故曰"禽"。或谓轴转之音，似禽鸣也。初居最下，象井底，水涸泥污，故曰"井泥不食"，成为废井，井久有毒，故人不食。其井既废，则辘轳之禽，亦腐朽而无有矣，故曰"旧井无禽"。《象传》以"下也"释"井泥"，谓泥在井下，故不可食；以"时舍"释"旧井"，谓井已废旧，故为时所舍。按：《鲁语》"取名鱼，登川禽"，韦昭注：川禽，鳖蜃之属。《易林》遁之井曰："老河空虚，旧井无鱼。"此无禽即蜃蛤鱼蛙之类，说亦有据。

【占】　问时运：为时过运衰，不为世用。

○问战征：有兵器朽旧，不克制胜之患。

○问营商：货物陈腐，不可贩售。

○问功名：年老无用。

○问家宅：荒芜已久，不可居也。

○问疾病：是旧症也，不治。

○问婚姻：人品卑下，虽属旧亲，不成。

○问讼事：必不得直。

○问六甲：生男，防难育。

【占例】　友人某来，请占气运，筮得井之需。

爻辞曰："初六：井泥不食，旧井无禽。"

断曰：井既旧，有泥无禽，是废井也；在人则运退时衰，必见弃而无用也。占者得此，知其人品行卑下，为人所弃，难望进用之日也。卦爻初与四应。初之旧井，得四修之，即可无咎。今足下犹旧井也，甘辱泥涂，不自悔改，故终为世弃，不可复用也。

九二：井谷射鲋，瓮敝漏。

《象传》曰：井谷射鲋，无与也。

"井谷"者，泉穴也。《汉书·沟恤志》，"井下相通行水为井渠"，井固有旁穿孔穴，二动体艮，艮为穴也。"鲋"，鱼之小者，《子夏传》谓虾蟆。井五月之卦，故有虾蟆。《尔雅翼》，"鲋，鲭也"，今作鲫。二体巽，巽为风，风主虫，虾蟆与鱼，要皆不离夫介鳞虫类。"射鲋"者，古有射鱼，《淮南子·时则训》，"季冬之月，命渔师始渔，天子亲往射鱼"；《史记》："秦始皇至芝罘射，得巨鱼。"井谷无巨鱼，所射者鲋耳。"瓮"，盛水之器，与瓶相类，二至四互兑，象兑口，巽在下，象底穿，故曰"瓮敝漏"，即《象》所谓"羸其瓶"也。盖井之为水，以上汲为功，而谷水下注，如敝瓮之无底者，复何与于井养之功哉！而徒以射鲋为能，故君子所不取也。

【占】　问时运：所得者小，所失者大矣。

　　○问战征：误中敌计，军入幽谷，致破釜缺养而不得出。

　　○问功名：弋获虚名，其何能久？

　　○问营商：为贪意外之财，致失本分之利。

　　○问婚姻：门地卑微，声名残败，不佳。

　　○问家宅：此宅有废井，井口残破，水不可食。

　　○问疾病：是下漏之症，医治可愈。

　　○问失物：物已敝败，得亦无用。

　　○问六甲：生男，防此儿有残疾。

【占例】　友人某来，请占气运，筮得井之蹇。

　　爻辞曰："九二：井谷射鲋，瓮敝漏。"

　　断曰：井曰"井养"，然井不能自养，亦在人取之以为养也；乃不取水而取鲋，取非所取，是失井之义也。今足下占气运，得井二爻，知足下素好学问，亦如井之有源；病在专尚旁门，不务正学，犹是谷水为井之旁穴，射鲋非井之应得，究何与于井养之义也？"瓮敝漏"者，为言井水下注，如人之流品日下也。爻象实为足下示警，足下当求通晓世情，躬行实践，毋徒盗虚誉也。

　　○明治三十年，占司法省气运，筮得井之蹇。

　　爻辞曰："九二：井谷射鲋，瓮敝漏。"

　　断曰：此卦下三爻为井中之水，上三爻为汲水以供用也，故下三爻不吉，上三爻皆吉。我国近来许外国人杂居，一仿欧美各邦规则，定为法律。在我国人居住欧美各邦者，亦受欧美之保护，故我国亦保护彼国旅人，如出一辙也。今占得二爻，其立法恐有徒贪小利，转致失其大体，谓之"井谷射鲋，瓮敝漏"。司外务之任者，所宜注意焉。

九三：井渫不食，为我心恻。可用汲，王明，并受其福。

　　《象传》曰：井渫不食，行恻也。

　　"渫"，治也，谓治井而不停污也。初则"泥"，二则"漏"，三居巽之终，巽有洁齐之义，故为"井渫"。渫则泥去，漏塞，清洁可食。其有不食者，非井之咎也，犹人澡身浴德，惠泽足以养人，当局者莫之知，旁观者知之矣。"我"，则旁观自谓也，谓如此清泉，而竟弃之如遗，我则为之心恻矣。井既浚治，则可汲而用者，莫如此井也，此而不用，不明甚矣，安得明王出而用之也？是众人祈祷而求其用也。"王"指五，三至五互离，故为明王。阳为福，喻王者登用贤才，则德泽单敷，遇迹受福，贤者之福，即明君之福，亦天下之福也。"并受其福"，是一井之利，遍及万家也。

【占】　问时运：怀才不用，命为之也。

　　○问战征：兵器既修，士卒可用，惜无主将，以致士气颓丧，为可惜也。

○问营商：明见货物辐辏，可以获利，不知贩运，徒诿无用耳。

○问功名：有才无命，为世所弃；两年后至五爻，可望登用。

○问婚姻：目下不成，至五爻必得成就，须在二年后也。

○问家宅：此宅必有旧井久湮，宜渫治之。得食此水，一家获福，若不渫不食，大为可惜。

○问疾病：必是心神不安之症，宜饮井泉可愈。

○问失物：必坠入井，须汲取之，可得。

○问六甲：生男。

（附言）井为震宫五世之卦，凡问疾厄，得下卦多不治。下卦变则瓶体破，不能汲水，即《象辞》所谓"羸其瓶，凶"。补治其破，犹病者得医而治也，凶尚可救。其象如此，余二十年来，屡占屡验，无一或爽。

【占例】 明治二十六年一月，祝贺新年，偶谒某贵显。贵显顾余曰："近来有奇妙之《易》断乎？"余曰："《易》象精微，诚心感格，无不奇妙。昨年十月间，与杉浦重刚诸君，会于星刚茶寮，为占众议院议会结局，得井三爻。当时政府与众议院，意见不合，势甚决裂，后上乞天裁，始得平允。是所谓井井有条者也。"

爻辞曰："九三：井渫不食，为我心恻。可用汲，王明，并受其福。"

断曰：井，一也，而食者众，所谓"往来井井"，有众之象焉。想井之始凿，赖众而成，迨井既成，则众皆得井而养；喻言议之建，赖众而倡，迨议既定，则众皆依议而行也。故在众议院，主张人民生活尚多不足，为之节省官费，整理财政，意在开国家富足之源也。在政府，谓议员不谙政体，不通时事，以致两议不协，譬如汲水者，来至井上，互论井水之清浊，而两下停汲，终归无用，究何济乎？局外者未免为之心忧矣，即所谓"井渫不食，为我心恻"者是也。政府既不允议院，议院欲力逼政府，彼此各执一见，遂至冲突，此势之不能中止也，于是唯有仰求宸断，即爻辞所谓"可用汲，王明，并受其福"是也。幸圣上至仁至明，能两酌其平，政府有可让者让之，议院有可容者容之，于适宜之中，立预算之准，以使上下各得其情，斯天下"并受其福"矣。

贵显闻之，谓余能臆测时事，特假《易》以立说也。余曰："此乃《易》理之先机，能贯彻干事前，余不过就《易》论《易》，而其时事之应验，自不能出于《易》之外也。"

○明治二十三年七月，新泻审判所长富田祯次郎氏来访。氏，余旧知也，不相见数年矣，得见之余，互谈契阔。氏曰："我今来访，专为道谢往年《易》断也。"乃详述从前求卜，得井之三爻。辞曰："井渫不食，为我心恻。可用汲，王明，并受其福。"是井水本清洁，无人汲之，井养之功无所施，喻人虽有才德，无人用之，则展布之能无所见，必得明王之赏识，拔而用之，斯不特一人受福，天下"并受其福"也。就爻位而推之，以五爻为任用之日，六爻当大任之时，盖即在三年四年间也，谓当必有应验也。

至今日，断词一一灵验，不爽毫厘，心窃喜之，特来致谢。

六四：井甃，无咎。

《象传》曰：井甃，无咎，修井也。

"甃"者,以砖垒井,防井之败坏者也。此卦三阳为泉,三阴为井,初六最下,曰"泥",上六最上,曰"收",四居其间,不失其正,故曰"甃"。凡井之坏,坏于污浊不修,而井遂至于无用,四能甃之,故得"无咎"。有四之甃乃得有五之"寒泉",是助五以养人,皆赖四之甃也。甃井之功,不可为不大矣。

【占】 问时运,正当运途改变之时,宜自修饬,不特无咎,可望上进。

　　〇问营商:宜整理旧业,自可获利。

　　〇问功名:修身立名,二三年后,可大得志。

　　〇问战征:诗云"修我矛戟,与子偕作",在此时也。

　　〇问婚姻:尚须待时。

　　〇问家宅:此宅宜改修为吉。

　　〇问六甲:有弄瓦之象,生女。

【占例】 横滨港町接近居留地,有鱼鸟菜兽市场。此市场,依各国开港条约所设,其业最为繁盛。一日有友来,曰:近来横滨市场上,商人大起争论,遂至休业,有人欲出而调停,未得处理之方,特请一占。筮得井之大过。

　　爻辞曰:"六四:井甃,无咎。"

　　断曰:就市中商业而论,彼此俱有关系,譬如汲井之用绠瓶也。有井而无绠瓶,则井水将何从而汲? 有绠瓶而无井,则绠瓶亦终归无用。"同在此市场贸易,知益则俱益,害则俱害,两相斗必致两败也。今占得三爻,曰"井甃,无咎","甃"者,治也。因井之败坏而重修之也。今两家商业,因此一争,未免败坏,出而修之者,是在四也。盖四即为居中调停之人,得四调停,而后五之"寒泉",可以复食。四与五相隔一爻,一爻当一月,则来月必可和解,重复旧业矣。

　　〇占清法二国争据安南事由。本年三四月启衅,至今未得和战的讯,诸新闻纸所揭,皆由街谈巷说,未足信凭,余因先筮清国,得井之大过。

　　爻辞曰:"六四:井甃,无咎。"

　　断曰:卦德为井养不穷,谓其井之大,而得其养者众矣。以喻清国之大,物产丰饶,他邦皆愿与贸易,受其润泽。故已汲者去,未汲者来,其贸易之品物无尽,犹井水取之不竭也。但清国航海之术未精,不能由己自输其物产,譬如井水不能自出,必待人汲之,而后能泽物。故今为安南事件,虽欲与法开战,而终归不战者,亦如井水之不能自动,可知清国必不起战也。万一清国决计开战,则于各国贸易,大有障碍,凡局外中立之国,必为之出而调停,曲意保护,犹是以砖垒井,不使污浊之得入也。"井甃,无咎",此之谓也。自井四至革四爻,为七年,今后七年,清国必有改革之变。谚曰"唇亡齿寒",我国亦宜严整预备也。

九五:井洌,寒泉食。

《象传》曰:寒泉之食,中正也。

"洌",水清也。井水在上,故洌。五为坎之主、位居中正。坎为寒泉,辰在子,子水也,属北方,故寒。按水之性,冬则温,夏则寒,是阴中纳阳,阳中纳阴,其性然也。井为五月之卦,是以冽而且寒。孟子曰:"夏日饮水,冬日饮汤",当此仲夏,汲此寒泉而食之,为得其时焉。盖井自三"渫"之,四"甃"之,则"泥"去"漏"塞,而五之"寒泉"乃出,复之者众,斯受福者亦众矣。王者德润生民,遍及万方,亦如是耳。井旁通为噬嗑,"噬嗑,食也",故曰"井冽,寒泉食"。

【占】 问时运:家道必寒,幸运得其时,可望进用。

○问营商:井出寒泉,喻言财源之长也,可望获利。

○问功名:品行中正,可享鼎养之荣。

○问家宅:有廉泉让水之风。

○问婚姻:家风清白,同甘共苦,夫妇之正也。

○问疾病:是外寒内热之症,宜服寒凉之剂。

○问六甲:生女。

【占例】 明治二十二年,占山县伯气运,筮得井之升。

爻辞曰:"九五:井冽,寒泉食。"

断曰:井者所以养人,然不汲之,则井泉虽冽,亦无所用其养。喻贤者泽足惠民,然不举之,则贤才在下,亦无以施其惠。今占山县伯气运,得井之五爻,知伯才德渊深,志操清洁,寒素起家,超升显要,其惠泽之敷,一如"王明""用汲","并受其福"于无穷也。爻曰:"井甃",喻言伯之气体清明也;曰"寒泉食",喻言下民食伯之德者,恍若一酌寒泉,顿觉胞隔凉爽也。伯之恩惠无穷,伯之荣显,亦未有爻也。

此年山县伯果任内阁总理。此占辞,当时上申三条公与伊藤伯。

上六:井收勿幕,有孚元吉。

《象传》曰:元吉在上,大成也。

"收",谓辘轳收绠。"幕"井盖也,"勿幕"者,即《象》所云"往来井井",汲者众多,无昼无夜,取之不竭;在井固不擅其有,不私其利,任人汲灌,故"勿幕"也。上居坎之极,偶画两开,有"勿幕"之象。"孚",指五,五为"王明",能用汲者也。"元吉",元,大也,谓井之利大,故吉亦大。"在上"者,谓上在井口,养人之功,从此而出。"大成"者,谓井养之道,至此而大成矣。凡爻辞阴柔在上,多不吉,在上"元吉",唯井一卦而已。

【占】 问时运:功德在世,信用在人,"大成""元吉",运之极盛者也。

○问功名:有大用大受之象,非一官一邑之微也。

○问营商:商务会集,利益浩繁,可久可大,无往不吉。

○问婚姻:上应在三,三曰"并受其福",知两姓皆吉。

○问战征:凡军将发则撤幕,"勿幕",即撤幕前进也。一战功成,故曰"大成"。吉。

○问疾病:幕亦作暮,言旦夕可即愈也,吉。

○问六甲:生女。

爻辞曰:"上六:井收勿幕,有孚元吉。"

断曰:此卦下巽木。上坎水,即《象》所云"巽乎水而上水",是为汲引井水之象。至上爻,则井之功用已成。"勿幕"者,王弼所谓"不擅其有,不私其利"也。今外商与我商从事贸易,我国不自输出,待外商舶运而往,犹井水之待人而汲。内三爻井水不食,为货物不能旺销,外三爻则泉美可食,汲取者众。四爻当七八月,五爻当九十月,上爻已在井口,当十一二月,正是百货辐辏,销运兴旺之时,即在生丝一业,大宗输出,为贸易最好景况也。

果于上半年,生丝商况不振;七八月以后,逐步发动;十一二月,时价涨至于弗以上,悉为外商所买,国内机织场,反为之休业焉。

䷰ 泽火革

卦体泽渗下,火炎上。泽动则上者欲下,火动则下者欲上,上下相争,则不相得,不相得则不能不革。革之卦自井来。井《象》首言改,改,犹革也。革反为鼎,鼎三曰"鼎耳革",是鼎亦取革之象。革易位为睽,睽五曰"噬肤",革为皮,肤亦皮也,是睽亦有革之义。卦象兑泽离火。上互乾,谓之金生水,下互巽,谓之木生火,合之谓金克木,水克火,上下相克,相克必相革。《洪范》曰,"金曰从革",兑西方之卦,属金,故名其卦曰革。

革:已 * 日乃孚。元亨利贞,悔亡。

革,改革也。日者离象,纳甲,离纳己,己为土,位居中。《易》道贵乎得中,过中则变,古人以己有变更之义。《仪礼》,"少牢馈食礼,日用丁己",郑注,"必丁己者,取其自丁宁、自变更",是己有革义也。五常以土为信,土即己也。将有改革,先示以信,"己日"者,为信孚于人之日也,故曰"己日乃孚。"离火生于乾二,兑金生于乾四,是卦从乾来,故"元亨利贞"四德皆具。有孚"悔亡",己日之功也。王弼曰,"即日不孚,已日乃孚,已读作'已事遄往'之已",《疏》与《正义》,皆从其说。然《易》中用甲,用庚,用日,用月,各有精义,王说恐未然。

《象传》曰:革:水火相息,二女同居,其志不相得,曰革。已日乃孚,革而信之。文明以说,大亨以正,革而当,其悔乃亡。天地革而四时成,汤武革命,顺乎天而应乎人,革之时大矣哉!

《传》曰"水火相息",火在泽下,火不得上炎,则水息其湿;泽在火上,水不能下流,则火息其燥。息者,止而生也。相制则止,相成则生。息与孟子"日夜之所息"同义。"二女同居",二索三索,皆从坤生,故为"同居"。离中女,兑少女,兑上离下,位既不当,兑水离火,性爻不同,故"其志不相得"。志不相得,必生其变,所以为革。然水火相克不相得,必得土以调剂其中,则革乃成,而民乃信。"文明"者,离象也;信悦①者,兑象也。"大亨以正"者,体夫乾之德也,如是而革得其当,如是而悔乃可亡。改过迁善,革在吾身也;去旧

---

① 已,本书认为应读为己,为一家之见。

从新,革在人事也;寒往暑来,革在天时也;吊民伐罪,革在天位也。革之为道,不取义,不取用,惟在得时,故曰"革之时大矣哉"。

以此卦拟人事,为泽,为火,是人事所必用也;中女少女,是人事所恒有也。水火者,燥湿殊性,故用虽相济,而适以相害。二女而出自兑离,亦各秉水火之性,故初虽"同居",而终"不相得";是水火之穷,亦即为人事之穷也。穷则不能不变,变则革矣。夫生物者乾,成物者坤,坤为土,惟土居中,能剂合夫水火之宜,惟土为信,能贯彻夫上下之交。《象》所云"己日乃孚"者,道在斯耳。盖革以信而行,以明而著,以悦而从。兑曰"亨,利贞",离曰"利贞,亨",合之谓革,曰"大亨以正"。此其四德,亦即从坤土而来,由是而革安,由是而悔亡,皆己自之功也。凡人事之最要者,在先求其孚也,有孚,则有革而若不见其革。仰观天地,而岁时之变革著焉;远观殷周,而国社之鼎革昭焉。事有大小,道无异致,人道也,天道也,君道也,皆可于革之时见之矣,故曰"大矣哉","革之时"也!

以此卦拟国家,天下之变,势为之也。夫国家苟得久治久安,圣人岂不乐相安于无事?何得好为其变哉!惟法久则弛,俗久则渝,因循日积,酿成大乱。是以因其变,用其权,不得不与天下相更始者,势也。然国家而至变革,大事也,危事也。急遽妄动,则后先无序;权制独任,则谤渎易兴;虑不顾后,则难以图终;计不便民,即无以服众。圣人盖必为之策其全,明以审之,悦以顺之,亨贞以成之。初则时犹未至,"巩用黄牛",而不嫌其固;二则时适其中,己日革之,而自得其吉;三则时当其革,必"三就"以求其孚;四则时处方革,虽"改命"而自无悔;五六时在革后,大人则文明以治,小人即顺从以应,如是而革道成矣。观夫殷周之兴,乃知革命之自有真焉:曰"顺天",孚在天也,曰"应人",孚在人也。故殷周之革夏商,天下信其革,悦其革,若有不知其革者也。按:汤以乙卯兴,武以甲子兴,乙卯为木,合成金土,甲子木水,合皆为土,据此知殷周革命,时日而兼用土爻,"己日乃孚",此明证也。至于四时变革,木金水火,各主一时。而土实分旺于中,亦可见土之力也。《象》曰:"君子以治历明时",惟君子为能得其时之大者矣。

通观此卦,卦自困来。时穷世困,天下之乱久矣,幸而出因入井。井者,养也,井《象》曰"改邑不改井",是知邑可改,而改也。不可改,故必先养其元气,待养之既成,而后可从事于改矣,故井先于革。《杂卦传》曰,"革,去故也,鼎取新也",取新必先去故,故鼎后于革,古来处革之世,而善用其革者,莫如汤武,汤武之革,非汤武为之,时为之也,顺夫天,应夫人,天人交孚而革乃成矣。下卦三爻,文明以革。初爻未至己日,未可用革;二爻正中己日,乃可用革;三爻革事已成,无容前往矣。上卦三爻,革而成悦,四受天命,五正天位,六天下化成,无不悦服矣。是水得土而受革于人也,故《彖辞》首曰:"己日乃孚"。以卦言之,则离革兑,以爻言之,则阳革阴。革之道,首重夫信,革之事,唯求其当。而所以革者,贵得夫时,是以天地不能未春而革夏,未秋而革冬。四时之革,皆应夫时,可革而革,此革之时,所以为大也。

《大象》曰:泽中有火,革,君子以治历明时。

泽本有水之所,变而有火,是亦天地之变象也,故曰革,君子法之,"治历"者,推日月星辰之迁易,"明时"者,察分至寒暑之往来,故曰"君子以治历明时"。历者,天事也,时者,人事也,是顺天道而治人事也。昼夜为一日之革,晦望为一月之革,分至为一岁之革,即《象》所云"天地革而四时成"之义也。

【占】 问时运:譬如有水之处,忽而出火,是气运之反常也,宜顺时改变,乃吉。

○问战征:屯兵之地,防溪谷林木间着火,最宜谨慎。

○问营商:兑为金,金入火则金熔矣,消耗之象。宜迁地贸易,乃可无咎。

○问功名:龙门变化,烧尾之象,吉。

○问婚姻:卦体上泽下火,泽有火,是水被火所制,夫为妻所制也。革者有出妻改娶之象。

○问家宅:此宅防有火灾,急宜改迁。

○问疾病:是肾水枯涸,肝火上炎之症,宜改延良医,顺时调养。

○问讼事:此事本无中生有,灾自外来。宜改易讼词,揆度时日,其辩自明,其讼得直。

○问六甲:生女。凡占此卦,皆女象,唯出月过时,变则成男。

初九:巩用黄牛之革。

《象传》曰:巩用黄牛,不可以有为也。

离为黄牛,革为牛皮,"巩",扬子《方言》谓,"火干也",是皮方去毛,以火干之,犹未成其革也。初居离之始,其象如之。革者本大有为之事,初爻卑下,其时其地,皆未当革,其才与德,亦不足以任革,恰如取黄牛之革,始用离火以干燥之而已,未可躁急而妄改也。《象传》以"不可以有为"释之,谓不可先时而革也。

【占】 问时运:好运初来,犹宜固守,不可妄动。

○问营商:商业初成,宜先立巩固之基,未可妄事更张也。

○问功名:初出求名,其才未充,其时尚早,必待四五年后,方能变化腾达。

○问婚姻:男女之年尚幼,未可拟亲,俟三年后,可以成就。

○问家宅:此宅新造,屋宇坚固。

○问疾病:病是胃火微弱,脾土过强,致中腹胀硬,有类黄疸之症。药宜消积健脾以治之。

○问讼事:必是健讼,未易断结。

○问六甲:生女。

【占例】 某友来,为摄绵土生意,愿出资金,与余合业,请卜卦,以决盈亏。筮得革之咸。

爻辞曰:"初九:巩用黄牛之革。"

断曰:卦体泽上火下。泽本为水土之合,火又能生土。革者,合水火以革土也,其象与制造摄绵土,适相符合。占得初爻,为生意在发轫之始。《爻辞》曰"巩用黄牛之革"。黄,中央之色。牛属土,"革",皮也,土之外面,亦称皮,"巩",坚韧也。摄绵土者,取粘土,和石灰,入灶,用火锻炼,其中有水有土有火,合三者而革成之也。初爻事在始谋,犹未可遽用其革,第示其象之坚韧,如牛革然,就爻而推论之,阅一年而革可行,阅二年而革可成,四年人皆信用其革,五六年则革成之品,愈精愈美。初时所云牛皮,后皆为虎豹,而有文采矣。《爻辞》详明切合,可信可喜。

周易全书

六二：己日乃革之，征吉，无咎。

《象传》曰：己日革之，行有嘉也。

二为内卦之主，居离之中，《彖》所云"己日乃孚"，二实当之。在《彖》曰"乃孚"，是天人先期其孚也；在爻曰"乃革"，是时会适当可革也。既"孚""乃革"，不言孚而孚在其中矣。二与五应，"征"者，往也，谓往应大人之命，以共启文明之运，故吉而"无咎"。《象传》以"行有嘉"释之，离为火，火主礼，凡国家变革之事，要不外制礼之大法，《周礼·大宗伯》所谓"嘉礼亲万民"者，此也，故曰"行有嘉"也。

【占】 问时运：行土运可以兴事立业，大佳。

　　〇问战征：宜择戊己日。行军接战，必可获胜。

　　〇问营商：于摄绵土生意最宜。凡新立买卖，必择土日开市，大吉。

　　〇问功名：戊年或交土运必可成名。

　　〇问婚姻：可称嘉偶。

　　〇问家宅：修理旧宅，宜择土日。

　　〇问行人：戊己日可归。

　　〇问疾病：逢己日可愈，吉。

　　〇问六甲：生女。

【占例】 缙绅某来，请占气运，筮得革之夬。

　　爻辞曰："六二：己日乃革之，征吉，无咎。"

断曰：卦名曰革，去旧取新，重兴事业之象。卜得二爻，其地位在适当改革之时，知足下气运正盛，大可有为。"征吉"，征，往也。二应在五，五在外卦，谓当往外而从五，自能获吉。"己日"者，宜择戊己日起行，前往无咎。

九三：证凶，贞厉。革言三就，有孚。

《象传》曰：革言三就，又何之矣。

三、四、五三爻，皆言"有孚"，是就《彖传》"乃孚"之辞，至再至三，而申明告示，以期其孚也。三处离之终，二既行革，则革之成败，正于三见之。操切行革，反以招败，故"征凶"；革当大事，革而不从，适以启祸，故"贞厉"。是骤革者危，不革亦危也。君子唯先求其孚而已，是以革之事未行，革之言先布，离为言，当离三爻，故为"三就"。昔盘庚迁殷，周公之告多方多士，皆反复详明，不嫌其言之烦，唯期其民之孚也。言既"三就"，则我之诚意，可深入于民心，民于此时，当必"有孚挛如"矣。或云"三就"者，如《左传》所云："政不可在慎，务三而已，一择人，二因民，三从时。得此三者，而天人交孚矣。"其说亦通。《象传》以"又何之"释之，凡占象如乾之坤，"之"字皆作变解，谓"三就"而革，复有何变也。

【占】 问时运：当此有事之秋，一不谨慎，则有凶危立至，宜再三筹度而行，方得众人信服。从此而往，时运大佳。

○问战征:兵,凶事也,危事也,发军之日,先宜号令申明,斯信则人任,往无不利也。

○问营商:未计其盈,宜先防其亏。贸易之道,以信为主,必得众商信从,乃可获利。

○问功名:必三试可就。

○问婚姻:得三人为媒,可成。

○问家宅:宜三迁。

○问讼事:始审再审至大审,三审乃直。

○问疾病:症象本危,三日后可愈。

○问六甲:生女。

【占例】 某旧藩士,来请占藩政方向,筮得革之随。

爻辞曰:"九三:征凶,贞厉。革言三就,有孚。"

断曰:此卦泽水在上,离火在下,火盛则灭水,水盛则灭火。《象传》曰,"水火相息",息或作灭,亦作生。灭而复生,是即去旧取新之义也,故谓之革。今占得三爻,三以阴居阳,处离之终,按数成于三,三爻为适当革事之成,一革以后,为凶为吉,亦在二爻。知藩政之成败,即在三爻时也。"革言"者,谓用革之议也;"三就"者,谓再三酌议而行之也。如是则人心信从,而革乃无咎,否则骤革固凶,不革亦危。是明示藩政之不可不革,而亦不可骤用其革也。足下其审慎!

九四:悔亡。有孚,改命吉。

《象传》:曰:改命之吉,信志也。

革而议之谓之言,革而行之谓之命。四爻出离入兑,当改革之爻,《象》曰"革而当,其悔乃亡",四得专之。兑二曰"孚兑,吉",《象传》谓"孚兑之吉,信志也"。四爻曰"有孚吉",而《象》亦曰"信志",谓举大事,动大众,必先得民心,而后可大得志也。是革四爻,即兑二爻,故其辞同,其象亦同。"改命"者,必上膺天命,下顺人心,鼎革一新,如汤武之革命是也。后世托言汤武,而妄思改命者,类皆灭亡,盖革命必有汤武之志则吉,无汤武之志则凶,"改命"之吉,专指汤武而言。《象传》曰"信志",亦谓此也。

【占】 问时运:曰"悔亡",曰"吉",是灾悔既亡,而吉运来也。万事皆可改作,无不如志。

○问营商:必是旧业重兴,大可得利。

○问战征:改旗易辙,重振军令,可以开国,可以辟地,可以转败为胜,吉。

○问功名:改武就文,可以成名。

○问婚姻:不利原聘,利重婚。

○问家宅:改作改造,大吉大利。

○问讼事:灾悔已退,讼即可罢。

○问失物:可寻得之。

○问六甲:生女。

【占例】 友人某来,请占气运,筮得革之既济。

爻辞曰："九四：悔亡。有孚,改命吉。"

断曰：革者去故取新之卦,在人则衰运去而盛运来也。今占得四爻,知足下之气运方盛,从前灾悔已消,此后事业重新,进而谋事,成就无疑。但不利仍旧,唯利改作,故曰"改命"。"命",命运也,人生命运,五年一换。《象》取"己日",以土为用,信亦为土,如丙子运后,换入丁丑,土运正旺,故吉。凡平素不利之事,"一经改革,无往不利矣。

后果然。

〇明治二十八年一月三十一日,我军陷威海卫,清国北洋舰队,据守刘公岛,抗拒我军。二月五日,筮得革之既济。

爻辞曰："九四：悔亡。有孚,改命吉。"

此卦我为内卦,属离火,清为外卦,属兑金,有以火铄金之象。卦名曰革,革者改也,四爻正当变革之时,以火器攻打铁舰,是全胜之占也。

后果以水雷击沉艨舰,至十二日,北洋舰队悉败,炮台亦归我有。

九五：大人虎变,未占有孚。

《象传》曰：大人虎变,其文炳也。

五爻得坤气,坤为虎,兑属正西,白虎西方之宿,故五爻有虎象。"虎变"者,虎之毛羽,变而成文,愈变而愈美者也。五居尊位,故称"大人",为革之主,风虎云龙,变化莫测,为革之至盛至当者也,"汤武革命",即在此爻。"未占有孚"者,大人德位俱隆,躬任制作,将为天下更新,大启文明之化,而天下之被其化者,早已输诚悦服,不敢或后,所谓不疑何卜？无容质诸于鬼神,故曰孚在占先也。孚于人,尤孚于天,是天与之,人归之,有见其孚而不见其革者矣。上互乾,乾为大人,非"乾道变化,各正性命"之大人,易克臻此？《象传》以"文炳"释之,五处兑之中,兑为泽,为金。泽谓润泽而有文也,金亦有文象,下应离火,离为光,为明,其文更著。丙火为离,丙即炳,故炳字,从火从丙。

【占】 问时运：如此大运,非"首出庶物"之大人,不克当此。若常人占得此爻,必能光前裕后,大振家声。

〇问战征：虎臣桓桓,威声早著,可不战而来降也。

〇问营商：白虎属西方之宿,西属秋,防货价至秋,大有变动。宜先订定价,自可获利,吉。

〇问功名：乾曰"云从龙,风从虎",言各得其际会也,吉。

〇问婚姻：俗以白虎为不利。婚事未占先孚,犹言未嫁而先。从也,为女不贞之象。

〇问家宅：虎动,亦不利。

〇问疾病：虎属寅,寅为木,是必肝木振动之症。不占先孚,必不药而愈也,吉。

〇问六甲：象本生女,一变则为男。

【占例】 有某诸侯,使其庶子嗣末家。末家者幕府旗下之士也。戊辰之变,旗下之徒数百人,推末家为队长,将谋举事,其家臣五十余人,多与其谋。于是本家忧之,遣使促归,且曰若不归藩,恐朝廷有疑于本藩,祸将不测。于是议论纷起,判成两党,一在促归,一在不归,迄将一月,议终不决。一日使人招余,余应招而往,两党数百之士,充满藩邸,各述其意,余皆闻之,曰:今日所谋之事,实国家之大事也,国家之大事,关夫天数,非可以私心判决者也。不如问诸《易》占,众咸以为是,乃筮得革之丰。

爻辞曰:"九五:大人虎变,未占有孚。"

断曰:此卦可谓适切今日之事者也。今日诸君之所论,一欲尽忠于幕府,一欲奉朝命而为国,非即《象》所云"二女同居,其志不相得"者乎?在仆观之,卦名曰革,是明示以用革之象。爻为君位,辞曰"大人虎变"。"大人"者,谓应天承运之大人。虎为百兽之长,"变",即革也,明示其人为当革之人,其时为革之时。时既当革,安得不应天顺人,以应其革乎?诸君之论,半皆泥于仍旧,不知卦象,专在去旧取新,故知仍旧者非,故有虑革之而民弗信,不知二爻三爻,皆曰"有孚",当未革而先期其孚,至五则革道已成矣,故曰"未占有孚"。且经此一革,不特大受信用,且将率天下之民,日进于文明之化,行见重熙累洽,光被四表,即可见于此日了。宜速去此地,以归本藩,是仆所得天数之占断也。

两党之士,闻之皆愕然,无敢出一辞,于是主君大嘉余之占断,即日整装而归。

上六:君子豹变,小人革面。征凶,居贞吉。

《象传》曰:君子豹变,其文蔚也。小人革面,顺以从君也。

上爻居卦之极,有德无位,必是去位之贤大夫也,故称"君子"。豹饰,大夫之服,故曰"豹变"。盖革之成,始于四,整于五,终于上,是以五之圣君,既得显虎文之灿,而上之大夫,亦得增"豹变"之华。"小人",细民也,"面"者,向也,"革面"者,向化也,言小人皆潜移默化,于光天之下,革面洗心,欣欣然而有喜色也,是之谓"小人革面"。"征凶"者,上与三应,上之"征凶",亦即三之"征凶"也。谓大变既定,若复纷更自取多事,必如汤之昭德建中,惟期裕后,武之修文偃武,不复用兵,是即所谓居贞则吉也。《象传》以"文蔚"释之,"蔚",深密之貌。豹隐处雾雨,欲泽其身,以成其文,犹言君子相与于文明之治,以增服饰之光也。

【占】 问时运:运当全盛,光华显著,惟宜守成,无事纷更。

○问营商:创业以来,有名有利,已臻美备,此后宜知足谨守。

○问功名:上居卦之终,功名已极,劝令功成身退,所谓"人死留名,豹死留皮"也。

○问战征:军用多取兽名,儿甲虎贲,皆用之以焕其文而扬其威也。上六爻已终,谓战已定,宜罢兵退守,不可前往。

○问婚姻:上与三应,九三阳也,上六阴也,三曰"三就,有孚",当再三逑合,自可成就,吉。

○问家宅:爻位在上,其宅基必高。曰"征凶",知迁移不利;曰"居贞吉",知居之得安也。

○问失物:物已变革,寻亦不得。

○问六甲:生女。

【占例】 缙绅某来,请占气运,筮得革之同人。

爻辞曰:"上六:君子豹变,小人革面。征凶,居贞吉。"

断曰:此卦一变旧弊,改进文明之卦也。今占得上爻,曰"君子豹变"。"君子"者,谓有德无位者也,豹亦为隐居之兽,正合贵下退位闲居之象也。想襄时赞襄维新之治,以成"虎变"之文,贵下固与有功焉。豹较虎而小,虎属五爻为君,知豹变即指贵下。贵下之功绩既著,文明亦显,正可相与守成,无事多求,故曰"征凶,居贞吉"。贵下之气运如是,正可安亨纳福。

䷱ 火风鼎

《序卦传》曰:"革物者莫若鼎,故受之以鼎"。鼎者新命之象。昔禹平水土,九州攸同,铸九鼎以象九州,历代宝之。夏亡鼎迁于商,商亡鼎迁于周,故三代革命,以鼎为重器也。卦自革来,兑互乾金居上,火互巽木居下,有铸鼎之象。本卦火上木下,木能生火,有鼎烹之象,故其卦曰鼎。

鼎:元吉,亨。

"元吉,亨"者,巽《彖》曰"小亨",离《彖》曰"利贞,亨,畜牝牛吉",皆不言元。卦下互乾,乾备四德,元亨盖自乾来,唯乾于四德外,亦不言吉。王弼曰,"吉然后亨",程子以《彖传》只释元亨,吉为衍文,朱子从之。按鼎为三代革命重器,凡荐神飨宾,莫不用鼎,知器之吉,莫如鼎,用之吉,亦莫如鼎,不得以《彖传》未释,疑其为衍也。窃意亨则无不吉,《彖传》特略之而已。

《彖传》曰:鼎,象也。以木巽火,亨饪也。圣人亨以享上帝,而大亨以养圣贤。巽而耳目聪明,柔进而上行,得中而应乎刚,是以元亨。

凡器莫重于鼎,制器尚象,故曰"鼎,象也"。卦体下巽上离,离为火,巽为风,亦为木,中互泽水,爨以木火,是鼎锅烹饪之象。圣人用之于祭祀,烹牲以享上帝,用之于宾客,大亨以养圣贤。鼎者三足两耳,卦体初爻下阴为足,二、三、四三阳象中实,为腹,五阴为耳,上阳为铉,是鼎象也。烹饪者,鼎之用也。下巽,顺也。上离为目,五为耳,有内巽顺而外聪明之象。卦自巽来,阴进居五,下应九二之阳,故其占曰元亨。亨帝养贤,是极言鼎之用,"巽而耳目聪明",是极言鼎之德。"柔进而上行",由巽进离也,离为明,能明则通矣。"得中而应乎刚",以五应二也,二中实,有实则大矣,是以元亨,此所以耳目聪明。三代圣王,皆以鼎为宝,岂徒取寻常烹饪已哉!

以此卦拟人事,卦体火上木下,中互金水,金以铸鼎,鼎以盛水,鼎下以木火炊之,为之烹饪,是古火食之遗制也。此为人事饮食之常,不可一日或缺者也。王者以鼎之贵,用以享帝养贤,而下民则为承祭款宾,亦礼所不废。或椎牛奉祭,感切露霜,或杀鸡欢留,情殷信宿,盖其真诚之意,有假器而形之者也。按《玉篇》云,"鼎所以熟物器也";《说文》云,"鼎三足两耳,和五味宝器也",乃知鼎为调味之具。凡味之变,水最为始,五味三才,九沸九变,火为之纪,时徐时疾,无失其理,鼎中之变,精微纤妙,口弗能言,智弗能喻,要其运用无过。调火,惟离得烹饪之功,惟巽得缓急之用。离,火也,火之功藉木而著,火之用藉水而济,遇木则生明,遇水则有声,生明则目可视,有声则耳可听。鼎以离为目,以五为耳,是内巽顺而外聪明也,故曰"巽而耳目聪明。""柔进而上行,得中而应乎刚",鼎有此二德,而鼎所以日用日新,其道乃得大亨也。人事之欲舍旧从新者,皆当取法于鼎焉。

以此卦拟国家,古者铸鼎象物,协于上下,以承天休。有德者得之,昏德者失之,是鼎以德为去留,故君子必"正位凝命",以保此鼎也。推之调和五味,鼎之用在烹饪也;大武一斛,鼎之尊在享帝也;盛馔四簋,鼎之隆在养贤也;而能保守此鼎而不失者,则唯在夫德。德足应天,而天受其享,德能养贤,而贤受其养。然桀有鼎而迁于商,纣有鼎而迁于周,谓鼎无灵也,而俨有灵矣。鼎无耳而能听,鼎无目而能视,天下之物,聪明者莫鼎若也,故曰"巽而耳目聪明"。"柔进而上行者",由巽而进离,离上炎,故曰:"上行"。"得中而应乎刚"者,中虚以应二,二"有实",故曰"应乎刚",是鼎之所以成鼎,为帝王所世宝者,在此矣。中天之世,所谓明四目,达四聪,总不外此"耳目聪明"之用也哉。

通观此卦,井取用于水,鼎取用于火,故井鼎二卦,爻象相似。盖井以坎为主,下象井而上象水;鼎以离火为主,下象鼎而上象享。井汲在上,故坎居上,而上卦多吉;鼎烹在上,故离居上,而上卦亦多吉。二卦居革之间,井革则修,鼎革则迁,鼎者,新也。有王才兴,必以鼎为受命之符,特牲告庙,洒醴飨宾,心之诚,礼之隆,无不以鼎为重焉。"巽而耳目聪明"者,即所谓"且明明,作元后"是也。其命维新,其道大亨,其化则柔而上行,其德则中而应刚,其器也,则宗庙享之,子孙保之,所愿万世有道而不迁也。

《大象》曰:木上有火,鼎,君子以正位凝命。

木上有火,为木生火之象,即烹饪之用也。盖鼎,宝物也,三代以鼎相传,鼎之所在,即天命之所归,君子所以"正位凝命"也。"位",君位也;"命",天命也,君子履中居尊,"正位"而不使之倾,"凝命"而不使之涣,是所谓恭己以正,南面笃恭,而天下平也。《易·大象》言天命者二,大有曰"顺天休命",鼎曰"正位凝命"。大有以"遏恶扬善",故命贵夫顺;鼎以享帝养贤,故命取夫凝。要即《中庸》所云"大德者必受命"是也。

【占】 问时运:木上升,火上炎,有日进日上之象,大可成事立业。

○问战征:践主帅之位,率三军之命,正有如火如荼之势,马到功成,此其时也。

○问功名:贵不可言。

○问营商:木生火,鼎烹物,得其自然之利,可不劳而获也。

○问家宅:防有祝融之灾,宜谨慎。

○问疾病:必是肝火上冲之症,宜以泄肝顺气治之。

○问婚姻:爻为相生,鼎为重器,必是正配,又得内助。

○问讼事:火势正旺,一时未得罢休。宜定心安命,自然得直。

○问六甲:生女。

初六:鼎颠趾,利出否。得妾以其子,无咎。

《象传》曰:鼎颠趾,未悖也。利出否,以从贵也。

爻体巽为股,初在股下,故曰"趾",上应九四则"颠"矣。初至五为大过,"大过,颠也",故初为"颠趾"。按《少牢·馈食礼》,"雍人概鼎"。概,涤也,所以去其宿垢。"趾颠"则鼎倒,而垢自出。"否",即垢也,故"利出否"。"出否"不得谓悖。爻体三之五,互兑,兑为妾,鼎为器,"主器者长子",故有"得妾以其子"之象,主器,是以谓贵。"无咎"者,盖因败成功,以贱得贵也。陆氏希声曰:"颠趾出否,虽覆未悖,犹妾至贱,不当贵,以其子贵,故得贵焉。"《春秋》之义,母以子贵是也。

【占】 问时运:有因祸得福,转败为成之兆。

　　○问营商:初次小损,后获大利,且有商地成家之象。

　　○问功名:有荣封之喜。

　　○问家宅:此宅墙基有坏,修之获吉,且必出贵子。

　　○问婚姻:是为小妾,必生贵子。

　　○问疾病:腹有宿积,利在下泻,无咎。

　　○问六甲:生男,宜于庶出。

【占例】 缙绅某来,请占伊夫人之病,筮得鼎之大有。

　　爻辞曰:"初六:鼎颠趾,利出否。得妾以其子,无咎。"

　　断曰:爻辞为"颠趾""出否",是因鼎中有积污,倒鼎而出之也。论之病体,谓胸有积块,宜下泻之。在妇科或有血瘀等患,当破血以下之,不可作怀孕论也。今占夫人之症,得此爻象,知其病在子宫,因房事过度,子宫受损,宿秽未清,急宜调治,用法洗涤。但治疗后,防生育有碍,须另觅小妾,据爻象必有贵子,可得。

　　缙绅感悟,果蓄妾,而得子。

九二:鼎有实。我仇有疾,不我能即,吉。

　　《象传》曰:鼎有实,慎所之也。我仇有疾,终无尤也。

　　"实"者,鼎之实,即为鼎中之肉。阳为实,阴为虚,二爻阳实,位当鼎腹,是鼎有实之象,故曰"鼎有实",则可享上帝,可养圣贤。古之人爵高禄厚,每多不免凶祸,是由仇即我也,二应在五,为三四两阳间隔,故曰"我仇有疾"。"仇"者,害我者也;"疾"者,恼我者也。二自守坚固,不相比附,故曰"不我能即"。人能守正,不正者不能就,所以吉也。鼎之"有实",犹人之有才,当慎所趋向,斯不陷于非义。故《象传》以"慎所之"释之,谓一鼎不能动,则万夫废;一心不可动,则万议息,慎所之之谓也。"终无尤也","无尤",乃所以得吉也。又曰:"疾"字,有妒害之义,入朝见疾是也。小人之为害也,必托为亲爱,以伺其隙,在我既志洁行芳,嫉我者自无隙之可乘,不能即而害之也。

【占】 问时运:运途正直,奸邪自远,无往不吉。

　　○问功名:"实"者,实获也。名成之后,多有忌嫉之者,宜慎防之。

　　○问营商:曰"鼎有实",即所谓囊有财也,宜防匪人盗窃。

　　○问婚姻:二与五应,五变为姤,姤曰"勿用娶女"。"仇",怨偶也,"不我能即",是不娶也。

　　○问家宅:"实"者,富足之家,防分人窃伺。

○问疾病：阳为实，是实热之症，宜对症调治，吉。

○问六甲：生女。

【占例】 明治十二年夏，大阪豪商藤田传三郎、中野梧一两氏，被疑见拘，护送东京。当时各新闻怪二氏拘留，喋喋评论。一日有友来访，请占二氏祸福，筮得鼎之旅。

爻辞曰："九二：鼎有实。我仇有疾，不我能即，吉。"

断曰：鼎为大器，未易摇动者也，今鼎中"有实"，是愈重而不可动也。藤田中野两氏，正当其象。动之者为司法官，今司法官"有疾"，不能展其力，则欲动而卒不能动也，是谓"我仇有疾，不我能即"。两氏之狱，想即日可解脱也。

既而果然。

○一日友人某来，曰：近日有媒人来，为余说亲，请占此女娶之如何？筮得鼎之旅。

爻辞曰："九二：鼎有实。我仇有疾，不我能即，吉。"

断曰：鼎有："耳目聪明"之象，爻内卦巽为长女，其色白，外卦离为明，为丽。其女必有才智，且有美色。然曰"鼎有实"，恐胎已有孕，则有外遇可知也。至此女有妊，两亲必未之知，即媒人亦必不知也，足下毋须道破，婉言辞之可也。

某果善辞谢之。后闻此女所嫁，即为外遇情郎，未匝月而产。后某每面予，谈论此事，赞《易》理之灵妙也。

○明治三十一年，占英国与德国交际，筮得鼎之旅。

爻辞曰："九二：鼎有实。我仇有疾，不我能即，吉。"

断曰：鼎为调五味之器，能使味之不和者，终归于和也。今占英德两国交际，得鼎之二爻，二与五应，当以二属德，以五属英。二五阴阳相应，可见英德相亲，但为四爻障碍其间，故两国意志不能相通。必待四年后，四爻障碍退去，两国自得相亲也。《象传》所谓"慎所之"，言当谨持其向往；"终无尤"，自可得免其受害。按英国以多年积累之功，建成霸业，字国先帝威廉，联合比邻小国，征挪威、奥地利，克服法国，因此构怨于奥法两国，恐两国潜图复仇，欲借德国之势，联络保护，是以不得不结好于德也。此两国交际上之密意也。

九三：鼎耳革，其行塞，雉膏不食。方雨亏悔，终吉。

《象传》曰：鼎耳革，失其义也。

毛西河云：凡鼎既实，则以铉贯耳，扛近食前，仪礼所谓'扃鼎'是也。若未实，则撤铉脱耳，谓之'耳革'。凡物皆以足行，唯鼎以耳行，"耳革"则不能举之而行，故曰"其行塞"。上离为雉，下巽为鸡，鸡亦雉类，雉人鼎烹，故曰"雉膏"。雉膏，食之美者也，鼎之行既塞，雉膏虽美，人不得而食之矣。三动成坎，坎为雨。初之三为睽，睽上曰"遇雨则吉"，睽上互坎，雨皆取象于坎耳。"方雨"，乍雨也，雨之润者，谓之膏雨，喻言"雉膏"之芳润也。坎为破，亦为悔，故曰"亏悔"，谓有此美味，而不得食，举鼎者能无悔乎？悔则思变，将耳之革者不革，而行之塞者不塞，始虽悔，终则吉矣。古帝王铸鼎象物，以为世宝，鼎因一成而不易，举鼎之制，亦一成而不改，今欲以旧鼎变新鼎，妄革其耳，率至一步不能行，故曰"失其义也"。井鼎九三，皆居下而不用，井三"井渫不食"，鼎三"雉膏不食"，君子能调和其食，而不能使人之必食。此卦三虽欲革耳，五能以金铉实之，虽始有悔，终乃得吉也。

【占】 问时运:运非不佳,但妄意变改,以致所行辄阻,是以有悔也。

　　○问功名:目下虽美不售,改就他途,反多灾悔。

　　○问营商:业有改迁,致货物呆滞,须俟三年后,可复兴也。

　　○问战征:兵队有变,恐粮食被劫。

　　○问家宅:此宅两厢房。防有变动,或有火灾,遇雨得救。

　　○问婚姻:恐有悔婚改适之变,所谓"失其义"也。

　　○问六甲:生女。

【占例】 明治二十年春,晤某贵显,遍论在朝诸公,余曰:"若某公者,今年可登显秩。"贵显曰:"子何知之?"余曰:"余每年冬至日,占问在朝诸公气运,故得知之。某公今年运当鼎之未济。"

　　爻辞曰:"九三:鼎耳革,其行塞,雉膏不食。方雨亏悔,终吉。"

　　断曰:三爻以阳居阳,才力俱强。与四相比,四爻亦阳,两阳故不相亲。三以位不得中,与五亦不相应,故"耳革"而不能受铉,遂致淹塞而不行也。虽鼎中"雉膏"之美,终不得而食之,喻人有济世之才,无以举之,终不能展其抱负也。"方雨"者,如大旱得雨,足慰民望。民之待泽,无异旱之待雨,所谓斯人不出,如苍生何? 故始之"悔亏",终乃得吉也。某公今年运途,其象如此,是以知其必得升用也,但嫌三爻阳刚过甚,太刚必折,防有不测之灾。某贵显闻之,深感《易》理之妙,后某公果升封伯爵,荣耀显要。翌年某公,猝遭暴变,致有刖足之患,应在四爻"鼎足折"之兆。

九四:鼎折足,覆公𫗧,其形渥,凶。

　　《象传》曰:覆公𫗧,信如何也。

　　鼎三足,象三公。案九四辰在午,上值紫微垣。三师,隋《百官志》曰:"三师之不主事,不置府僚,与天子坐而论道,盖贵戚近臣也。"四下与初应,初为趾,体大过为颠,四震爻,震为足,上互兑,兑为毁折,故初之"颠趾",至四则"足折"矣。鼎之所以安定不动者在足,足折则鼎倒,凡二之"实",三之"雉膏",皆为之倾覆矣,故曰"覆公𫗧"。"𫗧",《释文》以为健,《周礼》以为糁,要皆为鼎实而已。"形渥",郑作刑剧,"屋诛"注云:屋读如"其刑剧"之剧,谓所杀不于市,而以适甸师氏者也,盖就屋中刑之也。服虔云:《周礼》有屋诛,诛大臣于屋,不露也。四位比近五,盖谓大臣,鼎之折足,喻言臣下旷官,君视臣如手足,足折则臣道失矣,诛之于屋,凶之极也。《象传》曰"信如何"者,言四不胜其任,咎由自取,无可如何也。

【占】 问时运:运途颠覆,小则损折,大则刑戮,甚为可惧。

　　○问战征:有损兵折将之祸。

　　○问功名:未成者难望,已成者必败。

　　○问营商:资财覆灭,且有身命之忧。

　　○问婚姻:必男女均有足疾,且于家道不利。

　　○问家宅:有栋折榱摧之患。

○问疾病：必是足上患疮，难保完体。

○问讼事：凶。

○问六甲：生女，防有残疾。

【占例】　明治十五年七月，朝鲜国京城内变，杀戮大臣，并逐我公使，盖由其大院君之唆使也。飞报达我国，朝野为之骚然，某贵显过舍，请占。筮得鼎之蛊。

爻辞曰："九四：鼎折足，覆公𫗧，其形渥，凶。"

断曰：鼎三足，象三公，折足则三公有变，正今日朝鲜之谓也。四位近五，是为君之近臣，有专揽大权之象，《系辞传》所谓"德薄而位尊，智小而谋大，力小而任重，鲜不及矣"，大院君当之焉。"覆公𫗧"者，𫗧，鼎之实也，足折，则鼎中之实，倾覆无余，言朝鲜变起，其府库之资财，必皆耗散矣。"其形渥"者，形渥读作刑𣤠，谓重刑也。大院君以君父之尊，纵得免刑，恐遭幽辱。四爻变则为蛊，蛊者惑也，三虫在皿，有互相吞噬之象，是即开化、守旧、事大三党，互相轧轹而起衅。幸朝鲜当陛贤明，得九二贤臣相辅，不至覆国，幸矣！

贵显听之，唯唯而去。后大院君果为清所幽，国王亲政。

六五：鼎黄耳，金铉，利贞。

《象传》曰：鼎黄耳，中以为实也。

五偶画，居鼎端，象鼎耳，鼎上卦离，离为黄，故曰"黄耳"。铉与扃通，所以贯鼎而举之也。按鼎之制，天子饰以黄金，诸侯白金。五为君位，宜用金鼎，故铉为金铉。"利贞"者，鼎为国之重器，利在正固而不动，举鼎者，亦当以正固之心临之，使无颠覆也。挚一鼎者听于耳，挚天下者听于君，耳为一鼎之主，犹君为天下之主也。《象传》曰"中以为实"者，"中"，谓鼎耳中虚，贯铉则可举，而鼎之实乃有以享上帝，养圣贤。是二、三、四，实在鼎腹，五之实，上鼎耳也。

【占】　问时运：运途贵重，贞守得福。

○问功名：大贵之象。

○问营商：信息明了，贩运便捷，可获厚利。

○问战征：防有洞胸贯耳之灾。

○问婚姻："黄耳""金铉"，贵兆也，主联姻贵族。

○问家宅：富贵之家。

○问六甲：生女。

【占例】　某商人来，请占气运，筮得鼎之姤。

爻辞曰："六五：鼎黄耳，金铉，利贞。"

断曰：鼎者国之宝器，其用则能调五味，以供飨享也。今足下占商业，得鼎五爻。观爻辞之意，谓鼎有耳，必贯以铉，可以举动，喻言商业有利，必得其术，可以谋获。"黄耳""金铉"，珍贵之品，喻言其利之厚也。足下得此爻，财运盛大，正可喜也。

○明治三十一年，占改进党气运，筮得鼎之姤。

爻辞曰:"六五:鼎黄耳,金铉,利贞。"

断曰:鼎之枢纽在耳,耳之枢纽在铉。挚其枢纽,虽九鼎之重,可以举行也。今占改进党进步,得鼎五爻,曰"黄耳""金铉",鼎耳有铉,则鼎可扛,喻言党中必有首领,则党议可行也。按改进党,素与自由党不协,今兹两党联合,得并入于议会,是以能达其意旨,但其事要以正为利耳,不正则终有不利,爻辞详明亲切如此。

后两党果以联合,得并立于政府。然两雄不并立,未几爻因两相猜疑,遂生倾轧,四阅月而复罢斥。此在不审"利贞"之旨也。

上九:鼎玉铉,大吉,无不利。

《象传》曰:玉铉在上,刚柔节也。

上居外卦之极,一阳横亘于鼎耳,有铉象。玉之为物,其性坚刚,其色温润。上以居柔,其德似之,故以玉为铉。或谓上处卦外,是为就养之圣贤,而无位者也。按鼎之饰,各有品级,天子黄金,诸侯白金,大夫铜,士铁;五曰"黄耳""金铉",此为天子之鼎,上无位,特以玉铉别之。《集解》引干宝曰,"玉又贵于金者",是其旨也。《象传》曰,"玉铉在上刚柔节也",上谓在六五之上,"节"者,适均之意,言上与五,金玉相配,刚柔相济,得以成鼎养之功,故"大吉,无不利"也。

【占】 问时运:温润和平,无往不利。

○问战征:六师既张,进无不克,大吉。

○问功名:位趋鼎铉,大吉。

○问营商:美玉待沽,其价必善,无往不利也。

○问婚姻:如金如玉,大吉。

○问家宅:此宅地位甚高,大吉。

○问疾病:恐是耳痛之症。

○问六甲:生女。

【占例】 缙绅某来,请占气运,筮得鼎之恒。

爻辞曰:"上九:鼎玉铉,大吉,无不利。"

断曰:鼎以火为用,下象鼎而上象烹,其功用在上,故上卦多吉。今足下占气运,得鼎上爻,象为鼎铉。鼎重器也,玉,宝物也。以玉饰铉,以铬扛鼎,则鼎可举,而养可及于天下矣。喻言人得其运,则运亨时来,刚柔相济,所作所谋,无不大吉大利矣。

䷲ 震为雷

震字从雨,辰声,《说卦》曰,"动也",《杂卦》曰,"起也"。卦体二偶为坤,一奇为乾,坤阴在上,乾阳在下,阳伏而不能出,阴迫而不能蒸,于是乎震,是所谓"雷出地奋"也,故其卦曰:震为雷。

震：亨。震来虩虩，笑言哑哑，震惊百里，不丧匕鬯。

《说卦》曰："万物出乎震，震东方也。"按《说文》："东，动也。"阳气动物，于时为春，春为四时之始，是即乾元之"始而亨者也"，故曰震。"虩虩"，恐惧也；"哑哑"，和乐也。震为笑，亦为言，谓震之发而为怒，则可惧，震之发而为喜，则可乐，故曰"震来虩虩笑言哑哑"。震为诸侯，诸侯受地百里，震又为惊惧，故曰："震惊百里"。震为鬯，鬯，祭器。"匕"，按《诗》"有求棘匕"注，"以棘为匕，所以载鼎肉，升诸俎也。"谓当承祭之时，心存诚敬，虽有迅雷骤作，不能夺其所守，故曰"不丧匕鬯"。

《象传》曰：震，亨。震来虩虩，恐致福也。笑言哑哑，后有则也。震惊百里，惊远而惧迩也。出可以守宗庙社稷，以为祭主也。

震体本坤，静极生动。乾以一阳来，为坤二阴所掩，奋激而出，其象为雷，其德为动。阳气奋发，通达无阻，故曰"震亨"。震有二义：震在人者，为恐惧，震在天者，为震惊，所谓迅雷烈风必变，虽圣人亦时凛天威。是即昭事上帝，聿求多福之诚，故曰"恐致福"。迨至雷止气和，万物得生，人心亦为一快，神清体适，言笑宴宴，不改其常，所谓言而世为天下则也，故曰"后有则"也。一曰：震得乾元，"后有则"者，即"乾元用九，乃见天则"，亦通。总之，"虩虩""哑哑"，上天以威福并行，圣人以忧乐相感，不伤天地之和，自得生成之乐。盖"虩虩"者应乎震也，"哑哑"者得其亨也。"震惊百里"者，谓雷声闻百里，雷之出地迩，而闻声者远，远尚畏惧，途更警惕也。震为长子，足以主器，出者君也，谓君出，而长子得以守宗庙社稷，以为祭主。祭主夫敬，长子肃宫雍庙，虽当事变猝来，要不失奉鬯执匕之诚也。此皆处震之道也，圣人亦法天而已矣。

以此卦拟人事，《玉藻》云：若有疾风迅雷甚雨，则必变，虽夜必兴。君子"恐惧修省"，无时不敬，而遇变则尤加谨。若小人平居放逸，本无"虩虩""震惊"之意，一旦雷霆震怒，闻声畏悚，不能自持，甚至一击亡命者，亦间有之，又安望恐以致福哉！盖震虽为天道之变，而实由人事所自召，天未尝于圣人而加宽，亦未尝于常人而加厉，惟震来而能致其敬，斯震退而不改其常，则"哑哑"之乐，亦即从"虩虩"而来。遇变而可以求福者，处常而即可以为则也；地有远迩，敬无先后，故曰"惊远而惧迩也"。震者，动也，动必有静；震者，起也，起必有伏，是即人事动作起居之要旨也。人事之大，莫大于敬神格祖，奉鬯举匕，一一以诚心将之，而不敢陨，时有变而心则定，事可惧而神则安，非中心诚敬，乌能如是哉！

以此卦拟国家，"帝出乎震"，震者，乾之长子，足以代君父而宣威赐福也。天震为雷，帝震为怒，《洪范》所谓"帝乃震"是也。昔武王一怒而天下安，此即震亨之义。震为威，震亦为仁。上天雷霆奋作，而雨泽随之，一时群阴摄服，百物畅生。凛其威者，魂飞而胆落，被其恩者，食德而饮和，是"虩虩""哑哑"之象，其即由此而形也。圣王体乾出治，能令群黎畏其威，亦必令群黎怀其德；诸侯之封地百里，威德所暨，始于百里，讫于四海，所谓近悦远来，诚有不限于方隅者矣。震于四时为春，于五行为木，一秉天地之生气。天地以好生为德，王者以爱物为心，巍巍荡荡之德，即在兢兢业业之中，可以为下民造福，亦可为后世垂则也。"守宗庙社稷"者，人君之事，君出，则长子主器，虽未成为君，即可承君父之德位，以为祭主。《正义》谓此即释"不丧鬯匕"之义。

通观此卦，此卦次鼎。《序卦传》曰，"主器者莫若长子，故受之以震"。"器"者，鼎也。革命既定,必建长子,继体承乾,故曰"主器",此震之所以承鼎也。震得乾元刚阳之气,应时迅发,其威怒一击者,"天行"之健也;其发育群生者,"资始"之德也,故圣人以兢业为无为,以好生为神武。"虩虩""哑哑",理本一致,以"虩虩"者凛天威,而心不敢肆。以"哑哑"者承天德,而气得其和,是即震雷春发秋藏之旨也。上互坎,坎为忧,故有恐惧之象;下互艮,艮为顺,故有和悦之明。艮为宗庙,为社稷,故有宗庙社稷之象。震为出,为守,故曰"出可以守";震为祭,故曰"为祭主"。震之为卦,由鼎出震,鼎取其新,是静而变动;由震反艮,艮取其止,是动而变静。动者声闻百里,静者敬主一心,是以可"致福",可垂后,可"惊远",可"惧迩",可以守,可以祭,而不至丧失也,谓能善处夫震者矣。至六爻之义,各应其时。初秉一阳,为震之主;二至巽,为春夏之交,雷始发声也;三至离,四至坤,五至兑,上至乾,阳气伏而震道终焉。其爻皆两两相对:初与四对,初为刚,四溺柔,故四之"泥",不如初之吉;二与五对,二"丧贝",五"有事",故二之"勿逐",不如五之"无丧";三与上对,三"苏苏",上"索索",故上之征有凶,不如三之"行无眚"也。大抵处震之道,以"恐惧修省"为主,除初爻之外,皆不得处震之道,故《象传》之辞,惟初得专之。

《大象》曰:洊雷,震,君子以恐惧修省。

"洊"者,再也,上下皆震,故谓洊雷,犹坎之曰"习坎"也。雷者天地威怒之气,阴阳薄击之声,令人闻而惊然色动,非僻之念,为之一消,故"震来虩虩",无不恐惧。然恐惧在一时,修省则在平日,君子无时不敬,当震而加谨,即震退而反省自修,不敢或懈,喜怒哀乐,皆与天准,惟恐检身不及,致于天变。故以心存恐惧者,仰凛天威,亦以行加修省者,敬承天道,谓之"君子以恐惧修省"。

【占】 问时运:运当发动,防其过盛,宜谨慎敛抑,可免丧失。

○问战征:有连日接战之象,须临时知惧。

○问营商:震雷出滞,滞者,积滞也,谓积滞货件,一时皆得出而销售。《象》曰"洊雷,震",知有一二番好卖买也。

○问功名:雷者生发之气,"洊雷",则有连捷之象。

○问家宅:宅基防有动作,上爻曰"于其邻",必近邻有兴造之役,宜祭祷。

○问婚姻:震为长男,旁通为巽,巽长女,佳偶也。

○问疾病:是肝木太盛之症,防有变动,可惧。

○问六甲:生男。

○问失物:一动乃见。

初九:震来虩虩,后笑言哑哑,吉。

《象传》曰:震来虩虩,恐致福也。笑言哑哑,后有则也。

"虩虩"者,惊顾之状;"哑哑"者,笑语之声。初爻以阳居阳,得乾之刚,为成卦之主,故得系《象》之辞。谓能临事而惧,后事而乐,虩虩哑哑,任天而动,与时偕行;所谓时然后笑,时然后言,"哑哑"之中,仍不忘"虩虩"之意。爻辞添一"后"字,其旨益明。"吉",即谓"致福"也。凡天下之理,宴安每多招祸,危惧自能致福,《象传》曰"恐致福",谓恐惧戒慎,可以转祸而招福也。爻曰"后有则",则即乾元之"天则",谓乐得其时,是能与天合则也。此爻变则为豫,豫者乐也,亦有"笑言哑哑"之象。爻中震有二义:初四两爻,皆以阳震阴,为震动之震;二、三、五、上四爻,皆受震者,为震惧之震。

【占】 问时运:好运新来,万事皆可振作。先难后易,先忧后乐,百般获吉。

○问战征:初时敌势奋勇,可惧,后得胜捷,可喜。

○问营商:商业新兴,百般可惧,待经营成就,既获利益,随时欢乐,无不得吉。

○问功名:谚云"吃甚苦中苦,方为人上人",自有先难后获之象。

○问家宅:此宅防有变动,其象为先号后笑,可以无咎。

○问婚姻:此婚始有忧惧,后得欢乐,吉。

○问疾病:先危后乐,"勿药有喜"。

○问六甲:生男。

【占例】 友人某来,请占气运,筮得震之豫。

爻辞曰:"初九:震来虩虩,后笑言哑哑,吉。"

断曰:震者雷霆之气,奋出地中,鼓舞元阳,生发万物。"震来"者,动而乍来也,"虩虩"者,闻其声而惧也。"哑哑"者,被其泽而悦也。卦当春夏之交,为雷乃发声之时也。今占得初爻,知足下时运,正得春气透发之象,奋身振作,大可有为。万事始起,难免险难,所当谨慎恐惧,以图厥始,其后坎险悉平,自得言笑之乐。此爻动体为豫,所谓"凡事预则立"者,此也;且豫者悦也,亦有"笑言哑哑"之象,吉可知也。

后果如所占。

○某来,请占目前米价输赢,筮得震之豫。

爻辞曰:"初九:震来虩虩,后笑言哑哑,吉。"

断曰:爻辞曰"震来虩虩",知一时米价变动,大有陡涨陡落之势,输赢颇巨,大为可惧。足下占得此爻,知现市米价,足下必大受惊恐,须待震定价平,足下自可得利。"笑言哑哑",乐何如也!

后果如此占。

六二:震来厉,亿丧贝,跻于九陵。勿逐,七日得。

《象传》曰:震来厉,乘刚也。

二得坤体,居内卦之中。"震来"者,与初爻辞同,威声急激,故曰"厉"。"亿"叹辞。坤"东北丧朋",震东方,震出则坤之朋丧。二贝为朋,"丧朋",即"丧贝"也。古者十朋五贝,皆用为货,是贝为重货。震为陵,初居阳九,故曰"九陵",二据初之上,故曰"跻于九陵"。震为逐,坤丧其贝,震二逐之。不知穷通得失,自有定数,逐之而得,不逐亦未始不得也,故曰"勿逐"。震下坤上为复,复曰"反复其道,七日来复"。谓阴阳之数,各极于六,至七则相对而冲,二则返,返则丧于前者,可复得于后也,故曰"七日得"。是复之内卦,本为震也,复曰"朋来无咎","朋"即为"贝","来"即为"得"。《象传》以"乘刚"释之,谓六二阴柔,下乘初爻之刚,以致丧其资贝,故有"震来厉"之危。

【占】　问时运:运途尴尬,不无丧失,幸可复得。

○问营商:得失相偿,然亦危矣。

○问功名:既得患失,既失患得,品亦卑矣。

○问战征:一受惊恐,粮饷俱失,移营高阜,危殆已极,幸而得之,未为胜也。

○问婚姻:主夫妻不睦,防有携资潜逃之患。无须追究,缓即来归。

○问家宅:防有凶盗动掠之祸,所失尚可复得。

○问疾病:疾势颇危,七日后可愈。

○问失物:不寻自得。

○问六甲:生男。

【占例】　知友益田孝氏,旧幕臣也。尝留学法国,归为骑兵指图役。时竞议攘夷,洋学之徒,屡及暴举,氏乃避地横滨,余聘为通办。明治元年五月,氏不告而遁,余深忧之,为卜一课,筮得震之归妹。

爻辞曰:"六二:震来厉,意丧贝,跻于九陵。勿逐,七日得。"

断曰:此卦初爻之雷,起而奋击,二爻为雷所震惊,畏难而遁高邱之象,谓之"震来厉,意丧则,跻于九陵"。震者,东方之卦,必在东京,大受惊恐,遂致舍财远遁,七日之后,当必归来。

一时众人闻此占辞,疑信参半。后益田氏果七日而归。问之乃知为上野战争,官军警备严密,氏不得已,迁道而遁。爻辞之言,一一如见。

○华族隐居某君来,曰:今因有切要之事,吉凶未定,请幸占之。筮得震之归妹。

爻辞曰:"六二:震来厉,意丧贝,跻于九陵。勿逐,七日得。"

断曰:震为长子主器,卦象上下皆震,是必兄弟有变,为竞争家督之象。观君相貌魁梧,年未三十,已称隐居,必由家政多故,迫而退隐,不言可知也。今占得二爻,二被初刚所震,致丧其则。初在二下,知必臣下所困,退位闲居,避地于邱陵之间,故曰"震来厉,意丧贝,跻于九陵"。暂宜安分隐忍,切勿遽事纷争,以致决裂。要之理有循环,事有更革,当必可失而复得也,故曰"勿逐,七日得"。七者,数之一周,迟则七年,速则七月,定数不可违也。

某氏大感,曰:予之旧藩地,在南海道,予庶出为长,予季少予二岁,嫡出也。维新之际,严君病没,予以年长,继承家政,后予游学横滨,少不自检,旧臣遂以是为口实,迫予退隐,归弟承绪。予旧领地,有满淹矿,因以资本不足,劝予出资合业。余谋诸东京横滨商人,借得高利之金若干,不料矿产微薄,大受耗折,因此涉讼。顷者贷主,以为当时借证,祇称华族,未称隐居,逼索益甚,究不审归何断结。今闻足下占词,谓失者可以复得,不觉闻而心喜。

六三:震苏苏,震行无眚。

《象传》曰:震苏苏,位不当也。

"苏苏",《正义》谓畏惧不安之貌,盖较初虩虩而更觉不安也。三当内外之交,内卦之震未止,外之震又来,天之雷,愈震而愈厉,人之心,亦愈震而愈惧。"恐惧修省",无可暂息,一念之肆,灾咎乘之矣。震为行,震以继震,行乃无咎,盖天以震警人,人即当震承天,承天而行,眚自无焉。《象传》曰"位不当也"。夫人之处世,安能时位皆得其当?惟其不当,一经震动,更宜加谨,斯可免害也。

【占】 问时运:运途不当,宜谨益加谨,谨慎而行,必无灾咎。

　　○问营商:销路不得其当,宜改行别路,可免耗失。

　　○问功名:"位不当",谓才不胜任也,虽得亦危。

　　○问战征:震卦全体,皆处危惧之地,"苏苏",谓死而重生,此战难望获胜,仅得逃生而已。

　　○问婚姻:门户不当。

　　○问疾病:虽危得以重生。

　　○问六甲:生男。

【占例】 余向例以冬至日,占卜诸事。明治二十五年冬,占问摄绵土制造社运,筮得震之丰。

　　爻辞曰:"六三:震苏苏,震行无眚。"

　　断曰:爻至三而震益厉,在人事必有大惊之象。论该社造品制法精美,社中职工,亦各安其业,似无意外惊恐之事。今占得三爻,玩厥爻辞,殊深恐惧。

　　不料是年十一月间,浓尾之间,震灾大作,社中烟灶,顿时破裂,职工伤者数名。此灾为三十年来所未有。当时得此《爻辞》,曾不知灾从何来,今灾后思之,益叹鬼神之有前知也。

九四:震遂泥。

《象传》曰:震遂泥,未光也。

"遂"者,往而不返之意;"泥"者,陷而不拔之象。四为外卦之主,上体互坎,介处坤中,坤为泥,坎为雨,坤土得雨,为泥涂,故曰"震遂泥"。谓其震也,经一鼓再鼓三鼓之余,阳威已竭,如陷入淤泥之中,而不能自拔,君子"恐惧修省",故于四尤凛凛焉。《象传》以"未光"释之,四本与初应,四之卦体,即初之体也,然不能如初之体乎乾元。乾为光,初得之,四则乾阳已息,故曰"未光"。亦爻位为之也。

【占】 问时运:正运已过,精力既衰,虽欲振作,终觉致远恐泥也。

　　○问战征:战争之交,所谓"一鼓作气",至三至四,则勇已衰,若鲁莽前进,防车马陷入泥淖,被敌所困。

　　○问营商:商业亦佳,但挥财如泥沙,恐终不能积蓄也。

　　○问功名:有曳尾泥涂之象,宜退不宜进也。

　　○问婚姻:遂则必遂,唯相隔如云泥,或名分有上下之别,或道路有南北之分。

　　○问疾病:必中焦有食积泥滞,致腹鸣作痛,药宜开通下焦。

　　○问家宅:此宅为门前积土成堆,屋中沟道,亦多不通,致阳气闭塞,不利。

○问六甲：生男。

【占例】　友人某来，请占气运，筮得震之复。

爻辞曰："九四：震遂泥。"

断曰：震卦为长子克家之象。一爻为一世，至四爻则嗣续既久，世泽已衰，凡厥后人，一不自检，必至渐即荒淫，坠落先业，有如身陷淤泥之中，进退不能自由，复何能光大前烈哉！爻象如是，足下宜"恐惧修省"，务自奋勉。

后闻某氏，自知才力不足，让业退隐，以自娱乐。

六五：震往来厉，亿无丧，有事。

《象传》曰：震往来厉，危行也。其事在中，大无丧也。

卦例自内而外曰往，自外而内曰来。五处外卦之中，内震乍往，外震又来，故曰"往来厉"。二与五应，故爻辞亦相似。"有事"，谓祭事，《春秋》"有事于大庙"，"有事于武官"是也。五居尊位，秉中德，此心兢业，常如承祭，故能"无丧，有事"。虞氏谓，"无丧"，即《象》之"不丧匕鬯"。按祭仪，主祭助祭，皆欲有事，"无丧"者，不丧其所执之事，不必专指匕鬯，而匕鬯要亦在其中矣。《象传》曰"危行也"。震为行，行至于五，选经往来，皆在震中，其心危，故行亦危也。又曰"大无丧也"，"国之大事，在把与戎"，五动体为随，随上曰"用享"，初之五为萃，萃《象》曰假庙，皆大事也，故曰"亿无丧"。

【占】　问时运：运得中正，虽经历多险，终可完成大事。

○问营商：贩货往来，保无危厉。万万曰亿，财利甚巨，或小有挫损，大必无丧也。

○问功名：此功名必从患难来，可占大用，成大功。

○问婚姻：防婚姻完后，家有祭葬大事。

○问家宅：此宅有厉鬼为祟，幸不丧人，宜祭祷之。

○问讼事：两造皆危，得中人调剂，可不全败。

○问失物：小数难觅，大件无损。

○问六甲：生男，主贵。

【占例】　友人某来，请占承嗣者气运，筮得震之随。

爻辞曰："六五：震往来厉，意无丧，有事。"

断曰：震者，为长男继续父业之卦。卦体四阴在上，二阳在下，是阳为阴制，二阳奋而欲出，故震，其家必向以女主专权。今震而至五，则阳气已壮，正可出而任事。虽初至五，往来之途，备尝危厉，惟其"恐惧修省"，兢兢业业，无吞厥宗，所谓宗庙享之，子孙保之，正在此也。故曰"无丧，有事"。

后果遵此占。

上六：震索索，视矍矍，征凶。震不于其躬，于其邻，无咎。婚媾有言。

《象传》曰：震索索，中未得也。虽凶无咎，畏邻戒也。

"索",求也。"索索"者,内外搜求也。"矍",顾也,"矍矍"者,左右惊顾也,震至上而已极,五为尊位,上则为宗庙社稷,神明之所至。震而在上,如史所书震太庙,震正殿,是必愳之大者,其可惧可畏,不有更甚者乎!由是而索求其天怒之所由来,中心恻惕,甚至顾视徬徨,惊疑不定。惟宜恭默省愆,谨益加谨,若复躁动前往,凶可知也,故曰"征凶"。"其躬"者,上之躬;上与五相邻,"其邻",指五也。五为祭主,居尊任重,索矍之所集也,故曰"不于其躬,于其邻"。君子"恐惧修省",不以震在邻而或懈,正以震在邻而愈虔,畏与戒相循,故虽凶无咎。"婚媾有言"者,即《象》"笑言哑哑"之言。上为震之终,君子夕惕朝乾,反躬内省,至震之终,而得告无咎。当此震威既霁,惧尽欢来,哑哑有言。凡在婚媾,亦得则君子之言以为言,所谓一家之中,忧乐相同,亦君子刑于之化所致也。此即《象传》"虩虩""哑哑"之全义,特于上申言之耳。

【占】 问时运:时当震惊将定,妄进则凶,静守则吉。

○问功名:位高必危,正宜退守,可保无咎。

○问营商:变动已定,不可过贪,见他人亏折,更宜谨守,乃得无咎。

○问战征:时本一战可定,闻邻近营队有变,急宜往救,不得坐视。

○问婚姻:震与巽有夫妇之象,想近时即有媒妁来言。

○问家宅:震"于其邻",恐邻宅有震动之象。无咎。

○问疾病:病由心魂不安,致目视不明,宜静养。此人无碍,邻人有病,恐难挽也。

○问六甲:生男,防有目疾。

【占例】 明治十八年某月,友人茂木充实氏,偕其友山田五郎来,谓曰:此人旧事幕府。明治元年上野之役,东军败走,一家脱走,赴奥州磐平城,以双亲并妹托诸友人,率弟赴仙台,历战磐城相马驹峰等处。后仙台藩归降,并为俘掳,下狱东京,既而遇赦,乃往磐平城,寻访双亲与妹。所托友家,亦不知何去,失望而归,遗憾莫释。请一筮以卜所从。筮得震之噬嗑。

爻辞曰:"上六:震索索,视矍矍,征凶。震不于其躬,于其邻,无咎。婚媾有言。"

断曰:震属东,互卦为坎,坎属北。就我国舆图而论,东北之方,为宫城、岩手、青森等县,意者其在此乎?震得乾之一索而成男,震男既长,乾坤退位,想老亲必俱亡矣。震之中虚成离,离再索得女,离者,离散也,想其妹,虽离尚在也。上爻为无位之地,其地必在边僻。爻辞曰"震索索",谓遍处搜索,未必能得;"视矍矍",谓虽或得遇,有相顾惊骇,不能相认。"不于其躬,于其邻"者,想必于邻近之处得其"婚媾"传言也。余就爻象探索之,其方向情节如此。噫!君之二亲不可见,妹则必可遇也。

于是其人大感曰:丰后妇人,有天德氏者,能预言未来吉凶,曾在叩之。彼曰:急索不得,缓寻可见。问其地,曰:在东北,地名落合。然终不详其处。今足下占断,语亦相同,当再就东北往探。

○明治二十八年,占我国与朝鲜爻际,筮得震之噬嗑。

爻辞曰:"上六:震索索,视矍矍,征凶。震不于其躬,于其邻。婚媾有言。"

断曰:震为动,为兴,本有动众兴兵之象。上爻为卦之终,即为事之极。今占我国与朝鲜爻际,而得上爻,爻辞曰:"震索索,视矍矍,征凶",盖朝鲜之国土,久为外邦所要索,朝鲜之国势，早为外邦所疾视，循是以往，不知改图，其国必凶，故曰"征凶"。朝鲜因与清邻，有事于朝鲜，当先有事于清，谓之"震不于其躬，于其邻"。在清以朝鲜为属国，犹婚媾也，若遽与朝鲜为难，清必出而有言，谓之"婚媾有言"。《象传》曰，"震索索，中未得也"，谓清未能有得；又曰"虽凶无咎，畏邻戒也"，谓我国能令清国醒察时事，即可为朝鲜警戒，故虽凶无咎焉。

䷳ 艮为山

艮二阴一阳，得地之体，以坤之上画，变而成乾，故得乾最上之一阳。乾为天，天本动也，天之最上一爻，为动极而静，故为止。一阳高踞于坤地之上，故象山。卦与震反，震一阳内起，艮一阳外塞。起于内则动，塞于外则止。《序卦传》曰："震者，动也。物不可以终动，止之，故受之以艮。艮者，止也。"此艮之所以继震也。

艮其背，不获其身，行其庭，不见其人。无咎。

艮之卦一奇巍然居上，二偶分列在下。一奇居上，象人首，二偶分列，象人身。凡人自首以下，前面眉目手足，皆二偶，惟背脊直下成奇，故眉目手足皆动，惟背不动。不动为艮，艮止也，故曰"艮其背"。夫人必面相对，乃为相见，"艮其背"，则相背而不相见，背在后，身在前，故曰"不获其身"。艮为门庭，心相背，行亦相背，相背则不相遇，不相遇，必不相见，故曰"行其庭，不见其人"。义皆取诸背也。

《象传》曰：艮，止也。时止则止，时行则行。动静不失其时，其道光明。艮其止，止其所也。上下敌应，不相与也。是以不获其身，行其庭，不见其人，无咎也。

此卦上下皆山，有两山并峙之象。两山并峙，不相往来，此止之象也。人但见静为止而动为行，不知静有静之止，动亦有动之止，止为止，而行亦为止。"所"者，止之有定者也，"时"者，止之无定者也；止得其时，时即止之所，无定而实有定也。艮三上之阳，即乾三上之阳，乾三曰"与时皆行"，乾上曰"与时偕极"。静翕动辟，其时本亘古不失也。天之时不失，即天之止得其所，是故可以止，可以行，可以动，可以静，无纤芥之翳，而为光明之宗也。人能止乎其所，则以人合天，其心体自然光明，而无有障蔽矣。是即《大学》"明德"之旨。由知止，历定静，以至能虑而得，自能与时消息。以"明明德"之体，发而为"明明德"之用，固非释氏"虚无寂灭"之教所得假托哉。"上下敌应，不相与"者，凡应必一刚一柔，若俱刚俱柔，则为"敌应"，"敌应"即为无应。八纯之卦，爻皆不应，而独于艮言之，以艮兼山，止于所止，屹然对峙，两不相交，得止之义焉。按《音会》，身北曰背"，背者为耳目所不载，故内不见身，外不见人，是以"了获其身，行其庭，不见其人"也。以其不相与而止，止无咎也。

以此卦拟人事，《象传》曰"背"，曰"身"，曰"见"，皆取象于人身上，曰"行"，曰"止"，曰"动"，曰"静"。则不外夫人事也。人事有由动入静者，有由静入动者。由静而动者，震也，震二阴在上，一阳发于下，阳动也；由动而静者，艮也，艮二阴在下，一阳踞于上，阳止也。阳止者静而无静，动而无动，亦非无静也，非无动也，时而动，时而静，可以止则止，可以行则行，是以动静贵"不失其时"也。若老氏言玄，释氏言无，皆以静制动，遁入桔槁断灭，其道必幽昧而不明，此以阴止阳，止其所止，非艮之所为止也。艮之所止，审乎其时，得乎其所，是以阳止阴也。艮上一划为乾，乾为明，三至上为离象，离为光，故曰"其道光明"。卦爻上下不相应，故"不相与"，不相与则无所牵动，视若不视，闻若不闻。人能不闻不视，天下事皆无思无虑，是以得乎背，不复获其身，行在我，不复见其人。以此而处人事，人事复有何咎哉！

以此卦拟国家，"艮，止也"，所以止暴而定乱。艮二阴伏下，有潜谋不轨之意，一阳在上制之，使二阴不得潜动，是以为止。"背"者，为不见之物，"艮其背"，是止之于未见之时，为能于乱之未萌而先防之也。故止之用在得夫时，止之象则取诸身。人身为阳气之会，背则为阴，阴则暗昧，阳则光明，以阳止阴，为止得其所，故"其道光明。"圣天子当阳出治，而群阴退伏，止而不动，皆潜移默化于光天之下，此其象也。六爻以初应四，二应五，三应六，往往上动下应，下动上应，互相牵与，唯八纯上下一体，故不相应。艮曰"兼山"，山有前有后，犹人有身有背，山在前不能见后，人于身不能见背，是两不相与也。故曰"不获其身，行其庭，不见其人"，是以无咎也。

通观此卦，按《说文》，艮本字𥌐。艮，狠也，从匕目，匕目犹目相上，不相下。匕目为𥌐，狠戾不进之意。《六书本义》：𥌐，目也，从匕，取两目相比并也。艮《象传》曰，"艮，止也"，即狠戾不进之谓。"不见其人"，即目相上不相下之象，艮为山并立，即取象两目比并也。总之，一动一静，为天地自然之橐仑，一行一止，为人身有定之枢机。卦体一阳止于二阴之上，外实内虚，阴虚居内，阳实撑外，如人北向背立，还视内听，是以"其道光明"。卦位艮震相因，震因艮止，艮因震动，天下无动不止，无止不动，止而动，故震先夫艮，动而止，故艮继夫震也。六爻之象，皆取诸身。初为"趾"；二为"腓"，腓捉肚，在后也。三夤，脊膂也；四"身"，不言心，心在前也，不言背，夤即背也；五"辅"，不见面，见其旁辅也；六在卦外，不言所止，而曰"敦艮"，象山之加高也。其爻象，内三爻不如外三爻之吉。二曰"不快"，三曰"薰心"，惟初尚得其利；四曰"无咎"，五曰"悔亡"，六曰"厚终"，故艮外多吉。天下事终而能止，未有不善者也，所贵止之得其时也。

《大象》曰：兼山，艮，君子以思不出其位。

卦象一山之外，又有一山，两山相对，其势相连，有兼并之义，谓之兼山。凡八纯卦，皆上下一体，互相联络，惟艮则上下两山，各止其所，不相往来，此所以为艮止也。君子法艮之象，艮以山为止之所，人以位为止之所，思之思之，不敢或出焉。此即《中庸》所谓"素其位而行，不愿乎其外"也。

【占】　问时运：时运平平，宜退守，不宜妄动。

　○问战征：宜各守疆界，不得驰域外之想。

　○问营商：宜确守本业，不得贪意外之财。

　○问功名：宜守旧，毋于幸进。

　○问家宅：此宅地位虽狭，不可妄行改造。

　○问婚姻：命由前定，不可贪富嫌贫。

　○问讼事：不可以曲作直。

○问失物:当在原处寻之,可得。

○问疾病:止者终也,带病延年而已。

○问六甲:生女。

初六:艮其趾,无咎。利永贞。

《象传》曰:艮其趾,未失正也。

居艮之初,当趾之位。凡人动止,必自趾始,是以欲止其心,先止其身;欲止其身,先止其趾。趾止则不妄动,不妄动,则止得其所,而无失矣,故曰"无咎"。吉凶悔吝,每生乎动,止其趾,止动之初也,是遏人欲于将萌,存天理于未著,图之于始,尤当持之以永,故曰"利永贞"。《象传》曰"未失正也",谓以阴居阳,位虽失正,而止其所止,初基正矣,故曰未失其正。

【占】 问时运:运途初交,宜守稳步,不可妄进,自得无咎。

○问战征:屯军山足,宜静守,不宜妄动。

○问营商:宜知足。

○问功名:初步虽微,不失其正。

○问家宅:此宅近在山麓,可以长住,无咎。

○问婚姻:百年好合,无咎。

○问疾病:病是足疾,艰于步履,一时难愈。

○问讼事:不失其正,无咎。

○问行人:因足不能行,一时不归。

○问失物:必不遗失,宜就地下僻处寻之。

○问六甲:生女,防有足疾。

【占例】 明治二十四年,占某大臣气运,筮得艮之贲。

爻辞曰:"初六:艮其趾,无咎。利永贞。"

断曰:艮者两山并峙之卦。两山并峙,则不能前进,有止而不动之象也。今贵下占气运,得此初爻。"趾"足指也,凡人行动,以足在前,"艮其趾",则足趾不动,而全体亦因之不动,即《大象》所谓"君子以思不出其位"也。知贵下宜永守其正,葆此爵位,无容再求升用,否则妄动,未免有咎矣。

六二:艮其腓,不拯其随,其心不快。

《象传》曰:不拯其随,未退听也。

"腓",《本义》释为足肚,《正字通》云,胫后肉腓也。腓上于趾,故二象之。咸之二曰"咸其腓,咸主夫感;艮二曰"艮其腓"艮主夫止,止则止安不动矣。然趾与腓,皆为动体,本不欲止也,所欲止者也。心欲止,则趾不能不止;趾既止,而腓亦三随之,是腓固随趾为动止者也。"拯",援也,"不拯其随"者,谓三"限"在上,不肯俯听,趾腓相随而动,故二之心有"不快,也。《象传》曰,"未退听也",谓既不能拯其动,爻不能退而听命,以从其止,是以"其心不快"矣。

【占】　问时运：运途有阻，宜裹足不前，不宜随心而动。

○问战征：止，不进也，坚守不动，爻无外援，是以戚戚也。

○问营商：货物止而不售，甚为可忧。

○问功名：不得寸进，爻苦无大力之援。

○问疾病："腓"，病也，《诗》云"百卉具腓"，为秋风所虐也。此病亦必是秋症，恐非药力所能救援也。甚为可忧。

○问婚姻：腓亦为避，宜避绝之。

○问六甲：生女。

【占例】　应友人石坂氏之请，为占矿山事，筮得艮之蛊。

爻辞曰："六二：艮其腓，不拯其随，其心不快。"

断曰：艮为山，腓在山足之上，《象》曰"艮其背"，背身后也，爻之取象，皆在背后。为占矿山，而得此爻，知矿山之穴，宜在山背。初为趾，二为腓，腓上于趾，知其穴爻在股之下，足之上也。"艮，止也"，论其事，谓停止。在趾与腓本喜动，不喜止，曰止，其心必为之不快矣。今必倡始，议将停止，随从者亦无力拯救，固宜作退步为是。必待五爻"悔亡"，得其辅助，可复与也。以爻计之，当在三年之后。

○明治二十七年冬至，占战后形势，筮得艮之蛊，呈之内阁总理大臣。

爻辞曰："六二：艮其腓，不拯其随，其心不快。"

断曰：卦体取诸山，卦象取诸身。身本动也，山则止而不动；卦爻于身之中取诸背，背无所见，背亦不动也。卦与震反，震动而艮止，所谓动极而止者也。今占战后形势，得艮二爻，初为趾，二为腓，腓进于趾，腓能屈能伸，其动尤甚，其力较强，论战后形势，固较昔而尤强也。战后得此巨数偿金，在从征军士，皆自夸威武之力，每每藐视文官。至在朝大臣，总计全局，当以此金拓张军备，是为首要，而不能随从军士之心，其心未免不快也。且《序卦》曰，"艮者，止也"，谓大战之后，宜休养，不宜躁动，古称止戈曰武，此其征也。武士之心，固好动，不好静，止而不动，致多郁郁不乐，亦情所必有。观腓之动，凡腓自动，心为之也；在武士之动，亦非武士所能自主，朝廷为之也：是在朝廷静镇之耳。

九三：艮其限，列*其夤、厉，薰心。

《象传》曰：艮其限，危薰心也。

"限"者，门限，为内外之界限。三处内外之间，横亘一画，故象限。"列"，分解也，虞氏作裂。"夤"，通作膂，马云"夹脊肉"。按咸五曰"脢"，《易传》谓"在脊曰脢"，郑云，"脢，脊肉"，是夤与脢，字异而义同也。"薰"，通作熏，灼也。三之艮限，为隔绝一身上下，使不相通，则将分心背而为二，一若门限之隔绝内外。此释氏所谓"降伏其心"是也。以强伏其心，心者，火也，心火上的，烛烛炎炎，薰的于方寸之中，不可扑灭，则其心危矣，《诗》云"忧心如薰"，此之谓也。岂知心本虚灵，感而遂通，咸之"咸其脢"，与艮之"艮其限"，一感一止，初无二致，《象传》所谓"时止则止，时行则行，动静不失其时"，一任心之自

---

* 列，通裂，下同。

然，而未可以隔绝为止者。隔绝为止，是欲定其心，乃适以危其心，心岂可以强制者哉！夫人一身脉络血气，上下前后，必周流贯通，无所阻隔，而此心自觉泰然，否则上不降，下不升，则脉络不通，血肉分裂，心其能得安乎？故曰"厉"。"薰心"，《象传》易"厉"曰"危"，盖危较厉，为更可惧也。

【占】 问时运：运途顺逆，皆当顺时，强制者危。

○问战征：两军相对，各争疆界，安得划界自守乎？自守者危矣。

○问营商：货物务在流通，乃可获利，况今万国通商，输入输出，互相交易，若闭关自限，必穷之道也，可危甚矣。

○问功名：专守一艺者，必非大器。

○问家宅：治家之道，内外出入，固宜严谨，但不宜隔绝，隔绝则财用不通，而家道危矣。

○问婚姻：婚姻之道，本由天合，若苟守门户，不能成两姓之欢。

○问疾病：必是隔症，上下不交，血脉不通，病势可危。

○问讼事：是上下之情不达，曲直难分。

○问六甲：生女，防难产。

【占例】某氏来请占某贵显气运，筮得艮之剥。

爻辞曰："九三：艮其限，裂其夤，厉，薰心。"

断曰：爻象为血脉不通，心背分裂，势颇可危。今贵下占气运，而得此爻，知贵下于政府内外，情好或多不协。其所由来，在于位置自高，不屑与人往来，遂至势分隔绝，情意不通，其势几成孤立，虽有才智，无所展布，此身危矣。爻辞所云"艮其限，裂其夤，厉，薰心"，其象如是，贵下宜旁求诸咸。咸五曰"咸其脢"，斯无悔矣。

六四：艮其身，无咎。

《象传》曰：艮其身，止诸躬也。

"身"者，总括全体而言，分言之，则一身亦有上下之别。六四居下卦之上，上卦之下，当心之位，在一身之中也。爻得柔正，上比六五，为能"止其所止"，洁身自好，虽不能兼善天下，亦可以独善其身，较之内卦三爻，为稍胜也。但以阴居阴，不堪有为，只能以身为天下模范而已，故曰"艮其身，无咎"。三爻言心，四爻言身，心虚而身实，期人含虚而践实，斯不坠入释氏虚无之弊。《象传》以"止诸躬"释之，躬，犹身也。是以身止心，即《大象》所谓"思不出其位"也。

【占】 问时运：运途柔顺，能保其身，自得无咎。

○问战征：难望进取，但于我身无所伤败，咎复何有？

○问营商：只能保本。

○问功名：无得无失。

○问家宅：安居无咎。

○问婚姻:平平。

○问疾病:是带病延年之症。

○问失物:即在身上寻之。

○问六甲:生女。

【占例】 明治二十年,占某贵显气运,筮得艮之旅。

爻辞曰:"六四:艮其身,无咎。"

断曰:四爻介上下之爻,当心之位,心内而身外,曰:"艮其身",是兼身心而言也。然艮主夫止,止则无所作为,是不足以见功,但求无咎而已。今贵下占气运,得艮四爻,爻曰"艮其身",有保身安命之象。四爻比近尊位,知贵下爵位已显,为宜谨守职分,夙夜弗懈,以保全一身声名禄位,安享此太平之福,复有何咎?《大象》所谓"君子以思不出其位",惟贵下有焉。

六五:艮其辅,言有序,悔亡。

《象传》曰:艮其辅,以中正也。

五居外卦之中,二偶分列,有辅之象。按咸上曰"辅,腾口悦也",是辅所以出言;"艮其辅",斯言无失言矣。君子之道,寡言则寡悔。"艮其辅"者,固非止其辅而不言也,惟在时然后言耳。时然后言,则言有其序,可以默则默,可以语则语,语默不失其时,故"悔亡"。《象传》以"中正"释之,"艮其辅",谓上得其中正,是以"言有序"而"无悔"也。

【占】 问时运:运得中正,故无悔忧。

○问战征:行军之际,最忌谣言妄作,惑乱军心,"艮其辅",使不妄言,斯号令严明,所向无敌矣。

○问营商:商情犹如军情,消息不容漏泄,"艮其辅",则得其要矣。

○问功名:巧言必黜,昌言则拜,言得中正,立谈可取卿相也。

○问家宅:此宅位得中正,居之无悔。

○问婚姻:媒妁之言,每多虚诞,听者宜慎。

○问疾病:必是牙关紧闭,口不出声,得能发声,病乃可治。

○问六甲:生女。

【占例】 明治二十四年十一月,贵族院议员日野西公、善神道总裁稻叶正邦来访,曰:今春恶疫流行,三条相国以下二三元老,遽而薨逝,实国家之不幸也。寻又有大津之暴举,浓尾之震灾,以及伊势神宫庭燎无风自灭。此皆意外凶变,自古罕闻,而适于今年叠见之。所谓国家将兴,必有祯祥,国家将亡,必有妖孽,此其兆也,能不惧乎?今议会开设在近,是为上下臣民,最所注意,请君一卜,以见议院之兴败。余曰:仆昨年十二月既占之矣,以爻辞上呈松方总理、土方宫内二公,卦爻遇艮之渐。

爻辞曰:"六五:艮其辅,言有序。悔亡。"

断曰:《大象》曰"兼山",为两山兼峙,阻绝往来,有上下不通之象。今占众议院,得艮五爻《爻辞》曰"艮其辅",是止众议之辅,使不得以无稽之言妄干上听;曰"言有序,"谓议者所言,当必秩秩有序,斯可听纳。爻象若须知此番众议,必多出言不逊,好与政府为难,卒至奉敕解散,亦势所必有也。即使众议言皆有序,亦但曰"无悔"而已,未足以见功也。众议院之兆如此。

两公听之大感,至十二月,众议院果奉诏敕解散。

上九:敦艮,吉。

《象传》曰:敦艮之吉,以厚终也。

上居艮之终,即止之终也。"敦",加厚也,所谓泰山不让土壤,故能成其高,即敦厚之谓也。上能以敦厚自止,是以获吉。艮六爻,惟上言吉,盖艮之为道,上爻足以尽之。上能坚守此心,知其所止,是以厚重如山,不可动摇,吉莫大焉。《象传》以"厚终"释之,谓止以敦而乃安,敦以终而弥厚,是艮之所"成终"者,在此厚,而所以"成始"者,亦即在此厚也。

【占】 问时运:运途至此,无可复进,唯厚益加厚,是以得吉。

○问战征:地位至上已极,要在兵力加厚,无不获吉。

○问营商:是上手生意,价高物美,获利必厚。

○问功名:必应上选,吉。

○问家宅:必是世代忠厚之家,吉。

○问婚姻:吉。

○问疾病:素体厚实,不药有喜。

○问六甲:生女。

【占例】 明治二十七年三月,某贵显来,请占气运,筮得艮之谦。

爻辞曰:"上九:敦艮,吉。"

断曰:上处重艮之极,即为兼山之上。山以厚重为体,山愈高则愈厚,故全卦之义,归成于上,而上乃独得其吉,即可见晚运之亨通也。今贵下占气运,而得上爻,知贵下身居民上,爵位崇高,人民瞻望,俨同山斗,而素怀忠厚,未尝以势位凌人。"敦"者,厚也,艮者,止也,贵下当止其所止,厚益加厚,于己于人,无不获吉。大运之盛,于此可见。

䷴ 风山渐

《序卦传》曰:"艮者,止也。物不可以终止,故受之以渐。渐者,进也。"为卦艮下巽上,巽为风,为木,艮为山。风善人,木易长,有进之象;山则止而不动,欲进而为山所止,是以其进不速也。《正义》曰,"凡物有变移,徐而不速谓之渐",此卦之所以名渐也。

渐:女归吉,利贞。

渐反为归妹,其象同取于女。归妹之少女,以悦而归,不如渐之长女,以顺而归也。

以顺而归,则媒灼言之,父母命之,及长而字,则渐而来,得其正也,故曰"女归吉"。艮男兑女,其卦曰咸,以男娶女也,故先戒以"利贞",而后曰"娶女吉";渐以艮男巽女,以女归男也,故先曰"女归吉",而后告以"利贞"。

《彖传》曰:渐之进也,女归吉也。进得位,往有功也。进以正,可以正邦也。其位,刚得中也。止而巽,动而不穷也。

渐者,循序而进,以渐进也。卦体三阴三阳,皆从乾坤来。乾父坤母,乾三索成艮,为少男,坤一索成巽,为长女,故象取"女归"。女嫁曰归。女子之嫁也,及时而字,纳礼而往,渐之义也。盖女归之吉,谓得其渐之进也。女正位乎内,男正位乎外,女进而得位,必得其正矣。女以夫为家,故谓之归,母之嫁女,则谓之往。"进得位",故"往有功也"。渐与蛊上下易体,蛊之九二,进而为渐之九五,是为"得位";九居五,位爻皆正,是为"进以正"。夫妇为王化之原,正家正国,皆基于此,故极其功效,"可以正邦也"。"刚得中",谓九五也。"止而巽,动而不穷",此合二体而言,以止为体,以顺为用,本艮之笃实,动而为巽之利市,故曰"动不穷也"。

以此卦拟人事,卦名曰渐,卦义在进。天下事无不贵进,而进要不贵迅速,而贵舒缓,舒缓之谓渐也。自世好急功,而渐之道失矣,惟于"女归",则犹存其渐之旨焉,故爻象独取"女;归"。男女为人伦之始,是人事之至要也。按屯二曰"女子贞不字,十年乃字";归妹四曰"归有时",五曰"位在中";家人《象传》曰"正家而天下定"。凡《易》之言婚嫁,多以得时为正,得位为中,由兹而往,足以成内助之功,即足开治国之基。诸卦分言之,而独以渐则合言之,以渐九五之吉,为刚而得中也。为卦艮以止,巽以动,知止而进,其进有序,其用不穷,所谓正一身以正朝廷,正朝廷以正百官,正百官以正天下,道不外是焉。是皆有渐进而渐广之用也。

以此卦拟国家,卦象专取"女归",六爻亦皆言男女配合之礼,殊于国家无关,而《象传》则曰"进以正,可以正邦也",则知正国之道,基于正家矣。《诗》云"刑于寡妻,以御于家邦",此之谓也。渐者,为言徐而不速,为政而曰勿欲速,亦取夫渐之义也。国家之事,循序而进,教化之行,日进有功。圣天子正位凝命,刚而得中,内而宫闱,外而邦国,罔不本身出治。诗《樛木》、《苤莒》之篇,知王化之行,皆本诸后妃贞静之德,由近及远,渐推渐广。汝渍江汉之间,无不风行俗美,盖其渐积而来者,有由矣。虽《彖辞》首言"女归",而由齐家以及治国,道本无二致也。"止而巽,动而不穷"者,就艮巽而括言之,则艮为社稷,巽为诰命,皆可见其动之不穷,夫岂第为女子于归言哉!唯在读《易》者玩索而得之。

通观此卦,卦本乾坤三四往来,阴进而止乎四,九居五而得中,上六以阴居阴,各得其所。爻与家人同,而其所异者,初爻九六之别耳。故渐在家则内外顺,在国则上下安。《彖》《象》取"女",爻象取"鸿",其卦为艮男巽女,迨吉于归。《诗》云"弋凫与雁",是婚礼用雁之证也。雁之飞识时,女之归待聘,渐之义也。然鸿飞有序,知长幼之礼,其群有偶,厚夫妇之别,其来有候,适寒暑之期,是物之进而能渐者,莫如鸿焉,是以六爻之象,其始栖息甚近,其终飞翔甚远。初言"干",象其进之始;二言"磐",象其进之安;三言"陆",则非所安;四言"木",则始危而终安;五言"陵",则升天位之高;上言"陆",则出于人位之外。而初之不得所安,无应而不能进也;三之不得所安,无德而不能进也;四乘刚有德,可安也;上九过高,其德犹可则也;二五以中正相应,是以独得其吉也。卦画皆以奇先偶,象鸿飞有序;下卦以一奇率二偶,上卦以一偶随二奇,象鸿飞大者先小者随。阳大阴小,长幼之节,倡随之礼,夫妇之道也。六爻皆言渐,自初至上各有次序,实与《彖辞》渐进之义,足以相发明矣。

《大象》曰:山上有木,渐,君子以居贤德善俗。

山上有木,以木在山,为得其所,犹女子以归为得所。君子法此象,观木之由渐而长,非一时所可成,即知俗之由渐而善,非一旦所能化。要必先居德以为表率,使之渐仁摩义,而风俗自善。古称缺妻之贤,孟光之德,足以化俗,况士君子之躬居贤德者乎? 其化民成俗,固有日进而日善者也。全卦皆取巽女,而《大象》独称"君子",盖艮为贤人,故曰"君子居贤德"。要知君子与淑女,足为配偶,其德同,其化亦同也。"善俗",王肃本作风俗,"居贤德",《本义》云"贤字衍"。

【占】 问时运:如木在高山,得逢春生发之象。

○问营商:山藏货财,木能生发,且巽为商,利市三倍。得此卦象,自必能逐渐得利也。

○问功名:足膺贤才之选。

○问战征:防三军前进,在深山茂林之处,有敌兵埋伏。

○问婚姻:必是贤德淑女,是以"君子好逑"。

○问家宅:必是德门仁里,君子居之。

○问疾病:是木克土之症,宜安居调养。

○问六甲:望前生者男,望后生者女。

初六:鸿渐于干,小子厉,有言无咎。

《象传》曰:小子之厉,义无咎也。

鸿,水禽,来往有时,群飞有序。相传汉土婚礼用雁,取其飞行不乱,失偶不再,有女贞之象。大曰鸿,小曰雁,鸿与雁一也。《彖》曰"女归",故六爻皆取喻于鸿。"干",水湄,鸿渐干而得所栖,犹女适人而得所托。但艮为少男,故称"小子",巽为长女,一长一少,年齿相悬,未免于归愆期,或有不测之变,是为"小子厉"也。《说卦》:"成言乎艮",有言,为有成言也。女子许嫁,唯凭媒妁之言,既有其言,不得以有变而渝,故曰"有言无咎"。初应在上,初与上交,高下悬殊,即可见夫妇年齿,长幼亦悬殊。女能待年不乱,守礼无失,无所为厉,复有何咎?《象传》以"义无咎"释之,盖谓义在则然,咎自无焉。

【占】 问时运:人微年少,运途初行,虽危无咎。

○问战征:屯军江干,防有危厉,幸有谍言来告,得以免咎。

○问营商:货物交易,防有小人从中作难,因约言早成,得以无害。

○问功名:鸿运亨通,初虽在下,自有渐进之象。

○问婚姻:女长男少,妁言既定,当以待年而嫁,无咎也。

○问家宅:此宅临水,防小人有疾厄,然无大咎。

○问疾病:不利小人,大人无咎。

○问六甲:生女。

【占例】 友人某来请占事业成否,筮得渐之家人。

爻辞曰:"初六:鸿渐于干,小子厉,有言无咎。"

断曰:渐者渐而进也,渐在初爻,为进步之初基也。"干",水涯,亦低下之处。君占事业,得渐初爻,知君此业,必是初次开办,如秋雁初来,尚在江干飞集,未得远翔。凡事业初刨,未免有小人出而阻扰,务要把定初志,不改成言,是得无咎。然在初爻受,其进犹微,必得四年后,行到上爻,则得其应援,必可大获利益也。

六二:鸿渐于磐,饮食衎衎,吉。

《象传》曰:饮食衎衎,不素饱也。

磐者,水中平石,"衎衎",和乐之貌。"鸿渐于磐",有水可饮,有蒲鱼稻粱可食,为足乐也,犹女子嫁得其夫,合卺而饮,共牢而食,自见"宜室宜家,和乐且耽"。二与五相应,即为配偶,妇人贤德,足以内助,固非虚食夫家之食者也。《象传》以"不素饱"释之,即此意也。

【占】 问时运:既得安乐,又得醉饱无忧,吉。

○问战征:兵食充足,军心欢悦,自有安似磐石之象。

○问营商:二爻居巽之中,巽为商,为利。就爻辞言,自"干"进"磐",有渐进渐高之势,吉。

○问功名:有嘉宾宴乐之象,成名必矣,吉。

○问婚姻:二与五相应,即以二五为婚;二五皆吉,可咏百年偕老矣。

○问家宅:此宅地基巩固,一门和乐,吉。

○问疾病:饮食过度所致,宜消食安胃,病即日可愈。

○问六甲:生女。

【占例】 明治二十三年,占某贵显气运,筮得渐之巽。

爻辞曰:"六二:鸿渐于磐,饮食衎衎,吉。"

断曰:二爻居巽之中,巽,顺也。《爻辞》曰"鸿渐于磐"。鸿,大雁也,磐,山石之安者。贵下占气运得此爻,知贵下鸿运通顺,持躬涉世,皆得安如磐石,无人得而动摇。由"干"进"磐",见鸿飞踪迹,逐步增高,喻贵下卒业东北学校,继复游学欧美各邦,学识亦渐步长进。且二爻与五相应,爻以夫妇和谐,即可见君臣之喜乐,至美衣饱食,和乐衎衎,本贵下所素有也,吉何如也!

○明治三十二年,占北海道厅气运,筮得渐之巽。

爻辞曰:"六二:鸿渐于磐,饮食衎衎,吉。"

断曰:渐者渐进也,由乱而进于治,由衰而进于盛,皆有渐进之象焉。今占北海道厅气运,而得渐之二爻,爻辞曰"鸿渐于磐",由"干"而进于"磐",是亦渐进而渐高也,知北海道厅治象,当必日进日盛。爻又曰"饮食衎衎",在北海一带,为鱼临蜃蛤之乡,其足供饮食者,出产饶富,民居斯土,获斯利,家室丰盈,雍雍和乐,自得"饮食衎衎"之喜。爻辞曰"吉",信可知也。

九三:鸿渐于陆。夫征不复,妇孕不育,凶,利御寇。

《象传》曰:夫征不复,离群丑也。妇孕不育,失其道也。利御寇,顺相保也。

"陆",高平之地,鸿所集也。九三阳刚为夫,六四阴柔为妇,三又与六正应,六亦曰"陆"。自内往外为征,三往就外之陆,而遂弃内之陆,故"不复"。上互离,离为大腹,孕之象;下互坎,坎为灾,为鬼,不育之象。三与四比邻私通,坏彝伦之大纲,背渐进之大义,安能得室家和睦,夫妇偕老,生育以延嗣续之麻乎?故曰"夫征不复,妇孕不育,凶"。且雁呼芦避缴,巡呼警夜,飞则相随,止则相保,亦有御寇之象,故曰"利御寇"。夫鸿之有雌雄,犹人之有夫妇也,雄飞不返,是离其群矣;胎孕之道,期其长育,孕而不育,是失其道矣。雌雄相守,是所以"御寇",是"顺相保"也。《象传》逐句释之,有以夫!

【占】 问时运:运途不正,防有外祸。

○问战征:利于守御,不利往征。

○问营商:难望获利,防有盗劫之虞。

○问功名:唯从事军政,可以得名。

○问婚姻:防有始乱终离之憾。

○问家宅:此宅于生产不利。

○问疾病:妇人生产,恐母子不能两全。

○问六甲:生女。

【占例】 昔余在囚之日,有狱吏和田某者,突然谓余曰:今兹罪案,曷不卜之? 先是余自占气运,得艮之渐,断辞详记需三爻;今复一占,筮得渐之观。

爻辞曰:"九三:鸿渐于陆。夫征不复,妇孕不育,凶。利御寇。"

断曰:"夫征不复",谓此案已往,不复追究矣。"妇孕"者,谓祸胎也;"不育"者,谓此案不致再生枝节矣。"御寇"者,谓审狱之官也;"顺相保"者,谓必能保护我身也。然所谓相保者,当必在和田氏矣。

后一二旬,前奉行退职,清水某袭其后,和田氏为奉行次席。于是二氏相谋,以五十月徒期,减为二十月,余乃得以出罪。

六四:鸿渐于木,或得其桷,无咎。

《象传》曰:或得其桷,顺以巽也。

四居巽之始,巽为木。鸿水鸟,本不栖木。"桷"者,枝柯之大而平者也,于木之中,而得方平之桷,则亦可以容足矣。"或"者幸得之辞,此以鸿之失所,喻妇之失所也。四夫在三,三"征不复",四妇失其所矣,或得其桷而集之,亦无咎焉。巽顺自守,不失妇道之正、虽无夫可也。

【占】 问时运:运失其正,但以顺自处,随遇得安,亦可无咎。

○问营商:聊有所得,差足免咎。

○问战征：得其倚角，敌势已衰。

○问功名：从事角逐，所得亦微。

○问疾病：病在肝木太盛，宜顺气调养。

○问家宅：此宅多寡居之妇，有遇人不淑之感。

○问行人：在外失年，聊以将顺容身，一时不归。

○问六甲：生男。

【占例】　旧大垣藩主华族户田氏，奉侍萱堂，借余神奈川别墅，闲居养病者数月，医士户冢文海氏间日自东京来诊。一日户冢氏谓余曰：诊视户田太君之疾，四五日前，颇为可虑，近少轻快，惟老衰难期速效。余曰：顷日代为问卜，筮得渐之遁，今玩爻辞，知太君近病无妨，恐明后年命限有阻。

户冢氏俯首不语。有松野家老出而问曰：我太君之命，其终于明后年乎？余曰：请勿与外人道也！后三年，太君果仙逝。会葬之日，户冢氏追述前言，感叹《易》理之前知。盖渐为长女，卦为归魂，自四至上，三爻为三年，由是推之，死期可预决也。

九五：鸿渐于陵。妇三岁不孕，终莫之胜，吉。

《象传》曰：终莫之胜，吉，得所愿也。

《尔雅》，"大阜曰陵"。又八陵，北陵、西俞、雁门是也。此陵当是北陵，雁之家也。《月令》："季秋鸿雁来宾"。鸿之南来为宾，北陵则为家，孕育则在家也。五与二正应，为夫妇，故以"鸿渐于陵"，喻夫妇之居家也。三至五互离，离为大腹，三动则离坏，故"不孕"；自二至五历三爻，象"三岁"。艮少男，巽长女，女及弃，而男犹未冠，是以不能生育，迨及时而阴阳和合，自然得孕矣。男少女长，似女偏胜，然二五正应，内外得当，夫倡妇随，故曰"终莫之胜"。时至而孕，各得所愿，吉可知也。又云：此卦三五皆言妇。九五以二为妇，正也；九三以四为妇，非正也。故三四相比为夫妇，虽孕而不敢育。女之归不以渐也，故凶；二五以相应为夫妇，不孕而得所愿，女之归以渐也，故吉。

【占】　问时运：运途中正，三年后，无往不利，吉。

○问战征：屯军大阜，三年后，所向无敌，吉。

○问功名：三年后必成。

○问营商：目下难望获利，至上爻自可独占厚利，盖在三岁后也。

○问婚姻：得子稍迟，吉。

○问家宅：宅在大阜之间，吉。

○问六甲：生男。

【占例】　某商人来请占气运，筮得渐之艮。

爻辞曰："九五：鸿渐于陵。妇三岁不孕，终莫之胜，吉。"

断曰：五居外卦之中，进步已高，得渐于大阜之上，无可再进也。足下占气运而得此爻，知足下营商多载，虽事业渐进渐高，而不得一时获利，如鸿鸟雌雄相随，而一大一小，未能即时生育也。鸿待三年后可孕,知商业亦必待三年后,可获大利也。"终莫之胜"者,谓非他人所能及也。《爻辞》曰"吉",吉可知也。《象》曰"得所愿",知足下平生之志愿,可遂矣。

上九:鸿渐于陆,其羽可用为仪,吉。

《象传》曰:其羽可用为仪,吉,不可乱也。

上与三皆处卦极,故并称"陆"。渐卦六爻,皆取象于鸿,以喻夫妇,即本《彖辞》"女归"之旨。三之渐"陆",夫道不正,致妇失所,不如鸿之雌雄相守;上则犹是陆也,犹是渐也,而以礼相接,人咸称美,不特表闺阃之令范,且足树邦国之合仪矣。一羽本轻,而先王制礼,纳采问名,皆取以为用,非以其有偶而不乱乎?夫妇之道,亦如是焉,故曰"其羽可用为仪"。"女归"之"吉",其以此乎?

【占】 问时运:气运正盛,可出而用也,吉。

　　○问战征:从平陆进军,威仪显赫,攻无不克。

　　○问营商:货美价高,定可获利。

　　○问功名:出而用世,可以仪表天下。

　　○问婚姻:吉。

　　○问家宅:此宅地位崇高,瞻观有耀,吉。

　　○问六甲:生男。

【占例】 明治十九年,虎列喇病流行于横滨,凡横滨店中家族,皆避疫于神奈川别庄,东京之友,皆归东京。余携远来学者八人,赴箱根木贺。一日有东京门人,判事尾藤某来状,其旨曰:今度拜命,赴越后高田裁判所长,临发自筮,爻象不吉,请为再占气运如何?筮得渐之蹇。

爻辞曰:"上九:鸿渐于陆,其羽可用为仪,吉。"

断曰:全卦以渐进为义,爻至上六,渐进之义已终,进无可进,是暖回冰解,鸿鸟北还之时。今占尾藤氏气运,得此上爻,知为新授北国高田判事之任。《爻辞》所云"鸿渐于陆",辞意适合,本是吉象,但此爻《易》三百八十四爻中,为归魂八爻之一,占者当此,生命有阻。因叹曰:氏为余门人中之翘楚,他日继余《易》学者,在此人也,大为可惜!

一时从者闻此断词,皆谓共在一堂,何得以一筮之下,遽断必死?后尾藤赴任高田,未几果殁。

䷵ 雷泽归妹

卦体震上兑下,震长男,兑少女。凡《象》之取象男女者,如咸之少男少女,如渐之长女少男,皆言夫妇,而独于震男兑女,取象兄妹。按女子先生为姊,后生为妹,诸侯一娶九女,姊嫁则妹媵。孔颖达曰:"少女谓之妹,从姊而行,谓之归。"此卦之所以曰归妹也。

归妹：征凶，无攸利。

归妹少长非偶，夫妇之不正也。女子以夫为家，在男曰娶，在女曰归，故渐曰"女归吉"，咸曰"娶女吉"。"征"者，往也，是私奔也，故凶。所谓锁隙相窥，逾墙相从，父母国人皆贱之。女德若此，夫何利焉！故曰"无攸利"，是痛戒而深恶之也。

《彖传》曰：归妹，天地之大义也。天地不交，而万物不兴。归妹，人之终始也。说以动，所归妹也。征凶，位不当也。无攸利，柔乘刚也。

三阳三阴之卦，皆自乾坤来，变乾上画为偶，而成兑，变坤下画为奇，而成震。兑女震男，卦名归妹。震兑之父母，则为乾坤，乾坤即天地也。天地相交而万物蕃兴，男女相交而生育繁昌，是"天地之大义"，即人伦之终始也。兑，悦也。震，动也，"悦以动"，是以情悦相从也，以此归妹，失其正也。"征凶"者，震为征，因悦而求进，是献媚工谗，意欲以媵而夺嫡也，故《传》斥之曰"位不当也"。"无攸利"者，以柔悦之性，乘刚动之势，一经得宠，便欲挟制乾阳，女权如此，不特不利于一身，必将不利于家国矣。《传》特明揭其不正之由，曰此所归之妹，乃"悦以动"者也。

以此卦拟人事，归妹者，女有家，男有室，人事之终始也。天地之道，以阴阳相交，而化生万物，夫妇亦一阴阳也，但女子之嫁也，以礼而聘，以时而归，如渐之止而动，故"女归吉"。反之，女悦男动，是私相从也。不待父母之命，媒妁之言，以悦而动，岂得谓归妹之正乎？其位以阳居阴，为不当也，故"凶"；且一阴据二阳之上，是"柔乘刚"也，故"无攸利"。《传》之一一垂诫，盖深警色升爱选，艳妻煽乱。妇德一乖，而家道因之而亏，此即人事之变也。牝鸡司晨，其祸盖有不可胜言者矣！

以此卦拟国家，妇之从夫，犹臣之从君。夫妇君臣，本人伦之大节，亦即"天地之大义"也。臣之容悦得位者，巧言令色，一以谄媚为工，极其奸谋所出，必将结援宫帏，联合阉寺，以作声势，且于佞媚之中，寓以箝制之用，一旦威权在握，几将藐视王灵，不复愿天位之有在，卒之凶祸来临，势败身亡。此女子小人，自古难养，圣人所以痛切而垂警也。归妹《彖》辞，首揭"征凶，无攸利"五字，即此旨焉。《传》复进之曰，"悦以动，所归妹也"，盖谓归妹者人伦之常，"悦以动"，为归妹之变，其所以"征凶"而"无攸利"者，皆自"悦以动"阶之厉也。天下之事悦而动，未有能正者，女子与小人，其凶一也，有国家者，最宜凛凛焉。

通观此卦，归陈，少女也，少女无知，故称妹；情欲相感，见可悦而昏，动不以礼，是为归妹。姊未嫁而妹先归，紊其序也；躬居媵而思夺嫡，越其分也。妇德若此，凶莫大焉，夫何利乎？六爻柔上刚下，内外倒置：二四以阳居阴，男以不正而从女；三五以阴居阳，女以不正而从夫；上卦六五乘九四，下卦六三乘九二，夫屈于妇，妇制其夫；阴反居上，阳降居初，皆失其渐。故渐六爻多吉，至上愈吉，归妹初爻独吉，至上则"无攸利"矣。是以君子贵艮渐而戒轻悦也。

《大象》曰：泽上有雷，归妹，君子以永终知敝。

此卦反渐，上卦为雷，下卦为泽，雷动则泽水为之摇漾。以阴感阳，犹女子之挑而可动也，失身败德，不谨其始，安能保其"永终"乎？君子见此象，知悦牵于私，动失其正，始既不善，敝即在后。欲防之于未然，故宜"永终"以"知敝"，斯不以妾为妻，不以贱妨贵。嫡庶正而名分严，足以维大义之不敝也。

【占】　问时运:一时发动,恐难持久。

　　〇问营商:货价升动,卖客喜悦,但恐不能图终。

　　〇问功名:进不以道,防有后悔。

　　〇问战征:地雷陡发,足以制胜,恐一胜以后,兵力疲敝,无以保终。

　　〇问婚姻:徒恋一时情欲之私者,难期百年偕老也。

　　〇问家宅:地磐有动,已嫁之妇,不宜同居母家。

　　〇问疾病:"永终"二字,独于占病不利,显见命限已终。

　　〇问讼事:可以终结。

　　〇问六甲:生女。

初九:归妹以娣。跛能履,征吉。

《象传》曰:归妹以娣,以恒也。跛能履,吉相承也。

六爻以五为尊,是正嫡也,其他皆为娣。初爻在最下之位,故曰"归妹以娣"。娣承嫡妻之命,不能专制,犹跛足之不能行,唯守为娣之分,行承顺之道而已,故曰"跛能履"。震为足,兑为毁折,有跛之象。九居初为当位,是能安于娣而在下,行不先人,知其无隮越也,故曰"征吉"。就全卦论,以悦而动,女子感情悦之私,故其征也凶;就一爻论,以刚居刚,女子有贤正之德,故其征也,吉。《象传》以"恒也"释之,谓娣而为媵,礼之恒也;以"相承"释之,谓百事承顺,是以吉也。

【占】　问时运:运途低微,祗可依人成事而已。

　　〇问营商:不能自主,听命而行,幸得获利,吉。

　　〇问功名:偏裨之位。

　　〇问战征:非主帅也,能以偏帅制胜,吉。

　　〇问家宅:此屋必是廊庑偏屋,吉。

　　〇问疾病:必是足疾,不良于行,身命无妨。

　　〇问六甲:生女,防有足疾。

【占例】　明治十六年,余游上毛伊香保,得通藤野正启先生。先生当代鸿儒,凤精《易》理,与余相知最久。兹得相聚客舍,晨夕晤谈,意甚得也。一日先生正襟而言曰:"幸为一占卜之气运。"筮得归妹之解。

爻辞曰:"初九:归妹以娣。跛能履,征吉。"

先生精义《易》,既得占爻,自能详判,余复何言? 然前余为横滨某商,占得此爻,在此人久游欧美各邦,通晓各国事情,归国之后,横滨某商店,遂雇为主管。其人正道,又能勤勉,凡财货之出入,物品之优绌,以及时价之高低,罔不一一计划,其用心之诚笃,有足使人感者。未几商店解雇,一日某来请占,筮得归妹之解,余为之再三玩索,乃得其解雇之由也。盖娣者从姊而嫁,一切家政,皆当奉命而行,不得自主,譬跛者虽有其足,不能自行也。今某虽尽心从事,未免有专主之嫌,是以有咎。先生今日所占,爻辞正同,乃知先生秉道履中,刚方素著,但于当今世衰道微,所如不合,反若娣之随人,不能自主,先生能卑以自牧,故曰"征吉",此就爻辞而断也。然余又可虑者,以归妹为归魂之卦,至六爻为命终之年,先生固达人也,自初至上,为六年,先生须为注意。先生微笑曰:"《易》理精妙,固如是也。"

后六年,先生果殁。

○某官员来请占气运,筮得归妹之解。

爻辞曰:"初九:归妹以娣。跛能履,征吉。"

断曰:初居天下,娣居人下,爻象卑微,是不能出人头地者也。足下占气运得此爻,知足下依人成事,不能独断独行,譬如娣之从姊而嫁,一以顺承为事,若欲擅自作为,反恐如跛者捷行,必致颠仆。不如随人步趋,斯无陨越矣,故曰"征吉"。

九二:眇能视,利幽人之贞。

《象传》曰:利幽人之贞,未变常也。

此爻阳刚得中,亦娣之贤者也。下互离,离为目,上互坎,坎为疾,有眇之象。眇,一目小也,两目之视正,一目之视偏。妾媵则处于偏者也,不敢正视,故取"眇能视"为喻。二与五正应,二能侧视,得其宠矣,然正未可以宠自恃,故又戒以"利幽人之贞"。"幽人"者,犹云静女也,女子行不逾阈,窥不出户,有幽人之义焉。《象传》曰"未变常也",谓能守其道,安其分也。幽则至静而不动,贞则至贤而不渝,幽人不以不遇变其道,女子不以失偶改其节,其致一也。

【占】 问时运:运途不正,宜幽贞自守。
○问营商:以其窥察商情,有独见之明,颇有暗得之利。
○问功名:以高尚不仕为贵。
○问战征:能察幽窥微,有料敌如神之妙。
○问家宅:此宅最宜幽居。
○问婚姻:此女宜作偏房,若在嫡室,恐反目不和。
○问讼事:防有幽禁之灾。
○问六甲:生女。

【占例】 华族某访余别墅,时方霖雨,闷闷不乐。会招伊藤潮花,特设宴席,藉以侑酒。潮花见余床上筮竹,问曰:主公好《易》乎? 余曰:然。潮花曰:拙生欲卜生命,请为一筮。筮得归妹之震。

爻辞曰:"九二:眇能视。利幽人之贞。"

断曰:归妹者归魂之卦。今自二爻至上爻为五年,今后五年,子命殆将终乎? 上爻之辞曰:"女承筐无实,士刲羊无血","女承筐无实"者,谓家计赤贫,筐中无实也;"士刲羊无血"者,尸体之象也。

潮花曰:主公之言诚当。谚云"人生四十不为夭",今吾已六十,命数亦不短矣。虽死期已迫,家计不可不预谋。由是奋然改革家政,计度产业,以期家室盈丰,得能积有余资,实出自主公所赐也。当时谈笑而去,后至五年六月,潮花竟尔病殁。

○明治三十一年，占台湾总督府气运，筮得归妹之震。

爻辞曰："九二：眇能视，利幽人之贞。"

断曰：卦体下互离，离为目。目所以视也，曰"眇"，只可偏视而已。"幽人"者，幽闲贞静之人也，谓人能幽闲贞静，必无作乱之事矣，故曰"利幽人之贞"。今占台湾总督府政略，得此爻辞，按台湾新入我版图，一切风俗，难以一时遽革，只得另眼相视。在政府总宜以静默镇之，故曰"利幽人之贞"也。

六三：归妹以须，反归以娣。

《象传》曰：归妹以须，未当也。

"须"者，贱女之称。三爻居兑之极，为悦之主，"归妹以须"者，以之为须也。三以柔乘刚，务为悦人，故于其始归也，降为之须。虽明知其未当，以故为抑之，不令其工研献媚，开以妾夺嫡之嫌，所以惩淫逸而正名分者，其旨严矣。迨三能反其悦之为，始得复归娣之位，故曰"反归以娣"。《象传》曰"未当也"，谓阴柔不正，不当位也。《正义》以须为待时也，以三未当其时，则宜有待，故曰"归妹以须"；既及其时，以娣乃行，故曰"反归以娣"。亦通。

【占】　问时运：运途尴尬，受人抑制，是宜忍耐，后可得伸。

○问营商：货价低落，不能获利，过后可望提升。

○问功名：所得卑微。

○问婚姻：必非正娶。

○问家宅：此屋非正宅，必是廊庑，地位低小。

○问疾病：待时可愈。

○问行人：且宜暂待，缓时可归。

○问讼事：待时可以断结。

○问六甲：生女。

【占例】　某县人携亲友书来，占求官之成否，筮得归妹之大壮。

爻辞曰："六三：归妹以须，反归以娣。"

断曰：郑云，"须，有才智之称"。《正义》曰："须，女谓贱妾也"。是有才智而屈居下位者也。今足下占求官，得此爻辞，知足下与某显官有旧，乞为代谋官阶，不料某抑之，不与以相当之位置，而授以微末之官阶，即"归妹以须"之象也。足下宜顺受之，切不可妄意干进，后当必有升迁。"反归以娣"，行有待也。

九四：归妹愆期，迟归有时。

《象传》曰：愆期之志，有待而行也。

九四以阳居阴，为动之主，动则急欲于归；但兑为少女，故曰"妹"，未可先姊而行也，是宜待年于闺，故曰"归妹愆期"。年及而归，未为迟也，故曰"迟归有时"。《诗·江汜》之篇，序谓媵有待年于国，而嫡不与之偕行，其后嫡悔而迎之，亦终归矣，即可作此爻之注脚也。三爻主悦,求贵而得贱;四爻主动,求速而反迟,皆深戒"悦以动"之必凶也。告之以迟归有待,所以遏其躁动之志,使知待时而行之为得也。

【占】 问时运:须知顺时而动,行运有时,躁进无益。
○问战征:最宜审时度势,无取躁急轻进,致损兵力。
○问营商:待时得价,自可获利。
○问功名:躁进必败。
○问婚姻:待年而归。
○问家宅:宅运未来,未可迁居。
○问行人:一时不归。
○问讼事:宜缓,可了。
○问失物:迟久可得。
○问六甲:生男。

【占例】 某商人来,请占买卖之机会,筮得归妹之临。
爻辞曰:"九四:归妹愆期,迟归有时。"
断曰:女子待时而嫁,犹货之待价而贾也。"愆期"者,谓期限已过,"迟归"者,谓迟久可售。足下占买卖之机会,得此爻辞,爻象与占象,辞意适合。"归妹愆期",由于姊犹未嫁,妹因不得先行,故宜迟归待时;知足下必有前售之货,未曾销脱,故于后置之货,行当迟迟有待。此所行不能不待,所售不能不迟也。迟之要自得利,可无忧焉。

六五:帝乙归妹。其君之袂,不如其娣之袂良。月几望,吉。

《象传》曰:帝乙归妹,不如其娣之袂良也。其位在中,以贵行也。

"帝乙"者,殷纣之父。"君"者,小君之称,谓嫡妻也。"袂"者,袖也;"月"者,太阴之精,以象妇德;"望"者,谓月之圆满。"几"者,近也。五爻居震之中,震长男,下与二应,二居兑,兑少女,是兄妹也。所谓"帝乙",乃为震兄,"归妹"者,是以天子之妹,下嫁于诸侯,故爻曰"其君"。《传》曰"以贵行",即所称君夫人曰小君是也。卦体变乾成兑,乾为衣,故曰"袂"。《史记》"长袖善舞",女子之态也,是袂足以取悦。月盈于望,八日兑见丁,十五乾盈甲,兑长至十五始盈,乾化兑,故曰"几望"。《京房易传》载汤嫁妹之词曰:"阴之从阳,女之从夫,天地之义也。往事尔夫,必以礼义。"其训以礼义者,即戒其不可以袂美取悦,亦不可以恃贵而妄动也。六五爻辰在卯,仲春之月,嫁娶男女之礼,故吉。《传》曰"其位在中",五居震中,二居兑中,以二嫁五,中与中应,其位悉当;且五爻最贵,故曰"以贵行也"。

【占】 问时运:事事谦抑,不敢自夸,不敢自满,运途得中,是以吉也。
○问战征:降尊居贱,能得军心;从月夜进兵,出敌不备,可得全胜。
○问营商:前进货品,不如后进者良,约在望前可售,必得高价。
○问功名:如有兄弟,同出求名,弟必获隽。
○问婚姻:当有二女同归,吉。

○问家宅：宅位居中，当有喜事临门，吉。

○问行人：望前可归。

○问疾病：半月可愈。

○问六甲：生男。

【占例】　有友来访，请占某氏赴任吉凶，筮得归妹之兑。

爻辞曰："六五：帝乙归妹。其君之袂，不如其娣之袂良。月几望，吉。"

断曰："归妹"者，以女从夫，犹士者出而从政也。今足下占友赴任吉凶，而得归妹五爻，细玩爻辞，知此友身分必贵，此次赴任，定是小受，如帝女之下嫁也。其才调之良，当必胜于前任，故曰"其君之袂，不如其娣之袂良"也。"月几望"者，喻其设施之周到，政体之光明，有如三五之月也，而又不敢以谄媚取悦，不敢以贵盛自待。以兹临民，吉可知也。

上六：女承筐无实，士刲羊无血，无攸利。

《象传》曰：上六无实，承虚筐也。

"士"者，未娶之称，"女"者，未嫁之称。《士婚礼》云："妇入三月而后祭行。"上，宗庙爻，故曰祭。三月祭行，而后成妇，未承祭，犹称女也。宗庙之礼，主妇奉筐，即《诗》所咏"于以盛之，维筐及筥"是也。兑为羊，少牢馈食，司马刲羊，"刲"杀也，承筐刲羊，皆助祭事也。《易》例阳为实，阴为虚。三四复位，变坤为虚，故曰"承筐无实"；四互坎，坎为血卦，三四复位成泰，坎象不见，故曰"刲羊无血"。按祭礼，执盎者宗妇，荐豆者夫人，设黍者主妇，未闻有以娣妾从事者，使娣而与祭，是渎伦也，欲以示宠，适以启祸，亦何利焉？"永终知敝"者，可不戒哉！

【占】　问时运：万事不利。

○问战征：糗粮不备，戈矛不修，以斯从征，必败之道。

○问营商：资本既虚，货物又匮，奚以获利？

○问功名：空手求名，其何能得？

○问婚姻：婚娶不正，维家之索。

○问家宅：此宅家范不端，防有妾嫡纷争之患。

○问疾病：是虚劳失血之症，不治之象。

○问失物：不得。

○问六甲：生男。

【占例】　友人某来曰："近欲与友谋兴一业，就余私计，事既可喜，利亦颇丰，但未审吉凶如何？请为一筮。"筮得归妹之兑。

爻辞曰："上六：女承筐无实，士刲羊无血，无攸利。"

断曰：卦体兑悦震动，卦象兑女震男。悦不以道，故夫妇配合多不利，而凡以资财合业者，亦可推相而知矣。今足下为谋事业，占得此爻，《爻辞》曰"承筐无实"，"士刲无血"。筐无实，是囊空也。血流行一身，犹财之流通一国，无血则羊死，无财则业败。士与女为合业之人也,女既无实,士又无血,是财力两空,其何能成业乎? 故曰"无攸利"。

䷶ 雷火丰

卦体震上离下。离本乾体,变乾中画而成离,离为日,日本悬象于天也;震本坤体,变坤之下画而成震,震为雷,雷本奋出于地也。"雷以动之,日以暄之",万物化生,自然丰茂。震,动也,离,明也,明与动合而成丰,此卦之所以名丰也。

丰:亨,王假之。勿忧,宜日中。

《正义》曰:"财多德大,故谓之丰。"财多则足以济世,德大则足以容人,事无窒碍,故"亨"。"王"指殷王,"假",谓感假。萃涣之假,言殷王假庙也,丰之假,期纣之能假也。期能假夫丰亨之道,自足以统驭万国,照临下土,如日之正中,光明遍被,故曰"勿忧"。离为日,日中则明愈大,故曰"宜日中"。

《彖传》曰:丰:大也。明以动,故丰。王假之,尚大也。勿忧,宜日中,宜照天下也。日中则昃,月盈则食,天地盈虚,与时消息,而况于人乎? 况于鬼神乎?

《序卦传》曰:"得其所归必大,故受之以丰。"丰者,大也。卦体以离遇震。震为行,动必以健,离为光,明无不灼,明以动,动则有为,故得亨通而盛大也。"王"指九五,言丰之象本大,王能诚心感假,则更加大矣。五爻曰"有庆",即庆王之能假也,丰莫大于是焉,假如是,复有何忧?"宜日中"者,是极言"明以动"之象,日至中,其明愈焕,其照愈远,万国九州,明无不被,可知王之"自明明德",即可明"明德"于天下也,故曰"宜照天下"。然日过中则倾,月既盈则缺,阳极而阴生,盈虚消息,天地循环之运也。《彖》曰"日中",丰至极盛,衰即伏之,《传》欲王益励夙夜之勤勉,明以继明,有以挽回乎造化,使明不为欲蔽,而丰得以长保矣。虽盈则必有虚,消则必有息,与时推移,鬼神亦不能自主,而所以转旋而补救者,总在于人也,人惟自明其"明德"耳。干宝曰:日中之象,殷水德,坎象昼败,而离居之,言周德当天人之心,宜居王位;故"宜日中"。

以此卦拟人事,上互兑,兑为泽,期其惠泽之丰盈也;下互巽,巽为利,期其财利之丰富也:有丰无欤,丰斯大矣。然丰于财者多昏,丰于欲者多乱,昏则不明,乱则妄动,无以假之,丰所在,忧即伏之矣。卦体上下互大过,大过者,过乎中也。日过中则昏,月过中则缺,此过盛必衰,过刚必折,盈虚消息,天地四时,自然之运,虽鬼神之盛德,不能过此,而况人事之微乎?《彖》曰"勿忧,宜日中",传释之曰"宜照天下",谓乾为日,离亦为日,丰为六月之卦,夏至日在离,气禀纯阳,日当午中,光明倍焕,离《大象》曰"明两作,离,大人以继明照于四方"者,此之谓也。明以静生,明亦以动见,譬如人闭目静坐,一物不见,一动则双目开豁,明足察物矣,此所谓"明以动,故丰"也。人事之忧,在不丰,不知不丰不足忧,所忧者最在不明耳。明则可静亦可动,可盈亦可虚,丰之所大,大在于明,亦大在于动也。是人事之极则,乃可出而与天下相见矣。

以此卦拟国家,国家之大势,不能静而无事,要必当动而有为,所患者动失其道,必至昏庸柔昧,上下交蔽,愈动而愈困耳。困则不亨,不亨则不丰,国事不可为矣。欲求其直,必先期其明,《象》是以曰"明以动,故丰"。卦体上震下离。震为动,故能风动四方,离为明,故能向明出治。震又为帝,故称"王",离为光,故能照,王者克明"明德",道协大中,明足与天下相见,动可为天下更新,是能照假夫臣民,光大夫勋业,庶几就之如日,瞻之如云,一时熙熙攘攘,咸沐浴于光天化日之中,而若浑忘其帝力者,丰莫丰于是焉。然一治一乱,一盛一衰,国运也,亦天运也。所谓"日中则昃,月盈则食,天地盈虚,与时消息"世运推移,皆如是耳。要必文明柔顺,如文王之德之纯,上足以假君,下足以假民,如日月之照临,光被天下,乃能挽既去之天命,重得延祀之商社者,此文王之所以文王也。如是则可以长保此丰矣。

通观此卦,《京房易传》曰:"上木下火,气禀纯阳。阳为大,大则必丰。"卦以离遇震,震为君。君作于上,明烛于下,故得成崇隆丰大之业。然有丰必有歉。丰于功者傲,傲则必亡,丰于财者奢,奢则必败,傲与奢,皆由于动之失中;动失其中则损明,损明则安能长保其丰乎?《杂卦传》曰,"丰,多故也"。"多故"是以难保也,道在有以假之耳。王者能推心置腹,上下交孚,假以生明,明以运动,期明无不照,亦动罔不藏,如午日正中,光明遍烛,此离象所以为明也。明愈大,丰亦愈大,是可尚也,复何忧乎?卦体离日在下,震雷在上,互卦巽木为蔀,兑泽为水,雷施雨,木含日,故自二至四,有晦昧之象。圣人处此,虚以养其明,悦以霁其威,断以决其壅,使上下之情相通也。若六五动而得中,明良际会,则皎日澄空,氛翳全消,纯熙之运至矣,风雨晦冥,其何伤日乎? 初爻如日初出,故"往有尚"也;二爻如日方中,故"有孚"吉也;三爻明为沫蔽;四爻明为斗掩;五与二相应,所以资明上则丰极而凶矣。六爻皆有明象,而为"灾",为"疾",为"沫",为"斗",为"凶",皆足以蔽其明而害其动,惟五独得其吉,《象》所谓"王假之,尚大也",在此爻矣。

《大象》曰:雷电皆至,丰,君子以折狱致刑。

此卦震为雷,离为电,雷电相合,威势盛大,电主明,雷主威,《象》曰"雷电皆至",有威明兼备之象焉。明以"折狱",则狱得其情,斯天下无遁情矣;威以"致刑",则刑当其罪,斯天下无遗奸矣。君子见丰之象,推威严光明之德,洞悉奸伪,以明运威,故能察亦能决;以威济明,故无枉亦无私。天之震也,雷声之作,电火在先,此其象也。得离之明者,为噬嗑、贲、丰、旅四卦,《大象》俱有用刑之义。噬嗑明在上,象君子在上,故为"明罚敕法";丰明在下,象君子在下,故曰"折狱致刑"。

【占】 问时运:气运旺盛,但当丰不忘歉,斯丰可长保矣。

○问营商:财利丰盛,但须公平谨守,否则恐有讼狱牵连。

○问功名:雷电有威名发达之象,宜任刑官。

○问战征:雷电皆至,见兵威显赫,声势远扬,攻战必克。

○问婚姻:世称雷为公,电为母,是天合也。

○问家宅:宅向东南,财气颇丰。

○问疾病:是肝火上升之症,宜泄肝泻火之剂,尤宜静养。

○问失物:皆速追究,可得。

○问行人:防有讼事纠缠。

○问六甲:单月生男,双月生女。

初九：遇其配主，虽旬无咎。往有尚。

《象传》曰：虽旬无咎，过旬灾也。

"配"郑作妃。卦体震上离下，初本震爻，为诸侯。初与四应，故以四为"配主"。初九爻辰在子，九四爻辰在午，君南面，臣北面，初以修礼朝四，四以匹敌厚恩遇之，虽留十日，不以为咎。正以十日者，朝聘之礼，自行聘至问大夫，才五六日，即事毕请归。郑注谓主国留之，飨食燕献，无日数，尽殷勤也。主虽绸缪，而客行淹久，乐不可言。旬以内，尚不逾节，故"无咎"。"往有尚"者，其往或因助祭而行朝聘，或因入朝而遇助祭，留之经旬，神人欢洽，故为可尚。然以旬为限，过则非常。《象传》谓过则灾生，盖凛凛于日中之戒，示以盈满为惧也。或以旬始为星名，《史记·天官书》："旬始出于北斗旁，状如雄鸡"。二爻曰"斗"，三爻曰"沫"，斗沫皆星名，言其蔽明也。初以旬始为星，爻象相同，义亦可取。

【占】　问时运：得其相助，可有十年好运。

○问营商：当有巧当货物可售，旬日之内，即可获利，过旬则不利。

○问功名："邂逅相遇，适我愿兮"，即日当有佳报。

○问战征：两敌相遇，当速进兵，十日外，恐有败象。

○问婚姻：姻缘相当，即日可成，迟则不谐。

○问疾病：得遇良医，旬日可愈，迟久不治。

○问讼事：得遇良吏，即可断结，迟缓不了，恐有外祸。

○问失物：宜速寻。

○问六甲：生女。

【占例】　明治三十一年，占英法两国交际，筮得丰之小过。

爻辞曰："初九：遇其配主，虽旬无咎。往有尚。"

断曰：丰者，雷电相遇，百物丰饶之卦。以国家交际拟之，是两雄并峙，有各不相下之势。今占英法两国交际，得此初爻，初与四应，当以初爻属英，四爻属法。爻象内外相应，就两国外势观之，臣相和好，而实则两阳相轧，各挟猜疑，势必隐相侵夺。何则？内离明，外震动，明者多谋，动者多勇，各为其国，亦各用其长，明与勇遇，适足相敌，故曰"遇其配主"。英善谋略，是明也；法长雄武，是勇也。"旬"，均也，谓其势力相均也。由此而更进焉，明者不自恃其明，且进而明其德，勇者不自恃其勇，且进而勇于义，斯丰者可长保其丰矣，故曰"往有尚"也。

六二：丰其蔀，日中见斗。往得疑疾，有孚发若，吉。

《象传》曰：有孚发若，信以发志也。

六二居离之中，为明之主，日中之象也。"蔀"，虞谓日蔽云中，王弼谓蔀，覆，暖障光明之物。郑作菩，《说文》，"菩，草也"；《广韵》"蔀，草名"。震为草，故取象于草。离夏之时，草木蒙密，故曰"丰其蔀"。按诸说取象虽不同，而为蔽明则一也。"斗"者星名，《春秋·运斗枢》曰：北斗七星，第一至第四为魁，第五至第七为杓，合为斗。九四震动，斗柄之象,斗柄左旋,日体右转。日中非见斗之时,"日中见斗",则有斗无日矣。喻言殷纣昏乱,奸臣弄权,俨如昼日掩光,而宵斗腾辉也,故曰"日中见斗"。当群奸蔽惑,虽周文之圣,犹不免羑里之囚,故曰"往得疑疾"。"有孚"者,即《象》所云"王假"也,文以忠贞服事,至诚相假,是以纣志可回,蔽障开而疑疾自去矣,故"有孚发若",转凶而为吉也。《象传》曰"信以发志",为言后世人臣,忠而被谗者,能以积诚感主,无不可假也。

【占】 问时运:能以蒙难艰贞,自得逢凶化吉。

○问营商:见识不明,浑如白昼昏暗,不能办事,致生疑忌。当以至诚待人,得人扶助,方可获利。

○问功名:始凶终吉。

○问战征:屯军于丰林茂草之间,伏藏不发,往则恐有不利;必待敌兵内应,一发必得大胜。吉。

○问婚姻:始疑终谐。

○问家宅:此宅花木太盛,日光被掩,致窗牖失明,必须开豁明亮,方吉。

○问疾病:是胸襟不明,积疑成疾,宜以婉言开导,疑窦一开,病体自愈。

○问失物:被尘污所掩,宜拨开芜草,可寻得之。或在斗升之间。

○问六甲:生女。

【占例】 明治三十一年,占自由党气运,筮得丰之大壮。

爻辞曰:"六二:丰其蔀,日中见斗。往得疑疾,有孚发若,吉。"

断曰:《爻辞》曰"日中见斗"。日阳象,斗为星,星阴象。"丰其蔀",蔀草也,草亦阴象。日阳为君,星为臣,草则庶民也,白昼见斗,是阴蔽明,臣蔽君也。今占自由党气运,得丰二爻,自由党者,本是庶民之私议,欲以上干政府也,其议皆出自草莽之徒,故谓之"丰其蔀"。以下犯上,即以阴掩阳,犹如妖星而犯日也,故谓之"日中见斗"。自由党魁曰星亨,可谓明证矣。星氏论说狂妄,干世疑忌,人多疾恶,故曰"往得疑疾"。自由党如能翻然悔悟,不以势力相凌,而以贞诚相感,斯发言盈廷,咸得顺从也,故曰"有孚发若,吉"。

自由党于十二议会,以反抗政府,致于解散。后当十三议会,星氏有所悔悟,遂顺从政府之议,得以无咎。

九三:丰其沛,日中见沫。折其右肱,无咎。

《象传》曰:丰其沛,不可大事也。折其右肱,终不可用也。

毛西河引刘熙云:"沛者,水草相生之名",《公羊传》"草棘曰沛"是也。"丰其沛",喻言纣朝,群奸在下,如水草丛生,蒙密而蔽明也。三居内外之间,得巽气,巽之刚爻为木,柔又为草,故取沛为水草。"沫",郑作昧,服虔云"日中而昏"是也。《王莽传》"地皇元年,二月壬申,日正黮,莽恶之,下书曰:日中见昧,阴薄阳,黑气为灾"即引《易》此文为证。九家《易》云:沫,斗杓后小星,即辅星也。按辅星在斗第六星左;《汉书·翟方进传》,辅沉没,张晏曰,辅沉没不见,则天下之兵销,是辅见则有兵祸。二说为昏为星,所据不同,要皆为周兴殷亡之兆。"折其右肱"者,臣以君为元首,君以臣为股肱。文为西伯,故曰"右肱"，纣听谗言，囚文于羑里，是"折其有肱"也。然当时虽三分有二，文能笃敬止之节，终身事纣，故右肱虽折而无咎。《传》曰"不可大事"，三居离之极，谓人心既离，天下大事，其已去矣。《传》又曰"终不可用"，三与上相应，上处震之极，为卦之终，上爻曰"阒其无人"，纣之所以为匹夫，故曰"终不可用"也。

【占】　问时运：运途颠倒，明明白昼，浑如黑夜，防有灾祸。幸一时身命，尚无恙也。
　　○问战征："沛"或作"旆"，谓幡旆飘扬，率军前进，防风云有变，卒时昏暗，右军有失。
　　○问营商：防货价涨落不测，致被耗折。
　　○问功名：终不可用。
　　○问疾病：防有肱有损。
　　○问家宅：田园荒芜，水草丛生，有庑已倾，暂居而已，终不可用也。
　　○问六甲：生女。

【占例】　友人某来，为加入某会社，请占会社之吉凶。筮得丰之震。
　　爻辞曰："九三：丰其沛，日中见沫。折其右肱，无咎。"
　　断曰：三爻处震离之间，震为草，离为光，曰"丰其沛，日中见沫"，象为震草蒙密，以致日色无光。以会社言，必是社中小人众多，反令君子无权，盖以草喻小人，播弄其间，卒令白昼昏黑，不见天日，即所谓日中而昏也。"折其右肱"者，社中用事之友，即为社中之手足也，手之动用，全在有肱，折者，执而去之也，谓去其社中弄权之尤者，斯会社可无咎矣。爻象如此，劝君以不入为可。友人闻之，因此中止。
　　后会社未几果闭，友人于是感《易》占之妙也。

九四：丰其蔀，日中见斗。遇其夷主，吉。

《象传》曰：丰其蔀，位未当也。日中见斗，幽不明也。遇其夷主，吉行也。

　　四居外卦之始，为动之主，其爻象与二同。四之蔀，"犹二之蔀也，四之斗，犹二之斗也。但二以阴居阴，离日被掩，四则阳刚发动，王心感假，障蔽开而疑疾消矣。"夷主"之遇，即《象》所云"王假"也。二以疑疾而困，四以遇主得释，遇则吉矣，故曰"吉"。《象》曰"王"，文所称也；爻曰"夷主"，周公据其实而夷之也。丰沛见斗，《传》独于四释之。邪之害正，其蔽始于近习，故曰"位不当"；阴之掩阳，其灾见于白昼，故曰"幽不明"。震为行，行得所谓，故曰"吉行"。

【占】　问时运：曩时被人蒙蔽，今能翻然改作，得好际遇，可以获吉。
　　○问战征：兵入幽谷，不知去路，不见天日，幸遇向导，得以前行也。
　　○问营商：前因货物，真赝混杂，难以销售，今始得遇受主，方可获利。
　　○问功名：得此绝好际遇，名可立就，吉。
　　○问婚姻：良缘巧遇，吉。
　　○问家宅：此宅苦于地位不当，幽暗不明，得遇其人，动作一新，则吉。
　　○问疾病：病在目中生翳，所视失明，得良医，病可治也。

○问六甲：生男。

【占例】 豪家支配人某来，请占气运。筮得丰之明夷。

爻辞曰："九四：丰其蔀，日中见斗。遇其夷主，吉。"

断曰："丰其蔀"，言草之盛也；"日中见斗"，斗而昼见，是昼晦也，其害皆足以蔽明。四以阳居阴，爻象是阳为阴所蔽。幸四入震，为动之主，一动则拨开云雾，得以重见天日，以得"遇其夷主"。今足下问气运，得此爻象，知足下曩时必为人所抑制，不得自明，今幸得遇逢其主，可以谋事。但此主素性昏庸，故称曰"夷主"，惟足下诚实素著，得以信任无疑。《传》曰"吉行"，可以获吉矣。

六五：来章，有庆誉，吉。

《象传》曰：六五之吉，有庆也。

五居外卦之中。五与二应，二言"往"，五言"来"，盖五视二为来也。"章"，美也；"庆"，赏赐也；"誉"，声誉也。二既得以"往"而"有孚"，五乃因其"来"而"有庆"。盖隐指文献文马，纣赐弓矢之事也，庆出于纣，誉归于文。丰在是，吉亦在是焉，所谓一人有庆，兆民赖之；二之庆，亦五之庆，故二五之吉同也。

【占】 问时运：盛运大来，实至名归，吉莫大焉。

○问营商：货物往来，无不获利，更可得名。

○问功名：得膺恩赏，名利兼全，大吉。

○问婚姻：天合良缘，门楣既显，嫁资亦丰，吉。

○问战征：可不战而成功也，奏凯而还，得邀封赏，吉。

○问家宅：必是族表名门，吉。

○问疾病：有名医自来，即可痊愈。

○问讼事：讼了，且可得赏。

○问行人：即日可归，且有喜事。

○问失物：不寻自来。

○问秋收：大有丰年。

○问谋财：不求自来。

○问六甲：生男，主贵。

【占例】 亲友某富翁来，请占气运，筮得丰之革。

爻辞曰："六五：来章，有庆誉，吉。"

断曰：卦名曰丰，必是丰富之家；五爻居尊，为一家之主也。《爻辞》曰"章"，曰"庆"，曰"誉"，曰"吉"，皆全美之象，占者得此，气运之盛，不待言矣。但全卦论之，有离明被蔽之象，必是家臣弄权，家主被惑，以致善恶不分，百事颠倒。惟二爻为正直可靠，五能听从二爻之言，知二之美而嘉纳之，赏赐之，二之庆，即五之庆，吉莫大焉。足下于家臣中，宜慎择其人，去邪任贤，斯家道日隆，身运日旺。爻象如此，吉与不吉，即在转移间也。

○岩手县闭伊郡田老村商人落合总兵卫者，余之旧交也，虽其人已故，而音问不绝。本年六月，传闻该地海啸，村民死亡靡有孑遗，探问未得复报，心深忧之，乃为一筮，得丰之革。

爻辞曰："六五：来章，有庆誉，吉。"

断曰："丰者，大也"，海啸者，灾害之大者也。《爻辞》曰"来章，有庆誉，吉"，料渠一家之中，必有幸脱此灾害者，近日当有来报也。

后确知该村当时被灾，全村漂没，落合氏家，惟次男总三郎，四男兵吉，以先时趋赴邻村，得以免祸云。

上六：丰其屋，蔀其家，窥其户，阒其无人，三岁不觌，凶。

《象传》曰：丰其屋，天际翔也。窥其户，阒其无人，自藏也。

"丰其屋"者，自高也。"蔀其家"者，自蔽也。丰大其屋，又障蔽其家，亦有"行其庭，不见其人"之象也。上六重阴，居卦之极，是动极成惫，明极生昏，丰极致衰，极其甚则宗社倾覆，宫室空虚，故曰"窥其户，阒其无人"。"阒"即无人之状。干令升以上爻为说纣之亡，为独得其旨焉。上为宗庙，"三岁不觌"，是必三岁不祀也。《书》曰：自成汤至于帝乙，罔不明德恤祀，至纣不肯事上帝，弃厥先神祇不祀，故庙中虚旷，"三岁不觌"也。纣惟深藏于瑶台璇室，以自娱乐，所谓七世之朝，可以观德者，未几而为丰草矣，故曰凶也。《传》所释"天际翔也"，"际"或作降，"翔"郑王作祥，谓天降祥。祥，变异之通称。又所释"自藏也"，"藏"诸家作戕，王作残，郑作伤，皆谓国灭而自亡也。

【占】 问时运：有屋无人，大凶之象。

○问战征：营垒空虚，败亡之象。

○问营商：货物空存，无人经理，凶。

○问功名：身既不保，名于何有？

○问婚姻：凶。

○问家宅：田园虽富，必是破落之户，人烟稀少，凶。

○问疾病：命不久矣，凶。

○问行人：归聚无期。

○问六甲：生男，防不育。

【占例】 明治十五年某月，予因事至横滨洋银取引所，晤西村氏等三人。谓予曰：今以大藏省增税过重，愿求减轻，未知政府许否？请一筮决之。筮得丰之离。

爻辞曰："上六：丰其屋，蔀其家，窥其户，阒其无人，三岁不觌，凶。"

断曰："丰者，大也"，盛也，当洋银取引所之盛大，日出纳数十万金，其商况之盛，全国罕见，是为"丰其屋，蔀其家"之象也。然取引所出纳虽属丰盛，恐就其内而窥之，亦有所不足矣。至所云愿请减税者，亦恐有其议，未必有其人也，即所谓"阒其无人"也。谓即使请减有人，恐迟之三岁，政府亦未必见许也，故曰"三岁不觌，凶"。

于是三氏互相惊视，无语可答。至翌日，该店果然闭歇。

䷷ 火山旅

为卦内艮外离,艮,山也,离,火也,山者得主而有常,火者附丽而不定。有常者,象所寓之地,不定者,象寄寓之人。"离者,丽也",别也,别其家,丽于外,此卦之所以名旅也。

旅:小亨,旅贞吉。

旅,羁旅也。人当失其本居,寄迹他乡,所谓远适异国,昔人所悲,亦安得曰大亨以正哉!但求得其所依,足以自存,是亦羁旅之"小亨"也。旅中之"贞吉",即在此矣,故曰"旅贞吉。"

《彖传》曰:旅,小亨,柔得中乎外,而顺乎刚,止而丽乎明,是以"小亨,旅贞吉"也。旅之时义大矣哉!

《序卦传》曰:"丰,大也。穷大必失其居,故受之以旅。"旅,众也。众在外,谓之旅。三阳三阴,卦从乾坤来,坤三上居乾五,变离,作外卦之主;乾五下居坤三,变艮,作内卦之主。艮止为体,离明为用,止则得其所,明则知其往,斯不患穷大失居矣。其所以"小亨""贞吉"者,柔而"顺乎刚,谓刚不忤物,柔不损己;"止而丽乎明",谓止而能定,明而能察,旅道之正在斯矣,是以得其"小亨",贞而获吉也。古人学问,多从羁旅阅历而来,往往于耳之所闻,目之所见,皆足增其知识,故曰"旅之时义大矣哉"。

以此卦拟人事,男子之生似桑弧蓬矢,射天地四方,为志在四方也,故士者负笈而游,商者载货而往,凡有一技一艺,罔不远客他乡,各谋衣食。是旅本人事之常,至离父母,背乡井,廓落无友,惆怅自怜,其穷厄而不亨也,亦无足怪。于不亨之地,而欲求其亨者,道唯在柔和以涉世,明察以审几而已。柔则以悦相亲,而与世无忤,明则以诚相接,而与人无欺,纵不能大有所得,亦可"小亨",所谓"贞吉"者在此矣。夫行旅之不得其贞者,无他,患在过刚,亦患在不明耳。过刚者傲,刚则无以和众,不明则昧,昧则无以保身,旅道穷矣。《象传》曰柔而"顺乎刚,止而丽乎明",所贵刚与柔之适中,明与止之相附,以是为亨,亦即以是为吉也。人生涉世,一往一来,皆旅之时,一动一静,即旅之义。天子有行在,诸侯有朝会,士大夫出疆,农夫越畔,皆旅也,旅之为时为义,所关岂不大哉?

以此卦拟国家,国家之要,首重财用,而所以使财用之流通者,唯赖商旅耳。端木子结驷连骑,管夷吾官山富海,皆所以开商旅之源也。故善策富强者必计内外交通之益,广海陆运输之程,便舟车之往来,课东南之美利。财用由是而亨,而行旅则由是而劳矣。夫遗人有候居之馆,行役无失路之悲,斯行客亦可少安矣。《大象》曰"山上有火"。火光所烛,近者蒙其照,远者见其明,喻言商者,明能烛奸,远近无欺,故曰"旅小亨,旅贞吉"。盖重财利,轻离别,商贾之所以营生也;权什一,通有无,朝廷亦藉以致富也。方今之时,欧美各邦,国税所关,专以商务为重,是以海禁宏开,洋舶辐辏,凿绝岛穷崖而开市,率东夷北狄而来商,商旅之道,于斯为盛。《易》有前知,故曰"旅之时义大矣哉"。

通观此卦,艮山止而在内,离火明而烛外。下卦为旅客远行之象,上卦为于时庐舍之象,互卦有大过,为行迈跋涉之象。六爻中曰"所",曰"次",曰"处",曰"巢",各有其地也;曰"灾",曰"焚",曰"丧",曰"亡",各有所失也;曰"怀",曰"得",曰"誉",各有所获也。大凡羁旅之人,宜柔和谐众,不宜刚暴自恃,故六爻以柔为吉,以刚为凶。初以柔居下,是旅之微贱者;二柔中,故兼得;三过刚,故"丧";四刚居柔,虽得"不快";五柔中,小费大得;六刚遇高,大丧而凶矣。卦与丰反,聚则成丰,散则成旅。旅而能止,是旅之寄迹于外也;旅而遇明,是旅之择地而蹈也。总之,明有誉,昏有灾也;得于柔,丧于刚也;为"笑"为"号",时为之也;曰"贞"曰"厉",义所在也。圣人之栖栖者,为道而行也;庸人之攘攘者,为利而往也。夫非为旅之故与? 其为则同,而其义要各有不同者焉。

《大象》曰:山上有火,旅,君子以明慎用刑,而不留狱。

"山上有火",与贲之"山下有火",相对之文也。艮为山,离为火,有火焚山之象,野火烧山,过而不留,君子取其象以听讼,片言即折,故"不留狱"也。明取离之照,慎法艮之止,执法如山,不可移动也,烛奸如火,无可掩蔽也,以斯用刑,刑无枉矣。卦上互兑,兑为刑人,故曰"用刑"。反卦丰,丰象"折狱",故曰"不留狱"。

【占】 问时运:运未全盛,宜明以察之,慎以防之,即有灾害,可随即解脱。

○问营商:宜出外贩运,随来随售,不可留积。

○问功名:火在山上,有光明远烛之象,升用在即。

○问战征:须用火攻。

○问家宅:慎防火灾。

○问婚姻:即日可成。

○问疾病:是肝火上炎之症,其势可危,生死在即,宜慎。

○问讼事:即日可了。

○问行人:即归。

○问六甲:上半月生女,下半月生男。

初六:旅琐琐,斯其所取灾。

《象传》曰:旅琐琐,志穷灾也。

初居卦之最下,是始为旅人者。"琐琐",小也。"斯",《尔雅》曰"离也";"所",即《诗》"爰得我所"之所,谓居处也,与二三爻曰"次",四曰"处",皆为旅舍之地也。"斯其所"者,谓旅行在外,因琐琐细故,遂致离其旅处。《序卦》曰,"旅而无所容",离其所,则必无地可容矣,故"取灾",言其灾由自取耳。《传》推本于"志穷",以其较量于琐琐之故,一有不遂,则离其旅处,不特旅穷而志亦穷矣,穷则招灾,故曰"志穷灾也"。

【占】 问时运:出身既微,行运亦陋,孤身作客,恐难获利。

○问营商:资财微细,生业亦卑,难免灾祸。

○问功名:虽得亦卑。

○问战征:按五百人为旅,军力单薄,有败无胜。

○问家宅:地位委琐龌龊,必小户之家也。慎可免灾。

○问婚姻:《诗》"琐琐姻娅,则无膴仕",知非名门大族也。

○问疾病：有小灾悔，初起可治。
○问六甲：生男。

【占例】 友人某来，请占气运，筮得旅之离。

　　爻辞曰："初六：旅琐琐，斯其所取灾"。

　　断曰：旅，羁旅也，为远出他乡，孤身只影，羁旅无亲。爻象以柔为吉，以刚为凶，盖惟柔顺和众，斯不为孤立也。初爻为初次行旅。"琐琐"，小也，为量浅陋，锱铢必较，以是取灾，灾由自取耳。今足下占气运，得此爻辞，夫人生如寄，天地本逆旅也，散财和众，则四海皆兄弟，敛财取怨，则坦途成荆棘。人苟委琐龌龊，逐逐为利，势将无地容身，所谓"旅而无所容"也，灾祸之来，必难免矣。足下宜大度宽容，无吝财，无招怨，和悦处世，所谓"言忠信，行笃敬，虽蛮貊可行"焉。

六二：旅即次，怀其资，得童仆贞。

　　《象传》曰：得童仆贞，终无尤也。

　　"即"者，就也；"次"者，舍也；"资"者，货也。幼者童，壮者仆，艮为童仆，故曰"童仆"。离为资斧，故曰怀资。二爻柔中居正，有"即次"之象。以虚承实；有怀资之象；柔顺，则童仆亦尽其忠信，三事皆得其便宜。内不失己，而己无不安，外不失人，而人无不与，皆由柔顺中正之德所致也，故曰"旅即次，怀其资，得童仆贞"。不言吉者，旅寓之际，得免灾厉为幸耳。《象传》之意，亦不外此也。

【占】 问时运：有财有人，运途中正，自无忧也。
○问营商：得财则可以谋利，得人则可以共事，千里作客，可以无忧矣。
○问功名：是以财捐纳者。
○问战征：资财，即军饷也，"童仆"，即军卒也，饷足兵强，攻无不克。
○问家宅：必是寄居之宅，喜得财用充裕，童从顺正，家室和平，自无咎祸也。
○问婚姻：有富室赘婿之象。
○问疾病：旅处得病，喜有童仆，尽心服侍，可以调养痊愈。
○问六甲：生男。

【占例】 明治十七年，余漫游九州。一日往观某石灰坑，其夜有社员过访予寓，曰："君精于干事，今日巡视敝坑，定有高见，幸请教示。"余曰："炭坑之业，余素所未谙，辱承诸君下问，敢为一占以决之。"筮得旅之鼎。

　　爻辞曰："六二：旅即次，怀其资，得童仆贞。"

　　断曰：本社在东京出店，远隔九州，营谋坑业，诸君皆行旅在外者也，故曰"旅即次，怀其资，得童仆贞"。知此坑业，有财有人，可大可久，其所经办，上下用人，皆正直无私，本可无忧矣。但三爻有焚次丧仆之象，明年防有火灾；四爻曰"得其资斧"，后年可以获利，偿斯所失；五爻小失大得，坑业声名，得以上达，是为坑务全盛之时；惜上爻曰"鸟焚其巢，先笑后号咷"，此象可虑，约应在五年之内也，宜预为慎防。

九三：旅焚其次，丧其童仆，贞厉。

《象传》曰：旅焚其次，亦以伤矣。以旅与下，其义丧也。

三爻处内卦之极，出艮入离，离为火，故有焚象。艮为居，为舍，“次”，旅舍也，故曰“焚其次”。童仆随侍于次者，次焚，而童仆亦丧，是背主而去者也。艮为童仆，故曰“丧其童仆”。旅次焚，祸起不测，有由童仆之不戒者，亦有不由于童仆者。三爻“童仆贞”，然虽贞亦危，故曰“贞厉”。旅次经焚，身危资失，旅客固受伤矣，而在童仆，向承使令，一经焚灾，深恐主人责问，舍此而去，亦其义也，故《象传》两释之。

【占】　问时运：运途颠倒，破败重重，大为可危。

　　○问战征：谨防火攻，尤虑军心涣散，不战自遁。

　　○问营商：防有不测之祸，可危。

　　○问功名：目下难望，必二年后，至五爻曰“终以誉命”，可以成名矣。

　　○问婚姻：一时不成，难偕其老。

　　○问家宅：防有祝融之灾。

　　○问疾病：本人可愈，儿女或童仆，难以保全。

　　○问失物：必是童仆所窃。

　　○问六甲：生男。

【占例】　真言宗高僧云照律师，博识释风俗，为一宗之觉士也。余昔游高野西京，时得相晤。明治十八年夏初，云照师偶访余庐，谓余曰：贫衲以虚无为宗，吉凶悔吝，无复挂念，所以眷眷不忘者，惟在宗教之盛衰耳，敢烦一占。筮得旅之晋。

爻辞曰：“九三：旅焚其次，丧其童仆，贞厉。”

断曰：夫旅亲寡之卦也。在禅家离凡脱俗，身入空门，以四大为禅房，以六道为逆旅，凡一生所涉，悔吝吉凶，悉属幻境而已。今律师占宗教盛衰，得旅三爻。在律师脱离本山，云游世外，到处天涯，何有旅舍？随身衣钵，何有童仆？八妄皆空，无所谓贞也；九根无碍，无所谓厉也；三昧之火既消，无所焚也；四禅之缚既脱，无所丧也。爻象所示，不足为律师挂虑。按旅三变而为晋，晋《象传》曰“晋，进也，明出地上”，离者，日也，象如佛日长明，照大地。禅门之宗教，当有日进日盛之象，是可为律师庆也。

九四：旅于处，得其资斧，我心不快。

《象传》曰：旅于处，未得位也。得其资斧，心未快也。

四居离之始，离为见，四之旅行，是往而求利见也。得位进于朝，不得则旅于处，故《传》曰“未得位也”。离为资斧，故曰“资斧”，即《春秋传》所谓“居则具一日之积，行则备一夕之卫”是也。资与二怀资不同。二之资，由我而具，四之资，自外而来，故曰“得”。离为干戈，有斧象，斧所以为卫也。四之所以仆仆行旅者，惟期得位乘时耳，乃所得而仅在资斧，所愿未偿，故“我心不快”也。以四初入离爻，文采未彰，名誉未显，故禄位犹未得也。

【占】　问时运:盛运未至,所得亦仅耳。

　　○问营商:出外贩运少有获利,未能满望。

　　○问功名:一时未得,容待来年,定可成就也。

　　○问战征:可以掳得敌粮,未能遽获大胜。

　　○问婚姻:嫁资颇厚,但是偏房,非正嫡也。

　　○问家宅:地位不当。

　　○问疾病:是心疾也,因谋望不遂,忧郁所致。

　　○问失物:可得。

　　○问六甲:生女。

【占例】　明治十八年某月,某贵显来访,曰:余知友某氏,今受外国公使之命。在某氏尚别有希望,不知成否? 请劳一筮。筮得旅之艮。

　　爻辞曰:"九四:旅于处,得其资斧,我心不快。"

　　断曰:旅者,出内向外之卦,出使外国,即旅行之象。凡使臣远适异国,行则授餐,宿则授馆,固其宜也,故曰,"旅于处,得其资斧"。至舍使任而别谋位置,是得陇望蜀,恐未能如愿以偿,宜其中心不快也。迨五爻曰"终以誉命",则所谋可遂矣。

六五:射雉,一矢亡,终以誉命。

　　《象传》曰:终以誉命,上逮也。

　　五爻柔顺文明,为离之主。离为雉,又为弓矢,故取象"射雉"。五动体乾,矢动雉飞,故"一矢亡"。五自坤三来,坤为终,离为誉,下互巽,巽为命,故曰"终以誉命"。古者士以雉为贽,射雉而得,是士之进身有阶也。五以远适他邦,得以射雉著能,一时翕然称美,名誉上闻,而来赐命之庆也。故《传释》之曰:"上逮也。"

【占】　问时运:运途柔顺,小往大来,终有庆也。

　　○问营商:虽小失,有大得也,名利兼全。

　　○问功名:晚运亨通,声名上达。

　　○问战征:有一篑成功之象。

　　○问家宅:翚飞鸟革,善美堪称。

　　○问婚姻:二五得应,世称佳偶。

　　○问疾病:想是身临矢石,以忠殉难,得有赐命之荣。

　　○问六甲:有桑弧蓬矢之兆,男喜也。

【占例】　明治二十四年,占某贵显气运,筮得旅之遯。

　　爻辞曰:"六五:射雉,一矢亡,终以誉命。"

　　断曰:五处文明之爻,雉,鸟之有文者也,故"离为雉"。射雉得之,言能取法文明也。矢发于近,及于远,有旅之象;一矢虽亡,一雉可获,小费大得,宜其志誉上闻也。今贵下占气运,得此爻,就卦象论,知贵下有奉命远游之象;就《爻辞》论,知贵下有小往大来之庆。

自维新以来,国家政令,多取法欧美,今贵下皇华奉使,远适异国,一以敦两邦之好,一以观上国之风,彼所谓日进文明者,何难一举而得之?譬如射雄,可一矢而中的矣。则贵下之声誉,可远播于四方,贵下之使命,定荣邀夫三赐。是可为贵下预贺焉。

上九:鸟焚其巢,旅人先笑后号咷。丧牛于易,凶。

《象传》曰:以旅在上,其义焚也。丧牛于易,终莫之闻也。

离为鸟,艮为止,故曰"巢"。离为火,互巽为木,故曰"焚其巢"。鸟之有巢,犹旅之有次也,三居内卦之极,刚而过中,故其次焚;上居全卦之极,高而忘危,故其巢亦焚,辞虽不同,其义一也。三至五互兑,兑为悦,为口,有笑之象;离五曰"出涕沱若",有号咷之象。先互兑,后入离,故曰"先笑后号咷"。离本坤体,坤为牛,亦为丧,故曰"丧牛"。牛性最顺,旅卦全体,以柔顺者吉,刚暴者凶,上以刚处极,失其顺矣,是谓"丧牛"。"易",不难也;丧其牛,势必凶矣。《象传》以旅处上极,犹如离木上槁,故曰"其义焚也"。"终莫之闻"者,"丧牛于易",犹客死于外,无室无家,终无人过而问之者矣。大壮曰"丧羊",丧其狠也;旅曰"丧牛",丧其顺也。狠可丧,顺不可丧也。

【占】 问时运:行运已极,高而无与,乐极悲来,凶之道也。
　　○问战征:防有焚营劫寨之危。
　　○问营商:先小利,后大损,凶灾叠至,可危可危。
　　○问功名:有丧无得。
　　○问家宅:有覆巢累卵之危。
　　○问婚姻:先成后散,先喜后悲,凶。
　　○问疾病:属牛者必凶。
　　○问六甲:生女,不育。

【占例】 明治二十四年五月,余游寓大孤。一日侵晓,有新闻记者数人,访余旅舍,曰:"今回有一大事变,请为一占。"余询为何事,曰:"大津事变也。"筮得旅之小过。

爻辞曰:"上九:鸟焚其巢,旅人先笑后号咷。丧牛于易,凶。

断曰:卦名曰旅,无论为名为利,或贵或贱,凡北马南船,邀游天涯,皆旅人也。旅人驰逐风尘,犹鸟之翱翔云霄;鸟之栖集有巢,旅之止宿有所,其义同也。上居高位,有贵人之象;高而可危,有焚巢之虑。巢之未焚,安栖可喜,巢之既焚,失所可悲,故有"先笑后号咷之辞。牛所以驾车而行也,"焚其巢",既不得其栖;丧其牛,又不便于行,不几伥伥无之矣!占大津事变,得旅上爻,上爻处艮之极。艮反为震,震为主器,有太子之象;上爻又在位外,有太子出游在外之象。离为火,火炎上,巢于树上,故象为"鸟焚其巢",是巢之焚,以高而在上取凶也。今番大津之变,亦因俄为强国,太子又在高位,是以有此非常之祸。离又为刀,故伤为刀击,伤在头部,亦应上爻。当俄太子始来我国,礼遇之丰,彼此欢洽,忽罹此变,彼此惊叹,即所谓"先笑后号咷"也。是日俄太子游至大津,意在轻车简易,不驾舆卫,不知此一击也,正因其易而来,故曰"丧牛于易"。离为牛,故取象于牛;离又为甲,闻太子之帽,中有铁甲,故无重伤。卦至上已终,出卦为巽,巽为归,知太子必即罢游归国矣。《象传》曰"终莫之闻",料知太子无恙归国,在俄国亦以狂暴目之,置之不闻而已。至凶犯津田三藏之罪,旅《大象》曰,"君子以明慎用刑,而不留狱",当以速决无疑。

余明晰以断,新闻记者咸皆惊服。此占为关两国交际,未许刊揭报纸,谨录以呈扈从诸大臣。后见大阪《朝日新闻》报刊载副岛伯所论,谓津田凶犯,宜速处决,此言正合《易》旨也。

䷸ 巽为风

《序卦传》曰:"旅而无所容,故受之以巽。巽者,入也。"为卦二阳在上,一阴伏下,阳实阴虚,虚则能入。风无形无色,本虚象也;风之所行,无隙不入。是物之虚而善入者,莫如风。巽下画二偶为虚,故象风。以卑顺为体,以善入为用,此卦之所以名巽也。

巽:小亨,利有攸往,利见大人。

巽本乾体,乾德元亨,亦称大亨,初动成巽,纯刚化柔,故为"小亨"。卦《象》言"利有攸往"者,大过、恒、益,皆取巽也,过刚之人,所往必穷,巽以坤初一阴入乾,以柔济刚,黾勉前往,巽为利,故"利有攸往"。"大人",指二五。巽二五皆乾体,乾二五皆"利见大人",巽之《象》辞,从乾来,乾为利,上互离,离为见,故巽《彖决》亦曰"利见大人"。

《彖传》曰:重巽以申命。刚巽乎中正而志行,柔皆顺乎刚,是以小亨,利有攸往,利见大人。

卦象上下皆巽,谓之"重巽"。巽为命,申亦重也。"申命"者,一再告诫也。卦以初四为柔,得坤气为卦之主,四刚在上,为卦之用,故《传》特著之曰"刚巽"。用刚之过,患在不得其中正,而用刚莫善于巽,故《传》又曰"刚巽夫中正"。夫是以柔之行,皆刚之行,刚之行,亦柔之行,斯令出风行,捷如影响,而无不如志也。初四之阴柔,适协夫二五之阳刚,故又曰"柔皆顺乎刚"。阳为大,阴为小,故曰"小亨"。自下往上,谓之往,阳刚在上,故利于往。"大人"者,秉阳刚之德者也,故利于见,是即所谓"顺乎刚"也。"顺乎刚"者,必善用柔,此巽之所以为巽也。

以此卦拟人事,《正义》曰:若施之于人事,无所不容。能自卑巽者,亦人事之善,莫善于用巽也。卦体上下皆巽,显是巽而又巽,凡有作为,只能附刚而立,不克自树,所成不大,故曰"小亨"。夫人不能无所往也,亦不能无所见也,往必求其利,见必以大人,固人之所愿也。然卦体一阴为主,二阳俯从,全在用巽,象为"重巽",是其人秉性柔顺,一言一语,必为之审慎周详,从容晓谕,所谓巽与之言是也。然巽言而人不绎者,弊在偏于巽耳,故巽必兼以刚而巽乃善,谓之刚巽。是法与巽并用,婉而得中,顺以为正,斯令出唯行,谓之"刚巽乎中正而志行"也。究之其志得行,其道未宏,何也? 以其"柔皆顺乎刚,是以小亨"。巽为进退,进即往也,风无往而不入,故往有攸利。《说卦传》曰,"齐乎巽,相见乎离",离象为大人,故巽曰"利见大人"。盖人以身涉世,行则有往,用则求见,道宜刚柔相济,义以中正为衡,《大象》曰,"君子以申命行事",道亦不外乎是矣。

以此卦拟国家,巽之为象,行于天上为风,行于国中为命。风者,彼苍之号令,其入也又无所不至。故上卦为政府,上顺天命以发命令,而无拂民心;下卦为人民,顺承朝廷之条教,而无敢背违。上以巽道化下,下以巽道事上,上下皆巽,所谓"君子之德风,小人之德草",草上之风必偃者,为国家安泰之象也。然天下之事,济以阳刚则道宏,处以阴柔如量隘。此卦以阳为主,才力弱,而展布者微,谋为疏,而设施者浅,不中不正,虽亨亦小矣。《系辞传》曰:"巽,德之制也",又曰"巽以行权",所谓德者,必柔克刚克之相兼也,所谓权者,必可立可权之并行也。昔者于变之朝,谟陈九德,宽栗刚塞,相辅而行,发号施令,罔不用中于民,而四方于以风动者,有由来矣,此即所谓,"刚巽乎中正而志行"也。《大象》曰,"随风,巽",《说卦传》曰,"挠万物者莫疾乎风",诰四方者莫不有命,风流令行,政教如此其远布矣。往者以顺而往,见者以顺而见,六爻以其柔顺乎刚,是以多吉,上爻失其所以为巽,则凶矣。

通观此卦,卦体一阴伏二阳之下,阳上阴下,情本相得,而阴又能下。其入阳也,阳遂俯听其令,是以阴为主而阳为从也。故巽之阴,能权能制,非优柔而寡断也。卦画一偶象虚,凡物虚则能入,风亦虚也,故取其象于风。风行而万物鼓舞,令出而万民率从,风有声无形,命亦有声无形,故取其象。善令民者,卑虚以察闾里之情,然后从容晓谕;命之既申,然后划一遵守,以考服成。所谓"刚巽乎中正而志行",四之所以"有获",五之所以"无不利"也。惟其柔顺乎刚,故六爻多吉。初之"进退",二之"纷若",其谋审也,故其命顺。若谋不审,是非不明,可否不衷,徒以甘言为欢娱,其谁顺之!不巽之咎,起于自用,故下卦谋顺出命,上卦行命为事。初"志疑"而不断;二详审折衷;三不中正,不能谋,又不能断;四以断有功,五制命中正而志行;上巽懦无能,甚于九三,其究为躁,故凶。巽者,选也,与算通,算故能权,权者,谋也;巽"称而隐"。非唯诺诎奉之谓也,"以天下之至柔,驰骋天下之至刚"。爻辞曰"武人",曰"田获",曰"资斧",其象为高,为长,故巽非徒柔也。阴阳刚柔,相济为用,若以阳乘阳,则阳无所施,以刚用刚,则刚无所入。阴虚以承阳,柔顺以用刚,故用刚莫如巽,此《彖》所以谓之"小亨"也。然则五之《象》曰"先庚""后庚"者,何也? 巽与兑相往来,巽位东南,天干甲木,兑位正西,天干庚金。木柔而能刚,故从直;金刚而能柔,故从革。木之性上遂,归根于土,故顺下;金之性下沉,利于致用,故悦上。顺故从绳而理解,悦故从革而响利。巽之时为春,兑之时为秋,万物齐于巽,悦于兑,一出一入,一始一终,而天地西南之用毕。二卦相资,金反为木,则为"后甲",故随之兑,反为蛊之巽,兑为"先甲",自秋还春,有事之象也。木反为金,则为"后庚",故巽上反为兑下,则巽为"先庚",自春往秋,悦利之象。巽入而隐伏,则不悦,故反兑;兑出而毁折,则不顺,故反巽。然兑未有不而能悦者,金未有不资本而能利者。故巽以阳顺阴而来下,兑以阳悦阴而往上,往来屈伸,自然之法象也。此巽之不为蛊者,唯以九五之一爻而已。圣人戒人君,制命于未乱,因以蛊之《象》辞,为巽之爻辞。在蛊振饬更新,治乱相循,故"先甲""后甲""终则有始";在巽勿劳更始,惟"申命行事",故"先庚""后庚",无初而自有终也。盖甲有初,庚无可为初,庚后三日,以癸终而已;苟颠覆自用以为命,与委靡阿顺以为巽者,皆非申命之治,而蛊且至也。是爻所以戒九五也。

《大象》曰:随风,巽,君子以申命行事。

"随"者,相继之义。"申命行事"者,申告君命而奉行之也。巽为从,从者,随也;又巽为风,以风随风,无乎不入,故曰"随风"。"随风"者,犹言从风,即"重巽"之谓也,风行相随,所向皆靡;号令所施,顺合民心,民无不从,所谓"君子之德风"也。又上卦之巽,为大君施命之象。下卦之巽,为臣民奉命之象,夫君命臣行,君臣之大义也,故曰"君子以申命行事"。

【占】 问时运:运途顺遂,百事盛宜。

　　○问营商:商业最宜随机应变,听命而行,斯可获利。

　　○问功名:"风从虎",有虎变之象焉。

　　○问战征:军令之行,捷如风火,令出唯行,无可迟疑。

　　○问婚姻:凭父母之命,媒妁之言,礼之正也。夫唱妇随,百年偕老,吉。

　　○问疾病:是风痹之症,须人扶持而行。

　　○问讼事:须重申禀诉。

　　○问失物:为风飘失,须重番寻觅,或可复得。

　　○问六甲:生女。

初六:进退,利武人之贞。

《象传》曰:进退,志疑也。利武人之贞,志治也。

初爻阴柔居下,为巽之主。巽,顺也,柔顺少断,故象为进退。狐疑不决,每见于发念之初,蓄疑败谋,此志之所以不治也。巽反成兑,兑为武人,武人果决,足以断疑,故曰"利武人之贞"。"贞"者,正也,斯刚强奋发之气,可以矫逡巡畏缩之偏。《象传》释以"志治",是以武治疑,即以兑制巽也。

【占】 问时运:运途不正,心神犹豫,是以谋事皆颠倒无成。

　　○问营商:巽本为利,因疑而败,以断而成,知犹豫者必难获利也。

　　○问功名:就武可成。

　　○问婚姻:不在彬彬文士,而宜桓桓虎臣。

　　○问家宅:此宅朝东南,地位不当,进退不便,宜改朝西为利。

　　○问六甲:生女。

【占例】 友人某来,请占气运,筮得巽之小畜。

　　爻辞曰:"初六:进退,利武人之贞。"

　　断曰:巽者,风也,风之为物,或东或西,来去无常,犹多疑之人,进退无定也。"武人"者,取其刚果能断也。今足下占气运,得此初爻。巽为七八月之卦,巽又为木,知足下现交木运。时值初秋,木因风吹,摇动不定,喻言人心疑虑,以致进退不决。"武人"者肃杀之象也,天以肃杀而成秋,犹人以刚决而成事,足下一味巽柔,临事不断,浑如随风飘荡,毫无定见,本为畏事,不知反以多事,劝足下当以沉潜刚克处之,为得其正矣。

九二:巽在床下。用史巫纷若,吉,无咎。

《象传》曰:纷若之吉,得中也。

巽为床,床下为初。巽以一阴在下,故曰"床下"。凡阴气中人,必使其人神魂不定,疑鬼疑神,若有物凭之者焉,非用刚克,不能去其疑妄。"史"者掌卜筮之官,"巫"者掌祓禳之官,皆取诸兑象。兑又为附决,用史以释疑,用巫以禳灾,斯得感格于上下神祇,而吉祥汇集也,故曰"纷若,吉"。"纷",众多之称,"若",语辞。《象传》以"得中"释之,谓能行得其中,以感乎夫神祇,是以有"纷若"之吉也。

【占】 问时运:得神明保佑,运途多吉。

　　○问营商:凡贩运货物,有不决者,宜问诸卜筮,自能迪吉。

　　○问功名:得有神助,吉。

　　○问战征:地位既低,进退两难,当此之时,惟告求神明,自可获吉。无咎。

　　○问婚姻:卜之则吉。

　　○问家宅:宜祷。

　　○问疾病:宜祭祷床公床婆,自得无咎。

　　○问六甲:生女。

【占例】 某缙绅来,请占方今时势,筮得巽之渐。

　　爻辞曰:"九二:巽在床下。用史巫纷若,吉,无咎。"

　　断曰:巽者,柔顺也,其为人必柔弱无能,亦优柔寡断。九二曰"巽在床下",有匍匐床下,俯首乞怜之状也。足下占时势,得此《爻辞》,知方今时势,朝野上下,一以巽谀成风,以忠厚为迂疏,以奸诈为得计。所谓伺候于公卿之门,奔走于形势之途,今之士大夫所恃为进身之要策也。不知愈趋愈下,世道日衰,而祸患之来,皆其自取。《爻辞》曰"用史巫纷若,吉",盖明示以卑巽之道,用之权贵,则谓谄谀,用之于神明,则谓诚求,诚求于神,神必佑之,是以吉而无咎也。足下有心挽回时势,可知所从事矣。

九三:频巽,吝。

　　《象传》曰:频巽之吝,志穷也。

　　三爻以阳居阳,处下巽之极。"频"者,数也,下巽终而上巽接,故曰"频巽"。所谓"刚巽乎中正",固非徒取夫巽也,九三乃亟亟于巽以继巽,若一巽为不足,而又加一巽焉,是第知巽之为巽,而不知制巽之道,偏于巽者也。偏则吝矣,吝则穷矣。《象传》以"志穷"释之,三居巽之终,志卑道屈,是终穷也。

【占】 问时运:目下运途卑低,未免为人所贱。

　　○问战征:一味委靡,力弱志衰,难以免辱。

　　○问功名:卑而又卑,所得亦微矣。

　　○问营商:巽顺过甚,未能与人争强,何能获利?

　　○问婚姻:门户低微,成亦可羞。

　　○问家宅:屋宇低小,必是贫穷之户。

　　○问讼事:柔弱被欺,咎亦自取。

○问六甲：生女。

【占例】　友人某来，请占气运，筮得巽之涣。

爻辞曰："九三：频巽，吝。"

断曰：九三处内外卦之间，巽而又巽，谓之"重巽"是一味委靡，不能免祸，反致启羞。足下占气运，得此爻辞，知目下气运柔弱，无力奋兴。当以《象传》所谓"刚巽乎中正"者处之，斯巽得其济，而足以自强，则其志可行，其道不穷矣。

○明治三十年，占贵族院气运，筮得巽之涣。

爻辞曰："九三：频巽，吝。"

断曰：爻曰"频巽"，是上下皆巽。《正义》以频为频感忧戚之容，谓志意穷屈，不得申遂，处巽之时，只得受其屈辱，故曰"频巽，吝"。今占贵族院，得此《爻辞》，知方今院中议员，皆以巽顺为怀，行巽之道，处巽之时，志穷力弱，只得受其屈辱，以致频感不乐也。本年贵族院，必无功绩可见。

六四：悔亡，田获三品。

《象传》曰：田获三品，有功也。

四为重巽之主，得正而顺乎刚，故"悔亡"。四与初同体，初曰"利武人"，取离之为甲胄，为弓矢，四曰"田"，亦取离之为网罟也，其象亦相同。《周礼》四时之田，皆前期示戒，及其听命，即《大象》所云"申命行事"之义也。"获"，田所获也。"三品"者，一为干豆，二为宾客，三为充君之疱。《象传》以"有功"释之，如《诗·豳风》所咏："献豣私豵，载缵武功"，谓致禽馈兽而有功也。一云，解九二曰"田获三狐"，言去小人也；巽九四曰"田获三品"，言用君子也。

【占】　问时运：运途得正，灾悔俱亡，出而有功也。

○问战征：从东南进兵，自得斩获有功。

○问功名：当以献功获赏，出身成名。

○问营商：当以采办皮革羽毛等品致富。

○问婚姻：婚礼，古时弋凫射雀，亦田象。

○问疾病：曰"悔亡"，病必可愈。

○问失物：可得。

○问六甲：生女。

【占例】　横滨某商来谓曰：仆今欲谋一事，请占其得失。筮得巽之姤。

爻辞曰："六四：悔亡，田获三品。"

断曰：巽为近市利三倍之卦，六四为重巽之主，足以当之。今占得四爻，四"悔亡，田获三品"，是明言无悔而有获也。子之谋事，其有大利可知也。子勿疑，举全力而从事可也。

某大喜，乃汇集资金，直赴日光会津地方，采买人参，转售与清商，果得大利云。

九五:贞吉,悔亡,无不利,无初有终。先庚三日,后庚三日,吉。

《象传》曰:九五之吉,位中正也。

九五居卦之尊,中而且正,是即"刚巽乎中正"之大人也,故诸吉俱备。"先庚三日"为丁,丁者,取叮咛告诫之意;"后庚三日"为癸,癸者,取揆度周详之义。卦体五动成蛊,蛊六五曰"先甲三日"辛,"后甲三日"丁,巽九五曰"先庚三日"丁。蛊终于丁,而巽则始于丁,不始于"先甲"之辛,为"无初"也;癸为十干之终,巽终"后庚"之癸,为"有终"矣,故曰"无初有终"。蛊为三月之卦,春旺于木,故用甲;巽为八月之卦,秋旺于金,故用庚。木腐生虫成蛊,巽用金克之,斯不至变而为蛊矣,故蛊用甲,而"小有悔,无大咎";巽用庚,乃得"贞吉",而"悔亡"。《象传》即以位释之,谓其"中正"而得吉也。凡六十四卦中,于九五言"贞吉悔亡"者,惟此一卦而已。

【占】 问时运:逢丁癸日作事,无往不利,大吉。

○问营商:生业宜取木爻,日辰宜用金日,初有小悔,后必大利,吉。

○问功名:位得中正,爻曰"贞吉",逢丁癸之年,必得成名。

○问战征:其于师旅,必叮咛以告诫,其于地势,必周详以揆度。临事好谋,先后不怠,故战无不胜,大吉。

○问婚姻:丁火癸水,水火相配,吉。

○问家宅:其宅坐北向南,地位中正,大吉。

○问疾病:三日可愈。

○问六甲:生女。

【占例】 明治二十四年,占某贵显气运,筮得巽之蛊。

爻辞曰:"九五:贞吉,悔亡,无不利,无初有终。先庚三日,后庚三日,吉。"

断曰:据爻象而论,气运以金水为旺相,自丁至癸,七年间正交盛运,所谓"贞吉,悔亡,无不利"也。《大象》曰"位得中正",知贵下本年必升晋显职,禄位益隆,正当有为之时也。卦体九五动,变六五为蛊。蛊者腹内虫也,喻言国政之内乱也。贵下能法乎巽之用庚,庚者更也,以巽行权,因时制宜,更旧从新,命必以叮咛申之,事必以揆度行之,《象传》所谓"刚巽乎中正而志行"者,是在贵下焉。

上九:巽在床下。丧其资斧,贞凶。

《象传》曰:巽在床下,上穷也。丧其资斧,正乎凶也。

上与初为终始。初在下多疑,既示以"武人之贞";至于上居卦之极,位高责重,任事益当勇决,何得一味畏葸,自甘退伏,同于二之床下?宜其高而益危,无以自立也。"资斧"者,虞喜《志林》云资当作斋,斋戒入庙而受斧,谓上身居高位,入庙受斧,自足振其威权者也,盖即初利用武人之义;乃巽顺不断,失其威权,是即所谓"丧其斋斧"也。畏事而事益滋,避祸而祸反集,故曰"贞凶"。《传》以"上穷"释"在床下",以上之高居廊庙,畏首畏尾,无异伏处床第,其穷为可哀也。以"正乎凶"释"贞凶",明过巽者之失其正矣。失其正,是以凶也。

【占】 问时运:运途不正,作事萎靡,愈高愈危,有丧无得,凶。

○问战征:身为主帅,畏首畏尾,必致丧师辱国,身亦危矣。

○问营商:可断不断,因循失时,耗损必大。

○问功名:必不能保其终也。

○问婚姻:有惧内之象,难期偕老,凶。

○问家宅:主有丧,凶。

○问六甲:生女。

【占例】 明治二十四年,占国运治乱,筮得巽之井。

爻辞曰:"上九:巽在床下,丧其资斧,贞凶。"

断曰:上九处卦之极,极则思反,正当有为之时。上爻地甚高,事既多,任事愈重,威权在手,正可独断独行。国家当此隆会,得此人材,奋然振作,力求富强,不以巽懦自安,则反弱为强,转贫为富,不难旦夕图之。所患安于目前,不期上理,萎靡不振,甘居人下,一切邦交等事,皆畏葸听从,不自争强。商务来往,既丧其财,国事交涉,又丧其威,是所谓"丧其资斧"也。维新以来,政府所急急图治者,虽以取法欧美为善策,然所取法者,多在皮毛,未得穷其精蕴,故事事出于欧美之下,是即所谓"巽在床下"也。为今之计,当重申命令,相期与天下更新,无因循,无苟且,当奋斧钺之威,以行其刚巽之志,斯武务修明,即驾于欧美之上不难矣。是治道日隆之休也,所愿秉国政者努力图之!

䷹ 兑为泽

卦体一阴出于二阳之上,二阳在下,上承一阴,象如泽之蓄水。泽以润生万物,犹兑以悦服万民,其义相同,此卦所以取象于兑为泽也。

兑:亨,利贞。

兑本乾体,坤三动来入乾,成兑,兑之"亨,利贞",即乾之德也。乾之四德配四时,兑主秋,在夏冬之间,得兼三德,独不及元,故曰"兑亨,利贞"。

《象传》曰:兑,说也。刚中而柔外,说以利贞,是以顺乎天而应乎人。说以先民,民忘其劳,说以犯难,民忘其死,说之大,民劝矣哉!

《序卦传》曰:"巽者,入也。入而后能悦之,故受之以兑。兑者,悦也。"卦体以二五为中,以三上为外,以九为刚,以六为柔。兑二五皆九,故曰"刚中",三上皆六,故曰"柔外",合之谓"刚中而柔外"。"利贞"者,刚中之德,诚于中也;"悦"者,柔顺之象,形于外也,故曰"悦以利贞"。卦以坤交乾,乾为天,亦为人,刚者天德,悦者人心,故曰"顺乎天而应乎人"。孔子论政,曰先之劳之,谓为政者当先以悦豫抚民,而后使民任劳,而民不辞其苦,使民犯难,而民不顾其身。是可逸可劳,可生可死,民皆相悦于无言,而莫知其故,悦之道于是为大。"劝矣哉",谓民之已悦者固悦,即未悦者亦将闻风而悦服矣,为能使民之咸相劝勉也。

以此卦拟人事,《说卦传》曰,"兑,正秋也,万物之所悦也",故曰"悦言乎兑"。盖时至秋而成熟,而人得其食用,喜其丰盈,斯百事亨通,人心自然欢悦矣,故《传》曰"兑,悦也"。兑为口舌,是笑言之出于口也;兑为辅颊,是欢容之见于面也。兑属柔,是谓"柔外",世之好饰外貌者,往往以容悦为工,其品愈卑,其心愈伪,胁肩谄笑,无所不为。只各求悦,而不知悦在"利贞"也,只知媚人,而不知悦在顺天也。何也?以其无刚中之德也。兑之刚中在二五,故能"刚中而柔外","刚中"即"利贞"也。二五之爻,皆曰"孚","孚"者,孚于刚中耳。得其孚则事事皆亨,即人人皆悦,无劳可也,有劳而人亦不辞;无难可也,有难而人亦不惧。道在有以先之也,惟其先之,乃即所以劝之;有其劝之,乃即所以悦之。劝因悦,不劝亦悦,而人皆欣欣然有喜色矣,是人事之至顺也,亦顺天而已矣。

以此卦拟国家,兑《大象》为"丽泽","丽",犹连也,是上下皆泽。上以泽敷下,下以泽感上,感斯悦矣。然一以柔顺抚民,有恩无威,民必悦而不惧;一以刚严御民,有威无恩,民必畏而不悦,是未足为利,亦未足为贞也,悦亦安可恃乎?兑之所以能悦者,在二五之刚得其中耳。二五之刚,主于中,三上之柔,施于外,谓之"刚中而柔外"。悦以柔,悦以刚,实悦以"利贞"也。上兑之悦,象取顺天,下兑之悦,象取应人,天德好刚,人心喜柔,顺天而天弗违,应人而人咸格,是所谓"顺乎天而应乎人"也。如是而悦以先民,民有任劳而不觉;悦以犯难,民有视死而如归。所谓以佚道使民,虽劳不怨,以生道杀民,虽死不怨杀者是也。是以未尝求民之悦,而民自中心而诚悦。忘劳忘死,悦之至也,故悦道之大,在使其民自劝。《传》不曰"劝民",而曰"民劝",是不期其劝而自劝,其欢欣鼓舞之情,可从两忘字中,想象得之矣。上古之世,君臣之间,欢然莫逆,理之所是,则相与顺从,不以为悦,理之所非,则更相献替,不以为睽,如盐梅之相和,如水火之相济,此悦而正者也。即悦之大者也。六爻言兑,各分刚柔:四刚皆君子,二柔皆小人,"和兑""孚兑"得其吉矣;"有喜""有厉",当其位矣。三"来兑",来必多凶;六"引兑",引亦未光。国家当此,宜抑柔进刚,斯悦得其道焉。

通观此卦,此卦次巽,巽者二阳在上,一阴入下,故阳顺而下来;兑者二阳在下,一阴出上,故阳悦而上往,与巽相反。于方位,兑者,西也,利美而和,其气为金,从革而新,其决断快利,其音响铿锵,故其德为悦。于四时,巽木,春也,离火,夏也,兑金,秋也,天以三时生物,木气发生,金气收敛,巽兑相反,而适以相成。中皆互离,三时相因,生克自然之运也。大抵兑悦之情,在和顺,而兑悦之气,主肃杀,和顺者柔也,肃杀者刚也。故以柔为悦,其弊必流于谄谀,以刚为悦,其德乃在于"利贞"。卦内初、二、四、五皆刚爻,得其正也;三上皆柔爻,失其正矣。初之"和兑",得《象》之"利";二之"孚兑",得《象》之"贞";四之"喜",喜即在于利也;五之"厉",厉即取其贞也;至三之"来兑",悦以要结以来,故有凶;上之"引兑",牵连而引,故"未光"。是《传》特著其德,曰刚中柔外,示其用,曰"顺天应人",极其效,曰"民忘其劳","民忘其死",而所以致其悦者,其道在先,其功在劝,其义则愈推而愈大。

《大象》曰:丽泽,兑,君子以朋友讲习。

"丽"者,连也。"丽泽",谓两泽相丽,是互相滋益也。朋友者,以互相讲习为益,故象朋友;兑为口,故象讲习。《论语》首章,以"学而时习"为悦,以有朋远来为乐,是悦乐之要,莫大于"朋友讲习",此君子所以取其象于兑也。四爻曰"商兑",商者,相与讲论之义,其象亦取之丽泽。

【占】　问时运:运途平平,能得众心,自然获吉,惟逢三六之年,不利。
　　〇问营商:得人扶助,可以获利。
　　〇问功名:赖朋友之力可成。
　　〇问战征:屯兵陂泽之地,宜于两后营相约进攻,可以获胜。
　　〇问婚姻:必是朋友旧好。
　　〇问家宅:宅临泽水,宜与朋友同居。
　　〇问疾病:宜延相熟医师并诊,方可痊愈。
　　〇问讼事:宜请朋友公评,不必涉讼。
　　〇问六甲:生女。

初九:和兑,吉。

《象传》曰:和兑之吉,行未疑也。

初居卦首,体得乾刚。"和兑"者,即和悦也。乾曰利物和义,是和即《彖》之所谓利也。人当初交,便觉和衷相济,以斯而悦,悦得其正矣,故吉。《传》曰"行未疑也",谓人私曲疑虑每生于转念,当其初,一片天心,固未尝间以人欲也。"和兑"在初,顺天而行,疑于何有? 故不曰无疑,而曰"未疑"。

【占】　问时运:运当初爻,以和为贵,万事获吉。
　　〇问战征:师克在和,民兵咸悦,有不战来归之象。
　　〇问营商:兑为正秋,万实告成,天地自然之美利也。营商得此,吉无不利。
　　〇问功名:得祥和之气,吉。
　　〇问婚姻:有家室和平之乐。
　　〇问家宅:一门和气,吉。
　　〇问行人:行当即归,无疑。
　　〇问讼事:即可和解。
　　〇问六甲:生女。

【占例】　友人某来,请占谋事成否。筮得兑之困。
　　爻辞曰:"初九:和兑,吉。"
　　断曰:此卦一阴在二阳之上,以柔之卑,居刚之上。初爻得阳刚,刚以严,柔以和,以刚制柔,所谓和而不流者也。今足下占谋事得此爻,爻属于初,知其事尚在初起。"和"者,为彼此同心,和衷共济。初与四应,四曰"商兑","商"谓商量也,正合谋事之意。初爻《传》曰"行未疑",谓其事必成无疑也;四爻《传》曰"有庆",谓其事成后,又有庆福也。足下安心从事可也。

九二：孚兑，吉，悔亡。

《象传》曰：孚兑之吉，信志也。

二居下卦之中，以阳居阴，即《象》所谓"刚中"也。二与五应，"孚兑"者，二孚于五，五亦孚于二。两相孚，即两相悦。二为臣，五为君，是君臣一心，相孚而相悦也，故吉。夫上下之心不相孚，则上下必不相悦，是以有悔。既得其孚，悔自亡矣。《象传》以"信志"释之，谓孚即信也，以其志之可信，故得吉也。

【占】　问时运：运得中正，众心交孚，是以有吉，无悔。

○问战征：上下一心，令出惟行，有匹夫不可夺之志，战无不克，吉。

○问营商：贸易虽在逐利，要必以信为本，有信则彼此无欺，而商业乃可通行矣。

○问婚姻：二五相孚，是阴阳相偶也，吉。

○问家宅："有孚挛如，富以其邻"，谓能与邻家，并力致富也。

○问功名：中孚二爻曰，"我有好爵，吾与尔靡之"，有父子同升之吉。

○问疾病：是因疑致疾，今既得相孚，灾悔自亡。

○问六甲：生女。

【占例】　友人某来，请占气运，筮得兑之随。

爻辞曰："九二：孚兑，吉，悔亡。"

断曰：九二爻得刚中。刚中而孚，孚非阿好；既得相孚，无不相悦，是以吉而悔亡也。人生气运，亦贵得其刚中耳。刚则任事有肝胆，中则任事无私曲，志气刚强，运途中正，自然事事获吉。今足下占得此爻，知足下目下气运旺相。论兑为金运，以金水两运为佳；兑为秋，岁时以属秋令为佳。《大象》取"朋友讲习"，足下当择朋友，远小人，近君子，自得相扶为益，悔去而吉来也。

○明治二十八年，占我国与美国交际，筮得兑之随。

爻辞曰："九二：孚兑，吉，悔亡。"

断曰：孚者信也，中孚《象传》曰"悦而巽，孚乃化邦"，是知邦交之道，最宜信义相孚，使两无诈虞，化干戈为玉帛，实两邦之幸福也。今占我国与美国交际，得此《爻辞》，可知我国与美，两国交际，此后最为亲密，谓之"孚兑，吉，悔亡"。

六三：来兑，凶。

《象传》曰：来兑之凶，位不当也。

三为兑主，即《象》所谓"柔外"也。以柔招悦，故谓之"来"。初曰"和"，二曰"孚"，是不期悦而自悦，有相悦于无言耳。若专以阴柔悦人，亦以阴柔而致人悦，则所以来悦者，皆不以其道，则上下相蒙，适以长诈伪之风也，故"凶"。《传》以"不当位"释之，谓一阴居二阳之上，其位不当，欲以柔道致悦，其悦也，皆由强致而来，是失刚中之德矣。

【占】　问时运：人品卑鄙，专以诌笑求悦，未免为人所贱矣。

〇问营商:通商之来,固宜和悦相招,然悦不以道,尔诈我虞,是失商道之正也。

〇问功名:奔竞而来,虽荣必败。

〇问战征:要皆招徕乌合之众也,不能久持。

〇问婚姻:有始合终离之象。

〇问疾病:病有外祟,其象本凶。三至四隔一爻,早则一日,迟则一月,可望愈快。

〇问讼事:是外来祸,凶。

〇问六甲:生女。

【占例】　明治二十四年,有友某来,代占某氏气运,筮得兑之夬。

爻辞曰:"六三:来兑,凶。"

断曰:兑者,悦也。其悦宜就心中而出,不贵外袭而来。中出者,诚也,外来者,伪也。三曰"来兑",是专以饰外为悦者也。今君代友占气运,得兑三爻。三以阴居阳,为兑之主,位本不当,其象专属阴柔,好以巧言悦人,知此友心地不正,颇有口密腹剑之象,未免凶矣。《大象》曰"朋友讲习",君既谊属朋友,当随时劝诫,务令去伪存诚,乃得化凶为吉。

九四:商兑未宁,介疾有喜。

《象传》曰:九四之喜,有庆也。

"介",谓节操坚固之义,同豫之六二"介于石"之介;又两间曰介,四爻在三五之间,上承五之刚中,下比三之阴柔,是以一身介君子小人之间者也。"商",商量也,兑为口,有商之象。四与初同体,初为事始,无所疑虑,故不待商;四则处上下之交,用刚用柔,皆须商榷,故曰"商兑"。商之而意难遽定,则中心游移,故曰"未宁"。因忧成病,故曰"介疾"。然未宁者终必宁,介然而疾,亦介然而喜矣。兑通艮,艮上兑下为损,损四曰"损其疾,使遄有喜",其旨相同。《象传》以"有庆"释之,谓商而后宁,疾而有喜,则刚柔得中,天人相合,喜在一人,庆在天下矣。

【占】　问时运:运途未稳,逆则有忧,顺则有喜,万事宜斟酌行之。

〇问营商:"四多惧",营商在外,必有忧惧不安之事。商量出之,方得有喜。

〇问功名:功名必从艰苦患难而来者,方得大就。

〇问婚姻:一时疑惧未成,必待媒妁再三说合,终得成合有喜。

〇问家宅:现下宅中不安,致多疾厄。兑为秋,必待秋时,得以平安有喜。

〇问疾病:病由心神不安所致,得逢喜事,胸怀宽悦自愈。

〇问六甲:生女。

【占例】　某氏来,请占某缙神之气运,筮得兑之节。

爻辞曰:"九四:商兑未宁,介疾有喜。"

断曰:兑者,悦也,"未宁"者,不悦也。兑而曰"商",是介在悦不悦之中。"未宁"若有疾,得宁则有喜,赖此一商之功耳。四处内外之间,又当刚柔之交,孰轻孰重,皆须商酌,故曰"商兑未宁,介疾有喜"。今占气运,得兑四爻,知人生气运,亦无中立,从正则吉,从邪则凶,在人自取择耳。择而未安,譬若疾之在身,不能无忧,择之既定,自觉病去身安,喜从中来。四近君位,有贵人之象,能以商度事宜,上辅君德,下协民心,何庆如之? 此功此德,正赖某缙绅也。

九五:孚于剥,有厉。

《象传》曰:孚于剥,位正当也。

五处外卦之中,秉乾之刚,即《象传》所谓"刚中"也。悦以"利贞",五得其贞焉。兑为秋,剥九月之卦,当兑之未孚而至剥,是孚之极也。其不言兑者,至五兑悦既深,浑若相忘,故不见为兑,而只见为剥。剥者,即劳与难之事也,劳之难之,事虽为民,而王者则视之若剥也;忘劳忘死,王者虽以为剥,而民实不知其为剥也,故曰"孚于剥"。至此而民已视危为安,王者犹以安为危,故曰"有厉"。事本无厉,有者在君之心,亦凛凛乎其有也。五居尊位,固当然也。《传》释以"位正当",谓居此位者,皆当存此心也。

【占】 问时运:位得其正,运当其盛,盛极则剥,尤当预防,能时时防剥,斯时时得盛矣。

○问战征:"孚于剥"者,谓当生死存亡之地,军兵一心,感激奋勇,而不以为剥,诚可谓众志成城,无往不克矣。

○问营商:剥者,剥削也,虽有剥削,而深信无疑,必有大利。

○问功名:能安命,虽剥必亨。

○问疾病:有剥肤之疾,速治则愈。

○问六甲:生女。

【占例】 明治二十二年,友人某来,请占气运,筮得兑之归妹。

爻辞曰:"九五:孚于剥,有厉。"

断曰:运当九五,阳刚中正,本属盛运,爻曰"孚于剥",言其相悦无言,虽剥亦孚。安不忘危,有思患预防之象,亦有持盈保泰之道,《象传》所谓"悦以利贞",唯五当之。今君占气运,得兑五爻,知君目下气运得当,刚中柔外,众心咸孚,虽有剥削,亦得相悦以解,事事安和,得行其志。但在君心中,若以为剥,若以为厉,则剥无不复,厉无不安也。五与二正应,五虽不言吉,二之吉,即五之吉也。

上六:引兑。

《象传》曰:上六引兑,未光也。

上六辰在巳,得巽气。巽为绳,有引之象;兑又旁通艮,艮为手,是以能引,故曰"引兑"。六与三同体,三失位,六引之使应己,是因其来而引之。来既不正,引亦不当,而悦更失其道矣。爻虽未判吉凶,要之后事之失,亦所难免,故《传》以"未光"释之。乾为光,六变乾为坤,故曰"未光"。凡《易》称"引"者,多在阴爻,萃六二曰"引吉",自五引二,引而升也,引在于上,故吉;此爻曰"引兑",以六引三,引其来也,引在于后,故"未光"。

【占】 问时运:上为卦之终,行运已极,必藉人引掖而能行。无吉无凶,平平而已。

○问功名：虽得他人荐引，亦已晚矣。

○问营商：得人引导，方可交易，上在卦外，是出洋经营也。"未光"者，未能大得利也。

○问战征：兑属正西，"引兑"者，相引而入西也。是引兵向西，与三合队，但当上爻，时会已迟，恐未必能奏功也。

○问疾病：内邪能引而外达，乃得望愈。

○问家宅：宅地纯阴，与三合体，防有内外牵引之患。

○问婚姻：爻象皆柔，恐是勾引而成，非夫妇之正礼也。

○问六甲：生女。

【占例】 明治二十二年，占某贵显气运，筮得兑之履。

爻辞曰："上六：引兑。"

断曰：上爻处外卦之极，无可复进，凡物极则变，有反而思退之象焉。今某贵显占得此爻，知贵显久居高位，意将引身退隐，以自娱乐，谓之"引兑"。

是年冬，某贵显辞职归隐。

䷺ 风水涣

卦体乾四与坤二易位，乾变巽，坤变坎，合而成涣。涣者，散也。坎为水，水之散，万派分流；巽为风，风之散，四郊遍被。巽上坎下，象取风行水上，是风水相遭。水则悠然长逝，风则过而不留，有涣之象焉，此卦所由名涣也。

涣：亨。王假有庙，利涉大川，利贞。

《正义》曰："散难释险，故谓之涣"；难散则理平，险释则心通，故亨。卦体三阴三阳，自乾坤来，乾为王，故曰"王"。旁通丰，丰《象》辞曰"王假之"，故曰"假"。上互艮，艮为宗庙，故曰"有庙"。坎为大川，巽为利，下互震，震为足，有涉之象，故曰"利涉大川"。庙者，鬼神之所在也。《中庸》言"鬼神之德，洋洋乎如在其上，如在其左右"，涣之至盛者也。"大川"，众流之所归也，注焉而不满，酌焉而不竭，涣之显著者也。于假庙见扬诩之盛，于涉川得利济之宏。然涣虽主散，形象则发扬于外，而精神贵凝聚于中，故曰"利贞"。

《象传》曰：涣，亨，刚来而不穷，柔得位乎外而上同。王假有庙，王乃在中也。利涉大川，乘木有功也。

《序卦传》曰："兑者，悦也。悦而后散之，故受之以涣。"盖以涣继兑，谓能悦则涣，涣则亨，是涣之亨，亦即兑之亨也。为卦坎刚自乾而来，坎水长流，无有穷极，故曰"刚来而不穷"。巽柔得位于外，巽风行水，飘然俱往，故曰"柔得位乎外而上同"是刚在中而不穷于险，柔在外而得与五同，所以能散释险难，而致亨通也。至险难既散，王乃有事庙中，得以精诚上假，故《传》释之曰"王乃在中"，是就其德而言之。涉川者涉难也。即《系辞》所谓"舟楫之利，以济不通，盖取诸涣"者是也，故《传》释之"乘木有功"，是就其象以譬之。

以此卦拟人事，一身所患，胸怀不畅则疾生，意气不舒则争启；一家所患，内外间隔则弊成，上下壅阻则乱作。有以涣之，则百弊解散，而万事亨通矣。譬如云雾阴冥，得风而消解；譬如沟浍污浊，得水而流通。此君子所以取象于涣也。人生作事，每患性质之多偏，亦患位置之不当，如能刚来而济柔，动于内而无险困之难，柔往而辅刚，止于外而无违逆之乖，斯无往不利，亦无事而不亨也。行见积其诚以事神，而鬼神来假，因其利以涉难，而舟楫有功，是皆因涣而推及之也。盖涣于内则气畅，涣于外而理顺，涣以处己即心平，涣以待人则情洽，一生疑虑，涣然冰解，涣之为用甚神矣。

以此卦拟国家，国家之于人民，欲其聚不欲其涣也；国家之于财用，宜其聚复宜其涣也，而独至于险难，则务取其涣焉。险不涣则危无以济，难不涣则乱无以消。王者秉刚中之德，处至尊之位，欲以解天下之纷乱，散天下之郁结，挽回国运之困厄，使斯民咸得其欢悦，此涣卦之所以次兑悦也。卦以九二为刚，二自乾来，故曰"刚来"；以六四为柔，四为阴位，故曰"得位"。刚不穷而涣乃见其亨，柔同上而涣自得其正焉。推之涣以享祖，假庙所以尽其诚也，于以见鬼神之德之盛矣；涣以致远，涉川所以济其险也，于以见舟楫之功之普矣。盖天以风之疏散，化育群生，地以水之流通，贯注四海。王者亦取其象，以平天下之乱，以解万事之纷者，莫如此涣而已。

通观此卦，"涣者，离也"，离者复合，散者复聚，故全卦有离合散聚之象。刚来不穷，柔而上同，卦之体也；王在庙中，"乘木有功"，卦之用也；曰"亨"，曰"贞"，卦之德也；曰"庙"，曰"川"，卦之象也。《大象》曰，"先王以享帝立庙"，即《彖》所谓假庙之旨也。盖庙立则昭穆之位定，王假则祭享之诚通，斯灵爽藉是而聚，即民心藉是而系焉。涣之正所以合之也，故萃亦言"王假有庙"。"萃者，聚也"，以萃而假，神志一焉；以涣而假，精诚通焉。萃与涣相反，而适以相须，故取象从同。至《易》言"利涉大川"者三，皆取巽木，益曰"木道乃行"，中孚曰"乘木舟虚"，涣则曰"乘木有功"，盖谓王者声名洋溢，内则孝享夫祖考，外则化被夫蛮夷，是以舟楫之利，独取诸涣者，此也。六爻言涣，皆隐寓聚象，故初遇险而顺，二阳来脱险，三临险忘身，四成涣忘人，五居尊忘天下，六超然遐举，涣以"远害"，所谓恭己无为，化驰若神者矣。故卦以三阴最吉，三阳次之。说者谓《易》道尚刚，一偏之论也。

《大象》曰：风行水上，涣，先王以享于帝立庙。

先王见风之虚，得鬼神之象，见坎之盈，得祭祀之象。夫风无形，遇水而成形，非水则风不可见；鬼神无睹，入庙而如睹，非庙则上帝祖考不可见。聚则为有，散则为无，鬼神之情状，犹风之行水上也。人心诚敬之所聚，莫如鬼神。故大难始定，人心未宁之时，享帝而告成功，立庙而事祖考，聚将散之神灵，安镇之以接天神，交祖考。盖物本于天，人本于祖，故享帝以报其生成之恩，立庙以报其功德之盛，使天下之人，皆尊尊亲亲，不忘其本，以聚人心之涣散，故曰"先王以享于帝立庙"。

【占】　问时运：运途亨通，有乘风破浪之概。

　　○问战征：利用海军。

　　○问营商：财水流通，得天神护佑，大利。

　　○问功名：风随帆转，水到渠成，有即日成名之象。

　　○问家宅：宜祷告神祇，自然获福。

○问婚姻:中男长女,自成佳偶。

○问疾病:"风行水上",去而不留,病象危矣;"立庙",有魂归窀穸之象,故凶。

○问失物:难得。

○问六甲:春夏生女,秋冬生男。

初六:用拯,马壮吉。

《象传》曰:初六之吉,顺也。

初处坎之下,坎为险,初乃始陷于险者也。陷坎者,利用拯,何以拯之? 初与二近,二得乾气,乾为马,乾健故"马壮"。初得二拯,如马之因风而走,得以脱险也,故"吉"。按:明夷亦曰"用拯,马壮吉",明夷下互坎,二动为乾,故"用拯"亦取乾马,与涣初同象。《传》以"顺"释之,初本坤体,坤为顺,以坤之顺,用乾之健,是以吉也。明夷《传》曰"顺以则也",其旨亦同。

【占】 问时运:运多险难,幸而遇救,危而反吉。

○问战征:初次临阵,赖战马精良,得以解围出险,故吉。

○问营商:资本微薄,深幸同事相助,得以获利。

○问功名:行午马运,必可成名。

○问家宅:新建大厦,好有禄马临向,吉。

○问婚姻:乾造以肖马者吉。

○问疾病:病宜急治,得遇马姓医士为吉。

○问行人:驿马已动,即日可归。

○问六甲:生男。

【占例】 友人某来,请占气运,筮得涣之中孚。

爻辞曰:"初六:用拯,马壮吉。"

断曰:初六当坎之始,"坎者,陷也",如身陷坎险,一时难以自脱。初爻偶体属阴,用以拯者必藉阳刚。马乾象,得乾刚之气,故足以拯之,是初以遇拯得吉也,即卜筮书所谓"绝处逢生"之象。今足下占气运,得初爻辞,知足下现时运途,正在困难之中,幸赖朋友,力为救护,得以脱离灾厄。足下惟当顺从其言,自可逢凶化吉。此友或系肖马,或系姓马,当必有暗合其象者。《易》占之神妙,往往不可测度,足下后当自知之。

九二:涣奔其机,悔亡。

《象传》曰:涣奔其机,得愿也。

九二以阳居阴,象取以阳假阴,故《象》云假庙,二当之。下互震,震为奔;上互艮,艮为坚木,有机之象;二与五应,机,谓五也。"涣奔其机",谓假庙而奔就神几。机几字通,即《家语》"仰视榱桷,俯察机筵"是也。王在庙中,洞洞属属,以其恍惚,以与神明交,斯涣者假矣,故"悔亡"。《象传》以"得其愿"释之,谓骏奔在庙,得受其福,故曰"得愿也"。

【占】　问时运：运途顺适，得如所愿，灾悔俱亡。

○问营商：运货贸易，得所凭依，可以如愿而偿也，吉。

○问功名：所愿必遂。

○问战征：虽当涣散败奔，得所依藉，可图恢复，何悔之有？

○问婚姻：内卦坤体，二变为乾成坎，坎为中男；外卦乾体，四变为坤成巽，巽为长女，此配必女长于男。木水相生，佳偶也。

○问家宅：此宅眷属有奔败之难，幸在外得所凭依，所谓适我愿也。

○问疾病：郁郁不乐，隐几而卧，得遇良医，可以无忧。

○问六甲：生男。

【占例】　友人栀尾某曰：余曩以己地，出押于某华族，订立券证，约以后日得金，准许备价取赎。至今地价腾贵，照曩时押价，一增其三，某华族因之背盟，指不许赎。余遂使代言人及壮士逼索，某华族惧，乃挽余亲戚某，出为谈判。余不得已以若干金，酬报代言人与壮士，嘱为了事，而壮士意犹不满，迁怒于余，意欲要路狙击，余甚患之。请占其处置如何？筮得涣之观。

爻辞曰："九二：涣奔其机，悔亡。"

断曰：内卦为坎，坎者险也，难也；外卦为巽，《系辞》曰"巽以行权"，谓巽得行其权变也。二爻曰"涣奔其机"，"奔"，奔避其难也。二与五应，谓奔就于五也。五处巽中，谓能"巽以行权"，足以涣散其难，故得"悔亡"。就此爻象，教足下奔避于外，自得有人出而处置，可以无悔。

六三：涣其躬，无悔。

《象传》曰：涣其躬，志在外也。

三体坎水，上体巽风，三之趋上，如水过风而流，木得水而浮，有相待而涣散者也。故三至上互艮，艮为躬，曰"涣其躬，无悔"。《象传》曰"志在外"，谓外卦也，志应夫上也。

【占】　问时运：三处坎之极，是运当坎险之时，忘身赴难，得以出险，可免悔也。

○问战征：能国而忘身，忠勇可嘉，去复何悔？

○问营商：运货在外，跋涉风波，备尝艰苦，有重财轻命之象。

○问功名：有杀身成仁，名垂竹帛之荣。

○问婚姻：有捐躯尽节之志，可悲，可嘉。

○问家宅：此宅临坎水之上，宅主宜出行在外，得可免灾。

○问行人：未归。

○问六甲：分娩在即，生男。

【占例】　友人某来，请占气运，筮得涣之巽。

爻辞曰："六三，涣其躬，无悔。"

断曰：涣之三爻，正当坎难之极，是身陷坎中而不能解脱也，惟赖上爻远来援救，斯得涣然消散,可以无悔。今足下占气运,得涣三爻,知足下运途淹蹇,譬如行船入海,正遇风波之险,须得远来巨舟,相为救援,斯能共脱险厄,得远灾悔,以保身命。三爻居内外卦之爻,内坎外巽,坎,险也,巽,顺也,有出险入顺之象,是以"无悔"。

六四:涣其群,元吉。涣有丘,匪夷所思。

《象传》曰:涣其群,元吉,光大也。

六四居巽之始,卦体本乾,下画化坤成巽。坤为众,坤化巽,则其群涣矣。坎刚中得乾之元,故曰"涣其群,元吉"。上互艮,艮为丘,丘,聚也,高也,谓既涣其坎险,又复聚而成为高丘,是涣中有聚也,故曰"涣有丘"。四为巽卦之主,《系辞》曰,"巽,德之制也",又曰"巽称而隐",谓巽能因事制宜,隐见无常,化裁之妙,有非寻常所可测度者,故曰"匪夷所思"。《传》以"光大"释之,谓四出坎入巽,所以化险为夷者,正赖此正大光明之作用也。坤曰"含宏光大",四得坤气,四之"光大",即自坤来也。

【占】 问时运:能解脱困难,复成基业,正大运亨通之时。

　　○问营商:绝大手段,能散财济危,又能独成丘垒。

　　○问功名:有独出冠时之概。

　　○问战征:军容之盛,忽散忽聚,忽高忽低,忽而万马无声,忽而一丘高峙,变化之妙,有出意表者,此神化之兵也。

　　○问疾病:散其外邪,又当聚其元气,病自疗矣。

　　○问家宅:邻居旷远,独成一家,自得幽趣,吉。

　　○问讼事:"涣其群",其讼必解矣,吉。

　　○问六甲:生女。

【占例】 长崎女商大浦阿启,明治七八年间,管理横滨制铁所。一日将乘名古屋船归乡,预电报知家人,期以某日到家。届期有报,名古屋船于周防遭难,家人惊愕,急以电信问余。余不知大浦氏果否乘船,亦不知此船有否遇险,无已,乃为一筮,筮得涣之讼。

爻辞曰:"六四:涣其群,元吉。涣有丘,匪夷所思。"

断曰:此卦巽为木,坎为水,舟浮海上之象。其辞曰:"涣其群,元吉。涣有丘,匪夷所思"。"涣其群"者,谓离众人而出险也;"涣有丘"者,谓出险而独在丘上也;"匪夷所思"者,谓不须忧虑也。由是观之,知必脱其难也。

余即以此占,电复长崎。长崎家人得此报,疑信未决。未几大浦有电到家,云已脱险,家人始安。

九五:涣汗其大号,涣王居,无咎。

《象传》曰:王居无咎,正位也。

五为尊位,《彖》所称"王假",五当之。号,令也,"大号",大政令也。五有刚中之德,以天下之险为己险,欲涣散天下之险,以发此"大号"也。"涣汗"者,刘向云:号令亥口汗,出而不返者。王者无私居,畿甸非近,要荒非远。一人之身,涣之即为万民,一人之心,涣之即为万几，布于四海，犹汗出于身，而浃于四体，故曰"涣汗"。天下之困苦，得仁政而解，一身之邪热、得汗出而消，其所涣一也。三至五体艮，艮为居。"王居"者，京师也。《论语》所云"譬如北辰，居其所，而众星拱之"者，王居之谓也。"涣王居"者，号令之涣，自近而远，其单敷万方者，要必正位凝命，自王居始也。"无咎"，即"履帝位而不疚"之意，《象传》以"正位"释之，盖以九五为正位，王者居之，得以号令天下。以一亿兆之心，而济万民之险，皆由君德与君位正当之功也。

【占】　问时运：运位得正，语默动静，百事皆吉。

　　○问营商：地位正当，货物流通，所到无不获利。

　　○问功名：位近至尊，名闻天下，大吉。

　　○问战征：号令严明，军威整肃，得奏汗马之勋。

　　○问婚姻：必得贵婿。

　　○问家宅：此宅非寻常百姓之家。

　　○问疾病：一汗即愈。

　　○问六甲：生女，主贵。

【占例】　明治二十七年六月，朝鲜有东学党之乱。有朝鲜人朴泳孝者，流寓我邦，眷念故国，实抱杞忧。请余一占，筮得涣之蒙。

　　爻辞曰："九五：涣汗其大号，涣王居，无咎。"

　　断曰："涣者，散也"。全卦大意，皆以散难释险为主。五爻居尊为王。"大号"者，王所散布之政令也；"涣汗"者，谓其令出必行，犹汗出于身而不返也。足见号令严明，可以解脱险难，奠厥攸居，斯无咎矣。今朴氏占问伊国治乱，得涣五爻，玩其爻辞，知伊国祸逼王居。九五者，王也，王当速发号令，诏告天下，涣散凶党，奠定王居，斯可保全而无咎也。卦体下互震，震属东方，则救护朝鲜者，必在我国也。朴氏可无忧焉。

　　○明治二十七年六月，山田德明氏，偕美人某来问曰："今回日本兵渡航朝鲜，抑与朝鲜开战乎？"余曰："军事机密，非余所知，唯一占，则可以知之。"筮得涣之蒙。

　　爻辞曰："九五：涣汗其大号，涣王居，无咎。"

　　断曰：汗者肤腠之所出，出则宣人之壅满，愈人之疾苦，犹王者之有教令，释天下之难，使之各得其所也，故曰"涣汗其大号"。"涣王居"者，谓大号之宣布，始于王居，盖有自近及远，自内及外之旨焉。卦名曰涣，其义总在涣散险难也。今占我国与朝鲜机密军事，得涣五爻，乃知我国此番得闻朝鲜乱耗，速发号令，派遣军舰，远航韩国，旁观者以为我国将与朝鲜启衅，玩此《爻辞》，可信别无他意。

　　美人得此断辞，遂译作西文，揭布外国新闻。

上九：涣其血去逖出，无咎。

　　《象传》曰：涣其血，远害也。

　　上与三应，三体坎，为血卦，故曰"涣其血"。盖人身血脉以流通为安，以郁结致病，"涣其血"，斯体气舒畅，则忧患自消。"逖"，忧也，坎为逖，且上爻居涣之极，已出坎险，故曰"去逖出"。逖既去矣,咎自无也。《象传》以"远害"释之,谓上去坎已远,故害亦远矣。一说,谓上出卦外,逖,远也。身之有血,犹川之有水,喻言川流通达,风驰远去也。即取《大象》"风行水上"之意。

【占】 问时运:运途通达,灾去福来。
　　○问战征:卦体从乾坤来,坤上曰"龙战于野,其血玄黄",有战则两伤之象。
　　○问营商:血者,资财也。商舶远出,贸易亨通,可以获利,自无忧也。
　　○问功名:有投笔从军之象。
　　○问婚姻:有远嫁之象。
　　○问家宅:宅主防有血光之灾,远避可以无咎。
　　○问疾病:是气血淤结之患,宜疏通脉络,可以免灾。
　　○问失物:此物已去远,不可复得。
　　○问讼事:宜远出避之,无咎。
　　○问六甲:生女。

【占例】 友人某来,请占气运,筮得涣之坎。
　　爻辞曰:"上九:涣其血去逖出,无咎。"
　　断曰:涣者脱难之卦,上处涣终,为困难消散之时也。今足下占气运,得涣上爻,知足下目下险难已解,譬如病者,血脉融通,忧患悉去,可以无咎矣。上爻涣象已终,此后出涣入节,节财节欲,足下皆当留意焉。
　　○明治三十一年,占英国与俄国交际,筮得涣之坎。
　　爻辞曰:"上九:涣其血去逖出,无咎。"
　　断曰:涣卦三阴三阳,本从乾坤否来,上居巽极,即乾之上,阳亢则战,有"其血玄黄"之象,故曰"涣其血"。小畜所谓"血去惕出",亦谓乾也。"逖"或作"惕"。小畜以阴阳感孚而"血去",涣以风水相济而血涣,是涣卦本有险难,幸得涣散而无咎也。今占英俄两国交际,得涣上爻,俄在陆地,英属海疆,当以巽为俄,坎为英。陆地专以铁道称强,海疆专以轮船示武。陆战者得"胜,而后胜者又畏报复,败者更防再袭,扼要据险,不懈兵备,是俄国之所急急也。在英托名商船保护,派舰远出,窃窥海防,得乘其隙,即强生葛藤,逼使豁割地讲和,此英国之狡计也。是以陆地诸国,多困于军资,唯英国军资,年增年饶,独握富有之权,以争雄于海上,而俄则以陆军之强,陆地之险,蚕食邻邦,故近来字内诸国,皆视英俄为虎狼之国也。俄尝于西伯利亚铁道未通,故生事端,为英所镇;地中海要处,为粮食弹药告乏,不能骤动大兵。英又以阿富汗、波斯等国既通于俄,恐印度有内乱;且自知久矣垄断富利,受各国之嫌恶。今孛法与俄订为同盟,恐联约合谋,当必起一大役也,故欲教唆支那,以防俄国之跋扈。然英以有海军而乏陆军,亦不能如意,且一朝取败,则濠洲、加奈陀亚、弗利加等要地,恐亦不能保全,故扩张海军,以当各国。盖俄恃铁道之全通,英恃海军之扩张,恰似两雄相对,爻曰"涣其血",谓两国宜通其声气,乃可无事,即各国亦可远害矣。此近时之形势也,故《传》曰"涣其血,远害也"。

䷻ 水泽节

为卦兑下坎上，兑为泽，坎为水。水之归泽也，盈则进，坎则止，水固自有其分量；泽之容水也，平则受，满则溢，泽亦自有其限制，即节之谓也。卦与困易位，泽在水上，是谓漏泽，泽漏则无水，故谓之困；水在泽上，是谓深泽，泽深则有水，故谓之节。此卦所以名水泽节也。

节：亨。苦节，不可贞。

卦体上互艮，"艮，止也"，下互震，震，行也；可行则行，可止则止，行止得中，乃谓之节。行止得中，是以能亨；若其矫枉过正，固执自守，节亦苦矣。节而苦，则无余地以处人，亦无余地以自处，有穷而无所容矣，故曰"不可贞"。

《彖传》曰：节，亨，刚柔分而刚得中。苦节，不可贞，其道穷也。说以行险，当位以节，中正以通。天地节而四时成，节以制度，不伤财，不害民。

《序卦》传曰："涣者，离也。物不可以终离，故受之以节。"节者，节也。节以节其过中，而使之中节也。卦以三阴三阳，阴阳适均。坎刚在上，兑柔在下，所谓"刚柔分"也。刚柔分而上下不乱，是得中也，得中则亨，故曰"节亨"。节不得中，如俭不中礼，射不中的，徒自苦耳，不可为正，奚以能亨乎？不亨则穷，非节之咎，节而不中之咎也。《彖》特举而戒之，所以救其偏也。坎险兑悦，以兑节坎，使人有悦愉而无迫感，是为悦以行险。五居尊位，为节之主，是为"当位以节"也。中而且正，位与德立，能裁制群伦，咸得亨通，是为"中正以通"也。卦体本自地天泰来，节之道，亦自天地始。日月代明，四时错行，寒暑往来，岁功以成，此为天地之节，故曰"天地节而四时成"。法天地之节，以为制度，则以此节财，而财不伤，以此节民，而民不害，庶几天下皆乐就吾节，乃能行之无阻，放之皆准。其要惟在刚柔之得中焉，夫岂"苦节"之谓哉！

以此卦拟人事，饮食不节而致疾，言语不节则贻羞，财用不节则败家，色欲不节则伤身，皆人事之害也。矫其弊者，为之绝食，为之缄口，为之靳财，为之断欲，节虽节矣，不堪其苦，是节之不得其中，而反致其穷也，何以能亨乎？夫人事不亨者，皆由刚柔之失中耳，过刚者侈，过柔者吝，道是以穷矣。为卦坎上兑下，刚柔以分。以兑之悦，节坎之险，使心得其悦，而行忘其险，当其位以裁度万事，斯万事咸亨。中且正，无偏陂也；亨而通，无窒碍也。盖人之喜怒哀乐，即天之雨露雷霆也；人之起居食息，即天之昼夜晦明也。人身有自然之制度，天地亦自然之运行，所谓"天地节而四时成"者，此也。人事要不外夫天道而已矣。

以此卦拟国家，国家政务万端，一言蔽之，惟在节以制度而已。制度得其中，则其所节，有甘而无苦也，可亨亦可贞也。刚柔均分，而道乃不穷也；悦险相济，而位得其当也。以此理财，而财不伤，以此使民，而民不害，庶几四海之大，万民之众，圣人以制度节之，使人人感其悦，人人忘其险，亦人人乐从其节，所谓"当位以节，中正以通，"道在是矣。要之圣人本悦以节险，不偏于刚，不偏于柔，唯法天地之节以为节。天地节而四时成，圣人节而万民悦，其道一焉，就爻论之，"当位"，谓九五也，以其居中，故曰"甘节"。道穷指上六也，

《象》之"苦节",上六当之。六四得《象》之"亨",故曰"安节"。初之"不出",慎以节也。二之失位,失其中也。三之"嗟若",咎自取也。总之,得中则吉,过中则凶,《象传》所谓"节亨",首在"刚柔分而刚得中"也。

通观此卦,卦象取下坎上兑,爻取刚柔均分,当位则吉。阳实阴虚,实塞而虚通。节者竹节也,竹之通处谓空,塞处谓节。凡所称立廉隅,分经界,皆节之义也。故人而无节,犹时而无序。夫寒暑晴雨,推移更代,若失其节,则天地闭塞,岁功不成;人而无节,则昏迷溃乱,行止皆穷,是咎在不知所节也。不知不节固凶,过节亦凶,欲期其节之贞,求其节之亨,唯要在刚柔之得中也。卦体内悦外险,刚柔均分,九五当位,刚得其中,悦以节险,中而能正,斯其道无往而不通矣。盖在圣人以至中者为节,其节也无心;在天地以循环者为节,其节也无形;在卦以坎兑相成者为节,其节也有象。圣人下袭水土,故取其象以示人。《象传》所曰"苦",曰"穷",戒其失也;曰"亨",曰"通",著其效也;曰"得中",曰"当位",示其则也;曰"不伤财",曰"不害民",美其德也。其卦爻自泰来,故于节亦可见天地交泰之象焉。水流坎止,有通塞之义,是以六爻皆取通塞,以为吉凶。初知塞而塞,故"不出","无咎";二宜通而塞,故"失时"为凶;三不塞而"嗟",咎复何辞?四塞而能"安",得《象》之亨;五全卦之主,"中正以通";六塞而不通,是谓"苦节"。大抵《易》道戒盈,节以防盈。防之过,或迟疑而败事,或鄙啬而失当。违天时,拂人情,均难免于凶咎耳。道以刚中为吉,此圣人所以贵时中也。

《大象》曰:泽上有水,节,君子以制数度,议德行。

"泽无水"曰困,泽有水曰节也。有水而不节,则泽亦涸,是以君子取象于节也。"数度"者,权量法度之谓也;"德行"者,道德性命之事也。兑自坤变,坤为重,为寡,象"数度";坎自乾变,乾为道,为性,象德行,坎为平,谓裁制得其平也;兑为口,谓议论出自口也,是以君子为之"制数度,议德行"。

【占】 问时运:运途中正,财源富有,惟宜外节出纳,内节身心。吉。

　　○问战征:节制之军,登高涉险,可守可战。

　　○问营商:泽有水,富饶之象。法制既精,议论亦确,无不获利也。

　　○问功名:品行端正,律度精详,有鱼龙得水之象。

　　○问婚姻:坎男兑女,水泽相成,吉。

　　○问家宅:宅临大泽,家道富有,吉。

　　○问疾病:病宜节饮食,慎行动。

　　○问六甲:生男。

初九:不出户庭,无咎。

《象传》曰:不出户庭,知通塞也。

初以阳居阳,为节之初。阳实阴虚,初当阳刚,一画塞止兑口,故为"不出"。上互艮,艮为牖,为居,有"户庭"之象;艮又为止,有不出之象,故曰"不出户庭"。卦继涣后,初六涣散甫集,正宜塞而不宜通也,虽户庭之近,亦不敢出,则一步一趋,无非节也,故得"无咎"。初动体坎,坎水为智,智则能审时度势,可通可塞,可出可入,皆有节制,故《象传》以

"知通塞"释之。

【占】 问时运:运途未盛,宜谨守户庭,得以免咎。

〇问营商:宜坐贾,不宜行商,无咎。

〇问功名:目下宜杜门静守,至四爻可以成名。

〇问战征:初当离散之余,军民乍聚,宜养其锐气,不宜出战。

〇问婚姻:初与四相应,四得承顺之道,即妇道之正也,故无咎。

〇问疾病:宜安居静养,无害。

〇问失物:尚在户庭之内,可寻得之。

〇问行人:尚未起行。

〇问六甲:生女。

【占例】 友人某来,请占家宅,筮得节之坎。

爻辞曰:"初九:不出户庭,无咎。"

断曰:卦象为兑西坎北,爻象外户内庭。初居兑下,阳刚一画,如户庭之有锁钥,以节出入,故曰"不出户庭";深居避祸,故曰"无咎"。今足下占家宅,得节初爻,此宅想是初次迁居,一切家事,正待整理,持盈保泰,宜守节俭之风,杜门谢事,可以无咎矣。

九二:不出门庭,凶。

《象传》曰:不出门庭,凶,失时极也。

户在内,门在外,初为户,二为门,由内而外也。初为内,坎水始至,塞之以防其漏;二则渐至于外,水既盛,宜通之,而犹曰"不出门庭",是知塞不知通也。二爻有刚中之才,正当乘时应变,出而有为,使天下得节之用。卦自初至三互震,四至六互艮,乃不为震之行,而固守艮之止,杜门绝迹,坐失时机,是以凶也。故《象传》以失时之极斥之。

【占】 问时运:运途方盛,时会亦好,咎在因循自误,为可惜也。

〇问战征:时可进取,乃畏首畏尾,固守不出,反致凶也。

〇问营商:货物充积,时价得宜,本可获利,乃因拘墟失时,反致耗损。兑为毁折,是失象也。

〇问功名:时会未逢,难望成名。

〇问婚姻:桃夭失时,难免旷怨,凶。

〇问家宅:门户闭锁,无人之象,凶。

〇问疾病:病由步履艰难,几成痿痹。

〇问失物:是内窃也。

〇问讼事:恐有囚禁之祸。

〇问六甲:生女。

【占例】 有警吏某氏来曰:吾友旧藩土某,维新之际,勤王死节,其后裔落魄无依。余眷念旧情,竭力赈助,以其子弟三人,招使来京,就学十数年。因之耗费,积累至六七千金,然犹以乡里田产,得值万金可偿。讵意利息倍增,迄今已万三千金矣,所有家产,又因价格低落,减数大半,欲偿则数无所出,不偿则债负不清,进退维谷,无以为计,遂至忧郁致病,不能供职。幸请教示。无已代为一占,筮得节之屯。

爻辞曰:"九二:不出门庭,凶。"

断曰:九二处兑之中,《象传》谓"悦以行险",二宜当之。二曰"不出门庭",是安于陷险,而不能行险也,其不出也,故凶。足下占债负处置,得节二爻,爻曰"不出门庭,凶",则知不出为凶,出则可以免凶矣。然所云"出"者有二:一则出外以避之,一则出所有以偿之,皆谓之出也。此中当必有节制矣,仆就《爻辞》之意,为足下债负计之。所负总数万三千金,乡里田产低价约售三千金,偿抵债主;再以月俸所得二百金内八十金为家用所费,余百二十金,亦按月归偿,合计一岁中,得偿千四百四十金。是节有余以偿不足者也,约不十年,便可清偿矣。《爻辞》曰"不出门庭,凶",若明为足下戒也。足下其勿因循畏葸,坐失时机,须当出而与债主相商,先以售产之金偿之,复以月俸之余归之,让其利息,缓其限期。债主而不许,则此债必难归给,债主而许之,则足下不至破产,债主亦终得金收,彼亦何乐而不许也?兑为口,为友,有得朋相商之象;兑爻曰"商兑,未宁,介疾有喜",正足下今日之时事也。足下速出而图之,毋失此时会也。

某氏闻而心喜,曰:此最妙之策也。后数日报来云,已遵此断词,出而了事矣。

六三:不节若,则嗟若,无咎。

《象传》曰:不节之嗟,又谁咎也。

三居兑之上,上画开口,为漏泽,不节之象。盖兑泽至三,坎水既盈,一时任意挹取,不知节省,至后将不继,不免咨嗟悔恨,故曰"不节若,则嗟若"。是为悦极生悲者,祸由己致,无所怨咎,故曰"无咎"。《象传》曰"又谁咎也",谓当节不节,"不节"在己,"嗟若"亦在己,又将谁咎乎?

【占】 问时运:壮不自检,老大徒悲,其将谁怨乎?

○问战征:临时不谋,后悔难追。

○问营商:当其获利,骄奢无度,一旦耗失,便致哀嗟,咎由自取耳。

○问婚姻:有先喜后悲之象。

○问功名:随得随失。

○问家宅:三以阴居阳,地位不当,必致先富后贫。

○问疾病:病由不节饮食所致,幸无大咎。

○问失物:付之一叹,不须怨人。

○问六甲:生女。

【占例】 明治二十年十一月,旧大垣藩主户田氏共伯,任澳大利亚全权公使,偕眷属赴任,临发横滨,枉驾余宅。此时送者不下数十人,伯曰:请占海上平安。筮得节之需。

爻辞曰:"六三:不节若,则嗟若,无咎。"

断曰:三爻居内外卦之交,正合贵下出外远行之兆;坎为水,兑为泽,有大海之象。三动体需,需《象》曰"险在前也",知此行防有险难。卦反涣,涣象为"风行水上",知必有风;兑正西,坎正北,知其风必自西而北。爻曰"不节若,则嗟若",谓非秉节而行,必致咨嗟。今贵下皇华出使,节钺在身,必能使海若效顺,百神呵护,即遇风险,必无咎也。需《象》辞又曰"利涉大川,往有功也",是可为贵下贺焉。

时送行者,如旧藩臣井田五藏、青森县知事菱田文藏、大审院判事鸟居断三、神道教正鸿雪爪咸皆在座。倾听之余,或谓照此判词,海上风波,浑如眼见,未来之事,皆得前知,疑余臆断,未必可信也。鸿雪爪君独云:高岛君《易》筮,素称人神,多为人所不解者也。余曰:余唯凭爻而断,应与不应,非余所知,然向所断,未尝有或爽者,殆可谓如响斯应者矣。诸士唯唯,不复有言。后四年,户田伯归朝,告余以当时海上困难,一如《易》断。

六四:安节,亨。

《象传》曰:安节之亨,承上道也。

四本坤体,坤为安,故曰"安";居坎之始,坎为险,以兑节之,斯得化险为安,故曰"安节"。"安节"者,安而行之,不失其节,则何往不通? 故曰"安节,亨"。四得位承五,五"中正以通",四先通之,是以《象》之亨,唯归于四;四以承五得亨,而天下无不亨矣。《象传》曰"承上道也",上指五,道即节之道,谓五以节风示天下,四比近五,能首承其道也。

【占】 问时运:一路平安。

○问战征:善战者在先安军心,军心安,则临危不惧,而所向有功。

○问营商:四在外卦之始,必是初次贩货出外,能事事节俭,斯得安居外地,而所谋亦得亨通矣。

○问功名:能承上意,必得成名。

○问婚姻:四以阴居阴,得位承阳,自得家室安全。

○问家宅:平安获吉。

○问疾病:病由口入,能节饮食,自得安泰。

○问六甲:生男。

【占例】 官吏某来,请占官位升迁,筮得节之兑。

爻辞曰:"六四:安节,亨。"

断曰:六四重阴,爻象安静,事事中节,是以亨也。《象传》曰"承上道也",上谓五,四与五比,能承上旨而行节也。今足下占官途升迁,得节四爻。四与初应,初"知通塞",故四能安分守己,不失其节,唯承上之意旨而行,是以发皆中节,无往而不亨通也,升迁必矣。四与五间一爻,升迁当在明年。

九五:甘节,吉,往有尚。

《象传》曰:甘节之吉,居位中也。

五居尊位,为节之主,《象》所谓"当位以节,中正以通",唯五当之。《象》首戒"苦节,不可贞";反苦为甘,其道必贞,贞则吉矣,故曰"甘节,吉"。四居坎中,坎《象》曰"行有尚"节四之"往有尚",盖即由坎《象》而来。"往"即"行"谓能行斯而往,询可嘉尚。按五味以甘为得中,咸苦酸辛,皆偏也。节味之偏,而适其中,谓之"甘节",甘则人皆乐从,而不病其难也,此"甘节"之所以为吉也。《象传》以"居位中"释之,《礼·月令》曰:"中央土,其味甘",甘位居中,五为君,君位亦居中,《象传》所释之意取此。

【占】 问时运:运如嚼蔗,到老愈甘。

　　○问营商:稼穑作甘,当以贩运谷米为吉。"往有尚"往者往外也,尤当贩米,往外洋销售,定必获利。

　　○问功名:苦尽甘来,功名必显。

　　○问家宅:五爻得位,中央为甘,知此宅必地位中正,家风正直,节俭足以嘉尚。

　　○问婚姻:女之嫁曰往"往有尚",谓往而成礼。"甘"者,甘心相从,有百年好合之象,吉。

　　○问疾病:病在中宫,甘则中满,须宜节食为要。

　　○问六甲:生男。

【占例】 某商人来,请占商业盈亏,筮得节之临。

　　爻辞曰:"九五:甘节,吉,往有尚。"

　　断曰:味之甘者,人所乐嗜,然过甘则味亦变。节之所以适其中,于味然,于万事亦无不然。"往有尚"者,谓由此以往,事皆可尚,事皆获吉矣。今足下占商业盈亏,得节四爻,知足下于商业,经营已久,向以不知撙节,致来嗟恨。去岁得安,今年爻必获甘味,所当裁而节之。事事从节,毋以盈满自侈,斯盈可长保其盈矣,故吉。"往"者,为遵此节道以往,"往有尚",亦往有功也。足下此后,商业大利。

上六:苦节,贞凶,悔亡。

　　《象传》曰:苦节贞凶,其道穷也。

　　六重阴不中,居节之极,是过节者。《尔雅》,"卤,咸苦也",坎水润下作咸。兑为刚卤,是味之苦者也。上与初相终始,初在泽底,节以防漏;上在泽口,出纳由之,而竟概节之,是不知通塞也,其困苦之状,物所难堪,有不可终日者矣,故《象》之"苦节"独归于上。"悔亡"者,谓奢不如俭,以此修身,悔自亡矣。《传》曰"道穷",即以释《象》者释之。"苦节,贞凶"者,自古之龙逢比干,为国亡身,克全臣节,其祸虽凶,其道则正,足以表式万世,复有何悔?

【占】 问时运:运途亦正,为固执不通,以致终身穷苦。

　　○问营商:机会已极,不知变通,以致穷迫,徒自苦耳。

　　○问功名:其人则守正不阿,困苦自守,难望成名。

　　○问战征:爻象重阴,柔弱无力,又当地穷势极,只知苦守不出,终必凶矣。

　　○问疾病:阴盛阳衰,病势已极,凶。

○问六甲：生男。

【占例】　有商友某氏，请占株式高下，筮得节之中孚。

爻辞曰："上六：苦节，贞凶，悔亡。"

断曰：此卦泽上有水之象。泽有水，盈则通之，不盈则塞之。通塞者，是为水之节制也，上爻当泽之上口，宜通而塞，是过于节也。水流而不止，流水甘也，上塞而不流，则为停潦，甘亦苦矣，故曰"苦节，贞凶"。今足下占株式高低，得此爻象。株式者，财用之资，财源犹如水源，宜流通，不宜壅塞；况上爻当时位已极，若塞而不穷，好为垄断，以期高价，令人迫蹙困苦，无以为生，防苦极生变，则苦人者反而自苦，取凶之道，亦取穷之道也。宜速开通，斯可免凶矣。

其人闻之，即日卖脱。后其价随即低落。

○明治三十一年，占北海道厅之治象，筮得节之中孚。

爻辞曰："上六：苦节，贞凶，悔亡。"

断曰：上爻当兑泽之口，坎流既盈，又复节而不通，令人不得沾其惠泽，是谓"苦节"，其道必凶。今占北海道厅政治，得此爻象，知其施政，有不合地势，不通民情，上下拥塞，号令不行之象。上爻动为中孚，当速变通出之，斯可孚而化邦也。就外象论之，兑泽水盈，盈则必溢，兑，秋也，防秋时有洪水之灾。

是年九月，果有水难，人民苦之，凶象如是。

○明治三十一年，占外交形势，筮得节之中孚。

爻辞曰："上六：苦节，贞凶，悔亡。"

断曰：上爻之"苦节"，是过节者也。节得其中则甘，过之则苦。天下事皆贵适中，过则困苦随之，凶祸亦随之矣，是势所必然也。今占外交，得此爻象，知当今时势，正是泽水满溢，岌岌可危之际，所宜流通四海，变其节制，以适权宜，斯可免受困苦。若竟吝而不出，固执自守，其凶必矣。

䷼ 风泽中孚

卦体上巽下兑，巽为风，兑为泽。风之应时，春夏秋冬，不愆其候，风之信也；泽之受水，朝潮夕泛，不爽其期，泽之信也。卦象三、四二柔居内，是谓中虚，中虚则通，通则孚；二五两刚得中，是谓中实，中实则诚，诚亦孚也。此卦所以名中孚也。

中孚：豚鱼吉。利涉大川，利贞。

孚者，信也。"中孚"者，信发于中也。内卦兑，睽上曰"豕负涂"，"涂"谓兑泽亏下，足以牧豕，豕小为豚，故兑亦有豚象；外卦巽，巽为鱼，鱼得水泽以为乐。二物虽微，皆能得巽兑之性，以为生活，故曰"豚鱼吉。""大川"，即泽之大者。巽为木，"刳木为舟"，是涉川者所利用也，故曰"利涉大川"。其孚如此，宜无往而不利矣，然其中之邪正诚伪，又不可不辨，故曰"利贞"。

《象传》曰:中孚,柔在内而刚得中。说而巽,孚乃化邦也。豚鱼吉,信及豚鱼也。利涉大川,乘木舟虚也。中孚以利贞,乃应乎天也。

孚字,从爪,从子,如鸟抱子,不失孕乳之期,是其信也。发于外者为信,诚存于中为孚,谓之中孚,"中孚"者,其心虚灵,其行真实之谓也。为卦三四阴柔,合在两体之内,二五阳刚,各居一卦之中,柔内刚中各当所作,上巽下悦,相辅而行,乘天下之所顺,行天下之所悦,故曰"说而巽,孚乃化邦也。""豚鱼",《正义》分为二物,吴草庐作江豚。江豚处大泽中,盖鱼类而豚形也,每当风起,拜舞江中,视其首之所向,即知风之所自,涉川者以之候风焉,俗呼谓拜江猪。"豚鱼"无知,而能感应风信,故曰"信及豚鱼",孚之至也。《易》言"利涉大川",多取巽象。巽为木,木能水上浮行,语曰"乘桴浮海",亦取此耳。卦体中虚,故谓"舟虚","舟虚"者,中无一物,随风往来,与波上下,任天而行,中孚之象也。孟氏卦气,以中孚为十一月卦,十一月当天道贞固之时,中孚得之,故能以利贞应天。

以此卦拟人事,孚者,信。信见于言,言发于外也;孚感于心,心存于中也。人心之用,灵则明,明则诚,内贵虚灵不昧,外宜真实无妄,是所谓"柔在内而刚得中"也。由我之所悦,以之而顺人,人亦以其悦者,顺从夫我,彼此相悦,悦乃孚矣。此不特在人己之间也,即推之于邦家,邦家亦相率而化矣;又不特在邦之大也,即极之于庶物,庶物亦相感而信矣,是以吉也。"大川"者,泽水之险者也,非舟楫不克以涉之。"中孚"者,以礼义为干橹,心中自有涉川之具,虽危可涉,无往不利。心中虚,故象虚舟,《语》云,"言忠信,行笃敬,虽蛮貊行焉",此物此志也。卦中四刚皆得乾体,乾为信,是孚之最贞者也。人能以刚德合天,即所谓"中孚以利贞,应乎天也",夫岂硁硁信果,所可同日语哉!

以此卦拟国家,《檀弓》曰:"有虞氏未施信于民,而民信之。"施信而民信,孚犹后也;未施信而民信,孚在先也。盖不言而信,有不期其孚而孚者,孚由中出,在民亦不知其何以孚也,是无为而治之休风也。由是而气机所感,龟亦负图,鱼来献瑞,此即"信及豚鱼"之兆也。政教所罩,万邦协和,四海来同,此即"孚乃化邦"之象也。乃知圣天子德盛化神,大则蛮夷率服,小则鱼鳖咸若。治水而乘橇奏绩,济危而作楫有材,皆由履中居正,道协于中,德孚于外,是以天人感应,民物效顺,得以成风同道一之隆也哉。

通观此卦,此卦次节。凡事有节,则有常可守,无节则泛滥无据而不信。故喜怒哀乐,"中节"谓之"达道","达道"即信也。《序卦传》曰:"节而信之,故受之以中孚"此中孚所以次节也。卦内三四两偶为虚,二五两奇为实。初上两奇包外,恰如甲壳;鸟覆育其卵曰孚,应期而化,子自中出,故曰中孚。卦体巽上兑下,巽者东南司春,兑者正西司秋。自春至秋,自东而西,天地生物之功毕;兑往而归于西北,化机敛藏,贞固而为孚甲,遇巽复还东南,所以兑巽合而为中孚也。在五行则兑为金,巽为木,金克木。造物之理,生杀相因,卵不裂,不可以成鸟,木不刻,不可以为舟,巽木之利涉,兑金之功。故兑毁折而后能悦,巽鸡伏雏,甲坼而后羽毛见。中孚取象于孚卵,小过取象于飞鸟,法象之自然也。初象鸟之伏子,其心专一,故有"有它不燕"之辞;二象卵之受伏,其化将成,故有"鹤鸣""子和"之辞;三象子之在壳,成败可忧,故有"得敌"之辞;四象卵之将成,盈满有时,故有"月几望"之辞;五象雏之成群,饮啄相呼,故有,"有孚挛如"之辞;上象雏之习飞,下上其音,故有"翰音""登天"之辞。在人则初上之实为躯,三四之虚为心,二五之实为情。然三四同虚,而有善有不善者,正则善,不正则恶;爻得位则正,失位则不正。初得位存诚,二得中相应,三不当位,四五当位,上九阳亢外驰,故初、二、四、五孚之善也,三上,孚之不善也。此贞谅之辨,圣人所谓惓惓者也。

《大象》曰:泽上有风,中孚,君子以议狱缓死。

《象》不曰风在泽上,而曰"泽上有风",显见泽水本静,因风而生波,犹言人心本平,因争而速狱。巽曰"申命",有议缓之象;兑为刑人,有死狱之象;卦下互震,震为议为生,为缓,有"议狱缓死"之象。吕刑曰,狱成而孚,是狱必孚乃定;然狱虽孚,犹必议而缓之,即所谓罪疑惟轻是也。"议狱"者,审其所可疑,"缓死"者,求其所以生,孚之至也,故曰"君子以议狱缓死"。

【占】 问时运:"泽上有风",防有风波之险。

○问营商:宜仔细酌议,宽缓行事,斯得免害。

○问战征:当以不嗜杀人为心,斯为心咸孚,所向无敌。

○问功名:一时罪狱未平,功名难望。

○问婚姻:婚媾致寇,因之速狱,宜慎。

○问家宅:主有讼狱之灾。

○问疾病:危则危矣,一时生命可保。

○问讼事:一时未了。

○问六甲:生女。

初九:虞吉,有它不燕。

《象传》曰:初九虞吉,志未变也。

"虞",虞人也。巽四曰"田获三品",兑五曰"孚于剥",《月令》,"冬日剥阴木",《诗》云"九月剥枣,是谓斩木"。是巽兑皆有虞人之象,故中孚初爻取之。《王制》獭祭鱼,然后虞人入泽梁。按虞人入泽梁,在十月中。《周礼》山虞令万民斩材木,《贾疏》:"草木零落,然后入山林",亦在十月中。中孚为十一月卦,正当入泽梁,斩材木时也。岁有常期,则渔者樵者,受命于虞人,入泽入林,各从其取,故曰"虞吉"。顺中孚之时,不愆其候,不纷其志,无他求也;有他则上下不孚,渔樵失时,焚林竭泽,将自此起,不能安矣,故曰"有它不燕","燕",安也。《象传》以"志未变"释"虞吉",谓变即有他,有他即不吉矣。唯其初"志未变",是以吉也。

【占】 问时运:阳刚当令,用心专一,不惑于他途,故吉。

○问营商:安于本业,见异不迁,以交冬令为利。

○问功名:有志竟成。

○问战征:巽初爻曰"利武人之贞",从禽从戎,其义相同,所当专心一志,踊跃前进,自可获胜。吉。

○问婚姻:有从一而终之象。

○问疾病:病可无虞,但恐有他变,变则危矣。

○问讼事:恐有别生枝节。

○问六甲:生女。

【占例】 友人某来,请占商业,筮得中孚之涣。

爻辞曰:"初九:虞吉,有它不燕。"

断曰:爻曰"虞吉","虞"谓虞人。巽为鱼,兑为泽,故有虞人入泽梁之象。虞人入泽,得其所取,故吉,若他有所求,则取非其时,故不安。今足下占商业,得此《爻辞》,知所谋之业,必近木近泽,所谋之人,皆已众志相孚。事在初起,不必他求,业无不成。获利以冬季为宜,足下安心从事可也。

九二:鸣鹤在阴,其子和之,我有好爵,吾与尔靡之。

《象传》曰:其子和之,中心愿也。

"鹤鸣""子和",喻中孚之相应也。鹤为阳鸟,二以阳处阴,故曰"在阴"。《春秋·说题》称,鹤夜半则鸣,亦为信鸟,有孚之象。盖鸣者在鹤,和者为子,一鸣一和,同声相应,同气相孚,有得中孚感应之妙者矣。"我"谓二,"尔"谓五,"我有好爵,吾与尔靡之","靡",共也,为二得此"好爵",愿与五共之。二五相应,志同道合,一如母子相依,有同鸣共栖之象,其至诚之感孚如此。或疑五为君位,不当言子,不知《易》尚变通,未可拘执一见也。《象传》曰,"中心愿也",谓鸣和乃自然之应,中心相孚,孚之至也。

【占】 问时运:此唱彼和,适得我愿,正当运途亨通之会。

○问营商:主客同心,气谊相投,有交相获利之象。

○问功名:有父子同升之庆。

○问战征:上下一体,如以臂使手,以手使指,一气相连,有进则共进,退则共退之象,未易攻击者。

○问婚姻:得夫妇唱随之乐。

○问疾病:是传染之症。

○问家宅:必是贵显之家,且得孝贤之子。

○问六甲:生女。

【占例】 某贵显伤偶,鳏居数年,友人屡劝续娶不听。一日闻歧阜县土族,有一良妇,友人皆愿为执斧,恐某贵显固执不从,先为一筮以决之。筮得中孚之益。

爻辞曰:"九二:鸣鹤在阴,其子和之,我有好爵,吾与尔靡之。"

断曰:此爻曰"鸣"曰"和",有两心相得,同声同应之象。卦名中孚,孚谓鸟抱卵,有育子之象。占娶妇得此《爻辞》,知娶得此妇,必能夫唱妇随,家室和平,"鹤鸣""子和","好爵""尔靡";且他日其子又能继承父业,共享荣贵,可谓既得佳妇,又有佳儿也,大吉之兆。占得此爻,友人又惧某贵显严肃,未敢启齿,余又占其媒之成否,筮得兑之随。

爻辞曰:"九二:孚兑,吉,悔亡。"

断曰:得此爻,其成必矣。孚者,信也,兑者,悦也,既信且悦,复又何疑? 余乃先往说,果得允诺。继而又有以阀阅一妇为媒者。或疑前约,将有更变,余再筮之,遇履之睽。

爻辞曰："九五：夬履，贞厉。"

断曰：履之三爻，为"虎尾"，五爻为虎背也。今某贵显骑虎之势，有不能中止之象，且五爻《象传》曰"夬履位正当也"是前约之妇，可为正婚也，知前约之妇，必不能罢。友人不听，进告贵显，责显决意不允，准从前约，因类记之。

〇明治三十年，占我国与美国交际，筮得中孚之益。

爻辞曰："九二：鸣鹤在阴，其子和之，我有好爵，吾与尔靡之。"

断曰："鹤鸣""子和"者，是谓母子相依，鸣声相和；好爵尔靡者，是谓天爵之尊，尔我共有，此中相亲相爱之情，中怀固结，有默相感召者也。今占我国与美国交际，得此爻象，知我二邦，邦交素笃，虽远隔重洋，浑如父子兄弟，共处一室，尔爱我怜，无诈无虞，各保天位，共修天爵。此后交际，当有益见亲睦也。

六三：得敌，或鼓或罢，或泣或歌。

《象传》曰：或鼓或罢，位不当也。

《易》例以俱刚俱柔谓敌应，此爻三四俱柔，敌体也，故曰"得敌"。二至四互震，震为鼓，又互艮，艮为止，止即罢也，故曰"或鼓或罢"。兑为口，能歌；巽为号，象泣，故曰"或泣或歌"。"或"者不定之辞，盖三与四敌，始怒而鼓，复惧而罢，继喜而歌，复悲而泣，皆由中心无主，言动改常，其象有如此者。夫人有孚，虽千里相应，孰非吾与？不孚，虽一室相违，皆为吾敌，固不在外貌之相亲，而在内心之相孚也。三居兑之极，悦不由衷，故进退无极，愈可知也。《象传》以"位不当"释之，谓三以阴居阳，位不当也。

【占】 问时运：目下运途颠倒。
〇问营商：忽盈忽亏，忽成忽败，皆由主谋不定。
〇问功名：升降无常，荣辱随之。
〇问战征：强敌在前，难以制胜。
〇问婚姻：反复未成。
〇问家宅：宅神不安，事多颠倒。
〇问疾病：时重时轻，防得鬼祟。
〇问行人：欲归复止，一时未定。
〇问失物：防得而复失。
〇问六甲：生女。

【占例】 知友某出仕某县，顷有书来，曰："奉内命，得升一级，自憾才力不能胜任，不如仍居现职，诸事熟练，僚友同心，幸无旷误也，请烦一占。"筮得中孚之小畜。

爻辞曰："六三：得敌，或鼓或罢，或泣或歌。"

断曰：爻以敌应在前，以致进退无恒，哀乐不定，有得不足喜，失不足忧之象。今足下占宦途升迁，得此爻象，知足下近有晋级之喜，然其中尚有转折可虑。《爻辞》所谓"鼓"者进也，"罢"者退也，"泣"者悲也，"歌"者乐也，是明言时事颠倒，心神缭乱，必有忌者为之播弄于其间也。是谓"得敌"，故虽升迁，不如不调，仍服原职为是。

六四:月几望,马匹亡,无咎。

《象传》曰:马匹亡,绝类上也。

六四重阴之爻,月,阴也,故象取月。月至"几望"而始盈,盈则中实,有孚之象。四与五比,五为君位,日也,四为月,月无光,得日之光以为光,是日月交孚也,孚之正者也,故曰"月几望"。"马"者,卦体本乾,乾为马,四动成巽,乾象已失,故曰"马匹亡"。"匹"谓初,以四与初,以类相应,谓之匹。巽为风,马之良者,能追风,中孚十一月,正胡马感北风之时,是中孚之气候,有以感之也。《象》以"绝类上也"释"马匹亡",类初也。初亦乾体,象马,如马之离其群匹,绝初之类而上五也。"月几望"者,无盈满之嫌,"马匹亡"者,无党同之累,夫复何咎?窃又别得一说。按马得月之精气而生,月与马自相感孚,故月马并言。"几望"者,为月盈满之时,"匹亡"者,即《传》所谓"绝类",是马之至良至驯者也。四爻重阴得坤气,坤为月,亦为牝马,爻象兼取之。以其一气相孚也。亦足备解。

【占】 问时运:运当全盛,宜保泰持盈,去私从公,得以无咎。

○问营商:"月几望",喻财利之丰盈;"马匹亡",喻谋事之快利。吉。

○问功名:有春风得意之象。

○问战征:宜于月夜进攻,马脱蹄,兵衔枚,奋勇而上,定可获胜。

○问婚姻:愿望颇丰,"匹亡"者,恐不久有丧偶之灾。

○问疾病:三五之期不利。

○问家宅:此宅阴气太盛,恐同居中,难免死亡之祸。

○问行人:十四五可归。

○问六甲:生女。

【占例】 缙绅某来,请占谋事,筮得中孚之履。

爻辞曰:"六四:月几望,马匹亡,无咎。"

断曰:爻象取月,取马,月则乘时而满,马者绝尘而趋,是为全盛之象。今足下占谋事,得中孚四爻,知足下所谋之事,约在望前可以成就。惟一时同谋诸友,其间有性情契合者,亦有意气不投者,所谓风马牛之不相及也。宜以其不投者,绝谢之,使不致败乃事矣,故无咎也。

九五:有孚挛如,无咎。

《象传》曰:有孚挛如,位正当也。

九五为孚之主,"有孚"一言,惟五足以当之。巽为绳,五艮为手,象挛。五居君位,二为臣位,五与二相应,即与二相孚。孚曰"挛如",争之至也。孚于臣,孚于民,亦可孚于邦,《象》所谓"孚乃化邦",由是而暨焉。小畜五爻,亦曰"有孚挛如",中孚与小畜,同体巽顺,故同象。《象传》以"位正当"释之,谓二五之位适当,是以牵系不绝,故能有孚如此。

【占】 问时运:所谋所求,无不称心。

○问营商:同心协力,合伙经营,无不获利。
○问功名:有求必成。
○问战征:军心固结,戮力同心,自能制胜。
○问婚姻:有二人同心,百年好合之庆。
○问家宅:一家和乐,百室盈止。
○问疾病:病由肝风,致手足牵挛,带病延年,尚无咎也。
○问讼事:防有桎梏之灾。
○问六甲:生女。

【占例】 缙绅某来,请占婚,筮得中孚之损。

爻辞曰:"九五:有孚挛如,无咎。"

断曰:卦象为至诚感孚,心心相印,故曰中孚。五爻为卦之主,爻曰"挛如",正见其相孚之情,有固结而不解者矣。今占婚姻,得此爻象,知两家必是素相契合,有如手如足之好,此番缔姻,自然夫唱妇随,莫不静好。且五为贵爻,亦必是名门阀阅之家,大喜。

上九:翰音登于天,贞凶。

《象传》曰:翰音登于天,何可长也。

鸡曰翰音,鸡必振羽而复鸣。翰,羽翮也,鸡鸣不失时,孚之象也。鸡本微物,而翰音远闻,人无实德,而有虚声者似之。上居孚极,区区小忠小信,上彻九天,虽正亦凶。《象传》释以"何可长也",谓其绳盗虚声,何能久乎?

【占】 问时运:运途亦盛,但虚而无实,转觉可危。
○问营商:场面颇广,声势亦宏,有外观而无内蕴,恐其不能久也。
○问功名:绳盗灵声,君子所耻。
○问婚姻:恐难偕老。
○问家宅:此宅有牝鸡司晨之象,家业难保,凶。
○问疾病:肝风作痛,喊叫声声,病状颇苦,凶。
○问讼事:势将上控,凶。
○问六甲:生女,小儿善啼,恐难育。

【占例】 一日有自称天爵大神者来。余问其名之何来,并相访之意,彼曰:余爱知县士族也,为患道路险恶,行者苦之,乃携锹一挺,出东海道,独力修缮。凡至一乡,呼告村人,使咸相助力,率以为常。一日山田大臣经过其地,见余修路,促使相见,余乃陈述心愿,大臣赞之曰:忘身而图公益者,谓之天爵大神。余因之自号为天爵大神。问其来意,曰:今欲架一桥,劝募资助,余乃以金若干与之。大神又请占气运,筮得中孚之节。

爻辞曰:"上九:翰音登于天,贞凶。"

断曰:一鸣而声闻于天者,鹤也,鸡乃家禽,而妄窃鸣鹤之声,绳盗虚声,恐干灾祸,故爻曰"贞凶"。今君占气运,得此爻象,适与君之作为,如合符节。君以苦心苦力,修缮道路,事非不正也,然好名之心太重,实欲藉此区区劳力,以博美誉。试观水无源者立涸,木无根者立枯,名而无实,其安能不败乎?且君称名骇异,即取祸之由也。须敛迹自晦,可以免害。

䷽ 雷山小过

为卦二阳在内,四阴在外。阴为小,谓之小,阴过于阳,谓之过。卦体震上艮下,震动也,艮止也,动止宜得其中,若过动过止,皆谓之过。震为雷,艮为山,若雷过猛,山过险,亦谓之过。以其所过,皆在小事,此卦所以名小过也。

小过:亨,利贞。可小事,不可大事。飞鸟遗之音,不宜上,宜下,大吉。

小过者,阴过乎阳,即"行过乎恭,丧过乎哀,用过'乎俭'"之谓也。过在细故,道乃可通,故曰"小过亨"。"利贞"者,矫世励俗,利在归正,故曰"利贞"。四阴擅权在外,二阳逼处于中,柔弱无力,不足以当大任,只可小受而已,故曰"可小事,不可大事"。震为鹄,又为音,故曰"飞鸟遗之音",遗其音者,哀鸣之声也。飞鸟过高,欲下不得,哀鸣求救,上则愈危,下则犹得安,故曰"不宜上,宜下,大吉",吉在下也。

《象传》曰:小过:小者过而亨也。过以利贞,与时行也。柔得中,是以小事吉也。刚失位而不中,是以不可大事也。有飞鸟之象焉,飞鸟遗之音,不宜上,宜下,大吉,上逆而下顺也。

过当之谓过。过有大小,是以卦名亦分大小过。阳过乎阴,则过大;阴过乎阳,则过小,二卦内外反对,各有偏胜,故为过也。小过动而遂止,所过者小,小则可通,故曰"小者过而亨也"。一动一止。宜当其时,当时之谓正,时当小过,宜以小过处之,故《象》曰"利贞"。而《传》则曰"过以利贞,与时行也",言其因过而得利贞,乃其时之当过也。"可小事"者,谨小慎微,力所优为,以二五之柔得中也;"不可大事"者,遗易投艰,才不胜任,以三四之刚失位也。"飞鸟之象"者,二阳在中,象鸟身,四阴在外,象鸟欲翼而飞也。鸟之徊翔审集,所以避害,一遭戈,则鸣声上下,呼群求救,如语所云"鸟之将死,其鸣也哀",故曰"飞鸟遗之音"。乘上则逆,逆则必凶,承下则顺,顺则大吉,故曰"不宜上",而"宜下"也。

以此卦拟人事,震动艮止,人事不外动止两端。动而过动,动即为过,止而过止,止亦为过,所过者小,是谓小过。在人不动不止,则可无过,然不动不止,则亦不亨,唯其有过,乃亦有亨,故曰"小过亨"。所谓过者,往往因时之过刻,而故崇其厚,因时之过猛,而故用其宽,过之不失正,以其能应时而行也。时而宜柔,人唯行其柔耳,柔得其中,故"小事吉"也;时而宜刚,人唯行其刚耳,刚失其位,故"不可大事"也。盖人事之所以得中失中者,唯以时宜为准而已,至所谓"不宜上,宜下",观夫飞鸟而得其象焉。"飞鸟",象由中孚上六来,中孚上曰"翰音登于天,凶",是即"不宜上,宜下"之旨也。飞鸟上则危,下则安,故曰"上逆而下顺也"。以喻人事,骄亢则危,逊顺则安,乃知谦卑下人者,虽大任不能当,而小事则无不吉也。唯在柔之能行夫时而已矣。

以此卦拟国家,国家之大典,如夏尚忠,殷尚质,周尚文,三王缔造,其制作皆因时而定也。故时宜忠而忠,时宜质而质,时宜文而文,各因其时,即各得其贞,而道无不亨矣;非其时则过于忠,过于质,过于文,皆谓之过也。其过虽小,亦不得谓之非过哉。此过所以分大小过也。大过四刚在内,才力盛大,故过亦大;小过四柔在外,智识浅少,识小故过亦小。譬如身任国政者,大权在握,其成大,其败亦大,小节自谨,其得小,其失亦小。此皆在刚柔之分也,故柔得中,则小事必吉,刚失位,则大事不可为矣。即凡政事之道,有顺有逆,有上有下,莫不由此而出焉。宜下而下,则谓之顺,宜下而上,则谓之逆,逆者凶,顺者吉。观夫鸟之高飞也,翱翔冥漠,不知所止,不下则不得其食,亦不得其栖,哀鸣嗷嗷,有欲下而不得者矣,凶之道也。为国家者,居高履危,当取象于飞鸟而自警焉,斯知所顺逆矣。

通观此卦,大过自颐来,口腹之养过度,则有死丧;小过自中革来,性情失常,则有灾眚。故小过之内,互为大过,不中不信,动而不止,必同至灭亡。《彖》曰"亨"者,谓人宜收敛改悔,则自亨通,使亦如大过之"不惧""无闷",其咎反甚于大过。何则?大过有阳刚之才,而小过阴柔,飞扬躁扰,尤所深忌也。卦之取象于飞鸟者,亦由中孚上爻"翰音登于天"来也,故卦体中,二奇象鸟身,上下四偶象鸟翼。艮欲止而震欲动,四阴用事,二阳迫处凶惧之地,任阴所往,不能自止,如鸟之振翼高飞,身不自主,翼飞愈远,身愈不安,哀鸣疾呼,求援不得,所谓飞鸟遗音是也。故小过之时,下止则吉,上动则凶,所谓"不宜上,宜下"是也。六爻皆取鸟象:初上在外,为翼为翰皆凶;二五为翼,二无咎,下也,五虽中无功,上也;三四为身,三艮止之主,不能止而上应,故凶,四震之主,虽动而下应,故无咎。是以《传》所谓"上逆而下顺"者,道由是焉。

《大象》曰:山上有雷,小过,君子以行过乎恭,丧过乎哀,用过乎俭。

震雷者,动而不止,艮者,止而不动。山上有雷,是雷为山所止,雷必小矣,故为小过。君子取其象以制行,而行不嫌其过恭;取其象以居丧,而丧不嫌其过哀;取其象以致用,而用不嫌其过俭。盖曰"行",曰"丧",曰"用",皆动也,象震;曰"恭"曰"哀",曰"俭",皆止也,象艮。其过恭、过哀、过俭,皆所以矫一时之弊也,以其非中行也,谓之小过,然亦足矫世而励俗焉。

【占】 问时运:运途清高,有不屑于同污流俗之概。

○问营商:因一时价值过高,不合时宜,买卖均难。

○问功名:以其不谐时俗,反为人忌。

○问战征:屯营山上,地位过高,进退俱难。

○问婚姻:想是老夫女妻,年岁相去过远。

○问家宅:此宅想在高山。

○问疾病:是过寒过热之症,须调剂得中。

○问六甲:生男。

初六:飞鸟以凶。

《象传》曰:飞鸟以凶,不可如何也。

"以"者,即左右之曰以是也。鸟以翼而飞,初与上,象取两翼,故皆言"飞鸟"。小过

"不宜上，宜下"，初在下，更不宜上，飞则振翼直上，欲下不能，其凶可知也，故曰"飞鸟以凶"。初居艮止之始，本无飞象，初与上相终始，上居震动之终，上之鸟，动而思飞。初上分为两翼，一翼飞，一翼不能独止，故飞则俱飞，凶亦俱凶。《象传》释以"不可如何"，谓"上逆而下顺"，初在下，乃不顺下而逆上，是自取其凶也，亦无可如何耳。

【占】　问时运：不安本分，妄思风腾上进，凶。

　　○问营商：力小而图大，位卑而谋高，不自量力，必致败也。

　　○问功名：宜卑小自安。

　　○问战征：初在艮下，宜按兵不动。

　　○问婚姻：宜门户相当，不宜攀结高亲。

　　○问家宅：屋宇以低小为宜。

　　○问疾病：神魂飞越，凶。

　　○问六甲：生男。

【占例】　友人某来，请占谋事成否，筮得小过之丰。

　　爻辞曰："初六：飞鸟以凶。"

　　断曰：鸟本以栖集为安，以飞翔为劳，飞而不下，是鸟不得其栖息矣，是以凶也，犹如人惶惶道路，有不遑安处之状。今君占谋事，得此《爻辞》，知君所谋，意欲舍小图大，去低就高，为力谋上进之事。就爻象而论，鸟之飞，愈上愈危，欲下不得，喻言君之谋事，愈大愈难，不特其事不成，即他日欲退而就小，而亦不能也。劝君安心退守，不作妄想，斯可免凶也。

　　○明治二十七年冬至，占二十八年我国与俄国交际，筮得小过之丰。

　　爻辞曰："初六：飞鸟以凶。"

　　断曰：初爻处艮之下，艮，止也，本不宜动，乃鸟以动而飞，是失艮之止，以从震之动，舍顺就逆，是以凶也。《彖辞》曰"不宜上，宜下"，鸟能安其在下，则凶可免矣。今占我国与俄国交际，得此爻象，是当以内卦艮属我，外卦震属俄。在俄，虎视眈眈，只知动兵争强；我与清交战，乃俄若忌我之胜，有跃跃欲动之意。彼动而我亦不能不动，故初与上，皆言"飞鸟"，是象之发现在此。果若两动，则必两凶，当谨守宜下之戒，则可以免凶。

　　后我与清国媾和，法顺下之旨，乃得平和结局。

六二：过其祖，遇其妣，不及其君，遇其臣，无咎。

　　《象传》曰：不及其君，臣不可过也。

　　《易》例，阴阳相应，为君臣，为夫妇，取其配偶；无应者，或为父子，或为等夷，或为嫡媵，或为妣妇，取其同类。五为父母之位，亦为祖妣之位，阳爻为父为祖，阴爻为母为祖妣。五为父母，则必以二为子；五为祖妣，则必以二为孙。今二五皆阴，而不相应，有妣妇之配，故曰"过其祖，遇其妣"。常例五为君，此卦君当谓上，五则臣也，故臣谓二五。过四而与五遇，则止于五而不上，故曰"不及其君，遇其臣"。可过而过，不及而不过，为能得经权之中，无过不及之偏，故"无咎"。且二五以柔相亲，五尊二卑，卑之于尊，弗过则可承其礼遇,过则有逾越之嫌,故五视上虽为臣,而二不可遇也,不可遇,则二于上,但觉庙高堂远,瞻仰弗及矣。不可过而不过,安于"宜下",夫复何咎? 此小过之最善者也。《象传》之所释者以此。

【占】 问时运:运途平顺,不得其全,犹得其半,亦可无咎矣。

○问营商:贸资以往,虽未得满载而归,亦足称十得其五矣。

○问功名:不得其上,已获其中。

○问战征:已得斩其将,拔其旗,夫复何咎?

○问疾病:药力未到。

○问婚姻:恐非正配。

○问家宅:宅神不安。

○问六甲:生男。

【占例】 明治十八年七月,余避暑游伊香保,有号其角堂主人者,工徘谐,访余旅寓,自云:"近来徘谐道衰,是愚所叹息也。每年朝廷有和歌御制,许民间咸相赓和,独徘谐无闻,愚窃欲上徘谐天览之议,闻先生通晓神《易》,请占成否。"筮得小过之恒。

爻辞曰:"六二:过其祖,遇其妣,不及其君,遇其臣,无咎。"

断曰:此爻六二重阴,柔弱无力,爻曰遇妣遇臣,所遇皆阴象,又曰"不及其君",是明言不能上达君听也。足下占徘谐上呈,得此《爻辞》,在徘谐为和歌变体,主文谲谏,片字只句,颇得温和厚平之旨,固非徒玩弄风月已也。《爻辞》曰"过其祖,遇其妣,不及其君,遇其臣",即此论之,虽不及上献之于宫闱,或陈之于贵显,当必有风雅相尚者矣,故曰"无咎"。

其角堂主人得此占,大为心喜。

○明治二十九年六月,朝鲜人朴泳孝,归自美国,访我山在,曰:"朝鲜政府,同志者以王内命,促余归国,余犹疑未决,请为一占,以定行止。"筮得小过之恒。

爻辞曰:"六二:过其祖,遇其妣,不及其君,遇其臣,无咎。"

断曰:爻辞所"不及其君,已可见促足下归国者,不出于君命,或出自臣下之意也。爻象六二重阴,阳多吉,阴多凶,去恐有祸。且卦体上动下止,贵国政府来召,应外卦之动,内卦艮止,已示足下不归之兆。爻象如此,在足下虽故国殷情,还宜自爱,切勿匆匆归去。

朴泳孝闻此占,遂绝归计。后闻朝鲜政府,党类倾轧,廷臣多有以冤罪就刑者。

○明治三十年,占我国与英国交际,筮得小过之恒。

爻辞曰:"六二:过其祖,遇其妣,不及其君,遇其臣,无咎。"

断曰:我国与英国,地隔重洋,相距数万里,两国所以联盟者,全藉使臣之通其好耳,即爻辞所云"不及其君,遇其臣"之谓也。就卦位言,内卦属我,外卦属英,二五各居卦中;就卦象言,全卦象取飞鸟,二五为鸟两翼,飞则两翼俱动,足见我两国联合之象,相挟相助,俨同一体,故"无咎"也。

九三:弗过,防之,从或戕之,凶。

《象传》曰:从或戕之,凶如何也。

三处下卦之上,重刚不中,《象》所谓"不可大事"者,三四当之。且三为多凶之地,过将焉往? 故爻曰"弗过"。卦体刚阳,一画横亘其中,有防之象,艮,止也,有防之义。防者,止其过也,止其过,即当"弗过"。上互兑,兑为金刀,有戕之象,三宜防而过,或有从而戕之者矣。"或"虽为未然之事,而其势已岌岌可危,故"凶"。《象传》曰"凶如何也",谓纯刚既足召祸,强进更必致灾,凶由自取,无如何也。

【占】 问时运:运途不正,谨慎自防,尚可免祸。

　　〇问营商:贩运出外,防遇盗劫之凶,宜勿前进。

　　〇问功名:切弗往求,求则有祸。

　　〇问婚姻:非婚媾,则寇雠也,宜防。

　　〇问家宅:有凶祸临门,宜谨防之。

　　〇问疾病:防是刀伤,凶。

　　〇问失物:不必追寻,方可免灾。

　　〇问讼事:防干大辟。

　　〇问六甲:生男,难育。

【占例】 横滨商人,桔屋矶兵卫氏来,曰:"友人左右田金作,今朝遣店童送纸币三千元于三井银行,至午后未还,往问三井银行,云并未送来,于是驰人遍索,不得踪迹。请为一占,明示方向。筮得小过之豫。

爻辞曰:"九三:弗过,防之,从或戕之,凶。"

断曰:卦体震上艮下,艮为少男,震为长男,三爻重刚不中,正当二男之象。辞曰"弗过,防之,从或戕之,凶",三在内,四在外,言三须谨防,弗过四处,若宜防而过,恐遭戕贼之祸。据此爻象,此人必已遭害,在谋害者,必是相熟之人,非外来之盗贼也。爻在第三,三为鸟身,一时不能飞逸,五爻曰"公弋取彼在穴",自三至五,为三日,不出三日,凶手必可捕获也。

后三日,果得此死尸于某之米柜中,谋害者名雨宫忠右卫门。捕执拘问,二人系同乡,常相往来,此日该童携三千金市,过忠右之宅,忠右知其赍大金,顿起不良,溢而杀之,夺其金,隐匿尸体于米柜中,以布裹之,意将托邻人而弃诸江云。

九四:无咎,弗过,遇之。往厉必戒,勿用永贞。

《象传》曰:弗过遇之,位不当也。往厉必戒,终不可长也。

四亦阳刚不中,四处外卦之下,以刚居柔,非若三之重刚在上也,故"无咎"。"弗过遇之",遇者不期而遇者也。小过"不宜上,宜下",不可前往,往则有危,故曰"往厉必戒",所以戒其妄动也。《象》曰"过以利贞,与时行也",时当夫动,以动为贞,时当夫止,以止为贞,贞在随时,不在固守,故曰"勿用永贞"。《象传》以"位不当"释"弗过遇之",谓以阳居阴,刚而失位,示弗过五也。以"终不可长"释"往厉必戒",谓往则有危,不可长守其正也。此爻《九家易》谓,四进则遇五,不复过,于卦象最合。汉人言象,固有至当不易者。

【占】　问时运：运以当可之谓时，勿宜妄动轻进。

　　○问营商：得可而止，切勿过贪。

　　○问功名：不求躁进，自得巷遇之庆，若妄动希荣，恐反遭祸。

　　○问战征：四刚而失位，宜勿进攻，乃可无咎。

　　○问婚姻：自有良缘，得时则遇，宜勿急急媒聘。

　　○问家宅：安居为宜，无用迁移。

　　○问六甲：生男。

【占例】　友人某来，请占借贷钱财，筮得小过之谦。

　　爻辞曰："九四：无咎，弗过，遇之。往厉必戒，勿用永贞。"

　　断曰：四处震之始，震为动，动则思欲前往。自四往上，必先过五，爻曰"弗过"，当自有礼遇，礼遇即在五也。遇则反危，必当戒慎。今占借贷，得小过四爻，知足下为借贷而前往。四与五比，不可过也，"弗过"于五，必有相遇于五也。五爻曰"密云不雨"，则大惠必难望矣；爻曰"弋取彼在穴"，则小惠当必得也。若越五而往，不特无获，且致危厉，所当自戒。

六五：密云不雨，自我西郊。公弋取彼在穴。

　　《象传》曰：密云不雨，已上也。

　　"密云不雨"，与小畜《象辞》同，言其不能济大事，即《彖辞》所云"不可大事"之义也。六五以阴居尊，阴之盛也，阴盛则有云雨之象。五互兑为密，故曰"密云"；兑又属西，故曰"西郊"；上震下艮，震动而艮止之，故曰"不雨"。盖小过盛阴在外，阳气伏藏，是以密云而不雨也。云之占自东而西则雨，自西而东则不雨，故曰"自我西郊"。《易》例，大事称王，小事称公，小过"可小事，不可大事"，故曰"公""穴"。卦自坎来，坎为隐伏，穴之象，坎又为弓，为弧，弋之象。弋所以取飞鸟也，故曰"公弋取彼在穴"。"密云不雨"，是"不可大事"也；弋取在穴，是"可小事"也。"不宜上"，故云在上而不雨，宜于下，故穴在下而可弋。五为卦主，故《象》之旨，皆于五发之。《象传》曰"已上也"，亦即以释《象》"不宜上"之意也。

【占】　问时运：运途平平，难成大事，只可小受。

　　○问营商：小利可占。

　　○问功名：伏处山林，当有弓旌下逮。

　　○问战征：敌于山穴中，设有埋伏，宜先攻取之。

　　○问婚姻：是钻穴隙以相从者，非正娶也。

　　○问天时：大旱。

　　○问失物：当就穴地中觅之。

　　○问疾病：宜用针刺之法治之。

　　○问六甲：生男。

【占例】　明治三十年,占陆军省气运,筮得小过之咸。

爻辞曰:"六五:密云不雨,自我西郊。公弋取彼在穴。"

断曰:云行雨施者,动象也,震动而艮止之,故有云而不雨。艮为穴,震为逐,象弋取,是穴在下,而震取之,即《象》"宜下"之谓也。爻象谓雨不下降,是"不可大事";谓穴而可取,是为可以小事。今占陆军气运,得此《爻辞》,陆为旱地,本不取雨;西方属金,金兵象,我国居东,兵必西行,西郊正行兵之地也。穴亦陆地,可以伏兵,"公"指陆军之大臣也。弋本军政所必需,或于军隙之暇、猎彼山野,弋取飞鸟,以供军食。弋本小事,无不可也,知本年陆军,无大动作,可相安无事也。

上六:弗遇,过之,飞鸟离之,凶,是谓灾眚。

《象传》曰:弗遇过之,已亢也。

上爻重阴不中,居全卦之极。上与初为终始,故初曰"飞鸟",上亦曰"飞鸟"。四曰"弗过遇之",上曰"弗通过之",其义大反。"弗过"者,谓弗过于五,而自得所遇,遇则无咎也;"弗遇"者,谓不过于五,而复欲遇之,遇则必凶也。位处卦外,象为鸟翼,与初并飞,初当始飞,已知其凶,上则其飞已极,故凶尤甚。罗网高张,欲脱不得,《诗》所咏"鱼网之设,鸿则离之"是也。以亢致灾,违"不宜上"之戒也,故《象传》即以"亢"释之。

【占】　问时运:高而愈危,进而愈厉,不知退守,凶由自取也。

○问功名:躁进取祸。

○问营商:既不遇时,又复妄进,必致取败。

○问战征:凡行军前进,不遇敌兵,知敌军必于暗地设伏。宜即退军,否则必陷险难。

○问婚姻:防坠奸媒之计。

○问六甲:生男。

【占例】　友人某来,请占其子疾病。筮得小过之旅。

爻辞曰:"上六:弗遇,过之,飞鸟离之,凶,是谓灾眚。"

断曰:卦象似飞鸟,上为鸟翼。鸿毛遇顺风,飞鸟之所顾也,乃不遇而复过之,是鸟之飞而不止者,取凶之道也。今足下占子病,得此《爻辞》,上处震之极,震为长子,知足下必长子患病,爻象重阴不中,知病必是过寒之症,医者不察其过寒,而复以寒凉之剂进之,是以病愈凶也。鸟离罗网,是谓活捕,尚未致死,其病犹可望生。此爻已终,下卦既济,既济者,谓得济夫险也,如此则病又可挽回矣。

䷾ 水火既济

卦本地天泰,泰交故水火济。水在地中,未升于器;火在木中,尚丽于空。卦取润下者加诸火上,取炎上者擂诸水下,是谓既济。此卦所以名水火既济也。

既济：亨小，利贞。初吉终乱。

"济"者，渡也；"既"者，尽也。万事皆济，故曰既济。卦取坎离，坎水润下，离火炎上，相交为用，阴阳和会，百务就理，无有不亨。然既济之亨，亨犹其小者耳，故曰"亨小"。在处既济者，犹当勿侈其亨，在励其贞，贞于初，亦贞于终，斯有吉无乱矣，故曰"利贞"。若不能长保其贞，则亨通未久，危乱随之，故曰"初吉终乱"。

《彖传》曰：既济亨，小者亨也。利贞，刚柔正而位当也。初吉，柔得中也。终止则乱，其道穷也。

《序卦传》曰："有过物者必济，故受之以既济。"譬如有过人之才德者，然后可以济世，此既济所以继小过也。既济未济，处《易·下经》之终，其象皆取诸坎离。坎离者，天地之大道，水火者，人生之大用。水得火不寒，而资生之利普；火得水不燥，而烹饪之功成。水火相济，谓之既济，既济者，刚柔得中，物无不济，虽小亦通，故曰"亨小"。《传》曰"小者亨也"，小者尚亨，何况于大？盖亨之道，由既济而来，则得其亨者，更当保其既济，是宜"利贞""刚柔正而位当"，既济之所以为既济者，在此矣，由是而得亨，由是而得贞，亦由是而有始，由是而有终，则有治无乱可也。《传》曰"初吉终乱"，正为不能持终者戒焉。故凡当既济之时，所贵防微杜渐，持盈保泰，斯汲汲求治，不至有初而鲜终也。若徒拘于目前，而志满气盈，不自乾惕，则治于此止，即乱于此起矣，可不慎哉！《传》以"柔得中"释"初吉"，谓柔小尚得其中，则刚大无不济矣，是以吉也。以道之穷释"终乱"，谓进修既以中止，则前功必难恃矣，是以乱也。

以此卦拟人事，人事之用，莫大乎水火。在人身则以血气为水，以心神为火；在日用则灌溉必需水，烹饪必需火。且水非火，亦无以奏其功，火非水，则无以成其用。盖水火虽相克，而实以相成，相成则相济，相济则相通。使小有来通，即不足谓之济也，既济则无不通矣，故曰"既济亨小"。既济在人事，大而邦家，小而身心，穷通得失，生死存亡之故，皆在其中。《传》曰"小者亨也"而大者要亦无不亨矣。卦体以柔居柔，以刚居刚，各得其正，即各当其位，譬如人事之无所偏曲，道在利贞，而邪僻自不得行也。"柔得中"，谓离之中虚，虚则明，离在下，故曰"初吉"；"终止则乱"，谓坎之中满，满则危，坎在上，故曰"终乱"。凡人事之靡不有初，鲜克有终，观夫既济，当知所戒矣。

以此卦拟国家，为卦内离外坎。坎，难也，离，明也，是以离明而济坎难，即明夷所云文明柔顺，而蒙大难之旨也。以明济难，而难定矣；是之谓既济，既济而视若未济，则济于初，亦济于终，斯亨者永亨，贞者永贞，而治道庶乎其不穷矣。若既济而自恃为既济，其道穷也，自古帝王精一危微之传，其在兹乎？《大象》所云思患预防者，正所以保既济之终也已。

通观此卦，《易》六十四卦，首乾坤，《上经》三十卦，终坎离，以其为天地之终也；《下经》三十四卦，终既济未济，以其为坎离之交也。天下之事，未济则忧其不济，既济则宜图其永济，然无终不初，无往不来，一治一乱者，天也，一阴一阳者，道也，天无无阴之阳，世无不乱之治。今以爻观，六位得所，未有如既济者，奇偶各三，其数均也；以阴居阴，以阳居阳，其位当也；六爻上下，刚柔相配，其应正也。乾坤以来，三百七十二爻，循环往复，变化交错，而后得既济。离明在内，坎险在外，明以消险，以开济世成功之会，由此而慎始图终，有治无乱，固万世人民之幸福也，然乱极思治，治极思乱，天运剥复，卦象已示其机矣。下离而互坎，上坎而互离，反复之象也。以阴而乘阳，初治而终止，盛衰之兆也，故《象》曰"终止则乱"。可知造化之数，不能长治久安者，非人力之强排，可以终济也。又以图数推之，初刚、二柔、三刚、四柔、五刚、六柔，与天一、地二、天三、地四、天五、地六，其数正合，然至六而止，是亦天地无完数也，所以未济方来，皆自然之法象。故众人以既济为喜，圣人以既济为忧，何者？未治易治，既治难保。六爻之孜孜以保济者，各有次序焉：初为济之始，力求其济者也；二得济之中，不失其济者也；三涉济之险，言其济之甚难也；四处济之时，惧其济而复失也；五受济之福，喜其济之合时也；六当济之极，虑其济之不可久也。凡卦皆至终而穷，既济之终，则为未济，六十四卦穷于未济。既济变而为未济，岂但既济之穷而已哉！则"初吉"其可恃乎哉？

《大象》曰：水在火上，既济，君子以思患而豫防之。

水性润下，火性炎上。水在火上，火在水下，二者相资为用，得以成既济之功也。君子玩其象，而凛凛焉，不以既济为可恃，更以既济为可危。坎险在外，防患之象；离明在内，预思之象。祸每生于不测，害即伏于既安，预时而防之，则可以保其"初吉"，即可以戢其"终乱"，故曰"君子以思患而豫防之"。

【占】 问时运：运途全盛，盛极必衰，须防后患。

〇问营商：目下货物，得时得价，正当满足，须留后步。

〇问功名：居高思危，得防其终。

〇问战征：大难既平，大险既定，战胜功成，还宜图始保终，毋贻后患。

〇问家宅：大厦既成，苟完苟合，贻谋孔远。

〇问婚姻：有好合百年之兆。

〇问疾病：大病既痊，更宜自保。

〇问讼事：毋再涉讼。

〇问六甲：春夏生女，秋冬生男。

初九：曳其轮，濡其尾，无咎。

《象传》曰：曳其轮，义无咎也。

既济爻义，大略与泰同。泰下卦三爻，为泰中之泰，上卦三爻，为泰中之否，既济亦然。其所以分内外者，离为明，坎为险，犹泰以乾为有余，坤为不足也。既济初爻，以济渡取义，故有曳轮濡尾之象。坎为轮，为曳，初为尾。"曳其轮"者，曳之前进，是用力而求济也。按《诗》"济盈不濡轨，始济而濡及马尾"，言济之难也，然尾虽濡而曳不倦，曳者济矣。初居济之始，力求其济如此，故"无咎"也，《象传》即以无咎释之。

【占】 问时运：运未脱险，当自奋勉，可以无咎。

〇问营商：初次经营，跋涉多艰，前而不止，虽危得济，无咎。

〇问功名：先难后获。

〇问战征：虽有车脱马蹶之危，鼓而进，当必可获胜也。

〇问家宅：初次迁居，虽此宅或轮奂不美，或首尾不完，居之无咎。

○问婚姻：火为水妃，初聘则吉。

○问疾病：初病，虽危无咎。

○问六甲：初胎生女。

○问失物：物已沾水，当就车中觅之，可得。

○问行人：在途，稍有水灾，无咎。

【占例】 明治二十一年，缙绅某来，请占气运。筮得既济之蹇。

爻辞曰：初九：曳其轮，濡其尾，无咎。"

断曰："轮"，车轮，涉水之具；"尾"，马尾，为水所濡也。是为曳轮济水，马尾被濡，盖言初济之难。初能用力求济，终得无咎，足见人当涉险之时，奋力脱险，险无不可济也。今贵下占时运，得既济初爻，知贵下方今盛运已来，时安身泰，但险难初脱，尚小有灾害，可无患也。明后二三年，犹须谨戒，四年后，则吉福来临，全盛有庆，无往不利。

六二：妇丧其茀，勿逐，七日得。

《象传》曰：七日得，以中道也。

火为水妃，故二离象妇。"茀"，车蔽也。《尔雅》"舆革，前谓之鞎，后谓之茀；竹，前谓之御，后谓之蔽"，曰"茀"，曰"蔽"，以竹革而异也。《诗》则统谓之茀："硕人翟茀以朝"。《孔疏》云：妇人乘车不露，车之前后，皆设障以自隐蔽，谓之茀，丧茀者，失其所蔽也。二当临济之时，驱车前进，车在前，茀在后，中途丧茀，停车而逐，将有欲济而不及者矣，故示之以"勿逐"。"七日得"者，得犹复也。阴阳之数，至七而复，一卦六爻，循环往复，自二后至七，又值二爻，故不过七日而自得也。《象传》以"中道"释之，日辰十二，七日正当中也。丧茀者，或云二乘车适五，四当其前，四坎为盗，是窃茀者也。其说亦通。茀，《释文》：茀首饰。按《诗》屡言茀，皆作车蔽，且初曰曳轮，二曰车茀，象正相合，当作车蔽。

【占】 问时运：小小得失，切勿介意，方得脱大难，成大功也。

○问营商：有失而复得之象。

○问功名：七年内，定可复职。

○问战征：中途被劫，丧其辎重，七日内，必获胜仗。

○问婚姻：早则七月，迟则七年，可复团聚。

○问家宅：其宅被人居，七年后，即可归还原主。

○问疾病：七日必愈。

○问失物：不久可得。

○问六甲：七日内可产，生女。

【占例】 一友访余山庄，谈及某贵显，曰："贵显以未赐勋章为憾，请为一占。"筮得既济之需。

爻辞曰："六二：妇丧其茀，勿逐，七日得。"

断曰：茀为车蔽，言妇人乘车，设之所以自蔽也，丧茀则失其所蔽矣。"勿逐"者，谓区区小失，不必追逐，不久自可后得；喻言人当建大功，立大业，琐屑微物，得丧本不关荣辱也。今为某贵显占勋章,得此爻象,爻象所言,显然明示,劝贵显不必忧虑。"七日得"者,谓不久定可荣膺宠赐也。

后友人复来曰:"占筮甚灵,某贵显已得宠赐勋章。《爻辞》之言,恰如为某贵显特设者也。"

九三:高宗伐鬼方,三年克之。小人勿用。

《象传》曰:三年克之,惫也。

"高宗",殷中兴之主;"鬼方",西羌国名。按《竹书纪年》,武丁三十二年伐鬼方,次于荆,三十四年,克鬼方,氐羌来宾,即"高宗伐鬼方,三年克之",实事也。既济爻象,初二皆在济中,至三始济,故取三年克鬼方以为况。高宗贤主,鬼方小国,六师所加,三年乃克,师亦惫矣,以喻济坎之难如此。天下之事,每以艰难得之,安乐失之,当其始,数载经营而不足,其后一旦败坏而有余;而其弊皆由于远君子而近小人也,故戒曰"勿用小人"处既济者,所当凛凛焉。师上爻曰"开国承家,小人勿用"与此爻辞,意正同。

【占】 问时运:忍苦耐劳,所谋必成。
　　○问营商:数载经营,方可获利。
　　○问功名:辛苦而成。
　　○问战征:劳师久征,所攻虽得,然亦惫矣。
　　○问婚姻:三年内可完配。
　　○问家宅:此宅阴象太重,三年后,方可居住。
　　○问疾病:此病一时无恙,三年内,必难保全。
　　○问讼事:三年可了,防小人又复生事,宜戒。
　　○问六甲:生女。

【占例】 某商人来,请占谋事成否。筮得既济之屯。
　　爻辞曰:"九三:高宗伐鬼方,三年克之。小人勿用。"
　　断曰:"高宗伐鬼方",历三年之久,而乃得克之,以喻三爻处内卦之终,历初二之难,而始得济之,其象正同,观此即可知谋事之非易易也。今君占谋事成否,得此《爻辞》,知君所谋之事,一时必难就绪,早则三月,迟则三年,方可合议成就。成后二年,定有大来之吉,但其事与君子合谋,自有利益,与小人合谋,必致败坏,君其尤当注意焉。

　　○明治三十年,杉浦重刚氏来,曰:足尾矿毒事件,纷纷滋议,朝野骚然,请占其结果如何? 筮得既济之屯。
　　爻辞曰:"九三:高宗伐鬼方,三年克之。小人勿用。"
　　断曰:按九三艮爻,艮为鬼门,故曰"鬼方"。三居坎离之间,坎为毒,为疾,离为大腹,三与上应,三至上三爻,故曰"三年"。"克之"者,治之也。象为腹受其毒以至死亡,其毒实起于离火,出自坎水,非一日矣。爻辞所云"高宗伐鬼方"者,"鬼方",喻言其地之险也。高宗贤主,喻言必有能人治之也。今占足尾矿毒,得此爻象,按足尾铜山,每年出铜一千二百万斤,其价不下三百万元,政府收税,得十五万元,矿局夫役,约有一万八千人数,皆赖此为生活,是我国矿山之最大者也。毒由矿铜出丹矾,丹矾有毒,毒入河流,平时未闻其害,因洪水浸田,其毒遂滋。原洪水冲决,由于堤防不固,堤防之害,咎归土木局,至土木局修筑堤防,必需经费,其责又归大藏省。今矿毒事件,纷议未有的论,多为小人从中扇惑所致,恐此案亦将亘三年之久乎?必于此事无甚关系者,不许干涉,谓之"小人勿用";修筑堤防,以杜坎水之害,此案自得终局矣。

六四:繻有衣袽,终日戒。

《象传》曰:终日戒,有所疑也。

按"繻"为采绘,"袽",为敝衣。四处内外卦之交,出离入坎,繻有文明之象,盖取诸离;袽为败衣,坎为破,盖取诸坎。言四当既济之盛,衣冠济济,文物声名,焕然一新,然天命靡常,盛倏为衰,新倏成故,若不因时弥缝,曾不几时,立成败坏,犹是绘采之华裳,未几而为敝败之残絮矣,故曰"繻有衣袽。"既济,由乾坤二五相易而来,"终日戒"者,即乾"终日乾乾,外惕若"之意,当既济而益励危心,其戒慎无已时也,故曰,"终日戒"《传》释以"有所疑",坎为疑,疑者,未然而忧其或然,亦戒也。"繻",王弼谓宜作"濡",衣袽谓以敝衣塞舟漏也。王弼之解,强从济字取义,谓济必有舟,舟或有漏则濡,濡则敝衣塞之。于爻辞"繻有衣袽"一语,添生枝节,自圆其说,未免矫强。

【占】 问时运:运当全盛,然不预防,衰即立至,所宜谨戒。

○问营商:如舟行,中流舟漏,急宜补修。

○问功名:有忽赐忽褫之惧。

○问战征:夺帜易帜,胜当虑败,所贵临事而惧。

○问婚姻:古人多以衣服比夫妇,为不可喜新而弃旧也。

○问疾病:是老弱之症也。

○问六甲:生男。

【占例】 一日西村舍三氏来,曰:予奉职土木局长,数年来为治水巡回全国,已三次矣。溯自维新以前,各藩自保疆土,堤防山林,各有禁令,是以林木畅茂,土脉坚固,无堤防溃决之患也;维新以降,政令一变,山阜陵谷,无不开垦,泥土流出,壅塞河道,以致河流不通,溢出堤上。洪水泛滥,为灾非浅,乏奠平之策,子幸一筮,以示处理之方。筮得既济之革。

爻辞曰:"六四:繻有衣袽,终日戒。"

断曰:《爻辞》"繻有衣袽","繻"作濡,为濡漏之象,"衣袽",敝衣,为塞漏之用。"终日戒"者,为危险之至,非一时可济,须终日防备也。舟漏虽小,而治水之法,爻已显示其象矣。足下占治水之方,得此《爻辞》,所谓危者防之,漏者塞之。爻曰"衣袽",第即一物以喻之而已,或用沙土,或用木石,皆可以"衣袽"例之,因地制宜,由小及大,皆在足下酌行之耳。"终日戒",三字,最为切要,所当刻刻预防,不可稍懈,有危心无危地也。治水之道,无过于此。

○知人阪田春雄氏,尝奉命赴澳国博览会。余一日访其家,其母语余曰:"前有电信,报告归期,今愆期未归,并无后电,心甚忧之。"请余一占,筮得既济之革。

爻辞曰："六四：繻有衣袽，终日戒。"

断曰：此卦上坎下离，离南坎北，今四爻出离入坎，是船已过赤道，而在北洋之象。依爻辞，知有行舟破漏之患，实为可虑，然离阴变为坎阳，生命无害。又进一爻，则五爻之阳，变而为阴，是水变为地，即全身上陆之象，其免难也必矣。

时其家有洋学生三人，闻此断语，窃相诽笑。余曰："《易》理甚妙，非诸君所知也，诸君不信，待春雄君归时，可知灵验矣。"后数日，春雄氏归，曰船抵赤道以北，为暗礁所伤，是以着港，致迟延也。

九五：东邻杀牛，不如西邻之禴祭，实受其福。

《象传》曰：东邻杀牛，不如西邻之时也。实受其福，吉大来也。

五与二相应，犹东与西相对。五为君，二为臣。东邻为君，是纣之国中，西邻为臣，是文王之国中也。按纣都在东，岐周在西，东邻西邻，郑谓殷周是也。离为牛，坎为豕，杀牛而凶，不如杀豕受福，喻言奢而慢，不如俭而敬也。上卦处既济之后，下卦当甫济之时，殷天子祭用太牢，故杀牛；周西伯不得用牛，用豕，故为禴。当时殷道已衰，时为既济；周德方新，时为甫济。既济者，时已去，甫济者，时方来。已去不复也，方来者未有已也，则杀牛不足侈，而禴祭大可恃，故曰"东邻杀牛，不如西邻之禴祭，实受其福"。九五阳爻，阳为实，五体乾，乾为福。《象传》以"吉大来"释之。泰曰"小往大来，吉亨"，自外而内曰来，卦以二五相易，为乾成泰，谓福自乾来也。

【占】　问时运：已盛则退，方盛则进，宜保俭约，毋侈奢华，吉凶皆由自取也。

○问战征：盛气在西，宜顺天修德，不宜暴兵耀武。

○问营商：合伙同业，殷富者亦奢，不如俭约者，实获其利也。

○问功名：已成者宜慎，未成者大可望也。

○问婚姻：宜就西邻订姻，吉。

○问家宅：宅以西首为吉。

○问疾病：宜祷。

○问六甲：生男。

【占例】　横滨辨天通橘屋者，余之所知也。其邻家，有岩井屋某，专售西洋家具。明治元年，余因橘屋介绍，卖与木材，价值数千元。岂知彼阳饰富裕，内实贫困，阅数日不偿其价，余乃忧之。以一占决之，筮得既济之明夷。

爻辞曰："九五：东邻杀牛，不如西邻之禴祭，实受其福。"

断曰：爻言"东邻杀牛，不如西邻之裸禴祭"受福，卦以九五为东邻，以六四为西邻，五为主爻，五与二应，是主不如应也。今就所占论之，则以岩井之卖主为东邻，以橘屋之介绍为西邻，如此疑橘屋，有于中取利矣，我将向橘屋索价，橘屋必不能辞责。以橘屋当西邻，爻位属离，离火也；卖者为木材，木以生火，火得旺势，则坎水受煎，东邻亦不能不出而偿价也；且离为女，可着女人而往索之。

后余果与橘屋妻女相谋，乃得受值。

上六:濡其首,厉。

《象传》曰:濡其首,厉,何可久也。

上为首,初为尾,是首尾相接也。上处既济之极,反之即未济,已然者甫能过,未然时相待,进而不已,身虽未溺,首先犯焉,故曰"濡其首"。夏殷之盛,未几而坏于桀纣;文武之兴,未几而降为幽厉,所谓治日少而乱日多者,古今有同慨焉,故曰"厉"。《象传》曰"何可久",所以戒之者深矣。

【占】 问时运:好运已过,深为可危,宜慎。

　　○问战征:上处坎险之极,上为首,恐首将有不利。

　　○问营商:头番买卖,必难获利。

　　○问功名:可许夺元。

　　○问婚姻:原配有灾,续弦无咎。

　　○问家宅:此宅长房不利。

　　○问讼事:防首领难保。

　　○问疾病:患在首面,可危。

　　○问六甲:生男。

【占例】 友人某来,请占行运,筮得既济之家人。

　　爻辞曰:"上六:濡其首,厉。"

　　断曰:上处既济之终,不保其终,既济即转而为未济。上为首,是首先濡矣;喻言人生在世,前运既过,后运将来,既过者其险已平,将来者其险正多。知足下方今,正当交运之时,前运大佳,后运犹当谨慎,可以出险脱危。

䷿ 火水未济

　　未济反既济,以既济之上卦,反而居下,既济之下卦,反而居上。火与水相背不交,是炎上者未能成其炎,润下者未能致其润,此卦所以名火水未济也。

未济:亨,小狐汔济,濡其尾,无攸利。

　　不曰不济,而曰"未济",非安处不济也,未耳。盖未济而自有可济,亦未亨而自有可亨,故曰"未济亨"。坎为小狐,"汔",几也。济必登岸,始为既济,一步不至,犹未也,"汔济"安得为济哉! 小狐力弱,中流失济,尾重不掉,难免濡矣,复有何利? 故曰"小狐汔济,濡其尾,无攸利"也。

　　《象传》曰:未济:亨,柔得中也。小狐汔济,未出中也。濡其尾,无攸利,不续终也。虽不当位,刚柔应也。

　　此卦下坎上离,坎为水,离为火。火上水下,水火不相交,即水火不相为用,为天地昏而未旦，宇宙混而未开之会也。既济未济，《彖》皆言"亨"，既济之亨，已然之亨；未济之亨，未然之亨。未然之亨，而终可得亨者，以其柔之得中也。小狐不能涉川，不自量力，贸然前进，虽几乎济，而终至不济，未能出险之中也。三四当卦之中，坎尽于三，故未出中；未出中，则飘泊中流，欲进不能，欲退不得，是足未登，而尾已濡矣。"不续终"者，谓续既济之终也。既济之终，乃未济之始，既济之首，乃未济之尾。既济之终而濡首，则既济几不保其终，所望未济续之耳。乃未济而濡尾，则不能续既济之首，即不能续既济之终矣。既济未济，首尾相接，终而复始，不续其终，譬如寒暑不错行，日月不代明，而天地亦几于息矣，况于人事乎？故"无攸利"。处未济者，所当原始要终，力求其济，勿效"小狐汔济"而濡尾也。在一时之未济者，无他，以其位之不当也，然位虽不当，要自有可济之理。既济之为既济，无非以刚柔之相应，未济亦同此刚柔，由未而既，在此一济，即在此一续，则未济之终，亦即为既济之终，而乾元亦由是而始焉。

以此卦拟人事，人生涉世，不能无险，不能不求其济。当其未济，固不可安于未济，所当龟勉以期其济；安于未济，则终不济矣；龟勉以期其济，虽一时未济，而终必可济也。未济而进为既济，既济之亨即可为未济之亨矣，故未济亨。处未济者，由此济彼，涉夫险中，即出夫险外，必求彼岸之登，不为中道之划。既济之首可续，未济之尾不濡，复何往而不利者哉！人事当此，绝而复续，终而复始，已然者保而无失，未然者进而无穷，如是则未济者必济矣。而一时犹有未济者，以其位之不当也。按爻位必火在下，则水受其煎；必水在上，则火奏其功，颠倒失位，是两不相用也；不相用，则不相济，然亦非终不济也。卦体上互离，下互坎，坎刚离柔，上下相互，即上下相应，既济之为既济，在此刚柔之相应，未济之进为既济，亦在此刚柔之相应耳。以柔济刚，即以终续始，复有何险之不济哉！天道循环，人事代更，要不外此刚柔之相应而已。

以此卦拟国家，国家之兴衰治乱，颠覆存亡，唯在既济与未济相续相保而已矣。作《易》者在殷周之际，论者谓既济之卦属诸殷纣，未济之卦属诸周文，文当蒙难艰贞，正值未济之时也，而小心翼翼，不回厥德，乃所以求其济焉。彼密崇之距侵，皆小狐之汔济，其何能济哉！惟文以柔顺文明，蒙此大难，率能无畔援，无歆羡，诞登道岸，其济也，其亨也，其得天人之相助，而成其济也，庶几大畏小怀，无往而不利者矣。乃能以周继殷，即周之未济，以续殷之既济，则殷之变而为周者，亦即此首尾之相续也。后世继周而值未济者，皆当取法于文也。《诗》云"淠彼泾舟，烝徒楫之"，可想见其济之亨也已。

通观此卦，既济者功已毕，未济者事复始，终而复始，有生生之义焉。"生生之谓《易》"，《易》所以终于未济也。既济者水在上，势欲下，火在下，势欲上，二气参和，交致其用；未济反是，炎上者上升，流下者反下，分背不交，不相为用。致用则其用已成，不相为用，而其用正有待也，此即五德相乘，四时递嬗，无绝不续之运会也。坎离之既未济，犹乾坤之泰否，泰极则否，既济而后未济，其象同焉。为卦下三爻为未济中之未济，上三爻则为未济中之既济，由未而既，故爻象视既济为吉。卦体坎上离下，离为日，坎为夜，离明坎暗，离虚坎实，德莫大于明，道莫神于虚，故坎降而离升，坎隐而在内，离明在外，日丽天上，水行地下，乾坤正位，法象之自然也。圣人于此，当其既济，不忘未济之念；当其未济，倍切既济之图，业必慎于创始，功不隳于垂成，俾天运得以永贞，治道得以久安，岂不甚愿？无如阴阳倒置，爻位失当，坎离各安其宅，水火互藏其用，卦所以为未济也。在六爻，位皆不当，而刚柔则各相应也。初濡尾,无济之具也;二曳轮,得济之具也;三涉川,以躁动而凶也。内卦三爻,皆为欲济而犹未济者也。四"有赏",以震伐而行志也;五辉光,以"有孚"而获吉也;上濡首,以饮食而失节也。外卦三爻,皆进未济而为既济者也。爻以二五为正应,故皆曰"贞吉";初与四虽应,初当济之始,四得济之中,故初不如四吉;三与上皆处极位,三以未济而失利,上以既济而失节,故皆示以为戒,戒之正,所以保其终也。《易》之道以不终为终,乃无终而非始,故乾曰"无首",坤曰"大终"。六十四卦,不终于既济,而终于未济,为既济者已尽,未济者无穷,以既启未,以未续既,乾坤之大用,即在坎离之相续也。

《大象》曰:火在水上,未济,君子以慎辨物居方。

火热水寒,物之各异其性也;离南坎北,方之各殊其位也。火在水上,是炎上润下,并失其位,两不相济也,故曰未济。君子观其象,而辨之居之:辨其物,使物得其宜,而不相混,居其方,使方从其位,而不相越。皆以审慎而出之,斯知之无不明,处之无不当,而其未济者乃可进于济矣,故曰"君子以慎辨物居方"。

【占】　问时运:运途颠倒,诸事须慎。

○问营商:货物失当,地位不合,所当谨慎处置,方可获利。

○问功名:未也。

○问战征:营垒器具,各失所宜,不相为用,急宜慎重审察,斯可免败。

○问家宅:方向倒置,须当改易。

○问婚姻:门户不合。

○问疾病:上下焦血络不通,宜升不升,宜降不降,药方最宜审慎。

○问失物:辨明方位,可以寻得。

○问六甲:上月生女,下月生男。

初六:濡其尾,吝。

《象传》曰:濡其尾,吝,亦不知极也。

初居未济之始,《彖》所云"小狐汔济,濡其尾",初爻当之。未济之初,与既济之上,首尾相接。既济之上,以濡首而厉,初踵其后,见上之濡首,反而自惩,未济者亦可免于濡矣,乃前首后尾,同遭其濡,顽不知戒,故曰"吝"也。《象传》以"亦不知极"释之。谓前覆其辙,后又不知而蹈之,故曰亦不知其极也。

【占】　问时运:不审前后,不顾进退,鲁莽从事,是昏而无知者也。

○问营商:前既失败,后又不戒,覆辙相仍,其将何以了事乎?

○问功名,龙头既失,骥尾亦必难附。

○问婚姻:流离首尾,团聚难矣。

○问家宅:此宅前门后户,方位不正。

○问疾病:病在下身。

○问六甲:生男。

【占例】 友人某来,请占制造物品生业如何。筮得未济之睽。

爻辞曰:"初六:濡其尾,吝。"

断曰:初居未济之初,正在济未将济之时。既济之终"濡其首",未济之始"濡其尾",有首尾不相顾之象。今君占制造生业,得此《爻辞》,知此业必是旧业,君接其后而重兴也。君乃不知前车之覆,贸然而蹈其后,以致制品所出,一时不能销售。以此质金,反致失利,得失不偿,进退两难,几同"小狐汔济"而"濡其尾"也,未免吝矣。至二爻曰"曳其轮,贞吉",在明年当以车运出外,可以贩卖获利也,君可无忧焉。

九二:曳其轮,贞吉。

《象传》曰:九二贞吉,中以行正也。

二居坎之中,坎为轮,故曰"轮"。轮者,济之具也。既济初爻曰曳轮而濡尾,有济之具而濡者也;此曰曳轮,而不曰濡尾,有济之具而不濡者也,视既济之初为优矣,故曰"贞吉"。坎又为矫輮,按《周礼·考工记》,"行泽者反輮,行山者仄輮",取其便于曳也。御轮济水,中道而行,其济以正,是为中行以正,吉何如之!《象传》所释,最为明著。

【占】 问时运:运如轻车渡水,中道以济,无往不利。

○问营商:有满载而归之象。

○问功名:二与五应,五为君,二为臣,二五皆吉,是君臣相济也。有后车以载之象。

○问战征:有曳柴伪遁之谋。

○问婚姻:有桓少君鹿车共挽之风,必得贤妇,吉。

○问家宅:有轮奂并美之象。

○问疾病:必是胸腹作鸣,辘辘如车声,宜开通三焦,使气机舒展,自愈。

○问六甲:生男。

【占例】 明治八年九月,朝鲜国炮击我云扬舰,物论汹汹,朝廷将兴问罪之师。时陆军大佐某氏来请一占,筮得未济之晋。

爻辞曰:"九二:曳其轮,贞吉。"

断曰:水火不交,不相为用,谓之未济。然未济非不济也,时未至则不济,时至则济,故曰"未济亨"。为卦皆取水火,既济水在火上,初爻曰曳轮,是为陆道之轮车也;未济火在水上,二爻曰曳轮,是为海道之轮船也。今云扬舰被朝鲜炮击,爻曰"曳其轮,贞吉",想虽被击,尚可曳轮而归,故不失其吉也。《象传》曰"中以行正",言必得中和之道,以行其正,今年必不致构怨兴兵也。至三爻曰"征凶,利涉大川",恐明年有事于朝鲜。曰"征凶"者,恐陆军不利;曰"利涉大川"者,知海军必大胜也。九四曰"贞吉,悔亡,震用伐鬼方,三年有赏于大国",自二至四为后年,必可解决朝鲜之事矣。且二爻变而为晋,晋者,进也,晋五曰"失得勿恤,往吉,无不利";上曰"晋其角,维用伐邑,厉吉,无咎",是皆征伐有功之占也。占象如是,知以后必获大功。但未济以外卦为既济,内卦为将济、占在二爻,故今年未能成事,必待外卦,乃得全济也。

后朝鲜事局平和,征讨不兴,于是某氏来曰:"前日之占,事未甚验,余曰:《易》占无不灵应,但所应有不在一时也。现虽归和平,其"中以行正"一语,恰好符合,此后占象,君须缓以待之,无不应也。"

六三:未济,征凶。利涉大川。

《象传》曰:未济征凶,利涉大川,位不当也。

三爻以阴居阳,当内外卦之交,首尾俱不着岸,故爻曰"未济"。专以卦名归之,谓未济之所以未济者,在此爻也。三为坎之终,地当重要,进一步则出险,误一步即履危,鲁莽前进,一经失足,功败垂成,故曰"征凶"。然未济有可济之道,有险有出险之时,自古定大难,建大功者,罔非从"征凶"之时而兴起也。所谓"征凶"者,第戒其不可妄动,非欲其退缩不前。三之地,正当利涉之地,三之时,正当利涉之时,此而不济,则终不济矣,此而得济,则汔济者乃得济矣。《象传》曰"位不当也",未济六爻,位皆不当,三为坎之终,故《传》专以不当释之。

【占】 问时运:宜镇静待时,躁动则凶。
〇问战征:宜会集海军,水陆并进,则凶者吉矣。
〇问营商:以舟运为利。
〇问功名:有涉川作楫之材。
〇问婚姻:《诗》云"造舟为梁,亲迎于渭",迎娶则吉,往赘则凶。
〇问疾病:艮为狐,病由狐祟所致,宜涉川以避。
〇问六甲:生男。

【占例】 明治三十年,占众议院气运,筮得未济之鼎。

爻辞曰:"九三:未济,征凶。利涉大川。"

断曰:此卦火上水下,水火不相为用,故曰"未济"。三爻居上下内外之交,出坎入离,正当未济之时,是以《爻辞》直曰"未济"。曰"征凶"者,指初之濡尾也;曰"利涉"者,指二之曳轮也,为利为凶,任人自为之耳。《传》则释曰"位不当",于此即可见众议院之气运矣。盖在政府欲效欧美之文明,以图富强;在众议员,欲学欧美之自由,以图权利,犹之火上水下,两不相济也。且现时所选议员,多由贿赂而来,是明明位之不当也,由此以往,安得不凶?故曰"征凶"。然于议院之设,苟当其位,而"中以行正",未始无利,故曰"利涉大川"。但此爻处坎之终。犹未出险,今年众议院,正当未济之地,难期盛旺。四爻曰"贞吉,悔亡,震用伐鬼方,三年有赏于大国",知明年众议院,必得其人,能赞襄国家大事,劳邀厚赐,此盛象也。五曰"君子之光",五为君,定当入观天颜,武功文德,并焕辉光矣。

九四:贞吉,悔亡。震用伐鬼方,三年有赏于大国。

《象传》曰:贞吉,悔亡,志行也。

未济在四,既济在三,未济之四,即既济之三,故《爻辞》皆曰"伐鬼方"。三居离之始,离为戈兵,故"用伐"。坎为鬼,故取象于"鬼方"。"震"者,威怒之象,所谓一怒而安天下之民也。未济则有悔,济则悔亡。故曰"贞吉,悔亡"。"三年"者,言其久也,即既济三爻所云"三年克之"也。"有赏"者,为献俘授馘饮,至大赏是也。"大国"谓殷,爻虽不明言高宗,要不出既济三爻之义也。《象传》曰"志行",谓班师奏凯,威震遐方,主三军者,得行其志矣。既济三爻,《传》曰"惫也",为劳师远征而言;此《传》曰"志行",为振旅告捷而言。

【占】 问时运:有此大运,"贞吉,悔亡",名利俱全。

○问战征:率军远征,奏凯而还,得以荣邀赐命。

○问营商:行商远出,财利丰盈。

○问功名:声名远震,得承天宠。

○问婚姻:三年可成。

○问家宅:贞吉。

○问疾病:"鬼方"二字不祥,三年后恐难保。

○问六甲:生女。

【占例】 友人某来请占气运,筮得未济之蒙。

爻辞曰:"九四:贞吉,悔亡。震用伐鬼方,三年有赏于大国。"

断曰:此卦下三爻为未济之时,上三爻为既济之时。今占得四爻,知年来困苦之事,渐次可奏成功,谓之"贞吉,悔亡"。"震用伐鬼方,三年有赏于大国"者,知君于此三年中,得以威名远扬,赏赐荣膺,为生平业成志满之时也。

○明治二十七年冬至,谨占二十八年圣运,筮得未济之蒙。

爻辞曰:"九四:贞吉,悔亡。震用伐鬼方,三年有赏于大国。"

断曰:四爻当内外之交,出坎入离,为脱险难而进文明,是由未济而抵既济也。今占得四爻,爻曰"震用伐鬼方",是为征清得胜也;"三年"者,谓战役之久;"有赏于大国"者,谓奏凯行赏也。

六五:贞吉,无悔。君子之光有孚,吉。

《象传》曰:君子之光,其晖吉也。

五为未济一卦之主,居离之中,与四相比,与二相应。二以居中行正,四以征伐有功,当此文德昭明,武功显著,臣下之勋业,要即为天子之威光也,故曰"君子之光"。柔得中,故"贞吉,无悔"。离为明,为光。德莫盛于明,业莫大于光,六五之君,和顺积中,英华发外,其光皆出于君子之身,天下莫不仰文明之化,故曰"有孚,吉"。《象传》以"晖吉"释之,谓其笃实辉光,自然昭著,吉何如也!

【占】 问时运:运当全盛,百事皆吉。

○问战征:师卦曰"师贞,丈人吉",可并占之。

○问营商:其营业必关系政府公干,或为军饷,或为军器,得沾朝廷之余泽,故吉。

○问功名:有入觐天颜之象。

○问家宅:此宅大吉,当邀旌赐之劳。

○问婚姻:"君子好逑",必得。

○问六甲:生女,主贵。

爻辞曰："六五：贞吉，无悔。君子之光有孚，吉。"

断曰：五爻居离之中，离为日，为光，五当君位，日有君象，故曰"君子之光"。日光照临，下土遍被，故曰"有孚"。五与二应，二为臣，是先得"君子之光"者也。今足下占禄位升，得未济五爻，五为尊位，二爻属贵下。二爻曰"曳其轮，贞吉"，轮为日轮，曳轮者，有如羲和御日，是为天子之近臣，沐浴圣化，瞻仰龙光，君明臣良，可为贵下贺焉。

上九：有孚于饮酒，无咎。濡其首，有孚失是。

《象传》曰：饮酒濡首，亦不知节也。

上爻当未济之终，反为既济。坎险已脱，上下交孚，则饮食以燕乐之。《诗》"南有嘉鱼，君子有酒，嘉宾式燕以乐"，《序》："曰太平君子至诚，乐与贤者共之。"有孚于酒食之义也，故"无咎"。然酒以成礼，不及于乱，立监立史，所以示其节也，"濡其首"，则醉而不出，是谓伐德，亦何取于孚矣，故曰"有孚失是"。是始为有孚而饮酒者，继反为饮酒而失孚也，《象传》以"不知节"释之。《易》之为书，患太过，更甚于防不及，欲不可纵，乐不可极，持盈保泰，无非节也。此特于未济之终，借饮酒以为喻耳。

【占】 问时运：坎难已平，众心欢乐，能知撙节，可以永保无咎。

○问战征：此为得胜班师，饮酒策勋之时也。

○问营商：已得厚利而归，从此量入为出，富可永保矣。

○问功名：有得而复失之患。

○问疾病：必是饮食不节所致。

○问讼事：《序卦》曰"饮食必有讼"，知其讼必由于酗酒来也。

○问六甲：生女。

【占例】 明治二十八年七月廿七日薄暮，余与友闲叙于书楼，偶闻有叫新闻号外者，客曰："号外所报，不审何事，君试占之。"筮得未济之解。

爻辞曰："上九：有孚于饮酒，无咎；濡其首，有孚失是。"

断曰：号外所报，必因饮酒过度，醉溺水中之祸也。时女仆适赍号外来，展而阅之，为山阳铁道，汽车颠覆中途，致伤旅客之报也。

后数日，会该铁道会社员，问及当时情况，曰："会风雨暴作，劝令止车，机关师某不肯，临行且满酌火酒。启车而进，猝罹此祸，因此伤命云。乃知《爻辞》，果不虚也。"

《易》六十四卦，《上经》首乾坤，终坎离，《下经》首咸恒，终既未济。咸恒为夫妇，由乾坤而生也；既未济为水火，由坎离而化也。其变万殊，其旨一也。乾道尚虚，坤道尚实，坎象中实；离象中虚。《易》始于虚，亦终于虚。虚则灵，灵则变化神焉。交互错综，循环反复，始而复终，终而复始，究之无所谓始，无所谓终，无所谓虚，无所谓实。"变动不居，周流六虚"，《易》之妙用，无非以此虚灵二气，运用于三百八十四爻之中而已矣。

周易全书

第三卷 郑红峰 主编

光明日报出版社

焦氏易林注

西汉·焦延寿 著

尚秉和 注

《焦氏易林注》叙

　　昔者,同年友尚君节之著《焦氏易诂》,河北大儒王晋卿先生见之,曰:"此书将二千即年《易》家之盲词呓说,一一驳倒,使西汉易学复明于世,孟子所谓其功不在禹下。"陈散原与王晋卿书曰:"读尚氏《焦氏易诂》,叹为千古绝作,以今世竟有此人著此绝无仅有之书,本朝诸儒,见之当有愧色。"夫王、陈二先生,皆老师宿儒,于《周易》,皆有著述,胡以倾佩此书若是之极哉!塽于《周易》夙未致力,徒震乎二先生之言,而莫明其所以然,乃即《焦氏易诂》而读之。久之,悉节之先注《易林》,复抽绎焦《易》,著为《易诂》,其大本大原皆在《焦氏易林注》中,然后知二先生倾佩之由,而绝非妄叹也。盖《易林》一书,二千年来无有通其义者,今所传元刊旧注,及陆敕先、顾千里、黄荛圃所考订,丁宴《易林释文》,翟云升、牟庭等之《易林校略》,统所释只二三百条,且只人物故事及字句之讹误,至于考及易象者,千余年来无一人也。独节之谓西汉释《易》之书,无如《易林》之完善,凡《易林》之辞,无一字不从象生,且无一象不本之《易》。于是搜求易象之根源,考稽林词之依据,校勘版本之沿革,纠正音韵之讹谬,逐字注释,使读者燎若观火,无一不解之词,亦无一无根之象。盖古圣人之作《易》,本由观象;后圣人之系《易》,亦由观象。《焦氏易林》之辞,仍不外观象而已。但其所用之正象、覆象,多半失传,故学者不解其所谓。岂知以艮为龟、为金,以兑为月、为老妇,以坎为矢,以乾为日,坤为水,皆本之《易》,而二千年来无有识者,故《易》多误解,《易林》之辞亦遂难通。今节之独得之,盖不知几经研考,几经印证,反复寻绎,不得不休,积之既久,始逐次领悟。又久之,始融会贯通。大义既通,不但为焦氏之功臣,实于易学所关至巨,其有功于后学甚大。至于爬梳字句,阐发幽滞,考稽故事,为先儒所不能释,或释之而误,为一一订正其失者,犹其余事也。乃《焦氏易诂》既付梓传世,《易林》之注以篇帙浩繁,印行匪易。小儿道益从先生游,筹之至再,力亦未赡。会丰润董宗之、董作人昆仲闻之,曰:"是我后学之责也。"慨然相助,是书始得公之于世。夫以二千年人人爱读之书,而人人不能解其义,今忽冰消雾释,豁然得解,则是书之出,如剑光射斗,不能终湮者,理也。然非宗之昆仲之热心文学,亦不能成功若是之速。语云:附骥而名益彰,其是之谓乎!故并及之。己卯冬月,年愚弟蒲城仵塽谨识。

《焦氏易林注》例言

尚秉和

一、西汉释《易》之书，其完全无缺者，只有《焦氏易林》与杨子《太玄》。乃《太玄》，至汉末宋衷首为之注，吴陆绩因之作释失，范望更宋、陆而集其成。至唐王涯、宋许翰、司马光等，更起迭为，而注益详。独《易林》无注者。乌程蒋氏影元本略注其故实，然甚尠，十卦九注未详，偶有注者，皆《左传》、《国语》所习见，无大益也。后牟庭作《校略》，丁晏作《释文》，陈乔枞据《易林》以解《齐诗》，顾千里、黄丕烈等于字句皆略有考订。而丁晏解汇为猬，以李耳为虎名，最为精当。然皆病其太略，且所释只名物故实。至于以卦象释《易林》文者，迄无一人。盖自东汉以来，《易》象即失传，后儒所知卦象，皆以汉魏人所用者为范围。而《易林》之辞，无一字不从象生，其所用之象，与《易》有关者，约百七十余，皆为东汉人所不知，故东汉人解《易》多误。后儒不知其误，而反疑《易林》，以其用象与汉魏人不合也。于是林辞之难解过于《易》矣。其详尽在《焦氏易诂》中。

二、《易林》虽不明解《易》，然能注《易》者，莫过于《易林》。如以坤为水、为鱼、为心志、为疾；以艮为牛、为龟、为国、为邑、为床，以兑为华、为老妇，以巽为少姬等逸象，《易》之不能解者，皆赖以得解。及其既解，然后知《易林》所取之象，仍本之《易》，至为明白。无如二千年学者，竟熟视无睹也。而尤要者，则在其正覆象并用。圣人叙卦，除乾、坤、坎、离、颐、大过、中孚、小过正覆不变外，余一正卦必次以覆卦；而《杂卦》震起、艮止、兑见、巽伏、咸速、恒久诸辞，尤示人以象正如此覆则如彼之义。乃自正覆象失传，凡《易》之言正覆象者，多不得解。独《易林》知之。凡遇正覆震相背者，不曰逸，即曰讼。于是震卦之"婚媾有言"，《左传》之以谦为逸得解。凡正反兑相背者，不曰逸佞，即曰争讼。于是困之"有言不信"，讼之"小有言"得解。其正覆震相对者，不曰此鸣彼应，即曰此唱彼和，于是中孚之"鹤鸣子和"得解。其余象覆即于覆象取义，象伏即于伏象取义者，亦皆本之《易》，而先儒皆不知，致《易》义多晦。故唯《易林》，能补二千年易注之穷。

三、《系辞》云："圣人观象系辞。"是所有卦爻辞皆从象生也。而说卦之象，皆举其纲领，使人类推，非谓象止于此也。又示人以复象，如乾为马，震、坎亦为马；坤为舆，震、坎亦为舆；坤为腹，离亦为腹。非谓某卦有某象，既不许某卦再有某象也，视其义何如耳。而其例甚繁，为笔所难罄，盖其详尽在口传。至东汉，口传一失，所有《易》象大都不知，而浪用卦变，不变不能得象。如颐、损、益之龟象，虞翻不知艮即为龟，必使某爻变成离，以取龟象。由汉讫清，几视为天经地义。至焦循遂以一卦变为六十四卦，而《易》学之亡，遂与王弼以来之扫象等矣。愚初亦惑其说，故读《易林》皆莫知其所指。及印证既久，始知《易林》之象，尽本于《易》，或本于《左传》、《国语》，近在眉睫，日睹之而不识。然后悟无情无理之卦变爻变，直同儿戏，又何怪王弼等之扫象不谈！

四、《易林》于《说卦》象，《九家逸象》，《左氏》、《国语》象，无不用之。惟《虞氏逸象》，其误者不见于《易林》，其不误者《易林》皆用之。故《易林》实为易象之渊薮。其为各家所无，《易林》所独有之象，遇之多年，皆莫知其所指。后与《易》回环互证，知其仍本之《易》。如以兑为华、为老妇，则本之大过；以艮为臣、为祖，则本之小过。如是者共百七十余象，其详说皆在《焦氏易诂》中，兹不复赘。

五、本注释以易象为重，易象得林辞与《易》辞始能解。次则《林》中所用故实，凡以前旧注所释者是也。总各家所注，寥寥无几，兹重加搜讨，增旧注所无者约数千则，正旧注之误者约数十则。然《易林》所据之书，如《左》、《国》、《诗》、《书》，尚易研讨。最难者，谈妖异，说鬼怪，其详盖在《虞初志》诸小说部中，而其书久佚，故明知其有故实，而不得其详。如恒之晋："雨师娶妇，黄岩季子。"元刊注引《博物志》，太公为灌坛令事当之，于事实不合，是不能注也。又如《兑之比》云："嵩融持戟，杜伯持弩。降观下国，诛逐无道。夏商（应作周）之季，失势逃走。"杜伯之鬼白日射死宣王，见《国语》，人皆知之。嵩融事必与杜伯相类，而注家皆不知。后读《墨子·非攻篇云》："有神谓商汤曰：'余得请于帝，帝命融隆火于夏之城。'"融隆即嵩融，《楚辞》及《淮南》又作丰隆，皆音同字异。由《楚辞》及《淮南》注知融隆为雷师。《国语》云："夏之亡也以回禄，帝命融隆火于夏之城。"即帝命雷师以雷火烧夏桀之城也。于国语及《林》辞，夏周之季皆合，而持戟事则不能详。又如涣之大壮云："鬼哭于社，悲商无后。"自来注家亦不知。后读《墨子·非攻篇》云："至商王纣，妇妖宵出，有鬼宵吟。"又《论衡》云："纣之时，鬼郊夜哭。"又云："纣郊鬼哭。"其事得矣，而太简略。如此者，无可如何也。

六、《易林》用韵甚古。凡亥皆音喜，殆皆音以，罢皆音婆，下皆音虎，家皆音姑，而尤与豪韵，真与东韵，如此者尤多。有注出者，有不及注者，读者知其例则无扞格矣。且可以正《易》韵俗读之失，如乾象辞下与普韵，中孚三爻罢与歌韵是也。

七、《易林》说《诗》之处最多。昔儒考其渊源，以焦氏学于孟喜。喜父孟卿，家传《齐诗》，故《焦氏》所说，皆《齐诗》。不惟于《毛诗》十九不同，于《鲁》、《韩》亦多异。如《凯风》，《毛》谓"有母不安于室"，《焦》谓"母亡思母"。"蠨蛸"，《毛传》谓"刺淫"，《焦》谓"伤谗"。如此者有数百则之多。又其字与《毛》异而义胜者尤多，皆随文注出。然以其过多，恐有遗漏，故特举出，以见《易林》不惟能传《周易》绝学，且能传《齐诗》。《齐诗》至东汉末即亡，亦绝学也。

八、《林》辞重出者甚多，本宜全注。后详加观察，凡卦不同而辞同者，其象必同。如坤之离云："齐鲁争言。"离中爻互兑巽，巽齐兑鲁，又为正反兑，故曰"争言"。而比之蛊、谦之咸，亦用此辞。则以蛊初至四、咸二至上，亦兑巽也。注其一，余即可隅反，以期简约。

九、《易经》所有人名、地名，无不从象生。如《泰·五》之"帝乙"，以震为帝，坤为乙；《明夷》之"文王"、"箕子"，以坤为文，以震为王，故曰"文王"，震为子，为箕，故曰"箕子"。《既济》之"鬼方"，以坎为鬼也。《易林》之注，凡人名、国名、鸟兽名、地名，随手举来，无不与象妙合。如遇剥曰"高奴"，高奴，地名，见《汉书·地理志》，则以艮为奴，艮一阳在上，故曰"高奴"。遇谦曰"重耳"，互坎为耳，坤为重，故曰"重耳"。学者苟由是以求其机趣，必更有进于是者。

十、《易林》于既、未济等卦，偶用半象，又常用遇卦象。《左氏》云："震之离，亦离之震。"《易》于既、未济，盖兼用半象，故悉本之。凡遇此等，必先注曰："此用遇卦象，此用半象，以期易明。"

十一、《易》数至为繁琐，皆用汉儒常用之数注之。惟邵子所传一二三四五六七八之先天八卦数，汉儒无知者，而《易林》每用之，如遇兑每言二是也。注中遇此必指明，曰卦数几，以为区别，俾阅者知其所自来。八卦数之名，实愚所创，具详于《焦氏易诂》。后阅宋王湜《易学》，有专论八卦数一篇。谓一二三四以在阳位，故左旋而东；五六七八以在阴位，故右转而西。各起于南，而终于北。是则取八卦以制数，故起于一而终于八云云。

（按：王湜专绍述邵学者，故能补邵子所未言。而其书只一卷，只通志堂有之，他无刊本。前未见之，故矜为创论，而不知宋时已言之。补详于此，以见余之陋，且喜余说之有本也。）

十二、本注意在指明易象，俾学《易》者有所裨益，以正旧解之误，而济《易》注之穷。至林辞义意有极浅显者，则不必注。有极奥深者，则详称博引，使昆仑之语明晰而后已，故又不免于繁冗，阅者谅之。

十三、初读《易林》，即疑其本象以系辞。无如初学《易》，于易象既不娴熟，于失传之象尤茫然不知其所谓，故求之十年之久，迄不能通其辞。后阅蒙之节云："三夫共妻，莫适为雌。子无名氏，翁不可知。"恍然悟节上坎，上互艮，下互震，三男俱备，下兑为女，故曰"三夫共妻"。震为子，艮为名，坎隐伏，故"子无名氏"。艮为寿、为祖，故曰"翁"。坎伏，故"不可知"。悟林辞果从象生，由是言正象者皆解。又久之，阅剥之巽云："三人同行，一人言北。伯仲欲南，少叔不得。中路分道，争斗相贼。"巽通震，震为人、为行，二至四覆震，上下震，故曰"三人同行"。震为南，上震下震皆南行，二至四艮，艮为少男，故曰"少叔"。震长为伯，坎中男为仲，故曰"伯仲欲南"，独少叔一人不南而北也。坎为中，震为道路，伯仲南，少叔北，故曰"分道"。艮为手，二至上正反艮相背，故曰"争斗"。坎为盗贼，故"相贼"。自通此辞，知林用覆象，神妙已极。于是凡言正覆象者皆解，《易经》亦然。而以此二林为入门之始，故特志之，以示不忘。

十四、《说卦》系自古相传之象。至《周易》愈演愈精，故《经》用象每与《说卦》异。如《说卦》以震为长男、兑为少女，《经》则间以震为小子、兑为老妇。盖以二人言，初生者长，后者少；以一人言，初少上老，此其义，唯《易林》知之。以《易林》书太古，尚存古义，能得《周易》真解，为后儒所不知。如《旅之大壮》云："独夫老妇。"以大壮上震为独夫，互兑为老妇也。又观之睽云："老女无夫。"亦以睽下兑为老女。又夬之中孚云："道路不通，孩子心愦。"以中爻震为孩子。又《家人之巽》云："孩子贪饼。"巽伏震，亦以震为孩子。皆以《易》随卦二三两爻，"系小子"、"失小子"为本。又《易林》遇巽，每曰少齐，亦以大过下巽为女妻为本也。又说卦以坎为月，而《经》则多以兑为月。至东汉马、郑、荀、虞诸儒，皆不知此义，故《经》多误解，于是后人并《易林》用象亦不知矣。

十五、《逸周书》所载《周公时训》之七十二候，与《卦气图》相附而行。后细按七十二候之辞，皆由卦象而生。如"蚯蚓结"，"识中孚"之候，则以中孚上巽为虫，为蚯蚓，而下兑为覆巽，正反巽集于中，故曰"蚯蚓结"。于复曰"麋角解"，复下震为鹿，艮为角，震为覆艮，角覆在地，则角解矣。于屯曰"水泉动"，屯上坎为水泉，下震故曰"动"。于屯上又曰"雁北乡"，则以屯上互艮为雁，坎北，故曰"北乡"。以艮为雁，于是《易》渐鸿象得解。统七十二候语，无不与卦密合，且用正象、用覆象无不精妙，而皆为《易林》之所本。故《易林》实集象学之大成。

焦氏易林注

《易林》逸象原本考

《易林》逸象，其与《易》有关，可以解经，并可以正《易》注之误者，其详皆在《焦氏易诂》中，凡百七十余象。其与《易》无关，推广之象，尚不知其几千百，皆省而不录。录其有关者，下注明其所本，以见此逸象仍原本于《易》，俾阅者不至再有疑惑。

乾逸象

为日（乾九三：君子终日乾乾。《象》：大明终始。大明即日。晋象传：顺而丽乎大明。是。） 河海（同人：利涉大川。） 山陵（同人：升其高陵。） 石（《说卦》：乾为玉。） 南（同人《荀注》：乾舍于离，相与同居。） 虎（《文言》：风从虎。履：虎尾。） 大川（见《同人》。）

坤逸象

为水（益：利涉大川。） 江淮河海 鱼（剥：贯鱼。） 蛇（上《系》：龙蛇之蛰。） 渊（讼《象传》：入于渊。） 云（小过：密云不雨。） 墟（升：虚邑。） 茅茹（否：拔茅连茹。） 逆（坤逆行。《乾凿度》：坤右行，阴时六。） 北（先天。） 心（益九五：有孚惠心。） 志（益九五：大得志。） 忧（泰九三：勿恤。升《象》：勿恤。） 疾病（复：出入无疾。损六四：损其疾。） 毒（师：以此毒天下。） 劳（坤：役天下，故劳。） 风（《文言》：风从虎。《内经》谓风，土气所生。） 野（龙战于野。） 郊（小畜：自我西郊。郊用伏坤。） 原（比：原筮，元永贞。）

震逸象

为武（《国语》：震，车也。车有震武。） 旗（《左氏》：火焚其旗。以震为旗。） 鸿（渐：伏象。） 隼（解上六：公用射隼。） 射（见上。《左传》射其元。皆以震为射。） 南（升：南征吉。《左传》：南国蹙。） 爵（中孚：我有好爵。） 樽（坎六四樽酒。） 食（颐：自求口食。） 鹤（中孚：鸣鹤在阴。） 君（归妹六五：其君之袂。） 征伐（谦六五：利用侵伐，征不服。） 周（《文言》：反复道也。周而复始。） 姬（周姓。） 瓮（井九二：瓮敝漏。伏象。） 胎（屯六二：十年不字。字，妊娠也。震象。） 舟船（中孚：乘木舟虚。） 飞翼（明夷初九：明夷于飞，垂其翼。飞、翼，皆指应爻震。） 老夫（大过九二：伏象。） 商旅（复《传》：商旅不行。） 公（解：公用射隼。） 父（蛊六四：干父之蛊。初爻用伏。） 口（颐：自求口食。） 羊（大壮、归妹上六皆曰羊。） 神（帝出乎震。帝即神。） 襦（既济，襦有衣。襦、繻通。） 缶（比初六：有孚盈缶。言阳来初成震。） 瓶（井：羸其瓶。用伏。） 辰（邵子以震为辰，本此。辰，时也。损、益皆曰：与时偕行，皆以震故。） 登（明夷：初登于天。） 狩（明夷：于南狩。） 乘（解：负且乘。） 华（《说卦》：震为旉。干宝云：华也。） 羽翰（贲：白马翰如。） 发（巽：寡发。巽反为震，故多毛。） 袂（《归妹》：其君之袂。） 东北

（先天位。）　萌芽（解：百果草木皆甲坼。又为反生。）　箕子（明夷：箕子以之。）　孩子（随六二：系小子。明夷六五之箕子，即孩子。）　田（师：田有禽。）　山阴（中孚：鸣鹤在阴。震，艮之反，故为山阴。）　嘉（随五：孚于嘉。）　邻（泰六四、谦六五：以其邻）　藩（大壮九三：羝羊触藩。）斗（丰九四：日中见斗。）　福（震：恐致福也。）　虚（归妹：承虚筐也。）　岁年（为辰，故为岁年。同人：三岁不兴。用伏。）

巽逸象

为母（小过：遇其母。蛊二：干母之蛊。）　齐（《说卦》：齐乎巽。）　姜（齐姓。犹震为周，故为姬。《左传》：若异国，必姜姓也。以巽为姜。）　少姜　少齐（大过：老夫得其女妻。以巽为少。）陨落（姤九五：有陨自天。《左传》云：夫从风，风陨。又，我落其实。）豕（姤：羸豕孚蹢躅。井：羸其瓶。中孚：豚鱼吉。）　豚（见上。）　虫（《左传》：三虫为蛊。故巽为虫。）　蠱（大过：栋挠。虫在下也。）　腐（剥，烂也。）　敝漏（井：瓮敝漏。）　隙（下断，故有隙，漏之所由来也。以上数象，于《易》所关至巨。自此象失传，于是大过之有它吝，中孚有它不燕，恒之田无禽，井二之瓮敝漏，遂不知其故。）　袖（既济：繻有衣袖。）
　　盗贼（《杂卦》：巽，伏也。故与坎同。）　烂（杂卦：剥，烂也。烂始于巽。）寇戎（同人：伏戎于莽。）　病（为羸。《说文》：羸，病。）　枯（大过：枯杨。）　𫠡（马支云：麋也。未济之无妄：求麋耕田。以无妄互巽为麋。）　疑（丰六二：往得疑疾。巽初：进退，志疑也。）

坎逸象

为首（《说卦》：为下首。明夷：得其大首。）　大首（见上。）　肉　肺（噬嗑：噬干肉。噬干肺。噬腊肉。）夫（左传：夫从风。）　矢（噬嗑九四：得金矢。）鬼（既济：高宗伐鬼方。《说卦》：坎隐伏。）　孤（睽九四：睽孤。）　西（先天位。既济九五：不如西邻之禴祭。）泥（需九三：需于泥。震九四：震坠泥。）　食（需九五：需于酒食。讼六三：食旧德。）　筮（蒙：初筮告。比：原筮，元永贞。）

离逸象

为星（丰九二：日中见斗、见沫。）　东（既济：东邻杀牛。）　金（鼎六五：金铉。外坚之义。）　巷（睽九二：遇主于巷。巷指六五离。）　肤（睽六五：厥宗噬肤。）

艮逸象

为火（旅·九二：焚其次。）　鸟（小过：飞鸟以凶。《左传》：离之艮当鸟。）　鸿（渐：鸿渐于干。）隼（《说卦》：艮为黔喙。）　面（革上六：小人革面。以伏艮为面。）　簪（豫：朋盍簪。）　须（归妹：以须。）　祖（小过：过其祖。）　臣（蹇：王臣蹇蹇。）　臣妾（《遁》：畜臣妾吉。）　角（凡《易》言角，指上阳。）　啄（《说卦》：艮为黔啄。）　负（大畜：何天之衢。解：负且乘。）寿（《说卦》：坚多节。）　贵（随：官有渝。官贵。）邑　邦　国（无妄：邑人之灾。坎：王公设险，以守其国。《中孚》：乃化邦也。皆以艮为邑，为国，为邦。）　床（剥：剥床以足。）　斯析（旅：斯其所。）　贝（震：亿丧贝。）　金（蒙：见金夫。）　观（颐：观颐。）视（颐：虎视眈眈。）　光明（谦：天道下济而光明。）　龟（损、益：十朋之龟。）　西北（先天位。）　天（大畜上九：何天之衢。）　刀剑（萃：君子以除戎器。）　枕（《坎》：险且枕。）　牛（《无妄》：或系之牛。以艮为牛。）　豕（大畜：豮豕之牙。）　夫（蒙：见金夫。比：后夫凶。） 巢（旅：鸟焚其巢。） 僮仆（旅：得僮仆。）终日（豫六二：不终日。） 谷（井九二：井谷射鲋。伏象。）

兑逸象

为月（小畜：月既望。） 华（大过：枯杨生华。） 老妇（大过：老妇得其士夫。） 鲁（《说卦》：兑刚鲁。鲁、卤通。） 资斧（旅：得其资斧。） 井（本井卦兑象。） 牙齿（大畜：豶豕之牙。） 鸡（居酉。） 燕（中孚：有它不燕。） 耳（鼎六五：黄耳。《象传》：巽而耳目聪明。） 酒（兑水，故与坎同象。） 穴（需：出自穴。） 兵戎（萃：君子以治戎器，戒不虞。旅：得其资斧。） 雨（睽：往遇雨。）

右共一百七十余象，皆失传，为东汉《易》家所不知，故《易》解多误。兹所注，但明其所本，俾阅者不至再有疑惑。若其详义，皆在《焦氏易诂》中。凡注内遇此等逸象而不知其义者，可于以上各象求之。如乾林《注》：以乾为山、为石，乍阅之，必生疑，可于乾逸象中寻之。因《易林》逸象过多，注中不及详说其原本，故于篇首总揭其义，以补注中所未备。

焦氏易林注卷一

☰乾上
☰乾下　**乾**之第一

道陟石阪，胡言连謇。译暗且聋，莫使道通。请谒不行，求事无功。

乾为道，为陟，为山，故曰"石阪"。为言，在西北，故曰"胡言"。连謇，口吃也。震为鸣，坎为耳，艮为道，为请求。今为纯乾，乾三子俱不见，故曰"暗"，曰"聋"，曰"道不通"，曰"请求无功"。盖三子各分乾一爻也。又《林》辞所以不吉者，以卦为纯阳，阳遇阳则窒故也。此《易》之根本大义。自此义不明，而《易》多误解。

之坤　招殃来蠚，害我邦国。病伤手足，不得安息。

乾变阴，故曰"招"，曰"来"。坤阴，为灾殃，为毒蠚，为害，为邦国。艮手，震足，今纯坤，艮、震毁，故"病伤手足"。坤逆行，故曰"来"。《系辞》：来者，伸也。即谓坤逆行。

屯　阳孤亢极，多所恨惑。车倾盖亡，身常忧惶。乃得其愿，雌雄相从。

坎为孤，一阳居五，民皆归初，故曰"孤亢"。坎为忧疑，故曰"恨惑"，曰"忧惶"。艮为盖，震为车，坎破，故倾亡。坤为身。初阳四阴，二阴五阳，皆有应与，故曰"雌雄相从"。

蒙　鹊鹩鸤鸠，专一无尤。君子是则，长受嘉福。

艮为鸟，故曰"鹊鹩鸤鸠"。艮止，故专一。说鸤鸠义，与《毛》同。艮为君子，坎为法则，震为嘉福。

需　目瞤足动，喜如其愿，举家蒙宠。

互离为目瞤，亦动也。乾为喜，为宠。坎为宫室，为家。《西京杂记》：目瞤得酒食。故曰"喜"。足，疑为指讹。《左传》"食指动"是也。伏艮象。

讼　龙马上山，绝无水泉。喉焦唇乾，舌不能言。

乾为龙马，为山，在上。坎在下，而中为火，为日，故水泉绝。兑为喉舌，为唇，乃兑覆而与火邻，故焦渴不能言。

师　仓盈庾亿，宜种黍稷。年丰岁熟，民人安息。

坤为腹，为囊，仓庾象也。坤众，故曰"盈"，曰"亿"，曰"丰熟"。震为黍稷，坤为岁年，为民人，为安息。后《比之升》、《坤之恒》词同，亦皆以坤为仓庾。《诗·小雅·楚茨》云：我黍与与，我稷翼翼。我仓既盈，我庾维亿。又《甫田》云：曾孙之稼，如茨如梁。曾孙之庾，如坻如京。乃求千斯仓，乃求万斯箱。黍稷稻粱，农夫之庆。

比 中夜犬吠,盗在墙外。神明佑助,消散皆去。

坤、坎皆为夜,坎为中,故曰"中夜"。艮为犬,伏兑口,故曰"犬吠"。坎为盗,艮为墙,坎在外,故曰"在墙外"。伏乾为神,艮为明。坤消,故曰"消散"。

小畜 据斗运枢,顺天无忧,与乐并居。

通豫,艮为星,数七,故曰"据斗"。坎为枢,故曰"运枢"。乾顺行,故曰"顺天"。坎伏,故无忧。震为乐,艮为居。

履 空拳握手,倒地更起。富饶丰衍,快乐无已。

通谦,艮为拳,为手。坤为地,为下,震起,故曰"倒地更起"。坤为富饶,震为快乐,全用伏象。《易》卦爻词每如此也,《易林》无创例。

泰 不风不雨,白日皎皎。宜出驱驰,通利大道。

巽伏,故不风。半坎,故不雨。震为白,乾为日,震为出,为驰驱,为大涂,为通利。

否 载日晶光,骖驾六龙。禄命彻天,封为燕王。

坤为载,乾为日在上,故曰"载日"。伏震为龙,为驾,乾数六,故曰"骖驾六龙"。乾为禄,巽为命。乾在上,故曰"彻天"。伏震为王,兑为燕,故曰"燕王"。

同人 子号索哺,母行求食。反见空巢,訾我长息。

通师。震为子,为号,为哺,为请。请,求也,故曰"索哺",曰"求食"。震为行,坤为母。艮为巢,坤虚,故曰"空巢"。震为长息。坎上下两兑口相背,兑为口舌,故曰"訾"。

大有 上帝之生,福祐日成。修德行惠,乐且安宁。

乾马上帝,为福,为德惠。通比,比乐、坤安,本象、伏象兼取。

谦 山险难登,涧中多石。车驰辖击,载重伤轴。担负差跌,跌踬右足。

艮为山,为石,坎为涧。坎险,故难登。震为车,坎多眚,故辖击伤轴。坎为辖,为轴。艮为何,故曰"担负"。坎塞,故差跌,故跌踬。差同蹉也。震为足,艮伏兑,故曰"右足"。

豫 禹凿龙门,通利水源。东注沧海,民得安存。

震为帝,故曰"禹"。艮手,故曰"凿"。坤为门,震为龙,故曰"龙门"。坎水,坤水,故曰"水源"。震为通利,为东,坤为沧海,为民,为安。《禹贡》:导河积石,至于龙门。

随 乘龙上天,两蛇为辅。踊跃云中,游观沧海,民乐安处。

震为龙,艮为天,故曰"乘龙上天"。巽蛇,兑卦数二,故曰"两蛇"。辅,附也。互大坎为云,坎在上,震起,故曰"踊跃云中"。兑为泽,故曰"海"。艮为观,为安。

蛊 彭祖九子,据德不殆。南山松柏,长受嘉福。

艮为寿,故曰"彭祖"。彭祖,名箋,寿八百岁,即《论语》所谓老彭也。震为子,数九,故曰"九子"。艮为据,震为德。艮山,震南,故曰"南山"。巽为松柏,震为嘉福。

临 南山昊天,刺政闵身。疾悲无辜,背憎为仇。

通遁。艮为南山。乾盈巳,正当夏日,故曰"昊天"。本象坤为政,为身,为悲,为憎,故刺政悯身。艮为背也。南山、昊天,皆出《小雅》,皆刺幽王而悲悯身世也。刺政承南山而言,谓赫赫师尹,不平谓何也。闵身承昊天言,谓若此无罪,熏胥以铺也。

观 江河淮海,天之奥府。众利所聚,可以饶有。乐我君子,百福是受。

坤为江河淮海。艮为府,坤伏乾,故曰"天府"。坤为众,为利,为聚,为富饶。艮为君子,巽伏,震为乐,坤为我也。

噬嗑 坚冰黄鸟,终日悲号。不见白粒,但见藜蒿,数惊鸷鸟,为我心忧。

坎为坚冰。震为黄,艮为鸟,为终,离为日,故曰"终日"。坎为悲,震为号,为粒,坎隐,故不见。震为藜蒿,为惊。艮为黔喙,为鸷鸟,坎为心忧。《诗·小雅》:黄鸟黄鸟,无集于谷。此邦之人,不我肯谷。言旋言归,复我邦族。林似说此诗意。

贲 室如悬罄,既危且殆。早见之士,依山谷处。

艮为室,震为罄,上卦震覆,故曰"悬罄"。坎险,故危殆。震为士,为旦,故曰"早见之士",离为见也。艮为山谷,艮止,故曰"依"。

剥 大禹戒路,蚩尤除道。周匝万里,不危不殆。见其所使,无所不在。

伏乾为王,故曰"大禹"。艮为路,伏兑为口,故曰"大禹戒路"。言警备也。坤为恶,故曰"蚩尤"。艮为道,为手,故曰"除道"。除,治也。反震为周,坤为万里。坤安,艮止,故不危殆。艮为僮仆,故曰"所使"。卦为大艮,故无不在。

复 三人为旅,俱归北海。入门上堂,拜谒王母,饮劳我酒。

震为人,数三,故曰"三人"。坤为海,为北,震为反,故曰"俱归北海"。坤为门户,震往,故曰"入",曰"上"。坤为母,震为王,故曰"王母"。坤为我,为浆,故亦为酒。震为言,故曰"劳"。

无妄 传言相误,非干径路。鸣鼓逐狐,不知迹处。

震为言,艮败言,故曰"误"。艮为径路,为求。非干径路,言非所求之径路也。震为鼓,为鸣。艮为狐,震为逐,为迹,巽为伏,故无迹。

大畜 三羊争雌,相逐奔驰。终日不食,精气劳疲。

兑为羊,震数三,故曰"三羊"。兑为雌,艮为手,正反两艮相对,故曰"争雌"。震为驰逐。乾为日,兑为食,艮为终,艮止,故终日不食。乾为精气,争故劳疲。

颐 纯服素裳,载主以兴。德义茂生,天下归仁。

坤为黑,为裳,震为白,故曰"纯服素裳"。震为主,为载,为兴,故曰"载主以兴"。坤为义,震为德,为生,故曰"德义茂生"。坤为天下,震为归,为仁,故曰"天下归仁"。《史记》:武王载木主,观兵孟津,八百诸侯来归。故必素裳。

大过 桀跖并处,人民劳苦。拥兵荷粮,战于齐鲁。

伏坤为恶,故曰"桀"。巽为盗,故曰"跖"。坤为人民,为忧,为劳,故曰"劳苦"。伏艮为兵,为荷,震为粮,故曰"拥兵荷粮"。巽齐,兑鲁。正覆两艮相背,艮手,故"战"。

坎 黄鸟采菉,既嫁不答。念我父兄,思复邦国。

黄鸟、采菉,皆《小雅》篇名,皆伤怨旷,故曰"既嫁不答"。震为黄,为菉,艮为鸟,为采,故曰"黄鸟采菉"。震为嫁,为言,艮止,故曰"不答"。坎为思念,震为父兄,为复,艮为邦国。

离 胎生孚乳,长息成就。充满帝室,家国昌富。

通坎。互震为胎,为生,坎为孚,艮为乳,故曰"胎生孚乳"。震为长息,艮为成,故曰"成就"。震为帝,为昌,艮为室,为家国。全取旁通象。

咸 三人求橘,反得丹穴。女清以富,黄金百镒。

互乾为人,艮数三,故曰"三人"。艮为求,乾为橘,故曰"三人求橘"。兑为穴,乾为赤,故曰"丹穴"。巽为女,承乾,故富。乾为金,伏坤为黄,故曰"黄金"。乾为百。顾千里曰:清者人名,《货殖传》所谓巴寡妇清也。清家得丹穴。

恒 东山西岳,会合俱食。百家送从,以成恩福。

通益。互艮为山岳,震东,本卦兑为西,故曰"东山西岳"。坤为会合,震为食,正覆震,故曰"俱食"。艮为家,震为百,为从,为恩福,艮为成也。

遁 眵鸡无距,与鹊交斗。翅折目盲,为鸠所伤。

巽为鸡。《说文》:目眦伤曰眵。眦,眼角也。艮离目不全,故曰"眵鸡"。震伏,故无距。艮为鹊,为斗。震为羽翰,震覆,故翅折。离为目,目眦下裂,故为目盲。艮为鸟,为鸠,巽羸,故伤。

大壮 隙大墙坏,蠹众木折。狼虎为政,天降罪罚。高弑望夷,胡亥以毙。

通观。巽为隙,为坏,为墙,故曰"隙大墙坏"。巽为虫,为木,坤众,故曰"蠹众"。风陨,故木折。艮为狼虎,坤为政,故曰"狼虎为政"。乾为天,坤为罪罚,故曰"天降罪罚"。艮为宦寺,坤为弑,艮为观,坤为夷,故曰"高弑望夷"。言赵高弑胡亥于望夷宫也。坤为胡,居亥,又为毙也。虽人名、地名,无不从象生,本之《易》也。

晋 三痴俱走,迷路失道。惑不知归,反入患口。

坤为痴,爻数三,故曰"三痴"。互艮为道路,坤迷,故曰"迷路失道"。坎为惑,震为归,阳居四,不反初,故曰"不知归"。坎为患,四五形兑,故曰"患口"。

明夷 弓矢俱张,把弹折弦。丸发不至,道遇害患。

互坎为弓,为矢,震为张,故曰"弓矢俱张"。坎为弹,伏巽为弦,坎折,故曰"把弹折弦"。坎为丸,震为发,坤闭,故不至。震为道涂,坤为患害,故曰"道遇患害"。

家人 三人求夫,伺候山隅。不见复关,长思忧叹。

卦二离一巽,皆女象,坎为夫,故曰"三女求天"。艮为关,卦有两半艮形,故"复关"。坎伏,故不见。"不见复关",《诗·卫风》语也。艮止,故曰"伺候"。艮山,故曰"山隅"。坎为忧思,故曰"长思忧叹"。

睽 阳旱炎炎,伤害禾谷。稑人无食,耕夫叹息。

重离，故曰"旱"。震为禾稼，二三四五半震，兑毁，故曰"伤害禾谷"。兑为食，坎失，故无食。震为耕，为夫，兑口，故耕夫叹息。

蹇　骑独逐羊，不见所望。径涉虎庐，亡羝失羔。

坎为独，伏兑为羊，半震为骑，为逐，故曰"骑独逐羊"。坎隐，故不见，离为望也。艮为径，为虎，为庐。兑伏，故亡羝失羔。

解　暗昧冥语，转相诖误。鬼魅所舍，谁知卧处。

坎为暗昧，为冥，震为言，故曰"冥语"。坎上下两兑口相背，故曰"诖误"。坎为鬼魅，为舍，为伏，故曰"卧"。坎伏，故不知。

损　姬姜祥淑，二人偶食。论仁议福，以安王室。

互震为周，故曰"姬"。伏巽，故曰"姜"，巽为齐也。震为仁，故曰"祥淑"。震为人，兑卦数二，故曰"二人"。兑为食也。震为言，故论仁议福。震为王，艮为室，为安，故曰"以安王室"。

益　公孙驾骊，载聘东齐。延陵说产，遗季纻衣。

艮为孙，震为公，为骊，为驾，故曰"公孙驾骊"。震为东，巽为齐，震为载，故曰"载聘东齐"。艮山，故曰"延陵"。震乐，震生，故曰"悦"，曰"产"。艮为季，坤为衣裳，震为纻，故曰"遗季纻衣"。《左传》：吴公子札聘于郑，见子产如旧相识，与之缟带，子产献纻衣焉。

夬　孤竹之墟，老妇亡夫。伤于蒺藜，不见少齐。东郭棠姜，武子以亡。

武子，崔杼也。棠姜，杼妻也。困三爻，据于蒺藜，入于其宫，不见其妻。杼占词也，事见《左传·襄二十五年》。"少齐"者，《左传》晋人，谓之少齐，言美也。伏剥。坤为寡，中虚，故曰"孤竹之墟"，坤为墟也。兑为老妇，本大遇也。艮为夫，艮伏，故无夫。余象多未详。

姤　仁政不暴，凤凰来舍。四时顺节，民安其处。

通复。震为仁，故曰"不暴"。坤为文，故曰"凤凰"。震为辰，卦数四，坤顺，故曰"四时顺节"。坤为民，为安，故民安其处。

萃　任劣力薄，孱弩恐怯。如猬见鹊，不敢拒格。

坤柔，故曰"任劣力薄"，曰"孱弩"。互大坎，故曰"恐怯"。巽为猬，艮为鹊，坤弱，故不敢拒格。《史记·龟策传》注：猬能制虎，见鹊则仰地。

升　卫侯东游，惑于少姬。亡我考妣，久迷不来。

震为警卫，为诸侯，为东游。大坎为惑，兑为少姬。震为父，坤为母，故曰"考妣"。坤死，故亡。坤为我，为迷。震往，故不来。卫文侯避国难游齐。少姬，卫女，齐桓夫人。

困　噂噂所言，莫如我垣。欢喜坚固，可以长安。

《诗》：噂沓背憎。《笺》云：噂噂，对语，背则相憎。困三至上，正反两兑口相背，故《易》曰"有言不信"。其伏象则正反两震言相对，故"噂噂所言"。巽为垣墉，坎陷，故莫如我垣。兑悦而伏艮，故曰"欢喜坚固"，曰"长安"。

井　鼍鸣岐山，鳖应幽渊。男女媾精，万物化生。文王以成，为开周庭。

通噬嗑。互艮为鼋鳖,为山,下震两歧,故曰"岐山"。而初至四正反艮震,震为鸣,故上鸣下应,与《中孚·九二》"鸣鹤在阴,其子和之",用象同也。坎为幽,坎男,离女,而坎为精,故曰"男女媾精"。震为万物,为生,为王,上离为文,故"文王以成"。艮为成也。艮又为庭,震为周,为开,故曰"为开周庭"。

革　玄黄虺隤,行者劳罢。役夫憔悴,逾时不归。

通蒙。互震为玄黄。《诗·毛传》:玄黄、虺隤,病也。蒙,坎为病,为罢劳,震为行,故曰"行者劳罢"。坎为夫,为劳卦,故曰"役夫憔悴"。艮为时,在外,故逾时不归。

鼎　弱足刖跟,不利出门。市贾无利,折亡为患。

下巽,震伏不见,故曰"弱足刖跟",故不利出门。《鼎·初六》"鼎颠趾",即如是取象。三五伏艮,艮为门。巽为市贾,为利,兑折,故不利,故折亡。大坎为患。

震　悬狟素餐,居非其宫。失舆剥庐,休坐徙居。

悬狟素餐,《伐檀》诗语也。互艮为狟,伏巽绳,故悬狟。震为食,为白,故曰"素餐"。艮为居,为宫,艮覆,故居非其宫。震为舆,坎失,故曰"失舆"。艮为庐,艮覆,故剥庐。君子得舆,小人剥庐,《剥·上九》爻词也。艮为坐,为居,艮覆,故休坐徙居。

艮　民怯城恶,奸人所伏。寇贼大至,入我郛郭,妻子俘获。

《左传·成九年》:楚伐莒,莒城恶,众溃。艮为城,坎为民,为怯,为陷,故曰"民怯城恶"。坎为伏,为奸,互震为人,故曰"奸人所伏"。坎为寇贼,艮为郛郭,伏巽为入,故"入我郛郭"。震为子,伏兑为妻,艮止,故曰"妻子俘获"。

渐　阳低头,阴仰首。水为灾,伤我宝。进不利,难生子。

坎为首,坎伏,故低。坎阳卦而在下,离阴卦在坎上,故曰"阴仰首"。坎为水灾。震为玉,为宝,震覆故伤。震为行,为子,为生,震覆故不利,故难。

归妹　背北相憎,心意不同,如火与金。

兑伏艮,艮为背,坎为北,为憎,为心意。离为火,伏艮为金。《诗·十月之交》篇:噂沓背憎。

丰　太微帝室,黄帝所值。藩屏周卫,不可得入,常安无患。

离为星,故曰"太微",曰"帝室"。"帝室"者,帝座,即紫微垣也。震为帝,伏坎为宫室,故曰"帝室"。震为黄,故曰"黄帝"。黄帝,轩辕星也。震为丛木,为屏藩,为周,为卫。巽入,巽伏故不可入。

旅　茧栗牺牲,敬享鬼神。神嗜饮食,受福多孙。

互巽,故曰"茧"。艮为果,故曰"栗"。离为牛,故曰"牺牲"。《礼》:祭天地之牛角茧栗。言其色似之也,故曰"茧栗牺牲"。伏坎为鬼,震为神,为饮食,故曰"神嗜饮食"。艮为孙,坎众,故多孙。

巽　出门逢恶,为患为怨。更相击刺,伤我手端。

通震。互艮,故曰"出门"。坎为恶,为患,为怨。初至四反正艮,艮手,故更相击刺。

坎折，故伤手。

兑 鹢飞中退，举事不遂，宋人乱溃。

《左传》：六鹢退飞，风也。为宋襄公败征，故曰"宋人乱溃"。兑伏艮，艮为鹢，巽为退。互震为举，为人，艮为宋。《说文》：架木为屋曰宋。艮形似之，故林以艮为宋。

涣 跛踦相随，日暮牛罢。陵迟后旅，失利亡雌。

坎蹇，故曰"跛踦"。巽顺，故曰"相随"。艮为日，坎为暮，故曰"日暮"。艮为牛，坎劳，故曰"牛疲"。巽为陵迟，震为后，故曰"陵迟后旅"。巽为利，为雌，坎失，故曰"失利亡雌"。

节 龙角博颡，位至公卿。世禄久长，起动安宁。

震为龙，艮为角，震为颡。龙角，犹日角；博颡，大颡也，皆贵相。艮为位，震为公，坎为禄，艮为久长，故曰"世禄久长"。震为起，为动，艮为安，故曰"起动安宁"。

中孚 舜升大禹，石夷之野。征诣王庭，拜治水土。

震为帝，故曰"舜"、"禹"。艮为石，为野。按《洛书·灵准听》曰：禹出石夷，掘地代，怀玉斗。石夷不见于他书，而《蜀志·秦宓传》云：禹生石纽。又谯周《蜀本纪》：禹本汶山广柔县人，生于石纽。又《吴越春秋》：鲧娶女嬉，吞薏苡有感，剖胁而产高密，家于西羌，地曰石纽。又《地理通释》引皇甫谧曰：《孟子》称禹生于石纽，西夷人也。兹曰"石夷"，不知于石纽是否为一地，不能明也。震为王，艮为庭，震往，故曰"征诣王庭"。艮手为拜，伏大坎，坎为水，为土，故曰"拜治水土"。此以坎为土，与邵子同。

小过 从风放火，荻芝俱死。三害集房，叔子中伤。

巽为风，艮为火，巽艮连，故曰"从风放火"。巽为草莽，为荻芝，中爻互大过，大过死，故曰"荻芝俱死"。艮为房，数三，坎为害，在中爻，故曰"三害集房"。艮为叔子，兑毁，故中伤。以艮为火，邵子所本。三害，暴、虐、颇也。见《左传·昭十四年》注。

既济 梗生荆山，命制输班。袍衣剥脱，夏热冬寒。饥饿枯槁，众人莫怜。

卦有三震形，故曰"梗"，曰"荆"。又有半艮，故曰"山"。又有半巽，巽为命，为工，为输班，坎为制，故命制输班。震为襦，故曰"袍衣"。三震上下往复如剥脱然。言上六之初，即成未济也。坎冬寒，离夏热，离虚，为饥饿，为枯槁。坎为众，震为笑乐，故曰"莫怜"。

未济 长面大鼻，来解己忧。遗吾福子，惠我嘉喜。

艮为鼻，为面，三艮形，故曰"长面大鼻"。坎为忧，震为解，为福，为子，为嘉喜。此与上卦皆用半象，本之《易》也。

≡≡ 坤上
≡≡ 坤下 **坤**之第二

不风不雨，白日皎皎。宜出驱驰，通利大道。

纯坤，无巽、兑象，故不风不雨。伏乾为日，大明。故曰"白日皎皎"。震为出，为驱驰，为通，为大涂。言阴极宜阳复成震也。

之乾　谷风布气,万物出生。萌庶长养,花叶茂盛。

《诗毛》传:谷风,东风也。阴阳和则谷风至。按乾纳甲,故曰"东风"。又阴变阳,故万物出生而茂盛。坤为万物,为萌庶也。

屯　苍龙单独,与石相触。摧折两角,室家不足。

震为苍龙,坤寡,故曰"单独"。艮为石,在上,故龙触石。艮为角,坤数二,坎折,故曰"折其两角"。艮为室家,坤穷,故不足。

蒙　城上有乌,自名破家。招呼酖毒,为国患灾。

艮为城,为乌,为家。坎破,故曰"破家"。坤为自,艮为名也。震为言,艮手,故曰"招呼"。坤为毒,为灾患,为国。

需　霜降闭户,蛰虫隐处。不见日月,与死为伍。

通晋。坤为霜。艮为户,坤闭,故曰"闭户"。坎伏,故曰"蛰虫",曰"隐处"。坎月,离日,坎伏,故不见。坤为死。

讼　天之德室,温仁受福。衣裳所在,凶恶不起。

乾为天,为德,坎为室。乾为仁福,为衣,伏坤,为裳,为凶恶。坤伏,坎陷,故不起。

师　皇陛九重,绝不可登。谓天盖高,未见王公。

震为帝,故曰"皇"。震数九,自二至上,若阶陛然,故曰"皇陛九重"。坤为重也。震为登,坤闭,故不可登。乾为天,为王公,乾伏,故不见。

比　孔德如玉,出于幽谷,飞上乔木。鼓其羽翼,辉光照国。

艮坚,为金玉。坎为幽谷,在上,故曰"出"。艮为飞,为乔木。艮手,为鼓,为羽翼。艮为辉光,为国。《诗·小雅》:其人如玉。又伐木丁丁,鸟鸣嘤嘤。出自幽谷,迁于乔木。

小畜　五轭四轵,优得饶有。陈力就列,驺虞悦喜。

轭,辕端横木,驾马领者。轵,《论语》:小车无轵。注:轵,辕端持衡者。通豫,艮为小木,为轭,为轵。坎数五,震卦数四,故曰"五轭四轵"。乾富,故"饶有"。震为陈列,艮为驺虞。《毛传》:驺虞,义兽也。震为乐,故悦喜。陈朴园云:《礼记·射义》,驺虞,乐官备也。注:乐官备者,谓驺虞一发,五犯五豝,喻得贤众多也。故焦氏言陈力就列,驺虞悦喜也。又按:五轭四轵,言猎车之盛也。

履　敝笱在梁,鲂逸不禁,渔父劳苦。焦喉干口,虚空无有。

通谦。坤为敝,震为筐筥,为笱,艮为梁,故曰"敝笱在梁"。坤为鱼,为鲂,在外,故逸。乾为父,坎为劳,兑为口,离火,故曰"焦喉干口"。

泰　雷行相逐,无有攸息。战于平陆,为夷所覆。

震为雷,为逐,为战。坤为平陆,为夷狄。坤死,兑折,故曰"为夷所覆"。如卫懿公是也。

否　六龙争极,服在下饰。谨慎管钥,结禁无出。

乾为龙,数六,在上,故曰"六龙争极"。乾为衣,坤为裳,故曰"服"。坤为下,为文,故曰"下饰"。坤闭,故曰"管钥",曰"结禁"。《坤·六四》曰"括囊",是其义也。

同人　长男少女,相向共语,福禄欢喜。

通师。震为长男,巽为少女。大过以巽为女妻,故巽亦为少女。震为语,巽、震同声相应,故曰"共语"。又离上下两兑口相对,明夷谓曰有言,亦共语也。震为福,为乐。

大有　迁延恶人,使德不通。炎火为殃,禾稼大伤。

离为恶人,为炎火,为殃,余未详。

谦　修其翰翼,随风向北。至虞夏国,与舜相得。年岁大乐,邑无盗贼。

震为翰翼,坤为北,伏巽,故曰"随风向北"。坤为国,震为帝王,故曰"虞夏",曰"舜"。坤为年岁,震为乐。坤为邑,坎为盗贼,坎隐伏,故无盗贼。

豫　铅刀攻玉,坚不可得。尽我筋力,胝茧为疾。

艮坚在外,为刀,坤柔,故曰"铅刀"。震为玉,为坚。"胝茧"者,足病。震为足。坎疾,故曰"胝茧为疾"。筋力象是否为艮,未详。

随　举袂覆目,不见日月。衣衾箅篓,就长夜室。

震为袂,为举,艮为目,为日,兑为月,巽为伏,故曰"覆",曰"不见"。震为衣衾,为箅篓,艮为室,兑为夜。盖三至上互大过,大过死,故就夜室。言墓内无光,如长夜也。《礼记》:齐大饥,黔敖设食于路。有蒙袂而来者,黔敖曰,嗟,来食。曰,余唯不食嗟来食,以至于此。遂死。《士丧礼》:幂目用缁,方尺二寸。注:幂目,覆目者也。即袂也。

蛊　贼仁伤德,天怒不福。斩刈宗社,失其邦国。

巽为贼,为伤,震为怒,艮为天。艮手,为斩刈。震为宗,艮为社,四至上艮震反复,故曰"斩刈宗社"。艮为邦国,坎为失。

临　白龙赤虎,战斗俱怒。蚩尤败走,死于鱼口。

震为白,为龙,伏艮为虎,乾为赤,故曰"白龙赤虎"。震为战,为怒。坤为恶,故曰"蚩尤"。兑毁,故败。震为走,故曰"败走"。坤为死,为鱼,兑为口。《湘中志》:湘南有鱼口滩。唐李绅诗:洛阳城见梅迎雪,鱼口桥逢雪送梅。又兑亦为虎,兑纳丁,故曰"赤虎",亦通。

观　北辰紫宫,衣冠中立。含和建德,常受天福。

坤为北,艮为星辰,为宫,故曰"北辰紫宫"。《天文志》:中宫曰紫宫,即紫微垣也。坤为衣裳,艮为冠,居中五,故曰"中立"。伏乾为德,为天福。

噬嗑　稷为尧使,西见王母。拜请百福,赐我喜子。

震为稷,为帝,为行,故曰"稷为尧使"。坎为西,震为王,伏巽为母,故曰"王母"。艮手,为拜。震为言,为请,为百福;为喜,为子,故曰"喜子"。

贲　三人异趣,反复迷惑。一身五心,乱无所得。

互震为人,数三,故曰"三人"。而三至上正覆震相背,故曰"异趣",曰"反复"。坎为迷惑也。艮为身,坎数一,故曰"一身"。坎为心,纳戊数五,故曰"五心"。离为乱,离虚,故无得。

剥 南山大玃,盗我媚妾。怯不敢逐,退而独宿。

艮山,纳丙,又为玃,故曰"南山大玃"。坤为我,伏兑,为媚,为妾。坤柔,为怯。震为逐,震覆为艮,故不逐。震为进,震覆,则为退矣。坤为宿。《博物志》:蜀南山有大玃,妇人好者辄盗以去。《广韵》:玃,大猿也。

复 众鬼所逐,反作光怪。九身无头,魂惊魄去,不可以居。

坤为鬼,为众。震为逐,为反,为玄黄,故曰"光怪"。坤为身,震纳庚金,数九,故曰"九身"。乾为头,乾伏,故曰"无头"。伏乾为魂,坤为魄,震为惊。艮为居,艮覆,故不可居。

无妄 延颈远望,眯为目病。不见叔姬,使伯心忧。

艮为颈,为望,离为目。大离,故目病。《说文》:眯,草入目中也。震为草莽。而与大离连,故曰"眯"。《易林》小学之精,用一字无不与卦象确切如此。震为姬,艮为叔,故曰"叔姬"。震为伯,巽为心,为忧。

大畜 典册法书,藏在兰台。虽遭乱溃,独不遇灾。

伏坤为文,故曰"典册法书"。巽为伏,为香,故曰"藏在兰台"。艮为台也。坤为乱溃,为灾,乾福,故无灾。全用旁通象。

颐 自卫反鲁,时不我与。冰炭异室,仁道隔塞。

震为卫,为反,伏兑为鲁,故曰"自卫反鲁"。艮为时,坤为我,为冰。艮为火,为炭,为室,卦正覆艮相背,故曰"异室"。艮为道,坤闭,故道塞。

大过 瘤瘿秃疥,为身疮害。疾病癃残,常不远逮。

通颐。艮为节,故曰"瘤瘿秃疥",曰"疮"。坤为身,为死,故疾病癃残,不能逮远。

坎 齐东郭卢,嫁于洛都。俊良美好,媒利过倍。

《战国策》:韩子卢者,天下之良犬。东郭逡者,天下之狡兔。《诗·齐风》:卢令令。《毛传》:卢,田犬。坎中爻艮为郭,为犬,震为东,伏巽为齐。又卢者,黑色,艮为黔,故曰"齐东郭卢"。举一字,于卦之象数皆合,神已!艮为都,震为嫁,坎为河,故曰"洛都"。按:此《林》屡见。嫁,往也。《列子·天瑞篇》:列子居郑圃四十年,人无视者,将嫁于卫。又,女子适人亦曰嫁。嫁于洛都者,往售于洛都也。故下云"媒利过倍"。"媒"者,因也,言因犬得利也。

离 齐鲁争言,战于龙门。构怨连祸,三世不安。

中爻巽齐兑鲁,而二至五正反两兑相背,兑为言,故曰"齐鲁争言"。伏坎,中爻震为战,为龙,艮为门,故曰"龙门"。又,坎为怨,为祸。离卦数三,故曰"三世"。离为乱,故不安。

咸 膏泽肥壤,农人丰敞。利居长安,历世无患。

兑为膏,为泽。艮为壤,乾为肥,故曰"肥壤"。伏震为农人,为丰敖。坤为长安,为世,震乐,故无患。

恒 仓盈瘐亿,宜种黍稷。年丰岁熟,民得安息。

通益。艮为仓庾,坤众,故盈亿。震为黍稷,坤为岁年,为民,为安息。详《乾之师》。

遁 鸱鸮破斧,邦人危殆。赖旦忠德,转祸为福,倾危复立。

艮为鸱鸮,兑为斧,兑覆,故曰"破斧"。鸱鸮、破斧,《豳风》篇名,皆咏周公之德也。伏坤为邦,震为人。兑毁,故危殆。震为旦,为德。坤为祸,震为福。

大壮 岁饥无年,虐政害民。乾溪骊山,秦楚结冤。

通观。坤为岁,为饥,为政,为民,为虐害。本卦兑为溪,下乾,故曰"乾溪"。《易》以乾为陵,为马,故曰"骊山"。兑西为秦,震为丛木,为楚。骊山,秦地。乾溪,楚地。灵王死乾溪,始皇葬骊山,故曰"结冤"。

晋 捆絜堁堁,缔结难解。嫫母衒嫁,媒不得坐,自为身祸。

捆,挍也。絜,《说文》:麻一端也。艮为手,言以手挍麻,缔结难解也。堁堁,尘起貌。坤为丑,故曰"嫫母"。离为见,故曰"衒"。坎为合,为媒,坤为身,为祸,为自。

明夷 姻甓开门,鹤鸣弹冠。章甫进用,舞韶和銮。三人翼事,国无灾患。

候卦坤居亥为门,互震为开,故曰"姻甓开门"。姻甓,亥辰也。震为鹤,为鸣。覆艮为冠,艮手向下,故曰"弹冠"。章甫,礼冠。震为进,为乐,故曰"舞韶";为音,故曰"和銮"。銮,铃也。坎为和,坤文,为銮凤。震为人,数三,又为翼,故曰"三人翼事"。翼,辅也,赞也。坤为事,为国,坎为忧患,震乐故无。

家人 弟姊合居,与类相扶。愿慕群丑,不离其友。

长女、中女,故曰"弟姊"。互坎为合,故曰"合居"。艮手为扶,离正反半艮,故曰"相扶"。《易》家人用半象,故亦用半象。互坎为愿慕,离为丑,义本《离·上九》也。重离,故曰"群丑"。离坎为友,体连,故不离。东汉人皆以阴与阴为友,岂知阴阳相遇方为友也。

睽 邯郸反言,父兄生患。涉叔忧恨,卒死不还。

坎正反兑口相背,故曰"反言"。坎为患,为忧恨。余象多未详,或用半象。《史记》:陈胜,字涉;吴广,字叔。陈胜遣武臣徇赵,乃反楚自立为赵王。陈王乃徙系武臣等家属宫中。后涉叔二人,皆为下所杀。林似用其事。

蹇 二人逐兔,各争有得。爱亡善走,多获鹿子。

震为人,三四及五上两半震,故为二人。震为兔,为逐,故曰"二人逐兔"。两震,故各争有得。震为争,为鹿,为子,艮为获。"爱亡"者,言喜走也。亡,往也。

解 北辰紫宫,衣冠立中。含和建德,常受天福。

坎为北,为宫室,为和。震为辰,为衣,为建,为福。余详观卦。

损 拜跪请哺,不得其哺。俛首衔枚,低头北去。

艮为拜跪，震为言，为请；艮止，故曰"请免"。兑为哺，坤虚，故不得哺。艮为首，坤下，故曰"俛首"，曰"低头"。艮为小木，为枚，兑口，故曰"衔枚"。坤位北，震往，故北去。

益 鹤盗我珠，逃于东隅。求我郭墟，不见所居。

震为鹤，为珠，巽为盗。震往为逃，为东，故逃于东隅。艮为求，为郭，坤为墟。艮为居，巽伏，故不见。《说苑》：桓公至郭墟，问郭之所以亡。下二句用其事。又，此林屡见。鹤盗珠，必有故实，今不能考。

夬 一簧两舌，妄言谬诀。三奸成虎，曾母投杼。

兑为簧，为舌。《诗》：巧言如簧。乾卦数一，兑卦数二，故曰"一簧两舌"。乾为言，兑口亦为言，乃兑言与乾言相背，故曰"妄言谬诀"。《夬·九四》闻言不信，义与此同也。伏艮马虎，坤为奸，互三坤，故曰"三奸成虎"。坤为母，重坤，故曰"曾母"。曾、层通。凡《易林》用一姓一名，无不从象生，与《易》同也。艮为小木，为杼，艮手为投，故曰"投杼"。《战国策》：今有人言，市有虎，王信之乎？曰否。三人言之，则信矣。《史记·甘茂传》：昔鲁人有与曾参同姓名者，杀人。人告其母，织自若也。又一人告之，织自若也。又告之，其母遂投杼而走。古乐府：三夫成市虎，曾母投杼趋。林正用其词。

姤 孤独特处，莫与为旅。身日劳苦，使布五谷，阴阳顺序。

巽寡，故曰"孤独"，曰"无旅"。乾为日，通复，坤为身，万物皆致役，故曰"劳苦"。巽为谷，卦数五，故曰"五谷"。巽为顺。

萃 褰衣涉河，水深渍罢。赖遇舟子，济脱无他。

坤为衣，为河，艮手为褰，故曰"褰衣"。坤水，互大坎亦为水，故曰"河"，曰"水深"。坤为劳，故曰"罢"。罢同疲，音婆。三至五伏震为舟，为子；震出，故济脱。

升 凭河登山，道路阻难，求事少便。

坤为河，二阳临坤水，故曰"凭河"。本《泰·九二》也。震为登，为道路，互大坎，故曰"阻难"。坤为事，艮为求，三至五艮覆，故少便。山象，《升·六四》"王用享于岐山"，即以震为山。

困 兔罝之容，不失其恭。和谦致乐，君子攸同。

离为网，为罝，伏震为兔，故曰"兔罝"。坎为和，兑悦，故曰"致乐"。伏艮为君子。《诗·周南》：肃肃兔罝。传：肃，敬也。故曰"不失其恭"。林说诗意。

井 三女求夫，伺候山隅。不见复关，泣涕涟如。

下巽，上互离，下互兑，故曰"三女"。坎为夫，本《左氏》也。二至四伏艮，为山；艮止，故曰"伺候"。艮为关，初至四正反艮，故曰"复关"。坎伏，故不见。坎为泣涕。二句《诗·氓》之语也。

革 螟虫为贼，害我五谷。箪笥空虚，家无所食。

互巽为虫，为伏，故为螟。螟食苗心，言其冥冥难见。巽为贼，为谷，卦数五，兑毁，故曰"害我五谷"。伏坤为我。伏震为箪笥，坤为虚。伏艮为家。兑为食，坤虚，故无所食。语语本象与对象互用。

鼎　望尚阿衡,太宰周公。藩屏辅弼,福禄来同。

离为望,巽为称,为权,故曰"望尚阿衡"。望尚,太公;阿衡,伊尹也。伏震为周,为福禄,艮为藩屏。

震　三牛生狗,以戍为母。荆夷上侵,姬伯出走。

艮为牛,数三,故曰"三牛"。互艮为狗,震为生,故曰"生狗"。艮先天居戍方,戍狗,故曰"以戍为母"。震为草莽,为荆,为侵,为姬,为伯,为走,故曰"姬伯出走"。

艮　涂遏道塞,求事不得。

艮为道涂,艮止,故遏塞。艮为求,坎陷,不得。

渐　探怀得蚤,所愿失道。

艮为手,为探,坎为怀,巽虫为蚤。坎为愿,为失,艮为道。

归妹　飞楼属道,趾多扰垣。居之不安,覆压为患。

艮为楼,震为飞覆艮,故曰"飞楼"。震为道,为趾,伏巽为垣。"趾多搅垣"者,言楼临道,行人多,搅乱不安也。艮为居,艮覆,故不安,故覆压。坎为患也。

丰　义不胜情,以欲自倾。几利危宠,折角摧颈。

艮为角,为颈,上卦艮覆,故曰"折角"、"摧颈"。又,兑亦毁折也。几利,言好利也。

旅　潼瀯蔚荟,扶首来会。津液下降,流潦滂沛。

互大坎为云,故曰"潼瀯蔚荟"。艮为首,为扶。《后汉书·舆服志》曰:凡先合单纺为一系,四系为一扶,五扶为一首。云气来会,与丝缕集合同,故曰"扶首"。互大坎,故曰"津液下降,流潦滂沛"。下《履之恒》词同,惟扶首作肤寸。何休注《公羊》云:侧手为肤,按指为寸。恒,震为反艮,艮反故象侧手,象按指。盖旅必作扶首,恒必作肤寸,方与卦象密切。近人不论卦象,概谓作扶首合,作肤寸非。疏矣。

巽　白驹生刍,猗猗盛姝。赫喧君子,乐以忘忧。

伏震为驹,巽白,故曰"白驹"。巽为草莽,故为生刍;为长,为高,故曰"猗猗盛姝"。姝,美也。二四伏艮,艮为君子。"赫喧"者,容仪盛貌。震为乐,故忘忧。

兑　车驰人趍,卷甲相仇,齐鲁寇战,败于犬丘。

伏震为车,为人,为驰。艮为甲,艮伏,故卷甲。巽齐,兑鲁。伏艮为犬,为丘。兑折,故败于犬丘。地名。《左传》:郑子然侵宋,取犬丘。《林》但取卦象,不必与事相符。

涣　举首望城,不见子贞,使我悔生。

震为举,坎为首,艮为城,为望。坎伏,故不见。震为于,艮止为贞。《诗·卫风》:乘彼垝垣,以望复关。子贞,盖犹《郑风》之不见子都、子充,不必有其人。

节　龙斗时门,失理伤贤。内畔外贼,则生祸难。

震为龙,中爻正覆震,故曰"斗"。艮为时,为门,故曰"时门"。《左传·昭十九年》"龙斗于郑时门之外",是也。艮为贤,坎为失;为贼,在外,故曰"外贼"。震为生,坎为祸难。畔象未详。

中孚　安如泰山，福喜屡臻。虽有豺虎，不致危身。

互艮为安，为山；震东，故曰"泰山"。震为福喜，为至。艮为豺虎，为身；震乐，故不危。

小过　初忧后喜，与福为市。八佾列陈，饮御嘉友。

互大坎为忧。震为喜，为后，故曰"后喜"。巽为市，震为舞。佾舞，行列也。行数人数，纵横皆同。艮九宫数八，上下正反震亦正反艮，故曰"八佾"。取象之能，直同于《易》矣。震为陈列。兑口为饮，艮为友。艮阳在上，下乘二阴，《易》所谓一人行则得其友也。

既济　持刀操肉，对酒不食。夫行从军，少子入狱，抱膝独宿。

艮为刀，为持，坎为肉，故持刀操肉。坎为酒，兑为食；艮止，故不食。坎为夫，为众，故为军；在外，故曰"从军"。艮为小子，坎为狱，巽人，故曰"小子入狱"。艮为抱，为节，故曰"抱膝"。坎为宿，坎孤，故独宿。除坎外皆用半象。

未济　阴衰老极，阳建其德。履离戴光，天下昭明。功业不长，虾蟆大王。

首二语言阳皆居上，阴居下也。半震为履，半艮为戴，重离，故履离戴光，故天下昭明。震为功业，半震，故不长。震为鸣，为王，故曰"虾蟆大王"。《淮南子》云：骍牛被青紫，入太庙，用以求雨，不如黑蜧。注：黑蜧即虾蟆。古谓虾蟆能求雨。《大过之升》云：虾蟆群聚，从天请雨。又《随之临》：蛙池鸣呴，呼求水潦。故《春秋繁露》云：春旱求雨以甲乙日，为苍龙一丈八尺立于坛上，取五虾蟆错置社池中，方八尺深二尺，具清酒膊脯，拜跪陈词。又《淮南子·说林训》云：土龙刍狗，旱岁疾疫，则为帝。帝即大王，言当时尊贵也。"功业不长，虾蟆大王"者，言如虾蟆，天旱用以求雨，尊贵一时，已则弃置也。

䷂ 坎上　**屯之第三**
震下

兵征大宛，北出玉关，与胡寇战。平城道西，七日绝粮，身几不全。

坎众，坤众，故曰"兵"。震为征，坎位西，故曰"大宛"。艮为关，震为玉，为出，坤位北，故曰"北出玉关"。坤阴为胡，坎为寇。正覆艮震，故"战"。艮为城，为道，坎为平，为西。震数七，伏乾为日；震为粮，坤虚，故"七日绝粮"。坤为身，为死，故"不全"。《史记》：高帝至平城，为匈奴所围，七日不得食。大宛，西域国名，《史记》有《大宛传》。坎、坤全用先天卦位。

之乾　泛泛柏舟，流行不休。耿耿寤寐，心怀大忧。仁不逢时，退隐穷居。

九家及荀爽皆以乾为河，《易林》亦以乾为江河，乃知荀及九家之所本。为河，故曰"泛泛"，曰"流行"。乾由屯变来，屯之乾亦乾之屯。屯下震为木，为舟，故曰"柏舟"。坎为心，为忧，为隐。艮为时，为居，故曰"退隐穷居"。《左传》云：震之离亦离之震。林所本也。《诗·邶风》：泛彼柏舟，亦泛其流。《毛传》谓妇以柏舟自比。兹曰"退隐"，义与《毛》异。

坤　采薪得麟，大命陨颠。豪雄争名，天下四分。

坤为薪;为文,故为麟。坤死,故曰"大命陨颠"。遇卦屯,震为豪雄;艮为名,初至五正反艮震,故曰"争名"。坤为天下,坤拆,故四分。《公羊·哀公十四年》:薪采者获麟,孔子闻之,反袂拭面,涕沾巾,自知死不久也。

蒙　山崩谷绝,大福尽竭。泾渭失纪,玉历既已。

二四艮覆,故曰"山崩",曰"谷绝"。乾为福,为大,三至五乾伏坤丧,故大福竭。坤水,坎水,混合漫流,故曰"泾渭失纪"。震为玉;为时,故为历。《论语》:天之历数在尔躬,天禄永终。"玉历既已"者,言历数尽也。《史记·周本纪》:幽王二年,三川竭,岐山崩。《竹书》:幽王二年,泾渭洛竭,歧山崩。后幽王被犬戎所杀,西周亡。

需　夏台羑里,汤文所厄。鬼侯输贿,商王解合。

通晋。艮为台,为里;上离,故曰"夏台"。《书·康诰》"羑",王肃云"道也"。艮为道,故曰"羑里"。坎为水,下有艮火,故曰"汤"。离为文。桀囚汤夏台,纣囚文王于羑里,故曰"汤文所厄"。坎为鬼,四为诸侯,故曰"鬼侯"。艮为贝,艮手为输,故曰"输贿"。乾为王,为言,故曰"商王"。坎为合。史称鬼侯进女于纣,女不喜淫,醢鬼侯。与此异。

讼　泥滓污辱,弃捐沟渎。所共笑哭,终不显录。

坎为泥滓,为污辱,为沟渎,为众。伏震为笑哭。坎为隐伏,故不显录。

师　李梅冬实,国多盗贼。扰乱并作,君不得息。

互震为李梅;乾为木果,坎为冬,故曰"冬实"。《左氏春秋》:僖公三十三年十二月,李梅实,书不时也。坤为国,坎为盗贼,坤众,故曰"多"。坤为配,震为扰,为作;为君,震行故不息。

比　獐鹿逐牧,饱归其居。反还次舍,无有疾故。

艮为獐鹿,坤为牧,反震为逐。坎中满,故曰"饱"。艮为居,为次舍,反震为反还。坎为疾,坤为死,为故;艮坚,故无有疾故。

小畜　夹河为婚,期至无船。摇心失望,不见所欢。

通豫。坎为河,四上下皆阴,故曰"夹河"。艮为时,为期,坎为婚。震为船,坎伏,故无船。坎为心,震为摇,艮为望;坤失,故曰"摇心失望"。震为欢,坎伏,故不见所欢。

履　百足俱行,相辅为强。三圣翼事,王室宠光。

通谦。互震为足,为百,为行,故曰"百足俱行"。百足,虫名。《淮南子》"百足之虫,至死不僵",是也。兑为辅;坎为圣,震数三,故曰"三圣"。震为翼,坎为事,故曰"翼事"。震为王,坎为宫室,艮为光,故曰"王室宠光"。三圣,谓文、武、周公。

泰　坐位失处,不能自居。调摄违和,阴阳颠倒。

言与天尊地卑之义相反也,故曰"阴阳颠倒"。

否　登几上舆,驾驷南游。合从散横,燕齐以强。

艮为几,坤为舆。乾为马,为行,故曰"驾驷"。乾位南,故曰"南游"。坤为顺,故曰"合从"。艮东北,为燕,巽为齐。乾健,艮坚,故曰"强"。

同人 　三系维弩,无益于辅。城弱不守,郭君受讨。

互巽为绳,故曰"系";离卦数三,故曰"三系"。《后汉书·舆服志》"凡先合单纺为一系"是也。伏坎为弓,为弩。维,系也。言以三系之丝,系于弩上,太弱,故曰"无益于辅"。伏坤为城,坤柔,故曰"城弱"。坤为郭,伏震为君,为讨伐,故曰"郭君受讨"。郭,国名,灭于齐。

大有 　河伯大呼,津不得渡。船空无人,往来亦难。

丁云:河伯,水神。《援神契》:河者水之伯。按:此用遇卦屯象,坎为河,震为伯,为呼,故曰"河伯大呼"。艮为止,故津不得渡。震为船,坤虚,故曰"船空"。震为人,坎隐伏,故无人。震为往,震覆,故往来难。

谦 　甘露醴泉,太平机关。仁德感应,岁乐民安。

互坎为水,坤为水,故曰"甘露",曰"醴泉"。坎为平,为机,艮为关。震为仁德,为岁,为乐。坎为心,故曰"感应"。坤为民,艮为安。旧注,《瑞应图》云:王者德至,则甘露降于松柏。《六帖》云:醴泉,太平则出。

豫 　重茵厚席,循皋采藿。虽踬不惧,复反其宅。

震为茵席,正覆震,故曰"重茵厚席"。艮为皋,震为藿;艮手,故曰"采藿"。坎为忧惧,为踬;震乐,故不惧。艮为宅,震为反,故曰"反宅"。

随 　太乙驾骝,从天上来。征我叔季,封为鲁侯,无有凶忧。

太乙,星名,即北辰也。艮为星,震为马,艮在震上,故曰"驾骝"。否上之初,故曰"从天上来"。艮为叔季,为求,故曰"征我叔季"。兑为鲁,震为侯,故曰"鲁侯"。坎为忧,震乐,故无有凶忧。

蛊 　南巴六安,石斛戟天。所指不已,已老复一。将蠹乃嫁,墟敝室旧,更为新家。

丁云:"石斛、巴戟天,皆药草名。"《神农本草经》曰:"石斛,出六安……巴戟天,出巴郡。"按:震为南,为城邑,故曰"南巴"。互大坎数六,艮为安,故曰"六安"。艮为石,震为斛,故曰"石斛"。艮为刀,为戟,在上,故曰"戟天"。艮为指,震为反,为复。"已老复一"者,言已年老,复其一子,免其赋役也。艮为坚,故为蠹。震为嫁,故曰"将蠹乃嫁"。艮为墟,为室,巽为敝,故曰"墟敝室旧"。艮为光明,为新,为家。

临 　家给人足,颂声并作。四夷宾伏,干戈韬阁。

通遁。艮为家,震为人,为足。震为音声,为言,为作,故曰"颂声并作"。震卦数四,坤为夷,故曰"四夷"。震为宾客。"宾伏"者,言四夷宾于王庭。巽为伏。兑为斧,为干戈,坤藏,故曰"干戈韬阁"。

观 　东邻嫁女,为王妃后。庄公筑馆,以尊王母。归于京师,季姜悦喜。

通大壮。震为东邻,为嫁,兑为女,为妃。震为王,为木,故为桓。庄,讹字也。震又为公,故曰"桓公"。艮为馆,为筑。坤为母,伏乾为王,故曰"王母"。震为归,坤为京师。艮为季,巽为姜,伏震为喜。按:《左传·庄元年》:鲁为主,筑馆以逆王姬,非为王后。又《桓九年春》:纪季姜归于京师,为桓王后。《林》词全用此事。据《谷梁疏》:鲁为主方书归。为主,则必筑馆。然则庄为桓之讹字无疑。

噬嗑 陈妫敬仲，兆兴齐姜。营邱是适，八世大昌。

震为陈，坎为仲，艮为笃敬，故曰"敬仲"。坎为兆，伏巽为齐，为姜。互艮为营邱，震往故曰"适"。艮为世，数八，震为昌。妫，陈姓；敬仲，即公子完，庄二十二年奔齐。初，懿氏卜妻敬仲，曰：有妫之后，将育于姜。"故曰"兆兴齐姜"。八世之后，莫之与京。

贲 路多枳棘，步刺我足。不利旅客，为心作毒。

艮震为道路，坎为枳棘，为刺。震为步，为足，为旅客；坎险，故不利。坎为心，为毒。

剥 天官列宿，五神共舍。宫阙光坚，君安其居。

艮为官，为星，故曰"天官列宿"。汉乐章有《五神歌》曰：五神相，包四邻。如淳曰：五神相太一也。盖即五星也。艮为舍，反震为神，坤五行数五，故曰"五神共舍"。艮为宫阙，为光，为坚，为居，为安；一阳止于上，故曰"君安其居"，故曰"共舍"。言五阴承一阳也。

复 牧羊稻园，闻虎呻喧。惧畏惕息，终无祸患。

坤为养，为牧，震为羊，为稻。坤为园，为虎，震为喧。伏乾，乾阳，故惧畏惕息。坤为祸，震乐，故无。

无妄 鸣条之灾，北奔犬胡。左衽为长，国号匈奴。主君旄头，立尊单于。

震为鸣，为木，故曰"鸣条"。乾伏坤位北，坤又为胡，艮犬，故曰"北奔犬胡"。震为衽，为左，为长，《论语》：吾其被发左衽。胡俗也。艮为国，为奴仆，震为号，故曰"国号匈奴"。震为主，乾为君，为头，震为多发，故曰"主君旄头"。震为立，艮为尊，乾君，故曰"单于"。《史记》：汤伐桀于鸣条。又《匈奴传》，《索隐》引乐彦《括地谱》云：汤放桀鸣条，其子荤粥，妻桀之众妾，避居北野，随畜移徙，中国谓之匈奴。旄头，被发也。《汉官仪》"旧选羽林为旄头，被发先驱"，是其证。由《林》词观之，《括地谱》之说，与古故实合。

大畜 克身洁己，逢禹巡狩。锡我玄圭，拜受福佑。

艮为身，退在上，故曰"克身"。乾为王，震出，故曰"逢禹巡狩"。震为玄黄，为玉，乾为锡，故曰"锡我玄圭"。艮为拜，乾为福佑。

颐 冬华不实，国多盗贼。疾病难医，鬼哭其室。

艮为果实，坤为冬；震为花，坤虚，故花而不实。坤为国，伏巽为盗，正反巽，故多盗。坤为疾病，坤死，故难医。坤为鬼，震为哭，艮为室，故曰"鬼哭其室"。

大过 襄送季女，至于荡道。齐子旦夕，留连久处。

兑少，故曰"季女"。伏震为诸侯，故曰"襄"。震为大涂，故曰"荡道"。《齐风》：鲁道有荡，齐子发夕。刺齐襄与文姜乱也。巽为齐，伏震为子，震为旦，兑昧为夕。艮止，故留连久处。《左传·桓三年》：齐侯送姜氏于欢。注：欢，鲁地。繇词言齐襄与妹乱，既送至鲁境，而不忍别也。词皆本象与对象杂用。陈朴园云：《齐风》，齐子发夕。《释文》引《韩诗》云：发，旦也。今《焦氏》言齐子旦夕，是《齐诗》以发夕为旦夕，与《韩诗》训同。

坎 朽根倒树，花叶落去。卒逢火焱，随风偃仆。

通离。中爻巽为木，故曰"根"，曰"树"。巽敝，故"朽"，曰"倒"。巽陨落，故花叶落去。大过,兑为华。离上互也,离上下皆火。互巽风陨,故偃仆。

离 阴变为阳,女化作男。治道得通,君臣相承。

通坎。乾二五之坤成坎,坎为中男,为阳卦,故阴化阳,女作男。坎中爻艮为道路,为臣,震为君,故曰"君臣相承"。《五行志》:魏襄王十三年,有女子化为丈夫。

咸 炎绝续光,火灭复明。简易理得,以成乾功。

下艮为火,故曰"炎";上兑为绝,故曰"炎绝"。巽绳,为续。艮为火,为光,巽伏,故光灭。乾日,故复明。乾简,坤易。中爻乾,故曰"以成乾功"。

恒 多载重负,捐弃于野。予母谁子,但自劳苦。

坤、震皆为车,坤厚载物,故曰"多载"。艮为负,坤重,故曰"重负"。坤为野,兑附决,故曰"捐弃"。坤母,震子,兑决,故无子。坤致役万物,故曰"劳苦"。多用伏象。

遁 江河海泽,众利室宅。可以富有,饮御嘉客。

乾为江河海泽,巽为利,艮为室宅。乾为富。伏兑为口,故曰"饮"。震为嘉客。

大壮 冬采薇兰,地冻坚坼。利走东北,暮无所得。

此用遇卦屯象。坎为冬,艮手为采,震为薇兰。坤为地,履霜坚冰,故曰"地冻坚坼"。震为东北,为走,伏巽为利。坤为暮,坤虚故无得。

晋 鸟鸣嘻嘻,天火将起。燔我室屋,灾及妃后。

《左传·襄十三年》:有鸟鸣于宋太庙,曰嘻嘻出出。宋火,伯姬被焚,卒。晋离为鸟。离正反皆兑口,故曰"嘻嘻"。离为火,艮为天,亦为火,故曰"天火"。艮为室屋,坤为妃后。火多,故曰"燔",曰"灾"。

明夷 蚕室蜂户,螫我手足。不可进取,为身害速。

此用遇卦屯象。坎为室,为毒,坤为户,伏巽为虫,故曰"蚕室蜂户"。坎为棘,为刺,为螫。艮为手,震为足;为进取,坤凶,故不可进取。坤为身,为害,震为速。

家人 崔嵬北岳,天神贵客。温仁正直,主布恩德。闵哀不已,蒙受大福。

此用屯象。坎北,艮山,故曰"北岳"。震为神,为仁,为客。坎为忧,故曰"闵哀"。震为恩德,为大福。

睽 伯蹇叔盲,莫与守牧。失我衣裳,代己除服。

此用屯象。震为伯,坎蹇,故曰"伯蹇"。艮为叔,互大离,故曰"叔盲"。坤为牧,坤寡,故莫与守牧。震为衣裳,为服;坤丧,坎盗,故曰"失"。除,治也。言衣裳为人盗去,代我治理服用也。

蹇 为季求妇,家在东海。水长无船,不见所欢。

艮为季,为求,伏兑为艮妇。艮为家,互离为东,坎为海,为水。震为船,震覆,故无船。震为欢,震覆,坎伏,故不见。

解 山陵丘墓,魂魄失舍。精诚尽竭,长寝不觉。

此用屯象。艮为山陵,为丘墓。坎为舍,为心,为精诚,坎失,故竭尽。坎为夜,为寝;坤死,故不觉。

损 踦牛失角,下山伤轴,失其利禄。

坤为牛,艮为角,兑毁折,故牛踦,故角失。踦,蹇也。艮为山,坤为下,坎为轴;兑折,故伤轴。伏巽为利,坤为失。

益 水载船舟,无根以浮。往来溶溶,心劳且忧。

坤为水,震为船,坤为载。巽下断,在水上,故曰"无根以浮"。震为往,又为反,故曰"往来";坤水,故曰"溶溶"。伏大坎为心,为劳,为忧。

夬 有鸟来飞,集于宫树。鸣声可恶,主将出去。

屯,艮为鸟,为飞;为宫,为集,为木,故曰"集于宫树"。下震为鸣,为声,坤为恶。下震为主,为出。此用《左传》,见前晋卦。

姤 东徙不时,触患离忧。井泥无濡,思叔旧居。

通复。震为东,为徙;艮为时,艮覆,故不时。坤为忧患,震为触。坤为井,为泥;艮为叔,为居,坤为旧。剥穷上反下,言复旧为剥艮也。

萃 黄帝所生,伏羲之宇。兵刃不至,利以居止。

通大畜。震为黄,为帝,为生,故曰"黄帝所生"。巽为伏,艮为宇,故曰"伏羲之宇"。艮刚在上,为兵刃;艮止,故不至。巽为利,艮为居止。按,伏羲都陈,黄帝为有熊国君少典之子。皇甫谧曰:有熊,今河南新郑,非陈地。焦氏时古籍尚多,或别有所据欤?

升 东山拯乱,处妇思夫。劳我君子,役使休已。

艮为陵,为东,故曰"东山"。坤为乱,伏艮为手,为拯。巽为妇,在内,故曰"处妇"。坤为思,震为夫。坤为劳,震为君子。坤为役,艮止,故已;艮覆,故不已。词皆用《东山》诗意。

困 跛踬未起,失利后市,不得鹿子。

坎蹇,故跛踬。坎伏,故未起。互巽为利市,坎失,故失利后市。震为鹿,为子,震伏,故不得。

井 大蛇当路,使季畏惧。汤火之灾,切近我肤。赖其天幸,趋于王庐。

巽为蛇,伏震为大涂,故曰"大蛇当路"。伏艮为季,坎为畏惧。中爻离上坎,故"汤火"。伏艮为肤,为庐。震为王,为走,故曰"趋于王庐"。

革 从容长闲,游戏南山。拜祠祷神,神使无患。

通蒙。反正艮,艮止,故从容。震为游戏,为南,艮为山,故曰"南山"。艮手,为拜,为祠。震为祷,为神。坎为患,震乐,故无患。全用旁通。

鼎 区脱康居,慕义入朝。湛露之欢,三爵毕恩。复归野庐,与母相扶。

通屯。坤虚,故曰"区脱"。《史记·匈奴传》:东胡与匈奴中间,有弃地千余里,各居其边,为区脱是也。坎西,康居西方国,坤国,故曰"康居"。坤为义,坎为心,故曰"慕义"。

震往,故曰"入朝"。坎为露,震为欢;为爵,数三,故曰"三爵"。坤为野,艮为庐,震为反,为归,故曰"复归野庐"。坤为母,艮手为扶,初至五正反皆艮,故曰"相扶"。湛露,《诗》篇名,天子宴诸侯入朝之诗。

震　龟鳖列市,河海饶有。长财善贾,商季悦喜。

互艮为龟鳖,伏巽为市。坎为河海,坎众,故曰"饶有"。伏巽为利,为长,为商贾。艮为季,震为列,为善,又为悦喜。

艮　年常蒙庆,今岁受福。三夫采芑,出必有得。

互震为年,为庆,为福,为夫。数三,故曰"三夫"。艮手为采,震为芑。《诗·小雅》:薄言采芑。《疏》:芑,似苦菜。震为出,坎为得。

渐　二人俱东,道怒争讼。意乖不同,使君恼恼。

通归妹。震为人,为东,兑卦数二,故曰"二人俱东"。震为大涂,为怒,故曰"道怒"。震为言,兑亦为言,故争讼。坎为意,为忧,故为恼恼。震为君。恼同㤅,惧也。

归妹　树我藋苣,为鹿兔食。君不慎护,秋无收入。

震为藋苣;为立,故为树。震为足,为走,故为鹿兔。兑口,为食。震为君。坎为忧恤。兑正秋,兑毁,故秋无收入。

丰　黄鸟悲鸣,愁不见星。困于鹙鸟,鹙使我惊。

震为黄,为鸟,为鸣;互大坎,故悲鸣,故愁。离为星,坎伏,故不见。伏艮为鹙鸟,为鹙;坎为困,震为惊。

旅　双凫俱飞,欲归稻池。经涉萑泽,为矢所射,伤我胸臆。

通节。兑卦数二,震为凫,为飞,故曰"双凫俱飞"。兑为池,震为稻,故曰"稻池",故曰"萑泽"。震为涉,坎为矢,震为射。兑为伤,艮为胸臆。

巽　久客无依,思归故乡。霖雨盛溢,道未得通。

巽为商旅,为客,重巽故曰"久客"。伏坎为思,震为归,艮为乡。坎为雨,互大坎,故曰"霖雨",曰"盛溢"。伏艮为道,坎陷,故不通。

兑　道路辟除,南至东辽。卫子善辞,使国无忧。

通艮,为道路。震为辟除,为南,先天震东北,故曰"东辽"。震为卫,为子,为辞;艮初至五正反震,故曰"善辞"。艮为国,互坎为忧,震乐故无忧。

涣　同枕共袍,中年相知。少贾无利,独居愁思。

艮为枕,震为袍,中爻正反震,故曰"同枕共袍"。震为年,坎为中,故曰"中年"。伏兑为少,巽为贾;为利,风散,故无利。巽为寡,艮为居,故曰"独居"。坎为忧思。

节　众神集聚,相与议语。南国虐乱,百姓愁苦。兴师征讨,更立贤主。

震为神,坎为众,故曰"众神"。坎为集聚,二至五正反震,故曰"相与议语"。艮为国,震南,故曰"南国"。伏离为虐乱。震为百,为人,故曰"百姓"。上坎为愁苦。震为征讨,坎众,故曰"兴师征讨"。互震为主,为立,故曰"更立贤主"。

中孚　北陆闭蛰,隐伏不出。目盲耳聋,道路不通。

通小过。中互大坎,坎为北陆。陆者,道也。《左传》,日在北陆而藏冰是也。坎为冬,为隐伏,故曰"闭"。巽为虫,亦为伏,故"闭蛰",曰"不出"。本卦互大离,目睛涨大,故盲。小过互大坎,耳空塞实,故聋。艮震为道路,坎塞,故不通。

小过　痴狂妄作,心诳善惑。迷行失路,不知南北。

此用屯象。震为狂,坤迷,故曰"痴狂"。坎为心,为惑,正覆震相背,故曰"诳"。诳,妄语也。艮震为道路,震为南,坎为北;坎失,故不知。

既济　栋隆辅强,宠贵日光。福善并作,乐以高明。

此用屯象。坎为极,为栋,为车,为辅。大过,栋桡之凶,不可以有辅也。《诗》:勿弃尔辅。《毛传》:辅以佐车。辅,夹车木也。坎在上,故曰"栋隆"。艮坚,故曰"辅强"。艮为日,为光,为宠贵。震为福善,为乐;艮为高明。

未济　爱我婴女,牵衣不与。冀幸高贵,反日贱下。

此仍用屯象。震为婴孩,坤为女,坎为爱,故曰"爱我婴女"。震为衣,艮为手,为牵;艮止,故不与。艮为高贵,为求,故曰"冀幸高贵"。坤为贱下。

䷃ 艮上　坎下　蒙之第四

何草不黄,至未尽玄。室家分离,悲忧于心。

震为草,为玄黄;坤贞未,言草至未而将变色。《小雅》诗:何草不黄,何草不玄。《笺》:玄,赤黑色。艮为室家,二四艮覆,故曰"分离"。坎为心,为悲愁。

之乾　海为水王,聪圣且明。百流归德,无有畔逆,常饶优足。

乾为海,为水,为王;为聪圣,为明,为百。《禹贡》"江汉朝宗于海",故百流归德。乾顺行,故无有畔逆。乾富,故常饶优足。

坤　左辅右弼,金玉满堂。常盈不亡,富如敖仓。

此全用蒙象。震为左,震反为右;震为辅弼,故曰"左辅右弼"。艮为金,震为玉,艮为堂,为廒仓。廒仓,所以盛粟。震为粟,故尤切。

屯　安息康居,异国穹庐。非吾习俗,使我心忧。

坎位西,安息、康居,皆西方国。又,中爻艮止,故曰"安息康居"。艮为国,为庐,为天,故曰"穹庐"。坤为我,为俗;坎为心,为忧。

需　范公鸱夷,善贾饰资。东之营邱,易字子皮。把珠载金,多得利归。

坎为毒,故曰"范公"。范,蠢也。《檀弓》"范则冠而蝉有緌"是也。伏艮为鸱。"鸱夷"者,革囊,盛酒器。杨雄《酒箴》所谓鸱夷滑稽,腹大如壶是也。艮又为革,坎为酒,故曰"鸱夷"。《易林》用一字兼数象,往往如是。"范公鸱夷"者,言范蠡适齐,号鸱夷子皮也。乾为资财。饰、饬通,治也。离为东,伏艮为营邱;为皮,伏坤为字,故曰"易字子皮"。艮为把,为金,反震为珠。坤为载,为利。兼用旁通。

讼 老杨日衰,条多枯枝。爵级不进,日下摧隤。

巽木,乾老,故曰"老杨"。离为日,为枯,为爵。巽为陨落,故摧隤。

师 小狐渡水,污濡其尾。利得无几,与道合契。

此用蒙象。上艮,故曰"小狐",曰"尾"。坤、坎皆为水,故污濡其尾。坤为财,为众;坤虚,故得少。震为大涂,故曰"道"。坎为合,为信,故曰"合契"。

比 豕生鱼鲂,鼠舞庭堂。奸佞施毒,上下昏荒,君失其邦。

坎为豕,坤为鱼,为育,故曰"豕生鱼鲂"。丁晏云:《开元占经》引京氏云豕生鱼鲂,其邑犬水是也。艮为鼠,为庭堂,艮手为舞。《汉书·五行志》:燕有黄鼠,衔其尾,舞王宫。《京房易传》曰诛不原情,厥妖鼠舞门是也。坎为毒,为奸,坎上下兑口相背,故曰"奸佞"。艮为上。坎为下,为昏荒,为邦。震为君,震覆,故失邦。

小畜 天地配享,六位光明。阴阳顺叙,以成厥功。

乾天,伏坤为地。兑食,故曰"享"。乾数六,离为光明,伏艮为位,故曰"六位光明"。乾阳,巽顺,乾为功。

履 踵踵足伤,右指病痡。失旅后时,利走不归。

通谦。震为踵,为足;艮多节,故曰"肿",曰"伤",曰"痡"。《释名》:踵,钟也,聚也。义与肿同,与《易林》合。艮为指,兑为右,故曰"右指"。坎为孤,为失,故曰"失旅"。艮为时,震为后,故曰"后时"。震为走,为归,坎陷,故不归。

泰 异体殊患,各有所属。西邻孤媪,欲寄我室。主母骂詈,求不可得。

坤为体,为患害;乾阳坤阴,故曰"异体殊患"。六爻皆有应予,故曰"各有所属"。兑为西,为孤媪。伏艮为室,为寄。震为主,坤为母,震言,兑言,故曰"主母骂詈"。艮为求,艮伏,故求不可得。

否 操秬乡畖,祈贷稷黍。饮食充口,安和无咎。

艮手为操,巽为秬,为稷黍。坤为畖,乾为言,故曰"祈贷"。言以秬为祭而祈田也。伏兑为口,为食,坤为安。

同人 新受大宠,福禄重来。乐且日富,蒙庆得财。

离为新,乾为大,为宠,为福禄。重乾,故曰"重来"。离日,乾富,故曰"日富"。乾为庆,为财。

大有 举杯饮酒,无益温寒。指直失取,亡利不欢。

通比。坤为缶,为杯,艮为举,坎为酒,兑为饮。离温,乾寒,时之自然,非酒所能改易也。艮为指,为取,乾为直,故指直失取。言指僵不能取物也。坤贫,故亡利。震覆,故不欢。

谦 日月相望,光明盛昌。三圣茂承,功德大隆。

坎月,伏离为日,为目,故曰"日月相望"。艮为光明,震为盛昌。坎为圣,艮纳丙,数三,故曰"三圣"。震为茂,为隆;伏乾为功德。

豫 猾夫争强,民去其乡。公孙叔子,战于城南。

坎为奸猾,震为夫,为强。坤为民,为乡;震往,故民去其乡。艮为叔,为孙,震为子。正反两震相背,故曰"战"。艮为城,震为南,故曰"城南"。下二句故实未详。

随 猿堕高木,不蹉手足。保我金玉,还归其室。

巽为高,艮为猿,艮在震木上,故曰"猿堕高木"。艮手震足,兑折在外,故不蹉。蹉,折也。艮为金,震为玉,为归,艮为室。

蛊 逐狐东山,水遍我前。深不可涉,失利后便。

艮狐,震逐,震东,艮山,故曰"逐狐东山"。互大坎,故曰"水",曰"深不可涉"。巽为利,坎为失,故曰"失利后便"。

临 凿井求玉,非卞氏宝。名困身辱,劳无所得。

震为玉,兑为井,伏艮为求。非卞氏宝,言求之非地也。艮为名,艮反,故名困。坤为身,为下,故为辱。坤虚,役万物,故劳无所得。

观 黄玉温厚,君子所服。甘露溽暑,万物生茂。

伏震为黄,为玉,坤为厚;艮火,故曰"温厚",曰"溽暑"。艮为君子。坤为万物,为暑;兑为露。

噬嗑 画龙头颈,文章不成。甘言善语,说辞无名。

震为龙,艮为头颈。离为文章,坎隐伏,故不成。初至四正覆震,故曰"甘言善语",曰"说辞"。艮为名,坎隐,故无名。

贲 招祸致凶,来弊我邦。病在手足,不得安息。

艮手为招,为致;坎为灾祸,为凶。艮为邦,伏巽为敝。坎为病,艮手,震足,坎居中,故病在手足。艮止,为安息;坎险,故不安。

剥 履位乘势,靡有绝毙。皆为隶圉,与众庶位。

艮为位,反震,为履位乘势。坤丧,故曰"绝毙"。艮为隶圉,坤为众庶。艮仆、坤众合居,故曰"与众庶位"。

复 獐鹿雉兔,群聚东圃。卢黄白脊,俱往趋逐。九齚十得,君子有喜。

此用蒙象。坤文,为雉。艮为獐,震为鹿,为兔。坤为群,为聚,为圃。震东,故曰"东圃"。卢,黑犬;黄、白,皆犬名。《史记·李斯传》:吾与汝牵黄犬。《西京杂记》:李亨有白望犬。震为玄黄,又为白也。震为追逐,为口,为齚。震数九,故曰"九齚"。坤数十,故曰"十得"。震为喜,艮为君子。

无妄 织锦未成,纬尽无名。长子逐兔,鹿起失路。见利不得,因无所据。

巽为帛，为锦，为纬。巽下断，故曰"未成"，曰"纬尽"。艮为名，巽为伏，故无名。震为兔，为长子，为逐；为鹿，为起，为路。巽伏，故失路。震为后，巽为利；艮止，故不得。

大畜　天厌周德，命与仁国。以礼靖民，兵革休息。

震为周，为德；乾为天，兑绝，故曰"天厌周德"。艮为国，震为仁，故曰"仁国"。伏坤为民，为体。艮止，为靖。艮刚在外，为刀兵，为肤革；艮止，故休息。

颐　重译贡芝，来除我忧。善说遂良，与喜相求。

震为言，正反震，故曰"重译"。艮为芝，震为进，故曰"贡芝"。坤为我，为忧；震乐，故不忧。正反震，故曰"善说"，故曰"喜"。艮为求，正反艮，故曰"相求"。

大过　膏壤肥泽，人民孔乐。宜利居止，长安富有。

上卦兑，故曰"膏泽"。乾为肥，伏坤为壤，为人民，伏震为乐。巽为利，伏艮为居止。坤为长安，乾为富有。

坎　白龙黑虎，起謷暴怒。战于涿鹿，蚩尤败走。居止不殆，君安其所。

震为白，为龙。艮为虎，为黔，故曰"黑虎"。震为起，为謷，为威武，为怒，为战，为鹿。坎水，故曰"涿鹿"。坎为寇盗，故曰"蚩尤"。坎险，故曰"败走"。艮为居止，震为君。

离　抱关传言，聋跛摧筋。众贱无下，灾殃所在。

伏艮为关，为手，故曰"抱关"。正反兑口，故曰"传言"。坎为耳，震为行。坎伏，故聋；震伏，故跛。巽为殒落，兑毁折，故曰"摧筋"，盖伏坎为筋也。坎为众，离为灾殃。

咸　忧祸解除，喜至庆来。坐立欢门，与乐为邻。

通损。震乐，故忧祸解除，喜至庆来。艮坐，震立，震欢，艮门，故曰"坐立欢门"。

恒　折锋载殳，掔马放休。行军依营，天下安宁。

兑为锋，为殳，为折。艮覆，兑折，故曰"折锋"。震为车，故曰"载殳"。震为马，在外，故曰"放休"。坤为军，伏艮为营；艮止，故曰"依营"，言不出也。坤为天下，为安宁。

遁　至德之君，仁政且温。伊吕股肱，国富长安。

乾为君，为至德，为仁。艮火，故曰"温"。艮为臣，故曰"伊吕"。巽为股，艮为肱，故曰"伊吕股肱"。伏坤为国，为民；乾富，艮安。

大壮　千里望城，不见青山。老兔虾蟆，远绝无家。

震为千里，艮为城，为望，为山。震东方，色青，艮伏，故不见。震为兔，为虾蟆。艮为家，艮覆，故无家。

晋　有莘季女，为夏妃后。贵夫寿子，母字四海。

坤为茅茹。故曰"有莘"。艮为季，坤女，故曰"有莘季女"。离为夏，坤为妃后。艮为贵，为寿；坎为夫，为中子。坤为母，为字。"字"者，养也。坤为水，为海；震卦数四，故曰"四海"。有莘氏，大禹之母。

明夷　不虞之患，祸至无门。奄忽暴卒，痛伤我心。

坤为患，为祸，坎为忧虞。艮为门，三至五艮覆，故曰“无门”。坤死，故曰“卒”。坎为心，为痛，坤为我。《道德指归论》：道之为物，窥之无户，察之无门。无门，言不知祸之所自来也。

家人　飞鹰退去，不食雉鸡。忧患解除，主君安居。

此用蒙象。艮为鹰，为飞，震反，故退去。本卦离为雉，巽为鸡，兑为食，震为解除。上卦兑覆故不食。坎为忧患，为君主。艮为安居。

睽　跬蹉侧跌，申酉为祟。戌亥灭明，颜子隐藏。

二折震成兑，故跬蹉侧跌。兑西方金，故曰“申酉为祟”。艮居戌亥，艮为明，艮伏，故灭明。艮为颜，艮伏，故颜子隐藏。

蹇　司禄凭怒，谋议无道。商氏失政，殷人乏嗣。

《汉书·天文志》：司禄，文昌第六星。此用蒙象。艮为星，为官，故曰“司禄”。震为怒，为言，故为议。坎为心，故曰“谋议”。艮为道，坎伏，故曰“无道”。震为子，为人子者，殷商之姓。坤杀，故无子而乏嗣。

解　望鸡得雏，冀马获驹。大德生少，有廖从居。

巽为鸡，离目为望，巽伏，故不得鸡而得雏。震为雏也。坎为马，震为雏，为驹。下二句疑有讹字，义皆未详。

损　忉忉怛怛，如将不活。黍稷之恩，灵辄以存。

《诗·陈风》：心焉忉忉。传：忉忉，忧貌。坤为忧，故曰“忉忉怛怛”。怛，亦忧也。坤死，故曰“不活”。震为黍稷，为恩。坤虚为饿，故曰“灵辄”。《左传·宣二年》：初，赵盾田，见灵辄，饿食之。故曰“灵辄以存”。

益　噂噂嗫嗫，夜作昼匿。谋议我资，来攻我室。空尽我财，几无我食。

初至五正反震相对，故曰“蹲蹲嗫嗫”。噂嗫，对语也。此句宋、元本、汲古原作莫莫辑辑，于卦象不切，依《节之艮》校。坤为夜，与震连。故夜作昼伏。乾为大明，为昼，巽为伏，故曰“昼匿”。坤为财，为我，正反震，故曰“谋议我资”。艮为室，震为伐，为攻。坤虚，故财空。震为食，坤饥，故无食。

夬　天之所坏，不可强支。众口指笑，虽贵必危。

乾为天，兑毁，故曰“天之所坏”，不可强支。兑为口，为笑，坤众，故曰“众口”。伏艮为指，为贵。兑毁，一阴将尽，故危。

姤　目动睫瞤，喜来加身。举家蒙欢，吉利无殃。

《说文》：瞤，目动也。《西京杂记》：陆贾曰：“目瞤，得酒食。”伏震为动，为喜，坤为身。目睫象未详。

萃　灶羹芬香，染指拂裳。口饥于手，子公恨馋。

艮为灶，坤为羹；巽为臭，故曰“芬香”。艮为指，为拂；坤水，故染指。坤为裳，艮手，故拂裳。兑为口，坤为饥。“口饥于手”者，言口饥而恃手也。于，依也。孔融书：举杯相于。曹植《乐府》:心相于。杜甫诗:良友幸相于。皆作依恃解,是其证。子公,郑公子宋也。《左传·宣四年》:楚人献鼋于郑灵公。公子宋与子家将见。子公之食指动,以示子家曰:他日我如此,必尝异味。及人,宰夫将解鼋,相视而笑。公问,子家以告。及食大夫鼋,召子公而弗与。子公怒,染指于鼎,尝之而出。林词全述其事。

升 天福所丰,兆如飞龙。成子得志,六二以兴。

伏乾,故曰"天福",曰"丰"。震为飞,为龙,坤坼,为兆,故曰"兆如飞龙"。伏艮为成,震子,故曰"成子"。震为兴,巽为志,故曰"得志"。坤数二,伏乾数六,故曰"六二"。翟云升云:六二谓十二世也。愚按,《庄子·胠箧篇》:田成子十二世有齐国。《释文》云:自敬仲奔齐,至庄子九世,知齐政;自太公和至威王,三世而有齐国,共十二世。故曰"六二以兴"。

困 氓伯易丝,抱布自媒。弃礼急情,卒罹悔忧。

《诗·氓》之篇,氓之蚩蚩,抱布贸丝。匪来贸丝,来即我谋。布,币也。贸,即易也。伏震为伯,巽为丝,为布。巽为商贾,故抱布易丝。伏艮为抱,坎为合,为媒,为忧。

井 夏姬亲附,心听悦喜。利以搏取,无言不许。

通噬嗑。离为夏,震为姬。兑悦,故亲附,故悦喜。坎为心,为听。巽为利,艮为搏取。震为言。

革 南山昊天,刺政闵身。疾悲无辜,背憎为仇。

通蒙。震南,艮山,故曰"南山"。本卦离为夏,故曰"昊天"。《尔雅·释天》:夏为昊天。注言:气皓旰也。坎为刺,坤为政,为身。坎为忧闵,为悲,为疾,为憎,为仇。坤为辜,坤虚,故无。艮为背,下坎,故曰"背憎"。《诗·小雅》:节彼南山,不吊昊天。为刺讥厉王之诗。林辞全用其意。

鼎 三人为旅,俱归北海。入门上堂,拜谒王母。劳赐我酒,欢乐无疆。

通屯。震为人,后天数三;震为商旅,故曰"三人为旅"。坤为海水,位北,故曰"北海"。震为归,故归北海。艮为门堂,震为入,为上。艮为拜,震为谒,为王;坤母,故曰"王母"。坎为劳,为酒,坤为我。象全用旁通。

震 愆淫旱疾,伤害稼穑。丧制病来,农人无食。

愆者不及,淫者过也。艮为火,坎为疾,故曰"旱疾"。震为稼穑,艮火,故伤害禾稼。震为人,为农,为食,稼伤故无食。震初至四,与无妄初至四同。京房以无妄为大旱卦,自虞翻莫明其义,由艮火之象失传也。

艮 攫饭把肉,以就口食。所往必得,无有虚乏。

坎为饮,为肉;艮手为攫,为把。互震为口,为食,为往。坎为得,故无有虚乏。

渐 鸟飞无翼,兔走折足。虽欲会同,未得所欲。

离为鸟,为飞;震为翼,震伏,巽寡发,故无翼。震为兔,为走,为足;震伏坎折,故曰"折足"。

归妹 体重飞难，未能逾关。行坐忧愁，不离室垣。

此用蒙象。坤为身，为重，故曰"体重"。震为飞，坎陷，故难飞。艮为关，坤闭，故未能逾关。震为逾，为行。坎为忧愁，为宫室；坎陷，故不离。

丰 四雄并处，人民愁苦。拥兵西东，不得安所。

震为雄，卦数四，故曰"四雄"。互大坎为人民，坎忧故愁苦。兑为斧，为兵；坎聚，故曰"拥兵"。震东兑西。震动，坎险，故不安。

旅 译重关牢，求解已忧。心感乃成，与善并居。

通节。中爻反正震，故曰"重译"。坎为牢，震为开，为解。艮为求，坎为忧，为心。辞皆费解，必有讹字。

巽 患解忧除，王母相于。与喜俱来，使我安居。

通震为乐，故无忧患。震为王，巽为母。"相于"者，相依也，义已见前萃卦。震为喜，艮为安居，皆用旁通。

兑 冬生不华，老女无家。霜冷蓬室，更为枯株。

伏坎为冬，震为生，兑为华。冬，故不华。大过以兑为老妇，艮为家，艮伏，故老女无家。坎为霜，为冷，艮为室，震为蓬，故曰"蓬室"。巽为木，互离，故曰"枯株"。

涣 震慄恐惧，多所畏恶。行道留难，不可以步。

坎为恐惧，为畏恶。震为道，为行。坎陷，故留难，故不可步。

节 三夫共妻，莫适为雌。子无名氏，翁不可知。

节长中少三男俱备，祗兑为女象，故曰"三夫共妻"。适，主也。莫适为雌，言兑女无所适从也。震为子，艮为名，坎隐，故无名氏。震为父。"翁"者，父也。坎隐，又二至五正反皆震，故曰"不知"。此林为愚求索林词知其用象之始，故志其艰于此。

中孚 早凋被霜，花叶不长。非时为灾，家受其殃。

震为花叶，兑为霜；巽为陨落，故曰"凋"，曰"不长"。艮为时，为家；兑折，巽落，故为灾殃。

小过 雉兔之东，狼虎所从。贪饕凶恶，不可止息。

艮为鸟，为雉。震为兔，为东，为之。之，往也。艮为狼虎，震为从。兑为食，震亦为食，故曰"贪饕"。兑毁，为凶恶。艮为止息，坎险，故不可止息。

既济 马惊破车，主堕深沟。身死魂去，离其室庐。

此用蒙象。震为马，为车，为惊；坎破，故马惊破车。震为主，坎为陷，故曰"主堕"。坎为沟，在下，故曰"深沟"。坤为身，为死，故曰"身死"。震为神，为魂，为去；艮为室庐。

未济 山林麓薮，非人所处。鸟兽无礼，使我心苦。

此用蒙象。艮为山，震为林麓，故曰"山林麓薮"。震为人，坎险，故人不可处。艮为鸟，为兽。坤为礼，坎隐伏，故无礼。坎为心，为劳苦。

焦氏易林注卷二

坎上乾下 **需**之第五

久旱三年，草木不生。粢盛空乏，无以供灵。

通晋。离火，艮火，故曰“久旱”。离数三，坤为年，故曰“三年”。震为生，为草木；震覆，故不生。震为粢，为簠簋，故为盛。坤虚，故空乏。

之乾 火灭复息，君明其德。仁人可遇，身受利福。

此用需象。中爻离火，上临坎水，故火灭。然革象曰：水火相息。故曰“火灭复息”。乾为君，为德，为仁人。离为明。伏坤为身。

坤 温山松柏，常茂不落。鸾凤所庇，得其欢乐。

此仍用需象。乾为山，离为火，故曰“温山”。坎为木，为坚，故曰“松柏”，故曰“不落”。离为文章，故曰“鸾凤”。互兑为悦，故欢乐。

屯 西诛不服，恃强负力。倍道趋敌，师徒败覆。

坎位西，坤杀，故曰“西诛”。艮为负，为坚，故曰“恃强负力”。艮为道，震为大涂，故曰“倍道”。震为趋，正反艮震，故曰“敌”。坤为师徒，为丧，故败覆。丁晏云：《史记》，项梁西击，秦屡败之，有骄色，后败死定陶。林辞似用其事。

蒙 三涂五岳，阳城太室。神明所伏，独无兵革。

丁云：《左传·昭四年》，四岳、三涂、阳城、太室……九州之险。注：皆山名。正反艮，故山多。震为神明，坎为伏，艮为兵刃，为肤革，坤虚故无。

讼 三牛生狗，以戌为母。荆夷上侵，姬伯出走。

详《坤之震》。

师 鼋游江海，没行千里，以为死亡。复见空桑，长生乐乡。

震为鼋，为游行。坤为江海，为没，为千里，为死亡。二上体复，震为桑，坤虚，故曰“复见空桑”。震为生，为乐，坤为乡。《吕氏春秋》：伊尹生空桑。

比 太乙驾骝，从天上来。征召叔季，封为鲁侯，无有凶忧。

坤乙，艮星，故曰“太乙”。坤为马，五居坤上，故曰“驾骝”。艮为天，为求，为叔季，伏兑为征召,为鲁。坎为合,为封。坤为凶,坎为忧,坤虚,故无。

　　小畜　纤绩独居,寡处无夫。阴阳失志,为人仆使。

　　巽为纤绩,为独,为寡。震为夫,震伏,故无夫。伏坎为志,坤为失。艮为仆使。

　　履　兵征大宛,北出玉门。与胡寇战,平城道西。七日绝粮,身几不全。

　　通谦。与屯同象。解见屯林。

　　泰　楚灵暴虐,罢极民力。祸起乾溪,弃疾作毒。扶伏奔逃,死申亥室。

　　震为木,为楚,楚丛木也;为神,为灵,为暴。坤为害,为虐。坤役万物,故罢极。坤为民,为祸,兑为溪;下乾,故曰"乾溪"。坤为疾,为毒。弃疾,灵王弟。艮为扶,为伏。扶伏,匍匐也,言匍匐而逃也。震为奔逃。坤死,坤后天位申,消息卦居亥,故死申亥。伏艮为室。

　　否　雌单独居,归其本巢。毛羽憔悴,志如死灰。

　　坤为雌,为寡;艮为居,为巢。伏震为归,故曰"归其本巢"。巽为寡发,故毛羽憔悴。坤为死,为志。灰,盖艮象。

　　同人　两矛相刺,勇力钧敌。交绥结和,不破不缺。

　　兑为斧,为矛;下离两兑相对,故曰"两矛相刺"。乾健,故曰"勇"。伏坎为和,巽为退。交绥,退军名。见《左传·文十二年》交绥注。坎为破,为缺,坎伏故否。

　　大有　乘船济渡,载水逢火。赖幸免祸,蒙我生全。

　　通比。坤虚为船。坎为水,坤为载,故曰"载水"。互艮为火,故曰"逢火"。坤为祸,乾为幸。坤为我,乾为生。

　　谦　丧宠益尤,政倾家覆。我宗失国,秦灭周室。

　　艮为宠,坤为丧,为尤,为政。艮为家,坎陷,故倾覆。震为宗,坤为我,为国,为失。坎位西,故曰"秦"。震为周,艮室坤丧,故灭。

　　豫　冬无藏冰,春江不通。阴流为贼,国被其殃。

　　坎为冬,为冰,坤为藏;在下,故不藏。震为春阳,坎陷,故不通。坤为阴,坎为贼。坤为国,为殃。

　　随　田鼠野鸡,意常欲逃。拘制笼槛,不得动摇。

　　艮为鼠,巽为鸡,艮为田野,故曰"田鼠野鸡"。震为逃,艮为笼槛,为拘,故不得动摇。

　　蛊　佩玉蕊兮,无所系之。旨酒一盛,莫与笑语。孤寡独特,常愁忧苦。

　　互震为玉,为华,为蕊,艮为佩。巽为系,兑决,故无系。互大坎为酒,震为盛;坎数一,故曰"一盛"。震为笑语,巽寡,故无与。艮阳在上,故孤。巽寡,震阳在下,为独。兑为特,大坎为忧愁。凡六子,《易林》皆有。鳏寡孤独象。

　　临　没游源口,求鲛为宝。家危自惧,复出生道。

兑为源，为口；坤为水，震为游，故曰"没游源口"。坤禹鱼，为鲛。震为玉，为宝。伏艮为求，故曰"求鲛为宝"。《述异记》：鲛人居水中，如鱼，不废机织，眼泣成珠。故曰"求鲛为宝"。艮为家，艮覆，故家危。二至上体《复》，震为出，为生，为道，故曰"复出生道"。

观 河水孔穴，坏败我室。水深无岸，鱼鳖倾倒。

坤为河水，艮为孔穴。巽为败坏，艮为室，坤为我。重坤，故曰"水深"。艮为岸，巽敝，故无岸。艮为鳖，坤为鱼；巽漏，故倾倒。

噬嗑 教羊牧兔，使鱼捕鼠。任非其人，费日无功。

伏兑为羊，巽为鱼；震为兔，艮为鼠。巽为命，故曰"教"，曰"使"。艮手为牧，为捕。震为人，上离为日；坎失，故失任，故无功。

贲 升户入室，就温燠食。冰冻北陆，不能相贼。

艮为户，为室；震为升，伏巽为入，故曰"升户入室"。离火为温，震为缶，在离上，有若燠食。坎为食也。坎为冰，为冻，为北陆，为贼。震乐，故不贼。

剥 孤竹之墟，老妇亡夫。伤于蒺藜，不见少妻。东郭棠姜，武氏破亡。

坤为寡，坤虚，故为竹。坤为墟，故曰"孤竹之墟"。伏兑为老妇，震为夫。震覆坤丧，故曰"亡夫"。三四句用遇卦需象：坎为蒺藜，兑为少妻，坎伏，故不见。艮为城郭，震为武，震覆，故武氏破亡。武子者，崔杼，娶东郭偃之姊，棠公之妻。棠公死，武子吊，见棠姜而美之，遂娶之。事见《左传·襄二十五年》。

复 凶忧灾殃，日益明章。福不可釐，三郤夷伤。

坤为凶忧灾殃，震为明彰。坤祸，故无福。釐，予也。《诗·大雅》"釐尔士女"是也。震，数三。三郤，郤锜、郤犨、郤至。伏巽为隙，坤丧，故夷。

无妄 载璧秉珪，请命于河。周公作誓，冲人瘳愈。

震为璧，为珪，为载，艮手为秉，故曰"载璧秉珪"。巽为命，震为请，上乾为河，故请命于河。震为周，为作，为誓，为冲人；为乐，故瘳愈。《史记·鲁世家》：成王病，周公为自揃其蚤沈之河，成王病果愈。冲人，成王也。

大畜 鸟飞鹊举，照临东海。龙降庭坚，为陶叔后。封圻英六，履福绥厚。

艮为鸟鹊，震为飞举。乾为海，纳甲，故曰"东海"。震多毛。龙，多毛犬也。艮为庭，为坚。艮为火，为陶，故曰"陶叔"。震为后，为英，乾数六；艮为封圻，故曰"封圻英六"。庭坚，皋陶字。言皋陶之后，封在英、六二国也。见《史记·陈世家》。又《左传·文五年》：楚人灭六，灭蓼，臧文仲曰，皋陶庭坚，不祀忽诸。又《楚世家》：成王二十六年，灭英张守节。疑英即蓼，非。据《杞世家》，英亦皋陶后。

颐 危坐至暮，请求不得。膏泽不降，政戾民忒。

艮为坐，坤暮。艮为请求，坤虚，故不得。上伏兑为膏泽，艮止，故不降。坤为政，为民，坤凶，故曰"戾"，曰"忒"。

大过 宜昌娶妇，东家歌舞。宴乐有绪，长安嘉喜。

通颐。巽为妇,震为娶;为东,为歌舞。艮为家,故曰"东家歌舞"。巽为绪,震为嘉乐。

坎 凿井求玉,非卞氏宝。名困身辱,劳无所得。

艮手为凿,为求,坎为井。震为玉,为宝。艮为身名,坎为困。楚卞和玉最良,然求之于井,非其地。坎为劳,为失,故无得。

离 鹄思其雄,欲随凤东。顺理羽翼,出次须日。中留北邑,复反其室。

通坎。震为鹄,为东。离文为凤,震为羽翼。艮手为理,互巽,故曰"顺理"。震为出,艮为次,离为日。艮止,故须日。艮为邑,坎北,故曰"北邑"。艮止,故留。震为复,坎至。

咸 早霜晚雪,伤害禾麦。损功弃力,饥无所食。

乾为冰,为霜雪。巽为禾麦;兑为伤,为害,为损弃。乾为功,兑为食。伏坤为饥,故无所食。

恒 蝙蟛生子,深目黑丑。虽饰相就,众人莫取。

蝙蟛,即蝙蝠。《尔雅注》:齐人谓之蝙蟛。巽为虫,震为生,为子。伏大离,故曰"深目"。伏坤为黑,为丑,为文饰,为众。震为人,艮手为取;艮覆,故莫取。

遁 去如飞鸿,避凶直东。遂得全脱,与福相逢。

艮阳在上为飞,艮为鸟,故为鸿。巽伏,故曰"避凶"。伏震为东,为脱,乾为福。

大壮 婚姻合配,同枕共牢。以降休嘉,子孙封侯。

此合对象言,震巽为婚姻,为合配。艮木为枕,震为盆,为牢。《史记·平准书》:官与牢盆。乐彦云:牢乃盆名。《礼记·昏义》:共牢而食。注:共牢者,共食一牲也。此则以震盆为象。震为休嘉,为子。兑为孙,震为诸侯。

晋 咸阳辰巳,长安戌亥。丘陵生止,非鱼鳞市。不可避阻,终无悔咎。

伏乾为阳,消息卦乾居辰巳。坤为安,消息卦居戌亥。互艮为丘陵,为止。坤为鱼鳞。言丘陵之地,非鱼市也。坎为阻。

明夷 螟虫为贼,害我五谷。箪笥空虚,家无所食。

伏巽为螟。螟,食苗心虫。坎为贼,坤为害。互震为谷,坤数五,故曰"五谷"。震为箪笥,坤为空虚,故无所食。

家人 蒙恩拜德,东归吾国。慷慨宴笑,欢乐有福。

象多未详。祇东归,及宴笑、欢乐,知用伏象。

睽 赍贝赎狸,不听我辞。系于虎须,牵不得来。

伏蹇。艮为赍,离为贝,艮为狸。震为辞,震覆,故不听。坎为听也。艮为虎,为须,为牵。艮止,故不来。

蹇 比目附翼,欢乐相得。行止集周,终不离忒。

伏重离,故曰"比目"。兑悦为欢乐,艮为止。

解 一指食肉,口无所得。染其鼎鼐,舌馋于腹。

坎为肉,数一,故曰"一指食肉"。一,或为以之讹字,不敢定也。震为口,在外,故无得。震为鼎鼐,故染指于鼎鼐也。离为腹。此仍用子公染指于鼎事,详《蒙之萃》。

损 曳纶江湖,钓挂鲂鲤。王孙利得,以享仲友。

通咸。巽为纶,艮手为曳,坤为江湖,故曰"曳纶江湖"。艮为钓,为挂,坤为鱼。震为王,艮为孙,故曰"王孙"。巽为利,兑为友,伏大坎为仲。

益 商纣牧野,颠败所在。赋敛重数,黎元愁苦。

坤为恶,故曰"商纣"。坤为野,为养,为牧,故曰"牧野"。坤丧,故颠败。坤为藏,故为赋敛。坤为重,故曰"重数"。坤为民,为黑;又艮黔,震苍,故曰"黎元"。伏大坎,为愁苦。

夬 北辰紫宫,衣冠立中。含和建德,常受天福。

通剥。艮为星,坤北,故曰"北辰"。艮为宫,为冠,乾为衣,兑为和。乾为天,为福。

姤 轻战尚勇,不知兵权。为敌所制,从师北奔。

通复。震为勇,为战。坤为兵,巽为权。坤迷,故不知兵权。震为征,为奔;坤为师,为北,故曰"从师北奔"。

萃 大口宣唇,神使伸言。黄龙景星,出应德门。兴福上堂,天下安昌。

兑为口,为唇,巽白为宣。伏震为神,为伸,兑为言。伏震为黄,为龙。艮为星,为明,故曰"景星"。艮为门堂。

升 凶子祸孙,仗剑出门。凶讼欢嚣,惊骇我家。

坤为凶祸,震为子孙。伏艮为匕,为剑。坤为门户,震出,故曰"出门"。初至四,正反两兑口相背,故曰"凶讼欢嚣"。震为惊骇,坤为我,艮为家,艮反,故惊骇我家。

困 祝伯善言,能事鬼神。辞祈万岁,使君延年。

三至上正反兑口,故善言。《易》所谓尚口也。故曰"祝伯"。祝史以口舌为用。伏震为伯,坎为鬼。伏震为神,为辞,为岁年,为万,为君辞,犹拜表、拜书。

井 珪璧琮璋,执贽见王。百里宁戚,应聘齐秦。

伏震为玉,为王。伏艮为手,为执。震为百里,坎为忧戚。巽为齐,兑为秦。百里奚用于秦穆,宁戚以饭牛,歌于齐桓也。

革 昧旦乘车,履危蹈沟。亡失裙襦,摧折两轴。

通蒙。震为昧旦,为乘,马车,为履,为蹈。坎险为沟渎,震上坎下,故履危蹈沟。坤为亡失,震为裙襦。坎折坤,坤数二,故曰"两轴"。坤为轴也。

鼎 胶著木连,不出牛栏。斯飨羔羊,家室相安。

通屯。坎为胶,震艮坎皆为木,故曰"木连"。又屯初至五,正反两震相合,亦有木连象。震为出,坤为牛,艮为栏,艮止故不出。本卦兑为羔羊,为食,故曰"飧"。艮为家室,为安。

震 卷领遁世,仁德不舍。三圣攸同,周国茂兴。

艮为领,坎伏,故曰"卷领",曰"遁世"。震为仁德,艮止,故不舍。舍,发也。坎为圣,震数三,故曰"三圣"。艮为国,震为周,为兴,故曰"周国茂兴"。

艮 黍稷苗稻,垂秀方造。中旱不雨,伤风枯槁。

互震为禾苗,为秀,为造。造,作也。坎为中,为雨;艮火,故旱,故不雨。伏巽为风,离为枯槁。

渐 冠带南游,与福喜逢。期于嘉贞,拜为公卿。

艮冠,巽带,离南。伏震为福喜,为嘉。"贞"者,卜问。《周礼·天府》"季冬陈玉,以贞来岁之美恶"是也。艮手为拜,艮为官,故为公卿。

归妹 一巢九子,同公共母。柔顺利贞,出入不殆,福禄所在。

离为巢,坎数一,故曰"一巢"。震为子,数九,故曰"九子"。震为公,伏巽为母,故曰"同公共母"。震出巽入,震为勇,往故不殆。震又为福禄也。

丰 韩氏长女,嫁于东海。宜家宜主,柔顺以居,利得过倍。

《说文》:韩,干也。故震为韩,为长。兑为女,故曰"长女"。震为嫁,为东,兑为海。震为主,伏艮为家。巽为顺,为利;二四正反巽,故曰"倍"。

旅 因祸受福,喜盈我室,所愿必得。

通节。坎为祸,震为福喜,艮为室。

巽 晋平有疾,迎医秦国。病乃大秘,分为两竖。逃匿肓上,伏于膏下,和不能愈。

通震为晋,坎平坎疾,故曰"晋平有疾"。医、醷同字,酒也。坎为酒,故借用以与象合。坎西,故曰"秦"。艮为国也。坎为病,为隐伏,故曰"病乃大秘"。互艮为僮仆,故曰"竖";正反艮,故曰"两竖"。坎为心,为膏肓。《成十年》杜注:肓,鬲也。心下曰膏。坎又为逃匿,为和;坎疾,故不愈。《左传·成十年》:晋景公疾,求医于秦,秦使医缓为之。未至,公梦疾为二竖子,曰:彼良医也,惧伤我,焉逃之?"其一曰:居肓之上,膏之下,若我何?"医至,曰:疾不可为也,在肓之上,膏之下,攻之不可,达之不及。

兑 牡飞门启,患忧大解。修福行善,不为身祸。

牡,门牡也。兑牡在艮,艮伏不见,故曰"飞"。艮为门,震为启,故曰"牡飞门启"。艮中爻坎为忧患,震为解,为福。艮为身,坎为祸,震乐,故不为身祸。《汉书·五行志》:成帝元延元年,长安章城门门牡自亡。或谓此事,为焦氏所不及见。岂知京房死于元帝时,真不及见此事者,而房有"厥妖门牡自亡"之占。可见此事,古已有之,不始于成帝时。

涣 追亡逐北,至山而得。稚叔相呼,反其室庐。

互震为追逐。艮止，故至山而得。艮为叔，中爻正反震，故曰"相呼"。震为反，艮为室庐。

节　鸟鸣葭端，一呼三颠。动摇东西，危栗不安，疾病无患。

震为苇，为葭，为鸣，艮鸟在上，故曰"葭端"。坎数一，震数三，震为呼，为颠，为动摇。震东，兑西。坎为栗，为疾病，为患；震乐，故无。

中孚　龙化为虎，泰山之阳。众多从者，莫敢救藏。

震为龙，艮为虎，震反为艮，故龙化为虎。艮山，震东，故曰"泰山"。艮纳丙，丙南，故曰"山阳"。震为从，正覆震，故曰"众"。坎为藏，坎伏，故莫藏。

小过　猋风阻越，车驰揭揭。弃古追思，失其和节，忧心惙惙。

巽风，艮火炎上，故曰"猋风"。《尔雅》：扶摇谓之猋。注：暴风从下上。又《月令》：猋风暴雨总至。注：回风为猋。中爻正反巽，故曰"猋风"。越，散也，坠也。阻越，犹逾越也。《易林》用一字能含数象，此等虽《易》亦少也。震为越，为车，为驰。揭揭，驰貌。震为追，坎为思。坎为和，为失，为忧，为心。《诗·桧风》：匪风发兮，匪车偈兮。顾瞻周道，中心怛兮。思周道也。"弃古追思"者，言古周道灭绝，今追思之。正诗意也。或作弃名，则违诗意矣。

既济　游居石门，禄安身全。受福西邻，归饮玉泉。

此用需象。乾为石，为门，为行，故曰"游居石门"。乾为福，为禄，为玉，坎为西邻。兑口，故曰"饮"。石门，地名。《论语》：子路宿于石门。

未济　登高上山，见王自言。申理我谗，得职蒙恩。

震为登，艮为高，为山。震为王，为言，为申。坎离皆上下兑口相背，故曰"谗"。艮为官，故曰"得职"。多用半象，《易林》于既、未济通例也。

䷅ 乾上坎下　讼之第六

文巧俗弊，将反大质。僵死如麻，流血漂橹。皆知其母，不识其父，干戈乃止。

通明夷。坤为文，坎为俗，巽为敝。震为反，为白，故曰"大质"。坤为死，震为麻，坎为血，为橹。坤水坎水，故流血漂橹。伪古文《尚书·武成篇》：血流漂杵。《孟子》同。杵，焦作橹。坤为母，乾为父。明灭，故不知。离为干戈。

之乾　文王四乳，仁爱笃厚。子畜十男，夭折无有。

此用遇卦讼象。乾王，离文，故曰"文王"。艮为乳，初二与三四皆形艮，故曰"四乳"。又巽数四也。乾为仁爱，伏坤为厚。震为子、男，坤数十，故曰"十男"。坤为死，故曰"夭"。坎为折，震生，故夭折无有。又全用讼伏。

坤　日入望车，不见子家。长女无夫，左手搔头。

此亦用遇卦讼象。离伏，在下，故曰"日入"。《易》所谓后入于地也。离为望，伏震为车，为子，坎为室家。讼巽为长女，坎为夫，坎隐，故无。伏震为左，反艮为手，为搔，坎为头。亦用讼伏。

屯 东上泰山，见尧自言。申理我冤，以解忧患。

艮山，震东，故曰"泰山"。震为帝，为言，故曰"见尧自言"。坎为冤，为忧患；震，解。

蒙 奎轸汤汤，过角宿房。宣时布和，无所不通。

艮为星，先天居西北；对兑，兑居东南，故曰"奎轸"。奎西北宿，轸东南宿；而坤坎皆为水，故曰"汤汤"。角、房皆东方宿，震为东，故曰"过角宿房"。艮为时，坎为和，为通。震为轸，艮为角、房，尤切。

需 引髯牵头，虽惧无忧。王母善祷，祸不成灾。

通晋。艮为引，为牵，为髯，为头。坎为忧惧，坤安故无忧。坤母，乾王。故曰"王母"。坎上下皆兑口，故曰"善祷"。坎为祸灾，坤安故不灾。

师 凫得水没，喜笑自啄。毛羽悦怿，利以攻玉。公出不复，伯氏客宿。

震为凫，坤水、坎水，故曰"没水"。震为喜笑，为口，为啄；坤为自，故曰"自啄"。震为毛羽，为悦怿，为玉。伏巽为利，坎为破，为攻，故曰"利以攻玉"。震为公，为出，为复；坤死，故不复。震为伯，为客，坎为夜，为宿。

比 水流趋下，欲至东海。求我所有，买鲂与鲤。

坎坤皆水，故曰"趋下"。坤为海，纳乙，故曰"东海"。艮为求，坤为我；为鱼，故曰"鲂鲤"。

小畜 獐鹿逐兔，安饱其居。反还次舍，无有疾故。

通豫。艮为獐鹿；震为逐，为兔，在前，故曰"獐鹿逐兔"。艮为居，为安，坎为饱。艮为次舍，震为反，故反次舍。坎为疾，震乐，故无疾。坤为死，为故。

履 树植藿豆，不得耘锄。王事靡盬，秋无人收。

通谦。震为藿豆，艮手为树植，为芸锄；坎陷，故不得。震为王，坤为事。震为行，故曰"靡盬"。靡盬，无定也，见《诗·唐风》注。震为人，震伏，故无。兑为秋。

泰 弱水之西，有西王母。生不知老，与天相保。

坤水，坤柔，故曰"弱水"。互兑为西，乾王坤母，故曰"王母"。震为生，乾为老，震乐故不知老。乾为天，震为健，故曰"与天相保"。

否 数穷廓落，困于历室。幸登玉堂，与尧侑食。

乾为阳九，居数之极，故曰"数穷"。乾为远，故廓落。艮为室，为时，故曰"历室"。艮止为困，乾为玉；艮为堂，乾行，故登玉堂。乾为帝，故曰"尧"。伏兑为食。

同人 子鉏执麟，春秋作经。元圣将终，尼父悲心。

通师。震为鉏,为子,坤文为麟,坎为获,故曰"子鉏执麟"。震为春,坤为秋,坤为文,故曰"春秋作经"。乾为圣,为元,坤死故曰"终"。乾为父,为山,故曰"尼父"。坎为心,为悲。按《左传·哀十四年》:叔孙氏之车子鉏商获麟。《公羊》、《谷梁》皆以孔子感获麟而作《春秋》。《后汉·班固传》注引《演孔图》云:孔子母征在梦感黑龙而生孔子,故曰"元圣"。《公羊》:孔子见麟,反袂拭面,涕沾袍。言孔子知将死而悲也。

大有　尹氏伯奇,父子生离。无罪被辜,长舌所为。

周尹吉甫,子伯奇,为后母所谗,被逐。故曰"父子生离"。林用其事。此用遇卦讼象。讼通明夷,互震为尹,为伯,为子。讼天水违行,故曰"父子生离"。讼上乾为善,故曰"无罪"。坎为刑,故曰"被辜"。兑为舌,明夷互震,似兑形而长,故曰"长舌"。

谦　播木折枝,与母别离。九皋难和,绝不相知。

坎为播,为折,震为木,为枝,坤为母。播,种也。言折枝种于他处,故此枝与母木分离。震纳庚,数九,艮为皋,故曰"九皋"。《诗》:鹤鸣于九皋。震为鹤,在山上,高远故难和。

豫　眵鸡无距,与鹊格斗。翅折目盲,为鸠所伤。

旁通小畜。上巽为鸡,半离,故眵目。《说文》:眵,目伤眦也。震为足,巽下断,故无距。离为鹊,为鸠,两兑口相对,故格斗。震为羽,坎折,故翅折。震形目无上眦,故目盲。兑决,故为鸠所伤。

随　甲乙丙丁,俱归我庭。三丑六子,入门见母。

震东方,故曰"甲乙"。艮纳丙,兑纳丁。艮为庭,震为归,故曰"甲乙丙丁,俱归我庭"。巽贞丑,震数三,故"三丑"。卦六子俱备,故曰"六子"。艮为门,巽为入,为母,兑见,故曰"入门见母"。

蛊　桑叶螟蠹,衣敝如络。女工不成,丝布为玉。

巽为桑,为螟蠹,为络。震为衣,巽为敝。言桑坏蚕饥,无所得丝,故衣敝如络。巽为女,为工,巽下断,故不成。巽为丝布,震为玉,言丝布贵如玉也。

临　开牢辟门,巡狩释冤。夏台羑里,汤文悦喜。

伏艮为牢门,震为开,为巡狩,为释。艮为台,为里,乾大,故曰"夏台"。夏,大也。艮为道,故曰"羑里"。羑,道也。震为帝王,故曰"汤文"。震为乐,故悦喜。

观　钦明之德,坐前玉食。必保嘉美,长受安福。

艮为光明,为坐伏,震为玉。兑为食,震为佳美,坤为安。

噬嗑　武夫司空,多口争讼。金火当户,民不安处,年饥无有。

震为武夫,艮为官,故曰"司";离虚,故曰"司空"。震为口,正反震,故"多口",故曰"争讼"。艮为户,为金,离火,故曰"金火当户"。金火,谓金星、火星也。《史记·天官书》:月、五星顺入,轨道,……其逆入,若不轨道,以所犯命之;中坐,成形,皆群下从谋也。金、火尤甚。故《后汉书·天文志》:孝和帝永元七年二月癸酉,金、火俱在参。戊寅,金、火俱在东井。特书其异。唐杨炯《浑天赋》:金火犯之而甚忧。兹曰"当户",是金、火并见也。首二句似用《左传》宋华元使民筑城,民讴歌嘲笑华元故事。坎为民,坎险不安。震为年,离虚,故饥。

贲 紫阙九重,尊严在中。黄帝尧舜,履行至公。冠带垂裳,天下康宁。

艮为阙,坎赤,故曰"紫阙"。震数九,上震覆,故曰"九重"。艮贵,故尊严。震为帝,为黄,故曰"黄帝尧舜"。震为覆,为行。艮为冠,伏巽为带。震为裳,艮为反震,故垂裳。震又为康宁也。

剥 负牛上山,力劣行难。烈风雨雪,遮遏我前,中道复还。

艮为背,为负,为山;坤牛,故曰"负牛上山"。震为行,震覆,故行难。坤柔,故力劣。坤为风,为冰霜,故曰"烈风雨雪"。艮止为遮遏,坤为我。艮为道,反震为还,为复。

复 蹇兔缺唇,行难齿寒。口病不言,为身生患。

震为兔,伏巽下断,故曰"蹇",曰"缺唇"。震为行,坤闭,故难行。震为齿,坤为冰霜,故寒。震为口,为言;坤害,故"病"。坤闭,故不言。坤为身,为患;震为生,故生患。

无妄 合体比翼,嘉耦相得。与君同好,使我有福。

艮为体,正反艮相对,故曰"合体"。震为翼,正反震相连,故曰"比翼",故曰"嘉耦"。乾君,震君,故同好。乾为福,故曰"有福"。

大畜 口啄卒卒,忧从中出。丧我宝贝,无妄失位。

兑为口,为啄,震为卒卒。《汉书·司马迁传》:卒卒无须臾之间。注:卒卒,促遽也。乾为惕,为忧;震为出,为宝,艮为贝。兑毁,故丧。无妄覆,故曰"失位"。

颐 两心不同,或从西东。明论终日,莫适我从。

震起艮止,故两心不同。震东,伏兑为西,艮明,震论,艮终,伏乾为日,故明论终日。坤为我,震为从,下动上止,故莫适所从。

大过 哑哑笑言,与喜饮食。长乐行觞,千秋起舞,拜受大福。

兑为笑言,为饮食。伏震为喜,为乐,为觞,为起舞。兑为正秋,乾为千,故曰"千秋"。伏艮为拜,乾为大福。

坎 初忧后喜,与福为市。八佾列陈,饮御诸友。

坎为忧,震为喜,为福。艮后天数八,震为佾佾,乐舞八佾,横纵皆八。正反艮震,故用以为象。《易林》用象,其精妙不可思议如此。伏巽为市。震为列陈,为饮御。艮为友。

离 西徙无家,破其新车。王孙失利,不如止居。

中爻兑为西,艮为家,艮伏故无家。离为新,伏震为车,兑折故破。伏震为王,艮为孙,巽为利,兑折故失利。艮止,艮居。

咸 凤凰在左,麒麟处右。仁圣相遇,伊吕集聚。时无殃咎,福为我母。

通损。坤为凤凰，为麒麟。震左兑右，乾为仁圣。正反震兑口，故曰"伊吕"。伊，吾语声；吕，双口，皆取象震兑。坤为积聚，为殃咎，艮为时。乾福，坤母。

恒 区脱康居，慕仁入朝。湛露之欢，三爵毕恩。复归旧庐，与母相扶。

对象益中空，故曰"区脱"。兑西，故曰"康居"。震为仁，为朝，巽为入，故曰"慕仁入朝"。互大坎为湛露。湛露，《小雅》诗篇名，劳使臣也。震为欢，为爵，数三，故曰"三爵"。震为归，艮为庐。坤为母，正反艮手，故曰"相扶"。故实详《蒙之鼎》。

遁 疾贫望幸，贾贩市井。开牢择羊，多得大牂。

独断云：天子所临曰幸，言或得赏赐而喜幸也。伏坤为贫，艮为望；乾为福，为君，故曰"幸"。巽为贾贩，为市井。艮为牢，伏震为开，兑为羊，为牂。牂，《说文》：牝羊也。乾为大，故曰"大牂"。

大壮 处高不伤，虽危不亡。握珠怀玉，还归其乡。

伏巽为高，震乐，故不伤，不危亡。伏坤为亡也。震为珠，乾为玉，伏艮为握。震为归，坤为乡。

晋 右手弃酒，左手收桸。行逢礼御，饵得玉杯。

艮为手，伏兑为右，坎为酒。离为左。桸，食器也。震为桸，二四震反，故曰"收桸"。坤为礼，艮为玉，为杯。

明夷 养虎牧狼，还自贼伤。大勇小捷，虽危不亡。

坤为虎狼，为牧养。坤丧，故贼伤。坎为贼也。震为勇捷，乾大坤小。坎险，故危。震乐坤安，故不亡。

家人 戴尧扶禹，松乔彭祖。西过王母，道路夷易，无敢难者。

通解。震为帝，故曰"尧"、"禹"。下两半艮，艮为戴，为扶；为坚木，为寿，故为松乔彭祖。坎为西，震为王，巽为母，故曰"王母"。赤松子、王子乔，皆仙人。彭祖，名籛，寿八百岁。《穆天子传》：穆王西巡，宴王母于瑶池之上。艮为道路，坎为平，故曰"夷易"。"夷"者，平也。艮皆用半象。

睽 秋冬探巢，不得鹊雏。衔指北去，愧我少姬。

兑为秋，坎为冬，为巢。半艮为手，故曰"探巢"。离为鹊，兑为雏；坎失，故不得。兑口为衔，艮为指；坎北，故曰"北去"。坎为愧，兑为少姬。

蹇 两羝三牂，俱之我乡。留连多难，损其食粮。

伏兑为羊，故曰"羝"，曰"牂"。羝、牂，皆牧羊也。兑卦数二，艮数三，故曰"两羝三牂"。艮为乡。坎陷，艮止，故流连。坎为难。震为食，为粮；震覆，故曰"损"。

解 南徙无庐，鸟破其巢。伐木思初，不利动摇。

震为行，为南，艮为庐；艮覆，故曰"南徙无庐"。离为鸟，坎为巢；坎破，故鸟破其巢。震为木，为伐；坎为思，故曰"伐木思初"。《诗》：伐木丁丁，鸟鸣嘤嘤。言鸟尚知求友也。

震为动摇,坎险,故不利。

损 争讼不已,更相牵击。张季弱口,被发北走。

二至上正反震,故争讼。正反艮,故相击。震为张,艮为季;坤柔兑口,故曰"弱口"。震为发;坤位北,故北走。

益 延颈望酒,不入我口。初喜后否,利得无有。

艮为颈,为望,兑为酒;又为口。坤我,口象覆,故不入我口。震为喜,为后;坤丧,故初喜后否。巽为利,坤亡,故利得无有。

夬 被发倾走,寇逐我后。亡失刀兵,身全不伤。

通剥。震为发;震反,故被发。"被"者,下垂也。震为走;震反,故倾走。艮阳在上,为刀兵;坤为亡失,故曰"亡失刀兵"。坤为身。

姤 麟凤所游,安乐无忧。君子抚民,世代千秋。

通复。坤为文,为麟凤。震为游,为乐。坤为忧,震乐,故安乐无忧。乾为君子;坤为民,为世,为千秋。

萃 褰衣涉河,水深渍罢。赖幸舟子,济脱无他。

坤为衣裳,艮手为褰。坤为水,故曰"涉河"。上兑,互大坎,下坤,皆为水,故曰"水深"。坎劳,故疲。伏震为舟,为子,为济。

升 愦愦不悦,忧从中出。丧我金罍,无妄失位。

坤迷,故曰"愦愦"。坤忧,故不悦。坤在外,故曰"出"。坤为丧,为我;伏艮为金,震为罍,故曰"丧我金罍"。伏无妄,故失位。

困 绊跳不远,心与言反。尼父望家,苕蓾未华。

巽为绳,伏震为跳,故曰"绊跳"。震反,故不远。坎为心,三上正覆兑相背,故曰"心与言反"。《易》所谓有言不信者以此。伏震为父,艮为山,故曰"尼父"。互离为望,艮为家,故曰"望家"。兑为华,为苕蓾;巽落,故不华。

井 大牡肥牸,惠我诸舅。内外和穆,不忧饥渴。

通噬嗑。离为牛,为牡,为牸。震为父,为舅;正反震,故曰"诸舅"。坎为和,内互大坎、外坎,故曰"内外和穆"。离为饥渴,坎为忧;震乐,故不忧。《诗·伐木篇》:既有肥牡,以速诸舅。林所本也。

革 黄帝建元,文德在身。禄若阳春,封为鲁君。

通蒙。震为黄,为帝。为"建元"者,首也,言黄帝始作甲子也。乾为首。坤为文,为身,为禄。震为阳春,为君。兑为鲁,故曰"鲁君"。

鼎 虎聚磨牙,以待豚猪。往必伤亡,宜利止居。

通屯。正反艮,艮虎,故曰"虎聚"。艮为磨,兑为牙;正反兑,故磨牙。坎为豚猪,艮止,故曰"待"。震为行,坎灾在上,故往必伤。艮为居止。

震 天地配享,六位光明。阴阳顺序,以成和平。

震为口,为食;上下震,故曰"天地配享"。艮为位,为光明。坎数六,故曰"六位光明"。阳遇阴则通,故曰"顺序"。坎为和平。

艮 猿坠高木,不蹉手足。保我金玉,还归其室。

艮为猿,在震上,故曰"猿坠高木"。艮为手,震为足。坎为折,为蹉;震行,故不蹉。艮为金,为保。震为玉,为反,艮为室。

渐 营室紫宫,坚不可攻。明神建德,君受大福。

艮为宫室,为星。营室,宿名,居亥方,艮象也。《天文志》:紫宫为皇极之居。即北辰也。坎赤,故曰"紫"。艮为坚,为明。伏震为神,为建,为君,为福。

归妹 孤翁寡妇,独宿悲苦。目张耳鸣,无与笑语。

震为翁,坎为孤。伏巽为震妇,巽寡,故曰"寡妇"。坎为独,为宿,为愁苦。互离为目,震为张,为鸣;坎耳,故曰"目张耳鸣"。震为笑语,坎孤,故无与笑语。

丰 低头窃视,有所畏避。行者不利,酒酸鱼败,众莫贪嗜。

艮为头,为视。艮覆,故曰"低头",曰"窃视"。巽为伏,故曰"畏避"。震为行,巽颠趾,故不利。巽为鱼,为臭,故曰"鱼败"。兑为酒,从木作酸,故酒酸。

旅 载金贩狗,利弃我走。藏匿渊底,悔折为咎。

通节。震为车,为载,为商贩。艮为金,又为狗,故曰"载金贩狗"。震为走,巽为利;坎失,故曰"利弃我走"。坤为渊,坎为隐,坎入坤中,故曰"藏匿渊底"。兑为折。

巽 行触大忌,与司命牾。执囚束系,拘制于吏。

伏震为行,为触。初至四大过死,故曰"大忌"。巽为命,初四正反两巽相背,故与司命牾。《晋书·天文志》:文昌六星,在北斗魁前。五曰司命。主寿。《礼记》五祀之一。伏艮为拘系,为官,故曰"拘制于吏"。

兑 执玉欢喜,佩之解挛。危详反安,使我无患。

通艮。艮为执,震为玉,为喜。中二句必有讹字,义未详。

涣 机杼纷扰,女功不成。长女许嫁,衣无襦袴。闻祸不成,凶恶消去。

坎为机抒。巽为绳,为女功。震为动,艮为成;二五正反震艮,故曰"纷扰",曰"不成"。巽为长女,震为归,为嫁,为言,故许嫁。震为襦,巽为袴;坎隐,故无襦袴。下二句疑赘。

节 金人铁距,火烧左右。虽惧不恐,独得全处。

艮为金铁,震人,震距,故曰"金人铁距"。艮为火,震左兑右,故火烧左右。坎为忧恐,震乐艮安,故得全处。

中孚 谢恩拜德,东归吾国。舞蹈欣跃,欢乐受福。

艮为拜,震为谢,兑为恩泽。震为东,为归;艮为吾,为国。下二句皆震象。

小过 青牛白咽,呼我俱田。历山之下,可以多耕。岁乐时节,民人安宁。

艮为牛,震东方,色青,故曰"青牛"。巽色白,兑为咽,故曰"白咽"。咽,音燕,与田韵。震为呼,为耕。艮为山,兑为下,故曰"山下"。震为岁时,为乐,艮为安宁。

既济 白雉群雏,慕德朝贡。湛露之恩,使我得欢。

离为雉,震为白,为雏;重离,故群雏。坎为慕,震为朝。坎为露,为恩,震为欢。多用半象。

未济 避患东西,反入祸门。糟糠不足,忧思我心。

坎为避,为患,为西;离为东,故曰"避患东西"。艮为门,坎为祸。震为糟糠;离饥,故不足。坎为忧思,为心。艮、震皆用半象。

䷆ 坤上坎下 **师**之第七

鸟鸣呼子,哺以酒脯。高楼之处,子来归母。啬人成功,年岁大有,妬妇无子。

震为鸟,为鸣,为子,为哺。坎为酒,为脯;为室,坤为重,故曰"高楼"。坤母震子,震归,故曰"子来归母"。震为人,坤为吝啬,故曰"啬人"。啬人,乡官也。震为功,坤为年岁,为积聚,故大有。坎为妬,伏巽为妇;坤丧,故无子。

之乾 一簧两舌,佞言诐语。三奸成虎,曾母投杼。

此全用师象。震为音,故曰"簧"。坎数一,故曰"一簧"。震为舌,坤数二,故曰"两舌"。震数三,坤为奸,乾为虎,故曰"三奸成虎"。坤为母,为重,曾与层同,故曰"曾母"。坎为抒,事详《坤之夬》注。佞言诐语,言坎上下皆兑口。凡《易》云"有言"者,象皆如此。

坤 春桃生花,季女宜家。受福且多,在师中吉,男为邦君。

此用遇卦师象。震为春,为桃,为花,为生。坎为室家,伏巽为季女。《诗·召南》:桃之夭夭,灼灼其华。之子于归,宜其室家。坤为邦;震为长男,为君,故曰"男为邦君"。

屯 殊类异路,心不相慕。牝牛牡犊,独无室家。

艮、震皆为道路,相反,故曰"殊类异路"。心不相慕,坎为心也。坎为牡犊,坤为牝牛。艮为室家,坤寡坎孤,故无室家。

蒙 折若蔽日,不见稚叔。三足孤鸟,远其元夫。

《楚辞》:折若木以蔽日。若,木名也。坎为木,为折;离伏,故曰"蔽日"。艮为叔,为少;坎隐,故不见稚叔。震为足,数三;艮为鸟,故曰"三足孤鸟"。震为夫,为长,故曰"元夫"。

需 雀东求粒,误入罔域。赖仁君子,脱服归息。

通晋。离为雀,位东。艮为求,艮为反,震为粒,故曰"雀东求粒"。离为网罟。乾为仁,为君子。震为服,为归。震反为艮,艮止,故曰"脱服",曰"归息"。《诗》:两服上襄。注:两服者,马之上驾也。脱服,即驰驾也。

讼 王孙季子,相与孝友。明允笃诚,升擢荐举,为国干辅。

通明夷。震为王,为子;反艮为孙,为季。坤顺,故孝友。离明,坎信,故曰"明允笃诚"。震为升擢、荐举。坤为国,震为辅。

比 刞树无枝,与子分离。饥寒莫食,独泣哀悲。

艮为刀,为手,为木,故曰"刞树"。坎为孤,故曰"无枝"。坎为寒,坤为饥。兑口为食,兑伏,故莫食。坎为独,为泣,为悲哀。第二句象未详。

小畜 舜升大禹,石夷之野。征诣王阙,拜治水土。

通豫。震为帝,为升,故曰"舜升大禹"。艮为石,坤为夷,为野,故曰"石夷之野"。《洛书·灵准听》"禹出石夷"是也。震为征,为诣,为玉。艮为阙,为拜。坎为水,为土。

履 义不胜情,以欲自营。见利危躬,灭君令名。

通谦。坤为义,坎为情,为欲。巽为利,艮为射;坎危,兑见,故曰"见利危躬"。震为君,艮为名,坎灭,故曰"灭君令名"。

泰 二人北行,六位光明。道逢淑女,与我骥子。

震为人,数三,故曰"三人北行"。坤为北。乾数六,伏艮为位,为光明,故曰"六位光明"。艮为道,伏巽为淑女,为震妇,故曰"与我骥子"。震为马,为子。

否 羿张乌号,彀射天狼。柱国雄勇,斗死荥阳。

坤为恶,故曰"羿"。羿篡夏。《论语》:羿善射。乌号,弓名。伏震为号,为射,艮为鸟,故曰"鸟号",曰"彀射"。艮为狼,上乾,故曰"天狼"。星名也。坤为国,艮为柱,故曰"柱国"。乾健,故曰"雄勇"。坤为死,为水,故战死荥阳。荥,水名。按《史记·陈涉世家》:陈王以房君蔡赐为上柱国,后败死。不著死地。"死荥阳"者,为李归。又吴叔虽死荥阳,为部下所杀,非斗死也。林词或别有所据,抑蔡赐亦死荥阳欤?

同人 季姬踟蹰,结衿待时。终日至暮,百两不来。

离为日,伏坎为暮。乾为百,坤为大舆,数二,故曰"百两"。巽伏,故不来。季姬,指互巽。大遇以巽为女妻,《易林》本之,见巽即谓为少齐。季亦少也。陈朴园云:案《左传》,齐桓公有长卫姬,少卫姬。疑《易林》所云季姬,即少卫姬。又《同人之随》有"望我城隅,终日至暮,不见齐侯"之语,陈氏并谓其说《邶风》静女之诗。

大有 鸿雁翩翩,始怨劳苦。灾疫病民,鳏寡愁忧。

通比。艮为鸿雁,为飞,故曰"翩翩"。坎为怨,为劳苦,为灾病。坤为民,为寡。艮为鳏,坎为寡。

谦 穿胸狗邦,僵离旁春。天地易纪,日月更始。

坤为腹,为胸。卦一阳在五阴之中,坎为穿,故曰"穿胸"。坤为邦,艮为狗,故曰"狗邦"。坤死,故曰"僵"。离艮手,故曰"旁春"。坤地,艮为天。艮居丑寅,成始成终,故曰"易纪",曰"日月更始"。坎月,艮为日,震为春,故更始。《尔雅·释》疏地:蛮类有八,五曰穿胸,七曰狗轵,八曰旁春。又《逸周书·王会》:正西,昆仑、狗国、贯胸、离丘。丁晏云狗邦即犬戎,非。又,《山海经》有贯胸国。《淮南子·坠形训》有穿胸民。《后汉书·南蛮传》有封离,杨竦破封离是也。又有那离,见《西羌传》。疑僵离或封离之音讹字。

豫　北山有枣,使叔寿考。东岭多栗,宜行贾市。陆梁雌雉,所至利喜。

艮为山,坤为北,艮为果,故曰"北山有枣"。艮为叔,为寿考。震为东,艮为岭,为栗。伏巽为贾市。艮为梁,伏离为雉,震为喜。

随　干旄旌旗,执帜在郊。虽有宝珠,无路致之。

震为木,为干,为羽,故为旄,为旌旗。《左传》:火焚其旗。即以震为旗。艮手为执,震为宝玉,为路。艮止,故无路。《诗·墉风》:孑孑干旄,在浚之郊。《毛》谓美大夫下贤。兹曰虽有宝珠,无路致之,是齐说与《毛》异。

蛊　精洁塞渊,为谗所言。证讯诘问,系于枳温。甘棠听断,怡然蒙恩。

震为精洁,兑为渊,坎为塞。《诗·鄘风》:秉心塞渊。《笺》:塞,充实;渊,深也。三上正反震,故曰"谗言",曰"讯问"。艮为拘系。枳,地名,在魏郡;温,在河内。巽木为枳,艮火为温,故"枳温"。凡《易林》用字,无论地名、人名,无不从象生。巽为棠。初四正反兑,故曰"听断"。兑为耳,为听,为恩。按,以正反震兑为谗,为诘问,则《易》与《左传》用覆之处皆得解。系于枳温,《左传·僖二十八年》:会于温……卫侯与元咺讼……(于是)卫侯不胜……寘诸深室。"甘棠听断"者,《诗·召南·甘棠篇》,鲁韩《诗》说皆谓召伯听讼棠下,兹曰"蒙恩",似谓召伯能平反冤狱也。

临　玄黄瘣颓,行者劳罢。役夫憔悴,逾时不归。

震为马,为玄黄,坤弱,故曰"玄黄"。瘣、颓,皆病也,见《毛诗》、《周南》注。震为行,坤役万物,故劳疲。坤为役。震为夫,为逾,为时,为归。坤丧,故不归。

观　肤敏之德,发愤晨食。虏豹禽说,以成主德。

艮为肤,巽为敏。伏震为发,为愤,为晨,为食。艮为拘系,为虏,为禽。艮为豹,伏兑为说,故曰"虏豹禽说"。豹,魏王豹;说,代相夏说也。见《史记·淮阴侯传》。伏震为主。

噬嗑　采唐沬乡,要我桑中。失信不会,忧思约带。

艮为采,震为唐。唐,采也。艮为乡,坎隐,故曰"沬乡"。沬,卫邑,见《卫风》。震为要,为桑,坎为中,故曰"桑中"。《诗》:期我乎桑中。坎为信,为失;艮止,故不会。坎为忧思,伏巽为带,为约。约带,即结带。按,《桧风·素冠篇》:我心蕴结。《曹风·鸤鸠篇》:心如结兮。《正义》云:言忧愁不散,如物之裹结。即约带之义也。杨慎谓即古诗衣带日以缓之义,非。

贲　伯宁子福,惠我邦国。蠲除苛残,使季无患。

震为伯,为子,为福。艮为邦国,为季。坎为患,震乐,故无患。

剥 谗父佞雄,贼乱邦国。生虽忠孝,败困不福。

通夬。兑为言,乾为言,兑口与乾言相背,故曰"谗父佞雄"。"父",长者之称,言为谗人之长,佞者之雄也。坤为贼,为乱,为邦国。

复 渊泉堤防,水道利通。顺注湖海,邦国富有。

坤为渊,为泉,坤闭为堤防。震为道,坤水,故曰"水道"。震为通,伏巽为利。坤为顺,为湖海,为邦国,为富有。

无妄 江南多蝮,螫我手足。冤繁诘屈,痛彻心腹。

乾为江河,位南,故曰"江南"。蝮,毒蛇也。伏坤为螫,艮手,震足。正反震,故曰"冤繁"。正反艮,故曰"诘屈"。伏坤为心,为腹。

大畜 三人俱行,别离独宿。一身五心,反复迷惑,乱无所得。

震为人,为行,数三,故曰"三人俱行"。一阳止上,故曰"别离独宿"。通萃,坤为身,乾卦数一,故曰"一身"。巽卦数五,伏坤为心,故曰"五心"。三至上,正覆巽,坤迷,故反复迷惑。坤虚,故乱无所得。

颐 鸦鸣庭中,以戒灾凶。重门击柝,备不速客。

艮为鸦,为庭,震为鸣,坤为灾凶。古人常以鸦鹊鸣为占。艮为门,正反艮,故曰"重门"。震为柝,为鸣,艮为击,震为客。

大过 功成事就,拱手安居。立德有言,坐饬贡赋。

通颐。震为功,艮为成,坤为事。艮为拱,为手,为安居。震为立,为德,为言。艮为坐,坤为贡赋,震为饬。全用旁通。

坎 国乱不安,兵革为患。掠我妻子,家中饥寒。

中爻艮为国,震动,故不安。艮为兵,为革,坎为患。艮手,为掠,震子,伏巽为妻。艮为家,坎为寒,伏离为饥。

离 戴尧扶禹,松乔彭祖。西过王母,道路夷易,无敢难者。

通坎。中爻震为帝,故曰"尧禹"。艮为扶,为戴,艮坚,为松乔,为彭祖。解详《讼之家人》。坎为西,震为王,巽为母,故曰"王母"。艮为道路,坎平,故道路夷易。

咸 长尾蝼蛇,画地成河。深不可涉,绝无以北,惆怅唱息。

艮为尾,巽长,故曰"长尾"。巽为蛇,故曰"蝼蛇"。蝼蛇,虫名也。《管子·水地篇》"蝼,一头两身,其形若蛇,其长八尺"是也。通《损》。坤为地,为江河,艮为画。坤水,临大泽,故曰"深不可涉"。兑为绝,坤位北。兑口为唱息。唱息,犹叹息。

恒 乘龙从蜺,征诣北阙。乃见宣室,拜守东域。镇慰黎元,举家蒙福。

震为龙,为乘,巽为蜺。蜺,日旁气。伏艮为阙,坤为北。震往为诣,为宣明;艮室,故曰"宣室"。艮为拜,为守,震东,故守东域。坤为黑,为黎元。艮家,震福。

遁 **土与山连，终身无患。天地高明，万岁长安。**

艮为土，乾为山，故曰“土与山连”。艮为终，为身，伏震为乐，故终身无患。乾天坤地，巽高艮明，故曰“高明”。乾为万岁，艮安，巽长，故曰“长安”。

大壮 **久旱水涸，枯槁无泽。虚修其德，未有所获。**

通观。艮为火，故旱。故水涸。坤为水，巽为枯槁。枯槁，故无泽。坤为虚，虚故无获。

晋 **依山倚地，凶危不至。上清下净，君受其利。**

坤地艮山，艮为依倚，故曰“依山倚地”。坤为凶，坎为危，艮安，故凶危不至。艮上坤下，坎水，故曰“清净”。伏乾为君。

明夷 **火烈不去，必殪僵仆。燔我衣裾，祸不可悔。**

离火；震往为去，坎陷故不去。不去必僵仆，坤为死也。震为衣裾，离为燔。坤为我，为祸。

家人 **配合相迎，利之四乡。欣喜兴怿，所言得当。**

此用师象。坎为配合，巽为利，震为之。震卦数四，故曰“利之四乡”。坤为乡。震为乐，为兴，为言。

睽 **清人高子，久屯外野。逍遥不归，思我慈母。**

高子，高克。清，郑邑名。《诗序》：郑文公恶高克，使将兵河上，久不召，兵散，故赋《清人》诗。此似用遇卦师象。

蹇 **武库军府，甲兵所聚。非里邑居，不可舍止。**

此兼用师象。震为武，坤为军，为府库。艮为甲兵，坎为聚。艮为邑，为里居，为舍止。多兵，故不可舍止。

解 **三德五才，和合四时。阴阳顺序，国无咎灾。**

《书·洪范》：六，三德，一曰正直，二曰刚克，三曰柔克。五材，金木水火土也。震数三，故曰“三德”。坎数五，震木，故曰“五材”。坎为和，为合。震为时，卦数四，故曰“四时”。离坎杂居，故曰“阴阳顺序”。

损 **解衣毛羽，飞入大都。晨门戒守，郑忽失家。**

震为解，为衣，为毛羽，为飞。坤为大都。艮为门，震为晨，故曰“晨门”。艮为守，震言为戒，故曰“戒守”。坤为郑。《释名》：郑，町也；地多平，町町然也。町，田区畔也。故坤为郑，纯取卦形。坤亡，故曰“郑忽失家”。艮为家也。郑忽，郑昭公名。《左传·桓十一年》“郑忽出奔卫”是也。

益 **刖根烧株，不生肌肤。病在心腹，日以焦枯。**

艮为刀兵，为手，故曰“刖根”。巽下断，刖根之象。艮为火，故烧株。震巽皆为木株。艮为肤，巽落，故不生。坤为腹，为心，为病。艮火为焦枯，伏乾为日。是可为艮刀艮火证。

夬 文山紫芝,雍梁朱草。生长和气,王以为宝。公尸侑食,福禄来处。

通剥。艮山坤文,故曰"文山"。艮形似芝,乾舍离,离宫色紫,故曰"紫芝"。乾为大赤,故曰"朱草"。兑西,故曰"雍梁"。乾为生长,兑悦,故曰"和"。乾为王,为宝,为父,为公。坤为尸,兑为食。乾为福禄。《诗·大雅》:公尸来燕来处……福禄来下。陈朴园云:《凫鹥》诗。《郑笺》以为第三章为祭天地山川之诗。盖王者德配天地,紫芝朱草符瑞并臻也。

姤 多载重负,捐弃于野。予母谁子,但自劳苦。

通复。坤为多载重负,为捐弃,为野。坤为母,震为子,震伏坤死,故曰"谁子"。言无子也。坤役万物,故劳苦。坤为自。

萃 凫雁哑哑,以水为家。雌雄相和,心志娱乐,得其欢欲。

艮为凫雁,正反兑口,故曰"哑哑"。艮为家,坤为水。兑雌艮雄,坎为和,故曰"相和"。坎为心志,兑悦为娱乐,为欢。

升 耳目盲聋,所言不通。伫立以泣,事无成功。

兑为耳,坤闭,故聋。离为目,兑半离,目不全,故盲。兑口为言,坤闭,故不通。震为立,坎为泣。坤为事,坤丧,故无功。

困 天官列宿,五神所舍。宫阙坚固,君安其居。

通贲。艮为官,在上,故曰"天官"。艮为星,故曰"列宿"。坎亦为宿也。震为神,坎数五,故曰"五神"。五神,金木水火土五星也。艮为舍,为宫阙,为坚固,为安居。震为君。

井 范子妙材,戮辱伤肤。后相秦国,封为应侯。

巽为虫,故曰"范"。《礼·檀弓》:范则冠而蝉有緌。注:范,睢也。伏震为子,故曰"范子"。巽为材,兑为毁折,离为肤,故戮辱伤肤。伏震为相,艮为国,兑西,故曰"相秦国"。艮为封,伏震为诸侯,为声,正反震相和答,故曰"应侯"。《史记·范睢传》:魏齐笞睢,摺胁,弃厕中,更溺之。后为秦相,封应侯。以应侯象正反震,神妙。

革 秋冬探巢,不得鹊雏。衔指北去,惭我少夫。

兑为秋,互乾为冬。艮为巢,为手,故曰"探巢"。兑为鹊雏,坤为失,故不得。兑口为衔,艮为指。坎为北,震往,故曰"北去"。艮为少夫,坎为惭,故曰"惭我少夫"。正伏象杂用。

鼎 子畏于匡,厄困陈蔡。德行不危,竟脱厄害。

通屯。震子,坎畏。匡,目匡,离象。坎陷,故厄困。震为陈,艮为龟,为蔡。事皆见《论语》。震为行,艮安,故不危,故脱厄害。坤为害。

震 鸿飞在陆,公出不复。仲氏任只,伯氏客宿。

互艮为鸿,为飞;为陆,故曰"在陆"。震为复,为公,为出;坎陷,故不复。坎为仲,为宿。震为伯,为客。首二语见《豳风》,美周公也。震为周,故因以起兴三句。见《邶风》。

"任"者,《郑笺》:相亲信也。

艮 鹤鸣九皋,避世隐居。抱朴守贞,竟不随时。

互震为鹤,为鸣。艮为皋,震数九,故曰"九皋"。坎为隐避,艮为居;为抱,为守。震木为朴,艮为贞;为时,坎隐,故不随时。

渐 舜升大禹,石夷之野。征诣王庭,拜治水土。

解见《乾之中孚》、《师之小畜》。《渐》伏象,与前同。

归妹 左辅右弼,金玉满堂。常盈不亡,富如廒仓。

本象、对象杂用。解见《蒙之坤》。

丰 崔嵬北岳,天神贵客。衣冠不已,蒙被恩德。

通涣。巽高,故崔嵬。艮山,坎北,故曰"北岳"。震为神,为客,艮阳在上而贵,故曰"天神贵客"。艮为冠,震为衣,为恩德。

旅 空槽注器,猕猴不至。张弓祝鸡,雄父飞去。

艮为槽,互巽为猕猴。《庄子·达生篇》:以瓦注者巧。《释文》:注,击也。"注器"者,击器。使猕猴闻然,槽空无食,亦不至也。艮止,故曰"不至"。艮少,故曰"猕猴"。伏坎为弓,震为张,故曰"张弓"。巽为鸡,兑口为祝。"祝"者,呼声。《说苑》:犹举杖而祝狗,张弓而祝鸡。伏震为父,为飞。巽伏,故曰"飞去"。

巽 蛮夷戎狄,太阴所积。涸冰冱寒,君子不存。

初四大坎,故曰"太阴"。蛮夷、戎狄,皆阴类。坎为冰,为寒,艮为君子。二至四艮伏,故君子不存。

兑 甘露醴泉,太平机关。仁德感应,岁乐民安。

解见《屯之谦》。兑通艮,艮象与谦同。

涣 恶来呼伯,慎惊外客。甲守闭宅,以备凶急。临折之忧,虽灭无灾。

丁云:恶来,纣臣名。然此似非用事。恶来,犹闻凶耗也,故呼伯为助。震为呼,为伯。巽为旅客,在外,故不惊外客。震为惊。艮为甲,为守,为宅。坎闭,故曰"闭宅"。伏兑为急,为毁折。坎为忧,为灭,为灾。震乐,故无灾。

节 日月相望,光明盛昌。三圣茂功,仁德大隆。

坎为月,艮为日,为观;正反艮,故曰"相望"。艮为光明,震为盛昌。坎为圣,震数三,故曰"三圣"。震为茂,为功,为仁德,为隆。三圣,指文、武、周公。

中孚 葛藟蒙棘,华不得实。谗佞乱政,使恩壅塞。

震为葛藟,伏大坎为棘,故曰"蒙棘"。兑为华,艮为实;巽陨,故不实。中爻正反震,故曰"谗佞"。正覆艮,艮止,故壅塞。兑为恩泽。葛藟,本《唐风·葛生篇》。《毛》谓刺晋献公好攻战。兹谓刺谗佞,与《毛》异。

小过　邻不我顾,而望玉女。身多癫疾,谁肯媚者?

震为东,故曰"邻"。艮阳在上,为望。震为玉,兑为女,故曰"玉女"。艮为身,多节,故曰"癫疾"。兑为媚。

既济　精诚所在,神之为辅。德教尚忠,弥世长久。三圣茂功,多受福祉。

此用师象。坎为精诚,震为辅,为教。坎为忠,故曰"尚忠"。坤为世,重坤,故曰"弥世长久"。坎为圣,震数三,故曰"三圣"。震为功,为福佑。

未济　钻木取火,掘地索水。主母饥渴,子为心祸。

此仍用师象。伏同人,巽木离火;师,坤地坎水。坤为母,震为主,故曰"主母"。震为子,坎为心。

☷☵坎上坤下　比之第八

鹿得美草,鸣呼其友。九族和睦,不忧饥乏。

艮为鹿,反震为草,为鸣呼。阴阳相遇为友,艮为友,以阳遇阴也,此谓九五也。坤为族,《汉上易》谓坤数九,以乙至癸也,故曰"九族"。坎为和睦,为忧。坤虚,为饥乏;比乐,故不忧。

之乾　继祖复宗,追明成康。光照万国,享世久长。

乾为祖宗,为大明,为光,为久长。伏坤为万国。

坤　麟子凤雏,生长嘉国。和气所居,康乐温仁,邦多哲人。

坤为文,为麟凤,为国,为邦。遇卦比,坎为和,为明哲。艮火,故曰"温仁"。

屯　灼火泉源,钓鲤山巅。鱼不可得,火不肯燃。

坎为泉,坤亦为水,而坎在上,故为泉源。艮为火,在坎下,故曰"灼火泉源"。艮为山,坤为鱼,艮手为钓。故曰"钓鲤山巅"。坤虚,故二者皆不可得。

蒙　彭生为豕,白龙作灾。盗尧衣裳,桀跖荷兵。青禽照夜,三日夷伤。

艮为寿。故曰"彭老"。彭寿八百。震为生,坎为豕,《左传》:豕人立而啼,从者曰:公子彭生也。震为白,为龙。坎为灾,为盗。震为帝,故曰"尧"。震衣坤裳。坤为恶,故曰"桀跖"。艮为兵,为荷。震为马。青禽、照夜,皆马名。震东方,色青,艮鸟,故曰"青禽"。艮火,坤夜,故曰"照夜"。坤为夷伤,伏离为日;震数三,故曰"三日"。

需　黍稷醇醲,敬奉山宗。神嗜饮食,甘雨嘉降,庶物蕃殖。独蒙福祉,时灾不至。

坎为酒,故曰"醇醲"。乾为宗,伏艮,故曰"山宗"。坎为饮食,为雨。伏坤为庶物,乾为福祉。

讼　李花再实,鸿卵降集。仁哲权舆,荫国受福。

通明夷。震为李，为花，乾为实。震为鸿，为卵，坤为降集。震为仁，坎为哲，巽为权。震为舆，为荫，坤为国。

师　千岁之墟，大国所屠。不见子都，城空无家。

坤为千岁，为墟，为国；为杀，故曰"屠"。震为子，坤为都，故曰"子都"。坎伏，故不见。《郑风》语也。坤为城，为虚，故曰"城空"。艮为家，艮覆，故无家。家，音姑。

小畜　公子王孙，把弹摄丸。发辄有得，家室饶足。

通豫。震为公子，为王；艮为孙，故曰"王孙"。坎为弹丸，艮手为把，为摄。震为发，坎为得。艮为家，坎为室，坤为饶足。

履　骊姬谗喜，与二嬖谋。谮杀恭子，贼害忠孝。申生以缢，重耳奔逃。

乾马，兑姬，故曰"骊姬"。正反兑相对，故曰"谗"。谗喜，言喜谗也。伏坎为谋，为嬖。嬖，爱也。兑卦数二，故曰"二嬖"。《左传·庄二十八年》：骊姬嬖，……赂外嬖梁五、东关嬖五，使谮太子于公而杀之。伏坤为杀，震为子。巽为贼，坤为害，坤顺为忠孝，故曰"贼杀忠孝"。震为申，为生，巽绳为缢，故曰"申生以缢"。坎为耳，坤为重，故曰"重耳"。震为奔逃。

泰　长生无极，子孙千亿。柏柱载梁，坚固不倾。

震为长生，为子。伏艮为孙，乾为千万。又坤众，故曰"千亿"。伏艮为柏，为梁柱；为坚固，故曰"不倾"。

否　失意怀忧，如幽狴牢。亡子丧夫，附托寄居。

卦否，而象全用遇卦比。坎为意，为忧怀，为牢狴。坎陷，故曰"幽"。艮为子，为夫；坤为丧亡，故曰"亡子丧夫"。附托寄居，言阴顺阳也。艮为居。

同人　仁智隐伏，麟不可得。龙蛇潜藏，虚居堂室。

通师。震为仁，坎为智，为隐伏。坤文为麟，坤亡，故不可得。震龙巽蛇，巽伏，故曰"龙蛇潜藏"。坤为虚，坎为室，故曰"虚居堂室"。

大有　捗洁堁堁，缔结难解。嫫母衔嫁，媒不得坐，自为身祸。

捗，捼也。洁絜同度也。《庄子·人间世》"见栎社树……絜之百围"是也。堁，尘起貌。《淮南子·主术训》"扬堁而弭尘"是也。卦通比，比互艮手，故曰"捗洁"。言捼转洁度而堁堁尘起也。下重坤，坤土，故曰"堁堁"。坎陷，故缔结难解。坤恶，故曰"嫫母"。反震为嫁，离明在上，故曰"衔嫁"。坎为和合，为媒，艮为坐；坎陷，故不得坐。坤为自，为身，为祸。

谦　蜩飞坠木，不毁头足。保我羽翼，复归其室。

伏巽为蜩。震为飞，为木，为足。艮为头。艮坚，故不毁。震为羽翼，为归。艮为室。

豫　陈妫敬仲，兆兴齐姜。乃适营邱，八世大昌。

详《屯之噬嗑》。象多同，故辞同。

随 过时不归,雌雄苦悲。徘徊外国,与母分离。

艮时,震归;艮止,故不归。兑、巽雌。艮、震雄。中互大坎,故曰"苦悲"。艮为国,为外;艮止,故徘徊外国。巽为母,震行为离。

蛊 齐鲁争言,战于龙门。构怨结祸,三世不安。

解见《坤之离》。蛊初至四,与离中爻正反兑同,故语同。皆《易·困》有言不信的注。

临 府藏之富,王以赈贷。捕鱼河海,笱网多得。

坤为府藏,为富。震为王,为赈。赈,振也。坤为鱼,为河海,伏艮为捕。震为笱,伏巽为绳,为网。

观 鸣鹤北飞,下就稻池。鳣鲔鲲鲤,众多饶有。一笱获两,利得过倍。

通大壮。震为鹤,为鸣,为飞。坤北,故北飞。兑为池,震为稻,坤下,故曰"下就稻池"。巽坤皆鱼,故曰"众饶"。震为筐,为笱。乾卦数一,故曰"一笱"。兑卦数二,故曰"获两"。巽为利市三倍,故曰"过倍"。

噬嗑 苍梧郁林,道易利通。元龟象齿,宝贝南金,为吾福功。

震为丛木,故曰"苍梧郁林"。皆南方郡。艮为郡,震南,故象之尤切。震艮皆为道路,坎为平,故道易利通。易,平易也。离艮皆为龟,艮黔,故曰"元龟"。震为齿,艮为象,故曰"象齿"。震为宝,艮为贝,为金;离南,故曰"南金"。《诗·鲁颂》:元龟象齿,大赂南金。

贲 两火争明,虽斗不伤。分离且忍,全我弟兄。

艮火离火,故曰"两火"。三至上正反艮,故曰"争明",曰"斗"。坎和,故不伤。坎为分离,为忍。震为伯,为兄,艮、坎皆弟;震福,故得全。

剥 伯夷叔齐,贞廉之师。以德防患,忧祸不存。

震为伯,震覆,故伯夷。夷,伤也。艮为叔,卦为大艮,故曰"叔齐"。艮为贞,为廉。廉,侧隅也。《前汉·贾谊传》:廉远则堂高。艮阳在上,故曰"廉"。坤为师,为患;艮为防,故曰"防患"。坤为忧祸,艮安,故无祸。

复 伯去我东,发梢如蓬。展转空床,内怀忧伤。

震为伯,为去,为东。坤为我。震为发,为蓬。《卫风》诗语也。伏巽为床,坤虚,故曰"空床"。震动,故曰"展转空床"。展转,动貌也。坤为内,为怀,坤丧,故忧伤。

无妄 百足俱行,相辅为强。三圣翼事,王室宠光。

乾为百,震足,故曰"百足"。震为行,为辅,为强。《淮南子》:百足之虫,虽死不僵,以扶之者众也。扶、辅义同。乾为圣,震数三,故曰"三圣"。震为翼,伏坤为事。艮为室,震王,故曰"王室"。乾为宠,艮为光。

大畜 壅遏堤防,水不得行。火盛阳光,阴蚬伏藏,退还其乡。

艮为壅遏,为堤防,乾为江河。艮止,故水不得行。艮为火,为光,阳在上,故曰"阳光"。巽为虫，故曰"蜕"。巽伏，故藏。震为归，艮为乡，故曰"退还其乡"。

颐 螣蛇乘龙，年岁饥凶，民食草蓬。

《左传·襄二十八年》：蛇乘龙……宋郑必饥。《尔雅》：螣蛇，龙类，能兴云雾。坤为蛇，震为龙，为乘；坤在上，故曰"螣蛇乘龙"。坤为年岁，坤虚，故饥凶。坤为民，震为食，为草蓬。

大过 铅刀攻玉，坚不可得。尽我筋力，胝茧为疾。

通颐。上艮为刀，坤柔，故曰"铅刀"。震为玉，艮为攻，为坚胝。茧，手足病。《荀子·子道篇》：手足胼胝。注：皮厚也。《战国策》：足重茧而不休息。注：皮皱似茧也。艮为肤，为坚，故曰"胝茧"。又上艮手，下震足，尤切。凡《易》用一字，含数象，每如此。

坎 恒山浦寿，高邑具在。阴气下淋，洪水不处，牢人开户。

翟云升云：《地理志》，常山郡有灵寿、浦吾，皆山邑。故曰"高邑"。按中爻艮山，坎北，故曰"恒山"。恒山，北岳也。坎为浦，艮为寿，为高，为邑。坎水，故曰"阴气下淋"。上下坎，故曰"洪水"。震行，故不处。坎为牢，震为人，为开，艮为户。

离 比目四翼，来安我国。福善上堂，与我同床。

重离，故曰"比目"。伏震为翼，卦数四，故曰"四翼"。伏艮为国，为安，为堂，为床。

咸 杜口结舌，心中怫郁。去灾生患，莫所告冤。

兑为口舌，互大坎，故杜口结舌。或取艮止，亦通。坎为心，为忧，故怫郁。坎为灾患，为冤。兑口为告，在外，故无可告。

恒 牵尾不前，逆理失臣，卫朔以奔。

通益。艮为尾，为牵；坤下，故不前。坤为理，为逆，为臣；坤失，故曰"失臣"。震为卫，为奔；坤北为朔，故曰"卫朔以奔"。《左传·桓十六年》：卫朔奔齐。朔以谗构得国，致急于、寿子皆死。逆理失臣，谓朔不义，为二公子所逐也。

遁 早霜晚雪，伤害禾麦。捐功弃力，饥无所食。

详解在《需之咸》。遁初至五与咸同，彼以兑为伤害，此以巽落。

大壮 适戍失期，患生无知。惧以怀忧，发藏闭塞，邦国骚愁。

通观。艮为守，故曰"适戍"。艮为时，坤失，故曰"失期"。坤迷，故曰"无知"。坤为患，为忧惧，为藏，为闭塞。震为发，坤为邦国。

晋 昊天白日，照临我国。万民康乐，咸赖嘉福。

离为夏，故曰"昊天"，曰"白日"，曰"照临"。坤为我，为国，为万民。反震为乐，为嘉福。

明夷 元吉无咎，安宁不殆。时行则行，勿之有悔。

震为元吉，坎为殆，震为行。之，往也。言勿往则悔也。

家人　懿公浅愚，不受深谋。无援失国，为狄所贼。

通解。震为公，为懿。懿，善也。坎为谋，艮为手，为国。艮覆，故无援，故失国。坤为夷狄，坎为贼。丁晏云：《列女传》，许穆夫人……初许，求之齐，亦求之懿公，将与许女……曰：许小而远齐大，而近傍有戎寇，赴告大国。懿公不听。故曰"不受深谋"。

睽　城上有乌，自名破家。呼唤鸩毒，为国患灾。

通蹇。解详《坤之蒙》。蹇、蒙象同，故辞同。惟此以互离为乌。

蹇　长股善长，趋步千里。王良嘉喜，伯乐在道，申见王母。

巽为股，为长，故曰"长股"。《竹书》：黄帝五十九年，长股氏来宾。又，《淮南·坠形训》：海外三十六国，自西北至西南，有修股氏。高诱曰：修，长也。《淮南》以父讳长，故改为修。股长，故善走。半震为走，为步，为千里；为王，为良，为嘉喜；为伯乐，为道。离为见。

解　耕石山巅，费种家贫。无聊虚作，苗发不生。

震为耕，半艮为石，为山，为家。震为种，离虚，故贫。震为苗，为发；离燥，故不生。

损　二人共路，东趋西步。千里之外，不相知处。

震为人，兑卦数二，故曰"二人"。震为路。震东兑西，震为趋，为步。坤为千里，坤迷，故不知。

益　纯服素裳，载主以兴。德义茂生，天下归仁。

坤为服，色黑，故曰"纯服"。震为白，坤为裳，故"素裳"。震为主，为载，为兴，为德。坤为义，为天下。震为茂生，为归，为仁。《史记·周本纪》：武王载木主，观兵孟津，八百诸侯皆归周。

夬　玉铣铁颐，仓库空虚。贾市无盈，与利为仇。

乾为玉，为金，兑为铣，为颐。铣，钟口两旁也。伏艮为仓库，坤虚，故空。巽为贾市，为利；巽覆，故不利。

姤　登昆仑，入天门。过糟丘，宿玉泉。同惠欢，见仁君。

乾为山，为行；在西北，故曰"登昆仑"。乾为天，为门户。《内经》以戌亥为天门。巽入，故曰"入天门"。巽为糟。乾为山，故"糟丘"。乾为玉，伏坤为水，为夜，故曰"宿玉泉"。伏震为乐，乾为君，为仁。《六韬》：殷君喜为糟丘，回船酒池。又《南史·陈暄传》：暄好饮，语兄子秀曰，速营糟丘，吾将老焉。

萃　团团白日，为月所食。损上毁下，郑昭出走。

乾为日，为圜；兑为月，乾上缺，故曰"为月所食"。兑为毁折，在上，故曰"损上"。互巽，故曰"毁下"。坤为郑，艮为光明，为昭，故曰"郑昭"。伏震为出走。《左传·桓十一年》：郑昭公立，四月出奔卫。

升　仓盈庾亿，宜稼黍稷。年岁有息，国家富有。

伏艮为仓、庾,为多,故曰"盈"、"亿"。震为稼,为黍稷,为年岁;为生,故曰"息"。坤为国,为富有。

困 虎狼结谋,相聚为保。伺啮牛羊,道绝不通,伤我商人。

通贲。艮马虎狼,坎为谋,为聚。艮止为伺,兑为羊,为啮。离为牛,故曰"伺啮牛羊"。艮为道,坎陷,故不通。兑为伤,震为商人。

井 中年摧折,常恐不活。老赖福庆,光荣相辅。

坎为中,兑为摧折,伏震为年。初四大过死,故曰"不活"。坎为恐也。伏艮为寿,为老,震为福庆。艮为光荣,兑为辅。正伏象互用。

革 同载共车,中道分去。丧我元夫,独与孤居。

通蒙。震为车,为载,坤亦为车,故曰"同载共车"。艮为道,震为去;正反艮亦正反震,所向不同,故曰"分去"。坤为丧,震为夫,为长,故曰"丧我元夫"。艮为居,为独,震为孤;艮震对,故独与孤居。

鼎 饮酒醉酗,距跳争讼。伯伤叔僵,东家治丧。

兑为饮。通屯。坎为酒,坤迷,震为决躁,故曰"醉酗",曰"距跳"。正反震,故争讼。震为伯,艮为叔;坤死为僵,为伤。震为东,艮为家,坤丧;艮手为治,故曰"东家治丧"。

震 出值凶灾,逢五赤头。跳言死格,扶伏听命,不敢动摇。

震为出,坎为灾凶。坎数五,为头,为赤,故曰"逢五赤头"。震为言,为跳。艮手为格,初四伏大过死,故曰"死格"。扶伏,丁晏云:与扶服同,即匍匐也。坎伏,故曰"匍匐"。坎为耳,故曰"听"。伏巽为命。震为摇动,坎惧,故不敢。

艮 狼虎争强,礼义不行。兼吞其国,齐鲁无王。

艮为虎狼,三至上正反艮,故曰"争强"。坤为礼义,艮止,故不行。言坤变艮也。震口为吞,艮为国。伏巽为齐,兑为鲁。震为王,震覆,故无王。

渐 南国少子,才略美好。求我长女,贱薄不与。反得丑恶,后方大悔。

艮国,艮少,离南。艮巽皆为材,伏兑为美好。艮为求,巽为长女。坎为薄,离为丑恶。伏震为后,坎为悔。此林屡见,殆有故实。陈朴园云:观《明夷之噬嗑》云仲氏爱归。及此林,乃知南国本求婚长女,而女家不与,但以仲女往媵迋嫡,不以媵备数。故《明夷之噬嗑》云"不我肯顾,乃大悔恨。后其长女,反得丑恶",故亦悔也。其他林词类此者,皆指此事。

归妹 一身两头,莫适其躯。无见我心,乱不可治。

通渐。艮为身,坎数一,故曰"一身"。坎为头,兑卦数二,故曰"两头"。坎为心,为隐,故不见。互离为乱。

丰 李耳汇鹊,更相恐怯。偃尔以腹,不能距格。

丁晏云:《广雅·释兽》:李耳,虎也。《尔雅·释兽》:汇,毛刺。注云:今猬。《史记·

龟策传》:猬能伏虎,见鹊仰腹。虎畏猬,猬畏鹊。故云更相恐怯。按卦通涣,坎为耳,震为李,故曰"李耳"。坎为棘,为猬。艮为鸟,为鹊。坎为恐怯。离为腹,在下,故曰"偃"。震为距格,巽顺,故不能。

旅　柏桂栋梁,相辅为强。入敷五教,王室宁康。

艮禹木,为坚,故曰"柏桂",曰"栋梁"。兑为辅,为强。巽卦数五,又为命令,为入,故曰"入敷五教"。艮为室,伏震为王;为乐,故曰"宁康"。

巽　雀行求食,暮归孚乳。反其室舍,安宁无故。

通震。艮为雀,震为行,为食。艮求。坎为暮,为孚。《说文》:卵,孚也。杨子《方言》:鸡伏卵而未孚。艮为乳,为室舍,震为反。艮为安康。

兑　四尾六头,为凶作妖。阴不奉阳,上失其明。

通艮为尾,震卦数四,故曰"四尾"。坎为头,卦数六,故曰"六头"。坎为凶,为妖。兑上下卦阴在上,故曰"阴不奉阳"。兑昧,故上失其明。

涣　一衣三关,结缉不便。歧道异路,日暮不到。

震为衣,坎数一,故曰"一衣"。艮为关,数三,故曰"三关"。关即结束如今之纽扣。坎为合,故曰"结缉"。坎陷,故不便。艮震皆为道路,二五正反艮震,所向不同,故曰"歧道异路"。坎为暮,离为日,离伏,故曰"日暮不到"。

节　牙蘖生齿,室堂启户。幽人利贞,鼓翼起舞。

牙、芽通。震为牙蘖,兑为齿。言齿初生,若草木之芽蘖也。艮为堂户,震为启。艮为幽人。又,坎为幽,震为人,亦合。震为鼓,为翼,为起舞。

中孚　春鸿飞东,以马货金。利得十倍,重载归乡。

震为东,为春,为鸿,为飞,为马。艮为金,震为商旅;与艮对,故曰"以马货金"。《玉篇》:货,卖也。巽为利,兑数十,故曰"十倍"。震为载,为归,艮为乡。

小过　欢悦以喜,子孙具在。守发能忍,不见殃咎。

震为乐,为子,艮为孙,故曰"子孙具在"。"具"者,备也。艮为守,为忍,震为发。

既济　精神销落,形骸丑恶。龃龉顿挫,枯槁腐蠹。

此用比象。坎为精,坤死,故销落。坤为形,为丑恶。伏兑为齿牙,正反兑,故曰"龃龉"。伏离为枯槁。

未济　登高上山,见王自言。申理我冤,得职蒙恩。

艮为山。震为登,为王,为言,为申明。坎为冤。艮为官,坎为恩,故曰"得职"。多用半象。

焦氏易林注卷三

≡≡ 巽上
≡≡ 乾下　小畜之第九

白鸟衔饵,鸣呼其子。斡枝张翅,来从其母。伯仲叔季,元贺举手。

巽为白,离为鸟,兑口为衔,巽为饵。通豫。震为鸣,为子,为枝,为羽,为斡,为张。坤为母。震为从,为伯。互坎为仲,艮为叔季,为手。"元贺"者,贺元日也。举手,揖也。

之乾　东遇虎蛇,牛马奔惊。道绝不通,商困无功。

此用遇卦象。离为东,乾虎,巽蛇,故曰"东遇虎蛇"。离牛乾马,伏震为惊奔,为道。伏坎,故不通。巽为商贾。

坤　子锄执麟,春秋作经。元圣将终,尼父悲心。

依汲古《讼之同人》校。此用小畜象。

屯　灼火泉源,钓鱼山巅。鱼不可得,火不肯燃。

详《比之屯》。

蒙　机关不便,不能出言。精诚不通,为人所冤。

坎为机关,坤闭,故不便,故言不能出。震为言,为出。坎为心,为精诚;坤闭,故不通。坎为冤,震为人。

需　故室旧庐,稍蔽绂组。不如新巢,可以乐居。

坎为宫室,为庐。乾为故旧。伏坤为帛,为绂组。坎为蔽。离为巢,为新。兑悦,故曰"乐居"。

讼　蝛蛇循流,东求大鱼。预且举网,庖人歌讴。

巽为蛇,为鱼。委蛇,行貌。离位东,坎为流水。乾大,故曰"大鱼"。预且,宋渔人名。《庄子》:神龟见梦于元君,不能避余且之网。离为网。离火,故曰"庖人"。伏震为歌讴。

师　凿山通道,南至嘉国。周公祝祖,襄适荆楚。

艮覆,故曰"凿山"。震为大涂,为通,故曰"通道"。震为南,坤为国。震为周,为公,为祝;为荆楚,为诸侯,故曰"襄适荆楚"。《左传·昭七年》:公将往楚,梦襄公祖。梓慎曰:襄公之适楚也,梦周公祖而行。按,《诗》云:仲山甫出祖。《毛传》:祖,祭道神也。"周公祝祖"者,谓襄公适楚也,梦周公祖而行也。

比　鹊近却缩,不见头目。日以困急,不能自复。

艮为鹊,坤为近,为退,故曰"缩"。却缩,退也,言鹊近人而避也。离为目,乾为首;离、乾伏,故不见。艮为时,坎为困,震为复;震覆,故不能复。

履　五舌啄难,各自有言。异国殊俗,使心迷惑,所求不得。

互巽卦数五,兑为舌,故曰"五舌"。舌多,故啄难。正反兑相对,故各自有言。通谦。坤为国,为俗;艮亦为国,正覆艮,故曰"异国殊俗"。坤为迷,坎为心,故曰"使心迷惑"。艮为求,坤丧,故不得。

泰　天门开辟,牢户寥廓。桎梏解脱,拘囚纵释。

乾坤皆为门户,而乾居戌亥,故曰"天门"。《乾凿度》云:乾为天门。《庄子·庚桑楚》云:天门者,无有也,万物出乎无有。本之《易》也。互震,故曰"开辟"。坤闭,故曰"牢户",曰"桎梏",曰"拘囚"。震为人,人闭坤中,故有此象。而震为通达,故得解脱。纵,释也。

否　坚冰黄鸟,啼哀悲愁。数惊鸷鸟,雏为我忧。

艮为坚,乾为冰。坤为黄,艮为鸟。伏震为啼,为惊,坤为悲愁。艮为鸷鸟,兑为雏;兑覆,故忧。

同人　日走月步,趣不同舍。夫妻反目,主君失居。

通师。离日坎月。震为步,为趣,为夫。巽为妻,初至三两半离相对,故曰"反目"。震为主君,艮为居。艮覆,故失居。《小畜·九三》:夫妻反目。即以两半离相对,为反目也。

大有　金牙铁齿,西王母子。无有祸殃,候舍涉道,到来不久。

兑为齿牙,乾为金铁。兑位西,乾王坤母,故曰"西王母子"。坤为祸殃,坤伏故无。候舍涉道,未详。疑有讹字。

谦　式微式微,忧祸相绊。隔以岩山,室家分散。

式微,《邶》诗篇名。坤柔,故曰"式微"。坎为忧,伏巽绳,故曰"绊"。艮为岩山,为室家;正反艮,故曰"分散"。

豫　众神聚集,相与议语。南国虐乱,百姓劳苦。兴师征伐,更立贤主。

解详《屯之节》。节中爻艮震,与豫体同。

随　虎狼争食,礼义不行。兼吞其国,齐鲁无王。

艮为虎狼,初四正反艮,震口,故曰"争食"。坤为礼义,否初往上,坤形毁,艮止,故不行。艮为国,兑口,故曰"吞"。巽齐兑鲁,震为王,正反震故曰"无王"。言列国互相兼并,周王不能制止也。

蛊　寄生无根,如过浮云。本立不固,斯须落去,更为枯树。

《汉书·东方朔传》,著树为寄生。师古曰:寄生者,芝菌之类,为雨淋著树而生。故曰"无根"。上艮形似寄生,巽下断,故无根。互大坎,故曰"浮云"。巽下断,故本不固,故落去。艮为时,为待,故曰"斯须"。言寄生顷刻即枯落也。离为枯。丁据《诗正义》,以茑释寄生,非。茑固名寄生,然非斯须落去之物,与此不合。

临 子啼索哺,母行求食。反见空巢,誉我长息。

详《乾之同人》。

观 驾驷逐狐,轮挂荆棘。车不结辙,公子无得。

伏震为驾,为驷,为逐,艮为狐。伏乾为圜,为轮。震为荆棘,艮止,故曰"挂"。坤为车,艮为道路,为辙。坤闭艮止,故曰"车不结辙"。言轮不动而无辙迹也。震为公子,坤虚,故无所得。正伏象杂用。

噬嗑 方喙广口,仁智圣厚。释解倒悬,家国大安。

通井。兑为口,艮为喙。震为仁,坎为圣,为智,艮为厚。井巽绳为悬,兑为倒巽,故曰"倒悬"。震为解释。艮为国家,为安。

贲 驾福乘喜,东至嘉国。戴庆南行,移居安宅。

震为驾,为乘,为福喜;为东,为嘉。艮为国,为戴。震为庆,故曰"戴庆"。离为南,故曰"南行"。艮为宅,为居,为安。

剥 孔鲤伯鱼,北至高奴。木马金车,驾游大都。王母送我,骒牝字驹。

坤为鲤,为鱼,中虚故为孔。坤位北,艮为奴,艮山在上,故曰"高奴"。高奴,地名。《项羽本纪》,董翳王上郡高奴是也。坤为马,艮木,故曰"木马"。坤为车,艮金,故曰"金车"。坤为都,伏乾为大,故曰"大都"。乾王坤母,坤我,故曰"王母送我"。坤为马,为牝,故曰"骒牝字驹"。《史记·平准书》:乘字牝者,不得集会。字,乳也,即牝也。

复 三足无头,不知所之。心狂精伤,莫使为明,不见日光。

震足,数三。乾为头,乾伏,故曰"三足无头"。震为之,坤迷,故不知所之。震为狂,为精神,坤为伤,故曰"精伤"。坤黑,故不明。乾为日,乾伏,故不见。

无妄 骒牝龙身,日驭三千。南止苍梧,与福为婚。道里夷易,安全无忌。

震为马,为龙,巽为牝,艮为身。乾为日,震为驭驱也。为三千,为南,为苍梧。艮止,震巽为夫妇,故曰"婚"。艮为道,为里,震为夷易。艮安震乐,故无忌。

大畜 辰次降娄,王驾巡狩。广佑施惠,安国无忧。

降娄,即奎娄,戌分。艮先天位戌,故曰"辰次降娄"。乾为王,震为驾,为巡狩。乾为广,为施惠。艮为安,为国,震乐故无忧。

颐 望幸不到,文章未就。王子逐走,马骑衔伤。佚迹不得,曷其有常。

蔡邕独断云:天子所至,辄有赏赐。故曰"幸"。言人民冀幸得赏也。艮为望,震为王,为行,为幸。艮止,故不到。坤为文章,艮止,故不就。震为王子,为走;为马,为骑,为口,故为衔。坤伤,故曰"衔伤"。震为迹。佚,避也,言遁迹不得也。

大过 中原有菽,以待飧食。饮御诸友,所求大得。

乾为郊,故曰"中原"。下巽为菽。兑为饮食,为友。伏艮为求。

坎 **乱茅缩酒,灵巫拜祷。神怒不许,瘵愁忧苦。**

伏巽为茅,坎为酒。祭时灌酒茅上,曰缩酒。缩,漏也。《井·九三》云:瓮敝漏。巽为漏也。伏兑为巫,为祷,艮为拜。震为神,为怒。坎为劳瘵愁苦。

离 **李花再实,鸿卵降集。仁哲以兴,荫国受福。**

详《比之讼》。

咸 **源出陵足,行于山趾。不为暴害,民得安处。**

通损。坤为水,艮陵。震为足,为趾。上山下足,水从山出,故曰"源出陵足,行于山趾"。坤为害,艮安故不害。坤为民。

恒 **客入其门,奔走东西。童女不织,士弃耕亩。暴骨千里,岁饥民苦。**

通益。震为客,艮为门,巽人。震东兑西,震为奔走。兑少,故曰"童女"。巽为织,艮止,故不织。震为士,为耕,坤为亩;艮止,故不耕。兑为骸骨,坤为千里。艮火在上,故曰"暴骨千里"。坤为岁,为民,为饥。

遁 **天之所予,福禄常在。以永康宁,不忧危殆。**

乾为天,为福禄。艮安,故不危。

大壮 **蝗食我稻,驱不可去。实穗无有,但见空藁。**

伏巽为蝗,兑为食,震为稻,为驱。艮为果蓏,为实穗。艮伏,故无有。坤虚,故曰"空藁"。

晋 **牛骥同槽,郭氏以亡。国破空虚,君奔走逃。**

艮为槽,坤牛坎马。皆与艮连体,故曰"同槽"。《说文》:槽,马食器也。艮为郭,坤亡,故曰"郭氏以亡"。郭,国名,为齐所灭。坤为国,为空虚;坎破,故曰"国破"。乾为君,乾伏,故曰"君逃"。

明夷 **狗无前足,阴谋叛北。为身害贼,何以安息。**

艮为狗,初爻阳,故曰"无前足"。坎为谋,为伏,故曰"阴谋"。震为反,为叛。坤为北,为身,为害。坎为贼。震行,故不息。

家人 **两轮自转,南上大阪。四马共辕,无有屯难,与禹笑言。**

通解。坎为轮,重坎,故曰"两轮"。离为南,震为上,为阪。坎为木,为辕;震为马,卦数四,故曰"四马共辕"。坎为屯,震乐,故无有屯难。震为笑言,为王;坎劳,故曰"与禹笑言"。

睽 **芽蘖生达,阳昌于外。左手执籥,公言锡爵。**

此用小畜伏象。伏震为芽蘖,为生达。在上,故曰"昌外"。艮为手,为执。震为左,为籥;为公,为言,为爵。全用小畜伏象。

蹇 **秋花冬萼,数被严霜。甲兵当庭,万物不生。雄犬夜鸣,民扰大惊。**

此用小畜象。兑为花萼,为秋。乾为冬,为霜。离为甲兵,伏艮为庭。当庭,疑有讹字。震为万物，兑折，故不生。艮为犬，坎夜，震为扰惊。

解 霜降闭户，蛰虫隐处。不见日月，与死为伍。

详《坤之需》。

损 身载百里，功加四海。为文开基，武立天柱。

坤为身，为载，为百里，为海。震为功，数四，故曰"功加四海"。坤为文，艮为基。震为武，艮为天，为柱。

益 禹作神鼎，伯益衔指。斧斤高阁，憧立独坐。卖庸不仇，苦困为害。

震为王，为禹，为神，为鼎，为伯。坤为聚，为益。艮为指，震口为衔。伏兑为斧斤，艮为高阁。言斧斤阁置不用也。憧，《说文》：意不定也。《咸·九四》：憧憧往来。"憧立"者，言徙倚不定也。又《集韵》：憧音蠢与骏同。憧立，犹痴立也。尤与坤迷象合。震立艮坐，坤寡，故曰"独坐"。庸、佣同。艮为庸，巽为市易，故曰"卖庸"。《汉书·乐布传》：穷困，卖庸。注谓受雇也。坤害，故不仇。《汉书·高祖纪》：每留酤，仇数倍。如淳曰：仇，售也。坤为困苦。为害。丁晏云：《吕览》：周鼎著倕而龁其指。《淮南子·本经》训：周鼎著倕，使衔其指。注：明不当太巧也。兹作伯益，乃传闻异词。凡子书述故事多如此。

夬 福祚之聚，喜至忧除。如鱼逢水，长乐受喜。

乾为福，重乾，故曰"聚"。伏坤为鱼，为水。兑悦，故喜。

姤 苍龙隐伏，麟凤远匿。寇贼同处，未得安息。

震为苍，为龙，震伏故曰"隐"。坤文，为麟凤，坤伏故曰"匿"。巽为寇贼，在内，故曰"同处"。消阳，故不息。

萃 白鹤衔珠，夜食为明。怀安德音，身受光荣。

伏震为鹤，为珠。兑口为衔，为食。坤为夜，艮为光明，故曰"夜食为明"。言得珠而明也。伏震为音。坤为身，艮贵，艮光，故曰"光荣"。

升 旦生夕死，名曰婴鬼，不可得祀。

震为旦，为生。坤为夕，为死。兑为婴儿，坤为鬼。兑食，为祀。坤闭，故不可得。

困 行役未已，新事复起。姬姜劳苦，不得休息。

通贲。震为行役，正反震，故不已。离为新，震起。震为姬，巽为姜。坎为劳，故不息。

井 忧患解除，喜至庆来。坐立欢忻，与乐为邻。

详《蒙之咸》。

革 晨风文翰，大举就温。昧过我邑，羿无所得。

晨风，鹯也。通蒙。艮为鹯。震晨，巽风，故曰"晨风"。坤为文，震为翰，故曰"文翰"。文翰，详《大过之豫》。艮火，故曰"就温"。坤为我，为邑，坤黑，故曰"昧过我邑"。坤为恶，故曰"羿"。坤虚，故无得。陈朴园云：《诗》，鴥彼晨风，郁彼北林。疑《齐诗》作温彼北林，故林词屡言就温。温、蕴通用。《云汉》诗：蕴隆虫虫。《韩诗》作郁。蕴、郁义同。《毛传》：郁，积也。就温，犹集菀耳。

鼎　下田种黍,方华生齿。大雨淋集,纷涝满瓮。

通屯。坤为下,为田。震为黍,为华,为生。本卦兑为齿。坎雨坤水,故曰"大雨淋集",曰"纷涝"。震为瓮,在下承之,故满瓮。

震　鸟庇茂木,心乐愿得。君子碌碌,见者有谷。

艮为鸟,为庇,震为茂木。艮为君子,艮止,故碌碌。坎为心愿,震为乐,为谷。谷,善也。

艮　折臂蹉足,不能进酒。祠祀阔旷,神怒不喜。

艮为臂,坎折;震为足,坎蹇,故曰"折臂蹉足"。坎为酒,坎陷,故不进。震为祠祀,艮止,故阔旷。震为神,为怒,为喜;坎忧,故不喜。

渐　学灵三年,仁圣且神。明见善祥,吉喜福庆。鸤鹊知来,告我无忧。

学灵,小儿学语也。小畜兑为雏,为口;正反兑相对,故曰"学灵"。乾为年,离卦数三,故曰"三年"。伏震为仁,坎为圣,震为神,为善。艮为明。"祥"者,兆也,吉凶之先见者也。惟明者能先见之。震为喜庆,为鸤鹊。震覆为艮,口向内,故曰"来"。震为言,故曰"告"。坤为我,坎为忧;震解,故无忧。顾千里曰,《淮南·氾论训》:乾鹊知来而不知往。郑注《大射仪》引为鸤。愚按,《广雅》:鸤鹊,鹊也。《广韵》:鸤鹊,鸟名。陆贾云:乾鹊噪而行人至。鸤鹊、乾鹊,实一物,即今俗所云喜鹊也。

归妹　三妇同夫,志不相思。心怀不平,至常愁悲。

兑为妇,震数三,故曰"三妇"。震为夫,坎为心志,坎陷故不平。坎忧,故愁悲也。

丰　中田膏黍,以享王母。受福千亿,所求大得。

坎为土,为中,互大坎,故曰"中田"。巽为黍,为母,兑食为享;震为王,故曰"以享王母"。震为福,为千亿,伏艮为求。

旅　阳火不灾,二耕庆来。降福送喜,鼓瑟歌讴。

离艮皆为火,中互大坎;坎水,故不为灾。旁通节。震为耕,兑卦数二,故曰"二耕"。春耕、秋耕也。震为喜庆,为福,为鼓瑟,为歌讴。

巽　阳明不息,君无恩德。伯氏失利,农丧其力。

互离火,故明不息。震为君,为恩德,为伯。震伏,故无,故失利。巽为利也。震为农人。震伏,故丧力。

兑　燕雀衔茅,以生孚乳。兄弟六人,姣好悌孝。各得其愿,和悦相乐。

兑为燕雀,为衔;互巽为茅,故曰"衔茅"。伏坎为孚,艮为乳。震为生,为兄。艮、坎为弟,坎数六,故曰"兄弟六人"。兑为媚,为悦,故曰"姣好"。互巽为顺,故曰"悌孝"。兑悦,故曰"和乐"。艮为鸷鸟。凡雕鹗之属皆为艮象。兑与艮对,燕、雀皆小鸟,故为兑象。俗象离,非。

涣　鹑尾贲贲,火中成军。虢叔出奔,下失其君。

《左传·僖五年》:龙尾伏辰……鹑之贲贲……火中成军,虢公其奔。杜注:鹑,鹑火星;尾,尾星。言丙子平旦,鹑火中,军事有成功也。艮为火,为尾,为星,又为鸟,故曰"鹑火",曰"鹑尾"。贲贲,星体之象。互震为武人,故曰"军"。艮手,艮虎,故曰"虢"。《说文》:虢,虎所攫昼明文也。艮为少,故曰"虢叔"。震为奔,为君。坎为失,为下。

节　两人相距,止不同舍。夫妻离散,卫侯失居。

中爻正反艮,故曰"相距"。正反震,故曰"两人"。又兑卦数二,亦两人象。艮为舍,为止。正反艮,故不同舍。震夫巽妻,巽为风而伏不见,故曰"离散"。震为诸侯,为卫,故曰"卫侯"。艮为居,坎陷,故失居。

中孚　魃为旱虐,风吹云却。欲止不得,反归其宅。

艮为火,故曰"旱虐"。震为神,与艮火连体,故曰"魃"。《诗·大雅》:旱魃为虐。《毛传》:魃,旱神也。巽为风,兑口为吹。大坎为云,坎伏,故曰"云却"。却,退也。艮为止,为宅,震为归,故曰"反归其宅"。

小过　关雎淑女,配我君子。少姜在门,君子嘉喜。

艮为城关,为鸟,故曰"关雎"。兑女,震善,故曰"淑女"。艮为君子,兑者艮妻,故曰"配"。巽为姜,大过以巽为女妻,故曰"少姜"。艮为门,震为喜。

既济　慈母赤子,飨赐得士。夷狄服除,以安王家。

此用小畜象。伏坤为母。震子,坎赤,故曰"赤子"。兑为宴飨,震为士。伏坤为夷狄,坤顺,故服。震王,艮家。

未济　三足孤乌,灵明督邮。司过罚恶,自贼其家,毁败为忧。

《汉志》:日中有三足乌。小畜伏震为足,数三,故曰"三足"。离为乌,伏坎,故曰"孤乌"。离为明。坎为贼,艮为家。伏坤为过恶,艮为司,坎为罚。

䷉ 乾上兑下　履之第十

十乌俱飞,羿射九雌。雄得独全,虽惊不危。

元刊《易林》旧注云:尧时十日并出,羿射其九日,九乌皆死。离为乌,兑数十,故曰"十乌"。离为恶人,故曰"羿"。伏震为射,数九,故曰"羿射九雌"。坤为雌。坤伏,乾出,故曰"雄得独全"。伏震为惊,坎为险;坎伏,故不危。

之乾　东向蕃垣,相与笑言。子般执鞭,圉人作患。

此用履象。巽为蕃垣。蕃垣,墙也。蕃与藩通。《诗·大雅》,四国于蕃是也。离象,故曰"东向"。初至五两兑口相对,故曰"相与笑言"。伏震为子,为般。般,反也。伏艮为执,巽为鞭,故曰"执鞭"。艮为圉,坎为患。《左传·庄三十二年》:雩,女公子观之。圉人荦自墙外与之戏,子般鞭之。后荦弑闵。林全用其事。

坤　循河榜舟,旁淮东游。渔父举网,先得大鳟。

坤为河,为淮。履伏震为舟,为东,故曰"东游"。坤为聚,为渔,乾为父,故曰"渔父"。离为网,坤为鳟,巽亦为鳟,兼用遇卦。

屯　辕折轮破,马倚仆卧。后旅先宿,右足跌蹂。

震为辕,坎为轮,为折,为破。震马,艮仆;艮止,故马倚仆卧。震为后,为行旅。坎为宿。震为足,遇险故跌蹂。

蒙　两人相绊,相与悖戾。心乖不同,讼争凶凶。

震为人,正反震,故曰"两人"。伏巽为绳,正反巽,故相绊。坎为悖戾,两人相背,故悖戾,故不同。坎为心,震为言;正反震,故讼争。

需　北辰紫宫,衣冠立中。含和建德,常受天福。

详《坤之观》。

讼　游居石门,禄安身全。受福西邻,归饮玉泉。

详《需之既济》。惟此以巽为石,乾为门。

师　羊肠九萦,相推稍前。止须王孙,乃能上天。

坤为肠,震为羊;数九,故曰"九萦"。震为王,伏乾为天。详《蛊之剥》。

比　争讼相倍,和气不处。阴阳俱否,谷风母子。

坎上下两兑口相倍。倍,反也。坎为和,相倍故不和。谷风,《邶》诗篇名。《毛》谓为夫所弃。兹谓无子,是《齐诗》义也。坤为风。

小畜　郭叔矩颐,为棘所拘。龙额重颡,祸不成殃,复归其乡。

旧注皆云故实未详。盖所据者,古今无其书。但以象论,似无讹字。卦通豫。艮为郭,为叔,兑为颐。坤方,故曰"矩颐"。坎罸棘,艮拘。震龙,艮为额,为颡。坤为重,故曰"重颡"。坤为祸,震解,故不成殃。艮为乡,震为复,为归。

泰　虿室蜂户,螫我手足。不得进止,为吾害咎。

详《屯之明夷》。

否　怒非其怨,因物有迁。贪妒腐鼠,而呼鸮鸢。自令失饵,倒被困患。

伏震为怒。坤为物,为嫉妒。艮为鼠,巽敝,故曰"腐鼠"。艮为鸮鸢,震为呼。《庄子》:鸱得腐鼠,鹓雏过之,仰而视之,曰嚇。《林》似本此而变其意,言贪得腐鼠,呼鸮鸢相助,岂知反为所夺而失饵也。

同人　婴孩求乳,母归其子,黄麂悦喜。

此用履伏象。震为婴孩,艮为乳,为求。震为子,为归,坤为母。坤舍震上,故曰"母归其子"。震为鹿。麂,鹿子也。坤黄,故曰"黄麂"。震为喜。

大有　针缕徒劳,锦绣不成。鹰逐雉兔,爪折不得。

此用履象。伏坎为针,巽为缕,为锦绣。兑毁,故曰"徒劳",曰"不成"。伏艮为鹰,离为雉。震为兔,为足,为爪。坎塞,故爪折不得。本象、对象杂用。

谦　雨潦集降,河渠不通。齐鲁闭塞,破费市空。

坤水,坎水,故曰"雨潦",曰"河渠"。坎为塞,故不通。伏巽为齐,兑为鲁。坤闭,故曰"齐鲁闭塞"。坎破,巽为市;坤虚,故市空。

豫 封豕沟渎,水潦空谷。客止舍宿,泥涂至腹,处无黍稷。

坎为豕,为沟渎。《天官书》:奎为封豕,为沟渎。主江河之事,故曰"水潦"。坎为水,艮为谷;坤虚,故曰"空谷"。震为旅客,艮止。艮舍,坎为宿,为泥涂。坤为腹,故曰"至腹"。震为黍稷,坤死故无。

随 三奸相扰,桀跖为友。上下骚离,隔绝天道。

震数三,巽为伏,为奸,震为扰。正反震,故曰"相扰"。兑刚,故曰"桀"。巽为盗,曰"跖"。艮上兑下,互大坎,故隔绝。艮为道。

蛊 齐景惑疑,为孺子牛。嫡庶不明,贼孽为患。

巽为齐,互离日,故曰"齐景"。互坎,故疑惑。艮为孺子,离为牛。震为嫡子,兑为孽,为庶。坎为贼,为患,为孺子牛。事见《左传·哀六年》:鲍子曰,汝忘君之为孺子牛而折其齿乎?孺子,名荼。

临 三羊俱亡,奔走南行。会暮失迹,不知所藏。

兑为羊,震数三,故曰"三羊俱亡"。"亡"者,逃也。震为亡,为奔走,为南。坤为暮,震为迹;坤迷,故失迹。坤为藏,坤黑,故不知。

观 请伯行贾,岱山之野。夜历险阻,不逢危殆,利如浇酒。

通大壮。震为伯,为商贾。艮为山,震东,故曰"岱山"。坤为野,为夜,艮为险阻。巽为利。酒,疑坤水象。

噬嗑 桑之将落,陨其黄叶。失势倾侧,而无所立。

侧为桑,伏巽为落,为陨。震为黄,故曰"陨其黄叶"。坎陷,为倾侧,为失。

贲 山求鱼,入水捕狸。市非其归,自令久留。

震上艮山。艮求,下离为鱼。坎为水,艮为捕,为狸。狸在上而于下坎水捕之,鱼在下而于上山求之,当然不得。伏巽为市。归,聚也,言所市非地。艮止,故久留。

剥 名成德就,项领不试。景公耋老,尼父逝去。

艮阳在上,为名,坤为成。艮为项领。《诗·小雅》:有骛其领。传:领,颈也。又,四牡项领。传:项,大也。《笺》:但养大其领,不肯为用。兹曰"不试",与《诗》义同也。艮止,故不试。艮为火,为景,坤为老。伏乾为父,艮山,故曰"尼父"。坤死,故逝去。《论语》:景公曰,吾老矣,不能用也。孔子行。《左传》:孔子卒,公诔之曰,哀哉尼父!勿自律。

复 天之奥隅,尧舜所居。可以存身,保我国家。

伏乾为天,坤方大,故曰"奥隅"。震为帝,故曰"尧舜"。坤为聚,为居,为身,为国家。坤安,为保。

无妄 涉伯殉名,弃礼诛身。不得其道,成子奔燕。

《左传·定十年》:“晋赵鞅围卫……讨卫之叛……曰‘由涉佗、成何’……遂杀涉佗,成何奔燕。君子曰:‘此之谓弃礼。’”震为伯,艮为名。坤为礼,为身;坤伏,故曰“弃礼诛身”。震为道,巽伏,故不得。艮为成,震为子,为奔,为燕。

大畜 **两人俱争,莫能有定。心乖不同,讼言起凶。**

震为人,三上正反震。故曰“两人”,曰“相争”,曰“无定”,曰“心乖”不同,而“讼”也。伏坤为凶。

颐 **雎鸠淑女,贤圣配偶。宜家受福,吉庆长久。**

艮为鸟,为雎鸠,震淑坤女。伏乾为圣贤,乾坤为配偶。艮为家,震为福,为吉庆。艮为长久。

大过 **逾江求橘,并得大栗。烹羊食炙,饮酒歌笑。**

伏坤为江河,震为逾;艮为橘,为求。乾为大,为木果,故为大栗。兑为羊,为饮食。大坎为酒,震为歌笑。正伏象杂用。

坎 **山险难行,涧中多石。车驰频击,重载折轴。担负差踬,跌踒右足。**

详《乾之谦》。

离 **允利孔福,神所子畜。般乐无苦,得其欢欲。**

互巽为利。伏震为孔,为福;为神,为子;为般乐,为欢。

咸 **鸟鹊食谷,张口受哺。蒙被恩福,长大成就。柔顺利贞,君臣合德。**

艮为鸟,兑为食,巽为谷。兑为口,为哺。为恩福。伏震为长,下艮为成。坤为柔顺,巽为利。乾君艮臣,故曰“合德”。

恒 **潼滃蔚荟,肤寸来会。津液下降,流潦滂沛。**

详《坤之旅》。惟彼曰扶首来会,以艮为扶,互坎为首,巽为丝缕,故必曰扶首乃切。此则震为覆艮,艮为手。《公羊传·僖三十一年》:何休注此句云,侧手为肤,按指为寸。艮覆,象侧手按指,故必曰肤寸方切。或者不论何卦,谓扶首、是肤寸非者,殊不知林词林字皆由象生也。

遁 **路多枳棘,步刺我足。不利旅客,为心作毒。**

详《屯之贲》。

大壮 **虺蝮所聚,难以居处。毒螫痛甚,疮不可愈。**

通观。巽为虫,为虺蝮,坤聚。艮居,坤害,故不可居。坤阴,为毒螫。艮为节,为疮;坤丧,故不可愈。

晋 **麟凤相随,察观安危。东国圣人,后稷周公。君子攸同,利以居止,长无忧凶。**

离文,坤文,故曰“麟凤”,曰“相随”。离为观,艮安坎危。坤为国,离东,故曰“东国”。坎为圣,坤上为后稷。反震为周,为公。艮为君,为居止。坤为忧凶,离明在上,故不凶。

明夷 **桀乱不时,使民恨忧。六趾为笑,君危臣羞。**

离为恶人,坤亦为恶,故曰"桀"。离为乱,坤亦为乱。艮为时,艮覆,故曰"不时"。坤为民,坎为忧。震为趾,坎数六,故曰"六趾"。震为笑,为君;坤为臣,为羞。坎险,故危。

家人 黄帝所生,伏羲之宇。兵刃不至,利以居止。

详《屯之萃》。

睽 雀行求粒,暮归屋宿。反其室舍,安宁如故。

详《比之巽》。

蹇 太仓积谷,天下饶食。阴阳和调,年岁时熟。

此用履伏象。艮为仓,震为谷;坤聚,故曰"积谷",故曰"饶食"。坎为食也。坎为和,坤为年岁,艮为时。

解 干旄旌旗,执帜在郊。虽有宝珠,无路致之。

详《师之随》。

损 履尾蹈颠,坠入寒渊。行不能前,足蹉不便。

震为履蹈,艮为尾,为颠。坤为渊,为寒;坤下,故坠。震为行,艮止,故不能前。兑折,故足蹉。

益 衔命上车,合和两家。蛾眉皓齿,二国不殆。

巽为命,震口为衔,为上,坤为车。艮为家,正反艮相对,故曰"和合两家"。巽为蛾,艮为眉,震为齿,为白,故曰"蛾眉皓齿"。坤为国,数二;震乐,故曰"二国不殆"。此似有故事,待考。

夬 吉日车攻,田戈获禽。宣王饮酒,以告嘉功。

乾为日,为吉。伏坤为车,为田。艮为禽获。乾为王,乾又为大明,故曰"宣王"。兑为饮,为告。乾为功。《吉日》、《车攻》,皆《小雅》美宣王诗篇名。禽、攻为韵。与《易·比·九五》象辞禽、中韵正合。

姤 金帛贵宝,宜与我市。嫁取有息,利得过母。

乾为金,为贵,为宝。伏坤为帛,为我。巽为市。震为嫁,为生,为息。巽为母。

萃 延颈望酒,不入我口。深以自喜,利得无有。

详《讼之益》。

升 牧为代守,飧食甘赐,得吏士意。战大破胡,长安国家。

此用李牧事。坤为养,为牧,为邑;为北,故曰"代"。伏艮为守。兑为飧,坤为甘。震为吏士,为战。兑为折,坤为胡,故曰"破胡"。坤为安,为国家,巽为长。

困 日出温谷,临照万国。高明淑仁,虞夏配德。

离为日,为温,兑为谷,故曰"日出温谷"。伏艮为国,震为万,为临,离日为照,故曰"照临万国"。艮为高,为明。震为淑仁,为帝王,故曰"虞夏"。

井　逐兔索乌，破我弓车。日暮不及，失利后时。

通噬嗑。震为兔，为逐；艮为求，为乌，故曰"逐兔索乌"。坎为破，为弓，为车。离日，坎暮；坎蹇，故不及。巽为利，震为后，为时，坎为失，故曰"失利后时"。

革　讹言妄语，传相诖误。道左失迹，不知所处。

二上正反两兑口相背，故曰"讹言妄语"，曰"传相诖误"。《战国·韩策》：诖误人主。《汉书·景帝纪》：诖误吏民。言疑误也。艮为道，震为左，为迹，伏坎为失。

鼎　履虎蹑蛇，贬损我威。君子失车，去其国家。

此用伏象屯。震为履蹑，艮为虎，坤为蛇。坤柔，故损威。震为威也。艮为君子。坤为车，为丧，故失车。坤为家国，震为去。

震　本根不固，华叶落去。更为孤姬，不得相视。

通巽，下断，故曰"本根不固"，华叶落去。兑为华，巽损落。姬，老母也。巽为母，为寡，故曰"孤姬"。离目为视。

艮　五辄四軏，优得饶有。陈力就列，驺虞喜悦。

详《坤之小畜》。惟彼作四軏。此作辄，音月。《说文》，辕端持衡者。皆取艮象。驺虞，亦艮象，白虎黑文。

渐　黄帝紫云，圣哲且神。光明见祥，告我无殃。

通归妹。震为帝，为黄，坎为云。九宫，九色紫。离九，故曰"紫云"。坎为圣哲，震为神，为福祥。坎为殃，震解，故无殃。震为言，故曰"告"。

归妹　五利四福，俱田高邑。黍稷盛茂，多获藁稻。

通渐。巽卦数五，为利，故曰"五利"。震为福，卦数四，故曰"四福"。巽为高，艮为邑。震为黍稷，为盛茂，为稻。离枯，故曰"藁稻"。

丰　群虎入邑，求索肉食。大人卫守，君不失国。

通涣。艮为虎，正反艮，故曰"群虎"。巽入，艮邑。艮求，坎为肉，为食。五为大人，艮为守，故曰"大人卫守"。震为君，艮为国，坎失；震为主，故不失国。

旅　乌子鹊雏，常与母居。愿慕群侣，不离其巢。

离为乌鹊，伏震为子，兑为雏。巽为母，艮为居。伏坎为心，为愿慕。离为巢，艮止，故不离。

巽　蹇驴不材，骏骥失时。筋劳力尽，疲于沙丘。

通震，为马。坎蹇，故曰"蹇驴"。震为材，坎折，故不材。震为骏骥，艮为时；坎陷，故失时。坎为劳疲，艮为沙，为丘。丁宴云：《列子·说符篇》，穆公使九方皋求马，三月而反，曰，得之矣，在沙丘。按，坎为脊，为要。筋力，或为坎象。

兑　玄鬣黑颡，东归高乡。朱鸟道引，灵龟载庄。遂抵天门，见我贞君。

通艮。坎为玄，震为鬣，艮为颡，坎为黑，故曰"玄鬣黑颡"。互震为东，为归。艮为高乡,为鸟。坎赤,故曰"朱鸟"。艮为龟,居西北,故曰"天门"。震为君,艮为贞,故曰"贞君"。载庄,言载运行李也。

涣 探巢得雏,鸠鹊来俱,使我音娱。

艮为巢,为探,伏兑为雏。离为鸠,震为鹊,故曰"鸠鹊来俱"。震为音,为娱。

节 安上宜官,一日九迁。升擢超等,牧养常山,君臣得安。

互艮为官,为安;阳在上,故曰"安上"。伏离为日,坎数一,故曰"一日"。震为迁,为升;数九,故曰"九迁"。艮为山,为臣,震为君。

中孚 大头明目,载受嘉福。三雀飞来,与禄相得。

伏大坎,故曰"大头"。互大离,故曰"明目"。震为载,为嘉福,为雀;数三,又为飞,为禄,故曰"三雀飞来",与禄相得。

小过 远视千里,不见黑子。离娄之明,无益于光。

震为远,为千里,艮为视。互大坎隐伏,故不见黑子。坎为黑,震为子也。伏大离,故曰"离娄之明"。艮为光,居坎下,故无益于光。

既济 三女为奸,俱游高园。背夫夜行,与伯笑言。不忍主母,为失醴酒,冤尤谁告。

此用履伏象谦。坤为女,震数三,故曰"三女"。坤为奸,故曰"三女为奸"。艮为园,巽为高,故曰"高园"。坎为夫,为夜,艮为背,震行,故曰"背夫夜行"。震为伯,为笑言;正反震,故曰"与伯笑言"。坤母震主,故曰"主母"。坎为忧,故曰"不忍"。坎为酒,为失,为冤尤。坎隐伏,故无可告语。

未济 日辰不良,强弱相振。一鸟两雏,客胜主人。

此仍用履伏象。

☷☰ 坤上 乾下 泰之第十一

求玉陈国,留连东域。须我王孙,四月来复。主君有德,蒙恩受福。

坤为国,震为玉,为陈,为东。伏艮为流连,为须,为孙。乾为王,故曰"王孙"。兑为月,震为复,卦数四,故曰"四月来复"。震为主,为君,乾为德,为恩福。

之乾 伯夷叔齐,贞廉之师。以德防患,忧祸不存。

详《比之剥》。此用泰象。震为伯,坤杀,故曰"伯夷"。夷,灭也。伏艮为叔,巽为齐,故曰"叔齐"。

坤 济深难渡,濡我衣裤。五子善櫂,脱无他故。

坤为水,故曰"济深",曰"摊渡",曰"濡"。坤为我,为衣裤。

屯 倚立相望,适得道通。驱驾奔驰,比目同床。

艮倚,震立。艮望,正反艮,故曰"相望"。震为道,为通,为驱驾奔驰。艮为目,初至五正反艮相对,故曰"比目"。艮为床,坤众,故曰"同床"。

蒙 葛藟蒙棘,华不得实。谗佞为政,使恩壅塞。

详《师之中孚》。

需 四足无角,君子所服。南征述职,与福相得。

此用泰象。震为足,卦数四,故曰"四足"。艮为角,艮伏,故无角。乾为君子。震为南,为征。乾为福。

讼 踦踵足伤,左指病痾。失旅后时,利走不来。

详《蒙之旅》。通明夷。震为足,为踦踵。坎为伤,为病痾。震为左。因明夷互震,中互坎,故有此象。

师 春城夏国,生长之域。可以服食,保全家国。

坤为城,为国,震为春;伏离为夏,故曰"春城夏国"。震为长生,为食。坤为家,震乐,故保全。

比 望骥不来,拘蹇为忧。雨惊我心,风感我肌。

艮为望,乾为骥。乾伏,故不来。坎为蹇,为忧,为雨,为心。坤为我,为风。艮为肌肤,为撼。

小畜 久客无床,思归我乡。雷雨满盈,道不得通。

巽为旅客,为床,兑毁折,故无床。伏坎为思,震为归,坤为我,为乡。震为雷,坎为雨;坤亦为水,故曰"满盈"。艮为道,坎陷,故不通。

履 方船备水,傍河燃火。积善有征,终身无祸。

通谦。坤为方,震为船,坎为水。方,并也。《诗》方舟为梁是也。以船为梁,故曰"备水"。坤为河,艮为火,故曰"傍河燃火"。坤为积,震为善。坤为身,艮为终,坤为祸。

否 陟岵望母,役事不已。王政靡盬,不得相保。

互艮为山,为望,坤为母,故曰"陟岵望母"。《尔雅·释山》:有草木曰岵。坤为役,为事。乾为王,坤为政。《诗·魏风》:陟彼岵兮,瞻望母兮。又《唐风》:王事靡盬。传:盬,不攻緻也。坤恶,故曰"靡盬"。

同人 多载重负,捐弃于野。予母离子,但自劳苦。

通师。坤为载负,为重,为野;为丧,故曰"捐弃"。坤为母,震为子,坎为劳苦。

大有 生直地乳,上皇大喜。赐我福祉,寿算无极。

通比。坤为地,艮为乳。《洛书甄耀度》:政山左昆仑,西南为地乳。王勃《九成宫颂》:峰横地乳。翟云升释地乳为醴泉,非。乾为帝,为皇,艮高,九五独尊,故曰"上皇"。乾为大,兑为悦,故曰"大喜"。坤为我,乾为福祉。艮为寿,坤多,故曰"寿算无极"。

谦 翕翕輖輖,陨坠山颠。灭我令名,长没不全。

详《否之离》。

豫 东邻嫁女，为王妃后。庄公筑馆，以尊王母。归于京师，季姜悦喜。

详《屯之观》。

随 伯虎仲熊，德义渊闳。使布五谷，阴阳顺序。

震为伯，坎为仲，艮为熊虎。巽为谷，卦数五，故曰"五谷"。

蛊 敏教劲疾，如猿升木。彤弓虽调，终不能获。

巽风为敏捷，为木。艮为猿，在巽上，故曰"升木"。互大坎为弓，为玄黄，故曰"彤弓"。

临 举袂覆目，不见日月。衣裳簟席，就长夜室。

详《坤之随》。

观 忍丑少羞，无面有头。耗减寡虚，日以削消。

坤为丑，为羞。艮止为忍，又为面，巽为广颡。艮在下，巽伏，故无面。广颡在上，故有头。坤为耗，为虚，巽为寡。伏乾为日，坤为消。

噬嗑 涸阴沍寒，常冰不温。凌人惰怠，雹大为灾。

坎为阴寒，为冰。离为温，居坎上，故不温。震为人，为凌，故曰"凌人"。艮止，故曰"怠"。离为灾，坎为雹。言冬不藏冰，夏致雹灾。

贲 夏麦麰麷，霜击其芒。疾君败国，使我夭伤。

离为夏，震为麦，为麰麷。坎为芒，为霜。艮手为击，故霜击其芒。坎为疾，震为君，艮为国，坎为败，为民。艮为少，伏兑折，故夭伤。

剥 渊涸龙忧，箕子为奴。干叔陨命，殷破其家。

坤为渊，艮火在中，故涸。震为龙，震覆，故忧。又坤亦为忧。《萃·初六》云：忽恤。《升·象》云：勿恤。以坤为恤，是其证。震为箕子，艮为奴。上震覆为艮，故曰"箕子为奴"。艮为叔，为求，故曰"干叔"。殷比干也。坤死，故"殒命"。殷，子姓。震为子，震覆，故曰"殷破其家"。艮为家也。《明夷·象传》云：箕子以之。由此可证箕子指震。

复 跛踦相随，日暮牛罢。陵迟后旅，失利亡雌。

震为行，坤退，故跛踦。坤为夜，故曰"暮"。为牛，为役，故罢。震为后，为旅。巽为利，巽伏故失利。坤为雌，为亡。

无妄 桑之将落，陨其黄叶。失势倾侧，如无所立。

《诗·卫风》：桑之落矣，其黄而陨。震为桑，巽为陨落。震为黄，为叶，为立。巽为倾，故曰"失势倾侧"，如无立也。

大畜 生长以时，长育根本。阴阳和德，岁乐无忧。

震为生长，艮为时。震为根荄，二五相应与，故曰"阴阳和德"。和，合也。震为岁，为乐。

颐 童女无室,未有配合。阴阳不和,空坐独宿。

伏巽为童女,震为夫。坤寡,故无夫。上下卦皆男象,故未有配合,故不和。艮为坐,为宿;坤为寡,为夜,故曰"空坐独宿"。

大过 春令原宥,仁德不周。三圣攸同,周国茂兴。

通颐。震为春,巽为命,故曰"春令"。古者霜降申宪,立春息刑,故曰"原宥"。震为仁,为周,震伏故不周。震数三,乾为圣,故曰"三圣"。坤为国。

坎 金精跃怒,带剑过午。两虎相距,虽惊无咎。

坎水为金精,震为跃怒。艮为剑,纳丙,故曰"过午"。艮为虎,正覆艮,故曰"两虎相距"。震为惊。

离 危坐至暮,请求不得。膏泽不降,政庚民忒。

详《需之颐》。离中爻亦伏颐,故语同。

咸 老杨日衰,条多枯枝。爵级不进,日下摧颓。

详《蒙之讼》。

恒 蔡侯适楚,留连江滨。逾日历月,思其后君。

巽为蔡,震为楚。乾为江河,为日,兑为月。乾为君。

遁 右抚剑佩,左援钩带。凶讼不止,相与争庚,失利市肆。

艮为剑,为钩,巽为带。乾为言,兑口与乾言反,故曰"讼",曰"争"。巽为利市。风陨故失。

大壮 水流趋下,远至东海。求我所有,买鲔与鲤。

详《讼之比》。

晋 登几上舆,驾驷南游。合纵散横,燕齐以强。

详《屯之否》。

明夷 求兔得獐,过其所望。欢以相迎,高位夷伤。

震为兔,艮为獐;艮覆,故得獐。离目为望,震在上,故曰"过望"。震为欢。伏巽为高,艮为位;艮覆,故夷伤。

家人 过时不归,道远且迷。旅人心悲,使我徘徊。

震为时,为归;震伏,故不归。又震巽相反覆,震究为巽,故曰"过时"。震为道,坎伏故迷。巽为商旅,坎为心,为悲。

睽 魂孤无室,御宿舍食。盗张民溃,见敌失内。

坎为魂,为孤,为室。坎隐,故无室。兑为食。坎为宿,为盗,为民。

蹇 居如转丸,危不得安。东西不宁,动生忧患。

坎为丸,坎险,故曰"危",曰"不宁"。离东坎西。坎为忧患。

解 坤厚地德,庶物蕃息。平康正直,以绥百福。

此用泰象。坤为厚,为庶物,震为蕃息。震大涂,故曰"平康正直"。乾为百福。

损 树蔽牡荆,生蘙山旁。仇敌背憎,孰肯相迎。

震为树,为荆;震阳卦,故曰"牡荆"。震为生,为蘙,艮为山。二至上正反两艮震相背,故曰"背憎",曰"仇敌相背",故不相迎。

益 凤凰衔书,赐我玄珪,封为晋侯。

坤为凤,为书。震口为衔,为玄,为珪。艮为封,震为晋,为诸侯。

夬 作凶不善,相牵入井。溺陷辜罪,祸至忧有。

兑毁折,故曰"凶"。又通剥,下坤为凶。艮手为牵。坤为渊,为井;为辜罪,为忧祸;为水,故溺。

姤 悲鸣北行,失其长兄。伯仲不幸,骸骨散亡。

通复。震为鸣,坤为悲,为北,为失。震为长兄,为伯,震伏故失。兑为骸骨,兑覆风散,故曰"散亡"。

萃 羔衣豹裘,高易我宇,君子维好。

兑为羔,互艮为豹,坤为衣裘。巽为高,艮为宇,为君子。

升 日中为市,各抱所有,交易货赍。贪珠怀宝,心悦欢喜。

通无妄。巽为市,乾为日。艮手为抱。巽为交易,乾为贷赍。震为珠玉,为悦喜。

困 振急绝理,恒阳不雨。物病焦干,华实无有。

通贲。下离火,艮又为火,故曰"旸日不雨"。互坎为雨,为病,离火为焦乾。艮为果,为实,兑为华。

井 狐狢载剥,徙温厚蓐。寒棘为疾,有所不足。

坎为狐狢,伏艮为手,为剥。巽为茅蓐。坎为寒,为棘,为疾。震为足,震伏故不足。

革 履践危难,脱执去患。入福喜门,见诲大君。

通蒙。震为履践,坎险,故曰"危难"。震为脱,为去。坎陷,故曰"执"。坎忧,故曰"患"。艮为门,震为福喜,巽为入。乾为大君,震为诲。

鼎 四乱不安,东西为患。退止我足,无出国域。乃得全完,赖其生福。

通屯。坤为乱,震数四,故曰"四乱"。震东坎西,坎为忧,故曰"东西为患"。震为足,艮止。坤为国,艮为域;上坎陷,故不出。震为福。言见险能止,故得安全而生福也。全用对象。

震 南国少子,才略美好。求我长女,贱薄不与。反得丑恶,后乃大悔。

详《比之渐》。

艮　妄怒失理,阳孤无辅。物病焦枯,年饥于黍。

互震为愁,坎为失。阳止于上,故曰"孤",曰"无辅"。坎为病,艮为火,故物病焦枯。震为黍,为年。焦枯,故饥。

渐　倬然远咎,辟患害早。田获三狐,巨贝为宝。

风散,故倬然远咎。坎为患害,巽出险,故能辟患。艮为狐,数三,故曰"三狐"。坎为获。艮为贝,巽为高,为长,故曰"巨贝"。

归妹　逐鹿山巅,利去我西。维邪南北,无所不得。

震为鹿,为逐。艮覆,故至山颠。兑为西。离南坎北。维邪,呼声。

丰　龙蛇所聚,大水来处。滑滑沛沛,使我无赖。

震龙,巽蛇。互大坎,故曰"聚",曰"大水",曰"滑滑沛沛"。

旅　从风吹火,牵骐骥尾。易为功力,因摧受福。

巽为风,兑口为吹。离在上,故曰"吹火"。艮为尾,为牵,伏震为马。兑为摧折,震为福。

巽　泽狗水凫,难畜少雏。不为家饶,心其巫逋。

通震。互艮为狗,兑为泽,故曰"泽狗"。《说文》,獭如小狗,水居食鱼是也。震为凫,坎水,故曰"水凫"。二者皆野物,故难畜。震为子,为雏;震伏,故曰"少雏"。互艮为家,坎为心。震往,故曰"逋"。言泽狗水凫,不为家畜,时时欲逃也。

兑　水坏我里,东流为海。龟凫骊罢,不见慈母。

通艮,为里。互坎,为水。互震为东,兑为海。艮为龟,震为凫;为乐,故曰"骊罢"。巽为母,坎伏,故不见。

涣　褰衣涉水,水深渍罢。赖幸舟子,济脱无他。

节　龟厌江海,陆行不止。自令枯槁,失其都市。忧悔为咎,亦无及己。

艮为龟,兑为河海。震为行,艮为陆。互大离为枯槁。巽为市,坎为忧。

中孚　同本异叶,乐仁政德。东邻慕义,来兴我国。

互大离为东邻,艮为国。

小过　桃李花实,累累日息。长大成熟,甘美可食,为我利福。

震为桃李,兑为花。艮为实,为成。巽为长,兑为食。震为福,巽为利。

既济　重瞳四乳,聪明顺理。无隐不形,微见千里。灾害不作,君子集聚。

此用泰象。伏艮为目,坤为重,故曰"重瞳"。艮为乳,巽数四,故曰"四乳"。艮明,坤顺。巽伏,故隐。兑为见,坤为千里,为灾。乾为福,故不灾。艮为君子,坤为积聚。文王四乳,舜目重瞳,见《淮南子》。

未济　实沈参墟,以义讨尤。次止结盟,以成霸功。

按《左传·昭元年》：迁实沈于大夏，主参。故参为晋星。泰伏艮，艮为星，故曰"实沈"，曰"参"。而实沈与参，皆晋墟。震为晋也。皆用泰象。文意似指晋文伐楚事。止，首止。《僖五年》：齐侯会诸侯于首止。

䷋ 乾上 坤下　否之第十二

秦为虎狼，与晋争强。并吞其国，号曰始皇。

此全用伏。兑为秦，为虎狼。震为晋，为争。兑为吞。乾为皇，为始。

之乾　江河淮济，天之奥府。众利所聚，可以饶有，乐我君子。

此用否象。坤为江河淮济。乾为天，坤为府，为众。巽为利，坤为聚，故曰"饶"。艮为君子。

坤　天之所灾，凶不可居。转徙获福，留止忧危。

否，坤为灾，为凶。伏震为转徙；震为福，故曰"获福"。艮为留止，坤为忧危。言弗化也。

屯　名成德就，项领不试。景公耆老，尼父逝去。

艮为名，为成，为项领。坎伏，故不试。震为诸侯，艮为光，故曰"景公"。坤为老，为山，故曰"尼父"。震亦为父也。坤亡，故曰"逝去"。《论语》：景公曰，吾老矣，不能用也。孔子遂行。

蒙　持善避恶，福禄常存。虽有豺虎，不能危患。

艮手为持，伏乾为善，坤为恶；坎隐，故曰"避"。震为福禄。艮为豺虎。坎为危患。震出险，故无患。

需　避患东西，反入祸门。糟糠不足，忧动我心。

详《讼之未济》。

讼　珪璧琮璋，执贽见王。百里宁戚，应聘齐秦。

详《需之井》。惟此以乾为珪璧琮璋。

师　扬水潜凿，使石洁白。裹素表朱，游游皋沃。得君所愿，心志娱乐。

坎为水，震为扬，坎为潜伏。巽为石，为白，为素。伏乾为表，为朱。震为戏游，为陵，为皋。坎为沃。震为君，为乐。坎为心志。《诗·唐风》扬之水，白石凿凿，素衣朱襮，从子于沃。注：凿凿，洁白貌。襮，领也。然则此所谓潜凿，亦取伏巽象也。又襮，即表。《吕氏春秋·忠廉篇》：臣请为襮。高诱注曰：襮，表也。兹《焦》亦训襮为表，与《毛传》训领异。又读衣为裹，尤异也。

比　官爵相保，居之无咎。求兔不得，使伯恨悔。

艮为官爵，为居，为求。震为兔，为伯。震覆，故求兔不得。坎为忧，故曰"悔恨"。

小畜　戴元无裈,裸裎出门。小儿作笑,君子忧患。

通豫。艮为戴,坎为首,故曰"戴元"。元,首也。坤为裈,坤伏,故曰"无裈"。艮为皮肤,为身,故曰"裸裎"。艮为门,震出,故曰"出门"。震为子,为笑乐。艮小,故曰"小儿作笑"。艮为君子,坎为忧患。

履　把珠入口,为我利宝。得吾所有,欣善嘉喜。

乾为珠玉,兑口,伏艮为手,故曰"把珠入口"。伏坤为我,为利,为吾。乾为嘉喜。

泰　行不如还,直不如屈。进不如退,可以安吉。

内刚外柔方泰,乾进而外则否矣。故林词以为戒。乾为行,为进。震为反。坤为安。

同人　众鬼瓦聚,中有大怪,九身无头。魂惊魄去,不可以居。

通师。坤为鬼,坎亦为鬼;坎众,故曰"众鬼"。震为瓦,坤为聚。坎为怪。坤为身,震数九,故曰"九身"。坎为头,坎伏,故曰"无头"。震为神,为魂,坤为魄。震又为惊,为去也。

大有　家给人足,颂声并作。四夷宾服,干戈橐阁。

此用否象。艮为家,伏震为人。坤聚,故曰"给足"。震为颂声,为作。坤为夷,震卦数四,又为宾客,故曰"四夷宾服"。艮为干戈,坤为囊。艮止,故曰"橐阁"。言偃武不用也。

谦　人面鬼口,长舌如斧。斫破瑚琏,殷商绝嗣。

震为人,艮为面,坤为鬼,震为口,故曰"人面鬼口"。兑为舌,震形长于兑,故曰"长舌"。伏兑为斧。艮为斫。震为玉,故曰"瑚琏"。震为子,子为殷商姓。坤为杀,震子被坤杀死,故殷商绝嗣也。

豫　南山之峻,真人所在。德配唐虞,天命为子。保佑歆享,身受大庆。

震为南。艮为山,为真人,为保佑。震为唐虞,为子,为庆。伏乾为天,为命。坤为身。

随　春桃生花,季女宜家。受福多年,男为邦君。

详《师之坤》。

蛊　鸱鸮破斧,冲人危殆。赖其忠德,转祸为福,倾危复立。

艮为鸱鸮。兑为斧,为毁折,故曰"破斧"。艮为少子,故曰"冲人"。互大坎为忠德。震为福,为立。殆,音以。鸱鸮、破斧,《豳风》诗篇名。冲人谓成王,忠德指周公。

临　猿堕高木,不踒手足。保我金玉,还归其室。

详《讼之艮》。

观　天之奥隅,尧舜所居。可以存身,保我邦家。

详《履之复》。

噬嗑　伯蹇叔盲,足病难行。终日至暮,不离其乡。

震为伯,坎为蹇。初四互大离,坎为叔,故曰"叔盲"。震足为行,坎病,故难行。离为日,艮为终,坎夜,故曰"终日至暮"。艮为乡,艮止,故不离。

贲 日月相望,光明盛昌。三圣茂功,仁德大隆。

详《师之节》。

剥 桃李花实,累累日息。长大成就,甘美可食。

详《泰之节》。

复 入和出明,动作有光。运转休息,所为允康。

入巽,故曰"和"。出震,故曰"明"。震为动作。震旦,故曰"光明"。震出,故运转。龙潜在下,故休息。出入无疾,故允康。

无妄 阴衰老极,阳建其德。履离戴光,天下昭明。功业不长,虾蟆大王。

详《坤之未济》。此以巽为虾蟆。

大畜 行役未已,新事复起。姬姜劳苦,不得休止。

震为行役,为起伏。坤为事,艮为光明,故曰"新事"。震为周,故曰"姬"。伏巽为齐,故曰"姜"。艮为休止,震起,故不得休止。

颐 狐鸣室北,饥无所食。困于空丘,莫与同力。

艮为狐,震为鸣。艮为室,坤北。故曰"室北"。坤为饥,震为食。艮为困,为丘;坤虚,故曰"空丘"。

大过 雄圣伏,名人匿。麟远走,凤飞北。扰乱未息。

乾为雄,为圣。伏艮为名。巽伏,故曰"名人匿"。坤文为麟,坤伏不见,故曰"远"。坤为凤,为北;坤伏,故曰"走",曰"飞"。按韵,前四句,句皆三字,第五句乃为四字。汉魏丛书本竟以四字断句,非。

坎 疾贫望幸,使伯行贩。开牢择羊,多得大群。

详《讼之遁》。

离 翕翕鞠胸,陨坠颠崩。灭其令名,长没不存。

详《泰之谦》。

咸 华落实槁,衣敝如络。女功不成,丝布如玉。

兑为华,巽为陨,故华落。艮为果实,艮火,故槁。巽为络,为敝,伏震为衣。巽落,故曰"女功不成"。巽为丝布,伏震为玉。

恒 温山松柏,常茂不落。鸾凤所止,得其欢乐。

详《需之坤》。

遁 失恃母友,嘉偶出走。攫如失兔,儽如丧狗。

坤伏风陨,故曰"失恃"。艮为友,巽寡,故毋友。坤为偶,震为嘉,为走;坤、震皆伏,故曰"嘉偶出走"。艮手为攫。攫，扑也。震为兔，为失。失、佚古通。佚兔，言兔逸也。艮为狗，巽寡，故曰"傹如"。伏坤为丧。

大壮　太乙驾骊，从天上求。征我叔季，封为鲁侯。

通观。坤纳乙，居北，而互艮为星，故曰"太乙"。本卦震为驾，为骊，为从。乾为天，伏艮为求，故曰"从天上求"。艮为叔季。兑为鲁，震为诸侯，故曰"鲁侯"。

晋　双凫俱飞，欲归稻池。径涉萑泽，为矢所射，伤我胸臆。

详《屯之旅》。

明夷　深坑复平，天下安宁。意娱心乐，赖福长生。

坎陷，故曰"深坑"。坎又为平，故曰"复平"。坤为天下，坤顺，故曰"安宁"。震为娱乐，坎为心意。震为福，为长生。

家人　俱为天民，云过吾西。风伯雨师，与我无恩。

此用否象。乾天坤民，故曰"天民"。坤为云，伏兑为西。巽为风，伏震，故曰"风伯"。伏兑为雨，故曰"雨师"。独断云：风伯箕星，雨师毕星。艮为星，故曰"风伯"，曰"雨师"。《小畜》云：密云不雨，自我西郊。"与我无恩"者，言上风下火，雨泽不至也。

睽　野鸟山鹊，来集六博。三枭四散，主人胜客。

伏艮为鸟，为山野。坎为集，数六，故曰"来集六博"。枭、雉，皆博采名，故曰"野鸟山鹊"。兑上缺，故曰"三枭"。离卦数三。三枭四散，必当时六博采名。《战国策》云：夫枭棊之所以能为者，以散棊能佐之也。夫一枭不胜五散，明矣。兹曰"三枭四散"，孰胜孰负，皆不能解。

蹇　北阴司寒，坚冰不温。凌人惰怠，大雹为灾。

详《泰之噬嗑》。

解　伊伯智士，去桀耕野。执顺以待，反和无咎。

震为音，为伯，故曰"伊伯"。伊吾，读书声也。坎为智，故曰"智士"。离为恶人，故曰"桀"。震为耕。否，艮为野，为执，为待。坎为和。

损　秋风牵手，相从笑语。伯歌季舞，燕乐以喜。

兑为秋，坤为风，艮手为牵。震为笑语，为从。二上正反震，故曰"相从笑语"。震为伯，为歌舞。艮为季。兑为燕。

益　徙巢去家，南过白马。东西受福，与母相得。

艮为巢，为家。震为徙，为去，为南。巽为白，坤为马，故曰"白马"。白马，津名，在大伾山南。震为东，伏兑为西，震为福。坤为母。

夬　鸟飞趹跛，两两相和。不病四肢，但去莫疑。

伏艮为鸟，为飞。兑折，故趹跛。坤数二，重坤，故曰"两两"。兑为和，坤为病，为疑。坤伏，故不病，不疑。

姤 三牛生狗，以戌为母。荆夷上侵，姬伯出走。

详《坤之震》。

萃 破筐敝筥，弃捐于道。坏落穿败，不复为宝。

通大畜。震为筐筥，兑为破，巽为敝。艮为道，艮止不用，故曰"弃捐"。兑毁，故曰"坏落穿败"。震为玉，为宝；震覆，故不为宝。

升 结纽得解，忧不为祸。食利供家，受福安坐。

巽为结纽，震为解；为乐，故忧不为祸。坤为忧，为祸也。巽为利，兑口，故曰"食利"。伏艮为家，为安坐。震为福。

困 白日扬光，雷车避藏。云雨不行，各自还乡。

巽白，离日，震雷。震伏，故曰"避藏"。坎为云雨，日出坎上，故云雨不行。伏震为反，艮为乡，故曰"各自还乡"。

井 杜口结舌，心中怫郁。去灾生患，无所告冤。

兑为口舌，坎伏，故杜口结舌。坎为心，为忧患凶灾，为冤。上坎，下互大坎，故无所告冤。

革 赉贝赎狸，不听我辞。系于虎须，牵不得来。

详《需之睽》。

鼎 鸣鹤抱子，见蛇何咎。室家俱在，不失其所。

通屯。震为鹤，为子，艮手为抱。巽为蛇，兑见，故曰"见蛇"。鹤以蛇为粮，故无咎。艮为室家。

震 逐兔山西，利走入门。赖我仁德，获为我福。

震为兔，为逐。艮山坎西，故曰"山西"。伏巽为利，艮为门。震为仁德，为福。

艮 兴役不休，与民争时。牛生五趾，行危为忧。

互坎为劳，故曰"兴役不休"。坎为众，为民。艮为时，三上正反艮震，故曰"争时"。震为生，为趾。坎纳戊，数五，故曰"五趾"。艮为牛。坎为忧，为危，震行。按《汉书·五行志》：兴徭役，夺民时。厥妖牛，生五足。秦孝文王五年，有献五足牛者，刘向以为近牛祸。此自旧事，《五行志》述之。不得谓林本《汉书》。

渐 春栗夏梨，山鲜希有。斗千石万，贵不可贩。

艮为果，故曰"栗"、"梨"。伏震为春，离为夏。艮为山，巽为鱼，故曰"山鲜"。梨、栗至春夏即坏，故曰"希有"。艮为斗，为石，为贵，为求。伏震为千万。

归妹 悲号北行，失其长兄。伯仲不幸，骸骨散亡。

震声，兑口，坎悲，坎北，故曰"悲号北行"。震为长兄，坎隐伏，兑折，故曰"失其长兄"。震为伯，坎为仲。兑为骸骨，兑折坎险，故曰"不幸"，曰"散亡"。

丰 赋敛重数，政为民贼。杼轴空虚，去其家室。

坎为聚,故曰"赋敛"。互大坎,故曰"重数"。坎为民,为贼,为抒轴。离虚,故曰"空"。艮为家室,艮覆,故去。

旅 履服白缟,殃咎并到,忧不能笑。

通节。震为履,为服。巽为白,为缟。坎为殃咎,为忧。震为笑。

巽 杜口结舌,言为祸母。代伯受患,无所祷免。

互兑为口舌,为言。正覆兑相背,故曰"杜口结舌"。巽为母,震为伯。震巽相往来,故曰"代伯受患"。兑为患。兑口为祷。

兑 免冠进贤,步出朝门。仪体不正,贼孽为患。

通艮。艮为冠,互震为进,为贤。进贤,冠名也。《汉书·贡禹传》:见责,免冠谢。故曰"免冠进贤"。震为步,为出,艮为朝门。互坎为贼,为患。坎曲,故不正。艮为身体。

涣 娶于姜女,驾迎新妇。少齐在门,夫子悦喜。

巽为姜,震为娶,为驾。巽为妇,为少齐。《左传·昭二年》,晋人谓之少齐是也。艮为门。震为夫子,为悦喜。

节 牧羊稻园,闻虎喧讙。畏恐悚息,终无祸患。

详《屯之复》。

中孚 老妾据机,纬绝不知。女功不成,冬寒无衣。

兑为妾。老妾,本《大过·九五》也。巽为进退,为机,为纬;兑折,故纬绝,故女功不成。《左传·昭二十四年》:嫠不恤其纬,而忧宗周之陨。乾为冬,为寒,为衣。今上下乾象皆缺,故无也。

小过 黑龙吐光,使阴复明。燎猎载圣,六师以昌。

震为龙,艮为黔,故曰"黑龙"。兑口为吐,艮为光明,故曰"吐光",曰"使阴复明"。艮为火,故曰"燎"。震车为载,坎为圣。言文王出猎,载太公以归也。坎数六,坎众,故曰"六师"。震为昌也。

既济 东邻嫁女,为王妃后。庄公筑馆,以尊王母。归于京师,季姜悦喜。

详《屯之观》。

未济 灌颉东从,道顿跌踦。日辰不良,病为身祸。

离为恶人,故曰"灌颉"。离为东。言颠颉从公子重耳于东也。灌,疑为颠之音讹字。离为日,坎为病,为祸,为跌踦。

焦氏易林注卷四

☰ 乾上
☲ 离下　同人之第十三

橐置山颠,销锋铸刃。示不复用,天下大欢。

通师。坤为橐,震为陵。乾亦为山陵,为颠。艮为锋刃,艮覆,故销,故不用。坤为天下,震乐,故曰"大欢"。

之乾　一臂六手,不便于口。莫肯为用,利弃我走。

坤　獐鹿逐牧,饱归其居,安宁无悔。

屯　鸿鱼逆流,至人潜处。蓬蒿代柱,大屋颠仆。

艮为鸿,坤为鱼,为水,为逆,故曰"鸿鱼逆流"。鸿,大也。坎为圣人,在下,故曰"潜处"。坤为蓬蒿,震木为柱;坤在艮屋下,故曰"代柱"。坎陷,故颠仆。

蒙　三羧五牂,相随俱行。迷人空泽,经涉六驳,为所伤贼。

伏兑为羊,故曰"羧",曰"牂"。艮纳丙,故曰"三羧"。坎纳戊,故曰"五牂"。互震为行,坤为迷,为虚,故曰"空泽"。坎陷,故曰"泽"。艮为驳,能食虎豹。然曰经涉,则非兽也。《诗·秦风》:隰有六驳。传:驳如马。《疏》:陆机云,驳马,梓榆也。树皮青白驳荦,遥视似驳马,故谓之驳。下章云:山有苞棣,隰有树檖。皆言木。此不应言兽。兹林词曰,经涉六驳,为所伤贼,正用《诗》语,亦以六驳为木,与陆诂合。坎数六,故曰"六驳"。坎又为贼。

需　黄帝出游,驾龙乘马。东上泰山,南过齐鲁,邦国咸喜。

离为黄,乾为帝。乾为马,故曰"驾龙乘马"。离为东,乾为山。兑为鲁,伏坤为邦国,兑悦为喜。

讼　履危不安,心欲东西。步走逐鹿,空无所得。

通明夷。震为履,坎为危,故履危不安。坎为心,为西,离为东。震为鹿,为走。坤虚,故空无所得。

师　望尚阿衡,太宰周公。藩屏汤武,立为侯王。

伏离为望,伏巽为权衡。震为主,为周,故曰"太宰周公"。又乾为圣人,伏重乾,故圣人多也。坤为城，为屏藩。坎水，故曰"汤"。震为武，为王，故曰"汤武也"。

比 白龙黑虎，起伏俱怒。战于阪泉，蚩尤败走，死于鱼首。

详《蒙之坎》。鱼首，地名。坎为首，坤为鱼，故曰"鱼首"。

小畜 载石上山，步跌不前。颦眉之忧，不得所欢，长思忧叹。

通豫。艮为石，为山，坤为载，故曰"载石上山"。震为步，坎陷，故步跌不前。坎为忧，故曰"颦眉"。艮为眉也。震为欢，坎伏，故不得。坎为忧。

履 周德既成，行轴不倾。申酉昳暮，耋老衰去，箴石不祐。

通谦。震为周，艮为成，故曰"周德既成"。震为行，坎为轴；坎平，故不倾。坤居申，坎先天居酉，故曰"昳暮"。言日至申酉而暮也。坤为老衰，坎为箴，艮为石。箴，针也。石，砭石，即石箴也。丁晏云：《山海经》，高氏之山，其下多箴石。注：可以为砥针者是也。坤死，故虽有箴石，不能祐助。

泰 乘云带雨，与飞鸟俱。动举千里，见我慈母。

坤为云，兑为雨。震为乘，伏巽为带。震为飞，为鸟，为举动，为千里。坤为母，为我，兑为见。

否 赍贝赎狸，不听我辞。系于虎须，牵不得来。

详《需之睽》。

大有 三翼飞来，是我逢时。俱行先至，多得大利。

离数三，为飞，为翼。伏艮为时，坤为我。乾为行，为先。伏坤为利。

谦 两足四翼，飞入我国。宁我伯姊，与母相得。

坤数二，震为足；为翼，卦数四，故曰"两足四翼"。震为飞，坤为国，为我。震为伯，伏巽为姊。坤为母。

豫 按民呼池，玉杖文案。鱼如白云，一国获愿。

艮手为按，坤为民，为河。震言坎水，故曰"呼池"。呼池，即呼沱河。《周礼·职方氏》作虖池。《国策》作呼沱。并同。震为玉，为杖，坤为文，艮为案，故曰"玉杖文案"。《后汉书·礼仪志》：仲秋，县道皆案民比户，年七十授以玉杖。八十九十，礼有加。文案，乃养老加礼。坤为鱼，为云，震白，故曰"鱼如白云"。

随 季姬踟蹰，望我城隅。终日至暮，不见齐侯，居止无忧。

兑为季姬，艮止故踟蹰。艮为日，为望，为城，为终。兑昧，故曰"终日"。巽为齐，震为诸侯，故曰"齐侯"。巽伏，故不见。艮为居止，震乐，故无忧。陈朴园云：案《左传》，齐桓公有长卫姬、少卫姬。《易林》所云季姬，即指少卫姬。《邶风》静女云：俟我于城隅。戴震云：此媵俟迎之礼。诸侯惟亲迎嫡夫人，媵则至乎城下，以俟迎者而后人。故《易林·师之同人》云"结衿待时，终日至暮"也。谓林词全说《静女》诗，而与《毛》异。

蛊 龙渴求饮,黑云影从。河伯捧觞,跪进酒浆,流潦滂滂。

震为龙,兑口为饮,艮为求。互大坎为黑,为云,为河。震为伯,故曰"河伯"。震为觞,艮手为捧,坎为酒浆,为流潦。

临 出门逢患,与福为怨。更相击刺,伤我手端。

震为出,坤为门,为患。坤祸,故不福。伏艮为击,对《遁》、《临》正反艮,故相击。兑为伤,伏艮为手,坤为我。

观 播天舞,光地乳。神所守,乐无咎。

艮为天,为手,为播,为舞。坤地,互艮为乳。艮为守,伏震为乐,坤为安。

噬嗑 两金相击,勇气钧敌。终日大战,不破不缺。

震为金,正反震,故曰"两金"。艮手为击,正反艮,故曰"相击"。震为勇,正反震,故曰"钧敌"。艮为终,离为日,震为战。兑为破缺,兑伏,故不破不缺。

贲 车虽驾,两靷绝。马奔出,双轮脱。行不至,道遇害。

震为车,为驾。伏巽为靷,兑卦数二,故曰"两靷"。兑折,故绝。震为马,为奔出。坎为轮,兑卦数二,兑毁,故曰"双轮脱"。坎陷,故行不至。震为道,坎陷为害。

剥 文山紫芝,雍梁朱草。长生和气,王以为宝。公尸侑食,福禄来处。

详《师之夬》。

复 把珠入口,为我畜宝。得吾所有,欣然嘉喜。

震为口,为珠玉,为宝。坤为我,为吾,为畜。震为嘉喜。

无妄 负牛上山,力尽行难。烈风雨雪,遮遏我前。中道复还,忧者得欢。

艮为负,为山,为牛。艮止,故力尽行难。互巽为风,乾为冰,故曰"雨雪"。艮止,故曰"遮遏"。艮为道,震反,故曰"还"。坎为忧,震乐,故"得欢"。

大畜 陶朱白圭,善贾息资。三致千金,德施上人。

艮火,故曰"陶"。乾为大赤,故曰"陶朱"。震为玉,为白,故曰"白圭"。二人皆善治生致富。乾为富,故曰"息资"。伏巽为商贾。艮数三,乾为金,为千,故曰"三致千金"。乾为德,震为人。"上人"者,及人也。

颐 子鉏执麟,春秋作经。元圣将终,尼父悲心。

详《讼之同人》。

大过 春日载阳,福履齐长。四时不忒,与乐为昌。

通颐。震为春,乾为日,为阳。震为福履,巽齐,故曰"齐长"。艮为时,震数四,故曰"四时"。震为乐,为昌。

坎 孔德如玉,出于幽谷,飞上乔木。鼓其羽翼,辉光照国。

详《坤之比》。

离 区脱康居，慕仁入朝。湛露之欢，三爵毕恩。复归穹庐，以安其居。

注详《讼之恒》。

咸 秋冬夜行，照览星辰。道理利通，终身无患。

兑为秋，乾为冬，互大坎为夜。艮为明，为观，故曰"照览"。艮为星辰，为道里。艮为利。艮为身，为终。坎为患，兑悦，故无患。

恒 鸣鹄抱子，见蛇何咎。室家俱在，不失其所。

注详《否之鼎》。古鹄、鹤通用。

遁 安如泰山，福寿屡臻。虽有豺虎，不能危身。

艮为山，为安，为寿。乾为福。艮为豺虎，为身；艮安，故不危。

大壮 耆蒙睡眠，不知东西。岁君失理，命直为曲，王称为宝。

乾老，故曰"耆"。《说文》：耆，老也。伏艮，故曰"蒙"。耆蒙，即老少也。艮止坤迷，故曰"睡眠"。震东兑西。坤迷，故不知。乾为君，为年，故曰"岁君"。坤为理，坤伏，故失理。伏巽为命。《孟氏逸象》：乾为直，为王，为宝。震口为称。

晋 植璧秉珪，请命于河。周公克敏，冲人瘳瘉。

此用同人象。伏震为珪璧。艮手，故曰"秉"，曰"植"。坎水坤水，故曰"河"。艮为冲人。冲，幼也。震为公，为周。艮坚，故瘳瘉。

明夷 太王执政，岁熟民富。国家丰有，王者有喜。

震为王，坤老，故曰"太王"。坤为政；为岁，为利，故曰"岁熟"。坤为民，为富，为国家，为丰。震为王，震喜。

家人 讼争相背，和气不处。阴阳俱否，谷风无子。

离为有言，故争讼。坎为和，坎伏，故不处。谷，《毛诗》作谷，传云：东风也。巽为风，离东，故曰"东风"。震为子，震伏，故无子。《谷风》诗，《毛传》谓刺夫妇失道。兹曰"无子"，盖《齐诗》义也。

睽 齐鲁争言，战于龙门。构怨结祸，三世不安。

兑鲁。齐，似用半巽象。正反两兑口相对，故曰"争言"。余详《坤之离》。

蹇 鹿得美草，鸣呼其友。九族和睦，不离邦域。

此用同人象。伏震为鹿，为草，为鸣。伏坤为族，震数九，故曰"九族"。震乐，故和睦。坤为邦域。

解 百里南行，虽微复明。去虞适秦，为穆国卿。

百里奚自虞适秦，故曰"南行"。震为百，为南，为行。离为明。坎为忧虞，震乐，故去虞。坎位西,故曰"秦"。

损 梅李冬实,国多寇贼。乱扰并作,王不能制。

详《屯之师》。

益 府藏之富,王以赈贷。捕鱼河海,笱网多得。巨蛇大鳝,战于国郊,君遂走逃。

详《比之临》。

夬 牡飞门启,忧患大解。修福行善,不为身祸。

详《需之兑》。

姤 宜昌娶妇,东家歌舞,长乐欢喜。

巽为震妇。震为娶,为昌,为东,为歌舞,为欢乐。伏坤为家。

萃 正阳之央,甲氏以亡。祸及留吁,烟灭为墟。

《左传·宣十六年》正月,晋人灭赤狄甲氏及留吁。春正,故曰"正阳"。央,中也,言正月之中也。伏乾为阳,互大坎为中。艮为甲,坤丧,兑毁,故曰"甲氏以亡"。坤为祸,兑口为吁。坤为墟,为灭。

升 凫过稻庐,甘乐芒鳝。虽驱不走,田畯怀忧。

震为凫,为稻,为乐,为芒。芒,大麦也。巽为鳝,坤亦为鱼。震为驱,为走。坤为田畯,为忧。

困 跛踦俱行,日暮车伤,失旅乏粮。

通贲。坎蹇,故曰"跛踦"。震为行。离为日,坎为夜,故曰"日暮"。震为车,坎折,故伤。震为行,旅为粮,兑毁,故曰"失旅乏粮"。

井 龙门水穴,流行不害。民安其土,君臣相保。

通噬嗑。震为龙,艮为门,为穴。坎水为流,流顺故不害。坎为民,艮为安,为土。震君艮臣。

革 山陵四塞,遏我径路。欲前不得,复还故处。

通蒙。艮为山,为塞,为遏,为径路。坎陷艮止,故欲前不得。震卦数四,故曰"四塞"。

鼎 两虎争斗,血流漂杵。城郭空虚,蒿藜塞道。

通屯。艮为虎,坤数二,故曰"两虎"。又正反艮,故曰"争斗"。坎为血,为杵。艮为城郭,坤为空虚。震为藜蒿,艮为道。

震 依叔墙隅,志下心劳。楚亭晨食,韩子低头。

艮为墙,为叔,为依。坎为志,为心,为劳。震为楚,为晨,为食。艮为食。坎为信,故曰"韩子"。"韩子"者,韩信也。艮为头,坎下首,故低头。《史记·淮阴侯传》:常数从南昌亭长寄食,亭长妻患之,不为具食,信怒竟绝去。

艮　龙生无常,或托空桑。凭乘风云,为尧立功。

震为龙,为生,为桑。互大离,离虚,故曰"空桑"。坎为云,伏巽为风,震为乘,艮手为凭。震为帝,故曰"尧"。按,皇甫谧云:伊尹生于空桑,尧时诸臣。禹生石纽,见《史记》注。无生空桑者,西汉时古籍多,或别有所据。

渐　魁行摇尾,逐云吹水。污泥为陆,下田宜稷。

艮为星,为尾。魁,北斗星也。巽进退,故曰"摇尾"。坎为云水,兑口向坎,故曰"逐云吹水"。坎为污泥。坎陷,故亦为下田。艮为陆,巽为稷。言宜种黍稷也。

归妹　跋踦相随,日暮牛罜。陵迟后旅,失利亡雌。

坎蹇,故跋踦。离为日,为牛;坎夜坎劳,故曰"日暮牛罜"。震为商旅,为后。巽为利,巽伏,故曰"失利亡雌"。巽为震妇,故曰"雌也"。

丰　三人俱行,北求大牂。长孟病足,倩季负粮。柳下之宝,不失我邦。

震为人,为行;数二,故曰"三人俱行"。互大坎为北,兑为羊。震为长孟,为足;坎病,故曰"病足"。按《家语》:叔梁纥之妾生孟皮,孟皮病足。季,季路也。《家语》:子路曰,吾为亲负米百里之外。互巽为粮,伏艮为季,为负。震为柳,伏坤为下,为邦。

旅　凤凰在左,麒麟处右。仁圣相遇,伊吕集聚。伤害不至,时无殃咎,福为我母。

离为凤凰,为麒麟。离东为左,兑西为右。坎为圣,为集聚。兑口为伊,巽为齐,为吕。

巽　乘筏渡海,虽深不殆。曾孙皇祖,累累俱在。

伏震为筏,为乘。互大坎为海,为深。兑悦,故不殆。伏艮为曾孙,为祖。

兑　比目四翼,来安吾国。赍福上堂,与我同床。

详《比之离》。

涣　娶于姜吕,驾迎新妇。少齐在门,夫子悦喜。

详《否之涣》。

节　螟虫为贼,害我稼穑。尽禾殚麦,秋无所得。

坎为贼,为害。伏巽为螟虫,震为禾稼。兑正秋,兑毁折,故秋无所得。

中孚　衣裳颠倒,为王来呼。成就东周,邦国大休。

震为衣裳,正反震,故曰"颠倒"。震为王,为呼,为东周。艮为成,为邦国。按《齐风》:东方未明,颠倒衣裳。颠之倒之,自公召之。《毛诗叙》谓朝廷兴居无节。《焦》意似指太公佐周,与《毛》异。

小过　王孙季子,相与为友。明允笃诚,升擢荐举。

震为王。艮为孙,为季子,为友。震为明允,艮为笃诚。震为荐举,艮手为擢。词似用

《史记》舜举八元八恺事。

既济　踊泉滑滑，流行不绝。汙为江海，败毁邑里。家无所处，闻虎不惧，向我笑喜。

坎为泉，重坎，故流行不绝，故汙为江海。坤为邑里，三坤爻隔绝，故云败毁。坎为惧。虎与笑喜，盖用半象。

未济　桑扈窃脂，啄粟不宜。乱政无常，使心孔明。

离为鸟，故曰"桑扈"、"窃脂"。坎为窃，为脂。窃脂，即桑扈，一物也。《左传·襄四年》：桑扈窃脂，为蚕驱雀者也。《诗·小雅》：交交桑扈。余似用半象。

䷍ 离上乾下　大有之第十四

白虎张牙，征伐东莱。朱雀前驱，赞道说辞。敌人请服，衔璧而趋。

兑为虎，为牙；西方色白，故曰"白虎张牙"。白虎，西方宿。离为东，兑为决，为斧钺，故曰"征伐东莱"。莱，汲古本作东华。按《史记》云：师尚父封于营邱，未至国，莱人来伐，争营邱。营邱边莱。莱，夷人也。但太公征莱，今史不详。不知华、莱孰是？姑从宋、元。朱雀，南方宿。离为雀，南方色赤，故曰"朱雀"。兑口，故曰"赞道说辞"。道、导通。乾为玉，兑口，故曰"衔璧"。

之乾　南山太行，困于空桑。老沙为石，牛马无食。

此用大有象。乾为山，为行，位南，故曰"南山"。太行，亦山名也。伏坎为困，艮为桑，坤虚，故曰"空桑"。艮为沙石，坤为老，为牛马。兑为食，坤闭，故曰"无食"。

坤　播木折枝，与母别离，绝不相知。

依《讼之谦》校。播，种也。言折枝种于他所，与母树分离也。

屯　噂噂所言，莫如我垣。欢乐坚固，可以长安。

详《乾之困》。

蒙　雹梅零坠，心思愦愦。怀忧少愧，乱我魂气。

艮为果，为梅；坎为冰，故曰"雹梅"。《尔雅》：葵芦萉。注，紫花大根，俗呼雹突。由此例之，是雹梅为象形之字，作李者非也。坎折，故零坠。坎为心思，坎忧，故愦愦。坤为我，为乱，为魂气。

需　火虽炽，在吾后。寇虽多，在吾右。身安吉，不危殆。

离为火，伏坤为吾；在下，故曰"在后"。坎为寇，兑为右。伏坤为身，为安。殆，音以。

讼　虎卧山隅，鹿过后胸。弓矢设张，猏为功曹。伏不敢起，遂至平野，得我美草。

乾为虎，为山。伏震为鹿，为后。《广韵》：胸，山名。《史记·始皇本纪》：立石上胸界中。由是例之，后胸，或山名也。坎为弓矢，为棘，为猬，为伏。伏坤为平野，为我。震为美草。

师 三火起明，雨灭其光。高位疾颠，骄恣诛伤。

伏离为火，数三，故曰"三火"。坎为雨，为黑，故无光。坎为疾，坤为诛伤。

比 疋居楚乌，遇谗无辜，久旅离忧。

丁云：疋、雅同。《说文》：雅，楚乌也。一名鷽，一名卑居，秦谓之雅。言雅居楚即谓乌也。艮为鸟，故曰"乌"，曰"雅"。坎上下兑口相背，故曰"谗"。坎为忧。

小畜 一室百子，同公异母。以义防患，祸灾不起。

通豫。坎为室，数一。坤为百。震为子，为公。坤为母，上下坤相背，故曰"异母"。坎为患。坤为祸灾，坎伏，故不起。

履 商人行旅，资所无有。贪其利珠，流连王市。还家内顾，公子何咎。

通谦。震为商旅，为行人，为珠。巽为利市，乾为王，故曰"王市"。艮为家，离为顾，震为公子。

泰 禹将为君，北入昆仑。稍进扬光，登入温汤。代舜为治，功德昭明。

乾为君王，故曰"禹"。伏巽为昆仑，坤位北。艮阳在上，为光；艮手，故曰"扬光"。坤水为汤，艮火，故曰"温汤"。震为帝，故曰"舜"。

否 乾行天德，覆帱无极。呕呼烹熟，使各自得。

乾为天，故覆帱无极。伏震兑，故曰"呕呼"。艮火坤釜，故曰"烹熟"。

同人 南国盛茂，黍稷醴酒。可以享老，乐我嘉友。

乾为南，伏坤为国。震为盛茂，为黍稷。伏坎为酒。乾为老，震为乐。

谦 方船备水，傍河燃火，终身无祸。

震为船，坤为方。方，并也。《诗》：方舟为梁，故可备水。坎水坎河，艮为火，故曰"傍河燃火"。坤为身，为祸；震喜，故无祸。

豫 雷行相逐，无有休息。战于平陆，为夷所覆。

详《坤之泰》。

随 踸踔跰躃，拊心搔头。五昼四夜，睹我齐侯。

震足，故踸踔跰躃。坎为心，为首；艮手，故拊心搔头。艮为日，为昼，兑为夜。震卦数四，巽五。巽为齐。

蛊 大口宣唇，神使伸言。黄龙景星，出应德门。与福上堂，天下安昌。

详《需之萃》。

临 阴衰老极，阳建其德。履离戴光，天下昭明。

详《否之无妄》。

观 三涂五岳,阳城太室。神明所伏,独无兵革。

详《需之蒙》。

噬嗑 年丰岁熟,政仁民乐。利以居止,旅人获福。

震为年岁,为丰熟,为仁乐。伏巽为利,艮为居止。震为旅人。

贲 楚乌逢矢,不可久放。离居无群,意昧精丧。作此哀诗,以告孔忧。

楚乌即雅。见《说文》。艮为黔啄,故曰"乌"。震为丛木,故曰"楚乌"。坎为矢,故曰"楚乌逢矢"。艮为居,坎为孤,故曰"离居无群"。坎为心,为隐伏,故曰"意昧"。震神坎陷,故精丧。坎为哀忧,震为告。《诗·四月篇》:君子作诗,维以告哀。

剥 出门大步,与凶恶忤。骂公詈母,为我忧耻。

坤为门户,为凶,为母,为我忧。伏乾为行,为公。兑为骂詈。

复 火至井谷,阳芒生角。犯历天市,窥观太极。登上玉床,家易六公。

无妄 牧羊逢狼,虽忧不伤。畏怖惕息,终无祸殃。

震为羊,震艮对,故曰"逢狼"。艮为狼。坤为牧,为忧伤。乾惕,故曰"惕息"。坤为祸殃,坤伏,故无。

大畜 茧栗牺牲,敬事鬼神。神耆饮食,受福多孙。望季不来,孔圣厄陈。

上四句详《乾之旅》。艮为季,艮止,故不来。乾为圣,震为孔,为陈。

颐 大泽治妆,南归牧羊。长伯为我,多得牛马,利于徙居。

坤为水,为海,故曰"大泽"。妆,俗作娤,为装之讹字。震为行,故治装。伏兑为羊,坤为牧。震为归,为南,为伯,为长。坤为我,为牛,为马。震行,故徙居。

大过 枯树无枝,与子分离。饥寒莫养,独立哀悲。

通颐。震为树,互大离科上槁,故曰"枯"。巽寡,故无枝。震为子,风散,故分离。乾为寒,离虚为饥。坤死,故莫养。坤为哀悲。

坎 天地九重,尧舜履中。正冠垂裳,宇宙平康。

互震为帝,故曰"尧舜"。震为履,坎为中。艮为冠,坤为裳,坎为平。

离 凫鹥游泾,君子以宁。履德不衍,福禄来成。

伏震为凫鹥,坎为泾。艮为君子。震为履,为福禄。

咸 裸裎逐狐,为人观笑。牝鸡雄晨,主作乱根。

通损。坤为身,故曰"裸裎"。艮为狐。震为逐,为人,为笑。艮为观。互巽为鸡,震为雄;为旦,为鸣,故曰"雄晨"。震为主,坤为乱。

恒　典册法书,藏在兰台。虽遭乱溃,独不遇灾。

详《坤之大畜》。

遁　三痴且狂,欲之平乡。迷惑失道,不知昏明。

通临。坤为痴,震数三,故曰"三痴"。震起,故曰"且狂"。《诗·郑风》:不见子都,乃见狂且。《说文》:且,荐也。荐,进也。《集韵》:且,徂也。且狂,犹狂且也。坤为平乡,震为之。坤为迷惑,为失,震为大涂。坤夜震旦,故曰"昏明"。坤迷,故不知。全用对象。

大壮　瘿瘤疡疥,为身疮害。疾病癃痫,常不危殆。

通观。艮多节,故曰"瘿瘤疡疥",曰"癃痫"。坤为身,为害,为疾病。艮安,故不危殆。

晋　三豕俱走,斗于谷口。白豕不胜,死于坂下。

坎为豕,离卦数三,故曰"三豕"。艮为谷,伏兑为口。兑刚卤毁折,故斗。兑西方,色白,故曰"白豕"。坤死,艮坂,故曰"死于坂下"。

明夷　赖主之光,受德之佑。虽遭颠沛,独不凶咎。

震为主,离为光。震为德。

家人　上义崇德,以建大福。明哲且聪,周武立功。

通解。震为德,为福,为建。离为明,为哲,为聪。震为周,为武,为功。

睽　四乱不安,东西为患。身止无功,不出国城。乃得全完,赖其生福。

兑数四,离为乱。坎险,故不安。离为东,坎为西,为患。伏艮为身,为止,为国城。艮止,故不出。

蹇　金牙铁齿,西王母子。无有患殆,涉道大利。

详《小畜之大有》。此亦用大有象。

解　贺喜从福,日利蕃息,欢乐有得。

震为喜乐,为贺,为福。伏巽为利,离为日,震为蕃息。

损　昊天白日,照临我国。万民康宁,咸赖嘉福。

艮一阳在上,故为天,为日。纳丙,故曰"昊天"。昊天,夏日也。坤为我,为国。艮为光明,故曰"照临"。坤为万民。震为康宁,为嘉福。

益　左眇右盲,视闇不明。下民多孽,君失其常。

震为左,伏兑为右。互大离,故曰"眇",曰"盲",曰"不明"。坤为黑暗,为下,为民,为孽。震为君。

夬　吾有黍粱,委积道傍。有囊服箱,运到我乡,藏于嘉仓。

通剥。艮为道。坤为委积,为囊,为箱,为乡。坤载,故曰"运到我乡"。坤为藏,艮为仓,又为果蓏。蓏,草实也。黍粱,故为艮象。

姤 殊类异路,心不相慕。牝豕无猳,鳏无室家。

通复。坤为类,为心。震为大涂。坤为牝,巽为豕,故曰"牝豕"。猳,牡也。坤寡,故曰"鳏"。

萃 雀行求食,出门见鹞。颠蹶上下,几无所处。

艮为雀,为求,兑为食。艮为门,为鹞。兑折,故颠蹶。

升 野有积庾,稺人驾取。不逢狼虎,暮归其宇。

坤为野,为积,为庾。震为稼穑,为人,故曰"稺人"。艮为虎狼,艮伏,故不逢。坤为莫,震为归。

困 肤敏之德,发愤晨食。虏豹禽说,为王求福。

详《师之观》。

井 光祀春成,陈宝鸡鸣。阳明失道,不能自守,消亡为咎。

《汉书·郊祀志》:秦文公获若石,于陈仓北阪城祠之。其神……来也常以夜,光辉若流星,从东方来,集于祠城若雄雌会……其声殷殷,若雄雉野鸡夜鸣……名曰陈宝。兹云"春城",疑祠城之讹。疑原句无春字。祀成,即祠城。或为光集祠城也。卦通噬嗑。离为光,坎为集,艮为祠城。震为陈,为鸣。本卦巽为鸡。

革 左抱金玉,右得熊足。常盈不亡,获心所欲。

通蒙。震为左,为玉。艮为金,为抱。兑为右,艮熊,震足。坤为多,故曰"常盈"。坤为亡;震乐,故不亡。坎为心,为欲。

鼎 履泥汙足,名困身辱。两仇相得,身为痛疟。

通屯。震为足,为履;坤为土,为水,故曰"履泥汙足"。艮为名,坎陷,故名困。坤为身,坤下,故辱。坤数二,故曰"两"。正反艮,故相仇。

震 安居重迁,不去其廛。禾米相间,乐得常产。

艮为居,艮止,故安居不迁。震往,艮廛;艮止,故不去其廛。震为禾米,为乐。

艮 天灾所游,凶不可居。转徙获福,留止忧危。

互坎为灾凶,震为游。上下卦阳在上,故曰"天灾"。艮为居,坎险,故不可居。震为徙,为福。艮止坎危。

渐 昧昧墨墨,不知白黑。景云乱扰,光明隐伏。犬戎来攻,幽王失国。

坎隐伏,故曰"昧墨",故不知白黑。巽为白,坎为黑,为云。离明,故曰"景云"。离为乱,为光明。坎伏。艮犬。坎为幽,为失,艮为国。震为王,震伏,故曰"幽王"。

归妹 凫雁哑哑，以水为宅。雌雄相和，心志娱乐，得其所欲。

详《大畜之鼎》。

丰 长生无极，子孙千亿。柏柱载梁，坚固不倾。

震为长生，为子。伏艮为孙。震为千亿，为柏柱，为载，为梁。伏艮为坚固。

旅 麒麟凤凰，善政得祥。阴阳和调，国无灾殃。

离为文明，故曰"麟凤"。卦一阴从一阳，二阴从二阳，故曰"和调"。

巽 天之奥隅，尧舜所居。可以存身，保我室家。

伏艮为天。震为帝，故曰"尧舜"。艮为居，为身，为室家，为保。全用旁通。

兑 配合相迎，利之四邻。昏以为期，与福笑喜。

兑昧为昏。震为福，为笑喜。迎、邻为韵。邻音灵。

涣 砥德砺材，果当成周。拜受大命，封为齐侯。

震为德，为材。艮石，故曰"砥砺"。震为周。艮为拜。巽为命，为齐。

节 与福俱坐，蓄水备火，终无灾祸。

震为福，艮为坐。坎水艮火。坎为积蓄，为灾祸。

中孚 晨昏潜处，候时煦煦。卒逢白日，为世荣主。

震为晨，兑为昧，为昏。巽为潜。艮为待，为时，震为煦。煦，和也。巽为白，艮为日。震为主，为荣。

小过 视日再光，与天相望。长生欢悦，与福为多。

艮为日，为光，为望，为天。巽长震生。震欢悦，为福为多也。

既济 大头明目，载受嘉福。三雀飞来，与禄相触。

坎为大首，离为明目。震为载，为嘉福。离为鸟，卦数三，故曰"三雀飞来"。震为飞，为禄。除坎离外，皆用半象。

未济 梗生荆山，命属输班。袍衣剥脱，夏热冬寒。立成枯槁，众人莫怜。

详《乾之既济》。

📊 坤上 艮下 **谦之第十五**

王乔无病，狗头不痛。亡跛失履，乏我徒从。

艮为寿，故曰"王乔"。王乔，古仙人。坎为病，震乐，故无病。艮为狗，坎为首，为痛。

震为履,坎塞,故跛。坤为我。

之乾 喋嗫嚘叹,昧冥相搏。多言少实,语无成事。

此取遇卦谦象。注解详卷九《明夷之豫》。豫与谦同象。

坤 北辰紫宫,衣冠立中。含和建德,常受大福。铅刀攻玉,坚不可得。

详《坤之观》。多下二句。此亦用谦象。艮为刀,为金。坤柔,故曰"铅刀"。震为玉,艮为坚。

屯 东壁余光,数暗不明。主母嫉妒,乱我事业。

震为东,艮为壁,故曰"东壁"。艮又为火,为光明。坎为暗,故不明。坤为母,震为主,故曰"主母"。坎为嫉妒,坤为乱,为事业。《列女传》:贫妇徐吾,与邻妇会烛夜绩。烛数不给,邻妇欲摈之,吾曰,一室之内,增一人烛不为闇,少一人不为明,何爱东壁之余光乎? 林用其事。

蒙 下背其上,盗明相让。子婴两头,陈破其墟。

坤为下。艮为背,为上,为明。坎为盗,震为言。正反震相对,故曰"相让"。震子震婴;坎为首,坤数二,故曰"两头"。震为陈,坎为破,坤为墟。两头于象甚合,其义未详,疑为面缚之讹。

需 凤生会稽,稍巨能飞。翱翔桂林,为众鸟雄。

离文为凤,伏艮为山。会稽,山名。艮阳在上,为飞,为翱翔,为林,为鸟。坤为众。全用伏。

讼 凿井求玉,非和氏宝。名困身辱,劳无所得。

坎陷为井,乾为玉,为宾。坎为和。伏坤为身,为辱。艮为名,艮覆,故名困。坎为劳。

师 邦桀载殳,道至东莱。百僚具举,君王嘉喜。

坤为邦,为恶,故曰"桀"。艮为殳,兵器也。《诗·卫风》:邦之桀兮,伯也执殳。震为大涂,为陵;震东,故曰"东莱"。东莱,山名。坤为百,艮为官。互震为君王,为嘉喜。

比 安息康居,异国穹庐。非吾邦域,使伯忧戚。

详《蒙之屯》。

小畜 江河淮海,天之都市。商人受福,国家富有。

详《否之乾》。

履 同本异业,乐仁尚德。东邻慕义,来兴吾国。

通谦。震为木,正反震,而三爻为本,故曰"同本异业"。震为仁德,为乐,为东,为兴。坤为吾,为国。

泰 白鹤衔珠,夜室为明。怀我德音,身受光荣。

震为白,为鹤,为珠。兑为口,故曰"衔"。坤为夜,为室。震为明,为音。坤为怀,为我,为身。乾为光荣。《搜神记》:哙参行,遇黔鹤为弋人射伤,收养之,放去。一夜,雌雄各衔一明月珠来,以报参。

否 践履危难,脱厄去患。入福喜门,见吾邦君。

伏震为践履,坤为患,乾在外,故脱厄去患。艮为门,乾为福喜,巽为入。坤为吾,为邦,乾为君。

同人 宫商既和,声音相随。骊驹在门,主君以欢。

通师。震为乐,故曰"宫商",曰"声音"。震为随,为马。坤为门。震为主,为君,为欢。又震为行。骊驹,为送行之诗。

大有 天地配享,六位光明。阴阳顺叙,以成厥功。

详《讼之震》。

豫 江河淮海,天之奥府。众利所聚,可以饶有,乐我君子。

详《否之坤》。

随 双鸟俱飞,欲归稻池。径涉萑泽,为矢所射,伤我胸臆。

详《屯之旅》。

蛊 伯仲叔季,日暮寝寐。羸卧失明,丧我贝囊,衔却道傍。

震为伯,大坎为仲,艮为叔季。坎为莫,为寝寐。艮为身,为羸,为卧,为明。兑昧,故失明。兑毁折,故曰"丧"。艮为贝,震为道,为囊。

临 受终文祖,承衰复起。以义自闲,虽苦无咎。

坤为文,伏艮为终,为祖,故受终文祖。坤为衰,震为起。坤为义,为咎。震乐。故无咎。

观 据斗运枢,顺天无忧,与乐并居。

详《益之节》。

噬嗑 周师伐纣,战于牧野。甲子平旦,天下悦喜。

震为周,为伐,坎众为师。离为恶人,故曰"纣"。艮为城。《尚书注》:牧野城,周武王所筑。震为旦,为子。艮为甲,故曰"甲子"。坎为平,故曰"平旦"。艮为天,震为下,为乐。《周书》:武王伐纣,甲子昧爽,王朝至于商郊牧野。林所本也。

贲 十雌百雏,常与母俱。抱鸡搏虎,谁敢害诸。

通困。巽为雌,兑为雏;数十,故曰"十雌"。震为百,为子,故曰"百雏"。巽为母,为鸡;艮为虎,为抱,故曰"抱鸡搏虎"。

剥 桀跖并处,人民愁苦。拥兵荷粮,战于齐鲁。

此用谦象。坤为恶,故曰"桀"。坎为盗,故曰"跖"。震为人民,坎为愁苦。艮为兵,震为粮。艮手为拥,艮背为荷。震为战。伏兑为鲁,巽为齐,故曰"齐鲁"。

复 南山昊天,刺政闵身。疾悲无辜,背憎为仇。

详《乾之临》。

无妄 百川朝海,流行不止。道虽辽远,无不到者。

乾为海,为百川。震为行,为道,为远;为至,故无不到。

大畜 目不可合,忧来摇足。悚惕危惧,去其邦域。

大离,故目不合。震为足,为摇。乾为忧,为危惕。艮为邦域;艮在外,故曰"去"。

颐 鸟升鹊举,照临东海。龙降庭坚,为陶叔后。封于英六,履福绥厚。

详《需之大畜》。

大过 北方多枣,橘柚所聚。何囊载黍,盈我筐筥。

通颐。坤为北。艮为枣,为橘柚。正反艮,故曰"聚"。坤亦为聚也。坤为囊,艮为何。震为黍,为战,为筐筥。

坎 悬貆素飡,食非其任。失望远民,实劳我心。

《诗·魏风·伐檀篇》:胡瞻尔庭,有悬貆兮……不素餐兮。互艮为貆。震为素,为餐。坎为食。伏巽为绳,故曰"悬"。艮为望,坎失,故曰"失望"。坎为民,为劳,为心。

离 羔羊皮革,君子朝服。辅政扶德,以合万国。

详《晋之临》。

咸 齐鲁争言,战于龙门。构怨致祸,三世不安。

详《坤之大畜》。

恒 久阴霖雨,涂行泥潦。商人休止,市空无有。

互大坎,故曰"阴",曰"霖雨",曰"泥潦"。震为大涂,为行,为商人。坎陷,故休止。巽为市,兑毁,故空无所有。

遁 桃雀窃脂,巢于小枝。摇动不安,为风所吹。心寒慄慄,常忧殆危。

艮为鸟,故曰"桃雀窃脂"。《诗·大雅》:肇允彼桃虫。传:桃虫,鹪鹩也。鹪鹩即桃雀。《尔雅》:桑扈,窃脂。皆小鸟。艮为小也。艮为巢,为枝。巽风进退,故动摇。乾为寒,为惕,故曰"慄慄",曰"危殆"。

大壮 防患备灾,凶祸不来,虽困无灾。

通观。坤为患,为灾。艮为防。坤为凶祸,坤闭,故困。

晋 引颈绝粮,与母异门。不见所欢,孰与共言。

艮为颈,震为粮;震覆坤闭,故绝粮。坤为母,为门,艮亦为门。坤西南,艮东北,故曰"异门"。震为欢,为言;震覆坤闭,故不见所欢,故无与共言。

明夷　鳝虾去海,藏于枯里。街巷褊隘,不得自在。南北极远,渴馁成疾。

坤为鱼,故曰"鳝虾"。坎为海,坤在外,故曰"去海"。坤为里,为藏。离为枯,为巷。坎为褊隘。离南坎北。坎为疾,离为渴馁。

家人　恭宽信敏,功加四海。辟去不详,喜来从母。

坎为信,巽为母,伏震为喜。

睽　岁饥无年,虐政害民。乾溪骊山,奏楚结怨。

离虚,故饥。坎为众,为民。兑毁折,故曰"虐",曰"害"。坎为溪,离火,故曰"乾溪"。坎为马,伏艮为山,故曰"骊山"。兑西,故曰"秦"。离南,故曰"楚"。楚灵王死于乾溪,秦始皇葬骊山,故曰"秦楚结怨"。坎为怨也。

蹇　右目无瞳,偏视寡明。十步之外,不知何公。

此用谦象。伏兑为右,艮离目不全,故无瞳,故偏视。坎黑,故寡明。坤数十。震为公,为步。正反震,故不知何公。

解　蝈蟪欢喜,草木嘉茂。百果蕃炽,日益庶有。

此用谦象。震为鸣,伏巽,故曰"蝈蟪"。《豳风》注:蝈,蝉也。宋曰蟪。震为欢喜。《诗·大雅》:如蜩如螗,如沸如羹。《笺》云:言饮酒欢呼之声,似蝈蟪之鸣。兹曰"欢喜",用诗意也。震为草木,为嘉茂,为百,为蕃炽。艮为果,为日。

损　常德自如,安坐无尤。幸入贵乡,到老安荣。

艮止,故曰"常德",曰"安坐"。艮为乡,为贵。坤为老,震为荣。

益　狡兔趯趯,良犬逐咋。雄雌爱爱,为鹰所获。

震为兔,为行。互艮为犬,震为逐。震口为咋,为雄。巽为雌。爱爱,行貌。艮为鹰,为获。《诗·小雅》:跃跃毚兔,遇犬获之。《释文》:跃,他历反,与趯同。又《王风》:有兔爰爰。传:爰爰,行缓也。

夬　春桃生花,季女宜家。受福多年,男为邦君。

详《师之坤》。

姤　山石朽弊,消崩堕落。上下离心,君受其祟。

乾为山,为石。巽为朽弊,为消崩堕落。乾为君,阴消阳,故曰"受祟"。

萃　水坏我里,东流为海。龟凫讙哗,不睹我家。

详《泰之兑》。

升　七窍龙身,造易八元。法天则地,顺时施恩,富贵长存。

元本注:圣人心有七窍,伏羲蛇身。《左传》:高辛氏有才子八人,天下谓之八元。互兑为穴,为窍;数七,故曰"七窍"。震为龙,坤为身,战曰"龙身"。坤数八,又为地。伏乾为天,故曰"法天则地"。震为时,坤顺,故曰"顺时"。伏乾为富贵。翟云升谓,伏羲龙身,八元即八卦。

困 四夷慕德,来兴我国。文君陟降,同受福德。

坎为夷,伏震卦数四,故曰"四夷"。坎为慕。伏艮为国。震为君,互离,故曰"文君"。正反震,故曰"陟降",曰"福德"。

井 华首山头,仙道所游。利以居止,长无咎忧。

伏艮为山,坎为首,兑为华,故曰"华首"。艮为寿,故曰"仙道"。伏震为游。巽为利,为长。艮为居止,坎为忧。

革 鹬鸠徙巢,西至平州。遭逢雷雹,损我苇芦。家室饥寒,思吾故初。

通蒙。艮为鹬鸠,为巢。震行,故曰"徙巢"。坎为平,为西,为冰雹。震为雷,为苇芦。兑毁,坤我。艮为家室,坤为饥寒。

鼎 狗无前足,阴谋叛北,为身害贼。

详《小畜之明夷》。艮为狗。初二半艮,无初爻,故无前足。震为足,震伏,亦无。

震 阳孤亢极,多所恨惑。车倾盖亡,身常惊惶。乃得其愿,雌雄相从。

详《乾之屯》。

艮 空槽注器,豚彘不到。张弓祝鸡,雄鸠飞去。

渐 长夜短日,阴为阳贼。万物空枯,藏于北陆。

巽为长,坎为夜。离日,坎隐,故短日。坎为贼,北方阴。离日为阳,阳为坎阴所蔽,故曰"阴为阳贼"。巽为草莽,为万物;离虚,故空枯。坎为藏,为北;艮为道,故曰"北陆"。冬日行北陆。

归妹 爪牙之士,怨毒祈父。转忧于己,伤不及母。

兑为爪牙,震为士;为父,故曰"祈父"。坎为怨毒,为忧。巽为母,巽伏,故伤不及母。《诗·小雅·祈父》:予王之爪牙。胡转予于恤……有母之尸饔。祈父,司马也。言司马令我久役,移忧于己,不及事母。令母主爨也。林全说诗意。

丰 拜跪请兔,不得臭腐。俛眉衔指,低头北去。

伏艮为拜跪,震为兔;震言,故请兔。巽为臭腐,巽伏,故不得。艮为眉,坎陷,故俛眉。艮为指,兑口,故衔指。坎为首,为低,为北。多用伏象。

旅 有莘季女,为夏妃后。贵夫寿子,母字四海。

巽为草莽,为莘,兑为季女。离为夏。艮贵艮寿,震夫震子。巽为母,兑为海。震卦数四,故曰"四海"。

巽　　季姬踟蹰,待孟城隅。终日至暮,不见齐侯。

详《同人之随》。

兑　　邯郸反言,父兄生患。涉叔忧恨,卒死不还。

详《坤之睽》。

涣　　逐鹿山巅,利去我西。维邪南北,所求不得。

艮为鹿,为山,为巅。震为逐,巽为利,坎为西。震为言,故曰"维邪"。维邪,呼声。震为南,坎为北,艮为求。

节　　穿鼻系株,为虎所拘。王母祝福,祸不成灾,突然自来。

艮为鼻,坎为穿,伏巽为系,震为株。言既穿其鼻,又系于木也。艮为虎,为拘。震为王,伏巽为母,故曰"王母"。震为福,为祝。坎为祸,为灾。

中孚　　虎豹熊罴,游戏山谷。君子仁贤,皆得所欲。

艮为虎豹熊罴,为山谷。《易·井·九二》,井谷射鲋,以伏艮为谷也。震为游。艮为君子,为仁贤。

小过　　梅李冬实,国多盗贼。扰乱并作,王不得制。

详《屯之师》。此以正反巽为盗贼,故曰"多"。

既济　　望幸不到,文章未就。王子逐兔,犬踦不得。

此用谦象。艮为望,坤为文章。震为王,为子,为逐,为兔。艮为犬,坎为踦。

未济　　千柱百梁,终不倾僵。仁智辅圣,周宗宁康。

此用谦象。坤为千百。艮为柱,坎为极,为梁。震仁坎智。坎圣,震为周。

震上坤下　豫之第十六

冰将泮散,鸣雁嗈嗈。丁男长女,可以会同,生育圣人。

坎为冰,下临艮火,故曰"泮散"。艮为雁,震鸣,故曰"嗈嗈"。伏兑纳丁。《晋书·李密传》:零丁孤苦。丁男,言孤男,无配偶也。巽为长女,震为生,坎为圣。言少男长女,及冰未泮而婚嫁也。《周礼·媒氏》疏引《韩诗传》:古者霜降逆女,冰泮杀止。按《诗·邶风》:士如归妻,迨冰未泮。据《韩诗》,是冰泮后禁嫁也。《荀子》及《家语》皆同《韩诗》说,郑误。

之乾　　龙马上山,绝无水泉。喉焦唇乾,口不能言。

详《乾之讼》。此用豫象。

坤　　蔡侯朝楚,留连江滨。逾时历月,思其后君。

《左氏·定三年》：蔡侯朝楚，子常求其裘，弗与，乃留蔡侯，弗使归。豫震为草莽，为蔡，为楚，为诸侯。坎陷，故流连。坎水，故曰"江滨"。艮为时，坎为月，为思。震为君。全用豫象。

屯 文厄羑里，汤囚夏台。仁圣不害，数困何忧。免于缧绁，为世雄侯。

中爻坤为文，为里。坤闭，故厄。坎为水，艮火，故曰"汤"，曰"夏"。艮为台。震为仁，坎为圣，坤为害。坎为困，为忧。巽为缧绁，巽伏，故免。震为雄，为侯。

蒙 典册法书，藏在兰台。虽遭乱溃，独不遇灾。

详《坤之大畜》。

需 毡裘氈国，文礼不饬。跨马控弦，伐我都邑。

伏坤为裘，为文礼，为马，为我，为都邑。谓匈奴寇边也。

讼 星陨如雨，力弱无辅。强阴制阳，不得安土。

《左传·庄七年》：星陨如雨。离为星，坎为雨，风陨。伏象明夷，明入地中，故曰"阴制阳"。坤为土。

师 蝗嚼我稻，驱不我去。实穗无有，但见空藁。

详《小畜之大壮》。

比 虎饥欲食，为猏所伏。禹导龙门，避咎除患，元丑以安。

艮为虎，坤虚，故饥。伏兑为食。坎为猏，为伏。伏乾为王，为龙，为门，故曰"禹导龙门"。坎为患，为隐伏，故曰"避咎除患"。坤为丑，为安。

小畜 蝙蝠夜藏，不敢昼行。酒为酸浆，鲂鳀鲍羹。

巽为蝙蝠，伏坎为夜，为藏。离为昼，震为行；震伏，故不昼行。坎为酒浆。巽为鱼，为鳀，故口"鲂鳀鲍羹"。

履 精华坠落，形体丑恶。龃龉挫顿，枯槁腐蠹。

兑为华，风陨，故坠落。伏坤为形，为丑恶。兑为口，正反兑相对，故龃龉。离为枯槁，巽为腐蠹。

泰 两足不获，难以远行。疾步不能，后旅失时。

互震为足，兑卦数二，故曰"两足"。兑毁，故不获，故不行。震为后，为时；坤丧，故失时。

否 令妻寿母，宜家无咎。君子之欢，得以长久。

巽为妻，乾善，故曰"令妻"。坤为母，艮寿，故曰"寿母"。艮为家，为君子。伏震为乐，故曰"欢"。巽为长，艮为久。

同人 饥蚕作室，缁多乱缠，端不可得。

巽为虫，为蚕；离虚，故曰"饥蚕"。伏坎为室。巽为缙，离为乱。

大有 子鉏执麟，春秋作经。元圣将终，尼父悲心。

详《讼之同人》。

谦 螟虫为贼，害我稼穑。尽禾殚麦，秋无所得。

详《同人之节》。

随 忧在腹内，山崩为疾。祸起萧墙，竟制其国。

互大坎为忧，离为腹。艮为山，震为覆艮，故曰"山崩"。巽为草莽，艮为墙，故曰"萧墙"。艮为国。

蛊 茹芝饵黄，饮食玉瑛。神与流通，长无忧凶。

震为芝，为黄。兑口，故曰"茹"，曰"饵"，曰"饮食"。震为玉，为神；为乐，故不忧。此言神仙导引之事。黄，黄精也。

临 一夫两心，歧剌不深。所为无功，求事不成。

震为夫，坤为心；数二，故曰"两心"，曰"歧"。兑毁折，故无功，故不成。坤为事。

观 十里望烟，涣散四分。形容灭亡，终不见君。

坤为里，数十，艮为望。烟，音因，与氤通。班固《典引》：烟烟煴煴。烟煴，天地气也，与纲缊同。艮阳在上，坤在下，天地气接，故曰"望烟"。巽风为散，数四，故曰"四分"。坤为形，为死，故灭亡。乾伏，故不见君。

噬嗑 张弓控弩，经涉山道。虽有伏虎，谁敢害诸。

坎为弓，为弩，震为张。艮为山道；为虎，坎伏，故曰"伏虎"。坎为害。

贲 泉闭泽竭，主母饥渴。君子困穷，乃徐有说。

坎为泉。坎伏，故闭；下火，故竭。震为主，伏巽为母。离虚而燥，故饥渴。艮为君子，坎为困。说、脱通，言脱去困穷也。

剥 野鸢山鹊，奕綦六博。三枭四散，主人胜客。

艮为鸢，为鹊，为枭，为山。元本注：三枭四散，皆古局戏名。按《战国·楚策》云：夫枭綦之所以能为者，以散綦佐之也。夫一枭之不胜五散亦明矣。按黄山谷诗：安知樗蒲局，临关败三枭。今博戏失传，故不知其义。

复 羊惊马走，上下挥扰。鼓音不绝，顷公奔败。

震为惊，为羊，为马，为走，为鼓，为音。坤为顷，震为公，故曰"顷公"。震为奔，坤为败。《左传·成二年》：晋郤克与齐顷公战，晋人援枹而鼓之，……顷公奔败。

无妄 黄帝神明，八子圣聪。俱受大福，天下康平。

震为黄，为帝，为神。艮为明，数八；震子，故曰"八子"。乾为圣聪，为大福，为天。震阳在下,故曰"天下"。《左传》:高阳氏有才子八人。林所本也。

大畜　轻车醊祖,焱风暴起。泛乱祭器,飞扬鼓舞。明神降佑,道无害寇。

震为车,为祭祀,故曰"醊祖"。祖者,将行犯轹之祭。《诗·大雅》,仲山甫出祖是也。伏巽为风,进退,故曰"焱风"。震为器。兑毁,故泛乱。震为飞扬,为鼓舞,为明神,为福祐,为道。坤为害,为杀;坤伏,故无。

颐　膡蛇乘龙,宋郑饥凶,民食草蓬。

《左传·襄二十八年》:梓慎曰,蛇乘龙,龙,宋、郑之星也。宋、郑必饥。震为龙,坤为蛇,在震上,故曰"乘龙"。《说文》:以木架屋为宋。故艮为宋。郑,《说文》:地町町然平也。故坤为郑。为凶,为民。震为食,为草莽。

大过　扬水潜凿,使石洁白。裹素表朱,游戏皋沃。得君所欲,心志娱乐。

详《否之师》。按汲古作衣素表朱,宋、元本作里裹表朱。《毛诗》诂襮为领,谓衣素而黼领朱也,与《尔雅》合。后儒据高诱《吕览》注及班赋,诂襮为表,以攻《毛》。岂知素衣朱表,语已不合。兹按林词,亦诂襮为表。然曰裹素,则读衣为裹也。素裹朱襮,义始分明。

坎　西过虎庐,惊我前驱,虽忧无危。

坎位西,中爻艮为虎,为庐。震为惊,坎为忧危。

离　衣成无袖,不知所穿。客指东西,未得便安。

通坎。震为衣,坎为穿,震为袖。中爻正覆震相对,故曰"无袖"。又中爻亦正覆艮,艮止,故不知所穿。震为客,为东。兑为西。

咸　晨风文翰,随时就温。雌雄相和,不忧殆危。

诗鴥彼晨风,传:鹯也。巽为风,伏震为晨,为翰。坤为文,故曰"文翰"。文翰,即晨风。详大遇之豫。艮为时;为火,故曰"温"。震雄巽雌。兑口震鸣,故曰"和"。

恒　心多恨悔,出言为怪。枭鸣室北,声丑可恶,请谒不得。

通益。坤为心,为悔恨。震为言,为出,为鸣。艮为枭,为室。坤北,故曰"室北"。震为声,坤为丑,为恶。震为请谒,坤闭,故不得。

遁　离女去夫,闵思苦忧。齐子无良,使我心愁。

下艮为夫。巽风,故曰"离女"。风散,故曰"去夫"。伏坤为苦忧。巽齐震子,坤恶,故无良。坤为我,为心,为愁。

大壮　过时不归,雌雄苦悲。徘徊外国,与叔分离。

详《比之随》。

晋　鹊巢柳树,鸠夺其处。任力德薄,天命不佑。

艮为鹊,离为巢。艮为木,故曰"柳树"。离又为鸠,正居巢中,故曰"鸠夺其处"。

明夷 鹤盗我珠，逃于东都。鹋怒追求，郭氏之墟。不见踪迹，使伯心忧。

震为鹤，为珠。坎为盗，故曰"盗珠"。震为逃，为东。坤为都，为郭，为墟。震为鹋，为怒，为伯。坎为心忧。

家人 夫妇相背，和气弗处。阴阳俱否，庄姜无子。

此用豫象。震巽为夫妇，巽伏，故曰"相背"。艮为背，正反艮，故曰"相背"。坎为和，震起，故弗处。卦一阳陷群阴中，而阴多无应，阴乘阳，故曰"俱否"。巽为姜。震子，坤杀，故无子。震为庄。《诗·绿衣篇》注：卫庄公惑于嬖妾，庄姜贤而无子。

睽 日走月步，趣不同舍。妻夫反目，主君失位。

此用豫象。艮日坎月。上震，故曰"步"，曰"走"。正反震，故曰"趣不同舍"。艮为舍也。震为夫，坤为妻。《文言》云：臣道也，妻道也。是以坤为妻也。艮为目，正反艮，故曰"反目"。震为主，为君。艮为位，震在外，故曰"失位"。坎为失也。又，《说文》：睽，两目不相听也。互坎为夫，离为坎妃，故曰"夫妻"。坎上下两半目相背，故反目。是睽原有反目象也。

蹇 雒阳嫁女，善逐人走。三寡失夫，妇妁无子。

此亦用豫象。坎水，故曰"洛"。坤为都，故曰"雒阳"。坤为女，震为归，故曰"嫁女"。震为人，为逐，为走，故曰"善逐人走"。坤为寡，震为夫，数三；坎失，故曰"三寡失夫"。坎为妁，震为子；坤为妇，为杀，故曰"妇妁无子"。

解 周德既成，杼轴不倾。太宰东西，夏国康宁。

震为周，坎为杼轴。震为宰，为东，坎为西。离为夏。夏国，大国也。坎又为平，故不倾。

损 日中为市，交易资宝。各利所有，心悦以喜。

通咸。乾为日，在中爻，故曰"日中"。巽为市，为交易。乾为宝，巽为利。兑悦震喜，坤为心。

益 童妾独宿，长女未室，利无所得。

伏兑为妾，为少女，故曰"童妾"。坤寡，故独宿。巽为长女，艮为室；巽寡，故未室。巽为利，坤丧，故无得。

夬 忠言辅成，王政不倾。公刘兆基，文武绥之。

乾为王，为成，为言。

姤 牛骥同尊，郭氏以亡。国破为虚，主君奔逃。

详《小畜之晋》。郭亡，见《说苑》，详前。

萃 中原有菽，以待饔食。饮御诸友，所求大得。

详《小畜之大过》。惟各本賽皆作雉，兹依大过林改。

升　多虚少实，语不可知。尊空无酒，飞言如雨。

阴多阳少，故曰"多虚少实"。震为言语，坤乱，故不可知。震为樽，兑为酒，坤虚，故空无。震言，兑亦为言，言多故如雨。兑为雨。

困　青蝇集蕃，君子信谗。害贤伤忠，患生妇人。

蕃，《毛诗》作樊，义皆通藩。《周官·大司徒》，蕃乐，杜子春读蕃为藩，是其证。青蝇，刺幽王诗也。巽为蝇，东方木色青，故曰"青蝇"。伏艮为蕃，为君子。三至上正覆兑相背，故曰"谗"。《困·象》曰：有言不信。林所本也。坎为忠，为害，为患。巽为妇，伏震为人。

井　履株覆舆，马惊伤车，步为我忧。

通噬嗑。震为株，为舆，为履。二至四震覆，故曰"覆舆"。震为马，为惊。坎破，故车伤。震为步，坎为忧。言行路难也。

革　商风召寇，我呼外盗。间谍内应，与我争斗。殚己宝藏，主人不胜。

兑西，正秋，互巽，故曰"商风"。巽为伏，为寇盗。《史记·天官书》：风从南方来，大旱；……西方，有兵。故曰"召寇"。二至上正覆兑，故曰"间谍"，曰"争斗"。乾为宝。震为主人，震伏，故不胜。

鼎　逸豫好游，不安其家。惑于少姬，久迷不来。

伏震为乐，故曰"逸豫"。震为游。伏艮为家，坎险，故不安。兑为少姬，伏坤为迷。此有故实，不能确指。

震　吾有骅骝，畜之以时。东家翁孺，来请我驹。价极可与，后无贱悔。

震为马。艮为止，为畜，为时，为家。震东，故曰"东家"。艮为祖，为少男，故曰"翁孺"。震为请，为驹，为后。坎为悔。

艮　厄穷上通，与尧相逢。登升大麓，国无凶人。

阳穷在上，故曰"厄穷上通"。互震为帝，故曰"尧"。三上正反震，故曰"相逢"。震为登，为升。艮为山麓，为国。震为人，震乐，故无凶人。《虞书》：纳于大麓，烈风雷雨弗迷。谓舜。

渐　众兔俱走，熊罴在后。踦不能进，失信寡处。

伏震为兔，为走。坎众，故曰"众兔俱走"。艮为熊罴，震为后。坎蹇，故踦。艮止，故不进。坎为信，为失，巽为寡。

归妹　旁行不远，三思复返。心多畏恶，日中止舍。

震为行，为返。坎为思，震数三，故曰"三思"。坎为心，为畏，为中。离为日，伏艮为止，为舍。

丰　仓唐奉使，中山以孝。文侯悦喜，击子征召。

元本注:魏太子击,封中山,三年不召,其傅赵仓唐请使,魏文侯大悦,召击子立之。伏艮为仓,为山。巽顺,故曰"孝"。离为文,震为侯,为喜,为子。艮手,故曰"击子"。震为召。

旅 入天门,守地户。君安乐,不劳苦。

艮为门,阳在上为天。巽入,故曰"入天门"。先天艮居戌亥,《乾凿度》以乾为天门,与艮同位,故艮亦为天门。巽为地户,而艮为守,为户牖,故曰"守地户"。伏震为君,为乐。

巽 登阶上堂,见吾父兄。左酒右浆,与福相迎。

通震为登。艮为堂,为阶。震为父,为兄,为左。兑为右。互大坎为酒浆。震又为福。

兑 秋蛇向穴,不失其节。夫人姜氏,自齐复入。

兑正秋,巽为蛇,兑为穴。互巽为齐,为姜。伏震为人,为夫。《左传》:庄姜与齐襄通,屡赴齐会齐侯。

涣 忍丑少羞,无面有头。耗减寡虚,日以削消。

象多未详。

节 景星照堂,麟游凤翔。仁施大行,颂声大兴。

艮为星,伏离为日,亦为星,故曰"景星"。艮为堂,伏离为文,故曰"麟凤"。互震为游翔,为仁,为声,为行。

中孚 干旄旌旗,执帜在郊。虽有宝珠,无路致之。

详《师之随》。

小过 李花再实,鸿卵降集。仁德以兴,荫国受福。

详《小畜之离》。

既济 白鸟赤乌,战于东都。天辅有德,败悔为忧。

此用豫象。震为白,为马;艮为乌,坎赤,故曰"白马赤乌"。震为东,坤为都,正反艮,故曰"战于东都"。艮为天,坎为忧。《史记》:武王渡河,有火流于王屋,化为赤乌。丁晏云:《诗》,有客有客,亦白其马。盖白马为殷人所尚。东都,指牧野。

未济 采薪得麟,大命陨颠。豪雄争名,天下四分。

详《屯之坤》。此取遇卦豫象。坤为薪,为麟;艮手为采,坎为获,故曰"采薪得麟"。伏巽为命,为陨颠;乾为大,故大命陨颠。震为豪雄,艮为名;正反艮,故争名。坤为天下,坎为分;震卦数四,故曰"天下四分"。

焦氏易林注卷五

☷☱ 兑上
☳ 震下 随之第十七

鸟鸣东西,迎其群侣。似有所属,不得自专,空返独还。

艮为鸟,震为鸣,为东,兑西。初四正覆艮,故迎其群侣。震为返,为还。震虚,故空反。巽寡,故独还。

之乾 鼻目易处,不知香臭。君迷于事,失其宠位。

此取随象。艮为鼻,大离为目。艮在离上,故曰"易处"。巽为臭,兑昧,故不知香臭。震为君,坤为迷,为事。一阳居二阴下,故曰"君迷于事"。阳在下,故失位。

坤 唐虞相辅,鸟兽喜舞。安乐无事,国家富有。

此仍取随象。震为帝,为唐虞。正反震,故曰"相辅"。艮为鸟,为兽。震为喜,为舞,为乐。坤为国家。

屯 左辅右弼,金玉满堂。常盈不亡,富如敖仓。

详《蒙之坤》。

蒙 苍龙单独,与石相触,摧折两角。

详《坤之屯》。

需 钓日厌部,善逐人走。来嫁无夫,不安其庐。

日,从宋、元本。汲古、局本作目。均未详其义。似用遇卦随象。《随》下震为人,为走,为逐,故曰"善逐人走"。震为嫁,为夫;二四震覆,故无夫。艮为庐,震动,故不安。首句有讹字。

讼 逐虎驱狼,避去不祥。凶恶北行,与喜相逢。

通明夷。乾为虎,震为驱逐。坎为避,坤为不祥,为凶恶。坎位北,故北行,遇震而喜也。

师 赍贝赎狸,不听我辞。系于虎须,牵不得来。

详《需之睽》。

比 同载共舆,中道别去。丧我元夫,独与孤居。

详《比之革》。

小畜 奋翅鼓翼,将之嘉国。愆期失时,反得所欲。

通豫。震为翅,为翼,为鼓,为之,为嘉。坤为国。艮为时,坎陷,故愆期失时。震为乐,故曰"反得所欲"。

履 目倾心惑,夏姬在侧。申公颠倒,巫臣乱国。

离目,伏坎为心,为惑。兑为姬,离为夏,故曰"夏姬"。伏震为公,离明,故曰"申公"。巽为颠,正反巽,故曰"颠倒"。兑为巫,伏艮为臣,为国,离为乱,故曰"巫臣乱国"。《左传》:楚灭陈,取夏姬。楚王及子反等皆欲娶之,皆为申公巫臣谏止。后巫臣自娶夏姬,奔晋,楚灭其家。巫臣乃遣其子适吴,教吴伐楚。子重、子反一岁七奔命。

泰 搏鸠弹鹊,逐兔山北。丸尽日暮,失获无得。

坤为文,故为鸠。震为鹊,伏艮为手,故为搏,为弹。震为兔,为逐。乾为山,坤为北,故曰"山北"。乾为日,为丸。坤为暮;为失,故无得。

否 鹿求其子,虎庐之里。唐伯李耳,贪不我许。

艮为鹿,为求,为虎,为庐,为里。伏震为子,为伯,为李。伏兑为耳。丁云:《方言》,江淮南楚之间谓虎为李耳,关东西谓之伯都。唐伯、李耳,皆虎名也。

同人 败鱼鲍室,臭不可息。上山履涂,归伤我足。

巽为鱼,为败,为鲍,为臭。乾为山。伏震为履,为涂,为足。坎折,故伤足。又初二半震,足不全,亦为伤也。

大有 花灯百枝,消暗衰微。精光讫尽,奄如灰靡。

离为灯,乾为百,兑为华。伏坎,故暗。兑毁折,故衰微,故光尽。

谦 颜叔子夏,游遨仁宇。温良受福,不失其所。

艮为颜,为叔,震为子;伏离,故曰"颜叔子夏"。元刊注:颜叔,颜无繇也。震为游,为仁,为福。艮为宇。言颜叔、子夏同游圣门也。

豫 梁柱坚固,子孙蕃盛。福喜盈积,终无祸悔。

震为梁柱,艮为坚固。震为子,艮为孙;坤众,坎众,故曰"子孙蕃盛"。震为福喜。坤为积,为祸悔。艮为终,震乐,故无。

蛊 边鄙不耸,民狎于野。稑人成功,年岁大有。

艮居西北,故曰"边鄙"。震为稑,为人,为功,为年岁。

临 鼃池鸣呴,呼求水潦。云雨大会,流成河海。

震为鸣,为鼃,兑为池。坤为水潦,艮为求。兑为雨,坤为云,为江海。重坤,故大会。

观 志合意同,姬姜相从。嘉耦在门,夫子悦喜。

坤为志,为意;重坤,故曰"同"。伏震为周,故为姬。巽为齐,故为姜。坤为耦,为门。伏震为夫子,为悦喜。

噬嗑 白马驳骝,更生不休。富有商人,利得如邱。

震为白马,为玄黄,故曰"驳骝"为生。正反震,故更生不休,故富有。震为商人。伏巽为和,艮为邱。

贲 太姒夏禹,经启九道。各有攸处,民得安所。

禹姒姓。离为夏,互震为王,故曰"夏禹"。震为启,为大涂,数九,故曰"九道"。艮为处。坎为民,艮为安。

剥 甲戊己庚,随时转行,不失其心。唐季发愤,擒灭子婴。

此用遇卦随象。随互艮,艮外坚为甲。随上互大坎,坎纳戊。下互大离,离纳己,震纳庚。甲,东方,春。庚,西方,秋。坎戊,冬离己夏。故曰"甲戊己庚,随时转行"。震为帝,故曰"唐"。艮少,故曰"唐季",曰"子婴"。艮手,故曰"擒"。兑折,故曰"擒灭"。唐季,谓高祖。刘向《高祖颂》:汉帝本系,出自唐帝。班固述赞皇矣,大汉,纂尧之绪。

复 穆违百里,使孟厉武。将帅袭战,败于殽右。

《左传·僖公三十三年》:秦穆公不听蹇叔之谏,使百里孟明视袭郑,败于殽。而《史记》谓百里奚与蹇叔并谏,故曰"穆违百里"。坤为百里。震为诸侯,故曰"穆"。震为孟,为武,为将帅,为战伐。坤丧,故曰"败"。

无妄 茅茹本居,与类相投。愿慕群旅,不离其巢。

伏坤为茅茹。与乾为类,故相投合,故愿慕群旅。震为旅,艮为巢,伏坤为愿慕。

大畜 伯仲叔季,日暮寝寐。坐卧失明,丧其贝囊。

震为伯,伏大坎为仲,艮为叔季。乾为日,伏坤为暮,为寝寐。艮为坐卧,乾为明,坤失。坤丧,坤囊,艮为贝。

颐 亡羊补牢,张氏失牛。骈骊奔走,鹊盗我鱼。

兑为羊,兑伏,故亡羊。艮为牢。震为张,坤为牛;坤丧,故失牛。震为骈骊,为奔走,为鹊。坤为鱼,为我。

大过 雀目燕颔,畏昏无光。思我狡童,不见子充。

通颐。艮为雀,大离为目,兑为燕,艮为颔,故曰"雀目燕颔"。坤为昏,为畏,艮为光。坤黑,故无光。坤为思,为我,艮为童,震为子。狡童,《郑风》篇名,淫女见绝于人之诗。故曰"思",曰"不见"。不见子充,亦《郑》诗语。

坎 入暗出明,动作有光。运转休息,常乐允康。

伏巽为入,坎为暗,震为出,艮为光明。震为动作,为运转。艮止,故休息。震为乐,为康强。

离 不胜私情,以利自婴。北室出孤,毁其良家。

互巽为利。伏坎为室,为北,为孤。伏艮为家;兑毁折,艮伏,故曰"毁其良家"。婴,绊也。陆机诗:世网婴吾身。

咸 称幸上灵,媚悦于神。受福重重,子孙蕃功。

兑为媚悦。伏震为神,为福。伏坤为重。震为子,艮为孙。蕃,多也。

恒 齐姜叔子,天文在手。实沈参墟,封为康侯。

巽为齐,为姜。伏震为子。艮为叔,为天。坤为文,艮为手。齐姜,武王后。叔子,即太叔。《左传·昭元年》:邑姜妊太叔时,梦天谓己曰,余命尔子曰虞。及生,有文在其手,曰虞。故曰"天文在手"。实沈参墟,晋分野,皆艮象。震为诸侯,为康乐,故封为康侯。

遯 遨游无患,出入安全。长受其欢,君子万年。

伏震为遨游,坤为患。震乐,故无患。震出,巽入,艮为安,故出入安全。巽为长,震为欢。艮为君子,乾为万年。

大壮 被服文德,升入大麓。四门雍肃,登受大福。

乾为被服。伏坤为文,故曰"文德"。艮为山麓,震为升。震卦数四,乾为门,故曰"四门"。乾为福,为大,震为登。尧典,宾于四门,四门穆穆。内于大麓,烈风雷雨弗迷。谓舜也。

晋 负金怀玉,南归嘉国。蜂虿不螫,利入我室。

艮为负,为金。乾为玉,乾伏,故曰"怀玉"。离为南,艮为国。坎为刺,为蜂虿,为螫,为室。坤为我。

明夷 日在阜颠,晌昧为昏。小人成群,君子伤伦。

离日,艮阜。艮倒首向下,与日连,故日在阜颠。坎为昧,为昏。言日至是不明也。坤为小人;坤坎皆为众,故曰"成群"。艮为君子,艮倒,故伤伦。伦,常也。言反常。

家人 水父火母,先来鸣响。泽皋之士,从高而处。

伏震为父,与坎水连,故曰"水父"。巽为母,与离火连,故曰"火母"。《左传》,火为水妃是也。随震为鸣响,为士。兑为泽,艮为皋。泽皋之士,盖犹山泽之士也。巽为高。

睽 东邻少女,为王长妇。柔顺利贞,宜夫寿子。

是用随象。下震为东邻,上兑为少女。震为王。巽为长妇,为柔顺,为利。艮为贞。故曰"柔顺利贞"。震为夫,为子,艮为寿。

蹇 戴鈃望天,不见星辰。顾小失大,福逃于外。

艮形似戴瓶。艮为望,为鈃所障,故不见天。艮为天,为星辰,为顾。兑为小。

解 王乔无病,狗头不痛。亡跛失履,乏我徒从。

震为王,为乔木。王子乔,古仙人。坎为病,震解,故无病。遇卦随互艮为狗,为头。坎为痛,震解,故不痛。坎为蹇,为跛,震为亡。亡,往也。为履,坎为失,故往跛失履。震为从。

损 使燕筑室,身无庇宿。家不容车,后我衣服。

兑为燕。艮为室,为筑,为身。身在外,故无庇宿。艮为家,坤为大舆;燕室狭小,故家不容车。坤为衣服,为我,震为后。

益 威权分离,乌夜徘徊。争蔽月光,大人诛伤。

震为威,巽为权。风散,故分离。艮为乌,坤为夜。震起艮止,故徘徊。伏兑为月,巽为伏,故光蔽。乾为大人,坤死乾伏,故诛伤。又对象《恒》象大遇,亦诛伤象也。

夬 辩变黑白,巧言乱国。大人失福,君子迷惑。

此用随象。兑为言,震亦为言,故曰"辩",曰"巧言"。巽为白。兑为昧,故为黑。艮为国。乾为大人,为福;兑毁折,故失福。艮为君子,巽疑,故迷惑。

姤 衣踞铠甲,敝筐受贝。大人不顾,少妇不取,弃捐于道。

此用随象。震为衣。艮为坚,为铠甲,为贝。震为筐,巽为敝,故曰"敝筐受贝"。乾为大人。大遇巽为女妻,故巽为少妇。伏震为大涂,为道;巽为陨落,为弃捐。《林》义未详,韵亦不叶。

萃 燕雀衔茅,以生孚乳。兄弟六人,姣好孝悌,得心欢欣,和悦相乐。

详《小畜之兑》。

升 登几上舆,驾驷南游。合从散横,燕齐以强。

详《乾之泰》。

困 黬黬许许,仇偶相得。冰入炭室,消亡不息。

黬黬,闇昧也。兑为闇昧。坎为众,故曰"许许"。许许,同力合作之貌。《诗·伐木》"许许"是也。坎离为夫妇,故曰"仇偶"。仇,匹也。坎为冰,为室。离火,故曰"炭室"。兑毁折,故不息。

井 鸱鸮破斧,邦人危殆。赖其忠德,转祸为福,倾亡复立。

伏艮为鸱鸮。兑为斧,兑毁,故曰"破斧"。伏艮为邦,震为人。坎险,故危殆。坎为忠,伏震为福。鸱鸮、破斧,皆《豳风》篇名。皆咏周公,言三监叛,国势危殆,周公复转危为安也。

革 载金贩狗,利弃我走。藏匿渊底,悔折为咎。

通蒙。艮为金,为狗。震为载,为贩,为走。巽为利。坎为藏匿。坤为渊,为悔。兑为折。

鼎 渊坑复平,宇室安宁。忧患解除,赖福长生。

通屯。坤为渊,坎为坑,为平。艮为宇室,为安宁。坎为忧患,震乐,故解。震为福,为长生。

震 骊姬谗喜,与二嬖谋。谮我恭子,贼害忠孝。申生以缢,重耳奔逃。

详《比之履》。震为马,为周,为姬。初四正反震,故曰"谗",曰"谮"。震为生。伏巽为绳,故曰"缢"。坎为耳。

艮 刲羊不当,血少无羹。女执空筐,不得采桑。

互震为羊,艮为刲。互坎为血。震为筐,为桑。艮手为执,为采。全取《归妹·上六》

爻词。

渐 牧羊稻园，闻虎喧譁。畏惧悚息，终无祸患。

详《同人之节》。

归妹 明德隐伏，麟凤远匿。周室倾仄，不知所息。

离为明，坎隐伏。离为文，为麟凤；坎匿，故麟凤远匿。震为周，艮为室；艮覆，故曰"周室倾仄"。艮止为息，艮覆，故不知所息。

丰 邻不我愿，而求玉女。身多秃癞，谁肯媚者。

离为东邻，为顾。互大坎，坎隐伏，故不顾。震为玉，兑为女。伏艮为求，为身。艮多节，故曰"秃癞"。兑为媚。林词大意，言不自知而妄求，必不得也。

旅 初虽无舆，后得战车。赖幸逢福，得离兵革。

震为车，震伏，故无。伏节，中爻正覆震，亦正覆艮，两车、两手相对，故曰"战车"。震为福，正覆震，故曰"逢福"。离为兵，革在外，故离兵革。

巽 水坏我里，东流为海。龟凫欢嚣，不睹王母。

详《泰之兑》。兑巽象同。

兑 两心不同，或欲西东。明论终始，莫适所从。

通艮。坎为心，兑卦数二，故曰"两心"。兑西，互震为东，故或欲西东。震为始，艮为终，震为言。论适，主也。震为主，为从。艮三至上正反震，故莫适所从也。

涣 天帝悬车，废礼不朝。攘服不制，失其宠家。

中爻艮为天，震为帝，为车。三至五震覆，故曰"悬车"。元刊注：天文有帝车星。故曰"天帝悬车"。震为晋，为朝；三至五震覆，故曰"不朝"。艮手为攘，震为服。艮手为制，正反艮，故不制。艮为家，坎失。又"攘服"者，盖远于要服、荒服，必待攘而后服也。

节 交川合浦，远湿难处。水土不同，思吾皇祖。

坤为水，阳入坤成坎，故曰"交川合浦"。交川，即交州。皆南越地名。坎为交，为合也。坎为湿，坎险，故难处。震为皇，艮为祖，坎为思。

中孚 勾践之危，栖于会稽。太宰机言，越国复存。

震为足，为践，为王，故曰"勾践"。兑毁折，故危。艮止，故曰"栖"。艮山，故曰"会稽"。震为主，为宰，为言，坎为机。艮为国，震为南，故曰"越国"。《史记》：越王兵败，栖会稽山。赂太宰嚭说吴王，王竟许越平。

小过 慈鸟鸤鸠，执一无尤。寝门内治，君子悦喜。

《诗·曹风》：鸤鸠在桑，其子七兮。淑人君子，其仪一兮。艮为鸟，兑悦，故曰"慈鸟"。艮为鸤鸠。《尔雅注》：布谷也。艮为执，互大坎数一，故曰"执一"。艮为寝，为门，为君子。震为喜。

既济 富年早寡，独立孤居。鸡鸣犬吠，无敢问诸。我生不遇，独罹寒苦。

此多取随象。震为年,为早,巽为寡。艮为孤,震为独,艮为居。既济坎亦为孤。《睽·九四》睽孤是也。巽为鸡,震为鸣吠,艮为犬。震为问,为生。坎为寒。

未济 江海变服,淫湎无侧。高位颠崩,宠禄反覆。

《书·洪范》:无反无侧。注:不偏邪也。重坎,故曰“江海”,曰“淫湎”。高位颠崩,似仍指随象。随艮覆在下,故曰“崩”。

艮上
巽下 **蛊**之第十八

鲂生江淮,一转为百。周流四海,无有难恶。

巽为鱼,为鲂,互大坎为江淮,数一,震为百,故曰“一转为百”。言生殖速也。震为周,兑为海。震卦数四。故曰“四海”。

之乾 首泽与目,载受福庆。我有好爵,与汝相迎。

此用蛊象。艮为首,为目。震为福庆,为爵。三至上正反震,故曰“相迎”。《易·中孚·九二》:我有好爵,与尔靡之。靡,共也。亦以二至五正反震,故曰“共”。凡《林》词用象,多本之《易》。

坤 辒辒叠叠,岁暮偏蔽。宠名捐弃,君衰在位。

此用蛊象。震为舆,为声,故曰“辒辒叠叠”。皆车声也。坤为岁,为莫。艮为名,兑毁,故曰“捐弃”。震为君。

屯 折若蔽日,屏遮王目。司马无良,平子没伤。

《楚辞》:折若木以拂日兮。注:若,木名。震为木,坎折。坎蔽离伏,故蔽日,故遮目。震为王,为马。坤恶,故无良。坎为平,震为子。《左传》:鲁伐季平子,平子登台三请,弗许。叔孙氏之司马鬷戾言于众曰,无季氏,是无叔孙氏也。遂救季氏,公徒败。事在昭二十五年。

蒙 家在海隅,绕旋深流。王孙单行,无妄以趋。

艮家,坤海。坎水坤水,故曰“深流”。震为王,艮为孙;坤寡,故曰“王孙单行”。震为行。坤丧,坎险,故曰“无妄”。妄,西汉人多作望。

需 执义秉德,不危不殆。延颈盘桓,安其室垣。屯耗未得,终无大恤。

伏晋。坤为义,乾为德,艮手为执,为秉。坎为危殆,艮为安,故不危殆。艮为颈,艮止,故盘桓。艮为室垣,为安。

讼 长舌乱家,大斧破车。阴阳不得,姬姜衰忧。

通明夷。兑为舌,震形亦兑而长,故曰“长舌”。坤为乱,艮覆,故曰“乱家”。兑为斧,震形长,故曰“大斧”。坎破,坤车。讼乾上升,水下降,故阴阳不相得。震姬,巽姜,坎忧。姬姜婚媾,今阴阳既不相得,故姬姜衰忧也。

师 二人共路,东趋西步。千里之外,不相知处。

震为人,坤数二,故曰"二人"。震为路,为东,为趋步;坎为西,故东趋西步。坤为千里。坎为隐伏,故不相知处。

比 视暗不明,云蔽日光。不见子都,郑人心伤。

离为视,为明,为日光。坎为云,为隐伏。离伏,故曰"暗",曰"蔽",曰"不见"。《诗·郑风》毛传:子都,男子之美称。盖艮象也。坎为平,为郑。《说文》:郑,地町町然平也。坎为心,为忧伤。

小畜 初忧后喜,与福为市。八佾列陈,饮御嘉友。

伏豫。坎为忧。震为喜,为福。巽为市。坤卦数八,震为乐,故曰"八佾"。八佾,乐舞也。震为陈,为饮御。阴遇阳为朋友,谓豫四也。

履 童妾独宿,长女未室,利无所得。

兑为妾,为少女,故曰"童妾"。巽为伏,为寡,故曰"独宿"。巽为长女,艮为室;艮伏,故未室。巽为利,兑毁折,故无得。

泰 玄黄四塞,阴雌伏谋。呼我墙屋,为巫所识。

震为玄黄,卦数四;坤闭,故曰"四塞"。坤为阴,为雌,为谋。伏巽为伏,故曰"伏谋"。震为呼,上坤为墙屋。兑为巫。

否 中岁摧颓,常恐衰微。老复赖庆,五羖为相。

坤为岁,巽为陨落,为摧颓。坤为老,为衰微。乾为庆,在后,故老复有庆也。巽数五,伏兑为羊。《史记》:穆公以五羖羊皮,赎百里奚相秦。

同人 伯氏杀牛,行悖天时。亳社夷烧,朝歌丘墟。

伏师。震为伯,坤为牛,为杀,故曰"伯氏杀牛"。震为行,坤为悖,乾为天;乾伏,故悖天时。震为子,商子姓。亳社、朝歌,子姓之社稷、都城也。离为火,坤为社,为墟。又震为旦,为歌,故曰"朝歌"。

大有 日短夜长,禄命不光。早离父母,免见忧伤。

卦旁通比。比上坎,坎为冬,为夜;离不见,故日短夜长。乾为禄,坤黑,故不光。大有、比,坎离皆在外,乾坤在内,故曰"早离父母"。

谦 采唐沫乡,微期桑中。失期不会,忧思忡忡。

详《师之噬嗑》。

豫 眜视无光,夜不见明。冥抵空床,季叶逃亡。

艮为视,为光。坎眜,故无光。坎夜,故不见明。坎为晦冥。艮为床,坤虚,故曰"空床"。艮手为抵。艮为季,震为叶,坤为亡。

随 举趾振翼,南至嘉国。见我伯姊,与惠相得。

震为趾,为翼,为举,为振,为南。艮为国,故南至嘉国。互巽为长女,故曰"伯姊"。兑为见也。

临 则天顺时，周流其墟。与乐并居，无有咎忧。

坤为顺，震为时，伏乾，故则天顺时。震为周，为乐。坤水为流，为墟，为忧。震乐，故无忧。

观 蚕室蜂户，螫我手足。不可进取，为吾害咎。

详《履之泰》。泰通否，巽坤与观同象。巽为虫，故曰"蚕蜂"。艮室，坤户。艮为手，伏震为足，坤为毒，故螫我手足。

噬嗑 公孙驾骊，载游东齐。延陵悦产，遗季纻衣。

详《乾之益》。益，震艮巽；噬嗑，震艮伏巽，故语同。

贲 转作骊山，大失人心。刘季发怒，禽灭子婴。

艮山，震马，故曰"骊山"。震为人，为大。坎为心，为失。艮为季，为婴。言秦役万民筑骊山，刘季因民怨而灭秦也。震为怒，为子，坎灭。

剥 羊肠九縈，相推稍前。止须王孙，乃能上天。

伏兑为羊，坤为囊，为肠。伏乾数九，故曰"九縈"。艮手为推，为前。艮为孙，乾为王，故曰"王孙"。艮为天，在上，故曰"上天"。《史记·佞幸传》：邓通，南安人……，孝文帝梦欲上天，不能，有一黄头郎从后推之上天，觉而求得邓通。

复 蝃蝀充侧，佞人倾惑。女谒横行，正道壅塞。

伏巽为虫，震玄黄，故曰"蝃蝀"。蝃蝀，虹也。震为人，为言，故曰"佞人"。坤为惑，伏巽为倾。震为谒，为行；坤阴，故曰"女谒"。震为道，坤闭，故壅塞。

无妄 福禄不遂，家多怪祟。麇鹿悲鸣，思其大雄。

乾为福禄。艮为家。震为麇鹿，为鸣。乾为大雄。伏坤为悲，为思。

大畜 云雷因积，大雨重叠。久不见日，使我心悒。

震为雷，伏坤为云。兑为雨，乾大，故曰"大雨"。艮止，故曰"因积"，曰"重叠"。又伏坤亦为水，为重也。

颐 三河俱合，水怒踊跃。坏我王室，民困于食。

震数三，坤为水，重坤，故曰"三河俱合"。震为怒，为踊跃，为王；艮为屋，故曰"王屋"。坤为坏，为民。震口为食，坤虚，故无食。

大过 冒雨夜行，早遍都城。更相覆倾，终无所成。

伏震为行，艮为冒，兑为雨，坤为夜，故冒雨夜行。坤为都城。巽陨落，故曰"倾"。正反巽，故更相覆倾。艮为终，为成；坤亡，故无成。全用伏象。

坎 褒后生蛇，垂老皆微。倒跌衰耄，酉灭黄离。

震为生，伏巽为蛇。艮为老耄，坎塞，故倒跌。《说文》：酉，就也。老也。坎为灭。黄离，火也。离伏，故曰"灭"。周以火德王，言褒姒灭周也。"褒后生蛇"者，言后生于龙漦也。余似有故事，而注家皆不详。

离 鸿雁南飞，随阳休息。转逐天和，千里不衰。

伏坎互艮为鸿雁，震为南，为飞。离日为阳，艮为休息。震为转逐，艮阳在上为天，坎为和。震为千，艮为里。

咸 后时失利，不得所欲。

艮为时，巽为利。兑折，故失利。风散，故不得所欲。

恒 心多恨悔，出言为怪。枭鸣室北，声丑可恶，请谒不得。

伏坤为心，为恨悔。震为言，为鸣。伏艮为枭，为室。坤位北，故鸣室北。震为声。《说苑》：齐景公筑台，台成而不通。问之，曰有枭夜鸣，其声可恶。

遁 驷马过隙，时难再得。尼父孔圣，系而不食。

乾为马，互巽数四，故曰"驷马"。《史记·留侯世家》：人生一世间，如白驹过隙。巽为隙。艮为时，为山。乾父，故曰"尼父"。乾为圣，伏震为孔。巽绳为系，兑为食。兑覆，故不食。《论语》：吾岂匏瓜也哉？焉能系而不食。

大壮 阴变为阳，女化为男。治道得通，君臣相承。

通观。坤伏乾出，巽伏震出，故曰"阴变阳，女化男"。震为道，为通。乾为君，伏艮为臣。

晋 昆仑源口，流行不止。龙门砥柱，民不安处。母归扶子，黄麂悦喜。

艮山坎水，伏兑口，故曰"昆仑源口"。坤亦为水，与坎水合，故曰"流行不止"。艮为门，伏乾，故曰"龙门"。艮为石，为木，故曰"砥柱"。坤为民，为安处，为母。艮为少男，故曰"扶子"。艮为麂，坤为黄，伏兑为悦。

明夷 葛藟蒙棘，花不得实。谗佞乱政，使恩壅塞。

详《泰之蒙》。蒙，坎震，明夷亦坎震，象同。

家人 公无长驱，太王骏马。非其所当，伤折为患。

通解。震为公，为长驱，为王，为马。坎为患，坎塞，故伤折。

睽 大仓充盈，庶民蕃盛，年岁熟荣。

伏艮，故曰"太仓"。坎为众，故曰"充盈"，曰"庶民蕃盛"。坎冬，离夏，兑正秋，故曰"年岁"。离为火，为光明，故曰"熟荣"。

蹇 执蒉焫牺，为风所吹。火灭无光，不见玄黄。

此用蛊象。艮为执，为牺，为火，为照。巽为蒉。蒉，香草也。巽为风，兑为吹。艮为火，为光；坎黑巽伏，故火灭无光。震为玄黄，巽伏，故不见。《周礼·司烜》注：蒉烛，麻烛也。言执蒉火焫牺，使熟而食也。

解 鸟反故巢，归其室家。心平意正，与叔相和。登高陨坠，失其宠贵。

震为鸟，为反，为归。坎为巢，为室，为心意，为平正，为和。震为登，伏巽为高，为陨坠。艮为贵，艮覆，故失其宠贵。

损　弩弛弓藏，良犬不行。内无怨女，征夫在堂。

通咸。互大坎为弩，为弓。艮止，故曰"弛"。巽伏，故曰"藏"。艮为犬，坎塞，故不行。以上皆用伏象。损内兑女，与上艮为夫妇。兑悦，故不怨。互震在外，故曰"征夫"。艮为堂也。

益　特牺孔博，日新其德。文君燎猎，姜氏受福。

坤为牛，故曰"特牺"。震为孔。艮为日，为新。坤为文，震为君，故曰"文君"。艮为火，震为猎，故曰"燎猎"。巽为姜，震为福。言文王出猎，遇姜尚，后受封于齐也。

夬　季秋孟冬，寒露霜降。大阴在庭，品物不生。鸡犬夜鸣，家扰数惊。

兑为秋，伏艮，故曰"季秋"。乾为冬，当亥，故曰"孟冬"。兑为露，伏坤为霜，故曰"寒露霜降"。伏坤为大阴，为品物。坤杀，故不生。艮为庭，为犬。坤为夜，兑为鸡，为鸣。乾为惕，为惊，艮为家。

姤　心多恨悔，出门见怪。有蛇三足，丑声可恶。嬷母为媒，请求不得。

通复。坤为心，为恨悔，为门户。震为出。巽为蛇，震为足，数三，故曰"有蛇三足"。震为声，坤为丑，为恶，为嬷母。嬷母，丑妇也。震为请，坤丧，故不得。丁云任昉《述异记》：江淮中有兽名能，蛇精化也。《尔雅》：三足能。

萃　虎豹争强，道闭不通。小人谮讼，贪天之功。

艮为虎豹。坤为文，兑刚卤；三至上正反兑，故曰"争强"。艮为道，坤为闭，故不通。坤为小人，三至上正反皆兑口，故曰"讼"。困有言不信，即如是取象。

升　鸡方啄粟，为狐所逐。走不得食，惶怖惕息。

巽为鸡，为粟，兑为啄。艮为狐，震为逐，为走；艮反向内，故曰"为狐所逐"。兑为食，坤闭，故不得食。坤为忧，故惶怖惕息。

困　陈妫敬仲，兆兴齐姜。乃适营丘，八世大昌。

详《屯之噬嗑》。

井　昊天白日，照临我国。万民康宁，咸赖嘉福。

详《比之晋》。

革　云梦大薮，索有所在。虞人共职，骊驹悦喜。

通蒙。坤为云，为梦，为薮。《易》震索索，《疏》：心不安之貌。《释文》：惧也。坎坤皆为忧惧，故曰"索"。震为骊虞，为人，为骊驹，为悦喜。

鼎　獐鹿雉兔，群聚东国。卢黄白脊，俱往追逐。九胙十得，主君有喜。

详《蒙之复》。鼎通屯，坤震象与复同。

震　德惠孔明，主君复章，保其室堂。

震为德，为孔，艮为明。震为主，为君。艮为章，为室堂。

艮　天之所坏，不可强支。众口嘈嘈，虽贵必危。

详《蒙之夬》。艮为天,阳在上而穷,故坏。初至五,正反两震言相背,故曰"嘈嘈"。艮为贵,艮穷于上,故虽贵必危也。

渐 天之奥隅,尧舜所居。可以全身,保我邦家。

详《否之观》。艮为天,坎隐故曰"奥"。伏震为帝,为尧舜。

归妹 下泉苞粮,十年无王。荀伯遇时,忧念周京。

坎为众。粮萧,著之眉。震为粮,为年,为王。兑数十,故曰"十年"。坎隐伏,故十年无王。震为伯,为时,为周。坎为忧念。下泉,《曹风》诗。《毛诗序》谓刺共公。刘毓崧云:何楷世本古义。据《易林》,谓此诗为曹人美晋,荀跞纳敬王于成周,而作其说。自昭,二十二年王子朝作乱,至昭公三十二年,城成周为十年无王。《左传》:天王使告于晋曰,天降祸于周,俾我兄弟并有乱心,以为伯父忧。……于今十年。正与《易林》合。荀,郇国后。称荀伯,犹称荀跞为知伯。荀字不误也。

丰 江淮海隅,众利聚居。可以遨游,卒岁无忧。

互大坎,故曰"江淮海隅"。巽为利,坎为聚。震为遨游,为岁。震乐,故无忧。

旅 南山黄竹,三身六目。出入制命,东里宣政。主尊君安,郑国无患。

丁云:《穆天子传》,天子命歌南山。又作诗曰:我徂黄竹。又曰:予归东土,和治诸夏。又曰:吉日丁亥,天子入于南郑。《易林》全用其意。离南良山,伏震为竹,为黄,故曰"南山黄竹"。良为身,纳丙,数三。离为目,纳己,数六。故曰"三身六目"。巽为命,为入。伏震为出,为东。艮为里,为尊,为安。震为君主。伏坎为平,为郑,为患。艮为国。兑悦,故无患。

巽 重译贡芝,来除我忧。喜乐俱居,同其福休。

伏震,故曰"重译"。巽为香,故曰"芝"。坎为忧,坎伏,故忧除。兑为喜乐,伏震为福。

兑 南山高冈,麟凤室堂。含和履中,国无灾殃。

伏艮为南山,为高冈。离为文,为麟凤。艮为室堂。兑为和,为口,为含。伏震为履,伏坎为中。伏艮为国。

涣 紫芝朱草,生长和气。公尸侑食,福禄来下。

巽为芝,为草。九宫之色,七赤九紫,震纳庚,五行数九,故曰"紫芝"。坎赤,故曰"朱草"。坎为和。震为生,为公,为尸。尸,主也。又为福禄。三四句,《凫鹥》诗也。

节 宫成室就,进乐相舞。英俊在堂,福禄光明。

艮为宫室,坎亦为室,艮为成,故曰"宫成室就"。震为乐舞,为英俊,为禄。艮为光明。

中孚 商人子孙,资无所有。贪狼逐狐,留连都市。还辕内乡,嘉喜何咎。

巽为商旅,震为人,为子,艮为孙。巽为利,为资;风散,故无。艮为狼,为狐。《史记·天官书》:狼角变色,多盗贼。下有四星曰弧。弧矢向狼多盗。然则狼弧二星,皆主盗贼。"贪狼逐狐"者,言流为盗贼也。弧亦作狐,《秦本纪》据狼狐是其证。艮为流连,为都市。震为逐,为辕,为嘉喜。

小过 执贽入朝,献其狐裘。元戎变安,沙漠以欢。

艮手为执,为献,为贽。巽人震朝,故曰"执贽入朝"。艮为狐,震为裘;为武人,为主,故曰"元戎"。艮为沙,震为欢。

既济 涌泉汨汨,南流不绝。洿为淮海,败坏邑里,家无所处。

重坎,故曰"汨汨",曰"不绝"。离为南,故曰"南流"。重坎,故曰"淮海"。坎折,故败坏。艮为邑里,为家。

未济 固阴冱寒,常冰不温。凌人惰怠,大雹为灾。

详《泰之噬嗑》。

䷒ 坤上 兑下 临之第十九

弱水之西,有西王母。生不知老,与天相保。行者危殆,利居善喜。

坤为水,坤柔,故曰"弱水"。坤为母,震为王,兑西,故曰"有西王母"。震为生,坤为老,震乐而健,故不知老。伏乾为天,艮为保。震为行,坤丧,故危殆,故不行,而居则利也。伏艮为居。

之乾 黄犳生子,以戌为母。晋师在郊,虞公出走。

《初学记》犳,韩良犬也。临坤为黄,伏艮为犳,震为子。坤为母,候卦居戌,戌狗,故曰"以戌为母"。震为晋,坤为师,为郊。震为公,为出走,为欢虞。全用遇卦象。

坤 仓唐奉使,中山以孝。文侯悦喜,击子征召。

详《豫之丰》。此仍用遇卦临象。

屯 机关不便,不能出言。精诚不通,为人所冤。

坎为机关,坎陷,故不便。坤闭,故不能出言。震为言,为出,为精,为通,为人。坤闭,故不通。坎为冤。

蒙 白茅醴酒,灵巫拜祷。神嗜饮食,使君寿考。

详《小畜之坎》。

需 重瞳四乳,耳聪目明。普仁表圣,为作元辅。

《淮南子》:舜目重瞳,文四乳。需通晋。坤为重离,为目,故曰"重瞳"。艮为乳,兑纳丁,数四,故曰"四乳"。坎为耳,离为目,为聪明。乾为仁圣,为元。

讼 水长无船,破城坏堤。大夫从役,一朝亡殒,不见少妻。

通明夷。坎为水,坤水,震为长,为船;坎伏,故无船。艮为城,为堤;艮覆,故坏。震为夫,坤为役,故大夫从役。震为朝,坎数一,故曰"一朝"。巽为少妻,坤亡,故不见。

师 二人俱行,各遗其囊。鸿鹄失珠,无以为明。

震为人,坤数二,故曰"二人"。坤为囊,为亡,故各遗其囊。震为鸿鹄,为珠,坤为失,故曰"失珠"。离为明,离伏,故无明。他林屡有"鹤盗我珠,鹄怒追求"等繇辞。然则鸿鹄失珠,必有故实,今不能考。

比 随时转行,不失其常。咸乐厥类,身无咎殃。

艮为时。坤为身,为咎殃。"咸乐厥类"者,言九五与群阴为类而乐也。

小畜 蔡女荡舟,为国患忧。褒后在侧,屏蔽王目,搔扰六国。

《左传·僖三年》:齐侯与蔡姬乘舟于圃,荡公。公惧,变色……怒归之,未绝之也。蔡人嫁之。明年侵蔡。褒后,幽王后。巽为蔡,为女,伏震为舟。坤为国,为忧患,为后。乾为王,伏坎为屏蔽。离为目。

履 驾龙骑虎,周遍天下,为神人使。西见王母,不忧危殆。

伏谦。震为龙,艮为虎,故曰"驾龙骑虎"。震为周,坤为天下。震为神,为人,为行,故曰"为神人使"。坎位西,震为王,坤母,故曰"王母"。坎忧,震乐故不忧。

泰 员怨之吴,画策阖闾。鞭平服荆,除大咎殃。威振敌国,还受上卿。

伍子胥,名员。平王既杀其父兄,员奔吴,佐吴王阖闾伐楚,鞭平王之尸。震为员,员,云也。震为行,为南,故之吴。伏艮为手,为昼,为闾。伏巽为鞭,为荆。坤为殃咎;在外,故曰"除"。坤为国,震为威;为公,故曰"上卿"。

否 唐邑之墟,晋人以居。虞叔受福,实沈是国,世载其乐。

坤为邑,为墟,伏震为唐。《玉篇》:尧称唐者,至大之貌。乾大,故曰"唐邑之墟"。《说文》:唐,大言也。《庄子·天下篇》,荒唐之言是也。震为晋,为人,艮为居,故曰"晋人以居"。艮为叔,乾为福。实沈,星次,晋分。《左传》:参为晋星。实沈,参神也。艮为星,坤国,故曰"实沈是国"。坤为世,为载,伏震为乐。《史记·晋世家》:唐叔虞者……成王弟。封于唐。至子燮徙居晋水,是为晋侯。

同人 管鲍相知,至德不离。三言相桓,齐国以安。

《史记》:管仲少与鲍叔牙游,鲍叔知其贤,荐于桓公。《管子》曰:仓廪实而知礼节,衣食足而知荣辱,上服度则六亲固。三言,盖指此。《韩诗外传》,君子有三言,可贯而佩之是也。同人通师。震为管,坤为鱼,为鲍。震为言,为桓;数三,故曰"三言"。坤为国,为安,巽为齐。

大有 三十无室,长女独宿。心劳未得,忧在胸臆。

离卦数三,兑数十;坎为室,坎伏,故曰"三十无室"。兑为老妇,故为长女。坎为宿,为孤,故曰"独宿"。坎为心,为劳,为忧。伏坤为胸臆。按《大过·九五》云老妇,指兑也。

谦 散涣水长,风吹我乡。火灭无光,隳败桓功。

坎水,坤水,故曰"水长"。伏巽风,故曰"散涣",曰"风吹"。坤为我,为乡。艮为火,为光;上临坎水坤水,故火灭无光。震为桓,为公;坤丧,故曰"隳败"。言桓公死,齐乱,如火灭也。

豫 蜎飞蠕动,各有配偶。小大相保,咸得其所。

蜎、蠕,皆虫行貌。伏巽为虫,故曰"蜎飞蠕动"。巽震为夫妇,故曰"各有配偶"。坤为小,伏乾为大;艮止,故曰"相保"。

随 安乐几筵,未出王门。

艮安震乐,艮几震筵。震为王,艮为门;艮止,故未出。

蛊 火生月窟,下土恩塞,觚乱我国。

巽先天位西南,为月窟。兑为月,艮为火,故曰"火生月窟"。下互大坎,坎为土,为塞。兑为恩泽;为羊,故曰"觚"。艮为国,兑毁,故曰"觚乱我国"。

观 长生无极,子孙千亿。柏柱载梁,坚固不倾。

巽为长。伏震为生,为子。艮为孙。坤为千亿。巽为柏,为梁柱。艮为坚固,巽为倾。

噬嗑 钦敬昊天,历象星辰。宣受民时,阴阳和调。

离为夏,故曰"昊天"。艮为星辰,为时。坎为众,为民。离坎为夫妇,故曰"阴阳和调"。

贲 三河俱合,水怒踊跃。坏我王屋,民困于食。

坎为河,震数三,故曰"三河"。坎为合,为水。震为怒,为踊跃,为主。艮为屋,伏巽为坏。坎为民,兑为食。又河东、河南、河内,亦曰三河。

剥 寿如松乔,与日月俱。常安康乐,不罗祸忧。

艮为寿,为木,为仙,故曰"松乔"。赤松、王乔,古之仙人。与日月俱,言寿永也。伏兑为月,艮为日。兑为悦,故曰"康乐"。坤为祸忧,一阳在上,故不罗祸忧。

复 天之所与,福禄常在,不忧危殆。

伏乾为天,为福禄。坤为忧,为殆;震乐,故不忧。

无妄 受谶六符,招摇室虚。虽跌无忧,保我命财。

谶,《说文》:验也。《汉书·东方朔传》:愿陈《泰阶六府》。《艺文志》:《泰阶六符》一卷。李奇注:三台谓之泰阶,两两成体,三台故六,观色以知吉凶,故曰"六符"。招摇、室虚,皆星宿名。乾数六,艮为星。巽为跌,震乐,故无忧。巽为命,乾为财,互艮为安,故命与资财可保也。

大畜 赍金买车,失道后时,劳罢为忧。

乾为金,艮手为赍,震为车,为后。艮为道,为时;在外,故失道后时。伏大坎为劳,为忧。

颐 华首山头,仙道所游。利以居止,长无咎忧。

艮为山,为首,伏兑为华。艮为寿,为仙道,为居止。坤为忧,震乐,故无忧。

大过 采唐沫乡,要期桑中。失信不会,忧思约带。

详《师之噬嗑》。《诗》:我心蕴结。又曰:心如结兮。即约带之义。杨慎谓即衣带日以缓之意。非。

坎　人面鬼口，长舌为斧。斫破瑚琏，殷商绝后。

详《否之谦》。

离　临溪桥疚，虽恐不危，乐以笑歌。

兑为溪，伏艮为桥。伏坎为恐，为危。震为乐，为笑歌。

咸　洋洋沸溢，水泉为害，使我无赖。

互大坎，故曰"洋溢"，曰"水泉为害"。兑毁为害，伏坤为我。

恒　蝗螟为贼，害我稼穑。秋饥于年，农夫鲜食。

巽为蝗虫，为稼穑。巽为贼，为害；兑毁，亦为害。兑为秋，乾为年，伏坤为饥。震为农夫，兑为食；兑毁巽落，故鲜食。

遁　八百诸侯，不期同时。慕西文德，兴我宗族，家门雍睦。

巽为辛，数八，艮后天数亦八；乾为百，伏震为诸侯，故曰"八百诸侯"。艮为时，伏兑为西。坤为文，为门，为族。乾为宗，艮为家。

大壮　长男少女，相向笑语。来欢致福，和悦乐喜。

震为长男，兑为少女。震为笑语，为欢，为和乐，为喜。乾为福。

晋　平国不君，夏氏作乱。乌号窃发，灵公殒命。

坤为国，坎为平。震为君，震覆，故不君。平国，陈灵公名。离为夏，为乱。夏氏，征舒也。离为乌。坎为弓，为窃。乌号，弓名。坤为殒。言征舒耻灵公与其母夏姬乱，射杀灵公也。事在《左传·宣十年》。

明夷　春多膏泽，夏润优渥。稼穑成熟，亩获百斛。

震为春，坎为膏泽。离为夏，坎为润渥。震为稼穑，离火，故曰"熟"。坤为亩，为百，震为斛。

家人　客宿卧寒，席蓐不安。行危为害，留止得欢。

此用临象。震为客，坤为宿，伏乾为寒。巽为伏，故曰"卧寒"。巽为蓐；为进退，故不安。

睽　乘槎桴海，虽惧不殆。母载其子，终焉何咎。

此用临象。临震为桴，为乘。坤水兑泽。故曰"海"。坤为惧，为母。震为子，故母载其子。伏艮为终。

蹇　手拙不便，不能伐檀。车无轴辕，行者苦难。

艮为手，坎陷，故不便。艮为伐，为檀。檀，坚木也。艮止，故不能。坎为车，多眚，故无轴辕。震为行，震反为艮，故难行。《诗》：檀车煌煌。古尝以檀造车。今不能伐檀，故无轴辕。

解　唐虞相辅，鸟兽率舞。民安无事，国家富有。

震为帝，故曰"唐虞"为鸟，为舞。坎为众，为民。临，坤为国家，为富有。

损 秋蛇向穴，不失其节。夫人姜氏，自齐复入。

兑为秋，坤为蛇，艮为穴。震为夫，为人。伏巽为姜，为齐，为入。

益 病笃难医，和不能治。命终永讫，下即蒿庐。

伏恒。坎为病，互大坎，故曰"病笃"。坎为和，坤死，故曰"难医"，曰"和不能治"，曰"命终永讫"。巽为命，艮为终。巽为蒿，艮为庐，故曰"蒿庐"。蒿庐，即蒿里。《左传》：晋景公疾，秦伯使医缓为之。缓曰，是在肓之上，膏之下。攻之不可，达之不及，无能为也。既而公果卒。

夬 青蛉如云，城邑闭门。国君卫守，民困于患。

青蛉，即蜻蛉。《汉志》：越嶲有青蛉县。《水经注》引作蜻蛉。《埤雅》：蜻蜓，一名蜻蛉。《吕氏春秋》：海上有人，好蜻蛉，每至海上，蜻蛉从游者数万。夬通剥。坤为云，为城邑，为闭，为国，为民，为患。艮为守。蜻蛉，大首薄翼。艮一阳在上，疑即剥艮象也。

姤 牙蘖生达，室堂启户。出入利贞，鼓翼起舞。

此亦全用临象。震为牙蘖，为生。坤为堂户。震为出，巽入，故曰"出入利贞"。震为鼓，为翼，为起舞。

萃 凫游江海，没行千里。以为死亡，复见空桑，长生乐乡。

艮为凫，坤为江海，为千里。坤为死亡。巽为桑，坤虚，故曰"空桑"。伏震为生，兑悦，故曰"乐乡"。坤为乡。林意谓凫没江海不见，以为死亡矣。后复见于空桑，不惟未死，且甚安乐也。

升 黄帝出游，驾龙乘马。东上泰山，南游齐鲁，邦国咸喜。

震为黄，为帝，为游，为龙，为马，为东。伏艮为山，故东上泰山。震又为南，巽齐兑鲁，故南游齐鲁。坤为邦国，震为喜。

困 履危不止，与鬼相视。惊恐失气，如骑虎尾。

通贲。坎为危，在震下，故曰"履危"。坎为鬼，离为视；离坎连体，故曰"相视"。震为惊，为骑。艮为虎尾。谓遇鬼惊恐，如履虎尾也。

井 秋南春北，不失消息。涉和履中，时无隐匿。

通噬嗑。兑秋离南，震春坎北。雁秋南响，春北归，故不失消息。又消息卦起坎离，亦不失也。坎为和，为中；震为涉，为履。艮为时，坎为陷匿。四时毕见，故无隐匿。

革 龙门砥柱，通利水道。百川顺流，民安其居。

通蒙。震为龙，艮为门，为柱，为石，故曰"龙门砥柱"。震为通，巽为利，坎水艮道。《禹贡》，导河积石，至于龙门，东至砥柱是也。震为百。坎为川，为流，为民。艮为安，为居，故曰"民安其居"。

鼎 千岁庙堂，栋桡倾僵。天厌周德，失其宠光。

通屯。坤为千岁，艮为庙堂。巽为栋，为陨落，故曰"桡"，曰"倾僵"。震为周，艮为天。为光,坎失,故曰"失其宠光"。

震 折若蔽目,不见稚叔。三足孤乌,远离室家。

坎为折,震为若。若,木也。离为目,离伏坎隐,故曰"蔽目",曰"不见稚叔"。艮为叔,为少男,故曰"稚叔"。震为足,数三;艮为乌,坎孤,故曰"三足孤乌"。艮为室家。

艮 望叔山北,陵隔我目。不见所得,使我心惑。

艮为望,为叔。互坎为北,故曰"山北"。坎为隐,离伏,故曰"陵隔我目",曰"不见所得"。坎为心,为忧,故曰"心惑"。

渐 匏瓜之息,一亩千室。万国都邑,北门有福。

艮为果,为匏瓜。"息"者,生也,子也。艮为室。《说文》:室,实也。言匏瓜之实,一亩得千也。伏震为千,坎数一,故一亩千室。艮为国,为都邑;为门,坎北,故曰"北门"。

归妹 域域牧牧,忧祸相伴。隔以岩山,室家分散。

通渐。坎为忧,离为祸。坎离连体,故曰"相伴"。艮为山,为室家。艮止,故"隔"。伏巽,故曰"分散"。

丰 骐骥骍耳,游食萍草。逍遥石门,循山上下,不失其所。

通涣。震为马,故曰"骐骥骍耳"。震为食,为草。草在坎水上,故曰"萍草"。震为逍遥,为食。艮为石,为门;为山,中爻正反震艮,故曰"循山上下"。

旅 天所祚昌,文以为良。笃生武王,姬受其福。

艮为天,伏震为祚,为昌。离为文。伏震为生,为武,为王,为姬,为福。

巽 羊肠九萦,相推稍前。止须王孙,乃能上天。

详《蛊之剥》。此皆用伏震象。以互艮为天。

兑 贫鬼守门,日破我盆。孤牝不驹,鸡不成雏。

通艮。互坎为鬼,艮为守,为门。震为盆,坎为破。兑为牝,震为驹;震伏,故不驹。巽为鸡,艮为雏;艮伏,故不雏。

涣 饱食从容,入门上堂。不失其常,家无咎殃。

坎为饮食,震乐,故从容。艮为门,为堂,巽为入。艮为家,坎为殃;震解,故无。

节 阴淫不止,白马为海。皋泽之子,就高而处。

坎为水,故曰"阴淫"。震为白,为马,兑为海。白马,津名,在大伾山南。言水多,津变为海也。震为子,艮为皋,兑为泽。言皋泽之人,因水多,皆就高而处也。

中孚 执戈俱立,以备暴急。千人守门,因以益卑,困危得海终安何畏。

艮为戈,为执。震为立,为暴急,为千人。艮为守,为门。兑为泽,为下,故曰"卑"。艮为终,为安。震乐,故无畏。

小过 夹河为婚,水长无船。槌心失望,不见所欢。

互大坎,故曰"夹河",曰"水长"。震为船,兑毁,故无。艮为槌,坎为心。艮为望,坎失,故曰"失望"。震为欢。

既济 阴阳变化,各得其宜。上下顺通,奏为肤功。

言阴阳六爻,各当位。

未济 任劣德薄,失其臣妾。田不见禽,犬无所得。

臣妾与犬,皆用临伏象良。

☴巽上☷坤下 观之第二十

历山之下,虞舜所处。躬耕致孝,名闻四海。为尧所荐,缵位天子。

艮为山,为时,故曰"历山"。坤为下。伏震为帝,故曰"虞舜",曰"尧"。艮为躬,巽顺为孝。艮为名;坤为海,巽数四,故曰"四海"。伏震为子,艮为天,故曰"天子"。

之乾 蜎飞蠕动,各有所配。欢悦相迎,咸得其处。

详《临之豫》。此用观象。巽虫,故曰"蜎",曰"蠕"。

坤 继祀宗邑,追明成康。光照万国,享世久长。

坤为邑,为万国。观艮为光明,为照,为久。

屯 秋冬探巢,不得鹊雏。衔指北去,愧我少姬。

伏兑为秋,坎为冬。艮为穴,为巢,艮手为探。兑为鹊雏,兑伏,故不得。艮为指,坎为北。伏巽为少姬,坤为媿。巽少姬,本大过。

蒙 僮妾独宿,长女未室,利无所得。

艮为僮妾。为独,坎为宿。艮为室,巽为长女,为利。巽伏,故无得。

需 洪波逆流,至人潜处。蓬蒿代柱,大屋颠仆。

通晋。坎为水,坤水,故曰"洪波"。洪波,大波也。伏坤为逆。坎为圣,故曰"至人"。坎为潜。坤为薪,在艮屋下,故曰"蓬蒿代柱"。艮为屋柱,坤柔,故颠仆。

讼 日暗不明,谗夫在堂。右臂疾痹,君失其光。

离为日,为明;坎隐,故暗。坎为夫,坎上下兑口相背,故曰"谗夫"。观艮为堂,为臂。坎为疾。乾为君,离为光;坎隐,故失光。

师 王孙季子,相与孝友。明允笃诚,升擢荐举,为国干辅。

此用遇卦观象。观艮为孙,为季子。伏震为王,故曰"王孙季子"。坤顺,故曰"孝友"。艮为明允,为笃诚。伏震为荐举,为干。坤为国。

比 麟趾龙身,日驭三千。南上苍梧,与福为婚。道里夷易,安全无患。

此亦用观象。坤为麟,为身。伏乾为龙,为日,为千。艮纳丙,数三,故曰"三千"。伏震为南,为苍梧。乾为福,与坤配,故曰"与福为婚"。艮为道里。坎为平,故曰"夷易"。艮为安,坎为患,安故无患。

小畜　三子成驹,破其坚车。轮载空舆,后时失期。

伏震为子,数三,故曰"三子"。震为驹,为车;坎为破,伏艮为圣,故曰"破其坚车"。坎为轮。艮为时,震为后,故曰"后时失期"。全用伏。

履　逐祸除患,道德神仙。遏恶万里,常欢以安。

坎为祸患,坎伏,故曰"逐祸除患"。伏艮为道,震为神,艮为仙。坤为万里,为恶;坤闭,故曰"遏恶"。兑为欢。

泰　黄池之盟,吴晋争强。勾践为患,夷国不安。

兑为池,震黄,故曰"黄池"。震为南,故曰"吴"。为进,故曰"晋"。震为健,乾亦为健,故曰"争强"。震为足,故曰"践"。坤为夷,为国;坤丧,故不安。

否　青牛白咽,招我于田。历山之下,可以多耕。岁藏时节,人民安宁。

坤为牛,巽为白,伏兑为咽。坤为我,为田。艮为山,为时,故曰"历山"。舜耕处也。坤为下,伏震为耕。坤为岁,艮为时。坤为民人,为安宁。

同人　有头无目,不见菽粟。消耗为疾,三年不复。

乾为头,离目。目应在头上,今在下,故曰"无目",故不见菽粟。巽为菽粟也。伏坤为消,坎为疾。坤为年,震数三,故曰"三年"。

大有　山没丘浮,陆为水鱼。燕雀无巢,民无室庐。

通比。艮为山丘,在坎水、坤水上,故曰"山没丘浮"。坤为陆,为水,为鱼。兑为燕雀,艮为巢,为室庐,坤为民。坎陷,故曰"无巢",无室庐也。

谦　高冈凤凰,朝阳梧桐。雍雍喈喈,萋萋萋萋。陈辞不多,以告孔嘉。

《诗·卷阿篇》:凤凰鸣矣,于彼高冈。梧桐生矣,于彼朝阳。萋萋萋萋,雝雝喈喈。又曰:矢诗不多,维以遂歌。林全用《诗》语。艮为高冈,坤文为凤。震为朝,伏离为日。震为鸣,故曰"雍喈"。为茂盛,故曰"萋萋"。震为言,故曰"辞",曰"告"。为孔,故曰"孔嘉"。

豫　鳏寡独宿,忧动胸臆,莫与宿食。

艮为鳏,坎为宿,坤为寡,故曰"鳏寡独宿"。坎为忧,坤为腹,为胸臆。震口为食。

随　马蹄踬车,妇恶破家。青蝇汙白,恭子离居。

震为马,为蹄。蹄音弟,与踶同,踢也。马踶,故车踬。震为车,二至四震覆,故曰"踬车"。巽为妇,坤为恶;艮为家,兑毁,故曰"破家"。巽为蝇,震为青,故曰"青蝇"。巽为白。震为子,巽顺,故曰"恭子"。谓申生也。艮为居。

蛊　长女三嫁,进退无羞。逐狐作妖,行者离忧。

巽为长女,震为嫁,数三,故曰"三嫁"。巽为进退。艮为狐,震为逐,为行。互坎为忧,为妖。

临 人无足,法缓除。牛出雄,走羊惊。阳不制阴,男失其家。

震为人,伏巽下断,故无足。除,授官也。坤柔,故缓。言人有疾不能授官也。坤为牛,震为雄;坤在上,故曰"出雄"。兑为羊,震为走,为惊,故曰"走羊惊"。阳少阴多,故曰"不制"。震为男,艮为家;艮伏,故失。

噬嗑 茹芝饵黄,饮食玉英。与神流通,长无忧凶。

伏巽为芝,伏兑为茹,为饵。震为黄,为玉,为英。坎为饮食。震为神,为通。坎忧,震乐,故无忧。芝,灵芝。黄,黄精。服之延年益寿。

贲 东行无门,西出华山。道塞畏难,游子为患。

震为东,为行。艮为门,坎隐,故无门。艮山,伏兑为西,为华,故曰"华山"。艮为道,坎为塞,为畏,为患。震为游子。

剥 寿如松乔,与日月俱。常安康乐,不罹祸忧。

详《临之剥》。

复 探毂得螽,所愿不喜。道宜小人,君子处塞。

震为毂,伏巽为螽。坤忧,故不喜。坤为小人。震为大涂,为道,为君,为子。坤为咎。

无妄 蝎蠃生子,深目黑丑。虽饰相就,众人莫取。

详《需之恒》。蝎,即螟字。蠃,音骡。《说卦》,离为蠃是也。

大畜 喜怒不时,霜雪为灾。稼穑无功,后稷饥寒。

震为喜,为威,故为怒。艮为时,三至上正覆震艮,故曰"不时"。乾为冰,为霜雪;兑毁,故灾。震为稼穑,为稷。乾为后,为寒。

颐 乌升鹊举,照临东海。龙降庭坚,为陶叔后。封圻蓼六,履禄绥厚。

详《需之大畜》。

大过 黄离白日,照我四国。元首昭明,民赖其福。

伏颐为大离。《离·六二》曰:黄离,元吉。故离为黄,为日,为照。下震为白,故曰"白日"。坤为国,震卦数四,故曰"四国"。乾为元首,为福。坤为民。

坎 黍稷酝酿,敬奉山宗。神嗜饮食,甘雨嘉降。独蒙福力,时灾不至。

详《比之需》。

离 福过我里,入门笑喜,与吾利市。

通坎。震为福,为里。艮为门,震为笑喜。巽为利市。

咸 昼卧牢门,悚惕不安。目不得阖,鬼搔我足。

艮为里门,为卧。乾为日,为昼,为悚惕。伏大离,故目不得阖。阖,闭也。伏坤为鬼,震为足;艮手,故曰"搔足"。

恒 春早荣华,长女宜夫。受福多年,世有封禄。

震为春,为草,为荣华。巽为长女,震为夫,为福。乾为多,为年,为禄。伏坤为世。"长女宜夫"者,以震巽为配偶,故能受福也。

遁 雍门内崩,贼贤伤仁。暴乱狂悖,简公失位。

艮为门,伏兑悦,故曰"雍门"。巽为陨,为崩;在内卦,故曰"内崩"。乾为仁贤,阴消阳,故曰"贼贤伤仁"。巽为贼也。遁杀君父,故曰"乱悖"。震为竹,为简,为公;震伏,故曰"失位"。《论语》:陈成子杀简公,事在《左传·哀十四年》。陈成子既杀阚止,大陆子方亡出雍门。注:雍门,齐城门也。内崩,盖言内乱。

大壮 心志无良,昌披妄行。触壁抵墙,不见户房。

伏坤为心志,坤恶,故无良。震为昌,为行,为触。伏艮为墙壁,为户房。坤黑,故不见。

晋 胶车木马,不利远贾。出门为患,安止得全。

互坎为胶,坤为车,故曰"胶车"。坤为马,坎艮皆为木,故曰"木马"。胶车不坚,木马不动,故不利远贾。艮为门,坎为患。艮为安止。

明夷 家在海隅,桄短流深。企立望宋,无木以趋。

坤为海,坎为室,故曰"家在海隅"。坎为桄,为流;坤坎皆为水,故曰"流深"。震为行,故曰"企立"。离为望。《说文》:以木架屋曰宋。故艮为宋。三至五互艮覆,故曰"无木以趋"。

家人 冬叶枯槁,当风失道。蒙被尘埃,左右劳苦。

坎为冬,巽为叶,离为枯槁。巽为风,坎为失言。叶埋道上,而失道也。坎为劳。

睽 过时不行,妄逐王公。老女无夫,不安其居。

通蹇。艮为时,为反震,故不行,故妄逐。兑为老女,本大过也。艮为兑夫,艮伏,故曰"无夫"。坎险,故不安。

蹇 履泥汙足,名困身辱。两仇相当,自为痛疾。

坎为泥,为汙。履足,似用半震象。艮为名,为身。坎为困辱,为仇;重坎,故曰"两仇",曰"痛疾"。

解 精华堕落,形体丑恶。龃龉挫顿,枯槁腐蠹。

震为精华,伏巽,故堕落。离正反兑口相对,故曰"龃龉"。巽虫,故腐蠹。离火,故枯槁。

损 长生无极,子孙千亿。松柏为梁,坚固不倾。

详《临之观》。

益 去辛就蓼,毒愈酷毒。避穽入坑,忧患日生。

《说文》:蓼,辛菜。巽纳辛,震为蓼。坤为毒,为忧患,震为生。《诗·周颂》云:莫予荓蜂,自求辛螫。……未堪家多难,予又集于蓼。

夬 行尧钦德,养贤致福。众英积聚,国无寇贼。

夬,乾为帝王,为德,故曰"行尧钦德"。乾为贤,为福;兑食,故曰"养贤至福"。伏艮为君子。坤为众,为聚,为国,故曰"积聚"。巽为寇贼,巽覆,故无。

姤 狗逐兔走,俱入谷口。与虎逢晤,迫不得去。

象多未详,疑用遇卦观象。

萃 望尚阿衡,太宰周公。藩屏汤武,立为侯王。

详《同人之讼》。

升 清人高子,久屯外野。逍遥不归,思我慈母。

详《师之睽》。

困 三虫作蛊,削迹无与。胜母盗泉,居不安处。

巽为虫。《左传》:三虫为蛊。伏震为迹,艮手艮刀,故曰"削迹"。巽为母,兑刚,故曰"胜母"。坎为水,为盗,故曰"盗泉"。艮为居,为安,艮伏兑折,故不安。

井 犷牝龙身,进无所前。三日五夜,得其所欢。

通噬嗑。震为龙,艮为狗。犷,良犬也。艮犬止震龙上,故曰"犷牝龙身"。艮为身,艮止,故不进。离为日,震数三,故曰"三日"。坎为夜,纳戊,数五,故曰"五夜"。震为欢。

革 黄里绿衣,君服不宜。淫涵毁常,失其宠光。

《诗·卫风》:绿兮衣兮,绿衣黄里。传谓卫庄公惑于嬖,妾衣上僭也。革通蒙。震为衣,为黄,为君。《笺》谓绿衣当为素里,今黄里逾制,故曰"不宜"。坎为淫涵,为失。离为光。

鼎 天所顾佑,祸灾不到,安吉无惧。

互乾为天,离为顾。坤为祸灾,坤伏,故不到而安吉也。

震 盘纡九回,行道留难。止须于丘,乃睹所欢。

艮止,故盘纡。震数九,为归,故曰"九回"。震为行,艮为道,艮止,故留难。艮为丘,为须。震为欢。艮为观,故曰"睹"。

艮 暴虐失国,为下所逐。北奔阴胡,主君旄头。

互震为暴虐。坎为失,艮为国,故曰"失国"。坎为下,震为逐,为奔。坎为北,为阴胡。震为主君,为毛羽;坎为首,故曰"旄头"。旄头,被发也。《汉官仪》:选羽林为旄头,被发先驱是也。乐彦《括地谱》:夏桀死,其子荤粥北奔,逐水草而居,号曰匈奴。林词全用其事。

渐 御骄从龙,至霍华东。与禹相逢,送致于邦。

骄,赤马。坎为马,为赤,故曰"御骄"。伏震为从,为龙,故曰"御骄从龙"。艮为山,坎西,故曰"霍华"。霍华,西方大山也。离为东。伏震为王,故曰"禹"。艮为邦。

归妹 铜人铁距,雨露劳苦。终日卒岁,无有休息。

伏艮为铜铁,震为人,为距,故曰"铜人铁距"。坎为雨露,为劳苦。互离为日,伏艮为终,震为岁,故终日卒岁。艮止,为休息。艮伏,故不息。

丰　大人失宜,盈满复亏。长成之木,盛者复衰。

震为大人。巽为亏。震为成长,为木,为盛。巽为陨落,为衰。盖震巽相往来反复,故林词云尔。

旅　梅李冬实,国多盗贼。乱扰并作,王不能制。

详《屯之师》。此以巽为盗贼。

巽　泽枯无鱼,山童无株。长女嫉妒,使身空虚。

兑为泽,离枯,巽为鱼。枯,故无鱼。伏艮为山,兑上缺为童。《庄子·徐无鬼》:尧闻舜之贤,举之童土之地。注:童,无草木也。巽为株,为长女,伏坎为嫉妒。艮为身,离为空虚。

兑　天门冬虚,既尽为灾。腌脮黯苍,秦伯受殃。

通艮。艮居戌亥,故曰"天门"。坎为冬,阳穷在上,故曰"既尽"。《广韵》:腌,肥也。脮,丑也。腌脮黯苍,言戌亥空亡,渺冥无有也。兑为西,故曰"秦"。伏震为伯,坎为殃。

涣　牵衣涉河,水深渍罢。幸赖舟子,济脱无他。

节　推车上山,高仰重难。终日至暮,不见阜巅。

震为车,艮手为推,为山,故曰"推车上山"。艮为高仰。坎为暮。伏离为日。艮为终,为阜巅。坎隐伏,故不见。

中孚　鼎炀其耳,热不可举。大路壅塞,旅人心苦。

通小过。震为鼎,兑为耳;艮火在下,故炀其耳,故热不可举。震为大涂,互坎,故壅塞。震为旅,为人,坎为心。《鼎·九三》云:鼎耳革,其行塞。兹与《睽之比》皆作"大涂壅塞",是以行为道,与常解异。

小过　四乱不安,东西为患。退身止足,无出邦域。乃得完全,赖其生福。

震卦数四,兑毁,故曰"四乱不安"。震东兑西,互坎为患。艮为身,在下,故曰"退身"。震足,艮止,故曰"止足"。艮为邦域,震为生,为福;艮止巽伏,故无出邦域。

既济　班马还师,以息劳罢。役夫嘉喜,入户见妻。

坎为马,重坎,故曰"班马"。坎为众,故曰"师"。坎为劳疲,艮止,故曰"以息劳罢"。坎为役,为夫,震为喜。艮为户,离为坎妻。既济、未济用半象,易通例也。

未济　积德不怠,遇主逢时。载喜渭阳,身受荣光。

坎为积。震主艮时,故曰"遇主逢时"。震车为载,为喜。坎水,故曰"渭"。艮为身,离为光荣。多用半象。林意谓姜太公垂钓,遇文王于渭水,后受封也。

焦氏易林注卷六

▤ 离上
　震下　噬嗑之第二十一

麒麟凤凰，善政得祥。阴阳和调，国无灾殃。

离为文，下互大离，故曰"麒麟凤凰"。卦水火俱备，故曰"阴阳和调"。艮为国，坎为灾；震乐，故无灾殃。

之乾　北风相牵，提笑语言。伯歌叔舞，燕乐以喜。

详《否之损》。此全用遇卦噬嗑象，不及之卦。

坤　甲戊己庚，随时运行。不失常节，咸逢出生。各乐其类，达性任情。

此亦全用噬嗑象。坎纳戊，离己，震庚，震东方木，故曰"甲戊己庚"。艮为时。震为连行，为出生，为乐。盖噬嗑震春，离夏，坎冬，伏兑为秋，四时俱备，故林云尔。

屯　破亡之虚，神祇哀忧。进往无光，留止有庆。

坎为破，坤为亡，为虚。虚、墟同。震为神，坤为地，故曰"神祇"。祇，地神也。坎为忧，震为进。坎隐，故无光。艮止，故有庆。

蒙　注斯膏泽，扞卫百毒。防以江南，虺不能螫。

坎为膏泽，为注。艮守为扞卫。坤坎皆为毒，故曰"百毒"。艮为防，坤为江河，震为南。坎为虺，为螫。

需　日月相望，光明盛昌。三圣茂功，仁德大隆。

坎月离日，坎西离东，故曰"相望"。离为光明。坎为圣，离卦数三，故曰"三圣"。谓文、武、周公也。乾为功，为仁德，为大，为隆。

讼　大蛇巨鱼，战于国郊。上下隔塞，卫侯庐漕。

《左传·庄十四年》：内蛇与外蛇斗于郑南门中。互巽为蛇，为鱼，乾为大。伏坤为郊，为国，故曰"国郊"。伏震为战，乾上坎下。伏震为卫，坎为室，为庐；坎水，故曰"庐漕"。卫侯，戴公也。时狄灭卫，故暂居漕。漕，《左传》作曹，《毛诗序》作漕。

师　龙入天关，经历九山。登高上下，道里险难。日晏不食，绝无甘酸。

此用噬嗑象。震为龙，艮为天，为关，故曰"龙入天关"。艮为山，震数九，故曰"九山"。震为登，艮为高，为上，坎为下，故曰"登高上下"。艮为道里，坎陷，故曰"道里险难"。离为日,坎为暮,故曰"日晏"。震为口,为食,坎忧,故不食。巽为臭,巽伏不见,故绝无甘酸。

比　沙漠北塞,绝无水泉。君子征凶,役夫力殚。

互艮为小石,为沙,为塞;坎北,故曰"北塞"。坎为水泉,艮火在下,故无水泉。艮为君子,震为征;震覆,故征凶。坤为役,震为夫;震覆,故力殚。

小畜　关折门启,衿带解堕。福与善生,忧不为祸。

伏坎为关。关,门牡也。兑为折,乾为门。巽为带,为解堕。乾为福,为善,故曰"福与善生"。坤为忧,为祸;坤伏,故不祸。

履　狼虎所嗥,患害必遭。不利有为,宜以遁逃。

乾为虎狼,兑为嗥。伏坎为患害。巽为利,兑折,故不利。巽为伏,故曰"遁逃"。言遭遇危险,不利于进,利退也。

泰　金精耀怒,带剑过午。两虎相距,弓弩满野,虽忧无苦。

乾为金,震为耀怒。金精,虎也。《河图帝览》:嬉月者金之精。虎,西方宿,故亦为金精。《噬嗑》离为午。艮为剑,为虎;正反艮,故曰"两虎相距"。艮为野,坎为忧,为弓弩。

否　朽根枯树,华叶落去。卒逢火焱,相随偃仆。

巽为树,为陨落,故曰"朽根枯树,华叶落去"。艮为火焱,巽陨为偃仆。

同人　入暗出明,动作有光。转运休息,常乐永康。

通师。坎为暗,震为出,巽为入,离为明,为光。坎隐伏,故转运休息。震为乐。

大有　国多忌讳,大人恒畏。结口无患,可以长存。

通比。坤为国,坎为忌。乾为大人,乾惕,故曰"大人恒畏"。坎为患,兑为口。坤闭,故曰"结口"。言当忌讳之时,宜括囊自守,免于患害也。

谦　天地淳厚,六合光明。阴阳顺序,厥功以成。

艮为天,为光明。坤地为厚。坎为合,数六,故曰"六合"。坤为顺,《九三阳》遇阴,通行无阻,故曰"顺序"。震为功,艮为成。

豫　裸裎逐狐,为人观笑。牝鸡雄晨,主作乱妖。

详《大有之咸》。

随　阴升阳伏,桀失其室,相馁不食。

上下卦皆阴在上,阳居下,故曰"阴升阳伏"。艮为室。兑刚卤,故曰"桀"。下卦艮覆,故曰"桀失其室"。震为食,初至四正反震,故曰"相馁"。艮止,故不食。

蛊　蜎飞蠕动,各有配偶。大小相保,咸得其所。

详《临之豫》。

临　鬼守我庐,欲呼伯去。曾孙寿考,司命不许,与生相保。

坤为鬼,为我;伏艮为守,为庐。震为呼,为伯;震往,故曰"欲呼伯去"。伏艮为曾孙,为寿。伏巽为命,震为生,故不许也。言鬼虽呼伯去,无如命本寿考,司命不许其去也。

观 祸走患伏,喜为我福。凶恶消亡,菑害不作。

伏大壮。坤为祸患,震为走。言阳长阴消也。震为喜,乾为福。坤为凶恶,为菑害;阴消,故曰"不作"。

贲 智不别扬,张狂妄行。蹈渊仆颠,伤杀伯身。

坎水为智。震为张狂,为行,为蹈。坎为渊,震在上,故曰"蹈渊"。伏巽,故仆颠。震为伯,艮为身;伏兑为毁折,故伤杀伯身。

剥 凶忧灾殃,日益明章。祸不可救,三郤夷伤。

坤为凶灾,艮为明,为日。坤为祸,为死,故曰"夷伤",曰"不可救"。"郤"者,退也。坤消,故退。正互三坤,故曰"三郤"。《左传·成十七年》:晋厉公杀郤至、郤锜、郤犨。

复 长尾蜥蛇,画地为河。深不可涉,绝无以北,怅然嘳息。

详《师之咸》。

无妄 爱我婴女,牵引不与。冀幸高贵,反得贱下。

通升。坤为我,兑为婴女。艮手为牵引。巽为高,乾为贵,坤为贱。无妄皆事出意外,非所期望之事,故《林》辞如此。

大畜 凫游江湖,甘乐其饵。既不近人,虽惊不骇。

艮为凫,兑为江湖;凫在兑水上,故曰"凫游江湖"。震为饵,为甘乐,为人。艮凫在上,故不近人。震为惊。

颐 明灭光息,不能复食。精魄既丧,以夜为室。

艮为光明,坤黑,故息灭。震为食,坤死,故不食,故曰"丧"。震为精坤,为魄,为夜,艮为室。

大过 奇适无偶,习静独处。所愿不从,心思劳苦。

奇,只也。《礼》,投壶一算为奇。适,往也。奇适无偶,言独往也。巽为寡,正覆巽相背,又阳陷阴中,故所愿不从。伏坤为心,为思;坤万物致役,故为劳苦。

坎 葛藟蒙棘,花不得实。谗佞乱政,使忠壅塞。

详《师之中孚》。说《诗》异《毛》。

离 鹊笑鸠舞,来遗我酒。大喜在后,授我龟纽。龙喜张口,超拜福祉。

离为鸠,伏震为鹊,为笑舞,故鹊笑鸠舞。伏坎为酒,震为喜,为后,故曰"大喜在后"。艮为遗,为授,为龟。震为龙,为口。龟纽、龙口,皆印饰。《后汉·舆服志》:诸王金印龟纽。注引《汉旧仪》,传国玺,槃五龙。龟纽、龙口,言得印绶也。震为福祉,艮手为拜。全用伏象。

咸 摇尾逐灾,云沈孽除。洿泥生梁,下为田主。

艮为尾,伏坤为灾,震为摇,为逐。坤为云,为孽,为水,为洿泥。震为粱,为主。坤为田,为下。多用伏象。

恒　白鹤衔珠,夜食为明。膏润优渥,国岁年丰。

震为鹤,为珠;兑口为衔,为食。兑昧为夜,乾为光明,兑水,故曰"膏润优渥"。乾为年岁。按《搜神记》:有鹤为弋人射伤,哙参为疗养之,创愈放之。后鹤夜衔珠,雌雄各一,到门外为报。

遁　内执柔德,上讼以默。宗邑赖德,祸灾不作。

阴柔在下,故曰"内执柔德"。乾为言,兑为言,而兑反与乾言相背,故曰"讼"。下卦艮止,故嘿尔不讼。艮为邑,乾为宗,为德。坤为灾祸,坤伏,故不灾。

大壮　犬吠惊骇,公拔戈起。玄冥厌火,消散瓦解。

伏艮为犬。震为吠,为惊,为公,为起。艮为戈,为拔,故曰"公拔戈起"。玄冥,水神。《月令》:孟冬之月,其神玄冥。水克火,故曰"厌火"。伏坤为水,艮为火;火在水上,当然消散。震为瓦,为解。玄冥,北方水神。伏坤位北,而地黑,故曰"玄冥"。

晋　公悦姬喜,子孙俱在。荣誉日登,福禄来处。

象多未详。或用遇卦象。

明夷　鸟鸣哺毂,长欲飞去。循枝上下,适与风遇。颠陨树根,命不可救。

离为鸟。震为鸣,为子,为食,故曰"哺"。毂,小鸟也。震为长,为飞,为枝,为上。坤为下。伏巽为风,为颠陨,为树,为命。坤死,故不可救。

家人　析薪炽酒,使媒求妇。和合齐宋,姜子悦喜。

巽木为薪,坎为破,故析薪。坎为酒,火在下,故曰"炽酒"。坎为通,故曰"媒"。巽为妇,为齐。《说文》:以木架屋曰宋。故艮为宋。遇卦噬嗑,互艮姜,齐姓;子,宋姓。伏震为喜。《诗·齐风》:析薪如之何,匪斧不克。娶妻如之何,匪媒不得。《毛》谓文姜归鲁,齐襄思之。兹曰"齐宋",是《齐诗》不指文姜。

睽　邻不我顾,而望玉女。身多疣癞,谁当媚者。

详《师之小过》。

蹇　远视无光,不知青黄。黈纩塞耳,使君暗聋。

此用噬嗑象。艮为观,为光。坎隐,故无光。离为黄,震为青,为黄。《汉书·东方朔传》:黈纩垂耳,所以塞聪。注:以黄绵为圈,悬于冕之两旁,示耳不外听。坎为耳,为塞,故耳塞。伏巽为绵。纩黈,黄色,亦震象。震为君,耳塞,故暗聋。

解　克身整己,逢禹巡狩。赐我玄圭,蒙受福佑。

艮为身,艮覆,故曰"克身"。震为王,为禹,为巡狩;为玉,为玄黄,故"玄圭"。又为福祉。

损　远望千里,不见黑子。离娄之明,无盈于光。

坤为千里,艮为望。震为子,坤黑,故曰"黑子"。坤闭,故不见。离为光明,互大离,故曰"离娄"。离娄,古明目人,见《孟子》。

益 斧斤所斫,疮痏不息。针石不施,下即空室。

伏兑为斧。艮手为斫,为节,为疮痏,为石,为室。坤死,故曰"下即空室"。

夬 南国少于,才略美好。求我长女,贱薄不与。反得丑陋,后乃大悔。

详《比之渐》。

姤 失俪后旅,天门地户。不知所在,安止无咎。

巽与震为俪偶,为伴旅。巽寡,故失俪后旅。《内经》:乾居西北为天门,巽居东南为地户。巽进退,故不知所在。惧阴消阳,故安止无咎。

萃 乌孙氏女,深目黑丑。嗜欲不同,过时无偶。

艮为孙,为黔,故曰"乌孙"。兑为女,伏大离,故曰"深目"。坤为黑,为丑。艮为时,巽寡,故无隅。

升 伯驾纯骊,南至东莱。求索车马,道阙中止。

震为伯,为驾,为马。纯,黑也。坤为黑,故曰"纯骊"。震为南;又为东,为草莽,故曰"东莱"。山名。坤为车,为马。伏艮为求,为道,为止。

困 二女宝珠,误郑大夫。交父无礼,自为作笑。

丁云:《初学记》引《韩诗》:郑交甫过汉皋,遇二女佩两珠,交甫索其珠,二女与之,去十步亡矣。故曰"误"。兑为女,卦数二,故曰"二女"。伏震为珠,为夫。坎为郑,震为父,为笑。言交甫无礼于二女,致招笑侮,由自取也。

井 阳城太室,神明所息。仁智之居,独无兵革。

详《需之蒙》。伏震为仁,坎为智。

革 大蛇为殃,使道不通。岁收尠少,年谷败伤。

巽为蛇,乾大,故曰"大蛇"。伏震为道路,坤闭,故不通。《史记》:高祖夜径泽中,有大蛇当径是也。乾为岁,巽陨落,故岁收鲜少,故年谷伤。巽为谷也。

鼎 三足孤鸟,灵明为御。司过罚恶,自残其家,毁败为忧。

详《坎之焕》。此以离为鸟,伏震为足。

震 车虽驾,两靷绝。马欲步,双轮脱。行不至,道遇害。

震为车,为驾。伏巽为靷,巽陨,故绝。震为马,为步。互坎为轮,伏兑卦数二,故曰"两靷",曰"双轮"。震为行,为道,坎为害。

艮 郁映不明,为阴所伤。众雾集聚,共夺日光。

艮为明,坎黑,三上皆乘重阴,故曰"郁映不明"。映,日食色也。坎为众,为云雾,为积。离日伏,故夺日光。

渐 鸤鸠鸣枭,治成遇灾。周公勤劳,绥德安家。

艮为鸟,故曰"鸰鹑"。《鸱鸮》、《幽风》,周公贻成王诗也。坎为灾,伏震为周,为公。坎为劳,艮为家。按《毛传》,鸱鸮,鸰鹑也,以喻管蔡。此作鸱枭,枭、鹑同。枭长大食母,故曰"治成遇灾"。言其母养成而遇害也。此与《韩诗》说合。《韩诗》:鸱鸮,所以爱其子者,适以病之。正以喻成王也。疑较《毛传》训切。

归妹　名成德就,项领不试。景公耄老,尼父逝去。

详《履之剥》。

丰　一夫两心,歧刺不深。所为无功,求事不成。

详《豫之临》。

旅　羿张乌号,彀射天狼。柱国雄勇,败于荥阳。

羿,古之善射者。《论语》曰"羿善射"是也。乌号,弓名。天狼,星名。《淮南子》:尧时十日并出,命羿射之落其九。此云射天狼,与《淮南子》异。《史记·陈涉世家》,以房君蔡赐为柱国,后战死,而不著其处。柱,各本皆作赵。惟丁晏《释文》柱。恐赵国是人名。今姑依翟本。兑刚鲁,故曰"羿"。离为乌,兑为号。艮为天,为狼,为星,为柱,为国。兑为雄勇,为毁折,故败。荥,水名。伏坎为水。

巽　东家杀牛,污秽腥臊。神背西顾,命衰绝周。

互离为东,为牛,伏艮为家。兑毁折,故曰"杀"。巽为臭,故曰"腥臊"。伏震为神,艮为背,互兑为西,离为顾。巽为命,为衰绝,伏震为周。"神背西顾"者,言神背东邻纣,西顾于周。"命衰绝周"者,言殷命衰歇,而绝于周也。义本《既济·九五》爻词。盖汉儒说多如此,然实非也。

兑　火起吾后,喜炙我庑。苍龙衔水,泉喷屋柱,虽忧无咎。

通艮。艮为火,震为起,为后,故曰"火起吾后"。震为喜,为口,为苍龙,为衔。坎为水泉。艮为屋,为柱。坎为忧。言火虽近,以龙衔水喷洒屋柱,而无咎也。

涣　桃雀窃脂,巢于小枝。摇动不安,为风所吹。寒心慄慄,常忧殆危。

详《谦之遁》。

节　徙足去域,飞入东国。有所畏避,深藏远匿。

震为足,为去,为飞,为东。艮为域,为国。坎为畏避,为藏匿。

中孚　琼英朱草,仁政得道。凫鹥在渚,福禄来下。

《齐诗》:尚之以琼英乎而。《笺》:琼英,犹琼华也。元本注:朱草,百草之精,王者德盛则生。互震为英,为草,为玉。艮纳丙,色赤,故曰"朱草"。艮为道,震为仁,为福禄。艮为鸟,为凫鹥。三四句,《小雅》诗语。

小过　陈蔡之厄,从者饥罢。明德上通,忧不为凶。

震为陈,为蔡,为从。互大坎为厄,为劳,故曰"饥罢"。艮为明,震为通。坎为忧凶,震出,故不忧凶。

既济　春桃生花,季女宜家。受福多年,男为邦君。

详《师之坤》。

未济　径邪贼田，政恶伤民。夫妇咒诅，泰山覆颠。

艮为径，为田。坎为邪，为贼。径邪则侵田，故曰"贼田"。坎为伤，为众，为民，为恶。政恶虐民，故曰"伤民"。坎夫离妇，离两兑口相对，故曰"咒诅"。艮为山，巽下断，故覆颠。多取半象。

艮上 离下　贲之第二十二

仁政不暴，凤凰来舍。四时顺节，民安其居。

震仁坎和，故曰"不暴"。离为凤凰，艮为舍。震春，离夏，坎冬，伏兑为秋，故曰"四时顺节"。艮为节。坎为民，艮为安，为居。

之乾　八口九头，长舌破家。帝辛沈湎，商灭其墟。

此用贲卦象。震为口，艮数八，故曰"八口"。乾为首，数九，故曰"九头"。帝辛，纣也。震为帝，伏兑为秋。《月令》：秋，其味辛，其音商。故曰"帝辛"。互坎，故曰"沉湎"。艮为虚，坎伏，故曰"灭"。长舌，指《贲》下震。兑为舌，震形长于兑，故曰"长舌"。谓妲己也。艮为家，坎为破，故曰"破家"。

坤　鬼守我门，呼伯入山。去其室家，舍其兆墓。

此亦用贲象。坎为鬼，艮为门。震为伯，为呼。艮为山，为墓，为舍。坎为室。

屯　日出阜东，山蔽其明。章甫荐屦，箕子佯狂。

艮为山阜，震为东。离伏，故明蔽。艮为冠，为章甫；震为屦，为草，荐，草也。震为箕，为子，为狂。上朝服，下草屦，不类，故曰"狂"。

蒙　戴盆望天，不见星辰。顾小失大，福逃墙外。

震为盆。艮为戴，为天，为望，为星辰。坎隐，故不见。艮为小，震为大；坎失，故曰"失大"。震为福，艮为墙。

需　两轮并转，南山大阪。四马共辕，无有重难，与语笑言。

坎为轮，兑卦数二，故曰"两轮"。离为南。乾为山，为阪，为马。兑数四，故曰"四马"。兑为笑言。辕象似指坎。坎为栋，故为辕。古牛车两辕，马车一辕。辕左右各两马，辕居正中，正坎象也。

讼　羊惊狼虎，耸耳群聚。行旅稽难，流连愁苦。

此用贲象。震为羊，艮为狼虎，震为惊，故曰"羊惊狼虎"。坎为耳，为众，故曰"群聚"。震为行旅，艮止，故曰"稽难"。坎陷，故曰"流连"，曰愁苦。全用遇卦象。

师　梗生荆山，命制轮班。袍衣剥脱，夏热冬寒。饥饿枯槁，众人莫怜。

详《大有之未济》。

比　鸟飞无翼，兔走折足。不常其德，自为羞辱。

艮为鸟。震为兔，为翼，为足。震覆，故无翼，故折足。又震为德，震覆，故曰"不常其德"。坤为羞辱。

小畜　条风制气，万物出生。明庶长养，花叶茂荣。

巽为风，为气；巽木，故曰"条风"。乾为生，伏坤为万物。兑为花。《史记·律书》：条风居东北，主生万物。故曰"长养"。

履　坤厚地德，庶物蕃息。平康正直，以绥大福。

通谦。坤为厚，为庶物。震为蕃息。坎为平正。乾为直，为大福。

泰　昴毕附耳，将军乘怒。径路隔塞，燕雀惊骇。

伏艮为星，故曰"昴毕附耳"。皆星名也。震为武人，故为将军；为怒，为径路。坤闭，故曰"隔塞"。兑为燕雀，震为惊骇。翟云升云：《天官书》，昴主旄头，毕主边兵。其大星旁有小星，曰附耳。附耳动摇，主有谗乱臣在侧。

否　东风启户，黔啄翻舞。各乐其类，咸得生处。

巽风艮户，艮为黔啄，为翻舞。六爻皆有应与，故曰"各乐其类"。

同人　两足四翼，飞入家国。宁我伯姊，与母相得。

通师。震为足，坤数二，故曰"两足"。震为翼，卦数四，故曰"四翼"。坤为我，为国。震为伯，巽为姊，故曰"伯姊"。坤为母。

大有　岁暮花落，阳入阴室。万物伏匿，藏不可得。

通比。坤为岁，为暮。兑为花，兑毁，故落。坎为室，九五居群阴之中，故曰"阳入阴室"。坤为万物，坎为伏，故曰"匿"，曰"藏"。

谦　释然远咎，避患高阜。田获三狐，以贝为宝。

坤为咎，在外，故曰"远"。坤为患害，在外，故曰"避"。艮山，故曰"高阜"。震为田，艮为狐；震数三，故曰"三狐"。艮为贝，震为宝。

豫　迁延却缩，不见头目。日以困急，不能自复。

艮止，故迁延却缩。乾为头，离为目；乾离皆伏，故不见。坎为困急。地雷复，今雷在上，故不能复。

随　秋隼冬翔，数被严霜。鸡犬夜鸣，家扰不宁。

兑秋，艮隼。互大坎，故曰"冬"，曰"霜"。巽为鸡，艮为犬，震为鸣，兑为夜，故曰"鸡犬夜鸣"。艮为家，震为惊扰。

蛊　班马还师，以息劳疲。役夫嘉喜，入户见妻。

此用贲象。震为马，为反，故曰"班马"，曰"还师"。坎为劳，艮止，故曰"以息劳疲"。震为夫，为喜。艮为户，巽为入。震巽为夫妇，故入户见妻。

临　老杨日衰，条多枯枝。爵级不进，逐下摧隤。

震为杨,坤敝,故曰"老杨"。伏巽,故曰"枯"。震为爵。《左传》:不行之谓临。故曰"不进"。坤丧兑毁,故曰"摧隤"。震为逐,坤为下。"逐下"者,言渐流而下也。

观 顺风吹火,牵骑骥尾。易为功力,因惧受福。

噬嗑 六人俱行,各遗其囊。黄鹄失珠,无以为明。

详《临之师》。

剥 依叔墙隅,志下心劳。楚亭晨食,韩子低头。

详《同人之震》。

复 三牛生狗,以戌为母。荆夷上侵,姬伯出走。

详《坤之震》。

无妄 鹤盗我珠,逃于东都。鹄怒追求,郭氏之墟。不见踪迹,反为祸灾。

详《豫之明夷》。

大畜 升舆中退,举事不遂。餔糜毁齿,失其道理。

震为车,为升。上艮为反震。故曰"中退",曰"举事不遂"。兑口为餔,为齿,震为糜。糜,至烂之食,乃餔之而齿毁,故曰"失道"。艮为道,兑毁。

颐 鸿鹄高飞,鸣求其雌。雌来在户,雄哺嘻嘻。甚独劳苦,枭鳖脍鲤。

艮为鸿鹄,为高飞。震为鸣,艮为求。坤为雌,为户。震为雄,为哺,为嘻嘻。坤役万物,故曰"劳苦"。艮为鳖,坤为鲤。

大过 褰衣涉河,水深渍罢。幸赖舟子,济脱无他。

详《剥之贲》。罢音婆,同疲。

坎 虎啮龙指,泰山之崖。天命不佑,不见其雌。

互艮为虎,震为龙,为啮。艮为指,故曰"虎啮龙指"。艮为山崖,为天。巽为命,巽伏,故曰"天命不佑",故曰"不见其雌"。

离 明不处暗,智不履危。终日卒岁,乐以笑歌。

离为明智,伏坎为暗,为危。离为日,伏震为岁,艮为卒。震为笑乐。

咸 三足俱行,倾危善僵。六指不便,恩累弟兄。树柱阂车,失其正当。

通损。震为足,为行,数三,故曰"三足"。兑为倾危,艮止为僵,为指。乾后天数六,故曰"六指"。足、指,原恃以行动。乃三足,行宜速而善僵;六指,宜便利而为累,皆以有余而不利。坤为车,艮木在上而止,故曰"树柱阂车"。坤为失,为恩累。《左传·昭六年》:生不恩宾。注:恩,犹患也。

恒 舍车而徒,亡其驳牛。虽丧白头,酒以疗忧。

震为徒行,为驳。坤为车,为牛。坤伏,故曰"舍车",曰亡牛。乾为头,巽白,故曰"白头"。互大坎为酒,为忧。

遁　析薪炽酒,使媒求妇。和合齐宋,姜子悦喜。

详《噬嗑之家人》。

大壮　夜视无明,不利贾商。子反笑欢,与市为仇。

通观。坤为夜,艮为视;坤黑,故无明。震为商贾,兑折,故不利。震为子,为归,故曰"子反"。震为笑欢,伏巽为市。

晋　徒行离车,冒厌泥涂,利以休居。

震为车,为行。震覆,故曰"徒行",曰"离车"。震为冒。上坎,故曰"泥涂"。艮止,故休。

明夷　作室山根,人以为安。一夕崩颠,破我壶飧。

坎为室,艮为山;艮覆,故曰"崩"。震为人,坎为夕;数一,故曰"一夕"。坎为破,震为壶。

家人　东山西山,各自言安。虽相登望,竟未同堂。

此似用贲象。艮山,震东坎西。三至上正反震艮,故曰"相登望"。震为登,艮为望,为堂。正反艮相背,故未同堂。

睽　君子在朝,凶言去消。惊骇逐狼,不见雄英。

此亦用遇卦贲象。艮为君子,为朝。震为言,坎险,故曰"凶言"。《左传》:艮为坏言。故曰"凶言去消"。震为惊骇。艮为狼,震为行,故曰"逐狼"。

蹇　辚辚填填,火烧山根。不润我邻,独不蒙恩。

辚辚,车声。填填,厚重貌。《庄子·马蹄篇》,至德之世,其行填填是也。此亦用遇卦贲象。火在山下,故曰"火烧山根"。震为邻,火在坎下,水涸,故不润我邻。

解　南山之蹊,真人所在。德配唐虞,天命为子。保佑歆享,身受大庆。

详《否之豫》。

损　龙蛇所聚,大水来处。决决霈霈,漾漾磕磕,使我无赖。

详《泰之丰》。

益　旄裘苦盖,慕德献服。边鄙不耸,以安王国。

坤为裘,为服,为边鄙,为国。震为毛羽,为旄,为草,为苦。艮为盖,为献。"不耸"者,言夷狄来服,而边鄙不震耸也。

夬　光祀春成,陈宝鸡鸣。阳明失道,不能自守,消亡为咎。

详《大有之井》。

姤　下泉苞粮,十年无王。荀伯遇时,忧念周京。

详《蛊之归妹》。

萃　仁德不暴,五精就舍。四序允釐,民安其居。

升　隋和重宝，众所贪有。相如睨柱，赵王危殆。

震为珠玉，故曰"隋和重宝"。隋珠、和璧也。坤为众，为多。震为柱，为王。坤为危殆。

困　凤生五雏，长于南城。君子康宁，悦乐身荣。

互离为凤，巽卦数五，故曰"五雏"。兑为雏。伏震为长，为南。艮为郭，为君子，为身。震为康乐。

井　二人为旅，俱归北海。入门上堂，拜谒王母。劳赐我酒，女功悦喜。

通噬嗑。震为人；正覆艮，故曰"二人"。坎为北，为海，震为归，故俱归北海。艮为门，为堂，巽人。震为王，巽为母，艮为拜，故曰"拜谒王母"。坎为酒。兑为女，为悦喜。

革　逐忧去殃，洿泥生粱，下田为王。

通蒙。震为逐，坤为忧，为殃。坤坎皆为水，故曰"洿泥"。震为生，为粱。坤为下，为田，震为王。

鼎　东门之坛，茹芦在阪。礼义不行，与我心反。

通屯。震东，互艮为门，为坛。震为茹芦。《毛传》：茹芦，茅也。艮为阪。坤为礼义，坤闭，故不行。坤为我，为心。《鼎》巽为心，初至五正反巽，故曰"心反"。黄丕烈云：《正义》云，偏检诸本皆作坛，今定本作埒。《释文》云坛音善，依字当作埒云云。今《易林》正作坛，可见作《易林》时仍是坛字，与孔疏合。今作埒，似是实非。是《易林》可证经误字。

震　凫遇稻芦，甘乐虾鳝，虽驱不去。

艮为凫，震为芦稻，为虾。虾，《广韵》、《集韵》皆音矿。《玉篇》：大麦也。伏巽为鱼，为鳅。震归，故不去。

艮　清人高子，久屯外野。逍遥不归，思我君母。

详《师之睽》。

渐　谗佞所言，语不成全。虎狼之患，不为我残。

伏震为言，伏兑亦为言，故曰"谗佞"。坎破，故语不成全。艮为虎狼。坎为患，为残；巽顺，故不残。

归妹　张罗捕鸠，兔丽其灾。雌雄俱得，为网所贼。

互离为罗网，为鸠。震为兔，坎为灾。丽，《左传·宣十二年》：射麋丽龟。注：丽，著也。言张罗本以捕鸠，不意兔当其灾，而被捕也。卦震兔居离网中，而兑为毁折，故有此象。坎雄离雌。坎为贼。

丰　安仁尚德，东邻慕义，来安吾国。

震为仁德。离为东邻。伏艮为国，为安。

旅　猾丑假诚，前后相违。言如鳖咳，语不可知。

艮为鳖。兑为言，为咳，为语。巽伏，故不可知。又离为恶人，为猾丑。坎为信，为诚。

"假诚"者,言心本猾,而托为诚实,故前后相违。因二至五,正反兑相背,故语不信实。困有言不信,义同也。

巽 怀璧越乡,不可远行。蔡侯两裘,久苦流离。

伏震为璧,艮为乡。震为行,为蔡,为诸侯,为裘。重震,故曰"两裘"。《左传·定三年》:蔡侯如楚,有两裘,一献楚王,一自御。子常求之,不与,留之三年。

兑 伯氏归国,多所恨惑。车倾盖亡,身常惊惶。乃得其愿,雌雄相从。

详《乾之屯》。伏震为伯。

涣 火石相得,干无润泽。利少囊缩,祇益促迫。

互艮为火,为石,石皆干燥无润泽,故曰"相得"。巽为利,坤为囊;中祇二阴爻,故曰"囊缩",曰"促迫"。

节 君明圣哲,鸣呼其友。显德之徒,可以礼仕。

震为君,艮为明,坎为圣哲。震为鸣,艮为友,为显,为仕。

中孚 骑豚逐羊,不见所望。径涉虎庐,亡豚失羊。

详《乾之蹇》。

小过 玄黄瘣隤,行者劳疲。役夫憔悴,处于畏哀。

震为玄黄,为行。兑折,故曰"瘣隤"。瘣隤,病也。互大坎为劳,为役。震为夫,巽为震妻而伏,故曰"处子"。坎为畏哀也。

既济 右手掩目,不见长叔。失其所得,悔吝相仍。

此用贲象。艮手离目。震长艮叔,坎隐,故不见。

未济 免冠进贤,步出朝门。仪体不正,贼孽为患。

详《否之兑》。

䷖ 艮上 坤下 剥之第二十三

行触大讳,与司命忤。执囚束缚,拘制于吏,幽人有喜。

坤死,故曰"大讳"。坤恶,故曰"忤"。艮为官,故曰"司命"。《天文志》:斗魁六星,五曰司命,主寿。艮为吏,为手,故曰"执"。为拘囚,为束缚。为高尚,故曰"幽人"。

之乾 穿胸狗邦,僵离旁春。天地易纪,日月更始。

详《师之谦》。

坤 从风纵火,荻芝俱死。三害集房,十子中伤。

《剥》艮为火。坤为荻芝,为死,为害。艮数三,故曰"三害"。艮为房,坤为集。数十,故曰"十子"。《左传·昭十四年》:三言而除三恶。注:三恶,暴、虐、颇也。三恶,即三害。

《论衡》：已用也，身蒙三害。《书》：胤征辰，弗集于房。

屯　北山有枣，橘柚所聚。荷囊载担，香盈筐筥。

坎北。艮为山，为枣，为橘柚。坤为聚。艮为负荷，为担。坤为囊，为载。震为筐筥，伏巽为香。

蒙　赍金赎狸，不听我辞。系于虎须，牵不得来。

详《否之革》。

需　上下惟邪，寡妇无夫。欢心隔塞，君子离居。

惟邪，叹息声也。坎上下皆兑口，二至四互兑，故曰"上下惟邪"。离为妇，伏坤为寡，故曰"寡妇"。坎隐伏，故无夫。坎为塞，为心；为忧，故不欢。伏艮为君子。

讼　二人辇车，徙去其家。井沸釜鸣，不可安居。

伏明夷。震为人，坤数二，坎为车，故曰"二人辇车"。坎为室家，震出，故徙去其家。坎为井，坤水在井上，故曰"井沸"。坤为釜，震鸣，故釜鸣。坎险，故不安。《水经注》：曲阿季子庙前，井及潭皆沸。《楚辞》：瓦釜雷鸣。然此似另有故实，为今所不解。

师　蹇驴不才，俊骥失时。筋力劳尽，疲于沙丘。

详《履之巽》。

比　明夷兆初，为穆出郊。以谗复归，名曰竖牛。剥乱叔孙，馁于虚丘。

坎隐伏，故曰"明夷"。初动，故曰"兆初"。坤为伤，坎上下兑口相背，故曰"谗"。艮为竖，坤为牛，为馁。艮为叔孙，为沙丘。《左传·昭公四年》：叔孙穆子出亡，及庚宗，遇妇人，宿焉，生竖牛。及自齐归，遂使为竖。后叔孙田于丘蕕，遇疾。竖牛遂为乱，穆子馁死。又五年云：初叔孙穆子之生也，庄叔以《周易》筮之，遇明夷之谦。故曰"明夷兆初"。《林》全用此事。惟沙丘，传作丘蕕。而李善文选《连命论》注引作蒲丘。据此则虚丘应作蒲丘。

小畜　天火大起，飞鸟惊骇。作事不时，自为身咎。

乾天离火。伏艮为鸟，震为惊骇。艮为时，艮伏，故不时。伏坤为自，为身。

履　土与山连，共保岁寒。终无灾患，万世长安。

通谦。坤土，艮山，故曰"土与山连"。坤为岁，坎为寒，为灾患。坤为万，为世，艮为安。

泰　日出阜东，山蔽其明。章甫荐履，箕子佯狂。

详《贲之屯》。

否　龙马上山，绝无水泉。喉焦唇干，口不能言。

详《乾之讼》。

同人　雄处弱水，雌在海滨。将别持食，悲哀于心。

通师。坤为水，为柔，故曰"弱水"。九二居坤中，故曰"雄处弱水"。同人乾为海，六二居海中,故曰"雌在海滨"。坎为心,为悲哀。

大有　庭燎夜明,追古伤今。阳弱不制,阴雄坐戾。

通比。艮为庭,为燎,为明。坎为夜。比只九五一阳,故曰"阳弱",曰"阴雄"。陈朴园云:宣王中年怠政,而《庭燎》诗作。后脱簪珥谏曰,妾不才,使君王宴朝,请待罪永巷。宣王悟。林曰追古伤今,指其事也。义与《毛》异。

谦　三妇同夫,忽不相思。志恒悲愁,颜色不怡。

震为夫,数三,坤为妇;坤震连,故三妇同夫。坎为思,为志,为悲愁。艮为颜色,坤为恶,故相恶而不思。

豫　鹤盗我珠,逃于东都。鹊怒追求,郭氏之墟。不见武迹,反为患灾。

详《豫之明夷》。

随　猕猴冠带,盗载非位。众犬共吠,狂走蹶足。

艮为猕猴,为冠。巽为带,为盗。震为载,艮为位。"冠带"者,有位之服,今猕猴冠带,乃盗用耳,故曰"非位"。艮犬震吠,正反艮,故曰"众"。震为狂,为走,为足。兑折,故蹶足。

蛊　黍稷禾稻,垂亩方好。中旱不雨,伤风病槁。

详《乾之蹇》。

临　雄圣伏,名人匿。麟远走,凤飞北。乱祸未息。

详《否之大过》。

观　王母多福,天禄所伏。居之宠光,君子有福。

坤为母,伏乾,故曰"王母",曰"福",曰"天禄"。巽为伏。艮为居,为光,为君子。

噬嗑　被服文德,升入大麓。四门雍肃,登受大福。

详《随之大壮》。离为文。互艮为山麓,为门;震卦数四,故曰"四门"。震为登,为福。

贲　褰衣涉河,水深渍罢。幸赖舟子,济脱无他。

复　班马还师,以息劳疲。役夫嘉喜,入户见妻。

详《观之既济》。

无妄　东邻嫁女,为王妃后。庄公筑馆,以尊王母。归于京师,季姜悦喜。

详《屯之观》。庄当为桓。

大畜　百足俱行,相辅为强。三圣翼事,王室宠光。

详《屯之履》。

颐　危坐至暮,请求不得。膏泽不降,政戾民忒。

详《泰之离》。

大过 百川朝海,泛流不止。路虽辽远,无不到者。

兑为海,乾亦为河海;重乾,故曰"百川"。而海为水王,故曰"朝海",故曰"泛流"。伏震为路,坤为远。艮止,故曰"到"。

坎 乘骝驾骊,东至于齐。遭遇仁友,送我以资,厚得利归。

互震为马,为乘,为驾,为东。伏巽为齐,为利,为资。艮为友。

离 礼坏乐崩,成子傲慢。欲求致理,力疲心烂。阴请不当,为简生殃。

通坎。坤为礼,坎阳居坤中,故礼坏。震为乐,三至五震覆,故乐崩。艮为成,震为子,为傲。艮为求。理,法也。欲求致理,言欲致之于法也。坎为法。为劳,故曰"力疲"。坎为心,离中虚,故曰"心烂"。震为请,为简。坎为殃。《论语》:陈成子弑简公,孔子沐浴而朝……请讨之。林词全指此事。

咸 三人辇车,乘入虎家。王母贪叨,盗我犁牛。

通损。震为人,数三,故曰"三人"。坤为车,故曰"辇车"。辇车,以人力行也。艮为虎,为家;艮在上,故入虎家。坤为母,对乾,故曰"王母"。兑食,故曰"贪叨"。坤为牛,震为耕,故曰"犁牛"。犁,耕也。咸互巽为盗。

恒 羊头兔足,少肉不饱。漏囊败粟,利无所得。

乾首兑羊,故曰"羊头"。震为兔,为足,故曰"兔足"。坎为肉,伏坤中虚,故曰"少肉",曰"不饱"。坤为囊,巽下断,故曰"漏囊"。震为粟,兑毁,故败。巽为利,兑折,故无得。

遁 新田宜粟,上农得谷。君子唯好,以纡百福。

通临。坤为田。《尔雅》:二岁曰新田。震为粟,为农人,为谷。本卦艮为君子。乾为百,为福。

大壮 夷羿所射,发辄有获。双凫俱得,利以伐国。

夷羿,即后羿。《左传·襄四年》:蹇浞,伯明氏之谗子弟也。伯明后寒弃之,夷羿收之。夷羿善射,篡夏,故云发辄有获。震为射,兑为刚卤,故曰"夷羿"。震为发,为凫。兑卦数二,故曰"双凫"。震为征伐,坤为国。卦阳长阴消,故曰"利以伐国"。

晋 凫舞鼓翼,嘉乐尧德。虞夏美功,要荒宾服。

象多未详。

明夷 登丘上山,对酒道欢。终年卒岁,优福无患。

震为登,为上;为陵,故曰"丘山"。坎为酒。震为乐,震言,故曰"道欢"。坤为年岁,坎为冬,故曰"终年卒岁"。坎为患,震为福,故无患。

家人 岁暮花落,阳入阴室。万物伏匿,藏不可得。

详《贲之大有》。惟此词兼用对象解。

睽 螟虫为贼,害我禾谷。箪瓶空虚,饥无所食。

详《同人之节》。

蹇 阳虎胁主,使德不通。炎离为殃,年谷病伤。

艮为虎,纳丙,故曰"阳虎"。震为主,震覆,故"胁主"。坎塞,故不通。离火,故曰"炎",曰"殃"。震为年谷,震覆,故伤。丁云:《定二年》,雉门及两观灾,正阳虎胁主之时。

解 四马共辕,东上泰山。骈骊同力,无有重难,与君笑言。

震为东,为马,卦数四,坎为辕,故曰"四马共辕"。震为马,故曰骈骊。震为君,为笑言。

损 牧羊稻园,闻虎喧讙。畏惧悚息,终无祸患。

详《随之渐》。

益 扬花不时,冬实生危。忧多横贼,生不能服。昆仑之玉,所求不得。

震为华,艮为时;《坤》履霜为冬,故不时。艮为果实,坤为危为忧。巽为盗贼,故曰"忧多横贼"。艮为山,震为玉,故曰"昆仑之玉"。互艮为求,坤丧,故所求不得。

夬 高阜所在,阴气不临。洪水不处,为家利宝。

通剥。艮为山,故曰"高阜"。坤为阴,一阳居众阴之上,故曰"阴气不临"。坤为水,山高,故曰"洪水不处"。艮为家;为贝,为金,故曰"宝"。

姤 释然远咎,避患高阜。田获三狐,以贝为宝。君子所在,安宁不殆。

详《贲之谦》。

萃 两目失明,日夺无光。胫足跛曳,不可以行。顿于丘旁,亡妾莫逐,嵬然独宿。

兑半离,数二,故曰"两目失明"。离为日,牛离,故日无光。震为胫足,兑半震,故跛不能行。《履·象》云:眇能视,不足以有明;跛能履,不足以有行。林所本也。艮为丘,艮止,故曰"顿于丘旁"。兑为妾,在外,故曰"亡妾"。震为逐,震覆,故曰"莫逐"。坤为宿,巽为寡,故曰"嵬然独宿"。

升 鸿飞遵陆,公归不复,伯氏客宿。

震为鸿,坤为陆,在上,故曰"鸿飞遵陆"。震为公,为归;坤亡,故曰"不复"。震为伯,为客,坤为宿。首二句《豳风》诗。

困 佩玉累虆,无以系之。孤怨独处,愁哀相忧。

伏震为玉。累虆,垂貌。巽为绳,为系。巽为寡,故曰"孤独"。坎为忧愁。

井 载船渡海,虽深何咎。孙子俱在,不失其所。

伏震为船,兑为海,坎为深。艮为孙,震为子。

革 鹄求鱼食,道遇射弋。缯加我颈,缴缚两翼。欲飞不能,为羿所得。

通蒙。震为鹄,坤为鱼,艮为求。震口,故曰"食"。艮为道路,震为射,巽为弋。弋,系矢射也。为缯缴。艮为颈,震为翼,为飞。艮止,不能飞。坤为恶,故曰"羿"。

鼎 泥面乱头，忍耻少羞，日以削消。

通屯。坤为泥，艮为面，坤为乱，坎为首，故曰"泥面乱头"。坤为羞耻；坤亡，故曰"削消"。

震 桑之将落，陨其黄叶。失势倾倒，如无所立。

详《履之噬嗑》。

艮 巨蛇大鳝，战于国郊。上下隔塞，主君走逃。

详《噬嗑之讼》。

渐 已动死，连商子。扬砂石，狐狢扰。军鼓振，吏士苦。

艮者，震之反，故曰"已动"。互坎为棺椁，为死。巽为商贾，伏震为子。艮为砂石，巽风，故扬。艮为狐狢。伏震为军鼓。为士，坎为恐。

归妹 张罗搏鸠，兔丽其灾。雌雄俱得，为网所贼。

详《贲之归妹》。

丰 三圣相辅，鸟兽喜舞，安乐富有。

通涣。坎为望，震数三，故曰"三圣"。艮为鸟，为兽。震为喜舞。巽利三倍，故曰"富有"。

旅 三奇六偶，相随俱市。王孙善贾，先得利宝。居止不安，大盗为咎。

三奇，乾也；六偶，坤也。旅三阳三阴，而一阴随一阳，二阴随二阳，故曰"相随"。巽为市。艮为王孙，为贝。巽为利，故曰"利宝"。艮为居止，兑折，故不安。巽伏为盗。

巽 三人俱行，一人言北。伯仲欲南，少叔不得。中路分道，争斗相贼。

通震为人，为行。上下震，二至四覆震，故曰"三人"。震为南，震覆即北，故曰"言北"。震为伯，互坎为仲，艮为少叔。"不得"者，言不随伯仲，独北行也。震为道路，为争斗。坎为贼。全用对象。

兑 播天舞，光地乳。神所守，乐无咎。言不信误。

通艮为天。"天舞"者，天之乐舞也。《史记·赵世家》：简子寤……曰我之帝所甚乐，与百神游于钧天，广乐九奏万舞，不类三代之乐，其声动人心。林词似指其事。艮为乳。地乳，山也。《洛书甄耀度》：政山，在昆仑东南，为地乳。王勃《九成宫颂》：峰横地乳。艮为光，互震为舞。《易林》既以阳在上为天阳，在下必为地也，谓震也。震为神，为乐，艮为守。"信"者，宿也。《左传·庄三年》：一宿为舍，再宿为信。《诗·豳风》：于汝信宿。《周颂》：有客信信。注：四宿也。言不言误，即言不迟误也。艮三至上正反震，言下言如何，上即如言而反，故不信误也。

涣 坐争立讼，纷纷汹汹。卒成祸乱，灾及家公。

艮坐震立，三至上正反震言，故曰"争讼"。坎为祸灾，艮为家，震为公。

节 蛇行蜿蜒，不能上阪。履节安居，可以无忧。

伏巽为蛇,艮为阪。震为履,艮为安,为居。坎为忧,震乐,故无忧。上坎为陷,故不能上阪。

中孚 隙大墙坏,蠹众木折。虎狼为政,天降罪伐。高杀望夷,胡亥以毙。

详《乾之大壮》。

小过 阳不违德,高山多泽。颜子逐兔,未有所得。

艮为高山,互兑为泽。艮为颜,震为子;为兔,为逐。在外,故无得。

既济 心多畏恶,时愁日惧。虽有小咎,终无大悔。

坎为心,为畏,为愁,为惧。离为日。

未济 众神集聚,相与议语。南国虐乱,百姓愁苦。兴师征伐,更立贤主。

半震为神,坎为众,故曰"众神"。坎为集聚,离正反兑口相对,故曰"议语"。离为南,为虐乱。坎为众,为忧,故曰"百姓愁苦"。震为征伐,为主。除坎离外,皆用半象。

䷗坤上 震下 复之第二十四

周师伐纣,克于牧野。甲子平旦,天下悦喜。

震为周,为伐。坤为师;为恶,故为纣。坤为野,为养,故曰"牧野"。"牧"者,养也。乾初爻正值甲子,震为晨,故曰"甲子平旦"。坤为天下,震为悦喜。

之乾 任武负力,东征不伏。蹈泥履涂,雄师败覆。

此用遇卦复象。震为武,为东征,为蹈履。坤为水,为泥涂,为师。坤丧,故败覆。

坤 义不胜情,以欲自营。觊利危躬,折角摧颈。

坤为义,为情欲,为躬。坤互,故危躬。艮为角,为颈。复下震为覆艮,艮覆,故曰"折角摧颈"。此亦全用遇卦象。

屯 悬狟素飡,食非其任。失舆剥庐,休坐徒居,室家何忧。

艮为狟,艮阳在上,故曰"悬狟"。震为口,为白,故曰"素食"。《诗·魏风》:胡瞻尔庭,有悬狟兮,彼君子兮,不素餐兮。飡即餐也。震为食,为舆;坤丧,故失舆。艮为庐,坎为破,故剥庐。艮为坐,为居;震行,故徙居。艮为室家,坎为忧;震乐,故无忧。

蒙 鹧鸪娶妇,深目窈身。折腰不媚,与伯相背。

艮为鹧鸪,震为娶,坤为妇。互大离,故曰"深目"。坤为身,为黑,故曰"窈身"。坎为腰,为折。震为武,为健,故曰"不媚"。震为伯,艮为背。

需 东风解冻,河川流通。西门子产,升擢有功。

坎为冻,离为东,故曰"东风解冻"。坎为河川;位西,乾为门,故曰"西门"。魏西门豹、郑子产,皆循吏。乾为贵,故曰"升擢有功"。

讼 三足俱行，倾危善僵。六指不便，恩累弟兄。树柱阂车，失其正当。

详《贲之咸》。

师 京庾积仓，黍稷以兴。极行疾至，以厌饱食。

坤为仓庾，为积。震为黍稷，为行，为亟，为疾，为食。坎为饱。

比 南山之蹊，真人所在。德配唐虞，天命为子。保佑歆享，身受大庆。

详《贲之解》。

小畜 车驰人趋，卷甲相仇。齐鲁寇战，败于犬丘。

详《坤之兑》。

履 十五许室，柔顺有德。霜降既嫁，文以为合。先王日至，不利出域。

兑数十，巽卦数五，故曰"十五"。伏坎为室，震为言，故曰"许室"。言以女字人也。坤为柔顺。坎为霜，震为嫁。坤为文，坎为合。《诗》，文定厥祥是也。震为王。谦三至上复，为日至。丁晏云：《周礼·媒氏》疏，王肃引《韩诗传》，古者霜降逆女，冰泮杀止。《荀子·大略篇》说同。又引《家语》云：霜降而妇功成，嫁娶者行焉。冰泮而农业起，昏礼杀于此。兹云"霜降既嫁"，是《焦氏》说与《荀子》、《韩诗》说合。由是证《诗》迨冰未泮，言及冰未泮而归妻，若已泮则杀止。《郑笺》谓，正月中冰未浮，至二月可以昏者，非也。

泰 任力劣薄，远托邦国。辅车不强，为痈所伤。

震健，故曰"任力"。坤为邦国，为车；坤柔，故曰"不强"。伏艮为节，为痈，兑为伤。

否 千岁旧室，将有困急。荷粮负囊，出门直北。

坤为千岁，乾为旧，艮为室。巽为陨落，故曰"困急"。艮为荷，为负，巽为粮。坤为囊；为门，为北，故曰"出门直北"。

同人 凶忧灾殃，日益章明。祸不可救，三郤夷伤。

详《噬嗑之剥》。

大有 冠危戴患，身惊不安。与福驰逐，凶来入门。

通比。坎为危患。艮为冠戴，为身。坎陷，故不安。艮为门，坤为凶。

谦 虎狼并处，不可以仕。忠谋辅政，祸必及己。退隐深山，身乃不殆。

艮为虎狼，正覆艮，故曰"并处"。艮为仕，坎险，故不可仕。坎为忠，为谋。坤为祸，为己。艮为山，坎为隐。坤为身，为殆。震乐，故不殆。

豫 卵与石斗，糜碎无处。挈瓶之使，不为忧惧。

震为卵，艮为石；震艮相反，故曰"斗"。坤为浆，为糜。震为瓶，艮手为挈。坎为忧惧。《左传》：虽有挈瓶之知。注：汲者，喻小知。按，汲古用瓶。

随 五心六意，歧道多怪。非君本志，生我恨悔。

巽卦数五，互大坎为心意，数六。震为道路，为君。

蛊 雨雪载涂,东行破车,旅人无家。

震为大涂,为东,为车。互大坎为雨雪。兑折,故曰"破车"。震为商旅,为人。艮为家,在外,故曰"无家"。

临 尚利坏义,月出平地。国乱天常,咎征灭亡。

伏巽为利,坤为义。兑毁,故曰"坏义"。兑为月。坤为平地,为国,为灭亡。月出平地,用象神妙。

观 东行破车,步入危家。衡门穿射,无以为主。卖袍续食,糟糠不饱。

此用复象。震为东,为车;坤丧,故曰"破车"。震为步,为射,为主,为袍,为糟糠。坤为门,坤虚,故无以为主,故不饱。

噬嗑 逐禽出门,并失玉丸。往来井井,破甑缺盆。

震为逐,为出;艮为禽,为门。坎为失,为弹丸。震为玉,故曰"玉丸"。兑为井,初四伏正反兑,故曰"往来井井"。震为甑,为盆;坎为破,为缺。

贲 孟春醴酒,使君寿考。南山多福,宜行贾市。稻粱雌雉,所至利喜。

震为春,为长,故曰"孟春"。坎为酒,震为君,艮为寿考,为南山。伏巽为贾市,为稻粱,离为雉。

剥 持刃操肉,对酒不食。夫亡从军,少子入狱,抱膝独宿。

艮手为持,为操,为刃。坤为军,艮为夫;在上,故曰"夫亡从军"。亡,往也。艮为少子,坤为宿。酒肉象,均不详。狱象,膝象,疑皆指艮。

无妄 踦牛伤暑,不能成亩。草莱不垦,年岁无有。

京房以无妄为大旱之卦。艮为火,故曰"暑";为牛,巽下断,故曰"踦牛"。坤为亩,二阴,故不成亩。巽为草莱,乾为年岁。巽陨落,故无年。

大畜 南邦大国,鬼魅满室。欢声相逐,为我行贼。

乾为南,艮为邦国。伏巽为鬼魅,艮为室。震为乐,为声,为逐。伏巽为贼。《杂卦》:巽,伏也。伏,故为鬼,为盗贼。

颐 噂噂所言,莫如我垣。欢乐坚固,可以长安。

《毛传》:噂,对语也。震为言,正覆震相对,故曰"噂噂"。艮为垣,正覆艮相对,而艮为止,故曰"莫如"。如,往也。震为欢喜,艮为坚固,为安。

大过 尧舜禹汤,四圣敦仁。允施德音,民安无穷。旅人相望,未同朝乡。

乾为帝王,为圣,为仁。巽数四,故曰"四圣"。乾为德,兑为口,故曰"德音"。伏坤为民,艮为安,为望。震为商旅,为向;正反震相对,故曰"旅人相望",曰"未同朝乡"。乡,向也。

坎 桎梏拘获,身入牢狱。髡刑受法,终不得释。耳闭道塞,求事不得。

坎为桎梏,为牢狱。伏巽为髡。坎陷,故不得释。坎为耳,为闭塞。艮为道路,为求。

离 跖桀并处,民困愁苦。行旅迟迟,留连齐鲁。

离为恶人，故曰"桀"。巽为盗，故曰"跖"。伏坎为众，为民，为愁苦。伏震为行旅，艮止，故曰"迟"，曰"留连"。巽为齐，兑为鲁。

咸 求鸡获雉，买鳖失鱼。出入钧敌，利得无余。齐姜宋子，婚姻孔喜。

艮为求，巽为鸡，为鱼。伏坤为文，为雉，艮为鳖。鸡雉、鱼鳖相等，故曰"均敌"。巽为利，为齐姜。艮为宋。少男少女相遇，故曰"婚姻"。兑为悦，故曰"孔喜"。

恒 雨师驾驷，风伯吹云。秦楚争强，施不得行。

互兑为雨，伏坤为师，震为马，故曰"雨师驾驷"。巽为风，震为伯。伏坤为云，兑口，故曰"吹云"。兑为秦，震为楚，为争；乾健，故曰"争强"。独断云：雨师，毕星；风伯，箕星也。

遯 仲冬无秋，鸟鹊饥忧。困于米食，数惊鹪雕。

通临。复居子，故曰"仲冬"。兑为秋，坤虚，故无秋。言仲冬之时，百物凋落也。艮为鸟鹊，坤为饥，为忧困。震为米，兑为食。艮为鹪雕。

大壮 三羝上山，俱至阴安。遂到南阳，见其芝香。两崖相望，未同枕床。

兑为羊，震数三，故曰"三羝"。艮为山，艮反，故曰"阴"。言至山北也。乾为南，为阳。兑为见，伏巽为芝，为香。伏艮为崖，兑卦数二，故曰"两崖"。大壮上形似之。艮为枕，为床；艮伏，故曰"未同枕床"。

晋 飞之日南，还归辽东。雌雄相从，和鸣雍雍，解我胸春。

离为日，为南，为飞。艮东北，故曰"辽东"。坎雄离雌，坎为和。艮为胸，艮手为春。"胸春"者，言胸臆上下不定，如春米于胸中也。

明夷 尧饮舜舞，禹拜上酒。礼乐所丰，可以安处，保我淑女。

震为帝，故曰"尧舜禹"。震为饮，为舞，坎为酒。坤为礼，震为乐。

家人 大一置酒，乐正起舞。万福攸同，可以安处，绥我觊齿。

大一，即北辰。《史记·天官书》：中宫天极星，其一明者，大一常居也。注：天神之最尊贵者也。离为星，故曰"大一"。坎为酒。伏震为乐，为舞，为万福。兑为齿，卦有两半兑形，故曰"觊齿"。《尔雅》：黄发觊齿。注：齿堕更生，细者古单作儿。按今诗正作儿齿。

睽 白马驺骊，生乳不休。富我商人，得利饶优。

坎为马，兑西方，色白，故曰"白马"。伏艮为乳。马乳可为酒。《汉书·礼乐志》注：以马乳为酒，撞挏乃成。卦有两半艮，故曰"生乳不休"。三四句，疑亦用半象。

蹇 宛马疾步，盲师坐御。目不见路，中止不到。

宛，踠之省。《后汉书·班固传》：马踠余足。注：踠，屈也。又《说文》：宛，屈草自覆也。是宛亦有屈意。"宛马疾步"者，言马足既屈，而使之速行也。互坎为马，坎为屈，故曰"踠马"。坎为众，为师；艮离目不全，故曰"盲师"。艮为坐。御，本立为今，以盲师而坐御，故不见路而不到也。艮为路，为止。

解 春桃萌生，万物华荣。邦君所居，国乐无忧。

震为桃,为春,为萌,为生;为花叶,为君,为乐。

损　把珠入口,蓄为玉宝。得吾所有,欣然嘉喜。

震为珠玉,兑为口。坤为吾,震为喜。艮手,为把。

益　襦烧裤燔,羸剥饥寒,病虐冻挛。

震为襦,巽为裤;艮为火,故曰"烧燔"。坤为羸,艮手为剥。坤为饥寒,为病虐,为冻。挛,系也。《说文》:凡拘牵连系者,皆曰挛。

夬　水沫沉浮,沮湿不居,为心疾忧。

通剥。坤为水,一阳在上,故曰"水沫沉浮",曰"沮湿"。坤为心,为疾忧。

姤　行如桀纣,虽祷不祐。命衰绝周,文君乏祀。

通复。坤为恶,故曰"桀纣"。震为行;为言,故曰"祷"。震为周,为君。巽为命,坤丧,故命绝。坤为文,故曰"文君"。谓文王也。

萃　蜱蜉戴盆,不能上山。脚摧跛蹶,损伤其颜。

巽为虫,故曰"蜱蜉"。艮形似覆盆。故曰"戴盆"。艮为山。震为足,震覆,故曰"脚摧",曰"跛蹶"。兑为损,艮为颜。

升　长子入狱,妇馈母哭。霜降愈甚,向晦伏法。

震为长子,互大坎为狱。巽为妇,坤为母,兑口为哭。坤为霜,为晦。坤死,故曰"伏法"。

困　求犬得兔,请新遇故。虽不当路,逾吾旧舍。

通贲。艮为犬,为求,震为兔。离为新,坎为故。艮为路,为舍。

井　鸟鸣葭端,一呼三颠。动摇东西,危而不安。灵祝祷祉,疾病无患。

对噬嗑。震为葭,为鸣呼。艮为鸟。坎数一,震数三。离为东,坎为西。坎险,故危。震为言,故曰"祝祷"。坎为疾病,震喜,故无患。全用对象。只颠字用本卦巽。

革　天厌禹德,命兴汤国。被社衅鼓,以除民疾。

通蒙。艮为天。震为王,故曰"禹"。坤为国,为水,故曰"汤国"。坤为社,震为鼓。坤为民,坎为疾。震乐,故除疾。

鼎　阴雾作慝,不见白日。邪径迷道,使君乱惑。

通屯。坤为雾,为阴。坎为匿,故不见。离日,震为白,故曰"白日"。艮为径,为道。坤为迷,为乱。震为君。

震　猿堕高木,不蹉手足。握珠怀玉,还归我室。

艮为猿。震为木,为足。艮为手。蹉,折也。艮在震上,故猿堕高木。震为珠玉,为归。艮为握,为室。

艮　三骊负衡,南取芝香。秋兰芬馥,盈满筐筐,利我少姜。

互震为马,数三。艮为负,为衡。震为南。伏巽为芝,为香,为兰,为芬馥。伏兑为秋。

震为筐。巽为利,为姜。

渐 春生夏乳,羽毛成就。举不失宜,君臣相好。盗走奔北,终无有悔。

离为夏,艮为乳。伏震为春,为生,为羽毛,为君。艮为臣。坎为盗,为北。艮为终。

归妹 东行破车,远反失家。天命讫终,无所祷凶。

震为东,为行,为车;兑毁,故破车。震为反,艮为家;艮伏,故失家。伏巽为命,艮为天,为终。兑口为祷。

丰 九雁列阵,雌独不群。为晋所牵,死于庖人。

震为雁,数九,故曰“九雁”。震为阵。巽为雌,在后,故曰“不群”。离为晋。兑折,故死。震为人。

旅 二人辇车,徙去其家。井沸釜鸣,不可以居。

详《剥之讼》。

巽 闭塞复通,与善相逢。甘棠之人,解我忧凶。

通震。互坎为闭塞。震为通,为棠,为人。坎为忧,震通,故解。《诗·召南·甘棠篇》:鲁、韩《诗》说,皆谓召公听讼棠下,兹曰“解我忧凶”,是齐说谓召公平反冤狱于其下也。

兑 赋敛重数,政为民贼。杼轴空虚,去其家室。

详《否之丰》。第四句,汲古作家去其室。依宋、元本。

涣 怒非其愿,贪妬腐鼠。而呼鹳鸭,自令失饵,致被殃患。

震为怒,坎为妒。艮为鼠,巽腐,故曰“腐鼠”。震为呼,艮为鹳鸭。坎为失,为殃患,震为饵。

节 簪短带长,幽思苦穷。瘠蠡小瘦,以病之癀。

艮为簪,兑折,故簪短。伏巽为带,为长。坎为幽思,为瘠瘦。瘦音陶,病也。

中孚 三人俱行,各别采桑。蕴其筐筥,留我嘉旅。得归无咎,四月来处。

震为人,为行,数三,故曰“三人俱行”。艮手为采,巽为桑。震为筐筥,为行旅,为归。兑为月,数四,故曰“四月”。艮为处。

小过 逐鸠南飞,与喜相随。并获鹿子,多得利归,虽忧不危。

震为逐,艮为鸠。震为南,为飞,为喜,为子,为鹿,为归,为利。

既济 驱羊南行,与祸相逢。狼惊吾马,虎盗我子,悲恨自咎。

此用复象。震为羊,为驱,为南,为行。坤为祸,为狼虎。震为马,为惊,为子。伏巽为盗。坤为悲恨。

未济 东邻西国,福喜同乐。出得隋珠,留获和玉,俱利有息。

离为东邻,坎为西国。既济·九五爻词正如此也。徒以先天象失传,致解者皆误。《复》震为福喜,为乐,为珠玉,为出。坤闭,故曰“留”。

焦氏易林注卷七

≡ 乾上　无妄之第二十五
≡ 震下

夏台羑里，汤文厄处。皋陶听理，岐人悦喜。西望华首，东归无咎。

艮为台，纳丙，故曰"夏台"。艮为里，为道，故曰"羑里"。羑，道也。乾为王，故曰"汤文"。艮为拘，巽为系，故曰"厄处"。昔桀囚成汤于夏台，纣囚文王于羑里也。艮为皋，为岐山。震为乐，为陶，为人，故曰"岐人悦喜"。伏兑为西，艮为望，为华岳。乾为首。震为东，为归。

之乾　　儋耳穿胸，僵离旁春。天地易纪，日月更始。蝮螫我手，痛为吾毒。

详《师之谦》。

坤　　慈母之恩，长大无孙。消息襁褓，害不入门。

此用无妄象。乾为恩。巽为母，为长。乾为大。艮为孙，巽陨落，故曰"无孙"。巽为襁褓，为人。乾为门。

屯　　讻言妄语，转相诖误。道左失迹，不知狼处。

震为言，初至五正覆震相背，故曰"讻妄"，曰"诖误"。震为道，为左，为迹。坎伏，故失迹，故不知狼处。艮为狼也。

蒙　　郁映不明，阴积无光。日在北陆，万物彫藏。

艮为光明，坤坎皆黑，故曰"郁映"，曰"无光"。坤为阴，为积。艮为日。坤为陆，位北，故曰"北陆"。坤为万物，坤死，故彫藏。《左传》：日在北陆而藏冰。言冬日也。

需　　王母多福，天禄所伏。君之宠光，君子有昌。

乾为王，伏坤为母，故曰"王母"。王母，大母也。乾为福，为天禄。坎为伏。乾为君，为宠。离为光。乾为君子。

讼　　不耕而获。家食不给。中女无良，长子跛足。疏齿善市，商人有喜。

震为耕，为获。震伏，故曰"不耕"。伏坤为饥，故曰"不给"。离为中女，离恶，故曰"无良"。震为长子，为足，坎蹇，故曰"跛足"。兑为齿，震比兑形长，故曰"疏齿"。巽为市。震为商人，为喜。

师 火起上门，不为我残。跳脱东西，独得生完。不利出邻，疾病忧患。

伏离为火，乾为门户，故曰"上门"。震为跳脱，为东，为生。坎为西，坎险，故不利，故病忧。震为邻。

比 持刀操肉，对酒不食。夫亡从军，少子入狱，抱膝独宿。

详《复之剥》。

小畜 鳛鳏去海，游于枯里。街巷迫狭，不得自在。南北四极，渴馁成疾。

巽为鱼，乾为海；巽在外，故曰"去海"。离为枯，伏坤为里。离中虚，故为街巷，为迫狭。离为南，伏坎为北。坤为馁，为疾。《易·睽·九二》云"遇主于巷"，即以上离为巷。

履 哑哑笑语，与欢饮酒。长乐行觞，千秋起舞，拜受大福。

通谦。震为哑哑，为笑语，为欢。坎为酒。震为觞，为长乐，为起舞。兑为秋，乾为千，故曰"千秋"。艮手为拜，震为福。

泰 登高上山，宾于四门。士伍得欢，福为我根。

震为登，伏巽为高。艮为山，为门。震为宾。坤为师，为士伍。震为欢，为福。坤为我。

否 天厌周德，命我南国。以礼静民，兵革休息。

厌，满足也。乾为天，为周。天厌周德，即天与周德。巽为命，坤为我，为国。乾南，故曰"南国"。坤为礼，为民。艮为兵革，艮止，故休息。

同人 壅遏堤防，水不得行。火光盛阳，阴蜺伏藏，走归其乡。

通师。坤闭，故为壅遏，为堤防。下与坎遇，故曰"水不得行"。离为火，为光。坎为阴蜺，为伏。震为走，为归。坤为乡。

大有 河海都市，国之奥府。商人受福，少子玉食。

通比。坤为河海，为都市，为国，为奥府。艮为少子，兑为食；乾为玉，故曰"玉食"。

谦 东行避兵，南去不祥。西逐凶恶，北迎福生，与喜相逢。

震为东行，艮为刀兵，坎为避，故曰"东行避兵"。震为南，在外，故去不祥。坎为西，震为逐，坤为凶恶，故曰"西逐凶恶"。言坎遇坤也。坎为北，震为福喜。

豫 东家中女，嫫母最丑。三十无室，媒伯劳苦。

震为东，艮为家。伏离为中女。坤为母，为丑，故曰"嫫母"。嫫母，黄帝妃，貌丑。震数三，坤数十；艮为室，坤寡，故曰"三十无室"。坎为和，为媒。震为伯，坎为劳苦。

随 破亡之国，天所不福，难以止息。

兑毁折，故曰"破亡"。艮为国，为天，为止息。

蛊 骖驾蹇驴，日暮失时。居者无忧，保我乐娱。

震为骖驾，为马。艮小，故曰"驴"。兑折，故曰"蹇驴"。艮为日，兑为昧，为暮。艮为时，兑折，故曰"失时"。艮为居，为保，震为乐。

临　�蛛充侧，佞幸倾惑。女谒横行，正道壅塞。

详《蛊之复》。

观　三羖五羘，相随并行，迷入空泽，循谷直北。径涉六驳，为所伤贼。

通大壮。兑为羊，故曰"羖"，曰"羘"。艮数三，巽卦数五，故曰"三羖五羘"。震为行，坤为迷。兑为泽，坤虚，故曰"空泽"。艮为谷，坤为北。艮为驳，伏乾数六，故曰"六驳"。《诗·秦风》：隰有六驳。《疏》：陆机云，驳马，梓榆也。其树皮青白驳荦，遥视似驳马。据是，是六驳为木。"径涉六驳"者，言循谷走，经历林，为杂树所伤也。若作兽诂，则径涉不合矣。然则《焦诂》六驳，正与陆合，与毛、郑异也。巽伏为贼。

噬嗑　戴喜抱子，与利为友。天之所命，不忧危殆。荀伯劳苦，西来王母。

震为喜，为子。艮为戴，为抱，为友。伏巽为利，震巽同声，故曰"与利为友"。艮为天，巽为命。坎为忧，为危殆。震喜，故不忧殆。荀伯，晋荀跞也，城成，周定王室，故《诗》美之曰，郇伯劳之。荀，即郇国后也。与毛郑说异。震为伯。坎为劳，为西。震为王，伏巽为母。

贲　织缕未就，针折不复。女工多能，乱我政事。

伏巽为缕，艮手为织。坎为针，为折。巽为女工，离为乱。

剥　行露之讼，贞女不行。君子无食，使道壅塞。

行露，《召南》篇名。美女能以礼自守也。坤为霜，为露。震为言，艮为反。震，《左传》谓之败言，故曰"讼"。艮为贞，坤女；艮止，故不行。艮为君子，坤饥，故无食。艮为道。坤为积聚，故曰"壅塞"。

复　羿张乌号，彀射天狼。钟鼓不鸣，将军振旅。赵国雄勇，斗死荥阳。

详《噬嗑之旅》。此多二三两句。震为钟鼓，为鸣。坤闭，故不鸣。坤为师，为军，震为振。

大畜　延颈望酒，不入我口。商人劳苦，利得无有。夏台羑里，虽危复喜。

艮为颈，为望。坎为酒，此无坎象，疑以兑泽为酒也。兑为口，震为商人。伏巽为利。艮为台，纳丙，故曰"夏台"。艮为里。兑折为危，震为喜。汤囚夏台，文囚羑里。

颐　冠带南游，与喜相期。邀于嘉国，拜位逢时。

艮为冠，伏巽为带。震为南，为游，为喜，为嘉。坤为国。艮为拜，为位，为时。

大过　东西触垣，不利出门。鱼藏深水，无以乐宾。爵级摧颓，光威减衰。

伏震为东，兑西。艮为垣，震为触。颐正反艮，故曰"东西触垣"。巽为利，艮为门。巽为鱼，坤为深水。震为宾，为乐。言鱼藏水底难得，不能飨宾，故曰"无以乐宾"。震为爵。坤丧，故曰"摧颓"，曰"灭衰"。艮为光，震为威，故曰"光威减衰"。

坎 两母十子,转息无已。五乳百雏,骍驳骊驹。

通离。互巽为母,兑数二,故曰"两母"。震为子,兑数十,故曰"十子"。震为生,正反震,故曰"转息无已"。艮为乳,坎数五,故曰"五乳"。震为百,为雏;为马,故曰"骊驹"。震为玄黄,故曰"骍驳"。骍,马色赤黄。驳,马色不纯也。

离 重黎祖后,司马太史。阳氏之灾,雕宫悲苦。

丁云:《太史公自序》,昔在颛顼,命南正重以司天,北正黎以司地……当周宣王时,失其守而为司马氏。首二句,言重祖黎祖之后,为司马氏,为太史公也。离南坎北,故曰"重黎"。伏艮为祖。震为马,为言,为太史。太史,纪言之官也。

咸 内执柔德,止讼以嘿。宗邑赖福,祸灾不作。

通损。伏坤为柔。二至上正覆震,故曰"讼"。艮止,故嘿。乾为宗。坤为邑,为祸灾。震福,故不灾。

恒 采唐沫乡,邀期桑中。失信不会,忧思约带。

详《师之噬嗑》。

遁 官成立政,衣就缺袂。恭谦为卫,终无祸尤。

艮为官,为成。乾为衣。震为袂,震伏,故缺。艮为恭俭,为终。坤为祸尤,坤伏,故无。

大壮 麒麟凤凰,子孙盛昌。少齐在门,利以合婚。振衣弹冠,贵人大欢。

对观。坤为文,故曰"麒麟凤凰"。艮为子孙,震为盛昌。巽为齐,艮少,故曰"少齐"。《左传·昭二年》:韩须如齐逆女。……致少姜。少姜宠,晋人谓之少齐是也。艮为门。巽为利。坤为衣。艮为冠,为振,为弹,为贵人。震为欢。

晋 乱危之国,不可涉域。机发身顿,遂至僵覆。

离为乱,坎为危,坤为国,为域。震为涉,震覆艮止,故不可涉。坎为机。坤为身,为死,故曰"顿"。《释名》:顿,僵也。

明夷 千雀万鸠,与鹞为仇。威势不敌,虽众无益,为鹰所击。

坤为千万,离为雀鸠。反艮为鹰鹞,坎为仇。震为威,坎为众。反艮首向下,故曰"为鹰所击"。

家人 众神集聚,相与议语。南国虐乱,百姓愁苦。兴师征讨,更立圣主。

详《屯之节》。

睽 颜渊闵骞,以礼自闲。君子所居,祸灾不存。

通蹇。艮为颜,坎为渊,为悲闵。艮手为骞,故曰"颜渊闵骞"。艮为闲,为君子,为居。坎为祸,在外,故曰"不存"。

蹇 三桓子孙,世秉国权。爵世上卿,富于周公。

桓，木名。艮为木，离卦数三，故曰"三桓"。艮为子孙，艮手为秉。秉，持也。艮为国，为爵，为上卿。遇卦无妄震为周，为公；乾为富。鲁季孙、孟孙、叔孙，皆桓公后，故曰"三桓"，与鲁相终始也。

解 鹤鸣九皋，处子失时。载土贩盐，难为功巧。

震为鹤，为鸣。数九，故曰"九皋"。鹤鸣，《小雅》篇名。《毛》谓教宣王求贤。兹曰"处子失时"，义与《毛》异。巽为伏，故为处子。震为载，为商贩。坎为土。坎土象，后只邵子与《易林》同，他未见也。盐象，《说文》：古宿沙煮海水为盐。盐，咸也。又按，《洪范》：水曰润下……作咸。疑仍坎水象。卦有重坎，故既曰土，又曰盐。

损 方轴圆轮，车行不前。组囊以锥，失其事便。还师振旅，兵革休止。

坤为方，为轴。伏乾为圆，故曰"方轴圆轮"。震为车，为行；艮止，故不前。坤为帛，为囊，故曰"组囊"。艮为刀刃，为锥轴。方车不行，以囊盛锥必脱颖，二者皆不便也。坤为师旅，震为反，故曰"还师"。艮为兵革，艮止，故休。

益 鱼扰水浊，桀乱我国。驾龙出游，东之乐邑。天赐我禄，与生为福。

坤为鱼，为水，为浊。震为扰，故曰"鱼扰水浊"。坤为恶，故曰"桀"。坤为乱，为国。震为龙，为出游；为东，为乐。坤为邑，故曰"乐邑"。伏乾为天，为禄，为福。

夬 白虎黑狼，伏伺山阳。遮遏牛羊，病我商人。

伏艮为虎狼。兑西方金，故曰"白虎"。坤色黑，故曰"黑狼"。艮止，故曰"伏伺"，曰"遮遏"。艮为山阳。坤为牛，兑为羊。坤为病，为我。巽为商旅。

姤 履危不安，跌顿我颜，伤肿为瘢。

伏震为履。巽殒落，故曰"不安"，曰"跌顿"。我颜、肿、瘢，疑用无妄艮象。

萃 三人辇车，东入旁家。王母贪叨，盗我资财，亡失犅牛。

对大畜。震为人，为车。震数三，故曰"三人辇车"。震为东，艮为家，巽为入。坤为母，对乾，故曰"王母"。兑食，故曰"贪叨"。互巽为盗。坤为资财，为亡失，为牛。

升 三雁南飞，俱就塘池。虾鲭饶有，利得过倍。

震为雁，为南，数三，故曰"三雁南飞"。兑为塘池。坤巽皆为鱼，故曰"虾鲭饶有"。巽为倍利。

困 鹰栖茂树，候雀来往。一击获两，利在枝柯。

对贲。艮为鹰，震为茂树，艮在震上，故曰"鹰栖茂树"。离为雀，巽为进退，为往来。艮为击，坎数一，故曰"一击"。坎为获，兑卦数二，故曰"获两"。巽为利，为枝柯。利在枝柯，言以枝柯为隐蔽也。

井 尧舜钦明，禹稷股肱。伊尹往来，进履登堂。显德之徒，可以辅王。

对噬嗑。震为帝，故曰"尧舜"。离为明。艮为臣，故曰"禹稷"，曰"伊尹"。巽为往来，为股肱。震为履，为进，为登，艮为堂，故进履登堂。艮贵为显，震为王。

革 枯旱三年，草莱不生。粢盛空乏，无以供灵。

详需林。

鼎 方口缓唇，为知枢门。解释钩带，商旅以欢。

兑为口，伏坤，故曰"方口"。兑又为唇，坤柔，故曰"缓唇"。伏坎为枢，为智，坤为门。言口舌为智慧之枢机也。震为解释。巽为带，为商旅。兑悦，故欢。坎为矫轹，或为钩。

震 凫池水溢，高陆为海。江河横流，鱼鳖成市。千里无墙，鸳凤游行。

震为凫，坎为池，为水。艮为陆，四爻艮覆成坎，故高陆为海。又，四爻上下皆重阴，而坤为河海，故曰"横流"。伏巽为鱼，为市。艮为鳖，为墙。震为千里，艮覆，故无墙。伏离为鸳凤，震为游行。

艮 烹鱼失刀，驾车马亡。锡刃不入，鲂鲤腥臊。

伏巽为鱼。艮为刀，坎为失，故曰"失刀"。震为车，为马；坎隐，故马亡。艮为刃，下柔，故曰"锡刃"。伏巽为鲂鲤，为臭，故曰"腥臊"。又巽为入，巽伏，故不入。

渐 戎狄蹲踞，无礼贪叨。非吾族类，君子攸去。

此用遇卦象。无妄伏坤为戎狄，震为箕，故曰"蹲踞"。蹲踞，即箕踞也。伏震兑皆为口，故曰"贪叨"。坤为礼，为族类。坤伏，故"无礼"，曰"非吾族类"。艮为君子。

归妹 渡河逾水，狐濡其尾，不为祸忧。捕鱼遇蟹，利得无几。

坎为河，为水，为狐，为濡。伏艮为尾。坎为祸忧，震乐，故不忧。伏巽为鱼，为利。艮为蟹。言占得此者，虽无忧患，而利得甚少也。

丰 河出小鱼，不宜劳烦。苛政害民，君受其患。

伏坎为河。巽为鱼，兑小，故曰"小鱼"。坎为劳，为民，为患。震为君。言政苛害民，而卒受患者仍在君也。

旅 偃武修文，兵革休安。清人遥逍，未归空闲。

震为武，震伏，故曰"偃武"。离在上，故曰"修文"。艮为兵，为革；艮止，故休。

巽 九疑郁林，沮湿不中。鸾鸟所去，君子不安。

伏震数九，坎为疑，震为丛木，故曰"九疑郁林"。皆南方郡，震为南也。互坎，故沮湿。震为鸾鸟，震往，故曰"去"。艮为君子，为安。坎险，故不安。

兑 搏猏逢虎，患厌不起。遂至欢国，与福笑语，君子乐喜。

通艮为虎，为搏。互坎为猏，为患。猏能伏虎，故患厌不起。艮为国，互震为欢，为笑语。艮为君子。

涣 狗生龙马，公劳姬苦。家无善驹，折悔为吝。

艮为狗，震为龙马，为生。震为公，巽为姬，坎为劳苦，故曰"公劳姬苦"。艮为家，震为驹。坎为折。

节　婴孩求乳，慈母归子。黄鹿悦喜，得其甘饵。

震为婴孩，艮为乳，为求，故曰"婴孩求乳"。伏巽为慈母，震为子，为归，故曰"慈母归子"。震为玄黄，为鹿，故曰"黄鹿"。又为喜，为饵。

中孚　有两赤鹬，从五隼噪。操矢无筈，趣释尔射。扶伏听命，不敢动摇。

艮为鹬，为隼。正覆艮，兑卦数二，故曰"两鹬"。巽卦数五，故曰"五隼"。兑纳丁，故曰"赤"。艮为矢，为操。筈，箭末受弦处也，兑象也。艮矢在上卦，上卦兑覆，故无筈。震为射，矢无筈则不能射，故释不射也。艮为扶，巽为伏，为命。扶伏，即匍匐，伏地以手行也。艮震象也。动摇，应作摇动，与命协。

小过　伊尹智士，去桀耕野。执顺以强，天佑无咎。

震为士，为耕。兑刚鲁，故曰"桀"。艮手为执，巽顺，故曰"执顺"。震为强健，艮为天。

既济　逐鹿西山，利入我门。阴阳和调，国无灾殃。

无妄艮为鹿，为山，为门。震为逐。巽为利，为入。既济阴阳平均，六爻当位，故曰"阴阳和调"。

未济　龙兴之德，周武受福。长女宜家，与君相保。长股远行，狸且善藏。

无妄震为龙，为德，为周，为武，为君。巽为长女，为长股，为藏。艮为家，为狸。

䷙ 艮上乾下　大畜之第二十六

朝鲜之地，箕伯所保。宜人宜家，业处子孙，求事大吉。

震为朝，艮在东北，故曰"朝鲜"。伏坤为地。震为箕，为伯，为人。艮为家，为子孙，为求。《后汉书》：箕子封朝鲜，教以礼义，其人终不相盗，无门户之闭。

之乾　金柱铁关，坚固卫灾。君子居之，安无忧危。

此全用大畜象。艮为金铁，震为柱。艮为关，为坚固，为君子，为居。

坤　转祸为福，喜来入屋。春城夏国，可以饮食，保全家室。

大畜震喜，艮屋，兑悦，故喜来入屋。艮为城，为国。震为春，故曰"春城"。艮纳丙，故曰"夏国"。兑为饮食。艮为室家，为守，故室家可保。

屯　水暴横行，浮屋坏墙。泱泱溢溢，市师惊惶。居止不殆，与母相保。

坎坤皆为水，故曰"横行"。艮为屋，为墙。艮在上，故曰"浮屋"。坎破，故曰"坏墙"。坤为师，震为惊惶，伏巽为市。艮为居止，坤为母。

蒙　虎豹熊罴，游戏山隅。得其所欲，君子无忧。

艮为虎豹熊罴。震为游戏,在艮下,故曰"山隅"。艮为君子,坎为忧;震解,故无忧。

需 躬礼履仁,尚德止讼。宗邑以安,三百无患。

乾为仁,伏坤为躬,为礼。天水讼。需坎水下降,乾阳上升,阴阳交,故止讼。乾为百,离卦数三,故曰"三百"。坎为患。丁云:齐管仲夺伯氏骈邑三百,没齿无怨。《林》或指此。

讼 江淮易服,玄黄朱饰。灵公夏徵,衷袒无极。高位崩颠,失其宠室。

对明夷。坤坎皆为水,故曰"江淮"。震为玄黄,坎为赤,故曰"朱饰"。震为公,为神,故曰"灵公"。离为夏。震为衣,坎伏,故曰"衷袒"。袒,襢衣。衷,怀也。艮为位,为室;艮覆,故曰"崩",曰"失"。

师 不虞之患,祸至无门。奄忽暴卒,痛伤我心。

详《蒙之明夷》。

比 三涂五岳,去危入室。凶祸不作,桀盗尧服。失其宠福,贵人有疾。

艮山,故曰"三涂五岳"。艮数三,坎数五也。坎危在外,故曰"去危"。艮为室。坤为凶祸;为恶,故曰"桀"。坎为盗;为圣,故曰"尧"。坤为服也。乾为宠福,乾伏,故失。艮为贵,坎为疾,故曰"贵人有疾"。

小畜 配合相迎,利之四乡。昏以为期,明星煌煌。欣喜爽怿,所言得当。

巽为利,正反巽相合,故曰"相迎"。巽数四,故曰"四乡"。伏坤为乡,为昏,艮为时,故曰"昏以为期"。离为星,为明,故曰"明星煌煌"。兑悦,故欣喜。爽,盛也。怿,悦也。爽怿,犹大悦也。兑口为言,正反兑,故曰"得当"。

履 三手六身,莫适所闲。更相摇动,失事便安。箕子佯狂,国乃不昌。

伏谦。艮为手,数三,故曰"三手"。坤为身,坎数六,故曰"六身"。艮为闲,正反艮,故曰"莫适所闲"。正反震,故曰"更相摇动"。坤为事,坎为失。"失事便安"者,言事不得安也。震为箕子,为狂。坤为国,坤丧,故不昌。全用旁通。

泰 虎卧山隅,鹿过后胸。弓矢设张,汇为功曹。伏不敢起,遂全其躯,得我美草。

详《大有之讼》。

否 麟凤执获,英雄失职。自卫反鲁,猥昧不起,禄福讫已。

坤为文,故曰"麟凤"。艮为拘,故曰"执获"。乾为英雄,巽陨落,故失职。伏震为卫,为反。兑为鲁,又为昧。猥,曲也。坤死,故曰"不起",曰"讫已"。乾为禄福。《公羊传·哀十四年》:获麟,孔子观之,反袂掩泣,自伤将死。

同人 栾子作殃,伯氏诛伤。州犁奔楚,失其宠光。

《左传·成十五年》:晋三郤害伯宗,谮而杀之,及栾弗忌,伯州犁奔楚。卦通师。震为木,为子,故曰"栾子"。为伯,为楚,为奔。坤死,故曰"殃",曰"诛",曰"失"。

大有 黄帝出游,驾龙乘马。东至泰山,南过齐鲁。王良御右,文武何咎?不利市贾。

此用大畜象。震为黄,乾为帝;为行,故曰"出游"。乾为龙马。震为东,艮为山,故东至泰山。乾为南,兑为鲁,伏巽为齐,故南过齐鲁。乾为王,兑为右。伏坤为文。巽为市贾,巽伏,故不利。

谦 齐鲁争言,战于龙门。遘怨致祸,三世不安。

详《坤之离》。齐鲁用伏象。

豫 道礼和德,仁不相贼。君子往之,乐有其利。

震为道,坤为礼。坎为和,为贼。震为仁,故不相贼。震为乐,艮为君子。

随 姤妡公妮,毁益乱类。使我家愦,利得不遂。

巽为姤,震为公。兑为毁。艮为家,巽为利。"妮"者,泥也,滞也。《论语》:致远恐泥。"公泥"者,公怠于事也。有此二因,致家事毁乱,利得不遂也。

蛊 一巢九子,同公共母。柔顺利贞,出入不殆,福禄所在。

艮为巢,坎数一,故曰"一巢"。震为子,数九,故曰"九子"。震为公,巽为母;为柔顺,为利,为入。震为福禄,为出。

临 崔嵬北岳,天神贵客。温仁正直,主布恩德。闵哀不已,蒙受大福。

详《师之丰》。

观 三蛆逐蝇,陷堕釜中。灌沸淹殪,与母长诀。

巽为蛆蝇,艮数三,故曰"三蛆"。巽为堕。坤为釜,为母;为死,故淹殪。

噬嗑 东山西陵,高峻难升。灭夷掘垒,使道不通。商旅无功,复反其邦。

艮为山陵,离东坎西,故曰"东山西陵"。良为高峻,坎险,故难升。坎为平,故曰"灭夷"。艮为垒,艮手为掘;为道,为邦。震为商旅,为反。坎陷,坎险,居中爻,故道不通而商旅困也。

贲 常德自如,不逢祸灾。乐只君子,福禄自来。

坎为祸灾,震出,故不逢。艮为君子,震为乐,为福禄。

剥 范子妙材,戮辱伤肤。后相秦国,封为应侯。

详《师之井》。

复 虎狼结集,相聚为保。伺啮牛羊,道绝不通,病我商人。

此用大畜象。艮为虎狼,正反艮,良止,故曰"虎狼结集,相聚为保"。伏坤为牛,兑为羊,为口,艮止,故曰"伺啮牛羊"。艮为道,震为商人,艮止,故道不通而商旅困也。

无妄 不直杜公,与我争讼。媒伯无礼,自令塞壅。

震为杜,为公。杜公,未详所指。初至四正反震,故曰"争讼"。震为伯。

颐 上天楼台,登拜受福,喜庆大来。

艮为天,坤为楼台。艮为拜。震为登,为喜。

大过 三羊上山,东至平原。黄龙服箱,南至鲁阳。完其珮囊,执绥车中,行人有庆。

伏颐。震为羊,艮为山,数三,故曰"三羊上山"。震为东,坤为平原。震为黄龙,为箱,为南。兑为鲁。鲁阳,在南阳郡。坤为囊,为车,巽为绥。震为行人。

坎 天地闭塞,仁智隐伏。商旅不行,利深难得。

艮为天,坎为闭塞。震为仁,坎为智,为隐伏,故曰"仁智隐伏"。震为商旅,为行。巽为利,巽伏,故曰"难得"。

离 延陵适鲁,观乐太史。车辚白颠,知秦兴起。卒兼其国,一统为主。

兼用对象。坎艮为少男,故曰"延陵"。"延陵",季子也。兑为鲁。震为乐,离为观。"太史"者,掌乐之官。"观乐太史",言观乐于太史也。震马车;为的颡,故曰"白颠"。兑为秦,震为兴起。艮为国,正覆艮,故兼其国。震为主,坎数一。言秦兼并六国,一统天下也。辚与《毛诗》异。全用吴季札在鲁观乐事。

咸 囊戢甲兵,归放马牛。径路开通,国无凶忧。

艮为甲兵,艮止,故曰"囊戢"。互乾为马。艮为牛,为径路。艮为国,震乐,故无忧。

恒 牛骥同槽,郭氏以亡。国破为墟,主君走逃。

兑为羊,象形,故亦为牛。震为马,故曰"牛骥同槽"。槽亦震象。震为主君,在外,故曰"走逃"。

遁 大尾小腰,重不可摇。栋挠榱坏,臣为君忧。汤火之言,消不为患,使我复安。

乾为大。艮为尾,为栋榱。巽陨,故桡坏。艮为臣,乾为君。遁阳消卦,故臣为君忧。乾为言,艮火在下,故曰"汤火之言"。"汤"者,九家、荀爽皆以乾为河,疑乾有水象。有水,故不畏火,故曰"消不为患"。艮止,故安。

大壮 太一置酒,乐正起舞。万福攸同,可以安处,绥我觊齿。

详《复之家人》。

晋 饮酒醉酗,跳起争斗。伯伤叔僵,东家治丧。

坎为酒,坤迷,故醉。大畜正反艮震,故曰"争斗"。震为伯,兑伤,故曰"伯伤"。艮为叔,艮止,故曰"叔僵"。震东,艮家。皆用遇卦象。

明夷 山险难登,涧中多石。车驰错击,重载伤轴。担负善踬,跌蹉右足。

详《乾之谦》。

家人　争讼不已，更相击询。张季弱口，被发北走。

详《讼之损》。顾千里云：《明夷之临》作击询，与下走韵，当从。各本皆作咨询。询即询之讹字。按顾说是也，今从之。

睽　心志无良，伤破妄行。触墙抵壁，不见户房。先王闭关，商旅委弃。

坎为心志，兑为伤破。伏艮为墙壁户房。坎隐，故不见。艮为关，坎闭。

蹇　鸧鸹鸱鸮，治成御灾。绥德安家，周公勤劳。

详《噬嗑之渐》。

解　清人高子，久屯外野。逍遥不归，思我慈母。

详《贲之艮》。

损　两虎争斗，股创无处。不成仇雠，行解却去。

艮为虎，正反艮，故曰"两虎争斗"。伏巽为股，兑为创。巽伏，故曰"无处"。

益　天女踞床，不成文章。南箕无舌，饭多沙糠。虐众盗名，雄鸡折颈。

巽为女，艮为天。天女，织女星也。艮为床，坤为文章。震为南，为箕，艮为星。箕，二十八宿星名。艮为沙，巽为糠。《诗·小雅》：跂彼织女，终日七襄。虽则七襄，不成报章。又，维南有箕，不可以簸扬。不簸扬，故饭多沙糠。坤为众。巽为盗，为鸡。震为雄。艮为颈，巽陨，故折。

夬　太子扶苏，出于远郊。佞幸成邪，改命生忧。慈母之恩，无路致之。

通剥。艮在上，故曰"太子"。艮手为扶，坤为扶苏，为郊。乾为言，兑口亦为言，故曰"佞"。巽为命，兑为反巽，故曰"改命"。言太子扶苏远出备边，李斯、赵高竟改始皇玺书，杀扶苏也。《革·九四》云"改命吉"，即谓巽覆也。坤为忧，为母。

姤　寒暑相推，一明一微。赫赫宗周，荣光灭衰。

姤夏至一阴生，消阳，故曰"寒暑相推"。乾为宗，震为周。震伏，故光灭。

萃　鸡狗相望，仁道笃行。不吠昏明，各安其乡。周鼎和饵，国富民有，八极蒙祐。

巽鸡，艮狗，艮望。兑为吠。坤为乡，为安。

升　窗牖户房，通利明光。贤智辅圣，仁施大行。家给人足，海内殷昌。

伏无妄。艮为窗牖户房，震为通利，艮为明光。乾为圣，为仁。艮为家，坤为海。

困　雨雪三日，鸟兽饥乏。旅人失宜，利不可得。几言解患，以疗纷难，危者复安。

坎为雨雪，离卦数三，故曰"三日"。伏艮为鸟兽，离虚，故饥。巽为旅人，为利。伏震为言，为解。坎为患，为危，艮为安。多用伏象。

井　白鹄衔珠，夜食为明。膏润优渥，国岁年丰。中子来同，见恶不凶。

伏震为白鹄,为珠,兑为卫,故曰"白鹄衔珠"。坎为夜,离为明。坎为膏润。艮为国,震为年岁。坎为中男,故曰"仲子"。

革 从豕牵羊,与虎相逢,虽惊不凶。

兑为羊,巽为豕,互乾为虎。言有羊豕,虎即不咥人。

鼎 凫雁哑哑,以水为宅。雌雄相和,心志娱乐,得其所欲。

详《大有之归妹》。

震 逐狐平原,水遏我前。深不可涉,暮无所得。

艮为狐,为震,为逐。坎水,艮止,故曰"水遏我前"。坎为暮,为失,故无得。

艮 窟室蓬户,寒贱所处。千里望烟,散涣四方,形体灭亡。下入深渊,终不见君。

艮为窟室,为户;互震,故曰"蓬户"。坎为寒,为烟。震为千里。坎为深渊。震为君,坎隐,故不见。

渐 桀纣之主,悖不堪辅。贪荣为人,必定其咎。聚敛积实,野在鄙邑,未得入室。

离为恶人,故曰"桀纣"。伏震为主,坎为悖。艮为荣,为邑,为室。坎为聚敛。巽为人。

归妹 仓库盈亿,年岁有息。商人留连,虽久有得。阴多阳少,因地就力。

伏艮为仓库,坎众,故盈亿。震为年岁,为生,为息,为商人。坎陷,故流连。

丰 火山不燃,钓鲤失纶。鱼不可得,利去我北。

离火,伏艮,故曰"火山"。兑水在上,故曰"不燃"。巽为系,故为钓;为鱼,为纶。兑折,故失纶。巽陨落,故鱼不得而失利也。

旅 童女无媒,不宜动摇。安其室庐,傅母何忧?

兑少,故曰"童女"。坎为媒,坎伏,故无媒。无媒,故不宜动。艮为安,为室。巽为母。

巽 载风云母,游观东海。鼓翼千里,见吾爱子。

巽为风,为母。此句疑有讹字,或为载风乘云也。兑为海,伏震,故曰"游观东海"。离为观也。震为翼,为鼓,为千里。兑悦,震子,故曰"爱子"。

兑 鸿盗我襦,逃于山隅。不见武迹,使伯心忧。

伏艮。互震为鹤,为衣。坎为盗,艮为山,故逃于山隅。震为武迹。《诗·大雅》:履帝武敏。欧传:武,迹也。震为伯,坎为心,为忧。坎为隐伏,故不见武迹。

涣 夜视无明,不利远乡。闭门塞牖,福为我母。

坎为夜,故不明。艮为视,为乡,为门户。坎为闭塞。震为福,巽为母。言夜黯不明,不宜远行,杜门不出,或致福也。

节　三狗逐兔，于东北路。利以进取，商人有得。

艮为狗，数三，故曰"三狗"。震为兔，为逐。艮居东北，为路，故曰"于东北路"。震为进，为商人。

中孚　武王不豫，周公祷谢。载璧秉圭，安宁如故。

《书·金縢》：武王不豫，周公册祝，植璧秉圭，请以身代，翊曰王瘳。震为武，为王；为周，为公。为言，故曰"祷"；为玉，故为圭璧。艮手为秉。

小过　同载共车，中道别去。爵级不进，君子下舆。

震为车，为载。艮为道，为反震，故曰"别去"。言背震别行也。震为樽爵，艮为君子。艮止，故不进。古君子方得乘舆，下舆言不仕也。

既济　六雁俱飞，游戏稻池。大饮多食，食饱无患。

坎数六，震为雁，为飞。卦有三半震，故曰"俱飞"。震为逝，为稻。坎为池。兑为饮食。

未济　符左契右，相与合齿。乾坤利贞，出生六子。长大成就，风言如母。

卦一阴一阳相间皆相交，故曰"符契"，曰"合齿"。震左，兑右。兑齿，坎为合也。卦气至亥，阴凝于阳，故曰"利贞"。《未济》，亥月之卦也。至子则震出矣，故出生六子。

䷚ 艮上
震下　颐之第二十七

家给人足，颂声并作。四夷宾服，干戈卷阁。

艮为家，震为人；坤多，故给足。震为声。坤阴，故为夷狄。震卦数四，故曰"四夷"。震为宾，艮为干戈。艮止，故卷阁。

之乾　思初道古，哀吟无辅。阳明不制，上失其所。

乾为初，为古。颐互坤为思，为哀。震为道，为吟。一阳在上，故曰"失所"。"阳明不制"者，言阳不能制阴也。全用遇卦象。

坤　江河淮海，天之奥府。众利所聚，可以饶有，乐我君子。

详《乾之观》。

屯　三雁俱行，避暑就凉。适与矰遇，为缴所伤。

震为雁，数三，故曰"三雁"。坎为寒，离伏，故曰"避暑就凉"。伏巽为矰缴，兑为伤。

蒙　秋南春北，随时休息。处和履中，安无忧凶。

伏兑为秋，艮纳丙，故曰"秋南"。震为春，坤为北，故曰"春北"。艮为鸿雁，雁随阳转,故曰"随时"。艮为时,为休息。坎为中和,震为履。艮为安。

需 履危无患,跳脱独全。不利出门,伤我左膝。疾病不食,鬼哭其室。

坎为危,为患;跳脱在外,故无患。乾为门户,出门遇险,故不利。兑为伤。膝象疑为坎。股之屈信,全在膝,而坎为矫輮,又为美脊,以义以形,皆有膝象。互离为东,故曰"伤我左膝"。坎为疾病,兑为食;坎忧,故云不食。坎为鬼,为室;兑为口,故曰"鬼哭其室"也。

讼 东家凶妇,怨其公姥。毁杵破盆,弃其饭飧,使吾困贫。

巽为妇,坎凶。伏震为东,为公,巽为姥。姥,母也。伏震为杵,为盆,坎为破。巽为饭飧,风散,故曰"弃"。伏坤为吾,为贫。

师 泥滓汙辱,弃捐沟渎。众所笑哭,终不显禄。

坤土,坎水,故曰"泥汙污"。坎为沟渎,为众。震为笑哭。坤贱,坎隐,故曰"终不显禄"。

比 旦往暮还,各与相存,身无凶患。

颐震为旦,为往。坤为暮。艮者,震之反,故曰"暮还"。坤为身,坎为患。

小畜 六翮长翼,夜过射国。高飞冥冥,羿氏无得。

伏豫。震为翮,为翼,坎数六,故曰"六翮长翼"。坤为夜,为国,震为射,故曰"射国"。震为飞。坤恶,故曰"羿";坤虚,故无得。

履 蜂虿之门,难以止息。嘉媚之士,为王所食,从去其室。

巽为虫,伏坎为毒,故曰"蜂虿"。乾为门。风散,故难以止息。兑为媚,为食。乾为王,伏坎为室。言王食养嘉士,士皆归王室也。伏震为士。

泰 被狐乘龙,为王道东。过时不返,使我忧聋。

伏艮为狐,震为龙。言被狐裘,乘龙马也。震为道,为东,乾为王。震往,故不返。坤为忧,坤迷,故聋。

否 雹梅零坠,心思愤愤,乱我魂气。

乾、艮皆为果,而乾为冰,故曰"雹梅"。《方言》:大袴谓之倒顿。郭注:即今之雹袴。雹袴、雹梅,皆象形语。巽陨,故曰"坠"。坤为心,坤迷,故曰"愤愤"。

同人 长女三嫁,进退无羞。牝狐作妖,夜行离忧。

巽为长女;伏震为嫁,数三,故曰"三嫁"。巽为进退;坤为羞,坤伏,故无羞。伏坎为狐,为妖,为夜,为忧。巽为牝。

大有 轰轰辒辒,驰东逐西。盛盈必毁,高位崩颠。

此用遇卦象。震为车,为声,故曰"轰辒"。震为东,为驰逐,兑为西。乾为盛盈,兑为毁,故曰"盛盈必毁"。艮为高位,艮覆为震,故曰"崩颠"。

谦 乘船涉济,载水逢火。赖得无患,蒙我生全。

震为船。坎为水,为济,艮为火,故曰"载水逢火"。坎为患,震为乐,故曰"无患"。

豫 至德之君,政仁且温。伊吕股肱,国富民安。

震为君,为仁。坤为政,艮为火,故曰"政仁且温"。伏巽为股肱。伊吾,语声;吕,从口,皆震象也。又艮为臣,亦或为艮象。坤为国,为民。

随 生不逢时,困且多忧。无有冬夏,心常悲愁。

震为生,艮为时;兑向晦,故生不逢时。艮为困,巽为忧;正反巽,故多忧。震春,兑秋,故曰"无有冬夏"。言无时不悲愁也。

蛊 南历玉山,东入生门。登福上堂,饮万岁浆。

震为南,为玉,艮山,故曰"南历玉山"。艮门,震东,巽入,故东入生门。震为登,为福,艮为堂,故曰"登福上堂"。兑口,为饮。兑泽,故曰"浆"。震为万岁。

临 大斧斫木,谗人败国。东关二五,祸及三子。晋人乱危,怀公出走。

兑为斧,震为木。兑震为口,为言,故曰"谗人"。坤为国,为关。兑数十,故曰"二五"。《左传·僖二十八年》,姬略外璧梁五,与东关璧五是也。震数三,故曰"三子"。申生、夷吾、重耳也。震为晋,为人,为公。坤为祸乱;为心,故"怀公"。

观 一室百孙,公悦姬欢。相与笑言,家乐以安。

艮为室,为孙,坤为百,故曰"一室百孙"。巽为姬,伏震为公,为欢笑。艮为家。

噬嗑 随阳转行,不失其常。君安于乡,国无咎殃。

离为日。震为随,为行,为转运;而离上震下,故曰"随阳转行"。震为君,艮为乡,为国。艮止,故君安而国无殃咎也。

贲 群虎入邑,求索肉食。大人御守,君不失国。

艮为虎,为邑;正覆艮,故曰"群虎"。艮为求,坎为肉,故求索肉食。震为大人,为君。艮为守,为国;能守,故不失也。

剥 弱足刖跟,不利出门。商贾无赢,折崩为患。汤火之忧,转解喜来。

此用颐象。震为足,为跟。艮刀,故曰"刖"。坤柔,故曰"弱",故出不利。坤为门也。震为商贾,上震覆,故无赢,故崩折。坤为患;为水,艮火,故曰"汤火"。

复 夏台姜里,汤文厄处。鬼侯饮食,岐人悦喜。

此用遇卦颐象,义详前无妄林。《史记》:西伯昌,九侯鄂侯,为纣三公。纣烹九侯。徐广曰:九一作鬼。

无妄 栋桡榱坏,廊屋大败。宫阙空廓,如冬枯树。

震为榱栋,巽陨落,故桡坏。艮为廊屋,为宫阙。巽陨,故大败。震虚,故空廓。乾为冬,震为树,巽为枯。

大畜 谗以内安,不利其国。室家大惧,幽囚重闭。疾病多求,罪乱愦愦。

三至上正反震,故曰"谗"。艮为国,为室家。伏坤为惧,为幽闭,为重,为疾病,为罪乱。言内有谗人,群臣被谗,幽囚重闭,不利其国也。坤迷,故曰"愦愦"。

大过 六龙俱怒,战于陂下。苍黄不胜,旅人艰苦。

乾数六,故曰"六龙"。震为怒。《颐》正反震,故曰"战"。艮为坂,坤为下。震为苍黄,为旅人。皆用伏象。

坎 天下雷行,尘起不明。市空无羊,疾人忧凶。三木不辜,脱归家邦。

艮为天,震为雷。艮上震下,故曰"天下雷行"。艮为尘,坎黑,故不明。兑为羊,巽为市,兑巽皆伏,故曰"市空无羊"。坎为疾,为忧。震为木,数三,故曰"三木"。三木拳桎梏,亦坎象也。艮为家邦,震为脱。三木不辜,言虽被三木之刑,而非其罪也。

离 一指食肉,口无所得。染其鼎鼐,舌馋于腹。

伏坎。艮为指,坎为肉,兑为口。震为鼎鼐,兑为舌,离为腹。《左传》:子公染指于鼎,尝之而出。林似指其事。一当作以。

咸 喜笑不常,失其福庆。口辟言疥,行者畏忌。

兑为喜笑,正反兑,故曰"不常"。乾为福庆,巽陨落,故曰"失"。兑为口,乾为言。辟,邪也。疥,疮也。言口邪言秽也。伏坤为畏忌。艮为节,故曰"疥"。

恒 毛生豪背,国乐民富,侯王有德。

《山海经》:竹山有兽,状如豚,白毛,名曰豪彘。注:夹髀有粗毫,能以脊上毫射物。故曰"毛生豪背"。震为毛。伏艮为背,为国。坤为民,为富。乾为侯王。

遁 羝豕童牛,害伤不来。三女同堂,生我福仁。

巽为豕,艮为牛;艮少,故曰"羝豕童牛"。象本大畜也。互巽为女,艮数三;艮为堂,故曰"三女同堂"。乾为福仁,伏震为生。

大壮 江海淮济,盈溢为害。邑被其濑,年困无岁。

乾为河,为盈。兑毁,故曰"害"。伏坤为邑。乾为年岁。

晋 两虎争斗,股创无处。不成仇雠,行解却去。

详《大畜之损》。

明夷 五岳四渎,润洽为德。行不失理,民赖恩福。

震为山,坎为五,故曰"五岳"。震卦数四,坤坎皆为水,故曰"四渎",曰润洽。《淮南子》:河润百里。坤为理,为民。

家人 载车乘马,南逢君子。与我嘉福,虽忧无咎。

此用颐象。震为车,为马,为载,为乘,为南。艮为君子,故曰"南逢君子"。震为嘉福,坤为忧。

暌 缺囊破筐,空无黍粱。不媚如公,弃于粪墙。

此用颐象。坤为囊,震为筐。伏兑毁,故曰"缺",曰"破"。震为稻粱,为黍稷。坤虚,故曰"空"。震为公,兑为媚。兑伏,故曰"不媚"。艮为墙,坤柔,故"粪墙"。

蹇 杀行桃园,见虎东还。螳螂之敌,使我无患。

此用颐象。震为行,为桃。艮为园,为虎。震为东,为反,故曰"东还"。螳螂,疑伏兑象。《左传·宣二年》:赵穿攻灵公于桃园,弑之。《淮南子》:齐庄公出行,有螳螂奋臂当车,回车避之。

解 箕仁入室,政衰弊极。抱其彝器,奔于他国,因祸受福。

此用颐象。震为箕,为仁,艮为室。入室,谓箕子囚于圉室也。坤为政,为弊。艮为抱。震为彝器,为奔,坤为国。抱其彝器,《周本纪》:少师强抱其祭器以奔周宋。《世家》又云:微子持祭器造于军门是也。

损 庭燎夜明,追古伤今。阳弱不制,阴雄坐戾。

详《剥之大有》。

益 悬狟素殡,食非其任。失舆剥庐,休坐徙居。

详《乾之震》。

夬 嘉闻福喜,缯帛盛炽。日就为得,财宝敌国。

乾为门,为福。兑悦,故喜。伏坤为缯帛。乾为盛,为日,为财宝。伏坤为多,故曰"敌国"。言富可敌国也。

姤 执绥登车,骖乘东游。说齐解燕,霸国以安。

《史记·苏秦传》:臣居燕不能使燕重,而在齐则燕重。林用其事。巽为绥。伏震为车,为东,为燕,为解。巽为齐。伏坤为国,乾健,故曰"霸国"。

萃 水深无桴,蹇难何游。商伯失利,庶人愁忧。

坤为水,震为桴。震伏,故无桴。艮止,故蹇。巽为利,坤丧,故失利。坤为庶人,为忧。

升 三鸟鸳鸯,相随俱行。南到饶泽,食鱼与粱。君子长乐,见恶不伤。

震为鸟,数三,故曰"三鸟"。坤文,故曰"鸳鸯"。震为随,为行,为南。兑为泽,坤多,故曰"饶泽"。坤为鱼,震为粱,互兑,故曰食鱼与粱。伏艮为君子。坤为恶,震乐,故见恶不伤。

困 远视目盼,临深苦眩。不离越都,旅人留难。

互离为目,为视。盼,黑白分明也。兑泽,故临深。眩,惑乱也。坎疑,故苦眩。巽东南,故曰"越"。正反巽,故曰"不离"。伏震为旅人。

井 终风东西,涣散四方。终日至暮,不见于欢。

正反巽,故曰"终风"。离东,兑西。巽隙,故曰"涣散";兑数四,故曰"四方"。离日,坎暮。坎隐,故不见。《诗·邶风》:终风且暴。传:终日风为终风。

革 言无要约,不成券契。殷叔季姬,公孙争之。疆入委禽,不悦于心。

正反兑相背,故曰"言无要约,不成券契"。《左传·昭元年》:郑徐吾犯之妹美,公孙楚聘之矣,公孙黑又强委禽焉。伏震为姬,为公。艮为季、孙。正反艮,故曰"争"。艮为禽。兑悦,伏坎为心。

鼎 牛马聋聩,不知声味。远贤贱仁,自令乱愦。

伏屯。坤牛,震马。坎耳坤迷,故聋聩。震为声,本卦巽为味。震为贤仁,在下,故曰"远贤贱仁"。坤为贱,为乱。

震 从商近游,饱食无忧。图圄之困,中子见囚。

震为商,为游,为食。坎中满,故饱食。坎为忧,震乐,故无。坎为图圄,为中男。艮止,故见囚。

艮 据斗运枢,顺天无忧,与乐并居。

艮为星,卦数七,故曰"斗"。互坎为枢。艮为天,坤顺;卦二阴承一阳,故曰"顺天"。坎忧,震乐,故曰"并居"。

渐 姬奭姜望,为武守邦。屏藩燕齐,周室以强,子孙亿昌。

伏震为姬,为奭,巽为姜,离为望,故曰"姬奭姜望"。震为武。艮为守,为邦,为屏藩。艮为燕,巽齐。言姬奭封燕,姜望封齐,屏藩周室,为武王守土也。震周,坎室。震子,艮孙。亿,大也。

归妹 亡羊东泽,循堤直北。子思其母,复返其所。

兑为羊,为泽。震东,故曰"东泽"。震往,故曰"亡羊"。坎为北,震为阪,故曰"循堤直北"。震为子,坎为思,巽为母。巽伏,故思母。震为归,故复返其所。

丰 张目关口,舌直距齿。然诺不行,政乱无绪。

离为目,震为张。兑口,伏艮,故曰"关口"。兑为舌,为齿。二至五,正反兑相背,故曰"距"。距,抗也。相背,故然诺不行。巽为绪。二至五正反巽,故乱而无绪。此皆用覆象。自覆象失传,《困》有言不信等词皆失解。

旅 载船逢火,忧不为祸。家在山东,入门见公。

通节。震为船,艮为火,故曰"载船逢火"。坎为忧,为祸。船近水,故虽逢火不为祸患。艮为家,为山,震为东,故曰"家在山东"。震为公,艮为门,巽人,故曰"入门见公"。

巽 绝国异路,心不相慕。蛇子两角,使我相恶。

通震。艮为国，为路。坎为心，为慕。二至上两震相反，故不相慕。巽为蛇，伏艮为角。兑卦数二，故曰"两角"。《新序》：孙叔敖为儿时，出游见两头蛇，杀而埋之，归而泣。林似指其事。

兑 鼻顶移徙，居不安坐。枯竹复生，失其宠荣。

伏艮为鼻，为顶。互震，故曰"移徙"。艮为居，为坐；震动，故不安坐。震为竹，离科上槁，故曰"枯竹"。震为复，为生。艮阳在上，为宠荣；互坎，故失其宠荣。坎为失也。

涣 火息无光，年岁不长，殷商以亡。

艮火在坎水上，故无光。震为年岁；为子，故曰"殷商"。子，殷姓也。坎失，故曰"亡"。

节 文王四乳，仁爱笃厚。子畜十男，夭折无有。

震为王，伏离，故曰"文王"。艮为乳，震卦数四，故曰"四乳"。震为仁爱，艮为笃厚。震为子，兑数十，故曰"十男"。兑为折，震生，故不折。《帝王世纪》：文王身长十尺，有四乳。《诗》：太姒嗣徽音，则百斯男。《传》：太姒十子。据《史记索隐》注：十子，伯邑考、武王、管、蔡、霍、鲁、卫、毛、聃、曹是也。

中孚 熊罴豺狼，在山阴阳。伺鹿取獐，道侯畏难。

二至五正反艮，故曰"熊罴豺狼"。艮纳丙，故曰"山阳"。艮反则山阴矣，故曰"山阴"。《易·中孚》：鸣鹤在阴。亦山阴也。解者皆误。艮止，故曰"伺"。艮手，故曰"取"。震鹿，艮麇。侯，斥侯也。掌检行道路，伺候盗贼。

小过 凋叶被霜，独蔽不伤。驾入喜门，与福为婚。

震为叶，巽落，故曰"凋叶"。艮为门，震为喜福。霜，或用兑泽象，抑或取大坎。

既济 黄离白日，照我四国。元首昭明，民赖恩福。

《离·九二》曰：黄离。离为日，为照。艮为国。震卦数四，故曰"四国"。艮为首，坤为民。《颐》本大离，《林》词全取颐象。

未济 顺风直北，与欢相得。岁熟年丰，邑无盗贼。

似亦取颐象。

䷛ 兑上巽下 大过之第二十八

典册法书，藏在兰台。虽遭乱溃，独不遇灾。

详《坤之大畜》。

之乾 日在北陆，阴蔽阳目。万物空虚，不见长育。

此用大过象。乾为日,为寒,故曰"日在北陆"。大过本末阴,故曰"阴蔽阳目"。伏坤为万物,为空虚。坤死,故不长。

坤 鬼泣哭社,悲商无后。甲子昧爽,殷人绝祀。

坤为鬼,为社,大过兑为哭泣。坤为伤,为悲。伏震为子,位东,故曰"甲子"。震为晨,兑为昧,故曰"昧爽"。震为子,殷子姓。坤杀,故曰"绝祀"。

屯 涉涂履危,不利有为。安坐垂裳,乃无灾殃。门户自开,君忧不昌。

震为涂,为涉,为履,坎为危,故涉涂履危。险在前,故不利有为。艮止,故宜安坐。坤为裳,为灾殃。安坐垂裳,高拱无为,故无灾殃。坤为门户,震为君,坎为忧。

蒙 阳失其纪,枯木复起。秋华冬实,君不得失。

上阳在上,二阳陷阴中,皆不当位,故曰"失纪"。震为木,为起;坤虚,故曰"枯木"。震为华,艮为实,伏兑为秋,坎为冬,故曰"秋华冬实"。震为君。

需 大树之子,百条共母。当夏六月,枝叶盛茂。鸾凤以庇,召伯避暑。翩翩偃仰,各得其所。

此用大过象。巽为大树,伏震为子,故曰"大树之子"。巽为条,为母,乾为百,故曰"百条共母"。兑为月,乾数六,故曰"六月"。伏坤为文,为鸾凤。巽为枝叶,乾为盛茂。鸾凤居枝叶之中,故曰"鸾凤以庇"。伏震为召伯。坤为暑,一阳潜坤下,故曰"避暑"。正反震,故曰"翩翩偃仰"。用遇卦象,兼及遇卦伏象。《易林》象学之难窥如此。

讼 秉钺执殳,挑战先驱。不从元帅,败破为忧。

《诗》:伯也执殳,为王前驱。《左传》:邲之战,晋军不用命,遂败。言先谷不从元帅荀林父命而挑战也。离为戈兵,故曰"钺"、"殳"。伏震为战,为驱。坎为破败,为忧。

师 启室开关,巡狩释冤。夏台羑里,汤文悦喜。

坎为室,震为启,为开,坤为关,故曰"启户开关"。震为巡狩,为释,坎为冤。坤为台,为里。伏离,故曰"夏台"。震为大涂,故曰"羑里"。羑,亦道路也。震为王,坤为文,故曰"汤文"。震为喜。

比 衰灭无成,渊溺在倾。狗吠夜惊,家乃不宁。

坤死,故衰灭。坤为渊,坎陷,故曰"溺倾"。艮为狗,伏兑为吠,坤为夜,故曰"狗吠夜惊"。艮为家,坎险,故不宁。

小畜 西邻少女,未有所许。志如委衣,不出房户。心无所处,傅母何咎。

兑为西,为少女。伏坎为志。坤为衣裳,坤柔,故曰"委衣"。未有所许,谓未字人也。志如委衣,言柔顺也。艮为户房,艮止,故不出。坎为心。坤为母。全用伏象。

履 狗吠夜惊,履鬼头颈。危者弗倾,患者不成。

伏谦。艮为狗,震为吠,为惊。坎为夜,为鬼。震在坎上,故曰"履鬼头颈"。坎为大首,故曰"头"也。坎为危患,震解,故危患皆免也。

泰 当年少寡，独与孤处。鸡鸣犬吠，无敢难者。我生不辰，独婴寒苦。

通否。乾为年，巽为寡。艮少，故曰"少寡"。坤亦为寡，故曰"独与孤处"。巽为鸡，艮为犬。震为鸣吠，为辰，为生。坤丧，故曰"不辰"。乾为寒，坤为独。

否 无道之君，鬼哭其门。命与下国，绝不得食。

乾为君，坤恶，故曰"无道"。坤为鬼，为门，艮为哭。巽为命，坤为国。兑口为食，兑覆，故不得食。《论衡》：纣之时，鬼泣哭社。

同人 乘龙南游，夜过糟丘，脱厄无忧。

伏师。震为龙，为南游，为糟。为陵，故为丘。坤为夜。坎为厄，震出，故脱厄。

大有 马踬车伤，长舌破家。东关二五，晋君出走。

事详《颐之临》。

谦 瓜蓏瓠实，百女同室。醯苦不熟，未有妃合。

艮为果蓏，故曰"瓜"，曰"瓠"。震为蓏。艮为实，为室。坤为百，为女，故曰"百女同室"。坎为醯，为合。妃，匹也。醯苦不熟，言或酸或苦，尚未成熟，故未有所遇，犹室女之未有妃合也。

豫 晨风文翰，大举就温。昧过我邑，羿无所得。

震为晨，坤为风。晨风，隼也。艮为隼。震为翰，坤文，故曰"文翰"。《逸周书·王会篇》：蜀人以文翰，大翰若皋鸡。而《说文》"翰"下引《逸周书》曰：大翰若翚雉，一名鹝风。然则晨风、文翰为一物。不有《说文》，焉知《易林》以晨风与文翰连文之故哉！坎为昧，坤为邑。为恶，故曰"羿"。坤丧，故无得。《诗·秦风》：鴥彼晨风，郁彼北林。郁，《齐诗》盖作温。详《小畜之革》。

随 浼浼浞浞，涂泥至毂。马泞不进，虎啮我足。

兑泽，互大坎，故曰"浼浞"。浼，水声。浞，濡也。坎为毂，为泥泞。震为马，艮止，故不进。艮马虎，兑口为啮，震为足。

蛊 胶车驾东，与雨相逢。五楘解堕，顿辀独坐，忧为身祸。

震为车，为东。兑为雨，故曰"胶车"，故曰"与雨相逢"。言胶车遇水即解，故五楘解堕也。《诗·秦风》：五楘梁辀。《毛传》：五，五束也。楘，历录也。言以皮五处束辀上，其文历录章美也。巽数五，故曰"五楘"。巽陨落，故曰"解堕"。艮止，故曰"顿"，曰"坐"。

临 六家作权，公室剖分。阴制其阳，唐叔失明。

晋六卿擅权，剖分公室。唐叔，晋始封之君。伏乾数六，艮为家，为室。震为公，兑折，故剖分。临阴多阳少，阳又在下，故为阴制。艮为叔，为明；艮伏，故失明。言失其明祀也。

观 去室离家，来奔大都。火息复明，姬伯以昌，商人失功。

艮为室家，风散，故曰"去"、"离"。坤为大都，伏震，故曰"来奔大都"。艮为火，为明。

伏震为姬,为伯,为昌,为商人。

噬嗑 牧羊稻园,逢虎喧欢。危惧喘息,终无祸患。

详《否之节》。

贲 婴儿求乳,母归其子,黄麂悦喜。

详《无妄之节》。

剥 廓落失业,跨祸度福,利无所得。

坤虚,故曰"廓落"。坤丧,故失业。

复 出入无时,忧患为灾。行人失牛,利去不来。老马遗驹,勿与久居。

冬至震出,夏至巽入,震巽相往来,故曰"出入无时"。坤为灾,为忧患,为牛,为失。震为行人,故曰"行人失牛"。巽为利,巽伏,故曰"利去不来"。坤为马,为老。震子为驹。坤上震下,故曰"遗驹"。震出,故不居。

无妄 风怒漂木,女惑生疾。阳失其服,阴孽为贼。

巽风,震巽皆为木,故曰"漂木"。巽为女,为进退,为疾病,故曰"女惑生疾"。《左传·昭公元年》:女,阳物而晦时,淫则生内热惑蛊之疾。乾为阳卦,二至上遁阴销阳,故曰"阳失其服"。服,职也。巽为贼。

大畜 车马病伤,不利越乡。幽人元亨,去晦就明。

震为车马,兑毁,故伤。艮为乡,艮止,故不利。艮为幽人,兑向晦;艮在上,故曰"元亨",故曰"去晦就明"。

颐 三奇六耦,各有所主。周南召南,圣人所在。德义流行,民悦以喜。

震数三,伏乾数六。乾奇,坤耦。震为主。言阴阳各有所主也。震为周,为召,为南,故曰"周南召南"。伏乾为圣人。坤为民,震悦喜。

坎 坐争立讼,纷纷讻讻。卒成祸乱,灾及家公。

中爻,正反艮震,故曰"争讼"。艮坐,震立。艮家,震公。坎为祸灾。

离 凶忧为残,使我不安。从之南国,以除心疾。

兑折,故曰"凶残",曰"不安"。离为南,伏艮为国,震为从,为之。言从往南国也。坎为心,为疾;坎伏,故"除"。

咸 爱我婴女,牵引不与。冀幸高贵,反得贱下。

详《屯之未济》。

恒 宜行贾市,所聚必倍。载喜抱子,与利为友。

巽为贾市,为近市利三倍。上震为喜,为子。为车,故曰"载喜"。伏艮手,故曰"抱子"。巽为利。震巽同声,又互兑,故曰"友"。

遁 坐席未温,忧来扣门。逾墙北走,兵交我后,脱于虎口。

艮为坐,为火;风散,故未温。巽为忧,乾为门;艮手,故曰"扣门"。艮为墙,为兵戈,为虎。伏震为逾,为走,为脱,为后。兑为口。

大壮 赤帝悬车,废职不朝。叔带之灾,居于汜庐。

乾为赤,为帝。震为车,伏巽为系。车在上,故曰"悬车"。伏艮为叔,巽为带。艮为庐。汜,水名。《左传·僖二十四年》:天王出居于郑。来告难曰,不穀不德,得罪于母弟之宠子带,鄙在郑地汜。首二句义未详。

晋 子畏于匡,厄困陈蔡。明德不危,竟自免害。

详《师之鼎》。

明夷 逐雁南飞,马疾牛罢。不见渔池,失利忧危。牢户之冤,脱免无患。

震为雁,为南,为飞,故曰"逐雁南飞"。震为马,坤为牛;震健坤柔,故马疾牛罢。坎为池,坤为渔;坎隐,故不见。坤为户,坎为狱,故曰"牢户"。坎为忧患,震出,故脱免无患。

家人 推辇上山,高仰重难。终日至暮,不见阜巅。

此用大过伏象。坤为辇。艮为推,为山,为高,为终,为日,为阜颠。坤为暮也。

睽 忧不为患,福在堂门,使吾偃安。

坎为忧患,兑悦,故不患。伏艮为门堂、为安、为吾。

蹇 春桃生华,季女宜家。受福多年,男为邦君。

详《师之坤》。

解 高山之巅,去地亿千。虽有兵寇,足以自守。

此仍用《大过》对象《颐》。《颐》上艮为高山,为颠。坤为地,为亿千;为师旅,故为兵寇。艮为守。

损 过时历月,役夫颠顇。处子叹室,思我伯叔。

艮时,兑月,故曰"过时历月"。震夫,坤役,兑折,故役夫颠顇。兑为处子,为口,故为叹息。《东山》诗,妇叹于室是也。艮为室,为叔。震为伯。坤为我,为思,故曰"思我伯叔"。

益 太微复明,说升傅岩,乃称高宗。

艮为星,为明,故曰"太微复明"。艮为岩,震为说;又为主,故曰"高宗"。《史记》:殷武丁求得傅说于傅险中,殷道复兴。《晋书·天文志》:太微,天子庭也,五帝之坐也。喻殷道复兴。

夬 旁多小星,三五在东。早夜晨兴,劳苦无功。

通剥。艮为星,艮少,故曰"小星"。《诗·召南》、《毛传》云:三,心星。五,噣星。噣,即柳也。以下用大过象。大过伏震为旱,为晨。坤为夜,为劳苦。

姤 东乡烦烦,相与笑言。子般鞭莘,圉人作患。

通复。震为东,为笑言。巽为鞭,坤牛,故曰"鞭莘"。莘,驳牛也。坤为圉,震为人,故曰"圉人"。《周礼·夏官》:圉人掌牧马刍秣之事。坤为患。《左传·庄三十二年》:雩,讲于梁氏,女公子观之。圉人荦自墙外与之戏。子般怒,使鞭之。后圉人荦贼子般于党氏。

萃 鼻移在头,枯苇复生。下杇上荣,家乃不宁,其舍不成。

艮为鼻,又为头,在一处,故曰"鼻移在头"。伏震为苇,为生。巽下断,故曰"下杇"。兑为华,在上,故曰"上荣"。艮为家舍,巽陨,故不宁不成。

升 虾蟆群聚,从天请雨。云雷集聚,应时辄与,得其愿所。

巽为虾蟆,坤为群聚。伏乾为天,兑为雨。坤为云,震为雷。元本注云:《续汉书·礼仪志》,春旱求雨,取虾蟆置社中。

困 大步上车,南到喜家。送我貂裘,与福载来。

伏震,故曰"步",曰"车",曰"南",曰"喜"。艮为家,为貂。震为裘,为福。全用伏象。

井 贼仁伤德,天怒不福。斩刈宗社,失其土宇。

通噬嗑。坎为贼。震为仁,为怒,为福。坎破,故不福。艮为天,为宗社,为土宇。艮为刀兵,故曰"斩刈"。

革 从猬见虎,虽危不殆,终已无咎。

《史记·龟策传》注:猬能伏虎。故不危殆。乾为虎。伏坎为猬,为危殆。

鼎 履素行德,卒蒙佑福。与尧佑食,君子有息。

通屯。震为履,为白,故曰"履素"。震为福祐;为帝,故曰"尧"。兑为口,故曰"食"。艮为君子。

震 利在北陆,寒苦难得。忧危之患,福为道门,商叔生存。

坎为北陆,为寒;震生于子,故曰"利在北陆"。坎为危,震为福。艮为道,为门,为叔。震为商,为生,故曰"商叔生存"。

艮 四塞六盲,足痛难行。终日至暮,不离其乡。

坎为塞,震卦数四,故曰"四塞"。互大离为盲,坎数六,故曰"六盲"。震为足,为行;坎痛,故难行。艮为终日,为乡。坎为暮。坎陷,艮止,故不离其乡。

渐 台骀昧子,明知地理。障泽宣流,封居河洆。

艮为台,坎为昧。《左传·昭元年》:昔金天氏有裔子曰昧,为玄冥师,生允格、台骀,……能业其官。宣汾、洮，障大泽……帝用嘉之，封诸汾水。台骀昧子，言昧子台骀，能治水障，泽宣流也。坎为泽。艮止，为障。坎为流，为河也。

归妹　蓄水待时，以备火灾。柱车绊马，郊行出旅，可以无咎。

通渐。坎水，艮止，故曰"蓄"。艮为时，为待，故蓄水待时。互离为火，艮亦为火，故曰"火灾"。震为车马，坎陷，故曰"柱"，曰"绊"。

丰　岁暮花落，君衰于德。荣宠陨坠，阴夺其室。

互兑为秋，故曰"岁暮"。兑为华，巽陨落，故曰"花落"。震为君，为荣宠，巽为陨坠。

旅　夏败蔡悲，千里为市。黄落澧郁，利得无有。

未详。

巽　仲春巡狩，东见群后。昭德允明，不失其所。

震为春，为巡狩，坎为仲，故曰"仲春巡狩"。震为东，为后。重震，故曰"群后"。震为昭明。全用伏象。《虞书》：岁二月，东巡狩至于岱宗……肆觐东后。

兑　捌洁埤埤，缔结难解。媒母衔嫁，媒不得坐，自为身祸。

详《坤之晋》，《比之大有》。

涣　乌鸣庭中，以戒灾凶。重门击柝，备忧暴客。

艮为鸟，震为鸣，为庭，故曰"鸟鸣庭中"。坎为灾。《左传·襄三十年》：或叫于宋太庙，曰嘻嘻出出。未几，果灾。艮为门，正反艮，故曰"重门"。震为鸣，为柝，艮手为击。震为客，震躁而武，故曰"暴客"。坎为忧。

节　朝霏暮露，濊我衣襦，道无行牛。

震为朝，坎为暮，为露。震为衣襦。濊，濡也。艮为道，为牛；坎伏，故无。

中孚　抱璞怀玉，与桀相触。诎坐不申，道无良人。

震为玉，上艮为怀抱。兑刚卤，故曰"桀"。正反兑，故曰"相触"。艮为坐，巽伏，故曰"诎坐"，曰"不申"。诎，屈也，折也。申，舒也。震为道，为人，艮为良。巽伏，故曰"无良人"。

小过　两心相悦，共其茅芦。夙夜在公，不离房中，得君子意。

巽为心，正反巽，故曰"两心"。兑为悦，正反兑，故曰"相悦"。互巽为茅茹，故曰"茅芦"。艮手为共，故曰"共其茅芦"。按《郑风》：东门之坛，茹芦在阪。传：茹芦，茅蒐也。《疏》：茜也，可染赤色。又云：出其东门，缟衣茹芦，聊可与娱。《笺》：茹芦茅，搜染巾也。聊可与娱者，且可留与我为乐。兹云"两心相悦"，正《诗》所谓聊可与娱也。云共其茅芦，正《笺》所谓留与我为乐也。茹与茅义通。然《林》读为茅芦，是《齐诗》与《毛》异读也。夙，早也。震为旦，坎为夜。艮为房，为君子。

既济　载馈茹田，破俎失餐。苗秽不辟，独饥于年。

未济　甘露醴泉，太平机关。仁德咸应，岁乐民安。

焦氏易林注卷八

坎上
坎下　　**坎**之第二十九

有鸟黄足,归呼季玉。从我睢阳,可避刀兵。与福俱行,有命久长。

互艮为鸟。震为足,为黄,故曰"黄足"。震为归,为呼,为玉。艮为季,故曰"季玉"。震为从,艮为我。纳丙,又为视,故曰"睢阳"。艮为刀兵,坎隐,故可避刀兵。

之乾　　太王为父,季历孝友。文武圣明,仁德兴起。孔张四国,载福绥厚。

乾为王,为父,为妣,故曰"太王"。下兼用遇卦坎象。互艮为季,为时,为友,故曰"季历孝友"。季历,文王父也。伏离为文,震为武,坎为圣,艮为明,故曰"文武圣明"。震为仁德,为兴起,为孔,为张。艮为国,震卦数四,故曰"四国"。震为福,为车,故曰"载福"也。

坤　　猿堕高木,不践手足。保我金玉,还归其室。

详《否之临》。惟此全用坎象。艮猿震木,艮手震足,艮金震玉,艮室震归。

屯　　重耳恭敏,遇谗出处。北奔戎狄,经涉齐楚。以秦伐怀,诛杀子圉,身为伯主。

坎为耳。坤为重,故曰"重耳"。初至五正覆震,故曰"谗"。震为出奔,坤为北,为戎狄,故曰"北奔戎狄"。伏巽为齐,震为楚,为伐,为伯主。坤为诛杀,为圉,为身。

蒙　　倚锋据戟,伤我胸臆,耗折不息。

艮为锋、戟。坤为胸臆,为伤,为耗。震为息,坤死,故不息。

需　　狗冠鸡步,君失其所。出门抵山,行者忧难。水灌我园,高陆为泉。

伏晋。艮为狗,为冠。鸡步,犹鸡祸。凡灾害之神皆曰步。乾为君,坎为失。坤为门,坤上艮,故曰"出门抵山"。震为行,震覆,故难。艮为园,坎水坤水,故曰"水灌我园"。高陆为泉,高陆,艮也。狗冠,《五行志》:昌邑王见大白狗冠方,山冠而无尾,未几废。《周礼·夏官·校人》:冬祭马步。注:马步谓神,为马灾害者。又,《地官》注:凡人物栽害之神,皆曰步。鸡步即《五行志》所谓鸡祸。

讼　　众鸟所翔,中有大怪。丈身长头,为我惊忧。

坎众离鸟,故曰"众鸟"。坎为中,为怪,乾为大。伏坤为身,坎为忧。

师　雷行相逐，未有休息。战于平陆，为夷所覆。

详《坤之泰》。

比　禹凿龙门，通利水泉。同注沧海，民得安土。

艮为门，为凿。伏乾为王，故曰"禹"；为龙，故曰"龙门"。坎水坤水，故曰"通利水泉"。坤为海，为民，为安，为土。

小畜　尧舜仁德，养贤致福。众英积聚，国无寇贼。

乾为帝，故曰"尧"、"舜"。乾为仁，为贤，为福。兑为食，故曰"养贤"。伏坤为积聚，为国。坎为贼，坎伏，故无。

履　陆居少泉，山高无云。车行千里，涂不污轮，渴为我怨。

伏震为陆，为居，为山。坤为云，坎为泉。坤、坎皆伏，故曰"少泉"，曰"无云"。震为车，为行，坤为千里。坎为泥涂，为轮，为污。坎下震上，故轮不污。坎为怨，艮火故渴。全用伏象。

泰　朝视不明，夜不见光。瞑抵空床，季女奔亡，怆然心伤。

震为朝，坤黑，故不明。坤为夜，为瞑，故不见光。伏艮为床，兑为季女。震往，故曰"奔"。坤为亡，为心，为忧。

否　齐鲁永国，仁圣辅德。进礼雅言，定公以安。

巽齐，伏兑为鲁，坤为国，乾为永，故曰"齐鲁永国"。乾为仁圣。坤为礼，乾为言。艮为定，为安，乾为公，故曰"定公以安"。

同人　束帛玄圭，君以布德。伊吕百里，应聘辅国。

互巽为帛，乾为玉，为圭，为玄，故曰"束帛玄圭"。乾为君。伏震为音，故曰"伊"。伊，读书声也。为乐，故曰"吕"。伏坤为百里，为国。言汤、文、秦穆以璧帛聘伊尹、吕望、百里奚为辅也。

大有　棘钩我襦，为绊所拘。灵巫拜祝，祸不成灾。东山之邑，中有土服，可以饶饱。

伏比。坎为棘，坤为襦。艮止，故曰"绊"，曰"拘"。本卦兑为口，故曰"巫祝"。坤为祸灾。艮为山，为邑；离位东，故曰"东山"。艮为果蓏，为土服。服、菔同。《诗·小雅》：象弭鱼服。《周礼》素服。《笺》与注皆作菔，是其证。土服即芦菔。《尔雅·释草》：葵，芦菔。注：菔，宜为菔，芦菔，芜菁属。今俗所谓蔓菁，可食。故下云"可以饶饱"。坎为饱。

谦　门烧屋燔，为下所残。西行出户，顺其道里。虎卧不起，牛羊欢喜。

艮为门屋，为火，故燔烧。坤为下，为残，为户。震为行，坎西，故曰"西行"。艮为道里，为虎。艮止，故不起。坤为牛，伏兑为羊，震为喜。

豫　墙高蔽目，昆仑翳日。远行无明，不见欢叔。

艮为墙,为山。离为目,为日。离伏,故曰"翳蔽",故曰"无明"。震为行,为欢。艮为叔。

随 天地际会,不见内外。祖辞遣送,与世长诀。

艮阳在上为天,震阳在下为地。艮震相对,故曰"际会",曰"内外"。震为祖。道祭也。兑毁折,巽陨落,故曰"与世长诀"。

蛊 深水难涉,泥涂至毂。牛罢不进,泞陷为疾。

互大坎,故曰"深水",曰"泥涂"。坎为毂。艮为牛,艮止,故不进。坎陷,坎疾。

临 羊惊虎狼,耸耳群聚。无益于僵,为齿所伤。

兑为羊,震为惊,伏艮为虎狼。兑为耳,坤为群,为聚。兑为齿,为伤。

观 履蛇蹈虺,与鬼相视。惊恐失气,如骑虎尾。

巽为蛇、虺,伏震在上,故曰"履蛇蹈虺"。坤为鬼,艮为视。震为惊恐。巽为臭,故曰"气"。巽陨,故失气。震为骑,艮为虎,为尾。

噬嗑 车惊人坠,两轮脱去。行者不至,主人忧惧。结缔复解,夜明为喜。

震为车,为惊,为人。在下,故曰"人坠"。坎为轮,伏兑数二,故曰"两轮"。坎破,故脱去。震为行,坎隐伏,故不至。震为主人。坎为忧,为夜。离为明,故曰"夜明"。《礼记》:夜明,祭月也。《左传》:恒星不见,夜明也。又《拾遗记》:炎帝时,有石磷之玉,号曰夜明,以暗投水,浮而不灭。

贲 南贩北贾,与怨为市,利得百倍。

震为商贾,为南,坎为北,故曰"南贩北贾"。坎为怨。《论语》:放于利而行多怨。伏巽为市,为利。震为百,巽为倍。

剥 延陵适鲁,观乐太史。车辚白颠,知秦兴起。卒兼其国,一统为主。

详《大畜之离》。

复 出门逢患,与福为怨。更相击刺,伤我手端。

此用遇卦坎象。互艮为门,震为出,坎为患,故曰"出门逢患"。震为福,坎为怨。艮为击刺,正反艮,故更相击刺。相击,故手受伤。

无妄 獐鹿群走,自然燕喜。公子好游,他人多有。

艮为獐鹿,伏坤为群。震为走,为喜,为公,为子。

大畜 恭宽信敏,履福不殆。从其邦域,与喜相得。

乾为福,上震,故曰"履福",曰"喜"。艮为邦。

颐 欲飞无翼,鼎重折足。失其福利,苞羞为贼。

震为飞,为翼,坤亡,故无翼。震为鼎,为足。坤为重。为败,故折足。乾为福,巽为利。乾巽皆伏，故曰"失其福利"。坤为羞，在中，故曰"苞羞"。

大过 府藏之富，王以赈贷。捕鱼河海，罟网多得。

伏颐。坤为府藏，为富。震为王，为赈。言王以其富赈民也。坤为鱼，为河海，艮手为捕。互大离，故曰"罟网"。坤为多。

离 阴生麋鹿，鼠舞鬼哭。灵龟陆处，釜甑尘土。仁智盘桓，国乱无绪。

通坎。震为鹿。艮为鼠，坎为鬼。震为哭，为釜甑，为仁。艮为龟，为陆，为尘土，为盘桓，为国。

咸 风尘暝迷，不见南北。行人失路，复反其室。

伏损。坤为风，为迷，艮为尘。震南坤北，兑昧，故不见。震为行人，为道路。坤迷，故失路。艮为室。震为反。

恒 金革白黄，宜利戎市。嫁娶有息，商人悦喜。

通益。艮为金，为革，巽白震黄，故曰"金革白黄"。坤为戎狄，巽为利市，故曰"宜利戎市"。震为嫁，为商人，为喜。

遁 匏瓜之德，宜系不食。君子失舆，官政怀忧。

艮为匏瓜，巽为系。兑口为食，兑覆，故不食。《论语》：吾岂匏瓜也哉！焉能系而不食？艮为君子，震为舆；震覆，故失舆。艮为官。

大壮 乘船渡济，载水逢火。赖得免患，我有所恃。

震为船，乾为江河，故曰"渡济"。伏坤为水，艮为火，故曰"载水逢火"。坤为患，为我。

晋 道险多石，伤车折轴。与市为仇，不利客宿。

艮为道，为石，坎险，故曰"道险多石"。坎为车，为轴，为多眚，故伤车折轴。艮为宿，震为客；震覆，故不利。

明夷 托寄之徒，不利请求。结衿无言，乃有悔患。

艮为请求，艮覆，故不利。震为襟，坤闭，故曰"结衿"。震为言，坤括囊，故无言。坎为患。结衿乃罪人就刑时结束之状，坤为死，坎为刑，故有此象。

家人 三羊争雌，相逐奔驰。终日不食，精气竭罢。

详《乾之大畜》。

睽 退恶防患，见在心苗。日中之恩，解释倒悬。

蹇 两足四翼，飞入嘉国。宁我伯姊，与母相得。

详《贲之同人》。

解 寒露所凌，渐至坚冰。草木疮疡，花落叶亡。

坎为寒,为露;为冰,艮为坚,故渐至坚冰。震为草木,坎为破,故为疮。震为花叶,伏巽为落,故叶落花亡。

损 后稷农功,富利我国。南亩治理,一室百子。

震为稷。坤为富利,为国,为亩。震为南,故曰"南亩"。艮为治理,为室。震为子,坤为百,故曰"百子"。室,实也。言农家治理果蓏,一实之中有百子也。

益 设网张罗,捕鱼园池。网罟自决,虽得复失。危诉之患,受其忻欢。

上巽为绳,坤中虚,艮手,故曰"设网张罗"。巽为鱼,坤为园池,艮击,故捕鱼园池。巽为敝漏,故网决。决,绝也。网决,故得而复失。坤为失,为患。末二句有讹字,义未详。

夬 路舆县休,侯伯恣骄。上失其威,周室衰微。

夬伏剥。坤为大舆,故曰"路舆"。艮一阳止于上,故曰"县休"。震为诸侯,为威,为周。震反于上,故曰"骄恣"。震覆,故失其威,故周室衰微。坤为失。艮为室也。

姤 逐走追亡,相及扶桑。复见其乡,使我悔丧。

伏复。震为逐,为走,坤为亡。震为桑,又为东,故及于扶桑。坤为乡,为我,为悔,为丧。《山海经》:日浴扶桑。

萃 履禄绥厚,载福受祉。衰微复起,继世长久。疾病献麦,晋人赴告。

通大畜。震为履。乾为禄,为厚,为福,为祉。巽陨落,故曰"衰微"。震为起,故曰"衰微复起"。坤为世,巽为长。坤为疾病。震为麦,为晋,为人,为告。《左传·成十年》:晋侯疾,欲麦,使甸人献麦……将食……而卒。"赴告"者,赴君丧于各国也。

升 鳏寡孤独,禄命苦薄。入宫无妻,武子哀悲。

坤巽皆为寡,故曰"孤独"。震为禄,巽为命;巽寡,故苦薄。伏艮为宫,巽为妻,为人。坤丧,故曰"无妻"。震为武,为了,坤为哀悲。武子,崔杼。抒将娶棠姜,筮得困三爻曰,入其宫,不见其妻。后果得祸。

困 山没丘浮,陆为水鱼。燕雀无巢,民无室卢。

详《观之大有》。

井 冠带南游,与福喜期。徽于嘉国,拜位逢时。

伏噬嗑。艮为冠,巽为带,离为南,故冠带南游。伏震为福喜。艮为国,为位,为时。

革 东行亡羊,失其羝牂。少女无夫,独坐空庐。

通蒙。震为东,兑为羊;坤丧,故亡羊。兑为少女,震为夫;坤丧,故无夫。艮为坐,为庐;坤虚,故曰"空庐"。

鼎 探雀捕鱼,耕田捕鳍。费日无功,右手空虚。

通屯。艮为雀,艮手,故曰"探",曰"捕"。坤为鱼,为田,震为耕。夫探雀得鱼,耕田得鳍,二者皆必无之事,故曰"无功"。艮为日。兑右坤虚。

震　东行饮酒，与喜相抱。福为吾家，利来从父。水泽之徒，望邑而处。

震为东，坎为酒；震口，故曰"饮酒"。震为喜，艮手为抱；正反艮，故曰"相抱"。艮为家。震为父，伏巽为利。坎为水。艮为望，为邑。

艮　妄怒失精，自令畏悔。忪忪之惧，君子无咎。

震为怒。坎为畏惧。艮为君子。

渐　白云如带，往往来处。飞风送迎，大雹将下。击我禾稼，僵死不起。

巽为白，为带，坎为云。巽进退，故曰"往来"，曰"送迎"。艮为雹，为击。巽为禾稼。坎陷，故曰"僵"。

归妹　南至之日，阳消不息。北风烈寒，万物藏伏。

离为南，为日。日南至冬至，纯阴极寒，故曰"阳消不息"。伏巽，互坎，故曰"北风"。坎为寒，为伏。震为万物，故曰"万物藏伏"。

丰　火中仲夏，鸿雁解舍。体重难移，未能高举。君子显名，不失其誉。

《月令》：季夏之月，昏火中。火，心星也。仲当为季。火谓鹑火，属南方。离为星，为火，为夏。伏艮为季，故曰"季夏"。震为鸿雁。中互大坎，故曰"难移"，故不能高举。伏艮为君子，为名誉。解舍，言天暑而充弃巢也。

旅　北行出门，履蹈踬颠。蹉足据涂，污我襦裤。

伏节。坎北，震行，艮门，故曰"北行出门"。震为履蹈，坎为蹇，故曰"踬颠"，曰"蹉足"。踬、蹉，皆跌也。坎为污，震为襦裤。

巽　轻车醮祖，疾风暴起。促乱祭器，飞阳鼓舞。明神降佑，道无害寇。

兼用震象。详《豫之大畜》。

兑　酒为欢伯，除忧来乐。福喜入门，与君相索，使我有得。

伏艮。互坎为酒，震为欢，为伯。《酒谱》：昔人谓酒为欢伯。坎为忧。艮为门。震为福喜，为君。艮为求，正反艮，故曰"相索"。艮为我。

涣　三足孤鸟，灵明督邮。司过罚恶，自贼其家，毁败为忧。

《五行志》：日中有三足鸟。震为足，数三，故曰"三足"。艮为黔啄，故曰"鸟"。艮为龟，故曰"督邮"。详《小畜之未济》。震为邮。

节　三河俱合，水怒涌跃。坏我王屋，民饥于食。

详《蛊之颐》。节中互颐，故词同。

中孚　南行枣园，恶虎畏班。执火销金，使我无患。

震为南。艮为果，为园，为虎，为班。班亦虎也。楚人谓虎为班。恶，憎也。艮为火，为手，故曰"执火"。艮为金，为我。虎为金精，以火销金，故无虎患。

小过 求鹿过山,与利为怨。暗聋不言,谁知其欢。

艮为求,为山。震为鹿,鹿在山外,故曰"过山"。巽为利。兑为耳,为昧,故暗聋。震言,艮止,故不言。

既济 行旅困蹙,失明守宿。囹圄之忧,启蛰出游。

此用坎象。震为行旅,艮止坎陷,故曰"困"。坎为宿,为隐伏,故曰"失明守宿"。坎为囹圄,为忧,为蛰。震出,故曰"启蛰出游"。

未济 据棘履杞,跌刺为忧。夫妇不和,乱我良家。

此仍用坎象。坎为棘,为杞,为刺,为夫。离为妇,妇前夫后,故曰"不和"。

䷝ 离上 离下 离之第三十

时乘六龙,为帝使东。达命宣旨,无所不通。

通坎。互艮为时。震为龙,坎数六,故曰"六龙"。震为帝,为东。本卦巽为命,风散,故达命宜旨,无所不通。

之乾 执辔四骊,王以为师。阴阳之明,载受东齐。

遇卦离为东,互巽为齐。

坤 春秋祷祝,解祸除忧,君子无咎。

此与上皆兼用离象。离互兑为秋,兑口,故祷祀。离伏震,故曰"春"。伏坎,故曰"祸忧"。伏艮为君子。

屯 坐朝乘轩,据国子民。虞叔受命,六合和亲。

坤为朝,为轩车。艮为坐,震为乘,故曰"坐朝乘轩"。艮为据,为国,震为子,坤为民,故据国子民。艮为叔,震为欢虞,伏巽为命,故曰"虞叔受命"。坎为和,为合,数六,故曰"六合"。

蒙 开户下堂,与福相迎。禄于公室,曾祖以昌。

坤为门户,艮为堂。震为开,坤为下,故曰"开户下堂"。震为福禄,正反震,故曰"与福相迎"。震为公,坎为室。艮为祖。

需 高木腐巢,漏湿难居。不去甘棠,使我无忧。

坎为木,离为巢。在上,故曰"高木"。坎水,故曰"腐巢",故曰"漏湿"。下二句言巢虽漏湿,只不伐甘棠,即无倾覆之忧也。

讼 三女为奸,俱游高园。背室夜行,与伯笑言。不忍主母,为失醴酒,冤尤谁告。

通明夷。坤为女,震数三,故曰"三女"。坎为奸。巽为高,坤为园,故俱游高园。艮为背,坎为室,为夜;艮覆,故曰"背室夜行"。震为伯,为笑言,为主。坤为母,故曰"主母"。坎为酒,为冤尤。《列女传》:周大夫主父妻淫于邻人,恐主父觉,置毒酒使婢进之。婢知之,佯僵覆酒,受笞。

师 漏卮盛酒,无以养老。春贷黍稷,年岁实有。履道坦坦,平安无咎。

坎为酒,震为卮,伏巽,故曰"漏卮"。坤为老,坤丧,故不能养老。震为黍稷,为春。坤为年岁。震为履,为大涂,故曰"履道坦坦"。

比 松柏枝叶,常茂不落。君子惟体,日富安乐。

艮为木,为坚,故曰"松柏",曰"不落"。艮为君子,为安。坤为身,故曰"体"。

小畜 夫妇不谐,为燕攻齐。良弓不张,骑劫忧亡。

互离,下震上巽,震夫巽妇,而正反两兑口相对,故曰"不谐"。兑为燕,巽为齐。坎为弓,坎伏,故曰"不张"。骑劫,燕将,代乐毅。战死,故曰"亡"。

履 出令不胜,反为大灾。强不克弱,君受其忧。

巽为令,兑为反,巽为毁折,故曰"不胜",曰"反为大灾"。卦以一阴为主,故强不克弱,言五阳不能胜此一阴也。乾为君。"君受其忧"者,言上乾恐被阴消也。

泰 奔牛相错,败乱绪业,民不得作。

坤为牛,震为奔。坤为败乱,伏巽为绪。坤为民,坤僵,故不作。

否 载璧秉圭,请命于河。周公克敏,冲人瘳愈。

乾为玉,坤为车。故曰"载璧"。艮为手,故曰"秉圭"。巽为命,乾为河。伏震为周,为公,为冲人。艮坚,故曰"瘳"。"冲人"者,成王。言成王有疾,周公以圭璧祷于河,使王疾愈也。事见《史记·鲁世家》。

同人 素车伪马,不任重负。王侯出征,忧危为咎。

通师。震为车,为白,故曰"素车"。震为马,坤虚,故曰"伪马"。盖刍灵之属。坤柔,故不任重负。震为王,为诸侯,为出征。坎为忧危。

大有 大树之子,同条共母。比至火中,枝叶盛茂。

通比。艮坎皆为木,坤为母。本卦离为火。《左传·昭三年》:火中,寒暑乃退。注:火星以季夏昏中而暑退。季夏之时,草木长成,故曰"枝叶盛茂"。

谦 壅遏堤防,水不得行。火盛阳光,阴霾伏藏,走归其乡。

详《比之大畜》。

豫 五岳四渎,润洽为德。行不失理,民赖恩福。

随 驾骏南游,虎惊我牛。阴不奉阳,其光显扬。言之谦谦,奉义解患。

震为马,为南。艮为虎,为牛,震为惊。上下卦阴皆居上,故曰"阴不奉阳"。即不承阳也。艮为光。初至四正反震,故曰"言之谦谦"。震为解也。

　　蛊　早霜晚雪,伤害禾麦。损功弃力,饥无所食。

　　震为禾麦,兑毁,故曰"伤害"。巽陨落,故损功弃力。兑为食,震为虚,故曰"饥无所食"。

　　临　岐周海隅,有乐无忧。可以避难,全身保财。

　　震为周,坤为海,为忧。震乐,故无忧。坤为财。

　　观　阴蔽其阳,日暗不明。君忧其国,求骅得黄,驹犊从行。

　　卦阴盛阳衰,故曰"阴蔽其阳"。艮为日,坤黑,故不明。坤为国,为忧,伏震为君。坤为马,故曰"骅"、"黄"。骅,赤色;黄,黄色马也。乾为赤。坤为黄,乾伏,故不得骅而得黄。艮为求。为少,故曰"驹"。坤牛,故曰"犊"。坤母,故驹犊从行。

　　噬嗑　金城铁郭,上下同力。政平民欢,寇不敢贼。

　　艮为城郭,为金铁。正反震,故曰"上下同力"。坎为平,为民,为寇贼。

　　贲　平公有疾,迎医秦国。和不能愈,晋人赴告。

　　坎为平,为疾,震为公。艮为国,伏兑,故曰"秦国"。坎为和,震为晋。按《左传·成十年》:晋景公有疾,秦伯使医缓为之医,言病入膏肓,不能为,公果卒。"赴告"者,言赴告列国公丧也。

　　剥　戴尧扶禹,松乔彭祖。西遇王母,道路夷易,无敢难者。

　　乾为王,一阳在上,群阴戴之,故曰"戴尧扶禹"。艮为寿,故曰"松乔彭祖"。赤松子、王子乔、彭箓皆仙人而享大年者。伏兑为西。坤为母,伏乾,故曰"王母"。坤为道路。

　　复　羔羊皮革,君子朝服。辅政扶德,以合万国。

　　详《谦之离》。

　　无妄　振钟鼓乐,将军受福。安帖之家,虎狼为忧。履危不殆,师行何咎。

　　震为钟,为乐。鼓乐,言奏乐也。震为武人,故曰"将军"。艮为安,为家,为虎狼。震为履,伏坤为师。

　　大畜　嫡庶不明,孽乱生殃,陈失其邦。

　　震为长子,嫡也。乃三至上正反震,故曰"嫡庶不明"。震为陈,四至上震覆,故陈失其邦。艮为邦。

　　颐　鸟惊狐鸣,国乱不宁。上弱下强,为阴所刑。

　　震为鸟,为惊,为鸣,艮为狐。坤为国,为乱。艮孤阳在上,故曰"上弱"。震为健,故曰"下强"。坤为刑,中四爻重坤,故曰"为阴所刑"。

　　大过　被绣夜行,不见文章。安坐于堂,乃无咎殃。长子帅师,得其正常。

卦通颐。坤为夜,震为行。坤为绣,为文章,坤黑,故不见。艮为坐,为堂。震为长子,坤为师。三四句言艮止义,五六句言震动义也。

坎 六月采芑,征伐无道。张仲方叔,克胜饮酒。

六月、采芑,《小雅》篇名,颂周宣王也。张仲、方叔,皆宣王臣。《诗》张仲孝友,方叔召虎是也。坎为月,数六,故曰"六月"。互震为芑,艮手为采。震为征伐。坎为仲,艮为叔。坎为酒。

咸 昧暮乘车,东至伯家。逾梁越河,济脱无他。

伏损。坤为黑,为夜,故曰"昧暮"。震为车,为乘,为东,为伯。艮为家,故东至伯家。艮为梁,坤为河。震往,故曰"逾越",曰"济脱"。

恒 东风解冻,和气兆升,年岁丰登。

震东巽风,乾为寒,为冻,震为解,故曰"东风解冻"。巽为气,兑悦,故曰"和气"。坤为年岁。

遁 三狸捕鼠,遮遏前后。死于圜城,不得脱走。

古猫未为家畜,故以狸捕鼠。狸,狐属。艮为狸,数三,故曰"三狸"。艮为鼠。艮止,故曰"遮遏前后"。伏坤为死,乾为圜,艮为城。艮止,故难脱。

大壮 绥德孔明,履禄久长。贵且有光,疾病忧伤。

震为履。乾为禄,为久长,为贵,为光。伏坤为疾病忧伤。

晋 三虎搏狼,力不相当。如摧腐枯,一击破亡。

艮为虎,数三,故曰"三虎"。艮为狼,为手,故搏狼。离中虚,故曰"枯腐"。艮为击,坎为破,坤为亡。

明夷 使伯采桑,狠不肯行。与叔争讼,更相毁伤。

震为伯,为桑。坎为狼,坎陷,故不肯行。坎上下兑口相背,故曰"争讼"。坎破,故曰"毁伤"。

家人 抱空握虚,鹡惊我雏,利去不来。

此用遇卦象。离中爻伏艮,故曰"抱",曰"握"。离为空虚。艮为鹡,震子,故曰"雏"。震为惊。巽为利,风散,故不来。

睽 李花再实,鸿卵降集。仁哲以兴,荫国受福。

详《小畜之离》。

蹇 东山皋洛,勇悍不服。金珧玩好,衣为身贼。

《左传·闵二年》:晋侯使太子申生伐东山皋洛氏,……佩之金珧。后太子果败。离东艮山,离为赤。东山皋洛,赤狄别种,故用以为象。艮为金,伏兑为珧。坎为贼。

解 飞蚊污身，为邪所牵。青蝇分白，贞孝放逐。

伏巽为蚊，震为飞。坎水，故曰"污"。震为青，伏巽为蝇，为白。

损 南山黄竹，三身六目。出入制命，东里宣政。主尊君安，郑国无患。

震为南，为竹，艮山。数三，坤身，故曰"三身"。六目，未详。伏巽为命令。坤为里，震东，故曰"东里"。指子产生。震为主，艮为安，为居。坤为国，为郑。《说文》：郑，地町町然平也。象坤形。

益 泉起昆仑，东出玉门。流为九河，无有忧患。

艮山坤水，故曰"泉起昆仑"。艮为门，震为东，为玉，故东出玉门。坤为河，震数九，故曰"九河"。坤为忧患，震解，故无。言河出昆仑山，过玉门关，播为九河也。

夬 命短不长，中年夭伤。思及哭堂，哀其子亡。

巽为命，为长，巽覆兑折，故曰"命短不长"。乾为年，兑少，伏坤为死，故曰"中年夭伤"。坤为思，伏艮为堂，兑口为哭。震为子，伏艮震覆，故子亡。

姤 君臣不和，上下失宜，宗子哀歌。

通复。坤为臣，震为君，臣上君下，故曰"不和"，曰"失宜"。震为宗，为子，为歌。坤忧，故曰"哀歌"。

萃 苛政日作，螟食华叶。割下啖上，民被其贼，秋无所得。

坤为政，艮为日。巽为螟，兑为食，为华，故曰"螟食华叶"。坤为下，艮为刀，故曰"割下"。兑口在上，故曰"啖上"。坤为民，互巽为贼，故曰"被其民贼"。兑为秋，巽陨落，故无得。

升 南行载铠，登履九魁。车伤牛罢，日暮嗟咨。

震为南，伏艮为铠。《说文》：铠，甲也。坤为车，为牛，为暮。伏艮为日。坤忧震语，故嗟咨。第二句义未详。

困 春东夏南，随阳有功，与利相逢。

伏贲。互震为春，为东。离为夏，为南，故曰"春东夏南"。离为阳，震为随。本卦巽为利。

井 头尾颠倒，不知绪处，君失其国。

伏噬嗑。艮为首，为尾。初至四正反艮，故曰"颠倒"。巽为绪。震为君，艮为国。互坎，故曰"失国"。

革 言无要约，不成券契。殷叔季姬，公孙争之。强入委禽，不悦于心。

详《颐之革》。

鼎 缺破不成，胎卵不生，不见其形。

互兑为缺破。震为胎,为卵。震伏巽阴,故不生。

震 见蛇交悟,惜蚖畏恶,心乃无悔。

伏巽为蛇,为蚖。互坎为心。义未详。

艮 河水孔穴,坏败我室。水深无涯,鱼鳖倾倒。

坎为河水,震为孔,艮为穴,故曰"河水孔穴"。艮为室,为鳖。伏巽为鱼。

渐 五岳四渎,地得以安。高而不危,敬慎避患。

艮山,坎数五,故曰"五岳"。坎为渎,巽数四,故曰"四渎"。巽为高,艮安,故不危。坎为患,巽顺,故曰"敬慎"。

归妹 南至之日,阳消不息。北风冽寒,万物藏伏。

离日,震南,故曰"南至之日"。上下卦阴在阳上,故曰"阳消不息"。坎为北,为寒;伏巽,故曰"北风"。震为万物,坎为藏伏。

丰 五利四福,俱田高邑。黍稷盛茂,多获高稻。

巽为利,卦数五,故曰"五利"。震为福,卦数四,故曰"四福"。艮为邑,巽为高,震为耕,故曰"俱田高邑"。震为黍稷,为盛茂,为稻。

旅 公孙驾车,载游东齐。延陵说产,遗季紵衣。

详《乾之益》。

巽 蛟虬当道,民困愁苦。望羊置群,长子在门。

巽为蛇,故曰"蛟虬"。伏震为道,故曰"蛟虬当道"。坎为民,为愁苦。坎陷,故曰"民困愁苦"。互兑为羊。艮为门,震为长子。

兑 金玉满堂,忠直乘危。三老冻饿,鬼夺其室。求鱼河海,网举必得。

伏艮为金,为堂,震为玉,故曰"金玉满堂"。坎为忠直,为危,为冻。震数三,艮寿,故曰"三老"。三老,乡官也。坎为鬼,为河海。艮为求,互巽为鱼。离为网。

涣 日入明匮,阳晶隐伏。小人劳心,求事不得。

离伏,故曰"日入明匮"。晶、精通。坎为隐伏,为心,为劳。震为人,艮为小,故曰"小人劳心"。艮为求,风散,故不得。

节 频逢社饮,失利后福。不如子息,旧居故处。申请必得,乃无大悔。

艮为社,兑口为饮。古社日最重春秋两社,皆祭后乡饮,故曰"频逢社饮"。巽为利,巽伏,故失利。震为后,为福,故曰"后福"。震为子息,为申请。艮为居处。

中孚 南有嘉鱼,驾黄取鲂。鲂鲔诩诩,利来无忧。

震为南,巽为鱼。震福,故曰"嘉鱼"。震为黄。黄,马也。正反巽,故曰"鲂",曰"鲂鲔"。巽为利。

小过　黄裳建元，文德在身。禄佑洋溢，封为齐君。

震为衣，为黄。《坤·六五》"黄裳元吉"，故曰"建元"。艮为身，坤为文，卦上下皆坤爻，故曰"文德在身"。震为福佑，为君，巽为齐。

既济　口不从心，欲东反西。与意乖戾，动举失便。

离东坎西。

未济　虎狼之乡，日争凶讼。叨尔为长，不能定从。

卦有三艮形，故曰"虎狼之乡"。离，正覆兑相背，故曰"争讼"。不能定从，言不能定从约。虎狼之乡，谓秦也。

≡≡ 兑上
≡≡ 艮下　**咸之第三十一**

雌单独居，归其本巢。毛羽憔悴，志如死灰。

巽为雌，为寡，故曰"单独"。艮为巢。巽寡发，故曰"毛羽憔悴"。伏坤为志，为死。

之乾　小窗多明，道里利通。仁贤君子，国安不僵。

此用咸象。咸伏损。艮为小，为窗，为明。坤为道里。震为利通，为仁贤。艮为君子，为国，为安。

坤　心恶来怪，冲冲何惧。颜渊子骞，尼父圣诲。

咸艮为颜，兑为渊，故曰"颜渊"。艮手为骞，故曰"子骞"。乾为父，为圣。艮山，故曰"尼父"。兑言，故曰"圣诲"。

屯　鸟鸣呼子，哺以酒脯。高栖水处，来归其母。

艮为鸟，震为鸣，为子，故曰"鸟鸣呼子"。震为口，故曰"哺"。坎为酒，为脯。脯，肉也。艮高，故曰"高栖"。坤水坎水，故曰"水处"。坤为母，震为归。言鸟闻呼，或高栖，或水处，皆至也。

蒙　国马生角，阴孽萌作。变易常服，君失于宅。

坤为国，为马，艮为角，互震，故曰"生角"。坤为阴，为服，为失。艮为宅。震为萌，为君。《汉书·五行志》：文帝十二年，有马生角于吴。刘向以为吴举兵向上之萌。又《史记》：燕太子丹为质于秦，求归。秦王曰，待马生角。……既而马果生角，乃放归。此皆反常之事，故曰"变易常服"。

需　入宇多悔，耕石不富。衡门屡空，使士失意。

似多用伏象。

讼　诸孺行贾，远涉山阻。与旅为市，不危不殆，利得十倍。

伏震为孺,为商贾。坤众,故曰"诸孺"。乾为陵,故曰"山阻"。伏巽为市,为利,为三倍。

师 梁破桥坏,水深多畏。陈郑之间,绝不得前。

艮为桥梁,艮覆,故曰"破坏"。坎为破也。坤水坎水,故曰"水深"。坎为畏。震为陈。坎为平,为郑。坎陷,故不前。

比 双凫俱飞,欲归稻池。经涉崔泽,为矢所射,伤我胸臆。

此兼咸象。艮为凫,兑数二,故曰"双凫"。兑为池。巽为稻,为崔。坎为矢。坤为胸。

小畜 谩诞不成,倍梁灭文。许人卖牛,三夫争之。失利后时,公孙怀忧。

未详。

履 南国饥凶,民食糟糠。少子困捕,利无所得。

乾为南,伏坤为国,离为饥。巽为糟糠,兑为食。

泰 狗吠非主,狼虎夜扰。惊我东西,不为家咎。

震为鸣吠,为主。伏艮为狗,为虎狼。震为惊,为东。兑为西。艮为家。狗吠非主,言非其主人而必吠也。

否 望龙无目,不见手足。入水求玉,失其所欲。

乾为龙,艮为目,巽伏故无。震为足,震伏故不见。艮为手,巽伏故亦不见。乾为玉,坤为水。巽入艮求,故曰"入水求玉"。坤为失,故所欲不得也。

同人 以鹿为马,欺误其主。闻言不信,三日为咎。黄龙三子,中乐不殆。

伏师。震为鹿,坤为马,故曰"以鹿为马"。震为主。离上下兑口相背,故曰"欺误",曰"闻言不信"。与《明夷·初九》之"有言"义同也。离数三,故曰"三日"。震为黄龙,为子,为乐。《史记·秦本纪》:赵高献鹿于二世,曰马也。

大有 养幼新婚,未能出门。登宋望齐,不见太师。

此用咸象。少男少女,故曰"养幼"。六爻皆交,故曰"新婚"。乾为门,巽伏,故曰"未能出门"。架木为屋曰宋。艮为宋,为望,巽为齐。乾为太师,巽伏,故不见。

谦 王孙季子,相与为友。明允笃诚,升擢荐举。

艮为王孙,为季子。艮为友,正反艮,故曰"相与为友"。艮为明,为升擢。

豫 山水暴怒,坏梁折柱。稽难行旅,留连愁苦。

艮为山,坤水坎水,上震,故曰"山水暴怒"。艮为梁柱,坎折,故曰"坏梁折柱"。坎陷艮止,故曰"稽难",曰"留连"。震为行旅,坎为愁苦。

随 鹨鸠徙巢,西至平州。遭逢雷电,碎我苇芦。室家饥寒,思吾故初。

艮为鹡鸠,为巢。下震,故曰"徙巢"。兑为西。震为雷,为苇芦。艮为室家。

蛊 登高伤轴,上阪弃粟。贩盐不利,买牛折角。

互震为轴,为登。兑为折,故伤轴。艮为阪,巽为粟。在下,故曰"弃粟"。震为商贩,兑为盐卤。艮为牛,为角,兑为折。

临 祝鮀王孙,能事鬼神。节用绥民,卫国以存。飨我旨酒,眉寿多年。

《论语》:祝鮀治宗庙。故曰"能事鬼神"。注:祝鮀,卫大夫子鱼也。《疏》:《左传》,子行敬子谓灵公曰,会同难……其使祝鮀从。将盟,果长卫侯。故曰"卫国以存"。坤为鮀,震言,故曰"祝鮀"。震为王,为神。坤为鬼,为民,为国。

观 九里十山,道却峻难。牛马不前,复反来还。

坤数十,互艮,故曰"十山"。朱震云:坤亦数九。故曰"九里"。艮为道。却,退也。巽为进退,故曰"道却"。坤为牛,为马。艮止,坤下,故不前。

噬嗑 枯树不花,空渊无鱼。旧鸟飞翔,利弃我去。

震为树,离火,故枯。坎为渊,巽为鱼,巽伏,故无鱼。艮为鸟,为飞。

贲 雄狐绥绥,登上崔嵬。昭告显功,大福允兴。

艮为狐,阳卦,故曰"雄狐"。震为登。艮山,故曰"崔嵬"。震言,故曰"告"。

剥 哑哑笑喜,相与饮酒。长乐行觞,千秋起舞,拜受大福。

此用咸卦伏象。

复 大椎破毂,长舌乱国。床笫之言,三世不安。

兑为舌,震形较兑多一阴,故曰"长舌"。坤为国,为乱。伏巽为林,震为言;数三,坤为世,故曰"三世"。椎、毂,疑皆为震象。

无妄 男女合室,二姓同食。婚姻孔云,宜我孝孙。

艮为室,震男巽女;俱在艮体中,故曰"合室"。震为口,为食;正反震相对,故曰"同食"。艮为孙,巽顺,故曰"孝孙"。

大畜 千仞之墙,祸不入门。金笼铁疏,利以辟兵。欲南上阪,轴方不转,还车复反。

艮为墙,在上,故曰"千仞"。乾为门,坤为祸;坤伏,故祸不入门。乾为金,艮亦为金,故曰"金笼铁疏"。疏、梳同。艮为刀兵,艮止,故辟兵。震为南,艮为阪。伏坤为轴,为方;艮止,故不转。震为车,为反也。

颐 华言风语,自相讵误。终无凶事,安宁如故。

震为敷,故曰"华言"。伏巽,故曰"风语"。正反震,故注讵误。坤为凶,为事,艮为终,故终无凶事。艮止,故安宁如故。

大过 泛泛柏舟,流行不休。耿耿寐寐,心怀大忧。仁不遇时,退隐穷居。

详《屯之乾》。

坎 大尾小头,重不可摇。上弱下强,阴制其雄。

艮为尾,坎为头。阳陷阴中,故曰"阴制其雄"。

离 一身三口,语无所主。东西南北,迷惑失道。

兑为口,离数三,故曰"三口"。伏坎数一,伏艮为身,故曰"一身"。正反兑,故曰"语无所主"。兑为西,伏震为东,离为南,伏坎为北。伏艮为道,正反艮,故迷惑失道。

恒 南行求福,与喜相得。封受上赏,鼎足辅国。

震为南,为行,为喜,为鼎,为足。乾为福。伏坤为国。

遁 过时不归,雌雄苦悲。徘徊外国,与母分离。

艮为时,震为归。二至四震伏,故曰"不归"。互巽为雌,震为雄。震伏不见,故曰"苦悲"。艮为国,艮止,故徘徊。坤为母,坤伏不见,故曰"与母分离"。

大壮 尧舜在国,阴阳和得。涿聚衣裳,晋人无殃。

震为帝,故曰"尧舜"。《左传·哀二十三年》:晋伐齐,知伯亲禽颜庚。故曰"晋人无殃"。然语意与上二句不属。

晋 周成之隆,越裳夷道。疾病多祟,鬼哭其公。狼子野心,宿客不同。

此用咸象。伏震为周,艮为成,故曰"周成"。坤为裳,震为南,故曰"越裳"。坤为夷,为疾病,为鬼。艮为哭,震为公。震覆坤死,故曰"鬼哭其公"。艮为狼,坤为野,为心。巽为旅客,坤为夜,故曰"宿客"。

明夷 申酉脱服,牛马休息。君子以安,劳者得欢。

坤居申方,坎先天居西方。坤为牛,震为马,坎隐,故曰"脱服"。服,辕外马。脱服,即休息也。坎为劳,震为欢。言申酉日暮,牛马与人皆安息也。

家人 凯风无母,何恃何怙。幼孤弱子,为人所苦。

巽为风,为母;巽陨落,故无母。坎为孤,为苦。凯风,《邶风》篇名。《毛》谓母不安其室,兹谓无母。义与《毛》异。

睽 出门上堂,从容牖房,不失其常。天牢地户,劳者忧苦。

伏艮为门堂、牖房。坎为牢,艮为天,故曰"天牢"。坎为北,为劳、忧。《晋书·天文志》:天牢六星在北斗下,贵人之牢也。《河图·括地象》:西北为天门,东南为地户。兑居东南,伏艮为户也。

蹇 天厌周德,命与南国。以礼静民,兵革休息。

艮为天,震为周,为德,故曰"天厌周德"。艮为国,离南,故曰"南国"。离为兵革,艮止,故休息。厌,足也,满也。言周德盛,天与以南国也。

解 堂桑折冲,佐斗者伤。暴臣失国,良臣被殃。

未详。

损 合欢之国,嘉喜我福。东岳西山,朝齐成恩。

震为欢,坤为国。正反震相对,故曰"合欢之国"。震为喜,为福。艮为山岳,震东兑西,故曰"东岳西山"。震为朝,为齐。齐,同隮。《诗·鄘风》:朝隮于西,崇朝其雨。传:隮,升也。按《乐记》:地气上齐。注:齐,隮也。而隮与隮皆训升。是《齐诗》本作齐,与《毛》异而义同也。言云升雨降,故曰"成恩"。

益 耕石不生,弃礼无名。缝衣失针,襦裤不成。

震为耕,艮为石。坤死,故曰"不生"。坤为礼,为失。震为衣,为襦裤。巽敝,故不成。针为坎象,四五半坎,故失针。

夬 聋聩暗盲,跛倚不行。坐尸争骸,身被火灾,困其多忧。

《履·六三》云:眇能视,跛能履。谓兑为半离、半震也,故兹亦曰盲,曰跛。推之夬亦半坎也,故曰"聋"。伏艮为坐,坤为尸,兑为骸。坤为身,艮为火,故曰"身被火灾"。艮为困,坤为忧,故曰"困其多忧"。争,《广韵》云:谏诤也,止也。坐尸争骸,言不能行之人,有类于坐尸止骸而不能动,故遇火而困。伏坤为灾忧。

姤 生长太平,仁政流行。四方归德,社稷康荣。

此用复象。震为生,震乐,故曰"太平"。坤为政,震为仁,故曰"仁政流行"。坤为四方,为社稷。震为德,为康荣。

萃 桀跖并处,民人愁苦。捕兵荷粮,战于齐鲁。合圉同牢,姬姜并居。

坤恶,故曰"桀"。巽为盗,故曰"跖"。坤巽连体,故曰"并处"。坤为人民,为愁苦。艮为兵,为荷。巽为粮,为齐。兑为鲁。

升 南与凶俱,破车失襦。西行无裤,亡其宝赂。

震为南。坤为凶,为车。兑毁,故破车。震为襦,坤亡,故失襦。兑为西,巽为裤,震为玉。坤亡,故曰"无裤",曰"亡其宝赂"。

困 空槽注器,豚彘不至。张弓祝鸡,雄父飞去。

伏震为槽,为器。注,击也。伏艮为击。巽为豕,故曰"豚彘"。坎陷,故不至。凡饲豕,击槽即至。今槽空无食,故虽击不至。巽为鸡,坎为弓。兑口,故曰"祝鸡"。祝,呼也。张弓呼,故惧而飞去也。

井 望尚阿衡,太宰周公。藩屏汤武,立为王侯。

详《同人之师》。

革 朝鲜之地,箕子所保。宜家宜人,业处子孙。

详大畜林。

鼎 息忧解笑,故贫今富。载乐履善,与福俱遇。

伏坎为忧,震为解,为笑。伏坤为贫,乾为富,故曰"故贫今富"。伏震为乐,为善,为履;为车,故曰"载乐"。震为福也。

震 叔迎伯兄,遇巷在阳。君子季姬,并坐鼓簧。

震为伯,为兄,互艮为叔。伏离为巷,为阳。言遇伯兄于巷之阳也。艮为君子,为季。震为姬,故曰"季姬"。为乐,故曰"鼓簧"。

艮 顺风纵火,芝艾俱死。三害集房,十子中伤。

详《剥之坤》。

渐 驾车入里,求鲜鲂鲤。非其肆居,自令失市。君子所在,安无危殆。

坎为车。艮为里,为求。巽为入,为鱼,故曰"求鲜鲂鲤"。所求非地,故曰"非其肆居"。巽为市。艮为君子,为安。

归妹 拔剑伤手,见敌不起。良臣无佐,困辱为咎。

伏艮为剑,为手。坎破,故伤手。坎为隐伏,故不起。艮为臣,坎为困辱。

丰 乱君之门,佐斗伤跟。营私贪禄,身为悔残。东下泰山,见我所欢。

离为乱,震为君,伏艮为门,故曰"乱君之门"。伏震为跟。正反震相对,故曰"斗"。兑折,故曰"伤"。艮为身,为山。震东,故曰"东下泰山"。

旅 慈母望子,遥思不已。久客外野,使我心苦。

巽为母。巽顺,故曰"慈母"。离为望。巽为旅客,艮为外野。伏坎为心。

巽 鲂生淮邰,一转为百。周流四海,无有患恶。

详蛊林。

兑 甘露醴泉,太平机关。仁德感应,岁乐民安。

详《屯之谦》。

涣 采薇出车,鱼丽思初。上下役急,君子免忧。

采薇、出车、鱼丽,皆《小雅》诗。《诗序》:采薇,遣将率戍役也;出车,劳还率也;鱼丽,美万物盛多而备礼也。又云:文武以天保以上治内,采薇以下治外。故林曰思初,言思文武周初之盛美也。震为薇,艮为采。震为出,为车。巽为鱼。艮为君子。坎忧震解,故免忧。

节 豕生鱼鲂,鼠舞庭堂。雄佞施毒,上下昏荒,君失其邦。

详《蒙之比》。此以坤为鱼,坎入坤,故曰"豕生鱼鲂"。

中孚 三头六目,道畏难宿。寒苦之国,利不可得。

丁云:《山海经》,一身三头。《淮南子·地形训》:有三头氏。艮为头,数三,故曰"三头"。

小过　燕雀衔茅,以生孚乳。昆弟六人,姣好孝悌。各同心愿,和悦相乐。

详《小畜之兑》。兑为燕。

既济　文君之德,仁义致福。年无胎夭,国富民实。君子在室,曾累益息。

此用咸象。伏坤为文。乾为君,为仁,为年。伏震为胎,震生,故不夭。艮为国,为君子,为室。乾为富实。伏坤为曾累。

未济　秋梁未成,无以至陈。水深难涉,使我不前。

此似用咸象。兑秋艮梁,兑毁,故不成。互大坎,故曰"水深"。艮止,故不前。

䷟ 震上巽下　恒之第三十二

黄帝所生,伏羲之宇。兵刃不至,利以居止。

震为帝,为玄黄,故曰"黄帝"。坤为牛,坤伏,故曰"伏羲"。羲、牺同,牛牲也。艮为兵刃,艮覆,故不至。巽为利。

之乾　登堙踬足,南行折角。长夜之室,不逢忠直。

此用恒象。震为足,兑折,故踬足。震为南。艮为角,艮覆,故折角。伏坤,故曰"夜",曰"室"。

坤　燕雀衰老,悲鸣入海。忧在不饰,差池其羽。颉颃上下,寡位独处。

此仍用恒象。兑为燕雀。坤为老,为海。四、五二句,《诗·邶风》:燕燕文,乃庄姜送戴妫大归于陈之诗,故曰"寡位独处"。义与《毛》合。

屯　开门除忧,伯自外来。忉忉无患,我心得欢。

坤为门,震为开,为除。坎为忧,在外,故开门除忧。震为伯。伯自外来,言由外来内也。坎为患。为心,震乐,故无。

蒙　郊耕释耜,有所疑止,空虚无子。

坤为郊,震为耕,为耜。坎为疑。释耜,言辍耕也,故因疑而止。坤为虚,震为子。坤亡,故无子。

需　张牙切齿,断怒相视。祸起萧墙,牵引吾子。患不可解,忧惊吾母。

互兑为牙齿。兑刚鲁,故曰"断怒"。离为视,故曰"断怒相视"。离为祸。伏艮为墙,为牵引。坎为患,为忧。伏坤为母。

讼　履不容足,南山多棘。毋出房闼,乃无病疾。

伏明夷。震为足，为履，为南。坎为棘，为室，故曰"房闼"。坎隐伏，故曰"毋出"。坎为病疾，震解，故无。

师 牛骍亡子，鸣于大野。申后阴微，还归其母。

骍，《玉篇》云：马赤黄也。坤为牛，为黄，故曰"骍牛"。震为子，坤杀，故曰"子"。坤为野，震为鸣，故曰"鸣于大野"。坤为后，为母。震为归。周幽王后申国女，幽王宠褒姒，废申后，故曰"还归其母"。

比 龙生于渊，因风升天。章虎炳文，为禽败轩。发轫温谷，暮宿昆仑。终身无患，光精照耀，不被祸难。

首二句兼用恒象。震为龙，为生，兑为渊，故曰"龙生于渊"。巽为风，乾为天，龙在天上，故曰"因风升天"。比，坤为文，艮为虎。震为车，震覆，故曰"败轩"。"禽"者，田猪也。轫，辕端持衡者。坤为车，一阳在坤上，若辕端衡木，盖艮象也。《水经注》：渭水右有温谷。然此温谷即旸谷。《书》：宅嵎夷曰旸谷。《淮南子》：日出于旸谷。言发轫东海，夕至仑昆也。坤为暮，艮为昆仑。坤为身，艮为终，为光明。坎为患难。

小畜 既嫁宣吉，出入无咎。三圣并居，国安无灾。

通豫。震为嫁，为出。巽为入。坎为圣，震数三，故曰"三圣"。坤为国。震乐，故无咎灾。

履 北陆阳伏，不知白黑。君子伤谗，正害善人。

通谦。坎为北，阳陷阴中，故曰"阳伏"。《左传》：日行北陆而藏冰。言天寒也。坎为黑，巽为白；巽坎皆为伏，故不知。艮为君子，正反震，故曰"伤谗"。

泰 一身两头，近适二家，乱不可治。

坤为身，乾数一，故曰"一身"。乾为头，坤数二，故曰"两头"。伏艮为家，坤为乱。

否 牝马牡驹，岁字不休。君子衣服，利得有余。

乾坤合体，故曰"牝牡"，故"岁字不休"。字，息也。乾为岁。互艮为君子，巽为利，乾为衣。

同人 南行怀忧，破其金舆。安坐故庐，乃无灾患。

通师。震为南。坤为忧患，为车。乾为金，故曰"金舆"。坎为破，为室庐。

大有 忧人之患，履伤浮愿，为身祸残。笃心自守，与喜相抱。

通比。坤为忧患。震为履，震覆，故曰"履伤"。坤为身，为祸。坎心，艮为抱。

谦 咸阳辰巳，长安戌亥。丘陵生心，非鱼鲭市。可以避水，终无凶咎。

谦，震、坎、艮三阳俱备，震乾初，坎乾中，艮乾上。三阳成乾，故曰"咸阳"。辟卦乾居辰巳，故曰"咸阳辰巳"。震为长，坤为安，故曰"长安"。辟卦坤居戌亥，故曰"长安戌亥"。坎先天位西，坤为都邑。咸阳、长安，皆西方都邑也。艮为丘陵，坤为鱼，为水。言丘陵可避水，不可得鱼也。

豫 不知何孙,夜来扣门。我慎外寝,兵戎且来。

艮为孙。坎为夜。坤为门,艮手,故曰"扣门"。外寝,外室也。艮为外,为寝,为刀兵。

随 昧旦不明,日暗无光。丧灭失常,使我心伤。

震为旦,兑为昧,故曰"昧旦不明"。艮为日,为光,兑向晦,故无光。

蛊 江阴水侧,舟楫破乏。狐不得南,豹无以北。虽欲会盟,河水绝梁。

坤为大川,故曰"江水"。震为舟,兑毁,故破乏。艮为狐,为豹。震为南。震反为艮,则北矣。艮止,故不得南北。艮为梁,兑折故梁绝。

临 神之在丑,破逆为咎。不利西南,商人休止。

震为神,先天居丑方。又临为丑月卦,故曰"神之在丑"。兑为破。《易》至于八月有凶,言至未遁,丑未冲。故曰"破逆为咎",曰"不利西南"。西南,遁未也。震为商人,因逆破故休止。

观 然诺不行,欺天误人。使我露宿,夜归温室。神怒不直,鬼击其目。欲求福利,适反自贼。

震为言,震覆,故曰"然诺不行",曰"期天误人"。艮为天,为室。坤为宿,为夜。艮为火,故曰"温室"。伏震为神,为怒。坤为鬼,艮为目。艮手,故曰"鬼击其目"。艮为求,巽为利,为贼。

噬嗑 攘臂极肘,怒不可止。狼戾愎佷,无与为市。

艮为臂肘。极,放也。《仪礼·大射》:赞设决,朱极三。注:极,放也。极肘,即放肘也。震为怒。艮为狼。巽为市,巽伏,故曰"无与为市"。

贲 贩马买牛,会值空虚。利得尠少,流连为忧。

离为牛,震为马;为商旅,故曰"贩买"。离为空虚。巽为利,巽伏,故利得鲜少。坎为忧,艮止,故曰"流连"。

剥 高楼陆处,以避风雨。深堂邃宇,君安其所。牝鸡之晨,为我利福,请求弗得。

此用恒象。伏坤为重,故为楼。巽为高,故曰"高楼"。坤为陆,故曰"陆处"。巽为风,兑为水,故亦为雨。巽为伏,故曰"以避风雨"。艮为堂宇,下乘坤,故曰"深邃"。震为君,艮为安,故曰"君安其所"。震为晨。巽为鸡,为利。艮为请求,坤虚,故弗得。

复 阿衡服箱,太乙载行。逃时历舍,所之吉昌。

《商颂》:实维阿衡。注:阿,倚;衡,平也。《天官书》:北斗,帝车运乎中央。《晋书·天文志》:北斗杓三星为玉衡。衡,平也,辕端横木也。坤为平,为方,为车箱,故曰"阿衡服箱"。《诗》:睆彼牵牛,不以服箱。《毛传》:服,牝服也。箱,大车之箱也。《疏》:牝服,长八尺,谓较也,今俗为平较。两较之内谓之箱。按,大车,牛车。两辕,今车两边之墙,古谓之较,两较之中即为箱。以其中虚,故名牝服。兹曰"阿衡服箱",与太乙并称,则阿衡指玉衡，服箱指牵牛，言太乙居中，御斗牛以行也。震为君，故曰"太乙"。太乙即北辰，极尊象君。复，出入无疾，故所之吉昌。

无妄　飞来之福，入我嘉室，以安吾国。

乾为福，震为飞。巽为入。艮为室，为国。

大畜　不孝之患，子孙为残。老耄莫养，独坐室垣。

巽为孝，二至四巽覆，故曰"不孝"。伏坤为患。震为子，艮为孙；皆履乾上，而兑毁折，故曰"残"。乾为老，坤为养，坤伏，故莫养。艮为垣，为坐，为独。

颐　南过棘门，钩裂我冠。断衣伤襦，使君恨忧。

通大过。乾为南，为门；互大坎，故曰"棘门"。艮为冠，为钩；兑毁，故冠裂。乾为衣襦，巽下断，故断衣伤襦。乾为君，坤为恨忧。

大过　重弋射隼，不知所定。质疑蓍龟，孰可避之。明神答报，告以肌如，宜利止居。

以绳系矢而射，曰弋。正反巽，故曰"重弋"。伏艮为隼，震为射。正反震，故不能定射之在何所也。震为蓍，艮为龟，坤为疑。震言，故曰"质疑"。震为往，正反震，故曰"孰可避之"。震为神，艮为明；上艮为反震，故曰"答报"。艮为止，巽为肌。肌，虫名。《尔雅·释虫》：密肌、继英，皆虫名。注云：未详。兹曰"止居"，或密肌为蛰伏之虫，正巽象也。

坎　麟麑凤雏，安乐无忧。捕鱼河海，利逾徙居。

伏离为文，故曰"麟凤"。艮亦为兽，为鸟。艮少，故曰"麑"，曰"雏"。麑，鹿子也。坎为忧，震乐，故无忧。伏巽为鱼，为利。艮为捕，坎为河海，故曰"捕鱼河海"。艮为居，震行，故曰"徙居"。

离　新田宜粟，上农得谷。君子怀德，以干百禄。

离为新，伏艮为田。二岁为新田。巽为粟，为谷。中爻正反巽，故曰"宜粟"，曰"得谷"。伏艮为君子。为求，故曰"干"。震为百，为禄。

咸　簪短带长，幽思苦穷。瘠蠹小瘦，以病之癃。

详《复之节》。

遁　争讼之门，不可与邻。出入有为，忧生我心。

乾为言，艮亦为言，兑为口；二至四兑反，与乾言相背，故曰"争讼"。义本《夬·九四》也。艮为门。伏震为出，巽为入。伏坤为忧，为心。

大壮　朽根枯株，不生肌肤。病在心腹，日以焦枯。

伏巽为木，为陨落，故曰"朽根枯株"。艮为肌肤，上卦艮覆，故肌肤不生。伏坤为心腹，为病。巽陨，故枯。按：壮者伤也，故林词如此，而象则用伏。

晋　雨师娶妇，黄岩季子。成礼既婚，相呼南去。润泽田里，年岁大喜。

此用恒伏象。兑为雨,坤为师,巽为归。卦六爻皆有应予,《易》所谓婚媾也,故曰"雨师娶妇"。震为黄,艮为岩,为季子,故曰"黄岩季子"。坤为礼,艮为成,震巽为夫妇,故曰"成礼既婚"。震为呼,为南。兑为润泽。坤为田里,为年岁。震为喜。言田里得雨泽,年岁丰熟而大喜也。元本旧注:《博物志》,太公为灌坛令,武王梦妇人当道夜哭,问之,曰,我是东海神女,嫁于西海神童……我行必有大风疾雨云云。按,此注于林词不甚合,恐别有故实,为今所不能考。

明夷　冬采薇兰,地冻坚难。利走室北,暮无所得。

坎为冬,震为薇兰。坤为地。坎为冻,为险难,为室,为北。震行,故曰"利走室北"。坤为暮,坤虚,故无得。

家人　昧之东域,误过虎邑。失我熊螭,饥无所食。

此用恒象。震为东,兑为昧。伏艮为虎,为邑,为熊。伏坤为失。为虚,故为饥。

睽　日暮闭目,随阳休息。箕子以之,乃受其福。举首多言,必为悔残。

离为日,为目。坎为闭,为暮,故曰"日暮闭目"。离为阳,兑向晦宴息,故"休息"。兑为口舌,故曰"箕"。坎为首,坎上下兑口,故曰"多言"。

蹇　蓼萧瀼瀼,君子龙光。鸣鸾雍雍,福禄来同。

蓼萧,《小雅》篇名,天子燕诸侯之诗。龙,宠也。为龙为光,和鸾雝雝,万福攸同,皆《诗》语。遇卦恒下巽为蓼萧。震为龙,为鸣鸾,为雍雍。乾为福禄。

解　鸟飞无翼,兔走折足。虽不会同,未得医工。

震为鸟,为兔,为翼,为足。坎折,巽寡发,故无翼。坎蹇,故折足。坎为医,巽为工;巽伏坎隐,故不得言,不得医,折足之患也。

损　五胜相贼,火得水息。精光消灭,绝不能续。

卦兑金克震木,震木克坤土;而兑又为水,艮又为火,故火得水而息灭也。元本注:五胜者,言五行相胜之义。伏巽为贼,卦五,故曰"五胜相贼"。艮为光,坤消兑绝。

益　东资齐鲁,得骍大马。便辟能言,巧贾善市。八邻并户,请火不与。人道闭塞,鬼守其宇。

震为东,巽为齐,伏兑为鲁。震为马,伏乾为赤,故曰"骍"。骍,赤色也。正反震,故曰"便辟能言"。巽为贾市。坤为户,卦数八,艮亦为户,数亦八,故曰"八邻并户"。并、屏同,并户即闭户也。艮为火,下乘坤水,故不得火。坤为道路,为闭塞。《孟子》:请火于邻,无弗与者。今八邻闭户不与,故曰"人道闭塞"。坤为鬼,艮为守,为宇,故曰"鬼守其宇"。

夬　争鸡失羊,亡其金囊,利不得长。陈蔡之患,赖楚以安。

遇卦互兑为羊,巽为鸡,而兑巽相反覆,故得鸡则失羊,得羊必失鸡,不可得兼也。坤为囊,坤伏,故亡。乾金巽利。震为陈,为蔡,为楚。伏坤为患。《史记·孔子世家》:陈蔡闻楚聘孔子,惧,发徒役围,孔子不得行,绝粮。于是使子贡至楚,楚昭王兴师迎孔子,然后得免。

姤 九登十陟,马跌不前。管子佐之,乃能上山。

通复。震数九,坤数十。震为登,为陟,为马。坤失,故曰"马跌不前"。震为竹,故曰"管子"。乾为山。言管子佐齐桓,乃能霸天下也。

萃 东邻愁苦,君乱天纪。日贪禄宠,必受其咎。

通大畜。震为东邻。坤为愁苦,为乱。乾为君,为天,为禄宠。义多未详,或指纣。

升 三狸捕鼠,遮遍前后。死于环城,不能脱走。

详《离之遁》。

困 狼虎争强,礼义不行。兼吞其国,齐鲁无王。

上兑为虎狼,正反兑。故曰"争强"。兑为吞,为鲁。巽齐震为王,震伏,故曰"齐鲁无王"。言秦并吞六国,致列国无主也。

井 五岳四渎,合润为德。行不失理,民赖恩福。

伏艮为山岳,巽卦数五,故曰"五岳"。坎为江河,巽后天数四,故曰"四渎"。坎为合,为润。为众,故曰"民"。伏震为恩福。

革 六月种黍,岁晚无雨。秋不宿酒,神失其所。先困后通,与福相从。

通蒙。坎为月,数六,震为黍,故曰"六月种黍"。坎为雨,为暮,坤为岁。坤虚,故无雨。兑为秋,坎为酒。宿,肃也。《仪礼》:宿尸。注:宿,与《曲礼》主人肃客之肃同。又《礼·祭统》:先期旬有一日,宫宰宿夫人。注:宿读为肃,戒也。兹云"秋不宿酒",言无黍不能酿,至秋祭,不能先期戒备酒醴也。震为神,坤失,故曰"失所"。坎为困。震为通,为后,为从。震为福,正反震故曰"相从"。

鼎 骈牝龙身,日驭三千。南上苍梧,与福为婚。道里夷易,身安无患。

详《观之比》。

震 出入休居,安止无忧。上室之懽,虎为季残。

震出,伏巽为入。艮止,故曰"休居",曰"安止"。艮为室,为虎,为季。

艮 南山昊天,刺政闵身。疾病无辜,背憎为仇。

详《谦之复》。

渐 苍耳东从,道顿跂踦。日辰不良,病为祟祸。

元本注:苍耳,马也。《遁之小过》曰"骐骓与苍",盖即苍耳。坎为耳,伏震为东;为青,故曰"苍耳"。艮为道,坎塞,故曰"跂踦"。离为日,艮为时,故曰"日辰"。坎破,故不良。坎为病。

归妹　兄征东燕，弟伐辽西。大克胜还，封居河间。

震为东，为兄，兑为燕，故曰"兄征东燕"。兑为西，坎为弟，坎水，故曰"弟伐辽西"。坎为河。

丰　播轮折辐，马不得行。竖牛之谗，贼其父兄。布衣不伤，终身无患。

互大坎为轮辐，兑毁，故曰"播轮折辐"。震为马，坎陷，故马不行。离为牛，伏艮为竖，正反兑口，故曰"竖牛之谗"。震为兄，为父，坎为贼。

旅　驾之南海，晨夜不止。君子劳罢，仆夫憔苦。

通节。震为南，兑为海，震车，故曰"驾之南海"。震为晨，坎为夜。艮为君子，为仆夫。坎为劳罢，为苦。

巽　怨虿烧被，忿怒生祸。褊心作难，意如为乱。

巽为虫，故曰"虿"。震为被，离火，震伏不见，故曰"烧被"。兑为附决，为刚卤，故曰"怨"，曰"忿怒"。伏坎为心，坎陷，故曰"褊心"。意如，季平子名也。《左传·昭二十五年》：公伐季氏。褊心，谓昭公也。后公卒为季氏所逐，故曰"意如作乱"。

兑　张狂妄行，窃食盗粮。狗吠非主，啮伤我足。

通艮。互震为张狂，为行。坎为盗窃，震为粮，故曰"窃食盗粮"。艮为狗，兑为吠，震为主；震覆，故曰"非主"。兑为啮，震为足；兑毁，故伤足。

涣　警跸戒道，先驱除咎。王后亲桑，以率群功，安我祖宗。

首二句皆震象。艮为道，为王。巽为桑。艮为安，为祖。

节　门户乏食，困死谁告。对门不通，安所归急。积藏五谷，一花千叶，市贾有息。

艮为门户，坎为困。互震为虚，故乏食。艮败言，故困死谁告。二至五正反艮相对，故曰"对门"。艮止坎陷，故曰"不通"。不通则缓急难恃，故曰"安所归急"。震为归也。坎为积藏，卦数五，震为谷，故曰"积藏五谷"。震为勇，为华叶，为商贾。震生，故曰"息"。

中孚　破敝复完，危者得安。乡善无患，商人有息，利来入门。

兑为破敝，为毁折，故为危。艮成终，故复完而得安也。震为商人，巽为利入，艮为门。

小过　叠叠累累，如岐之室。一息十子，古公治邑。

艮为山，为室。震为生，为息，为子。兑数十，故曰"一息十子"。震为公，艮为邑。按《诗·大雅》云：古公亶父，陶复陶穴，未有家室。言古公初至岐未有家室，暂陶复陶穴而居。叠叠累累，穴居之状，故曰"如岐之室"。

既济　三姬治民，不胜其任。两马争车，败坏室家。

未济　蔽镜无光，不见文章。少女不市，弃于相望。

离为镜，为光。坎为蔽，故无光，故不见文章。离为文也。

焦氏易林注卷九

≡乾上 ☶艮下 遁之第三十三

三涂五岳,阳城太室。神明所保,独无兵革。

艮为径,纳丙,数三,故曰"三涂"。艮为山,互巽卦数五,故曰"五岳"。三涂、五岳、太室,皆山名。阳城,谷名。艮为谷也。乾为神明,为保佑。乾数无,故曰"独无兵革"。艮为刀兵,为肤革。

之乾 软弱无辅,不能自理。意在外野,心怀劳苦,虽忧不殆。

此用遇卦遁象。遁伏临,上坤为柔,故曰"软弱"。坤为野,为心,为忧苦。震往,故曰"意在外野"。坤为万物役,故曰"劳"。

坤 周成之降,刑措无凶。太宰赞佑,君子作仁。

此仍用遇卦象。遁伏临,震为周,坤为刑。震为主,故曰"太宰"。艮为君子,震为仁。

屯 穴有孤乌,坎生虾蟆。象去万里,不可得捕。

艮为穴,为黔啄,为乌。坎孤,故曰"穴有孤乌"。上坎,震为生,伏巽为虾蟆。艮为象,又为鼻。象鼻最大,故取之。坤为万里。艮手为捕,坤亡,故不可得捕。

蒙 俱为天门,云过吾西。伯氏嫉妒,与我无恩。

艮坤皆居戌亥,故曰"俱为天门"。坤为吾,坎为云,位西,故曰"云过吾西"。震为伯。坎为嫉妒,为恩泽。坤为我,坤虚,故无恩。

需 三首六目,政多烦惑。皋陶瘖聋,乱不可从。

乾首,离卦数三,故曰"三首"。离目,坎数六,故曰"六目"。通晋。坤为政,为多;离为烦,坎为惑,故政多烦惑。艮为皋,离火为陶,坎耳坤闭,故曰"皋陶瘖聋"。离为乱。震为从,震覆,故不可从。

讼 德积不轻,辞王钓耕。三媒不已,大福来成。

通明夷。坤为积,为重,故曰"不轻"。震为言,为王,为耕,故曰"辞王钓耕"。坎为合,为媒,震数三,故曰"三媒"。三媒,即三聘。乾为福,为大,故曰"大福"。用伊、吕事。

师 坚固相亲,日笃无患。六体不易,执以安全。雨师驾西,濡我毂轮。张伯李季,各坐关门。

坎为坚固。坤顺,故相亲。坤厚,故曰笃。坎为患,震乐,故无患。坤为身体,坎数六,故曰"六体"。坤为安全。坎为雨师,位西,故曰"雨师驾西"。又为轮毂,为濡。震为伯,为张,为李。遁艮为季,为坐。坤为门,坤闭,故关门。

比 方内不行,辐摧轮伤。马楚踶甚,受子闵时。

坤为方,为内。坎陷艮止,故不行。坎为轮辐,坎破,故摧伤。震为马,震倒足向上,故踶。坤为受,艮为时,坎为闵。楚,不驯貌。受子,应为寿子。《桓十六年》:卫朔构急子。使于齐,将以盗杀诸莘。寿子闵其兄,乃自载其旌以行。

小畜 畜牝无驹,养鸡不雏。群羊三岁,不生两头。

五阳畜一阴,故曰"畜牝"。震为马,震伏,故无驹。兑为难,兑折,故不雏。兑羊,乾为岁;离卦数三,故曰"三岁"。二至上正覆两兑,故曰"群羊"。乾为头,兑卦数二,故曰"两头"。乾为生,巽陨落,故不生。

履 老耄罢极,无取中直。悬舆致仕,得归乡国。

通谦。坤老,坎为劳卦,故曰"疲极"。坎矫輮,故无取中直。艮手为取。坤为舆,在上,艮为手,故曰"悬舆"。艮为官,为清高,故曰"致仕"。坤为乡国,震为归。

泰 缩绪乱丝,手与为灾。越亩逐兔,断其裈襦。

巽为绳,为绪,为丝。巽倒,故"乱"、"缩"。伏艮为手,坤丧兑折,故曰"为灾"。坤为亩。震为兔,为越,为逐。坤震连体,故曰"越亩逐兔"。兑为决断。伏巽为裈,震为襦,皆裹衣也。

否 海老水干,鱼鳖萧索。藋落无润,独有沙石。

坤为海水,乾为老,故曰"海老水干"。巽为鱼,艮为鳖,坤敝,故萧索。巽为藋,风散故藋落。艮为沙石,故无润。

同人 入市求鹿,不见头足。终日至夜,竟无所得。

中爻巽为市,为入,故曰"入市"。旁通师。师震为鹿,坎为大首。震为足,坎伏,故不见头足。离为日,坎为夜,故曰"终日"。坤丧坎失,故无所得。

大有 筑门甕户,虎卧当道。惊我骅骝,不利出处。

乾为门户,乾实,故曰"筑"、"甕"。乾为道,兑虎在前,故曰"当道"。乾为马,故曰"骅骝"。乾在下,兑毁折,故不利出处。

谦 陶朱白圭,善贾息资。公子王孙,富贵不贫。

通履。乾为朱,离火为陶,故曰"陶朱"。乾为玉,为圭,巽白,故曰"白圭"。巽为商贾,为利,故能息资。本卦震为公子,为王。艮为孙,为贵。坤富,故不贫。

豫 王良善御,伯乐知马。周旋步骤,行中规矩。止息有节,延命寿考。

震为帝,为王,艮为贤良,故曰"王良"。震为乐,为伯,故曰"伯乐"。马、御亦震象也。震为周,为旋,为步骤,为行。坎为规,坤为矩。艮为止息,为节,为寿考。

随 尧问尹寿,圣德增益。使民不惧,安无怵惕。

震为帝,故曰"尧"。艮为寿。《新序》:尧学乎尹寿。震为言,故曰"问"。坎为圣,震为生,故曰"圣德增益"。坎为民,为怵惕。震乐艮安,故不惧。

蛊 昭公失常,季氏悖狂。逊齐处郓,丧其宠身。

互大离为昭。艮为常,在外故失常。坎为失也。事见前。艮为季,震为狂。巽齐坎陷,故曰"逊齐",曰"处郓"。艮为邑,故曰"郓"。艮为身,兑折,故丧。

临 昏暮不行,候旦待明。复住止后,未得相从。

坤为昏暮,震为行,坤闭,故不行。伏艮止,故曰"候",曰"待"。震为旦,为明,为复,为后。艮止故不从。《左传》云:不行之谓临。林义与《左氏》同。

观 安上宜官,一日九迁。升擢超等,牧养常山。

艮为官,为安,在上卦,故曰"安上宜官"。艮为日。伏乾,乾卦数一,又数九,艮官在上,故曰"一日九迁"。艮手为擢,巽为高,故曰"超等"。坤为牧养。艮山,故曰"常山"。

噬嗑 去恶就凶,东西多讼,行者无功。

离为恶人,坎为凶,震往,故去恶就凶。离东坎西。初至四两震言相对,故多讼。震为行,坎失,故无功。

贲 老马垂耳,不见百里。君子弗恃,商人莫取,无与为市。

震为马,坎疾,故老。坎为耳,在下,故曰"垂耳"。震为百,艮为里。坎隐,故不见。艮为君子,震为商人。艮手为取,坎失故莫取。巽为市,巽伏,故无与为市。言马老不能远行,皆不顾也。

剥 蜗螺生子,深目黑丑。似类其母,虽或相就,众人莫取。

艮为蜗螺。为观,为目,形长故曰"深目"。坤为黑,为丑,为母,为近,故曰"似类其母"。坤为众,艮手为取,以其丑故莫取。

复 百足俱行,相辅为强。三圣翼事,王室宠光。

百足,虫名。震为足,为百,为行,为强。坤为辅,重坤,故曰"相辅"。坤伏乾,乾为圣,震数三,故曰"三圣"。坤为事。震为翼,为王,为宠光。

无妄 容民畜众,履德有信。大人受福,童蒙忧惑,利无所得。

乾伏坤,坤为民,为众,艮止,故容民畜众。震为履。乾为德,为信,为大人,为福。艮为童蒙,伏坤为忧惑。巽为利,风散,故无得。

大畜 左跌右僵,前踬触桑。其指据石,伤其弟兄。老蚕不作,家无织帛。贵货贱身,留连久客。

中爻震为左,兑为右,兑毁折,故左跌右僵。乾为前,兑折,故前踬。震为桑,在前,故触桑。艮为指,为石。震为兄,艮为弟,兑折,故伤其弟兄。卦通萃。萃中爻巽为蚕,坤为老。兑毁,故不作茧。艮为家,坤为帛,巽为织。巽陨坎失,故无织。艮为贵,坤为财货,为身,为贱,故曰"贵货贱身"。艮为留连,震为客。

颐 昏人旦明,卖食老昌。国祚东表,号称太公。

坤为昏，震为人，为旦，艮为明，故曰"昏人旦明"。言人由贫贱而富贵，如人处昏夜而忽遇旦明也。震为食，为商旅，故曰"卖食"。坤老，震昌，故曰"老昌"。言姜尚始卖饭朝歌而受封也。坤为国，震为东。震言为号，为称。坤伏乾，乾为父，为太公。谯周云：吕望尝屠牛于朝歌，卖饭于孟津。

大过　敝笱在梁，鲂逸不禁。渔父劳苦，焦喉干口，虚空无有。

通颐。坤为敝震为笱，艮为梁，故曰"敝笱在梁"。坤为鱼，震为逸，故曰"鲂逸不禁"。坤聚为渔，伏乾为父。坤役，故劳苦。震为喉，为口，艮火，故焦喉。乾口坤虚，故无有。

坎　盛中后跌，衰老复掇。盈满减毁，疾羸肥腯。郑昭失国，重耳兴立。

坎中满，故曰"盛中"。坎陷，故跌。震为后，故后跌。坎疾病，故衰老。艮手为掇，坎破，故盈、毁。坎疾，故肥腯者羸。坎平，故曰"郑"。《释名》云：郑，町也，地多平町町然也。艮为昭，为国。坎失，故曰"郑昭失国"。习坎，故曰"重耳"。郑昭被弒在桓十七年，晋文入国在僖二十四年，事不相涉，此但取卦象耳。

离　折亡破瓮，使我贫困。与母生分，别离异门。

伏震为瓮，中爻兑毁，故曰"折"，曰"破"。离虚，故贫。坎陷，故困。坤为母，坤二五之乾成离，乾二五之坤成坎，坎中爻震，震生，故曰"与母生分"。言坎居坤中，使坤分析，所谓坎折坤也。坎中爻艮，艮为门，正覆两艮相反，故异门。亡，疑为缶之讹字。

咸　野有积庾，啬人驾取。不逢狼虎，暮归其宇。

通损。坤为野，为积，艮为庾。震为啬人，为驾，艮手为取。艮为虎狼，艮在外，故不逢。坤为暮，艮为宇，伏震为归。

恒　襁褓孩呱，冠带成家。出门如宾，父母何忧。

巽为襁褓，兑为孩，为呱。乾为冠，巽为带，伏艮为家。成家，言由孩提而成立也。乾为门，震出，震为宾客，故曰"出门如宾"。乾为父，伏坤为母，坎为忧。乾福震乐，故不忧。

大壮　陈力就列，官职并废。手不胜盆，失其宠门。

通观。震为陈力，为就列。《孟子》：陈力就列，不能者止。艮为官职，艮伏，故并废。艮为手，震为盆，坤弱，故不胜盆。乾为宠，为门，坤丧，故失。

晋　积雪大寒，万物不生。阴制庶士，时本冬贫。

坎为雪，为积，为寒。坤为万物，坤杀，故不生。坤为阴，为庶。艮为时，坎为冬，坤为贫。庶士二字，必有讹。

明夷　龙斗时门，失理伤贤。内畔生贼，自为心疾。

震为龙，为门，为时。坤为门故曰"龙斗时门"。坤为理，震为贤，坎为失，为伤，故曰"失理伤贤"。坤为内，离为畔乱。震为生。坎为贼，为心，为疾。

家人　犬畏猛虎，依人为辅。三夫执戟，伏不敢起，身安无咎。

此用遇卦遁象。艮为犬，乾为虎。伏震为人，兑为辅。震为夫，数三，故曰"三夫"。艮为执，为戟。震为起，巽伏，故不敢起。艮为身，为安。安故无咎。

睽　南山高冈，回隤难登。道路辽远，行者无功。忧不成凶，恶亦消去。

此仍用遁象。艮山，纳丙，故曰"南山"，曰"高冈"。巽进退不果，故曰"回隤难登"。艮为道路，乾为辽远，为行。巽陨，故无功。坤为忧，为恶。坤伏，故不凶，故消去。

蹇　逢时阳遂，富且尊贵。

艮为时，阳居五，故遂，故富且贵。艮为尊贵。

解　求我所欲，得其利福，终身不辱。盈盛之门，高屋先覆，君失邦国。

此仍用遁象。艮为求。互巽为利，乾为福，故曰"得其利福"。艮为终，为身。艮贵，故不辱。乾为盈盛，为门户。巽为高，艮为屋，巽为陨落，故曰"高屋先覆"。艮为邦国，乾为君，在外，故曰"君失邦国"。

损　安坐至暮，祸灾不到。利诘奸妖，罪人不赦。

艮为安坐，坤为暮，故曰"安坐至暮"。坤为祸灾，震解，故祸灾不到。三至上两震言相对，故利诘。坤为奸妖，为罪过。震为人。坤杀，故罪人弗赦。

益　胶车驾东，与雨相逢。五桀解堕，顿辀独坐，忧为身祸。

详《大过之蛊》。此用伏象恒。恒、蛊象多同，故词同。

夬　择日高飞，远至东齐。见孔圣师，使我和谐。

此用遁象。乾为日，艮为高。巽为齐。伏震为东，为孔。乾为圣。

姤　陈妫敬仲，兆兴齐姜。乃适营丘，八世大昌。

通复。震为陈，乾为敬。坤拆为兆，巽为齐姜，故曰"兆兴齐姜"。震为丘陵。巽数八，故曰"八世大昌"。震为昌也。事详《屯之噬嗑》。

萃　缺埒无埠，难从东西。毁破我盆，泛弃酒食。

埒，短垣也。《尔雅》：山上有水，埒。卦下坤为水，艮为埒，而兑上缺，故曰"缺埒"。坤为埠，兑毁，故无埠。兑为西，震为东，为从。震覆，故难从。震为盆，震覆兑毁，故破我盆。兑为酒食，在外，中爻艮手，故曰"泛弃酒食"。

升　中夜犬吠，盗在庐外。神光佐助，消散归去。

通无妄。坤为夜，艮为犬，震为吠。巽为盗，艮为庐，巽在艮上，故曰"盗在庐外"。震为神光，兑为辅，故曰"神光佐助"。巽风为散，震为归去。

困　雷车不藏，隐隐西行。霖雨三旬，流为河江，使我忧凶。

通贲。震为雷，为车。坎伏震出，故不藏。坎隐兑西，故曰"隐隐西行"。坎为雨，互大坎，下坎，故曰"霖雨"。中爻震数三，故曰"三旬"。坎水，故曰"流为河江"。坎为忧凶。

井　老河空虚，旧井无鱼。利得不饶，避患东邻。祸来入门，使我悔存。

坎为河，为旧，故曰"老河"。离为空虚。兑为井，故曰"旧井"。巽为鱼，坎失，故无鱼。巽为利，坎瘠，故不饶。坎为患，坎隐，故避患。离为东邻，为祸。伏艮为门，巽人，故曰"祸来入门"。坎为悔。

革 福德之士，欢悦日喜。夷吾相国，三归为臣，贵流子孙。

通蒙。震为福德，为士，为欢喜。坤为夷，为吾，为国。兑为辅相。震数三，震反为归，坤为臣，故曰"三归为臣"。艮为贵，为孙，震为人，震为子，坤为水，故曰"贵流子孙"。

鼎 清人高子，久屯外野。逍遥不归，思我慈母。

通屯。艮为清高，震为人，为子，故曰"清人高子"。艮止为久，为屯，坤为野。震为逍遥，为归。坤迷，故不归。坎为思，坤为我，为慈母也。

震 骢骐黑鬣，东归高乡。白虎推轮，苍龙把衡。朱雀导引，灵鸟载游。远扣天门，入见真君，马全人安。

震马，故曰"骢骐"。坎黑，对象巽，巽发，故曰"黑鬣"。震为东，为归。艮为高乡，为虎。震白坎轮，艮手为推，故曰"白虎推轮"。震为龙，色青，故曰"苍龙"。坎为衡。互大离为朱雀，为灵鸟。震往为导引，为游。艮为天门，艮手为扣。震为帝，故为真君。为马，为人，艮为安全。

艮 路多枳棘，前刺我足。不利旅客，为心作毒。

艮为路，坎为棘。中爻震为足，坎棘，故刺足。震为旅客。坎为毒，为心。

渐 端坐生患，忧来入门，使我不安。

艮为端坐，坎为患，故曰"端坐生患"。坎为忧，艮为门，巽入，故曰"忧来入门"。艮为安，坎险，故不安。

归妹 小陬之市，利不足喜。二世积仁，蒙其祖先。匪躬之言，狂悖为患。

通渐。巽为市，坎狭，故曰"小陬之市"。陬，隅也。巽为利，坎忧，故不喜。本卦兑卦数二，震仁坎积，故曰"二世积仁"。艮为祖，坎为蒙，故曰"蒙其祖先"。坤为躬。本卦震为言，为狂。坎为悖，为患。

丰 登高望时，见乐无忧。求利南国，与宝相得。

巽为高，震为时，为登，离为目，为望，故曰"登高望时"。坎为忧，震乐，故无忧。巽为利。伏艮为求，为国。离南，故曰"南国"。震为玉，为宝，坎为得也。

旅 跛足息肩，有所忌难。金城铁郭，以铜为关。藩屏自卫，安土无患。

通节。震为足，坎蹇，故跛足。艮为肩，艮止，故息肩。坎为忌难。艮为金铁，为城郭，为关，为藩屏。震为卫，故曰"藩屏自卫"。艮为安，坤为土。坎为患，震出故无患。

巽 江有沱汜，思附君子。仲氏爱归，不我肯顾，姪娣悔恨。

通震。中爻坎为江，为沱汜，为思。艮为君子，故曰"思附君子"。坎为仲，震反为归。女嫁曰归，爱归者，言仲氏已嫁也。艮为顾，坎蔽，故不顾。兑为姪娣，坎为悔恨。

兑 芽蘖生达，阳倡于外。左手执籥公言锡爵。

通艮。中爻震为芽蘖，为生。艮上下卦皆阳居上，故曰"阳倡于外"。震为左，为钥，艮手为执，故曰"左手执籥"。震为言，为爵。为诸侯，故曰"公"。二语皆《诗》辞。

涣 云梦苑囿，万物蕃炽。犀象玳瑁，荆人以富。

坎水为云梦,艮为苑囿。震为万物,为蕃炽。艮为犀象,为玳瑁。震为荆,为人,为富。

节 渠戎万里,昼夜愁苦。櫜甲戎服,虽荷不贼。鹰鹯之殃,害不能伤。

坎为戎,为沟渎,故曰"渠戎"。《后汉书》:义渠戎在泾北。震为万里。伏离为画,坎为夜。坎忧,故愁苦。艮为甲,坎隐,故櫜甲。坎为戎,震为服,故曰"櫜甲戎服"。艮为负荷。坎为贼,在外,故不贼。艮为鹰鹯,坎为殃害。震解,故不伤。

中孚 镃基逢时,稷契皋陶。贞良得愿,微子解囚。市恐无虎,谩言妄语。

镃基,锄也。震为镃基,艮为时。震为稷。为竹,故为契。艮为皋。为火,故为陶。故曰"稷契皋陶"。艮为贞良。为小,震为子,故"微子"。艮为拘,故为囚。震出,故解囚。巽为市,艮为虎,风散故无虎。中爻正反两震言相背,故曰"谩言妄语"。

小过 骑骓与苍,南贾太行。逢驳猛虎,为所吞殇,葬于渭阳。

震为马,东方色青,故骑骓与苍。骓、苍,青色马也。震为商贾,为南。艮山,故曰"太行"。艮为驳,为猛虎。兑口为吞折,为殇。坎为葬,为渭。渭浊坎黑,故象之水。北为阳,坎北故曰"渭阳"。凡《易林》用字取象之精,皆如此。

既济 出门东行,日利辰良。步骑与驷,经历宗邦。暮宿北燕,与乐相逢。

此用遁象。伏震为出,为东行,坤为门,故曰"出门东行"。乾为日,巽为利,艮时,故曰"日利辰良"。伏震为骑,为驷,为宗。坤为邦,乾坤相间隔,故曰"经历宗邦"。坤为暮,为宿,为北,兑为燕。震为乐。

未济 酒为欢伯,除忧来乐。福善入门,与君相索,使我有得。

兼用半象。坎为酒,震为欢,为伯。坎为忧,震出,故除忧。震福艮善,巽入艮门,故曰"福善入门"。震为君,艮为求索。离正反艮相对,故相索。坤我,坎得。

䷡ 震上 乾下 大壮 之第三十四

左有噬熊,右有啮虎。前触铁矛,后踬强弩,无可抵者。

震为左,兑为右,伏艮为熊虎。兑口,故曰"左有噬熊,右有啮虎"。乾为前,为铁。震为后,兑折,故后踬。伏艮为刀兵,故曰"矛",曰"弩"。抵,御也。艮为御,艮伏,故无可御者。

之乾 金齿铁牙,寿考宜家。年岁有储,贪利者得,离其咎忧。

大壮中爻兑,兑为齿牙,乾为金铁,故曰"金齿铁牙"。伏艮为寿考,为家。乾为年岁,为富,故有储,故利得。乾为吉庆,故离咎忧。

坤 家给人足,颂声并作。四夷宾服,干戈櫜阁。

大壮震为人,伏艮为家,坤富,故家给人足。震言为颂,为声。坤阴为夷顺,为服。震卦数四,为宾客,故曰"四夷宾服"。艮为干戈,艮伏,故曰"干戈櫜阁"。坤为櫜也。

屯 猕猴冠带,盗载非位。众犬嘈吠,狂走蹶足。

震为猕猴，艮为冠，伏巽为带。坎为盗，震车为载，艮为位。古君子方许乘车。今载以盗，故曰"非位"。艮为犬，坤众震鸣，故曰"众犬嘈吠"。震为足，为走，坎蹇，故蹶足也。

蒙 心患其身，不念安存。忠臣孝子，为国除患。

坎为心，为患，为念。坤为身，为安。言身之所以安存，由心时时虑患也。坤为臣，坎为忠，故曰"忠臣"。震为子，坤顺，故曰"孝子"。坤为国，坎为患。震解，故除患。

需 君不明德，臣乱为惑。丞相命马，胡亥失所。

乾为君，为德，坎隐故不明。乾伏坤，坤为臣，为乱，为惑，故曰"臣乱为惑"。兑为辅相，兑口为命，乾为马。伏坤为胡，乾居亥，故曰"胡亥"。坎为失。谓赵高命鹿为马，而弑胡亥。胡亥，秦二世名。乾为君，居亥。胡亥亦国君。用字取象，神妙如此。

讼 东行西穷，南北无功。张伯卖鹿，从者失羊。

通明夷。震为东，为行。坎为西，坎陷，故穷。离南坎北。坤丧，故无功。震为伯，为鹿。震为商贾，故卖鹿。震为从，为羊。本《大壮·上六》也。坤为失。

师 鹿下西山，欲归其群。逢羿锋箭，死于矢端。

震为鹿，为陵。坎西，故曰"西山"。坤为群。"群"者，五阴也。震为归。坤为恶，故曰"羿"。坎为箭，为矢，为锋。锋矢，末也。坤为死，在坎上，故死于矢端。

比 明夷兆初，三日为灾。以谗复归，名曰竖牛。剥乱叔孙，馁卒虚丘。

坎黑坤晦，故曰"明夷"。坤为兆。《左传·昭五年》：初，穆子生穆庄叔，筮之，通明夷之谦。初爻动，故"明夷兆初"。坎为灾，艮为日，数三，故曰"三日为灾"。坎上下两兑口相背，故曰"谗"。大壮震为归，故曰"以谗复归"。艮为名，为竖，为牛。坤为乱，艮为剥，为叔孙，故曰"剥乱叔孙"。坤为馁，为卒，为虚，艮为丘。言鲁叔孙穆子为竖牛所乱，三日不得食而饥死也。与《剥之比》参看。

小畜 秦失嘉居，河伯为怪。还其衔璧，神怒不祐。织组无文，烧香不芬。

通豫。兑西，故曰"秦"。艮为居，震为嘉，坎失，故失嘉居。震为伯，坎为河，为怪，故曰"河伯为怪"。震为璧，为衔，为还，为神，为怒。按《秦纪》：使者从关东夜遇华阴，有人持璧遮使者，曰，为吾遗滈池君，今年祖龙死。因置其璧去，忽不见。始皇视之，乃二十八年过江所沉璧也。未几，始皇果死。故曰"还璧"，曰"不祐"。坤为文，为帛。坎为伏，故织组无文。本卦巽为香，为芬，互离为烧。风散，故不芬。

履 至德之君，祸不过邻。使我世存，身无患灾。

乾为德，为君。离东为邻，离乱兑毁，故曰"祸不过邻"。言不及乾也。通谦。坤为我，为身，为世。坎为灾患，震解，故无灾患。

泰 众恶之堂，相聚为殃。幽毒良人，使道不通。

坤为众，为恶，伏艮为堂，故曰"众恶之堂"。坤为聚，为殃，为幽毒。震为人，乾为善，故曰"良人"。乾在下，故曰"幽毒良人"。乾为道，坤闭，故道不通。

否 三痴六狂，欲之平乡。迷惑失道，不知昏明。

通泰。坤为痴，震数三，故曰"三痴"。震为狂，乾数六，故曰"六狂"。震为之。坤为平乡，为迷惑。乾为道。迷惑故失道。坤为昏，震旦为明。

同人 老弱无子，不能自理。郭氏虽忧，终不离咎。管子治国，侯伯来服。乘舆八百，尊祀祖德。

通师。乾老坤弱，震子坤丧，故无子。坤为自，为理，柔弱故不能自理。坤为郭，坎为忧咎。郭为齐灭，故曰"终不离咎"。震为竹，为管子。坤为国。震为侯伯，坤顺为服。坤为乘舆，卦数八，故曰"乘舆八百"。乾为祖，为德，为尊。坎为祀也。

大有 褒后生蛇，经老日微。退跌衰耄，酒灭黄离。

通比。坤为后。昔周人发龙漦，化为玄鼋，后宫童女遭之而孕，生褒姒。玄鼋，蜥蜴也。亦非蛇，且卦无蛇象。而各本皆作蛇，无如何也。坤帛为经。坎为跌，乾为衰老。坎为酒，离为黄。于卦象虽偶合，而语皆难解，疑讹字仍多。

谦 骢骊黑骢，东归高乡。白虎推轮，苍龙把衡。遂至夷伤，不离咎殃。

解详《遁之震》。

豫 信谲龙且，塞水上流。半渡决囊，楚师覆亡。

坎为信。正反两震言相背，故曰"谲"。震为龙，故曰"信谲龙且"。艮为防，为塞。卦本坤体，亦为水，阳在坤上，故曰"塞水上流"。坤为囊，艮手为决。震为渡，阳居中，故曰"半渡"。震木为楚，坤为师。坤丧，故覆亡。《史记》：韩信与项羽将龙且战于潍水，令万余人囊沙壅水上流，引军半渡，击之佯不胜走还。龙且追信。信令人决壅，水大至，且军大半不得渡。信急击杀龙且。

随 有莘季女，为王妃后。贵夫寿子，母字四海。

莘，草也，震象。兑为季女。大禹母，有莘氏也。震为王，兑为妃，故曰"为王妃后"。震夫艮贵，故曰"贵夫"。艮寿辰子，故曰"寿子"。兑泽，故曰"海"。震卦数四，故曰"四海"。巽为母。

蛊 德被八表，蛮夷率服。螫贼不作，道无苛慝。

震为德，艮为表，数八，故曰"德被八表"。互大坎为蛮夷。巽顺，故曰"率服"。巽为螫贼，为苛慝。艮为道，艮在上，故无苛慝。

临 载日精光，骖驾六龙。禄命彻天，封为燕王。

伏乾为日，为精光，坤为载。乾为龙，数六，乾行，故曰"骖驾六龙"。乾为天，为禄，伏巽为命，故曰"禄命彻天"。震为王，兑为燕，故曰"燕王"。巽为诰命，故曰"封"。

观 缨急缩颈，行不得前。五石示象，襄霸不成。

巽为绳，为缨。巽躁故急，巽退故缩。艮为颈。言缨急项不得伸也。震为行，震覆，故行不得前。乾为前也。艮为石，巽卦数五，故曰"五石"。艮为象，故曰"五石示象"。伏乾为君，故曰"襄"。震为霸，震覆，故曰"襄霸不成"。《左传·僖十四年》：陨石于宋五。后宋襄图霸不成而死，以陨石为不祥。石，星石也。

噬嗑 蛇失其公，戴麻当丧。哀悲哭泣，送死离乡。

通井。巽为蛇，震为公，坎失，故曰"蛇失其公"。巽为麻，艮为戴，兑折为丧，故曰"戴麻当丧"。卦正反兑口,故曰"哀悲哭泣"。坎为死,艮为乡。

贲 同隙不安,兵革为患。掠我妻子,客屡饥寒。

中爻震为马。同隙,病也。《诗》,我马虺隤,是也。艮为兵革,坎为患。艮手为掠,离妻震子,故曰"掠我妻子"。震客,离饥,坎寒。虺隤,《说文》又作痕颓。盖传写异文,不得以与《诗》异,即定同为讹字。

剥 乘风驾雨,与飞鸟俱。一举千里,见吾爱母。

坤为风,伏兑为雨。艮为鸟,为飞。乾卦数一,艮为举,坤为里,故曰"一举千里"。坤为吾,为母,伏兑为见。

复 雷霆所击,诛者五逆。劀灭无迹,有惧方息。

震为雷霆,艮手为击。坤杀,故曰"诛"。乾顺行,坤逆行,五阴,故曰"五逆"。坤死,故劀灭。坤虚,故无迹。乾为惕,为惧。"息"者,生也。言乾阳从此渐息也。

无妄 张氏揖酒,请谒左右。平叔枯槁,独不蒙所。

震为张,艮手为揖,伏兑为酒,故曰"张氏揖酒"。艮为求,为请谒,震左兑右,故请谒左右。伏坤为平,艮为叔,离为枯槁。离虚,故独不蒙所。《关西方言》:致力于一事为所。《书·无逸》,君子所其无逸;《召诰》,王敬作所,是也。言独不致意于平叔也。按,《史记·陈丞相世家》:富人张负,独伟视平,归谓其子仲曰,人固有美好如陈平而长贫贱者乎?乃以其孙女嫁之,并假以币,为内妇酒食之资。林用其事。三、四句言平叔不能久枯槁也。

大畜 坐争立讼,纷纷匈匈。卒成祸乱,灾及家公。

艮为坐,震为立。三至上正反两震言相对,故有争讼之象,而纷纷匈匈也。离为祸乱,为灾。艮为家,乾父为公。

颐 霜降门户,蛰虫隐处。不见日月,与死为伍。

坤为门户,为闭,为霜,故曰"霜降闭户"。通大过。巽伏为蛰,为隐处,为虫。艮为日,兑为月,巽伏,故不见。坤为死也。

大过 鼠聚生怪,为我患悔。道绝不通,商旅失意。

通颐。艮为鼠,震为生。坤为聚,为鬼怪,为患悔。坤为我。艮震皆为道路,坤闭,故不通。震为商旅,坤丧,故失意。《汉书·五行志》:昭帝元凤元年,燕有黄鼠衔其尾,舞王宫端门中,未几,燕王诛死。

坎 寒暑不当,轨度失常。一前一后,年岁鲜有。

坎有寒,伏离为暑。震为道,故曰"轨度"。艮为常,坎失,故曰"失常"。艮为前。震为后,为年岁。离虚坎病,故年岁鲜有。

离 筑室水上,危于一齿。丑寅不徙,辰卯有咎。

通坎。中爻艮为室,为筑,下坎,故曰"筑室水上"。坎为危险,后天坎数一,故曰"危于一齿"。齿字恐讹,未详其义。先天震居丑寅,后天艮居丑寅,故"不徙"。坎中爻也。先天兑居辰巳,后天巽居辰巳。离中爻也。泽风成大过,大过死,故曰"有咎"。

咸 畜鸡养狗，长息有储。耕田得黍，主母喜舞。

巽为鸡，艮为狗。旁通损，震为长，为息。艮止，故有储。坤为田，震为耕，为黍，故耕田得黍。震为主，为喜，为舞，坤为母，故曰"主母喜舞"。

恒 东壁余光，数暗不明。主母嫉妒，乱我业事。

震为东。伏艮为壁，为明，故曰"余光"。兑昧，故暗而不明。震为主，伏坤为母，为嫉妒。坤为事业，为我，为乱。

遁 刚柔相伤，火烂销金。雕鹰制兔，伐楚有功。

通临。遁阴消阳，临阳消阴，故曰"刚柔相伤"。乾金，艮为火，阴在下消阳，故曰"火烂销金"。艮为黔喙，为雕鹰。震为兔，为楚，为伐。震乐，故伐楚有功。

晋 郑国谗多，数被楚忧。征夫愁苦，民困无聊。

坤为国，为平，故曰"郑国"。郑，町也，地多平，町町然也。离上下两兑口相背，故曰"谗多"。大壮震木为楚，坎为忧。震为征夫，坎为愁苦。坤为民，坎困，故无聊。

明夷 弓矢斯张，把弹弦折。丸发不至，道遇害患。

坎为弓，为矢，震为张。坎为弹，为弦，为折，故曰"把弹弦折"。坎为丸，坎陷，故不至。震为道，坎为患害。

家人 举觞饮酒，未得至口。侧弃醉酗，拔剑斫怒，武侯作悔。

通解。坎为酒，为饮。震为觞，为举，为口。震伏，故未得至口。艮为弁，艮覆，故曰"侧弁"。离为恶人，故醉酗。坎为匕，为剑，震为拔，为怒，为斫，故曰"拔剑斫怒"。震为武，坎为悔，故曰"武侯作悔"。按《小雅》：宾之初筵，宾既醉止，载号载呶。又曰：侧弁之俄，屡舞傞傞。乃卫武公饮酒悔过之诗，故曰"武公作悔"。

睽 苍鹰群行，相得旅前。王孙申公，惊夺我雄。北天门开，神火飞灾。如不敬信，事入尘埃。

此用遇卦象。伏艮为鹰，震色青，故曰"苍"。伏坤为群。震为行，为旅。"旅"者，侣也。言结为伴旅而前行也。震为王公，艮为孙，为明故为申，故曰"王孙申公"。震为惊，艮手为夺，震为武，为雄。伏坤为北，艮为天门，震为开，故曰"北天门开"。震为神，艮为火，为灾，为飞，故曰"神火飞灾"。乾为信，坤为疑。艮为尘埃。

蹇 穿屋相宜，利倍我北。循邪诡道，逃不可得。南北望邑，遂归入室。

艮屋，坎为穿，故曰"穿屋"。坎为北，巽利坤我，故曰"利倍我北"。坎为邪艮为道。震往为逃，震覆，故不得逃。离南坎北，离目为望，艮为邑，故曰"南北望邑"。坎为室，故曰"入室"。

解 寿如松乔，与日月俱。常安康乐，不罹祸忧。

此用大壮象。伏艮为寿，为松乔。赤松子、王乔皆古仙人名。艮日兑月。艮为常，为安。震为康乐，在外故不忧。

损 出门望东，伯仲不来。疾病为患，使母忧叹。

艮门震出。震东,艮为观,故曰"望东"。震为伯,艮止,故不来。坤为疾病,为患,为忧,为母。震为叹也。

益 太姒之孙,周文九子。咸遂受成,宠贵富有。

坤为母后,故曰"太姒"。艮为孙。"太姒"者,文王之妃。《诗》,太姒嗣徽音,是也。《春秋传》曰:武王同母弟八人。是并武王为九子也。震为周,坤为文。震为子,数九,故曰"九子"。艮为成,坤为受。艮为宠贵,坤为富有。言太姒教诲诸子,成武王、周公之德而富贵。

夬 桃李花实,累累日息。长大成熟,甘美可食,为我利福。

兑为反巽,巽木,故曰"桃李"。兑为华。大过九五,枯杨生华是也。乾为木果,故曰"实"。重乾,故累累日息。乾为日,为长大,为美好。兑为食,乾为福。伏坤为成熟,为我,为利。

姤 昏礼不明,男女失常。行露反言,出争我讼。

通复。坤为昏,为礼,故曰"昏礼不明"。乾男坤女,姤坤消乾,复乾消坤,故男女失常。震为行,坤为水,为露。《诗》,厌浥行露是也。震为言,为反,故曰"反言"。又,乾为言,巽为覆兑,兑言与上乾言相背,故曰"争讼"。《行露》诗:何以速我讼。用其事也。

萃 空穿敝漏,破桴残缺。阴弗能完,瓦碎不全。

艮为室,兑毁,故穿。巽为敝漏,故曰"室穿敝漏"。伏震为桴,兑毁折,故曰"破桴",曰"残缺"。坤为阴,兑折,故弗完,故瓦碎不全。艮为瓦也。

升 数穷廓落,困于历室。往登玉堂,与尧侑食。

中爻兑数十,坤纳癸,亦数十,故曰"数穷"。坤虚,故廓落。伏艮为室,为时,故曰"历室"。震为往,为登,为王伏艮为堂,故往登玉堂。震为帝,故曰"尧"。兑为食,震为侑,故曰"与尧侑食"。

困 道湿为坑,轮陷踬僵。南国作讳,使我多畏。

伏震为道,下坎,故道湿,故为坑。坎为轮,为陷,为踬,为僵。离为南,伏艮为国,坎为讳。讳,避也。言南国禁忌多也。坎为畏,困正互两坎,故多畏。

井 鳏寡孤独,福禄苦薄。入室无妻,武子哀悲。

通噬嗑。艮为鳏,巽为寡,坎为孤独。震为福禄,坎为薄,故曰"福禄苦薄"。坎为室,巽入。离为坎妻,坎失,故入室无妻。震为武人。井正覆皆兑口,故曰"悲哀"。《左传·襄二十五年》:崔杼取棠姜,筮得入其宫不见其妻凶,《困·三》繇词。林用其事。

革 举袂覆目,不见日月。衣衾杖机,就其夜室。

通蒙。震为袂,为举,艮为目。《士丧礼》:幎目,用缁,方尺二寸。注:覆目者也。坎隐,故覆目,故不见日月。艮日坎月也。坤为衣衾,震木为杖,艮为几,故曰"衣衾几杖"。坎为夜室,古以坎有棺椁象。就夜室者,言死也。首句似用吴王夫差幎目而死事。

鼎 长尾踒跎,画地为河,深不可涉。绝无以北,悯然愤息。

通屯。艮为尾,巽为长,下互坤形长,故曰"长尾"。踒跎,当为委佗。《诗》,委委佗佗是也。所以形容长尾。坤为地,为河,艮手为画。上坎水,下坤水,故深不可涉。坎为北,兑折,故绝无以北。坎为悯,为愤,为太息也。

震 晨风文翰，大举就温。昧过我邑，羿无所得。

震旦为晨，伏巽为风，伏离为文，震为羽翰，故曰"晨风文翰"。《诗》：郁彼晨风。传：晨风，鹯也。《周书·王会篇》：蜀人以文翰。文翰若皋鸡。艮为鸟，亦艮象也。震举离温。艮为邑，为我，坎为昧，故曰"昧过我邑"。言夜过也。离为恶人，故曰"羿"。离虚，故无所得。羿，后羿，善射，篡夏后氏者也。

艮 出入节时，南北无忧。行者亟至，在外来归。

中爻震出坎入，艮为时，为节。震为南，坎为北，为忧。震乐，故无忧。震为行，为亟。震反，故来归。

渐 阳氏狂惑，季孙乱愦。陪臣执政，平子拘折，我心不快。

互离为阳，伏震为狂。谓阳虎也。坎为惑。艮为季，为孙，离乱坎愦，故曰"季氏乱愦"。谓平子也。艮为臣仆，艮手为执，巽为政令，故曰"陪臣执政"。坎为平，震为子，坎为拘折。方平子被囚也。坎为心，为忧，艮为我，故曰"我心不快"。按《左传》：阳虎为季氏陪臣，专政作乱。囚季平子，欲杀之，遇救免。

归妹 五乌六鸥，相对蹲跂。礼让不兴，虞芮争讼。

伏艮为乌，为鸥，坎数五，又卦数六，故曰"五乌六鸥"。震为立，故曰"蹲跂"。震决躁，兑附决，故礼让不兴。坎为忧虞，震为草莽，故曰"虞芮"。卦上震下兑，而震言与兑言相背，故曰"争讼"。昔虞、芮二国争田不决，欲讼于西伯，及人周界，耕皆让畔，乃惭而还。首句义未详。八乌，星名。

丰 顾念所生，隔在东平。遭离满沸，河川决溃。幸得无恙，复归相室。

离目为顾，伏坎为念，震为生。坎为隔，震东坎平，故曰"东平"。互大坎为满沸，为河川，为溃决，为病恙。震出，故得无恙。坎为室，震为归。

旅 追猎东走，兔逃我后。吾锐不利，独空无有。

通节。震为追猎，为东走，为兔，为后。坎为棘，故为锐。巽为利，坎塞，故不利。离虚，故空无有。坎为独也。

巽 犬吠非主，上下胶扰。敌人袭战，闵王逃走。

伏艮为犬。震为鸣，为吠，为主。震伏，故曰"非主"。艮为上，震为下。坎为膏，为胶，离乱，故曰"上下胶扰"。震为人，为战。三至上正反震艮相对，故曰"敌人袭战"。坎为闵，震为王，为走，故曰"闵王逃走"。《战国策》，乐毅伐齐，至济西，闵王走莒是也。

兑 嵩高岱宗，峻直且神。触石肤寸，千里蒙恩。

通艮。艮为山，互坎为中，故曰"嵩高"。互震为东，故曰"岱宗"。艮为高峻。震为神，为触。艮为石，为肤，故曰"触石肤寸"。震为千里，坎为恩泽，故曰"千里蒙恩"。《公羊传》：触石而出，肤寸而合，不崇朝而雨遍天下者，惟泰山之云耳。注：侧手为扶，覆手为寸。肤、寸皆艮象。

涣 陈鱼观社，佷荒逾距。为民开绪，亡其祖考。

巽为鱼,震为陈,艮为社,为观。《春秋·隐公五年》:公如棠,陈鱼而观之。又,庄公二十三年,公如齐观社,非礼也。故曰"佷荒逾矩",言荒淫逾越规矩也。坎为曲,为矩,为民。巽为绪。艮为寿,故曰"祖考"。坎失,故亡其祖考。佷音恒,有骄、痴二义。《后汉·蔡邕传》:董卓自佷用是也。

节 四壁无户,三步一止。东西南北,利不可得。

艮为壁,震卦数四,故曰"西壁"。坤为户,坎塞坤,故无户。震为步,数三,故曰"三步"。艮止,坎数一,故曰"一止"。震东兑西,震南坎北。巽为利,巽覆,故利不可得。

中孚 求君衣裳,情不可当。触讳西行,为伯生殃。君之上欢,得其安存。

震为君,艮为求。震为衣裳,为健,故不可当。震为触,为行,巽伏故曰"讳"。讳,避也。兑为西,故曰"触讳西行"。震为伯,为生,兑折故生殃。震为君,为欢。艮为安。《春秋》:蔡昭侯如楚,有善裘,子常欲之,弗与,留楚三年。后蔡人闻之,固请献之,遂得归。

小过 春鸿飞东,以马贸金,利可得深。

震为春,为鸿,为飞,为东,为马。巽为商旅,故曰"贸"。艮为金,故曰"贸金"。坎为深也。巽为利。利可得深,言得利多也。

既济 禾生虫蠹,还自克贼,使我无得。

此用遇卦象。震为禾,为生。巽为虫,为贼。伏坤为我,坤虚,故无得。

未济 桀乱无道,民散不聚。背室弃家,遁逃出走。

离为恶人,故曰"桀"。离为乱,震为道,坎隐故无道。坤为民,为聚,三爻间隔,故民散不聚。坎为室,艮为背,故曰"背室"。艮为家,坎失,故曰"弃家"。坎伏为遁,震走为逃也。凡震、艮皆用半象。

䷢ 离上
坤下 **晋**之第三十五

销锋铸耜,休牛放马。甲兵解散,夫妇相保。

坎为锋、耜,离火为销,为铸。离牛坎马,艮止,故休、放。离为甲兵,坎水克火,故解散。坎夫离妇,坤聚艮安,故相保。

之乾 一衣三冠,冠无所绊。元服不成,为身灾患。

乾为衣,卦数一,故曰"一衣"。晋艮为冠,数三,故曰"三冠"。艮下坤,坤坼,故曰"冠无所绊",曰"元服不成"。坤为身,为灾患。

坤 百足俱行,相辅为强。三圣翼事,王室宠光。

详《屯之履》《比之无妄》。履用伏象谦,与无妄皆以震为足。此则以坤形象百足虫。坤为百也。

屯 鱼蛇之怪,大人忧惧。梁君好城,失其安居。

坤为鱼，为蛇，坎为怪。震为大人，坎为忧惧。震为君，震木为梁，故曰"梁君"。艮为城，正覆艮，故曰"好城"。艮为安居，坎失，故曰"失其安居"。元本注：《春秋》，梁君好城而弗处，卒亡其国。

蒙 少无强辅，长不见母。劳心远思，自伤忧苦。

艮为少，兑为辅，为刚。兑伏，故无。震为长，坤为母。坎隐，故不见。坎为劳，为心，为思，为忧苦。

需 前不滭暑，解不可取。离门二里，败我利市。老牛病马，去之何悔。

乾为前，为行。离为暑，与坎连，故曰"滭暑"。解、懈同。《诗·大雅》：不解于位。注：怠惰也。坎劳，故曰"解不可取"。乾为门，兑卦数二，故曰"离门二里"。巽为利市，二至四巽覆，故败我利市。离为牛，乾老，故曰"老牛"。乾为马，坎病，故曰"病马"。坎为悔，在外，故去之无悔。

讼 君明有德，登天大禄。布政施惠，以成恩福。中子南游，翱翔未复。

乾为君，为德，离火为明。乾为天，为大禄。巽为政命，巽风为布施。乾为恩福。坎为中男，乾为南，为行，故曰"中子南游"。离为飞，故曰"翱翔"。坎陷，故曰"未复"。言未归也。

师 晓然唯诺，敬上尊客。执恭除患，御侮致福。

坎正反两兑口，震为声，故曰"晓然唯诺"。震为客，伏乾为贵，故"尊客"。乾惕为敬。坎为患，震解，故除患。坤为御，为侮。震乐，故致福。

比 黍稷禾稻，垂秀方造。中旱不雨，伤风病薰。

坤为茅茹，故为黍稷禾稻。造，作也。言苗秀兴起也。坎为中，为雨，艮火，故中旱不雨。坤为风，故伤风病薰。

小畜 三赢六罢，不能越跪。东贾失马，往反劳苦。

通豫。震数三，坎数六。坎病故赢，坎劳故罢。震为越跪，为东，为贾，为马。坎失，故失马。震为往反，坎为劳苦。

履 倚立相望，引衣欲装。阴云蔽日，暴雨降集。使道不通，阻我欢会。

通谦。震为倚立。艮为望，正反艮，故曰"相望"。坤为衣裳，艮手为引，为装。装，束也。坤为阴云，为蔽，离日，故曰"阴云蔽日"。坎为暴雨，为降集。震为道，坎塞，故不通，故阻我欢会。坤我，震欢也。

泰 高脚疾步，受肩善趋。日走千里，贾市有得。

中爻震为足，故曰"脚步"。震躁，故高脚疾步，故善趋，故日走千里。震伏巽，为贾市。巽利，故有得。坤为受，伏艮为肩。

否 北风寒凉，雨雪益冰。忧思不乐，哀悲伤心。

中爻巽风，坤为北，乾为寒，为冰雪，故曰"北风寒凉，雨雪益冰"。乾惕，故忧。震乐，震倒，故不乐。坤为哀悲，为心。

同人 贞鸟睢鸠,执一无尤。寝门治理,君子悦喜。

离为鸟,为鸠。通师。坎为尤,数一,震乐,故执一无尤。坤为门,为寝,为理。震为君子,为悦喜。

大有 蓼萧露瀼,君子龙光。鸣鸾噰噰,福禄来同。

通比。坤为薪,为蓼萧,坎为露。艮为君子,为贵。龙,宠也。坤文为鸾,兑为鸣。乾为福禄。蓼萧义,详《恒之蹇》。

谦 南行求福,与喜相得。封受上赏,鼎足辅国。

震为行,为南,艮为求。震为福,为喜。坤为受,坤闭为封。艮为赏,阳在上,故曰"上赏"。震为足,数三,故曰"鼎足"。坤为国,艮伏兑,兑辅,故曰"辅国"。

豫 桑华腐蠹,衣敝如络。女功不成,丝布为玉。

震为桑叶,坎病,故腐蠹。坤为衣裳,坎破,故敝。震伏巽,巽绳,故曰"如络",故曰"丝布"。坤为女,坤丧,故功不成。震为玉丝、为玉者,言桑坏不能产丝,故值贵也。

随 左服易右,王良心欢,喜利从己。

震左兑右。"服"者,夹辕之马。震为马。"左服易右"者,震为左,兑为右,言马初在左,至上兑而右也。震为王,艮为良,故曰"王良"。坎为心,震为欢喜,为从。巽为利。王良,古善御者。

蛊 寿考不忘,驾驷东行。三适陈宋,南贾楚荆。得利息长,旅身多罢,畏昼喜夜。

艮为寿考。震为马,故曰"驾驷"。震东,故东行。震为陈,艮为宋,震数三,故曰"三适陈宋"。互震为南,巽为贾,为楚荆,故曰"南贾楚荆"。巽为利,为长,为商旅。互大坎为罢,为畏,为夜。离为昼。昼动故畏,夜伏故喜。

临 羔羊皮革,君子朝服。辅政扶德,以合万国。

兑为羔羊。通遁。艮为皮,为革,为君子。坤为朝,为衣服,故曰"君子朝服"。兑为辅,坤为政,艮手为扶,乾为德,故曰"辅政扶德"。坤为国,坤众,故曰"万国"。坤闭为合,故曰"以合万国"。《诗·召南》:羔羊之皮,素丝五紽。羔羊之革,素丝五緎。美召公也。

观 鹳鸠徙巢,西至平州。遭逢雷电,破我苇庐。室家饥寒,思吾故初。

艮为鹳,坤文为鸠,艮为巢,伏震为徙,故曰"鹳鸠徙巢"。兑为西,坤为州,为平。震为雷电。兑折为破。艮为庐,巽为苇,故曰"苇庐"。艮为室家,坤为饥,乾为寒,故曰"室家饥寒"。坤为吾,乾为初。

噬嗑 大尾小头,重不可摇。上弱下强,阴制其雄。

艮为尾,震大,故曰"大尾"。坎为首,艮为小,故曰"小头"。坤为重,坎陷,故重不可摇。艮上震下。艮小故弱,震长故强。四阳陷阴中,故曰"阴制其雄"。

贲 疏足息肩,有所忌难。金城铜郭,以铁为关。藩屏自卫,安止无患。

震为足,艮为肩。坎为忌难,艮为城郭。三至上正反两艮,故又为关。艮为金,故曰

"金"，曰"铜"，曰"铁"。艮为藩屏，为安止。坎为患，安止故无患。

剥　天命玄鸟，下生大商。造定四表，享国久长。

通夬。乾为天，兑为言，故曰"天命"。乾为玄，艮为黔喙，为鸟，故曰"玄鸟"。"玄鸟"者，燕也。兑为燕。震为生，震反，故下生。震为子，故生商。商，子姓也。艮为定，为表，伏兑数四，故曰"造定四表"。坤为国，艮为久长。据《诗·商颂》笺：高辛氏妃简狄吞鳦卵，生契，为商祖。

复　赋敛重数，政为民贼。杼柚空虚，我去其室。

坤聚，故曰"赋敛"。重坤，故曰"重数"。坤为政，为民。伏巽为贼，震为杼柚。《诗》：杼柚其空。《笺》云：杼，持纬者；柚，受经者也。杼柚上下震动，故取象于震。坤虚。艮为室，艮倒，故去室。

无妄　阴阳隔塞，许嫁不答。宛丘新台，悔往叹息。

初阳伏阴下，艮止，故曰"隔塞"。女嫁曰归。震为归，为言，故许嫁。二至四震反，故曰"不答"。艮为丘，为台。宛丘，《陈风》篇名，悔嫁非其人而作也。震为叹息。《毛诗》谓刺陈幽公滛乱无度。新台，《邶风》诗篇名，《毛》谓刺卫宣公娶其子伋妻，国人恶之。林意似谓妇为夫弃也。

大畜　愿望登虚，意常欲逃。贾辛丑恶，妻不安夫。

艮为丘墟，为望，震为登，故曰"愿望登虚"。震为逃，伏坤为意。震伏巽，巽为商贾，纳辛，故曰"贾辛"。兑为丑恶。震夫兑妻，兑毁折而躁，故不安。《左氏·昭二十八年》：昔贾大夫恶娶妻而美，三年不言不笑。辛，大夫名。

颐　踬行窃视，有所畏避。蔽目伏藏，以夜为利。

震为踬行，艮为视。坤藏，故窃视，故有所畏避。艮为目。坤为夜，为利。

大过　信敏恭谦，敬鬼尊神。五岳四渎，克厌帝心，受福宜年。

乾为信敏，伏坤为恭谦。乾为惕，故曰"敬"。伏坤，故曰"鬼"。乾为神，兑伏艮，艮为尊，故曰"敬鬼尊神"。艮为岳，巽卦数五，故曰"五岳"。互大坎为河川，乾亦为江河，巽后天数四，故曰"四渎"。坤为心，巽伏震，震帝，故曰"帝心"。震为福，坤为受，为岁，故曰"受福宜年"。

坎　悬悬南海，去家万里。飞兔腰裹，一日见母，除我忧悔。

坎为海，伏离，故曰"南海"。震为万里，故曰"悬悬"。艮为家。震为马，为兔，坎为腰，故曰"飞兔腰裹"。飞兔、腰裹，皆良马名。离日，坎数一，故曰"一日"。本卦坤体，坤为母，乾二五之坤，故见母。坎为忧悔，震为除。

离　虽污不辱，因何跣足。童子褰衣，五步平复。

通坎。坎为污。坤为辱，坎折坤，故不辱。"跣足"者，赤足也。震足坎赤，故曰"跣足"。艮为童子。艮手为褰，震为衣，故曰"褰衣"。震为步，坎数五，坎平，故曰"五步平复"。

咸 宫城立见，衣就袂裾。恭谦自卫，终无祸尤。

通损。艮为宫城，震立，兑见。艮为衣，震口为袂，为裾。巽为恭谦，震为警卫。坤为自，为祸尤。震解，故无祸尤。

恒 敝笱在梁，不能得鱼。望食千里，所至空虚。

巽为绳，故为笱。笱，罟也。巽下断，故曰"敝"。艮为梁。巽为鱼，巽敝漏，故无得。伏艮为望，震为粒粟，为食，为千里。震为虚，故所至空虚。首句，《齐风》语。

遁 千里骓驹，为王服车。嘉其骊荣，君子有成。

乾为马，为赤，故曰"骓"。艮少为驹，乾为千里，故曰"千里骓驹"。乾为王。二至四通震，震为车，为服。乾为嘉荣。艮为君子，为成。

大壮 鼎足承德，嘉谋生福。为王开庭，得心所欲。

乾为德。震为足，数三，故曰"鼎足"。乾为福，为生，为嘉，为王，为开。伏艮为庭。兑悦，故得所欲。

明夷 右手无合，独折左指。禹汤失佐，事功不立。

艮为手，为指。先天坎西，故曰"右手"。艮覆，故指折。震左，坎折，坤寡，故曰"独折左指"。震为王，故曰"禹"。水在火上，故曰"汤"。震佐坎失，故曰"禹汤失佐"。坤为事，功不立。

家人 忧凶增累，患近不解。心意西东，事无成功。

坎为忧，为凶，为累，为患。坎陷，故不解。坎为心意，为西，离为东，故曰"心意西东"。巽为风，风散，故事无成功。

睽 东行食榆，困于枯株。夫妻无家，志穷为忧。

离东，兑食。坎为榆，皮可食。坎上下皆离，离科上槁，故困于枯株。株枯，则无皮可食。坎夫，离妻。艮为家，艮伏，故曰"无家"。坎为志，为忧。稽康《养生论》：榆令人瞑。《博物志》：啖榆则眠不欲觉。又《礼·内则》：粉榆以滑之。古盖常食榆皮。

蹇 五经六纪，仁道所在。正月繁霜，独不离咎。

离为文，故曰"经纪"。坎纳戊，数五，故曰"五经"。坎数六，故曰"六纪"。艮为道路，为反震，震为仁，故曰"仁道所在"。坎为中正，为月，为霜，重坎，故曰"正月繁霜"。坎为独，为咎。离，罹也。坎隐，故独不罹咎。"五经"者，五常。《汉书·贾谊传》：六亲有纪。"六纪"，即六亲也。《白虎通》：六纪者，诸父、兄弟、族人、诸舅、师长、朋友。正月，《小雅》篇名，忧乱而作。

解 懈缓不前，急惰失便。二至之戒，家无祸凶。刻木象形，闻言不信。

震往为前，坎陷，故懈缓不前，故急惰失便。坎为冬至，离为夏至，故曰"二至"。《复·象传》云：先王以至日闭关，商旅不行。又《月令》：是月斋戒掩身。故云戒。坎为室家，为凶祸。知戒故无祸。刻木象形，未详。坎为闻，震为言。坎上下两兑口相背，故云不信。

损 仁爱笃厚，不以所忿，害其所子。从我旧都，日益富有。

焦氏易林注

震为仁爱，艮为笃厚。乾为忿，乾三之上成艮，故不忿。《象传》所谓惩忿也。震子坤害，故害其所子。坤为都，伏乾为旧，为我，震为从，故曰"从我旧都"。坤为富有，艮为日，故曰"日益富有"。

益 缺破不成，胎卵未生，弗见兆形。

巽陨落，故缺破不成。震为胎卵，震生。坤拆为兆，为形，巽伏故弗见。

夬 摧角不伤，虽折复长。秉德无愆，老赖荣光。

艮为角，艮伏兑折，故摧角。然阳必长，故摧而不伤，折而复长。乾为德，为老。阳长，故无愆，故老而愈荣。

姤 乘桴浮海，免脱厄中，虽困无凶。

通复。震为桴，为乘，坤为海。坤厄震出，故免脱，故虽困无凶。

萃 孔鸾鸳雏，鸡雉鹈鹕，翱翔紫渊。嘉禾之圃，君子以娱。

通大畜。震为竹，为孔。坤为文，故为鸳鸳。艮鸟，故为鸡雉鹈鹕。卦为萃，故多若是。震为翱翔。兑为渊，乾赤，故曰"紫渊"。震为嘉禾。艮为圃，为君子。震乐故娱。

升 甘露温润，众来得愿。乐易君子，不逢祸乱。

兑为露，为润。坤为众，震乐，故众来得愿。通无妄。艮为君子，震乐乾易，故曰"乐易君子"。坤为祸乱，乾在外，故不逢。

困 东骑堕落，千里独宿。高岸为谷，阳失其室。

通贲。震为东，为骑，坎陷，故堕落。震为千里，坎为独，为宿，故曰"千里独宿"。艮为高岸，坎窞为谷，故曰"高岸为谷"。坎为室，为失。困刚掩，故曰"阳失其室"。《诗·小雅》：高岸为谷，深谷为陵。

井 八才既登，以成嘉功。龙降庭坚，国无灾凶。

通噬嗑。后天艮数八。震为才，为登，为嘉，为功。艮为成，故曰"以成嘉功"。震为龙，艮为庭。龙降、庭坚，乃八元之二人。庭坚，即皋陶字也。艮为国，坎为灾凶，震乐故无。

革 邯郸反言，父兄生患。竟涉忧恨，卒死不还。

通蒙。二至上正覆两震言相反，坤为国，故曰"邯郸反言"。乾父震兄，坎为患，震生，故曰"父兄生患"。坎为忧恨，为水，坤亦为水；震为涉，艮为终，故曰"竟涉忧恨"。震为还，坤死，故曰"卒死不还"。案，此似用《史记·陈涉传》事。"邯郸反言"者，言武臣反陈涉，自立为赵王。涉欲系其家属，后涉竟战死不得还也。

鼎 玉铣铁颐，仓库空虚。贾市无盈，与利为仇。

元本旧注：钟口两旁曰铣。盖乾为金玉，初至五正倒皆兑，兑为口，故曰"玉铣铁颐"。颐亦口。卦通屯，屯互颐也。屯艮为仓库，坤为空虚。巽为贾，为市，为利。坤虚，故无盈，故与利为仇。坎为仇也。

震　白鸟衔饵,鸣呼其子。旋枝张翅,来从其母。

震为白,互离为鸟,震口为衔,坎为饵,故曰"白鸟衔饵"。震为子,为鸣呼,为木,为枝,为张翅,为从,为来。坤为母。"来从其母"者,言阳反坤初也。

艮　学灵三年,圣且神明。先见善祥,嘉吉福庆。鸤鹊知来,告我无忧。

"学灵"者,学语也。三至上正反两震言相对,下震如何言,上即如言反答,故曰"学灵"。震为年,数三,故曰"三年"。坎为圣,震为帝,为神,艮为明,故曰"圣且神明"。震为善祥,为吉庆。艮为鸤鹊。震为来,为告。坎为忧,震出故无忧。

渐　云孽蒸起,失其道理。伤害年谷,神君乏祀。

坎为云,为孽。下得艮火,故能蒸起。伏震为起,为道。坎为失,故失其道里。震为年谷,巽陨落,故曰"伤害年谷"。震为神,为君。

归妹　春耕有息,利入利福。献豜大狐,以乐成功。

震为春,为耕。为生,故曰"息"。兑为秋,震为利福。秋收,故曰"入"。坎为豕,故曰"豜",曰"狐"。震为功,为乐也。

丰　赢豕踯躅,虎入都邑。遮遏左右,国门救急。

巽为豕,巽绳,故曰"赢豕"。震为踯躅。巽入,伏艮为都邑,为虎,故曰"虎入邑都"。艮止,故遮遏。震左兑右。艮为国门,坎险故急。震为救。

旅　东行西维,南北善迷。逐旅失群,亡我襦衣。

通节。震为东,为行,兑为西,巽绳为维。维,系也。震南坎北,坎又为疑,故曰"南北善迷"。震为逐。阴以阳为伴旅,旅卦下二阴随二阳,上一阴随一阳,故曰"逐旅"。坤众为群,坎为失。言否二升五,遗二阴在下,故曰"失群"。否上乾为衣,下坤为襦。今变旅,乾坤形变,故曰"亡我襦衣"。"东行西维"者,言身向东而心系属于西也。

巽　居室之伦,夫妇和亲。小人乘车,硕果失羕。

通震。中爻艮为居,坎为室。震夫巽妇,兑悦故和亲。震为车,为人,艮为小,故曰"小人乘车"。艮为硕果,两艮皆覆,故失羕。羕,养也。

兑　东方孟春,乘冰戴盆。惧危不安,终失所欢。

通艮。中爻震为东,为孟春。坎为冰,震为乘,坎在下,故乘冰。震为盆,艮为戴,故曰"戴盆"。坎为危惧。艮为终,兑为欢。

涣　风吹尘起,十里无所。南国年伤,不可安处。

巽为风,震口为吹。艮为沙石,为小,故为尘。震为起。艮为里,伏兑数十,故曰"十里"。坎隐,故无所也。震为南,艮为国,为时。坎灾风陨,故南国年伤。坎险,故不安。

节　重载伤车,妇女无夫。三十不室,独坐空庐。

震为车,为载,艮山在上,故曰"重载"。兑折,故伤。兑为妇女,震为夫。坎失,故无夫。震数三,兑数十,艮为室,坎隐,故三十无室。坎为独,艮为坐,为庐。离虚,故曰"空庐"。

中孚 败牛嬴马,与利为市,不我嘉喜。

中爻艮为牛,震为马。兑毁折,故曰"败",曰"嬴"。巽为利市,震为喜也。

小过 月出阜东,山蔽其明。章甫荐屦,箕子佯狂。

震为东,为出,艮为阜,兑月在山上,故曰"月出阜东"。艮山巽伏,故明隐。艮为冠,故曰"章甫"。震为履,为草,故曰"荐屦"。荐,草也。震为箕,为子,为狂。御章甫之礼冠,而下蹑草履,不恭甚矣,故曰"佯狂"。

既济 出入门所,与道开通。杞梁之信,不失日中。少季渡江,来归其邦,疾病危亡。

此用晋象。艮为门,为道。坎为木,为杞。艮为梁,坎为信。离为日中。艮为少季,坎为江。艮为邦,坎为疾病危亡。杞梁,齐大夫。襄公二十三年,齐与莒战,杞梁夜入莒地。莒子贿杞梁,使勿死战。杞梁曰,昏而受命,日未中弃之,亦君之所恶也。少季,未详。或指季札。林语似此者甚多,不能强解也。

未济 邑居卫师,如转蓬时,居之凶危。

此仍用晋象。坤为众,为兵,为师,为邑。坤为薪,为蓬。艮为时,为居。坎为凶危。

䷣坤上 离下 明夷之第三十六

他山之错,与璆为仇。来攻吾城,伤我肌肤,邦家骚忧。

震为玉,为璆。坤为城,为邦家。艮为肌肤,一二至五艮覆,故曰"伤我肌肤"。坎为仇,为忧。《诗·小雅·鹤鸣篇》:他山之石,可以为错。传:错,石也。可以琢玉,故与璆为仇。

之乾 践履寒冰,十步九寻。虽有苦痛,不为忧病。

此用遇卦明夷象。震为践履,坎为寒,为冰。坤数十,震数九,故曰"十步九寻"。《礼·王制》注:六尺为步。《周礼·地官·媒氏》注:八尺曰寻。坎为苦痛,为忧病。震在外,故解也。

坤 太公避纣,七十隐处。卒逢圣文,为王室辅。

此仍用明夷象。震为公,坤老,故曰"太公"。坤为恶,故曰"纣"。坎伏,故曰"避纣"。坤为文。坎为圣,为室,震为王,故曰"王室"。言太公遇文王,为周室辅也。

屯 日月之涂,所行必到,无有患悔。

艮日坎月。震为涂,为行。坎为患。

蒙 讽德诵功,美风盛隆。旦辅成周,光济冲人。

震为功德,为言。正反震,故曰"讽诵"。震为周,为盛,为旦。艮为光,坎为和。冲,和也。震为人。冲人,成王也。旦,周公也。

需　童子无室,未有配合,空坐独宿。

伏艮为童子。坎为室,兑毁,故无室。坎为合,二五不相应,故无合。坎为独,为宿。

讼　穿鼻系株,为虎所拘。王母祝词,祸不成灾,惠然肯来。

艮为鼻,坎为穿。初至四艮,二阳穿其中,故曰"穿鼻"。此与入于渊入字同义,皆谓二也。巽为系,为木,故曰"系株"。言既穿其鼻,复系于木上也。乾为虎,为王。巽为母,故曰"王母"。伏震为祝。坎为祸,离为灾,风散故脱。

师　黄帝神明,八子圣聪。佚受大福,天下平康。

震为帝,坤黄,故曰"黄帝"。坎为圣,为聪。坤卦数八,震为子,故曰"八子"。震为福。坤为天下,坎为平,故天下平康。

比　深谷为陵,衰者复兴。乱倾之国,民得安息。中妇病困,遂入冥室。

艮为谷,为陵。坤为国,为乱,为民。艮止为安息。火为水妃,火伏,故曰"中妇病困"。坎为室,为冥,坤为死。入冥室,言死也。卦坎为水,坤又为水,故离火病也。《诗·小雅》:高岸为谷,深谷为陵。

小畜　道远辽绝,路宿多悔。顽嚣相聚,生我畏忌。

乾为道路,为辽远。坎为宿,坤为悔,故曰"路宿多悔"。坤为聚,为恶,故曰"顽嚣相聚"。震为生,坎为畏。皆用伏象。

履　旦树菽豆,暮成藿羹。心之所乐,志快心欢。

伏谦。震为旦,为树,为菽豆。坎为暮,巽为藿羹。坎为心,震为乐。

泰　切切之患,凶忧不成。虎不敢啮,利当我身。

坤为患,为凶忧。兑为虎,为啮。坤为我,为身。伏巽为利。

否　王伯远宿,长妇在室。异庖待食,所求不得。

震为王,为伯。坤为宿,震伏不见,故曰"远宿"。巽为长妇,互艮为室,故曰"长妇在室"。艮为庖,为待,伏兑为食。艮为求。言与庖厨离异,不能得食也。

同人　寒燠失时,阳旱为灾,虽耗无忧。

乾寒,离火,故曰"寒燠失时"。离为阳旱,为灾。巽陨落,故曰"耗"。故为忧,坎伏,故无忧。

大有　虽穷复通,履危不凶,得其明功。

此用遇卦明夷象。震为通,为履。坎在震下,故曰"履危"。

谦　狼虎所宅,不可以居,为我患忧。

艮为虎狼,为宅。坎坤皆为忧患,故不可居。

豫　喋嗫嚜嚾,昧冥相抟。多言少实,语无成事。

震言,故曰"喋嚜"。嗑,大笑;叹,喧嚣也。卦正反艮,故曰"相搏"。正覆震相背,故曰"多言少实,语无成事"。

随 履冰蹈凌,虽困不穷。播鼓登岩,卒无忧凶。

明夷坎为冰凌,震为蹈履。为通,故不穷。震为鼓,互艮手,故曰"播鼓"。艮为岩,震为登。言登山击鼓也。

蛊 文文墨墨,祸福相杂。南北失志,东西不得。

震东兑西,震亦为南,北象或指大坎。

临 争讼不已,更相谈询。张季弱口,被发北走。

详《大畜之家人》。

观 德积逢时,宜其美才。相明辅圣,拜受福休。长女不嫁,后为大悔。

坤为积。艮为时,为明。伏乾为圣,为休福。艮为拜,故拜受福休。巽为长女。震为嫁,震伏故不嫁。

噬嗑 江水沱汜,思附君子。仲氏爱归,不我肯顾,俟娣悔恨。

详《遁之巽》。

贲 光祀春成,陈宝鸡鸣。阳明失道,不能自守,消亡为咎。

详《大有之井》。

剥 惊虎无患,虞为我言,赖得以安。

艮为虎,坤为患,艮安故无患。虞,虞人,守山泽之官。艮为官,为山,故艮为虞人。反震为言。

复 伪言妄语,转相诖误,不知狼虎。

震为言,坤虚,故曰"伪妄",曰"诖误"。艮为狼。艮覆坤迷,故不知。

无妄 履隙自敌,凶忧来到,痛不能笑。

互巽为隙。震为履,为笑。伏坤为凶忧,故不能笑。

大畜 牵尾不前,逆理失臣,惠朔以奔。

艮为尾,为牵,艮止故不前。坤为理,为臣,坤伏故失臣。乾为朔,互震为奔。卫惠公名朔,初,谮急子于宣公,公令急子使齐。其弟寿知之,先往,盗杀之。急子至,又杀之。及朔即位,为诸公子所恶,故出奔。见《左传·桓十六年》。

颐 三狸捕鼠,遮遍前后。死于环城,不得脱走。

详《离之遁》。

大过 言笑未毕,忧来暴卒。身加槛缆,囚系缚束。

大过为棺椁,故为死卦。兑口,故曰"言笑"。伏坤为忧,为身。艮为槛。《史记·陈平传》:哙受诏,即反接,载槛车,传诣长安。巽为绳,故曰"缆"。缲,继也。卦大坎,坎为囚,巽为系缚。汉人以大过为死卦,故象如此。

坎　阴积不已,云作淫雨。伤害平陆,民无室屋。

坎为积,为云,为雨。重坎,故曰"淫雨"。艮为平陆,为室屋,为民。坎陷,故伤害,而无室庐也。

离　山林麓薮,非人所处。鸟兽无礼,使我心苦。

伏艮为山麓,巽为林。

咸　新作初陵,逾蹈难登。三驹推车,跌顿伤颐。

艮为陵。震为逾蹈,为登。震伏,故难登。言始皇初即位,即穿治骊山为陵,其高大难登也。震为驹,为车,数三,故曰"三驹"。兑毁折,故曰"跌顿"。兑又为颐。

恒　魂微惙惙,属纩听绝。扩然大通,复更生活。

乾为魂,陷阴中,成大过。大过死,故曰"魂微惙惙"。惙惙,短气貌。巽为纩,兑为绝。震为通,为生。震在上,出大过,故更生也。

遁　栾子作殃,伯氏诛伤。州犁奔楚,去其邑乡。

通临。震木,故曰"栾子"。坤为殃,为诛伤。震为伯,故伯氏诛伤。震为犁,坤为州,震为奔,为楚。坤为邑,为乡。《左传·成十五年》:晋三郤杀伯宗及栾弗忌,伯宗子伯州犁奔楚。

大壮　骄胡犬形,造恶作凶。无所能成,还自灭身。

通观。坤为胡,艮为犬,故曰"骄胡犬形"。坤为凶恶,为身。兑毁,故无成。坤死,故灭身。

晋　陈辞达情,使安不倾。增荣益誉,以成功名。

艮为荣誉,为名。

家人　三杞无枣,家无积莠。使鸠求妇,顽不我许。

巽为杞,离卦数三,故曰"三杞"。巽为不果,故无枣。巽为茅,为莠。坎为积,为室家。莠在火上,故曰"家无积莠"。离为鸠,巽为妇。巽为反兑,言反故不许。

睽　慎祸重患。颜子为友,乃能安存。牢户系羊,乃能受福。

坎为祸患。伏艮为颜,与下兑为友。坎为牢,兑羊在坎下,故曰"系羊牢户"。坎陷,故曰"系"。

蹇　鹿得美草,鸣呼其友。九族和睦,不忧饥乏。

详《同人之蹇》。

解　亡玉失鹿,不知所伏。利以避危,全我生福。甘雨时降,年岁有得。

震为玉,为鹿。坎为隐伏,故亡失。坎为甘雨。震为年,为谷。

损　逢时积德，身受福庆。

积德，宋元本作得当，辰汲右。

益　鹊思其雄，欲随凤东。顺理羽翼，出次须日。中留北邑，复反其室。

艮为鹊。坤为凤，震为束，为随，故欲随凤东。震为羽翼。艮为日，艮止，故曰"须日"，曰"中留"。坤为邑，为北。艮为室。

夬　环堵倚锄，升斗属口。贫贱所处，心寒悲苦。

此用明夷象。坤为堵，震为锄。为升斗，为口。坤为贫贱。坎为心，为寒，为悲苦。

姤　孤独特处，莫依为辅，心劳志苦。

巽为寡，故曰"孤独"。伏坤为心志，为劳苦。

萃　稷为尧使，西见王母。拜请百福，赐我喜子，长乐富有。

此用明夷象。互震为稷，又为帝，为尧。坎为西，震为王，坤为母，故曰"王母"。震为百，为福，为富有，又为喜子。喜子，蟏蛸也。刘勰《新论》：野人书见嘻子者，以为有喜乐之瑞。

升　鸣条之灾，北奔犬胡。左衽为长，国号匈奴。主君旄头，立为单于。

详《屯之无妄》。

困　绝而复通，虽危不穷。终得其愿，姬姜相从。

兑为绝，坎为通，故绝而复通。坎为危。巽为姜，伏震为姬。

井　阳并悖狂，拔剑自伤，为身生殃。

并，夜宋本，汲右、元本"氏"。生，宋元本作坐，依汲右。

革　方圆不同，刚柔异乡。掘井得石，劳而无功。

互乾为圆，伏坤为方。乾刚坤柔，故曰"异乡"。兑为井，乾为石，互巽亦为石。伏坎为劳。掘井得石，不能再掘，故劳而无功。

鼎　乘风驾雨，与鸣鸟俱。动举千里，见我爱母。

通屯。震为乘，坤为风，故曰"乘风"。坎为雨，故曰"驾雨"。震为鸣，艮为鸟。坤为千里，为母。

震　三涂五岳，阳城太室。神明所扶，独无兵革。

详《需之蒙》。

艮　鸤鸠娶妇，深目窃身。折腰不媚，与伯相背。

艮为鸤鸠，震为娶，伏兑为艮妇。互大离，故曰"深目"。艮为身，坎隐，故曰"窃身"。坎为腰，为折。兑为媚，兑伏，故曰"不媚"。互震为伯，为反艮，故曰"相背"。

渐　转行轨轨，行近不远。旦夕入门，与君笑言。

伏震为旦，坎为夕。艮为门，巽入。震为君，为笑言。

归妹 求利难国,逃去我北。复归其城,不为吾贼。

伏艮为求,为国,为城。巽为利,在外,故曰"离国",曰"逃去"。坎为北,为贼。巽亦为贼。兹曰"不为吾贼",似用伏巽。

丰 日月之涂,所行必到。无凶无咎,安宁不殆。

离日兑月。伏震为大涂,为行。伏艮为安宁。

旅 管仲遇桓,得其愿欢。胶目启牢,振冠无忧。笑喜不庄,空言妄行。

通节。震为管,坎为仲,震为桓。桓,木表也。故曰"管仲遇桓"。震为欢。兑为泽,为胶,上离,故曰"胶目"。坎为牢,互震,故曰"启牢"。艮为冠,为手,故曰"振冠"。坎忧震解,故曰"不忧"。《吕氏春秋》:鲁送管仲于齐,鞔其拳,胶其目。

巽 出入蹜践,动顺天时。俯仰有节,祸灾不来。

巽入震出。伏艮为天,为时,巽顺。离为祸灾。

兑 内崩中伤,上乱无常。虽有美粟,我不得食。

互离为乱,兑毁,故曰"内崩中伤"。兑为常,乱故无常。互巽为粟,兑为食。

涣 逐祸除患,道德神仙。遍恶万里,福常在前,身乐以安。

坎为患,震为逐。艮为寿,故曰"仙"。震为神,为道德,为福,为乐。艮为身。

节 牛惊马走,上下浑扰。鼓音不绝,顷公奔败。

艮为牛,震为马,正反艮震,故曰"牛惊马走",上下浑扰。震为鼓,为音,为公。兑毁折,故败。

中孚 西上九阪,往来流连。止须时日,虚与有得。

兑西,震为阪,数九,故曰"西上九阪"。正覆艮震,故曰"往来流连"。艮为时日,艮止故曰"须"。

小过 虎怒捕羊,猲不能攘。

艮虎,兑羊。卦是坎形,故曰"猲"。猲能伏虎,见《龟策传》注。

既济 涌泉涓涓,南流不绝。卒为江海,坏败邑里,家无所处。将师袭战,获其丑虏。

重坎,故泉流不绝,故为江海。离为南。

未济 桃弓苇戟,除残去恶,敌人执服。

此用遇卦明夷象。震为桃、苇,坎为弓,离为戟。丁云:《左传·昭四年》,桃弧棘矢,以除其灾。又,《太平御览》引《礼稽命徵》曰:桃弧苇矢,以除疾殃。

焦氏易林注卷十

☴ 巽上　离下　家人之第三十七

天命赤乌，与兵微期。征伐无道，诛其君傲，居止何忧。

坎为赤，离为乌，巽为命。离为兵戈，伏震为征伐。震为大涂，为君。震伏，故曰"无道"，曰"诛其君"。坎巽皆为伏，故曰"居止"。《史记·周本纪》：武王伐纣，有赤乌流于王屋。首二句，谓天以赤乌示瑞，示伐纣之期至也。

　之乾　千岁槐根，身多斧瘢。伤夷倒掘，枝叶不存。

乾为千岁，家人巽为槐。兑为斧，初二三四皆兑形。艮为节，为瘢，二三四五皆艮形，故曰"身多斧瘢"。巽陨落，故曰"伤夷"，故无"枝叶"。

　坤　嗂嗂谔谔，虎豹相䶩。畏惧悚息，终无难恶。

此亦取遇卦家人象。家人重离，离正反兑口相对。嗂嗂谔谔，语多貌。离正反兑相对，艮为虎豹，故曰"相䶩"。䶩亦兑象也。坎为畏惧。

　屯　娶于姜吕，驾迎新妇。少齐在门，夫子欢喜。

震为娶。伏巽为姜吕，为震妇，为少齐。坤为门。震为夫子，为喜。《左传·昭三年》：少姜有宠于晋，谓之少齐。

　蒙　膏壤肥泽，民人孔乐。宜利居止，长安富有。

坎为膏泽。坤为壤，为民人。互震为孔乐。艮止，故利居。坤为安，震为长，故曰"长安"。坤多，故曰"富有"。

　需　主有圣德，上配太极。皇灵建中，授我以福。

乾为圣，为主。乾天，故配太极。乾为帝，为皇，为福。坎为中。

　讼　耄老蒙钝，不见东西。少者弗慕，君不与谋。悬舆致仕，退归里居。

乾为老。离东坎西，坎隐，故不见东西。兑为少，乾为君。今兑口向下，与乾君背，故曰"弗慕"，曰"君不与谋"。伏坤为舆，在上，故曰"悬舆"。艮为官，为仕，伏震艮覆，故曰"致仕"。震为归，坤为里。

　师　三狂北行，道逢大狼。暮宿患宅，为祸堪伤。

震为狂，数三，故曰"三狂"。坤北，故曰"北行"。震为行，为道。艮为狼，狼首向内，与坎室连,故曰"患宅"。坤为暮,坎为宿,为患,为室,故曰"暮宿患宅"。

比 更旦初岁,振除祸败。新衣元服,拜受利福。

震为旦,震覆,故曰"更旦"。坤为岁,为祸败。艮手,故曰"振除祸败"。坤为衣服,坤黑,故曰"元服"。艮手为拜,坤为受。一阳居五,群阴拱之,故云利福。指五。

小畜 杲杲白日,为月所食。损上毁下,郑昭出走。

互离为日,兑为月。兑侵入离体之半,故曰"日为月所食"。巽为损,在上,故曰"损上"。兑毁折,在下,故曰"毁下"。伏坎为郑,离为昭。郑昭名忽,桓公十一年出奔。

履 君子失意,小人得志。乱扰并作,奸邪充塞。虽有百尧,颠不可救。

通谦。艮为君子,在下,故失意。坤为小人,在上,故得志。坎为失,为志。坤为乱,为奸邪。震为帝,坤为百,故曰"百尧"。正反震,故曰"颠"。

泰 仁德利洽,恩及异域。泽被殊方,福庆隐伏。作蚕不织,寒无所得。

乾为仁德,兑为恩泽,坤为方域。乾为福庆,在下,故隐伏。巽为蚕,巽覆,故不织。乾为寒。

否 东求金玉,反得弊石。名曰无宜,字曰丑恶,众所贱薄。

伏震为东,艮为求,乾为金玉。艮为石,互巽,故曰"弊石"。艮为名。坤为字,为丑恶,为众,为恶。为贱。

同人 击鼓合战,士怯叛亡。威令不行,败我成功。

通师。震为鼓,为战,为士。坤柔,故曰"怯"。震为往,为亡,为威令。坤闭,故不行。坤丧,故败。

大有 仲春孟夏,和气所舍。生我嘉福,国无残贼。

伏震与坎连,故曰"仲春"。巽为孟夏。坎为和。舍,发也。伏艮为国,坎为贼。首二句言春夏之交,阳和之气发生也。用家人象。

谦 尹氏伯奇,父子生离。无罪被辜,长舌为灾。

震为伯,为父,又为子。正反震相背,故曰"生离"。坤为罪辜。兑为舌,震形似兑而长,故曰"长舌"。坤为灾。伯奇,尹吉甫子,为后母所谮,被放逐。

豫 五谷不熟,民苦困急。驾之新邑,嘉乐有得。

震为谷,坎纳戊,数五,故曰"五谷"。坤丧,故不熟。坤为民,坎为困苦。震为驾,为乐。坤为邑。

随 登虚望贫,暮食无飧。长子南戍,与我生分。

震为登,艮为虚。《诗》:登彼虚矣。艮为望。巽陨落,故曰"贫"。兑为暮,为食。震为长子,为南。艮守,故曰"南戍"。艮为我,正反艮,故曰"生分"。震为生。

蛊 东市齐鲁,南贾荆楚。羽毛齿革,为吾利宝。

巽齐,兑鲁。震为东,为南。巽为市,为贾。震为荆楚,故东市齐鲁,南贾荆楚。震为羽毛,兑为齿,艮为革。巽为利,震为宝。

临 节情省欲,赋敛有度。家给人足,公刘以富。

坤为情欲。为吝啬,故曰"节省"。坤为聚,故曰"赋敛"。坤多,故曰"家给人足"。坤为杀,震为公,故曰"公刘"。公刘,周祖也。

观 恭宽信敏,功加四海。辟去不祥,喜来从母。

坤柔,故曰"恭宽"。艮止,故信。风散,故敏。坤为海,巽数四,风散,故功加四海。坤死,故不祥。巽伏,故避去不祥。伏震为喜,坤为母。

噬嗑 张狂妄行,与恶相逢。不得所欲,生我独凶。

震为张狂,为行。遇坎陷,故曰"与恶相逢",故曰"不得所欲"。

贲 画龙头颈,文章不成。甘言美语,诡辞无名。

贲,饰也,故曰"画"。震为龙,艮为头颈。离为文章,坎黑而隐伏,故文章不成。三至上正反震,故曰"甘言美语",故曰"诡辞"。艮为名,坎伏,故无名。

剥 骑龙乘风,上见神公。彭祖受刺,王乔赞通。巫咸就位,拜寿无穷。

伏乾为龙,坤为风,一阳在上,故曰"骑乘"。乾为神,为公。艮为寿,故曰"彭祖"。艮阳在上,故曰"刺"。刺,谒札也。王乔,古仙人,亦艮象。巫咸,王逸《离骚注》:古神巫也,殷中宗之世下降。伏兑为巫。"彭祖受刺"者,言欲见神公,彭祖受谒札。"王乔赞通"者,言见神公时,王乔为通其名也。艮为拜,为寿。

复 温仁君子,忠孝所在。八国为邻,祸灾不处。

坤柔,故曰"温仁",曰"忠孝"。震为君,为子,故曰"温仁君子"。震为邻,坤为国,卦数八,故曰"八国为邻"。坤为祸灾,震解,故不处。

无妄 威权分离,乌夜徘徊。群蔽月光,大人诛伤。

震为威,巽为权,初至四正反震,故曰"分离"。艮为乌。伏坤为夜,为群。兑为月,兑伏,故月为坤黑所蔽也。乾为大人,坤杀,故诛伤。此必有故实,或以《左氏》楚幕有乌,及城上有乌,齐师其遁当之,皆不合。俟考。

大畜 学灵三年,圣且神明。明见善祥,吉喜福庆。鸲鹆知来,告我无忧。

详《小畜之渐》。

颐 东山辞家,处妇思夫。伊威盈室,长股羸户。叹我君子,役日未已。

震为东,为夫。艮为山,为室家,为君子。巽为震妇,巽伏,故曰"处妇"。坤为心,为思。巽为虫,故曰"伊威"。《诗传》:伊威,委黍也。陆机云:生瓮底,似白鱼也。《诗疏》:即长脚小蜘蛛。羸,宋衷《易》羸豕注:以羸为大索。陆绩、虞翻皆读作缧。"长股羸户"者,言蜘蛛作网于户。元本旧注疑羸为赢,误之远矣。巽为股,为长,故曰"长股"。《诗》:蠨蛸在户。传:蠨蛸,长踦。是焦《诗》与《毛》同也。

大过 张颔开口,舌直距齿。然诺不行,政乱无绪。

兑为口,为颔,为舌,为齿。乾为直,兑为言。正覆兑相背,故曰"舌直距齿",曰"然诺不行"。伏坤为政,为乱,巽为绪。

坎　吹角高邦,有失牛羊,众民惊惶。敬慎避咎,敕不行殃。

互艮为角,为高邦。震口为吹,为羊。艮为牛。坎为失,故有失牛羊。坎为众,为民,震为惊。艮为敬慎。

离　南行出城,世得福祉。王姬归齐,赖其所欲。

通坎。震为南,为行。艮为城,为世。震为福祉,为王,为姬,为归。巽为齐。

咸　心狂志悖,视听耸类。政令无常,下民多孽。

通损。坤为心志,震为狂。艮为视,坤为类。艮一阳在坤上,故曰"耸类"。坤为政,巽为令。二至上正反巽,故曰"无常"。坤为下民,为孽。

恒　安上宜官,一日九迁。逾群越等,牧养常山。

通益。艮为山,为上,为官。乾为日,卦数一,故曰"一日"。震数九,故曰"九迁"。坤为群,为等,为牧养。震为迁,故曰"逾越"。艮为山,坤北,故曰"常山"。常山,北岳也。

遁　东邻嫁女,为王妃后。庄公筑馆,以尊王母。归于京师,季姜悦喜。

详《屯之观》。

大壮　六甲无子,以丧其戊。五丁不亲,庚失曾孙,癸走出门。

乾纳甲,震为子,兑毁折,乾数六,故曰"六甲无子"。坎居于方,纳戊。六甲始于子,今无子,故曰"以丧其戊"。互兑纳丁,伏巽卦数五,故曰"五丁"。乾健震健,兑刚远行,故不亲。震纳庚,艮为曾孙。艮覆,故曰"失"。坤上卦纳癸,乾为门,震出。大壮五上皆坤爻,在外,故曰"癸走出门"。

晋　阴雾不清,浊政乱民。孟秋季夏,水坏我居。

坎为阴雾,为混浊。坤为政,为民。伏兑为秋,兑与离连,故曰"孟秋"。上离为夏,离与艮连,故曰"季夏"。坤坎皆为水,艮为居。坎破,故曰"坏"。孟秋、季夏,用象之精,非夷所思。

明夷　骑豚逐羊,不见所望。径涉虎庐,亡豚失羊。

震为骑,坎为豕,震为羊。离为望,坎隐,故不见。又豚行缓,亦不能及也。艮为虎,艮反,与坎室连,故曰"虎庐"。坤为丧,故曰"亡失"。

睽　安床厚褥,不得久宿。弃我喜晏,困于南国。投杼之忧,不成祸灾。

伏蹇。艮为床,坎为宿。离为南,艮为国,故曰"南国"。坎为杼。《战国策》:甘茂曰,昔曾参之母方织,人谓曾参杀人,三告之,其母投杼而走。

蹇　五方四维,安平不危。利以居止,保有玉女。

坎纳戊数五,伏兑纳丁数四,故曰"五方四维"。艮为安,为居止。坎为危,艮安,故不危。伏兑为女,艮坚,故曰"玉女"。

解　西贾巴蜀,寒雪至穀。欲前不得,反复其室。

坎位西，伏巽为贾。巽在西南，故曰"巴蜀"。坎为寒，为雪，为毅。坎陷，故不能前。震为反，坎为室。

损　刚柔相呼，二姓为家。霜降既同，惠我以仁。

兑为刚，互坤为柔。正反震，故曰"相呼"。坤为姓，数二，故曰"二姓"。艮为家。坤为霜，为我。震为仁。家音姑。《荀子·大略篇》：霜降逆女，冰泮杀内。言嫁娶始于霜降，至冰泮而止。

益　天马五道，炎火分处，往来上下。相随哭歌，凶恶如何。

震为马，为大涂，艮为天，巽卦数五，故曰"天马五道"。《晋书·天文志》：王良五星，一名天马。艮为火，正反艮，故曰"分处"。震为往，正反震，故曰"往来上下"。震为歌，震之反则哭矣。《中孚·六二》云"或泣或歌"，林所本也。坤为凶恶。

夬　出门怀忧，东上祸丘。与凶相遇，自为灾患。

通剥。坤为门，为忧祸，为凶灾。艮为丘，乾坤纳甲乙，故曰"东上祸丘"。

姤　西行求玉，冀得隋璞。反见凶恶，使我惊惑。

通复。震为行，为玉璞。坤为凶恶，为惑。震为惊。

萃　出入无妄，动作失利。衔忧怀祸，使我多悴。

伏震为出，巽为入。坤丧，兑毁，故无妄。妄，西汉人皆读为望。兑口为衔。坤为忧祸，为我。

升　高楼无柱，颠僵不久。纣失三仁，身死牧野。

坤为重，故曰高楼。本弱，故无柱。巽陨，故颠僵。坤恶，故曰"纣"。震为仁，数三，故曰"三仁"。兑毁折，故失三仁。坤为身，为野，为养，故曰"牧野"。坤杀，故曰"身死"。

困　避祸逃殃，身全不伤。高位疾颠，华落坠亡。

坎为灾，故曰"祸殃"。坎隐，故曰"避逃"。伏艮为身，在外，故曰"身全不伤"。艮为位，在上，故曰"高位"。巽陨，故颠。兑为华，巽落，故"坠亡"。

井　张牙反目，怒䏝作怒。狂马挠犬，道惊伤轸。

兑为牙，离为目。坎两半离相背，故曰"反目"。兑为䏝，伏震为怒，为狂。伏艮为犬，艮止，故狂。马竟为犬所挠，而车惊伤轸也。震为道，为惊，兑为伤。轸象或属坎。

革　泉涸龙忧，箕子为奴。干叔陨命，殷破其家。

详《泰之剥》。

鼎　向食饮酒，嘉宾聚会。牂羊大猪，君子饶有。

通屯。坎为酒，兑口为饮。震为嘉宾，坤为聚，故曰"嘉宾聚会"。兑为羊。巽为豕，与乾连。乾为牡，为大，故曰"牂羊大猪"。艮为君子。

震　黄牛骓犊，东行折角。冀得百祥，反亡我囊。

艮为牛犊，震为玄黄，故曰"黄牛"。坎赤，故曰"骓犊"。艮为角，震东，坎破，故东行折角。震为百，为祥。坤为囊。坤初变阳，囊之形毁矣，故曰"亡"。

艮 路多枳棘，步刺我足。不利旅客，为心作毒。

详《遯之艮》。

渐 执斧破薪，使媒求妇。和合二姓，亲御饮酒。召彼邻里，公姑悦喜。

艮手为执，伏兑为斧。巽为薪，坎为破，故曰"破薪"。《诗·豳风》：伐柯如何，匪斧不克。娶妻如何，匪媒不得。坎为合，为媒。艮为求，巽为妇。坤为姓，数二，坎入坤，故曰"和合二姓"。坎为酒。按《礼·昏义》：婿亲御妇车三周，共牢而食，合卺而酳。亲御饮酒，皆古礼也。艮为邻里。巽为母，震为公，为悦喜。

归妹 驾车出门，顺时宜西。福佑我身，安宁无患。

震为驾，为车，伏艮为门。兑为西。卦春夏秋冬皆备，故曰"顺时"。

丰 日新东升，魁杓为祸。仆台为秦，使我久坐。

离为日，为新。震为东，为升，为魁杓。又伏艮为星，卦数七，斗七星，故曰"魁杓"。"魁杓"者，斗柄也。斗柄所指，四时以成。《易》《六二》《九四》皆不吉，皆曰"日中见斗"，故曰"为祸"。又魁杓，即魁罡也，亦谓天罡。《涣之比》云：行触天罡，马死车伤。《睽之渐》曰：魁罡所当，初为败殃。

旅 山陵丘墓，魂魄室屋。精光竭尽，长卧无觉。

艮为山丘，为室屋。震为精光。震伏风隐，故曰"竭尽"。艮为卧。

巽 孩子贪饵，为利所说。探釜把甑，烂其臂手。

伏震为孩子，为饵。巽为利。震为说，为釜甑。巽为烂，艮为手，为臂。言孩子无知，贪饼饵微利，探手釜甑，为沸汤所伤也。

兑 何材待时，闭户独愁。蚯蚓冬行，解我无忧。桑蚕不得，女红无成。

何、荷同。伏艮为材，为负何，为待，为时，故何材待时。艮为门。坎为闭，为愁。坎孤，故闭门独愁。互巽为蚯蚓，伏坎为冬。震为解，故无忧。巽为桑，为蚕。为工。故曰"女红"。红同工。《汉书·郦食其传》：红女下机。师古读红为工。兑毁，故无成。

涣 解商惊惶，散我衣装，君不安邦。

震为解，为商旅，为惊惶，为衣装，为君。艮为邦，正反震，故不安。

节 害政养贼，背主入愆。跛行不安，国危为患。

坤为政，坎折坤，故曰"害政"。坎为贼。震为主，艮为背，为覆震，故"背主"。震为足，兑折，故跛行。艮为国，坎为危。

中孚 祸走患伏，喜为我福。凶恶消亡，灾害不作。

巽为伏，兑为祸患，震行，故曰"祸走患伏"。震为喜，为福。兑刚鲁，故曰"凶恶"。毁折，故曰"灾害"。兑覆为巽，巽敝漏，故曰"凶恶消亡"，曰"灾害不作"。

小过 老马为驹，病鸡不雏。三雌独宿，利在山北。

震为马，艮为寿，故曰"老马"。兑少，故曰"驹"。巽为鸡，为疾，故曰"病鸡"。兑为雏，为雌。震数三，故曰"三雌"。巽为独，为伏，故曰"独宿"。巽为利。上震为覆艮，故曰"山北"。中孚二至四艮覆，曰"鸣鹤在阴"，在山阴也。兹曰"山北"，义同。

既济　播天舞光地乳神所，守乐无咎。

此皆用半象。

未济　异国殊俗，情不相得。金木为仇，酉贼擅杀。

睽之第三十八　离上兑下

仓盈庾亿，宜稼黍稷，年岁丰熟。

详《乾之师》。

之乾　被服文衣，游观酒池。上堂见觞，喜为吾兄，使我忧亡。

此兼用遇卦象。乾为衣，睽互离为文。坎为酒，为忧。兑为池。

坤　邑姜叔子，天文在手。实沈参虚，封为晋侯。

详《随之恒》。

屯　改柯易叶，饭温不食。豪雄争强，先者受福。

震为柯叶，坤杀，故更改。坎为饮食，下有艮火，故曰"饭温"。坤闭，故不食。震为雄强，为福。初至五正反震，故曰"争强"。

蒙　馨香陟降，明德上登。社神佑顾，命予大邻。

伏巽为臭，故曰"馨香"。二至上正反震，故曰"陟降"。艮为明，震为德，为登。艮阳在上，故曰"上登"。坤为社，震为神，艮为雇。伏巽为命，震为邻，震言，故曰"命予大邻"。

需　老狼白狴，长尾大胡。前颠却踬，进退遇祟。

此用伏象，艮为狼，下坤，故曰"老狼"。狴，犬也。艮为犬，故曰"白狴"。艮为尾，为胡。胡，领肉下垂也。艮形长，故曰"长尾大胡"。坎陷，故前颠却踬。《诗》，狼跋其尾、狼跋其胡是也。

讼　山没丘浮，陆为水鱼，燕雀无庐。

详《观之大有》。

师　懿公浅愚，不受深谋。无援失国，为狄所灭。

详《比之家人》。

比　鼎炀其耳，热不可举。大涂塞壅，旅人心苦。

详《观之中孚》。

小畜 凶声丑言,恶不可闻。君子舍之,往恨我心。

通豫。坤为凶,为丑。震为声,为言。坎为闻,坤恶,故不可闻。艮为君子。坎为恨,为小。

履 昧暮乘车,履危蹈沟。亡失群物,摧折两轴。

见前。

泰 南有嘉鱼,驾黄取鲂。鲂鲔詉詉,利来无忧。

详《离之中孚》。

否 隔在九山,往来劳难。心结不通,失其所欢。

艮为山,乾数九,故曰"九山"。艮止,故曰"隔"。坤役万物,故曰"劳难"。坤为心,为失。坤闭,故不通。震为欢,二至四震覆,故不欢。

同人 下流难居,狂夫多疲。贞良温柔,年岁不富。

通师。坤水,坎水,阳在下,故曰"下流难居"。震为夫,为狂。坤柔,故曰"疲"。坎冬,故曰"贞"。坤为年岁,坤穷,故曰"不富"。

大有 狐狸雄兔,畏人逃去。分首窜匿,不知所处。

通比。离为雄,艮坎皆为狐狸。坎为畏,坎隐伏,故曰"逃去",曰"窜匿"。坎为首。乾亦为首,乾在下,坎伏,故曰"分首窜匿"。

谦 异体殊俗,各有所属。西邻孤妪,欲寄我室。主母骂詈,终不可得。

坤为体,为俗,中为一阳所隔,故曰"异体殊俗"。伏兑为西,震为邻,巽为寡,故曰"西邻孤妪"。互坎为室,艮止,故曰"欲寄我室"。震为主,坤为母。正反震相背,故曰"骂詈"。艮为终。

豫 怒非怨妒,贪得腐鼠。而呼鹰鹯,自令失饵,致被困患。

震为怒,坎为妒。为鼠,伏巽,故曰"腐鼠"。震为呼,艮为鹰鹯。坤为失,震为饵。坎为困。言自得腐鼠而呼鹰鹯,致为所夺。语袭《庄子》。

随 五心六意,歧道多怪。非君本心,生我恨悔。

巽卦数五,互坎为心意,数六,故曰"五心六意"。艮为道路,正反艮,故曰"歧道"。坎为怪,互大坎,故曰"多怪"。震为君,为生。坎为心,为恨。

蛊 三班六黑,同室共食。日长月息,我家有德。

楚人呼虎为班。艮为虎,数三,故曰"三班"。黑,豕也。《诗·小雅》:以其骍黑。传:黑,豕也。巽为豕。艮为室。兑为食,为月。艮为日,为家。震为息。言德能咸物,使虎豕同居也。

临 方船备水,旁河燃火,终身无祸。

震为船,坤方,故曰"方船"。方,并也。坤为水,为河。伏艮为火,为终。坤为身,为祸。震解,故无祸。言有船则无水患,旁河则无火患也。

观 翳屏独语,不闻朝市。以利居服,兔跛后閵。

艮为屏。坤为寡,故曰"独"。伏兑为语,巽为翳。翳屏独语,隔屏独语也。坤为朝市,为利。兑为耳,兑覆,故不闻。艮为居。震为兔,兑折,故曰"兔跛"。

噬嗑 居处不安,徒反触患。

艮为居处,正反艮,故不安。震为徒,前与坎遇,故曰"触患"。

贲 剥刡髡劗,人所贱弃。批捍之言,我心不快。

通困。兑上缺,故曰"剥"。巽下断,故曰"刡"。巽寡发,故曰"髡"。艮为鼻,兑上缺,故曰"劗"。震为人,为言。艮手,故曰"批捍"。批捍之言,犹打之使言也。坎为心,为忧,故不快。

剥 皋田禾黍,堆壤麻枲。衣食我躬,室家饶有。

艮为皋。坤为田,为茅茹,故曰"禾黍",曰"麻枲"。艮为堆壤。坤为衣,伏兑为食。艮为躬,为室家。坤多,故曰"饶有"。麻枲可以为衣,禾黍可食,故曰"衣食我躬"。

复 两目失明,日夺无光。胫足跛倚,不可以行,顿于丘旁。

此兼用遇卦睽象。睽重离,故曰"两目"。坎黑,故失明。离为日光,为坎所夺,故无。震为胫足,坤敝,故跛倚不行。坤闭,故顿于丘旁。震为陵丘。

无妄 金城朔方,外国多羊。履霜不时,去复为忧。

艮为城,乾金,故曰"金城"。乾西北,故曰"朔方"。金城,亦西北郡也。伏坤为国,在外卦,故曰"外国"。震为羊,正覆震,故曰"多羊"。坤初为霜,初震爻,故曰"履霜"。艮为时,正反艮,故不时。伏坤为忧。"去复为忧"者,言震往与坤遇也。

大畜 匿瘤不医,乱政伤灾。纣作淫虐,商破其墟。

通萃。坤为病,巽为伏匿,艮止,故曰"匿瘤不医"。坤为政,为乱,为灾。为恶,故曰"纣"。坤为虐,为墟。兑为破,震为子,震覆,故曰"商破其墟"。商,子姓也。

颐 鬼哭泣社,悲伤无后。甲子昧爽,殷人绝嗣。

坤为社,为鬼。震为哭,为后。艮为覆震,故无后。震为子,在东方,故曰"甲子"。震为旦,故曰"昧爽"。震为子,殷子姓。坤杀,故殷人绝嗣。按《论衡》云:世称纣之时,夜交隗哭。又曰:纣郊鬼哭。即所谓鬼哭泣社也。又《墨子·非攻下》云:商王纣之时,妇妖宵出,有鬼宵吟。

大过 焱风卒起,车驰揭揭。弃古追亡,失其和节,忧心愒愒。

正反巽,故曰"焱风"。焱风,回风也。《月令》:焱风暴雨总至。注:回风曰焱。伏震为车,为驰。乾为古,大过死,故曰"弃古",曰"追亡"。伏坤为失,为忧,为心。按《诗·桧风》:匪风发兮,匪车偈兮。传云:偈偈疾驱。兹作揭揭,是《齐诗》与《毛》异字。又按,此《诗》思周道而作。"弃古追亡"者,言见今之人弃周道,而蹈灭亡之道也。

坎 耄老失明,闻善不从。自令颠沛,反为咎殃。

互艮为明,为耄老。坎黑,故失明。坎耳为闻。互震为善,为从。艮止,故曰"不从"。

离 随风骑龙，与利相逢。日获三狐，商伯有功。冲冲之邑，长安无他。

互巽为风，伏震为龙。巽为利，震为田猎。艮为狐，数三，故曰"三狐"。震为伯，为商旅。艮为邑，为安。

咸 三牛五牂，重明作福，使我有得。疾入官狱，忧在心腹。

艮为牛，数三，故曰"三牛"。兑为羊，巽卦数五，故曰"五牂"。互乾为大明，艮亦为明，故曰"重明"。艮为官。伏坤为忧，为疾，为心腹。坤闭，故曰"入狱"。

恒 孟巳己丑，哀呼尼父。明德讫终，乱虐滋起。

巽居巳，巳四月为孟夏，故曰"孟巳"。巽贞丑，故曰"己丑"。《左传·哀十六年》：四月己丑，孔丘卒。公诔之曰，呜呼哀哉，尼父！乾为父，为山，故曰"尼父"。兑口为呼。乾为明德。伏坤为死，故曰"讫终"，曰"乱虐"。

遁 华灯百枝，消暗衰微。精光讫尽，奄如灰糜。

乾为大明，为百。艮亦为明，巽为枝，故曰"华灯百枝"。阴消阳，故衰尽糜烂也。《孟子》：糜烂其民。巽消象也。

大壮 鹰飞雉退，兔伏不起。狐张狼鸣，野鸡骇惊。

通观。艮为鹰，坤文为雉。艮上，故曰"鹰飞"。坤下，故曰"雉退"。震为兔，巽伏，故曰"兔伏不起"。艮为狐狼，震为张，为鸣。巽为鸡，坤为野，故曰"野鸡"。震为惊骇。

晋 斗战天门，身有何患。室家具在，不失其欢。

《内经》以戌亥为天门。艮为刀兵，居戌亥，为天，为门，故曰"天门"。坤为身，为患。坎为室，艮为家。

明夷 东家杀牛，行逆腥臊。神背西顾，命衰绝周。亳社灾烧，宋人夷诛。

详《噬嗑之巽》。震为周。坤为社，下离，故曰"灾"。艮为宋，坤杀，故夷诛。

家人 阴阳辨舒，二姓相合。婚姻孔云，生我利福。

坎为合，巽为利。二姓谓离坎。

蹇 东入海口，循流北走。一高一下，五邑无主。十日六夜，死于水涘。

离为东，坤为海，伏兑为口，坎入坤中，故曰"东入海口"。坎为流，重坎，故曰"循流"。坎北，故北走。艮高坎下，卦一阴一阳相间，故曰"一高一下"。坎纳戊数五，艮为邑，震为主，震覆，故五邑无主。伏兑数十，故曰"十日"。坎为夜，数六，故曰"六夜"。坎为死卦，故曰"死于水涘"。

解 孤竹之墟，失妇无夫。伤于蒺藜，不见其妻。东郭棠姜，武子以亡。

详《需之剥》。

损 天门东墟，尽既为灾。跰蹒暗聋，秦伯受殃。

艮居戌亥，为天门。震为东。坤为墟，为灾。跰蹒，足互貌。震为足。兑为口，为耳。坤闭，故曰"暗"，曰"聋"。暗，失音也。震为伯，兑西，故曰"秦伯"。义多不解。

益 赖先休光，受福之祉。虽遭乱溃，独不危殆。

伏乾为先，为休，为光，为福祉。坤为乱溃，为危殆。震解，故不危殆。殆，古音以。

夬 折若闭日，不见稚叔。三足孤乌，远其元夫。

详《师之蒙》。

姤 二人同室，兄弟合食。和乐相好，各得所欲。

通复。震为人，坤数二，故曰"二人"。坤为室。震为口，故曰"食"。震为乐。

萃 继体守藩，纵欲废贤。君臣淫佚，夏氏失身。侧室之门，福禄来存。

坤为体，艮为藩。乾为贤，乾伏，故曰"废贤"。乾为君，坤为臣。正反震，故曰"纵欲"，曰"淫佚"。巽为夏，坤为身，为失，故曰"夏氏失身"。艮为室，兑毁，故曰"侧室"。坤为门，乾为福禄。此似指陈灵公君臣通夏姬事。

升 老狐屈尾，东西为鬼。病我长女，哭涕诎指。或西或东，大华易诱。

通无妄。艮为狐，为尾。正反艮，故曰"屈尾"。震东，兑西。坤为鬼，为病。巽为长女。兑为哭涕，艮为指。艮覆，故曰"诎指"。此似述狐祟人故事。自《庄子》即有孽狐为祥之语。《虞初志》亡后，不得其详耳。

困 大树之子，百条共母，当夏六月，枝叶茂盛。鸾凤以庇，召伯避暑。翩翩偃仰，各得其所。

井 井堙木刊，国多暴残。秦王失戍，坏我太坛。

兑为井，坎为塞，故曰"井堙"。巽为陨落，故曰"木刊"。伏艮为国。震为暴，为王。兑西，故曰"秦王"。戍，守也。艮为守，艮伏，故曰"失戍"。"太坛"者，社稷。言秦社稷之坏，由于谪戍也。

革 驾黄买苍，与利相迎。心获所守，不累弟兄。

通蒙。震为马，为黄，为苍。巽为利，震巽相往复，故曰"相迎"。坎为心。艮为守，为弟。震为兄。

鼎 仓盈庾亿，宜稼黍稷。年丰岁熟，民得安息。

详《乾之师》。

震 龙生马渊，寿考且神。飞腾上天，舍宿轩辕，居常乐安。

震为龙，为马，为神。坤为渊。艮为寿考，为天。为星，故曰"舍宿轩辕"。《史记·天官书》：轩辕十二星。

艮 思顾所之，今乃逢时。洗濯故忧，拜我欢来。

互坎为思，震为之。艮为顾，为时。坎为洗濯，为忧。震为欢。

渐 魁罡所当，初为败殃。君子流连，困于水浆。求金东山，利在代乡。贾市有息，子载母行。

艮为星，故曰"魁罡"。《参同契》：二月榆落魁临于卯天罡，据酉。注：天罡，即北斗。

《梦溪笔谈》:斗杓谓之刚。《史记·天官书》:魁枕参首。注:魁,北斗第一星也。《涣之比》云:行触天罡,马死车伤。是罡星所指之地凶也。巽陨落,故败。艮为君子。坎为水浆,坎陷,故困。艮为金,为求,为山。离位东,故曰"东山"。巽为利市,为母。伏震为子。

归妹　铅刀攻玉,无不钻凿。龙体具举,鲁般为辅。三圣翼事,所求必喜。

通渐。艮为刀,巽柔,故曰"铅刀"。震为玉,为龙。艮手为钻凿。兑为鲁,故曰"鲁般"。坎为圣,震数三,故曰"三圣"。震为羽翼,为喜。

丰　喜来如云,举家蒙欢。众才君子,驾福盈门。

通涣。震为喜,坎为云。艮为家,为君子,为门。坎为众。震为驾,为福。

旅　响像无形,骨体不成。微行衰索,消灭无名。

巽风响而无形。艮为体,为名。巽伏,故无名。

巽　积水不温,北陆苦寒。露宿多风,君子伤心。

伏坎,故曰"积水",曰"苦寒"。坎北,故曰"北陆"。坎为露,为宿。重巽,故风多。艮为君子,坎为心。

兑　黄马绿车,驾之大都。赞达才能,使我无忧。

伏震为玄黄,为马,为车。兑西方数四,九宫四色绿,故曰"绿车"。艮为都,重艮,故曰"大都"。兑口,故曰"赞达"。互巽为材。坎为忧,坎伏,故无忧。

涣　从风放火,艾芝俱死。三害集房,叔子中伤。

巽风,艮火。巽为艾芝,在火上,故死。震数三,坎为害,为积。艮为房,为叔子。坎为中,为伤。《论衡》:身蒙三害,虽孔丘墨翟不能自免。

节　一身三手,无益于辅。两足共节,不能克敏。

艮为身,坎数一,故曰"一身"。震数三,艮手,故曰"三手"。兑毁坎破,故无益于辅。正反震,故曰"两足"。艮多节,正反震,故曰"共节"。"节"者,止也,故不能克敏。

中孚　南向陋室,风雨并入。埃尘积湿,王母盲痹。偏枯心疾,乱我家次。

震为南。艮为室,巽为敝漏,故曰"陋室"。巽风,故起埃尘。兑雨,故积湿。艮为埃尘。震为王,巽为母,故曰"王母"。互大离,故曰"盲"。上风下湿,故曰"痹"。痹,湿病也。巽枯在上,故曰"偏枯"。

小过　采薇出车,鱼丽思初。上下促急,君子怀忧。

采薇、鱼丽,皆《小雅》诗篇名。《毛序》谓,美万物盛多,能备。郑注《礼·乡饮酒》云:鱼丽,言太平年丰物多也。焦云"思初",念初时之盛而今不然也。与毛、郑异。艮手为采,巽为薇,震马车。巽为鱼,震为初。艮上震下,风散兑毁,故曰"上下促急"。艮为君子。

既济　先易后否,告我利市。骚苏自苦,思我故止。

未济　生宜地乳,上皇大喜。隆我福祉,贵寿无极。

此与上皆用半象。

坎上 良下 蹇之第三十九

同载共舆,中道别去。丧我元夫,独与孤居。

坎为舆,重坎,故曰“同载共舆”。艮为道,坎为中,坎死,故别去。震为夫,为元,震覆,故曰“丧我元夫”。坎为孤,艮为独,故曰“独与孤居”。

之乾　叔肸居冤,祁子自邑,乘遽解患。羊舌脱免,赖得生全。

肸,叔向名也。《左传·襄二十一年》:栾盈之乱,范宣子杀羊舌虎。虎,叔向弟。故囚叔向。大夫祁奚闻之,乘驲而见宣子,救叔向,免之。遽即驲。僖公三十三年,且使遽告于郑。注:传车,即驿递也。此似用遇卦象。蹇下艮为叔,为邑。坎为车,重坎,故曰“遽”。遽,传车,至驿而更,有类重坎象。坎为患。兑为羊,为舌。兑伏,故曰“脱免”。

坤　兔聚东郭,众犬俱猎。围缺不成,无所能获。

此仍兼用遇卦象。坎为聚,离位东。艮为郭,为犬。坎为众。坤为围,中断,故围缺。震为兔,兹无震象,疑用艮。《战国策》:东郭逡,海内之狡兔也。

屯　作室山根,人以为安。一夕崩颠,败我壶餐。

艮为室,为山。震为人,艮为安。坎为夕,数一,故曰“一夕”。震为覆艮,故曰“山崩”。坤为壶,为浆,为我。坎破,故曰“败”。

蒙　疾风尘起,乱扰崩始。强大并小,先否后喜。

坤为风,为疾,艮为尘,震为起。坤为乱扰,二四艮覆,故曰“崩”。震为始,言乱自此始也。震为强大。正反震,中互坤,坤小,故曰“强大并小”。坎陷,故曰“否”。震为喜,为后,故曰“先否后喜”。

需　洁齐沐浴,思明君德。哀公怯弱,风氏复北。

《论语》:陈成子弑简公,孔子沐浴而朝,请讨之。坎为水,故曰“洁”,曰“沐浴”。乾为君,互离为明。“思明君德”者,言宜讨齐,以明君臣之分也。乾为公,坎为忧哀,为怯。风,疑为姜。巽为姜,二至四巽覆,故曰“姜氏复北”。北,败也。坎为北。言公不从孔子之请,姜氏自此灭也。丁晏等以风氏指颛臾,季氏伐之为解。似非。

讼　土瘠瘦薄,培塿无柏,使我不乐。

通明夷。坤土,坎为薄。震为陵,故曰“培塿”。艮为木,为坚,故为柏。艮覆,故无柏。震为乐,坎忧,故不乐。

师　褰衣涉河,水深渍罢。赖遇舟子,济脱无他。

比　送我季女,至于荡道。齐子旦夕,留连久处。

详《屯之大过》。

小畜　三孙六子,安无所苦。中岁废殆,亡我所使。

通豫。艮为孙,数三,故曰"三孙"。震为子,坎数六,故曰"六子"。艮为安。坎为劳苦,为中。坤为岁。为丧,故"废殆"。坤又为亡,为我。

履　扬风偃草,尘埃俱起。清浊溷散,忠直隐处。

互巽为风,为草。巽为伏,故"偃"伏,艮为尘埃。伏坎为水,而与土连,故曰"浊",曰"溷"。清浊溷散,言清浊不分也。坎为忠,乾为直,坎为隐。

泰　履险登危,道远劳罢。去家自归,困涉大波。

兑折,故危险。震为足,故曰"履",曰"登"。震为道。坤役万物,故劳疲。伏艮为家。震为归,为涉。坤水乾大,故曰"大波"。

否　六艺之门,仁义俱存。镃基逢时,尧舜为君。伤寒热温,下至黄泉。

乾为门,数六,故曰"六艺之门"。六艺,六经也。乾仁坤义。艮为时。乾为尧舜,为君,为寒。艮火,故曰"热温"。坤为水,为泉,为下,坤死,故下至黄泉。镃基,《孟子》赵岐注:耒耜也。伏震象。

同人　被服文衣,游观酒池。上堂见觞,喜为吾兄,使我忧亡。

乾为衣,离为文,故被服文衣。伏震为游,离为观,伏坎为酒池,故游观酒池。震为觞,为喜,为兄。伏坤为我,为忧,为亡。

大有　生时不利,天命灾至。制于斧瘢,昼夜勤苦。

伏艮为时。巽为利,为命。巽覆,故不利,故灾至。乾为天,坤为灾也。伏坎为制,兑为斧。艮多节,故曰"斧瘢"。离昼坎夜。坎劳,故勤苦。

谦　天门开辟,牢户寥廓。桎梏解脱,拘囚纵释。

《内经》以戌亥为天门。艮先天居戌亥,故曰"天门"。坤为门户也。坎为牢,为桎梏。震解,故脱。坎为拘囚,震纵释。

豫　川原难游,水为我忧。多言少实,命鹿为驹。建德开基,君子逢时,利以中疑。

坤为川原,坎陷,故难游。震为言,正反震。坤虚,故少实。震为鹿,亦为马,故曰"命鹿为驹"。命,名也。《史记》:秦赵高命鹿为马。艮为名,为君子,为时。伏巽为利,坎为疑,为中。林文疑只四句而止,后三句皆他人林文羼入者。

随　乡岁逢时,与生为期。枝叶盛茂,君子无忧。

震为岁,艮为时。震为生,为枝叶,为茂盛。艮为君子。震喜,兑悦,故无忧。

蛊　六鹢退飞,为襄败祥。陈师合战,左股夷伤。遂崩不起,霸功不成。

《左传·僖十六年》:六鹢退飞,过宋都。周内史叔兴对襄公曰:君将得诸侯而不终。后二十一年,楚人执宋公。二十二年,宋败于泓,襄公伤左股,遂卒。故曰"为襄败征"。艮为鹢,震反,故曰"退飞"。震为诸侯,故曰"襄公"。兑折,故败。祥,犹征也。震为陈,坎为众,互大坎,故曰"陈师"。巽为股。震为战,为左。兑折,故伤。三至五艮覆,故曰"崩"。震为霸,为功。四至上震覆,故霸功不成。

临 雷君出装,隐隐西行。霖雨不止,流为河江,南国以伤。

震为雷,为君,为出,故曰"雷君出装"。雷君,即雷师也。兑为西,为雨。坤为水,为江河,为国。震为南,故曰"南国"。兑为伤。

观 牙蘖生达,室蟠启户。幽人利贞,鼓翼起舞。

通大壮。震为芽蘖,为生。艮为室,坤为户。蟠,曲也,屈也,言室宇曲屈而启户也。震为启。艮为高尚,为幽人。巽为利,为伏,故曰"利贞"。震为鼓,为翼,为起,为舞。

噬嗑 火起上门,不为我残。跳脱东西,独得生完。不利出邻,病疾忧患。

离火在艮门上,故不为患。震为跳脱,离东坎西,故跳脱东西。震为邻,为出。然出即与坎逢而疾病,故不利也。

贲 举事无成,不利出征。言不可用,众莫能平。

震为举,正反震,故无成,故不利出征,故言不可用。坎为平,为众。

剥 老狼白狈,长尾大胡。前颠却踬,进退遇祟。

详《睽之需》。

复 日入道极,劳者休息。班马还师,复我燕室。

此用蹇象。坎为暮,离在坎下,故曰"日入"。艮为道。极,尽也,言道止于此也。坎为劳,艮止,故休息。坎为马,重坎,故曰"班马"。坎众,故曰"师"。艮止,故曰"还师"。坎为室,伏兑,故曰"燕室"。

无妄 林麓山薮,非人所处。鸟兽无礼,使我心苦。

震为林,为薮。艮为山,为丽。乾为人,在上,故不处山林。艮为鸟,为兽。坤为礼,坤伏,故曰"无礼"。伏坤为我,为心。

大畜 蓄利积福,日新其德。高氏饮食,忧不为患。

乾为福,伏巽为利。艮止在上,故曰"蓄积"。艮为日,为高。兑口为饮食,故曰"高氏饮食"。坤为忧患,坤伏,故不忧。

颐 张罗百目,鸟不得北。缩颈挂翼,困于窘国。君子治德,获誉受福。

离为目,为网罗。大离,故曰"百目"。坤为百也。坤先天位北,震为鸟。艮止在上,故不得北。艮为颈,震为翼。坤退而闭,故缩颈。震反在上,故挂翼。艮为国,坤闭,故曰"窘国"。艮为君子,为名誉。震为福。艮为获,故获誉。坤受,故受福。

大过 伯虎仲熊,德义渊宏。使布五教,阴阳顺序。

伏艮为虎熊,震为伯,坎为仲。卦本大坎也。乾为德,伏坤为义;为渊,故曰"渊宏"。巽卦数五,又为命令,故曰"使布五教"。乾阳坤阴,巽顺。伯虎仲熊,高辛子八恺之二。

坎 跛踦相随,日暮牛罢。陵迟后旅,失利亡雌。

详《大有之归妹》。

离 赢氏违良,使孟寻兵。老师不已,败于齐卿。

互兑为西,故曰"嬴氏"。艮为良,艮伏,故曰"违良"。伏震为孟,艮为兵。坎为众,为师,重坎,故曰"老师不已"。兑为败,巽为齐。齐卿,言孟明视、西乞术、白乙丙皆卿爵。案,《汉书·食货志》:世家子弟富人或走狗马,博戏,乱齐民。如淳注:齐,等也。言无贵贱。又《诗·召南》:齐侯之子。齐侯犹通侯,即诸侯也。由此证,败于齐卿,即败于诸卿也。《左传·僖三十二年》:秦穆公违蹇叔谏,使孟明等伐郑,败于崤函。

咸　日月并居,常暗且微。高山崩颠,丘陵为谿。

兑月艮日,故曰"并居"。兑为暗昧,故曰"暗微"也。艮为高山,兑毁巽阴,故崩颠。艮为丘陵,兑为谿。

恒　鸟雀食谷,张口受哺。蒙被恩德,长大成就。柔顺利贞,君臣合好。

震为鸟鹊,为谷。兑为口,故曰"食谷",曰"受哺"。乾为大。巽为顺,为利。乾君,伏坤为臣。六爻皆有应,故曰"合好"。

遁　虽蹶复起,不毁牙齿。克免平复,忧除无疾。

通临。兑毁折,故曰"蹶"。震为起,兑为牙齿。坤为忧,为疾。震解,故除。

大壮　草木黄落,岁暮无室。虐政为贼,大人失福。

通观。候卦为八月。巽为草木,为陨落。坤黄,故曰"黄落"。候卦坤居亥,故曰"岁暮"。艮为室,巽陨,故无室。坤为政,巽为贼。乾为大人,壮伤也,故失福。

晋　避凶东走,反入祸口。制于牙爪,骨为灰土。

坤为凶,离位东,在外,故曰"避凶东走"。坤为祸。伏兑为口,为牙爪,为骨骸。坤为土,艮火离火,故曰"灰土"。

明夷　欲飞不能。志苦心劳,福不我求。

离为飞,坎陷,故不能飞。坎为心志,为劳苦。

家人　羔裘豹袪,东与福遇。驾迎吾兄,送我骊黄。

疑用半象。

睽　东耕破犁,西失良妻。灾害不避,家贫无资。

离为东,兑为西,坎为灾害。

解　鱼陆失所,鼋龟困苦。泽无萑蒲,晋国以虚。

伏巽为鱼,震为鼋龟,坎为困。

损　脱兔无蹄,三步五罢。南行不进,后市劳苦。

震为兔,为蹄。《庄子》:得兔而忘蹄。注:蹄,兔胃也。系其脚,故曰"蹄"。坤亡,故无蹄。震数三,故曰"三步"。伏巽,卦数五,坤乏,故曰"五罢"。震为南,艮止,故行不进。伏巽为市,坤劳苦。

益　行役未已,新事复起。姬姜劳苦,不得休止。

震行坤役。震为姬,巽为姜,坤为劳苦。艮止,故曰"休止"。正反艮,故不得休止。

夬 白日扬光,火为正王。消金厌兵,雷车避藏。阴雨不行,民安其乡。

通剥。艮为日,为光,为火。乾为王,为金。艮为兵戈,阴消阳,故曰"消金厌兵"。震为雷,为车。震覆,故曰"避藏"。兑为雨,坤为民,为乡。艮日在上,故阴雨不行而民得安也。

姤 放衔垂辔,奔马不制。弃法作奸,君失其位。

通复。震为衔,为辔,为奔马。阳遇阴则通,故曰"奔马不制"。坤为奸,震为君。坤为丧,故失位。

萃 司命下游,喜解我忧。皇母缓带,婴儿笑喜。

巽为命。《礼记》:大夫祭五祀。注:五祀,一曰司命。《汉书·天文志》:近魁六星,四曰司命。《晋书·天文志》:司命主寿。互艮为星,故曰"司命下游"。主寿,故解忧。兑悦,故喜。坤为母,伏乾,故曰"皇母"。巽为带。兑为婴儿,兑悦,故笑喜。

升 黄帝出游,驾龙乘马。东上泰山,南过齐鲁,邦国咸喜。

震为帝,坤土色黄,故曰"黄帝"。震为龙,为马,为东。伏艮为山,故东上太山。震又为南,巽齐兑鲁,故曰"南过齐鲁"。坤为邦国,震乐兑悦,故曰"咸喜"。

困 既往不说,忧来祸结。比户为患,无所申雪。

坎为忧患,坎陷,故祸结。伏艮为户,正反艮相对,故曰"比户"。下与坎连,故曰"比户为患"。比户,近邻也。近邻为患,防御难,故曰"无所申雪"。

井 何蒉隐居,以避乱倾。终身不仕,遂其洁清。

通噬嗑。艮为何,震为蒉。坎隐伏,故曰"避乱"。离为乱也。艮为终,为身,为仕。坎隐,故不仕。坎水,故曰"洁清"。

革 折桄春稷,君不得食。头痒搔跟,无益于疾。

兑为折,巽为桄,为稷。伏艮手,故曰"春"。《孟子》:杀人以桄。赵岐注:桄,杖也。春米须用槌,今以桄春,非器。乾为君,兑为食。二至上大过,大过死,故不得食。伏艮为头,震为跟。坤为疾,故曰"痒"。正反震艮,故曰"头痒搔跟"。搔不得所,与以桄春稷无功同也。

鼎 植根不固,华叶落去,便为枯树。

巽下腐,故曰"植根不固"。兑为华。巽为落,为枯,为树。

震 凶门生患,牢户多冤。沙池秃齿,使叔困贫。

艮为门,坎陷,故曰"凶门"。坎为狱,故曰"牢户"。坎为忧患,故曰"多冤"。艮为沙。伏兑为齿,巽为寡发,故曰"秃齿"。艮为叔,坎为困。

艮 登山履谷,与虎相触。猾为功曹,班叔奔北,脱之喜国。

艮为山谷,为虎。震为登,坎为猾。艮为官,故曰"功曹"。艮为叔。楚人谓虎为班,故曰"班叔"。《史记·龟策传》注:猾能伏虎。故虎见而奔北。艮为国,震为脱,为喜。《论衡》云:谓虎食人者,功曹为奸所致也。其意以为,功曹众吏之率,虎亦诸禽之雄也。

渐　麟凤所翔,国无咎殃。贾市十倍,复临惠里。

离为麟凤,艮为国。巽为贾市,为利三倍。伏兑数十,故曰"十倍"。艮为里。

归妹　路险道难,水过我前。进往不利,回车复还。

震为道路,坎险,故曰"道难"。坎为水,坎陷,故水遏我前。震为进,坎险,故不利。震为车,为反,故曰"复还"。

丰　延颈望邑,思归我室。台榭不成,未得安息。

通涣。艮为颈,为望,为邑。坎为室,震为归,故曰"思归我室"。艮为台榭,巽陨落,故不成,不得安息也。

旅　蒙生株瞿,棘挂我须。小人嫉妒,使恩不遂。

通节。震为蕃鲜,故曰"蒙生"。震为木,故曰"株"。为草,故曰"瞿"。《尔雅·释草》:大菊蘧麦。注:即瞿麦。药草也。又《韩诗外传》:直曰车前,瞿曰茱苢。坎为棘,艮为须。坎在艮上,若须挂棘上也。艮为小,震为人,坎为嫉妒,故曰"小人嫉妒"。

巽　南至隐域,深潜处匿。聪明闭塞,与死为伍。

互离为南。巽伏,故曰"隐",曰"潜",曰"匿",曰"闭塞"。伏坎为聪,离为明。初至四大过死,故曰"与死为伍"。

兑　机饵设张,司暴子良。范叔不廉,凶害及身。

通艮。坎为机。震为饵,为张,为暴,为子。艮为司,为良,故曰"司暴子良"。《左传》:郑子良之父子孔,为政也专。国人杀子孔,子良奔楚。互巽为虫,故"范"。范,蠭也。《礼·内则》,爵鷃蜩范是也。艮为叔,故曰"范叔"。坎为凶害,艮为身。《史记》:范睢从须贾使齐,齐王赐睢金牛酒。归,以此受折胁之辱。

涣　从骑出谷,游戏苦域。阪高不进,利无所得。

震为骑,为出。艮为谷,为域。坎为苦。艮为阪,为高。巽为利,风散,故无得。

节　西国强梁,为虎作伥。东吞齐楚,并有其王。

兑西,艮国。震为健,故为强梁。强梁,多力也。艮为虎。坎为鬼,故曰"伥"。《本草》:人死于虎,则为伥鬼导虎而行。震为楚,伏巽为齐,兑口为吞,震东,故曰"东吞齐楚"。震为王。言西秦并吞六王也。

中孚　登山伐辐,虎在我侧。王孙无惧,仁不见贼。

艮山,震登。艮为伐,为虎。巽为辐,故曰"登山伐辐"。震为王,艮为孙,故曰"王孙"。震为仁。巽伏,故为贼。

小过　六月睽睽,各欲有至。专征束装,俟时旦明。

兑为月。震为反,故曰"至"。震为征,为旦明。艮为时,艮止,故曰"俟时旦明"。《诗·小雅》:六月栖栖,戎车既饬。四牡骙骙,载是常服。王于出征,以匡王国。载是常服,即束装之事,言尹吉甫奉宣王命出征猃狁而治装也。

既济　道涉多阪,牛马蜿蟺。车不利载,请求不得。

用半象。重艮,故曰"多阪"。

未济 一口三舌,相妨无益。群羊百群,不为威强。亡马失驹,家耗于财。

用半象。重兑,故曰"三舌",故曰"群羊"。

䷧ 震上 坎下 **解**之第四十

驾言出游,鸟斗车前,更相捽灭。兵寇旦来,回车亟还,可以无忧。

震为驾,为言,为游,这车。离为鸟,艮为斗。离正反艮相对,故曰"斗",曰"捽"。坎隐伏,故曰"灭"。坎为寇,震为旦,故曰"兵寇旦来"。震为反,故回车亟还。坎忧,震解,故无忧。

之乾 大都之居,无物不具。抱布贸丝,所求必得。

伏坤为大都,为万物,为布。抱布贸丝,《卫风》语。

坤 胶著木连,不出牢关,家室相安。

此用解象。坎为胶,为木,与震木连体,故曰"木连"。坎为牢,为室。重坎,故不出。

屯 孟伯食长,惧其畏王。赖四蒙五,抱福归房。

震为孟伯;为长,为口,故曰"食长"。坎为畏惧,震为王。卦数四,坎纳戊,数五,故曰"赖四蒙五"。艮为抱,为房,震为福,故曰"抱福归房"。

蒙 朽舆疲驷,不任衔佩。君子服之,谈何容易。

震为车,为马。坤敝,故曰"朽",曰"疲"。震口为衔,艮手为佩。艮为君子,坤为服。服,用也。言车马不良,不易驾驭。

需 许嫁既婚,利福在身。适惠生桓,为我鲁君。

《左传·隐元年》:宋武公生仲子,仲子生而有文在其手,曰为鲁夫人。故仲子归于惠公,生桓公。因手有文,故曰"利福在身"。坎为婚。伏坤为身。兑为鲁,乾为君。

讼 入门大喜,上堂见母。妻子俱在,兄弟饶有。

巽为入,乾为门,伏震为喜,故入门大喜。坎为室,故为堂。巽为母,伏震,故上堂见母。离为坎妻。震为子,为兄。坎为弟。

师 推车上山,力不能任。颠蹶蹉跌,伤我中心。

坤为车,震往,故曰"推车"。震为陵,故曰"上山"。坤弱,故不能任。坎蹇,故颠蹶蹉跌。坎为心,为中。坎破,故伤。

比 鹰飞退去,不食其雏。禽尚如此,何况人乎。

艮为鹰,为飞。坎隐伏,故退去。兑为食,为雏,兑伏,故不食其雏。

小畜 福弃我走,利不可得。幽人利贞,终无怨慝。

乾福风陨，故福弃我走。巽为利，在外，故利不可得。艮为幽人，为终。坎怨愍。正伏象杂用。

履 夫妻反目，不能正室。翁云于南，妪言还北。并后匹嫡，二政乱国。

伏坎为夫，离为妻，为目。离上下两半目相对，坎上下两半目相背，故曰"反目"。坎为室，为邪曲，故曰"不能正室"。乾为父，位南，故曰"翁云于南"。伏坤为母，为北，故曰"妪言还北"。坤为后，为政，为国，为乱。数二，故曰"并后"，曰"匹敌"，曰"二政"。震为嫡也。

泰 阳衰伏匿，阴淫为贼。赖幸王孙，遂至嘉国。

阳在下，故曰"伏匿"。阴在上，故曰"阴淫"。坤杀兑折，故曰"贼"。震为王，为嘉。坤为国。

否 入山求玉，不见和璞。终日至暮，劳无所得。

巽为入，艮为山，为求。乾为玉，为璞。楚人卞和得璞玉，故曰"和璞"。巽伏，故不见。艮为日，为终。坤为暮，为劳。坤虚，故无得。

同人 鸣鸾四牡，驾出行狩。合格有获，献公饮酒。

通师。震为鸣鸾，为马。卦数四，故曰"四牡"。震为行，为狩。坎为获，为酒。震为公。

大有 覆手举牍，易为功力。正月元日，平饮致福。

通比。艮为手，为举。牍，木简也，所以作书。坤为文，坎为木，故曰"牍"。坎为月，为中正。离为日，乾为元，故曰"元日"。坎为平，为饮。《史记·魏其侯传》：灌夫与长乐卫尉饮，轻重不得其平。兹曰"平饮"，则两人对饮，轻重得平也。

谦 三火起明，雨灭其光。高位疾颠，骄恣诛伤。

详《大有之师》。

豫 裹糗荷粮，与利相逢。高飞有得，君子获福。

震为糗粮，艮为荷。伏巽为利。艮为高飞，为君子。

随 水土相得，万物蕃殖。膏泽优沃，君子有德。

兑为水，艮为土。震为万物，为蕃鲜，故曰"蕃殖"。兑为膏泽，为优沃。艮为君子。

蛊 道理和得，人不相贼。君子往之，乐有利福。

艮为道。震为人，为乐。巽为利。

临 天孙帝子，与日月处。光荣于世，福禄繁祉。

伏艮为天，为孙，震为帝，为子，故曰"天孙帝子"。伏乾为日，兑为月。《汉书·天文志》：织女，天帝孙也。伏艮为星，故曰"与日月处"。

观 陪依在位，乘非其器。折足覆㻛，毁伤宝玉。

坤顺，故曰"陪依"。艮为贵，为位。坤为车，为小人。以小人而乘车，故曰"非器"。

又震为器，震覆，故非器。震为足，为悚，为玉。震覆，故折足。覆悚，故伤玉。

噬嗑　鹢飞中退，举事不遂。且守仁德，犹恐失坠。

《左传》：六鹢退飞。宋襄图霸不成，故曰“举事不遂”。艮为鹢，为飞。震为归，故曰“退”。艮为守，震为仁。坎为失。

贲　经枣正冠，意盈不廉。桀纣迷谗，惑佞伤贤，使国乱烦。

艮为枣，为冠，艮手为正。正冠举手，有类摘果，故曰“不廉”。盈，极也。离为恶人，故曰“桀纣”。坎为迷惑。三至上正反震，故曰“谗佞”。艮为贤，为国。离为乱。

剥　申酉退跌，阴慝前作。柯条华枝，复泥不白。

候卦申否，酉观，戌剥。阳日退，故曰“跌”。阴日增，故曰“作”。艮为柯条，伏兑为华。震为白，震覆，故不白。

复　平正贱使，至服苦事。

震为主，坤贱而役万物，故主服苦事。

无妄　钓鲂河湄，水泛无涯。振衣徒归，上下昏迷，属公孙齐。

巽为鱼，艮手为钓。乾为河海，乾大，故水无涯。乾为衣。震为归，为公。互巽为齐。《左传·昭二十五年》：公孙于齐。注：讳奔，犹逊让而去也。孙音逊。

大畜　胎养蒙生，始见兆形。遭逢雷电，摧角折颈。采虻山头，终安不倾。

震为胎，为萌芽。艮为龟，故曰“兆形”。震为雷电。艮为角，为颈，兑毁，故折角摧颈。震为草莽，故曰“虻”。《诗·鄘风》：言采其蝱。注：蝱，贝母也。艮为山头，为终，为安。

颐　阳春枯槁，夏多水潦。霜雹俱作，伤我禾黍，年岁困苦。

震为春，坤死，故枯槁。坤为水，互重坤，故曰“多水”。卦本大离，故曰“夏”。坤为霜，为冰，故曰“雹”。震为禾稼。坤为年岁。

大过　三耳六齿，痛疾不已。龋病蠹缺，堕落其宅。

兑为耳，艮数三，故曰“三耳”。兑为齿，乾数六，故曰“六齿”。伏坤为疾痛。正反兑，故曰“龋”。龋，齿缺也。巽为虫，故曰“蠹”。巽陨，故堕落。

坎　失时无友，嘉耦出走，傫如丧狗。

坎为失，艮为时，为友。震为嘉，为走。艮为狗，为家。二四艮覆，故如丧家之狗。《史记·孔子世家》：傫傫然如丧家之狗。

离　宣重微民，岁乐年息。有国无咎，君子安喜。

重离，故曰“宣重”。宣，明也。言宣重光于民也。微字恐有讹。伏震为年岁，为乐，为息。伏艮为国，为君子。

咸　登几上车，驾驷南游。合从散横，燕秦以强。

详《屯之否》。

恒 　鸟集茂林，柔顺利贞。心乐愿得，感戴慈母。

通益。艮为鸟，正反艮，故曰"鸟集"。震为林，正反震，故曰"茂林"。坤为柔顺，巽为利，艮为贞。坤为心，为慈母。艮为戴。

遁 　启蛰始生，万物美荣。祉禄未成，市贾无赢。

通临。震为春，为生，故曰"启蛰始生"。震为蕃鲜，故曰"万物美荣"。乾为祉禄，阳消，故未成。巽为市贾，巽陨，故无赢。

大壮 　骄胡犬形，造恶作凶。无所能成，还自灭身。

详《明夷之大壮》。

晋 　异国他土，出良骏马。去如奔虬，害不能伤。

坤为国土，为马。艮为良。潘岳《闲居赋》：激矢虬飞。此云奔虬，言马疾如奔虬也。又箭名飞虬。《方言》云：箭之三镰，长尺六者，谓之飞虬。晋互坎为矢。奔虬，坎象也。

明夷 　恪敬竞职，心不作愿。君明臣忠，民赖其福。

坎为心，震为君。坤为臣，为民。

家人 　三女求夫，伺候山隅。不见复关，长思忧叹。

详《乾之家人》。

睽 　驾福乘喜，东至嘉国。戴庆南行，离我室居。

详《小畜之贲》。

蹇 　四奸为残，齐鲁道难。前驱执殳，戒守为患。

《左传·僖二十四年》：富辰曰，聋昧顽嚚，狄皆有之，四奸具矣。坎为奸，伏兑数四，故曰"四奸"。伏兑为鲁，覆巽为齐。艮为殳，为守。坎为患。

损 　下扰上烦，蠹政为患，岁饥无年。

下互震为扰，上互坤为乱，故曰"扰烦"。坤为政，伏巽为虫，故曰"蠹政"。坤为患，为年岁。坤虚，故曰"饥"。

益 　鸡雉失雏，常畏狐狸。黄池要盟，越国以昌。

巽为鸡，坤文为雉。艮少，故曰"雏"。坤死，故失雏。坤为畏，艮为狐狸。狐狸食雏，故畏之。坤为黄，坤水，故曰"黄池"。正反震，故曰"要盟"。坤为国，巽位东南，故曰"越国"。

夬 　坚冰黄鸟，终日悲号。不见白粒，但观蓬蒿。数惊鸷鸟，为我心忧。

乾为坚冰，伏坤为黄。艮为鸟，为终日。兑口为号，坤忧，故曰"悲号"。巽为白，为粒。巽覆，故不见白粒。坤为茅茹，故曰"蓬蒿"。伏艮为鸷鸟。坤为心，为忧。

姤 　玉铣铁颐，仓库空虚。市贾无盈，与我为仇。

详《晋之鼎》。

萃　窃名盗位,居非其家。霜陨不实,为阴所贼。

艮为名位,巽伏,故曰"盗名窃位"。艮为居,为家。盗位,故非其家。坤为霜。艮为果蓏,霜杀物,故不实。巽为贼。

升　贼仁伤德,天怒不福。斩刈宗社,失其本域。

巽为贼。震为仁德,为怒。伏乾,故曰"天怒"。坤杀,故曰"斩刈"。震为宗。坤为社,为失。

困　万物初生,垫虫振起。益寿增福,日受其喜。

巽为草莽,故曰"万物"。伏震为春,故曰"初生"。巽为虫,坎蛰,震起。震福。伏艮为爵,为日。

井　和气所在,物皆不朽。圣贤居位,国无凶咎。

革　龙游凤舞,岁乐民喜。

伏震为龙。坤为凤,为岁,为民。震为喜乐。

鼎　行行窘步,次宿方舍。居安不惧,姬姜何忧。

通屯。正反震,故曰"行行"。艮止,坎陷,故曰"窘步"。坎为宿。艮为舍,坤方,故曰"方舍"。艮为安居。震为姬,巽为姜。坎忧震解,故不忧。

震　水深难游,霜寒难涉。商伯失利,旅人稽留。

互坎为水,坤亦为水,四上下重阴,故曰"水深"。震为游,为涉。坎为霜,为寒。震为伯,为商旅。巽伏,故失利。坎陷艮止,故稽留。

艮　跛倚相随,日暮牛罢。陵迟后旅,失利亡雌。

详《大有之归妹》。

渐　一牛九锁,更相牵挛。案明如市,不得东西。请谳得报,日中被刑。

艮为牛,坎数一,故曰"一牛"。坎为桎梏,离数九,故曰"九锁"。巽为市。离为明,位东。坎位西。艮止,故不得东西。艮为请。坎为刑,为中。艮又为首,否乾首自上落下,中互离,故曰"日中被刑"。虞翻刻关公首至得随,义同。"案明"者,言案验明白,赴市被刑。

归妹　春桃生花,季女宜家。受福孔多,男为邦君。

详《师之坤》。震为春,为桃花。兑季。

丰　雷鼓东行,稼穑凋伤。大夫执政,君赞其明。

首句震象。巽为稼穑,为陨落,故凋伤。震为夫,为君。离为明。

旅　季世多忧,乱国淫游。殃祸立至,民无以休。

艮为季世。互大坎,故多忧。离为乱,艮为国。伏坎为殃祸,为民。

巽　发轫温汤,过角宿房。宣时布和,无所不通。

伏震为车,故曰"发轫"。互坎为水,艮火在下,故曰"温汤"。艮为星,故曰"角房"。

而角房皆巽方宿,故曰"过角宿房"。巽四月卦,正角房二宿当值之时,故曰"宜时布和"。

兑 水中大贾,求利食子。商人不至,市空无有。

互巽为贾,为利,兑为水,故曰"水中大贾"。震为子,兑为食,伏艮为求,故曰"求利食子"。言食其资息也。震为商人,震伏,故云不至。巽为市,离中虚,故曰"市空"。

涣 春草萌生,万物敷荣。阴阳和调,国乐无忧。

巽草震春,震为萌芽。艮国。

节 左眇右盲,目视不明。下民多孽,君失其常。

震为左。二五互大离,故曰"盲"。言目无睛也。兑半离,故曰"眇"。眇,小目也。兑右,故曰"左眇右盲"。眇象,本履卦也。坎为民,兑泽,故曰"下民"。坎为孽,震为君。

中孚 悦以内安,不利出门。忧除祸消,公孙何尤。

兑为悦,在内卦,故曰"内安"。艮为安也。艮门,震出。巽阴,故不利。震为公,艮为孙。震解,故忧祸消除。

小过 丹书之信,言不负语。易我骐骥,君子有德。

艮为信。震为言语,正反震相同,故曰"不负"。震为马,故曰"骐骥"。下艮为反震,故曰"易"。艮为君子。《左传》:裴豹,隶也,著于丹书。注:以丹书其罪。又《大戴礼》:武王问黄帝、颛顼之道可得闻乎?尚父曰:在丹书。此丹书似用《左传》。

既济 上政搔扰,螟虫并起。害我嘉谷,季岁无稷。

半象重巽,故曰"螟虫并起"。余亦用半象。

未济 干旄旌旗,执职在郊。虽有宝玉,无路致之。

详《师之随》。此用半象。

焦氏易林注卷十一

☶艮上
☱兑下　损之第四十一

路多枳棘，步刺我足。不利旅客，为心作毒。

详《履之遯》。

之乾　鲤鲔鲋鲫，积福多鱼。资所无有，富我邦家。

此用损象。坤为鱼，为积，为邦家。本卦乾为福，为富。

坤　景星照堂，麟游凤翔。仁施大行，颂声作兴。征者无明，失其宠光。

此仍用遇卦象。详《豫之节》。

屯　羊肠九萦，相推稍前。止须王孙，乃能上天。

详《临之巽》。

蒙　四手共身，莫适所闲。更相访接，动失事便。

坤为身，震卦数四，艮手，故曰"四手共身"。坤闭，故曰"闲"。震言艮手，正反艮震，故曰"更相访接，失事便"也。

需　水流趋下，远至东海。求我所有，买魴与鲤。

详《益之无妄》。

讼　春栗夏枣，山鲜希有。斗千石万，贵不可贩。

详《否之渐》。

师　旦往暮还，相佑与聚，无有凶患。

震为旦，为行，为归。坎为暮。坤为聚，为凶患。

比　大蛇当路，使季畏惧。汤火之灾，切近我肤。赖其天幸，归于室庐。

详《屯之井》。

小畜　徙足去域，飞入陈国。有所畏避，深藏邃匿。

通豫。震为足。艮为域，为飞，为国。震为陈，故曰"飞入陈国"。坎为畏避，为藏匿。全用伏象。

履 海为水宗,聪圣且明。百流归德,无有叛逆,常饶优足。

详《蒙之乾》。

泰 夏麦莠矯,霜击其芒。病君败国,使年大伤。

详《泰之贲》。

否 秋隼冬翔,数被严霜。雄犬夜鸣,家扰不宁。

详《贲之随》。

同人 乐仁上德,东邻慕义,来兴吾国。

乾为仁德。离为东邻。伏坤为义,为国。

大有 逐忧除殃,污泥生梁,下田为汪。

坎为忧,为殃。坎伏,故曰"除"。坎为污泥,坤为梁。为水,为下,故曰"为汪"。汪,潴水也。

谦 暗昧冥语,转相迷误。鬼魅所居,谁知卧处。

坎隐,故暗昧。正反震,故语迷误。坤为迷,为鬼。艮为卧。坤迷坎隐,故不知。

豫 南历玉田,东入玉关。登上福堂,饮万岁浆。

震为南,为玉。艮为田,为关,为堂。坤为万岁,为浆。玉关,玉门关。《汉书·班超传》:但愿生入玉门关。玉田疑指和阗,和阗在南疆,出玉。

随 比目四翼,来安我国。福善上堂,与我同床。

互大离,若两目相比,故曰"比目"。比目,鱼名。巽为鱼。震为翼,卦数四,故曰"四翼"。艮为国,为堂,为床。

蛊 乘牛逐骥,日暮不至。路宿多畏,亡其骓骓。

艮牛震马,故曰"乘牛逐骥"。艮为日,兑向晦,故曰"日暮",曰"路宿"。艮为路。纳丙,色赤,故曰"骓"。震青,故曰"骓"。兑折,故亡。牛行迟,骥行速,乘牛逐骥,断不能及,故亡其骓骓也。

临 元吉无咎,安宁不殆。

震为元。

观 奋翅鼓翼,翱翔外国。逍遥徙倚,来归温室。

伏震为翼,为飞。坤为国,艮阳在上,故曰"外国"。艮为室,艮火,故曰"温室"。

噬嗑 河伯娶妇,东山氏女。新婚三日,浮云洒雨。露我菅茅,万邦蒙佑。

坎为河,震为伯,离为坎妇。震为娶,为东。艮为山,故曰"东山氏女"。坎为婚。离日,震数三,故曰"三日"。坎为云雨,为露。震为草莽,在坎下,故曰"露我菅茅"。艮为邦,震为万。《史记》:西门豹为邺令,三老五更为河伯娶妇。然下云东山氏女,似别有故实。

贲 婴儿求乳,慈母归子,黄麇悦喜。

剥 贫鬼守门,日破我盆。毁罂伤瓶,空虚无子。

坤为鬼,为贫,为门。艮为守,为日。伏兑为破。震为罂瓶,为子。震覆,故曰"破",曰"伤",曰"无子"。坤为虚。

复 多载重负,捐弃于野。王母谁子,但自劳苦。

坤厚,故能多载重负。坤为野,坤丧,故曰"捐弃于野"。坤为母,震为王,为子。坤死,故曰"王母谁子"。言无子也。坤为劳。

无妄 雄狐绥绥,登山崔嵬。昭告显功,大福允兴。

详《咸之贲》。

大畜 婴儿孩子,未有知识。彼童而角,乱我政事。

艮为婴儿,震为孩子。艮为角。伏坤为乱,为政事。《毛诗传》:童,羊之无角者也。

颐 十丸同投,为雉所离。独得逃脱,完全不亏。

坤数十,坎为丸,伏大坎,故曰"十丸"。坤为雉。离、罹同,遭也。震为逃脱。

大过 狐济濡尾,求枯得枳。季姜怀悔,鲍舍鱼鼍。

伏艮为狐,为尾,为求,为枯,为枳。巽为姜,上兑,故曰"季姜"。巽为鲍鱼,为臭。伏坤为悔,为淮。上艮为枯,下震为反艮而中隔坤水。《考工记》:枯逾淮为枳。以反艮为枳,其切当神妙,真不可思议矣。

坎 蹎足息肩,所忌不难。金城铜郭,以铁为关。藩屏周卫,安全无患。

震为足。艮为蹎,止也。艮为金铜,为铁,为城郭,为关,为藩屏。震为周,为衡。艮为安。

离 戴尧扶禹,松乔彭祖。西过王母,道路夷易,无敢难者。

详《讼之家人》。

咸 京庾积聚,黍稷以极。行者疾至,可以厌饱。

《尔雅》:丘绝高曰京。《诗·小雅》:曾孙之庾,如坻如京。传:京,高丘也。艮为京庾。互大坎,故曰"积聚"。巽为黍稷,伏震为行。中实,故曰"厌饱"。厌、餍同,足也。

恒 良夫孔姬,胁悝登台。柴季不扶,卫辄走逃。

《左传·哀十五年》:浑良夫与太子蒯聩,胁孔悝,使立之。柴,高柴。季,子路。"不扶"者,言不扶卫辄也。震为夫,为姬,为孔。伏艮为台,为季。艮手为扶,艮伏,故不扶。震为卫,为逃。

遯 天之所予,福禄常在,不忧危殆。

乾为福禄。

大壮 行触天刚，马死车伤。身无寥赖，困穷乏粮。

《参同契》：天罡据酉。注：天罡即北斗。《家人之渐》曰：魁罡所当，初为败殃。故曰"马死车伤"。伏艮为星，故曰"天罡"。震为马，为车。伏坤为身，为穷乏。震为粮。

晋 铅刀切玉，坚不可得。尽我筋力，胝茧为疾。

艮为刀，坤柔，故曰"铅刀"。艮为坚多节，故曰"胝茧"。坎为疾。玉或为艮坚象。

明夷 穆连百里，使孟奋武。将军帅战，败于殽口。

详《蹇之离》。坤为百里。震为孟，为武，为口。

家人 有人追亡，鸟言所匿，不日而得。

通解。震为亡，为追，为人，为言。离为鸟。坎隐，故曰"匿"。离为日。此必有故事。如公冶长解鸟言之类，而今不能考。

睽 府藏之富，王以振贷。捕鱼河海，罦网多得。

此全用遇卦损象。坤为府藏，为多，故曰"富"。震为王，为振。振、赈同，而古皆作振。坤为鱼，为河海。离为网罦，互大离，故曰"多得"。

蹇 鸿飞遵陆，公归不复，伯氏客宿。

艮为鸿，为陆。震为公，为归。震覆，故不复。《豳风》诗《九罭篇》：鸿飞遵陆，公归不复。公谓周公。

解 凫过稻庐，甘乐鳇鳅。虽惊不去，田畯怀忧。

此仍用遇卦损象。震为凫，为稻，为乐。艮为庐。坤为鱼，故曰"鳇鳅"。震为惊，艮止，故不去。坤为田畯，农官也。艮为官。坤为忧。

益 雨师娶妇，黄岩季女。成礼既婚，相呼南去。膏泽田里，年丰大喜。

详《恒之晋》。

夬 蓄积有余，粪土不居。美哉轮奂，出有高车。

乾实，故曰"积"。坤为粪土，坤伏，故曰"不居"。伏大艮为宫室，故曰"轮奂"，曰"高"。坤为大舆。

姤 重门击柝，介士守护。终有他道，虽惊不惧。

此仍用遇卦损象。损二至上正反两艮相对，故曰"重门"。震为柝。艮为击，为介。介，甲也。艮为守获，为终，为道路。震为惊，坤为惧。

萃 大都王市，稠人多宝。公孙宜贾，资货万倍。

坤为大都，巽为市。伏震为人，为宝，坤为多，故曰"稠人多宝"。震为公，艮为孙，巽为贾，故曰"公孙宜贾"。坤为资货，为万，巽为倍，故曰"万倍"。

升 秋隼冬翔,数被严霜。甲兵充庭,万物不生。

详《贲之随》。

困 招祸致凶,来螫我邦。痛在手足,不得安息。

通贲。坎为祸,为痛,为螫。艮为邦,为手。震为足。正反震,故不得息。

井 秦失其鹿,疾走先得。勇夫慕义,君子率服。

兑西,故曰"秦"。伏震为鹿。坎为鹿,为疾。震为走,为勇夫。艮为君子。

革 山陵四塞,遏我径路。欲前不得,复还故处。

已详《同人之革》。

鼎 一指食肉,口无所得,舌馋于腹。

详《颐之离》。

震 晨夜惊骇,不知所止。皇母相佑,卒得安处。

震为晨,互坎为夜。艮为止,坎隐,故不知。伏巽为母,震为王,故曰"王母"。互艮为安。

艮 豺狼所言,语无成全。误我白马,使乾口来。

艮为豺狼。互震为言语,正反震,故曰"误"。震为马,为白,为口。互大离,故曰"乾口"。

渐 呼精灵来,魄生无忧。疾病瘳愈,解我患愁。

通归妹。震为呼;为帝,故曰"精灵"。兑为月。震生,震乐,而纳庚,初三月出庚,故曰"魄生无忧"。坎为疾病,为忧。震解,故病愈而不愁也。

归妹 牧羊逐兔,使鱼捕鼠。任非其人,废日无功,不免辛苦。

兑羊震兔。伏巽为鱼,坎为鼠。互离为日。坎劳,故曰"辛苦"。羊逐兔,鱼捕鼠,皆失所使,犹任人不当而无功也。

丰 堂祥上楼,与福俱居。帝姬冶好,国安无忧。

堂祥,疑与徜徉同。伏艮为堂,为楼,为居,为国,为安。震为帝,为姬,兑为冶好。互坎为忧,震解,故无。

旅 禹召诸神,会稽南山。执玉万国,天下康安。

通节。震为王,坎劳,故曰"禹"。震为神,坎众,故曰"诸神"。艮为山,震南,故曰"会稽南山"。震为玉,艮为执,为国。坎众,故曰"万国"。艮为天,为安。

巽 太姒文母,仍生圣子。昌发受命,为天下主。

太姒。文王妃,生武王发。文母为太任。《诗》,思齐大任,文王之母是也。大任生昌,太姒生发,故曰"仍生"。《大雅》:大任有身,生此文王。又曰:缵女维莘,长子维行,笃生武王。林所本也。巽为母,互离,故曰"文母"。伏震为子,坎为圣。巽为命。伏震为主,伏艮为天。故曰"为天下主"。

兑 两置同室,兔无谁告。与狂相触,蒙我以恶。

互离为置,兑卦数二,故曰"两置"。伏坎为室。震为兔,震伏,故兔无。伏震为狂,三至上正反震相对,故曰"与狂相触"。《说文》:室,实也。言置原有兔,因触兔逸,反疑我也。

涣 桃雀窃脂,巢于小枝。动摇不安,为风所吹。心寒悚惕,常忧殆危。

已详《噬嗑之涣》。

节 阳春长日,万物华实,乐有利福。

震为春,为长。互大离,故曰"长日"。震为万物,为华。艮为果蓏,故曰"实"。震为乐,为福,伏巽为利。

中孚 邻不我顾,而望玉女。身疾疮癞,谁肯媚者。

震为邻,艮为顾,二四艮反,故不我顾。艮为我,为望。震为玉,兑为女,为媚,故曰"玉女"。艮为身而多节。故曰"疮癞"。

小过 涸旱不雨,泽竭无流。鱼鳖干口,皇天不忧。

艮为火,故曰"涸旱"。兑为雨泽,艮止,故不流。巽为鱼,艮为鳖。兑为口,艮火在下,故曰"干口"。震为帝,为皇,艮为天。震乐,故不忧。言灾重如此,而天不恤。

既济 狼虎之乡,日争凶讼。受性贪饕,不能容纵。

半象重艮,故曰"狼虎",曰"乡"。坎上下口相背,故讼。离为日。又取损象,于争讼尤切。

未济 阴注阳疾,水离其室。舟楫大作,伤害黍稷。民饥于食,亦病心腹。

三阴皆在内,故曰"注"。注:灌也。阳皆在外,故疾。《杂卦》:未济,男之穷也。与此旨同。离、罹同。坎为水,为室。半震为舟,坎为楫。重震重坎,故曰"大作"。震为黍稷。坎为病,为心,离为腹。

☴ 巽上
☳ 震下 **益**之第四十二

文王四乳,仁爱笃厚。子畜十男,无有夭折。

详《颐之节》。

之乾 下堂出门,东至九山。逢福值喜,得其安闲。

此用遇卦益象。艮为堂,坤为下,为门,震出。震东,数九,故曰"九山"。震为福喜。艮为山,为安。

坤　城上有乌,自名破家。招呼鸩毒,为国灾患。

详《坤之蒙》。

屯　伯虎仲熊,德义渊泓。使敷五教,阴阳顺序。

详《泰之随》。

蒙　饮酒醉酗,跳起争斗。伯伤仲僵,东家治丧。

需　四目相视,稍近同轨。日昳之后,见吾伯姊。

互离为目,兑数四,故曰"四目"。昳,日昃也。坎西,离与坎连,日向西,故曰"日昳"。兑为伯姊,本大过也。

讼　随时逐便,不失利门。多获得福,富于封君。

伏震为时,为逐。乾为门,巽为利,故曰"利门"。乾为福,为富,为君。

师　陇西冀北,多见骏马。去如猋飚,害不能伤。

坎为西,坤为北。震为马,坤坎亦为马,故曰"多见骏马"。坤为风,故曰"猋飚"。猋音标,回风也。坎为害,为伤。震解,故不伤。

比　白龙黑虎,起伏俱怒。蚩尤败走,死于鱼首。

详《蒙之坎》。

小畜　鸿飞戾天,避害紫渊。虽有锋门,不能危身。

通豫。巽为鸿,在乾上,故曰"戾天"。坤为渊,为害,坎隐伏,故曰"避害紫渊"。离色紫也。锋门,丁晏云:《艺文志》有《逢门射法》二篇。师古曰:即逢蒙。艮为锋,坤为门。坎为矢,震为射,故曰"锋门"。坤为身。《诗·大雅》:鸢飞戾天。注:戾,至也。

履　平国不君,夏氏作乱。乌号窃发,灵公陨命。

详《临之晋》。

泰　江汉上游,政逆民忧。阴伐其阳,雄受其殃。

坤为水,故曰"江汉"。在上,故曰"上游"。坤为政,为逆,为民,为忧。阴上阳下,故曰"阴伐其阳,雄受其殃"。

否　东家杀牛,闻臭腥臊。神怒不顾,命衰绝周。亳社灾烧,宋公夷诛。

详《噬嗑之巽》。"命衰绝周"者,言殷命将绝于周也。

同人　西诛不服,恃强负力。倍道趋敌,师徒败覆。

丁云似指项梁。徒,汲右作走,非卦伏师。师坎为西,坤为诛。震健,故恃强负力。震为大涂,巽为倍,故曰"倍道趋敌"。坤为师徒,为败。

大有　一妇六夫,乱扰不治。张亡季疾,莫适为公。政道壅塞,周君失邦。

此用益象。上巽为妇,下震为夫。震数三,互艮亦为夫,亦数三,故一妇六夫。坤为乱。震为张,艮为季,坤为亡,坎为疾,故曰"张亡季疾"。震为公,初至五正反震,故曰"莫适为公"。坤为政,艮为道。艮止,故壅塞。震为君,为周,坤为邦,坤丧,故周君失邦。

谦 配合相迎,利之四乡。昏以为期,明星煌煌。欣喜爽恃,所言得当。

坎为配合。坤为乡,震卦数四,故曰"四乡"。坎为昏。艮为明,为星。震为喜,为言。爽,盛也。

豫 猿坠高木,不蹉手足。握金怀玉,还归其室。

详《蒙之临》。

随 卷领遁世,仁德不害。三圣攸同,周国茂兴。

详《需之震》。

蛊 去患脱厄,安无怵惕。上福喜堂,见我欢悦。

互大坎为患,为厄,为怵惕。震为福喜,一阳上升,故去患脱厄而无惧也。艮为堂,为我。兑见。

临 带季儿良,时利权兵。将师合战,敌不能当,赵魏以强。

通遁。艮为季,巽为带,故曰"带季"。带季,即带佗。震为儿,为良,故曰"儿良"。《艺文志》有《儿良》一篇,列兵家。《过秦论》:带佗、儿良,并称兵家。故曰"权兵"。艮为时,巽为利。坤为师。震为战,为赵,为强。

观 鹄思其雄,欲随凤东。顺理羽翼,出次须日。中留北邑,复反其室。

详《明夷之益》。

噬嗑 耳如惊鹿,不能定足。室家分散,各走匿窜。

互坎为耳。震为惊,为鹿,为足。艮为室家。坎为匿。

贲 甲乙丙丁,俱归我庭。三丑六子,入门见母。

震东方甲乙,离南方丙丁。艮为庭,为我,震为归,故曰"俱归我庭"。艮居丑,数三,故曰"三丑"。坎居子,数六,故曰"六子"。艮为门,伏巽为母,离为见。

剥 蹑华颠,观浮云。风不摇,雨不薄。心安吉,无患咎。

艮为山,为颠,伏兑为西,故曰"华颠"。坤为云,为风。兑为雨,兑伏,故云不薄。坤为心,为患。艮安,故无。

复 德施流行,利之四乡。雨师洒道,风伯逐殃。巡狩封禅,以告成功。

震为德,为行。卦数四,坤为乡,故曰"四乡"。坤为师,为水,故曰"雨师"。坤为风,震为伯,故曰"风伯"。独断云:雨师,毕星;风伯,箕星也。古者天下太平,天子必巡狩四方,封太山,禅梁父。震为言,故曰"以告成功"。

无妄 水流趋下,遂成东海。求我所有,买鳣与鲤。

详《损之需》。

大畜 和气相薄,膏润津泽,生我嘉谷。

兑为和,为润泽。震为生,为谷。

颐 忧惊以除,祸不成灾,安全以来。

坤忧,震惊。艮安,正反艮,故曰"忧惊以除,祸不成灾"。互坤为灾祸。

大过 坚冰黄鸟,常哀悲愁。不见白粒,但睹藜蒿。数惊鸷鸟,为我心忧。

详《乾之噬嗑》。

坎 翕翕輖輖,陨坠崩颠。灭其令名,身命不全。

详《泰之谦》。

离 因祸受福,喜盈其室。

通坎。互艮为室,震为喜。

咸 陆居千里,不见河海,无有鱼市。

坤为陆,为千里。为河海,坤伏,故不见。巽为鱼,为市,乾无,故曰"无有鱼市"。

恒 鹿得美草,鸣呼其友。九族和睦,不忧饥乏。

详《同人之蹇》。

遁 出门得党,不逢祸殃。入户自若,不见矛戟。

乾为门户,艮为党。坤为祸殃,坤伏,故不逢。艮为矛戟。巽为人。为伏,故不见予戟。党,助也。《论语》:君子不党。注:相助为非曰党。

大壮 罍尊重席,命我嘉客。福佑久长,不见祸殃。

震为尊罍,为席。兑卦数二,故曰"重席"。震为嘉,为客,为长。乾为福佑。坤为祸殃,坤伏,故不见。

晋 鸿雁俱飞,北就鱼池。鳣鲔鳏鲤,众多饶有。一筍获两,利得过倍。

详《比之观》。

明夷 当风奋翼,与鸟飞北。入我家国,见吾庆室。

坤为风,震为翼。离为鸟。坤为北,为家国。坎为室,震喜,故曰"庆室"。

家人 麒麟凤凰,善政得祥。阴阳和调,国无灾殃。

详《大有之旅》。

睽 逐狐东山,水过我前。深不可涉,失其后便。

详《大畜之震》。

蹇 丑戌亥子,饥馑所生。阴为暴客,水绝我食。

下艮先天居戌,后天居丑,坎居亥子。丑、戌、亥、子,皆在北方,北方属水。《史记·货殖传》:水毁木饥。故曰"饥馑所生",曰"阴为暴客"。北方坎水,故曰"水绝我食"。

解 狐狸雉兔,畏人逃去。分走窜匿,不知所处。

详《睽之大有》。

损 桀跖恶人,使德不通。炎旱为殃,年谷大伤。

坤为恶,故曰"桀"。伏巽为盗,故曰"跖"。正反艮,故不通。震为使也。艮为火,故炎旱。震为年谷,兑毁,故伤。

夬 兔乳在室,行来雀食。虎攫我子,长号不已。

此用遇卦益象。震为兔。艮为室,为雀,为虎。艮手,故曰"攫"。震为子,为长号。正反震,故曰"不已"。

姤 土阶明堂,礼让益兴。雄雌相得,使我无疾。

通复。坤为土阶,为礼。震为兴。一阳临五阴,故曰"雄雌相得"。坤为我,为疾。震解,故无。

萃 送金出门,并失玉丸。往来井上,破瓮坏盆。

坤为门,互艮为金。震为玉,互大坎为丸。震伏,故失玉丸。兑为井,三至上正反兑,故曰"往来井上"。上,疑于井。以重文作上,故讹为上也。震为瓮,为盆。震覆,故曰"破"。兑毁故也。往来井井,谓三至上正反兑也。井初至四亦正反兑,由此证《井·象》往来井井,亦由正反兑。焦氏说之甚明也。

升 讽德诵功,美周盛隆。加其旦辅,光济冲人。

震为德,为功。为言,故曰"讽诵"。震为周,为旦,为冲人。言周公旦辅成王,以成周德。

困 盗窃灭身,二母不亲。王后无党,毁其宝灵。

互巽为盗,艮为身。艮伏,故灭身。巽为母,正反巽相背,故曰"二母",故曰"不亲"。震为王,为宝。震伏,故毁。兑为毁也。

井 六月睽睽,各欲有至。专征未装,俟时旦明。

详《蹇之小过》。

革 雀行求粒,误入网罥。赖仁君子,复说归室。

离为雀,为网。巽为粒。伏震为仁,为脱,为归。艮为君子,为室。

鼎 仁德孔明,患祸不伤。期誓不至,室人衔恤。

通屯。震为仁德,为孔,艮为明,故曰"仁德孔明"。坤为患祸。艮为室,震为人,故曰"室人"。震为衔,坤忧,故曰"衔恤"。

震 龟厌江海,陆行不止。自令枯槁,失其都市,虽忧无咎。

详《泰之节》。

艮　孤独特处，莫依为辅，心劳志苦。

坎为孤，艮为独。坎为心，为劳。

渐　伯仲言留，叔子云去。虽去无咎，主母大喜。

通归妹。震为伯，坎为仲，艮为叔。艮止，故留。震往，故去。巽为母，震为主，为喜，故曰"主母大喜"。

归妹　初忧不安，后得笑欢，虽惧无患。

互坎为忧。震为笑，在外卦，故曰"后"。

丰　好战亡国，师不以律。称上陨坠，齐侯狠戾，被其灾祟。

震为战。坤为国，为师。坎为律。坤坎皆伏不见，故曰"亡国"，曰"师不以律"。巽为齐，震为诸侯，为狠。离为灾。似指顷公。

旅　鹿在泽陂，豺伤其麛，泣血独哀。

通节。震为鹿，兑为泽陂。艮为豺，震为麛。麛，鹿子也。兑折，故伤。坎为血，为独。为忧，故曰"哀"。

巽　天地闭塞，仁智隐伏。商旅不行，利润难得。

初至四大过，故曰"天地闭塞"。震为仁，坎为智。皆伏不见，故曰"隐伏"。震为商旅，震伏，故不行。巽为利。

兑　福德之士，欢悦日喜。夷吾相桓，三归为臣，赏流子孙。

通艮。互震为福德，为士，为喜。本卦互离，故曰"日喜"。震为桓。为归，数三，故曰"三归"。艮为臣，为孙。夷吾，管仲字。《论语》:管氏有三归。三归，台名。

涣　上无飞鸟，下无走兽。扰乱未治，民劳于事。

互艮为鸟，上巽为伏，故曰"上无飞鸟"。艮为兽，下坎隐伏，故曰"下无走兽"。震为走也。风散，故扰乱。坎为民，为劳。

节　握斗运枢，顺天无忧，与乐并居。

详《谦之观》。

中孚　戴盆望天，不见星辰。顾小失大，福逃墙外。

艮为戴，震为盆，艮为覆。震若戴盆于首，故不见天与星辰也。艮为天，为星。上巽为伏，亦不见也。艮为顾，为小，震为大。艮为墙，伏小过震在艮外，故曰"福逃墙外"。

小过　月削日衰，工女下机。宇宙灭明，不见三光。

兑为月，艮为日，艮手为削。巽为工，为女，互坎为机。风散艮止，故曰"工女下机"。艮为天，为宇宙。坎黑，故灭明，故不见三光。艮为光，数三。

既济 操戟刺鱼，被发立忧。虎脱我衣，狼取我袍，亡马失财。

此用益象。艮为戟。巽为鱼，为发。艮为虎狼。震为衣，为马。

未济 两人俱醉，相与悖戾。心乖不同，争讼匈匈。

此仍用益象。坤迷，故曰"醉"。震为人，坤数二，故曰"两人"。坤为悖戾，为心。初至五正反震，故曰"心乖"，曰"争讼"。

䷪ 兑上 乾下 夬之第四十三

戴尧扶禹，松乔彭祖。西遇王母，道路夷易，无敢难者。

详《讼之家人》。

之乾 狼戾美谋，无言不殊。允厌帝心，悦以获佑。

此用遇卦夬象。伏艮为狼。兑为言，乾亦为言，而兑言与乾言相背，故曰"殊"。乾为帝，为佑。伏坤为心，兑为悦。

坤 岁暮华落，阳入阴室。万物伏匿，绝不可得。

候卦坤居亥，故曰"岁暮"。遇卦夬为华。后天乾本居亥，阳为阴所牝，故《坤·上六》曰"龙战于野"。战即交也，故也阳入阴室。其义详《焦氏易诂》中。坤为万物，坤藏，故曰"伏匿"。

屯 鸡鸣失时，君骚相忧。犬吠不休，行者稽留。

伏巽为鸡，震为鸣，艮为时，坎为失。"失时"者，言至鸡鸣而尚未治事，故下曰"骚忧"。震为君，为相，坤为忧。艮为犬。震为吠，为行。艮止，故"稽留"。

蒙 凫鹥游泾，君子以宁。履德不愆，福禄来成。

艮为凫鹥，坎水故曰"泾"。艮为君子。震为德，为福。艮为成。凫鹥，《大雅》篇名。首句及第四句皆《诗》语。

需 魃为灾虐，风吹云却。欲上不得，复归其宅。

通晋。坎为鬼，离为恶人，故曰"魃"。坎为灾，为云。坤为风，艮止，故不能上。艮为宅。

讼 东行破车，步入危家。衡门垂倒，无以为主。卖袍续食，糟糠不饱。

通明夷。震为东行，为车，为步。坎为破，为室，故曰"危家"。艮为门，坎平，故曰"衡门"。艮覆，故曰"垂倒"。震为主，为袍，为食。为商，故曰"卖"。震为糟糠，坤虚故不饱。

师 青牛白咽，呼我俱田。历山之下，可以多耕。岁稔时节，民人安宁。

详观林。

比 异国殊俗，情不相得。金木为仇，百贼擅杀。

坤为国，为俗。重坤，故曰"异国殊俗"。坤为心志，故曰"情"。艮为金，坎为木，为仇。金克木，故相仇。坎为贼，坤为百，为杀，故曰"百贼擅杀"。

小畜　阴阳精液，膏熟脱拆。胎卵成魄，肇生头目，日有大喜。

通豫。乾阳坤阴。坎为精液，为膏。巽下断，故曰"拆"。震为胎，为卵，坤为魄，故曰"胎卵成魄"。艮为头。离为目，为日。震为喜。

履　饥虫作害，偏多乱缠，绪不可得。

离虚，故饥。巽为虫，故曰"饥虫"。巽为缠，为绪。离为乱，故难得绪。

泰　青蛉如云，为兵导先。民人冤急，不知东西。

伏巽为虫，为青蛉。坤为云。为众，故为兵。震为民人，为急。坤忧，故曰"冤急"。震东兑西，体连，故不知东西。

否　班马旋师，以息劳疲。役夫嘉喜，入户见妻。

详《观之既济》。

同人　坐争立讼，纷纷讻讻。卒成祸乱，灾及家公。

详《大过之离》。

大有　鹿食美草，道遥求饱。趋走山间，过期乃还，肥泽且厌。

通比。艮为鹿，坤为草。坎实，故饱。艮为求，为山。为时，故曰"期"。坎为肥泽。厌，足也。

谦　田鼠野雉，意常欲去。拘制笼槛，不得摇动。

详《需之随》。

豫　日趋月步，周遍次舍。历险致远，无有难处。

艮日坎月。震为步趋，为周。艮为次舍。坎险震出，故无难处。

随　天孙帝子，与日月处。光荣于世，福禄祉祉。

详《解之临》。

蛊　晨风文翰，大举就温。昧过我邑，羿无所得。

详《小畜之革》。文翰，鸟名，见《逸周书》。

临　旦生夕死，名曰婴鬼，不可得祀。

观　疾贫望幸，使伯南贩。开牢择羊，多得大群。

详《讼之遁》。

噬嗑　长城骊山，生民大残。涉叔发难，唐叔为患。

艮为城，为山；震为长，为马，故曰"长城骊山"。坎为民，为残破，故曰"生民大残"。

艮为叔。涉,陈胜字;叔,吴广字。坎为患。言秦役民筑长城、骊山,民不堪命。陈、吴因以为乱,而唐叔兴起也。汉为唐尧后。刘向《高祖颂》云:汉帝本系,出自唐帝。又《随之剥》云:唐季发愤,禽灭子婴。皆指汉高。牟庭谓唐为广,是不知涉叔为二人,并不知唐季即刘季,故谬误若斯也。

贲 娶于姜吕,驾迎新妇。少齐在门,夫子欢喜。

详《否之涣》。

剥 随时草木,灌枝叶起。扶疏条桃,长大盛美,华沃铄舒。

艮为时,为木。坤为草。

复 姬姜既欢,二姓为婚。霜降合好,西施在前。

震为姬,伏巽为姜。坤为姓,数二,故曰"二姓为婚"。坤为霜。《荀子》:霜降婚嫁,冰泮杀止。西施,吴王妃。阳息至二成兑为西,故曰"在前"。

无妄 戴笠独宿,昼不见日。勤苦无代,长劳悲思。

艮为戴,为笠。巽伏,故曰"宿"。巽寡,故独宿。乾为昼,为日。巽伏,故不见日。伏坤为劳,为悲思。

大畜 始加元服,二十系室。新婚既乐,伯季有得。

古者年二十行冠礼,艮为冠,故曰"元服"。乾为始,故曰"始加"。兑数二,又数十,艮为室,伏巽为绳,故曰"二十系室"。《易》"系",《释文》云:系,系也,续也。"二十系室"者,言继续将有室家也,故下曰"新婚"。或曰古男子三十而娶。然证以孔子、伯鱼之年,亦不拘也。震为嫁,故曰"婚"。为乐,为伯。艮为季。

颐 二至灵台,文所止游。云物备具,长乐无忧。

震为冬至,震之反则夏至矣,故曰"二至"。灵台,艮为台。坤为文,艮止震游,故曰"文所止游"。坤为云,为物,为忧。震乐,故不忧。《左传》:至日登台,望云物。

大过 久阴霖雨,涂行泥潦。商人休止,市空无宝。

伏坤为阴,为水。互大坎,故曰"霖雨"。伏震为大涂,坤为泥潦。震为商人,艮止,故休。巽为市,坤虚,故曰"市空"。震为玉,为宝。震伏,故"无宝"。

坎 城坏压境,数为齐病。侵伐不休,君臣扰乱。上下屈竭,士民乏财。

互艮为城,坎破,故曰"城坏"。艮为境。伏巽为齐,坎为病,上下坎,故曰"数为齐病"。震为侵伐,正反震,故曰"不休"。震君艮臣,正反艮震,故曰"扰乱",曰"上下屈竭"。巽为利,巽伏,故乏财。震为士也。林意似指吴伐齐事。

离 南国盛茂,黍稷醴酒。可以飨养,乐我嘉友。

通坎。艮为国,离南,故曰"南国"。震为盛茂,为黍稷。坎为酒。兑口,故曰"飨养"。艮为友,震为乐。

咸 忧在心腹,内崩为疾。祸起萧墙,意如制国。

通损。坤为忧,为心腹,为内,为疾。兑为毁,与坤连体,故曰"忧在心腹,内崩为疾"。坤为祸,为墙,震为草莽,故曰"萧墙"。坤为心意,为国。意如,鲁三家季平子名也。《论语》:吾恐季氏之忧,不在颛臾,而在萧墙之内也。制国,言专政。

恒 朽根削树,花叶落去。卒逢大猋,随风僵仆。

巽木下断,故曰"朽根",故曰"削树"。兑华震叶,巽陨,故曰"落去"。初至四正反巽,故曰"猋"。猋,回风也。巽陨落,故僵仆。

遁 树表为坛,相与期言。午中不会,宠荣弃废。

《史记·田穰苴传》:苴与庄贾期旦日日中会,先期至军,立表下漏,以待庄贾。日午不至,杀之。艮为坛。为时,为言,故曰"期言"。艮为日,纳丙,故曰"日午"。乾为宠荣,阴消阳,故曰"宠荣废弃"。

大壮 四足俱走,奴疲在后。两战不胜,败于东楚。

震卦数四,故曰"四足"。艮为奴仆,艮伏,故曰"在后"。震为战,兑卦数二,故曰"两战"。震为东,为楚。兑毁,故败。

晋 执辔西朝,回还故处。麦秀伤心,叔父有忧。

通需。兑为西,艮手为执,为拘。辔所以拘拂马,疑艮象也。坤为麦,为心。艮为叔,乾为父,坤忧。言箕子朝周,过殷墟,作麦秀之歌。箕子为纣叔父。

明夷 夜长日短,阴为阳贼。万物空枯,藏于北陆。

震为长,坤坎皆为夜,故曰"夜长"。离日,居坎,故日短。阳皆在阴下,坎为盗,故曰"阴为阳贼"。言阴贼阳也。坤为万物,为空虚,离为枯。坤藏坎北,故曰"藏于北陆"。

家人 鸤鸠七子,均而不殆。长大成就,弃而合好。

离为鸠。伏震为子,数七,故曰"七子"。巽为长大,坎为合。

睽 三羊上山,驰至大原。黄龙负舟,遂到夷阳,究其玉囊。

兑为羊,离卦数三,故曰"三羊"。伏艮为山。余象未详。

蹇 首足易处,头尾颠倒。公为雌姬,乱其蚕织。

此用夬象。乾为首在下,伏震为足,覆在上,故曰"首足易处"。乾为头在下,伏艮为尾在上,故曰"首尾颠倒"。乾为公。上兑,故曰"雌姬"。巽为蚕,为织。巽覆,故曰"乱其蚕织"。

解 登高望家,役事未休。王事靡监,不得逍遥。

详《鼎之困》。

损 畏昏不行,候旦待阴。燎猎受福,老赖其庆。

兑为昧,坤为畏,为昏。震为行,坤为闭,故曰"畏昏不行"。艮为明,震为旦,艮止,故曰"候旦待明"。震为猎,艮为火,故曰"燎猎"。坤为老。震为福庆。太公年八十遇文王田猎,后封于齐,故曰"老赖其庆"。

益　孤独特处,莫依为辅,心劳志苦。

详《益之艮》。

姤　山石朽破,消崩堕坠。上下离心,君受其祟。

乾为山,为石。下断,故朽破、坠堕。乾为上,巽为下。坤为心,坤伏,故"离心"。乾为君。阴消阳,故"君受其祟"。

萃　文母圣子,无疆寿考,为天下主。

坤为文,为母。伏乾为圣,震为子,故曰"文母圣子"。艮为寿。坤为天下,伏震为主。

升　倔傀无仪,前后相违。言如鳖咳,语不可知。

坤为仪。兑刚卤,故为倔傀。倔傀,倔强貌。兑见巽伏,故曰"前后相违"。震为言,为咳,伏艮为鳖。初至四正反兑,故语不可知。《诗》:无非无仪,惟酒食是议。

困　五龙俱起,强者败走。露我苗稼,年岁大有。

巽卦数五,伏震为龙,故曰"五龙"。兑为刚强,兑毁,故曰"败走"。巽为苗稼,兑为雨泽,故曰"露我苗稼"。伏震为年岁。

井　瘳除善疑,难为攻医。骥疲盐车,困于衔箠。

详《艮之夬》。伏艮为瘳除,坎为疑。震为骥,为车。兑为卤,故曰"盐车"。坎劳,故疲困。兑为衔,震为箠。

革　江南多蝮,螫我手足。冤烦诘屈,痛彻心腹。

通蒙。坎为江,为螫,为蝮。震为南,为足。艮为手。坎为冤烦,为诘屈,为痛,为心。坤为腹。

鼎　心无所据,射鹿不得。多言少实,语无成事。

通屯。坎为心。震为射,为鹿。正反震,故曰"多言"。坤虚,故少实。

震　君明臣贤,鸣求其友。显德之士,可以履土。

震为君。互艮为臣,为明,为友,为求。震为鸣,为德。艮为显,故曰"显德"。震为士,为履。坎为土。

艮　安上宜官,一日九迁。逾群越等,牧养常山。

详《履之节》。

渐　峻词解谢,除去垢汙。惊之成患,婴去酷残。

艮山,故曰"峻"。峻词,犹严词也。坎为垢汙。伏震为惊,坎为患。

归妹　翁狂妪盲,相牵北行。欲归高邑,迷惑不得。

震为翁,为狂。伏巽为妪,兑半离,故曰"妪盲"。伏艮为牵,互坎故北行。震为行,为归。艮为高邑。坎疑，故曰"迷惑不得"。言不得至高邑也。

丰 醉卧道傍，迷旦失明，不全我生。

通涣。巽进退不果，故曰"醉"。震为道傍，为旦。艮为明，坎隐，故曰"失明"。坎破，故曰"不全我生"。震为生。

旅 北登鬼丘，驾龙东游。王叔御后，文武何忧！

通节。坎为北，为鬼，艮丘，故曰"北登鬼丘"。震为龙，位东，故曰"驾龙东游"。震王，艮为叔，故曰"王叔"。艮善御，故不忧。离为文，伏震为武。

巽 恬淡无患，游戏道门。与神往来，长乐以安。

巽为伏，故曰"恬淡"。坎伏，故无患。伏震为游戏，艮为道，为门。震为神，巽究成震，故曰"与神往来"。震为乐。

兑 以缯易丝，抱布自媒。弃礼急情，卒罹忧悔。

详《蒙之困》。

涣 被服衣冠，游戏道门。以礼相终，身无灾患。

震为衣。艮为冠，为道，为门，为终，为身。坎为灾患，震解，故无。

节 大麓鱼池，陆为海涯。君子失行，小人相携。

中爻艮为山麓，伏巽为鱼，兑为池，故曰"大麓鱼池"。兑为海，艮为陆，艮兑连体，故曰"陆为海涯"。艮为君子艮止故失行。震为人，兑小，故"小人"。艮手为携，正反艮，故曰"相携"。

中孚 渊泉溢出，为我邑祟。道路不通，孩子心愤。

兑为渊泉，互震出，故曰"渊泉溢出"。艮为我，为邑，兑毁，故曰"为我邑祟"。震为道路，艮止，故不通。震为孩子，坎为心。卦中虚无心，故曰"孩子心愤"。《集韵》：愤，乱也。孩子与箕子音同。《易林》以震为孩子，是读《明夷·六五》"箕子之明夷"为"孩子之明夷"也。

小过 十里望烟，散涣四方，形体灭亡。可入深渊，终不见君。

详《豫之观》。

既济 传言相误，非干径路。鸣鼓逐狼，不知迹处。

详《乾之无妄》。

未济 东失大珠，西行弃襦。时多不利，使我后起。

多用半象。《汉书》：终军至关，弃襦于地。注：襦，关验也。按《易·既济》、《汉书》皆作繻。繻、襦通用。《周礼》：罗氏及弓人前。郑注两引《易·既济》作襦又作繻。是通用也。

河伯大呼,津不可渡。往复尔故,乃无大悔。

详《屯之大有》。

之乾　蒙被恩德,长大成就。柔顺利贞,君臣合好。

此用姤象。上乾为恩德,为大。下巽为柔《姤·彖传》:天地相遇。天地即君臣,故曰"君臣合好"。

坤　东山西山,各自止安。心虽相望,竟不同堂。

详《渐之屯》。

屯　登山上谷,与虎相触。猬为功曹,班叔奔北,脱之嘉国。

详《解之艮》。

蒙　踬跌未起,失利后市,不得鹿子。

坎塞,故跌。巽为利市,巽伏,故失利后市。震为鹿子,坤丧,故不得。

需　结珠怀履,卑斯似鬼,为君奴婢。

通晋。震为珠、履,震覆,故曰"结珠怀履"。言不见也。艮为奴婢,为斯役。坤为鬼。

讼　鸡鸣失时,民侨劳苦。厖吠有威,行者留止。

通明夷。巽为难,为鸣。震为时辰,坎失,故失时。坤为民,与震连,故曰"侨"。侨,旅寓也。震为商旅,坎为劳。震为厖。厖,多毛犬也。震多毛,故为厖。震为威。坎陷,故留止。

师　陈妫敬仲,示兆兴姜。乃适营丘,八世大昌。

详《屯之噬嗑》。

比　鹿畏人匿,俱入深谷。短命不长,为虎所得,死于牙腹。

震为鹿,震覆,坎为隐,为畏,故曰"鹿畏人匿"。艮为谷,初至五形长,故曰"深谷"。艮为虎,坤为死,故曰"短命"。坤为腹,伏兑为牙,故曰"死于牙腹"。

小畜　言无约结,不成券契。殷叔季姬,公孙争之。强入委禽,不悦于心,乃适子南。

详《颐之革》。

履　鼓瑟歌舞,欢遗于酒。龙喜张口,大喜在后。

通谦。震为鼓,为瑟,为歌舞,为欢喜。坎为酒。震为龙,为口,为后。

泰　凶忧灾殃，日益章明。祸不可救，三郤夷伤。

详《需之复》。

否　水流趋下，遂至东海。求我所有，买鳣与鲤。

详《益之无妄》。

同人　阴为阳贼，君不能克。举动失常，利无所得。

通师。上下五阴，坎为盗，故曰"阴为阳贼"。震为君，阳寡，故不能胜阴。巽为利，坤虚，故无得。

大有　离床失案，龟丧其愿。都市无会，叔季怀恨。

通比。艮为案，为床，为龟。坤丧，故曰"离"，曰"失"，曰"丧"。坎为心，故曰"愿"。坤为都市，艮为叔季。坎忧，故曰"忧恨"。

谦　壅遏堤防，水不得行。火盛阳光，阴霓伏藏，走归其乡。

详《比之大畜》。

豫　蹩屈复伸，东乘浮云，贵宠母前。

坎蹇，故曰"蹩屈"。震为伸，为东。坤为云，艮为贵。"母前"者，言莫过也。

随　实沈参伐，以义断割。次陆服刑，成我霸功。

艮为星辰，故曰"实沈"，曰"参伐"。《考工记》：熊旗六斿，以象伐也。注：伐属白虎宿，与参连体而六星。《汉书·天文志》：太白曰西方秋，金义也。以义断割，谓太白主兵杀也。"次陆服刑"者，谓鲍叔迎管仲至堂阜此处少一同：而脱其桎梏，仲持斧绁缨请罪也。

蛊　金泉黄宝，宜与我市。娶嫁有息，利得过母。

艮为金，震为宝，为玄黄，兑为泉，故曰"金泉黄宝"。巽为市。震为归，故曰"娶嫁"。震为子，故曰"息"。息，生也。巽为母，为利。言以宝泉权子母，息过母也。

临　禹召诸神，会稽南山。执玉万国，天下康安。

详《损之旅》。

观　三虫作蛊，践迹无与。胜母盗泉，君子不处。

《左传》：三虫为蛊。巽为虫，艮数三，故曰"三虫为蛊"。蛊，坏也。震为迹，震覆，故无迹。巽为母，为盗。坤水，故曰"盗泉"。《家语》：孔子忍渴于盗泉。里名胜母，曾子回车。故曰"不处"。艮为君子。

噬嗑　花叶陨落，公归姬宅。夷子失民，洁已不食。

伏兑为华，震为叶。巽为陨落，为姬。震为公，为归，艮为宅，故曰"公归姬宅"。坎为平，故曰"夷"。坎为民，为失。巽为白，故曰"洁"。言伯夷让国，不食周粟也。

贲 履机惧毁，身王子废。终得所欲，无有凶害。

互震为履，坎为机。震在坎上，故曰"履机"。而坎为破，为惧，故曰"惧毁"。艮为身，震为子。上卦震覆，故曰"子废"。艮为终。坎为欲，为害。

剥 道理和得，仁不相贼。君子攸往，乐有利福。

艮为道。

复 合匏同牢，姬姜并居。

震为匏，为牢。匏，合卺杯。牢，《史记·平准书》：官与牢盆。注：乐彦云，牢，盆名。《昏礼》：同牢而食。震为姬，伏巽为姜，震巽皆在初，故曰"姬姜并居"。《礼记·昏义》：男迎妇以入，共牢而食，合卺而酳。

无妄 关雎淑女，贤妃圣偶。宜家寿母，福禄长久。

艮为鸟，故曰"关雎"。乾为善，巽女，故曰"淑女"，曰"贤妃"，曰"圣偶"。乾为圣也。艮为家，为寿。巽为母，故曰"寿母"。乾为福禄，为久。此说《关雎》诗意，与《毛》同。

大畜 骓骥脱乳，不知子处。旋踵悲鸣，痛伤我心。

乾为马，艮为乳，在外，故曰"骓骥脱乳"。震为子，三上正反震，故不知。震为踵，正反震，故曰"旋踵"。震为鸣，伏坤，故"悲"，曰"心痛"。

颐 知严绝理，阴孽谋主。十日不食，困于申亥。

坤为阴。数十，上艮为日，故曰"十日"。震为食，坤闭，故不食。坤居申，艮居亥，艮为拘，故困于申亥。

大过 凿诸攻玉，无不穿凿。龙体具举，鲁班为辅。鳞凤成形，德象君子。

通颐。丁云：《淮南子》，玉待礛诸而成器。注：礛诸，攻玉之石。艮为石，震为玉，艮手，故曰"攻玉"，曰"穿凿"。震为龙，震反在上，故"具举"。兑为鲁，巽为工，故曰"鲁班"。鲁班，即公输般，巧匠也。坤文为麟凤，为形。艮为君子。君子之德温如玉，故玉象君子。

坎 昧暮乘车，以至伯家。逾梁渡河，济脱无他。

坎为昧暮。互震为车，为伯。艮为家，为梁。坎为河。

离 吾有黍稷，委积外场。有角服箱，运致我藏，富于嘉粮。

互巽为黍稷。伏艮为场，为角。角谓牛，言有牛服箱而运也。伏震为车箱，为富，为粮。巽伏，故曰"藏"。

咸 喜笑且语，不能掩口。官爵并至，庆贺盈户。

兑悦，故喜笑。兑口，故语。艮为官爵。乾为户，为盈。

恒 雾露霜雪，日暗不明。阴孽为疾，年谷大伤。

伏坤为雾，为雪霜，兑为雨露。乾为日，兑为昧，故曰"日暗不明"。伏坤为阴，为疾。

震为年谷,兑折故伤。

遁　伯去我东,发如飞蓬。癙痹长叹,展转空床。内怀怅恨,摧我肝肠。

通临。见前。

大壮　亡羊补牢,张氏失牛。骈驷奔走,鹘盗我鱼。

兑为羊,兑折,故亡羊。伏艮为牢。牢,《说文》:牛闲也。艮手,故曰"补"。震为张,艮为牛,艮伏,故张氏失牛。震为马,为走,为鹘。伏巽为盗,为鱼。

晋　贩鼠卖蛙,利少无谋,难以得家。

此用遘卦姤象。下巽为利市,故曰"贩卖"。巽为伏,故亦为鼠;为虫,故为龟。二者皆小物,故曰"利少"。丁云:贩鼠卖朴者,《战国策》,周人谓玉未理者为璞,郑人谓鼠末腊者为朴。郑人怀朴至周,曰欲卖璞乎?出之乃鼠。

明夷　西戎为疾,幽君去室。陈子发难,项伯成就。

坎为西,坤为戎,为疾,故曰"西戎为疾"。坎为幽,震为君,坎为室。言幽王因犬戎失国也。震为陈,为子。陈涉首起反秦。震为伯,坎为项。言陈涉首发难,项氏因以兴。又,鸿门会,项伯护高祖,亦通。

家人　秋风生哀,华落心悲。公室多难,羊舌氏衰。

巽为风,坎西,故曰"秋风"。坎忧,故曰"哀"。震为华,震伏不见,巽陨落,故曰"华落"。坎为室,为难。伏震为公,故曰"公室"。兑为羊,为舌。兑覆,故曰"衰"。

睽　持福厌患,去除大残。日长夜尽,喜世蒙恩。

重离,故曰"日长"。

蹇　新受大喜,福履重来。乐且日富,足用丰财。

此用遘卦姤象。姤通复。震为喜,为福履。坤为重,故曰"重来"。震为乐。坤为多,为财,故曰"丰财"。

解　前顿却踬,左跌右逆。登高安梯,复反来归。

重坎,故曰"顿",曰"踬",曰"跌"。震左,坎西为右。震为登,为高,卦似梯形。震为归。却,退后也。言前后左右皆不可,只有梯高而反耳。

损　梦饭不饱,酒未入口。婴女难好,媒雁不许。

震为粟米,故曰"饭"。坤迷,故曰"梦"。梦饭,虚也。坤为虚,故不饱。兑为口,坤为水,亦为酒。坤闭,故不入口。兑少为婴女,兑为媚,故女好。震为嫁,上卦震覆不能嫁,故媒雁不许。兑为口舌,为巫。媒,亦以口舌为用者也。故兑亦为媒。《礼·昏义》:婿亲迎,奠雁于庙。不成昏,即不奠雁,故曰"媒雁不许"。

益　大都王市,稠人多宝。公孙宜贾,资货万倍。

坤为大都,震为王,巽为市。震为人,为宝,坤多,故曰"稠人多宝"。艮为孙,震为公,为商贾。坤为资财。巽为倍,坤多,故曰"万倍"。

夬 两人俱醉,相与背戾。心乖不同,讼争匈匈。

乾为人,兑卦数二,故曰"两人"。巽为心,上卦巽覆,故曰"心乖"。乾为言,兑言与乾言相背,故曰"讼争"。《易·夬·九四》闻言不信,林所本也。

萃 身无头足,超跖空乖。不能远之,中道废休,失利后时。

坤为身。艮亦为头,艮伏,兑见上缺,故曰"无头"。震为足,震伏,故无足。无足则不能超越。坤为乖,为虚,故曰"超跖空乖"。艮为道,艮止,故休。之,往也。言不能远之,中道而废也。巽为利,艮为时,兑折,故失利后时。

升 三人俱行,六目光明。道逢淑女,与我骥子。

震数三,故曰"三人行"。三人则六目,伏艮为目,为明。震为善,兑女,故曰"淑女"。震为大涂,故曰"道"。震为马,为子,故曰"骥子"。

困 进仕为官,不若复田,获寿保年。

通贲。艮为仕,为官。震为复,艮为田,艮止,故复田。艮为寿,震为年。

井 先易后否,失我所市。骚苏自苦,思吾故事。

下巽为利,故曰"先易"。上坎为陷,故曰"后否"。巽为市,坎失,故曰"失市"。坎为劳,故曰"苦"。坎为忧,故曰"思"。坤为事,坤变坎,故曰"思吾故事"。《易》曰"震苏苏",惊惧不安之貌。骚苏自苦,言骚扰劳苦也。皆坎象。

革 苏秦发言,韩魏无患。张子驰说,燕齐以安。

巽为薪,为苏,兑西为秦,为言,故曰"苏秦发言"。伏坤为国,故曰"韩魏"。伏震为张,为子,为言,故曰"张子驰说"。上兑为燕,巽为齐。张子,张仪也。张仪连横,苏秦合纵,游说六国。

鼎 武库军府,甲兵所聚。非里邑居,不可舍止。

详《师之蹇》。此以伏震为武,坤为军府。艮为甲兵。

震 二桃三口,莫适所与。为孺子牛,田氏生咎。

《晏子春秋》:田开疆、公孙接、古冶子勇而无礼,晏子馈之二桃,使计功而食。三人二桃,田开疆、公孙接各言功持桃,古冶后言。二人惭,自杀。古冶亦自杀。所谓二桃杀三士也。艮为桃,伏兑卦数二,故曰"二桃"。震为口,数三,故曰"三口"。震为孺子,艮为牛。按《左传》:尔忘君之为孺子牛乎?注:孺子,荼也。景公常衔绳为牛,荼牵之而折其齿。后田恒杀荼,故曰"生咎"。艮为田也。

艮 西山东山,各自止安。心虽相望,竟不同堂。

详《姤之坤》。艮山,震东坎西,故曰"东山西山"。又,震为东,震反为艮,则西也。艮止,故安。坎为心,艮为望。三上正反艮,故曰"相望"。艮为堂。

渐 不改柯叶,和气冲适。君子所在,安无忧惕。

坎为和，艮为君子。

归妹　将戌系亥，阳藏不起。君子散乱，太山危殆。

兑居酉，下戌，故曰"将戌"。坎居子，上亥，故曰"系亥"。言戌在兑下，若为酉所将；坎在亥下，若系于亥也。阳皆居阴下，故曰"藏"。艮为君子，为山。上卦艮覆，故曰"散乱"，曰"危殆"。

丰　天官列宿，五神舍室。宫阙完坚，君安其居。

伏艮为天，为官，为星宿。震为神，巽卦数五，故曰"五神"。伏艮为宫室，为完坚。震为君。五神，五星也。

旅　左手把水，右手把火。如光与鬼，不可得从。

通节。震为左，艮手坎水，故曰"左手把水"。兑为右，艮火，故曰"右手把火"。艮为光，坎为鬼。光、鬼，皆虚物，故不可从。震为从。

巽　逐狐东山，水遇我前。深不可涉，失利后便。

详《大畜之震》。

兑　水渎鱼室，来灌吾邑。冲没我家，与狗俱游。

巽为鱼，伏坎为水，为室。伏艮为邑，为家，为狗。家与狗皆在水上，故曰"俱游"。

涣　山险难登，涧中多石。车驰辖击，重载伤轴。担负善踬，跌踬右足。

详《乾之谦》。

节　槽空无实，豚彘不食。庶民屈竭，离其居室。

艮为槽，震虚，故不实。巽为豕，艮止，故豚彘不食。坎众，故曰"庶民"。坎为屈，为室。

中孚　执热烂手，火为灾咎。公孙无赖，败我王室。

艮为执，艮火故曰"热"，巽为烂，故曰"执热烂手"。《诗·大雅》：谁能执热，誓不以濯。震为公。艮为孙，为室。震为王，兑毁，故败王室。

小过　三虎上山，更相噬啮。心志不亲，如仇与怨。

艮为虎，数三，故曰"三虎上山"。兑口，故噬啮。正覆兑相对，故曰"更相噬啮"。巽为心志，正反巽，故不亲，而如仇怨也。

既济　西家嫁子，借邻送女。嘉我淑姬，宾主俱喜。

坎为西。余多用半象。震为嫁，为主。

未济　克身洁己，逢禹巡狩。锡我玄龟，拜受福祉。

用半象。详《屯之大畜》。

焦氏易林注卷十二

☷兑上
☷坤下　萃之第四十五

蒙庆受福,有所获得。不利出域,病人困棘。

伏震为福庆。艮止,故有获,故不利出域。艮为域。互大坎为病,为棘。

之乾　硕鼠四足,飞不上屋。颜氏淑德,未有爵禄。

《说文》:鼫鼠五技,能飞不能上屋。此用萃象。艮为鼠。伏震为足,卦数四,故曰"四足"。艮为飞,为屋,为颜,为爵。

坤　新受大喜,福履重职,乐且日富。

兑为悦,正反兑,故喜乐。坤为重。坤多,故曰"富"。仍用萃象。

屯　克身洁己,逢禹巡狩。锡我玄龟,拜受福祉。

坤为身,坎水,故曰"洁"。震为王,故曰"禹"。艮为龟,震为玄,故曰"玄龟"。《书·洪范》:天乃锡禹洪范九畴。注:天与禹,洛出书,神龟负文而出,列于背,有数至九,禹因而第之以成九畴。故曰"锡我玄"龟,拜受福祉。艮为拜,震为祉。

蒙　置筐失筥,轮破无辅。家伯为政,病我下土。

震为筐筥。坎为失,为辅,为破,为家。震为伯。《诗·小雅·十月篇》:家伯维宰,助幽王为虐者也。坎为病,坤为下土。《小雅》:无弃尔辅。注:辅以佐车。

需　机言不发,顽不能达。齐鲁为仇,亡我葵丘。

此用萃象。兑为言,三至上正反兑,故曰"机言"。坤闭,故不发。艮止,故顽不能达。巽齐兑鲁相背,故曰"为仇"。艮为丘,兑为华,故曰"葵丘"。

讼　亡锥失斧,公输无辅。抱其彝器,适君子处。

坎为锥,坎失,故曰"亡锥"。兑为斧,兑覆,故曰"失斧"。巽为工,故曰"公输"。兑为辅,兑折,故无辅。伏震为彝器。萃艮为抱,为君子。言微子抱彝器适周也。兼用萃象。

师　家在海隅,桡短深流。伯氏难行,无木以趋。

详《蛊之蒙》。

比　德施流行,利之四乡。雨师洒道,风伯逐殃。巡狩封禅,以告成功。

详《益之复》。

小畜 筐倾筥覆，丧我公粒。简伯无礼，太师正食。

通豫。震为筐筥，二至四震覆，故曰"倾覆"。震为公，为粒，为竹简，为伯。故实未详。

履 泥滓汙辱，弃捐沟渎。为众所笑，终不显录。

通谦。坤水坎水，故曰"泥滓污辱"。坤死，故曰"弃捐"。互坎，故曰"沟渎"。坎众，震笑。艮为显，在下，故不显。

泰 狝猴兔足，腥臊少肉。漏卮盛酒，利无所有。

震为狝猴，为兔，为足。伏巽为腥臊。兑为骸骨，故少肉。震为卮，伏巽下断，故曰"漏卮"。兑为酒，与震连，故曰"漏卮盛酒"。巽为利，巽伏，故无利。

否 鹿畏人藏，俱入深谷。命短不长，为虎所得，死于牙腹。

详《姤之比》。

同人 南山芝兰，君子所有。东家淑女，生我玉宝。

乾为山，位南，故曰"南山"。巽为芝兰，乾为君子。离为东家，巽为女，乾善，故曰"东家淑女"。乾为玉，为宝。

大有 左指右挥，邪佞侈靡。执节无良，灵君以亡。

通比。离东故曰"左"，坎西故曰"右"。艮为指挥。乾言，兑亦为言，而与乾背，故曰"邪佞"。离为文，故曰"侈靡"。艮为执，为节。乾为君，坤死，故曰"灵君以亡"。似指楚灵王。

谦 郁映不明，为阴所伤。众雾群聚，共夺日光。

艮为明，坎隐，故郁映不明。映，日食色也。坤阴在上，故曰"为阴所伤"。坤为众，为雾，故曰"众雾群聚"。艮为日，坎黑，地黑，故日光被夺也。

豫 穿鼻系株，为虎所拘。王母祝祷，祸不成灾，突然脱来。

互艮为鼻，坎为穿，故曰"穿鼻"。伏巽为系，为木，故曰"系株"。艮为虎，艮止，故为虎所拘。坤为母，震为王，为言，故曰"王母祝祷"。坎为祸灾，震出在外，故脱去祸灾也。

随 贫鬼守门，日破我盆。毁罂伤缸，空虚无子。

详《临之兑》。

蛊 襄王叔带，郑人是赖。庄公卿士，王母忧苦。

互震为王，艮为叔，巽为带。震为庄，为公。巽为母。互大坎为郑，为忧苦。按《左传·僖二十四年》：大叔带以狄师伐周。襄王奔郑。大叔居温。郑伯与郑大夫每日省视官、具于泛，而后听私政。叔带亦依附郑人。故曰"襄王叔带，郑人是赖"。王母，似指隗氏。

临 昭君死国,诸夏蒙德。异类既同,宗我王室。

震为君,坤为文,故曰"昭君"。坤为死,为国。昭君死国,言昭王南征不返也。坤为众,故曰"诸夏"。震为德也。坤为类,伏艮为室。震为宗,为王。

观 冬薮枯腐,常风于道。蒙被尘埃,左右劳苦。

坤为冬,为薮。《尔雅·释地》:薮,大泽也。薮至冬日,芦苇皆枯死,故曰"冬薮枯腐"。巽为枯腐,为风。艮为道路。常风于道,言枯腐之物,常为风吹至道也。坤为尘埃。伏震为左,兑为右。

噬嗑 六爻既立,神明喜告。文定吉祥,康叔受福。

坎数六。爻,交也。坎乾交坤,故曰"六爻既立"。《左传》:六体不易。亦以六为坎。震为神,为喜告。离为明,为文。《诗》:文定厥祥。震为康,艮为叔。

贲 泣涕长诀,我心不悦。远送卫野,归宁无咎。

坎为泣涕,为心,为忧,故不悦。震为卫。艮为野,为宁。震为归。《诗·卫风》:远送于野,泣涕如雨。庄姜送戴妫归国之诗。

剥 三宿无主,南行劳苦。东里失利,丧其珍宝。

坤为宿,正互三坤,故曰"三宿"。震为主,震覆,故无主。坤为劳苦。乾为行,位南,故曰"南行"。乾为金玉,故曰"珍宝"。乾伏,故丧其珍宝。坤为里,东象或取纳乙。

复 大斧破木,谗佞败国。东关梁五,祸及三子。晋人乱危,怀公出走。

详《颐之临》。兑为斧,兑形长,故曰"大斧"。

无妄 乘风上天,为时服轩。周旋万里,无有患难。

巽为风,乾为天。艮为时。震为轩,为周旋。乾为万里。

大畜 大树百根,北与山连。文君作人,受福万年。

震为木,乾大,故曰"大树"。乾为百。艮山,伏坤为北,故曰"北与山连"。坤为文,乾君,故曰"文君"。震为人,为福。乾为万年。言文王作人也。

颐 阳伏在下,阴制佑福。生不逢时,潜龙隐处。

阳在初,故曰"伏在下"。坤为阴。震为福佑,为生。艮为时,坤闭,故不逢时。震为龙。《乾·初九》曰"潜龙勿用",故曰"隐处"。

大过 乱头多忧,搔虱生愁。膳夫仲允,使我无聊。

乾为头,伏坤为乱,为忧。巽为虱,伏艮为搔。伏震为夫,为饵,故曰"膳夫"。互大坎为仲,乾为信,故曰"仲允"。伏坤为我。《诗·小雅》十月篇,仲允膳夫。注:皆用后嬖,进助幽王乱国者。

坎 江河淮海,天之都市。商人受福,国家富有。

详《谦之小畜》。

离 泰山幽谷，凤凰游宿。礼义有序，可以求福。

通坎。互艮为山，震东，故曰"泰山"。艮为谷，与坎连，故曰"幽谷"。离为文，为凤凰。坎为宿。离为夏，为礼。兑为秋，为义。艮求，震福。

咸 山水暴怒，坏梁折柱。稽难行旅，留连愁苦。

详《咸之豫》。

恒 阿衡服箱，大一载行。巡时历舍，所之吉昌。

详《恒之复》。

遁 三宿无主，南行劳苦。东里失利，丧其珍宝。

详本林剥。

大壮 生无父母，出门不喜。买菽失粟，亡我大利。

震为生，乾数无，坤伏兑折，故生无父母。乾为门户，震出，震喜。父母毁折，故不喜。震为菽豆。巽为粟，为利。巽伏，故失粟，故无利。

晋 安坐玉堂，听乐行觞。饮福万岁，日寿无疆。

详《鼎之升》。

明夷 登危入厄，四时变易。春霜夏雪，物皆凋落。

震为登，伏巽为入，坎危坤厄。震为春，离为夏，坎为冬，坤为秋，故曰"四时变易"。震又为时，卦数四也。坤为霜，与震连，故曰"春霜"。坎为雪，与离连，故曰"夏雪"。坤为死，故物皆凋落。

家人 衣穴履穿，无以御寒。细小贫窭，不能自存。

震为衣履。震伏，巽下断，故曰"穴"，曰"穿"。坎为寒。离虚，故曰"贫窭"。

睽 目不可合，忧来搔足。怵惕恐惧，去其邦域。

睽，《说文》：两目不相听也。不相听，故目不可合。坎为忧，为恐惧。艮为邦域，艮伏，故去其邦域。

蹇 赍贝赎狸，不听我词。系于虎须，牵不得来。

艮为贝，为狸，为虎，为须，为牵。离为有言，故不听我词。坎陷艮止，故牵不得来。

解 伯夷叔齐，贞廉之师。以德防患，忧祸不存，声芳后时。

详《泰之乾》。

损 张王子季，争财相制。商君顽嚣，不知所由。

震为张，为王，艮为季。坤为财，正反艮，故曰"争财相制"。震为君，为商旅，故曰"商君"。兑鲁，故曰"顽嚣"。正反震，故不知所由。

益 长城既立，四夷宾服。交和结好，昭君是福。

艮为城,巽为长,故曰"长城"。坤为夷,震卦数四,故曰"四夷"。震为宾客,故曰"宾服"。震喜,正反震,故曰"交和结好"。震为君,坤为文,艮为明,故曰"昭君"。顾宁人谓,昭君为王嫱。岂知《萃之临》曰:昭君守国。《鼎之噬嗑》曰:昭君丧居。皆因卦有坤、离之象。固非指王嫱也。

夬 千欢万悦,举事为决。获受嘉庆,动作有得。

兑为欢悦,为决。乾为千万。

姤 种一得十,日益有息。仁政获民,四国睦亲。

姤伏复,一阳下生,坤数十,故曰"种一得十,复阳日息"。震为仁。坤为政,为国,为民。震卦数四,故曰"四国"。复,出入无疾,故睦亲。

升 安子富有,东国不殃。齐郑和亲,显比以喜。

坤为安,为富有,震为子,故曰"安子富有"。坤为国,为殃。震为东,震解,故曰"东国不殃"。巽为齐,坤为郑。《说文》:郑,地町町然平也。故坤形象之。兑悦,故和亲。坤为比,震为喜。

困 九里十山,道仰峻难。牛马不前,复反来还。

通贲。震数九,兑数十,艮为里,为山,故曰"九里十山"。艮为道,艮高,故曰"峻难"。离为牛,震为马。艮止,故不前。震反,故曰"还"。

井 鸠杖扶老,衣食百口。曾孙寿考,凶恶不起。

风俗通,高祖战败,匿丛薄间,鸠鸣其上,因得脱。后作鸠杖以赐老者。离为鸠。巽为杖,伏艮为扶,为寿,故曰"扶老"。兑为食,为口。上下卦正反皆有口形,故曰"百口"。又伏震为百也。艮为曾孙,为寿考。

革 雾露雪霜,日暗不明。阴孽为疾,年谷大伤。

详《姤之恒》。

鼎 迷行数却,不知东西。阴强暴逆,道里不通。

通屯。坤为迷,为退,故数却,故不知东西。震为东,兑为西也。坤为阴,为逆。震为大涂,坎陷,故不通。

震 登高上山,见王自言。信理我冤,得职蒙恩。

震为登,艮为山,故曰"登高上山"。震为伸,为王,为言。坎为冤,震解,故曰"伸理我冤"。艮为官职。

艮 三世为德,天祚以国。封建少昊,鲁侯之福。

艮为世,纳丙,故曰"三世"。艮为天,为国。互震为德。艮为封建。震为帝,故曰"少昊"。伏兑为鲁,震为诸侯,为福。鲁国为少昊之墟。言周公佐文王、武王、成王,有功于三世,故得建国于少昊之虚也。

渐 乔木无息,汉女难得。橘柚请佩,反手难悔。

《诗·周南》：南有乔木，不可休息。汉有游女，不可求思。《列仙传》：江妃二女，郑交甫悦之。下请其橘柚之佩，遂解佩与交甫。交甫受而怀之。去数十步，佩亡，二女亦不见。黄丕烈云：《韩诗内传》亦载此事，所谓聘之以橘柚也。然则此事相传甚古，《诗》词是否指此，诚不敢定。然焦、韩二家，则皆与《列仙传》同也。巽为木，为高，故曰"乔木"。震为息，震伏，故曰"无息"。坎水巽女，故曰"汉女"。艮为橘柚，为手，为佩。伏震为反艮，故曰"反手难悔"。言一释手即无也。

归妹　东邻西家，来即我谋。中告吉诚，使君安宁。

离为东邻。坎为西邻，为谋，为中，为诚。震为告，为君。伏艮为安宁。

丰　褰衣出户，心欲北走。王孙母惊，使我长生。

通涣。艮为褰，为户；震为衣，为出走，故曰"褰衣出户"。坎为心，为北，故曰"心欲北走"。震为王。艮为孙，为我。震为生，为惊。巽长，故曰"长生"。

旅　三日不饮，远水无酒。昼夜焦喉，使我为咎。

离日，艮数三，故曰"三日"。兑口为饮，艮止，故曰"不饮"。坎为水，为酒，坎伏在山上，故曰"远水无酒"。离为昼，坎为夜，兑为喉。上离火，下艮火，故焦喉。

巽　众口销金，愆言不验。腐臭败兔，入市不售。

初四正反兑，故曰"众口"。乾为金，一阴下生销阳，故曰"销金"。正反兑，故曰"愆言"。"愆"者，差也，爽也。巽为臭腐。伏震为兔，巽烂，故曰"败兔"。巽为入，为市。

兑　姬冠应门，与伯争言。东家失狗，意我不存。争乱忘因，绝其所欢。

伏艮。互震为姬，为伯。艮为门，三至上正反震，故曰"应门"，曰"争言"。震为东。艮为狗，艮伏，故曰"失狗"。坎为意，艮为我。"意我不存"者，意我有无也，不谓无存，谓有。

涣　祚加明德，兴我周国。公刘文母，福流子孙。

艮为明。震为周，为德，为公。伏离为文，巽为母。公刘，周祖。文母，大任也。《诗》：思齐太任，文王之母。震为福，为子，艮为孙。

节　针头刺手，百病瘳愈。抑按扪灸，死人复起。

坎为针，为刺；艮为手，为头，故曰"针头刺手"。坎为病，震为百。震解，故瘳愈。艮为按扪，艮火故曰"灸"。震为人，为起，坎为死，故曰"死人复起"。

中孚　元龟象齿，大赂为宝。稽疑当否，衰微复起。

艮为龟，为象。震长，故曰"元龟"。兑为齿，震为宝。龟可卜，故曰"稽疑"。正反艮，故曰"当否"。巽陨落，故曰"衰微"。震为起。《诗·鲁颂》：元龟象齿，大赂南金。

小过　故室旧庐，消散无余。不如新创，可以乐居。

上二句，说上卦震。震为覆艮，艮为室，为庐。艮覆，故曰"消散"。下二句，说下艮。艮手为创，为居形，俨然新屋。震喜，故曰"乐居"。

既济　老狐多熊，行为蛊怪。惊我王母，终无咎悔。

多用半象。

未济　爱子多材,起迹空虚。避害如神,水不能濡。

多用半象。

䷭ 坤上巽下　升之第四十六

禹凿龙门,通利水源。东注沧海,人民得安。

详《乾之豫》。

　之乾　白鹿鸣呦,呼其老小。喜彼茂草,乐我君子。

此用遇卦升象。震为白,为鹿,为鸣呼。坤老兑小。震为喜乐,为茂草。伏艮为君子。

　坤　百里南行,虽微复明。去虞适秦,为穆国卿。

百里奚仕虞,后适秦,相秦穆公。坤为百里。遇卦升,震为南行,为欢虞。兑为秦,坤为国。

　屯　王孙宜家,张名益有。龙子善行,西得大寿。

震为王。艮为孙,为家,为名。震为张,故曰"张名"。言张大其名也。震为龙子。艮为寿,坎居西,故曰"西得大寿"。

　蒙　画龙头颈,文章不成。甘言善语,谲辞无名。

详《家人之贲》二三句。

　需　商子无良,相怨一方。引斗交争,咎以自当。

商鞅变法,人民怨恨。此用遇卦升象。震为商旅,为子。坤恶,故曰"无良"。坤为怨,为方。兑为刚鲁,故争斗。正反兑,故"交争"。"咎以自当"者,言商鞅亡至客舍,无验,舍人曰,商君之法,舍人无验者坐之。而自当其咎也。

　讼　衰老困极,无齿不食。痔病痏瘵,就长夜室。

乾为老,坎为困。兑为齿,兑覆,故曰"无齿",故曰"不食"。痔,《说文》:后病也。二至五巽,巽下腐,有类于痔漏。痏,创也。瘵,痨病也。坎为劳,为夜,为室。

　师　鸢生会稽,稍巨能飞。翱翔桂林,为众鸟雄。

震为鸢,为生。坤聚,故曰"会稽"。震为飞,为桂林,为鸟。坤为众,故曰"众鸟"。

　比　安平不倾,载福长生,君子以宁。

坎为平。艮为安,为君子。

　小畜　牛骥同槽,郭氏以亡。国破为墟,君奔走逃。

详《小畜之晋》。

履 日中明德，盛兴两国。仁圣会遇，君受其福，臣多荣禄。

离为日，为明。伏坤为国，坤数二，故曰"两国"。乾为仁圣，为君。伏艮为臣。

泰 公刘之居，太王所业。可以长生，拜受福爵。

乾君，故曰"公刘"，曰"太王"。震为长生。伏艮为拜，为爵。公刘，周祖。言公刘迁邠，太王因以兴起也。

否 时凋岁霜，君子疾病。宋女无辜，郑受其殃。

艮为时，巽陨落，故曰"时凋"。坤为岁，为霜，为疾病。艮为君子。为宋，与坤连体，故曰"宋女"。《说文》：宋，以木架屋也。故艮形象之。坤为郑。郑，地町町然平也。坤形象之。坤为殃，故曰"郑受其殃"。按《左传·桓十一年》：宋雍氏女于郑庄公，曰雍姞，生厉公。雍氏宗，有宠于宋庄公，故诱祭仲而执之，曰不立突，将死。亦执厉公而求赂。自是郑公子更相立，乱屡起，故曰"郑受其殃"。然此自雍氏祸郑，宋女何辜哉？

同人 济河逾阨，脱母怵惕。四叔为卫，使惠不废。

九家及荀爽皆以乾为河，伏坎为阨。坤为母，坤伏，故曰"脱母"。乾为惕，故怵惕。脱母，字恐有讹。

大有 缺破不完，残瘵侧偏。公孙幽遏，跛倚后门。

兑为缺破。伏坎为劳，为瘵，为幽遏，为跛倚。乾为门。事未详。

谦 延颈远望，眯为目病。不见叔姬，使伯心忧。

艮为颈，为望。伏乾，故曰"远望"。艮为目，坎棘入居目中，故曰"眯为目病"。眯，《说文》：物入目中也。正坎象也。艮为叔，震为姬。坎隐，故不见。震为伯，坎为心忧。

豫 上无飞鸟，下无走兽。扰乱未清，民劳于事。

震为鸟，为飞，在上。艮为兽，在下。中互坎隐，故曰"无"。震为扰，坤为乱。坎黑，故曰"未清"。坎为劳，坤为民，为事。

随 久阴霖雨，涂行泥潦。商人休止，市空无宝。

详《夬之大遇》。

蛊 盲者目张，跛倚起行。瞻望日月，与主相迎。

互大离，故曰"盲"。言目无睛也。震为足，兑折，故足跛。艮为瞻望，为日，兑为月，故曰"瞻望日月"。震为主，三至上正反震，故曰"与主相迎"。

临 据斗运枢，高步六虚。权既在手，寰宇可驱。国大无忧，与乐并居。

通遁。艮为星，为手，故曰"据斗运枢"。巽为高，本卦震为步。坤为虚，乾数六，故曰"六虚"。《系辞》：变动不居，周流六虚。虞翻云：六虚，六位也。巽为权，艮为手。坤为寰宇，为国，为忧。震解，故无忧。

观 稼穑不偏，重适不倾。巧言贼忠，伤我申生。

巽为稼穑。伏震为适子，坤为重。坤厚载物，故不倾。巽为贼。伏震为言，兑为言，乾亦为言。言多，故曰"巧言贼忠"。震为生，兑毁，故伤我申生。

噬嗑 金城铁郭，上下同力。政平民亲，寇不敢贼。

艮为城郭，为金铁。艮上震下，坎为平，故上下同力。坎为众，为民，又为寇贼。

贲 日镜不明，冬灾大伤。盗华失实，十年消亡。

离日为镜，坎黑，故不明。坎为冬，为灾，为盗。震为华，故曰"盗华"。言不时也。《春秋·十二月》书桃李华是也。艮为果实，坎失，故曰"失实"。震为年，伏兑数十，故曰"十年"。

剥 鳏寡孤独，命禄苦薄。入室无妻，武子悲哀。

艮鳏坤寡。艮为室。兑为艮妻，兑伏，故曰"无妻"。震为武，为子。震覆，故悲哀。坤为悲也。武子，崔抒。抒娶棠姜，占得《困·六三》：入其室，不见其妻。见《左传》。

复 饮酒醉饱，跳起争斗。伯伤叔僵，东家治丧。

详《益之蒙》。

无妄 介绍微子，使君不殆。二国合欢，燕齐以安。

震为子，艮小，故曰"微子"。正反震，故曰"介绍"。《礼·聘仪》：介绍而传命。又《战国策》：请为绍介。注：相佐助也。震为君。艮为国，正反艮相对，故曰合欢。艮为燕，为安。巽为齐。殆音以，与子韵。

大畜 牵牛系尾，诎折几死。雕世无仁，不知所比。

通萃。艮为牛，艮手为牵，艮为尾，巽为系。前牵后系，故诎折几死。兑为折，坤为死。为世，为敝，故曰"凋世"。《论语》：岁寒然后知松柏之后凋。凋，残也，零落也。

颐 东龙冤毒，不知所触。南北困穷，王子危急。

震为龙，为东，坤为毒。艮为角，为触。正反艮，故曰"不知所触"。震为南，坤为北，为困穷。震为王，为子，坤为危。

大过 疾贫王孙，北陆无辉。禄命苦薄，两守孤门。

通颐。坤为疾，为贫；震为王，艮为孙，故曰"疾贫王孙"。坤为北，故曰"北陆"。坤黑，故无辉。巽为命，乾为禄，故曰"禄命"。坤为苦薄。兑卦数二，故曰"两"。乾为门，巽为寡，故曰"孤门"。

坎 公孙驾骊，载游东齐。延陵说产，遗季纻衣。

震为公，艮为孙。震马，故曰"驾骊"。震为东，伏巽为齐。艮为鲁，重艮，故曰"延陵"。又，艮为季子也。震为悦，为纻衣。事详《乾之益》。

离 王良善御，伯乐知马。文王东猎，获嘉贤士。开福佑周，发旦兴起。

震为王，艮为良。震为马，为伯，为乐，为王，为福，为周，为士，为旦。离为文，震为东，为猎。全用伏象。

咸 日月不居，重耳趋舍。游齐入秦，晋国是霸。

艮乾皆为日,兑为月。"不居"者,不息也。兑焉耳,伏坤为重,故曰"重耳"。艮为舍。巽为齐。兑为秦,巽入,故曰"入秦"。艮为国。伏震为晋,为霸。

恒 假文翰翼,随风偕北。至虞夏国,与舜相得。年岁大乐,邑无盗贼。

震为羽翰,伏坤,故曰"文翰"。"文翰",鸟也。《周书》:蜀人以文翰。"文翰"者,似皋鸡。巽风坤北,故曰"随风偕北"。伏坤为国。震为帝,故曰"舜"。坤为年岁,为邑。巽为盗贼,乾无也。

遁 南行北走,延颈望食。举止失利,累我子孙。

乾为南,为行;伏坤为北,震为走,故曰"南行北走"。艮为颈,为望,伏兑为食。巽为利,艮止,故失利。艮为我,为孙,伏震为子。

大壮 开市作喜,建造利事。平准货宝,海内殷富。

震喜。伏巽为市,为利。震为玉,乾亦为金玉,故曰"货宝"。乾为富,为海。"平准"者,《史记索隐》云:大司农有平准令丞,贵则粜之,贱则买之。平赋以相准,输于京师。

晋 三犬俱走,斗于谷口。白者不胜,死于阪下。

艮数三,故曰"三犬"。艮为谷。震为白。震覆,故死于阪下。艮为阪,坤为死也。

明夷 骄胡犬形,造恶作凶。无所能成,还自灭身。

坤为胡,覆艮为犬,而与坤连体,故曰"骄胡犬形"。坤为凶恶。为丧亡,故无成。坤为身,坤死,故曰"灭身"。

家人 拜跪赞辞,无益于尤。大夫顽嚣,使我心忧。

《新序》:晋中行寅将亡,召其太祝,欲加罪焉。曰,子为我祝,而使吾国亡,何也? 曰,子不务德,而厚敛于民,则民怨。一人祝之,一国诅之,国亡不亦宜乎?

睽 辰次降娄,王嘉巡狩。广佑施惠,万国咸喜。

详《小畜之大畜》。

蹇 牵瑜上楼,与福俱游。躬劳治国,安乐无忧。

此林或用升象。兑为瑜,坤为楼。他林或言楼,皆坤象。互震为福,为游。坤为躬,为国。坤役万物,故劳。坤为忧,震乐,故无忧。

解 白鸟衔饵,鸣呼其子。旋枝张翅,来从其母。

详《晋之震》。

损 盲聋独宿,莫与共食。老穷于人,病在心腹。

互大离,若目之无睛,故曰"盲聋"。坤为寡,为宿,故曰"独宿"。兑为食,独则无与共也。坤为老,为穷,为病,为心,为腹。于,依也。震为人。言穷老依人也。

益 登木出渊,稍上升天。明德孔圣,白日载荣。

震为木,为登;坤为渊,故曰"出渊"。艮为天,与震对,故曰"稍上升天"。艮为明,震为孔,为德。伏乾为圣,故曰"孔圣"。艮为日,震为白,为荣。震车,故曰"载荣"。

夬 彭离济东,迁废上庸。狠戾无节,失其宠功。

元刊注:彭越后赦迁蜀。上庸,蜀地。按,武帝元鼎元年,济东王彭离有罪,废徙上庸。似指此事。

姤 赞扬上舞,神明正气。禹拜受福,君施我德。

伏震为言,故曰"赞扬"。震为舞,为神。为君,故曰"禹"。又为福,为德。古臣谒君,须赞名拜舞。艮为首,艮覆,首至地,故曰"禹拜受福"。

萃 从首至足,部分为六。室家离散,逐南乞食。

通大畜。乾为首,艮为肩背,震为足。乾数六。言首、肩、胸、腹、股、足共六部也。艮为室家,三上正反艮,故曰"离散"。乾南震逐,兑食艮求,故曰"逐南乞食"。三四句,似指伍子胥事。

困 民迷失道,乱我统纪。空使干华,实无所有。

通贲。坎为众,为民。坎隐,故迷而失道。震为道。正反震,故曰"乱我统纪"。震为华,离火下熇,故曰"干华"。艮为实,华萎,故无实。

井 刻画为饰,嫫母无益。毛嫱西施,求事必得。

通噬嗑。艮手为刻画。离为恶人,故曰"嫫母"。震为毛羽,坎为西,而兑为媚好,故曰"毛嫱西施"。皆古美人名。艮为求。首二句,言嫫母本丑,虽饰无益。

革 日居月诸,遇暗不明。长夜丧中,绝其纪纲。

鼎 衣裳颠倒,为王来呼。成就东周,封受大侯。

《诗·齐风》:颠倒衣裳,颠之倒之,自公召之。《毛》谓,刺无节。林意似指吕伋父子为卿,王朝在公情状。鼎通屯。震为衣裳,正反震,故颠倒衣裳。震为呼,为王。震为东,为诸侯。坤为国。

震 当变立权,摘解患难。涣然冰释,六国以宁。

伏巽为权。互坎为患难。震为解,故曰"涣然冰释"。坎为冰也。艮为国,坎数六,故曰"六国"。艮安,故宁。此指苏秦说六国合纵事。

艮 西戎獯鬻,病于我国。杖策之岐,以保乾德。

互坎为西,艮为狗,故曰"犬戎獯鬻"。坎为病,艮为国。坎为杖策,为西,艮山,故曰"杖策之岐"。艮居西北乾地,故曰"以保乾德"。顾千里云:扶陕之岐,当作杖策之岐。《尚书大传》:遂杖策而去,过梁山,邑岐山。陈朴园《齐诗考引》:亦作杖策。故从之。

渐 南行逐羊,予利喜亡。阴孽为病,复返其邦。

伏震为羊,为南,为行,为子。巽为利。坎为阴孽,为病。艮为邦。

归妹 游戏仁德,日益有福。凶言不至,妖孽灭息。

震为仁德,为游戏,为福。离日,故曰"日益有福"。震为言。坎为凶,为妖孽。

丰 春日新婚,就阳日温。嘉乐万岁,获福大椿。

震春离日,故曰"阳",曰"温"。震为嘉乐,为万岁,为大椿。《庄子》:上古有大椿,以八千岁为春秋。

旅 阴升阳伏,鬼哭其室。相饰不食,安巢如棘。

通节。阳皆在阴下,故曰"阴升阳伏"。坎为鬼,艮为室。震为笑,震之反则哭也。震为玄黄,故曰"饰"。正反震,故曰"相饰"。兑为食,艮止,故不食。艮为巢,坎为棘,艮坎连,故曰"安巢如棘"。

巽 臣尊主卑,权威日衰。侵夺无光,三家逐公。

通震。震为主,阴为臣,阳下阴上,故曰"臣尊主卑"。震为威,巽为权。互离为日,巽陨,故曰"日衰"。震为侵,艮手为夺;互坎,故曰"无光"。艮为家,数三,故"三家"。震为公,为逐,故曰"三家逐公"。三家,孟孙、叔孙、季孙,合谋逐昭公也。

兑 反言为贼,戎女生患。乱吾家国,父子相贼。

互巽为贼。三至上正反兑,为反言。兑为女,兑西,故曰"戎女"。《禹贡》:西戎即叙。伏艮为家国,离为乱。伏震为父,为子。正反震相背,中隔坎,故曰"相贼"。此指晋骊姬谗申生,献公杀申生事,故曰"戎女",曰"父子相贼"。

涣 迎福开户,喜随我后。康伯恺悌,治民以礼。

震为开,艮为户。震为喜,为后,为伯。坎为民。按《史记》:卫康叔卒,子康伯立。注:康伯,名王孙牟。《左传》所称王孙牟父是也。按《左传》:牟父与伯禽、吕伋并事康王,必有贤德,特其事今皆亡耳。

节 日就月将,昭明有功。灵台观赏,胶鼓作人。

艮日兑月。艮为昭明,为灵台。震为鼓,坎水,故曰"胶鼓"。震为作,为人。《广韵》:胶,太学也。《礼·王制》:养国老于东胶。正字通,东胶,周学名,即东序也。

中孚 百草嘉卉,萌芽将出。昆虫扶户,阳明得所。

震为百草,为嘉卉,为萌芽。巽为昆虫,与艮连,故曰"扶户"。此以震为荄兹,与赵宾读同。

小过 天所佑助,万国日有。福至祸去,寿命长久。

艮为天。为国,为日,震福,故曰"万国日有"。艮为寿,为长久,巽为命。

既济 穷夫失居,惟守弊庐。初忧中惧,惟日兑兑,无悔无虞。

通未济。未济男之穷,故曰"穷夫失居"。多用半象。

未济 买玉得石,失其所欲。荷蒉击磬,隐世无声。

震为玉,为黄,为磬,为声。艮石。皆半象。《论语》:子击磬于卫,有荷蒉者曰,有心哉,击磬乎!按,荷蒉,隐士。

困之第四十七

席多针刺,不可以卧。动而有悔,言行俱过。

坎为针刺。下坎,互大坎,故多针刺。伏贲。贲下互坎,上互震,震为席,与坎连,故席多针刺。艮为卧,三至上正反艮,故不可卧。亦正反震,故言行俱过也。

之乾 乌鹊食谷,张口受哺。蒙被恩德,长大成就。柔顺利贞,君臣合好。

详《履之咸》。

坤 六鹢退飞,为襄败祥。陈师合战,左股夷伤。遂以薨崩,霸功不成。

详《蹇之蛊》。此与上乾,皆用遇卦困象。

屯 匍匐出走,惊惶悼恐。白虎生孙,蓐收在后,居中无咎。

震走坎蹇,故匍匐出走。震惊坎惧,故曰"悼恐"。互艮为虎,震白,故曰"白虎"。震为生,艮为孙。伏兑为秋,故曰"蓐收"。《月令》:孟秋之月,其帝少昊,其神蓐收。《国语》:史嚣曰,天之刑神也。震为后,坎为中。

蒙 庇庐不明,使孔德妨。女孽乱国,虐政伤仁。

艮为庐,坤坎皆为黑,故不明。震为孔。言齐人馈女乐,妨害孔子,不安其位也。坤为女,为孽,为国,为乱,为虐政。

需 硕鼠四足,不能上屋。颜氏淑德,未有爵禄。

详《萃之乾》。

讼 襄送季女,至于荡道。齐子旦夕,留连久处。

详《屯之大过》。

师 麇鹿遂牧,饱归其居。还反次舍,乐得自如。

详《屯之比》。

比 望尚阿衡,太宰周公。藩屏辅弼,福禄来同。

详《坤之鼎》。

小畜 开廓宏绪,王迹所基。报以八子,功德俟时。

定公四年,武王母弟八人,周公为太宰。巽为绪。伏震为开,为王,为迹,为子。伏坤,卦数八,故曰"八子"。艮为时,艮止,故俟时。

履 八会大都,饶富有余。安民利国,可以长居。

巽数八。坤为大都,为饶富,为民,为国。巽为利,为长。

泰 阴云四方,日在中央。人虽昏雾,我独昭明。

坤为云，为方，震卦数四，故曰"阴云四方"。乾为日。震为人，坤为雾。乾为大明。言震人居坤雾之中，虽昏黯，无碍于乾之明也。

否　魃为灾虐，风吹云却。欲上不得，复归其宅。

坤为鬼，为恶，为灾，故曰"魃为灾虐"。坤云巽风，而巽为退，故曰"风吹云却"。艮止，故不得上。

同人　昭昭略略，非忠信客。言多反覆，以黑为白。

离明，故曰"昭昭"。昭昭略略，似当时方言，形容不忠之象貌。巽为客。乾为信，为言。离正反兑口相对，为有言，故曰"言多反复"。巽为白。乾天为玄，为黑。

大有　三女为奸，俱游高园。背室夜行，与伯笑言。祸反及身，冤无所祷。

此用困象。互离，卦数三，故曰"三女"。坎为奸。伏艮为高园。坎为室，为夜，艮为背，故曰"背室夜行"。伏震为行。兑笑言。坎为祸，艮为身。艮者，震之反，故曰"祸反及身"。坎为冤，震为祷。又多用困伏象。

谦　涉尸留鬼，大斧所视。文昌司过，简公乱死。

坤为尸，为鬼。涉，疑为移或徙之讹，言尸去而鬼留也。伏兑为斧，离为视。坤为文。震为竹简，为公。坤为乱，为死。《晋书·天文志》：文昌六星，四曰司禄、司隶，五曰司命。简公为陈成子所弑，见《论语》。

豫　大足长股，利出行道。困仓充盈，疏齿善市。宜钱富家，事得万倍。

震为大足。伏巽为长，为股，为利。震为大涂，为行，故曰"利出行道"。艮为困仓，坤多，故曰"充盈"。伏兑为齿，震形兑而长，故曰"疏齿"。伏巽为市，坤为财货，故曰"宜钱富家"。艮为家。伏巽为倍，坤多，故曰"万倍"。按，大足、长股、疏齿，盖皆夷狄名。《淮南子·坠形训》：有跂踵民。《外海北经》曰：跂踵国，在拘缨国之东，其为人大两足，亦曰大踵。大踵，即大足。长股，亦西方戎名。详《比之蹇》。疏齿，疑即《淮南》所谓凿齿民，在海外东南方。善市，即善贾也。

随　筐筥锜釜，可活百里。伊氏鼎俎，大福所起。

震为筐筥锜釜。艮为里，震为百，为生，故曰"可活百里"。《史记》：晋灭虞，以百里奚为秦缪夫人媵。《吕氏春秋》：百里奚饭牛于秦。盖其职贱，所司皆筐筥锜釜之事，反因以得活而相秦也。伊尹以鼎鼐干汤。震为鼎俎，为伊吾。伊，歌声也。

蛊　升高登虚，欲有望候。驾之北邑，与喜相扶。

巽为高。艮为墟，为望。震为登，为南。震反为艮，则北矣。艮为邑，故曰"驾之北邑"。震为喜，艮为扶。正反艮，故曰"相扶"。

临　用彼嘉宾，政平且均。螟虫不作，民得安宁。

伏巽为螟虫。震为嘉宾。坤为政，为平均。

观　桃夭少华，婚悦宜家。君子乐胥，长利止居。

巽为桃。兑为华，为少，故曰"少华"。兑为悦。《诗·周南》：桃之夭夭，灼灼其华。之子于归,宜其室家。艮为家,为君子。伏震为乐。巽为利,艮为居。长利止居,言女嫁得所也。

噬嗑　东行失旅,不知何处。西归无配,莫与笑语。

震为东,为行旅。互坎,故失旅,故不知所处。坎位西,坎孤,故无配,故无笑语。

贲　玩好乱目,巧声迷耳。贼败贞良,君受其殃。

坎耳离目。坎隐伏,故曰"迷耳"。离乱,故曰"乱目"。震为声,正反震,故曰"巧声"。坎为贼,艮为贞良。震为君。

剥　明德孔嘉,万岁无亏。驾龙巡狩,王得安所。

艮为明。坤虚为孔,为万岁。伏乾为龙,为王,为行,故曰"驾龙巡狩"。

复　同本异叶,安仁尚德。东邻慕义,来兴古国。

震木,故曰"本",曰"叶"。坤为安。震为仁德,为东,为邻。坤为义,为国。

无妄　戴山崔嵬,日高无颓。君王我德,赐以嘉国。

乾为山,艮为戴,在乾下,故曰"戴山崔嵬"。艮为日,巽为高。乾为君王,为德,艮为我。我德,言德我也。艮为国,震为嘉。

大畜　筑室合欢,千里无患。周公万年,佑我二人,寿以高远。

艮为室,震为欢。正反震相对,故曰"合欢"。坤为千里,为患。坤伏,故无患。震为周,为公。乾为万年,为佑。兑卦数二,震为人,故曰"二人"。艮为寿,为高。乾为远。

颐　养鸡生雏,畜马得驹。明堂太学,君子所居。

伏巽为鸡,震为马。艮少,故曰"雏",曰"驹"。艮为明堂,为君子。坤文,故曰"太学"。

大过　雷行相逐,无有休息。战于平陆,为夷所覆。

详《坤之泰》。

坎　委蛇循河,北至海涯。涉历要荒,君世无他。

坎为曲,故曰"委蛇"。伏巽为蛇。坎位北,伏兑为海。互震为君。

离　鸿声大视,高举神化。背昧向明,以通福功。

伏震为鸿,为声,离为视。巽为高。互兑为夜,故曰"背昧"。离明,故曰"向明"。伏震,为福。

咸　比目四翼,来安吾国。福喜上堂,与我同床。

咸伏损。上艮为目,三至上正反艮,故曰"比目"。震为翼,卦数四,故曰"四翼"。艮为安,为国,为堂,为床。震为福喜。

恒　先穀彘季,反谋桓子。不从元帅,遂行挑战,为荆所败。

《左传·宣十二年》:楚子围郑,荀林父帅师救之。及河,闻楚与郑平。桓子欲归。彘子曰,不可。遂挑战。晋师败绩。巽为穀,为彘。震为桓,为子。巽震卦相反,故曰"反谋桓子"。震为元帅,为战,为荆楚。兑毁,故曰"败"。

遁 三头六足，欲盗东国。颜子在庭，祸灭不成。

乾为头，艮数三，故曰"三头"。乾数六，故曰"六足"。伏震为足，为东。艮为国，故曰"东国"。巽为盗。艮为颜，为庭。坤为祸灭，坤伏，故不成。三头，似指鲁三家。颜子，或指颜渊。

大壮 缘山升木，中坠于谷。子舆失劳，黄鸟哀作。

通观。艮为山谷。巽为木，为陨落，故曰"中坠于谷"。震为舆，为子，为黄。伏艮为鸟，坤为哀。《左传·文六年》：秦伯任好卒，以子车氏之三子殉，国人哀之，为之赋黄鸟。子舆，即子车也。

晋 南有嘉鱼，驾黄取鳅。鲂鲤弥弥，利来无忧。

离为南。坤为鱼，为黄。黄、鳅、鲂、鲤，皆鱼名。嘉鱼，《小雅》篇名。

明夷 邃炁作云，蒙覆大君。塞聪闭明，殷人贾伤。

震为大君，坤为云气。炁、气同。坤云在震上，故曰"蒙覆大君"。坎耳聪，离目明，坤为闭塞，故曰"塞聪闭明"。震为子，殷子姓。震为商贾，故曰"殷人贾伤"。

家人 举翅摅翼，跂望南国。延颈却缩，未有所得。

此用困象，伏贲。震为翅翼，为摅举，为南。艮为国，下离，故跂望南国。艮为颈，在上，故曰"延颈"。震为返，故却缩。坎失，故未有所得。

睽 坎中虾蟆，乍盈乍虚。三夕二朝，形消无余。

此用遇卦困象。巽为虾蟆，下坎，故曰"坎中虾蟆"。坎盈，离虚。坎为夕，离卦数三，故曰"三夕"。言晦日三十也。伏震为朝，兑卦数二，故曰"二朝"。按，张衡《灵宪》云：嫦娥窃不死之药，遂托身于月，是为蟾蜍。坎中虾蟆，即月中虾蟆也。言月前盈后虚，至月朔而消灭无有也。

蹇 重戈射隼，不知所定。质疑蓍龟，孰可避之。国安土乐，宜利止居。兵寇不至，民无骚忧。

此仍用困象。《诗·郑风》：戈凫与雁。传：以绳系矢而射曰弋。巽为弋，正反巽，故曰"重弋"。伏艮为隼，震为射。巽进退不果，故曰"不知所定"。坎为筮，故曰"质疑"。巽为蓍，离为龟。坎为避。孰可避之，言孰可避免也。艮为国，为土。震乐巽利。

解 阴淫寒疾，水离其室。舟楫大作，伤害黍稷。民饥于食，不无病厄。

坎为阴寒，为疾，为室。震为楫，为黍稷。坎破，故伤害黍稷。坎为民，为厄。离虚，故饥。

损 离友绝朋，巧言谗愿。覆白污玉，颜叔哀哭。

艮友在外，故曰"离"。兑为朋，兑附决，故曰"绝"。正反震，故曰"巧言谗愿"。震为白，为玉，坤蒙闭，故曰"覆白污玉"。覆，掩也。艮为颜，为叔，兑为哭。颜叔未详。

益 童女无媒，不宜动摇。安其室庐，傅母何忧。

巽为女，艮少，故曰"童女"。艮止，故不宜动摇。言宜贞静也。艮为室庐，艮止，故曰"安"。坤为母，震乐，故傅母不忧也。古女子皆有傅母，以为教导。

夬 作凶造患，北檄困贫。东与祸连，伤我左跟。

此用遇卦困象。困通贲。坎为凶患，为北。檄，以木简为牍，长尺二寸，以为徵召。坎陷，故曰"困"。离虚，故贫。《后汉·安帝纪》：民穷困道路，若欲归本郡，在所为封长檄。震为东。坎为祸，为伤。震为左，为跟。

姤 东南其户，风雨不处。瞵睅仁人，父子相保。

乾为门户，巽居东南，故曰"东南其户"。巽风，进退无常，故曰"不处"。《毛诗》：瞵睅好貌。乾为仁人，为父。伏震为子。

萃 被发兽心，难与比邻。来如飘风，去似绝弦，为狼所残。

巽为发，艮为兽，坤为心。巽为飘风。为绳，故为弦。兑毁，故绝弦。艮为狼，兑口，故曰"为狼所残"。言为狼所噬也。

升 天覆地载，日月运照。阴阳允作，方内四富。

坤为地。伏乾为天，为日。兑为月。坤为方，为多，故为富。震卦数四，故曰"四富"。

井 桀乱无道，民散不聚。背室弃家，君孤出走。

离为恶人，故曰"桀"。震为大涂，震伏，故曰"无道"。坎为众，为民。风散，故曰"不聚"。艮为室家，艮伏，故曰"背"，曰"弃"。震为君，坎为孤。震伏，故曰"出走"。

革 申酉稷射，阴慝萌作。荷葭载牧，泥涂不白。

巽先天居申，兑后天居酉。丁云：《谷梁·定十五年》，传日下稷。注：稷，日仄也。下稷为晡时。伏震为射。"申酉稷射"者，言日至申酉，晡时而射也。伏坤为阴慝。震为萌芽，故曰"萌作"。伏艮为荷，巽为葭，坤为牧。坎为泥涂。巽为白，坎隐，故不白。

鼎 踝踵足伤，左趾病痬。失旅后时，利走不来。

详《蒙之履》。

震 四足俱走，驽疲在后。俱战不胜，败于东野。

震卦数四，故曰"四足"。震为后，坎劳，故曰"驽疲在后"。震为战，坎陷，故不胜，故败。震东，艮野。

艮 涂行破车，丑女无媒。莫适为偶，孤困独居。

互震为大涂，为行，为车，坎破，故曰"涂行破车"。伏兑为女，离为恶人，故曰"丑女"。坎为孤，艮为鳏，故曰"孤困独居"。

渐 拊髀大笑，不知忧惧。开立大路，为王所召。

髀，《说文》：股也。巽为股，艮手，故曰"拊髀"。伏震为笑。坎为忧惧，兑悦震乐，故不知忧惧。震为大路，为王，为召。

归妹 伯圭东行，与利相逢。出既遭时，孰不相知。

震为伯，为玉，故曰"伯圭"。伯圭善货殖，见《史记》、《孟子》。伏巽为利，故与利相逢。震为出，为时。

丰　东行贼家，郑伯失辞。国无贞良，君受其殃。

震为东行，巽为贼，伏艮为家。震为伯，伏坎为平，为郑，故曰“郑伯”。正反震，故失词。艮为国，为贞良。艮伏，故无。震为君，离为殃。东行贼家，指桓公十五年郑厉公居栎，是东行也。后自栎入郑，杀傅瑕、原繁，逐昭公，是贼家也。杀原繁，言不顺，是失词也。

旅　前屈后曲，形体饬急。绞黑大索，困于请室。

通节。坎为屈曲，艮前震后，故曰“前屈后曲”。艮为形体。兑刚鲁附决，故曰“饬急”。犹紧急也。巽为索，坎为黑。正反巽，故曰“绞”。绞，缚也。艮为室，震为请，坎陷，故曰“困于请室”。请室，大臣待罪之所也。

巽　鼓翼大喜，行婚饮酒。嘉彼诸姜，乐我皇考。

伏震为翼，为鼓，为喜。兑口为饮，伏坎为酒，为婚，故曰“行婚饮酒”。巽为姜，重巽，故曰“诸姜”。伏震为父，为大，故曰“皇考”。

兑　狐嘈向城，三旦悲鸣，邑主大惊。

伏艮为狐，为城。震为鸣，故曰“嘈”。嘈，啼也。震为旦，数三，故曰“三旦”。互坎为忧，故曰“悲鸣”。艮为邑，震为主，为惊。皆用伏象。此必有故事，为今所不能考。或以吴广诈狐鸣事说之，似非。

涣　明德克敏，重华贡举。被勋征用，濬哲蒙佑。

震为德，艮为明，故曰“明德”。震为华，正反震，故曰“重华”。震又为帝，故又曰放勋。

节　秋隼冬翔，数被严霜。甲兵充庭，万物不生。鸡犬夜鸣，民人扰惊。

详《鼎之观》。

中孚　丝纻布帛，人所衣服。掺掺女手，纺绩善织。南国饶有，取之有息。

巽为丝纻布帛。震为衣。艮手，与巽连体，故曰“女手”。巽为纺绩，为织。艮为国，与震连，故曰“南国”。震生，故有息。

小过　凤有十子，同巢共母。仁圣在位，欢以相保。

艮为凤，震为子。兑数十，故曰“十子”。艮为巢，巽为母。震为仁，为欢，为周。兑为鲁。

既济　雄鸡不晨，雌鸣且呻。志疷心离，三旅生哀。

此似用遇卦困象。巽为鸡，震为晨，为雄。震伏，故不晨。巽为雌，兑口为鸣，为呻。坎为心志。为疾，故曰“疷”。疷、痹同。《说文》：湿病也。《内经》曰：风痛也。亦巽象也。

未济　光祀春城，陈宝鸡鸣。阳明失道，不能自守，消亡为咎。

详《大有之井》。

䷯ 坎上巽下　井之第四十八

踬跛未起，失利后市，不得鹿子。

详《屯之困》。

之乾　左辅右弼,金玉满堂。常盈不亡,富如廪仓。

详《蒙之坤》。

坤　雨师娶妇,黄岩季女。成礼既婚,相呼南去。膏泽田里,年岁大喜。

详《恒之晋》。

屯　螟虫为贼,害我嘉谷。尽禾殚麦,家无所得。

详《坤之革》。

蒙　跛躃难步,迟不及舍。露宿泽陂,亡其襦裤。

震为步,坎塞,故曰"跛躃难步"。艮为舍,艮止,故迟不及舍。坎为露,为宿,为泽陂。震为襦裤,坤为亡,故又曰亡其襦裤。

需　大夫祈父,无地不涉。为吾相土,莫如韩乐。可以居止,长安富有。

乾为父,兑言,故曰"祈父"。陈朴园云:《诗·祈父》,予王之爪牙。《毛传》:祈父,司马也。瞮父为司马之官。《尚书》称司马亦曰圻父。圻、祈,古通用。《诗·大雅·韩奕篇》:瞮父孔武,靡国不到。为韩姞相攸,莫如韩乐。林所本也。伏坤为土地。艮为居止,为安。乾为富。兑悦,故曰"乐"。

讼　少孤无父,长失慈母。惸惸茕茕,莫与为耦。

通明夷。坎为孤。震为父,坤丧,故无父。震为长。坤为慈母,坤亡,故失慈母。坤寡,故曰"茕茕",故无耦也。

师　侧弁醉客,长舌作凶。披发夜行,迷乱相误,亡失居处。

艮为冠,二四艮覆,故曰"侧弁"。《诗·小雅》:侧弁之俄,屡舞傞傞。震为客,坤迷,故曰"醉客"。兑为舌,二至上兑形特长,故曰"长舌"。震为发。坤为夜,为迷乱,为亡失。

比　马惊车破,王坠深津。身死魂去,离其室庐。

震为车马,坎为破。三至五震覆,故马惊车破。九五为王,坎陷。一阳陷坤水中,故曰"王坠深津"。坤为死,为身。乾为魂,坤为魄。乾伏,故曰"魂去"。艮为室。

小畜　东行述职,征讨不服。侵齐伐陈,衔璧为臣,大得意还。

通豫。震为东,为征讨,为陈,为璧。兑为口,故曰"衔璧"。巽为齐。艮为臣。《左传》:楚子围许,许男面缚衔璧。

履　百足俱行,相辅为强。三圣翼事,王室宠光。

详《屯之履》。

泰　本根不固,华叶落去,更为孤姝。

通否。巽陨落,故曰"本根不固"。兑为华,巽落,故曰"落去"。巽为姝,巽寡,故曰"孤姝"。

否 牧羊稻园,闻虎喧欢。畏惧怵惕,终无祸患。

详《否之节》。

同人 履位乘势,靡有绝弊。为隶所图,与众庶位。

通师。震为履,为乘。坤贱,故曰"隶"。坤为众庶。与众庶位,言初得位乘势,后为皂隶所图,与齐民等也。

大有 大舆多尘,小人伤贤。皇甫司徒,使君失家。

通比。坤为大舆,为小人。艮为尘,故曰"大舆多尘"。艮为贤良,坤丧,故伤贤。艮为臣,故曰"皇甫司徒"。震为君,艮为家。震覆坎失,故曰"使君失家"。《诗》:皇父卿士。番维司徒,皆幽王臣。又无将大车,只自尘兮,无思百忧,只自疧兮。又无将大车,维尘冥冥。

谦 安如泰山,福禄屡臻。虽有狼虎,不能危身。

坤为安,艮为山。震东,故曰"泰山"。震为福禄。艮为狼虎,为身。震出。故不能危身。

豫 同气异门,各别西东。南与凶遇,北伤其孙。

艮为气,为门。正反皆艮,故曰"同气"。两艮相背,故曰"异门"。震东坎西,故曰"各别西东"。震又为南。坤为凶,故与凶遇。坎又为北,坤为死,艮为孙,故曰"北伤其孙"。孙与东韵。

随 蚬见不祥,祸起我乡。行人畏惧,邑客逃藏。

《尔雅·释虫》:蚬,缢女也。好自经死,故见者以为不祥。互巽为虫,为系,正缢女象也,故曰"不祥"。艮为我,为邑,为乡。震为行人,为客。巽伏,故曰"逃藏"。

蛊 养虎畜狼,必见贼伤。无事招祸,自取灾殃。

艮为虎狼,艮止为畜。巽为盗贼,兑毁折,故曰"招祸",曰"灾殃"。

临 顺风吹火,牵骑骥尾。易为功力,因权受福。

伏遁。互巽为风,艮为火,故曰"顺风吹火"。艮手为牵,乾为骥,艮为尾,故曰"牵骑骥尾"。巽为权。

观 五岳四渎,润洽为德。行不失理,民赖恩福。

详《颐之明夷》。

噬嗑 延陵聪敏,乐听太史。鸡鸣大国,姜氏受福。

《左传·襄二十九年》:吴季札聘鲁,为之歌齐,曰,美哉!泱泱乎,大风也哉!表东海者,其太公乎?艮为山,为少,故曰"延陵"。札号延陵季子也。震为乐,坎耳为听。离文,故曰"太史"。伏巽为鸡,艮为国。巽为姜。鸡鸣,《齐诗》篇名。

贲 神鸟五五,凤凰为主。集于王国,使君得所。

震为神,艮为鸟。离文,故为凤凰。震为主,为王,为君。为国。

剥 媒妁无明,虽期不行。齐女长子,乱其纪纲。

此用遇卦井象。坎为媒妁，坎隐伏，故无明。震为行，震反，故不行。下巽为齐女，伏震为长子。互离为乱，巽为纪纲。

复 明月作昼，大人失居。众星宵乱，不知所据。

此仍用井象。兑为月，离为昼，兑离连体，故曰"明月作昼"。乾为大人，三阳皆陷阴中，故曰"失居"。离为星，坎为众，为夜，故曰"众星宵乱"。离为乱也。

无妄 少康兴起，诛浇复祖。微灭复明，享祀大禹。

震为君，故曰"少康"，曰"兴起"。伏坤为恶，故曰"浇"。坤杀，故曰"诛浇"。言浇为少康所诛也。艮为祖，震为复，故曰"复祖"。乾为大明，为王，故曰"大禹"。按《帝王世纪》：后羿之相寒浞，既杀后羿，因羿之室生浇及豷。浇有力，杀夏帝相。帝妃仍氏女曰后缗，逃于有仍，生少康。少康长，与夏旧臣靡诛浇，复夏室。浇既浇也。

大畜 千门万户，大福所处。黄屋左纛，龙德独有。

艮为门户，乾亦为门户，为千万，故曰"千门万户"。乾为大福。艮为屋，震玄黄，故曰"黄屋"。震为旗，为左，故曰"左纛"。纛，旗也。震为龙，为德。"龙德独有"者，言非天子不能如此也。

颐 乾作圣男，坤为智女。配合成就，长生得所。

伏乾为圣，为男。坤为女。坎为水，为智，坤亦为水，故曰"智女"。乾道成男，坤道成女，故曰"配合成就"。震为长生。

大过 羿张乌号，彀射天狼。钟鼓夜鸣，将军壮心。柱国雄勇，斗死荥阳。

通颐。坤恶，故曰"羿"。艮为鸟，震为鸣，故曰"鸟号"。乌号，弓名也。艮为天，为狼。天狼，星名。《楚辞》：青云衣兮白霓裳，举长弓兮射天狼。彀，张弓也。彀射天狼，言羿暴戾也。震为射，为钟鼓。坤为夜，为军，为心，为国。艮为柱，故曰"柱国"。坤为死，正覆艮，故曰"斗死"。坤水，故曰"荥阳"。柱国，房君蔡赐也。见《陈涉世家》。惟史不言其死处，林盖别有所据。

坎 炙鱼捆斗，张伺夜鼠。不忍香味，机发为祟，笮不得去。

伏巽为鱼，下有离火，故曰"炙鱼"。震为捆斗。坎为夜，为鼠。艮止，故曰"伺"。震发，故曰"张"。言以炙鱼置捆斗之中，至夜引鼠而射杀之也。伏巽为臭，故曰"香味"。坎为机，为祟。震为发。艮止，故曰"笮"。笮音窄，狭也，迫也。

离 高飞不视，贪饕所在。臭腐为患，自害其身。

离为飞，为视。巽伏，故不视。兑口为食，正反兑，故曰"贪饕"。巽为臭腐，伏坎为患。艮为身。

咸 铅刀攻玉，坚不可得。单尽我力，胝胼为疾。

详《坤之豫》。

恒 方喙宣口，圣智仁厚。解释倒悬，家国大安。

详《小畜之噬嗑》。

遁 蜘蛛南北,巡行罔罟。杜季利兵,伤我心旅。

此用遇卦井象。巽为虫,故曰"蜘蛛"。离南坎北。离为网罟。艮为少,为木,故曰"杜季"。艮为刀剑,故曰"利兵"。坎为心旅。杜季,即杜伯。《史记正义》引周《春秋》云:宣王杀杜伯而无辜。后三年,宣王会诸侯田于圃。日中,杜伯起于道左,衣朱衣冠,操朱弓矢,射宣王,中心折脊而死。《国语》则云"于镐"。

大壮 公孙之政,惠而不烦。乔子相国,终身无患。

通观。艮为公孙,坤为政。乔,丁云:乔、侨通用,郑子产也。艮为乔木,故取象。坤为国,为终,为身,为患。艮安,故无患。

晋 弧矢大张,道绝不通。小人寇贼,君子塞壅。

坎为弧,为矢。艮为道路,坎陷,故不通。坤为小人,艮为君子。坎为寇贼,为壅塞。

明夷 藏戟之室,封豕受福。充泽肥腯,子孙蕃息。

坎为戟,为室;为隐伏,故曰"藏"。坎为豕,震为福;为大,故曰"封豕"。伏乾为肥腯。震为子,为蕃息。

家人 八子同巢,心劳相思,虽苦无忧。

伏震为子,巽数八,故曰"八子"。离为巢。坎为心,为劳,为忧。

睽 循理举手,举求取予。六体相摩,终无殃咎。

通蹇。艮为手。坤为理,二阳分居坤中,故曰"循理"。艮为举求,为取予。坎为体,坎数六,故曰"六体"。重坎,故曰"相摩"。艮为终。《左传·闵元年》:遇屯之比,曰六体不易。六体即谓坎也。

蹇 公子王孙,把弹摄丸。发辄有获,室家饶足。

详《比之小畜》。

解 井渚有悔,渴蜺为怪。不亚徙乡,家受其殃。

坎为井,为渚,为悔。震为蜺,下有离火,故曰"渴蜺"。坎为怪。《汉书·五行志》:上官桀谋废昭帝,立燕王。是时天雨,虹下属宫中,饮井水竭。《淮南子》:虹蜺者,天之忌也。故不避则受其殃。

损 郑会细声,国乱失倾。弘明早见,止乐不听。

《左传·襄二十九年》:吴季札聘鲁观乐,为之歌郑,曰,美哉!其细已甚,民弗堪也。是其先亡乎!自郐以下无讥焉。林全用其意。坤为郑。会,《左传》作郐,《毛诗》作桧,会盖其省字。震为声,坤柔,故曰"细声"。坤为国,为乱,为倾。艮为明。弘明犹弘通,谓季子也。震为乐,兑为耳,为听。艮止,故不听。

益 穿室凿墙,不直生讼。褰衣涉露,虽劳无功。

《诗·召南·行露篇》:厌浥行露。又云:谁谓雀无角,何以穿我屋?谁谓鼠无牙,何以穿我墉?艮为室,为墉。艮手,故曰"穿凿"。正反震,故曰"生讼"。坤为邪,故曰"不直生讼"。震为衣。坤为水,故曰"露"。艮手震行,故曰"褰衣涉露"。坤为劳,坤丧,故无功。

夬 脱卵免乳，长大成就。君子万年，动有利得。

震为卵，今阳长至五，故曰"脱卵"。艮为乳，艮伏，故免乳。乾为长大，为成就，为君子，为万年。

姤 五心乖离，各引是非。莫适为主，道路塞壅。

巽卦数五，伏坤为心，为乖离。乾为言，兑亦为言，兑背乾，故曰"各引是非"。《夬·九四》云：闻言不信。林用象所本也。震为侯，为主，为道路。震伏，故曰"莫适为主"。乾实，故壅塞。

萃 百柱载梁，千岁不僵。大愿辅福，文武以昌。

艮巽为梁柱，下坤为多，故曰"百柱"。坤为车，故曰"载"。坤为千岁，为僵。艮坚，故不僵。伏乾为大，为福。坤为文，伏震为武，为昌。

升 营城洛邑，周公所作。世逮三十，年历七百。福佑丰实，坚固不落。

坤为城邑，为世，为年。震为周，为公。数三，坤数十，故曰"世逮三十"。震数七，坤数百，故曰"年历七百"。伏乾为福佑，为宾。伏艮为圣。《左传》：周公城洛邑，卜世三十，卜年七百。

困 从叔旅行，食于东昌。嘉伯悦喜，与我芝酒。

通贲。艮为叔，震为从，为行旅，故曰"从叔行旅"。震为食，为东，为昌。东昌，齐地名。震为伯，为嘉，为喜。坎为酒，巽为芝，艮为我，故曰"与我芝酒"。此似有故实，俟考。

革 牛耳聋蔽，不晓声味。委以鼎俎，方始乱溃。

通蒙。坤为牛，坎为耳。坤闭，故耳聋。巽为味，震为声。坤闭，故不知声味。震为鼎俎。离为乱。

鼎 娵訾开门，鹤鸣弹冠。文章进用，舞韶和鸾。三仁翼政，国无灾殃。

详《坤之明夷》。

震 游魂六子，百木所起。三男从父，三女随母。至巳而反，各得其所。

震为游，为子。坎为魂，数六，故曰"游魂六子"。震为木，为百。数三，互坎艮皆男象，而震为父，为从，故曰"三男从父"。伏巽，互离兑，皆女象，巽为母，故曰"三女从母"。离卦数三也。巽居巳方。"至巳而反"者，言震巽相反复，震究为巽，与震相反也。

艮 南山兰茝，使君媚好。皇女长妇，多孙众子。

《左传》：郑文公有妾曰燕姞，梦天与之兰，曰兰有国香，人服媚之。艮纳丙，故曰"南山"。震亦为南。震伏巽，故曰"兰茝"。震为君，兑为媚好。伏巽为皇女，为长妇。艮为孙子，重艮，故曰"多"，曰"众"。

渐 黄虹之野，国君在位。管叔为相，国无灾殃。

巽为虹，互离，故曰"黄虹"。艮为野。伏震为贤君，为管。下艮，故曰"管叔"。管仲相齐伯天下。《孝经·援神契》曰：黄虹抱日，辅臣纳忠。又，《帝王世纪》：少昊母曰女节，见星如虹，下流华渚，梦感而生少昊。

归妹 穿凿道路,为君除舍。开辟福门,喜在我邻。

坎为穿。震为道路,为君,为喜。伏艮为门。《史记·吕后纪》:东牟侯兴居曰,诛吕氏无功,请得除宫。震为喜,为邻。

丰 商风数起,天下昏晦。旱魃为虐,九土兵作。

兑为秋,下互巽,故曰"商风"。互大坎,故曰"昏晦"。丰卦屡言日中见斗,林所本也。坎为鬼,下离,故曰"旱魃"。《诗·大雅》:旱魃为虐。《毛传》:魃,旱神也。震数九,伏艮为兵。

旅 自卫反鲁,时不我与。冰炭异室,仁道闭塞。

详《坤之颐》。

巽 春阳生草,夏长条肄。万物蕃滋,充实益有。

伏震为春阳,为生,为草。互离为夏,巽为枝条。震为万物,为蕃滋。《诗·周南》:伐其条肄。传:斩而复生曰肄。即嫩条

兑 六蛇奔走,俱入茂草。惊于长注,畏惧啄口。

互巽为蛇,伏坎卦数六,故曰"六蛇"。伏震为走。巽为入,为茂草。兑为口,坎为畏,艮为黔啄。蛇最畏鹳鹤之属,以其啄也。《易林》读黔喙为黔啄,此又一证也。

涣 明月照夜,使暗为昼。国有仁贤,君尊于故。

坎为夜,为月,故曰"明月照夜"。坎隐,伏艮光明,故曰"使暗为昼"。艮为国。震为仁,为君。

节 避蛇东走,反入虎口。制于爪牙,骨为灰土。

震为东,伏巽为蛇,坎隐伏,故曰"避蛇东走"。艮为虎。兑为口,为爪牙,为骨。坎为土。

中孚 倾选不行,弱走善僵。孟絷无良,失其宠光。

巽为倾选。震为走,兑折,故曰"弱走善僵"。震为孟,巽绳为絷,故曰"孟絷"。艮为良,为光。巽为伏,故曰"无良",曰"失其宠光"。按《左传·昭七年》:卫襄公嬖人婤姶生孟絷。孟絷之足不良。孔成子曰,孟非人也,将不列于宗。后竟不得立。孟絷无良,即谓孟絷之足不良也。

小过 十羊俱见,黄头为首。岁美民安,国乐无咎。

兑为羊,数十,又为见,故曰"十羊俱见"。震为黄,艮为头,为首,故曰"黄头为首"。震为岁,为乐。艮为国,又为安。

既济 望风入门,来到我邻,铺吾养均。

此用遇卦象。

未济 登高车返,视天弥远。虎口不张,害贼消亡。

此仍用遇卦象,并通噬嗑。震为车,为返,为登,巽为高,故曰"登高车返"。艮为天,为虎。坎闭塞,故口不张。震为口也。巽为贼,风散,故消亡。

焦氏易林注卷十三

≡≡ 兑上
≡≡ 离下　　革之第四十九

马服长股,宜行善市。蒙祐谐偶,获金五倍。

乾为马,巽为股,为长,故曰"马服长股"。服,犹驾也。乾为金。巽为市,为倍,卦数五,故曰"获金五倍"。

　之乾　高原峻山,陆土少泉。草木林麓,喜得所蓄。

此用革象。伏艮,故曰"高原",曰"峻山"。伏坤为陆土。坎为泉,坎伏,故曰"少泉"。震为草木,为喜。艮止,故曰"蓄"。

　坤　一门二关,结缗不便。峻道异路,日暮不到。

此用遇卦革象。坤为门,伏坎数一,故曰"一门"。坎为关,坤数二,故曰"二关"。坤闭,故曰"结缗"。艮为道路,山高,故曰"峻道"。蒙二至上正反艮,故曰"异路"。艮为日,坤为暮。艮止,故不到。多用革伏象。关,门牡也。一门数关,故结缗不便。

　屯　忧患解除,喜至庆来。坐立欢门,与乐为邻。

坎为忧患。震为解,为喜乐。艮为门,为坐。

　蒙　殊类异路,心不相慕。牝牛牡豭,鳏无室家。

坤为类,艮为路,二至上正覆艮,故曰"殊类异路"。坎为心,二至上艮震相反,故不相慕。坤为牝牛,坎为牡豭。艮为鳏,为家,坎为室。言牛豕殊类,虽一牝一牡而不能配合,故无室家也。

　需　太王为父,季历孝友。文武圣明,仁政兴起。旦隆四国,载福绥厚。

乾为王,为父,为始,故曰"太王"。伏艮为季。坤为孝友,为文。兑刚为武。乾为仁圣。互离为昼,故曰"旦"。坤为国,兑西方金,数四,故曰"四国"。

　讼　临河求鲤,燕婉失弭。屏气摄息,不得鲤子。

通明夷。坤为水,为河,为鱼。坤柔顺,故曰"燕婉"。巽为饵,坎失,故燕婉失饵。震为气息,坤闭,故屏气摄息。震为子,坤鱼,故曰"鲤子"。坤丧,故不得。

　师　买利求福,莫如南国。仁德所在,金玉为质。

坤为利。震为福,为南。坤为国,故曰"南国"。震为仁德。伏乾为金,震为玉。

比　白虎赤愤，窥观王庭。宫阙被甲，大小出征。天地烦溃，育不能婴。

革兑为虎，为西，故曰"白虎"。坎为赤，为忧愤。赤愤，犹丹愤也，袁高诗：茫茫苍海间，丹愤何由伸。盖与赤心同义。兹曰"赤愤"，言虎猛也。或疑愤当为愦。然虎无饰朱愦之理。或又疑为獖，獖为土中怪羊，不能出游也。离为观，为甲。坤为乱溃。乾为王。坎为宫室。伏震为征。乾为大。为天。坤为小，为地。革二至上正反兑巽，兑毁折，巽散乱。而伏艮震，艮为婴儿，震为覆艮，故婴不能育也。

小畜　子车针虎，善人危殆。黄鸟悲鸣，伤国无辅。

《秦风·黄鸟》诗，哀三良殉穆公葬。子车针虎，三良名也。伏震为子，为车，艮为虎，坎为针。故曰"子车针虎"。震为善，为人，坎危殆。艮为鸟，坤为黄，故曰"黄鸟"。震为鸣，坎为悲。坤为国。伤国无辅，言失贤人也。

履　两目失明，日暮无光。胫足跛曳，不可以行，顿于丘傍。

详《剥之萃》。

泰　罗网四张，鸟无所翔。征伐困极，饥寒不食。

坤为网罗。震卦数四，故曰"四张"。震为鸟，为翔，为征伐。坤为饥。乾为寒。兑口为食，坤闭，故不食。

否　伯夷叔齐，贞廉之师。以德防患，忧祸不存。

震为伯，震伏，故曰"伯夷"。艮为叔，互巽，故曰"叔齐"。余详《比之剥》。

同人　疾贫望幸，贾贩市井。开牢择羊，多得大牂。

详《否之坎》。

大有　南山之杨，其叶牂牂。嘉乐君子，为国宠光。

首二句，《陈风》诗。牂牂，《毛传》：盛貌。伏艮纳丙，故曰"南山"。艮为木，故曰"杨"。艮为君子，为光。坤为国。

谦　东壁余光，数暗不明。主母嫉妒，乱我事业。

震东，艮壁，艮又为光，故曰"东壁余光"。言烛在东壁。艮为明，互坎，故不明。坤母，震为主，故曰"主母"。坎为嫉妒，坤为事业，为乱。事详《谦之屯》。

豫　厌浥晨夜，道多湛露。渍衣濡裤，重难以步。

《诗·召南》：厌浥行露，岂不夙夜，谓行多露。传：厌浥，湿意。震为晨，坤坎皆为夜。震为道，坎为露。渍，湿也。震为襦裤。坤为重，震为步，坎陷故难。

随　目睕足动，嘉喜有顷，举家蒙宠。

详《乾之需》。

蛊　鹰鹯欲食，雉兔困急。逃头见尾，为害所贼。

艮为鹰鹯，震为兔。雉，鸡属，疑用巽象也。艮为头，为尾。艮在外，故曰"逃头"。三至五艮覆，故曰"见尾"。兑为见。为毁折，故为害。巽为贼。

临 鼻移在项,枯叶伤生,下朽上荣。家扰不宁,失其金城。

通遁。艮为鼻,乾为首。鼻在首下,故曰"移鼻在项"。震为叶,巽陨落,故曰"枯叶",故曰"下朽"。乾为荣,故曰"上荣"。艮为家,为城。乾为金,坤消,故失其金城。

观 飞不远去,法为罔待,禄养未富。

乾为禄,为富。乾伏,故未富。

噬嗑 倒基败宫,重舌作凶。被发夜行,迷乱相误,亡失居止。

艮为基,为宫,正覆艮,故曰"倒基败宫"。伏兑为舌,正覆兑,故曰"重舌"。震为发,为行,坎为夜。正反震,故曰"迷乱相误",而失居止也。

贲 亥午相错,败乱绪业,民不得作。

离居午,艮居亥。离为败乱,伏巽为绪。坎众为民。《诗汜历枢》云:卯酉为革政,亥午为革命。又,《汉书·翼奉传》:《易》有阴阳,《诗》有五际。孟康曰:五际,卯酉午戌亥,阴阳始终际会之岁,于此则有改变之政。

剥 野麋畏人,俱入山谷。命短不长,为虎所得,死于牙腹。

艮为麋,为山谷。坤为畏。为死,故曰"命短"。艮为虎。坤为腹,伏兑为牙。

复 秋冬探巢,不得鹊雏。衔指北去,媿我少姬。

详《观之屯》。

无妄 双凫俱飞,俱归稻池。经涉萑泽,为矢所射,伤我胸臆。

详《屯之旅》。

大畜 天门开辟,牢户寥廓。桎梏解脱,拘囚纵释。

详《小畜之泰》。

颐 尼父孔丘,善钓鲤鱼。罗网一举,得获万头,富我家居。

上艮,故曰"尼",曰"丘"。下震,坤虚,故曰"孔丘"。《史记·孔子世家》:叔梁纥祷尼丘,生孔子,字仲尼。《左传·哀十六年》:孔丘卒,哀公诔之曰,呜呼哀哉尼父!无自律。坤为鱼,为罗网,为万。艮为首,故曰"万头"。艮为家。坤多,故曰"富"。

大过 彭生为豕,暴龙作灾。盗尧衣裳,桀跖荷兵。青禽照夜,三旦夷亡。

坎 华言风语,乱相诳误。终无凶事,安宁如故。

详《咸之颐》。

离 延颈见足,身困名辱。欲隐避仇,为害所贼。

伏艮为颈,震为足,离为见。艮为身,为名。二四艮覆,故曰"困辱"。伏坎为隐伏,为仇,为害贼。

咸 无足断跟,居处不安,凶恶为残。

详《夬之大过》。

恒　三人俱行，北求大羊。长孟病足，倩季负粮。柳下之宝，不失我邦。

详《同人之丰》。

遁　退飞见祥，伤败毁坠。守小失大，功名不遂。

艮为飞，阴消阳，故曰"退飞"。"祥"，犹兆也。凡吉凶之兆先见者，皆曰祥。伏兑，故曰"见"。巽为陨落，故曰"伤败毁坠"。艮为守，阴小阳大。阴消阳，故曰"失大"。艮为名。《左传·僖十六年》：六鹢退飞，过宋都。宋襄公曰，是何祥也？注：祥，吉凶之先见者。后战于泓，不击半济，不杀二毛，襄公果败。故曰"守小失大"。

大壮　持心瞿目，善摇数动，不安其处。散涣府藏，利得无有。

伏艮为目，乾惕，故持心瞿目。震为动摇，震往，故曰"善摇数动，不安其处"。伏巽风，故曰"散涣"。坤为府藏。巽为利，坤亡，故无利。

晋　牵尾不前，逆理失臣，卫朔以奔。

明夷　禄如周公，父子俱封。

震为周，为公，为父，为子。

家人　君有八人，信允笃诚，为尧所举。

通解。震为君，为人。巽数八，故曰"八人"。坎为信，为诚笃。震为帝，故曰"尧"。

睽　久阴霖雨，泥涂行潦。商人休止，市空无宝。

详《夬之大过》。

蹇　无足断跟，居处不安，凶恶为残。

见前咸卦。

解　马蹄踬车，妇恶破家。青蝇污白，恭子离居。

详《观之随》。蹄音踬，足相䠠曰蹄。

损　噂噂所言，莫如我垣。欢喜坚固，可以长安。

详《乾之困》。

益　懿公浅愚，不受深谋。无远失国，为狄所贼。

详《比之家人》。

夬　骐骥绿耳，章明造父。伯凤奏献，衰续厥绪。佐文成伯，为晋元辅。

《史记·赵世家》：造父幸于周缪王，取骥之乘匹，骅骝、绿耳献之穆王。王使造父御，西巡狩，乃赐造父以赵城。十二世，生赵凤，事晋献公。凤之孙曰赵衰，事晋文公成伯业。乾为马，为父，为大明。"章明"者，言始显也。遇卦革。伏震为伯，坤为凤，艮手为奏，为献。奏，进也。"奏献"者，言进事献公也。巽为绪。离为文。震为晋。

姤 驾车入里，求鲜鲂鲤。非其肆居，自令后市。

通复。坤为车，为里，震为驾。巽为鱼，为市肆。震为后。言里非产鱼之地，故求之不得。

萃 求獐嘉乡，恶地不行。道止中返，喜还其床。

艮为麀，为乡。坤为恶，坤闭，故曰"恶地不行"。艮为道，为止，为床。伏震为反，为还。

升 杖鸠负装，醉卧道傍。不知何公，窃我锦囊。

坤文为鸠，互震，故曰"杖鸠"。《白帖》云：老人食多咽，刻鸠为杖，取鸠食不咽之义。震为装，为道。伏艮为卧，坤迷，故曰"醉卧"。震为公。巽为盗。坤为囊，坤文，故曰"锦囊"。

困 登昆仑，入天门。过糟丘，宿玉泉。同惠欢，见仁君。

详《比之姤》。三字句。

井 水为火牡，患厌不起。季伯夜行，与喜相逢。

《左传·昭七年》：水，火之牡也。卦水火相交，故曰"水为火牡"。坎为患，为夜。伏艮为季。震为伯，为行，为喜。

鼎 乌孙氏女，深目黑丑。嗜欲不同，过时无耦。

通屯。艮为乌，为孙，坤女。互大离，故曰"深目"。坤为黑，为丑。坎为嗜欲。艮时坤寡，故过时无耦。

震 子钮执麟，春秋作经。元圣将终，尼父悲心。

详《讼之同人》。

艮 灼火泉源，钓鲂山巅。鱼不可得，火不肯燃。

渐 天马五道，炎火久处。往来上下，作文约己。衣枲丝麻，相随笑歌，凶恶如何。

义不可晓，恐多讹字，故不释象。

归妹 鸥鹢破斧，冲人危殆。赖旦忠德，转祸为福，倾危复立。

详《否之蛊》。

丰 牡飞门启，忧患大解，不为身祸。

详《需之兑》。

旅 石门晨门，荷蒉食贫。遁世隐居，竟不逢时。

《论语》：子路宿于石门，晨门曰，奚自？又，子击磬于卫，有荷蒉而过孔氏之门者曰，有心哉，击磬乎？注：晨门、荷蒉，皆隐者。艮为石，为门。伏震为晨，为蒉。艮为荷，兑为食。离虚，故曰"食贫"。艮为世，巽伏，故曰"遁世隐居"。艮为时。

巽 兔聚东郭，众犬俱猎。围缺不成，无所能获。

详《蹇之坤》。

兑　三羊群走，雊兔惊骇。非所畏惧，自令劳苦。

兑羊，离卦数三，故曰"三羊群走"。离为雊，伏震为兔，为惊骇。伏坎为畏，为劳。

涣　羽翮病伤，无以为强。宋公德薄，败于水泓。

震为羽翮，坎为病，故曰"羽翮病伤"。震为公。《说文》：以木架屋曰宋。艮象也，故曰"宋公"。下坎，故曰"泓水"。《左传》：宋襄公与楚战，败于泓。

节　姬姜稚叔，三人偶食。论仁议福，以安王室。

震为姬，伏巽为姜。艮少，故曰"稚叔"。震数三，兑食，兑卦数二，故曰"三人偶食"。震为言，为仁，为王。坎为室。

中孚　精诚所在，神人为辅。德教之中，弥世长久。三圣乃兴，多受福祉。

震为精诚，为神，为人，为德教，为福祉。数三，故曰"三圣"。革互乾为圣，文武周公也。

小过　歧周海隅，独乐不忧。可以避难，全身保才。

震为周，艮山，故曰"歧周"。兑为海。震为乐，巽寡，故曰"独乐"。巽伏，故曰"避难"。艮为保全，为身。

既济　孤独特处，莫依为辅，心劳志苦。

详《益之艮》。

未济　顾望登台，意常欲逃。贾辛丑恶，妻不安夫。

离为顾望，为丑恶。坎夫离妻，卦离在上，故妻不安夫。《左传·昭二十八年》：魏献子谓贾辛曰，昔贾大夫恶，娶妻而美，三年不言不笑。

周易全书

第四卷　郑红峰　主编

光明日报出版社

≣≣ 离上
巽下　　**鼎**之第五十

积德之君,仁政且温。伊吕股肱,国富民安。

伏屯。震为德,为君,为仁。坤为积,为政,为国,为民,为富。震为伊,巽为吕,为股肱。

之乾　倾筐卷耳,忧不能伤。心思古人,悲慕失母。

此用遇卦鼎象。伏震为筐。坎为耳,为忧,为心,为悲慕。坤为母。卷耳,草名。《周南》:采采卷耳,不盈倾筐。《毛传》谓,后妃思君子不在。兹谓失母,与《毛》昇。

坤　郤叔贾贷,行禄多悔,利无所得。

此仍用鼎象。巽为退,伏艮为叔,故曰"郤叔"。震为商贾,为行,为路。坤为悔。巽为利,坤亡,故无得。晋郤氏贪而好货,数世不改,至成公十七年,果为厉公所灭。故林词云云。

屯　蹶足狂跛,怪碎不行。弃捐乎人,名字无申。

震为足,坎塞,故曰"蹶",曰"跛"。坎为怪,为破。坤闭艮止,故不行。坤为弃捐,震为人。为名,坤为文字。坤黑坎伏,故曰"无申"。申,明也。

蒙　文王四乳,仁爱笃厚。子畜十男,夭折无有。

见前《颐之节》。

需　容民蓄众,不离其居。

坎为众,为民。伏艮为居。

讼　三雏相逐,蝇坠釜中。灌沸淹殪,与母长决。

伏震为子,为行,故曰"三雏相逐"。巽为蝇。伏坤为釜,为水,为死,为母。

师　所望在外,鼎令方来。拭爵涤罍,灼食待之,不为季忧。

此兼用鼎象。离在外卦,故曰"所望在外"。震为鼎,为爵,为罍。伏艮,故曰"拭爵"。坎水,故曰"涤罍"。艮为待,为季。

比　陆居少泉,高山无云。车行千里,涂污尔轮,亦为我患。

坎为泉,坤艮皆为陆,故曰"少泉"。坎为云,艮为高山。坎隐伏,故无云。坤为车,为千里。坎为轮,为泥涂,故曰"涂污尔轮"。坎为患。

小畜　东家杀牛,闻臭腥臊。神背西顾,命衰绝周。亳社灾烧,宋人夷诛。

详《噬嗑之巽》。

履　长子入狱,妇馈母哭。霜降旬日,向晦伏法。

旁通谦。震为长子,坎为狱。坤为母。伏巽为入,为妇。兑口,故曰"母哭"。坤为霜。离日，坤数十，故曰"旬日"。坤为晦，为杀，故曰"伏法"。《隋书·刑法志》：圣王莫不先春风而播恩，后秋霜而动宪。是自古杀人，皆在霜降后。兹曰"向晦"，并用晦日也。

泰 温山松柏，常茂不落。凤凰以庇，得其欢乐。

详《需之坤》。

否 大屋之下，朝多君子。德施溥育，宋受其福。

艮为屋，上乾，故曰"大屋"。艮为朝，为君子。坤众，故曰"多"。《说文》：以木架屋曰宋。故艮为宋。

同人 罗张目抉，围合耦缺，鱼鸟生脱。

离为网罗，为目。抉、决通。兑毁，故目决。言网目毁也。离中虚，故曰"围合"。二人为耦。按，《周礼·天官》：掌次，射则张耦次。《疏》：凡射耦，皆两两俱升，南面而射。耦缺，则射者无。巽寡，故曰"耦缺"。巽为鱼，离为鸟。目抉耦缺，故鱼鸟得脱也。

大有 羔裘豹祛，高易我宇。君子维好，至老无忧。

兑为羊，离文为豹，乾为衣，故曰"羔裘豹祛"。伏艮为高，为宇，为君子。乾为老。坤为忧，坤伏，故不忧。羔裘，《唐风》篇名。《毛》谓晋人不恤其民，刺诗。兹云"君子无忧"，与《毛》异。

谦 大头明目，载受嘉福。三雀飞来，与禄相得。

坎为大首，伏离为明目。震为载，为嘉福。数三，艮为雀，故曰"三雀"。

豫 销锋铸耜，休放牛马。甲兵解散，夫妇相保。

详晋林。

随 吉日车攻，田弋猎禽。反行饮至，以告嘉功。

详《履之夬》。

蛊 商人行旅，资无所有。贪贝逐利，留连王市。辕辕内安，公子何咎。

震为商旅。艮为贝，巽为利。艮止，故曰"留连"。巽为市，震为王，故曰"王市"。震为辕，为公子。艮为安。按《左传·襄二十一年》：栾盈被掠于周，周王使候出诸辕辕。又，《高祖纪》：因张良遂掠韩地辕辕。是辕辕为地名。而《管子》云：凡主兵者，必先审知地图辕辕之险。又《东京赋》：邪径捷乎辕辕。薛综注：辕辕十二曲道，将去复还，故曰辕辕。是辕辕为曲径，所以设险。故曰"辕辕内安，公子无咎"。盖艮震皆为道路，卦三至上艮震相反复，像辕辕也。

临 火入井口，扬芒生角。犯历天门，窥观太微。登上玉床，家易其公。

通遁。艮为星，为火。兑为井，为口。艮为角。火，荧惑也。言荧惑入井。艮为门，上乾为天。《内经》以戌亥为天门。乾艮皆位西北，故曰"天门"。艮为观。《天文志》：太微为五帝之庭，明堂之房。乾为帝，为玉。艮为床，故曰"玉床"。艮为家，震为公。言荧惑入井，芒角犯太微，国君将易也。

观 秋隼冬翔，数被严霜。甲兵充庭，万物不生。鸡釜夜鸣，民扰大惊。

通大壮。兑为秋，艮为隼，乾为冬，震为翔，故曰"秋隼冬翔"。坤为霜。艮为甲兵，为庭。坤为万物，坤杀，故不生。巽为鸡，坤为金，为夜，震为鸣，故曰"鸡釜夜鸣"。坤为民，震为惊。釜鸣，详《复之旅》。鸡夜鸣，言失时也。

噬嗑 东行西步，失其次舍。乾侯野井，昭君丧居。

震为东行。坎西，故曰"西步"。艮为次舍，坎为失，故曰"失其次舍"。震为诸侯，为君。上离，故曰"乾侯"，曰"昭君"。艮为野，伏兑为井。《左传·昭三十二年》：公薨于乾侯。野井，齐地名。《昭二十五年》，齐侯唁公于野井是也。

贲 肿胫病腹，陷厕污辱。命短时极，孤子哀哭。

震为胫，艮为节，故曰"肿胫"。肿，《说文》：臃也。离为腹，互坎，故曰"病腹"。坎为厕，为陷，为污。艮为时。伏巽为命，兑为折，故曰"短命"。震为子，坎孤坎悲，故曰"孤子哀哭"。伏兑为哭。《左传》：晋侯有疾张，如厕陷而卒。

剥 切肤近火，虎绝我须。小人横暴，君子何之。

艮为肤，为火，为虎，为须，为君子。坤为小人，重坤，阴盛销阳，故曰"横暴"。艮止坤闭，故曰"何之"。

复 女室作毒，为我心疾。和不能治，晋人赴告。

坤为女，为室，为毒，为心，为疾。《左传·昭元年》：女，阳物，而晦时，淫则生内热惑蛊之疾。故曰"女室作毒，为我心疾"。坤死，故和不能治。震为晋，为人，为告。言平公死，赴告列国也。

无妄 兵征大宛，北出玉门，与胡寇战。平城道西，七日绝粮，身几不全。

详屯林。此以巽为寇，余象皆同。

大畜 九子十夫，莫适与居。贞心不壹，自令老孤。

震数九，故曰"九子"。震为夫，兑数十，故曰"十夫"。艮为居，正反艮，故曰"莫适与居"，曰"贞心不壹"。艮为贞。乾为老。伏巽为寡，故曰"孤"。

颐 车行稻麦，遂至家国。乐土无灾，君子何忧。

震为车，为稻麦。坤为家国，为土，为灾，为忧。震为乐，为解，故无灾忧。

大过 作室山根，所以为安。一夕崩颠，破我饔飧。

详《贲之明夷》。

坎 六人俱行，各遗其囊。黄鹄失珠，无以为明。

详《临之师》。

离 伯蹇叔盲，莫为守装。失我衣裳，不离其乡。

伏坎。中爻震为伯，坎蹇，故曰"伯蹇"。艮为叔，中爻互大离，故曰"叔盲"，故曰"装"。艮守坎伏，故莫为守装。震为衣裳，上下坎，故曰"失"。艮为乡也。

咸 襃宠洒尤，败政倾家。覆我宗国，秦灭周室。

互乾为王,巽为母,有王母之象,故曰"褒"。"褒",幽王后褒姒也。伏坤为尤。"洒尤"者,言龙漦洒于王庭也。伏坤为政。艮为家室,为国。兑毁,故曰"败倾"。艮为国,震为宗,震覆为艮,故曰"覆我宗国"。兑为秦,震为周,震伏,故曰"秦灭周室"。《诗》:赫赫宗周,褒姒灭之。林咏其事。

恒　诡言译语,仇祸相得。冰入炭室,消灭不息。

伏正反震,故曰"诡言译语"。伏坤为仇,为祸,为冰。艮为室,为火。火与坤连,故曰"冰入炭室"。坤消坤死,故曰"不息"。

遁　彭生为豕,暴龙作灾。盗尧衣裳,聚跖荷兵。青禽照夜,三日夷亡。

详《比之蒙》。此以巽为豕,为盗,为跖。

大壮　朝露白日,四马过隙。岁短期促,时难再得。

震为朝,为白。兑为露。乾为日,为马。震卦数四,故曰"四马"。伏巽为隙。乾为岁,伏艮为时期,伏观为消卦,故曰"岁短期促"也。《汉书·张良传》:人生如白驹遇隙。

晋　耳阙道丧,所为不成,求事匪得。

伏坎,故耳阙。艮为道。道丧,言无耳,丧失人道也。艮为求,坤为事。坤丧,故所为不成,求事不得也。

明夷　申公患楚,危不自安。重耳出奔,侧丧其魂。

震为申,为楚。坎为患危。坤为重,故曰"子重"。耳,讹字。震为出奔,为子。坎为邪,故曰"侧"。侧,子反名也。乾为魂,乾伏,故"丧魂"。坤为丧也。《左传·成七年》:子重请取于申、吕以为赏田。子反欲取夏姬。皆为申公巫臣所止。后巫臣自取夏姬奔晋,故子重、子反皆怨巫臣,而灭其族。巫臣遗二子书曰,余必使尔疲于奔命以死。后巫臣教吴伐楚,子重、子反于是乎一岁七奔命。重耳为子重之讹,然各本皆如此,不敢改也。

家人　南上泰山,困于空桑。左沙右石,牛马无食。

此用鼎象。伏震为南,艮为山。坎为困。巽为桑,离枯,故曰"空桑"。震左兑右,艮为沙,巽为石,故曰"左沙右石"。离牛乾马。兑为食,离虚,故无食。

睽　海隅辽右,福禄所在。柔嘉蒙礼,九夷何咎。

兑为海,为右。伏艮为东北,故曰"辽右"。遇卦鼎乾为福禄。伏坤为柔,为礼。震为嘉。数九,故曰"九夷"。坤为夷也。《论语》:子欲居九夷。

蹇　阳春生长,万物壮茂。垂枝布叶,君子比德。

此仍用鼎象。伏震为阳春,为生长,为壮茂。伏坤为万物,为枝叶。艮为君子,震为德。

解　低头窃视,有所畏避,行作不利。酒酸鱼败,众莫贪嗜。

坎为首,为窨,故曰"低头"。离为视,坎盗,故曰"窃视"。坎为畏,坎隐伏,故曰"畏避"。坎险,故曰"不利"。坎为酒,伏巽为鱼。巽木,木曲作酸,故曰"酒酸"。巽为臭,故曰"鱼败"。坎为众。

损　左辅右弼，金玉满堂。常盈不亡，富如廒仓。

详《师之归妹》。

益　坐朝垂轩，据德宰民。虞叔受命，六合和亲。

艮为坐。坤为朝，为轩，为民。震为德，艮手，故曰"据德"。艮官，故曰"宰民"。震为欢虞，艮为叔，故曰"虞叔"。巽为命。坤为合，伏乾数六，故曰"六合"。言虞舜坐朝堂，为天子也。

夬　东行西坐，丧其犬马。南求骅骝，失车林下。

此用鼎象。伏震为东，为行。伏坎为西，艮为坐，故曰"西坐"。艮犬震马，坤丧，故曰"丧其犬马"。震为南，为马，艮为求，故曰"南求骅骝"。坤为舆，震为林，坎失，故曰"失车林下"。坤为下也。

姤　砥德砺材，果当成周。拜受大命，封为齐侯。

此亦用鼎象。伏震为德，为材。艮为石，故曰"砥砺"。艮为果，震为周，艮为成，故曰"果当成周"。艮为拜。本卦巽为命，重乾，故曰"大命"。巽为齐，震为诸侯，故曰"齐侯"。"果当成周"者，言太公积德，果遇文王也。

萃　西逢王母，慈我九子，相对欢喜。王孙万户，家蒙福祉。

兑在西，坤母伏乾，故曰"王母"。伏震为子，数九，坤为慈，故曰"慈我九子"。伏象正反震相对，故曰"相对欢喜"。艮为孙，伏震为王，故曰"王孙"。坤为户，为万，故曰"万户"。艮为家，伏震为福祉。

升　安坐玉床，听韶行觞。饮福万岁，曰寿无疆。

伏艮为坐。震为玉，巽为床，故曰"玉床"。震为乐，为觞，兑为耳，故曰"听韶行觞"。震为福，为万岁。兑口，故曰"饮"。伏艮为寿，坤广，故曰"无疆"。

困　登高望家，役事未休。王事靡盬，不得道遥。

详《夬之解》。

井　击鼓蹈陔，不得相逾。章甫文德，福厌祸消。

元刊注云：陔，阶次也。按《礼》有陔夏乐，有击鼓为登阶之节。故曰"不得相逾"。言登阶有节，不得乱也。伏震为鼓。艮为击，为陔。为冠，故曰"章甫"。伏离为文。震为福，坎为祸。厌，足也。

革　追亡逐北，至山而复。稚叔相呼，反其室庐。

震　老猾大猶，东行盗珠。困于噬敖，几不得去。

《山海经》云：尧光之山有兽，穴居而冬蛰，名曰猾。余峨之山有兽焉，见人则眠，名曰狳。狳即猶也。皆艮象。震为东，为珠；坎为盗，故曰"盗珠"。坎为困。噬敖，按《诗》：搏兽于敖。传：敖，地名。噬敖，疑亦地名也。

艮　禹召诸神，会稽南山。执玉万国，天下康安。

详《姤之临》。

渐 切切怛怛,如将不活。黍稷之恩,灵辄以存,获生保年。

详《蒙之损》。

归妹 侯叔兴起,季子富有。照临楚国,蛮荆是安。

元刊注:季氏富于周公。然下曰照临楚国,则上二句皆楚事也。按,《左传·文元年》:楚成王欲立商臣为太子。令尹子上曰,楚国之举,恒在少者。言楚君恒为少子也。又《昭十三年》:叔向曰,弃疾必有楚国。芈姓有乱,必季实立,楚之常也。首二句,言楚之兴起富有者,恒在叔季之子,与子上、叔向语同也。《左传·昭七年》:蘧启疆曰,将使衡父照临楚国。震为侯,为兴起,为荆楚。伏艮为叔季,为安。

丰 白马骏骝,更生不休。富我商人,利得如丘。

通涣。震为白,为马,故曰"白马骏骝"。震为生,二五正反震,故曰"更生不休"。震为商人。艮为丘,巽为利。

旅 灼火泉源,钓鲂山颠。鱼不可得,炭不肯燃。

详《革之艮》。

巽 避患东西,反入祸门。糟糠不足,忧动我心。

详《否之需》。

兑 成王多宠,商臣惶恐。生其祸心,使君危殆。

伏艮为成,震为王。兑为媚,为姬。重兑,故曰"多宠"。震为商,艮为臣。坎为恐,为心,为祸,为危殆。震为君。

涣 虎饥欲食,见猬而伏。禹通龙门,避咎除患,元丑以安。

艮为虎。伏离中虚,故曰"饥"。伏兑为食。坎为棘,为猬,为隐伏。《史记·龟策传》注:猬能伏虎。言虎将食,见猬而畏伏。震为龙,艮为门。震为帝王,故曰"禹"。《孟氏逸象》:坤为丑,此似以坎为丑。

节 按民呼池,玉杯文案。鱼如白云,一邑获愿。

"杯"者,杖之讹。《后汉书·礼仪志》:仲秋,县道接户比民,年七十者授以玉杖,八十九十礼有加文案。盖养老加礼也。坎为民,为池。艮为按。震为玉,为椀,为案。案,椀也。伏离,故曰"文"。伏巽,故曰"鱼",曰"白"。坎为云,故曰"白云"。艮为邑,坎数一,故曰"一邑"。此亦有故事,为今所不能考。牟庭等便谓呼池改为安民县。在平帝二年,为焦氏所不及见。疑为崔篆所为。岂知安为按之讹字。《同人之豫》,宋本、元本、汲古皆作按呼,汲古且作湖。安得据此讹字,以致疑乎?多见其不考耳。丁晏卿谓,牟庭私改按为安,虽未必然,然按民呼池,与安民呼池,义孰为优,可不烦言而解。乃牟氏故作安民县解,固可疑也。

中孚 双凫鸳鸯,相随群行。南至饶泽,食鱼与粱,君子乐长。

艮为鸟,正反艮,故曰"双凫",曰"鸳鸯",曰"群行"。震为行,为南。兑为泽,为食。巽为鱼,为稻粱。艮为君子,震为乐,巽为长。

小过 蔡侯朝楚，留连江渚。逾时历月，思其君后。

详《豫之坤》。

既济 胶车驾东，与雨相逢。五粲解堕，颓机独坐，忧为身祸。

详《大过之蛊》。

未济 螟虫为贼，害我稼穑。尽禾殚麦，秋无所得。

详《同人之节》。

䷲震上 震下 震之第五十一

枯匏不材，利以济舟。渡逾河海，无有溺忧。

互艮为匏，伏巽，故曰"枯匏"。震为舟，为济，伏巽为利。坎为河海，为忧。震出，故无有溺忧。

之乾 陷涂溺水，火烧我履，忧患重累。

此用遇卦震象。震为大涂，坎为水，为陷溺。互艮为火，震在艮上，故曰"火烧我履"。坎为忧患。

坤 旦生夕死，名曰婴鬼，不可得祀。

详《小畜之升》。

屯 扬水潜凿，使石洁白。里素表朱，游戏皋沃。得其所愿，心志娱乐。

详《否之师》。

蒙 众鸟所翔，中有大怪，九身无头。魂惊魄去，不可以居。

详《否之同人》。

需 刜根枯株，不生肌肤。病在于心，日以焦枯。

此亦用震象。伏巽下断，故曰"刜根"。巽殒落，故曰"枯株"。艮为肌肤。本卦伏坤为死，故曰"不生"。坎为心病。离为日，为焦枯。

讼 府藏之富，王以振贷。捕鱼河海，筊芒多得。

详《坎之大过》。

师 一茎九缠，更相牵挛。宿明俯仰，不得东西。请谳当决，日午被刑。

坎为茎，数一，故曰"一茎"。震数九，故曰"九缠"。伏巽为绳，为缠。遇卦震互艮为牵，初至四正反艮，故曰"互相牵挛"。震为旦，故曰"宿明"。宿明，即黎明也。震东坎西，艮闭，故曰"不得东西"。震为请，为谳。坤杀，故曰"当决"，曰"被刑"。伏离，故曰"日午被刑"。《史记》：司马穰苴与监军庄贾，期旦日日中会于军门。及期，贾不至。召军正问曰，军法期而后至者云何？曰，当斩。乃斩之。

比 耆老鲐背,齿牙动摇。近地远天,下入黄泉。

坤为老,为鱼。艮为背,故曰"鲐背"。《诗·大雅》:黄耇台背。《尔雅·释诂》:老人皮肤消瘠,若骀鱼也。伏兑为齿牙,为毁折,故曰"动摇"。乾伏,故曰"远天"。坤为水,为黄,为下,为死,故下入黄泉。

小畜 羊舌叔虎,野心善怒。黩货无厌,以灭其身。

羊舌虎,叔向弟,襄公二十二年,以受贿为范宣子所杀。兑为羊,为口舌;伏艮为叔,为虎,故曰"羊舌叔虎"。坤为野,为心,震为怒,故曰"野心善怒"。坤为货财,为身。坤杀,故曰"以灭其身"。

履 讦疑八子,更相欺绐。管叔善政,不见邪期。

伏豫。震为子,坤卦数八,故曰"八子"。震为言,正反震,故曰"更相欺绐"。震为管,艮为叔,故曰"管叔"。坤为政,震为善,故曰"善政"。"管叔"者,管仲。言桓公死,诸公子为乱,管仲不及见也。

泰 绊跳不远,心与言反。尼丘顾家,茅簟朱华。

震为跳,伏巽为绳,故曰"绊跳"。坤近,故曰"不远"。坤为心。震为言,乾亦为言,震言与乾言相背,故曰"言反"。伏艮为尼丘,为家。巽为茅。兑为华,乾为大赤,故曰"朱华"。下二句,义未详,或有讹字。

否 蜉蝣戴盆,不能上山。摇推跌跋,顿伤其颜。

巽为虫,故曰"蜉蝣"。艮为戴,为盆,故曰"蜉蝣戴盆"。艮止,故不能上山。巽进退,故摇推跌跋。艮为颜,坤为伤。

同人 朝露不久,为恩惠少。膏泽欲尽,咎在枯槁。

通师。震为朝,坎为露。风散,故曰"不久"。震为恩惠,坎为膏泽。坤亡,故曰"少",曰"尽"。离为枯槁。

大有 河伯之功,九州攸同。载祀六百,光烈无穷。

此用震象。震为伯,互坎,故曰"河伯"。互艮为州,震数九,重震,故曰"九州攸同"。震为百,坎数六,故曰"六百"。离为光也。按《竹书纪年》:谓夏祀前后共四百七十一年。后儒疑之。兹谓九州攸同,确谓禹也。载祀六百,谓禹食报之久也,较《竹书》更多。

谦 三人北行,大见光明。道逢淑女,与我骥子。

震为人,数三,故曰"三人"。坎为北。艮为光明,为道。坤女,震为淑,故曰"道逢淑女"。震为马,故曰"骥子"。

豫 金精耀怒,带剑过午。徘徊高库,宿于木下。两虎相拒,弓弩满野。

详《噬嗑之泰》。《河图帝览嬉》:月者,金之精。又,虎亦为金精。艮为虎。"两虎相拒"者,言正反艮相背也。高库,地名。《吕氏春秋》:出高库之兵以赋民。《越绝书》:高库在安成里,勾践藏兵之所。

随 江河淮海,天之奥府。众利所聚,可以富有。乐我君子,百福是受。

详《乾之观》。

蛊 不虞之患,祸至无门。奄忽暴卒,病伤我心。

详《蒙之明夷》。

临 画龙头角,文章未成。甘言美语,说辞无名。

详《蒙之噬嗑》。

观 缺破不成,胎卵不生,不见兆形。

详《晋之益》。

噬嗑 旁行不远,三里复反。心多畏恶,日中止舍。

震为行,艮止,故不远。艮为里,震为反,数三,故曰"三里复反"。坎为心,为畏恶。离为日,艮为止,为舍。

贲 四隤不安,兵革为患。掠我妻子,家复饥寒。

震数四。《说文》:隤,队也,又坏也。司马相如《上林赋》:隤墙填堑。坎为破坏,故曰"四颓不安"。艮为兵革,坎为患。艮手为掠,震为子,伏巽为妻,故曰"掠我妻子"。艮为家。坎为寒,离虚,故曰"饥寒"。

剥 喜来如云,嘉福盈门。众才君子,举家蒙欢。

此兼用震象。震为喜,坎为云。震为嘉福。艮为门,为君子,为家。坎众,故曰"众才"。震乐,故曰"蒙欢"。

复 载金贩狗,利弃我走。藏匿渊底,折毁为咎。

详《随之革》。

无妄 日中为市,各抱所有。交易赀贿,函珠怀宝,心悦欢喜。

详《泰之升》。

大畜 日趋月步,周遍次舍。经历致远,无有难处。

乾为日,兑为月,震行,故日趋月步。震为周,艮为次舍。

颐 阳明失时,阴凝为忧。主君哀泣,丧其元侯。

艮为时,坤失乾伏,故曰"阳明失时",曰"阴凝为忧"。坤为忧也。震为主,为君。震为乐,为歌,震反为艮,故曰"哀泣"。震为诸侯,为长,故曰"元侯"。坤为丧。

大过 年衰岁暮。精魂游去。形容销枯,哀子相呼。

乾为年岁,乾老,故曰"衰暮"。乾为精魂,大过死,故曰"精魂游去"。伏坤为形容,巽陨落,故销枯。伏震为子,坤忧,故曰"哀子"。兑口,故曰"呼"。正反兑,故曰"相呼"。

坎 少无功绩,老困失福。跂行徒倚,不知所立。

艮为少,又为老。震为功绩,坎困,故无功,故失福。震为行,为徒倚,为立。上下坎,故不知所立。

离 持心瞿目,善数摇动。自东徂西,不安其处。散涣府藏,无有利得。

伏坎为心。重离,故曰"瞿目"。《礼·玉藻》:视容瞿瞿。注:瞿瞿,惊遽不审貌。巽风,故摇动。离东兑西。风散,艮为府藏,艮伏,故曰"散涣府藏"。巽为利,兑折,故无。

咸 赍贝赎狸,不听我辞。系于虎须,牵不得来。

详《需之睽》。

恒 老狼白狟,长尾大胡。前颠却踬,无有利得。

通益。艮为狼,为狟。《玉篇》:韩狟,天下俊犬。艮为尾,与巽连,故曰"长尾"。艮为须,故为胡。胡,领肉下垂也。《诗·豳风》:狼跋其胡。《毛传》:老狼有胡,进则踬其胡。故曰"前颠后踬"。乾为前。巽为颠,为利。却,退也。坤丧,故无利。

遁 背地相憎,心志不同,如火与金。君猛臣慢,虎行兔伏。

艮为背。伏坤为地,为心志。艮火乾金,火烁金,申不同与相憎之故也。乾君艮臣。艮虎,震为兔。震伏,故曰"兔伏"。

大壮 夏台羑里,汤文厄处。鬼侯歔醢,歧人悦喜。

详《颐之复》。

晋 牙蘖生达,螳螂启户。幽人利贞,鼓翼起舞。

此亦兼用震象。震为萌芽,为生,故曰"牙蘖生达"。兑为斧,为螳螂。艮为户。震为人,互坎,故曰"幽人"。艮止,故曰"利贞"。震为翼,为鼓,为启舞。

明夷 烈女无夫,闵思苦忧。齐子无良,使我心愁。

坤为女,震为夫。坤丧,故无夫。坤坎皆为思,为忧。伏巽为齐子。《诗·齐风》:齐子居止。传:文姜也。与其兄襄公通,故曰"无良"。坤为我,坎为心,为愁。

家人 践履危难,脱厄去患。入福喜门,见我大君。

此用震象。互坎为危难,上震,故践履危难。震出,故曰"脱厄去患"。震为福喜,互艮为门。伏巽,故曰"入"。震为君。

睽 折臂接手,不能进酒。祈祀闲旷,神怒弗喜。

此仍用震象。互艮为臂,为手,坎为折,为矫輮,故曰"折臂接手"。手反接也,即反缚也。《史记·陈丞相世家》:至即命武士缚信,反接之。又《前汉·陈平传》:哙受诏,即反接槛车,诣长安。坎为酒,艮止,故不能进。震为言,故曰"祈祀"。坎隐伏,故曰闲旷。言旷绝不祀也。震为神,为怒。

蹇 蚁封穴户,大雨将集。鹊起数鸣,牝鸡叹室。相蟊雄父,未到在道。

此仍用震象。伏巽为蚁,艮为穴户。坎闭,故曰"封"。坎为雨,为集。震为鹊,为鸣。伏巽为鸡,艮为室。末二句,有讹字,故义未详。按,汉明帝祷雨,曾筮得此林,召沛献王辅诠叙其义。王,传京《易》者也。

解 胡俗戎狄,太阴所积。涸冰冱寒,君子不存。

古者以戎狄为阴物,故《易林》皆以坤象戎狄。卦有重坎,坎为月。月者,太阴之精,故亦象戎狄。重坎,故曰"积"。坎为冰,为寒。艮为君子。上卦艮覆,故曰"不存"。

损 翕翕輖輖,消颓崩颠。灭其令名,身不得全。

坤震皆为车,而震为声,故曰"翕翕輖輖"。皆车声也。坤消。二至四艮山覆,故曰"崩颠"。艮为名,震淑,故曰"令名"。坤丧,故灭其令名。坤为身,坤死,故不得全。

益 螟虫为贼,害我稼穑。尽禾弹麦,秋无所得。

详《坤之革》。

夬 三鸟飞来,自我逢时。俱行先至,多得大利。

伏艮为鸟,数三,故曰"三鸟"。艮为时,坤为我。

姤 龙马上山,绝无水泉。喉焦唇干,渴不能言。

详《乾之讼》。

萃 春生孳乳,万物蕃炽。君子所集,祸灾不至。

伏震为春,为生。坤为孳乳,为万物。坤为多,故曰"蕃炽"。艮为君子。坤为集,为祸灾。

升 王孙季子,相与为友。明允笃诚,升擢荐举。

震为王,艮为孙,为少男,故曰"王孙季子"。兑为朋友。言舜举八元、八恺也。

困 六明并照,政纪有统。秦楚战国,民受其咎。

坎卦数六,互离,故曰"六明并照"。巽为纪,为统。兑西为秦。伏震为楚,为战。上艮,故曰"战国"。坎为众,为民。六明指六国。

井 蟋蟀充侧,佞人倾惑。女谒横行,正道壅塞。

详《蛊之复》。

革 登昆仑,入天门。过糟丘,宿玉泉。同惠欢,见仁君。

三字句。详《比之姤》。

鼎 体重飞难,未能越关,不离空垣。

通屯。坤为体,为重。坎陷,故难飞。艮为关,为垣。坤虚,故曰"空垣"。

艮 玄黄虺颓,行者劳罢。役夫憔悴,逾时不归。

详《乾之革》。

渐 孔德如玉,出于幽谷,飞上乔木。鼓其羽翼,辉光照国。

详《同人之坎》。

归妹 火虽炽,在吾后。寇虽众,在吾右。身安吉,不危殆。

详《大有之需》。

丰　旄裘羶国,文礼不饰。跨马控弦,伐我都邑。

详《豫之需》。

旅　被发八十,慕德献服。边鄙不耸,以安王国。

巽为发,兑数十,艮数八,故曰"被发八十"。伏震为德,坎为慕。此似言太公八十归周也。艮为边鄙,为国。伏震为王,故曰"王国"。

巽　心得所好,口常欲笑。公孙蛾眉,鸡鸣乐夜。

伏坎为心,为夜。互兑为口。伏震为笑,为公。艮为孙,故曰"公孙"。巽为蛾,为鸡鸣。艮为眉。坎为夜。《诗·卫风》:螓首蛾眉。皆状美人之貌。《齐风》:鸡既鸣矣。《毛传》云:鸡鸣而夫人作,朝盈而君作。皆遵《诗序》,思贤妃之说。兹云"乐夜",与下匪鸡则鸣,苍蝇之声意合。然则焦谓此诗为荒淫乐夜之诗,与《毛序》异。

兑　马能负乘,见邑之野。并获粱稻,喜悦无咎。

伏震为马,为乘。艮为负,为邑,为野。巽为稻粱。兑悦。

涣　高飞视下,贪饕所在。腐臭为患,害于躬身。

艮为飞,上巽,故曰"高飞"。艮为视,坎为下。巽为臭腐。坎为患害。艮为身。

节　东行西步,失其次舍。乾侯野井,昭君丧居。

详《鼎之噬嗑》。

中孚　神鸟五彩,凤凰为主。集于王谷,使年岁有。

震为神,艮为鸟,巽卦数五,故曰"神鸟五彩"。震为主,艮为凤凰。艮为谷,震为王,故曰"王谷"。《一统志》:中条山有王官谷。卢思道《从驾玉照寺颂》:王谷虫篆。震为年岁。

小过　石门晨门,荷蒉食贫。遁世隐居,竟不逢时。

详《革之旅》。

既济　蝺蝺啮啮,贫鬼相责。无有欢怡,一日九结。

卦为三兑形,兑为牙齿,故曰"蝺蝺啮啮"。兑为口,故相责。坎为鬼。为忧,故不怡。离为日,数九。故一日九结。

未济　白日扬光,雷车避藏。云雨不行,各止其乡。

详《否之困》。

䷳ 艮上 艮下　**艮**之第五十二

君孤独处,单弱无辅,名曰困苦。

互震为君,坎为孤。艮一阳在上,故为鳏,为独,为单弱。坎为困苦。

之乾　忧惊已除,祸不为灾,安全以来。

艮中爻坎,坎为忧。中爻震,震为惊。今艮之乾,坎与震象皆不见,故曰"忧惊已除,祸不为灾"。乾为福,故曰"安全"。

坤　穿匏挹水,构铁然火。劳疲力竭,饥渴为祸。

艮为匏,今化坤,上爻拆,故曰"穿匏"。又艮卦坎为穿。坎水艮手,故曰"挹水"。艮为篝。篝,笼也。为铁,为火。夫穿匏挹水,构铁然火,皆不能之事,故劳疲无功。坎为劳,为祸。坤虚,故饥。艮火,故渴。

屯　蹇牛折角,不能载粟。灾害不避,年岁无谷。

坤为牛,艮为角,上坎,故曰"蹇牛折角"。坤为载。震为粟,为谷。坤为年岁。为灾害。故无谷也。

蒙　邑将为墟,居之忧危。

坤为邑,坎破,故为墟,为忧危。

需　根刖树残,华叶落去。卒逢火焱,随风僵仆。

此仍用艮象。伏巽下断,故曰"根刖",曰"树残"。伏兑为华,震为叶,巽陨,故曰"华叶落去"。艮为火,重艮,故曰"焱"。焱,音艳,火华也。班固《东都赋》:焱焱炎炎。巽风坎陷,故仆。

讼　元后贪欲,穷极民力。执政乖互,为夷所覆。

乾为君,故曰"元后"。坎为心,故曰"欲"。为劳,故曰"穷极民力"。伏坤为政,为乖,为夷狄。坤丧,故曰"覆"。

师　北山有枣,使叔寿考。东岭多栗,宜行贾市。陆梁雌雉,所至利喜。

此仍用艮象。艮为枣栗。下艮与坎连,故曰"北山"。上艮与震连,故曰"东山"。艮为叔,为寿。伏巽为贾市。离为雉。

比　高原峻山,陆土少泉。草木林麓,嘉禾所炎。

艮为高原峻山。坤为陆土,坎为泉。坎下乘坤土、艮火,故曰"少泉"。坤为品物,故曰"草木林麓",曰"嘉禾"。艮为火,故曰"炎"。

小过　辰次降娄,王驾巡狩。广施德惠,国安无忧。

通豫。艮居西北。"降娄"者,戌次,故曰"辰次降娄"。震为王,为巡狩,为德惠。坤为国,艮安。坤为忧,震出,故无忧。

履　辀辀辒辒,岁暮偏弊。宠名损弃,君衰于位。

通谦。震为车,为声,故曰"辀辀"。辀,车声也。而坤亦为车,故曰"辒辒"。辒,音雷,连属不绝也。坎为暮,坤为岁,故曰"岁暮"。巽为弊,故曰"偏弊"。艮为名,坤丧,故曰"损弃"。震为君,坤敝,故衰于位。艮为位也。

泰　放衔委辔,奔乱不制。法度无恒,君失其位。

互兑为衔,伏巽为辔。震出,故曰"放衔委辔",曰"奔乱不制"。坤为乱也。乾君在下,故曰"失位"。

否 独坐西垣，莫与笑言。秋风多哀，使我心悲。

艮为坐，为垣。伏兑，故曰"西垣"。震为笑言，震伏，故莫与笑言。巽风，伏兑，故曰"秋风"。坤为心，为悲哀，为我。

同人 胫急股挛，不可出门。暮速群旅，必为身患。

伏震为胫，巽为股。巽风，故曰"急"。巽为绳，为系，故曰"挛"。挛，音恋，手足曲病也。乾为门，巽陨，故不可出门。坤为暮，为群，为身，为患。"暮速群旅"者，言使伴旅至暮戒备也。

大有 情伪难知，使我偏颇。小人在位，虽圣何咎。

通比。坎为心，又为隐伏，故曰"情伪难知"。坤为我。坎为邪曲，故曰"偏颇"。坤为小人，艮为位，故曰"小人在位"。坎为圣，为咎。

谦 黍稷醇醲，敬奉山宗。神嗜饮食，甘雨嘉降。庶物蕃茂，时无灾咎。

详《比之需》。

豫 公子王孙，把弹摄丸。发辄有获，室家饶足。

详《比之小畜》。

随 阴升阳伏，舜失其室。慈母赤子，相喂不食。

阴上阳下，故曰"阴升阳伏"。震为帝，故曰"舜"。艮为室，兑毁，故舜失其室。巽母，故慈。震子，艮纳丙，故曰"赤子"。震为食，正覆震，故曰"相喂"。以饭哺人曰喂。艮止，故不食。

蛊 七窍龙身，造易八元。法天则地，顺时施恩，利以长存。

详《谦之升》。

临 逐狐东山，水遏我前。深不可涉，失利后便。

详《蒙之蛊》。

观 衔命辱使，不堪其事。中坠落去，更为负载。

巽为命，伏兑，故曰"衔命"。坤为事。巽为陨落，故曰"中坠落去"。艮为负，坤车，故曰"载"。

噬嗑 温仁君子，忠孝所在。入闱为仪，祸灾不起。

震为温仁，艮为君子。坎为忠。伏巽为孝，为入。艮为闱，离为礼，故曰"入闱为仪"。离为祸灾，震解，故曰"祸灾不起"。

贲 春多膏泽，夏润优渥。稼穑成熟，亩获百斛。师行失律，霸功不遂。

震为春，离为夏。坎为膏泽，为优渥。震为稼穑。艮为成，为亩。震为斛，为百，故曰"亩获百斛"。师行二句，与上文不类，定为衍文。

剥 二女同室，心不聊食。首发如蓬，忧常在中。

艮为室,重坤,故曰"二女"。坤为心。兑为食,兑伏,故不食。艮为首,坤为忧。发象、蓬象,疑用坤。否则用遇卦艮象。艮中爻互震为蓬,为发。互坎,为中。

复 筑阙石巅,立基泉源。病疾不安,老孤为邻。

此用艮象。艮为阙,为石,重艮,故曰"筑阙石巅"。互坎为泉,震为基,在坎上,故曰"立基泉源"。坎为疾病,为孤。艮为寿,故为老。震为邻也。

无妄 欲避凶门,反与祸邻。颠覆不制,痛熏我心。

乾为门,巽陨,故曰"凶门"。巽伏,故曰"避"。伏坤,故曰"祸邻"。震为邻也。巽陨,故曰"颠覆"。坤为心,为痛,为我。《艮·九三》云:厉薰心。林所本也。

大畜 踧行窃视,有所畏避。狸首伏藏,以夜为利。

此用艮象。互震为行,艮为视。互坎为险,故曰"踧行"。踧,敬畏不安之貌也。互坎为盗,故曰"窃视"。坎为伏,故曰"畏避"。艮为狸,为首,互坎,故曰"伏藏"。坎为夜。言狸利夜动也。又,狸首,逸诗篇名。《周礼·春官》:钟师凡射,王奏驺虞,诸侯奏《狸首》。按,此言乐节。狸,《周礼》、《礼记》皆作貍。《庄子》、《史记》皆作狸。《广韵》:狸,貍俗字。

颐 人面鬼口,长舌为斧。斫破瑚琏,殷商绝后。

震为人,艮为面,坤为鬼,震为口,故曰"人面鬼口"。伏兑为舌,为斧,巽为长,故曰"长舌为斧"。艮为手,为坏。震为玉,故曰"瑚琏"。震为子,殷商子姓,而坤为杀为死,故曰"殷商绝后"。震为后也。

大过 和气相薄,膏泽津液,生我嘉谷。

兑悦,故曰"和"。正反兑,故曰"相薄"。兑水,故曰"膏泽津液"。巽为谷,乾为生。

坎 销金厌兵,雷车不行,民安其乡。

艮为金,艮火,故销金。艮为兵戈,艮止,故厌兵。震为车,为雷,艮止坎陷,故不行。坎为民,艮为乡,为安,故曰"民安其乡"。

离 秦仪机言,解其国患。说燕下齐,作相以权。

互兑为秦。离为礼,故曰"仪"。苏秦、张仪也。中爻正反兑,故曰"机言"。伏艮为国,坎为患,震为解,故曰"解其国患"。兑为说。说燕,指秦。下齐,指仪。兑为燕。巽为齐,为权。按,秦仪说齐燕,见《史记》。"作相以权"者,言秦为六国相,仪为秦相魏,皆权诈之事。下,犹服也。

咸 旦奭辅王,周德孔明。越裳献雉,万国咸康。

通损。震为旦,为奭,为王,为周孔。坤为裳,为雉,为万国。艮为安,故曰"咸康"。《史记》:周召秉政,越裳氏献白雉。

恒 弱足刖跟,不利出门。贾市无盈,折亡为患。

震为足,为跟。兑折,故弱足。初震爻下断,故曰"刖跟"。伏艮为门,足刖,故不利出门。巽为贾市。兑毁折,故不利也。

遁 坚冰黄鸟,常哀悲愁。不见白粒,但睹藜蒿。数惊鸷鸟,为我心忧。

详《乾之噬嗑》。

大壮 魂微惙惙，属纩听绝。豁然大通，复更生活。

详《明夷之恒》。

晋 阴生麋鹿，鼠舞鬼哭，灵龟陆处。

坤为阴。艮为麋鹿，为鼠。坤为鬼。震为笑歌，震反为艮，则哭泣矣。《中孚·六三》即如此取象也。离为龟，坤艮皆为陆，故曰"陆处"。

明夷 诸石攻玉，无不穿凿。龙体具举，鲁班为辅。麟凤成形，德象君子。

详《姤之大过》。诸石即监诸。

家人 山作天时，陆为海口，民不安处。

此用艮象。艮为天，为时，故曰"山作天时"。艮为陆，中爻坎为海，震为口。坎为民，坎陷，故不安。天时，疑皆讹。

睽 东风启户，隐伏欢喜。泯庶蒙恩，复得我子。

此仍用艮象。互震为东，伏巽，故曰"东风启户"。坎为隐伏，为泯庶。震为欢喜，为子。

蹇 华灯百枝，消暗衰微。精光欲尽，奄如灰糜。

详《随之大有》。

解 三十无室，寄宿桑中。上宫长女，不得乐同，使我失期。

《鄘风》：期我乎桑中，要我乎上宫。淫奔诗也。此仍取艮象。互震数三，伏兑数十，坎为室，坎伏，故曰"三十无室"。坎为宿，震为桑，故曰"寄宿桑中"。艮为上，为宫，巽为长女。巽伏，故曰"不得乐同"。坎为失，艮为期。

损 卵与石斗，糜碎无疑。动而有悔，出不得时。

震为卵，艮为石。震艮相对，故曰"斗"。兑毁，故曰"糜碎"。震为动，坤为悔。艮为时。

益 秦兵争强，失其贞良，败于殽乡。

伏兑为秦，坤为兵。正反震，故曰"争强"。艮为贞良，坤丧，故曰"失"。艮山，故曰"殽乡"。《左传》：秦穆公违蹇叔，使孟明伐郑，败于殽。

夬 簏除善疑，难为攻医。骥穷盐车，困于衔菙。

簏除，即篓篨。簏、篓篨同。《尔雅》：篓篨，口柔。《诗·邶风》《毛传》云：篓篨，不能俯者。郭云：口柔之人，视人颜色，常亦不伏，因以为名。按《疏》：口柔之人，必仰面察人颜色而为辞，故曰善疑。簏除为生成之病，故不能攻治也。此仍用艮象。艮为簏除，互坎为疑。三至上正反艮，故曰"攻医"。坎陷，故难。互震为车，为马，兑为卤，故曰"盐车"，故曰"衔"。坎为困穷，故曰"骥穷盐车，困于衔菙"。菙，马策也。艮为小木，故曰"菙"。

姤 操筍搏狸，荷弓射鱼。非其器用，自令心劳。

此仍用艮象。艮为狸，艮手为操，为搏。伏离为筍，故曰"操筍搏狸"。艮为荷，坎为弓,震为射,伏巽为鱼。震为器。坎为心,为劳。笱,所以取鱼。弓矢,所以射狸。今施非物,故无功也。

萃 葵丘之盟,晋献会行。见太宰辞,复为还舆。

兑为华,艮山,故曰"葵丘"。兑为口,为巫,故曰"盟"。伏震为晋,为行。艮为官,故曰"太宰"。坤为舆,巽退,故曰"还舆"。按,《左传·僖九年》:会于葵丘。王使宰孔赐齐侯胙。既盟,宰孔先归,遇晋侯,曰,可无会也,晋将乱。晋侯乃还。

升 膑诈庞子,夷灶书木。伏兵卒发,矢至如雨。魏师惊乱,将获为虏,涓死树下。

刖足曰膑。巽下断,故曰"膑"。正反兑口,故曰"诈"。震为子,坤乱,故曰"庞子"。坤为夷,为釜,故曰"夷灶"。夷,平也。震为木,坤文,故曰"书木"。坤为兵,巽为伏,震出,故曰"伏兵卒发"。初四互坎,坎为矢,为雨。震为魏,为惊,坤为师,为乱,故曰"魏师惊乱"。震为主,为将。坤为死丧,巽为树。《史记·孙膑传》:膑率齐兵与魏庞涓战,日减灶,佯退兵。至马陵,道设伏,并斫树使白大书曰,庞涓死此树下。涓追至,钻火视书,忽万弩齐发,果被射死。公子卬被虏。

困 南行出城,世得大福。王姬归齐,赖其所欲。

伏贲。震为南,为行。艮为城,为世。震为福,为王,为姬,为归。巽为齐。《左传·庄二年》:王姬归齐,鲁为主。

井 冬采薇兰,地冻坚难。利走室北,暮无所得。

巽为臭,为草莽,故曰"薇兰"。坎为冬,为冰,故曰"地冻"。伏艮为坚,故曰"坚难"。坎为室,为北,巽为利,伏震为走,故曰"利走室北"。坎为暮,离虚,故无得。

革 王乔无病,狗头不痛。亡屦失履,乏我送从。

革伏蒙。艮为寿,故为仙人。王子乔,古仙人也。艮为狗,为头。坎为病痛,艮在上,出险,故不病痛。互震为屦履。坤为亡失,为乏。

鼎 宛马疾步,盲师坐御。目不见路,中宵不到。

通屯。震为马,为步。坎为疾,故曰"疾步"。屯初至五大离,故曰"盲"。坤为师,艮为坐,为御,故盲师坐御。震为大涂,坤坎皆为黑,故目不见路。坤为夜,坎为中,艮止,故中宵不到。

震 求利难国,亡去我北。忧归其城,反为吾贼。

中爻艮为求,为国;坎为难,伏巽为利,故曰"求利难国"。坎为北,为忧。艮为城,震为反,故曰"归城"。坎为盗贼。

渐 比目四翼,安我邦国。上下无患,为吾喜福。

通归妹。互离,兑卦数二,故曰"比目"。震为翼,卦数四,故曰"四翼"。本卦艮为邦国,艮安,故曰"安我邦国"。艮山,故曰"上"。兑泽,故曰"下"。坎为患,震出,故曰"无患"。震为喜福,艮为吾。

归妹 八材既登,以成股肱。龙降庭坚,国无灾凶。

伏巽为股,艮为臂,为肱。震为鸣,为毛羽,故曰"龙"。龙,多毛犬也。伏艮为庭,为坚，为国。互坎为灾凶，震解，故无。八材象，或以震居东方。

丰　消弊穿空，家莫为宗。奴婢逃走，子西父东，为身作凶。

巽陨落，故曰"消弊"。伏坎为穿。离虚，故曰"空"。伏艮为家，震为主，为宗。风散，故莫与为宗。艮为奴婢，艮伏，故曰"逃走"。震为子，兑西，故曰"子西"。震为父，故曰"父东"。伏艮为身，巽陨，故凶也。

旅　鸟舞国城，邑惧卒惊。仁德不修，为下所倾。

艮为鸟，为舞，为国城，为邑。伏坎为惧。震为惊，为仁德。震伏，故曰"仁德不修"。兑为下，兑毁，故曰"倾"。

巽　五谷不熟，民苦困急。驾之南国，嘉乐有得。

巽为谷，卦数五，故曰"五谷"。巽陨落，故不熟。伏坎为民，为困急。伏震为南，艮为国。

兑　黄裳建元，福德在身。禄佑洋溢，封为齐君，富贵多孙。

遇卦艮，互震为裳，为黄，为元，为福德、禄佑。艮为身。互坎，故曰"洋溢"。震为君，本卦互巽，故曰"齐君"。艮为贵，为孙。

涣　齐东郭卢，嫁于洛都。俊良美好，利得过倍。

详《坤之坎》。

节　安床厚褥，不得久宿。弃我嘉宴，困于南国。投杼之忧，不成祸灾。

艮为床，伏巽为褥。坎为宿，兑毁折，坎险，故不得久宿。兑食震嘉，故曰"嘉宴"。坎为困，震南，震国，故曰"困于南国"。坎为机杼，为忧，为祸灾。《战国策》：有人与曾参同姓名，杀人。人告其母，不信。三告母，乃投杼而走。

中孚　内崩身伤，中乱无常。虽有美粟，不我得食。

卦中虚，故曰"内崩"。艮为身，兑为伤。巽为粟，震为嘉，故曰"美粟"。兑为食，上卦兑覆，故不得食。

小过　出门逢患，与祸为怨。更相击刺，伤我指端。

此仍用艮象。艮为门，震出。中爻坎为患，为祸，为怨。艮为击刺，三至上正覆艮相对，故曰"更相击刺"。艮为手，坎为伤。

既济　出入节时，南北无忧。行者函至，在外归来。

此仍用艮象。震出，伏巽为入，艮为时，故曰"出入节时"。震为南，坎为北，为忧。震为行，为归。艮为函。三至上震起，艮止，故曰"在外归来"。

未济　公孙驾骊，载游东齐。延陵说产，遗季纻衣。

此仍用艮象。震为公，艮为孙。震马，故曰"驾骊"。震为游，为东。伏巽为齐，故曰"东齐"。艮为山，为季子，故曰"延陵"。吴延陵季子也。震为生，为乐，故曰"悦产"。产，郑子产也。震为衣，为草莽，故曰"纻衣"。《左传》：吴季札至郑，见子产，如旧相识，与之缟带。子产献纻衣。

焦氏易林注卷十四

☲ 巽上 艮下　渐之第五十三

别离分散,长子从军。稚叔就贼,寡老独居,莫为种瓜。

巽陨落,故别离分散。震为长子,为争战。震伏,故曰"长子从军"。艮为少男,故曰"稚叔"。艮坎连,故曰"就贼"。巽为寡,艮为老,坎为孤独,故曰"寡老独居"。艮为果蓏,故曰"瓜"。

之乾　旦种谷豆,暮成藿羹。心之所愿,志快意惬。

详前。以其为乾卦,故再释之。此用渐象。伏震为旦。巽为谷豆,为藜藿。坎为暮,为羹。旦种暮食,言其速也。坎为心志。兑悦,故曰"快",曰"惬"。

坤　牡飞门启,忧患大解,不为身祸。

坎为牡,艮为门,渐变坤中虚,故曰"牡飞门启"。坎为忧患,变坤,故曰"忧患大解"。坤为身,为祸,风散,故不为身祸。

屯　东山西山,各自止安。虽相登望,竟未同堂。

详《姤之坤》。艮山,震东坎西。艮为止,为望,为堂。震为登。

蒙　众鸟所翔,中有大怪,九身无头。魂惊魄去,不可以居。

详《否之同人》。丁云:郭璞《江赋》,奇鸧九头。《御览》,《典略》云:齐园有九头鸟,赤色似鸭,九头皆鸣。又引《岭表录异》云:鬼车入人家,炼人魂气。又《酉阳杂俎》亦云:鬼车十首,后为犬嚼落一首。

需　交侵如乱,民无聊赖。追戎济西,敌人破阵。

通晋。坤为乱,为民。坤丧,故民无聊赖。坤为戎。坎为西,坎水,故曰"济西"。坎为破,坤为师,故曰"破阵"。《左传·庄十八年》:追戎于济西,不言其来,讳之也。

讼　麟凤所翔,国无咎殃。贾市十倍,复归惠乡。

互离为文,故曰"麟凤"。伏坤为国。巽为贾市,为倍,坤数十,故曰"贾市十倍"。坤为乡,震为归,为惠。

师　凿井求玉,非卞氏宝。身困名辱,劳无所得。

焦氏易林注

互震为宝玉。坎为井,为困辱,为劳。坤为身,艮为名。二四艮覆,故曰"名辱"。

比 文山鸿豹,肥脂多脂。王孙获愿,载福巍巍。

陆佃《埤雅》:引郭璞曰,鸨似雁,无后趾,毛有豹文,亦名鸿豹。《易林》文山鸿豹,谓此也。坤为文,艮为山,为鸿,为豹,故曰"文山鸿豹"。伏乾为肥,坎为膏,为脂。艮为孙,伏乾,故曰"王孙"。艮山形长,故曰"巍巍"。

小畜 周成之隆,刑措除凶。太宰费石,君子作人。

通豫。震为周,艮为成。坎力刑法,坤为凶,艮止,故曰"刑措除凶"。艮为官,为石,故曰"太宰费石"。按,《左传·庄八年》:反,诛屦于徒人费。鞭之,见血。出,遇贼于门。祖而示之臂,请先入。伏公而出,斗,死于门中。石之纷如死于阶下。费、石皆忠于襄公者,故下曰"作人"。艮为君子。

履 珪璧琮璋,执贽见王。百里宁戚,应聘齐秦。

详《需之井》。

泰 穿空漏彻,破坏残缺。陶弗能冶,瓦甓不凿。

伏巽为空漏,兑为破缺。伏艮为火,故曰"陶冶"。破缺,故不能陶冶。艮为瓦甓,坤虚,故不必凿。

否 鸿飞遵陆,公出不复,伯氏客宿。

详《损之蹇》。

同人 虾蟆群聚,从天请雨。云雷运集,应其愿所。

详《大过之升》。

大有 老弱无子,不能自理。为民所忧,终不离咎。管子治国,侯伯宾服。乘舆八百,尊我桓德。

通比。坤为老弱。三至五震覆,故曰"无子"。坤为民,为咎。坎为忧。艮为终。离同罹。后四句与上文意不属,定为崔篆、虞翻等林辞所窜入者。

谦 播梅折枝,与母别离,绝不相知。

详《讼之谦》。播,种也,言折枝种于他处。"与母别离"者,言此枝与母树分离也。震为梅,为枝,为耕种。坤为母。丁晏《释文》引《说苑》,执一枝梅事为解,皆由播讹为蟠之误也。

豫 盛中不绝,衰老复拙。盈满减亏,瘶瘵脌肥。郑昭失国,重耳兴起。

震为盛,坎为中。坤为老,为减亏。艮为节,故曰"瘶瘵",曰"肥脌"。坎为郑,艮为光明,故曰"郑昭"。坎为失,坤为国,故曰"失国"。坎为耳,坤为重,震起,故曰"重耳兴起"。

随 闻虎入邑,心欲逃匿。走据阳德,不见霍叔,终无忧慝。

艮为邑,为虎,巽为入,兑为闻,故曰"闻虎入邑"。《战国策》:夫市无虎明矣,然而三人言而成市虎。巽为隐伏,故曰"逃匿"。震为走,艮纳丙,为山阳,故曰"走据阳德"。艮为叔,为山,故曰"霍叔"。巽伏,故不见。艮为终。丁晏所释,至为牵强,不可从。阙疑可也。

蛊 随时逐便,不失利门。多获得福,富于封君。

艮为时,震为逐。巽为利,艮为门,故曰"利门"。震为福,为君。

临 禹作神鼎,伯益衔指。斧斤既折,懂立独坐。贾市不雠,枯槁为祸。

详《小畜之益》。

观 春鸿飞东,以马货金。利得十倍,重载归乡。

详《比之中孚》。

噬嗑 金齿铁牙,寿考宜家。年岁有余,贪利者得,虽忧无咎。

艮为金铁,为寿考。伏兑为齿牙。震为年岁,为有余。伏巽为利。坎为忧,震解,故无咎也。

贲 膏泽沐浴,洗去污辱。振除灾咎,更与福处。

互坎,故曰"膏沐",曰"洗去污辱"。离为灾,震为福。

剥 履阶登墀,高升峻巍。福禄洋溢,依天之威。

坤形似阶墀,而一阳在上,故曰"履阶登墀,高升峻巍"。伏乾为福禄,为天。坤水,故曰"洋溢"。

复 坤厚地德,庶物蕃息。平康正直,以绥大福。

坤为庶物。震为生,故曰"蕃息"。坤为平,为直。震为福。

无妄 绝域异路,多所畏避。使我惊悼,思吾故处。

伏升。坤为域,兑决,故曰"绝域"。震为大涂,巽为歧,故曰"异路"。巽伏乾惕,故曰"畏避"。坤为我,震为惊。

大畜 襁褓孩幼,冠带成家。出门如宾,父母何忧。

详《遁之恒》。兹取象旁通萃。

颐 一寻百节,绸缪相结。其指诘屈,不能解脱。

八尺曰寻,坤卦数八,故曰"一寻"。艮多节,坤为百,故曰"一寻百节"。伏巽为结。艮为指。震为解脱。下卦艮反,故曰"其指诘屈"。

大过 鹰鹯猎食,雉兔困极。逃头见尾,为人所贼。

通颐。艮为鹰鹯,震为食。坤文为雉,震为兔。正反艮,故曰"困极"。艮为头。在上,故曰"逃"。而下为覆艮,艮为尾,故曰"见尾"。本卦兑为见。巽为贼,震为人,坤杀,故曰"为人所贼"。贼,害也。

坎 危坐至暮，请求不得。膏泽不降，政戾民忒。

艮为坐，为请求。坎为暮。坎失，故不得。坎为膏泽，艮止，故不降。坤为政，为民。坎折坤，故政戾民忒。

离 刚柔相呼，二姓为家。霜降既同，惠我以仁。

详《家人之损》。

咸 慈母念子，飨赐得士。蛮夷来服，国人欢喜。

伏损。坤为慈母，为思念。震为子，为士。兑时故曰"飨"。坤为夷狄，为国。震为人，为喜。

恒 良夫孔姬，胁悝登台。柴季不扶，卫辄走逃。

详《损之恒》。

遁 子长忠直，李陵为贼。祸及无嗣，司马失福。

互巽为长，为直，为桃李。艮山，故曰"李陵"。巽为贼。巽下断，故曰"无嗣"。乾为马，为福。阴消阳，故曰"司马失福"。谓司马子长因救李陵而被腐刑也。

大壮 节度之德，不涉乱国。虽昧无光，后大受庆。

伏艮为节。坤为乱，为国。坤伏，故曰"不涉乱国"。坤为黑，故曰"昧"，曰"无光"。震为后，乾为大。

晋 驱羊南行，与祸相逢。狼惊我马，虎盗我子，悲恨自咎。

伏兑为羊，离为南。中爻坎，故曰"与祸相逢"。艮为虎狼。坎为马，为盗。震为子，二至四震覆，故子为虎盗。坎为悲恨。

明夷 尼父孔丘，善钓鲤鱼。罗网一举，获利万头，富我家居。

震为陵，为父，为孔，为丘，故曰"尼父孔丘"。坤为鱼。离为罗网。坤为利，为万，坎为首，故曰"获利万头"。坎为室家，坤为富。

家人 本根不固，华叶落去，更为孤姬。

巽为枯，下断，故曰"本根不固"。伏震为华叶，巽陨落，故曰"华叶落去"。巽为寡，为妇，故曰"孤姬"。

睽 设罟捕鱼，反得屠诸。员困竭忠，伍氏夷诛。

此用渐象。互离为罔罟，巽为鱼，艮手为捕，故曰"设罟捕鱼"。坎为匕，为刺，故曰"屠诸"。言得屠者专诸也。坎为弓，为员，为忠。坎数五，巽颠陨，故曰"伍氏夷诛"。谓伍员也。《左传》：伍员进专诸于吴公子光。《吴越春秋》：专诸曰，王何好？光曰，好鱼炙。专诸乃去，从太湖学鱼炙。

蹇 敏捷巫疾，如猿集木。彤弓虽调，终不能获。

水流动，故曰"敏捷巫疾"。艮为猿，为木，坎为集，故曰"如猿集木"。坎为弓，为赤。故曰"彤弓"。艮为终。

解 冠带南行，与福相期。邀于嘉国，拜位逢时。

此用渐象。渐艮为冠，巽为带。互离，故曰"南行"。震为福，为嘉。艮为国，为拜，为时。

损 年丰岁熟，政仁民乐，禄入获福。

坤为年岁，为多，故曰"丰熟"。坤为政，为民。震为仁，为乐，为福禄。

益 筑阙石巅，立基泉源。疾病不安，老孤无邻。

详《艮之复》。

夬 逐狐东山，水遏我前。深不可涉，失利后还。

详《蒙之蛊》。

姤 麟子凤雏，生长嘉国。和气所居，康乐温仁，邦多圣人。

伏坤为麟凤。震为子，为雏，为生长。坤为国，为邦。震为乐，为仁。乾为圣人。

萃 西行求玉，冀得瑜璞。反得凶恶，使我惊惑。

兑为西，伏震为瑜璞，为玉，艮为求，故曰"西行求玉"。坤为凶恶，为忧惑。

升 心狂老悖，听视聋盲。正命无常，下民多孽。

坤为心，为老悖。《易》以兑为眇，二至四互兑，故曰"视盲"。初至四互大坎，故曰"听聋"。巽为命，巽进退不果，故曰"无常"。坤为民，为孽，为下，为多。

困 南国少子，才略美好。求我长女，贱薄不与。反得丑恶，后乃大悔。

详《比之渐》。此亦用渐象。

井 逶迤高原，家伯妄施，乱其五官。

伏艮为高原。伏震为伯，艮为家，故曰"家伯"。家伯，幽王臣，助王为虐者也。《诗·小雅》，家伯冢宰是也。离为乱，艮为官。互坎，卦数五，故曰"五官"。

革 谢恩拜德，东归吾国，欢乐有福。

震为恩德，艮为拜，为国。震为东，为反，故曰"东归吾国"。震为乐，为福。全用旁通象。

鼎 鸡鸣同兴，思配无家。执珮持凫，无所致之。

巽为鸡，为鸣，伏震为兴。艮为家，艮伏，故曰"无家"。艮为执持，为凫。震为玉，故曰"珮"。坤虚，故曰"无所致之"。《诗·郑风》：女曰鸡鸣，士曰昧旦。将翱将翔，弋凫与雁。又，知子之来之，杂珮以赠之。

震 凶重忧累，身受诛罪，神不能解。

坎为凶忧，为桎梏。艮为身，故曰"身受诛罪"。震为神，为解。坎陷，故不能解。

艮　虎豹熊罴，游戏山谷。仁贤君子，得其所欲。

详《谦之中孚》。

归妹　海隅辽右，福禄所至。柔嘉蒙祐，九夷何咎。

兑为海，为右。震居东北，故曰"辽右"。震为福禄，数九，故曰"九夷"。坎为夷也。

丰　华首之山，仙道所游。利以居止，长无咎忧。

详《谦之井》。

旅　甲乙戊庚，随时转行。不失常节，萌芽律屈。咸达生出，各乐其类。

详《噬嗑之坤》。

巽　跛踬未起，失利后市，不得鹿子。

伏震。震为起，坎塞，故跛踬。巽为利市，坎为失，震为后，故曰"失利后市"。震为鹿，为子，风散，故不得。

兑　怙恃自负，不去于下。血从地出，诛罚失理。

伏艮为负。二阳皆在上，故曰"不去于下"。言有所恃，不肯居下也。《诗》曰：无父何怙，无母何恃。坎为血，居重阴之间，故曰"血从地出"。坎为刑罚。

涣　江河淮海，天之都市。商人受福，国家饶有。

详《谦之小畜》。

节　节情省欲，赋敛有度。家给人足，且贵且富。

坎为情欲，艮止，故曰"节"，曰"省"。坎为聚，故曰"赋敛"。度，《说文》：法制也。坎为法，故曰"有度"。艮为家，震为人。艮贵震富。

中孚　绳池鸣呴，呼求水潦。云雨大会，流成河海。

巽为绳，兑为池，震为鸣呼。伏大坎为潦，为云雨，为河海。

小过　日月之涂，所行必到，无有患故。

艮为日，兑为月。震为大涂，为行。震乐，故无有患故。

既济　乘风而举，与飞鸟俱。一举千里，见吾爱母。

详《明夷之鼎》。

未济　阴配阳争，卧木反立。君子攸行，丧其官职。

卦三阳三阴，故曰"阴配阳争"。言阴盛与阳争也。昭帝元凤三年春，上林有柳树，枯僵自起生。故曰"卧木反立"。时眭孟言僵柳复起，将有匹夫为天子者，被诛。三四句亦似指其事。

归妹之第五十四

坚冰黄鸟，常哀悲愁。不见白粒但睹藜蒿。数惊鸷鸟，为我心忧。

详《乾之噬嗑》。

之乾 **荆木冬生，司寇缓刑。威权在下，国乱且倾。**

此仍用遇卦象归妹。上震为荆木，为生。坎为冬，故曰"冬生"。坎为寇，为刑。震生，故曰"缓刑"。伏艮为国，离为乱，故曰"国乱且倾"。

坤 **喘牛伤暑，不能耕亩。草莱不辟，年岁无有。**

《世说》：满奋曰，臣犹吴牛，见月而喘。盖吴牛畏暑，见月以为日，故喘也。又，《汉书·丙吉传》：见牛喘吐舌而问之。此用遇卦归妹象。离为牛，震声，故曰"喘牛"。离为夏，故曰"伤暑"。震为草莱，为年岁。坎折兑毁，故无有。

屯 **鱼欲负流，众不同心，至德潜伏。**

坤为鱼，艮为负，坎为流。坤上艮，艮上坎，故曰"鱼欲负流"。坤为众，坎为心。震起艮止，故不同心。震为德。坎隐，故曰"潜伏"。

蒙 **春耕有息，秋入利福。献豜私豵，以乐成功。**

互震为春，为耕，为生，故曰"有息"。伏兑为秋，伏巽为人，为利，震为福，故曰"秋入利福"。《诗·豳风》，言私其豵，献豜于公。传：豕一岁曰豵，三岁曰豜。坎为豕，艮手为献。艮为小，坎隐，故曰"私豵"。震为乐，为功，艮为成。

需 **生有圣德，上配太极。皇灵建中，授我以福。**

详《家人之需》。

讼 **右抚琴头，左手援带。凶讼不已，相与争戾，失利而归。**

此似用归妹象。兑为右，坎为首，震为乐，故曰"右抚琴头"。震为左，伏艮为手，为援，巽为带，故曰"左手援带"。兑口震言，故曰"讼"，曰"争"。巽为利。坎失，故曰"失利"。

师 **炙鱼梱斗，张伺夜鼠。舌不忍味，机发为祟，笒不得去。**

详《井之坎》。梱，依校。宋、元本作枯。汲古作拈。卦旁通同人。巽为鱼，下离，故曰"炙鱼"。坤为闭，故曰"梱斗"。震为斗也。

比 **申酉脱服，牛马休息。君子以安，劳者得欢。**

坤位申，坎位酉。服，犹驾也。坤为牛，坎为马。艮止，故脱服而休息也。艮为君子，为安。坎为劳，五统群阴，故曰"得欢"。

小畜 **尧问尹寿，圣德增益。使民不疲，安无怵惕。**

详《遯之随》。尹寿，人名。《新序》：尧学乎尹寿。

履 孤公寡妇，独宿悲苦。目张耳鸣，莫与笑语。

详《讼之归妹》。巽为寡。乾父，故曰"孤公"。

泰 外得好畜，相与嫁娶。仁贤集聚，咨询厥事。倾夺我城，使家不宁。

坤为养，为畜，在上，故曰"外得好畜"。震为嫁，为娶，为仁贤。为言，故曰"咨询"。坤为集聚。艮为城，为家。三五艮覆，故曰"倾城"，曰"家不宁"。按，《上六》"城复于隍"，即谓三至上艮覆也。

否 煎砂盛暑，鲜有不朽。去河千里，败我利市。老牛盲马，去之何悔。

艮为砂，为火，故曰"煎砂"。候卦乾在巳，巽后天亦居巳，艮火，故曰"盛暑"。巽为朽，为利市。坤为河，为千里，为我，为败，为老牛。乾为马，坤迷，故曰"盲马"。

同人 甲乙戊庚，随时转行。不失常节，萌芽律屈。咸达出生，各乐其类。

详《渐之旅》。

大有 衣宵夜游，与君相遭。除解烦惑，使心不忧。

乾为衣。《说文》：衣，依也。伏坤为帛，故曰"衣宵"。宵、绡同。《士昏礼》：宵衣。注：宵读为《诗》素衣朱绡之绡。绡，绮属也。又，《特牲馈食礼》：主妇宵衣南面。郑注：宵，绮属也。此衣染之以黑，其缯本名曰宵。《诗》有素衣朱宵，《礼》有玄宵衣。然则"衣宵夜游"者，即衣锦夜游也。伏坎为夜。乾为君。坎为心，为忧惑。坎伏，故解除。

谦 死友绝朋，巧言为谗。覆白污玉，颜叔哀暗。

艮为朋友，坤为死，故曰"死友绝朋"。正反震，故曰"巧言"，曰"谗"。震为白，为玉，坤黑，故曰"覆白污玉"。艮为颜，为少子，故曰"颜叔"。坎为悲哀。颜叔未详。

豫 逐利三年，利走如神。展转东西，如鸟避丸。

震为逐，伏巽为利。坤为岁，震数三，故曰"三年"。震为神，为东。坎位西，为丸，为隐伏。艮为鸟，故曰"如鸟避丸"。

随 堤防坏决，河水泛溢。伤害禾稼，君孤独宿，没溺我邑。

艮为堤防。兑附决，故曰"坏决"。互大坎，故曰"河水泛溢"。震为禾稼，兑毁折，故曰"伤害禾稼"。震为君，坎为孤，坤为寡，故曰"君孤独宿"。艮为邑。

蛊 阴阳隔塞，许嫁不答。庬丘新台，悔往叹息。

说《晋之无妄》。庬，无妄作宛。宛丘，陈诗。庬丘，卫诗。姑两存之。

临 伯夷叔齐，贞廉之师。以德防患，忧祸不存。

详《泰之乾》。

观 阳为狂悖，拔剑自伤，为身生殃。

详《明夷之井》。

噬嗑 进士为官,不若服田,获寿保年。

艮为官。震为士,为进,故曰"进士"。艮为田,为寿,为保。震为年。

贲 耕石不生,弃礼无名。缝衣失针,襦裤不成。

震为耕,上艮,故曰"耕石"。离为礼,艮为名,坎隐伏,故曰"弃礼",曰"无名"。震为衣,坎为针,伏巽绳,故曰"缝衣"。坎失,故曰"失针"。震为襦,伏巽为裤。坎破,故不成。

剥 灵龟陆处,一旦失所。伊子复耕,桀乱无辅。

艮龟,处坤上,故曰"陆处"。

复 室当源口,漂溺为海。财产殚尽,衣食无有。

坤水,故曰"漂溺"。

无妄 鸡方啄粟,为狐所逐。走不得食,惶惧喘息。

巽为鸡。震为粟,为逐。艮为狐。乾惕,故曰"惶惧"。

大畜 家在海隅,桡短流深。岂敢惮行,无木以趋。

详《观之明夷》。

颐 他山之错,与璆为仇。来攻吾城,伤我肌肤,国家骚忧。

艮为山,为错。《禹贡》:厥贡磬错。注:治玉之石曰错。《诗·小雅》:他山之石,可以为错。惟错玉,故曰"与璆为仇"。璆亦玉也。坤为仇,为城,为国,为伤。艮手为攻,为肌肤,为家。坤为忧也。

大过 弊镜无光,不见文章。少女不嫁,弃于其公。

离为镜,卦上下皆半离,故曰"弊镜"。互大坎,故无光。坤为文章,坤伏,故曰"不见文章"。巽为少女。震为归,为嫁,为公。震伏,故曰"不嫁",曰"弃于其公"也。《易·大过》以巽为少女,兑为老妇,故《易林》本之。

坎 大蛇巨鱼,相搏于郊。君臣隔塞,戴公庐漕。

详《噬嗑之讼》。

离 绝世无嗣,福禄不存。精神涣散,离其躬身。

艮为世,震为子。艮震皆伏,而兑为附决,故曰"绝世无嗣",曰"福禄不存"。震又为福禄也。震为精神,互巽风,故曰"涣散"。艮为身,艮伏不见,故曰"离"。

咸 文君之德,养人致福。年无胎夭,国富民实。忧者之望,曾参盗息。

通损。坤为文。震为德,为君,为人,为福。坤为养,为年岁。震为胎,坤为死,为夭,震福故无。坤为国民,为富实。下二语有讹字,难解。

恒 合欢之国,喜为我福。东岳南山,朝跻成恩。

通益。坤为国，初至五正反震相对，故曰"合欢之国"。震为东，又为南，上艮，故曰"东岳南山"。震为朝，为跻，为恩德。案，《周礼·眂祲》，注云：隮，虹也。郦风，朝隮于西，崇朝其雨。《疏》亦训隮为虹，言虹见于西方，则雨气应也。隮、跻同字。然《易林》数见，皆作跻。"朝跻成恩"者，言山岳虹见雨应，以成其恩泽也。

遁 忧人之患，履悖易颜，为身祸残。率身自守，与喜相抱。长子成老，封受福祉。

乾为畏惕，故曰"忧患"。伏震为履，坤为悖，艮为颜。坤为身，为祸。艮为守，为抱。震为喜，为长子。坤为老。后四句与前三句吉凶相反，定为衍文。本林至第三句而止。

大壮 太公避纣，七十隐处。卒逢圣文，为王室辅。

详《明夷之坤》。

晋 江汉上流，政逆民忧。阴代其阳，雌为雄公。

互坎为水，坤亦为水，为江汉，为流。坤为政，为民，逆行，故曰"政逆民忧"。坎为忧也。坤为阴，为雌。五阳位，阴居之，故曰"代阳"，曰"雌为雄"。

明夷 缩绪乱丝，举手为灾。越亩逐兔，丧其衣裤。

伏巽为绪，为丝。震为反，故曰"缩绪"。坤乱，故曰"乱丝"。坤为亩，为丧。震为兔，为越，为衣。伏巽为裤，坤丧，故曰"丧其衣裤"。

家人 臭彙腐木，与狼相辅。亡夫失子，忧及父母。

巽为臭，坎豕，故曰"臭彙"。巽为木，为腐。狼象未详。震为夫，为子，震伏，故曰"亡失"。坎为忧，巽为母，伏震为父。

睽 刲羊不当，女执空筐。兔跛鹿踦，缘山坠堕，谗佞乱作。

此用归妹象。上二句，《归妹·上六》意也。兑为羊，坎为刺，故曰"刲羊"。兑为女，震为筐，震虚，故曰"女执空筐"。震为兔，为鹿，互坎，故曰"跛踦"。伏艮为山，伏巽为坠堕。兑口震言，故曰"谗佞乱作"。

蹇 拔剑伤手，见敌不喜。良臣无佐，困忧为咎。

艮为剑，为手，坎为伤，故曰"拔剑伤手"。坎忧，上坎，中爻坎，坎遇坎为敌，故曰"见敌不喜"。离为见。坎病，故不喜。艮为臣，为佐，坎为孤，故曰"无佐"。坎为困忧。《艮·象传》云"上下敌应"，即以艮见艮为敌也。

解 三羖五群，相随俱行。迷入空泽，循入直北。径涉六驳，为所伤贼。

详《无妄之观》。

损 争鸡失羊，亡其金囊，利得不长。陈蔡之患，赖楚以安。

详《恒之夬》。

益 三骊负衡，南取芷香。秋兰芬馥，盈满神医，利我仲季。

震为马，数三，故曰"三骊"。艮为负，为衡。巽为香，为兰芷。震为南，故曰"南取"。

伏兑为秋，故曰"秋兰"。震为神，为匮。坤多，故曰"盈满"。巽为利，艮为季。

夬 孟夏己丑，哀呼尼父。明德讫终，乱虐滋起。

详《睽之恒》。

姤 履不容足，南山多叶。家有芝兰，乃无病疾。

震为履，为足。震伏，故不容足。乾为山，为南。巽为芝兰。坤为疾病，坤伏，故无。

萃 三足无头，不知所之。心狂睛伤，莫使为明，不见日光。

伏震，故曰"三足"。乾为头，乾伏，故曰"无头"。三至上正反震，故曰"不知所之"。坤为心，巽风，故曰"心狂"。兑为半离，《易·履》卦谓之眇，故此曰睛伤。艮为日，为光。互巽为伏。故曰"不见"。

升 戴尧扶禹，松乔彭祖。西过王母，道路夷易，无敢难者。

详《师之离》。

困 式微式微，忧祸相绊。隔以岩山，室家分散。

详《小畜之谦》。

井 灵龟陆处，一旦失所。伊子复耕，桀乱无辅。

详剥林。

革 仁德覆治，恩及异域。泽被殊方，祸灾隐伏。蚕不作室，寒无所得。

通蒙。震为恩德。坤为异域，为殊方。兑为恩泽。坤为祸灾，坎为隐伏。巽为蚕。坎为室，坎伏，故曰"不作室"。坎为寒。室，茧也。

鼎 夏麦荈薿，霜击其芒。疾君败国，使年夭伤。

详《泰之贲》。

震 火虽炽，在吾后。寇虽多，在吾右。身安吉，不危殆。

详《大有之需》。

艮 辽远绝路，客宿多悔。顽嚣相聚，生我畏恶。

详《明夷之小畜》。

渐 悬悬南海，去家万里。飞兔腰褭，一日见母，除我忧悔。

详《晋之坎》。

丰 困而后通，难厄不穷。终得其愿，姬姜相从。

震为姬，巽为姜。

旅 西贾巴蜀，寒雪至毂。欲前不还，得反空屋。

详《家人之解》。

巽　新作初陵,烂陷难登。三驹摧车,踬顿伤颐。

伏艮为陵。巽为烂,伏震为登,坎陷,故难登。震为驹,数三,坎破,故曰"三驹摧车"。伏坎为蹇,初至四互颐,故曰"踬顿伤颐"。

兑　延颈望酒,不入我口,深目自苦。利得无有,幽人悦喜。

详《无妄之大畜》。

涣　仲春孟夏,和气所舍。生我嘉福,国无残贼。

坎为仲,互震,故曰"仲春"。对卦离为夏,震为长,故曰"孟夏"。坎为和。震出,故曰"舍"。震为生,为嘉福。艮为国。坎为贼,风散,故无贼。舍,发也。

节　张网捕鸠,兔罹其灾。雌雄俱得,为置所贼。

通旅。离为网,为鸠,艮为捕。震为兔,旅下卦震覆,故曰"兔罹其灾"。离、罹通用。艮为雄,互巽为雌,离置在上,故曰"雌雄俱得"。巽为贼也。

中孚　三人俱行,一人言北。伯仲欲南,少叔不得。中路分争,道斗相贼。

详《剥之巽》。

小过　然诺不行,欺绐误人。使我露宿,夜归温室。神怒不直,鬼击其目。欲求福利,适反自贼。

详《恒之观》。

既济　陈辞达诚,使安不倾。增禄益寿,以成功名。

详《明夷之晋》。

未济　火烧公床,破家灭亡。然得安昌,先忧重丧。

半艮为床。重离,故曰"烧"。坎为破,为忧。

震上
离下　**丰**之第五十五

诸孺行贾,经涉山阻。与狄为市,不忧危殆,利得十倍。

孺,《说文》:乳子也。震为子,兑少。诸,《尔雅·释诂》:诸诸便便,辩也。震为言,故曰"诸孺"。震为商贾,故曰"行贾"。伏艮为山。兑为狄。按,《吕览》有西翟。翟、狄通用。《周语》,自窜于戎翟之间是也。《尔雅注》称,东夷、西戎、北狄。然观各书,戎狄于西北实不分。故林以兑西为狄也。巽为市。坎为忧,坎伏,故不忧不殆。巽为利,为倍。兑数十,故曰"十倍"。林意言诸孺行贾,当危殆而竟得利也。

之乾　鼎足承德,嘉谋生福。为王开庭,得心所欲。

详《晋之大壮》。

坤 曳纶江海,钓鲂与鲤。王孙列俎,以飨仲友。

此用丰卦。互巽为纶,兑为江海。巽为鱼,故曰"鲂鲤"。伏艮为王孙,伏震为俎。兑食,故曰"飨"。兑为朋友,伏坎,故曰"仲友"。

屯 东山皋落,叛逆不服。兴师征讨,恭子败覆。

艮山,震东。皋,亦小山,故曰"东山皋落"。皋落,赤狄别种。坤为叛逆,为师。震为征讨,为子。坤顺,故曰"恭子"。坤为败覆。恭子,太子申生也。《闵二年》:晋侯使太子申生伐东山皋落氏。后申生卒,被僭死。

蒙 千里骓驹,为王服车。嘉其丽荣,君子有成。

坤为千里,震马,故曰"千里骓驹"。震为王,为车,为荣。艮为君子,为成。为王服车,即为王驾车也。

需 二龙北行,道逢六狼。莫宿中泽,为祸所伤。

乾为龙,兑卦数二,故曰"二龙"。坎北,故曰"北行"。伏艮为道,为狼,坎数六,故曰"六狼"。坎为莫,为宿,兑为泽。坤为祸。

讼 天灾所游,凶不可居。转徙获福,留止危忧。

乾为天,离为灾凶。伏震为转徙,为福。坎陷,故曰"留止"。坎为危,为忧也。

师 狐狸雉兔,畏人逃去。分走窜匿,不知所处。

详《益之解》。

比 雨师娶妇,黄岩季女。成礼既婚,相呼南去。膏润田里,年岁大喜。

详《损之益》。

小畜 外栖野鼠,与雉为伍。疮痍不息,即去其室。

伏坎为鼠,离为雉。坎离夫妇,故曰"为伍"。伏艮为疮痍,坤死,故不息。坎为室,震为去。言将死而去其室也。

履 天命绝后,孤阳无主。彷徨两社,独不得酒。

乾天巽命,巽下断,故曰"绝后"。乾阳巽寡,故阳孤。震为主,震伏,故曰"无主"。伏坤为社,兑卦数二,故曰"两社"。元本注:春社、秋社也。坎为酒,坎伏,故不得酒。古者社祭饮食宴乐,故曰"得酒"。或谓周社亳社,亦为两社。然下曰得酒,似指春秋社祭也。

泰 鹄思其雄,欲随凤东。顺理羽翼,出次须日。中留北邑,复反其室。

详《需之离》。

否 蝘蛇九子,长尾不殆。均明光泽,燕自受福。

巽为蛇,震数九,故曰"九子"。艮为尾,巽为长,故曰"长尾"。乾大明,艮光明,故曰

"均明光泽"。伏兑为燕,乾为福。殆,音以。

同人　日走月步,趋不同舍。夫妻反目,君主失国。

详《小畜之同人》。

大有　定房户室,枯薪除毒。文德渊府,害不能贼。

通比。艮为星,艮止,故曰"定"。定,星名也。房、方通用。《诗·小雅》:既方既皁。《郑笺》:方,房也。定方者,离乾皆在南,坎坤皆在北。《鄘诗》:定之方中,作于楚宫。言定星中,四方定,可作宫作室也。艮为室。坤为毒,为薪,离为枯。"枯薪除毒"者,按《管子》:萩室熯造,注:熯,谓火干之也。三月之时,阳气盛发,易生瘟疫,楸树郁臭以辟毒气,故烧之于新造之室,以为禳祓。枯薪除毒即此事也。离为文。坤为渊,为府,为害。坎为贼。

谦　齐东郭卢,嫁于洛都。俊美良好,利彼过倍。

详《坤之坎》。

豫　病笃难医,和不能治。命终期讫,下即蒿里。

详《临之益》。

随　开廓绪业,王迹所起。姬德七百,报以八子。

定四年,武王之母弟八人。又,卜年七百。震为开廓。为王,为足,故曰"王迹"。震为姬,数七,故曰"姬德七百"。艮数八,故曰"八子"。

蛊　丰年多储,河海饶鱼。商客善贾,大国富有。

震为年,艮止,故曰"储"。巽为鱼,兑泽,故曰"河海饶鱼"。巽为商贾。艮为国,震为富。

临　鹊求鱼食,过彼射邑。缯加我颈,缴桂羽翼。欲飞不能,为羿所得。

震为鹊,为口,坤为鱼,故曰"鹊求鱼食"。坤为邑,震为射,故曰"射邑"。伏巽为缯缴,伏艮为颈。震为羽翼,为飞。坤闭兑折,故不能飞。坤恶,故曰"羿"。坤丧,故为所得。

观　望城抱子,见邑不殆。公孙上堂,文君悦喜。

艮为望,为城,为抱。坤为邑,为文。艮为孙,为堂。伏震为君,故曰"文君"。伏震为喜,兑为悦。

噬嗑　左指右麾,邪侈侈靡。执节无良,灵君以亡。

震左坎右,艮手为指麾。坎为邪淫,震富,故曰"侈靡"。艮为执,为节。震为君。坎为棺椁,故曰"亡"。灵君谓陈灵公,通夏姬,为夏微舒所弑也。

贲　日中为市,各持所有。交易资贿,函珠怀宝,心悦欢喜。

详《泰之升》。

剥 山没丘浮，陆为水鱼，燕雀无庐。

艮为山丘，在坤水上，故曰"山没丘浮"。艮为陆，坤为水，为鱼，故陆为水鱼。艮为庐，伏兑为燕雀。水大，故庐圮也。

复 马服长股，宜行善市。蒙祐谐偶，获利五倍。

震为马，伏巽为长，为股。服，犹驾也。巽为市。马而长股，必得善市。伏巽为市，为利，为倍。巽卦数五，故曰"获利五倍"。

无妄 三狸捕鼠，遮遏前后。死于圜城，不得脱走。

详《离之遁》。

大畜 鬼舞国社，岁乐民喜。臣礼于君，子孝于父。

伏坤为鬼，为国，为社，震为舞。乾为年岁，坤为民，震为喜乐。乾为君父，艮为臣，震为子。坤顺，故曰"孝"，曰"忠"。

颐 慈母望子，遥思不已。久客外野，我心悲苦。

详《咸之旅》。

大过 雨师娶妇，黄岩季女。成礼既婚，相呼南去。膏泽田里，年岁大喜。

坎 两狗同室，相啮争食。枉矢西流，射我暴国。高宗鬼方，三年乃服。

艮为狗，为室，中爻正反艮，故曰"两狗同室"。震为口，为食，正反震相对，故曰"相啮"，曰"争食"。坎为矢，为曲屈，故曰"枉矢"。枉矢，星名。《史记·天官书》：枉矢如大流星。坎位西，故曰"西流"。震为射。艮为国，震健躁，故曰"暴国"。震为宗，坎为鬼。震为年，数三，故曰"三年"。

离 早霜晚雪，伤禾害麦。损功弃力，饥无可食。

详《离之蛊》。

咸 腐臭所在，青绳集聚。变白为黑，败乱邦国。君为臣逐，失其宠禄。

巽为腐臭，为青蝇。青蝇，《小雅》篇名，戒王信谗也。伏坤为集聚。巽为白，为败乱。艮黔，故曰"黑"。艮为邦国，为臣。乾为君，在艮外，故曰"君为臣逐"。乾为宠禄，兑毁折，故曰"失"。

恒 牵羊不前，与心戾旋。闻言不信，误给丈人。

兑为羊。震为后，故曰"不前"。伏坤为心。正反兑，故曰"戾旋"。戾旋，不合也。兑口为言，正反兑，故曰"不信"。兑为耳，故曰"闻"。《夬·九四》，闻言不信，以兑口与乾言背也。恒二至四，与夬体同也。不信，故曰"误给"。震为丈人。

遁 甘忍利害，还相克贼。商子酷刑，鞅丧厥身。

互巽为利，巽陨落，故曰"害"。巽伏，故曰"贼"。言甘于利害，还自贼也。巽为商贾，故曰"商子"。伏坤为酷，坤杀，故曰"酷刑"。坤为身，为丧，故曰"鞅丧厥身"。言商鞅用酷刑，终自害也。巽为绳，为靾。《说文》：靾，颈系也。

大壮　刲羊不当，血少无羹。女执空筐，不得采桑。

晋　蝺蝺喈喈，贫鬼相责。无有欢怡，一日九结。

详《震之既济》。

明夷　两足四翼，飞入嘉国。宁我伯姊，子母相得。

详《贲之同人》。

家人　文山紫芝，雍梁朱草。生长和气，王以为宝。公尸侑食，福禄来处。

详《师之夬》。

睽　绝世游魂，福禄不存。精神涣散，离其躬身。

互坎为魂。兑决，故曰"绝"。震为福禄，为精神。兑折震，故曰"福禄不存"，曰"精神涣散"。艮为身，艮伏，故曰"离"。京房以七世卦为游魂卦。《系辞》云：精气为物，游魂为变。郑云：九六为游魂。

蹇　北辰紫宫，衣冠立中。含和建德，常受大福。

详《坤之解》。

解　伯蹇叔盲，莫为守装。失我衣裳，代尔阴乡。

详《鼎之离》。

损　两女共室，心不聊食。首发如蓬，忧常在中。

详《艮之剥》。

益　去辛就蓼，毒愈酷甚。避阱遇坑，忧患日生。

《说文》：蓼，辛菜。震为草莽，故曰"蓼"。震纳庚，巽纳辛，庚辛西方，味辛，故曰"去辛就蓼"。《诗·周颂》：自求辛螫。未堪家多难，予又集于蓼。坤为毒，为酷。兑为阱，兑伏，故曰"避阱"。坤为渊，故曰"坑"，曰"忧患"。震生，艮为日，故曰"日生"。

夬　初病终凶，季为死丧，不见光明。

通剥。坤为病，坤死，故曰"凶"，曰"丧"。艮为终，为季，为光明。坤黑，故不见。

姤　三鸟飞来，是我逢时。俱行先至，多得大利。

详《同人之大有》。

萃　鹿食山草，不思邑里，虽久无咎。

伏震为鹿，兑食，艮山，巽草。坤为思，为邑里。艮为久。

升　羊肠九萦，相摧稍前。止须王孙，乃能上天。

详《履之师》。

困　管仲遇桓，得其愿欢。胶目启牢，振冠无忧。笑戏不庄，空言妄行。

井　桀跖并处，民困愁苦。旅行迟迟，留连齐鲁。

详《复之离》。

革　魂孤无室，衔指不食。盗张民馈，见敌失肉。

乾为魂，巽为寡，故曰"魂孤"。坎为室，坎伏，故无室。兑为衔，为食，伏艮为指。伏坤为闭，故不食。伏坎为盗，坤为民。民畏盗，故馈之。坎为肉，坤丧，故失肉。

鼎　谗言乱国，覆是为非。伯奇乖离，恭子忧哀。

详《巽之观》。

震　卫侯东游，惑于少姬。亡我考妣，久迷不来。

详《乾之升》。

艮　鸡鸣同兴，思配无家。执佩持凫，莫使致之。

详《渐之鼎》。

渐　义不胜情，以欲自萦。觊利危躬，摧角折颈。

详《坤之丰》。

归妹　臣尊主卑，权力日衰。侵夺无光，三家逐公。

详《升之巽》。

旅　叔仲善贾，与喜为市。不忧危殆，利得十倍。

通节。艮为叔，坎为仲。震为商贾，为喜。巽为市。坎为危殆，为忧。震解，故不忧。巽为利，为倍。兑数十，故曰"十倍"。

巽　六蛇奔走，俱入茂草。惊于长路，畏惧啄口。

详《井之兑》。

兑　水坏我里，东流为海。凫鳖欢器，不得安居。

详《泰之兑》。

涣　飞不远去，卑斯内侍，禄养未富。

互震为飞，艮止，故飞不远去。互艮为斯。《旅·初六》云：旅琐琐，斯其所。注：斯，贱役也。故曰"卑斯"。

节　阴变为阳，女化为男。治道大通，君臣相承。

详《屯之离》。

中孚　践履危难，脱厄去患。入福喜门，见诲大君。

详《震之家人》。

小过 罟密网缩，动益蹶急，困不得息。

伏大离为网罟。缩，束缚也，卦象似之。互大坎，故曰"蹶"，曰"困"。

既济 负牛上山，力劣行难。烈风雨雪，遮遏我前，中道复还。

详《同人之无妄》。

未济 喁喁嘉草，思降甘雨。景风升上，沾洽时澍，生我禾稼。

此仍用丰象。兑口震言，故曰"喁喁"。喁，向慕之义。震为嘉草，为禾稼。巽风坎雨。坎伏，故曰"思降"。

☲ 离上 艮下 旅之第五十六

罗网四张，鸟无所翔。征伐穷极，饥渴不食。

详《革之泰》。

之乾 寄生无根，如过浮云。立本不固，斯须落去，更为枯树。

详《小畜之蛊》。此用旅象。以艮为寄生，象形。艮下阴，故无根。坎为云，互巽为枯。

坤 人无足，法缓隤。牛出蛇，走羊惊。阳不制阴，男失其家。

屯 众鸟所翔，中有大怪，九身无头，魂惊魄去，不可以居。

详《渐之蒙》。

蒙 封豕沟渎，灌溃国邑。火宿口中，民多病疾。

《史记·天官书》：奎曰封豕，为沟渎。《正义》曰：奎，一名天豕，亦曰封豕，主沟渎。故曰"灌溃国邑"。坎为豕，为沟渎。坤为国邑。火，荧惑也。箕为口舌。火宿口中，言荧惑守箕也。艮为火，震为口，艮止，故曰"火宿口中"。坤为民，坎为疾病。又案，艮为星，故林辞多即星言。

需 奋翅鼓翼，翱翔外国。逍遥徙倚，来归温室。

详《损之观》。

讼 秋蚕不成，冬种不生。殷王逆理，弃其宠荣。

巽为蚕，旅互兑为秋。兑毁，故不成。坎为冬，为种。震为生，震伏，故不生。震为王，为子，故曰"殷王"。殷，子姓也。伏坤为理，为逆。震为荣，震伏，故曰"弃"。

师 卫侯东游，惑于少姬。忘我考妣，久迷不来。

详《乾之升》。

比 鸟合卒会，与恶相得。鸱鸮相酬，为心所贼。

艮为鸟，为鸱鸮。坤坎皆为聚，故曰"会合"。坤为恶。坎为心，为贼。

小畜 眵鸡无距，与鹊格斗。翅折目盲，为鸠所伤。

巽为鸡。兑半离，故曰"眵"。《说文》：目眦伤也。震伏，故曰"无距"。伏震为鹊，为斗，为翅。坎为折，故曰"翅折"。离为目，兑半离，《易》曰"眇"，故此曰"目盲"。离为鸠，兑毁故伤。

履 木内生蠹，上下相贼，祸乱我国。

巽为木，为蠹，为贼。乾上兑下，正反巽，故上下相贼。离为乱，伏坤为国。

泰 延陵适鲁，观乐太史。车辚白颠，知秦兴起。卒兼其国，一统为主。

详《大畜之离》。

否 辅相之好，无有休息。时行云集，所在遇福。

艮为时，坤为云，为集。乾为福。

同人 床倾簀折，屋漏垣缺，季姬不惬。

巽为床簀，巽陨，故倾折。巽为垣墉，伏坎为室，为屋。巽下缺，故曰"漏"。伏震为姬。《易林》本《大过》，每以巽为少，故曰"季姬"。

大有 东入海口，循流北走。一高一下，五邑无主。七日六夜，死于水浦。

详《睽之蹇》。

谦 群虎入邑，求索肉食。大人守御，君不失国。

正反艮，故曰"群虎"。伏巽为入，坤为邑。艮为求，坎为肉，故曰"求索肉食"。伏乾为大人。艮为守御，为国。震为君，故曰"君不失国"。

豫 四乱不安，东西为患。退身止足，无出邦域。乃得完全，赖其生福。

详《大有之睽》。

随 叔胖抱冤，祁子自邑，乘遽解患。羊舌以免，赖其生全。

详《蹇之乾》。

蛊 延颈望酒，不入我口。深目自苦，利得无有。

详《讼之益》。

临 仁政之德，参参日息。成都就邑，人受厥福。

震为仁德。坤为都邑。参参，多貌。束皙《补亡诗》：参参其稼。

观 牵头系尾，屈折几死。周世无人，不知所归。

详《升之大畜》。

噬嗑 教羊逐兔，使鱼捕鼠。任非其人，费日无功。

详《需之噬嗑》。

贲 生角有尾，张孽制家，排羊逐狐。张氏易公，忧祸重凶。

震为生。艮为角，为尾，为家。坎为孽，与震连，故曰"张孽"。《左传·昭十年》：蕴利生孽。注：孽，妖害也。震为羊，艮为狐。震为张，为公。上艮为反震，故曰"易公"。坎为忧祸，为凶。生，疑为牛之讹。

剥 去安就危，坠陷井池，破我玉螭。

坤为安，孤阳在坤上，故曰"去安就危"。坤为渊，故曰"井池"。震为玉，为螭。上卦震覆，故曰"破我玉螭"。

复 茹芝饵黄，涂饮玉英。与神流通，长无忧凶。

震为芝，为玄黄。震食，故曰"茹"，曰"饵"。黄，黄精也。二者皆延年益寿之草。震为大涂。为玉，为萌芽，故曰"玉英"。震为神，坤为忧凶。

无妄 体重飞难，未能越关，不离室垣。

详《震之鼎》。

大畜 巢成树折，伤我彝器。伯踒叔跌，亡羊乃追。

艮为巢，为成。震木，兑毁，故曰"树折"。震为器，艮虎，故曰"彝器"。《书》：宗彝。《释文》引郑云：彝，虎也。兑毁，故伤。震为伯，艮为叔。兑折，故曰"踒"，曰"跌"。兑为羊。震往，故曰"亡羊"，曰"追"。

颐 六人俱行，各遗其囊。黄鹤失珠，无以为明。

详《贲之噬嗑》。

大过 播梅折枝，与母分离，绝不相知。

详《大有之坤》。

坎 迎福开户，喜随我后。曹伯恺悌，为宋国主。

中爻震为福，艮为户，震为开，故曰"迎福开户"。震为喜，为后，为伯，为主。艮为宋，为国。元本旧注：宋以曹师杀公子游，立桓公。依此注：则国字似为立字方适。

离 既痴且狂，两目又盲。箕踞暗哑，名为无中。

巽进退不果，故曰"痴狂"。中互大坎，坎黑，故曰"目盲"。伏震为箕，兑为暗哑。

咸 金梁铁柱，千年牢固。完全不腐，圣人安处。

乾为金铁，艮为梁柱。乾为千年。艮坚，故曰"牢固"。互巽为腐。乾为圣人，艮止，故曰"安处"。

恒 裹糇荷粮，与跖相逢。欲飞不得，为罔所获。

巽为糗粮,艮为荷。巽为盗贼,故曰"与跖相逢"。震为飞,坤为网罟。

遁 彭生为豕,暴龙作灾。盗尧衣裳,聚跖荷兵。青禽照夜,三旦夷亡。

大壮 独夫老妇,不能生子,鳏寡居处。

震为夫,兑为老妇。震为子,兑折,故不能生子。伏巽为寡,故曰"独夫"。伏艮为鳏。

晋 鹡鸰窃脂,巢于小枝。摇动不安,为风所吹。心寒栗栗,常忧殆危。

明夷 素车木马,不任负重。王子出征,忧危为咎。

震为白,坤为车,故曰"素车"。震为木,为马。坤为重,下互坎,坎险,故不任负重。震为王子,为出征。坎为忧危。

家人 土陷四维,安平不危。利以居止,保有玉女。

未详。

睽 负牛上山,力劣行难。烈风雨雪,遮遏我前,中道复还。

详《讼之剥》。

蹇 金城铁郭,上下同力。政平民亲,寇不敢贼。

艮为金铁,为城郭。坎为平,为贼寇,为民。

解 清洁渊塞,为人所言。证讯诘情,系于枳温。甘棠听断,昭然蒙恩。

详《师之蛊》。

损 皋陶听理,岐伯悦喜。西登华首,东归无咎。

艮为山,为火,故曰"皋陶"。舜时士官,故曰"听理"。兑为耳,为听,坤为理也。震为伯,艮山,故曰"岐伯"。《本草经》:黄帝问岐伯。《汉书·人物表》:上古之时有岐伯,中古有扁鹊。盖与黄帝创制医药者。兑为西,艮山,故曰"华首"。震为东,为归。华,华山。首,雷首山,在蒲阪。

益 低头窃视,有所畏避,行作不利。酒酸鱼败,众莫贪嗜。

详《鼎之解》。

夬 十雉百雏,常与母俱。抱鸡捕虎,谁肯为侣。

此用旅象。旅互巽为鸡,兑数十,故曰"十鸡"。伏震为雏,为百,故曰"百雏"。巽为母,故曰"常与母俱"。艮为虎,为抱,为搏。巽为寡,故曰"无侣"。

姤 高阜山陵,陂陁颠崩。为国妖祥,元后以薨。

《左传·僖十四年》:沙麓崩,晋卜偃曰,期年将有大咎,几亡国。次年,惠公被执。又九年,怀公杀于高梁。姤通复。艮为山陵,初至三艮覆,故曰"颠崩"。坤为国,为妖祥。为丧,故曰"薨"。震长,故曰"元"。震为君,故曰"元后"。

萃 六鹢退飞,为襄败祥。陈师合战,左股夷伤。遂以崩薨,霸功不成。

详《蹇之蛊》。

升 异国殊俗,情不相得。金木为仇,百贼擅杀。

困 鸦噪庭中,以戒灾凶。重门击柝,备忧暴客。

详《大过之涣》。《左传·襄十三年》:有鸟叫于宋太庙,曰嘻嘻出出。后果灾。

井 慈母念子,享赐得士。蛮夷来服,以安王室,侧陋逢时。

巽为母,巽顺,故曰"慈母"。坎为念,伏震为子,故曰"念子"。兑为享。伏震为土,为王。艮为室,为时。坎为侧陋。

革 迁延恶人,使德不通。炎旱为殃,年谷大伤。

鼎 躬履孔德,以待束帛。文君燎猎,吕尚获福。号称太师,封建齐国。

通屯。坤为躬,震为履,为德,为孔。孔,大也。本卦巽为帛。离为文,乾为君。文君,文王也。震为猎,艮火,故曰"燎猎"。言文王出猎,遇吕尚也。乾为福,为师。巽齐,坤国,故曰"封建齐国"。

震 征将止恶,鼓鞭除贼。庆仲奔莒,子般获福。

震为征,为鼓鞭。坎为邪,为恶,为贼。《月令》:仲夏命乐师修鞀鞭鼓。坎为仲,震喜,故曰"庆仲"。互艮为邑,震往,故曰"奔莒"。按《左传·庄三十二年》:共仲使圉人荦,贼子般于党氏。共仲即庆父。闵二年,奔莒。兹云"获福",于事正反。疑福为偪之讹字。抑如丁宴说,般为谷之讹。谷,共仲孙。文十四年,鲁人立之。所谓谷也丰下,必有后于鲁国也。般、谷形近,疑丁说是也。

艮 良夫淑女,配合相保。多孙众子,欢乐长久。

艮为夫,伏兑为女,震为善,故曰"良夫淑女"。坎为合,艮为保,艮兑为夫妇,故曰"配合相保"。艮为孙,震为子,坎众,故曰"多孙众子"。震乐艮久。

渐 蝼蛇四牡,思念父母。王事靡盬,不得安处。

渐上巽,巽为蛇,伏震为马,卦数四,故曰"蝼蛇四牡"。坎为思念,震父巽母。震为王,巽陨落,故曰"王事靡盬"。盬,恶也。《前汉·息夫躬传》:器用盬恶。艮为安,坎险,故曰"不得安处"。按,林词皆《诗·小雅》语。

归妹 水坏我里,东流为海。龟鼍欢器,不得安居。

详《泰之兑》。

丰 束帛戋戋,赗我孟宣。征召送君,变号易字。

巽为帛,伏艮为手,故曰"束帛"。戋戋,马云委积貌。《子夏传》作残。兹曰"赗我孟宣",是焦义与马同也。伏震为孟,为宣,为君。事实未详。

巽 乾行天德,覆赡六合。呕煦成熟,使我福德。

二五皆阳,故曰"乾行天德"。"覆赡六合"者,言乾天覆徧六合也。赡,《说文》:给也。《玉篇》:周也。伏坎为合,数六,故曰"六合"。呕煦,犹吹嘘养育也。兑口,故曰"呕煦"。伏艮为成,为我。伏震为福德。

兑 秦晋大国,更相克贼。获惠质圉,郑被其咎。

兑西为秦,伏震为晋,艮为国。互巽为贼,兑毁折,三至上正反兑巽,故曰"更相克贼"。伏震为德惠,艮为圉守也。《诗·大雅》:孔棘我圉。《左传》:亦聊以固吾圉。惠,晋惠公。僖十五年为秦所获,后秦放惠公归,以子圉质于秦。伏艮,故曰"获",曰"质"。伏坎为郑。庆郑也。庆郑以惠公违谏,不救惠公。及被释,杀庆郑而后入。

涣 晦昧昏冥,君无纪纲。甲午成乱,简公丧亡。

坎隐伏,故曰"晦冥"。震为君,巽为绳,为纪纲。艮为时,为甲。纳丙,故曰"甲午"。《春秋·哀十四年》:甲午,齐陈恒弑其君壬于舒州。壬,简公名也。陈恒,陈成子也。"甲午成乱"者,言成子作乱,弑简公也。震为简,为公。巽陨,故丧亡。

节 三足无头,莫知所之。心狂睛伤,莫使为明,不见日光。

详《小畜之复》。

中孚 长夜短日,阴为阳贼。万物空枯,藏于北陆。

详《谦之渐》。

小过 依宵夜游,与君相遭。除烦解惑,使我无忧。

详《归妹之大有》。

既济 逐鹿南山,利入我门。阴阳和调,国无灾残。长子出游,须其仁君。

此皆用半象。阴阳和调,谓阴阳爻相等而当位也。

未济 请骋左耳,啬不我与,驱我父母。

未详。

焦氏易林注卷十五

☴ 巽上
巽下　　巽之第五十七

温山松柏,常茂不落。鸾凤以庇,得其欢乐。

详《需之坤》。

之乾　采唐沬乡,要期桑中。失信不会,忧思约带。

详《师之噬嗑》。

坤　有鸟飞来,集于宫树。鸣声可恶,主将出去。

详《屯之夬》。

屯　仁政之德,参参日息。成都就邑,日受厥福。

详《旅之临》。

蒙　他山之错,与璆为仇。来攻吾城,伤我肌肤,邦家搔忧。

详明夷。

需　赍贝赎狸,不听我辞。系于虎须,牵不得来。

详《否之革》。

讼　一簧两舌,佞言谄语。三奸成虎,曾母投杼。

详《师之乾》。

师　魁行摇尾,逐云吹水。污泥为陆,下田宜稷。

详《同人之渐》。

比　天门九重,深内难通。明登至莫,不见神公。

艮居戌亥,故曰"天门"。《内经》以戌亥为天门,辰巳为地户是也。坤为重,数九,故曰"天门九重"。《汉上易》谓,坤纳癸,自乙至癸,故数九也。重坤,故曰"深"。坤闭,故曰"难通"。艮为光明,坎为莫。震为神,为公。三五震覆,又坎为隐,故不见也。《后汉·郎顗传》:神在天门,出入听候。言神在戌亥,司候帝王兴衰得失。

小畜　暗目失明,耳阕不聪。陷入深渊,灭顶忧凶。

二至四兑，《易》以兑为眇，故曰"暗目失明"。又离为目，伏坎，故曰"暗目"也。伏坎为耳，为塞，故曰"耳阙不聪"。阅，音遏，壅塞也。伏坤为渊，坎陷。艮为顶，坤为灭，为凶，故曰"灭顶忧凶"。坎水，坤水，故有此象。

履 雾露早霜，日暗不明。阴阳孳疾，年谷大伤。

伏坎为雾露，坤为霜。离为日，伏坎，故不明。但林词似全用旁通。艮亦为日，与坎连体，故曰"不明"也。坎为疾。震为谷，坤为年岁，为丧，故曰"年谷大伤"。

泰 三阶土廊，德义明堂。交让往来，享燕相承。箕伯朝王，锡我玄黄。

《汉书·东方朔传》注：泰阶者，天之三阶也。上阶为天子，中阶为诸侯、公卿、大夫，下阶为士、庶人。坤为阶，震数三，故"三阶"。艮为廊，为明堂。兑为燕享。震为伯，为箕，乾为王。天玄地黄，故曰"锡我玄黄"。

否 争鸡失羊，利得不长。陈蔡之患，赖楚以安。

巽为鸡。兑为羊，兑伏，故失羊。巽为利，为长，坤丧，故曰"不长"。震为陈，为蔡，为楚。坤为患，艮为安。《史记》：孔子厄于陈蔡，楚昭王发兵救之，得免。

同人 天旱水涸，枯槁无泽，未有所获。

火在天下，故曰"天旱"。坎伏，故曰"水涸"。离为枯槁。

大有 陶朱白圭，善贾息赀。公子王孙，富利不贫。

乾为大赤，离火，故曰"陶朱"。乾为玉，乾金色白，故曰"白圭"。遇卦巽为商贾，为利，故曰"善贾息赀"。伏震为公，为子，为王，艮孙，故曰"公子王孙"。重巽，故曰"富利不贫"。

谦 龟厌江海，陆行不止。自令枯槁，失其都市，忧悔无咎。

详《泰之节》。

豫 黄鸟采蓄，既嫁不答。念吾父兄，思复邦国。

《诗·小雅·黄鸟篇》：言旋言归，复我诸兄，复我诸父。《我行篇》：言采其蓫，尔不我畜，复我邦家。皆刺礼教不行，妇中道见弃之诗。蓫，《释文》云：本又作蓄。今《易林》即作蓄，是《焦》与《毛诗》异读也。震为黄，艮为鸟，为采，震为蓄。蓄，冬菜也。震为嫁。二至四震反，故云不答。坎为思念，伏乾为父，震为兄。坤为吾，为邦国。震反，故曰"复"。

随 田鼠野鸡，意常欲逃。拘制笼槛，不得动摇。

详《需之随》。

蛊 平国不君，夏氏作乱。乌号窃发，灵公殒命。

详《临之晋》。

临 巨蛇大鳅，战于国郊。上下闭塞，君主走逃。

详《剥之艮》。

观 谗言乱国，覆是为非。伯奇流离，共子忧哀。

详《丰之鼎》。

噬嗑 郁映不明，为阴所伤。众雾集聚，共夺日光。

详《噬嗑之艮》。

贲 望城抱子，见邑不殆。公孙上堂，大君欢喜。

离为望，艮为城，为抱，震子，故曰"望城抱子"。艮为邑，坎为殆。震解，故不殆。艮为孙，为堂，震为公，故曰"公孙上堂"。震为君，为喜。殆音以。

剥 三虫为蛊，划迹无与。胜母盗泉，君子弗处。

详《观之困》。

复 车驰人趋，卷甲相求。齐鲁寇战，败于犬丘。

详《坤之兑》。

无妄 欲访子车，善相欺绐。桓叔相迎，不见所期。

初至四正反震，故曰"期绐"。艮为叔，为木，故曰"桓叔"。《说文》：桓，邮亭表也。其事未详。

大畜 争雉失羊，亡其金囊，利得不长。陈蔡之患，赖楚以安。

详《恒之夬》。

颐 岁莫花落，阳入阴室。万物伏匿，利不可得。

坤候卦为亥，故曰"岁暮"。兑为华，兑伏不见，故曰"花落"。乾本居亥，坤行至亥，阴牝阳，故曰"阳入阴室"。艮为室。即《文言》所谓阴凝于阳也。坤为万物所藏，故曰"伏匿"。巽为利，巽伏，故曰"利不可得"。

大过 晨风文翰，大举就温。昧过我邑，羿无所得。

详《小畜之革》。

坎 时鹊抱子，见蛇何咎。室家俱在，不失其所。

详《否之鼎》。

离 隐隐大雷，滂霈为雨。有女痴狂，惊骇邻里。

伏震为雷。重坎，故曰"滂霈为雨"。巽为女。巽进退，故曰"痴狂"。伏震为惊骇，艮为里。

咸 无足断跟，居处不安，凶恶为患。

详《革之蹇》。

恒 破筐敝筥，弃捐于道，不复为宝。

震为筐筥，为道，为宝。兑毁，故破敝，故弃捐。

遁　三鸡啄粟，十雏从食。饥鸢卒击，亡其两叔。

详《中孚之颐》。

大壮　乘车七百，以明文德。践土葵丘，齐晋受福。

详《兑之剥》。

晋　百足俱行，相辅为强。三圣翼事，王室宠光。

详《屯之履》。

明夷　典策法书，藏阁兰台。虽遭溃乱，独不遇灾。

详《坤之大畜》。

家人　西诛不服，恃强负力。倍道趋敌，师徒败覆。

详《需之屯》。

睽　春阳生草，夏长条肄。万物蕃滋，充实益有。

详《井之巽》。

蹇　礚硗秃白，不生黍稷。无以供祭，祇灵乏祀。

此用遇卦巽象。巽为白，寡发，故曰"秃白"。艮山，故曰"礚硗"。礚硗，山田小石也。巽为黍稷，兑毁，故不生。震为祭，为神，故曰"祇灵"。震伏，故乏祀。

解　牵衣涉河，水深渍罢。幸赖舟子，济脱无他。

详《坤之萃》。

损　宜行贾市，所求必倍。戴喜抱子，与利为友。

详《大过之恒》。

益　兄征东夷，弟伐辽西。大克胜还，封居河间。

震为兄，为东，为征。互坤，故曰"东夷"。伏兑为西，坤水，故曰"辽西"，曰"河间"。艮为封。

夬　初虽惊惶，后乃无伤。受其福庆，相孝为王。

乾为福庆，为王。相孝为王，言辅相秦孝公，使秦称王也，似指商鞅。兑西，故曰"商"。

姤　随风乘龙，与利相逢。田获三倍，商旅有功。憧憧之邑，长安无他。

巽风，乾龙，故曰"随风乘龙"。巽为利，为三倍，伏震为田，故曰"田获三倍"。巽为商旅。伏坤为邑，为安。巽为长，故曰"长安"。他、蛇古通。巽为蛇。中孚初爻有他不燕，即以巽为蛇。林本《易》也。

萃　鱼扰水浊，寇围吾邑。城危不安，惊恐狂惑。

坤巽皆为鱼,而坤为水。坤黄,故曰"水浊"。风散,故曰"鱼扰"。坤为吾,为邑,巽为寇,故曰"寇围吾邑"。艮为城,风陨,故曰"城危"。坤为忧惧,为迷,故曰"惊恐狂惑"。

升 虽塞复通,履危不凶,保其明功。

坤为闭塞。震为通,为履。互大坎为危,故曰"履危"。坤为凶,震解,故不凶。

困 坤厚地德,庶物蕃息。平康正直,以绥大福。

巽为庶物。伏震为蕃鲜,故曰"蕃息"。伏坎为平,为正直。震为大福。

井 山水暴怒,坏梁折柱。稽难行旅,留连愁苦。

详《咸之豫》。

革 使燕筑室,身不庇宿。家无聊赖,濡我衣服。

兑为燕。伏艮为室,为筑,为身,为庇。艮伏,故曰"身无庇宿",曰"家无聊赖"。坎为宿,艮为家也。伏震为衣,坤水,故曰"濡我衣服"。濡,湿也。

鼎 矢石所射,襄公疡剧。吴子巢门,伤病不治。

通屯。坎为矢,为射,艮为石。震为公,为辅佐,故曰"襄公"。疡,病也。按,宋襄公与楚战,伤股而病。坤死,故曰"疡剧"。震为子,为言,故曰"吴子"。《说文》:吴,大言也。《诗·周颂》:不吴不敖。《鲁颂》:不吴不扬。传:吴,哗也。故震为吴。坤为门,艮为巢,故曰"巢门"。襄二十五年,诸樊伐楚,门于巢。巢牛臣射之,卒。坤死,故曰"伤病不治"。

震 日月运行,一寒一暑。荣宠赫赫,不可得保。颠陨坠堕,更为士伍。

详《中孚之晋》。

艮 宫门悲鸣,臣围其君,不得东西。

艮为宫门。互坎为悲。震为鸣,为君。艮为臣。上艮下艮,震君在中,故曰"臣围其君"。震东坎西,坎陷艮止,故曰"不得东西"。

渐 戴盆望天,不见星辰。顾小失大,福逃墙外。

详《贲之蒙》。

归妹 天之所明,祸不遇家。反目相逐,终得和美。

小畜以离为反目,兹二至四互离,故亦曰反目。

丰 天阴霖雨,涂行泥潦。商人休止,市无所有。

详《夬之大过》。

旅 嘉门福喜,增累盛炽。日就有德,宜其家国。

艮为门。伏震为福喜,为盛炽。离为日,艮为家国。

兑 南山之阳,华叶将将。嘉乐君子,为国宠光。

详《革之大有》。此皆用旁通象。

涣　画龙头颈，文章未成。甘言美语，诡辞无名。

详《蒙之噬嗑》。

节　婴儿孩子，未有知识。彼童而角，乱我政事。

详《损之大畜》。以震为孩子，可证明夷五爻非箕子也。

中孚　阴作大奸，欲君勿言。鸿鹄利口，发其祸端。荆季怀忧，张伯被患。

通小过。坎为奸，互大坎，故曰"大奸"。震为君，为言，艮止，故曰"勿言"。震为鸿鹄。兑为口，互巽，故曰"利口"。震为荆，为张伯。艮季，为忧患。

小过　德之流行，利之四乡。雨师洒道，风伯逐殃。巡狩封禅，以告成功。

详《益之复》。

既济　禹将为君，装入昆仑。稍进阳光，登见温汤，功德昭明。

坎为汤，下离，故曰"温汤"。离为阳光，为昭明。余皆用半震半艮。

未济　五岳四渎，含润为德。行不失理，民赖恩福。

详《颐之明夷》。

兑上
兑下　**兑之第五十八**

班马还师，以息劳疲。役夫嘉喜，入户见妻。

详《观之既济》。

之乾　践履危难，脱厄去患。入福喜门，见诲大君。

详《震之家人》。

坤　子锄执麟，春秋作经。元圣将终，尼父悲心。

屯　夹河为婚，期至无船。摇心失望，不见所欢。

详《屯之小畜》。

蒙　天孙帝子，与日月处。光荣于世，福禄祉祉。

详《解之临》。

需　三羊争雌，相随奔驰。终日不食，精气劳疲。

讼　禹召诸侯，会稽南山。执玉万国，天下康安。

师　早霜晚雪，伤害禾麦。损功弃力，饥无所食。

详《比之遁》。

比　蓐融持戟，杜伯荷弩。降观下国，诛逐无道。夏商之季，失福逃走。

艮为山，为戟，艮手，故曰"嵩融持戟"。翟云升云：《国语》：祝融降于崇山。崇即嵩字。按下文曰"诛逐无道"，其事必与杜伯相类。翟说非也。《墨子·非攻下》云：汤之时，有神来告曰：夏德大乱，往攻之，予必使汝大堪之。予既受命于天，天命融隆火于夏之城。疑融隆即嵩融。又《国语》云：夏之亡也，以回禄。回禄仍火神也。是《墨子》说与林词诛除无道，夏商之季合。与《国语》亦合。惟《墨子》不言持戟，或焦氏别有所据。若其事，则无疑也。且嵩融与融隆皆音近字转。又按《楚辞》云：吾令丰隆乘云兮。王逸注：云师。《淮南子》云：季春三月，丰隆乃出。许慎注：雷师。吴挚父先生云：《墨子》之融隆，即丰隆。依许注，则雷师也。《墨子》所谓"火其城"，以雷火烧其城也。然则融隆为雷师，而非祝融，尤与《国语》合。以《国语》夏之兴也，祝融降；其亡也，以回禄。明回禄非祝融也。艮为弩，为负何。杜伯似用覆震象。艮为观，为国。坤杀，故曰"诛"。伏离为夏，兑为商，艮为季。坤凶，故曰"失福"。《国语》：杜伯射王于镐。注：宣王杀杜伯，而非其罪。后王猎，杜伯起于道左，以朱弓矢射王，中心而死。

小畜 生有圣德，上配太极。皇灵建中，授我以福。

详《家人之需》。

履 下田陆黍，万华生齿。大雨霖集，波病溃腐。

通谦。坤为下田，艮为陆，震为黍。兑为华，为齿，坤多，故曰"万华生齿"。坤水，坎水，故曰"大雨霖集"。坎为波，为病，巽为腐。

泰 子畏于匡，困厄陈蔡。明德不危，竟得免害。

详《大过之晋》。

否 有两赤鹞，从五隼噪。持矢无箬，趋释尔射。扶伏听命，不敢动摇。

艮为鹞，为隼，乾为大赤，故曰"赤鹞"。坤数二，故曰"两"。巽卦数五，故曰"五隼"。艮为矢，艮手为操。箬，矢末受弦处也。按卦象，兑应为箬。兑伏，故"无箬"。震为射，震覆，故曰"趋释尔射"。言矢既无箬，应释矢不射，而扶伏听命也。巽为命。艮手在地，故曰"扶伏"。扶伏，匍匐也。《说文》：伏地也。《诗·大雅》：诞实匍匐。传，以手行也。《前汉·霍光传》：扶服叩头。扶伏，扶服，义皆同也。艮止，故不动。动亦有去声，与命为韵。动摇，应作摇动。

同人 当得自知，不逢凶灾。衰者复兴，终无祸来。

离为灾，乾福，故不逢，故无祸。

大有 朽根刖树，华叶落去。卒逢火焱，随风僵仆。

详《屯之坎》。惟此用遇卦兑象，须知。

谦 葛生衍蔓，绨绤为愿。家道笃厚，父兄悦喜。

震为葛，为蕃鲜，故曰"衍蔓"。坤为帛，为绨绤，为愿。艮为家，为笃厚。震为公，故曰"父"。为兄，为喜。《诗·周南·葛覃篇》：为绨绤为绤，服之无斁。

豫 东行求玉，反得弊石。名曰无直，字曰丑恶，众所贱薄。

详《家人之否》。

随　瞻白用弦,驽孱恐怯。任力堕劣,如猬见鹊。偃视恐伏,不敢拒格。

互大坎,故曰"恐怯",故曰"猬"。震为鹊。巽伏,故曰"偃"。巽为弦,为白。然首句恐有讹字。

蛊　疮痍多病,宋公危殆。吴子巢门,陨命失所。

艮为节,故曰"疮痍"。艮为宋,震为公。巽为病,正反巽,故曰"多病",曰"危殆"。宋襄公战泓伤股。震为吴,为子。艮为巢,为门。巽为命,为陨落,故曰"陨命"。详《巽之鼎》。

临　东山西岳,会合俱食。百喜送从,以成恩福。

伏艮为山岳,震东兑西,故曰东山西岳。兑为食。坤为会,为百。震为喜福。

观　舞非其处,失节多悔,不合我意。

巽进退,故曰"舞"。舞在山上,故曰"非其处"。艮为节,坤为亡,故曰"失节"。坤为悔,为意。

噬嗑　南循汝水,伐树斩枝。过时不遇,怒如周饥。

离为南。互坎,故曰"汝水"。震为树,二至四互艮,艮为刀剑,故曰"斩枝"。《诗·周南》:遵彼汝坟,伐其条枚。未见君子,惄如调饥。艮为时,坎隐伏,故不遇。惄,思也,忧也,坎象也。离虚,故曰"饥"。周,《毛诗》作调。传云:朝也。丁晏云:周,《释文》作辀。周即辀之省文。按,震为周,为旦。是焦《诗》与《毛》异文,犹《韩诗》惄作溺也。

贲　公孙驾骊,载游东齐。延陵说产,遗季纻衣。

详《艮之未济》。

剥　乘舆八百,以明文德。践土葵丘,齐晋受福。

详《巽之大壮》。

复　雄处弱水,雌在海滨。别离将食,悲哀于心。

详《剥之同人》。

无妄　结网得鲜,受福安坐,终无患祸。

巽为绳,故曰"结网"。巽为鱼,故曰"得鲜"。乾为福,艮为坐。

大畜　秋南春北,随时休息。处和履中,安无忧凶。

兑为秋,震为春,乾南坤北。艮为时,艮止,故曰"休息"。兑悦,故曰"和"。震足,故曰"履"。坤为忧凶,坤伏,故无。

颐　启户开门,巡狩释冤。夏台羑里,汤文悦喜。

坤为门户。震为启,为巡狩。坤为忧,为冤,震解,故曰"释冤"。艮为台,纳丙,故曰"夏台"。坤为里。震为帝,故曰"汤文悦喜"。

大过 符左契右，相与合齿。乾坤利贞，乳生六子。长大成就，凤言如母。

详《大畜之未济》。大过通颐。艮节震符，震为左，兑为右，故曰"符左契右"。兑为齿，正反兑，故曰"合齿"。大过为亥月卦，坤与乾相遇于亥，阴牝阳，故曰"乾坤利贞"。艮为乳，震为生，为子。乾数六，故曰"六子"。巽为风，震为言。巽亦为母，故曰"如母"。《坤·上六》：龙战于野，其血玄黄。即林所言之义。详《焦氏易诂》。

坎 饥蚕作室，丝多乱绪，端不可得。

详《豫之同人》。

离 东壁余光，数暗不明。主母嫉妒，乱我事业。

详《谦之屯》。

咸 白茅缩酒，灵巫拜祷。神嗜饮食，使君寿考。

详《小畜之坎》。

恒 范公陶朱，巧贾货资。东之营丘，易字子皮。抱珠载金，多得利归。

巽为虫，故曰"范"。震为公。乾为大赤，伏艮火，故曰"陶朱"。巽为利，为商贾，故曰"巧贾货资"。震为东。伏艮，故曰"营丘"。坤为字，艮为皮，震为子。坤艮皆伏，故曰"易字子皮"。言陶朱公范蠡后适齐，改名曰鸱夷子皮，隐居贸易也。事见《史记》。震为珠，艮为金。艮手，故曰"抱珠"。震车，故曰"载金"。巽为利，震为归。

遁 三羖五牂，相随俱行。迷入空泽，循谷直北。经涉六驳，为所伤贼。

详《同人之蒙》。

大壮 雄鹄延颈，欲飞入关。雨师洒道，灖我袍裘。车重难迁，侍者稽首。

震为鹄，为飞。伏艮为关。兑为雨，震为道，故曰"雨师洒道"。乾为衣，故曰"袍裘"。坤为车，为重。艮止，故难迁。艮为斯役，故曰"侍者"。艮为首，艮止，故曰"稽首"。末二句皆伏象。

晋 中年蒙庆，今岁受福。必有所得，荣宠受禄。

互坎为中，坤为年岁。艮为荣，伏乾为福禄。

明夷 禄如周公，建国洛东，父子俱封。

详《革之明夷》。

家人 安床厚褥，不得久宿。弃我嘉宴，困于东国。投杼之忧，不成灾福。

详《家人之睽》。

睽 蓄积有余，粪土不居。

蹇 心愿所喜，乃今逢时。得我利福，不离兵革。

坎为心愿。艮为时，为兵革。

解 目不可合，忧来搔足。怵惕危惧，去其邦族。

详《萃之睽》。

损 福德之士，欢悦日喜。夷吾相桓，三归为臣，赏流子孙。

震为福德，为上，为欢悦。艮为桓。桓，木表也。言管仲相齐桓公也。艮为台，为臣，故曰"三归为臣"。震为归，数三，三归亦震象。《论语》曰：管氏有三归，官事不摄，焉得俭？朱注：三归，台名。后儒不知朱注本《说苑》，颇讶与古注异。今《易林》以艮为三归，是亦以三归为台也。

益 夏姬附耳，心听悦喜，利以博取。

巽为夏，震为姬，伏兑为耳。坤为心，震为喜。巽为利。

夬 叔迎伯兄，遇巷在阳。君子季姬，并坐鼓簧。

此用兑象。伏艮为叔，伏震为伯兄。艮震相对，故曰"迎"。艮为君子，兑为季姬。重兑，故曰"并坐"。震为鼓簧。

姤 徙巢去家，南遇白乌。东西受福，与喜相得。

此仍用兑象。伏艮为巢，为家。伏震为南。艮为乌，互巽，故曰"白乌"。震为东，为喜福，兑为西。

萃 舜登大禹，石夷之野。征诣王庭，拜治水土。

详《乾之中孚》。

升 江河淮海，天之都市。商人受福，国家富有。

坤为江河淮海，为都。巽为市，伏乾，故曰"天之都市"。震为商人，为福。坤为国家，为富有。

困 隐隐填填，火烧山根。不润我邻，独不蒙恩。

详《贲之蹇》。

井 暗昧不明，耳聋不聪。陷入深渊，灭顶忧凶。

详《巽之小畜》。

革 鸟鸣喈喈，天火将下。燔我馆舍，灾及妃后。

详《屯之晋》。

鼎 十雉百雏，常与母俱。抱鸡搏虎，谁肯为侣。

详《旅之夬》。

震 营城洛邑，周公所作。世建三十，年历八百。福祐盘结，坚固不落。

详《井之升》。

艮 三人俱行，别离将食。一身五心，反复迷惑。

详《坤之贲》。

渐　三虎搏狼，力不相当。如鹰格雉，一击破亡。

艮为虎狼，纳丙，故曰"三虎搏狼"。艮为鹰，离为雉。格，敌也。《史记·张仪传》：驱群羊，攻猛虎，不格明矣。注：格，敌也。坎为破，艮为击。

归妹　养虎畜狼，还自贼伤。无事招祸，自取灾殃。

详《井之蛊》。

丰　后时失利，不得所欲。

旅　雉兔之东，以野为场。见鹰惊走，死于谷口。

离为雉，伏震为兔，为东。艮为野，为场。兑为见，艮为鹰，伏震，故曰"见鹰惊走"。兑毁，故曰"死"。兑为口，艮为谷。

巽　秋蛇向穴，不失其节。夫人姜氏，自齐复入。

详《临之损》。

涣　鸟鸣葭端，一呼三颠。摇动东西，危魂不安。

详《复之井》。

节　命夭不遂，死多鬼祟。妻子啼喑，早失其雄。

伏巽为命。兑毁，故曰"死"。坎为鬼。兑为妻，震为子。兑口为啼，啼失声曰喑。坎失，故曰"啼喑"。震为雄。

中孚　茆屋结席，崇我文德。三辰旟旗，家受其福。

巽为茅，互艮，故曰"茆屋"。互震为席，巽为结。艮为崇，为我，震为德，故曰"崇我文德"。震为旗，为辰。数三，故曰"三辰"。艮为家，震为福，故曰"家受其福"。

小过　罗网四张，鸟无所翔。征伐困极，饥穷不食。

巽为绳，故曰"罗网"。震为张，卦数四，故曰"四张"。艮为鸟，止于网下，故曰"鸟无所翔"。震为征伐。互大坎为劳，故曰"困极"。伏大离，离虚，故曰"饥"。兑为食，艮止，故不食。

既济　天成地安，积石为山。润洽万里，人赖其欢。

乾坤爻皆当位，故曰"天成地安"。三半艮，故曰"积石为山"。坎为润洽。半震为欢。

未济　铜人铁柱，暴露劳苦。终月卒岁，无有休止。

此用兑象。伏艮为铜铁，为柱。伏坎为劳苦。艮为终，为时，故曰"终月卒岁"。艮为休止，艮伏，故曰"无"。

☴巽上
☵坎下　**涣**之第五十九

望幸不到，文章未就。王子逐兔，犬蹄不得。

详《谦之既济》。

之乾 焱风阻越，车驰揭揭。弃古追思，失其和节，忧心惙惙。

详《需之小过》。

坤 蛇得泽草，不忧危殆。

此用涣象。巽为蛇。震为草，草在坎中，故曰"泽草"。坎为危殆，震解，故不危。

屯 两犬争斗，股疮无处。不成仇雠，行解郄去。

互艮为犬，正反艮，故曰"两犬争斗"。艮为节，为疮，巽为股，巽伏，故曰"股疮无处"。坎为仇，巽为隙。震解，巽伏，故曰"不仇"，曰"解隙"。

蒙 因祸受福，喜盈其室，求事皆得。

坤为祸，震为福喜。艮为室，坤多，故曰"喜盈其室"。

需 江有宝珠，海多大鱼。亟行疾去，可以得财。

乾为江河。为玉，故曰"宝珠"。伏坤为海，为鱼，为疾，为财。

讼 三牛生狗，以戌为母。荆夷上侵，姬伯出走。

详《坤之震》。

师 安息康居，异国穹庐。非吾习俗，使伯忧惑。

详《蒙之屯》。

比 行触天罡，马死车伤。身无聊赖，困穷乏粮。

《参同契》：二月榆落，魁临于卯，八月麦生，天罡据酉。注：天罡即北斗。《睽之渐》曰：魁罡所当，初为败殃。是天罡所指之处亡也。艮为星，故曰"天罡"。艮卦数七，北斗七星象尤切也。坤为车马，为死伤，为身，为穷乏。震为粮，震覆，故曰"乏粮"。

小畜 裸裎逐狐，为人观笑。牝鸡司晨，主母乱门。

详《大有之咸》。

履 为季求妇，家在东海。水长无船，不见所欢。

详《屯之蹇》。

泰 男女合室，二姓同食。婚姻孔云，宜我多孙。

乾男坤女。伏艮为室，乾坤交，故曰"合室"。坤为姓，兑为食，兑卦数二，故曰"二姓同食"。震为嫁，故曰"婚姻"。伏艮为孙。

否 太微帝室，黄帝所直。藩屏周卫，不可得入。常安长在，终无祸患。

太微即紫微。《史记·天官书》：中宫天极星，其一明者，太一常居也。注云：紫微，大帝室。"太微帝室"者，言紫微垣为天帝之中宫也。《天官书》又云：填星，中央土。主季夏，日戊、己。黄帝，主德。兹曰"黄帝所直"，黄帝即轩辕星。言黄帝直中宫，中宫即中央。"藩屏周卫"者,《天官书》:太一旁,三星三公。后句四星,末大星正妃,余三星后宫之属。环之匡卫十二星,藩臣。皆曰紫宫。言各星藩卫太微,周环紫宫,故曰"不可入"也。否互艮为星,而与乾连。乾为帝,艮为室,故曰"帝室"。坤为黄,为直,故曰"黄帝所直"。艮为屏藩,为卫。艮坚,故不得入。

同人　赍金观市,欲置骊子。猾偷窃发,盗我黄宝。

乾为金。互巽为市,下离,故曰"观市"。乾为马,伏震为子,故曰"骊子"。巽为盗,为偷窃。离为黄,乾为金玉,故曰"黄宝"。

大有　三思俱行,欲归故乡。望邑入门,拜见家亲。

此用涣象。震为人,数三,故曰"三人"。震为行,为归。艮为乡邑,为门,为拜,家。为观,故曰"望"。

谦　娶于姜吕,驾迎新妇。少齐在门,夫子悦喜。

详《否之涣》。

豫　伯仲旅行,南求大牂。长孟病足,倩季负粮。柳下之宝,不失我邦。

震为伯,坎为仲。为众,故曰"旅行"。旅,众也。震为南,艮为求。伏兑为羊,故曰"大牂"。震为长,为孟,为足。互坎,故曰"病足"。《家语》:叔梁纥取施氏生九女,其妾生孟皮,孟皮病足。长孟即谓孟皮也。艮为季,为负。伏巽为粮,故曰"负粮"。季,季路也。《家语》:子路为亲负米百里之外。震为柳,坤下,故曰"柳下"。艮为邦。事详《同人之丰》。

随　洁身白齿,衰老复起。多孙众子,宜利姑舅。

艮为身,兑为齿,巽白,故曰"洁身白齿"。艮为寿,故曰"衰老"。下卦艮覆为震,故曰"衰老复起"。艮为孙,震为子。巽为姑,震为舅。

蛊　独宿憎夜,嬷母畏昼。平王逐建,荆子忧惧。

巽为寡,巽伏,故曰"独宿"。互大坎为夜,为憎。巽为母,兑鲁,故曰"嬷母"。互大离,故曰"畏昼"。坎为平,震为王,为逐,为建。言楚平王逐太子建也。震为子,为草莽,故曰"荆子"。

临　追亡逐北,至山而得。稚叔相呼,反其室庐。

观　鸟飞无翼,兔走折足。虽欲会同,未见其功。

震为翼,为足,为兔。震覆,故无翼,故折足。艮为鸟。由此证明夷初爻之垂其翼,以六四震为翼。诸家以离为翼,皆非。

噬嗑　抱空握虐,鸮惊我雏,利去不来。

详《离之家人》。

贲　山作大池,陆地为海。

艮为山,为陆地。坎为池,为海。

剥 为虎所啮，泰山之阳。众多从者，莫敢救藏。

艮为虎，伏兑为啮。艮为山，纳丙，故曰"山阳"。坤为众多。丁云：事见《檀弓》。按《檀弓》记孔子过泰山，谓苛政猛于虎，于此亦不甚合。

复 逶迤四牡，思归念母。王事靡盬，不得安处。

详《旅之渐》。

无妄 狝猴所言，语无成全。误我白马，使干口来。

艮为狝猴，震言。乾马，巽色白，故曰"白马"。震为口，艮火，故曰"干危"。

大畜 飞不远去，卑斯内侍，禄养未富。

详《丰之涣》。

颐 大尾细要，重不可摇。阴权制国，平子逐昭。

艮为尾，震为大，故曰"大尾"。坎为腰，今中爻皆阴，故曰"细腰"。《庄子》：细要者化。谓蜂也。坤为重。震为摇，艮止，故不可摇。坤为国，伏巽为权，故曰"阴权制国"。坤为平，震为子，为逐。震为光明，故曰"平子逐昭"。

大过 旦生夕死，名曰婴鬼，不可得祀。

详《小畜之升》。

坎 子畏于匡，困于陈蔡。明德不危，竟免厄害。

坎为畏。艮邑，故曰"匡"。坎为困。震为陈，为蔡，为德。艮为光明，故曰"明德"。坎为困厄，震解，故曰"免"。

离 畏昏潜处，候时昭朗。卒逢白日，为世荣主。

详前。

咸 白鸟衔饵，鸣呼其子。旋枝张翅，来从其母。

详《晋之震》。

恒 宫商角徵，五音和起。君臣父子，弟顺有序。唐虞龙德，国无灾咎。

伏坤，故曰"宫"。兑秋，故曰"商"。巽居巳，故属夏。《乐书》：徵配夏。《月令》：孟春之月，其音角。故震为角。宫商角徵，皆卦象也。震为音，巽卦数五，故曰"五音"。震为君，伏艮为臣，乾父震子，故曰"君臣父子"。巽顺，故曰"悌"。震为帝，故曰"唐虞"。伏坤为国。

遁 季姬踟蹰，望孟城隅。终日至暮，不见齐侯。

详《同人之随》。

大壮 鬼哭于社，悲伤无后。甲子昧爽，殷人绝祀。

详《大过之坤》。

晋 天之所予,福禄常在,不忧危殆。

详《小畜之遁》。

明夷 比目四翼,相恃为福。姜氏季女,与君合德。

离为目,坤偶,故曰"比目"。震为翼,卦数四,故曰"四翼为福"。伏巽为姜。坎为合,震为君,为德。《左传·桓九年》:纪季姜归于京师,为桓王后。

家人 翕翕翎翎,稍崩坠颠。灭其令名,长没不全。

详《泰之谦》。

睽 折若蔽目,不见稚叔。三足孤鸟,远去家室。

详《师之蒙》。

蹇 羊肠九萦,相推稍前。止须王孙,乃能上天。

详《履之师》。

解 坤厚地德,庶物蕃息。平康正直,以绥大福。

详《泰之解》。

损 有莘外野,不逢尧主。复归穷处,心劳志苦。

震为莘。莘,草名也。坤为野。震为主,为帝,故曰"尧主"。震为归。坤为心志,为劳苦。鲧取有莘氏女,本在野之人,后尧用以治水。倘鲧不逢尧,则穷老于有莘之野耳。

益 茸长景行,来观柘桑。土伯有喜,都叔允藏。

茸,为邑之讹字。《礼·檀弓》:以吾为邑长于斯也。震为长,为行,为柘桑。艮为观,故曰"来观柘桑"。言邑长出巡也。震为伯,互坤,故曰"土伯"。土伯,即《周礼·地官》之土训。土训,掌辨地物而原其生。震乐,故曰"有喜"。坤为都,艮为叔,故曰"都叔"。都叔,盖都士、都则之属。

夬 周师伐纣,战于牧野。甲子平旦,天下大喜。

详《谦之噬嗑》。

姤 逾江求橘,并得大栗。烹羊食豕,饮酒歌笑。

乾为木果,故曰橘,曰栗。乾为河,为江。为大,故曰"大栗"。伏震为羊,巽为豕。震为歌笑。

萃 敝笱在梁,鲂逸不禁。渔父劳苦,焦喉干口,虚空无有。

升 生有阴孽,制家非阳,遂送还床。张氏易公,忧祸重凶。

困 绝域异路,多有畏恶。使我惊惧,思吾故处。

详《渐之无妄》。

井 迷行失道,不得牛马。百贾逃亡,市空无有。

坎为失，为隐伏，故曰"迷行失道"。伏震为行，为道也。艮为牛，震为马，艮震伏，故不得。巽为市贾。离虚，故曰"空"。

革 雌鸳生雏，神异兴起。乘云龙腾，民戴为父。

通蒙。艮为鸳。震为生，为雏，为神，为起。坤为云。震为龙，为乘，为腾，为父。坤为民，艮为戴。

鼎 叠叠累累，如歧之室。畜一息十，古公治邑。

详《恒之小过》。

震 疮疡疥瘙，孝妇不省。君多疣赘，四牧作去。

互艮多节，故曰"疮疡疥瘙"。瘙，亦疮也。巽为妇，巽顺，故曰"孝妇"。巽伏，故曰"不省"。艮为疣赘，震君，故曰"君多疣赘"。震为马，卦数四，故曰"四牧"。震往，故曰"去"。

艮 羊头兔足，赢瘦少肉。漏囊败粟，利无所得。

详《剥之恒》。

渐 孽葹徒靡，空无谁是。言季不明，乐减少解。

归妹 妹为貌毳，败君正色。作事不成，自为心贼。

震为嫁，兑为妹，伏艮为须。以女而有须，故曰"貌毳"。《庄子·田子方》：老聃新沐，被发而干，毳然似非人。毳，音慑，言可怖也。坎为畏惧，故曰"毳"。震为君。兑毁，故曰"败"，曰"不成"。艮为成，艮伏，故不成。坎为心，为贼。

丰 四马共辕，东上太山。骈骊同力，无有重难，与君笑言。

详《剥之解》。

旅 阴变为阳，女化作男。治道得通，君臣相承。

详《比之离》。涣之旅中四爻，艮为兑，震为巽。震为巽，亦巽为震，故曰"女化男"。《左传》，震之离亦离之震，是其例也。"君臣相承"者，言阳为君，阴为臣。卦形上一阴承一阳，下二阴承二阳也。

巽 南国少于，材略美好。求我长女，贱薄不与。反得丑恶，后乃大悔。

详《比之渐》。

兑 昭公失常，季氏悖狂。逊齐处野，丧其宠光。

详《遁之蛊》。

节 文山紫芝，雍梁朱草。生长和气，王以为宝。公尸侑食，福禄来处。

详《同人之剥》。

中孚 牵羊不前，与心戾旋。闻言不信，误绐丈人。

兑羊，艮手，故曰"牵羊"。艮止，故曰"不前"。兑为耳，中爻正反震，故曰"闻言不信"，曰"误绐丈人"。震为丈人。

小过 东山西山，各自止安。心虽相望，竟未同堂。

详《姤之坤》。艮为望，为堂。正反艮，故曰"相望"，曰"未同堂"。

既济 鹿求其子，虎庐之里。唐伯李耳，贪不我许。

详《随之否》。

未济 三虎上山，更相喧唤。心志不亲，如仇与怨。

详《姤之小过》。首二句，用半象。

海为水王，聪圣旦明。百流归德，无有叛逆，常饶优足。

详《蒙之乾》。

之乾 虎豹怒咆，慎戒外忧。上下俱搔，士民无聊。

此用节象。艮为虎豹，震怒。坎为忧。艮为上。震为下，为士。坎为民。

坤 探穴得雏，鸠鹊俱来，使我心忧。

此仍用节象。艮为巢，艮手，故曰"探巢"。震为鹊，为雏。坎为心忧。

屯 日望一食，常恐不足，禄命寡薄。

艮为日，为望，震为食。坤虚，故不足。乾为禄，巽为命，坤为寡，坎为薄。乾巽伏，故曰"禄命寡薄"。

蒙 良马疾走，千里一宿。逃难它乡，谁能追复。

震为马，为走。下坎，故曰"疾走"。坤为千里，为宿。坎数一，故曰"一宿"。坎为难。坤为乡，为蛇，放曰"它乡"。它、蛇同字。蛇乡有毒。故不能追复。震为追，为归，故曰"追复"。

需 鹊巢鸠成，上下不亲。外内乖畔，子走失愿。

互离为巢，为鸠。《诗》：维鹊有巢，维鸠居之。"鹊巢鸠成"者，言鹊营巢成，为鸠居也。坎水性下，乾阳上升，故曰"不亲"。

讼 云龙集会，征讨西戎。招边定众，谁敢当锋。

坎云，乾龙。坎为积，故曰"集会"。伏震为征讨。坤为戎，坎为西，故曰"西戎"。坤为边，为众。坤安，故曰"定"。坎为矢，故曰"锋"。

师 春多膏泽，夏润优渥。稼穑成熟，亩获百斛。

详《临之明夷》。

比　僮妾独宿，长女未室，利无所得。

详《豫之益》。

小畜　四野不安，东西为患，退身止足。无出邦域，乃得全完，赖其生福。

详《大有之睽》。

履　长宁履福，安我百国。嘉宾上堂，与季同床。

通谦。震为履，为福。坤为安，为百国，故曰"安我百国"。震为宾。艮为堂，为季，为床。

泰　骐骥绿耳，章明造父。伯夙奏献，衰续厥绪。佐文成霸，为晋元辅。

详《革之夬》。

否　张陈嘉谋，赞成汉都。主欢民喜，其乐休休。

伏震为张，为陈，为嘉。坤为谋。为都，为水，故曰"汉都"。坤为民。震为主，为欢乐。言张良、陈平主张都关中也。

同人　大面长头，来解君忧。

乾为头，互巽，故曰"长头"。

大有　畏昏不行，待旦昭明。燎猎受福，老赖其庆。

详《夬之损》。

谦　伯去我东，首发如蓬。长夜不寐，辗转空床。内怀惆怅，忧摧肝肠。

详《姤之遁》。

豫　朽条腐索，不堪施用。安静候时，以待亲知。

伏巽为索，为腐，故曰"朽条腐索"。艮为时，坤为安。艮止，故曰"候时"。

随　比目四翼，相倚为福。姜氏季女，与君合德。

详《涣之明夷》。

蛊　履阶升墀，高登崔嵬。福禄洋溢，依天之威。

艮为阶墀。震为履，为登。巽为高。震为福禄。艮为天。

临　奢淫吝啬，神所不福。灵祇凭怒，鬼瞰其室。

坤多，故曰"奢"。坤闭，故曰"吝啬"。震为神，为福，为灵祇，为怒。坤为鬼，伏艮为室，为观，故曰"鬼瞰其室"。

观　大步上车，南到喜家。送我狐裘，与福载来。

伏震为步，坤为车。震为南，为喜。坤为家，为狐。

噬嗑　南行西步,失次后舍。乾侯野井,昭公失居。与彼作期,不觉至夜。

震为东,坎为西。震为后,艮为舍,坎失,故曰"失次后舍"。震为诸侯,上离,故曰"乾侯"。坎为井,艮为野,故曰"野井"。震为公,上离,故曰"昭公"。坎为夜。言昭公为季氏所逐,次于乾侯野井也。

贲　喜乐踊跃,来迎名家。鹊巢百两,以成嘉福。

震为踊跃,为乐。艮为名,为家,故曰"名家"。震为鹊,艮为巢。震为车,故曰"百两"。《诗·周南》:维鹊有巢,维鸠居之。之子于归,百两御之。艮为成,震为嘉福。

剥　非理所求,谁敢相与。往来不获,徒劳道路。

艮为求,坤为理。艮止,故不与。艮为道路。离虚,故不获而徒劳也。坤役万物,故亦曰劳。

复　北虏匈奴,数侵边境。左衽为长,国犹未庆。

坤为北,为夷,故曰"匈奴"。坤为境。震为侵,为左,为衽,为长。坤为国。末句疑有讹字。

无妄　狂不以理,伐乃无名。纵获臣子,伯功不成。

震为征伐,为子,为伯。艮为臣,为拘系,故曰"获"。

大畜　景星照堂,麟游凤翔。仁施大行,颂声作兴。

详《豫之节》。

颐　文明之世,销锋铸耜。以道顺民,百王不易。

坤为世,为文,艮为明,故曰"文明之世"。艮为锋,为耜,艮火,故曰"销锋铸耜"。坤为民,为顺,震为大涂,故曰"以道顺民"。震为王,坤为百。艮止,故不易。

大过　鸟飞无羽,鸡斗折距。徒自长嗟,谁肯为侣。

震为鸟,为飞。巽寡发,故曰"无羽"。巽为鸡,震为距。震伏不见,故曰"折距"。巽为长,兑口为叹。巽寡,故无侣。

坎　群队虎狼,啮彼牛羊。道路不通,妨农害商。

互艮为虎狼,正反艮,故曰"群队"。伏兑为啮,离为牛,兑为羊。震为道路,坎塞,故不通。震为商旅,坎为害。

离　商伯沉酒,庶兄奔走。游女荡夫,仁德并孤。

伏震为商,为伯,坎为酒,故曰"商伯沉酒"。震为兄,坎为众,故曰"庶兄"。庶,众也。震为奔走。言商纣沉湎于酒,庶兄微子抱祭器奔周也。兑为媚,正反兑,故曰"淫女"。谓妲己也。伏坎为夫,坎水,故曰"荡夫"。谓纣也。震为仁德,坎为孤。

咸　三狸搏鼠,遮遏前后。当此之时,不能脱走。

通损。震为狸,数三,故曰"三狸"。艮为鼠,故曰"三狸搏鼠"。艮为前,震为后。二至上正反艮,艮止,故曰"遮遏前后","不能脱走"。

恒 陶叔孔圉,不处乱国。初虽未萌,后受福庆。

陶叔,谓陶朱公去越适齐,以避勾践。孔圉,未详。按《史记·孔子世家》:孔防叔畏华氏之乱,奔鲁。疑圉或防叔之名。恒通益。艮为叔,艮火,故曰"陶叔"。震为孔,艮止,故曰"孔圉"。坤为国,为乱。震为福庆,为后。萌,疑为明字。

遁 奋翅鼓翼,翱翔外国。逍遥北域,不入温室。

伏震为翼。坤为国,为北。本卦艮为室,艮火,故曰"温室"。

大壮 德音孔博,升在王室。八极蒙祐,受其福禄。

震为德,为音,为孔,为升,为王。伏艮为室。伏坤数八,故曰"八极蒙祐"。乾为福禄。

晋 当变立权,摘解患难。涣然冰释,大国以安。

详《升之震》。

明夷 羽动角,甘雨续。草木茂,年岁熟。

坎为冬,故曰"羽"。《月令》:冬月,其音羽。震为春,故曰"角"。《月令》:春月,其音角。"羽动角"者,言羽音发动以后,角音继之,至春而有甘雨也。坎为雨。震为草木。坤为年岁。三字句。

家人 天所佑助,福来祸去,君王何忧。

此用节象。艮为天。震为福,在内,故曰"福来"。坎为祸,在外,故曰"祸去"。震为君王,坎为忧。祸去,故不忧。

睽 方喙宣口,圣智仁厚。释解倒悬,唐国大安。

详《小畜之噬嗑》。

蹇 葛藟蒙棘,华不得实。谗佞乱政,使恩壅塞。

详《师之中孚》。

解 皇母多恩,字养孝孙。脱于襁褓,成就为君。

损 积冰不温,北陆苦寒。露宿多风,君子伤心。

详《睽之巽》。

益 伯夷叔齐,贞廉之师。以德防患,忧祸不存。

详《革之否》。

夬 一雌三雄,子不知公。乱我族类,使吾心愤。

此用节象。下兑为一雌,上坎、互艮、震为三雄。震为子,为公。坎隐,故不知。坎为心。

姤 主安多福，天禄所伏。居之宠昌，君子有光。

详《剥之观》。

萃 千岁槐根，身多斧瘢。树维枯屈，枝叶不出。

详《家人之乾》。

升 周师伐纣，胜殷牧野。甲子平旦，天下大喜。

详《谦之噬嗑》。

困 日走月步，趋不同舍。夫妻反目，主君失礼。

详《小畜之同人》。

井 宣发龙叔，为王主国。安土成稷，天下蒙福。

巽为发，为白，故曰"宣发"。宣，明也。《说卦》：巽为寡发。《释文》云：本又作宣。黑白杂为宣发。《易林》遇巽多谓秃，是读为寡。兹曰"宣"，是兼读也。伏震为龙，艮为叔，故曰"龙叔"。震为王，为主。艮为国，为土，为稷。言筑土立稷以祭也。《左传·昭二十九年》：共工氏有子曰句龙，为后土，后土为社。又曰：有烈山氏之子曰柱，为稷。自夏以上祀之。周弃亦为稷，自商以来祀之。龙叔即句龙。言句龙为社稷神，筑土为坛祀之，而天下蒙福也。艮为天，震为福。

草 讽德诵功，美周盛隆。奭旦辅成，光济冲人。

详《明夷之蒙》。

鼎 三夜不寝，忧来益甚。戒以危惧，弃其安居。

通屯。坤为夜，震数三，故曰"三夜"。坤为寝，震动，故不寝。坎为忧惧，为险，故曰"弃其安居"。

震 思愿所之，乃今逢时。洗濯故忧，拜其欢来。

详《睽之艮》。

艮 哼哼嗫嗫，夜作昼匿。谋议我资，来窃吾室。空尽己财，几无以食。

三至上正反震，故曰"哼哼嗫嗫"。哼、嗫，对语也。坎为夜，与震连，故曰"夜作"。对象离为昼，与巽连，故曰"昼匿"。巽为伏也。坎为谋议，为窃，为室。

渐 骍牛无子，鸣于大野。申复阴征，还归其母，说以除悔。

离为牛，坎赤，故曰"骍牛"。震伏，故曰"无子"。《左传》：介葛卢来朝，闻牛鸣，曰，是生三牺，皆用之矣。艮为大野，震巽同声，故曰"鸣于大野"。三四句，或谓申者申后，先为幽王所废，后平王立后，复还。然第三句终难解，疑有讹字。又《比之蹇》有申生见母之语。盖自《虞初志》亡后，故事多遗失，故莫定其是非也。

归妹 王良善御，伯乐知马。周旋步骤，行中规矩。止息有节，延命寿考。

详《遁之豫》。

丰 释然远咎,避患害早。田获三狐,以贝为宝。

详《贲之谦》。

旅 仁兽所处,国无凶咎。市贾十倍,复归惠里。

艮为兽,互巽,故曰"仁兽"。艮为国。巽为市贾,为倍。兑数十,故曰"十倍"。艮为里,伏震为归,为仁,故曰"复归惠里"。

巽 六目俱视,各欲有志。一言不同,乖戾生讼。

互离为目,数六,故曰"六目"。伏坎为心志。兑为言,初至四正反兑,故曰"一言不同,乖戾生讼"也。

兑 傅说王良,骖御四龙。周径万里,无有危凶。

傅说、王良,皆星名。《庄子》:傅说相武丁,奄有天下。骑箕尾,上比于列星。故张衡《周天六象赋》云:天江为太阴之主,傅说奉中闱之祠。《史记·天官书》:天驷旁一星,曰王良。王良策马,车骑满野。故下云"骖御四龙"。惟《星经》云:傅说一星在尾后,主子嗣。兹与王良并言,似亦与天驷有关。抑以傅说骑箕尾,箕主风,喻马行之神速欤?兑通艮,艮为星。互震为龙,为骖驾,为周,为万。艮为里,故曰"万里"。互坎为危,震解,故不危。

涣 伯仲叔季,日暮寝醉。醉醒失明,丧其贝囊,卧拜道旁。

详《谦之蛊》。

中孚 江有宝珠,海多大鱼。巫行疾至,可以得财。

详《涣之需》。

小过 远视千里,不见所持。离娄之明,无益于耳。

艮为视,艮手为持。艮为光明,兑为耳。伏巽,故不见所持。

既济 弱足刖跟,不利出门。市贾无赢,折亡为患。

详《乾之鼎》。

未济 利尽得媒,时不我来。鸣雌深涉,寡宿独居。

似用半象。而语特难解。

焦氏易林注卷十六

☴ 巽上
☱ 兑下 **中孚之第六十一**

鸟鸣嘻嘻,天火将下。燔我屋室,灾及姤后。

详《兑之革》。

之乾　黄虹之野,贤君所在。管叔为相,国无灾咎。

此用中孚象。震为玄黄,为虹,为君。艮为野,为叔。《孝经·援神契》:黄虹抱日,辅臣纳忠。《帝王世纪》:少昊生,虹流华渚。《洛书》:黄帝起,黄云扶日。又《东方朔别传》:凡占,长吏下车,当视天有黄云来覆车。震为竹,故曰"管叔"。艮为国。

坤　符左契右,相与合齿。乾坤利贞,乳生六子。长大成就,风言如母。

详《兑之大过》。

屯　蝗啮我稻,驱不可去。实穗无有,但见空稿。

详《小畜之大壮》。

蒙　婴孩求乳,母归其子,黄麇悦喜。

详《履之同人》。

需　折若蔽目,不见稚叔。失旅亡民,远去家室。

详《师之蒙》。

讼　牂羊羵首,君子不饱。年饥孔荒,士民危殆。

《诗·小雅》:牂羊坟首。兹作羵。按,《鲁语》云:土之怪曰羵。注:羵,羊雌雄未成者,亦作坟。然则羵、坟古通用。是焦《诗》与《毛诗》异字,非讹字也。伏震为羊。羵,大也。乾为首,为大,故曰"羵首"。乾为君子。离虚,故不饱,故饥。乾为年。坎为民,为危殆。

师　灵龟陆处,盘桓失所。伊子退耕,桀乱无辅。

详《归妹之剥》。

比　威约拘囚,为人所诬。皋陶平理,几得脱免。

小畜　鸟升鹊举,照临东海。龙降庭坚,为陶叔后。封于英六,福履绥厚。

详《需之大畜》。

履 四目相视,稍近同轨。日昳之后,见吾伯姊。

详《益之需》。

泰 大步上车,南至喜家。送我狐裘,与福载来。

详《节之观》。

否 穿都相合,未敢面见。媒妁无良,使我不乡。

坤为都。

同人 鸿飞遵陆,公出不复,伯氏客宿。

详《剥之升》。

大有 代戍失期,患生无知。惧以发难,为我开基,邦国忧愁。

《左传·庄八年》:齐侯使连称、管至父戍葵丘,瓜时而往,曰及瓜而代。期戍,公问不至。故与无知等作乱。伏艮为守,为戍,为期。坎为失,故曰"失期"。坎为患,为忧惧。坤为我,为邦国。全用旁通。

谦 伯氏争言,战于龙门。构怨结祸,三世不安。

详《坤之离》。正反震相背,故争言。震为伯,故曰"伯氏"。

豫 周政养贼,背生人足。陆行不安,国危为患。

震为周,坎为贼,坤为政,为育,故曰"周政养贼"。震为足,艮为背,足在背上,故曰"背生人足"。坤为陆,坎险,故不安。坤为国,坎为患也。此全由卦象制辞,未必有故实。

随 蜩螗欢喜,草木畅茂。百果蕃生,日益富有。

详《谦之解》。

蛊 魃为灾虐,风吹云却。止不得复,复归其宅。

临 乘骊驾骊,游至东齐。遭遇行旅,逆我以资,厚得利归。

震为马,坤亦为马,故曰"乘骊驾骊"。震为东,伏巽为齐,故曰"东齐"。震为行旅。坤为资财,逆行,故曰"逆我以资"。坤多,故曰"厚得利"。

观 凤生七子,同巢共乳,欢悦相保。

坤文,故曰"凤"。艮数七,故曰"七子"。艮为巢,为乳。伏震为欢悦。

噬嗑 桃雀窃脂,巢于小枝。动摇不安,为风所吹。心寒漂摇,常忧殆危。

详《损之涣》。

贲 东山西山,各自止安。虽相登望,竟未同堂。

详《姤之坤》。

剥 匍匐出走,惊惧惶恐。白虎生孙,蓐收在后。

匍匐,以手行也。艮为手,手在地上,故曰"匍匐"。阳在上,故曰"出"。坤为恐惧。艮为虎,为孙。伏兑为西方,色白,故曰"白虎"。兑为秋,故曰"蓐收"。《月令》,孟秋之月,其神蓐收是也。

复 重弋射隼,不知所定。质疑蓍龟,告以肥牡。明神答报,宜利止居。

详《困之蹇》。

无妄 开门内福,喜至我侧。加以善祥,为吾室宅。宫城洛邑,以昭文德。

震为开,艮为门。上乾,故曰"纳福"。震为喜,为善祥。艮为室宅,为宫城,为邑。乾为王,故曰"洛邑"。洛邑,王城也。伏坤为文。

大畜 鸟飞狐鸣,国乱不宁。下强上弱,为阴所刑。

艮为鸟,为狐,震为飞,为鸣,故曰"鸟飞狐鸣"。艮为国,兑毁,故曰"不宁"。四五阴爻,乾为艮所畜,故曰"为阴所刑"。

颐 三鸡啄粟,八雏从食。饥鹰卒击,失亡两叔。

伏巽为鸡,震数三,故曰"三鸡"。伏兑为啄,巽为粟。震为雏,坤数八,故曰"八雏"。震为从,为食。艮为鹰,坤虚,故曰"饥鹰"。艮为击,为叔。坤数二,坤丧,故曰"失亡两叔"。

大过 叹息不悦,忧从中出。丧我金罍,无妄失位。

兑口,故曰"叹息"。互大坎,故不悦,故忧从中出。乾为金,震为罍,震伏,故曰"丧我金罍"。

坎 刚柔相呼,二姓为家。霜降既同,惠我以仁。

详《家人之损》。

离 襄送季女,至于荡道。齐子旦夕,留连久处。

详《屯之大过》。

咸 低头窃视,有所畏避。行作不利,酒酢鱼馁,众莫贪嗜。

艮为头,泽下,故曰"低头"。艮为视,巽为盗,故曰"窃视"。巽伏,故曰"畏避"。兑毁,故不利。兑为泽,为酒。巽为鱼,为木。木作酸,故曰"酒酢"。酢,酸也。巽为烂,故曰"馁"。馁,烂也。

恒 典册法书,藏阁兰台。虽遭乱溃,独不遇灾。

详《坤之大畜》。

遁 旦醉病酒,暮即瘳愈,独不及咎。

伏震为旦,坤迷,故曰"旦醉"。坤为病,为暮。

大壮 画龙头颈,文章未成。甘言美语,说辞无名。

详《蒙之噬嗑》。

晋 日月运行,一寒一暑。荣宠赫赫,不可得保。颠踬殒坠,更为士伍。

详《巽之震》。

明夷 争利王市,朝多君子。苏氏六国,获其荣宠。

伏巽为利市,震君,故曰"王市"。坤为朝。震为君子,为苏。坤为国,坎卦数六,故曰"六国"。言苏秦说六国,佩六国相印也。

家人 六蛇奔走,俱入茂草。惊于长途,畏惧啄口。

详《丰之巽》。

睽 悬貆素餐,食非其任。失舆剥庐,休坐徙居。

详《颐之益》。

蹇 欢欣九子,俱见大喜。提携福至,王孙是富。

此用中孚象。震为欢欣,数九,故曰"九子"。艮手为提携,为孙。震君,故曰"王孙"。

解 伯夷叔齐,贞廉之师。以德防患,忧祸不存。

详《革之否》。

损 雄圣伏名,人匿麟惊。走凤飞北,乱溃未息。

详《否之大过》。

益 久鳏无偶,思配织女。求莫非望,自令寡处。

艮为鳏。坤女,巽为绳,为织,故曰"织女"。艮为求,为望。巽为寡。言织女为天孙,不能求也。

夬 破亡之国,天所不福,难以止息。

兑为破,坤为国。坤伏不见,故曰"天所不福"。乾为天。

姤 老慵多郤,弊政为贼。阿房骊山,子婴失国。

伏坤为老,坤柔,故曰"老慵"。巽为隙。郤、隙同,巽伏为贼,坤为弊,为政,故曰"弊政为贼"。中孚艮为房,为山。震马,故曰"骊山"。艮少,故曰"子婴"。

萃 三羖六牂,相随俱行。迷入空泽,经涉虎庐。为所伤贼,死于牙腹。

详《同人之蒙》。

升 喋嗫嚎嘘,昧冥相搏。多言少实,语无成事。

震言,正反兑亦为言,故曰"喋嗫"。喋嗫,多言也。震为笑乐,故曰"嚎嘘"。嚎,大笑。嘘音欢,喧嚣也。坤为黑,故曰"昧冥"。伏艮为搏,正反艮,故曰"相搏"。正反兑,故曰"多言"。坤虚,故曰"少实,语无成事"。坤为事。

困　舞阳渐离,击筑善歌。慕丹之义,为燕助轲。阴谋不遂,曛目死亡,功名何施。

《史记·刺客传》:荆轲奉樊于期首函,秦舞阳奉地图。及事败,秦人大索太子丹及荆卿之客。高渐离善击筑,秦王乃曛其目,使击筑于侧。后以铅置筑中击秦王,乃被杀。伏震为舞,为筑,为歌。艮手为击,故曰"击筑善歌"。坎赤,故曰"丹"。兑为燕,震为轲,故曰"为燕助轲"。坎为阴谋。离为目,坎为失,故曰"曛目"。曛,《索隐》曰:以马矢熏目令失明也。坎为棺椁,故曰"死亡"。震为功,艮为名,艮震皆伏,故曰"功名何施"。

井　尹氏伯奇,父子分离。无罪被辜,长舌为灾。

详《讼之大有》。

革　五精乱行,政逆皇恩。汤武赫怒,共伐我域。

《东京赋》:辨方位而正则,五精帅而来摧。注:五精,五方星也。伏艮为星,坤为乱,震为行,故曰"五精乱行"。伏坤为政,坤逆行,故曰"政逆"。皇恩,为怠遑讹字。《诗·商颂》:不敢怠遑。《笺》:怠,惰;遑,暇也。怠遑,言怠惰敖嬉也。坤柔,故曰"怠遑"。震为王,故曰"汤武"。震为怒,为伐。坤为域。全用旁通象。

鼎　西历玉山,东入玉门。登上福堂,饮万岁浆。

通屯。坎位西,震为玉,互艮,故曰"玉山",故曰"玉门"。震为东也。震为登,为福,艮为堂。坤为万岁,为浆,震口,故曰"饮万岁浆"。

震　行触大忌,与司命忤。执囚束缚,拘制于吏,幽人有喜。

震为行,坎为忌讳。讳,避也。坎隐,故曰"忌"。伏巽为命,坎为忤,故与司命忤。艮为执囚,为拘制。伏巽为束缚。艮为官吏,为幽人。震为喜。

艮　机父不贤,朝多谗臣。君失其政,保家久贫。

机,疑为皇之讹。《诗·小雅》:皇父卿士,谗口嚣嚣。林似本此。艮初至五正反震,故曰"谗"。互震为君,艮为臣。坎为失。保,疑为使之讹。

渐　三人俱行,北求大牂。长孟病足,倩季负粮。柳下之宝,不失我邦。

详《大有之丰》。"不失我邦"者,按《家语》:齐求岑鼎于鲁,鲁与赝鼎。齐侯曰,柳下季谓是,则受之。鲁侯请季。季曰,与齐鼎,求免君国也。但臣亦有国,免君之国,破臣之国,亦君之所恶也。鲁乃以真鼎往。此林屡见,皆作骊黄,惟此作我邦,于事独切。

归妹　鹊思其雄,欲随凤东。顺理羽翼,出次须日。中留北邑,复返其室。

详《需之离》。

丰　常德自如,不逢祸灾。

离为祸灾。

旅　白鹄游望,君子以宁。履德不愆,福禄来成。

互巽为白,艮为鹄,为望,故曰"白鹄游望"。艮为君子,艮安,故曰"宁"。伏震为履,为福禄。

巽 肤敏之德,发愤晨食。虎豹擒说,为王得福。

详《大有之困》。

兑 百足俱行,相辅为强,三圣翼事,王室宠光,国富民康。

详《屯之履》。

涣 生不逢时,困且多忧。年老衰极,中心悲愁。

艮为时,震为生。下坎,故曰"困且多忧"。艮为寿,故曰"年老"。坎为中心,为悲愁。

节 出门磋跌,看道后旅。买羊逸亡,取物逃走。空手握拳,坐恨为咎。

艮为门,震为出。坎塞,故曰"磋跌"。震为大涂,为后。兑为羊,与震连体,故曰"逸亡"。艮为手,正反艮相对,故曰"空手握拳"。坎为恨。

小过 牧羊稻田,闻虎喧欢。畏惧悚惕,终无祸患。

详《随之渐》。

既济 龙潜凤北,箕子变服,阴孽萌作。

未济 国无比邻,相与争强。纷纷匈匈,天下扰攘。

☶ 震上 艮下 小过之第六十二

初虽惊惶,后乃无伤。受其福庆,永永其祥。

震为惊,为后,为福庆。

之乾 积德累仁,灵佑顺信,福祉日增。

乾为仁德,为信,为福,顺行。纯乾,故曰"积",曰"累"。

坤 谨慎重言,不幸遭患。周召述职,脱免牢门。

此用小过象。艮为谨慎。震为言,正反震,故曰"重言"。互大坎为患。震为周,为召。坎为牢狱,艮为门。震出在外,故曰"脱免"。

屯 鸟飞鼓翼,喜乐尧德。虞夏美功,要荒宾服。

艮为鸟,震为翼,为鼓,为飞。为帝,故曰"尧",故曰"虞夏"。坤为要荒。

蒙 牙孽生齿,室堂启户。幽人利贞,鼓翼起舞。

详《临之姤》。

需 使伯采桑,拒不肯行。与叔争讼,更相毁伤。

讼 手足易处,头尾颠倒。公为雌妪,乱其蚕织。

详《夬之蹇》。惟此用小过象。艮为手在下,震为足在上,故曰"易处"。艮为头在下,覆艮为尾在上,故曰"颠倒"。震为公,与兑连体,故曰"公为雌妪"。巽为蚕,为织。巽陨,故曰"乱"。

师 匠卿操斧,豫章危殆。袍衣脱剥,禄命讫已。

刘毓崧云:《左传·襄四年》,匠庆用蒲圃之槚。庆、卿古通用。匠卿即匠庆,鲁匠人也。伏巽为工,故曰"匠卿"。震为木,故曰"豫章"。坎为危殆。震为袍衣。伏巽为命,坤丧,故曰"讫已"。讫,终也。

比 天女踞床,不成文章。南箕无舌,饭多沙糠。虐众盗名,雌雄折颈。

详《大畜之益》。

小畜 大椎破毂,长舌乱国。墙茨之言,三世不安。

艮为椎,震为毂。兑毁,故曰"破毂"。兑为舌,震为大兑,故曰"长舌"。巽为墙,坎为茨。《毛传》:茨,蒺藜也。震为言,数三。艮为世,故曰"三世"。

履 衔命辱使,不堪厥事。中堕落去,更为斯吏。

巽为兑口,巽为命,故曰"衔命"。巽为陨落,故曰"中堕落去"。伏艮为童仆,故曰"斯吏"。《后汉·左雄传》:职斯禄薄。注:斯,贱也。

泰 三蛇共室,同类相得。甘露时降,生我百谷。

伏巽为蛇,艮为室,数三,故曰"三蛇共室"。兑为露。震为生,为百谷。

否 衣宵夜游,与君相遭。除患解惑,使我不忧。

详《归妹之大有》。

同人 被发兽心,难与为邻。来如风云,去如绝弦,为狼所残。

此用小过象。震为发。艮为兽,互大坎为心,故曰"兽心"。巽为风,坎为云,故曰"来如风云"。巽为弦,兑为绝。艮为狼,兑口,故曰"为狼所残"。

大有 刚柔相呼,二姓为家。霜降既同,惠我以仁。

详《家人之损》。

谦 牛马聋瞆,不晓齐味。委以鼎俎,治乱愦愦。

豫 低头窃视,有所畏避。行作不利,酒酢鱼馁,众莫贪嗜。

详《鼎之解》。

随 雨师娶妇,黄岩季子。成礼既婚,相呼南去。膏我下土,年岁大有。

详《否之坤》。

蛊 戴盆望天,不见星辰。顾小失大,遁逃墙外。

详《贲之蒙》。

临 二人辇车，徙去其家。井沸釜鸣，不可以居。

兑卦数二，震为人，为车。为行，故曰"徙"。伏艮为家。兑为井，坤水在上，故曰"井沸"。坤为釜，震为鸣，故曰"釜鸣"。艮为居，艮伏，故曰"不可居"。

观 攘臂反肘，怒不可止。狼戾腹心，无与为市。

艮为臂，为肘。伏震为归，故曰"反肘"。震为怒。艮为狼，坤为腹心。巽为市。

噬嗑 汤火之忧，转解喜来。

离火，坎水，故曰"汤火"。震为解，为喜。言由坎忧转为震喜也。

贲 忠信辅成，王政不倾。公刘肇基，文武绥之。

坎为忠信，震为王。艮成终，故曰"成王"。言周公辅佐成王也。震为公，艮为基。离为文，震为武，故曰"文武绥之"。

剥 登高斩木，顿踬蹈险。车倾马罢，伯叔吁嗟。

一阳在上，故曰"登高"。艮为木，为刀剑，故曰"斩木"。震为车，震覆，故曰"车倾"。坤为马，为劳，故曰"马罢"。罢、疲同，音婆，与嗟韵。

复 桑之将落，陨其黄叶。失势倾侧，而无所立。

无妄 鸾凤翱翔，集于家国。念我伯姊，与母相得。

伏坤为文，艮鸟，故曰"鸾凤"。艮为家国。巽长女，故曰"伯姊"。伏坤为母。

大畜 阴淫所居，盈溢过度，伤害禾稼。

通萃。坤为阴，为水，兑泽亦为水，故曰"阴淫"，曰"盈溢"。巽为禾稼，兑毁，故曰"伤害禾稼"。

颐 霄冥高山，道险峻难。王孙罢极，困于阪间。

艮为天，故曰"霄"。《玉篇》：霄，云气也。霄冥高山，言山高入霄汉青冥之间也。震为王，艮为孙。坤为劳，故曰"罢极"。艮为道，为阪。坤为困苦，正反艮，故曰"困于阪间"。

大过 和璧隋珠，为火所烧。冥昧失明，夺精无光，弃于道旁。

通颐。震为珠，为玉。艮为火，故曰"为火所烧"。坤为黑，故曰"冥昧失明"，曰"夺精无光"。震为精。艮为光，为道。

坎 虞君好神，惠我老亲。恭承宗庙，虽愠不去，复我内室。

《左传·僖五年》：虞公曰，吾享祀丰洁，神必据我。故曰"好神"。互震为神。艮为宗庙。坎为愠。

离 爪牙之士，怨毒祈父。转忧与己，伤不及母。

详《谦之归妹》。

咸 仓盈庾亿，宜稼黍稷，年岁有息。

详《乾之师》。

恒 窗牖户房，通利明光。贤智辅圣，仁德大行。家给人足，海内殷昌。

详《大畜之升》。

遁 切切之患，凶重忧荐，为虎所吞。

伏坤为忧患，为凶。艮为虎，伏兑口，故曰"为虎所吞"。

大壮 水无鱼滋，陆为海涯。君子失居，小人相携。

坤为水，为鱼，坤伏，故曰"水无鱼滋"。滋，生也。伏艮为陆，坤为海，艮坤相连，故曰"陆为海涯"。艮为君子，为居，巽陨落，故失居。坤为小人，重坤，故曰"相携"。

晋 九疑郁林，沮湿不中。鸾凤所恶，君子攸去。

详《无妄之巽》。

明夷 六翮泛飞，走归不及。脱归王室，亡其骍特。

震为翮，为飞，坎数六，故曰"六翮泛飞"。震为走，为归。坎陷，故不及。震为王。坎为室，为马。坎为赤，故曰"骍"。骍，赤色马也。坤为牛，故曰"特"。坤丧，故曰"亡其骍特"。

家人 不直庄公，与我争讼。媒伯无礼，自令壅塞。

详前《大畜之无妄》。

睽 疮痍多病，宋公危残。吴子巢门，殒命失所。

详《兑之蛊》。

蹇 失羊捕牛，无损无忧。

兑为羊，兑伏，故曰"失羊"。艮为牛，艮手，故曰"捕牛"。

解 夏麦莠黄，霜击其芒。疾君败国，使我诛伤。

详《泰之贲》。

损 昧昧暗暗，不知白黑。风雨乱扰，光明伏匿，幽王失国。

坤黑，故曰"昧暗"。巽为白，巽伏，故不知。坤为风，为乱，兑为雨，故曰"风雨乱扰"。艮为光明，坤闭，故伏匿。震为王，坤黑，故曰"幽王"。坤为国，为丧，故曰"失国"。

益 执斧破薪，使媒求妇。和合二姓，亲御饮酒。色比毛嫱，姑公悦喜。

详《家人之渐》。毛嫱，古美女名。

夬　六疾生狂，痴走妄行。北入患门，与祸为邻。

伏坤为疾，乾数六，故曰"六疾"。兑刚鲁，故曰独，曰"妄"，曰"痴"。乾为行。坤为祸患，为门，位北，故曰"北入患门"。

姤　驱羊就群，佷不肯前。庆季愎谏，子之被患。

通复。震为羊，坤为群。坤闭，故不前。震为谏。坤为患。《左传·襄二十八年》：庆嗣谓庆封曰，祸将作矣，请速归。庆封不听。又，其女卢蒲姜曰，夫子愎，莫之止，将不出。子之，即庆舍，为庆封子。庆季，即庆封。后子之被卢蒲癸刺死，庆封奔鲁。

萃　二人共路，东趋西步。十里之外，不相知处。

升　义不胜情，以欲自营。几利危躬，折角摧颈。

详前。

困　骚骚扰扰，不安其类。疾在颈项，凶危为忧。

巽进退不果，故曰"骚扰"，曰"不安"。坎为疾，艮为项颈。艮伏，兑见，兑毁在上，故曰"疾在头颈"。坎为危忧。

井　三河俱合，水怒涌跃。坏我王室，民困于食。

详《蛊之颐》。

革　阳曜旱疾，伤病稼穑，农人无食。

离火，故曰"阳曜"，曰"旱"。伏坎为疾病，巽为稼墙。伏震为耕，故曰"农人"。坤虚，故无食。

鼎　流浮出食，载豢入屋。释辔系马，西南虎下。

通屯。坎水坤水，故曰"流浮"。震为出，为食。坤为载。豢，《说文》：以谷圈养豕也。坎为豕，故曰"载豢入屋"。艮为屋。震为马，为释，巽为辔，为系，故曰"释辔系马"。坤为西南，为下。上艮，故曰"虎下"。

震　门户之居，可以止舍。进仕不殆，安乐相保。

互艮为门户，为居。艮止，故曰"舍"。艮为官，故曰"仕"。震为进，为乐。坎为殆，震解，故不殆。

艮　过时不归，雌雄苦悲。徘徊外国，与母分离。

详《豫之大壮》。

渐　中田有庐，疆埸有瓜。献进皇祖，曾孙寿考。

坎为中。艮为田，为庐，为疆埸，为瓜。艮为寿，为祖，又为曾孙。林词皆《小雅》诗句。

归妹　失时无友，覆家出走，累如丧狗。

艮为时,为友,为家。艮覆,故曰"失时",曰"无友",曰"覆家"。震为出走。艮为狗。艮覆,故曰"丧狗"。全取反艮象。《家语》:孔子在卫东门外,儽儽如丧家之狗。

丰　反鼻歧头,二寡独居。

艮为鼻,上卦艮反,故曰"反鼻"。《释名》:物两为岐。艮为头,艮反向上,故象形曰歧头。巽为寡,二至五正反巽,又兑卦数二,故曰"二寡"。

旅　衣裳颠倒,为王来呼。成就东周,封受大福。

通节。震为衣裳,正反震,故曰"衣裳颠倒"。震为王,兑为呼。《诗·齐风》:颠倒衣裳,自公召之。震为东,为周,艮为成,故曰"成就东周"。震为福。义与《毛》异。

巽　飞不远去,还归故处,兴事多悔。

巽进退不果,故曰"飞不远去,还归故处"。伏震为飞,为反,故曰"还归"。

兑　含血走禽,不晓五音。瓠巴鼓瑟,不悦于心。

瓠巴,人名。《荀子》:瓠巴鼓瑟,游鱼出听。《列子》:瓠巴鼓瑟,而鸟舞鱼跃。首二句,言鸟兽含有气血,并不晓音律。然一闻瓠巴鼓瑟,而感于心也。伏坎为血,艮为禽。伏震为音,巽卦数五,故曰"五音"。艮为瓠,震为鼓,为瑟。坎为心,坎忧,故不悦。

涣　求玉获石,非心所欲,祝愿不得。

震为玉,艮为求,为石,故曰"求玉获石"。坎为心愿,坎失巽陨,故不得。

节　山崩谷绝,大福尽竭。泾渭失纪,玉历既已。

中孚　瞋目惧怒,不安其居。散涣府藏,无有利得。

震为怒,互大离,故曰"瞋目惧怒"。艮为居,为安,风陨落,故不安其居。艮为府。巽为散涣,为利。此指吕娶散弃财宝事。

既济　众邪充侧,凤凰折翼。微子复北,去其邦国。

多用半象。

未济　六月采芑,征伐无道。张仲方叔,克敌饮酒。

详《离之坎》。

䷾ 坎上 离下　既济之第六十三

玄兔指掌,与足相恃。证讯诘问,诬情自直。宛死谁告,口为身祸。

多用半象。

之乾　游驹石门,骥耳安全。受福西邻,归隐玉泉。

乾为门,为石,为马,故曰"游驹石门",曰"骒耳"。坎为西邻,为泉。乾为玉。

坤 阳春草生,万物风兴。君子所居,祸灾不到。

坤为茅茹,故曰"草",曰"万物"。坤为风,为祸灾。

屯 人无足,法缓除。牛出雄,走羊惊。不失其家。

前四句三字句,末四字句。震为人,为足。伏巽下断,故曰"无足"。坎为法律。除,授官也。坤柔,故曰"缓除"。言人有疾,不能授官也。坤为牛。震为出,为雄,为羊,为惊。艮为家。家,音姑,与除韵。

蒙 泰山上奔,变见太微。陈吴废忽,作为祸患。

艮为山,震东,故曰"泰山"。泰山,东岳也。震为奔。艮为星,故曰"太微"。坤坎皆在北,太微,北极星也。陈吴皆讹字,疑吴为突之形讹,陈为臣之音讹。言祭仲臣突废忽也。事见《左传·桓十一年》。突,郑厉公。忽,郑昭公。坤为臣。坎为祸患。

需 乘龙吐光,先暗后明。燎猎大得,六师以昌。

乾为龙。离为光,互兑口,故曰"吐光"。坎为暗。离为明,为燎。坎数六,坎众,故曰"六师以昌"。言文王因猎得太公也。

讼 羊头兔足,羸瘦少肉。漏囊贮粟,利无所得。

详《剥之恒》。

师 因祸受福,喜盈其室。螟虫不作,君无苛忒。

坤为祸。震为福,为喜。坎为室。巽为螟虫,巽伏,故曰"不作"。震为君,坤为苛忒。震解,故无。

比 舜升大禹,石夷之野。征诣王庭,拜治水土。

小畜 乌子鹊雏,常与母俱。顾类群族,不离其巢。

伏艮为乌,震为鹊。坤为母,为群,为族类。艮为巢。

履 夷羿所射,发辄有获。矰加鹊鹰,双鸟俱得。

元本注:夷羿,古之善射者。伏震为射,坎为获。系缴于矢曰矰。巽为矰,艮为鹰,震为鹊。坤数二,故曰"双鸟"。

泰 晨风文翰,大举就温。昧过我邑,羿无所得。

详《小畜之革》。文翰,鸟也。

否 六喜三福,南至欢国。与喜同乐,嘉我洁德。

乾为喜福,数六,艮数三,故曰"六喜三福"。乾为南,坤为国。乾为金玉,故曰"洁德"。

同人 斗龙股折,日遂不明。自外为主,弟伐其兄。

焦氏易林注

《左传·庄十四年》：内蛇与外蛇斗于郑南门中，内蛇死。后宋人劫祭仲纳厉公。所谓自外为主也。厉公入，昭公出奔。所谓弟伐其兄也。同人巽为股，伏震为龙。坎为折，故曰"折股"。离为日，在下，故不明。震为主，为兄。坎为震弟。

大有　蒙庆受福，有所获得，不利出域。

通比。坤为民，拱向九五，故曰"有获"。坤为域，坤闭，故不利出域。

谦　蛮夷戎狄，太阴所积。涸冰冱寒，君子不存。

详前《师之巽》。

豫　畏昏潜处，候旦昭明。卒逢白日，为世荣主。

详《大有之中孚》。

随　水流趋下，欲至东海。求我所有，买鲔与鲤。

详《益之无妄》。

蛊　冠带南游，与福喜期。微于嘉国，拜位逢时。

临　莎鸡振羽，为季门户。新沐弹冠，仲父悦喜。

莎鸡，蟋蟀也。《诗·豳风》：六月莎鸡振羽。伏艮为季，坤为门户。为，疑为在之讹，言莎鸡在季门户也。《诗》，九月在户，是其证。伏艮为冠，艮手，故曰"弹冠"。仲父，管仲也。管仲初至，齐桓公为三薰三沐然后见，即以为相。震为乐，乾为父，故曰"仲父悦喜"。

观　结衿流粥，遭谗桎梏。周召述职，身受大福。

坤为衿，为结。为浆，故曰"粥"。伏震为周、召。坤为身。按《管子》初见桓公，绌缨捷袥，使人操斧。结衿，即捷袥，罪人之服也。粥、鬻通，养也。"结衿流粥"者，言得罪而流寓在外也。"周召"者，周、召公也。《扬子法言·先知篇》云：召公述职，蔽芾甘棠。言《甘棠》诗为召公述职时，听讼树下也。"身受大福"者，言罪人蒙召公恩，得释也。盖鲁、韩《诗》说只言听讼，齐说兼平反冤狱也。

噬嗑　田鼠野鸡，意常欲逃。拘制笼槛，不得动摇。

详《需之随》。

贲　居华巅，观浮云。风不摇，雨不濡。心平安，无咎忧。

艮为华颠，为观。坎为云，伏巽为风，坎为雨。风雨皆在山下，故不被其祸。坎为心，为忧。

剥　倾倚将颠，乱不能存。英雄作业，家困无年。

阳穷上反下，故曰"将颠"。坤为乱，为亡，故不能存。艮为家。坤为年，坤丧，故无年。

复　心愿所喜，今乃逢时。保我利福，不离兵革。

详《兑之蹇》。

无妄　灵龟陆处,盘桓失所。阿衡退耕,夏封于国。

艮为龟,为陆。艮止,故盘桓。巽为衡,为夏。坤为国,故曰"夏封于国"。

大畜　弱水之右,有西王母。生不知老,与天相保,不利行旅。

伏坤为水,坤柔,故曰"弱水"。互兑为右,为西。伏坤为母,乾为王,故曰"王母"。乾为老,为天。震为行旅,兑折,故不利。元注:柳宗元曰,西海之山有王母,神仙所居。其下有水,散涣无力,不能负芥。

颐　抱瑰求金,日暮坐吟。终月卒岁,竟无成功。

瑰,《说文》:珠也。震为珠,艮为抱,为求,为金。抱瑰求金,必不能得,故日暮坐吟也。艮为日,坤为暮,震为吟。伏兑为月,坤为岁,艮为终,故曰"终月卒岁"。坤丧,故无功。

大过　言笑未毕,忧来暴卒。身加槛缆,囚系缚束。

详《明夷之大过》。

坎　望幸不至,文章未成。王子逐兔,犬踦不得。

详《谦之既济》。

离　震悚恐惧,多所畏忌。行道留难,不可以步。

详前《蒙之涣》。

咸　雄狐绥绥,登山崔嵬。昭告显功,大福允兴。

详《咸之贲》。

恒　火起吾后,喜炙我虎。苍龙衔水,泉喷屋柱,虽忧无咎。

详《噬嗑之兑》。

遁　危坐至暮,请求不得。膏泽不降,政庚民式。

详《需之颐》。

大壮　孟春和气,鹰隼搏鸷,众雀忧愦。

震为长,为春。兑悦,故曰"和气"。伏艮为鹰隼,为雀。伏坤为众,故曰"众雀"。坤为忧。

晋　缓法长奸,不能理冤。沉湎失节,君受其患。

坎为法,坤柔,故曰"缓法"。坎为奸,为冤。为酒,故曰"沉湎"。艮为节,坎失,故曰"失节"。震为君,二至四震覆,坤为患,故曰"君受其患"。

明夷　鱼鳖贪饵,死于网钩。受危因宠,为身殃咎。

坤为鱼,离为鳖,震为饵。离为网,坎为矫轮,故为钩。坎为危,震为宠,坎震连,故曰"受危因宠"。坤为身,为殃咎。

家人 金精耀怒，带剑过午。徘徊高库，宿于山谷。两虎相拒，弓弩满野。

详《噬嗑之泰》，及《震之豫》。

睽 四目相望，稍近同光，并坐鼓簧。

离为目，兑数四，故曰"四目"。重离，故曰"相望"，曰"同光"。兑为舌，故曰"簧"。

蹇 茹芝饵黄塗饮玉英。与神流通，长无忧凶。

详《旅之复》。

解 求獐嘉乡，恶蛇不行。道出岐口，复反其床。

伏巽为蛇，为床。震为行，为道，为口，为求獐。岐似用半艮象。

损 天门地户，幽冥不睹，不知所在。

艮为天，为门，在戌亥。《乾凿度》以戌亥为天门，以辰巳为地户。兑在辰巳，故曰"天门地户"。坤为地，为户也。坤黑，故曰"幽冥不睹"。

益 跛足息肩，有所忌难。金城铁郭，以铜为关。藩屏自卫，安止无患。

详《遁之旅》。

夬 三雁俱飞，欲归稻池。经涉萑泽，为矢所射，伤我胸臆。

姤 济深难渡，濡我衣裤。五子善濯，脱无他故。

通复。坤为水，为济。重坤，故曰"深"。乾为衣，巽为裤。数五，故曰"五子"。震为子，为濯，为脱。

萃 饮酒作酗，跳起争斗。伯伤叔僵，东家治丧。

详《比之鼎》。

升 跛踬未起，失利后市。蒙被殃咎，不得鹿子。

详前。

困 辰次降娄，建星中坚。子无远行，外颠霄陷，遂命讫终。

降娄，九月辰次。伏艮居戌，艮为星。《月令》：孟秋之月，建星昏中。兑为秋。降娄，伏象艮；建星，本象兑也。伏震为子，为行。艮止，故曰"无行"。外颠句有讹字。巽为命。困三至上互大过，大过死，故曰"讫终"。

井 商风召寇，来呼外盗。间谍内应，与我争斗。殚己宝藏，主人不胜。

详《豫之革》。

革 甘露醴泉，太平机关。仁德感应，岁乐民安。

详《屯之谦》。

鼎 祭仲子突，要门逐忽。祸起子商，弟代其兄，郑文不昌。

《左传·桓十一年》：宋人执郑祭仲，与之盟，以厉公归而立之。郑忽出奔卫。"祸起子商"者，谓祸起于宋也。或谓子应作于，非也。《哀九年》：不利于商。注：子商，谓宋。宋，子姓，商后，故曰"子商"。厉公名突，郑忽之弟，故曰"弟代其兄"。忽即昭公。昭，明也，文也，故曰"郑文不昌"。鼎通屯，上坎为仲。本卦兑刚鲁，故曰"子突"。艮为门。震为逐，为子。震为兄在下，坎为弟居五爻君位，故曰"弟代其兄"。坤为文，为郑。坤丧，故不昌。

震 反孽难步，留不及舍。露宿泽陂，亡其襦裤。

《左传·昭十年》：蕴利生孽。孽，害也，疾病也。"反孽难步"者，言身反向后，不能步也。艮为舍，艮止，故留不及舍。坎为露，为宿，为泽陂。巽为襦裤。襦裤皆裹衣。巽象伏不见，故曰"亡"。

艮 狼虎结谋，相聚为保。伺候牛羊，病我商人。

详《贲之宋》。

渐 明德克敏，重华贡举。放勋征用，八哲蒙祐。

伏兑为华，兑卦数二，故曰"重华"。八哲，八元、八恺也。艮后天数八。

归妹 贫鬼守门，日破我盆。毁罂伤瓶，空虚无子。

详《损之剥》。

丰 天命赤乌，与兵微期。征伐无道，箕子游遨。

《史记》：武王观兵盟津，有火至于王屋，流为乌，其色赤，其声魄云。离为乌，离南方，故曰"赤乌"。伏艮为天，巽为命，故曰"天命"。艮为兵，为时。"微期"者，言赤乌之瑞，与兵事相应也。震为征伐，为箕子，为遨游。

旅 威约拘囚，为人所诬。皋陶平理，剖械出牢，脱归家间。

伏震为威，巽绳为约，艮为拘囚。正反兑口，故曰"为人所诬"。艮为皋陶。伏坎为械，为牢。震在坎下，故曰"剖械出牢"，曰"脱归家间"。艮为家也。

巽 羊惊虎狼，耸耳群聚。无益威强，为齿所伤。

详《坎之临》。皆以兑为耳。

兑 初虽啼号，后必庆笑。光明照耀，百喜如意。

兑口，故啼号。伏震为后，为笑。互离，故曰"光明照耀"。震为百喜。

涣 马服长股，宜行善市。蒙祐楷耦，获金五倍。

《诗·郑风》：两服上襄。《笺》：两服，中央夹辕者。震为车，为驾，故曰"马服"。巽为股，为长。长股，蛛也。蛛亦巽象也。巽为市。艮为金，巽为倍，卦数五，故曰"获金五倍"。股长善走。

节 应门内崩，诛贤杀暴。上下咸悖，景公失位。长归元洹，望妻不来。

《诗·大雅》:迁立应门。《笺》:诸侯之宫,外门曰皋门,朝门曰应门。兑毁,二三四艮覆,艮为门,故曰"应门丙崩"。兑为斧,故曰"诛贤杀暴"。艮上泽下,二至五正反艮,故曰"上下咸悖"。言相反也。艮纳丙,故曰"景"。景,日也。震为公,坎为失,故曰"景公失位"。

中孚 执斧破薪,使媒求妇。和合二姓,亲御饮酒。色比毛嫱,姑悦公喜。

详《小过之益》。

小过 两轮日转,南上大阪。四马共辕,无有险难,与禹笑言。

详《贲之需》。

未济 千柱百梁,终不倾僵,周宗宁康。

详《谦之未济》。

☲☵离上坎下 未济之第六十四

志慢未习,单酒糗脯。数至神前,欲求所愿,反得大患。

坎为志,为酒。单,尽也,厚也。坎为糗脯。言厚备酒糗脯也。坎为愿,为患。

之乾 旦生夕死,名曰婴鬼,不可得祀。

详《小畜之升》。

坤 大步上车,南到喜家。送我狐裘,与福俱来。

详《大过之困》。

屯 西多小星,三五在东。早夜晨兴,劳苦无功。

详《大过之央》。

蒙 北陆藏冰,君子心悲。困于粒食,鬼惊我门。

坎为北陆。《左传》:日在北陆而藏冰。坎为冰,坤为藏。艮为君子。坎为心,为悲,为困。震为粒,为食,故曰"困于粒食"。坤为鬼,为门,震惊,故曰"鬼惊我门"。

需 山水暴怒,坏梁折柱。稽难行旅,留连愁苦。

详《咸之豫》。

讼 比目四翼,来安吾国。福喜上堂,与我同床。

详《比之离》。

师 狡兔趯趯,良犬逐咋。雄雌爱爱,为鹰所获。

详《谦之益》。

比 增禄益福,喜来入室,解除忧惑。

坎为室,为忧惑。阳居五,故吉。

小畜 骑龙乘风,上见神公。彭祖受剌,王乔赞通。巫咸就位,拜福无穷。

详《家人之剥》。

履 天火卒起,烧我旁里。延及吾家,空尽己财。

通谦。艮为天,为火,震起,故曰“天火卒起”。坤为里。艮为家。坤为财,坤虚,故空。

泰 金帛黄宝,宜与我市。嫁娶有息,利得过倍。

乾为金玉,坤为帛,为黄,故曰“金帛黄宝”。伏巽为市。震为嫁娶,为息。巽为利,为倍。

否 鬼魅之居,凶不可舍。

坤为鬼。艮为居,为舍。坤凶,故不可舍。

同人 飞鸟兔走,各有畏恶。雕鹰为贼,乱我室舍。

通师。震为鸟,为飞,为兔,为走。坎为畏恶。艮为雕鹰。艮反,与坎连,故曰“雕鹰为贼”。坤为乱,坎为室。

大有 初虽惊惶,后乃无伤,受其福庆。

详《巽之夬》。

谦 两金相击,勇气均敌。日月斗战,不破不缺。

详《同人之噬嗑》。

豫 曳纶河海,挂钓鲂鲤。王孙利得,以享仲友。

伏巽为纶。坤水坎水,故曰“河海”。坤为鱼,故曰“鲂鲤”。艮手,故曰“挂钓鲂鲤”。艮为孙,震为王,坤为利,故曰“王孙利得”。坎为仲,艮为友。

随 犬畏狼虎,依人作辅。三夫执戟,伏不敢起,身安无咎。

艮为犬,为狼虎。震为人,为夫。数三,故曰“三夫”。艮为戟,为手,故曰“执戟”。巽为伏,艮为身。

蛊 蜘蛛作网,以伺行旅。青蝇馋聚,以求膏腴。触我罗域,为网所得。

巽为蜘蛛,为绳,故曰“作网”。震为行旅,艮止,故曰“伺”。巽为蝇,震为青,故曰“青蝇”。艮为求。震为触。

临 所望在外,鼎命方来。拭爵涤罍,炊食待之,不为季忧。

伏艮为望。巽为命。震为鼎,为爵,为罍。按《前汉·贾谊传》:天子春秋鼎盛。注:鼎,方也。又,《南史·王僧辩传》:若鼎命中沦,请从此逝。又,徐陵为陈武帝与周宰相书,钦若唐风,推其鼎命。又,鼎贵、鼎臣、鼎族,为古所常用,似有大意、盛意。“鼎命方来”者,言大命方来也。伏艮为手,故曰“拭”,曰“涤”。兑为食。艮为季,坤为忧,震解,故曰"不为季忧"。

观 日月并居，常暗匪明。高山崩颠，丘陵为溪。

详《蹇之咸》。

噬嗑 春服既成，载华复生。茎叶盛茂，实穗泥泥。

震为春，为服，艮为成，故曰"春服既成"。震为华，为生，震车，故曰"载华复生"。震为茎叶，为茂盛。艮为果蓏，故曰"实穗"。泥泥，盛茂。

贲 华首山头，仙道所游。利以居止，长无咎忧。

详《临之颐》。

剥 三狐嗥哭，自悲孤独。野无所游，死于丘室。

艮为狐，数三，故曰"三狐"。震为歌，震反则哭。《易·中孚·六三》，或泣或歌，即以艮为泣也。自覆象失传，其辞遂不能解矣。坤寡，又一阳在上，皆孤独之象也。坤为悲，为野，为死。艮为丘室。《礼》：狐死正首丘，仁也。

复 火中暑退，禾黍其食。商人不至，市空无有。

《月令》：季夏之月，昏火中。《诗》：七月流火。传云：火，大火也。流，下也。盖火星未月昏中，申月西流，故谓之下。又《笺》云：火星中而寒，暑退。暑退而禾稼熟，故曰"禾黍其食"。火中用未济象。离居五中，故曰"火中"。离为暑，中则退矣。复下震为禾，为食，为商人。巽为市，巽伏，故市空。坤虚，故无有。

无妄 独立山颠，求麇耕田。草木不辟，秋饥无年。

巽为寡，故曰"独立"。艮为山，为求。震为麇，为耕。震为草木，伏兑为秋。无妄，汉人多作无望。无望故无年。言麇非耕田之畜，故草木不辟也。

大畜 火虽炽，在吾后。寇虽近，在吾右。身安吉，不危殆。

详《归妹之震》。三字句。

颐 蛐蛐啮啮，贫鬼相责。无有欢怡，一日九结。

详《丰之晋》。

大过 追亡逐北，至山而得。稚叔相呼，反其室庐。

坎 衔命辱使，不堪厥事。遂堕落去，更为斯吏。

伏巽为命，兑口，故曰"衔命"。震为使。伏巽为堕落。艮为童仆，故曰"斯吏"。斯，贱役也。

离 被珠函玉，沐浴仁德。应聘唐国，四门穆穆。蟊贼不作，凶恶伏匿。

伏震为珠玉，为仁德。伏坎，故曰"沐浴仁德"。震为帝，故曰"唐国"。伏艮为国也。艮为门，震卦数四，故曰"四门"。本卦互巽为蟊贼。《诗·小雅》：及其蟊贼。传：食根曰蟊，食节曰贼。巽为伏匿。

咸 机关不便，不能出言。精诚适通，为人所冤。

坎为机关。三上互大坎，故曰"不便"。震为言，震伏，故不能言。乾为精诚，为往，故曰"精诚适通"。适通，即感通也。乾为人，兑为言，正反兑，故曰"为人所冤"。言被诳也。《易林》每遇正反兑，或正反震，不曰谗佞，即曰诬罔，皆本《易》与《左氏》。

恒 瓮破缶缺，南行亡失。

震为瓮，为缶。巽下断，故破缺。震为南，为行。巽陨落，故曰"亡失"。

遁 唇亡齿寒，积日凌根。朽不可用，为身灾患。

兑为唇齿，二四兑覆，故曰"唇亡齿寒"。乾为日，乾实，故曰"积日"。艮为根。凌，寒也，言日久根冷也。巽下断，故曰"朽"。伏坤为身，为灾患。

大壮 蒙惑憧憧，不知西东。魁罡指南，告我失中。利以宜止，去国忧患。

通观。坤迷，故曰"蒙惑憧憧"。本卦震为东，兑为西，惑故不知。艮为星，数七，故曰"魁罡"。《参同契》：二月榆落，魁临于卯。八月麦生，天罡据酉。注：天罡即北斗。《梦溪笔谈》：斗杓谓之刚。盖前四星斗之魁，后三星斗之柄，故曰"魁罡"。震为南，伏艮为指。震言，故曰"告"。艮为止。坤为国，为忧患也。

晋 鸟鸥搏翼，以避阴贼。盗伺二女，赖厥生福。旱灾为疾，君无黍稷。

艮为黔啄，为鸟鸥。搏，束也，卷也。《考工记》：鲍人卷而搏之是也。"鸟鸥搏翼"者，言鸟下击物时，必戢其两翼，不开张，若卷束然，正以防不测也。震为翼，二四震覆，故曰"搏翼"。坎为盗贼，为隐伏，故曰"以避阴贼"。坤为女，数二，艮止，故曰"伺二女"。离火艮火，故曰"旱"。震为君，为黍稷。震覆，故无黍稷。

明夷 名成德就，项领不试。景公耄老，尼父逝去。

详《履之剥》。

家人 言与心诡，西行东坐。鲧湮洪水，佞贼为祸。

离两兑口相背，互坎为心，故曰"言与心诡"。坎为西，离为东。离为恶人，故曰"鲧"。坎为水，为贼。离两兑口相对，故曰"佞"。明夷以离为有言，故此曰诡，曰佞。

睽 猃狁匪度，治兵焦获。伐镐及方，与周争强。元戎其驾，衰及夷王。

《诗·六月篇》：猃狁匪茹，整居焦获。注：焦获，地名。坎为北，猃狁北狄。离为甲兵，重离，故曰"焦获"。镐、方，皆地名，兑西象也。震为周，兑折震，故曰"与周争强"。

蹇 三火起明，雨灭其光。高位疾颠，骄恣诛伤。

详《大有之师》。

解 阴淾川决，水为吾祟，使我心愦。母树麻枲，居止凶殆。

重坎，故曰"阴淾川决"。淾，《说文》：流下滴也。《方言》：泷涿谓之沾渍。言阴盛川决也。坎为祟，为心。震为麻枲。水多，故不可树艺也。

损 厌浥晨夜,道多湛露。灢衣濡裤,重难以步。

详《革之豫》。

益 宜行贾市,所求必倍。载喜抱子,与利为友。

详《大过之恒》。

夬 阴变为阳,女化作男。治道得通,君臣相承。

详《屯之离》。

姤 树蔽牡荆,生籁山旁。仇敌背憎,孰肯相迎。

《本草》:牡荆一名黄荆。《淮南·万毕术》曰:南山牡荆,指病自愈。巽为树,为荆,震亦为荆。震伏,故牡荆不见。

萃 坐茵乘轩,据德宰臣。虞叔受命,六合和亲。

巽为茵,艮为坐,故曰"坐茵"。坤为车。轩,车也。坤为臣。伏震为帝。艮少,故曰"虞叔"。巽为命。坤为合,伏乾数六,故曰"六合"。

升 云兴蔽日,雨集草木,年茂岁熟。

坤为云。乾为日,乾伏,故曰"蔽日"。兑为雨,巽为草木,故曰"雨集草木"。坤为年岁,为丰熟。

困 播梅折枝,与母别离,绝不相知。

详《旅之大过》。

井 天旱水涸,枯槁无泽。困于沙石,未有所获。

通噬嗑。艮为天,为火,故曰"天旱水涸"。坎上下皆火,故涸也。离为枯槁,艮为沙石。

革 圭璧琮璜,执贽见王。百里宁戚,应聘齐秦。

通蒙。震为玉,为王。坤为贽,艮手,故曰"执贽"。坤为里,为百,为忧,故曰"百里宁戚"。本卦巽为齐,兑为秦。言百里奚相秦,宁戚相齐也。

鼎 龙渴求饮,黑云景从。河伯捧醴,跪进酒浆,流潦滂滂。

通屯。震为龙,艮为求。坤为云,坤黑,故曰"黑云景从"。坤为河海,震为伯,坎为酒,艮手,故曰"河伯奉醴"。坤为浆,坎水坤水,故曰"流潦滂滂"。

震 雹梅零坠,心思愤愤,乱我灵气。

艮 鹿求其子,虎庐之里。唐伯李耳,贪不我许。

详《随之否》。

渐 穿匏挹水,构铁然火。劳疲力竭,饥渴为祸。

详前《艮之坤》。

归妹　龙生马渊,寿考且神。飞腾上天,舍宿轩辕,长居乐安。

震为龙,为马,为生。下兑,故曰"渊"。震为神。伏艮为寿,为天。震为飞腾,在艮上,故曰"上天"。坎为宿,艮为舍。为星,故曰"轩辕"。轩辕,星名也。震为乐,伏艮为安,为居。

丰　崔嵬北岳,天神贵客。温仁正直,主布恩德。闵哀不已,蒙受大福。

详《屯之家人》。

旅　鬼夜哭泣,齐失其国,为下所贼。

二五互大坎为鬼,为夜。下卦震覆,故曰"哭泣"。本《中孚·六三》爻词也。巽为齐,艮为国,兑毁坎失,故曰"齐失其国"。巽为盗贼。按《战国策》:齐湣王时,有当阙而哭者,求之则不得。后果失国,为淖齿所杀。

巽　二政多门,君失其权。三家专制,祸起季孙。

伏震。互艮为门,初至四正反艮,故曰"多门"。震为君,巽为权。互坎,故曰"失权"。艮为家,震数三,故曰"三家"。艮为孙,为少,故曰"季孙"。季氏三家之一,曾逐昭公,故曰"祸起季孙"。

兑　望幸不到,文章未就。王子逐兔,犬踦不得。

详涣林。

涣　伯虎仲熊,德义渊泓。使布五教,阴阳顺序。

元刊注:高辛氏有伯虎仲熊,佐伯益治水。互艮为虎熊,震长,坎中,故曰"伯虎仲熊"。震为德,坎水,故曰"德义渊泓"。巽为命,卦数五,故曰"五教"。

节　两足四翼,飞入家国。宁我伯姊,与母相得。

详《同人之谦》。

中孚　春秋祷祝,解祸除忧,君无灾咎。

互震为春。兑为秋,为祷祝,为君,为解。

小过　牧羊稻园,闻虎喧欢。畏惧悚息,终无祸患。

详《随之渐》。

既济　大蛇巨鱼,相搏于郊。君臣隔塞,卫侯庐漕。

详《噬嗑之讼》。

焦氏易林注跋

昔杨子云著《太玄》,人皆笑之。子云曰,是不足病也。后世复有杨子云,则好之矣。《焦氏易林》,自来学者多爱其词,而莫有通其义者。今经吾师尚节之先生,按照《易》象句解字释,凡昔人不知其所谓者,经先生以《易》象释之,则机趣环生,神妙尽出。如《复之颐》云:嘻嘻所言。嘻,对语也。震为言,颐初至上正反震相对,俨然对语,故曰"嘻嘻"。《需之小过》:焱风阻越。《月令》注:焱风,回风也。小过二至五正反巽,俨象回风,故曰"焱风"。《家人之小畜》曰:杲杲白日,为月所蚀。小畜互离,离为日,而下兑为月,侵入离体之半,故曰"为月所蚀"。若是者,不知其几千百。又如林词极幽深晦暗,不易明者。如《大壮之离》:丑寅不徙,辰巳有咎。离伏坎,坎上互艮,下互震,震先天居丑寅,艮后天居丑寅,故曰"不徙"。言艮震同居丑寅也。离上互兑,下互巽,兑先天居辰巳,巽后天居辰巳,泽风大过,故曰"有咎"。又如《井之震》:三男从父,三女从母。至巳而反,各得其所。震上下互坎艮,共三男,而震为父,故曰"从父"。震伏巽,巽上下互离兑,共三女,而巽为母,故曰"从母"。震巽相反复。至巳而反者,言至巳,震究仍为巽也。又如《需之晋》:咸阳辰巳,长安戌亥。晋坤为安,消息卦坤居西北,故曰"长安戌亥"。坤伏乾,消息卦乾盈于巳,故曰"咸阳辰巳"。言乾至巳而为纯阳也。又如《履之既济》:不忍主母,为失醴酒,冤尤谁告。经先生疏明,知用《列女传》侍婢进毒酒事。《豫之恒》:枭鸣室北,声丑可恶。经先生疏明,知用《说苑》齐景公筑台不通,为枭鸣事。《蛊之中孚》:商人子孙,资所无有。贪狼逐狐,留连都市。贪狼逐狐,注家皆认为讹字,经先生注明,狼狐二星,皆主盗贼,见《史记·天官书》。贪狼逐狐者,言流为盗贼也。又如《渐之比》曰:文山鸿豹。依《埤雅》释鸿豹为鸩。《小畜之革》曰:晨风文翰。据《逸周书》释文翰为鸟。复据《说文》,知文翰即晨风。《小畜之未济》曰:灵明督邮。依《古今注》,定督邮为龟名。关于前者,非易理易象熟于胸中,不能识其义。关于后者,非博览群书不能通其词。全书四千九十六林,毕释无遗。无匿象,无遁形。然则二千年来,《易林》之词不能通者,徒以世不复有焦延寿耳。有之,则如镜烛形,一读其词即知其于易象何属,乌足为病哉?至于是书一出,所有二千年《周易》旧解,王陶庐所谓盲词呓说者,尽行改革,于经学所闻至巨,又非第《易林》一书之显晦也。其可宝贵,为何如哉!顾是书脱稿已十余年,徒以卷帙浩博,印行匪易。益与丰润董宗之、作人昆仲,皆从先生游,遂合力举办,成此宝书,公之于世。以己卯夏开雕,至庚辰春竣事。至于校订之役,益与宗之等虽分任其劳,然以易象之故,有非先生自任不可者,此亦无如之何也。庚辰正月受业件道益谨跋。

来注易经

明·来知德 著

来瞿唐先生易注自序

乾坤者,万物之男女也;男女者,一物之乾坤也。故《上经》首乾坤,《下经》首男女。乾坤男女相为对待,气行乎其间,有往有来,有进有退,有常有变,有吉有凶,不可为典要,此《易》所由名也。盈天地间莫非男女,则盈天地间莫非易矣。伏羲象男女之形以画卦,文王系卦下之辞,又序六十四卦,其中有错有综,以明阴阳变化之理。错者,交错对待之名,阳左而阴右,阴左而阳右也。综者,高低织综之名,阳上而阴下,阴上而阳下也。虽六十四卦,止乾、坤、坎、离、大过、颐、小过、中孚八卦相错,其余五十六卦皆相综而为二十八卦,并相错八卦共三十六卦。如屯、蒙之类,虽屯综乎离,蒙综乎坎,本是二卦,然一上一下皆二阳四阴之卦,乃一卦也,故孔子《杂卦》曰"屯见而不失其居,蒙杂而著"是也,故《上经》止十八卦,《下经》止十八卦。

周公立爻辞,虽曰"兼三才而两之,故六",亦以阴阳之气皆极于六,天地间穷上反下循环无端者,不过此六而已,此立六爻之意也。孔子见男女有象即有数,有数即有理,其中之理神妙莫测,立言不一而足,故所系之辞多于前圣。孔子没,后儒不知文王周公立象皆藏于《序卦》错综之中,止以《序卦》为上下经之次序,乃将《说卦》执图求骏。自王弼扫象以后,注《易》诸儒皆以象失其传,不言其象,止言其理。

本朝纂修《易经性理大全》,虽会诸儒众注成书,然不过以理言之而已,均不知其象,不知文王《序卦》,不知孔子《杂卦》,不知后儒卦变之非。于此四者既不知,则《易》不得其门而入;不得其门而入,则其注疏之所言者,乃门外之粗浅,非门内之奥妙。是自孔子没而《易》亡已至今日矣,四圣之《易》如长夜者二千余年,其不可长叹也哉!

夫易者,象也;象也者,像也。此孔子之言也。曰像者,乃事理之仿佛近似、可以想像者也,非真有实事也,非真有实理也。若以事论,"金"岂可为车?"玉"岂可为铉?若以理论,"虎尾"岂可履?"左腹"岂可入?《易》与诸经不同者全在于此。如《禹谟》曰"惠迪吉,从逆凶,惟影响",是真有此理也;如《泰誓》曰"惟十有三年春,大会于孟津",是真有此事也。若《易》,则无此事,无此理,惟有此象而已。有象,则大小、远近、精粗、千蹊、万径之理咸寓乎其中,方可弥纶天地;无象,则所言者止一理而已,何以弥纶?故象犹镜也,有镜则万物毕照;若舍其镜,是无镜而索照矣。不知其象,《易》不注可也。

又如以某卦自某卦变者,此虞翻之说也,后儒信而从之。如讼卦"刚来而得中",乃以为自遁卦来,不知乃综卦也,需、讼相综,乃坎之阳爻来于内而得中也。孔子赞其为天下之至变,正在于此。盖乾所属综乎坤,坎所属综乎离,艮所属综乎巽,震所属综乎兑,乃伏羲之八卦一顺一逆自然之对待也,非文王之安排也。惟需、讼相综,故《杂卦》曰:"需不进也,讼不亲也。"若遁则综大壮,故《杂卦》曰:"大壮则止,遁则退也。"见于孔子《杂卦传》。昭昭如此,而乃曰"讼自遁来",失之千里矣。此所以谓四圣之《易》如长夜者,此也。

德生去孔子二千余年,且赋性愚劣,又居僻地,无人传授。因父母病,侍养未仕,乃取《易》读于釜山草堂。六年不能窥其毫发,遂远客万县求溪深山之中,沉潜反复,忘寝忘食有年。思之思之,鬼神通之。数年而悟伏羲、文王、周公之象,又数年而悟文王《序卦》、孔子《杂卦》,又数年而悟卦变之非。始于隆庆四年庚午,终于万历二十六年戊戌,二十九年而后成书,正所谓困而知之也。既悟之后,始知《易》非前圣安排穿凿,乃造化自然之妙,一阴一阳,内之外之,横之纵之,顺之逆之,莫非《易》也。始知至精者《易》也,至变者《易》也,至神者《易》也。始知《系辞》所谓"所居而安者,《易》之序也"、"错综其数"、"非中爻不备"、"二与四同功"、"三与五同功"数语,及作《说卦》、《序卦》、《杂卦》于《十翼》之末,孔子教后之学《易》者,亦明白亲切,但人自不察,惟笃信诸儒之注,而不留心、详审孔子《十翼》之言,宜乎长夜至今日也。

注既成,乃僭于伏羲、文王圆图之前新画一图,以见圣人作《易》之原。又画八卦变六十四卦图,又画八卦所属相错图,又画八卦所属自相综文王序卦正综图,又画八卦四正四隅相综文王序卦杂综图,又发明八卦正位及上、下《经》篇义并各字义,又发明六十四卦启蒙,又考定《系辞》上下传,又补定《说卦传》以广八卦之象,又改正《集注》分卷,又发明孔子《十翼》。其注先训释象义、字义及错综义,后加一圈,方训释本卦本爻正意。象数言于前,义理言于后。其百家注《易》,诸儒虽不知其象,不知《序卦》、《杂卦》及卦变之非,止言其理,若于言理之中间,有不悖于经者,虽一字半句,亦必采而集之,名曰《周易集注》。庶读《易》者开卷豁然,可以少窥四圣、宗庙、百官于万一矣。

孔子曰:"盖有不知而作之者,我无是也。"孟子曰:"予岂好辩哉? 予不得已也。"圣贤立言不容不自任类如此。德因四圣之《易》千载长夜,乃将《纂修性理大全》去取于其间,要附以数年所悟之象数,以成盛时一代之书,是以忘其愚陋,改正先儒注疏之僭妄,未暇论及云。

万历戊戌春三月廿二日梁山后学 来知德 序

瞿唐来矣鲜先生本传

　　先生讳知德，字矣鲜，原籍越之萧山，徙楚麻城。元末，祖泰入蜀卜居梁山。先生喜瞿塘滟滪之胜，遂号称焉。泰生均受，均受生晁富，晁富生至清，俱潜隐未仕。至清生昭令宜良，以"廉谨"称。昭生尚廉，好施予。尚廉生朝，还遗金，即先生之父也。母丁孺人，幽娴茹苦，娠时梦蓝衣人，驾鹤至檐楹，鹤将鸣，蓝衣拊顶曰："不，不，不。"先生歧嶷，然数道颠疾，在襁褓有掾冯庚者，齎册入觐，梦朝命翰林院来，某月得禄米三石、盐十斤归于先生，父答之曰："吾儿多病，得长龄足矣，安敢望此？"先生八岁成诵，九岁即能为长短句，尝梦独立巫峰，颠疾遂瘳。故以十二峰为道号。徵母梦，又尝称不不子，学使毛君较试，砚其不凡。

　　岁壬子，明伦堂砌，生五色灵芝，先生于是秋以《礼经》魁蜀，辞坊金曰：鲰生无毫裨益维桑，而以坊金累闾里，义所不安，请辞。柱史喻君嘉其志而许之，凡诸作兴，皆却不受。柱史爱移檄县令曰："来某凤毛麟角，他日非名卿，即是明贤，始进如此，服官可知。"乃令学使以弟子员。古之贤戴高等，三十八茂才，送门下，俾朝夕与游，庶耳濡目染自成君子。先生未第前少家居，赏读铁乃以菜羹欤。御史耶先生既不妨四时八节无钱，能令半夜三更有客乎？谭曰："愿学孔子成矣。"

　　先生吴游归，未数月，即丁父艰，服将阕，继丁母艰。哀毁庐墓，兀兀忘季者六载，不冠枹，不茹荤酒，不御琴瑟，长息悲号，心志甚苦，始觉物欲一无格物之理，迨是由诚所发。先是先生住京师六年，自邱归，卧父母榻前，叙寒燠，谈京中事者数月，以娱其亲，不遽退寝私室，其纯孝类皆如此；足不入城，心无区圈，居惟一室，而砥节尤清，人咸谓克养纯粹，虽古之郭有道、今之陈白沙不是过也。

　　先生因《易》象未明，隐万县求溪万山中注《易》。有思至十夜不寐，数日忘食者。"思思见豕"，负塗一语，遂悟《易》象。方伯郭公书曰："昔日贤以文求易，故其旨难明，今公以像求易，故其理易见，此真有以发四圣之所未发，而破宋儒谬悠之说。"献在明廷，藏之石室，颁于天下，非来氏一家之私书矣。其后，又青螺与先生书略曰：得赵柱史尉荐语，乃知天球、河图、明月、木难有不见之而珍者，非夫也。

　　读《易》注，又知三十年求溪见义于象，见文王于理，其廑将于韦编三绝、铁挝三折哉。宋直指亦谓先生七八十年间，此心浑是一个天理，而无一毫人欲之杂。国朝二百五十年，道学薛文清之后，得先生而振起，错综悟象，万世以下，不能易之，因同制府王公象乾、黔抚郭公子章交疏，荐举称其学有渊源通古昔，据其岩居川观之节，践乎严邵之踪注易，画图之功实出申椟之上，龄逾古稀，夏不扇、冬不絮，望焉俨若神仙，叩之者知其为孔孟之徒，而杨子、老苏之余，仅于再见，疏上奉旨以先生学行既优，添注翰林院待诏。先生闻命恬不为荣，明年春具疏辞官，疏曰：臣，由本县儒学生员，中嘉靖壬子科乡试第五名，频年计偕，屡试屡跚。因父来朝患病、母丁氏继患目疾，臣即鲜兄弟遂留家侍养未仕。即父母去世，臣虽有欲仕之心，已非可仕之年矣。夫亲存，不能仕以养吾亲，亲殁而窃升斗以养妻子，臣不忍也，即不忍吾亲而徒仕，乃负明时而徒隐，臣不敢也。因思先民有言："未得其位，无所发施，则讲明圣人之学，使其教益明，出处难异，推己及人之心则一也。"臣佩此言，遂将本朝纂修《五经理性大全》，日夜诵读，及读《周易》见诸儒，皆以象失其传，不言其象，止言其理。臣愚劣，自知远不如诸儒，但思《易》乃五经之首，象既失传，则自仲尼十翼之后，四圣微言秘旨，已经二千余年矣。若不穷究其象，则以讹传讹，何以谓之明经？经即不明,何以为士所系? 世道匪轻臣,遂远客万县球溪深山中,反复探索,思之思之,夜以继日,如婴儿之恋慈母,数年而悟四圣之象,数年而悟文王《序卦》、孔子《杂卦》,数年而悟卦变之非,始于隆庆庚午,成于万历己亥,计二十九年,而后成书。书即成,臣亦自知祖宗以来列圣相承,菁莪棫朴之化。皇上继照丰芑熙洽之仁,有一代之圣君,必有一代之经术天意,不借才于异代,故臣得窥《易》于一班,非臣庸愚,自能悟《易》也。辟之鸟鸣于春,蝉鸣于秋,乃天地化育使之如是,非鸟、蝉自能鸣,不然,鸟、蝉天地间一蠢蠢者,安能应期而鸣于春秋哉?

臣自《易》注成后,四肢罢彻,万念灰冷,不复人间事矣。讵意四川督臣王象乾、贵州抚臣郭子章会荐,蒙吏部题疏,奉圣旨:"学行即优,添注翰林院待诏,钦此。"臣一闻报,不胜惶恐。臣章句腐儒,樗栎弱植禾尝不讲学,而学愧先贤,未尝不修行而独行,乡人至于翰林,乃名贤侍从之地,待诏,尤儒臣极荣之,选官何人耶? 敢觊于此,且臣之齿今年七十有九,青天蜀道,白首龙钟。虽犬马之恋,不敢忘于江湖,而麋鹿之性,终难驰于廊庙,伏望皇上悯臣之老不能出户,矜臣之病,不能登州舆,臣未尝效一日之劳于陛下,终不得虚冒荣衔,容臣仍以举人终老山林,庶臣于舜日尧天下,得遂鸢飞、鱼跃之性,生为圣世之逸民,老非明主之弃物。臣之荣,逾于三接九迁;臣之感,誓于魏草杨环矣。疏上部议,谓先生脱履尘踪,探珠理窟,早岁辞荣,志已超于凡,近终身纯慕孝,可通乎鬼神。

剖《易》象之玄机,发错综之妙义,渊深莫测,符合《易》,知舞蹈俱忘,神情自得,岂夫为明朝兴《易》教乎? 故为庖经生哲人也,今者膺荐而典木,天酬功非过陈情,而安布素,秉志尤真,委以杖朝之龄,似非出疆之日,所有疏乞相应允从,仍以原授翰林院待诏职衔,致仕有司,月给米三石,以示优渥。先生旋具疏辞,米中丞弗许,于是知梦幻杳然,而验若符节,先生殆天授,特讬冯庚一老蚩,先以开其徵,与当时讵望如首揆沈归德、都谏王希泉、司马王霁宇诸名卿,或荐之于朝,或旌之以额,争为表章者云楮雨翰,国人仰其芒型,有司咨夫政教,往来之口籍甚得,非节高三峡、悟彻八关,惟逊志于道德性命之奥,不投足于富贵、利达之场,岂能于今称述不朽哉! 先生胸无尘渣也。故其诗中绝无一"愁"字,卧九喜榻,饮快活春,优哉! 使人望而自化。

先生之处"仁"重"义"也。教族党子弟赡衣食,且善诱循循,助葬济急,恤人犹己,买庄供伯兄资竖堂以成其志。出入必侍饮食,必偕宴会,或遗其兄,先生坚不独赴,兄在即草粝食无不尽欢,衣食器用无分彼此,事兄尤笃厚惟谨,即年至七十,礼仪不苟如一日,先生褆躬慎独也。客京时,拒邻妇之自献,醉后有给妓馆为旅舍者,先生悟觉夜分即驰归。以书诉诋先生者,先生得之微笑而辄焚之,绝无愠色。子孙将觅视,先生曰:"汝曹涵养未到,见之未免有物在心。居釜山虽夜不扃户,以盛德之相感,而盗未尝犯之。"先生手自栽松竹,因梦买月而照肺肝莹如,又作买月亭,筑淇园蜗室,以自警。先生所著有《釜山求溪》、《铁凤》、《买月亭》、《八关四乐》、《白帝》诸稿;纪游则有《华山》、《峨眉山》、《泰山》、《鞋山》、《太和庐山》、《游吴》诸集;理学则有《大学》古本章句》、《省事》、《省觉》、《日录》、《内篇》、《外篇》、《弄丸篇》、《悟赋》功夫条目;心学晦明,解《河图》、《洛书》;理学辨自省,则有谨言功夫条目《醉箴》、《言箴》、《刑于箴》、《九德箴》,贻燕则有《家训》、《礼约》,皆言言著理,字字印心,不下十万言。既相如之赋、太白之词,不雄于此矣。先生生于嘉靖乙酉,梁山沙河铺之釜山,卒于万历甲辰,享年八十。原配倪氏子二,长时敏蜀藩典仪,次时生邑廪生缘二人,曾孙十五人,崇祯癸未,柱史刘君安刘疏请祀典,乞今玉步屡更,而奉祀生无缺西川夫子,吾诚于先生有信焉。

庐陵后学高斋映雪君甫撰

读瞿唐来夫子易注要说

《经》首《易》而易尊，注能使先圣之心，大白于凡庸，而凡庸之心，灼见乎先圣，则人将舍己而以先圣为心，此教之所由隆，而风俗所以还醇也。羲皇奇偶画卦，包括阴阳之蕴，无文字而欲人尽晓然，厥维艰哉。迨复演为六十四卦、三百八十四爻，已知文字必不容已。文又命名自定也，命辞自正也，周遂爻立辞，孔象之象之，文之不容已也如是夫？噫！羲皇之一画，拈花微笑也。文王、周、孔，文殊饶舌也，浸舌必不饶，所拈乎笑，厥旨云何。圣贤觉世忧民之心，诚有谆谆乎不惮烦者，系说《序》、《杂》，乌容已已，然则，《易》遂如日经天乎，何以自辅嗣迄晦庵，莫不亶聪明备制作，而象之晦蒙如故耶。瞿唐来夫子作错之综之，抉以中爻，而象始著，象著而易益彰。使人观象玩占，自得诸语言文字之表。瞿唐之功，诚不在禹下矣，其文万千余言，疑若烦芜增障者，及领其大要，惟教人遏欲存理，使吉自我作，悔吝默消，无过贞胜之一言，是则博而反约，不待占卜而始者也。盖应事接物，不外刚柔，而心为刚柔之本，无欲而静，则知柔知刚，动罔不臧，此贞之所以胜也。列子曰：能柔能刚，无能也，而无不能也。其无不能之妙，正在无能中，与贞胜有二乎？贞胜立，则可因瞿唐而以易为心，则四圣可续，教有不隆，而俗有不醇者哉。

易何取其有象耶？凡人睹物则兴怀，亦如览镜则必修容。故曰：吉凶以象告，即观象而知吉凶，未有不意意焉避凶而趋吉者也。畏欲防邪，将象是赖，宋儒欲扫除象数，而专言理，夫理寓于象，犹神藏于形，形灭神将焉附，象去理岂独昭？遂疑《序卦》为边见，杂卦为错误，迷则无所不碍，曷足怪乎！瞿唐来夫子错之综之，取以中爻，象乃逼露于爻中，每就文王卦名，取爻象以参考之，虽三代秦汉而后，其事亦无不昭合者，以至近而一身，自少至老，去就俯仰利害，祸福如容在镜，纤悉靡遗，然非象，则易无由寻，非注则象无由入。甚矣，来夫子有裨于后学者也。

善注者，以经注经，不以我注经；善学者，以我读经，不以经读经。偶举一端，如乾坤错，六子皆错，四正四偶自然交错，此阴阳之必然。《上经》三十，《下经》三十四，数不均也，及其综之，则《上经》十八卦，《下经》十八卦，数却相匀，非中爻不备亦要也。爻止于六，参天两地而倚数也。是皆以经注经，故《序卦》、《杂卦》，具见圣人深意，彻即无所不通也。后之学者，苟不以经读经，置身于三百八十四爻间，莫不有我之位置，二何以誉，四何以惧，刚何以胜，柔何以危，待君子何如而杨廷有孚，待小人何如而不恶而严？体认极真，养之纯熟，德行事功，融合如一，静有自得，动只随机，岂必遇事设筮，然后知吉凶哉！余观东汉党锢，元祐窜逐，迹其言动，岂非君子，揆诸象旨，未执厥中，虽谓不以我读经可也，何至于缧线岭海哉？君子安其身而后动，则小人自远。雍容庙堂，义安海宇，丰亨豫大，不亦休乎？《易》为君子谋，至勤恳也，六十四卦大象，皆曰君子以，以欲君子学圣也，如乾文言，先赞圣人，究归君子，其勤恳如是。孔子潜龙也，祖述尧舜则飞矣，志在春秋亢且悔矣，可见六龙只是一龙，飞非独升，亢亦非贬，特在乘之因时，刚柔迭变耳，圣人可学而至也。

庐陵高乔映识于葆光亭壁

来瞿唐先生易注卷之一

周 易 上 经

周,代名;《易》,书名;卦,则伏羲所画也。伏羲仰观俯察,见阴阳有奇偶之数,故画一奇以象阳,画一偶以象阴;见一阴一阳,有各生之象,故自下而上,再倍而三,以成八卦;又于八卦之上,各变八卦,以成六十四卦。六十四卦皆重而为六画者,以阴阳皆极于六,故圣人作《易》,六画而成卦,六变而成爻,兼三才而两之,皆因天地自然之数。以"易"名书者,"易"字有"交易"、"变易"两义。"交易"以对待言,如天气下降,地气上腾也;"变易"以流行言,如阳极则变阴,阴极变阳也。阴阳之理,非交易则变易,故以"易"名之。夏《易》名《连山》,首艮;商《易》名《归藏》,首坤。曰"周"者,以其辞成于文王、周公,故以"周"名之,而分为上下二篇云。

☰ 乾上
☰ 乾下　**乾**刚

乾:元、亨、利、贞。

"乾",卦名。"元亨利贞"者,文王所系之辞,以断一卦之吉凶,所谓"彖辞"也。乾者,健也,阳主于动,动而有常,其动不息,非至健不能。奇者阳之数,天者阳之体,健者阳之性,六画皆奇,则纯阳而至健矣,故不言天而言乾也。元,大;亨,通;利,宜;贞,正而固也。"元亨"者,天道之本然,数也。"利贞"者,人事之当然,理也。《易经》理、数不相离,因乾道阳明纯粹,无纤毫阴柔之私,惟天与圣人足以当之,所以断其必"大亨"也。故数当"大亨",而必以"贞"处之,方与乾道相合。不贞则非理之当然,安能大亨?此圣人教人以反身修省之切要也。言凡占卜者不论天子、庶人皆宜于贞,以尽人事,若即以为四德,殊失文王立教之意矣。至孔子文言,纯以义理论,方指以四德也。

初九:潜龙勿用。

此周公所系之辞,以断一爻之吉凶,所谓爻辞也。凡画卦者自下而上,故谓下爻为初。"初九"者,卦下阳爻之名也。阳曰九、阴曰六者,《河图》、《洛书》,五皆居中,则五者数之祖也。故圣人起数,止于一二三四五,参天两地而倚数。参天者,天之三位也,天一天三天五也。两地者,地之二位也,地二地四也。倚者,依也。天一依天三,天三依天五而为九,所以阳皆言九;地二依地四而为六,所以阴皆言六。一二三四五者,生数也;六七八九十者,成数也。然生数者成之端倪,成数者生之结果,故止以生数起之,过揲之数皆以此九、六之参两,所以爻言九、六也。"潜",藏也,象初。龙,阳物,变化莫测,亦犹乾道变化,故象九。且此爻变巽错震,亦有龙象,故六爻即以"龙"言之。所谓"拟诸形容,象其物宜"者,此也。"勿用"者,未可施用也。象为"潜龙",占为"勿用"。故占得乾而遇此爻之变者,当观此象,而玩此占也。诸爻仿此。圈外方是正意。

初九,阳气方萌,居于卦下,盖龙之潜藏而未出者也,故有潜龙之象。龙未出潜,则未可施用矣,故教占者勿用,养晦以待时可也。

九二:见龙在田,利见大人。

见龙之"见",贤遍反。

"二",谓自下而上,第二爻也。九二非正,然刚健中正,本乾之德,故旧注亦以正言之。见者,初为潜,二则离潜而出见也。"田"者,地之有水者也。以六画卦言之,二于三才为地,道道上即田也。"大人"者,大德之人也。阳大阴小,乾卦六爻皆阳,故为"大"。以三画卦言之,二于三才为人道,大人之象也,故称"大人",所以应爻九五亦曰"大人"。二五得称"大人"者,皆以三画卦言也。"利见大人"者,利见九五之君以行其道也。此爻变离,有同人象,故"利见大人"。

九二以阳刚中正之德,当出潜离隐之时,而上应九五之君,故有此象,而其占则利见大人也。占者有是德,方应是占矣。

九三:君子终日乾乾,夕惕若,厉无咎。

"君子",指占者。以六画卦言之,"三"于三才为人道,以乾德而居人道,"君子"之象也,故三不言龙;三变则中爻为离,离日在下卦之中,"终日"之象也。下乾终而上乾继,"乾乾"之象,乃健而不息也。"惕",忧也。变离错坎,忧之象也。"若",助语辞。"夕"对"日"言。言"终日乾乾"虽至于夕,而兢惕之心,犹夫终日也。"厉"者,危厉不安也。"九",阳爻;"三",阳位;过刚不中,多凶之地也,故言"厉"。"无咎"者,以危道处危地,操心危,虑患深,则终于不危矣,故"无咎"。

九三过刚不中,若有咎矣。然性体刚健,有能朝夕乾惕不已之象。占者能忧惧如是,亦无咎也。

九四:或跃在渊,无咎。

"或"者,欲进未定之辞,非犹豫狐疑也。"或跃在渊"者,欲跃犹在渊也。九为阳,阳动,故言"跃";四为阴,阴虚,故象"渊"。此爻变巽,"为进退,为不果",又"四多惧",故"或跃在渊"。

九四以阳居阴,阳则志于进,阴则不果于进。居上之下,当改革之际,欲进未定之时也,故有"或跃在渊"之象。占者能随时进退,斯无咎矣。

九五:飞龙在天,利见大人。

"五",天位,龙飞于天之象也。占法与九二同者,二五皆中位,特分上下耳。"利见大人",如尧之见舜,高宗之见傅说是也。下此如沛公之见张良,昭烈之见孔明,亦庶几近之。六画之卦五为天,三画之卦五为人,故曰"天"、曰"人"。

九五刚健中正，以圣人之德居天子之位，而下应九二，故其象占如此。占者如无九五之德位，必不应"利见"之占矣。

上九：亢龙有悔。

"上"者，最上一爻之名。"亢"，人颈也，高也，盖上而不能下，信而不能屈之意。阴阳之理，极处必变。阳极则生阴，阴极则生阳，消长盈虚，此一定之理数也。龙之为物，始而潜，继而见，中而跃，终而飞。既飞于天，至秋分又蛰而潜于渊，此知进知退、变化莫测之物也。九五"飞龙在天"，位之极中正者得时之极，乃在于此。若复过于此，则极而亢矣。以时则极，以势则穷，安得不悔？

上九阳刚之极，有"亢龙"之象，故占者有悔。知进知退，不与时偕极，斯无悔矣。伊尹之复政厥辟，周公之罔以宠利居成功，皆无悔者也。

用九：见群龙无首，吉。

此因"上九亢龙有悔"而言之。"用九"者，犹言处此上九之位也。上九"贵而无位，高而无民，贤人在下位而无辅，动而有悔"矣。到此何以处之哉？惟"见群龙无首"则吉。"群龙"者，潜见飞跃之龙也。"首"者，头也。"乾为首"，凡卦初为足，上为首，则上九即"群龙"之首也。不见其首，则阳变为阴，刚变为柔，知进知退，知存知亡，知得知丧，不为穷灾，不"与时偕极"，所以无悔而吉。此圣人开迁善之门，教占者用此道也。故阳极则教以"见群龙无首吉"，阴极则教以"利永贞"。盖居九而为九所用，我不能用九，故至于"亢"；居六而为六所用，我不能用六，故至于"战"。惟"见群龙无首"、"利永贞"，此"用九"、"用六"之道也。乾主知，故言"见"；坤主能，故言"利永贞"。用《易》存乎人，故圣人教之以此。昔王介甫常欲系"用九"于"亢龙有悔"之下，得其旨矣。

《彖》曰：大哉乾元！万物资始，乃统天。

"乾，元亨利贞"者，文王所系之辞，《彖》之经也。此则孔子赞经之辞，《彖》之传也，故亦以"《彖》曰"起之。曰"元亨利贞"者，文王主于卜筮以教人也。至于孔子之传，则专于义理矣，故以"元亨利贞"分为四德，此则专以天道发明乾义也。"大哉"，叹辞。"乾元"者，乾之元也。"元"者，大也，始也。始者物之始，非以万物之始即"元"也，言万物所资以始者，此乃四德之"元"也。此言气而不言形，若涉于形便是坤之"资生"矣。"统"，包括也。"乾元"，乃天德之大始，故万物之生，皆资之以为始；又为四德之首，而贯乎天德之始终，故"统天"。天之为天，出乎震，而生长收藏，不过此四德而已，统四德则"统天"矣。"资始"者，无物不有也；"统天"者，无时不然也。无物不有，无时不然，此"乾元"之所以为大也，此释"元"之义。

云行雨施，品物流形。

施，始智反，又音是气。

有是气即有是形，"资始"者，气也，气发泄之盛，则"云行雨施"矣。"品"者，物各分类；"流"者，物各以类而生生不已也。"云行雨施"者，气之亨；"品物流形"者，物随造化以亨也。虽物之亨通，而其实乾德之亨通，此释乾之"亨"。"施"有二义：平声者，用也、加也、设也，去声者，布也、散也、惠也、与也，此则去声之义。

大明终始，六位时成，时乘六龙以御天。

"大明"者，默契也。终谓上爻，始为初爻，原始要终以为质也。"六位"者，六爻也。"时"者，六爻相杂，惟其时物之时也。"六龙"者，"潜"与"亢"之六龙，六阳也。阳有变化，故曰"六龙"。"乘"者，凭据也。"御"，犹运用也。上文言"统"者，统治纲领，此节言"御"者，分治条目。"六位时成"者，如位在初时当为"潜"，位在上时当为"亢"也。"御天"者，行天道也，当处之时则乘"潜龙"，当出之时则乘"飞龙"。时当勿用，圣人则勿用；时当知悔，圣人则知悔也。乘龙御天，只是时中"乘六龙"便是"御天"，谓之曰"乘龙御天"，则是圣人一身常驾驭乎乾之六龙，而乾之六龙，常在圣人运用之中矣，学者当观其时成时乘。圣人时中变化，行无辙迹之妙，可也。然言天道而配以圣人，何也？盖天下之理得而成位乎中，则参天地者，惟圣人也。故颐卦曰"圣人养贤，以及万民"，咸卦曰"圣人感人心，而天下和平"，恒卦曰"圣人久于其道而天下化成"，皆此意。

言圣人默契乾道六爻终始之理，见六爻之位各有攸当，皆以时自然而成，则六阳浅深进退之时，皆在吾运用之中矣。由是"时乘六龙"以行天道，则圣即天也。上一节专赞"乾元"，此一节则赞圣人，知乾元六爻之理，而行乾元之事，则泽及于物，足以为"万国咸宁"之基本矣，乃圣人之"元亨"也。

乾道变化，各正性命，保合太和，乃利贞。

"变"者"化"之渐，"化"者"变"之成。"各"者各自也，即"一物原来有一身"，各有族类，不混淆也。"正"者，不偏也。言万物受质，各得其宜，即"一身还有一乾坤"，不相倚附妨害也，物所受为性，天所赋为命。"保"者，常存而不亏。"合"者，翕聚而不散。"太和"，阴阳会合，中和之气也。"各正"者，各正于万物向实之初。"保合"者，保合于万物向实之后，就"各正"言，则曰"性命"，性命虽以理言，而不离乎气。就"保合"言，则"太和"，太和虽以气言，而不离乎理，其实非有二也。

言乾道变化不穷，固"品物流形"矣。至秋则物皆向实，"各正"其所受所赋之性命；至冬则保全其"太和"生意，随在饱足，无少缺欠。凡资始于元、流形于亨者，至此告其终、敛其迹矣。虽万物之"利贞"，实乾道之"利贞"也，故曰"乃利贞"。

首出庶物，万国咸宁。

乘龙御天，乃圣人王道之始，为天下开太平。惟端拱首，出于万民之上，如乾道变化，无所作为，而万国咸宁，亦如物之各正保合也。乘龙御天之化，至此成其功矣。此则圣人之"利贞"也。"咸宁"，即各正保合也，其文武成康之时乎？汉文帝亦近之。如不能各正保合，则纷纭烦扰矣，岂得宁？

《象》曰：天行健，君子以自强不息。

《象》者，伏羲卦之上下两《象》，周公六爻所系辞之象也。即《彖辞》之下，即以"象曰"起之是也。"天行"者，天之运行，一日一周也。"健"者，运而不息也。阳之性至健，所以不息也。"以"者，用也。体《易》而用之，乃孔子示万世学者用易之方也。"自强"者，一念一事莫非天德之刚。若少有一毫阴柔之私以间之，则息矣。"强"与"息"反。"天行健"者，在天之乾也；"自强不息"者，在我之乾也。上句以卦言，下句以人事言。诸卦仿此。

"潜龙勿用",阳在下也。

阳在下者,阳爻居于下也。"阳",故称龙"在下",故"勿用"。此以下,举周公所系六爻之辞而释之。乾初曰阳在下,坤初曰阴始凝,扶阳抑阴之意见矣。

"见龙在田",德施普也。

施,音是。

"德"即"刚健中正"之德。出潜离隐,则君德已著。周遍于物,故曰"德施普"。"施"字如《程传》作去声。

"终日乾乾",反复道也。

"反复"犹往来,言君子之所以朝夕兢惕,汲汲皇皇,往来而不已者,无非此道而已。动循天理,所以处危地而无咎。道外无德,故二爻言德。

"或跃在渊",进无咎也。

量可而进,适其寸则"无咎",故孔子加一"进"字以断之。

"飞龙在天",大人造也。

"造",作也,言作而在上也。"大人",龙也。"飞"在"天",作而在上也。"大人"释"龙"字,"造"释"飞"字。此止言"飞龙在天"。下"同声相应"一节,则"吉,利见大人","上治"一节方言大人之事,"乃位乎天德"一节则见其非无德而据尊位,四意自别。

"亢龙有悔",盈不可久也。

此阴、阳、盈、虚一定之理,"盈"即"亢"。"不可久",致悔之由。

"用九",天德不可为首也。

"天德"二字,即"乾道"二字。"首",头也,即"见群龙无首"之"首"。言周公爻辞"用九,见群龙无首,吉"者,何也?以"天德不可为首",而"见其首"也。盖阳刚之极,亢则有悔,故用其九者,刚而能柔。有"群龙无首"之象,则吉矣。"天行"以下,先儒谓之"《大象》","潜龙"以下,先儒谓之"《小象》"。后仿此。

《文言》曰:元者,善之长也;亨者,嘉之会也;利者,义之和也;贞者,事之干也。

长,丁丈反,下"长人"同。

孔子于《彖》、《象》既有传矣,犹以为未尽其蕴也,故又设《文言》以明之。《文言》者,依文以言其理也。乾道所包者广,有在天之"元亨利贞",有在人所具之"元亨利贞",此则就人所具而言也。"元",大也,始也,即在人之仁也。仁、义、礼、智皆善也,但仁则善端初发,义、礼、智皆所从出,故为善之长。"亨"者,自理之显著亨通而言,即在人之礼也。"嘉",美。"会",聚。"三千三百",乃嘉美之会聚也。"利"有二义:以人心言之,"义"为天理,利为人欲;以天理言之,义者利之理,和者义之宜。故利即吾性之义,义安处即是利也,如上下彼此各得其当然之分,不相乖戾,此利也,乃义之和。"贞"有三意:知也、正也、固也,如孟子所谓"知斯二者弗去"是也。"知"者，知之意也。惟知事亲从兄，正之意也。弗去，固之意也。故"贞"即吾性之智。干者，茎干也，如木之身，而枝叶所依以立也。"元"就其理之发端而言，"亨"就其理之聚会而言，"利"就其理之各归分类而言，"贞"就其理之确实而言。名虽有四，其实一理而已，皆天下之至公，而无一毫人欲之私者也。此四句说天德之自然，下"体仁"四句说人事之当然。

君子体仁足以长人，嘉会足以合礼，利物足以和义，贞固足以干事。

"体仁"，所存所发，无不在于仁，能体其仁，则欲立欲达，无所往而莫非其爱，自足以长人矣。"长"者，"克君克长"之长，盖仁者宜在高位也。既足以长人，则善之长在我矣。下三句仿此。

"嘉会"者，嘉美其会，聚于一身也。然其聚会必至善恰好，皆天理人情自然之至，而无不嘉美，此之谓"嘉"。嘉美会聚于一身，则动容周旋，无不中礼，自有以合乎天理之节文、人事之仪则矣。苦少有一毫欠缺，非美会矣，安能合礼？不相妨害之谓"利"，无所乖戾之谓"和"，和则必利，利则必和。盖义公天下之利，本有自然之和也。物者义之体，义者物之用，乃处物得宜之谓也。物虽万有不齐，然各有自然之定理，故能处物得宜，而不相妨害，则上、下、尊、卑之间，自恩义洽浃，无所乖戾，而义无不和矣。

"固"者，坚固不摇，乃"贞"之恒久功夫也。盖事有未正，必欲其正；事之既正，必守其正。此"贞固"二字之义也。贞而又固，故足以"干事"。"干"者，事之干，亦犹木有干而枝叶可依也。凡事或不能贞，或贞而不固，皆知不能及之，是以不能择而守之。故非至灵至明、是非确然不可移易者，决不能贞固，所以"贞固"为智之事。

君子行此四德者，故曰："乾：元、亨、利、贞。"

"故曰"，古语也。"行此四德"，即"体仁"、"嘉会"、"利物"、"贞固"也。"行此四德"，则与"乾元合"其德矣，故曰"乾：元、亨、利、贞"，所以明"君子"即乾也。

初九曰"潜龙勿用"，何谓也？子曰：龙，德而隐者也。不易乎世，不成乎名，遁世无闷，不见是而无闷，乐则行之，忧则违之，确乎其不可拔，潜龙也。

"初九口'潜龙勿用，何渭也？'"，此文章问答之祖也。圣人神明不测，故曰"龙德"，隐在下位也。"易"，移也。"不易乎世"者，邪世不能乱，不为世所移也。"不成乎名"者，务实不务名，不求知于世，以成就我之名也。"遁世无闷"者，不见用于世而不闷也。"不见是而无闷"者，不见信于人而不问也。事有快乐于心者，则奋然而行之，忘食忘忧之类是也。事有拂逆于心者，则顺适而背之，伐木绝粮之类是也。"违"者，背也，言不以拂逆为事，皆置之度外。如困于陈蔡，犹援琴而歌是也。盖"不易乎世"、"不成乎名"，则必遁世而不见信于人矣，而圣人皆"无闷"焉，是以日用之间，莫非此道之游衍。凡一切祸福毁誉，如太虚浮云，皆处之泰然，此所以乐则行、忧则违，忧乐皆无与于己，而安于所遇矣，非"龙德"何以有此？"拔"者，擢也，举而用之也。"不可拔"即"勿用"也，言坚确不可举用也。盖"不易乎世"六句，"龙德"也，确乎其不可拔而隐也。"龙德而隐"，此所以为"潜龙"也。乾卦六爻，《文言》皆以圣人明之有隐显、无浅深。

此只言"潜龙"，后"君子以成德"节言"勿用"。

九二曰"见龙在田，利见大人"，何谓也？子曰：龙德而正中者也。庸言之信，庸行之谨，

闲邪存其诚,善世而不伐,德博而化。《易》曰"见龙在田,利见大人",君德也。

"正中"者,以下卦言。初居下,三居上,二正当其中也。"庸",常也。邪自外入,故防闲之。诚自我有,故存主之。"庸言"必信者,无一言之不信也。"庸行"必谨者,无一行之不谨也。庸言信,庸行谨,宜无事于闲邪矣,而犹闲邪存诚。"闲邪存其诚"者,无一念之不诚也。念念皆诚,则发之言愈"信"、"谨"矣。如此,则其德已盛,善盖一世矣。然心不自满,不自以为善,其信谨闲邪存诚,犹夫其初也,皆纯一不已之功也。"德博而化"者,言行为人所取法也。言"君德"者,明其非君位也。

此只言"见龙",后"君子学以聚之"节言"利见"。

九三曰"君子终日乾乾,夕惕若,厉无咎",何谓也? 子曰:君子进德修业。忠信,所以进德;修辞立其诚,所以居业也。知至至之,可与几也;知终终之,可与存义。是故居上位而不骄,在下位而不忧。故乾乾因其时而惕,虽危无咎矣。

"几"与"义"非二事。"几"者,心之初动也。当欲忠信修辞立诚之初,心之萌动,必有其"几"。几微之际,乃义之发源处也。"义"者,事之得宜也。方忠信修辞立诚之后,事之成就必见乎义。允蹈之宜,乃几之结果处也。"与"者,许也。"可与几"者,"几"有善恶,许其几之如此方不差也。"存"者,守而不失也。三爻变,则中爻为巽,有进象,又为兑,有言辞象,又为离明,有知象。以三画卦论,三居上,居上位象;以六画卦论,三居下,在下位象。

"君子终日乾乾,夕惕若"者,非无事而徒动也,勤于进德修业也。然以何者为德业? 德业何以用功? 盖"德"者即贞实之理,诚之涵于心者也。人不忠信,则此心不实,安能进德? 惟忠信而内无一念之不实,则心不外驰,而有以复还其贞实之理,所进之德,自日新而不穷矣。故"所以进德业"者,即贞实之事,诚之发于事者也。言不顾行,则事皆虚伪,安能居业? 惟修省其辞以立诚,而外无一言之不实,则言行相顾,有以允蹈其贞实之事,所居之业,自居安而不迁矣,故"所以居业"。夫德业之进修,固在于忠信修辞立诚矣。然其入门用功当何如哉? 亦知行并进而已。盖其始也,知德业之所当至,此心必有其"几"。当"几"之初,下此实心而必欲其至,知至即至之,则念念不差,意可得而诚矣。几动不差,此其所以"可与几"也。其终也,知德业之所当终,此事必有其义,见义之时,行此实事,而必欲其终,知终即终之,则事事皆当,身可得而修矣。义守不失,此其所以可与存义也。如此用功,则反身而诚,德崇而业广矣,又焉往而不宜哉! 故以之居上,高而不骄,以之在下,卑而不戚,虽危无咎矣,此君子所以"终日乾乾"也。

此只言"乾乾,夕惕",后"重刚而不中"节言"厉,无咎"。

九四曰"或跃在渊,无咎",何谓也? 子曰:上下无常,非为邪也;进退无恒,非离群也。君子进德修业,欲及时也,故无咎。

在"田"者安于下,在"天"者安于上,有常者也。进而为飞,退而为见,有恒者也。盖"恒"即常字。九四之位逼九五矣,以上进为常,则觊觎而心邪。今或跃或处,上下无常,而非为邪也。以下退为常,则离群而德孤。今去就从宜,进退无常,而非离群也。惟及时以进修,而不干时以行险,此其所以"无咎"也。"上进"释"跃"字义,"下退"释"渊"字义,"无常"、"无恒"释"或"字义,"非为邪"、"非离群"释"无咎"义。

此其言"跃渊",后"重刚"节言"无咎"。

九五曰"飞龙在天,利见大人",何谓也? 子曰:同声相应,同气相求。水流湿,火就燥,云

从龙,风从虎,圣人作而万物睹,本乎天者亲上,本乎地者亲下,则各从其类也。

"同声相应",如鹤鸣而子和,雄鸣而雌应之类是也。"同气相求",如"日"火之精,而取火于日,"月"水之精,而取水于月之类是也。"湿"者下地,故水之流趋之。"燥"者干物,故火之燃就之。"云"水气也,龙兴则云生,故"云从龙"。"风",阴气也,虎啸则风烈,故"风从虎"。然此特一物亲一物也。惟圣人以圣人之德居天子之位,则三才之主,而万物之天地矣。是以天下万民莫不瞻仰其德,而快睹其光。所谓"首出庶物,万国咸宁,而万物皆亲矣",盖不特一物之亲而已也。所以然者,以天地阴阳之理,皆各从其类也。如天,在上轻清者也,凡本乎天,轻清成象者,皆亲之;地在下,重浊者也,凡本乎地,重浊成形者,皆亲之。盖天属阳,故轻清者属阳者,从其类;地属阴,故重浊之属阴者,从其类。阳从其阳,故君子与君子同类而相亲;阴从其阴,故小人与小人同类而相亲。然则以九五之德位,岂不"利见"同类之"大人"? 所以"利见"者以此。

此其言"飞龙在天",后"大人者"节言"利见大人"。

上九曰"亢龙有悔",何谓也? 子曰:贵而无位,高而无民,贤人在下位而无辅,是以动而有悔也。

六龙之"首",故曰"高"贵。非君非臣,故曰"无位"。纯阳无阴,故曰"无民"。五居九五之位,又有快睹之民,九四以下龙德之贤,皆相从九五以辅相矣,是以上九非不贵也。贵宜乎有位,而无位,非不高也。高宜乎有民,而无民,非不有贤人也。贤人宜辅,而莫为之辅。"无位"、"无民"、"无辅",则离群孤立,如是而动,其谁我与? 有悔必矣。此第二节,申《象传》之意。

"潜龙勿用",下也。

言在下位也。

"见龙在田",时舍也。

舍,去声。

"舍",止息也。出潜离隐,而止息于田也。

"终日乾乾",行事也。

非徒空存忧惕之心,言行事而"终日乾乾"也。盖心虚而事实,此体用兼养之学也。非空忧惕,乃行所当行之事也,即进德修业也。

"或跃在渊",自试也。

"试可乃已"之试,非试其德,试其时也。非"自试",则必妄动矣。

"飞龙在天",上治也。

居上以治下。此得时则驾,下句则蓬累而行。

"亢龙有悔",穷之灾也。

"穷"者"亢","灾"者"悔"。

乾元"用九",天下治也。

"用九,见群龙无首,吉。"此周公教占者当如此也。孔子此则专以人君言。"元"者,仁也,即"体仁以长人"也。言人君体乾之"元",用乾之九,至诚恻怛之爱,常流行于刚果严肃之中,则张弛有则,宽猛得宜,不刚不柔,敷政优优,而天下治矣。此第三节,再申前意。

此一节明六龙总一龙,而因时变化,其见于世者有异也。孔子,乾之德也。

"潜龙勿用",阳气潜藏。

"阳"在下也,以爻言。"潜龙勿用",下也,以位言,此则以气言,言阳气潜藏,正阴气极盛之时。"天地闭,贤人隐",所以"勿用"。此以下,又圣人歌咏乾道之意。

见龙在田,天下文明。

明,叶文。

虽在下位,然天下已被其德化,而成文明之体矣。因此爻变离,故以"文明"言之。

"终日乾乾",与时偕行。

行,叶杭。

天之健,终日不息,九三之进修,亦与之偕行而不息,故曰"与时偕行"。

"或跃在渊",乾道乃革。

"革"者,离下内卦之位,升上外卦之位也。

"飞龙在天",乃位乎天德。

"天德"即天位。有是"天德",而居是"天位",故曰"乃位乎天德"。若无德以居之者,可谓之"天位",不可谓之"天德"之位也。惟圣人在天子之位,斯可言也。

"亢龙有悔",与时偕极。

当亢极而我不能变通,亦与时运俱极,所以"有悔"。

乾元"用九",乃见天则。

龙之为物,春分而升于天,秋分而蛰于渊。曰"亢龙"者,言秋分亢举于上,而不能蛰也。以春、夏、秋、冬配四德,"元"者,春也,"利"者,秋也。亢龙在此秋之时矣。天之为天,不过生杀而已。春既生矣,至秋又杀,秋既杀矣,至春又生,此天道一定自然之法则也。今为人君者,体春生之元,而用之于秋杀之亢,则是阴惨之后继之以阳舒,肃杀之余继之以生育,一张一弛,一刚一柔,不惟天下可治,而天道之法则,亦于此而见矣,故曰"乃见天则"。此第四节,又申前意。

孔子深味乾德,而歌以咏之也,当叶韵读,可想见圣人玩味之意。

"乾元"者,始而亨者也。"利贞"者,性情也。乾始,能以美利利天下,不言所利,大矣哉。

"始而亨"者,言物方资始之时,已亨通矣。盖出乎震,则必齐乎巽、见乎离,势之必然也。若不亨通,则生意必息,品物不能流形矣。是"始"者"元"也,"亨"之者亦"元"也。"性"者,百物具足之理。"情"者,百物出入之机。春作夏长,百物皆有性情,非必"利贞"而后见。但此时生意未足,实理未完,百物尚共同一性情。至秋冬,则百谷草木"各正性命,保合太和",一物各具一性情,是收敛归藏,乃见性情之的确。故"利贞"者,即乾元之"性情"也,则"利贞"之未始不为元也。"乾始"者,即"乾元者,始而亨"之始也。"以美利利天下"者,元能始物,能使庶物生成,无物不嘉美,亦无物不利赖也。"不言所利"者,自成其形,自成其性,泯机缄于不露,莫知其所以然也。"大哉",赞乾元也。

孔子于《文言》,既分"元亨利贞"为四德矣,此义合而为一也。言乾之"元"者,始而即"亨"者也。"利贞"者,则元之性情耳。然何以知其"元始"即"亨","利贞"即"元"之性情也? 惟自其"乾元"之所能者,则可见矣。盖百物生于春,非"亨利贞"之所能也。惟"元"为生物之始,"以美利利天下"者,则乾元之能也。夫"以美利利天下",其所能之德业亦盛大矣。使造化可以言焉,则曰"此某之美利也",庶乎可以各归功于四德矣。今"不言所利",人不得而测之。既不可得而测,则是四德浑然一理,不可分而言也。"元"本为四德之长,故谓"亨",乃"元"之"始亨"可也。谓"利贞",乃"元"之"性情"可也。所以谓"乾元始而亨"、"利贞性情"者以此。乾元之道不其大哉! 四德本一理,孔子赞《易》,或分而言之以尽其用,或合而言之以著其体,其实一理而已,所以可分可合也。

大哉乾乎! 刚健中正,纯粹精也。六爻发挥,旁通情也。"时乘六龙",以御天也。"云行雨施",天下平也。

"刚"以体言;"健"以性言;"中"者,无过不及也;"正"者,不偏也。此四者,乾之德也。"纯"者,纯阳而不杂以阴也,"粹"者,不杂而良美也,"精"者,不杂之极至也,总言乾德"刚健中正"之至极。所谓"纯粹精者",非出于"刚健中正之外也,但乾德之妙,非一言所能尽。故于"刚健中正"之外,复以"纯粹精"赞之。"情"者,事物至赜至动之情也。"发挥"者,每一画有一爻辞以发挥之也。"旁通"者,曲尽也,如初之"潜",以至上之"亢"。凡事有万殊,物有万类,时有万变,皆该括曲尽其情而无遗也。前"品物流形",乃乾之"云行雨施"。此言"云行雨施",乃圣人"乘六龙"而御天之功,德泽流行敷布,所以天下平也。言乾道刚健中正,纯粹以精。乾道固大矣,惟圣人"立六爻"以通乎乾之情,"乘六龙"以行乎乾之道,"云行雨施"以沛乎乾之泽,以至"天下太平"。则乾道之大不在乾,而在圣人矣。此第五节,复申首章之意。

叶,韵读也字,如楚辞之些。

君子以成德为行,日可见之行也。潜之为言也,隐而未见,行而未成,是以君子弗用也。

"德"者时之本,"行"者德之用,故曰"君子以成德为行"。"成德"者,已成之德也;"日可见"者,犹言指日可待之意。此二句泛论其理也。"潜"者,周公爻辞也。"未见"者,"天地闭,贤人隐",厄于潜之机会而未见也。"未成"者,因其厄而事业未成就也,如伊尹耕于有莘之野是也。

君子以已成之德,举而措之于行,则其事业之所就,指日可见矣。初九其德已成,则"日可见之行"也,而占者,乃曰"勿用",何也? 盖圣人出世,必有德有时。人之所能者德,所不能者时,今初九虽德已成,然时当乎"潜"也。"潜"之为言也,隐而未见也。惟其"隐而未见",故"行而未成",时位厄之也。是以占者之君子,亦当如之而勿用也。

君子学以聚之,问以辨之,宽以居之,仁以行之。《易》曰"见龙在田,利见大人",君德也。

"之"者,正中之理也。龙德正中,虽以爻言,然圣人之德不过此至正大中而已。盖乾道刚健中正,民受天地之中以生,惟中庸不可能。苟非学聚问辨有此致知功夫、宽居仁行有此力行功夫，安能体此龙德之正中乎？"聚"者，多闻多见，以求会聚，此正中之理也；"辨"者，讲学也。亲师取友，辨其理之精粗本末、得失是非，择其正中之善者而从之，即"讲学以聚之"也。"宽"者，优游厌饫，勿忘勿助，俾所聚所辨，此理之畜于我者，融会贯通，渣滓浑化，无强探力索、凌节欲速之患也。盖"宽"字以久远言，有从容不迫之意，非专指包含也。"居"者，守也，据也。仁以行之者，无适而莫非天理正中之公，而无一毫意必固我之私也。盖"辨"者辨其所聚，"居"者居其所辨，"行"者行其所居，故必"宽以居之"，而后方可"仁以行之"。若学聚问辨之余，涵养未久，粗心浮气，而骤欲见之于实践，则居之不安、资之不深，安能左右逢原，而大公以顺应哉！此为学一定之序也。有是四者，宜乎正中之德，博而化矣。曰"君德"者，即前九二之"君德"也。

九三，重刚而不中，上不在天，下不在田，故乾乾因其时而惕，虽危无咎矣。

三居下卦之上，四居上卦之下，交接处以刚接刚，故曰"重刚"。非阳爻居阳位也，以九四居阴位者，亦曰"重刚"。位非二五，故曰"不中"，即下文"上不在天，下不在田"也。九三以时言，九四以位言，故曰"乾乾因其时"。

九三"重刚不中，上不在天，下不在田"，宜"有咎"矣。而乃"无咎"，何哉？盖既"重刚"又"不中"，刚之极矣。以时论之，盖危惧之时也。故九三因其时而兢惕不已，则德日进、业日修，所以虽处危地，亦无咎矣。

九四，重刚而不中，上不在天，下不在田，中不在人，故"或"之。或之者，疑之也，故无咎。

在人谓三也。四三虽皆人位，然四则居人之上，而近君矣，非三之不近君，故曰"不在人"。"重刚不中"之"中"，二五之"中"也。"中不在人"之"中"，六爻中间之"中"也。

九四"重刚不中，上不在天，下不在田，中不在人"，宜"有咎"矣。而乃"无咎"，何哉？盖九四之位，不在天，不在田，虽与九三同，而人位则不如九三之居下卦也，所居之位独近九五，盖"或之"之位也，故"或之"。"或之者，疑之也"，惟其疑，必审时而进矣，所以无咎也。

夫大人者，与天地合其德，与日月合其明，与四时合其序，与鬼神合其吉凶。先天而天弗违，后天而奉天时。天且弗违，而况于人乎？况于鬼神乎？

夫，音扶。

"合德"以下，总言大人所具之德，皆天理之公，而无一毫人欲之私。若少有一毫人欲之私，即不合矣！"天地"者，造化之主。"日月"者，造化之精。"四时"者，造化之功。"鬼神"者，造化之灵。覆载无私之谓"德"，照临无私之谓"明"，生息无私之谓"序"，祸福无私之谓"吉凶"。"合序"者，如赏以春夏、刑以秋冬之类也。"合吉凶"者，福善祸淫也。先天不违，如无制作之类，虽天之所未为，而吾意之所为，默与道契，天亦不能违乎我，是天合大人也。"奉天时"者，奉天理也。"后天奉天时"，谓如"天叙有典，而我惇之；天秩有礼，而我庸之"之类。虽天之所已为，我知理之如是，奉而行之，而我亦不能违乎天，是"大人"合天也。盖以理为主，天即我，我即天，故无后无彼此之可言矣。天且不违于"大人"，而况于人？乃得天地之理以生，鬼神不过天地之功用，虽欲违乎"大人"，自不能违乎天矣。乾之九五，以刚健中正之德与此"大人"相合，所以宜"利见"之，以其同德相应也。

"亢"之为言也，知进而不知退，知存而不知亡，知得而不知丧，其惟圣人乎！知进退存亡而不失其正者，其惟圣人乎！

"进退"者身,"存亡"者位,"得丧"者物,消长之理。知之既明,不失其正,处之又当,故惟圣人能之。再言"其惟圣人",始若设问,而卒自应之"见",非圣人不能也。初九"隐而未见"二句,释一"潜"字。而言"君子"者再,盖必"君子"而后能安于"潜"也。上九"亢之为言"三句,释一"亢"字,而言"圣人"者再,盖惟圣人而后能不至于"亢"也。

此第六节。复申前数节未尽之意。

☷ 坤上 ☷ 坤下　坤柔

坤:元、亨,利牝马之贞。君子有攸往,先迷;后得主,利。西南得朋,东北丧朋,安贞吉。

丧,去声。

偶者,阴之数也。坤者,顺也,阴之性也。六画皆偶,则纯阴而顺之至矣,故不言"地"而言"坤"。马象乾,牝马取其为乾之配。牝马属阴,柔顺而从阳者也。马能行顺而健者也,非顺外有健也。坤"利牝马之贞",与乾不同者,何也?盖乾以刚固为贞、坤以柔顺为贞,言如牝马之顺而不息则正矣。牝马地类,安得同乾之贞?此占辞也。与乾卦"元亨利贞"同,但坤则贞,"利牝马"耳。程子泥于四德,所以将"利"字作句。"迷"者,如迷失其道路也。坤为地,故曰"迷",言占者"君子",先乾而行则失其主而迷错,后乾而行则得其主而利矣。盖造化之理,阴从阳以生物,待唱而和者也。君为臣主,夫为妻主,后乾即得所主矣,利孰大焉,其理本如此。观"文言"后得主而有常,此句可见矣。"西南""东北",以文王圆图卦位而言,阳气始于东北,而盛于东南。阴气始于西南,而盛于西北。"西南"乃坤之本乡,兑、离、巽三女同坤居之,故为"得朋"。震、坎、艮三男同乾居"东北",则非女之朋矣,故"丧朋"。阴从其阳谓之正,惟丧其三女之朋。从乎其阳,则有生育之功,是能安于正也。安于其正,故"吉"也。

《象》曰:至哉坤元!万物资生,乃顺承天。

"至"者,极也。天包乎地,故以"大"赞其天,而地止以"至"赞之。盖言地之至则与天同,而大则不及乎天也。"元"者,四德之元。非乾有元,而坤复又有一元也。乾以施之,坤则受之,交接之间,一气而已。始者气之始,生者形之始,万物之形皆生于地,然非地之自能为也。天所施之气至,则生矣,故曰"乃顺承天"。"乾健",故一而施;"坤顺",故两而承。此释卦辞之"元"。

坤厚载物,德合无疆,含弘光大,品物咸亨。

"坤厚载物"以德言,非以形言。"德"者,载物厚德、"含弘光大"是也。"无疆"者,乾也。"含"者,包容也。"弘"则是其所含者,无物不有,以蕴畜而言也。其静也翕,故曰"含弘"。"光"者,昭明也。"大",则是其所光者,无远不届,以宣著而言也。其动也辟,故曰"光大"。言"光大"而必曰"含弘"者,不翕聚则不能发散也。"咸亨"者,齐乎巽、相见乎离之时也。此释卦辞之"亨"。

牝马地类,行地无疆,柔顺利贞。

地属阴,牝阴物,故曰"地类"。又"行地"之物也,"行地无疆"则顺而不息矣。此则"柔顺"所利之贞也,故"利牝马之贞"。此释卦辞"牝马之贞"。

君子攸行，先迷失道，后顺得常。西南得朋，乃与类行。东北丧朋，乃终有庆。安贞之吉，应地无疆。

"君子攸行"即文王卦辞"君子有攸往"，言占者君子，有所往也。"失道"者，失其坤顺之道也。坤道主成，成在后，若先乾而动，则迷而失道。"得常"者，得其坤顺之常，后乾而动，则顺而得常。

夫惟坤贞利在"柔顺"，是以君子有所往也。先则迷，后则得。西南虽得朋，不过与巽、离、兑三女同类而行耳，未足以为庆也。若丧乎三女之朋，能从乎阳，则有生物之功矣，终必有庆。何也？盖柔顺从阳者，乃坤道之安于其正也，能安于其正，则阳施阴受，生物无疆，应乎地之无疆矣，所以"乃终有庆"也。此释卦辞"君子有攸往"至"安贞吉"。

《象》曰：地势坤，君子以厚德载物。

西北高，东南低，顺流而下，地之势，本坤顺者也，故曰"地势坤"。且天地间持重载物，其势力无有厚于地者，故下文曰"厚"。天以气运，故曰"天行"；地以形载，故曰"地势"。"厚德载物"者，以深厚之德，容载庶物也。若以厚德载物，体之身心，岂有他道哉？惟体吾长人之仁也，使一人得其愿，推而人人各得其愿，和吾利物之义也。使一事得其宜，推而事事各得其宜，则我之德厚而物无不载矣。

初六：履霜，坚冰至。

"六"，详见乾卦初九。"霜"，一阴之象。"冰"，六阴之象。方"履霜"而知"坚冰至"者，见占者防微杜渐，图之不可不早也。《易》为君子谋"，乾言"勿用"，即复卦"闭关"之义，欲君子之难进也。坤言"坚冰"，即姤卦"女壮"之戒，防小人之易长也。

《象》曰："履霜坚冰"，阴始凝也。驯致其道，至坚冰也。

《易举正》，"履霜"之下无"坚冰"二字。"阴始凝"而为"霜"，渐盛必至于"坚冰"，小人虽微长则渐至于盛。"驯"者，扰也，顺习也。"道"者，"小人道长"之道也，即上六"其道穷也"之道。驯习因循，渐致其阴道之盛，理势之必然也。

六二：直方大，不习无不利。

"直"字，即"坤至柔而动也刚"之刚也。"方"字即"至静而德方"之方也。"大"字即"含弘光大"之大也。孔子《象辞》、《文言》、《小象》皆本于此，前后之言皆可相证。以本爻论，六二得坤道之正则无私曲，故"直"；居坤之中则无偏党，故"方"。"直"者，在内所存之柔顺中正也。"方"者，在外所处之柔顺中正也。惟柔顺中正，在内则为直，在外则为方。内而直，外而方，此其所以大也。不揉而直，不矩而方，不恢而大，此其所以"不习"也。若以人事论，"直"者，内而天理为之主宰，无邪曲也。"方"者，外而天理为之裁制，无偏倚也。"大"者，无一念之不直、无一事之不方也。"不习无不利"者，直者自直，方者自方，大者自大，不思不勉而中道也。"利"者，"利有攸往"之"利"，言不待学习而自然"直方大"也。盖八卦正位，乾在五，坤在二，皆圣人也，故乾刚健中正则"飞龙在天"，坤柔顺中正则"不习无不利"。占者有是德，方应是占矣。

《象》曰：六二之动，直以方也。不习无不利，地道光也。

"以"字即"而"字，言"直"、"方"之德惟动可见，故曰"坤至柔而动也刚"。此则承天而动，生物之机也。若以人事论，心之动"直"而无私，事之动"方"而当理是也。"地道光"者，六二之柔顺中正，即地道也。地道柔顺中正，光之所发者，自然而然，不俟勉强，故曰"不习无不利"。"光"即"含弘光大"之光。

六三：含章可贞，或从王事，无成有终。

"坤为吝啬"，含之象也。刚柔相杂曰"文"，文之成者曰"章"。阳位而以阴居之，又坤为文章之象也。三居下卦之终，"终"之象也。"或"者，不敢自决之辞。"从"者，不敢造始之意。

三居下卦之上，有位者也，其道当含晦其章美。有美则归之于君，乃可常久而得正。或从王之事，不敢当其成功，惟奉职以终其事而已。爻有此象，故戒占者如此。

《象》曰："含章可贞"，以时发也；"或从王事"，知光大也。

知，平声。

"以时发"者，言非终于韬晦、含藏不出，而有所为也。"或从王事"带下一句说，孔子《小象》多是如此。"知光大"者，正指其无成有终也，盖"含弘光大，无成而代有终"者。盖知地道之光大，当如是也。

六四：括囊，无咎无誉。

"坤为囊"。阴虚能受，囊之象也。"括"者，结囊口也。四变而奇，居下卦之上，结囊上口之象也。四近乎君，居多惧之地，不可妄咎妄誉，戒其作威福也。盖誉则有逼上之嫌，咎则有败事之累，惟晦藏其智，如结囊口，则不害矣。

六四柔顺得正，盖慎密不出者也，故有"括囊"之象、"无咎"之道也。然既不出，则亦尤由称赞其美矣，故其占如此。

《象》曰："括囊无咎"，慎不害也。

"括囊"者，慎也。"无咎"者，不害也。

六五：黄裳，元吉。

"坤为黄"、"为裳"，"黄裳"之象也。"黄"，中色，言其中也。"裳"，下饰，言其顺也。"黄"字从五字来，"裳"字从六字来。

六五以阴居尊，中顺之德充诸内而见诸外，故有是象，而其占则元吉也。刚自有刚德，柔自有柔德，本义是。

《象》曰："黄裳元吉"，文在中也。

坤为文。文也居五之中，在中也。"文在中"，言居坤之中也，所以"黄裳元吉"。

上六：龙战于野，其血玄黄。

六阳为龙，坤之错也，故阴阳皆可以言龙。且变艮综震，亦"龙"之象也。变艮为剥，阴阳相剥，"战"之象也。战于卦外，"野"之象也。"血"者，龙之血也。"坚冰至"者，所以防"龙战"之祸于其始。龙战野者,所以著"坚冰"之至于其终。

上六阴盛之极,其道穷矣。穷则其势必争,至与阳战,两败俱伤,故有此象。凶可知矣。

《象》曰:"龙战于野",其道穷也。

极则必穷,理势之必然也。

用六:利永贞。

"用六"与"用九"同。此则以上六"龙战于野"言之,阴极则变阳矣。但阴柔恐不能固守。既变之后,惟长"永贞固",不为阴私所用,则亦如乾之"无不利"矣。

《象》曰:用六永贞,以大终也。

此美其善变也。阳大阴小:大者阳明之公,君子之道也;小者阴浊之私,小人之道也。今始阴浊而终阳明,始小人而终君子,何大如之? 故曰"以大终"也。

《文言》曰:坤,至柔而动也刚,至静而德方,后得主而有常,含万物而化光。坤道其顺乎? 承天而时行。

"动"者,生物所动之机。"德"者,生物所得之质。乾刚坤柔,定体也。坤固至柔矣,然乾之施一至坤,即能翕受而敷施之,其生物之机不可止遏,此又柔中之刚矣。乾动坤静,定体也。坤固至静矣,及其承乾之施,陶镕万类,各有定形,不可移易,此又静中之方矣。柔无为矣,而刚则能动;静无形矣,而方则有体。柔静者,顺也体也;刚方者,健也用也。"后得主而有常"者,后乎乾则得乾为主,乃坤道之常也。"含万物而化光"者,静翕之时,含万物生意于其中,及其动辟,则化生万物而有光显也。"坤道其顺乎",此句乃赞之也。坤之于乾,犹臣妾之与夫君,亦惟听命而已。一施一受不敢先时而起,亦不敢后时而不应,此所以赞其顺也。此以上申《象传》之意。

积善之家,必有余庆;积不善之家,必有余殃。臣弑其君,子弑其父,非一朝一夕之故,其所由来者渐矣,由辨之不早辨也。《易》曰"履霜,坚冰至",盖言顺也。

天下之事,未有不由积而成。家之所积者善,则福庆及于子孙;所积者不善,则灾殃流于后世。其大至于弑逆之祸,皆积累而至,非"朝夕"所能成也。"由来者渐",言臣子也。"辨之不早",责君父也。"辨",察也。在下者不可不察之于己,在上者不可不察之于人,察之早,勿使之渐,则祸不作矣。"顺"字即驯字。"驯致其道"也,言顺习因循以至于"坚冰"也。前言"驯致其道",此言"盖言顺也",皆一意也。《程传》是。

直,其正也;方,其义也。君子敬以直内,义以方外,敬义立而德不孤。"直方大,不习无不利",则不疑其所行也。

"直"者,何也? 言此心无邪曲之私,从绳墨而正之之谓也。"方"者何也? 言此事无差谬之失,得裁制而宜之之谓也。此六二"直方"之所由名也。下则言求"直方"之功。人心惟有私,所以不直。如知其敬,乃吾性之礼存诸心者,以此敬为之操持,必使此心廓然大公,而无一毫人欲之私,则不期直而自直矣。人事惟有私,所以不方。如知其义,乃吾性之义见诸事者,以此义为之裁制,必使此事物来顺应而无一毫人欲之私,则不期方而自方矣。德之偏者谓之"孤",不孤则大矣。盖敬之至者外必方,义之至者内必直,不方不直,不足谓之敬义，是德之孤也。今既有敬以涵义之体，又有义以达敬之用，则内外夹持，表里互养，日用之间，莫非天理之流行。德自充满，盛大而不孤矣，何大如之！内而念念皆天理，则内不疑。外而事事皆天理，则外不疑。内外坦然而无疑，则"畅于四支"，不言而喻；"发于事业"，无所处而不当，何利如之！此所以"不习无不利"也。乾言进修，坤言敬义，学圣人者，由于进修，欲进修者，先于敬义，乾坤二卦备矣。

阴虽有美，含之以从王事，弗敢成也。地道也，妻道也，臣道也。地道无成，而代有终也。

"阴虽有美，含之"，可以时发而从王事矣。"以从王事"，不敢有其成者，非其才有所不足，不能成也，乃其分之不敢成也，何也？法象莫大于天地，三纲莫重于夫妻、君臣。天统乎地，夫统乎妻，君统乎臣，故"地道也，妻道也，臣道也"，皆不敢先自主也。皆如地之无成，惟代天之终耳。盖天能始物，不能终物，地继其后而终之，则地之所以有终者，终天之所未终也。地不敢专其成，而有其终，故曰"无成而代有终"也。六三为臣，故当如此。

天地变化，草木蕃。天地闭，贤人隐。《易》曰"括囊，无咎无誉"，盖言谨也。

"天地变化"二句，乃引下文之辞。言天地变化，世道开泰，则草木之无知者且蕃茂，况于人乎？则贤人之必出，而不隐可知矣。若"天地闭"，则贤人必敛德以避难，此其所以隐也。坤本阴卦，四六重阴又不中，则阴之极矣，正天地闭塞、有阴而无阳、不能变化之时也，故当谨守不出者以此。

君子黄中通理，正位居体，美在其中，而畅于四支，发于事业，美之至也。

"黄"者，中德也。"中"者，内也。"黄中"者，中德之在内也。"通"者，豁然脉络之贯通，无一毫私欲之滞塞也。"理"者，井然文章之条理，无一毫私欲之混淆也。本爻既变坎为通，"通"之象也。本爻未变坤为文，"理"之象也。故六五《小象》曰"文在中"。德之在内者，通而且理。爻之言黄者，以此，正位居尊位也。"体"者，乾坤之定体也，乾阳乃上体，坤阴乃下体。言虽在尊位而居下体，故不曰"衣"而曰"裳"。爻之所以言"裳"者，以此。以人事论，有居尊位而能谦下之意。此二句尽"黄裳"之义矣。又叹而赞之，以见"元吉"之故。言"黄中"，"美在其中"，岂徒美哉？美既在中，则"畅于四支"，为日新之德，四体不言而喻者，此美也。"发于事业"，为富有之业，天下国家无所处而不当者，此美也。不其美之至乎！爻之所以不止言"吉"而言"元吉"者，以此。

阴疑于阳必战，为其嫌于无阳也，故称"龙"焉。犹未离其类也，故称"血"焉。夫玄黄者，天地之杂也，天玄而地黄。

夫，音扶。

"疑"者，似也，似其与己均敌，无大小之差也。阴本不可与阳战，今阴盛，似敢与阳敌，故以战言。阴盛已无阳矣，本不可以称龙，而不知阳不可一日无也。故周公以"龙"言之，以存阳也。虽称为"龙"，犹阴之类也，故称"血"，以别其为阴。"血"，阴物也。曰"其色玄黄"，则天地之色杂矣。而不知"天玄"、"地黄"者，两间之定分也。今曰"其色玄黄"，疑于无分别矣，夫岂可哉！言阴阳皆伤也。以上皆申言周公《爻辞》。

来瞿唐先生易注卷之二

坎上　震下 **屯** 见而不失其居

"屯"者，难也。万物始生，郁结未通，似有险难之意，故其字象"屮"穿地（屮，音彻），始出未申也。《序卦》："有天地然后万物生焉，盈天地之间者唯万物。屯者，盈也。物之始生也，故次乾坤之后。"

屯：元、亨、利、贞。勿用有攸往。利建侯。

初九以贵下贱，大得民也，此利见之侯也。

乾坤始交而遇险陷，故名为"屯"。所以气始交未畅曰"屯"，物勾萌未舒曰"屯"，世多难未泰曰"屯"。震动在下，坎陷在上，险中能动，是有拨乱兴衰之才者，故占者"元亨"。然犹在险中，则宜守正而未可遽进，故"勿用有攸往"。"勿用"者，以震性多动，故戒之也。然大难方殷，无君则乱，故当立君以统治。初九阳在阴下，而为成卦之主，是能以贤下人，得民而可君者也。占者必从人心之所属望，立之为主，斯利矣，故"利建侯"。"建侯"者，立君也。险难在前，中爻艮止，勿用攸往之象。震，一君二民，建侯之象。

《彖》曰：屯，刚柔始交而难生，动乎险中，大亨贞。雷雨之动满盈。天造草昧，宜建侯而不宁。

难，去声。

以二体释卦名，又以卦德、卦象释卦辞。"刚柔"者，乾坤也。"始交"者，震也。一索得震，故为"乾坤始交"。"难生"者，坎也。言万物始生即遇坎难，故名为"屯"。"动乎险中"者，言震动之才足以奋发有为，时当大难，能动则其险可出，故"大亨"。然犹在险中，时犹未易为。必从容以谋，其出险方可，故"利贞"。"雷"，震象。"雨"，坎象。"天造"者，如天所造作也。"草"者，如草不齐。"震为蕃"，草之象也。"昧"者，如天未明。"坎为月"，天尚未明，昧之象也。"坎"，水内景，不明于外，亦昧之象也。雷雨交作，杂乱晦冥，充塞盈满于两间，天下大乱之象也。当此之时，以天下则未定，以名分则未明，正宜立君以统治。君既立矣，未可遽谓安宁之时也，必为君者忧勤兢畏，不遑宁处，方可拨乱反正，以成靖难之功。此则圣人济屯之深戒也。动而雷雨满盈，即"勿用攸往"，"建侯"而不宁，即"利建侯"。然卦言"勿用攸往"，而《彖》言"雷雨之动"者，"勿用攸往"非终不动也，审而后动也。屯之"元亨利贞"，非如乾之四德，故曰"大亨贞"。

更始初立而骄奢，非不宁矣。

《象》曰：云雷屯。君子以经纶。

《彖》言雷雨，《象》言云雷。《彖》言其动，《象》著其体也。上坎为云，故曰"云雷屯"。下坎为雨，故曰"雷雨"解。"经纶"者，皆治丝之事。草昧之时，天下正如乱丝，经以引之，纶以理之，俾大纲皆正，万目毕举，正君子拨乱有为之时也，故曰"君子以经纶"。

初九：磐桓，利居贞，利建侯。

"磐"，大石也，"鸿渐于磐"之磐也。中爻艮石之象也。"桓"，大柱也。震，阳木，桓之象也。八卦正位，震在初，乃爻之极善者。国家屯难，得此刚正之才，乃倚之以为柱石者也。故曰"磐桓"，唐之郭子仪是也。"震为大涂"，柱石在于大涂之上，震本欲动，而艮止不动，有柱石欲动不动之象，所以"居贞"，而又"利建侯"，非"难进之貌"也。故《小象》曰"虽磐桓，志行正"也，曰心志在于行，则欲动不动可知矣。

九当屯难之初，有此刚正大才生于其时，故有"磐桓"之象。然险陷在前，本爻居其正，故占者利于居正以守己。若为民所归，势不可辞，则又宜"建侯"以从民望，救时之屯可也。"居贞"者利在我，"建侯"者利在民，故占者两有所利。

《象》曰：虽"磐桓"，志行正也，以贵下贱，大得民也。

当屯难之时，大才虽磐桓不动，然拳拳有济屯之志。行一不义、杀一不辜而得天下，不为。既有救人之心，而又有守己之节，所以占者"利居贞"而守己也。若居而不贞则无德，行而不正则无功，周公言"居贞"，孔子言"行正"，然后济屯之功德备矣。阳贵阴贱，以贵下贱者，一阳在二阴之下也。当屯难之时，得一大才，众所归附，更能自处卑下，"大得民"矣。此占者所以又"利建侯"而救民也。

六二：屯如邅如，乘马班如，匪寇婚媾。女子贞，不字，十年乃字。

邅，张连反。

"屯"、"邅"皆不能前进之意。"班"，回环不进之意。震于马为异足，为作足，"班如"之象也。应爻为坎，坎为盗寇之象也，指"初"也。妇嫁曰"婚"，再嫁曰"媾"。"婚媾"指五也。变兑为少女，"女子"之象也。"字"者，许嫁也。此"女子"则指六二也。"贞"者，正也。"不字"者，不字于初也。"乃字"者，乃字于五也。中爻艮止，不字之象也。中爻坤土，数成于十，十之象也。若以人事论，光武当屯难之时，窦融割据，志在光武，为隗嚣所隔，"乘马班如"也，久之终归于汉，"十年乃字"也。

六二柔顺中正，当屯难之时，上与五应，但乘初之刚，故为所难，有屯邅班如之象，不得进与五合。使非初之寇难，即与五成其婚媾，不至十年之久矣。惟因初之难，六二守其中正，不肯与之苟合，所以"不字"，至于"十年"之久。难久必通，乃反其常而"字"正应矣，故又有此象也。占者当如是则可。

《象》曰：六二之难，乘刚也。十年乃字，反常也。

六二居屯之时，而又乘刚，是其患难也。"乘"者，居其上也。故曰"六二之难"。"反常"者，二五阴阳相应，理之常也。为刚所乘，则乖其常矣。难久必通，故"十年乃字"而反其常。

六三：即鹿无虞，惟入于林中。君子几，不如舍，往吝。

舍，音舍。几，音机。

"即"者,就也。"鹿"当作麓为是,旧注亦有作麓者。盖此卦中爻艮为山,山足曰"麓"。三居中爻艮之足,麓之象也。"虞"者,虞人也。三、四为人位,虞人之象也。"无虞"者,无正应之象也。震错巽,巽为入,入之象也。上艮为木,下震为竹,"林中"之象也。言就山足逐兽,无虞人指示,乃陷入于林中也。坎错离明,见几之象也。"舍"者,舍而不逐也,亦艮止之象也。

六三阴柔,不中不正,又无应与,当屯难之时,故有"即麓无虞"、"入于林中"之象。君子见几,不如舍去。若往逐而不舍,必致吝吝。其象如此,戒占者当如是也。

《象》曰:"即鹿无虞",以从禽也。君子舍之,"往吝"穷也。

孔子恐后学不知"即鹿无虞"之句,故解之曰"乃从事于禽"也。舍则不往,往则必吝。"吝穷"者,羞吝穷困也。

六四:乘马班如。求婚媾,往,吉无不利。

"坎为马",又有马象。"求"者,四求之也。"往"者,初往之也。自内而之外曰"往",本爻变,中爻成巽,则为长女,震为长男,"婚媾"之象也。非真婚媾也,求贤以济难有此象也。旧说阴无求阳之理,可谓不知象旨者矣。

六四阴柔,居近君之地,当屯难之时,欲进而复止,故有"乘马班如"之象。初能得民,可以有为,四乃阴阳正应,未有蒙大难而不求其初者,故又有求婚媾之象。初于此时,若欣为即往,资其刚正之才,以济其屯,其吉可知矣。而四近其君者,亦无不利也,故其占又如此。

《象》曰:求而往,明也。

"求"者,资济屯之才,有知人之明者也。"往"者,展济屯之才,有自知之明者也。坎错离,有明之象,故曰"明"。

九五:屯其膏,小贞吉,大贞凶。

"膏"者,膏泽也。以坎体有膏泽沾润之象,故曰"膏"。本卦名屯,故曰"屯膏"。阳大阴小,六居二,九居五,皆得其正,故皆称"贞"。"小贞"者,臣也,指二也。"大贞"者,君也,指五也。故六二言"女子贞",而此亦言贞,六爻惟二五言贞。

九五以阳刚中正居尊,亦有德有位者。但当屯之时,陷于险中,为阴所掩,虽有六二正应,而阴柔不足以济事。且初九得民于下,民皆归之,无臣无民,所以有屯其膏不得施为之象。故占者所居之位,如六二为臣,小贞则吉;如九五为君,大贞则凶也。

《象》曰:"屯其膏",施未光也。

阳德所施本光大,但陷险中,为阴所掩,故"未光"。

上六:乘马班如,泣血涟如。

六爻皆言"马"者,震坎皆为马也。皆言"班如"者,当屯难之时也。坎"为加忧,为血卦,为水","泣血涟如"之象也。才柔不足以济屯,去初最远,又无应与,故有此象。

《象》曰:"泣血涟如",何可长也?

既无其才,又无其助,丧亡可必矣,岂能长久?

蒙 杂而著

"蒙",昧也。其卦以坎遇艮。山下有险,艮止在外,坎水在内,水乃必行之物,遇山而止。内既险陷不安,外又行之不去,莫知所往,昏蒙之象也。《序卦》:"屯者,物之始生也。物生必蒙,故受之以蒙。"所以次屯。

蒙:亨。匪我求童蒙,童蒙求我。初筮告,再三渎,渎则不告。利贞。

告,古毒反。

"蒙亨"者,言蒙者亨也,不终于蒙也。"匪我求童蒙"二句,正理也。"再"指四。阳一阴二,二再则四矣。"三"指三。"渎"者,烦渎也。"初筮"者,初筮下卦,得刚中也。此卦坎之刚中在上卦,故曰"再筮"。"告"者,二告乎五也。"不告"者,二不告乎三四也。凡阳则明,阴则暗,所以九二发六五之蒙。"利贞"者,教之以正也。

《彖》曰:蒙,山下有险,险而止,蒙。"蒙亨",以亨行,时中也。"匪我求童蒙,童蒙求我",志应也。"初筮告",以刚中也。"再三渎,渎则不告",渎蒙也。蒙以养正,圣功也。

以卦象、卦德释卦名,又以卦体释卦辞。"险而止",退则困于其险,进则阻于其山,两无所适,所以名"蒙"也。"以"者,用也。"以亨"者,以我之亨通也。"时中"者,当其可之谓。愤悱启发,即"志应"也。言我先知先觉,先以亨通矣,而后以我之亨,行"时中"之教,此蒙者所以亨也。"匪我求童蒙,童蒙求我",乃教人之正道也,何也?礼:"闻来学,不闻往教。""童蒙求我",则彼之心志应乎我,而相孚契矣,此其所以可教也。"初筮"则告者,以刚中也。我有刚中之德,而五又以中应之,则心志应乎我,而相孚契矣,所以当告之也。"初筮"二字只作下卦二字,指教者而言,观此卦"再筮"可见矣。盖三则应乎其上,四则隔乎其三,与刚中发蒙之二,不相应与。又乘阳不敬,则心志不应乎我,而不相孚契矣。既不相孚契,而强告之,是徒烦渎乎教矣,亦何益哉!教之利于正者,幼而学之,学为圣人而已。圣人之所以为圣者,正而已矣。入圣之域虽在后日,作圣之功就在今日。当蒙时养之以正,虽未即至于圣,圣域由此而渐入矣。此其所以"利贞"也。

《象》曰:山中出泉,蒙。君子以果行育德。

行,去声。

"泉"乃必行之物,始出而未通达,犹物始生而未明,蒙之象也。"果行"者,体坎之刚中,以果决其行。见善必迁,闻义必徙,不畏难而苟安也。"育德"者,体艮之静止,以养育其德,不欲速,宽以居之,优游以俟其成也。要之,"果"之"育"之者,不过蒙养之正而已。

初六:发蒙,利用刑人。用说桎梏以往,吝。

说,吐活反音脱。

"蒙"者,下民之蒙也,非又指童蒙也。"发蒙"者,启发其初之蒙也。"刑人"者,以人刑之也,刑罚立而后教化行。治蒙之初,故"利用刑人"以正其法。"桎梏"者,刑之具也。"坎为桎梏",桎梏之象也,在足曰"桎",在手曰"梏"。中爻震为足,外卦艮为手,用桎梏之象也。本卦坎错离、艮综震,有噬嗑"折狱用刑"之象,故丰、旅、贲三卦,有此象,皆言

"狱"。"说"者,脱也。"用脱桎梏",即不用刑人也。变兑为毁折,脱之象也。"往"者,往发其蒙也。"吝"者,利之反。变兑则和悦矣,和悦安能发蒙?故"吝"。

初在下,近比九二刚中之贤,故有启发其蒙之象。然发蒙之初,"利用刑人"以正其法,庶"小惩而大诫",蒙斯可发矣。若舍脱其刑人,惟和悦以往教之,蒙岂能发哉?吝之道也。故其象占如此,细玩《小象》自见。

《象》曰:"利用刑人",以正法也。

教之法不可不正,故用刑惩戒之,使其有严惮也。

九二:包蒙吉,纳妇吉,子克家。

"包"者,裹也。妇人怀妊,包裹其子,即胞字也。凡《易》中言"包"者,皆外包乎内也。泰曰"包荒",否曰"包承""包羞",姤曰"包鱼",皆外包乎内。"包蒙"者,包容其初之蒙也,则有含宏之量,敷教在宽矣。初曰"刑"者,不中不正也。上曰"击"者,上过刚也。此爻刚中,统治群阴,极善之爻,故于初曰"包",于三四五曰"纳",于五曰"克家"。"纳妇吉"者,新纳之妇有谐和之吉也。中爻坤顺在上,一阳在下,纳受坤顺之阴,"纳妇"之象也。"子克家"者,能任父之事也。坎为中男,有刚中之贤能干五母之蛊,"子克家"之象也。"纳妇吉"字,与上"吉"字不同,上"吉"字,占者之吉也,下"吉"字,夫妇谐和之吉也。坤顺,故吉。

九二以阳刚为内卦之主,统治群阴。当发蒙之任者,其德刚而得中,故有"包蒙"之象。占者得此固宜吉矣,然所谓"吉"者,非止于包容其初之蒙也。凡三四五之为蒙者,二皆能以刚中之德化之,如新纳之妇有谐和之吉、承考之子,有克家之贤,其吉、其贤皆自然而然,不待勉强谆谆训诲于其间,如此而谓之"吉"也。故其占中之象又如此。

《象》曰:"子克家",刚柔接也。

二刚五柔。二有主蒙之功,五之信任专,所以二得展布其敷教之才,亦如贤子不待训诲,自然而克家也,所以占者有"子克家"之象。周公"爻辞",以刚中言,孔子《象辞》并应与言。

六三:勿用取女。见金夫,不有躬,无攸利。

取,七具反。

变巽,女之象也。九二,阳刚乾爻也。乾为金,金夫之象,故称"金夫"。"金夫"者,以金赂己者也。六三正应在上,然性本阴柔,坎体顺流趋下,应爻艮体常止,不相应于上。

九二为群蒙之主,得时之盛,三近而相比,在纳妇之中者,故舍其正应而从之,此"见金夫不有躬"之象也。且中爻顺体震动,三居顺动之中,比于其阳,亦"不有躬"之象也。若以蒙论,乃自暴自弃,昏迷于人欲,终不可教者,因三变长女,故即以女象之。曰"勿用取"、"无攸利",皆其象也。

六三阴柔,不中不正,又居艮止坎陷之中,盖蒙昧无知之极者也,故有此象。占者遇此,如有"发蒙"之责者,弃而不教可也。

《象》曰:"勿用取女",行不顺也。

妇人以顺从其夫为正,舍正应之夫而从金夫,安得为顺?

六四：困蒙，吝。

"困蒙"者，困于蒙昧而不能开明也。六四上下既远隔于阳，不得贤明之人以近之，又无正应贤明者以为之辅助，则蒙无自而发，而困于蒙矣，故有"困蒙"之象。占者如是，终于下愚，故可羞。

《象》曰："困蒙"之吝，独远实也。

阳实阴虚，实谓阳也。六四上下皆阴，蒙之甚者也。欲从九二则隔三，欲从上九则隔五，远隔于实者也，故曰"独远实"。"独"者，言本卦之阴，皆近乎阳，而四独远也。

六五：童蒙吉。

"童蒙"者，纯一未散，专心资于人者也。艮为少男，故曰"童"。"匪我求童蒙"，言童之蒙昧也，此则就其纯一未散、专听于人而言。盖中爻为坤顺，五变为巽，有此顺巽之德，所以专心资刚明之贤也。

六五以顺巽居尊，远应乎二，近比乎上，盖专心资刚明之贤者，故有"童蒙"之象。占者如是，则吉也。

《象》曰："童蒙"之吉，顺以巽也。

中爻为顺，变爻为巽。仰承亲比上九者，顺也。俯应听从九二者，巽也。亲比听从乎阳，正远实之反，所以吉。

上九：击蒙，不利为寇，利御寇。

"击蒙"者，击杀之也。应爻坎为盗，错离为戈兵，艮为手，手持戈兵，击杀之象也。三与上九为正应，故击杀之也。"寇"者，即坎之寇盗也。二"寇"字相同。"不利为寇"者，教三爻在下，蒙昧之人也，"利御寇"者，教上九在上，治蒙之人也。六三在本爻为淫乱，在上九为寇乱，蒙昧之极可知矣。

上九与三之寇盗相为正应，过刚不中，治蒙太猛，故有"击蒙"之象。圣人教占者，以占得此爻者，若乃在下蒙昧之人，则"不利为寇"。为寇，则有击杀之凶矣。占得此爻者，若乃在上治蒙之人，惟利御止其寇而已，不可即击杀之。圣人哀矜愚蒙之人，故两有所戒也。

《象》曰：利用御寇，上下顺也。

上九刚，止于"御寇"，上之顺也。六三柔，随其所止，下之顺也。艮有止象，变坤有顺象，渐卦利御寇。《小象》亦曰"顺"，相保可见矣。

☵ 坎上
☰ 乾下 **需** 不进也

"需"者，须也，有所待也，理势不得不需者。以卦象论，水在天上，未遽下于地，必待阴阳之交，薰蒸而后成，需之象也。以卦德论，乾性主于必进，乃处坎陷之下，未肯遽进，需之义也。《序卦》："蒙者，物之稚也。物稚，不可不养也。需者，饮食之道也。"养物以饮食，所以次蒙。

需:有孚,光亨贞吉,利涉大川。

需虽有所待,乃我所当待也,非不当待而待也。"孚"者,信之在中者也。坎体诚信克实于中,"孚"之象也。"光"者,此心光明,不为私欲所蔽也。中爻离,光明之象也。"亨"者,此心亨泰,不为私欲所窒也。坎为通,亨通之象也。"贞"者,事之正也。八卦正位,坎在五,阳刚中正,为需之主,正之象也,皆指五也。坎水在前,乾健临之,乾知险"涉大川"之象也。又中爻兑综巽。坎水在前,巽木临之,亦"涉大川"之象。详见颐卦上九。"孚贞"者,尽所需之道。光亨吉利者,得所需之效。需若无实,必无"光亨"之时;需若不正,岂有吉利之理?

言事若有所待,而心能孚信,则光明而事通矣。而事又出于其正,不行险以侥幸,则吉矣,故"利涉大川"。

《彖》曰:需,须也,险在前也。刚健而不陷,其义不困穷矣。"需有孚,光亨贞吉",位乎天位,以正中也。"利涉大川",往有功也。

以卦德释卦名,以卦综释卦辞。"需"者,须也,理势之所在,正欲其有所待也,故有需之义。险在前,不易于进,正当需之时也。以乾之刚,毅然有守,不冒险以前进,故不陷于险。既不陷于险,则终能出其险。其义不至于困穷矣,所以名"需"。需讼二卦同体,文王综为一卦,故《杂卦》曰:"需不进也,讼不亲也。""位天位以正中"者,讼下卦之坎,往居需之上卦,九五又正又中也。五为天位,因自讼之地位往居之,故曰"位乎天位"。如在讼下卦,止可言中,不可言正矣。正则外无偏倚,中则心无夹杂,所以"有孚,光亨贞吉"者。往有功与渐、蹇、解三卦,《彖》辞,"往有功"同。言讼下卦,往而居需之上卦,九五正中,所以有"利涉大川"之功也。

《象》曰:云上于天,需,君子以饮食宴乐。

乐,音洛。

云气蒸而上升,必得阴阳和洽然后成雨,故为需待之义。君子事之当需者,亦不容更有所为,惟内有孚、外守正、饮食以养其气体而已,宴乐以娱其心志而已,此外别无所作为也。曰"饮食宴乐"者,乃居易俟命、涵养待时之象也,非真必饮食宴乐也。

初九:需于郊,利用恒,无咎。

"郊"者,旷远之地,未近于险之象也。"乾为郊",郊之象也,故同人、小畜皆言"郊"。"需于郊"者,不冒险以前进也。"恒"者,常也。安常守静以待时,变所守之操也。"利用恒,无咎"者,戒之也,言若无恒,犹有咎也。

初九阳刚得正,未近于险,乃不冒险以前进者,故有需郊之象。然需于始者,或不能需于终,故必义命自安,恒于郊而不变,乃其所利也。戒占者能如此,则无咎矣。

《象》曰:"需于郊",不犯难行也。"利用恒,无咎",未失常也。

难,乃旦反。

"不犯难行"者,超然远去,不冒犯险难以前进也。"未失常"者,不失需之常道也。需之常道,不过以义命自安、不冒险以前进而已。

九二:需于沙,小有言,终吉。

"坎为水",水近则有沙,沙则近于险矣。渐近于险,虽未至于患害,已"小有言"矣。小言者,众人见讥之言也。避世之士,知前有坎陷之险,责之以洁身。用世之士,知九二刚中之才,责之以拯溺也。中爻为兑口舌,小言之象也。"终吉"者,变爻离明,明哲保身,终不陷于险也。

二以阳刚之才,而居柔守中,盖不冒险而进者,故云有"需于沙"之象。占者如是,虽不免"小有言",终得其吉也。

《象》曰:"需于沙",衍在中也。虽"小有言",以吉终也。

水行朝宗曰"衍",即水字也,言水在中央也。沙在水边,则近于险矣。虽近于险而"小有言",然以刚中处需,故不陷于险,而"以吉终"也。

九三:需于泥,致寇至。

泥逼于水,将陷于险矣,寇之地也。坎为盗在前,寇之象也。

九三居健体之上,才位俱刚,进不顾前。迩于坎盗,故有需"泥寇至"之象。健体敬慎惕若,故占者不言凶。

《象》曰:"需于泥",灾在外也。自我致寇,敬慎不败也。

"外"谓外卦。"灾在外"者,言灾已切身,而在目前也。"灾在外"而我近之,是致寇自我也。"敬慎不败"者,三得其正,乾乾惕若,敬而且慎,所以不败于寇也。故占者不言"凶"。

六四:需于血,出自穴。

"坎为血",血之象也。又"为隐伏",穴之象也。偶居左右,上下皆阳,亦穴之象也。"血"即坎字,非见伤也。"出自穴"者,观上六"入于穴"入字。此言"出"字,即"出入"二字自明矣。言虽需于血,然犹出自穴外,未入于穴之深也。需卦近于坎。"致寇至"及"入于坎",三爻皆吉者,何也?盖六四顺于初之阳,上六,阳来救援,皆应与有力。九五中正,所以皆吉也。凡看周公爻辞,要玩孔子《小象》。若以血为杀伤之地,失《小象》顺听之旨矣。

四爻于坎,已入于险,故有"需于血"之象。然四与初为正应,能顺听乎初,初乃乾刚至健而知险,惟知其险是出自穴外,不冒险以进,虽险而不险矣。故其象占如此。

《象》曰:"需于血",顺以听也。

坎为耳,听之象也。"听"者,听乎初也。六四柔得其正,顺也。顺听乎初,故入险不险。

九五:需于酒食,贞吉。

坎水酒象,中爻兑食象,详见困卦。"酒食",宴乐之具。"需于酒食"者,安于日用饮食之常,以待之而已。"贞吉"者,正而自吉也,非戒也。

九五阳刚中正,居于尊位,盖优游和平,不多事以自扰,无为而治者也。故有"需于酒食"之象,其"贞吉"可知矣。占者有是贞,亦有是吉也。

《象》曰:"酒食贞吉",以正中也。

即《象》位乎天位以"正中"也。八卦正位坎在五。

上六:入于穴,有不速之客,三人来,敬之,终吉。

阴居险陷之极,"入于穴"之象也。变巽为人,亦入之象也。下应九三,阳合乎阴,阳主上进,不召请而自来之象也。我为主,应为客,三阳同体,客"三人"之象也。入穴穷困,望人救援之心甚切,喜其来而"敬之"之象也。"终吉"者,以阳至健,知险可以拯溺也。

上六居险之极,下应九三,故其象如此。占者之吉可知矣。

《象》曰:不速之客来,"敬之终吉"。虽不当位,未大失也。

当,去声。

"位"者,爻位也。"三"乃人位,应乎上六,故曰"人来"。初与二皆地位,上六所应者乃人位,非地位,今初与二皆来,故"不当位"也。以一阴而三阳之来,上六敬之,似为失身矣,而不知入于其穴,其时何时也!来救援于我者,犹择其位之当否。而敬有分别,是不知权变者矣。故初与二虽"不当位",上六敬之,亦未为"大失"也。曰"未大失"者,言虽失而未大也。若不知权变,自经于沟渎,其失愈大矣。《易》中之时正在于此。

☰乾上 ☵坎下 讼不亲也

"讼"者,争辨也。其卦坎下乾上。以二象论,天运乎上,水流乎下,其行相违,所以成讼。以卦德论,上以刚陵乎下,下以险伺乎上。以一人言,内险而外健;以二人言,己险而彼健。险与健相持,皆欲求胜。此必讼之道也。《序卦》:"饮食者,人之大欲存焉。"既有所需,必有所争,讼所由起也。所以次需。

讼:有孚,窒惕,中吉。终凶。利见大人,不利涉大川。

"有孚"者,心诚实而不诈伪也。"窒"者,窒塞而能含忍也。"惕"者,戒惧而畏刑罚也。"中"者,中和而不狠愎也。人有此四者,必不与人争讼,所以吉。若已不已,必求其胜,而终其讼,则凶。"利见大人"者,见九五以决其讼也。"不利涉大川"者,不论事之浅深,冒险入渊,以兴讼也。九二中实,有孚之象。一阳沉溺于二阴之间,窒之象。"坎为加忧",惕之象。阳刚来居二,中之象。上九过刚,终之象。九五中正以居尊位,"大人"之象。中爻巽木,下坎水,本可以涉大川,但三刚在上,刚实阴虚,遇巽风,危矣。舟危,岂不入渊?故《彖辞》曰"入渊",不利涉之象也。

《象》曰:讼,上刚下险。险而健,讼。"讼:有孚,窒惕,中吉",刚来而得中也。终凶,讼不可成也。"利见大人",尚中正也。"不利涉大川",入于渊也。

以卦德、卦综、卦体、卦象释卦名。卦辞"险"、"健"详见前卦。下若健而不险,必不生讼,险而不健,必不能讼,所以名"讼"。"刚来得中"者,需、讼相综,需上卦之坎,来居讼之下卦九二,"得中"也。前儒不知《序卦》、《杂卦》,所以依虞翻以为卦变,刚来居柔地得中,故能"有孚"、能"窒"、能"惕"、能"中"。"终"者,极而至于成也。讼已非美事,若讼之不已至于其极,其凶可知矣。"尚"者,好尚之尚,主也。言九五所主,在"中正"也。惟"中正",所以能辨人是非。"入渊"者,舟重遇风,其舟危矣。故入渊与冒险,兴讼必陷其身者,一而已矣。

《象》曰:天与水违行,讼。君子以作事谋始。

天上蟠,水下润,天西转,水东注,故其行相违。谋之于始,则讼端绝矣。"作事谋始",工夫不在讼之时,而在于未讼之时也。故曰:曹刘共饭,地分于匕筋之间;苏史灭宗,忿起于谈笑之顷。

初六:不永所事,小有言,终吉。

"不永所事"者,不能永终其讼之事也。"小有言"者,但小有言语之辨白而已。变兑为口舌,言之象也。应爻乾为言,亦言之象也。因居初,故曰"小"。"终吉"者,得辨明也。

初六才柔位下,不能永终其讼之事。虽在我不免小有言语之辨,然温柔和平,自能释人之忿怨,所以得以辨明。故其象如此,而占者终得吉也。

《象》曰:"不永所事",讼不可长也。虽"小有言",其辩明也。

讼不可长,以理言也。言虽是初六阴柔之故,然其理亦如此。"长""永"二字相同。虽不免小有言语之辩,然终因此言辩明。

九二:不克讼,归而逋。其邑人三百户,无眚。

"克",胜也。自下讼上,不克而还,故曰"归"。"逋",逃避也。"坎为隐伏",逋之象也。邑人详见谦卦。中爻为离,坎错离,离居三,三百之象也。二变下卦为坤,坤则阖户之象也。"三百",言其邑之小也。言以下讼上,归而逋窜是矣。然使所逋窜之邑为大邑,则犹有据邑之意,迹尚可疑;必如此小邑藏避,不敢与五为敌,方可免眚。需、讼相综,讼之九二即需之九五。曰"刚来而得中",曰"归而逋",皆因自上而下,故曰"来"曰"归"。其字皆有所本,如此玄妙,岂粗心者所能解。"坎为眚",变坤则"无眚"矣。

九二阳刚,为险之主,本欲讼者也,然以刚居柔之中,既知其理之不当讼,而上应九五之尊,又知其势不可讼,故自处卑小以免灾患,故其象如此。占者如是,则"无眚"矣。

羑里之囚文王,其有一毫不是之处,只是不辩不争,而曰天王圣明,所以为内文明,而外柔顺。

《象》曰:"不克讼",归逋窜也。自下讼上,患至掇也。

掇,都活反。

"归逋窜"者,不与之讼也。"掇"者,拾取也。自下讼上,义乖势屈,祸患犹拾而自取,此言"不克讼"之故。

六三:食旧德,贞厉,终吉。或从王事,无成。

"德",乃恶德。"往日之事也",故以"旧"字言之。凡人与人争讼,必旧日有怀恨不平之事。有此怀恨其人之恶德,藏畜于胸中,必欲报复,所以讼也。"食"者,吞声不言之意。中爻巽综兑口,"食"之象也。"王事"者,王家敌国忿争之事。如宋之与金是也。变巽不果,"或"之象也。中爻离日,"王"之象也。应爻乾君,亦王之象也。"无成"者,不能成功也。下民之争讼主于怯,王家之争讼主于才。以此"食旧德"之柔,处下民之刚强私敌则可,若以此处王家之刚强敌国,是即宋之于金,柔弱极矣,南朝无人稽首称臣,安得有成?

六三上有刚强之应敌，阴柔自卑，故有食人"旧德"、不与争辩之象。然应与刚猛，常受侵凌，虽正亦不免危厉矣。但六三含忍不报，从其上九，与之相好，所以终不为己害而吉也。如此之人，柔顺有余，而刚果不足，安能成王事哉！故占者乃下民之应敌则吉，或王事之应敌，则无成而凶。

《象》曰："食旧德"，从上吉也。

"从上"者，从上九也，上九刚猛。六三，食其旧日刚猛侵凌之恶德，相从乎彼，与之相好，则吉矣。

九四：不克讼，复即命，渝安贞，吉。

"即"，就也。"命"者，天命之正理也。不曰"理"而曰"命"者，有此象也。中爻巽四变亦为巽，命之象也。"渝"，变也。四变中爻为震，变动之象也，故随卦初爻曰"渝"。"安贞"者，安处于正也。"复即于命"者，外而去其忿争之事也。变而"安贞"者，内而变其忿争之心也。心变，则事正矣。"吉"者，虽不能作事于谋始之先，亦能改图于有讼之后也。

九二、九四皆"不克讼"，既不克矣，何以讼哉！盖二之讼者，险之使然也。其"不克"者，势也。知势之不可敌，故归而逋逃。曰"归"者，识时势也。四之讼者，刚之使然也，其不克者理也。知理之不可违，故复即于命。曰"复"者，明理义也。九四之复，即九二之归，皆以刚居柔，故能如此。人能明理义，识时势，处天下之事无难矣。学者宜细玩之。

九四刚而不中。既有讼之象，以其居柔，故又有"复即命渝安贞"之象。占者如是，则吉也。

《象》曰："复即命，渝安贞"，不失也。

始而欲讼，不免有失；今既复"渝"，则改图而不失矣。

九五：讼，元吉。

九五为讼之主，阳刚中正以居尊位，听讼而得其平者也。凡讼，占者遇之则"利见大人"，讼得其理而"元吉"矣。

《象》曰："讼元吉"，以中正也。

中则听不偏，正则断合理，所以"利见大人"而元吉。

上九：或锡鞶带，终朝三褫之。

鞶，音盘。

"或"者，设或也，未必然之辞。"鞶带"，大带，命服之饰，又绅也。男鞶革，女鞶丝。乾为衣，又为圆带之象也。乾君在上，变为兑口，中爻为巽命令，锡服之象也，故九四曰"复即命"。中爻离日，朝日之象也。离日居下卦，终之象也。又居三，三之象也。"褫"，夺也。"坎为盗"，褫夺之象也。命服以锡有德，岂有赏讼之理？乃设言也，极言讼不可终之意。

上九有刚猛之才，处讼之终，穷极于讼者也。故圣人言人肆其刚强，穷极于讼，取祸丧身，乃其理也。设若能胜，至于受命服之赏，是亦仇争所得，岂能长保？故终一朝而三见褫夺也。即象而占之，凶可知矣。

《象》曰：以讼受服，亦不足敬也。

纵受亦不足敬，况褫夺随至？其不可终讼也明矣。

来瞿唐先生易注卷之三

☷坤上
☵坎下 **师**忧

"师"者，众也。其卦坎下坤上。以卦象论，地中有水，为众聚之象。以卦德论，内险而外顺，险道以顺行，师之义也。以爻论，一阳居下卦之中，上下五阴从之，将统兵之象也。二以刚居下，五柔居上而任之，人君命将出师之象也。《序卦》："讼必有众起。"师兴由争，故次于讼。

师：贞，丈人吉，无咎。

以三画卦论，二为人位，故称"丈人"。

"贞"者，正也。"丈人"者，老成持重、练达时务者也。凡人君用师之道，在得正与择将而已。不得其正，则师出无名。不择其将，则将不知兵。故用兵之道，利于得正，又任老成之人。则以事言，有战胜攻取之吉。以理言，无穷兵厉民之咎矣。戒占者当如是也。

《彖曰》：师，众也。贞，正也。能以众正，可以王矣。刚中而应，行险而顺，以此毒天下而民从之，吉，又何咎矣？

王，去声。

以卦体、卦德释卦辞。"众"者，即《周官》自五人为伍，积而至于二千五百人为师也。"正"者，即"王者之兵，行一不义，杀一不辜，而得天下，不为"，如此之正也。"以"者，谓能左右之也。一阳在中，而五阴皆所左右也。左右之使众人皆正，则足以宣布人君之威德，即王者仁义之师矣，故可以王。"以众正"言为将者，"可以王"言命将者。能正即可以王，故师贵贞也。刚中而应者，为将不刚则怯，过刚则猛。九二刚中，乃将才之善者。有此将才，五应之。又信任之专，则可以展布其才矣。"行险"者，兵危事也，谓坎也。"顺"者，顺人心也，谓坤也。"兵"足以戡乱而顺人心，则为将有其德矣。有是才德，所以名"丈人"也。"毒"者，犹既济"惫"字，时久师老之意。噬嗑中爻为坎，故亦曰"遇毒"，乃陈久之事。文案繁杂，难于听断，故以"腊毒"象之，非毒害也。言出师固未免毒于天下，然毒之者，实所以安之，乃民所深愿而悦从者也。民悦而从，所以言而无咎。"毒天下"句与"民从之"句意正相应。若毒天下而民不从，岂不凶而有咎？

《象》曰：地中有水，师，君子以容民畜众。

水不外于地，兵不外于民。地中有水，水聚地中，为聚众之象，故为"师"。"容"者，容保其民，养之教之也。"畜"者，积畜也。古者寓兵于农，故容保其民者，正所以畜聚其兵也。常时民即兵，变时兵即民。兵不外乎民，即水不外乎地也。

初六：师出以律，否臧凶。

初与九二相近，亦偏裨之雄者，故戒以失律，专以将言。"律"者，法也。号令严明，部伍整肃，坐作、进退、攻杀、击刺皆有法则是也。"否"者，塞也，兵败也。"臧"者，善也，兵成功也。若不以律，不论成败，成亦凶，败亦凶，二者皆凶，故曰"否臧凶"。观《小象》"失律凶"之句，可见矣。

初六才柔，当出师之始，师道当守其法则，故戒占者"师出以律"，失律则不论"否"、"臧"皆凶矣。臧，善也，以律者臧也。否，不也，失律者否臧也。

《象》曰："师出以律"，失律凶也。

《小象》正释否臧之为失律也，失律未有能成功者。《左传》云，执事顺成为臧，逆为否。"失律"，"否"固凶，"臧"亦凶。

九二：在师中吉，无咎，王三锡命。

"师中"者，在师而得其中也。此爻正《彖辞》之"刚中而应"，六五《小象》之"以中行"，皆此中也。"在师中"者，"刚中"也。"锡命"者，正应也。盖为将之道，不刚则怯，过刚则猛，惟"刚中"则"吉"。而"无咎"者，恩威并著，出师远讨，足以靖内安外也。"锡命"者，乃宠任其将，非褒其成功也。曰"锡命"，则六五信任之专可知矣。本卦错同人，乾在上"王"之象，离在下"三"之象，中爻巽"锡命"之象。全以错卦取象，亦如睽卦上九之"见豕负涂"也。

九二为众阴所归，有刚中之德，上应六五而为之宠任，故其象如此，而占可知矣。

《象》曰："在师中吉"，承天宠也。"王三锡命"，怀万邦也。

意在万邦故宠任将，非为将一人也。"天"谓王也。"在师中吉"者，以其承天之宠，委任之专也。"王三锡命"者，以其存心于天下，惟恐民之不安，故任将伐暴安民也。下二句皆推原二五之辞。

将握重兵，主易猜疑，王翦请美田宅是也。

六三：师或舆尸，凶。

"或"者，未必之辞。变巽，进退不果，"或"之象也，言设或也。"舆"者，多也，众人之意，即今"舆论"之舆。以坤、坎二卦皆有"舆"象，故言"舆"也。"尸"者，主也。言为将者，不主而众人主之也。《观·六五》"弟子舆尸"可见矣。《程传》是。

六三阴柔，不中不正，位居大将九二之上，才柔志刚，故有出师大将不主而三或主之之象，不能成功也必矣。故其占凶。

《象》曰："师或舆尸"，大无功也。

陆逊按剑戒诸老将，穰苴诛庄贾，孙膑诛宫嫔皆然。
曰"大"者，甚言其不可舆尸也。

六四：师左次，无咎。

师三宿为"次"，右为前，左为后。盖乾先坤后，乾右坤左，故明夷六四阴也，曰"左腹"。丰卦九三阳也，曰"右肱"。"左次"，谓退舍也。

六四居阴得正，故有出师，度不能胜，完师以退之象。然知难而退，兵家之常，故其占

"无咎"。

《象》曰："左次无咎"，未失常也。

士会劝荀林，父不渡河是也。曹操曰，孙权不欺我，遂还。

知难而退，师之常也，圣人恐人以退为怯，故言当退而退，亦师之常，故曰"未失常"。

六五：田有禽，利执言，无咎。长子帅师，弟子舆尸，贞凶。

"田"乃地之有水者，应爻为地道，居于初之上，田之象也，故乾二爻曰在"田"。禽者，上下皆阴，与小过同，禽之象也。"坎为豕"，错离为雉，皆"禽"象也。禽害禾稼，寇盗之象也。"坎为盗"，亦有此象。"执"者，兴师以执获也。"坤为众"，中爻震综艮。"为手"，众手俱动，执获之象也。"言"者，声罪以致讨也。坤错乾为言，言之象也。"无咎"者，师出有名也。"长子"，九二也。中爻震，"长子"之象也。"长子"即"丈人"，自众尊之曰"丈人"，自爻象之曰"长子"。"弟子"，六三也。坎为中男，震之弟也，"弟子"之象也。

六五用师之主，柔顺得中，不为兵端者也。敌加于己，不得已而应之，故为"田有禽"之象。应敌兴兵，利于执言，占者固无咎矣。然任将又不可不专。若专于委任，使老成帅师以任事可也。苟参之以新进之小人，俾为"弟子"者参谋"舆尸"于其间，使"长子"之才有所牵制而不得自主，则虽曰"有禽"，乃应敌之兵，其事固贞，然所任不得其人，虽贞亦凶矣。因六五阴柔，故许以"无咎"，而又戒之以此。

《象》曰："长子帅师"，以中行也。"弟子舆尸"，使不当也。

当，去声。

言所以用"长子"帅师者，以其有刚中之德。使之帅师以行，使之当矣。若"弟子"，则使之不当也。"以中行"，推原其二之辞，"使不当"，归咎于五之辞。

《庞籍》篇，狄青为大将，征依智高曰："愿勿置监军，必能成功。"

上六：大君有命，开国承家，小人勿用。

坤错乾，"大君"之象也。"乾为言"，"有命"之象也。"命"者，命之以开国承家也。"坤为地"、"为方"，国之象也，故曰"开国"。变艮"为门阙"，家之象也，故曰"承家"。损卦艮变坤，故曰"无家"。师卦坤变艮，故曰"承家"。周公爻象其精至此。"开"者，封也。"承"者，受也。功之大者开国，功之小者承家也。"小人"，开承中之小人也。阳大阴小，阴土重叠，小人之象也。"勿用"者，不因其功劳，而遂任用以政事也。变艮为止，"勿用"之象也。

上六师终功成，正论功行赏之时矣，故有"大君有命，开国承家"之象。然师旅之兴，效劳之人其才不一，不必皆正人君子。惟计其一时得功之大小，此正王者封建之公心也。至于封建之后，则惟贤是用。而前日诸将功臣中之小人，惟享其封建之爵土，再不得干预乎庶政矣。故又戒之以"小人勿用"也。"弟子舆尸"，戒之于师始，"小人勿用"，戒之于师终，圣人之情见矣。

《象》曰："大君有命"，以正功也。"小人勿用"，必乱邦也。

"正功"者，正功之大小也。"乱邦"者，小人挟功倚势，暴虐其民，必乱其邦。"王三锡命"，命于行师之始，惟在于怀邦。"怀邦"者，怀其邦。"大君有命"，命于行师之终，惟恐其乱邦。圣人行师，惟救其民而已，岂得已哉！

命则止论功,用则必得人。

䷇ 坎上 坤下 比乐

"比",亲辅也。其卦坤下坎上。以卦象论,水在地上,最相亲切,比之象也。以爻论,五居尊位,众阴比而从之,有一人辅万邦、四海仰一人之象,故为比也。《序卦》:"众必有所比,故受之以比。"所以次师。

比:吉,原筮,元永贞,无咎。不宁方来,后夫凶。

比,毗意反。

"原"者,再也。蒙之刚中在下卦,故曰"初筮",比之刚中在上卦,故曰"原筮"。下卦名"初筮",上卦名"原筮",孔子于二卦《彖辞》皆曰"以刚中言"。蒙刚中在下,故能发人之蒙;比刚中在上,故有君德,而人来亲辅也,非旧注所谓"再筮"以自审也。"元"者,元善也,即仁也。"永",恒也。"贞",正也,言元善长永贞固也。"无咎"者,有此"元永贞"之三德也。"不宁"者,不遑也。四方归附,方新来者不遑也,犹言四方归附之不暇也。"坤为方",故曰方。"后夫凶"者,如万国朝禹而防风后至,天下归汉而田横不来也。下画为前,上画为后,凡卦画,阳在前者为夫,如睽卦"遇元夫"是也。此"夫"指九五也。阳刚当五,乃位天德"元"之象也。四阴在下,相率而来,"不宁方来"之象也。一阴高亢于上,负固不服,"后夫"之象也。

言筮得此卦,为人所亲辅,占者固吉矣。然何以吉哉?盖因上卦阳刚得中,而有"元永贞"三者之德,则在我已无咎,而四方之归附于我者,且不遑。后来者,自蹈迷复之凶矣。此所以吉也。

《彖》曰:比,吉也。比,辅也,下顺从也。"原筮,元永贞,无咎",以刚中也。"不宁方来",上下应也。"后夫凶",其道穷也。

释卦名义,又以卦体释卦辞。"比",吉也。乃渐卦"女归吉也"之例,皆止添一"也"字。"比辅"者,言阳居尊位,群下顺从以亲辅之也。盖辅者比之义,顺从者又辅之义,顺者情不容己,从者分不可逃。"以"者,因也,因有此"刚中"之德也。"刚中"则私欲无所留,所以为善者此也。"刚中"则健而不息,所以为永者此也。"刚中"则正固而不偏,所以为贞者此也。盖八卦正位,坎在五,所以有此三德而无咎。九五居上,群阴应于下,上下相应,所以"不宁方来"。"道穷"者理势穷蹙,无所归附也。

《象》曰:地上有水,比。先王以建万国,亲诸侯。

物相亲比而无间者,莫如水在地上。先王观比之象,建公、侯、伯、子、男之国,上而巡狩,下而述职,朝聘往来以亲诸侯,诸侯承流宣化以亲其民,则视天下犹一家、万民犹一身,而天下比于一矣。《彖》则人来比我,《象》与诸爻则我去比人。师之畜众,井田法也。比之"亲侯",封建法也。

初六:有孚比之,无咎。有孚盈缶,终来有他吉。

缶,音否。

"有孚"者,诚信也。"比"之者,比于人也。诚信比人,则无咎矣。"缶",瓦器也,以土为之,而中虚。坤土,阴虚之象也。"盈"者,充满也。"缶",坤土之器。坎,下流之物,初变成屯,屯者盈也,水流盈缶之象也。若以人事论,乃自一念,而念念皆诚,自一事而事事皆诚,即"盈缶"也。"有孚"即孟子所谓"信人"。"盈缶"则"充实"之谓美矣。来者,自外而来也。他对我言,终对始言。

初六乃比之始。相比之道,以诚信为本。故"无咎"。若由今积累,自始至终皆其诚信充实于中,若缶之盈满、孚之至于极矣,则不但"无咎",更有他吉也。

《象》曰:比之初六,"有他吉"也。

言比不但"无咎",而即"有他吉",见比贵诚实也。

六二:比之自内,贞吉。

二在内卦,故曰"内"。"自内"者,由己涵养有素,因之得君,如伊尹乐尧舜之道,而应成汤之聘也。八卦正位,坤在二,故曰"贞"。

六二柔顺中正,上应九五,皆以中正之道相比,盖贞而吉者也。占者有是德,则应是占矣。

《象》曰:"比之自内",不自失也。

中正,故"不自失"。

六三:比之匪人。

唐河朔藩镇,互相朋党比匪也。

三不中不正,己不能择人而比之矣,又承乘应皆阴,故为"比之匪人"。若以刚中处之,则虽匪人,安能为我比哉!

《象》曰:"比之匪人",不亦伤乎?

"伤",哀伤也,即孟子哀哉之意。不言其凶,而曰伤乎者,盖恻然而痛悯也。

六四:外比之,贞吉。

九五外卦,故曰"外",谓从五也。"之"字指五。本卦独九五为贤,六二以正应而比之,修乎己而贞吉也。六四以相近而"比之",从乎人而"贞吉"也。于此见《易》之时。

六四柔顺得正,舍正应之阴柔,而外比九五刚明中正之贤,得所比之正者矣,吉之道也,故占者"贞吉"。

《象》曰:外比于贤,以从上也。

五,阳刚中正故言"贤",居尊位故言"上"。言六四"外比",岂徒以其贤哉?君臣大分,亦以安其"从上"之分也。

九五:显比。王用三驱,失前禽。邑人不诫,吉。

"显"者,显然光明正大无私也。言比我者无私,而我亦非违道以求比乎我也。下三句,"显比"之象也。"三驱"者,设三面之纲,即天子不合围。坎错离为日,王之象也,又居三,三之象也。坎马驾坤车,"驱"之象也。综师用兵,驱逐禽兽之象也。前后坤土两开,开一面之象也。故同人初九前坤土两开,曰同人于门。一阳在众阴之中,与小过同,"禽"之象也。故师卦亦曰"禽"。"前禽"指初。下卦在前,初在应爻之外,"失前禽"之象也。坤为邑，又为众，又三四为人位，居应爻二之上、五之下，"邑人"之象也。"不诫"者，禽之去者听其自去，邑人不相警诫以求必得也。"不诫"者，在下之无私，"不合围"者，在上之无私，所以为"显"。

九五刚健中正以居尊位，群阴求比于己，显其比而无私，其不比者，亦听其自去。来者不拒，去者不追，故有此象。占者比人无私，则吉矣。

《象》曰："显比"之吉，位正中也。舍逆取顺，"失前禽"也。"邑人不诫"，上使中也。

"显"、"比"岂宜有失？唯但取顺而舍逆，故有失也。猎者，以鹿龟为上杀，用首者为下杀，舍逆不杀，迎降也。

"位正中"即刚健中正，居尊位也。用命，不入网而去者为逆，不我比者也。不用其命，入网而来者为顺，比我者也。人中正则不贪得。"邑人不诫"者，以王者有中德，故下化之亦中，亦不贪得，犹上有以使之也，所以"失前禽，邑人不诫"。

上六：比之无首，凶。

"乾为首"。九五乾刚之君，乃"首"也。九五已与四阴相为"显比"，至上六则不能与君比，是"比之无首"，其道穷矣，故蹈"后夫之凶"。

师比相综，本是一卦体，在师则专论刚柔，在比则专论阴阳。

《象》曰："比之无首"，无所终也。

"无所终"即"后夫凶"。

䷈ 巽上 乾下　小畜 寡也

"小"者，阴也。"畜"者，止也。乾下巽上，以阴畜阳。又一阴居四，上下五阳皆其所畜，以小畜大，故为"小畜"。又畜之未极，阳犹尚往，亦"小畜"也。《序卦》："比必有畜，故受之以小畜。"所以次比。

小畜：亨。密云不雨，自我西郊。

畜，音初。大畜同。

中爻离错坎，云之象。中爻兑，西之象。下卦乾，郊之象。详见需卦。凡云自西而来东者，水生木，泄其气，故"无雨"。

"小畜亨"。然其所以亨者，以畜未极，而施未行也，故有"密云不雨，自我西郊"之象。故占者亨。

《象》曰：小畜，柔得位而上下应之，曰"小畜"。健而巽，刚中而志行，乃亨。"密云不雨"，尚往也。"自我西郊"，施未行也。

施，始豉反。

以卦综、卦德释卦名、卦辞。"得位"者，八卦正位，巽在四也。本卦与履相综，故孔子《杂卦》曰："小畜寡也，履不处也。"履之三爻，阴居阳位，不得其位，往而为小畜之四，则"得位"矣，故曰"柔得位而上下应之"。"上下"者，五阳也。以"柔得位而上下应之"，则五阳皆四所畜矣。以小畜大，故曰"小畜"。内健则此心果决，而能胜其私。外巽则见事详审，而不至躁妄。又二五刚居中位，则阳有可为之势，可以伸其必为之志矣。阳性上行，故曰"志行"。"乃亨"者，言阳为阴所畜，宜不亨矣。以健而巽，刚居中而志行，则阳犹可亨也。"往"者，阳往。"施"者，阴施。言畜之未极，阳气犹上往，而阴不能止也。惟阳上往，所以阴泽不能施行而成雨。

《象》曰：风行天上，小畜。君子以懿文德。

"懿"，美也。巽顺，懿美之象。下乾，阳德之象。中爻离，文之象。以道而见诸躬行曰"道德"，见诸威仪文辞曰"文德"。风行天上，有气而无质，能畜而不能久，曰"小畜"。君子大则道德，小则文德，故体之以美其文德之小。曰"文"而必曰"德"者，见文乃德之辉也。

当小人畜君子之时，君子但染文翰，弄柔毛自晦其才德，以示无用，故不被小人所忌也。

初九：复自道，何其咎？吉。

自下升上曰复，归还之意。阳本在上之物，志欲上进而为阴所畜止，故曰"复"。"自"者，由也。"道"者，以正道也。言进于上，乃阳之正道也。"何其咎"，见其本无咎也。复卦"不达复"、"休复"者，乃六阴已极之时，喜阳之复生于下，此卦之"复自道"。"牵复"者，乃一阴得位之时，喜阳之复升于上。

初九乾体居下得正，为四所畜，故有"复白道"之象。占者如是，则无咎而吉矣。

《象》曰："复自道"，其义吉也。

"自道"，所以当复，不论利害、祸福，止论理也。不谋于姊，几不得于义，辛害知义矣。在下而畜于上之阴者，"势"也。不为阴所畜而复于上者，"理"也。阳不为阴畜，乃理之自吉者，故曰"其义吉"。

九二：牵复，吉。

九二渐近于阴，若不能"复"矣。然九二刚中，则不过刚，而能守己相时，故亦"复"。与初二爻并复，有牵连而复之象。占者如是，则吉矣。三阳同体，故曰"牵"。故夬卦亦曰"牵"。《程传》谓二五牵复，本义谓初，观《小象》亦字，则《本义》是。

《象》曰："牵复"在中，亦不自失也。

在"中"者，言阳刚居中也。"亦"者，承初爻之辞。言初九之复自道者，以其刚正，不为阴所畜，固"不自失"也。九二刚中"牵复"，亦"不自失"也。言与初九同也。

九三：舆说辐，夫妻反目。

说，音脱。

"舆"脱去其辐则不能行。乾错坤，舆之象也。变兑为毁折，脱辐之象也。脱辐非恶意，彼此相脱不肯行也。"乾为夫"，长女为妻。"反目"者，反转其目不相对视也。中爻离"为目"，巽"多白眼"，反目之象也。三四初时阴阳相比而悦，及变兑"为口舌"，巽性"进退不果"，又妻乘其夫，妻居其外，夫反在内，则三反见制于四，不能正室而反目矣。且阳性终不可畜，所以小畜止能畜得九三一爻，诸爻皆不能畜，然亦三之自取也，九三比阴，阴阳相悦，必苟合矣。为四畜止不行，故有"舆脱辐"之象，然三过刚不中，锐于前进，四性入坚于畜止，不许前进，三反见制于四，不能正室矣，故又有"反目"之象。其象如此，而占者之凶可知矣。

《象》曰:"夫妻反目",不能正室也。

"室"者,闺门也。"正"者,男正位乎外,女正位乎内也。三四苟合,岂能"正室"?所以"反目"。故归妹《大象》曰:"君子以永终知敝。"

六四:有孚,血去惕出,无咎。

去,上声。

五阳皆实,一阴中虚,"孚"信,虚中之象也。中爻离错坎,"坎为血",血之象也。"血去"者,去其体之见伤也。又为"加忧",惕之象也。"惕出"者,出其心之见惧也。曰"去"曰"出"者,以变爻言也。盖本爻未变,错坎,有"血惕"之象,既变则成纯乾矣,岂有"血惕"?所以"血去惕出"也。本卦以小畜大,四为畜之主,近乎其五,盖畜君者也。畜止其君之欲,岂不伤害忧惧?盖畜有二义:畜之不善者,小人而羁縻君子是也;畜之善者,此爻是也。

六四近五,当畜其五者也。五居尊位,以阴畜之,未免伤害忧惧。四柔顺得正,乃能有孚诚信,以上合乎五之志,故有"血去惕出"之象。占者能如是诚信,斯"无咎"矣。

《象》曰:有孚惕出,上合志也。

上合志者,以其有孚诚信也。

九五:有孚挛如,富以其邻。

本卦《大象》"中虚",而九五"中正",故"有孚"诚信。"挛"者挛缀也,"缀"者缉也,"缉"者续也,皆相连之意,即九二之牵。谓其皆阳之类,所以牵连相从也。"巽为绳",挛之象也。又为"近市利三倍",富之象也。故家人亦曰"富家大吉"。五居尊位,如富者有财,可与邻共之也。"以"者,左右之也。"以其邻"者,援挽同德,与之相济也。君子为小人所困,正人为邪党所厄,则在下者必攀挽于上,期于同进,在上者必援引于下,与之协力,故二"牵"而五"挛"。本卦虽以阴畜阳,初二皆"牵复吉",不为阴所畜,《象》曰"刚中而志行"乃亨,"刚中志行"正在此爻,故"亨"。若旧注以三爻同力畜乾,则助小人以畜君子,阳岂得亨?非圣人作《易》之意矣。一阴五阳,君子多于小人,所以初二五皆不能畜。

九五居尊,势有可为。以九二同德为辅佐,当小人畜止之时,刚中志行,故有"有孚挛如,富以其邻",小人不得畜止之象。占者"有孚",亦如是也。

《象》曰:"有孚挛如",不独富也。

言"有孚"则人皆牵挛而从之矣,不必有其富也。今五居尊位,既富矣,而又有孚,故曰"不独富"。

上九:既雨既处,尚德载,妇贞厉,月几望,君子征凶。

上九变,"坎为雨",雨之象也。"处"者止也,巽性既进而退,巽风吹散其雨,"既雨既止"之象也。雨既止,可尚往矣。"尚德载"者,下三阳为德,坎为舆,成需,即需上六"不速之客三人来"也。"载"者,积三阳而载之也,故曰"积德载",此言阳尚往也。水火乃相错之卦。火天大有曰"大车以载",《象》曰"积中不败",则坎车积三阳载之上往也明矣。巽妇畜乾之夫,以顺为正。巽本顺而正者也,今变坎,失巽顺,而为险陷危厉之道,故始贞而今厉矣。"坎为月",中爻"离为日",日月之象也。巽错震,中爻兑,震东兑西,日月相望之象也,言阴盛也。《易》中言"月几望"者三,皆对阳而言。中孚言从乎阳,归妹言应乎阳。此则抗乎阳也,三阳有乾德,故曰"君子",巽性进退不果,本疑惑之人,今变坎陷,终必疑君子之进,畜止而陷之,故"征凶"。

畜已终矣,阴终不能畜阳,故有雨止阳往之象。畜者虽贞,亦厉之道也,然阴既盛抗阳,则君子亦不可往矣。两有所成也,故其象占如此,阳终不为阴所畜。故《杂卦》曰:"小畜,寡也。"观"寡"字可知矣。

汉桓、灵之世,岂无君子。上九"即雨即处,尚德载。妇贞厉,月几望,君子征凶"。上九出九五之上,六四安得而畜之?是雨止之时,可与三阳同德共载而往矣。但六四之阴,虽不畜阳而贞,然犹危厉,其所以危厉者,以其居君之侧,如月与日相望,借日以为光。"君子征凶",宋之章惇,终借哲宗以肆报复,君子岂可曰:庆而轻进乎?戒君子之轻进也。《象》曰:"既雨既处,德积载也,君子征凶,有所疑也。"阳多阴少,阳盛阴衰,所以雨止。然终疑一阴在君侧,征必凶也,宋之绍圣是也。

畜阳者,必恃近君之位,可以困厄君子,故顺九五刚中之君,乃可无患。然终是近君之阴,不可不防。疑小人难保,正以君心难保也。而况司马君实,恃元祐之女主乎?

上九阳也,而处乎上,乃退休老臣之象。卦辞曰"不雨",爻辞曰"即雨",则"即雨"二字,岂可轻作"雨止",当是经雨而休息者,故曰"君子征凶"。

《象》曰:"既雨既处",德积载也。"君子征凶",有所疑也。

阳德积而尚往,故"贞厉";阴终疑阳之进而畜之,故"征凶"。

䷉ 乾上兑下 履 不处也

"履"者,礼也,以礼人所践履也。其卦兑下乾上。天尊于上,泽卑于下,履之象也。内和悦而外刚健,礼严而和之象也。《序卦》:"物畜然后有礼,故受之以履。"因次小畜。

履尾者,履帝位之象也。心之尤危,若蹈虎尾,凛于春水是也。初与二非上也,故在其所履而无害。三则上矣,稍刚即暴矣。五中正而厉者,刚也。上九不中不正而元吉者,以理自治也。

履:虎尾,不咥人,亨。

咥,直结反,经经。

"履"者,足践履也。中爻巽错震,"震为足",有履之象,乃自上而履下也。"咥"者,啮也。下卦兑错艮,"艮为虎",虎之象也,乃"兑为虎",非"乾为虎"也。先儒不知象,所以以乾为虎。周公因文王取此象,故革卦上体兑亦取虎象。曰"尾"者,因下卦错虎,所履在下,故言"尾"也。故遁卦下体艮,亦曰"尾"。兑口乃悦体,中爻又巽顺,虎口和悦,巽顺不猛,故"不咥人"。

《象》曰:履,柔履刚也。说而应乎乾,是以"履虎尾,不咥人,亨"。刚中正,履帝位而不疚,光明也。

说,音悦。

以卦德释卦名、卦辞,而又言卦体之善。"柔履刚"者,以三之柔履二之刚也,此就下体自上履下而言也,释卦名也。悦而应乎乾者,此就二体自下应上而言也。曰"应"者,明其非履也。三与五同功，故曰"应"。此释卦辞之所以亨也。帝指五。九五刚健中正，德与位称，故"不疚"。不疚则功业显于四方，巍然焕然，故"光明"。中爻离，"光明"之象。此又卦体所履之善，非圣人不足以当之，故文王言"履虎尾"，孔子言"履帝位"。

《象》曰：上天下泽，履。君子以辩上下，定民志。

君子观履之象，辩上下之分。上下之分既辩，则民志自定，上自安其上之分，下自安其下之分矣。

初九：素履，往，无咎。

"素"者，白也，空也，无私欲污浊之意。"素履"即《中庸》"素位而行"。舜饭糗茹草若将终身，颜子陋巷不改其乐是也。"往"者，进也。阳主于进，故曰"往"。

初九阳刚正下，本无阴私，当履之初，又无外物所诱，盖素位而行者也，故有"素履"之象。以是而往，必能守其所愿之志而不变，履之善者也，故占者"无咎"。

《象》曰：素履之往，独行愿也。

独有人所不行，而己"独行"之意愿，即《中庸》"不愿乎外"之愿，言初九素位而行，独行己之所愿，而不愿乎其外也。

九二：履道坦坦，幽人贞吉。

"履道坦坦"，依乎中庸，不索隐行怪也。幽独之人多是贤者，所以能履道坦平，不过乎高而惊世骇俗，则"贞吉"矣。变震为足，履之象也；又为"大涂"，道坦坦之象也。"幽"对明言。中爻离明在上，则下爻为幽矣。三画卦，二为人位，幽人之象也。故归妹中爻离九二亦以幽人言之。履以和行，礼之用，和为贵，所以本卦阳爻处阴位，如上九，则"元吉"者，以严而有和也。二与四同。二"坦坦"，而四"愬愬"者，二得中而四不得中也。二与五皆得中位，二贞吉而五贞厉者，二以刚居柔，五以刚居刚也。

九二刚中居柔，上无应与，故有"履道坦坦"之象。幽人如此，正而且吉之道也。故占者贞吉。

《象》曰："幽人贞吉"，中不自乱也。

有此中德，心志不自杂乱，所以依《中庸》而贞吉。世之富贵外物，又岂得而动之？

六三：眇能视，跛能履。履虎尾，咥人凶。武人为于大君。

中爻巽错震足，下离为目，皆为兑之"毁折"，"眇"、"跛"之象也。六画卦，三为人位，正居兑口，人在虎口之中，虎咥人之象也。三变则六画皆乾矣。以悦体而有文明，乃变为刚猛武勇，武之象也。三人位，"武人"之象也。曰"武"者，对前未变离之文而言也。阳大阴小，阴变为阳，大之象也，故坤卦"用六，以大终"。变为乾君，大君之象也。"咥人"，不咥人之反；为"大君"，履帝位之反。

六三不中不正，柔而志刚，本无才德而自用自专，不能明而强以为明，不能行而强以为行，以此履虎，必见伤害，故有是象。占者之凶可知矣。亦犹履帝位者，必德称其位而不疚，"武人"乃强暴之夫，岂可为"大君"哉！徒自杀其躯而已。"武人为大君"，又占中之象也。

《象》曰："眇能视"，不足以有明也；"跛能履"，不足以与行也。咥人之凶，位不当也。

武人为于大君,志刚也。

"不足有明与行",以阴柔之才言。"位不当"者,以柔居刚也。爻以位为志。六三,阴柔才弱而志刚,亦如师卦之六三,所以武人而欲为大君。

九四:履虎尾,愬愬,终吉。

四应初,故"履虎尾"。"愬愬",畏惧貌。四多惧,"愬愬"之象也。三以柔暗之才,而其志刚猛,所以触祸。四以刚明之才,而其志恐惧,所以免祸。天下之理原是如此,不独象故然也。

九四亦以不中不正,履其虎尾,然以刚居柔,故能"愬愬"戒惧,其初虽不得即吉,而终则吉也。

《象》曰:"愬愬终吉",志行也。

初曰独行,远君也。四曰"志行",近君也。"志行"者,柔顺以事刚决之君,而得行其志也。始虽危,而终则不危,所谓"终吉"者此也。盖危者始平,《易》之道原是如此,故三之志徒刚,而四之志则行。

九五:夬履,贞厉。

"夬"者,决也,慨然以天下之事为可为,主张太过之意。盖夬与履皆乾兑上下相易之卦,曰"夬履"者,在履而当夬位也。然《象辞》与《爻辞》不同,何也?盖《象辞》以履之成卦言,六爻皆未动也,见其刚中正,故善之。《爻辞》则专主九五一爻而言,以变爻而言也。变离则又明燥而愈夬矣,故不同。在下位者,不患其不忧,患其不能乐,故喜其"履坦"。在上位者,不患其不乐,患其不能忧,故戒其"夬履"。二之坦,则正而吉者,喜之也。五之夬,则正而危者,戒之也。

九五"以刚中"而"履帝位",则有可夬之资,而挟可夬之势矣。又下应巽体,为臣下者皆容悦承顺,故有"夬履"之象。虽有所恃必有所害,虽使得正,亦危道也。故其占为"贞厉",其戒深矣。

《象》曰:"夬履,贞厉",位正当也。

有中正之德而又当尊位,伤于所恃。又下卦悦体。因悦方成其夬,所以兑之九五亦言"位正当"。

上九:视履考祥,其旋元吉。

"视履"作一句,与"素履"、"夬履"同例。"视"者,回视而详审也。中爻离,目视之象也。"祥"者,善也。三凶五厉,皆非善也。考其履之善,必皆天理之节文、人事之仪则,下文其旋是也。"旋"者,周旋、折旋也。凡《礼》,以义合,而截然不可犯者谓之方,犹人之步履折旋也。以天合而怡然不可解者,谓之圆,犹人之步履周旋也。《礼》虽有三千三百之多,不过周旋、折旋而已。考其善于周旋、折旋之间,则中规、中矩矣。岂不"元吉"?

上九当履之终,前无所履,可以回视其履矣,故有"视履"之象。能视其履,则可以考其善矣。考其善而中规、中矩,履之至善者也。占者如是,不惟吉,而且大吉也。

《象》曰:"元吉"在上,大有庆也。

大即"元","庆"即"吉",非"元吉"之外,别有"大庆"。

☰☷ 坤上 乾下　泰

"泰"者,通也。天地阴阳相交而和,万物生成,故为"泰"。小人在外,君子在内,泰之象也。《序卦》:"履而泰,然后安,故受之以泰。"所以次履。此正月之卦。

泰:小往大来,吉,亨。

小谓"阴",大谓"阳","往"、"来"以内外之卦言之。由内而之外曰"往",由外而之内曰"来"。否泰二卦同体,文王相综为一卦,故《杂卦》曰:"否泰,反其类也。""小往大来"者,言否内卦之阴,往而居泰卦之外,外卦之阳,来而居泰卦之内也。

《彖》曰:"泰:小往大来,吉,亨",则是天地交而万物通也,上下交而其志同也。内阳而外阴,内健而外顺,内君子而外小人。君子道长,小人道消也。

"则是"二字直管至"消也"。天地以气交,气交而物通者,天地之泰也。上下以心交,心交而志同者,上下之泰也。阴阳以气言,健顺以德言,此二句,造化之"小往大来"也。君子小人以类言,此三句,人事之"小往大来"也。"内外"释"往来"之义,"阴阳健顺"、"君子小人"释"大小"之义。

《象》曰:天地交,泰。后以财成天地之道,辅相天地之宜,以左右民。

"后",元后也。道就共体之自然而言,宜就其用之当然而言。"财成"者,因其全体而裁制使不过。如气化流行,笼统相续,圣人则为之裁制,以分春夏秋冬之节;地势广邈,圣人则为之分东西南北之限。此裁成"天地之道"也。"辅相"者,随其所宜,而赞助其不及。如春生秋杀,此时运之自然;高黍下稻,亦地势之所宜。圣人则使之春耕秋敛,高黍下稻,此"辅相天地之直"也。"左右"者,扶植之意。扶植以遂其生,俾其亦如天地之通泰也。阳左阴右,有此象,故曰"左右"。

初九:拔茅茹,以其汇,征吉。

变巽为阴木,草茅之象也。"茹"者,根也。初在下,根之象也。"汇"者,类也。"拔茅茹以其汇"者,言拔一茅,则其根茹牵连同类而起也。"征"者,仕进之意。

当泰之时,三阳同体,有"拔茅茹以其汇"之象,占者同德牵连而往,则吉矣。

《象》曰:"拔茅"、"征吉",志在外也。

志在外卦之君,故"征吉"。

九二:包荒,用冯河,不遐遗,朋亡。得尚于中行。

冯,音凭。

"包"字详见蒙卦。"包荒"者,包乎"初"也,"初"为草茅荒秽之象也。因本卦"小往大来",阳来乎下,故"包初"。"冯河"者,二变则中爻成坎水矣,河之象也。河水在前,乾健"利涉大川","冯"之象也。用"冯河"者,用冯河之勇往也。二居柔位,故教之以勇。二变与五隔河,若"冯河"而往,则能就乎五矣。二与初为迩,隔三四与五为遐。"不遐遗"者,不遗乎五也。"朋"者,初也。三阳同体,牵连而进,二居其中,"朋"之象也。故咸卦中爻成乾,四居乾之中,亦曰"朋从"。"朋亡"者,亡乎初而事五也。"尚"者,尚往而事五也。"中行",指六五。六五,《小象》曰"中以行愿"是也。卦以上下交为泰,故以"尚中行"为辞。曰"得尚"者,庆幸之辞也。若惟知包乎荒,则必不能"冯河"而就五矣,必"遐遗"乎五矣,必不能"亡朋矣"。"用冯河"以下,圣人教占者之辞。阳来居内,不向乎外,有惟知包乎内卦之初,遐遗乎外卦君上之象,故圣人于初教之以征,于二教之以尚。旧注不识象,所以失此爻之旨。

当泰之时,阳来于下,不知有上,故九二有包初之象。然二五君臣同德,天下太平,贤人君子,正当观国用宾之时,故圣人教占者用"冯河"之勇,以奋其必为之志,不可因迩而忘远。若能忘其所迩之朋,"得尚"往于"中行"之君,以共济其泰,则"上下交而其志同",可以收光大之事业,而泰道成矣。故其象占如此。

《象》曰:"包荒","得尚于中行",以光大也。

曰"包荒",兼下三句而言也。孔子《小象》多是如此。舍相比溺爱之朋,而尚往以事中德之君,岂不能光明正大! 乾阳,大之象也。变离,光之象也。

九三:无平不陂,无往不复。艰贞无咎。勿恤其孚,于食有福。

陂,碑为反。

"陂",倾邪也。"无平不陂",以上卦地形险夷之理言。"无往不复",以下卦天气往来之理言。"艰"者,劳心焦思、不敢慢易之意。"贞"者,谨守法度、不敢邪僻般乐之意。"恤"者,忧也。"孚"者,信也。"勿恤其孚"者,不忧此理之可信也。食者,吞于口而不见也。"福"者,福禄也。"有福"者,我自有之福也。"食有福"者,天禄永终之意。乾之三爻,"乾乾惕若厉,艰贞无咎"之象也。变兑为口,食之象也。

三当泰将极而否将来之时,圣人戒占者曰:居今泰之世者,承平既久,可谓平矣,无谓平而不陂也。阴往阳来,可谓往矣,无谓往而不复也。今三阳既盛,正将陂将复之时矣,故必艰贞而守正,庶可保泰而无咎。若或不忧此理之可信,不能艰贞以保之,是自食尽其所有之福禄矣,可畏之甚也。故戒占者以此。

《象》曰:"无往不复",天地际也。

"际"者,交际也。外卦地,内卦天,天地否泰之交会,正在九三、六四之际也。

六四:翩翩,不富以其邻。不戒以孚。

此爻正是阴阳交泰。"翩翩",飞貌,言三阴群飞而来也。《小畜》曰"富"者,乃阳爻也。此曰"不富"者,乃阴爻也。泰、否相综,中爻巽,巽为"市利三倍",富之象也。又为"命令",戒之象也。言不待倚之以富,而其邻从之者,甚于从富不待戒之以令,而其类信之者,速于命令也。"从"者,从乎阳也。信者,信乎阳也。言阴交泰乎阳也,阳欲交泰乎阴,故初曰"征",二曰"尚"。阴欲交泰乎阳,故四曰"不富以邻,不戒以孚",言乃中心愿乎阳也。五曰"帝乙归妹",言行愿乎阳也。此四爻正阴阳交泰,所以说两个"愿"字。《彖辞》"上下交而其志同",正在于此。若三与上虽正应,然阴阳之极,不成交泰矣。故三阳之极则曰"无往不复",所以防"城复于隍"于其始;六阴之极则曰"城复于隍",所以表"无往不复"于其终,二"复"字相应。

六四柔顺得正,当泰之时,阴向乎内,已交泰乎阳矣,故有三阴"翩翩"、"不富"、"不戒"之象。不言"吉凶"者,阴方向内,其势虽微,然小人已来于内矣,固不可以言吉。然上有"以祉元吉"之君,"上下交而其志同",未见世道之否,又不可以言凶也。

《象》曰："翩翩"、"不富",皆失实也。"不戒以孚",中心愿也。

"皆失实"者,阴虚阳实,阴往于外已久。三阴皆失其阳矣,今来与阳交泰,乃中心之至愿也,故"不戒"而自孚。

六五:帝乙归妹,以祉元吉。

中爻三五为雷,二四为泽,有"归妹"之象,故曰"归妹"。因本卦阴阳交泰,阴居尊位而阳反在下,故象以此也。"帝乙",即高宗箕子之例。"祉"者,福也。"以祉"者,以此得祉也,即泰道成也。

泰已成矣,阴阳交会,五以柔中而下应二之刚中,"上下交而其志同",故有王姬下嫁之象,盖享太平之福祉而元吉者。占者如是,亦祉而元吉矣。

《象》曰："以祉元吉",中以行愿也。

"中"者,中德也。阴阳交泰,乃其所愿,故二曰"尚",五曰"归",一往一来之意也。二曰"中行",五曰"中行愿",上下皆中正,所谓"上下交而其志同"也。四与阳心相孚契,故曰"中心愿"。五下嫁于阳,则见诸行事矣,故曰"行愿"。惟得行其愿,则泰道成矣,所以"元吉"。

上六:城复于隍,勿用师。自邑告命,贞吝。

"坤"为土,变艮亦土,但有离象,中虚外围,城之象也。既变为艮,则为"径路"、"为门阙"、"为果蓏"。城上有径路如门阙,又生草木,则城倾圮不成其城矣,"复于隍"之象也。程子言"掘隍土积累以成城",如治道积累以成泰,及泰之终将反于否,如城土倾圮"复于隍"是也。此"复"字正应"无往不复"复字。"师"者,兴兵动众,以平服之也。"坤"为众,中爻为震,变爻象离,"为戈兵",众动戈兵,师之象也。与复上六同。中爻兑口,"告"之象也。兑综巽,命之象也。"自"者,自近以及远也。"邑"字,详见谦卦。

上六,当泰之终,承平既久,泰极而否,故有"城复于隍"之象。然当人心离散之时,若复用师以平服之,则劳民伤财,民益散乱,故戒占者不可用师远讨。惟可自一邑亲近之民播告之,渐及于远,以论其利害可也。此收拾人心之举,虽亦正固,然不能保邦于未危之先,而罪己下诏于既危之后,亦可羞矣,故其占者如此。

《象》曰："城复于隍",其命乱也。

"命"即"可以寄百里"之命。"命"字谓政令也。盖泰极而否,虽天运之自然,亦人事之致然,惟其命乱,所以复否。圣人于泰终而归咎于人事,其戒深矣。

☰乾上 ☷坤下 否泰反其类也

"否"者,闭塞不通也。卦象、卦德皆与"泰"反。《序卦》:"物不可以终通,故受之以否。"所以次泰。此七月之卦。

否之匪人,不利君子贞。大往小来。

"否之匪人",与"履虎尾"、"同人于野"、"艮其背"同例,卦辞惟此四卦与卦名相连。"否之匪人"者,言"否之"者非人也,乃天也,即"大往小来"也。"不利"者,即《象辞》"万物不通"、"天下无邦"、"道长"、"道消"也。"君子贞"者，即"俭德避难，不可荣以禄"也。不言"小人"者，《易》为"君子谋"也。"大往小来"者，否泰相综，泰内卦之阳往而居否之外，外卦之阴来而居否之内也。文王当殷之末世，亲见世道之否，所以发"匪人"之句。后来孔子居春秋之否，乃曰："道之将行也，与命也；道之将废也，与命也。"孟子居战国之否，乃曰："莫之为而为者，天也。莫之致而至者，命也。"皆宗文王"否之匪人"之句。"否之匪人"者，天数也。"君子贞"者，人事也。所以孔、孟进以礼，退以义，惟守君子之贞。程、朱以为非人道也，似无道字意；诚斋以为用非其人，似无用字意。不如只就"大往小来"说。

言"否之"者，"非人"也，乃天也。否由于天，所以占者不利。丁否运之君子，欲济其否，岂容智力于间哉！惟当守其正而已。

《彖》曰："否之匪人，不利君子贞，大往小来"，则是天地不交，而万物不通也，上下不交而天下无邦也。内阴而外阳，内柔而外刚，内小人而外君子，小人道长，君子道消也。

释"大往小来"四字与泰卦同。上自为上，下自为下，则虽有国，实与无邦国同矣。故"天下无邦"。

《象》曰：天地不交，否。君子以俭德辟难，不可荣以禄。

辟，音避。难，去声。

"俭"者，俭约其德，敛其道德之光也。坤"为吝啬"，俭之象也。"辟难"者，避小人之祸也。三阳出居在外，避难之象也。"不可荣以禄"者，人不可得而荣之以禄也，非戒辞也。言若不"俭德"，则人因德而荣禄，小人忌之，祸即至矣，今既"俭德"，人不知我，则"不荣以禄"。故"不荣以禄"者，正所以"避难"也。

初六：拔茅茹，以其汇，贞吉，亨。

变震为蓄，"茅茹"之象也。否综泰，故初爻辞同。"贞"者，上有九五刚健中正之君，三阴能牵连，而志在于君，则贞矣。盖否之时能从乎阳，是小人而能从君子，岂不贞？

初在下，去阳甚远，三阴同体，故有"拔茅茹以其汇"之象。当否之时，能正而志在于"休否"之君，吉而且亨之道也。故教占者以此。

《象》曰："拔茅"、"贞吉"，志在君也。

"贞"者，以其志在于君也，故"吉"。泰初九曰"志在外"，此变外为君者，泰六五之"君"，不如否之"刚健中正"得称"君"也。

六二：包承，小人吉，大人否，亨。

"包承"者，包乎初也。二乃初之承。曰"包承"者，犹言将承包之也。大来乎下，故曰"包荒"；小来乎下，故曰"包承"。既包乎承，则小人与小人为群矣。小人与小人为群，大人与大人为群，不相干涉，不相伤害矣。"否"者，不荣以禄也。

当否之时，小来乎下，故六二有"包承"之象。既包乎承，则小人为群，不上害乎大人矣，故占者在小人则有不害正之吉，在大人则身否而道亨也。

《象》曰："大人否，亨"，不乱群也。

阴来乎下，阳往乎上，两不相交，故"不乱群"。

六三：包羞。

"包"者,包乎二也。三见二包乎其初,三即包乎二。殊不知二隔乎阳,故包同类。若三则亲比乎阳矣,从阳可也。乃不从阳,非正道矣,可羞者也,故曰"包羞"。

六三不中不正,亲比乎阳。当小来于下之时,止知包乎其下矣,而不知上有阳刚之大人在也。乃舍四之大人,而包二之小人,羞孰甚焉,故有是象。占者之羞可知矣。

《象》曰:"包羞",位不当也。

位不当者,柔而志刚,不能顺从乎君子,故可"羞"。

九四:有命无咎。畴离祉。

变巽为命,命之象也。"有命"者,受九五之命也。四近君,居多惧之地,易于获咎,今变巽,顺则能从乎五矣,故"有命无咎"。"畴"者,同类之三阳也。"离"者,丽也。"离祉"者,附丽其福祉也。

九四当否过中之时。刚居乎柔,能从"休否"之君,同济乎否,则因"大君之命",而济否之志行矣。故不惟在我无咎,获一身之庆,而同类亦并受其福也。故其象占如此。

《象》曰:"有命无咎",志行也。

济否之"志行"。

九五:休否,大人吉。其亡其亡,系于苞桑。

"休否"者,休息其否也。"其亡其亡"者,念念不忘其亡,惟恐其亡也。人依木息曰"休"。中爻巽木,五居木之上,"休"之象也。巽为阴木,二居巽之下,阴木柔,"桑"之象也。巽为绳,"系"之象也。丛生曰"苞",丛者聚也,柔条细弱,群聚而成丛者。此爻变离合坎,为丛棘,"苞"之象也。桑,非樟、楠、松、柏之大矣,又况丛聚而生,则至小而至柔者也。以国家之大,不系"磐石"坚固,而系于"苞桑"之柔小,危之甚也,即危如累卵之意。

九五阳刚中正,能休时之否,"大人"之事也,故大人遇之则吉。然下应乎否,惟"休否"而已,未"倾否"也。故必勿恃其否之可休,勿安其休之为吉,兢业戒惧,念念惟恐其亡。若国家系于"苞桑"之柔小,常畏其亡而不自安之象,如此则否休而渐倾矣。故教占者必儆戒如此。"系于苞桑",又"其亡其亡"之象也。

《象》曰:大人之吉,位正当也。

有中正之德而又居尊位,与夬、履同者。亦恐有所恃,故爻辞有"其亡其亡"之句。

上九:倾否,先否后喜。

上文言休息其否,则其否犹未尽也。"倾"者,倒也,与鼎之"颠趾"同,言颠倒也。本在下,而今反在上也。否泰乃上下相综之卦,泰阴上阳下,泰终则复隍,阳反在上而否矣。否阳上阴下,否终则倾倒,阴反在上而泰矣,此"倾"字之意也。"复隍","复"字应"无往不复""复"字。"倾否","倾"字应"无平不陂""陂"字。"陂"者,倾邪也。周公爻辞,其精极矣。变兑成悦,喜之象也。

上九以阳刚之才,居否之终。倾时之否,乃其优为者,故其占为"先否后喜"。

《象》曰:否终则倾,何可长也?

言无久否之理。

来瞿唐先生易注卷之四

☰乾上
☲离下 同人亲也

"同人"者，与人同也。天在上，火性炎上，上与天同，"同人"之象也。二五皆居正位，以中正相同，"同人"之义也。又一阴而五阳欲同之，亦"同人"也。《序卦》："物不可以终否，故受之以同人。"所以次否。

同人于野，亨。利涉大川，利君子贞。

《彖辞》明。

《彖》曰：同人，柔得位得中而应乎乾，曰"同人"。同人曰："同人于野，亨。利涉大川。"乾，行也。文明以健，中正而应，君子正也。唯君子为能通天下之志。

以卦综释卦名，以卦德、卦体释卦辞。同人、大有二卦同体，文王综为一卦，故《杂卦》曰："大有众也，同人亲也。""柔得位得中"者，八卦正位，离在二，今大有上卦之离，来居同人之下卦，则不惟得八卦之正位，又得其中，而应乾九五之中正者也。下与上相同，故名"同人"。卦辞"同人于野"者，六二应乎乾，乾在外卦，乃野外也，故曰"于野"。"乾行"指"利涉大川"一句。盖乾刚健中正，且居九五之位，有德有位，故可以济险难。"同人于野"，虽六二得位得中所能同，至于济险难，则非六二阴柔所能也，故曰"乾行"，犹言乾之能事也。本卦错师，有震木坎水象，所以"利涉大川"。曰"乾行"者，不言象而言理也。内文明，则能察于理。外刚健，则能勇于义。中正，则内无人欲之私。应乾，则外合天德之公。"文明以健"，以德言。"中正而应"，以爻言。此四者，皆君子之正道也。惟君子能通天下之志者，君子即正也。"同人于野"者，六二也。"利涉大川"者，乾也。"君子贞"则总六二、九五言之。

六二应乎九五之乾，固名"同人"矣。然同人卦辞乃曰"同人于野亨，利涉大川"，何也？盖六二应乾固亨矣。至于"利涉大川"，非六二也，乃乾也。曰"利君子贞"者，何也？盖内外卦皆君子之正，所以利君子正，天下之理正而已矣。人同此心，心同此理，亿兆之众志虽不同，惟此正理方可通之，方可大同人心。若私邪不正，安能有于野之亨，而利涉哉？此所以"利君子贞"也。

《象》曰：天与火，同人。君子以类族辨物。

"类族"者，于其族而类之。"辨物"者，于其物而辨之，如是则同轨、同伦，道德可一，风俗可同，亦如天与火不同而同也。凡《大象》皆有功夫，故曰"君子以"。"以"者，用也。若以"类族"为人，士为士族，农为农族；以"辨物"为物，蜾为蜾物，羽为羽物，则"君子以"

三字无安顿而托空矣。

初九：同人于门，无咎。

变艮"为门"，门之象也。"于门"者，谓于门外也。门外虽非野之可比，然亦在外，则所同者广而无私昵矣。

初九以刚正居下，当同人之初，而上无系应，故有"同人于门"之象。占者如是，则无咎也。

《象》曰：出门同人，又谁咎也？

"谁"对二、三、四、五而言也。宗之吝也，戎之伏也，墉之乘，师之遇也，皆咎也。初同于门，既欲咎之，又谁得而咎之。

所同者广，而无偏党之私，又谁有咎我者？

六二：同人于宗，吝。

凡离变乾而应乎阳者，皆谓之"宗"。盖乾乃六十四卦阳爻之祖，有祖则有宗，故所应者为宗。若原是乾卦，则本然之祖，见阳不言宗。惟新变之乾，则新成祖矣，所以见阳言宗也，故睽卦六五亦曰"宗"。统论一卦，则二五中正相应，所以"亨"；若论二之一爻，则是阴欲同乎阳矣，所以可"吝"。如履卦《象辞》"履帝位而不疚"，至本爻则"贞厉"，皆此意。

同人贵无私。六二中正，所应之五亦中正，然卦取同人，阴欲同乎阳。臣妾顺从之道也，溺于私而非公矣，岂不吝？故其象占如此。

《象》曰："同人于宗"，吝道也。

阴欲同乎阳，所私在一人，可吝之道也。

九三：伏戎于莽，升其高陵，三岁不兴。

离错坎，为"隐伏"，伏之象也。中爻巽，为"人"，亦伏之象也。离为"戈兵"，戎之象也。"莽"，草也，中爻巽，为"阴木"，草之象也。中爻巽，为"股"，三变为震足，股足齐动，升之象也。巽为"高"，高之象也。三变中爻艮，"陵"之象也。离居三，"三"之象也。"兴"，发也。"伏戎于莽"者，俟其五之兵也。"升其高陵"者，窥其二之动也。对五而言，三在五之下，故曰"伏"。对二而言，三在二之上，故曰"升"。

九三，刚而不中，上无应与，欲同于二。而二乃五之正应，应九五之见攻，故伏兵于草，升高盼望，将以敌五而攘二。然以理言，二非正应，理不直。以势言，五居尊位，势不敌。故至"三年"之久，而终不发。其象如此，以其未发，故占者不言"凶"。

《象》曰："伏戎于莽"，敌刚也。"三岁不兴"，安行也。

所敌者既刚且正，故伏藏。"三岁不兴"者，以理与势俱屈，故不能行。盖"行"者即兴动而行也，"安"者，安于理势而不兴也。故曰"安行"。"安行"即四"困则"之意。

九四：乘其墉，弗克攻，吉。

"墉"，墙也。离中虚外围，"墉"之象也。解卦上六变离，亦曰"墉"。泰卦上六变艮，大象离曰城，皆以中空外围也，此则九三为六二之"墉"。九四在上，故曰"乘"。二四皆争夺，非同人矣，故不言"同人"。三恶五之亲二，故有犯上之心。四恶二之比三，故有陵下之志。

四不中正,当同人之时无应与,亦欲同于六二。三为二之"墉",故有乘墉攻二之象。然以刚居柔,故又有自反而"弗克攻"之象。能如是,则能改过矣,故占者"吉"。

《象》曰:"乘其墉",义弗克也。其吉,则困而反则也。

"义"者,理也。"则"者,理之法则也。义理不可移易,故谓之"则"。"困"者,困穷也,即"困而知之"之困也。四刚强,本欲攻二,然其志柔,又思二乃五之正应,义不可攻。欲攻,不可攻,二者交战,往来于此心,故曰"困"。若知之其不可攻,则此心不困矣。言"乘其墉"矣,岂其力之不足哉? 特以义不可同,故"弗克攻"耳。其"吉"者,则因困于心,而反于义理之法则也,因困则改过矣,故"吉"。"义弗克",正理也。"困而反则",九四功夫也。

九五:同人先号咷而后笑,大师克相遇。

号,平声。

火无定体,曰"鼓缶而歌",而"嗟","出涕沱若"。中孚象离,曰"或泣或歌"。九五又变离,故有此象。"先号咷后笑"者,本卦六爻未变,离错坎为加忧,九五隔于三四,故忧而号咷。及九五变,则中爻为兑悦,故"后笑"。旅"先笑后号咷"者,本卦未变,中爻兑悦,故"先笑";及上九变,则兑悦体。震动成小过,"灾眚"之凶矣,故"后号咷"。必用"大师"者,三伏莽、四乘墉,非"大师"岂能克? 此爻变离,中爻错震。戈兵震动,师之象也。九五阳刚之君,阳大阴小,大师之象也。且本卦错师,亦有师象。

九五、六二以刚柔中正相应,本同心者也。但为三、四强暴所隔,虽同矣,不得遽与之同。故有未同时不胜号咷、既同后不胜喜笑之象。故圣人教占者曰:君臣大分也,以臣隔君,大逆也。当此之时,为君者,宜兴大师克乎强暴后,方过乎正应而后可。若号咷,则失其君之威矣。故教占者:占中之象又如此。

《象》曰:同人之先,以中直也。大师相遇,言相克也。

"先"者,"先号咷"也。"以"者,因也。"中直"与困卦九五中直同,即"中正"也。言九五所以"先号咷"者,以中正相应,必欲同之也。"相克"者,九五克三、四也。

刘穆之为葛长民所制,刘裕必杀葛长民。

上九:同人于郊,无悔。

乾"为郊",郊之象也,详见需卦。国外曰"郊",郊外曰"野",皆旷远之地。但"同人于野",以卦之全体而言,言大同则能亨也,故"于野"取旷远大同之象,此爻则取旷远无所与同之象,各有所取也。

上九居同人之终,又无应与,则无人可同矣,故有"同人于郊"之象。既无所同,则亦无所悔,故其占如此。

《象》曰:"同人于郊",志未得也。

无人可同,则不能通天下之志矣。"志未得",正与通天下之志相反。

≡离上
≡乾下 # 大有 众也

"大有"者,所有之大也。火在天上,万物毕照,所照皆其所有,大有之象也。一柔居尊,众阳并从,诸爻皆六五之所有,大有之义也。《序卦》:"与人同者,物必归焉,故受之以大有。"所以次同人。

大有:元亨。

《彖辞》明。

《彖》曰:大有,柔得尊位大中,而上下应之,曰"大有"。其德刚健而文明,应乎天而时行,是以"元亨"。

以卦综释卦名,以卦德、卦体释卦辞。大有综同人,"柔得尊位而大中"者,同人下卦之离往于大有之上卦,得五之尊位,居大有之中,而上下五阳皆从之也。上下从之,则五阳皆其所有矣。阳大阴小,所有者皆阳,故曰"大有"。内刚健则克胜其私,自诚而明也。外文明则灼见其理,自明而诚也。上下应之者,众阳应乎六五也。应天时行者,六五应乎九二也。"时"者,当其可之谓。"天"即理也。天之道不外时而已。"应天时行"如天命有德、天讨有罪,皆应天而时用之是也。乾"为天",因"应乾",故发此句。"时行"即应天之实,非"时行"之外别有应天也。"刚健文明"者德之体,"应天时行"者德之用,有是德之体用,则能享其大有矣,是以"元亨"。

《象》曰:火在天上,"大有"。君子以遏恶扬善,顺天休命。

火在天上,无所不照,则善恶毕照矣。"遏恶"者,五刑五用是也。"扬善"者,五服五章是也,休美也。天命之性有善无恶,故"遏恶扬善"者,正所以顺天之美命也。

当大有时,宜旌别淑慝也。

初九:无交害。匪咎,艰则无咎。

"害"者,害我之大有也。离为"戈兵",应爻戈兵在前,恶人伤害之象也。故睽卦离在前亦曰"见恶人"。夬乃同体之卦,二爻变离,亦曰"莫夜有戎"。初居下位,以凡民而大有家,肥屋润人,岂无害之理?离火克乾金,其受害也必矣。"无交害"者,去离尚远,未交离之境也。九三交离境,故曰"小人害"也。九三"害"字从此"害"字来。"匪咎"者,人来害我,非我之咎也。"艰"者,艰难以保其大有,如夬之"惕号"也。

初九居卑,当大有之初,应爻离火,必有害我之乾金者。然阳刚得正,去离尚远,故有"无交害,匪咎"之象。然或以"匪咎"而以易心处之,则必受其害矣。惟"艰",则可保其大有而"无咎"也。故又教占者以此。

《象》曰:大有初九,无交害也。

时大有而当其初,所以去离远而"无交害"。

九二:大车以载,有攸往,无咎。

乾错坤,为"大舆"、"大车"之象也。阳上行之物,车行之象也。"以"者,用也,用之以载也。变离错坎,坎中满,"以载"之象也。大车以载之重,九二能任重之象也。二变中爻成巽,巽为股,巽错震为足,股足震动,"有攸往"之象也。

九二当大有之时,中德蓄积,充实富有,乃应六五之交孚,故有"大车以载"之象。有所往而如是,则可以负荷其任,佐六五虚中之君,共济大有之盛,而"无咎"矣。故其占如此。

《象》曰:"大车以载",积中不败也。

衰,步尤切。

上下五阴,"地"之象也。一阳居中,"地中有山"之象也。五阴之多,人欲也。一阳之寡,天理也。君子观此象,衰其人欲之多,益其天理之寡,则廓然大公,物来顺应,物物皆天理,自可以"称物平施",无所处而不当矣。"衰"者,减也。

初六:谦谦君子,用涉大川,吉。

凡《易》中有此象,而无此事、无此理者,于此又"涉大川"见之,盖"金车"、"玉铉"之类也。周公立爻辞,止因中爻震木在坎水之上,故有此句。而今就文依理,只得说能谦险亦可济也。

"六"柔,谦德也。"初",卑位也。以谦德而居卑位,谦而又谦也。君子有此谦德,以之济险亦吉矣。故占者"用涉大川","吉"。

《象》曰:"谦谦君子",卑以自牧也。

"牧",养也。"谦谦"而成"其君子",何哉?盖九三"劳谦君子",万民所归服者也。二并上与三俱"鸣"其"谦",四则扐裂其"谦",五因"谦"而"利侵伐",初居谦之下位,已卑矣,何所作为哉?惟自养其谦德而已。

六二:鸣谦,贞吉。

本卦与小过同有"飞鸟遗音"之象,故曰"鸣"。豫卦亦有小过之象,亦曰"鸣",又中爻震为"善鸣"。"鸣"者,阳唱而阴和也。《荀九家》以"阴阳相应,故鸣"得之矣。故中孚错小过,九二曰"鸣鹤在阴",又曰"翰音登于天",皆有鸣之意。"鹤鸣",《小象》曰"中心愿"也,此曰"中心得"也,言二与三中心相得,所以相唱和而鸣也。若旧注以谦有闻,则非"鸣谦",乃"谦鸣"矣。若《传》以德充积于中,见于声音,则上六"鸣谦"其志未得,与"鸣豫"之凶皆说不去矣。

六二柔顺中正,相比于三,三盖"劳谦君子"也。三谦而二和之,与之相从,故有"鸣谦"之象,正而且吉者也。故其占如此。

《象》曰:"鸣谦,贞吉",中心得也。

言六二与三"中心相得",非勉强唱和也。

九三:劳谦君子,有终吉。

"劳"者,勤也,即"劳之来之"之"劳"。中爻坎为"劳卦",虽《系辞》去声读,然同此"劳"字也。又中爻水,水有井象,君子以"劳民劝相",此"劳"字之象也。艮"终万物",三居艮之终,故以文王卦辞"君子有终"归之。八卦正位,艮在三,所以此爻极善,"有终"即万民服。旧注因《系辞》有"而功不德"句,遂以为功劳,殊不知劳乎民后方有功,此爻止有劳而不伐意,故"万民服"。

九三当谦之时,以一阳而居五阴之中,阳刚得正,盖能劳乎民而谦者也。然虽不伐其劳,而终不能掩其劳,万民归服,岂不"有终"?故占者吉。

《象》曰:"劳谦君子",万民服也。

阴为民,五阴故曰"万民"。众阴归之,故曰"服"。

六四:无不利,扐谦。

"拗"者,裂也,两开之意。六四当上下之际,开裂之象也。"拗谦"者,以拗为谦也。凡一阳五阴之卦,其阳不论位之当否,皆尊其阳而卑其阴。如复之"元吉",师之"锡命",豫之"大有得",比之"显比",剥之"得舆",皆尊其阳不论其位也。六四才位皆阴,九三劳谦之贤,正万民归服之时,故开裂退避而去,非旧注"更当发挥其谦"也。

六四当谦之时,柔而得正,能谦者也,故"无不利"矣。但"劳谦"之贤在下,不敢当阳之承,乃避三而去之,故有以拗为谦之象。占者能此,可谓不违阴阳之则者矣。

《象》曰:"无不利,拗谦",不违则也。

则者,阳尊阴卑之法则也。拗而去之,不违尊卑之则矣。

六五:不富以其邻,利用侵伐,无不利。

阳称"富",小畜五阳,故《小象》曰"不蚀富"也。阴皆"不富",故泰六四亦曰"不富"。"富"与"邻"皆指三。"以"者,用也。中爻震为长子,三非正应,故称"邻"。言不用富厚之力,但用"长子帅师",而自"利用侵伐"也。坤为"众",中爻震,此爻变离为"戈兵",众动戈兵,侵伐之象。此象亦同初六"用涉大川",但此则以变爻言也,上六"利用行师",亦此象。

五以柔居尊,在上而能谦者也。上能谦,则从之者众矣,故有"不富以邻"而自"利用侵伐"之象。然"用侵伐"者,因其不服而已,若他事亦无不利也。占者有此谦德,斯应是占矣。

《象》曰:"利用侵伐",征不服也。

侵伐非黩武,以其不服,不得已而征之也。

上六:鸣谦,利用行师,征邑国。

凡《易》中言"邑国"者,皆"坤上"也。升卦坤在外,故曰"升虚邑"。晋卦坤在内,故曰"维用伐邑"。泰之上六曰"自邑告命"。师上六曰"开国承家"。复之上六曰"以其国君凶"。讼九二变坤曰"邑人三百户"。益之中爻坤曰"为依迁国"。夬下体错坤曰"告自邑"。涣九五变坤曰"涣王居"。此曰"征邑国",皆因"坤土"也。

上六当谦之终,与二为正应,见三之劳谦,亦相从而和之,故亦有"鸣谦"之象。然六二中正,既与三中心相得,结亲比之好,则三之心志不在上六,而"不相得"矣,故止可为将行师"征邑国"而已,岂能与"劳谦君子"之贤相为唱和其谦哉!

《象》曰:"鸣谦",志未得也。可用行师,"征邑国"也。

"志未得"者,上六与九三心志不相得也。六二与上六皆"鸣谦",然六二"中心得",上六"志未得",所以六二"贞吉",而上六止"利用行师"也。

震上
坤下 豫卦

"豫"者,和乐也。阳始潜闭于地中,及其动而出地,奋发其声,通畅和豫,豫之象也。内顺外动,豫之由也。《序卦》:"有大而能谦,必豫,故受之以豫。"所以次谦。

豫:利建侯行师。

震"长子"，主器，震惊百里，"建侯"之象。中爻坎陷，一阳统众阴，"行师"之象也。屯有震无坤，则言"建侯"。谦有坤无震，则言"行师"。此震坤合，故兼言也。

《彖》曰：豫，刚应而志行，顺以动，豫。豫顺以动，故天地如之，而况建侯行师乎？天地以顺动，故日月不过而四时不忒。圣人以顺动，则刑罚清而民服。豫之时义大矣哉！

以卦体、卦德释卦名、卦辞而极言之。"刚"，九四也。"刚应"者，一阳而众阴从之也。"志行"者，阳之志得行也。"刚应志行"，豫也。内顺外动，所以成其豫也，故名"豫"。人事合乎天理则顺，背乎天理则逆。"顺以动"，则一念一事皆天理矣。"天地如之"者，言天地亦不过如人之顺动也。天地且不之违，而况于人之"建侯行师"乎！此其所以利也。"天地以顺动"者，顺其自然之气。"圣人以顺动"者，顺其当然之理。"不过"者，不差过也。"不忒"者，不忿忒也。刑罚不合乎理，惟乘一人喜怒之私，故民不服。若顺动则合乎天理之公，纵有刑罚，亦天刑也，故"民服"。"时义"者，豫中事理之时宜也，即顺动也。此极言而赞之也。六十四卦，时而已矣。事若浅而有深意，曰"时义大矣哉"，欲人思之也。非美事有时或用之，曰"时用大矣哉"，欲人则之也。大事大变，曰"时大矣哉"，欲人谨之也。

《象》曰：雷出地奋，豫。先王以作乐崇德，殷荐之上帝，以配祖考。

"奋"者，奋发而成声也。"作"，乃制礼作乐之作。"作乐"以"崇德"，故闻乐知德。"殷"，盛也。"作乐"乃朝廷邦国之常典，各有所主，其乐不同。惟万物本乎天，故有郊。人本乎祖，故有庙，是其用乐之最大者，故曰"殷荐"。故冬至祀上帝于圜丘，而配之以祖，必以是乐荐之。季秋祀上帝于明堂，而配之以考，必以是乐荐之也。中爻坎为乐律，"乐"之象。五阴而崇一阳德，"崇德"之象。帝出于震，"上帝"之象。中爻艮为门阙，坎为"隐伏"，宗庙祖宗之象。

初六：鸣豫，凶。

"鸣"详见"鸣谦"。谦、豫二卦同体，文王综为一卦，故《杂卦》曰："谦轻而豫怠也。"谦之上六即豫之初六，故二爻皆言"鸣"。震性动又决躁，所以"浚恒凶"、"飞鸟凶"。

初六与九四为正应，九四"由豫"，初据其应与之常，欲相从乎四而和之，故有"鸣豫"之象。然初位卑，四近君，乃权臣也，正其志大行之时。上下既悬绝，且初又不中，正应与之情乖矣，岂能与四彼此唱和？其豫不能唱和，初之志穷矣，凶之道也。故占者凶。

《象》曰：初六"鸣豫"，志穷，凶也。

惟"志穷"，所以"凶"。中孚"鹤鸣子和"曰"中心愿也"，六二"鸣谦"曰"中心得也"，此心志相孚者也。上六"鸣谦"曰"志未得也"，初六"鸣豫"曰"志穷凶也"，此心志不相孚者也。相孚者皆曰"心"，不相孚者皆曰"志"，此所以为圣人之言。

六二：介于石，不终日，贞吉。

凡物分为两间者曰"介"。二变刚分坤为两间，介之象也。"介于石"者，言操守之坚如石不可移易。中爻艮，石之象也。"不终日"者，不溺于豫，见几而作，不待其日之晚也。二变中爻离，且居下卦之上，"不终日"之象。八卦正位，坤在二，故"贞吉"。

豫易以溺人，诸爻皆溺于豫，独六二中正自守，安静坚确，故有此象。正而且吉之道也，故其占如此。

《象》曰:"不终日,贞吉",以中正也。

惟中正,故"不终日,贞吉"。

六三:盱豫悔,迟有悔。

"盱"者,张目也。中爻错离,目之象也。盱目以为豫者,九四当权,三与亲比,幸其权势之足凭,而自纵其所欲也。"盱"与"介"相反,"迟"与"不终日"相反,二中正、三不中正故也。

四为豫之主六三阴柔,不中不正而近于四,上视于四而溺于豫,宜有悔者也,故有此象。而其占为事当速悔,若悔之迟,则过而不改,是谓过矣。此圣人为占者开迁善之门,而勉之以速改也。

《象》曰:盱豫有悔,位不当也。

六三不中不正,故"位不当"。

九四:由豫,大有得。勿疑,朋盍簪。

"由豫"者,言人心之和豫,由四而致也。本卦,一阳为动之主,动而众阴悦从,故曰"由豫"。"大有得"者,言得大行其志,以致天下之豫也。四多疑惧,故曰"疑"。又中爻坎亦为"狐疑"。"勿疑"者,中爻艮止,止而不疑之象也。因九四才刚明,故教之以"勿疑"也。"盍"者,合也。"簪"者,首笄也,妇人冠上之饰,所以总聚其发者也。下坤,妇人之象也。一阳横于三阴之首,"簪"之象也。"勿疑,朋盍簪"者,勿疑朋合于我者,皆簪冠之妇人也。

九四一阳居五阴之中,众所由以为豫,故有"由豫"之象。占者遇此,故为"大有得"。然人既乐从,正当得志之时,必展其大行之志,俾人人皆享其和平豫大之福。"勿疑"、"由豫"于我者,无同德之阳明,而所以朋合于上下内外者,皆阴柔之群小可也。故又教占者必不可疑如此。

《象》曰:"由豫,大有得",志大行也。

刚应而无他爻以分其权,故曰"志大行"。

六五:贞疾,恒不死。

中爻为坎,坎为心病,疾之象也。曰"贞疾"者,言非假疾,疾之在外而可以药石者也。九四"由豫",人心通归于四,危之极矣,下卦坤"为腹",九四居卦之中为心,即咸卦"憧憧往来"之爻也。此正腹中心疾,故谓之"贞疾"。"恒"者,常也,言"贞疾"而常不死也。周室衰微,此爻近之。

六五当豫之时,柔不能立,而又乘九四之刚,权之所主,众之所归,皆在于四,衰弱极矣。故有"贞疾"之象。然以其得中,故又有"恒不死"之象。即象而占可知矣。

《象》曰:六五"贞疾",乘刚也。"恒不死",中未亡也。

虽乘四为刚所逼,然柔而得中,犹存虚位不死。

上六:冥豫成,有渝无咎。

"冥"者,幽也,暗也。上六以阴柔居豫极,为昏冥于豫之象。"成"者,五阴同豫,至上六已成矣。然以动体变刚成离,则前之"冥冥"者,今反昭昭矣,故又为其事虽成,然乐极哀生,不免有悔心之萌,而能改变之象。占者如是,则能补过矣,故"无咎"。

《象》曰:"冥豫"在上,何可长也?

豫已极矣,宜当速改,何可长溺于豫而不反也?

兑上 震下 随无故也

随者,从也。少女随长男,随之象也。曰:随综蛊,以艮下而为震,以巽上而为兑,随之义也。此动彼悦,亦随之义也。《序卦》:"豫必有随,故受之以随。"所以次豫。

随:元亨,利贞,无咎。

"随元亨",然动而悦,易至于诡随,故必利于贞,方得"无咎"。若所随不贞,则虽大亨亦有咎矣,不可依穆姜作"四德"。

《象》曰:刚来而下柔,动而说。随,大亨,贞无咎,而天下随时。随时之义大矣哉!

以卦综、卦德释卦名,又释卦辞而赞之。"刚来而下柔"者,随、蛊二卦同体,文王综为一卦,故《杂卦》曰:"随无故也,蛊则饬也。"言蛊下卦原是柔,今艮刚来居于下,而为震,是刚来而下于柔也。"动而悦"者,下动而上悦也。"时"者,正而当其可也。言"大亨贞"而"无咎"者,以其时也。"时"者,随其理之所在。理在于上之随下则随其下,理在于下之随上则随其上,泰则随其时之泰,否则随其时之否。惟其时则通变宜民,邦家无怨,近悦远来,故"天下随时"。故即赞之曰:"随时之义大矣哉!"此与艮卦"时"字同,不可依王肃本"时"字作"之"字观。尾句不曰"随之时义",而曰"随时之义",文意自见。

《象》曰:泽中有雷,随。君子以嚮晦入宴息。

嚮与"向"同。"晦"者,日没而昏也。"宴息"者,宴安休息,即日入而息也。"雷"二月出地,八月入地。造化之理,有昼必有夜,有明必有晦,故人生天地,有出必有入,有作必有息。其在人心,有感必有寂,有动必有静,此造化之自然,亦人事之当然也,故"雷在地上"则作乐荐帝,"雷在地中"则闭关不省方,"雷在泽下"则向晦宴息,无非所以法天也。震,东方卦也,日出旸谷。兑,西方卦也,日入昧谷。八月正兑之时,雷藏于泽,此"向晦"之象也。泽亦是地,不可执泥"泽"字。中爻巽为入,艮为止,入而止,息之象也。

初九:官有渝,贞吉。出门交有功。

随卦,初随二,二随三,三随四,四随五,五随六,不论应与。"官"者,主也。震长子主器,官象也。"渝"者,变而随乎二也。初为震,主性变动,"渝"之象也。故讼卦四变,中爻为震,亦曰"渝"。中爻艮,门之象也。二与四同功。二多誉,功之象也,故九四《小象》亦曰"功"。

初九阳刚得正,当随之时,变而随乎其二。二居中得正,不失其所随矣,从正而吉者也。故占者"贞吉"。然其所以"贞吉"者,何哉?盖方出门,随人之始,即交有功之人,何"贞吉"如之!故又言所以"贞吉"之故。

《象》曰:"官有渝",从正吉也。"出门交有功",不失也。

二中正,所以"从正吉"。"交有功",则不失其所随矣。旧注不知八卦正位,震在初,乃极美之爻，所以通作戒辞看。

六二：系小子，失丈夫。

中爻巽为绳，系之象也。阴爻称"小子"，阳爻称"丈夫"，阳大阴小之意。"小子"者，三也；"丈夫"者，初也。

六二中正，当随之时，义当随乎其三。然三下正，初得正，故有"系小子失丈夫"之象。不言"凶咎"者，二中正，所随之时不能兼与也。

《象》曰："系小子"，弗兼与也。

既随乎三，不能兼乎其初。

六三：系丈夫，失小子。随有求得，利居贞。

"丈夫"者，九四也。小子者，六二也。"得"者，四近君为大臣，求乎其贵可以得其贵也。中爻巽，"近市利三倍"，求乎其富可以得其富也。

六三当随之时，义当随乎其四。然四不中正，六二中正，故有"系丈夫失小子"之象。若有所求，必有所得，但利乎其正耳。三不中正，故又戒占者以此。

《象》曰："系丈夫"，志舍下也。

舍，音捨。

时当从四，故心志舍乎下之二也。

九四：随有获，贞凶。有孚在道以明，何咎？

"有获"者，得天下之心随于己也。四近君为大臣，大臣之道，当使恩威一出于上，众心皆随于君。若人心随己，危疑之道也，故"凶"。"孚"以心言，内有孚信之心也。道以事言，凡事合乎道理也。"明"者，识保身之几也。"有"字、"在"字、"以"字，虽字义稍异，然皆有功夫。若以象论，变坎，"有孚"之象也。震为大涂，"道"之象也。变坎错离，"明"之象也；又中爻艮有光辉，亦"明"之象也。

四当随之时义，当随乎其五。然四为大臣，虽"随有获"而势凌于五，故有"有获贞凶"之象，所以占者凶。然当居此地之时，何以处此哉？惟诚以结之，而道以事之，明哲以保其身，则上安而下随，即"无咎"而不凶矣。故又教占者以此。

《象》曰："随有获"，其义凶也。"有孚在道"，明功也。

"义凶"者，有凶之理也。"有孚在道明功"者，言"有孚在道"皆明哲之功也。盖明哲则知心不可欺而内竭其诚，知事不可苟而外合于道，所以"无咎"也。周公《爻辞》三者并言，孔子《象辞》推原而归功于明。何以验人臣明哲为先？昔汉之萧何韩信皆高帝功臣，信既求封齐，复求王楚，可谓"有获"矣，然无明哲，不知"有获贞凶"之义，卒及大祸。何则不然。帝在军中遣使劳何，何悉遣子弟从军，帝大悦。及击陈豨，遣使拜何相国，封五千户，何让不受，悉以家财佐军用，帝又悦。卒为汉第一功臣，身荣名显，若何者？可谓知明功臣者矣。孔子明功之言不其验哉！

九五：孚于嘉，吉。

八卦正位，兑在六，乃爻之嘉美者。且上六归山，乃"嘉遁"矣，故曰"孚于嘉"。

九五阳刚中正，当随之时，义当随乎其六，故有"孚嘉"之象，盖随之美者也。占者得此，吉可知矣。

《象》曰："孚于嘉，吉"，位正中也。

惟中正，故"孚于嘉"。

上六：拘系之，乃从。维之，王用亨于西山。

"系"即六二、六三之系。"维"亦系也。"系"之又"维"之，言系而又系也，《诗》"絷之维之，于焉嘉客"是也。言五孚于六，如此"系维"，其相随之心，固结而不可解也。如七十子之随孔子，五百人之随田横，此爻足以当之。变乾，"王"之象也，指五也。兑居西，"西"之象也。兑错艮，"山"之象也。六不能随于世人，见九五维系之极，则必归之山矣。随、蛊相综，故蛊卦上九"不事王侯"，亦有归山之象。"亨"者，通也。"王用亨于西山"者，用通于西山以求之也。"亨西山"与谦卦"用涉大川"同，皆因有此象，正所谓无此事此理而有此象也。

上六居随之终，无所随从，见九五相随之极，则遁而归山矣，故有此象，盖随之至者也。占者得此，吉可知矣。

《象》曰："拘系之"，上穷也。

"上"者，六也。"穷"者，居卦之终，无所随也，非凶也。

艮上 巽下 蛊则饬也

"蛊"者，物久败坏而蛊生也。以卦德论，在上者止息而不动作，在下者巽顺而无违忤，彼此委靡因循，此其所以蛊也。《序卦》："以喜随人者，必有事，故受之以蛊。"所以次随。

蛊：元亨，利涉大川。先甲三日，后甲三日。

"利涉大川"者，中爻震木在兑泽之上也。"先甲"、"后甲"者，本卦艮上巽下，文王圆图艮、巽夹震木于东之中，故曰"先甲"、"后甲"，言巽先于甲、艮后于甲也。巽卦言"先庚"、"后庚"者，伏羲圆图艮、巽夹兑方于西之中，故曰"先庚"、"后庚"，言巽先于庚、艮后于庚也。分"甲"于蛊者，本卦未变，上体中爻震木、下体巽木也。分"庚"于巽者，本卦未变，上体综兑金，下体综兑金也。十干独言"甲"、"庚"者，乾坤乃六十四卦之祖，甲居于寅，坤在上乾在下为泰；庚居于申，乾在上坤在下为否。"大往小来"，"小往大来"，天地之道不过如此。"物不可以终通"，"物不可以终否"，《易》之为道亦不过如此。所以独言"甲"、"庚"也。曰"先三"、"后三"者，六爻也。"先三"者，下三爻也，巽也；"后三"者，上三爻也，艮也。不曰"爻"而曰"日"者，本卦综随，日出震东，日没兑西，原有此象，故少不言一日二日，多不言九日十日，而独言"先三"、"后三"者，则知其为下三爻上三爻也明矣。以"先甲"用辛，取自新，"后甲"用丁，取丁宁，此说始乎郑玄，谬矣。

当蛊之时，乱极必治，占者固元亨矣，然岂静以俟其治哉？必历涉艰难险阻，以拨乱反正。知其先之三爻，乃巽之柔懦，所以成其蛊也，则因其柔懦，而矫之以刚果；知其后之三爻乃艮之止息，所以成其蛊也，则因其止息，而矫之以奋发，斯可以"元亨"，而天下治矣。

《象》曰：蛊刚上而柔下，巽而止，蛊。蛊，元亨，而天下治也。"利涉大川"，往有事也。"先甲三日，后甲三日"，终则有始，天行也。

以卦综、卦德释卦名、卦辞。刚上而柔下者,蛊综随,随初震之刚上而为艮,上六兑之柔下而为巽也。刚上则太尊而情不下达,柔下则太卑而情难上通。巽则诡,止则惰,皆致蛊之由,所以名"蛊"。既"蛊"矣,而又"元亨",何也?盖造化之与人事,穷则变矣。治必因乱,乱则将治。故蛊而乱之终,乃治之始也,如五胡之后生唐太宗、五季之末生宋太祖是也。治蛊者当斯时,则天下治矣,故占者"元亨"。"往有事"犹言往有"为"。方天下坏乱,当勇往以济难,若复巽懦止息,则终于蛊矣,岂能"元亨"?终始即先后。"成言乎艮"者,终也。"齐乎巽"者,始也。"终则有始"者,如昼之终矣,而又有夜之始。夜之终矣,而又有昼之始,故乱不终乱,乱之终乃其治之始也。治乱相仍,乃天运之自然也。故治蛊者必原其始,必推其终,知其蛊之为始为先者乃巽也,则矫之以刚果;知其蛊之为终为后乃艮也,则矫之以奋发,则蛊治而元亨矣。恒卦上体震综艮,下体巽,故亦曰"终则有始"。

《象》曰:山下有风,蛊。君子以振民育德。

"山下有风",则物坏而有事更新矣。"振民"者,鼓舞作兴,以振起之,使之日趋于善,非巽之柔弱也,此新民之事也。"育德"者,操存省察以涵育之,非艮之止息也,此明德之事也。当蛊之时,风俗颓败,由于民德之不新。民德不新,由于己德之不明。故救时之急在于"振民","振民"又在于"育德",盖相因之辞也。

初六:干父之蛊,有子,考无咎,厉终吉。

艮止于上,犹父道之无为而尊于上也。巽顺于下,犹子道之服劳而顺于下也,故蛊多言"干父"之事。"干"者,木之茎干也。中爻震木,下体巽木,干之象也。木有干,方能附其繁茂之枝叶,人有才能,方能振作其既坠之家声,故曰"干蛊"。"有子"者,即《礼记》之"幸哉有子"也。

初六当蛊之时,才柔志刚,故有能"干父蛊"之象。占者如是,则能克盖前愆,喜其今日之维新,忘其前日之废坠。因子而考,亦可以无咎矣。但谓之蛊,未免危厉,知其危厉,不以易心处之,则终得吉矣。因六柔,故又戒之以此。

《象》曰:"干父之蛊",意承考也。

"意承考"者,心之志意,在于承当父事,克盖前愆,所以考无咎。

九二:干母之蛊,不可贞。

艮性止,止而又柔。止则惰,柔则暗。又当家事败坏之时,子欲干其蛊,若以我阳刚中直之性,直遂干之,则不惟不堪,亦且难入,即伤恩矣,其害不小。惟当屈己下意,巽顺将承,使之身正事治,则亦已矣,故曰"不可贞"、"事父母几谏"是也。若以君臣论,周公之事成王,成王有过则挞伯禽,皆此意也。《易》之"时",正在于此。

九二当蛊之时,上应六五。六五阴柔,故有"干母蛊"之象。然九二刚中,以刚承柔,恐其过于直遂也,故戒占者不可贞,委曲巽顺以干之可也。

《象》曰:"干母之蛊",得中道也。

得中道而不太过,即"不可贞"也。

九三:干父之蛊,小有悔,无大咎。

悔以心言。"悔"者,因九三过刚,则干蛊之事,更张措置之间,未免先后缓急失其次序,所以"悔"也。"咎"以理言,然巽体得正,能制其刚,则其干蛊必非私意妄行矣,所以"无大咎"。

九三,以阳刚之才,能"干父之蛊"者,故有干蛊之象。然过刚,自用其心,不免"小有悔",但为父干蛊,其咎亦不大矣,故其占如此。

《象》曰:"干父之蛊",终无咎也。

有阳刚之才方能干蛊,故周公仅许之,而孔子深许之也。

六四:裕父之蛊,往见吝。

"裕",宽裕也。强以立事为干,怠而委事为裕,正干之反也。"往"者,以此而往治其蛊也。"见吝"者,立见其羞吝也。治蛊如拯溺救焚,犹恐缓不及事,岂可裕?

六四,以阴居阴,又当艮止,柔而且怠,不能有为,故有"裕蛊"之象。如是则蛊将日深,故往则见吝。戒占者不可如是也。

《象》曰:"裕父之蛊",往未得也。

"未得"者,未得治其蛊也。九三之刚失之过,故"悔";悔者渐趋于吉,故"终无咎"。六四之柔失之不及,故"吝";吝者渐趋于凶,故"往未得"。宁为"悔",不可为"吝"。

六五:干父之蛊,用誉。

卓吾云:上九不事事,而六五犹誉,以悦之,使其欢然,顺从蛊,斯可干。

"用"者,用人也。"用誉"者,因用人而得誉也。"二多誉",誉之象也。周公曰"用誉"、孔子"二多誉"之言盖本于此。九二以五为母,六五又取子道,可见《易》不可典要。宋仁宗仁柔之主,得韩、范、富、欧,卒为宋令主,此爻近之。

六五以柔居尊,下应九二,二以刚中之才而居巽体,则所以承顺乎五者,莫非刚健大中之德矣。以此治蛊,可得闻誉,然非自能誉也,用人而得其誉。故其象占如此。

《象》曰:"干父用誉",承以德也。

"承"者,承顺也。因巽体又居下,故曰"承",言九二承顺以刚中之德也。

上九:不事王侯,高尚其事。

上"事"字,"事王侯"以治蛊也。下"事"字,以"高尚"为"事"也。耕下有莘之野,而乐尧舜之道是也。上与五二爻,以家事言,则上为父、五为母、众爻为子,观诸爻以干父母言,可知矣。以国事言,则五为君、下四爻为用事之臣、上一爻为不事之臣,观上一爻以王侯言可知矣。盖当蛊之世,任其事而干蛊者,则操巽之权,而行其所当行;不任其事而高尚者,则体艮止之义,而止其所当止。如邓禹诸臣皆相光武,以干汉室之蛊,独子陵钓于富春是也。艮止,"不事"之象。变坤错乾,"王侯"之象。巽为高,"高尚"之象。

初至五,皆干蛊。上有"用誉"之君,下有"刚中"之臣,家国天下之事已毕矣。上九居蛊之终,无系应于下,在事之外。以刚明之才,无应援而处无事之地,盖贤人君子不偶于时而高洁自守者也,故有此象。占者有是德,斯应是占矣。

《象》曰:"不事王侯",志可则也。

高尚之志足以起顽立懦,故可则。

李卓吾"上九"论其意义,尽于不可贞内,看来"用誉"亦是顺承也好。

来瞿唐先生易注卷之五

☷ 坤上
兑下 **临**观之义或与或求

"临"者,进而临,逼于阴也。二阳浸长以逼于阴,故为"临",十二月之卦也。天下之物,密近相临者,莫如地与水,故"地上有水"则为比,"泽上有水"则为临。《序卦》:"有事而后可大。临者,大也。蛊者,事也。"韩康伯云:"可大之业,由事而生。"二阳方长而盛大,所以次蛊。

临:元亨,利贞。至于八月,有凶。

临综观,二卦同体,文王综为一卦,故《杂卦》曰:"临,观之义,或与或求。"言至建酉,则二阳又在上,阴又逼迫阳矣。"至于八月",非临数至观八个月也,言至建酉之月为观,见阴之消不久也。专以综卦言。

《象》曰:临,刚浸而长,说而顺,刚中而应,大亨以正,天之道也。"至于八月有凶",消不久也。

以卦体、卦德释卦名、卦辞。"浸"者,渐也,言自复一阳生至临,则阳渐长矣。此释卦名。"说而顺"者,内说而外顺也。说则阳之进也不逼,顺则阴之从也不逆。"刚中而应"者,九二刚中,应乎六五之柔中也。言虽刚浸长逼迫乎阴,然非倚刚之强暴而逼迫也,乃彼此和顺相应也,此言临有此善也。刚浸长而悦顺者,大亨也。刚中而应柔中者,以正也。"天之道"者,天道之自然也,言大道阳长阴消,原是如此"大亨以正"也。一诚通复,岂不"大亨以正"?故文王卦辞曰"元亨利贞"者,此也。然阴之消岂长消哉?至酉曰"观",阴复长而凶矣。

《象》曰:泽上有地,临。君子以教思无穷。容保民无疆。

"教"者,劳来匡直之谓也。"思"者,教之至诚恻怛出于心思也。"无穷"者,教之心思不至厌战而穷尽也。"容"者,民皆在统驭之中也。"保"者,民皆得其所也。"无疆"者,无疆域之限也。"无穷"与兑泽同其渊深,"无疆"与坤土同其博大,二者皆"临民"之事,故君子观临民之象以之。

初九:咸临,贞吉。

"咸",皆也,同也。以大临小者初九、九二,临乎四阴也;以上临下者,上三爻临乎其下也。彼临乎此,此忙乎彼,皆同乎临,故曰"咸临"。卦惟二阳,故此二爻皆称"咸临"。九刚而得正,故占者"贞吉"。

以上临下,似未是,如云非阳能临,乃二阳"咸临"似妥。

《象》曰:"咸临贞吉",志行正也。

初"正",应四亦"正",故曰"正"。中爻震足,故初"行",五亦"行"。

九二:咸临,吉,无不利。

"咸临"与初同而占不同者,九二有刚中之德,而又有上进之势,所以"吉无不利"。

《象》曰:"咸临,吉,无不利",未顺命也。

"未顺命"者,未顺五之命也。五,君位,故曰"命"。且兑综巽,亦有"命"字之象。本卦《彖辞》悦而顺,孔子恐人疑此爻之"吉,无不利"者,乃悦而顺五之命也。故于《小象》曰:二之吉利者,乃有刚中之德,阳势上进,所以吉利也,未顺五之命也。

"未顺命"者,四阴方盛,为顺阳之命也,所以必二阳"咸临"。周公之吉利坚二阳上进之心也。孔子"未顺命"者,坚二阳合德之心也。围成弗克,三家岂皆顺命乎?孔子尚不能以一阳服群阴,而况其他?

六三:甘临,无攸利。既忧之,无咎。

"甘临"者,以甘悦人,而无实德也。坤土具味甘。兑为口,甘之象也。故节卦九五"变临",亦曰"甘节"。"无攸利"者,不诚不能动物也。变乾,乾三爻"惕若",忧之象也。

三居下之上,临人者也。阴柔悦体又不中正,故有以甘悦临人之象,此占者所以"无攸利"也。能忧而改之,斯"无咎"矣。

《象》曰:"甘临",位不当也。"既忧之",咎不长也。

"位不当"者,阴柔不中正也。"咎不长"者,改过也。

六四:至临,无咎。

六四当坤兑之交,地泽相比,盖临亲切之至者,所以占者"无咎"。
以阴临阳,宜有咎,然阴阳相应之至者,故无咎。

《象》曰:"至临,无咎",位当也。

以阴居阴,故"位当"。

"位当"者,居坤顺之位,下临乎初阳而相应也。其得"无咎"者,以其位,非以其阴也。"位当",阴亦当矣。

六五:知临,大君之宜,吉。

知,音智。

变坎,坎为"通",智之象也。"知临"者,明四目,达四聪,不自用而任人也。应乾阳,故曰"大君"。"知临"之"知",原生于九二,故即曰"大君"。"知"者,觉也,智也。六五非九二不能至此。"宜"者,得人君之统体也。

六五柔中居尊,下任九二刚中之贤,兼众智以临天下,盖得"大君之宜"者,吉可知矣。占者有是德,亦如是占也。

《象》曰:"大君之宜",行中之谓也。

与初行正同。六五中,九二亦中,故曰"行中"。"行中"即用中。中爻震足,行之象也。

上六:敦临,吉,无咎。

"敦",厚也。爻本坤土,又变艮土,敦厚之象。初与二虽非正应,然志在二阳,尊而应卑,高而从下,盖敦厚之至者。

上六居临之终,坤土敦厚,有"敦临"之象,吉而无咎之道也。故其象占如此。

《象》曰:"敦临"之吉,志在内也。

志在内卦二阳,曰"志"者,非正应也。

䷓ 巽上
坤下 观

"观"者,有象以示人,而为人所观仰也。风行地上,遍触万类,周观之象也。二阳尊上,为下四阴所观仰,观之义也。《序卦》:"临者大也,物大然后可观,故受之以观。"所以次临。

观:盥而不荐,有孚颙若。

盥,音贯。

"盥"者,将祭而洁手也。"荐"者,奉酒食以荐也。"有孚"者,信也。"颙"者,大头也,仰也。《尔雅》:"颙颙,君之德也。"大头在上之意,仰观君德之意,言祭祀者方洁手而未荐,人皆信而仰之矣。观者必当如是也。自上示下曰"观",去声;自下观上曰"观",平声。

《象》曰:大观在上,顺而巽,中正以观天下,观。"盥而不荐,有孚颙若",下观而化也。观天之神道,而四时不忒,圣人以神道设教,而天下服矣。

观皆去声,惟下观而化平声。

以卦体、卦德释卦名,又释卦辞,而极言之。"顺"者,心于理无所乖。"巽"者,事于理无所拂。中正即九五。阳大阴小,故曰"大观"在上。"中正"则所观之道也。言人君欲为观于天下,必所居者九五"大观"之位,所具者慎顺巽之德,而后以我所居之中,观天下之不中,所居之正,观天下之不正,斯可以为观矣,所以名"观"。"下观而化",故人信而仰之,所以有孚颙若者此也。"盥而不荐"者,神感也。"有孚颙若"者,神应。此观之所以神也。故以天道圣人之神道,极言而赞之。"神"者,妙不可测,莫知其然之谓。"天之神道"非有声色,而四时代谢无少差忒;"圣人神道设教"亦非有声色,而民自服从,观之神一而已矣。

《象》曰:风行地上,观。先王以省方,观民设教。

上观,去声。下观,平声。

"省方"者,巡狩省视四方也。"观民"者,观民俗也,即《陈诗》"以观民风","纳价""以观好恶"也。"设教"者,因俗以设教也,如齐之未业教以农桑,卫之淫风教以有别是也。风行地上,周及庶物,有历览周遍之象,故以"省方"体之。"坤为方","方"之象;"巽以申命","设教"之象。

初六:童观,小人无咎,君子吝。

观,平声。

"童"者,童稚也。"观"者,观乎五也。中爻艮为少男,"童"之象也。初居阳,亦童之象,故二居阴,"取女"之象。"小人"者,下民也。本卦,阴取下民,阳取君子。"无咎"者,"百姓日用而不知",所以"无咎"也。"君子吝"一句乃足上句之意,故《小象》不言"君子"。

初六当大观在上之时,阴柔在下,去五最远,不能观五中正之德辉,犹童子之识见不能及远,故有"童观"之象。然其占在小人,则无咎。若君子岂无咎哉!亦可羞吝矣。

《象》曰:初六"童观",小人道也。

不能"观国之光",小人之道自是如此。

六二:闚观,利女贞。

观,平声。

"闚"与"窥"同,门内窥视也。不出户庭,仅窥一隙之狭者也。曰"利女贞",则丈夫非所利矣。中爻艮,门之象也。变坎为"隐伏",坎错离为"目",目在门内隐伏处,窥视之象也。二本与五相应,但二之前即门,所以"窥观"。

六二阴柔,当观之时,居内而观外,"不出户庭"而欲观中正之道,不可得矣,故有"窥观"之象。惟女子,则得其正。故其占如此。

《象》曰:"闚观"、"女贞",亦可丑也。

妇无外事,则"窥观"乃女子之正道。丈夫志在四方,宇宙内事乃吾分内事。以丈夫而为女子之观,亦可丑矣。

六三:观我生进退。

子路对丈人之辞:"明君在上,可出而仕矣"。观,平声。

下爻皆观乎五。三隔四,四已"观国之光",三惟观我生而已。"我生"者,我阴阳相生之正应也,即上九也。为"进退"为"不果"者,巽也。巽有"进退"之象,故曰"观我生进退"。

六三当观之时,隔四不能"观国",故有"观我生进退"之人之象。不言占之凶咎者,阴阳正应,未为失道,所当观者也。

《象》曰:观我生进退,未失道也。

"道"者,阴阳相应之正道也。

六四:观国之光,利用宾于王。

观,平声。

"光"者,九五阳明在上,被四表,光四方者也。下坤土,国之象。中爻艮,辉光之象。四承五,宾主之象。九五,王之象。"观国光"者,亲炙其休,光也。"宾"者,已仕者朝观于君,君则宾礼之,未仕者仕进于君,君则宾兴之也。观卦利近不利远。六二中正,义乃正应。乃曰"窥观",则不利于远可知矣。

六四柔顺得正,最近于五,有"观光"之象,故占者"利用宾于王"。

《象》曰:"观国之光",尚宾也。

"尚"谓心志之所尚,言其志意,愿宾于王朝。

九五:观我生,君子无咎。

观,去声。

九五、上九。"生"字,亦如六三"生"字,皆我相生之阴阳也。"观我生"作句,观孔子《小象》可见矣。"观我生"者,观示乎我所生之四阴也,即"中正以观天下"也。"君子无咎"对初爻"小人无咎"言。下四阴爻皆"小人",上二阳爻皆"君子"。小人当仰观乎上,故"无咎";君子当观示乎下,故"无咎"。

九五为观之主,阳刚中正以居尊位,下之四阴皆其所观示者也,故有"观我生"之象。"大观在上",君子无咎之道也。故其象占如此。

《象》曰:"观我生",观民也。

二观字,皆去声。

"民"即下四阴。阴为民,民之象也。故姤九四曰"远民",以初六阴爻也。内卦三阴远于五,草莽之"民"也。六四之阴近于五,仕进之"民"也。九五虽与六二正应,然初三、四与九五皆阴阳相生,故曰"观我生,观民也",即"中正以观天下之民"也。

"生"曰,我生,则关于我者切矣。孔子释以"民"字,不曰"生",而曰"民",非独同焉?皆生已也。人君俯临万民,不有以观之,不惟负我,并负民也。

上九:观其生,君子无咎。

观,去声。

上九虽在观示之上,然本卦九五有天下国家之责。所以九五观示乎诸爻,诸爻仰观乎九五。曰"我生"者,即大有六五"五阳皆其所有"之意。言下四阴惟我可以观示,他爻不可得而观示之也。若上九不在其位,不任其事,则无观示之责。止因在上位,阴阳相生,义当观其生,是空有观生之位而已,故不曰"观我生",而曰"观其生"者,避五也。是"我"字甚重,而"其"字甚轻也。"君子无咎"者,九五与上九皆阳刚在上,故并"君子"之"无咎"也。

上九以阳刚居观之极,故有"观其牛"之象,亦君子之无咎者。故其象占如此。

《象》曰:"观其生",志未平也。

"志"者,上九之心志也。"平"者,均平也,与九五平分,相同一般之意。言周公爻辞,九五"观我生",而上九则以其字易我字者,何哉?以上九之心志,不敢与九五同观其民也,故曰"志未平"也,盖观示乎民乃人君之事。若上九亦观示乎民,则人臣之权与人君之权,相为均平而无二矣,岂其理哉!故上九阳刚虽与五同,不过有观生之位而已,不敢以四阴为我之民,与九五平观示之也。

☲离上☳震下 噬嗑食也

"噬",啮也;"嗑",合也。颐中有物间之,啮而后合也。上下两阳而中虚,颐之象也。四一阳间于其中,"颐中有物"之象也。"颐中有物"必啮而后合,噬嗑之象也。《序卦》:"嗑者合也,可观而后有所合",所以次观。

噬嗑：亨。利用狱。

"噬嗑亨"卦，自有亨义也。天下之事，所以不得亨者，以其有间也。噬而嗑，则物不得而间之，自亨通矣。此概举天下之事而言也。"利用狱"者，噬嗑中之一事也。

《彖》曰：颐中有物，曰"噬嗑"。噬嗑而亨。刚柔分动而明，雷电合而章，柔得中而上行，虽不当位，"利用狱"也。

以卦体、卦德、二象、卦综释卦名、卦辞。"颐中有物"，则其物作梗。以人事论，如寇盗奸宄，治化之梗；蛮彝猾夏，疆场之梗；以至君臣父子、亲戚朋友离贰谗谤，间于其中者，皆颐中之梗。《易》卦命名立象，各有所取。鼎也，井也，大过之栋，小过之飞鸟也，"远取诸物"者也；艮之背也，颐之头也，噬嗑颐中之物也，"近取诸身"者也。刚柔分者，震刚离柔，分居内外，内刚者齿也，外柔者辅也。"动而明"者，震动、离明也。"雷电合"者，卦二象也。盖动不如雷，则不能断，明不如电，则不能察，唯雷电合，则雷震电耀威明相济，所谓动而明者，愈昭彰矣。此已前言"噬嗑亨，柔得中而上行"者。本卦综贲，二卦同体，文王综为一卦，故《杂卦》曰："噬嗑食也，贲五色也。"言以贲下卦离之，"柔得中上行"，而居于噬嗑之上卦也。盖不柔则失之暴，柔不中则失之纵，柔得中，则宽猛得宜，有哀矜之念，而又不流于姑息，此其所以"利用狱"也。若依旧注，自益卦来，则非"柔得中而上行"，乃上行而柔得中矣。"不当位"者，以阴居阳也。

"颐中有物，名噬嗑"矣，而曰"亨"者，何也？盖凡噬物，噬则颐分，嗑则颐合。今未噬之先内刚外柔，将噬之际动而明，正噬之时合而章，先分后合，又何拘得以间之？此所以噬嗑而亨也。然以噬嗑之亨，何事不利，而独"用狱"者，盖六五以柔在上，本不当位，不足以致诸事之利。独以"柔得中"，所以"利用狱"也。

《象》曰："雷电"、"噬嗑"，先王以明罚勑法。

"罚"者，一时所用之法。"法"者，平日所定之罚。"明"者，辨也，辨其轻重，效电之明。"勑"者，正也，正其国法。效雷之威，明辨勑正，以振"勑"法度，使人知所畏避也。

初九：屦校灭趾，无咎。

校，音教。

"校"，足械也。"屦"者，以械加于足，如纳屦于足也。中爻坎，坎为"桎梏"，校之象也。故上九亦言"校"。"趾"者，足趾也，震为足趾之象也。"灭"者，没也，遮没其趾也。变坤，不见其震之足，"灭其趾"之象也。"无咎"者，因其刑而惩创以为善也。"屦校"不惩，必至"荷校"；"灭趾"不惩，必至"灭耳"。不因其刑而惩创，必至上九之恶积罪大矣，安得无咎？初九、上九，受刑之人，中四爻则用刑者。

九居初无位，下民之象也。以阳刚而不柔顺，未有不犯刑者，故有"屦校灭趾"之象。"趾"乃人之所用以行者，惩之于初，使不得行其恶，小人之福也。故占者"无咎"。

《象》曰："屦校灭趾"，不行也。

震性动。"灭其趾"，则不得动而行以为恶矣。

六二：噬肤灭鼻，无咎。

"肤"者，肉外皮也。凡卦中次序相近者言肤：剥卦言"肤"者，艮七坤八也。睽卦言"肤"者，兑二离三也；此卦言"肤"者，离三震四也。六爻二言"肤"者，皮也。三言"肉"

者,皮中之肉也。四言"胏"者,肉中连骨也,以阳刚也。五阴柔,又言肉矣。爻位以次渐深,噬肉以次渐难。祭有肤鼎,盖柔脆而无骨、噬而易嗑者也。中四爻有上下齿噬嗑之象,故四爻皆言"噬"。此爻变兑,兑为口,"噬"之象也。二乃治狱之人,居其中,初在下,外为肤,"噬其肤"之象也,故《杂卦》曰"噬嗑食也",正言此四爻之噬也。中爻艮,艮为"鼻","鼻"之象也。二变则中爻为离,不见其艮之鼻,灭其鼻之象也。"灭"字与"灭趾"、"灭耳"同例,即《朱子语录》所谓"噬肤而没其鼻于器中"是也,言噬易嗑而深噬之也。

六二柔顺中正,听断以理,故其治狱有"噬肤灭鼻"之易之象,"无咎"之道也。故其占如此。

《象》曰:"噬肤灭鼻",乘刚也。

"刚"者,初之刚也。人刚则性直。狱内委曲皆不隐藏,已易于听断矣。六二,又以中正乘其刚,以听断,必得其情,故有"噬肤灭鼻"之易。

六三:噬腊肉,遇毒,小吝,无咎。

腊,音昔。

"腊肉"者,即六五之干肉也。离火在前,三变又成离,上火下火,干其肉之象也。九四、六五,离有乾象,故二爻皆言乾,而此言腊也。"遇"者,逢也。凡《易》中言遇者,皆雷与火也。睽九二变震曰"遇主于巷","遇元夫"者亦变震也。丰"遇配主"、"遇夷主",小过大象坎错离"遇其妣"、"遇其臣",此雷火,故言"遇毒"。"毒"者,腊肉之陈久太肥者也。《说文》云"毒"者厚也,"味厚者为毒久"。"噬腊遇毒"者,言噬干肉,而遇陈久太肥厚味之肉也。中爻坎,所以曰"毒"。故师卦有此"毒"字。

六三阴柔,不中不正,治狱而遇多年陈久烦琐之事,一时难于断理,故有噬腊遇毒之象,亦小有吝矣,然时当噬嗑,于义亦无咎,故其占又如此。

《象》曰:"遇毒",位不当也。

以阴居阳。

阴居阳位,故见为"遇毒"。若阳居阳位,则遇事立断,何毒之有?盖此爻若变,则为离,是动而明也,故惜其位不当。

九四:噬乾胏,得金矢,利艰贞,吉。

乾,音干。胏,音滓。

"胏",乾肉之有骨者。离为干,干之象也。六五亦同此象。三肉居卦之中,乃狱情之难服者,故皆以坚物象之。"金"者,刚也。此爻,正颐中之物,阳爻居二阴之间,金之象也。变坤错乾,亦金之象也。"矢"者,直也,中爻坎,矢之象也。盖九四正居坎之中,坎得乾之中爻,为中男,故此爻有金象,有"矢象"。若六五变为乾,止有金象,无矢象矣,故止曰"得黄金"。且九四刚而不正,故戒之以"刚直"。六五柔中,故戒之以"刚中"。二爻皆曰"得"者,教人必如此也。"艰"者,凛凛然惟恐一毫之少忽,以心言也。"贞"者,兢兢然惟恐一毫之不正,以事言也。狱情难明,故必如金之刚、矢之直,而又艰难正固则吉矣。因九四不中正,故教占者占中之象又如此。

《象》曰:"利艰贞,吉",未光也。

"未光"即屯九五、夬九五之类。

六五：噬乾肉，得黄金，贞厉无咎。

"噬乾肉"，难于肤，而易于乾胏者也，乃所治之狱，匪难匪易之象。"黄"者，中也。金者，刚也，变乾，金之象也。乾错坤，黄之象也。离得坤之中爻为中女，则离之中，乃坤土也，故曰"黄金"。"贞"者，纯乎天理之公而无私也。"厉"者，存乎危惧之心，而无忽也。"无咎"者，刑罚当而民不冤也。

六五居尊，用刑于人，人无不服，故有"噬乾肉易嗑"之象。然恐其柔顺而不断也，故必如"黄"之中、"金"之刚，而又"贞厉"，乃得无咎。因六五柔中，故戒占者占中之象又如此。

《象》曰："贞厉无咎"，得当也。

当，去声。

言必如此治狱，方得当也。

上九：何校灭耳，凶。

何，音荷。

"何"者，负也，谓在颈也。中爻坎为"桎梏"。初则曰"屦"，上则曰"负"，以人身分上下而言也。"灭"者，遮灭其耳也。坎为"耳痛"，"灭耳"之象也。又离为戈兵，中爻艮为手，手持戈兵，加于耳之上，亦"灭耳"之象也。

上九居卦之上，当狱之终，盖恶极罪大，怙终不悛者也，故有"何校灭耳"之象。占者如此，凶可知矣。

《象》曰："何校灭耳"，聪不明也。

"聪"者，闻也，听也。上九未变，离明在上，坎耳在下，故听之明。今上九既变，则不成离明矣，所以听之不明也。困卦坎有言不信，夬四变坎闻言不信，今既听之不明，则不信人言矣。坎既心险，又不信好言，所以犯大罪。

▤ 艮上
离下 **贲** 无色也

"贲"，饰也。为卦山下有火。"山"者，百物草木之所聚，下有火，则照见其上，品汇皆被光彩，贲之象也。《序卦》："嗑者，合也，物不可以苟合也，故受之以贲。"所以次噬嗑。

贲：亨。小利有攸往。

贲，彼为反。

"小利攸往"亦为亨，但亨之不大耳。

《象》曰："贲亨"，柔来而文刚，故亨。分刚上而文柔，故"小利有攸往"。天文也，文明以止。人文也，观乎天文，以察时变。观乎人文，以化成天下。

以卦综、卦德释卦辞，而极言之。本卦综噬嗑。"柔来文刚"者，噬嗑上卦之柔来文贲之刚也。柔指离之阴卦，刚则艮之阳卦也。"柔来文刚"以成离明，内而离明则足以照物。动罔不臧，所以"亨"。"分"者，又分下卦也。"分刚上而文柔"者，分噬嗑下卦之刚，上而为艮，以文柔也；刚指震之阳卦，柔则离之阴卦也；刚上而文柔，以成艮止；外而艮止，则内而能知之，外而不能行之，仅可"小利有而已攸往"，不能建大功业也。故以其卦综观之，"柔来文刚，刚上文柔"，是即天之文也，何也？盖在于成象。日月五星之运行，不过此一刚一柔、一往一来而已。今本卦刚柔交错，是"贲"之文，即"天"之文也。以其卦德观之，是即"人"之文也，何也？盖人之所谓文者，不过文之明也，而灿然有礼以相接，文之止也，而截然有分以相守。今本卦内而离明，外而艮止，是"贲"之文，即"人"之文也。"观天文以察时变，观人文以化成天下"，贲之文不其大哉！"变"者，四时寒暑代谢之变也。"化"者，变而为新。"成"者，久而成俗。

《象》曰：山下有火，贲。君子以明庶政，无敢折狱。

"明"，离象。"无敢"，艮象。"庶"者，众也。繁庶小事，如钱谷出纳之类。"折狱"则一轻重出入之间，民命之死生所系，乃大事也。曰"无敢"者，非不折狱也，不敢轻折狱也，再三详审，而后发之意，此即"小利有攸往"之理。因内明外止，其取象如此。贲与噬嗑相综，噬嗑"利用狱"者，明因雷而动也；贲"不敢折狱"者，明因艮而止也。

初九：贲其趾，舍车而徒。

舍，音捨。

"贲其趾"者道义以文饰其足趾也。"舍"者，弃也。"徒"者，徒行也。"舍车而徒"，即贲其趾也。言"舍车"之荣而徒行，是不以徒行为辱，而自以道义为荣也。中爻震与坎。震，"趾"之象也；坎，"车"之象也。变艮止而又止，舍之象也。初比二而应四，比二则从乎坎车矣，应四则从乎震趾矣。然升乎车者，必在上方可乘。《易》中言"乘"者，皆在上也，言"承"者，皆在下也。初在下无"乘"之理，故有"舍"坎"车"而从震"趾"之象。观《小象》"乘"字可见。

初九刚德明体，盖内重外轻，自贲于下而隐者也，故有舍非义之车，而安于徒步之象。占者得此，当以此自处也。

《象》曰："舍车而徒"，义弗乘也。

初在下，无可乘之理。

六二：贲其须。

在颐曰"须"，在口曰"髭"，在颊曰"髯"。须不能以自动，随颐而动，则须虽美，乃附于颐以为文者也。本卦综噬嗑，原有颐象，今变阳则中爻为兑口矣，口旁之文莫如须，故以"须"象之。

六二以阴柔居中正，三以阳刚得正，皆无应与，故二附三而动，犹须附颐而动也，故有"贲其须"之象。占者附其君子，斯无愧于贲矣。

《象》曰："贲其须"，与上兴也。

"与"者，相从也。"兴"者，兴起也。二阴柔从三阳，兴起者也。

九三：贲如濡如，永贞吉。

如，助语辞。"濡"，沾濡也。离文自饰，"贲如"之象也。中爻坎水自润，"濡如"之象也。"永贞"者，长永其贞也。九三本贞，教之以永其贞也，"吉"者，阴终不能凌也。

九三以一阳居二阴之间，当贲之时，阴来比己为之左右先后，盖得其贲而润泽者也，故有"贲如濡如"之象。然不可溺于所安也，占者能守"永贞"之戒，斯吉矣。

《象》曰：永贞之吉，终莫之陵也。

"凌"者，侮也。能永其贞，则不陷溺于阴柔之中。有所严惮，终莫之凌侮矣。

六四：贲如皤如，白马翰如。匪寇，婚媾。

皤，白波反。

"皤"，白也。四变中爻为巽，白之象也。"贲如皤如"者，言未成其贲而成其皤也，非贲如而又皤如也。中爻震为"巽足"，为"的颡"。巽，白足，颡，白颠，白马之象也。旧注不知象，故言人白则马亦白，无是理矣。"翰如"者，马如翰之飞也。中爻坎，坎为亟心之马、"翰如"之象也。寇指三，婚媾指初。

六四与初为正应，盖相为贲者也。乃为九三所隔而不得遂，故未成其贲，而成其皤。然四往求于初之心，如飞翰之疾，不以三之隔而遂已也。使非三之寇，则与初成婚媾，而相为贲矣。是以始虽相隔，而终则相亲。即象而占可知矣，与屯六二同。

《象》曰：六四当位，疑也。"匪寇，婚媾"，终无尤也。

以阴居阴，故"当位"。"疑"者，疑惧其三之亲比也。六四守正，三不能求，故终无过尤。

六五：贲于丘园，束帛戋戋。吝，终吉。

戋，音残。

艮为"山"，丘之象也。故颐卦指上九为"丘"，涣卦中爻艮，故六四"涣其丘"。艮为"果蓏"，又居中爻震木之上。果蓏林木，园之象也。此丘园指上九。上九贲白贫贱肆志，乃山林高蹈之贤。蛊乃同体之卦，上九"不事王侯"。随卦上六错艮，亦曰"西山"，则上九乃山林之贤无疑矣。两爻为"束"。阴爻两坼，"束"之象也。坤为帛，此坤土，"帛"之象也。"戋"与残同，伤也。艮错兑为"毁折"，戋之象也。束帛伤戋，即今人之礼缎也。本卦上体下体皆外阳中虚，有礼缎之象。上戋下戋，故曰"戋戋"。阴吝啬，故曰"吝"。

六五文明以止之主，当贲之时，下无应与，乃上比上九高蹈之贤，故有光贲丘园，束帛以聘之象。然贲道将终，文反于质，故又有"戋戋"之象。以此为礼，有似于吝，然礼薄意勤，礼贤下士乃人君可喜之事。占者得此，吉可知矣。

《象》曰：六五之"吉"，有喜也。

艮错兑为悦，故曰"有喜"。得上九高贤而文之，岂不喜？

上九：白贲，无咎。

"贲"，文也。"白"，质也，故曰"白受采"。上九居贲之极，物极则反，有色复于无色，所以有"白贲"之象。文胜而反于质，"无咎"之道也。故其象占如此。

《象》曰："白贲，无咎"，上得志也。

文胜而反于质，退居山林之地，六五之君以束帛聘之，岂不得志？此以人事言者也。若以卦综论之，此文原是噬嗑初爻，刚上文柔，以下居上，所以得志。

䷖ 艮上 坤下　剥烂也

"剥"者,落也,九月之卦也。五阴在下,一阳在上,阴盛阳孤,势将剥落,而尽剥之义也。至高之山,附著于地,有倾颓之势,剥之象也。《序卦》:"贲者,饰也,致饰然后亨,则尽矣,故受之以剥"所以次贲。

剥:不利有攸往。

"不利有攸往",言不可有所往,当俭德避难,所以为君子谋也。

《彖》曰:剥,剥也。柔变刚也。"不利有攸往"。小人长也。顺而止之,观象也。君子尚消息盈虚,天行也。

长,丁丈反。

以卦体、卦德释卦名、卦辞。"剥"者,阳剥也。所以剥之者,险也。五之阴,上进而欲变乎上之一阳也。以卦体言之,"小人长"也,阴邪之声势方张也。以卦象言之,内顺外止,有顺时而止之象,人当观此象也。观小人之时,时不可往,观一卦之象,象自不往,所以"不利有攸往"。"消息"者,"盈虚"之方始;"盈虚"者,"消息"之已成。"消息盈虚"四字,皆以阳言。复者阳之息,姤者阳之消,乾者阳之盈,坤者阳之虚,此正阳消而将虚之时也。"天行"者,天道自然之运也。天运之使然,君子亦惟以是为尚,与天时行而已,既不可往,又岂可往哉!"君子"二句,又推原"不利有攸往"之故。

《象》曰:山附于地,剥。上以厚下安宅。

"上"谓居民之上,一阳在上之象也。"厚下"者,厚民之生,省刑罚、薄税敛之类也。"宅"者,上所居之位,非定舍也。因艮体一阳覆帱于上,有宅舍之象,故以"宅"言之。所以上九亦以庐言者,以有庐之象也。"厚下安宅"者,言厚下而不剥下者,正所以自安其宅也,民惟邦本、本固邦宁之意。卦以下剥上取义,乃小人剥君子,成剥之义;象以上厚下取义,乃人君厚生民,则治剥之道也。

初六:剥床以足,蔑贞,凶。

剥床以足者,剥落其床之足也。变震,足之象也。剥自下起,故以足言之。一阳在上,五阴列下,有宅象、庐象、床象。"蔑"者,灭也。"蔑贞"者,灭其正道也,指上九也。方剥足而即言"蔑贞",如"履霜"而知"坚冰至"也。

初阴剥在下,有"剥床以足"之象。"剥床以足",犹未见其凶,然其"剥足"之势,不至"蔑贞"而不已,故戒占者如此。此圣人为君子危,而欲其自防于始也。

《象》曰:"剥床以足",以灭下也。

以灭下,则渐而上矣。见其端甚微,知其必有"蔑贞"之祸。

六二:剥床以辨,蔑贞,凶。

"辨"者,床之干也。不曰"干"而曰"辨"者,谓床之下、足之上,分辨处也。"蔑贞"同初。

《象》曰："剥床以辨"，未有与也。

"与"者，阳也。凡爻中，阳以应阴、阴以应阳方谓之应，相比亦然。二本阴爻，有阳爻之应，或有阳爻之比，则有与矣。今比乎二者初也，初，阴也。应乎二者五也，五亦阴也。前后左右，皆无应与之阳，则上九乃孤阳矣，岂不"蔑贞"！故初知其"蔑贞"，而二亦知其必有此"凶"也。

六三：剥之无咎。

三虽与上九为正应，不可言"剥"，然在剥卦之中，犹不能离乎剥之名。"之"，语助辞。众阴方剥阳，而三独与之为应，是小人中之君子也。去其党而从正，虽得罪于私党，而见取于公论，其义"无咎"矣。占者如此，故"无咎"。剥以近阳者为善，应阳者次之。近阳者六五是也，故"无不利"。应阳者此爻是也，故"无咎"。

吕氏家贼，恶莫大焉。

《象》曰：剥之无咎，失上下也。

"上"、"下"谓四阴。三居四阴之中，不与之同党，而独与一阳为应与，是所失者上下之阴，而所得者上九之阳也。惟其失四小人，所以得一君子。

六四：剥床以肤，凶。

初"足"、二"辨"、三"床"之上四，乃上体。居"床"之上，乃床上人之肤也。剥床而及其肌肤，祸切身矣，故不言"蔑贞"，而直曰"凶"。

《象》曰："剥床以肤"，切近灾也。

言祸已及身，而不可免也。

六五：贯鱼，以宫人宠，无不利。

此正《象辞》所谓顺而止之也。鱼贯者，鱼之贯串而相次以序，五阴列两旁之象也。本卦大象巽，此爻变巽，巽有鱼象，详见中孚，巽为绳贯之象也。"以"者，后妃以之也。五，君位，为众阴之长，故可以之。"鱼"，阴物；"宫人"，众妾，乃阴之美，而受制于阳者。艮错兑为"少女"，"宫人"之象也。"以宫人宠"者，统领宫人，以次上行，进御而获其宠也。一阳在上，五率其众阴，本卦原有此象。且内顺外止，本卦原有此德。阴顺则能从乎阳，艮止则必不剥阳矣。"无不利"者，阴听命于阳，乃小人听命于君子也，故"无不利"。非《程传》别设义之说。

六四，以剥其肤而凶，至六五阴长阳消之极矣。然本卦顺而且止，故阴不剥阳，有"贯鱼，以宫人宠"，反听命于阳之象。此小人之福，而君子之幸也。故占者"无不利"。

《象》曰："以宫人宠"，终无尤也。

五以阴剥阳，今率其类以听命于阳，有何过尤？

上九：硕果不食，君子得舆，小人剥庐。

"硕果"者，硕大之果。阳大阴小，硕之象也。艮为果，果之象也。"不食"者，在枝间未食也。诸阳皆消，一阳在上，硕果在枝上之象也。此爻未变，艮错兑为口，犹有可食之象。此爻一变则为坤，而无口矣，不食之象也。果硕大不食，必剥落朽烂矣，故孔子曰"剥者烂也"。果剥落朽烂于外,其中之核又复生仁,犹阳无可尽之理,穷上反下,又复生于下也。"舆"者,拘赖之以载,犹地之能载物也。变坤,坤为大舆,舆之象也。一阳复生于地之下,则万物皆赖之以生,此"得舆"之象也。"庐"者,人赖之以覆,犹天之能覆物也。五阴为庐,一阳盖上,为庐之橼瓦。今一阳既剥于上,则国破家亡,人无所覆庇以安其身,此剥庐之象也。上一画变,此穷上也,故曰"剥"。剥则阴矣,故曰"小人"。下一画新生,此反下也,故曰"得"。得则阳矣,故曰君子。盖阳剥于上,则必生于下,生之既终,则必剥于上。未剥之先,阳一画在上,故其象似"庐";既剥之后,阳生于下,则上一画又在下矣,故其象似"舆"。

诸阳消剥已尽,独上九一爻,故有"硕果不食"之象。今上九一爻既变,则纯阴矣,然阳无可尽之理,既剥于上,必生于下,故生于下者,有"君子得舆"而为民所载之象。剥于上者,有"小人剥庐"终无所用之象。占者得此,君子小人当自审矣。

《象》曰:"君子得舆",民所载也。"小人剥庐",终不可用也。

"民所载"者,民赖之以承载也,庐所赖以安身者也。今既剥矣,终何用哉!必不能安其身矣。国破家亡,小人无独存之理。"载"字,从"舆"字上来,"不可用"从"剥"字上来。

䷗ 坤上 震下 复反也

"复"者,来复也。自五月一阴生后,阳一向在外,至十月变坤,今冬至复来,反还于内,所以名"复"也。《序卦》:"物不可以终尽。剥穷上反下,故受之以复。"所以次剥。

复:亨。出入无疾,朋来无咎。反复其道,七日来复,利有攸往。

先言"出"而后言"入"者,《程子》言"语顺"是也。"出"者,刚长也。入者,刚反也。"疾"者,遽迫也。言出而刚长之时,自一阳至五阳,以渐而长,是出之时未当遽迫也。入而刚反之时,五月一阴生,九月之剥犹有一阳,至十月阳变,十一月阳反,以渐而反,是入之时未当遽迫也。"朋"者,阴牵连于前,朋之象也。故豫卦、损卦、益卦、泰卦、咸卦皆因中爻三阳三阴牵连,皆得称"朋"也。自外而之内曰"来",言阴自六爻之二爻,虽成朋党而来,然当阳复之时,阳气上行以渐而长,亦无咎病也。"复"之得亨者以此。"道"犹言路,言刚反而复之道路也。"七日来复"者,自姤而遁、否、观、剥、坤、复凡七也,即七日得之意。盖阳极于六,阴极于六,极则反矣,故"七日来复"也。"无疾咎"者,复之亨也。"七日来复",复之期也。"利有攸往",复之占也。大抵姤、复之理,五月一阴生为姤,一阴生于内,则阳气浮而在外矣。至于十月坤,阴气虽盛,而阳气未当息也,但在外耳。譬之妻虽为主,而夫未尝亡。故十一月一阳生,曰"刚反"。反者,言反而归之于内也。十一月一阳生而复,一阳生于内,则阴气浮而在外矣。至于四月,乾阳气虽盛,而阴气未尝息也,但在外耳。譬之夫虽为主,而妻未尝亡,故五月一阴复生。天地虽分阴阳,止是一气,不过一内一外而已。一内一外即一升一沉、一盛一衰、一代一谢也。消息盈虚,循环无端,所以言"剥"言"复"。

《象》曰:"复亨",刚反,动而以顺行,是以"出入无疾,朋来无咎"。"反复其道,七日来复",天行也。"利有攸往",刚长也。复,其见天地之心乎!

以卦德、卦体释卦辞而赞之。刚反对刚长。"反"者,言剥之刚"穷上反下"而为复也。"长"者,言复之刚自下进上,历临泰而至于乾也,以其既去而来反也,故"亨",以其既反而长也,故"利有攸往"。刚反,言方复之初,刚长,言已复之后。行亦动也。言下体虽震动,然上体乃坤顺,以顺而动,所以"出入往来,无疾无咎"。"天行"者,阴阳消息,天运之自然也,故"反复其道,七日来复"。阳刚用事,君子道长,所以"利有攸往"。"见天地之心"者,天地无心,生之不息者乃其心也。剥落之时,天地之心几于灭息矣。今一阳来复,可见天地生物之心,无一息之间断也。

《象》曰:雷在地中,复。先王以至日闭关,商旅不行,后不省方。

一阳初复,万物将发生之时,当上下安静以养微阳。"商旅不行"者,下之安静也。"后不省方"者,上之安静也。人身亦然,《月令》"斋戒掩身"是也。以卦体论,阴爻"贯鱼","商旅"之象。阳爻横亘于下,"闭关"之象。阳君不居五而居初,潜居深宫,"不省方"之象。以卦象论,震为"大涂",中开大路,"旅"之象。坤为"众",商旅之象。震综艮,艮止不行之象。阖户为坤,"闭关"之象。坤为"方",方之象。

初九:不远复,无祇悔,元吉。

"不远"者,失之不远也。"祇"者,适所以之辞。"适"者,往也,至也。人有过失,必至征色,发声而后悔悟,此则困心衡虑者也。惟自此心而失之,又自此心而知之;自此心而知之,又自此心而改之。此则不远即复,不至于悔者也。

初九,一阳初生于下,复之主也。居于事初,其失不远,故有不远能复于善,无至于悔之象,大善而吉之道也。故其占如此。

《象》曰:"不远之复",以修身也。

为学之道无他,惟知不善则速改以从善而已。复则人欲去而天理远,修身之要,何以加此。

六二:休复,吉。

"休"者,休而有容也。人之有善,若己有之者也。以其才位皆柔,又变悦体,所以能下其初之贤而复。

六二柔顺中正,近于初九,见初九之复,而能下之,故有"休复"之象,吉之道也。故其占如此。

《象》曰:"休复"之"吉",以下仁也。

复初爻,本"硕果不食",穷上反下,其核又生仁,所以取此"仁"字。复礼为仁。初阳复即复于仁也,故曰"以下仁"。

六三:频复,厉无咎。

"频"者,数也。三居两卦之间,一复既尽,一复又来,有"频"之象,与"频巽"同。"频复"者,频失而频复也。"厉"者,人心之危也。"无咎"者,能改过也。"不远之复"者,颜子也;"频复",则日月一至诸子也。

六三以阴居阳,不中不正,又处动极,复之不固,故有频失频复之象。然当复之时,既失而能知其复,较之迷复者远矣。故当频失之时,虽不免危厉,而至于复,则"无咎"也。

故其占如此。

《象》曰:"频复"之"厉",义无咎也。

此言"频复"而又频失,虽不免于厉,然能改过,是能补过矣。揆之于义,故"无咎"。

六四:中行,独复。

"中行"者,在中行也。五阴而四居其中,中之象也。凡卦,三、四皆可言中。益卦三、四皆言中行是也。此爻变震,应爻亦震,震为足,行之象也。"独复"者,不从其类而从阳也,故孔子以"从道"象之。

六四中而得正,在群阴之中,而独能下应于阳刚,故有"中行独复"之象。曰"独复",则与休者等矣,盖二比而四应也。

《象》曰:"中行,独复",以从道也。

初之《象》曰"以修身也",二曰"仁",四曰"道"。修身以道,修道以仁,仁与道皆修身之事。二比而近,故曰"仁";四应而远,故曰"道"。《小象》之精极矣。

六五:敦复,无悔。

"敦"者,厚也。有一毫人欲之杂,非复;有一毫人欲之间,非复。"敦复"者,信道之笃,执德之坚,不以久暂而或变者也。"不远复"者,善心之萌。"敦复"者,善行之固。"无悔"者,反身而诚也。"敦临"、"敦复"皆因坤土。

六五以中德居尊位,当复之时,故有敦厚其复之象。如是,则心与理一,无可悔之事矣。故占者无悔。

《象》曰:"敦复,无悔",中以自考也。

"考"者,成也。言有中德,自我而成其"敦复"也,不由于人之意。初乃复之主,二以下仁而成"休复",四以从道而成"独复",皆有资于初以成其复,惟五以中德而自成,不资于初,故曰"自"。"无祗悔"者,入德之事。"无悔"者,成德之事,故曰"考"。

上六:迷复,凶。有灾眚,用行师,终有大败,以其国君凶。至于十年,不克征。

坤为"迷",迷之象也。"迷复"者,迷其复而不知复也。坤本先迷,今居其极,则迷之甚矣。"以"者,与也,并及之意。因师败而并及其君,有倾危之忧也。坤为"众",师之象也。变艮,大象离,离为"戈兵",众人以戈兵而震动,"行师"之象也。"国"者,坤之象也。详见谦卦。"十"者,土数成于十也。"不克征"者,不能雪其耻也。"灾眚"者,凶也。"用师"以下,则"灾眚"之甚,又凶之大者也。复卦何以言行师? 以其敌阳也。剥、复相综,阳初复,阴极盛,正"龙战于野"之时。曰"终有大败"者,阳上进,知其终之时必至于夬之"无号"也。

上六阴柔,居复之终,故有"迷复"之象。占者得此,凶可知矣。是以天灾人眚杂然并至,天下之事无一可为者。若"行师"则丧师辱君,至于"十年"之久,犹不能雪其耻。其凶如此。

《象》曰:"迷复"之"凶",反君道也。

"反君道"者,反其五之君道也。六五有中德,"敦复无悔",六居坤土之极,又无中顺之德,所以"反君道"而"凶"。

来瞿唐先生易注卷之六

☶乾上
震下 **无妄**灾也

"无妄"者,至诚无虚妄也。《史记》作"无所期望"。盖惟本无妄,所以凡事尽其在我,而于吉凶祸福皆委之自然,未尝有所期望,所以"无妄"也。以天道言,实理之自然也。以圣人言,实心之自然。故有正不正之分。盖震者动也,动以天为无妄,动以人则妄矣。《序卦》:"复则不妄,故受之以无妄。"所以次复。

无妄:元,亨,利,贞。其匪正有眚,不利有攸往。

惟其无妄,所以不期望。若处心未免于妄而匪正,则无道以致福,而妄欲微福,非所谓"无妄之福";有过以召灾,而妄欲免灾,非所谓"无妄之灾"。此皆未免容心于祸福之间,非所谓无妄也,岂不"有眚"?若真实无妄之人,则纯乎正理,祸福一付之天,而无苟得幸免之心也。

《彖》曰:无妄,刚自外来而为主于内。动而健,刚中而应,大亨以正,天之命也。"其匪正有眚,不利有攸往",无妄之往,何之矣? 天命不祐,行矣哉!

注以"刚自外来"为匪正,以动健中应为正。"大"是缠扰于白文不顺,若以自外来为主,都是正反,是即为匪正,岂不明白?

本卦综大畜,二卦同体,文王综为一卦,故《杂卦》曰:"大畜,时也。无妄,灾也。"刚自外来者,大畜上卦之艮,来居无妄之下卦而为震也。刚自外来,作主于内,又性震动,又自外来,则动以人,不动以天,非至诚无虚妄矣。所以有人之眚,而"不利有攸往"也。内动而外健,故"大亨"。刚中而应,故"正"。"天命"者,至诚乃天命之实理,反身而诚者也。若自外来,岂得为"天命"?

以卦综、卦德、卦体释卦辞。言文王卦辞"元亨利贞"之外,而又言"其匪正有眚,不利有攸往"者,以"刚自外来而为主于内"也。若本卦,动而健,以刚中而应柔中,则大亨以正矣。大亨以正,实天之命也。天命实理,无一毫人欲之私,此文王卦辞,所以言"元亨"也。若以外来者为主,则有人欲之私,非反身而诚,天命之实理,即"匪正"矣。欲往也,将何之哉? 是以"天命不祐,有眚而不利"也。此所以文王卦辞言"元亨"而又"利贞"也。若旧注以"刚自外来"为自讼来,则非"自外来",乃"自内来"矣。

《象》曰:天下雷行,物与无妄。先王以茂对时育万物。

"茂"者,盛也。物物皆对时而育之,所育者极其盛大,非止一物也,即如雷地豫之殷也。"对时"者,因雷发生,万物对其所育之时也,如孟春牺牲毋用牝之类是也。"天下雷行"，震动发生，一物各具一太极，是物物而与之。"无妄"者，天道之自然也。"茂对时育物"，搏节爱养，辅相裁成，使物物各遂其无妄之性者，圣人之当然也。

初九：无妄往，吉。

《爻》与《象辞》不同者，《爻》以一爻之定体而言，《象》以全体相综大畜而言。

九以阳刚之德，居无妄之初，有所动，所谓动以天也。且应爻亦刚，无系恋之私，是一感一应，纯乎其诚矣。何吉如之！故占者往则吉。

《象》曰："无妄"之"往"，得志也。

诚能动物，何往而不遂其心志？

六二：不耕获，不菑畬，则利有攸往。

"耕"者，春耕也。"获"者，秋敛也。"菑"者，田之一岁垦而方成者。"畬"者，田之三岁垦而已熟者。农家始而耕，终而获；始而菑，终而畬。"不耕获"者，不方耕而即望其获也。"不菑畬"者，不方菑而即望成其畬也。"耕"也，"菑"也，即明其道也。"获"也，"畬"也，即功也。曰"不耕获，不菑畬"，即明其道不计其功也，观《小象》"未富"可见矣。若《程传》不首造其事，《本义》无所为于前、无所冀于后，将道理通讲空了，乃禅学也。吾儒圣人之学，进德修业尽其理之当然，穷通得丧，听其天之自然，修身俟命，此正所谓无妄也。岂一点道理不进，空空寂寂谓之无妄哉！初为地位，二为田，故九二曰"见龙在田"。震居东，二三皆阴土，水临土上，春耕之象也。震为"禾稼"，中爻艮为"手"，禾在手，"获"之象也。中爻巽，下卦震，上入下动，"菑畬"之象也。故禾耨取诸益。

六二，柔顺中正，当无妄之时，无私意期望之心，故有"不耕获，不菑畬"之象。言虽为于前，无所望于后。占者必如此，则"利有攸往"矣。

《象》曰："不耕获"，未富也。

言未有富之心也。此"富"字虽曰来有此心，然亦本于象，盖巽为市利，小畜上体乃巽，《小象》曰"不独富也"。此卦中爻巽，曰"未富"者，未入巽之位也。

六三：无妄之灾，或系之牛。行人之得，邑人之灾。

本卦大象离，此爻又变离。离为"牛"，牛之象也。中文巽为"绳"，又艮为"鼻"，绳系牛鼻之象也。震为"足"，行之象也。三为人位，人在震之大涂，"行人"之象也；三居坤土，得称邑，又居人位，"邑人"之象也。此爻居震动之极，牛失之象也。又变离错坎，坎为盗，亦牛失之象也。"或"者，"假如"二字。假牛以明无妄之灾，乃六三也，即"邑人"也。

六三阴柔不正，故有此象。言或系牛于此，乃邑人之牛也。牛有所系，本不期望其失。偶脱所系，而为"行人"所得。"邑人"有失牛之象，亦适然不幸，其非自己有以致之，故为"无妄之灾"。即象而占可知矣。

《象》曰："行人"得"牛"，"邑人"灾也。

行人得牛而去，邑人不期望其失牛而失牛，故为"无妄之灾"。

得牛，无妄之福也。邑人灾，无妄之祸也。爻辞单言"无妄之灾"，《小象》言"邑人"之灾，言行人得牛来，彼得此失，祸福本相因也。"也"字可味。

九四：可贞，无咎。

"可"者，当也。九阳刚健，体其才亦可以有为者。但下无应与，无所系恋而无妄者也。占者得此，但可守此无妄之正道，即"无咎"矣。若妄动，又不免有咎也。

《象》曰："可贞，无咎"，固有之也。

"固有"者，本有也。无应与，则无系恋而无妄，则无妄乃九四之本有也。

九五：无妄之疾，勿药有喜。

五变则中爻成坎，坎为"心病"，疾之象也。中爻巽木艮石，"药"之象也。中爻巽综兑，悦喜之象也。意外之变，虽圣人亦不能无。但圣人廓然大公，物来顺应，来则照，而去不留，无意必固我之私，是以意外之来，犹无妄之疾。

九五阳刚中正，以居尊位，而下应亦中正，无妄之至也。如是而犹有疾，乃"无妄之疾"，不当得而得者，故勿药自愈。其象占如此。

《象》曰：无妄之药，不可试也。

"试"者，少尝之也。"无妄之疾勿药"者，以"无妄之药"不可尝也。若尝而攻治，则反为妄，而生疾矣。故不可轻试其药，止可听其自愈。

九五刚中，中刚则外物不得而伤之。禹征有苗，犹为多事。

上九：无妄，行有眚，无攸利。

下应震足，行之象也。九非有妄，但时位穷极，不可行耳。故其象占如此。

《象》曰：无妄之"行"，穷之灾也。

无妄未有不可行者，以时位耳。与"亢龙"同，故二《小象》亦同。穷指上言。

☶艮上 ☰乾下　大畜 时也

"大"者，阳也。其卦乾下艮上，以阳畜阳，所畜之力大。非如巽以阴畜阳，所畜之力小，故曰"大畜"。又有蕴畜，畜止之义。《序卦》："有无妄然后可畜，故受之以大畜。"所以次无妄。

大畜：利贞。不家食，吉。利涉大川。

中爻兑口在外，四近于五之君，当食禄于朝，不家食之象也。何以言食？本卦大象离，故《彖辞》曰"辉光日新"者，因大象离也。离错坎，又象颐，有饮食自养之象。因错坎水，中爻震木，所以有"涉大川"之象。又本卦错萃，萃大象坎。若以卦体论，四、五中空，有舟象。乾健，应四、五上进，有舟行而前之象。应乎天者，以卦德论其理也。《彖辞》、《爻辞》皆各取义不同。"贞"者，正也。利于正道，如多识前言往行，以畜其德是也。"吉"者，吾道之大行也。言所蕴畜者皆正，则畜极而通，当食禄于朝，大有作为，以济天下之险也。

《象》曰：大畜，刚健笃实，辉光，日新其德，刚上而尚贤，能止健，大正也。"不家食吉"，养贤也。"利涉大川"，应乎天也。

以卦德、卦综、卦体释卦名、卦辞。"刚健"者,内而存主也。"笃实"者,外而践履也。"刚健"无一毫人欲之阴私,"笃实"无一毫人欲之虚假,则黯然日章,光辉宣著,其德自日新又新,所以积小高大,以成其畜也。名"大畜"者,以此。"刚健",乾象。"笃实",艮象。二体相合离象,故又言"辉光日新"。"刚上"者,大畜综无妄,无妄下卦之震,上而为大畜之艮也。上而为艮,则阳刚之贤在上矣,是尚其贤也。"止健"者,止居上而健居下,禁民之强暴也。此二者皆大正之事,所以"利贞"。若以止健为止阳刚君子,则又非大正矣。"养贤"者,食禄以养贤也。"应天"者,下应乎乾也。"天"者,时而已矣。既负蕴畜之才,又有乾健之力,所以当乘时而出,以济天下之险难也。惟刚上则贤人在上,故能"尚贤",故能成艮而"止健",故能兑口在外卦而"食禄于外",故能六五得中而应乎乾。此四者,皆卦综刚上之功也。

《象》曰:天在山中,大畜。君子以多识前言往行,以畜其德。

"天"者,一气而已。气贯乎地中。天依乎地,地附乎天,云雷皆自地出,故凡地下空处深处皆是天,故曰"天在山中"。"多识"即大畜之意,乃知之功夫也。古圣贤之嘉言善行,皆理之所在,皆古人之德也。君子多识之,考迹以观其用,察言以求其心,则万理会通于我,而我之德大矣。此君子体大畜之功也。中爻震足,行之象。兑口,言之象。

初九:有厉,利已。

已,夷止反。

乾三阳为艮所畜,故内外之卦各具其义。内卦受畜,以自止为义。以阴阳论,若君子之受畜于小人也。外卦能畜,以止人为义。以上下论,若在位之禁止强暴也。《易》主于变易,所以取义不同。"已"者,止也。"厉"者,不相援而反相挤排,危厉之道也。

初九阳刚乾体,志于必进。然当大畜之时,为六四所畜止,而不得自伸,故往则有危,惟止则不取祸矣。故教占者必利于止也。

《象》曰:"有厉,利已",不犯灾也。

"灾"即厉也。止而不行,则不犯灾矣。

九二:舆说輹。

说,音脱。輹,音服。

乾错坤为舆,舆之象也。中爻兑为毁折,"脱輹"之象也。"舆"赖"輹"以行,脱则止而不行矣。

九二亦为六五所畜,以有中德,能自止而不进,故有"舆说輹"之象也。占者凡事不冒进,斯无尤矣。

《象》曰:"舆说輹",中无尤也。

惟有中德,故无妄进之尤。

九三:良马逐,利艰贞。曰闲与舆,利有攸往。

此爻取蕴畜之义。乾为"良马"之象。中爻震,为"作足"之马。乾马在后追逐震马之象也。两马因震动而追逐,遇艮止不得驰上,"利艰贞"之象也。中爻兑口,乾为言,"曰"之象也。乾错坤,"舆"之象也。阴爻两列在前,"卫"之象也。《考工记》:车有六等——

戈也、人也、殳也、戟也、矛也、轸也，皆卫名。"良马逐"者，用功如良马追逐之速也，即九三"终日乾乾夕惕若"之意。"艰"者，艰难其思虑，恐其失于太易也。"贞"者，贞固其作为，恐其失于助长也。"闲"者，习也。习其车舆，舆其防卫也。闲习有优游自得之意。"曰"者，自叹其当"闲舆卫"也。言当此大畜之时，为人所畜止摧抑，果何所事哉！亦惟自"闲舆卫"，以求往乎天衢耳。"舆"者任重之物，"卫"者应变之物。以人事论，君子不当家食，以一身而任天下之重者，"舆"也；当涉大川，以一身而应天下之变者，"卫"也。必多识前言往行之理，畜其刚健笃实之德。以德为车，以乐为御，忠信以为甲胄，仁义以为干橹，涵养于未用之时，以待时而动，此"闲舆卫"之意也。"闲舆卫"又"利艰贞"之象也。旧注以不相畜而俱进，殊不知卦名大畜，下体非自止，则蕴畜也，无进之意。盖观"童牛之牿"，则知当"有厉利已"矣。观"豮豕之牙"，则知当"舆说辐"矣。观"何天之衢"，则知用功当"良马逐"矣。所以《小象》言"上合志"，所以当取蕴畜之义，惟蕴畜，方能畜极而通"何天之衢"。

九三以阳居健极，当大畜之时，正多识前言往行、用功不已之时也，故有良马追逐之象。然扰恐其遇刚锐进，惟当艰贞，从容以待时，故又有"曰闲舆卫"之象。如是自然畜极而通，"利有攸往"矣。故教戒占者必当如此。

《象》曰："利有攸往"，上合志也。

"上合志"者，谓上九之志与之相合也。三与上九情虽不相孚，然皆居二体之上，其志皆欲畜极而通，应与之志相合，所以"利有攸往"。

六四：童牛之牿，元吉。

"童"者，未角之称。"牿"者，施横木于牛角以防其触。此爻变离，离为牛，牛之象也。艮本少又应初，"童牛"之象也。变离错坎，"牿"之象也。艮手，中爻震木，手持木而施之角，亦"牿"之象也。

六四艮体居上，当畜乾之时，与初相应，畜初者也。初以阳刚居卦之下，其势甚微，于此止之。为力甚易，故有"牿童牛"之象。占者如此，则止恶于未形，用力少而成功多，人善而吉之道也，故"元吉"。

《象》曰：六四"元吉"，有喜也。

上不劳于禁制，下不伤于刑诛，故"可喜"。四正当兑口之悦，"喜"之象也。

六五：豮豕之牙，吉。

豮，音焚。

本卦大象离，离错坎，豕之象也。五变中爻又成离矣。"豮"者，犗也，腾也，乃走豕也。与"童牛之牿"一句同例。"童"字与"豮"字同，"牿"字与"牙"字同。中爻震足性动，"豮"之象也。"牙"者，《埤雅》云"以杙系豕也"，乃杙牙，非齿牙也。《杜》诗"凫雏入桨牙"，《坡》诗"置酒看君中戟牙"，《荆公》"磋牙死树鸣老乌"，《阿房赋》"檐牙高啄"，又将军之旗曰"牙"，立于帐前谓之"牙帐"，所以蜀人呼掉牙、凳牙、床牙，则"牙"字乃古今通用，非齿牙也。《诗》："椓之丁丁。"丁丁，杙声也。以木入土，所以有声也。今船家系缆桩谓之橛，亦曰杙。"牙"者，桩上权牙也。盖以丝系矢曰弋，故从弋。所以绳系木曰杙。变巽为绳，系之象也。巽木，杙之象也。言以绳系走豕于杙牙也。旧注因宫刑或曰犗刑，遂以为去其势，但天下无啮人之豕，所以此"豶"字止有腾字意，无犗字意。牛、马、豕皆人之所畜者，故大畜并言之。

六五，以柔中居尊位，当蓄乾之时，畜乎其二者也，故有"豶豕之牙"之象。占者如此，则强暴梗化者，自屈服矣，故吉。

《象》曰：六五之"吉"，有庆也。

"庆"即喜。但五君位，所畜者大，故曰"庆"，即一人有庆也。

上九：何天之衢，亨。

此畜极而通之义。"何"，胡可切，音荷，儋也，负也。儋即擔字，杨子儋石是也。《诗》"何蓑何笠"，皆音荷。《灵光赋》"荷天衢以元亨"，《庄子》"背负青天"，皆此意。郑康成亦言"肩荷"是也。上阳一画象担，二阴垂靽于两边，有担挑之象，言一担挑起天衢也，即陈白沙所谓"明月清风作两头，一挑挑到鲁尼丘"也。因卦体取此象，上为天位，天之象也。四达谓之衢。艮综震为"大涂"，衢之象也。以人事论，天衢乃朝廷政事之大道也。观《小象》曰"道大行"，可知矣。

畜之既久，其道大行，正"不家食"，担负庙廊之重任，"涉大川"，担当国家之险阻，此其时矣，故有"何天衢"之象。占者得此，亨可知矣。

《象》曰："何天之衢"，道大行也。

"道大行"者，"不家食"，"涉大川"，无往而莫非亨也。"道"字即"衢"字。

䷚ 艮上 震下 颐 养正也

"颐"，口旁也。口食物以自养，故取养义为卦。上下二阳内含四阴，外实内虚，上止下动，故名为"颐"。《序卦》："物畜然后可养，故受之以颐。"所以次大畜。

颐：贞吉。观颐，自求口实。

本卦大象离目，观之象也。阳实阴虚，实者养人，虚者求人之养。"自求口实"者，自求养于阳之实也。震不求艮，艮不求震，惟自求同体之阳，故曰"自求"。爻辞见之。

《象》曰：颐"贞吉"，养正则吉也。"观颐"，观其所养。"自求口实"，观其自养也。天地养万物，圣人养贤，以及万民，颐之时大矣哉！

释卦辞，极言养道而赞之。"观其所养"者，观其所以养人之道正不正也，指上下二阳也。"观其自养"者，观其求口实，以自养之正不正也，指中间四阴也。本卦颐原从口，无养德之意，惟颐养得正，则养德即在其中矣。不但养人、自养，以至天地圣人，养万物、养万民，无非养之所在。故曰"颐之时大矣哉"。与大过、解、革同。

《象》曰：山下有雷，颐。君子以慎言语，节饮食。

"帝出乎震"，万物得养而生。"成言乎艮"，万物得养而成。君子"慎言语"以养其德，"节饮食"以养其体。言语饮食，动之象；慎也，节也，止之象。此处方说出养德。

初九：舍尔灵龟，观我朵颐，凶。

舍，音捨。

大象离，龟之象也。应爻艮止，中空"灵龟"，止而不食，服气空腹之象也。"朵"者，垂朵也。震反生，朵之象也。垂下其颐以垂涎，乃欲食之貌也。"尔"者，四也。"我"者，初也。"灵龟"以静止为养，"朵颐"以震动为养，故尔四而我初。大象离目，又观之象也。

初九阳刚，乃养人者也。但其位卑下，不能养人及民，又乃动体，当颐养之初，正上止下动之时，惟知有口体之欲，舍六四而不养，故有"舍尔灵龟观我朵颐"之象。饮食人贱，凶之道也。故其占如此。

《象》曰："观我朵颐"，亦不足贵也。

饮食之人，则人贱之，故"不足贵"。

六二：颠颐，拂经于丘颐，征凶。

"颠"者，顶也，指外卦也。"拂"者，除也，去也，违悖之意。诸爻皆求养于同体之阳，不从应与，故有"颠拂"之象。"颠颐"者，求养于上也。"拂经"者，违悖养于同体之常经也。山阜曰丘，土之高者，艮之象也。"于丘颐"者，求养于外，即颠颐也。"凶"者，求食于权门，必见拒而取羞也。

六二阴柔不能自养，必待养子阳刚。然震性妄动，不求养于初，而求养于外，则违养道之常理，而行失其类矣。故教占者，当求养于初。若"于丘颐"，不惟不得其养，而往则凶也。故其象占如此。

《象》曰：六二"征凶"，行失类也。

不重"失类"，"行"重凡行。而求食者，止为口腹计，自然不慎失类矣。

养道各从其类。二、三养于初，四、五养于上，今二颠颐，往失其类矣，故曰"失类"。曰"行"者，震足之象也。

六三：拂颐，贞凶。十年勿用，无攸利。

"拂颐"者，违拂所养之道，不求养于初，而求养于上之正应也。"贞"者，正也，上乃正应，亦非不正也。"十年"者，中爻坤土之成数也。口容止，所以下三爻养于动者皆凶，上三爻养于止者皆吉。

六三阴柔不中正，本乃动体，至三则动极而妄动矣，故有"拂颐"之象。占者得此，虽正亦凶，至于"十年"之久，理极数穷，亦不可往，其凶至此。

《象》曰："十年勿用"，道大悖也。

震为"大涂"，"道"之象也。"大悖"即"拂颐"。

六四：颠颐，吉。虎视眈眈，其欲逐逐，无咎。

眈，都含切。

"颠"者，顶也，与六二同。"颠颐"者，求养于上也。"吉"者，得养道之常经也。艮为虎，虎之象也。天下之物，自养于内者莫如龟，求养于外者莫如虎。龟自养于内，内卦初舍之，故凶；虎求养于外，外卦上施之，故吉。爻辞之精至此。"眈"者，视近而志远也。变离目，视之象也。应爻初为地位，虎行垂首，下视于地，视近也，而心志乃求养于天位之上，志远也，故以"眈"字言之。视下卦，"眈"也；志上卦，"眈"也，故曰"眈眈"。阴者，"人欲"之象也。下卦二阴，欲也；上卦二阴，欲也。人欲重叠追逐而来，故曰"逐逐"。"眈"者，四求养于上也；"逐"者，上施养于四也。

六四当颐养之时，求养于上，故有"颠颐"之象，吉之道也，故占者吉。然四求养于上，上施养于四，四得所养矣，故又有视眈欲逐之象。以求养而得逐逐之欲，似有过咎矣，然养得其正，故占者不惟吉，而又"无咎"也。

《象》曰："颠颐之吉"，上施光也。

施，去声。

"施"，及也，布散惠与之义。详见乾卦"云行雨施"，言上养及于四也。"光"者，艮笃实光辉，其道光明也。变离日，亦光之象也。

六五：拂经，居贞，吉。不可涉大川。

"拂经"者，五与内卦为正应，亦如二之求养于上，违悖养于同体之常道也，故二五皆言拂经。"居"者，静以守之也。"贞"者，求养于同体之阳，乃任贤养民之正道也。"吉"者，恩不自出，而又能养人也。"不可涉大川"者，言不可自用以济人也。涉川，必乾刚。五柔，故"不可涉"。

六五居尊，能自养人者也。但阴柔不正，无养人之才，又与内卦为正应，故亦有"拂经"之象。然养贤及民，君道之正，故教占者顺以从上，守此正道则吉。不可不量己之力而当济人之任也。

五，君也，上臣也。六柔而九刚，必待养于同体之阳，以君而待养于臣，故曰"拂经"，如唐德宗待韩滉之粟以养之也。

《象》曰："居贞"之"吉"，顺以从上也。

中爻坤顺，故曰"顺"，言顺从上而养人也。

上九：由颐，厉吉，利涉大川。

"由"者，从也。九以阳刚居上位，是天下之养，皆从上九以养之也。"厉"者，上而知君赖我以养也，则恐专权僭逼，而此心无一事之或忽。下而知民由我以养也，则常握发吐哺，而此心无一时之或宁，此上九之所谓厉也。故戒之以厉，而后许之以吉也。凡《易》言涉大川，取乾者，以卦德也，以乾天下至健，德行恒易以知险也，需、同人、大畜是也。取水、木者以卦体也，涣、蛊、未济、谦，或取中爻，或取卦变是也。取中虚者以卦象也，益、中孚、颐是也。五"不可涉大川"，上九"利涉大川"，方见五赖上九以养人。

上九以阳刚之德居尊位，六五贤其贤以养人，故有"由颐"之象。然位高任重，必厉而后吉，即天下有险阻，亦可以济之而不失其养也。其占又如此。

《象》曰："由颐，厉吉"，大有庆也。

得所养下之庆，亦君上之庆，故"大"。

☰兑上
☴巽下　大过颠也

"大过"，"大"者，阳也，阳过于险也。乾坤也，坎离也，山雷也，泽风也，此八卦也。乾与坤错,坎与离错,泽风与山雷相错,风泽与雷山相错,六十四卦唯此八卦相错,其余皆相综。泽本润木之物,今乃灭没其木,是"大过"矣。又四阳居中,过盛,此所以名"大过"也。不然,四阳之卦亦多,何以不名"过"?因其居中,相聚而盛,所以得名也。《序卦》:"颐者,养也。不养则不可动,故受之以大过。"所以次颐。

大过:栋桡,利有攸往,亨。

桡,乃教反。

梁上屋脊之木曰"栋",所以乘椽瓦者也。木曲曰"桡",本末弱而栋不正,有如水之曲也。椽垂弹以渐而下曰宇。此卦大象坎,坎为栋。坎主险陷,桡之象也。又为矫揉,亦桡曲之象也。若以理论,本弱则无所承,末弱则无所寄附,此卦上缺下短,亦有桡之象。既"栋桡"矣,而又"利有攸往",何也?盖桡以成卦之象,言"利有攸事往",则以卦体、卦德之占言。

《彖》曰:大过,大者过也。"栋桡",本末弱也。刚过而中,巽而说行,"利有攸往",乃亨。大过之时大矣哉!

说,音悦。

以卦体、卦德释卦名、卦辞而叹其大。阳大阴小,本卦大者过,故名"大过"。本谓初,末谓上,弱者阴柔也。古人作字,本末皆从木来:木下加一画阳,取根株向荣,故为"本";木上加一画阳,取枝叶向荣,故为"末"。"刚过"者,四阳也。"而中"者,二、五也。三、四亦可言中,故复卦四曰"中行",益卦三、四皆曰"中行"也。巽而悦行者,内巽而外行之以悦也。若以人事论,体质本是刚毅,足以奋发有为,而又用之以中,不过于刚德。性本是巽顺,足以深入乎义理,而又行之以和,不拂乎人情,所以"利有攸往乃亨"。大过之时者,言人于"大过之时",行大过之事,适其时、当其事也。如尧舜禅受,汤武放伐,虽过其事,而不过乎理是也。盖无其时不可过,有其时无其才亦不可过,故叹其大,与颐、解、革同。

《象》曰:泽灭木,大过。君子以独立不惧,遁世无闷。

上一句大过之象,下二句大过之行,非达则不惧,穷则无闷也。穷亦有"独立不惧"之时。"不惧"者,不求同俗,而求同理,天下非之而不顾也。"无闷"者,不求人知,而求天知,举世不见知而不悔也。此必有大过人学问,义理见得明,有大过人操守,脚根立得定,方干得此事。

初六:藉用白茅,无咎。

"藉"者,荐也,承荐其物也。因上承四刚,故曰"藉"。"茅"者,草也。巽阴木为茅,故泰卦变巽曰"茅"。否卦大象巽亦曰"茅"。巽为白,"白茅"之象也。"无咎"者,敬慎不败也。

初六当大过之时,阴柔已能慎矣。又居巽体之下,则慎而又慎者也。亦如物不错诸地而有所藉,可谓慎矣。而又藉之以茅,茅又用大白,白则至洁之物矣,是慎之大过者也。故有此象。然慎虽大过,以其居大过之初,虽大过而不过,故占者无咎。

《象》曰:"藉用白茅",柔在下也。

阴柔居巽之下。

九二：枯杨生稊，老夫得其女妻，无不利。

巽为"杨"，杨之象也。木生于泽下者杨独多，故取此象。杨乃木之弱者。四阳之刚皆同为木，但二五近本末之弱，故以"杨"言。曰"枯"者，取大过乎时之义，故二、五皆言枯也。至三、四则成乾之坚刚，故言栋。"稊"，木稚也。二得阴在下，故言"生稊"。"稊"者，下之根生也。五得阴在上，故言生华。"生华"者，上之枝生也。根生则生生不息，枝生则无生意矣。下卦巽错震，长男也，老夫之象，故称"老夫"。"老夫"者，再之夫也。应爻兑，兑乃少女也，女妻之象，故称"女妻"。"女妻"者，未嫁而幼者也。九五兑错艮，少男也，"士夫"之象。"士夫"乃未娶者。应爻巽为长女，"老妇"之象也，故称"老妇"。"老妇"者，已嫁而老者也。周公爻辞其精至此。旧注但以二、五皆比于阴为言，则九二近初而称老，九五近上反称少，说不通矣。

九二阳刚得中，当大过之时，而应于少女，故取诸物，有"枯杨生稊"；取诸身，有"老夫得其女妻"之象，可以成生育之功矣。故占者"无不利"。

《象》曰："老夫"、"女妻"，过以相与也。

此庆幸之辞。言阳方大过之始，得少阴以之相与，则刚柔相济，过而不过，可以成生育之功矣。故占者"无不利"。

九三：栋桡，凶。

变坎为栋，又木坚多心，栋之象也。因坎，三、四皆以栋言；因巽，二、五皆以杨言。文王"栋桡"，本末皆弱。周公"栋桡"，因初之弱。

九三居内卦，下阴虚弱，下虚弱则上不正，故有"栋桡"之象，占者之凶可知矣。

《象》曰："栋桡"之"凶"，不可以有辅也。

同体之初，虚弱无辅助也。

九四：栋隆，吉。有它吝。

变坎亦有栋象。"隆"者，隆然而高起也。"它"者，初也。三、四皆栋。四居外卦，阴虚在上，非如三之阴虚在下也。上虚下实，则有所承载，故有"栋隆"之象。占者固吉矣。然下应乎初，若以柔济之，则过于柔矣，其栋决不能隆，吝之道也。故又戒占者以此。

《象》曰："栋隆"之"吉"，不桡乎下也。

因外卦，虚在上实在下，所以不桡，故曰"不桡乎下"也。"不可以有辅"者，下虚故也。"不桡乎下"者，下实故也。

九五：枯杨生华，老妇得其士夫，无咎，无誉。

兑综巽，又杨之象也。"生华"者，杨开花则散漫，终无益于枯也。老妇、士夫详见九二爻下。

九五以阳刚应乎过极之长女，乃时之大过，而不能生育者也，故有"枯杨生华"，老妇得其士夫之象。占者得此，揆之于理，虽无罪名，而老妇反得士夫，亦非配合之美矣，安得又有誉哉！故其象占如此。

《象》曰："枯杨生华"，何可久也？老妇士夫，亦可丑也。

"何可久"言终散漫，"亦可丑"言非配合。不惟不能成生育之功，而配合非宜，亦可丑也。

上六：过涉灭顶，凶，无咎。

"顶"者，首也。变乾为首，"顶"之象也。当过之时，遇兑泽之水，"过涉"之象也。泽水在首，灭没其顶之象也。以二阴爻论之，初"藉用白茅"，大过于慎者也。以其居卦之初，故不凶而无咎。上"过涉灭顶"，大过于济者也，以其居卦之终，故有凶而无咎。

上六处大过已极之时，勇于必济，有冒险过涉之象。然才弱不能以济，故又有"灭顶"之象。"过涉灭顶"，必杀身矣，故占者必凶。然不避艰险，慷慨赴死，杀身成仁之事也，故其义"无咎"。

《象》曰："过涉"之凶，不可咎也。

"无咎"者，上六本无咎也。"不可咎"者，人不得而咎之也。以人事论，过涉之凶，虽不量其浅深以取祸，然有死难之节，而无苟免之羞，论其心不论其功，论是非不论利害，人恶得而咎之？

䷜ 坎上 坎 坎下

"习"，重习也；"坎"，坎陷也。其卦一阳陷于二阴之中，此坎陷之义也。坎为水者，四阴，土坎也，二阳，坎中之水也。天一生水，所以象水也。上坎下坎，故曰"重险"。《序卦》："物不可以终过，故受之以坎。"所以次大过。

习坎：有孚，维心亨，行有尚。

"维"者，系也。"尚"者，有功可嘉尚也。身在坎中，所可自主者，独此心耳。人之处险，占得此者，能诚信以维系于其心，安于义命而不侥幸苟免，则此心有主，利害祸福不能摇动，是以脱然无累，而心亨矣。由是洞察时势，惟取必于理而行之，故可出险有功，所以"行有尚"。九二、九五，中实有孚之象。陷于坎中而刚中之德自若，"维心亨"之象。

《象》曰："习坎"，重险也。水流而不盈，行险而不失其信。"维心亨"，乃以刚中也。"行有尚"，往有功也。天险不可升也，地险山川丘陵也，王公设险以守其国。险之时用大矣哉！

以卦象、卦德、卦体释卦名、卦辞而极言之。上险下险，故曰"习坎"。"水流不盈"者，足此通彼，未尝泛滥而盈满也。行险即水流，以其专赴于壑，故曰"行险"。行此险陷，未尝失其不盈之信，是天下之有孚者，莫过于水矣，故教占者"有孚"。"刚中"者，二、五阳刚在内，则以理为主，光明正大，而无一毫行险侥幸之私，所以"亨"也。故蒙卦、比卦皆坎，皆曰"以刚中"。"心亨"则洞见乎事机之变，自可以拯溺亨屯、出险而有功也。盖存主乎内者，理不足以胜私，则推行于外者，诚必不能动物，故刚中则心亨，心亨则往有功，而出险矣，此内外功效之自然也。"天险"者，无形之险也。"地险"者，有形之险也。"设"，置也。"设险"者，置险也，无形而欲其有形也。大而京师都会，则披山带河，据其形胜以为险也；小而一郡一邑，则筑城凿池，据其高深以为险也。此则在人之险，因无形而成有形，欲其与天地同其险者也。坎,月之象;错离,日之象;中爻震,雷之象;错巽,风之象。日月风雷,故曰"天险"。不然,天苍然而已,何处有险?因卦中有天象,所以言天险也。四坤土,地之象也;中爻艮土,"山丘陵"之象也;本卦坎,"川"之象也;九五居尊,王公之象也;中爻艮止,"守"之象也;坤土中空,"国"之象也。故益卦三阳三阴而曰"为依迁国"。"时用"者,时有用也。险之为用,上极于天,下极于地,中极于人,故以"大矣哉"赞之,与睽、蹇卦同。

《象》曰:水洊至,习坎。君子以常德行,习教事。

行,下孟反。

"洊",再至也。下坎,内水之方至也;外坎,外水之洊至也。水洊习则恒久而不已,是天下之有恒者莫如水也。君子体之,"常德行"者,以此进德也。"习教事"者,以此教民也。德行常则德可久,教事习则教不倦矣。

初六:"习坎",入于坎窞,凶。

窞,徒览切,淡上声,音胆。

"窞"者,坎中小坎,傍入者也。水性本下,而又居卦之下;坎体本陷,而又入于窞,则陷中之陷矣。

初六阴柔居重险之下,其陷益深,故有在"习坎"而又"入坎窞"之象。占者如是,则终于沦没,而无出险之期,凶可知矣。

《象》曰:"习坎"入"坎",失道凶也。

刚中维心亨,出险之道也。今阴居重险之下,则与刚中维心亨相反,失出险之道矣,所以凶。

九二:坎有险,求小得。

曰有险则止于有险而已,非初与三"入坎窞"之甚矣。中爻震错巽,巽为"近市利",求得之象也。故随卦中爻巽,亦曰"随有求得"。变坤,阳大阴小,"求小得"之象也。

九二处于险中,欲出险而未能,故为坎,有险之象。然刚虽得中,虽亦"有孚维心",但在险中,仅可求小得而已,若出险之大事,则未能矣,故其象占如此。

《象》曰:"求小得",未出中也。

未出险中。

六三:来之坎坎,险且枕。"入于坎窞",勿用。

"之"者,往也。"来之"者,来往也。内外皆坎,"来往"之象也。下坎终而上坎继,"坎坎"之象也。故乾九三,曰"乾乾"。中爻震木横于内,而艮止不动,"枕"之象也。"险且枕"者,言面临乎险而头枕乎险也。初与三,皆入"坎窞",而二止言有险者,二中正,初与三不中正也。"勿用"者,言终无出险之功,无所用也。

六三阴柔,又不中正,而履重险之间,故其来也亦坎,往也亦坎。盖往则上坎在前,是前遇乎险矣;来则下坎在后,是后又枕乎险矣。前后皆险,将入于坎之窞,而不能复出,故有此象。占者得此,勿用可知矣。

《象》曰:"来之坎坎",终无功也。

处险者以出险为功,故曰"终无功",与往有功相反。

六四:樽酒簋贰,用缶,纳约自牖,终无咎。

四变中爻离、巽。巽木,离中虚,樽之象也。坎水,酒之象也。中爻震竹,簋乃竹器,簋之象也。缶,瓦器。比卦坤土中虚,初变震有离象,故曰"缶"。离卦鼓缶,此变离,故曰"缶"。《汉书》:"击缶而歌乌乌。""贰"者,副也。言一樽之酒,贰簋之食,乐用瓦缶,皆菲薄至约之物也。"纳约自牖"者,自进于牖下,陈列此至约之物而纳进之也。在墙曰"牖",在屋曰"囱",牖乃受明之处。变离,牖之象也。此与遇主于巷同意,皆其坎陷艰难之时,故不由正道道也。盖"樽酒簋贰,用缶",见无繁文之设;"纳约"曰"自",见无傧介之仪。世故多艰,非但君择臣,臣亦择君,所以进麦饭者不以为简,而雪夜幸其家;以嫂呼臣妻者,不以为渎也。修边幅之公孙述,宜乎为井底蛙矣。

六四柔顺得正,当国家险难之时,近九五刚中之君,刚柔相济,其势易合,故有简约相见之象。占者如此,庶能共谋出险之计,始虽险陷,终得无咎矣。

《象》曰:"樽酒簋贰",刚柔际也。

"刚",五;"柔",四。际者,相接际也。五思出险,而下求,四思出险而上交,此其情易合,而礼薄亦可以自通也。

九五:坎不盈,祗既平,无咎。

祗,作坻。

"祗",水中小渚也,《诗》"宛在水中祗"是也。"坎不盈"者,坎水犹不盈满,尚有坎也。"平"者,水盈而平也。"祗既平",则将盈而出险矣。"坎不盈"者,见在之辞。"祗既平"者,逆料之辞,言一时虽未平,将来必平也。"无咎"者,言由险而太平也。

九五犹在险中,以地位言,故有"坎不盈"之象。然阳刚中正,其上止有一阴,计其时亦将出险矣,故又有"祗既平"之象。若未平,未免有咎,既平则无咎矣,故占者"无咎"也。

《象》曰:"坎不盈",中未大也。

"中"者,中德也。"未大"者,时也。中德虽具,而值时之艰,未大其显施而出险也。

上六:系用徽纆,寘于丛棘,三岁不得,凶。

纆,音墨。

"系",缚也。徽、纆皆索名,三股曰"徽",二股曰"纆"。此爻变巽,其为绳,又为长,"徽纆"之象也。"寘"者,置也,囚禁之意。坎为丛棘,"丛棘"之象也。今囚罪人之处,以棘刺围墙是也。言缚之以"徽纆",而又囚之于"丛棘"之中也。三岁不得者,言时之久,而不得脱离者。坎错离,三之象也。

上六以阴柔居险之极,所陷益深,终无出险之期,故有此象。占者如此,死亡之祸不能免矣,故凶。

《象》曰:上六失道,凶三岁也。

"道"者,济险之道,即有孚维心,以刚中也。今阴柔失此道,所以有"三岁不得"之凶。

离上而坎下也

"离"者,丽也,明也。一阴附丽于上下之阳,丽之象也。"离"者,明之义也。离为火,火无常形,附物而明,所谓以薪传火也。《序卦》:"坎者陷也,陷必有所丽,故受之以离。"火中虚而暗,以其阴也;水中实而明,以其阳也。有明必有暗,有昼必有夜,理之常也,所以次坎。

离:利贞,亨。畜牝牛,吉。

六二居下离之中则正,六五居上离之中则不正,故利于正而后亨。"牛",顺物,"牝牛"则顺之至也。"畜牝牛"者,养顺德也。养顺德于中者,正所以消其炎上之燥性也,故"吉"。

《彖》曰:离,丽也。日月丽乎天,百谷草木丽乎土。重明以丽乎正,乃化成天下。柔丽乎中正,故亨。是以"畜牝牛,吉"也。

释卦名、义并卦辞。五为天位,故上离有"日月丽天"之象,此以气丽气者也。二为地位,故下离有"自谷草木丽土"之象,此以形丽形者也。离附物,故有气有形。重明者,上离明,下离明也。上下君臣皆丽乎正,则可以化成天下而成文明之俗矣。柔丽乎中正者,分言之,六五丽乎中,六二丽乎中正也;总言之,柔皆丽乎中正也。惟其中正,所以利贞而后亨。惟柔中正而后亨,所以当"畜牝牛",养其柔顺中正之德而后吉也。

《象》曰:明两作,离。大人以继明照于四方。

"作"者,起也。"两作"者,一明而两作也。言今日明,明日又明也。"继明",如云圣继圣也。以人事论,乃日新又新,缉熙不已也。"照于四方"者,光被四表也。大人以德言则圣人,以位言则王者。其所谓明者,内而一心,外而应事接物皆明也,是以达事理辨民情,天下之邪正得失皆得而见之,不必以察为明而明照于四方矣。"重明"者,上下明也。"继明"者,前后明也。《彖》言二、五"君臣",故以"重明"言之。《象》言"明两作"皆君也,故以"继明"言之。

初九:履错然,敬之,无咎。

"履"者,行也,进也。错者,杂也,交错也。《诗传》云:"东西为交,邪行为错。"本爻阳刚,阳性上进;本卦离火,火性炎上,皆有行之之象,故曰"履"。又变艮综震足,亦履之象也。艮为径路,交错之象也。"然"者,助语辞。"错然"者,刚则躁,明则察,二者交错于胸中,未免东驰西走。惟敬以直内,则安静而不躁妄,主一而不过察。则敬者,医错之药也,故"无咎"。"无咎"者,刚非躁、明非察也。

初九以刚居下而处明体,刚明交错,故有"履错然"之象。惟敬则无此咎矣。故教占者以此。

《象》曰:"履错"之敬,以辟咎也。

辟,音避。

"避"者,回也。敬,则履错之咎皆回避矣。

六二：黄离，元吉。

"黄"，中色。坤为黄，离中爻乃坤土，黄之象也。"离"者，附丽也。"黄离"者，言丽乎中也，即柔丽乎中正也。以人事论，乃顺以存心，而不邪侧，顺以处事，而不偏倚是也。"吉"者，无所处而不当也。八卦正位，离在二，故"元吉"。

六二柔丽乎中而得其正，故有"黄离"之象。占者得此，大吉之道也，故"元吉"。

《象》曰："黄离，元吉"，得中道也。

得中道以成中德，所以凡事无过不及而元吉。

九三：日昃之离，不鼓缶而歌，则大耋之嗟，凶。

变震为鼓，鼓之象也。离为大腹，又中虚，缶之象也。中爻兑口，歌与嗟之象也。"缶"乃常用之物，"鼓缶"者，乐其常也。人寿八十曰"耋"。喜则歌，忧则嗟，嗟者歌之反。

重离之间，前明将尽、后明当继之时也，故有"日昃"之象。然盛衰倚伏，天运之常。人生至此，乐天知命，"鼓缶而歌"，以安其日用之常分可也。此则达者之事也。若不能安常以自乐，徒戚戚于"大耋之嗟"，则非为无益，适自速其死矣，何凶如之！故又戒占者不当如此。

《象》曰："日昃之离"，何可久也？

日既倾昃，明岂能久？

九四：突如其来如，焚如，死如，弃如。

"突"者，灶突也。离中虚，灶突之象也。"突如，其来如"者，下体之火，如灶突而炎上也。火性炎上，三之旧火既上于四，而不能回于其三，四之新火又发，五得中居尊，四之火又不敢犯乎其五，上下两无所容，则火止于四而已。故必至于"焚如、死如"，成灰"弃如"而后已。如者，助语辞。坎性下，三在下卦之上，故曰"来"，此来而下者也。火性上，四在上卦之下，故曰"来"，此来而上者也。来而下，必至坎窞而后已，来而上，必至死弃而后已。

四不中正，当两火相接之时，不能容于其中，故有此象。占者之凶可知矣。

《象》曰："突如其来如"，无所容也。

三爻上而不能反，三不能容也。五中尊而不敢犯，五不能容也。

六五：出涕沱若，戚嗟若，吉。

"涕"，沱貌。离错坎，涕若之象也，又加忧戚之象也。中爻兑口，嗟之象也。"出涕沱若"者，忧惧之征于色也。"戚嗟若"者，忧惧之发于声也。二五皆以柔丽乎刚，二之辞安，五之辞危者，二中正，五不正故也。

六五以柔居尊而守中，有文明之德，然附丽于强刚之间，必不恃其文明与其中德，能忧惧如此，然后能吉。戒占者当如此。

《象》曰：六五之吉，离王公也。

离，音丽。

王指五，公指上九。"离王公"者，言附丽于王之公也。王与公相丽，阴阳相资，故

一一〇三

"吉"。不言四者,四无所容,而上九能正邦也。

上九:王用出征,有嘉折首,获匪其丑,无咎。

"王"指五。离为日,王之象也。"用"者,用上九也。五附丽于上九,用之之象也。"有嘉"者,嘉上九也,即王三锡命也。"折首获匪其丑",即可嘉之事也。离为戈兵,变为震动,戈兵震动,"出征"之象也。王用上九专征,可谓宠之至矣。为上九者,若不分其首从而俱戮之,是火炎崑冈,安得可嘉?又安得无咎?"折首"者,折取其丑首,即歼厥渠丑也。"获匪其丑"者,执获不及其小丑,即"胁从罔治"也。乾为首,首象阳,丑象阴,明夷外卦错乾,故曰"大首"。本爻乾阳,且离为"上槁","折其首"之象也。本卦阳多阴少,阴乃二五,君臣无群小之丑,"获匪其丑"之象也。"无咎"者,勇足以折首而仁及于小丑也。"王用出征有嘉"一句,"折首"一句,"获匪其丑"一句。

上九以阳刚之才,故有"王用出征有嘉"之象,又当至明之极,首从毕照,故又有出征唯折其首,不及于丑之象,乃"无咎"之道也。故其象占如此。

《象》曰:"王用出征",以正邦也。

"征"之为言,正也。寇贼乱邦,故"正"之。

六五明于用人,上九明于人之罪恶。若非上九之明,则玉石俱焚矣。若非六五之明,上九有故纵反者之咎矣,故正邦也。言五之用九,非穷兵黩武,但取正邦多杀何为?

来瞿唐先生易注卷之七

周易下经

☷兑上 咸速也
艮下

"咸"者,感也。不曰感者,咸有皆义,男女皆相感也。艮为"少男",兑为"少女",男女相感之深,莫如少者。盖艮止则感之至,兑悦则应之至,此咸之义也。《序卦》"有天地"至"然后礼义有所错":"天地",万物之本;"男女",人伦之始。《上经》首乾坤者,天地定位也。《下经》首咸恒者,山泽通气也。位欲其对待而分,《系辞》"天地定位",一条是也,故天地分为二卦;气欲其流行而合,《系辞》"刚柔相摩"一条是也,故山泽合为一卦。

咸:亨,利贞,取女吉。

取,七具反。

《彖辞》明。盖八卦正位,艮在三,兑在六;艮属阳,三则以阳居阳;兑属阴,六则以阴居阴;三为艮之主,六为兑之主。男女皆得其正,所以"亨、贞、吉"。

《彖》曰:咸,感也。柔上而刚下,二气感应以相与。止而说,男下女,是以"亨,利贞,取女吉"也。天地感而万物化生,圣人感人心,而天下和平。观其所感,而天地万物之情可见矣。

释卦名、义,又以卦综、卦德、卦象释卦辞而极言之。感者,感而应也,无应不为感矣。本卦二体,初阴四阳,二阴五阳,三阳六阴,皆阳感而阴应,阴感而阳应,故曰"感"也。取其交相感之义也。凡天下之事,无心以感之者,寂也。有心以感之者,私也,非所感也。惟感之至公,无所容心于其间,则无所不感矣。故卦去其心,而《彖》加其心。"柔上而刚下"者,本卦综恒,二卦同体,文王综为一卦,故《杂卦》曰:"咸,速也。恒,久也。""柔上"者,恒下卦之巽,上而为咸之兑也。"刚下"者,恒上卦之震,下而为咸之艮也。"二气"者,山泽之气也。因二气刚柔,一上一下,刚感而柔应之,柔感而刚应之,即"山泽通气"也,故恒卦亦曰"上下相与"。此感之所以亨也。"止而说"者,人心之说易失其正,惟止而说,则无徇情纵欲之私,此所以"利贞"也。"男下女"者,以艮之少男下于兑之少女也。凡婚姻之道,无女先男者,必女守贞静,男先下之,则为得男女之正,此所以"取女吉"也。化者气化,生者形生。"万物化生"者,天地以气感万物,而万物无不通也。和者无乖戾,平者无反侧,圣人以德感天下,而天下无不通也。"观其所感"者,由感通之道引而伸之也。"寂然不动"者性,感而遂通者情。天地万物之情可见者,见天地万物之情不过此感通也。

《象》曰:山上有泽,咸。君子以虚受人。

泽性润下,土性受润,泽之润有以感乎山,山之虚有以受乎泽,"咸"之象也。"虚"者,未有私以实之也。"受"者,受人之善也。人之一心寂然不动,感而遂通者,虚故也。中无私主则无感不通,闻一善言,见一善行,沛然若决江河矣。苟有私意以实之,则先入者为主,而感通之机窒,虽有至者,将拒而不受矣。故山以虚,则能受泽,心以虚,则能受人。

初六:咸其拇。

拇,茂后反。

"拇",足大指也。艮综震,足之象也,故以"拇"言之。以理论,初在下亦拇之象。"咸其拇",犹言咸以其拇也。拇岂能感人,特以人身形体上下之位,象所感之浅深耳。六爻皆然。

初六阴柔,又居在下,当感人之时,志虽在外,然九四说之,初六止之,特有感人之心而无感人之事,故有"感其拇"之象,所以占无吉凶。

《象》曰:"咸其拇",志在外也。

"外"者,外卦也。初与四为正应,所感虽浅,然观其拇之动,则知其心志,已在外卦之九四矣。

六二:咸其腓,凶。居吉。

"腓",足肚也。拇乃枝体之末,离拇升腓,渐进于上,则较之咸其拇者,其感不甚浅矣。"凶"者,以上应九五而凶也。感皆生于动,但九五君位,岂可妄动以感之? 故凶。居者非寂然不动也,但不妄动耳。盖此爻变巽为进退,且性人,上体兑悦,情悦性人,必不待其求而感。若居则不感矣,不感则不变,尚为艮体之止,故设此居吉之戒。

六二阴柔,当感人之时,咸之渐进,故有"咸其腓"之象。然上应九五,不待其求而感之,故占者不免于凶。若安其居以待上之求,则得进退之道而吉矣。故义教占者以此。

《象》曰:虽凶居吉,顺不害也。

"顺"者,中正柔顺之德也。"不害"者,不害其感也。言"居"者,非戒之以不得相感也。盖柔顺之中德,本静而不动,能居而守是德,则不至有私感之害也。

九三:咸其股,执其随,往吝。

"股"者髀也,居足之上、股之下,不能自由随身而动者也。中爻为巽,股之象也。"执"者,固执也,专主也。执其随者,股乃硬执之物,固执而唯主于随也。以阳而从阴,乃以君子而悦小人之象,故不无羞吝。

九三以阳刚之才而居下之上,是宜自得其正道,以感于物矣。然所居之位,应于上六,阳好上而悦,阴上居悦体之极,三往而从之,故有咸股执随之象。占者以是而往,羞吝不必言矣。

《象》曰:"咸其股",亦不处也。志在随人,所执下也。

"处"者,居也,即六二居吉之居。因艮止,故言居言处。处则不随,随则不处。曰

"亦"者,承二爻而言。言六二阴柔以不处而凶,处而吉,阴柔随人,不足怪矣。今九三刚明,宜乎卓然自立,则所执主者,乃高明自重之事,有何可羞?今乃亦不处而志在随人,则所执者卑下之甚,不其可羞乎?"亦不处",惜之之辞。"所执下",鄙之之辞。

九四:贞吉,悔亡,憧憧往来,朋从尔思。

"贞"者,正而固也。此心不思乎正应之阴柔,则廓然大公,物来顺应,正而固矣。"吉"者,诚无不动也。"悔亡"者,内省不疚也。"憧憧",往来貌。"往来"者,初感乎四,二感乎五,三感乎六者,往也。六感乎三,五感乎二,四感乎初者,来也。四变上下成坎,中爻成离,"来之坎坎""突如来如"者,往来之象也。"朋"者,中爻三阳牵连也,故曰"朋"。泰三阳牵连亦曰"朋"。损六五,三阴也。益六二,三阴也。复九四,三阴也。故皆以"朋"称之也。"思"者,四应乎初之阴,初乃四之所思也。五应乎二之阴,二乃五之所思也。三应乎六之阴,六乃三之所思也。"尔"者,呼其心而名之也。"朋从尔思"者,言四与三、五共从乎心之所思也。四居股之上脢之下,乃心也。心之官则思,思之象也。心统乎百体,则三与五皆四之所属矣,故可以兼三五而称朋也。

九四乃心,为咸之主,以阳居阴而失正,又应乎初之阴柔,不免悔矣。故戒占者:此心能正而固,则吉而悔亡,所不感矣;若此心"憧憧往来",惟相从乎尔心之所思,则溺于阴柔,不能正大光明,而感应之机窒矣,又岂能吉而悔亡?故戒占者以此。

《象》曰:"贞吉,悔亡",未感害也。"憧憧往来",未光大也。

不正而感,则有害,贞则未为,感之害也。往来于心者皆阴私,又岂能正大光明?

九五:咸其脢,无悔。

脢,音梅。《礼记》作"脄"。

"脢",背脊肉不动者也。脢虽在背,然居口之下心之上,盖由拇而腓、而股、而心、而脢、而口,六爻以渐而上也。初与四应,故拇与心,皆在人身之前。二与五应,故"腓"与"脢"皆在人身之后。三与上应,故"股"与"辅颊"皆在两旁,而"舌"则居中焉。虽由拇以渐而上,然对待之精至此。诸爻动而无静,非所感者也;此爻静而不动,不能感者也。

九五以阳居悦体之中,比于上六。上六悦体之极。阴阳相悦,则九五之心志唯在此末而已,所以不能感物。不能感物则亦犹脢之不动也,故有"咸其脢"之象。悔生于动,既不能动而感,则亦无悔矣。故占者"无悔"。

《象》曰:"咸其脢",志末也。

"末"者,上六也。大过上体亦兑卦,《彖辞》"本末弱",末指上六可见矣。九五,应二而比六,《小象》独言"志末",何也?二乃艮体,止而不动;六乃悦体,又悦之极,则九五之心志惟在此末,而不在二矣,所以言"志末"。亦如谦卦九三比二,六二"鸣谦"则"中心得",上六正应"鸣谦"则"志未得"是也。人君感人心而天下和平者,以其廓然大公、物来顺应也。今志在末,岂能感人?所以仅得无悔。

上六:咸其辅、颊、舌。

"辅"者,口辅也,近牙之皮肤,与牙相依,所以辅相颊舌之物,故曰"辅"。"颊",两旁也。辅在内,颊在外,舌动则辅应而颊从之,三者相须用事,皆所用以言者,故周公兼举之。兑为口舌,"辅颊舌"之象也。咸卦有人身象,上阴爻为口,中三阳为腹背,下有腿脚象,故周公爻自"拇"而"舌"。

上六以阴居悦之终，处咸之极，感人以言而无其实，故其象如此，盖小人女子之态、苏秦张仪之流也。

《象》曰："咸其辅、颊、舌"，滕口说也。

"滕"，张口骋辞貌，见《说文》。"口说"岂能感人？

"恒"，久也。男在女上，男动乎外，女顺乎内，人理之常，故曰"恒"。又见《象辞》，皆恒之义也。《序卦》："夫妇之道不可以不久也，故受之以恒。"言夫妇偕老，终身不变者也。盖咸少男在少女之下，以男下女，乃男女交感之义。恒，长男在长女之上，男尊女卑，乃夫妇居室之常。论交感之情，则少为亲切，论尊卑之序，则长当谨严，所以次咸。

恒：亨，无咎，利贞。利有攸往。

恒之道，可以亨通，恒而能亨，乃"无咎"也。恒而不可以亨，非可恒之道也，为"有咎"矣。如君子恒于善，故"无咎"，小人恒于恶，焉得无咎！然"恒亨"而后无咎，何也？盖恒必利于正，若不正，岂能恒？如孝，置之而塞乎天地，溥之而横乎四海，如此正，方得恒，故"利贞"。恒必"利有攸往"，达之家邦万古不穷。如孝，施之后世而无朝夕，方谓之恒，如不可攸往，不谓之恒矣。"利贞"，不易之恒也，恒之利者也。"利有攸往"，不已之恒也，亦恒之利者也。故恒必两利。

《象》曰：恒，久也。刚上而柔下，雷风相与，巽而动，刚柔皆应，恒。"恒，无咎，利贞"，久于其道也，天地之道，恒久而不已也。"利有攸往"，终则有始也。日月得天而能久照，四时变化而能久成，圣人久于其道而天下化成。观其所恒，而天地万物之情可见矣。

释卦字义，又以卦综、卦象、卦德释卦名、卦辞而极言之。"恒"者，长久也。若以恒字论，左旁从立心，右旁从一日，言立心如一日，久而不变也。"刚上而柔下"者，本卦综咸。刚上者，咸下卦之艮上而为恒之震也。"柔下"者，咸上卦之兑下而为恒之巽也。"恒、亨、无咎、利贞"者，以久于其道也。盖道者，天下古今共由之路，天地之正道也。惟久于其道，故"亨"，故"无咎"，故"利贞"。若久非其道，亦不能恒矣。且恒久莫过于天地，天地之道，恒久而不已者也。惟其恒久不已，所以攸往不穷。盖凡人事之攸往而不能恒久者，以其终而不能又始也。终而不能始，则自终而止。有止息间断，非恒久不已者矣，安能攸往？惟天地之道，昼之终矣，而又有夜之始，夜之终矣，而又有昼之始，寒之终矣，而又有暑之始，暑之终矣，而又有寒之始。终则有始，循环无端，此天地所以恒久也。此恒所以必"利有攸往"，而后谓之恒也。"得天"者，附丽于天也。"变化"者，寒暑迭更，阴阳互换也。"久成"者，成其岁功也。"久于其道"者，仁渐义摩也。"化成"者，化之而成其美俗也。此极言恒久之道。言观其所恒，可见万古此天地，万古此恒也；万古此万物，万古此恒也。若当春时为夏，当秋时为冬，当生物时不生，当成物时不成，此之谓变怪，安得谓之恒？

《象》曰：雷风，恒。君子以立不易方。

"立"者,正于此而不迁也。"方"者,大中至正之理,理之不可易者也,如为人君止于仁,为人臣止于敬是也。"不易方"者,非胶于一定也,理在于此则止而不迁,如冬寒衣裘、夏暑衣葛是也。巽性入,入而在内;震性动,出而在外,二物各居其位,不易方之象也,故曰"不易方"。

初六:浚恒,贞凶,无攸利。

"浚",深也。"浚井"之"浚","浚"字生于"巽"性入之"入"字来。初六为长女之主,九四为长男之主,乃夫妇也。巽性入,始与夫交之时,即深求以夫妇之常道。四动而决躁,安能始交之时,即能从其所求?"贞"者,初与四为正应,所求非不正也。"凶"者,骤而求之深,彼此不相契合也。"无攸利"者,有所往则夫妇反目矣。盖初阴居阳位,四阳居阴位,夫妇皆不正,皆有气质之性,所以此爻不善。下三爻皆以"妻"言。初爻"凶"者,妻求大之深而凶也。三"贞吝"者,妻改节而见黜也。上三爻皆以"夫"言。四"无禽"者,夫失其刚而无中馈之具也。五"凶"者,夫顺从其妻而凶也。

初与四为正应,妇责备夫以夫妇之常道,亦人情之所有者。然必夫妇居室之久,情事孚契,而后可以深求其常道也。但巽性务入,方交四之始即深以夫妇之常道求之,则彼此之情未免乖戾,故有"浚恒"之象。占者如此,则虽"贞"亦"凶",而"无攸利"也。

贾谊初见汉文,辄欲改制度。

《象》曰:"浚恒"之凶,始求深也。

贾谊少年,痛哭流涕,望汉文改制度,卒傅长沙,浚恒之深也。

"求"者,中馈之酒浆、器皿、衣服、首饰之类也。

九二:悔亡。

以阳居阴,本有悔矣。以其久中,故其"悔亡"。"亡"者,失之于初,而改之于终也。

《象》曰:九二"悔亡",能久中也。

可久之道中焉止矣。人能恒久于中,岂止悔亡?孔子之言,盖就周公之爻辞而美之也。

九三:不恒其德,或承之羞,贞吝。

阳德居正,故得称德。"不恒其德"者,改节也,居巽之极为进退、为"不果",改节之象也。以变坎为狐疑,此心不定,亦改节之象也。长女为长男之妇,不恒其德而改节,则失其妇之职矣。既失其职,则夫不能容,而妇被黜矣。"或"者,外人也。"承"者,进也。"羞"者,致滋味也。变坎有饮食之象,"羞"之象也。因妇见黜,外人与夫进其羞也。"贞"者,九三位正也。若依旧注"羞"作羞耻,则下"吝"字重言羞矣。

九三位虽得正,然过刚不中,当雷风交接之际,雷动而风从,不能自守,故有"不恒其德,或承之羞"之象,虽正亦可羞矣。故戒占者如此。

《象》曰:"不恒其德",无所容也。

"无所容"者,夫不能容其妇而见黜也,所以使外人进其羞也。

九四:田无禽。

应爻为地道，又震为"大涂"，故曰"田"。与师卦"田有禽"之田同。本卦《大象》与师卦《大象》皆与小过同，故皆曰"禽"。应爻巽为鹳，亦禽之象也。应爻深入，与井下卦同巽，故皆曰"无禽"也。师卦所应刚实，故"有禽"，本卦所应阴虚，故"无禽"。

九四以阳居阴，久非其位，且应爻深入，故有"田无禽"之象。既"无禽"，则不能与妻备中馈之具，夫非其大矣。故其象占如此。

《象》曰：久非其位，安得禽也？

久非其位，则非所久而久矣，故不得禽。

六五：恒其德，贞。妇人吉，夫子凶。

丈夫用刚用柔，各适其宜，以柔顺为常，是因人成事矣，所以凶。此爻变兑，兑为少女，又为妾，妇人之象也。妇人以顺为正，故"吉"。

六五恒其中德，正矣，故有"恒其德贞"之象。但刚而中可恒也，柔而中，妇人之常，非夫子之所当常也，故占者有吉有凶又如此。

《象》曰：妇人贞吉，从一而终也。夫子制义，从妇凶也。

"从一"者，从夫也。妇人无专制之义，惟在从夫，顺从乃其宜也。"制"者，裁制也。"从妇"者，从妇人顺从之道也。夫子刚果独断，以义制事，若如妇人之顺从，委靡甚矣，岂其所宜？故"凶"。

上六：振恒，凶。

振，去声。

"振"者，奋也，举也，整也。"振恒"者，振动其恒也。如宋时祖宗本有恒久法度以远，安石乃纷更旧制，正所谓"振恒"也。"凶"者，不惟不能成事，而反偾事也。在下入乃巽之性，"浚恒"也。在上动，乃震之性，"振恒"也。方恒之始不可浚而乃浚，既恒之终，不可振而乃振，故两爻皆凶。

上六阴柔，本不能固守其恒者也，且居恒之极，处震之终，恒极则反常，震终则过动，故有"振恒"之象。占者之凶可知矣。

《象》曰："振恒"在上，大无功也。

"大无功"者，不惟"无功"，而"大无功"也。曰"大"者，上而无益于国家，下而不利于生民，安石、靖康之祸是也。

䷠ 乾上 艮下 **遁**则退也

"遁"者，退避也，六月之卦。不言退而曰"遁"者，退止有退后之义，无避祸之义，所以不言退也。为卦，天下有山，山虽高，其惟本止。天之阳，性上进，远避而去，故有遁去之义。且二阴生于下，阴渐长，小人渐盛，君子退而避之，故为遁也。《序卦》："恒者，久也。物不可以久居其所。"久则变，变则去，此理之常，所以次恒。

遁：亨，小利贞。

"亨"为君子言也。君子能遁,则身虽遁而道亨。"小"者,阴柔之小人也,指下二阴也。利贞者,小者利于正,而不害君子也。若害君子,小人亦不利也。

《彖》曰:"遁,亨",遁而亨也。刚当位而应,与时行也。"小利贞",浸而长也。遁之时义大矣哉!

以九五一爻释"亨",以下二阴爻释"利贞"而赞之。遁而亨者,惟遁乃亨,见其不可不遁也。刚指五。"当位"者,当中正之位。"而应"者,下与六二相应也。"时行"言顺时而行。身虽在位,而心则遁,此所以谓之时行也。九五有中正之德,六二能承顺之,似亦可以不必于遁,然二阴浸而长,时不可以不遁。知时之当遁,与时偕行,此其所以亨也。"浸"者,渐也。浸而长,其势必至于害君子,故戒以利贞。"时义大"者,阴虽浸长,尚未盛大,且九五与二相应,其阳渐消之意,皆人之所未见而忽略者,是以苟且留连,而不能决去也。当此之时,使不审时度势,则不知遁。若眷恋禄位,又不能遁,惟有明哲保身之智,又有介石见机之勇,方能鸿冥凤举,所以叹其时义之大。汉元、成之时,弘恭、石显得志于内,而萧望之、刘向、朱云皆得巨祸;桓灵之际,曹节、王甫得志于内,而李膺、陈蕃、窦武皆被诛戮者,均不知遁之时义者也。《易》中"大矣哉"有二:有赞美其所系之大者,豫、革之类是也;有称叹其所处之难者,大过、遁之类是也。

《象》曰:天下有山,遁。君子以远小人,不恶而严。

远,去声。

"恶"者,恶声厉色,疾之已甚也。"严"者,以礼律身,无可议之隙,而凛然不可犯也。"不恶"者,待彼之礼。"严"者,守己之节。"天下有山",天虽无意于绝山,而山自不能以及乎天,遁之象也。故"君子以远小人,不恶而严"。则君子无心于远小人,而小人自远,与天之无心于远山,而山自绝于天者同矣。"远小人",艮止象。"不恶而严",乾刚象。

初六:遁尾,厉,勿用有攸往。

阴初在下,乃遁之尾,然一阴初萌,已危虑矣。"勿用有攸往",《易》为君子谋,非为阴谋也。教初不往,似不通。

"遁"者,居当遁之时也。"尾"者,初也,因在下,故曰"尾"。"厉"者,天下贤人君子,皆以遁去时。何时也?岂不危厉!"往"者,往而遁去也。本卦遁乃阳刚,与阴不相干涉,故不可往。且初在下,无位。又阴柔,所居不正,无德,无位,无闻,不过凡民耳。与遁去之贤人君子不同,遁之何益?

初六居下,当遁之时,亦危厉矣。但时虽危厉,而当遁者非初之人,故教占者勿用遁去,但晦处以俟时可也。阴柔小人如何晦处俟时?!

《象》曰:"遁尾"之厉,不往何灾也?

"厉",即灾也。君子不往,何厉之有,不遁,有何灾咎?所以"勿用有攸往"。

六二:执之用黄牛之革,莫之胜说。

胜,音升。说,音脱。

"执"者,执缚也。艮性止,执之象也。"黄",中色,指二。应爻错坤,牛之象也。"胜"者,任也。"脱"者,解脱也。能胜其脱,欲脱即脱矣,莫之胜脱者,不能脱也,言执缚之以黄牛之皮,与九五相交之志,坚固不可脱也。本卦遁者乃阳,初与二阴爻皆未遁,故此爻不言"遯"字。

二阴浸长,近于上体之四阴,已凌迫于阳矣。然二与五为正应,二以中正顺应乎五,五以中正亲合乎二,正所谓"刚当位而应",不凌迫乎阳可知矣,故有"执之用黄牛之革,莫之胜说"之象。占者当是时,亦当如是也。

《象》曰:执用"黄牛",固志也。

"坚固"者,欲固执五之遯志也。盖"小利贞",小人亦如君子之遯,非小人之利也。惟固执之极而能遯,所以不恶也。所以遯之时义大也,若不合则去,亦人之得者。

坚固其二五中正,相合之志也。

九三:系遯,有疾厉。畜臣妾,吉。

"系"者,心维系而眷恋也。中爻为巽,巽为绳,系之象也。"系遯"者,怀禄徇私,隐忍而不去也。"疾"者,利欲为缠魔困苦之疾也。"厉"者,祸伏于此而危厉也。"臣"者,仆也。"妾"者,女子也,指下二阴也,乃三所系恋之类也。盖臣妾也,宫室也,利禄也,凡不出于天理之公,而出于人欲之私者,皆阴之类也,皆人之所系恋者也。本卦止言臣妾者,因二阴居下位故也。"畜"者,止也,与剥卦顺而止之同。止之使制于阳而不凌上也。艮,畜止象。又为阍寺,臣之象。又错兑,妾之象。

九三当阴长凌阳之界,与初、二二爻同体。下比于阴,故有当遯而系恋之象。既有所系,则不能遯矣,盖疾而厉之道也。然艮性能止,惟刚正自守,畜止同体在下二阴,驭之以臣妾之正道,使制于阳而不凌上,斯吉矣。故又教占者必如此。

《象》曰:"系遯"之厉,有疾惫也。"畜臣妾,吉",不可大事也。

"疾惫"者,疲惫于私欲,困而危矣。"不可大事"者,出处去就乃大夫之大事,知其所事,方知其遯。若畜止臣妾,不过以在我艮止之性,禁令之尔,乃小事也。九三系遯,能此小事,亦即吉矣,岂能决断其出处,去就之大事哉!

九四:好遯,君子吉,小人否。

好,呼报反。否,方有反。

三比二,故曰"系"。四应初,故曰"好"。"好"者,爱也。"系"者,缚也。爱者必眷恋而缚,缚者因喜悦而爱,其实一也。"好遯"者,又好而又遯也。"好"者,爵位利禄爱慕之事也。"遯"者,审时度势,见几之事也。"好"者,四也。"遯"者,九也。阳居阴位,阳可为"君子",阴可为"小人",故可"好"可"遯"也,所以圣人设小人之戒。"否"者,不也。

九四以刚居柔,下应初六,故有好而不遯之象。然乾体刚健,又有遯而不好之象。占者顾其人何如耳:若刚果之君子,则有以胜其人欲之私,止知其遯不知其好,得以遂其洁身之美,故吉矣;若小人则徇欲忘反,止知其好不知其遯,遯岂所能哉!故在小人则否也。

《象》曰:君子"好遯","小人否"也。

君子刚果,故"好"而知"遯",必于其"遯"。小人阴柔,故"好"而不知其"遯",唯知其"好"矣。

九五:嘉遯,贞吉。

"嘉遯"者,嘉美乎六二也。当二阴浸长之时,二以艮体执之以黄牛之革,不凌犯乎阳,其志可谓坚固矣。为君者不嘉美以正其志,安能治遁?故"贞吉"。若人君,无逃遁之理。玄宗幸蜀,安得为嘉?

九五阳刚中正,有治遁之才者也。当天下贤人君子,遁去之时,下应六二之中正,见六二之志固,乃褒嘉之,表正其志,以成其不害贤人君子之美、正而且吉之道也。故其象占如此。

《象》曰:"嘉遁,贞吉",以正志也。

二之固志者,坚固其事上之志、臣道中正之心也。五之正志者,表正其臣下之志、君道中正之心也。二五《小象》皆同言"志"字,所以知五褒嘉乎二。

上九:肥遁,无不利。

"肥"者,疾瘵之反。"遁"字从豚,故初六言"尾",上九言"肥",皆象豚也。以阳刚之贤,而居霄汉之上,睟面盎背,莫非道德之丰腴,手舞足蹈,一皆仁义之膏泽,心广体胖,何肥如之!"无不利"者,天子不得臣,诸侯不得友。尧虽则天,不屈饮犊之高;武既应人,终全孤竹之节。理乱不闻,宠辱不惊,何利如之!

诸爻皆疑二阴之浸长,心既有所疑而戚,戚则身亦随之而疾瘵矣,安能"肥"乎?惟上九以阳刚而居卦外,去柔最远,无所系应,独无所疑。盖此心超然于物外者也,故有"肥遁"之象。占者无不利,可知矣。

《象》曰:"肥遁,无不利",无所疑也。

"无所疑"者,不疑二阴之浸长而消阳也。"无所疑",所以逍遥物外,不至于愁苦而瘵。

郭林宗似之。

䷡ 震上 乾下 **大壮** 则止

"大壮"者,大者壮也。"大"谓阳也。四阳盛长,故为"大壮"。二月之卦也。为卦震上乾下,乾刚而震动,大壮之义也。又雷之威震于天上,声势壮大,亦大壮之义也。《序卦》:"遁者,退也。物不可以终遁,故受之以大壮。"遁者,阳衰而遁也。壮者,阳盛而壮也。衰则必盛,消长循环之理,所以次遁。

大壮:利贞。

大壮不言"吉亨",而言"利贞"者,圣人尤盛危明也,警戒无虞。

阳壮,则占者"吉亨",不必言矣。然君子之所谓壮者,非徒以其势之盛,乃其理之正也,故利于正。阴之进不正,则小人得以凌君子,故遁言"小者利于贞"。阳之进不正,则君子不能胜小人,故大壮言大者利于贞。大壮综遁,二卦本是一卦,故卦下之辞如此。

《象》曰:大壮,大者壮也。刚以动,故壮。大壮,"利贞",大者正也,正大而天地之情可见矣。

以卦体、卦德释卦名,又释"利贞"之义而极言之。阳长过中,大者壮也。盖正月泰阳虽长而未盛,三月夬阳已盛而将衰,皆不可以言壮。惟四阳则壮矣。且乾刚震动,刚则能胜其人欲之私,动则能奋其必为之志,何事不可行哉!此其所以壮也。卦体则势壮,卦德则理壮,所以名壮。大者正也,言大者自无不正也。凡阳明则正,阴浊则邪,自然之理,故利于贞。若不贞,则非大矣。"正大"者,正则无不大也。天地之情者,覆载生成,所发之情也。一通一复,皆一诚之贯彻,岂不正?既正,岂不大?故曰"正大"。盖"大"者壮,以气言,乃壮之本体也。"大"者正,以理言,所以运壮之道。"正大而天地之情可见",又推极上天下地,莫非此正大之理,非特人为然也。一阳来复,见天地之心,四阳见其情。仁者天地之心,情则其所发也。

《象》曰:雷在天上,大壮。君子以非礼弗履。

"非礼"者,人欲之私也。"履"者,践履也。"非礼弗履",则有以克胜其人欲之私矣。此惟刚健以动者可能。矫哉其强,何壮如之!"雷在天上,大壮"者,以声势而见其壮也。"君子非礼弗履大壮"者,以克胜其私而见其壮也。

初九:壮于趾,征凶有孚。

震为足,又初在下,"趾"之象也。"征凶"者,往则必裁抑摈斥也。"孚"者,自信其阳刚之正德也。初以阳居阳,乾之刚未盛也,故"有孚",至三则乾刚极矣。

初九阳刚处下,当壮之时,壮于进者也,故有壮趾之象。以是而往,凶之道也。然阳刚居正,本有其德,故教占者,惟自信其德,以甘穷困,不可有所往,往则凶矣。

《象》曰:"壮于趾",其孚穷也。

既无应援,又卑下无位,故曰"穷"。当壮进之时,有其德而不能进,进则必凶,乃处穷之时矣,故惟自信其德以自守可也。是"其孚"者,不得已也,因"穷"也,故曰"其孚穷"。贤人君子,不偶于时,栖止山林者,多是如此。

九二:贞吉。

《爻》辞无中字,九阳正也。二阳居阴位,柔正也。壮不过壮,以柔济刚也。象之"利贞"者,此贞也,戒过刚也。《小象》补出中字,中则刚柔相得矣。
中则无太过,不恃其强而猛于必进,所以此爻"贞吉"。
九二以阳刚当大壮之时,居中而不过于壮,盖正而吉者也。故其占如此。

《象》曰:"九二贞吉",以中也。

"以中"者,居中位也。与解卦"得中道"、未济"中以行"正同。中立而不倚,强哉矫,九二有焉。

九三:小人用壮,君子用罔,贞厉。羝羊触藩,羸其角。

羸,力为切。

"罔"者,无也,言不用也。君子以义理为勇,以"非礼弗履"为大壮,故"不用壮"也。"羝羊",壮羊也。"羸"者,瘦也,病也。羝羊恃其强壮乃触其藩,其角出于藩之外,易去而难反,不能用其力,是角之壮者,反为藩所困制而弱病矣,故曰"羸其角"也。本卦大象兑,中爻为兑,皆羊之象,故诸爻皆以羊言之。震为"竹"、为"苇","藩"之象也。"触藩"者,"用壮"之象也。阳居阳位,故曰"贞"。"羸角"者,又"贞厉"之象也。

九三过刚不中,又当乾体之终,交震动之际,乃纯用血气之强,过于壮者也。然"用壮"为小人之事,君子以义理为主,岂其所用哉?故圣人戒占者曰:惟小人则用壮,君子则不用也。苟用其壮,虽正亦厉。亦如羊之触藩羸角也,壮其可恃哉?戒之之严,故占中之象又如此。

《象》曰:"小人用壮",君子罔也。

言"用壮"者小人之事,君子则无此也。

九四:贞吉,悔亡。藩决不羸,壮于大舆之輹。

"贞吉,悔亡"者,惟正则吉而悔亡也。"决",破也。"藩决不羸",承上文而言也。三前有四之阻隔,犹有藩焉。四前二阴,则藩决而可前进矣。震为"大涂",兑为"附决",藩决之象也。"輹"与辐同,车轮之中干也。车之败常在折輹,輹壮则车强矣。四变坤,"大舆"之象也。"壮于大舆之輹",言尚往而可进也。此二句又"贞吉,悔亡"之象也。

九四当大壮之时,以阳居阴,不极其刚,前无困阻而可以尚往矣。故其占中之象如此者。

《象》曰:"藩决不羸",尚往也。

"尚往"者,前无困阻而可以上进也。

六五:丧羊于易,无悔。

易,音亦。

"易"即场,田畔地也。震为"大涂",场之象也。

本卦四阳在下,故名"大壮"。至六五无阳,则丧失其所谓大壮矣,故有"丧羊于易"之象。既失其壮,则不能前进,仅得无悔而已,故其象占如此。

《象》曰:"丧羊于易",位不当也。

"位不当"者,以柔居五位也。

上六:羝羊触藩,不能退,不能遂。无攸利,艰则吉。

震错巽为进退,退遂之象也。"艰"者,处之艰难而不忽慢也。"吉"者,"无攸利"者终得攸利也。六五已"丧羊"矣,而上六又"羝羊触藩"者,盖六五以一爻言也,上六则合一卦而言也。三则刚之极,上则动之极,所以爻象皆同。

上六壮终动极,所以"触藩"而不能退,然其质本柔,又不能遂其进也,故有"触藩不能退遂"之象。占者之"无攸利"可知矣。然犹幸其不刚,而不妄进也。若占者能"艰"以处之,则得以遂其进而吉矣。

《象》曰:"不能退,不能遂",不详也。"艰则吉",咎不长也。

"详"者,慎密也。"不详"者,当壮终动极之时,不能度势而行、审机而进也。既详,则能艰矣。"咎"者,"不能退、不能遂"之咎也。惟艰则能详,而"咎不长"矣。心思之艰难,所以能详;识见之详明,所以方艰。

晋昼也

"晋"者,进也,以日出地上,前进而明也。不言进而言晋者,进止有前进之义、无明之义,晋则有进而光明之义,所以不言进也。《序卦》:"物不可以终壮,故受之以晋。"盖物既盛壮则必前晋,所以次大壮。

晋:康侯用锡马蕃庶,昼日三接。

"康侯",安国之侯也。"锡"者,赐与也。"蕃庶"见其恩之者隆。"三接",见其礼之者频。坤错乾,"马"之象。中爻艮综震,震为蕃,"蕃"之象。"庶"者,众也,坤为众,庶之象。"蕃庶"者,言所锡之马众多也。"昼日",离之象。离居三,三之象。艮为"手",相接之象。"日"者,君也。坤者,臣也。坤为"邑国",日在地上,照临其邑国之侯,有宠而"锡马三接"之象。《易》止有是象,无是事,如"栋桡"、"金车"、"玉铉"之类皆是也。诸儒不知象,乃以《周官》"校人"、"大行人"实之,失象旨矣。

《彖》曰:晋,进也。明出地上,顺而丽乎大明,柔进而上行。是以"康侯用锡马蕃庶,昼日三接也"。

释卦名,又以卦象、卦德、卦综释卦辞。"明出地上"者,离日出于地之上也。"顺而丽乎大明"者,坤顺而附丽乎大明也。"柔进而上行"者,晋综明夷,因二卦同体,文王综为一卦,故《杂卦》曰:"晋,昼也。明夷诛也。"言明夷下卦之离,进而为晋上卦之离也。若以人事论,"明出地上",乃世道维新,治教休明之时也。"顺"以臣言,"大明"以君言。"顺"者,小心承顺也。"丽"者,犹言攀龙鳞附凤翼也。柔进而上行则成虚中矣,是虚中下贤之君,而居于五之位也。上句以时言,中句以臣之德言,下句以君言。言为"康侯"者,必际是时、备是德、遇是君,方得是宠也。

《象》曰:"明出地上",晋。君子以自昭明德。

地乃阴土,譬之人欲之私。"自"者,我所本有也。日本明,入于地则暗矣,犹人之德本明,但溺于人欲之私,则暗矣,故自昭其明德,亦犹日之出地也。"自昭"者,格物致知,以去其蔽明之私;诚意正心修身,以践其自昭之实也。"明德"者,即行道而有得于我者也。天下无道外之德,即五伦体之于身也。此德塞乎天地,横乎四海,如昊日当空,人人得而见之,故曰"明"。至健莫如天,故君子以之"自强"。至明莫如日,故君子以之"自昭"。所以二象皆以"自"字言之。

初六:晋如,摧如,贞吉。罔孚,裕,无咎。

摧,音崔。

"晋如"者,升进也。"崔"者,崔嵬之崔,高也。中爻艮山在坤土之上,"崔"之象也。四近君,又阳爻,故有"崔如"之象。若以为"摧如",则与《小象》"独行正"不相合矣。依郑为"南山崔崔"之"崔"是也。"贞"者,尽其在我,不畔援苟且,汲汲以求进也。"吉"者,终得遂其进也。"罔孚"者,二三不信之也。中爻坎为狐疑,不信之象也。当升进之时,众人通欲进,初卑下,故二三不见信。观《小象》曰"独行正",六三曰"众允",可知矣。"裕"

者，不以进退为欣戚，从容以处之，而我之自修者犹夫初也。"无咎"者，不失其身也。"贞"，即下文"罔孚，裕，无咎"。

初六以阴居下，当升进之时，而应近君之四，故有"晋如摧如"之象，占者守正则吉矣。设或不我见信，不可急于求信，惟宽裕以处之，则可以"无咎"矣。若求信之心切，则不免枉道失身，安得无咎？此所以利贞则吉也。

《象》曰："晋如，摧如"，独行正也。"裕，无咎"，未受命也。

"独行"者，独进也。中爻艮综震，足行之象也。"正"者，应与之正道也。言升进之时，四阳在上，近乎其君，赫赫崔嵬，初又卑下，众人不进而初独进之，似不可进矣。然四与初为正应，进之亦正道也，未害其为进也。"未受命"者，离日在上，未受君王之命也。未受命，则无官守，所以得绰绰有余裕。应四未应五，故曰"未受命"。六二曰"受兹介福于"王母，二受字相同。中爻艮为手，有授受之象。故文王卦辞曰"接"，初二爻皆言"受"，皆有手象。

六二：晋如，愁如，贞吉。受兹介福，于其王母。

"愁"当专指四、二，与五同德。乃受福之人，原不必愁也。

中爻坎为加忧，为心病，愁之象也。其所以愁者，四乃大臣中"鼫鼠"之小人也，近君而据下三爻升进之路，二欲升进无应援。五阴柔，二愁五之不断；四邪僻，二愁四之陷害，此其所以愁也。"贞"者，中正之德也。初六之贞，未有贞而勉之也；六二之"贞"，因其本有而教以守之也。"吉"者，中正之德，久而必彰，上之人自当求之，下文所言"受介福于王母"是也。"介"者，大也。"受介福"者，应六五大明之君，因其同德而任用之，加之以宠禄也。"王母"者，六五也。离为日，"王"之象也。离为中女，"母"之象也。

六二中正，上无应援，故有欲进而愁之象。占者如是而能守正，则吉而受福矣。

于其"王母"，则不于四可知。

《象》曰："受兹介福"，以中正也。

"以中正"者，以六二有此中正之德也。八卦正位，坤在二，所以"受介福"，详见《杂说》。

六三：众允，悔亡。

坤为"众"，"众"之象也。"允"者，信也。初"罔孚"，未允也。二"愁如"，犹恐未允也；三则"允"矣。"悔亡"者，"亡"其不中正之"悔"也。

六三不中正，当欲进之时，宜众所不信而有悔矣。然所居之地近乎离明，又顺体之极，有顺上向明之志，则所谓"不中正"者，皆因亲近其大明而中正矣，是以众皆信之。同下二阴上进，故有"众允"之象，而占者则"悔亡"也。

《象》曰："众允"之志，上行也。

"上"者，大明也。"上行"者，上顺丽于大明也。上从大明之君，众志之所同也。

九四：晋如鼫鼠，贞厉。

鼫，音石。

"鼫鼠"，"鼫"字与"硕"字同一类，二字从石，皆音"石"。《诗·硕鼠》刺贪。"硕"，大也，阳大阴小，此爻阳，故为"大鼠"，即《诗》之"硕鼠"无疑矣。中爻艮，变爻亦艮，鼠之象也。鼠昼伏藏夜，则走动，盖不敢见日而畏人者也。离为日，晋者昼也，鼠岂能见之哉！但当进之时，见众人俱进，彼亦同进不复畏其昼矣。"贞"者，当进之时，九四"晋如"，非也正也。

九四，不中不正，当晋之时，窃近君之位，居三阴之上，上而畏六五大明之知，下而畏三阴群小之忌，故有"鼫鼠"日下，惟恐人见之象。占者如是，虽正亦危矣。

《象》曰："鼫鼠，贞厉"，位不当也。

"位不当"者，不中不正也。

六五：悔亡，失得勿恤，往，吉，无不利。

"恤"者，忧也。中爻坎，为"加忧"，"恤"之象也。五变，则中爻不成坎，故不忧，而"勿恤"矣。火无定体，倏然而活，倏然而没，失得其常。凡《易》中遇离，或错离，或中爻离，皆言"失得"二字。如比卦九五错离曰"失前禽"。随卦，六三变离曰"失小子"，随有求得。噬嗑九四曰"得金矢"，六五曰"得黄金"。坎卦错离六二曰"求小得"。明夷九三曰"得其大首"。解卦九二错离曰"得黄矢"。鼎卦初六曰"得妾"。震卦六二变中爻为离曰"七日得"。渐卦中爻离六四曰"得只桷"。丰卦六二曰"得疑疾"。旅九四曰"得资斧"。巽上九变坎错离曰"丧其资斧"。"得失"、"得丧"，皆一意也。既济六二曰"七日得"，未济上九曰"失"，是则或失或得，乃离之本有也，非戒辞也。本卦以象论，日出地上，乃朝日也，非日中之昃。以德论，居大明之中而下顺从之。以卦变论，为飞龙在天之君。六爻独此爻善，所以《小象》曰"往有庆也"。"悔亡"者，中以行正也。"失得勿恤"者，虚中则廓然大公，不以失得累其心也。故"吉，无不利"。

六五柔中，为自昭明德之主，天下臣民，莫不顺而丽之，是以事皆悔亡，而心则不累于得失，持此以往，盖"吉"而"无不利"者也。占者有是德，斯应是占矣。

《象》曰："失得勿恤"，往有庆也。

"往有庆"，即"吉无不利"。

上九：晋其角，维用伐邑，厉吉无咎，贞吝。

"晋其角"，与"姤其角"同。晋极明终，日已晚矣。角在首之上，"晋其角"，言欲进而前无其地矣，甚言其前无所进也。"维"者，维系也，系恋其三之阴私也。阳系恋乎阴私，皆不光明之事，所以孔子《小象》但阳比于阴者，皆曰"未光"。离为戈兵，坤为众，此爻变震，众人戈兵震动，"伐邑"之象也。故离卦上九变震，亦曰"王用出征"。邑即内卦坤之阴土也。谦见谦卦。"伐邑"即同人"伏戎于莽"之意。凡《易经》爻辞，无此事而有此象，如此类者甚多。"厉吉无咎"者，言其理也。言邑若理可以伐，虽"危厉"亦"吉而无咎"也。"吉无咎"即下文之"贞"也。"贞吝"者，言虽当伐亦可吝也。

上九明已极矣，又当晋之终，前无所进，此心维系恋乎三爻所应之阴私而已，故有"晋其角，维用伐邑"之象。夫系恋其私以伐邑，其道本不光明，然理若可伐而伐之，事虽"危厉"亦"吉"而"无咎"。但前无所进，既不能成康侯光明之业，反系恋其私以伐邑，虽邑所当伐，其事故贞，亦可吝矣，安得"吉而无咎"哉！故戒占者以此。

《象》曰："维用伐邑"，道未光也。

此爻变震，下乃顺体，阴阳相应，性顺情动，岂有光明之事？

䷣ 坤上 明夷诛也
　　离下

　　"夷"者，伤也，为卦坤上离下，日入地中，明见其伤，与晋相综，故曰"明夷"。《序卦》："晋者，进也。"进而不已，必有所伤，理之常也，所以次晋。

　　明夷：利艰贞。

　　"艰贞"者，艰难委曲以守其贞也。盖暗主在上，去之则忘国，又有宗国同姓不可去者；比之则失身，又当守正。然明白直遂，守正又不免取祸，所以占者"利艰贞"，以守正而自晦其明也。

　　《彖》曰：明入地中，明夷。内文明而外柔顺，以蒙大难，文王以之。"利艰贞"，晦其明也。内难而能正其志，箕子以之。

　　难，乃旦反。

　　以卦象释卦名，又以文王释卦德，以箕子释卦辞。"内文明"者，离也；外柔顺者，坤也。此本卦之德也。"蒙"者，遭也。"以蒙大难"者，言以此德，而遭此明伤之时也。"文王以之"者，言文王遭纣之囚，用此卦之德，所以内不失己、外得免祸也。"晦其明"者，晦其明而不露也。"大难"，关天下之难。"内难"，一家之难。"正其志"者，不失其正也。不失其正又不显其正，是谓"晦其明而利艰贞"之义也。箕子为纣近亲，外而佯狂，内而明哲，是即"晦其明"也，故曰"箕子以之"。大抵箕子之难虽与文王同其艰贞，然文王为西伯，散宜生之徒以珍物美女献于纣，而西伯即出羑里矣。若箕子佯狂，则必要君知其真狂，左右国人亦知其真狂，再不识其佯狂，至牧野之师诛君吊民，方释箕子之囚，箕子逃之朝鲜，武王以朝鲜封之，因以《洪范》授于武王，人方知其不狂，则箕子"艰贞"难于文王多矣。故以"艰贞"系箕子之下。要之，天命与周，故文王之明夷处之易；天命废殷，故箕子之明夷处之难。虽人为，实天意也。文王箕子，　而已矣。

　　《象》曰：明入地中，明夷。君子以莅众，用晦而明。

　　坤为众，故言"莅众"。"用晦而明"者，不用明为明，用晦为明也。言我本聪明睿知，乃不显其明，若似不明者。以晦为明，此之谓用晦而明也。若以晋、明夷相综并论之，地在下，日在上，明在外也。君子以之，则绝去其人欲之私，以"自昭明德"。亦如日之极其高明，常升于万物之上，此修己之道当如是也。地在上，日在下，明在内也。君子以之，则存其宽厚浑含之德，去其刻薄残忍之私，以之"莅众"，如小过必赦，使人不求备之类皆是也。古之帝王，冕旒以蔽明，黈纩以蔽聪，亦此意。此则居上之宽，治人者当如是也。故明夷之《大象》曰"莅众，用晦而明"。修己治人，二卦之象尽之矣。

　　初九：明夷于飞，垂其翼。君子于行，三日不食。有攸往，主人有言。

　　"明夷于飞"者，伤其飞之翼也。"垂其翼"者，其翼见伤而垂軃也。离为雉，鸟之象也。此爻变艮，独一阳在中，卦之中为鸟身，初与六上下为翼，故小过初六曰"飞"，上六亦曰"飞"，皆以翼言也。此爻居初，故曰"垂翼"也。垂其翼而犹能飞，则伤亦未太重矣。

"三日不食"者,离居三,三之象也。离为日,"三日"之象也。离中虚,又为大腹。空腹,"不食"之象也。"于行"者,方见机而欲行也。"不食"者,自悲其见伤而不食也。"有攸往"者,于行而长往也。中爻震足,行而长往之象也。"主人"者,所适之主人对君子之言也。"有言"者,主人不相合,言语讥伤其君子也。外卦错乾,乾为言,有言之象也。象为"飞",占为"行",为往;象为"垂翼",占为"不食"有言。象、占,俱分明。

初九阳明在下,当伤之时,故有"飞而垂翼"之象。占者不惟方行而有不食之厄,及长往而犹有言语之讥。此其时之所遭,不可得而避者,安其义命可也。

《象》曰:"君子于行",义不食也。

"义"之所在见机而作,"不食"可也。

六二:明夷,夷于左股,用拯马壮,吉。

六二中正为离明之主,文明君子伤于暗,君死于暗亦无谓,岂其拯溺犹待规行乎?

"夷于左股",言伤之犹未在上体也。以去暗君,虽不如初之远,然亦不得言近,故以足之上股象之。中爻为震,震错巽,股之象也。此爻变中爻为兑,兑综巽,亦股之象也。明夷象人身。故初二为股,三、四为腹,五上为首。股居下体,盖以人身上下为前后也。凡《易》中言"左"者皆后字,详见师卦并本卦六四。"拯"者,救也。此爻变乾为健,为良马。马,健壮之象也,言用健壮之马以救之则吉矣。文王囚于羑里,"夷于左股"也。散宜生之徒献珍物美女,"用拯马壮"也。脱羑里之囚,得专征伐,吉也。

六二去暗主稍远,故有伤下体左股之象。然二有中正之德,能速以救之,则吉矣。故其象占如此。

《象》曰:六二之吉,顺以则也。

六二,臣也,臣受伤于君,岂宜粥狱赂免? 六二之吉者,内文明而外柔顺。其顺于外者,有中正之则也,不可止见其顺、不见其则也。

"顺"者,外柔顺也。"则"者,法则也。言外虽柔顺,而内实文明有法则也,所以"用拯马壮"也。因六二中正,故言"顺以则"。

九三:明夷于南狩,得其大首,不可疾贞。

"南狩"者,去南方狩也。离为火,居南方,南之象也。离为戈兵,中爻震动,戈兵震动,出征远讨之象也。"大首"者,元恶也。坤错乾,乾为首,首之象也。居天位,"大首"之象也。"不可疾"者,不可亟也。九三虽刚明,臣也。上六虽昏暗,君也。必迟迟以俟之,出于万一不得已。如天命未绝,人心尚在,则一日之间犹为君臣也。"征"者,伐暴救民,其事正也,故"不可疾",惟在于贞。若亟亟以富天下为心,是疾而不贞矣。

九三,以阳刚居明体之上,而居于至暗之下,正与上六暗主为应,故有向明除害、得其大首之象。然不可亟也,故有"不可疾"、惟主于贞之戒。占者有成汤文武之德,斯应是占矣。

《象》曰:"南狩"之志,乃大得也。

"志",与"有伊尹之志则可"之"志"同。得天下有道,得其民也。得其民者,得其心也。故除残去暴,必大得民心。不然,以暴易暴,安能行南狩之志?

六四：入于左腹，获明夷之心，于出门庭。

此爻指微子言。盖初爻指伯夷，二爻指文王，三爻指武王，五爻指箕子，上六指纣，则此爻乃指微子无疑矣。"左腹"者，微子乃纣同姓，左右腹心之臣也。坤为腹，腹之象也。此爻变中爻为巽，巽为入，入之象也。因六四与上六同体，故以"腹心"言之。然必曰"左腹"者，右为前，左为后，今人言"左迁"，师卦六四"左次"是也。六四虽与上六同体，然六五近上六在前，六四又隔六五在后，是六五当入其右，而六四当入其左矣，故以"左"言之。坤为黑，腹中乃黑暗幽隐之地也。"心"者，心意也。"明夷"者，纣也。明夷之心者，纣之心意也。"出门庭"者，遁去也。中爻震综艮，艮为门，门之象也。震足动，"出门庭"之象也。言微子终日在腹里左边黑暗幽隐之中，已得明夷之心意，知其暴虐无道，必亡天下，不可辅矣，于是出门庭而归周。《书》云"吾家耄逊于荒"，又曰"吾不顾行遁"，正此爻之意也。

六四阴柔得正，与上六同体，已于幽暗之中，得其暴虐之心意，故有"入腹获心"之象，于是出门庭而遁去矣。占者得此，亦当远去也。

《象》曰："入于左腹"，获心意也。

凡人腹中心事，难以知之。今"入于左腹"，已得其心意，知其不可辅矣，微子所以去也。

六五：箕子之明夷，利贞。

六五居至暗之地，近至暗之君，然有柔中之德，晦其明而正其志，所以佯狂受辱也。居明夷如箕子，乃贞之至矣，故占者利于贞。诸爻以五为君位，故周公以"箕子"明之，上六以"登天"明之。九三与上六为正应，曰"得其大首"，皆欲人知上六之为君也。然周公爻辞必以上六为君者，何也？盖九三明之极，惟武王可以当之。上六暗之极，惟纣可以当之。若六五有柔中之德，又非纣之所能当也。

《象》曰：箕子之贞，明不可息也。

"不可息"者，耿耿不昧、常存而不息也。"明不可息"者，言明可晦不可息，以其在内不露，所以为贞也。

上六：不明晦，初登于天，后入于地。

"不明晦"者，日落不明而晦也。"初登于天"者，日在地上也。"后入于地"者，日在地下也。本卦原是日在地下，伤其明者，为"明夷"。上六为明夷之主，至此则明夷成矣，故复以明夷之本象言之。

上六以阴居坤土之极，昏暗之至者。惟其昏暗之至，不明而晦，是以初则尊为天子，居可伤人之势，专以伤人之明为事，终则自伤，而坠厥命，欲为匹夫而不可得矣，故有日落不明而晦、初虽登天而后入地之象。其象如此，而占者可知矣。

《象》曰："初登于天"，照四国也。"后入于地"，失则也。

"照四国"以位言，言日居天上，能照四国，亦如人君高位得伤人之势也。"失则"以德言，言为人君止于仁，视民如伤者也，岂可以伤人为事哉？君以伤人为事，失其君之则矣。是以始而登天以伤人，而终于自伤也。文王之"顺以则"者，外柔顺而内实文明，凡事有法则所以兴。纣之"失则"者，居坤顺之极，而内实昏暗。凡事失法则，所以亡。故二六皆言则字。

来瞿唐先生易注卷之八

巽上
离下　**家人**内也

“家人”者，一家之人也。八卦正位，巽在四，离在二，此卦巽以长女而位四，离以中女而位二，二四皆得八卦正位。又九五、六二内外各得其正，皆家人之义也。《序卦》：“夷者，伤也。伤于外者，必反于家，故受之以家人。”所以次明夷。

家人：利女贞。

言占者利于先正其内也。以占者之身而言也，非女之自贞也。盖女贞乃家人之本，治家者之先务。正虽在女，而所以正之者则在丈夫，故曰“利女贞”。

《彖》曰：家人。女正位乎内，男正位乎外。男女正，天地之大义也。家人有严君焉，父母之谓也。父父子子，兄兄弟弟，夫夫妇妇，而家道正。正家而天下定矣。

释卦名、卦辞而推言之。“男女”二字，一家之人尽之矣。父母亦男女也，曰“男女”即卦名也。“女正位乎内，男正位乎外”，正即卦辞之“贞”也。《本义》上“父初子”之说非也。吴幼清以五为巽女之夫，三为离女之夫，亦非也。惟依《彖辞》“女正”、“男正”二句，则卦名、卦辞皆在其中矣。言“女正位乎内，男正位乎外，男女正”，乃天地间大道理原是如此，所以“利女贞”。“严”乃尊严，非严厉之严也，尊无二上之意。言一家父母为尊，必父母尊严，内外整肃，如臣民之听命于君，然后父尊子卑，兄友弟恭，夫制妇顺，各尽其道，而后家道正，正家而天下定矣。定天下系于一家，岂可不“利女贞”？此推原所以当“女贞”之故。

《象》曰：风自火出，家人。君子以言有物而行有恒。

“风自火出”者，火炽则炎上而风生也，自内而及外之意。知“风自火出”之象，则知风化之本，自家而出，而家之本又自身出也。“有物”者，言之不虚也，言孝则实能孝，言弟则实能弟也。“有恒”者，行之不变也。孝则终身孝，弟则终身弟也。言有物则言顾行，行有恒则行顾言，如此则身修家齐，风化自此出矣。

初九：闲有家，悔亡。

“闲”者，防也。闲也，其字从门，从木。木设于门，所以防闲也。又变艮，艮为门，又为止，亦门闲止防之意也。“闲有家”者，闲一家之众，使其父父子子、兄兄弟弟、夫夫妇妇也。

初九以离明阳刚，处有家之始，离明则有豫防先见之明，阳刚则有整肃威如之吉，故有

"闲其家"之象。以是而处家,则有以潜消其一家之渎乱而悔亡矣。故其象占如此。

《象》曰:"闲有家",志未变也。

九五为男,刚健得正;六二为女,柔顺得正。在初之时,正志未变,故易防闲也。

六二:无攸遂,在中馈,贞吉。

"攸"者,所也。"遂"者,专成也。"无攸遂"者,言凡阃外之事皆听命于夫,无所专成也。"馈"者,饷也,以所治之饮食而与人饮食也。馈食内事,故曰"中馈"。中爻坎,饮食之象也。又六二无所专成,惟"中馈"之事而已,自"中馈"之外,一无所专成也。

六二柔顺中正,女之"正位乎内"者也,故有此象。占者如是,贞则吉矣。

《象》曰:六二之"吉",顺以巽也。

"顺以巽"者,顺从而卑巽乎,九五之正应也。《易·小象》言顺以巽者三;蒙六五中爻为"顺",变爻为巽;渐六四变乾错坤为"顺",未变为巽;本卦亦变乾错坤为"顺",应爻为巽。三"顺"以巽,皆同。

九三:家人嗃嗃,悔厉吉。妇子嘻嘻,终吝。

嗃,呼落反。

"家人"者,主乎一家之人也。惟此爻独称家人者,三当一卦之中,又介乎二阴之间,有夫道焉。盖一家之主,方敢"嗃嗃"也。"嗃嗃",严大之声。"嘻嘻",叹声。"妇"者,儿妇;"子"者,儿子也。

九三过刚不中,为众人之主,故有"嗃嗃"之象。占者如是,不免近于伤恩,一时至于悔厉。然家道严肃,伦叙整齐,故渐趋于吉。夫曰"嗃嗃"者,以齐家之严而言也。若专以"嗃嗃"为主,而无恻怛联属之情,使妇子不能堪,而至有嘻叹悲怨之声,则一家乖离,反失处家之节,不惟悔厉,而终至于吝矣。因九三过刚,故又戒占者以此。

《象》曰:"家人嗃嗃",未失也。"妇子嘻嘻",失家节也。

"节"者,不过之意,不过于威,不过于爱也。处家之道,当威爱并行。"家人嗃嗃"者,威也,未失处家之节也。若主于威而无爱,使妇子不能容,则反失处家之节矣。

六四:富家大吉。

巽为"近利市三倍",富之象也。又变乾,为金为玉,亦富之象也。承乘应皆阳,则上下内外皆富矣。《记》曰:"父子笃,兄弟睦,夫妇和,家之肥也。""肥"字即"富"字。因本卦六爻皆中正而吉,所以说此"富"字,亦因本爻有此象也。若家庭之间不孝不弟,无仁无义,纵金玉满堂,将何为哉!然则周公之所谓富者,必有所指归。观孔子《小象》之顺在位,可知矣。

六以柔顺之体而居四得正,下三爻乃一家之人,皆所管摄者也。初能闲家,二位乎内而主中馈,三位乎外而治家之严,家岂不富?而四又以巽顺保其所有,惟享其富而已,岂不大吉!是以有"富家"之象,而占者"大吉"也。

《象》曰:"富家大吉",顺在位也。

以柔顺居八卦之正位,故"富"。"顺在位",见前《八卦正位图》。

九五：王假有家，勿恤，吉。

假，音格。

"假"，至也。自古圣王，未有不以修身正家为本者，所谓"刑于寡妻，至于兄弟，以御于家邦"是也。"有家"，即初之"有家"也。然初之"有家"，家道之始；五之"有家"，家道之成。大意谓初"闲有家"，二"主中馈"，三"治家严"，四"巽顺以保其家"，故皆"吉"。然不免有忧恤而后吉也。若王者至于有家，不恤而知其吉矣。盖中爻坎，忧恤之象，此爻出于坎之外，故"勿恤"。

九五刚健中正，临于有家之上，盖身修家齐，家正而天下治者也，不忧而吉，可知矣。故其占如此。

《象》曰："王假有家"，交相爱也。

"交相爱"者，彼此交爱其德也。五爱二之柔顺中正足以助乎五，二爱五之刚健中正足以刑乎二，非如常人情欲之爱而已。以周家论之，以文王为君，以太姒为妃，以王季为父，以大任为母，以武王为子，以邑姜为妇，以周公为武王之弟，正所谓父父子子兄兄弟弟夫夫妇妇也。彼此皆有德，故交爱其德，非止二五之爱而已。孔子曰："无忧者，其惟文王乎！"惟其"交相爱"，所以无忧恤。

上九：有孚，威如，终吉。

一家之中，礼胜则离，寡恩者也；乐胜则流，寡威者也。"有孚"则至诚恻怛，联属一家之心而不至乖离。"威如"则整齐严肃，振作一家之事而不至渎乱。"终吉"者，长久得吉也。

上九以刚居上，当家人之终，故言正家长久之道，不过此二者而已。若论其整肃威严，则终吉矣。

《象》曰："威如"之吉，反身之谓也。

"反身"，修身也。如言有物，行有恒，正伦理，笃恩义，正衣冠，尊瞻视，凡反身整齐之类皆是也。如是则不恶而严，一家之人有不威之畏矣。

☲ 离上
兑下 **睽** 外也

"睽"字从目，目少睛也。目主见，故周公爻辞，初曰"见恶人"，三曰"见舆曳"，上曰"见豕负涂"，皆"见"字之意。若从耳，亦曰"睽"，盖耳聋之甚也。"睽"，乖异也。为卦，上离下兑，火炎上，泽润下，二体相违，睽之义也。又中少二女同居，志不同，亦睽之义也。《序卦》："家道穷必乖，故受之以睽。""家道穷"者，教家之道理穷绝也。无教家之道理，则乖异矣，所以次家人。睽综家人。家人离之阴在二，巽之阴在四，皆得其正；睽则兑之阴居三，离之阴居五，皆居阳位，不得其正。不正则家道穷，故曰"家道穷必乖，故受之以睽"。

睽：小事吉。

《彖辞》明。

《彖》曰：睽，火动而上，泽动而下。二女同居，其志不同行。说而丽乎明，柔进而上行，得中而应乎刚，是以"小事吉"。天地睽，而其事同也。男女睽，而其志通也。万物睽，而其事类也。睽之时用大矣哉！

以卦象、卦德、卦综、卦体释卦名、卦辞，极言其理而赞之。火燥炎上，泽湿就下，物性本然之睽。中女配坎，少女配艮，人情必然之睽。故名"睽"。兑，说。离，明。说丽乎明也。"柔进而上行"者，睽综家人，二卦同体，文王综为一卦，故《杂卦》曰："睽外也，家人内也。"言家人下卦之离，进而为睽之上卦，六得乎五之中，而下应乎九二之刚。三者皆柔之所为。柔本不能济事，又当睽乖之时，何由得"小事吉"？然说丽明则有德，进乎五则有位，应乎刚则有辅，因有此三者，是以"小事吉"也。"事同"者，知始作成，化育之事同也。"志通"者，夫唱妇随，交感之情通也。"事类"者，声应气求，感应之机类也。天地不睽不能成造化，男女不睽不能成人道，万物不睽不能成物类，此其时用所以大也。与坎、蹇同。

《象》曰：上火下泽，睽。君子以同而异。

"同"者理，异者事。天下无不同之理，而有不同之事，异其事而同其理，所以同而异。如禹、稷、颜回同道，而出处异。微子、比干、箕子同仁，而去就死生异是也。《彖辞》言异而同，《象辞》言同而异，此所以为圣人之言也。

初九：悔亡。丧马，勿逐，自复。见恶人，无咎。

丧，息浪反。

"丧"者，丧去也。中爻坎为亟心之马，马亟心倏然丧去，"丧马"之象也。"勿逐自复"者，不追逐而自还。兑为悦体，凡《易》中言兑者皆"勿逐自复"。如震之六二变兑，亦"勿逐七日得"；既济六二变兑，亦"勿逐七日得"是也。坎为盗，"恶人"之象也。中爻应爻离持戈兵，亦"恶人"之象也。故大有初爻曰"无交害"，三爻曰"小人害"也。曰"小人"，则指离矣。见"恶人"者，恶人来而我即见之，不以恶人而拒绝也。离为目，见之象也。

初九当睽乖之时，上无应与相援，若有悔矣。然阳刚得正，故占者"悔亡"。但时正当睽，不可强求人之必合，故必去者不追，惟听其自还，来者不拒，虽恶人亦见之，此善于处睽者也。能如是，则"悔亡"而"无咎"矣。故又教占者，占中之象如此。

《象》曰："见恶人"，以辟咎也。

辟，音避。

当睽之时，行动即有咎病，故恶人亦不拒绝，而见之者，所以"避咎"也。"咎"即睽乖之咎。

九二：遇主于巷，无咎。

"遇"者，相逢也，详见噬嗑六三"遇毒"。"巷"有二：街巷也，里巷也。兑错艮，艮为径路，里巷之象也。应爻离中虚，街巷之象也。离为日，主之象也。当睽之时，君臣相求，必欲拘堂陛之常分，则贤者无自而进矣。"遇主于巷"者，言不在廊庙之上，而在于巷道之中，如邓禹诸臣之遇光武是也。

九二以刚中而居悦体，上应六五。六五正当人心睽乖之时，柔弱已甚，欲思贤明之人以辅之，二以悦体两情相合，正所谓"得中而应乎刚"也，故有"遇主于巷"之象。占者得此，睽而得合矣，故"无咎"。

《象》曰："遇主于巷"，未失道也。

本卦离为戈兵，中爻离亦为戈兵，兑为毁折，中爻又为坎陷，言君臣相遇于巷，岂不失道哉？然当天下睽乖之时，外而前有戈兵，后有戈兵，中原坎陷，内而主又柔弱，国势毁折，分崩离析，正危迫之秋，非但君择臣，臣亦择君之时也。得一豪杰之士，即足以济睽矣，况又正应乎？圣人见得有此象，所以周公许其"无咎"，孔子许其"未失道"也。所以《易经》要玩象。

六三：见舆曳，其牛掣。其人天且劓，无初有终。

掣，音彻。劓，鱼器反。

上卦离为目，"见"之象也。"见"者，六三与上九并见之也。又为牛，"牛"之象也。中爻坎，"舆"之象也，"曳"之象也。"曳"者，拖也，引也。"掣"者，挽也。兑错艮为手，挽之象也。"其人天"者，指六三与上九也。六三阴也，居人位，故曰"人"。上九阳也，居天位，故曰"天"。周公爻辞之玄至此。错艮又为鼻，鼻之象也。刑，割去鼻曰"劓"。鼻之上有戈兵，"劓"之象也。艮又为"阍寺"。刑人不曰"阍寺"而曰"劓"者，戈兵之刑，在卦之上体也，若阍寺则在下体矣。然非真割鼻也。鼻者，通气出入之物，六三上九本乃正应，见其曳掣，怒气之发如割鼻然，故取此象。"且"者，未定之辞，言非真割鼻也。大意言车前必有牛，六三在车中，后二曳其车，前四掣其牛，所以上九见之而发怒也。此正所谓无初也。此皆本爻自有之象，《易》惟有此象，无此事，如"入于左腹"之类是也。后儒不悟象，所以将此等险辞，通鹘突放过去了。

六三不中不正，上应上九，欲与之合。然当睽乖之时，承乘皆不正之阳，亦欲与之相合，曳掣不能行，上下正应，见其曳掣，不胜其怒，故有此象。然阴阳正应，初虽睽乖，而终得合也，故其象占如此。

《象》曰："见舆曳"，位不当也。"无初有终"，遇刚也。

阴居阳位，故"不当"。遇刚者，遇上九也。

九四：睽孤，遇元夫，交孚，厉无咎。

"元"者，大也。"夫"者，人也。阳为大人，阴为小人，指初为"大人"也。"交孚"者，同德相信也。"厉"者，兢兢然危心以处之，惟恐"交孚"之不至也。

九四，以阳刚当睽之时，左右之邻皆阴柔之小人，孤立而无助者也，故有"睽孤"之象。然性本离明，知初九为大人君子，与之同德相信，故又有"遇元夫，交孚"之象。然必危心以处之，方可"无咎"。故又教占者如此。

《象》曰："交孚"、"无咎"，志行也。

"志行"者，二阳同德而相与济睽之志行也。盖"睽"者乖之极，"孤"者睽之极，二德交孚则睽者可合。孤者有朋，志可行而难可济，不特"无咎"而已也。

六五：悔亡。厥宗噬肤，往何咎？

"宗"字，详见同人六二。"噬肤"，详见噬嗑六二。言相合甚易，如噬肤之柔脆也。九二"遇主于巷"，曰"主"者，尊之也。六五"厥宗噬肤"，曰"宗"者，亲之也。臣尊其君，君亲其臣,岂不足以济天下之睽?

六五当睽之时,以柔居尊,宜有悔矣。然质本文明,柔进上行,有柔中之德,下应刚中之贤,而虚己下贤之心甚笃,故悔可亡,有"厥宗噬肤"之象。惟其合之甚易,所以悔亡也。占者以是而往,睽可济矣,故"无咎"也。

《象》曰:"厥宗噬肤",往有庆也。

往则可以济睽,故"有庆"。

上九:睽孤。见豕负涂,载鬼一车。先张之弧,后说之弧。匪寇,婚媾。往,遇雨则吉。

说,吐活反。

九四之"孤",以人而孤也,因左右皆阴爻也。上九之"孤",自孤也,因猜疑而孤也。"见"者,上九自见之而疑也。"负"者,背也。"涂"者,泥也。离错坎,坎为豕,又为水,"豕负涂"之象也。坎为隐伏,"载鬼"之象也。又为"弓",又为"狐疑",张弓说弓,心狐疑不定之象也。变震为归妹,男悦女,女悦男,"婚媾"之象也。"寇"指九二、九四。又坎为雨,"雨"之象也。"遇雨"者,遇六三也。"雨"则三之象也。三居泽之上,乃"雨"也。

上九以阳刚处明,终睽极之地,猜疑难合,故为"睽孤"。与六三本为正应,始见六三"舆曳牛掣",乃疑其为豕,又疑其非豕而乃鬼。方欲张弓射之,又疑其非鬼,乃脱弓而近于前,乃六三也。使非二四之"寇"难,则早与六三成其"婚媾"矣。始虽"睽孤",终而"群疑亡",又复相合,故有此象。"往遇雨",又"婚媾"之象也。占者凡事必如是,则"吉"。

《象》曰:"遇雨"之吉,群疑亡也。

惟群疑亡,所以"遇雨吉"。

䷦ 坎上 艮下 蹇难也

"蹇",难也。为卦艮下坎上,坎险艮止,险在前,见险而止,不能前进,蹇之义也。《序卦》:"睽者乖也,乖必有难,故受之以蹇。"所以次睽。

蹇:利西南,不利东北。利见大人,贞吉。

蹇难在东北,文王圆图,艮、坎皆在东北也。若西南则无难矣,所以"利西南"。"大人"者,九五也。旧注"坤方体顺而易,艮方体止而险",又云"西南平易,东北险阻",皆始于王弼。弼曰"西南为地,东北为山",后儒从之,遂生此说,而不知文王卦辞,乃与解卦相综也。

《象》曰:蹇,难也,险在前也。见险而能止,知矣哉!蹇"利西南",往得中也。"不利东北",其道穷也。"利见大人",往有功也。当位"贞吉",以正邦也。蹇之时用大矣哉!

睽、蹇皆曰"时用",解止曰"时",可见"用"字有别义。此略过了。

难,乃旦反。知,音智。

以卦德、卦综、卦体释卦名、卦辞而赞之。"难"者,行不进之义也。坎之德为险,居卦之前,不可前进,此所以名为蹇也。然艮止在后,止之而不冒其险,明哲保身者也。不其智哉!"往得中"者,蹇综解,二卦同体,文王综为一卦,故《杂卦》曰:"解,缓也;蹇,难也。"言解下卦之坎，往而为蹇上卦之坎，所以九五得其中也。讼卦"刚来而得中"者，坎自需上卦来，故曰"来"。此卦解自下卦往，故曰"往"。"其道穷"者，解上卦之震下而为蹇下卦之艮也。蹇难在东北，今下于东北，又艮止不行，所以其道穷。文王圆图，东北居圆图之下，西南居圆图之上，故往而上者，则入西南之境矣，故"往得中"。来而下者，则入东北之境矣，故"其道穷"。"往有功"之"往"，即"往得中"之"往"，故"利见"九五之"大人"，则"往有功"。"当位"者，阳刚皆当其位也。八卦正位，坎在五，艮在三，今二卦阳刚皆得正位，有贞之义，故"贞吉"。渐卦巽、艮男女皆得正位，故《彖辞》同。若以人事论，"往得中"者，是所往得其地、据形胜而得所安也，若非其地，其道穷矣。"往有功"者，所依得其人也。盖阳刚中正以居尊位，则其德足以联属天下之心，其势足以汲引天下之士，故"往有功"。"正邦"者，所处得其正，正则行一不义、杀一不辜而不为，所以能明信义于天下，而邦其底定矣。有此二者，方可济蹇，故叹其时用之大，与坎、睽同。

《象》曰：山上有水，蹇。君子以反身修德。

山上有水，为山所阻，不得流行，蹇之象也。君子以行有不得者，乃此身之蹇也。若怨天尤人，安能济其蹇？惟"反身修德"，则诚能动物，家邦必达矣。此善于济此身之蹇者也。

初六：往蹇，来誉。

四皓。

"往来"者，进退二字也。本卦蹇字从足，艮综震，震为足，故诸爻皆以"往来"言之。"誉"者，有智矣哉之誉也。"往"以坎言，上进则为往，入于坎矣；"来"以艮言，不进则为来，艮而止矣。

六非济蹇之才，初非济蹇之位，故有进而往，则冒其蹇，退而来，则来其誉之象。占者遇此，亦当有待也。

《象》曰："往蹇，来誉"，宜待也。

"待"者，待其时之可进也。

六二：王臣蹇蹇，匪躬之故。

萧何。

"王"者，五也。"臣"者，二也。外卦之坎，王之"蹇"也。中爻之坎，臣之"蹇"也。因二五在两坎之中，故以两"蹇"字言之。六二艮体有"不获其身"之象，故言"匪躬"。"匪躬"者，不有其身也。言王臣皆在坎陷之中，蹇而又蹇，不能济其蹇。六二不有其身者，因此"蹇蹇"之故也。张巡、许远，此爻近之。

六二当国家蹇难之时，主忧臣辱，故有"王臣蹇蹇"之象。然六二柔顺中正，盖事君能致其身者也，故又有"匪躬"之象。占者得此，成败利钝非所论矣。

《象》曰："王臣蹇蹇"，终无尤也。

力虽不济，心已捐生，有何所尤？初六以"不往"为"有誉"，六二以"匪躬"为"无尤"，有位无位之间耳。

九三：往蹇，来反。

韩信。

"来反"者,来反而比于二也。此爻变坤,为水地比来反者,亲比于人之象也。六二忠贞之臣,但其才柔不能济蹇,蹇而又蹇,思刚明之人以协助之,乃其本心,所以喜其反也。

九三阳刚得正,当蹇之时,与上六为正应,但为五所隔,故来反而比于同体之二。三则资其二之巽顺,二则资其三之刚明,可以成济蹇之功矣。故有往则蹇而来反之象。占者得此,亦宜反也。

《象》曰:"往蹇,来反",内喜之也。

"内"者,内卦之二也。二之阴乐于从阳,故"喜"之。

六四:往蹇,来连。

张耳。

"连"者,相连也。许远当禄山之乱,乃对张巡曰:"君才十倍于远。"由是帷帐之谋一断于巡。此六四之"来连"者也。六二"喜"之者,内之兄弟喜其己之有助也。六四"连"之者,外之朋友喜其人之有才也。

六四近君,当济蹇矣。但六四以阴柔之才,无拨乱兴衰之略,于是来连于九三,合力以济,故其象如此。占者凡事亲贤而后可。

《象》曰:"往蹇,来连",当位实也。

阳实阴虚,实指九三,与"独远实"之实同。"当位实"者,言九三得八卦之正位,实当其位也。阳刚得其正位,则才足以有为,可以济蹇矣。

九五:大蹇,朋来。

汉高。

阳大阴小,大者阳也,即九五也,言九五之君蹇也。"朋"指三,即九五同德之阳。三与五,"同功异位"者也。上六来硕,应乎三者也。六四"来连",比乎三者也。三有刚实之才,惟三可以济蹇,然三与五非比非应,不能从乎其五,惟二与五应,乃君臣同其患难者,余四爻则不当其责者也。"朋来"合乎二,以济蹇,则诸爻皆共济其蹇矣。自下而上曰"往",自上而下曰"来",今曰"朋来",则知六四三皆来合乎二也。"朋来"之来,即"来反"之来。此爻变坤,坤为众,"朋"之象也。自本爻言之,所谓"当位贞吉以正邦也"。自上下诸爻言之,所谓"利见大人往有功也"。所以"大蹇,朋来"。

九五居尊,有阳刚中正之德,当蹇难之时,下应六二。六二固"匪躬"矣,而为三者又"来反"乎二而济蹇,三之"朋"既"来",则凡应乎朋而"来硕",比乎朋而"来连"者,皆翕然并至,以共济其蹇矣,故有"大蹇,朋来"之象。占者有是德,方应是占也。

《象》曰:"大蹇,朋来",以中节也。

"中"者,中德也,即刚健中正之德也。"节"者,节制也。言为五者,有刚健之中德,足以联属之;有九五之尊位,足以节制之,所以"大蹇,朋来"也。

上六:往蹇,来硕,吉。利见大人。

彭越。

"硕"者,大也。阳大阴小,故言"大"。不言"大"而言"硕"者,九五已有"大"字矣。"来硕"者,来就三也。"吉"者,诸爻皆未能济蹇,此独能济也。"见大人"者,见九五也。

上六才柔，未能济蹇且居卦极，往无所之，益以蹇耳。九三乃阳刚当位，众志之所乐从者，反而就之，则可以共济其蹇矣，何吉如之！若此者，非因人成事也。以九五大人之君，方在蹇中，上与三利见之，共济其蹇，则"往有功"矣，此其所以吉也。故占者"来硕"则"吉"，而"见大人"则"利"也。若旧注来就九五，则见大人为重复矣。且《小象》曰"志在内也"，若就九五，则志在外卦，不在内卦矣。

上六与九三正应，而三则阳刚得位，众之所归，故得三即得众矣。然以利在见五者，五君也，三臣也。

《象》曰："往蹇，来硕"，志在内也。"利见大人"，以从贵也。

内指九三，对外卦而言则曰"内"。贵指九五，对下贱而言则曰"贵"。志内所以尚贤，从贵所以严分。

非独严分，亦以尊贵，可以号召也。

☳震上
☵坎下　**解**缓也

"解"者，难之散也。居险能动则出于险之外矣，解之象也。又雷雨交作，阴阳和畅，百物解散，亦解之象也。《序卦》："蹇者，难也。物不可以终难，故受之以解。"所以次蹇。

解：利西南。无所往，其来复，吉。有攸往，夙吉。

解，佳买反。

"夙"，早也。此教占者之辞。言解"利西南"，当往西南，若不往，"来复"于东北之地，亦吉。但往西南则早得吉。不然，"来复"于东北之地，虽吉，不若西南之早矣。解与蹇相综，解即解蹇难，故文王有此辞。"无所往"者，蹇下卦乃艮止，止则不往，所以无所往也。前儒不知文王《序卦》，所以注蹇解二卦，不成其说。

《象》曰：解，险以动，动而免乎险，解。"解，利西南"，往得众也。"其来复吉"，乃得中也。"有攸往，夙吉"，往有功也。天地解而雷雨作，雷雨作而百果草木皆甲坼。解之时大矣哉！

以卦德、卦综释卦名、卦辞，又极言而赞之。险之为物，见天则讼，见泽则困，见山则蹇。在外卦则屯，惟坎险在内，震动在外，是动而出乎险之外，得以免于险难，所以名"解"也。自下而上曰"往"，自上而下曰"来"。"往得众"者，解综蹇，蹇下卦之艮，往而为解上卦之震也，震二爻皆坤土，坤为众，故得众也。"得中"者，蹇上卦之坎，来而为解下卦之坎也。九二"得中"，与讼卦"刚来而得中"同，故蹇坎往上曰"得中"，解坎来下曰"得中"也。"往有功"即上文"得众"也，"得众"故"有功"。来复东北止"得中"而已，往西南则"得众"有功，所以早吉也。"天地解"者，雨出于天，雷出于地也。穷冬之时，阴阳固结不通，所以雷不随雨。及至阴阳交泰，则气解而雷雨交作，由是形随气解，而"百果草木皆甲坼"矣。"甲"者，萌甲；"坼"者，坼开。解之时既至，天地不能闭之而使不解，则天地之所以成化功者，此解也。皆此解之时，所以为"大"。

《象》曰：雷雨作，解。君子以赦过宥罪。

"赦过宥罪"，君子之用刑原当如此。非因大难方解之后，当如此也。无心失理之谓过，恕其不及，而"赦"之不问。有心为恶之谓罪，矜其无知而"宥"之从轻。"雷雨交作"，天地以之解万物之屯；"赦过宥罪"，君子以之解万民之难。此正《杂卦》"解缓"之意。

初六：无咎。

"难"，既解矣。六以柔在下，而上有刚明者为正，应以济其不及，"无咎"之道也。故其占如此。

《象》曰：刚柔之际，义无咎也。

"刚柔际"者，刚柔相交际也。方解之初，宜安静以休息。六之柔，四之刚交相为用，则不过刚不过柔，而所事皆得宜矣，故于义"无咎"。

九二：田获三狐，得黄矢，贞吉。

坎为狐，"狐"之象也。坎为弓，"矢"之象也。中爻离，离居三，"三"之象也。又为戈兵，戈兵震动，"田"之象也。变坤，坤为黄，"黄"之象也。"狐"媚物，小人之象。黄中色，矢直物，中直者，君子之象，即六五爻所言君子小人。

九二阳刚得中，上应六五，为之信任。于国家大难方解之后，盖有举直错枉之权，退小人而进君子者也，故能去邪媚得中直，有"田获三狐，得黄矢"之象。正而且吉之道也。故其占如此。

《象》曰：九二"贞吉"，得中道也。

居中而"得中道"也。

六三：负且乘，致寇至，贞吝。

坎为舆，三居上，"乘"之象也。又为盗，"寇"之象也。"负"者，小人之事。"舆"者，君子之器。此二句虽孔子据理之言，然亦本卦象之所有者。盖三负，四乘二，四不中不正，乃小人也；二得中，乃君子也。"贞"者位，乃君所与，故正也。负且乘，固无以正得之之理。如汉文帝宠邓通，擢为太中大夫，此"负且乘"也。天子所擢，岂不为正？后景帝时下吏，是寇之至也。此之谓贞而吝。

六三阴柔，不中不正，而乃居下之上，是小人窃高位而终必失之者也，故有负乘致寇之象。占者得此，虽正亦可羞也。

《象》曰："负且乘"，亦可丑也。自我致戎，又谁咎也？

"谁咎"者，言我之咎也，非人之咎也。同人"又谁咎也"，言人谁有咎我者也。节，"又谁咎也"，言无所归咎于人也。与节小异。

九四：解而拇，朋至斯孚。

"而"者，汝也。震为足，拇居足下，三居震之下，"拇"之象也。二与四同功，皆有阳刚之德，故曰"朋"。"解而拇"，占中之象也。若旧注以初为拇，则刚柔之际，义无咎，不当解者也。惟负乘之小人，则当解之矣。

二与四为同德之朋，当国家解难之时，四居近君之位，当大臣之任，而二为五之正应，则四与二皆同朝君子之朋也。但四比于三，间于负乘之小人，则君子之朋，安得而至？惟解去其小人，则君子之朋自至而孚信矣。故戒占者必如此。

《象》曰："解而拇"，未当位也。

以阳居阴，故"未当位"。惟未当位，故有解拇之戒。

六五：君子维有解，吉，有孚于小人。

"维"者，系也。文王坎卦"有孚维心"，此卦上坎下坎，故亦用此"维"字"孚"字。"君子"者，四与二也。"吉"者，君子用事，小人远退，何吉如之！"孚"者，信也，言信于小人，而小人自退也。

本卦四阴，六五以阴居尊，而三阴从之，乃宦官宫妾外戚之类也。然六五近比于四，又与九二为正应，皆阳刚之君子也。六五若虚中下贤，此心能维系之，则凡同类之阴，皆其所解矣，所以吉也，何也？盖君子用事，自能孚信于小人，而小人自退矣，此其所以有解而吉也。故教占者必如此。

《象》曰：君子有解，小人退也。

君子维而有解，则小人不必逐之而自退矣。

上六：公用射隼于高墉之上，获之，无不利。

隼，思尹反。

上高而五位，"公"也。"隼"，鹯属，鸷鸟之害物者也。震为鹄，变爻为雉，鸟之象也。坎为弓居下卦，自下射上之象也。震错巽，高之象也。"墉"者，墙也。"高墉"者，王宫之墙也。变离，外闱中空，近于六五之君，"高墉"之象也，故泰卦上六亦曰"城"。九二地位，故曰"田"，狐则地之走者也。上六天位，故曰"高"，隼则天之飞者也。"获之"者，获其隼也。隼栖于山林，人皆得而射之，惟栖于王宫高墉之上，则如城狐社鼠，有所凭依，人不敢射矣。盖六五之"小人"乃宦官宫妾，上六之"隼"则外戚之小人，王莽之类是也。

上六柔顺得正，而居尊位，当动极解终之时，盖能去有所凭依之小人者也。故有"公用射隼于高墉"而"获之"象。占者得此，则小人悖逆之大患，解之已尽矣，故"无不利"。

《象》曰："公用射隼"，以解悖也。

以下叛上谓之悖，王莽是也。《系辞》别是孔子发未尽之意，与此不同。

☶ 艮上 兑下 损

"损"者，灭损也。其卦损下刚卦，益上柔卦，此损之义也。又泽深山高，损其深以增其高，此损之象也。《序卦》："解者，缓也，缓必有所失，故受之以损。"所以次解。

损：有孚，元吉，无咎，可贞，利有攸往。曷之用？二簋可用享。

"有孚"者，言损不可声音笑貌为之，必当主诚也。凡曰"损"，本拂人情之事，或过或不及，或不当其时，皆非合正理，而有孚也。非有孚则不吉，有咎。非可贞之道，不能攸往矣。惟"有孚"则"元吉"也，"无咎"也，"可贞"也，"利有攸往"也，有是四善矣。"曷之用"者，言何以用损也，若问辞也。"二簋"至薄，亦可享于鬼神，若答辞也。享鬼神，当丰不当损，曰"可用享"，言当损时，至薄亦无害也。

《象》曰："损"，损下益上，其道上行。损而"有孚，元吉，无咎，可贞，利有攸往，曷之用？二簋可用享"，二簋应有时，损刚益柔有时。损益盈虚，与时偕行。

以卦综释卦名、卦辞。本卦综益卦，二卦同体，文王综为一卦，故《杂卦》曰："损益，盛衰之始也。"益卦柔卦居上，刚卦居下。损下益上者，益下卦之震，上行居损卦之上，而为艮也，故"其道上行"，如言"柔进而上行"也。"时"者，理之当然，势之不得不然者也。言文王之所谓"二簋可用享"者，非常道也，以其时当于损，所以"二簋"也。本卦损下卦之刚，益上卦之柔，亦非常道也，以时当损下益上，所以损刚益柔也。盖天下之理，不过"损益盈虚"而已。物之盈者，盈而不已，其势必至于消，消则损矣。物之虚者，虚而不已，其势必至于息，息则益矣。是以时当盈而损也，不能逆时而使之益。时当虚而益也，不能逆时而使之损。此皆物理之常，亦因时而有损益耳。文王之"二簋可用享"者，亦时而已，不然致孝鬼神，当盈岂可损乎？

《象》曰：山下有泽，损。君子以惩忿窒欲。

泽深山高，损下以增高，损之象也。"惩"者，戒也。"窒"者，塞也。"忿"多生于怒，心刚恶也。突兀而出，其高如山，况多忿如少男乎？故当戒。欲多生于喜，心柔恶也。浸淫而流，其深如水，况多欲如少女乎？故当塞。忿不惩必迁怒，欲不窒必贰过。君子修身，所当损者，莫切于此。

初九：己事遄往，无咎，酌损之。

"己"者，我也。本卦损刚益柔、损下益上，乃我之事也，"遄"者，速也。"酌"即"损刚益柔有时"时字之意。

本卦初刚四柔，当损初以益四，故有"己事遄往"之象。占者得此固无咎矣。然"损刚益柔有时"，不可以骤损，必斟酌而后损也，故许其"无咎"，而又戒之以此。

《象》曰："己事遄往"，尚合志也。

尚与上通，指四也。阴阳正应，故"合志"。四之志欲损其疾，而初"遄往"，合其志也。

九二：利贞，征凶，弗损，益之。

"贞"者，即九二之刚中也。中则正矣。"利"者，安中德以自守，未有不利者也。"征"者，不守其刚中之德，而有所往也。"凶"者，六五君位，本卦性悦，此爻变震，以悦而动，必容悦以媚上，则流于不中不正矣，所以凶也。"弗损"者，弗损其刚中之德，即贞也。"益"者，即利也。五虽柔而居刚，非不足，二虽刚而居柔，非有余，所以损刚不能益柔也。初以刚居刚，且欲酌损，况二居柔乎？何以弗损而能益？二乃五之正应，为臣者能为正人君子，岂不有益于君？所以损则不益，弗损则能益也。

九二刚中，当损刚之时，志在自守"弗损"，贞之道也，故占者利于此贞。若失此贞而有所往，则凶矣。盖不变其所守，正以益上，故贞则利，而征则凶也。

《象》曰：九二"利贞"，中以为志也。

德以中为美，志定则守斯定矣。二中以为志，所以"弗损，益之"。

六三：三人行，则损一人，一人行，则得其友。

本卦综益，二卦原是阴阳相配之卦，因损下益上正在此爻，所以发此爻辞也。益卦下震，三为人位，人之象也。震为足，"行"之象也。又为大涂，行人之象也。中爻坤为众，"友"之象也。"三人行"者，益下卦三爻，居于损之上三爻也，即《彖辞》"其道上行"也。"损一人"者，损六三也。"一人行"即六三也，六三行上而居四也。三行上而居四，即损下之三而益上之四也。益卦下三爻乃一阳二阴，今损一阴以居四，则阴阳两相配矣。居四以初为正应，则"得其友"也。两相得则专，三则杂乱。三损其一者，损有余也，两也。一人得友者，益不足也，两也。天地间阴阳刚柔，不过此两而已。故孔子《系辞》复以"天地男女"发之。

本卦综益，损下益上，此爻正损益上下交接之爻，故有此象。占者得此，凡事当致一，不可参以三而杂乱也。

《象》曰："一人行"，三则疑也。

疑乱杂，故损一阴于上，不论六爻，具分上下也。

"一人行"，得友而成两，则阴阳配合而专一，若三则杂乱而疑矣，所以损其一也。

六四：损其疾，使遄有喜，无咎。

四变中爻为坎，坎为"心病"，"疾"之象也。"遄"，即初"遄往"之"遄"。初与四阴阳相合，当损下之时，初即以为己之事而"遄往"矣。使其初果得"遄往"，则有喜矣，所以加一喜字。兑悦在下，喜之象也。

六四阴柔得正，与初九为正应，赖其阳刚益己，而损其疾，故有"损其疾"之象。使初能遄往，则四得损其疾，而有喜矣，"无咎"之道也。故其象占如此。

《象》曰："损其疾"，亦可喜也。

赖初损疾，亦可喜矣，而况初之"遄往"哉！

六五：或益之，十朋之龟，弗克违，元吉。

两龟为一"朋"。"十朋之龟"，大宝也。大象离，龟之象也。"十"者，土之成数，中爻坤，"十"之象也。坤土两两相比，"朋"之象也。本卦错咸，故咸九四亦曰"朋从"；综益，益之六二，即损之六五，特颠倒耳，故亦曰"十朋"。两象相同，或者不期而至，不知所从来也。"弗克违"者，虽欲违之而不可得也。

六五当损之时，柔顺虚中以应九二，盖有下贤之实心，受天下之益者也，故有此象。占者得此，"元吉"可知。然必有是德，方有是应也。

《象》曰：六五"元吉"，自上祐也。

与大有"天祐"、旅"上逮"同，盖皆五之虚中也。

上九：弗损益之，无咎，贞吉，利有攸往。得臣无家。

居损之时，若用刚以损下，非为上之道矣，安得无咎，安得正而吉，又安能行之而得人心也？今不损下而自益，是即益其下也。九二"弗损益之"益其上，上九"弗损益之"益其下，所以大得志如此。"得臣"者，阳为君，阴为臣，三为正应，"得臣"之象也。"无家"者，此爻变坤，有国无家之象也。故师卦上六坤变艮则曰"承家"，此爻艮变坤则曰"无家"，可见矣。若以理论，乃国尔忘家，无自私家之心也。若用刚以损下，是自私而有家矣。

上九居损之终，则必变之以不损；居艮之极，则必止之以不损。当损下益上之时，而能弗损以益下，所以"无咎"也，正而吉也，"利有攸往"也，"得臣无家"也。占者有是德，方应是占矣。

《象》曰："弗损益之"，大得志也。

"无咎，贞吉，利有攸往，得臣无家"，岂不"大得志"？

巽上 震下 益 损益盛衰之始出

益与损相综，益之震上而为艮，则损下以益上，所以名损；损之艮下而为震，则损上以益下，所以名益。《序卦》："损而不已必益，故受之以益。"所以次损。

益正位在四，初应四，五比四。

益：利有攸往，利涉大川。

"利有攸往"者，凡事无不利也。"利涉大川"者，言不惟利所往，可以处常，亦可以济变。

《象》曰：益，损上益下，民说，无疆。自上下下，其道大光。"利有攸往"，中正有庆。"利涉大川"，木道乃行。益动而巽，日进无疆。天施地生，其益无方。凡益之道，与时偕行。

下下二字，上遐嫁反，下如字。

以卦综释卦名，以卦体、卦象、卦德释卦辞而赞之。"损"，损上卦之艮；"益"，益下卦而为震也。"民说无疆"，就损益所及之泽而言也，益在民也。"其道大光"，就损益所行之事而言也，益在君也。人君居九重之上，而能膏泽及于闾阎之民，则"其道"与乾坤同其广大，与日月同其光明，何"大光"如之！卦本损上，然能损上以益下，则并上亦益矣。民益君益，所以名"益"。九五，以中正位乎上，而六二以中正应之，是圣主得贤臣，而庆泽自流于天下矣，所以"利有攸往"也。木道乃行者，亦如中孚之舟虚，乃风中之木，故"木道乃行"。中孚、涣皆风水，且本卦象离错坎，亦有水象。"动而巽"者，动则有奋发之勇而不柔弱，巽则有顺入之渐而不卤莽，所以德崇业广，日进无疆。此以卦德言也。震乃刚卦为天，"天施"者，初之阳也。巽乃柔卦为地，"地生"者，四之阴也。天以一阳施于下，则天道下济，而资其始；地以一阴升于上，则地道上行，而资其生，所以"品物咸亨"，而"其益无方"。此以卦体言也。"时"者，理之当其可也，言凡益之道，非理之本无，而勉强增益之也，乃理之当其可，而后增益也。如曰"日进无疆"者，以人事当然之理，而益。曰"其益无方"者，以造化自然之理而益也。理之所在，当益而益，是以自我益之，改过迁善，不嫌其多；自人益之，十朋之龟，愈见其吉矣。

《象》曰：风雷，益。君子以见善则迁，有过则改。

风雷之势，交相助益，益之道也。"善"者，天理也，吾性之本有也。"过"者，人欲也，吾性之本无也。理欲相为乘除，去得一分人欲，则存得一分天理。人有善而速从，则过益寡；已有过而速改，则善益增，即风雷之交相助益矣。

初九：利用为大作，元吉，无咎。

"大作"者，厚事也，如迁国大事之类是也，故曰"益以兴利"。阳大阴小，此爻阳，故以"大"言之。"元吉"以功言，非诸爻以效言也。

初刚在下为动之主，当益之时，受上之益者也。六四近君，与初为正应，而为六四所信任，以其有刚明之才，故占者"利用为大作"。然位卑任重则有所不堪者，必其所作之事，周悉万全，为经久之良图，至于元善，方可无咎。苟轻用败事，必负六四之信任矣。故戒占者以此。

《象》曰："元吉，无咎"，下不厚事也。

"下"者，下位也。"厚事"者，大作也。初位卑，本不可以任厚事，岂能"无咎"？故必大善而后"无咎"也。

六二：或益之，十朋之龟，弗克违，永贞吉。王用享于帝，吉。

损之六五，即益之六二，以其相综，特倒转耳，故其象同。损受下之益，此则受上之益。"十朋之龟"者，宠锡优渥之象也。"永贞吉"者，必长永贞固，守其虚中之德，而后可以常保其优渥之宠锡也。"王用享于帝"者，言永贞虚中之心，必如人君之对越在天，小心翼翼也。此一句又"永贞"之象，乃占中之象也。帝出震齐巽，本卦下震上巽，帝之象也。

六二，当益之时，虚中处下，盖精白一心以事君，本无求益之心，而自得君之宠，益者也。故有"或益十朋之龟，弗克违"之象。然爻位皆阴，又戒以永贞，必事君如事天，而后可以受此益也。故又有"王用享于帝"之象。占者必如是，方吉也。

《象》曰："或益之"，自外来也。

言不知所从来也，与上九"自外来"同。二则"吉"来，上则"凶"来。

六三：益之用凶事，无咎。有孚，中行，告公用圭。

"凶"者，险阻盘错也。如使大将出师，及使至海外之国，岂不是凶！三之爻位本凶。《说文》云：凶象地穿，交陷其中。中爻坤地，震极未有不陷者，"凶"之象也。"无咎"者，凶事乃上之所益，三不得与焉，所以"无咎"也。"有孚"者，诚信也。"中行"者，中道可行之事也。"凶事"乃太过之事，故以"中"言之。"告公"者，告于四也，故六四曰"中行告公从"。"圭"乃通信之物，祭祀朝聘用之，所以达诚信也。六爻中虚，"有孚"之象也。巽综兑，兑为口，告之象也。故夬外卦兑，亦曰"告自邑"；泰卦中爻兑，亦曰"自邑告命"。震为玉，圭之象也。"用圭"乃"有孚"之象，又占中之象也。"有孚"以下，乃圣人教占者开凶事之路也。

六三阴柔，不中不正，又居益下之极，然当益下之时，故有受上之益，而用行"凶事"之象。占者得此，可以"无咎"。若以阴柔不堪此凶事，必当有孚诚信，以中道可行之事，告于公，如"用圭"通诚信焉，庶乎凶事或可免也，故又有"中行告公用圭"之象。教占者必如此。

《象》曰：益用凶事，固有之也。

"固有之"者，本有之也。言三之爻位多凶，则凶事乃三之本有也。孔子"三多凶"之句，本原于周公之爻辞，六十四卦惟谦卦三爻有"吉"字，余皆无，故"三多凶"。

六四：中行告公从，利用为依迁国。

为字去声。

"中行告公"者，即三爻以中道可行之事，而告于四也。"从"者，巽性顺从之象也。"为"字，去声，凡迁国安民，必为其依而后迁。"依"者，依其形胜也。依形胜，即所以依民也。如汉高祖之徙长安，以其地阻，三面可守，独以一面束制诸侯，依其险而迁者也。国有所依，则不费其兵，不费其财，而民有所依矣。宋太祖亦欲徙长安，因晋王固谏，乃叹曰："不出百年，天下民力殚矣。"以四面受敌无所依也。故周公不曰"利用迁国"，而曰"为依迁国"。中爻坤，"国"之象也。损益相综，损卦艮之一阳，下而迁为益之初，兑三之阴，上而迁为益之四，"迁"之象也。九五坐于上，而三阴两列，中空如天府，前后一阳为之藩屏，有所凭依，一统之象也，故"利用为依迁国"。盖迁国安民，乃益下中行之大事，则非凶事矣，故三"告"而四"从"也。

四阴得正，有益下之志，而又有益下之权者也。三乃受四之益者。若以中道可行之事，告于四而四从之，上下协谋，则"利用为依迁国"，而凡事之可迁移者，亦无不利也。故其象如此，占可知矣。

《象》曰："告公从"，以益志也。

八卦正位，巽在四，四以益下为志，故"告公从"。

九五：有孚惠心，勿问元吉，有孚惠我德。

"惠"者，即益下之惠也。"心"者，益下之心也。"德"者，益下之政也。二、三皆受上之益者也，则益之权在四矣。三比四，有孚于四，以中行告四，四从之。五比四，有孚于四，四不必告五，五亦不必问四矣。下于上曰"告"，上于下曰"问"。盖正位在四，知其必能惠下也，所以"勿问"也。故《小象》曰"勿问之矣"。巽为命，综兑为口，中爻坤错乾为言，皆"告问"之象也。故三爻、四爻、五爻曰"告"曰"问"，五爻变成艮矣。艮止，"勿问"之象也。"我"者，五自谓也。"元吉"即有孚，惠德也。言四之惠者，皆五之德也。

九五阳德中正，为益下之主，当益之时，以益下之惠心，有孚于四，不必问而知其"元吉"矣，何也？盖五孚于四，五之心知四必能惠我之德也，故有"勿问"之象，而占者"元吉"。

《象》曰："有孚惠心"，勿问之矣。"惠我德"，大得志也。

四之《小象》曰"告公从"，五曰"勿问之矣"，见"告"、"问"二字为重上下相联属也。四曰"以益志也"，五曰"大得志也"，见四以益下为志，而此则大得益下之志。看六爻，要留心《小象》。

上九：莫益之，或击之，立心勿恒，凶。

"莫益"者，莫能益也。此爻与恒卦九三同，亦"不恒其德者"也，所以下句言"勿恒"。盖巽为"进退不果"，"勿恒"之象也，所以"莫益"也。又变坎为盗，中爻艮为手，大象离为戈兵，坎错离亦为戈兵，盗贼手持戈兵，"击"之象也。此与蒙卦上九"击"字相同，通是有此象。前儒不识象，止以理度之，就说求益不已，放于利而行多怨，不夺不餍，往往似此失《易》之旨。殊不知益卦不比损卦，损刚益柔有时，非恒常之道也。若益而不已，则"日进无疆，其益无方"，所以立心当恒。若不恒，不能益而不已，则"凶"矣。

上九以阳刚居益之极,极则变而不益矣,故有"莫益或击"之象。所以然者,以其立心不恒也。若益民之心恒久不变,则"民说无疆"矣,安有"击之"之凶哉!惟其立心不恒,所以占者"凶"。

《象》曰:"莫益之",偏辞也。"或击之",自外来也。

"辞"者,爻辞也。"偏"对正言,言非爻辞之正意也。正意在下句。"言"且莫言"莫能益"也,此非到底之辞,犹有"击之"之者,此是正辞也。自外来与六二同,但分吉凶耳。

来瞿唐先生易注卷之九

兑上乾下 **夬**决也，刚决，柔也

"夬"者，决也，阳决阴也，三月之卦也。其卦乾下兑上，以二体论，水在天上，势必及下，决之象也。以爻论，五阳长盛，一阴将消，亦决之象也。《序卦》："益而不已，必决，故受之以夬。"所以次益。

夬：扬于王庭，孚号有厉。告自邑，不利即戎，利有攸往。

"扬于王庭，孚号有厉"，皆指上六小人。"扬"者，得志放肆之意。"于王庭"，在君侧也。五为君王之象也。兑错艮为门阙，庭之象也。故节卦中爻艮亦曰"庭"。六与三为正应，故曰"孚"。兑为口舌，号之象也，故上六阴消曰"无号"。六号呼其三，与之孚契，三在众君子之中，不敢与之相交，则三亦危矣，故"有厉"也。此见小人难决也。盖容悦小人，在君之侧，君听信不疑，孚者且危厉，则不孚者可知矣。此所以难决也。"告自邑"者，告同类之阳也，如直告于本家之人也。乾错坤，"邑"之象也。坤为众，又众人之象也。乾为言，告之象也。不"即戎"，不尚武勇也。言虽告于众人，亦不合力以尚武勇也。方"利有攸往"而小人可决矣，此正所谓决而和也。非旧注正名其罪相与合力也。若如此，乃是即戎矣。

《彖》曰：夬，决也，刚决柔也。健而说，决而和，"扬于王庭"，柔乘五刚也。"孚号有厉"，其危乃光也。"告自邑，不利即戎"，所尚乃穷也。"利有攸往"，刚长乃终也。

说，音悦。

释卦名、卦辞。惟健则不怯以容其恶，惟说则不猛以激其变。"健而说"者，德也。"决而和"者，事也。一阴加于五阳之上，则君亦在下矣。又与君同体，又容悦，岂不肆于王庭？三虽危，能舍正应而从君子，所以危而有光。君侧之小人，岂可尚武勇？尚武勇世道乱矣。故尚则必穷，刚长自消矣。

"光"正于"危"见得，故曰"乃光"。若不危，则不光矣，勿以危自阻也。

《象》曰：泽上于天，"夬"。君子以施禄及下，居德则忌。

此象诸家泥滞程、朱"溃决"二字，所以皆说不通。殊不知孔子此二句乃生于"泽"字，非生于"夬"字也。盖夬乃三月之卦，正天子布德行惠之时，乃惠泽之"泽"，非水泽之"泽"也。"天"者，君也。"禄"者，泽之物也。"德"者，泽之善也。"居"者，施之反也。纣鹿台之财，"居德"也。周有大赉，"施禄"也。下句乃足上句之意，言泽在于君，当施其泽，不可居其泽也。居泽，乃人君之所深忌者。

赵汝愚不迁韩侂胄官秩,此居德则忌也。国家有大故,必用殊恩,故夬忌居德。王允不赦西凉,军士亦然。

初九:壮于前趾,往不胜,为咎。

震为足,本卦大象震,又变巽错震,又居下,故以足趾言之。"壮"者,大壮也。四阳为壮,五阳为夬。"前"者,初居下,而欲急进于四阳大壮之位,近九五以决上六,故不曰"趾",而曰"前趾"也。"往"者,往决上六也。既曰"前",又曰"往",则初九急进,而决之之情见矣。凡所谓咎者,皆以其悖于理,而为咎病也。若君子之决小人,非悖于理也,但不量力,不能胜小人,反为小人所伤,则为咎也,故曰"不胜为咎"。

初九当夬之时,是以君子欲决小人者。但在下位卑,又无应与,恃刚而往,故有此象,其不胜小人可必矣。故占者以"不胜"为"咎"。

范滂似之。

《象》曰:"不胜"而"往",咎也。

言往之前,已知其"不胜"小人矣。不虑胜而决,所以"咎"也。

九二:惕号,莫夜有戎,勿恤。

莫,音暮。

曰"勿恤",教之以果决也,即其危乃光也。

"惕"、"恤"皆忧惧也。刚居柔地,内而忧惧之象也。又变离错坎为加忧,亦忧惧之象也。号呼众人也。乾为言,外而呼号之象也。二为地位,离日在地下,"莫夜"之象也。又离为戈兵,坎为盗,又为夜,又本卦大象震,莫夜、盗贼、戈兵、震动,"莫夜有戎"之象也。本卦五阳一连重刚,"有戎"象,所以卦爻、爻辞皆言戎,非真"有戎"也。决小人之时,喻言小人不测之祸。狄仁杰拳拳以复卢陵王为忧者,"惕"也。密结五王者,"号"也。卒能反周为唐,是亦"有戎勿恤"矣。

九二,当夬之时,以刚居柔,又得中道,故能忧惕号呼,以自戒备。思虑周而党与众,是以莫夜有戎,变出于不测,亦可以无患矣。故教占者以此。

《象》曰:"有戎勿恤",得中道也。

"得中道"者,居二之中也。得中则不恃其刚,而能惕号不忘备戒,所以"有戎勿恤"。

九三:壮于頄,有凶。君子夬夬,独行遇雨,若濡有愠,无咎。

"頄"音"逵",面颧也。乾为首,頄之象也。"夬夬"者,以心言也,言去小人之心决而又决也。"独行"者,阳性上行,五阳独此爻与上六为正应,"独行"之象也。上六阴爻,兑为雨泽,雨之象也。"濡"者,湿濡也,言九三合上六之小人,而若为污也。"愠"者,见恨于同类之君子,而嗔其与小人合也。前儒不知此爻乃圣人为占者设戒,又不知"夬夬"乃君子之心,故以爻辞为差错。王允之于董卓,温峤之于王敦,此爻近之。

九三当夬之时,以刚居刚,又与上六为正应,圣人恐其不能决而和也,故为占者设其戒曰:决去小人,若壮见于面目,则事未成而机先露,反噬之凶不免矣。惟其决小人之心,夬而又夬,而面目则不夬夬,而与之相合,如"独行遇雨",有所湿儒,虽迹有可疑,不免为君子所愠,然从容以观其变,委曲以成其谋,终必能决小人也。占者能如是,可以免凶而无咎矣。

《象》曰："君子夬夬"，然无咎也。

君子只要有夬夬之心，虽面目与之相合，是决而和也，故终无咎。但论其故终不咎，其始也，始不必咎，此圣人之权也。

心夬夬而面目相合，是决而和矣，所以"终无咎"。

九四：臀无肤，其行次且。牵羊悔亡，闻言不信。

臀，徒敦反。次，七私反。且，七余反。

人心出腹中之物，皆在于臀。臀字从殿，殿者后也，凡《易》中言"臀"者，皆坎也。坎为"沟渎"，"臀"之象也。故姤九三变坎"臀"，困下卦坎，初六曰"臀"。此爻变坎亦曰"臀"。乾一兑二为"肤"，详见噬嗑。此爻变坎则不成一二矣，故"无肤"也。兑为毁折，亦"无肤"之象也。"次且"即"趑趄"二字，行不进也。惟其"臀无肤"，所以行不进也。兑为羊，羊之象也。"牵羊"者，牵连三阳而同进也。兑综巽为绳，牵连之象也。观大壮六五，乾阳在下曰"丧羊"，则此牵羊可知其牵三阳矣。乾为言，下三阳之言也，乃前"告自邑"之言也。变坎为耳痛，"闻言不信"之象也，所以困卦亦有"有言不信"之句。盖变坎则情险，性健乃傲物也，故"闻言不信"。

九四，以阳居阴，不中不正，有臀无肤，行不进，而不决小人之象。然当决之时，不容不决也，故教占者能牵连下三阳以同进。用人成事，则可以亡其不进之悔。但不中不正之人，不乐闻君子之言，度其虽言之亦不信也。占者如是，其有悔也必矣。

《象》曰："其行次且"，位不当也。"闻言不信"，聪不明也。

"位不当"者，不中正也。"聪"者，听也，听之不能明其理也。此原不信之由。"位不当"以位言，"听不明"以变坎言。

九五：苋陆夬夬，中行无咎。

"苋"者，苋菜也。诸菜秋冬皆可种，独苋三月种之。夬三月之卦，故取象于"苋"，亦如瓜五月生，故姤取瓜象。"陆"者，地也，地之高平曰"陆"。苋乃柔物，上六之象也。"陆"地，所以生苋者。六乃阴土，陆之象也。"苋陆夬夬"者，即俗言斩草除根之意。言欲决去其苋，并其所种之地亦决之。上"夬"者，夬苋也；下"夬"者，夬陆也。亦如"王臣蹇蹇"，上"蹇"，王之蹇也；下"蹇"，臣之蹇也。决而又决，则根本枝叶皆以决去，无复潜滋暗长矣。"中行"者，五本居中得正，为近上六，阴阳相比，则心事不光明，能"夬夬"则复其中行之旧矣。九三"夬夬"以心言，以应爻而言也；九五以事言，以亲比而言也。盖三居下位，五则擅夬决生杀之权，故与三不同。

九五当决之时，为夬之主，本居中得正，可以决小人者也，但与六相近，不免溺于其私，外虽欲决，而一时溺爱之心复萌，则决之不勇矣。故必如决苋，并其地而决之，则可以去其邪心，不为中德之累而无咎矣。故其象占如此。

《象》曰："中行无咎"，中未光也。

"中未光"者，恐中德近阴未光明也，故当夬而又夬。

上六：无号，终有凶。

上六当权之时，号呼其正应之三，今三正应夬夬，则正应不可号矣。当权之时，"扬于王庭",亦可以号呼而哀求于五。今五相亲比,亦"夬夬",则五不可号矣,故曰"无号"。"终有凶",即《小象》"终不可长"。占者之凶可知矣。

《象》曰:"无号"之"凶",终不可长也。

言一阴在上,不可长久,终为五阳所决去也。

☰乾上
☴巽下　姤遇也,柔遇刚也

"姤",遇也,五月之卦也。一阴生于下,阴与阳遇,以其本非所望而卒然值之,如不期而遇者,故为"姤"也。《序卦》:"夬,决也。决必有所遇,故受之以姤。"所以次夬。

姤:女壮,勿用取女。

取,七虑反。

一阴而遇五阳,有"女壮"之象,故戒占者"勿用取女"。以其女德不贞,决不能长久从一而终也。幽王之得褒姒,高宗之立武昭仪,养鸳弃鹤,皆出于一时一念之差,而岂知后有莫大之祸哉! 故一阴生于五阳之下,阴至微矣,而圣人即曰"女壮勿用取"者,防其惭也。

《彖》曰:姤,遇也。柔遇刚也。"勿用取女",不可与长也。"天地相遇,品物咸章"也,刚遇中正,天下大行也。姤之时义大矣哉!

释卦名、卦辞而极赞之。娶妻非一朝一夕之事,故曰"夫妇之道不可以不久也"。"不可与长"者,言女壮则女德不贞,不能从一而长久也。上五阳,"天"也;下一阴,"地"也。"品物咸亨"者,万物相见乎离,亨嘉之会也。"天地相遇",止可言资始、资生。而曰"咸章"者,品物在五月皆章美也。"刚"指九二。"刚遇中正"者,九二之阳德,遇乎九五之中正也。遇乎中正,则明良会而庶事康,其道可"大行"于天下矣。姤本不善,圣人义理无穷,故又以其中之善者言之。言一阴而遇五阳,"勿用取女"固不善矣,然天之遇地,君之遇臣,又有极善者存乎其中焉。以一遇之间而有善有不善,可见世之或治或乱,事之或成或败,人之或穷或通。凡天下国家之事,皆不可以智力求之,惟其遇而已矣。时当相遇,莫之为而为,莫之致而至,遇之时义,不其大矣哉!

《象》曰:天下有风,姤。后以施命诰四方。

风行天下,物无不遇,姤之象也。"施命"者,施命令于天下也。兴利除害,皆其命令之事也。"诰"者,告也,晓谕警戒之意。君门深于九重,堂陛远于万里,岂能与民相遇?惟"施命诰四方",则与民相遇,亦犹天之风与物相遇也。乾为君,"后"之象;又为言,"诰"之象;又错坤,"方"之象。巽乃命之象。

初六:系于金柅,贞吉。有攸往,见凶。羸豕孚蹢躅。

蹢,音的。

柅者,收丝之具也。"金"者,簪上之孔用金也,今人多以铜钱为之。巽为木,"柅"之象。又为绳,"系"之象也。变乾,"金"之象也。"贞吉"者,言"系于金柅",前无所往,则得其正而吉。若无所系,有所攸往,往而相遇相比之,二正应之四,则立见其凶也。"羸豕"者,小豕也。"孚"者,诚也。"蹢躅"者,跳踯缠绵也。言小豕相遇群豕,即乎缠绵跳踯不宁,此立见其凶,可丑之象也。凡阴爻居下卦者,不可皆以为小人害君子。如姤,有相遇之义。观,有观示之义。此卦因以为小人害君子,所以将九五极好之爻通说坏了。

初六一阴始生,当遇之时,阴不当往遇乎阳,故教占者有"系于金柅"之象。能如此,则正而吉矣。若有所往,立见其凶,故又有羸豕蹢躅之象。其戒深矣。

《象》曰:"系于金柅",柔道牵也。

"牵"者,牵连也。阴柔牵乎阳者也,所以戒其往。

九二:包有鱼,无咎。不利宾。

"包"者,包裹也,详见蒙卦九二。鱼阴物,文美,初之象也。剥变巽曰"贯鱼",井曰"射鲋",姤曰"包鱼",皆以巽为少女,取象于阴物之美也。言二包裹缠绵乎初,犹"包鱼"也。"无咎"者,本卦主于相遇,故"无咎"也。"不利宾"者,理不当奉及于宾也。盖五月包裹之鱼必馁而臭矣,所以不利于宾也。巽为臭,鱼臭不及宾之象也。五阳缠绵一阴,故于四爻五爻皆取包裹之象。"无咎"以卦名取义,"不利宾"以鱼取义。若以正意论,初与四为正应,二既先包乎初,则二为主,而四为宾矣,所以"不利宾",而四"包无鱼"。但《易》以象为主,故只就鱼上说。

九二与初,本非正应,彼此皆欲相遇,乃不正之遇也,故有五月包鱼之象。占者得此,仅得无咎,然不正之遇,已不可达及于宾矣,故"不利宾"。

《象》曰:"包有鱼",义不及宾也。

一阴无二阳之理,况五阳乎?二即包之,其不济宾宜也。

五月包鱼,岂可及宾?以义揆之,不可及宾也。

九三:臀无肤,其行次且。厉,无大咎。

初为二所包,回视后背,已无物矣。

夬之九四与姤相综,倒转即姤之九三,所以爻辞同。

九三当遇之时,过刚不中,隔二未牵连乎初,相遇之难,故有此象。然不相遇,则亦无咎矣。故占者虽危厉,而"无大咎"也。

《象》曰:"其行次且",行未牵也。

行难未牵,而且次之心尚存,未免有咎。持无大咎耳。

本卦主于相遇,三其行未得与初牵连,所以"次且"。

九四:包无鱼,起凶。

初六不中不正,卦辞以"女壮勿取"戒之矣。若屯卦六二与初相比,不从乎初,"十年乃字",盖六二柔顺中正故也。今不中正,所以舍正应而从二。既从乎二,则民心已离矣。九四才虽刚而位则柔,据正应之理,起而与二相争,亦犹三国之争荆州,十戈无宁日也,岂不凶?故不曰"凶",而曰"起凶",如言起衅也。

九四,不中不正,当遇之时,与初为正应。初为二所包,故有"包无鱼"之象。九四不平与二争之,岂不起其凶哉?故其象占如此。

《象》曰:"无鱼"之"凶",远民也。

阴为民,民之象也,故观卦下阴爻曰"观民"。"远民"者,二近民而四远民也。

九五:以杞包瓜,含章,有陨自天。

"杞",枸杞也。杞与瓜皆五月所有之物。乾为果,"瓜"之象也。因前爻有包鱼之包,故此爻亦以"包"言之。"含章"者,含藏其章美也。此爻变离,有文明章美之意,又居中,有包含之意,故曰"含章"。含即杞之包,章即瓜之美。"以杞包瓜",即"含章"之象也。"陨"者,从高而下也。"有陨自天"者,言人君之命令自天而降下也。巽为命,乾为天,故命令自天而降。孔子"后以施命诰四方"一句,本自周公"有陨自天"来,故《小象》曰"志不违命"。且此爻变成鼎,又"正位凝命"之君。三个"命"字可证。

九五当遇之时,有中正之德,深居九重,本不与民相遇,故有"以杞包瓜含藏章美"之象。然虽含藏中正之章美,不求与民相遇,及"施命诰四方",如自天而降,亦犹天下之风无物不相遇也。其相遇之大为何如哉!占者有是德,方应是占也。有是占者,有是德也。

五变为离,中正天之火也。

《象》曰:九五"含章",中正也。"有陨自天",志不舍命也。

舍,音捨。

有中正之德,所以含其中正之章美,不发露也。"志"者,心志也。"舍",违也。"命"者,命令也。虽不发露章美,然心志不违,"施命诰四方",所以"有陨自天"。

上九:姤其角,吝,无咎。

与"晋其角"同。当遇之时,高亢遇刚不过于初,故有"姤其角"之象。"吝",吝之道也。然不近阴私,"亦无咎"矣。故其占如此。

《象》曰:"姤其角",上穷吝也。

居上卦之极,故"穷"。惟穷,所以吝。

☱ 兑上　**萃**聚而升,不来也
☷ 坤下

"萃"者,聚也。水润泽其地,万物群萃而生,萃之象也。又上悦而下顺,九五刚中,而二以柔中应之,萃之由也。《序卦》:"姤者,遇也。物相遇而后聚,故受之以萃。"所以次姤。

萃:亨,王假有庙。利见大人,亨,利贞。用大牲,吉,利有攸往。

卦大象坎,坎为宫,中爻巽、艮,巽木在艮阙之上,皆"庙"之象也。坎为隐伏,鬼神之象也。九五中正,"大人"之象也。上"亨"字,占得此卦者亨也。下"亨"字,"见大人"之亨也。大象坎为豕,外卦兑为羊,内卦坤为牛,"大牲"之象也。言当此萃时,可以格鬼神,可以见大人,必亨,但利于正耳。凡物当丰厚不宜俭啬,凡事宜攸往不宜退止。此教占者处萃之时当如此。

《象》曰:萃,聚也。顺以说,刚中而应,故"聚"也。"王假有庙",致孝享也。"利见大人,亨",聚以正也。"用大牲,吉,利有攸往",顺天命也。观其所聚,而天地万物之情可

见矣。

以卦德、卦体释卦名，又释卦辞而极赞之。内顺乎外，外悦乎内，五以刚中而下交，二以柔中而上应内外君臣，皆相聚会，所以名"萃"。尽志以致其孝，尽物以致其享。"聚以正"者，如萧何张良诸臣一时聚会，以从高祖，聚也；除暴秦，正也；能成一统之功，亨也。"天命"者，天理之自然也。以人事言，即当其可之时也。言时当丰而丰、时当往而往者，乃所以顺其天理之自然也。"情"者，所以发出之情也。阳倡阴和，乾始坤生，天地此聚也；形交气感，声应气求，万物亦此聚也。"天地万物之情"，聚而已矣。

《象》曰：泽上于地，萃。君子以除戎器，戒不虞。

"泽"字义多，有水泽，有雨泽，有恩泽，有润泽。泽在天上，有恩泽之意，所以"施禄及下，居德则忌"，此则有水泽润泽之意，所以生万物而萃也。"除"者，去旧取新之意，谓整理其敝坏也。"戒"者，备也。"虞"者，度也，变出不测而不可虞度也。众萃必有争夺之事，故"君子除戎器"者，非耀武也，所以戒不虞也。圣人之心，义理无穷。姤卦文王卦辞本不善，圣人则发出"姤之时义大"一段；本卦文王卦辞极善，圣人又发出此一段。盖本卦错大畜，有离震二象，戈兵震动，故言"戎器不虞"。又大象坎错离，中爻艮综震，亦有此象。

初六：有孚不终，乃乱乃萃。若号，一握为笑，勿恤，往，无咎。

"孚"者，与四正应，相孚信也。"有孚不终"者，阴柔之人不能固守，所以孚不长久也。欲萃之急，不择正应，而与同类群小相萃也。"号"者，呼也。"握"者，持也。言呼九四近前而以手握持之也。"若"者，如也，言当如此象也。言有孚之心，能若孚于前，而以手握之不释，则"有孚"之心至矣。虽为众人所笑，勿恤此笑，方得"无咎"也。中爻巽为进退，"有孚不终"之象也。坤为迷，"乱"之象也。坤为众，"萃"之象也。兑为口舌，"号"之象也。坤错乾，乾居一，"一"之象也。中爻艮手，"握持"之象也。兑为悦，"笑"之象也。大象坎为加忧，"恤"之象也。今此爻变不成坎，不忧矣，"勿恤"之象也。

初六阴柔，与九四为正应，当萃之时，比于同类之阴，有"有孚不终，乃乱乃萃"之象。故教占者有孚坚固，如将九四呼于前而以手握之，以阴握阳虽不免为人所笑，然必"勿恤"此笑，方得往而与九四为聚也，故"无咎"。

《象》曰："乃乱乃萃"，其志乱也。

知此三阴为乱，萃所以必有孚于王庭而后可。
质本阴柔，急于欲萃，方寸已乱矣，所以不暇择其正应而萃也。

六二：引吉无咎，孚乃利用禴。

"引"，开弓也，与"君子引而不发"之引同。本卦大象坎，又此爻变坎，坎为弓，引之象也。凡人开弓射物必专心于物，当物之中，不偏于左，不偏于右，方得中箭，盖中德不变之象也。二虽中正，居群小之中，少偏私则非中矣，故言"引"，则"吉无咎"也。中爻艮手，故初曰"一握"。握者，手持之也。二曰"引"，引者，手开之也。皆手之象也。"吉"者，得萃于九五也。"无咎"者，二与九五皆同德，又正应也。"孚"者，孚于五也。"利用禴"者，言薄祭亦可以交神，又与五相聚，"吉"而"无咎"之象也。坎为隐伏，有人鬼之象。此爻变坎成困，故困之二爻，亦"利享祀"，未济坎亦言"禴"，涣亦言"有庙"也。此爻变中爻成离。

"禴",夏祭,故与既济皆言"禴"。

六二中正,上应九五之中正,盖同德相应者也。二中德不变,故有引之之象。占者得此,不惟吉,而且"无咎"矣。然能引,则能孚信于五,而与五相聚矣,故有"利用禴"之象。其占中之象又如此。

《象》曰:"引吉无咎",中未变也。

二本有中德,惟能如引诚信于中,则中德未变矣,所以吉而无咎。

六三:萃如,嗟如,无攸利。往,无咎,小吝。

此爻变艮成咸,咸三爻亦往吝。但咸以君子而随小人可羞之事,此则以小人而聚小人,所以仅小吝也。大象坎为加忧,兑为口,嗟叹之象也。

六三阴柔,不中不正,当萃之时,欲萃者其本志也,故有"萃如"之象。但上无应与,不得相聚,故有"嗟如,无攸利"之象。然三之于上,虽彼此阴爻无相偶之情,能往而从之,我性顺而彼性悦,必能相聚,可以无咎。但不能萃刚明之人,而萃阴柔群小,亦有"小吝"矣。故其占如此。

《象》曰:"往无咎",上巽也。

"巽"者,三之中爻本巽也,兑综巽,亦巽也。上往以巽而从之,我顺而彼悦,可以相聚者也,故"无咎"。

九四:大吉,无咎。

"大吉无咎",与随卦九四"随有获"同,就时位上说,不就理上说,正所谓处不以其道得之富贵者也。近悦体之君,临归顺之民,岂不大吉,人谁咎病? 六爻初"乱萃",二"引萃",三"嗟如",五"有悔",六"涕洟",惟四不中不正,而自然相聚。聚之不劳心力,故"大吉"。时位自然,非四勉强求之,故"无咎"。

九四不中不正,居"多惧"之地,本不吉有咎者也。然近九五之君,有相聚之权,率三阴顺而聚于五,上悦下顺,则不劳心力,而自能相聚矣。若不论其九四之德,惟以其萃论之,盖"大吉无咎"者也。故有此象。占者得此,亦当如是也。

《象》曰:"大吉,无咎",位不当也。

"位不当"者,不中不正也。既不中正,则"大吉"者亦不吉,"无咎"者亦有咎矣。周公就时位能萃之象上说,孔子就理上说。

九五:萃有位,无咎,匪孚。元永贞,悔亡。

"匪"者,不也。"匪孚"者,不信于人也。九四比群阴在下以分其萃,"大吉无咎",所以"匪孚"也。"元"者,元善也,即阳刚中正之德也。"永贞"者,长永贞固也。"悔"者,五与上六相近,同居悦体,阴阳比昵,恐其虽萃天下之位,而其德未甚光明,所以悔也。

九五当天下之尊,为萃之主,臣民皆萃,可以"无咎"矣。然四分其萃,未免"匪孚";上溺阴私,未免"有悔"。故必反己自修,俾元善中正之德长永贞固,斯悔亡而人孚矣。戒占者必如此。

汉高戚夫人,唐太宗巢刺王妃。

《象》曰："萃有位",志未光也。

此爻与夬中"未光"相同。盖阴阳相悦,此"未光"也;又变震为情动性顺,此"未光"也;变震成豫,又"和乐"矣,此"未光"也。阳与阴相聚会之时,又悦、又动、又顺、又和乐,安能保其志之光明哉?故曰"志未光"。若依本爻,阳刚中正,有何疚病?

上六:赍咨涕洟,无咎。

"赍"者,持也,遗也,有所持而遗之之义。中爻艮为手,持遗之象也。"咨"者,咨嗟也。自鼻出曰"涕",自目出曰"洟"。兑为口,咨之象也;又为泽,"涕洟"之象也。

上六处萃之终,求萃而不可得,惟持遗咨嗟,涕洟哀求于五而已,故有此象。然忧思之过,危者必平,所以"无咎"。六爻皆"无咎"者,水润泽其地,万物群聚而生,乃天地为物不贰、生物不测之理也,所以六爻皆"无咎"。

长信宫怨。

《象》曰:"赍咨涕洟",未安上也。

未安于上,所以哀求其五。

☷☴ 坤上 巽下 升

"升"者,进而上也。为卦巽下坤上,木生地中,长而益高,升之象也。又综萃,萃下卦之坤上升而为升之上卦,亦升之象也。《序卦》:"萃者,聚也。聚而上者谓之升,故受之以升。"所以次萃。

升:元亨,用见大人,勿恤。南征吉。

言占得此卦者,大亨"用见大人",不可忧惧,从南方行则吉,所以"元亨"也。不曰"利见"而曰"用见"者,九二虽大人,乃臣位,六五之君欲用九二,则见之也。六四"王用亨于岐山"即此"用"字也。"勿恤"者,本卦大象坎,有忧恤之象,故教之以"勿恤"。"南征吉"者,文王圆图,巽东南之卦,过离而至坤,是巽升于坤,故"南征吉"。若东行则至震,非升矣。

《象》曰:柔以时升。巽而顺,刚中而应,是以大亨。"用见大人,勿恤",有庆也。"南征吉",志行也。

以卦综释卦名,以卦德、卦体释卦辞。柔者,坤土也。本卦综萃,二卦同体,文王综为一卦,故《杂卦》曰:"萃聚而升不来也。"柔以时升者,萃下卦之坤,升而为升之上卦也。柔本不能升,故以时升,所以名升。内巽外顺,则心不躁妄,行不悖理。又我有刚中之德,而六五以顺应之,岂不能升?所以"元亨"。"有庆"者,庆幸其道之得行。"勿恤"者,此也。"志行"者,心期其道之必行,吉者此也。"有庆志行"者,即元亨也。

《象》曰:地中生木,升。君子以顺德,积小以高大。

本卦以坤土生木而得名,故曰"君子以顺德"。坤顺之德,即"敬以直内,义以方外"也。"积"者,日积月累,如地中生木,不觉其高大也。巽为高,高之象也。

初六：允升，大吉。

"允"者，信也。本卦原是坤土上升，初与四皆坤土，故"允升"。

初六柔顺居初，当升之时，与四相信而合志。占者如是，必能升矣，故"大吉"。

《象》曰："允升，大吉"，上合志也。

与四合志，故"允升"。大畜九三与上九皆阳爻，然本卦皆欲畜极而通，故《小象》曰"上合志也"。此卦初居内卦之初，四居外卦之下，因柔以时升，皆欲升者也，故《小象》亦曰"上合志也"。

九二：孚乃利用禴，无咎。

九二以阳刚居中，六五以柔顺应之，盖孚信之至者矣，故有利用薄祭亦可交神之象。占者如是，亦得遂其升，而有喜矣，故"无咎"。升综萃，萃六二引者阴柔也，此刚中，故止言"孚乃利用禴"。

《象》曰：九二之"孚"，有喜也。

"有喜"者，喜其得升也。盖诚信之至，则君必信任之专，得以升矣。周公许之曰"无咎"，孔子曰"君臣相孚，岂止无咎，且有喜也"。中爻兑，喜悦之象也。

九三：升虚邑。

阳实阴虚，上体坤，有"国邑"之象，详见谦卦。以二升四，以实升虚，故曰"升虚邑"。或曰：四邑为丘，四丘为虚，非空虚也，乃丘虚也。亦通。

九三以阳刚之才，当升之时，而进临于坤，故有"升虚邑"之象。占者得此，其升而无疑也可知矣。

《象》曰："升虚邑"，无所疑也。

本卦六五之君阴柔，九二之臣阳刚，似君弱臣强，正人之所疑也。况当升之时，自臣位渐升于君位，使四乃阳刚，则逼其五矣，安得而不疑？今升虚邑，阴土与五同体，故"无所疑"。

六四：王用亨于岐山，吉，无咎。

亨，音享。

坤错乾，乾为君，"王"之象也。"王"指六五也。物两为岐，故曰岐山。坤土两拆，岐之象也。随卦兑为西，故曰"西山"；此两拆，故曰"岐山"。中爻震综艮，山之象也，则三、四、五皆山矣。皆因有此象，故以"岐"、"西"二字别之。前儒不知象，乃曰"岐山在西"，失象之旨矣。此言"岐山"，指四也。"亨"者，通也，与"公用亨于天子"、"王用亨于西山"亨字同。"王用亨于岐山"者，即"用见大人"也。言六五欲用乎九二，乃通于四而求之也。四爻皆言升，独二与五为正应，故曰"用禴"。四与五相比，故曰"用亨"，盖君位不可升也，二用禴而五用亨，上下相用，正所谓刚中而应也，何吉如之！故吉而无咎。

六四以柔居柔，与五同体，盖顺事乎五之至者也，故六五欲用乎九二，乃通乎四以求之，故有"王用亨于岐山"之象，吉而无咎之道也。故其象占如此。

《象》曰："王用亨于岐山"，顺事也。

四本顺体,又以柔居柔得正,顺事乎五,故五欲用乎九二,乃通乎四以求之也。四若非正,则成容悦之小人,安能通乎其二?

六五:贞吉,升阶。

"王用亨于岐山",上孚乎下,贤君之事也;九二即觐君而升阶,下孚于上,良臣之事也,故先言贞吉之占,而后言升阶之象。"阶"者,阶梯也,如梯之等差也。

六五以柔成尊,下任刚中之贤,乃通于四以求之,贞而且吉者也。九二当升之时,因六五用六四之求,即觐君而升阶矣。上下相孚,故其象占如此。

《象》曰:"贞吉,升阶",大得志也。

"大得志",即《象辞》"有庆志行也"。

上六:冥升,利不息之贞。

"冥"与"冥豫"之冥同,昏于升而不知止者也。坤为迷,"冥"之象也。"不息之贞",天理也。惟天理可以常升而不已,若富贵利达,涉于人欲之私,而非天理者,则有消长矣。冥豫动体,故教之以渝。今冥升顺体,故教之以贞。

上六居升之极,乃昏于升而不知止者也,有"冥升"之象。故圣人教占者曰:升而不已,惟利不息之贞,他非所利也。为占者开迁善之门如此。

《象》曰:"冥升"在上,消不富也。

"消"者,消其所升之业也。"富"者,富有也。凡升者乃天理,不息之贞则成富有之业矣。若升其人欲之私,往而不返,溺而不止,则盈者必虚,泰者必否,见其日消而不见其长,消而不富矣,故曰"消不富"也。本卦下体巽,巽为富,此爻外卦,故曰"不富"。亦如无妄二爻,未入巽之位,曰"未富"。

䷮ 兑上 坎下 困

"困"者,穷困也。为卦水居泽中,枯涸无水,困之义也。又六爻皆为阴所掩,小人之掩君子,穷困之象也。《序卦》:"升而不已必困,故受之以掩困。"所以次升。

困:亨,贞,大人吉,无咎。有言不信。

此卦辞乃圣人教人处困之道也。言当困之时,占者处此必能自亨其道,则得其正矣。他卦"亨贞",言不贞则不亨,是亨由于贞也。此卦"亨贞",言处困能亨,则得其贞,是贞由于亨也,然岂小人所能哉!必平素有学有守之大人,操持已定,而所遇不足以戕之,方得"吉而无咎"也。若不能实践躬行,自亨其道,惟欲以言求免,其困人必不信而益困矣。言处坎之险,不可尚兑之口也。二五刚中,大人之象。兑为口,有言之象。坎为耳痛,耳不能听,有言不信之象。

东坡处困,尚多辩舌,文足欺人,岂是君子!

《象》曰:困,刚掩也。险以说,困而不失其所亨,其惟君子乎? 贞,大人吉,以刚中也。有言不信,尚口乃穷也。

以卦体释卦名，又以卦德，卦体释卦辞。坎刚为兑柔所掩，九二为二阴所掩，四、五为上六所掩，此困之所由名也。兑之掩坎，上六之掩四、五者，小人在上位也，如绛灌之掩贾谊、公孙弘之掩董仲舒是也。二阴之掩九二者，前后左右皆小人也，如曹节、侯览辈之掩党锢诸贤，王安石、惠卿之掩元祐诸贤是也。"险以说"，卦德也。困而不失其所亨者，人事也。处险而能说，则是在困穷艰险之中，而能乐天知命矣。"所"者，指此心也，此道也。言身虽困，此心不愧不怍，心则亨也；时虽困，此道不加不损，道则亨也。不于其身于其心，不于其时于其道，如羑里演《易》，陈蔡弦歌，颜子在陋巷不改其乐是也。"君子"，即大人也。"贞大人吉"者，"贞"字在文王卦辞，连"亨"字读。《彖辞》连"大人"者，孔子恐人认"贞"字为戒辞也。"刚中"者，二五也。刚中则知明守固，居易俟命，所以"贞大人吉"也。"贞大人"者，贞正大人也。"尚口乃穷"者，言不得志之人，虽言亦不信也。盖以口为尚，则必不能求其心之无愧，居易以俟命矣，是不能亨而贞者也。故圣人设教，戒以尚口，则自取困穷矣。"尚口"，如三上相书，凡受人之谤，不反己自修，而与人辩谤之类。

《象》曰：泽无水，困。君子以致命遂志。

泽所以潴水。泽无水，是水下漏而上枯矣，"困"之象也。"致"者，送诣也。命存乎天，志存乎我，"致命遂志"者，不有其命，逆命于天，惟遂我之志，成就一个是也。患难之来，论是非不论利害，论轻重不论死生。杀身成仁，舍生取义，幸而此身存，则名固在；不幸而此身死，则名亦不朽，岂不身困而志亨乎？身存者，张良之椎、苏武之节是也；身死者，比干、文天祥、陆秀夫、张世杰是也。

初六：臀困于株木，入于幽谷，三岁不觌。

凡言"困"者，皆柔掩刚，小人困君子也。"臀"，坎象，详见夬卦。人之体，行则趾在下，坐则臀在下，故初言"臀"。"株"者，根株也，乃木根也。《诗》"朝食于株"，诸葛亮《表》"成都有桑八百株"，王荆公《诗》"日月无根株"，皆言根也。中爻巽木在坎之上，初又居坎之下，木根之象也。坎为隐伏，"幽谷"之象也。水在上，幽谷在下，则谷之中皆木根矣。言"入于幽谷"之中，而臀坐于木根之上也，此倒言也。因有"臀"字，文势必将"困于株木"之句居于臀下，故倒言也。若曰"臀入于幽谷"，则不通矣。"觌"，见也。坎错离，离卦又居三，"三岁不觌"之象也。"不觌"者，不觌二与四也。

初六以阴柔之才居坎陷之下，当困之时，远而与四为应，近而与二为比，亦欲掩刚而困君子矣。然才柔居下，故有坐木根入幽谷终不得见二、四之象。欲困君子，而反自困。即象而占可知矣。

《象》曰："入于幽谷"，幽不明也。

此言不觌之故。幽对明言。二与四合成离，有明象。初居离明之下，则在离明之外而幽矣。所以二与四得见乎幽谷，而入幽不明者，不得见乎二、四也。

九二：困于酒食，朱绂方来，利用亨祀。征凶，无咎。

"困于酒食"者，言酒食之艰难穷困也。如孔子之"疏食饮水"，颜子之"箪食瓢饮"，《儒行》之"并日而食"是也。酒食且困，大于酒食者可知矣。《程传》：是凡《易》言"酒"

者,皆坎也,言"食"者,皆兑也。故需中爻兑言酒食,未济与坎皆言酒也。"朱绂"者,组绶用朱也。"方来"者,其德升闻而为君举用之也。"利用亨祀"者,亨者通也,诚应之意,乃象也,亦如"利用禴"之意。言当通之以祭祀之至诚也。坎隐伏,有人鬼象,故言"祀"。"征凶"者,当困之时,往必凶也。"凶"字即《大象》"致命"之意,正所谓困而亨也,所以"无咎"。中爻离,朱之象。又巽绳、绂之象。坎乃北方之卦,朱乃南方之物,离在二之前,故曰"方来"。此即孔明之事:"困酒食"者,卧南阳也;"朱绂方来"者,刘备三顾也;"利用亨祀"者,应刘备之聘也;"征凶"者,死而后已也;"无咎"者,君臣之义无咎也。

九二以刚中之德当困之时,甘贫以守中德,而为人君之所举用,故"有困于酒食朱绂方来"之象。故教占者至诚以应之,虽凶而无咎也。

《象》曰:"困于酒食",中有庆也。

言有此刚中之德,则自亨其道矣,所以有此"朱绂方来"之福庆。

六三:困于石,据于蒺藜,入于其宫,不见其妻,凶。

兑错艮,艮为石,石之为物坚而不纳,其质无情,石在前,"困于石"之象也。"据"者,依也。坎为蒺藜。蒺藜乃有刺之物,不可依据。蒺藜在后,"据于蒺藜"之象也。坎为宫,宫之象也。中爻巽为入,"入其宫"之象也。此爻一变中爻成乾,不成离目,"不见"之象也。坎为中男,兑为少女,则兑乃坎之妻也。兑之中宫、坎之中宫皆阳爻,非阴爻,"入其宫不见其妻"之象也。此爻一个"入"字、"见"字不轻下,周公之爻辞,极其精矣。旧注不知象,所以以石指四、蒺藜指二、宫指三、妻指六也。

六三阴柔不中不正,当困之时,亦欲掩二之刚而困君子矣。但居坎陷之极,所承所乘者皆阳刚,孤阴在于其中,前困者无情,后据者有刺,则一己之室家且不能保,将丧亡矣,况能困君子乎?故有此象。所以占者凶。

《象》曰:"据于蒺藜",乘刚也;"入于其宫,不见其妻",不祥也。

"乘刚"者,乘二之刚也。"不祥"者,死期将至也。此爻变为大过,有棺椁象,所以死期将至。人岂有不见其妻之理?乃不祥之兆也。殷仲文从桓玄,照镜不见其面,数日祸至,此亦不祥之兆也。

九四:来徐徐,困于金车。吝,有终。

"金车"指九二。坎,车象,乾金当中,"金车"之象也。自下而上曰"往",自上而下曰"来"。"来徐徐"者,四来于初也。初亲乎四,四来乎初,阴阳正应故也。

九四与初为正应,不中不正,志在于初,故有"徐徐"而"来"于初之象。然为九二所隔,故又有"困于金车"之象。夫以阴困阳之时,不能自亨其道,犹志在于初,固为可羞,然阳有所与,终不能为阴所困也,故其占如此。

《象》曰:"来徐徐",志在下也。虽不当位,有与也。

"志在下"者,志在初也。"有与"者,四阳初阴,有应与也。且四近君,故阴不能困。井卦二五皆阳爻,故曰"无与"。

九五:劓刖,困于赤绂,乃徐有说,利用祭祀。

说,音悦。

兑错艮，鼻象。变震，足象。截鼻曰"劓"，去足曰"刖"。上体兑为毁折，错艮为阍寺刑人；下体中爻离为戈兵，又坎错离亦为戈兵。上下体俱有刑伤，劓刖之象也。若以六爻卦画论之，九五为困之主，三阳居中，上下俱阴坼，亦劓刖之象也。"赤绂"者，臣之绂也。中爻离巽与九二同，"绂"乃柔物，故亦以此象之。三柔困，赤绂之象也。"赤绂"者，四与二也。四乃五之近臣，三比之，二乃五之远臣，三掩之，故曰"困于赤绂"。"劓刖"者，君受其困也。"赤绂"者，臣受其困也。兑为悦，悦之象也。"乃徐有说"者，言迟久必有说，不终于困也。"利用祭祀"者，乃徐有悦之象也。盖祭尽其诚，则受其福矣。教九五中正之德，不可以声音笑貌为之也。

九五当柔掩刚之时，上下俱刑伤，故有"劓刖"之象。三柔比四而掩二，故不惟"劓刖"，又有困及于赤绂之象，则君臣皆受其困矣。然九五中正而悦体，既有能为之才，又有善为之术，岂终于其困哉？必"徐有悦"而不终于困也。盖能守此中正之德，如祭祀之诚信，斯有悦而受其福矣。故教占者占中之象又如此。

《象》曰："劓刖"，志未得也。"乃徐有说"，以中直也。"利用祭祀"，受福也。

为阴所掩，故志未得。"以中直"与同人九五同。直即正也。"受福"者，中正之德，如祭祀之诚信，则受福而不受其困矣。

上六：困于葛藟，于臲卼，曰动悔、有悔，征吉。

艮为山，为径路，为果蓏。《周礼》："蔓生曰蓏，葛藟之类。"高山蹊径臲卼不安，兑错艮有此象。又正应坎为陷，为丛棘，为蒺藜，亦皆"葛藟"之类之象。盖"葛藟"者，缠束之物。"臲卼"者，危动之状。"曰"者，自讼之辞也。兑为口，变乾为言，"曰"之象也。"曰动悔"者，自讼其动则有悔，亦将为之何哉？动悔之悔，事之悔也，上六之悔也。有悔之悔，心之悔悟也，圣人教占者之悔也。征者，去而不困其君子也。与蒙卦"几不如舍"舍字同。

上六阴柔，亦欲掩刚，而困君子矣。然处困之极，反不能困。故欲动而掩乎刚，则缠束而不能行；欲静而不掩乎刚，则又居人君之上。危惧而不自安，是以自讼。其动则有悔，故有此象。然处此之时，顾在人之悔悟何如耳。诚能发其悔悟之心，去其险邪之疾，知刚之不可掩，弃而去之可也。故占者惟征则吉。

《象》曰："困于葛藟"，未当也。"动悔、有悔"，吉行也。

欲掩刚，故"未当"。有悔，不掩刚，故从"吉"而"行"。

☵ 坎上
☴ 巽下 **井** 通而困，相遇。

"井"者，地中之象也。为卦坎上巽下。巽者入也，水入于下而取于上，井之义也。坎为水，汲水者以木承水而上，亦井之义也。《序卦》："困于上者必反于下，故受之以井。"所以次困。

井卦，有爻高似一爻之义。

井：改邑不改井，无丧无得，往来井井。汔至，亦未繘井，羸其瓶，凶。

绠,音绠。

井综困,二卦同体,文王综为一卦,故《杂卦》曰:"井通而困,相遇也。""改邑不改井"者,巽为市邑。在困卦为兑,在井卦为巽,则改为邑矣。若井则"无丧无得",在井卦,坎往于上;在困卦,坎来于下。刚居于中,往来不改,故曰"往来井井"。《易经》玄妙处,正在于此。"汔",涸也。巽下有阴坼,涸之象也。"绠"者,井索也。巽为绳,绠之象也。"羸"者,弱也,与大壮"羸其角"同。汲水之人弱不胜其瓶,将瓶坠落于井也。中爻离,瓶之象也。在离曰"缶",在井曰"瓶、曰"瓮",皆取中空之意。

言井乃泉脉不可改变。其德本无得丧,而往来用之者不穷,济人利物之功大矣。若或井中原涸无水,以至或有水,而人不汲,又或不惟不得水,或汲之而羸其瓶,则无以成济人利物之功,故占者凶。

《彖》曰:巽乎水而上水,井。井养而不穷也。"改邑不改井",乃以刚中也。"汔至,亦未绠井",未有功也。"羸其瓶",是以凶也。

以卦德、卦综释卦名、卦辞。凡井中汲水,井上用一辘轳,以井索加于其上,用桶下汲,方能取上,是以桶入乎其水方能上也,故曰"巽乎木而上水"。"巽"字,有"木"字"入"字二意。《文选》"殚极之绠断干",绠即辘轳之索也。"养而不穷"者,民非水火不生活也。"改邑不改井"者,以刚居中,在困卦居二之中,在井卦居五之中,往来皆井,不可改变也。"未有功"者,井以得水为功,井中水涸,以至汲水之索未入于井,皆无功也。若"羸其瓶",是不惟不得其水,并汲水之具亦丧亡矣,岂不凶!青苗之法,安石之意将以济人利物,而不知不宜于民,反以致祸,正"羸其瓶"之凶也。

《象》曰:木上有水,井,君子以劳民劝相。

"木上有水"者,水承木而上也。"劳"者,即劳之也。"劝"者,即来之也。"相"者,即匡直辅翼也。"劳民劝相"者,言劳之不已,从而劝之,劝之不已,又从而相之。人有五性之德,即地脉井泉流行不息者也。逸居而无教,则近于禽兽,不能成"井养不穷"之功矣。君子劳民劝相,则民德可新,父子有亲,君臣有义,夫妇有别,长幼有序,朋友有信,"往来"用之,"井井"不穷矣。是"劳民劝相"者,君子之井也。

初六:井泥不食,旧井无禽。

阴浊在下,"泥"之象也。凡言食者,皆兑口也。今巽口在下,"不食"之象也。又巽为臭,不可食之象也。坎有小过象,凡《易》言"禽"者,皆坎也。故师六五曰"田有禽",以本卦坎又变坎也;比卦九五"失前禽",以坎变坤也。恒大象坎,此卦坎居上卦,但二卦下卦皆巽,巽深入,禽高飞之物,安得深入于井中,故恒、井二卦皆曰"无禽"。井以得水齐井之口、易汲为善,故初则"不食",二则"漏",三则求"王明",四则"修井",惟五六则水齐井口、易于汲取,故五六独善。

初六阴浊在下,乃井之深而不可浚渫者也。则泥而不食,成旧废之井,无井傍汲水之余沥,而禽亦莫之顾而饮矣。故有此象,占者不利于用可知矣。

《象》曰:"井泥不食",下也。"旧井无禽",时舍也。

舍,音捨。
阴浊在下,为时所弃捨。无仁民爱物之功,阴亦有养德,而下无养功。

九二：井谷射鲋，瓮敝漏。

"射"，注射也，水及小雨也。

上阳爻，下阴爻两开，谷之象也。又变艮，山下有井，必因谷所生，亦"谷"之象也。坎为弓在上，"射"之象也。巽为鱼，"鲋"之象也。鲋，小鱼。《庄子》："周视辙中有鲋鱼焉，曰：'我东海之波臣也。'"又《尔雅》："鰋，小鱼也。"注云："似鲋子而黑，俗呼为鱼婢，江东呼为妾鱼。"曰臣、曰婢、曰妾，皆小之意。前儒以为"虾蟆"，又以为"蜗牛"，皆非也。巽综兑为毁折，"敝"之象也。下阴爻有坼，"漏"之象也。坎水在上，巽主入，水入于下，亦漏之象也。

九二阳刚居中，才德足以济利，但上无应与，不能汲引，而乃牵溺于初，与卑贱之人相与，则不能成井养不穷之功矣。故以井言，有旁水下注，仅射其鲋之象；以汲水言，有破瓮漏水之象。占者不能成功可知矣。

《象》曰："井谷射鲋"，无与也。

无与者，无应与也，所以比初"射鲋"。

此爻，无比初之意。

九三：井渫不食，为我心恻。可用汲，王明，并受其福。

"渫"者，治井而清洁也。中爻三变，成震不成兑，口不食之象也。"为我心恻"者，"我"者，三自谓也，言可汲而不汲，人为我恻之也。坎为加忧，恻之象也。"王明"者，指五也。中爻三与五成离，"王明"之象也。"可用汲王明"者，可求用汲于王明也。"汲"字虽汲水，其实汲引之汲。"并"者，三之井可食，福也，食三之井者亦福也。九二比于初之阴爻，不能成功，故一教九三，求九五之阳明。

九三以阳居阳，与上六为正应。上六阴柔不能汲引，则不为时用而成济人处物之功矣，故有"井渫不食"，人恻之象。所以然者，以正应阴柔，又无位故也。"可用汲"者，其惟舍正应而求五之"王明"。言若得阳明之君以汲引之，则能成井养之功，而并受其福矣。故教占者必如此。

并受者，九三得王明而养人之福，九五得贤人代其养人，而并受养人之福。

《象》曰："井渫不食"，行恻也。求"王明"，受福也。

"行恻"者，行道之人亦恻也。三变中爻成震足，行之象也。"求王明"者，五非正应，故以"求"字言之。孔子以周公爻辞忽然说起"王明"，恐人不知指五，所以加一"求"字也。不求正应而求王明，此《易》之所以时也。比卦六四舍正应而比五，皆此意。管仲舍子纠而事桓公，韩信舍项羽而事高祖，马援舍隗嚣而事光武，皆舍正应而求王明者也。

六四：井甃，无咎。

"甃"者，砌其井也。阴列两旁，"甃"之象也。初为"泥"，三之"渫"，渫其泥也；二"射鲋"，四之"甃"，甃其谷也。既渫且甃，井日新矣。寒泉之来，井养岂有穷乎？

六四阴柔得正，近九五之君，盖修治其井以潴畜九五之寒泉者也，故有"井甃"之象。占者能修治臣下之职，则可以因君而成井养之功，斯无咎矣。

《象》曰："井甃，无咎"，修井也。

修井畜泉,能尽职矣,安得有咎?

九五:井洌,寒泉,食。

"洌",甘洁也。五变坤为甘,以阳居阳为洁。"寒泉",泉之美者也。坎居北方,一阳生于水中,得水之正体,故甘洁而寒美也。"食"者,人食之也,即井养而不穷也。中爻兑口之上,食之象也。井以寒洌为贵,泉以得食为功。以人事论:"洌"者,天德之纯也;"食"者,王道之溥也。黄帝、尧、舜、禹、稷、周、孔立养立教,万世利赖,"井洌寒泉食"之者也。

九五以阳刚之德居中正之位,则井养之德已具,而井养之功已行矣,故有此象。占者有是德方应是占也。

《象》曰:寒泉之食,中正也。

"寒泉之食",王道也。"中正"者,天德也。

上六:井收。勿幕,有孚,元吉。

"收"者,成也。物成于秋,故曰秋收。"井收"者,井已成矣,即《小象》"大成"之成也。周公曰"收",孔子曰"成",一意也。"幕"者,盖井之具也。坎口在上,"勿幕"之象也,言不盖其井也。"有孚"者,信也。齐口之水,无丧无得,用之不竭,如人之诚信也。"元吉"者,"勿幕有孚",则泽及于人矣。

上六居井之极,井已成矣。九五寒泉为人所食,上六乃不掩其口,其水又孚信不竭,则泽及于人,成井养不穷之功矣,故有"勿幕有孚"之象,占者之"元吉"可知矣。

《象》曰:"元吉"在上,大成也。

"大成"者,井养之功大成也。盖有寒泉之可食,使掩其口,人不得而食之;或不孚信,有时而竭,则泽不及人,安得为大成? 今"勿幕有孚"则泽及人,而井养之功成矣。"元吉"以泽之所及言,"大成"以功之所就言。养一家者,匹夫之事,养天下者帝王之务,夫德以位而益博,功以高而益著。初且无禽,二以射鲋,可见养之功有权也,安得不求王明乎?

来瞿唐先生易注卷之十

**☲☱ 兑上
离下 革**去故也

"革"者，变革也。泽在上，火在下，火燃则水涸，水决则火灭。又中少二女不相得，故其卦为变革也。《序卦》："井道不可不革，故受之以革。"所以次井。

革：己日乃孚，元亨，利贞，悔亡。

己，音纪，十干之名。

"己"者，信也。五性：仁、义、礼、智、信，惟信属土，故以"己"言之。不言戊而言己者，离兑皆阴卦，故以阴土言。且文王圆图，离兑中间乃坤土，故言己也。凡离火烧兑金断裂者，惟土可接续，故《月令》于金火之间，置一中央土，十干丙丁戊己而后庚辛，言离火烧金，必有土方可孚契之意。"日"者，离为日也。"己日乃孚"者，信我后革也。言当人心信我之时相孚契矣，然后可革也，不轻于革之意。"元亨利贞悔亡"者，言除敝去害，扫而更之，大亨之道也，然必利于正。亨以正，则革之当其可而悔亡矣。盖不信而革，必生其悔，惟亨而正，则人心信我矣，所以"己日乃孚"而后革也。

《彖》曰：革，水火相息，二女同居，其志不相得，曰"革"。"己日乃孚"，革而信之。文明以说，大亨以正，革而当，其悔乃亡。天地革而四时成，汤武革命，顺乎天而应乎人。革之时大矣哉！

以卦象释卦名，以卦德释卦辞而极赞之。火燃则水干，水决则火灭，有相灭息之势。少女志在艮，中女志在坎，有"不相得"之情。水火以灭息为革，二女以不能同居，各出嫁为革，故曰"革"。"革而信之"者，言革而人相信也。东征西怨，南征北怨，革而信之之事也。离之德明，兑之德悦，明则识事理而所革不苟，悦则顺时势而所革不骤。"大亨"者，除敝兴利，一事之大亨也；伐暴救民，举世之大亨也。"以正"者，揆之天理而顺，即之人心而安也。又亨又正，则革之攸当，所以悔亡。正所谓革而信之也。阳极则阴生而革乎阳，阴极则阳生而革乎阴，故阴往阳来而为春夏，阳往阴来而为秋冬，四时成矣。"命"者，易姓受命也。王者之兴，受命于天，故曰"革命"。天命当诛，顺天也；人心共愤，应人也。天道改变，世道迁移，此革之大者。然要之同一时也。时不可革，天地圣人不能先时；时所当革，天地圣人不能后时。革之时不其大哉！故曰：礼，时为大，顺次之，体次之，宜次之，称次之。尧授舜，舜授禹，汤放桀，武王伐纣，时也。

《象》曰：泽中有火，革。君子以治历明时。

水中有火，水若盛则息火，火或盛则息水，此相革之象也。历者，经历也、次也、数也、行也、过也,盖日月五纬之躔次也,又作"历"。"时"者,四时也。"治历"以明其时。"昼夜"者,一日之革也。"晦朔"者,一月之革也。"分至"者,一年之革也。"元会运世"者,万古之革也。

初九:巩用黄牛之革。

离为牛,牛之象也。中爻乾错坤,黄之象也。巩者,固也,以皮束物也。束之以黄牛之革,则固之至矣。此爻变即遁之艮止矣。艮止故不革,所以爻辞同。本卦以离火革兑金,下三爻主革者也,故二三言革;上三爻受革者也,故四言改,五六言变。

初九当革之时,以阳刚之才,可以革矣,然居初位卑,无可革之权,上无应与,无共革之人,其不可有为也必矣。但阳性上行,火性上炎,恐其不能固守其不革之志,故圣人教占者曰:革道匪轻,不可妄动,必固之以黄牛之革而后可。所以其象如此。

《象》曰:"巩用黄牛",不可以有为也。

无位,无应之故。桓玄篡位。

六二:己日乃革之,征吉,无咎。

离为日,日之象也。阴土,己之象也。此爻变夬,情悦性健,故易于革。

六二以文明之才而柔顺中正,又上应九五之君,故人皆尊而信之,正所谓"己日乃孚,革而信之"者也,故有此象。占者以此象而往,则人皆乐于耳目之新,有更化善治之吉,而无轻变妄动之咎矣。故占者吉而无咎。

《象》曰:"己日革之",行有嘉也。

应九五故"有嘉",即"征吉"二字也。

九三:征凶,贞厉。革言三就,有孚。

"革言"者,革之议论也。正应兑为口,言之象也。中爻乾为言,亦言之象也。"就"者,成也。"三就"者,商度其革之利害可否,至再至三,而革之议论定也。离居三,三就之象也。故同人曰"三岁不兴",未济曰"三年有赏于大国",既济曰"三年克之",明夷曰"三日不食",皆以离居其三也。若坎之"三岁不得",困之"三岁不觌",解之"田获三品",皆离之错也。渐之"三岁不孕",巽之"田获三品",皆以中爻合离也。丰之"三岁不觌",以上六变而为离也。周公爻辞,其精至此!

九三以刚居刚,又居离之极,盖革之躁动,而不能详审者也。占者以是而往,凶可知矣。故虽事在所当革,亦有危厉。然当革之时不容不革,故必详审其利害可否,至于"三就",则人信而相孚,可以革矣。故教占者必如此。

《象》曰:"革言三就",又何之矣?

言议革之言至于"三就",则利害详悉可否分明,又复何之?

九四:悔亡,有孚改命,吉。

"改命"者,到此已革矣。离交于兑,改夏之命令于秋矣,所以不言革而言改命。如汤改夏之命而为商,武改商之命而为周是也。九四之位,则改命之大臣,如伊尹、太公是也。"有孚"者,上而孚于五,下而孚于民也。

九四卦已过中,已改其命矣。改命所系匪轻,恐有所悔,然时当改命,不容不改者也,有何悔焉? 是以"悔亡"。惟于未改之先,所改之志,孚于上下则自获其吉矣。故教占者如此。

《象》曰:"改命"之吉,信志也。

"志"者,九四之志也。"信志"者,信九四所改之志也。上而信于君,下而信于民,必如是信,我方可改命也。信乃诚信,即爻辞"孚"字。

九五:大人虎变,未占有孚。

阳刚之才,中正之德,居尊位而为革之主,得称大人。兑错艮,艮为虎,虎之象也。兑为正西,乃仲秋,鸟兽毛毸,变之象也。乾之五则曰"龙",革之五则曰"虎"。若以理论,揖逊者见其德,故称"龙";征诛者见其威,故称"虎"。三四之"有孚"者,乃水火相交之际,教占者之有孚也;五之有孚,即汤武未革命之先,四海徯后之思,未占而知其有孚矣。

九五以阳刚中正之才德,当兑金肃杀之秋,而为顺天应人之举。九四为改命之佐,已改其命矣,是以为大人者登九五之位,而宇宙为之一新,故有"大人虎变"之象。此则不待占决,而自孚信者也。占者有是德,方应是占矣。

《象》曰:"大人虎变",其文炳也。

"文炳"以人事论,改正朔,易服色,殊徽号,变牺牲,制礼作乐,"炳"乎其有文章是也。

上六:君子豹变,小人革面,征凶,居贞吉。

杨子曰;"狸变则豹,豹变则虎。"故上六即以豹言之。革命之时,如鼓刀之叟,佐周受命,此"豹变"者也。又如萧何诸臣,或为吏胥,或贩缯屠狗,后皆开国承家,列爵分土,亦"豹变"者也。即班孟坚所谓"云起龙骧化为侯王"是矣。盖九五既"虎变"而为天子,则上六即"豹变"而为公侯,若下句"小人"则百姓矣。"革面"者,言旧日而从于君者亦革也。如民之从桀纣者,不过面从而心实不从;故汤师征而徯后,牧野会而倒戈,则面从之伪皆革,而心真实以向汤武矣。盖以力服人者,面从者也。以德服人者,中心悦而诚服也,心从者也。"征凶"者,圣人作而万物睹,别有所往,则为梗化之民而凶矣。"居"者,征之反也。"君子豹变"者,变其旧日之冠裳也。"小人革面"者,革其旧日之诈伪也。

上六当世道革成之后,而天命维新矣,公侯则开国承家,百姓则心悦诚服,有"君子豹变,小人革面"之象。故戒占者:不守其改革之命,而别有所往,则凶,能守其改革之命,则正而吉也。

《象》曰:"君子豹变",其文蔚也。"小人革面",顺以从君也。

"其文蔚"者,冠裳一变,人物一新也。"顺以从君"者,兑为悦,悦则顺,即中心悦而诚服也。蔚本益母草,其花对节相开,亦如公侯相对而并列,故以蔚言之。豹次于虎,兽不同也。炳从虎,蔚从草,文之大小显著不同也。

☲ 离上
☴ 巽下　**鼎** 取新也

"鼎"者,烹饪之器。其卦巽下离上。下阴为足,二、三、四阳为腹,五阴为耳,上阳为铉,鼎之象也。又以巽木入离火而致烹饪,鼎之用也。《序卦》:"革物者莫若鼎,故受之以鼎。"所以次革。

鼎:元吉,亨。

《彖辞》明。观孔子《彖辞》"是以元亨",则"吉"字当从《本义》作衍文。

《彖》曰:鼎,象也。以木巽火,亨饪也。圣人亨以享上帝,而大亨以养圣贤。巽而耳目聪明,柔进而上行,得中而应乎刚,是以元亨。

亨,普庚反。

以卦体释卦名,又以卦德、卦综、卦体释卦辞。"象"者,六爻,有鼎之象也。"巽"者,木也,以木入于火也。"亨",煮也。"饪",熟食也。亨饪有调和之义,故《论语》曰"失饪不食"。"象"者鼎之体,"亨饪"者鼎之用,所以名鼎。"圣人"者,君也。"圣贤"者,臣也。古人有圣德者皆可称圣,如《汤诰》称伊尹为"元圣"是也。"亨饪"之事,不过祭祀、宾客而已。祭祀之大者,无出于上帝;宾客之重者,无过于圣贤。享上帝贵质,故止曰"亨";享圣贤贵丰,故曰"大亨"。所以享帝用特牲,而享圣贤有饗牲牢礼也。"巽而耳目聪明"者,内而此心巽顺,外而耳目聪明也。离为目,五为鼎耳,故曰"耳目",皆有离明之德,故曰"聪明"。"柔进而上行"者,鼎综革,二卦同体,文王综为一卦,故《杂卦》曰:"革,去故也;鼎,取新也。"言革下卦之离,进而为鼎之上卦也,进而上行居五之中,应乎二之刚也。若以人事论,内巽外聪有其德,进而上行有其位,应乎刚有其辅,是以"元亨"。

《象》曰:木上有火,鼎。君子以正位凝命。

正对偏倚言,凝对散漫言。"正位"者,端庄安正之谓,即斋明盛服,非礼不动也。"凝"者,成也,坚也。"命"者,天之命也。"凝命"者,天命凝成坚固,国家安于磐石,所谓协乎上下以承天休也。"鼎"譬之位,"命"譬之实。鼎之器正,然后可凝其所受之实。君之位正,然后可凝其所受之命。鼎综革,故革亦言"命"。孔子因大禹铸九鼎象物,成王定鼎于郏鄏,卜世三十,卜年七百,所以说到"正位凝命"上去。周烈王二十三年九鼎震,此不能正位凝命之兆也。其后秦遂灭周,取九鼎。则鼎所系匪轻矣,故以鼎为宗庙之宝器。及天宝五年,宰臣李适之常列鼎俎具膳羞,方夜鼎跃相斗不解,鼎耳及足皆折,岂以明皇不能正位凝命,而有幸蜀之祸与?

初六:鼎颠趾,利出否。得妾以其子,无咎。

巽错震,震为足,"趾"之象也。巽为长女,位卑居下,妾之象也。震为长子,子之象也。鼎为宝器,主器者莫若长子,则子之意亦由鼎而来也。"颠趾"者,颠倒其趾也。凡洗鼎而出水,必颠倒其鼎,以鼎足反加于上,故曰"颠趾"。"否"者,鼎中之污秽也。"利出否"者,顺利其出否也,故孔子曰"鼎取新也"。"得"者,获也。"得妾"者,买妾而获之也。"以"者,因也,因其子而买妾也。言洗鼎之时,趾乃在下之物,不当加于其上,今颠于上,若悖上下之序矣。然"颠趾"者非得已也,以其顺利于出否也。亦犹妻得妾,非得已也,以其欲生子而不得不买妾也。"得妾以其子",又"颠趾"、"出否"之象也。

初六居下,尚未烹饪,正洗鼎之时,颠趾以出否,故有"得妾以其子"之象。占者得此,凡事迹虽若悖其上下尊卑之序,于义则无咎也。

《象》曰:"鼎颠趾",未悖也。"利出否",以从贵也。

"未悖"者，未悖于理也。言以"颠趾"于鼎之上，虽若颠倒其上下之序，然洗鼎当如此，未为悖理也。贵对贱言。鼎中之否则贱物也。以从贵言，欲将珍羞贵重之物，相从以实于鼎中，不得不出其否贱以濯洁也。正位君子当先洗心。

九二：鼎有实，我仇有疾，不我能即，吉。

"鼎有实"者，既洗鼎矣，乃实物于其中也。阳实阴虚，故言实。"仇"者，匹也，对也，指初也。"疾"者，阴柔之疾也。"即"者，就也。言初虽有疾，九二则刚中自守，不能使我与之即就也。此九二之能事，非戒辞也。

九二以刚居中，能守其刚中之实德，虽比于初，而不轻于所与，有鼎有美实，我仇有疾，不我能即，而浼我实德之象。占者如此，则刚中之德不亏，其吉可知矣。

《象》曰："鼎有实"，慎所之也。"我仇有疾"，终无尤也。

"慎所之"者，慎所往也。此一句亦言九二之能事，非戒辞也。言九二有阳刚之实德，自能慎于所往，择善而交，不失身于阴党也。"终无尤"者，言我仇虽有疾，然慎于所往，不我能即，而不失身于彼，有何过尤哉！

九三：鼎耳革，其行塞，雉膏不食。方雨亏悔，终吉。

三变坎，中爻离坎为耳，"耳"之象也。"革"者，变也。坎为耳痛，"耳革"之象也。三未变，错震足为行，三变则成坎陷，不能行矣，"行塞"之象也。"其行塞"者，不能行也。离为雉，"雉"之象也。坎为膏，"膏"之象也。中爻兑，三变则不成兑口，"不食"之象也。三变则内坎水，外亦坎水，"方雨"之象也。鼎之所赖以举行者，"耳"也。三居木之极，上应火之极，木火既极，则鼎中腾沸，并耳亦炽热，革变而不可举移矣，故"其行塞"也。"雨"者，水也。"亏"者，损也。"悔"者，鼎不可举移，而"雉膏"之美味不得其食，不免至于悔也。"方雨亏悔"者，言耳革不食，惟救之以水耳。"方雨"，则能亏损其腾沸炽热之势，而"悔"者不至于悔矣。"终吉"者，鼎可移，美味可食也。

九三以阳刚居鼎腹之中，本有美实之德，但应与木火之极，烹饪太过，故有"耳革行塞，雉膏不食"之象。然阳刚得正，故又有"方雨亏悔"之象。占者如是，始虽若不利，终则吉也。

《象》曰："鼎耳革"，失其义也。

"义"者，宜也。鼎烹饪之木火不可过，不可不及，方得烹饪之宜。今木火太过，则失烹饪之宜矣。所以"耳革"也。

九四：鼎折足，覆公餗，其形渥，凶。

四变中爻为震，"足"之象也。中爻兑为毁折，"折"之象也。鼎实近鼎耳，实已满矣，今震动，"覆"之象也。"餗"者，美糁也。八珍之膳，鼎之实也。鼎以享帝养贤，非自私也，故曰公餗。"渥"者，沾濡也。言覆其鼎，而鼎上皆沾濡其美糁也。以人事论，项羽之入咸阳，安禄山陷长安，宗庙烧焚，宝器披离，不复见昔日彼都人士之盛，"其形渥"之象也。不可依晁氏"其刑剭"。"凶"者，败国杀身也。若不以象论，以二体论，离巽二卦成鼎，下体巽有足而无耳，故曰"耳革"；上体离有耳而无足，故曰"折足"。

九四居大臣之位，任天下之重者也。但我本不中不正，而又下应初六之阴柔，则委任亦非其人,不能胜大臣之任矣,卒至倾覆国家,故有此象。占者得此,败国杀身,凶可知矣。

《象》曰:"覆公餗",信如何也?

二不我即,且慎所之,故善。

信者,信任也。言以餗委托信任于人,今将餗覆之,则所信任之人为如何也?

房琯之刘秩,宗元之叔文,安石之惠卿。

六五:鼎黄耳金铉,利贞。

五为鼎耳。黄,中色。五居中,"黄耳"之象也。此爻变乾金,"金铉"之象也。以此爻未变而言则曰"黄",以此爻既变而言则曰"金"。在鼎之上,受铉以举鼎者,"耳"也;在鼎之外,贯耳以举鼎者,"铉"也。盖铉为鼎之系,系于其耳,二物不相离,故并言之。

六五有虚中之德,上比上九,下应九二,皆具刚明,故有"黄耳金铉"之象。鼎既"黄耳金铉",则中之为实者,必美味矣。而占者,则利于贞固也。因阴柔,故戒以此。

《象》曰:"鼎黄耳",中以为实也。

黄,中色。言中乃其实德也,故云"黄耳"。

上九:鼎玉铉,大吉,无不利。

上九居鼎之极,铉在鼎上,铉之象也。此爻变震,震为玉,"玉铉"之象也。玉岂可为铉?有此象也,亦如"金车"之意。鼎之为器,承鼎在足,实鼎在腹,行鼎在耳,举鼎在铉,鼎至于铉,厥功成矣。功成可以养人,亦犹井之元吉大成也,故"大吉无不利"。

上九以阳居阴,刚而能柔,故有温润玉铉之象。占者得此,凡事大吉,而又行无不利也。占者有玉铉之德,斯应是占矣。

《象》曰:"玉铉在上",刚柔节也。

"刚柔节"者,言以阳居阴,刚而能节之以柔,亦如玉之温润矣,所以为"玉铉"也。

☳震上
☳震下 震起也

"震"者,动也。一阳始生于二阴之下,震而动也。其象为雷,其属为长子。《序卦》:"主器者莫若长子,故受之以震。"所以次鼎。

震:亨。震来虩虩,笑言哑哑。震惊百里,不丧匕鬯。

虩,音隙。哑,音厄。匕,音妣。

"虩虩",恐惧也。"虩"本壁虎之名,以其常周环于壁间,不自安宁而惊顾,此用"虩"字之意。震艮二卦同体,文王综为一卦,所以《杂卦》曰:"震,起也;艮,止也。"因综艮,艮为虎,故取虎象,非无因而言虎也。"哑哑",笑声,震大象兑,又中爻错兑,皆有喜悦言语之象,故曰"笑言"。"匕",匙也,以棘为之,长二尺。未祭祀之先,烹牢于镬,实诸鼎而加幂焉。将荐,乃举幂,以匕出之,升于俎上。"鬯",以秬黍酒和郁金,以灌地降神者也。人君于祭之礼,亲匕牲荐鬯而已,其余不亲为也。"震来虩虩"者,震也;"笑言哑哑"者,震而亨也。此一句言常理也。"震惊百里不丧匕鬯",处大变而不失其常,此专以雷与长子言之,所以实上一句意也。一阳在坤土之中,君主百里之象。中爻艮手执之,不丧之象。中爻坎,酒之象。

言震自有亨道,何也?盖《易》之为理,"危者使平,易者使倾",人能于平时安不忘危,此心常如祸患之来,虩虩然恐惧,而无慢易之心,则日用之间,举动自有法则,而一笑一言皆"哑哑"而自如矣。虽或有非常之变,出于倏忽之顷,犹雷之"震惊百里",然此心有主,意气安闲,雷之威震虽大而远,而主祭者自"不丧匕鬯"也。此可见震自有亨道也。"不丧匕鬯",乃象也,非真有是事也。言能"恐惧"则"致福",而不失其所主之重矣。

《彖》曰:震,亨。"震来虩虩",恐致福也。"笑言哑哑",后有则也。"震惊百里",惊远而惧迩也。出可以守宗庙社稷,以为祭主也。

《易举正》"出可以守"句,上有"不丧匕鬯"四字,程子亦云,今从之。"恐"者,恐惧也。"致福"者,生全出于忧患,自足以致福也。"后"者,恐惧之后也,非震惊之后也。"则"者,法则也。不违礼不越分,即此身日用之常度。人能恐惧,则操心危而虑患深,自不违礼越分,失日用之常度矣。即俗言惧怯,朝朝乐也,所以安乐自如,"笑言哑哑"也。"惊"者,卒然过之而动乎外;"惧"者,惕然畏之而变其中。惊者不止于惧,惧者不止于惊。远者外卦,迩者内卦,内外皆震,"远迩惊惧"之象也。"出"者,长子已继世而出也。"可以"者,许之之辞也。言祸患之来,出于仓卒之间,如雷之震,远迩惊惧,当此之时乃能处之从容,应之暇豫,"不丧匕鬯",则是不惧由于能惧。虽甚有可惊惧者,亦不能动吾之念也,岂不可以负荷天下之重器乎?故以守宗庙,能为宗庙之祭主;以守社稷,能为社稷之祭主矣。

《象》曰:洊雷,震。君子以恐惧修省。

"洊"者,再也。上震下震,故曰"洊"。"修",理其身使事事合天理;"省",察其过使事事遏人欲。惟此心恐惧,所以"修省"也。"恐惧"者作于其心,"修省"者见于行事。

初九:震来虩虩,后笑言哑哑,吉。

其笑言哑哑者,非一概笑言。有震言虩虩存于先,而笑言哑哑在其后也。

将卦辞加一"后"字,辞益明白矣。初九、九四,阳也,乃震之所以为震者,"震动"之震也。二、三、五、上,阴也,乃为阳所震者,"震惧"之震也。初乃成卦之主,处震之初,故其占如此。

《象》曰:"震来虩虩",恐致福也。"笑言哑哑",后有则也。

解见前。恐以致福,而后又则理必不可易,则言必不可易,分观其象,而玩其辞,则知爻辞之量。哑哑与后者,仍是恐致福后有则之理,亦仍是恐致福后有则之言,无容更易一辞矣。

六二:震来厉,亿丧贝。跻于九陵,勿逐,七日得。

"震来厉"者,乘初九之刚,当震动之时,故震之来者猛厉也。"亿"者,大也。"亿丧贝",大丧其贝也。十万曰亿,岂不为"大"?六五《小象》曰"大无丧"可知矣。"贝"者,海中之介虫也。二变则中爻离为蟹为蚌,"贝"之象也。震为足,"跻"之象也。中爻艮,为山,陵之象也。陵乘九刚,"九陵"之象也。又艮居七,"七"之象也。离为日,"日"之象也。

若以理数论,阴阳各极于六,七则变而反其初矣。故《易》中皆言"七日得"。"跻"者,升也。言震来猛厉,大丧此货贝,六二乃不顾其贝,飘然而去,避于九陵,无心以逐之,不期七日自获此贝也。其始也堕甑弗顾,其终也去珠复还,太王之避狄,亦此意也。

六二当震动之时,乘初九之刚,故有此"丧贝"之象。然居中得正,此"无妄之灾"耳,故又有"得贝"之象。占得此,凡事若以柔顺中正自守,始虽中免丧失,终则不求而自获也。

《象》曰:"震来厉",乘刚也。

当震动之时,乘九之刚,所以猛厉不可御。

六三:震苏苏,震行无眚。

"苏"即稣,死而复生也。《书》曰"后来其苏"是也,言后来我复生也。阴为阳所震动,三去初虽远,而比四则近,故下初之震动将尽,而上四之震动复生,上苏下苏,故曰"苏苏"。中爻坎,坎多眚。三变阴为阳,阳得其正矣,位当矣,且不成坎体,故"无眚"。"行"者,改徙之意,即阴变阳也。震性奋发有为,故教之以迁善改过也。

六三不中不正,居二震之间,下震将尽而上震继之,故有"苏苏"之象。"所以然"者,以震本能行,而不行耳。若能奋发有为,恐惧修省,去其不中不正,以就其中正,则自"笑言哑哑"而"无眚"矣。故教占者如此。

《象》曰:"震苏苏",位不当也。

不中不正,故"不当"。

九四:震遂泥。

"遂"者,无反之意。"泥"者,沉溺于险陷而不能奋发也。上下坤土,得坎水,"泥"之象也。坎有泥象,故需卦、井卦皆言"泥",暌卦错坎则曰"负涂"。晋元帝困于五胡而大业未复,宋高宗不能恢复旧基,皆其"泥"者也。

九四以刚居柔,不中不正,陷于二阴之间,处震惧则莫能守,欲震动则莫能奋,是既无能为之才,而又溺于宴安之私者也。故"遂泥"焉而不复反,即象而占可知矣。

《象》曰:"震遂泥",未光也。

"未光"者,陷于二阴之间,所为者皆邪僻之私,无复正大光明之事矣,所以"遂泥"也。与夬卦、萃卦"未光"皆同。

六五:震往来厉,亿无丧,有事。

初始震为"往",四济震为"来"。五乃君位,为震之主,故"往来"皆厉也。"亿无丧"者,大无丧也。天命未去,人心未离,国势未至瓦解也。"有事"者,犹可补偏救弊以有为也。六五处震,亦犹二之乘刚,所以爻辞同"亿"字"丧"字。

六五以柔弱之才居人君之位,当国家震动之时,故有"往来危厉"之象。然以其得中,才虽不足以济变,而中德犹可以自守,故"大无丧",而犹能有事也。占者不失其中,则虽危无丧矣。

《象》曰:"震往来厉",危行也。其事在中,大无丧也。

"危行"者,往行危,来行危,一往一来皆危也。其事在中者,言所行虽危厉,而犹能以有事者,以其有中德也。有是中德而能有事,故"大无丧"。

上六:震索索,视矍矍,征凶。震不于其躬,于其邻,无咎。婚媾有言。

矍,俱缚反。

此爻变离,离为目,"视"之象也。又离火遇震动,言之象也。故明夷之"主人有言",中孚之"泣歌",皆离火震动也。凡震遇坎水者皆言"婚媾"。屯,震坎也;贲中爻,震坎也;睽上九变,震中爻坎也。此卦中爻坎也。"索"者,求取也。言如有所求取,不自安宁也。"矍"者,瞻视彷徨也。六三"苏苏",上六"索索"、"矍矍",三内震之极,上外震之极,故皆重一字也。震不于其躬,于其邻者,谋之之辞也。言祸患之来,尚未及于其身,方及其邻之时,即早见预待,天未阴雨而绸缪牖户也。孔斌曰:"燕雀处堂,子母相哺。灶突炎上,栋宇相焚。"言魏不知邻祸之将及也。此"邻"之义也。"婚媾"言亲近也,犹言夫妻。亲近者不免于有言,则疏远者可知矣。

上六,以阴柔居震极,中心危惧不能自安,故有"索索"、"矍矍"之象。以是而往,方寸乱矣,岂能济变?故占者征则凶也。然所以致此者,以其不能图之于早耳。苟能于震未及其身之时"恐惧修省",则可以免"索索"、"矍矍"之咎。然以阴柔处震极,亦不免"婚媾"之"有言",终不能"笑言哑哑",安于无事之天矣。防之早者且有言,况不能防者乎?"婚媾有言",又占中之象也。

筑薛之恐震也,居邠侵之疾也,一未然一已然。

《象》曰:"震索索",中未得也。虽凶无咎,畏邻戒也。

"中"者,中心也。"未得"者,方寸乱而不能"笑言哑哑"也。"畏邻戒"者,畏祸已及于邻,而先自备戒也。"畏邻戒"方得无咎,若不能备戒,岂得无咎哉!

☶ 艮上 艮下　艮 止也

"艮"者,止也。一阳止于二阴之上,阳自下升,极上而止,此止之义也。又其象为山下坤上,乃山之质一阳覆冒于其上,重浊者在下,轻清者在上,亦止之象也。《序卦》:"震者,动也。物不可以终动,止之,故受之以艮。艮者,止也。"所以次震。

艮:其背,不获其身。行其庭,不见其人,无咎。

此卦辞以卦综言,如井卦"改邑不改井",蹇卦"利西南"之类。本卦综震,四为人之身,故周公爻辞以四为身。三画之卦二为人位,故曰"人"。庭则庭前庭五也。艮为门阙,故门之内中间为"庭"。震行也,向上而行,面向上,其背在下,故以阳之画初与四为"背"。艮止也,向下而立,面向下,其背在上,故以阳之画三与上为"背"。上二句以下卦言,下二句以上卦言。言止其背则身在背后,不见其四之身,"行其庭"则背在人前,不见其二之人,所以一止之间既不见其己,又不见其人也。辞本玄妙,令人难晓,孔子知文王以卦综成卦辞,所以《彖辞》说一"行"字,说一"动"字,重一"时"字。

《象》曰:艮,止也。时止则止,时行则行,动静不失其时,其道光明。艮其止,止其所也。上下敌应,不相与也。是以不获其身。"行其庭,不见其人",无咎也。

以卦德、卦综、卦体释卦名、卦辞。言所谓艮者,以其止也。然天下之理无穷,而夫人之事万变,如惟其止而已,岂足以尽其事理哉!亦观其时何如耳。盖理当其可之谓时,时当乎艮之止则止,时当乎震之行则行,行止之动静皆不失其时,则无适而非天理之公,其道如日月之光明矣,岂止无咎而已哉!然艮之所以名止者,亦非固执而不变迁也,乃"止其所"也。惟止其所当然之理,所以时止则止。卦辞又曰"不获其身不见其人"者,盖人相与乎我,则我即得见其人,我相与乎人,则人即能获其我。今初之于四,二之于五,三之于上,阴自为阴,阳自为阳,不相与应,是以人不获乎我之身,而我亦不见其人,仅得"无咎"而已。若"时止"、"时行",岂止"无咎"哉!八纯卦皆不相应与,独于艮言者,艮性止,止则固执不迁,所以不光明,而仅得"无咎"。文王《卦辞》专以象言,孔子《彖辞》专以理言。

《象》曰:兼山,艮。君子以思,不出其位。

"兼山"者,内一山外一山,两重山也。天下之理,即位而存,父有父之位,子有子之位,君臣夫妇亦然。富贵有富贵之位,贫贱有贫贱之位,患难夷狄亦然。有本然之位,即有当然之理,"思不出其位"者,正所以止乎其理也。出其位则越其理矣。

初六:艮其趾,无咎,利永贞。

艮综震,震为足,趾之象也。初在下,亦趾之象也。咸卦亦以人身以渐而上。

初六阴柔,无可为之才,能止者也。又居初,卑下不得不止者也。以是而止,故有"艮趾"之象。占者如是,则不轻举冒进,可以无咎而正矣,然又恐其正者不能永也,故又教占者以此。

《象》曰:"艮其趾",未失正也。

理之所当止者曰"正",即爻辞之"贞"也。《爻辞》曰"利永贞",《象辞》曰"未失正",见初之止,理所当止也。

六二:艮其腓,不拯其随,其心不快。

"腓"者,足肚也,亦初震足之象。"拯"者,救也。"随"者,从也。二比三,从三者也。"不拯其随"者,不求拯于所随之三也。凡阴柔资丁阳刚者皆曰"拯",涣卦初六"用拯马壮"是也。二中正,八卦正位艮在三,两爻俱善,但当艮止之时,二艮止不求救于三,三艮止不退听于二,所以二心不快。中爻坎为加忧,为心病,"不快"之象也。

六二居中得正,比于其三,止于其腓矣。以阴柔之质,求三阳刚以助之可也,但艮性止不求拯于随,则其中正之德无所施用矣,所以此心常不快也。故其占中之象如此。

《象》曰:"不拯其随",未退听也。

二下而三上,故曰"退"。周公不快,主坎之心病而言。孔子未听,主坎之耳痛而言。

九三:艮其限,列其夤,厉薰心。

"限"者,界限也。上身与下身相界限,即腰也。"夤"者,连也,腰之连属不绝者也。腰之在身,正屈伸之际,当动不当止。若"艮其限",则上自上,下自下,不相连属矣。"列"者,列绝而上下不相连属,判然其两段也。"薰"与"熏"同,火烟上也。"薰心"者,心不安也。中爻坎为心病,所以六二"不快",九三"薰心"。坎错离,火烟之象也。

止之为道,惟其理之所在而已。九三位在腓之上,当限之处,正变动屈伸之际,不当艮者也。不当艮而艮，则不得屈伸，而上下判隔，列绝其相连矣。故危厉而心常不安。占者之象如此。

《象》曰："艮其限"，危薰心也。

不当止而止，则执一不能变通。外既龃龉，心必不安，所以"危厉"而"薰心"也。

六四：艮其身，无咎。

"艮其身"者，安静韬晦，乡邻有斗而闭户，"括囊无咎"之类是也。六四以阴居阴，纯乎阴者也，故有"艮其身"之象。既"艮其身"，则无所作为矣。占者如是，故"无咎"。

《象》曰："艮其身"，止诸躬也。

躬即身也。不能治人，不能成物，惟止诸躬而已。故《爻》曰"艮其身"，《象》曰"止诸躬"。

六五：艮其辅，言有序，悔亡。

"序"者，伦序也。辅见咸卦注。艮错兑，兑为口舌，"辅"之象也，言之象也。"艮其辅"者，言不妄发也。"言有序"者，发必当理也。"悔"者，易则诞，烦则支，肆则忤，悖则违，皆悔也。咸卦多象人面，艮卦多象人背者，以文王《卦辞》"艮其背"故也。

六五当辅出言之处，以阴居阳，未免有失言之悔。然以其得中，故又有"艮其辅言有序"之象，而其占则"悔亡"也。

《象》曰："艮其辅"，以中正也。

"正"当作止，与"止诸躬"止字同。以中而止，所以"悔亡"。

上九：敦艮，吉。

"敦"与笃行之"笃"字同意。时止则止，贞固不变也。山有敦厚之象，故"敦临"、"敦复"皆以土取象。

上九以阳刚居艮极，自始至终，一止于贞，而不变敦厚于止者也，故有此象。占者如是，则其道光明，何吉如之！

《象》曰："敦艮"之吉，以厚终也。

"厚终"者，敦笃于终而不变也。贲、大畜、蛊、颐、损、蒙六卦，上九皆"吉"者，皆有"厚终"之意。

来瞿唐先生易注卷之十一

䷴ 巽上 渐 女归,待男行也
　　艮下

"渐"者,渐进也。为卦艮下巽上,有不遽进之义,渐之义也。木在山上,以渐而高,渐之象也。《序卦》:"艮者,止也。物不可以终止,故受之以渐。"所以次艮。

渐:女归吉,利贞。

妇人谓嫁曰"归"。天下之事惟"女归"为有渐。纳采、问名、纳吉、纳征、请期、亲迎,六礼备而后成婚,是以渐者莫如"女归"也。本卦不遽进,有"女归"之象,因主于进,故又戒以"利贞"。

《彖》曰:渐之进也,"女归吉"也。进得位,往有功也。进以正,可以正邦也。其位刚,得中也。止而巽,动不穷也。

释卦名,又以卦综、卦德释卦辞。"之"字作"渐"字。"女归吉"者,言必如女归而后渐方善也。能如女归则进必以礼,不苟于相从,得以遂其进之之志而吉矣。"进得位"者,本卦综归妹,二卦同体,文王综为一卦,故《杂卦》曰:"渐,女归待男行也,归妹,女之终也。"言归妹下卦之兑,进而为渐上卦之巽,得九五之位也。然不惟得位,又正之中也。"正邦"者,成刑于之化也,即"往有功"也,此以卦综言也。"进不穷"者,盖进之之心愈急,则进之之机益阻。今卦德内而艮止,则未进之先,廉静无求,外而巽顺,则将进之间相时而动,此所以进不穷也。有此卦综、卦德,"吉"而"利贞"者以此。

《象》曰:山上有木,渐,君子以居贤德善俗。

习俗移人,贤者不免,故性相近而习相远也。君子法渐进之象,择居处于贤德善俗之地,则耳濡目染,以渐而自成其有道之士矣,即《孟子》"引而置之庄岳之间"之意。

初六:鸿渐于干,小子厉,有言,无咎。

"鸿",雁之大者。鸿本水鸟。中爻离坎,离为飞鸟,居水之上,鸿之象也。且其为物,木落南翔,冰泮北归,其至有时,其群有序,不失其时与序,于渐之义为切。昏礼用鸿,取不再偶,于"女归"之义为切。所以六爻皆取"鸿"象也。"小子"者,艮为少男,小子之象也。内卦错兑,外卦综兑,兑为口舌,"有言"之象也。"干",水旁也,江干也。中爻坎,水流于山,故有"干"象。"厉"者,危厉也,以在我而言也。"言"者,谤言也,以在人而言也。"无咎"者,在渐之时,非躐等以强进,于义则无咎。

初六阴柔,当渐之时,渐进于下,有"鸿渐于干"之象。然少年新进,上无应与,在我不

一二六七

免有小子之厉,在人不免有言语之伤,故其占如此,而其义则"无咎"也。

《象》曰:"小子"之厉,义无咎也。

"小子之厉",似有咎矣,然时当进之时,以渐而进,办理之所宜。以义揆之,终无咎也。

六二:鸿渐于磐,饮食衎衎,吉。

衎,苦旦反。

"磐",大石也。艮为石,磐之象也。自"干"而"磐",则远于水而渐进矣。中爻为坎,饮食之象也。故困卦九二言"酒食",需卦九五言"酒食",未济上九言"酒食",坎卦六四言"樽酒"。"衎",和乐也。巽综兑悦,乐之象,言"鸿渐于磐"而饮食自适也。"吉"即《小象》"不素饱"之意。

六二柔顺中正而进以其渐,又上有九五中正之应,故其象如此,而其占则吉也。

《象》曰:"饮食衎衎",不素饱也。

"素饱"即"素餐"也。言为人之臣,食人之食,事人之事,义所当得,非徒饮食而已也。盖其德中正,其进渐次,又应九五中正之君,非"素饱"也,宜矣。

九三:鸿渐于陆。夫征不复,妇孕不育,凶。利御寇。

地之高平曰"陆"。此爻坤陆之象也。"夫"指三。艮为少男,又阳爻,故谓之"夫"。"妇"指四。巽为长女,又阴爻,故谓之"妇"。本卦女归,故以"夫妇"言之。"征"者,往也。"不复"者,不反也。本卦以渐进为义,三比上四,渐进于上,溺而不知其返也。"妇孕"者,此爻合坎,坎中满,孕之象也。"孕不育"者,孕而不敢使人知其育,如孕而不育也。盖四性主人,无应而奔于三。三阳性上行,又当进时,故有此丑也。若以变爻论,三变则阳死成坤,离绝夫位,故有"夫征不复"之象。既成坤,则并坎中之满通不见矣,故有"妇孕不育"之象。坎为盗,离为戈兵,故有寇象。变坤,故《小象》曰"顺相保"。

九三过刚,当渐之时,故有自"磐"而进于"陆"之象。然上无应与,乃比于亲近之四,附丽其丑,而失其道矣,非渐之贞者也。故在占者则有"夫征不复,妇孕不育"之象,凶可知矣。惟御寇之道在于人和,今变坎成坤,则同心协力顺以相保,故"利"也。若以之渐进,是枉道从人,夫岂可哉?

《象》曰:"夫征不复",离群丑也。"妇孕不育",失其道也。"利用御寇",顺相保也。

离,力智切。

"离",附著也。扬子云《解嘲》云"丁傅董贤用事,诸附离之者起家至二千石",《庄子》"附离不以胶漆",皆此离也。"群丑"者,上下二阴也。"夫征不复"者,以附离群阴,溺而不反也。"失其道"者,淫奔失妇之正道也。"顺相保"者,御寇之道在于行险而顺,今变坎成坤,则行险而顺矣,所以能相保御也。雁群不乱飞,则列阵相保。三爻变坤有雁阵象,故曰"顺相保"。

六四:鸿渐于木,或得其桷,无咎。

桷,吉岳切,音觉。

巽为木,"木"之象也。下三爻一画横于上,"桷"之象也。"桷"者,椽也,所以乘瓦。

巽为绳直,故有此象。又坎为宫,四居坎上,亦有桷象。凡木之枝柯,未必横而宽平如桷,鸿趾连而且长,不能握枝,故不栖木。若木之枝如桷,则横平,而栖之可以安矣。"或得"者,偶然之辞,未必可得者也。巽为不果,"或得"之象。"无咎"者,得渐进也。

六四以柔弱之资,似不可以渐进矣。然巽顺得正,有"鸿渐于木或得其桷"之象,占者如是则"无咎"也。

《象》曰:"或得其桷",顺以巽也。

变乾错坤为顺,未变巽。巽正位在四,故曰"顺巽"。

九五:鸿渐于陵。妇三岁不孕,终莫之胜,吉。

"高阜"曰陵。此爻变艮为山,"陵"之象也。妇指二。中爻为离中虚,空腹,"不孕"之象也。离居三,"三岁"之象也。"三岁不孕"者,言妇不遇乎夫,而"三岁不孕"也。二、四为坎,坎中满,故曰"孕"。三五中虚,故曰"不孕"。爻辞取象,精之极矣。凡正应为君子,相比为小人。二比三,三比四,四比五,皆阴阳相比,故此爻以"三岁不孕终莫之胜吉"言。"终莫之胜"者,相比之小人,终不得以间之,而五与二合也。

九五阳刚当尊,正应乎二,可以渐进相合,得遂所愿矣。但为中爻相比所隔,然终不能夺其正也,故其象如此。占者必有所迟阻而后吉也。

《象》曰:"终莫之胜,吉",得所愿也。

"愿"者,正应相合之愿也。

上九:鸿渐于陆,其羽可用为仪,吉。

陆为巅平洁处。

"陆"即三爻之陆。中爻水在山上,故白干而陆;此爻变坎,又水在山上,故又有"鸿渐于陆"之象。巽性伏,又进退不果,故又退"渐于陆"也。盖三乃上之正应,虽非阴阳相合,然皆刚明君子,故知进而又知退焉。"仪"者,仪则也。知进知退,惟圣人能之。今上能退于三,即蛊之"志可则",盖百世之师也,故"其羽可以为仪"。曰"羽"者,就其鸿而言之。曰"羽可仪",犹言人之言行可法则也。升卦与渐卦同是上进之卦,观升卦,上六曰"利不息之贞",则此爻可知矣。胡安定公,以陆作逵者非。盖《易》到六爻极处即反,"亢龙有悔"之类是也。

上九木在山上,渐长至高,可谓渐时之极矣。但巽性不果,进而复退于陆焉。此则知进知退,可以起顽立懦者也,故有"鸿渐于陆其羽可用为仪"之象。占者有是德,即有是吉矣。

作逵亦有是理。

《象》曰:"其羽可用为仪,吉",不可乱也。

"不可乱"者,鸿飞于云汉之间,列阵有序,与凡鸟不同,所以可用为仪。若以人事论,不可乱者,富贵利达不足以乱其心也。若富贵利达乱其心,惟知其进不知其退,惟知其高不知其下,安得"可用为仪"?今知进又知退,知高又知下,所以可以为人之仪则。

归妹女之终也

妇人谓嫁曰"归"。女之长者曰"姊",少者曰"妹"。因兑为少女,故曰"妹"。为卦兑下震上,以少女从长男,其情又以悦而动,皆非正也,故曰"归妹"。《序卦》:"渐者,进也。进必有所归,故受之以归妹。"渐有归义,所以次渐。

归妹:征凶,无攸利。

《彖辞》明。渐曰"女归",自彼归我也,娶妇之家也。此曰"归妹",自我归彼也,嫁女之象也。

《彖》曰:归妹,天地之大义也。天地不交,而万物不兴。归妹,人之终始也。说以动,所归妹也。征凶,位不当也。无攸利,柔乘刚也。

释卦名,复以卦德释之,又以卦体释卦辞。言所谓"归妹"者,本"天地之大义"也。盖物无独生独成之理,故男有室,女有家,本天地之常经,是乃其大义也。何也?盖男女不交则万物不生,而人道灭息矣。是归妹者,虽女道之终,而生育之事于此造端,实人道之始,所以为"天地之大义"也。然归妹虽天地之正理,但"说而动",则女先乎男,所归在妹,乃妹之自为,非正理而实私情矣,所以名"归妹"。"位不当"者,二四阴位而居阳,三五阳位而居阴,自二至五皆不当也。"柔乘刚"者,三乘二之刚、五乘四之刚也,有夫屈乎妇、妇制其夫之象。"位不当"则紊男女内外之正,"柔乘刚"则悖夫妇唱随之理,所以"征凶无攸利"。

《象》曰:泽上有雷,归妹。君子以永终知敝。

"永"对暂言,"终"对始言。"永终"者,久后之意。兑为毁折,有"敝"象;中爻坎为通,离为明,有"知"象,故知其敝。天下之事,凡以仁义道德相交洽者,则久久愈善,如刘孝标所谓风雨急而不辍其音,霜雪零而不渝其色,此"永终无敝"者也。故以势合者,势尽则情疏,以色合者,色衰则爱弛。诡垣复关之望,虽言笑于其初,而桑落黄陨之嗟,终痛悼于其后。至于立身一败,万事瓦裂,其敝至此。

雷震泽上,水气随之而升。女子从人之象也,故君子观其合之不正,而动于一时情欲之私,知其终之有敝,而必至失身败德,相为睽乖矣。此所以欲善其终,必慎其始。

初九:归妹以娣,跛能履,征吉。

娣戴礼切,妇之妹相从者。

《曲礼》:"世妇侄娣。"谓以妻之妹,从妻来者为娣,盖从嫁以适人者也。兑为妾,"娣"之象。初在下,亦"娣"之象。兑为毁折,有"跛"之象。震为足,足居初,中爻离为目,目与足皆毁折,所以初爻言足之"跛",而二爻言目之"眇"也。若以变坎论,坎为曳,亦"跛"之象也。"跛"者,行之不以正,侧行者也。嫡正行而娣,侧行也,故以"跛"象之。

初九居下,当归妹之时,而无正应,不过娣妾之贱而已,故为娣象。然阳刚在女子为贤正之德,但为娣之贱,则闺阃之事不得以专成。今兑悦居下,有顺从之义,故亦能维持调护承助其正室,但不能专成,亦犹跛者侧行而不能正行也。占者以是而往,虽其势分之贱不能大成其内助之功,而为媵妾职分之当然则已尽之矣。吉之道也,故"征吉"。

《象》曰:"归妹以娣",以恒也。"跛能履吉",相承也。

"恒",常也,天地之常道也。有嫡有妾者,人道之常。初在下位无正应,分当宜于娣矣,是乃常道也,故曰"以恒"也。"恒"字,义又见九二《小象》。"相承"者,能承助乎正室也。以其有贤正之德,所以能相承,故曰"相承"也。以恒,以分言;相承,以德言。

九二:眇能视,利幽人之贞。

"眇"者,偏盲也,解见初九。兑综巽,巽为白眼,亦有眇象。中爻离目,视之象。"幽人之贞"者,幽人,遭时不偶、抱道自守者也。幽人无贤君,正犹九二无贤妇。众爻言"归妹",而此爻不言者,居兑之中,乃妹之身,是正嫡而非娣也。"幽人"一句详见前履卦,又占中之象也。

九二阳刚得中,优于初之居下矣。又有正应,优于初之无应矣。但所应者阴柔不正,是乃贤女而所配不良,不能大成内助之功,故有眇者能视,而不能远视之象。然所配不良,岂可因其不良,而改其刚中之德哉! 故占者"利",如"幽人之贞"可也。

《象》曰:"利幽人之贞",未变常也。

一与之齐,终身不改,此妇道之常也。今能守幽人之贞,则未变其常矣。故教占者如幽人之贞则利也。初爻、二爻、《小象》,孔子皆以"恒常"二字释之,何也? 盖兑为常,则"恒常"二字乃兑之情性,故释之以此。

六三:归妹以须,反归以娣。

须字新奇。

"须",贱妾之称。《天文志》:"须女四星,贱妾之称。"故古人以婢仆为余须。反者,颠倒之意。震为反生,故曰"反"。

六三居下卦之上,本非贱者也。但不中不正,又为悦之主,善为容悦以事人,则成无德之须贱,而人莫之取矣。故为未得所适,"反归以娣"之象。初位卑,"归以娣",宜矣。三居下卦之上,何自贱至此哉? 德不称位而成须故也。不言"吉凶"者,容悦之人,前之吉凶未可知也。

《象》曰:"归妹以须",未当也。

"未当"者,爻位不中不正也。

九四:归妹愆期,迟归有时。

"愆",过也,言过期也。女子过期不嫁人,故曰"愆期"。因无正应,以阳应阳,则纯阳矣,故"愆期"。"有时"者,男女之婚姻自有其时。盖天下无不嫁之女,愆期者数,有时者理。若以象论,中爻坎月离日,期之象也,四一变则纯坤,而日月不见矣,故"愆期"。震春兑秋,坎冬离夏,四时之象。震东兑西,相隔甚远,所以"愆期"。四时循环则有时矣。

九四以阳应阳而无正应,盖女之愆期而未归者也。然天下岂有不归之女? 特待时而归,归之迟耳,故有"愆期迟归有时"之象。占者得此,凡事待时可也。

《象》曰:"愆期"之志,有待而行也。

"行"者,嫁也。天下之事自有其时,"愆期"之心,亦有待其时而后嫁耳。《爻辞》曰"有时",《象辞》曰"有待",皆待时之意。

六五:帝乙归妹,其君之袂,不如其娣之袂良。月几望,吉。

"帝乙",如箕子明夷、高宗伐鬼方之类。"君"者,妹也。此爻变兑,兑为少女,故以妹言之。诸侯之妻曰"小君",其女称"县君"。宋之臣,其妻皆称"县君"是也,故不曰"妹"而曰"君"焉。"袂",衣袖也,所以为礼容者也。人之著衣,其礼容全在于袂,故以"袂"言之。"良"者,美好也。三爻为娣,乾为衣,三爻变乾,故其衣之袂良。五爻变兑成缺,故不如三之良。若以理论,三不中正,尚容饰,五柔中,不尚容饰,所以不若其袂之良也。"月几望"者,坎月离日,震东兑西,日月东西相望也。五阴二阳,言月与日对,而应乎二之阳也。曰"几"者,言光未盈满、柔德居中而谦也。月几望而应乎阳,又下嫁,占中之象也。

六五柔中居尊,盖有德而贵者也。下应九二,以帝有德之女下嫁于人,故有尚德而不尚饰、其服不盛之象。女德之盛无以加此。因下嫁,故又有月几望而应乎阳之象。占者有是德,则有是吉矣。

《象》曰:帝乙归妹,"不如其娣之袂良"也。其位在中,以贵行也。

"在中"者,德也。"以贵"者,帝女之贵也。"行"者,嫁也。有是中德,有是尊贵,以之下嫁,又何必尚其饰哉!此所以"君之袂不如娣之袂良"也。

《小象》原一气,下言以贵行,何难于饰?而良犹不如,可见中德不在贵也。

上六:女承筐,无实。士刲羊,无血。无攸利。

刲,音葵。

兑为"女",震为"士"。"筐"乃竹所成,震为竹,又仰盂,空虚无实之象也。又变离,亦中虚无实之象也。中爻坎为血卦,血之象也。兑为羊,羊之象也。震综艮,艮为手,"承"之象也。离为戈兵,"刲"之象也。羊在下,血在上,"无血"之象也。凡夫妇祭祀,承筐采蘋蘩者,女之事也;刲羊而实鼎俎者,男之事也。今上与三皆阴爻,不成夫妇,则不能供祭祀矣。"无攸利"者,人伦以废,后嗣以绝,有何攸利?"刲"者,屠也。

上六以阴柔居卦终而无应。居终则过时,无应则无配,盖归妹之不成者也。故有"承筐无实,刲羊无血"之象。占者得此,无攸利可知矣。

《象》曰:上六无实,承虚筐也。

上爻有底而中虚,故曰"承虚筐"。

阳实阴虚,上六无阳,将何所承?徒虚筐也。

☳ 震上
☲ 离下　**丰** 多故亲寡,旅也

"丰",盛大也。其卦离下震上。以明而动,盛大之由也。又雷电交作,有盛大之势,乃丰之象也。故曰丰。《序卦》:"得其所归者,必大,受之以丰。"所以次归妹。

丰:亨,王假之,勿忧,宜日中。

"亨"者,丰自有亨道也,非丰后方亨也。"假",至也。必以王言者,盖王者车书一统

而后可以至此也。此卦离日在下，日已昃矣，所以周公《爻辞》言"见斗"、"见沫"者，皆此意。"勿忧宜日中"一句读，言王者至此，"勿忧宜日中"，不宜如是之昃。昃则不能照天下也。孔子乃足之曰："日至中不免于昃，徒忧而已。"文王已有此意，但未发出，孔子乃足之。离日象，又王象。错坎，忧象。

《彖》曰：丰，大也。明以动，故丰。"王假之"，尚大也。"勿忧，宜日中"，宜照天下也。日中则昃，月盈则食，天地盈虚，与时消息，而况于人乎？况于鬼神乎？

以卦德释卦名，又以卦象释卦辞而足其意。非明则动无所之，冥行者也；非动则明无所用，空明者也。惟明动相资，则王道由此恢廓，故名"丰"。"尚大"者，所尚盛大也。非王者有心欲盛大也，其势自盛大也。抚盈盛之运，不期侈而自侈矣。"宜照天下"者，遍照天下也，日昃则不能遍照矣。日中固照天下，然岂长日中哉？盖日以中为盛，日中则必昃；月以盈为盛，月盈则必食。何也？天地造化之理。其盈虚消息，每因乎时，天地且不长盈而不虚，况于人与鬼神乎？可见国家无常丰之理，不可忧其宜日中不宜日昃也。鬼神是天地之变化运动者，如风、云、雷、雨，凡阳嘘阴吸之类皆是。

《象》曰：雷电皆至，丰。君子以折狱致刑。

始而问狱之时，法电之明以折其狱，是非曲直必得其情。终而定刑之时，法雷之威以定其刑，轻重大小必当其罪。

初九：遇其配主，虽旬无咎。往有尚。

"遇"字详见噬嗑六三。"配主"者，初为明之初，四为动之初，故在初曰"配主"、在四曰"夷主"也。因"宜日中"一句，故爻辞皆以日言。文王象丰，以一日象之，故曰"勿忧宜日中"。周公象丰，以十日象之，故曰"虽旬无咎"。十日为旬，言初之丰以一月论，已一旬也，言正丰之时也。

当丰之初，明动相资，故有"遇其配主"之象。既遇其配，则足以济其丰矣，故虽至于已一旬，亦无灾咎。可嘉之道也。故占者往则有尚。

《象》曰："虽旬无咎"，过旬灾也。

"虽旬无咎"，周公许之之辞。"过旬灾也"，孔子戒之之辞。"过旬灾"者，言盛极必衰也。

六二：丰其蔀，日中见斗。往得疑疾，有孚发若，吉。

"蔀"，草名。中爻巽，草之象也，故大过下巽曰"白茅"，泰卦下变巽曰"拔茅"，皆以巽为阴柔之木也。"斗"，量名，应爻震，有量之象，南斗北斗皆如量，所以名"斗"。本卦离日在下，雷在上，震为蕃草，蕃盛之象也。言草在上蕃盛，日在下，不见其日而惟见其斗也。"疑"者，援其所不及，指其所不知，必致猜疑也。"疾"者，持方枘以内圆凿，反见疾恶也。"有孚"者，诚信也。离中虚，"有孚"之象也。"发"者，感发开导之也。"若"，助语辞。"吉"者，至诚足以动人，彼之昏暗可开，而丰亨可保也。"贞"字"诚"字乃六十四卦之枢纽。圣人于事难行处，不教人以贞，则教人以"有孚"。

六二居丰之时，为离之主，至明者也。而上应六五柔暗，故有"丰其蔀"不见其日，惟见其斗之象。以是昏暗之主，往而从之，彼必见疑疾，有何益哉！惟在积诚信以感发之则吉。占者当如是也。

《象》曰："有孚发若"，信以发志也。

"志"者，君之心志也。"信以发志"者，尽一己之诚信，以感发其君之心志也。能发其君之志，则己之心与君之心，相为流通矣。伊尹之于太甲，孔明之于后主，郭子仪之于肃宗、代宗，用此道也。

九三：丰其沛，日中见沫。折其右肱，无咎。

沫，音昧。

"沛"，泽也，沛然下雨之貌。"沫"者，水沫也，故曰涎沫、濡沫、跳沫、流沫，乃霡霂细雨，不成水之意。此爻未变，中爻兑为泽，沛之象也。既变，中爻成坎水矣，沫之象也。二爻巽木，故以草象之。三爻泽水，故以沫象之。周公爻辞精极至此。王弼不知象，以蔀为覆暖，后儒从之，即以为障蔽。王弼以沛为旆，后儒亦以为旆。殊不知雷在上，中爻有泽有风，方取此沛沫之象，何曾有旆之象哉！相传之谬有自来矣。"肱"者，手臂也。震综艮，中爻兑错艮，艮为手，肱之象也。又兑为毁折，折其肱之象也。曰右者，阳爻为右，阴爻为左，故师之左次，明夷之左股、左腹，皆阴爻也。此阳爻，故以右言之。右肱至便于用，而人不可少者。折右肱，则三无所用矣。"无咎"者德在我，此用与不用在人，以义揆之无咎也。

九三处明之极而应上六之柔暗，则明有所蔽，故有"丰其沛"，不见日而"见沫"之象。夫明既有所蔽，则以有用之才，置之无用之地，故又有"折其右肱"之象。虽不见用，乃上六之咎也，于三何亦尤哉！故"无咎"。

《象》曰："丰其沛"，不可大事也。"折其右肱"，终不可用也。

"不可大事"与遁卦九三同，皆言艮止也。盖建立大事以保丰亨之人，必明与动相资。今三爻变，中爻成艮，上虽动而不明矣。动而又止，安能大事哉！其不可济丰也，必矣。周公《爻辞》以本爻未变言，孔子《象辞》以本爻既变言。人之所赖以作事者，在"右肱"也。今三为时所废，是有用之才，而置无用之地，如人折右肱矣，所以"终不可用"。

九四：丰其蔀，日中见斗。遇其夷主，吉。

"夷"者，等夷也，指初也，与四同德者也。二之丰蔀见斗者，应乎其昏暗也。四之丰蔀见斗者，比乎其昏暗也。若以象论，二居中爻巽木之下，四居中爻巽木之上，巽阴木，蔀之类也，所以爻辞同。"吉"者，明动相资，共济其丰之事也。

当丰之时，比乎昏暗，故亦有丰蔀见斗之象。然四与初同德相应，共济其丰，又有"遇其夷主"之象，吉之道也。故其象占如此。

隋炀帝丰极而暗，高炯退与苏威、贺若弼私谋，此爻似矣。

《象》曰："丰其蔀"，位不当也。"日中见斗"，幽不明也。"遇其夷主"，吉行也。

"幽不明"者，初二日中见斗，是明在下而幽在上，二之身犹明也。若四之身原是蔀位，则纯是幽而不明矣。"行"者动也，震性动，动而应乎初也。

六五：来章，有庆誉，吉。

凡卦自下而上者谓之"往"，自上而下者谓之"来"，此来字非各卦之来，乃召来之来也,谓屈己下贤以召来之也。"章"者,六二离本章明,而又居中得正,本卦明以动,故"丰"。非明则动无所之,非动则明无所用,二五居两卦之中,明动相资,又非丰蔀见斗之说矣。"庆"者,福庆集于己也。"誉"者,声誉闻于人也。此爻变兑,兑为口,有誉象。"吉"者,可以保丰亨之治也。

六五为丰之主,六二为正应。有章明之才者,若能求而致之,则明动相资,"有庆誉"而吉矣。占者能如是,斯应是占也。

《象》曰:六五之吉,有庆也。

有庆方有誉,未有无福庆而有誉者。举庆,则誉在其中矣。

明良相得朝廷之庆,主圣臣贤,海宇之庆也。六五之吉,以其有招贤之庆也。

上六:丰其屋,蔀其家。窥其户,阒其无人。三岁不觌,凶。

阒,音乞。

此爻与明夷"初登于天,后入于地"相同。以"屋"言者,凡丰亨富贵,未有不润其屋者。"丰其屋"者,"初登于天"也。"蔀其家"以下,"后入于地"也。"蔀其家"者,草生于屋,非复前日之炫耀而丰矣。"丰其蔀"本周公《爻辞》,今将"丰"、"蔀"二字分开,则知上"丰"字,乃丰之极,下"蔀"字,乃丰之反矣。故《小象》上句以为"天际翔也"。"窥"者,窥视也。离为目,窥之象也。"阒"者,寂静也。"阒"其无人者,庭户寂静而无人也。"三岁不觌"者,变离,离居三也,言窥其户寂静无人,至于三年之久犹未见其人也。"凶"者,杀身亡家也。泰之后而"城复于隍",丰之后而"阒寂其户",处承平岂易哉!

上六以柔暗之质,居明动丰亨之极,承平既久,奢侈日盛,故有"丰其屋"之象。然势极则反者,理数也,故离之明极必反其暗,有草塞其家而暗之象。震之动极必反其静,有"阒其无人三年不觌"之象。占者得此,凶可知矣。

《象》曰:"丰其屋",天际翔也。"窥其户,阒其无人",自藏也。

阒,张目大视貌。

言丰极之时,其势位炙手可热,如翱翔于天际云霄之上,人可仰而不可即。上六天位,故曰"天"。及尔败坏之后,昔之光彩气焰不期揜藏而自揜藏矣。权臣得罪,披离之后多有此气象。

☰离上
☶艮下 旅

"旅",羁旅也。为卦,山内火外。内为主,外为客。山止而不动,犹舍馆也;火动而不止,犹行人也。故曰旅。《序卦》:"丰,大也。穷大者必失其居,故受之以旅。"所以次丰。

旅:小亨,旅贞吉。

"小亨"者,亨之小也。旅途亲寡,势涣情疏,纵有亨通之事,亦必微小,故其占为"小亨"。然其亨者以其正也,道无往而不在,理无微而可忽,旅途之间能守此正,则吉而亨矣。"小亨"者,占之亨也;"旅贞吉"者,圣人教占者处旅之道也。

《象》曰:"旅,小亨",柔得中乎外,而顺乎刚,止而丽乎明,是以"小亨,旅贞吉"也。

旅之时义大矣哉!

以卦综、卦德释卦辞,而叹其大。本卦综丰,二卦同体,文王综为一卦,故《杂卦》曰:"丰,多故。亲寡,旅也。"丰下卦之离,进而为旅之上卦,所以柔得中乎外卦,而又亲比上下之刚也。"明"者,己之明也,非丽人之明也。"止而丽乎明"与睽"悦而丽乎明"同,只是内止外明也。羁旅之间,柔得中不取辱,顺乎刚不招祸,止而不妄动,明而识时宜,此四者处旅之正道也。有此正道,是以占者"小亨"。若占者能守此旅之正道,则吉而亨矣。"大"本赞辞,"然"乃叹辞也。言旅本小事,必柔中顺刚,止而丽明,方得小亨。则难处者旅之时,难尽者旅之义,人不可以其小事而忽之也。与豫、随、姤同。

《象》曰:山上有火,旅。君子以明慎用刑,而不留狱。

明其刑,以罪之轻重言。慎其刑,以罪之出人言。"不留"者,既决断于明刑之后,当罪者即罪之,当宥者即宥之,不留滞淹禁也。因综丰雷火,故亦言"用刑"。"明"者,火之象。"慎"者,止之象。"不留"者,旅之象。

初六:旅琐琐,斯其所取灾。

"琐"者,细屑猥鄙貌。羁旅之间,计财利得失之毫末也。"斯"者,此也。"取灾"者,自取其灾咎也。"斯其所以取灾"者,因此琐琐自取灾咎,非由外来也。旅最下,则"琐琐取灾";旅最上,则"焚巢致凶"。必如象之柔中顺刚,止而丽明,方得尽善。

初六阴柔在下,盖处旅而猥鄙细屑者也。占者如是,则召人之轻侮,而自取灾咎矣。故其象占如此。

《象》曰:旅琐琐,志穷灾也。

"志穷"者,心志穷促浅狭也。惟其"志穷",所以"琐琐"取灾。

六二:旅即次,怀其资,得童仆贞。

"即"者,就也。"次"者,旅之舍也。艮为门,二居艮止之中,即次得安之象也。"资"者,财也,旅之用也。中爻巽,巽为"近市利三倍",怀资之象也。故家人六四"富家大吉"。少曰童,长曰仆,旅之奔走服役者也。艮为少男,综震为长男,童仆之象也。阴爻中虚,有孚贞信之象也。

六二当旅之时,有柔顺中正之德,故有即次怀资、童仆贞之象,盖旅之最吉者也。占者有是德,斯应是占矣。

《象》曰:"得童仆贞",终无尤也。

羁旅之中得即次怀资,可谓吉矣。若使童仆狡猾,则所居终不能安,而资亦难保其不盗矣,此心安得不至怨尤?所以"童仆贞,终无尤"。

九三:旅焚其次,丧其童仆贞,厉。

三近离火,焚次之象也。三变为坤,则非艮之男矣,"丧童仆"之象也。"贞"者,童仆之贞。"信"者,丧之也。"贞"字连"童仆"读。盖九三过刚不中,与六二柔顺中正全相反,"焚次"与"即次"反,"丧童仆贞"与"得童仆贞"反,"得"字对"丧"字看,故知"贞"字连"童仆"。

九三居下之上，过刚不中。居下之上则自高不能下人，过刚则众莫之与，不中则所处失当，故有"焚次丧童仆贞"之象，危厉之道也。故其象占如此。

《象》曰："旅焚其次"，亦以伤矣。以旅与下，其义丧也。

"焚次"已伤困矣，况又"丧童仆贞"乎！但以义揆之，以旅之时而与下过刚如此，宜乎"丧童仆"也，何足为三惜哉！"下"字即"童仆"。

合二、三爻观之，可见旅贵柔而贱刚。

九四：旅于处，得其资斧，我心不快。

"处"者，居也，息也。"旅处"与"即次"不同。"即次"者，就其旅舍，已得安者也；"旅处"者，行而方处，暂栖息者也。艮土性止，离火性动，故"次"与"处"不同。"资"者，助也，即六二怀资之资，财货金银之类。"斧"，则所以防身者也。得资足以自利，得斧足以自防，皆旅之不可无者。离为戈兵，斧之象也。中爻上兑金，下巽木，木贯乎金，亦斧之象也。旅于处则有栖身之地，非三之焚次矣。得资斧则有御备之具，非三之"丧童仆"矣。离错坎为加忧，"不快"之象。此爻变中爻成坎，亦"不快"之象。

九四以阳居阴，处上之下，乃巽顺以从人者也，故有"旅于处得其资斧"之象。但下应阴柔，所托非人，故又有"我心不快"之象。占者亦如是也。

《象》曰："旅于处"，未得位也。"得其资斧"，心未快也。

旅以得位而安，二之即次，艮土之止也。四之于处，离火之燥也。资斧虽得，然处位不宁，应与非人，心焉得快？亦得暂息耳，未得位也。

六五：射雉一矢，亡。终以誉命。

离为雉，雉之象也。错坎，矢之象也。变乾，乾居一，一之象也。始而离则有雉、矢二象，及变乾则不见雉与矢矣，故有雉飞矢亡之象。"誉"者，兑也，兑悦体，又为口，以口悦人，誉之象也。凡《易》中言"誉"者皆兑。如蛊卦"用誉"，中爻兑也；塞卦"来誉"，下体错兑也；丰卦"庆誉"，中爻兑也。"命"，命令也。"以"者，用也，言五用乎四与二也。本卦中爻乃兑与巽，兑为誉，巽为命，六五比四而顺刚，又应乎二之中正，四乃兑，二乃巽，所以终得声誉命令也。如玄宗幸蜀，及肃宗即位于外，德宗幸奉天，皆天子为旅也，可谓雉飞矢亡矣。后得郭子仪诸臣恢复故物，终得其誉，又得命令于天下，如建中之诏是也。六五当羁旅之时，以其阴柔，故有"射雉"雉飞矢亡之象也。然文明得中，能顺乎四而应乎二，故"终以誉命"也。占者凡事"始凶终吉"可知矣。

《象》曰："终以誉命"，上逮也。

上者，五也。五居上体之中，故曰"上"，以四与二在下也。"逮"，及也。言顺四应二，赖及于四二，所以得"誉命"也。

上九：鸟焚其巢，旅人先笑后号咷。丧牛于易，凶。

易，音亦。

离，其于木也科上稿，巢之象也。离为鸟为火，中爻巽为木为风，鸟居风木之上而遇火，火燃风烈，"焚巢"之象也。"旅人"者，九三也，乃上九之正应也。三为人位，得称"旅人"。"先笑"者，上九未变，中爻兑悦，笑之象也，故与同行正应之旅人为之相笑。及"焚其巢"，上九一变，则悦体变为震动，成小过灾有眚之凶矣，岂不"号咷"？故"先笑后号咷"也。离为牛，牛之象也。与大壮"丧羊于易"同。易即场，田畔地也。震为大涂，有此象。

上九当羁旅穷极之时，居卦之上则自高，当离之极则躁妄，与柔中顺刚、止而丽明者相反，故以之即次，则无栖身之地，有"鸟焚其巢，一时变笑为号咷"之象。以之怀资，则无守卫之人，有"丧牛于易"之象。欲止无地，欲行无资，何凶如之！故占者凶。

《象》曰：以旅在上，其义焚也。"丧牛于易"，终莫之闻也。

在上过于高亢，宜乎见恶于人而焚巢。既见恶于人，则人莫有指而闻之者，而牛不可获矣。错坎为耳痛，故"莫之闻"。

重耳出亡，而从者皆卿材，喑公于野井，有子家羁，莫能用也。

䷸ 巽上 巽下 巽伏

巽，入也，二阴伏于四阳之下，能巽顺乎阳，故名为巽。其象为风，风亦取入义，亦巽之义也。《序卦》："旅而无所容，故受之以巽。"旅途亲寡，非巽顺何以取容？所以次旅。

巽：小亨，利有攸往，利见大人。

"小亨"者，以卦本属阴，又卑巽也。惟其如是，则才智不足以识远任重，仅可小亨。虽"小亨"，然"利有攸往"。盖巽以从人，人无不悦，所以"利有攸往"。然使失其所从，未必利往，纵使利往，失其正矣，故利见大德之人。此则因其从阳，而教之以所从之人也。

《彖》曰：重巽以申命，刚巽乎中正而志行，柔皆顺乎刚，是以"小亨，利有攸往，利见大人"。

释卦义，又以卦体释卦辞。"重巽"者，上下皆巽也。"申命"者，丁宁重复也。风之吹物无处不入，无物不鼓动，诏令之入人，亦如风之动物也。刚巽乎中正，指九五。"巽乎中正"者，居巽卦之中正也。"志行"者，能行其志。盖刚居中正，则所行当其理，而无过中失正之弊也。凡出身加民，皆建中表正，而志以行矣。此"大人"之象也。柔指初与四，刚指二、三、五、六。惟柔能顺乎刚，是以"小亨，利有攸往"。惟刚巽乎中正，故"利见大人"。

《象》曰：随风，巽。君子以申命行事。

前风去而后风随之，战曰"随风"。"申命"者，随风之象也。"申命"者，所以晓谕于行事之先；"行事"者，所以践言于申命之后，其实一事也。

初六：进退，利武人之贞。

巽为进退，"进退"之象也。变乾纯刚，故曰"武人"。故履六三变乾亦曰"武人"，皆阴居阳位，变阳得称"武人"也。盖阴居阳位则不正，变乾则贞矣，故曰"利武人之贞"。曰"利武人之贞"，如云利阳刚之正也。

初六阴柔居下爻，为巽之主，乃卑巽之过者也，是以持狐疑之心，凡事是非可否，莫之适从，故有"进退"之象，以刚果之不足也。苟能如武人之贞，则有以矫其柔懦之偏，不至于过巽矣。故教占者如此。

《象》曰:"进退",志疑也。"利武人之贞",志治也。

"进退"者,以阴柔居巽下,是非可否,莫之适从也。惟疑则方寸已乱,不能决进退矣。若柔而济之以刚,则心之所之者有定见,事之所行者有非,可进则决于进,可退则决于退,不持疑于两可,治而不乱矣。

治不疑也。

九二:巽在床下,用史巫纷若,吉,无咎。

一阴在下,二阳在上,床之象,故剥以"床"言。巽性伏,二无应于上,退而比初,心在于下,故曰"床下"。中爻为兑,又巽综兑,兑为巫,"史巫"之象也。又为口舌、为毁、为附,"纷若"之象也。史掌卜筮,曰"史巫"者,善于卜吉凶之巫也,故曰"史巫",非两人也。"纷"者,缤纷杂乱貌。"若",助语辞。初乃阴爻居于阳位,二乃阳爻居于阴位,均之过于卑巽者也。初教之以武人之贞,教之以直前勇敢也;二教之以巫之纷若,教之以抖擞奋发也。初阴据阳位,故教以男子之"武";二阳据阴位,故教以"女人"之纷。爻辞之精如此。

二以阳处阴,而居下无应,乃比乎初,故有巽在床下之象。然居下体亦过于卑巽者,必不自安宁。如史巫之纷若,鼓舞动作,则有以矫其柔懦之偏,不惟得其吉,而在我亦无过咎矣。教占者当如是也。

《象》曰:"纷若"之吉,得中也。

"得中"者,得中而不过于卑巽也。凡《小象》二五言中字,皆因中位,又兼人事。

九三:频巽,吝。

"频"者,数也。三居两巽之间,一巽既尽,一巽复来,"频巽"之象。曰"频巽",则频失可知矣。"频巽"与"频复"不同。"频复"者,终于能复也;"频巽"者,终于不巽也。

九三过刚不中,又居下体之上,本不能巽,但当巽之时,不容不巽矣。然屡巽屡失,吝之道也。故其象占如此。

《象》曰:"频巽"之吝,志穷也。

三本刚而位又刚,已不能巽矣。又乘刚,安能巽?曰"志穷"者,言心虽欲巽而不得巽也。

六四:悔亡,田获三品。

中爻离为戈兵,巽错震,戈兵震动,田之象也。离居三,三品之象也。"三品"者,初巽为鸡,二兑为羊,三离为雉也。

六四当巽之时,阴柔无应,承乘皆刚,宜有悔矣。然以阴居阴,得巽之正,又居上体之下,盖居上而能下者也,故不惟悔亡,而且有"田获三品"之象。占者能如是,则所求必得而有功矣。

《象》曰:"田获三品",有功也。

八卦正位,巽在四,所以"获三品"而"有功"。

九五:贞吉,悔亡,无不利。无初有终。先庚三日,后庚三日,吉。

"先庚"、"后庚",详见蛊卦。五变则外卦为艮,成蛊矣。先庚丁,后庚癸,其说始于郑玄,不成其说。

九五居尊,为巽之主,命令之所由出者也。以其刚健中正,故正而又吉。然巽顺之体,初时不免有悔,至此则悔亡而无不利矣。惟其"悔亡"而"无不利",故"无初有终"也。然命令之出,所系匪轻,必原其所以始,虑其所以终,"先庚三日,后庚三日",庶乎命令之出,如风之吹物,无处不人、无物不鼓动矣。占者必如是而吉也。

伏羲圆图,艮巽夹坎于西方之中,故曰:先庚后庚。言巽先乎庚,而艮后乎庚。先三,下三爻也,后三,上三爻也。

《象》曰:九五之吉,位中正也。

刚健中正,未有不吉者。曰"悔亡"者,巽累之也。故孔子止言九五之吉。

上九:巽在床下,丧其资斧,贞凶。

本卦巽木综兑金,又中爻兑金,斧之象也。又中爻离为戈兵,亦斧之象也。阴乃巽之主,阴在下四爻,上亦欲比乎四,故与二之巽在床下同。九三、九五不言床下者,三过刚,五居中得正也。巽"近市利三倍",本有其资,此爻变坎为盗,则"丧其资"矣。且中爻离兑斧象,皆在下爻,不相管摄,是"丧其斧"矣。"贞"者,巽本美德也。

上九居巽之终,而阴居于下,当巽之时,故亦有"巽在床下"之象。但不中不正,穷之极矣,故又有"丧其资斧"之象。占者得此,虽正亦凶也。

《象》曰:"巽在床下",上穷也。"丧其资斧",正乎? 凶也。

"上穷"者,言上九之时势也,非释巽在床下也。巽在床下乃本卦之事,当巽之时,不容不巽者也。"正乎凶"即《爻辞》"贞凶"。

乎,疑辞也,决辞言爻辞以为贞。果正乎? 乃凶也。

☱兑上
☱兑下　**兑见**

兑,悦也。一阴进于二阳之上,喜悦之见于外也,故为兑。《序卦》:"巽者,入也。人而后悦之,故受之以兑。"所以次巽。

兑:亨,利贞。

"亨"者,因卦之所有而与之也;"贞"者,因卦之不足而戒之也。说则亨矣,但阴阳相说,易流于不正,故戒以利贞。

《象》曰:兑,说也。刚中而柔外,说以利贞,是以顺乎天而应乎人。说以先民,民忘其劳;说以犯难,民忘其死。说之大,民劝矣哉!

先,西荐反。难,乃旦反。

释卦名,又以卦体释卦辞,而极言之。"兑,说也",与"咸,感也"同。咸去其心,说去其言,故咸则无心之感,兑则无言之说也。刚中指二五,柔外指三上。阳刚居中,中心诚实之象。柔爻在外,接物和柔之象。外虽柔,中实刚介,是之谓说而贞,故"利贞"。《易》"有天道焉",顺天者,上兑也。"有人道焉",应人者,下兑也。揆之天理而顺,故"顺天";即之人心而安,故"应人"。天理人心正而已矣,若说之不以正,则不能顺应矣。

说本有亨而又利贞者，盖卦体刚中，则所存者诚，固无不亨。柔外恐说之不正，故必正而后利也。说得其正，是以顺天应人。以之先民，民忘其劳；以之犯难，民忘其死。夫好逸恶死，人情之常，今忘劳忘死，非人情也，而忘之者以说，而不自知其劳且死也。曷为而说也？知圣人劳我以逸我，死我以生我也，是以说而自劝也。夫劝民与民自劝相去远矣，是以圣人大之，曰："说之大，民劝矣哉！"此正之所以利也。

《象》曰：丽泽，兑。君子以朋友讲习。

"丽"者，附丽也。两泽相丽，交相浸润，互有滋益。水就湿，各以类而相从，朋友之道不出乎此。"习"者，我自习之以践其事。朋友之间从容论说，以讲之于先，我又切实体验，以习之于后，则心与理相涵，而所知者益精；身与事相安，而所能者益固；欲罢不能，而真说在我矣。

初九：和兑，吉。

"和"与《中庸》"发而皆中节谓之和"之"和"字同，谓其所悦者无乖戾之私，皆情性之正，道义之公也。"吉"者，无恶无射、家邦必达之意。盖悦能和，即顺天应人，岂不吉。

初九以阳爻居说体而处最下，又无应与之，系说得其正者也。故其象占如此。

《象》曰："和兑"之吉，行未疑也。

本卦说体不当阴阳相比——二比三、三比四、五比六，阴阳相比则不能无疑，故夬卦九五《小象》曰"中未光也"、萃卦曰"志未光也"。"未光"者，因可疑而未光也，故上六"引兑"亦曰"未光"。本卦独初爻无比，无比则无所疑矣，故曰"行未疑也"。"行"者，与人和说也。变坎为狐疑，疑之象也。

九二：孚兑，吉，悔亡。

本卦无应与，专以阴阳相比言。刚中为"孚"，居阴为悔。盖"来兑"在前，私系相近，因居阴不正，所以不免悔也。

九二当兑之时，承比阴柔，说之当有悔矣。然刚中之德，孚信内充，虽比小人，自守不失正，所谓和而不同也。占者能如是以孚而说，则吉而悔亡矣。

《象》曰："孚兑"之吉，信志也。

心之所存为志。"信志"即"诚心"二字。二刚实居中，诚信出于刚中之志，岂又说小人而自失？革九四，辞同义异。革则人信，孚则己信。

六三：来兑，凶。

自内至外为"往"，自外至内为"来"。"凶"者，非惟不足以得人之与，且有以取人之恶，所以凶也。何也？盖初刚正，二刚中，乃君子也，说之不以道，岂能说哉！求亲而反疏矣。如宏霸尝元忠之粪，彭孙濯李宪之足，丁谓拂莱公之须，皆为人所贱，而至今犹有遗羞焉，岂不凶？

三，阴柔不中正，上无应与，近比于初，与二之阳乃来求而悦之，是自卑以求悦于人，不知有礼义者矣。故其占凶。

《象》曰："来兑"之凶，位不当也。

阴柔不中正。

九四：商兑未宁，介疾有喜。

"商"者，商度也。中爻巽，巽为不果，商之象也。"宁"者，安宁也。两间谓之介，分限也，故人守节，亦谓之介。四与三上下异体，犹疆介然，故以介言之。比乎五者公也，理也，故不敢舍公而从私。比乎三者私也，情也，故不能割情而就理。此其所以"商度未宁"也。商者四，介者九。

四承九五之中正，而下比六三之柔邪，故有"商度未宁"之象。然质本阳刚，若介然守正，疾恶柔邪，而相悦乎同体之五，如此则有喜矣。故戒占者如此。

《象》曰：九四之喜，有庆也。

君臣相悦，国家之大庆也，何待商哉！介疾可以。

与君相悦则得，得行其阳刚之正道，而有福庆矣。

九五：孚于剥，有厉。

剥谓阴能剥阳，指上六也。剥即剥卦，消阳之名。兑之九五正当剥之六五，故言"剥"。如明皇之李林甫，德宗之卢杞，皆以阴柔容悦，剥乎阳者也。"孚"者，凭国家之承平，恃一己之聪明，以小人不足畏而孚信之，则内而蛊惑其心志，外而壅蔽其政令，国事日为之紊乱矣，所以"有厉"。因悦体人易孚之，所以设此有厉之戒，不然九五中正，安得"有厉"？

九五阳刚中正，当悦之时，而居尊位，密近上六。上六阴柔，为悦之主，处悦之极，乃妄悦以剥阳者也。故戒占者，若信上六则有危矣。

《象》曰：孚于剥，位正当也。

与"履"九五同。

上六：引兑。

"引"者，开弓也，心志专一之意，与萃"引吉"之"引"同。中爻离错坎，坎为弓，故用"引"字。萃六二变坎，故亦用"引"字。本卦二阴，三曰"来兑"，止来于下，其字犹缓，其为害浅，至上六则悦之极矣，故"引兑"。开弓发矢，其情甚急，其为害深，故九五"有厉"。

上六阴柔，居悦之极，为悦之主，专于悦五之阳者也，故有"引兑"之象。不言"吉凶"者，五已有"危厉"之戒矣。

《象》曰：上六"引兑"，未光也。

"未光"者，私而不公也。盖悦至于极，则所悦者必暗昧之事，不光明矣。故萃卦上体乃悦，亦曰"未光"。

来瞿唐先生易注卷之十二

䷍ 巽上
坎下　涣离也

"涣"者,离散也。其卦坎下巽上,风行水上,有披离解散之意,故为"涣"。《序卦》:"兑者,说也。说而后散之,故受之以涣。"所以次兑。

涣:亨。王假有庙,利涉大川,利贞。

坎错离,离为日,"王"之象也。中爻艮,艮为门阙,又坎为宫,"庙"之象也。又坎为隐伏,人鬼之象也。木在水上,"利涉大川"之象也。"王假有庙"者,王至于庙以聚之也。此二句,皆以象言,非真"假庙""涉川"也。"假有庙"者,至诚以感之,聚天下之心之象也。"涉大川"者,冒险以图之,济天下之艰之象也。"利贞"者,戒之也。

《彖》曰:"涣亨",刚来而不穷,柔得位乎外而上同。"王假有庙",王乃在中也。"利涉大川",乘木有功也。

以卦综释卦辞。本卦综节,二卦同体,文王综为一卦,故《杂卦》曰:"涣,离也。节,止也。""刚来不穷"者,言节上卦坎中之阳来居于涣之二也,言刚来亦在下之中,不至于穷极也。"柔得位乎外而上同"者,节下卦兑三之柔,上行而为巽之四,与五同德以辅佐乎五也。八卦正位,坎在五,巽在四,故曰"得位",故曰"上同"。"王乃在中"者,中爻艮为门阙,门阙之内即庙矣。今九五居上卦之中,是在门阙之内矣,故曰"王乃在中"也。"乘木"者,上卦巽木乘下坎水也。"有功"者,即利涉也。因有此卦综之德,故能"王乃在中",至诚以感之,以聚天下之心;"乘木有功",冒险以图之,以济天下之难。此涣之所以亨也。

《象》曰:风行水上,涣。先王以享于帝,立庙。

"享帝立庙"在国家盛时说,非土崩瓦解之时也。与"王假有庙"不同。孔子在涣字上生出此意来。言王者享帝,而与天神接,立庙而与祖考接,皆聚己之精神,以合天人之涣也。"风在天上",天神之象;"水在地下",人鬼之象。"享帝"则天人感通,"立庙"则幽明感通。

初六:用拯马壮,吉。

坎为亟心之马,马壮之象也。陈平交欢太尉而易吕为刘,仁杰潜授五龙而反周为唐,皆"拯"急难而得"马壮"者也。

初六当涣之初,未至披离之甚,犹易于拯者也。但初六阴柔,才不足以济之,幸九二刚中,有能济之具者。初能顺之,托之以济难,是犹拯急难而得"马壮"也。故有此象。占者如是,则吉也。

《象》曰：初六之吉，顺也。

顺二也。

九二：涣奔其机，悔亡。

木无枝曰"机"。

"奔"者，疾走也。中爻震足，坎本亟心，奔之象也。又当世道涣散，中爻震动不已，皆有出奔之象。"机"，木也。中爻震木，应爻巽木，"机"之象也，指五也。

当涣之时，二居坎陷之中，本不可以济涣，而有悔也。然应九五中正之君，君臣同德，故出险以就五，有奔于其机之象。当天下涣散之时，汲汲出奔以就君，得遂其济涣之愿矣，有何悔焉？故占者"悔亡"。

《象》曰："涣奔其机"，得愿也。

得遂其济涣之愿。

二之奔五非图出险，其愿惟在于济涣。子议赴朔方，刘幽求赴隆基也。

六三：涣其躬，无悔。

六三居坎体之上，险将出矣，且诸爻独六三有应援，故"无悔"。"涣其躬"者，奋不顾身求援于上也。

六三阴柔，本不可以济涣，然与上九为正应，乃亲自求援于上九，虽以阴求阳，宜若有悔，然志在济时，故"无悔"也。教占者必如此。

《象》曰："涣其躬"，志在外也。

"在外"者，志在外卦之上九也。

以上九足为济涣之外援，所以不有其身。

六四：涣其群，元吉。涣有丘，匪夷所思。

"涣其群"者，涣其人也。当涣之时，土崩瓦解，人各植党，如六国之争衡，田横之海岛，隗嚣之天水，公孙述之于蜀，唐之藩镇尾大不掉，皆所谓群也。政无多门，势无两大，胫大于股则难步，指大于臂则难把，故当"涣其群"也。六四能涣小人之私群，成天下之公道，所以"元吉"。柔得位乎外而上同，岂不"元吉"？"涣丘"者，涣其土也。艮为土，丘之象也。颐上卦艮，故曰"丘颐"。比卦中爻艮，故亦以丘言之。"夷"者平常也，言非平常之人思虑所能及也。

六四上承九五，当济涣之任者也。所居得正，而下无应与，则外无私交，故有"涣其群"之象。占者如是，则正大光明，无比党携贰之私，固大善而"元吉"矣。然所涣者特其人耳。若并其土而涣之，则其"元吉"犹不殊于涣群。但"涣其群"者，人皆可能；而"涣其丘"者，必才智出众之人方可能之，殆非平常思虑之所能及也。故又教占者如此。

窦融献陇西地，钱俶献钱塘地，涣丘也。

《象》曰："涣其群，元吉"，光大也。

凡树私党者，皆心之暗昧狭小者也。惟无一毫之私，则光明正大，自能"涣其群"矣，故曰"光大也"。

九五：涣汗其大号。涣，王居，无咎。

上卦风以散之。下卦坎水,汗之象也。巽综兑,兑为口,号之象也。五为君,又阳爻,"大号"之象也。散人疾而使之愈者汗也,解天下之难而使之安者号令也。"大号",如武王《武成》诸篇,及唐德宗罪己之诏皆是也。"王居"者,帝都也,如赤眉入长安,徽钦如金,皆正涣之时矣。光武乃封更始为淮阳王,而定都洛阳。高宗乃即位于南京,皆所谓"涣王居"也。益卦中爻为坤,"利用为依迁国",此爻一变亦中爻成坤,故"涣王居"。坎错离,离为日,王之象。五乃君位,亦有王之象。孔子恐人不知"王居"二字,故《小象》曰"正位也"。曰"正位",义自显明。

九五阳刚中正以居尊位,当涣之时,为臣民者"涣其躬"、"涣其群",济涣之功成矣。乃诞告多方,迁居正位,故有"涣汗其大号"、"涣王居"之象。虽其始也,不免有土崩瓦解之虞,至此则恢复旧物,大一统宇矣。以义揆之,则无咎也。故其占为"无咎"。

《象》曰:"王居,无咎",正位也。

光武诸将于中山上尊号,不听,耿纯进曰:"天下士大夫捐亲戚,弃土壤,从大王于矢石之间者,其计固望攀龙鳞附凤翼以成其志耳。今大王留时逆众,不正号位,恐士大夫绝望计穷,有去归之思,无为久自若也。"此即"正位"之意。盖京师天下根本,当涣之时,王者必定其所居之地以正其位。位既正,则人心无携贰,昔之涣者,今统于一矣。故"涣王居"者,乃所以正位也。

上九:涣其血,去逖出,无咎。

去,去声。

依《小象》"涣其血"作句。"血"者,伤害也。"涣其血"者,涣散其伤害也。"逖"者,远也。当涣之之时,干戈扰攘,生民涂炭,民之逃移而去乡土者多矣。"去逖出"者,言去远方者得出离其远方而还也。此爻变坎,下应坎,坎为血,血之象。又为隐伏,远方窜伏之象也。

上九以阳刚当涣之极,方其始而涣散之时,其伤害,其远遁,二者所不免也。今九五诞告多方,迁居正位,归于一统,非复前日之离散,则伤害者得涣散矣,远遁者得出离矣,故有"涣血去逖出"之象,而其占则"无咎"也。

《象》曰:"涣其血",远害也。

涣其血,去逖出,则危者已安,否者已泰,其涣之害远矣,故曰"远害"也。

䷻ 坎上 兑下 节

"节"者,有限而止也。为卦下兑上坎,泽上有水,其容有限,若增之则溢矣,故为节。《序卦》:"涣者,离也,物不可以终离,故受之以节。"所以次涣。

节:亨。苦节,不可贞。

五行以甘为正味,稼穑作甘者,以中央土也。若火炎上,则焦枯,所以作苦。不可贞者,不可因守以为常也。凡人用财修己皆有中道,仕止久速各有攸当,或远或近,或去或不去。归洁其身,如屈原、申屠狄之投河,陈仲子之三日不食,许行之并耕,泄柳之闭门,皆非经常而不可久者也。

《象》曰:"节,亨",刚柔分而刚得中。"苦节不可贞",其道穷也。说以行险,当位以节,中正以通。天地节而四时成。节以制度,不伤财,不害民。

以卦综释卦辞,又以卦德、卦体释"亨"之义,而极言之。坎刚卦,兑柔卦。节涣相综,在涣则柔外而刚内,在节则刚外而柔内,则"刚柔分"也。"刚得中"者,二五也,二五皆刚居中也。言刚柔虽分内分外,而刚皆得中,此其所以亨也。惟其中所以亨,若苦节则不贞矣。不中则天理不顺,人情不堪,难于其行,所以穷也。盖穷者亨之反,亨则不穷,穷则不亨。当位指九五。八卦正位坎在五,故以当位言之。"中正"者,五中正也。"通"者,推行不滞而通之天下也。坎为通,故以通言之。盖所谓节者,以其说而行险也。盖说则易流,遇险则止,说而不流,所以为节。且阳刚当九五之位,有行节之势,以是位而节之。九五具中正之全,有体节之德,以是德而通之。此所以为节之善,故占者亨。若以其极言之,阳极阴生,阴极阳生,柔节之以刚,刚节之以柔,皆有所制,而不过天地之节也。天地有节,则分至启闭、晦朔弦望,四时不差而岁功成矣。"制"者,法禁也,故天子之言曰"制书"。"度"者,则也,皆有所限制而不过。节以制度,是量入为出,如《周礼》"九赋九式有常数常规"是也。"不伤"者,财不至于匮乏。"不害"者,民不苦于诛求桀过乎节、貉不及乎节。不伤不害,惟圣人能之。

《象》曰:泽上有水,节。君子以制数度,议德行。

行,下并反。

古者之制器用宫室衣服,莫不有多寡之数、隆杀之度,使贱不逾贵、下不侵上,是之谓制数度,如繁缨一就三就之类是也。得于中为德,发于外为行。"议"之者,商度其无过不及而求归于中,如直温宽栗之类是也。坎为矫轹,"制"之象。兑为口舌,"议"之象。"制"者节民于中,"议"者节身于中。

初九:不出户庭,无咎。

中爻艮为门,门在外,户在内,故二爻取门象,此爻取户象。前有阳爻蔽塞,闭户不出之象也。又应四,险难在前,亦不当出,亦不出之象也。此象所该者广,在为学为"含章",在处事为"括囊",在言语为"简默",在用财为"俭约",在立身为"隐居",在战阵为"坚壁"。《系辞》止以"言语"一事言之。"无咎"者,不失身不失时也。

初九阳刚得正,居节之初,知前爻蔽塞,又所应险难,不可以行,故有"不出户庭"之象。此则知节之时者也,故占者"无咎"。

《象》曰:"不出户庭",知通塞也。

道有行止,时有通塞。不出户庭者,知其时之塞而不通也。此"塞"字乃孔子取内卦之象。

九二:不出门庭,凶。

圣贤之道以中为贵,故邦有道,其言足以兴邦,无道,其默足以容。九二当禹稷之位,守颜子之节,初之无咎,二之凶可知矣。

九二前无蔽塞,可以出门庭矣。但阳德不正,又无应与,故有"不出门庭"之象。此则惟知有节,而不知通其节,节之失时者也。

《象》曰:"不出门庭",失时极也。

“极”,至也,言失时之至,惜之也。初与二,象皆一意,惟观时之通塞而已。初,时之塞矣,故“不出户庭无咎”;二,时之通矣,故“不出门庭凶”。所以可仕则仕,可止则止,孔子为圣之时,而禹、稷、颜回同道者,皆此意也。

六三:不节若,则嗟若,无咎。

兑为口舌,又坎为加忧,又兑悦之极则生悲叹,皆嗟叹之象也。用财,恣情忘费则不节矣;修身,纵情肆欲则不节矣。嗟者,财以费而伤,德以纵而败,岂不自嗟? 若,助语辞。自作之孽,何所归咎!

六三当节之时,本不容不节者也,但阴柔不正,无能节之德。不节之后自取穷困,惟嗟叹而已,此则不能节者也。占者至此,将何咎哉! 故无所归咎。

《象》曰:不节之“嗟”,又谁咎也?

此与解卦小异,详见解卦。

六四:安节,亨。

“安”者,顺也,上承君之节,顺而奉行之也。九五为节之主,当位以节,中正以通,乃节之极美者。四最近君,先受其节,而节之节。以修身用财言者,举其大者而言耳。若臣安君之节,则非止二者。盖节者,中其节之义。在学为不陵节之节,在礼为节文之节,在财为撙节之节,在信为符节之节,在臣为名节之节,在君即为节制之节。故不止于修身用财。

六四柔顺得正,上承九五,乃顺其君,而未行其节者也。故其象为安,其占为亨。

《象》曰:“安节”之“亨”,承上道也。

承上道即遵王之道。

九五:甘节,吉。往有尚。

“甘”者,乐易而无艰苦之谓。坎变坤,坤为土,其数五,其味甘,甘之象也。凡味之甘者人皆嗜之。下卦乃悦体,又兑为口舌,甘美之象也。诸爻之节,节其在我者,九五之节,以节节人者也。临卦六三居悦体之极,则求悦乎人,故“无攸利”;节之九五居悦体之上,则人悦乎我,故“往有尚”。“吉”者,节之尽善尽美也。“往有尚”者,立法于今而可以垂范于后也。盖“甘节”者中正也,“往有尚”者通也。数度德行皆有制议而通之天下矣,正所谓“当位以节、中正以通”也。

九五为节之主,节之甘美者也。故占者不惟“吉”,而且“往有尚”。

《象》曰:甘节之吉,居位中也。

中可以兼正,故止言中。

上六:苦节,贞凶,悔亡。

“苦节”虽本文王卦辞,然坎错离,上正居炎上之地,炎上作苦,亦有苦象。“贞凶”者,虽无越理犯分之失,而终非天理人情之安也。盖以事言,无甘节之吉,故“贞凶”。以理言,无不节之嗟,故“悔亡”。《易》以祸福配道义,而道义重于祸福,故大过上六“过涉灭顶无咎”,而此曰“悔亡”,见理之得失重于事之吉凶也。

上六居节之极,盖节之苦者也,故有《卦辞》“苦节”之象。节既苦矣,故虽正不免于凶。

《象》曰："苦节，贞凶"，其道穷也。

"道穷"见《彖辞》。

䷼ 巽上 兑下 中孚信也

孚，信。为卦二阴在内，四阳在外，而二五之阳皆得其中。以一卦六爻言之为中虚，以二体之二五言之为中实，皆孚之象也。又下说以应上，上巽以顺下，亦有孚义。《序卦》："节而信之，故受之以中孚。"所以次节。

中孚：豚鱼吉。利涉大川，利贞。

豚鱼生于大泽之中，将生风则先出拜，乃信之自然无所勉强者也。信如豚鱼，则吉矣。本卦上风下泽，豚鱼生于泽知风，故象之。鹤知秋，鸡知旦，二物皆信，故卦爻皆象之。"利贞"者，利于正也。若盗贼男女之私，岂不彼此有孚？然非理之正，故"利贞"。

《彖》曰：中孚，柔在内而刚得中，说而巽，孚乃化邦也。"豚鱼吉"，信及豚鱼也。"利涉大川"，乘木舟虚也。中孚以利贞，乃应乎天也。

以卦体、卦德、卦象释卦名、卦辞。二柔在内而中虚，二刚居中而中实。虚则内欲不萌，实则外诱不入，此中孚之本体也。而又下说上顺，上下交孚，所以"孚乃化邦"也。若从木立信，乃出于矫强矣，安能化邦？《易举正》止有"信及也"三字，无"豚鱼"二字。"及"者，至也，言信至于豚鱼，则信出自然矣。如此信，此所以吉也。"乘木舟虚"者，本卦外实中虚，有"舟虚"之象。至诚以涉险，如乘巽木之空，以行乎兑泽之上，又岂有沉溺之患？所以"利涉大川"。"应乎天"者，信能正，则事事皆天理，所谓诚者天之道也。贞应乎天，所以利贞。

《象》曰：泽上有风，中孚。君子以议狱缓死。

圣人之于卦，以八卦为之体，其所变六十四卦中错之综之，上之下之，皆其卦也，如火雷噬嗑。文王之意，以有火之明，有雷之威，方可有狱，孔子《大象》言用狱者五，皆取雷火之意。丰取其雷火也，旅与贲、艮综震，亦雷火也。解则上雷而中爻为火也，下体错离亦火也，此爻则大象为火而中爻为雷也。盖孔子于《易》韦编三绝，胸中之义理无穷，所以无往而非其八卦。不然，风泽之"与议狱缓死"何相干涉！《易经》一错一综，大象中爻，观此五卦自然默悟。兑为口舌，议之象。巽为不果，缓之象。

"议狱缓死"者，议狱罪当死矣，乃缓其死而欲求其生也。风入水受者，中孚之象也。"议狱缓死"，则至诚，恻怛之意溢于用刑之间矣。

初九：虞吉，有他不燕。

"虞"者，乐也，安也。"燕"者，喜也，安也。二字之义相近。"有他"者，其志不定而他求其所应也。本卦三四皆阴爻，六三则阴柔不正，六四则得八卦之正位者，因有此阴柔不正者隔于其中，故周公方设此有他之戒。若论本爻应爻，则不容戒也。

初九阳刚得正，而上应六四，四盖柔上得正者也。当中孚之初，其志未变，故有与六四相信而安乐之象，占者如是则吉。若不信于六四而别信于他，则是不能安乐其中孚矣，故戒占者如此。

《象》曰:初九"虞吉",志未变也。

方初中孚之志未变。

九二:鸣鹤在阴,其子和之。我有好爵,吾与尔靡之。

和,去声。

大象离,雉象,变震,鹄象,皆飞鸟之象也。不言雉鹄而言鹤者,鹤信故也。鹤八月霜降则鸣,兑乃正秋,故以鹤言之。中孚错小过之遗音,又兑为口舌,鸣之象也。故谦、豫二卦《小象》小过皆言"鸣"。"在阴"者,鹤行依洲屿,不集林木,九居阴爻,在阴之象也。巽为长女,兑为少女,子母之象也。"好爵"者,懿德也,阳德居中,故曰"好爵"。

子与尔皆指五,因中孚感应,极至而无以加,所以不论君臣皆呼子尔也。言懿德人之所好,故"好爵"虽我之所有,而彼亦系恋之也。"物之相爱"者,若如子母之同心;"人之所慕"者,莫如好爵之可贵。"鹤鸣子和"者,天机之自动也;"好爵尔靡"者,天理之自孚也。"靡"与"縻"同,系恋也。巽为绳,系之象也。

九二以刚中居下,有中孚之实,而九五刚中居上,亦以中孚之实应之,故有此象。占者有是德,方有是感应也。

《象》曰:"其子和之",中心愿也。

诚意所愿,非九二求于九五也。

六三:得敌,或鼓或罢,或泣或歌。

"得敌"者,得对敌也,指上九之应也。言六三不正,上九亦不正也。阴阳皆位不当,所以曰"得敌"。巽为进退,为不果,作止之象。又中爻震为鼓,鼓之象也。艮为止,"罢之"之象。本卦大象离错坎,坎为加忧,"泣"之象。兑为口舌,为"巫歌"之象。

六三阴柔不正,而上应九之不正,此为悦之极,彼为信之穷,皆相敌矣。是以或鼓或罢而作止不定,或泣或歌而哀乐无常。其象如此,占者不能孚信,可知矣。

《象》曰:"或鼓或罢",位不当也。

阴居阳位。

六四:月几望,马匹亡,无咎。

"月几望"者,月与日对而从乎阳也。本卦下体兑,中爻震,震东兑西,日月相对,故"几望"。曰"几"者,将望而犹未望也。因四阴爻近五阳爻,故有此日月之象。马匹亡者,震为马,马之象也。此爻变中爻成离牛,不成震马矣,"马匹亡"之象也。"匹"者,配也,指初九也。曰"亡"者,不与之交,而绝其类也。"无咎"者,心事光明也。

六四当中孚之时,近君之位,柔顺得正,而中孚之实德,惟精白以事君,不系恋其党与者也,故有"月几望马匹亡"之象。占者能是,则无咎矣。

《象》曰:"马匹亡",绝类上也。

绝其类应而上从五也。

九五:有孚挛如,无咎。

"挛如"即"鹤鸣子和,我爵尔靡"也。"縻"字与"挛"字,皆有固结而不可解之意。"縻"者,系恋也。"挛"者,相连也。如合九二共成一体,包二阴以成中孚,故有此象。"无咎"者,上下交而德业成也。

九五居尊位,为中孚之主,刚健中正,有中孚之实德,而下应九二,与之同德相信,故其象占如此。

《象》曰:"有孚挛如",位正当也。

与履不同。履,周公爻辞乃"贞厉",此则"无咎"。

上九:翰音登于天,贞凶。

《礼记》"鸡曰翰音",而此亦曰"翰音"者,以巽为鸡也。因错小过"飞鸟遗"之音,故九二曰"鹤鸣",而此曰"翰音"也。鸡信物,天将明则鸣,有"中孚"之意。巽为高,"登天"之象也。又居天位,亦"登天"之象也。"登"者,升也,言鸡鸣之声,登闻于天也。九二上孚于五,在阴而子和;上九不下孚于三,翰音反登天,其道盖相反矣。"贞"者,信本正理也。

上九居中孚之极,极则中孚变矣。盖声闻过,情不能长久于中孚者也,故有此象。占者得此,贞亦凶矣。

《象》曰:翰音登于天,何可长也?

鸡不能鸣永长登于天,不过天将明一时而已。

䷽ 震上 艮下　小过 过也

小谓阴也。为卦四阴二阳,阴多于阳。小者过也,故曰"小过"。《序卦》:"有其信者必行之,故受之以小过。"所以次中孚。

小过:亨,利贞。可小事,不可大事。飞鸟遗之音,不宜上,宜下,大吉。

小过错中孚象离,离为雉,乃飞鸟也。既错变为小过,则象坎矣,见坎不见离,则鸟已飞过,微有遗音也。《易经》错综之妙至此。若以卦体论,二阳象为鸟身,上下四阴象鸟翼,中爻兑为口舌,遗音之象也。遗音人得而听之,则鸟低飞在下不在上,与上六"飞鸟离之"者不同矣。大过曰"栋桡",栋,重物也,故曰"大过"。飞鸟轻物,而又曰"遗音",故曰"小过"。不宜上宜下,又就小事言也,如坤之居后不居先是也。《上经》终之以坎、离,坎、离之上颐与大过,颐有离象,大过有坎象,方继之以坎、离。《下经》终之以既济、未济,既济、未济之上中孚与小过,中孚有离象,小过有坎象,方继之既济、未济。文王之《序卦》精矣。

阴柔于人无所逆,于事无所拂,故"亨",然利于正也。盖大过则以大者为贞,小过则以小者为贞,故"可小事,不可大事"。然卦体有飞鸟遗音,其过如是其小之象,故虽小事亦宜收敛谦退,居下方得大吉。惟小事而又居下,斯得进宜而贞矣。"可小事不可大事"者,当小过之时;"宜下不宜上"者,行小过之事。

《象》曰:小过,小者过而亨也。过以"利贞",与时行也。柔得中,是以"小事"吉也。刚失位而不中,是以"不可大事"也。有"飞鸟"之象焉。"飞鸟遗之音,不宜上,宜下,大吉",上逆而下顺也。

以卦体、卦象释卦名、卦辞。阳大阴小，本卦四阴二阳，是小者过也，此原立卦名之义。"过而亨"者，言当小过之时，不容不小过，不小过则不能顺时，岂得亨？惟小者过，所以亨也。"时"者，理之当可也。时当小过而小过，乃所谓正也。亦如当大过之时，不得不大过也，则以大过为正也。故过以利贞者，与时行也。以二五言，柔顺得中，则处一身之小事能与时行矣，所以"小事吉"。以三四言，凡天下之大事，必刚健中正之君子方可为之，今失位不中，则阳刚不得志矣，所以"不可大事"。卦体内实外虚，有飞鸟之象焉，故卦辞曰"飞鸟遗之音"。"不宜上"者，上卦乘阳，且四五失位，逆也。"宜下，大吉"者，下卦承阳，且二三得正，顺也。惟上逆而下顺，所以虽小事亦宜下也，无非与时行之意。

《象》曰：山上有雷，小过。君子以行过乎恭，丧过乎哀，用过乎俭。

行，下并反。

山上有雷，其声渐远，故为小过。盖当小过之时，不容不过，行不过乎恭则傲，过甚则足恭；丧不过乎哀则易，过甚则灭性；用不过乎俭则奢，过甚则废礼。惟过恭、过哀、过俭，则与时行矣。

初六：飞鸟以凶。

因本卦有飞鸟之象，故就"飞鸟"言之。飞鸟在两翼，而初六上六又翼之锐者也，故初与上皆言飞言"凶"。"以"者，因也，因飞而致凶也。

居小过之时，宜下不宜上。初六阴柔不正，而上从九四阳刚之动，故有"飞鸟"之象。盖惟知飞于上而不知其下者也，凶可知矣。故占者凶。

《象》曰："飞鸟以凶"，不可如何也。

不可如何，莫能解救之意。

六二：过其祖，遇其妣，不及其君。遇其臣，无咎。

"遇"字详见噬嗑六三。阳为父，阴为母，"祖妣"之象。震、艮皆一君二民，"君臣"之象。三四阳爻，皆居二之上，有祖象，有君象。初在下，有妣象，有臣象。阴四故曰"过"，阳二故曰"不及"。本卦初之与四，上之与三，皆阴阳相应，阴多阳少，又阳失位，似阴有抗阳之意，故二阳爻皆言"弗过"。此爻不应乎阳，惟与初之阴相遇，故曰"遇妣"、"遇臣"也，观九四遇五曰"遇"、上六隔五曰"弗遇"可见矣。盖遇者非正应，而卒然相逢之辞。言以阴论，四阴二阳，若孙过其祖矣，然所遇者乃妣也，非遇而抗乎祖也。以阳论，二阳四阴，若不及在君，过在臣矣，然所遇者乃臣也，非过而抗乎君也。若初之于四，上之于三，则祖孙君臣相为应与，对敌而抗矣，所以初与上皆凶。此爻因柔顺中正，所以过而不过。

本卦阴过乎阳，阴阳不可相应。六爻以阳应阴者皆曰"弗过"，以阴应阳者则曰"过之"。六二柔顺中正，以阴遇阴，不抗乎阳，是当过而不过，"无咎"之道也。故其象占如此。

《象》曰："不及其君"，臣不可过也。

臣不可过乎君，故阴多阳少，不可相应。

九三：弗过防之，从或戕之，凶。

"弗过"者，阳不能过乎阴也。两字绝句。本卦阴过乎阳，故二阳皆称弗过。"防之"者，当备惧防乎其阴也。从者，从乎其阴也。何以众阴欲害九三？盖九三刚正，邪正不两立,况阴多乎阳。

九三当小过之时,阳不能过阴,故言弗过。然阳刚居正,乃群阴之所欲害者,故当防之。若不防之而反从之,则彼必戕害乎我而凶矣。故戒占者如此。

《象》曰:"从或戕之","凶"如何也?

"如何"者,言其凶之甚也,而岂可不妨阴乎?

九四:无咎,弗过遇之,往厉必戒,勿用永贞。

九四与九三不同。九三位当,九四位不当,故言"咎"。"弗过"者,弗过乎阴也。"遇之"者,反遇乎阴也。三从阴在下,其性止,故惟当防;四之阴在上,阳性上行,且其性动,与之相比,故"遇"也。"往"者,往从乎阴也。"永贞"者,贞实之心长相从也。

九四以刚居柔,若有咎矣。然当小过之时,刚而又柔,正即所谓小过也,故"无咎"。若其阳弗过乎阴,亦如其六二,但四弗过乎阴而反遇乎阴,不当往从之。若往从乎彼,与之相随,则必危厉,所当深戒,况相从而与之长永贞固乎?故又戒占者如此。

《象》曰:"弗过遇之",位不当也。"往厉必戒",终不可长也。

"位不当"者,刚居柔位。"终不可长"者,终不可相随而长久也。所以有往厉勿用之戒。旧注因不知三爻四爻,"弗过"二字绝句,所以失旨。

六五:密云不雨,自我西郊,公弋取彼在穴。

本卦大象坎,云之象也。中爻兑,雨之象也。又兑西巽东,自西向东之象也。以丝系矢而射曰弋,坎为弓,弋之象也。又巽为绳,亦弋之象也。坎为隐伏,又坎出自穴入于穴,皆穴之象也。鸟之巢穴多在高处,今至五则已高而在上矣,故不言飞而言穴。本卦以飞鸟遗音象卦体,今五变成兑,不成震,鸟不动,在于穴之象也。"公"者,阳失位在四,五居四之上,故得称"公"也。"取彼"者,取彼鸟也。鸟既在穴,则有遮避,弋岂能取?云"自西而东"者,不能成其雨;"弋取彼在穴"者,不能取其鸟。皆不能小过者也。盖雨之事,大则雷雨,小则微雨;射之事,大则狩,小则弋。如有微雨,是雨之小过矣。能取在穴,是弋之小过矣。今不雨不能取,是不能小过也。小畜以小畜大,小过以小过大,畜与过皆阴之得志也,故周公小过之爻辞同文王小畜之卦辞。

本卦宜下不宜上,至外卦而上矣。五以柔居尊而不正,不能成小过之事,故也。

《象》曰:"密云不雨",已上也。

本卦上逆下顺,宜下不宜上。今已高在上矣,故曰"已上"也。

上六:弗遇过之,飞鸟离之,凶。是谓灾眚。

此爻正与四爻相反。四曰"弗过遇之"者,言阳不能过乎阴,而与五相比,是弗过乎阴,而适遇乎阴也。此曰"弗通过之"者,言上六隔五不能遇乎阳,而居于上位反过乎阳也。因相反,所以曰"弗过遇之",曰"弗遇过之",颠倒其辞者以此也。"离之"者,高飞远举不能闻其音,正与飞鸟遗之音相反。凡阴多与阳者,圣人皆曰"有灾眚",故复卦上六亦言之。

六以阴居动体之上,处小过之极,盖过之高而亢者也。阴过如此,非阴之福也。天灾人眚荐至,凶孰甚焉。故其象占如此。

《象》曰:"弗遇过之",已亢也。

亢则更在上矣。

坎上 离下　既济定也

"既济"者,事之已成也。为卦水火相交,各得其用,又六爻之位,各得其正,故为既济。《序卦》:"有过物者必济,故受之以既济。"所以次小过。

既济:亨小,利贞,初吉终乱。

"亨小"者,言不如方济之时亨通之盛大也。譬如日之既昃,不如日中之盛,所以亨小而不能大也。"利贞"者,即泰之艰贞也。日中则昃,月盈则食,无平不陂,无往不复,一治一乱,乃理数之常。方济之时,人心儆戒,固无不吉矣;及既济之后,人心恃其既济,般乐怠敖,未有不乱者。此虽气数之使然,亦人事之必然也。故利于贞。

《象》曰:既济"亨",小者亨也。"利贞",刚柔正而位当也。"初吉",柔得中也。"终"止则"乱",其道穷也。

释卦名"亨小"义,又以卦体释卦辞。言"既济亨小"者,非不亨也,正当亨通之时也。但济曰既,则亨小,不如方济之时亨通之盛大矣,故曰"既济亨小者亨"也。非不亨也,特小耳。小字生于既字。初、三、五阳居阳位,二、四、六阴居阴位,刚柔正即是位当也。刚柔正即是位当,有贞之义,故曰"利贞"。初指六二,二居内卦,方济之初而能柔顺得中,则思患深而豫防密,所以吉也。"终止则乱"者,人之常情,处平常无事之时则止心生,止则心有所怠而不复进,乱之所由起也。处艰难多事之时则戒心生,戒则心有所畏而不敢肆,此治之所由兴也。文王曰"终乱",孔子曰"终止则乱",圣人赞《易》之旨深矣。"其道穷"者,以人事言之。怠胜敬则凶,此人道以理穷也,以天运言之,盛极则必衰,此天道以数而穷也。以卦体言之,水在上终必润下,火在下终必炎上,此卦体之势而穷也。今当既济之后,止心既生,岂不终乱,故曰"其道穷"。

《象》曰:水在火上,既济。君子以思患而豫防之。

"患"者,塞难之事,象坎险。"防"者,见几之事,象离明。思以心言,豫以事言,"思患"者,虑乎其后,"豫防"者,图之于先。能如此,则未雨而彻桑土,未火而徙积薪。天下之事莫不皆然,非但既济当如此也。

初九:曳其轮,濡其尾,无咎。

坎为轮,为狐,为曳,轮狐曳之象也。初在狐之后,尾象;在水之下,濡象。若专以初论,轮在下,尾在后,皆初之象。"濡其尾"者,垂其尾于后而沾濡其水也。舆赖轮以行,曳其轮则不前;兽必揭其尾而后涉,濡其尾则不济。皆不轻举妄动之象也。"无咎"者,能保其既济也。

九当既济之时,尚在既济之初,可以谨戒而守成者。然初刚得其正,不轻于动,故有"曳轮濡尾"之象。以此守成,无咎之道,故其象占如此。

《象》曰:"曳其轮",义无咎也。

以此守成,理当无咎。

六二:妇丧其茀,勿逐,七日得。

茀,音拂,草盛蔽道也。又妇人车旁设蔽,以御风尘者。《诗》:"翟茀以朝。"

二乃阴爻,离为中女,妇之象也。又应爻中男,乃五之妇也。"茀"者,车后茀也,即今舟中篷之类,所以从艸。坎为舆,离中虚,"茀"之象也。坎为盗,离持戈兵,"丧茀"之象也。此与屯卦六二相同。屯乘刚,故邅如班如,此则乘承皆刚,故"丧其茀"矣。妇人丧其茀,则无遮蔽不能行矣。变乾居一,前坎居六,离为日,七日之象也。"勿逐自得"者,六二中正,久则妄求去正应合,所以"勿逐自得"也。又详见睽卦初九。若以理数论,阴阳极于六,七则变矣。时变则自得,盖变则通之意。

二以中正之德,而上应中正之君,本五之妇也。但乘承皆刚,与五不得相合,故有妇丧茀不能行之象。然上下中正,岂有不得相合之理,但俟其时耳,故又戒占者勿可追逐,宜令其自得也,又有此象。

《象》曰:"七日得",以中道也。

中道者,居下卦之中,此六二之德也。济世之具在我,故不求自得。

九三:高宗伐方,三年克之,小人勿用。

离为戈兵,变爻为震,戈兵震动,伐国之象也。鬼方者,北方国也,夏曰"獯粥",商曰"鬼方",周曰"猃狁",汉曰"匈奴",魏曰"突厥"。三与上六为应,坎居北,故曰"鬼方"。坎为隐伏,鬼之象也。变坤中爻为方,方之象也。周公非空取"鬼方"二字也。离居三,三年之象也。三变阴,阳大阴小,小之象也。三居人位,"小人"之象也。即变中爻成艮止,勿用之象也。周公爻象一字不空,此所以为圣人之笔也。

既济之时,天下无事矣。三以刚居刚,故有伐国之象。然险陷在前,难以骤克,故又有三年方克之象。夫以高宗之贤,其用兵之难如此,而况既济无事之世?任用小人,舍内治而幸边功,未免穷兵厉民矣。故既言用兵之难,不可轻动,而又信任人不可不审也。教占者处既济之时,当如此戒之深矣。

《象》曰:"三年克之",惫也。

惫,蒲败反。

"惫"者,病也,时久师老,财匮力乏也。甚言兵不可轻用。

六四:繻有衣袽,终日戒。

繻,音如。旧注曰"繻"也。袽,音茹。絮缊所以塞舟也。

凡帛可以言繻。"袽"者,敝衣也。四变中爻为乾,衣之象也,错坤为帛,繻之象也。又成兑为毁折,敝衣之象也。成卦为既济,本爻又得位,犹人服饰之盛也。济道将革,不敢恃其服饰之盛,虽有繻不衣之,而乃衣其敝衣也。"终日",尽日也。居离日之上,离日已尽之象也。"戒"者,戒惧不安也。四多惧,戒之象也。"衣袽"以在外言,终日戒以心言。

六四当出离入坎之时,阴柔得正,知济道将革,坎陷临前,有所疑惧,故有繻不衣,乃衣其袽,终日戒惧之象。占者必如是,方可保既济也。

《象》曰:"终日戒",有所疑也。

"疑"者,疑祸患之将至也。

九五：东邻杀牛，不如西邻之禴祭，实受其福。

"邻"者，文王圆图离居正南，坎居正北，震居正东，兑居正西，则东西者乃水火之邻也，故有东西之象。观震卦上六变离，《爻辞》曰"不于其躬于其邻"，则震、兑又以南北为邻矣。"杀牛"不如"禴祭"者，言当既济之终，不当侈盛，当损约也。五变坤，牛之象。离为戈兵，坎为血，见戈兵而流血，杀之象。"禴"，夏祭，离为夏，禴之象。坎为隐伏，人鬼之象。又为有孚，诚心祭人鬼之象。"杀牛"盛祭，"禴"薄祭。"实受其福"者，阳实阴虚，阳大阴小，《小象》曰"吉大来也"，"大"字即"实"字，"吉"字即"福"字，大与实皆指五也。言如此损约，则五吉而受其福矣。泰入否，圣人曰"勿恤其孚，于食有福"。既济将终，圣人曰"不如禴祭，实受其福"，圣人之情见矣。六四不衣、美衣、而衣、恶衣，九五不尚盛祭而尚薄祭，皆善与处终乱者也。

五居尊位，当既济之终，正终乱之时也，故圣人戒占者曰：济将终矣，与其侈盛，不如艰难菲薄，以亨既济之福，若侈盛则止而乱矣。故其戒之之象如此。

《象》曰：东邻杀牛，不如西邻之时也。"实受其福"，吉大来也。

"之"当作知，因与音同，写时之误。"时"，"二篇应有时"之时，言"东邻杀牛"不如"西邻知时"也。盖济道终乱之时，此何时哉？能知其时艰难，菲薄以处之，则自有以亨其既济之福矣。"吉大来"者，言吉来于大也。"来"字与益卦"自外来也""来"字同。

上六：濡其首，厉。

初九卦之始，故言"濡尾"者，心有所畏惧而不敢遽涉也。上六卦之终，故言"濡首"者，志已盈满而惟知其涉也。大过，上六泽水之深矣，故"灭顶"；既济，上六坎水之深矣，故"濡首"。

既济之极，正终乱之时也，故有狐涉水而濡首之象。既濡其首，已溺其身，占者如是，危可知矣。

《象》曰："濡其首厉"，何可久也？

言必死亡。

三 离上
坎下 **未济** 男之穷也

未济，事未成之时也。水火不交不相为用，其六爻皆失其位，故为"未济"。《序卦》："物不可穷也，故受之以未济终焉。"所以次既济。

未济：亨。小狐汔济，濡其尾，无攸利。

"亨"者，言时至则济矣。特俟其时耳，故"亨"也。坎为狐。坎居下卦，故曰"小狐"。坎为水，为隐伏，穴处而隐伏，往来于水间者狐也。又为心病，故多狐疑。既济、未济二卦皆以"狐"言者，此也。水涸曰"汔"，此指济渡水边水浅处言也。"濡其尾"者，言至中间深处，即"濡其尾"而不能涉矣。此未济之象也。"无攸利"，戒占者之辞。

言未济终于必济，故"亨"。然岂轻于济而得亨哉！如小狐不量水中之浅深，见水边之浅涸，果于必济，及济于水中乃"濡其尾"，而不能济矣，如此求济，岂得济哉！占者"无攸利"，可知矣。故必识浅深之宜，持敬畏之心，方可济而亨也。

《象》曰："未济，亨"，柔得中也。"小狐汔济"，未出中也。"濡其尾，无攸利"，不续终也。虽不当位，刚柔应也。

释卦辞，柔得中指六五。阴居阳位得中，则既不柔弱无为，又不刚猛偾事。未济终于必济，所以亨。前卦既济之"初吉"者，已然之亨也，柔中之善于守成者也。此卦未济之亨者，未然之吉也，柔中之善于拨乱者也。"未出中"者，言止于水边洞处济之，而未能出其险陷之中也。济而得济谓之"终"，今"未出中"，则始虽济而终不能济，是不能继续而成其终矣。然岂终于不济哉？盖六爻虽失位，故为"未济"，然刚柔相应，终有协力出险之功，是未济终于必济，此其所以亨也。

《象》曰：火在水上，未济。君子以慎辨物居方。

火炎上，水润下，物不同也。火居南，水居北，方不同也。君子以之"慎辨物"，使物以群分；"慎居方"，使方以类聚，则分定不乱，阳居阳位，阴居阴位，未济而成既济矣。

君子小人，皆当位，正未济来济。要用不当位，则小狐濡尾矣。

初六：濡其尾，吝。

兽之济水，必揭其尾，尾濡则不能济。"濡其尾"者，言不能济也。

初六才柔，又无其位，当未济之时，乃不量其才力，而冒险以进，不能济矣，吝之道也。故其象占如此。

《象》曰："濡其尾"，亦不知极也。

此小狐汔济也。

"极"者，终也，即《象辞》"濡其尾无攸利不续终"也。言不量其才力而进，以至"濡其尾"，亦不知其终之不济者也。

九二：曳其轮，贞吉。

坎为轮。"曳其轮"者，不遽然而进也。凡济渡必识其才力，量其浅深，不遽于进，方可得济，不然必"濡其尾"矣。"贞"者，得济之正道也。"吉"者，终得以济也。

二以阳刚之才，当未济之时，居柔得中，能自止而不轻于进，故有"曳其轮"之象。占者如是，正而吉矣。

《象》曰：九二贞吉，中以行正也。

九居二本非其正，以中故得正也。

六三：未济，征凶。利涉大川。

"未济"者，言出坎险可以济矣，然犹未济也，故曰"未济"。"利涉大川"者，正卦为坎，变卦为巽，木在水上，乘木有功，故"利涉大川"。"征"者，行也。初"濡其尾"，行而未济也。二"曳其轮"，不行也。故至于三，则坎之极，水益深矣，故必赖木以渡之，方可济也。若不赖木而直行，则"濡其尾"而"凶"矣。

阴柔不中正，当未济之时，病于才德之不足，故"征凶"。然未济有可济之道，险终有出险之理，幸而上有阳刚之应，若能涉险而往赖之，则济矣，故占者利于赖木以"涉大川"。"利涉大川"，又占中赖阳刚之象也。

《象》曰："未济，征凶"，位不当也。

以柔居刚。

九四：贞吉悔亡，震用伐鬼方，三年有赏于大国。

"震"者，惧也。"四多惧"，四变中爻为震，故以震言之。"伐鬼方三年"，详见既济。"大国"对"鬼方"而言，则伐之者为大国，鬼方为小国也。"有赏于大国"者，三年鬼方自顺服，故大国赏之。惟其有赏，故不言"克之"也。既济言克之者，鬼方在上，仰关而攻克之甚难，且水乃克火之物，火又在下，所以三年方克。《小象》曰"惫者"，此也。此则鬼方在下，易于为力，故自屈服。曰有赏者，如上之赏下也。未济与既济相综，未济九四即既济九三，故爻辞同。亦如损、益相综，损之六五即益之六二；夬、姤相综，夬之九四即姤之九三，所以爻辞皆同也。综卦之妙至此！

以九居四，不正而有悔也。能勉而贞，则吉而悔亡矣。然以不贞之资，非临事而惧，何以能济天下之事哉！故必忧惕敬惧而震，则其志可行，而有以赏其心志矣。故占者又有"震用伐鬼方，三年有赏于大国"之象。

《象》曰："贞吉，悔亡"，志行也。

"志行"者，已出其险，济之之志行也。履之九四、否之九四、睽之九四皆言志行，以"四多惧"故也。

六五：贞吉，无悔。君子之光，有孚，吉。

贞非戒辞，乃六五之所自有。"无悔"与"悔亡"不同。"无悔"者，自无悔也；"悔亡"者，有悔而亡也。未济渐济，故虽六五之阴而亦有"晖光"。既济渐不济，故虽九五之阳而必欲如"西邻之禴祭"。凡天地间造化、富贵、功名，类皆如此。

六五为文明之主，居中应刚，虚心以求九二之共济，贞吉无悔矣。故本之于身则光辉发越，征之于人则诚意相孚，吉不必言矣。占者有是德，方应是占也。文明即君子之光，中虚即有孚。

《象》曰："君子之光"，其晖吉也。

日光曰晖，如日光之盛。盖六五承应皆阳刚，君子相助为明，故"其晖吉"。

上九：有孚于饮酒，无咎。濡其首，有孚，失是。

六爻皆有酒象。《易》中凡言"酒"者皆坎也。上三爻离错坎，亦酒也。"是"字即"无咎"二字。"濡其首"者，三也。坎水至三，坎水极深矣，故涉之者濡其首。既济之上六即未济之六三也，既济言"濡其首"，故上九与六三为正应，即以"濡其首"言之。

六五为未济之主，资九二之刚中，三涉川，四伐国，至于六五光辉发越，已成克济之功矣。上九负刚明之才，又无其位，果何所事哉？惟有孚于五，饮酒宴乐而已。此则近君子之光，所"有孚"者是矣，"无咎"之道也。若以濡其首之三为我之正应，乃有孚于三，与之饮酒则坠落于坎陷之中，与三同"濡其首"，所"有孚饮酒"者不见矣，安得"无咎"哉！故曰"有孚，失是"。教占者必如此。

《象》曰："饮酒""濡首"，亦不知节也。

"节"者，事之界也。濡首同于六三，办不知三在坎险之界而自罹其咎矣。

来瞿唐先生易注卷之十三

系 辞 上 传

天尊地卑，乾坤定矣。卑高以陈，贵贱位矣。动静有常，刚柔断矣。方以类聚，物以群分，吉凶生矣。在天成象，在地成形，变化见矣。

"天地"者，阴阳形气之实体。"乾坤"者，《易》中纯阴纯阳之卦名也。"卑高"者，天地万物上下之位。"贵贱"者，《易》中卦爻上下之位也。动者阳之常，静者阴之常。以天地论，天动地静。以万物论，男外而动，女内而静，雄鸣而动，雌伏而静也。"刚柔"者，《易》中卦爻阴阳之称也。"断"，判断，乃自然分判，非由人也。"方"者，东南西北之四方也。"方以类聚"者，中国外夷各相聚是也。"物"者，万物也。"群分"者，羽毛鳞介各分别是也。"吉凶"即善恶。地有内华外夷之善恶，人有君子小人之善恶，物有牛马虎狼之善恶，此皆阴阳淑慝之分也，故"吉凶生矣"。"吉凶"者，《易》中卦爻占决之辞也。此皆圣人仰观俯察，列于两间之可见者，故以尊卑、卑高、动静、类群、形象言之。"象"者，日月星辰之属。"形"者，山川动植之属。两间形象，其中有往有来，有隐有见，有荣有枯，有生有死，千变万化。《易》中变化则阴之极者变乎阳，阳之极者化乎阴也。

此一条言天地万物一对一待，《易》之象也。盖未画《易》之前，一部《易经》已列于两间。故"天尊地卑"，未有《易》卦之乾坤，而乾坤已定矣；"卑高以陈"，未有《易》卦之贵贱，而贵贱已位矣；"动静有常"，未有《易》卦之刚柔，而刚柔已断矣；"方以类聚，物以群分"，未有《易》卦之吉凶，而吉凶已生矣；"在天成象，在地成形"，未有《易》卦之变化，而变化已见矣。圣人之《易》不过模写其象数而已，非有心安排也。孔子因伏羲圆图阴阳一对一待，阴错乎阳，阳错乎阴，所以发此条。

是故刚柔相摩，八卦相荡。鼓之以雷霆，润之以风雨。日月运行，一寒一暑。乾道成男，坤道成女。乾知大始，坤作成物。

八卦以天、地、水、火、山、泽、雷、风八卦之象言，非乾、坎、艮、震、巽、离、坤、兑也，若旧注以两相摩而为四，四相摩而为八，则将下文日月男女说不通矣。"八卦"者，刚柔之体；刚柔者，八卦之性。总是刚柔，分成八卦。"摩荡"者，两仪配对，气通乎间，交感相摩荡也。惟两间之气交感摩荡，而复生育不穷。得阳气之健者为男，得阴气之顺者为女。然成男虽属乾道，成女虽属坤道，合之则乾始而坤终。此造化一气流行之妙，两具不可测者也。"知"者，知此事也。"作"者，能此事也。盖未成之物无所造作，故言"知"；已成之物曾经长养，故言"作"。言乾惟知始物，坤惟能成物，此所以"易简"也。凡人之知，属气属魂，凡人之能，属形属魄，故乾以知言，坤以能言也。"大"者，完全之意，譬之生人，止天一生水也,而二之火为心,三之木为肝,四之金为肺,五之土为脾,一身之骸骨脏腑皆完全备具矣。盖不惟始,而大始也。

此一条言天地阴阳之流行。一施一受,《易》之气也。言天地万物惟有此对待,故刚柔八卦相为摩荡,于是鼓雷霆,润风雨,日月寒暑运行往来,形交气感,男女于是乎生矣。故乾所知者惟始物,坤所能者惟成物。无乾之施则不能成坤之终,无坤之受则不能成乾之始。惟知以施之,能以受之,所以生育不穷。孔子因文王圆图"帝出乎震,成言乎艮",又文王《序卦》"阴综乎阳,阳综乎阴也",所以发此条。

乾以易知,坤以简能。易则易知,简则易从。易知则有亲,易从则有功。有亲则可久,有功则可大。可久则贤人之德,可大则贤人之业。

易简,而天下之理得矣。天下之理得,而成位乎其中矣。

"易知"者,一气所到,生物更无凝滞,此则造化之良知,无一毫之私者也,故知之易。"简能"者,乃顺承天不自作为,此则造化之良能,无一毫之私者也,故能之简。盖乾始坤成者,乃天地之职司也。使为乾者用力之难,为坤者用力之烦,则天地亦劳矣。惟《易》乃造化之良知,故始物不难;惟简乃造化之良能,故成物不烦也。人受天地之中以生,其性分之天理,为我良知良能者,本与天同其易,而乃险不可知;本与地同其简,而乃阻不可从者,以其累于人欲之私耳。故"易则易知,简则易从"。"易知"、"易从"皆我,非人知人从也。下易字乃难易之易。

此一条言人成位乎中也。言乾惟知大始,是"乾以易知"矣;坤惟能成物,是"坤以简能"矣。人之所知如乾之易,则所知者皆性分之所固有,而无一毫人欲之艰深,岂不"易知"?人之所能如坤之简,则所能者皆职分之所当为,而无一毫人欲之纷扰,岂不"易从"?"易知",则此理之具于吾心者,常洽浃亲就,不相支离疏隔,故"有亲";"易从",则此理之践于吾身者,常日积月累,无有作辍怠荒,故"有功"。"有亲",则日新不已,是以"可久";"有功",则富有盛大,是以"可大"。"可久",则贤人之德与天同其悠久矣;"可大",则贤人之业与地同其博大矣。夫以易简而天下之理得,成贤人之德业,则是天有是《易》,吾之心亦有是《易》;地有是简,吾之身亦有是简,与天地参而为三矣。《易》中三才成其六位者,此也。理得成位,即致中和天地位,万物育之意。"贤人"即圣人,与天地并而为三,非圣人而何?

上第一章。此章"天尊地卑"一条,言天地对待之体;"刚柔相摩"一条,言天地流行之用;"乾以易知"一条,则言人成位乎天地之中。成位乎中,则天地之体用模写于《易》者,神而明之,皆存乎其人矣。此三条,孔子原《易》之所由作,通未说到《易》上去。至第二章"设卦观象",方言《易》。

圣人设卦,观象系辞焉,而明吉凶,刚柔相推,而生变化。

"设卦"者,文王、周公将伏羲圆图六十四卦陈列也。"象"者物之似,总之有一卦之象,析之有六爻之象,观此象而系之以辞,以明一卦一爻之吉凶。"刚柔相推"者,卦爻阴阳,迭相为推也。柔不一于柔,柔有时而穷,则自阴以推于阳,而变生矣。刚不一于刚,刚有时而穷,则自阳以推于阴,而化生矣。如乾之初九,交于坤之初六,则为震。坤之初六,交于乾之初九,则为巽,此类是也。又如夬极而乾矣,反下而又为姤;剥极而坤矣,反下而又为复,此类是也。《易》之为道,不过辞、变、象、占四者而已。"吉凶"者,占也。占以辞而明,故"系辞焉"而明吉凶。"刚柔相推"者象也,变由象而出,故"刚柔相推而生变化"。

是故吉凶者,失得之象也。悔吝者,忧虞之象也。变化者,进退之象也。刚柔者,昼夜之象也。六爻之动,三极之道也。

"是故"者,因上文也。"吉凶悔吝",以卦辞言。"失得忧虞",以人事言。《易》言吉凶,在人为失得之象;《易》言悔吝,在人为忧虞之象。盖人之行事,顺理则得,逆理则失,故辞有吉凶,即人事失得之象。"虞"者乐也。"忧"则困心衡虑渐趋于吉,亦如悔之自凶而趋吉也;"虞"则志得意满渐向于凶,亦如吝之自吉而向凶也。所以"悔吝"即"忧虞之象"。所谓"观象系辞以明吉凶"者,此也变化刚柔,以卦画言。进退昼夜,以造化言。柔变乎刚,进之象;刚化乎柔,退之象。"进"者息而盈也,"退"者消而虚也。刚属阳明,昼之象;柔属阴暗,夜之象。进退无常,故变化者进退之象;昼夜一定,故刚柔者昼夜之象。三者,三才也,地位、人位、天位也。"三才"即六爻。分之则六爻,总之则三才。"极",至也。爻不极,则不变动。阳极则阴,阴极则阳。言六爻之变动者,乃三才极至之道理如此也。故曰"道有变动"曰爻,所谓"刚柔相推而生变化"者此也。"六爻之动"二句言变化之故。

是故君子,所居而安者。《易》之序也;所乐而玩者,《爻》之辞也。

上二节,言圣人作《易》之事,此二节则教人之学《易》也。"居"者,处也。"安"者,处而不迁。"乐"者,悦乐也。"玩"者,悦乐而反覆玩味。"序"者,文王《序卦》也。"所居而安"者,文王六十四卦之序;"所乐而玩"者,周公三百八十四爻之辞。文王《序卦》有错有综,变化无穷,若可迁移矣。然文王本其自然之画而定之,非有心安排也,故不可迁移。如乾止可与坤相错,不可与别卦相错,故孔子《杂卦》曰"乾刚坤柔";屯止可与蒙相综,不可与别卦相综,故孔子《杂卦》曰"屯见而不失其居,蒙杂而著",故处而不迁。此则教人学文王《序卦》、学周公《爻辞》。

是故君子,居则观其象而玩其辞,动则观其变而玩其占。
是以自天祐之,吉无不利。

辞因象而系,占因变而决。静而未卜筮时,《易》之所有者,象与辞也;动而方卜筮时,《易》之所有者,变与占也。《易》之道,一阴一阳,即天道也。如此观玩,则所趋皆吉、所避皆凶,静与天俱,动与天游,冥冥之中若或助之矣,故"自天祐之,吉无不利"。变即上变也,言变则化在其中。此则教人学文王、周公辞变象占。

上第二章。此章言圣人作《易》、君子学《易》之事。

象者,言乎象者也。爻者,言乎变者也。吉凶者,言乎其失得也;悔吝者,言乎其小疵也;无咎者,善补过也。

"象"谓卦辞,文王所作者。"爻"谓爻辞,周公所作者。"象"指全体而言,乃一卦之所具者,如"元亨利贞",则言一卦纯阳之象。"变"指一节而言,乃一爻之所具者,如"潜龙勿用",则言初阳在下之变。凡言动之间,善谓"得",不善谓"失",小不善之谓"疵",不明乎善而误于不善之谓"过"。觉其小不善,非不欲改,而彼时未改,于是乎有"悔"。觉其小不善,犹及于改而不能改,或不肯改,于是乎有"吝"。悔未至于吉而犹有小疵,吝未至于凶而已有小疵。"善"者,嘉也,嘉其能补过也,即上文"言乎"言字之例。本有过而能图回改复,谓之"补"。

譬如衣有破处,帛则用帛补之,布则用布补之,此之谓"补过"。吉凶失得之大,不如悔吝之小;悔吝疵病之小,又不如无咎之为善。

《象》言象,《爻》言变,则"吉凶悔吝无咎"之辞皆备矣。故"吉凶"者,言乎卦爻中之失得也,"悔吝"者,言乎卦爻中之小疵也,"无咎"者,言乎卦爻中之能补过也。此释《象》、《爻》之名义,又释"吉凶"、"悔吝"、"无咎"之名义也。

是故列贵贱者存乎位,齐大小者存乎卦,辨吉凶者存乎辞,忧悔吝者存乎介,震无咎者存乎悔。

是故卦有小大,辞有险易。辞也者,各指其所之。

上文释卦爻吉凶、悔吝、无咎之名义矣,此则教人体卦、爻"吉凶悔吝无咎"之功夫也。五存应四言一善。"列贵贱"句,应《爻》者,言乎其变,"齐大小"句,应《象》者言乎其象。"列"者,分列也。六爻上体为贵,下体为贱。"齐"者,等也,等分大小也。阳大阴小。阳大为主者,复、临、泰之类也;阴小为主者,姤、遁、否之类也。"小往大来","大往小来",皆其类也。"介"者,分也。"震"者,动也。"大小"即所齐之大小也。"险易"者,即卦爻辞之险易也。"险"者暗昧而艰深,如文王卦辞"履虎尾"、"先甲后甲"之类,周公爻辞"其人天且劓"、"人于左腹"之类是也。《易》者明白而平易,如文王卦辞谦"君子有终"、渐"女归吉"之类。周公爻辞"师左次"、"同人于门"之类是也。"之"者,往也。"各"者,吉、凶、悔、吝、无咎五者各不同也。"各指其所之"者,各指其所往之地也。

言爻固言乎其变矣,若列贵贱则存乎所变之位,不可贵贱混淆。《象》固言乎其象矣,若齐大小则存乎所象之卦,不可大小紊乱。吉凶固言乎失得矣,若辨吉凶则存乎其辞,辞吉则趋之,辞凶则避之。悔吝固言乎小疵矣,然不可以小疵而自恕,必当于此心方动、善恶初分、几微之时即忧之,则不至于悔吝矣。无咎固补过矣,然欲动补过之心者,必自悔中来也。是故卦与辞虽有大小险易之不同,然皆各指于所往之地,如吉凶则趋之、避之,如悔吝则忧乎其介,如无咎存乎悔也。此则教人观玩体卦爻吉、凶、悔、吝、无咎之功夫也。

上第三章。此章教人观玩之事,故先释卦爻并吉、凶、悔、吝、无咎五者之名义,而后教人体此卦爻并五者功夫也。

《易》与天地准,故能弥纶天地之道。

"准"者,均平也,言《易》之书与天地均平也。"弥"者弥缝,包括周密,合万为一,而浑然无欠,即下文范围之意。"纶"者丝纶,条理分明,析一为万而灿然有伦,即下文曲成之意。"弥纶天地"者,如以乾卦言,为天为圜,以至为木果,即一卦而八卦可知矣。如以乾卦初爻潜龙言,在君得之则当传位,在臣得之则当退休,在士得之则当静修,在商贾得之则当待价,在女子得之则当愆期,在将帅得之则当在次,即一爻而三百八十四爻可知矣,岂不"弥纶乎天地"?

仰以观于天文,俯以察于地理,是故知幽明之故。原始反终,故知死生之说。精气为物,游魂为变,是故知鬼神之情状。

天垂象有文章,地之山川原隰各有条理。阳极而阴生则渐幽,阴极而阳生则渐明。一日之天地如此,终古之天地亦如此。"故"者,所以然之理也。人物之始终,皆此阴阳之气:其始也,气聚而理随以完,故生;其终也,气散而理随以尽,故死。"说"者,死生乃人之常谈也。人之阴神曰魄,耳目之聪明是也。人之阳神曰魂,口鼻之呼吸是也。死则谓之魂魄,生则谓之精气,天地之所公共者谓之鬼神。阴精阳气聚而成物,则自无而向于有,乃阴之变阳,神之神也;魂游魄降散而为变,则自有而向于无,乃阳之变阴,鬼之归也。"情状",犹言模样。

《易》与天地准者,非圣人安排穿凿、强与为准也。盖《易》以道阴阳,阴阳之道不过幽明、死生、鬼神之理而已。今作《易》,圣人仰观俯察,知幽明之故,原始反终知死生之说,知鬼神之所以为鬼神者,乃精气为物、游魂为变也,故能知其情状。夫天地之道,不过一幽一明、一死一生、一鬼一神而已。而作《易》,圣人皆有以知之,此所以《易》与天地准也。

与天地相似,故不违。知周乎万物,而道济天下,故不过。旁行而不流,乐天知命,故不忧。安土敦乎仁,故能爱。

知,周音智。

"相似"即不违,下文"不过"、"不忧"、"能爱"皆不违之事。"知周乎万物"者,聪明睿知足以有临,所以道济天下也。"不过"虽指天地,若以圣人论,乃道济天下,德泽无穷,举天下不能过也,如言天下莫能载焉之意,与下文"不过"不同。"旁行"者,行权也。"不流"者,不失乎常经也。天以理言,仁、义、忠、信是也;命以气言,吉、凶、祸、福是也。乐天理则内重外轻,又知命则惟修身以俟,所以"不忧"。如困于陈蔡,梦奠两楹,援琴执杖而歌是也。随寓而安乎土,胸中无尔我町畦,又随寓而敦笃乎仁,所行者,皆立人达人之事,所以"能爱"。"不过"、"不忧"、"能爱"皆指天地言。"至大不能过"者天地之体,"不忧"者天地之性,"能爱"者天地之情,天地之道不过如此而已。故以此三者言之,"万物天下"协"不过"二字:"乐"字协"不忧"二字,"仁"字协"爱"字。

此言圣人与天地准也。言圣人于天地之道,岂特如上文知之哉?圣人即与天地相似也。惟其与天地相似,故圣人之道,皆不违乎天地矣。何也?天地至大无外,不能过者也,圣人则知周万物,而道济天下,故与天地同其"不过"。天地无心而成化,鼓万物而"不忧"者也,圣人则旁行不流,乐天知命,故与天地同其不忧。天地以生物为心,"能爱"者也;圣人则安土敦仁,故与天地相似,同其"能爱"。是三者,皆与天地相似者也。惟其相似,所以作《易》,与天地准也。

范围天地之化而不过,曲成万物而不遗,通乎昼夜之道而知,故神无方,而《易》无体。

"范",如人范金,使成形器围,如人墙围使有界止。"化"者,天地之变化也。天地阴而阳,阳而阴,本无遮阑,本无穷尽,圣人则范围之。"范围"即"裁成天地之道",治历明时、体国经野之类是也。"不过"者,不使之过也。"曲成万物",如教之养之、大以成大、小以成小之类是也。"通"者,达也,通达乎昼夜之道而知之也。"昼夜",即幽明、死生、鬼神也。神指圣人,即圣而不可知之谓神。《易》指《易》书,"无方"所无形体,皆谓无形迹也。

圣人既与天地相似,故《易》能弥天地之道,圣人则范围天地而不过,亦能弥之。《易》能纶天地之道,圣人则曲成万物而不遗,亦能纶之。《易》书所具不过幽明、死生、鬼神之理也,圣人则通乎昼夜之道,而知亦能知幽明、死生、鬼神,故圣则无方而《易》则无体。《易》与天地准者,因作《易》,圣人亦与天地准也。

上第四章。此章言《易》与天地准者,因作《易》,圣人亦与天地准也。

一阴一阳之谓道。

理乘气机以出入,一阴一阳。气之散殊,即太极之理各足而富有者也;气之迭运,即太极之理流行而日新者也。故谓之"道"。

继之者善也，成之者性也。

仁者见之谓之仁，知者见之谓之知。百姓日用而不知，故君子之道鲜矣。

见，音现。知，音智。

继是接续不息之意，《书》言"帝降"，《中庸》言"天命"。气之方行，正所降所命之时，人物之所公共之者也。此指人物未生，造化流行上言之。盖静之终动之始，地静极复动则贞，而又继之以元，元乃善之长，此继之者所以善也。以其天命之本体，不杂于形气之私，故曰善。"成"，是凝成有主之意。气以成形而理亦赋焉，乃人物所各足之者也。因物物各得其太极无妄之理，不相假借，故曰"性"。"见"，发见也。仁者知者即君子。

此一阴一阳之道，若以天人赋受之界言之，继之者善也，成之者性也，此所以谓之道也。虽曰善其性，然具于人身，浑然一理，无声无息，不可以名状。惟"仁"者发见于恻隐则谓之仁，"知"者发见于是非则谓之知，而后所谓善性者，方有名状也。故百姓虽与君子同具此善性之理，但为形气所拘，物欲所蔽，而知君子仁知之道者鲜矣。

显诸仁，藏诸用，鼓万物而不与圣人同忧，盛德大业至矣哉！

富有之谓大业，日新之谓盛德。

仁者造化之心，用者造化之功。仁本在内者也，如春夏之生长万物，是显诸仁。用本在外者也，如秋冬之收敛万物，是藏诸用。春夏是显秋冬所藏之仁，秋冬是藏春夏所显之用。仁曰"显"，用曰"藏"，互言之也。"不忧"者，乾以易知，坤以简能，无心而成化，有何所忧？"富有"者，无物不有，而无一毫之亏欠；"日新"者，无时不然，而无一毫之间断。天地以生物为德，以成物为业。

此一阴一阳之道若以天地言之，自其气之嘘也，则自内而外显诸其仁；自其气之吸也，则自外而内藏诸其用。然天地无心而成化，虽鼓万物出入之机而不与圣人同忧，此所以盛德大业不可复加也。"富有""日新"乃德业之实，此一阴一阳之道在天地者也。

生生之谓《易》，成象之谓乾，效法之谓坤，极数知来之谓占，通变之谓事，阴阳不测之谓神。

"效法"者，承天时行，惟效法之而已。"极数"者，方卜筮之时，究极其阴阳七八九六之数，观其所值何卦、所值何爻以断天下之疑，故曰"占"。"通变"者，既卜筮之后，详通其阴阳老少之变。吉则趋之，凶则避之，以定天下之业，故曰"事"。以其理之当然而言曰"道"，以其道之不测而言谓之"神"，非道外有神也。

此一阴一阳之道，若以《易》论之，阳生阴，阴生阳，消息盈虚，始终代谢，其变无穷，此则一阴一阳之道在《易》书。《易》之所由名者，此也。圣人作《易》之初，不过此阴阳二画。然乾本阳，而名为乾者，以其健而成象，故谓之乾；坤本阴，而名为坤者，以其顺而效法，故谓之坤。此则一阴一阳之道在卦者也。故究极此一阴一阳之数以知来，则谓之占。详通其一阴一阳之变以行事，则谓之事。此则一阴一阳之道在卜筮者也。若其两在不测，则谓之神。盖此一阴一阳之道，其见之于人，则谓之仁知，见之于天地则谓之德业，见之于《易》则谓之乾坤占事，人皆得而测之。惟言阳矣，而阳之中未尝无阴；言阴矣，而阴之中未尝无阳；两在不测，则非天下之至神不能与于此矣，故又以神赞之。

上第五章。此章言一阴一阳之道不可名状，其在人则谓之仁知，在天地则谓之德业，在《易》则谓之乾坤占事,而终赞其神也。通章十一个谓字相同,一阴一阳贯到底。

夫《易》,广矣大矣。以言乎远则不御,以言乎迩则静而正,以言乎天地之间则备矣。

广言其中之所含,大言其外之所包。"不御"者,无远不到而莫之止也。"静"者,无安排布置之扰也。"正"者,六十四卦皆利于正也。"备"者,无所不有也。下三句正形容广大。

夫《易》广矣大矣,何也?盖《易》道不外乎阴阳,而阴阳之理则遍体乎事物。以远言,其理则天高而莫御;以迩言,其理则地静而不偏;以天地之间而言,则万事万物之理无不备矣。此《易》所以广大也。

夫乾,其静也专,其动也直,是以大生焉。夫坤,其静也翕,其动也辟,是以广生焉。

言天地者,即乾坤之形体;乾坤者,天地之情性。"专"者,专一而不他;"直"者,直遂而不挠;"翕"者,举万物之生意,而收敛于内也;"辟"者,举万物之生意,而发散于外也。乾之性,健一而实,故以质言而曰"大","大"者,天足以包乎地之形也。坤之性,顺二而虚,故以量言而曰"广","广"者,地足以容乎天之气也。"动"者,乾坤之相交也。

《易》之所以广大者,一本于乾坤而得之也。盖乾画奇,不变则其静也专,变则其动也直。坤画偶,不变则其静也翕,变则其动也辟。是以大生广生焉,《易》不过模写乾坤之理。《易》道之广大,其原盖出于此。

广大配天地,变通配四时,阴阳之义配日月,易简之善配至德。

"配"者,相似也,非配合也。"变"通者,阴变而通于阳,阳变而通乎阴也。"义"者,名义也。卦爻中刚者称阳,柔者称阴,故曰"义"。"易简"者,健顺也。"至德"者,仁义礼知,天所赋于人之理,而我得之者也。仁礼属健,义知属顺。

《易》之广大得于乾坤,则《易》即乾坤矣。由此观之,可见《易》之广大亦如天地之广大,《易》之变通亦如四时之变通。《易》所言阴阳之义,与日月之阴阳相似。《易》所言易简之善,与圣人之至德相似。所谓远不御而近静正,天地之间悉简者在是矣。此《易》所以广大也。

上第六章。此章言《易》广大配天地。

子曰:《易》,于其至矣乎!夫《易》,圣人所以崇德而广业也。知崇礼卑,崇效天,卑法地。天地设位,而《易》行乎其中矣。成性存存,道义之门。

"子曰"二字,后人所加。穷理,则知崇如天,而德崇。循理,则礼卑如地,而业广。盖知识贵乎高明,践履贵乎着实。知崇效天,则与乾知大始者同其知,所谓洋洋发育万物,峻极于天者,皆其知之崇也。礼卑法地,则与坤作成物者同其能,所谓优优大哉,三千三百者,皆其礼之卑也。天清地浊,知阳礼阴。天地设位,而知礼之道即行乎其中矣。"易"者,即知礼也。知礼在人,则谓之性,而所发则道义也。"门"者,言道义从此出也。

此言圣人以《易》而崇德广业,见《易》之所以为至也。盖六十四卦、三百八十四爻,皆理之所在也。圣人以是理穷之于心,则识见超迈,日进于高明,而其知也崇;循是理而行,则功夫敦笃,日就于平实,而其礼也卑。崇效乎天,则崇之至矣,故德崇;卑法乎地,则卑之至矣,故业广。所以然者,非圣人勉强效法乎天地也,盖天地设位,而知阳礼阴之道,已行乎其中矣。其在人也,则谓之成性,浑然天成,乃人之良知良能,非有所造作而然也,圣人特能存之耳。今圣人知崇如天，则成性之良知已存矣；礼卑如地，则成性之良能又存矣。存之又存，是以道义之得于心为德，见于事为业者，自然日新月盛，不期崇而自崇，不期广而自广矣。圣人崇德广业以此。此《易》所以为至也。

上第七章。此章言圣人以《易》崇德广业，见《易》之所以至也。

圣人有以见天下之颐，而拟诸其形容，象其物宜，是故谓之象。

"颐"字，宜作"赜"。

"颐"者，口旁也，养也。人之饮食在口者，朝夕不可缺，则人事之至多者，莫多于口中日用之饮食也，故曰"圣人见天下之赜"。赜，盖事物至多之象也。若以杂乱释之，又犯了下面"乱"字，不如以口释之，则于厌恶字亲切。"拟诸形容"，乾为圜、坤为大舆之类。"象其物宜"，乾称龙、坤称牝马之类。二其字皆指"赜"。

圣人有以见天下之动，而观其会通，以行其典礼，系辞焉以断其吉凶，是故谓之"爻"。

"观其会通"，全在天下之动上言，未著在《易》上去。"会"者，事势之凑合难通者也，即"嘉会足以合礼"会字，但"嘉会"乃嘉美之会，有善而无恶，此则有善恶于其间。"典礼"即合礼之礼，盖通即典礼所存，以事势而言则曰"通"，以圣人常法而言则曰"典礼"。"典"者，常法也。"礼"即天理之节文也。如大禹揖逊与传子，二者相凑合，此会也，然天下讴歌等皆归之子，此通也，若复揖逊不通矣，则传子者，乃行其典礼也；汤武君与民二者相凑合，此会也，然生民涂炭，当救其民顺天应人，此通也，若顺其君不救其民，不通矣，则诛君者，乃行其典礼也。所以周公三百八十四爻，皆是见天下之动，观其会通，以行其典礼，方系辞以断其吉凶。如剥卦五爻，阴欲剥阳，阴阳二者相凑合而难通者也。然本卦有顺而止之之义，此通也，合于典礼者也，则系"贯鱼以宫人宠"之辞，无不利而吉矣。离卦四爻两火相接，下三爻炎上，上五爻又君位难犯，此二火凑合而难通者也。然本卦再无可通之处，此悖于典礼者也，则系"死如弃如"之辞，无所容而凶矣。

言天下之至颐而不可恶也，言天下之至动而不可乱也。拟之而后言，议之而后动，拟议以成其变化。

恶，乌路反。

"言"，助语辞。"恶"，厌也，朝此饮食，暮此饮食，月此饮食，年此饮食，得之则生，不得则死，何常厌恶？既见天下之赜以立其象，是以不惟颐，虽言天下之至赜而不可恶也；既见天下之动以立其爻，是以不惟动，虽言天下之至动而不可乱也。盖事虽至赜，而理则至一，事虽至动，而理则至静。故赜虽可恶，而象之理犁然当于心，则不可恶也；动虽可乱，而爻之理，井然有条贯，则不可乱也。是以学《易》者，比拟其所立之象以出言，则言之浅深详略，自各当其理；商议其所变之爻，以制动则动之仕止久速，自各当其时。夫变化者，《易》之道也。既拟后言，议而后动，则语默动静，皆中于道。《易》之变化，不在其《易》，而成于吾身矣。故举"鹤鸣"以下七爻，皆拟议之事，以为三百八十四爻之凡例云。

来子考定：子曰"危者安其位"，即在此下。

"鸣鹤在阴，其子和之。我有好爵，吾与尔靡之。"子曰：君子居其室，出其言善，则千里之外应之，况其迩者乎；居其室，出其言不善，则千里之外违之，况其迩者乎！言出乎身，加乎民；行发乎迩，见乎远。言行，君子之枢机。枢机之发，荣辱之主也。言行，君子之所以动天地也，可不慎乎！

靡，音糜。

释中孚九二义，以此拟议于言行，亦如乾坤之《文言》也。但多错简，详见后篇《考定》。"居室"，在阴之象。"出言"，鹤鸣之象。"千里之外应之"，子和之象。言者心之声，出乎身，加乎民；行者心之迹，发乎迩，见乎远。此四句"好爵尔靡"之象。户以枢为主，枢动而户之辟有明有暗；弩以机为主，而弩之发或中或否亦犹言之出、行之发有荣有辱也。应虽在人，而感召之者则在我，是彼为宾而我为主也，故曰"荣辱之主"。"动天地"者，言不特荣在我也，言行感召之和气，足以致天地之祥；不特辱在我也，言行感召之乖气，足以致天地之异。如景公发言善而荧惑退舍，东海孝妇含冤而三年不雨是也。言行一发有荣有辱，推而极之，动天地者亦此，安行不慎！所以拟议而后言动者以此。

来子考定：此节在《系辞下》第五章"不出户庭"下。

"同人先号咷而后笑。"子曰：君子之道，或出或处，或默或语。二人同心，其利断金。同心之言，其臭如兰。

释同人九五爻义，以拟议于异同。爻辞本言始异终同，孔子则释以迹异心同也。"断金"者，物不能间也，言利刃断物，虽坚金亦可断，不能阻隔也。"如兰"者，气味之相投，言之相入，如兰之馨香也。

同人以同为贵，而乃言号咷而后笑者何也？盖君子之出处语默，其迹迥乎不同矣，然自其心观之，皆各适于义，成就一个是而已。迹虽不同而心则同，故物不能间，而言之有味，宜乎相信而笑也。

来子考定：《易》曰"自天祐之"节，在次节下。

"初六：藉用白茅，无咎。"子曰：苟错诸地而可矣。藉之用茅，何咎之有？慎之至也。夫茅之为物薄，而用可重也。慎斯术也以往，其无所失矣。

释大过初六爻义，以拟议于"敬慎"。"错"，置也。置物者不过求其安，今置之于地，亦可以为安矣，而又承藉之以茅，则益有凭藉，安得有倾覆之咎？故"无咎"者，以其慎之至也。夫茅之为物，至薄之物也，今不以薄而忽之，以之而获无咎之义，是其用则重矣。当大过之时，以至薄之物而有可用之重，此慎之之术也。慎得此术以往，百凡天下之事，又有何咎而失哉！孔子教人以慎术，即孟子教人以仁术。

"劳谦君子，有终吉。"子曰：劳而不伐，有功而不德，厚之至也。语以其功下人者也。德言盛，礼言恭。谦也者，致恭以存其位者也。

释谦九三爻义，以拟议人之处功名。"劳"者，功之未成；"功"者，劳之已著。"不德"者，不以我有功而为德也。"厚"者，博厚不薄之意。"厚之至"，据其理而赞之，非言九三也。"语"者，言也。以功下人者，言厚之至不过以功下人也。以功下人，即劳而不伐、有功而不德也。"德"者及人之德，即功劳也。德欲及人，常有余；礼欲视己，常不足。"言"者，言从来如此说也。"劳谦"则兼此二者矣。

人臣以宠利居成功，所以鲜克有终。九三劳谦君子有终吉者，何也？盖人臣劳而不伐，有功而不德，此必器度识量有大过人者，故为"厚之至"。夫"厚之至"者，不过言其以功下人耳，知此可以论九三矣。何也？盖人之言德者必言盛，人之言礼者必言恭。今九三劳则德盛矣，谦则礼恭矣。德盛礼恭，本君子修身之事，非有心为保其禄位而强为乎此也。然致恭，则人不与争劳争功，岂不永保斯位？所以"劳谦有终吉"者以此。

来子考定：此节在"自天祐之"之下。继此，子曰"知几其神"一节，《易》曰"介于石"节，子曰"小人不耻不仁"节，"善不积"节，子曰"颜氏之子"节，"初六籍用白茅"节，具在此。

"亢龙有悔"。子曰："贵而无位，高而无民，贤人在下位而无辅，是以动而有悔也。"

"不出户庭，无咎。"子曰："乱之所生也，则言语以为阶。君不密则失臣，臣不密则失身，几事不密则害成，是以君子慎密而不出也。"

释节初九爻义，以拟议人之慎言语。"乱"，即下文"失臣"、"失身"、"害成"也。"君不密"，如唐高宗告武后以"上官仪，教我废汝"是也。臣不密，如陈蕃乞宣"臣章以示宦"者是也。"几"者事之始，成者事之终。始韩琦处任守忠之事，欧阳修曰韩公必自有说，此密几事也。

"不出户庭，无咎"，何也？盖乱之所生皆"言语以为阶"。如君之言语不密则害及其臣，谋以弭祸而反以嫁祸于臣。臣之言语不密，则害及于身，谋以除害而反得反噬之害。不特君臣为然，凡天下之事，有关于成败而不可告人者，一或不密则害成。"言语"者，一身之户庭。"君子慎密不出户庭"者，以此。来子考定：此节在《系辞》下第五章"德薄而位尊"下。

子曰："作《易》者，其知盗乎？《易》曰：'负且乘，致寇至。'负也者，小人之事也。乘也者，君子之器也。小人而乘君子之器，盗思夺之矣。上慢下暴，盗思伐之矣。慢藏诲盗，冶容诲淫。《易》曰：'负且乘，致寇至。'盗之招也。"

释解六三爻义，以拟议小人窃高位。圣人作《易》以尽情伪，故言知盗。"思"者，虽未夺而思夺之也。"上慢"者，慢其上不忠其君；"下暴"者，暴其下不仁其民。四"盗"字皆言寇盗。诲盗之盗活字，偷也。"冶"者，妖冶也，装饰妖冶其容也。此二句皆指"坎"也。坎为盗为淫，故蒙卦言"见金夫不有躬"，又言"寇"也。盗之招，即自我致戎。

作《易》者其知致盗之由乎？《易》曰："负且乘，致寇至。"夫负本小人之事，而乘则君子之名器。小人而乘君子之名器，盗必思夺之矣。何也？盖小人窃位必不忠不仁，盗岂不思夺而伐之？然夺伐虽由于盗，而致其夺伐者，实由自暴慢有以诲之，亦犹"慢藏诲盗，冶容诲淫"也。《易》言招盗而诲之之意也，盖不归罪于盗，而归罪于招盗之人，此所以知盗。

上第八章。此章自中孚至此凡七，乃孔子拟议之辞，而为三百八十四爻之凡例，亦不外乎随处以慎其言动而已。即七爻，而三百八十四爻可类推矣。

天一，地二；天三，地四；天五，地六；天七，地八；天九，地十。

伏羲龙马负图有一至十之数。人知河图之数，而不知天地之数。人知天地之数，而不知何者属天，何者属地，故孔子即是图而分属之。天阳，其数奇，故一、三、五、七、九属天。地阴，其数偶，故二、四、六、八、十属地。

天数五，地数五，五位相得而各有合。天数二十有五，地数三十。凡天地之数五十有五，此所以成变化而行鬼神也。

"天数五"者，一、三、五、七、九，其位有五也。"地数五"者，二、四、六、八、十，其位有五也。"五位"者，即五数也。言此数在河图上下左右中央，天地各五处之位也。"相得"者，一对二，三对四，六对七，八对九，五与十对乎中央，如宾主对待相得也。"有合"者，一与六居北,二与七居南,三与八居东,四与九居西,五与十居中央,皆奇偶同居,如夫妇之阴阳配合也。"二十有五"者,一、三、五、七、九,奇之所积也。"三十"者,二、四、六、八、十,偶之所积也。变者,化之渐;化者,变之成。一、二、三、四、五居于图之内者,生数也,化之渐也,变也。六、七、八、九、十居于图之外者,成数也,化也。"变化"者数也,即下文知变化之道之变化也。"鬼神"指下文卜筮而言,即下文神德行其知,神之所为之鬼神也。故曰:卜筮者,先王所以使民信时日敬鬼神也,非屈伸往来也。言天地之数五十有五成变化,而鬼神行乎其间,所以卜筮而知人吉凶也,故下文即言"大衍之数"、"乾坤之策","四营成《易》"也。何以为生数成数?此一节盖孔子之图说也,皆就河图而言。河图一六居北为水,故水生于一而成于六,所以一为生数,六为成数。生者即其成之端倪,成者即其生之结果。二七居南为火,三八居东为木,四九居西为金,五十居中央为土,皆与一六同。

大衍之数五十,其用四十有九。分而为二以象两,挂一以象三,揲之以四以象四时,归奇于扐以象闰。五岁再闰,故再扐而后挂。

扐,音勒。

"衍"与演同。演者广也,衍者宽也,其义相同,言广天地之数也。"大衍之数五十"者,蓍五十茎,故曰"五十"也。"其用四十有九"者,演数之法,必除其一。方筮之初,右手取其一策反于椟中是也。"分二"者,中分其筮数之全,置左以半,置右以半,此则如两仪之对待,故曰以象两也。"挂"者,悬其一于左手小指之间。"三"者,三才也。左为天,右为地,所挂之策象人,故曰"象三"。"揲之以四"者,间数之也,谓先置右手之策于一处,而以右手四,四数左手之策;又置左手之策于一处,而以左手四,四数右手之策,所以象春夏秋冬也。"奇"者,零也,所揲四数之余也。"扐"者,勒也。四四之后必有零数,或一或二,或三或四。左手者归之于第四、第三指之间,右手者归之于第三、第二指之间而扐之也。"象闰"者,以其所归之余策,而象日之余。挂一当一岁,揲左当二岁,扐左则三岁,一闰矣;又揲右当四岁,扐右则五岁,再闰矣。"再扐而后挂"者,再扐之后,复以所余之蓍,合而为一,为第二变。再分再挂再揲也,独言蓍者,分二揲四皆在其中矣,此则象再闰也。

乾之策二百一十有六,坤之策百四十有四,凡三百有六十,当期之日。二篇之策,万有一千五百二十,当万物之数也。

期,音基。

"策"者,乾坤老阳老阴过揲之策数也。乾九坤六,以四营之,乾则四九三十六,坤则四六二十四。乾每一爻得三十六,则六爻得二百一十有六矣。坤每一爻得二十四,则六爻得百四十有四矣。"当期之数"者,当一年之数也。"当"者,适相当也,非以彼准此也。若以乾坤之策,三百八十四爻总论之,阳爻百九十二,每一爻三十六,得六千九百一十二策;阴爻百九十二,每一爻二十四,得四千六百八策。合之,万有一千五百二十,当万物之数也。

是故四营而成《易》,十有八变而成卦,八卦而小成。引而伸之,触类而长之,天下之能事毕矣。显道,神德行,是故可与酬酢,可与祐神矣。子曰:知变化之道者,其知神之所为乎?

上文言数,此则总言卦筮,引伸触类之无穷也。"营"者,求也,四营者,以四而求之也。如老阳数九，以四求之，则其策三十有六；老阴数六，以四求之，则其策二十有四。少阳数七，以四求之，则其策二十有八；少阴数八，以四求之，则其策三十有二。阴阳老少六爻之本，故曰"四营而成《易》"。"十有八变而成卦"者，三变成一爻，十八变则成六爻矣。"八卦"者，乾、坎、艮、震之阳卦，巽、离、坤、兑之阴卦也。言圣人作《易》，止有此八卦，亦不过小成而已，不足以尽天下之能事也。惟引此八卦而伸之，成六十四卦，如乾为天，天风姤，坤为地，地雷复之类。触此八卦之类而长之，如乾为天为圜，坤为地为母之类，则吉凶趋避之理悉备于中，天下之能事毕矣。"能事"者，下文"显道，神德行"、"酬酢"、"祐圣"，所能之事也。"道"者，吉凶、消长、进退、存亡之道，即天下能事之理。"德行"者，趋避之见于躬行实践，即天下能事之迹。道隐于无，不能以自显，惟有筮卦之辞，则其理昭然于人，不隐于茫昧矣。德滞于有不能自神，惟人取决于筮，则趋之避之，民咸用以出入，莫测其机缄矣。惟其"显道，神德行"，则受命如响，可以酬酢万变，如宾主之相应对，故"可与酬酢"。神不能自言吉凶与人，惟有时卦之辞，则代鬼神之言而祐助其不及，故"可与祐神"。不惟明有功于人，而且幽有功于神，天下之能事岂不毕？"变化"者，即上文蓍卦之变化也。两在不测，人莫得而知之，故曰"神"。言此数出于天地，天地不得而知也，模写于蓍卦，圣人不得而知也。故以神赞之。"子曰"二字，后人所加也。

上第九章。此章言天地蓍卦之数而赞其为神也。

《易》有圣人之道四焉：以言者尚其辞，以动者尚其变，以制器者尚其象，以卜筮者尚其占。

《易》之为道不过辞、变、象、占四者而已。"以"者，用也；"尚"者，取也；"辞"者，《象辞》也，如乾"元亨利贞"是也。"问焉而以言"者，尚之则知其元亨，知其当利于贞矣。"变"者，爻变也。"动"者，动作营为也。"尚变"者，主于所变之爻也。"制器"者，结绳网罟之类是也。"尚象"者，网罟有离之象是也。"占"者，占辞也，卜得初九潜龙，则尚其勿用之占是也。

是以君子，将有为也，将有行也，问焉而以言。其受命也如响，无有远近幽深，遂知来物。非天下之至精，其孰能与于此？

响，去声。

此"尚辞"之事。"问"即命也，"受命"者，受其问也。以言二字应以言者尚其辞，谓发言处事也，未有有为、有行而静默不言者。"响"者向也，即向明而治之向也，言如彼此相向之近，而受命亲切也。远而天下后世，近而瞬夕户阶，幽则其事不明，深则其事不浅。"来物"，未来之吉凶也。"精"者，洁净精微也。

君子将有为、有行，问之阙于《易》，《易》则受其问，如对面问答之亲切，以决未来之吉凶，远近幽深无不周悉。非其辞之至精，孰能与此？故以言者尚其辞。

参伍以变，错综其数。通其变，遂成天地之文。极其数，遂定天下之象。非天下之至变，其孰能与于此？

此"尚变"、"尚象"之事。"参伍错综"皆古语。三人相杂曰"参"，五人相杂曰"伍"。参、伍以变者，此借字，以言蓍之变乃分揲挂扐之形容也。盖十八变之时，或多或寡，或前或后，彼此相杂，有参、伍之形容，故以参、伍言之。错者，阴阳相对，阳错其阴，阴错其阳也。如伏羲圆图乾错坤、坎错离、八卦相错是也。综即今织布帛之综，一上一下者也。如屯、蒙之类本是一卦，在下则为屯，在上则为蒙，载之文王《序卦》者是也。"天地"二字，即阴阳二字。"成文"者，成阴阳老少之文也。盖奇偶之中有阴阳，纯杂之中有老少。阳之老少即天之文，阴之老少即地之文。物相杂故曰"文"，即此文也。定天下之象者，如乾、坤相错，则乾马坤牛之类各有象；震、艮相综，则震雷、艮山之类，各有其象是也。变者象之未定，象者变之已成，故象与变二者不杂，蓍卦亦不相杂，故参、伍言蓍，错综言卦，所以十一章言圆而神，即言方以知也。

参、伍其蓍之变，错综其卦之数，通之极之而成文、成象，则奇偶老少不滞于一端，内外贞悔不胶于一定，而变化无穷矣。非天下之至变，其孰能与于此？故以动者尚其变，以制器者尚其象。

《易》，无思也，无为也，寂然不动，感而遂通天下之故。非天下之至神，其孰能与于此？

此言"尚占"之事。《易》者，卜筮也。蓍乃草，无心情之物，故曰"无思"。龟虽有心情，然无所作为，故曰"无为"。无心情无作为则寂然而静、至蠢不动之物矣，故曰"寂然不动"。"感"者，人问卜筮也。"通天下之故"者，知吉凶祸福也。此"神"字即是与神物之神，上节就圣人辞上说，故曰"精"；就蓍卦形容上说，故曰"变"。此章蓍与龟上说，乃物也，故曰"神"。

凡天下之物有思、有为，其知识才能超出于万物之表者，方可以通天下之故也。今蓍龟无思、无为，不过一物而已，然方感矣，而遂能通天下之故，未尝迟回于其间，非天下之至神乎？所以"以卜筮者尚其占"，观下文"唯神也"三字可见。

夫《易》，圣人所以极深而研几也。唯深也，故能通天下之志；唯几也，故能成天下之务；唯神也，故不疾而速，不行而至。子曰"《易》有圣人之道四焉"者，此之谓也。

"极深"者，究极其精深也。探赜索隐，钩深致远，通神明之德，类万物之情，知幽明死生鬼神之情状是也。"研几"者，研审其几微也。履霜而知坚冰之至，剥足而知蔑贞之凶之类是也。唯精，故极深，未有极深而不至精者。唯变，故研几，未有知几而不通变者。通天下之志，即发言处事受命如响也。成天下之务，即举动制器成文成象也。"不疾"、"不行"，即"寂然不动"而速而至，即"感而遂通天下之故"也。

总以辞、变、象、占四者论之。固至精至变至神矣，然所谓精者，以圣人极其深也。惟深也，故至精而能通天下之志。所谓变者，以圣人之研其几也。惟几者，故至变而能成天下之务。蓍龟无思无为，则非圣人之极深研几矣，惟神而已。惟神也，故寂然不动，感而遂通天下之故，不疾而速，不行而至也。夫至精至变、至神，皆圣人之道，而《易》之辞变象占有之，故《易》谓有圣人之道四者，因此谓之四也。

上第十章。此章论《易》有圣人之道四。

子曰：夫《易》，何为者也？夫《易》，开物成务，冒天下之道，如斯而已者也。是故圣人以通天下之志，以定天下之业，以断天下之疑。

"何为"者，问辞也。如斯、而、已者，答辞也。物乃"遂知来物"之物，吉凶之实理也。"开物"者，人所未知者开发之也。"务"者，趋避之事，为人所欲为者也。"成"者，成就也。"冒天下之道"者，天下之道悉覆冒，包括于卦爻之中也。以者，以其《易》也。《易》开物，故物理未明，《易》则明之，以通天下之志。《易》成务，故事业未定，《易》则定之，以定天下之业。《易》冒天下之道，故志一通而心之疑决，业一定而事之疑决，以断天下之疑。

是故蓍之德圆而神，卦之德方以知，六爻之义易以贡。圣人以此洗心，退藏于密。吉凶与民同患。神以知来，知以藏往，其孰能与于此哉？古之聪明睿知神武而不杀者夫！

"神以知来"知字平声，余，皆去声。易，音亦。与，音预。夫，音符。

"圆"者，蓍数七七四十九，象阳之圆也。变化无方，开于未卦之先，可知来物，故圆而神。"方"者，卦数八八六十四，象阴之方也。爻位各居定于有象之后，可藏往事，故方以知。《易》者一圆一方，交易、变易，屡迁不常也。"贡"者，献也，以吉凶陈献于人也。"洗心"者，心之本然，圣人之心无一毫人欲之私，如江汉以濯之，又神又知，又应变无穷，具此三者之德，所以谓之"洗心"，犹《书》言"人心"、"道心"，《诗》言"遐心"，以及"赤心"、"古心"、"机心"之类，非心有私而洗其心也。"退藏于密"者，此心未发也。"同患"者，同患其吉当趋、凶当避也。凡吉凶之几，兆端已发，将至而未至者曰"来"，吉凶之理见在于此，一定而可知者曰"往"。"知来"者，先知也。"藏往"者，了然蕴畜于胸中也。"孰能与于此"者，问辞也。"古之聪明"三句，答辞也。人自畏服，不杀之杀，故曰"神武"。

蓍之德圆，而神筮以求之，遂知来物，所以能开物也。卦之德方，以知率而揆之，具有典常，所以能成务也。"六爻之义易以贡"，吉凶存亡，辞无不备，所以能冒天下之道也。圣人未画卦之前，已具此三者洗心之德，则圣人即蓍卦六爻矣。是以方其无事，而未有吉凶之患，则三德与之而俱寂，退藏于密，鬼神莫窥，则卦之无思、无为、寂然不动也。及其吉凶之来与民同患之时，则圣人洗心之神自足以"知来"，洗心之智自足以"藏往"，随感而应，即蓍之感而遂通天下之故也。此则用神而不用蓍，用智而不用卦，无卜筮而知吉凶。孰能与于此哉？惟古之圣人聪明睿智，具蓍卦之理而不假于蓍卦之物，犹神武自足以服人，不假于杀伐之威者，方足以当之也。此圣人之心《易》，乃作《易》之本。

是以明于天之道，而察于民之故，是兴神物以前民用。圣人以此斋戒，以神明其德夫。

"天道"者，阴阳、刚柔、盈虚、消长自有吉凶，其道本如是也。民故者，爱恶情伪相攻相感，吉凶生焉，此其故也。"神物"者，蓍龟也。"兴"者，起而用之，即斋戒以神明其德也。"前民用"，即通志成务断疑也。卜筮在前，民用在后，故曰前。"斋戒"者，敬也。蓍龟之德无思、无为，寂然不动，感而遂通天下之故，乃天下之至神者，故曰"神明"。圣人不兴起而敬之，百姓亵而弗用，安知其神明？圣人敬之，则蓍龟之德本神明，而圣人有以神明其德矣。

圣人惟其聪明睿智，是以明于天之道而察于民之故，恐人不知天道民故之吉凶所当趋避也，于是，是兴神物以前民用，使其当趋则趋，当避则避。又恐其民之亵也，圣人敬而信之，以神明其德，是以民皆敬信而神明之。前民用而民用不穷矣。

是故阖户谓之坤。辟户谓之乾，一阖一辟谓之变，往来不穷谓之通。见乃谓之象，形乃谓之器。制而用之谓之法。利用出入、民咸用之谓之神。

二气之机静藏诸用，动显诸仁者，《易》之乾与坤也。二气之运，推迁不常，相续不穷者，《易》之变与通也。此理之显于其迹，呈诸象数，涉诸声臭者，《易》之象与器也。此道修于其教，垂宪示人，百姓不知者，《易》之法与神也。乃者，二气之理也。

圣人明于天之道，而察于民之故，固兴神物以前民用矣。百姓见《易》之神明，以为

《易》深远而难知也,而岂之易亦易知哉?是故《易》有乾坤,有变通,有形象,有法神,即今取此户譬之。户一也,阖之则谓之坤,辟之则谓之乾。又能阖又能辟,一动一静,不胶固于一定,则谓之变。既阖矣而复辟,既辟矣而复阖,往来相续不穷则谓之通。得见此户则涉于有迹,非无声无臭之可比矣,则谓之象。既有形象,必有规矩方圆,则谓之器。古之圣人,制上栋下宇之时,即有此户,则谓之法度。利此户之用,一出一入,百姓日用而不知,则谓之神。即一户而《易》之理已在目前矣,《易》虽神明,岂深远难知者哉?

是故《易》有太极,是生两仪,两仪生四象,四象生八卦,八卦定吉凶,吉凶生大业。

"太极"者,至极之理也。理寓于象数之中,难以名状,故曰"太极"。"生"者,加一倍法也。"两仪"者,画一奇以象阳,画一偶以象阴,为阴阳之仪也。"四象"者,一阴之上加一阴为太阴,加一阳为少阳,一阳之上加一阳为太阳,加一阴为少阴,阴阳各自老少,有此四者之象也。"八卦"者,四象之上又每一象之上各加一阴一阳为八卦也。曰"八卦",即六十四卦。下文"昔者包牺氏之王天下也,始作八卦以通神明之德,以类万物之情",曰神明万物,则天地间无所不包括矣,如"乾为天为圜,坤为地为母"之类是也。故六十四卦不过八卦变而成之,如"乾为天,天风姤;坤为地,地雷复"之类是也。若邵子八分十六,十六分三十二,三十二分六十四,不成其说矣。"定"者,通天下之志;"生"者,成天下之务。盖既有八卦,则刚柔迭用,九六相推,时有消息,位有当否,故"定吉凶"。吉凶既定,则吉者趋之,凶者避之,变通尽利,鼓舞尽神,故"生大业"。若无吉凶利害,则人谋尽废,大业安得而生?

是故法象,莫大乎天地;变通,莫大乎四时;悬象,著明莫大乎日月;崇高,莫大乎富贵;备物致用,立成器以为天下利,莫大乎圣人;探赜索隐,钩深致远,以定天下之吉凶,成天下之亹亹者,莫大乎蓍龟。

悬,音玄。

天成象,地效法之,故曰"法象"。万物之生有显有微,皆法象也,而莫大乎天地。万物之运,终则有始,皆变通也,而莫大乎四时。天文焕发,皆"悬象著明"者,而莫大乎日月。崇高以位言,贵为天子,富有四海是也。"物"天地之所生者,备以致用,如服牛乘马之类是也。器乃人之所成者,立成器以为天下利,舟楫网罟之类是也。凡天地间器物,智者创之,巧者述之,如蔡伦之纸、蒙恬之笔,非不有用有利也,但一节耳,故莫大乎圣人。事为之太多者曰"赜",事几之幽僻者曰"隐",理之不中测度者曰"深",事之不可骤至者曰"远"。探者讨而理之,索者寻而得之,钩者曲而取之,致者推而极之。四字虽不同,然以蓍、龟、探之、索之、钩之、致之,无非欲定吉凶昭然也。"亹亹"者,勉勉不已也。吉凶既定,示天下以从违之路,人自勉勉不已矣。此六者之功用皆大也,圣人欲借彼之大以形容蓍龟之大,故以蓍龟终焉。与《毛诗》比体相同。

上文"阖户"一节以《易》之理比诸天地间一物之小者,然岂特小者为然哉?至于天地间至大之功用,亦有相同者,何也?盖《易》有太极,是生两仪,两仪生四象,四象生八卦,八卦定吉凶,吉凶生大业。是大业也,所以"成天下之亹亹者"也。试以天地之大者言之,是故"法象莫大乎天地,变通莫大乎四时,悬象著明莫大乎日月,崇高莫大乎富贵,备物致用,立成器以为天下利莫大乎圣人",此五者皆天地间至大莫能过者也。若夫"探赜索隐,钩深致远,以定天下之吉凶,成天下之亹亹,以生其大业"者,则莫大乎蓍龟。夫以小而同诸一物之小,大而同诸天地功用之大,此《易》所以冒天下之道也。

是故天生神物,圣人则之;天地变化,圣人效之;天垂象,见吉凶,圣人象之;河出图,洛出书,圣人则之。《易》有四象,所以示也。系辞焉,所以告也。定之以吉凶,所以断也。

"神物"者,蓍龟也。天变化者,日月寒暑往来相推之类;地变化者,山峙川流万物生长凋枯之类。"吉凶"者,日月星辰躔次循度晦明薄蚀也。"四象"者,天生神物之象,天地变化之象,垂象吉凶之象,河图洛书之象也。

《易》之为道,小而一户,大而天地、四时、日月、富贵、圣人,无有不合,《易》诚冒天下之道矣。《易》道如此,岂圣人勉强自作哉?盖《易》之为书,不过辞变象占四者而已。故《易》有占,非圣人自立其占也,天生神物有自然之占,圣人则之以立其占。《易》有变,非圣人自立其变也,天地变化有自然之变,圣人效之以立其变。《易》有象,非圣人自立其象也,天垂象,见吉凶,有自然之象,圣人象之以立其象。《易》有辞,非圣人自立其辞也,河出图,洛出书,有自然之文章,圣人则之以立其辞。因天地生此四象皆自然而然,所以示圣人者至矣。圣人虽系之以辞,不过因此四象系之以告乎人而已;虽定之以吉凶,不过因此四象定之以决断其疑而已。皆非圣人勉强自作也。学《易》者能居则观象玩辞,动则观变玩占,《易》虽冒天下之道,道不在《易》而在我矣。

上第十一章。此章言《易》开物成务,冒天下之道,然皆出于天地自然而然,非圣人勉强自作也。

《易》曰:"自天祐之,吉无不利。"子曰:祐者,助也。天之所助者顺也,人之所助者信也。履信思乎顺,又以尚贤也,是以"自天祐之,吉无不利"也。

释大有上九爻义。天人一理,故言天而即言人。天之所助者顺也,顺则不悖于理,是以天祐之。人之所助者信也,信则不欺乎人,是以人助之。六五以顺信居中,上九位居六五之上,是履信也。身虽在上比乎君,而心未尝不在君,是思乎顺也。尚贤与大畜"刚上而尚贤"同,言圣人在上也。上九履信思顺,而六五又尚贤,此所以"自天祐之,吉无不利"也。上九居天位,天之象。应爻居人位,人之象。离中虚,信之象。中坤土,顺之象。变震动,思之象。震为足,上九乘乎五,履之象。

来子考定:此节在第八章"劳谦君子"下。

子曰:书不尽言,言不尽意。然则圣人之意其不可见乎?子曰:圣人立象以尽意,设卦以尽情伪,系辞焉以尽其言,变而通之以尽利,鼓之舞之以尽神。

"书"本所以载言,然书有限,不足以尽无穷之言。言本所以尽意,然言有限,不足以尽无穷之意。"立象"者,伏羲画一奇以象阳,画一偶以象阴也。立象则大而天地,小而万物,精及无形,粗及有象,悉包括于其中矣。本于性而善者,情也;拂乎性而不善者,伪也。伪则不情,情则不伪,人之情伪万端,非言可尽,即卦中之阴阳淑慝也。既立其象,又设八卦,因而重之为六十四,以观爱恶之相攻,远近之相取,以尽其情伪。文王、周公又虑其不能观象以得意也,故又随其卦之大小、象之失得忧虞,系之辞以尽其言,使夫人之观象玩占者又可因言以得意,而前圣之精蕴益以阐矣。"尽意","尽情伪","尽言",皆可以为天下利,又恐其利有所未尽,于是教人于卜筮中观其卦爻所变,即动则观其变而玩其占也。由是即其所占之事而行之通达,即通变之谓事也,下文化裁推行是也,则其用不穷而足以尽利矣。因变得占以定吉凶,则民皆无疑而行事不倦,如以鼓声作舞容,鼓声疾舞容亦疾,鼓声不已而舞容亦不已,自然而然不知其孰使之者,所谓尽神也。"尽利"者,圣人立象设卦之功。尽神者,圣人系辞之功。"子曰"宜衍其一。

书不尽言,言不尽意,然则圣人之意终不可见乎?盖圣人仰观俯察,见天地之阴阳不外乎奇偶之象也,于是立象以尽意。然独立其象,则意中之所包犹未尽也,于是设卦以尽意中情伪之所包;立象设卦不系之以辞,则意中之所发犹未昭然明白也,于是系辞以尽其意中之所发。立象、设卦、系辞,《易》之体已立矣,于是教人卜筮,观其变而通之,则有以成天下之务而其用不穷,足以尽意中之利矣。由是斯民鼓之舞之,以成天下之亹亹,而其妙莫测,足以尽意中之神矣。至此,意斯无余蕴,而圣人忧世觉民之心,于于此乎遂也。

乾坤,其《易》之缊邪!乾坤成列,而《易》立乎其中矣。乾坤毁,则无以见《易》。《易》不可见,则乾坤或几乎息矣。

《易》如衣,乾坤如絮,乾九坤六也。

《易》者,《易》书也。"缊"者,衣中所著之絮也。乾坤其《易》之缊者,谓乾坤缊于《易》六十四卦之中,非谓《易》缊于乾坤两卦之中也。"成列"者,一阴一阳对待也。既有对待,自有变化。毁谓卦画不立,息谓变化不行。盖《易》中所缊者皆九、六也。爻中之九皆乾,爻中之六皆坤,九、六散布于二篇而为三百八十四爻,则乾、坤成列,而《易》之本立乎其中矣。《易》之所以为《易》者,乾九、坤六之变易也,故九、六毁不成列,九独是九,六独是六,则无以见其为《易》。《易》不可见则独阳独阴,不变不化,乾坤之用息矣。乾坤未尝毁未尝息,特以爻画言之耳。乾坤即九、六。若不下个"缊"字,就说在有形天地上去了。

此句极难解,以首句难解也,认错了乾坤二字也,极注明。

是故形而上者谓之道,形而下者谓之器,化而裁之谓之变,推而行之谓之通,举而措之天下之民谓之事业。

道器不相离。如有天地,就有太极之理在里面;如有人身此躯体,就有五性之理藏于此躯体之中。所以孔子分形上形下,不离形字也。裂布曰裁。田鼠化为鴽,周宣王时马化为狐,化意自见矣。化而裁之者,如一岁裁为四时,一时裁为三月,一月裁为三十日,一日裁为十二时是也。推行者,将已裁定者推行之也。如《尧典》"分命羲和"等事,是化而裁之,至敬授人时则推行矣。通者达也,如乾卦当潜而行潜之事,则潜为通,如行见之事则不通矣;当见而行见之事则见为通,如行潜之事则不通矣。"事"者业之方,行业者事之已著。此"五谓",言天地间之正理,圣人之教化,礼、乐、刑、赏皆不过此理。至于下文"六存",方说卦爻,不然下文化而裁之二句,说不去矣。盖"谓"者名也,存者在也。上文言化而裁之,名之曰变,下文言化而裁之,在乎其变,字意各不同。说道理由精而及于粗,故曰"形而上者谓之道";说卦爻由显而至于微,故曰"默而成之存乎德行"。

阴阳之象皆形也。形而上者,超乎形器之上,无声无臭,则理也,故"谓之道"。形而下者,则囿于形器之下,有色有象,止于形而已,故"谓之器"。以是形而上下、化而裁之则谓之变,推而行之则"谓之通"。及举此变通措之天下之民,则所以变所以通者皆成其事业矣,故"谓之事业"。此画前之《易》也,与卦爻不相干。

是故夫象,圣人有以见天下之赜,而拟诸其形容,象其物宜,是故谓之象。圣人有以见天下之动,而观其会通,以行其典礼。系辞焉,以断其吉凶,是故谓之爻。

重出以起下文。

极天下之赜者,存乎卦,鼓天下之动者,存乎辞,化而裁之存乎变,推而行之存乎通,神而明之存乎其人,默而成之、不言而信,存乎德行。

"极",究也。"赜",多也。天地万物之形象,千态万状,至多而难见也,卦之象莫不穷究而形容之,故曰"极天下之赜者存乎卦"。"鼓",起也。"动",酬酢往来也。天地万物之事理,酬酢往来,千变万化,至动而难以占决也,爻之辞莫不发扬其,故以决断之,故曰"鼓天下之动者存乎辞"。卦即象也,辞即爻也。化裁者,教人卜筮观其卦爻所变。如乾初爻一变,则就此变化而以理裁度之,为"潜龙勿用"。乾卦本"元亨利贞",今日"勿用",因有此变也,故曰"存乎变"。"通"者,行之通达不阻滞也。裁度已定,当推行矣,今当勿用之时遂即勿用,不泥于本卦之元亨利贞,则行之通达不阻滞矣,故曰"存乎通"。"神"者运用之莫测,"明"者发挥之极精,下文"默而成之、不言而信"是也。无所作为谓之"默",曰"默"则不假诸极天下之赜之卦矣。见诸辞说之谓"言",曰"不言"则不托诸鼓天下之动之辞矣。"成"者,我自成其变通之事也。"信"者,人自信之如蓍龟也。与"奏假无言,时靡有争"同意。

"极天下之赜"者,存乎卦之象,"鼓天下之动"者存乎爻之辞。此卦此辞,化而裁之存乎其变,推而行之存乎其通。此本诸卦辞,善于用《易》者也。若夫不本诸卦辞,神而明之,则又存乎其人耳。盖有所为而后成,有所言而后信,皆非神明,惟默而我自成之,不言而人自信之,此则生知安行,圣人之能事也,故曰"存乎德行"。故有造化之《易》,有《易》书之《易》,有在人之《易》。德行者,在人之《易》也。有德行以神明之,则《易》不在造化,不在四圣,而在我矣。

上第十二章。此章论《易》,书不尽言,言不尽意,而归重于德行也。

来瞿唐先生易注卷之十四

系辞下传

八卦成列，象在其中矣。因而重之，爻在其中矣。刚柔相推，变在其中矣。系辞焉而命之，动在其中矣。吉凶悔吝者，生乎动者也。刚柔者，立本者也。变通者，趣时者也。

重，直龙反。

八卦以卦之横图言。成列者，乾一、兑二、离三、震四，阳在下者列于左；巽五、坎六、艮七、坤八，阴在下者列于右。"象"者，八卦形体之象，不特天地、雷风、水火、山泽之象，凡天地所有之象无不具在其中也。"因而重之"者，三画上复加三画，重乾重坤之类也。阳极于六，阴极于六，因重成六画，故有六爻。"八卦成列"二句言三画八卦，因而重之二句，言六画八卦。至刚柔相推，言六十四卦。如乾为天，乾下变一阴之巽，二阴之艮，三阴之坤，是刚柔相推也。"系辞"者，系六十四卦三百八十四爻之辞也。"命"者，命其吉凶、悔吝也。"动"者，人之动作营为，即趋吉避凶也。《易》六十四卦三百八十四爻，不过一刚一柔，九、六而已。《易》有九、六，是为之本，无九、六，则以何者为本？故曰"立本"。《易》穷则变，变则通，不变则不通。有一卦之时，有一爻之时。时之所在，理之所当然，势不得不然。趣者，向也。

伏羲八卦成列，虽不言象，然既成八卦，而文王之象已在卦之中矣。伏羲八卦虽无爻，然既重其六，而周公六爻已在重之中矣。六十四卦刚柔相推，虽非占卜卦爻之变，而卦爻之变已在其中矣。各系以辞，虽非其动，然占者值此爻之辞，则即玩此爻以动之，而动即在其中矣。系辞以命，而动在其中者何也？盖吉凶悔吝皆辞之所命也，占者由所命之辞而动，当趋则趋，当避则避，则动罔不吉，不然则凶，悔吝随之矣。吉凶悔吝生乎其动，动以辞显，故系辞以命，而动在其中矣。刚柔相推，而变在其中者，何也？盖刚柔者，立本者也，变动者，趣时者也。有刚柔以立其本，而复可变通以趣其时。使无刚柔，安能变通？变通由于刚柔，故刚柔相推，而变在其中矣。

吉凶者，贞胜者也。天地之道，贞观者也。日月之道，贞明者也。天下之动，贞夫一者也。

观，去声。夫，音扶。

"贞"者，正也。圣人一部《易经》皆利于正，盖以道义配祸福也，故为圣人之书。术家独言祸福，不配以道义，如此而诡遇获禽则曰"吉"，得正而毙焉则曰"凶"，京房、郭璞是也。"胜"者，胜负之胜，言惟正则胜，不论吉凶也。如富与贵可谓吉矣，如不以其道得之，不审乎富贵，吉而凶者也。贫与贱可谓凶矣，如不以其道得之，能安乎贫贱，凶而吉者也。负乘者致其寇，舍车者贲其趾，季氏阳货之富贵，颜回原宪之贫贱，凡杀身成仁，舍生取义，过涉灭顶,皆贞胜之意也。"观"者,垂象以示人也。"道"者,天地日月之正理,即太极也。"一"者,无欲也,无欲则正矣。孔子祖述尧舜者,祖述其精一也,故曰"吾道一以贯之",又曰"所以行之者一也",又曰"天下之动贞夫一者也"。三"一"字皆同。孔子没,后儒皆不知"一"字之义,独周濂溪一人知之,故某不得已,又作入圣功夫字义。

"吉凶者"以贞而胜,不论其吉凶也。何也? 天地有此正理而观,故无私覆无私载。日月有此正理而明,故无私照。天地日月且如此,而况于人乎? 故天下之动虽千端万绪,惟贞夫一。能无欲则贞矣,有欲必不能贞。惟贞则吉固吉,凶亦吉,正大光明,与天地之贞观、日月之贞明,皆万古不磨者也,岂论其吉凶哉?

夫乾确然,示人易矣;夫坤隤然,示人简矣。爻也者,效此者也。象也者,像此者也。爻象动乎内,吉凶见乎外,功业见乎变,圣人之情见乎辞。

见,贤遍反。

"确然",健貌;"隤然",顺貌。天惟有此贞一,故确然示人以易;地惟有此贞一,故隤然示人以简。圣人作《易》,爻也者,不过效此贞一而作;象也者,不过像此贞一而立。使不效像乎此,则圣人之《易》与天地不相似矣。此爻此象方动于卦之中,则或吉或凶即呈于卦之外,而功业即因变而见矣。"功业"者,成务定业也。因变而见,即变而通之以尽利也。若圣人之辞,不过于爻象之中,因此贞一而系之以辞也,盖教人不论吉凶,以贞胜而归于一者。此则圣人系辞觉民之心情也,故曰"情"。

天地之大德曰生,圣人之大宝曰位。何以守位? 曰仁。何以聚人? 曰财。理财正辞,禁民为非曰义。

"大德"者,易简贞一之大德也。"生"者,天主生物之始,地主生物之成也。"大宝"者,圣人必居天位方可行天道。是位者,乃所以成参赞之功者也,故曰"大宝"。"聚人"者,内而百官、外而黎庶也。"理财"者,富之也,九赋九式之类是也。"正辞"者,教之也,教之以正也,三物十二教之类是也。"禁非"者,既道之以德,又齐之以刑,五刑五罚之类是也。"仁义"者,贞一之理也。

天地有此贞一之大德,惟以生物为心,故无私覆无私载。圣人居大宝之位,而与天地参,是以守其位而正位凝命也,则以仁曰仁,即天地贞一之大德也。仁以育之,义以正之,有此贞一无私之大德,所以与天地参也。《易》之为书辞、变、象、占专教人以贞胜而归于一者以此。《上系》首章,举天地易简知能之德,而继之以圣人之成位,见圣人有以克配乎天地,此作《易》之原,《易》之体也。《下系》首章举天地易简贞一之德,而继之以圣人之仁义,见圣人有以参赞乎天地,此行《易》之事,《易》之用也。

上第一章。此章论《易》而归之于贞一。

古者包牺氏之王天下也,仰则观象于天,俯则观法于地,观鸟兽之文与地之宜,近取诸身,远取诸物,于是始作八卦,以通神明之德,以类万物之情。

"法",法象也。天之象日月星辰也,地之法山陵川泽也。鸟兽之文,有息者根于天,飞走之类也。"地之宜",无息者根于地,草木之类也。如《书》言"兖之漆,青之㟕,徐之桐"是也,非高黍下稻也。伏羲时尚鲜食,安得有此? 近取诸身,气之呼吸,形之头足之类也。远取诸物,鳞介羽毛,雌雄牝牡之类也。通者,理之相会合也;类者,象之相肖似也。神明之德,不外健顺动止八者之德;万物之情,不外天地雷风八者之情。德者阴阳之理,情者阴阳之迹。德精而难见故曰"通",情粗而易见故曰"类"。

包牺氏之王天下也,仰观俯察,与鸟兽之文,与地之宜,近取诸身,远取诸物,见得天地间一对一待成列于两间者,不过此阴阳也,一往一来流行于两间者,不过此阴阳也,于是画一奇以象阳,画一偶以象阴,因而重之以为八卦,以通神明之德,以类万物之情。

作结绳而为网罟,以佃以渔,盖取诸离。

罟,音古。佃,音田。

离卦中爻为巽,绳之象也。网以佃,罟以渔。离为目,网罟之两目相齐者似之。离德为丽,网罟之物丽于中者似之。盖取诸离,言绳为网罟有离之象,非睹离而始有此也。教民肉食自包牺始,自此至"结绳而治",有取诸卦象者,有取诸卦义者。

包牺氏没,神农氏作。斲木为耜,揉木为耒,耒耨之利以教天下,盖取诸益。

斲,陟角反。耜,音似。耒,力对反。耨,奴豆反。

"耒耜"者,今之犁也。"耜"者,耒之首,"斲木"使锐而为之,今人加以铁铧,谓之犁头。耒者耜之柄,揉木使曲而为之。二体皆木,上入下动,中爻坤土。木入土而动,耒耜之象。教民粒食自神农始。

日中为市,致天下之民,聚天下之货,交易而退,各得其所,盖取诸噬嗑。

离日在上,日中之象。中爻艮为径路,震为大涂,又为足,致民之象。中爻坎水艮山,群珍所出,聚货之象。又震错巽,巽为利市三倍,为市聚货之象。震动,交易之象。巽为进退之象。艮止,各得其所之象。此噬嗑之象也。且天下之人其业不同,天下之货其用不同,今不同者皆于市而合之,以其所有易其所无,各得其所,亦犹物之有间者啮而合之,此噬嗑之义也。

神农氏没,黄帝、尧、舜氏作。通其变,使民不倦。神而化之,使民宜之。《易》穷则变,变则通,通则久,是以自天祐之,吉无不利。黄帝、尧、舜垂衣裳而天下治,盖取诸乾、坤。

阳极则必变于阴,阴极则必变于阳,此变也。阳变于阴则不至于亢,阴变于阳则不至于伏,此通也。阳而阴,阴而阳,循环无端,所以能久,是以圣人之治天下,民之所未厌者,圣人不强而去之,民之所未安者,圣人不强而行之,如此变通,所以使民不倦。不然,民以为纷,更安得不倦! 由之而莫知其所以然者神也,以渐而相忘于不言之中者化也。神而化之,所以使民宜之。不然,民以为不便,何宜之有?

牺农之时民朴俗野,至黄帝、尧、舜时风气渐开,时已变矣。三圣知时当变也,而通其变,使天下之人皆欢欣鼓舞,趋之而不倦,所以然者,非圣人有以强之也,亦神而化之。惟其神而化之,故天下之民安之以为宜。惟其宜之,故趋之而不倦也。盖天地之理数,穷则变,变则通,通则久。牺农之时,人害虽消而人文未著,衣食虽足而礼义未兴,故黄帝、尧、舜惟垂上衣下裳之制,以明尊卑贵贱之分。而天下自治者,以穷则变,是以神而化之与民宜之也。盖取诸乾、坤者,乾、坤之理,亦变化无为,此乾、坤之义也。乾、坤之体,亦上衣下裳之尊卑,此乾、坤之象也。

刳木为舟,剡木为楫。舟楫之利,以济不通,致远以利天下,盖取诸涣。

刳,口姑反。剡,以冉反。

"以济不通"句绝。"致远"句绝。"刳"者,剖而使空也。刳木中虚,可以载物。"剡"者,斩削也。剡木末锐,可以进舟。"济不通"者,横渡水也。与"济人溱洧"济字同。溪、涧、江、河或东西阻绝，或南北阻绝，皆不通也。"致远"者，长江天堑不能逆水而上，不能放流而下，皆不能致远也。今有舟楫则近而可以济不通，远而可以致远，均之为天下则矣。"济不通"即下文引重之列。"致远"即下文致远之列。盖"取诸涣"者，下坎水，上巽木，中爻震动，木动于水上，舟楫之象也。且天下若无舟楫，不惟民不能彼此往来，虽君臣上下亦阻绝而不能往来，天下皆涣散矣。乘木有功以济其涣，此涣之义也。

服牛乘马，引重致远，以利天下，盖取诸随。

上古牛未穿，此则因其性之顺，穿其鼻驯而服之。上古马未络，此则因其性之健，络其首驾而乘之。中爻巽为绳，艮为鼻又为手，震为足，服之乘之之象也。震本坤所变，坤为牛，一奇画在后者，阳实而大，引重之象也。兑本乾所变，乾为马，一偶画在前者，大道开张，致远之象也。牛非不可以致远，曰引重者，为其力也。马非不可以引重，曰致远者，为其敏也。"盖取诸随"者，人欲服则服，人乘则乘，欲引重引重，欲致远则致远。动静行止皆随人意，此随之义也。

重门击柝以待暴客，盖取诸豫。

中爻下艮为门，上震综艮又为门，是两门矣，重门之象也。震动善鸣有声之木，柝之象也。艮为守门阍人，中爻坎为夜，艮又为手，击柝之象也。坎为盗，暴客之象也。上古外户不闭，至此建都立邑，其中必有官职府库，故设重门以御之，"击柝"以警之，"以待暴客"。"豫"者逸也，又备也，谦轻而豫，怠逸之意也。恐逸豫，故豫备。

断木为杵，掘地为臼，臼杵之利，万民以济，盖取诸小过。

中爻兑为毁折，断与掘之象也。上震木下艮土，木与地之象也。大象坎陷，臼舂之象也。万民以济者，前此虽知粒食而不知脱粟，万民得此杵臼，治米极其精，此乃小有所过，而民用以济者也。

弦木为弧，剡木为矢，弧矢之利以威天下，盖取诸睽。

"弧"，弓也。"弦"木使曲，"剡"木使锐。中爻坎木坚，离木稿，兑为毁折，弦木剡木之象也。坎为弓矢，离为戈兵，又水火相息，皆有征伐之意，所以既济、未济皆伐鬼方。"弧矢"，威天下之象也。所以威天下者，以其睽乖不服也，故取诸睽。

上古穴居而野处，后世圣人易之以宫室，上栋下宇，以待风雨，盖取诸大壮。

"栋"屋，脊木也。"宇"，椽也。栋直承而上，故曰上栋。宇两垂而下，故曰下宇。二阴在上，雷以动之，又中爻兑为泽，雨之象也。兑综巽，风之象也。四阳相比，壮而且健，栋宇之象。大过四阳相比，故亦言栋。大壮者，壮固之义也。

古之葬者，厚衣之以薪，葬之中野，不封不树，丧期无数，后世圣人易之以棺椁，盖取诸大过。

"衣之以薪"，盖覆之以薪也。"葬之中野"，葬之郊野之土中也。"不封"者，无土堆而人不识也。本卦象坎为隐伏，葬之象也。中爻乾为衣，厚衣之象也。巽为木，薪之象也，棺之象也。乾为郊，郊外中野之象也。巽为入，兑错艮为手，又为口，木上有口，以手入之，入棺之象也。大过者，过于厚也。小过养生，大过送死，惟送死可以当大事，故大过。

上古结绳而治，后世圣人易之以书契，百官以治，万民以察，盖取诸夬。

结绳者，以绳结两头，中割断之，各持其一以为他日之对验也。结绳而治，非君结绳而治也,言当此百姓结绳之时,为君者于此时而治也。"书",文字也。言有不能记者书识之。"契",合约也。事有不能信者,契验之。百官以此书契而察万民,不敢欺。取夬者,有书契则考核精详,稽验明白,亦犹君子之决小人,小人不得以欺矣。兑综巽为绳,绳之象也。乾为言,错坤为文,言之有文,书契之象也。

上第二章。通章言制器尚象之事。网罟耒耜所以足民食,交易舟车所以通民财,弦弓门柝所以防民患,杵臼以利其用,衣裳以华其身,宫室以安其民,棺椁以送其死,所以为民利用安身,养生送死无遗憾矣。然百官以治,万民以察,卒归之夬之书契者,盖器利用便则巧伪生,圣人忧之,故终之以夬之书契焉。上古虽未有《易》之书,然造化人事本有《易》之理,故所作事暗合《易》书,正所谓画前之《易》也。

是故《易》者,象也。象也者,像也。彖者,材也。爻也者,效天下之动者也。是故吉凶生而悔吝著也。

"是故"二字承上章取象而言。木挺曰"材",材,干也。一卦之材即卦德也。天下之动纷纭缪辐,或出或处,或默或语,大而建侯行师,开国承家,小而家人妇子嘻嘻嗃嗃,其变态不可尽举。"效"者,效力也,献也,与"川岳效灵"效字同,发露之意。言有一爻之动即有一爻之变,周公于此一爻之下,即系之以辞而效之,所谓六爻之义易以贡也。生者,从此而生出也。著者,自微而著见也。吉凶在事本显,故曰生;悔吝在心尚微,故曰著。悔有改过之意,至于吉则悔之著也。吝有文过之意,至于凶则吝之著也。原其始而言,吉凶生于悔吝;要其终而言,则悔吝著而为吉凶也。

《易》卦者,写万物之形象之谓也。舍象不可以言《易》矣。"象"也者像也,假象以寓理,乃事理仿佛近似而可以想像者也,非造化之贞体也。"彖"者象之材也,乃卦之德也。"爻"者,效天下之动者也,象之变也,乃卦之趣时也。是故伏羲之《易》惟像其理,而近似之耳。至于文王有彖以言其材,周公有爻以效其动,则吉凶由此而生,悔吝由此而著矣。而要之,皆据其象而已,故舍象不可以言《易》也。若学《易》者不观其象,乃曰得意在忘象,得象在忘言,正告子所谓"不得于言,勿求于心"者也。若舍此象止言其理,岂圣人作《易》、前民用以教天下之心哉!

上第三章。总是言象。

阳卦多阴,阴卦多阳,其故何也?阳卦奇,阴卦偶,其德行何也?阳一君而二民,君子之道也。阴二君一民,小人之道也。

震、坎、艮为阳卦,皆一阳二阴;巽、离、兑为阴卦,皆一阴二阳。阳卦奇阴卦偶者,言阳卦以奇为主,震、坎、艮皆一奇,皆出于乾之奇。震以一索得之,坎以再索得之,艮以三索得之,三卦皆出于乾之奇,所以虽阴多亦谓之阳卦。阴卦以偶为主,巽、离、兑皆一偶,皆出于坤之偶。巽以一索得之,离以再索得之,兑以三索得之,三卦皆出于坤之偶,所以虽阳多,亦谓之阴卦。阴虽二画,止当阳之一画。若依旧注,阳卦皆五画,阴卦皆四画,其意以阳卦阳一画阴四画也,阴卦阳二画阴二画也。若如此,则下文阳一君二,民非二民,乃四民矣,阴二君一,民非一民,乃二民矣。盖阴虽二画,止对阳之一画,故阳谓奇阴谓偶,所以说一阴一阳之谓道。德行兼善恶,与上文故字相对。何也?与上文何也相对?阳为君,阴为民。一君二民乃天地之常经,古今之大义,如唐虞三代,海宇苍生罔不率俾是也,故为君子之道。二君一民则政出多门,车书无统,如七国争雄是也,故为小人之道。

阳卦宜多阳而反多阴,阴卦宜多阴而反多阳,其故何也?盖以卦之奇偶论之,阳以奇为主,震、坎、艮三卦之奇皆出于乾,三男之卦,故为阳卦。阴以偶为主,巽、离、兑三卦之偶皆出于坤，三女之卦，故为阴卦。若以德行论之，阳一君而二民，君子之道也。震、坎、艮皆一君而二民，正合君子之道，故阳卦多阴。阴二君而一民，小人之道也，巽、离、兑皆二君而一民，正合小人之道，所以阴卦多阳。

上第四章。

《易》曰："憧憧往来，朋从尔思。"子曰：天下何思何虑？天下同归而殊途，一致而百虑，天下何思何虑？

此释咸九四爻，亦如上传拟议之事，下数节仿此。虑不出于心之思，但虑则思之深尔。"同归而殊途"者，同归于理而其途则殊。"一致而百虑"者，一致于数，而其虑则百。因殊故言同，因百故言一。"致"者极也，送诣也，使之至也。言人有百般思虑皆送至于数，有数存焉，非人思虑所能为也，正所谓莫之致而至者命也。以途言之，如父子也，君臣也，夫妇也，朋友也，长幼也。接乎其身者甚殊也，然父子有亲，君臣有义，夫妇有别，朋友有信，长幼有序，使数者之相感，吾惟尽其理而已，有何思虑？以虑言之，如富贵也，贫贱也，夷狄也，患难也，如此之虑起乎其心者有百也，然素富贵行富贵，素贫贱行贫贱，素夷狄行夷狄，素患难行患难，虽使富贵数者之相感，吾惟安乎其数而已，有何思虑？下文则言造化理物有一定自然之数，吾身有一定自然之理，而吾能尽其理安其数，则穷神知化，而德盛矣。

日往则月来，月往则日来，日月相推而明生焉。寒往则暑来，暑往则寒来，寒暑相推而岁成焉。往者屈也，来者信也，屈信相感，而利生焉。尺蠖之屈，以求信也。龙蛇之蛰，以存身也。

信，音申。

以造化言之：一昼一夜相推而明生，一寒一暑相推而岁成。成功者退谓之"屈"，方来者进谓之"信"。一往一来，一屈一信，循环不已谓之"相感"。"利"者功也，日月有照临之功，岁序有生成之功也。应时而往自然而往，应时而来自然而来，此则造化往来相感一定之数，惟在乎气之自运而已，非可以思虑而往也，非可以思虑而来也。以物理言之：屈者乃所以为信之地，不屈则不能信矣，故曰"求"。必蛰而后存其身以奋发，不蛰则不能存身矣。应时而屈自然而屈，应时而信自然而信，此则物理相感，一定之数惟委乎形之自然而已，非可以思虑而屈也，非可以思虑而信也。正所谓一致而百虑也。造化物理，往来屈信既有一定之数，则吾惟安其一致之数而已，又何必百虑而憧憧往来哉！

精义入神，以致用也，利用安身，以崇德也。

此言"精"者，明也，择也，专精也，即惟精惟一之精。言无一毫人欲之私也。"义"者，吾性之理，即五伦：仁、义、礼、知、信之理也。"入神"者，精义之熟，手舞足蹈皆其义，从心所欲不逾矩，莫知其所以然而然也。"致用"者，诣于其用，出乎身发乎迩也。"利用"者，利于其用，加乎民见乎远也。"安身"者，身安也，心广体胖，四体不言而喻也。惟利于其用，无所处而不当，则此身之安自无入而不自得矣。既利用安身，则吾身之德，自不觉其积小高大矣。

以吾身言之：精研其义至于入神，非所以求致用也，而自足以为出而致用之本。利其施用无适不安，非所以求崇德也，而自足以为人而崇德之资。致者自然而致，崇者自然而崇，此则吾身内外相感一定之理也，正所谓同归而殊途也。故天下之途虽有千万之殊，吾惟尽同归之理，精义入神以致用，利用安身以崇德而已，又何必论其殊途而憧憧往来哉！

过此以往，未之或知也。穷神知化，德之盛也。

"过此"者,过此安,一致之数,尽同归之理也。"以往"者,前去也。"未之或知"者,言不知也。言相感之道,惟当安数尽理,如此功夫。过此则无他术、无他道也,故同归之理。穷此者,谓之穷神一致之数。知此者,谓之知化。能穷之知之,则不求其德之盛,而德之盛也无以加矣,又何必憧憧往来也哉!天下何思何虑者正以此。盖尽同归之理,是乐天功夫,神以理言故言穷;安一致之数,是知命功夫,化以气言,故言知。理即仁、义、礼,知之理。"气"即吉凶、祸福之气。内而精义人神已有德矣,外而利用安身又崇其德,内外皆德之盛,故总言德之盛。"崇"字即盛字,非崇外别有盛也。一部《易经》,说数即说理。

来子考定:"作易者,其知盗乎"节在此。安设尽理,何必思虑!

《易》曰:"困于石,据于蒺藜,入于其宫,不见其妻,凶。"子曰:非所困而困焉,名必辱;非所据而据焉,身必危。既辱且危,死期将至,妻其可得见邪!

释"困"六二爻义。"非所困"者,在我非所困也。"非所据"者,在人非所据也。欲前进以荣其身,不得其荣,是求荣而反辱也,故名必辱。欲后退以安其身,不得其安,是求安而反危也,故身必危。辱与危,死道也,故不见妻。

来子考定:此节,在"君子安其身"下。

《易》曰:"公用射隼于高墉之上,获之无不利。"子曰:隼者禽也,弓矢者器也,射之者人也。君子藏器于身,待时而动,何不利之有?动而不括,是以出而有获,语成器而动者也。

释解上六爻义。此孔子别发一意,与解悖不同。"括"字乃孔子就本章弓矢上取来用。盖矢头曰"镞",矢末曰"括",括与筈同,乃箭筈,管弦处也。故《书》曰:"若虞机张,往省括于度,则释。"括有四义:结也,至也,检也,包也。《诗》"日之夕矣,牛羊下括",至之义也。《杨子》"或问士曰:其中也弘深,其外也肃括",检之义也。《过秦论》"包括四海",包之义也。此则如坤之括囊,取闭结之义。动而不闭结,言动则不迟疑滞拘,左之右之,无不宜之有之,资深逢原之意也。

"隼"者,禽也。"弓矢"者,器也。"射之"者,人也。君子负济世之具于身,而又必待其时。时既至矣,可动则动,何不利之有?盖济世之具在我,则动而不括,此所以出而有获,无所不利也。《易》曰"公用射隼于高墉之上,获之无不利"者,正言器已成矣,而后因时而动也。

来子考定:此节在"作易者其知盗乎"节下,继此"天地绸缊"节。子曰:君子安其身而后动节。《易》曰:"困于石"节。子曰:德薄而位尊节,鸣鹤在阴节。具再次。

子曰:小人不耻不仁,不畏不义,不见利不劝,不威不惩。小惩而大诫,此小人之福也。《易》曰"屦校灭趾无咎",此之谓也。

释噬嗑初九爻义。可耻者莫如不仁,小人则甘心不仁。可畏者莫如不义,小人则甘心不义。利以动之而后为善,曰劝者即劝其为仁、为义也。威以制之而后去恶,曰惩者,即惩其不仁、不义也。故小有惩于前,大有诫于后,此则小人之福也。不然,不仁、不义、不劝、不惩,积之既久,罪大而不可解矣,何福之有?《易》曰"屦校灭趾无咎"者,正此止恶于未形,小惩大诫,为小人之福之意也。

来子考定:此节在《系辞》上第八章,"知几其神乎"下。

善不积不足以成名,恶不积不足以灭身。小人以小善为无益而弗为也,以小恶为无伤而弗去也。故恶积而不可掩,罪大而不可解。《易》曰:"何校灭耳,凶。"

释噬嗑上九爻义。惟"恶积而不可掩",故"罪大而不可解"。"何校灭耳凶"者,积恶之所致也。

来子考定:此节在"小人不耻不仁"下。

子曰:危者安其位者也,亡者保其存者也,乱者有其治者也。是故君子安而不忘危,存而不忘亡,治而不忘乱,是以身安,而国家可保也。《易》曰:"其亡其亡,系于苞桑。"

释否九五爻义。安危以身言,存亡以家言,治乱以国言,所以下文曰身安而国家可保也。"危"者,自以为位可恒安者也。"亡"者,自以为存可恒保。"乱"者,自以为治可恒有。故安其位,保其存,有其治,则志得意满,所以危亡而乱矣,唐之玄宗,隋之炀帝是也。《易》教人"易者使倾",正此意。

来子考定:此节在上第八章,"言天下之至赜"下。

子曰:德薄而位尊,知小而谋大,力小而任重,鲜不及矣。《易》曰:"鼎折足,覆公𫗧。其形渥,凶。"言不胜其任也。

知,音智。胜,音升。

释鼎九四爻义。德所以诏爵,智所以谋事,力所以当任。鲜不及者,鲜不及其祸也。

来子考定:此节在"困于石"下。

子曰:知几其神乎!君子上交不谄,下交不渎,其知几乎?几者动之微,吉之先见者也。君子见几而作,不俟终日。《易》曰:"介于石,不终日,贞吉。"介如石焉,宁用终日,断可识矣。君子知微知彰,知柔知刚,万夫之望。

总赞六二知几,知几而不决,犹未知也,尤重在贞守。

释豫六二爻义。"谄"者谄谀。"渎"者,渎慢不知其几,如刘柳交叔文竟谄其党是也。断可识者,断可识其不俟终日也。豫卦独九四大有得,盖爻之得时者。初与四应,交乎四者也;三与四比,亦交乎四者也,皆谄于其四矣。独二隔三不与四交,上交不谄者也。初六鸣豫凶,不正者也。二与之比,二中正不渎慢,下交不渎者也。动之微,即先见,知微知彰也。本卦止一刚,初柔四刚,知柔知刚也。圣人之言皆有所据,"知几其神"与"知微知彰"三句皆是赞辞。

"几"者人之所难知,能知人之所不能知,故曰神。君子之交人,上下之间不谄不渎者,以其有先见之明,惧其祸之及己也,故知几惟君子。何也?盖几者方动之始,动之至微,良心初发,吉之先见者也。若溺于物欲,非初动之良心,延迟不决,则不能见几,祸已及己,见其凶而不见其吉矣。惟君子见此几,即作而去,不俟终日。然见此几之君子岂易能哉?必其操守耿介,修身反己,无一毫人欲之私者方可能之。《易》曰:"介于石,不俟终日,贞吉。"夫以耿介如石之不可移易,则知之之明,去之之决,断可以识其不俟终日矣。盖天下之事有微有彰,人之处事有柔有刚,人知乎此方能见几也。今君子既知其微又知其彰,既知其所以柔又知其所以刚,四者既知,则无所不知矣,所以为万夫之望而能见几也,故赞其知几其神。

来子考定:此节在上第八章"自天祐"之下。

子曰:颜氏之子,其殆庶几乎?有不善未尝不知,知之未尝复行也。《易》曰:"不远复,无祇悔,元吉。"

释复初九爻义。"殆"者,将也。"庶",近也。几者动之微,吉之先见者也,即下文有不善未尝不知也。言颜氏之子,其将近于知几乎,如之未尝复行,故不贰过。

来子考定:此节在上第八章,善不积下。

天地绸缊,万物化醇;男女构精,万物化生。《易》曰:"三人行则损一人,一人行则得其友。"言致一也。

释损六三爻义。"绸",麻枲也。"缊",絮也。"借"字以言天地之气缠绵交密之意。"醇"者,凝厚也,本醇酒,亦借字也。天地之气本虚,而万物之质则实。其实者乃虚气之化而凝,得气成形,渐渐凝实,故曰化醇。男女乃万物之男女,雌雄、牝牡,不独人之男女也。男女乃父母,万物皆男女之所生也。以卦象言,地在中爻,上下皆天,有天将地缠绵之象。故曰天地绸缊。以二卦言,少男在上,少女在下,男止女悦,有男女构精之象。故以天地男女并言之,致专一也。阴阳两相与则专一,本卦六爻应与,皆阴阳相配,故曰致一。

天地绸缊,气交也,专一而不二,故曰"醇"。男女构精,形交也,专一而不二,故化生。夫天地男女两也,绸缊构精以一合一,亦两也,所以成化醇、化生之功。《易》曰"三人行则损一人,一人行则得其友"者,正以损一人者两也,得其友者两也。两相与则专一,若三则杂乱矣,岂能成功? 所以爻辞言"损一得友者"以此。

来子考定:此节在前"公用射隼"下。

子曰:君子安其身而后动,易其心而后语,定其交而后求。君子修此三者,故全也。危以动则民不与也,惧以语则民不应也,无交而求则民不与也。莫之与,则伤之者至矣。《易》曰:"莫益之,或击之,立心勿恒,凶。"

"易其"之易。以,豉反。

释益上九爻义。安其身者,身无愧怍也,危则行险矣。"易其心"者,坦荡荡也,惧则长戚戚矣。以道义交则淡以成,故定;以势利交则甘以坏,故无交。"修"者,安也,"易"也,定也,修此三者则我体益之道全矣,故不求益而自益。若缺其一则立心不恒,不能益矣。"全"对缺言。"民"者人也。上"与"字"党与"之与,下"与"字"取与"之与。莫之与即上文"民不与"、"不应"、"不与"也。伤之者,即击之也。安也,易也,定也,皆立心之恒,故曰立心勿恒,凶。

来子考定:此节在于"天地绸缊"句下。

上第五章。

子曰:乾坤,其《易》之门邪? 乾,阳物也;坤,阴物也。阴阳合德而刚柔有体,以体天地之撰,以通神明之德。

"门"者,物之所从出者也。阴阳二卦、六十四卦、三百八十四爻皆其所从出,故为《易》之门。有形质曰"物",一奇象阳,一偶象阴,则有形质矣。以二物之德言,则阴与阳合,阳与阴合,而其情相得;以二物之体言,则刚自刚,柔自柔,而其质不同。以者用也,撰者述也。天地之撰,天地雷风之类也,可得见者也。"德"者理也。神明之德,健顺动止之类,不可测者也。可得见者,《易》则以此二物体之;不可测者,《易》则以此二物通之。形容曰"体",发越曰"通"。

其称名也杂而不越。于稽其类,其衰世之意邪?

一卦有一卦之称名,一爻有一爻之称名。或言物象,或言事变,可谓至杂矣。然不过体天地之撰,通神明之德而已。二者之外,未尝有逾越也。但稽考其体之通之之类,如言龙战于野、入于左腹、获明夷之心,如此之类,似非上古民淳俗朴不识不知之语也,"意"者衰世民伪日滋,所以圣人说此许多名物事类出者,亦不得已也。

夫《易》，彰往而察来，而微显阐幽，开而当名辨物，正言断辞，则备矣。

"彰往"者，明天道之已然也。阴阳消息，卦爻之变象有以彰之。"察来"者，察人事之未然也。吉凶、悔吝，卦爻之占辞有以察之。日用所为者显也。《易》则推其根于理数之幽以微之，使人敬慎而不敢慢。百姓不知者幽也，《易》则就其事为之显以阐之，使人洞晓而无所疑。开而当名辨物者，各开六十四卦所当之名，以辨其物，如乾马、坤牛、乾首、坤足之类，不使之至于混淆也。正言断辞者，所断之辞吉则正言其吉，凶则正言其凶，无委曲无回避也。如是则精及无形、粗及有象无不备矣。曰"备"者，皆二物有以体其撰、通其德也。此其所以备也。

其称名也小，其取类也大。其旨远，其辞文。其言曲而中，其事肆而隐。因贰以济民行，以明失得之报。

牝马、遗音之类，卦之称名者小也。负乘、丧茀之类，爻之称名小者也。"肆"，陈也。"贰"者，副也，有正有副，犹两也。言既小又大，既远又文，既曲又中，既肆又隐，不滞于一边，故名为贰。"失得"者，吉凶也。"报"者，应也。

《易》辞纤细无遗，其称名小矣，然无非阴阳之理，默寓乎中，而取类又大，天地、阴阳、道德、性命散见于诸卦爻之中，其旨远矣。然其辞昭然有文，明白显然以示人，而未常远也。卦爻之言，委曲婉转谓之曲，曲则若昧正理矣，然曲而中乎典礼，正直而不私焉。叙事大小本末，极其详备谓之肆，肆则若无所隐矣，然理贯于大小本末之中，显而未必不隐焉。因此贰则两在莫测，无方无体矣，宜乎济斯民日用之所行，以明其吉凶之应也。曰"济"者，皆二物有以体其撰，通其德，此其所以济也。夫《易》皆二物体其撰、通其德，则乾坤不其《易》之门耶？

上第六章。此章言乾坤为《易》之门。

《易》之兴也，其于中古乎？作《易》者，其有忧患乎？

"《易》之兴"指周《易》所系之辞。《易》乃伏羲所作，然无其辞。文王以前不过为占卜之书而已，至文王始有《彖辞》，教人以反身修德之道，则《易》书之著明而兴起者，自文王始也。因受羑里之难，身经乎患难，故所作之《易》，无非处患难之道。下文九卦，则人所用以免忧患之道也。

是故履，德之基也。谦，德之柄也。复，德之本也。恒，德之固也。损，德之修也。益，德之裕也。困，德之辨也。井，德之地也。巽，德之制也。

"德"者，行道而有得于身也。"履"者，礼也，吾性之所固有。德为虚位而礼有实体，修德以礼，则躬行实践之间，有所依据，亦犹室之有基址矣，故为德之基。"柄"者，人之所执持者也。人之盈满者必丧厥德，惟卑己尊人、小心畏义，则其德日积，亦犹物之有柄而为人所执持矣，故为德之柄。人性本善，其不善者蔽于物欲也。今知自反不善而复于善，则善端萌蘖之生，自火燃泉达，万善从此充广，亦犹木之有根本而枝叶自畅茂矣，故为德之本。然有德在我，使不常久，则虽得之必失之，故所守恒久则长久而坚固，故恒者德之固也。君子修德必去其所以害德者，如或忿欲方动则当惩窒，损而又损以至于无，此乃修身之事，故曰损者德之修也。君子之进德必取其有益于德者，若见善而觉己之有过，则迁善改过以自益，故曰益者德之裕也，裕者充裕也。人处平常，不足以见德，惟处困穷出处、语默之间，辞受取与之际，最可观德，困而亨则君子，穷斯滥则小人，故为德之辨。井静深有本，而后泽及于物，人涵养所畜之德必如井，而后可施及于人也，故为德之地。巽既顺于理，又其巽入细微，事至则随宜断制，故为德之制。此九卦无功夫，无次第。

此言九卦为修德之具也。圣人作《易》固有忧患矣，然圣人之忧患，惟修其德而已。圣人修德，虽不因忧患而修，然卦中自有修德之具，如履、谦、复、恒、损、益、困、井、巽，乃德之基、之柄、之本、之固、之修、之裕、之辨、之地、之制，盖不必六十四卦，而九卦即为修德之具矣。

履和而至，谦尊而光，复小而辨于物，恒杂而不厌，损先难而后易，益长裕而不设，困穷而通，井居其所而迁，巽称而隐。

称，去声。

礼顺人情故和，和无森严之分，则不至矣，然节文仪则，皆天理精微之极至也。和而至，此履之才德，所以极其善也。谦以自卑则不尊矣，谦以自晦则不光矣。今谦自卑而愈尊，自晦而愈光。尊而光，此谦之才德所以极其善也。暗昧而小者，则必不能辨物矣，今复一阳居于群阴暗昧之下，虽阴盛阳微，以一阳之小，而能知辨其五阴皆为物欲，所以反其不善以复其善。小而辨物，此复之才德，所以极其善也。事至而杂来者，则必至于厌矣。恒则虽处缪骙之地，而常德如一日。杂而不厌，此恒之才德所以极其善也。凡事之难者则必不易矣，损则惩忿窒欲，虽克己之最难，然习熟之久，私意渐消，其后则易。先难后易，此损之才德所以极其善也。凡事之长裕者，则必至于设施造作矣，益则日知其所亡，月无忘其所能，可谓长裕矣，然非助长也。长裕而不设，此益之才德，所以极其善也。身之穷者，则必不通矣，困则身穷而道通。穷而又通，此困之才德，所以极其善也。人居其所者，则必不能迁矣，井虽居其所而不动，然泉脉流通，日迁徙而常新。居其所而迁，此井之才德所以极其善也。轻重适均之谓称。称则高下之势，人皆得而见之，则必不能隐矣。巽则能顺其理，因时以称其宜，然其性入而伏，则又形迹之不露。称而隐，此巽之才德所以极其善也。此正言九卦才德之善，以见其能为修德之具也。言履和而至，所以为德之基，若和而不至，不可以为德之基矣。下八卦仿此。此一节"而"字与《书经》九德"而"字同。

履以和行，谦以制礼，复以自知，恒以一德，损以远害，益以兴利，困以寡怨，井以辨义，巽以行权。

和行之行，下孟反。远，袁万反。

"以"者，用也。"行"者，日用所行之行迹也。人有礼则安，无礼则危。礼以和之，使之揆之理而顺，即之心而安，无乖忤也。"制"者，制服之意。礼太严，截然不可犯，谦以制之，则和而至矣。履即礼，非有别礼也。但上天下泽，乃生定之礼，生定之礼本有自然之和，人之行礼若依其太严之体，不免失之亢，故用谦以制之则和矣。自知者，善端之复独知之地也。德不常则二三，常则始终惟一，时乃日新矣。兴利者，迁善改过，则日益高明，驯至于美大圣神矣，何利如之！困以寡怨、井以辨义者，井泉流通，日新不已，迁徙于义，非能辨义，安能迁徙？所以用井以辨之。巽以行权者，如汤武之放伐，乃行权也，然顺乎天即巽顺乎理也，又应乎人，皆同心同德，东征西怨，南征北怨，是即巽之能相入也。若离心离德，安得谓之相入？所以巽顺乎理，又能相入方能行权。

上一节言九卦为修德之基，以"之"字发明之；中一节言九卦之才德，以"而"字发明之；此一节言圣人用九卦以修德，以"以"字发明之。是故行者，吾德所行之行迹也，恐其失于乖，则用履以和之。礼者，吾德之品节也，恐其失于严，则用谦以制之。择善者，吾身修德之始事也，则用复以自知而择之。固执者，吾身修德之终事也，则用恒以一德而守之。人欲者，吾德之害也，则用损以远之。天理者，吾德之利也，则用益以兴之。不知其命之当安,未免怨天,非所以修德也,则用困以寡之。不知性之当尽,不能徙义,非所以修德也,则用井以辨之。然此皆言修德之常经也,若有权变不可通常经者,则用巽以行之。能和行,能制礼,能自知,能一德,能远害,能兴利,能寡怨,能辨义,能行权,则知行并进,动静交修,经事知宜变事知权,此九卦所以为德之基、之柄、之本、之固、之修、之裕、之辨、之地、之制也。以此修德,天下有何忧患不可处哉!

上第七章。此章论圣人以九卦修德。

《易》之为书也不可远,为道也屡迁,变动不居,周流六虚,上下无常,刚柔相易,不可为典要,惟变所适。

"书"者,卦爻之辞也。"不可远",不可离也。以之崇德广业,以之居安乐玩,皆不可离之意。为道者,《易》之为道也。一阴一阳之谓道,故曰道。"变动"者,卦爻之变动也。"不居"者,不居于一定也。"六虚"者,六位也,虚对实言。卦虽六位,然刚柔往来如寄,非实有也,故曰六虚。外三爻为上,内三爻为下。典犹册之有典,要犹体之有要,典要拘于迹者也。下文既有典常,则以辞言之耳。

"《易》之为书不可远",以其为道也屡迁,所以不可远也。何也?《易》不过九、六,是九、六也,变动不居,周流于六虚之间,或自下而上,或自上而下,或刚易乎柔,或柔易乎刚,皆不可以为一定之典要,惟其变之所趋而已。道之屡迁如此,则广大悉备,无所不该,此所以不可远也。

其出入以度外,内使知惧,又明于忧患与故。无有师保,如临父母。

出入以卦言,即下文外内也。"出"者,自内而之外,往也。"入"者,自外而之内,来也。"度"者,法度也,言所系之辞,其出入外内,当吉则吉,当凶则凶,当悔则悔,当吝则吝,各有一定之法度,不可毫厘移易。明于忧患者,于出入以度之中又能明之也。故者,所以然之故也。明其可忧,又明其可忧之故。明其可患,又明其可患之故,如"勿用取女",明其忧患也,见"金夫不有躬",明其故也。

《易》不可以为典要,若无一定之法度,而人不知惧矣。殊不知上下虽无常,刚柔虽相易,然其所系之辞或出或入,皆有一定之法度,立于内外爻辞之间,使人皆知,如朝廷之法度,惧之而不敢犯也。然岂特使民知惧哉?又明于忧患与故,虽无师保之教训,而常若在家庭父母之侧,爱之而不忍违也。既惧之而不敢犯,又爱之而不忍违,《易》道有益于人如此,人岂可远乎?!

初率其辞,而揆其方。既有典常,苟非其人,道不虚行。

"初"对既言,初者始也。"既"者,终也。"率",由也。"揆",度也。"方",道也,或出或入,或忧或患之方道也。

《易》之为书上下无常,刚柔相易,不可为典要,若不可揆其方矣。然幸而有圣人之辞在也,故始而由其辞以揆出入以度,使民惧之方,由其辞以揆忧患与故,使民爱之方,始见《易》之为书,有典可循,有常可蹈。而何之不可为典要者,于此有典要矣。故神而明之,惟存乎其人,率辞揆方何如耳?苟非默而成之,不言而信之人,则不能率辞揆方,屡变之道不可虚行矣,岂能知《易》哉!《易》之为书不可远如此。

上第八章。此章言《易》不可远,率辞揆方存乎其人。

《易》之为书也,原始要终以为质也。六爻相杂,惟其时物也。

"质"为卦体。"初"者卦之始,原其始则二三在其中矣。"上"者卦之终,要其终则四五在其中矣。卦必原始要终以为体,故文王之《彖辞》,亦必原始要终以为辞。如屯曰"元亨利贞",蒙曰"童蒙求我",皆合其始终二体言之也。若六爻之刚柔相杂,则惟取其时物而已。故周公之爻辞,亦惟取诸时物以为辞。如乾之龙物也,而有潜见跃飞之不同者,时也。渐之鸿物也,而有于磐陆木之不同者,时也。

《易》之为书也,不过卦与爻而已。一卦分而为六爻,六爻合而为一卦。卦则举其始终以为体。爻之刚柔虽相杂而不一,然占者之决吉凶,惟观其所值之时、所值之物而已,虽相杂而实不杂也。《易》之为书盖如此。

其初难知,其上易知,本末也。初辞拟之,卒成之终。

此言初上二爻。"初爻难知"者,以初爻为爻之本。方有初爻,而一卦之形体未成,是其质未明,所以难知。"易知"者,上爻为卦之末卦,至上爻则其质已著,其义毕露,所以易知。惟难知,故圣人系初爻之辞则必拟而议之,当拟何象何占,不敢轻率。惟易知,故圣人系上爻之辞,不过因下文以成其终,如乾初九曰"潜龙",上爻即曰"亢龙"是也。

若夫杂物撰德,辨是与非,则非其中爻不备。

"物"者,爻之阴阳。"杂"者,两相杂而互之也。"德"者,卦之德。"撰"者,述也。内外二卦固各有其德。如风山渐,外卦有入之德,内卦有止之德。又自其中爻二五、三四之阴阳杂而互之,则二四有坎陷之德,三五有离丽之德,又撰成两卦之德矣。辨是与非者,辨其物与德之是非也。是者当于理也,非者悖于理也。盖爻有中有不中,有正有不正,有应与无应与,则必有是非矣。故辨是与非,非中爻不备。

初与上,固知之有难易矣,然卦理无穷,内外有正卦之体,中爻又有合卦之体,然后其义方无遗缺。若夫错陈阴阳,撰述其德,以辨别其是非,使徒以正卦观之,而遗其合卦所互之体,则其义必有不备者矣。

噫!亦要。存亡吉凶则居可知矣。知者观其《彖辞》,则思过半矣。

要,平声。知,音智。

"噫"者,叹中爻之妙也。"亦要"作句。《易经》有一字作句者,如萃卦六二引吉无咎,则一字作句也。"要"者,中也,即中爻也。《说文》:"身中曰要。"猪身中肉曰要"勒",今作腰。言此亦不过六爻之要耳,非六爻之全,即知存亡吉凶也。存亡者,天道之消息;"吉凶"者,人事之得失。"居"者,本卦之不动也,居则观其象之居,言不待六爻之动而知也。《彖辞》,文王卦下所系之辞也。

言此不过六爻中之要耳,而存亡吉凶不待动爻而可知,故学《易》者宜观玩也。若观玩所思之精专,不必观周公,分而为六之爻辞。但观文王一卦未分之《彖辞》,则此心之所思者,亦可以得存亡吉凶于过半,况中爻之合两卦者乎?中爻成两卦,宜乎知存亡吉凶也。

玩"噫"字,亦字应如此解,不然疑添设矣。

二与四同功而异位,其善不同:二多誉,四多惧近也。柔之为道不利远者,其要无咎,其用柔中也。三与五同功而异位,三多凶,五多功,贵贱之等也。其柔危,其刚胜邪?

胜,音升。

"同功"者,二与四互成一卦,三与五互成一卦,皆知存亡吉凶,其功同也。"善不同"者,二中而四不中,故不同也。"不利远者",既柔不能自立,又远于君,则孤臣矣,所以不利。"要"者,约也。"用"者,发之于事也。"柔中"者,柔而得中也。三多凶者,六十四卦惟谦卦劳谦一爻许之以吉,所以三多凶。五为君,君则贵有独运之权,故多功。三为臣,贱不能专成,故多凶。"邪"者,疑辞也。言柔居阳位,则不当位而凶,阳当阳位,则当位而吉,此六十四卦之自定也。今三多凶者,岂以柔居而凶,五多功者,岂以刚居之则能胜其位而不凶耶? 六十四卦中,亦有柔居阳位而吉,刚居阳位而凶者。

二与四同功而异位,二多誉,四多惧。四之多惧者,以其近于君,有僭逼之嫌,故惧也。二之多誉者,以柔之为位居中,利远于君,但《易》不论远近大细,欲其无咎而已。今柔居中位,发之于外,莫非柔中之事,则无咎矣。此所以多誉也。三与五同功而异位,三多凶,五多功。所以然者,以君贵臣贱,故凶功不同也。岂三乃阴居阳位则凶,五乃阳居阳位则胜耶? 非也,乃贵贱之等使然耳。夫以中之四爻同功矣。而有誉、有惧、有凶、有功,可见六爻相杂,惟其时物,正体与互体皆然也。圣人设卦立象、系辞不遗中爻者以此。

上第九章。此章专论中爻。

《易》之为书也,广大悉备。有天道焉,有人道焉,有地道焉。兼三才而两之,故六。六者非他也,三才之道也。

"广大"者,体统浑沦也。"悉备"者,条理详密也。"兼三才"者,三才本各立,因重为六,故两其天、两其人、两其地也。天不两则独阳无阴矣,地不两则独阴无阳矣,人不两则不生不成矣,此其所以两也。"才"者,能也。天能覆,地能载,人能参天地,故曰"才"。"三才之道"者,立天之道曰"阴与阳",五为阳,上为阴也;立人之道曰"仁与义",三为仁,四为义也;立地之道曰"柔与刚",初为刚,二为柔也。

《易》之为书广大悉备,何也? 以《易》三画之卦言之,上画有天道焉,中画有人道焉,下画有地道焉,此之谓三才。然此三才,使一而不两,则独而无对,非三才也。于是兼三才而两之,故六。六者岂有他哉? 三才之道,本如是其两也。天道两则阴阳成象矣,人道两则仁义成德矣,地道两则刚柔成质矣。道本如是,故兼而两之,非圣人之安排也。《易》之为书,此其所以广大悉备也。

道有变动,故曰爻。爻有等,故曰物。物相杂,故曰文。文不当,故吉凶生焉。

当,都浪反。

"变动"者,潜见跃飞之类也。"等"者,刚柔大小远近贵贱之类也。"物"者,阳物阴物也。爻不可以言物,有等则谓之物矣。"相杂"者,相间也。一不独立,阴阳两物交相错杂,犹青黄之相兼,故曰文。"不当"者,非专指阳居阴位,阴居阳位也。卦情若淑,或以不当为吉,剥之上九、豫之九四是也;卦情若慝,反以当位为凶,大壮初九、同人六二是也。要在随时变易,得其当而已。一变动之间即有物、有文、有吉凶,非有先后也。卦必举始终而成体,故上章以质言,曰兼三才,犹上章之所谓质。爻必杂刚柔而为用,故此章以文言,曰"变动"者,犹上章之所谓时物也。

三才之道变动不居,故曰"爻"。爻也者,言乎其变效天下之动者也。爻有等,故曰"物"。物相杂,故曰"文"。文不当位,故吉凶生焉。夫一道也,为爻、为物、为文、为吉凶,而皆出于《易》,此其书所以广大悉备也。

上第十章。此章言《易》广大悉备。

《易》之兴也,其当殷之末世,周之盛德邪? 当文王与纣之事邪? 是故其辞危。危者使平,易者使倾,其道甚大,百物不废。惧以终始,其要无咎,此之谓《易》之道也。

"易"者之易,以豉反。

"危者使平,易者使倾",此圣人传心之言。如以小而一身论,一饮一食易而不谨,必至终身之疾;一言一语易而不谨,必至终身之玷。此一身易者之倾也。以大而国家论,越王卧薪尝胆,卒擒吴王,此危者之平也;玄宗天宝以前,海内富庶,遂深居禁中,以声色自娱,任李林甫,以致安禄山之变,此易者之倾也。其道甚大,百物不废,于此可见。"物"者,事也。"废"字即"倾"字。若依旧注,万物之理无所不具,则全非本章危平易倾之易矣。惧以终始者,危惧自始至终,惟恐其始危而终易也。

"《易》之兴也,其当殷之末世,周之盛德耶?当文王与纣之事耶?"惟当文王与纣之事,是故玩其辞,往往有危惧警戒之意。盖危惧则得平安,慢易必至倾覆,《易》之道也。此道甚大,盖天下国家,凡平者皆生于危,凡倾者皆生于《易》。若常以危惧为心,则凡天下之事物,虽百有不齐,然生全成于忧患,未有倾覆而废者矣。故圣人系《易》之辞,惧以终始,不敢始危而终易者,大约欲人恐惧修省,至于无咎而已。此则《易》之道也。

上第十一章。

夫乾,天下之至健也,德行恒易以知险。夫坤,天下之至顺也,德行恒简以知阻。

行,去声。易,以豉反。阻,庄吕反。

"健顺"者,乾坤之性。"德"者,乾坤蕴畜之德,得诸心者也,即日新盛德之德也。"行"者,乾坤生成之迹,见诸事者也,即富有大业之事也。"易简"者,乾坤无私之理也。"险阻"者,乾坤至赜至动之事。"险"者,险难也。"易",直之反。"阻"者,壅塞也,简静之反。惟易直无私者,可以照天下蟠险之情,惟简静无私者,可以察天下烦壅之故。六十四卦,利贞者无非易简无私之理而已。此节止论其理,言知险知阻,乃健顺德行易简之能事也,未说到圣人与《易》。至下文说心研虑,方说圣人;八卦象告,方说到《易》。

能说诸心,能研诸侯之虑,定天下之吉凶,成天下之亹亹者,是故变化云为,吉事有祥。象事知器,占事知来。

说,音悦。侯、之二字衍吉作言。

"能"者,人皆不能,而圣人独能之也。"能"字在前,"者"字在后者,言能悦心研虑,定天下吉凶,成天下亹亹者惟圣人也。险阻之吉,如大过过涉灭顶,蛊之利涉大川是也。"云为"即言行二字。变化即欲动者尚其变"变"字。"吉"字刘绩读作言,今从之。

圣人事未至,则能以易简无私之理悦诸心;事既至,则能以易简无私之理研诸虑,是即乾坤之易简矣。是以险阻之吉者,知其为吉,险阻之凶者,知其为凶,而定天下之吉凶。险阻之吉者,则教人趋之,险阻之凶者,则教人避之,而成天下之亹亹。是故《易》必以动者尚其变也,圣人则即其易简之理,不必尚其变,而凡有所云为,自变化而莫测。《易》必以言者尚其辞也,圣人则即其易简之理,不必尚其辞,而凡事必有兆,自前知而如神。事之有形迹而为器者,《易》必以制器者尚其象也,圣人则知以藏往,即其易简之理而知其一定之器。事之无形迹而为来者,《易》必以卜筮者尚其占也。圣人则神以知来,即其易简之理而知其未然之来。此则圣人未卜筮,而知险知阻也。

分贴圣人与易极透极确。

天地设位,圣人成能。人谋鬼谋,百姓与能。八卦以象告爻象以情言,刚柔杂居,而吉凶可见矣。

凡人有事,人谋在先,及事之吉凶未决,方决于卜筮,所以说人谋鬼谋,百姓与能也。故《书》曰:"谋及乃心,谋及卿士,谋及庶人,谋及卜筮。"先心而后人,先人而后鬼,轻重可知矣。"象"者,像也,八卦成列,象在其中矣,凡卦中之画,及天地、雷风、乾马、坤牛之类也。"爻"者,效天下之动者也。"象"者,材也。皆有辞也。情即象之情,阳有阳之情,阴有阴之情,乾马有健之情,坤牛有顺之情。刚柔即九、六也,相杂则吉凶之理自判然可见。"告"者,告此险阻也;"言"者,言此险阻也;"见"者,见此险阻也。

天地设位,有易简之理,而知险知阻,此天地之能也。圣人则以易简之理悦心研虑,未卜筮而知险知阻矣。然百姓不皆圣人也,于是圣人作《易》,以成天地之能,所以天下之事虽至险至阻,其来无穷,然明而既谋于人,幽而又谋于鬼,不惟贤者可与其能,虽百姓亦可以与能矣。然百姓亦可以与能者,岂百姓于易简之理亦能悦心研虑哉?盖八卦以象告险阻,爻象以情言险阻,刚柔相杂以吉凶见险阻,是以百姓虽至愚,然因圣人作《易》之书,其所告所言所见,自能知险知阻矣。所以圣人能成天地之能,而百姓亦与能也。

变动以利言,吉凶以情迁。是故爱恶相攻,而吉凶生,远近相取,而悔吝生,情伪相感,而利害生。凡《易》之情,近而不相得,则凶,或害之,悔且吝。

卦以变为主,故以利言。其言吉者,利人也;其言凶者,人则避之,亦利也。"爱相攻",家人九五是也;"恶相攻",同人九三是也。"远相取",恒之初六是也;"近相取",豫之六三是也。"情相感",中孚九二是也,"情"者,情实也;对伪而言"伪相感",渐之九三是也。曰相攻、曰相取、曰相感,即情也。感者情之始动,利害之开端也;取则情已露而悔吝著矣;攻则情至极而吉凶分矣。卦爻中其居皆有远近,其行皆有情伪,其情皆有爱恶也。凡《易》之情者,圣人作《易》之情也。近者,近乎相攻、相取、相感之情也,与上文远近之近不同。不相得者,不相得其易简之理,而与之违背也。情兼八卦刚柔,故此节言卦爻之情,下节言人之情。

《易》之为书,以象告,以情言,见吉凶,百姓固可以与能矣。而人之占卜者,卦中之变动本教占者趋吉避凶无不利者也,然变动中有吉有凶,其故何也?以其卦爻之情而趋避也。是故情之险阻不同:有爱恶相攻险阻之情,则吉凶生矣;有远近相取险阻之情,则悔吝生矣;有情伪相感险阻之情,则利害生矣。凡《易》之情以贞为主,贞即易简之理也。情虽险阻不同,若合乎易简之理,则吉矣、利矣、无悔吝矣;若近乎相攻、相取、相感之情,而违背乎易简之理,则凶矣、害矣、悔且吝矣。小而悔吝,中而利害,大而吉凶,皆由此险阻之情而出。此《易》所以以象告,以情言,见吉凶,使人知所趋避者,此也。

将叛者其辞惭,中心疑者其辞枝,吉人之辞寡,躁人之辞多,诬善之人其辞游,失其守者其辞屈。

"叛"者,背理。"惭"者,羞愧。"疑"者,可否未决。"枝"者,两歧不一。"躁"者,急迫无涵养。诬善之人或援正人邪,或推邪人正,故游荡无实。失守者无操持,屈者抑而不伸。

相攻、相取、相感,卦爻险阻之情固不同矣,至于人之情则未易见也。然人心之动因言以宣,试以人险阻之情,发于言辞者观之,盖人情之险阻不同,而所发之辞亦异,是故"将叛者其辞必惭,中心疑者其辞必枝,吉人之辞必寡,躁人之辞必多,诬善之人其辞必游,失其守者其辞必屈"。夫吉者,得易简之理者也。叛疑躁诬失守者,失易简之理者也。人情险阻不同,而其辞既异如此,又何独于圣人卦爻之辞而疑之?可见易知简知阻,本圣人成天地之能,而使百姓与能者,亦不过以易简之理,知其险阻而已。

上第十二章。此章反复论《易》知险简知阻。盖天尊地卑,首章言圣人以易简之德成位乎天地,见圣人作《易》之原;此章言圣人以易简之德,知险知阻,作《易》而使百姓与能,见圣人作《易》之实事也。

说 卦 传

昔者，圣人之作《易》也，幽赞于神明而生蓍，参天两地而倚数，观变于阴阳而立卦，发挥于刚柔而生爻，和顺于道德而理于义，穷理尽性以至于命。

言蓍草，乃神明幽助方生，周公之爻定阳九阴六者，非老变而少不变之说也，乃参天两地而倚数也。参两之说，非阳之象圆，圆者径一而围三，阴之象方，方者径一而围四之说也。盖河图，天一地二、天三地四、天五地六、天七地八、天九地十。一二三四五者，五行之生数也，六七八九十者，五行之成数也。生数居河图之内，乃五行之发端，故可以起数；成数居河图之外，则五行之结果，故不可以起数。

参之者三之也，天一、天三、天五之三位也。两之者，二之也，地二、地四之二位也。"倚"者，依也，天一依天三、天三依天五，而为九，地二依地四，而为六也。若以画数论之，均之为三，参之则三个三，两之则两个三矣。圣人用蓍以起数，九变皆三画之阳，则三共三而为九，此九之母也；则过揲之策，四九三十六，此九之子也。参之是三个十二矣。九变皆二画之阴，则二其三而为六，此六之母也；则过揲之策四六二十四，此六之子也。两之是两个十二矣，均之为十二，参之则三个，两之则两个也。以至乾六爻之策，二百一十有六，乃三个七十二合之也，均之为七十二，参之则三个，两之则两个矣。总之乾策六千九百十二，乃三个二千三百四合之也。坤策四千六百八，乃两个二千三百四合之也。均之二千三百四，参之则三个，两之则两个矣。此皆河图生数自然之妙，非圣人之安排也。

若夫七八，亦乾坤之策，但二、五为七，三、四为七，是一地一天，不得谓参两；一、三、四为八，一、二、五为八，是一地二天，亦不得谓之参两。以至过揲之策，六爻之策，万物之数，皆此参两。故周公三百八十四爻，皆用九、六者，以生数可以起数，成数不可以起数也。

"观变"者，六十四卦皆八卦之变，阳变阴，阴变阳也。如乾初爻变则为姤，二爻变则为遯；坤初爻变则为复，二爻变则为临是也。详见图像《八卦变六十四卦图》。"发挥于刚柔"者，布散刚柔于六十四卦而生三百八十四爻也。《易》中所言之理，一而已矣。自其共由而言，谓之道。自其蕴畜而言，谓之德。自其散布而不可移易，谓之理。自其各得其所赋之理，谓之性。道、德、理、性四者，自其在人而言，谓之义。自其在天而言，谓之命。和顺于道德者，谓《易》中形上之道、神明之德，皆有以贯彻之，不相悖戾拂逆也。理于义者，六十四卦皆利于贞。其要无咎者义也，今与道德不相违背，则能理料其义。凡吉凶、悔吝、无咎，皆合乎心之制、事之宜矣。"穷理"者，谓《易》中幽明之理，以至万事万物之变，皆有以研究之也。"尽性"者，谓《易》中健顺之性，以至大而纲常，小而细微，皆有以处分之也。"至于命"者，凡人之进退、存亡、得丧，皆命也。今既穷理尽性，则知进知退，知存知亡，知得知丧，与天合矣，故至于命也。

惟圣人和顺于道德,穷理尽性,是以文王发明六十四卦之《彖辞》,周公发明三百八十四爻之爻辞,有吉有凶,有悔有吝,有无咎者,皆理于义,至于命也。使非理义立命,安能弥纶天地? 观象玩辞,观变玩占,自天祐之,吉无不利也哉? 幽赞二句,言蓍数也。蓍与河图皆天所生,故先言此二句。立卦者伏羲也,生爻者周公也,理义至命者,文王、周公之辞也。上理字料理之理,下理字义理之理。自"圣人之作《易》"至下六句,皆一意幽赞于神明。参天两地,观变于阴阳,发挥于刚柔,和顺于道德,穷理尽性一意也。"立",立教也。立也,生也,理也,至也,一意也。圣人作《易》不过此六者而已。言蓍数卦爻,而必曰义命者,道器无二致,理数不相离。圣人作《易》,惟教人安于义命而已,故兼天人而言之。此方谓之易,非旧注极功之谓也。故下文言顺性命之理,以阴阳、刚柔、仁义并言之。

言《易》有蓍,乃圣人幽赞于神明而生之;《易》有数,乃圣人参天两地而倚之;《易》有卦,乃圣人观变于阴阳而立之;《易》有爻,乃圣人发挥于刚柔而生之。《易》、《彖辞》、《爻辞》中有义,乃圣人和顺于道德而理之;《易》、《彖辞》、《爻辞》中有命,乃圣人穷理尽性而至之。

上第一章。

昔者圣人之作《易》也,将以顺性命之理。是以立天之道,曰阴与阳,立地之道,曰柔与刚;立人之道,曰仁与义。兼三才而两之,故《易》六画而成卦,分阴分阳,迭用柔刚,故《易》六位而成章。

"性",人之理;"命",天地之理也。阴阳以气言,寒暑往来之类是也。刚柔以质言,山峙川流之类是也。仁义以德言,事亲从兄之类是也。三者虽若不同,然仁者阳刚之理,义者阴柔之理,其实一而已矣。盖天地间不外"形、气、神"三字,如以人论,骨肉者刚柔之体也,呼吸者阴阳之气也,与形气不相离者五性之神也、理也。特因分三才,故如此分尔。天无阴阳则气机息,地无刚柔则地维坠,人无仁义则禽兽矣,故曰立天、立地、立人。兼三才而两之者,总分三才,为上、中、下三段,而各得其两。初刚而二柔,三仁而四义,五阳而上阴也。分阴分阳,以爻位言。分初三五为阳位,二四上为阴位也。既分阴分阳,乃迭用刚柔之爻以居之。或以柔居阴,以刚居阳,为当位;以柔居阳,以刚居阴,为不当位。亦有以刚柔之爻,互居阴阳之位,为刚柔得中者,故六位杂而成文章也。

昔者圣人之作《易》也,将以顺性命之理而已,非有所勉强安排也。以性命之理言之,立天之道,曰阴与阳;立地之道,曰柔与刚;立人之道,曰仁与义。而性命之理,则根于天地、具于人心者也。故圣人作《易》,将此三才兼而两之,六画而成卦;又将此三才分阴分阳,迭用而成章者,无非顺此性命之理而已。

上第二章。

天地定位,山泽通气,雷风相薄,水火不相射。八卦相错,数往者顺,知来者逆,是故《易》逆数也。

射,音石。数,上声。

"相薄"者,薄激而助,其云雨也。"不相射"者,不相射害也。"相错"者,阳与阴相对待,一阴对一阳,二阴对二阳,三阴对三阳也。故一与八错,二与七错,三与六错,四与五错。八卦不相错,则阴阳不相对待,非《易》矣。宋儒不知错综二字,故以为相交而成六十四卦,殊不知此专说八卦逆数,方得相错,非言六十四卦也。乾一、兑二、离三、震四,前四卦为往;巽五、坎六、艮七、坤八,后四卦为来。数往者顺数,图前四卦乾一至震四,往者之顺也。知来者逆知,图后四卦巽五至坤八,来者之逆也。是故《易》逆数者,言因错卦之故,所以《易》逆数,巽五不次于震四,而次于乾一也。

惟八卦既相错,故圣人立圆图之卦。数往者之既顺,知来者之当逆。使不逆数,安得巽五即次于震四之后,则八卦不相错矣。是故四卦逆数巽五,复回次于乾一者以此。

上第三章。此章言伏羲八卦逆数方得相错。

雷以动之,风以散之,雨以润之,日以晅之,艮以止之,兑以说之,乾以君之,坤以藏之。

晅,况晚反,又呼渊。切,音宣。说,音脱。

天地定位,上章言八卦之对待,故首之以乾坤,此章言八卦对待生物之功,故终之以乾坤。乾坤始交而为震巽,震巽相错,动则物萌,散则物解,此言生物之功也。中交而为坎离,坎离相错,润则物滋,晅则物舒,此言长物之功也。“晅”者,明也。终交而为艮兑,艮兑相错,止则物成,说则物遂,此言成物之功也。若乾则为造物之主,而于物无所不统,坤则为养物之府,而于物无所不容。六子不过各分一职,以听命耳。

上第四章。此章言伏羲八卦相错生物成物之功。

帝出乎震,齐乎巽,相见乎离,致役乎坤,说言乎兑,战乎乾,劳乎坎,成言乎艮。

说,音悦。劳,去声。

此文王圆图。帝者阳也,阳为君,故称帝。乾以君之,乃其证也。且言帝则有主宰之意,故不言阳而言帝。孔子下文不言帝,止言万物者,亦恐人疑之也。出也,齐也,相见也,致役也,说也,战也,劳也,成也,皆帝也。二言字助语辞。震方三阳开泰,故日出。致者委也,坤乃顺承天,故为阳所委役。至戌亥之方阳剥矣,故与阴战。曰“战乎乾”者,非与乾战也。阳与阴战于乾之方也。伏羲圆图之乾,以天地之乾言。文王圆图之乾,以五行乾金之乾言,至坎则以肃杀相战之后,适值乎慰劳休息之期,阳生于子,故曰劳。至艮方阳已生矣,所以既成其终,又成其始。

万物出乎震,震,东方也。齐乎巽,巽,东南也。齐也者,言万物之洁齐也。离也者,明也,万物皆相见,南方之卦也。圣人南面而听天下,向明而治,盖取诸此也。坤也者,地也,万物皆致养焉,故曰致役乎坤。兑,正秋也,万物之所说也,故曰说言乎兑。战乎乾,乾,西北之卦也,言阴阳相薄也。坎者,水也,正北方之卦也,劳卦也,万物之所归也,故曰劳乎坎。艮,东北之卦也,万物之所成终,而所成始也,故曰成言乎艮。

洁齐即如洗之意。春三月,物尚有不出土者,或有未开花叶者,彼此不得相见。至五月,物皆畅茂,彼此皆相见,故曰万物皆相见。夏秋之交,物养之于土,皆得向实,然皆阳以委役之,故曰致役乎坤。至正秋,阳所生之物皆成实矣。故说,至戌亥之月,阳剥矣,故与阴相战于乾之方。至子月,万物已归矣,休息慰劳于子之中,故劳。至冬春之交,万物已终矣,然一阳复生,故又成其始。此因文王圆图“帝出乎震”八句,孔子解之。虽八卦震、巽、离、坤、兑、乾、坎、艮之序,实春、夏、秋、冬五行循环流行之序也。

盖震、巽属木,木生火,故离次之。离火生土,故坤次之。坤土生金,故兑乾次之。金生水,故坎次之。水非土,亦不能生木,故艮次之。水土又生木火,此自然之序也。若以四正四隅论,离火居南;坎水居北;震动也,物生之初,故居东;兑说也,物成之后,故居西。此各居正位者也。震阳木,巽阴木,故巽居东南巳方。兑阴金,乾阳金,故乾居西北亥方。坤阴土,故居西南。艮阳土,故居东北。此各居四隅者也。

上第五章。此章言文王圆图。“帝出乎震”一节,言八卦之流行,后一节,言八卦流行生成物之功。

神也者,妙万物而为言者也。动万物者莫疾乎雷,挠万物者莫疾乎风,燥万物者莫熯乎火,说万物者莫说乎泽,润万物者莫润乎水,终万物始万物者莫盛乎艮。故水火相逮,雷风不相悖,山泽通气,然后能变化,既成万物也。

"神",即雷风之类。"妙",即动挠之类,以其不可测,故谓之神,亦如以其主宰而言谓之"帝"也。"动",鼓也。"挠",散也。"燥",乾也。"泽",地土中之水气皆是也。"水"者冬之水,天降雨露之属皆是也。"逮",及也,谓相济也。"既",尽也。"成",生成也。前节言伏羲之对待。曰雷动、风散者,雷风相对也。曰雨润、曰晅者,水火相对也。曰艮止、兑说者,山泽相对也。此节言文王之流行。曰动万物者春也,曰挠万物者春夏之交也,曰燥万物者夏也,曰说万物者秋也,曰润万物者冬也,曰终始万物者,冬春之交也。所以火不与水对,山不与泽对。先儒不知对待流行,而倡为先天后天之说,所以《本义》于此二节,皆云未详。殊不知二图分不得先后。譬如天之与地,对待也,二气交感、生成万物者,流行也,天地有先后哉?男之与女,对待也,二气交感、生成男女者,流行也,男女有先后哉?所以伏羲、文王之图不可废一,孔子所以发二圣千载之秘者此也。此节乃总括上四节,二图不可废一之意,所以先儒未详其义。

神也者,妙万物而为言者也。以文王流行之卦图言之,雷之动,风之挠,火之燥,泽之说,水之润,艮之终始,其流行万物,固极其盛矣,然必有伏羲之对待,水火相济,雷风不相悖,山泽通气,然后阳变阴化有以运其神,妙万物而生成之也。若止于言流行而无对待,则男女不相配,刚柔不相摩,独阴不生,独阳不成,安能行鬼神,成变化,而动之、挠之、燥之、说之、润之以终始万物哉!

上第六章。第三章天地定位。第四章雷以动之,言伏羲圆图之对待。第五章"帝出乎震"二节,言文王圆图之流行。此则总二圣之图而言,文王之流行必有伏羲之对待,而后可流行也。

乾,健也。坤,顺也。震,动也。巽,入也。坎,陷也。离,丽也。艮,止也。兑,说也。

此言八卦之情性。乾纯阳,故健。坤纯阴,故顺。震、坎、艮,阳卦也,故皆从健。巽、离、兑,阴卦也,故皆从顺。健则能动,顺则能入,此震、巽所以为动为入也。健遇上下皆顺,则必溺而陷。顺遇上下皆健,则必附而丽,此坎、离所以为陷为丽也。健极于上,前无所往,必止。顺见于外,情有所发,必悦。

上第七章。

乾为马,坤为牛,震为龙,巽为鸡,坎为豕,离为雉,艮为狗,兑为羊。

马性健,其蹄圆,乾象。牛性顺,其蹄坼,坤象。龙蛰物,遇阳则奋,震之一阳动于二阴之下者也。鸡羽物,遇阴则入,巽之一阴伏于二阳之下者也。豕性刚躁,阳刚在内也。雉羽文明,阳明在外也。狗,止人之物,羊,悦群之物。此远取诸物如此。

上第八章。

乾为首,坤为腹,震为足,巽为股,坎为耳,离为目,艮为手,兑为口。

首尊而在上,故为乾。腹纳而有容,故为坤。阳动阴静,动而在下者足也。阳连阴坼,坼而在下者,股也。坎阳在内,犹耳之聪在内也。离阳在外,犹目之明于外也。动而在上者手也,坼而在上者口也。此近取诸身如此。

上第九章。

乾,天也,故称乎父。坤,地也,故称乎母。震一索而得男,故谓之长男。巽一索而得女,故谓之长女。坎再索而得男,故谓之中男。离再索而得女,故谓之中女。艮三索而得男,故谓之少男。兑三索而得女,故谓之少女。

六子皆自乾坤而生,故称父母。"索"者,阴阳之相求也。阳先求阴,则阳入阴中而为男。阴先求阳,则阴入阳中而为女。震、坎、艮皆坤体,乾之阳来交于坤之初而得震,则谓之长男;交于坤之中而得坎,则谓之中男;交于坤之末而得艮,则谓之少男。巽、离、兑皆乾体,坤之阴来交于乾之初而得巽,则谓之长女;交于乾之中而得离,则谓之中女;交于乾之末而得兑,则谓之少女。三男本坤体,各得乾之一阳而成男,阳根于阴也。三女本乾体,各得坤之一阴而成女,阴根于阳也。此文王有父母六子之说,故孔子发明之,亦犹帝出于震,孔子解之也。

上第十章。

乾为天,为圜,为君,为父,为玉,为金,为寒,为冰,为大赤,为良马,为老马,为瘠马,为驳马,为木果。

纯阳而至健为天,故为天。天体圆,运动不息,故为圜。乾之主乎万物,犹君之主万民也,故为君。乾知大始,有父道焉,故为父。纯粹为玉,纯刚为金。为寒为冰者,冰则寒之凝也,乾居亥位,阳生于子也。大赤,盛阳之色也。寒冰在子,以阳之始言之;大赤在午,以阳之终言之。良马,马之健而纯,健之不变者也。老马,健之时变者也。瘠马,健之身变者也。驳马,健之色变者也。乾道变化,故又以变言之。木果,圆之在上者也。

汉,荀爽集《九名家易传》有"为龙,为直,为衣,为言"。

来子补定:有"为郊,为带,为旋,为知,为富,为大,为顶,为戎,为武"。

坤为地,为母,为布,为釜,为吝啬,为均,为子母牛,为大舆,为文,为众,为柄,其于地也为黑。

纯阴为地。资生为母。为布者,阴柔也,且地南北经而东西纬,亦布象也。为釜者,阴虚也,且六十四升为釜,亦如坤包六十四卦也。其静也翕,凝聚不施,故为吝啬。其动也辟,不择善恶之物皆生,故为均。性顺而生物,生生相继,故为子母牛。能载物为舆,曰大舆者,乃顺承天之大也。三画成章,故为文。偶画成群,故为众。柄者持成物之权。黑者,为极阴之色。

《荀九家》有"为牝,为迷,为方,为囊,为裳,为黄,为帛,为浆"。

来子补定:有"为末,为能,为小,为朋,为户,为敦"。

震为雷,为龙,为玄黄,为旉,为大涂,为长子,为决躁,为苍筤竹,为萑苇。其于马也为善鸣,为馵足,为作足,为的颡。其于稼也为反生。其究为健,为蕃鲜。

旉作车。筤,音郎。萑,音丸。旉,主树反。

"震"者,动也。"为雷"者,气之动于下也。"为龙"者,物之动于下也。乾坤始交而成震,兼天地之色,故为玄黄。"旉"当作车字。"震",动也,"车",动物也,此震之性当作车也。上空虚,一阳横于下,有舟车之象。故剥卦君子得舆,小人剥庐,阳剥于上,有剥庐之象;阳生于下,则为震矣,有得舆之象。此震之象当作车也。且从大涂,从作足马,则车误作旉也明矣。一奇动于内,而二偶开张,四通八达,故为大涂。乾一索而得男,故为长子。一阳动于下,其进也锐,故为决躁。"苍"者东方之色,故为苍筤竹。"萑苇",荻与芦也,与竹皆下本实而上干虚,阳下阴上之象也。凡声阳也,上偶开口,故为善鸣。《尔雅》:马左足白曰馵,震居左,故曰馵。"作"者,两足皆动也,一阳动于下,故为作足。"颡"者,额也。"的颡者",白额之马也,震错巽,巽为白,故为头足皆白之马。刚反在下,故稼为反生。反生者,根在上也。"究"者,究其前之所进也,阳刚震动,势必前进,故究其极而言之。究其健者,震进则为临为泰,为三画之纯阳矣,故为健。"究蕃"者,究其阳所生之物也。帝出乎震,则齐乎巽,相见乎离,品物咸亨,而蕃盛矣,故为蕃。"究鲜"者,鲜谓鱼,震错巽,故为鱼也。《书》"奏庶鲜食",谓鱼肉之类,《老子》"治大国如烹小鲜",则专言鱼也。究健、究蕃者,究一阳之前进也。究鲜者,究一阳之对待也。

《荀九家》有"为玉,为鹄,为鼓"。

来子补定:有"为青,为升跻,为奋,为官,为园,为春耕,为东,为老,为竹筐"。

巽为木,为风,为长女,为绳直,为工,为白,为长,为高,为进退,为不果,为臭。其于人也为寡发,为广颡,为多白眼,为近利市三倍。其究为躁卦。

"巽",入也。物之善入者莫如木,故无土不穿。气之善入者莫如风,故无物不被。坤一索乾而得巽,故为长女。木曰直。"绳直"者,从绳以取直,而工则引绳之直,以制木之曲者也。巽德之制,故能制器为工。伏羲圆图震错巽,震居东北为青,巽居西南为白,盖木方青而金方白也。阳长阴短,阳高阴卑,二阳一阴,又阳居其上,阴居其下,故为长,为高。风行无常,故进退。风或东或西,故不果。臭以风而传,阴伏于重阳之下,郁积不散,故为臭。姤卦,包鱼不利宾者,以臭故也。"为寡发"者,发属血,阴血不上行也。"广颡"者,阔额也,阳气独上盛也。眼之白者为阳,黑者为阴,所以离为目,巽二白在上,一黑沉于下,故为白眼。巽本乾体,为金为玉,利莫利于乾也,坤一索而为巽,巽性入,则乾之所有皆入于巽矣,故"近市利三倍"。曰近者,亦如市之交易有三倍之利也。震为决躁,巽错震,故其究为躁卦,亦如震之其究为健也。震巽以究言者,刚柔之始也。

《荀九家》有"为杨,为鹳"。

来子补定:有"为浚,为鱼,为草茅,为宫人,为老妇"。

坎为水,为沟渎,为隐伏,为矫輮,为弓轮。其于人也为加忧,为心病,为耳痛,为血卦,为赤。其于马也为美脊,为亟心,为下首,为薄蹄,为曳。其于舆也为多眚,为通,为月,为盗。其于木也为坚多心。

水内明,坎之阳在内,故为水。阳画为水,二阴夹之,故为沟渎。阳匿阴中,为柔所掩,故为隐伏。矫者直而使曲,輮者曲而使直,水流有曲直,故为矫輮。因为矫輮,弓与轮皆矫輮所成,故为弓轮。阳陷阴中,心危虑深,故为加忧。心耳皆以虚为体,坎中实,故为病为痛,盖有孚则心亨,加忧则心病矣。水在天地为水,在人身为血。为赤者,得乾之一画,与乾色同,但不大耳。乾为马,坎得乾之中爻而刚在中,故为马之美脊;刚在内而躁,故为亟心;柔在上,故首垂而不昂;柔在下,故蹄薄而不厚,因下柔,故又为曳。盖陷则失健,足行无力也。"多眚"者,险陷而多阻,阴柔在下,不能任重也。上下皆虚,水流而不滞,故通。"月"者,水之精,从其类也。盗能伏而害人,刚强伏匿于阴中,故为盗。中实,故木多心坚。

《荀九家》有"为宫,为律,为可,为栋,为丛棘,为狐,为蒺藜,为桎梏"。

来子补定:有"为沫,为泥涂,为孕,为酒,为臀,为淫,为北,为幽,为孚,为河"。

离为火,为日,为电,为中女,为甲胄,为戈兵。其于人也,为大腹,为乾卦。为鳖,为蟹,为蠃,为蚌,为龟。其于木也,为科上槁。

蠃,音螺。

离者,丽也。火丽木而生,故为火。"日"者火之精,"电"者火之光,故为日为电。甲胄外坚象,离之画,戈兵上锐象,离之性。中虚故为大腹。"乾"音干,水流湿,故称血,火就燥,故称乾。外刚内柔,故为介物。中虚,故为木之科。"科"者,科臼之象也。炎上,故木上槁。

《荀九家》有"为牝牛"。

来子补定:有"为苦,为朱,为三,为焚,为泣,为歌,为号,为墉,为城,为南,为不育,为害"。

艮为山,为径路,为小石,为门阙,为果蓏,为阍寺,为指,为狗,为鼠,为黔喙之属。其于木也为坚多节。

蓏,音裸。喙,况废反。

山止于地,故为山。一阳塞于外,不通大涂,与震相反,故为径路。刚在坤土之上,故为小石。上画相连,下画双峙而虚,故为门阙。木实植生曰果,草实蔓生曰蓏,实皆在上,故为果蓏。阍人掌王宫中门之禁,止物之不应入者,寺人掌王之内人,及宫女之戒令,止物之不得出者,艮刚止内柔,故为阍寺。人能止于物者在指,物能止于物者在狗。鼠之为物其刚在齿,鸟之为物其刚在喙。黔者黑色,鸟喙多黑。曰属者,不可枚举也。狗、鼠、黔、喙,皆谓前刚也。坎阳在内,故木坚在心,艮阳在上,故木坚多节。木枝在上方有节。

《荀九家》有"为鼻,为虎,为狐"。

来子补定:有"为床,为握,为终,为宅,为庐,为丘,为笃,为童,为尾"。

兑为泽,为少女,为巫,为口舌,为毁折,为附决,其于地也为刚卤,为妾,为羊。

泽乃潴水之地,物之润而见于外者,亦为泽。兑之阴见乎外,故为泽。坤三索于乾而得女,故为少女。女巫击鼓婆娑,乃歌舞悦神者也。通乎幽者,以言悦乎神为巫;通乎显者,以言悦乎人为口舌。正秋,万物条枯实落,故为毁折,此以其时言也。柔附于刚,刚乃决柔,故为附决。震阳动,故决躁;兑阴悦,故附决。兑非能自决,乃附于刚而决也。此以其势言也。兑金乃坚刚之物,故为刚。《说文》云:"卤,西方咸地。"兑正西,故为卤。少女从姊为娣,故为妾。内狠外说,故为羊。

《荀九家》有"为常,为辅颊"。

来子补定:有"为笑,为五,为食,为跛,为眇,为西"。

上第十一章。此章广八卦之象。

序卦传

序卦者,孔子因文王之《序卦》,就此一端之理,以序之也。一端之理在所略,孔子分明,恐后儒杂乱文王之《序卦》,故借此一端之理以序之,其实本意专恐为杂乱其卦也。如大过以下,使非孔子序卦可证,则后儒又聚讼矣。蔡氏改正,丘氏犹以为不当憪改经文,岂不聚讼?所以《序卦》有功于《易》。宋儒不知象,就说《序卦》非圣人之书,又说非圣人之蕴,非圣人之精,殊不知《序卦》非为理设也,乃为象设也。如井、塞、解、无妄等卦辞,使非《序卦》、《杂卦》,则不知文王之言,何自而来也。自孔子没,历秦汉至今日,叛经者皆因不知《序卦》、《杂卦》也。以此观之,谓《序卦》为圣人之至精可也。

有天地,然后万物生焉。盈天地之间者,唯万物,故受之以屯。屯者,盈也。屯者,物

之始生也。物生必蒙，故受之以蒙。蒙者，蒙也，物之稚也。物稚不可不养也，故受之以需。需者，饮食之道也。饮食必有讼，故受之以讼。

"盈"者，言乾坤之气盈，充塞于两间也，如有欠缺，岂能生物？屯不训盈，言万物初生之时，如此郁结未通，必如此盈也。物之始生，精神未发，若蒙冒然，故屯后继蒙。蒙者，蒙也。上蒙字卦名，下蒙字物之象也。稚者，小也。小者必养而后长。需水有天以养万物，乃万物之所需者。需不训饮食，谓人所需于饮食者，在养之以中正，乃饮食之道也。饮食，人之所大欲也，所需不知所欲，则必争，乾餱以愆，豕酒生祸，故讼。

讼必有众起，故受之以师。师者，众也。众必有所比，故受之以比。比者，比也。比必有所畜，故受之以小畜。物畜然后有礼，故受之以履。履而泰，然后安，故受之以泰。泰者，通也。物不可终通，故受之以否。

争起而党类必众，故继之以师。比者比也，上比卦名，下比相亲附之谓也。众必有所亲附依归，则听其约束，故受之以比。人来相比，必有以畜养之者，无以养之何以成比？故受之以小畜。礼义生于富足，物畜然后有礼，故受之以履。礼盖人之所履，非以礼训履也。人有礼则安，无礼则危，故受之以泰。治乱相仍，如环无端，无久通泰之理，故受之以否。

物不可以终否，故受之以同人。与人同者物必归焉，故受之以大有。有大者，不可以盈，故受之以谦。有大而能谦，必豫，故受之以豫。豫必有随，故受之以随。以喜随人者，必有事，故受之以蛊。

上下不交所以成否，今同人于野，利涉大川，畴昔俭德辟难之君子，皆相与出而济否矣，故继之以同人。能一视同人，则近悦远来，而所有者大矣，故大者皆为吾所有。所有既大，不可以有自满也，故受之以谦。有大不盈而能谦，则永保其所有之大，而中心和乐矣，故受之以豫。和乐而不拒绝乎人，则人皆欣然愿随之矣，故受之以随。以喜随人者，非无故也，必有其事，如臣之随君，必以官守言责为事，弟子之随师，必以传道解惑为事，故受之以蛊。

蛊者，事也。有事而后可大，故受之以临。临者，大也。物大然后可观，故受之以观。可观而后有所合，故受之以噬嗑。嗑者，合也。物不可以苟合而已，故受之以贲。贲者，饰也。致饰然后亨则尽矣，故受之以剥。

蛊者坏也，物坏则万事生矣。事因坏而起，故以蛊为事。可大之业，每因事以生，故受以临。临者，二阳进而逼四阴。骎，骎乎向于大矣。临不训大，临者以上临下，以大临小。凡称临者，皆大者之事也，故以大释之。凡物之小者，不足以动人之观，大方可观。德之大，则光辉之著，自足以起人之瞻仰；业之大，则勋绩之伟，自足以耀人之耳目，故临次以观。既大而可观，则信从者众，自有来合之者，故受以噬嗑。物不可以苟合，又在乎贲以饰之。不执贽则不足以成宾主之合，不受币则不可成男女之合，贲所以次合也。"贲"者，文饰也。"致"者，专事文饰之谓也。文饰太过则为亨之极，亨极则仪文盛而实行衰，故曰致饰亨则尽矣，故继之以剥。

剥者，剥也。物不可以终尽，剥穷上反下，故受之以复。复则不妄矣，故受之以无妄。有无妄，然后可畜，故受之以大畜。物畜然后可养，故受之以颐。颐者，养也。不养则不可动，故受之以大过。物不可以终过，故受之以坎。坎者，陷也。陷必有所丽，故受之以离。离者，丽也。

所谓"剥"者,以其剥落而尽也。然物不可以终尽,既剥尽于上,则必复生于下,故继之以复。复者,反本而复于善也。善端既复则妄念不生、妄动不萌,而不妄矣。无妄则诚矣,诚则好善如好好色,恶恶如恶恶臭,然后可以畜德而至于大,故受之以大畜。物必畜然后可养,况我之德乎?德既畜于己,则可以优游涵泳,而充养之,以至于化矣,是可养也,故受之以颐。颐者,养之义也。有大涵养而后有大施设,养则可动,不养则不可动矣。动者施设而见于用也,故受之以大过,大过者,以大过人之才,为大过人之事,非有养者不能也。然天下之事,中焉止矣,理无大过而不已,过极则陷溺于过矣,故受之以坎。坎者,一阳陷于二阴之间,陷之义也。陷于险难之中,则必有所附丽,庶资其才力,而陷可免矣,故受之以离。离者,一阴丽于二阳之间,附丽之义也。物不可以终通、终否、终尽、终过,以理之自然言也。造化乃如此也。有大者不可以盈,不养则不可动,以理之当然言也。人事乃如此也。

上上篇。

有天地,然后有万物。有万物,然后有男女。有男女,然后有夫妇。有夫妇,然后有父子。有父子,然后有君臣。有君臣,然后有上下。有上下,然后礼义有所错。

有夫妇,则生育之功成,而后有父子;有父子,则尊卑之分起,而后有君臣;有君臣则贵贱之等立,而后有上下。上下既立则有拜趋坐立之节,有宫室车马之等,小而繁缨之微,大而衣裳之垂,其制之必有文,故谓之礼,其处之必得宜,故谓之义。"错"者,交错也,即八卦之相错也。礼义尚往来,故谓之错。

夫妇之道,不可以不久也,故受之以恒。恒者,久也。物不可以久居其所,故受之以遁。遁者,退也。物不可以终遁,故受之以大壮。物不可以终壮,故受之以晋。晋者,进也。进必有所伤,故受之以明夷。

物不可以久居其所泛论物理也,如人臣居宠位之久者是也。岂有夫妇不久居其所之理?《序卦》止有一端之理者,正在于此。遁者,退也。物不可以终退,故受之以大壮。既壮盛则必进,故受之以晋。进而不已则知进不知退,必有所伤矣,亦物不可久居其所之意。《易》之消息盈虚不过如此,时止、时行则存乎其人也。

夷者,伤也。伤于外者,必反其家,故受之以家人。家道穷必乖,故受之以睽。睽者,乖也。乖必有难,故受之以蹇。蹇者,难也。物不可以终难,故受之以解。解者,缓也。缓必有所失,故受之以损。

伤于外者,其祸必及于家,故受之以家人。祸及于家则家道穷困矣。家道穷困则父子兄弟岂不相怨,故受之以睽。一家乖睽则内难作矣,故受之以蹇。凡人患难必有解散之时,故受之以解。缓则怠惰偷安,废时失事,故受之以损。

损而不已必益,故受之以益。益而不已必决,故受之以夬。夬者,决也。决必有所遇,故受之以姤。姤者,遇也。物相遇而后聚,故受之以萃。萃者,聚也。聚而上者谓之升,故受之以升。升而不已必困,故受之以困。

损而不已必益,益而不已必决,决去即损去之意。盛、衰、损、益如循环然。损不已必益,益不已必损,造化如此,在《易》亦如此。故曰损益,盛、衰之始也。损者盛之始,益者衰之始,所以决字即损字也。夬与姤相综,夬柔在上,刚决柔也;姤柔在下,柔遇刚也。故决去小人即遇君子,所以夬受之以姤。君子相遇则合志同方,故受之以萃。同志既萃,则乘时遘会以类而进,故受之以升。升自下而上不能不用其力,升而不已则力竭而困惫矣,故受之以困。

困乎上者必反下,故受之以井。井道不可不革,故受之以革。革物者莫若鼎,故受之以鼎。主器者莫若长子,故受之以震。震者,动也。物不可以终动,止之,故受之以艮。艮者,止也。物不可以终止,故受之以渐。渐者,进也。进必有所归,故受之以归妹。得其所归者必大,故受之以丰。丰者,大也。穷大者必失其居,故受之以旅。

不能进而困于上,则必反于下,至下者莫若井也,井养而不穷,可以舒困矣,故受之以井。井久则秽浊不可食,必当革去其故,故受之以革。革物之器,去故而取新者,莫若鼎,故受之以鼎。鼎,重器也,庙祭用之,而震为长子,则继父而主祭者也,故受之以震。震者,动也,物不可以终动,动则主之以静,故受之以艮。艮者,止也。物不可以终止,静极而复动也,故受之以渐。渐者,进也。进以渐而不骤者,惟女子之归,六礼以渐而行,故受之以归妹。得其所归者必大,细流归于江海则江海大,万民归于帝王则帝王大,至善归于圣贤则圣贤大,故受之以丰。穷大而骄奢无度,则必亡国败家,而失其所居之位矣,唐明皇宋徽宗是也,故受之以旅。

旅而无所容?故受之以巽。巽者,入也。入而后说之,故受之以兑。兑者,说也。说而后散之,故受之以涣。涣者,离也。物不可以终离,故受之以节。节而信之,故受之以中孚。有其信者必行之,故受之以小过。有过物者必济,故受之以既济。物不可穷也,故受之以未济。终焉。

旅者,亲寡之时,非巽顺何所容,苟能巽顺,虽旅困之中,何往而不能入,故受之以巽。巽者,入也。人情相拒则怒,相入则悦,入而后悦之,故继之以兑。兑者,悦也。人之气,忧则郁结,悦则舒散,悦而后散之,故受之以涣。涣者,离也,离披解散之意。物不可以终离,离则散漫远去而不止矣,故受之以节。节所以止离也。"节"者制之于外,"孚"者信之于中。节得其道,而上能信守之,则下亦以信从之矣。所谓节而信之也,故受之以中孚。有者自恃其信,而居其有也,必者不加详审,而必于其行也。事当随时制宜,若自有其信而必行之,则小有过矣,故受之以小过。有过人之才者,必有过人之事,而事无不济矣,故受之以既济。物至于既济,物之穷矣,然物无终穷之理,故受之以未济终焉。物不可穷,乃一部《易经》之本旨,故曰物不可以终通以至终离,言物不可者十一,皆此意也。

下下篇。

杂 卦 传

杂卦者,杂乱文王之《序卦》也。孔子将《序卦》一连者,特借其一端之理以序之,其实恐后学颠倒文王所序之卦也。一端之理在所缓也,又恐后学以《序卦》为定理,不知其中有错有综,有此二体,故杂乱其卦,前者居于后,后者居于前,止将二体两卦有错有综者下释其意,如乾刚坤柔,比乐师忧是也。使非有此《杂卦》,象必失其传矣。

乾刚,坤柔。

此以错言。言乾坤之情性也。文王《序卦》六十四卦止乾、坤、坎、离、大过、颐、小过、中孚八卦相错,盖伏羲圆图,乾、坤、坎、离四正之卦本相错,四隅之卦兑错艮,震错巽,故大过、颐、小过、中孚所以相错也。

比乐,师忧。

此以综言。因二卦同体,文王相综为一卦,后言综者仿此。顺在内故乐,险在内故忧。凡综卦,有四正综四正者,比乐师忧,大有众同人亲之类也。四隅之卦,艮与震综,皆一阳二阴之卦,艮可以言震,震可以言艮;兑与巽综,皆二阳一阴之卦,兑可以言巽,巽可以言兑,如随、蛊、咸、恒之类是也。有以正综隅、隅综正者,临、观、屯、蒙之类是也。前儒不知乎此,所以言象,失其传,而不知象即藏于错综之中,因不细玩《杂卦》故也。

临观之义,或与或求。

此以综言。君子之临小人也,有发政施仁之意,故与下民之观君上也,有仰止观光之心,故求。曰或者,二卦皆可言与求也。盖求则必与,与则必求。

屯见而不失其居,蒙杂而著。

此以综言。见者,居九五之位也。"居"者,以阳居阳也。八卦正位,坎在五,言九五杂于二阴之间,然居九五之位,刚健中正,故见而不失其居。蒙九二亦杂于二阴之间,然为发蒙之主,故杂而著见。皆以坎之上下言。言蒙之坎上而为屯矣,见而不失其居;屯之坎下而为蒙矣,杂而又著。

震起也,艮止也。

此以综言。震阳起于下,艮阳止于上。

损、益,盛衰之始也。

此以综言。损上卦之艮,下而为益,下卦之震,帝出乎震,故为盛之始。益上卦之巽,下而为损,下卦之兑,说言乎兑,故为衰之始。震东兑西,春生秋杀,故为盛衰之始。

大畜时也,无妄灾也。

此以综言。大畜上卦之艮,下而为无妄下卦之震,故孔子曰:刚自外来,而为主于内。无妄下卦之震,上而为大畜之艮,故孔子曰:刚上而尚贤。止其不能止者,非理之常,乃适然之时;得其不当得者,非理之常,乃偶然之祸。

萃,聚而升,不来也。

此以综言。升上卦之三阴,下而为萃之下卦,三阴同聚,故曰萃。萃下卦之三阴,上而为升之上卦,三阴齐升,故曰升。惟升,故不降下而来。

谦,轻而豫怠也。

此以综言。谦之上六,即豫之初六,故二爻皆言鸣。谦心虚故自轻,豫志满故自怠。

噬嗑食也,贲无色也。

此以综言。贲下卦之离上而为噬嗑之上卦,故孔子曰:柔得中而上行。噬嗑上卦之离下而为贲之下卦,故孔子曰:柔来而文刚。颐中有物,食其所有;白贲无色,文其所无。

兑,见而巽伏也。

此以综言,与震、艮同。震、艮以阳起,止于上下,此则以阴见,伏于上下。

随无故也,蛊则饬也。

此以综言。随则以蛊上卦艮之刚,下而为震,故孔子曰:刚来而下柔。蛊则以随上卦兑之柔下而为巽,故孔子曰:刚上而柔下。随无大故,故能相随;蛊有大故,故当整饬。

剥,烂也;复,反也。

此以综言。剥则生意渐尽而归于无,复则生意复萌而反于有。

晋,昼也;明夷,诛也。

此以综言。明夷下卦之离,进而为晋之上卦,故孔子曰:柔进而上行。明在上而明著,明在下而明伤。

井,通,而困,相遇也。

此以综言。困上卦之兑,下而为井下卦之巽,井下卦之巽,上而为困上卦之兑。养而不穷,通也。即不困,则遇其掩,遇也,即不通。

咸,速也;恒,久也。

此以综言。故孔子曰:柔上而刚下,刚上而柔下。有感则速,速则婚姻及时;有恒则久,久则夫妇偕老。

涣,离也;节,止也。

此以综言。节上卦坎之刚。来居涣之下卦,涣上卦巽之柔来居节之下卦。风散水,故涣,涣则离而不止。泽防水,故节,节则止而不离。

解,缓也;蹇,难也。

此以综言。蹇下卦之艮往而为解上卦之震。出险之外,安舒宽缓之时;居险之下,大难切身之际。

睽,外也;家人,内也。

此以综言。睽下卦之兑,即家人上卦之巽。睽于外而不相亲,亲于内而不相睽。

否,泰反其类也。

此以综言。大往小来,小往大来,致反其类。

大壮则止,遁则退也。

止,当作上。

此以综言。止字乃上字之误。二卦相综,遁之三爻即大壮之四爻。上字指大壮之四爻而言,退字指遁之三爻而言,皆相比于阴之爻也。孔子因周公三爻四爻之辞,故发此"上、退"二字。言大壮则壮于大舆之輹,上往而进,遁则退而畜止臣妾,使制于阳,不使之浸而长也。故大壮则上,遁则退。

大有,众也;同人,亲也。

此以综言。同人下卦之离,进居大有之上卦;大有上卦之离,来居同人之下卦。势统于一,所爱者众;情通于同,所与者亲。

革,去故也;鼎,取新也。

此以综言。鼎下卦之巽进而为革上卦之兑。水火相息,有去故之义;水火相烹,有从新之理。

小过，过也；中孚，信也。

此以错言。过者逾其常，信者存其诚。

丰多故，亲寡旅也。

此以综言。旅下卦之艮，即丰上卦之震。人处丰盛故多故旧，人在穷途故寡亲识。

离上，而坎下也。

此以错言。炎上润下。

小畜寡也，履不处也。

此以综言。二卦皆以柔为主。小畜柔得位，但寡不能胜众阳，所以不能畜，故曰"寡"也。履柔不得位，惟以悦体履虎尾，故曰不处也。"不处"者，非所居也，故六三《小象》曰位不当。

需，不进也；讼，不亲也。

此以综言。天水相上下。安分待时，故不进；越理求胜，故不亲。

大过，颠也；颐，养正也。

依蔡氏改正。

此以错言。弱其本末故颠，择其大小故正。《序卦》曰："颐者，养也。不养则不可动，故受之以大过。"有此作证，蔡氏方改正，所以《序卦》有功于《易》。

既济，定也；未济，男之穷也。

依蔡氏改正。

此以综言。水火相为上下。六位皆当，故定；三阳失位，故穷。

归妹，女之终也；渐，女归待男行也。

依蔡氏改正。

此以综言。归妹下卦之兑进而为渐上卦之巽，渐下卦之艮，进而为归妹上卦之震。归妹者，女事之终；待男者，女嫁之礼。

姤，遇也，柔遇刚也。夬，决也，刚决柔也。君子道长，小人道消也。

依蔡氏改正。

此以综言。君子小人迭为盛衰，犹阴阳迭相消长，一柔在五阳之下，曰柔遇刚者，小人之遭遇，君子之所忧也。一柔在五阳之上，曰刚决柔者，君子之道长，小人之所忧也。《易》之为书，吉凶、消长、进退、存亡不过此理此数而已，故以是终之。